U0784271

国家出版基金项目
NATIONAL PUBLICATION FOUNDATION

海上絲綢之路文獻集成

總主編　陳支平　陳春聲

歷代史籍編

114

主編　范金民

海峡出版發行集團
THE STRAITS PUBLISHING & DISTRIBUTING GROUP
福建人民出版社

「十三五」國家重點圖書出版規劃重大出版工程規劃項目

國家新聞出版改革發展項目庫入庫項目

國家出版基金資助項目

本册目次

日本海道圖説一卷

〔清〕王德均撰

《日本海道圖説》一卷，清王德均撰。德均（一八二三—一八八四）字筱雲，安徽懷遠人。曾任江南製造總局翻譯館翻譯。是書記述日本海路及海疆大略，於日本諸島方位、道里、礁、嶼、灘及沙線、潮信、颶風等，臚舉詳盡。據《小方壺齋輿地叢鈔三補編》本影印。

日本海道圖說

懷遠王德均述

日本各島。日本分四大島，並羣小島。曰九修。曰西各。曰日本。曰也蘇。最大者為日本嶼。自東北至西南長七百餘里。闊百里。至一百五十里。南隔內水道。有九修嶼。自北至南。長一百八十里。闊約八十里。九修嶼之東北。与日本嶼南角以西。有西各嶼。自東至北西南長約一百三十里。闊約六十里。九修与西各間。為豐後水道。日本嶼西灣以南。暨西各与九修嶼以北。為內海。日本音為由西多武器。內海通太平洋。有兩水道。東曰紀伊水道。在西各嶼与日本嶼間。西曰豐後水道。即九修与西各間。由內海通日本海。曰西摩耶石磯水道。日本嶼以北与也蘇島間。曰楚家尔水道。也蘇島以北。有薩加里恩島。(屬俄羅斯。)其與也蘇島間之水道。曰拉柏路司。也蘇島之東北與卜蘇勒水道間。有三大島。(屬日本國。)最向東北者曰島路柏島。中曰依吐路鋪島。西南近也蘇島者。曰枯拏希尔島。卜蘇勒水道之東北。有枯里尔列島。(屬俄羅斯。)

日本列島。岸形甚亂。且有陡山。其最高者。距赤道北緯三十五度二十一分五秒。經度偏東一百三十八度四十三分。高一萬二千四百五十尺。曰富士山。凡赴江戶灣者。應視此山為標準。

(天氣)日本南北二界兩天氣不同。南面嚴熱。北面嚴寒。九修屿西岸拏加石磯(原名長崎)。兩暘寒暖。一日之間。悅歷四時。西正月間。寒暑表中數為三十五度。(法倫海。)西八月間。寒暑表中數為九十八度。西十二月正月間。嚴霜滿地。兼有大雪。又四時多雨。拏加石磯間。西五月杪。大雨時行。陰晴各半。冬不酷寒。因黑瀨川水氣甚暖也。夏不炎熱。因近海之風甚涼也。西六月杪。寒暑表中數為六十二度至七十八度半。月以後。因無風轉熱。海面熱度至九十度。西八月雨風雨不時。西十一月間始有西北恆風。日本海与高麗水道間。冬月恆風同向。江户間。西二月中旬常雨雪。多東風。歷一二月不息。夏令寒暑表最高八十六度。平高八十度。暮夜夜較涼。江户灣內夏月有南稍偏西之風。近江户对面。有時風力甚大。中夜或發颶風。併地震。也蘇島哈可達地間。冬月天氣不一。咸豐九年。寒暑表最低時負十二度。且常有西北恆風。是年有大雪四十餘日。

霧

日本海岸多霧。西六七月間。高麗水道濃霧更多。自此向北晴爽時。能見滿洲海岸。霧日即隱。

地震

日本多火山。乾隆年間江户境內地忽大震。傷人無算。咸豐五年西十一月初十日。江户間地復大震。傾塌屋宇十萬餘所。廟宇最大者五十四區。壓傷居民三萬有奇。海西亦覆多船。咸豐四年。有俄羅斯大兵船泊於西摩大。向地忽大震。城垣盡傾。海水湧沸。隨波上下。恍惚中若有神助。倏移至他處。浪靜波恬。已相去數百里矣。九修西岸西馬巴拉灣。昔時地曾大震。凡一帶相連之海岸。高低向背。俱忽更遷。日本屿東南岸西摩太。冬夏之間天氣不一。高山經冬常有積雪。凡風向自山谷中來。則氣候稍冷。夏晝有時酷熱。暮夜海風甚涼。富士山除西九月外。山巔積雪不消。

風信

咸豐四年。西二月至西七月。有一隊美國兵船泊江户灣內。適值天氣晴明。亦有時大雨暴至。西二三四月間。多北風。五七月間。多西南風。六月間。風向不一。凡有大風。先見風雨表甚低。則風從西南驟至。少頃自北至西而西北。惟罕東西大風。若發北風而漸變南風。或西風。必有片刻調角東風。江户沿海。西二月間。法倫海寒暑表中數四十六度霧日甚少。哈可達地間。西六月朔。常發濃霧。惟南西之西摩大地方。當暑日亦少霧。　咸豐八年西九月間。有英國兵船泊於江戶灣內。時多東北方大風。風力漸加。即轉自西南。當西南與北暨東東北多方之風。時多晴明。常東南與南暨西南間各方之風。時常陰雨。　自咸豐十一年西六月中旬起至西九月中旬止。江戶灣內風力平和。西九月下旬。天氣不一。間有南西南大風。日本南岸亦同時有大風。始起自東西甚穩。後漸轉南向。則力漸加。及轉自西南。其力極大。忽又轉為北西北。西十月間。紀伊水道天氣晴朗。北風較多。間有無風時。聞日本常至之風。為東西兩向。而兼北若發雨向兼南之風。必先見風雨表降度。凡距日本岸甚近之船。若見風雨表漸降。即知將發南風。可開行距岸六十里至八十里之處。　同治二年西二月間。有英國兵船忽遇大風。歷十小時始息。其時雖天氣甚清。而風雨表亦漸降。蓋此間天氣若晴明日久。亦偶有將發大風之兆。然操舟者猶當以風雨表為龜鑑焉。　若遇東南有力之風。或陰雨或多霧。不能視遠。自江戶向西行者。不可至九修以南之番抵門水道。應自番抵門以南各列島間之水道行過。因此間海水流向東北。若遇東南勁風。恐推至北面多義角。或沙他那角。致遭危險。　咸豐五年西五六七八月間。英國兵船淵量楚家爾水道時。多南風。亦多晴日。西北風較少。五六月間濃霧甚多。風之方向隨日而轉。已發數日後。力南風。天氣甚清。風力稍大。而反西風則氣候稍涼。後又轉自西北。由西北而轉自東西。即發濃霧。霧歛而風轉自南。　日本西岸日本海与高麗水道向以及東海北岸自西三月起至六月或七月止常有東風或東北与東南向各方之風或細雨或微陰或風力稍大時間有驟至之東北風若值無風或微西風天氣必佳彼時有極大勁風歷五日而始息其風約起自東南將發之先見風雨表暴降經四晝夜風力不一後又轉自南忽轉自北或自西北風力更大自三月底至六月初過此數轉向之風必歷一二日六月中旬以次猛力之風不過歷數小時而息凡遇此等風風雨表必有先驗若風雨表降而復起即為風力最大之時且西北大風之力較別向更猛六月間兼有週風譬如風環闊數十里風之中心旋轉不定風力環繞四圍若疾若徐不數旋風之促故謂之週風但不過大中心漸移向北六月以後即移向東与東北向

日本海西半夏月多東面微風晴日甚多間發濃霧或發勁風向隨日轉西八月間時有東西二向之風

距赤道北緯二十一度与二十六度之間秋分時多大風而咸豐九年西九月中旬日本海遇一大週風徑長五百里中心移向東北拉低窩尓灢与哈可達地二處同時亦有週風西九月中旬与十一月中旬間亦多有之又有二次西北大風風力為七號至十號以上之風有歷二日至四日而始息者下旬間有一二日力亦稍減此時風向仍自西南与西北之間

距赤道北緯三十六度以南西十一月間天氣頗佳風力亦緩起自東北与西北之間西十一月下旬多有西北風後於哈可達地遇四閱月之西北風咸豐九年西十二月初一日起至十八日止常有西北与西西南各方之風有時漸轉自北或自西南州

風力和緩。天氣晴明。若風力漸加。必有雨雪。

距日本南半。冬月間西北向之風力不甚長。

黑瀨川　太平洋赤道南西。海水自流向西。近臺灣南角別分為二支。大支入南海。小支水色甚黑。曰黑瀨川。初順臺灣東岸。流行向北。至赤道北緯二十六度之處。始轉注東北。經日本東南海岸。流行之力。愈向東北愈大。其東北之界。時有變易。近臺灣南角處。尚不甚闊。至臺灣與米亞哥列島間。闊約百里。至米亞哥列島。以北更闊。至琉球與波念列島南。闊約四百里。黑瀨川平熱高八十六度。較緯北海水之熱高十二度。至川之西北界外。即減至十度至二十度。東南界由漸而減。

近黑瀨川界。海水流行。或遇島石衝激。或海底有淺深不一之處。即成疊浪。如擊波之狀。臺灣南角與楚家尔水道間。則得黑瀨川流行速率。每晝夜三十五里至四十里。海水流行之加有時為風力所阻。停蓄一晝夜。風息則流行之加更大而猛。又於江戶灣外。測得流行速率。一晝夜七十二里。次日測得七十四里。第三日測得八十里。咸豐十一年西八月間。距經度偏東一百三十六度與一百三十七度之間。當東東北勁風時。有英國兵船為風水合加。一晝夜間推向東北五十三里。有時雖遇大風。亦不能阻流行之加。又測得番抵門水道。與江戶海面。惟黑瀨川流行之力較大。連測三日。流行速率一晝夜二十四里至二十七里。江戶灣外有一帶列島。黑瀨川流行之加為列島所阻。而繞向南。故此間流行速率時有不同。咸豐十一年西六月間。測得沙地那角。至江戶灣流行速率。一晝夜七十里。但入江戶海面之列島間。速率稍減。

而繞向南西七八月間江戶近旁海面甚平無從附記西九月間江戶海与八丈島間惟於潮脹退時見流行之加臺灣以北太平洋分為二支一為黑瀨川一向東北偏北流行稍緩至對馬島南角又分為二過高麗東西二水道以入日本海嗣後流行々力常变易有時流行向北而過馬度島速率每小時二里有時海水甚平不見流行々加遂过楚家尔水道以入太平洋　以上北修西各目

本示〻峙〻南岸

番抵門水道　番抵門水道南面大島有陡界無危險水道北面九修峙間亦為陡界俱可近岸而行又北為卡哥西馬灣灣口東南角為沙他那角灣口之西北角有島識別者曰和納峰此峰与番抵門南面之宜波哥島均屬高凡自

西面入此水道者。宜以此二處為標準。若哥西島灣。惟北面平坦。餘皆有高山。草木叢生。蔚然蒼翠。自西南沙他那角起。至東北面烏角止。近沿海有一帶高山。

沙他那角。較低於他山。而形甚平。高約五百尺。附近有三奇形露石。距沙他那角西畧。為奇形露石之一。形如小塔。石根有孔。除三露石外。距南面二百拓。有一小島。又距角之斜坡東面四分里之一。亦有一小島。識此數處。即能辨沙他那角之方向。咸豐九年間。有英兵船距沙他角対面二里半之處。探得深八拓。自此處視塔露石。為北又東一分之向。

泊船處。咸豐八年。有英兵船於番核門水道內。遇東北颶風。見風雨表暴降。擬至沙他那角西南避風。尋泊時。探得深三十拓。視沙他那角為南東南之向。詢於沙他那角北面之第一澳中畧。小村対面。水深十三拓之處停泊。自泊船處視沙他那角。為南西南之向。視和納山。為西北又西二分之向。視阿陁角為北西北之向。泊此歷三十六小時。避東東北與南東南間之大風。及轉向為南東南。遂勉強開行。前停泊處之東北。猶有小澳。但未探明深淺。約可入內以避風。

卡哥西馬灣。　九修屿南半有大灣。曰卡哥西馬。自南至北長三十五里。闊五里至十里。距灣口一百二十五里有佐久良島。二面各有水道。闊六里。長九里。可通北面大港。但未探明深淺。按日本圖佐久良島東南角之對面。水道甚窄。其西面水道。半已探明。卡哥西馬灣水雖甚深。而泊船甚難。昔曾測探至鹿兒島城南面。相距四里至五里。近灣西岸。有七露石。為測量時泊船處。　佐久良島西岸對面有一角。伸入水道。闊七百拓。自南至北長四里。自角處能見鹿兒島城。城南有礮臺低角。周圍有沙嘴。伸入水道二百拓。其旁甚陡。礮臺角北面澳內。有大淺灘。又鹿兒島城對面有深池。各礮臺間俱有水道。可通城之南北兩界各有小河口。北河口有長沙嘴。自兩岸伸入灣內。南河口距礮臺角此河口外之澳甚淺。鹿兒島北西山坡。斜抵海岸。

佐久良島西岸甚陡友利亞路司澳內。近陸岸深十五拓。至二十五拓之處。可停泊。自此距鹿兒島城。為東又北二分之向。惟當東風力勁時。又恐為風力推入深處。折鍊失錨。甚屬危險。佐久良島西面水道南半有巴克淺。其形如舟。徑約四百拓。上有木標。西南面有稍深平灘。距永西三拓至五拓。可暫停泊。即西面水道南半深二十四拓至二十一拓之處。亦可停泊。惟水道北半竟深七十拓。近島西面有尼勒島。其南北二角。各有小淺嘴。遠伸。餘為陡界。又佐久良島西南面之拖利島。界亦甚陡。

山川津一名拏柯。一名押馮家浦。

卡哥西馬灣以西。為山川津港。北面與灣口。兩有水道長四分里之一。闊五十拓。外面稍闊。深四拓至四拓半。當天氣陰濕時。多大風。礙難入港。中等商船。可於澳內近岸處停泊。山川津港。南半甚深。沈鉛錘至百拓猶未及底。海岸自紗沙他那船至距東北二百五十里之紀伊水道。一帶海岸。西船向未探明。圖從日本。

納利石　同治二年。有英商船於九修屿東南岸豐後水道口之西面。初見一隱石。曰納利石。測得距赤道北緯三十一度四十八分。經度偏東一百三十一度四十二分。自此石視阿島為南西南之向。海底色白。近納利石處。深八拓至五拓。

阿哦西馬港。日本屿南角。為紀伊水道南口之東角。上有奇形駁山。曰西阿角。高三百尺。有低頸與陸岸相連。西阿角與東面大島間。為阿哦西馬港。有西泊船處。在大島西南西與艸可避東方之風。惟水稍深。一在港北之哈西奇偉鎮對面。深四拓至六拓之處。海底為泥質。受錨甚牢。 哈西奇偉鎮對面泊船處。東北一帶無可障風。東西有一行奇形露石。向南列入海半里。高二十尺至七十五尺。其間水道甚深。不能障東西海浪。若能視此露石最外而南者之依樓那島。為東東北之向。相距一万五十拓。又能視迷尤佤島為南向。或視此島與依蘇摩角成直線之處。可穩便泊船。依蘇摩角為阿哦西馬港南口之西角。 日本商船泊此候風者。如需買食物。或取淡水。此港甚便。港有三鎮。陸岸二。島間一。水淡而佳。山巔多樹木。無麻雞犬。遍深谷焉。行船法經過凡尺自西南擬赴阿哦西馬港者約於西阿角對面過。疾潮。角邊多亂石。潮退即現。距角三万拓至四万拓。石與水面相平。距角南面四分里之一。瓶石間有隱險。向南遠列一万五十拓。又有石嘴自劈頭向外伸入海。約四分里之一。依蘇摩角淺深不一。亦向外遠伸約四分里之一。

凡擬避以上諸隱險者，不可視大島最南之角為東東北而更偏東之向。俟能視依蘇摩角。距迷尤低島為北西北之向。即可向島之北西北駛行。至距島半里。則不可視島為北西北。而更偏北。及能視依蘇摩角。為西南偏南。又南三分。即可於水道中畧向西北又北一分前行。島以南有小石淺。宜稍遠以避之。過此即可駛向哈西奇偉泊船處。若值逆風曲折強行。以赴阿哦西馬港者。須知近陸岸之隱險。較多於大島。更須防近大島西南角高一百二十尺之楚舒島。西北又西二百拓之險石。凡折行向西時。須避北西北之向。亦不可視迷尤低島為北西北。而更偏北。及抵迷尤低島以北。即可用鉛錘探試前行。以就陸岸。緣近大島岸為陡畧也。

凡自東面就阿哦西馬港之北口者，如尚未過枯羅西馬列石。不可逼近陸岸而行。因距岸一里之處多隱石。其間有兩大露石。曰枯羅西馬。與數小露石相連而西。過此列石。應向哈西奇偉一行露石之南尾前行。以過依棲那島。相距五十拓之處。即可抵哈西奇偉鎮停泊。

凡行至阿哦西馬港東東北十里之處。即能見高五百四十尺之大島。恰遮西阿角之駝山。且相距十里。亦能見駝山背面低頸。

可薩河。日本音可薩加哇。　距大島北角北東北二里。又四分里之一。河口東面有小鎮。民多而富。口外有流沙淺處。日本中等商船可入此口。水道西旁淺處。時有海浪擊之。朔望日潮漲於七小時。漲滿時淺處深十尺。如非素所經歷者。可先遣小艇隨探隨行。

距卡初島以北半里。為可蘿河口。島中多叢林。最易識別。

阿拉克迷港。

距阿哦西馬港東北八里。為阿拉克迷港。自東東北至西西南。長約一里半。深四拓至五拓。海底為泥質之處。可避各方之風。惟輪船宜泊港口。有峽山迴風。帆船出入不便。港口南角有石嘴向北伸入水道半里餘。上有披露礁。又有一蜜蜂房石。高三十六尺。港之南岸。距港首東西半里。阿拉克迷鎮東尾對面。深四拓至五拓之處。泊船甚穩。可得淡水。

海岸。

自阿拉克迷港至東北西一百三十里之處。日本海岸西船尚未探明。圖從日本。

阿馬崖角　蘇盧加灣口西角為阿馬崖角。有低沙岸，併低沙山，間有數樹林。
閒至此處起，至西面尾後灣，此海岸形勢略同。惟尾後灣水道甚淺。
勒的英力士石行　閒距阿馬崖角約六里。有勒的英力士石行，長約四分里之一。潮退即現。後又詢諸土人，知此石行距阿馬崖角甚近，無六里之遠。故操舟者不可由阿馬崖角與石行間行過。
叵次某達疊浪　昔有美國兵船距西摩大西南三十五里之處，見海浪層疊如擊石行，距陸岸約十三點。後有英兵船赴江戶灣時，由此向西行過，見水色甚濃，探至十三拓，猶未及底，隨升桅視海，水濃淡相判之點亦不能窮其邊際。適自西西南至東東北，行歷四里至六點，始過此點。　凡自西西面擬赴西摩太武赴江户灣者。勒的英力士石行。匠次某達叠浪二處。在所必經。勒的英力士石行潮退盡時。有數示顯露。漲滿時有海浪擊之。匠次某達叠浪係潮力使然。　江户海口南面列島間之水道流行甚疾。近南面列島間。潮成叠浪。又自臺灣南角起至亞西亞与比美利加間之伯零水道止。黑瀬川亦多叠浪。駛行時須加意防之。

蘇盧加灣。一曰駿河灣。一曰遠江灣。一曰土脫遠灣。　日本南面有陸面曰伊豆國。其西面有海灣自南至北。長三十四里。口闊二十三里。曰蘇盧加灣。灣口西角。曰阿馬崖。距角南東南約六里。有勒的英力士石行。外無他險。此灣甚深。灣口中界鉛錘下沈二百五十拓。猶未及底。灣首中界探至一百六十拓。亦未及底。距灣之西岸一里。深至一百五十托。亦未及底。灣之東西伊豆岸。為一帶石崖間有較深小澳可停泊。但不利於帆船。澳澳形勢與阿拉克迷港同。伊豆岸自南至北有四澳。向已探明。一曰他溝澳。一曰亞拉利澳。一曰黑大澳。一曰依那澳。澳內甚窄。若遇逆風。不易曲折強行。應下重錨停泊。

蘇盧加灣之西岸。西船罕到。惟見西迷楚港對面。海岸甚陡。距此灣首北岸十五里。有富士山。雖相距甚遠。當天色晴明時。海面遙望此山。亦在灣首。富士山為日本最高之山。灣首東西兩面。各有泊船處。西為西迷楚港。東為依那澳。究以依那澳為最穩。江戶與山城間。為達澳首通衢。此間貿易。較西摩大更盛。因西摩大北面有伊豆大山環繞。分隔通衢。

西述楚港。蘇盧加之西北岸。有低平舌。向東北伸入灣。而成西述楚港。港內泊船避風雨。深十拓至十五拓。海底為軟泥質。入內又有小港。可修船。港首有小河口。低陸舌上多植甘蔗。併村落。舌之北界為沙礫。其界甚陡。距陸岸一里。水道甚深。鉛錘下沉百餘拓。猶未及底。凡擬赴此港者。可近岸以行。俟繞過舌之北界。相距二百拓之處。再以鉛錘探泊。若遇南風。亦可曲折強行。惟近岸時須憑鉛錘探試。港南有鎮市。多業穡。有淡水。併木炭。

依那澳。蘇盧加灣首東北面。距赤道北緯三十五度三分。經度偏東一百三十八度五十三分之處。為依那澳。自南至北長九百拓。闊六百拓。澳口南角以北。有叢林島。曰亜拉島。其東西可避西風。澳口北角有小塔。澳內深二十拓。至三十拓。西面不能障風。惟澳北深十三拓。海底為细沙處。可避各方之風。凡擬入北澳者。宜距東西兩岸。稍遠而行。東岸為石崖。西岸有鎮。澳内僅一河口。且甚淺。故不易得淡水。鎮内有淡水井。澳内潮漲高四尺。

黑大澳。距赤道北面三十四度五十八分十一秒。經度偏東一百三十八度四十六分。有黑大澳。自西北至東南長八百拓。闊四百拓至九百拓。深八拓至二十二拓。海底為细沙。周圍有高山以障風。山谷間一鎮。澳河口亦鎮。俱有淡水。澳口闊四分里之一。西北面無障風處。南面有低沙舌。自南至北長半里。澳内潮漲高五尺半。

亞拉利澳。距赤道北緯三十四度五十分。經度偏東一百三十八度四十六分。有亜拉利澳。以山為岸。可避各方之風。自北至南。長四百拓。闊二百拓。至六百拓。深六拓。至十二拓。海底為佃沙。澳東岸鎮市中有淡水。澳口向西北。入澳須行水道中。影。俟能見小島時。再駛向小島西南之沙角南。繞過沙角。即可向南前行。至澳中水深七拓之處停泊。

他溝澳。　距赤道北緯三十四度四十七分三秒。經度偏東一百三十八度四十四分五十四秒。有他溝澳。自南至北。長四百拓。闊半里。可避各方之風。水深十二拓。至二十拓。海底為軟泥質。澳口向西北。岸向小鎮中有淡水井。凡向他溝澳口前行者。先須見距澳口南角西西北半里之二島。其南面有鼓露石。併有擊淺疊浪。故入澳應由二島以北與陸岸向行。過距澳口南角五十拓。又有

行船法程

一島。過此島北面百拓。即可駛向東南。以抵澳中水深十三拓之處停泊。遇當西南大風時。蘇盧加灣內海浪甚高。前探明之四澳。均可穩便泊船。擧澳以山為岸。高約一千尺。相距一里。澳口為高岸所遮。宜直駛向高岸循行入口。

蘇盧加灣內沿岸之處。海水流行較遠於澳之中界。

江戶海南西之列島　江戶海南口中界。有火山曰大島。西名福里司島。又有一帶列島。自此向南偏東。至北偏西。長三百里。其最向南者。距赤道北緯二十九度四十七分。經度偏東一百四十度二十二分半。有小島曰路得妻島。近列島俱為陡界。界外約無隱險。惟值霧日駛行。不能憑鉛錘為準。因列島近岸半里。鉛錘下墜一百五十拓。亦不能及底也。　黑瀨川入此列島者。流行之向不一。且有數處疊浪如擊淺狀。近島近石之處多見之。若值霧日。或昏暗時。遇此叠浪。即知距險不遠。倘無風時行至有陡界之處。即可暢行。因可順流直下不至推入島間。但列島間有一淺舌。即當無風時。亦須拋錨候行。 黑瀨川由列島間流行向東北。每小時一里至三里。近列島最向北者黑瀨川界。來勢逆流激成迴溜。近大島与八丈島間。偶見潮漲退之流行。

路得妻島。赤名黑石。 距赤道北緯二十九度四十七分。經度偏東一百四十度二十二分半。有巴石高三百尺。曰路得妻島。天色晴明。將遠見二十五里。形如帆船。距此島不及八里。鉛錘下沈一百六十托亦未及底。

巨納充丁島。一曰生背武島。 距赤道北緯三十度三十三分。經度偏東一百四十度十五分。有巨納充丁島。形如三巴山。故原名三山。

司米威島。咸豐九年西正月十八日。有英兵船近高凸石行过。周約四分里之三。曰司米威島。近島有叠淵如擊濺處。廣約四分里之一。近北面有小露石。測得此島。距赤道北緯三十一度十八分。偏東一百三十九度五十分。

巴越內司島。一名偉良王島。 距赤道北緯三十二度四十秒。經度偏東一百四十度。有巴越內司島。形如一弧。自南至北。長百拓。北界高二十六尺。西北面有數露石遠列四分里之一。

教哥島。一名南島。 按教哥島東高頂距赤道北緯三十二度三十七分。節經度偏東一百三十九度四十七分。節島長三里。晴朗時能見遠三十六里。陡界迴環。惟東西可登岸。附近有一石恰平水面。島有居民。西北面有耕種者。

八丈島一名法樓西阿島 八丈島自西北偏北。自東南偏南。長八里又三分里之一。最闊之處約四里。其西北岸。形如蠶繭。東南西微凹。內多土垣茆舍。竹木蕭疎。為停泊測量處。偉度距赤道北三十三度四分二十四秒。經度偏東一百三十九度五十分二十四秒。距島对面不及一里。水深十六托。海底為沙礫之處。測量亦曾停泊。惟南西南与北東北間。無障風處。距岸二拏里。深三十托。海底為黑沙。

陡島。 陡島北半。高二千八百四十六尺。南半較低。兩山間田原甚廣。八丈島東南西多瀑布。晴明遥望。如匹練懸空。易得淡水。

可奇納島。 距八丈島高頂西南約二里。有可奇納島。形如蠶繭。長闊各一里。高一千八百二十六尺。其与八丈島間之水道。尚未探明深淺。近岸有數小石。

与八丈島同。惟相距稍遠。約無隱險。距可奇納島西岸一里餘。沉鉛錘五十三拓。猶未及底。島中有居民。

克孥洼石。一名佛勞登石。　距赤道北緯三十三度二十九分。經度偏東一百三十九度十七分。又四分之三。有克孥洼石。陡不可升。高約六十五尺。上有平頂。下有陡界距島三分里之一。沉鉛錘一百八十拓。尚未及底。北面海水流行甚疾。每小時約四里。

迷鴨磯并迷可鞠二島。　距佛勞登石東北十七里。有高陡島。曰迷可勒。一名王島。其最高頂距赤道北緯三十三度五十二分。經度偏東一百三十九度三十四分。距島北約十二里。又有同形高陡島。曰迷鴨磯島。一名火山島。最高頂距赤道北緯三十四度五分經度偏東一百三十九度三十一分。距迷鴨磯西南二里半有露石一簇。又開距島之東。自二里至三里有数黑露石。

山本列石。一名勘得非尔得列石。江户海口南面之列島最向西而最險者為山本列石。其色蒼黑。迤邐対峙。自北東北至南西南長三里。附近四周甚深。列石南界距赤道北緯三十三度五十六分經度偏東一百三十八度四十八分半。高於潮漲面二十尺。北列石約高十尺。南北列石之間有一平石。海浪激之甚猛。其間又有数拳石露出水面。平列石与北列石間闢有一穩水道。凡就山本列石者。須用鉛錘探試而行。且距列石東北又東一分二十里有最近之柯蘇島。若值大霧彌漫。島石俱隱。不宜冒險而行。距山本列石北面四里。水深七十拓海底爲粗礫。距列石中界以西二里。鉛錘下沉一百三十拓。猶未及底。近列石處黑瀨川海水流行每小時二里至三里。

阿那哈拉島　距迷鴨磯西西南五里。有小島曰阿那哈拉島。尚未探明。自遠視之。嶙峋如削。

柯蘇島　柯蘇島中界。距赤道北緯三十九度十三分又四分之一。經度偏東一百三十九度八分。自東北至西南。長三里半。高二千尺。西面有白石崖。崖之北頂又有白石。故易識別。其與迷鴨磯間之水道。闊十五里。甚爲穩便。　按日本圖。距柯蘇島東岸中界廿里。有兩小島。互相遮掩。距柯蘇島南面約二里。有卜路得列石。縱橫四出。恐有隱險。須距石稍遠而行。

西奇納島。距柯蘇島東北五里。有西奇納島自北東北。至南西南長一里半。近角有小島。昔有美國兵船由柯蘇島与西奇納島向行過。未見有險。

尼乙島。距西奇納島東北一里半。有尼乙島。分裂破壞。遠視之幾如數島。自南至北長五里。最高頂一千四百九十六尺。近東南角又有小低島。

拖島。距阿得臓北又西二分二里。有拖島。徑長一里。形如方錐。頂高一千七百三十六尺。

阿得臓島。距尼乙島北又東二分一里半。有阿得臓島。形如圓錐。高六百六十六尺。近島岸有散露石。參伍錯綜。瞭然可數。

大島。一名福里司島 江戸口以南一帶列島。最向北而大者。曰大島。距拖島北東北十里。東南角距赤道北緯三十四度三十九分半。經度偏東一百三十九度二十八分。形如蠶繭。自西北偏北。又北二分。至東南偏南。又南二分。長八里。闊五里。頂高二千五百五十六尺。島中有火山。晝發白霧。夜色晴明時。遥見山麓四周。火光上騰。燦如火城列炬。信奇觀也。大島有數鎮。北岸巨鎮相望處。有窄灘。深十二拓至十八拓。可泊船。島之東南大鎮対面。為日本商船停泊之所。兩鎮俱可登岸。距島岸甚近之處。有險石。

江戶海。一名野渡海。伊豆舌多高山。為江戶海之西岸界。東西之安房舌與伊豆舌。自南至北長五十一里。南角曰衣初角。亦名依羅臥薩奇。為陡石山。自此角起。海岸曲折向東北二十六里。以至浦陡角。為一帶高陡石岸。近西摩大港之海岸有數沙澳。西摩大与浦陀角間之海岸為陡界。其間有亞馬寄山。高四千七百尺。又岸之東北有山如華蓋。最易識別。

自浦陀角起。海岸曲折向北以至府庫澳。沿海岸有一帶較前稍低之山。內有二頂。一高二千九百七十尺。一高二千四百六十六尺。此山与海岸間又有一較低之圓山。山麓有大石礁。又有長舌向東伸入海。周有壁立石崖。舌之東脈对面。有一露石高二十尺。西面為府庫澳岸。自此漸低而東。成阿大哇拉澳。內多隐險。浦陀角以北有數小島。其間最大者曰哈島。高一百二十尺。距陸岸約三里半。距島西偏北有小澳曰亞奇羅。近岸十拓之處。可避西与南各方之風。若發東風時。澳內甚簸。不甚穩便。距馬納初路舌東北十四里。有叢林山。自此向東阿大哇拉澳。岸甚低。澳內亦甚淺。阿大哇拉澳首有低岸。故測量者誤以此澳為吳拉加水道。已过福里司島。即所見高約六百四十五尺之蘇角。此角為吳拉加水道口之東角。水道之西為敖加米角。高七十尺。近角處有高二百尺之山。形如馬鞍。且有叢林。故曰樹馬鞍山。操舟者可準此以入吳拉加水道。

江戶海以東。安房境内多平原。山較少於伊豆。安房西岸有數小澳。惟大低亞馬澳可泊船。自蘇角起至克乃崖角止。安房一帶海岸。亂石嵯峨。其最向外者。距代步角北偏西一里半。又距陸岸西西一里。有格卜衣石。亦名黑石。高二十尺。距此東南有數小石。潮退即現。自然加迷角工之樹馬鞍山。視克乃崖角。約為東向。此角為迷九夾尼山之餘脈。迷九夾尼山形如華蓋。高一千有九十六尺。近岸之石。隱露多半。距岸最遠者約一里。安房山以北為上總。地面較低。甫楚角对面。為薩加陀加淺嘴。距甫楚東北數里。有大平原。為江戶灣首。

衣初角（一名依羅臥薩俞。）衣初角為高陡石山。為伊豆舌之南角。距南角西北三里半。有易識別之白石崖。又向西北數里有石山。頂如圓錐。為伊豆舌之西南界。自南与西南向。皆綠是石。距伊豆角西西一里。距陸岸四分里之一。又有高五十尺之小島。自衣初角起。至距東東北三里。海岸破裂處。近岸多隱石。

衣初角火墩　衣高二百五十尺之處有火墩。夜則燃薪為號。能遠見十里至十四里。山分兩脈。接連海岸。東脈末尾有小亭。為昔時燃火處。今已廢。

石島。（一名米可摩島。）距衣初角東偏南又南三分五里。有小島。高約一百二十尺。長三分里之一。曰石島。一名米可摩島。四周為陡岸。多荆棘。島与陸岸間。有四露石。曰烏可拏。日本商船常出其間。西船不宜從石島間夜行。因露石尖小而銳。且距島不過二里。兼之海水流行不一。流向東北速率每小時三里至四里。潮漲向西西南。退向東東北。每小時流行速率一里半。石島北與西北海底淺深不一。故海水流行激成聲浪。詢諸漁人云無隐險。

石島與烏可拏間之水道淺深不一。自十四拓至三十拓。距石島北面三万拓。僅深九拓。但阿大哇拉奧口。吸力甚大。故宜近石島南岸而行。

烏可拏石。

距石島北偏西二里。有兩石。曰烏可拏。石最大者高七十尺。距烏可拏石西西北與北西北間。又有四露石。其最向北與最向南者。恰平水面。烏可拏西北岸。有多哈其角。近角之石行。有四露石。分列三万五十拓。各露石間爲深水道。

西摩大港。　伊豆舌以東。距衣初角東北六里。有西摩大港。北面有一帶高山分隔。伊豆舌南面。乱石重疊。較低於北面之山。　港之東角。曰彎大利牙山。一名旗魏角。多松林。東西近處。有餘薩奇鎮。距港口東面一里半。有蘇墨寄角。亦名帶門角。近角處有小石島。北面有西拉哈馬澳。其間坡段沙岸。略同西摩大港。行時須詳細別之。凡就西拉哈馬澳者。必先能見蘇墨寄角。恰遮鳥可拏列石。以及石島。若赴西摩大港。即直向鳥可拏石。併石島而行。西摩大西面有西摩大城。東西有卡奇沙磯〔鎮〕。西摩大溪内。小艇可通。能得淡水。

中島。一名依若波島。　距石島北又東三分五里半。又距鳥可拏石北偏東又東二分。

三里半。居西摩大之中界。為中島。形如圓錐。多叢林。山洞可通行人。
布意薩柯島。 距中島北東北。四分里之一。有布意薩柯島。高四十尺。多雜樹。
溦當沒敨石。色拍來石。 西摩大港間有二隱險。一居水道中界。距中島南角南偏東又東三分。距巒大利牙山北又西二分。約六百碼。曰溦當沒敨石。距水面二碼。徑約二十五尺。咸豐四年間。曾設立白木標。至十一年間已廢。一為色拍來石。距布意薩柯島南西甚近。其頂甚尖。距水面十一尺。有紅浮標。現因溦當沒當石無標可準。皆視中島之東界。與布意薩柯島之西界成直線。偏西而行。即可避之。
泊船處。泊淺船宜半在港內。時或有巨浪。惟溦當沒石與中島以內海浪甚平。若欲泊船。須拋二錨於西南面。 昔則量時探海底為泥。但後數月復經地震。巨浪三湧。退力甚大。泥盡刷去。現為石質。故受錨不牢。港之南西南間。無障風處。且此間最大之風。皆來自南西南。故泊船甚不穩便。

潮信 西摩大港朔望日潮漲於五小時。大潮高五尺又四分尺之三。小潮高三尺。

行船法程 凡沿日本東南岸行者。已过番抵門水道內之沙他那角。若值霧日。不能測明船之所在。則不可向東東北前行。因自此角起至距東東北二十里之處。其黑瀬川沿岸流行之力。更向東北遠處一晝夜約四十里。有時為逆風所阻。停蓄多時。俟風或轉或息。則流行之力更大而猛。故向東前行者。距岸不可遠於三十里。稍近即可以現之經緯度較陸岸之經緯度是否相符。过此即能見紀伊水道口東面之西阿角。就衣初角時見海水有時流行向南。惟夏月此間無向東北流者。 凡就江戶海者。皆以富士山為標準。形如斷圓錐。高一萬二千四百六十尺。相隔百里。即能見之。若自西南沿日本海岸行時。俱視此山為東北之向。及視為北向。即知衣初角与富士山成直綫。若自西西或西南西擬赴西摩大港或赴江戶海者。先以衣初角為準的。當晴明時能見衣初角。即能見江戶海沿岸之列島。蘇盡加傳口西角。曰阿馬崖角。低連沙岸。間有數低沙山。疎林迢遞。自阿馬崖角沿海岸三四十里。衣初角孤峯高聳。常為雲氣所遮。与阿馬崖角高低懸殊。形象互異。最易識別。附近石島甚低不能遠見。故當天色昏曉。未見此島時。已能先見衣初角与大島。 凡擬入西摩大港者。已行過石島相距一里。即能於北面見西摩大港。嗣由數處疊浪經過。因海水甚深。力不过猛。況小船。雖亦未及底。近港口亦深十四拓至二十七拓。若當北方勁風。即可在港口停泊。俟風力或順或減。再為開行。以出港時遇小逆風。可遣小艇載錨前拋。次第移之。凡自東北或東面旋赴西摩大港者。大島南北兩面均可行過。自大島之北角至蘇墨寄角為西西南之向。自大島之南角視之。為西向。相距約二十一里。大島與西摩大間約無隱險。惟流行之向不一。近岸處流行之力甚大。若忽蒙濃霧而猶未抵蘇墨寄角。後顧已不能見大島。即應視石島為標準。一帶海岸。形勢略同。港之西面有教沙岸。又有三四沙灘。相距六里至八里之處。即能識別蘇薩奇對面距陸岸三分里之一之石淺。時有海浪激擊之。距岸不可行近二百拓。凡自東南赴西摩大港者。應由柯蘇島西面行過。自此島視西摩大港為北偏西又西二分之向。相距二十七里。

阿大哇拉澳。凡向吳拉加水道前行者。須知阿大哇拉澳內吸力甚大。澳首之陸岸甚低。西面海岸甚高。曾有舟人誤以此處為吳拉加水道。且澳首又有鼓石行。其最險者為馬西多尼勁。設誤入此澳。若遇南風或無風時。俱難出口。且澳之東岸。水流向北。近西岸則流向南。昔有二英兵船泊此。詳探深淺。未見近西岸水底之砂。如已誤入此澳。即應沿伊豆岸向南曲折强行。俟出澳南頗遠。即旋向友克島上風面以赴吳拉加水道。又相模省西南角曰禾薩奇對面有窄島。曰友克島。

衣那島　阿大哇拉澳首低岸東界対面。有衣那島。高二百二十尺。閱此澳首甚淺。距澳四里。深五十六拓。距衣那島西面二里。有大石行。海水激成疊浪。又有一尖露面。高三十尺。衣那島有高陡石崖。色甚瑩潔。其頂稍平。有大樹數株。距島東南四分里之三。又有大石行。故赴衣那島者。不能從東南面就近衣那島。近相模山脈之盡。與陸岸相連為低窄石頸。潮漲即淹頸之小河口。向海浪甚高。　距衣那島以東二里又四分里之一。有可次波磨勒白尖面。見此尖石。即知阿大哇拉澳北面之泊船處。衣那島与可以波磨勒角。海底多隱石。

火里那島樓澳　白尖石東西澳內多石行。不便泊船。距此澳東南英栢里友

斯陡山以北。有火里那島樓澳。可暫停泊。惟西与西南無障風處。　英栢里友

斯山坡低角。有石行遠列三百拓。石行西北陡山北面之低角角。有石一行。擬

列向西。居中者為白頂石。高二十尺。外界有小露石。距西石行北面三百拓至

四百拓。水深四拓至八拓之處。可停泊。昔有二英兵船在此(測)量。藉西石行以

障南面大浪。故稱穩便。

馬西多尼勁石行。　距反克島西角之火墩北西北四里。阿大哇拉澳東面。有

馬西多尼勁石行。潮退盡時。即露數處。潮漲滿而未平時。有叠浪激之。凡暮夜

行者。不可視火墩為東南偏南又南二分。而更偏南之向。俟能視薩加米角北面第一帶山。高七百尺。者為東又北二分之向。即可暢行。英柏里友斯陡山為相模舌岸山之脈。高五百尺。多叢林。凡能視陡山之西坡。為北偏東之向。即應從馬西多尼勁石行以外。相距四分里之三。水深三十拓之處行過。

亞西納澳。

凡行近馬西多尼勁石行。或阻風潮不能前行者。可距石行東北一里半。於亞西納澳內。水深四拓至八拓之處停泊。此間受錨甚牢。惟西面無障風浪處。已行至能視一帶山之南尾。高七百尺。者為東又北二分之向。或能視南尾與亞西納澳口南低角成直綫。即知已過馬西多尼勁石行。可行向東偏北又北二分以抵澳口。澳之南畔有石。淺北面亦有數露石。須由水道中界以避之。

戈亞奇羅澳。相模舌之西岸。與馬西多尼勒石行以南。有數處可泊小船。其最大者為戈亞奇羅澳。距友克島火墩北面二里。距摩羅衣西石行東北四分里之三。又友克島火墩北偏西又西二分。有長石行。曰摩羅衣西。澳口之北角。有向南列入水道之石行。半塞澳口。距水面一拓。石行與南面陡界間深四拓。澳內南岸亦有淺灘。北界有木標。為水深三拓之處。泊小船甚穩。

蘇角。亦名蘇薩奇。 江戶海口之東角。曰蘇角。自南面視之。為一簇小山。形類圓錐。其最高者六百五十尺。曰哈薩瑪山。角之西北有一小山。餘為低岸。小山之舊礮臺角對面。海水流衝。疊成巨浪。距角半里。約有隱險。相去一里。即可繞越。

大抵亞瑪澳。海岸自蘇角曲折向東四里至五里。与北西之代步角間咸大抵亞瑪澳。澳内受錨甚牢。可避東南兩面大風。惟西面無障風處。澳南有兩叢林小島。東曰大克島。此島以東水深七拓之處。泊船甚穩。自此視代步角為西北偏北。又北二分之向。視西羅山為東南偏南又南二分之向。高二百九十尺。有奇形駝背者。為澳東南面之北高處。自北至東暨南偏西。皆有障風處。惟遇西風即宜開行。因此間每值西風作起。海浪隨之。距西羅山近處。有淺水抄。

吳拉加水道。江戶海与江戶灣間有吳拉加水道。内少隱險。西面有卜里莫得列石。附近有數隱石。開距石南面半里餘。有一淺處。距水道二拓。列石以南有卡納大澳。距澳岸一里之處。亦有數隱險。故行船者須謹防之。以相距稍遠爲宜。　卜里莫得列石北面。有爾墨司敧隱石。距水面十尺。自此處視卡餘角東界。爲北偏東又東二分之向。視吳拉加小澳北面之南界。爲西又北二分之向。視卜里莫得列石。爲南偏西之向。凡擬避尔墨司敧隱石者。不可視卜里莫得列石爲西南偏南又南二分而更偏南之向。俟餘視卡餘角爲北西北之向。即可暢行。天墩。距砂枯拉角以南。又距薩加米角以西三里半。有小帘島曰友克島。島之西角火墩。中有無頂亭。夜則燃薪爲號。晴明時相距十里至十五里之處。能見之。有時薪濕煙凝。火光甚微。曾有西船夜行。歷一小時而無所見云。

江戸灣。　江戸灣自西南至東北。長二十八里。最闊之處。約二十里。灣内受錨甚牢。且澳甚大。中外各國商船皆可泊此避風。其間約無隱險。惟有数處沙淺自潮漲之界。鋪入灣三里。嵩卡洼角之沙淺爲陡界。須以鉛錘探試前行。　江户湾口東角曰甫楚角。有三礮臺併漁舍。其角有薩拉陀加險沙嘴。自甫楚角向西伸入水道。其南界尚未探明深淺。近沙嘴稍深之處。時有旋流。行時須加意防之。

江户湾泊船處。多近西岸。距卡能角西西北三里有蘇士克哈納澳。可避各方之風。惟澳内有數石行。併石險。距卡能角西北偏西五里半。有泡哈該澳。其深五拓至七拓之處。泊船甚穩。内又有兩小澳。可備修船。視蘇魯依島為南東南之向。又視弩嘴島為西南偏南之向。水深八拓至十拓。有泊船處曰花旗港。西島間多叢林。

距花旗港北面四里為述西希拔澳。可避常至之風。亦有數向不能避者。然此數向之風不常有。縱有時亦甚暫。凡擬入澳泊船者。宜距岸稍遠而行。因有石淺。自岸鋪入澳四分里之三。花旗港與和约角間之

水道淺深不一有深十二拓者有較淺者海底俱為硬沙

右克黑碼澳　距卡絲角北西北十里半有一帶低山排入江戶湾山之北面曰右克黑碼澳近海之山甚陡高一百尺至一百二十尺最南者曰和釣角最東者為官山形如積薪長一里又四分里之三橫遮右克黑碼澳西南面之巨浪　澳內水深四拓至六拓海底為沙質之泥視官山為南東南之向視登岸之埔頭為西西南之向泊船甚穩凡船體入水較淺者更可近鎮停泊　澳首北面有卡拏加洼鎮向為西人貿易之所後移市右克黑碼澳

潮信　右克黑碼澳朔望日潮漲於六小時大潮高六尺半小潮高四尺又四分尺之三南風時更高二尺右克黑碼澳潮力甚微惟江戶湾內潮力甚大近薩拉陀加淺嘴潮力更疾蘇魯依龜卡絲角二處與薩拉陀加同

江戶。日本音野渡。 江戶灣西北岸。有江戶城。城外通衢長八里。泊船處距城隔五礮臺。皆下石上土。城南有西約河鎮。沿海岸二里。併有一帶峰巒。高一百五十尺。至二百尺。多叢林。山以北五礮臺之西。有古刹焉。為登岸之處。英國使臣常舍於此。 近江戶城處。有一淺灘鋪入海甚遠。距岸一里之處。潮退盡時小艇斷行。澳內深五拓至六拓。海底為粳泥。受錨甚牢。自此處視五礮臺之西南者。為西北之向。但此間水深四拓之處。有陸界淺灘。距水面二拓半。必俟視礮臺為西北偏北之向。泊船較穩。咸豐八年。有英兵船於潮退盡時深十五尺之處停泊。自此視五礮臺為北又西二分與西北之向。視近卡洼用民舍。為南又西二分之向。視富士山為西又北二分之向。行船法程。凡自南面或西面。就江戶海者。晴明時能見江戶海南面之

列島併伊豆古南角之衣初角距衣初角西面二十五里之阿馬崖角甚低惟
衣初角陡而且高併有峭壁自距西摩大南面之石島東面相距一里半之處
起至江户海南面大島西北相距四里之處止再向東北又東一分而行自此
距吴拉加水道口中界為西南偏西二十二里至就熱加米角時須防阿大哇
拉澳之潮力吸船值天晴爽時若視大島非西南偏南而更偏南之向即知吸
船之潮力距此尚遠　凡自東面就江户海者須稍遠安房南岸而行因此處
有數隐險距每勒頭一里半距蘇角東南約五里有每勒石淺併有石香自此
淺向西角前伸三里末界深三十拓自此向東者則由漸而淺石淺南面陡界
深四十拓當風力和緩波平如鏡水色甚清目能透視　凡自東面駛行欲避
每勒石淺及他險者不可視東面陸岸边界為東東北而更偏東之向及能
視蘇角為北偏西之向時或霧或暗或夜行探至水深四十拓之處即知距險
處不遠　凡向吴拉加水道前行時先能見相模吉南面之樹馬鞍山俟近水
道四即能見西岸之卜里莫得而小列石距此列石併尔墨司敵石半里之外
皆可暢行已过卡能角相距半里即應向北西北由薩拉陀加淺嘴与蘇魯依
島相近之隐險間行過然後抵迷西希披澳南面之格類哈碼山对面至此即
能見官山相近之高原間黄石崖併多樹木　由此前行繞和約角与官山時
須用鉛錘探試而行不可不及七拓和約角与官山間亦須行距一里自此以
至泊船處則由漸而淺　官山北面之深水道僅闊一里又三分里之一所以

當西風時扤船曲折强行於其間，須以鉛錘頻探為穩。凡自右克黑碼擬赴江戶者，先須向東偏北前行，俟能見卡洼角叢林間野屋為北東北之向，即可向東北又東二分前行。此間沿海岸有淺灘，鋪入海一里，其界甚陡，有三木標作識。卡洼角叢林間垣宇，當木葉繁茂時，惟見林端微露屋脊。及能視為西偏北之向，探試前行，不可淺於九拓，備已淺於八拓，即應轉向北偏東而行。若深於八拓，可向北行。已能見西納河叢林山之最向南者為西向，又能被五礮臺之最南者為西北向，即可泊船。

過吳拉加水道法程

當此風時，若船已過然加米角，可旋行近克乃崖角之北岸，此無隱險，即角南之險皆顯露水面。又距克乃崖角南面約三里，有小石島，高一百五十尺，曰無奇島。角與島間灣內多隱險，曲折强行，不可深入。灣岸為西也那與迷尤夾尼兩山之谷，中有二小山，遠視能辨之。

凡曲折强行以就吳拉加之西岸者，卜里莫得以南約有淺處，須謹防之，尤須防卡納大灣間之隱險。若擬赴迷尤夾尼山北面之上總岸，可於水深五拓之處轉向西行。

凡風自船右而來，不能行抵卡能角，須謹記防避尔墨司歃石。已行抵卡能角之上風面，更應短其曲折。因薩拉陀加淺嘴南面向未探明深淺，故抵水道東面水深九拓之處，即須轉行。若能視蘇魯依島為西偏南之向，則可向東前行，俟能視卡能角為南向，又可轉行。已能視蘇魯依島為西南又西二分之向，即知已至薩拉陀加之上風面，遂可長其曲折，至水深五拓之界始轉行。若至宮山对面探深七拓，即須轉行。又江戶灣之西岸

蘇魯依島與迷西希披澳間。有數淺處。距水面三拓半。至五拓。海底為沙泥
合賀各淺甚距陸岸二里。若不行至視蘇魯依為南更偏東之向。即可避之
日本嶼東岸。凡自野渡海向楚家尔水道東口駛行者。已過蘇角與依勒他
樓角。即可遇黑瀨川向東東北流行之力。近依勒他樓角。海岸甚高而多樹木。
曾見近岸處有海浪擊淺之狀。故駛行不可近岸。　阿希加西角。為陡白灰山。
昔距此角南東南約五里。有數美國兵船。已過一石。行畧探得深二十二拓。石
行向成大疊浪處。有漁船停泊。約此處更有淺於二十二拓者。當行過時適已
將夕。故不暇詳細探試。石行距赤道北緯約三十五度八分。經度偏東約一百
四十度三十四分。阿希加角距赤道北緯約三十五度十三分。經度偏東約一
百四十度三十二分半。　昔美國兵船。於楚家尔水道未曾別見隱險。後有幾

羅斯兵船。於赤道赤北緯三十六度十五分。經度偏東一百四十一度二十八分之處。見一石行。因連日昏暗。測量不甚明晰。後又有英兵船於相距一里之霧夜行。月明如晝。亦未見此石行。故知俄羅斯兵船所測之經緯度。稍有差誤。嗣有美國兵船。抵日本屿東北之南布角時。亦未行近海岸。故不能知日本圖是否相符。自東北各方相距六里至八里視此角形如鯨魚脊。其首向南。近角處多列石如鯨魚鬐。後行至楚家尔水道。近於出黑瀨川之界。見楚家尔熱度。較低於黑瀨川十五度至二十度。凡自南布角開行。準西北偏西之向者。即可抵哈可達北頭。

西多武器。

日本國名內海大略。

日本屿西南岸。為內海東北兩界。九修西各二屿成守海西南兩界。內海自西至東長約二百四十里。闊十里至三十里。分為六洋命名概從近國。西段至豐後水道止。曰周防洋自此東曰伊豫洋。又東曰迷西馬洋。又東曰備後洋。又東曰播磨洋。又東曰和泉洋。亦名我臺客灣　內海有三百餘島併露石無多隱險。海岸長約七百里。名城棋布。多穩便泊船處。東有紀伊水道。南有豐後水道。俱通太平洋。西有西摩那石磯水道。通日本海。內海多貿易。最大之埠曰我塞客。原名大坂　內海通歲皆可暢行。暮夜有星月光亦可循行。冬月間多西北大風。凡赴江戶灣者。不宜繞行沙他那角。應從內海行過。昔有西國快船由沙他那角經過。計水程二十一日。同時又有英國帆船晝行夜泊。計九日行程已過內海。數日內祇遇一次大力西風。　內海有一蛤類。善蝕木貿。因名蛀蛤。粵名螺螄。若船底不裹薄銅。必為所蛀。聞有木牌新入水中。即為洞穿。孔徑約三分寸之一。

內海間及紀伊水道。隨處可得淡水。紀伊水道間豈可得煤炭。

潮信。內海潮漲退之後。候與流行之向。尚未詳細記明。東口與西口潮有定率。豐後水道潮性無常。殊難分辨。潮浪經太平洋過紀伊豐後二水道以入內海。自豐後入內海者。分為東西二支。向東流行者。近亞洼島。即遇由紀伊水道入內海之潮浪。亞洼島距備後洋北口。經度偏東一百三十三度二十八分。

西摩那石磯。朔望日潮漲於八小時二刻。

亞克西水道與阿波鳴門。潮流行向西。則漲滿由豐後水道入內海之潮。流行向西。至西摩那石磯。則漲滿。惟豐後水道以東。至亞洼島。潮流行向東。則漲滿。亞洼島經度偏東一百三十三度三十八分。

姬島南與潮始流行向西。較遲於西摩那石磯四小時半。向西流行。計六小時。小潮速率每小時二里半。西各屿伊豫西北盤西摩南伯角。潮直向西流行。較遲於西摩那石磯潮漲滿候三小時一刻。向東西各流行六小時。小潮速率每小時二里半。

備後洋以西。阿島水道間。潮始流行向西。較遲於西摩那石磯潮漲滿候四小時三刻。小潮流行速率每小時四里。備後洋以西。阿島口北。烏西馬水道間。潮始流行向西。較遲於西摩那石磯潮漲滿候五小時。

備後洋以東之亞洼島間。潮始流行向西。較遲於西摩那石磯潮漲滿候七小時。此當大西風時。曾見潮流行向西五小時半。流行向東六小時半。

内海各島間窄水道内。潮流行之力甚疾。向西流行者較疾於向東之流行。間多旋流。

日本内海。

日本嶼長門之西北卡多島与九修嶼筑前之西北大島間。日本内海西口外界。闊三十五里。自卡多島日本嶼以南。海岸曲折二十五里。為内海口東界。自大島九修嶼海岸。又曲折向東二十五里。為内海口南界。二島間（自大島九修嶼海）海岸所成之角内。有大島。曰西古島。原名引島。此島以南為西摩那石磯水道西口。

可架島。亦名鄰島。

可架島与大島亦名惜密。間。水道闊二里。深五拓至十二拓。向未詳細探明。約無隱險。又距可架島西北七百拓。有小圓島。凡歷此者。可距小圓島二百拓而行。可架島東南角。有蛋石嘴。向九修岸伸入卡楚澳。長一里半。此嘴與九修岸間。水道闊約百拓。深約三拓。淺嘴受潮成疊浪。故易識別。泊船處。距距可架島南角東西半里。可泊船以避西風。可架島以西。與大島以東。約亦可停泊。

石淺　距可架島北角東又北二分。三里又三分里之二。有石淺距水面十五尺。自此處視九修外一千九百尺之高峰。為南偏西又西一分之向。相距三里又四分里之一。凡行至此。必視大島駝山。與可架島北角相離。始可避此石淺。

北希羅島南希羅島。　距大島外角。東偏北又北二分。十六里。有南北二希羅島。北島高四百尺。頂高而圓。多樹木。北角為亂形。附近有圓石。南角有淺嘴。伸入海四百拓。南島高低不一。東尖峰高二百九十尺。近南角有淺處。近北角為陡崖。距尖高峰南偏東一里。有石淺距水面不及二拓。自高峰視淺處。為自此西南之向。見海面成大疊浪者。即淺處也。距夬峰南偏東三里。距依瓦牙角西偏北又北三分。二里又四分里之三。已有淺處。自東至西長半里。距水西二拐。

依瓦牙角。　距南希羅島南西南四里。闊五里之沙濵東面。有低石角。曰依瓦牙角。近角有石淺。鋪入海。距角西南偏西又西二分五里。有山高一千一百尺。多樹木。頂有圓穴。海面易於識別。　依瓦牙角口東。九修嶼岸低而多沙。有石淺鋪入海。距海岸四兩鼓里。有山高二千尺至四千尺。日本嶼海岸。惟此處稍高。而山則較低於九修嶼。僅高一千尺至二千尺。

劈裂島。一名馬遂島。　距北希羅島東北偏北六里。有木耳初山。高一千尺。木耳初頭對面。距日本嶼岸三里。有劈裂島。其西面水道。約無隱險。島之北半為三頂陡山。高九百尺。西岸間有尖峰。南半較低。南角為陡山。有石一行自此角列入海百拓。周圍有陡岸。又距南角陡山東東南一里。有小黑露石。高六尺。不可行距過近。

矮島。一名平島 距劈裂島南偏東六里。有低平島。長一里。多樹木。曰矮島。北角有淺石行列入海。一里。間有露出水面。西南角有淺嘴向東南偏南前伸一里。又西分里之一。距矮島以東八百拓。六有石淺。內有小方露石。又距矮島西南有大低石行。併沙堆。石行與矮島間之水道。闊一里。深三拓至五拓

羅枯倫島。 距矮島東南偏東三里。有羅枯倫島。島之平頂處有叢林。高三百九十尺。凡恰繞過大島。即能見此叢林。為東又北二分之向。羅枯倫島之北角

有淺嘴長二百拓。東南為陡畧。又西南有馬島為甚低列島。

西古島。原名引島　西摩那石磯水道口有一島。自南至北長三里。曰西古島。北角有老圓緣山。高三百八十尺。西北面有低石角。曰洗洗苦剌角。附近有小島形色頗角石。遠視渾如與角相連。西古島西南角為陡山。高三百八十尺。曰門頭。自此而北有小港。曰府庫澳。日本商船常泊於此。潮退盡時深九尺至十尺。西古島外岸多山。較低於此處。

火墩　府府庫澳口北角。登山三分之二。有白光火

泊船處　勢劈裂島東南有小泊船處。自此處視島之南角陡山。為西南之向。距矮島與羅枯倫島東面。循日本屿岸水深七拓至九拓之處。亦可停泊。但距岸不可不及半里。因近岸多石行也。由此以北有石行自日本屿列入海一里。倘至此天色尚早。計時尚可行過枯羅倫島。即可駛至劈裂島南面半里平灘間。水深六拓至七拓之處停泊。

潮信　西西摩那石磯水道。朔望日潮漲於亥正。高四尺。可枯勤原名小倉水道口之南面。朔望日潮漲於九小時一刻五分。

行船法程　凡從自西面擬入西摩那石磯水道者

已過大島北面。即可向東偏北又北三分。直指北希羅島之北角而行。過此北角相距半里。即可向東而行。但不可視北希羅島之北角。為西更偏北之向。準此前行。可避矮島北面之石。行俟已能視矮島中影。為南向。即可向東南而行。以抵羅枯倫島。及過此島。相距約五百碼。即可向南偏西而行。以過西古島之西角。

南水道。南水道較北水道近四里。但未詳細探明。凡欲由此經過。須依以下行船法程為準。約不淺於十七尺至十八尺之處。即可駛行。如繞過大島已相距半里。即可向東又北前行。並可繞九修角。与距南希羅島。南偏東二石行之間行過。及能見兩希羅島為北向。即可向東而行。俟能視羅桂倫島南角。與馬島北面成直綫為東向。準此前行。又應視羅枯倫島南角与高九百三十三尺之喜怒山成直綫。此山多樹木。為九修屿山尾之最南者。及能視矮島東角為北向。始可直指東東南。向西古島高三百八十尺之光圓山而行。或向西摩那石磯南面高一千一百九十三尺之石峭山而行。嗣又應視光圓山恰与馬島南面之小島相離。或視石峭山与小島相離百拓而行。俟能視馬島西面之卡他島為北向。即可向東南前行以入西摩那石磯水道。

西摩那石磯水道。　西古島西南角。曰門頭。為西摩那石磯水道。長七里。闊三百拓至七百拓。距口以內四里。日本屿岸有西摩那石磯城。

西古平灘。　距門頭西西北一里。有沙石平淺灘。長八百拓。闊三百拓。距水面十三尺。曰西古平灘。　距西古灘西北四百拓。有小淺灘。距水面三拓。凡行至此。若視西古島西界之洗洗苦剌角。与馬島東面小島之東界成直線。為西北偏北又北不及二分之向。即可由此西淺灘向行過。

可枯勒平石灘。 九修屿低岸。可枯勒城对面。西古島之西南。有沙石淺。曰可枯勒平石灘。鋪入海一里至二里。向外漸深至三托。最外有陡界。

馬乃大石。 距門頭以南二百托。有馬乃大石。潮退盡即現。石间有数隐石。甚上水色或淡或濃。故易識別。

拏露石。 西古島東南角。曰寄布納角。距此西南四分里之一。又距西古島岸一百五十托。有拏露石。潮半退即現。故甚險。凡擬繞行石外者。應視喜怒山與寄布納相離為度。

尤期壁石。 距寄納角東東北四百五十托。有尤期壁石。應此須稍近西古島而行。此石大潮退盡即現。內有石筍。出潮漲面二尺。石之左右可任行。惟東水道倍闊於西水道。

甘露島。　西古島東北有陡而小者曰甘露島。可相距万拓或二万拓之處行過。

可昔隨水道。　西古島與日本岵以北有曲水道。曰可昔隨。西口闊五十拓。西摩那石磯鎮對面深不過七尺。

西摩那石磯鎮。　是鎮居內海口向属名區。沿海街衢長約二里。海関屋宇有白色瓦。遠視易識。鎮市東界。有號燈夜現白光。此間水淡而傳煤質最劣。灰居四分之三。

磨西角。原名磨西薩奇。 磨西角与西摩那石磯鎮市東界向水道闊三百拓。摩西角之外界。為依山。近此山東南。又有高五百八十三尺。都山巔有高樹數株。摩西角之西南。有或得拾得澳。併磨西鎮。

隱石。 閘近日本屿岸。距磨西角東北水深之處。有一隱石。約距水面四拓。

大那淺灘。 距摩西角東又北二分一里至一里半。又距大那澳鎮对面。有大那淺灘。凡視稅関与磨西角稍相離。為西南偏南又南二分之向。可稍偏北而行。以避大那淺灘。灘外深五拓之處。可停泊。有陡界自深七拓處。忽淺至三拓。

依角。原名依薩奇。 九修屿北之東角。曰依角。為西摩那石磯水道東口之南角。凡行至此。可相距二百拓經過。

苦惜角（原名苦惜薩奇）。西摩那石礮水道東口之北角。曰苦惜角。有鼓石行排入水道二百拓。附近有營壘。曰楚芝阜。（原名長廊）

慢休島。甘休島。距楚阜自東偏北之向。有二島。一曰慢休島。高二百九十尺。一曰甘休。稍低而平。俱不可行。近二百拓。又甘休島之南角。有暗礁石。併大露石。

中灘　苦惜角與依角間。有中灘。其最淺處。距水面二拓又四分拓之三。恐有較此更淺者。尚未詳細探明。

（泊船處）凡欲擬泊西摩那石礮对面者。應於税関以下。水深六拓至十拓。去潮力尚遠之處停泊。水道內潮力甚疾。當向西流行時。近岸有旋渦。本國商船於此衛尾而泊。出入甚難。不若或得拾得澳內。水深五拓至七拓之處。較為安便。自此處視磨西角。為北偏東之向。視磨西鎮南市末界。為東偏南之向。設欲暫泊。可令引水道者導至大那淺灘。水深三拓至四拓之處。因此間潮力平穩也。

（潮信）西西摩那石礮鎮朔望日。潮漲於六小時二刻。大潮高八尺。小潮高不尺。潮漲滿以前二小時半。始流行向西。潮漲滿以後二小時半。始流行向東。故此間潮力流行向西五小時。流行向東七小時。磨西角対面大潮。每小時流行速率七里至八里。小潮三里至四里。每潮當三小時之頃。有大力疾潮。西摩那石磯水道以東。大潮時成大疊浪。

行船法程

凡入西摩那石磯水道時。已繞過洗洗苦剌角。即應向東南西行。俟純視洗洗苦剌角与馬島東西小島之東界成直線。即應向東南偏南又南不及三分而行。以避西古平淺灘。併門頭対面之馬乃大石。已純視門頭高頂為北東北之向。即應向東東南而行。俟純視磨西山与寄布納角稍相離。即應向東行。及視角与山相距更遠。視喜怒山与寄布納角相距百拓。即應轉向東北偏北又北二分。向喜怒山前橋以抵西摩那石磯鎮。已過西摩那石磯。即應離日本嶋。漸繞向磨西角而行。已過磨西角。即應視角与稅閔稍相離。而向東偏北又北二分前行。以避大那淺灘。俟純視大那淺澳東面第一角。為東南偏南之向。即可向東偏南而行。漸轉向為東南又東二分。及過依角相距二百拓至三百拓之處。即抵內海。

周防洋。

內海最向西之大段曰周防洋。北界為日本嶋之周防國。南界為九修嶋。東界為亜島。計長六十里。与太平洋俱有通豊後之水道。

周防洋東北有依哇窑島。又東有一島。形如圓錐。尚可近。距此島西南行過。又烏哇島一名黑可希地西南面有露石一拳。曰亞島。高約四百尺。

行船法 凡尺歷周防洋時。應按圖循行。已過依島。若向東南又東二分前行十里。惟摩陀押瑪角有一淺伸入周防洋二里。若不準圖線慎行。恐為潮力推至摩陀押瑪角之淺處。俟船視摩陀押瑪為北向。即應旋向東偏南又南一分。前行三十六里。以過姬島北面。姬島距九修嶼東北角之對面。自為一高島。其與九修嶼間。約為穩水逈闊二里。可自姬島向東偏南又南一分前行二十二里。抵亞島以南二里之處。或距亞島一里。繞行亦可。

泊船法 凡尺行至內海。須夜泊。尤須速行。始能抵穩便泊船處。自西摩那石磯水道東口起。至距東南面十里止。水深五拓至六拓之處。約可停泊。近摩陀押瑪灘之南界亦可停泊。昔有英兵船夜泊於米他西地。水深五拓者。海底為泥之處。約為赤道北緯三十四度。偏東一百三十一度三十三分。自此處能見一島。識別之沙把島。為西南又西二分之向。此間有小澳。可避西與北東與南東南間各方之風。距那島沙路卡西西北七里。距沙把島西南一里又四分里之一。有石一叢。附近甚淺。卡斂島之西北。亦可停泊。凡自西南赴此泊船處。須由三小島東南面經過。卡弥納薩奇島東角以北有大塲。附近亦可停泊。須自東南面赴之。由約可島與模羅初島間行過。模羅初島為周防國南角。姬島南面小澳內。水深五拓至九拓之處。亦可停泊。以避各方之風。

豐後水道。 豐後水道。向未探明深淺。概從日本原圖。西船過水道口時。探海底爲灰色沙質。惟水道西岸有隱險。曰納利石。

伊豫洋。 巳行距西角以南一里。應向東偏北又北二分。前行十四里。由迷納溪南西半里行過。即可轉向東北。於游里島或南或北行過。又可慧島以[illegible]亦爲通行之穩水道。 距迷納溪島以南一里。有古迷納溪島。凡行至此。必距古迷納溪島以南四分里之一。又自西南面視游里島時。似分爲二。其間有沙灘相連也。若距南北二面。二分里之一。均可暢行。可昔島（一名互以扡戈島）有那可那島。（一名那倮偉那西馬）可昔島西北。又有長而窄者。曰甫他卡窓島。距此島東南二里。又四分里之一。有分別小島。最外者形如圓錐。爲穩水道之標識。泊船處。距可昔島南角東偏南。阿宜模勒对面可停泊。澳内有大鎮。曰新哈馬。陸岸有敌砲臺。澳之西面無障風處。西船過可昔島。与西各屿間之水道時。探試皆不淺於九拓可昔島東岸南澳内約為稳便泊所。曾見澳内。多日本商船。可昔島对面西各屿之陸岸間有乱石。併數小島。

迷西馬洋。備後洋。　自可昔島。可向東北那可那島与西摩南北角間行過。以抵卡妻陀利角。与伊豫角两角对面。俱有敌石。伊豫角向又有敌石。向西列入水道半里。北面又有列島。約長三十里。　伊豫角对面有一水道。分而為三。南北二水道。已可按圖循行。中水道亦記明拓數。而本國引水道者。常由北水道。蓋北水道出摩島間。曲而且窄。南水道越摩島而過。較闊於北水道。且近六里。亦頗稳便。然最近者為中水道。亦出摩島間。惟有一甚窄處。大潮時力疾而猛。不能駛行。小潮時力亦不弱。　距西摩南柏角偏西二里。有一島。附近有石一簇。石外有疾潮。詢諸漁人云。疾潮處帆檣往來。無危險。昔英兵船探得最險之處。為十七拓疾潮左右。深二十五拓。

距西摩南伯以北數里有二石。曰矮島東為白色。西為黧色。相距一里半。即便駛行。距矮島東北數里。又有兩石。曰黑白石。各較大於矮島。

火磯距伊豫角西北三里半。又距伊豫対面之北水道口西面一里半。阿克鎮（原名阿南角）克撲勤夜見白光大燈為行船標準。

由北水道入備後洋

凡船擬赴北水道者。應由跪島与卡他卡島向向北沿阿沙枯崖岸而行。已過此島東岸。即應由馬楚小島西岸。相距甚近而行。然後繞阿枯那島以北。沿日本屿向東前行。以抵米哈拉城之北面。凡自米哈拉開行者。須按圖循行。自尤可島南面而入備後洋。再向東偏南而行。凡自西面擬赴北水道西口者。頗難識別。因近口之島。高二千尺至四千尺。水道口為各島所遮。故不甚熟悉此處者。可沿阿薩哥島南岸向東而行。是島東角有速他賴鎮。過鎮即能見小島。麓有白石繞之者。亦能見阿克鎮南角之火燈並濯濯然。高二百尺之卡他卡島。自此而東有跪島。高四百尺。多耕種。有樹數行。自海濱排接山頂。跪島与卡他卡間。水道僅闊四分里之一。而中界甚深。既入此口。即可沿阿薩枯崖東岸向北東北而行。但不可距東南角太近。因角之東北有數石。潮退即現。石以北之寄那依鎮對面。夜可停泊。近島海濱有鎮市。又有雲石礧。（礧与伏理石同）立船面能見之。　阿薩奇有一露石。形如圓錐。北面有數小島。可由此西面行過。是為北水道之第一段。又此面大地那客澳內。水深九拓半。近陸岸处可泊船。大鎮外有長海塘。以捍潮浪。凡自此開行。須向東南前行一里。始抵穩水道。因大他那客澳東岸。有數淺處。　昔有英國兵船。由北水道抵桃拉對面時。於水道中。量探得深十四拓。再探忽淺至四拓。海底為沙質。潮成旋渦。據引水道者云。距此處稍向北。近日本屿岸。則深七拓。然自遠視之。亦有旋渦。恐深數未確。　距桃拉東面未遠。為日本屿岸折成一角。繞過此角。即可向北偏東而行。以抵米哈拉澳。已抵澳之大鎮对面。即可旋行向東。又米哈拉澳口東角小島。有高墩者。為叢林島。凡行至此。由高墩与澳口之東角間行過。即能見隱島。与模科島間之水道。且自隱島与模科島水道口之荒僻角間。亦能見相距八里。形如圓錐。高一百五十尺之狎克富宮小島。模科島与隱島間之水道。闊四百拓。凡擬由此間經過者。應向東南。又東二拓。前行六里。近模科島南角之墩行過。又尤可島西南角对面。亦有一墩。當勿誤認。

【火墩】

澳。澳北岸米哈拉鎮海塘处。有大墩。

【泊船处】

米哈拉澳為最穩泊船处。若擬於北水道東口以外泊船者。可於狎克富宮東面。或北面。隨意停泊。

【潮信】

北水道間小潮流行速率。每小時二里半至三里。大潮流行之力更疾。漲則流行向東。退則流行向西。向西流行時。水道間之旋渦。較潮漲時更險。

【由島】

西馬水道入備後洋。凡欲擬行此水道。若已过伊豫角。島跪島間之水道中界。
即可向東偏北。或北東北。指代救島。与阿島間前行。距楚島北西一里半有疾
潮。深約九拓。庶無隱險。哈苦島与阿島間水道較窄。中有島西馬島。多水道。為
二処。一斜向北。如入字形。為穩便水道。至島西馬北角对面。闊不过百拓。即富
拏波利角。与西薩奇列石間。闊亦不过百拓。闻此水道素無隱險。惟大潮時水
道窄。其流行甚疾。不能前進。又闻島西馬南水道內多石。亦礙难暢行。 凡擬
入備後洋。應由水道中界之阿其那迷捷吉。与牛亜陀利南西行。過。已抵牛亜
陀利南角。即應遠折向東北。仍就窄水道之中界前行。既过窄水道。即應向西
薩奇西石以北前行。但不可行近富拏波利角之各石間。大潮漲滿。各石即隱
及过此石。即可向東南。依图中所记拓数循行。以抵備後洋。一入此洋。即可旋
向東偏北。又北二分。歷豆友島与大克渦昧島間之水道。西南水道入備後
洋。北埗水道出入群島間。縈迴曲折二十四里。島西馬水道。曲注各島間。計長
八里。惟南水道環島不过四里。故較穩。於島西馬水道。 伊豫角甚低。距西面
半里。有石一行。卡期陀利角為陡峭。高三百尺。相距五十拓之處有数石。 南
水道間有古島。高四百尺。北半高頂分為双峰。東面多耕種。古島南角有数石。
向对岸之西各屿布列入海。古島以西西各屿岸間。有双峰。高三百尺。双峰
以東有荒峭。高二百五十尺。距古島西北有一露石。高二十尺。 南水道間有
馬島高二百五十尺。近島之西北部有一盤石。馬島以南。西各屿海岸甚低。又

距馬島以南約一里，距西各峙岸間，澳口西北角以北，有白頂露石，高六尺。澳岸有鎮市。阿島多山，高六百尺至七百尺。近南角有二小島，向外者高二十尺，有樹一株，自東視之，形如小風帆船。此東北面為阿島岸，又成一角。近角處有數露石。南水道東口以外，有奇氣列島，高百尺，最東嵛高頂有老樹二株。水道東口，有平頂雙島，高二百尺，曰枯溪島。又東有磨陀島，高三百尺，有雙峰，東西有長斜坡。又東北數里有大克渴昧島，孤峰獨聳，高八百尺。又東曰阿樓島，有三峰，高五百四十尺。自此以南有小島，曰友敵島。又阿樓島東偏南，有高二百尺之夜那其孤峰。大克渴昧間有豆友島，島之東角有雙峰，一高三百尺，一高二百五十尺。雙峰以西有平面，高百尺，是島為赴島西馬所必經。又距豆友島西北數里多大島，最東者曰友米克蘇里島，有三峯，北峯高六百尺，東峯高五百五十尺，南峯高五百尺。

行船法：遥已既繞过伊豫角，即應由古島以東，併馬島以西，向南前行，然後斷偏東行，及过阿島以南之小島南面，又應向北東北而行。由枯溪島以西相距一里之處，準此向前行，即过備後洋。此列島間各水道向未詳細探明，疑東西列島間有淺處，須以鉛錘探試，加意前行。如大克渴昧島、阿樓島、夜那島二處亦同。

陀磨鎮　備後洋北岸，有陀磨鎮，為日本名區，釀酒甚美。附近水深五拓之處。

可避北与西各方之風○

備後洋間列島○距陀磨鎮東南數里○有淒峯大島○曰哈西里○東峯高四百尺○西峯高二百尺○又東南有二島○曰烏溪島○東爲淒峯○高三百八十尺○多樹木○又距烏棲島東東南數里○有摩楚島○高九百尺○自坡至頂疊爲高田○又東有納蘇客島○形勢甚低○而爲黧色○自此而東有淺灘○鋪列頗遠○近島有石一簇○納蘇客島之東東北○有大克渴脉島○高八百二十尺○附近有陡畧○距此以南四分里之一○中西各船○均便駛行○納蘇客以南○有亜哇島○成三角形○南北二面○各成一澳○北角爲陡畧○相距二百拓○水深十九拓○南角亦爲陡畧○近東角有石一行○与角不相聯屬○又西哇島以東○有喜虎島○田壤交錯○雞犬相聞○距此島以北○七百

拓。有淺灘。與北岸平行。又距大克脒以東數里。有兩島。西曰賽島。東曰洗島。其間有淺灘。馬勒克墨對面有二小島。樹木叢雜。景色濃厚。兩島以南西各峙之岸甚低。當霧蒙岸隱。見此二小島。慎勿誤為賽洗兩島。若探水深於五拓。海底為泥質。即知方向已迷。蓋賽島以北。有三層高二十尺至二十五尺。南北兩面皆可駛行。洗島以東。有阿渡磯島。形如圓錐。高九百尺。各方俱易識別。 距阿渡磯以東數里。有阿溪島。又距東偏南數里。距阿島以東不遠。有依納溪島。三島俱甚低。惟距依納溪島以北半里。有極險石行。三島間亦約有淺灘。若擬赴大克馬港泊船。須加意前行。又距可渡磯島東面數里。有長淺灘。距水面三拓。與西各峙岸平行。潮漲退甚疾。惟潮平時無旋渦疊浪。泊船處。亞丞哇島北岸澳間為穩便泊船所。此島與喜洗島以南，水深六拓至八拓之處。又喜洗島與賽島深五拓至七拓。海底為砂礫處，皆可停泊。昔有二英兵船，於亞哇島南岸鎮之東西得下等煤一

小豆島。西音梭蘇島。

播磨洋以西，有大島，長十里，闊八里，高二千五百六十尺，曰小豆島。島之南岸有高陸舌，伸入海，曰又西那角。南界有陡山，高九百六十尺。

播磨洋內與小豆島西面通行之穩水道間，俱能見此高陸古賓，為行船標準。

東西兩面俱有大澳，尚未詳細探明。泊船處又於西那角陡山西北，西島東南可停泊。絕頂有高樹一株者，為西島附近海底深淺不一，曾探得深十拓，次深七拓，又次深五拓，礁難駛行。又西那陸舌東北有薩克堤澳，澳內深十六拓之處，陸岸俱陡，泊船甚穩。阿初角西北府庫納。東北澳內深十三拓至二十拓之處，約可停泊。小豆島以西有大島，曰牠磨島。近此島西常深五拓至十拓之處，亦稱穩愜。

哈拏模勒澳。

距又那陡山南西南五里，有哈拏摩模勒澳，為內海最穩便之泊船處。澳首有大鎮。澳口西南角有高山，曰多登山，為日本名山之一。

大淺。播磨洋內。有三角形大淺。其界為小豆島東岸。闻此淺南向東東北伸入播磨洋二十五里。其東界距亞克西水道以西七里。又距淡路島以北五里。

司克納司灘。距淡路北角西北偏北七里。有司克納司灘。研探最淺之處。距水面五拓。恐更有淺於此者。

淡路島亦名亞哇棲島　內海最大之島。為淡路島。自南至北長三十里。南面最闊之處十四里。此島以南東西二角對面。日本嶼暨西各嶼。皆各成一角。西角與西各嶼間。有河波鳴門。可通紀伊水道。淡路東角與日本嶼間。有和泉水道。亦通紀伊水道。淡路島間多山。向北漸低。至北角則為甚低沙角。上有鼓砲臺。

亞克西水道。淡路北角與日本嶼岸間。有亞克西水道。闊二里。潮行之力甚疾。南北西岸俱陡。各有砲臺。

火燉

淡淡路島北角有火燉。距亞克西鎮以西日

本屿岸間亦有火燉。互視二火燉。為北西北與南

東南之向。相距二里半。

行船法

標凡從自備後灘擬赴播磨洋者。按圖循行。可得穩便水道。惟水道左右淺處甚多。出備後洋時。先應由亞克那塞角與摩楚島間行過。亞克那塞角為西各屿北岸之陸角。向西北伸入備後灘。近角處有小島與露石。過此水道中界。可仍依此向前行。以過亞哇島北岸。及至大東味以南。應向形如圓椎之阿渡磯島而行。準前向。又應行近賽島北角。併近洗島北西之小島以北。水道中界之三石。或南或北行过。及過阿渡磯以南。即可行於阿淡島。併依納溪島以北。但过依納溪島時。不可行近一里。已繞过。又西那陡山。可向東又北二分而行。及距淡路島西岸五里之處。可沿岸而行。以抵爺角。淡路之北角曰爺角西入亞克西水道。再向東又北二分前行。即抵喜我歌澳。併我塞客。大原坡距爺角西南十二里。挨異澳內。距陸岸三分里之一。深九拓之處。可停泊。此澳與爺角間近陸岸深七拓至十二拓之處。俱可停泊。距爺角西南深六拓至七拓之處。泊船最穩。惟近爺角向之水道。过深。礙難停泊。

如已繞過又西那陡山。若遇北流之潮。須視又西那陡山與小豆島東南之阿初角南面相離而行。及已近淡路岸。恐為北流之潮推至大淺。則不可視爺角為東北偏東又東二分之向。而直向角行。昔有英兵船行於播磨洋此半岸。因有淺嘴自拖磨島北岸伸入海二里。故先由拖磨島以西繞至淺嘴北界。得水深八拓

之処。復由此前行。繞过小豆島北岸。遂沿馬楚島南岸。向東又北二分前行。以抵亜克西水道。距喜我歌澳以西八里。漁村対面。有淺嘴伸入和泉洋。若見水道。由斷而淺。即知行近淺嘴。必須隨時探試。距岸一里半而行。始可避之。

和泉洋。一名我塞克灣。日本内海最東一段為和泉洋。自東北至西南。長三十五里。自南至東北一帶。有日本屿岸。以成和泉洋西界。淡路島多層巒疊嶂。和泉洋大半為高岸。多叢林。亦有鼓區。低沙岸洋内無島無石無隱險。和淡路島東岸。除小澳距岸甚近之処可泊船。餘為深水道。惟近日本屿岸。隨処皆可停泊。所有石行。遠列入海者。亦不過一百拓。至二百拓。

我塞客。原名大坂。和泉洋東北岸有日本最大之埠。曰我塞客。此间河道極淺。大船不能通行。河口有一塔。形如火墩。同治元年西正月一日。西國初聚此通商。

咸豐元年。有英兵船自我塞客開行出海。據云。自城距海岸五里。河勢曲折甚少。水流速。每小時一里半。近城無橋梁。距城一里半。日本多傍兩岸泊船。中間所留水道。闊約六十拓。未曾採明深淺。不知有無淺石。唯記日本船體入水約十一尺。城內居民約百萬。

我塞客河口外泊船處。西與南各方無障風處。故不可於深不及四拓之處停泊。因西南風時海浪甚大也。距河口塔七百拓水深四拓。相距一里又三分里之一。則深七拓。前泊船處南半較淺。

喜我歌港。原名兵庫。

距我塞客西面十四里。和泉洋岸向。有喜我歌港為西商輻輳之所。南面稍可障風。又東風甚少。故泊船較穩。於我塞客港岸甚陡而低。距陸岸二里有一帶山。與海岸平行。高八百尺至二百尺。自海岸至山麓。地勢由

漸而高。港底極平。深五拓至七拓。受錨甚寗。至百尺為澳口。恒疑有淺處。故不

及此港稳便。港与澳間各有二小河口。

和泉水道。　淡路島東南角。与日本屿岸間。為和泉水道。内有二島。西為多滿

蓋島。東為低崖島。分和泉水道為三支。多滿蓋島多叢林。近西南角以北有砲

臺。低崖島較低而多樹。此三水道最大而稳。為多滿蓋島以西者。闊約二里。淡

路岸友拉港砲臺対面。有沙嘴鋪入水道半里。多滿蓋島西南角対面有石行。

列入水道三百拓。三水道最東者。曰且那色提水道。闊四分里之一。東西兩岸

俱有石行。列入水道一百五十拓。其石行向之水道約無隱險。

友拉港。　淡路島東南之友拉港。有奇形陸岸。可障各方之風。港為寄澳。澳口

以外有低沙岸。与卯石島。長一里半。多矮樹林。北角有陡山。南角有砲臺。捍禦海浪功埒海塘。南北二面有通港之窄水道。砲臺北面低島為崖卯石之處。潮漲即淹此間。漲滿小艇亦难通行。港之北口大潮退時。深十尺至十一尺。闊一百二十尺。南口甚窄。深二尺至三尺。港之最闊處約半里。海底為泥質。深四拓至六拓之處。可泊船。大潮漲滿時。船體入水十六尺者。可入港內。無海浪之處。以待修整。距此不遠。為日本商船候潮之所。　低島以外。有沙灘深二拓至五拓亦可泊船。自此處視低島北角陡山之外。界為西北之向。視南角砲臺。為南西南之向。惟灘為積沙。受錨不固。

卡橽鎮。　和泉水道以東。日本嶼岸間成大枯拉飾角。北卡橽澳南岸之鎮。亦曰卡撻鎮水深五拓至八拓之處。可泊船。鎮有大埠。長百拓。便於登岸大枯拉角对面。暨卡撻澳至低崖島对面之日本屿岸間。有石行列入海約三百拓。潮漲滿即隱。潮退復現。拉港与卡撻澳朔望日潮漲於六小時五分。大潮高六尺者。小潮高四尺。书亞克西水道以北之亞克西鎮。向朔望日潮漲於六小時二刻六分。

紀伊水道。日本屿与西各屿東岸間。為紀伊水道。南口通太平洋之處。闊八十里。距南口以內闊三十里至四十里。水道闊約十五里。自此至淡路島以南。為紀伊水道之北段。長二十里。闊十五里。西各屿東岸。自室生門角一名摩琴杜角起。至阿波鳴門止。向未測探。惟紀伊水道以東。內海与江戸灣常有西船往來。日本屿岸至所必經。故自大島起至卡撻澳止。已經探明。凡由紀伊水道駛入內海者。可行和泉水道。西紀伊水道西北之西各屿。与淡路島間。又有官水道。曰阿波鳴門。除赴喜我歌我塞客二港者。皆可由阿波鳴門經過。水程較近三十五里。

阿波鳴門。一名旋渦水道。一名拏多水道

淡路島西南角。曰枯勒角。距角西六百五十拓。有滿蓋角。二角俱係低陡山。其間爲阿波鳴門。有大石行。自枯勒角列入水道。近蓋滿角。亦有數石行。併小島。其間爲穩水道。澗不及二百拓。阿波鳴門西南近恩格島岸。有二石小島。北曰拏克。南曰解避。二島俱多樹木。拏克島以東。近枯勒角有低露石。曰拏克石。此間水深數拓之處。大潮流力最勁。激湍洶湧如湯沸鼎。凡乘潮往來者。或向北偏西。或向南偏東。於拏克石併拏克島水道而西猛浪向前行。當潮將轉向之前。則為東南偏南又南二分之向。大潮過阿波鳴門。流行速率。每小時約八里。潮之轉向甚速。無平潮時。當漲將滿。退將盡。日本商船恆乘潮往來。若風浪過大。舵椟不靈。亦無駛行者。即係輪船。必須天氣平和。始可暢行。設遇大風。波瀾並起。亦莫辨孰為穩水道。夜靜無風。阿波鳴門內潮聲砰訇。猶遠聞數里。潮信阿阿波鳴門。與府苦勒澳向。朔望日潮漲於二小時一刻二分。大潮高七尺。小潮高四尺半。府苦勒澳潮漲滿以前二小時一刻。始流行向西。北約每六小時轉向。阿波鳴門以北。府苦勒潮性不一。晝。當府苦勒澳潮退盡之候。適滿盡自以西漲滿之時。夜當府苦勒澳潮退盡之候。而亞南家澳內。仍平滿不流。俟府苦勒澳內潮再漲滿。亞南家澳內潮始退盡。府苦勒澳潮漲高於阿波鳴門四尺。大潮漲滿時。和泉洋較低伊水道高三尺至四尺。向外流行。為東南偏南又南二分之向。凡自南面駛阿波鳴門者。俟抵近窄水道之石行。潮力即稍小。入播磨洋之潮。距窄水道石行東南一里。每小時流行速率七里餘。既過石行窄水道二百抵。即抵潮成旋渦之處。此間較平面海水低三尺。旋渦兩旁。俱成折流。漁人恆駕極小舢板出没其間。昔有英國兵船於朔之二日書。潮最疾之時。行過阿波鳴門。同日方見數日本船。由此出入內津。

〔泊船處〕凡欲擬候潮力稍緩而過阿波鳴門者。可於淡路岸亞南家澳內停泊。或距水道五里。西面之孫勒陀崖澳停泊甚穩。至水道南西府苦勒澳。水深四拓至八拓之處。亦可泊船。满盖角西面澳內。泊船不穩。船避島以南西各嶼對岸。多大石行。

尼可羅角。亦名小角。　淡路島西南角曰尼可羅角。亦名小角。上有數小山。高約三百尺。近角處有石行。列入海二百拓。距角西面七百拓。有淺灘。深三尺。淡路南面為高岸。可距岸四分里之一而行。島之東角。友拉港以南。距岸百拓。有一露石。易於識別。

那馬島。　淡路島以南。紀伊水道內。那馬島間。有數平頂山。高一百尺至二百尺。島岸為低石崖。距南角百拓。有數石行。西面有澳。併鎮市。

依島。紀伊水道最窄處。有依島。其南高峯。遠隔三十里。即能見之。

大枯拉角。和泉水道東角。曰大枯拉角。角爲陡山。多樹木。高頂有房舍。爲一帶山之最西界。角之西南二面。相距二百拓至三百拓之處。有數石。行西北二面。陸地甚高。大枯勒之南石角。曰楚家角。有一帶低海岸。長五里。多樹木。北面有四小島。附近爲陡界。

哈知梗河。距卡撻澳之東南五里平原。向有哈知梗河。距河口內一里半。左岸有小城山。多樹木。曰哇卡亞瑪山。紀伊國王宮室建於上。河口外有淺互。距水面三尺。過此淺互。水道闊百拓。內立六木桿。爲行船標準。潮退盡時。河口深九尺至十二尺。距淺互西南偏西四百拓。又有淺灘。距水面十尺。河口兩旁俱有砲臺。楚家角南面。有澳長四里。澳口深四拓至十拓之處可泊船。距澳岸一百五十餘拓以外。約無隱險。近南岸為陡壁。北岸西行山間之小河口為低沙岸。楚家角有山。高四百十尺。東西平原間。有山高七百十尺。曰卡來得拉山。俱易識別。

阿薩奇澳。前澳以南之第一澳。曰阿薩奇澳。長一里半。西西北無障風處。澳北之小澳口岸腳。有阿薩奇鎮。小澳內深五拓至二拓之處。可泊小船。以避各向之風。阿薩奇澳最向內一段。曰士某慈澳。亦可避各方之風。距阿薩奇澳口北角。東南二百拓。有石淺。距水面一拓。此外無他隱險。凡行至樹島南角。亦不可近於百拓。阿薩奇鎮後面。有大克多西山。高五百九十一尺。頂甚圓滑。有三

樹傴僂如老人形自海面視之最顯故曰樹島阿薩奇澳之南岸多山澳口最

南之陡山高四百尺亦有淡水

阿其那島　距阿薩奇澳口西偏南又南二分二里有阿其那島併有圓山高

二百七十五尺距島二百拓可暢行惟島之南面有暗礁石距東面一里有礁

那島高四百尺向海之面有高石崖島中多樹木東西與陸岸俱不可行過即

行島之西面亦不可近於二百拓距阿其那島以南約二百拓有一礁石及相

距約一里又有二石小島惟北小島高頂有青草色二島與日本岸低岸甚近

距二島東北半里又有一小島

迷亞島　阿其那島以南有一帶山高一百五十尺至二百尺併有二奇形樹

其最南向西之陡山。高二百二十尺。為迭亞角。角之北面有小河口。曰亞里他河。小艇可內達數里。角東有遠山。高一千尺至二千尺。距角三百拓。可暢行。

支克哈拉澳。 迭亞角以南。与西羅賽角間。為支克哈拉澳。澳口闊六里。自東至西長五里。澳首鎮市間。又有小澳。長闊約四分里之三。曰西羅哇他里澳。其水深七拓至八拓。海底平坦。為泥質之處。可泊船。惟西偏南無障風處。澳首小鎮。対面埠頭以內。成一淺港。船體入水少者。可入避各向之風。 支克哈拉澳南岸有二島。一曰枯勒。一曰大克枯勒島。較高而為平頂。四周有石崖。附近有陡累。近西南角。有數小島。枯勒島內有深水道。大克島為二島之最向內者。形勢起伏如浪。西面有圓山。向海之面為石崖。距此島東面四百拓。有陡山角為叟峰。向外者有一礅。距二島二百托。即便駛行。惟距大克島南角二百托。有一盪石。過此角者。須精遠以避之。 大克島北東北。距西羅哇他里澳西面。有數小島。曰卡拉磨列島。自北而北。又有數石行。距列島東東北。与陸岸間。点有石一簇。近石之處。尚未探明。

行船法程。凡凡行船者。若非逆潮強行。以不入支克哈拉澳為宜。因澳北中界。有兩險石。外曰金石。誤觸損船。已不勝計。潮退盡時。距水面甚近。探得石界甚陡。而不過大。相距五十托。即深十七托。故不可憑鉛錘之探試為準。金石距西羅賽角東北偏北又北三分三里。距大克島西北又西二分一里。又三分里之一。距遠亞角南偏東又東二分。內曰松亞米石。距水面六尺。附近点為陡界。距卡拉磨西角北西四分里之三。距大克島北偏東一里半。距遠亞角東南第一角東南又東二分二里又三分里之一。凡入支克哈拉澳。應向大克島而行。候能視大克島為東南偏南与東東南之向。即不可直向大克島而行。恐觸金石也。準此前行。候能視枯勒島恰遮西羅賽角。即可由卡拉磨西角南面。向西拉哇他里澳而行。過此則宜稍行偏東。以避金石。凡曲折強行。以入此澳者。如已視枯勒島之西角。為南向。即應立刻旋行。凡行近金石。皆視枯勒島之西角。為防避之標準。

西羅賽角（一名白石角）　西羅賽角石崖間多白石。距角之東東南四百拓，有白尖石，高二百尺。自南面視之，最易識别。角不過高，而石崖甚陡，直下極深。又自角起有一帶山，向東接連陸岸。距角東西一里半，有高八百二十六尺者，為一帶最高之山。併有峭石角北面小澳北邊島巔有大樹，若不詳細視之，島與樹幾不能辨。距西羅賽角西北百拓，有大圓石，龜常騰焉，故名龜石。

漁翁石礁　距西羅賽角西面四百拓，有小窄露石，高於潮漲面四尺，併有數盪石，向東北排列，約百拓，為最險處，曰漁翁石礁。其與西羅賽角間之水道中邊，深十四拓，向外有陡邊。

阿比溪澳　西羅賽角南面，尤拉怒伍齒灣間之小澳，深六拓，距岸二百拓至三百拓之處。若風從岸來，此可泊船。澳口南角对面，有希奇崎島，小而陡，高一百二十尺。对面為尤拉怒伍齒灣口之北角，有山，多樹木，頂為峭石。自此而南，又有鼓潮退即現之石行，最向外者為大露石。

尤拉怒伍齒灣　此灣闊四百拓至七百拓，長二里，灣口東面有尖峰，名曰亞利島，高約二百五十尺，併有大石行，自此島歷灣口南角，向西北排列，以障海浪。惟西偏南與西南偏西各方，無障風之處。除此以外，即海浪甚大，灣內亦可泊船。又此面有園滑山，曰卡薩納山，高八百六十尺，山巔有叢林，為赴尤拉怒齒灣之標準。凡擬入此灣者，應由亞利島以南，相距二百拓之處，向東北偏北而行。準此，即可由卡薩納山南面之躲避島，相距百拓之處行過，復前行，俟船視此島与亞利島北角成直線。即可於水深六拓至七拓。海底爲泥質。可停泊。自此處視卡薩納山。爲西西北之向。視衣陀牙澳口西角。与高八百二十六尺之峭石山成直線。爲北又西三分之向。亞利島北西之水道。亦甚穩便。但行距左右兩岸。不可近於百拓。

西那角。原名西那米薩奇。紀伊水道北段。南口之東角。爲西那角。其山高六百七十五尺。有清淨斜坡。近角有小島。距小島二百拓可暢行。角之附近爲陡峭。若値北風阻力。則南面出澳之潮。激成疊浪。如海水擊濺之狀。日本海岸自此角迤邐向東南十九里。而至他納北澳。則海岸甚低。距海岸以内數里有數山。距西羅賽角東東北二里半。有平頂馬鞍山。高一千尺。自東南視之。最易識別山之東南面有大平原。長沙岸東界有小河。曰西大卡河。距海岸約半里。深四拓至九拓之處。可隨意停泊。近河口處較淺於長沙岸之西半。凡行至視低岸樹林之界。為西北之向。即抵最穩之泊船處。河口西角有長沙嘴伸入海。河口東西二面。又有散石行。惟小艇可入。　凡擬赴此泊船處者。須防大平面石行。石行內段高於潮漲面十五尺。距陸岸三分里之二。距河口南面一里。石行與陸岸相連之間。又有平淺。距水面一拓至二拓。且有散盪石。又東南面陸岸向一帶山中。多樹木。各山頂砂礫外露。最東之高頂。形如肩臂處。有樹一株。

伊里伯角。原名伊里伯薩奇。

伊里伯角一帶山之最西而圓滑者。曰奇里寮山。頂有散矮樹。山麓四周有低石崖。附近有散露石。俱為陡界。一帶山之東南。有散石行。与岸不相連屬。其最大者。距亞拉利角对面。長四百拓。石行外畧。距伊里伯角西南偏西又西二分。三里半。

亞拉利角東面澳内。水深五拓至八拓之处。便泊船。凡擬赴此泊船者。可由兩樹島北面行過。於距岸半里之处停泊。兩島各高百尺。相距甚近。曰依樓那西馬島。亞拉利角以内。澳之北岸石崖間。有教石行。列入澳四百拓。澳首低岸。形如斜坡。附近約無隱險。依樓那西馬以東。有淺水道口。向内尚深三拓。距兩島南面二百拓。有一行露石。列入水道二百拓至三百拓。

亞拉利角北面圓山頂。有牌樣如三丁字形。距此北東北三里至四里。有兩大駝山。海面視之。最易識別。距依樓那西馬島東南一里。低角对面。有数平石。微出潮漲面。附近俱為陡畧。距此西南一里半。有馬路山角。以成他納北澳口之北角。角低而多樹。又西北有二小島曰厄比島。亦低而多樹。四周有石行。馬路山角北面澳內。水深七拓之處。約可泊船。

他納北澳。　距西那角東南二十二里。日本屿海岸環成一澳。曰他納北澳。澳之外半。西与西北面。無障風之處。凡自東南面。擬由紀伊水道。而赴他納北澳者。必先見依棲意角。但角形同于他納北角。若值霧日。慎勿誤以依棲意之北角。即為他納北澳。蓋依棲意角之山為斜坡。近海之處為低石崖。且較高於他納北角之山。併有高尖峰為一帶山之最西者。他納北角之山高五百九十尺。東面之山与他納角不相聯絡。向內為陡面。向外為斜坡。山巔有孤樹。近海之處較陡。斜坡之尾。陡累之頭。有叢林。其色甚蒼。　他納北角石崖為陡累。此角以北有石行。自依薩奇角向北遠列半里。是為最險。石行間併有兩小島。又距依薩奇角西面半里。有平露列石。曰依薩奇石行。石行與角間。又有隱石與淺陮。且角之西面與北西各露石行間。更有隱險。遠伏二百拓至三百拓。他納北澳西北半面。有二低平面石行。各相距四百拓。其間為深水道。南曰賽多石行。北曰北澳石行。距賽多石行東南二百拓。又距賽多石行北西二百拓。各有隱石。近北澳石行。又有小圓露石。石行與馬洛山角間。亦為深水道。惟有淺處。自馬洛山角伸入水道三百拓至四百拓。自此淺處向東南前行約一里之間。多小島與露石。凡行至此。極須加意。因此間深淺尚未詳細探明。若有西與西北間之大風。各隱險處有海浪衝擊之狀。他納北澳東南半面。停泊島以南。泊船最穩。此島樹少而色濃。自此而西。又有數小島。且有長露石行自小島排列入海。已過石行相距百拓。即可駛向停泊島之東北角与水道口之隱石行間。距角百拓之處行過。此間水深六拓至十拓。候已行過停泊島之東岸。即可向西南又南二分前行。於水深十拓至八拓之處停泊。以避各方之風。此泊船処。南面窄澳間甚深。与何所那澳之岸水道略同。但二處皆甚窄。泊船不便。

他納北澳東北半面。向未探明深淺。恐多險處。他納北澳中間有賓士里石行甚廣。潮退盡時有數露石。又有數暗石。澳北樹林間有王宮。駛行時隱約間能見粉垣。河口西角有王砲臺。稍前有大露石行。又有淺嘴向南伸入澳半里。河口南面深二十二尺至二十四尺之處可停泊。凡赴此泊船者須防淺嘴阻

滞　河口西面沙澳岸间有他納北鎮。其北面一帶山之最高者二千六百五十尺。此一帶高山繞向南与西南而成依棲意角。

西阿郎　日本屿海岸自依棲意角削曲折向東東南二十一里。而至西阿角。角山甚峻。為日本屿之南角。依棲意角与西阿角間為日本屿海岸。一帶高山棲成陡岩。西阿自对面有疾潮。分南西与大島間。有黑瀨川流行之。加北面見潮漲退。流行之性。常養東南大風以後。此间海浪極大。

行船法程　凡兄自北面欲过紀伊水道者。先須向西那角前行。如已出和泉水道。應向南前行二十五里。以抵西那角。如已过阿波鳴門。应向東南偏南前行三十里。以抵西那郎。復自此前行二十五里。則抵依棲意角。过此相距三里。即可向東東南前行二十五里。以抵西阿郎。

以上論日本九修屿暨西各屿南岸。大日本屿東南岸与東岸以及內海。

行船應程

日本島西岸

西岸北緯三十四度經偏西一十度一十分至偏西一十度行（船法經）日本島西岸曾經探明者

惟佐渡阿洼色布三島併佐渡与尼加他間之水道嗣有數兵船於楚家尔水

道与能登角間之海岸併大克山与內海之西口俱略加測探得大克山距赤

道北緯三十四度四十分　佐渡島与大克山間之海岸西船向未周歷從日

本原圖摹仿形勢亦無大差惟恐暗礁

礁沙淺不免遺漏駛行時須加意焉

必登列石　必登列石分布三區約二百拓西面為陸島相距二百拓水深十

五拓至十七拓相距一里半鉛錘下沉一百四十拓亦未及底又列石之上多

產海狗　必登列石西南最大者距友規踈西偏南十五里至十七里高十八

尺形如載二百噸之船距赤道北緯四十度三十一分經度偏東一百三十九

度三十一分距此石東東北百餘拓有小露石高七尺附近常有海浪擊淺狀

向北約三十餘拓距二露石東南又有一盛石三石成為等边三角形各角俱

有一石。

他布島。 他布島東角之対面。有測量石。距赤道北緯三十九度十一分五十三秒。經度偏東一百三十九度三十四分十七秒。他布島形如新月。東北面有小陸丘。微平。高一百二十尺至一百五十尺。自東北至西南長約一里半。東北西最闊亦不及一里。此間水淺而魚美。 他布島多草木。四周或石崖或陡岸。低岸間有漁舍。距此東北一里。水深九拓。島之四周惟東北面為陂底。餘俱為陡岸。昔有英兵船於他布島東南隅対面。水深二十五拓之処停泊。自此処視他布島南角為西南偏西又西二分之向。視測量石為北東北之向。又有俄羅斯兵船於隅内水深九拓。海底為珊瑚質之処停泊。可避日本海常至之風。除他布島南岸以外。各方皆有露石分列。距島最遠者僅四分里之三。又西岸对面有鼓奇形露石。其最高者下為大平石行。較廣於他布島露石之最南者。至西北面之各露石。皆小而低。

阿洼島

阿洼島東北角。距赤道北緯三十八度二十九分三十六秒。經度偏東一百三十九度十六分七秒。自北東北至南西南。長三里又八分里之一。中界最闊處不及一里。東村岸有漁村。南角之西岸亦有漁村。其小澳有一石行。以障海浪。南角高六百八十尺。近東南岸惟有一段海底較淺。除距岸一百托之長露石外。無他隱險。阿洼島四周有石行。距島北角北西北不及一里。又有最險隱石。偶見上有疊浪。餘險距島岸不過四分里之一。　凡自西北面駛此島者不可以鉛錘探試前行。因近島岸露石僅深十拓。距島不遠。鉛錘即不能及底。距島之東北角二里較淺海底亦淺深不一。且為石質。不便泊船。惟近南岸一段不過深之處可停泊。

佐渡島 距日本屿越後國尼加他港。日本圖為高田。西面二十五里。曰佐渡島。自北東北至南西南長三十三里半。最闊之處十七里。有山兩行。自東北向西南平列。互視之為西北与東南之向。西行山間一段平原之西北東南兩面各成大濠。島之北角平原中有奇形尖峰。形如圓錐高七百尺。遠視若与佐渡島不相聯絡。圓錐峰北西近岸處有數分列之露石。島之東北角曰洼角。北面亦有一露石。距赤道北緯三十八度十九分五十五秒。經度偏東一百三十八度二十七分九秒。佐渡島之東北角有陡嶺高三千八百尺。又有数行較低之石。山自此角向南西南盤迴入島。又有一山。形如懸乳。高四千五百尺。面為滑豫。斜坡西行。山之東面。西岸甚陡。其間多石崖。附近為陡壁。距岸四分里之三。可隨意前行。近島西角。亦為陡壁。尚無遠列石行。自此角起海岸漸低而成薩哇武美灣。佐渡西岸多漁村。其間有数港。小艇可入。薩哇武美灣田廣及楓。東岸尤為富庶。

泊船處　西商皆在尼加他交易。但冬季多大風。海底受錨不牢。惟輪船馬力甚大者可敵此大風。冬季初來。自西南後漸轉為西北。故西船宜泊佐渡島東岸。以小輪船暨日本小艇分運貨物。以至尼加他港。佐渡島東北岸。有大灣。曰米納脫馬剌灣。其內水深十二拓至十六拓之處。可泊船。但此與東南偏南之間。無障風處。灣之南角有阿克洼角。相距不遠。有露石。曰西旱石。灣內無隱險。灣首有依白所鎮。距阿克洼角西南偏南又南二分十里半。島之東南岸有蛋石嘴與馬初角。距此澳南西南四分里之一。阿大澳鎮對面。亦可泊船。昔英兵船曾於澳內水深十三拓之處停泊。敵受大風。佐渡島東岸南半間。有設小艇。泊小艇甚穩。

尼加他港。原名高田。　日本峙越後國大河左岸。有尼加他城。河口以內水深四楅。外為淺灘。如船體入水過於七尺或八尺。都礙难駛入。若遇海面勁風。淺互恒成疊浪。即小艇亦难冒險而行。至河口以外泊船處。不能障風。且海底受錨亦不甚牢。　尼加他為日本峙西岸第一埠頭。河口有小砲臺。城周圍為大平原。

日本峙西面一段低岸。長四十二里。近尼加他有一段海底略淺。平鋪頗遠。凡昏夜由佐渡島與尼加他岸間駛行者。須隨時探試深淺。若探得由漸而淺。即知已漸就陸地。然及近佐渡島處。則又甚深。　尼加他以北漸淺。咸豐九年西五月間。探至海水淺色處。深二十七楅。自此由漸而淺。及距尼加他三里。僅深七拓。海底為黑泥自此距淺亙半里。水味甚淡。　咸豐九年。西五月。閒有俄羅斯兵船探此淺亙。距陸岸一里。僅深六尺。過此淺亙。則又漸深。嗣於西十月間。復探此淺亙。距陸岸約半里。距河口西角西北面甚近。附近又有小水道。潮漲滿時。僅深八尺。　河口闊約三百拓。近右岸深十尺。左岸為日本商船停泊之所。深六尺至七尺。流行速率。每小時二里半。　自河口左岸。先向南西南。次向西南。而至尼加他城。右岸近河口處為沙底。稍向內為泥底。且為陡畧。自河口右岸。先曲折向東南偏南。更向內則與左岸平行。河之最闊處六百拓。滙兩水道而成三义河。　距尼加他城以下數百拓。河中畧有兩淺灘。水深七尺。至近尼加他城。漸深至十二尺。兩淺灘之南首。有蘆葦。近右岸處。水深四拓。底為沙賀。 尼加他城垣甚大。内多支河。沿堤多柳。城内官署距赤道北緯三十七度五十八分五十一秒。經度偏東一百三十九度九分四十五秒。距尼加他城東北約六里。有亞阿西馬押麻鎮。附近河口。有大淺亘。距水面七尺。潮信尼加他对面距陸岸四里。潮張力能吸船入河口。駛行時須加意防之。若值潮退時。須開離岸。以順潮流行之向。

亞非可山。 距尼加他西南又西一分十五里。有卡安大山頭。為一段低岸之西南界。距山頭以南四里半。至亞非可山。脈形如鈍圓錐。西面為斜坡。距亞非可山以南一里。有高里可山峰。較高於亞可非山。

多牙馬灣。 亞非可之西南。近多牙馬灣處。海岸甚高。其間有三高山。曰薩亞麻。高頂積雪不消。多牙馬灣甚大。其西口為赫登角。昔有俄羅斯兵船泊此灣東岸与南岸而行。見村舍毘連。人煙稠密。灣内有鼓河口。河口外有淺互。与尼加他同。故西船入水過深者。碍难行遶。灣内各鎮對面泊船處之北面。皆不能障風。距灣南岸稍遠有多牙馬城。附城者曰今修河口外有淺互。距水面七尺。多牙馬灣。不及尼加他對面泊船處穩便。因尼加他闊。若遇大北風。可開行避之。多牙馬間當北風時。不能出灣以避風。灣之西面阿那港甚大。但未探明深淺。

幽棲島。　咸豐五年西八月二十四日黎明。有英兵船由能登角北面行過。相距二十里。視角為南向。自此復向西行。以赴幽棲島。行至巳正。升桅未能見火石島之最高者。約為西南之向。過此少頃。即能見幽棲島。為西又北二分之向。

及午刻測得緯度距赤道北三十七度四十九分。經度偏東一百三十七度九分。依法推得幽棲島距赤道北緯三十七度五十分半。經度偏東一百三十六度五十五分。又推得七石島最高者距赤道北緯三十七度三十五分。經度偏東一百三十六度五十四分。又推得能登角。距赤道北緯三十七度二十八分。經度偏東一百三十七度二十二分。幽棲島高四十尺。闊約三分里之二。上為平面。多耕種。有數槎材矮樹。南面有小村。距島南東南探得深四十拓。海底為細沙。已過此島。則海為平底。七石島最高者二百尺。闊三分里之一。或四分里之一。七石之名。從日本原圖。今見有五石。不符此數。自東北至西南。長一里半。高七十尺至二百尺。

能登角。　能登角高七百尺至八百尺。西面陸地間山之最高者一千二百尺至二千尺。距角西偏南十二里。有奇形白石崖。西面易於識別。自此石崖起海岸曲折向南。以成外西馬澳。澳口相对之角。距白石崖角八里。有哇西素山。高二千尺。為此陸地間最高者。即陸地亦高於海面八百尺至一千尺。概為平面。距外西馬澳西偏南十里。或距能登角西偏南三十里。有依梭那梭山。高八百尺。海岸自此仍曲折向南。距依梭那梭山以西十里。深七十拓。距西南二十五里。深二百三十二拓。

隱岐列島。　有大島暨數小島与露石自東北至西南長二十三里。曰隱岐列島。大島与各小島間。有水道。約無隱險。　列島之東北。有最大島。為隱岐西島。

徑約十里。近北角有數高露石。北角多陡石崖。西北角爲高陡山。東南角微低

島之最高處三千尺。西岸無泊船處。 隱岐列島中，都三小島。長約九里。其間

有數澳。約可泊船。三島之西者，曰尼西島。北角有尖峰，高一千七百尺。其餘二

島。高約八百餘尺。多農民。疊爲高田。三島之東北有數陡石小島。其間水道濶

約半里。 隱岐西島北角，距赤道北緯三十六度三十分。按日本國圖所測之緯度較偏南十里。

經度偏東一百三十三度二十三分。

迷那島。 日本嶼西面距長門北岸，有迷那島。距赤道北緯三十四度四十七

分。經度偏東一百三十一度七分。凡自此西相距九里之處，視此島甚長，形如

海浪。最高處四百九十二尺。爲西岸中界。若自較近之處視之，雖見陡石崖東

北面有沙澳。距島之東角五十拓。有大方露石。近西北岸有小島。距迷那島東西十里。水深五十九拓。海底為沙与蛤殼。自此向島岸一帶。海底甚平。近島微淺。島之北岸。暨東北面有一段海底。深三十五拓至三十九拓。遠伸四里。

納重故角。一名方石角。日本屿西段之北吉。為方石角。亦名納重故薩哥島。距迷那島南西南二十里。又距日本内海西口北面三十里。高約七百尺。頂如懸乳。北面為石崖。向西稍有斜坡。近海高約五百尺。近角有方石。遠視若不与高岸相接。自距東北西二十四里。視納重故角形如高平原。向外稍斜。間有嶢巖如削者。其東西亦能是形如尖圓錐之亜迷島。併陸岸向之卡布脫山峰。高七百尺者。亜迷島南面有府庫澳。

大克山。西名盧意薩角。距迷那島東偏南又南二分。三十四里。又距方石角。東偏北又北三分。三十四里。有一角自日本屿伸入海。上有尖峯高一千八百尺。曰大克山。原名大克西麻。西面名盧意薩角。最易識別。東北面之斜坡。亦有較低之山峯。近北角有小島。若自方石角以視大克山。則形如孤山。

愛島。西名亞又支島。方石角与大克山。環日本屿岸而成大灣。灣內多島。畧為平頂。高約二百尺。其間二島最大者。西曰愛島。東曰大島。愛島距大克山与距方石同遠。愛島恰在二島角相連之直線內。高四百尺。中畧有平頂山。大島距愛島以東五里。兩島同高。較長而平。距愛島東東北一里半。水深四十拓。

亞迷島。島名之音約為亞阿迷島。距方石角東面十里。有亞迷島。自東至西長四里半。西角有尖峯。上巴（載明）亞迷島以南。有米餘米澳。東有闊水道口。西有窄水道。與府庫澳相連。愛島與亞迷島東岸。按英國兵船繪圖時。見有四小島。按日本國無之。未知孰是。行船者以隨時察探為宜。

衣各馬灣。方石角以南。有衣各馬灣。自西至東。長七里。灣口北角。有敖大露石。北角較低於方石角。二角間有一低頸。互相連屬。灣之南岸有雙頂山。灣之西北澳。泊船甚穩。但未詳探深淺。

卡多島。一名雙劈島。距衣各馬灣口南角。一里。有卡多島。西名雙劈島。自東東北至西西南。長二里半。自北面視之。形如兩劈。兩劈之尖向西。陡處向東。日本屿海岸。自卡多島則曲折向南。而至西摩那石磯水道西口。自此島以南。水道漸淺。不可通近海岸而行。且已探明多石險。

可楚島。西音可尔納得島。高麗東水道。对馬島与内海西口中界。有可楚島。當天色晴明時。或自日本屿九修各屿。或自对馬壹歧各島處。皆能見之。島之最濶處約一里。四周甚陡。東北角有高石崖。中有一峯高八百尺。並有斜坡。遠視甚爲平滑。距此島南角東南偏南四百托。有四劈裂石高八十尺。相距十二里。即能見之。

阿羅納島。西音阿楼利島。距内海西口外之兩西希羅島。西偏南三十七里。有雙頂者曰阿羅納島。南面最高之頂三百尺。徑約一里。向北東北之面較長於南面。可相距一里而行。阿羅納島距赤道北緯三十三度五十二分。經度偏東一百三

十度自此島以及可楚对馬壹岐各島並内海西口間約俱無隐險

大島（原名可希墨耶栽西馬西音偉尔生島）距九修屿北岸二里內海西口南面有大島稍平中有山峯高八百五十四尺頂巔有大叢林天氣晴明能遠見三十里近西岸為陡畧南角有淺礫嶼遠伸一百拓至二百拓

響洋（原名更卡尔拏丸）壹岐与大島併九修屿之海岸間统曰響洋多海島近島处約無隐險一帶海底略同惟此間風霧相合或值暮夜不能駛行響洋東北有三區極險之潮漲石除近此三石以外海底皆甚平為沙礫等質　凡帆船由響洋向南曲折強行者可近距陸岸順潮前行若遇逆潮可抛小錨暫停距陸岸稍遠響洋間有向東北流行者

潮性

（西八月二十九日亥正二號有英國兵船泊於水深二十二拓之處及曉時見距泊

船交南西二方拓有浮富石行此間潮漲流行向西五小時二刻卒以為常朔望日流行約三小時距陸岸遠過五里潮力甚微嗣由此散行為潮力推行向西至戌正行抵一島之北角相距一里半之處潮力仍推船向西至亥正一刻五分潮力轉向隨即停泊

海岸 自大島对面卡臘加角之高準峯起向南一帶海岸較低但距海岸以内數里多山距大島東角以南数里卡初勒角对面有小樹島自此島角向南一段低海岸向多樹木矮島東南有乱形山成一角自此角向西南見長陸舌上有一帶低沙山陸舌以南為哈可敎其灣矮島為平面高二百尺向海之面有敲陸山併有孤樹最易識別海島以内之納大澳併哈可敎其灣向未探明深淺哈可敎其灣之南岸有大城曰府庫戕卡日本為哈可敎其灣口之東角為洸加島島平而多樹距此島以南一里有拏可士島与洸加島同又距哈可敎其灣西角不遠有金克尔島頂稍圓四周有陡面距西北西四百杯有一偏石金克尔島以南之水道可通行水道間有両低島各有叢林自金克尔島对面至距西南九里之處海岸陸山閣有二澳約可泊艇陸山之西南角曰枯薩崖距此西面一里半有高不百尺者曰西墨六曰山島枯薩崖之西南大澳内尚未探明深淺澳岸間山峯最高者約二千尺其餘各島皆甚高内有叢林而西甚平者曰行素島

依波石島一名圓錐島 距大島西南偏西又西三分二十七里又距阿羅納島南

偏西又西二分十二里。響洋南西中點。有小島高一百二十八尺。曰依波石島。可為行船標準。自東南視之。為三角形。自北與西北各方視之。稍圓。

杭雲石。　距大島西南偏西十里。距依波石島東東北十六里。距阿羅納島東東南十二里半。響洋中最險者。為杭雲石。排列直水道中。長四百拓。距水面甚近。且有數石。於潮退盡時出水面五尺。石行附近陡處。深十六拓。相離稍遠。深十九拓至二十拓。海底為砂礫等質。　嗣測杭雲石行方向。較前更向西又南二分。三里半。又係一石行。亦未可定。

依勒司石。　距杭雲石西南九里。距依波石東又北一分八里半。距金克尔島相近之儡石西偏北三里半。有依勒司石。距響洋之直水道稍遠。潮退盡即隱。

若值大風。湧浪凸凹变舒。見此石。距此北面与西南面二百拓至三百拓变海。浪較高。離石外不遠。可行過。又距此石南東南一里。有石淺深五拓至十拓。與依勒司石行相連。距石行西北二百拓。探得深二十二拓。

得富石。

距依勒司石西南又南三分。三里。有得富石。潮退盡時。有敖礬石露出水面。咸豐五年。有英兵船於距石北面不遠水深二十一拓之处停泊。咸豐十年。西十一月间。又有英兵船。距九修西岸一里至二里之处行過。

納島。原名納西島。

距壹岐島東面數里。有三对露石。曰納島。其最東者距依波石島西北又西一分四里。

壹岐島。

九修屿西北岸对面最大者。曰壹岐島。自北至南長十里。最闊处九里。島爲沙石多。高平面南。半有山。高不百八十尺。近東北角有此山。高四百七十尺。近島岸多小島。併石行岸。向多澳。水稍深，亦可泊船。東岸之最穩泊船處。爲摩洛尤西澳。西南西之最穩泊船處。爲犬那澳。西岸之最穩泊船處。爲依箏港。西北西有卡次摩大澳。無風亦多大浪。泊船不穩。壹岐島北岸對面。距此山西北面。亦可停泊。

卡加拉島。　距壹岐島東南。八里半。近九修屿岸。有三島。居中最大者曰卡加拉島。東曰阿家洼島。西曰本島。俱不甚高。東南頭有叢林。凡由此島東西駛行者。皆視叢林爲準的。卡加拉島以南。有卡巴島。又南有小駝山。易於識別。爲入月波可澳口之標準。距卡加拉島以南四百拓。有隱石。凡行船者。憑視阿家洼之叢林。孟東東北之向。準此前行。即可由石之南西行過。壹岐島與卡加拉島之水道。均無隱險。卡加拉島之西南近處。有馬志島。兩角俱有隱石。

水道石行。距阿家洼島東東南一里有低平石一簇。曰水道石行。內有兩最高者。俱出水面二十尺。一石有巖。遠視僅見二石。阿家洼島與水道石行間。深九拓至十拓。距石行北西二百拓。僅深七拓。

月波可澳。卡巴島以南。有月波可澳。自此至南長一里半。闊一百五十拓至二百拓。卡巴島兩面水道。自西自東皆可赴此澳。日本商船多由東西水道。其水道口有高小島。多樹木。又有隱石一行。自小島向西北列入海。不及一里。離水面甚近。距卡巴島南角東面。水深十四拓至十七拓之處。可泊船。月波可澳西水道闊而深。為陡界。澳口西角曰哈陀角。有奇形方叢林。為水道口標準。咸豐十年。有英兵船於西水道口內。近西岸之依比可鎮對面停泊。距澳首石塘九百尺。水道有陡界自此向東岸。則為斜坡。由斷而淺至二拓半。海底為泥質。

哈陀角（原名哈陀薩奇。）月夜可澳口西面。為低石角。曰哈陀角。有奇形方松林。自西南遠視之。形如小島。自此角以南。海岸縈迴而成多灣。海岸間又有長石、角。遠伸入海。近角甚深。此段海岸最大之濤。惟依馬利。但未探明深淺。距哈陀角西南五里。有摩窠島。東南較高。西北面有長斜坡。距哈陀角西南八里。有枯羅島。低矮而有叢林。

馬倒潦島。（西音可畏島。）距壹岐島南角。南偏東七里。有馬倒潦島。四周有陡壘。西峰高一百三十尺。向海之面。有陡石崖。島向谷口東南。有沙嶼。西面為島之南陡角。可障護風浪島之東半。略高而圓滑。島之西角對面。有露石。

富都克密。（一名馬鞍島。）距馬倒潦島西偏北。九里半。有島形如馬鞍。曰富都克密。高三百二十尺。距西北半里有一小島。又西北二里。有小富都克密島。自此距依可刺雞島北角。為東北偏北又北三分之向。相距十一里。

阿初西那島。（亦名港島。）距壹岐島西南偏西十三里。有亂形高島。曰阿初西那。自東至西長四里。北山与東南山為最高。都岸周有陡壘。除距西北岸中壘六百拓之島。石無他危險。島石距此島西南角。東北偏北一里半。島之東北岸有深澳。長四分里之三。約可泊船。　阿初西那島南岸有臨濟港。惟水過深。泊船不便。　昔有英兵船於澳首水深十四拓之處停泊。又有兩兵船於東北面小澳間水深五拓之處停泊。但此澳過窄。泊船亦不甚便。近臨濟港南面。不能障風。惟距港口以南數里。有陡島以障南風。海浪。港口西角甚平而低。

多島。原名多西馬。　距阿初西那島南面。一里。有多島。為數圓頂山之稍低者。对西脇處有露石。多島以南又有月可島。自此西面。近多島南岸之處。可泊船。昔有英兵船環繞多島。併過依可剌難島東岸。隨時探得深三十拓至三十七拓。

依可剌難島。　近希勒度島西北角。有依可剌難島。自南至北長五里半。二島之間。為阿卜利水道。北角向西。為懸崖。東西為長斜坡。近角有一露石。島有數山。自西南偏南視之。内有一山。如断方錐形。最易識别。

阿卜利水道。

阿卜利水道。闊四百拓。中界闊十五拓。内無隐險。昔有英兵船於依可刺雞島東南岸小隈間。水深七拓之處。停泊。又距阿卜利水道最窄處之東北。約二里。有一小島。適由此小島西与此西經過。船體過大都。不可行近依可刺雞島之東南角。

希勒度島。日本圖為平戸島。

九修屿西岸对面。有希勒度島。自東北至西南。長十六里。海岸為亂形。最闊處五里。東西兩岸。各有数澳。距九修屿間有希勒度島水道。日本原图名雷口。

西勒度島多高山。与叢林。各岸附近為陡界。昔有英兵船已過阿卜利水道。沿希勒度西岸。而阿氏克島以内行過。嗣距南角各小島一里之處前行。希勒度之南角曰希西磯角。上有陡尖高峰。又距此角東南三里半有帆石。

野卜枯羅港。　希勒度北段西面。有野卜枯羅港。內半為呵哦餘卡澳。前明時為西國通商之所。自東至西。長二里。可避各方之風。西口北角。有小島。為入此港標準。　港內有三小島。南小島與岸間水深四拓之處。泊船最穩。澳口以內又曰富羅崖澳。野卜枯羅港以東。有大鎮。曰呵哦餘卡。

希勒度水道。日本名雷四西名司百克水道。　希勒度島與九修屿肥前西角間。為希勒度水道。長約十里。輪船易行。若無有力順風。帆船不便。因此水道北段長二里。僅闊三百拓。猶有僅闊一百五十拓者。且潮力甚大。成小旋流。若順風無力。值此旋派之處。帆船柁亦不靈。

行船法程　希勒度水道北口。有西羅石。多樹木。高於潮漲西十尺。距九修岸島時家角以西二百尺。石西水道潤一百五十拓。已過此石西面。相距不及百拓。即可向南又西一分。江九修嶼岸西行。準此可避。自希勒度島至水道中界之依內大石。見海浪激濺。即知石處。又可避。平戶鎮對面枯羅柯島東西之二拓淺。平戶鎮南西樹林間隱露王宮。近海岸有一帶粉垣。故易識別。已過王宮。即可向東南偏南西行。復向西南偏南。繞越王宮東南西之南里角。（一名石崖角，紅角）距角之北東些二百拓。有一石。高於潮漲西四尺。故歷此角對西之澳時。不可逼近九修嶼岸而行。（希勒度水道泊船處）希勒度水道。暮夜難行。昔有英兵船曾昏刻至此。隨引水水道者。至卡注磯澳。水深七拓至八拓之處。停泊。澳雖不大。可避各方之風。澳首有漁村。枯羅島以東。距岸約四分里之一。水深二十拓。海底受錨甚牢。亦可停泊。希勒度水道北段。有他士磯澳。長約一百五十拓。潤約百拓。澳口有小石島。曰哈格島。左右俱有水道。南水道僅深二拓。凡擬赴此澳者。可近哈格島北西行。過因澳口之北角。有數石列入水道。對北角小火墩。中界水深五拓之處可停泊。

大達得島。小達得島。　距希勒度島南東南十里。有大達得島。又東南一里。有小達得島。二島居希勒度島與琴家石磯港直水道之間。距大達得島西北偏西又西二分一里。有兩小島。又距大達得島北偏東又東二分半里。有一盪石。
開距此島北西三里。又有一隱石。潮退盡時。凸出水面四尺。疑即府庫石。此外
無他隱險。又大小達得島。左右皆可暢行。
依內島。 距大達得西面四里半。有依內島。高不百尺。島之東岸。約為陡界。但
自南角起。至距島北西北止。有多小島併露石行。又距依內島西面三里半。有
希拉島。二島間之水道內。多隱石行。不便駛行。 依內島以南。有兩小島。一距
依內島南角西面一里。又四分里之三。高一百五十尺。一距南角南西南。一里
又三分里之一。高五十尺。二小島間深十七拓至二十拓。距南与西一里至一
里半。有數極險隱石。曰薩拉新石行。昔有英兵船於石行外水深十四拓之處

停泊。

希奇島。亦名容其島。距小達得島東南偏南。九里半。又距拏家石磯港西西北又西一分十六里。有一凸石。內成潮穴。左右皆可任行。昔有英兵船晝夜由此島間經過。又距希奇島東偏南三里半有鼓馬列島最外者亦爲凸石。

兄弟石。按海圖。距赤道北緯三十二度四十九分。經度偏東一百二十九度二十五分之十。有兩險石。曰兄弟石。然此石之有無。尚难臆斷。昔有英兵船行距此石經度五里之處。以遠鏡測之。海面甚平。無從識別。嗣有賀蘭兵船咸豐八年測量至此。圖亦記有二石。

哥多列島。自距赤道北緯三十二度三十七分。至三十三度二十分。有一哥多列石島。自西南至東北長五十里。闊五里至二十里。列島間有六水道。可達高麗。

可熬克水道。哥多列島六水道間。最北者為可熬克水道。昔有二英兵船自東向西由模剌島南面行。遍探得深約十二拓。潤約四分里之三。嗣行於水道中影。距露石行南面約半里。水道北面。有鳥枯島。形勢甚高。東角較低。自此而北。又有教駝島。鳥枯島西角以南。與他勒島以東二島之間。可泊船。又距可熬克水道西口以西約十里。各小島之在最外者。曰火峙石。自此石至水道西口。其間亦有數小島。

枯加水道。昔有英兵船自拏家石磯港向西駛行。赴哥多列島時。先入納路水道東口。行於卡抱島以北。遂入枯加水道東口。嗣於納洛島之西南哈尔氏港内停泊。此港自南至北長六百拓。闊三百拓至四百拓。港口有測量島。又距港口以南約一里。有達約島中分為二。連以石頸。測量島向東深十六拓。向内漸淺至五拓。距測量島北近哈尔氏港之西岸。水深六拓至七拓之處。泊船甚穩。後又探明枯加水道。深二十六拓至三十二拓。左右兩岸甚陡。水道内約無隱險。

佛顧野島。哥多列島西南最大者。曰佛顧野島。其与東北面之枯加島間為枯加水道。闊一里。約為深水道。佛顧野島之東北。有佛顧野島鎮。鎮内有王宮。即此对面處。可泊船。惟東南与東北各方不能障風。島岸曲成多澳。僅西南面之他麻澳內已探明深淺。

阿西角。一名哥多角　佛顧野之西南角高五百尺。曰阿西角近角之界甚陡相距二百拓。水深四十五拓。阿西成直角。二边為陡石岸。角之東北有三山峯互視之為北西北與南東南之向。北峯最高者一千三百八十七尺。海岸自此角曲折向東東南三里。而至阿他卡拉角。上有二小山。最高者三百三十尺。距此角東南四分里之一。有小島曰比羅。高一百五十尺。距此以南一百五十拓。有一露石。

距阿他卡拉角東偏南三里。有初他拉島。中有二山。其東面最高者三百二十尺。東西二角各有石行。向東西遠列入海。東面石行距東角半里之處。潮退盡即現。島之北西與佛顧島南岸。成一矩形澳。東西長四里半。闊一里。澳之西面与阿他卡拉角北面沙岸間有帶河鎮。即此对面水深九拓之處可泊船。距初他拉島北西北七百拓。矩形澳中間有二小島。曰背耽閣。二島間之水道中間甚深。距背耽閣島西面一里。近大石行三南尾。有一露石。高十五尺。此石行自佛顧野南岸向西南排列不及一里之處。約有一盪石。初他拉島東北面葫蘆市对面之小澳內。深七拓至十拓。葫蘆市為佛顧野之南峰。高一千有六十七尺。山麓有二鎮。東曰初他拉鎮。又東面之佛顧野島岸面。向未探明。佛顧野南角稍低而多樹木。曰卡沙山角。角与島間成幽谷。

他麻澳　佛顧野西岸有大澳。曰他麻澳。宜入避風。惟水甚深。澳口距阿西角北東北四里半。又距梭加島東南二里半。梭加島長一里又四分里之三。島間有深谷。若分為南北二島。東面澳内深七拓至八拓之處。可避西面各向之風。

他麻澳口闊約一里。距阿西角北西二里點有一澳口。僅闊二百拓。口内有横石插不許通行。北面有西馬山。中有高頂西面為石岸。西馬山北角。為他麻澳口之南邊。有裁石自此角向北列入澳口一百五十拓。石間有小島。澳口北面之外角為阿澈寧山。距此角南面一里又四分里之一。有澳口。北面之内角曰哇尔角。距西角東西約一里半至二里。為佛顧野島三高峯中之北者。　他麻澳自北至南。縣而東邊。沿佛顧野島岸長約六里。闊三百拓至七百拓。澳西南西面之岸與海間之陸地。闊約一里。入此澳口。自北偏東至南偏西。長三里半。内分半自西北至東南之澳首長一里半。澳首分為二支。一向東南。其向東北者。長約一里。澳口以內深三十二拓至三十八拓。由此以至澳首。則漸淺至十六拓。故澳內不能隨處停泊。泊船處澳口東南佛顧野岸前有三窄澳。約各長一里。北澳向未探明深淺。西南澳甚窄而深

他麻澳口以內有黑雞司島。距此島北角東面三百拓深十拓至十一拓之處。不可泊船。但不能障西北與北西北各方之風。　假澳口內段。距西馬山南岸。不及二百拓。水深十拓至十三拓之處。亦可停泊。若船體小者。更向西入假澳內於鎮之對面水深七拓至十拓之處停泊亦可。由此向僅闊二百拓至三百拓。自假澳內段東面亦有一小澳。向西南伸入島面。至近哥多角山之處。尚未探淺明深淺。又小澳口有隱石。　他麻澳東南段。深十六拓。水道中畧為巨舶停泊最穩之處。自此處視巴什岩。為西南偏西與西南之向。凡入他麻澳而向南行行者。以常能見此巴什山為準的。澳首以南。又有小澳。尚未探明深淺。他麻澳內有數處水深而底平。可近岸停泊。

希墨島。　自他麻澳口外面之阿澈窩山。海岸曲折。向北五里。則甚低。為佛顧野島之西北角。附近有斜坡併石淺。距角一里。有希墨島。分隔水道。併見一邊

石。

筆家石磯灣。日本國為長崎灣。　自距筆家石磯外灣內島之西面十里起。海底由漸西淺。至距島以外一里水深三十托之處。海底半屬沙質。但蘇敵希勒角有稍淺之嘴。向西北伸入海。嘴之外界距依阿島西北角西西南一界又三分里之一。又依阿島內之直水道海底為泥質。或礫或石不一。　筆家石磯灣南界。有陸舌曰長崎。灣口之南角為篤罵角。距角北十五里。有阿和角。為灣口之北角。灣內有鼓島遮掩灣首之處。為筆家石港。　阿和角以東灣之北岸間。有迷卡沙洎船處。西南面無障風處。併未探明深淺。迷卡沙澳口之南角。曰丹角。距此西南半里有高小島。形如糖塔。小島以內之石行。曾見海浪擊之。距小島以外二百拓。水深十拓至二十拓之處。可暢行。

依阿鷗樓二島。　近弩家石磯有二島狀如連合為一。其間有常水道。僅通小艇。向西北者為依阿島。向東南者為鷗樓島。依阿島之東峰高四百尺。西北角有陡山。曰旗桿山。距此山三百拓。水深二十五拓之處。可達弩家石磯港。因此山高頂有旗桿易識。故以是名。　鷗樓與依阿同高。惟鷗樓頂巔樹木多於依阿。鷗樓島之東角。與可壓赤島間之水道。可達弩家石磯港。

西耳石。　距依阿島東岸四百拓。又距旗桿山東偏南又南一角。一千一百拓。直水道旁。有西耳石。潮漲滿即隱。凡曲折强行。以出入弩家石磯港者。石頂在所必經。近石無他隱險。凡潮漲滿不能見此石時。應視大克布庫島之陡山。為東又南二分之向。準此前行即可距西耳石以北三百拓經過。
蘇敵布勒石。距依阿島西南岸九百拓。距旗桿山南偏西又西一分。一里又
四分里之一。有蘇敵布勒石。潮漲滿即隱。石外陡界深十七拓。又有淺嘴自此
石向西北偏西伸入海一里。已深十七拓。距旗桿山西西南。一里又三分里之
一。為淺嘴外界。水深十八拓。淺嘴左右俱為陡界。附近即深三十七拓至三十
八拓。
枯知那石。距蘇敵布勒石東北約七八百拓。距依阿島岸一百五十拓。有枯
知那石。高於潮漲面十尺。
枯羅石。距鷗棲島之南西。四百拓。有大石行。曰枯羅石。其南面最高者出

潮漲面六尺。石行西北。又有數隱石。潮退即現。石行與鷗棲島間。具多石淺。

達克島　距旗桿山南偏西三里。有達克島。東西又有一帶陡山。高九百尺。西岸石崖以上。六有一帶山。較低於東岸之山。達克島爲石岸。北角西角各有石行伸入海一百五十拓。又北有二小島。高一百二十尺。曰縣避島。又南有二小島。曰府化可島。二島之間。有石行互相連絡。二小島與達克島東北角。同一直綫。又達克島東面有煤礦。

喜島　弩加那島　距大克島高頂南偏西五里半。有喜島。又距南西南二里。併距喜島西南四百拓。有弩加那島。二島頂俱圓滑。高約一百二十尺。山麓爲石岸。二島之南角各有石行。列入海百餘拓。二島間之水道。深十四拓至十六拓。

迷楚石。距大克島西南三里又四分里之一。距鷲罵角高頂西北又西二分二里半。有迷楚石。為拏家石磯傍最向外之險處。長闊約半里。向內之面潮漲即隱。二石之最向北者為大小島。高約六十尺。其東西兩面俱有隱險。石之最向東南者。高於潮漲面六尺。距最外面露石以西一百拓。水深二十三拓之處。約無隱險。然各石間亦不能通行。

鷲罵角。一名鷲罵薩哥。長崎陸舌西南角。曰鷲罵角。遠視如島。行近易識。凡自西面或西南面就之。即於是低角南面之卡八島。距鷲罵角北面六百拓。鷲罵山峰以下。有長嶺。向海之面有望臺。自此山至鷲罵角低脈。若分為二。近角海岸多石併石行。潮退盡時。石行頭露者。四分里之一。距角四百拓。深十二拓。至十九拓。海底為礫石之處。可暢行。又距角二百拓。有鷲嘴石。

鷲嘴烏拉港　距鷲嘴角東面一里。長崎舌西北岸間。為鷲嘴烏拉港。港口甚窄。長六百拓。其闊百拓至二百拓。水深五拓之處。可泊船。以避各方之風。惟巨舶不能入口。港口僅深九尺至十尺。闊五十拓。長二百拓。港口北角有小陡山。其色蒼老而多樹木。鷲嘴山北面第一山麓。為澳口南角。近北角對面有數石。且海底淺深不一。故赴此港者。應先向東南而行。及入口時。又應沿南岸而行。

長崎陸舌西岸　鷲嘴角以北。與長崎舌西岸之間。為陡壁。併有數露石。可距岸二百拓至三百拓。行於水深十拓至十三拓之處。自鷲嘴烏拉港口。至距東北二里之山角。近一段低岸間。有數長石行。潮退盡時顯露。數區。距鷲罵鳥拉港東北半里石行之最南者。有叢林小島。高一百二十尺。并有淺委。自小島向西北伸入海二百拓。故行至此段海岸時。不可近於半里。不特近岸深淺不一。且多石淺。　自前山角起。至距東北偏北三里止。有一帶陡岸。近岸深五拓至九拓。陡岸東北角對面。又有數石小島。角北有阿俄可摩利澳。其內深六拓至八拓之處。可泊船。數石小島以南近岸處。有小島。躍躍起形如圓錐。易於識別。

數書密島。　數石小島最向西北者。爲露面高五十尺。曰數書密島。最南者曰那島。其餘小島皆多樹木。列島周圍有大石行。那島與長崎岸間之水道。深五拓。由此經過者。須近那島而行。因對面之長崎岸間。有大石行。列入水道。距數書蜜島以西三百拓深十五拓。海底爲石與礫之處可暢行。若距島之北東北三百拓僅深五拓。

可壓齊島。距弩家石磯港口西南。有可壓齊島。爲弩家石磯灣內島之最大者。東西兩面各有水道。可達弩家石磯港。島多低山有二較高者。一高三百六十二尺。一高四百有三尺。島岸爲亂形四面有石行併小島。可壓齊島南角。曰模墨那崎角距角之西西南五百拓有小島曰尤克島。距角之西西南八百拓有露石。曰哈大格石。尤克島與模墨那崎角間深十五拓至十八拓。哈大格石與尤克島互相連絡處。須有隱石行。尤克島以東。又有長石行。向模墨那崎角列入水道。距哈大格石以西四百拓。深二十六拓之處。可暢行。可壓齊島北

岸。繞成大澳。深十七拓至二十拓。惟西北面無障風浪處。故澳內泊船不穩。又

可壓齋島以東之水道內亦多石行。

卡格那島。　可壓齋島東北有卡格那島。二島之間水道甚窄。小艇可行。故略觀兩島。幾若混而為一。距此島東北角東面百拓。有拏磯拏院石。亦名臥石。潮漲滿即隱。近卡格那島東北角。又有一小島。

觀音島。又名卡迭那島　距卡格那島北面六百拓。拏家石磯旁直水道北面最大之島曰觀音島。北頂高三百三十尺。中頂較低。有一旗桿。島之東岸間有小艇澳。島之西南面有小而平者曰西羅島。二島之間有石堤相連。且各有一砲臺。

距西羅島西北有二小島。一距一百五十拓。平頂者曰挨怒島。周圍有石行。惟

近南角有奇形露石。一距五百拓高九十尺者曰馬支島。挨怒島与西羅島間。為深水道。

巴拉苦他石　觀音島東南角曰卡浦陀角。有一砲臺。角之對面数小島中有樹一株者。曰樹石。距樹石西南百拓。又距大克布庫島南首西偏北。有常隱者曰巴拉苦他石。凡視長崎一帶海岸間之山頂。高八百尺者与大克布庫島南面相離。為正東之向。即可避巴拉苦他石。

大克布庫島。西音怕噴伯尔克。　距觀音島東南二百拓。有小而陡者。曰大克布庫島。樹色濃黑。為擎家石磯港口所必經之處。相距五十拓。即可暢行。距島東北三分里之一。西泊港外。可借多鎮以東。有小而平多樹木者。曰尼蘇宻島。

拏家石磯港。　拏家石磯湾首。有陸地向西南環抱而成大澳。為拏家石磯港。入内可避各方之風。中外最大商船亦便出入。拏家石磯港口為阿家迷角。其与米加迷角間濶四分里之一。自此至距東北二里之長崎城對面。漸廣至四分里之三。港之北首甚淺。自深十六拓之處起。至城對面深三拓之處止。俱由漸而淺。　阿家迷角東畧有古廟。距角南二百一十尺。間有隱石。外此别無他險。　米加迷角之一帶陸山坡間。有三砲臺。高低相間。距米加迷角以内一百五十拓。又一角上。亦有砲臺。併大樹一株。二角之間有小島為泊船最穩之處。若船體過大者。可於稍近之弥納奇角間。水深六拓至七拓之處停泊。商船多於西人居址对面水深四拓至六拓之處停泊。或泊於对西馬鎮以上水深三拓之處。西七八月間港內天氣酷熱。幸有西南風以解之。自对西馬鎮起。自西人居址止。有西石淺灘。西面為陸界。凡擬修船者。可乘潮漲擁至淺灘。自此視賀蘭領事公所旗桿。為西偏南之向。灘面頗平。中等商船恒泊於此。通箏家石磯港有三水道口。直水道口距港外西北四里。依阿島與府庫角間為直水道口。外深三十二拓。入內則漸淺。大克布庫島與卡格那島間。深二十拓。內至港口。則深十五拓至十六拓。鷗樓島與可壓齊島間。為第二水道口。曰鷗樓水道。二島相距三百拓。左右島岸。各有石行分列。約一百五十拓。故水道甚窄。且海底深淺不一。探得深十七拓至十九拓。可壓石行中界。但未詳細探明深淺。可壓齊島與長崎陸岸間。為第三水道口。輪船便於駛行。惟海底深淺不一。自深四拓至十五拓。即為水道最寬之處。又距府摩克合利角以北四百拓。有二平露石。其間併有一隱石。凡行至此。須隨時詳察為要。二露石相離百拓。北隱石距東露石西北偏西。一百五十拓。若擬由二露石之間經過。應向北偏東又東一分而行。已近露石。即應於二露石之中界。旋向北西北而行。已過隱石。又應轉向東北偏東而行。若行南水道。須登桅木俯察淺處。此間水色瑩澈。如碧玻璃。故升高可以測淺。

箏家石磯城。原名長崎。 箏家石磯城。居民約七萬。城之西南有賀蘭商棧。對西馬西南之角。有賀蘭領事公廨。西面有石級。登岸最便。對西馬東西有稅関處。沿潮漲至四分之一。不能登岸。距對西馬東南。有中國商鎮。日本稅重。通商維艱。

頻年僅有浙江乍浦商船數隻。往來貿易。對西馬以南爲西商屯埠。

【潮信】峯家石磯港。朔望日。潮漲於七小時一刻。大潮高九尺。小潮高六尺。南風力勁。大潮高十尺至十二尺。港內潮力甚緩。

【行船法程】天氣晴明。見峯家石磯灣內之島頗近陸岸。再遠視之。若合而爲一。當雲氣溟濛。水天一色。岸遠色淡。島近色深。水道口殊易識別。凡自西南面入此港者。約能識鷗樓島水道。

凡自西南或自西面赴峯家石磯港者。應向西依阿島之西北旗桿山而行。但不可自南西南向北東北。直指此山。恐誤觸蘇散希勒石也。及繞過依阿島北角。相距四分里之一。即可向東又南二分。認大克布庫之陡山而行。併可行近大克布庫島南面。惟須防巴拉苦他隱石。若已行至大克布庫島南面。即可直向峯家石磯港口而行。

已抵阿家速与米加速二角之間。即可由水道中累向東北指賀蘭領事公所旗桿而行。俟能見弥納奇角与亞枯那勒之製造局相離爲西偏北之向。

即可稍向北東北前行。以抵英領事公所之弥納奇角。間水深六拓之處停泊。

凡自西北而行赴此港者。已過希奇島以西。即可向東南又東二分前行。及過也克島以東。即可向南前行。過此未遠。即能見依阿島西北。如長崎舌最高之卡瓦勒山麓。已過依阿島北角相距一里。即能見硯音島以西暨三小島以東。較高之大克布庫島。

若天氣晴明。黍夜可赴此港。設遇逆風或無風。而不能抵大克布庫島之內界。亦不可至旗桿山以內停泊。因此間過深。且不甚障

護海浪。祇宜艤泊以候天曉。仍須頻探。勿至深不及三十拓之處。若行近西耳
石。即可於二十拓至二十六拓。海底為綠苔。与細沙質。或為沙与蛤殼。受錨甚
牢之處。停泊此段。海底亦間有石質。惟西北西無障風處。大克希庫及可壓齊
島間。水深十三拓之處。皆可泊船。來加迷角之西南。水深十一拓。海底為泥質
之處。泊船亦甚穩。使惟西面無障風浪處。
此門東。近陸岸處。海底為石質。且淺深不一。泊
長崎舌東岸。　自鵞罵角起至距東北二十二里之處止。長崎舌東岸一帶已
探明深淺。近岸為陡畧。併有數澳可泊船。以避西風。
卡八島澳。原名卡八西馬澳。　距鵞罵角以東二里。有卡八島。角与島間。有卡八西馬
澳。其西北一帶可泊船。惟東南与西南各方無障風處。且有石行遠列一百五
十拓。潮退即現。澳內距岸二百拓。深十一拓。澳西有長低沙岸。附近有隱石。距
水面六尺。澳周深六拓至四拓。自隱石處視鵞罵角。為北又東一分之向。相距

一里半視卡八島西角為北又西三分之向距岸約半里餘卡八多山高約四百尺南面山嶺有叢林近島陸畧甚多距岸二百拓有數露石距南角石坡百拓有一隱石

米薩崎澳 卡八島北面有長崎低沙即沙角以東米薩崎鎮对面深七拓至十一拓之處可泊船凡自西面擬赴此澳者應繞卡八島南角与東南角各相距二百拓而行東南角為陡山自此北偏東一里有低石行回東石凡行至此應由石行外畧駛行既過石行即可向西北又西二分前行以入米薩崎澳澳內平露石以畧深十拓之處可泊船平露石間有數竹竿為漁人晒網之澳內多網罟駛行時須加意防之平露石以北點可通行入澳以抵水深七拓至

八拓之處。停泊澳之北半深十拓。澳之南角為依陡山多樹木。對面鐵小島与
澳之南角間又成一窄澳。西船不便停泊。卡八島与陸岸向之水道濶不及
百拓。深六拓至七拓。中間可通行。入來薩崎澳。平露石距水面道口西面約
半里。東石与卡八島之石行間。亦有窄水道。尚深四拓。
他昧奇澳。西樓島拉澳　距來薩崎東北四里半。有他昧奇澳。凡擬入此澳停
泊者。應向澳首之鎮前行。俟斜睨澳口南角遮隱卡巴島時。即可於距陸岸二
百拓水深十拓之處停泊。距他昧奇澳東北二里。又有小澳。曰西樓島拉澳。距
岸二百拓水深九拓至十拓之處可泊船。惟澳之南角有石行遠列二百拓。石
行間有小島。距卡瓦勒山高頂為東南之向。西樓島拉澳与東北面之摩奇澳

間。亦有小島。併有數石行。自西澳岸間列入海二百拓至三百拓

摩奇澳。　距地昧奇澳東北五里半。有小澳。曰摩奇。水深三拓至六拓之處。可泊小船。惟東南兩方無障風處。澳口以外深九拓至十一拓之處。可泊大船。

亞巴澳　距摩奇澳東北三里。併距卞八島十五里。有亞巴澳。為矩形。長一里又四分里之一。闊一里。中影深七拓之處可泊船。惟南與東南各方無可障風。自此而東。有馬寄島。自此而南。數石行間。又有數小島。數石行中有一長四百拓者。澳西岸鎮間有小艇澳　馬寄島東北港內深十尺至十二尺。港之東西兩面皆有水道。東通大海。水道口之石行。兩闊不及百拓。僅深九尺。西通亞巴澳。闊亦不及百拓。水道距馬寄島北岸長四分里之三。深二拓至五拓。自亞巴

澳首至峇家石磯城。相距三里。山谷間有蹊徑。

西馬巴拉灣　九修嶼環抱七十里。而成西馬巴拉灣。西船不識者每因有

西馬巴拉陸舌阻塞灣口。故通灣之水道稍狹。舌上有西馬巴拉城。原名島原。中罗

有火山。潤而不高。常是頂巔煙凝如霧。附近四周多地震。距西馬巴拉舌南西

南。有亞麻枯沙島。原名天草。自南至北長二十三里。其與陸舌間闊二里。和為入灣

之水道。西馬枯沙西岸有二澳。已探明深淺。北曰多來娥克澳。南曰兵墨澳。

多米娥克澳。原名富岡。　距卡八島南角東又南二分十四里。有亞麻枯沙島西北

角之陸舌形曲如鉤環。成多米娥克澳。入內可避各方之風。澳口向東南。凡擬

赴此港者。應行近陸舌南面界深五拓之處。陸舌為澳之東界。多樹木。水道僅

濶七十五拓。故入澳者行至陸舌南面。亦不能遠於七十五拓。當入澳時應視多米娥克鎮爲西西北之向。依此前行。探得澳之中界。深四拓半至五拓。即可泊船。澳之南岸对面甚淺。水道兩旁有平灘。距水面三拓。水道与平灘其濶四分里之一。

卡墨澳。距多米娥克澳南偏西十三咢亜麻桔沙島西岸向。有卡墨澳。自東至西長五里。距澳口西北有三露石。西石甚低。二東石較高。澳口二角。各有小石礁。澳内分三汊。澳首深十拓之處。可泊船。北汊沙西那峙鎮对面水深八拓之處。亦可泊船。

可昔口列島。原名上中下甑。 自距赤道北緯三十一度三十七分。至三十一度五十三分。自經度偏東一百二十九度四十一分至一百三十度。自東北至西南。有二大島。及數小島。皆形極高。總曰可者口列島。駛行時約略視之。疑有陡界。距列島西角之海面。北西七里。又距島岸四里。有峰疊大石。經緯尚未詳晰。恐稍差誤。列島最北者。曰克弥羅可者。〔原名上甑〕自此島東角。至九修屿岸。相距十三里。併有數小島。自此角向東排列二里半。數小島中有二最向外者。曰府塔可島。向東者為凸石。

導露石。 距府塔可小島之東南東面約二里半。至三里。又距大島西北又西二分。有二石。常現者曰導露石。高十尺至十二尺。因小而低。頗難識別。近石四周。均無隱險。其與府塔可小島之間。探得深四十六拓。海底為粗沙與蛤殼。距二石東東南近陸岸之處。日本原圖有卡模米島。自此而西距陸岸較遠。又有隱險。故天氣陰濕時不可由導露石以東行過。

搭架島。西音生卜尔格的石。 距可著口列島南角之那角南偏東十里。有搭架島。昔有英兵船由島之東面行過。據云有三小島。成為三角形。各邊長約百拓。距此以南四分里之一。有一蓋石。

住家拉列石。西音勒得利卜盛列石。 距赤道北緯三十一度二十分。經度偏東一百二十九度四十六分。又四分之一。有三露石。曰住家拉列石。自南至北。各相距二百拓。二石向南者甚尖。高不十丈。北石為平面。高十丈。距列石北面四分里之一。約略視之。疑有陡累。均無隱險。

烏棲島。 距赤道北緯三十一度十二分。經度偏東一百二十九度二十九分。有烏棲島。周約二里。西半稍平。東面有陡峰。高一千有六十尺。距此西南一里。有二小島。距陡峰以東約一里。又有一小島。

迷亞克列島。亦名驢耳石。 迷亞克列島為大島之向。有數小島及露石。自東北至西南長約四里。北面約無隱險。其與西北面之額勒斯列石。向海底俱平同深八十一拓。 列島之最東北者曰大克島。長一里半。闊四分里之三。高不百一十八尺。頂稍平。東與西北三面為陡石崖。惟見南面有數座船停泊。天色晴明時。相距三十里。即能見之。 列島之最西南者曰枯沙卡磯島。當大克島之半徑。而高於大克島一百尺。頂多峭石。高峰甚奇。二島之間又有兩小島。一曰迷島。一曰我島。俱形如糖塔。又有鼓石。自枯沙卡磯島西南迴還列三分里之一。頗勒斯列石。 距赤道北緯三十二度十四分十七秒。經度偏東一百八十八度十二分三十秒。為頗勒斯三列石之最大者。徑約三十拓。高六十尺。近大石東北。又有較小之石。高約三十尺。距大石東北一百五十拓。有露石。高約三十尺。四周有陡畧。距此石以南一里。探得深九十五拓。海底為沙與蛤殼等質。

高麗水道較淺之處。 昔有英兵船自哥多島。順北緯三十三度。橫過高麗水道。初探得深八十三拓。隨行隨探。由漸而淺。前行十五里。已淺至五十三拓。及抵經度偏東一百二十七度三十八分之處。探得深二十三拓。距此北東北一里。探得深五十六拓。更向北東北十一里。則又漸深至八十一拓。

行船程 自揚子江呂赴

斧家石磯港可直向速亞克列島西行。天氣晴爽時。島之最高者。相距二十里。即能見之。及行至距驢耳石南西八里。再向東東北。前行七十五里。即抵斧家石磯港口。當未至港口時。須視依阿島北角之旗桿山為北東北之向。不可更偏北直行就之。　自揚子江口阿墨司得石至斧家石磯港。為東偏北。又稍偏東之向。相距三百九十里。準此直線前行。須由哥多列島之阿西角。與顛勒斯列島之間。但恐為黑瀨川流行之力。推至阿西角以北。蓋黑瀨川水性自流之西界。為偏東一百二十五度。其性自流之東界。為偏東一百二十七度。然有時自流之力較大。竟東西闊過二度。尋常流行。向東北偏北。速率每小時四分里之一。至四分里之三。若值天氣陰濕。不能測量。以及昏夜。皆不能行過哥多列島與顛勒斯列島併二露石之間。　西三月與六月間。東海北半。常有東風。若於此時。自揚子江赴斧家石磯港者。須常得東偏較。不可稍得此偉較。因恐為黑瀨川流行之力。推至北面高麗列島間也。即遇順風。亦應直向東行。不可稍偏向北。此時風雖轉向甚速。仍東風較多。凡自粵海或由臺灣東面赴斧家石磯港者。可準直向前行。因馬樓島與速亞克列島間海面闊約七十里。惟須防黑瀨川流行之力。推至番抵門水道。　過高麗水道行船法程途。自西三月至六月杪。凡赴哈可達地港。或沿日本屿西岸者。分行得東偏較。須自對馬島東面頗遠之處。順黑瀨川自流之力前行。高麗水道恆流向東北偏北。速率每小時約二里。亦有時較緩。適遇西南風一晝夜始息。設值東西大風以後。若見風

雨表暴降。必有西南風。猶不止一晝夜。當西南風時。天氣和平。偶見風雨表斷
降。隨發颶風。七日始息。初發自東南。後轉為西北。　高麗水道。冬月多西北与
北西大風。三四日始息。若見風雨表暴降。即知將發大風。後見風雨表漸升。風
力亦漸弱。歷一晝夜。而風力更大。凡遇此等大風。向釜家石礁港前行。都須隨
時加意。防為風力推入番抵門水道。設推至此。難敵黑瀨川流行之力。亦知。但向
釜家石礁港前行。亦須防黑瀨川流行之力。推至阿西角北面。以入高麗水道。
故操舟者。須於晝向測定船之所在。料不能敵流行之力。即覓穩泊。以候順風。
冬月渤黃海及日本海多西北風。故擬赴哈可達地港者。可直行以過高麗
水道。但自哈可達地向南而行。應帶得西偏較。及行至与日本岸相離甚遠。
即可自上風面過高麗水道。西抵赤道北緯三十二度。經度偏東一百二十五
度之處。此向之風約可變向。但有西北与西西南各方恆風。恐為風力推至揚
子江下風面。則入口甚難。(自釜家石礁港至日本內海行船法)遥九修屿西
岸多島。當天氣陰濕。不能見遠。行抵一島。即可沿島前行。復以前面之島為準
的。及行至前島。仍沿島前行。則又能見前面之島。此各島陡畏。窗可泊船亦甚
多。若值暴風將發之際。或值天已向夕。可開至海面空闊之處。任船飄泊。各島
間潮性漲退有定率。惟各島外寬闊處。有黑瀨川向東北流行之力。則潮無定
性。凡自釜家石礁港赴內海者。若擬行於希勒度島以西。其開行時應向西北
前行十六里。至希奇島以東対面處。仍向西北前行十三里。歷大達地与依內

小島之向。自此仍向北西北前行十一里。抵近希勒度島西南留之小島对面。併相距北西三里之阿氏克島向。俱應距各島以外一里而行。若擬過阿卜利水道。即應由阿氏克島以内。直向北水道口前行。　若不欲行於阿卜利水道。即可向北東北前行十二里半。以抵依可剌難島北角之对面。自此復向東北偏東前行七里。而抵阿初西那島西北西之石。若不能見此石。應視馬倒潦島与阿初西那島。北角相離。而向東北偏東前行。已過此石。即可向東東北前行五十二里。以抵大島。但須距馬倒潦島。与依波石島。以及梳雲石。各西北相離二里而行。若已全見大島。即應定準行向。由此西面暢行。自此入内海法程。前已詳悉。　凡昏夜由馬倒潦島向大島前行者。已過依波石島後。應準東東北更偏北而行。恐為潮力推船誤觸梳雲石。　自拏家石磯港過希勒度水道抵内海行船法程。自拏家石磯港至日本内海西口。過希勒水道行程。較由希勒度水道西面近十五里。但過希勒度水道。夜不傳泊。凡擬由此經過者。應自拏家石磯港口。向西北前行。以抵希奇島。与鼓馬列島。向後自此前行。由希奇島以北。暨各列島以西。再向北与北偏東之間。由枯羅島以東經過此島以北。為希勒度水道南口。其間有四島。多耕種。自此入希勒度水道。行船法程。前已詳悉。　初離希勒度之水道北口。可向東北偏東。以抵哈陀角。及能見阿家洼島以東陡山之叢林。即可向叢林前行。後由陡山与水道石間行過。阿家洼島為蛤陀角北面三島之最東者。過此即可仍向東北偏北前行。距得富石併依勒司石外面頗遠經過。但準此行向。已距杭雲石不遠，約行近石。須更偏北而行以避之。

已出希勒度水道北口。即可向東北又東一分前行。歷馬倒潦島与卡加拉島間之水道。及繞過卡加拉島西北角相距一里。即可向東北偏東又東二分前行。以抵大島西角对西。準此行向。可由依波石島以外。相距半里經過。

凡自拏家石礮港赴內海者。若不由壹岐水道。則由壹岐北面之高麗水道。已繞過壹岐島北角。即可向東又北三分前行五十五里。以抵內海西口間之西希羅島。準此行向可由阿羅納島以北。相距頗遠行過。

以上論日本列島日本与九修各峙西北角又自揚子江口至長崎

日本峙日日本峙与也蘇島間。為楚家尔水道。自東東北至西西南。長約四十里。最窄之處闊九里半。

友規踈角。一名格抹雷角。 凡自西南面就楚家尔水道西行者。先是距友規踈角西偏南十六里之必登列島。友規踈角左右陸地稍高。而微有平面。角之北西馬阿何角間之陸地為低沙岸。距阿何角南面六里。椶米家奮㮇澳口外。有淺至。

潮漲滿時。日本商船可歷淺至入以入澳西口內稍闊。約不過深。阿何角與此澳間近海岸之處。皆為平底。可停泊以避東北風。

阿何角。一名格雷克角。阿何角形稍奇。為一帶山之南界。距此角東北偏北又北一分八里半。有大楚皮角。為一帶山之北界。若遇北風西大風。不能過楚家尔水道即可於此澳暫泊船。惟澳內多隱險。須加意防之。距阿何角東北約三里。距陸岸四分里之三。水深十二拓。為此澳最穩泊船處。

大楚皮角。一名楚家尔角。楚家尔水道西口之南角為陡山。高三百六十二尺。自此向南四里。陸地由漸而高至二千二百尺。距角之東北二百拓。有大露石。為低沙頸。與陸地相連。其向多乱石。自西北至東南各方視之。若與岸稍離遠。大楚

皮角陡累交有旋流。不可行近一里。　距大楚皮角東偏南又南一分。九里又
四分里之一。有砲臺。石高二百尺。列砲六尊。近石為陡界。距石西四分里之三。
有奇形黑石崖。最易識別。　大楚皮角与黑石崖間。澳内之每末垂村對面距
岸約半里之處可泊船。附近一帶。除哈可達地以外。此為最穩便之處。村以南
有小河。為淡水。亦多薪。　已過近砲臺石之陡界。即稍有斜坡。海岸對面有西
布舌。附近深三十拓至四十拓。自陸舌南角之枯拔多馬里角起。至距北面二
十五里之多里為角止。有直陡石崖。質兼五色。近崖處有深水道。距多里為角
南面十七里。又有奇形紅石崖。高一千六百尺。距紅石崖北面九里。有二尖銳
石壘。曰婆頭。距婆頭西南不及二里。有一石。高四十二尺。距此石以北三百拓。

有退盪石。

多里為角。　多里為角。低斜而起。距角万秖有阿馬薩奇島。低島。高四十尺。其

与多里為角間。惟東北面無隱險。水深十三托之處。可停泊以候潮。自此處視

低島中界。為西南偏南之向。相距一里。凡夏月擬自東面赴哈可達地港者。若

遇西南小力風。此間停泊甚穩。距低島北面三里。朔望前後有疾潮處。若海浪

趕自西北。則疾潮處成大疊浪。須精遠行以避之。低島与疾潮間有穩水道。

昔尔亜角。一名南布角。　自低島起。至距東西三里之處止。沿海一帶。多隱險。近此

則無險處。可近岸而行。距低島以東十里邦有奇形紅石崖。自西面視之易於

識別。石崖以西有尖陡山。距石崖以東二里。有圓陡山。　自圓陡山起。至距首

尔亞角西面高一千二百六十五尺之處。止有一段低海岸。自此高頂向昔尔亞角。有長斜坡。遠視若不与陸岸相連。角与紅石崖間之大灣內可泊船。灣之西界對面水深十五拓之處。泊船更穩。自此處視園陡山為西西北之向。相距二里。距昔尔亞角三百拓。有小白石高七十尺。距角西南二里。距陸岸百拓六有一較大之石。自昔尔亞角向西南四里。近岸多隱險并露石。

伊三角。一名依薩米角。

楚家尔水道東口之北角。曰伊三角。為陡山之東界。角內有鼓山。形如華蓋。并有高八百尺之陡石崖。又有火山。高一千六百三十尺。高頂常有雲氣。西坡有數座硫黃。遠視色白如雪。距伊三角西面二里之澳內可泊船。若遇逆潮。可令小艇載輕錨前拋。次第移之。

距伊三角西南偏南八里又

四分里之三。近高石崖岸。有小島形如圓錐。高二百尺。附近有陡塁。距小島以西一里。近低角有隐險。距圓錐島以東二里又四分里之三。有險角。因有石行自低角列入海二百拓也。

西哇可庇角。　距圓錐小島西又南三分之二。二里半。距哈可達地頭東偏南十二里。距近多里萬角之低島北偏東又東三分九里半。有西哇可底角。其与低島向萬楚家尔水道最窄之處。附近萬陡塁。且向東北北流行。較疾於楚家尔水道中塁。角又多山。最高者一千有二十二尺。併有一帶高山。自此角向西北而接馬鞍山。距角西七里。海岸平坦。高於海面二百尺至三百尺。又西則海岸漸低。及至哈可達地頭。則僅有低頭。与陸地相連。

哈可達地頭。距西哇可庇角西南約十一里。有低窄沙頭。向西南伸入埜家系水道西南漸廣而高。成為陡山。高一千一百三十六尺。陡山之南界曰哈可達地頭。附近為陡界。無隱險。距哈可達地頭以西一里又三分里之二。有石行。自蛤角列入水道二百拓。石行以外為陡界。海岸自此角曲折向西南四里又四分里之一。俱屬平坦。惟近岸多石。凡行至此須加意焉。蛤角以西。有低沙帶沿岸至西尤卡角。以此三里之處。或行載而。皆無危險。

哈可達地港。低窄沙頭與西南面之陡山以北。成一大澳。長五里。闊四里。為哈可達地港泊船處。統計海圖所載之泊船處。罕有此寬闊而穩者。哈可達頭與西面之蛤角間。為此港之南口。闊四里又三分里之二。哈可達地澳之東南

首為哈可達地港海底甚平泊錨亦牢可避各方之風自此港能見樹木一行
隱翳大澳港內泊船最穩者為樹行遠引直線處水深五拓海底為黑泥質之
處哈可達地山之東北斜坡間有哈可達地鎮同治四年核記居民衆約六千
哈可達地山北角北面之淺灘間有八角形炮臺可列砲五十二尊沙頭亦
有砲臺可列砲六十尊哈可達地西岸有二砲臺各列砲二尊　港之東面有
卡米打溪可得淡水惟口外有淺處小艇亦難通行近處產煤不佳　潮信哈可達地
港朔望日潮漲於五小時大潮高三尺　行船法　凡擬赴哈可達地港者行
至哈可達地頭不可近於一里恐高岸遮隔風力不便駛行已繞過哈可達地
頭即可向北西之可馬加達寄尖峰而行俟能見馬鞍山之東高峯與園紐山
西面相離為東北偏北之向即可旋向東與北東之間而行仍視園紐山與馬
鞍東峯相離為度俟能見低頸沙山中略有凸出而色甚黑為東南偏東又
東三分之向準此前行即可避自鎮之西北角向北西北伸入澳三分里之二

之淺嘴。又視松林東北界與廟宇成直線。可避淺嘴西界。惟勿行於深不及五拓之處。視沙角中界與山麓成直線。可避淺嘴北界。俟船見根頸沙山中界為東南偏東又東三分之向。即可旋船俾沙山時在船首之左。準此前行。俟船見哈可達地鎮之西北角。為西南又西二分之向。即可於水深五拓半至六拓之處停泊。設欲哈可達地港時。烏黝山為雲氣所遮。應視哈可達地頭之西界。為正南或為南又西二分之向而行。俟船視依頸沙山之中界。為東南偏東又東三分之向。即可避淺嘴西界。

若擬深入港內停泊。可向南更偏東。指依石峯前行。凡船體入水不過深者。可近趨其角四分里之一。角間有日本船灣。以備修船。

距淺嘴北尾不遠。有沙堆。距水面三拓半。外界立紅浮標。作識。淺灘與淺嘴間。有窄水道。深四拓者。凡船體入水不深者。可由此水道之浮標北面經過。

若值暮夜。擬入哈可達地港。可直向北行。俟探得水深七拓。即可旋行向東。再旋向東南。隨行隨探。約不淺於七拓。即可避此淺嘴。以入哈可達地港。倘未抵此港。而遇無風。即可於水深二十五拓之處。隨意停泊。

西尤卡角。

距薩拉其角西南十里。有高石崖。為西尤卡角。併有三露石。自高石崖角向東北列入海四分里之一。外界形如圓錐。高七十尺。距角西四里。海岸高陡距角西約二里。有二瀑布　西尤卡角與西拉卡米角間澳內可泊船。惟西南風曉潮流向西。激成猛浪。泊船不宜過近陸岸。距南面白石崖以東一里。深十五拓至二十拓。為此澳最穩泊船處。

西拉卡米角。一名那地大角。　楚家尔水道西口之北角有西拉卡米角。山高而陸。略同西哇可底角。惟無陡壁。角之東西二面多露石。自海岸列入水。遇不及二百拓。自此以外。有無隱險。尚未探明。凡行至此。不可近角。　也蘇海岸有西拉卡米角。西折向西偏北又北一分。五里。至馬楚買角。一名地西角。近角有小島。形如圓錐。上有廟宇。二角之間。馬楚買鎮略對東南。距澳岸半里水深十二拓之處可泊船。惟遇南風不穩。咸豐五年間。有英兵船距此澳海岸二里行過。探試深淺不一。自二十五拓至二十六拓。近鎮深十三拓。次探得深五拓。忽探得深七拓。

海。海水自流行併潮信。咸豐五年西六七八月间。有英兵船測量至楚家尔水道中。見海水自流向東北。流行緩疾寬窄。必視乎風力與風向。若東北風則流行之力緩而窄。若西南風則流行之力疾而寬。約居楚家尔水道三分之二。其餘一分。則流行向西。　朔望先後数日。潮漲流行向東。潮退流行向西。各十二小時。近岸亦然。近大楚皮角朔望日。漲於卯正二刻。西尤卡角漲於辰初。多里為角漲於辰初二刻。以上各处均流行向東十二小時。始轉向西。特向之儘遞日約遲一小時半。咸豐九年。西八月间。於哈哥達地港西面楚家尔水道北岸之处。見潮性流向東北。楚家尔水道內。潮性有自太平洋流向東南或東東南。亦有自日本海流向西。或西西南或西北。流行速率。每小時三里。至五里。滙於楚家尔水道。為成大叠浪。

哥島。距西拉卡米角西又南二分。十六里半。有圓峯高九百七十四尺。者曰

哥島。近島西角有二露石。形如糖塔。

阿島。距哥島西北偏西又西二分。十八里。有阿島高二千八百尺。

阿可西里島。 距也蘇西南岸有阿可西里島。南角甚低。距此以南二里。有數露石。最高者至天至十五尺。與阿可西里島相連處。又有隱石。行近島之南角。約可泊船。昔英兵船行此水道時。探試未能及底。水道北口闊約十里。遠視島之東北角向。疑有石淺伸入海約四百柘。水道東面也蘇島岸甚高。約為陡畧。

行行船法程 凡霧日自西面就楚家尔水道者。須謹防流行之加。推船至水道西口北面。若值天氣晴爽。已行近友覩疎角。即可以距角之遠近。定所在之方向。倘不便就此角。亦可直向阿何角而行。設遇大霧而不能見此角。可探深淺。以定方向。阿何角南面海底平坦。約無險處。北面海底為石質。且深淺不一。此角為陡岸。故易識別。 楚家尔水道內無隱險。水道中界海水流行向東北。較疾於左右二面。自西至東。可隨意駛行。凡擬赴哈可達地港者。俟已過大楚皮角。即應向西尤卡角而行。俟已能見西尤卡角。即應向蛤角而行。書過大楚皮角後。若濃霧四塞。可探試深淺。於距西尤卡角稍遠處。以淘或泊於西尤卡角與薩拉其角向之澳內。以俟霧歛。 凡自東面擬赴楚家尔水道者。應視西尔亞角為西北之向。直向角而行。已過此角以北相距一里。即可稍偏南。沿陸岸而行。以避水道中界向東北流行之力。若無風時。此間可暫泊。且沿此海岸而行。併可乘向西流行之潮。加以抵近多里為角之低島停泊。以候順風而赴哈可達地港。楚家尔水道內夏月常有西南小力風。當潮始流行向西時。風力較大。泊者應遠開行。乘此風潮。駛赴哈可達地港。當開行後。可距低島半里行過。併須防向東北流行之力推至哈可達地東面。 當西南風時。擬自哈可達地向西行者。先由西尤卡角以內前行。若遇逆風逆潮。而不能繞西尤卡角。即應於距角之東北二里處拋小錨暫泊。以候西流順潮。若風力未勁。恐一潮不能出水道西口。可於西拉卡来角東面停泊。候次日西流順潮。以出口。凡自東面行過楚家尔水道。須預揀輕錨結索長一百五十拓。以備暫泊。又此間駛行者。近陸岸為宜。

火山灣與恩得尔摩港。 距楚家尔水道東口北角北面。有大灣向西北。為也蘇島環抱者。曰火山灣。灣口北角距赤道北緯四十二度二十一分。經度偏東一百四十度五十六分半。曰也脫磨角。距角南偏東又東二分三十三里。灣口南角。曰依薩米角。灣岸有三火山。灣之中界。深五十拓。向岸則漸淺。也脫磨角以北為恩得尔摩港。港之東南半面深四拓至五拓之處可停泊自此處視港口南面陸舌之陡山。與港口北角成直線。為西北之向。又港口有一島凡擬赴此港者應視此島與陸舌相離。準此向西南而行港口水深十拓向內由漸而淺。至港末深二拓。底為軟泥。港之南岸。有民舍散處。港首為平灘。雖小艇就岸。尚隔百拓。【潮信】恩得尔摩港朔望日。潮漲於五小時二刻。高六尺。

枯里尔列島　也蘇島東北角與俄羅斯之卡墨察特舌。自西南至東北。有一帶列島。曰枯里尔列島。中有卜餘勒水道。分隔列島為二段。東北段屬俄羅斯。西南段隸日本。近列島處多霧。且各水道之潮力甚疾。併為陡界。無泊船處。故難詳探。

枯拏希尔島。

枯里尔列島最向西南者為枯拏希尔島。其与也蘇島間為也蘇水道。最窄之处。闊八里。也蘇島東北岸。為枯拏希尔島環抱而成大澳。故也蘇島与枯拏希尔島西南角犬牙交錯。約略視之。幾莫辨為二島。

近枯拏希尔島東北角。有勝安得泥峯。距赤道北緯四十四度三十一分。經度偏東一百四十五度四十六分。島之四周有隐石。極險。島之西南西角向。為依咸門澳。互視二角為西北偏西又西二分与東南偏東又東二分之向。相距十里半。澳之東南有低沙础。長七里。西北亦有舌長五里。澳岸有鎮。本潮漲高四尺半。

寄可丹島。西書司本伯免島

距也蘇東角東北偏東又東二分三十里。有寄可丹島。自東至西長五里。自南至北闊五里。中有圓山。島之西南有最穩泊船處。寄可丹島与也蘇島間多露石餅海浪擊成之處共闊二十里。距寄可丹島西南九里至十里有数石小島。曰哇尔非司列島。内有一島長一里。畧窄而平。而多青草。寄可丹島与数石小島間有穏水道。惟列島西南之水道不穏。

依吐路鋪島。西音斯特登島　依吐路鋪島与枯拏希尔島間有水道闊十八里。曰披可水道。一名克脱令水道。此島自東北偏東至西南偏西長一百三十五里。最闊之處二十五里。北角曰阿克北次角。高而且陡。距赤道北緯四十五度三十八分。經度偏東一百四十九度十四分。島之南角爲里克尔得角。距赤道北緯四十四度二十九分。經度偏東一百四十六度三十四分。

烏路柏島。西音啃柏尼島　烏路柏島之中點。距赤道北緯四十六度与依吐路鋪島之間。為弗里士水道。濶十三里。頗稱穩便。烏路柏島。自西南至東北長五十八里。最濶之處十五里。近島之中界。有奇形山峯。形如葫蘆。天氣晴爽。相距五十里。即能見之。時或大霧彌漫。島岸俱隱。惟此奇峯插空突出。行船者猶能指其向背焉。自此島西南角起。至距北面十五里。有陡山之處止。海岸盡低而陡。又距角東南一里。有一露石。遠視形如風帆。

依路鋪島西北面。陡岸為亂形。土瘠不毛。兼無泊船處。即小艇亦難安泊。東北角稍高。向海之面有斜坡。又有露石。自此角向東北排列入海。距角一里。有大露石。形如方錐。附近又有二小露石

他洼那港。

烏路柏島以東。有他洼那港。小而多石。亦不甚深。東西無捍海浪

之處。港口闊六十拓。深八拓至十拓。港之中點有敖露石。近陡界。深四拓半至五拓。近有兩河，另可得淡水。行船法：擬距他注那港口南角東南偏東四分里之一，有高黑小島，形如圓錐，惟北面無陡界。距此小島北偏東一里又四分里之一，陸岸成角，近海面之處有一穴。若視角為北向，可遠見此穴。過此小島，即斜視他注那港口，為西向。凡就此港而視小島為南向，探水深二十七拓，海底為沙泥合質之處。自此以至港口，則由漸而淺。

卜洛敵島　烏路柏島東北之卜餘勒水道以南有敖島，其最北者曰卜洛敵島，亦名馬勘路盧島，高而且陡，南面稍有斜坡，近南角敖石之對面，約可登岸。

奇尔内島與奇尔内兄弟島　距卜洛敵島東南數里，有奇尔内島，一名黑本戚里伯島。距此島以南，有奇尔内兄弟島。奇尔内島有二高峯，形如糖塔。其北角有石，行向東列於海一里。遠視幾如海壩。自此東北之島，屬俄羅斯界。舟楫罕通。姑從略。
以上論楚家尔水道与也苏島南岸及桔里求剂島。
日本海。　日本海自北東北至南西南。長九百里。最闊處自東至西闊六百里。
日本各島為南与東之海界。朝鮮至滿洲為西与西北之海界。南有高麗水道
以通東海。東有楚家尔水道。以通太平洋。北有拉柏路司水道。以通阿可次克
海。又北有滿洲海。以通黑龍江灣。併阿可次克海。海水自流併風信　日本海水自流併風信尚未詳细記明
風力風向大約不一。海水自流行亦無定率。黑瀨川自高麗水道入此海。由楚
家尔水道出此海。黑瀨川或寬或窄。或疾或徐。秋月於拉柏路司水道見海水
自流向東東南。夏月海水沿滿洲岸流向西南。　咸豐五年西六月初四。有俄
羅斯兵船由高麗水道向楚家尔水道前行時。記黑瀨川流行之速率一晝夜
向東東南三十六里。並測得距赤道北緯三十六度四十八分。經度偏東一百
三十一度五十二分。次二日流行之速率一晝夜六里至九里。流行方向為東
偏北与北偏東之間。已抵楚家尔水道。一晝夜流行向北又東二分十一里。刻
遇西与南間小力之風。且晴爽。有二日。遇南与東各方之風多陰雨。　嗣於西

十一月間。自楚家尔水道向高麗水道前行時。見楚家尔水道。海水流行向東偏北。一晝夜二十八里。距赤道北緯四十度。經度偏東一万三十八度之處。海水流行向南偏東。一晝夜七里。距赤道北緯三十九度。流行向南又東二處。次日見距赤道北緯三十八度之處。海水流行向東偏南。一晝夜四十里。其時常有西北与北西北之方之風。且晴爽。本月十六日。風隨向自東与東東北。且雨。是日海水流行向東北偏北又北二分二十六里。

咸豐九年西六月間。有西船離対馬島北角後。未覺察黑瀨川之流行。因適遇有力北風。海水流向東北。後又特為東風。力更加大。海水流向北東北。每小時速率二里。自此以至馬度島流行路同。後向滿洲岸駛行。約至北緯四十二度之處。見流行之力不一。近岸流向西南。每小時一里。咸豐五年西五月至西七月。有英國兵船歷日本海併高麗水道。所遇流行之力甚緩。但七八月之間。向東北流行之海水甚疾。一晝夜四十八里。適向北行時。見海水流行之力漸緩。大約為風力所阻。及行近而可得石處。知為海水自流之力。推向東南。每小時一里半。

日本海西岸海水自流之性不一。且力緩弱。若海岸有角遠伸之處。則流行之力較增。嘉慶年間。有英國兵船沿此海岸而行。見海水流向南西南。每小時一里。

咸豐六年西七月間。有法國兵船見海水流行向北。一晝夜約十里。

日本海風信与東海略同。若日本海之風信不一。東海亦与之相應。倘日本海有東北之寒風。或有緩力之西南風。則近高麗北半之處。即有濃霧与風偕起。如有平力之西南与西北風即為晴明之兆　咸豐六年西五六月間有英國兵船於日本海内遇風向不一七八月間遇南面各向或東面各向之風四月間恆多霧八月間大雨時行　西十月十二日於距赤道北緯三十六度考經度偏東一百三十度二十二分之處已養北東北各向之風竟有西船忽遇大北風將夕又值大雨風雨表為之暴降西七月十八日有法國兵船自巴拉枯他港距赤道北緯四十九度之處沿滿洲高麗一帶海岸前行抵可羅磐得角距赤道北緯約三十六度之處其時常有北方勁風且多晴爽於咸豐五年七月間沿此海岸向南前行至永清灣遇小力北風後又轉自東吹於赤道北緯四十二度之處有霧而行閱數小時已值晴朗　又聞近高麗東岸每年自正月至十月有北与東北之風晴或暫轉南風西十二月間高麗水道多西北風　咸豐九年西九月至十一月有英國兵船在日本屿西北岸測量屢遇大風有時風力為十號西國十二号風力以為極逐日畧同初時為平力南風或東南風由漸加加視風雨表甚降天亦甚清若勁風初起之時為東北風漸加之力更大後又轉自西方須即是風雨表暴升為風力最大之候俟轉自西与北再轉自西北則漸息間日本舟人云近日本之西北岸自西九月起至西二月止常有或斷或續之大風又西二月以後天氣和平約近岸處夏月亦多大風与高麗滿洲海岸同春夏晴爽時常有南風西四五六七等月近滿洲岸恆多霧　風力暨海水自流不一之間前已記明但近海岸為陸界更多霧而尤須加意一帶海底甚平鉛錠雖

不足憑，然亦須隨時測探，設有隱險，亦可知其大概。

對馬島　日本海南呂有對馬島，舊隸高麗，今屬日本。自北東北至南西南長三十七里，分高麗水道為西二支，距岸稍遠即無隱險，惟西南之馬没角併北北面之他約角，各有露石行排列入海，相距一里半即可暢行。

竹敷浦　對馬島中段低凹，潮漲滿時則分為二，其間所成大澳曰竹敷浦，南半山之一帶最高者一千一百二十六尺，山之北面有雙峯，高一千七百尺，曰耳山。日本書烏亞刷　自西北向東南視之，形如驢耳，北半較低而平，距此島東北角以南數里有平頂山，其東面亦有雙峯，竹敷浦東水道潮漲滿時小艇可行，巨艦須由西口出入，距耳山以北五里為竹敷浦西口，耳山為識別西口之準的。

但至近口處則耳山爲阿薩磯高山所遮惟遠能見之竹敷浦口甚闊海底深淺不一近岸多砂距澳口以南之石層島以北六十拓有一隱石石層島爲紺色小島南面稍有斜坡凡擬避此隱石者不可視大角南頭（亦名）對面二露石爲西又北二分而更偏北之向俟能見高五十六尺之平頂島爲東南之向即應準此前行又能見竹敷浦口北角对面之鳥島西島爲北西北之向則可暢行竹敷浦口多小澳盡爲对馬島環抱澳岸甚陡可傍岸而泊竹敷浦以南各小澳之最西者曰克里西澳澳東有狹水池又東有蛤澳又東有牡蠣澳爲各小澳之最大者兩澳口外有米阿般島（一名陸島）其与西南西之島間有數石淺凡擬入牡蠣澳与蛤澳者應由米阿般島以東行過自此島東角視牡蠣澳口之中

野為東南又東二分之向。相距三分里之二。視蛤澳口為南又西三分之向。相距半野。竹敷浦之南西南。克里西灣及淡水地間。輪船往泊甚便。如不欲即此停泊。可向東偏南又南二分前行。過指頭角。亦名依那薩岬。以北。此角形方。与島略同。依那薩岬兩面俱為深水道。併通多小澳。水道間泊船最密。由島外駛行時不甚見塊末。昔有英國兵船。於依馬赫路灣內測量石以南。相離二百拓。水深九拓之处停泊。測量石為南露石。有古祠者。為北露石。潮退盡時。与陸地相連。此間可暫泊。若擬久泊。須別尋穩處。潮信。對馬島之竹敷浦內。朔望日潮漲於八小時二刻。大潮高八尺。近口處潮退流行之力較疾。

守島。高麗南岸以東。列島最外者。曰守島。測得赤道北緯三十四度三十三分經度偏東一百二十八度四十分距竹敷浦口西北偏西又西二分二十八里距高麗最近海岸十二里為乱形孤島北西有斜坡成一長脈頂有雙峰高四百尺向海之面山坡稍陡長約三百拓自守島見高麗最近之山高一千八百六十尺形如華蓋者約距守島北西北十三里又見海岸自此山曲折向西有乱島及露石

海石距守島西又南二分十二里有小平頂陡露石高三十尺曰海石相距三百拓水深三十四拓之处可暢行海石之東北又北二分有二高露石一距四里半一距五里半西南者為偏形東北者為稍闊之小島又距海石東北偏北九里有平島中聳劈裂尖峰高五百尺距平島西与東南一里又四分里

之三。有露石一簇，遠視如舟，距海石以北八里，有小島形如砲臺，高約四百尺。西面甚陡，東面有斜坡，距炮臺島以北四里，有平頂峯，高九百六十尺。

假島一名假守島　距海石之北西北三里，距守島以西十三里，有假島，高七百三十尺，其色黧，其形乱，自西南遠視之，与守島同形，故又名假守島。

破列島　距海石西北偏西六里，又四分里之三，有破列島，最高而南者頂心微凹。列島併各石，自南至北長一里。

斯賓得尔島　距海石西又北一分半八里，有斯賓得尔島，自南西南視之，高頂有二尖石，自東東南視之，二尖石成一直線，形如筆頴，島西有依柔如臂，餘為圓錐。此间海水自流向東北，一晝夜二十里至三十里，若值晝瞑，不能推詳方向。即以此島為行船標識。

孟度尔島。距斯賓得尔島西南偏西。八里至九里。有同形小島。曰孟度尔島。其高頂較圓。距斯賓得尔島以北。八里至九里。約為陸岸。

錦納島。距海石西偏北又北三分。十三里又四分里之三。有錦納島。高四百尺。自南西視之。與哈覓尔登港列島同形。但較小於哈覓尔登島三分之二。自東南視之。有四高頂。島之南半。如不相連。約為陡畧。相距半里可行。

測望島。距錦納島以東三里。有測望島。多樹木。長三里半。北半向未探明。島岸如將蓮花。旁分五瓣。中峯高一千二百尺。如蓮房焉。各瓣向有深澳。距南瓣末畧東南偏東五里半。為破列島。東南瓣以外有二小島。其與破列島併南辮之末界间。又有五低石。露出水面。距東辮二里有一島。多樹木自東至西長二里。西角有山高三百尺。西辮外界。距赤道北緯三十四度三十九分。經度偏東一百二十八度十四分。自此島與首之低岸。距对馬島竹敷浦之測望石西面。五十八分五十三秒又十分秒之一。咸豐十一年西五月间。有英兵船在此角東西澳内避東西大風。距澳首二百拓。探得深十五拓。距澳首五百拓。探得深二十拓。澳内可穩泊。惟西面無障風處。

潮信　測望島西半東西澳内。朔望子潮漲於九小時一刻。大潮高十尺。

對面島　距測望島西北三里。有对面島長一里半。峯高一千五百尺。距測望島对面島。对面島東東南各一里又三分里之一。有島自東至西長三里。併有一帶低山。

海岸　距前島西西北十里。高麗海岸自一帶高山。角曲折向西而至西北。又距島北十里之一帶高山。約在高麗境内。距測望島以西五里有一小島。測望島西与西南，至相距十五里至二十里之處。空闊平敞。其西北西近高麗海岸，又有數島。西可得列石。一名墨里來石，一名阿里烏蓋列石。一名火勒得列島。測得赤道北緯三十七度十四分，經度偏東一百三十一度五十五分。有二無屋小石島。自西北偏西至東南偏東，長約一里。曰西可得列石。二島相距四分里之一。疑有石行交互相連。西島高四百十尺，形如糖塔。東島較低，而為平頂。附近約有深水道。此二島恰當通哈可達地之直水道內，為最險之處。

馬渡島。一名達格勒得石。

馬渡島有數尖圓錐山，併多樹木。中有高峰，距赤道北緯三十七度三十分，經度偏東一百三十度五十三分。島周十八里。形如半月。北岸自東偏北至西偏南，長六里又四分里之一。為半圓之道。種徑之各處海岸曲折向南。漸繞向西，遂成此半圜形。其圜岸間有數小澳，向南之角曰海狗角。對面有小露石。

近島岸處有數露石。不連陸岸。多半居東北兩岸之間。內有數石。高四百尺至五百尺。近石多爲陡界。距岸不及四分里之一。爲露石之最大者。曰波棱來石。距東岸七百拓。近此岸有奇形孔石。对岸又有一石。高八百尺。形如糖塔。

島岸切近之界甚陡。曾遣小艇以鉛錘探試。未能及底。距南西四里之處。鉛錘下沉四百拓。亦未及底。距北西二里又四分里之一。出鉛錘三百六十六拓。猶未知果深何若。倘值風力甚緩。有數處約可登岸。然亦甚難。

大可島。西青亞尔戈峯特島。

英法暨俄羅斯各國兵船。皆不識此島。即捕鯨魚船亦鮮能知者。意當日駛行時。不識海水自流之力。推船易向。或以馬渡島悮為大可島。首有英國兵船於此間見海水自流向北甚緩。後有俄羅斯兵船自馬渡島開行見海水自流向西南頗疾。

興臨海港。朝鮮東南岸距赤道北緯三十五度六分有興臨海港。港口北角曰湯頭。南角曰哇深頭。互視二角。為東北偏北又北二分與西南偏南又南二分之向。相距三里。港自東南至西北長四里半。闊二里。距港口以內三里有鼓露石立水道中。畧者為最大。高不百尺。曰水道石。石之对西南北二岸各有隐險。伏入水道。故左右可行之處甚窄。港口水深十二拓。由此漸淺。至港首僅深三拓。此間無貿易。內有四村。居民约六、七千至八千。後有日本營自对馬島移駐於此。兵约二百五十名至三百名。港南面之鹿島多樹木。餘為童山。形如圓錐。

陸岸間有一帶山与海岸平行。高八百尺。港内有救灾奇取淡水。行船法程 凡擬自南面就近臨海港者。先須見哇深頭。即鹿島之東南角。為陡石崖。高八百二十五尺。有救石自石崖下挑列入海。不及五十拓。距哇深頭南面一點。有孤石高一百二十尺。即名哇深石。与湧頭南面半里之黑列石。俱易識別。又距哇深頭北面一點有小島。高四百五十尺。曰墨匙島。島之東北面為陡崖。附近陸影。深七拓至九拓。南面有斜坡与鹿島相連。其間有平唯。當東北大風時。海水擊成大疊浪。島之西崖有石險伏入港内百拓。　凡欲暫泊此港者。可於墨匙島西面水深四拓至六拓。海底為泥質之處停泊。冒此泊船者。視墨匙島西南點与哇深頭相切。為南東南之向。又視黑列石最南者与墨匙島相離。闊同列石。為東偏北又北二分之向。　若擬更向内行。於日本營对面。久滿已过哇深頭。併墨匙島相距约二百拓之處。即可向西北又西一分前行。以过水道。石与自鹿島向北伸入水道三百拓石浅之中點。石浅間又有数露石。　已入港内二三點。即須見日本營房一帶粉墻。自山麓林木間露出。仍準西北又西一分之向前行。俟將見營壘外之石角。或能視小船澳之南埠頭与西西南一千六十六尺之高山成直線。為西偏南又南三分之向。已距日本營一里又四分里之一。即可旋向南埠頭而行。及抵埠頭東面相距四分里之一。水深五拓至六拓。海底為黑泥質之處。可泊船。若欲近鹿島岸停泊。須拋二錨。因此間有漲退之加。　凡自東面擬赴此港者，先應以距湧頭北偏東不及六里，高二千四十尺之耆尔得倫山（佘佛）路為標準。晴朗時遠見之，近港口時，即能見湧頭南面之五黑石，居南者四，南北順列成直線，最高九十尺者，距湧頭南面半里，居北者一，距湧頭約一百五十拓，北石与南四石間，有窄水道，深十拓，黑列石附近別無隱險。繞過黑列石南界，可向西偏南而行。已过墨是島東北相距二百拓，可向鹿島与墨是島間之泊船所前行。若欲更向內行，即距黑石以南二百拓，直向西西北行，即可由攝鐵頭以南相距二百拓之處行，过攝鐵頭，為高五百六十五尺之陸山，行船憑為準的，依向前行，即抵水道石，与鹿島北岸石淺間之水道，再由此前行。

凡曲折強行赴日本嘗泊船所者，須由攝鐵頭以西，高八尺之第一石間水道較濶，可展長曲折強行，因西水道甚窄，不若水道石之左右可暢行也。攝鐵頭西以西第一澳內，泊船不穩，即遇東南緩力之風，澳內亦成大疊浪，且甚淺。

內水道口。凡大輪風帆船，體入水僅及廿四尺者，可由鹿島以西，与陸岸之間窄水道內經過。已行至此，應距布勒克尼島以東一里，向北偏東又東二分前行。過此五里，即能視鹿島東南角為東偏南又南二分之向，併能視鹿島相隅之低角。与近日本營有樹之小山。為北又東一分之向。再由此北行。以斷就鹿島西北面之低角為準。角尾為小石嘴。亦易識別。惟由角經過時。應於相距不及百拓之處疾繞之。因近日本營有平礁鋪入水道百拓。若覺潮力推向平灘。應速拋錨。擬避平礁若能視小石嘴為南向。準此東行。俟能視日本營对面之小船澳口為北向。即可向泊船處穩行矣。

布勒克尼島。　距哇深頭西南又西二分。七里。有小石島。高一百五十六尺。曰布勒克尼島。自東北至西南長三百五十拓。最闊之處約百拓。距此東面二百拓。有石一簇。最高者二十五尺。

船澳。　距臨海港西南。朝鮮海岸間。多小澳。不利泊船。距哇深頭西面五里又四分里之一。距布勒克尼島北面四里。海灣西面有小澳曰船澳。灣口以西有島高二百九十五尺。較大於布勒克尼島。附近有三露石。其中高六十五尺者。有石嘴向北伸入海。約百拓。行入灣口半里。即能見西面之船澳口。澳岸石角。水深三拓至四拓之處可泊船。四周有陸岸環抱以障風浪。但入此船澳者須加詳察慎勿誤入東面之開澳。凡遇南風波浪甚大。出澳甚難。

外哦大石 距赤道北緯約四十二度十四分。經度偏東約一百三十七度十七分半。有外哦大石長七十尺。高十二尺。

高麗東岸 高麗東岸与西岸迥異。附近為陡岸。咸豐四年。有英兵船自興臨海港之灣頭起至距赤道北緯四十二度三十一分。經度偏東一百三十一度十分止。略為測探。嗣乘順風沿海岸多曲相距四里之處前梢一帶陸岸多高山間有數低沙岸。

海岸自湧頭曲折向北東北六十三里而至可羅拏得角其間為一帶荒山海岸以內與高山間兼有數行沙山。近鐵克墨納角南面大島背面。疑有河口。

恩克福斯啟灣。

距赤道北緯三十六度五分四十五秒。高陸吉東北之低尾曰可羅拏得角。為高麗南面最東之點。陸吉高岩綫遠見十八里至二十里。陸吉之北。為恩克福斯啟灣。陸吉與冠冕角間為灣口。闊四里。近口之處深十七拓至十二拓。距南北陸岸二里。水深七拓。海底受錨甚牢。但無障東北風之處。可羅拏得角有數險處。遠伏入海。駛行時切勿近角。

灣之南岸多高山。西北

兩面灣岸稍低俱為白沙壟有數村落約為漁民

平海港 距赤道北緯三十六度三十六分沙岸間有小溪四為平海港四周有高山口外有圓錐島以障此港近岸有鎮市距陸岸一里半探得深二十三拓至三十二拓相距三里探得深二十七拓沿海為陸岸海水流行向北一晝夜十里 平海港之西南有三高山距北西不遠又有三圓頂之斜坡山自東北向西南視之則三圓頂次第增高

海岸 海岸自恩克福斯敢灣斜曲折向北而至圓山法國命為劈列西也角海岸稍高有沙山地瘠不毛距角西有高山如方錐曰婁潑夫山 自劈列西也角向北西北一百二十里至杜若格角有一段直海岸二角之間無泊船之澳海岸為陡壁近岸有居民 距赤道北緯三十八度以北海岸較低於南山坡產杉木距海岸以內五里有馬鞍山測得距赤道北緯三十度十分半西頂高於東頂山之北面尤多高山 此山以北近海岸數小島間有高石行距赤道北緯三十八度四十二分有小澳為陸岸環抱不及一里距小澳口西面半里有二小

島與澳口北高石角交互相連。其間有石行。併有
數點石。小澳口南面。亦有投石。行多海狗魚鷹
杜若格角（一名柏司杜羅尼）　佛勞登灣之南角曰杜若格角。爲石岩。東北西長八里。
石崖附近多石。路平水面。距角東面五里。探得深一百有四拓。相距不及一里。
探得深二十三拓。
佛勞登灣（法國名高盧灣）　杜若格角以南。曰佛勞登灣。杜若格角與此西紅石崖角
間闊九十三里。自東至西長五十五里。灣首有永清灣。併杜薩里夫陸。俱可避
各方之風。佛勞登灣岸縈迴曲折。半爲低岸。距灣岸不遠。水不過深之處。可隨
意停泊。佛勞登南岸併北岸有高山。距杜若格角西南十五里。有二向勤溫山。
一高六百九十二尺。一高五千八百八十四尺。距灣北紅石崖角二十四里有

威封山高八千一百十四尺。一帶海岸草木叢生。間有沙壩。併石崖。已過杜若格角。即納見佛勞登南面之沙岸澳。其西北半面有對小島。併隱石。各小島間有數穩水道。澳內可避南風。又有曲石岸。自此澳之北岸起。至佛勒尼角止。

佛勒尼角　佛勒尼角為佛勞登之西南岸。即小澳之南角。澳底為斜坡。距岸三里至四里。水深十八拓。距岸數百拓。水深十五拓。澳之北角高而陡。曰苗青良角。與陸岸相連。素甚低。遠視如島。澳之中間距岸一里半之處。有石小島四為著日測量處。

模社島俄羅斯名克勒巨夫島　距測量島東北八里。距陸岸七里又四分里之一。有模社島。其與陸岸間有穩水道。島高四百七十六尺。遥隔二十四里。即納見之。凡

自南面擬赴永清灣者可視此島為準的島之西南有風磯鋪入海五十拓海岸
海岸自苗青良角則曲折向西北十六里而至可得里家角苗青良角與陸岸
相連之處有小園圜併清水溪四澳岸有大鎮曰倫鎮澳亦從鎮名苗青良角
对面之露石俱為石笋倫鎮澳以苦佛勞登岸間多小澳各小澳之南北二角
俱高　可得里家角高三百二十六尺附近為陸點即有大鎮距角之西北又
西二分四分里之三有米守島一名近島探得深六拓至八拓島有二洞其狀
異貌且有石笋排列兩旁各高四十尺小艇可出入其間　可得里家角西面
有小澳可避風惟東北無障風處米守島與可得里家角間為澳四深約八拓
澳內深十一拓澳岸中界高角以西有二小溪四澳岸有民舍數座曰安比賭
村

永清灣　拘里郎　一名依拉里郎　與北面先佛時角間為永清灣廣十平方里中界深
十一拓距岸二百拓至三百拓深七拓至八拓先佛時角為布司克舌之東南
界　俄羅斯名拏其麼知　舌之西面有拉薩里夫港廣四平方里泊船最穩永清灣口東面

有救島遮護山灣。

尼可其島。　永清灣口島之向南最大者。周圍如蠶繭。周約三里。形勢微高。小山重疊。多產杉和。回尼可其島。近北角有小島。距南角半里。亦有小島。西岸有孤林。法國兵船曾距島西南一里水深七拓處。停泊。尚距鎮八里。交易不便。尼可其島與柏里角間。為通永清灣之穩水道。闊三里。深八拓至十拓。

枯柏里牙那夫島　距尼可其島北面一里又四分里之一。有荒園斜坡山。較小於尼可其島。枯柏里牙那夫島。其間水道深穩可通行。

安能可夫島。　距尼可其島。西面三里。有安能可夫島。自東至西。長一里。闊四分里之三。島中有一行小山。多杉和。北岸直而陡。東西南三面亦有陡岸。其間

散小澳首有淋椗　安可餘夫島西南面与二小高島間。有穩便泊船所。如小島
与西南面陸岸模勒非夫角間。界道闊四分里之三。深六托至七托。此角為陸
舌之北界。与陸地相連。有低頸。遠視別如一島。
非是勒夫其島　距安餘可夫島北面二里。有非是勒夫其島。高而窄。自東北
至西南。長約半里。除南面以外。近島多石行併露石。石行間有小島。其与安餘
可夫島間之水道中界。深十六托。左右漸淺。距西岸二百托。各深十托。　永清
灣口。除前記之散島外。猶有散小島。居非是勒夫其島東面者一。餘俱分列西
面。小島中有一圓錐形者。餘各不相聯。其間散露石之外。四周猶有石行。布司
克舌南面。亦有散白色露石。遠視易識。因有此險。故克佛時角与小島間頗不

便駛行。又布司克舌以南。与最北之白露石間。水道濶半里。若值風力甚弱。或風向不一。帆船亦难通行

拉薩里夫港。法國日為西尼湊　永清湾以北。布司克舌以西。有拉薩里夫港。港口濶二里。自南至北長六里。濶一里。又四分里之三。至三里半。水深七拓至十拓。海底為泥質。布司克舌高山中點。有一斜坡山頂分為二。互視二頂。為西偏北与東偏南之向。此舌与陸地相連之沙頸處。有數小山。遠視若不相接。舌之西岸数小澳間。俱有孤樁。布司克舌之西南角曰亞里漫角。有沙嘴自此角伸入海一里。拉薩里夫港北半段有二島。西北半段有東江口。二島最大而西者曰伯得納夫。周約三里半。東面有長淺嘴。遠伸入海。南北西三面為陡岸。距港口以

內一里半。為外泊船處。中界深十托。海底為泥質。向左右二岸。則漸淺。距港口以內三里。伯得納夫島。與南面之陸岸間。為內泊船處。闊一里。深八托。海底為泥質。便泊以受載。

自內泊船處向東江口。水道漸淺。至七托。江口外有數淺灘。深五托至三托。各成灘鋪。向伯得納夫島西北面。併向西南面之特里夫那夫角平鋪入港。其間各有寬水道。伯得納夫島與淺灘之北半。已就淤塞。其與特里夫那夫角間之水道。可通入大淺澳。

自特里夫那夫角至大淺澳之西點。長二里。澳口闊約半里。入內稍寬。而岸甚曲。澳之西北首有一島。中界有二小島。澳之北半。多相連之石礁。距水面數尺。二小島周圍有石礁。併有一石。行南北橫至。分澳為東西兩半。西半無水道可通。東半可通。拉薩里夫港。冬月間小船恆泊此以避風。東江口分為數淺水道。其間數低島。中多村落。島內最濶之水道。約三百拓。而口甚淺。低島以次曲折甚多。頗難行過。江水流行甚緩。色濁味鹹。江口外之淺至。潮退盡時。深十尺。江口以內。自南而北。距口內六里。分為數支。探深五拓。聞永清灣距高麗都邑三十里。約可通東江。灣內水鹹。稍西南亦有淡水。潮信。永清灣內潮流甚緩。惟拉薩里夫港能見潮。加朔望日潮漲於五小時一刻五分。高二尺半。行船法程。入永清灣併拉薩里夫港。皆有顯易準的。如布司克舌之山。分為二峯。尖如筆頭。又灣之東面有數島易識。布司克舌與南面小島間之水道。帆船难行。惟向外二大島間之水道。較為穩便。若擬自花可其島與泊里角間行過。既探得淺於七拓。即不可更行近陸岸。至安然可夫島西南面之西小島與模勒非夫角間。深而不濶。尚無隱險。惟布司克舌之西南有石行。自亞里漫角列入水道四分里之一。永清灣內惟此間不能暢行。海岸。海岸自布司克舌。則曲折向北與東北。五十四里而至紅角。（俄羅斯英更差羅夫）又距赤道北三十九度二十五分之處。有高山。其東曰羅西佛角。（法國名時能婁斯島）自此以南。與為低沙岸。距此北偏東十三里。有某西佛角。二角之間。環成大灣。海岸低而多沙。灣內海底甚平。深八拓至九拓。俱為細沙平原。間有孤山。為入灣之標準。　距大灣以北約二里。華島東角對面有二小島。其與華島向為窄水道。島之西北半面為沙岸。東南兩面為石岸。且甚高。華島西北角距陸岸一里有淺處。自華島向陸岸伸入水道五百拓。其餘水道惟見漁船往來。約不過深。　距華島東南三里。有二小露石。其與陸岸向探得深九拓。其與華島間探得深六拓。疑前有更淺處。不能通行。華島北面陸岸間有河口。　海岸自某西佛角。則曲折向東北而至紅石崖。（一名柏提吐亞尔角　亦名蘇達尔支角）二角之間。海岸稍高。多嶼。併石崖沿岸又有數礅露石併小島。其最大者周約三里。近安如角與紅角對面。有石島。中分為二。其間為窄水道。石島與陸岸間之水道。闊約半里。近東角又有一小島。其與陸岸間之水道。約為穩便泊船處。安如角併紅角以內。各有高峯。安如角亦甚高而陡。又距紅角西北五里。有高山最顯。自此海面能見陸岸田原。距紅角東北面。有長窄嘴。曰撒勤克角。有三山。併孤椗。

紅石崖角。一名柏提吐亞尔角。亦名蘇達尔支角。

自南面視此角。形勢微高。幾如半球。距西面未遠。有山稍高。形如圓錐。而頂略平。此一帶海岸紅石崖。計長五里。石崖对面有小尖島距角之西西北二十里。有咸封山高八千一百十四尺。海面斜見之。紅石崖与紅角間距海岸各角以外二里。探得深二十七拓至三十七拓。

卜吕牙得角。（一名波尔定角）距紅石崖角東北六十里。一帶山之東界。曰卜吕牙得角一帶山中。有二高尖峯。各相距五十里。北界曰道山。高五千三百有十尺。東面有長斜坡。山麓為低石崖。卜吕牙得角高一千五百四十一尺。距此西南二十七里。有石里奔百克角。二角間有海灣。距灣岸二里。探得深二十三拓至二十四拓。

雞冠石。（一名白石）海灣以外距陸岸十里之處。測得赤道北緯四十度四十一分又四分之一。有鼓白色亂形者。曰雞冠石。灣之北便内有一山擱入灣内。距此

山以南。一里又四分里之三。有三小島。交互相連。曰阿里非佛列島。其間有淺
灘。小島與陸岸間。深十六拓。為穩水道。海岸自卜呂牙得角。則曲折向北偏東三十一里。而至渴熱各富角。
法國名卜呂牙得角。北面海岸甚陡。約長十里。荒僻無居民。有陡山高二千
大布盧六百十五尺。自陸海岸遠伸入海。曰渴熱各富角。為一帶高岸之北界。海岸自
此角則曲折向西北而成大灣。自南至北闊二十四里。自西至東長六里。東面
無障風處。灣之北面半段。深四十拓。約無隱險。距渴熱各富角西面五里。有斯
奪落哇山。海面斜見之。此山以北。近海岸處。又有獨矮山。距赤道北緯四十
一度四十七分四十秒。有可羅可笑夫角。（一名西角）島高一千七百九十一尺。為小
澳之東北角。小澳之南角曰烏魯斯夫角。海岸自可羅可喜夫角。繞向東北角。
間有數小山。海岸對面。又有數小島。併露石。自卜加尔里角。（一名燈角）繞至戈士克
偉支灣。海岸間多小澳。距卜加尔里角東北七里。近岸有鼓石。小
島。曰亞哇克沒島。中有兩較大者。附近深二十拓。至二十六拓。
戈士克偉支灣。　亞哇克沒小島北面。陸岸之陡角。與距東北希餘羅角間。為
戈士克偉支灣。希餘羅角為希餘羅舌之南界。（一名西角）卡灣岸有數小澳可避

風。灣首有圓島附近又有一小島。距希餘羅西南三里。灣口之中畧有白石崖島。四周有露石。戈士克偉艾灣北岸。有斜坡。東北面有深湖。自海面不能見通湖之水道。此間尚未探明。

希餘羅角。一名卡西角。

戈士克偉艾灣之東北陸舌有窄頸。與陸地相連。曰希餘羅舌。除窄頸對面。俱為石岸。舌東之小嶼岸間。矮石城之東北。有一角微高。視此角併東北面斜坡。即可知通士門港口之水道。一名清新港。

希餘羅角高一百五十三尺。自相距十里至十二里之處視之。形如女牆。距希餘羅角北面有山。與陸岸相連之低頸。自南西南曲折而向北東北。距角西十八里。有乾龍山。高四千二百十五尺。

土門港。一名清新港。咸豐十年西十一月十四日中國正俄羅斯高麗之疆界。以土門港限之。港口距布餘羅角東西四里半。距赤道北緯四十二度十八分

自海面視港之右岸較高於左岸。左岸有長沙嘴伸入水道。港口又有淺亙距水面九尺。水道甚曲。亙亦深淺不一。或三拓。或一拓。水道左右多平灘併淤淺。距港口以內稍遠則更淺。右岸為陸沙坡。左岸為平原。

海道經一卷附録一卷

〔明〕佚名撰

《海道經》一卷附録一卷，撰者不詳。觀書中「嘉靖庚戌蜡月三日藏亭生記」語，當成書於明嘉靖二十九年（一五五〇）。書中記述明初經營海運之五條航線，所附刻《海道指南圖》，爲中國現存最早之海道圖。又分占天、占雲、占風、占日、占虹、占霧、占電、占海、占潮等門，以紀航海氣象。附録數文，如《海運以遠就近則例之圖》、《供祀記》、《江浙行省興復海道漕運記》、《送中書兵部尚書伯元臣回京叙》等，皆涉海運事。據上海圖書館藏清嘉慶間刻本影印。

海道經

海道經

失名

前元至元二十年克取江南至元二十一年起運海糧擢用朱清張瑄萬戸之職押運糧船三萬五千石踢立海道萬戸府千戸所百戸所領虎符金牌素銀牌面各領品職成造船隻大者年過一千糧小者三百石自劉家港開船出楊子江盤轉黃連沙嘴望西北沿沙行使潮長行船潮落拋泊約半月或一月餘始至淮口經過膠州海門浮山牢山福島等處沿山一路東至延真島

望北行使轉過成山望西行使到九皐島劉公島諸高山劉家窪登州沙門島開放萊州大洋收進界河兩箇月餘纔抵直沽委實水路艱難深爲繁重至元二十六年增益糧米八十萬石是歲正月裝糧在船二月開洋四月到於直沽交卸五月回還復運夏糧至八月又回本港一歲兩運是時船隻鮮少人民恐懼至元二十七年朱萬戸躬請長興李福四朝奉押運指引自楊子江開洋落潮往東北行使出離長灘至白水綠水徑至黑水大洋望北尋望延真島使轉成山正西行使收入沙

門島開放萊州大洋收進界河遠不過一月之程順不過半月之限俱至直沽以致漕運利便是歲加封朱萬戶為浙江省參政張萬戶為浙江鹽運司都運之職每歲專從此道駕使船糧赴北京府及二十餘年至大德七年當蒙官司招顧兩浙上戶造船運糧脚價一十一兩五錢分撥春夏二運延祐以來合造海船大者八九千糧小者二千餘石是以海道富盛歲運三百六十萬石供給京師甚為易便迤南番海船皆從此道貢獻倣效其路矣自南至天津衛各有天妃廟萬戶馬合法忽

魯循萬戶八十嘉議奏封福惠天妃聖號勑賜太牢今我皇明臣服四夷番鎮奉朔大遼歲給餽餉迨遼海之平欽封昭孝德正靈應孚濟聖妃娘娘聖號留芳于萬萬年矣

瑠闍揚子江者買海運之患也必當擇取小訊大訊艅閘洋鮮有危險如大訊行船倘值東風勢急惡水急緊船艅稠密一船退下紐二連三繳碇交纏頭梢相擊風雨相攻人無措手直至沙灘必有損壞宜深慎之海道水程至元一十七年始

準備緩急

如遇順風使帆之時勢須猛便減帆幔投奔港汊稍泊不得貪程恐風勢不止天色昏暮迤邐前行不知宿泊多有疎失不可不知遇順風正使帆其間忽轉打頭風便當使回風尋港汊穩穩勿得當江抵捱指望風息恐致雨細如綫急猝暴風奔港灘不及之時急搶上風多抛鐵猫牢繫繩纜如重載船則頻頻照看水倉怕有客水侵入隨處劄艙如小船則看風色如何則尋泊處如春夏間於港汊內泊船須要多用壯纜深打[illegible]早晚恐有山水發洪衝突之患

海道

一自南京開洋出龍江關靠東邊行使到觀音山中洪一路好行至攀山北有淺灘中洪可行望方山東邊中洪一路淺灘直過斬龍廟止至鰣魚廠東路至龍潭驛一路水緊北邊中洪可過徑到儀真中洪北到金山寺西首十餘里水緊不可抛猫寺北中洪都好行到礁山門仔細徵水行西南嘴有淺灘喚做姜婆沙西北下徵水中洪好行南有淺灘過山中洪一路好行轉往南有

水是洪至丹徒縣南有隔壁沙灘中洪行使到五聖廟中洪好行闘山西南嘴一路淺灘中洪到孟子河西南好行東北中間淺灘沙嘴占多是洪有蘆青嘴東南衝出有三四里轉過南中洪纖水行使便是黃山東北淺灘衝出大江中洪行使望西邊緊水洪過東有馬馱沙西南嘴衝出沙帶一條東南也有沙帶一路中洪可行南有江陰縣地方拋船江陰縣西邊是夏港過江陰縣中洪到巫子門淺塞打外洪過嗅飯寶船洪望見西北蝦蟆山可轉中洪到蝦蟆山西有淺北好行南是谷瀆

海道經　四

港中洪有淺占南有洪照黃泗浦占南岸行使到奚浦港南有淺灘北邊是洪到福山港中洪到白茆港北有狼山望東北纖水中有淺北有洪徑到聮角嘴南路於

劉家港拋泊

一劉家港開船出揚子江靠南岸徑使候潮長　西岸行使好風半日到白茆港在江徬之潮平帶菼稍搖過撐腳沙尖轉過崇明沙嘴挑不了水望正東行使無礙南有未入沙婆婆沙三腳沙可須避之揚子江內北有雙塔開南有范家港沙灘東南有張家沙灘江口有

家沙觜可避口外有暗沙一帶連至崇明洲沙亦可避之江北有響角嘴響角嘴開洋或正西西南西北風往湖落往正東或帶北一字行使纖水約半日可過長灘便是白水洋望東北行使見官綠水一日便見黑綠水循黑綠水望正北行使好風兩日一夜到黑水洋好風一日一夜或兩日夜便見北洋綠水好風一日一夜依針正北望便是顯神山好風半日便見成山自轉聮角嘴未過長灘依針正北行使早靠桃花班水邊北有長灘沙觜沙半洋沙陰沙冥沙切可避之如在黑水洋內

海道經　五

正北帶東一字行使料量風帆日期不見成山見黑水多必是低了可見升羅嶼海中島西邊有不等磯如筆架山樣即便復回望北帶西一字行使好風一日一夜便見成山若過黑水洋見北洋官綠水色或隴必見延真島望西北見箇山尖便是九峯山向北一帶連去有赤山牢山二處皆有島嶼可以拋泊若牢山北望有北茶山白蓬頭石礁一路橫開百餘里激浪如雲即便開使或復回望東北行使北有馬鞍山竹山島前可入港泊北是旱門亦有淺灘也可拋泊但東南風大不可拋

槳北向便是成山如在北洋官綠水內好風一日一夜
正北望見山便是顯神山若挑西一字多必是高了但
見赤山九峯山西南洋有北茶山白蓬頭即便復回望
東北行使好風半日便見成山一轉過成山望正西行
使前有雞鳴嶼中有浮礁一片可以避之往西有夫人
嶼不可在內使船收到劉島西小門也可進廟前抛泊
劉島開洋正西行使好風一日到芝界島東北有門可
入西北離有一百餘里有黑礁一片三四畝大避之收
到八角島東南有門可入自芝界島有好風半日便過

抹直日有金嘴石衝出洋內潮落可見避之進新河海
口到沙門島東南有淺可挨深行使前門可入東邊有
門有暗礁二塊日間可行西北有門可入廟前抛泊沙
門島開洋望北徑過砣磯山欽島沒島南半洋北半洋
到鐵山洋往東收旅順口東收黃洋川西南嘴有礁石
一路山東進口過黃洋川東收平島口外有五箇饅頭
山進口內抛泊南邊一路老岸外洋有一孤望城兒嶺
盡頭東望有三山正中進入內有南北沙帶一條相連
陡岸深水可以抛泊三山西有南山收進青泥窪西有

松樹島北有孤山東北望看鳳凰山便是和尚島烽墩
下占西有礁石西北有倉廟外有淺灘亂礁避之三山
北看青島一路山望海駝收黃島使島若鐵山往西收
羊頭窪雙島有半邊山艾子口望塔山看蓮雲島東北
看蓋州一路山看鹽場西看寶塔臺便是梁房口進入
三叉河收牛莊馬頭抛泊直沽開洋望東挑南一字行
使一日一夜見半邊山便有沙門島若挑南字多了必
見萊州三山便挑東北行使半日便見沙門島若挑北
字多必見砣磯山往南收登州衛北沙門島[illegible]東南

山嘴有淺可挨中望東行使好風一日一夜到劉[illegible]
入宮前劉島開洋望東挑北一字轉成山嘴望正南行
使好風一日一夜見綠水好風一日一夜見黑水好風
一日一夜便見南洋綠水好風兩日一夜見白水望南
挑西一字行使好風一日點竿累戳二丈漸漸減作一
丈五尺水下有亂泥約一二尺深便是長灘漸漸挑西
收洪如水竿戳著硬沙不是長沙地面即便復回望大
東行使見綠水望東行使到白水尋長沙收三沙洪如
又不著洪即望東南行使日間看水黃綠色浪花如茶

未水夜間看浪潑如大星多即是茶山若船稍坐茶山
往西南一字好風半潮北見祟明沙南見靖浦墩沿岸
劉家港如在黑水洋正南挑西字多必是高了前有陰
沙半洋沙衢沙擱頭沙即是瞭角嘴北便復回往正東
行使看水色風汛收三沙洪如風不便收不得洪即挑
東南行使看水色收寶山如在黑水大洋挑東多必是
低了可見隔界大山一座便望正西挑南一字行使好
風一日一夜便見茶山如不見隔界山又不見茶山見
黑綠水多便望正西行使必見石龍山孤礁山復回望

西南行使見茶山收洪後住盡回帆程限一遂河口開
洋順風一日一夜徑至鐵山南面山前帶東鐵二字望
南行使徑至成山收入南洋望正南行使三日三夜徑
至桃花班水邊望東行使見白水帶西二字勤戳點竿
尋捉長灘一丈八尺漸漸減至一丈五尺望西行戳楊
子江洪如尋不見洪內望下使必見茶山至茶山後水
弱船稍南面坐茶山望西行使半潮便見祟明洲如若
順風一潮送至劉家港口內拋泊若船去回須記桃花
班水北有半洋沙衢沙陰沙在洋內須要隄防凡空回

還不可料程早早可使船小料亦如此即防無碍一福
建布政司水波門長樂港船廠門船水程她頭預要水
手船隻護送沿港海島其神仙壁碧水屋山島去處古
有賊船以備艮便船開洋送至三岔河口如過一日二
日至古山寺登山送香燭防東南颶作潮大過日平息
送至望琪港娘娘廟前拋泊過日至長樂港口過一日
至民遠鎮巡檢司過一日至總埠頭港過一日至福州
左等衛告要水手船送過一日至五虎廟燒總福過一
日至五虎門開洋望東北行使[illegible]便是[illegible]山正北

便是定海千戶所東南便是福清縣鹽場過一日至[illegible]
家峪海島拋泊過一日至北高山巡檢司西洋山口好
拋泊過一日至福寧縣晚收風火葑娘娘廟前拋泊過
一日至滿門千戶所防有天霧晚收艇艚巡檢司海口
過一日至金鄉衛告要水手船隻引送過一日至松門
衛過一日至溫州平陽縣平陽巡檢司海口至鳳凰山
銅盆山防東南颶作晚收中界山拋泊過一日至盤石
衛但見天霧在中界山正北島拋泊過日南風行使至
晚收北門千戶所要尋捕魚小列船送過日南風往北

行使過利洋雞籠山等潮可行至松門港松門衛東港抛泊見捕魚船十五六隻便是港口過一日等潮開船至台州海門衛東洋山晚收抛泊過日離温州望北行使晚到桃青千戶所塱門口抛泊過日開洋至大佛頭山屏風山至建跳千戶所長亭巡檢司要水手魚船過日至羅漢堂山到石浦千戶所東門抛泊要水手送過日至定海衛放回金鄉衛盤石衛要梢水手離石浦港後門出過銅瓦山後沙洋半邊山覓公爵溪千戶所望北行使至青門山亂石礁洋至前倉千戶所雙臍港騎頭巡檢司前抛過至大嵩千戶所過家門山招寶山進定海港定海衛南門抛要稍水船送燒總福娘娘廟祭奠開洋望北行使至遮口山黃公洋至烈港千戶所海寧衛東三姑山望北行使若至茶山低了至金山衛東海灘松江府上海縣海套水淺望東南行使過晚抛船等潮過羊山大七山小七山過太倉寶塔望東北行使兩日兩夜見黑水洋南風使船一日見綠水瞭見海內懸山一座便是延真島至靖海衛口淺灘可預避之

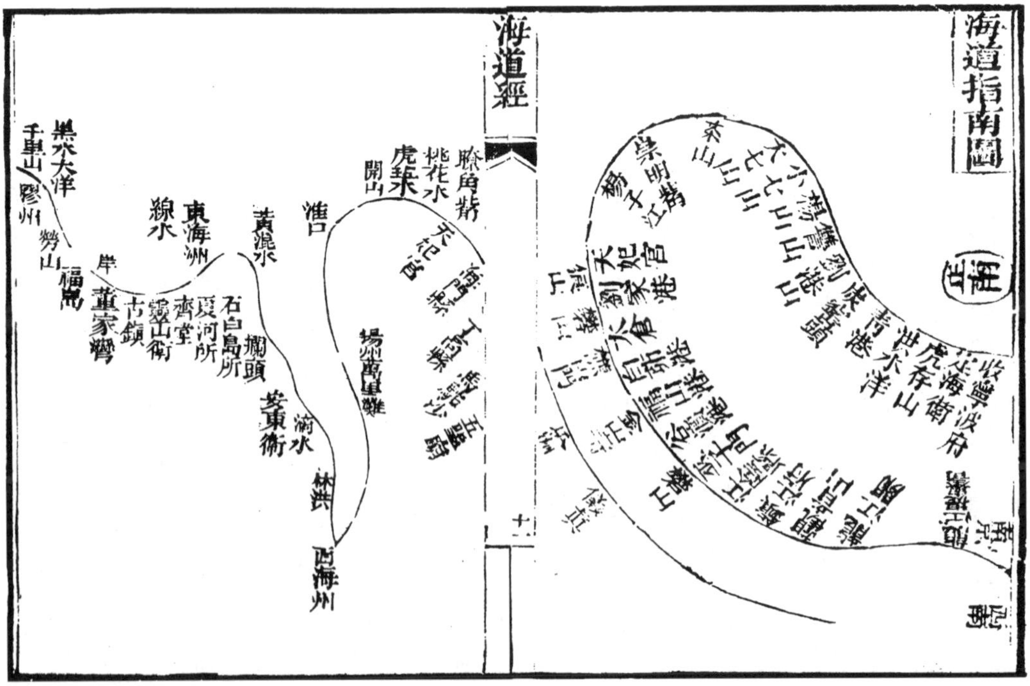

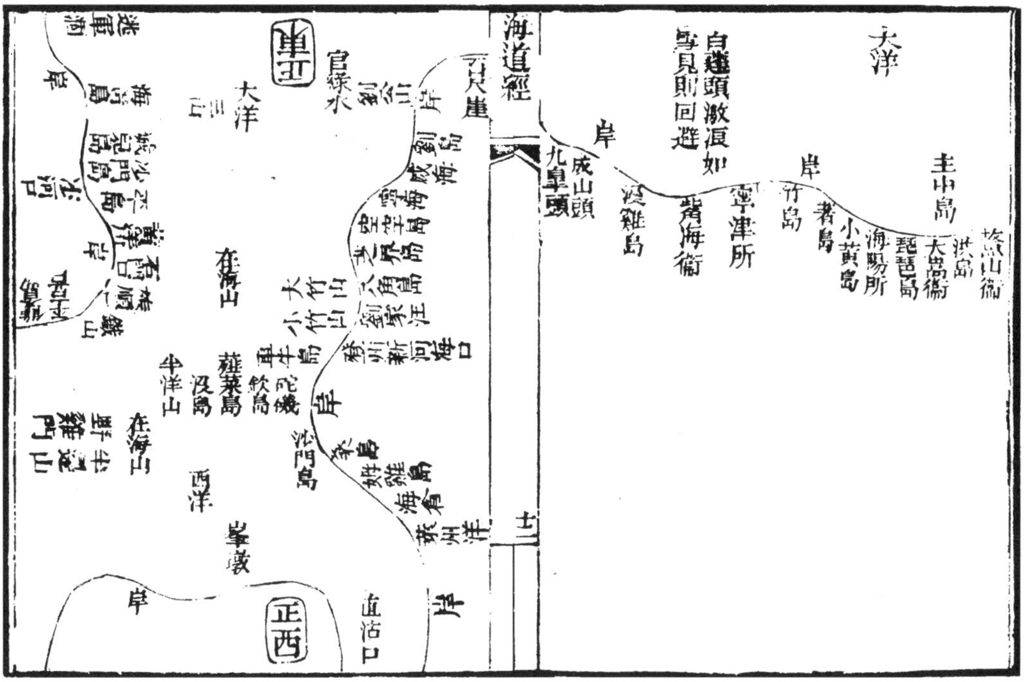
海道經
十二
大洋
岸
成山頭
九皐頭
靖海衛
寧津所
竹島
者島
小黄島
海陽所
琵琶島
大嵩衛
浮山衛
圭中島
大洋
正東
在海山
大竹山
小竹山
蓬萊島
半洋山
西洋
岸
正西

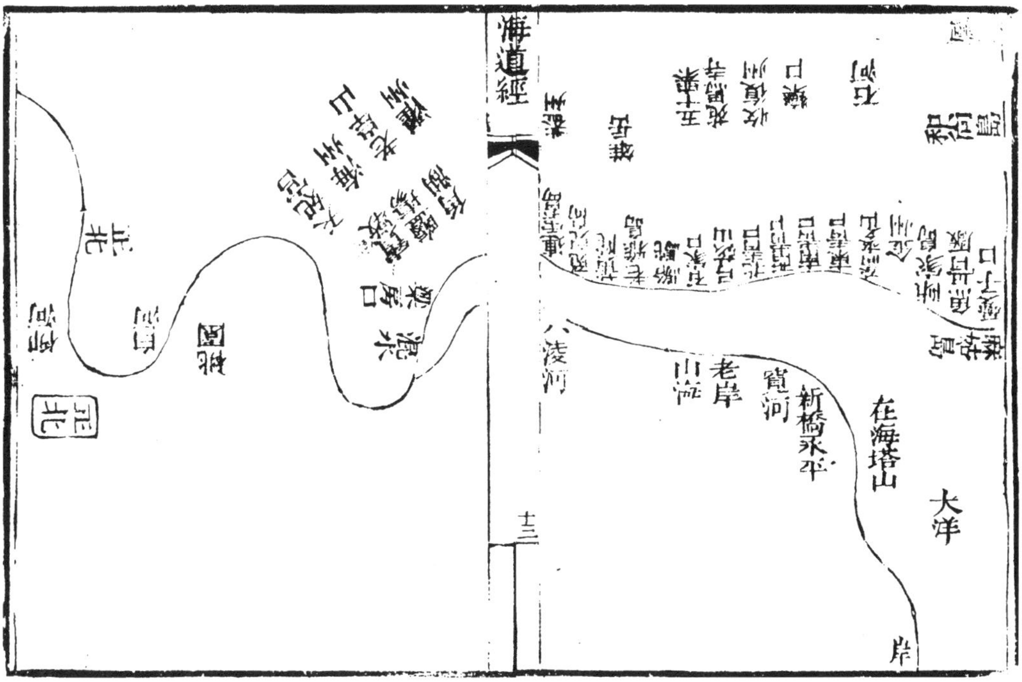
海道經
十三
大洋
在海塔山
新橋永平
寬河
老岸
三汊
岸
正北
正北

我朝太祖高皇帝建都金陵四方運舟率由大江至洪武三十年造船海運遼東以供軍餉成祖文皇帝肇建北京江南糧船一由江入海出直沽口白河運至通州一由江入淮入黃河至陽武縣陸運至衛輝府由衛河運至通州永樂九年以濟寧州同知潘叔正言命工部尚書宋禮都督周長等發山東丁夫十六萬五千濬元會通河自濟寧至臨清三百八十五里漕舟始達於京通及洪武年間海船有一千料有四百料鑽風海船運糧自開裏河改四百料淺船一隻故淺船因海船得名

也

占天門

朝看東南有黑雲推起東風勢急午前必有雨暮看西北有黑雲半夜必有風雨

占雲門

早起天頂無雲　日出漸明　暮看西邊無雲
明日晴明　遊絲天外飛　久晴便可期
清朝起海雲　風雨霎時辰　風靜鬱蒸熱
雲雷必振烈　東風雲過西　雨下不移時
東南卯沒雲　雨下巳時辰　雲起南山暗
風雨辰時見　日出卯遇雲　無雨天必陰
雲隨風雨疾　風雨霎時息　迎雲對風行
風雨轉時辰　日沒黑雲接　風雨不可說
雲布滿山低　連宵雨亂飛　雲從龍門起
颶風連急雨　西北黑雲生　雷雨必聲訇
雲勢若魚鱗　來朝風不輕　雲鈎午後排
風色屬人情　夏雲鈎內出　秋風鈎背來
曉雲東不慮　夜雨愁過西　雲陣雨雙尖

大颶連天惡　惡雲半開閉　大颶隨風至
風息始靜然　亂雲天頂絞　風雨來不少
風送雨傾盆　雲過都晴了　紅雲日出生
勸君莫出行　紅雲日沒起　晴明便可許

占風門

秋冬東南風　雨下不相逢　春夏西北風
下來雨不從　汎頭風不長　汎後風雨毒
春夏東南風　不必問天公　秋冬西北風
天光晴可喜　長見風勢輕　舟船最可行

深秋風勢勁　風勢浪未靜　夏風連夜傾
不晝便晴明　雨過東風至　晚來越添巨
風雨潮相攻　颶長難將避　初三須有颶
初四還可懼　望日二十三　颶風君可畏
七八必有風　汛頭有風至　春雪百二旬
有風君須記　二月風雨多　出門還可記
初八及十三　十九二十一　三月十八雨
四月十八至　風雨帶來潮　傍船人難避
端午汛頭風　二九君還記　西北風大狂

回頭必亂地

六月十二日彭祖忌連天大忌須忌七月上旬爭秋風穩泊河南莫開船八月半旬潮候時風雨隨潮不可移

占日門

烏雲接日　雨即傾滴　雲下日光　晴朗無妨
早間日珥　狂風即起　申後日珥　明日有雨
一珥單日　兩珥雙起　午前日暈　風起北方
午後日暈　風勢須防　暈開門處　風色不狂

早白暮赤　飛沙走石　日沒暗紅　無雨必風
朝日烘天　晴風必揚　朝日燭地　細雨必至
暮光燭天　日光晴彩　久晴可待　日光早出
晴明必久　返照黃光　明日風狂　午後雲遮
夜雨滂沱

占虹門

虹下雨垂　晴明可期　斷虹晚見　不明天變
斷虹早掛　有風不泊

占霧門

曉霧即收　晴天可求　霧收不起　細雨不止
三日霧濛　必起狂風　白虹下降　惡霧必散

占電門

電光西南　明日炎炎　電光西北　雨下連宿
辰闕電飛　大颶可期　遠來無慮　遲則有危
電光亂明　無風雨晴　夏風電下來　秋風對電起
閃爍星光　星下風狂

占海門

螻蛄放洋　大颶難當　兩日不至　三日無妨

滿海荒浪　雨驟風狂　大海無慮　至近無[illegible]
金銀徧海　風雨立待　海泛沙塵　大颶難禁
若近山岸　仔細思尋　鳥雀弄波　風雨必起
二日不來　三日難抵　水上鵝毛　風大難抛
東風可守　回南暫傚　白蝦弄波　風起便和

占潮門

月上潮長　月沒潮漲　大汎潮光　小汎月上
水漲東北　東南旋邊　西南水回　便是水落
北海之潮　終日滔滔　高麗漲來　一日一遭

萊州洋水　南北長[illegible]　北來是長　南退方覺
楊子江內　糧舟之[illegible]　最怕船密　大風緊急
繫定且守　船走難纜　纜定必凶　直至沙岸
走花落可　神鬼驚散　要知可地　大洪泥硬
灘山一般　鐵可可障　海中泥濘　須抛木可
黑水洋深　接纜數尋　成山開處　名羅鼓地
磨斷棕毛　蔑纜可抛　成山鐵山　萬丈深泉

北海地方

乾皮嶺　楊林子　長灘　澆溝
苦房溝　通江溝　沙灘溝　打鐵溝
擺渡口　南寨溝　朝花島　快活口
紅草窠　苦林木　剪子河　靑建嘴
𨚗步　南北河　柳河　白河
紅草溝　桃園　蓬萊駝　宮溝
梁房口

右海道經兩見刻本俱止此因以則例供祀二碑有關運事附刻末簡庶有所考焉

袁生陽至日記

海運以遠就近則例之圖

皇帝聖旨裏海道都漕運達魯花赤萬戶府準本府達魯花赤嘉議關該照得海道之設職專漕運歲輸官糧三百餘萬石上供京師支持責任至重當職以疎陋之材承重難之責深懼不能稱效故自延祐四年十二月到任以來孜孜詢訪將革弊以興利稍圖報於萬一緣每歲海船支裝官糧干涉浙東浙西洎上江湖廣江西河南四省地面槩管船戶依傍江海散居閩浙緜亘數千餘里其間利病非一論戶計則有大小貧富之不同

究地里則有遠近險夷之不等船戶自閩海及浙東溫台慶紹南隅海洋前來浙西巳自不易況有上江眞州太平池州寧國建康裝糧路分又涉揚子大江泝流西上經過沙淺山磯尤爲艱險惟浙西平江嘉興常州等處糧斛雇覓小船由裏河搬剝比之上江似爲便易以此每歲比至船戶支請脚價給散勘合標撥倉分支糧吏胥並緣爲姦或將貧遠小戶撥於上江重難遠處路分船多附近上戶撥於浙西便易去處支裝情弊多端倫序顚錯致使貧乏遠小戶計多受其害當職已嘗會

集僚屬講議推究地里遠近將船戶灣船處所及裝糧路分通畫圖本明白標寫去處里路以遠就近從公派撥數內春運糧米止於平江常州嘉興松江四路支裝先儘浙西船戶上年夏運回船標撥以平江路爲則定擬其常熟江陰崑山崇明在於平江路東北松江嘉定杭州嘉興在於平江路東南擬將常熟江陰崑山崇明兩所船隻於平江常州無錫各倉依驗八戶灣船遠近船料多寡近遠倉分標撥支裝據崇明州通州海門縣船隻沙涉海洋前來劉家港灣泊合於平江路倉支裝

若有裝發不盡糧數將兩所小戶并常熟江陰近千戶計貼裝[illegible]松江嘉定杭州嘉興兩所船隻內杭州浙江富陽及崇明州船隻於平江倉上海張家浜嘉定沿江一帶船隻於松江烏泥涇各倉支裝不敷數目與各所坐落太倉劉家港船隻於嘉興海鹽各倉標撥或有支裝不盡數目從優將近下小戶於平江倉貼裝庶得均平所據夏運糧斛跨涉淮東滿浦眞州泊水灣江東池州寧國太平建康浙東慶紹台州浙西平江常州江陰嘉興松江湖州鎭江等路凡是二十餘處既有遠近難

易之殊又有帶裝白粳香糯之任爲此通行議擬慶元倉步邊江快便儘用福建舶船台州有長田港沙淺之險就用本路小船紹興路三江陡門沙脈艱阻悉以本處諳知水路船隻支裝慶元若有料船隻盡數起發前來浙西劉家港先儘平江常州嘉興江陰次及湖州松江等處糧米浙西船戶合於上江各處支裝雖是上江地里俱遠中間又有難易之分謂如淮東滿浦自劉家港撥船前去經過淺沙止用一千料之下船隻就彼便可開洋又免附載白粳眞州泊水灣對裝江西湖廣河

南三省糧米及建康路素號重難合於船多近上戶內摘撥裝發又如池州路雖遠海船可以徑抵倉步太平寧國亦皆順便合用酌中戶船其浙西平江無錫如有支裝不盡糧數并烏泥涇糧宜將近下小戶從優摽撥其餘松江嘉興常州等路若有餘糧卻令支裝上江重難去處船戶貼裝與附載白粳香糯不過通行派撥三二處如此定擬摽撥上下僉稱公便亦會申奉省府劄付如委便益就便施行所以當職在任起發延祐五年六年春夏二運并延祐七年春運糧斛皆執前議迄今將及任滿深恐前項便利之事漸爲吏胥埋沒失於遵行復生奸弊爲害甚重如沐參考元議以遠就近路分畫圖鐫刻碑石樹於治所使之昭然在目不爲奸吏所欺誠非小補爲此關請照驗施行準此欽惟聖朝統一疆宇薄海際天罔不臣服嚴禁密重藩屏上地人民之廣官僚師旅之衆億萬供餽漕海轉輸登之天庾始則開府命官崇秩正三品列戟萬戶侯朝廷又以兵食所繫益重其事又分行省重臣以督之于今四十餘年立法既久不能無弊弊深則救救則更更必須其人而後

可行迺延祐丁巳冬達魯花赤怯來公嘉議下車之初首察弊端孜孜求訪思欲更而張之由是討論議建新規以便漕戶備詞申準省劄行之三載民皆稱便故欲著爲定式刻之於石使久而不得堙沒吏胥亦不能恣其高下奸民亦無以施其詭詐守而不廢豈曰小補云爾

福建船前來慶元裝糧溫台慶元發來浙西并杭州富陽松江船隻前來劉家港俱各經涉海洋難以計筭里路

淮東道揚州路崇明州灣船

本州涉海至嘉定州劉家港約一百五十里西沙涉海至劉家港約九十里

沙涉海至劉家港約一百七十里

浙西各路灣船處所

嘉定州

劉家港六十三里至崑山州太倉一百八里至平江路九十里至無錫州北行九十里至江陰州西行九十里至常州路一百八十里至鎮

江路一百八十里至建康路一百八十里至
太平路一百八十里至寧國路三十六里至
水陽倉寧國路一百八十里至池州
張家浜至平江路二百三十四里松江府一百五
十里烏泥涇一百一十四里嘉興路三百四
十里
沙頭浦至平江路二百一十四里松江府二百一
十里烏泥涇一百七十四里嘉興路三百四
十里

上海縣至平江路二百六十四里松江府一百里烏
泥涇四十四里嘉興路三百里
常熟州
白茅港至平江路二百二里
福山港至平江路一百四十一里
平江路西南一百八十里至湖州路東南一百四十
四里至嘉興路九十里至海鹽州三十六里
至澉浦
嘉興路一百八里至松江府

延祐七年九月　日
海道都漕運萬戶府立石
石在北察院行臺缺字石損俟補刻上下接刻此
文中刻道里圖
供祀記
至正十三年歲在癸巳夏五月皇帝幸上都六月己酉
中書相臣奏今年海漕糧船已達直沽宜遣使祀所在
海神天妃廟以報其佑助之靈今議遣崇文太監臣周
伯琦乘傳往謹以上聞制可七月丁丑上御水晶殿以

白金匜封香幣手敕致敬以授臣伯琦即日陛辭而南始
直沽道淮安歷鎮江九月壬午至姑蘇漕府厥明具祀
服奉香以少牢祀省牲之夕密雲脈沐薦祼之晨天宇
澄朗微風洽然淵淵汾汾若垂休光咸曰明神享我皆
與祭官浙西肅政使者臣李帖木兒不華都水庸田使
臣文書訥海道漕府都萬戶臣脫因副萬戶臣賽甫丁
平江郡監臣六十郡守臣高履等率漕府經歷臣劉拜
住知事臣卞思義照磨臣廉塔不台暨庶司賓佐僚屬
陪位齊明序列罔有弗虔越三日丙戌東至崑山

州廟又二日戊子南至海口路漕廟禮皆如之惟三代
以上俗淳事簡國之經用賦於侯甸而已逮漢至唐官
冗政叢徧征四方日猶不給於是乎輸漕之制出焉然
踰盟津入渭者路涉迂險繇河達洛者遡流悍湍人勞
費繁槩可知已皇元奄有萬方當春夏之交漕東南之
米自姑蘇航海乘風徑達不旬日而至直沽距京師僅
五百里視吳楚如三輔地用是國賦日羸食貨日充內
自王宮戚里之衞士百執事外至都邑之兵戍編戶上
自公卿大夫士下至府史胥徒歲以海漕之遲疾豐儉

順阻爲憂喜休戚之分校之前代轉輸其艱易蓋萬萬
不侔矣紉寇燹之餘舊舶多壞是歲改用江舸增易舳
艫權宜北漕人或難之雲颿一張如期輳集豈非天相
一統無外之大基萬世無疆之休耶神明惟人是依陟
配顯助旋斡杳冥宜矣苾芬報享聖心益嚴奔走承事
下臣時恪刻石廟庭昭示永世職在紀述所不敢讓祀
之明日己丑翰林直學士知制誥同修國史兼經筵官
新授崇文太監嘉議大夫兼檢校書籍事臣周伯琦謹
記并書篆

至正十三年十二月　日立

石在婁門接待寺伯琦楷書亦佳筆

江浙行省興復海道漕運記

至正十九年秋九月上遣侍從臣兵部尚書伯顏帖木
兒戶部尚書曹履亨齎尚尊襲衣內乘賜江浙行中書
省丞相臣達世帖穆爾鎮平江太尉臣張士誠分省慶
元平章政事臣方國珍等有差重漕事也既至卽奉頒
上賜宣布德意命士誠治粟國珍治舟丞相總率之以
達京師使者往來吳越間將命惟謹明年五月舟至自

慶元粟至自平江咸萃嘉興海次澉浦丞相檄右丞杭
州不花[illegible]副范顯祖都事錢用壬實監當之神人協順
海若效靈逾二旬而事竟浙之父老加手于額請曰是
事也輟而復興不圖今日再見東南盛典願有紀之仁
本承乏左右司郎中執簡上下遂諭于衆曰惟我皇元
富有寰宇任土作貢凡梯山航海之來者莫吳越轉粟
之爲重也至元間置漕運府于平江計諸郡出內之數
始運爲石近十萬漸而增羨至三百五十餘萬連檣巨
艦涉歷大海魚龍鼓舞神鬼具依上達京師以供天子

之用天子不自有凡諸蕃輔之賚官吏祿秩之給下逮幾甸之黎氓歲時之賜予悉皆出此富矣盛哉迺至正十六年海區震動淮氛溷浙向之膏腴沃壤化爲烟沙而萬億及秭如京如坻之積者迄無斗斛之需海運爲之廢矣藉國家威靈將相文武不越歲而邊疆敉寧境上尋復爰命士誠職太尉就鎮平江軍旅萃焉賦稅有焉先是國珍亦嘗以防禦海道功累官至平章政事兼領漕府分省東浙舟師駐焉取舟于越取粟于吳俾二臣者交修職貢共濟厥美時則有青軍假擾調度日繁

供億日夥雖使命接踵亦莫克集於是中書大臣具奏曰往歲使江南趣漕運者率不任事無以稱旨今樞密院判官臣伯顏帖木兒忠貞清愼宜授兵部尚書御史臺都事臣曹履亨廉勤端愨宜授戶部尚書並充使事愼簡乃僚齎賜以往懋底于成制曰可命下卽行星槎萬里兵部如越戶部如吳咸期會丞相府計議丞相爲之約束二使間關周折審處從違相其地利人和初議集于崑山劉港中易爲浙江石墩終協于嘉興澉浦海舟既至粟粒亦來波濤妥帖炎風不競籌算之交錯橐

囊之負戴庾人授于篙夫篙夫復于小航轉登大舶瀕汐往迴拖梢聯屬鼂艖鱗貫顒顒俁俁翼如以進然後連綱飛輓善達京都能事畢矣夫物盛必衰而無往不復者誠理數之常事窮則變而有開必先者盡變通之道昔儲運之肇興也始自八九萬漸至數百萬不旣盛矣乎盛而衰衰而復今爲數又自十一萬始適有胎焉則後日鉅萬之運變通之道實權輿於此矣豈非理數然歟蓋我世祖皇帝開拓疆宇深仁厚德聖子神孫繼繼繩繩涵育之至故遠方職貢之修實天理人心不能

間斷而泯絕也況其恢復開端作興振起有如二使之盡心盡職焉者故因父老之請而紀其廢復之顛末以贊中興事機之會尚或有備於史氏之筆也兵部字元臣大都人由進士出身戶部字德基齊南人文貞公伯啓之子也時至正二十年龍集庚子夏五閏天台劉仁本記

送中書兵部尚書伯元臣同京叙

國家置海道漕運轉粟江南供億京師者垂八十餘年矣凡江浙諸郡之粟悉萃平江都漕府然後發巨舟飛

輓歲分春夏二綱選官部運轉涉遼海以達京庾著爲定制誠軍國重事也至正十六年淮夷之難作延蔓全吳海道梗而漕運輟朝廷尚仁卹行宥典事之壞亂反常者皆復舊規乃命江浙平章方公兼署海道事分省浙東董舟師以通漕運命太尉張公就平江輸粟粒以供常賦而使命之來者或飄散弗稱職甚至冒黷以還徒牽連文法一挫風潮之汎竟噬齧臯矣十九年九月上狩選六曹長吏之賢者若兵部尚書伯顏帖木兒使東浙趨進舟以轉粟又戶部尚書曹履亨使平江趨治

粟以登舟拜命之日兵部曰是可須臾緩乎即陛辭上道儀海舟涉鯨波萬里衝冒煙霧迅駛風霆知有國而不知有身知有轉輸餽餉之責而不知有風濤魚龍之險既至適際邊守有隙事幾不就緒公即白丞相輯和二家匡濟其艱仍身先率海舟千百艘竢于嘉興之澉浦而平江之粟亦展轉至杭之石墩石墩去澉浦且一舍餘海灘淺澀舟膠不進公乃徒涉往來跟肘泥沙幾溺于潮者屢矣終訂其便利于澉浦得粟爲石一十一萬奇檥入岸卒讙呼授受于斗斛間浹旬而集事化艱難爲平易變險阻爲簡夷公之勤勞敏捷人皆難之由其以淵物成務之學而行之以忠誠貞白蓋忠以盡己不欺而誠則能動物貞固足以幹事而白則湼而不緇唯是四者故能上宣聖天子之德下攄外方伯之情以通吳越之命脈以作中興之盛典顧不韙歟浙人碧石以紀嘉績而使節旋矣請叙以弁輿誦之首是用復命于大庭且爲後之使者告云天台劉仁本序

右二文見劉仁本所著羽庭集集凡十卷元時刻者家有此集以二文涉海運事刻附卷末俟有所

考焉

嘉靖庚戌蜡月三日藏亭生記

海道經終

嘉慶戊辰夏五月

昭文張海鵬校梓

靖海紀略四卷

〔明〕曹履泰撰

《靖海紀略》四卷，明曹履泰撰。履泰字大來，號方城，浙江海鹽人。天啓五年（一六二五）進士，官至兵部侍郎。明季鄭芝龍出没海疆，崇禎元年（一六二八）就撫，其黨李魁奇、鍾斌等仍活躍海上，襲擾地方。時曹氏出宰同安，嚴保甲、練鄉勇，李鐘等莫敢犯境。因將與上司往來文書等彙成此書。凡四卷，前三卷收公牘書劄等約百封，卷四記述辦理團練之事。所述鄭芝龍就撫前後情形甚詳，於其時吏治腐敗、百姓疾苦亦有揭露。據中國國家圖書館藏《別下齋叢書》本影印。

馬稜謂虞詡曰君儒者當讃謀廟堂乃在朝歌吾甚危之斯言誠不識詡亦豈爲能知儒者乎苟爲儒者必明吏術明吏術則必辦賊尹鐸只自任不爲蠒絲耳不知其能滅智氏以爲民愛不叛固然然自其二年之前而已知有沈城之事銅出其墻矢發於屋非卒忽適然爲之也天啟崇禎之間置一曹方城于閩同而閩同大治當是之時海寇飈作壓城城不摧方其處之有如宿將綸扇韎韋迭御堂皇轉箸五年剿撫俱效今讀其言畫地聚米應鏃投裖守距環脫驅鈐役符夫以韓白在壇留泌居幄卽多秘計要其鑿然如斯而已自是遂以召入禁中計天下大事連奏劾大將之否不律者天下之

人益貴其識皆曰使其秉樞坐籌殺天下賊當盡嗟乎今且以譴去聖人之治豪傑根本漢高顛倒之而後盡其用此豈可以一端見乎我固嘗懷二策未之敢獻其一曰今天下之賊皆庸才奈無殺賊之人其二曰今天下之才足殺賊奈無任才之法撲賊久不滅與其責將不如責吏用尹鐸一策也激才久不出與其求功不如求過赦魏尚又一策也友弟倪元璐題

子瞻氏有言奸萌之始以臺諫折之而有餘及其旣成以干戈取之而不足甚哉斯言通治內于威外方寓戎敵盜賊之患以將帥摧掃之不足者以長吏式遏之有餘我國家鏡於治亂之原內之臺諫與外之長吏任寄出入相埒並重名碩勳績往往繇此其選當茲中外脊脊多故凡今日長吏皆將帥任也能爲將帥者乃可爲長吏乃可以重臺諫而有餘我友方城曹公在諫垣是能重諫垣者也起家邑令則在閩之同安海內知公重諫垣不知其重于令同尤不知其重于能以令爲將帥也閩海自中盜患數十年滋劇同實海之喉吭天啟崇禎之交邑海患岌岌幾以邑殉則幾以閩殉自公治同五年辦取一片眞膽畧眞經濟丸弄而蜩承之勦撫隨機張弛盡變奬率我閭井保甲悉成精卒鳩集彼漁舟賈舶盡爲戰艦用戰用守用間諜用招安用解散用誘購賊械百出一一籌之以整暇卒使三四渠率順者搏

額逆者獻馘功成而全閩晏如在事文武大吏咸以戡定受異酬獨公意色淵然若不與籌海事也者斯其爲卓犖者乎爲頗牧者乎公旣自以積望實入冠諫垣益發抒規天下安攘大計謇諤不少骫狥屹然長孺禁闥淮南寢兵之風直以嚴冷孤峭危身任怨未幾得意外嚴譴噫臣子分誼譽懼功凶何容避就藉第令業躋清顯宦海得失稍稍易志縱掩梧棲穩又何以爲公是當其治邑日亦安能不愛官不愛名并不愛命以爲閩海敉寗此土也期生忝公交盟二十餘年素服膺公器識襟量沉深而宏遠方其籍孝秀淹公車時已覘必辦天下事惜也試之令邑能靖邑以重閩晉之諫垣不得久

諫垣以重朝廷風霜雨露天心世道未來夫安可量公于此際正益恬穆任之吾儕蒿目時事因得讀紀畧而有慨于此請以是編質今之爲長吏者令盡如公尙釐廟堂將帥之思哉同里友弟彭期生題

靖海紀畧總目

靖海紀畧卷之一

鹽官曹履泰大來著
年友　馮元颷爾弢
　　　宋　玫文玉閱
門人　孫枝灼調玉
　　　蔡國光士觀輯

上周寀元按臺是時撫院朱如容名欽相

同安濱海獨當其衝自春及夏海盜横行地方之被毒者甚慘職所目擊而痛心者也頃以招撫聚千百狼虎於中左片地淫人殺人無所不至地方哀號震動告案盈箱職委曲調停未嘗敢以褊急用事但細思之新撫固可慮百姓亦可慮且更可憐矣七月念一日把總宋九龍有李念貞傳三官仔毆殺刦掠之報職已經通詳今解海防何同知研審然此亦據武弁偏辭耳至於既撫之衆殺人無數掠人無數猶然海上劇盜情狀纖毫不以上聞也七月念三日商民陳芳者昔曾被刦於海洋感賊不殺之恩設席請柯愛等數人飲酒飲畢遂擁至澳民吳廷尙家索取海洋票約舊銀有舊稱總管金目老喝柯愛拿人愛向前綑拿吳廷尙之父廷尙持棍格毬打傷一足餘皆奔散各船保甲見其鴟張恨不能卽食其肉因而解縣職恐不懲責無以平衆怒故撻之平民莫敢保領姑寄監候謂如是方可仰承上臺安撫

至意職豈以成心偏護良民哉不意俞總兵隱此一段眞情以激撫臺之怒也八月初三日已蒙撫臺憲牌著職究解今將吳廷尙柯愛各枷一并解奪法如是止矣若别有苛求非職之所敢聞也始末情節如此惟台臺鑒職苦衷轉聞撫臺將海上生靈悉歸衽席矣

上過承山司尊

職受篆方數月而海氛不靖兵將股慄以眞翫愒而託之假張皇如岌岌有不能旦夕保者然密偵之殊不然楊祿楊策一無賴蠢賊夥不過以千計船不過以十計以我漳泉兩郡并力圖之何難滅此朝食所慮者賊在於外奸在於內耳俞總兵腹中止有一許心素而心素腹中止有一楊賊多方勾引多方恐嚇張賊之勢損我之威以愚弄上臺而轉勸爲撫異日者擔得之資俞與素各各滿腹便可了局矣苐不思此端一開而海上劇盜獨一祿策也哉聞風而起謂作賊得財并可得官恐撫未有已時也中左片地將終爲虎狼之穴矣職患在剝膚不敢言而又未敢遽達之撫臺以觸俞鎭之怒伏望台臺婉曲轉聞嚴飭兵將壹意擒斬以防其蔓

上周際五道尊諱應期

蒙諭僱賃商船自是職切身之事然卽此一事便同塵飯敢爲台臺陳之四月中俞總兵自行封船十一隻向不相聞也職親詣中左編造灣甲船戶嗷嗷控訴守待

日久資糧乏絕殊有可憫者何同知於五月間有票委邵縣丞封船已封一十五隻俱可載五六百石者何同知以船小不便衝犂必須二千外石者曾令職僱賃徧訪諸澚無此大船卽有之亦不可得賃也大都商船覓利但知有利衝犂何事而樂於赴難乎且撫臺嚴禁雙桅巨船縱嚴責澚中無不托改造之說而引以自避者無米之炊巧媍實難職非敢弛於負擔以虛台命也倘必須僱賃亦止有五六百石者在職當親詣諸澚賃之然聞有旋賃旋放惟賄是聞者原無進兵勦賊之意而徒剝商人之膏血貪與狡并矣惟合臺詳察而斟酌行之日所稟許心素今已見用于俞總兵矣素目下有稟帖來投以招撫自任其子基在監職曾取出面諭之令其父作速勦賊立功聞賊首楊祿向與心素爲心腹交其功萬無可成也

答朱明景撫臺（諱一馮　初到任）

職以微材當劇邑且値多故之秋天實阨之兩年之內惟去春僅有半收夏秋亢旱一望皆赤至今年三月間纔雨鄉村艸根樹皮食盡而揭竿爲盜者十室而五不勝詰也去年撫賊楊祿等原係鄭芝龍夥黨祿等領龍銀備器械爲賊具及招撫之時則撇出芝龍龍之所以懷忿而甘心于祿輩也今龍之爲賊又與祿異假仁假義所到地方但令報水而未嘗殺人有徹貧者且以錢米與之其行事更爲可慮耳職以送考往府趙推官留閱府卷失事者曾不一報卽報亦非眞至念五晚間蔡虛臺以手書見諭纔悉情形隨星夜馳歸備文申報自十九日至念六日事也職再理前事而詳言之陳副戎率船一百念隻抵銅山會勦盡行收入小港先自立于死地矣十九日因散糧各兵登岸失于哨探賊初以二小艇假作漁人泊近兵船遂舉火未幾而大艦齊至彼乘風而來此鬭風而不能出矣把總宋九龍被害焚毀之餘陳副戎止剩三十六船奔入中左念二日賊直抵內地約有二百餘船橫行無忌其最毒者徧搜各港民兵船而一并焚之以絕我追躡之具耳數日之內陳副

戎與俞總鎭閉門不出蓋亦不能出也鄭賊對居民歷數俞負約之罪必得楊祿楊策許心素而後去其執說如此至念七日放回兵船三隻聞賊與一武弁有舊故以此市德實非奪之而歸也是日午間賊聞外洋有番船遂率諸船出外刼掠而內地仍有賊哨乘潮往來各港令人報水廿八日各港稍寧漁民敢于出捕鄉民攜入城者漸亦還家于是俞總鎭飛報在鋪者一切撤回其意未知何若耳夫當此一無所恃之時往來操縱徒聽命于賊而猶聞搶敗以爲功飾虛以爲實將來之事何以稅駕如職一官有何足惜而海上生靈眞足惜也伏望合臺威靈獨斷調兵固守早一日則早紓一日之

憂耳黃巽冲去年十二月間被擒詰之隨已脫逃頃四月初復密行緝究業挈家下海不可驟得矣餘黨容職設法尋緝另行申報

上朱撫臺

鄭賊初四五兩日大船陸續駕出大担意在刼洋船也然內地有小船數十隻往來哨探初六日賊船二隻突入亭泥港紛紛報水職帶領健丁百餘人逐之擒獲六賊初九日蒙巡海道竿其首矣其擒賊鄉兵職遵奉賞格當卽賞給更加花紅盃酒勞之各地方人心呼之立應勃勃有方張之氣皆台臺威靈所鼓舞也中左城賊眈眈睨之其意全在俞總鎮以是總鎮急欲回泉郡發

足四五次被賊窘逼不能脫身彼向不慽于中左且城中絕無餘糧久而內潰洵可慮耳賊勢猖狂援兵不至職只有奉行鈞令嚴保甲練鄉兵保守城池而已庫藏貧募勇士百餘人以防守近澳衆皆樂從之楊祿與策如洗巧媍難炊職勸諭鄉紳監生及富民好義者各捐俱在許心素家總鎮提之不出聞心素招兵自衛賊亦未能遽攻是亦可憂之事激之不得也此中鄉紳議論與去年大不同以昔當全盛今當潰敗昔賊以千計今賊以萬計台臺無事不處其難諸紳未有不攢眉而嘆無策者百凡事宜職敢不盡心以自爲計哉嗣後消息容職次第申報

答朱撫臺

自初九日以至十三日日日有擒賊來解者鄉間人操利器家有鬬志神氣大振矣十四日賊到五通地方要登岸鄉兵聚集數千搏之賊各負傷而去職召彼處鄉民徧爲奬勞令富者給貧丁以器械并助以飯食賊至則合力追擒人心無不樂從者其有二三勾引接濟者職已密訪捉獲容確審申報兩三日間近縣內地絕無告警惟劉五店尚未靖浯洲毒燄方熾盍內地無可容身不得不轉而之彼也同安各澳職密搜之其船可載八九百擔者尚有堪用有可載千五百担者三隻係豪有力所管向避入泉城小港職已發封條取用但此船

必須兵以守之而以器械火藥備之乃可保全非是而賊謀叵測甚可慮耳

答惲道尊 諱厥初

流賊登岸職遵憲檄竭力舉行鼓舞鄉兵人有鬬志賊亦畏縮不敢前但近大海一二處尚被其毒盍賊倚海爲勢追躡無從不能如內地之易于捍禦耳眞賊日已奉令正法梟示嗣是陸續擒獲者不及成招而斃以鄉兵恨不能啖其肉一成擒便無復生理況又加之以刑乎以是未得申解也近有勾引接濟數奸卽當成招押解以膏斧鉞許心素逋逃之罪必不容貸而目下招兵自衛窟穴甚固激之仍還本來面目耳賊勢不知所終

前後左右皆爲賊傳遞線索者言之最難容職伏謁之日以陳其槩

荅朱撫臺

自臯示下六賊之後近地無賊登岸惟劉五店與浯洲賊隨意出没拿人報水不絕也俞總鎮至同安但閉門高坐與之言則浮游支蔓而已及彼渡海之後賊數數至中左挑戰而相傳以爲必攻所城海道調兵往援但苦單弱耳許心素應諾不待今日今素與楊祿等俱在充龍地方同室而居招兵五百餘名扃戸自衛擒之亦不易聞彼云倘追之急則有轉而從紅夷是實話也昨心素有到城中買米者職緝之甚嚴已將包修者現在枷

示近日聞其窘手又求接濟于漳矣斬根除蔓必須寬之使不吾慮聲色不露而元兇授首乃是第一策不然而激之生變俞總戎愈藉以爲口實矣伏惟尊裁

荅朱撫臺

紅夷船泊浯嶼賊俱退至銅山矣職細扣俞總鎮渠云夷之攻賊確然可信然聞賊與夷人往來如故又事之不可信不足恃者楊祿今復出用事矣黄贊卿係賊心腹買小漁舟數隻借哨探爲名而時刻爲傳遞之計數日内緝漁民廿四人以爲賊也竟解總鎮漁民控縣職即轉申海道職審而豁之廿四人幾死而得生焉夫通消息于劇賊戮良民以稱功議剿而可使此人在行伍中哉其如有力庇之者奈何僱船一事郡中一二大老以爲失人心彼痛不切身言之甚寛耳使不僱而船能立辦乎賊至而束手待斃乎職奉憲令行之各船戸歡欣趨事何曾費其毫毛盍船戸至今日亦知徧海皆賊藏舟無用而人人有義憤矣人之爲是言必感觸于一二僱募之不妥者言之也惟台臺斷而行之若護船在兵職已對總鎮言之再三矣

招回告示

爲地方事照得海盜横行所在焚掠今爲劇賊昔皆良民也人非生而爲盜一念之差便爾失足從正有路要在挽回今與爾諸民約凡有子姪弟兄在海爲非者者

父兄叔伯即去勸諭歸家改過便是良民本縣樂與自新既往之事決不推究且家園如故骨肉團圞幸天雨霑足儘便業農爾輩倦而知還回頭是岸尚爲未晚倘怙終不悛無論將來沉淪苦海即在今日爾輩從賊之人本縣業已燭照數計真待一一發覺拘禁家屬勒限招回則一人從賊全家落難矣言念及此各各猛省及早招回以保全身家不負本縣撫恤之意于計甚便也本縣一點愛民真心從無虚僞素見諒于爾輩決不誘以歸路投之法網其勿疑畏因循規望以貽後悔特示

上朱撫臺

近來賊以銅山爲穴而招回者甚多回本縣者即令編

入家甲禁刁徒之挾詐以安其生理地方亦覺寗靜紅夷大船仍在洋日前有鳥船一隻來賊以爲貨船也而刼之被夷人擒獲賊夥幾四十人而其中賊首之精悍者已賣與鄭芝龍而所解廿餘人大約被擄者居多而俞總鎮且居之以爲功矣賊有攜家小者乃賊首而小賊不能攜近亦未之有也黃竒冲妻楊氏已獲監候訖令密信招夫回家有親兄珠萬已同去做賊其他則疎族或不便於株連耳

荅朱撫臺

蒙台諭以夷攻賊卽商之海道矣職意呂宋助勦之船來無可據果夷賊自相爲難亦聽其搏擊于外洋不欲

引之入內恐驅狼進虎且非法也條陳之人未可輕信惟台臺裁奪近聞鄭賊已據東粤之墩頭爲穴惠潮之地殺掠最慘而風汛一便此地又不知何如俞總兵耽處堂之娛甫云出汛而旋已收入中左矣洪都閫畢竟見妒于主將海道調之不得事多牽制不可圖也王凊與許心素結契已坐心素之船其船堅巨果用之打賊儘稱利器卽結契何妨但恐一入其門無不柔之骨耳

荅朱撫臺

寇在南澳有陸續招回者職著保長家甲隨到隨報拘同父兄與家甲保領甚多向容冊報勦之甚難目前止有一解散法職盡心圖之但力單而勢孤終不能副台臺之望以是蚤夜焦思而食不下咽耳鍾斌突然而來以求撫爲名然不料修船整器求無不得又出自俞總兵之號令也至今日而刦掠橫行賊船已至四十隻職稟海道急圖之稍緩益恐蔓也

上周際五海道

頃聞俞總兵遣奸徒李光楊尾等載送千觔大銃計有陸拾門與鍾斌則其餘器械之精鋭不問可知若令漁民五百徒手搏之能無靡爛之虞哉哨官趙英亦慣爲勾接乃陳基茂之侶也所舉洪頂吾輩想是引類呼朋而所云三事臨身則係實話然此時之心亦不勝誅或與洪頂吾數人給示招回似無不可者伏惟台裁

上朱撫臺

洪都司之事一至於此非陳文𤶪收入舊鎮內港自處於絕地亦不至於此然何以獨敗在洪陳也職向云大將貪懦兼之忌嫉必不容偏裨立功曾纓陳於台臺之前而不意其言之果驗也台臺焦心勞思竟爲匪人所僨殊爲可恨然而徒憂何益惟是從新料理調發將兵以捄倒懸地方仰賴匪輕也鄭賊尚未至初五夜酉二從古浪抵潯美高崎今在高浦坂尾騷擾職督領鄉兵力禦之想無能爲大害所望援兵齊集以助鄉兵之聲勢不啻雲霓耳

上朱撫臺

賊至中左登岸迎敵者止有浙兵餘皆怯走無一救援者以是潰敗是夜二更俞總兵越城而逃潛抵同安城外職已設計留之矣兵船新舊被焚被牽無一存者民房燒毀流離載道目擊心酸職一官何足惜但思咽喉失守全閩震動耳目下團結各保百計捍禦所幸地方人心尚存信義呼之即應然力單勢孤望救眼穿惟台臺速調援兵指授方畧以解燃眉

安中左示

同安縣爲安輯地方事照得海氛横熾流毒萬民俱繇本縣綢繆失策貽殃傷心萬無可解但本縣素與爾士民相信自揣釁非我召所恨力有未逮不能出之湯火

而一點血心枯而欲裂我百姓必共知之也聞此數萬豺狼亦素知本縣治行頗切歸向即此良心不泯自宜引衆退避且中左一城斗大百室罄懸豈云財賦之鄉必非垂涎之地爾百姓各自安堵目下援兵即至上司軫念甚切誰非胞與其忍寘一隅于度外乎本縣從爾耆老之請不難單騎而來第所城縣治各有職守勢難擅離姑發一示與衆共曉凡城內外居民同心協守毋得驚竄以貽伊戚

通詳寛限蠲免稿

看得同安縣僻處海濱山多田少素艱粒食兼之兩年荒旱頻仍一望焦土民困極矣且頃因海寇結夥流突內地如沿海浯洲烈嶼大登澳頭劉五店中左等處焚掠殺傷十室九空流離載道加以今冬不雨二麥未種百姓益惶惶無措睹此凄慘景象眞令人涕零心裂欲身代而無從者也今據闔縣士紳一呈委係流民圖繪痛在切膚但查本縣庫藏若掃賑無可賑錢糧催檄如羽蠲無可蠲而所可徼潤以蘇涸轍者止有緩徵之一法如七年額派軍糧兵餉原奉憲檄分限按季徵解冬季應完五分者也今求暫寛二分候明歳春夏有收并限追補庶上有寛徵之惠而民紓剜肉之苦耳至於魚課額銀三百餘兩渡稅額銀四十餘兩徧海皆賊民無片帆可以往來商販生理斷絶錢糧何辦合應題請暫

蠲一年以延海濱殘喘者也本縣獨當災傷之衝別縣自難引例惟望破格拯援以逭參罰合就請詳

與黃東崖同年

昨入郡劇欲晉晤以地方告警匆遽南還不及登龍爲歉弟以緜質而當衝險岌岌幾不自保所恃小信小惠以鼓舞鄉兵自深靑以至近城以萬人計人人奮勇殺賊無數庶幾有臂指之勢然而枵腹空拳事總不可知也陳熙老招安之議造福固匪淺然聞賊望甚奢何以結此局反覆思之眞食不下咽而寢不貼席終未敢贊一詞也

諭鄭芝龍

本縣生平心事以眞實待人並無一點浮游眞可以對天而質人者也矧有地方之託稱民父母其肯改素心而以虛誕從事滋同以來已更四歲其爲百姓所知不待言也屢閱來揭爾爲俞總兵所激本縣亦已詳悉爾果實心効用芟除夷寇地方享一日之安豈不甚願但事有可爲有不可爲者如爾所稱水操遊擊此朝廷選授之官非撫按所得而主也譬如府州縣令撫按得而薦劾非請旨撫按不得而陞降也今爾求之不得輒思自泉而興而福一路騷動何所不爲然有害於無辜之百姓無益于一已之功名且愈決裂事愈不可收拾益非所以自爲地矣爲爾之計只宜解散立功將來前程

自不可量正不必一蹴而求顯榮也予爲地方父母故以忠言勸勉其淸夜思之毋忽

上朱撫臺

自俞總兵棄城而逃往漳之後外廹于賊鋒入中左不敢內廹于衆怒棲高浦不得乃住深靑四五日旋至同安歸府城稱病杜門信如台臺所料并不能了撫事也兩道議撫而屢遷其說益賊之志驕而欲奢亦知必不可從而揆情度勢萬不得已而爲之此非職敢出諸口者也同地自深靑以至苧溪五十保鄉民協力團練以萬計有賊至不呼而集聲震如雷殺賊無數不待賞亦不勝賞矣近城三十里內外賊亦相戒勿犯如此氣勢

一隅可恃以無恐然此皆鳩形鵠面家無一粒之民兼之荒旱爲殃又可慮也捍禦之策伏候台示

上趙芝庭按臺諱允昌

昨蒙憲諭隨卽細叩諸鄉紳曾否以遊擊許鄭芝龍諸紳力爭其無而原柬則無可索也職聞撫議已定而所以撫之者未定昨俞總兵差人賫劄令其散黨而不言何以散復差官往撫而未知何以撫非台臺威斷並行毅然主持于上不幾于道旁築舍乎

安各地方示

爲休息地方事照得海波不靜兼旱魃爲殃百姓惶惶逃竄饑殍相望本縣恨不能身代仝上司甫議招安毒

螯已斂而甘雨下降正値農工告急之時切身之痛少紓萬一爾百姓各自趁雨力田不得紛紛搶攘凡縣間詞狀一切暫緩審理差人下鄉騷擾卽眞究責革惟是上司批詞一二關係重情者勢不得久稽爾輩速自赴縣審結免致差擾困疲之餘合當安息爲此特示

與鄉官黃元眉

去冬曾脩尺一申候想已塵台覽嗣是時事日非自貪懦無恥之將養成癰疽一朝而潰有言之可痛可涕者十二月初聞鄭寇復至中左將逃兵散船器俱爲寇賫所城者累卵而縣治亦皆震驚所恃平日區區小信團練鄉兵一呼而集奮勇格鬭者數萬人殺賊無數賊是

以相戒三十里之內莫犯而內地俱得無恙然沿海一帶鞭長不及受害竟無了日且賊已舍此而挂帆北上其毒謀有不可言者兩臺從郡中公議不得不議撫今已斂螯而將來正未可知同地西南一角悉爲犬羊狼虎之場不肖徧體芒刺眞食不下咽而寢不貼席者也台臺其有以教之不啻苦海之慈航矣泰迂拙廢人于地方無益特以百般勞苦頗見原於兩臺而風波難測所恃萬間鴻庇有天上貴人耳

上朱撫臺

職生不逢辰師旅饑饉頻年不解深慙補捄無策幸藉台臺切如傷之眎百方捐賑加惠窮民此從來未有之

德意也職所請倉穀已蒙批允隨卽于十一日招集饑民在梵天東嶽兩處給散每日約有五六千人日每人給米四合蓋煮粥則强弱凌奪有不食者而散米則雖極老極幼極憊之民無不均足此職躬親區處有法以行之俾人人得以食台臺之惠者也西界有麥可食尚不待賑若東界則近而馬厝巷遠而浯洲職定于數日內親履其地查眞正貧戶而高下與之務期沾被必不使徒有賑濟之名耳鄭寇解散終不可問目下約有萬人未散昨有一禀致張輔吾云曾窺見文移中有借撫爲勦等語衆皆疑貳職以爲當此之時未應使之疑也職旬日之間只行賑濟一事而未撫時之戒備稍弛之

彼意全在偵職之動靜以爲疑信不如此不能堅其信也此時以此法聯絡之或可收之爲用或可徐起而圖着數皆未可定審局全憑在我庶幾于聲色不露之義有當乎不然而不密害成有不忍言者矣何同知十六日往中左調停其間至誠足以取信於彼或者不虛一往耳此就撫事而言也職又有憂焉十五日曾令人往中左密訪有陳衷紀李魁奇各懷異心船隻叛出者三之一糾結積盜李梅宇陳盛宇等勾引紅夷入內爲難其說不知眞否若果然則中左竟爲戰場同邑彈丸不危若累卵哉台臺何以教之

上朱撫臺

中左撫事俱何海防肩之職所以不越俎料理者正欲力持法紀使彼知憚而詳加商搉以萬全望海防則職蚤夜關心者也近何同知云船器分撥已有頭緒議留之兵俱經點過但又云猙獰之狀驕蹇之態目不堪睹則狠野噬人時時可虞非有重兵以彈壓之其變將不可測望台臺爲善後計庶於此局稱完耳

復張遊擊

途次相晤匆遽未盡欲言歉歉不佞昨往莆陽謁朱道尊諄諄以撥還船器爲第一義今未知其作何分撥也便間幸以見示聞黨衆未散且李魁奇之横卽芝龍有未能約束者然乎否乎志大者不惜小芝龍今日益不

當與鷄鶩爭食矣麾下其開諭之何如諸事以速爲貴遲則葛藤愈生亮高明之所洞悉也方之驥母及婿已召保縱還受此上臺鴻恩何以爲報不佞有數語諭之詞義俱嚴想已悚惕總之前爲法外之人今爲法中之人自須盪滌腸胃打起精神做事耳

上周際五道尊

中左撫局幾債此因陳冲紀從中挑煽令被芝龍掌家手刃附冲紀者俱已鼠竄可見芝龍報効一斑差快人意耳但查船器堅好者竊之而逃所存僅十之五亦半屬不堪者當聞芝龍亦自流涕稟訴防館所恨冲紀之死不蚤也日來高浦所叛撫者駕船出海仍復勒人報

水職密訪賊船所泊之處令十八保鄉兵擒之火其船四隻生擒擊殺者纍纍職星夜率鄉兵直擣其巢穴衆皆受縛矣各澳叛撫流刦者甚衆澳民合力擒殺者亦多即日當備文通詳也

答何海防

聞銅山蟻聚不減於昨年而石湖焚刼又已見告將若之何此日正芝龍報効之會豈得泄泄聽之職早已稟撫臺請兵擇將兩日內當有消息各鄉兵之擒殺叛撫者不一而足最快者是劉五店背水一陣火焚水溺以百餘人計即日備文申報也

答張禾廬遊擊

叛撫之巨魁已殄具見以賊攻賊之一斑亦麾下鼓舞之力也大教云危疑洶洶此又從誰生叛者自叛順者自順各占地步正不須黑白眩亂耳漁人水戰火攻萬目所共睹絕無可疑承寗告警戰守茫然請兵分駐麾下先得我心矣

上朱撫臺趙按臺

惡生林獻采造孽多端而挑夷勾賊其滔天之罪也向奉憲諭擒拿因賊勢未殺急擒之恐以激變以是優容至今已縶之矣仰仗台臺即賜斧殛以除此狼庶幾懲一警百耳

靖海紀畧卷一終

靖海紀畧卷之二

鹽官曹履泰大來著
年友馮元颺爾弢
　　宋　玫文玉閱
門人孫枝灼調玉
　　蔡國光士觀輯

答衆鄉紳

不肖泰迂拙成性受事以來獲戾於長者指不勝屈函冒之恩豈不知感若林獻采一事上臺久已屬意昨特借此以餌之來今果投網想人怒天譴斷斷有不容逃者也不然以青衿而妄意縶釋之乎惟諸台臺垂鑒宥其愚戇拜生成之賜侈矣

答何海防

職仗台臺之靈多方料理少偷處堂之安感庇匪淺也但昨道尊所發審撫賊蔡明等七犯語語吐自肝鬲且覆口相同劫掠米船萬無可疑者此必出於鄭芝龍所不知而後可如果知之而有此舉動奈何言撫也三尺具在職不敢私豈偏與之爲仇乎此後鈐束倍當嚴密煩台臺申諭之

與李任明（諱燦然　係前令）

泰材本駑庸地當衝疲百凡苦趣爲令者所甘受且台臺業已身嘗無煩泰蛇足其舌也獨至今日更有可駭

可愕者連年荒旱斗米二錢而大寇連綜劫掠丙寅春夏之間朱如容撫臺議撫而俞總鎮助寇養亂與不肖意見相左幾爲其所擠幸按臺周衷老力持之而失意之中番成得意此夢想所不到者也丁卯四月鄭寇躪入烽火三月中左片地竟爲虎狼盤踞之場七月寇入粵中九月間俞將又勾紅夷擊之夷敗而逃鄭寇乘勝長驅十二月間入中左官兵船器俱化爲烏有全閩爲之震動而泉中鄉紳不得已而議撫數月之內斗大輪山曾無一兵之援斗糧之給秖有鼓舞鄉兵一呼而千萬人立應與賊格鬬庶幾有以奪其膽耳近雖云撫而數千劇盜蟻聚鷺門將來竟不知作何結局守土者但知有守聯絡衆心共圖捍禦職之事畢矣近有惡生林獻采勾賊劫夷撫臺嚴令緝獲不知其爲林亨萬中表弟也以是開罪垢辱已甘蒙面風波恐在轉眼亦聽之而已台臺更何以教之

定商人穀價告示

照得閩地穀少人稠專取資於粵商人揚帆而來倍獲而去則不惟閩資粵而粵亦資閩矣向因廣穀不通以致價值湧貴今鄭芝龍護送穀船專以救我同民乃奸牙拴商措勒高價數日曾無交易是乘我之急而要之也殊非商民兩利之意矣今本縣就中酌處每銀壹兩定穀鄉斗一石七斗商人利已數倍而我同民庶幾少

有旦夕之需耳如牙行貪壑猶然未塡故意與衆爲難訪知爲首之人定行重責枷號此時悔之甯有及哉潮人同人均屬一體惟爾輩量情通融毋致彼此參商本縣之心安矣

上朱未孩道尊 諱大典

林獻采惡跡素著今春海上刦夷勾賊更闗地方安危撫臺得之採訪嚴諭密拿匆令逸走乃二月間事職但知此惡之不易擒而竟不知其爲林亨萬之表弟也被獲之日亨萬差幹五六至縣門內拿差役到家毒打始之以板繼之以棍徧身幾無完膚職受此辱豈能一日苟留哉正將申文亟請罷黜而以各鄉紳與百姓痛哭

流涕遂爾轉念且時方多事不敢借此抽身以負上臺噓培盛心此職一點血心絕無一毫粉飾者也職細思之海上寇至則束手無所措奉憲緝獲又南陽不可問左難右難卑官鷄肋有何足惜所可惜者封疆耳非仗憲臺力爲主持將來之事益不可爲矣

上朱未孩道尊

鄭芝龍驚惶不定一則憂新撫臺之到撫事不就一則憂陳盛宇與周三合黨夾攻勢孤力單性命不保也至於賊夥流刦到處生事非惟芝龍不能約束即儼然一將官亦苟且阿附曾不敢發一令規正之其行事已爲賊輩所輕枉已直人萬無是理耳台臺必風聞其槩職

不能爲之諱也前月念一日有劉五店小漁船四隻至古寧大洋捕魚被賊擄去船一隻魚船歸報本澳次日約會漁民駕船三隻扮作客船到前日被刦洋中賊果駕小艇四隻將船鈎住行刦漁船中埋伏之人執械齊起兩賊艇逃去兩艇之賊赴水溺死艇即舉火焚之正在鬧嚷之時適有宋輔國乃鄭芝龍之家長老自石井回來望見焚船以爲賊也揚帆直衝魚船之人又以爲賊夥之再至也并力格鬭此衆彼寡力不能敵魚民將宋輔國等十五人盡殺之此時並不知其爲輔國也彼此對壘勢不兩立亦廹于不得不然萬無抵償之法張都司危言恐嚇職姑應之曰自當究處刻下且拘漁民

一審意欲將三四爲首者暫羈之以塞撫賊之口亦一時權宜之計也芝龍揚言率衆賊報仇職語之曰如芝龍靜聽處分乃不失爲撫若果有報仇之說仍是劇賊舉動且我百姓豈能束手待斃即令澳民合力齊心以防不測而澳民知是騎虎之勢公然有鬬志矣查劉五店壯丁不及千連結十三保之衆則有萬人團練之法不讓十八保料鄭芝龍不能與之爲難也職對澳民諄諄開諭事體如此悔不得怕不得爾輩有何難免之罪縣官決不庇撫賊而仇良民速來赴審不可逃避澳民亦各點頭但職愚弄撫賊之意可由而不可使知耳職狂瞽之見其於時宜理法不知何如惟台臺開誠見示

示諭劉五店

為地方事照得沿海居民以採捕為生自海氛不靖我百姓生理日索計無復之一年于茲矣近大寇業已稍解而小寇竊發漁民受其刦擄爾劉五店駕船出海為勦除之計不謂宋輔國之船相觸彼此認以為賊而輔國寡不敵衆一船十餘命或溺死或搏死殊足稱寃然爾輩實不知為輔國之船而故殺之也此段真情官府所諒聞爾輩驚惶不定訛言鄭芝龍率衆報怨不知芝龍業已為官報怨原非官法真心歸順之人定不出此爾百姓靜聽上司處分不得日夜惶惶以誤生計但賊夥流刦不一其類即如初三夜黃宜仔王孫治一夥搶

奪爾船隻殺傷爾父兄不軌之徒旦暮難測爾輩會同十三保團練守禦自是各保身家之事遇警擒獲固不得懲噎而廢食分別好歹亦不得恃衆以凌寡此後凡有被執者赴本縣審明以憑法處不可擅自搏殺至于臨陣對壘彼此勢不兩立又不可取必于生擒赴審也本縣念切民隱為爾謀甚于爾自為謀爾百姓其各遵守毋違

與顏同蘭

近來兩臺議撫有疏海氛少靖而中左片地尚為犬羊蹂踐之鄉未知當事者作何安頓此輩肆毒于地方其怨不可解調劑殊費苦心且有借撫以作賊此撫而彼叛勢不得不用芟夷而芟之則無一兵無寸鐵不過仍用吾父老子弟芟之而已所幸上臺見信殲殺無數而鼓舞不倦即有一二不揣事者從中股慄而職揣之以為無他變故也撫賊于是恩而定且為吾用而擒賊報效目前亦儘可觀矣其後來變態則不可知也幸有以教之

一守城議

自去年海寇焚掠中左各處流突本縣彈黑孤懸並無一兵之衛岌岌幾于不保該縣日夜登陴勸諭鄉紳士民稍稍溫飽者各出家丁多寡有差每夜上城支更看守一切販鬻貧民糊口不給者免其上城于是貧民感

德即一二無賴不軌之徒亦俛首嘆服雖警報屢至而安堵無譁

上熊心開撫臺諱文燦初到任戊辰之春

中左之去縣城也不過六十里自去戊十二月潰敗以來已踰半年矣無將無兵而西南一隅竟為犬羊虎豹之場職拚此一身以與賊對壘而此賊之變詐未可以常情測也始而挾撫繼而要劉又繼而撐官真如驕子之于慈母求之不得不休者職孤城逼處止恃陸地鄉兵與之抗殺僅延旦夕之命而海上毒燄如故也自泉紳議撫而既撫之後就撫者猶然番服包紅露刃殺人叛撫者盜器盜船刦掠四出澳民撲殺之不啻數百賊

口口糾衆報怨地方惶恩無措職大言以恐賊曲論以安民乃不至于激變而其禍正醞釀未已也近日之刦財殺人未有不出自鄭芝龍之散夥者迅執之則得矣少緩則逸而走鄭寇爲竄鄭寇非民非兵不隷于有司不轄于遊寨職既不便于行移又難于勾攝將奈之何且此地受其荼毒者甚慘家怨戶仇面面相對令此一方百姓與之絕無芥蔕也最難而職之調攝其間也最苦卽鄭寇果肯立功報効而此地必非久居之所矣且也人聚則易譁撫之必當有以散之或南路中路北路各處調發黨與既分邪心自息効用自當倍奮耳細查兩月之內夷船屢進屢退不可方物鄭寇乘吾內地之

空虛而陽爲恐愳之報陰結腹心之歡欲問之而有不可問者萬一拴夷擣難空拳無應爲毒滋大同邑爲泉南門戶關係匪小職能禦之于山陸而不能禦之于風波非選將練兵急爲補捄海上之事不知其所終矣廹切之極忘其纏瀆伏惟台鑒

上熊撫臺

近日海上流賊奪船出洋朝暮刦掠浯洲渡載之處又紛紛見告率皆中左未散之夥也今日中左並無一官卽諸寨之中有官而同于無官鼓噪者不問逃出者不問法紀至此已蕩然無復少存何以致之總之將官茍且貪昧有以招之侮也爲今之計急欲得賢將而賢將安在又無如急練兵而老弱者不可練將汰而招之沿海皆賊也招賊以爲兵誰別其非賊者此又難之難矣職蚤夜思之但見瘡孔百出而不知補捄何從惟台臺有以教之

上熊撫臺李魁奇與鄭芝龍同夥同撫因分贓不均魁奇叛去乃戊辰九月間事

李魁奇奪駕大小船百隻住泊中左外較場招聚賊夥三千餘人矣職令各鄉總督率鄉兵數千人于要路堵殺賊不敢登岸初六日鄭芝龍自劉五店而往石井招募鄉兵數百借本縣船五十餘隻以爲剿叛之計初八日芝龍封銀二十兩與劉五店澳長高大籓要募鄉兵五百名職令大籓還伊銀答之曰汝輩負能發憤勦賊

鄉兵自當助一陣何須銀爲以是芝龍感激思奮膽氣甚壯初九日早芝虎先駕石井魚船至中左魁奇聞風而遁今已退出浯嶼外洋早晚聞芝龍聯結劉五店漁船卽至中左矣叛賊黨內有與芝龍密者可爲內應且郭芝葵大發懊悔此中機括甚可乘也職思之芝龍與魁奇萬無復合之理撫魁奇不如助芝龍若得成功便可入告不成乃若輩自相煎熬我可以享漁人之利矣

上趙按臺

撫寇自春徂夏叛服無常其力盛其志驕其謀詭秘而不可方物也惟是與吾民爲難者吾民能抗之幾經折挫而稍稍斂戢耳然中左彈黑悉爲虎狼犬豕之鄉其

眾尚以四五千計求所以解散之而不可得蓋隣郡之人主于殺賊但不能殺對壘之賊而專殺受降之賊以是阻其歸路而止以撫賊為窟穴戀戀于中左而不能去耳目下賊夥蜂起而泉南重地竟無一將一兵以為自固之計若將以海上擔子一肩推與鄭寇者而鄭寇烏盡弓藏輔車相倚之說胸中未能即破非威惠久孚彼豈肯窮追直擣以為立功地哉職勢在剝膚蚤夜思維未知補救惟台臺明以教之

答項元海

弟三年以來日與賊搆難去冬以及初春尤大費撑持四五萬之眾蜂擁治疆大將逃矣偏裨擄矣目兵抱頭

竄矣弟惟是率父老子弟數萬之眾以撲殺諸賊賊於是相戒勿犯同城而四郊稍得安堵即今春招撫之後驕賊之氣尚未肯降弟率鄉兵有犯輒撲之地方同事者為弟股慄弟曰不然必如是而就吾撫者可為吾用也而撫眾於是遂定今且知報効以自贖矣此皆弟一片血誠素信於下民并見信於上臺率意行之幸免於罪戾耳若宦舍蕭然原是書生故我弟每作書寄親識云他人做官帶金銀回來我做官保全性命回來便是鐵漢今日諸上臺亦以弟為正人庶幾無負于大君子之教足以慰萬里之相思者也來教情形危迫不異于弟以義揆之天之所以擁護有道仁人者定是不爽毋容攢眉也

上蔡五岳道尊諱善繼

勾引紅夷者職素廉其人而雄長無過于許心素其族許心旭乃心素之堂弟心蘭之親弟也俱係勾引巨奸但目下奉撫臺憲牌追心素心蘭贓銀五千兩職方百計以誘之完若即行拿究則被拿者不肯協助完贓未拿者秖有抱頭奔竄而職無可措手矣或俟追贓將完之日擇其尤者而治之庶于事稱便耳又蒙台諭兩驛錢糧其苦未易以一言悉者大輪一驛受中左之累甚大始以紅夷繼以海寇上司往來絡繹而總兵參遊之答應更繁數年以來膳夫逃膳馬倒驛官終日泣訴要

逃不得求死未能二年差銀已透支五百兩矣刻下透無可透將來竟不知所終也至於深青驛則不可以大輪驛比無中左之累而秖應漳潮之使客膳夫膳馬業戶具在一月之內應付幾何餘皆安枕倉糧之日也安得照大輪必求按月領銀乎且今年站銀已發四分之三所未發者僅一秋季目下徵比即當給耳大都過往者需索無已而驛官以縣官抵塞一種苦情非奉明諭不敢縷縷瀆也勾夷姓名先以所知五名開具并祈電覽

上蔡道尊

撫賊李魁奇等蒙鈞示弔點鄭芝龍三次弔取聽點魁

奇等抗不進城芝龍心疑有變遣往石湖一覘而魁奇等將船盡行駕出矣意欲先至中左搶奪芝龍之資而芝龍從陸路馳歸初四黎明到中左將魁奇等家屬拘入城中共居魁奇等船初四午方知聞芝龍拘留家屬撫賊一半在船一半登岸燒毀較場諸鋪戶搶掠財物芝龍僅有兵六百脩整軍器防護其中情態總不可測也賊船泊在中左如此事變將何結局乎職差人偵探所聞如此

上熊撫臺

近探得李魁奇船泊銅山船上賊衆凡係鄭芝龍親兵鏖殺之非賊無此辣手非賊無此慘報亦足明天道之

不爽矣郭芝葵相傳已被魁奇手刃緣郭芝蘭逃回中左疑其與芝龍爲內外應援也信然則賊種相殘頃刻立盡耳何足慮哉鄭芝龍募兵千餘不惜厚餉以養之又急急造船繕器彼急于自衛而我亦與焉刻下地方可無虞也職向謂芝龍大病在驕吝二字經此一番可以鋤驕可以破吝而今而後庶幾可驅駕之矣若其眞情原不可測識但芝龍好與豪門貴客酬酢往來沾沾自以爲榮已大費鐵炭今日腰項俱黃矣肯一旦輕割之而有他腸乎況寇仇在外耽耽視之至今日而門路已窮卽欲不歸漢不得揣此情形職所以謂應助芝龍而恩威操縱隨時變化合臺自有妙用非可一格拘也

聞張都閫與芝龍最善魁奇叛後芝龍見王糧舘氣象行行言皆脩飾體面及見張則失聲大哭此足以見其眞肺腑矣今日芝龍之事竟責之張都閫可也第各寨遊處處殘毀整頓不能一蹴而至令芝龍有以窺我之弱而肆其傲多方要挾終是可憂耳

荅蔡道尊

同安各澳漁舟不皆可用也精銳直前者止一劉五店三十餘舟七百餘丁耳卽處處編成隊伍亦非可以隨意調遣者至于商船大者被賊燒毀數翻已無剩板僅存者每澳數隻耳澳冊上有有名而無船者葢船毀而餉存挂一空名以追之完餉職每一徵比方惻然動念

媿汗滿身又何從而編成隊伍耶且此所存之小船商民藉以糊口四方朝東暮西往來無定非若漁舟之採捕各有定處可以一呼而集者卽編之似亦無濟于緩急耳助魁奇叛者黃巽冲止有一親兄前被鄭芝龍戮于中左矣其他疏族不關痛癢無可監禁者密擒一著昨年屢試之不效正苦無得力人且此時賊之叛志甚堅必不肯爲我而下此毒手也相機觀變倘有一得自當仰佐高深耳

荅蔡道尊

漁船冊向未編成同安澳多而路遠且此時出海採捕不在澳者居多一時難以取辦也昨蒙撫臺憲劄其意

急於至海上謂須壯丁數千船數百皆不易承當之事職以精銳千人應之船則止二三百擔漁船數十隻耳至于商船則寥寥矣以被火三翻十不存一與晉南惠之未經殘毀者不可同年而語也近日私販之船細訪之杳不可得蓋寨遊不能拿賊而能拿私販即有奸商亦股慄而不敢出矣鄉兵似不可另編冊其赴鬬全在地方官之鼓舞貢如臂指之使一毫勉强不得一編冊則人皆疑畏以姓名一入于官府而號之爲兵其身恐爲官府有也懸民意見固然職姑與相安已耳台臺以爲然否

上熊撫臺

叛賊李魁奇與陳盛宇周三鍾斌等聞已合䑸然其心參差不一合亦速離其間有可乘也昨聞魁奇投稟于南澳鄭參戎有投降之說又聞欲縛周三鍾六以獻功賊態變幻總不可信然總皆可圖職與本道及海道多方謀之必有以分合臺之憂也漁船冊已編成然不皆可用職另選壯丁慣海千餘人以聽調發此緩急可仗者其中精銳絕倫止劉五店五百人爲最耳若鼓舞直前則恃有台臺威靈在也

上熊撫臺

叛賊李魁奇與各賊雖曰合夥泊船尙自分䑸有三百五十餘隻大船內不過五十八小船止有六七八船雖多而賊自少以設計招回者多也細偵陳盛宇與郭芝葵似與芝龍有暗通線索之意然非鑿鑿可信者前月終李賊發小船四十隻近鎭海沂尾探聽消息芝龍于廿八日駕大船十五隻追之聞風而遁初一日芝龍駕大船十五隻出海與芝虎合䑸招募勇壯約有三千人芝龍兄弟同心其氣甚銳事必可圖劉五店漁船三十隻壯丁五百名職初三日到澳親自督發已給發十日糧每人日給銀三分俱捐職俸不動公帑半文也附近中左鄉兵二千餘人職令社首領其事編十人爲一甲一人規避者著甲頭報名以軍法處之地方亦可無恙耳

上徐僉人道尊

賊洗劉五店一說昨防館傳語職心非之洗之一字不宜遽出之口不意其見之文移也職恐搖動地方但當使之協力有備可耳職于初三日往劉五店督發漁舟三十隻壯丁五百名給以十日糧協助芝龍出海壯彼聲勢蓋俟其至不如禦其來也本澳有三社約有三千人合力防賊萬一登岸自能擒殺無足慮者鎭定防備是今日之事周張誕謾助彼賊威殊可恨也

上蔡道尊

賊漸近鎭海矣幸連日北風不能直上鄭芝龍得以次第發舟皆好機括也中左單虛附近鄉兵約有二千餘

人分爲三十二社職令其每社立一社首每十人編爲一甲已親往料理矣十八保離中左尚遠且各保只可自守調發不得也劉五店漁舟職于初三日到澳集耆老商議此澳壯丁亦不過千人對面中左東南則爲舊浯嶼此賊必繇之門戶也芝龍亦在此偵賊一有警息漁舟于此應援七十餘舟齊心願助但遠離不得恐其流突顧彼而失此耳職尚慮此澳當賊之衝須會近鄉各保以援之庶幾壯其聲勢萬無失著也

報熊撫臺

初八日鄭芝龍同劉五店漁兵六百餘名于鎮海外洋與李魁奇大戰擒獲賊船四十餘隻犂沈八十餘隻賊

衆溺死無數初九未時漁兵奪幟飛報魁奇脫逃南走芝龍同漁船乘勝長驅想不日卽就擒也

上蔡道尊

職細訊澳總許克俊云此日賊船約三百餘隻若站定對打勝負竟不可知虧他望風警遁以是得有斬獲大約疆場敗局全在逃之一字而今日鄭芝龍可謂徼天之倖矣此番小勝正不足喜然亦可破賊膽賊娘供吐叛夥暗通線索或有可據芝龍分付漁民賊船有下頭蓬者切勿擒殺意可知也許克俊等擒獲活賊三十餘名另三船被黃贊卿奪去職戒漁民貿之不言恐以爭功開釁耳許克俊超然漁民之上似乎可用者或卽著

彼統領各澳壯丁遇警卽在劉五店取齊連䑸出去庶幾無參差前後之弊非借台臺威靈給劄冠帶各澳未必聽命也伏惟裁奪

荅張遊擊

昨得提報甚喜喜其落羣賊之膽以爲擒獲巨首地也但小勝而懈兵家所忌且怨毒愈深叛賊益甚耽耽之睬鄭芝龍倍當臥薪嘗膽不佞仍督令漁舟助其聲勢也麾下蚤夜勉勵之何如

上徐道尊

井尾之戰雖是小勝然亦足以破賊膽矣鄭芝龍所報俱實以漁民耳目難掩不敢文飾其說也十三日賊復

連䑸泊入烈嶼芝龍整搠成列與賊相距半里彼此不交鋒停泊一日奏有東北風大發賊仍開駕外洋彼處居民登山頂細數賊船大船止三十隻餘皆小船共計二百餘隻賊心散亂不敢角鬬乘風追躡掃蕩似亦不難但芝龍船止二十餘隻漁船五十餘隻衆寡勢殊終無膽氣窮追望台臺弔南日寨船二十餘隻以助之或可計日收功耳蓋芝龍之銳氣在此日可用不然而持久則氣衰援寡則氣弱使其不進不退僅僅爲株守門戶之計恐非算也

上徐道尊

昨有鄭縣被擄吳鳳等三人在鎮海逃回供云初八日

之戰殺死溺死者數百人目下有南風定是復來勝負在此一決芝龍船俱在浯嶼迎敵漁船仍佐之刻下必有消息也吳鳳等云鎮海過來並不見接濟銅山一帶日日有小船載酒載豬并綾紬絹段交與賊衆今賊船火藥將盡安知無載火藥而接之者職素知此接濟之奸半出于奸民半出于武弁奸民酷于射利武弁但求免禍海上之事日壞一日俱在于此若不多方禁緝掃蕩正未有日也

上蔡道尊

兩日內有從賊逃回者職細訊之各賊盡數南去想此時在揭陽矣其意在于刼米穀備火藥得烏尾大船春

風之便必圖再舉大可慮也及此而多方脩備乃克有濟幸台臺示之方畧職敢不蚤夜圖之

上熊撫臺捐助造船

看得同邑公帑素無積貯兼之搜括以來並無餘銀堪動該縣即欲申請而無從也且頻年海寇焚刦戰艦一空該縣尤當被害之衝請繯禦侮較他縣更倍但同舟念切而螳力無幾願捐俸貲親自料理造巨艘一隻撥充寨遊之用聊以抒其濟之一班耳

海上近事與黃東崖丁哲初顏同蘭林讓菴

鄭芝龍自受撫以後其餘黨未散者尚多野性有犯者不肖督鄉兵殺之不可勝計嗣是稍稍知憚不意其同

夥李魁奇等爭分賊貲以不平激變也九月間魁奇奪船背去招納亡叛與芝龍爲難不肖以爲此正兩賊相持坐收漁利之時也決意鼓舞芝龍同伊弟芝虎整搠赴鬬至十二月初九日魁奇連結陳盛宇鍾六周三諸夥以四百餘艘入舊浯嶼約戰本縣助以漁舟五十餘隻慣海壯丁千餘人協同芝龍迎敵自初九以至十八日連捷三次殺死溺死生擒者千計而登山解散者不知其幾于是叛賊落魄而逃竟下惠潮正月十五日芝龍復同官漁兵窮追之直至墩下又至鹽州港剛值衆賊攻掠鄉堡半在船半登山不虞芝龍突至四面剿殺衆皆潰亂死散者又不知其幾擒回賊船八十餘隻賊

四百餘名此從來未有之快事也然窮兇未剪將來局陣正未可測不肖每禀上臺云目前無他著惟是用芝龍以攻賊借芝龍以脩備兩言便可包括海上之事不知其有當于時務否也不肖知台臺桑梓念切敢備述近事以慰懸注

上熊撫臺

鄭芝龍鹽州之捷職細偵彼中消息彼時鄭芝葵領諸賊正上岸攻打鄉堡賊半在山半在船芝龍猝到衆皆潰亂一時殺死溺死逃散者果不可計芝葵駕小艇而走此定是芝龍放脫所以報前日不助戰之恩耳然此意未可說破也聞已班師想不日到中左矣此番劉五

店人船俱不去芝龍原不欲他去去則耳目難揜芝龍不便做事也總之若操若縱有意無意所以用芝龍者台臺自有微權耳

上熊撫臺

把總葉大經汛地舉動真者未必聞聞者未必真以是不敢開列惟廉其一二之確然者具揭以聞此亦足以殺其身矣陳晉璧先已收監昨者佯縱之以誘大經歸及歸仍縶之周濱遠遁差人多方緝獲亦已成擒更有大經養兒海仔自爲名色總時相隨至今其細微皆伊所熟知三犯即押解漳州聽施知府拷訊其情狀自當畢獻也前院朱老師部覆破城一語從何生出地方士

民悲感並切不日必有公呈望台臺賜一言昭雪之庶不爲逃將所累存公道于萬一耳

答朱明景老師

某蒙師臺特達之知名屬吏而情骨肉也三載卵翼百身難報所恨事與心違終不能効尺寸以紓師臺之憤而遲東山之駕蚤夜思維通身媿汗而况千古奇寃有如今日之事某更何以宴然晾息于人間哉憶師臺將行之日曾云神奸輩載多方設阱事至此驗矣然地方賢達以至三尺孺子無不知師臺之寃者事久論定昭雪在指日間耳刻下正值直指按臨同邑士民即當號控百姓之好義者往省城具呈撫臺亮後先同事必無不白之情也

答熊撫臺

芝龍啜啜請餉大費商量蒙台臺發銀二千兩殊有懽欣鼓舞之意矣本道請告謂別有所聞甚是不快以職管見想此時萬無去理也陳盛宇郭芝葵已先令七船歸順其餘百船泊在浯嶼外聽令近有穀商三十餘船與賊船後先同行並無擾害則斂手馴服可知矣兩接張都司手書職復之云船器一一還官一毫苟且不得本道既給有免死票即當隨到隨給散各歸田里不得留一人于中左此今日第一義彼亦以職言爲然意必無潦草也

答葉慕同

爭渡一事王參老公祖言之甚切強某結案者至再至三某亦心知此事之久鬱求伸而未敢操刀而割也窘于力也茲蒙合命期于情法兩平想亦無難了之局矣貴族之賢者多好脩自愛如令叔拱北以微釁從事于鼠牙業已調停未嘗有偏枯也若林獻采一案則某奉院道之命其親筆單現在所重搶夷銀以媚賊而自利嚴催數次躊躇兩月而後執之乃出于萬不得已台臺固素稱知某者其非一陳相之所能使明矣或有告者之過望台臺矜其愚而始終嘘植之此亦仁人長者之用心無俟某喞結也敢因明問潦畧及此

答熊撫臺

職讀憲諭止可言投降數語眞可與日星並耀職凜凜遵行期于無負德意爾已細查降衆初集之日尚未得盡散職徧論歇家有容留一人者即以窩論以是居民相戒彼亦無所容其身悉行散去有附近百十八則皆有父兄妻子不敢放肆者也鄭芝龍近已入粤叛賊勢孤遠竄今未偵其踪跡若窮追必須北風三月之內恐未能結局然能勇往承認便須多方鼓舞之耳昨按臺經臨職轉託鄉紳諭芝龍來見益以禮法消其野性以晉接破其疑城而職亦得出數語從中規正亦鼓舞之一端也自玆以往凡可以使之樂爲吾用者職竊窺台臺威惠並行之妙以師其意而竟其施必無不盡之心矣

靖海紀畧卷二終

靖海紀畧卷三

監官曹履泰六來著
年友馮元飈爾弢
宋　玫文玉閱
孫枝灼調玉
門人蔡國光士觀輯

答蔡道尊

廿七日叛賊兩路分船追至劉五店事勢窘極芝龍即沉舟登岸帶兵三百餘名星夜回中左守禦廿八早可過渡也餘船爲出浯洲尚在活路劉五店近水民房昨已被燒數十間內地未敢入職督令十三保協力堵截矣西邊一路鄉勇如林賊必不能爲害者吳防館到縣出台臺諭帖讀之叛賊應自回頭目前止此著數耳芝龍弟兄一日尚存一日尚須駕馭即使叛賊不日就吾籠絡後著變通正自有無窮作用在也職管見如此望秘之弗使賊先窺吾意

上熊撫臺

廿七日芝龍舟泊高崎澳賊舟東西兩路堵截賊認定芝龍之船合衆攻圍勢必難免芝龍于是焚已之舟即登岸脫走正在劉五店賊向積恨此地之人貼水小屋一帶俱被焚矣壯丁執械力抵殺死數十人負傷亦多勢不能勝而尚能守以是內地不敢深入也芝龍廿七

晚帶兵三百餘名往守中左廿八早過渡今與營兵協守城池諒必無恙矣芝虎鷁船九隻收入港內賊眈眈石井想亦未敢攻也賊所恃止烏尾船細查之委是難攻其船有外護四層一破網一生牛皮一溼絮被一週迴懸挂水甕銃不能入火不能燒且比芝龍船高丈餘自上擊下更易爲力此皆粵中資以利器眞有無如之何者若內地職督領鄉兵各保力爲捍禦賊亦相戒不犯台臺不必懸念

答王壯其郡守（諱猷）

李魁奇似復有搖尾乞憐之意或可入吾籠絡舟師海戰勢不能敵數動則數敗卽有援兵只須于陸地禦其

登岸若郡城萬無足慮惟職地恐不測止有率領鄉兵竭力自守而已聞賊知本縣有備相戒弗犯然不可信不足恃也芝龍之守中左是爲得策戰勝未能固守饒爲之若不入中左而入他處與逃將何異哉粵師安可乞漳泉已不相爲而欲求援于外省此必無之事也趙鎭空拳而來職以爲不應哭而應笑者撫臺已有兩稟聞之矣俟得回諭再拓智計百凡職自盡心料理也

答熊撫臺及各上臺

李魁奇一蠢人所恃只一黃巽冲今職已用計招回賊百餘名各給一免死票棄船散去矣渡口小賊船俱鍾斌之賊聞鍾斌亦與奇不和職更圖所以間之此賊必

不復往粵中然此時南風甚利北路防其流突不可不急爲之計耳中左之圍一日不解一日可慮城中糧食告竭不憂外攻而憂內潰陸兵救援竟不見到奈何職內地有備自信無虞無煩懸念

上熊撫臺

李賊之叛撫皆出于黃巽冲提掇流毒閩廣萬劍不足以誅其罪但職誘之歸而旋寘之死恐塞招徠之路以是姑寬其詞以使不疑也此賊虎狼之狀見之可畏職已稟本道發府獄弗縱之回以同地賊藪恐一有轉念變不可測耳聞魁奇失一巽冲不覺垂首喪氣其驕不難戢矣且與鍾斌周三嫌隙日生必有自相攻殺之漸

夫以賊攻賊計莫善于此前芝龍戰敗而死者約千人皆賊也此亦足明天道不爽矣攻陷之事必無可慮流突之虞自應謹備同地各澳鄉兵如林有登岸者輒殺之庶足以紓台臺南顧之憂耳

上熊撫臺

芝龍之入中左也當事者咸欲使之他避職力持之謂舍芝龍無與守中左若舍此而他避卽日者逃將之故智矣况芝龍之家在中左自護其家守必力也賊擁百人攻城芝龍發兩銃兩斃賊魁賊自是不敢攻城矣人謂賊能取芝龍而姑舍之非其實也畏賊者聞賊至面如土泥但知有招撫不知賊亦解事自信無再撫之理

萬一賊迷而不悟謂計必出此亦何必不出此果肯交器械還船隻得數烏尾船而芝龍便有起色矣嗣是而以假腹心與賊使賊不疑以眞恩義與芝龍使龍思奮半年之內便可芟除立盡此職所蚤夜籌躇恐無當于採擇而未敢遽陳者也若曰招撫易而題覆難此又認爲眞局面職不敢妄措一詞矣伏惟台臺裁奪

上熊撫臺

十一日鍾斌領烏尾船七隻大小鳥船四十餘隻竟往東北職已經稟報矣聞十二日合䑸在石湖寨十三日有三四小鳥船直入泉城南門乘其無備燒燬兵船猖獗之甚其半尙泊中左窺無兵船與角以爲可以少少

弱賊坐困芝龍雖目下城中糧食猶可暫支久則難繼矣賊之所畏止一芝龍兄弟困之于此便可橫行于彼此賊之狡計也以職管見必須粤中借用烏尾船一入南澳賊必聞風出外可以解芝龍之困而使之登船對壘不知台臺曾有此舉否不然而南北肆志何以禦之

與趙副總名廷廷善媚賊與本縣最不相得廷追縣鑄銃驅賊故以此應之

賊把截潯尾渡須以銃驅之所諭誠爲急著昨僱匠工料理必兩旬日始鑄得一銃然則一日無銃渡口一日不淸不佞之罪狀將與日俱積矣旋而思之紅夷出沒之地每多覆舟其中必有大銃隨喚漁民善沒水者入覆舟內撈之許以厚犒數日間得二十四銃大者三千餘觔小者亦不下二千觔乃知神物不容埋沒一時並集若或使之非人力也刻下製架演放力能及二三里外以之攻賊未有不糜爛者昨接台敎止以百名兵留之渡口不識此百名能守銃乎倘仍爲盜資又多一番罪案恐于門下亦未便也惟高明裁之

上蔡道尊

昨趙署鎭云兵已弔回止剩百名在此揣其意明謂雖有銃無與守也又一書云將銃擡至高浦西門令把總試放果能及遠方運到渡口打賊彼若無佞倆則止以不及遠爲辭矣雖遠而曰近誰與之辯哉且此三千餘觔之物豈一手一足之能運越潯尾而至高浦此何意

見也職答之曰銃刻下製架試過驗其力能到遠直當運至潯尾然須彼撥兵以運職何能强之近日賊有大小船十餘隻在渡把截非精兵三百名不能守銃倘運去而旋被刼又增一罪案耳賊意欲撫而懷疑不就又且索芝龍之銀是其本意林應龍亦多鬼語不可信任至于團結固守禦之于陸乃暫時之計若借粤東烏尾船令芝虎領兵從陸往迎聲息一到南澳賊便站脚不定矣如果去借制臺萬無不發之理如有靳焉彼賊之烏尾大船從何處得來哉若我地失事彼亦豈能宴然高坐者計不及此而束手坐困不知所終矣伏候裁示

上蔡道尊巽中爲李魁奇謀叛本縣百方誘縛解道道竟釋之復縛解軍院正法

黃巽冲蒙台臺寬恩不謂其舉動之舛也渠有姪已官往拜李賊之妻爲母往來偵探不可隄防且也載金入郡請托營求種種叵測不啻伏莽之戎職已收之獄中刻下再當申請以求正法庶幾有以快通國之人心耳

上熊撫臺

職拘澳總許克俊與之決議再三止可得六百精兵其不堪用者不敢以人數應船可分駕三十餘隻最大者亦止三百擔無巨艦也惟不甚巨所以輕捷便利千石之烏船不能當也聞石井亦多漁船克俊云可以壯聲援但不慣戰見賊而思耳又云福興之舟人不知泉漳之海勢礁石何在深淺何處非用此地之慣海不可是

一說也賊船在金門者盡數收回中左近澳零星散處所以避火船耳船有泊海澄之新安港口者多下蓬或是修補破碎接濟更當嚴也以職臆度之大師不宜輕出必須從容定計或使之俛首乞降或使之聞聲解散總之重以馭輕恃有台臺威靈在閩芝龍亦云齊遲無速意在必得烏尾船以圖萬全或亦非退託之飾說其如粵中之不發何也黃巽冲已收獄中查其近日舉動再當申解以候裁奪

上熊撫臺

十七日賊船俱駕出泊大擔烈嶼烏沙等處十八日各起帆相傳欲北上迎敵兵船大可慮也劉五店船已立刻整備矣鄭芝龍弟兄尚有船數隻或令漁舟跟踪協勦庶聲勢不孤耳

答徐道尊

撫臺所發大兵竟付之賊炬不意其遽爾至此日有慣海者與職言逆知竹舨之必敗職力禀於撫臺止其輕出孰料叛賊竟乘風迎敵也目前竟無策耶聞烏尾船有來近南澳者不知眞否如眞必當募慣海精兵二三千令芝龍弟兄登舟力圖之或克濟耳然非職所能爲也

上蔡道尊

粵東烏尾船竟不見到勦撫兩無所據將若之何職亦

不敢言力能自固惟山陸鄉兵切于自衛庶幾少有所恃倘萬分告急則召募健兒有劉五店與十八保東西立應千人一呼可集稍可緩則緩之不敢糜費錢糧益增罪狀也

上熊撫臺

職每擒一賊細問其情狀云魁奇迫欲招安恐是騙他所以芝龍一有省城之行賊益有不測之慮也今芝龍回賊疑或可稍釋總之賊心甚狡口言歸順而船泊海澄之烏嶼海滄與同安烈嶼馬鑾地方日夜澆洗修整蓬帆曾無息肩之意職詰之賊云招安之後便要往潮糴穀呂宋通販如芝龍故事以是急于修船及問被擄

逃回者曰李賊整船候南風北上其意似未肯忘舘頭諸澳地也由此推之順逆之形旬日之內可定而省城近地之防禦不可不嚴矣

上蔡道尊

趙署鎮以招撫二字與賊講約久矣而賊亦以招撫應之總非賊眞心也且賊至今日而驕極矣中左近地前後左右到處擄人到處搜掠曾無虛刻招撫而若是乎大將軍高坐城樓目擊賊輩縱横差官撫慰被賊亂打犇竄無地猶戒勿放銃不許各兵出城擒殺必若是而後可招撫乎恐招撫之益難也賊恨鄉兵并恨職之甚志在報復所望台臺多方卵翼使免于隕越拜賜不獨

職也

上熊撫臺及各道尊

賊船分泊海滄日夜修整賊徒上山徧入小鄉村刼掠坂尾鄉兵憤之于十七夜統精銳千人星夜踰山四十里直入海滄意圖焚船擒賊不謂漳民漏報推船浮水矣天明賊衆接戰被鄉兵殺死小賊九名賊首薩史馬許三老二名石虎打傷負之而去不可以數計鄉兵被傷二名並無所損此亦快舉也但恨奸人漏洩不得火其船耳李賊忿甚十八十九議分四路攻坂尾而四方鄉兵數千雲集各處埋伏救援賊不敢遑然將來未可知也賊志狡而且驕我以撫愚賊賊亦以撫愚我解紛

正未有日守禦倍當嚴矣

上蔡道尊

李賊欲撫而小賊以空腹未肯就撫徧鄉搜掠無所不至而報仇者日刃數人日捱一日趙副總竟不知作何結局也小民亦知上臺有招撫之議卽力足以抗之者而斂手未敢衆心益急于求安耳職正恐求安而愈不得安惶懇未知所措台臺何教之

上熊撫臺

李魁奇于初五日弔回各哨船只許入䑸不許出䑸有賊在路上截剝貨物者細之去一賊不受細卽梟之如此舉動似可入吾籠絡也數日內自賊舟回者陸續投

到職隨到隨發領卽與安插想賊輩聞之必無疑畏矣但聞魁奇祈請太奢未知台臺何以裁之耳

與趙署鎮

昨承諭不佞多方爲被擄者地歸途無恙矣數日內屢接撫臺札云已將一點血誠以待撫衆萬無他疑者至于不佞之待李魁奇猶之待鄭芝龍也彼願爲門庭以內人而不佞偏欲拒之門外如此顚倒至愚者不爲矣但魁奇眞須毅然果決解散約束井井有條放出丈夫手段闢開前程大路方不負此舉耳

上徐道尊

鍾斌船四十隻另泊鼓浪嶼被擄者不肯放情形叵測

大是可慮然兩賊正不欲其合此中最有機竅耳若李船上被擄者放回將盡前月望後職到劉五店驗放以防惡少之剝掠且些須給以盤費衆皆聞風脫走三日而散千餘人職多方奏合爲主撫者効一臂將來另有活局也

上司李吳磊齋（諱麟徵初到任己巳之春）

中左隸於同安去縣城僅五十餘里職之頻年受累止此一塊土耳寇之至也以此爲戰場寇之撫也以此爲窟穴寇至有刼掠之苦寇撫有調馭之苦而寇撫之苦不減于寇至丙寅年自楊六初撫職竟得罪于主撫者幾以此被參撫賊得志而愈驕職力單而益窘苦可知

也戊辰年鄭寇與李寇同撫聚衆三萬餘人議撫之後越半年而蟻聚不散者尚以萬計仍肆行刼掠與同民爲難護持鄭寇者奉之若驕子職曰不然不抑之則蠹不斂撫不就日督率同之子弟以撲殺之約三百餘賊俱有申詳案證是時鄭李兩賊聲聲報怨而卒不敢動噫使李賊此時叛而職尚復有性命耶夫以空拳而搏飢虎走險履危僥倖于萬一苦可知也此皆正月以至七月間事至十月初旬而李賊叛去矣無一將一兵之可恃止有鼓舞鄭寇令彼自相熬煎兩月之內殺巨首真賊以千計借賊以勦賊亦是天道之巧乃鄭寇足高氣揚藐睨李賊入廣窮追以召今日之禍至今日而云

撫與前番更難前者鄭寇目中無人明知無將兵之足畏而猶然譌言鼓煽反覆不定也今日李寇大讎在側如坐鍼氈職欲聯屬之使之信欲駕御之使之服卽令武侯復出恐亦不能洵是千苦萬苦苦不了也台臺亦聞之而心惻乎所望指之教之出迷途而登覺岸拜賜匪淺鮮矣

上熊撫臺

寇夥逃出有十分之四今所存船隻大小不過一百六十餘隻耳王通判廿四日過中左料里交還船隻器具恐堪用者未必交還也有出而解兩寇之紛者廿二日至同安令王前驅齎軍令狀著魁奇發誓畫字此亦見

戲事百方修備惟台臺主持

答徐道尊

李寇但有貪淫別無主張殊不慽鍾斌之意船䑸分泊其中必有變故職細細打算動手不得出口不得須密密使斌先叛魁奇而又須使魁奇全不疑我方能動而有獲此非可以旦夕計也台臺別有著數惟望時時密示

上熊撫臺

許一龍係心素子乃漳州府學生員巨奸惡種造謀叵測勾引李魁奇契子葉我珍聚集散歸夥衆置造器械非一日矣頃于十五日設酒在家欵待我珍等百餘人

先將家屬搬下我珍之船一龍領賊數百從陸至沈宅地方攻打石兜土堡有八十餘賊隨龍踰堡直入矣衆賊環集在山聽一龍放銃爲號幸天敗其惡連放十餘銃不響山賊不下鄉兵環堡擒拿殺四賊而生擒二賊一龍帶親兵衝圍而出隨下船脫走職卽發一票姑云一龍被賊擄去原無玷於身名速著族長帶領通族人追之招伊登岸又走一諭帖與李魁奇拘住勿令逸走廿日已拿到矣職卽當申解本道也

上熊撫臺

李鍾兩賊自相疑忌其機可乘也但鍾黠而李蠢使李圖之不如鍾圖之使鍾獨圖之不如芝龍合圖之益獨

則勢單勝負尚半合則勢盛有勝而無敗李賊一鼓可擒也李光是鍾斌腹心光向應坐死職姑緩之正留其身以爲今日用已差諭鍾斌刻下必有消息芝龍弟兄船盡爲煨燼無用武之具職早已豫備漁船五十餘隻藏之他所賊所不能踪跡者臨期卽調發漁兵千人駕之以助芝龍也

荅熊撫臺

李賊入我籠絡而其疑定是難釋以糧之給否爲撫之眞假賊衆紛紛叫號若不給或卽有變修備未完何以制之職想此賊到底不能羈縻不若先以少少糧爲餌容船器完備再作區處而聯屬芝龍是穩著也

上徐海道

鍾斌於十一月廿七日駕大鳥船十八隻叛李魁奇而去矣斌船泊本縣之金門地方徘徊觀望似有意投芝龍而未果者職已差諭芝龍急收之聞其有所需於芝龍乃米糧器械也職以爲姑與以聯其心圓轉以觀其變期于事之必濟方不虛從前著數耳職揆情度理鍾斌未必爲我用但叛李則李必圖之兩賊勢同騎虎我用芝龍以佐斌驅除大難所謂因勢利導不煩鞭策可安坐而指揮之也職邊見如此幸有以敎之

上熊撫臺

鍾斌已叛李魁奇矣職已密令鄭芝龍收之本縣漁船

及壯丁一一豫整以待臘月望後便可舉事但斌最黠終必不爲吾用將來下手審局又別有一番作用台臺其豫籌之職自當竭蹶奉命也

上蔡道尊（此己巳十二月廿八日事）

本縣漁船密藏晉江諸澳者五十餘隻修整完備枕戈以待至廿八日早令鄭芝龍兄弟統領各船并糾合鍾斌船爲犄角幸遇順風不移時而至中左李魁奇率衆賊力鬪敗而脫逃出外遇銃擊復轉入海澄港追急下小艇欲上岸卽被生擒矣職先督鄉兵各處埋伏防其陸逃廿八晚果有大賊首僞後衛把總曾瓊者聞風遁走帶領五十餘賊各挾利器渡至石碕登岸被鄉兵緝

獲業已收獄旬日之内魁奇請餉三四次甚急職多方騙誘延捱不發今省得千金亦可爲船器之資也

上熊撫臺

廿八日五更鄭芝龍統領漁兵糾合鍾斌揚帆直抑中左幸天助以風百餘里之程不移時而至亦快事也魁賊揮衆出戰船尚百餘隻賊不下三千而一時氣奪者正所謂出其不意手脚忙亂耳鍾斌實爲先鋒魁賊實擒于其手蓋用其所仇其手倍辣而用力更奮也魁夥僞把總率衆陸逃職先埋兵以待一鼓而獲無一得脱另當解報中左腥穢一彈指間盡行掃除此亦近年不經見之事非仗台臺方畧曷克臻此雖然未足恃也鍾

斌積賊多智使其轉一念曰今日之事我可以藉手于斌又何不可藉手于芝龍乎前事後事覆轍不遠驚餌之逝殆不可測矣惟台臺再籌之

上熊撫臺

鍾斌復領船南下矣據稱追擒叛黨恐猶是假説之詞此賊狡詐百端終不肯爲我用也李賊哨頭時有擒獲職擇其惡之最者而處之不如是無以洩地方之恨耳芝龍在中左馭衆甚嚴人心暫與之相安乘此而修備爲長久之計所仗台臺神算匪淺也

上熊撫臺

鍾斌船盡出泊大磴圍頭等處矣彀船漁船徧被擄掠

芝龍福河載下大桅以被奪去芝虎領兵取討勢必攻殺劉五店船俱往粤中捕魚已差人促之歸數日間亦必回澳職自當相機調度也狡賊意在乘風北上耽耽新造船隻宜百計防之

上熊撫臺

葉郁犯柘林甚惡彼曾無投順之狀職即欲開諭之而無從也前月廿七日已聞鄭芝龍密差人偵之未知其作何舉動耳廿五廿七兩日間鍾斌船盡去託言征勦葉郁收功回澳方食糧散黨職細察其動靜到底只是疑懼其罪業深重無可消受也本道所發銀八百兩職竟齎發吳遊擊尚未入斌手即斌亦不願領其意之叵

測可知謹備之而已（案葉郁乃李魁奇契子）

又上

鍾斌追擒葉郁已往銅山之下聞已擒其小哨一二郁則遠遁海洋鄭芝龍委陳盛宇往招未有實息總之斌即不追郁亦自必出蓋狼腹未飽未可就撫洋船近日漸回耽耽逐之而特借郁以爲題耳所恃台臺威足以懾惠足以聯目下不至于鴟張而終必不爲吾用也

上陸筠修司尊（諱之祺）

許心素爲鄭弁所殺向傳以爲眞也職蒙台臺委查即訊之鄭弁語多兩岐則殺似未眞本府行票著伊家屬跟要而素之次男一龍繫于獄矣長男樂天遠竄久矣

若著伊房族挨緝則踪跡杳然正犯未必獲而無辜受累者多秖爲差役生涯耳以是職躊躇未決刻下已取許姓通族與其里鄰公結申府或可據此結局而又恐突有未死之心素出而爲難于海上真有難之又難者其可否惟台臺裁之

上熊撫臺

鍾斌船䑸仍分泊金門烏沙白坑等處小哨十餘隻往來中左擄掠洋客屢屢見告今尚分布外洋以伺商船乃賊心之貪得無厭而曰防夷防葉郁皆託詞也此賊疑與狡并尚斂手未動者全恃台臺孚威可格豚魚耳萬一終不受吾戎索則人日衆勢日强將何以圖之職

低徊再四惟台臺裁示

荅徐道尊

近聞鍾斌刦掠洋船人言其洋船盡而後招安職正恐船盡而未必安也鍾鄭左右彼此俱有腹心埋伏一言一動無不具悉以是謀事甚難有心漢子昨朱明景撫院不惜千金招之至于舌敝筆禿必不可得大抵奇杰之士千古亦難其人耳且賊之所收者非積年熟識之老賊則挑販無賴之下流即有奇士插入殆不易也惟台臺再訪之

上熊撫臺

鍾斌脚跟不穩意圖逃出胸中全是危疑必有以其出爾反爾之語告之者若一聽其逸出將來招集亡命刼奪商船與海上爲難我永無安枕之日矣職已示諭之聊以羈功爲餌庶有以縶其手足耳然此乃羈縻之法而實實取之必以威武盡取李魁奇之局可以一試而不可再陳也聞斌之疑芝龍甚欲與龍南北分界立功此非斌真意秖因龍所處逼近近則謀之易遠則角取難耳職以爲台臺正當因其疑而用之弔取芝龍到省城備船繕器消彼疑衷修我實事數月之內相機而動安知斌不復爲魁奇哉惟台臺詳酌之

上熊撫臺時以入覲行乃庚午之九月

職五年苦海備嘗惡趣所不即殞越者恃有台臺逾格

鼎噓耳諸賊渠魁已殲脅從俱散惟是鍾斌一夥尚留遊釜餘魂迄今閱八月矣職百計羈縻以縶其叛足而戢其毒燄者茍爲船器未備耳頃入會城諸武弁來謁云船檣尚有一二未完者再假旬餘便可理帆南勦而台臺刻期太迫强之出兵或亦未便蓋策貴萬全速之旬日與遲之旬日所爭不遠而堅瑕乃勝負所關此一出也安得不再一審顧哉又聞一有力者爲斌作說以毋動爲大職謂此局終無苟安之法不毅然獨斷而滅此朝食則廟堂之議恐不可測台臺亦未能弛于負擔也職行矣似可弗復言而猶不敢以事外寘之所以報知遇之萬一且不欲舉職向來一片苦心付之一擲耳

惟台臺留意焉鍾斌後果被我兵窮追于十二月間沉海身死從前大寇至此掃蕩

靖海紀畧卷三終

靖海紀畧卷之四

鹽官曹履泰大來著
年友　馮元颺爾賡
　　　宋　玫文玉　閱
門人　孫枝灼調玉
　　　蔡國光士觀　輯

團練鄉兵初示

同安縣爲團練鄉兵以資守禦事照得海寇猖狂人心惶惑皆緣盛平日久爾民素不知兵故一見三五持刃即望風奔走至身家離散甚爲可憂但此等醜類勢雖猖狂不過以海爲強登山總無長技爾等驚逃則勒索

勢無不至守禦則必然遯去爾民但能各自奮勇拒賊何難爲此示諭通縣鄉邨及沿海居民即便照依保甲每戶各備堅利器械一件仍各就保內推擇智勇武藝一人統率團練殷富之家量給鄉兵糧食以示鼓舞倘海賊登岸即便協力擊殺此皆爾民自衛身家至計果能擊殺眞賊及生擒賊夥本縣定照依院道明文申請給賞有功首人另詳請給冠帶決不沒爾等功勞也特示

團練鄉兵條約

泉州府同安縣爲保固地方事照得叛寇流突沿海地方最宜戒嚴本縣遵奉上司號令團會鄉兵捍禦業已

一呼立應據各鄉都會保團練殺賊頗有成效但人心渙散非有紀律約束野戰未免參差本縣今將訓練鄉兵條約開示各鄉都任事人等遵照施行俱毋違錯不便須至示者

計開

一選壯丁合保選丁壯幾百名每日若干名輪流更番守禦每名每日給銀三分飯食其哨隊長另行加給倘遇賊登岸一齊擒捉其未登岸之時先鳴鑼鬪保以便家甲接應立大旗一面寫某保選鋒於百名中作四隊每隊給一小旗鑼一面螺一個

一編家甲將所選壯丁外每十人爲一甲立一甲長每

保分作若干甲統於保長副遇鳴鑼之時保長副催甲長甲長催家甲即齊集接應

一別旗幟每保設大旗一面每甲小旗一枝旗依五方色號大旗書某保團練鄉兵另一小旗書第幾甲臨時各依色號無襍

一精器械每壯丁各要利器一長一短諸甲中各要利器時樹門首每壯丁給竹甲笠一個十人給牌一面千人給銃一個

一貯糧食就保內上中下分派一人收銀一人給發

一謹瞭望每家甲於選壯丁外各保內日輪二人到某處瞭望倘有何事故即時到鄉約所擊鼓聞知仍赴本保集衆凡保中有公事則到鄉約所鳴金鼓三通螺單吹倘是警報則鳴金雙螺齊吹

一修柵隘各保各巷俱宜修整柵隘其柵隘去處則合衆修整每日輪一人到總隘盤驗往來以杜奸細其入隘之人各要石二塊

一造金鼓每保各設金一面鼓一面螺一個倘有事故金螺齊鳴一保鬪知則衆保俱鳴

一定賞罰遇賊登岸時奮勇擒捉者官賞外另一級賞銀貳兩有退縮不前者依法行事其保內遇有事故到約所鳴鼓三通每甲不到者即時公衆定罰仍解縣擬罪

一嚴約束爾輩修隘設兵總以身家爲慮所選壯丁及諸甲除賊登岸須奮勇擒捉餘不得乘機生事違者究罪

左選鋒長某人　副某人　第一隊隊長某人

鄉兵某人　餘各隊倣此　巡視某人

右選鋒長某人　副某人　第一隊隊長某人

鄉兵某人　某保保長某人旗紅色

一甲甲長某人　二甲甲長某人餘倣此

選鋒民壯糧食依本保內家資稍裕者從公酌議上中下派助上助一兩或八錢中助五錢或四錢下助三錢或二錢設一簿擇謹實之人一人收貯一人給散每保

助銀俱係保長交入當衆登簿以便稽覈其給散之銀亦即當衆登簿以便査帳如有未給當再商畫事平之日將公簿結算如有餘貯看一兩用幾錢一錢用幾分扣算分還其有仰體上司德意念切梓里破格助銀者隨其自定凡諸同事之人宜相勉飭以共成勝事

給鄉兵糧糗議

泉州府同安縣爲固守便民事照得海氛告警防備宜周本縣躬親督率團練鄉兵正如父兄之於子弟腹心之于手足一體痛癢相關者也思我百姓均隸茲土富者固有身家貧者豈盡萍浮若以貧丁而專取給於富家之糧糗人衆則難給日久則難支欲圖安而增擾於

古昔寓兵於農之意大謬不然今折而衷之凡遇本縣操演之日聽各社般丁量給貧丁口糧銀二分萬一有警執械禦賊悉照前示每人日給銀三分亦須一社之內通融協力至於平日或挑販或開鋪或附近耕農聽其各自營生不得以團練束縛其手足使有以藉口而爲般丁之累庶幾永成勝事地方之福也爾各社長般戶毋得驚訝以致規避取究此示

編造漁舟壯丁示

泉州府同安縣爲軍務事奉軍門熊鈞諭仰縣召募漁民壯丁以備協勦隨票著各該澳甲同澳長副查造花名人數候用去後間有積包澳甲不體上意憚於催督藉口漁民辦納課餉爲辭庸知報壯丁所以防賊爾各自衛非是爲兵但有事本縣出銀僱募無事聽汝輩採捕與課米無妨合行示諭爲此示仰該澳澳長甲及漁民人等知悉速照原票報漁民壯丁人數照劉五店澳編造隊伍冊報名澳長甲各正身速赴縣投遞面諭方畧俱毋違悞不便特示

申報漁丁文冊

泉州府同安縣爲軍務事奉欽差提督軍務兼巡撫福建地方都察院右僉都御史熊鈞諭仰縣召募漁民壯丁以備協勦等因依奉隨該卑縣召募過本縣劉五店石潯等澳慣海漁民壯丁計壹千玖拾柒名聽各澳民

序編哨隊甲伍彙造花名文冊印鈐見在合就申報爲此卑縣備繇開列具申伏乞照驗施行須至申者

團練漁兵欵目

一糧餉遇有警報本縣飛檄到澳澳長即時點集出水以是日爲始每人日給銀三分如五日以內獲有賊船首級者除功賞另行外口糧每人日加二分錢糧俱本縣自處給發

一器械有自備者有官給者及火藥等項澳長各先料理毋至臨時方請致悞事機

一功次凡兇賊執械拒敵者俱聽澳民登時斬首赴縣報功寨遊將領敢邀搶及買求者稟明申究如眞正被

擄不持兵仗逃水自匿或偃伏船艙者不許妄殺此又是各人自存心地毋造冥業何俟余言

一鹵獲凡牽獲賊船惟神飛百子諸大火器報官存用其餘刀鎗及一切所有之物俱聽有功員役自行分取以為剿賊之資

一船隻凡以擊賊致有損壞者卽官為估計給價賠修所獲賊船各存該澳一面整理給澳長收管以便急需

一應援凡澳口鄰近倘有賊船分䑸突入者左右澳長俱須督率澳兵前後邀擊毋得坐眎

一重督率

泉州府同安縣為條陳便宜事據劉五店澳澳總高大

藩呈稱藩守分澳長近見狂賊縱橫不敢退縮據前本澳會䑸以林芳船為中軍許克俊船為副軍高方岳船為總督劉亦富高奇顯童志敬等船十五隻為衝鋒一隻管船四隻入俱入出俱出遇賊協勦遇靜採捕永為定規今有警報三社首既授以權而衝鋒亦當委之以柄倘間有撓惑衆志不從命者許綑解究治則人人聽命而坐作進退有法何患攻賊不破等情到縣據此案照先為軍務事行著澳總高大藩將本澳漁船編成哨隊并壯丁姓名已經造冊申報軍門及與泉巡海二道外隨奉軍令著該澳民出海協勦叛賊去後今據前情合就票仰衝鋒船長劉亦富卽便管督該澳漁船四隻

入俱入出俱出遇賊協勦遇靜採捕永為定規敢有抗違惑衆不聽督率者許綑解本縣定以軍法處治決不輕貸須至票者

一定哨總

泉州府同安縣為軍務事蒙興泉道左布政使蔡憲牌奉軍門憲令聯絡各澳漁舟協力應援已經行縣編造到道今該縣各澳未有哨總統領各汛地未有酌分定派備牌仰縣卽將所屬各澳漁船應何哨總統領後開要害汛地應以何澳漁船應援速確具繇報覆查督行寨遊遵照其劉五店一澳義勇為最相應另議協援中左要地或往來併援各處併議具報等因蒙此行據澳

總高大藩等僉舉許克俊足當哨總之任等情到縣據此除一面呈報本道外合就帖仰劉五店漁民哨總許克俊卽督該澳漁兵船隻合䑸出海協同官兵勦捕劇賊不論中左金門料羅澳頭等處汛地如遇寇警俱要首尾相救期于制敵有功之日另行破格獎賞決不負爾功勞敢有抗違不遵者自有軍法在勉之慎之須至帖者

一議應援

泉州府同安縣為軍務事蒙欽差整飭分巡興泉道兼管兵備福建布政使司左布政使蔡憲牌奉軍門憲令聯絡各澳漁舟協力應援已經行據該縣編造到道查

各澳未有哨總統領至於各汛地應援未有酌分定派
備牌仰縣將所屬各澳漁船應以何哨總統領澳頭烏
沙金門料羅烈嶼中左等要害汛地應以何澳漁船應
援其劉五店一澳義勇爲最相應另議協援中左要地
或往來併援各處一併議妥具報等因蒙此隨該本縣
知縣曹看得賊情叵測所犯之處未可一定該縣原編
各澳漁船議欲以本船自防本澳一有突犯人自爲守
如上年寇至往往分犯各澳則本澳人船豈肯棄自已
而救他人又況大小參差堅脆不一督令遠出征勦又
未便也其所最稱壯勇人船可以調遣者則惟劉五店
一澳已經卑縣設立總哨許克俊權宜給帖督令跟䑸

出勦如各處有警併令應援矣此外另編各澳壯丁原
以備緩急征勦之用奉文之日亦卽著令各澳哨總整
備船器統領壯丁出與劉五店會䑸協援各汛地如憲
議分派定援再查澳頭烈嶼烏沙金門料羅各澳汛地
俱一帶相連首尾原得相顧有警督令各船兵遊移協
援其於軍法似尤圓轉也緣蒙仰令議報事理合就申
詳

會集協勦

泉州府同安縣爲軍務事蒙興泉道巡海二道憲牌奉
軍門令牌到道仰縣卽督鄉漁民與官兵協勦叛賊有
功破格行賞今照叛賊聯䑸內犯合就示仰該澳澳長
著各哨長卽督冊報漁民壯丁齊集赴劉五店澳聽與
泉道劄援哨總許克俊約束同該澳漁船民兵合䑸於
中左金門料羅烈嶼澳頭烏沙等處協同官兵勦捕有
功破格行賞敢有抗違不遵者卽將本人綑解送縣治
以軍法不貸各毋違錯須至示者

查申漁兵功次

泉州府同安縣爲偏師深入巨寇重圍敗遯克捷事崇
禎元年十二月二十五日蒙本府信牌蒙興泉道左布
政使蔡憲牌奉軍門熊令牌據守備鄭芝龍報稱親督
二十三船并同安縣曹親行調發劉五店義兵漁船擒
獲賊犯三十名口小船七隻等因到縣看得鄭芝龍與

劉五店漁民能以寡敵衆挫賊衝鋒以寒其膽功殊足
錄仰道將鄭芝龍及所統各總紀錄示勸劉五店漁民
有功者查賞鼓舞仍行芝龍督兵乘勝長驅務要蕩平
海氛以膺題敘其劉五店倡首漁民有功亦一體敘賞
擢用全得同安縣親督鼓舞就中恩威操縱苦心協助
其勞尤不可泯一併查覈報院以憑特敘等因依奉備
牌仰府轉行路將防舘查實有功漁民員役分别敘功
紀錄等因蒙此除鄭芝龍官兵另行路將防舘查敘外
備牌仰縣卽將劉五店義兵漁船與鄭芝龍南征有功
人民分别功次姓名備造文冊一樣三本繳府轉繳仍
行該澳漁民用心協勦蕩平海氛以勵後効等因蒙此

案查本年十月初間劇賊李魁奇叛撫奪船流突各澳
卑縣即先行督飭沿海鄉兵堵截擒殺去後旋奉本都
院鈞諭仰縣召募慣海漁民壯丁以備協勦卑縣隨召
募過劉五店一澳漁兵四百九十二名堪用漁船二十
三隻石潯等澳漁兵共六百單五名計一千九十七名
彙造姓名文冊通報外續爲軍務事蒙本府信牌及奉
興泉巡海二道憲牌奉本院令牌到道行府帖縣聯絡
漁船民兵與官兵互相應援併力攻勦等因又蒙巡海
道憲票頃見澳民忠壯可嘉該縣相機發縱恩信素孚
上下一心緩急足賴本道深爲色喜便宜與申明約束
一切糧餉器械船隻鹵獲功次各條欵傳示各澳長曉

諭明悉勉建功績以膺官賞等因又蒙興泉道蔡憲牌
照得叛賊聯䑸北犯合備牌仰縣即調發劉五店澳總
高大藩招集各漁船民兵整肅隊伍遇賊賈勇勦捕有
功照格行賞獲有賊贓盡數均分該縣親行督率務收
獲醜奇功并奏行查漁船應以何哨總統領等因依蒙
隨查有許克俊者誠實幹練足當哨總之任具繇呈請
興泉道給劄授以冠帶名色俾得便宜調度卑縣仍親
到劉五店澳督率各漁民聽許克俊調撥坐駕船隻與
鄭守備跟䑸協勦去後本月十一日據哨總許克俊祉
首黃汝熙等僉呈爲南征捷報事稱蒙著督率漁兵協
勦初六日午時開駕初七日午時到烈嶼城角與鄭守

備齊泊適報賊至井尾俊親督林芳等船九隻同往協
攻餘船四十三隻駐劄舊浯嶼接應初八日黎明果遇
賊船四百餘隻在井尾港口兵漁夾擊犂沉賊船四十
餘隻賊衆溺死無數當獲穩底船二隻內穀四十石百
子銃三門郎機銃三門撻刀長鎗共十六枝高岳船生
擒賊五名劉憲周船斬賊首一級許熙船獲賊妻帶幼
女共二人皮甲廿一領皮盔十頂另大鑌銃五門大銃
子五個解報到縣隔別研鞫眞賊一名葉富賊娟陳氏
等其四名何三紀字耀蕭其進紀字瑞俱係被擄各情
眞的隨該本縣知縣曹參看得撫賊李魁奇出叛駕言
分財不均與鄭芝龍爲難芝龍發憤驅除順逆之志分

而存亡之幾決矣頃十月初間魁奇糾集賊夥連䑸北
上芝龍整戈出勦氣雖銳而勢尚單卑縣督令劉五店
漁民六百餘名駕船五十二隻初六日開駕初七日跟
隨官兵船䑸齊泊烈嶼城角適報賊至井尾澳總許克
俊奮勇先登帶林芳等九船爲衝鋒以四十三隻爲後
應初八日大戰兵漁夾攻犂沉溺死不可以數計現擒
船二隻及稻穀兵器等物高岳一船生擒賊五名劉憲
周一船斬賊首一顆其一名葉富向投周三老今轉投
李魁奇往還閩浙之間久肆焚殺之慘其爲眞賊無疑
也乃所供同獲四人曰何三紀字耀蕭其進紀字瑞或
擄於官塘山或擄於梅花所或擄於蚶江之漁船其記

憶地方年月供吐畢眞曾無一語指被擄者爲賊則賊
之良心故自不昧也及弔何三等隔别研訊覆口相同
則其爲被擄益無疑所當卽行放釋以雪其冤者也娟
入一口供稱陳氏二月再醮期亭賊貲而嫁賊死賊旋
同露艸所當官賣以爲犒軍之資者也此一役也朝出
師而暮奏凱雖曰小勝不足爲喜而以順勦逆勢如破
竹亦足見漁民之用命可謂不負任使之兆也縠四十
石聽各船均分船二隻發澳備哨出勦皮甲皮盔大鎮
銃大銃子百子銃郎機銃撻刀長鎗諸器仗俱貯庫賊
首一顆發懸示五通渡口具繇於十二月十二日連人
解詳與泉道蔡查審轉詳蒙批出陣獲醜足挫賊鋒該

縣董率漁兵功可嘉尚被擄何三等已行晉江縣安插
遞解葉富審係眞賊仰縣確招報奪賊娟陳氏官賣與
贓穀俱充賞格器械分發各澳禦寇船修用賊級懸示
漁船四十三隻爲後應有無規避不前一并查明可也
又詳蒙巡海道徐批該縣指顧不勞坐收勝算何異書
生不爲將耶許克俊宜優賞以作其氣賊犯及被擄人
等仰候興泉道詳示行繳泉州府批據詳漁民奮勇助
順朝出而暮奏功則該縣鼓舞以制勝也應行申敘併
獎賞漁民統候道詳示行繳各遵照外本月二十一日
又據劉五店哨總許克俊澳總高大藩等呈爲擒獲海
洋巨賊事稱本月十八日午時俊親督童志敬等船二

十一隻仝社首黃汝黙等哨隊壯丁五百餘名協勦叛
賊酉時至靑崎澳停泊十九日寅時齊出烈嶼城角適
鄭守備船開駕南下俊令衆船跟䑸午時至鎭海洋遇
賊船二百餘隻兵漁夾攻銃石雨下兵船所獲不知其
幾申時收入鎭海澳俊等船且戰且追攻圍大賊船自
未至酉交戰百合本船被傷漁兵曾好仔高一龍舵工
李仰懷等十餘人賊船被銃打壞犂倒賊衆溺死無數
生擒眞賊五十一名生斬賊級七顆羣賊望風逃竄莫
知去向二十日午時兵船收入中左酉時俊等船收入
本澳謹情回報內并將賊犯及首級解送赴縣隨該卑
縣親驗得漁兵曾好仔高一龍舵工李仰懷三名頭額

傷重餘俱各帶傷是的弔取各賊隔别研鞫黃進老等
各供眞情在案仍該卑縣看得叛賊李魁奇糾集各夥
聚蛇蝎於一穴誇耀黨與之多傳播譸張之說幾令懦
夫股慄乃鄭芝龍以二十餘舟當賊數百巨艘僅僅漁
船佐之奮勇以出出必有獲雖人用其命亦天助其順
也是月十三日李賊戰敗南下志在必報焚小舟而聚
衆于大船以圖必勝十九日揚帆而來鄭芝龍發舟迎
之劉五店哨總許克俊選駕大漁船二十一隻勇壯五
百餘名跟䑸協勦行到東椗遇賊船二百餘隻見我師
仍復鷩遯兵船追殺巨艦漁船圍住鳥船二隻船被犂
沉諸賊溺死而斬首七顆生擒黃進老等五十一名曰

細訊之或從叛出逃或別夥投入俱已列名更圖臨陣執械各各對敵負傷則爲眞賊無疑也惟是稚年小厮二口擄爲阿孃情實堪憐即當與開一面者夫衆寡之勢相懸數倍而望風逐北偏在烏合之衆乃知賊不敗于弱力而敗于多心天若假手于李賊而招之聚正所以速之亡也可爲奮志立功者勸矣賊首發懸渡口舵工老尤三徧身受傷隨于二十一日身故已經相驗發埋其漁兵曾好仔高一龍李仰懷被傷獨重應各給銀壹兩以爲調理之資童志敬等亦應計功頒賞其繇連人解詳與泉道蔡覆審轉詳及通申巡海分守二道各去後今蒙前因遵依行著哨總許克俊查將統領該澳

漁船民兵前後與鄭芝龍南征有功人民分別功次姓名冊報到縣覈勘無異彙造文冊一樣三本印鈐見在合就申報

行賞有功

泉州府同安縣爲軍務事本月初一日蒙興泉道左布政使蔡憲牌奉提督軍門熊令牌照得叛賊李魁奇等結夥三百餘艘屢肆侵犯而鄭芝龍與劉五店義兵以寡勝衆屢獲奇功誠可嘉尚合就行賞備牌仰道行縣即將發去銀壹百兩內三兩賞哨總許克俊其船總哨長社首林芳高岳童志敬等二十七名暨陣亡被傷漁民俱聽該縣分別賞賚優卹完將賞過功次名數造冊

呈報轉繳等因蒙此隨行據哨總許克俊仝澳總高大藩公議應賞人數功次冊報到縣據此合就發賞爲此票仰該哨總許克俊將發去銀一百兩仝澳總高大藩照單頒賞各船總哨長社首及被傷漁民人等收領完即回報毋得違錯不便須至票者

請賑申文

同安縣爲急請發倉以濟時艱事照得同安濱海田少民稠米穀不給頃因海寇流突外運不通兼之荒旱頻仍去秋迄今七月不雨二麥失種民益惶惶計無復之方今穀價騰湧斗米百錢飢莩載道死亡横野目擊傷心焦思無措查本縣預備倉內貯穀五千餘石原以司

賑民命合無請乞發穀五百石容本縣於東嶽梵天與各鄉公所親行煮粥賑濟庶幾少救殘喘之萬一涓滴總上臺之鴻造也緣係請穀賑飢事理云云

勸諭捐賑

泉州府同安縣爲賑救貧民事照得年荒民飢餓莩載道本縣已經申請倉穀賑濟指日詳允即當煮粥以甦殘喘之萬一正在延竚幸蒙撫院軫念民瘼特蠲廩給銀一百五十兩發縣買米賑民如此德意從來所未有予叨司牧豈能恝然但勢值其窮欲蠲而竟無可蠲姑將本縣俸資百兩買米助賑涓滴之施知無益於涸鮒而一點相關至情聊以自表云爾凡我地方家溫食厚

故自不乏誰無不忍之心亮難爲路人之睎各隨所願多寡施賑本縣不能強亦不能已於言也爲此特示

設法賑濟

從來賑飢秪有設厰煮粥而已本縣始亦爲之集飢民於東嶽廟其地最寬可聚數千人衆飢民至晝地使坐數十人分粥以漸而及初猶帖然徐而枵腹難待也坐者起矣分者亂矣越次攘奪食器俱碎仍是強壯者得食老弱者啼飢于賑之之法無當也于是次日改而分米定賑所四本縣與衙官及鄉紳蔡處臺各居其一凡男婦成丁者口給米六合未成丁者給米四合卽襁負者亦給米二合賑畢各所舉銃爲號放飢民齊出庶幾

領無重疊而人得均沾況煮粥分賑僅救頃刻之飢而分米自煮可飽一日之腹此法似乎較善

靖海紀畧卷四終

同里曹方城先生諱履泰中天啟乙丑進士出宰同安時海寇鄭芝龍出没海島思絶浙福二省爲坐卧處視同安猶几上肉耳先生曰吾能以無兵守之嚴保甲練鄉勇諭以自衛法曰若保國家卽保爾妻子又曰吾不籍爾民但以父兄令子弟耳未幾芝龍就撫同黨李魁奇挾鍾斌以叛蹂躪中左中左去城三十里許先生日率父老子弟出軍容甚盛諸賊相戒弗犯先生曰鍾斌於李吾當使賊自屠之乃陰攜其黨不數日魁奇成擒斌投水死海患息擢吏科給事中先生以芝龍反覆爲患乃疏論曰長勝之算在於自強不拔之業存乎根本烏附可攻毒而續命必藉參苓鍼砭可偶試而養生必

資五穀閫之用芝龍烏附也偶試之鍼砭也選將鍊兵舉賢治賊參苓五穀也不此務而任一芝龍辦之難哉會浙東西旱大吏不以聞又上書言浙輸輓之煩加派之重今民力已竭加以荒旱使民坐而待死不忍言也使民不肯坐而待死尤不忍言也復承間言戚畹不宜與政及論秦晉撫賊之非疏凡數上報聞而已後疏忝李希揆爲大璫羅織受誣當戍嶺南囚服騎驢出都觀者歎息至宏光僭號祁中丞世培疏訟先生寃至南都馬士英欲結先生爲緣先生不可投劾去復入閩見唐王白鬚戟張踴起而泣出見鄭芝龍流涕反覆勉以盡力授太常少卿洊至兵部右侍郎隨唐王起兵至黄臺

兵潰先生擲身百丈巖下兩足血注氣絕復蘇遇鄰僧
擕至黃巖寺爲僧子元方求之强之歸疽發背卒元方
中崇正癸未進士知常熟八閱月不再出先生宰同安
時與大府札論海寇及曉諭約束之文編爲靖海紀畧
四卷煦素習聞先生德政因從其鼻孫步垣索其稿授
諸梓又著有浪吟集一卷已行世家世事實具詳邑先
輩吳先生太冲所作墓誌銘不備錄邑後學蔣光煦謹
跋

澎臺海道圖説一卷

〔清〕王德均撰

《澎臺海道圖説》一卷，清王德均撰。是書記述澎湖列島數十島嶼之大小形狀、地理區位、水道、水深、潮信、礁石等，頗便檢閲，據《小方壺齋輿地叢鈔三補編》本影印。

澎臺海道圖說

懷遠王德均述

澎湖列島。

澎湖列島大小共二十一區。俱有居民。列島以外又有數小石島。列島最南者。緯度距赤道北二十三度十一分半。列島最北者緯度距赤道北二十三度四十七分。列島最西者。經度偏東二度四十八分。原圖偏東一百一十九度一十六分。列島最東者經度偏東三度一十一分。原圖偏東一百一十九度四十分。列島均多平頂。最高者三百尺。其中最大二島。一曰澎湖。一曰漁翁。二島間有大澳便於泊船。列島西面水深三十拓至三十五拓。亦有深六十拓者。列島東面水深四十拓。潮行速而有加

船島。西音篆克斐倫。 列島最南者曰船島。測得最高頂二百六十尺。自東至西長二

里。闊一里半近島岸處深十五拓至十六拓。自最高頂視高島。為西北又北二分之向。相距八里又四分里之三。視石行列島為東北偏東之向。相距五里又四分里之一。視東島為東偏北之向。相距十三里。又有石行自船島西南面雜列入海六百拓。石行口內。有作成船澳。船島東面有石崖。西角為長斜面。

石行列島西晉里夫愛倫司。石行列島。分列為三。最北者曰司底卜羅。形如方錐。餘二島各周一里。潮退盡時見二島間有平石行相連。列島最南者南面亦有石行。遠列入海。西角南面又有露石如方錐。高約八十尺。距此島東角西南偏南一里又四分里之三。有低平石。又距此島東角東南二里。有尖露石並連隱石一行。

東島（西音意司特愛倫）

距石行列島東面八里，又四分里之一，有東島，周二里半，又距石列島東面五里，又四分里之一，有筆錠島，周一里半，四周多石，北角并有石行向東列入海，約一里。又距東島西北面半里，有一小島。

九尺隱石行（西音乃納弛睦里克）

距東島北角，北偏東又東三分，十二里，又四分里之三。有九尺隱石行，自石行視澎湖島之華蓋山，為西偏北又北二分之向，相距十里又四分里之三。視三島（西音剔理愛倫），為西北偏北又北二分之向，相距四里。凡行至此，不可憑鉛錘探試而行（緣有陡處，恐忽遇淺）。凡遇潮流行，恆見隱石行間有小浪。

羅勿列島（西排名）

羅勿列島有二大島，並數小石島。二大者，一曰八罩嶼，一曰倉島。當恆風時，凡背風之岸，皆可泊艇。近南岸處深七拓至八拓。近北岸處深十三托至十四托。自列島最高處視漁翁島之煙墩。為北偏西之向。相距約十里半。

八罩嶼。　羅勿列島西面大者。為八罩嶼。自南至北。長二里半。闊一里。其東岸最高處上有五極。形如華蓋。有石行自南角向西面透列入海。石行内有數露石。自華蓋山視山行界。為西南又西二分之向。相距二里又十分里之六。又距陸岸二百托。有石行。潮漲即隱。自華蓋山視此石行。為西偏南又南三分之向。近西北角水道為限界。又距東北角四百托。有露石。其間水道。亦可通行。

倉島。　羅勿列島東西大者。曰倉島。自東北至西南。長一里又四分里之一。闊一里有半。與八罩嶼向之水道闊不及百托。倉島東角有石崖獨山。曰紅山。高百尺。形甚奇。距石崖東西七百托。有一石行。並數露石行（行船法從羅列島間之之水道曲折行迴凡素）諳此露者。不可冒昧前行。倉島西北面有二小島。近最南者小船可避北風。惟澳內距岸二百托之處。僅深六尺。凡泊船者宜慎之。西岸石崖內有三小嶼。水道兩歧。有一小露石。旁有石行。自露石向南列入水道。船由此內行出海。左行於露石東西水道闊四分里之一。又距露石東偏南四百五十托。有隱石一行。升桅木俯視。即可分辨隱石區處。距此隱石東西亦有石二簇。一距四百托。一距七百托。

高島。（西名海夏倫）距八罩嶼最高頂西偏南又南三分之二。約九里又四分里之三。有高島。形如華蓋。高二百四十七尺。周約四分里之三。距高島東西一里。有低平島二。島間數露石。中有一高六十尺者。形如劈裂。又距高島高頂東南又東二分。約一里又四分里之三。有一石。潮漲恰平水面。

半坪嶼。（西圖曰一半島）距高島北面四里。距漁翁島燈塔西南又南二分。約十二里。

有半坪屿。高一百五十八尺。周二里。形勢高低不一。

平島。西音顆不勒變倫。距漁翁島大墩東南偏南又南一分五里。有平頂島高二百尺。都曰平島。近西角有甚低山谷。幾平海面。故距平島稍遠視之如分為二。自東偏北至西偏南。計長二里。闊約三百拓。距平島東角二百拓之處。水深二拓。

碑島。西音特布勒得變倫。距平島北面一里。有碑島。二島之間。水深十二拓至十九拓。碑島西北。峯有淺隴向西北又西二分。鋪入海一里又四分里之一。至淺者僅深九尺。自此淺西南界水深四拓之處。視碑島南角。為東南又東二分之向。自此淺東北界視碑島北角。為東南偏東之向。自此淺西北界視華蓋島為東北偏東又東三分之向。

澎湖島。 澎湖島自南至北。長九里半為水道分為三島。潮退盡時。該島向有僅深二尺者。三島向有陡岸並水關。西面多珊瑚石行東南岸候角與裏正角繞成二澳。近澳多漁舍。當東北恒風力弱時。二澳皆可避風。而北勝於南。緣北澳東面有數露石。遮護東風也。露石附近又有數隱石。升桅來椅移。可分別避之。澎湖島西南西有華盖澳。於澳內水深六拓之處便泊船。

馬公港。 澎湖島西南西為馬公港。雖多珊瑚石行。尚便大船停泊。港口東北面近小澳處。有馬公鎮。常有大華船赴臺灣者。於澳內水深七拓至八拓之處。停泊候風。自此處視黑石為東北偏北之向。 馬公港自東至西。長三里。港口南角有賀蘭破臺。港南岸頗低。最高處為華盖山。高一百五十四尺。華盖山南面為華蓋澳。澳旁有鎮市與礮臺。鎮市東面有低頸。遇東南大風。潮漲滿時。浪極激過低頸。而至馬公港內。　港內有珊瑚石十四行。潮退盡時。即露條石頂。升桅末俯視可辨石行區處。自最西之珊瑚石行視煙墩角。港口南角為煙墩角。為西北偏西又西三分之一。視華蓋山為南偏東又東一分之向。距珊瑚石行東面四分里之一。猶有一珊瑚石行。自此石行視煙墩角礮臺為西北偏西又西一分之向。視華蓋山為正南向。自第三珊瑚石行。視煙墩角礮臺為西北又西三分之一。視華蓋山為南又西二分之向。自第四珊瑚石行。視煙墩角礮臺為西北又西三分之一。視華蓋山為西南偏南之向。四珊瑚石行。俱不過大。而皆為陡

行船既經凡自西南向馬公港行船者。已行過匯兒島南面之列背特角。界距南面半里距南面半里之處。即可向馬公鎮東又北二分而行。及見馬公

鎮外高礅臺，即易識此處。蓋依此向前行，應避之險，僅有二處：一為碑島西面有淺灘鋪入海四分里之一；一為距華蓋島西面半里之漲蕩石行，又距煙墩角西面二百拓，有平島，此四周有石行，約距潮漲界一百拓。

漁翁島西音菲時爾愛倫 澎湖島西面為漁翁島，其間為便泊船大澳。漁翁島自北至南長五里，闊三里又四分里之一。其東南角為小頭，有陡石崖，高一百七十尺。此西岸有石遠列入海，計長七百拓。潮退盡時，海浪常激至石頂。自火墩視石行外界，為北偏東又東一分之向。

火墩 漁翁島西南角有火墩，高於潮漲痕二百二十五尺，相距一里可見白光。緣燈窗係蠣蛤殼（俗名明瓦）所作，故光不能及遠。若泊船處欲避東北大風，可於漁翁島南岸火墩角與小頭間西沙澳內停泊。有礅臺者為東澳，有淡水溪者為西澳。漁翁島北面與白沙嶼間為牛心灣，可避西南暴風。漁翁島東北角有平頂陡西

山。近角有石行。向東北排入灣內二百拓。潮漲滿即隱
澎湖港。　自小頭至漁翁島海岸曲折向北。歷二里又四分里之一。而成數小澳。距漁翁島岸一百拓之處。水道皆為陡塁。港北面有石行。排入港內三百拓。凡欲避此石行者。若已見馬公鎮高破臺與黑石北角相離。即不可視小頭陡崖為南偏西又西一分而更偏南之向。黑石距小頭東北又東三分一里半。凡由黑石東面行過者。不可距黑石過於四百拓。因近澎湖岸。又有珊瑚石行。排入水道也。　昔有英兵船布勒。勿距小頭北面三里停泊。自此處視黑石。為南偏東又東三分之向。視大倉島高頂。為東又北三分之向。泊艙對面有二淡水小溪。凡向泊船處曲折強行者。欲避澎湖岸之珊瑚石行。惟勿視黑石為南西

南西更偏西之向。即可避之。自此北西澎湖港內。多珊瑚石。行其与漁翁島間有海口。凡船艘入水不過十五尺者。皆可行過。但非素諳此水道者。亦难暢行。白沙与漁翁島北西之列島間。西船到者無幾。故列島以外各隱險已詳探記明。而列島以內。尚略而不詳。

玳瑁石。西音挑尔脫以司洛克 距漁翁島西北二里又四分里之一。距火燉北偏東又東三分之一。約七里半。有露石。高九尺者。曰玳瑁石。距此石南又東三分。約六百拓。有淺霧。深一拓又四分拓之三。自此淺霧視漁翁島西北角。為東南又南三分之向。

沙島。西音三得爱倫 距玳瑁石東北偏東又東一分。約二里又四分里之三。有沙島。

自南至北。長四分里之三。闊四分里之一。島中低岸間。有獨駝背形小山。其色
黃。最易識別。近西南角有石。又有石行。自西北角遠排入海三百拓。又距沙島
東面半里。有平黑小島。此北面亦有石一簇。內有鼓石常露者。
鳥島。西音不尔得费倫。　沙島東東北有鳥島。其南面長沙角上有舍宇。近西角低山
與鳥島相連之間。為低沙頸。　鳥島北角以北。有平鋪沙灘。約長三里。淺灘間
北島上。亦有舍宇。鳥島與北島間有露石行。淺灘北界潮退盡即現。自北島視
此淺界。為西北偏北又北二分。與北又西三分之向。相距一里又十分里之四。
自淺灘西界石行視沙島為南偏西之向。淺灘西界為陡界。不可憑鉛錘探試
而行。鳥島西角與石行間。亦多石行。凡行至此。不可視沙島為南偏西而更偏

西之向。惟視鳥島西角為東偏南而更偏東之向。即可避此石行。泊船鳥島西面。西面可避東北恆風。鳥島北西石行以北。可避南風。

西北外淺灘。西音那尔特吻司得澳突來爾。距沙島北偏西又西三分。距北島正西。有深五拓之處。曰西北外淺灘。

黑貂島。西音雖不洛爱倫。距鳥島東北角東南偏南五里。有小島。曰黑貂島。南面有石崖。近石崖處有露積沙。黑貂島四周多石行。与南面二島間。亦多石行。潮退即現。二島最南者。有大鎮市。

琴島。破島。西音澳尔根爱倫。尔來格得爱倫。距黑貂島南偏東又東二分。約三里。有琴島。距琴島東北又北三分。約一里。有石行。自石行視黑貂島為西北偏北之向。又距琴島東南偏東不及一里。有破島。

圓島三島。　澎湖島東角曰裏正角。近角水道為陂罟。距角東西一里半。有圓島。自破島視之。為南偏東又東三分之一。相距三里又十分里之六。又距圓島南又東二分一里。又十分里之三。有三島。距三島西北偏西又西三分之一。並距圓島西南有一石。行半潮即現。圓島與琴島間。潮性最疾。常成疊浪。

潮信。馬馬公港向朔望日。潮漲於十小時二刻。大潮高九尺半。小潮高七尺。澎湖列島間。潮流最速。仍以風勢順逆而分緩疾。西八月間南恆風時。英兵船布勒忽曾見此間潮漲向北。每小時速率流行四里。惟退力稍緩。不及向南流行之速。凡行至此。除風力外。應核計潮漲落一次。約推船自行十七里。且此間多疾潮旋流。成大力疊浪。

臺灣灘。　按行海圖所繪澎湖島西南面之臺灣灘。甚大。尚未探明深淺。凡行船者宜慎之。此灘西點略依澎湖列島平行，約深五拓至十拓，或猶有較淺者。緣前有西船由此經過，遇礁灘疊浪損壞龍骨，測得此間緯道距赤道北二十三度十九分，經度偏東二度二十四分（原圖偏東一百一十八度五十三分），水深約十五尺。自此處視高島為東，又南二分之向，相距約二十里。以上澎湖島

伊亞米島與北島　巴西列島最向北而高者，曰伊亞米島，周約一里。近此島西南角之小島，緯道度距赤道北二十一度四分五十六秒，經度偏東五度三十分二十四秒（原圖偏東一百二十一度五十八分二十四秒）。距伊亞米島南西南二里有高島，曰北島。除東西外，餘皆為陡岸，距東西一百拓有三小島並散露石分列。伊亞米與北島間為深穩水道，海底為石質，但過深不便停泊。馬布低斯島與北島間闊九

里。為穩便水道。

閘伊阿木島。東北面有數石。曰北巴西石。尚未確切格得石行亦曰堪不里恩石行。

格得石行。緯度距赤道北二十一度四十三分。經度偏東五度十三分。原圖偏東一百二十一度四十一分。自此石行視小波兒尔土巴哥島也盤瓶為北又西一分之向。此石行長約五十托。潮漲滿時。約距水面十二尺。此間潮汛漲落甚高。潮退盡時。石行略平水面。

威壘而雷莧列石　距格得石以西四十四里。緯度距赤道北約二十一度四十餘分。又距臺灣南角南又西二分。十一里。有威壘而雷莧列石。多不相連。隱露各半。其最高者可見五里。此石與臺灣間。為穩便水道。惟常有大浪與猛浪激淺路同。

行船法經巴丹島西岸者　當東北恆風時。自巴丹列島向北曲折強行者。應於巴丹島西岸先稍行向東東南。次稍行向北西北。即可直行而向東東北。巳視伊勒大山為南東南之向。即可多行。尚西北而後可由依巴歷得島。與西丫仍島。以及馬布低斯各島西岸。曲折向北而行。已經行過馬布低斯島。即有於北島間向東而行。因此間水性流行向北也。又應距波羌尔土巴哥島頗遠而行。此間水向西流速率甚疾且久無大風浪。凡欲避格得石者。應由巴西水道。或稍近南界。或稍近北界。惟不可行於水道中界。凡由格得石以南行者。或遇暮夜。或遇溟濛。應行近巴丹列島。西南恆風時。風力未動此間水性恒。流行向北。若天氣昏蒙不能遠見。應由緯度距赤道北二十一度十五分。與二十一度二十一分之間行過。有數西船當風力不動時。被水自流之力。推至臺灣與波羌尔土巴哥島間。

波羌尔土巴哥島。此島自西北至東南。長七里半。形如馬鞍。自南西南或北東北視之。頂如劈裂。升桅末相距五十里。即可遠見。東北峰高一千八百五十尺。西峰高一千八百二十尺。最高處有叢林。亦有居民。島之南半。有數鎮市。西北面有數石角。近北角有數尖露石分列島。周為石崖。不便登岸。且近岸多尖石之險。凡由此經過者。宜防近岸隱石。

小波克尔土巴哥島。　距波克尔土巴哥島。南西南東南三里半。有小島曰小波克尔土巴哥島。南角有石一行。列入海約一百杷。　按圖中所繪阿尔塞斯得淺處。緯度距赤道北二十二度五分。經度偏東四度五十分。原圖偏東一百二十一度一十八分。今疑已無此淺。

臺灣。　臺灣自北東北至南西南。長二百十里。中界最闊處六十里至七十里。臺灣中界多高山。近海岸有平原。近西岸處較淺。臺灣南半有叠峰高山。天氣晴爽時。可遠見二十里。自此山南面長斜陂。而成臺灣南角。自臺灣西南角至距北面十一里之兩交澳。近海岸之山。高二百五十尺至三百尺。多黑石崖。近岸山後有一帶峻嶺。高二千尺。山之南尾。有哥邢亂石峰。高約二千尺。山之東南面。為臺灣長依南角。各山中惟頂巔有樹木。餘皆濯濯。前測量時因有大風。未能近臺灣南角海岸。詳細測量。惟見成雷不雷苑列石上。海浪衝激此石。與臺灣南角間多疊浪。聞距西南角以東三里。有穩便泊船處。水深五拓。又聞南角有石一行。排列入海。昔有英兵船見距南角頗遠處之疊浪。如激石淺狀。距南角東北面有鎮甫小艇可停泊。聞南角以西距岸不遠。則水不甚深。

蘭碑島

距臺灣西南角西北又北二分二十九里有高一百八十尺者。曰蘭碑島。自北至南長三里。若相距十八里即可遠見。西岸有高黃石崖。東岸有沙陂。岸多匯合。昔測量時。距蘭碑島以西不遠。以鉛錘探至七十拓。猶未及底。

距此島東面三里。為臺灣西岸。伸入海轉泥陮之界。深十五拓。至二十六拓。島之東南與東北二角之間。有石一行。列入海約一里。近陡界深二十五拓。至三十拓。

昔有英兵船順臺灣西岸而行。近西南距島岸半里之處。深一百二十拓。相距稍遠。則深不及底。若視蘭碑島為西西北之向。距臺灣海岸一里半。探得泥陮間深三十拓。至四十拓。距彭蠡鎮三里。水深十五拓。海底為泥質之處停泊。自此處視彭蠡鎮為東北偏東又東一分之向。視蘭碑島為西又南三分之一。至西又北三分之二。視臺灣岸西北角黑駝山為西北又北三分之一。視臺灣南界為南東南之向。

嗣自此處開船行。距臺灣岸二里。距蘭碑島五里。至六里。於水深十五拓之處停泊。自此處視黑駝山為北又西三分之二。視西山高處為西北偏北又北三分之二。視鎮埠為東北偏東之向。相距三里至四里。又視蘭碑島為南偏西又西一分至南又東三分之一。又視臺灣岸東南岔為南又南三分之向。當自此間曲折強行時。距蘭碑島一里處探得深五十二拓。及近臺灣岸。則淺至三十五拓。蘭碑島東南與東二面。有石行。排列不遠。後自泊船處開行向西四里。鉛錘探不及底。

兩交澳。 距臺灣西南角北西背十一里。有兩交澳。澳南角高三百尺。自北面視之如不連陸岸。此角向海之面為陡岸。向澳之面為斜陂。其山麓與彭蠡山麓間為一帶平原。 距此澳南角。北東背二里又四分里之一。為澳之北面。此角為多草平原。角上有兩交鎮。澳長一里半。西面無護風處。當東北恒風時最

便泊船。二角间深九拓。海底為沙質。自此处至澳首。则水漸淺。沙限距二角外

頗近。深十拓至十五拓三十拓。距岸五里。深四十五拓至五十拓。

彭蠡鎮。距兩交鎮北偏西又西二分。十五里。距陸岸異形叢林以外約一里。

為彭蠡鎮。昔有英兵船於鎮对面處。距陸岸水深五拓之處停泊。見此向海浪

激沙波而成疊浪。不便乘小舟登岸。宜用不牌。　彭蠡鎮与大口港間為低沙

岸。距海岸不遠。多民舍竹林。距岸二里。深八拓至九拓。當過多勒獨河口澳時

鉅鍾六株未及底。

大口港。　距老賀蘭礮臺。西名雖倫地牙。南偏東又東三分之一。約二十二里半。有高

一千一百十尺者。曰猴山。西音挨卜赫尔。原名大口山。　自南至北。或自北至南視之。形如短

圓錐。向岸之西有斜陂。遠視如海島。因不見依岸也。距猴山東北四里半。有高七百尺。形如鯨魚。橫眠海面者。曰鯨魚背。 距猴山北東北十二里。有小角形山。并有一段高平原。自南向北視之。形如礮壘。除此數處外。則為一帶低岸。無他記認處。若當天氣昏蒙。不能遠見。惟猴山尚易識別。猴山石質為珊瑚所結。遠視如火山。但無噴火山口。山之南西有亂形長斜陂。南脈有一長巴山。伸入海九百尺。成一小澳。內可避東北風。長巴山與猴山間。有一深谷。內有大口港鎮埠。巴山西南岸。為陡山崖。曰塞勒生頭。 大港口外有一窄淺互。潮退盡時深十一尺。此互自港口南面繞向西北。後向北西而至猴山。已過淺互之內。相距不遠。深四拓六拓以至九拓。港口甚窄。而為陡界。但澳內甚窄。停泊時不能隨風潮轉向。故船首尾皆應拋錨。值朔望日潮力甚大。又此間可得淡水。

威雷淺灘。　距各西港口南東南。四里半。距賀蘭礮臺西偏北又北三分之二。約四里半。距南小島西南偏西又西三分之一。約二里又四分里之三。距岸一里。有一險沙灘。長半里。曰威雷淺灘。潮退盡時。距水面八尺至十二尺。發南風時。海浪激此沙灘。當北風与東風自陸岸來者。則沙灘間無激浪。距沙灘以西一里半。深四拓半。至五拓。沙灘与臺旁岸間深三拓。　凡自各西港向大口港行船者。應距臺旁岸之沙灘三里而行。或探水淺於四拓半至五拓之處。即應偏西而行。視賀蘭礮臺為正東之向。即可避威雷淺灘。潮流此間近海岸潮漲流行向北西北。每小時速率一里半至二里。潮退向南東南。惟各西門外潮退向南偏西。

各西港　距塞勒生頭（西船名）北西北三十二里，為各西港港之北角，曰格勒角。角內多大華船停泊。外沙灘高於潮漲面二尺至三尺，上有民舍數區。此一帶沙灘與海岸平行，沙灘闊二百拓以至半里。長沙灘間每隔一里，有一窄水道，約深七尺，可達海岸。沙灘最向西者，不見草木。天氣清爽時，可見臺灣岸沙灘与臺灣岸。向多沙泥沙灘，上多漁舍。凡欲至各西港，都可以澎湖最南之島與猴山為記認之處。自各西港口視猴山，為南東南之向，相距三十里。又視澎湖列島最向東者，為西偏北又北三分之向，相距二十六里。自泊船處可見老賀蘭礅臺（西音細蘭地那），為東南又南一分之向，相距七里半。此泊船處自東北至西南，長四分里之三，水深三拓之界，闊二百拓，中界闊四拓半。故或向西北，或向東北皆可任人停泊。港外淺處。大潮退盡時。深十二尺。淺灘間多立竹竿作標識。凡值大潮船艦體入水不過於十二尺至十三尺者尚可行過。昔有西兵船塞勒生入水體十三尺二寸入此港口恰無風浪。否則難入。自塞勒生探明後。聞此間水道。因流沙常時變遷。　欲取淺水者可於臺灣府對面距岸四分里之三。水深五拓半之處停泊。自此處視賀蘭礮臺爲東北之向。此間於西十二月至三月可避東北風。餘月多西南風。不便停泊。應稍向外以避之。距賀蘭礮臺西北一里又四分里之三。外沙灘間有大叢林。　老賀蘭礮臺距沙岸以內三分里之二。高不十尺。爲行船標識。相距八里至九里。立船面可見。距礮臺東南二里。爲臺灣府城。當東北恆風時近礮臺處。多大華船停泊。自此海岸向外

不及一里。見沙堆多草木處有漁舍。 距猴山以北八里。有低土崖并高原一
段。寬約一里。此一帶海岸間。無多顯明記認。猴山與賀蘭駿臺間有四小溪。四
小船可通行。潮信。各西港向。朔望日。潮漲於十一小時二刻。約高三尺。
尺淺至以內。潮力順水道流行最大速率。每小時流行一里。淺至
以外。潮漲流行向北。而退向南。各處流行速率 行船法程 近各西港高山。式
不一。近西沙灘間。遠於近臺灣府城之淺灘。 氣最晴爽時。自澎湖
列島間。即可遠見。凡自西面向各西港行者。猶能見澎湖列島。時並知船已行
至某處。因此間多霧氣。且海岸甚低。並多沙淺。 距各西港東北偏東五里。有
各西門。多華船停泊。當遠見帆檣時。即知已至某處。已行至距陸岸三里至四
里。即可見三村樹林。自海面遠見白粉牆最向南而大處。為廟。小島刻間六射
見賀蘭駿臺。近海岸有一帶長平山。其最向南之峰。為翁樂山。高一千八十尺。
北有一圓山。曰頊口山。高八百八十尺。行船者恆以此二山為識別。 咸豐八
年間。有英兵船於近各西港間水深六拓之處停泊。自此處觀測量角。為東北
偏北之向。相距一里半。遠有南東南與南方小方風。見港口淺至向。多成疊浪。
小艇難行。近闌此間水道已改方向。港內
無華船停泊。惟各西門停泊華船最多。

臺灣北岸　除西北與北面二低角以外，臺灣北岸山多高山，北角與西北角各有石行遠外，臺灣北面有一帶淡水山，高二千八百尺，常有雲氣遮護。近雞籠港一帶海岸山形如鐘，西北面有陡崖，東面有長斜坡。　臺灣東北有一陸舌，高四百尺，自遠視之，形如海島，曰北頭角。陸舌以西，有小船埠，並北頭鎮，其與雞籠間港為一帶陡岸，近岸多露石沙質。此一帶海岸有奇形山，曰華蓋峯。自東北視之，形如華蓋。距北頭角以西五里，有淺澳口，凡船遇險，或值北風，此澳內可停泊。澳口深四拓至十拓，澳首深四拓至五拓。近澳東角有披隱險，入與時應行距東角稍遠。距北頭角以西七里半，距雞籠港以東二里，有北頭澳，外面多石，行澳首甚淺。港西北方無可護風，或遇險或不能曲折強行，暫可於此停

泊。雞籠以西。有澳闊四里半。澳內多礁角。各有遠列石行。澳西北角。為馬首舌。高
二百五十尺。北面為陡石崖。　馬首舌以西有大澳。中界有一小島。東南有三
石。二隱一露。此澳與臺灣北角間。有一帶陡岸。北角甚低。曰富基角。有一險淺。
鋪入海約一里。自此海岸曲折向西行者。應遠距北角。前時初探此間深十六
拓。嗣忽淺至三十拓。並見附近有疊浪。　自富基角海岸曲折向西南八里半。
而至淡水港。距富基角五里處。有石行。自海岸列入海半里。自此陸岸至淡水
山麓。有平原闊數里。又自淡水港海岸曲折向西西南二十里。而至高沙山。為
白沙角。近淡水港一帶海岸。有高平山。長五里至六里。高不万尺。西南又有低
沙山。一帶海岸間。有石行列入海半里。距石行不遠。水深七拓。海岸間有數澳

口。多華船停泊。

自白沙角海岸曲折向西南偏南又南二分。十里而至平山。高三百尺。兩面為低岸。近平山處可見低沙山後面之淡水山。形如三峰當天氣晴爽時。並於是東南面高一萬二千尺之山。此一帶海岸間多溪口。并多石行。海底為黑沙質。受錨不牢。难於停泊。平山南面。有石行列入海半里。近有河口多泊華船河口外有淺豆。

距平山以南九里。有兇港。陸岸間有沙嘴。向南伸入海而成此港。內有華船停泊。南面陡沙山與河嘴南脈闊。凡船體入水不過深者。可於此間停泊。設船體更小。可向內行至水深一拓又四分拓之三之處停泊。但此間海底受錨不牢。且西面無護風處。兇港西南角。有陡沙山。角末有數漁舍。

兇港南面澳岸間。有石一行。遠列入澳。澳南首有一溪口。多華船停泊溪口外西有淺灘。澳北有長低沙角。陸岸向有曲形低沙山。近角為陡界。澳南角有一帶山。近角為陂界。近海岸為陡界。海底受錨不牢。又陸岸向有獨山。高二百尺。山以南有河口。北岸多竹林。獨山以南近海岸處尚未探明深淺。行船法經過凡晝日向自曾探明臺灣西北岸深淺以後。據云當東北恆風時凡晝日向北曲折强行者。並近陸岸而行。因此間潮退向東北流行甚疾。及潮漲向南西南。業已無力。當於水道中界西面見潮力流行向南。惟中界東面則不見流行大力。

臺灣西北岸朔望日潮漲於子午正。海底為黑沙蛤殼碎石等質。近岸深三十拓至四十拓。距岸十里至二十里。深二十五拓至十七拓。距岸一岸半至二里。則由漸而淺。若無大風。近岸海浪頗平。

淡水港。

淡水港口南角。緯度距赤道北二十五度十分。經度偏東四度五十八分。原圖偏東一百二十一度二十六分。雞籠港東北有一帶山。高二千八百尺。西南有奇形雙峰。北峰高一千七百二十尺。南峰高一千二百四十尺。港口外有淺灘。潮退晝時。深十尺。淺五以內。深四拓。港之東南有大河口。自河口距閩家栰計十三里。潮信淺深水港朔望日。潮漲於十一小時三刻。最大潮高十二尺。最小潮高七尺。道光二十七年九月間。朔望前五日。見潮漲向南。最大速率每小時一里半。共計流行速率三里半。又見潮退向東北。最大速率。每小時三里。共計流行速率七里。漲約四小時。退約八小時。泊船處。海底受錨不牢。故不穩便。當東北風有力之時。大浪恆入港內。至水深三拓之處。成為疊浪。故不便停泊。乘早出海為要。設遇西北大風。即不能出海矣。凡欲行過淺五者。應視低山之紅砲臺與山麓砲臺之中畧成直線。即可乘大潮漲滿時行過淺灘。可得水深三拓又四分拓之一。若不熟悉此處者。應覓引水道者為要。

雞籠港　臺灣北末。富基角與北頭角間。成一大灣。闊二十二里。當東北恆風時。有大浪入灣內。潮退向東。流行甚疾。有時漲向東。有時漲向西。此大灣中有雞籠島。其色黑。四面有陡石崖。高五百八十尺。島上有平頂。此島為向雞籠港行船船最易識別之處。自此島視雞籠港口為西南之向。相距二里又四分里之一。距雞籠島西北一百碼有石形如圓錐。高一百尺。距雞籠島西南角二百碼見有激淺之浪。除此險外。近雞籠島皆為陡岸。無他隱險。又近島處見有猛浪如激淺者。 設無雞籠島為行船標識。未易入此港。因港口低島有露沙向西遠伸。橫欄港口。港口東面有芭蕉島。西面有象角。距芭蕉島以西三百碼。有叢林島高十尺。多石并多矮樹。此島與象角間港口闊四百碼。芭蕉島與叢林島間小船可行。 象角上有奇形石。並有山。高三百九十尺。向海面石崖有露石散佈。芭蕉島自東至西。長四分里之三。北岸高二百尺。近西北面有小島。曰馬西多尼恩山。高一百四十尺。此二島各有石坡伸入海。近石坡陡之田畧。深七

拓至十拓。凡自東北面向此港口行者。勿視象角為西南而更偏西之向。即可
避此石限。潮漲速雞籠港朔望日。潮漲於十小時二刻。高約三尺。港口處潮漲
速率。每小時流行一里。退向雞籠港東岸。并向近叢林島之
石。芭蕉島與陸岸間之窄水道內。流行速率甚疾。凡行至雞籠港
港口外潮漲。向馬首舌退向東南。順臺灣而行。以節於是港首
之克來克山峰。若準此山峰向南又西三分而行者。即可由叢林島與象角向
之水道中累而行。港口中累深十四拓至十二拓。近港口兩岸處有珊瑚。行近
珊瑚處陸累。較淺於港口中累。已行過象角。即可向港東岸之沙澳而行。為
東南又南二分之向。已能直見芭蕉島與臺灣間之水道。又視象角為西北又
西二分之向。即可於水深五拓半至六拓之處停泊。此間海底為泥。管受錨能
牢。自此處距英佛勒昔不石行。名礁南面二百拓。石行長一百五十拓。潮退盡時
距水面六尺至十二尺。自其西面最淺處。視克來克峰為西南偏南又稍偏南
之向。視象角為西偏北又北二分之向。克來克峰岸間。有隱石行。向東列入港
一百五十拓。距水面三尺至九尺。距克來克峰以南四分里之一。深二拓至二
拓半。約距雞籠鎮一里。多華船停泊。　當東北恒風時。港外有大浪。不可停泊。
帆船入海。更宜謹慎。若風力微弱時。應稍曲折而行。
常能見港口為度。及距港口頗遠。即可任意前行。

煤港。雞籠港以東第一口。為西口。南岸山間有煤礦。故曰煤港。可泊西船一二隻。

臺灣東岸。除小澳以外。臺灣東岸無泊船處。此一帶海岸附近皆深。沿海多山陂。并多耕種。近一帶海岸。東北恆風甚力。大約為高山遮逼風勢之故。設帆船行距東岸二十里。突遇東北大風。亦宜謹慎。勿過行近岸。凡向岸曲折強行者。見西面海浪較小於東面海浪。可自巳初至申初。或日將落。即近岸曲折強行。但不可行於水深二十拓之界以內。恐遇甚風而受大浪。

陡島。西音司底卜爱倫。距臺灣東北角南西南十一里。有峰如圓圓錐。高一千二百尺。可曰陡島。山陂有耕種田原。層疊而上。居民頗多。東角有陡峰。高八十尺。向海面為懸崖者有英兵船由此島与臺灣岸向行過以鉛錘探至四十拓猶未及底。

加里灣河。　距陡島西南又南二分十里。為加里灣河口。兩岸多耕種平原長十三里。闊約六里。河口外淺處。潮退盡時僅深三尺。漲首二尺至三尺。　加里灣河自東北向西南。河口闊約四分里之一。稍近河口內。僅闊六百尺。距河口以內四里。闊一百五十尺。深五尺至六尺。水淺而備距河口以內七里。深三尺至四尺。但河道過窄。小艇兩旁不便施櫓。

小澳。　小澳南角緯度距赤道北二十四度三十六分。經度偏東五度二十五分。原國偏東一百二十一度五十三分。當東北恆風時。不便曲折強行。可入澳避風。澳口闊四分

里之三。長約一里。澳首分為二小澳。南小澳曰南航河。水深五拓之處可泊二

三西船。以避各方之風。北小澳曰北航河。水深五拓處。除南與東南向之風。其

餘各方。皆可庇護。但南與東南之風。亦不恒有。　距小澳南角東北一里半。距

北角東偏南三分里之二。有小澳石行。其最大露石。高於潮退痕七十尺。距此

露石東東北三百拓。亦有二露石。較小者。大露石與小露石間亦多石。常有海

浪激此石頂。　距石行西北。距小澳北角東北。有鼓萬石。常見海浪衝激此石。

自西北至東南長四分里之一。澳內尚未詳探深淺。但小澳石行。與北角間多

淺險狀。小澳中界有海塘石行。西音布雷克哇得爾里夫自東北至西南長一百二十五拓。

石行隱露不一。惟東北界有一露石。形如圓錐。高十五尺。泊船[illegible]昔有英兵船於小澳

外半里水深十三拓之處停泊。自此處視小澳南角為正南之向。視圓錐露石
為西西北之向。海底為泥與黑沙合，簡受錨特牢。惟東風時泊船未為穩固。
開行向海塘石行，於水深五拓半至六拓之處停泊。[illegible]小澳內潮性流行
自此處視圓錐露石為正東之向，相距四分里之一。[illegible]廿分，朔望日潮約
漲於十小時，高三尺至四尺。小澳外潮隨流行，順海[illegible]天氣時爽
岸而向北東北，退向南西南流行，速率每小時一里。[illegible]小澳時距此澳石
行。最高露石八里至十里即可遠見。凡自北面向小澳行者，已距小澳不行以
東一里，即可向泊船處而行。若自東南面向小澳行者，可距南北二角一百拓
而行，以入此澳。海塘石行與距南偏東三百拓之亂形角間，水中道中累深至
拓半。距小澳外不遠，深十七拓至二十拓。自外向內則漸淺。又小澳北首外
有石淺。
角伊太鎮，即鎮埠。　距小澳以南三里，有華蓋角，高不百五十尺。華蓋角與角伊
太鎮間，有陡崖高七十尺。角伊太鎮緯度距赤道北二十四度不分半。距海岸
一里至一里半之處，以鉛錘探至七十拓，猶未著（書跡）底。按圖中所繪附近有小河

口。並測量時未見有此小河。又距鎮角一里，以鉛錘探至一百二十五拓，亦未及底。

黑石澳，西書不東夷人淡路之鼻。黑石澳偉度距赤道北二十三度八分，經度偏東四度五十六分，原圖偏東二百二十一度二十四分。昔有英兵船不勒勿於此澳內，被受西南大風，澳底深淺不一，當泊船時隨潮猶向，有處探得深十三拓者，有處探得深二十二拓者，且澳底為石質，故泊船未為穩便。又視澳內礁石中高一百二十尺者為西南偏南之向，相距二里之處，探得深二十九拓，海底為黑沙質，距此不遠，以鉛錘探至七十拓，猶未及底。黑石澳以北一帶海岸形似亂石，多石。近海岸山陂多蔓艸，沿海山陵猶有一帶群山，高五千尺至六千尺，上有叢林薩瑪山。距波筅尔士巴哥島北。偏西又西一分三十四里。緯度距赤道北二十二度四十一分。經度偏東五度。原圖偏東一百二十一度二十八分。有薩瑪山。山之北肩長低角。角上有雙錐山。近角有一凸石。山南角為陡崖。凡由此向經過者。不可行於島之背風面。恐遇其風而為旋流所阻。

琴島。同治二年西十月間。有賀蘭兵船。晝日由緯度距赤道北二十三度四十五分。經度偏東五度三十六分。原圖偏東一百二十二度四分。之交行過。天氣頗晴爽。未見琴島。年餘前由此經緯度行過。亦未見此島。咸豐三年間。有英國兵船於距臺灣岸十里之處。緯度距赤道北二十四度。經度偏東五度二十二分。原圖偏東一百二十一度五十分。見有火山噴火。嗣有賀蘭兵船近此向經過。又不見有火山。

巴島、克來克島、挨金可尔特島。臺灣北角東北，緯度距赤道北二十五度二十七分，經度偏東五度三十分。京國偏東一百二十一度五十分有巴島，緯度距赤道北二十五度二十九分，經度偏東五度四十一分。京國偏東一百二十二度九分有克來克島，緯度距赤道北二十五度三十八分，經度偏東一度四十分。京國偏東一百二十二度八分有挨金可尔特島。

巴列島、和平山、低牙吾蘇島。此三島要成勾股形。和平山距低牙吾蘇島十五里。和平山距巴列島最向南者二里。巴列島向有鼓石行。和平山与巴列島間雖為穩便水道，而潮力流行甚疾，帆船頗不易行。和平山高一千一百八十一尺。山麓南岸自西西北至東東南，形如陡削。惟東面有斜陂，並多淺水。和平北岸。緯度距赤道北二十五度四十七分七秒。經度偏東七度二分半。原圖偏東一百二十三度三十分半。上曾底氏。呂列島与和平山間。有石行。並沙礁。和平山与船路石間水道深十二拓。距和平山東北稍偏北十五里。有低牙吾蘇島。為亂石所成。高六百尺。

京勒里石。緯度距赤道北二十五度五十七分。經度偏東七度三十四分或四十五分。原圖偏一百二十四度二分或九分。有石高九十尺者。曰京勒里石。四周甚陡。徑約六十尺。自遠視之。形如順風帆船。

中國海道圖説一卷

〔清〕王德均撰

《中國海道圖説》一卷，清王德均撰。是書詳記自海南瓊州府至珠江並香港、自香港至福建廈門、自福建廈門至白犬列島、自福建白犬列島至浙江象山港、自象山港至揚子江口並上海、自揚子江口至山東直隸、自山東直隸至遼東等地各水道、島嶼，翔實可徵。據《小方壺齋輿地叢鈔三補編》本影印。

中國海道圖說

懷遠王德均述

硇洲。電白最向外之島。距硇洲西南偏西四十里。[illegible]七 洲。硇洲高三百尺。長長九里。寬三里。北面有沙亘。凡行於硇洲東面。應向西或稍偏南。硇洲北角与與東角相離五里。為西偏北之向。兩角間海岸相近處多山石。硇洲西角有有城垣。距北角西南偏南六里。對城垣處有小港可泊船。港內深淺不一。有六丈拓者。有十六拓至十七拓者。又有五拓者。距港角近處有深三十拓者。距硇洲西瓊州府。有南礵 有南礵二 元咸 樹 十五里 瓊州府二小江口。注口東北面有沙亘。又距雷州南岸十六里。自此与瓊州之間。距元咸十九里有海中為 此處視瓊州城內高塔。為南又東五十五度之向。視二小奇峰。為南又西四十二三度之向。視港最西沙堆上之圓錐石。為西稍偏南之向。距海口約三里。為金沿角。距金沿角二十五里。曰胡石。距粒金沿角約四十里。有蛇洋洲。

瀾洲島。距蛇洋洲北又西六十六度約十五里。有瀾洲。自東至西長七里。高

高約四百尺。西面為高石崖。南面港內有小島。港外有遮護。惟南東南與東東

東南二方向為出洋港口。

白龍角。 距瀾洲角北又西五十一度五十八里。有白龍角。為澳之東。角澳東

東岸有獨山城垣。距白龍角南又西五度八里。有隱石曰白龍尾。

九頭山。 距白龍角南又西二十五度約四十五里。為九洲山南界。九頭山東

面西寬港岸間得淡水。距九頭山南偏西六十五度約三十九里。有石一簇曰

齊齊石。內有鼓石常露。即此三十九里之間亦多小島。距齊石西南四五里有那尕術列島。又自齊石至烏豬長二十里。有奇石成

列如十裝牌子。習氣甚深也。

烏農對面石　距齊石南又西八十五度十九里半為烏農對面九壘列島最最外者又相近有二港一曰大烏農一曰小烏農港旁有小村

都山列島西名柏爾愛倫譯曰珠島　距烏農對面之石南又西六十九度十二里半有都都山列島南角恰對富良江口口外有淺亘潮漲時有深二拓又四分拓之三者者有深三拓者及过此淺亘則甚深海岸極高除西岸大沙灘外餘皆為陡岸岸附近有二小城

三竈　三竈為寬河口西岸即大老東北面之第一大島距西澳西偏北十五五里又四分里之一為三竈東南角三竈與大老之間最淺大老東北面有枝小小島並大石近三竈處由漸而淺近西面各島處有陡界即遠離三竈亦僅

深深三拓至四拓又距東角不遠有圓錐小島近小島與石處有陡界僅深三

三拓

大横琴　大横琴為寬河口東岸近東北九澳之間為十字門泊船處南界以

西圖所謂大西門者

以横琴為西界以蒲臺為東界也

寬河　寬河内錢點名黑沙洋河口頗深近大横琴南角有二小島曰水鳥距

水水島西北又北三分一里有内島其間小港曰白靈湾（西音拉克）大横琴最西角

角曰磨扞角高六百有八尺以上披島俱在寬河口東岸又距水鳥西南偏西

西又西一分四里有横島（西名考分雯倫）在寬河口西岸距大横琴高峰南又東三分

約約五里距水島二里半之處僅深十尺

十字門　十字門（為泊船最便處）東面有二高島南曰九澳北曰大拔九澳大橫琴東北角之之間有甚窄水道僅深二十四尺至近大拔處僅深九尺至十尺又大拔以西與舆馬格里勒以東其間深三拓半至四拓之處亦便泊船

澳門港　珠江口西南面為澳門澳門西東南面有陸地如舌長二里最寬處（澳門泊船處）處半里可通香山東南角陸地低而多沙澳門與對面山間為澳门内港

九星洋（[illegible]沙瀝）　距澳门東北四里有數小島曰九星洋各小島相距甚近其距澳門門鎮內東（生阿拉地亦名吟棚）北偏東為數小島最外者距此東面半里水深三拓又距西南面四分分里之三有一露石

金星門　自澳門東岸起曲折向東北約十一里至波拉富陡山角（譯曰即高岸角）及轉

此此角則忽偏西而成深泓曰金星門港距口外二里僅深二拓至三拓及離

離波拉富角約半里則深七拓至八拓淇澳島南半與波拉富角之間濶約半

半里爲金星門港口

老萬山　珠江口水外最高者爲老萬山值西南恆風時凡進珠江口者必以

此此島爲記認準的並以老萬山與西澳及浮臺爲大西水道東界

西澳西名博頭漢　老萬山西面有島曰西澳高不及於老萬山其間水道雖深九

拓拓至十八拓但甚窄狹西澳西面尚深半拓惟距浮臺南面半里僅深七拓

及及近浮臺南角則深十二拓西澳東北小石島北面四分里之一有黑石淵淺自嶼四周水深十拓又老萬山南面與東面皆深十四拓至十五拓

浮臺　距西澳西南角西北偏北又北三分五里半有浮臺形勢平斜相距九

九里即可遥見四周附近深六拓至五拓浮臺与大橫琴東南角間之水道寬約約五里甚便駛行

黃茅兩葉二島　距浮臺東東北一里半有黃茅島南北橫列長一里四分里之三北面有甚尖山峰距此東面約半里多露石又距黃茅東西一里有小小島曰兩葉近此南面六有一小島又距兩葉北角西北四分里之一有二石石大潮則隱若風力猛烈海浪衝激此石恆如瀑布

白瀝島又名葡萄子原名東澳　距老萬山東北偏北一里半有白瀝島島無定形南面石盡石無土与東面阿澳小島間有小澳北面有淺水南面有一蕩石

（高安圍鎮自澳門即可望見）

（北東北角与小島間有淺水近此）

獅澳又曰蠔塘西國誤曰東澳　距西澳北偏東又東二分約二里半有獅澳自東至西長

一〃里四分里之三山面參差不齊此東北面有一小灣曰波打未名西船寬二
二百拓深二十四尺潮退盡時深十四尺至十八尺間有礟臺北西北高岸
鬼洲竹洲西圖誤以鬼洲為竹洲又誤以竹洲為竹灣山　距白瀝東偏北約一里半有二島西面小〃
小者曰鬼洲東面大者曰竹洲近竹洲東南角有小高石島曰尖島北面有小
澳〃又鬼洲与阿澳間水深十四拓二島北面深十拓至十二拓鬼洲北西三里半有石南北二白石南白石
東嶴一里有一小黑石南北二石間稍偏西又有小露石白瀝島与南白石間之水道中距南白石約二里半有日間礁石
鞋洲　距鬼洲東偏北又北二分約四里有二島曰鞋洲東西並列甚近東大〃
大西小二島間之水道甚深潮退盡時深四拓至五拓二島南面深十四拓東
北〃面深十二拓至十三拓西面深八拓至九拓
山島西名息爾愛勒特　距鞋洲東島北角東北一里半有小島曰山島附近多石深

十廿一拓至十二拓

三門列島　距鞋洲東面二里半有三小島自西北至東南分列三里又四分分里之一三島間各水道曰三門三島之最西北者曰北洲（原名黑洲）其西北面附近處有二尖石中島北面有小石島曰高子（南面多暗石）三島最東者南角有高圓堆為三島中最高之處西南面有小港

外伶丁　距擔杆島東北角西又北三分約十五里有一島自東至西長一里四四分里之三中峰高如圓錐近北角東面有二石一為蕩石一為露石二石彼此互視為北偏東與南偏西之向其向外之蕩石距外伶丁北角東東北一約一里自露石距蕩石約半里為南偏西之向二石近處水深十三拓（距外伶丁西北角西）

南面約一百五十拓有一甚大隱石石巔不能存留物件因名曰[illegible]西

大流洲。距澳門泊船處東面頗遠之数小島。中最南者。西面較高於東面。為為大流洲。又距大流洲北面。約半里。有小島。曰大碌島。巔有大石可作記認。

三角島。前数島中最大者。為三角島。距大碌北東北一里又四分里之一。勢兩高而形亂。略如方錐。又大碌北面有小島。曰小碌。附近有二露石。其間水道道極窄。又北有小島。曰青洲。

青洲。西國曰清洲西。距三角島北東北。約一里又四分里之一。有小島較矮於前数曰島者。曰青洲。近東面處水深七拓。北西二面。深五拓至六拓。自青洲一帶海島島西面。皆深五拓至五拓半。東面則深七拓。潮漲自東南而成旋流。退自此北面。順西岸流行甚疾。

四尺石（西音福爾肥特洛）　距青洲東東南三里有極險尖隱石距水面四尺近四周周處深十拓自此石視大流洲最高峰為西南偏西之向視三角島為西又南之二分之向近青洲西北角東北偏北又北三分有小島

榕樹頭（西圖誤為青洲）　距大濠西南角西南偏西約二里半有高島曰榕樹頭自西西北至東南長一里半近北角為高峰自此島並以南各島為大濠水道之西西南面惟榕樹頭與大濠南角間之水道深淺不一

牛頭山　榕樹頭東南相近之島小而高者曰牛頭山二島間之水道淺窄惟近北岸處深十五拓至十七拓南面灣內深三拓至五拓

喇撒尾　牛頭門南面之島較大於榕樹頭與牛頭山者曰喇撒尾此間水道

為甚窄。喇撒尾北面與大濠西南面水道中。深淺不一。若相距一里四分里之一。有深十七拓者。有深二十五拓者。惟南面有十拓至十一拓深者。

蜘洲。　距喇撒尾東東南二里又四分里之一。有二島。其高大而形圓者曰蜘洲。洲在大濠水道東口南面。其西面一島為二島中之小而卑者。二島之間水水道甚窄。近小島東北角有隱石。距北角四分里之一。水深四拓。若自西南曲出。鬼洲與鞋洲間之水道。即可進珠江。

樟木頭。西國謂為石黑洲　樟木頭分為二島。南曰鵝洲。距大濠南角東南又東三分分納四里。為大濠水道東口。鵝洲南角高陡。附近處水深七拓。惟鵝洲與蜘洲洲間之水道。深十一拓至十二拓。近蜘洲則深十三拓。又距蜘洲近處有潮潭。

深深二十五拓至三十拓二島相距甚近自東至西長約一里中腰較窄西面

面有尖沙嘴遠伸入海

雞澎列島　珠江口外各島惟雞澎為最南列島其距老萬山東偏南十六里

墨為列島中最大而向東北者曰北尖北尖西南面有二奇峰直聳海面高九

百八十尺曰鉗蟲尾　西名駱月　其東北面形勢甚斜山麓有高原一段鋪及海涯尖北西南之島曰尖尾灣尖尾東南有一帶小嶼小列最南外之島雙尖者曰馬尾洲又曰傍列長石又向東者曰昊石又距尖尾灣南有亂形石又距北尖東角有圭頭石距北尖北角之北有石島曰蓋雲又北尖与擔杆間有甘布里治石

擔杆列島　擔杆列島三大者一小者自東東北至西西南共長十二里半最

大而最向東者曰擔杆島長六里寬一里与二洲分隔之間甚窄曰一門水道二洲埒擔杆行而內之長島背表百二洲間之窄水道曰二門水道二洲西南有奇聳島洲角南有小高島曰大擔尾

南丫島　香港西南面有南丫島距擔杆列島東北角西北偏西又西三分之

一約距南丫西南角十三里距外伶丁北角東北五里半南丫島面多露石自

北至南長約四里寬二里与東西之灣深八西面之灣寬廣故二灣之間陸地甚窄約寬四分里之一自南丁北角至香港西南面相距約一里距西灣北角約半里多隱石南丫東南角為青色圓堆距灣

長洲島　蒲島

距大澚東南面相近者為長洲島距外伶丁北又西二分約五里南北二面較高中腰低窄東西二面有海灣其南面附近處深七拓至八拓西面深五拓至六拓東南距岸約三百拓有小隱石

蒲臺

蒲臺距香港南面稍遠距擔杆東北角西北偏北又北二分約六里此二島為擔杆水道北界蒲臺形勢頗低東西海灣灣內有石島蒲臺与擔杆列島東北角間深十八拓至十九拓

螺洲　西名布費得曼倫

近蒲臺北面有螺洲其間為窄水道螺洲形勢高陡近西南

堆頂稍高於
河

面距岸約半里有鼓大露石

宋羗　距螺洲東面約一里半有小高島曰宋羗中峰高四百六十六尺近西北面有妓露石

横欄　距擔杆東北角北又西二分約七里有小島曰横欄又距宋羗東面約四分里之三有小石島東面附近處深十六拓至十七拓

香港　南方与粤省東南岸間之島為香港近南岸之窄水道曰鯉魚門寬約四分里之一香港自西北偏西至東南偏東長約九里寬二里至五里半共計得面積二十九平方里

大潭灣（即雙着門）　香港南岸有鼓小灣便於小船停泊惟東南面有海灣内曰大

潭港外曰大潭灣長約二里半寬一里之四分里之一深六拓至十拓灣口西角為高斜岸曰大潭角附近處深十三拓至十四拓大潭角北偏東四分里之三有小沙灘沙灣對面有小石島距此東面半里之圓角北面海灣較大於小沙灣近灣岸有大潭村

大龍角（西名愷术大記拉爾西姑）　近大龍角南面有二小石島大龍角為大潭灣口東角自此角折繞向北二里成小澳曰大潭港深四拓至六拓惟港首西北淺而多石

大濠　香港西面有大濠自東北偏東至西南偏西長十四里最寬處五里半勢高而多峰西面最高者三千五十尺距大濠西岸南角一里又四分里之一

有相連高峰潮漲則高峰与大濠分隔為二近高峰南角有一帶低平泥灘自岸鋪入海崖三分里之一其上僅深二拓故行於西南面不可至淺於七拓之處又距高峰北西北約一里又四分里之三近露石處深十五拓其与大濠間之水道深七拓及近岸則漸深又距此石東北偏北一里又四分里之一有前伸陸岸其東灣岸間有大濠村村南面有二甚淺小灣近處可得淡水角一角之間為大濠北岸有二巴羅灣東角對面其一小島北面有高石近巴羅灣十島東面亦有一灣此北面有赤泥島灣南有東南村亦泥東東北有青色小島再向東東北徑二小島一日上磨刀一日下磨刀近東頭東角有巴夷島名石米島西面有輪齎石上

急水門西名突羅特穀字譯曰喉龍門大濠北角与奧者東南岸之間為急水門其間有小島曰馬鞍水道自此分為二支一向西者甚窄向北者較寬

背洲　距大濠北面三里距伶丁東南面四里半有背洲與水道背洲長約一里北角有尖堆距背洲南面約一里有一島較高多凸出石面又銅鼓南角西

南偏南与胥洲北角西偏北相距約一里有二露石。西石色白者曰白石。

銅鼓港。　銅鼓胥洲二島為銅鼓港。西界近女猫峰陡岸。為東界。視銅鼓高峰与伶丁南角僅相離。稍近陡岸。稍遠銅鼓。探得深八拓至九拓。[redacted]

伶丁。　距銅鼓港西西北。距九星洋最外島東北面約十四里。有高峰如圓錐周約七里者。曰伶丁。伶丁南面有窄沙淺。向南伸入海。長約四里半。沙嘴末界深約三拓半。及距伶丁南面二里又四分里之三。僅深九尺餘。猶有更淺者。沙嘴西界頗陡。附近深十拓。又稍近則深七拓。忽而淺至三拓。惟東界則自三拓忽深七拓至八拓。

礬石。　距伶丁北面四里又四分里之三。有二石。東面大者曰礬石。西面小者曰白石若視此二石成直綫為東偏南又南三分之向即如伶丁沙淺北尾亦在此直綫內又沙淺南尾与伶丁間水道東界為泥灘其上深淺不一潮退盡時深二拓半至三拓半

龍穴平灘　自伶丁沙淺北界有淺泥灘橫入水道至西岸淺泥限自此處伸入水道向西北而至龍穴島曰龍穴平灘

龍穴島　距伶丁高峰西北偏北又北二分十九里有龍穴島形如兩山斜向西南角有淺嘴向東南偏南一分伸入海約二里半潮退盡時深二拓至二拓又四分拓之一

舢板洲　距龍穴島東自北偏東又東二分約一里半有小島不过高形如覆

舟曰舢板洲此西北面有石淺且有鼓露石此淺接連於龍穴大角頭二島之間舢板洲以東深七拓至九拓凡由伶丁沙淺向龍穴而行者見舢板洲即識水程

沙瀝（即澳門泊船處）　沙瀝与伶丁間潮無定性常見水面為此方向而下面為彼方向故風力微弱時最難隨向而進又潮退之力大於潮漲潮退之時多於潮漲且下面有逆漲力而上面又有攔漲力

虎門　亞娘鞋為珠江口東界大角頭為西界形如虎口故曰虎門外有橫擋二島分為二水道東水道深西水道較（布理麻）淺也

川鼻島　川鼻頭南角与川鼻峰相距甚近自舢板洲視之為東北偏北又北

三分之向相距一里又四分里之三（西北有小礁石露出西北面礮臺上川鼻間有平面石）（距岸約四分里之一）曰布拉得石西人名附近深六拓至九拓（川鼻島與亞娘鞋間甚淺處曰安臣灣大角頭西南角曰穿鼻角寶尔角為珠江口西界）（深六拓寶尔角南面有二小島一曰東澳洲一曰西澳洲）

亞娘鞋角　珠江口東界為亞娘鞋角高峰直聳一千五百尺距寶爾角北又東二分二里又三分里之一距川鼻砲臺西北又北二分約三里為亞娘鞋角又距亞娘鞋西北半里有極威角為護虎門最要之區

橫檔二島　亞娘鞋角對面水道中有二小島曰南北橫檔二島相距三分里之一為北西北南西南之向四周俱淺距南橫檔東南偏南有淺灘長約一里半水深四拓（距北橫檔東面西北偏北又北三分之一約一里有極險尖石曰得富石）

大虎島（西譯曰太格爾灰倫）　距北橫檔東角西北又北二分約一里又四分里之三有

大虎島頂如劈裂角如分尒東南面距角四分里之一有淺灘平鋪入海深四拓又四分拓之一又西分里之三有小亘距拉佛島東界有二角不對小亘南距約四里又東北面有礮臺距大虎島北角約二百丈有隠石曰倍得石距大虎島礮臺東面約三分里之一有平淺角曰道查平淺距大虎島北面四里

蠔墩淺西名弗爾司得巴爾譯曰第二淺亘　珠江東岸有大溪曰蠔墩淺西名臺肯得巴爾　距浮蓮塔東南偏東又東二分為蠔墩溪口南面小溪對面距岸三分里之一為蠔墩淺南界平鋪向北偏西又西二分約二里半潮退盡時深九尺至十六尺

大蠔島西名福爾司得巴爾愛倫譯曰第一淺亘島　距蠔墩以上約七里有大蠔淺大蠔島南面沙淺与低平島東角沙淺之間深十尺近珠江北岸距大蠔島西角以上三里之二有礅石曰魚頭石內有一石曰布倫司為克

以上自海南瓊州府至珠江並香港

東龍島　東龍島高八百二十尺周三里其与陸岸間之水道曰佛堂門兩岸

多石。水道闊一百二十五拓。深三拓。距東龍北角東南又東三分之一。約四百拓。有隱石。自此石視東北之小直立島西角。為東北偏北又北二分之向。又與益不勒夫陸岸角稍相離。為東北偏北又北二分之向。

平石島。 東龍南角成一低舌。西角南面。距岸約百拓。有平石島。平石島与陸岸之間。有隱石數行。又佛堂門外第一角向。有老礮臺。可作標識。

直立島。鼎足島。直立島西音司梯撲愛勒特 鼎足島西音突來阿愛勒特 距佛堂門東北。約一里又四分里之一。距岸約三百拓。有小島。曰直立島。又向北約一里半。有三小島。如鼎足之分列。曰鼎足島。直立島与鼎足島間之海灣。岸成灣。水深八拓。

九柱島。西音乃平谷羅攢 距佛堂門東南約三里。有數立島。曰九柱島。一南一北。為九柱中二大嶼。其間水道寬約二百拓。南島南面甚陡。高約三百三十尺。惟北面較低於南面。其西南面。又有小島。近岸處有高尖石。北九柱島高略同於南面。

九柱島。惟北面有深谷。西南角亦有小島。（距北九柱島東面約一里。另東九柱島。其西北面有石。餘有小島。東北與西面並有露石。距東九柱島南尖西三百□約七百拓有礁隱石名一尺石。距東九柱島西音樸爾得□□□□）

避風港（舌爾特爾）。九柱列島北面成一大澳。有金貴各島。中分為二。西曰避風港。東曰石頭港。避風港自南至北長約五里半。港首與大鵬海西南面陸地一段。寬約一里半。旁有駁山。高二千三百十五尺。大鵬灣口東面有尖峰。高一千五百四十尺。見此二峰。最易識別此間海岸。（距棒島北面一里。另金島南角南面有尖石。尖石東又北有蕩石。棒島西北一里叉界之為避風處。）

石頭港（西音爾勒其哈卜爾）。貴金二島為石頭港西界。高島與黑石島及高岸島為石頭東界。與東南界高岸島與金島之間為港之南口。寬約一里。東面距岸約二（近金島西南有石）

百拓。又有低平而小者曰灣島。灣島与高岸島北角之間有三尺淺西音色里非特柏尺。距三尺淺北面約八百拓有三拓淺西音色里法勳司。

黑石島。西音北掃爾特愛倫。距高岸島東南四百拓。有黑石島。自北至南。長八百拓。高五百七十二尺。二島之間。潮退盡時。水深五拓。此島南面。与高岸島南面。俱為陡岸。

邑島。西音桃納愛倫。距黑石島北面一里。有邑島。二島間之水道。寬約四百拓。常有旋流。或為門浪之勢。又有數小島。並漲礁石。

高島。西音海愛倫。邑島与高島間之水道。深三拓又四分拓之一。有數處僅寬百拓者。島高九百十尺。周約七里半。又距邑島東面約一百五十拓。有數空洞相通者。曰洞島。二島北面。又有二低小島。至高島与東南岸間。有數淺處。潮退盡時僅深一尺。

鳳澳（西音鳳平）。鳳澳寬約一里又四分里之三。澳中有二小島，並一露石。自北九

桂島視此澳岸尖峰，為北又東八分之向，相距十里。

大鵬海（西音篾爾司灣）。距香港東北二十五里，有大灣曰大鵬海。鳳頭與大鵬角間

為大鵬海口，寬約五里半。自海口至北岸寬約十一里，自東至西寬約十八里。

距海口以內約二里，有石島高九十尺者，曰交島（原名獨牛洲）。距交島西南偏西約

半里，有石一行，多半常現。距此石行西南偏西約一里半，距岸約半里，有高九

十六尺者，曰南交島。（近大鵬角有山峯，高約一千二百尺。近角南面有圍列分石，此面有不礙處。）

草島（西音各輯司爱倫）。草島自南至北長二里又三分之一，廣四分里之三，高四百

二十尺距草島東西三百五十拓有大黑石曰北交島距此西北又北三分之一約四百拓有漲蕩石一行

左島西音婆爾特麦倫 距草島北面約六百拓有左島高約四百尺周約二里東北角甚尖伸入海約三百拓

長港西音郎哈巴 距左島南西南約一里為長港口長三里半寬約六百拓港口兩岸陡削惟草島西南角有小澳澳北角有露石距露石北面約百拓距岸約五十拓有石淺處僅深三拓又四分拓之一草島西南角距潮漲痕約百拓又有拔石潮退盡即現自草島以南長港寬一里又四分里之一又南近港東分為二小澳長港西面第一澳曰角泥斯澳澳西面有三小島大者為平島平島北面有漲礁石二張蕩迄

沱羅水道 大鵬海西岸長港西南第二大港為沱羅港左島與山崖頭原名黃竹

角之間。為沱羅水道口。寬約一里又四分里之一。凡入此港。必先由沱羅水道距中約七里而至白頭。為沱羅港。寬約七百拓。而傍為陡岸。深六拓至十四拓。潮澳（西音太得可知）白頭南面有陡削山。面高二千三百十五尺。曰駝山。白頭三面環水。沱羅水道自此分為三支。一向西南。曰潮澳。自白頭向內。闊三里半。深五拓。至潮澳。船則由漸而淺。若由澳末登岸。有山徑可至香港對面之九龍港。

圓島。曲島。新月形島。雙島。　距左島西北偏北約四里又四分里之三。有小島曰圓島。為大鵬海西北各島之最東而最大者。距山崖頭西北約六百拓。為前鼓島。最向南者。雙島與陸岸之間水道。惟小艇可行。雙島與新月形島間之水道。僅寬百拓。深四拓至七拓。新月形島與曲島間之水道。最窄處寬約二百拓。深十拓至十二拓。（西音圓島爾勞吾得愛倫。曲島可六克得愛倫。新月島克勒生得愛倫。双島得不愛倫。曲島西北有奇峰。西面有曲港。新月形島與双島間又有双港。又曲島西北面有七村。）

平洲。大鵬海東北面有平洲。周約三里。高一百四十八尺。平洲東東北有奇

峰高七百五十尺。曰東圓錐山。自此峰至大鵬澳。陸路稍高相距一里又四分

里之一。中途有南澳村。西南灣內。有尖石與隱石一行。自大鵬角起海岸曲折向東北偏東約八里又半第角與二角間有二沙澳西澳距岸約四百括 有小島曰岸島。

沱濘列島。距大鵬角東面約六里。有大鵬海。與白耶士灣。間相隔陸地對面

有八小島。曰沱濘列島。內有孤島。與阿岡石列島。最向北者。為大島。周約五里。

頂高九百六十尺。近卅西角有二小島。其最近者曰綱島。原名綱洲。潮退盡時綱島

與大島間僅深一尺。距綱島西面約四分里之一。有一尖石。尖石西北又西一分約四百 四百括有石一行。北面常能遠見。其間又有石一行。潮退盡時俱現。近沱濘大島北南有三小島。曰三門島。距阿岡石東北偏北又北一分約一里有隱石。距大島東北有中石。

六克島。距沱濘列島北偏東約六里。有六克島。近南角最高峰。高於海面三

百三十尺。此島四周又有六小島。西面三島。北面二島。東面一島。六島內最向

而北形ㄑ二柱直立者曰立柱島近此島南面小島西角又有石一行

大鵬港　白耶士灣西面有大鵬港北岸有城垣曰大鵬所港口北岸有圓錐

山形如陡削此山對面處赤有石行伸入水道距岸約半里港內南岸甚陡

中列島西音蔑得爾谷羅卜　距立柱島北面約一里有六小島曰中列島其最向南而

高二百五十四尺者曰綠島近西角又有小島距此北面約四分里之三又有

石行小島其東南面有隱石一行潮退盡時浪激石頂距石行島北又有一退落石石行島北又西又有一石

港列島西音哈卜谷羅卜　白耶士灣內距中列島北面不及一里有九小島曰港列

島其最南者曰雙生島距此島東北約二百拓有淺島其西北面石淺有數區

僅深三尺者淺島距窄島約三百五十拓窄島北面圓島圓島北面有一石略平水面圓島北偏西有北面錐島周有隱石行雙生島西面有[illegible]里[illegible]距此島[illegible]

而[illegible]港[illegible]島西面有大島大島西面又有小島又北有平面石并隱石一行大島東北面有淺淺大島南面有退落石

白耶士灣以西大鵬港以北其第二灣曰[illegible]

鼎足島 西音突爾力薄勒愛倫 自白耶士角起灣之東岸曲折向北約九里半距此角最近之第一島為鼎足島約距信德島北西二里四分里之一

尊洲 距鼎足島北西約六里半有低平島曰尊洲其東南西有一小島又尊洲与東岸間之水道寬約一里深約二拓水道兩旁皆有石

范羅港 自白耶士灣東岸曲尊洲以北繞向東而成范羅港港口寬一里半水道中深四拓距尊洲東北約四里淺至三拓及港首則更淺港北岸有范羅村

塔島 西音拍哥得愛倫 距尊洲西北偏西又西三分約四里有塔島附近水深四拓又四分拓之三至二拓又四分拓之一近塔島則漸淺塔島距白耶士北岸約三百拓其間僅深九尺有數石塔島西西南

西陀羅島 距信德島東南偏東又東一分相距七里半有西陀羅島高四百八十尺周二里又四分里之

三距此島西面約百拓有暗石嶼高一百六十七尺聖等石此中凸屬形如劈槳

富克角　富克角為高陸南角山角与陸岸相連處為甚低沙頸或自西面或距西陀蘆東北偏東約四里又四分里之三有自東面視之如成一島。富克角上有圓墩高於海面六百七十尺。西南角對西山間有大礁一極淺灘西面有三小石島距三島內者最向北者東偏北約三八百拓有隱石一行潮退盡即見

東椗西椗　東西椗二石島相距約一里半為東南又南二分与西北又北二分之向。二島各高約五十尺。四周有隱石与亂石。附近水深九拓。自西椗視富克角高處為西南偏西又西三分之向。約相距十一里。距西椗西北偏西約一里半有一隱石

紅海灣　距富克角東北十五里為紅海灣。水面雖寬。而內半僅深三拓至四拓。灣內數島中最大者曰紅海山。淺灣為紅海灣之首距紅海山北東北約三里灣內有小港此小港南東北兩面礁石鑲邊東北鍾形角東面有石柱一高出水面

紅海山　距西椗東北又東二分。約八里。有紅海山。自東至西長約半里。寬約三百拓。高二百四十尺。距岸約三百拓。有二隱石。潮退盡即現。距紅海山西面約二里又四分里之三有雞心石西名赫特愛勒德譯言帽小島

山四周近岸有淺

內島（西音腮愛倫）距紅海山西北約五里。有內島，高四百六十尺。自北至南，長約一里。寬約一百餘拓。又距西南角約三百拓，有散亂石。灣內東西二面，潮退盡時，僅深二拓半。常有甚長大浪。距內島西面約三里。大河口外淺亙。潮退盡時，僅深六尺。

汕尾港。汕尾港內距紅海山東又北三分，約九里。港口寬約半里。潮退盡時，僅深二拓半。港口近北岸處甚淺。距岸半里稍強，有散隱石。潮退盡即現。自隱石處視汕尾小山，為南東南之向。（自汕尾山起。水道南面有沙灘。）

山羊島。原名龜齡嶼（西音哥特愛倫）。紅海灣東界，曰捷勝角。距角東南約三里，有散小島。散島內之最大而最南者，曰山羊島。距山羊島頂西南又西二分，距汕尾山東南偏南又南二分。兩線相交之間。有危險隱石。潮退盡而有大風浪時即現山羊島北灣陸岸向內約一里。有城垣曰捷勝所。山羊島西面當東北風時最便泊船

列石島。原名萊嶼。西音勿里夫倫司。距山羊島東南偏南東。約三里。有數島曰列石。其向南最大者之東角有石行。與島相連。自北至南長約百拓。距山羊島東又北一分約一里。又三分里之一。距列石北面一里又四分里之三有一露石。距列石以北二百拓之處有淺灘。

遮浪角。距列石東偏北又北一分。約五里。為遮浪角。角高而奇。為紅砂質所成。且上多亂石。對面有二小島。並石行。二島之向外者。高八十尺。相距約一里。水深十三拓。遮浪角西角有礮臺一座。北面有小灣。距礮臺西北偏西約五百五十拓有隱石。距水面一尺。

金嶼。距遮浪角東北又北二分。約三里四分里之三。有金嶼。自東北至西南

長約半里。自東北角最高處。其下為石陡岸

碣石鎮灣。

碣石鎮灣西界。為白沙角。東界為田尾角。灣口水深五拓半至七拓。距灣首約一里。深三拓至三拓半。海底為軟泥。灣首沙岸甚低。惟東岸高而有小灣。東北圓山麓有金箱村。金箱角以北。潮退盡時僅深三拓。灣首有二河口。二河口外各有淺五。深不及九尺。西面有小河通紅海灣。

淺澳。

（碣石鎮灣東面與淺澳峰北面為淺澳。東岸有礮臺。其小村即峙對面。距岸半里。僅深二拓。）

白沙灣。

碣石鎮灣西南有白沙灣。自此處視白沙角。為南稍偏西之向。白沙角頗低。西有散石。西北高岸間有大港。港口多石。港內淺處。僅深六尺。（距白沙角東北面五拓半有隱石。）

甲子角。

甲子角。高二百十尺。山西有亂石。（近南角有舊礮臺。）距甲子角南西一里半。有龜石。西音

突尔得勒洛克。出水面十四尺。龜石與甲子角間有二小島。又有石十四簇。二小島西

西又有鼓隱石。見水色稍淡之處。即知下有隱石。

甲子港泊船處。當東北颱風時。賺格石（譯曰屁）不收也。南面可泊船。此石距甲子港北東北。在陂山岸半里。

東澳。距甲子角東北偏東十五里。東澳內有東澳鎮。東澳與甲子角間為依賺格甲子

沙海岸。正西沙互上。潮退盡時。見互上有激浪。互外界甚陡。距東澳鎮東南偏東二里半。白石曰石與東澳鎮間有小淺灘

東西山間有礁甚近海依岸沙灘者淤淺

蓮花峰角。郎猛浪角。距東澳東西九里。距甲子角東偏北又北三分之二。二十三

里。有紅砂嘴為蓮花峰角。上有華蓋山高二百八十尺。自此角折轉向北見角

尾直削。蓮花峰最南角間。有搖石。其東南與西南二角間。各有小島西南角有礁。近山岸有亂石

有小島接連平石。平石之東南有露石。露石西大南小。島南有礁石。海瀾稍大即見

東來角。距蓮花峰角東北偏北五里。曰東來角。距角西面一里。有溪口通靖

海豸城垣。附近多隱石。距東來角東北一里。又四分里之三。有低石角。自此曲折向西北四里半而至高岸山。間有石線向東角伸入海

海門灣。距高岸東北偏東又東二分。七里。為海門角。其間為海門灣。深約六

拓至七拓石。角上最高山峰。中分為二。是最高峰上有壘成小堆。高於海面五百九十尺。海門灣北面有三塔。一塔在陸地。二塔在山頂。距海門角南面九百拓。有把金石。潮退盡時。浪激石頂成瀑。有石陂自嶴其東角伸入海又百拓。又距陂甚壘西又北三分。約半里。有退萬石。

海門河。海門河口有淺五。潮退盡時。僅深十尺。距河口一里。右岸即有海門府城垣。自此以北。則河勢折轉向西。一帶陸岸皆為平原。約有水道。可通汕頭。

企望澳。西音和樸年。距海門角東偏北又北三分。九里。為企望角。二角之間。為企望澳。海門角有亂石。向東北排入水道。長約三里半。已過海門角三里半後有徒沙岸。近瞰甚壘大樹。間有沙岸澳。亦甚平靜。惟近瞰甚壘角有遠伸小石。餘無他險。沙岸澳西有大石距岸東北一里。有溪。通山歌而達揭江。溪口淺五。潮涸百拓。距陂甚壘西一百拓。有甚淺石則間深外隱匿。

企望角。西音凱不夫谷得和樸。企望澳東面多山。惟東北面最高者。為企望角。形如華蓋高四百尺。群山東面為陡岸。有遠伸三角。中為馬耳角。東南為潮角。因近角處潮最疾也。摩山北面。青島與陸岸間有石一簇。

韓江。自糖塔島對面之岸。折轉向西。為韓江口南岸。江口有淺。至潮退盡時。深二拓半。距糖塔西北偏北四分里之三。有婁島。自婁島視韓江北岸之汕頭。為西偏北又北二分。相距四里又四分里之一。汕頭為澄海縣泊船處。澄海距汕頭東北二里。附近多耕種田原。

礟臺島。西音福特爰倫。距企望角北又東二分。十里半。有塔山。高二百六十尺。距塔山東東北二里。有大萊蕪礟臺島。其西面高平處。有礟臺塔山獨立。四周為平原。自遠視之。不見陸地。大萊蕪礟臺島與陸岸間。有淺水道。

二桅船島。西音布列谷爰倫。距礟臺島東北偏東又東三分。約四里。有二桅船島。二島之間水深二拓半以至四拓近二桅船島處較深於近礟臺島處或自西向東或自東向西見二桅島南角有高石直立如二桅船形（二桅船島北面三島中之最高者，桅島在福建司登春視之二桅船島）（與礟臺島西北角成直綫為西南偏西又西二分之向）

南澳

南澳自東至西計長十二里東半自南至北最闊處約五里者南澳之陸岸之水道闊三里半深三拓至六拓三峯高一千七百尺（經快傳角南九百尺南澳西角曰快傳角，快傳角北角乙東七里有四石曰七星山，七星山西北偏北三里半有一石高如阿西）（西面有流沙淺灘，南澳西面與快傳角北面第一澳曰長司澳，澳西面低山上有燕近水外復有礟臺）

南澳西流溝

距塔山東南偏東四里半自南澳西角視猛浪島成直綫為西（有三淺灘皆不及十二尺又一淺灘深十七尺，又有一[illegible]淺灘深十尺，又有一小淺僅深十五尺以上各[illegible]）流沙畢其間有數淺洪係流沙擁積所成緣韓江來源多有沙礫隨流而下故此間多積沙

淺澳（西名[illegible]）南澳灣（裏界）

淺澳東西為南澳灣灣首有南澳城垣南澳灣東面有涉又峯者為北（自雅片角[illegible]南澳北東面折向東南，成淺澳澳內有二小島並[illegible]）角其角前伸成南澳灣之東界其東北面有石列入海三百拓

塔澳（西音下哥得皁） 距南澳西角東面五里為塔澳。澳東角有塔一座。塔澳對面北（快傳）

岸，為淺澳。距塔澳東面四里為南澳。南澳東角有石，向南列入海一百七十五

拓。距南角東南半里有低平小島，曰蟹島。蟹島與南澳間之水道內有石。又距南澳東

面四分里之一有陡岸，曰南角，其上有三煙墩。

南澎列島　南澎列島為四小島，有石二行，自東北至西南，長七里。書自列島

最南之角視南澳西角為西北又北二分之向，相距二十二里。南澎列島西南有二方

為形如小舟，曰小艇石。附近又有小石樁。

柘林澳（以下沿海屬福建者）　南澳北面曰柘林澳，距猛浪島東北偏東五里，又三分之

距礮台頭東東北三里有雞籠島。音的非支而得愛勒特雞島西

一。有石曰曜曜者，曰中島。中島與門島向，水深三拓至六拓。

面雞角最高處有灯樓，其距雞島次東偏北一里。

詔安灣　距南澳北角東北又東三分之一，約十里為詔安灣。口南面有小島。

又三分里之一有特發特石，譯曰三層石，距水面一尺，距角東東北不到一里有淺灘，四面皆沙，其外有小島。

詔安灣口有中淺，僅深二拓半至三拓。

周克柯角。阿威克澳東北面有圓錐形高峯。曰周克柯峯。高八百八十尺。距威克角東面三里。有鐘島。或自東南或自西北。視鐘島（西晉白尔斐倫）。南角有空洞鐘島與周克柯島之間。有小島。又北有石一行。故周克柯角與鐘島向之水道。僅闊半里。水道中界深二拓半。周克柯角為獨山。高六百四十尺。近此角有二小島。距角東南偏東一里。為高石島。距角東東北一里又四分里之三。有方島（西尔司考尔）。又有石一行。自高石島向北西北列入海一百拓。（距周克柯角東北偏北又北一分。約五里半。有圓錐峯。西晉哥納尔皮克。近峯之東角有大石。周克柯愛倫。□尖峯角之間。為低平沙原。自語者。灘南首距西北首不一里又四分里之三。）兄弟島（洛得司）。距圓錐峯東南偏東十二里。有二小島。並數石。曰兄弟島。彼此方向。為東南又東二分。與西北又西二分之向。相距二里半。二島之東南者為最高。南角有陡岸。（西北面有石一行。二島之西北者為最小。）

銅山港。

銅山港東岸有福尔峯（为沿海最標準者）。高九百三十尺。形如馬鞍。港口有塔嶼。自東南兄弟島視塔嶼。為西北偏北之向。相距十四里又四分里之一。港口外有泥灘。深三拓又四分拓之三。港內有二小島。曰姊妹島（西音昔司特尔司）。（又塔嶼東北有中島。）

浮頭山。

距丹斯抱克島北面五里半。有兔頭山。分列五峯。其最南者曰烏頭。此五峯之最北者。有城垣。（烏頭西面有浮頭山河。西南有淺背遠伸二里。）

烏頭至紅澳海岸。（紅澳。亦名將軍礁。）

距烏頭東北六十里。有紅澳。此一帶陸岸間。除一山與二小山以外。餘皆為沙平原。距大偶角東西六百拓。有小屋島。附近有數石。隱露各半。距小屋島東北二里。有尖塔島。島間有奇形方柱。西面有二平頂石。距尖塔島北偏東一里。有劈裂島。四周有石。對劈裂島西面有蟹角。距尖塔島東南偏東又東一分。約三里又四分里之一。又距島頭東二里半有紅石澳。紅西音勒𠯿勒得界。近澳東角有高黑石。兩黑石之最南者。其西北面有石一行。北澳南界為北偏西。又有石一行。灘淺即隱。紅澳首有鎮市与小灘也。考克角至鎮海角海岸。距考克角東北又北二分。九八里半為鎮海角。二角間為陸岸。近考克角有石一行。又有淺嘴自屋山南面遠伸入海。並見淺嘴上有鼓露石。自闌某梯亞島視屋山為西北偏西又西二分之向。又屋山西面有淺河口。距考克東北九里。有闌某梯亞島。西音挐箬爱倫。西北角有石一行。此島偏西三里有礬島。又近東南角有露石。

堂島西音旦不尔爱倫 距東南兄弟島東北又北三分四十七里半。有大礁亦曰首沙石。又距大礁南東南十一里又四分里之一。有堂島高二百尺。堂島南面有空洞西角有高墩。又堂島与廈門港口間有平沙灘。水深六拓。自此處視堂島為正南向。此島与陸岸間有二淺灘。一曰南墨蓋落皮。一曰北墨蓋落皮。

定臺澳　距北墨落皮淺灘北面四里為定臺澳，小船拉於澳內避東北風。澳東面有三煙墩者為平臺山，又山間有舊城垣，疑是峙沙汛。又北面有南大武山，自塔頂計之，高於海面一千七百二十尺。距澳東北面三里曰鎮海角，自鎮海角岸漸轉向西北而成廈門港。

浯嶼　廈門外港口西面有浯嶼，高三百尺，山巔有三煙墩。浯嶼自南至北長一里又四分里之一，兩角向僅寬二百拓。東北面與東南面有陡石崖，西面有三沙澳，東面亦有沙澳，西面最北之沙澳邊有大鎮與舊礮臺。（浯嶼與鎮海角間有暗礁石，大潮即隱。）

（距浯嶼東面三里有二平頂石，曰大礁；距浯嶼北角西偏北半里有石二，一曰青礁。）

青嶼　距青礁北角西北偏西北四分里之三，有平頂與陡崖者，曰青嶼，平巔有礮臺，高於潮漲痕二百五十尺。距青嶼東北八百拓有白日嶼，此二島間為廈門外港口。

（距青礁西北又百拓，又距南面二百拓，各有二石，潮退盡即現。青嶼西面亦多暗礁。又青嶼與大擔間有淺沙，曰大擔淺沙，並有石散布。）

日嶼。距青嶼東北又東三分之一。約八百拓。有小島高六十尺。曰日嶼。此南面与東面。各有石一行。遠列入海。計長五十拓。日嶼附近又有二小島。一曰王瓜一曰道掃。（三門間多石）道掃西北面亦有石淺。遠伸入海。長四百拓。石淺尾有石一行常現。自此石視日嶼。為正南之向。相距半里。又距小担嶼北角為東又北一分之向。能見小担嶼与大担嶼間之水道。

小担嶼。距王瓜島東東北。有小担嶼。其間為常行水道。約闊三百拓。小担嶼自東至西。長六百五十拓。高三百尺。上有三煙墩。北面有沙灘。王瓜島与小担嶼南面有遠伸淺灘。西角亦有淺灘。向北西北遠伸入海二百拓。

大担嶼。距小担嶼東北有高島。自北東北至南西南。約長八百拓。曰大担嶼。

白低沙頭以東。高三百尺。頂有小圓臺。亦有三煙墩。低沙頭以西。有圓錐峯。頂有圓墩臺。大担屿北面有有二石。潮退即現。

廈門島。西圖說洲島不分。　鎮海角與圍頭角間。各灣內島之最大者曰廈門。周二十二里。東面有金門鎮。與圍頭澳。廈門島西南面有廈門城垣。又西南有古浪嶼以成廈門內港。廈門南沙角有數黑石。沙角斜面上有圓礮臺。距礮臺西偏大石極。又有一礮臺。距礮臺之西有隱石半潮即現。沙角近處有大石曰堪哇理司石。又有淺灘距堪哇理司石四分里之一。有小礮臺。錄有鎮。南燕山頂有一大石。距堪哇理司石西北又西二分。有數石半潮即現。又距堪哇理司石西偏北又北一分。有一石。潮退盡時距水面の人曰可克石。距可克石東南有一隱石。又西北又有一隱石。

古浪嶼　近廈門島西南面有古浪嶼。其間水道寬三百三十七拓半。古浪嶼周約三里。列為二隴。高於海面二百八十尺。四周多石。近北角有數石。潮漲即隱。距北角西北偏北又北二分。約四拓半。有一隱石。潮退盡時距水面一尺半。自此右視亂松嶼。為西北偏西又西三分之向。視南大武山塔。為正南向。又有石淺。自古浪嶼東南角伸入海半里有餘。

以上自香港至福建廈門。

金門鎮。　廈門与金門鎮間。濶五里至七里。烈嶼。亦曰小金門。与大担嶼間。水道雖深。而內有石礁。故水道亦甚窄狹。有沙淺。自金門鎮西角向南伸入海。計長三里。名為金門淺。其間頗有底浪。

料羅澳。（原名料羅）　金門鎮西南西有低沙灘。自金門鎮西角海岸。曲折向東南又東二分約三里。為金門鎮西南角。自此處海岸又曲折向東北偏東五里。而成料羅澳。有鼓亂石自金門鎮西南角向東列入海。計長八百柄。料羅澳東角曰料羅頭。澳內有覓斯底納珊瑚淺灘。

圍頭澳。　金門鎮東岸間為圍頭澳。可障東北恆風。澳東角高八十尺。曰圍頭角。北面山間有小墩臺。又北有奇形紐山。高二百十五尺。澳西北面有高西二高峯。西峯高一千七百十四尺。東峯高一千三百九十尺。值東北恆風時。海水恆向南流。西南恆風時。海水恆向北流。（北定島距圍頭角五里。有石一行。自北定東角向北東北遠列入海。又近金門鎮南角有大石。近圍頭角有平面石行。又距圍頭角東面有一路石。又有石數行自圍頭角向南遠列入海。又有石數行自圍頭角北面第一角向西遠列入海。）

牡蠣島與牡蠣石。（西音挨司得爱勒特。）距圍頭角西北偏北又北一分。約二里。有低平石。曰牡蠣島。自此島視牡蠣石。爲南又西一分之向。相距九百拓。潮退則蕩滌石頂。自此石視圍頭角。爲東南偏東又東三分之二。視墩臺爲東東北之向。視帽島（西音赫得爱倫。）頂。与近澳首圓錐峯左斜面成直綫。爲西偏北又北三分之向。

圍頭角與深滬間海岸。海岸自圍頭角曲折向東北九里。而至深滬角。此角甚低。上有沙山。高三百尺。近岸二城之最南者。（偏北東東北一里又四分里之一。有北定石淺。西名道德力尺。其間有淺石二簇。）有小塔。（圍頭角西又南二分。有薩利亞灣灘。又距其之島。西名道德爱倫東。）

深滬灣。深滬角与永寧角間。曰深滬灣。距灣北岸一里又四分里之三。有姑嫂山塔。共高七百六十尺。為此間最高之處。此灣北岸有永寧澳城垣。深滬灣南岸近深滬角處有二小島。一曰南島。一曰塔島。二島間之水道與深滬角間之水道內皆多石。距南島北西二分有二石曰深滬石。距灣首西北面三里半有奇形山曰肩膊峯。距永寧島西又南三分三百拓有石一。于潮漲即隱。

深滬灣與祥芝角間海岸。　海岸自深滬灣曲折向東北偏北八里而至祥芝角。是為泉洲港南角。深滬灣與祥芝角間數小沙澳。內多石。距祥芝角南面一里半。有小島。上有小廟。形如覆鐘者。曰鐘島。

泉州港。　祥芝角高四百尺。有隱石。自此角向東南列入海二百拓。祥芝角與崇武所間為泉州港。州港口約闊十里。距港口西面不遠。南北兩岸已窄。祥芝角距港北岸四里半之間。有二島。一曰大墜。一曰小墜。距小墜西南半里有旋紋石。二島與旋紋石互視方向為東東北與西西南。其間有通洛陽河口之水道。小墜低矮。上無植物。大墜高三百五十八尺。為此間各島最高者。又有小墜淺灘。自小墜島向東鋪入海。約二里。水深二拓又四分拓之一。自大墜西面至洛陽河口。又有廣濶沙淺。曰靶沙。（西音布得）

水道島。（西音柏司尺愛倫）距祥芝角東北又北三分。四里又四分里之一。有水道島東面有三石。潮漲則隱。石之最外者。距水道島東又南三分約半里。又有石淺自水道島西南角。遠列入海。其最外石淺。距水道島潮漲痕一百五十拓。

大岞角。距崇武城東西三里。有小岞港。南曰大岞角。西曰方錐形角。自西面視之。如黑列岸。自南面視之。略如方錐。（崇武城東角南面一百拓。有一隱石）

小岞澳。小岞。亦名古東。為泉州港東北面第一大澳。澳口濶四里。兩澳間所隔陸岸僅寬一里。近岸有崇武城垣。

湄州灣。 小岞澳北面第一口為湄州灣口。闊六里。水道中界有九壘石。距九壘石南面有石一行。列入水道。相距一里。亦有石一簇。內有一露石曰方石。又有石一行。自方石向西南列入水道一百五十拓。石行外界潮退盡則全現。距九壘石東面不及百拓有平石一簇。惡人角與九壘石間有隱石。九壘石北偏東又東些約一里有一石。潮退則現。惡人角與九壘石間常行水道有亂石一行。又惡人角東面不及百拓有石一行。南面一里半有石一行。東北偏共三里又四分之一有黄目石[illegible]又

湄州內港。 距九壘石西北偏北約三里又四分里之一。有竹竿島。此間海底深淺不一。且距竹竿島西面小島西西北一里之處。僅深二拓半。距竹竿島北偏東一里有低尖石島。其西面有沙堆。距竹竿島北面三里有西亭鄉山。並有城垣。附近有塔。西亭鄉山與湄洲間之水道僅深九尺。而且多石。

平海灣。 湄州東北第一大口為平海灣。平海角與勿羅溫列島間為平海灣口。闊六里半。深三拓至五拓。距平海角南面四百拓。有圓錐形石高九十尺。曰平石。又有多石自平石北面沿岸排列入海一里。

鷺鷥嶼○　距平石東東南約五里四分里之一○有鷺鷥嶼自平石西西北距鷺鷥嶼一里又四分里之三○有二隱石○曰鷺鷥淺○自此淺視平石與錐峯成直綫○為西北偏西又西一分之向○視鷺鷥嶼東北西小島○與南嶼成直綫為東又北三分之向○距小島北西北二百拓○有半潮石○又距小島南又西三分○約八百拓○視鷺鷥嶼高頂○為正東之向○亦有一石○

烏卯列嶼○　烏卯列嶼○為三小島○內有一嶼○不生草木者○與東西小島相連○小島西西一島為列島中最大者○高二百尺○至三百尺○頂略平圓○東面小島南○近東西二角○有亂石○

南日嶼○　南日嶼為十八嶼中最大者○自東東南至西西北○長七里○橫列與化湾口○東面圓錐峯○高五百六十五尺○為列嶼中最高者○南日屿南角为高平原○近角小島○南屿潮退时○南屿与角相連○距南屿西北二里○有平顶两孤石屿西南偏

興化水道　南日嶼東北面為興化水道，故以十八嶼為水道南界，守石二島暨沙島與淺謀島為水道北界。距南日嶼高峯東南面一里又四分里之一，有三角形嶼，東面有石一行。距高峯東東北四里為十八嶼最東南者，別名帽嶼。距帽嶼東南二里有低石一簇，曰散嶼，內有鼓露石。距帽嶼東北一里又四分里之一，有獀嶼。與守島間之水道闊三里。距獀嶼北東北四里有白島，曰沙島，一曰應[illegible]。形勢錯落，內多低沙平原。興化灣內多石，最高者為草嶼，又西淺謀島上有三烟墩。又距草嶼東南三里、距石島北面一里半有露石，其間有石斯行。該嶼[illegible]淺謀[illegible]

海壇島　海壇島最大，南北二角。海壇北面有江山島，峯高一千四百二十尺。海壇東西兩岸最低平，各有大沙澳。海壇與陸岸間之水道內多小島與石，曲而且窄。海壇南角有曰海壇角，多沙與亂石。角西北三里半有空島，與空島相近岸皆淺灘，並有石數行從東北偏東。大沙澳東面數露石中最高者為三峰島，島南又東約二里有南石一行。距海頭北偏東七里有壇角，其間為海壇澳，澳內多石隱露。名海壇角為低石叢，上有小山，即葫芦澳之南角。南角東面有壇列石。壇角北面一里曰葫芦島，外有石[illegible]自山東面向東南排列入海。壇角與葫芦島間之水道[illegible]西半多石。葫芦島西面又有二小島，距糖島北東北又里有一島，曰太塞弟列島，最東若有石行，距太塞弟列島東南偏南二里有小島，曰紅雨路石，距紅霞石東面七里有華寘石，距太塞弟列島東面又里半有那个登石，石西半里

沙峯。西音三得皮克。近沙峯處為閩江淺沙灘外界，距陸岸二里，水深三拓，潮退盡時，此處即涸。凡於白犬列島間停泊欲遣小艇赴閩江者，應由此水道。

白犬列島　距海壇江山高頂北東北二十三里，有白犬列島，二大一小，最大者為東沙島，次為中犬，又次為南犬。列島極西者平頂，最高處五百九十尺，曰東沙島。西角有石行排列入海，石行尾有小方島，曰海墖石。東沙南面曰鎮澳，距澳西角一百拓有半潮石。中犬北西二面有陡石行，惟石行末另礁石，距中犬東北角東北偏東又東二分一里又十分里之一有一陡石，距白犬列島最南角東北偏東又東三分之一計二十六里有石，曰□鹿石，鮮魚石西北偏西二里半有依平石，曰蒔萊石，石北偏東五里半有廟島，廟島西北七里半有黑礁石，西音不勒克落克。

以上自福建廈門至白犬列島

閩江　距白犬列島西北又西二分八里半有閩江口，兩面沙灘遠鋪七里，潮退盡時，半為露沙。近北面沙灘外尾界有外閩石行，內有二石，潮退盡即現。江

東沙泊船處

口有五虎島，自東至西廣六里，袤四里。近東北有候江小島，近候江有二石，曰兄弟石。（凡船開往閩江者，須進外至九尺淺灘內，至又尺，在金牌水道者淺。諸隨外至西音澳得巴界九尺淺灘，西音乃非得拍。尺內至西音亙納朵巴朵。不足，右西音亞昔克司。非特洛克者淺，西音湯首勒。）

閩安水道。閩安水道為閩江口以內最窄之處，距閩安以上四分里之三，近江右岸有高楨島，亞有石墩。自此島向東伸入水道七十五尺，曰司高的石。末另僅深七尺。（近羅星塔南角有塔石，大潮退後則現。）

馬祖山。距閩江口東北面，與東沙島北面十里有馬祖山。又距東沙島北面北偏東又東一分六里半有陡黑石，高六十尺，曰海狗石。四周多石，行（距海狗石西南偏南一里有隱石，曰西皮石。行海狗石與馬祖山間有二水路，右一曰海貓，一曰平石。海貓石東西三里有隱石二。）

長岐山。距馬祖山東北一里又四分里之三，有二尖峰者為長岐山。測得最高峰一千三十尺。近長岐山北岸有數小島，其中最大者距長岐山二里有半爲高登島。距高登島東北一里半，有小黑露石。此石西面又有石行。距長岐山南角之小島東南偏南，又南一分，有二露礁石。又距南角正西有相同特石。距長岐山東北角東北偏東又東二分綫之處，有三尖露礁石。

東引山。　距蔚島東又北二分十三里，距海岸最遠者，曰東引山，高八百五十五尺。山頂略爲平面。山麓多石崖。西岸有大鎮。南面有陂石行。距東引西北半里，又有一島。除自東北偏北與自西南偏南視之，皆不辨爲二島。

尖島。西音可逆愛倫。　距東引山西西北十九里，有高如圓錐者，曰尖島。東北麓有石行列入水道。三石插。除此石行以外，尖島與北面二島間之水道，闊一里半。距尖島高峰正東一里又十分里之一，有退潮石。距尖島高峰東南又東三分之一，約一里又十分里之四，亦有潮石。自此石視蜘蛛島南角，爲西又北二分之向。

蜘蛛島。西音司郡得尔褒倫。　距夾島西面三里。有蜘蛛島。測得最高處六百二十尺。南岸有大鎮。近西南角有石行。近東北岸有四小島。自陸岸距蜘蛛島五里半之間。有三小島。最近蜘蛛島者。其間有半潮石。三小島居中者為頸島。中有沙頸相連。西面有泥灘。頸島與內島間多半潮石。內島與考克司角間之水道。闊一里。深四拓至六拓。頸島南面。有小蜘蛛列石。內有四石常露者。又有石行自蜘蛛列石向北列入水道。故頸島南西水道闊不及一里。

定海澳。　距長岐山西面十三里。有陸岸前伸如舌。故西面成為定海澳。定海澳南與東南二面。多小島與列石。其最向外者。距陸岸舌南面三里。有方露石。又有石行。方露石東北面有蟹島。四周多石行。又蟹島與定海島間有二子島。

三沙灣。　距蜘蛛島西面十里。有灣口。闊一里又四分里之三。為三沙灣。灣內

水深。流行甚疾。灣口東面有小澳。澳內東半有徒畀。水道內有隱石。（近岸有礁，甚淺。）（三沙灣北首陽）

（三沙灣與西南二面俱有二灣，其向西南者有寧德縣城，距三沙灣西南面四里有大澳，長十里。）

破列島（西音勿勤克爰倫）。（口三水深三拓）近三沙灣口。距蜘蛛島西南七里有三小島，曰破列島。距

此北面一里有必登石。潮漲滿即隱。

雙峯島（西音得木尓鄙克）。距蜘蛛島東北三里，有雙峯島，自北東北至南西南，長三

里又四分里之一。兩峯最高者一千一百九十尺。其與蜘蛛島間之水道內除

近蜘蛛峯島北岸有隱石。（雙峯島與雙島間有二小島，形如圓錐，其間水道甚窄。）

平島（西音鼻勒潘漫倫）。必登島。距雙峯島北角西面一里半，有平島。近南角有隱石。~~距平島一里半~~

必登島。自平島與

雙峯島北面海岸曲折向北，以至飛龍島。二島沿海之間，距岸甚近，有名為必登

島，並有數亂形露石。

福寧灣　自老龍島海岸曲折向西而成淺灣曰福寧灣西北西有福寧城壘北口有烽火列島向南伸入灣口二里

北桑列島亦曰七星島　距雙峯島東北偏東十里有北桑列島其最北較大者曰鎮島

福瑤山　距北桑列島北西十二里有高一千七百尺者曰福瑤山福瑤山西面與陸岸間為裏山澳澳南西有三小水道曰福瑤山與出壁島間為福瑤門闊一百拓曲島與出壁島間為出壁門闊八百拓出壁島西南西有鏈石一簇又近曲島東北角外有隱石曲峰島與陸岸間水道曰小門

臺山列島　距福瑤山東自東偏北十六里有臺山列島其最東而大者高六百十八尺上為平頂距臺山列島西南偏南又南三分約三里有二石高百尺

曰草堆石。二石幾於相連。又近臺山東北角有香蘭石。高二百六十尺

七星山　距臺山列島最東者東北偏東又東三分之一。約六里半有三小石

島並數蕩石。曰七星山。

北關港　距臺山列島西北十四里。為北關港口。北面有北關峯。左右有屏峯港口

與鎮關二島相距一里半。港水深三拓。有一隱石。屏峯北面與陸岸間有小水道。見北口。又近烟墩。屏峯島有三烟墩。近東南角有一大石。露石與島間又

南關港以下沿海屬浙江省　澳有淺沙。可得淺沙澳

鎮關島南角為陸西面。近角有露石。近石頗深。南關澳北半

俱淺且為陸界。南關澳西面有南關港口。曲折向西北長十五里。由閩港西至

高登灣。南關港內北岸間。鎮角南面有小露石。曰卑特島。港口南面有一小嶼。臺。距港口約一十里

有寶耳叢石。自北關港口岸西折向東北偏東十九里至平陽角。距北關港口十二里之處有大漁澳。大漁角南面一里之外有依

距大漁東北東三分之一有曲長十八尺。平陽以北海岸曲折向西北。其間有大泥灘。距平陽角北面十里有瑞安河口。河口有四小島

南岐列山　距臺山列島東北偏北二十九里。有南岐列山。最大者高七百四

十尺。南岐列山最西南𢪛小島間水道內多石行。潮漲則隱。南岐列山最西南
西尖形者。曰小塔島。此島北面亦有石行。又距南岐山南西南五里。有一石。遠
視如分為二者。曰女牆石。

北岐列山。　距南岐列山北東北九里有北岐列山。其中最大者。曰北岐山。近
東南面有四小島。遮護南面。

銅盤列島與太北列島。　距北岐山西里十一里有一大島。四小島。大者曰銅
盤。銅盤與北岐山間。亦有四小島。距銅盤西北三里。有太北列島。（距太北島北面里有旁北渡石行潮退盡即現。）

鳳凰列島。　距北岐山北西北八里。有三島。曰東策。曰南策。曰北策。是為鳳凰
列島最南者。北策與半邊山間。水道闊三百拓。又北曰鳳凰山。為列島最大者。

自東北至西南。長約六里。闊約二里半。東西有高陡岸。鳳凰列島者最向東北者曰稜島近西北岸有三露石距稜島

西西南有稍低微島山島南角有波匹牛港亦曰羅克。最便泊船。箕列島与大瞿高石崖間。為牛港口。於水深四拓至十拓之處。

大瞿与箕列島間。水道闊二里。惟內有淺互僅深四拓。过互以後。則深六拓至八拓。港首深四拓至三拓。

溫州洲。距崌峡山西北偏西八里。爲溫州洲。有泥尖嘴。自此洲向東南伸入海六里。故尾峡山西北面水道甚窄。僅深七尺。

樂清灣。虎頭山北面有低石島曰船島。~~虎頭山船島間壁船南出南北闊未~~

惟華艦可行

道船島北面為樂清灣。自南至北。長二十里。灣之北半。除布閘口水道。餘皆甚淺。故此向積長而成大墨。距虎頭山東面二里。有黄大墨。其澳東角有小澳曰基忙港澳兩角外各有小島基忙港口有一礁石曰每尔石

小鹿大鹿雞冠鎮島披山列島。

小鹿三島，彼此分峙，一南一北。大鹿高七百十四尺。距小鹿北面一里半。其間水深七拓至八拓。大鹿西面有雞冠島，上有鎮市。二島之間，水深三拓至四拓。雞冠西北面近陸岸之澳頗淺，澳首可自希避開口以通樂清灣。距雞冠東北八百拓有鎮島。其間水深四拓，惟水道中界有隱石。至雞冠北角有石行伸入水道。又鎮島與大鹿北面露石間之水道，僅闊一里。以上各島最向東者為披山。近北岸有三露石，近南岸有二小島，距披山西偏北二里半有福萊小島。又披山西北面有糖塔島。近糖塔島北面又有一小島。

松門山。

距披山北東北九里有松門山，自北東北至南西南，計長七里，闊一里半。西南為隘頭灣，灣內頗淺。此山與陸岸間為窄水道，近窄水道北面有松門衛城垣。松門山南角曰松門角。角之西南面有二平露石，角之東南面又有數小島，最近者曰三蒜小島。北面有淺灘。三蒜東北三里有散亂礁石，近石塘小島，距石塘西南角有石行，近南角亦名今石島。石塘島與松門山間有二小島，二小島東北面有三露石。距披山東北五里有蘇小島，南面有石行。

積穀二山。距撥山東北有高七百六十尺都曰積穀山。其東南岸有闊黃痕（旁注：在舟山北面大■）
一端距積穀山北西北一里又四分里之一。有低積穀山。距低積穀山西北三
百码有半潮石。距積穀山西面二里有駝背島。附近多石
台州列島。距積穀山東面九里半。有台州列島。最南者曰下竹山。南面附近
有指石。台州列島計二大島。十小島。自南至北共長九里。二大島之南者高七
百五十尺。曰下大陳山。二大島之北者曰上大陳山。（旁注：距下陳大陳山西角南）面二里有二匹
風暴二島。（旁注：距上石西北偏西二里有）風暴二島。除自東東北与西西南二方向視之。不辨為二島二島
之北者東北与西北二角有險石。二島之南者東南角有石。（旁注：距風暴二島東面二梁內有石山崖小島）（旁注：曰虎象雷）
台州灣并台州河。（旁注：特島）台州列島西北偏西有闊淺灣。曰台州灣。灣首為台州河

口河南岸有海門衛城垣。距河口四里。則分爲二支。一向西北。自海門衛直行二十四里而至台州府。一向西南而至黃巖縣。台州河口以外。潮退盡時。僅深八尺。河口以內。深四拓半至五拓。距台州灣南岸一里又四分里之一。有北前島。南面有二小島。距北前島南東南一里半。有半潮石。台州灣北面有泥島。

竹嶼。距風暴二島北西北四里半。有形如圓錐。高六百七十尺者。曰竹嶼。西半嶼有高墩。與風暴島間。有四露石。距竹嶼東南偏東又東三分之一。又有獨露石。曰杉尖石。近竹嶼西南圓錐峰相近有小島。小角東北角有石行。距竹嶼列島最西者一里又四分里之一。有一石。潮退則現。

東機嶼。距竹嶼東稍偏北五里。曰東機嶼。高七百尺。爲此列島最東者。距東機嶼南角南西南二里又四分里之一。有二石行。島其最南者。有石一行。向東北排列入海。距東機嶼西北三里。有高島。上有四峰。不生草木。距高島西北面有淺泥灘。距高島東角北面三百拓。有半潮石。高島與金門二島間爲無底灣。近金門島東角有數石。大金門島西南面有九里石。距九里石西北二里半。有松尖石。距九里石島西角南面二百拓有半潮石。又距金門島西北一里約二里。有便島。島西角有一半潮石。島西北偏西四里半有小島。曰鍊島。距中鍊島南面二百柘有半潮石。距南鍊角西角有二十島。並一篇石。其与松尖大石間有四露石。

黑山列島。距東機嶼東北偏東又東二分十七里有黑山列島。暨八露石內有三島著名者。列島自南至北共長五里。自東至西共濶二里。列島甚小各不相連。列島南面最大者。高三百二十尺。形如馬鞍。故亦名馬鞍列島。列島內有露石。最向北者形如香菌。距此石東北又東三分之二有一隱石。又西北西北有一退潮礁。

壇頭山。距黑山列島北西北二十里。有壇頭山。其与陸岸間之水道濶一里至一里又四分里之三。內多隱石。壇頭山高七百四十尺。中有低窄碎石頸。自低頸以北曰哥尔島。壇頭山南面有不小島。最向南而距壇頭山六里者。曰双牛島。其餘各小島曰塘島。此小島对面与牛頭山最近者。为鼻島。又距壇頭山一里至又里双生島西南最向東者西南三里有一退潮石。五小島之最中者。壇頭山東南東北偏北重有半潮石。

三門灣。距黑山列島西西北二十里。為三門灣口。灣口北面大佛島北角有獨峯。形如巨臂。高八百尺。是此高峯。即識灣口。黎民島為三門灣口北角。灣口南三分里之二有三岐山。距黎民島西南又里有圓錐島。島南角有石一行。島西北偏北有一小島。小島東南有一石。又圓錐島西南四里半有二小島。至圓錐島南面即可見生佐治島。生佐治島北面沙灘淺而多石。又北面四里有小港。通不浦港。又西面有數高島。最大者曰天元島。

石浦港。石浦港朝滿即成大澳。潮退盡則泥灘自兩岸鋪入水道而成窄港。牛頭山与陸岸間港。

西面有水道，可通三門灣。南面亦有水道，可以通三門灣。石浦港北岸有石（由蟹民西面）

浦城。石浦頭有三水道，皆可通。石浦港，都東門島南北二面，右有河口，東門口東南，與臨島最近之處，有隱石。近水道口有小平面島，且有石一行，由山島東面遠列四海。石浦泊船處北面有三島，曰黄芝列島，中曰黄芝島。山東有南面有黄芝列島，石泊船處中界有峭壁島，有石行自峭壁西伸入水。西峭壁島南面又有一小島。又距峭壁島東偏南七百拓，有平露石，其間並有隱石。

韮山列島。韮山列島除數露石外，共計十一小島，其中最大者長三里，最闊

處一里又四分里之一，餘有二處，僅闊一百拓至一百二十五拓，都近西角尖

峯，高四百九十尺，且有陡岸並石崖，四周共成六小沙澳，近島西岸沙澳內皆

為陡界。列島最南者曰八字角，最東北者為穴卡石崖小島。小島北面有紅礁石，最西北高四百尺，名曰帝之石都。北角有數石分列，其間有淺灘。距列島中最大者南面有陡石崖，高島近高島西角有半潮石。南角有石行伸入海，距高島頂西又北一分有何符翻司石。又距此島南偏西又西三分有一隱石，距韮山列島最北者北又西一分有下石，曰鼠西列島。最大者西偏北又北三分之二有四分石，曰獅列石。又距列島最北七里又四分里之三，有平頂露石，曰船石。列石近此東面，距有二石，距十獅列島北面北又四分，有中島，此其間有[illegible]

丁家島。丁家島並水道深六拓至七拓，曰牛鼻水道，距丁家島東南偏東[illegible]沿陷右石北偏東又東三分有一陡石，高六十尺。

二百拓，有一隱石。

梅散與澗機特列島。距丁家島北面四分里之三，有四大島並數小島，其最

大者曰梅散。周一里，高四百尺。其与丁家島間之水道深七拓至八拓，但水道兩面近島之處皆有隱石。

爾勞司港。　梅散列島与前島間爲尔勞司港口，距梅散東東北三里有前島，距前島西面二里有露石，形如女牆，見此即識港口。港内水深五拓半至二拓半。

牛鼻山。　距韮山列島最東北者西北又西三分約十六里有牛鼻山，自南至北長一里又四分里之一，闊四分里之三。東岸多石，西岸成數小隈。山有三峯，惟中峯高五百尺。近北角處有透孔，故曰牛鼻。又近西北角有一小島。

布老門列島。　距牛鼻山西西北約一里有三小島，其最大者爲布老門，其与牛鼻山間之水道。深五拓至十八拓。布老門為平頂。東北角有一石行。距布老門西北面。有二島。為列島中之二小者。布老门与牛鼻山并考口石西南水道内多石行。潮性[illegible]疾。

象山港。距牛鼻山西西北五里。為象山港口。口外有舟山列島之最向西南者。象山港自東東北至西西南。計長二十七里。港口南面有六小島。曰享大列島。距此列島北面。四里又四分里之三。有北得門島。又距享大列島。西北又北二分約三里。近泥灘界有磤臺石。磤臺石北面陸岸間。潮退盡時。有泥灘鋪入港内。二里又四分里之一。此沙灘界自磤臺石起。曲折向西南五里。而至近北岸之無産島。止。甯母拉特角与享大列角間有一圓錐角。近角小島也。西有圓錐形石並圓錐形[illegible]島。距此島西北一百拓有半湖石。距甯母拉特角有数暗石。近甯母拉特角以内四里。小道中有中島。距中島南首陸岸間有一[illegible]石的有沙角。以上七里有三小島。西曰都列布三島。西北面陸岸間有東入鎮海拉盾石。[illegible]可通[illegible]河[illegible]水[illegible]而達甯波府。

以上自福建白犬列島至浙江象山港。

舟山列島　近浙江東北岸海有舟山列島其中最大者為舟山南面有四水道可入列島間一曰牛鼻一曰叱壳一曰佛能原名蝦岐門一曰撒拉格里凡由此列島間出海者多由佛能水道

六橫山　舟山列島西南半最大者為六橫山自東南至西北長九里半西半最闊處約六里中腰頗低僅闊二里東南半最高處八百六十五尺為無產圖錐峯最窄處亦有一獨峯高七百十八尺西北半有五峯其最高者九百十尺六橫山西岸為得北面詩水道東岸有數小澳各小澳兩角相連處有作成石腿北角高陡內多農民

佛肚山　六橫山西面有佛肚山自南至北長二里半闊一里南面成長窄角潮退盡時與南面之身安得理島相連北岸有尖嘴伸入水道東北面有數小

島最北者曰克羅依島。距此島西北一百拓。又有一石。距佛肚山南角南面三百五十拓。有樹頂嶼。頂有石堆。今已無樹。

朱家尖

朱家尖自南至北長約七里。西岸向成多澳。內有數澳以石塘捍水者。南角有四峯。近島中界。有凸圓獨峯。高一千一百六十四尺。曰朱家峯。朱家尖東岸亦有數澳。其最向南者。曰卧尔弗澳。譯曰豺狼也。澳北面有小黑島。著石。自此島向東南二面列入水道。澳之對面距岸一里半。有豬石。石之東北二百拓。有石一行。附尔昜澳北面小澳內亦有石一行。又距此

東汀北汀

朱家尖東面有二小島。相距五里者。曰北汀。相距八里高四十尺者。曰東汀。北汀與東汀高略相同。惟北汀西南面有數石行分列。距朱家尖二里半又四分里之一。有一石。大潮退即現。

普陀山日白利根

距黃頭最東角一里半。有普陀山。其與舟山間之水道。曰蓮花洋。普陀自南至北長三里半。亦有僅袤半里者。山間多廟宇。有長窄沙角自東岸遠伸入海。南面成大沙澳。澳內約深三拓。近沙角小島東面。有一隱石。其西面水

道爲陂淺。距岸三百拓爲水深二拓半之界。——

舟山。　舟山周圍五十一里半。自西北至東南長二十里又四分里之三。最闊處約十里半。自近定海南岸至舟山北岸約相距七里。東半較寬於西半。除定海港以外。舟山間猶有三港。一曰東南角之沈家門。一曰西北岸之岑港。一曰北面之沙澳。

定海港。　舟山南面。有定海港。港南各小島間。有鼓櫓便水道。小島最外而向西者曰螺頭。西名桃尔孫尔。距螺頭東西一里。有摘箬山。西名額勒番得愛倫譯言象島。距四里又四分里之一。有白龍山。螺頭北西列島中最向西者。曰馬秦山。西名必尔愛倫。近東面有盤嶼山。西名梯愛倫譯曰茶島。又東有小嶼。西名地尔愛倫譯言鹿島。又東有蟄山。盤嶼山東北面近舟山陸岸間又有二小島。一曰大吳（西名突倫巴尔）。一曰外吳（西名墨克尔司非而得）。此外猶有各小島並露石。（螺頭與馬秦山間曰馬秦水道。螺頭與穿鼻間曰螺頭水道。凡自東面入定海港者多行大峙與小峙間。闊一百五十托）

之水道

洋螺島（西名克地枫尔爱倫） 距洋螺角南面二百托有洋螺島。其西南角有一淺處。僅深二托又四分托之三。洋螺島與洋螺角間水道頗深。大潮時旋流最疾。自洋螺角起向西北偏北四里至新岡角止。舟山岸為一帶泥灘。潮退盡，灘有小山。

岑港 舟山西岸直距定海七里。岑港外有三島。一曰外釣。一曰裏釣。一曰中釣。三島與舟山陸岸間為岑港。港口角與多石礁之外釣西南角對面有白石。並有尖嘴自西南角伸入海。至近白石之處。外釣與舟山間為岑港口。闊六百拓深七拓至八拓。中釣對面水道闊不及百拓而深七拓。舟山岸向有鎮市。近鎮有漢。西鎮市對面水道闊不及一百拓。深五拓至四拓。

金塘山　舟山西角与鎮海甬江口間。有金塘山。近西南角。有奇形馬鞍山。高一千四百三十二尺。距馬鞍山北面一里又四分里之一。猶有山峯。高一千五五百二十尺。金塘南角曰鰵魚角。有半潮石。自此角向南列入水道二百拓。近東南拗支連角。有一小島。其与金塘間有泥灘相連。又小島有石陂向南東南伸入水道二百拓。潮漲滿時。石陂南半即隱。金塘東岸為陡壁舟山与金塘山間曰冊子水道中有高五十尺者曰司多尔得石。臨東面二百拓有石淺。

大澳子港　金塘山北面有七小島。近西北角有大平山。南面有小港曰大澳子港。金塘与大澳子島間為大澳子港口。闊二百拓。大澳子島与太平山間潮

退盡時。僅寬百拓

馬目山。西名波羅根爰倫。 舟山西北角与馬目山間。潮退盡時。有泥灘彼此相連。馬目山北面水道有陡界。距北角半里。有各拉克島。其間有窄水道。深五拓至八拓。馬目山西北角。有淺灘。鋪入水道。一里深一拓至三拓。又有泥尖嘴自各拉客島向西北伸入海四百拓。距馬目山西北三里半。有數低島。曰登の他非而列島。

沙澳。一作北澳 長白山与舟山北角間。有沙澳。長二里。闊一里又四分里之三。深五拓至九拓。馬目山北岸為陡界。長白山西岸有淺灘伸入海半里。南岸亦為廣大泥灘。南大沙鎮。近長白山北角有小島。近東北角有數小島。曰克勒司得列島。譯曰卑路。凡由大沙澳向東行船者 並有圩塘捍水。近南岸角有淺處。距角半里。為水深三拓之界。距澳

沈家門。舟山東南角陸家島与舟山岸間。闊一百五十拓。為沈家門東口。鎮

布對面。深四拓至五拓。陸家島与帽島間。為沈家門西口。潮退盡時。深二拓又四分拓之一。陸家島西面有泥灘鋪入水道四百五十拓。距帽島東角南東南一百拓。有隱石。沈家門距定海港十一里半。舟山南岸之十大水道頗深。十大水道南面列島最東者為帽島。帽島西面有大鼓島。又西有蝦家各島。又西有鼓蛇山、鼓蛇山与小屿間。惟西岸有泥灘且有石行。

蘭秀灣。舟山東北面各小島並露石。与北地由西西北一行列島間。為蘭秀灣。距普陀山高頂東東北二十里。有北地由島。島東偏北又北二分有石日姊妹石。島東偏北九里。有二石。白兄弟石島東北偏北又北三分。約大里。有柳根山手島。原名浪崗。又有窑峰房石。西音氏路夫洛克無叁列島。西音也偏愛偏司滿。大列島原名差浪湖石山。

岱山。岱山長八里。闊五里。為列島中第三最大者。近岱山東南角。有九小島近闕山東西水道內。潮流甚疾。且近闕山陸岸處。風勢不一。闕山西岸潮退盡時。有泥灘鋪入水道三百拓。岱山水道口有普第普日如二小島。東面有富霧島。闕山与寶山北面有三小拓島。岱山南西角有山楚二洲。淮者曰道角。近岱山北岸有四十島。距道角西面又里日福而該奴列島。列島中有魚山。有必信島。島北面有二夜霸。若抵道角西面有首列島。首列島北面有司墨得夫島。又二大墨得三里。有島村如手石。

大衢山。西名金山。距窑峰房石西偏北十三里。距岱山東北面五里半。有大衢山自東至西長八里。

馬鞍列島。距尖塵島迤南一分之一。曰東馬鞍島。原名陳錢山。距柳根岑東北十七里。曰南馬鞍島。原名李西寨山。一島

金塘水道。　金塘南角与陸岸間。相距二里半。為金塘水道。有濶泥灘。自陸岸鋪入水道。又有石一行。自鱷魚角伸入水道二百拓半。潮即隱。故此水道僅濶一里半。按前泥灘鋪入水道四分里之三。有陡界。近泥灘外界有數小島。近最東者有溪口。

黃牛礁。　金塘水道東口。有露石高二十尺者。曰黃牛礁。其南東南。有數石列入水道一百五十拓。東南面与大謝山間。深十二拓至十六拓。之艘可泊船。凡赴鎮海者恆於此間候潮。

殭人島。　距金塘南角。西又北二分。二里半。又距黃牛礁西面四里半。有方島。

曰殭人島。其與金塘山間水道僅闊二里。乃水深而潮疾。殭人島與陸岸間為戈水道。闊半里。潮流行甚疾。惟此南界尚未探明深淺。（距殭人島北面半里之處有布藍得石）

七里嶼。（西名司口愛倫）距殭人島西北。偏西二里又四分里之三。有七里嶼。距此北角東南偏南六百拓。有淺灘。深二拓又四分拓之三。

甬江。距馬秦水道西面十五里為甬江口。口外有三列嶼。遂分水道為三支。江口西面有招寶山礟臺。西南面有鎮海縣。甬江自此曲折向西南。後轉向正西。約十一里。而至寧波府。水道闊二百拓。中界深五拓至二拓。（距鎮海西北面七里。有五小島曰吳支島。島內最大者之西南角有泥淺。稍距吳支島西北四里。有陸崖高九百二十尺。曰七馬島）

中灘。距七里嶼北偏西三里半。有中灘。深不及二拓。凡自甬江向北面行者。對金塘岸而行。即可避之。

南霍山。距七里嶼北又西三分。十四里又四分里之一。有平頂者。為南霍山。高二百十六尺。自東至西。長四分里之三。附近深二十六拓。距此北西半里有

小露石

西霍山。距南霍西又北二分。三里又四分里之三。有較小者。曰西霍山。二山之間。深八拓至九拓。

七姊妹島。距大龍北西九里。有七姊妹礁。此島与海岸泥限間水道闊四里。由六拓淺至二拓。近泥灘則更淺。距七姊妹島最西者西西北半里。有石一柄。潮退即現。

西山。西北列島分布三簇。距南霍正北十八里。有東西山列島。其中最大者。

高四百尺。周有六小島環繞之。距此列島西西北六里。有中西山列島。內有一大島。並八小島。距最大島南西四里。有平水露石。為小島最向南者。其最西島者為陡石嶴。上有屋宇。菴曰好司島。距中西山西西北十里。有三小島。曰西西山。

乍浦灣　杭州灣北岸為乍浦灣。自東北偏東至西南偏西長九里。闊三里。近乍浦泊船處。東西有數小島。其最向東者有白屋。近乍浦灣有數小島。一吳埭嶴距乍浦城十三里為泊船穩澳

揚子江口　以下沿海屬江蘇省　崇明以外。有東沙二淺灘。每年積長甚遠。同治元年測又見二新島。每年積長更大。皆在布六河東南面。一距二里。一距十二里。自埔東西二淺灘。遂分江口為南北二水道。又北水道口對面有最大淺灘向東遠

俾入海。長約一百五十里。寬約三十里。曰大揚子灘。皆為沙質。或灰色。或黑色。兼有花點。水深十七拓至二十拓。四周海底。皆為軟泥。間有泥沙相合者。細查此灘。凡由東面進揚子江口者。皆以此沙灘作記認之區。沙灘南面。有水深二十五拓至三十拓之處。自東南距沙尾山東偏南二十里而止。沙灘北面。水深六拓。惟向北則漸淺。

揚子角。揚子江口南水道之南界。角上有土墩。高二十五尺。距水面共高三十五尺。此間陸地甚低平。前時皆為海面。嗣緣逐日潮汐。積泥漸發。約至半里而成陸地。

南淺灘。自揚子角趨向北約二十里。岸前皆有泥灘。灘之東界為灘嘴。距岸

約十四里。水深二拓又四分拓之一。自此灘嘴平鋪向西北漸窄。以至九圍墩
止。皆為最軟泥質。近多漁梁。
沙尾山。原名佘山。
沙尾山其形直立。小而峯尖。高一百九十六尺。恰對揚子江口。
距烏詞拉夫島北又東六十[illegible]約二十八里。有
凡自東北北向南西南視之。如平面島。惟東南較高。凡自東向西視之。則為尖
峯。若相距五里。向西北又西二分視之。如分為二。西小於東。凡由南面進揚子
江口者不多見。之
阿里坐司得露石也。自此石視沙尾山為北西北之向。
阿里阿厄隱石也。自此石視沙尾山為北稍偏東之向。距阿里坐司得西偏南約十五里有
泥通匚
揚子江口南水道。前二石與東沙淺灘南面為此水道北界。揚子角北岸對
面之大泥灘。曰南淺灘。為此水道南界。
江口北水道。惟華船常行。西船尚未敢試行。揚子江外。烏詞拉夫島與阿里
圖得不暨馬鞍島之名。要皆可泊處。
九圍墩。揚子江南岸。有塼墩。曰九圍墩。高七十尺。近處有樹三株。墩周以紅

白二色。各段相間。取易識別。自布六河洲间樹林。視九團墩。為南偏東又東三分之一。相距八里。此墩以紅白二色各段相間。遠視頗難分晰。將有疑近若遠之誤。不若以二色各層相間。俾展寬大。則更瞭然。

九團淺灘　距九團墩之東北偏東。近時生一泥灘。大潮退盡時。僅深二十有半尺。直過此互皆然。惟北面漸添。又布六河洲亦逐年漸長。其相近之淺灘南面亦逐年加增。即其南西南處亦然。故對面水道。由此漸窄。

吳淞港　吳淞港長六十里。為揚子江最近口之分支水道。自澱山湖與運河相連。一向北而達蘇州府。一向南而達杭州府。亦曰黃浦江。因距口左岸內約一里。有吳淞村。故曰吳淞港。吳淞村距礮臺約一里。有黃色古廟。又向內一里。有方白屋。屋上有望臺。並有圓球。即此对面处曰雉角。南北近岸有濘灘。自雉角向上三里。

有中國海道里增長

上海。黃浦江左岸。自上海縣城墻。距吳淞口十二里。爲西商屯聚大埠。自縣城以上四十里。深三拓半。至四拓。

以上自象山港至揚子江口並上海。

論東海　自揚子江口至朝鮮南角成直綫爲黃海與東海之界。自台灣硫球北西小島与日本九修島成直綫爲東海与大東洋之界。近西面有揚子江退潮大力。東西有台灣与日本間水性向東北自流之力。

黃海。揚子江口与山東角間之大灣。爲黃海西界。朝鮮爲黃海東界。黃河口以南水色黃濁。黃河口以北水色漸清。故又曰黑水溝。日本与揚子江口間之水道。並揚子江口与登州間之水道。皆可暢行。惟揚子江口以北近岸一帶約二百里。尚未探明深淺。

淤黃河於淤黃河口。現為沙洲淤塞。口外有淺沙堆。向南平鋪約長八十里至九十里。闊約三十里。名揚子江口北面沙淺。

揚子江口與黃河口間為一帶低岸。約一百五十里。其間多小河口。除崇明島以外之淺處二口。間有沙淺伸入海。水深十二拓。於距黃河口對面一百里之處。

台角。 低山方台處有低石角。曰台角。附近有小鎮為石臼所。有石二行。又距台角西南四里許有陡岸。疑為山南頭。陡岸間有夫山。東尾有白。近陡岸處有大石一行。列入海一里有餘。恆於潮退盡即現。又距岸二里半有石淺。僅深五拓半。

台角北面至海岸多石。行至西北偏西二十五里。有二高獨山。北面有港口。港口東北角為低石崖。近角處有小石島。角西面三里有石一行。石行北面近低石崖成灣之處為兩城集。

瑯琊台。以下屬山東省。以下沿海。

台角東北面有瑯琊台。為長窄淺澳。沙岸頗低。兩岸有石行。入澳內水深三拓至五拓。

瑯琊島○　瑯琊島東面山頭為低石岸○近岸有二山○一高六百尺○一高四百尺○岡四百尺者○曰乳山○距乳山麓一里○近岸處○曰瑯琊島○其間有濶水道○北面有相連陸地○南面有陡岸○高二百尺○

靈山○西名羅盤架子山　一帶靈山○形狀破裂○山南尾近水涯○靈山與瑯琊島間有大沙澳○惟與曹家嘴相近即尚未探明深淺○曹家嘴為膠州澳南面之角○陸岸間有一帶雙峯○高二千尺至三千尺○東面與南面約有數大島○其東面最大者為黃島○

圓島○　距黃島東南角二里○距多羅山東北偏北十三里○有數小島○內一島高二百尺○形如半環○最易識別者○曰圓島○前數島與黃島南面之低石角間海浪最猛○

內

羅山　距距瑯琊島東北偏東十五里。一帶羣巒，曰羅山。自北東北至南西南，計長二里半，南半高一千五百尺，為陡崖；北半為斜面。近北角處有小島。罗山澳有石山崖頭曰額金司頭，西面有亂石，比上有大丈石，北面稍高，処有方石，東南面為石山崖，頭額金司頭東角角南面又百五十托有露石，右之西西北昵山岸，間為崩石処。

黃島　黃島最大，北面有窄口通大澳，闊六里。澳周為陡岸。澳北面為大澳，黃島東北角為陡崖，曰挨勿林頭。距此東南又東一分約二里，有一石，或潮漲猶露。自此石距陸岸一里，以視圓島，為南偏西之向。黃島西面陸岸與臺山北面有一山，自東面視之，形凸圓。对岸地方臺山多峯，形如鋸齒，且多亂石。距黃島南面三里，有鼓列島。

膠州灣　距挨勿林頭西北二里，有海口，闊約二里，內有大澳，為膠州灣。東面有低石角，石角西界南面有草面小石島。自石角西界海岸曲折向北東北而成大灣。澳口西面有陸地前伸如舌。近南面有長石衍東面，有沙無石，長約二里，尚便行舟。澳口南面最外之角，為曹家嘴。上有隻峯山。海岸自此曲折向西數里。復折轉向北。而成大灣。灣北面有舌形陸地。分為東西二澳。又舌形陸地南角有山之處。曰寶頭。或是陰島二澳北面各有河口。西澳西北面有小河口可達膠州灣東沿海巨埠。

琴頭鎮。　膠州灣東面。有長山。向東偏北。遠伸如舌。至腰島頭而止。自南西計之。約長二十三里。南面多小淺澳。近岸多小島與石碕。澳首有城者。為浮山所。距膠州灣東面二里。有小澳。又距猴勿林頭北面小澳首有琴頭鎮。附近有大沙澳。琴頭澳內有數十島。北面深二拓至三拓之處。泊船穩便。

澳島頭。　澳島縣高五百尺。為長二十三里舌山之東尾。亦為羅山之東界。羅山。一名牛山。或自東北。或西南。視澳島如宛在水中。羅山與靈山形如劈裂。為灰石質。長七里。高四千尺。為山東海岸山之最高者。

太公島。距澳島頭西南十六里。有凸圜小島。高二百五十尺。曰太公島。近西北西有小島。距小島西西一里。有石一行。半為露石。半為隱石。

小公島。距太公島東東北五里。為澳島頭。距澳島頭西南又南一分。約十里。有大方平石。高九十尺。四周如陡崖。都曰小公島。

搭連山。距澳島頭東南偏南又南三分。十七里。距羅山東偏北三十四里。有搭連山。長二里。形勢甚低。其間有小山。高二百五十尺至三百尺。其角為稍高陡岸。

千里島。距搭連島東北又東三分之二。計三十四里。距陸岸二十五里。有千里島。

牛山澳。距澳島頭東偏北十里。有卡剔尼牙島。為數島最外者。數島以內即澳島頭以北。有大淺澳。其與額金司頭之間為澳口。闊十六里。長十里。自此澳距北面陸岸十五里。間澳首之山角。曰中頭。上有奇狀。名曰糖塔。自有此角。遂分為二澳。近中角處。有鰲山街司。中頭外界為低岸。澳內多石行。

帽島。距亂石山南西南一里。距額金司頭西偏南一里半。有帽島。潮退盡時有露石一行。與帽島相連。東南二面多石行。東北二面近岸處亦多石行。

星石行。距帽島西西北一里。有石行。長四百托。曰星石行。內有小島。高十八尺。距石行東北偏東有一石。半潮恰平露石頂。石行間深二托。向岸則由漸而淺。石行與半潮石間寬三百托。深三托。

石崖島。距劉公島頭東北偏東三里有石崖島。高二百尺。其間有澳，深四拓。澳內有小島。小島間有石行，與海岸相連。距石崖島西南半里，有一島。其西北面猶有一島。較前島稍低。數島北角。與平露石行間。有石淺處。平露石行。與海岸近平頂山之低角間。亦有石淺處。平頂山為一帶山尾。一帶山尾與亂石山間。又有一帶稍低之亂形山。數島與平頂山以北。有大港。港口深七尺。

長島。距石崖島東北半里。有山勢起伏如浪者。曰長島。其最西極高者。二百尺。近長島西面鼓角間。有石行。長一百拓至二百拓。距石行外四分里之一，而行可得水深五拓。北面又有石行。遠列半里。長島東角。有尾島。高五十尺。為凸圓草面。近尾島石行。多露出水面。稍附近為陡處。深六拓至七拓。潮退則尾島与長島相連為一。距尾島東西半里。深九拓至十拓。距東西二里。僅深七拓。

外島。 距尾島東北一里半。有窄島自北偏西至南偏東。長約半里。形乃圓而多茂草。其中最高之頂一百一十尺。北角与南角向海之面為稍高石崖。西北角有小石淺嘴。長二百拓。距南角南面半里。有石行。長二百拓。又有中石高十尺。石行与外島間。深三拓至四拓。石行与尾島間。闊一里。深六拓至七拓。由此而向西北則漸淺。水道北半。与二島内面。僅深三拓半。距外島西北又西分四里。有双峯。山脊自一帶低山間稍聳出。双峯山西北二里至四里。西面皆有平原。低山間有二嶺皆平頂。

石行島。 距雙峯山東東北二里。有石行島。高三十尺。長四分里之三。東半稍不相連處為陡岸。最近岸處深三拓半。近双峯山陡岸間。又有石行。遠列半里。石行島与石行間。有大露石行。距四周略遠有淺處。

互島　距外島北東北七里高百尺者為互島有草面圭石崖附近有丁字嘴又有露石行與互島相連共長二百拓附近四周深淺不一海底為石質近互島二里距互島東北又東一分半里至一里半有灣邪尔石淺內有一石潮漲恰平石頂距互島東北又東一分與海岸平行約長七里距岸三里約俱深三拓　距互島東南一里有大石淺又有淺沙嘴自互島向西南偏西遠伸入海

丁字港　互島西面有大澳或為丁字港澳口約闊三里澳面約長十二里最大淺而多石澳內有鼓河口澳口近岸有小島陷岸有二獨山距互島西又南四里澳口南角甚陡頂高西圖者曰青角距平島北偏東九里有一帶平頂山山尾拖迤至海濱而止

海陽縣　距互島西北又北一分約十三里低角小山南斜面有海陽縣城垣此間為低石岸近城處有石行遠列入海海陽西北十里一帶山岡有形如華蓋者高二千尺至三千尺統曰龍山蜿蜒向東南至海濱則山尾成為嘴頭

低角。亦名老龍頭　距海陽角東西七里。有低角二角之間有沙岸大澳低角以南。有石角前伸。形如華蓋。臨海一面。自東東北至西西南。長二里半。有石一行。隱露各半。自此角列向南西南四分里之一。東角亦有石行遠列一里。距低角石行一里。水深三拓半。海底為石質。由此而至距海陽城垣一里半。水深四拓之處。海底為泥質。距低角一里二分里之一。深四拓有半

島嘴頭　距低角東又北一分。十二里半。有陸岸長二里。曰島嘴頭。因與陸地相連為低腰。故曰嘴頭。距嘴頭西北一里半。其最高處。約六百尺至八百尺。

浪煖口　嘴頭東北有澳長五里。曰浪煖口。澳口有五里島東北低石角有石一行。列入澳口三里。島形如髮。東北二面有石崖。北面無可行水道。又北岸陡

削之西南半面多石並小島近小島岸向有河口（距背頸北東北九里恰與浪澳口東北角成直線有山高一千五百尺曰對徽四山外皆為低岸）

蘇門島（西曰司挌登島） 距山東各東南角西南偏西十五里距錢槎山南西南五里有蘇門島錢槎山為海岸中最高而最西者一帶形勢陡削自西北偏西向東南偏東順列長約一里最闊處約半里西北角有小島北面有鎮埠近蘇門島中最高者約六百尺南面有石角成小澳便於登岸自此角視蘇門島最中者為正東之向（蘇門島北西北有二石曰水道列石北有三小島　自此以南又有小石）

靖海灣　蘇門島西北陸岸向為靖海灣灣內小船可行距蘇門島西北又西三分約十三里為灣之西角近角處有小石島一簇各石相連處有石行並沙灘廣一里半近角小島有礮臺小島東面有尖石附近最淺小島最外者高一

百二十尺南角有石行前列距此以南三百插有石高三十尺

朱家圈（一曰王家澳）錢桯山東畧與阿特山间為朱家圈（一作王家澳）西北面有河口自澳口二島至澳之西角间有相連石行西角有小鎮二島僅可障澳南面二島東角與澳之東角间有水道島此附近水道有陡界距澳東角四分里之一澳口内有石行東角高石崖為阿特山之南岸阿特山為平頂高一千三百五十五尺北面一帶山内有高一千二百四十尺者曰駝山（澳西面之低角近阿特山處有二亂頂山東岸间有石行遠列海）

石島澳　山東舌之東南有低石島其與陸島南有沙隴與岸相連長一里半其與阿特山间為石島澳澳内北半多石近澳北半之岸有亂石尖峯高八百八十尺是為一帶山之南界此一帶山中有兩峯稍凹高八百六十三尺上有

廟宇者曰馬鞍山。西面有鎮市。澳西山岸石角之礮臺。其近山岸有石淺。

東南頭島　山東舌東南有低島。自東北至西南，長二里又四分里之三。曰東南頭島。西面為陡崖，高九十尺。距南角以西四分里之一，有尖石，高七十尺。向海之西為低石崖，距夫石以東一里又三分里之一。海岸成灣，附近有小島近岸，多大石行。有與岸連者，有不與岸連者。北偏北三里有耳石，形如驢耳。耳石西北一里有[illegible]石。山東舌江南有河[illegible]淺處，距[illegible]。

一石角。角西南偏西七百拓，有二露石。[illegible]石東[illegible]有石一道[illegible]。平石角東南二面各有石行[illegible]。

桑溝澳。桑溝澳與平石角與樹栫頭間相距七里。澳西南兩岸，各有獨山。兩山皆有亂形陡面。西岸獨山曰破灣山，高五百尺。南岸獨山曰老馬山，高三百九十五尺。距平石角西偏南五里半。距平石角西又北三分四里半。又距破灣山東南偏南，有波尔得石。近波尔得石頭澳口。澳西長二里半。澳首深九尺。馬他角與樹栫頭間為愛倫澳。澳口北山岸有石角。日中角，馬他角，一作海驢島，西北三里有低石角。低石角以南有[illegible]島曰理島澳。近岸有陡山，北面有[illegible]。

東北為鎮，澳東有二百[illegible]其間有石行。

馬鞍山角。山東角以西中段為平沙原。又南有一帶亂形山。綿亙入海。山南有陡石崖者曰馬鞍山角。距角西偏南一里。有嫩白色灰石凸形山。曰白馬鞍山。距白馬鞍山以南一里。低角有小廟。相距甚近。又見低石島。南面有小澳口。曲折向西北。約長二里。距馬鞍山角東偏南七百拓有愛倫石。距此石百拓又有暗石。

偉德山。山東舌有數帶平頂山。最高者為偉德山。計一千八百六十尺。二巔分列。一向西北。一向東偏南。約長數里。距最高頂東偏南一里又三分里之一。別名肩膊山。

榮城澳。原名養魚池口。山東角與山東舌高山之向。有大沙平原。闊二里至六里。平原中有沙山。高二百尺。沙山以南。為榮城縣城。附城二面有平湖。馬鞍山角與山東角最南角尚有澳口。闊四里半，深四拓至八拓。澳中有低沙，第近岸有小石角並小廟。近馬鞍山北角。有湖口。

山東角　縈城沙平原以東。有一帶山峰。廣二里至三里。自西至東袤六里。而成山東角。自東南向西北。或自西北向東南。視此一帶山峰。如數尖島並列。中有五峰最易識別。其西面有甚尖山峰。高九百十尺。俗曰小成山。東西南三面皆陡。北面漸斜至海濱。小成山與最東角之間。又有高六百八十尺者。曰尖峰。兩面各有低谷。山東角之南角曰飛鬚鬚島。小成山西名阿尔塞斯得島。最外有蒲石。又距東角以南有十獨秀礁石。屋石東南。又有小礁石。

雞鳴島　自山東角海岸曲折向西十四里。而至威海衛。約為低沙岸。其間有石角前伸向北者。距小成山西又北二分九里。有雞鳴島。距陸岸長石角一里。

高三百七十尺。頂畧平。二面多石。行其与陸岸間。有平石。海底深三拓至四拓。

石角以東。有鹹水河。

威海衛。　距小威山以西二十三里。有劉公島。高五百十尺。其与陸岸間為威海衛港。劉公島東西兩面。為港之二口。無論何風。皆便出入。港西岸山陂有威海衛城垣。西港口有圓島。在截霧石。其間有石淺。圓島東角東東南半里。有石行。

之罘港。亦名煙臺港。　距小威山以西六十里。有陸岸前伸如舌。其与登州北岸相連處為細沙頸。陸岸長東西。自東南偏東向西北偏西。計長五里。臨海山勢高陡。自遠視之。不与陸地相連。幾如海中孤島。因之罘山。計高九百八十尺。又有準峰。距之罘東角東南偏東十二里之白石陸岸間。為之罘港。港外東北二面有崆峒列島。

崆峒列島　距之罘角東又北一分七里半。有北石。高一百十尺。為崆峒列島之最北者。自東面視之。形為凸圓。若自西北二面視之。形如尖劈。又距北石東北偏東又東二分。三百拓有漲蕩。而附近為陡界。陡界以外則深九拓。距此北石西南偏西二里半。又有雙石。自東面視之。為雙形。雙石之北者。形如尖劈。雙石之南者。高一百九十八尺。而較高於雙石之北者。惟向西為長斜面。餘為亂形。距北石西南又南六分四里半。有東南島。東南島與崆峒島間。有三高石。又有淺嘴。自崆峒島向西南偏南前伸入海。潮退則現。

龍門港。　之罘澳東岸有一島。自東北向西南。長四里。闊半里。其與陸岸間。有平沙泥灘。潮漲即漫。此泥灘間。已衝決成水道。長七里至八里。可達寧海州（近此島西南有大山。近陸岸間為水道。距水道北角）（有淺灘互島南角日鹿[illegible]角。）

登州淺灘。　有險淺灘。自登州頭向西西北。鋪入海。長七里。深約二拓至四拓。淺灘內并有沙淺与大平石淺。統曰登州淺灘。自此灘最外淺界。視太黑山西角。為正北之向。約距六里。又拒此淺界以南。一里又四分里之一。有淺至三拓者。自此以外。則深三拓至四拓半。及至淺灘外界。則深六拓。又登州頭有淺處。長五里。深六尺。至四尺。

廟島。又曰黑山列島。　廟島共計大小十五座。又有數露石。其最向北者。距老鐵山頭二十二里。列島南北分列。為黃海与直隸海兩界之間。最北者為北隍城島。

大竹山。　廟列島最東者。曰大竹山。高四百八十尺。當天氣晴爽時。相距三十里。即可望見。東面有鎮市。東界有小白石低岸。

長山島　廟列島最大者為長山島南角曰淺嘴角其下有淺嘴向南伸入海半里有餘曰長山尾尾界深淺不一深約二拓半至四拓淺嘴以南亦有淺處深二拓至四拓半其深二拓之處距淺嘴角一里又四分里之一潮退盡時見淺尾為海浪衝激而成疊浪並見海浪過此淺尾仍然逐次層疊似淺尾之外猶有淺處距廟島鎮市東北近海岸之小圳有石礁

大黑山小黑山　長山島以西有大小二黑山與長山島間有廟島高三百十尺西北面為企望島澳大黑山西角有石崖高六百尺

砣磯島　距長山以北十里有正三角形島曰砣磯島其向南最短之面有峰高六百十三尺南岸有四鎮東北岸有二鎮近東南角有小露石西南角有礁礁石

高山島　距砣磯島西西南五里有一島形如磝磽曰高山島南面最高處上百五十尺距高山島南四里有猴雞島砣磯與大欽島間有漁翁石大有海司下各石視高山島為在西之向

以上自楊子江口至山東直隸

直隸遼東二海　黃海北半兼二海而言向西海面長一百五十里為直隸海向東北海面長一百五十里為遼東海二海本曰北海海口兩岸相距五十五里為直隸水道水道南半有廟列島直隸海西南岸為山東直隸間廣大平原沿海多河口西首有北河口通天津盛京一帶大山之間北首有遼河通牛庄

興寧天府

克温波得角　距登州頭西西南六里半有低石角曰温克波得角角向有大

鎮（華嚴臺）鎮後低山巔有壘成高堆角外有石一行潮漲即隱石行外界距此角西北
六百拓自西面視之見距此角東南偏南又南二分約三里有陡面黑山高六
百尺（近登州頭為低沙岸距岸一帶山間有石堆距克溫波得角以西一里有礁）克溫波得西南有二山曰巨山巨山西北又有一帶山山屋有尖崖
桑島　距溫克波得角以西約八里半距黃角以北一里半有桑島高三十尺
黃角為低沙岸且有低沙山桑島寬約一里東南角有鎮市与廟宇桑島四周
有亂石行潮退盡時現出水面者約距岸二百拓至三百拓石行外面海底深
淺不一距桑島東北角東南偏東七百拓有石一行半潮即現此角与石行間
水深三拓距西北面半里有大石一行上有小沙島其東北与西北二面相距
一里至一里又四分里之一之處海底深淺不一前有距此島六百拓行過者

探得水深三拓半至八拓（距黄角東東南三里有伊山距黄角以西一里至三里之處有淺灘）

姆磯島　距桑島西南偏西又西二分十一里有一帶低山曰姆磯島其与陸岸向有一低沙頸自東至西長四里半姆磯島高三百五十尺向海之面有石崖近西角有石一行形如半環石行高處潮退即現近此石行陡界深十拓至十一拓姆磯島以南有低角近山麓有鎮市沙頸以北為陸岸近山崖与沙頸之界有散亂石

倫溝　距姆磯島南角東東南四里即沙頸以南大澳內之小河口近河口之鎮曰倫溝此水道為西南偏西至東北偏東之向河口深九尺距海口內二百拓僅深六尺澳北岸有沙灘潮退時見沙灘鋪入海一里至一里半河南岸亦

有露沙灘前鋪入海。而較小於近北岸之沙灘。

三山。又曰馬鞍山 距姆礠島西南又西一分二十里。為沙平原角上。有高一百九十五尺者。曰三山。其與姆礠島間成一大澳。三山僅二峰。西面高膊北角為石崖斜。向西面成石角。約長一里。近角有小島。並有二小河口。山麓且有大鎮。平原 沙

間有奇形陡山並有數孤山島近海岸礁。三山以南十里。有數里牙斯一帶高山。向北又有一帶 高山三五南又東北三分之一有十六尺高者距三山東南北稍二分近二角皆有十丈石從

沙角。距三山西南偏西又西二分五里之三有山高百尺。其西南面為沙角。潮退盡時。見有露沙嘴。自沙角伸入海二里。近角處有小河口。潮退盡時約深七尺至八尺。大山以北。有小鎮。對面河口南岸間有露沙灘。伸入海四百拓。

萊州淺灘 有硬沙灘。自沙角向西北伸入海八里半。俱甚淺。間有數處顯露

都。近岸淺灘闊四里。外界闊一里。至一里半。西北二面為陡界。北面成叉形。餘界層層如級。由斷而深。故此淺灘為最險之處。因所占地界甚廣。且潮由淺灘經過甚疾。

芙蓉島　距沙角西南偏南又南一分。約三里。有芙蓉島。高二百尺。形如礅劈。距此島以西四百拓。有一小露石。芙蓉島與東南陸岸間水深七尺。此島與三山東南之小石山。俱為此間海岸。

萊州灣　萊州灣闊四十五里。為直隸海南首西北灣內最淺。距陸岸五里之處。水深一拓。灣東半近芙蓉島處稍深。芙蓉島西南距陸岸四里之處。水深三拓半。萊州灣以西有二河口。

大清河。即黃河亦曰利津河 萊州与大清河間之低海岸卻多沙灘。大清河口較北河
深廣。近河口有泥灘鋪入海三里。泥灘間可行水道。為東北之向水道口亦有
淺亙。
大三河。以下沿海屬直隸省。 大三河（指中圖）。即老黃河。利津与大三河間。海岸參差不齊。約為
沙漠。兩河口適中之處。有沙灘自陸岸鋪入海三里至四里大三河較小於利
津与北河。近口東角。有一低洲。西角有鎮市。外面沙灘（間）。向北水道口。有淺亙。
溪角。原名青峰島 溪角多石。近角為陂沙界。上有廟宇。近石溪角以西有溪口。潮
退盡時。溪口漸涸。潮漲滿時高不尺。
欄門沙。 近利津与大三河間。有大沙灘。曰欄門沙。此間沙灘甚多。深淺不一。

曾於潮約漲滿。忽淺滯沙灘歷三十小時。距此東面七里。見水紋亦有淺處。直隸沿海一帶。惟自此處至利津河間。有二沈船。可見此間最宜防險

岐口河　大三河與岐口河間之海岸。較高於南面海岸。潮漲滿時海岸爲陡沙界。潮退盡時見沙灘遠鋪入海約一里。岐口以南有岐口村。此一帶平原約爲沙漠不毛之地。岐口外有水道曲折向東長三里。闊一百二十尺至一百五十尺。外至約潮退盡時即涸。距河口內三里有鎮市。處兩岸相距一百八十尺至一百二十尺。深十五尺。至十六尺。大潮高九尺。小潮高七尺。河口水鹹

岐口河與白河間海岸。　岐口河與白河間。距岸七里至八里之處。水深四拓。潮退盡時。是海岸向有淺沙灘鋪入海一里半。質極堅硬。可勝人跡。距北河口

以南八里有澳口潮半漲即入澳內岐口河與北河間有二處值最大潮時漫淺海岸深約數寸以內陸地多係積沙故耕種甚少北河口以南五里至六里泥灘向多魚閘

北河（即大沽）者黃河與長城間最大者為北河計長二百七十里受西山東面與一帶高平原南面來源通北河分支小河極多可達直隸各處（北河口有五礮臺其最大者為礮臺臨海一面上有三礮北河最曲自大沽至天津陸路二千五里水路倍之北河口外有積泥灘）

北塘河　自北河口依海岸曲折向北六里至北塘河口二河口間為廣大泥灘近北塘河口有窄澳深入岸內長四里至五里窄澳中腰有長隄為通新庄與北塘陸路（近北塘口以南有北塘鎮北塘口兩岸俱有礮臺炮礮其外二里半至四里為沙石淺至河口以南有長泥灘此北有長沙如舌向東南遠伸入海）

海崖溪與淺河　距北塘河十九里有鎮市曰海崖溪水道自西南向東北小

船乘潮漲滿可至此處潮退盡時有淺灘自岸鋪入海二里距海崖溝以西三里半近淩河口左岸有鎮曰澗河店

沙壘田　距登州西北偏西一百二十里又距北河口東又南三分三十里（外泊船处）沙壘田東南界有低小島最高處有小廟為沙壘田島沙壘田外界自東東南向西西北長二十里距陸岸十二里之處潮退盡時有拔灘顯露者（近沙壘田島淺处東界曲折向）

遼東海西岸（東西界自南而北附近有數處甚淺灘也）　距沙壘田島東北十里之海角為直隸與遼東二海交界海岸由此曲折向東北偏北七十里至臨榆縣始有高岸蓋自此以南皆為低岸也

青河　距沙壘田島東北偏東十六里有青河口青河長約五十里河口所瀉之水較少於灤河距河口東南二里半深四拓半距河口以東一里深二拓有河二口東口半潮即涸西口尚深潮退時口外海岸有淺灘鋪入海數里

灤河亦名老河　距青河東北十六里有灤河口距河口南東南一里又四分里之三深四拓半及相距一里半則深二拓河口外有淺互潮退盡時僅深三尺已過淺互里河口西角則深十五尺距河口以上一里有鎮市自河口至鎮深十二尺至十三尺距灤河口西南二里有先沙口海岸自灤河口曲折向東北偏東十里至沙裏角距岸十五里外有長沙淺潮退時則現海岸又自沙裏角曲折向北東北十七里而至蒲河口海岸間有一帶高沙裏角為一帶山之南邊

蒲河　蒲河極兩淺距河口內一里有鎮近北山岸光礁甚多處埠河口外有淺互潮退盡露風潮漲高六尺距河口以東五里為水深四拓半之界距河口東南一里為水深二拓之界河兩岸有沙山

洋河口　自蒲河口有一帶沙山高三十尺蜿蜒向東北八里距沙山尾東北一里有洋河口河內甚淺潮退盡時淺互僅深一尺半距洋河口東一里有大戴河河口外有淺互潮退盡時僅深一尺半

流沙礁在臨榆山海關附近　近流沙礁四面皆有淺灘，由山岸曲折向東東南二里而至石角，石角距淺角西岸二里。長城以西，有臨榆縣城，城尾距卵石岸四分里之一，為水深二拓之界，界內深淺不一。又有淺灘，自淺角伸入海一里，水深三尺而為陡界。

長城以下沿海屬盛京　長城自遼東海岸山海關起，長城以北遼東海西岸一帶多山，海岸自山海關則曲折向東東北六里而至廟角，又曲折向北三里則折向東北而至沙角，自此又轉向北東北十里，一帶海岸多山，麓依角，角外多石行遠列入海。

廟角　廟角高一百二十尺，距廟角二百拓至三百拓，有數石行。廟角東南二西有石崖，距角西西南一里，有鐵石，而高四十尺，其間有石淺，距廟角以西二里二里亦多石淺距廟角南東南一里之間深淺不一相距一里為水深五拓之界廟角東北面之澳淺而多石距廟角東北五里至九里有三角第一角有沙灘并有石一行伸入海第二角深四拓三分界以内海底深淺不一第三角近石崖处有散石低沙山有小角小角以東有湖湖水匯口灘口以東有散甚近海岸一里有沙岸内有散帶高山自東延邐向西東南界爲非石尖山以北四里有夫岸迮沙角　海岸為沙平原東南角高十尺者曰沙角距沙角以西五里又三分里之一距岸頗近樹林間有大白屋近白屋之角有大石行石行外界距岸六百拓石行以内深六尺距此角以東一里半近小角有一石曰渴盧塞水淺灘自沙角西南鋪入海瓦倫角　距沙角東北又東三分十二里半有瓦倫角又東北有司宍老某島斐山以北之澳頗淺距沙岸一里水深二拓自澳北岸至瓦倫角有黄山高七十尺至一百尺長六里近黄山一帶海岸對面之海底甚平坦瓦倫角以内有鎮市曰釣魚甚迮司宍老某島原名菊花島　司宍老某島高二百尺向海之面為陡畧四周多石東

岸島間有廟宇。距廟宇以南一百拓。為小澳角。此島頗窄。長約八百拓。距此北角東北三百拓。至六百拓有石一行。外界常露。內有二石。潮退盡即現。

馬鞍島。　寧遠平灘外面。有桃花列島。其最大曰桃花島。別有三小島。其最外西南者為馬鞍島。高一百二十尺。四周有陡界。惟南角有石一行。自陸岸列入海三百拓。距桃花島西南六百拓。有小島。亦高一百二十尺。四周有陡。面桃花島與此島間深四拓。小島與馬鞍島間。水道深淺不一。約深三拓又四分拓之三。以至六拓。海底為沙質。

桃花島。亦曰畢家山。　桃花島自東北至西南。長三里。自外角距陸岸六里。島間有深谷。自遠視之。如分為二。向南者高六百尺。其北面近東角者。高七百二十尺。

南面為陡岸。距陡沙岸南東南七百拓。水深四拓。近東岸有一石陂。潮退盡時。有數石露出水面。石陂外黑。距島岸約九百拓。桃花島內岸有數低角。距北角東北有平島。平島四周有石壘。近北角有露石。桃花島東角東北又東二里約有阿密得石。得石東有一隱石。窄遠平灘。桃花島與陸岸間。有窄遠平灘。內有水道。闊四百拓。潮退盡時。深四尺至六尺。此平灘為沙與泥質所成。大潮退盡時。常出水面一尺至三尺。平灘南半有最大之黑露石。曰大猫石。距大猫石以南一里。有數小石。潮漲滿則隱。

獵角。西音恆達角。　桃花島以北八里。有獵角。自此角至北窄遠角。計長三里。一帶海岸間。有三低山。最向北者。有大石行。獵角上有一帶陡山。高八百二十尺。高項山峽外有破壘。近北面有沙澳。近沙澳陸岸為平原。自此澳東角有一帶陡山。向東排列而成海岸。距桃花島東北又北三分十七里。有小陡山。曰葫蘆島。有角。自葫蘆島伸入海二里。此一帶海岸向多石。

葫蘆島角。　葫蘆島角与陸岸相連處。為低窄頸。若自南面視之。為一帶海岸遮蔽低頸。如陸岸与島相連。東南角有圓陡山。附近有一石凸出水面。近陡山為陡界。水深五拓。相距一里。則深四拓半。陡山之東半里之外。有小石岐。石以北未遠。有沙尖嘴。近外界有沙灘。船北面有石一行。

錦州澳　距葫蘆島北東北六里半之角。与葫蘆島間為錦州澳。澳首有低山舌。分澳為二。見舌上之塔。即識此澳。澳西南半甚淺。有泥灘。自塔角向葫蘆島遠。鋪入海。距潮退盡界一里半至二里。為水深二拓之界。澳北半亦淺。潮退盡時。距陸岸一里之處。水深一拓。相距二里則深二拓。澳北半二小角之間。為老洞口。洞口以東大家村西南一里也。有岩石並有石塔十里砲

層島（西人名司特拉他島）。錦州澳東北角。距陸岸一里之處。有層島。潮退盡時。島兩有
沙頸接連陸岸。此島甚窄。併石計之。自西南偏東至北偏西。約長一里。島上有四
圓山。最高者二百五十三尺。西面有直削陡崖。分露石層。故曰層島。島東一里有半潮石。又東
半里有陰石。此二石為石淺外界。潮退盡時。石淺中有淤沙露面。
遼東海北首。距層島北東北六里。有海首山。高五百五十一尺。為遼東海北
首記認之處。距此山六里。陸岸曲折向東。並有數帶山。迤邐向北東北約三十
里。此數帶山以東。為廣大平原。潮退盡時有泥灘。自海岸鋪入海。四里至六里。
距潮退盡界二里之處。深二拓。相距四里。深三拓。
小淩河　距海首山北東北五里。近陡土崖之處。為小淩河口。河口外有數平
淺泥灘。距海首山以東四里。為通此河之水道口。惟小艇可行。（距海首山東南偏南又南三分約一里有）
測量圖。

大淩河。大淩河無鎮埠。距圖島以東二十二里。爲此河口外之淺亞西十一月間潮退盡時探得亞上水深六尺。大淩河口向西故由淺亞而向西流。

蓋州淺灘。大淩河口外淺亞。有沙灘。向西鋪入海八里。曰蓋州淺灘。自此處又有數長沙尾向東南伸入海十七里。而近遼河口。此淺灘深淺不一。兼有數露沙處。其向有數水道深三拓至四拓。

遼東海東岸。自老鐵山頭西南角。一帶陡山岸。曲折向北十四里。岸向有二澳。南曰鳩澳。西青碑距澳北五里。有澳而不甚深。澳口有小島。石嘴。以大成卑。路碑。以沙澳高百尺。南有石一行。西偏十里有石。潮退出。鐵島。原名西候。距老鐵山頭西北角六里。有鐵島。高七百五十尺。四周有石崖。此島爲會灣之南界。

會湾。老鐵山頭北西為會湾。湾口闊二十六里。自東至西長二十里。湾首有石角伸入湾内。分為二湾。南湾曰錦州澳。澳首甚淺。此澳首与大連湾首向所隔一帶陸岸。僅闊一里半。北湾曰亞當司港。（自各連生角起至劈頭止有一帶亂形山岸。距劈頭西南有石行。劈頭以北有石崖。其東西ㄇ澳内多石。劈頭西面海内有高石。東面海内有大石行。）（又劈頭海岸有黑石崖。始北東西更多有石崖。）

金州澳。金州澳甚淺。底為泥質。惟有一細沙灘。沙灘向有石淺深十尺。（自非石湖恩昆咨店鋪[illegible]）澳首平原近三生山麓。有金州廳城垣。近城垣處潮退盡時。有泥灘鋪入海一里。必乘潮漲始可登岸。澳北有二峰。東面曰阿司班峯。西面曰鑰匙峯。

董家口。會湾西北。脊角与倍德門角向為董家口。倍德門島南面為陡石崖。可近石崖而行。距倍德門角北西四百。拓沙山南半澳向。有石一行。列入海四百。拓沙山澳以内。大山斜陂。又有一帶沙山。為葫盧山澳標識。沙山澳北角為葫蘆山南角。故謂北角曰南角。角上有巴圜山。
亞富司巷　亞富司港長十八里，内有水道，闊二百拓至八百拓。
葫蘆山澳　葫芦山澳口闊五里，其深不及九拓，底皆泥沙，合說屬可停泊。
石行角。距北角以北一里有高二百四十尺之山脈，曰石行角。近角躲石霧
俱爲陸界。海岸自此角曲折向東南一里而成澳。自澳首曲折向東北四里半
四雷尼角。
而至福州澳南角。又有石行。自此角向東北列入海半里。距石行角半里，亦距
陸岸半里。澳内有石淺，与陸岸平行，計長一里，距水面七尺至十二尺。石行以
内深五拓至七拓。
福州澳口南角曰四雷尼角。距四雷尼角東北偏東，又東二分，二里有勒塞尔石。
礅臺頭。西青福而特赫特。
福州澳以北，有山形如礅臺，最向西者高五百三十尺。上
有小圜錐。距此山東南未遠，或自南面，或自北面視之，猶有二奇形平頂山相距
四百拓，有一小島，高二十尺，曰
官帽石。
西音卡渴特哈。
海岸自礅臺頭曲折向東北五里，至格拉西司角。自格拉西司角曲折稍偏東
福州角。距礅臺頭南偏西四里有福州角。角上平頂山高百尺，有石行自山

角向西排列一里外見潮退盡即現別曰破石西音而來該得而路克司距破石外二百拓

水深五拓

福州澳　四雷尼角与福州角间為福州澳口闊十一里距澳首十二里水深十五拓距五里至十里則深五拓海底為泥質而平坦距梓角以北有大島西音曰嗣尔婁倫梓島与平頂島间之水道可通福州

萬息答馬鞍山西音曰萬息答賽得尔　距二桅船石東北二十一里大平原海岸间成一角角上有數山内二山向南高一万六十尺者形如馬鞍曰萬息答馬鞍山自遠視之不見四周陸地距此山東面一里有大方臺近山海岸有石淺伸入海六里山西北偏西有石淺長一里山北又西二分有石淺長半里外

必登岩淺灘　近海岸有粗沙淺灘長二十二里距沙頭西北又西不約九里為淺灘最高處淺灘

乱山　距萬息答馬鞍山東北偏北九里半有乱山高四百二十尺山巔有乱石故曰乱山乱山後面有山較高者近山角西北有一小島距小島東北二里有

石淺伸入海內。有鼓露石行。距小島以北。水深三拓處。為石淺末尾。

蓋州角。　蓋州角較低於亂山。角上有顛亂角。後有一帶山。高七百尺。內有尖峯高八百五十尺。近蓋平海岸。有淺灘自東北至西南。長五里。外界有鼓較淺處。深十尺至十二尺。

遼河。　遼河口外水深四拓半之處（咸豐年間有英船泊營於此）距遼東海首七里至八里。（泊船南）距遼河外淺亙（望桅不能見低能洋。）

以上三十里。右岸為牛庄。距淺亙以上十三里。左岸有銀爪鎮。

遼河淺亙。　遼河口外水道。兩旁有泥灘鋪入海六里至四里。河口東角較西角向南三里至四里。距東角西南七里。為淺亙外界。亙長二里。深七拓至九拓。水道中界。較淺處長一里。僅深四尺。

黃海北岸

黃海北岸有敖列島自老鐵山起海岸曲折向東北後轉向東海岸又曲折向南而成朝鮮西岸

鴨綠江

鴨綠江長二百里為盛京與朝鮮交界處江口成大灣西面多高山［為中國］距鴨綠江西西南二十里有三島西曰鹿島中曰小獐島東曰大獐島近朝鮮界有鳳凰廳為商賈必由之道

［自鴨綠江起海岸曲折向西稍偏南長六十里其間有五河口一曰龍臺河一曰洋河成一海灣一曰沙河一曰飲馬一曰大獐亦成一海灣一帶海岸多山距龍臺河與洋河二口南面十里有鹿島飲馬河大獐二河［口間有高麗小島］］

鴨綠江海岸

自鴨綠江起海岸曲折向西稍偏南長六十里其向有五河口一曰龍台河一曰洋河成一海灣一曰沙河一曰飲馬一曰大獐亦成一海灣一帶海岸多山距龍台河與洋河二口南面十里有鹿島飲馬河與大獐二河口間有高麗小島

波尔那尔列島。近盛京海岸列島最向東北者，為波尔邪尔列島。自列島最大者之外，東北方与北极，又有五小島。列島最南者為無產島。近南角有尖石。近尖石之山高千尺。頂分兩峰，為北東北与南西南之向。勒第士逡處兩峰山東北有皮。

海洋島。布藍得列島東南有一島，自南至北長五里，高三百三十尺。四周多石崖。曰海洋島。自高峰由斜坡至山麓，南面為破碎陡石崖，北西北一面為家登港。北角有家地納島，高三百五十尺。潮漲滿時，海洋島与家地納島分隔為二。距家地納島東東北一里又三分里之一，有橋洞石，高五十尺。自東又北二分之向視之，可透見橋洞。与家地納島間深二十五拓。距高峰東南一里又四分里之一，有白西島。二島之間可通行。白西島有三峰，東西平列。距此島西南西四分里之一。有一石恆見海浪衝激。

象登港。　海洋島西面有船澳長二里。曰象登港。南首甚淺。口闊半里。港口北角有陡山。高三百九十五尺。（即所倚頭[illegible]西[illegible]）南角較低。有石限自低角伸入海。內有一石凸出水面。潮漲滿即隱。

五馬島。亦曰洋島。　距海洋島高峰西北偏北又北二分十四里。又距外長山列島東北十三里。有五馬島。上有圓錐峰。高六百尺。距此島北與東北二面一里至二里。有四低石小島。

外長山列島。　距大連灣以東四十五里。有一大島。並東北之四小島。統曰外長山列島。皆有陡石崖。

小鶴子島。距海洋島以西十二里。有列島最向東者。曰小鶴子島。南半有山峯。高五百尺。東北角有高石崖。西北角有長斜陂。角外有凸石。近凸石有疾潮處。島西有二石澳。距南角有露石。

大鶴子島。距小鶴子島西西南一里。有大鶴子島。除東角為低斜陂。餘皆為陡岸。南角為陡山。高六百尺。山麓有高石崖。距南角以南半里。有方錐石。高一百二十尺。石与角間有石一行。潮退盡即現。距方錐石東東南一里又四分里之三。距小鶴子島南西南一里又三分里之一。有尖石。頂分為二。最高而向北者高五十尺。

搭連多沙二島。距大鶴子島西北深水道外。有搭連多沙二島。一距四分里

之三一距一里半此二島為外長山最向北者二島東西並列相距甚近二島间有小島並多石行

長子島亦曰伊家島　距多沙島西南三里列島中最大者曰長子島中有二峰高八百尺二峯向為低谷東北低岸间分為二澳近南岸為陡界長子島北有露石一行石行附近多石淺距長子島半里之有礁石距長子島東南偏西六里又四分里之三有礁石形如風帆曰石帆礁

裏長山列島　裏長山列島自東至西長五里最高處六百尺距搭連島以北八里半有八岔島二島向深十七拓至二十四拓底為沙石二島近八岔島處較深於近搭連島處距搭連島之漤山北偏東又東二分約三里有石淺距水面十二拓八岔島東角為陡石崖即距本島最高處一里又四分里之一

光祿島　距裏長山列島以西有光祿島自東北至西南長五里半距長子島

西北偏西又西三分十八里為光祿島南角角上峯高九百尺惟向海三面有陡岸距高峯東南一里又多石山

鹽大澳　光祿島西北有陸岸成為鹽大澳內多小島並石行澳首近一帶高山間有河口曰五湖門

尾角　距大連灣東北二十里有山如舌伸入海高六百尺為陸岸間三帶山中一帶之尾曰尾角南面有石崖長半里近石崖處潮性最疾山舌與陸岸相連處為窄沙頸近沙頸陸岸間為三帶高山之最東者三帶山最西者高一千尺距尾角西西南六里山麓為低石岸近岸多石行並小島尾角北岸曲折向西西北距尾角三里之處曰五湖門東面有沙角距沙角以西之山隴有低圓

雞山為五湖門西岸距西北十四里有高駝山曰關東山高一千五百尺距尾角東北有三小島其最西者有沙嘴斜入海沙嘴中有石一行距尾角西南十七里有石如舌前伸者曰石角距石角以東四百拓有小石島島北東北有石一行距石角二里西岸東有大石行石角以西不遠有石突出某淖及三山列島南角東北又

圓島 圓島上為圓頂高二百尺距圓島半里深二十五拓海底為泥質与蛤壳凡向大連灣行者約皆能見此島

帽島 亦曰道河 距大連灣口西南八里距陸岸四里半又距老鐵山東南自東又北三分二十里有帽島高四百尺東面為斜陂西面有陡石崖或自東面或自東北視之為凸形自餘各方視之形如礟劈附近水道為陡界距此東南二百拓又有小島 有思肯得石規帽島力北又西二分之向

大連灣 大連灣共長八里灣首成三小澳一曰勿多里亞澳一曰船澳一曰手澳又東有小澳曰阿丁澳又西口角二三山島间之水道闊五里二島间水

道闊一里北三山島與東口角間水道闊二里距北三山島東南偏南八百拓有泥灘又距南三山島北山東面八百拓亦有泥灘二泥灘深約六拓有二大澳最東者曰深澳最西者曰克尔澳大林澳在山東干布力昌澳澳口闊〇之三東面南北兩面有亂形尖山澳以東有石數行澳為北帽島並陸岸各小島距帽島北東北二里又四分里之三有凸形島東頂高一百尺四周有低石崖北面有石行距此島以東半里有小石島約四周為陡峭距島三百拓至五百拓水深約十八拓至十九拓距陸岸半里有二小島各高百尺一距凸形島北東北偏北一距凸形島東北二島與凸形島間深十三拓至十四拓

老鐵山頭　自河爾泥爾港海岸曲折向西偏南五里至老鐵山頭即曲折向西又北二分三里而成老鐵山頭南岸次轉向北西北老鐵山高一千百百尺為關東舌之西南角

以上自山東直隸至遼東。

国家出版基金项目
NATIONAL PUBLICATION FOUNDATION

海上絲綢之路文獻集成

總主編 陳支平 陳春聲

歷代史籍編

115

主編 范金民

海峽出版發行集團
THE STRAITS PUBLISHING & DISTRIBUTING GROUP
福建人民出版社

本册目次

靖海紀事二卷

〔清〕施琅撰

《靖海紀事》二卷，清施琅撰。琅（一六二一——一六九六）字尊侯，號琢公，福建晋江人，初爲鄭芝龍部將，後隨其降清。是書係彙編施琅出征臺灣及善後處理諸事各奏疏、告示、祭文、官方嘉獎文等而成，凡三十九篇，篇末皆記年月時日，據以編次。諸文於施氏出征籌劃、舟師北上、澎湖之役、平臺後該地留棄、錢糧徵收、投誠者安置等多有所述，就中可知施氏出兵臺灣之經過及其謀劃部署細節。據清康熙間刻本影印。

敘

自鄭氏竊發海濱江以南遺孽聯者[illegible]此
矣我
太祖
太宗受命于天肇基王迹而
世祖章皇帝以文武聖神撫有天下旣治且安迨
今上皇帝以堯舜之資纘成康之業民和年豐幾致刑措
卽三孽抗

靖海紀事　叙

顏鼎沸海內而
廟堂弄勝不一二年平閩平楚平兩粵平川蜀平黔滇蠢
唐虞之世亦有四凶會何損於盛德哉中國有聖人
雖舟車人力所不至之地莫不慕義嚮風求爲臣妾
自古享王之盛未有如今日者也獨鄭氏僻在臺灣
猶然負固雖海外窮寇不足爲
朝廷憂而王者家視天下未忍獨困此一方也
天子曰惟玆一二大臣能予股肱能立不世功其以朕節
往僉曰
將軍施矢志忠貞智仁且勇惟
天子命
制曰可於是
公以內大臣特膺
簡命節鉞東南　疏論敵可破狀期以六月乘積迭行醻
說者皆以天方盛暑恐傷士卒　公曰毋憚暑出不
意攻無備也未至澎湖先聚米作地勢示衆將曰如

靖海紀事　叙

此入港也如此泊船也如此進戰也違令者無赦衆
依　公號令進止皆無恙方是時敵舟師大集于雞
籠山之左內外設炮臺而陸兵守焉　公曰其以老
弱之師驕之示我無能爲也賊果徹兵守我師長驅
入戰有期矣忽颶風大作波濤洶湧巨霧塞天地軍
中甚恐　公曰惟
天惟
皇帝之靈實式臨之爾無恐須臾雷聲震風定霧收望海

波蕩蕩恬如也公散金犒士卒而誓之曰不滅臺灣
有如此水焚香戒約一不妄殺士卒皆感泣盡力向
前無不一當十百當千也樓船所指前徒倒戈海水
成赤赤壁之戰又不足言矣夫　公行六月之師用
騎兵之計聚米作地圖則趙充國之算也散金犒士
卒則霍去病之志也約誓不妄殺則曹武惠之仁也
雷鳴波息則精神可以格天地也奇矣哉此捷也神
矣哉此捷也澎湖既破敵全師覆矣有進而謂　公

者曰　公與鄭氏三世仇今鄭氏釜中魚籠中鳥也
何不急撲滅之以雪前寃　公曰噫吾此行上爲
國下爲民耳若其啣璧來歸當即赦之毋若我父老子
弟幸矣何私之與有所獲敵卒悉放歸弗殺帶傷者
濟以醫藥給以口糧敵覘　公無屠戮意遂籍戶口請
降師入臺灣秋毫無犯也士民壺漿簞食以迎　公
皆唏噓泣下謂我等未見　公望　公如望歲也今
見　公如見慈父母也但恨晚耳即土番向不屈於

敵者皆重譯來貢依
本朝制　公隨給以布疋等物興利除弊與之更始可
謂周且至矣　公又念內地兵民前後被敵獲者皆
沒爲奴婢爲佃丁甚可憫也其爲我送之回籍故難
民咸沾　公之仁紅毛英雞黎二種前爲敵取臺灣
者敵陷之　公一至令其歸國而荒服咸懷　公之
德有明宗室王子依於敵者敵初不爲禮　公疏請
釋歸安置得所而天下咸知　公之禮事既平，

天子晉　公爵爲侯
親製
宸章褒美所以寵眷　公者正未艾也嗚呼凡此平南之
績叛而伐之服而舍之柔而撫之由
天子之明且斷由
天子覆載如天地視遠人如赤子故能信任　公以成不
世功上以妥
太祖

太宗
世祖之靈下以紓江以南百姓之急而　公之矢志忠貞
仁智且勇後之史官將大書特書不一書而已也予
向在都門讀　公露布猶未詳悉始末近旋里鄉先
生士民以平南事實相示丐余一言以壽不朽余忝
屬姻聯不敢以不敏辭是為序
旹
康熙歲次乙丑仲春
賜進士出身通奉大夫禮部右侍郎兼翰林院學士富鴻
基謹撰

叙
韓淮陰指畫東征形勢及料楚漢成敗如指諸掌諸
葛武侯按計孫曹強弱圖荆益之利定鼎足之規皆
先握算於前而操券於後司馬仲達不足道也然其
平公孫淵量敵計期不差時日岳忠武對魏公定擒
楊幺八日而捷書果至此古之重臣宿將其於天下
大勢一隅要害未嘗不熟籌深曉制其短長之策故
一旦應機迎刃而解此固非冒利趨險迄無成謀苟
焉以國家民命為試者也東南之苦海患六十餘年
聖朝受命恃其險遠踞島嶼乘風潮出沒為梗自戊子以
來攻圍破陷郡邑者三跨有粵閩邊地曠日而後平
者一己亥之役浮長江犯金陵則中原腹心為之震
動議者割棄沿海田廬延袤數千里而又歲資餉省
軍糈動百萬計荼毒生靈糜
國藏不可勝數此豈鮮介之倫不以衣裳易者比哉
靖海侯施公自其先任樓船則已疏言賊可滅狀乘

傳
陛陳言之彌切天未厭亂迺　公
宿衛十有餘年而後出竟其志時異勢殊而　公前二
疏所陳者無一不酬於後自奉
命專征至于受降獻俘籌畫措置連篇累幅又無一不
符於前吾以是知　公計之熟料之明知己知彼算
定而後戰故能役不踰時而成不世之功所謂上兵
伐謀者於　公見之矣國家之難在用兵用兵之事

莫難乎滄波巨浪之中與遠夷爭舟檝之利珠崖南
交漢明所以屢征而不服遼左日東唐元所以傾師
而不再彼數君者皆以遠略窮兵糟用弗底今鄭氏
境內逸寇托足孤島爲瀆海無窮之憂
皇上惻惻殘黎赫然誅討
天佑
皇仁風波助順而　公以國賊家讎忠孝交迫於中憤不
顧身義形顏色仰仗
皇上委託之專無復疑貳掣肘遂克受事報成宣威絕徼
航海之勳稽古莫及焉然則　公之智勇蓋　公之
誠爲之而非
皇上救民伐罪內斷於心任公勿二如議者舉棋不定之
口其不潰成者幾希耳閩之人取　公前後章疏彙
萃編刻而請敘於余余惟　公之功
天子褒之史氏紀之其所以爲百世戎臣師者吾無綴乎
爾故復稱道古今以見遠圖之不可事擢兵之非得

已以及
主之仁明臣之忠孝著厥成功之自覽是編者攷閩事之
終始尚將有以論其世也
賜進士出身內閣學士兼禮部侍郎李光地謹撰

敘

天生一人而係國家之重者豈偶然哉其生也有爲其出也不苟天使之任天下之大則必有非常之事有非常之功惟天下之大智然後可任天下之大事惟天下之大勇然後可成天下之大功亦惟天下之至仁然後可以承天而有其事與功今夫立一事于此天下之抱才負能者舉知之或知之而不能爲爲之而不能成是其知有所不足也非然者必其無勇

者也又非然者必其有自私自利之心無强敎悅安之懷仁不及于天下也惟

大將軍施公則異是方公之議伐鄭也天下有從而疑之者矣匪惟疑之又有從而阻之者矣而　公不顧也見之明而策之熟也一旦奉

命南征任大如此責重如此不憚以其身親冒于矢石之間一鼓而澎湖之舟師潰矣一鼓而澎湖之營壘破矣一鼓而敵人納款矣而臺灣平矣天下以非常之事歸公而公不居以非常之功歸公而公不居曰事惟是奉

天子命懼隕越以貽羞何力之與有然則膺連帥之職節制東南不足爲公貴爵至通侯賞封萬戶不足爲公富將相而官故鄉人咸羨公爲晝錦之榮而實不足爲公羨口碑傳之國史載之不足盡公美公豈有私哉公豈有利哉夫天地間惟庸人能樂而仁人有憂亦惟庸人有憂而仁人能不憂憂在天下憂不在吾

身也樂在天下樂不在吾身也先天下而憂其憂後天下而樂其樂憂與樂豈足以係公之心哉天爲天下而生公以公而任天下兇未平爲天下任憂兇既平與天下同樂此其所以爲仁人而兼大智大勇也公豈有私哉公豈有利哉客歲册封旋里萧先生曁士民以平南紀詠問序于麟焻旣序而刻之然猶未悉公之德業數至也今年春合閩之諸先生都人士後以平南實蹟郵筒命麟焻序之竊謂公之功不徵

爲人傳功亦不待文而傳文亦不待至再而傳而闕
人無已之心若不能旦夕忘公不自知其請之至再
者而麟焻敬公之深慕公之至亦不自知其序之至
再者區區數言聊以謝鄉先生人士請也是爲序

旹

康熙歲次乙丑穀旦

賜進士出身戶部江南淸吏司主事前內閣中書舍人辛
酉順天典試同考奉

命册封琉球　賜正一品倖服仍帶加一級林麟焻謹撰

序

歲在丁巳炳薄遊京師從舅氏太常後獲與　公追
隨會閩海餘孽復熾攻圍郡邑東南一帶爲之震動
天子方南顧拊髀　公時以內大臣奉
朝請郎慨然有澄淸之志每蒿目時艱歔欷扼腕聲淚
俱下忠孝之性其天植也時吾閩先生人士在都者群
詣　公私請平海方畧　公指畫明悉凡征戰機宜以
及絕島巨浸險阻阨塞之處如列諸掌　公自其先

任樓船則已熟察環海形勢疏論寇可滅狀因詣
闕痛切陳之當事將爲息邊之計持撫議疏寢不行
公旣囿宿衛逆知鯨穴未搗終當爲邊患寢食靡處
未嘗一日忘殲賊也至是
皇上稔知　公智勇威望素著
特簡　公南征之鉞得以便宜行事　公之再奉
命也練舟師修戎具尅期進取議者以澎湖險遠賊負
固據守難以猝拔又風信不測進退爲艱欲徐用閒

謀以待其變持兩端　公抗疏曰臣今日操演水師以制賊命譬若有人焉扼其吭氣將垂絶一爲之稍鬆則其氣將紓而復起且曰臣年已六十有二血氣未衰尚堪報稱今不使臣乘機撲滅過此將老無能爲更無敢肩渡海滅賊之任者前後五六疏皆披肝瀝膽懷慨激烈

皇上感　公忠誠可其奏不踰時遂克澎湖盡降其衆臺灣平夫不讀　公之疏不考　公平南始末謂　公

與海逆不共之讐不憚波濤危險捐軀報國乃　公素志豈知其料敵制勝不遺毫髮如此哉抑又有說討賊　公任也旣奏膚功告成于

王宜可謝厥責　公乃不違啓處毅然以經營爲己任如請減租稅免移駐轉海外流民諸疏皆言人所難言是其仁心爲質原本經術將以培養國家元氣固非勳名之士邀功一時而忘久遠善後之計所可彷彿公可謂社稷臣矣　公勳名燦然史不勝書不具論

惟是敘　公生平忠孝大節與匡濟弘猷皆出素定而實爲炳昔日京師追隨聞見之悉不待功成而後知之　公克敵之役余待罪史館不獲親悉　公鏖戰狀今讀是疏雷霆精鋭之氣如或接之何啻作從諸侯壁上觀也敬爲序

旹

康熙歲次乙丑季春

賜進士出身翰林院庶吉士候補主事曾炳謹撰

序

古帝王所與戡定天下而建大一統之業者必得智勇兼全之才而尤必得忠誠篤摯之人然是人也恆能言人之所不敢言任人之所不敢任故能成人所不能成之功何則天下非無智者也任智而智窮則智不足倚也天下非無勇者也任勇而勇窮則勇不足倚也然則不任智而見遠不任勇而氣壯曰惟誠而已誠可以格上天誠可以動君父誠可以安反側

誠可以定荒服而來遠人並可以感匹夫匹婦以及昆虫草木罔不率俾惟

大將軍施公則有然夫以公殲數十年逋誅之寇功在社稷功在民生天下信公於今日而公之所以自信者固不自今日始也則嘗讀公之疏而知之矣方鄭氏負固介在危疑之間持二三者或以爲喜功好事矣公獨自信益篤持議益堅而入

告益切故專制閫外公則有疏南風長驅刻期報績公則有疏乘機定勦滅之計而力破因循之議公則有疏厥後一鼓下澎湖而臺灣底定有議留臺灣之請有善後安置之請有蠲減租稅以及

題免移駐之請公前後疏稿幾盈笥茲特舉其尤者而知公之勳業蓋天地坐而言起而行若河決下流而東注海也若王良造父駕輕車就熟路也若燭照數計而龜卜也讀公之疏見公之心而公之所以自信者公之誠爲之也蓋嘗論古今來英雄豪傑之士凡

以立大功于當時成大名于後世者舉不出此諸葛公南征孟獲深入不毛且擒且縱若是者七獲稽首曰公天威也南人不復反矣郭汾陽帥師討懷恩將出鎮上名問方略對曰懷恩無能爲也其麾下皆臣部曲必不忍以鋒刃相向已而朔方將士皆鼓舞感泣曰吾輩從懷恩爲不義何面目見汾陽王悉解甲歸公喜其來而悲其晚也曹武惠下江南城將陷忽稱疾不視事諸將問故曰余非藥石所能愈願諸君

誠心自誓期以克城之日不妄殺一人則自愈矣諸
將皆焚香爲誓秋毫無所犯孟子曰至誠而不動者
未之有也不誠未有能動者也故五月渡瀘而孟獲
華心是諸葛公之誠也出征朔方而懷恩授首是郭
汾陽之誠也師下江南諸將凜遵約束是曹武惠之
誠也公之誠可以格上天故雷鳴而海返風公之誠
可以動君父故節制萬里而
天子不疑公之誠可以安反側故鄭氏皆啣璧而來歸公

之誠可以定要荒而來遠人并可以感匹夫匹婦之
心以及夫昆虫草木之細故今東南之生聚教訓雞
犬桑麻皆公之賜也讀公之疏見公之心而使
天子鑒其忠舉朝服其識天下稱其剛斷之不可奪雖與
日月爭光可也余向在江南執掌簿書未獲悉公平
南始末今年春候
命都門得閱公平南實錄閩先生人士復郵寄公平南表
章徵序于余欲以壽之梨棗傳之後世余謂公章疏

當與陸宣公之奏議後先輝映文以人傳人以文傳
豈偶然而已哉因忘其不敏而爲之敘
旨
康熙歲次乙丑季春穀旦
賜進士第吏部文選清吏司主事加一級程甲化謹撰

敘

平園先生裒輯其尊人

靖海將軍侯襄壯公家傳及經畧海島之奏議始末而

皇上之所以寵賚元勳哀榮兼備者編爲二卷既鄉先生

具有頌言矣以書成於今不嫌俚陋屬予敘簡端欽

惟

國家應

天受命東西南北無思不服獨鄭氏負固厦門旅拒

王師後雖遠竄臺灣猶出沒爲患甲寅年乘耿逆煽亂入

踞漳泉以及惠潮七府人民受其痛毒

將軍奉

皇威總舟師大破澎湖直擣臺灣旬月之間降其王臣全

軍不殺六十餘年海氛一旦掃平鯨波而外自古正

朔不加者至是入版籍爲郡縣

將軍智以濟勇義而兼仁忠藎簡在

帝心勳烈書之國史矣雖然戰功曰多民功曰庸言多而

不及庸無以見

元勳之德繫人身後之思也以予所見言之方海患冐

被時當事議主坐困遷瀕海數十里內居民入內地

以絕其交通之路

朝命甫下奉者過於嚴峻勒期僅三日遠者未及知近者

知而未信踰二日逐騎即至一時蹌踉富人盡棄其

貲貧人夫荷釜妻襁兒攜斗米挾束藁望門依棲起

江浙抵閩粵數千里沃壤捐作蓬蒿土著盡流移自

癸亥歲

將軍蕩定臺灣請於

朝遷民悉復其業然爲年既久還者什但二三老成凋殁

稚少不識鄉里親婭相率始辨舊基認故戚以耕以

鑿一歲菑三歲畬漸次墾闢至無曠土乙酉秋予自

京回里望界外疆場或禾麥穟穟喟然歎息竊向

日遷界之苦余所親見今日還界之樂余又親見大

哉

將軍之功可銘閩山而不朽丁亥春由清濟出黃岡抵潮陽過攬表渡達海豐之境一望良疇曰美哉田也所云芊芊炯翠羽剡剡生銀漢此之謂乎居人蹙然曰

施將軍所貽也臺灣未平此皆界外荒區平後而荒烟野草復爲綠畦黃茂圯牆陁垣復爲華堂雕桷徵

將軍平海吾等無以安全於永久也

將軍爲

國家復數千里之財賦甦數百萬之生靈詩曰式闢四方徹我疆土于疆于理至于南海頌名康公而作也可爲

將軍咏之矣吾聞之源濬者流長根大者葉茂漢之高密唐之汾陽宋之武惠明之中山子孫奕赫與國同休

將軍次公澔江先生尹京兆四公清峯先生守廉州六公怡園先生提督粵東七公文健先生司馬鎮江八公希園先生襲鐵劵五公平圃先生守塋舊山毓情翰墨夫以喬木之家棨戟相望此古今所常有也其皆賢且材允有文武以光大其家聲則史冊稀聞焉蓋有十世之德者芘十世有百世之德者芘百世天人之理也

將軍功德百世祀之矣則宜有賢子孫以昌厥後爲

國世臣稽古鉅勳方之有耀予之爲此言也非以阿澔江諸昆季於今日將使其後之人銘勉而未艾者以

予言爲符契則亦忝於知言者歟

賜進士出身奉政大夫左春坊左庶子掌坊事兼翰林院侍讀陳遷鶴謹撰

施襄壯受降辯　長樂陳庭煥惕園

聞靖海侯襄壯施公建華表於溫陵通衢石鐫人物像鄭克塽奉降表跪道左而襄壯攬轡自如作傲睨狀鄭氏子姓往來恥由其下別市民居闢小閧繞出于坊北是兩家子姓皆不足以知襄壯之意也襄壯少以裨將從黃石齋相國出師知事不可為以奇策干石齋石齋壯其志謝之曰吾大臣見危授命慮不不及他子他日當自為之同死無益遺之去此其大

度遠識豈武夫闒將邂逅以成功者比哉及閩亡乃從鄭氏為之盡力成功以小嫌殺其父若弟毆之歸

我

朝卒奏蕩平之功使卧榻側鼾睡之海外彈丸悉歸混一是蓋有天焉克塽降表之來在襄壯駐師澎湖之日非親授受也及襄壯入臺灣克塽迎見於天妃宮握手開誠矢不宿怨以安衆心禮待優厚出鄭氏之望外親為文祭成功語簡要得大體而微寓其不仇故主之意此豈淺人所能者而謂於受降之初倨傲鮮腆挫辱其遺孤以為快其亦必無之理矣夫襄壯始之去就事近伍胥本無可議其禮待鄭氏心事如青天白日則有非胥所及者而行事適機宜其襟懷識量雖古人物曷以加焉余懼兩家子姓終不察其意使後之人疑襄壯為悻悻之小丈夫也是不可以不辯

重刊靖海紀事序

歲甲戌余以公車入都榜發獲雋後公事匃當日不暇給越數日得家書知日本駕樓船到臺灣聲言尋生番宿怨實欲窺伺臺地詢之同人則云羽檄至都已數日矣閩省距　京稍遠臺灣尤在海外非親履其地誰能述悉情形雖蕞爾小醜不足爲憂而
聖天子關心瘼爲之宵衣旰食諸執事仰體
聖意莫不焦思博訪思所以預其防而紓其難於是沿海

戒嚴東南數省及閩之泉漳二郡籌防尤甚而中外咸追思靖海將軍靖海侯施襄壯公矣夫人當平居無事之時凡前之人手刃大難身貽大利往往安若固然習而忘之及事起倉卒動魄驚心始念及當日之海氛蹂躪唇齒相依非其人之深於諳練孰與入波斯而奏奇績也非其地之悉隸版圖孰與保門戶而固大局也非其土產之供乎內地舟楫之通乎上游孰與廣貿易而饒生聚也則有慷慨歌思欷歔感泣相與長言之詠歎之之於靡既者矣我　先靖海將軍靖海侯襄壯公祖伯少長濱海壯歲從戎其於兵機之權變海道之險阻靡不熟悉閱歷成算在胸是蓋由天授焉故區區焉以臺灣一隅爲慮及受
聖祖仁皇帝特達之知由閩省水提軍門名授內大臣侍直
禁庭十餘年君臣相得之樂有非他人所能喻者迨膺
簡命專征臺灣六月興師一鼓而平澎湖三十六島鄭氏

納款海外遂成一重鎮焉凱旋後都人士集其前後疏章兩兩符合所謂坐而言即起而行也至歷叙戰功則詳於鄉先輩數序之事披瀝肝膽指陳形勢則見於奏疏數十上內固無庸余贅也是歲日本之役余在都蒙　總理各國事務衙門諸公延問臺灣情形并及　先侯事蹟余以靖海紀事對始歸而謀重鐫付梓公諸同好有福清家選卿孝廉知其事郵寄陳惕園先生文集來中有受降辯誣一條屬余付刊

紀中余維 先侯廓靖海疆芟夷大難爲
國爲民心事固自昭然而 惕園先生以名孝廉司鐸
数郡所至留心世道丕振文風今更爲之論斷誠相
得益彰亦可謂深知 先侯者矣因弁付手民以見
公道自在人心也茲者日本悔禍息兵歸國臺地烽
火無驚番社新拓 部議增置州縣專設大員建節
斯土將來人文之盛物產之饒且媲美內地覽是紀
者知今日臺灣之重即可以見 先侯當日之心而

凡我後嗣子孫尤當知荷
國恩紹祖武相與繼繼繩繩克振家聲韓昌黎所謂有爲
之前而美彰有爲之後而盛傳者是又余之所深企
也夫是爲序
光緒歲次乙亥季夏
賜進士出身奉直大夫兵部員外郎武選司行走加一
級親房姪孫葆修頓首拜撰

平南行有引

予自旋里後杜門讀禮概不與外事每念閩變未
嘗不爲之撫膺而髮指者也幸
大師光復咸慶太平而妖氛遠竄荒島負固未平賴
將軍一鼓成擒功逈萬世海隅日出之邦靡不歌功
頌德矣閩縉紳先生及都人士謳吟傳記過于鄧
林余時取而讀之獨有平南奏疏一編不覺拍案
叫絕曰偉哉偉哉將軍平南之功久聞之而未知

其詳如是也將軍忠勇之名久聞之而未知其實
有如是也是眞可歌而可述者矣所謂愛慕之不
盡故咏歌之咏歌之不盡故長言之因俯仰有懷
爲之賦平南行一章以附其後使采風者得此益
見將軍之功德眞足勒銅柱而圖凌煙也云爾

大海洋洋久難平鯨鯢噴浪戕羣生三世孽惡逆顏
行
宵旰憂勞不得寧頻年 禁旅費羣征浪蕩水仙逞戰爭

誰敢持籌搗賊營立爲四海奏澄清不世奇人天所
生維　公應運發其英旋膺
特簡下南津散金賞士集艨艟聚米要形瞭目中疏請廟
謨決撲滅羊裴先見古今同羊公平吳任阿童爐炬
截鎖渡長江鼓棹乘風一帶耳目喻出奇詎若公淮
西雪夜襲蔡州不過平陸運機籌曾似波濤間出沒
指揮梟艇奪上流澎湖環島三十六臺灣港門復詰
屈佛狠猛發吼如雷粗糠水犀白於月拚空巨涌千

尺雪樓船游虜擲龍穴東南助勝神風廻飆化清泉
三軍足區區防禦竟何爲共知天意端有屬廻潮氾
擊鐵關開沉若一箭拂塵埃孽魁君臣銜櫬來公手
釋之忘仇猜滿人歡喜番人哀兵不血刃俘其魁旁
稽難民盡放同勝代餘裔保無殃傷者給藥行給糧
晏然不知有疆場奏凱獻四上
宣聽鐵券山河帶礪長從此海波示不揚
帝曰咨卿寄一方行加九錫賁　龍章出則尹名入周美

與國偕傳及無疆君不見海內乂安外國至梯航貢
琛爭獻雉重譯遣子來入侍非公蕩平孰所致他日
召公入
帝廷絲繡太平歌燕喜武功既崇文德洽勳名焰耀垂汗
史今玆謳吟躋介兕觥申沐浴仁風爾猶歟隆哉我
公功德安有既

三山鄭開極具稿

跋

平南之役

聖天子授鉞推轂於我

大將軍施公而　公果以膚功奏其知人善任誠千古

帝王命將之盛軌哉顧嘗思之古今克奏膚功者皆

其謀能素定熟識情形深知彼己是以弗戰則已戰

則動出萬全功成一鼓今讀　公平南始末奏章如

審陳專征諸疏可謂成算在胸瞭若指掌矣然皆不

越其始所預策方康熙六年　公以蕩平機宜請也

有云據澎湖以扼其吭賊膽必寒先宜

朝廷德意如大憝勢窮革心歸命則姑從寬網亟與安插

臺灣可不勞而定此謀定於十餘年之前乃今一一

如取左券雖淮陰築壇之對營平金城之圖王朴平

邊之策曷以加茲初　公之畫是謀也或且難之而

天子獨排衆議悉心委任竟使　公伸其十餘年前素預

之謨　公何幸遇特達之

聖主得以勝任愉快而建不世之奇勳耶然此猶以武功

言之也若夫　公之文德則尤近古以來名臣宿將

所未易彷彿一二者致遠竊讀　公之疏而知之也

公諸疏凡條上便宜着着皆符

廟算着着各奏成效而一念悱惻曲體

皇上好生之仁遂使窮島萬靈重蘇於筆下蓋其揆之心

者明故其抒之筆也達是固非記室參軍操翰幃幄

者所能贊其一詞也昔武侯竭冠馳驅躬在行間斗

命之下親校簿書而前後出師二表探喉而出遂爲

古今奏疏第一忠肝智膽照耀史策千載下讀者至

爲感激流涕是皆至性之餘溢爲文章故無人巧安

排之迹而有天工自然之妙以視　公疏眞堪頡頏

矣　公軍旅稍暇輒賦詩磨盾不廢文事謂　公獨

以武功著乎哉語曰天下危注意將天下安注意相

今海內昇平方敷文德之化以　公文事武備兩者

兼優爲將爲相無往不宜又奚安與危之可分則出

爲舟楫入爲鹽梅
天子之浩意於　公當有加無已也而受福者不獨吾閩
矣

晚生蔡致遠頓首拜具稿

平南賦

海氛煽虐數十載
大將軍施　銜
命徂征一戰而克平南夷既一編乃都人士家謠戶頌
積成卷軸也雖里巷之詞而輶軒足採乃摭其事
實而作賦曰
槩
帝德之光華曰聖神而文武耀化日於中天颺仁風於率
土賡一廷之都俞舞兩階之干羽張百旅之熊羆扶
千屯之貔虎六服率賓萬方安堵靡不稽首來王輸
賓天府惟是東南一帶溟渤奧區蛟鯨出沒陸梁逋
誅依黿鼉以窟宅聚蜃蛤而爲徒乘風濤以鼓播
毒睒於萑苻長使海濱黔黎毀家破室雲屯士旅抱
戈枕柂嗟桑田之萬頃乃矚望而平蕪困頳魴於涸
澤泣流鴻於征途錯烽煙於野戍栖燐火於寒墟至
於淒風鳴柝涼月啼烏莫不含酸茹感惻愴嗟吁

天子乃念南國之仳僑每殷勤而宵旰曰惟予股肱孰是
仗旄秉鉞爲海邦翦此暴亂僉曰惟彼元勳夙膺寵
眷俾控制以專征用克紓乎廟算
帝曰都自江以南倚汝爲屏翰其克奏膚功以靖此多難
於是分虎竹綰龍章辭禁衛出
帝鄉貔貅夾隊魚麗成行戈鋋的皪旌旆飛揚駐雄師于
澤國若雨集而雲張惟其地當斥鹵井竭水漿喜甘
泉之應禱供萬竈之餱糧乃修樓艣爰戒舟航凌中

流以擊楫攬形勢於滄浪先卜期以決勝奏神策於
廟堂緊重淵之瀾漫慨風浪之不常望蜃樓之縹緲
嗟欲濟之無梁因而畫沙爲隄聚米成島孰漂疾當
其驚湍孰盤渦介其要道孰旁涯而可泊舟孰順流
而堪直擣敵巳在吾目中胥按圖而可考定方畧於
金城羡充國之計早知拉朽而摧枯胡險阻之能保
爾乃乘機制變六月興師舳艫千里霄漢蔽虧劒氣
干雲而燗爍甲光冒日而陸離橫鶩波以伐鼓撥瘴

霧以揚旗各星羅而棊布聽中堅之指麾因念蛟宮
盤踞兎窟憑依既蜂屯而蟻聚復扼險而負危雖投
鞭之可斷匪制勝之機宜故毀軍以驕敵弄股掌之
嬰兒彼乃疎汎守撤藩籬謂北來之軍旅豈渡江之
能飛橫千尋之鐵鎖沉水底以何爲於是鼓輕橈浮
彩鷁溯洪波撼絶壁凌馮夷之宮擣潛虬之宅維時
衝飈怒號狂濤湍激飛沫噴空滂湃澥汩吞海岳以
俱冥合水天而齊碧百族爲之震驚千靈爲之辟易

天吳排浪以浮游罔象穿煙而蹩躃篙工柁師逡巡
踧踖莫不輟擢停橈驚心動魄爾乃精誠上格叱電
驅霆飛廉頓轡屏翳潛形波臣歎焉助順海若剗其
揚靈爰散金以誓士耻與敵而俱生復焚香以戒旅
惟妄殺之是懲於是軍聲震士氣騰艨艟發枹鼓鳴
搓赤羽麾青萍殲怪鱷殪毒鯨弓不虛發矢必應聲
倒戈漂鹵流血波赬既獻俘而授馘遂掃穴而犁庭
乘長風以破浪藉專閫之威稜因而傾其巢剗其壘

敗甲殘鱗俛首帖耳濟藥石以扶傷俾瘡痍之咸起
仗天威以縱擒使歸布其德旨曰網漏之餘魂漫稱
雄于井底將計日以成擒胡憑陵之足恃念靖海之
含靈皆
聖朝之赤子無追踪於田橫五百人而俱死倘銜璧以來
歸當茅土而錫爾惟公事之勿當何私仇之足恥彼
乃籍戶口輸土田匍匐蟻伏稽顙軍前曰南人不復
反願稟朔于堯天知

靖海紀事　賦　四

聖朝之寬厚必罔治于厥愆若夫哀鴻失所瑣尾堪憐延
頸企踵覔望久懸瞻王師之至止胥雀躍而歡顏陳
壺漿而塞野奉筐篚以周旋桑麻無擾井里依然耕
不輟耒賈不易廛相與脫釜鬵之苦登衽席之安更
有流離遷客顛頷閩嶠弔天涯之魂影悲絕徼之風
煙盻征鴻而帛書難繫吟夜月而笳拍空彈望鄉關
於萬里長掩涕以流連欣撥雲而見日樂故土之生
還乃復納叛招降編諸部曲曰蔡人即吾人務推心

而置腹彼坑卒於長平何徒肆其殘酷化鷹眼以咸
馴各賣劍而買犢念勝國之宗支寄寬身於窮谷懷
禾黍之故都每悲歌而當哭彼白馬以賓王殷宗為
之不覆惟
聖世之芳規曠千秋而並燭於是雕題貫胸之衆獠齒梟
鵰之倫延首請吏願列編氓遷情反志服教畏神固
絕徼荒陬盡變為樂土何殊方異類共識乎尊親若
乃威靈遠暨悉主悉臣陸讋水慄奔走來賓琛贄重

靖海紀事　賦　五

譯而交貢梯航接踵以並臻火齊木難之實珊瑚玳
瑁之珍烏集麟萃靡不咸陳豈中朝特貴乎遠物乃
遐方共聞有聖人由是鐃鼓傳下戈戟唱天山之歌
勒燕然之筆交趾之銅既標淮西之碑亦立捷音颺
發于閶闔露布星馳于北極六合莫不騰懽
至尊為之動色曰海波之載揚四十年如一日吁嗟乎蒼
生不安于稼穡仗爾師貞一戰而克從茲發運除劫
灰熄樂桑麻恬作息南顧紓憂云誰之力其遠謀袞

封用彰彼勳德爾乃登
清廟播樂章告海邦之清宴慶社稷之靈長遂褒以絲綸
之
天語錫以黼黻之袞裳指河山而盟帶礪分茅土而勒旂
常謂爾元戎邦國之光用錫爾鐵券汝其世守而承
藏藉金城之萬里用屏衛此一方奠封隅以永固鞏
奕葉于苞桑追伏波之舊烈曠百世而流芳於是居
者相與慶于閭行者相與歌于市胥朋酒以言歡屬

吉甫之燕喜願長借乎袞衣沾雨化於桑梓若乃鈴
閣餘閒左圖右史吐握下賢赤舄几几門多珠履之
賓座滿縫掖之士同雅歌於祭遵等輕裘於叔子介
甄肅于秋霜心復澄于止水彼烟閣與雲臺知姓名
之永紀備採風於輶軒詞罔逃于下里乃歌曰嗟滄
海兮噴狂濤蛟龍鬬兮虎豹嗥兵車絡繹兮饋餉勞
悲中澤兮聲嗷嗷孰提師兮奮旌旄麾霓虹兮劉寶
刀淬龍泉兮鵰鶚膺入蛟宮兮斬毒蘢斬毒蘢兮奠

滄海吁嗟偉烈兮斗漢爭高

門下士周澎百拜具草

靖海紀事上卷目錄

上卷終

乞公肅拜尚父鷹揚麦提王旅聿靖海疆帰黔黎
於故土開郡邑于遐荒茅封
寵錫秬鬯馨香伏波燮鍊克國康强肅宗臣之遺像聿
廟食于無疆愧乏龍門史筆特勒麟閣容光兩島
八閩皆誦德千秋萬禩永流芳
賜進士出身奉政大夫左春坊左庶子掌坊事兼翰
林院侍讀年姻家姪陳遷鶴頓首拜贊

襄壯公傳

公諱琅字尊侯琢公其號族世里居別見先代譜牒不具誌父達一贈公舉丈夫子三公其仲也將誕母太夫人洪有神授寶光之夢覺而異之遂生公少倜儻氣骨不類恆兒鄉薦紳莊公際昌一見大驚異里有神宇曰定光庵公垂髫詣神稽首彷彿見神豎膝之拜起公亦默以自異既而贈公遭外艱家落公年未及冠學書未成棄而學劍從其師習戰陣擊刺諸

技於兵法無不兼精遂智勇爲萬人敵明季有主兵者募壯士置巨鐵鼎中庭重不下千斤集健卒數千輩莫有舉者公熟視曰無難耳奮袂一挈行數十武徐置容色無纖毫改主兵者駭曰神力也署爲千夫長任事未久度其不足與大有爲因辭歸而以其弟顯公代當是時有武毅伯福者公族父也爲帥府將中軍以公名揚於帥因援以爲副委之兵柄毫不爲牽掣曾泉郡山寇四起當事稔公能命率師勦捕擒

戈一指賊亡魂潰散後先廓清山寨三百餘所活民
命不勝計覲察曾公櫻偉其功殊欽禮焉比漳寇葉
積徐晃輩憑陵郡邑毒燄張甚公奉檄進討積素猛
鷙號莫敵公接戰揮大刀斷其頸賊衆驚潰遂擒徐
晃降其衆千餘當事上其功拜遊擊將軍後復追賊
入潮陽草薙食獨鋒銳莫敢攖所招降桀魁數十輩
後多有致高官領節鉞者崇禎甲申明祚覆於闖賊
旋值

興朝鼎革弘光建號江以南以公將畧素著由參戎晉
副總兵越丙戌隆武從閩中建號擢公僉都督任左
衝鋒當是時
王師未下閩關以外寇氛殊充斥公奮力勦討多以
功爲同輩所忌嘗統偏師入賊巢而忌者後軍不繼
雖勢極窘公故示鎭定薄暮迫賊壘而營賊畏憚
未敢犯因乘夜從間道旋師迷失途徬徨榛莽中有
羣虎隨軍行止委蛇導引得達於大道與諸軍合其

靈異類若此公知勢不可爲乃率衆奔馳自南雄抵
潮郡適潮將郝尚久者粵帥轄也陽犒師牛酒而包
藏禍心召諸部陰爲圖公公偵知其事急拔衆走饒
平踞守閱月突圍出且戰且行連日夜間關險阻從
弟肇璉肇序皆隨歿軍中而先是在潮陽所招降戰
士多散處村落聞公至皆迎拜擁護以行遂集勁卒
得八百人至黃崗鎭暫憩焉當是時閩事既敗永曆
猶建號粵中鄭成功托故明藩封棲海上素悉公英

名欲倚以爲重遴入海禮遇初甚渥凡軍事必咨商
及有告以公嘗夢爲北斗第七星者鄭心忌之會以
權匱議剝剋粵中公正言以阻有標弁得罪恃鄭氏
親暱逃於鄭所公申軍法擒斬之復攖其怒遂執公
禁舟中并分禁贈公及家屬公弟顯時統兵惠潮間
聞信馳歸亦被執焉時守公舟者爲抄習山帳下林
故與公善且敬事公因囑其善待會有以危狀白公
覺畢徉晒曰此易與耳守者詢以故公曰藩欲吾輸

金二千吾業有千餘再告貸數百則足矣守者信爲然薄暮則令守卒二十餘人隨往借貸行漸至寥曠所公故坐不行守者疑環而前執公起仆數卒提守者捽擊皆辟易遂脫身夜二鼓鄭氏果遣人欲害公見已遁歸報乃環島遍索而公實匿石穴中已五日無從得食潛行山谷間遇田夫問道詒以旅行不當太早爾何爲者稍近物色之則錯愕長跪曰爾非施公乎本藩懸賞格購公急猶在此乎欷歔泣下因匿

公至家告其母烹伏雞炊粥以獻其人貧而孝公義之匿數日謀他適潛引十餘里拜泣曰公行矣誓爲公死勿敢洩以故公得乘夜潛達於蘇茂所焉茂故公部將時爲鄭氏左先鋒爲人磊落抱義氣見公悲且喜匿之寢室且日置酒名公諸舊將則有鄭文星張猷楊文林照與其弟福等畢會酒既酣談及公茂故責諸將不實力搜索諸將憤慽之越日復名飲慫責如初猷照憤不自勝拔匕箸起曰若爲公心腹背

義若此吾曹何面目與俱生文及文星解而翼之出令居外曰待吾入探其情入執茂手曰君今日情事豈別有機關乎茂察其眞誠乃曰君輩共仗義是吾心也遂實告以公今在是則與入寢室擁抱而泣皆曰勢急矣謀脫公計而鄭氏已蹤跡至茂家搜甚悉茂匿公床被中茂妻坐其前故摩幹示之搜者視無有乃去是夜艤舟以所親勁卒翼公揚帆北渡鄭氏偵知召訊茂披陳大義一無所隱鄭陽獎而釋之後

終以脫公故殺茂時武毅伯福已歸
本朝駐安平聞公信潛駕舟相待得入內地此天之所以玉成豪傑不使泯沒而爲
本朝建奇功者也鄭氏聞公脫身頓足曰唉吾不幸結此禍胎貽將來一大患蓋知之矣當公匿山中時有欲掖公弟顯脫者顯曰吾去則索吾兄必更急且慮并及雙親爾曹速爲吾兄計勿以吾爲念及聞公脫則悲歌慷慨仰天自誓曰吾且暮慮父子兄弟俱死

無爲耳今兄得生勝吾生十倍復何憾哉顯英勇名
與公竝嘗鞭馬疾馳遇稠砦手扼其上枋足夾馬馬
不能前提戈縱横敵陣中無不披靡者其孝友根自
天性雖被禁無怨言從贈公遇害神色不撓稱當世
烈丈夫云其事蹟具有可考迨順治八年辛卯公駐
安平方枕戈謀復仇値當事有異議撤安平兵公乃
仗劍之粵中從封疆巨帥平定高瓊雷廉諸州再克
潮陽復假歸泉郡投閒無事常與泉中賢士大夫交

楊公錫璜者勝國遺籍也重公才望爲忘年友常見
公獨居深念鬱鬱不得志慰之曰公非常人也何患
不雪仇建勳掛侯印肘後吾子孫猶世世席公庇也
歲丙申海氛洊熾定遠大將軍以公宿望習海上情
形命爲前部揚旗出烏龍江口而賊屯盡解制府李
公率泰剡公勞績於
朝授副總兵遂領前鋒薄閩安鎮星羅塔諸城兵到處
無不克者旋移駐同安與厦門賊壘相對公運方畧

無不克者旋移駐同安與厦門敵壘相對公運方畧
捍禦前後禽其驍將十數輩所招降萬人賊由是氣
奪而瀕海稍稍安焉既而
朝旨命大司馬蘇公納海蹕定邊界見公戰守機宜有古
大將方法列疏入告
特旨晉僉都督總同安兵康熙元年壬寅擢提督福建水
師自兹秉鉞專閫而公始大展驥足矣越年
上遣兵曹郎黨公古里察閩疆形勢公爲密陳金厦諸島

可取狀比歸奏聞
天子可其策復命古里就公謀機宜遂下期進兵時北帥
出金沙遇敵失利制臣持重撥公暫止者再公業有
成策鼓將士乘風波直薄金厦銅山諸島連戰克之
敵帥倉皇不相顧棄巢穴遁歸臺灣其文武諸僞職
領樓船拔蹬歸誠者萬八千餘衆册功授右都督明
年掛靖海將軍印統諸鎭征勦臺灣往往爲颶風所
阻以故暫停止既而公復密陳邊患宜靖一疏急欲

爲掃平臺灣計
上覽疏召詣闕面陳所見時戊申三月也公至京
朝議循於招撫撤水師提督授公內大臣晉爵伯從玆
周旋禁近嘗於朝退休閒翻閱歷代二十一史鑒古
今成敗及名臣言行可法者一一具誌諸胸中一時
賢公卿習與交遊皆嘖嘖稱道有卻穀儒將風計近
光十有餘載會閩省以逆藩煽亂故海氛乘之復熾
東南億萬戶漁鹽耕織咸失業

天子惻然念之爰集諸廷臣詢勦取臺灣方畧咸謂海波
不測度無奇策可制勝皆逡巡謝不任
天子念壯猷碩畫無出公右者敕備宴內廷召公計事公
從容拜稽首具陳海上肆毒幾六十年夫十日十二
子相對數窮六十其將復平今卜之天時揆之人事
鄭氏氣勢決不能再延且臣料其一二巨帥雖號桀
驁以臣視之直狐鼠耳當非臣敵也因度已度彼指
掌條奏甚悉

上大悅晉公太子少保復畀之節鉞命提督全閩水師將
辭朝
上臨軒勞之曰平海之議惟汝寻同頗努力無替朕命公
至軍練兵整船以需大舉適舟師泊平海其地斥鹵
衞城舊惟一井涸已多年軍中艱於得水公焚香就
井拜禱甘泉立湧足供萬灶炊因題石以紀曰師泉
志異也當是時議欲乘南風直搗澎湖先扼其咽喉
而同事者多柄鑿以故公密奏特奉專征

俞旨而諸鎮臣吳公英林公賢朱公天貴陳公龍楊公嘉
瑞陳公昌皆以所部兵屬焉遂于癸亥六月朔日進
師議者謂盛暑不利征戰公曰毋憚暑兵法不曰出
不意攻無備乎師出未及戰先聚米作地勢示諸將
曰如此入港如此泊船如此進戰不用命者無赦諸
將皆曰謹受命當是時敵已據要地爲壁大集舟師
于雞籠山左公察其堵禦甚堅故羸師以張之示無
能爲敵果撤兵守公遂揚帆入諸軍陸續畢進忽颶

風大作波濤洶湧昏霧塞天地軍中大恐公再拜望空禱告須臾雷聲震風定霧收視海波恬如也遂散金犒士卒而誓之曰不滅臺灣有如此水即率所部舟師協力向前而先是公慮風波搖撼中諸將校首先破敵者宜辨列姓名大書舟篷望進退以別賞罰以故臨敵踴躍爭先奮死力衝擊賊舟所焚溺不勝計適南潮正發前鋒艑艎壓疾流廹近敵壘遭重圍幾殆公親駕樓船往援賊望見旌麾皆環廹鈎舟接

戰公傷眼血流被面諸將校之當前鋒者皆冒傷奮擊殊死戰不可撼而公第六子世驃猶子世騋冒矢石赴援諸軍繼至夾攻賊遂潰會天晚暫泊舟西嶼乃復嚴條申令行賞罰剖功罪將卒益鼓勵於是駕小舟親察澎湖形勢設疑兵布置諸所乃分戰艦爲八股作三疊前後左右有法公居中調度諸將聽號令爲進止遂聯綜進廹賊巢賊舟大小數百四出迎敵炮矢紛紛雨集烟焰蔽天咫尺莫辨我師奮力致

命呼聲震天地無不一當十百當千自辰至申鏖戰幾盡殄賊焚殺死亡殆盡浮屍蔽海波面皆爲之赤賊帥勢窮奪小舟遁去遂平三十六島是役也自銅山發師至戰克澎湖凡七日焚殺賊將四百餘輩賊兵萬二千有奇降賊將百六十有五賊兵四千八百五十有奇獲樓櫓甲杖器械不計而賊之精銳全覆沒矣澎湖既清居民多驚竄公急令招徠戒諸軍無秋毫犯或謂鄭氏有仇於公今敗殘之餘譬猶釜魚

籠鳥何不急撲滅以雪前恨公曰噫吾爲國爲民耳豈沾沾私怨爲若能卹壁來歸當力疏奏赦其罪毋苦我父老子弟幸矣於是悉放所獲卒歸臺灣帶傷者濟以醫藥而口糧給之敵衆聞之皆私相告曰公仁人也莫不感泣願內向鄭氏既窮蹙無可奈何而又覘公無屠戮意乃齎表詣軍門乞降公疏請報可遂于八月統師入臺灣市肆不驚耕耘如故士民壺漿簞食以迎皆遮道泣數行下謂我等見公如見父

毋但恨曉耳即殊方雕題諸衆向不屈於敵者皆重
譯來歸願奉
本朝制度而前此內地軍民獲於島上者皆僕婢畜之
公悉按其籍遣歸之凡有明宗室王子避地海外者
初不爲禮公疏奏釋歸俾安置各得所焉當露布
捷時適際中秋令節
上覽奏大喜悅即解錫所御龍袍復獎以
宸章謂其忠勇性成韜鈐夙裕身奪其氣誠致其歸所

以褒寵公者良至遂加授靖海將軍爵通侯世其襲
臺灣既歸版圖
上從公請置爲郡分縣治三議者以其地沃饒賦宜厚公
曰海邦新造正宜輕稅欲以示
國恩奈何重征求以滋反側力疏陳懇請裁減賦額十
之四
上嘉納之已復奉
朝旨遣樞臣入閩議徙新附弁員駐外省公洞悉利害

抗疏入告請就本省安置一力擔當絕不以市恩避
衆謗衆安土者須德焉蓋公平時熟覽陸宣公奏議
諷誦不釋手凡先後入告諸疏皆公以眞肺腑呈于
筆札原不假記室爲捉刀以故言言剴切悉動
天聽大率從宜公奏議中來云戊辰朝
京師
上命宗室侍衛額駙禮部諸大臣設供帳三迎途次因
陛見暢春苑復召對乾清宮

溫旨慰勞問地方得失甚悉公拜手據誠以對
上命詞臣徐嘉炎纂輯記君臣投合盛事豈異數也辭
闕還署數年癸酉復赴
京朝見公春秋七十餘
上顧其步履稍艱敕侍臣扶掖拜起賜坐奏對因奏老臣
力既衰不堪重任願賜解職依
闕下
上溫喻再三謂朕用汝心非用汝力勉爲朕鎮鑰天南後

二十年許卿再覲耳公拜恩復還職越三載遂得病
薨於官署年七十有六時康熙丙子三月二十一日
也遺疏薦賢語不及私
上聞嗟悼久之詔贈太子少傅諡襄壯命禮臣從優議卹
錫恩綸祭葬者三閩中紳士軍民聞公薨皆巷哭失聲羣
立祠歲時祀之尊奉爲明神有所禱輒應云公容貌
魁偉恍毅有謀畧用兵務持重許出萬全不株株摹
古人兵法而出奇動與之合至於臨大敵決大疑守

之堅定衆咻不搖故戰無不克而將立蓋世奇勳常
著五花陣法指授諸將多能演習從公部曲起家至
方面大帥者指不僅一二屈平居接賓客嘗張筵醼
接士大夫促膝談書史論古人事當否亹亹不倦羣
重儒學捐千金崇修
文廟爲士望所歸性好音樂至晚年尤甚嘗集諸詞客
製新聲譜之樂府儼有東山逸趣其待桑梓甚有恩
凡關民間利弊必咨當道興革之遇歲凶卽嘗穀踴

境以濟民食郡有雙石橋跨江橫建便車徒來往適
殘敝荒廢幾盡公捐俸鼎新而利涉有賴焉至天性
孝友尊贈公與太夫人定省罔攸懈撫其猶子韜愛
尤篤曰吾弟骨血惟此耳吾恐以已子加吾猶子乎
於公暇拓建大小宗祠展親之事以次修舉而先是
任同安值瀕海播遷不憚多費粟金構廬舍給斧資
以安諸子姓之失所者方之范文正之置義田其意
豈異耶公有子八曰世駿候授部郎早歿曰世綸以

廕名第一選
主知現任京兆尹曰世驥候授部郎亦早世曰世驥官廉
州守歷任皆有政聲曰世騋
特旨留閩以衛守注職銓曹耽文章詩賦曰世驃嫺將畧
有父風歷建勳績
特簡提督東兵曰世驛吏才敏練現佐潮州郡曰世范以
父命襲侯爵侍廷闕諸孫數十人皆彬彬以文名武
畧世其家公嘗語人曰國恩深重吾老矣恨無以報

所願兒曹各努力爲
朝廷効尺寸勲勞圖報稱於萬一耳今有子若孫象賢若此繼公緒慰公志也且以見仁人之宜有後云

德馨曰余觀古大帥秉鉞登壇建不世奇功萬里而取封侯者歷代有之若公生於斯帥於斯樹勲錫爵於斯後先數十載皆不出吾閩中豈不卓卓稱僅事哉說者以公爲閩中川岳降神特庇吾桑梓使諸族姓均蒙其休焉非虛言也余生也晚不及見公少壯

時事而得諸宗親父老所傳聞蓋什有八九矣因筆之以垂家乘焉

鄉進士福建臺灣府儒學教授叔德馨謹撰

御勑宸章及平海奏疏總錄小引

蓋聞如綸如綍王言所以寵賚羣工嘉謨嘉猷臣衷所以入告我后惟國史之必書宜家乘之備載
我
先襄壯公受任靖海其進取報捷屢形章奏迨
褒崇錫爵疊見
恩綸茲脩族譜悉當記錄顧
誥勑宜冠簡端而奏疏應列卷後但勞臣宣力歲月具

有後先
聖主酬勲寵班亦分次序是以依春秋編年之例不無錯綜倣史漢列傳之脩並存始末庶後之孫子溯
先烈須
聖恩易于披觀不至或紊云

康熙四十八年己丑仲夏吉旦五男世驃謹書

提督福建全省水師總兵官右都督臣施琅謹

題爲邊患宜靖逆賊難容謹陳蕩平機宜以效忠悃以

奠永安事竊照鄭賊負嵎海上久阻聲教致干勦討

遁竄臺灣絕島恃險負固雖戢翼斂跡未敢突犯而

蜂蠆有毒沿邊將爲不寧堂堂

天朝萬國賓服豈容此餘灰以滋蔓患曰

朝廷廣開洪仁遣官招徠

德至寬大茲總兵孔元章招撫回歸只稱有的確公務臣

密詢押船官林功勲渡載孔元章往臺灣探賊中情

形未必有歸誠實意使果傾心向化則海靖邊寧無

庸討論今

使命兩次到彼並無的當僞員同來輸誠惟聽口傳豈可

憑信倘復頑梗如故似難中止臣荷

恩深重與賊仇不共戴睠此逆賊跳梁能無扼腕雖躬履

險阻身歷波濤亦必滅此朝食伏思賊黨盤踞臺灣

沃野千里糧食匪缺上通日本下達呂宋廣南等處

火藥軍器之需布帛服用之物貿易備具兼彼處林

木叢深堪于採造舟檝以致窮島一隅有煩

南顧爲今之計順則撫之逆則勦之若誌其生聚敎訓

恐養癰爲患且此時經制船隻尚堪遠駕過洋舵梢

見有可選遲之數年船隻久壞再造則損

內帑之金舵梢星散名募安得慣洋之人萬一蠢動厲

費驅除以臣愚見不如乘便進取以杜後患夫興師

所難在于招兵措餉製器造船今徵大舉所不庸計

慮者閩省水師官兵共一萬有奇經制陸師及投誠

閒曠官兵爲數不少皆爲防海而多設也就水師中

選撥精銳者可得六七千海澄公臣黃梧標下慣海

併壯練者可擇選二千有奇倘投誠眾未盡散內多

有慣海舵梢及精銳者可揀選數千此數若未敷足

用就與陸師中酌選湊共二萬便可合爲勁旅兵在

精不在多也閩省全轄大小戈船共二百隻選撥一

百七十隻小快哨一百隻選撥七十隻其餘留爲防

汎及運載糧餉傳報往來軍情之用應再造大水艍
船十餘隻以充前鋒另造渡馬船二十餘隻便於配
載計此新造三十餘隻之船爲費不多其經制大小
戈船見在題
請例應大修伏乞
勅部給此應修銀兩發付修葺不用溢額增加册械業已
堅牢將預備之兵糧船將充東征之戰勝攻取無煩
徵名不事蕩費戮力討平海甸永清誠長便之舉也

惟是航海遠征後先抵岸各兵湊集非親經訓練臨
時難以信恃兵額既定分撥八千爲水在船以接戰
一萬二千爲陸登岸以進取臣將此二萬之師分爲
水陸躬督操練加之數月將得兵心兵知將意方可
渡海遠征至于選任將領疇堪前矛疇堪後勁必其
經歷戰攻身先士卒夙有成効者乃堪委任臣于閩
中經制及投誠將領稔知有素另俟
命下之日會議選擬定數具冊報

聞臣矢志報
國敢遺餘力第思任維艱而責甚重伏乞
皇上賜臣稍以便宜得于軍中申嚴號令庶膚功克奏又
當
密勅藩督撫提諸臣會商妥確催督修造戰船備足糧餉
選調官兵付臣整練完備相機進取居者行者各盡
其力則動出萬全前次東征兩阻風濤之險逆賊雖
未撲滅人謀亦未允臧投誠官兵眷口多在彼處新

附人心參差未一鳩烏合之衆以事負海之表其未
至誤公者誠賴
國家之福臣奉有
成命勉應擊楫固逆知其難也今臣思選擬將士修葺船
隻操練習熟紀律嚴明成算在胸故敢慮勝而動查
澎湖爲臺灣四達之咽喉外衛之藩屏先取澎湖勝
勢已居其半是役也當勦撫並用舟師進發若據澎
島以扼其吭大兵壓近賊胆必寒遣員先宣

朝廷德意如大憝勢窮輩心歸
命抑黨羽離叛望風趨附則善爲渡過安撫可不勞而定
倘執迷不悔甘自殄絕乃提師進發次第攻克端可
鼓收全局矣但遠征外島風信靡常當假以歲月不
可限以定期臣整備舟師枕戈待時或急遽以擣巢
或緩重以制勝奏捷遲速雖難豫定然滿腔血誠賊
一日未滅臣一日未安籌度時勢定當掃除氛而殄
黎元義不以賊遺

君父且數年以來沿邊江浙閩粵多設水陸官兵佈置錢
糧動費倍增皆爲殘孽未靖之故如臺灣一平防兵
亦可裁減地方益廣歲賦可增民生得寧邊疆永安
誠一時之勞萬世之逸也若以臣言可採伏乞
皇上勅部議覆施行
康熙六年十一月二十四日題　康熙七年正月初
十日奉
旨渡海進勦臺灣逆賊關係重大不便遙定着提督施琅
作速來京面行奏明所見以便定奪其施琅之缺著
施琅自行擇人暫令代管兵部知道

附錄八閩紳士公刊原評

窮兵黷武固非禰世之圖而縱亂養奸亦非安邦
之策　公權彼之順逆而勦撫之道兩用之以不
測眞俟俟者定識時務也詞後進征殺靖不庭知
以逆則勦
朝廷之決策於　公也明甚赤羽白羽巳馬足折樹而
鞭可斷流況　公抱九天九地之奇安在不收七
縱七擒之績哉口出之邪自古車馬弗通也　公
採時度務陳師鞠旅而海外來琛越裳獻雉非常
之業風擊赫焉乃中流未嘗擊檝而　公已坐操
勝算矣則神智豈非天授若夫砥柱南天金湯海

國廣布
帝威宏沛
皇仁則尤遠軼乎珠崖銅柱鏤姓字而紀元勳者也從
茲徘詞玉燭瑠應金甌天下萬世莫不拜　公之
賜云

福建提督全省水師總兵官右都督臣施琅謹
題爲逆
旨盡陳所見緣係克取海上情形而奏難盡謹詳瀝披陳
仰祈
睿鑒事竊照鄭成功倡亂二十有年恃海島爲險蔓延鴟
張荼毒生靈故當時不得不從權拆地絕其派取之
路嗣而
皇上廣開德意招徠撫綏漸散其黨鄭成功疑懼乃遁臺

灣以爲兎窟又幸
天心厭亂遂促其亡康熙元年間兵部郎中黨古里在閩
公幹臣備將逆島可取之勢而悉代
奏復上疏密陳荷蒙
兪旨仰藉
天威數島果一鼓而平逆孽鄭經逃竄臺灣負嵎恃固去
歲
朝廷遣官前往招撫未見實意歸誠從來順撫逆勦大關

國體豈容頑抗而止伏思天下一統胡爲一鄭經殘[redacted]
盤踞絕島而折五省邊海地方畫爲界外以避其患
自古帝王致治得一土則守一土安可以既得之封
疆而復割棄况東南膏腴田園及所產漁鹽最爲財
賦之藪可資中國之潤不可以西北長城塞外風土
爲比倘不討平臺灣匪特賦稅缺減民困日蹙即防
邊若永爲定制錢糧動費加倍輸外省有限之餉年
年協濟兵食何所底止又使邊防持久萬一有懽罷

弁兵及目死窮民以爲逃逋之窟遺害叵測似非長
久之計且鄭成功其子有十遇之數年長成羣强假
有一二機覺才能收拾黨類結連外國聯絡土番耕
民羽翼復張終爲後患而我邊各省水師雖佈設周
密然臣觀之亦只區守汛口若使之出海征勦擇其
精銳習熟將兵實亦無幾况後來慣者老練者往何
可恃禦臣蒙
皇上逾格擢用荷

恩深重分應圖賊以盡厥職每細詢各投誠之人及陣獲
一二賊夥備悉賊中情形審度可破之勢故敢具疏
密
奏蒙
旨宜名徵臣進　京面
奏謹將臺灣勦撫可平機宜爲我
皇上陳之查自故明時原住澎湖百姓有五六千人原住
臺灣者有二三萬俱係耕漁爲生至順治十八年鄭

成功親帶去水陸僞官兵并眷口共計三萬有奇爲
伍操戈者不滿二萬又康熙三年間鄭經復帶去僞
官兵并眷口約有六七千爲伍操戈者不過四千此
數年彼處不服水土病故及傷亡者五六千歷年過
來窺犯被我水師擒殺亦有數千陸續前來投誠者
計有數百今雖稱三十餘鎮多係新拔俱非夙練之
才或管五六百者或管二三百者不等爲伍賊兵計
算不滿二萬之衆船隻大小不上二百號分爲南北

二路墾耕而食上下相去千有餘里鄭經承父餘業
智勇無備戰爭匪長其各僞鎮亦皆碌碌之流又且
不相浹協賊衆散處耕鑿自給失于操練終屬參差
不齊內中無家眷者十有五六豈甘作一世鰥獨寧
無故土之思但賊多係閩地之人其間縱使有心投
誠者旣無陸路可通又乏舟楫可渡故不得不相依
爲命鄭經得馭數萬之衆非有威德制服實賴汪洋
大海爲之禁錮如專一意差官往招則操縱之權在

乎鄭經一人恐無率衆歸誠之日若用大師壓境則
去就之機在乎賊衆鄭經安能自主是爲因勦寓撫
之法大師進勦先取澎湖以扼其吭則形勢可見聲
息可通其利在我仍先遣幹員往宜
朝廷德意若鄭經逃之勢窮向化便可收全績倘頑梗不
悔俟風信調順即率舟師聯䑸直抵臺灣拋泊港口
以牽制之發輕快船隻往南路打狗港口一股往北
路蚊港海翁窟港口或用招誘或圖襲取使其首尾

不得相顧自相疑惑疑則其中有變賊若分則力渙
合則勢蹙那時用正用奇隨機調度登岸次第攻擊
臣知巳知彼料敵頗審率節制之師賈勇用命可取
萬全之勝倘賊踞城固守則先淸勦其村落黨羽撫
輯其各社土番窄狹孤城僅容二千餘衆用得勝之
兵而攻無援之城使不卽破將有垓下之變賊可計
日而平矣夫興師惟慮募兵措餉今沿邊防守綠制
及駐劄投誠閒曠官兵皆爲臺灣而設聽臣會同藩

公督伯提諸臣挑選調撥慣海者撥爲舵梢慣戰者
練爲戰兵擇其精銳有根腳者方可用充征旅無事
徵募動費之煩此等兵餉征亦用守亦用與其束手
坐食于本汛孰若簡練東征於行間至修整船隻就
于應給大修銀兩領修可無額外動支船未勻用則
浙粵二省水師亦爲防海設立均可選用仍行該省
督提選配官兵各舉總兵一員領駕協勦然遠征絶
島所調浙粵二省船隻每船須用慣熟澎湖臺灣港

路舵梢數人就于福建投誠官兵內挑選分配如投
誠兵中選配不足則將投誠兵查其老弱者汰退另
募慣洋之人頂補糧額因此見在船兵額給糧餉不
須分外加增無煩夫役輓輸安配定妥等候風期毋
論時日風信可渡立卽長驅利便之舉誠莫過于此
者茲旣調用浙粵二省船隻則臣前疏請造水艍船
十餘隻渡馬船二十餘隻二項俱就于二省中船隻
改修應用可省新造之費但水路行兵出海水深利

用大船進港水淺利用小哨今當新造小快哨一百
隻以爲載兵進港及差撥哨探之用又當新造小八
槳二百隻每大船各配一隻到臺灣臨敵登岸之時
可以盤載官兵蜂擁而上其小快哨每隻新造只用
價銀四十兩小八槳每隻新造只用價銀二十五兩
二項共該用銀七千兩爲費不多若臺灣一平則邊
疆寧靖防兵可減百姓得享昇平
國家獲增餉稅沿邊文武將吏得安心供職可無意外

罪累臣前疏故曰一時之勞萬世之逸也臣荷
國厚恩職任閩疆水師平賊報稱分所宜然且目擊邊
民之困心切父弟之仇故靡刻不以滅賊爲念少盡
臣子之職然航海遠征調兵遣將乃關
國家大事出在
皇上睿裁其餘興師應行事宜臣前疏已經
奏明條條盡陳平海事理字多逾格貼黃難盡仰祈
睿鑒俯賜全覽施行

康熙七年四月　日

附錄八閩紳士公刋原評

臺灣勦撫之說紛紛數載未決也　公早知
聖主日夜憂勞政以此耳
聖世干羽難戢負固之頑不得不藉彤弓旋矢廣布
天朝霹雷用是招携懷遠竭顯險阻爲守勝之實難
朝廷非無憂國奉公之臣而計畫無復之也　公操妙
算則有因勦寓撫先據彭湖之策百萬驅戮妖氛
已在目中何待聚米指陳哉
聖聰惟聰
特簡　元老四海欣欣慶得人矣自兹下瀨上霧伐鼓
淵淵氣蒸鳶飛誰無惻然　公戮力
王室蕩平念殷畢天地震懼神鬼泣血　公不以肺肝
負舟而色變也天關景運而地分南北　公履險

如夔克展韜畧闢疆宇增版圖航送雲風知天心
之特眷揣壓鯨鯢贖海波之俱靜帷幄決勝萬里
立功熟讀奏疏如握左券周顧之殺賊取金彥博
之請平貝亂其料功不爽與　公可樹三傑也至
其貳而討之服而撫之百姓望　公如望父母焉
則又以兵戢亂以德安民之爲也戢亂勇也安民
仁也能以兵以德者智也傳曰至誠如神
公其天下之至誠乎

厦門祭江祝文

欽惟　尊神總納百川包括萬滙天池著象鉅靈攸
宰祇奉
皇威伐彼有罪利濟安瀾丕赫軍壘翳惟徂征發江之濒
順茲長道舳艫星陳霞明組練戈甲嶙峋揚旌海外
天討克伸乃奮厥武闞如虓虎除殘去暴逆勦順撫
誓禁妄殺整軍束伍焚香籲
天百神是主肆靖醜孽是用勦絶擒渠獻馘蕩巢掃穴川

后波恬覭賴　靈貺虔申薦告孔惠懌悅謹　告
康熙二十年十一月　廿六　日

太子少保提督福建水師總兵官右都督伯臣施琅謹
題爲密陳航勦海務機宜以收萬全事竊照臣駑駘庸
才謬荷
皇上特恩起用以臣深知水性賊情專畀進勦海逆之責
臣思滇黔弄兵悉皆底定惟有臺灣四十餘年殘孽
逋誅未殲致廑
聖懷臣敢不殫心籌畫滅此朝食受事以來練兵整船釐
敢刻懈業已就緒然用兵之法不得不熟審詳慎節

古者行兵多用奇計聲東擊西兵不厭詐非可直道
而行去冬具疏展限
請以今年三四月輕北風進兵蓋爲鄭逆奸細頗多使賊
知我舟師必用北風而進然後出其不意而收之臣
在在密用間諜亂其黨羽自相猜忌自去年逆艘糾
集澎湖欲抗我師據險以逸待勞設我舟師到彼必
由過澎湖西嶼頭然後轉帆向東北而進正値春夏
之交東北風爲多我船盡是頂風頂流斷難逆進賊

已先站立外㙜內㙜接連娘媽宮俱居我上風上流
禦敵其勢難以衝擊取勝故不可不慮及此也所以
前議輕比風之候猶恐未能萬全且水道行兵專賴
風信潮水非比陸路任意馳驅可以計定進止臣日
夜磨心熟籌莫如就夏至南風成信連旬盛發從銅
山開駕順風坐浪船得聯綜齊行兵無暈眩之患渠
有得于天時地利人和之全備逆賊縱有狡謀斯時
反居下風下流賊進不得戰退不能守澎湖一得更

知賊勢虛實直取臺灣便可克奏膚功倘逆孽退守
臺灣死據要口我師暫屯澎湖扼其吭拊其背逼近
窠穴使其不戰自潰內謀自應不然俟至十月乘小
陽春時候大舉進勦立見蕩平此乃料敵制勝所當
詳細一一披陳者也然臣切有
請者督臣姚啓聖調兵製器獎勵士卒精敏整暇咄嗟立
辦捐造船隻無所不備矢志滅賊
國爾忘身堅圖報稱非臣所能力止惟是生長北方雖

有經綸全才汪洋巨浪之中恐非所長矧撫臣吳興
祚見在陞任即有新撫臣初到視事恐未識閩疆情
形臣之鄙鄙謂督臣宜駐廈門居中節制別有調遣
臣得嵩統前進行間將士知有督臣後趲糧運策應
則糧無匱乏之患兵有爭先之勇壯志勝于數萬甲
兵今若與臣偕行征糧何以催趲封疆何有仰賴安
內攘外非督臣斷難彈壓緩急臣故密疏入
告使督臣聞知必以臣阻其滿腔忠藎仰冀

皇上密行
溫諭督臣免其躬親偕行令臣同督臣操練水陸精銳官
兵充足三萬分配戰艦儘可破賊但臣僅掌有水師
提督印信未奉有征勦臺灣之
勑諭伏望
迅賜頒發以副轉瞪師期俾得申嚴號令用以節制調度
所有督臣
題定功罪賞格

賜臣循例而行則大小將士咸皆凜遵至于師中叅酌見
有同安總兵官臣吳英智勇兼優竭忠自許可以為
臣之副尤望
恩嘉奬勵又有興化總兵官臣林承金門總兵官臣陳龍
平陽總兵官臣朱天貴海壇總兵官臣林賢留閩候
補總兵官臣陳昌江東副將臣詹六奇隨征左都督
臣李日煋等俱堪衝風破浪勇敢克敵共勷擣巢藉
我
皇上天威丕著醜類遊魂何難殄殲航勦滅賊關係臣之
一身承當責任何等綦重以故凡賊之形勢風之順
逆事之區畫亟當十分詳審以圖萬全況出汪洋大
海之外匪敢輕舉妄動苟且從事致負
眷顧之隆臣當會商將軍合詞具
題而將軍海務情形非所諳曉又恐奸細窺探洩漏是
以自將戰畧師期密疏上
聞仰聽

睿鑒
康熙二十一年三月　初一　日
附錄八閩紳士公刊原評
古大將出師未有貳其權而可以有成者也所以
王者遣將親執轂而命之曰閫以內寡人制之閫
以外將軍制之葢明乎將之權不可以或分也唐
裴晉公討吳元濟憲宗委以都督外軍事予以便
宜故雪夜深入遂以平蔡宋曹武惠討李煜太祖
命之曰江南之事一以委卿故武惠得以盡抒其
秘畧遂定江南是二君者皆以專任克濟大功往
事已明驗矣　將軍疏懇專征非欲擅權不過上
以報
朝廷而下活我閩人也若使出一師整一旅而疑者在
前撓者在後不知何日得以成蕩平之績也今捧
讀密疏數言忠誠懇切料敵成筭確確如神宜乎
朝廷之允其請也且兵不厭詐公疏中聲東擊西之說
非深諳水務精熟機宜者烏能辦此而用兵尤貴
善于用人　公推誠布公汲引奇才為貳為副皆
稱厥職此其淵達大度固已過人遠矣師出萬全
實基于此論者謂唐九節度之師安得加　公而
用之而唐業復振矣諒哉諒哉

太子少保提督福建水師總兵官右都督伯臣施琅謹
題爲欲淨海逆根株全在
嚴旨決計進勦以收實效事竊惟我
皇上御極以來宇宙廓清無思不服惟鄭逆抗拒顔行深
費
皇上宵旰南顧之憂臣茲復荷
聖恩起用非重臣以水師提督之任實用臣進平臺灣之
逆患兼面奉

天語溫諭諄諄勦滅臺灣以免生靈塗炭何等嚴切故銜
命以來兼程疾趨即于去歲十月初六日抵厦門視事點
驗船兵全無頭緒焉敢妄舉進勦時欲具疏入
告恐傷寅恭和衷故日以繼夜廢忘寢食一面整船一面
練兵兼工製造器械躬親挑選整搠至今年四月終
方稱船堅兵練事事全備移請寧海將軍臣喇哈達
侍郎臣吳努春到厦門看閱此時將士摩拳擦掌人
人思奮將軍二臣交口稱贊不已臣即于五月初五
日會同督臣姚啓聖統率舟師開駕至銅山以俟夏
至後南風成信聯綜進發第督臣以五月初一日准
部咨進勦海賊關係重大之
旨隨轉意不前而三軍側聽一盡解體臣自初七日起日
與督臣決計進取力爭十餘天至十六日將軍二臣
抵銅山到臣營所臣面懇將軍轉勸督臣乘南風進
勦無不摧枯拉朽之勢奈督臣終執
旨意以督提同心合意爲辭臣故不便違抗姑聽督臣主

疏展期實非臣之本意此二將軍臣親到銅山所目
擊而共悉臣衷也本月初九日承准兵部劄付內開
寧海將軍喇哈達等疏稱總督提督稱南風不如北
風臣深爲駭異切思臣當日在銅與將軍二臣並無
言及南風不如北風之語日與督臣爭執南風進勦
不惟三軍皆悉其情即通省士庶亦皆俱曉且督臣
日遣各總兵海道勸臣權依督臣之議今將軍二臣
具疏竟不分晰明白一筆混入章疏昭臣推諉不前

若非
皇上寬置不究則臣先後疏意自相矛盾欺誑
君父罪當萬死矣夫南風之信風輕浪平將士無暈眩之
患且居上風上流勢如破竹豈不一鼓而收全勝臣
見督臣堅意難以挽回故聊遣趕繒快船二十三隻
令隨征總兵臣董義投誠總兵臣曾成提標署左營
遊擊事臣阮欽爲差各鎮營千把等官領駕前往澎
湖瞭採賊息據其回稱義等奉令遵于六月初四日

午刻從古雷洲開船至初五日未時到澎湖貓嶼時
各船未便輕進灣泊花嶼前至於初六日黎明率各
船由虎井過獅嶼頭瞭見劉國軒賊艘盡䑸俱泊娘
媽宮賊見我船大船桀起頭帆小船盡起大帆賊遂
出趕繒二十餘隻駕出西嶼頭又有八罩賊船十餘
隻出南面而來我船恐衆寡不敵本日未時傳炮收
回各船歸䑸于初七日到大境初八日到厦門港歸
汛等情據此則此行遣發巡哨船隻來去無阻見有

明據矣若決乘南風進取豈不可見成效乎業將瞭
探情由遂已咨報將軍二臣併督臣知照在案乃坐
塘筆帖式譚木哈圖具
題大兵水面度日逆賊窺望空隙之疏殊非眞知灼見
爲証臣全不解其故然臣生長濱海總角從戎風波
險阻素所履歷且荷
簡命前任水師提督閱歷至今豈有海面形勢風信水性
猶不暢熟胸中而筆帖式乃更識于臣乎蓋賊中情

形臣有屢得舊時部曲密寄通報稱臺灣人心惶惑
無定兼以劉國軒恃威妄殺稍有隙縫全家屠戮人
人思危芒刺在背間有向義內應奈隔絕汪洋難以
朝呼夕應豈敢公然謀舉此端便是可破可剿之機
又此六月二十八日據守口兵丁遞送澎湖長髮賊
梆勝林斗二人赴臣軍前投誠詢據梆勝等供稱原
坐杉板頭船過來投誠澎湖新舊熕船鳥船趕繒雙
帆艍各船共有百一二十隻劉國軒林陞江欽等共

計賊衆六千餘內有家眷舊賊約二千名其餘俱係無眷口新附之衆私相偶語提督不嗜殺人只等大軍到便羗解歸順有僞蕭一鎮下將領謀議候出娘媽宮操船乘勢駕舟過來投誠被其知覺登般頭目九人因探聞我兵船自銅山撤回歸汛被故調賊二千餘名回臺灣耕種以作糧食今只留賊四千名在澎湖配船防守等語據此則賊中虛實又已得其詳矣且臣更以賊中之情形言之昔之僞鎮營蟻附脅從

皆受鄭成功鄭錦父子結恩舊人籠絡相依今劉國軒暴戾操權動輒殺戮以威制人誰肯甘爲几肉是我舟師未到澎湖權猶在劉國軒一人之主持我舟師若抵澎湖勢難遏各僞鎮僞卒之變亂則踞守澎湖逆賊縱有萬餘內多思叛聚萬賊萬心之衆以抗我精練勇往之師何足比數雖劉國軒輕命死敵于人心猜忌之際靡不自潰則可破可勦之機又無如于是今我

皇上若以俟有可破可勦之機

溫旨下頒則汪洋巨浸之中誰肯効命七尺之軀而殫力三窟之險勢必藉

旨意爲居奇遷延歲月虛糜浩費所謂築舍道傍三年不成是賊終無可破可勦之日矣矧夫按兵不動善以撫諭劉國軒沐猴鴟張操縱自如志得意滿斷無輸誠向化之念其中有僞鎮營賊衆有心歸正而遡來臺灣各港禁錮嚴密一船不許出港雖有謀叛隱情

亦難通報故非聯䑸進發疾行撲擊安有自甘獻俘坐待賊亡竟在何時在督臣滅賊之念實切惜乎生長北方水性海務非其所長登舟之際混心嘔吐身體維艱所以前疏懇留督臣居中調度蓋爲此也中有一二覗此畏途未免低徊以致督臣疑惑不決臣雖庸愚料敵頗效前于康熙二年間海逆猖獗

皇上特差兵部郎中黨古里到閩問臣機宜當即決意進攻厦門時督臣李率泰亦以臣過于擔當然兩島竟

爲臣克平旋于康熙六年十一月爲邊患宜靖逆賊
難容等事具
題未奉
兪旨乃使逆孽于甲寅年有燎原之變鄭錦雖死留此餘
黨負踞絕島臣丁年六十有二血氣未衰尚堪報稱
今不使臣乘機撲滅再加數年將老無能爲後恐更
無擔當之臣敢肩渡海滅賊之任是以臣鰓鰓必滅
此朝食惟是臺灣殘孽未殲故盜設許多鎮營官兵

糜費錢糧貽累民生未甦況所設水師鎮營原爲航
海搗巢之用今就中挑選精兵二萬有奇大小戰船
三百號儘堪破賊可以無用陸師覺相牽制卒難成
功若陸師之中間有勇敢効忠熟練海務能將容臣
調選一二以爲臂指共勷大舉之需伏思臣累受
國恩奉
召進京即
寵擢內大臣之列豢養十餘載今復謬荷起用寸効未效
叉叨更晉宮銜
特賜御膳全榻亘古臣子未有受
君恩如是也即赴湯蹈火臣志所不辭倘荷
皇上信臣愚忠獨任臣以討賊令督撫二臣催趲糧餉接
應俾臣整搠官兵時常在海操演勿限時日風利可
行臣即督發進取出其不意攻其無備何難一鼓而
下事若不效治臣之罪臣樸質武夫一片圖報微誠
惟知欽遵

天語煌煌責臣必破臺灣克奏膚功臣以
君命爲重故當克盡臣職不禁煩瑣激切瀝陳斷無浮言
飾辭冐昧于
君父之前伏乞
皇上睿鑒俯將臣疏留中
大賜乾斷決策
裁旨速命事必見效民生幸甚封疆幸甚緣係密陳欲淨
海逆根株事理字多逾格貼黃難盡伏乞

寬恩全覽施行爲此具本謹密題請
旨

康熙二十一年七月　十三　日

附錄入閩紳士公刊原評

昔人有言疑者事之敗也斷者事之成也況進勦之事而可以不斷乎黃帝有日中之𤁋奪斧柯成江河叠皷皷乎其言之也　公決計進勦持議者謂南風不如北風是未悉風信也又謂大兵承而度日逆賊覬望空隙則是以鳌𩑶陷　公也又有謂俟賊輸誠自來歸順是又遷延歲月虛糜糧餉之積弊也而　公皆不顧　公銳意攻討百折不回眞可謂昇之明而壽之熟矣古所云立功惟斷乃成讀　公此疏始終貴斷雖羣議沸騰其能奪　公之志乎否

太子少保提督福建水師總兵官右都督伯臣施琅謹
題爲恭報舟師北上平海俟風進發事竊惟臣以譾劣
庸材謬荷
聖明特知任用誠以海逆梗化多年欲滅賊而用臣臣非
滅賊不足以報
皇上之
殊恩也緣五月間會疏展期之後臣朝夕訓練整搠周備
郎于九月初一日統率臣標五營官兵船隻就廈門

開駕至泉州海口臭塗寄泊操演一面咨檄各鎭營
官兵船隻併移調聯絡趕繒船二十隻迅赴合䑸慮
恐舟師航海遠征沿邊汛地疎防乃咨督臣檄調陸
路官兵協防金廈銅三島十月二十日承准兵部密
劄爲欲淨海逆等事內開該臣等會議總督姚啓聖侍
其進勦提督施琅如無機會仍操演兵丁若有可進
機會就伊所派船兵相機進取臺灣可也等因奉
旨依議進勦海逆關係緊要著該督撫等同心協力催趲

糧餉勿致遲悞前姚啓聖具題功罪定則交與施烺
遵行密劄到臣承准此臣欽遵
俞旨自應竭圖報稱又于十月二十八日承准兵部密劄
爲稟報事內開該議政王等會覆福督姚啓聖題前
事等因查賊寇若能誠心改惡削髮歸誠督撫等公
同詳確發往招撫若賊知我大兵進勦故智差員冀
圖緩兵該督撫提等亦行詳確若有可行機會提督
施琅等應遵前

旨兹伊所派船兵毋失機會而行可也奉
旨依議密劄到臣承准此仰見我
皇上宸聽睿察洞灼狡賊之伎倆勢窮臣舟師北上于十
一月初三日抵興化平海衛澳因帶領舟師不敢擅
離抵省隨咨移督撫二臣訂約會議勦撫事宜准督
臣咨覆內開勦撫大事賊之果否誠心投誠本部院
難以逆料未便遽行遣官往撫等因又准撫臣咨開
臺灣賊寇虛實情形病人昏迷不敢懸揣妄擬新訂

商督部院碩畫詳確等因各到臣准此是遣撫既不
敢逆料懸揣則進勦所當決計而行者也臣伏思若
待可行機會必當進勦澎湖若不至澎湖斷無可破
可勦之機兹四鎮總兵官臣林賢陳龍黃鎬楊嘉瑞
署興化鎮總兵官臣陳昌帶領官兵船隻及各協營
船兵于十一月中旬後俱已陸續齊到矣臣移取出
征糧餉督臣二次解到銀九萬兩可以足給官兵本
年九十十一三個月之俸餉仍移請預備賞功銀二

萬五千兩隨帶軍前以俟賞賚破敵有功官兵之用
總計帶領官兵二萬一千有奇配駕大鳥船七十隻
趕繒船一百零三隻雙帆艍船六十五隻自到平海
給發官兵銀米以資足食凡海逆之情形與破賊之
計筭臣籌之頗熟可無釐
宸衷惟風信則不敢逆料當慎待天時晴霽十分利便極
出萬全方敢統率進發此番擬在平海開洋船隻乃
係坐子向午順風坐浪直抵澎湖佔據上風上流爲

制勝之要着也臣更咨會督臣侯臣進兵之後即前
往駐劄廈門居中調度策應糧餉督臣雖瘡疾未愈
而辦賊之心尤切必欲扶病趨公此臣得賴以彈壓
策應而可無不給之虞矣緣係恭報舟師侯風進發
事理貼黃難盡伏乞
皇上睿鑒全覽施行為此具本謹密題
知
康熙二十一年十一月　垂　日

附錄八閩紳士公刊原評
讀　公此疏益信　公之智勇超出于古今人萬
萬矣軍志曰勦不易撫尤不易惟能勦而後能撫
是時中外諸當事意在撫而勦其後也　公意獨
在勦而撫其後也以故自受事後斷以勦為主壬
戌冬爰出師首劄平海盞取乎掃平海氛之義也
船隻坐子向午候風信直抵澎湖最為順便乃
公仍不肯自專咨請督撫二公商撫局何如二公
果不能決　公曰撫局不能決則勦局可行此
公本意也　公之勦局久熟于胸中到此則利有
攸往矣且澎湖為臺灣之門戶敵恃此負固久矣
得澎湖則臺灣可不勞而定也　公之神算盡在
於此既而果如所料時莫不服　公之智而嘆
公之勇智勇兼全雖古今名
將豈能有過于　公也哉

師泉井記
今上御極之二十一載壬戌孟冬予以奉
命統率舟師徂征臺灣貔虎之校犀甲之士簡閱而從者
三萬有餘眾駐集平海之澳候長風破巨浪以靖掃
鮫窟爰際天時暘亢泉流殫竭軍中取汲之道遙遠
難致而平澳故遷徙之壤介在海陬昔之井塵盡成
堙廢始得一井於
天妃宮廟之前距海不盈數十武漬鹵浸潤厥味鹹苦其
始未達深源其流亦復易罄詢諸士人咸稱是井舊
僅可供百家之需至隆冬澤涸水涸用岔不贍允若
茲是三軍之士所藉以朝饔夕飧者果奚恃歟予乃

殫抒誠悃祈禱
神聰拜禱之餘不崇朝而泉流斯溢味轉甘和綆汲挹取
之聲晝夜靡間畝涌滋溉晷不顯其虧盈之迹凡三
萬之眾咸資飲沃而無呼癸之慮焉自非
靈光幽贊佐佑戎師殲殄妖氛翼衛

王室未有弘闓嘉祥湛澤汪濊若斯之渥者也因鐫石紀
異名曰師泉昭
神貺也在易地中有水曰師師之行於天下猶水之行於
地中既著容民畜衆之義必協行險而順之德是知
師以衆正乃克副
大君討貳撫順懷柔萬邦之命而揚旌海外發軔涯涘神
異初彰闓惠覃布誕惟
聖天子赫濯之威以致百靈效順山海徵祥亶其然乎昔

貳師劍刺大宛之山而流水溢出耿恭拜井疏勒之
井而清泉奔涌並能拯軍士于渴乏著萬里之奇功
乃今井養不窮三軍獲福亭之不敏其曷以答茲鴻
嘉之賜哉是用勒之貞珉以志不朽云

康熙二十一年十一月　日

附錄八閩紳士公刊原評

井者養也惟公之德實足養人鉞斧之下雨露
津津釜巨骨之魂消而頹鯨之氣伸人謂兵主殺
井主養抑知非殺至頑民何以生非拯其生民何
以養故樓船遥指鬼神護焉惟彼海若實鑒其誠
乃能化枯而潤易鹹而甘凡我三軍無憂于朝饔
而夕飧不然者以海濱之地烈陽之天渴者何以
飲飢者何以食師泉
一誌奇於燕然遠矣

太子少保提督福建水師總兵官右都督伯臣施　琅謹
題爲海逆形勢將滅不宜少寬自解賊危事竊惟臣奉
命專征調集舟師俟機進發總期必滅此賊而後已茲正月十六日准督臣姚啓聖送到會
題疏稿爲第二本爲選將挑船安頓上風等事內開選其善識水性勇往敢戰者挑趕繒六十號佔踞上風灣泊出其不意直鼓奮擊俾其驚疑莫定則洋販無資糗糧不給一二年間勦撫皆宜等因到臣臣閱之

不解其意督臣凡所會同章疏未嘗移稿議定先巳列名入
告後送畫題故臣不得不瀝陳之緣照臺灣逆孽情勢臣籌度之甚悉自去年出海至十一月杪各官兵船隻方得齊集平海衛灣取給糧餉僅領至十二月止惟官兵渡海應得倖餉必預備隨帶臣在平海舟師時駕出洋操演若風可進即直取澎湖若風未便則仍復收回故于十二月二十三日出洋忽轉東風乃止

二十七日開駕至青水蜓風輕又轉東南頂頭再收平海雖未及直抵使官兵屢涉汪洋之中衝風顛浪愈練慣熟賊聞知亦自驚惶不暇蓋大綜之船必藉風勢順利自可直搗賊境始克成功若風勢未順尤恐零星不齊何能協力撲勦茲于正月初七日據臣標署右營中軍守備黃復謙報稱初二夜有原僞將劉秉忠等在澎湖挈眷八十二名口駕雙帆艍船一隻前來廈門投誠等情據此隨于正月十一日准同

安鎭臣吳英咨送劉秉忠等到臣詢問據供去年五月間劉國軒知我師往銅山乘南風進發甚然驚懼莫措後偵知撤回歸汛劉國軒乃放心自回臺灣料理要口將大小賊艘百號賊衆七千餘名交僞鎭將林陞江欽陳諒等現在澎湖扼守賊中人人思危多有離叛之心口供在案臣于本日隨將劉秉忠洪貴二名轉送督撫二臣查訊去後今督臣疏稱賊欲攻砲船爲洋販散衆爲耕種請挑趕繒船六十隻南北

灣泊一二年間自然困疲勦撫皆宜臣實不解督臣
如此主持不定似非善策臣今日水師齊集在海操
演以制賊譬若有人焉扼其吭氣將垂絕一爲之稍
鬆則其氣舒而復起矧以六十船之南北灣泊北風
平海可灣南風則將軍灣林景嶼豈可灣泊之處乎
臣之操演所以俟機俟風進發又以屢奉
溫旨進勦海逆關係重大臣所統官兵二萬有奇大小戰
船二百餘號責任匪輕大綜舟師渡海宜愼不得不

籌出萬全豈敢輕舉妄動又水師在海操演皆出本
分行坐均各給糧船兵又無額外添設之費總惟以
賊一日未滅臣一日未敢偷安且此賊伎倆臣熟籌
深筭力任勦滅矢志不移寧敢有片語虛飾于
君父之前而督臣止欲仗趕繒船六十隻可爲困敝賊勢
誠恐一二年後復張聲勢其費力尤甚臣素知海逆
始終虛實初時猶然疥癬皆因彼時當道泛忽姑息
不亟攻治養成癰疽潰壞負抗四十餘載荼毒數省

致煩
聖慮屢動大兵征討糜餉不計今若再一寬縱又蹈前轍
故臣惟俟風信之便順必無不破之逆賊斷不復遺
此賊以厪
宸衷緣係密題海逆形勢事理貼黃難盡伏乞
皇上全覽乾斷敕部議覆施行爲此具本謹密題請
旨
康熙二十二年正月　廿一　日

附錄八閩紳士公刊原評

嘗聞古大將督師破敵未有不籌成算于胸中而
出以濟之者也　公自陳操演水師二萬有奇大
小戰船二百餘號只俟風信便順必無不破之逆
賊讀此數語知　公之意固已繫賊頸于紬纆之
前矣又何煩議撫議因之紛紛過計哉而當事又
議以趕繒船六十隻灣泊南北灣佔踞上風出其
不意直鼓奮擊俾其驚疑莫定則洋販無資糗糧
不給一二年後勦撫皆宜　公以六十船之南北
灣泊北風平海可灣南風則將軍灣林景嶼豈可
灣泊乎在當事尚未深知水務故有此議　公則
生長海濱深知水性總角從戎久在行間其進取
之機宜蚤已瞭然于掌上故獨斷不疑終始如一
誠以賊一日未滅卽一日未敢偷安者也昔祖伯
子渡江擊楫中流慨然有澄清中原之志　公誓

志殄賊不効則願自定罪此
與祖生擊楫之意豈異耶

太子少保提督福建水師總兵官右都督伯臣施琅謹
題爲海逆有日蹙之勢航勦有可破之機密陳情形仰
祈
睿鑒事竊惟臣奉
命征討臺灣康熙二十年十月初六日抵任以來一面整
搠船兵相機搗窠併遣心腹三四人漸次密往臺灣
澎湖賊中通達臣之舊部在彼現爲鎭營管兵令其
就中謀叛取事自去年亦有通信數次俟大兵臨境

之時方敢內亂倒戈迎降者衆至今年正月初二日
有僞副將劉秉忠等坐雙帆艍船一隻帶眷八十二
名口在澎湖前來投誠正月二十二日僞總理李瑞
等奪民船一隻帶兵共二十一名亦自澎湖前來投
誠三月十一日有僞兵許福等十四名駕小船一隻
自臺灣猴樹港過來投誠帶有臣前所差之人要緊
密稟潛通內有叛亂相應消息併稱彼處米貴每担
價銀五六兩七社土番倡反形勢甚蹙人人思危此

乃天心厭亂明矣臣前差之人尚在臺灣諜結黨類
以待內應其許福等臣只稱明督撫前來投誠之詞
不敢言與恐洩事機將人見收軍中養活又三月十
六日有僞民許六吳阿三等奪漁船一隻在澎湖帶
眷共一十九名口前來投誠四月初三日有海賊鄭
方等一十八名于四月初一日從淡水港奪破柴民
船一隻前來投誠是此賊中今日之形勢滅在旦夕
雖劉國軒復差僞目黃學林珩再來言撫致書一封

求見于臣臣卻之不見令其自赴督臣轅門主議以
么麽一海賊非可視爲敵國我以彼爲輸誠彼直以
我爲和議徒褻
國體藉此妄稱祇安賊心臣惟祇遵奉
命搗巢滅逆爲念議撫之事臣不敢預及今臣在水陸官
兵中挑選二萬有奇操練有日可稱精熟足以破賊
攻澎湖宜用水兵破臺灣則當用陸兵也但糧餉最
宜預備給足以鼓士氣乘夏至南風成信當即進發

搗巢蓋北風剛硬驟發驟息靡常不準難以逆料南
風柔和波浪頗恬故用南風破賊甚爲穩當臣大鯮
舟師航海責任綦重自當相機度勢期出萬全以仰
慰
皇上宵旰之懷臣每自思雖膺軍旅之任者必虛張賊之
聲勢乃表見已之大功臣愚性戇直荷
皇上面諭諄諄從不敢一字粧飾自干欺誑緣係密陳海
逆可破之機其中所有來稟關係機密只畧陳其槩

貼黃難盡伏乞
皇上睿鑒全覽留中勿發恐動撫之議不相入或有漏洩
以害成也爲此具本謹密題
知

康熙二十二年四月　十六　日

附錄八閩紳士公刊原評

凡　公每疏中皆發出大議論可師可法而爲天下後世所瞻仰者也若此疏爲用撫則彼輩欲與我並敵是長寇志而墮軍實也夫以彼竊發荒島不過鷹眼未化耳乃與我
國家抗衡不惟有傷國體抑何其夜郎自大耶　公是以決意議勦而撫局不與焉且其先通舊部從中作事至愼至密而偵察臺灣日蹙之勢穀價沸騰糧餉匱乏人心思變望
大師即抵城下倒戈相向絕無異心此時速圖進取犁庭掃穴以收蕩平之效誠易易耳且　公之區畫機宜具有成筭若攻澎湖則用水師取臺灣則用陸師皆非悍然妄動者此其所以戰無不捷攻無不克而動出萬全者也於以固萬年大一統之業從茲定矣蒸民之詩曰保茲天子生仲山甫　公真其人也

太子少保提督福建水師總兵官右都督伯臣施琅謹
題爲飛報舟師渡海克取澎湖大捷事竊照臣自去年六月同督臣姚啓聖在銅山停師回汛劉國軒偵知自回臺灣留撥僞鎭營等船兵扼守澎湖不時來往調度今年四五月知臣乘南風決計進勦就臺灣賊夥選撥精壯敢死者及抽調草地佃丁民兵將洋船改爲戰船凡各僞文武等官所有私船盡行修整吊集來澎湖大小砲船鳥船趕繒船洋船雙帆艍船合計二百餘號賊夥二萬餘衆仍將僞鎭營等官兵各眷口監禁臺灣紅毛城赤嵌二城堅其死戰劉國軒親統傾巢復來澎湖將娘媽宮與頭上下添築砲城二座風櫃尾砲城一座四角山砲城一座雞籠山砲城一座東西嶼內一列砲臺四座西面內外塹西嶼頭一列砲臺四座牛心灣山頭頂砲臺一座凡沿海之處小船可以登岸者盡行築造短墻安置腰銃環繞二十餘里分遣賊衆死守星羅碁布堅如鐵桶臣總

統鎮營舟師將各大小戰船風蓬上大書將弁姓名
以便觀看備知進退先後分別賞罰于六月十四日
辰時由銅山開駕進發十五日申時到猫嶼花嶼有
守汛賊哨數十餘隻見臣舟師將到即奔回澎湖時
值天晚將船隻灣泊八罩水垵澳遣官坐小哨到將
軍澳南大嶼等島安撫島民十六日早進攻澎湖逆
賊排列船隻迎敵臣標署右營遊擊藍理等官兵配
坐鳥船一隻署後營遊擊曾成等官兵配坐鳥船一

隻署左營遊擊張勝等官兵配坐鳥船一隻二等侍
衛吳啟爵等官兵配坐鳥船一隻同安城守右營遊
擊趙邦試等官兵配坐鳥船一隻海壇鎮標中營遊
擊許英等官兵配坐鳥船一隻銅山鎮標右營遊擊
阮欽爲等官兵配坐鳥船一隻此數船首先衝鋒破
敵直入賊艅攻殺賊砲船二隻趕繒船六隻賊艘斬
殺殆盡其船放火燒燬又用炮火攻擊立刻沉壞賊
鳥船一隻趕繒船二隻副將臣標右營千總鄧高功

配水陸等官兵坐鳥船一隻臣標署右營守備方鉊
等官兵配坐鳥船一隻金門鎮標中營遊擊許應麟
等官兵配坐鳥船一隻金門鎮標右營守備林芳等
官兵配坐鳥船一隻臣標隨標功加守備李光瓊等
官兵配坐鳥船一隻用砲火攻擊打沉賊鳥船一隻
趕繒船二隻賊艘溺死殆盡時值南潮正發前鋒數
船被流逼近砲城賊艘復合齊出包圍臣恐數船侵
入難出自將坐駕船直衝入賊艅殺退興化鎮臣吳

英繼後夾攻焚殺偽揚威將軍援勦左鎮沈誠統轄
前鋒鎮姚朝玉義武鎮陳侃戎旗五鎮陳時雨其偽
協將弁大小賊目計有七十餘員不知姓名難以開
報偽水師總督林陞中箭三枝中鹿銃二門左腿被
大砲打折立即載回臺灣必死無活賊衆焚殺溺死
計有二千餘衆遂救出數船臣右眼被銃擊傷眼睛
未壞因天色將晚收出西嶼頭洋中拋泊十七日早
將全艅舟師復收八罩水垵澳泊嚴申軍令查定功

罪賞罰官兵十八日進取虎井桶盤嶼十九日臣坐
小趕繒船往澎湖內外塹嶼內細觀形勢二十二十
一兩日故用老弱鷩兵之計用趕繒雙帆船船分二
股假攻嶼內內外塹以分賊勢臣于二十二日再申
軍令分股進發遣臣標隨征都督陳蟒魏明副將鄭
元堂領趕繒雙帆船船共五十隻為一股從東畔嶼
內直入雞籠嶼四角山為奇兵夾攻又遣臣標隨征
總兵董義康玉外委守備洪天錫領趕繒雙帆船船

共五十隻為一股從西畔內塹直入牛心灣作疑兵
牽制將大鳥船五十六隻居中分為八股每股七隻
各作三疊臣居中為一股興化鎮臣吳英領一股居
左平陽鎮臣朱天貴臣標前營遊擊何應元合領一
股居右金門鎮臣陳龍領一股在次左臣標署中營
參將羅士鉁署右營遊擊藍理署後營遊擊曾成合
領一股在次右之右署銅山鎮臣陳昌領一股在次
左之左海壇鎮臣林賢領一股在末右廈門鎮臣楊

嘉瑞領一股在末左尚船八十餘隻留為後援臣督
率嚴陣指揮直向娘媽宮撲勦賊各處砲城及迎敵
砲船鳥船趕繒大小各船四面齊出迎敵每賊砲船
安紅衣大銅砲一位重三四千斤在船頭兩邊安發
熕二十餘門不等鹿銃一二百門不等砲火矢石交
攻有如雨點烟焰蔽天咫尺莫辯首衝破敵陷陣乃
末右一股海壇鎮臣林賢等官兵配坐大鳥船一隻
右股平陽鎮臣朱天貴臣標前營遊擊何應元等官

兵配坐大鳥船一隻末右海壇鎮標左營遊擊吳輝
等官兵配坐大鳥船一隻右股臣標千總蔡琦鳳旬
配水陸等官兵坐大鳥船一隻末右海壇鎮標右營
守備林正春等官兵配坐大鳥船一隻副鋒右股臣
標前營千總林鵬旬配水陸等官兵配坐大鳥船一
隻末右海壇鎮標右營遊擊江新旬配水陸等官兵
坐大鳥船一隻右股署圍頭營遊擊陳義旬配水陸
等官兵坐大鳥船一隻右股署平海營遊擊鄭桂旬

配水陸等官兵坐大鳥船一隻末右海壇鎮標中營遊擊許英等官兵坐大鳥船一隻前鋒次右之右臣標署中營叅將羅士鈊等官兵坐大鳥船一隻署後營遊擊曾成等官兵坐大鳥船一隻署右營遊擊藍理等官兵坐大鳥船一隻中營千總林顯達勻配水陸等官兵坐大鳥船一隻左營千總胡泮勻配水陸等官兵坐大鳥船一隻署後營中軍守備藏名芳勻配督標副將林賢等官兵坐大鳥船一隻前鋒臣中

股隨征左都督何義等官兵坐大鳥船一隻侍衛吳啓爵等官兵坐大鳥船一隻隨征遊擊施世驃隨征外委守備李廷彪施肇勳施肇鑽等官兵坐大趕繒鳥船一隻隨征外委遊擊施應元隨征外委守備陳王路隨征千總施超等官兵坐大趕繒鳥船一隻隨征副將黃昌都司黃勇外委守備施世驥等官兵坐大趕繒鳥船一隻隨征叅將許克濟陳遠致遊擊方鳳外委守備施世驥等官兵坐大趕繒鳥船一隻隨征副將湯一貫叅將鄭雲外委守備施世忠等官兵坐大趕繒船一隻隨征叅將謝英遊擊廖程外委守備施世騄等官兵坐大趕繒鳥船一隻隨征副將林應外委守備施輔李寅等官兵坐大趕繒鳥船一隻前鋒左股興化鎮臣吳英同安城守右營遊擊趙邦試勻配水陸等官兵坐大鳥船一隻署浯嶼營遊擊王朝俊勻配水陸等官兵坐大鳥船一隻閩安協副將蔣懋勛勻配水陸等官兵坐大鳥船一隻海澄城

守副將林葵勻配水陸等官兵坐大鳥船一隻烽火營遊擊王祚昌勻配水陸等官兵坐大鳥船一隻江東協副將詹六奇勻配水陸等官兵坐大鳥船一隻署平海陸營遊擊李全信勻配水陸等官兵坐大鳥船一隻海澄城守左營遊擊卓策勻配水陸等官兵坐大鳥船一隻前鋒次左之左銅山鎮右營遊擊阮欽爲勻配水陸等官兵坐大鳥船一隻左營遊擊曾春勻配水陸等官兵坐大鳥船一隻前鋒次左金門

鎮臣陳龍等官兵坐大鳥船一隻金門鎮標中營遊
擊許應麟勻配水陸等官兵坐大鳥船一隻金門鎮
標左營遊擊曾榮勻配水陸等官兵坐大鳥船一隻
前鋒末左厦門鎮標右營遊擊陳蘭勻配水陸等官
兵坐大鳥船一隻厦門鎮標左營遊擊朱明勻配水
陸等官兵坐大鳥船一隻厦門鎮臣楊嘉瑞等官兵
配坐大鳥船一隻署銅山鎮臣陳昌等官兵配坐大
鳥船一隻帶領船八十餘隻居爲後援其分遣東西

二股官兵船隻繼進夾擊互攻自辰至申我師奮不
顧身抵死戮力擊殺賊被我師用火桶火礶焚燬大
砲船十八隻擊沉大砲船八隻焚燬大鳥船三十六
隻趕繒船六十七隻洋船改戰船五隻又被我師火
船乘風燒燬鳥船一隻趕繒船二隻逆賊并力死鬬
勢窮難支用火藥藏於船艙發衝心砲自焚砲船九
隻鳥船一十三隻賊驚危勢急跳水得獲鳥船二隻
趕繒船八隻雙帆艍船二十五隻焚者焚殺者殺僞

征北將軍曾瑞定北將軍王順水師副總督左虎衛
江欽統領右先鋒陳諒戎旗二鎮吳潛援勦右鎮鄭
仁援勦後鎮陳啓明宣毅左鎮丘輝護衛鎮黃聯後
勁鎮劉明折衝左鎮林順斗宿鎮施廷親軍水師三
鎮薛衛水師一鎮蕭武水師二鎮陳政水師四鎮陳
立中提督中鎮洪邦柱中提督右鎮尤俊中提督後
鎮楊文柄中提督親隨一鎮陳士勛左龍驤中協蔡
國助右龍驤左協莊用侍衛中鎮黃德侍衛右協蔡

智侍衛驍翊協蔡添侍衛領旗協林亮侍衛左總督
毛興勇衛中協張顯勇衛左協林德勇衛右協陳士
勳勇衛前協曾遂中提督領兵協吳碁中提督左協
林德中提督前協曾瑞中提督領旗協吳福中提督
前鋒協陳陞中提督總理協陳國俊右武衛右協吳
遂右武衛隨征二營梁麟水師二鎮前鋒副將李富
水師二鎮左營副將張欽水師三鎮左營副將許瑞
水師三鎮右營副將林耀援勦右鎮右營廖義援勦

前鎮前鋒營莊超折衝鎮左營陳勇左提督後鎮左
營王愛等四十七員其餘偽協營領兵監督翼將正
副總班總理監營候缺將小頭目焚殺溺死約計三
百餘員不知姓名難以開報焚殺自焚跳水溺死賊
夥約計一萬二千有奇屍浮滿海總兵朱天貴被砲
穿胸立死遊擊趙邦試亦被砲擊腦立死總兵林賢
被箭輕傷左臂總兵吳英被鹿銃輕傷右耳朶賊止
剩有小砲船三隻小鳥船二隻趕繒船十一隻雙帆

艍船十五隻脫出北向吼門遁走訊知劉國軒乘小
快船亦從吼門而逃時值黃昏難以追殺在山偽將
軍果毅中鎮楊德遊兵鎮陳明果毅後鎮吳祿中提
督前鎮黃球壁宿鎮楊章侍衛後鎮顏國祥中提督
中協副總兵張顯驍翊營副將洪良佐統領右先鋒
領兵副總兵李錫右先鋒營副總兵黃顯右虎衛領
兵副總兵江高果毅鎮下左營林新左虎隨征營副
將黃豹左虎副將江篇遊兵鎮中營周烈前營副將

劉隆果毅後鎮右營副將林守旗鼓中軍嚴澤親隨
營正總班阮恢中提督下副將李芳管理大砲副將
林武前鎮下隨征副將湯興前鎮下左營副將蔡穆
戎旗二鎮右營副將吳陞果毅中鎮正領兵副將曾
勝中營副將楊傑左營副將吳振右營副將陳李隨
征營副將黃桂前鋒營副將張仕春參將楊彬偽提
督後鎮領兵中軍徐其昌果毅後鎮左營林和左翼
將廖冬神威營林啓後鎮左營楊壯壁宿鎮隨征參

將洪存先候缺親隨營參將王建遊兵鎮親隨標參
將鄭泗隨標參將何正前鎮正領班參將林興衛鋒
正總班參將黃捷左虎衛正領遊擊林尾副領都司
丘陞壁宿鎮旗鼓正中軍遊擊林朝暉宜毅左鎮左
營丘睿果毅中鎮下遊擊王壽吳旋賴淑鄭應一正
領遊擊黃壽二正領遊擊林明三正領遊擊林暢陳
賢王招四正領遊擊陳勝遊兵鎮中營遊擊陳恕前
營遊擊薛勇隨標營遊擊施辰果毅後鎮領兵洪陞

坐營中軍劉斌翼將楊勝親隨營將徐秋隨征營將
曾春遊擊鄭先庚前鎮隨征遊擊顏潛左翼遊擊孟
喬左副領遊擊方勝右副領遊擊林盛掌標遊擊陳
奕小監營遊擊戴耀左副總班都司黃陞右副總班
都司黃義侍衛監營林仕領旗營陳寅旗鼓中軍林
贊果毅中鎮下都司鄭辛王友順何榮芳桂李陞吳
麟管砲都司陳鳳壁宿鎮下正總理候鈌都司林英
楊勸宣令守備林玉監營守備陳和副總班守備林

麟副總班守備楊瑞周明黃登中提督下二領林輝
明三領梁三老果毅中鎮下守備沈雲隆許福柯偉
陳仕陳定鄭興陳鑾林長陳德完蔡興洪祿林鳳林
甫陳萬蔣鳳謝吉康順張福王麟曾良陳月陳尾遊
兵鎮中營守備李忠前營守備朱義隨標營守備黃
二林彩許五林泰管砲守備林換李受前鎮下守備
吳傳胡哲龔耀陳新提督後鎮銜鋒總班陳斌候鈌
親隨營王飛龍正總班曾道興副總班歐興都司高

陞陳進果毅後鎮下司總陳貴楊美陳桂總班周虎
中提督下司總林愛都司林三侍衛下副領陳祺遊
兵鎮下親標營千總胡進黃璉隨征千總李四朱都
王雄果毅後鎮下都司楊龍蔡珀監營林龍壁宿鎮
下都司劉明許佐總班程雄趙和紅旗官沈冬陳勝
果毅後鎮下都司謝里蔡明正總班洪忠郴賜正總
理黃三副總理許攀隨征正總班張猛紅旗官許卯
何煌陳勝董與總司黃貴等共一百六十五員帶賊

衆四千八百五十三名倒戈投降臣仰體
皇上好生之德宥其自新俱已發令剃頭偽鎮營賞以袍
帽賊衆給以銀米用彰我
朝廷不嗜殺鴻恩以策後効是役也逆賊盤踞海島四十
餘載荼毒生靈踩躪版圖致厪
皇上宵旰之憂臣體
聖衷誓必滅此淨盡故雖帶傷負創冒督撲勦舟師自十
四日深入汪洋巨浸之中水天相連稽古以來六月

時序澎湖無五日和風卽驟起颶颱怒濤山高變幻
莫測三軍命懸悉聽之天今抵澎旬餘日海不揚波
俾臣得以調度七日夜破賊克捷且二十二日進師
午刻潮漲多四尺莫非
上天垂祐
皇上彌天之福故使扼守澎湖巨魁巨鎮精鋭逆賊巨艦
不數日而全軍覆没雖各鎮將弁目士卒戮力用命
寔賴

皇上天威丕振督臣姚啓聖捐造船隻捐養水兵與臣共
勷大舉仍又親來厦門殫壓殫心催趲糧餉輓運不
匱加以厚資犒賞將弁三軍莫不激勵思奮今日克
取澎湖之大捷皆督臣賞賚鼓舞之功乃有此成效
也擬卽乘勝進勦但臺灣港道紆迴南風狂湧深淺
莫辯似應少待八月或十月利在北風進取萬全倘
有機會可破臣立卽進師三軍關係綦重尤當倍加
慎毖不敢輕舉妄動澎湖爲臺灣咽喉今澎湖既巳

克取臺灣殘賊必自驚潰膽落可以相機掃蕩矣但
二穴克掃之後或去或留臣不敢自專合請
皇上睿奪或遴差內大臣一員來閩與督臣商酌主裁或
諭令督撫二臣會議定奪俾臣得以遵行更有請者臣奉
有
欽頒功罪格例賞罰期必嚴明行閲將士首先衝鋒破敵
自當
題敘如逡巡不前法豈容寬必宜分别依格究處惟賞

功一項臣前
題明暫取二萬五千兩布政司纔發一萬六千兩尚少
九千兩此番官兵用命血戰者多必須從優獎勵仰
候銀兩遵照格例賞賚又見在進勦臺灣尤切需賞
功銀兩以昭信賞用鼓士愾臣惟有矢志捐軀竭圖
殺賊至賞功之需臣委實貧乏無可捐助應用所當
仰給
公帑伏祈

皇上勅部移咨督臣迅行酌給如投誠官兵中有自願歸農者臣查其原籍即行該府縣安插老弱者亦在點汰若欲入伍者粮餉在所必需應動何項錢粮并乞

勅部咨會督臣撥給庶應使投誠之衆各得其所而無流離之嘆臺灣逆孽勢必望風歸附蕩平之後仍遵

前旨裁汰此十六二十二等日水陸官兵攻殺賊衆死亡者計三百二十九員名帶傷者計一千八百餘員名悉被砲火攻擊以致傷亡甚多臣將被傷官兵按其

輕重一等傷每名給銀三兩二等傷每名給銀二兩三等傷每名給銀一兩以資藥費死亡者酌給銀兩以濟棺殮此項銀兩臣暫爲挪應容備造發給數目細冊送部稽核發給還項至于格外優䘏出自

皇仁其重傷官兵不能荷戈者臣俱已撥船載回厦門延醫調治其所少兵額另咨督臣就于陸師挑選前來補足精兵實數時常操演尅期合𦛗進發至于分派衝鋒副鋒鎮營將弁配坐鳥船趕繒船鳥船每船或配大小將弁閑員及外委弁員二三十員不等趕繒船每船或配十員八員不等又如鎮將所領一股每股鳥船七隻其中分配水陸將弁甚多今止開一船上帆號姓名先行

題報所有分配各船上將弁首先跳船焚船者尚多其人疏內未得逐一臚列合并

題報容臣蕩平臺灣奏凱之日擬定功罪臚列在事文武官兵員名備造清冊開報

請叙其投誠僞鎮營繳到僞關防牌劄與夫得獲船隻大砲甲器旗幟等項查所獲紅衣大銅砲十二位每位重有四五千斤砲子大者二十二三斤中者十七八斤次者十四五斤銃鎮大砲二位每位重七千餘斤用砲子三十餘斤尚焚燬砲船所配之砲俱已沉落在海現在尋撈其餘大小發熕砲火甲器等物容查明一并造册繳部以聽查察緣係克取澎湖備陳官兵血戰情形字多逾格貼黃難盡伏乞

皇上寛恩全覽施行爲此具本謹密請
旨

康熙 十二年六月 二十六 日

附錄八閩紳士公刊原評

凡入告之辭貴詳悉又貴暢達貴眞實而又貴明淨此古今奏疏所以獨推宣公也 公此疏誠無遺憾矣初陳敵勢之猖獗我師攻取之情形 公素諳水戰固已弄敵人于掌上而目中蚤不見敵矣至若左設奇兵右設疑兵中間分爲八股 公居中指揮調度此等陣法雖昔人入門六花之變化無以加此是故我師再出而敵人一敗塗地焚舟溺水不可以計數而 公露布已達
帝廷矣疏中請優賞功績而陣亡士卒以及帶傷者尤加惠恤傳之所謂仁將者是耶非耶後幅力表總督 姚公共勳太舉請澎湖之捷皆督臣賞贊鼓舞之功乃有此成效也豈非功不欲自已居者耶 公固善讓功惟善讓功乃克居功 公之所爲比之汾陽口不言功殆爲過之閱此疏始終顚末纍纍幾萬言既詳悉又暢達既眞實又明淨宣公以下莫能加焉 公洵文武全才哉閩人即禿毫讚述又何能揄揚 公之萬一哉

太子少保提督福建水師總兵官右都督伯施　爲
曉諭事照得澎湖各島地屬荒區民實窮苦兼之逆
賊蹂躪多年今幸
大師蕩平此日王土王民悉隸版圖宜加軫卹以培生
機合就示諭爲此示仰該地方居民人等知悉爾等
既脫邪氛咸登樂土各宜安意生業耕漁是事本提
督憫念疲瘵之餘當爲蠲三年徭稅差役遂其培養
也特示

康熙二十二年閏六月初四日

攻克澎湖致祭

后土文

聖代隆興

皇圖恢廓海澨山陬率土經畧蕞茲澎島鯨氛是托恃險負嵎相傳濟惡四十餘載億兆斯虐戶口零丁鄉村寂寞云胡

天祇喪敗莫度渠魁盡殲兇脫臏落地土人民今已非昨

朝廷版籍山川丘壑以佃以漁以耕以穫惟

神之靈闢疆彌擴永賴奠安黔庶熙若齋心致虔清酌一醑謹告

康熙二十二年七月

祭澎湖陣亡將士文

嗚呼人孰無死得所流芳丹青汗青白骨猶香鴟夷馬革不愧昂藏泰山鴻毛懸絕堪量咲諸將士干莫揮鋒矢志奏膚忝身是儐姓名大書蓬掛高檣逆孽惴惴螳臂車當艦艘縱擊砲矢飛蝗迷昧煙焰地黑天黃死生此決勳譽斯揚共奮不顧各逞其強鯨鯢嚼鐵鳥號孔張斬將焚舟敵勢倉惶披靡敗遁魁渠滅亡無何祝融奄忽殞傷非不能戰鋒鏑所創嗟諸將士填膺祭腸桓赳方壯時命匪常或分南北或同梓桑某忝統率悼痛難忘嗚呼孰無妻兒在室亦有椿萱在堂念爾捐軀滄海漂泊落荒英魂湫湫浩颽茫茫遺骸無歸猶晨夕倚閭之是望嗚呼痛哉為爾沸泗而汪汪惟逆既寬巢穴必戕旌旗一麾誰復頡頏馳捷

帝闕備敘疏章身歿名顯

寵錫後昌爾諸士卒優卹咸慶魂兮安妥各歸故鄉蕩平

凱奏超度建塲臨流哭奠釃酒盈觴靈其有知
來嘗倘饗
康熙二十二年七月　日
上卷終

靖海紀事下卷目錄

下卷終

太子少保提督福建水師總兵官右都督伯臣施琅謹
題爲偽藩崇差賫書求撫據情具
題仰請
睿鑒事竊照臣奉
命專征整搠舟師于六月十六至二十二日在澎湖連日
與賊鏖戰砲火兩點仰賴
皇上威靈官兵用命渠鎮賊夥俱被焚殺殆盡遂克取澎湖三十六島業于六月二十六日繕疏恭
報外擬乘勝長驅擣臺灣直如摧拉惟大小戰艦被砲打損破壞甚多臣姑將其次號之船可以補葺者載送砲傷官兵回廈門調治將船整固令其順載柴米火藥弓矢前來澎湖以給兵需至打壞鳥船見泊澎湖即當用工修葺所需木料油灰釘鐵棕麻等料匠作各項爲數不少刻在要需誠難稍緩臣治師遠島祇恐呼應不靈隨于閏六月初三初六等日移咨督臣亟行採備仍辦八槳船料一百隻一併檄委漳州海

防同知王錫九等官督運解到澎湖以應整葺製造
用濟我舟師到臺灣穿淺入港渡載官兵登岸之用
至于臣標水陸鎮營被砲傷死官兵三百餘員名砲
傷一千八百餘員名陣傷之兵雖給資藥治未能痊
可荷戈臣計當進勦臺灣之時宜需大鳥船二十隻
趕繒雙帆艍船三十隻共五十隻應用水陸官兵四
千員名留守屯劄澎湖以為兩頭聲援策應然新附
投誠兵衆未便遽用征兵名額不足禦勦難以乏人

業併移咨督臣選調精壯陸師官兵四千員名前來
補用聽令調遣去後臣雖殫力疾呼尤慮汪洋風濤
遠隔實為獨力難支惟分撥船兵在于八罩將軍澳
南大嶼東西甘吉龍門港吼門吉貝嶼等島倍加巡
瞭以抑其吭乃殘孽敗遁之餘見臣水陸等官兵逼
臨門庭安插投誠撫綏地方民人樂業雞犬不驚臺
灣兵民聞風俱各解體此閏六月初八日偽藩鄭克
塽巨魁劉國軒差偽禮官鄭平英偽賓客司林惟榮

偽員曾蜚朱紹熙等賫具降
表一道併與臣書二封另致督臣書二封駕趕繒雙帆
艍船二隻到澎湖臣軍前納欵請降待
命惟馮錫范與鄭克塽欲求原居臺灣承祀祖先照管物
業懇臣指示臣思此議未妥若在未進師撲勦之時
逆孽蚤遣求降當為題
請今澎湖既得窮迫之際始差鄭平英等前來求撫明係
詭譎緩兵之計難以遽信臣專征止宜主勦不宜議

撫之事將鄭平英林惟榮二員弁帶書二封咨送督
臣看守候
旨定奪查鄭克塽年尚幼穉未諳大體操縱指揮權皆出
于劉國軒馮錫范二人茲特令曾蜚朱紹熙同臺灣
傳諭若果真心投誠必須劉國軒馮錫范來臣軍前
面降將人民土地悉入版圖其偽官兵遵
制削髮移入內地聽遵
朝廷安輯若偽藩等悉如臣言臣當體

皇上好生之德以拯數十萬之生靈具疏題
請我
皇上赦其前罪畀之
新恩
敕行督撫二臣撫綏安插臣因船隻被砲擊壞故暫在整
葺未得乘勝搗剿其所要需船料匠作解應一到即
晝夜兼工整造若船隻修備風信稍利殘孽若不從
臣之議即督師進發當斯劉國軒一戰敗遁魂落膽

喪臺灣人民風鶴草木皆兵之際無難殲滅淨盡根
株以慰
宸衷謹將偽藩鄭克塽原具降表及鄭克塽劉國軒致臣
原書進上
御覽恭聽
睿裁迅賜
敕旨其鄭克塽所致臣書茫然折明乃臣之罪緣係恭報
偽藩求撫事理貼黃難盡伏乞

皇上全覽施行為此具本謹密題請
旨
康熙二十二年閏六月　十一日

附錄八閩紳士公刊原評
卑志曰惟能剿者能撫蓋我具能剿之猷畧而又
具必剿之氣勢然後可不戰而屈人兵彼區區小
仁終何濟于大事乎夫臺灣為鄭氏竊據三世爪
牙羽翼遍列左右雖澎湖一戰事勢窮蹙納款請
降此其兵力亦可知矣而反側未安易於為變若
不還入內地畏難苟安保無有意外之患耶　公
具疏題請以樹德莫如滋去疾莫如盡令劉國軒
馮錫范諸軍前面降令人民土地悉入版圖令偽

制削髮悉聽　官兵遵
朝廷安輯何慮周而見遠也昔項羽困于敖倉高祖亦
欲罷兵歸國留侯不可曰此天亡也急擊勿失
帝從其言而項氏果滅　公以撫為剿以剿為撫
不為一時權宜之計卒之偽藩啣璧來歸處置得
宜恩威並著一一如　公疏中所陳體
皇上好生之意而圖
國家數十世之安者豈其微哉

太子少保提督福建水師總兵官右都督伯施　爲
安撫輸誠文武官員兵民以廣
皇恩事照得
聖朝定鼎以來法素從寬恩恒惟厚撫順剿逆匡宇咸寧
臺灣未靖本提督奉
旨專征蓋欲拯絶島之生靈俾海疆於奠安茲僞延平王
及武平侯等識
天意之有在樂
皇仁之無偏見遣協理兵工二官副使二員齎具表章敕
印前來歸
命土地人民悉入版圖本提督體
朝廷好生之德念至誠求撫之心現在題
請仰邀
浩蕩洪慈安輯咸宜合就曉諭爲此示仰臺灣地方官兵
士庶人等知悉示到各官兵立即削髮本提督涖日
親臨安插軍紀素嚴秋毫無犯今既革心歸順官則

不失爵秩之界民則皆獲綏輯之安兵丁入伍歸農
聽從其便各自安意樂業無事徬徨驚心
俞旨下頒
新恩遍及本提督言出金石決不爾負須至示者
康熙二十二年七月十六日

太子少保提督福建水師總兵官右都督伯臣施琅謹
題爲恭報臺灣就撫事宜仰祈
睿鑒事竊照澎湖克捷海逆已失其險康熙二十二年閏
六月初八日僞藩鄭克塽渠魁劉國軒差僞官鄭平
英林惟榮曾蜚朱紹熙等賫送降表併書來澎湖軍
前求撫臣慮其詭譎緩兵難以遽信遂令曾蜚朱紹
熙回臺灣傳諭若果眞心投誠必須劉國軒馮錫范
來臣軍前面降將民人土地悉入版圖其僞官兵遵

制削髮移入內地悉聽
朝廷安輯若僞藩等悉如臣言當體
皇上好生之德以拯數十萬之生靈題請
赦其前罪撫綏安插業于閏六月十一日將降表幷書具
疏進上
御覽在案茲七月十五日鄭克塽復差僞兵官馮錫珪僞
工官陳夢煒劉國軒遣胞弟僞副使劉國昌馮錫范
遣胞弟僞副使馮錫韓同曾蜚朱紹熙賫送降本稿

前來澎湖軍前回話一一依臣前言其防守南北淡
水僞左武將軍何祐僞左先鋒李茂等所帶賊衆今
俱召回臺灣南北淡水已無防守矣何祐等差賫密
稟到臣納欵是臺灣南北地方俱已效順復據曾蜚
等稟稱鄭克塽劉國軒及兵民人等咸懇臣發給告
示張諭削髮俾得遵依蚤發一日則兵民蚤獲一日
之安臣因仰體
浩蕩洪慈服舍來安乃敢給示撫綏矧鄭逆自來遠阻聲

教未被
聖化非如吳耿諸逆受
恩背叛者比諒荷
皇上廣開面網
赦其前愆俾沾
德意卽將劉國昌馮錫韓見留軍前隨于十六日遣侍衛
吳啓爵大品筆帖式常在同馮錫珪陳夢煒曾蜚朱
紹熙帶安插告示五張先往臺灣曉諭看驗各僞官

兵百姓人等削髮令其催齊偽藩鄭克塽及劉國軒
馮錫范等敕印併繕臏降本前來交繳以便臣代為
賫
進則此事似可勾當也臣俟各船修葺齊備一面統率
船兵親抵臺灣看其形勢暫行安輯其所議造八槳
船隻及再調陸師官兵已咨移督臣停止矣第查臺
灣土地千餘里戶口數十萬地在負海之表或去或
留偽官兵戶口繁多當作何安輯事關重大所當亟

請
皇上迅賜膚裁敕差才能戶兵二部迅速前來會同督撫
主裁料理安置得宜畢此大事俾臣得即勾當班師
從此金廈永固玉燭常調可無靡
南顧矣此番澎湖克捷臺灣就撫實賴我
皇上洪福齊天威靈遠暨乃克見成效但臣鹵莽武夫性
質愚戇直道行事不肯潰賊以為
君父憂倚家

皇上豢養之恩
特知之遇無足報稱誓必掃靖海氛少效涓埃耳今年逾
六十筋力衰邁難勝封疆重任且孤忠獨立既不肯
苟合又不能彌縫征勦臺灣之舉乃面奉諄諄
溫諭屢次
命旨專征是以臣竭效死力堅不阿狥務期蕩平極知深
拂人意災必逮身茲賊島既平臣職已盡若蚤不引
退將來必為禍階伏乞

皇上恩賜召臣回
京俾得時覲
天顏臣所深願也謹將偽藩抄來疏稿恭進
御覽緣係恭報臺灣就撫事宜貼黃難盡伏乞
皇上全覽乾斷
迅賜敕旨施行為此具本謹密題請
旨

康熙二十二年七月　二十四　日

附錄八閩紳士公刊原評

從來敵勢窮迫多藉投誠以爲緩兵之計今臺灣
就撫　公獨令其親來面降之而請
旨一面發示令其遵
制削髮以示無外殆所云閫以外將軍制之非歟且以
其遠阻聲教非歟吳耿諸逆受恩背叛者比眞卓
識也眞公論也降表旣來郎咨移督院停造入槳
并停調陸兵可謂省國費而紓民力者矣至于請
召還
京非徒憂讒慮患實有古大臣功成身退之學問焉
雅歌仲山甫之明且哲史稱張子房之托辟穀公
於此思過半矣但以四十年難靖之海疆一旦削
平此皆　公之智畧過人聲靈遠播若使還朝安

知反側子輩不復生異志耶昔明祖以沐氏定雲
南遂世襲承鎭故終三百年無他患者誠餘威足
以懾服之也　公鎭蒞閩南海國波靜閩人之得
以安枕無虞者皆　公之賜也　公何可須臾離
閩哉果遂其引退之志其若社稷蒼生何宜乎
朝廷之永留我　公也

太子少保提督福建水師總兵官右都督伯臣施　琅謹
題爲恭報臺灣兵民削髮僞藩賫繳冊印事竊照僞藩
鄭克塽差僞兵官馮錫珪僞工官陳夢煒劉國軒遣
胞弟副使劉國昌馮錫范遣胞弟副使馮錫韓賫具
降本稿到澎湖軍前一一悉聽臣言臣察其眞誠向
化于本年七月十六日差侍衛吳啓爵筆帖式常在
前往臺灣看驗僞官兵削髮業將情由併僞藩降本
稿于七月二十四日具題繳

報外此番僞藩差官求撫蓋因澎湖失險故革心歸誠臣
就近差遣看驗剃髮無非畢此勦撫大事乃吳啓爵
等于七月十九日到臺灣而督臣亦差候選同知林
昇撫臣差官頭鄭瑞生遊擊孫熙駕船二隻于二十
日到臺灣並無到澎湖知會枉道直去臺灣懇其就
撫是均軍
國之事故作兩途岐視毋乃有輕
國體而貽笑于逆衆者乎且臣于閏六月二十一日因

偽官鄭平英林惟榮到處張蓋乘轎自尊無忌咨移
督臣有搖尾乞憐袒肉求降等語督臣所差之員將
此公移幷督臣自題疏稿抄送臺灣與偽藩等看閱
致使賊衆危疑抱恨于臣其臺灣地方形勢兵民剃
髮安輯事宜應去應留頭緒多端不便繁入疏章吳
啓爵常在親履其地俱悉其情玆尚差二員赴
闕披陳面
奏本月二十七日偽藩鄭克塽復差馮錫珪陳夢煒同

吳啓爵常在賫具降本一道及繳延平王冊一副印
一顆輔政公鄭聰印一顆武平侯劉國軒印一顆忠
誠伯馮錫范印一顆左武衛將軍何祐印一顆偽藩
鄭克塽擬將所繳到印冊令偽副使劉國昌親賫進
京臣即令同吳啓爵等一齊登程其馮錫韓適値抱病
不得就道臣留在軍前因見督臣如此爭執是以將
鄭克塽奏本一封冊一副偽印五顆發交吳啓爵常
在送赴督臣衙門聽其主稿具

題賫繳去後倘督臣不爲代繳臣一面囑令吳啓爵等
即行賫
進臣當即親臨臺灣先將要緊之人載入內地安插但
偽官兵人民戶口繁多仰祈
皇上迅差戶兵二部前來主裁料理得宜臣奉
命專征勦撫之事俱已勾當仰候
俞旨以便班師其安插事宜悉交督臣自行料理鄭克塽
尚有招討大將軍印一顆據稱有戶口兵馬各項冊

籍俱未攢造因暫留用候繳合將偽藩鄭克塽所具
兵民剃髮奏本一道繳進
御覽其鄭克塽劉國軒馮錫范何祐等及文武大小各偽
官俱在候
旨剃髮緣係偽藩繳印事理貼黃難盡伏乞
皇上俯賜全覽併祈
敕旨施行
康熙二十二年七月　二十九　日

附錄八閩紳士公刊原評

凡敵人之真誠向化者必我之威望足以服人智略可以制勝然後動出萬全而言無不聽也 公先克澎湖威震要荒恤其被傷兵卒予以醫藥贍其生還此其恩威已遍洽于臺灣故削髮繳印冊臺中本一事不敢或抗誠其先聲有以奪之也乃公仍差員同偽官繳送督臺請其主稿其與一等專權自恣者不亦大相逕庭哉昔裴晉公入蔡州示以上下之分韓文公諭廷湊曉以禍福之理夫二公之威望古今推服而一段嚴氣正性使敵人不敢復萌異志者誠其所以處之之道得也 公收繳偽藩及偽侯伯印冊此誠數十年來所不能得之物亦數十年來所不能爲之事一旦盡輸于公而凡一一請命于督院真有得于古人口不言功之大意也抑亦
國家體統之所在有不容以或失者予唐臣有言
國家有大體統然後有大勳名其 公之謂歟

祭鹿耳門水神文

惟滄波之浩蕩渺難測其所之何重關之據險儼要隘乎天池既迤邐以紆折復迅激而奔馳擬鹿耳兮巖浚若砥柱兮標奇湍瀨無以喻斯流之湍急天塹奚以軼扃鍵于藩維某忝專戎于茲域端藉舟航以指麾欽神功于有赫仰幽贊而臣維願濟涉乎無阻俾往復咸底于平彝伏望 鑒此救民湯火之誠悃彰斯
聖皇赫濯之靈威風濤于焉恬息驚波爲之奠綏士馬攸利黎庶靡危虔陳菲獻亶錫崇祺謹 告

康熙二十二年八月　日

太子少保提督福建水師總兵官右都督伯臣施琅謹
題爲恭報微臣先抵臺灣安輯仰祈
睿鑒事竊惟澎湖克捷臺灣求撫兵民俱已削髮臣業經
前後具疏賫繳僞藩鄭克塽降表進上
御覽應當候
旨欽遵奉行兼以出征官兵所需糧餉督臣即于六月十
一日回省悉皆臣撥船過洋來往載運發給今各鎮
營官兵秋季餉銀役過四十餘日尚未運到故未得

前去臺灣如督標所撥付朱天貴管坐趕繒雙帆艍
船于六月二十二日夜内朱興即帶一十三隻徑不
請令私自逃回尚五十一隻配載官兵二千二百五
十六名督臣于閏六月十二日差參將洪範傳宣楊
俊功賫咨文到澎湖守候盡行召回矣茲本月初八
日僞藩鄭克塽修書差僞副使何仕隆同曾蜚賫送
前來僞武平侯劉國軒僞忠誠伯馮錫范各致書一
封到澎湖臣軍前稱說臺灣兵民數十萬恐人心危

疑不一事久生端請臣速去安輯臣即會商行間各
鎮臣酌派兵船留守澎湖以爲接運糧糈之用臣統
率水陸官兵船隻擬于十一日開駕前抵臺灣彈壓
暫行安輯將要緊之人先即載入内地仍移咨督撫
或親臨安插或酌委有司前來料理以仰候
敕差戸兵部臣到時與督撫二臣商酌安插得宜臣到臺
灣察閲土地人民情形另疏題
報更有請者臣右眼自六月十六日衝擊賊鯮被銃打

傷醫治至今兩月有餘猶昏昧未明勉强在軍調度
勦撫之事勾當臣職已盡伏乞
俞旨准臣班師回泉調治
俯賜睿裁施行爲此具本謹密題請
旨

康熙二十二年八月　初九　日

附錄八閩紳士公刊原評

臺灣當新敗之後人心危疑加以遵
制削髮僞藩威令不行將卒亦不用命日望公飭鋮䭾
臨與之更始實有甚于望歲也　公慨然選撥船
隻尅期進發要䝉僞官載入內地被獲難民悉給
口糧給船隻載歸遇險要則設防汛設鎮營星羅
棊布深合機宜毫髮無憾仍撫其民人按其圖籍
使臺民曉然知
朝廷寬大之恩且以知我　公生全之德慰雲霓而望
來蘇彼間始知有更生之樂矣迄今雞犬桑麻熙
熙安堵設官分治無異內地禮樂教化從此而生
聚之而敎誨之居然一大都會也若使當日遲留
不進首鼠兩端萬一變生叵測又不知費幾多經
營耶　公之先見碩畫
實迥出古人萬萬也

太子少保提督福建水師總兵官右都督伯臣施　琅謹
題爲恭報舟師已抵臺灣投誠官兵亟需糧餉仰乞
敕旨應給事緣照臣總統水陸官兵船隻于本年八月十
一日自澎湖開駕進發業已題
報在案其澎湖地方臣酌撥水陸官兵三千員名大小
船三十餘隻留守汛海防禦臣于本月十三日到臺
灣鹿耳門僞藩鄭克塽遣小船前來接引入港僞侯
劉國軒僞伯馮錫范率領各僞文武官員到軍前迎
接悉于本月十八日削髮臣逐一分發袍帽外套靴
全副其各鄉社百姓以及土番壺漿迎師接踵而至
臣宣布
皇仁酌量給賞銀牌袍帽靴烟布疋咸皆欣歡踴躍其故
明監國魯王世子朱桓呈繳金册一副同瀘谿王朱
慈爌巴東王朱江樂安王朱浚舒城王朱著奉新王
朱熺奉南王朱逵益王宗室朱鎬等亦赴軍前投見
詢稱寧靖王朱術桂聞大師克取澎湖即全家自縊

而死臣就朱慈爌等追取各原受冊印擄稱流落多
年貧窮銷用見各住草地耕種度活茲朱桓等宗室
數人應載入內地移交督撫聽其主裁安插惟臣冊
師今抵臺灣細閱港道紆廻地勢窄狹波濤湍急可
謂至險至固臣雖用兵頗能籌度但至此觀看周詳
若非
皇上威靈遠震似未易可以力鬬取勝之地顧輸誠向化
之舉在各僞文武官員各懷疑畏獨僞侯劉國軒決

意傾心以生死聽命于
朝廷免貽害生靈此其人毅然慷慨見機力主歸
命迷使我師不用戰攻而得全國其功亦不少倘荷
皇上寬恩投以爵秩當有可見效之才也又閱土地肥饒
出產五穀沃野千里人民土番雜處甚爲稠密應去
應留臣經具疏題
請未奉
敕旨仰冀

迅賜釐奪俾得欽遵奉行更有請者臺灣僞官兵聽其歸
農者甚多而入伍者不少當即暫給糧食以安新附
之心若承交接管此項糧餉何從以應臣于本年八
月初九日承准兵部劄付覆奉
俞旨其願入伍投誠兵丁着即補經制缺額數內欽遵在
案第查此時缺額零星查補無幾再四籌維閩粵江
浙四省溢設營兵蓋因臺灣負抗飄突靡常故增添
堵禦今臺灣既平海外可以無患請就福建內地陸

營先行酌量裁撤將所裁溢額之糧餉而暫給投誠
之兵需可無外費
公帑亦稍緩就急一時權宜策應之計也臣一面題
請一面撥發給侯凱旋之後應撤應留以聽部議定奪
臣見今屯師臺灣船隻來往越過兩重海洋水途遼
遠值茲秋冬北風盛發阻滯對行動經匝月不等非
比春夏可以計期而至伏乞
皇上睿鑒迅敕部議或如臣所議裁汰或應就何項措給

敕下督撫著令作速遵行以應發給投誠兵需庶免懸待
矣茲在臺灣如鹿耳門大港隙仔港馬沙港蟯港打
狗港上下淡水等處俱已調撥船兵分布守禦臣帶
水陸鎮營官兵一半登岸駐劄一半在船至僞藩鄭
克塽僞侯伯劉國軒馮錫范等及各眷口應即一併
載入內地緣此時風勁浪狂舟楫難行容俟九月秋
風浪稍平即撥載移送督撫安插所有僞官印劄兵
民戶口等項繁多一時彙造未得就緒俟其造明交
繳到臣即具疏賫
進緣係恭報舟師已抵臺灣事理貼黃難盡伏乞
皇上俯賜全覽施行爲此具本謹密題請
旨

康熙二十二年八月　　九　　日

附錄八閩紳士公刊原評

自古地方新定必得長才遠馭之畧區畫裁制方
能就緒　公初入臺灣新附官民頭緒多端僞藩
侯伯等各等應授賞賚有差一毫無缺至若社民
土番壺漿迎師絡繹而至酌量給賞咸使歡欣一
若出其素所料理而爲之者其明裔宗室流落多
年至于銷金印以爲朝夕之計耕種度活尤堪憐
憫　公下車即載入內地移送撫院安插優恤
勝國之恩可謂周且至矣其劉國軒決意傾心以
生死聽命于
朝廷不忍貽害數十萬百姓　公不沒其忠勇之誠慭
䘏之意據實題報深有得于古大將愛才之雅量
若夫㕘閱新附入伍之衆權宜撥給糧糈無使怨
望俾不至于呼庚呼癸者　公之經濟宏猷于此
窺一斑矣他日事竣班師諸務得宜秋毫無取軍
民畏其威而服其廉曹武惠之勾當江南公事回
止存圖籍衣衾　公何多讓焉

爲重申曉諭以安民生事照得本提督統師親臨臺灣官兵雲集號令霜嚴念土地既入版圖則人民皆屬赤子保乂撫綏倍常加意官兵不許佔住民居并目不許包攬鄉社樵蘇採捕載運米穀蔬菜出入港灣均聽民便農商工賈經營市肆鄉村毋擾强買各嚴差巡糖蔗民間物業嚴禁兵丁混折至于本地之跳梁伏莽夜聚曉散訪聞皆係臺灣新附之將不嚴約束故縱官兵剽劫經本提督一面發示招徠解散

恐不効順復一面行僞武平侯遣發撥捕法處該管將弁故縱之罪凡有妨於民生者靡不禁戢備至惟恐爾民未悉本提督惓惓至意自疑新附猶懷驚惶剏此大師甫臨之際將及五穀秋成之時若不安心必致失業合再申諭爲此示仰各地方官兵百姓士番人等知悉本提督素性愛民今日統師至此務在安戢爾民而登衽席隨征官兵糧餉船隻載運足給兵食有餘鎮營日用蔬菜市肆買辦照依民價無虧

斷不許藉稱官辦應用一絲一毫僭取民間茲地方初定賦稅固宜盡蠲惟查官佃田產牛種原出業主備給今歲應納租穀十分酌減其四准赴州官輸納六分以供僞延平王稅課其一切保務叠派什項差徭盡行蠲免臺灣去留業經題請候
旨或臺灣議留本提督軫念海外荒區非比內地樂土年納正供當爲從輕酌定具題其官兵人民去住聽從其便各宜樂業無事驚心收成在邇農務毋荒貿易

如常董登有禁官兵違犯法在必行人民安生事勿自緩須至示者

康熙二十二年八月二十日

爲嚴禁犒師以安民生事照得本提督奉
命進取臺灣所統
王師原爲拯民非以擾民故到處秋毫無犯務使民不知
兵誠恐鄉社保甲沿襲故套各自派辦勞軍之費致
擾民生合就嚴禁爲此示仰各鄉社保甲長居民人
等知悉本提督居心如冰視民如傷提師至此政期
綏安痛誡煩擾如有該鄉社各保甲長敢藉端派辦
犒勞之貲者許卽指稟定行嚴拿重究不貸特示

康熙二十二年八月二十九日

祭臺灣山川后土文
竊以淵獻仲秋東溟維舟源隰相望陟彼崇丘田疇
鬱其聯屬黔庶于焉止休蔽長天之巨艦揚旌旆之
悠悠奉
皇威以遠濟統水兕乎貔貅旣克澎湖于重險爰蹐臺灣
而周流維
山川之巖浚兮羌連檣以難進仰神功之浩大兮御艨艟
其飛迅封內則載于祀典兮殊方遡夏古而莫訊誕

后土之載物兮奠東隅以靜鎮比神嶽而孕靈兮應安貞
以益崇夫明信某菲薄之涼德兮仗
天討以翼翼拯斯民于塗炭兮啓絕島之異域慨杼柚之
空竭兮嗟旱潦夫稼穡飢靈貺之昭格兮錫福祉于
遐國水土平衍不匱于民用兮俾遺黎獨得沾乎豐
穰驅蝗螣與蟊賊兮庶無侵于狐蜮緊統師其申嚴
紀律兮秉鈇鉞以專征過兵戎于衽席之上兮欣耆
稚壺漿之遠迎誓不殺以凜犯于秋毫兮體

皇仁而用兵撫茲土以安民輯衆兮新士馬乎寧平壹篤
祜此征人兮願氛沴波濤之弗驚幅幀既入輿圖兮
版籍已登
廟堂寧徒白雉楛矢之遠貢兮頌海波之不揚化窮髮以
漸被兮熙
帝載于無疆酬椒醑與桂酒兮融胎蠻而彌臧譖　告
康熙二十二年九月初三日

御製褒章
海氛之不靖艅艎出沒波濤震驚濱海居民魚鹽蠶
織耕穫之利咸失其業朕心惻惻焉邇者滇黔隴
蜀湖湘百粤悉皆底定救寧最爾臺灣險阻負固爾
施琅銜命徂征決策進取樓船所指將士一心遂克
島門殪其營窟勇以奪其氣誠以致其歸捷書到闕
時值中秋對此佳辰欣聞凱奏念瀛壖赤子獲登衽
席用紓南顧之憂惟爾丕績即解是日所御之衣馳

賜載褒以詩
島嶼全軍入滄溟一戰收降帆來蜃市露布徹龍樓
上將能宣力奇功本伐謀伏波名共美南紀盡安流
康熙二十二年九月初九日
御筆　廣運之寶

兵部爲欽奉
上諭事康熙二十二年九月初十日奉
上諭諭吏兵二部向來海寇竄踞臺灣出沒島嶼窺伺內
地擾害生民雖屢經勦撫餘孽猶存沿海地方烽煙
時警邇者滇黔底定逆賊削平惟海外一隅尚梗王
化爰以進勦方畧咨詢廷議咸謂海洋險遠風濤莫
測長驅制勝難計萬全朕念海氛不靖則沿海兵民
弗獲休息特簡施琅爲福建水師提督前往相度機

宜整兵征進該提督忠勇性成韜鈐夙裕兼能洞悉
海外形勢力任剋期可奏蕩平遂訓練水師整頓戰
艦揚帆冒險直抵澎湖鏖戰力攻大敗賊衆克取要
地立奏膚功餘衆潰遁臺灣懾服兵威乞降請命已
經納土登岸聽候安插自明朝以來逋誅賊寇始克
殄除瀕海遠疆自茲寧謐此皆該提督矢忠報國大
展壯猷籌畫周詳布置允當建茲偉伐宜需殊恩施
琅着加授靖海將軍封靖海侯世襲罔替以示酬庸
前進勦雲南官員曾各加一級兵丁賞賚一次頃因
該提督所統官兵出海進勦勤勞堪念已經照雲南
例加級賞賚復思官兵遠抵海疆冒險勦寇非滇黔
陸地用兵可比在事官員着再各加一級兵丁再賞
一次以示特加優渥至意爾二部卽遵諭行特諭

封侯制誥

奉

天承運

皇帝制曰朕惟尚德崇功國家之大典輸忠藎職臣子之常經古聖帝明王戡亂以武致治以文朕欽承往制甄進賢能特設文武勳階以彰激勸爰兹任者必忠以立身仁以撫衆智以察微防姦禦侮機無暇時能此則榮及前人福延後嗣而身家永

康矣敬之勿怠爾施琅先任水師提督時同總督李率泰總統水師官兵進勦海賊克取厦門金門銅山等島著有勞績海寇竄踞臺灣出没島嶼窺伺內地擾害生民雖屢經勦撫餘孽猶存烽烟時警嚮者滇黔底定逆賊削平惟海外一隅尚梗王化應行剪滅永奠海疆爰以進勦方畧咨詢廷議咸謂海洋險遠風濤莫測長驅制勝難計萬全朕念海氛不靖則沿海一帶地方民鮮寧止之樂兵

有征調之繁計切安全用彰天討以爾忠勇性成韜鈐夙裕兼能洞悉海外形勢特簡爲福建水師提督前往相度機宜整兵征進爾克承簡命力任赴期可奏蕩平遂訓練水師整頓戰艦揚帆冒險克取花嶼猫嶼草嶼八罩將軍澳南大嶼東西吉直抵澎湖克取虎井桶盤嶼西嶼頭牛心灣內外塹嵵內雞籠嶼四角山風櫃尾娘媽宮案山仔紅毛城林投仔瞎澚竹竿澚龍門港崎壁港赤嵌嶼

小門嶼吉貝嶼馬鞍嶼吼門雁靖嶼中墩嶼蜞仔嶼北山嶼鳥嶼香爐嶼大小烈嶼等三十六島壘戰力攻大敗賊衆殺賊一萬四千餘名招撫僞將軍果毅中鎮楊德等一百六十五員賊衆四千八百餘名因克取澎湖等要地餘衆潰遁臺灣懾服兵威鄭克塽乞降請命納土歸誠自明朝以來逋誅積寇始克殄除海外遐陬歷代未隸疆索自兹初闢悉入版圖此皆爾矢心報國大展壯猷籌畫

周詳布置允當建茲偉伐宜沛殊恩封爾爲靖海
侯世襲罔替
制誥
康熙二十二年九月初十日
之寶

班師過澎祭陣亡官兵文
惟淵獻之季夏統勁旅乎舟航耀靺天之朱旆摧兕
虎于戎行暘波瀾以迅激負于炎其奚方緊渠魁之
不逞奮螳臂乎殳斯忿轟雷于巨礮矢石共烟烽以
飛揚咨將士之賈勇冒鋒鏑以罹傷身膏芙蓉之刃
骨沉大壑之郊咸各矢忠報國誓死勤王風雲爲之
黯慘日月掩其光芒家室悲痛凄斷肝腸余忝軍麾
于率領肅紀律更張抗士爭先兮破敵哀猛壯于國
殤茲當臺灣底定凱奏
廟堂舟師旋旆以西指不禁雪淚之千行凡厥將弁力當
奏
請優卹恩逮妻孥其餘各鎮營之士伍遘此荼毒魂氣執
其無依卽圖創建厲壇春秋供其祭祀務令爾等咸
有血食之享勿致貽悲若敖以慰此九泉之徬徨是
用披誠虔祭尚其歆格尙　饗
康熙二十二年十一月二十五日

太子少保靖海將軍靖海侯兼管福建水師提督事務臣施琅謹
題為恭陳臺灣棄留之利害仰祈
睿裁事竊照臺灣地方北連吳會南接粵嶠延袤數千里
山川峻峭港道紆迴乃江浙閩粵四省之左護隔離
澎湖一大洋水道三更餘遙查明季設水澎標於金
門所出汛至澎湖而止水道亦有七更餘遙臺灣一
地原屬化外土番雜處未入版圖也然其時中國之
民潛至生聚於其間者已不下萬人鄭芝龍為海寇

時以為巢穴及崇禎元年鄭芝龍就撫將此地稅與
紅毛為互市之所紅毛遂聯絡土番招納內地人民
成一海外之國漸作邊患至順治十八年為海逆鄭
成功所攻破盤踞其地糾集亡命挾誘土番荼毒海
疆窺伺南北侵犯江浙傳及其孫克塽六十餘年無
時不仰厪
宸衷日奉
旨征討親歷其地備見野沃土膏物產利溥耕桑並耦魚
鹽滋生滿山皆屬茂樹遍處俱植修竹硫磺水籐糖
蔗鹿皮以及一切日用之需無所不有向之所少者
布帛耳茲則木棉盛出經織不乏且舟帆四達絲縷
踵至飭禁雖嚴終難杜絕實肥饒之區險阻之域逆
孽乃一旦凜
天威懷
聖德納土歸
命此誠

天以未闢之方輿資
皇上東南之保障永絕邊海之禍患豈人力所能致夫地
既入版圖土番人民均屬赤子善後之計尤宜周
詳此地若棄為荒陬復置度外則今臺灣人居稠密
戶口繁息農工商賈各遂其生一行徙棄安土重遷
失業流離殊費經營實非長策況以有限之船渡無
限之民非閱數年難以報竣使渡載不盡苟且塞責
則該地之深山窮谷竄伏潛匿者實繁有徒和同土

番從而嘯聚假以內地之逃軍流民急則走險糾黨
爲祟造舟製器剽掠濱海此所謂藉寇兵而齎盜糧
固昭然較著者甚至此地原爲紅毛住處無時不在
涎貪亦必乘隙以圖一爲紅毛所有則彼性狡黠所
到之處善能鼓惑人心重以夾板船隻精壯堅大從
來乃海外所不敵未有土地可以托足尚無伎倆若
以此既得數千里之膏腴復付依泊必合黨夥竊窺
邊場迫近門庭此乃種禍後來沿海諸省斷難晏然

無虞至時復勤師遠征兩涉大洋波濤不測恐未易
再建成效如僅守澎湖而棄臺灣則澎湖孤懸汪洋
之中土地單薄界于臺灣遠隔金廈豈不受制于彼
而能一朝居哉是守臺灣則所以固澎湖臺灣澎湖
一守兼之沿邊水師汛防嚴密各相犄角聲氣關通
應援易及可以寧息況昔日鄭逆所以得負抗逋誅
者以臺灣爲老巢以澎湖爲門戶四通八達游移肆
虐任其所之我之舟師往來有阻今地方既爲我得

在在官兵星羅碁布風期順利片帆可至雖有奸萌
不敢復發臣業與部臣蘇拜撫臣金鋐等會議之中
部臣撫臣未履其地去留未敢進決臣閱歷周詳不
敢遽議輕棄者也伏思
皇上建極以來仁風遐揚威聲遠播四海賓貢萬國咸享
日月所照霜露所墜凡有血氣莫不臣服以斯方拓
之土奚難設守以爲東南數省之藩籬且海氛既靖
內地溢設之官兵盡可陸續汰減以之分防臺灣澎

湖兩處臺灣設總兵一員水師副將一員陸師參將
二員兵八千名澎湖設水師副將一員兵二千名通
共計兵一萬名足以固守又無添兵增餉之費其防
守總兵副參遊等官定以三年或二年轉陞內地無
致久任永爲成例在我
皇上優爵重祿推心置腹大小將弁誰不勉勵竭忠然當
此地方初闢該地正賦雜餉殊宜蠲豁見在一萬之
兵食權行全給三年後開徵可以佐需抑亦寓兵於

農亦能濟用可以減省無庸盡資內地之轉輸也蓋
籌天下之形勢必求萬全臺灣一地雖屬外島實關
四省之要害勿謂彼中耕種尤能少資兵食固當議
留即為不毛荒壤必藉內地輓運亦斷斷乎其不可
棄惟去留之際利害攸係恐有知而不言如我
朝兵力比於前代何等強盛當時封疆大臣無經國遠猷
矢志圖賊狃於目前苟安為計畫遷五省邊地以避
寇患致賊勢愈熾而民生顛沛往事不臧禍延及今

重遺
朝廷宵旰之憂臣仰荷
湛恩天高地厚行年六十有餘衰老浮生頻虞報稱末由
熟審該地形勢而不敢不言蓋臣今日知而不言至
於後來萬或滋蔓難圖竊恐
皇上責臣以緘默之罪臣又焉所自逭故當此地方削平
定計去留莫敢擔承臣思棄之必釀成大禍留之誠
永固邊圉會議之際臣雖諄諄極道難盡其詞在部

臣撫臣等耳目未經又不能盡悉其概是以臣于會
議具疏之外不避冒瀆以其利害自行詳細披陳但
事關
朝廷封疆重大棄留出自
乾斷外臺灣地圖一張附馬塘遞進
御覽緣係條議臺灣去留事宜貼黃難盡伏乞
皇上睿鑒全覽施行
康熙二十二年十二月　廿二　日

附錄八閩紳士公刊原評

臺灣削平之後持議者莫不曰此一塊荒壤無用之地耳去之可也漢劉安諫伐閩疏曰得其地不足以耕得其人不足以臣即此之謂矣殊不知此島北連三吳南接兩粵實江浙閩粵之左護棄之則紅毛巢穴于其中勾連匪類久而生變此其為害匪細故也　公身歷其地熟識情形特疏懇留係陳詳悉為沿海計萬全為
朝廷圖治安誠深且遠也而所最快心者以當時封疆大臣無經國遠猷矢志圖賊狃於目前苟安為計畫遷五省邊地以避寇患致賊勢愈熾民生顛沛往事不臧延禍及今重貽
朝廷宵旰之憂此　公之所以嘆息痛恨于當日者也
今臺灣澎湖文武官僚建設分治區畫咸宜雖犬桑麻境內又安是皆　公日夜焦勞深思遠慮而

爲此久安長治之至計者也邊海長
城天南鎖鑰非　公其孰當此者乎

太子少保靖海將軍靖海侯兼管福建水師提督事務臣施琅謹
題爲移動不如安靜仰乞
兪旨以廣
皇仁事竊照臺灣自鄭逆盤踞數十餘年以爲老窠招集
亡命擾動數省故從前投誠官兵慮有反側皆安插
外省所以解散而消弭之也臣奉
旨總統進征勦撫並用臺灣歸附臣親履該地僞官給以
俸僞卒給以餉且將其兵將漸次分離並無一兵復

聽管束仍一面派撥船隻將各官陸續載入內地查
係外省者分發外省各府縣原籍安插係本省者即
交各府縣原籍安插仍取其地牌保結存查其僞卒
願歸農者則聽其歸農願逐伍者則暫撥在從征各
鎮營逐伍其所給糧皆從省約不過使之各懷
新恩離散黨與未嘗敢效從前之冒給糧餉又僞鎮弁之
現入內地者自本年正月起之俸巳行停　給其尚在
臺灣僞官卒約計只三千餘員名其月餉自三月起

旨 亦行住支僞文官則從無分給今奉有安插附近各
省之
旨臣敢不欽遵在部臣蘇拜欲令移駐畿輔山東山西河
南諸省臣思自康熙十三年以後投誠各官桀荷
隆恩免其遷徙今臺灣各僞官棠我
皇上赦其前愆莫不仰戴
浩蕩鼓舞于光天化日之下毫無懷貳若一行移駐其間
有眷口者不少無眷口者亦多遠涉長途不堪艱瘁

逆匪生患所不能無況地方人民久困荼毒方謂海
氛削平凋殘少蘇今欲將各僞官眷口移駐外省沿
途撥運百姓有策應人夫之苦經過郡縣官吏有備
給口糧之費所到地方有動撥民房之擾開墾耕作
有應給牛種農具之資又是一番苦累以臣叨蒙
國恩夙膺同安城守副將以及陞轉水師提督十有數
載見從前投誠各官之移駐各省現在存留寥寥無
幾不過冒費金錢重煩百姓耳今天下大定人心已

安海外沾化革面傾誠率土之濱莫非王臣不若廣
開
仁恩將此項僞官俯就福建本省安插尤見
皇上推心置腹使各遂其生省人夫之撥運口粮之應給
民房田舍之動擾牛種農具之冒破且無長途逃匿
之患所謂移動不如安靜之爲得也臣自入閩以來
即遣心腹之人密往臺灣澎湖賊中道達臣之舊時
部曲現爲職官者從中潛謀取事遂有僞鎮營何祐

等謀結黨類以待內應臣業有題
報但恐漏洩未敢直指姓名則當臺灣未平之時臣已知
其人心解體而無固志豈今日鄭克塽等納土歸附
並其親族與劉國軒馮錫范等皆遵
旨進京明宗室朱桓等移就山東河南安插是臺灣之巢
穴已破根株已盡可保其永無後患其餘各僞官人
員皆無關係又何須移駐以滋民擾且費
公帑乎在部臣蘇拜撫臣金鋐未悉其詳不敢置議臣

備知其傾心向化巳無他念且思我
皇上知臣之深信臣之篤感激思奮雖在邁年一意專征
今地方既拓事無大小必求允當且臣衰老餘生倘
蒙
睿恩以海宇既靖邊封無虞准臣入侍猶可不與乃現膺
重寄欲計長治不得不據實入
告仰冀
俞旨臣極知此疏一題必啓羣議以臣市恩但臣思此番

投誠與其移而復動數省之煩難曷若安之可永保
其無事在他人知而未必敢言在臣深悉利害勢難
緘默始終竭忠盡誠報答
洪恩所以不避嫌疑冒昧上陳綠係密題移駐僞官事理
字多逾格貼黃難盡伏乞
皇上俯賜全覽乾斷施行
康熙二十三年三月　初一　日

附錄八閩紳士公刊原評

閩省當凋殘之後兵馬往來郵亭驛釋粟米力役
民之疲于奔命者非一日矣茲幸臺灣削平逆醜
絕跡誠與民休息之時也乃僞官弁眷日議移駐
外省沿途夫役之迎送過宿行糧之支給不惟閩
省受供應之苦即經往省會關津亦難逃擾派之
煩民生之大患莫有過于此也　公洞見利害獨
疏入
告一力擔當不顧諸當事之非議請合本省安插各還
原籍民生免供億力役之勞而投誠諸將士得以
還首丘而保墳墓永無出疆之慘而遂獲更生之
慶是皆　公之愷悌爲懷痌瘝乃心故其軫念民
艱而推心置腹于反側子益若此之懇且至也陰
騭齊天德垂萬
祀豈虛語哉

中元祭陣亡官兵文

閼逢紀歲金祗御時涼飈瀏汳白露沾滋感凶厲之遐易餞故壘乎鄰師橥吳戈兮犀甲衝矢石兮海涯奮先登以賈勇皆焚艦而搴旗遂乃觸轟皷于飛隕罹鋒鏑而傷彝痛形體之淪喪冀魂魄之來茲風雲悽其悲惋波濤咽其流澌余忝軍麾于率領肅紀律以控持屆中元之令節值蘭盆之會期念將士之殞力悼幽冥之凶危羅肴蒸以奠享陳酏醴于盈卮特崇員而虔祭抒誠悃于水湄靈之遊兮髣髴惟歆飫兮攸宜尚饗

康熙二十三年七月十五日

太子少保靖海將軍靖海侯兼管福建水師提督事務臣施琅謹

題爲壤地初闢乞沛

皇仁以弘治化事竊照臣准兵部密咨爲謹陳善後末議

以贊一統無外之宏規事內開覆奉

俞旨臺灣應得錢糧數目若干白糖鹿皮可否興販着部臣蘇拜及督撫提再議該臣欽遵于本年七月十六日就廈門登舟乘南風而赴省城會議浹月未得適合臣思漳泉爲下游地方兼見在渡載安設臺灣文武官員兵丁及班同征師臣與提臣萬正色不便皆久住省城姑于八月十九日乘北風由舟先回廈門料理其臺灣應得錢糧數目及白糖鹿皮可否興販之處部臣及督撫二臣復議明白至九月初八日移送會

題疏稿與臣畫

題矣然臣更有不得不披陳者蓋臺灣沃野千里則壤成賦因地爲糧宜稱富足但地僻汪洋之中化阻聲

敎之外瀰山遍谷多屬土番雖知懷服習性未馴射
獵是事徵供無幾所安於耕桑可得按戶而問賦者
皆中國之人于數十年前生聚乎其間及鄭逆擁衆
盤踞兵卽爲農農卽爲兵兼沿海數省之地方人民
有爲其所掠而去者有趨而附者非習于漁則與爲
佃自臣去歲奉
旨蕩平僞藩僞文武官員丁卒與各省難民相率還籍近
有其半人去業荒勢所必有今部臣蘇拜等所議錢

糧數目較僞藩鄭克塽所報之額有去不遠在鄭逆
當日僭稱一國自爲一國之用度因其人地取其餉
賦未免重科茲部臣等奉有再議之
旨不得不以此數目蔵覆臣竊見此地自天地開闢以來
未入版圖今其人民旣歸
天朝均屬赤子以我
皇上視民如傷率土咸被伏乞
沛以格外之澤減以應需之賦則恩出自

皇上不在臣下使海外諸國向聞
天威而讋服茲輕賦薄斂益慕
聖德而引領如以會議旣定當按數而徵在道府縣責成
所係必奉行催科兼以鄭逆向時所徵者乃時銀我
之所定者乃紋銀紋之與時更有加等茲劉國軒馮
錫范見在京師乞
敕部就近訊詢而知彼夫遐陬初化之人非孝子順孫罔
或以繁重爲苦輸將不前保無釀成地方之禍階乎

至時動輒爲費更甚何惜減此一二萬之錢糧哉且
臣前之所以議守此土者非以因其地而可以加賦
也蓋熟察該地屬在東南險遠海外之區關係數省
地方安危旣設官分治撥兵汛防則善後之計宜加
周詳今所調守兵一萬乃就閩省經制水陸兵丁六
萬五千七百五十名數內抽調前去兵無廣額餉無
加增就此議定錢糧數目錫減于寇虐之後使有司
得以仰體

皇上德意留心安集撫綏俾四民樂業億兆歡戴至數年
後人戶盛繁田疇悉易賦稅自爾充溢斯時有增無
減豈待按數而徵哉至于興販東洋白糖一項歲定
二萬石不足之數聽其在本省之內採買夫本省之
去臺灣已隔兩重汪洋以臺灣所產白糖配臺灣興
販船數固為安便若就本省湊買白糖涉重洋而至
臺灣方興販東洋則今四方蕩定六合為一在臺灣
可以興販東洋何本省而不可興販必藉臺灣之名

買白糖赴彼興販此皆部臣蘇拜等慮彼中之錢糧
不敷婉為籌度湊足良法可知臺灣錢糧一時未能
裕足故也然在部臣及督撫二臣未至其地不知該
地情形雖留心區畫難以曲盡以臣躬親履歷其于
民風土俗安危利害無不詳悉天下事言之于已然
之後不若言之于未然之前臣荷
恩深重知無不言言無不盡如今不言至于後來或有關
患咎臣以緘默之罪臣又安所自逭況臣叨有會議

之
旨故不得不以披陳緣係密題臺灣錢糧事理貼黃難盡
伏乞
皇上俯賜全覽勅部議覆施行

康熙二十三年九月　二十九　日

附錄八閩紳士公刊原評

臺灣原海外一荒島耳土番往來自為貿易日[illegible]
射獵為生機無正供賦稅迨鄭逆據而有之帶集
兵民始得分土種植通商貿販因而設法追徵盡
就其一隅之產以供百萬之費致繁賦重民心已

思變久矣今既歸降如出水火各省難民相率遣
籍投誠家眾移送歸家較之前時民數已減其半
矣[illegible]若賦役稍輕從此而生聚而教誨安在不可
為樂土耶苟仍為重征繁賦民不堪命或生異心
亦未可知也　公疏中諄諄懇切指畫詳明益深
悉利害于胸中而不覺發而為忠藎之詞非徒鋪
張時務以塞一日之責者也至若興販白糖不便
本省採買之義尤確確可從而臺民免遠涉之勞
真防患未然之至計也　公無事不為民生陳疾
苦無日不為地方計安危即此疏已見其大端矣

太子少保靖海將軍靖海侯兼管福建水師提督事務臣施琅謹
密題爲海疆底定更宜加慎以垂永安事臣聞慮事必
計其久遠防患在圖於未然我
皇上深念海宇既靖生靈塗炭多年故大開四省海禁特
設關差定稅聽商民貿捕羣生感
霈澤之均沾
國家獲泉流之至計
浩蕩洪慈實冠歷代帝王之丕議顧臣思前因海禁森嚴

隄防易於晝一茲海禁既展沿海內外多造船隻飄
洋貿易捕採紛紛往來難以計算水師汛防無從稽
察稱見在昔明朝濱海奸徒出沒糾粽肆害延至我
朝定鼎四十餘年江浙閩粵數省民靡有寧今
德威遠播四海歸心惟南之東埔寨尚有僞鎮楊彥迪下
餘孽黃進聚艘百餘號北之浙江舄洋尚有房錫鵬
殘黨及撫而復叛之劉會集艘數十隻游移海洋逦
來貿易船隻給有關臣照票而往採捕船隻給有道

府縣由單而出叢礁無稅兼數省內地積年貧窮游
手奸宄罔作者實繁有徒莫從施巧乘此開海公行
出入汛口若嚴于盤查則以抗
旨難阻之罪相加如此行走不由向問恐至海外誘結黨
類蓄毒醞禍水師將弁必坐聽其罪況見准浙江撫
臣趙士麟咨稱閩省有等漁船越境荼毒漁民亟宜
禁止等語臣以爲展禁開海固以恤民裕課尤須審
奠立規以垂永久如今販洋貿易船隻無分大小絡

繹而發隻數繁多貲本有限餉稅無幾不惟取厭外
域輕慢我非大國之風且藉公行私多載人民深有
可慮如近者臣在省會議據中軍叅將張旺報稱船
戶劉仕明趕繒船一隻給關票出口往呂宋經紀其
船甚小所載貨無多附搭人數共一百三十三名臣
據報時即行查而該船已開去矣一船如此餘槩可
知此時內地人民奸徒貧乏不少弗爲設法立規節
次搭載而往恐內地漸見日稀夫以臺灣難民尚荷

皇上德意移入內地安插今內地之人反聽其相引而之
外國殊非善固邦本之法竊觀外國所來進貢之船
人數來往有限豈肯遺留一人在我中土更考歷代
以來備防外國甚爲嚴密今雖與其貿易亦須有制
不可過縱以臣愚見此飄洋貿易一項當行之督撫
提各將通省之內凡可興販外國各港門議定止大
洋船隻數聽官民之有根脚身家不至生奸者或一
人自造一船或數人合造一船聽四方客商貨物附

搭庶人數少而貲本多餉稅有徵稽查尤易至於外
國見我制度有方行法慎密自生畏服而過機端其
欲赴南北各省貿易并採捕漁船亦行督撫提作何
設法畫定互察牽制良規以杜泛逸海外滋奸則民
可以遂其生
國可以佐其用禍患無自而萌疆圉永以寧謐誠爲圖
治長久之至計故安不忘危利當思害苟視爲已安
已治無事防範竊恐前此海疆之患復見不遠矧兼

水師船隻刻限三年小修五年大修自征勦及渡載
投誠僞官兵眷口難民之後多屬朽壞擱泊少當丁
用窮弁不能拮据整葺請修猶遲時日而沿海新造
貿捕之船皆輕快牢固砲械全備倍于水師戰艦倘
或奸徒竊發藉其舟楫攘其貲本恐至蔓延蓋天下
東南之形勢在海而不在陸陸地之爲患也有形易
于消弭海外之藏奸也莫測當思杜漸更以臺灣澎
湖新闢遠隔汪洋設有藏機叵測生心突犯雖有鎮

營官兵汛守間或阻截往來聲息難通爲患抑又不
可言矣至時必有以禁止貿捕之議復行寧惟負我
皇上子養億兆之德意將東南環海地方不又仰廑
宸衷顧慮哉蓋自我
朝御極以來凡有梗化精騎一到率土咸服獨此海氛積
年負抗調發勞費動關億萬未獲削平乃
乾斷航勦甫爾蕩定而四省開海船隻出入無禁思患預
防不可一日廢弛臣謬膺職任在閫言閫當此未然

深知情獘縷縷上陳使臣年力方壯
皇上不以臣爲駑駘尚可竭蹶綢繆惟年已六十有五衰
老漸及意在乞休祇荷
恩深重恩
皇上有千萬世之洪基臣子孫有千萬世之爵祿故不能
緘默而言人之所不敢言者如果芻蕘可採伏乞
皇上睿鑒敕部議覆緣係備陳海疆宜慎事理貼黃難盡
仰祈

俯賜全覽施行

康熙二十四年三月　十三　日

太子少保靖海將軍靖海侯兼管福建水師提督事務臣施琅謹
密題爲收拾遺棄有用人材以彰
聖恩事竊惟我
朝定鼎以來凡屬投誠荷
恩錄用在在竭忠或膺提鎮或授副參遊守千把等官
殊典過優近准部咨康熙十三年以後凡投誠功加未至
八等者追劄歸農等
旨欽遵在案此就功分别用舍亦慎名器之要端然此等

不無抱抑之歎蓋用人之道用之不可以拘例棄之
尤不可以槩從臣思閩省投誠有係康熙十三年以
前在外省墾荒爲
題調從征効力者有康熙十三年以後在本省効勞見
補經制遊守千把員缺內有著績者至於臺灣新附
人員亦有勇敢歷練者一旦棄置之未免屈其已効
之力而辜其歸命之心以臣愚見不若
洪開格外隆恩

敕下督撫提將新舊投誠各官見在閩省者親行考驗其
中果老弱病廢無一技之長原係有經任遊守千把
者准其原品致仕未經任事者聽其原籍安插歸農
果係年力精壯膽氣勇敢歷練戰鬬者酌定銜劄量
給俸餉令隨督撫提標下効勞許以遇缺保
題一二補用此中名數舊者如墾荒題調及本省効勞
見補經制員缺航勦効力者驗選不過數十員計
朝廷之動給無幾蓋前海疆未靖年年興發飛輓費用不

靖海紀事　卷之下　五十七

計今四方式寧各省溢額官兵槩經裁汰俸餉從此
減省一年之中何惜一二萬金以養有用之人使新
舊投誠老弱者遂安處之榮精鋭者有功名之用若
以功名未至八等循例而棄之已至八等循例而用
之是循資格以待人臣伏見未至八等者其才畧未
必皆遜於已至八等者之員已至八等者其才畧未
必能勝於未至八等者之員惟擇其精鍊勇敢者而
蓄之則凡巨擘者得遂其願効之懐自壯而老老而

死安必於
衰憐彼懦弱無長者亦恬然而自安不寧惟是見今裁兵
之際更多游手游食窮窘無藉之輩負戴營生非其
素志不能盡保其無異念覩此巨擘者皆爲我羅而
養之則若輩之碌碌因人成事者終無足有爲即爲
亦無濟此實籠絡人材羅其尤而衆心自戢者也且
夫
朝廷尚三年一試武場不過欲廣搜天下人材然所合中

靖海紀事　卷之下　五十八

式雖弓馬畧諳而未歷戎伍未經戰攻何若此等之
赳赳武夫慣精於疆場用之較有實効也昔漢祖當
天下既定猶思壯士以守四方此深鑒用舍之得失
兹萬國獻琛羣黎過德各省亦有投誠不同而臣在
閩只惟言閩特舉此投誠之用舍蓋措置得宜其於
國家未必無少裨也況乎鄭克塽見蒙優加公爵馮錫
范劉國軒見授伯爵國軒更叨天津總兵之任
皇上之推心垂仁誠冠于萬古帝王又誰不傾心仰答者

乎臣爲封疆奠安至計非敢爲投誠人員市私恩

如臣言可採伏乞

睿鑒敕部議覆施行

康熙二十四年三月　十二　日

太子少保靖海將軍靖海侯兼管福建水師提督事務臣施琅謹

奏爲

恩深至臣職未酬今將永辭

聖世伏枕謝

恩仰祈

睿鑒事切臣以猥劣庸材謬膺

寵眷自同安副將歷任總兵旋陞福建水師提督加爲靖

海將軍康熙六年内奉

旨進京荷蒙

皇恩授爲内大臣伯叅養十餘年二十年内復蒙

特簡爲福建水師提督專征臺灣蕩平之後隨蒙

聖恩授爲靖海將軍封靖海侯世襲罔替海疆重任時兢

蚊負兩次

陛見臣自惟年老而

請乞休蒙

溫旨慰諭

命臣旋任勉供衰殘意謂一日在世可竭一日之効詎知
本年二月初旬陡染痰壅氣喘之症醫藥至今未見
有效中心思惟受
洪恩之罔極恐報稱之無從不揣愚昧冀邀
府鑒臣家
恩封為靖海侯世襲罔替臣親生八男長男出繼及三男
俱已蚤喪五男世駜七男世驊皆隨臣在任次男世
綸現任江南江寧府知府四男世驥現任浙江嚴州

府同知臣死之後乞
恩准赴閩盡喪所有侯爵臣擬以第八男施世范承襲俾
其代臣報効仰答涓埃又臣生長福建願乞骸骨
俯賜臣男等就梓里擇地安葬而臣之祖先墳墓俱在泉
屬本鄉臣請以第五男世駜在閩歲時祭祀照管伏
乞
皇上廣孝治之仁
垂憐恩准臣既不能延喘竭報猶幸第六男世驃任山東

濟南城守叅將功姪世騄任張家口副將現隨
聖駕効力
輦轂之下代臣竭未盡之心俾臣死得瞑目伏思閩疆
濱海重地而廈門又最要緊且臣衙門更有統轄臺
澎之責彈壓之寄出自
宸衷簡在第臣愚見如現任江南提督臣張旺歷任閩海
邊疆臣稔知其人忠勤練達熟識閩海情形若以之
調補福建水師提督必克勝任伏乞

皇上睿裁至于南澳鎮臣楊嘉瑞浙江定海鎮臣藍理廣
東碣石鎮臣曾成四川建昌鎮臣施應元俱經仝臣
征勦澎臺謀勇兼優戮力血戰海壇鎮臣楊元弼臺
灣鎮臣王國興廣東潮州鎮臣薛受益均才猷夙著
調度有方臣標副將方氷左營遊擊陳敬右營遊擊
傅春秀前營遊擊林顯達中營中軍守備梁受後營
中軍守備劉春均勤慎束防恪供厥職功加左都督
施韜施肇瓚劉沛吳虎張應韓瑞董義丘建林應俱

係隨臣航勦澎臺著勞內施肇璜劉沛吳虎張應經
臣保
題註冊候推遊擊其施韜韓瑞董義丘建林應五員亦
經保
題部覆以係十三年以後投誠停其錄用在案此數員
皆係從征効力之人臣不敢泯滅其功仰冀
皇上俯拔先用更臣當進征臺澎時有捐造盔甲器械內
除澎湖攻戰陣失及年久壞爛不堪用外尚有存剩

盔甲器械發交臣標五營將備收貯理合一併聲明
臣今黃壤非遙丹心未泯一綫微息滿腔哀鳴貼黃
難盡伏乞
皇上寬宥全覽
敕部議覆施行
康熙三十五年三月　廿一　日

贈宮傅制誥
奉
天承運
皇帝制曰人臣奏闢閫之勳謀猷克壯國家錫報功
之典品秩加崇惟懋績樹乎師中斯寵命榮於身
後爾原任太子少保靖海將軍靖海侯福建水師
提督施琅夙諳兵事久歷軍行壯歲從戎即著干
城之望嚴疆分鎮聿推保障之才洎乎受律中朝

建麾全閩兵民藉以綏輯而斥堠無驚將士樂其
拊循而簡稽有法念茲勞勳奄爾淪徂宜沛殊恩
俾加顯秩茲贈爾太子少傅光祿大夫於戲抒誠
報國式膺三命之榮班爵酬庸用慰九原之志尚
承渥澤永賁泉壚
制誥
康熙三十六年三月十六日
之寶

敕建碑文

太子少保靖海將軍靖海侯右都督管福建水師提督事加贈太子少傅謚襄壯施琅碑文

朕惟國家有戡亂寧民之略必有協謀宣力之臣用能殫布天威廓清海宇績既書於册府寵亦集於私門堂陛之誼常通始終之禮攸渥弘茲異數以勸有功爾施琅材畧夙優忠誠丕著自分閫同安從征用命每當調遣軋冠軍鋒莘總水師屢陳進取廈門之

克爾與有勞召列環衛之班晉錫躬圭之爵暨朕剷平僭逆底定多方惷茲海氛阻遠負固欲聲厥罪以救邊氓諮諏在廷謂難剪滅惟爾獨抒忠悃力贊成謀聚米堪圖指掌可述朕心益斷命爾徂征爾能上度天時下揆地勢更行間諜收合人心排羣帥以審陳乘南風而破浪六月于邁一鼓而平四十餘年之巨孽悉除三十六島之殘黎皆悅戢兵而惟宣德意受降而不復私仇調度周詳朕深嘉歎嘗賦詩以旌勞還之寵解衣以弘挾纊之恩世爵爾侯董戎如故旣而入覲訓以溫言仍赴軍中委任不替爾能祗遵朕訓保有令名何不遐年厥心軫悼澤加身後悉准來章贈卹從優謚曰襄壯嗚呼賜爾喪之反葬永增耀於鄉邦嘉爾子之多才更推恩於部曲情惟念舊義不忘勞勤之貞珉垂休無斁

康熙三十七年八月十二日立

諭祭第一次

康熙三十七年九月十一日

皇帝遣福建分守興泉道布政使司叅議加四級王之麟

諭祭太子少保靖海將軍靖海侯右都督管福建水師提督事加贈太子少傅謚襄壯施琅之靈曰朕惟宣力巖疆臣子奉公之大誼推恩良翰國家卹下之弘仁勳庸懋著於生前寵澤宜加于身後爰稽憲典式備哀榮爾施琅忠勇性成韜鈐夙裕早以副將分閫同安旋總八閩之水師爰任將軍之重寄入援躬圭之爵近膺環衛之班當夫三逆蕩平海氛未靖朕欲聲罪致討以寧遠人盈庭之集議多疑惟爾能據忱力贊蓋以滅賊自効爾謂尅期可平孚于朕心再膺節鉞行間抗疏爭六月以興師上將伐謀鼓南風而破浪澎湖功最賊巢早斷其咽喉臺灣勢窮渠黨畢輸其圖籍掃數十年不庭之巨寇擴數千里未闢之遐封答爾成勞酬以異數侯封大啓及爾子孫幕府仍開肅我閩嶠宜發茀祿以服寵休茲聞溘亡曷勝嘆悼嗚呼垂勳海外永澄萬里之波賜窆故鄉用慰九原之魄聿頒祭醊靈其歆承

諭祭第二次

康熙三十七年九月十四日

皇帝遣福建分守興泉道布政使司叅議加四級王之麟

諭祭太子少保靖海將軍靖海侯右都督管福建水師

提督事加贈太子少傅謚襄壯施琅之靈曰勲垂專

閫彌懷將畧之優禮重卹終倍著國恩之厚椒馨再

錫泉壤逾尤爾施琅果毅有謀次確善斷遵適準以

揚威域外拓土開疆荷殊恩而受鉞海濆疏封錫爵

方于城之是寄遠麾節之長辭眷念前勞良深軫悼

洊頒異渥聿備彝章庶格靈筵欽承寵命

諭祭第三次

康熙三十七年九月十六日

皇帝遣福建分守興泉道布政使司叅議加四級王之麟

諭祭太子少保靖海將軍靖海侯右都督管福建水師

提督事加贈太子少傅謚襄壯施琅之靈曰閫帥成

勞早茂膺夫爵命皇家卹典尤倍渥于勳臣奠醊屢

宣恩施洊被爾施琅材武性成謀猷夙裕功收萬里

而外爵居五等之間上將權隆控大洋而膺節鉞南

邦寄重開炎徼以作屏垣遺疏忽聞朕心軫悼降恩

綸而三錫視故事以有加靈其祇承光于奕禩

下卷終

靖海紀二卷

〔清〕施世綸輯

《靖海紀》二卷，清施世綸輯。世綸（一六五九—一七二二）字文賢，號潯江，福建晉江人。此書彙編其父施琅任福建水師提督期間，出征臺灣及善後處理之奏疏、告示、祭文、官方嘉獎文書等。一作施世驃編，蓋以世綸與世驃爲兄弟行輩。此書除卷末「原跋二」、「跋三」外，其餘内容皆與《靖海紀事》相同，但篇次及目次之拟名有異，如「密陳海務疏」、「據情具題疏」、「報抵臺灣疏」，《靖海紀事》作「密陳專征疏」、「賫書求撫疏」、「舟師抵臺灣」。據中國國家圖書館藏清嘉慶二年（一七九七）刻本影印。

嘉慶歲次丁巳重鐫

靖海紀

衣德堂藏版

靖海紀

原叙一

韓淮陰指畫東征形勢及料楚漢成敗如指諸掌諸葛武侯校計孫曹强弱圖荆益之利定鼎足之規皆先握算於前而操券於後司馬仲達不足道也然其平公孫淵量敵計期不差時日岳忠武對魏公定擒楊么八日而捷書果至蓋古之重臣宿將其於天下大勢一隅要害未嘗不熟籌深曉制其短長之策故一旦應機迎刃而解此固非冒利趨險迄無成謀苟焉以國家民命爲試者也東南之苦海患六十餘年

聖朝受命恃其險遠踞島嶼乘風潮出沒爲梗自戊子以來攻圍破陷郡邑者三跨有閩粵邊地曠日而後平者一已亥之役浮長江犯金陵則中原腹心爲之震動議者割棄沿海田廬延袤數千里而又歲賚隣省

軍糈動百萬計蓋毒生靈糜

國藏不可勝數此豈鱗介之倫不以衣裳易者比哉

靖海侯施公自其先任樓船則已疏言賊可滅狀乘傳
陛陳言之彌切天未厭亂留　公
宿衛十有餘年而後出竟其志時異勢殊而　公前二
疏所陳者無一不酬於後自奉
命專征至于受降獻俘籌畫措置連篇累幅又無一不
符於前吾以是知　公計之熟料之明知己知彼算
定而後戰故能役不踰時而成不世之功所謂上兵
伐謀者於　公見之矣國家之難在用兵用兵之事

莫難乎滄波巨浪之中與遠夷爭舟檝之利珠崖南
交漢明所以屢征而不服遼左日東唐元所以傾師
而不再彼數君者皆以遠畧窮兵績用弗底今鄭氏
境內逋寇托足孤島爲濱海無窮之憂
皇上憫惻殘黎赫然誅討
天佑
皇仁風波助順而　公以國賊家難忠孝交逼於中憤不
顧身義形顏色仰仗

皇上委託之專無復疑貳掣肘遂克受事報成宣威絕徼
航海之勳稽古莫及焉然則　公之智勇蓋　公之
誠爲之而非
皇上救民伐罪內斷於心任公勿二如議者舉棋不定之
口其不潰成者幾希耳閩之人取　公前後章疏彙
萃編刻而請叙於余余惟　公之功
天子褒之史氏紀之其所以爲百世戎臣師者吾無綴乎
爾故復稱道古今以見遠圖之不可事耀兵之非得

已以及
主之仁明臣之忠孝著厥成功之自覽是編者攷閩事之
終始尚將有以論其世也
賜進士出身內閣學士兼禮部侍郎李光地謹撰

原叙二

平圃先生裒輯其尊人

靖海將軍侯襄壯公家傳及經畧海島之奏議始末而

皇上之所以寵賚元勳裒榮兼備者編爲二卷既鄉先生具有頌言矣以書成於今不啻俚陋屬予叙簡端欽惟

國家應

天受命東西南北無思不服獨鄭氏負固厦門旅拒

王師後雖遠竄臺灣猶出没爲患甲寅年乘耿逆煽亂入踞漳泉以及惠潮七府人民受其痛毒

將軍奉

皇威總舟師大翦澎湖直擣臺灣旬月之間降其王臣全軍不殺六十餘年海氛一旦掃平鯨波而外自古正朔不加者至是入版籍爲郡縣

將軍智以濟勇義而兼仁忠藎簡在

帝心勳烈書之國史矣雖然戰功曰多民功曰庸言多而不及庸無以見

元勳之德繫人身後之思也以予所見言之方海患冒被時當事議主坐困遷瀕海數十里内居民入内地以絶其交通之路

朝命甫下奉者過於嚴峻勒期僅三日遠者未及知近者知而未信踰二日逐騎即至一時蹌踉富人盡棄其貲貧人夫荷釜妻襁兒携斗米挾束藁望門依棲起江浙抵閩粤數千里沃壤捐作蓬蒿土著盡流移自

癸亥歲

將軍蕩定臺灣請於

朝遷民悉復其業然爲年既久還者什但二三老成凋殁稚少不識鄉里親婭相率始辨舊基認故畝以耕以鑿一歲菑三歲畬漸次墾闢至無曠土乙酉秋予自京回里望界外疆埸彧彧禾麥穟穟喟然歎息謂向日遷界之苦余所親見今日還界之樂余又親見大哉

將軍之功可銘閩山而不朽丁亥春由清漳出黃岡抵潮陽過攬表渡達海豐之境一望艮疇曰美哉田也所云芊芊烱翠羽剡剡生銀漢此之謂乎居人蹷然曰

施將軍所貽也臺灣未平此皆界外荒區平後而荒烟野草復爲綠畦黃茂圯牆陁垣復爲華堂雕桷微

將軍平海吾等無以安全於永久也

將軍爲

國家復數千里之財賦甦數百萬之生靈詩曰式闢四方徹我疆土于疆于理至于南海頌召康公所作也可爲

將軍咏之矣吾聞之源深者流長根大者葉茂漢之高密唐之汾陽宋之武惠明之中山子孫奕赫與國同休

將軍次公潯江先生尹京兆四公清峯先生守廉州六公怡園先生提督粵東七公文健先生司馬鎮江八公希圃先生襲鐵劵五公平園先生守塋舊山躭情翰墨夫以喬木之家棨戟相望此古今所常有也其皆賢且材允有文武以益大其家聲則史册稀聞焉蓋有十世之德者芘十世有百世之德者芘百世天人之理也

將軍功德百世祀之矣則宜有賢子孫以昌厥後爲

國世臣稽古鉅勳方之有耀予之爲此言也非以阿潯江諸昆季於今日將使其後之人紹起而未艾者以

予言爲符契則亦忝於知言者歟

賜進士出身奉政大夫左春坊左庶子掌坊事兼翰林院

侍讀陳遷鶴謹撰

靖海紀

目次

御賜詩章

海氛之不靖艅艎出没波濤震驚濱海居民魚鹽蠶織耕穫之利咸失其業朕心恒憫惻焉邇者滇黔隴蜀湖湘百粤悉皆底定敉寧蕞爾臺灣險阻負固爾施琅銜命徂征决策進取樓船所指將士一心遂克島門迫其營窟勇以奪其氣誠以致其歸捷書到闕時值中秋對此佳辰欣聞凱奏念瀛壖赤子獲登衽席用紓南顧之憂惟爾丕績卽解是日所御之衣馳賜載褒以詩

島嶼全軍入滄溟一戰收降帆來屬市露布徹龍樓上將能宣力奇功本伐謀伏波名共美南紀盡安流

康熙二十二年九月初九日

廣運之寶

御筆之寶

兵部爲欽奉

上諭事康熙二十二年九月初十日奉

上諭諭吏兵二部向來海寇竄踞臺灣出没島嶼窺伺內地擾害生民雖屢經勦撫餘孽猶存沿海地方烽烟時警遷者滇黔底定逆賊削平惟海外一隅尚梗王化爰以進勦方畧咨詢廷議咸謂海洋險遠風濤莫測長驅制勝難計萬全朕念海氛不靖則沿海兵民弗獲休息特簡施琅爲福建水師提督前往相度機宜整兵征進該提督忠勇性成韜鈐夙裕兼能洞悉海外形勢力任尅期可奏蕩平遂訓練水師整頓戰艦揚帆冒險直抵澎湖鏖戰力攻大敗賊衆克取要地立奏膚功餘衆潰遁臺灣懾服兵威乞降請命已經納土登岸聽候安插自明朝以來逋誅賊寇始克殄除瀕海遐疆自兹寧謐此皆該提督矢忠報國大展壯猷籌畫周詳布置允當建兹偉伐宜沛殊恩施琅着加授靖海將軍封靖海侯世襲罔替以示酬庸前進勦雲南官員曾各加一級兵

丁賞賚一次頃因該提督所統官兵出海進勦勤勞堪念已經照雲南例加級賞賚復思官兵遠抵海疆冒險勦寇非滇黔陸地用兵可比在事官員着各再加一級兵丁再賞一次以示特加優渥至意爾二部卽遵諭行

特諭

封侯制誥

奉

天承運

皇帝制曰朕惟尚德崇功國家之大典輸忠盡職臣子之常經古聖帝明王戡亂以武致治以文朕欽承往制甄進賢能特設文武勳階以彰激勸爰茲任者必忠以立身仁以撫衆智以察微防姦禦侮機無暇時能此則榮及前人福延後嗣而身家永康矣敬之勿怠爾施琅先任水師提督時同總督李率泰總統水師官兵進勦海賊克取廈門金門銅山等島著有勞績海寇竄踞臺灣出没島嶼窺伺內地擾害生民雖屢經勦撫餘孽猶存烽烟時警嚮者滇黔底定逆賊削平惟海外一隅尚梗王化應行剪滅永奠海疆爰以進勦方畧咨詢廷議咸謂海洋險遠風濤莫測長驅制勝難計萬全朕念海氛不靖則沿海一帶地方民鮮幹止之樂兵有征調之繁計切安全用彰天討以爾忠勇性成韜鈐夙裕兼能洞

悉海外形勢特簡爲福建水師提督前往相度機宜整兵征進爾克承簡命力任尅期可奏蕩平遂訓練水師整頓戰艦揚帆冒險克取花嶼貓嶼草嶼八罩將軍澳南太嶼東西吉直抵澎湖克取虎井桶盤嶼西嶼頭牛心灣內外塹峙內雞籠嶼四角山風櫃尾娘媽宮案山仔紅毛城林投仔暗澳竹竿灣龍門港龜壁港赤嵌嶼小門嶼吉貝嶼馬鞍嶼吼門雁靖嶼中墩嶼蝟仔嶼北山嶼鳥嶼香爐嶼大小烈嶼等三十六島鏖戰力攻大敗賊衆殺賊一萬四千餘名招撫僞將軍果毅中鎮楊德等一百六十五員賊衆四千八百餘名因克取澎湖等要地餘衆潰遁臺灣懾服兵威鄭克塽乞降請命納土歸誠自明朝以來逋誅積寇始克殄除海外遐陬歷代未隸疆索自茲初闢悉入版圖此皆爾矢心報國大展壯猷籌畫周詳布置允當建茲偉伐宜沛殊恩封爾爲靖海侯世襲罔替

制誥

康熙二十二年九月初十日

之寶

贈宮傅制誥

奉

天承運

皇帝制曰人臣奏開闢之勳謀猷克壯國家錫報功之典品秩加崇惟懋績樹乎師中斯寵命榮於身後爾原任太子少保靖海將軍靖海侯福建水師提督施琅夙諳兵事久歷軍行壯歲從戎郎著干城之望嚴疆分鎮聿推保障之才洎乎受律中朝建麾全閩兵民藉以綏輯而斥堠無驚將士樂其拊循而節稽有法念茲勞勩奄爾淪徂宜沛殊恩俾加顯秩茲贈爾太子少傅光祿大夫於戲抒誠報國式膺三命之榮班爵酬庸用慰九原之志尚承渥澤永賁泉壚

制誥

康熙三十六年三月十六日

之寶

敕建碑文

太子少保靖海將軍靖海侯右都督管福建水師提督事加贈太子少傅謚襄壯施琅碑文

朕惟國家有戡亂寧民之畧必有協謀宣力之臣用能殫布天威廓清海宇績既書於册府寵亦集於私門堂陛之誼常通始終之禮攸渥宏兹異數以勸有功爾施琅材畧夙優忠誠丕著自分閫同安從征用命每當調遣輒冠軍鋒尋總水師屢陳進取廈門之克爾與有勞

名列環衛之班晉錫躬圭之爵曁朕削平僭逆底定多方蠢兹海氛阻遠負固欲聲厥罪以救邊氓諸諏在廷謂難翦滅惟爾獨抒忠悃力贊成謀聚米堪圖指掌可述朕心益斷命爾徂征爾能上度天時下揆地勢更行間諜收合人心排羣帥以密陳乘南風而破浪六月于邁一鼓而平四十餘年之巨孽悉除三十六島之殘黎皆悅戢兵而惟宣德意受降而不復私仇調度周詳朕深嘉嘆嘗賦詩以當勞還之寵解衣以宏挾纊之恩世爵爾侯董戎如故既而入覲訓以溫言仍赴軍中委任不替爾能祇遵朕訓保有令名何不遐年朕心軫悼澤加身後悉准來章贈卹從優謚曰襄壯嗚呼賜爾喪之反葬永增耀於鄉邦嘉爾子之多才更推恩於部曲情惟念舊義不忘勞勣之貞珉垂休無斁

康熙三十七年八月十二日立

諭祭第一次

康熙三十七年九月十一日

皇帝遣福建分守興泉道布政使司參議加四級王之麟
諭祭太子少保靖海將軍靖海侯右都督管福建水師提
督事加贈太子少傅謚襄壯施琅之靈曰朕惟宣力巖
疆臣子奉公之大誼推恩良翰國家卹下之洪仁勳庸
懋著於生前寵澤宜加於身後爰稽憲典式備哀榮爾
施琅忠勇性成韜鈐夙裕早以副將分閫同安旋總八

閩之水師爰任將軍之重寄入授躬圭之爵近膺環衛
之班當夫三逆蕩平海氛未靖朕欲聲罪致討以寧遠
人盈庭之集議多疑惟爾能攄忱力贊蓋以滅賊自効
即謂尅期可平孚于朕心再膺節鉞行間抗疏爭六月
以興師上將伐謀鼓南風而破浪澎湖功最賊巢早斷
其咽喉臺灣勢窮渠黨畢輸其圖籍掃數十年不庭之
巨寇擴數千里未闢之遐封答爾成勞酬以異數侯封
大啓及爾子孫幕府仍開肅我閩嶠宜綏茀祿以服寵
休茲聞溘亡曷勝嘆悼嗚呼垂勳海外永澄萬里之波
賜窆故鄉用慰九原之魄聿頒祭醊靈其敬承

諭祭第二次

康熙三十七年九月十四日

皇帝遣福建分守興泉道布政使司叅議加四級王之麟
諭祭太子少保靖海將軍靖海侯右都督管福建水師提
督事加贈太子少傅謚襄壯施琅之靈曰勲垂專閫彌
懷將畧之優禮重䘏終倍著國恩之厚椒馨再錫泉壤
逾光爾施琅果毅有謀沉雄善斷遵廟算以揚威域外
拓土開疆荷殊恩而受鉞海濱疏封錫爵方干城之是
寄遽麾節之長辭睠念前勞良深軫悼洊頒異渥聿備
彜章庶格靈筵欽承寵命

諭祭第三次

康熙三十七年九月十六日

皇帝遣福建分守興泉道布政使司叅議加四級王之麟
諭祭太子少保靖海將軍靖海侯右都督管福建水師提
督事加贈太子少傅謚襄壯施琅之靈曰閫帥成勞早
茂膺夫爵命皇家䘏典尤倍渥于勲臣奠醊屢陳恩施
洊被爾施琅材武性成謀猷夙裕功收萬里而外爵居
五等之間上將權隆控大洋而膺節鉞南邦寄重開炎
徼以作屏垣遺疏忽聞朕心軫悼降恩綸而三錫視故
事以有加靈其祇承光于奕禩

欽定八旗通志名臣列傳

施琅字尊侯號琢公漢軍鑲黃旗人父達一世居福建晉江生子三琅其仲也少倜儻有膂力明末泉郡山寇四起當事稔其能命領兵勦捕廓清山寨三百餘所以功授遊擊將軍復追賊潮陽招降賊魁數十輩屢著戰功

國朝定鼎後僞唐王朱聿釗據福建僭號隆武琅以功多爲同輩所忌乃從海道出粤東集勁卒八百人甚

黄岡鎮鄭成功者鄭芝龍之子也托故明藩封棲海上數爲邊患素知琅名欲倚以爲重遮入海禮遇甚渥會以糧匱議剽掠廣東琅正言阻之拂其意有標弁得罪恃鄭親暱逃於鄭所琅申軍法擒斬之鄭怒遂執琅而分禁其家屬琅以計得脱其父與弟俱遇害琅既北渡時武毅伯施福係琅族父以明將歸

本朝駐平安琅從之順治四年同總兵官梁立隨廣東提督李成棟監軍戚元弼等勦順德縣海寇多所斬

獲十二年海氛洊熾命定遠大將軍世子濟度征之濟度以琅素習海上情形命爲前部揚旗出烏龍江口賊屯盡解福建總督李率泰上其功授副總兵遂領前鋒薄閩安鎮羅星塔諸城所向皆克旋移同安與厦門賊壘相對前後擒獲招降無算瀕海少安兵部侍郎蘇納海至福建清海疆界奇琅薦之

朝加都督僉事補同安總兵官十六年鄭成功據臺灣地爲寇臺灣故紅毛番耕種之所至是鄭逐去紅毛

設爲東都恃其巢穴益肆爲患康熙元年擢琅福建水師提督琅乃密陳金門厦門諸島可取狀奉

俞旨遂刻期進兵陸師出金沙遇賊少失利督臣欲止琅鼓厲將士乘風波直薄金門厦門銅山連戰克之賊帥遁歸臺灣其文武諸僞職領樓船接踵歸誠者萬八千餘衆鄭氏積年所據東南諸島悉平册功授右都督明年掛靖海將軍印統諸鎮征勦臺灣爲颶風阻未克濟師六年密陳邊患宜靖疏言鄭賊負嵎海上

遁竄臺灣雖戢翼歛跡未敢冞犯而蜂蠆有毒沿海
將爲不寧今萬國賓服豈容此餘灰以滋蔓患日者
朝廷廣開洪仁遣官招撫兩次到彼並無的當僞員同來
輸誠倘頑梗如故事難中止臣荷
恩深重與賊仇不共戴雖身犯波濤必期滅此朝食伏思賊
黨盤踞臺灣沃野千里糧食匪缺上通日本下達廣
南等處火藥軍器之需布帛服用之物貿易備具兼
之林木叢深採造舟檝爲易若悠其生聚教訓是養

癰爲患也臣愚以爲不如乘便進取以杜後患夫興
師所難在於招兵措餉製器造船今閩省水師官兵
一萬有奇就中選撥精銳者可得六七千海澄公黃
梧標下可選擇二千投誠兵內可選擇數千再有未
敷就陸師中酌選共得二萬餘便可合爲勁旅兵在
精不在多也閩省全轄大小戈船共二百隻選撥一
百七十隻小快哨一百隻選撥七十隻再造大水艍
船十餘隻渡馬船二十餘隻此所造船隻爲費不多

將豫備之兵糧船器充東征之用無煩徵召不事蕩
費戮力討平永清海甸誠長便之策也復思澎湖爲
臺灣四達之咽喉先取澎湖勢已居其半大兵壓近
賊胆必寒勢必革心歸命然後善爲過渡安插可不
勞而定倘執迷不悔甘自殄滅乃提師進發可一鼓
全收矣賊一日未滅臣一日未安籌度時勢定當掃
清餘孽且數年來江浙閩粵多設水陸官兵動費倍
增皆爲殘孽未靖之故如臺灣一平防費可裁地方

益廣歲賦可增邊疆永奠誠一時之勞萬世之逸也
聖祖仁皇帝覽疏召詣
闕面陳所見七年四月至京師
朝議循於招撫不事輕勦乃撤水師提督授內大臣晉
伯爵從容
丹禁者十餘載後閩省以逆藩作亂海氛乘之復熾東
南億萬戶漁鹽耕織失業
聖祖惻然念之二十年進諸廷臣

詔諭勦取臺灣方畧咸循前議琅獨毅然身任具陳海上情
形度巳度彼條奏甚悉
聖祖大悅加太子少保復畀節鉞提督全閩水師十月至任
練兵整船調興化江東等處陸路官兵協同進勦議
乘南風直擣澎湖而同事者多柄鑿總督姚啟聖疏
言海賊劉國軒遣官黃學齋書至請照琉球高麗等
外國之例稱臣進貢但不薙髮登岸應否如其所請
請

旨定奪
聖祖謂臺灣賊皆閩人不得與琉球高麗比如果悔罪薙髮
歸誠該督撫并遴選賢能官前往招撫或賊聞知大兵進
勦計圖緩兵亦未可料其審查確實倘機有可乘可令提
督郎遵前旨進兵二十二年五月姚啟聖奏稱巳遣福州
副將黃朝用往諭劉國軒等仍如前言
聖祖乃趣琅進兵琅既奉專征
命旨遂剋期進勦先聚米作地勢示諸將曰如此入港如此

泊船如此進擊不用命者必按軍法因大書諸將姓
名於各船風篷之上以便進退六月十四日乙酉由
銅山進發丙戌奪猫嶼花嶼晚泊八罩逆賊僞侯劉
國軒偵知我兵將乘南風進勦傾巢而來堅守澎湖
凡沿海之處小船可以登岸者盡築短墻安置腰銃
添築礮城十餘座蜂集大小戰船於天妃宮上下丁
亥琅率舟師進發先鋒署右營遊擊藍理等以鳥船
首先攻敵時值南潮正發舳艫乘疾流逼壓賊壘被

賊圍困琅親駕樓船衝殺入圍賊望見旌麾皆環迫
鉤舟接戰琅傷目以帕漬血示無恙諸將校皆奮勇
擊殺賊艅敗退興化鎮臣吳英繼後夾攻焚殺僞將
軍沈誠等大小賊目七十餘員賊兵三千餘名戊子
全艅復收八罩己丑取虎井桶盤嶼癸巳遣總兵官
陳蟒魏明等領船五十隻爲奇兵直入雞籠嶼四角
山夾攻又遣隨征總兵官董義康玉等駕船五十隻
爲疑兵直入牛心灣牽制又將大鳥船五十六隻居

中分爲八隊每隊駕船七隻各作三疊留船八十隻
爲後勁琅居中指揮督率直進撲勦賊舟四路齊出
迎戰礮矢雨集烟焰蔽天我師奮勇呼聲震撼波濤
總兵官林賢朱天貴等繼進夾擊自辰至申鏖戰賊
被焚殺浮屍滿海擊沉大小賊船一百九十四隻焚
殺僞官三百餘員賊兵一萬二千有奇獲樓櫓甲仗
不計劉國軒力不能支乘快船從吼門潛遁僞將軍
楊德等一百六十五員率賊兵四千八百餘名倒戈

投降報捷疏至言是役以七晝夜破數十年盤踞之
賊抵澎之後海不揚波進師之時潮漲四尺以佐成
功此皆
天威所致云琅不念舊仇盡釋所俘放歸臺灣逆渠鄭克塽
勢已窮蹙又覘無屠戮意七月丙申遣僞官鄭平英
等齎降表至琅軍前總督姚啟聖奏請招撫
聖祖命撰勅發姚啟聖同琅酌行八月甲寅琅奏言七月十
五日鄭克塽遣僞官馮錫珪等僞侯劉國軒僞伯馮
錫范遣其弟僞副使劉國昌馮錫韓等齎降表文稿
詣臣軍前請繳僞印册率衆登岸以求安插臣隨遣
侍衛吳啟爵筆帖式常在同馮錫珪等持榜示往臺
灣曉諭僞官兵民驗視薙髮卽令鄭克塽等繕寫降
表并僞册印一併齎送以便代奏至臺灣雖在海外
地方千餘里戶口數十萬或棄或守仰候
聖裁得
旨海洋遠徼盡入版圖積年逋寇悉皆向化具見卿籌畫周

詳勦撫並用克奏膚功朕心深爲嘉悅在事有功人員該
部從優一併議敘令議政王大臣會議以聞尋議政王大
臣等議臺灣應棄應守俟鄭克塽率衆登岸令侍郎
蘇拜與該督撫提督會同酌議具奏己巳琅疏言臣
於八月十一日率領官兵自澎湖進發十三日入鹿
耳門至臺灣十八日鄭克塽及僞文武官俱已薙髮
宣讀
敕諭鄭克塽等歡呼踴躍望

闕叩頭謝
恩所有鄭成功之子僞輔政公鄭聰等六人鄭錦之子鄭克塽及其弟僞恭謹侯鄭克舉九人僞武平侯劉國軒僞忠誠伯馮錫范等子弟及明裔朱桓等十七人併續順公下官兵家口海澄公家口俱撥船配載官兵陸續護送移入內地并移咨侍郎蘇拜及督撫聽其安插其餘僞文武官員家口現在趣令起行兵丁有願入伍及歸農者聽其自便至於江浙閩粵各省被

擄男婦仰體
聖主仁恩悉令回籍其僞册印劄付已次第追繳倉庫人民戶口册籍船艘軍器俱令巡海道線一信等查收先是報捷疏至適值中秋令節
聖祖大悅卽解賜是日所御袍併褒以詩至是疏至
親灑宸翰賜之九月戊寅
聖祖特諭吏兵二部向來海寇竄踞臺灣出沒島嶼窺伺內地擾害生民雖屢經勦撫餘孽猶存沿海地方烽烟時警

邇者滇黔底定逆賊削平惟海外一隅尚梗王化爰以進勦方畧咨詢廷議咸謂海洋險遠風濤莫測長驅制勝難計萬全朕念海氛不靖則沿海兵民未獲休息特簡施琅爲福建水師提督前往相度機宜整兵進征該提督忠勇性成韜鈐夙裕兼能洞悉海外形勢力任剋期可奏蕩平遂訓練水師整頓戰艦揚帆冒險直抵澎湖鏖戰力攻大敗賊衆克取要地立奏膚功餘衆潰遁臺灣懾服兵威乞降請命已經納土登岸聽候安插自明朝以來逋誅寇賊

始克殄滅瀕海遐疆自玆寧謐此皆該提督矢忠報國大展壯猷籌畫周詳布置允當建玆偉伐宜沛殊恩施琅可授靖海將軍封靖海侯世襲罔替以示酬庸前進勦雲南官員曾各加一級兵丁賞賚一次項因該提督所統官兵出海進勦勤勞堪念已經照雲南例加級賞賚復思官兵遠抵海疆冒險勦寇非滇黔陸地可比在事官員可再加一級兵丁再賞一次以示特加優渥至意臺灣既定因與
部臣撫臣會議棄留利害不決特疏奏陳言臺灣地

方北連吳會南接粵嶠延袤數千里山川峻峭港道紆廻乃江浙閩粵四省之左護隔離澎湖一大洋水道三更餘遙查明季設水澎標於金門所出汛至澎湖而止水道亦有七更餘遙臺灣一地原屬化外土番雜處未入版圖然其時中國之民潛至生聚於其間者已不下萬人鄭芝龍爲海寇時以爲巢穴及崇正元年就撫將此地稅與紅毛爲互市之所紅毛遂聯絡土番招納內地人民成一海外之國漸作邊患

至順治十八年爲海逆鄭成功攻破盤踞其地糾集亡命挾誘土番荼毒海疆窺伺南北侵犯江浙傳及其孫克塽六十餘年無時不仰厪

宸衷昨奉

旨征討親至其地備見沃野土膏物產利溥耕桑竝耦魚鹽滋生滿山皆屬茂樹遍處俱植修竹硫磺水籐糖蔗鹿皮以及一切日用之需無所不有向之所少者布帛耳茲則木棉盛出經織不乏且舟帆四達絲縷踵

至飭禁雖嚴終難杜絕實肥饒之區險阻之域逆孽乃一旦凛

天威懷

聖德納土歸

命此誠天以未闢之方輿資東南之保障永絕邊海之禍患豈人力所能致夫地方旣入版圖土番人民均屬赤子善後之計尤宜周詳此地若棄爲荒陬復置度外則今臺灣人居稠密戶口繁息農工商賈各遂其生

一行徙棄安土重遷失業流離殊費經營實非長策況以有限之船渡無限之民非閱數年難以報竣使渡載不盡苟且塞責則該地之深山窮谷竄伏潛匿者實繁有徒和同土番從而嘯聚假以內地之逃軍閃民急則走險糾黨爲祟造舟製器剽掠濱海此所謂藉寇兵而齎盜糧固昭然較著者甚至此地原爲紅毛住處無時不在涎貪亦必乘隙以圖一爲紅毛所有則彼性狡黠所到之處善能鼓惑人心重以夾

板船隻精壯堅大從來乃海外所不敵未有土地可以托足尚無伎倆若以此數千里之膏腴復付依泊必合黨夥竊窺邊場迫近門庭此乃種禍後來沿海諸省斷難晏然無虞異時復勤師遠征兩涉大洋波濤不測恐未易再建成效如僅守澎湖而棄臺灣則澎湖孤懸汪洋之中土地單薄界於臺灣遠隔金厦豈不受制於彼烏能久居哉守臺灣所以固澎湖臺灣澎湖一守兼沿邊水師汛防嚴密各相犄角聲氣

關通應援易及可以寧息況昔日鄭逆所以得負抗逋誅者以臺灣為老巢以澎湖為門戶四通八達游移肆虐任其所之我之舟師往來有阻今地方既為我得在在官兵星羅碁布風期俟利片帆可至雖有奸萌不敢復發臣業與部臣蘇拜撫臣金鋐等會議緣部臣撫臣未履其地去留未决臣閲視周詳不敢遽議輕棄伏思

聖祖建極以來仁風遐揚威聲遠播四海賓貢萬國咸寧日月所照霜露所隊凡有血氣莫不臣服以斯方拓之土奚難設守以為東南數省之藩籬且海氛既靖內地溢設之官兵盡可陸續汰減以之分防臺灣澎湖兩處臺灣設總兵一員水師副將一員陸師叅將二員兵八千名澎湖水師副將一員兵二千名通共計兵一萬名足以固守又無添兵增餉之費其防守總兵副叅遊等官定以三年或二年轉陞內地無致久任永為成例又地方初闢該地正賦雜餉殊宜蠲豁

見在一萬之兵食權行全給三年後開徵寓兵於農亦能濟用無庸盡資內地之轉輸蓋籌天下之形勢必求萬全臺灣一地雖屬外島實關四省之要害無論彼中耕種能資兵食固當議留卽為不毛荒壤必藉內地輓運亦斷斷乎其不可棄去留之際利害攸係恐有知而不言如我

朝兵力比於前代何等強盛當時封疆大臣無經國遠猷矢志圖賊狃於目前苟安為計畫遷五省邊地以

避寇患致賊勢愈熾而生民顛沛徃事不臧禍延至
今重遣
朝廷宵旰之憂臣仰荷
洪恩天高地厚行年六十有餘衰老浮生頻虞報稱末由熟
審該地形勢不敢不言至於後來萬或滋蔓難圖竊
恐責臣以緘黙之罪臣又焉所自逭是以敢於會議
具疏之外不避冒瀆以其利害自行詳細披陳外臺
灣地圖一張附馬塘遞進

御覽二十三年九月以臺灣賦額壤地初闢宜沛
皇仁以廣治化前會疏未爲盡善獨疏陳請言臣准兵部密
咨爲謹陳善後末議以賛一統無外之宏規事內開
覆奏
聖旨臺灣應得錢糧數目若干白糖鹿皮可否興販着部臣
蘇拜及督撫提再議該臣欽遵於本年七月十六日就厦
門登舟乘南風而赴省城會議浹月未得適合臣想
漳泉爲下游地方兼見在渡載安設臺灣文武官員

兵丁及班回征師臣與提臣萬正色不便皆久住省
城姑於八月十九日乘北風由舟先回厦門料理其
臺灣應得錢粮數目及白糖鹿皮可否興販之處部
臣及督撫二臣復議明白至九月初八日移送會
題疏稿與臣畫
題矣然臣更有不得不披陳者臺灣沃野千里則壤成
賦因地爲糧宜稱富足但僻處汪洋之中化阻聲教
彌山遍谷多屬土番雖知懷服習性未馴射獵是事

徵供無幾其安於耕桑可得按戸而問賦者皆中國
之人於數十年前生聚乎其間及鄭逆擁衆盤踞兵
卽爲農農卽爲兵兼沿海數省地方人民有爲所掠
去者有趨而付之者非習於漁則與爲佃自臣去歲
奏
旨蕩平僞藩僞文武官員丁卒與各省難民相率還籍者殆
半人去業荒勢所必有今部臣蘇拜等所議錢粮數
目較僞藩鄭克塽所報之額相去不遠在鄭逆當日

僭稱一國自爲一國之用度因其人地取其餉賦未
免加重茲部臣等奉有再議之
旨不得不以此數目覆議臣竊見此地自天地開闢以來未
入版圖今其人民旣歸
天朝均屬赤子
聖主視民如傷率土咸被伏乞沛以格外之澤減以應需之
賦則恩出
朝廷不在臣下使海外諸國旣懾
天威益慕
聖德且鄭逆向時所徵者時銀今之所定者紋銀紋之與時
更有加等劉國軒馮錫范見在京師
勅部一詢卽知彼遐陬初化之人原非孝子順孫萬一以煩
重爲苦輸將不前保無釀成地方之禍至於動兵爲
費更甚何惜減此一二萬之錢糧哉且臣前議宜守
此土者非因其地可以加賦蓋熟察該地屬在東南
險遠海外之區關係數省地方安危旣設官分治撥

兵汛防則善後之計宜加周詳今所調守兵一萬乃
就閩省經制水陸兵丁六萬五千七百五十名數內
抽調前去兵無廣額餉無加增就此議定錢粮數目
蠲減於寇虐之後使有司得以仰體
聖主德意留心安集至數年後人戸盛繁田疇旣易賦稅自
充斯時有增無減豈待按數而徵哉至於興販東洋
白糖一項歲定二萬石不足之數聽其在本省之內
採買夫本省之去臺灣已隔兩重汪洋以臺灣所產
白糖配臺灣興販船數固爲安便若就本省湊買白
糖涉重洋而至臺灣方興販東洋則今四方蕩定六
合爲一在臺灣可以興販東洋豈本省不可興販必
藉臺灣之名買白糖赴彼哉此皆部臣蘇拜等慮彼
中之錢糧不敷婉爲籌度可知臺灣錢糧一時未能
裕足然在部臣及督撫二臣未至其地不知情形雖
留心區畫難以曲盡以臣躬親履勘民風土俗安危
利害無不詳悉茍

恩深重故敢知無不言言無不盡
聖祖可其奏乃減舊額賦十之四時海禁初開洋船出入縱
橫琅念海疆底定更宜加慎以埀永安二十四年三
月復具疏言慮事必計其久遠防患在圖於未然
聖主深念海宇旣靖生靈塗炭多年故大開四省海禁特設
官差定稅聽商民貿捕羣生感沛澤之均沾
國家獲泉流之至計實冠從古帝王之丕謨矣顧臣思
之前因海禁森嚴隄防易於畫一兹海禁旣展沿海

內外多造船隻飄洋貿易捕採紛紛往來難以計算
水師汎防無從稽察竊見在昔明朝濱海奸徒出沒
糾䑸肆害延至我
朝定鼎四十餘年江浙閩粵數省民靡有寧今
德威遠播四海歸心惟南之東埔寨尚有僞鎮楊彥迪餘孽
黃進聚艘百餘北之浙江烏洋尙有房錫鵬殘黨及
撫而復叛之劉會集十餘艘遊移海洋遞來貿易船
給關臣照票採捕船給道府縣由單叢襍無統數省

內地積年貧窮游手奸宄實繁有徒乘此開海公行
出入汎口若嚴於盤查則以抗
旨難阻之罪相加如不加詰問恐至海外結黨釀禍現准浙
江撫臣趙士麟咨稱閩省漁船越省荼毒漁民亟宜
禁止等語臣以爲展禁開海固以卹民裕課尤須審
弊立規以埀永久今販洋貿易船隻無分大小絡繹
而發貲本有限餉稅無幾不惟取外域輕慢且藉公
行私多載人民深有可慮近者臣在省城會議據中

軍叅將張旺報稱船戶劉仕明趕繒船一隻給官票
出口往呂宋經紀其船甚小載貨無多附搭人數共
一百三十三名臣據報即查而該船已開去矣一船
如此餘槪可知夫臺灣難民尙荷
朝廷德意移入內地安插今內地之人反聽其相引而之
外國殊非善固邦本之法竊觀外國進貢之船人數
來往有限且不肯遺留一人在我中土更考前代以
來備防外國甚爲嚴密今雖許其貿易亦須有制不

可過縱臣愚以爲飄洋貿易一項當行知督撫提諸
臣各將通省內凡可興販外國港門議定上大洋船
隻數官民有身家不至生奸者或一人自造一船或
數人合造一船聽四方客商貨物附搭庶人數少而
貲本多餉稅有徵稽查尤易外國見我制度甚密自
生畏服其欲赴南北各省貿易併採捕漁船亦設法
畫定互察良規以杜泛逸海外則民可以遂其生
國可以佐其用而禍患無自而萌疆圉永以寧謐苟視
爲巳安巳治無事防範竊恐前此海疆之患復見不
遠兼以水師船隻刻限三年小修五年大修自征勦
及渡載投誠僞官兵眷口難民之後多屬朽壞擱泊
窮弁不能整葺請修猶遲時日而沿海新造貿捕之
船皆輕快牢固礮械全備倍於戰艦倘或奸徒竊發
藉其舟楫擴其貲本恐致蔓延蓋天下東南之形勢
在海而不在陸陸地之爲患有形易於消弭海外之
藏奸莫測當思杜漸更臺灣澎湖新闢遠隔汪洋設

有奸宄生心罔犯雖有鎮營官兵汛守間或阻截往
來聲息難通爲患不可言矣彼時復行禁止貿捕固
有負
國家子養億兆之德意將東南環海地方不又仰厪
宸衷顧慮哉蓋自我
朝御極以來凡有梗化精騎一到率土咸服獨此海氛
積年負抗調發勞費動闗億萬未獲削平乃
乾斷航勦甫爾蕩定而四省開海船隻出入無禁思患預防
不可一日廢弛臣謬膺職任在閩言閩當此未然深
知情弊鰓鰓上陳使臣年力方壯
聖主不以臣爲駑駘尚可竭蹷綢繆惟年巳六十有五衰老
漸及意在乞休故不能緘默而言人之所不敢言者
時又議徙新附人民分置外省頊力保其必無後患
請置本省不避謗亦不市恩凡前後入告諸疏公忠
剴切上動
天聽並如所奏施行二十七年朝京師

聖祖命宗室諸大臣設供帳郊迎比謁
見於暢春苑
温旨慰勞厚賜以歸三十二年復入覲時年七十餘步履稍
艱
聖祖命侍臣扶拜賜坐因奏臣衰老請解海疆重任
聖祖温諭再三謂朕用汝心不在手足比歸賞賚益厚又三
載以病卒於官年七十有六時康熙三十五年三月
二十一日也遺疏至

聖祖震悼由太子少保加贈太子少傅予祭葬加祭二次諡
襄壯卒之日閩中紳士居民皆巷哭羣立祠歲時祀
之琅容貌魁偉沉毅有謀略用兵持重計出萬全所
見既定衆咻不撓故戰無不克而終以不殺爲念嘗
著五花陣法指授諸將至今傳習子八人世綸見名
宦名臣傳季世范襲侯爵從遺疏也

提督福建全省水師總兵官右都督臣施琅謹
題爲邊患宜靖逆賊難容謹陳蕩平機宜以效忠悃以
奠丕安事竊照鄭賊負嵎海上久阻聲教致干勦討
遁竄臺灣絶島恃險負固雖戢翼歛跡未敢突犯而
蜂蠆有毒沿邊將爲不寧堂堂
天朝萬國賓服豈容此餘灰以滋蔓患曰
朝廷廣開洪仁遣官招徠
德至寬大玆總兵孔元章招撫回歸只稱有的確公移臣

密詢押船官林功勳渡載孔元章往臺灣探賊中情
形未必有歸誠實意使果傾心向化則海靖邊寧無
庸計論今
使命兩次到彼並無的當僞員同來輸誠惟聽口傳豈可
憑信倘復頑梗如故似難中止臣荷
恩深重與賊仇不共戴眎此逆賊跳梁能無扼腕雖躬履
險阻身歷波濤亦必滅此朝食伏思賊黨盤踞臺灣
沃野千里糧食匪缺上通日本下達呂宋廣南等處

火藥軍器之需布帛服用之物貿易備具兼彼處林
木叢深堪於採造舟楫以致窮島一隅有煩
南顧爲今之計順則撫之逆則勦之若資其生聚教訓
恐養癰爲患且此時經制船隻尙堪遠駕過洋舵稍
見有可選遲之數年船隻久壞再造則損
內帑之金舵梢擬散召募安得慣洋之人萬一蠢動屬
費驅除以臣愚見不如乘便進取以杜後患夫興師
所難在于招兵措餉制器造船今欲大舉所不庸計

慮者閩省水師官兵共一萬有奇經制陸師及投誠
閒曠官兵爲數不少皆爲防海而多設也就水師中
選擬精鋭者可得六七千海澄公臣黃梧標下慣海
併壯練者可擇選二千有奇尙投誠乘未擬散內多
有慣海舵梢及精鋭者可擇選數千此數若未敷足
用就於陸師中酌選湊共二萬便可合爲勁旅兵在
精不在多也閩省全轄大小戈船共二百隻選擬一
百七十隻小快哨一百隻選擬七十隻其餘留爲防

汛及運載糧糈傳報往來軍情之用應再造大水艍
船十餘隻以充前鋒另造渡馬船二十餘隻便於配
載計此新造三十餘隻之船爲費不多其經制大小
戈船見在題
請例應大修伏乞
敕部給此應修銀兩發付修葺不用溢額增加舟檝業已
堅牢將豫備之兵糧船器充東征之戰勝攻取無煩
徵召不事蕩費戮力討平海甸永清誠長便之舉也

惟是航海遠征後先抵岓各兵湊集非親經訓練臨
時難以信恃兵額既定分擬八千爲水在船以接戰
一萬二千爲陸登岓以進取臣將此二萬之師分爲
水陸躬督操練加之數月將得兵心兵知將意方可
渡海遠征至於選任將領疇堪前矛疇堪後勁必其
經歷戰攻身先士卒夙有成効者乃堪委任臣於閩
中經制及投誠將領稔知有素另俟
命下之日會議選擬定數具册報

聞臣矢志報
國敢遺餘力第思任維艱而責綦重伏乞
皇上賜臣稍以便宜得於軍中申嚴號令庶膚功克奏文
當
密敕藩督撫提諸臣會商妥確催督修造戰船備足糧餉
選調官兵付臣整練完備相機進取居者行者各盡
其力則動出萬全前次東征兩阻風濤之險逆賊雖
未撲滅人謀亦未允臧投誠官兵眷口多在彼處新

附人心參差未一鳩烏合之衆以事負海之表其未
至誤公者誠賴
國家之福臣奉有
成命勉應擊檝固逆知其難也今臣思選擇將士修葺船
隻操練習熟紀律嚴明成算在胷故敢慮勝而動蓋
澎湖爲臺灣四達之咽喉外衛之藩屏先取澎湖勝
勢已居其半是役也當勦撫並用舟師進發若據澎
湖以抗其吭大兵壓近賊膽必寒遣員先宣

朝廷德意如大憝勢窮革心歸
命抑黨羽離叛望風趨附則善爲渡過安插可不勞而定
倘執迷不悔甘自殄絶乃提師進發次第攻克端可
鼓收全局矣但遠征外島風信靡常當假以歲月不
可限以定期臣整備舟師枕戈待時或急遽以掩襲
或愼重以制勝奏捷遲速雖難豫定然滿腔血誠賊
一日未滅臣一日未安籌度時勢定當掃餘氛而拯
黎元義不以賊遺
君父且數年以來沿邊江浙閩粤多設水師官兵佈置錢

糧動費倍增皆爲殘孽未靖之故如臺灣一平防兵
亦可裁減地方益廣歲賦可增民生得寧邊疆永安
誠一時之勞萬世之逸也若以臣言可採伏乞
皇上敕部議覆施行
康熙六年十一月二十四日題　康熙七年正月初
十日奉
旨渡海進勦臺灣逆賊關係重大不便遥定着提督施琅

作速來京面行奏明所見以便定奪其施琅之缺着施
琅自行擇人暫令代管兵部知道

福建提督全省水師總兵官右都督臣施琅謹
題爲遵
旨盡陳所見緣係克取海上情形面奏難盡謹詳瀝披陳
仰祈
睿鑒事竊照鄭成功倡亂二十有年恃海島爲險蔓延鴟
張荼毒生靈故當時不得不從權拆地絕其派取之
路嗣而
皇上廣開德意招徠撫綏漸散其黨鄭成功疑懼乃遁臺

灣以爲兎窟又幸
天心厭亂遂促其亡康熙元年間兵部郎中黨右里往閩
公幹臣備將逆島可取之勢面悉代
奏復上疏密陳荷蒙
俞旨仰藉
天威數島果一鼓而平逆孽鄭經逃竄臺灣負嵎恃固去
歲
朝廷遣官前往招撫未見實意歸誠從來順撫逆勦大關

國體豈容頑抗而止伏思天下一統胡爲一鄭經殘孽盤踞絶島而折五省邊海地方畫爲界外以避其患自古帝王致治得一土則守一土安可以旣得之封疆而復割棄況東南膏腴田園及所産魚鹽最爲財賦之藪可資中國之潤不可以西北長城塞外風土爲比倘不討平臺灣匪特賦稅缺減民困日蹙卽防邊若永爲定制錢糧動費加倍輸外省有限之餉年年協濟兵食何所底止又使邊防持久萬一有懼罪

弁兵及冒死窮民以爲逃逋之窟遺害叵測似非長久之計且鄭成功其子有十遲之數年長成羣強假有一二機覺才能收拾黨類結連外國聯絡土番耕民羽翼復張終爲後患而我邊各省水師雖佈設周密然臣觀之亦只區守汛口若使之出海征勦擇其精鋭習熟將兵實亦無幾況後來慣者老練者徃何

可恃禦臣蒙

皇上逾格擢用荷

恩深重分應圖賊以盡厥職每細詢各投誠之人及陣獲一二賊黨備悉賊中情形審度可破之勢故敢具疏

密

奏蒙

旨宣召徵臣進　京面

奏謹將臺灣勦撫可平機宜爲我

皇上陳之查自故明時原住澎湖百姓有五六千人原住臺灣者有二三萬俱係耕漁爲生至順治十八年鄭

成功親帶去水陸僞官兵幷眷口共計三萬有奇爲伍操戈者不滿二萬又康熙三年間鄭經復帶去僞官兵并眷口約有六七千爲伍操戈者不過四千此數年彼處不服水土病故及傷亡者五六千歷年過來窺犯被我水師擒殺亦有數千陸續前來投誠者計有數百今雖稱三十餘鎮多係新拔俱非夙練之才或管五六百者或管二三百者不等爲伍賊兵計算不滿二萬之衆船隻大小不上二百號分爲南北

二路墾耕而食上下相去千有餘里鄭經承父餘業智勇無備戰爭匪長其各僞鎮亦皆碌碌之流又且不相浹協賊衆散處耕鑿自給失於操練終屬參差不齊內中無家眷者十有五六豈甘作一世鰥獨寧無故土之思但賊多係閩地之人其間縱使有心投誠者既無陸路可通又乏舟楫可渡故不得不相依爲命鄭經得馭數萬之衆非有威德制服實賴汪洋大海爲之禁錮如專一意差官往招則操縱之權在

乎鄭經一人恐無率衆歸誠之日若用大師壓境則去就之機在乎賊衆鄭經安能自主是爲因勦寓撫之法大師進勦先取澎湖以扼其吭則形勢可見聲息可通其利在我仍先遣幹員往宣

朝廷德意若鄭經迫之勢窮向化便可收全績倘頑梗不悔俟風信調順卽率舟師聯䑸直抵臺灣抛泊港口以牽制之發輕快船隻往南路打狗港口一股往北路蚊港海翁窟港口或用招誘或圖襲取使其首尾

不得相顧自相疑惑疑則其中有變賊若分則力薄合則勢蹙那時用正用奇隨機調度登岸次第攻擊

臣知已知彼料敵頗審率節制之師賈勇用命可取萬全之勝倘賊踞城固守則先淸勦其村落黨羽撫輯其各社土番窄狹孤城僅容二千餘衆用得勝之兵而攻無援之城使不卽破將有垓下之變賊可計日而平矣夫興師惟慮募兵措餉今沿邊防守經制及駐劄投誠閒曠官兵皆爲臺灣而設聽臣會同藩

公督伯提諸臣挑選調撥慣海者撥爲舵梢慣戰者練爲戰兵擇其精鋭有根脚者方可用充軍旅無事徵募動費之煩此等兵餉征亦用守亦用與其束手坐食於本汛孰若簡練東征於行間至修整船隻就於應給大修銀兩領修可無額外動支船未勻用則浙粤二省水師亦爲防海設立均可選用仍行該省督提選配官兵各舉總兵一員領駕協勦然遠征絶島所調浙粤二省船隻每船須用慣熟澎湖臺灣港

路舵梢數人就於福建投誠官兵內挑選分配如投誠兵中選配不足則將投誠兵查其老弱者汰退別募慣洋之人頂補糧額因此見在船兵額給糧餉不須分外加增無煩夫役輓輸安配定妥等候風期毋論時日風信可渡立卽長驅利便之舉誠莫過於此者茲旣調用浙粤二省船隻則臣前疏請造水艍船十餘隻渡馬船二十餘隻二項俱就於二省中船隻改修應用可省新造之費但水路行兵出海水深利用大船進港水淺利用小船今當新造小快哨一百隻以爲載兵進港及差撥哨探之用又當新造小八槳二百隻每大船各配一隻到臺灣臨敵登岸之時可以盤載官兵蜂擁而上其小快哨每隻新造只用價銀四十兩小八槳每隻新造只用價銀一十五兩二項共該用銀七千兩爲費不多若臺灣一平則邊海寧靖防兵可減百姓得享昇平

國家獲增餉稅沿邊文武將吏得安心供職可無意外

罪累臣前疏故曰一時之勞萬世之逸也臣荷

國厚恩職任閩疆水師平賊報稱分所宜然且目擊邊民之困心切父弟之仇故靡刻不以滅賊爲念少盡

臣子之職然航海遠征調兵遣將乃關

國家大事出在

皇上睿裁其餘興師應行事宜臣前疏巳經

奏明緣係盡陳平海事理字多逾格貼黃難盡伏乞

睿鑒俯賜全覽施行

康熙七年四月　　日

太子少保提督福建水師總兵官右都督伯臣施琅謹
題爲密陳航勦海務機宜以收萬全事竊照臣駑駘庸
才謬荷
皇上特恩起用以臣深知水性賊情專畀進勦海逆之責
臣思滇黔弄兵悉皆底定惟有臺灣四十餘年殘孽
逋誅未殲致厪
聖懷臣敢不殫心籌畫滅此朝食受事以來練兵整船靡
敢刻懈業已就緒然用兵之法不得不熟審詳愼卽

古者行兵多用奇計聲東擊西兵不厭詐非可直道
而行去冬具疏展限
請以今年三四月輕北風進兵蓋爲鄭逆奸細頗多使賊
知我舟師必用北風而進然後出其不意而收之臣
在在密用間諜亂其黨羽自相猜忌自去年逆艘糾
集澎湖欲抗我師據險以逸待勞設我舟師到彼必
由過澎湖西嶼頭然後轉帆向東北而進正值春夏
之交東北風爲多我船盡是頂風頂流斷難逆進賊

已先站立外塹內塹接連娘媽宮俱居我上風上流
禦敵其勢難以衝擊取勝故不可不慮及此也所以
前議輕北風之候猶恐未能萬全且水道行兵專賴
風信潮水非比陸路任意馳驅可以計定進止臣日
夜磨心熟籌莫如就夏至南風成信連旬盛發從銅
山開駕順風坐浪船得聯綜齊行兵無暈眩之患深
有得於天時地利人和之全備逆賊縱有狡謀斯時
反居下風下流賊進不得戰退不能守澎湖一得更

知賊勢虛實直取臺灣便可克奏膚功倘逆孽退守
臺灣死據要口我師暫屯澎湖扼其吭拊其背逼近
巢穴使其不戰自潰內謀自應不然俟至十月乘小
陽春時候大舉進勦立見蕩平此乃料敵制勝所當
詳細一一披陳者也然臣切有
請者督臣姚啟聖調兵製器獎勵士卒精敏整暇咄嗟立
辦捐造船隻無所不備矢志滅賊
國爾忘身堅圖報稱非臣所能力止惟是生長北方雖

有經緯全才汪洋巨浪之中恐非所長矧撫臣吳興
祚見在陞任即有新撫臣初到視事恐未識閩疆情
形臣之鰓鰓謂督臣宜駐廈門居中節制别有調遣
臣得嵩統前進行間將士知有督臣後趲粮運策應
則糧無匱乏之患兵有爭先之勇壯志勝於數萬甲
兵今若與臣偕行征糧何以催趲封疆何有仰賴安
內攘外非督臣斷難彈壓緩急臣故密疏入
告使督臣聞知必以臣阻其滿腔忠藎仰冀

皇上密行
溫諭督臣免其躬親偕行今臣同督臣操練水陸精銳官
兵充足三萬分配戰艦儘可破賊但臣僅掌有水師
提督印信未奉有征勦臺灣之
敕諭伏望
迅賜頒發以副轉睫師期俾得申嚴號令用以節制調度
所有督臣
題定功罪賞格

賜臣循例而行則大小將士咸皆凜遵至於師中參酌見
有同安總兵官臣吳英智勇兼優竭忠自許可以為
臣之副尤望
恩嘉獎勵又有興化總兵官臣林承金門總兵官臣陳龍
平陽總兵官臣朱天貴海壇總兵官臣林賢留閩候
補總兵官臣陳昌江東副將臣詹六奇隨征左都督
臣李日煋等俱堪衝風破浪勇敢克敵共勷搗窠藉
我

皇上天威丕著醜類遊魂何難殄殲航勦滅賊關係臣之
一身承當責任何等綦重以故凡賊之形勢風之順
逆事之區畫亟當十分詳審以圖萬全况出汪洋大
海之外匪敢輕舉妄動苟且從事致負
眷顧之隆臣嘗會商將軍合詞具
題而將軍海務情形非所諳曉又恐奸細窺探洩漏是
以自將戰畧師期密疏上
聞仰聽

睿鑒

康熙二十一年三月　初一　日

太子少保提督福建水師總兵官右都督伯臣施琅謹
題爲欲淨海逆根株全在
嚴旨決計進勦以收實効事竊惟我
皇上御極以來宇宙廓清無思不服惟鄭逆抗拒顏行深
費
皇上宵旰南顧之憂臣茲復荷
聖恩起用非重臣以水師提督之任實用臣進平臺灣之
逆患兼而奉

天語温諭諄諄勦滅臺灣以免生靈塗炭何等嚴切故銜
命以來兼程疾趨即於去歲十月初六日抵厦門視事點
驗船兵全無頭緒焉敢妄舉進勦時欲具疏入
告恐傷寅恭和衷故日以繼夜廢忘寢食一面整船一面
練兵兼工製造器械躬親挑選整搠至今年四月終
方稱船堅兵練事事全備移請寧海將軍臣喇哈達
侍郎臣吳努春到厦門看閲此時將士摩拳擦掌人
人思奮將軍二臣交口稱贊不已臣即於五月初五

日會同督臣姚啟聖統率舟師開駕至銅山以俟夏
至後南風成信聯䑸進發第督臣以五月初一日准
部咨進勦海賊關係重大之
旨隨轉意不前而三軍側聽一盡解體臣自初七日起日
與督臣決計進勦力爭十餘天至十六日將軍二臣
抵銅山到臣營所臣面懇將軍轉勸督臣乘南風進
勦無不摧枯拉朽之勢奈督臣終執
旨意以督提同心合意為辭臣故不便抗違姑聽督臣主

疏展期實非臣之本意此二將軍臣親到銅山所目
擊而共悉臣衷也本月初九日承准兵部劄付內開
寧海將軍喇哈達等疏稱總督提督稱南風不如北
風臣深為駭異切思臣當日在銅與將軍二臣並無
言及南風不如北風之語日與督臣爭執南風進勦
不惟三軍皆悉其情即通省士庶亦皆俱曉且督臣
日遣各總兵海道勸臣權依督臣之議今將軍二臣
具疏竟不分晰明白一筆混入章疏陷臣推託不前

若非
皇上寬置不究則臣先後疏章自相矛盾欺誑
君父罪當萬死矣夫南風之信風輕浪平將士無暈眩之
患且居上風上流勢如破竹豈不一鼓而收全勝臣
見督臣堅意難以挽回故聊遣趕繒快船二十三隻
令隨征總兵臣董義投誠總兵臣曾成提標署左營
遊擊事臣阮欽為并各鎮營千把等官領駕前往澎
湖瞭探賊息據其回稱義等奉令遵於六月初四日

午刻從古雷州開船至初五日未時到澎湖貓嶼時
各船未便輕進灣泊花嶼前至於初六日黎明率各
船由虎井過獅嶼頭瞭見劉國軒賊船盡䑸俱泊娘
媽宮賊見我船大船檠起頭帆小船盡起大帆賊遂
出趕繒二十餘隻駕出西嶼頭又有八罩賊船十餘
隻由南面而來我船恐衆寡不敵本日未時傳炮收
國各船歸䑸於初七日到大境初八日到廈門港歸
汎等情據此則此行遣發巡哨船隻來去無阻見有

明據矣若決乘南風進取豈不可見成效乎業將瞭探情由遂已咨報將軍二臣併督臣知照在案乃坐塘筆帖式譚木哈圖具

題大兵水面度日逆賊窺望空隙之疏殊非真知灼見爲証臣全不解其故然臣生長濱海總角從戎風波險阻素所履歷且荷

簡命前任水師提督閱歷至今豈有海面形勢風信水性猶不暢熟胸中而筆帖式乃更識於臣乎蓋賊中情

形臣有屢得舊時部曲密寄通報稱臺灣人心惶惑無定兼以劉國軒恃威妄殺稍有隙縫全家屠戮人人思危芒刺在背間有向義內應奈隔絕汪洋難以朝呼夕應豈敢公然謀舉此端便是可破可勦之機又此六月二十八日據守口兵丁遞送澎湖長髮賊柳勝林斗二人赴臣軍前投誠詢據柳勝等供稱原坐杉板頭船過來投誠澎湖新舊熕船鳥船趕繒雙帆艍各船共有百一二十隻劉國軒林陞江欽等共計賊衆六千餘內有家眷舊賊約二千名其餘俱係無眷口新附之衆私相偶語提督不嗜殺人只等大軍到便瓦解歸順有僞蕭一鎮下將領謀議候出娘媽宮操船乘勢駕舟過來投誠被其知覺登殺頭目九人因探聞我兵船自銅山撤回歸汛彼故調賊二千餘名回臺灣耕種以作糧食今只留賊四千名在澎湖配船防守等語據此則賊中虛實又已得其詳矣且臣更以賊中之情形言之昔之僞鎮營蟻附脅

從皆受鄭成功鄭錦父子結恩舊人籠絡相依今劉國軒暴戾操權動輒殺戮以威制人誰肯甘爲几肉是我舟師未到澎湖權猶在劉國軒一人之主持我舟師若抵澎湖勢難遏各僞鎮僞卒之變亂則踞守澎湖逆賊縱有萬餘內多思叛驅萬賊萬心之衆以抗我精鍊勇往之師何足比數雖劉國軒輕命死敵於人心猜忌之際靡不自潰則可破可勦之機又無如於是今我

皇上若以俟有可破可勦之機
温旨下頒則汪洋巨浸之中誰肯效命七尺之軀而殫力
三窟之險勢必藉
旨意爲居奇遷延歲月虛糜浩費所謂築舍道傍三年不
成是賊終無可破可勦之日矣剡夫按兵不動善以
撫諭劉國軒沐猴鴟張操縱自如志得意滿斷無輸
誠向化之念其中有僞鎮營賊衆有心歸正而錮來
臺灣各港禁錮嚴密一船不許出港雖有謀叛隱情

亦難通報故非聯䑸進發疾行撲擊安有自甘獻俘
坐待滅亡竟在何時在督臣滅賊之念實切惜乎生
長北方水性海務非其所長登舟之際混心嘔吐身
體維艱所以前疏懇留督臣居中調度蓋爲此也中
有一二覘此畏途未免低徊以致督臣疑惑不决臣
雖庸愚料敵頗效前於康熙二年間海逆猖獗
皇上特差兵部郎中黨古里到閩問臣機宜當即决意進
攻厦門時督臣李率泰亦以臣過於擔當然兩島竟

爲臣克平旋於康熙六年十一月爲邊患宜靖逆賊
難容等事具
題未奉
諭旨乃使逆孽於甲寅年有燎原之變鄭錦雖死留此餘
黨負嵎絕島臣丁年六十有二血氣未衰尚堪報稱
今不使臣乘機撲滅再加數年將老無能爲後恐更
無擔當之臣敢肩渡海滅賊之任是以臣鰓鰓必滅
此朝食惟是臺灣殘孽未殲故溢設許多鎮營官兵

糜費錢糧貽累民生未甦況所設水師鎮營原爲航
海擣巢之用今就中挑選精兵二萬有奇大小戰船
三百號儘堪破賊可以無用陸師覺相牽制卒難成
功若陸師之中間有勇敢效忠熟煉海務能將容臣
調選一二以爲臂指共勷大舉之需伏思臣累受
國恩奉
召進京即
寵擢内大臣之列豢養十餘載今復謬荷起用寸功未效

又叨更晉宮銜
特賜御膳全榻亘古臣子未有受
君恩如是也卽赴湯蹈火臣志所不辭倘荷
皇上信臣愚忠獨任臣以討賊令督撫二臣催趲糧餉接
應俾臣整搠官兵時常在海操演勿限時日風利可
行臣卽督發進取出其不意攻其無備何難一鼓而
下事若不效治臣之罪臣樸質武夫一片圖報微誠
惟知欽遵

天語煌煌責臣必破臺灣克奏膚功臣以
君命爲重故當克盡臣職不禁煩瑣激切瀝陳斷無浮言
飾辭冒昧於
君父之前伏乞
皇上睿鑒俯將臣疏留中
大賜乾斷决策
嚴旨速命事必見效民生幸甚封疆幸甚緣係密陳欲淨
海逆根株事理字多逾格貼黃難盡伏乞
寛恩全覽施行爲此具本謹密題請
旨
康熙二十一年七月　十三　日

太子少保提督福建水師總兵官右都督伯臣施琅謹
題爲恭報舟師北上平海俟風進發事竊惟臣以譾劣
庸材謬荷
聖明特知任用誠以海逆梗化多年欲滅賊而用臣臣非
滅賊不足以報
皇上之
殊恩也緣五月間會疏展期之後臣朝夕訓練整撊周備
卽于九月初一日統率臣標五營官兵船隻就廈門

開駕至泉州海口臭塗寄泊操演一面沓檄各鎮營
官兵船隻併移調聯絡趕繒船二十隻迅赴合𦨴慮
恐舟師航海遠征沿邊汛地疎防乃沓督臣檄調陸
路官兵協防金廈銅三島十月二十日承准兵部密
劄爲欲淨海逆等事内開該臣等會議總督姚啓聖
停其進勦提督施琅如無機會仍操演兵丁若有可
進機會統伊所派船兵相機進取臺灣可也等因奉
旨依議進勦海逆關係緊要着該督撫等同心協力催趲

糧餉勿致遲悮前姚啓聖具題功罪定例交與施琅
遵行密劄到臣承准此臣欽遵
俞旨自應竭圖報稱又于十月二十八日承准兵部密劄
爲稟報事内開該議政王等會覆福督姚啓聖題前
事等因查賊寇若能誠心改惡削髮歸誠督撫等公
同詳確發往招撫若賊知我大兵進勦故智差員冀
圖緩兵該督撫提等亦行詳確若有可行機會提督
施琅等應遵前

旨統伊所派船兵毋失機會而行可也奉
旨依議密劄到臣承准此仰見我
皇上宸聰睿察洞灼狡賊之伎倆勢窮臣舟師北上于十
一月初三日抵興化平海衛澳因帶領舟師不敢擅
離抵省隨沓移督撫二臣訂約會議勦撫事宜准督
臣沓覆内開勦撫大事賊之果否誠心投誠本部院難
以逆料未便遽行遣官往撫等因又准撫臣沓開臺
灣賊寇虛實情形病人昏迷不敢懸揣妄擬祈訂商

督部院碩畫詳確等因各到臣准此是遣撫旣不敢逆料懸揣則進勦所當決計而行者也臣伏思若待可行機會必當進勦澎湖若不至澎湖斷無可破可勦之機茲四鎮總兵官臣林賢陳龍黃鎬楊嘉瑞署興化鎮總兵官臣陳昌帶領官兵船隻及各協營船兵于十一月中旬後俱已陸續齊到矣臣移取出征糧餉督臣二次解到銀九萬兩可以足給官兵本年九十十一二三個月之俸餉仍移請預備賞功銀二萬

五千兩隨帶軍前以俟賞賚破敵有功官兵之用總計帶領官兵二萬一千有奇配駕大鳥船七十隻趕繒船一百零三隻雙帆艍船六十五隻自到平海給發官兵銀米以資足食凡海逆之情形與破賊之計算臣籌之頗熟可無慮

宸衷惟風信則不敢逆料當慎待天時晴霽十分利便極出萬全方敢統率進發此番擬在平海開洋船隻乃係坐子向午順風坐浪直抵澎湖佔據上風上流為制勝之要著也臣更咨會督臣俟臣進兵之後即前往駐劄廈門居中調度策應糧餉督臣雖瘡疾未愈而辦賊之心尤切必欲扶病趨公此臣得賴以彈壓策應而可無不給之虞矣緣係恭報舟師俟風進發事理貼黃難盡伏乞

皇上睿鑒全覽施行為此具本謹密題

知

康熙二十一年十一月　二十五　日

太子少保提督福建水師總兵官右都督伯臣施琅謹
題爲海逆形勢將滅不宜少寬自解賊危事竊惟臣奉
命專征調集舟師俟機進發總期必滅此賊而後已茲正
月十六日准督臣姚啓聖送到會
題疏稿爲第二本爲選將挑船安頓上風等事內開選
其善識水性勇往敢戰者挑趕繒六十號佔踞上風
灣泊出其不意直鼓奮擊俾其驚疑莫定則洋販無
資糗糧不給一二年間勦撫皆宜等因到臣臣閱之
不解其意督臣凡所會同章疏未嘗移稿議定先已
列名入
告後送畫題故臣不得不瀝陳之緣照臺灣逆孽情勢臣
籌度之甚悉自去年出海至十一月杪各官兵船隻
方得齊集平海衛澳取給糧餉僅領至十二月止惟
官兵渡海應得俸餉必預備隨帶臣在平海舟師時
駕出洋操演若風可進卽直取澎湖若風未便則仍
復收回故于十二月二十三日出洋忽轉東風乃止

二十七日開駕至青水墘風輕又轉東南頂頭再收
平海雖未及直抵使官兵屢涉汪洋之中衝風顛浪
愈練慣熟賊聞知亦自驚惶不暇蓋大䑸之船必藉
風勢順利自可直搗賊境始克成功若風勢未順尤
恐零星不齊何能協力撲勦茲于正月初七日據臣
標署右營中軍守備黃復謙報稱初二夜有原僞將
劉秉忠等在澎湖挈眷八十二名口駕雙帆艍船一
隻前來廈門投誠等情據此隨于正月十一日准同
安鎭臣吳英咨送劉秉忠等到臣詢問據供去年五
月間劉國軒知我師往銅山乘南風進發甚然驚懼
莫措後偵知撤回歸汛劉國軒乃放心自回臺灣料
理要口將大小賊艘百號賊衆七千餘名交僞鎭將
林陞江欽陳諒等現在澎湖扼守賊中人人思危多
有離叛之心口供在案臣于本日隨將劉秉忠洪貴
二名轉送督撫二臣查訊去後今督臣疏稱賊欲改
砲船爲洋販散衆爲耕種請挑趕繒六十隻南北灣

泊一二年間自然困疲勦撫皆宜臣實不解督臣如此主持不定似非善策臣今日水師齊集在海操演以制賊譬若有人焉扼其吭氣將垂絕一爲之稍鬆則其氣舒而復起矧以六十船之南北灣泊北風平海可灣南風則將軍澳林景嶼豈可灣泊之處乎臣之操演所以俟機俟風進發又以屢奉

溫旨進勦海逆關係重大臣所統官兵二萬有奇大小戰船二百餘隻責任匪輕大綜舟師渡海宜慎不得不

籌出萬全豈敢輕舉妄動又水師在海操演皆出本分行坐均各給糧船兵又無額外添設之費總惟以賊一日未滅臣一日未敢偷安且此賊伎倆臣熟籌深算力任勦滅矢志不移豈敢有片語虛飾于

君父之前而督臣止欲仗趕繒船六十隻可爲困敝賊勢誠恐一二年後復張聲勢其費力尤甚臣素知海逆始終虛實初時猶然疥癬皆因彼時當道泛忽姑息不亟攻治養成癰疽潰壞負抗四十餘年荼毒數省

致煩

聖慮屢動大兵征討糜餉不計今若再一寬縱又蹈前轍故臣惟俟風信之便順必無不破之逆賊斷不復遺此賊以塵

宸衷緣係密題海逆形勢事理貼黃難盡伏乞

皇上全覽乾斷敕部議覆施行爲此具本謹密題請

旨

康熙二十二年正月　二十一　日

太子少保提督福建水師總兵官右都督伯臣施琅謹
題爲海逆有日蹙之勢航勦有可破之機密陳情形仰
祈
睿鑒事竊惟臣奉
命征討臺灣康熙二十年十月初六日抵任以來一面整
捌船兵相機搗巢併遣心腹三四人漸次密往臺灣
澎湖賊中通達臣之舊部在彼現爲鎮營管兵令其
就中謀叛取事自去年亦有通信數次俟大兵臨境

之時方敢內亂倒戈迎降者衆至今年正月初二日
有僞副將劉秉忠等坐雙帆艍船一隻帶眷八十二
名口在澎湖前來投誠正月二十二日僞總理李瑞
等奪民船一隻帶兵共二十一名亦自澎湖前來投
誠三月十一日有僞兵許福等十四名駕小船一隻
自臺灣猴樹港過來投誠帶有臣前所差之人要緊
密稟潛通內有叛亂相應消息併稱彼處米貴每担
價銀五六兩七社土番倡反形勢甚蹙人人思危此

乃天心厭亂明矣臣前差之人尚在臺灣謀結黨類
以待內應其許福等臣只移明督撫前來投誠之詞
不敢言眞恐洩事機將人見收軍中養活又三月十
六日有僞民許六吳阿三等奪漁船一隻在澎湖帶
眷共一十九名口前來投誠四月初三日有海賊鄭
才等一十八名于四月初一日從淡水港奪破柴民
船一隻前來投誠是此賊中今日之形勢滅在旦夕
雖劉國軒復差僞目黃學林珩再來言撫致書一封

求見于臣臣卻之不見令其自赴督臣轅門王議以
幺麼一海賊非可視爲敵國我以彼爲輸誠彼直以
我爲和議徒褻
國體藉此妄稱祇安賊心臣惟祇遵奉
命搗巢滅逆爲念議撫之事臣不敢預及今臣在水陸官
兵中挑選二萬有奇操練有日可稱精熟足以破賊
攻澎湖宜用水兵破臺灣則當用陸兵也但粮餉最
宜預備給足以鼓士愾乘夏至南風成信當即進發

搗窠巢北風剛硬驟發驟息靡常不準難以逆料南風柔和波浪頗恬故用南風破賊甚爲穩當臣大䑸舟師航海責任綦重自當相機度勢期出萬全以仰

慰

皇上宵旰之懷臣每自思維膺軍旅之任者必虛張賊之聲勢乃表見已之大功臣愚性戇直荷

皇上面諭諄諄從不敢一字粧飾自干欺誑緣係密陳海逆可破之機其中所有來稟關係機密只畧陳其概

貼黃難盡伏乞

皇上睿鑒全覽留中勿發恐勦撫之議不相入或有漏洩以害成也爲此具本謹密題

知

康熙二十二年四月　十六　日

太子少保提督福建水師總兵官右都督伯臣施琅謹

題爲飛報舟師渡海克取澎湖大捷事竊照臣自去年六月同督臣姚啟聖在銅山停師回汛劉國軒偵知自回臺灣留撥僞鎮營等船兵扼守澎湖不時來往調度今年四五月知臣乘南風決計進勦就臺灣賊夥選撥精壯敢死者及抽調草地佃丁民兵將洋船改爲戰船凡各僞文武等官所有私船盡行修整弔集來澎湖大小砲船鳥船趕繒船洋船雙帆䑸船合

計二百餘號賊夥二萬餘衆乃將僞鎮營等官兵各眷口監羈臺灣紅毛城赤嵌二城堅其死戰劉國軒親統傾巢復來澎湖將娘媽宮嶼頭上下添築砲城二座風櫃尾砲城一座四角山砲城一座雞籠山砲城一座東西峙內一列砲臺四座西面內外塹西嶼頭一列砲臺四座牛心灣山頭頂砲臺一座凡沿海之處小船可以登岸者盡行築造短牆安置腰銃環繞二十餘里分遣賊衆死守星羅碁布堅如鐵桶臣

總統鎮營舟師將各大小戰船風蓬上大書將弁姓名以便觀看備知進退先後分別賞罰于六月十四日辰刻由銅山開駕進發十五日申時到猫嶼花嶼有守汛賊哨數十餘隻見臣舟師將到即奔回澎湖時值天晚將船隻灣泊八罩水垵澳遣官坐小哨到將軍澳南大嶼等島安撫島民十六日早進攻澎湖逆賊排列船隻迎敵臣標署右營遊擊藍理等官兵配坐鳥船一隻署後營遊擊曾成等官兵配坐鳥船一隻署左營遊擊張勝等官兵配坐鳥船一隻二等侍衛吳啟爵等官兵配坐鳥船一隻同安城守右營遊擊趙邦試等官兵配坐鳥船一隻海壇鎮標中營遊擊許英等官兵配坐鳥船一隻銅山鎮標右營遊擊阮欽爲等官兵配坐鳥船一隻此數船首先衝鋒破敵直入賊䑸攻殺賊砲船二隻趕繒船六隻賊夥斬殺殆盡其船放火燒燬又用砲火攻擊立刻沉壞賊鳥船一隻趕繒船二隻副鋒臣標右營千總鄧高

勻配水陸等官兵坐鳥船一隻臣標署右營守備方郤等官兵配坐鳥船一隻金門鎮標中營遊擊許應麟等官兵配坐鳥船一隻金門鎮標右營守備林芳等官兵配坐鳥船一隻臣標隨標功加守備李光琨等官兵配坐鳥船一隻用砲火攻擊打沉賊鳥船一隻趕繒船二隻賊夥溺死殆盡時值南潮正發前鋒數船被流逼近砲城賊艘復合齊出包圍臣恐數船侵入難出自將坐駕船直衝入賊䑸殺退興化鎮臣吳英繼後夾攻焚殺僞揚威將軍援勦左鎮沈誠統轄前鋒鎮姚朝玉義武鎮陳侃戎旗五鎮陳時雨其僞協將弁大小賊目計有七十餘員不知姓名難以開報僞水師總督林陞中箭三枝中鹿銃二門左腿被大砲打折立即載回臺灣必死無活賊衆焚殺溺死計有二千餘衆遂救出數船臣右眼被銃擊傷眼睛未壞因天色將晚收出西嶼頭洋中拋泊十七日早將全䑸舟師復收八罩水垵灣泊嚴申軍令查定

功罪賞罰官兵十八日進取虎井桶盤嶼十九日臣坐小趕繒船往澎湖內外塹峙內細觀形勢二十二十一兩日故用老弱驕兵之計用趕繒雙帆艍船分二股假攻峙內內外塹以分賊勢臣于二十二日再申軍令分股進發遣臣標隨征都督陳蟒魏明副將鄭元堂領趕繒雙帆艍船共五十隻爲一股從東畔峙內直入雞籠嶼四角山爲奇兵夾攻又遣臣標隨征總兵董義康玉外委守備洪天錫領趕繒雙帆艍

船共五十隻爲一股從西畔內塹直入牛心灣作疑兵牽制將大鳥船五十六隻居中分爲八股每股七隻各作三疊臣居中爲一股興化鎮臣吳英領一股居左平陽鎮臣朱天貴臣標前營遊擊何應元合領一股居右金門鎮臣陳龍領一股在次左臣標署中營叅將羅士鉁署右營遊擊藍理署後營遊擊曾成合領一股在次右署銅山鎮臣陳昌領一股在次左之左海壇鎮臣林賢領一股在末右廈門鎮臣楊嘉

瑞領一股在末左尚船八十餘隻留爲後援臣督率麾陣指揮直向娘媽宮撲勦賊各處砲城及迎敵砲船烏船趕繒大小各船四面齊出迎敵每賊砲船安紅衣大銅砲一位重三四千斤在船頭兩邊安發熕二十餘門不等鹿銃一二百門不等砲火矢石交攻有如雨點烟焰蔽天咫尺莫辨首衝破敵陷陣乃末右一股海壇鎮臣林賢等官兵配坐大鳥船一隻右股平陽鎮臣朱天貴臣標前營遊擊何應元等官兵配

坐大鳥船一隻末右海壇鎮標左營遊擊吳輝等官兵配坐大鳥船一隻右股臣標千總蔡琦鳳勻配水陸等官兵坐大鳥船一隻末右海壇鎮標右營守備林正春等官兵配坐大鳥船一隻副鋒右股臣標前營千總林鵬勻配水陸等官兵配坐大鳥船一隻末右海壇鎮標右營遊擊江新勻配水陸等官兵坐大鳥船一隻右股署圍頭營遊擊陳義勻配水陸等官兵坐大鳥船一隻右股署平海營遊擊鄭桂勻配水

陸等官兵坐大鳥船一隻末右海壇鎮標中營遊擊許英等官兵坐大鳥船一隻前鋒次右之右臣標署中營叅將羅士鈐等官兵坐大鳥船一隻署後營遊擊曾成等官兵坐大鳥船一隻署右營遊擊藍理等官兵坐大鳥船一隻中營千總林顯達匀配水陸等官兵坐大鳥船一隻左營千總胡泮匀配水陸等官兵坐大鳥船一隻署後營中軍守備戴名芳匀配督標副將林實等官兵坐大鳥船一隻前鋒臣中股隨

征左都督何義等官兵坐大鳥船一隻侍衛吳啟爵等官兵坐大鳥船一隻隨征遊擊施世駼隨征外委守備李廷彪施肇勳施肇瓚等官兵坐大趕繒鳥船一隻隨征外委遊擊施應元隨征外委守備陳王路隨征千總施起等官兵坐大趕繒鳥船一隻隨征副將黃昌都司黃勇外委守備施世驥等官兵坐大趕繒鳥船一隻隨征叅將許克濟陳達致遊擊方鳳外委守備施世驤等官兵坐大趕繒鳥船一隻隨征副

將湯一貴叅將鄭雲外委守備施世忠等官兵坐大趕繒船一隻隨征叅將謝英遊擊廖程外委守備施世驃等官兵坐大趕繒鳥船一隻隨征副將林應外委守備施輔李寅等官兵坐大趕繒鳥船一隻前鋒左股興化鎮臣吳英同安城守右營遊擊趙邦試匀配水陸等官兵坐大鳥船一隻署浯嶼營遊擊王朝俊匀配水陸等官兵坐大鳥船一隻閩安協副將蔣懋勛匀配水陸等官兵坐大鳥船一隻海澄城守副

將林葵匀配水陸等官兵坐大鳥船一隻烽火營遊擊王祚昌匀配水陸等官兵坐大鳥船一隻江東協副將詹六奇匀配水陸等官兵坐大鳥船一隻署平海陸營遊擊李全信匀配水陸等官兵坐大鳥船一隻海澄城守左營遊擊卓策匀配水陸等官兵坐大鳥船一隻前鋒次左之左銅山鎮右營遊擊阮欽爲匀配水陸等官兵坐大鳥船一隻左營遊擊曾春匀配水陸等官兵坐大鳥船一隻前鋒次左金門鎮臣

陳龍等官兵坐大鳥船一隻金門鎮標中營遊擊許應麟勻配水陸等官兵坐大鳥船一隻金門鎮標左營遊擊曾榮勻配水陸等官兵坐大鳥船一隻前鋒末左厦門鎮標右營遊擊陳蘭勻配水陸等官兵坐大鳥船一隻厦門鎮標左營遊擊朱明勻配水陸等官兵坐大鳥船一隻厦門鎮臣楊嘉瑞等官兵配坐大鳥船一隻署銅山鎮臣陳昌等官兵配坐大鳥船一隻帶領船八十餘隻居爲後援其分遣東西二股

官兵船隻繼進夾擊互攻自辰至申我師奮不顧身抵死戮力擊殺賊被我師用火桶火罐焚燬大砲船十八隻擊沉大砲船八隻焚燬大鳥船三十六隻趕繒船六十七隻洋船改戰船五隻又被我師火船乘風燒燬鳥船一隻趕繒船二隻逆賊并力死鬬勢窮難支用火藥藏於船艙發銜心砲自焚砲船九隻鳥船一十三隻賊驚危勢急跳水得獲鳥船二隻趕繒船八隻雙帆艍船二十五隻焚者焚殺者殺僞征北

將軍曾瑞定北將軍王順水師副總督左虎衛江欽統領右先鋒陳諒戎旗二鎮吳潛援勦右鎮鄭仁援勦後鎮陳啟明宣毅左鎮邱輝護衛鎮黃聯後勁鎮劉明折衝左鎮林順斗宿鎮施廷親軍水師三鎮薛衛水師一鎮蕭武水師二鎮陳政水師四鎮陳立中提督中鎮洪邦柱中提督右鎮尤俊中提督後鎮楊文炳中提督親隨一鎮陳士勛左龍驤中協黃國助右龍驤左協莊用侍衛中鎮黃德侍衛右協蔡智侍

衛驍翊協蔡添侍衛領旗協林亮侍衛左總轄毛興勇衛中協張顯勇衛左協林德勇衛右協陳士勳勇衛前協曾遂中提督領兵協吳署中提督左協林德中提督前協曾瑞中提督領旗協吳福中提督前鋒協陳陞中提督總理協陳國俊右武衛右協吳遜右武衛隨征二營梁麟水師二鎮前鋒副將李富水師二鎮左營副將張欽水師三鎮左營副將許端水師三鎮右營副將林耀援勦右鎮右營廖義援勦前鎮

前鋒營莊超折衝鎮左營陳勇左提督後鎮左營王受等四十七員其餘僞協營領兵監督翼將正副總班總理監營候缺將小頭目焚殺溺死約計三百餘員不知姓名難以開報焚殺自焚跳水溺死賊夥約計一萬二千有奇屍浮滿海總兵朱天貴被砲穿脅立死遊擊趙邦試亦被砲擊腦立死總兵林賢被箭輕傷左臂總兵吳英被鹿銃輕傷右耳朶賊止剩有小砲船三隻小鳥船二隻趕繒船十一隻雙帆艍船

十五隻脫出北面吼門遁走訊知劉國軒乘小快船亦從吼門而逃時值黃昏難以追殺在山僞將軍果毅中鎮楊德遊兵鎮陳明果毅後鎮吳祿中提督前鎮黃球壁宿鎮楊章侍衛後鎮顏國祥中提督中協副總兵張顯驍翊營副將洪艮佐統領右先鋒領兵副總兵李錫右先鋒營副總兵黃顯右虎衛領兵副總兵江高果毅鎮下左營林新左虎隨征營副將黃豹左虎副將江篇遊兵鎮中營周烈前營副將劉隆

果毅後鎮右營副將林守旗鼓中軍嚴澤親隨營正總班阮恢中提督下副將李芳管理大砲副將林武前鎮下隨征副將湯興前鎮下左營副將蔡穆戎旗二鎮右營副將吳陞果毅中鎮正領兵副將曾勝中營副將楊傑左營副將吳振右營副將陳李隨征營副將黃桂前鋒營副將張仕春參將楊彬僞提督後鎮領兵中軍徐其昌果毅後鎮左營林和左翼將廖冬神威營林啟後鎮左營楊壯壁宿鎮隨征參將洪

存光候缺親隨營參將王建遊兵鎮親隨標參將鄭泗隨標參將何正前鎮正領班參將林典衝鋒正總班參將黃崴左虎衛正領遊擊林尾副領都司邱陞壁宿鎮旗鼓正中軍遊擊林朝暉宣毅左鎮左營邱膺果毅中鎮下遊擊王壽吳旋賴淑鄭應一正領遊擊黃壽二正領遊擊林明三正領遊擊林暢陳賢王招四正領遊擊陳勝遊兵鎮中營遊擊陳恕前營遊擊薛舅隨標營遊擊施亙果毅後鎮領兵洪陞坐營

中軍劉斌翼將楊勝〻親隨營將徐秋隨征營將管春
遊擊鄭先庚前鎮隨征遊擊顏潛左翼遊擊孟喬左
副領遊擊方勝右副領遊擊林盛掌標遊擊陳奕小
監營遊擊戴耀左副總班都司黃陞右副總班都司
黃義侍衛監營林仕領旗營陳寅旗鼓中軍林贊果
毅中鎮下都司鄭辛王友順何榮黃桂李陞吳麟管
砲都司陳鳳壁宿鎮下正總理候缺都司林英楊勸
宣令守備林玉監營守備陳和副總班守備林麟副

總班守備楊瑞周明黃登中提督下二領林輝明三
領梁三老果毅中鎮下守備沈雲隆許福柯偉陳仕
陳定鄭興陳鑾林長陳德完蔡興洪祿林鳳林甫陳
萬蔣鳳謝吉康順張福王麟曾良陳月陳尾遊兵鎮
中營守備李忠前營守備朱義隨標營守備黃二林
彩許五林泰管砲守備林換李受前鎮下守備吳傳
胡哲龔耀陳新提督後鎮銜鋒總班陳斌候缺親隨
營王飛龍正總班曾道與副總班歐興都司高陞陳

進果毅後鎮下司總陳貴揚美陳桂總班周虎中提
督下司總林愛都司林三侍衛下副領陳祺遊兵鎮
下親標營千總胡進黃璉隨征千總李四朱都王雄
果毅後鎮下都司楊龍蔡珀監營林龍壁宿鎮下都
司劉明許佐總班程雄趙和紅旗官沈冬陳勝果毅
後鎮下都司謝理蔡明正總班洪忠柳賜正總理黃
三副總理許攀隨征正總班張猛紅旗官計夘何煌
陳勝董興總司黃貴等共一百六十五員帶賊衆四

千八百五十三名倒戈投降臣仰體
皇上好生之德宥其自新俱已發令剃頭僞鎮營賞以袍
帽賊衆給以銀米用彰我
朝廷不嗜殺鴻恩以策後効是役也逆賊盤踞海島四十
餘載荼毒生靈蹂躪版圖致厪
皇上宵旰之憂臣體
聖衷誓必滅此淨盡故雖帶傷負創賈督撲勦舟師自十
四日深入汪洋巨浸之中水天相連稽古以來六月

時序澎湖無五日和風卽驟起颶颱怒濤山高變幻莫測三軍命懸悉聽之天今抵澎旬餘日海不揚波俾臣得以調度七日夜破賊克捷且二十二日進師午刻潮漲多四尺莫非

上天垂祐

皇上爾天之福故使扼守澎湖巨魁巨鎮精鋭逆賊巨艦不數日而全軍覆没雖各鎮將弁目士卒戮力用命實賴

皇上天威丕振督臣姚啟聖捐造船隻捐養水兵與臣共勷大舉仍又親來廈門彈壓殫心催趲糧餉輓運不匱加以厚賚犒賞將弁三軍莫不激勵思奮今日克取澎湖之大捷皆督臣賞賚鼓舞之功乃有此成効也擬卽乘勝進勦但臺灣港道紆迴南風狂湧深淺莫辨似應少待八月或十月利在北風進取萬全倘有機會可破臣立卽進師三軍關係綦重尤當倍加慎毖不敢輕舉妄動澎湖爲臺灣咽喉今澎湖旣已克取臺灣殘賊必自驚潰膽落可以相機掃蕩矣但二穴克掃之後或去或留臣不敢自專合請

皇上睿奪或遴差內大臣一員來閩與督臣商酌主裁或

諭令督撫二臣會議定奪俾臣得以遵行更有請者臣奉有

欽頒功罪格例賞罰期必嚴明行閒將士首先衝鋒破敵自當

題叙如逡巡不前法豈容寬必宜分別依格究處惟賞

功一項臣前

題明暫取二萬五千兩布政司纔發一萬六千兩尚少九千兩此番官兵用命血戰者多必須從優獎勵仰候銀兩遵照格例賞賚又見在進勦臺灣尤切需賞功銀兩以昭信賞用鼓士氣臣惟有矢志捐軀竭圖殺賊至賞功之需臣委實貧乏無可捐助應用所當仰給

公帑伏祈

皇上勅部移咨督臣迅行酌給如投誠官兵中有自願歸
農者臣查其原籍即行該府縣安插老弱者亦在黜
汰若欲入伍者糧餉在所必需應動何項錢糧并乞
勅部咨會督臣撥給策應使投誠之衆各得其所而無流
離之嘆臺灣逆孽勢必望風歸附蕩平之後仍遵
前旨裁汰此十六二十二等日水陸官兵攻殺賊衆死亡
者計三百二十九員名帶傷者計一千八百餘員名
悉被砲火攻擊以致傷亡甚多臣將被傷官兵按其

輕重一等傷每名給銀三兩二等傷每名給銀二兩
三等傷每名給銀一兩以資藥費死亡者酌給銀兩
以濟棺殮此項銀兩臣暫爲挪應容備造發給數目
細册送部稽核發給還項至于格外優卹出自
皇仁其重傷官兵不能荷戈者臣俱已撥船載回廈門延
醫調治其所少兵額另咨督臣就于陸師挑選前來
補足精兵實數時常操演尅期合䑸進發至于分派
銜鋒副鋒鎮營將弁配坐鳥船趕繒船鳥船每船或

配大小將弁閒員及外委弁員二三十員不等趕繒
船每船或配十員八員不等又如鎮將所領一䑸每
䑸鳥船七隻其中分配水陸將弁甚多今止開一船
上帆號姓名先行
題報所有分配各船上將弁首先跳船焚船者尚多其
人疏內未得逐一槪列合併
題報容臣蕩平臺灣奏凱之日擬定功罪臚列在事文
武官兵員名備造清册開報

請敘其投誠僞鎮營繳到僞關防牌劄與夫得獲船隻大
砲甲器旗幟等項查所獲紅衣大銅砲十二位每位
重有四五千斤砲子大者二十二三斤中者十七八
斤次者十四五斤鉎鐵大砲二位每位重七千餘斤
用砲子三十餘斤尚焚燬砲船所配之砲俱已沉落
在海見在尋撈其餘大小發熕炮火甲器等物容查
明一并造册繳部以聽查察緣係克取澎湖備陳官
兵血戰情形字多逾格貼黃難盡伏乞

皇上寬恩全覽施行爲此具本謹密題請

旨

康熙二十二年六月　二十六　日

太子少保提督福建水師總兵官右都督伯臣施琅謹

題爲僞藩岀差賫書求撫據情具

題仰請

睿鑒事竊照臣奉

命專征整搠舟師于六月十六至二十二日在澎湖連日

與賊鏖戰砲火雨點仰賴

皇上威靈官兵用命渠鎮賊夥俱被焚殺殆盡遂克取澎

湖三十六島業于六月二十六日繕疏恭

報外擬乘勝長驅搗臺灣直如摧拉惟大小戰艦被砲打

損破壞甚多臣姑將其炎號之船可以補葺者載送

砲傷官兵回厦門調治將船整固令其順載柴米火

藥弓矢前來澎湖以給兵需至打壞鳥船見泊澎湖

即當用工修葺所需木料油灰釘鐵棕麻等料匠作

各項爲數不少刻在要需誠難稍緩臣治師遠島祇

恐呼應不靈隨于閏六月初三初六等日移咨督臣

亟行採備仍辦八槳船料一百隻一併檄委漳州海

防同知王錫九等官督運解到澎湖以應整葺製造用濟我舟師到臺灣穿淺入港渡載官兵登岸之用至于臣標水陸鎮營被砲傷死官兵三百餘員名砲傷一千八百餘員名陣傷之兵雖給資藥治未能痊可荷戈臣計當進勦臺灣之時宜留大鳥船二十隻趕繒雙帆䑸船三十隻共五十隻應用水陸官兵四千員名留守屯劄澎湖以爲兩頭聲援策應然新附投誠兵衆未便遽用征兵名額不足禦勦難以乏人

業倂移咨督臣選調精壯陸師官兵四千員名前來補用聽令調遣去後臣雖殫力疾呼尤慮汪洋風濤遠隔實爲獨力難支惟分撥船兵在于八罩將軍澚南大嶼東西甘吉龍門港吼門吉貝嶼等島倍加巡瞭以抑其吭乃殘孽敗遁之餘見臣水陸等官兵逼臨門庭安揷投誠撫綏地方民人樂業雞犬不驚臺灣兵民聞風俱各解體此閏六月初八日僞藩鄭克塽巨魁劉國軒差僞禮官鄭平英僞賓客司林惟榮

僞員曾蜚朱紹熙等賫具降
表一道幷與臣書二封另致督臣書二封駕趕繒雙帆䑸船二隻到澎湖臣軍前納欵請降待
命惟馮錫范與鄭克塽欲求原居臺灣承祀祖先照管物業懇臣指示臣思此議未妥若在未進師撲勦之時逆孽蚤遣求降當爲題
請今澎湖旣得窮逼之際始差鄭平英等前來求撫明係詭譎緩兵之計難以遽信臣專征止宜主勦不宜議

撫之事將鄭平英林惟榮二員幷帶書二封咨送督臣看守候
旨定奪查鄭克塽年尚幼稚未諳大體操縱指揮權皆出于劉國軒馮錫范二人茲特令曾蜚朱紹熙回臺灣傳諭若果眞心投誠必須劉國軒馮錫范來臣軍前面降將人民土地悉入版圖其僞官兵遵
制削髮移入內地聽遵
朝廷安輯若僞藩等悉如臣言臣當體

皇上好生之德以拯數十萬之生靈具疏題
請我
皇上赦其前罪畀之
新恩
勅行督撫二臣撫綏安插臣因船隻被砲擊壞故暫在整
葺未得乘勝搗勦其所要需船料匠作解應一到即
晝夜兼工整造若船隻修備風信稍利殘孽若不從
臣之議即督師進發當斯劉國軒一戰敗遁魂落膽

喪臺灣人民風鶴草木皆兵之際無難殲滅淨盡根
株以慰
宸衷謹將僞藩鄭克塽原具降表及鄭克塽劉國軒致臣
原書進上
御覽恭聽
睿裁迅賜
勅旨其鄭克塽所致臣書茫然折閱乃臣之罪緣係恭報
僞藩求撫事理貼黃難盡伏乞

皇上全覽施行爲此具本謹密題請
旨
康熙二十二年閏六月　十一　日

太子少保提督福建水師總兵官右都督伯臣施琅謹
題爲恭報臺灣就撫事宜仰祈
睿鑒事竊照澎湖克捷海逆已失其險康熙二十二年閏六月初八日僞藩鄭克塽巨魁劉國軒差僞官鄭平英林惟榮曾蜚朱紹熙等賫送降表併書來澎湖軍前求撫臣慮其詭譎緩兵難以遽信遂令曾蜚朱紹熙回臺灣傳諭若果眞心投誠必須劉國軒馮錫范來臣軍前面降將民人土地悉入版圖其僞官兵遵

制削髮移入內地悉聽
朝廷安輯若僞藩等悉如臣言當體
皇上好生之德以拯數十萬之生靈題請
赦其前罪撫綏安插業于閏六月十一日將降表幷書具
疏進上
御覽在案茲七月十五日鄭克塽復差僞兵官馮錫珪僞工官陳夢煒劉國軒遣胞弟僞副使劉國昌馮錫范遣胞弟僞副使馮錫韓同曾蜚朱紹熙賫送降本稿前來澎湖軍前回話一一依臣前言其防守南北淡水僞左武將軍何祐僞左先鋒李茂等所帶賊衆今俱召回臺灣南北淡水巳無防守矣何祐等差賫密稟到臣納欵是臺灣南北地方俱巳效順復據曾蜚等稟稱鄭克塽劉國軒及兵民人等咸懇臣發給告示張諭削髮俾得遵依蚤發一日則兵民蚤獲一日之安臣因仰體
浩蕩洪慈服舍來安乃敢給示撫綏矧鄭逆自來違阻聲

教未被
聖化非如吳耿諸逆受
恩背叛者比諒荷
皇上廣開面網
赦其前愆俾沾
德意即將劉國昌馮錫韓見留軍前隨于十六日遣侍衛吳啓爵六品筆帖式常在同馮錫珪陳夢煒曾蜚朱紹熙帶安插告示五張先往臺灣曉諭看驗各僞官

兵百姓人等削髮令其催賫偽藩鄭克塽及劉國軒
馮錫范等敕印併繕謄降本前來交繳以便臣代爲
賫
進則此事似可勾當也臣俟各船修葺齊備一面統率
船兵親抵臺灣看其形勢暫行安輯其所議造八槳
船隻及再調陸師官兵已咨移督臣停止矣第查臺
灣土地千餘里戶口數十萬地在負海之表或去或
留偽官兵戶口繁多當作何安輯事關重大所當亟

請
皇上迅賜睿裁敕差才能戶兵二部迅速前來會同督撫
主裁料理安置得宜畢此大事俾臣得即勾當班師
從此金甌永固玉燭常調可無廑
南顧矣此番澎湖克捷臺灣就撫實賴我
皇上洪福齊天威靈遠暨乃克見成效但臣鹵莽武夫性
質愚戇直道行事不肯遺賊以爲
君父憂荷蒙

皇上豢養之恩
特知之遇無足報稱誓必掃靖海氛少效涓埃耳今年逾
六十筋力衰邁難勝封疆重任且孤忠獨立既不肯
苟合又不能彌縫征勦臺灣之舉乃面奉諄諄
溫諭屢次
俞旨專征是以臣竭效死力堅不阿狥務期蕩平極知深
拂人意災必逮身茲賊島既平臣職已盡若蚤不引
退將來必爲禍階伏乞

皇上恩賜名臣回
京俾得時覲
天顏臣所深願也謹將偽藩抄來疏稿恭進
御覽緣係恭報臺灣就撫事宜貼黃難盡伏乞
皇上全覽乾斷
迅賜敕旨施行爲此具本謹密題請
旨
康熙二十二年七月　二十四　日

太子少保提督福建水師總兵官右都督伯臣施琅謹
題爲恭報臺灣兵民削髮僞藩賫繳册印事緣照僞藩
鄭克塽差僞兵官馮錫珪僞工官陳夢煒劉國軒遣
胞弟副使劉國昌馮錫范遣胞弟副使馮錫韓賫具
降本稿到澎湖軍前一一悉聽臣言臣察其眞誠向
化于本年七月十六日差侍衛吳啓爵筆帖式常在
前往臺灣看驗僞官兵削髮業將情由併僞藩降本
稿于七月二十四日具題繳

報外此番僞藩差官求撫蓋因澎湖失險故革心歸誠臣
就近差遣看驗剃髮無非畢此勦撫大事乃吳啓爵
等于七月十九日到臺灣而督臣亦差候選同知林
昇撫臣差官頭鄭瑞生遊擊孫熙駕船二隻于二十
日到臺灣並無到澎湖知會枉道直去臺灣慫其就
撫是均軍
國之事故作兩途岐覗毋乃有輕
國體而貽笑于逆衆者乎且臣于閏六月二十一日因

僞官鄭平英林惟榮到處張蓋乘轎自尊無忌咨移
督臣有搖尾乞憐袒肉求降等語督臣所差之員將
此公移弃督臣自題疏稿抄送臺灣與僞藩等看閱
致使賊衆危擬抱恨于臣其臺灣地方形勢兵民削
髮安輯事宜應去應留頭緒多端不便繁入疏章吳
啓爵常在親履其地俱悉其情茲耑差二員送
闕披陳面
奏本月二十七日僞藩鄭克塽復差馮錫珪陳夢煒同

吳啓爵常在賫具降本一道及繳延平王册一副印
一顆輔政公鄭聰印一顆武平侯劉國軒印一顆忠
誠伯馮錫范印一顆左武衛將軍何祐印一顆僞藩
鄭克塽擬將所繳到印册令僞副使劉國昌親賫進
京臣即令同吳啓爵等一齊登程其馮錫韓適値抱病
不得就道臣留在軍前因見督臣如此爭執是以將
鄭克塽奏本一封册一副僞印五顆發交吳啓爵常
在送赴督臣衙門聽其王稿具

題賫繳去後倘督臣不爲代繳臣一面嘱令呉啟爵等
即行賫
進臣當即親臨臺灣先將要緊之人載入內地安插但
僞官兵戸口人民繁多仰祈
皇上迅差戸兵二部前來主裁料理得宜臣奉
命專征勦撫之事俱已勾當仰候
俞旨以便班師其安插事宜悉交督臣自行料理鄭克塽
倘有招討大將軍印一顆據稱有戸口兵馬各項册

籍俱未攢造因暫留用候繳合將僞藩鄭克塽所具
兵民削髮奏本一道繳進
御覽其鄭克塽劉國軒馮錫范何祐等及文武大小各僞
官俱在候
旨削髮緣係僞藩繳印事理貼黃難盡伏乞
皇上俯賜全覽併乞
勅旨施行
康熙二十二年七月　二十九　日

太子少保提督福建水師總兵官右都督伯臣施琅謹
題爲恭報微臣先抵臺灣安輯仰祈
睿鑒事竊惟澎湖克捷臺灣求撫兵民俱已削髮臣業經
前後具疏賫繳僞藩鄭克塽降表進上
御鑒應當候
旨欽遵奉行兼以出征官兵所需糧餉督臣即于六月十
一日回省悉皆臣撥船過洋來往載運發給今各鎮
營官兵秋季餉銀役過四十餘日尚未運到故未得

前去臺灣如督標所撥付朱天貴管坐趕繒雙帆艍
船于六月二十二日夜內朱興即帶一十三隻徑不
請令私自逃回尚五十一隻配載官兵二千二百五
十六名督臣于閏六月十二日差叅將洪範傳宣揚
俊功賫咨文到澎湖守候盡行召回矣茲本月初八
日僞藩鄭克塽修書差僞副使何仕隆同曾蜚賫送
前來僞武平侯劉國軒僞忠誠伯馮錫范各致書一
封到澎湖臣軍前稱說臺灣兵民數十萬恐人心危

疑不一事久生端請臣速去安輯臣即會商行間各
鎮臣酌派兵船留守澎湖以爲接運粮糈之用臣統
率水陸官兵船隻擬于十一日開駕前抵臺灣彈壓
暫行安輯將要緊之人先即載入內地仍移咨督撫
或親臨安插或酌委有司前來料理以仰俟
敕差戶兵部臣到時與督撫二臣商酌安插得宜臣到臺
灣察閱土地人民情形另疏題
報更有請者臣右眼自六月十六日衝擊賊䑸被銃打

傷醫治至今兩月有餘猶昏昧未明勉强在軍調度
勦撫之事勾當臣職已盡伏乞
俞旨准臣班師回汛調治
俯賜睿裁施行爲此具本謹密題請
旨

康熙二十二年八月　初九　日

太子少保提督福建水師總兵官右都督伯臣施琅謹
題爲恭報舟師已抵臺灣投誠官兵亟需糧餉仰乞
敕旨應給事緣照臣總統水陸官兵船隻于本年八月十
一日自澎湖開駕進發業已題
報在案其澎湖地方臣酌撥水陸官兵三千員名大小
船三十餘隻留守山海防禦臣于本月十三日到臺
灣鹿耳門僞藩鄭克塽遣小船前來接引入港僞侯
劉國軒僞伯馮錫范率領各僞文武官員到軍前迎

接悉于本月十八日削髮臣逐一分發袍帽外套靴
全副其各鄉社百姓以及土番壺漿迎師接踵而至
臣宣布
皇仁酌量給賞銀牌袍帽靴烟布疋咸皆欣歡踴躍其故
明監國魯王世子朱桓呈繳金册一副同瀘谿王朱
慈爌巴東王朱江樂安王朱浚舒城王朱熺奉新王
朱熺奉南王朱迭益王宗室朱鎬等亦赴軍前投見
詢稱寧靖王朱術桂聞大師克取澎湖即全家自縊

而死臣就朱慈𤐣等追取各原受冊印據稱流落多年貧窮銷用見各住草地耕種度活茲朱桓等宗室數人應載入內地移交督撫聽其主裁安插惟臣舟師今抵臺灣細閱港道紆迴地勢窄狹波濤湍急可謂至險至固臣雖用兵頗能籌度但至此觀看周詳若非

皇上威靈遠震似未易可以力鬬取勝之地顧輸誠向化之舉在各偽文武官員各懷疑畏獨偽侯劉國軒決

意傾心以生死聽命于

朝廷免貽害生靈此其人毅然慷慨見機力主歸

命遂使我師不用戰攻而得全國其功亦不少倘荷

皇上寬恩授以爵秩當有可見效之才也又閱土地肥饒出產五穀沃野千里人民土番雜處甚爲稠密應去應留臣經具疏題

請未奉

敕旨仰冀

迅賜睿奪俾得欽遵奉行更有請者臺灣偽官兵聽其歸農者甚多而入伍者不少當即暫給糧食以安新附之心若承交接管此項糧餉何從以應臣于本年八月初九日承准兵部劄付覆奉

俞旨其願入伍投誠兵丁着即補經制缺額數內欽遵在案第查此時缺額零星查補無幾再四籌維閩粵江浙四省溢設營兵蓋因臺灣負抗飄突靡常故增添堵禦今臺灣既平海外可以無患請就福建內地陸

營先行酌量裁撤將所裁溢額之糧餉而暫給投誠之兵需可無外費

公帑亦移緩就急一時權宜策應之計也臣一面題

請一面挪撥發給俟凱旋之後應撤應留以聽部議定奪

臣見今屯師臺灣船隻來往越過兩重海洋水途遼遠值茲秋冬北風盛發阻滯難行動經匝月不等非比春夏可以計期而至伏乞

皇上睿鑒迅敕部議或如臣所議裁汰或應就何項措給

敕下督撫着令作速遵行以應發給投誠兵需庶免懸待
矣茲在臺灣如鹿耳門大港隙仔港馬沙港蟯港打
狗港上下淡水等處俱已調撥船兵分布守禦臣帶
水陸鎮營官兵一半登岸駐劄一半在船至僞藩鄭
克塽僞侯伯劉國軒馮錫范等及各眷口應即一併
載入內地緣此時風勁浪狂舟楫難行容俟九月杪
風浪稍平卽撥載移送督撫安插所有僞官印劄兵
民戶口等項繁多一時彙造未得就緒俟其造明交

繳到臣卽具疏賫
進緣係恭報舟師已抵臺灣事理貼黃難盡伏乞
皇上俯賜全覽施行爲此具本謹密題請
旨
康熙二十二年八月　十九　日

太子少保靖海將軍靖海侯兼管福建水師提督事務臣施琅謹
題爲恭陳臺灣棄留之利害仰祈
睿裁事竊照臺灣地方北連吳會南接粵嶠延袤數千里
山川峻峭港道紆迴乃江浙閩粵四省之左護隔離
澎湖一大洋水道三更餘遙查明季設水澎標於金
門所出汛至澎湖而止水道亦有七更餘遙臺灣一
地原屬化外土番雜處未入版圖也然其時中國之
民潛至生聚於其間者已不下萬人鄭芝龍爲海寇

時以爲巢穴及崇禎元年鄭芝龍就撫將此地稅與
紅毛爲互市之所紅毛遂聯絡土番招納內地人民
成一海外之國漸作邊患至順治十八年爲海逆鄭
成功所攻破盤踞其地糾集亡命挾誘土番荼毒海
疆窺伺南北侵犯江浙傳及其孫克塽六十餘年無
時不仰廑
宸衷日奉
旨征討親歷其地備見沃野土膏物產利溥耕桑並耦魚

鹽滋生滿山皆屬茂樹遍處俱植修竹硫磺水籐糖蔗鹿皮以及一切日用之需無所不有向之所少者布帛耳茲則木棉盛出經織不乏且舟帆四達絲縷踵至飭禁雖嚴終難杜絕實肥饒之區險阻之域逆孽乃一旦凛

天威懷

聖德納土歸

命此誠

天以未闢之方輿資

皇上東南之保障永絕邊海之禍患豈人力所能致夫地方既入版圖土番人民均屬赤子善後之計尤宜周詳此地若棄為荒陬復置度外則今臺灣人居稠密戶口繁息農工商賈各遂其生一行徙棄安土重遷失業流離殊費經營實非長策況以有限之船渡無限之民非閱數年難以報竣使渡載不盡苟且塞責則該地之深山窮谷竄伏潛匿者實繁有徒和同土

番從而嘯聚假以內地之逃軍閃民急則走險糾黨為祟造舟製器剽掠濱海此所謂藉寇兵而齎盜糧固昭然較著者甚至此地原為紅毛住處無時不在涎貪亦必乘隙以圖一為紅毛所有則彼性狡黠所到之處善能鼓惑人心重以夾板船隻精壯堅大從來乃海外所不敵未有土地可以托足尚無伎倆若以此既得數千里之膏腴復付依泊必合黨夥竊窺邊塲迫近門庭此乃種禍後來沿海諸省斷難晏然無虞至時復動師遠征兩涉大洋波濤不測恐未易再建成效如僅守澎湖而棄臺灣則澎湖孤懸汪洋之中土地單薄界于臺灣遠隔金廈豈不受制于彼而能一朝居哉是守臺灣則所以固澎湖臺灣澎湖一守兼之沿邊水師汛防嚴密各相犄角聲氣關通應援易及可以寧息況昔日鄭逆所以得負抗逋誅者以臺灣為老巢以澎湖為門戶四通八達游移肆虐任其所之我之舟師往來有阻今地方既為我得

在在官兵星羅碁布風期順利片帆可至雖有奸萌不敢復發臣業與部臣蘇拜撫臣金鋐等會議之中部臣撫臣未履其地去留未敢進決臣閱歷周詳不敢遽議輕棄者也伏思
皇上建極以來仁風遐揚威聲遠播四海賓貢萬國咸寧日月所照霜露所隊凡有血氣莫不臣服以斯方拓之土奚難設守以為東南數省之藩籬且海氛既靖內地溢設之官兵盡可陸續汰減以之分防臺灣澎

湖兩處臺灣設總兵一員水師副將一員陸師參將二員兵八千名澎湖設水師副將一員兵二千名通共計兵一萬名足以固守又無添兵增餉之費其防守總兵副參遊等官定以三年或二年轉陞內地無致久任永為成例在我
皇上優爵重祿推心置腹大小將弁誰不勉勵竭忠然當此地方初闢該地正賦雜餉殊宜蠲豁見在一萬之兵食權行全給三年後開徵可以佐需抑亦寓兵於

農亦能濟用可以減省無庸盡資內地之轉輸也蓋籌天下之形勢必求萬全臺灣一地雖屬外島實關四省之要害勿謂彼中耕種尤能少資兵食固當議留即為不毛荒壤必藉內地輓運亦斷斷乎其不可棄惟去留之際利害攸係恐有知而不言如我
朝兵力比於前代何等強盛當時封疆大臣無經國遠猷矢志圖賊狃於目前苟安為計畫遷五省邊地以避寇患致賊勢愈熾而民生顛沛往事不臧禍延及今

重遺
朝廷宵旰之憂臣仰荷
洪恩天高地厚行年六十有餘衰老浮生頻虞報稱末由熟審該地形勢而不敢不言蓋臣今日知而不言至於後來萬或滋蔓難圖竊恐
皇上責臣以緘默之罪臣又焉所自逭故當此地方削平定計去留莫敢擔承臣思棄之必釀成大禍留之誠永固邊圉會議之際臣雖諄諄極道難盡其詞在部

臣撫臣等耳目未經又不能盡悉其槪是以臣于會
議具疏之外不避冒瀆以其利害自行詳細披陳但
事關
朝廷封疆重大棄留出自
乾斷外臺灣地圖一張附馬塘遞進
御覽緣係條議臺灣去留事宜貼黃難盡伏乞
皇上睿鑒全覽施行
康熙二十二年十二月　二十二　日

太子少保靖海將軍靖海侯兼管福建水師提督事務臣施琅謹
題爲移動不如安靜仰乞
俞旨以廣
皇仁事竊照臺灣自鄭逆盤踞數十餘年以爲老巢招集
亡命擾動數省故從前投誠官兵慮有反側皆安插
外省所以解散而消弭之也臣奉
旨總統進征勦撫並用臺灣歸附臣親履該地僞官給以
俸僞卒給以餉且將其兵將漸次分離並無一兵復
聽管束仍一面派撥船隻將各官陸續載入內地查
係外省者分發外省各府縣原籍安插係本省者即
交各府縣原籍安插仍取其地鄰保結存查其僞卒
願歸農者則聽其歸農願逐伍者則暫撥在從征各
鎮營逐伍其所給糧皆從省約不過使之各懷
新恩離散黨與未嘗敢效從前之冒給糧餉又僞鎮弁之
現入內地者自本年正月起之俸已行停給其尚在
臺灣僞官卒約計只三千餘員名其月餉自三月起

亦行任支僞文官則從無分給今奉有安插附近各省之
旨臣敢不欽遵在部臣蘇拜欲令移駐畿輔山東山西河南諸省臣思自康熙十三年以後投誠各官衆荷
隆恩免其遷徙今臺灣各僞官蒙我
皇上赦其前愆莫不仰戴
浩蕩鼓舞于光天化日之下毫無懷貳若一行移駐其間有眷口者不少無眷口者亦多遠涉長途不堪艱瘁

逃匿生患所不能無況地方人民久困荼毒方謂海氛削平凋殘少蘇今欲將各僞官眷口移駐外省沿途搬運百姓有策應人夫之苦經過郡縣官吏有備給口糧之費所到地方有動撥民房之擾開懇耕作有應給牛種農具之資又是一番苦累以臣叨蒙
國恩夙膺同安城守副將以及陞轉水師都督十有數載見從前投誠各官之移駐各省現在存留寥寥無幾不過冒費金錢重煩百姓耳今天下大定人心已安海外沾化草面傾誠率土之濱莫非王土不若廣開
仁恩將此項僞官俯就福建本省安插尤見
皇上推心置腹使各遂其生省人夫之搬運口糧之應給民房田舍之動擾牛種農具之冒破且無長途逃匿之患所謂移動不如安靜之為得也臣自入閩以來即遣心腹之人密往臺灣澎湖賊中道達臣之舊時部曲現為職官者從中潛謀取事遂有僞鎮營何祐

等謀結黨類以待內應臣業有題
報但恐洩漏未敢直指姓名則當臺灣未平之時臣已知其人心解體而無固志豈今日鄭克塽等納土歸附並其親族與劉國軒馮錫范等皆遵
旨進京明宗室朱桓等移就山東河南安插是臺灣之巢穴已破根株已盡可保其永無後患其餘各僞官人員皆無關係又何須移駐以滋民擾且費
公帑乎在部臣蘇拜撫臣金鋐未悉其詳不敢置議臣

備知其傾心向化已無他念且思我
皇上知臣之深信臣之篤感激思奮雖在年邁一意專征
今地方既拓事無大小必求允當且臣衰老餘生倘
蒙
膺恩以海宇既靖邊封無虞准臣入侍猶可不與乃現膺
重寄欲計長治不得不據實入
告仰冀
俞旨臣極知此疏一題必起羣議以臣市恩但臣思此番

投誠與其移而復動數省之煩難曷若安之可永保
其無事在他人知而未必敢言在臣深悉利害勢難
緘默始終竭忠盡誠晢咨
洪恩所以不避嫌疑冒昧上陳緣係密題移駐僞官事理
字多逾格貼黃難盡伏乞
皇上俯賜全覽乾斷施行

康熙二十三年三月　初一　日

太子少保靖海將軍靖海侯兼管福建水師提督事務臣施琅謹
題爲壞地初闢乞沛
皇仁以洪治化事竊照臣准兵部咨爲謹陳善後末議
以贊一統無外之宏規事內開覆奉
俞旨臺灣應得錢糧數目若干白糖鹿皮可否興販着部
臣蘇拜及督撫提再議該臣欽遵于本年七月十六
日就廈門登舟乘南風而赴省城會議浹月未得適
合臣思漳泉爲下遊地方兼現在渡載安設臺灣文

武官員兵丁及班回征師臣與提臣萬正色不便皆
久任省城姑于八月十九日乘北風由舟先回廈門
料理其臺灣應得錢糧數目及白糖鹿皮可否興販
之處部臣及督撫二臣復議明白至九月初八日移
送會
題疏稿與臣畫
題矣然臣更有不得不披陳者蓋臺灣沃野千里則壞
成賦因地爲糧宜稱富足但地僻汪洋之中化阻聲

教之外瀛山遍谷多屬土番雖知懷服習性未馴射獵是事徵供無幾所安于耕桑可得按戶而問賦者皆中國之人于數十年前生聚乎其間及鄭逆擁衆盤踞兵即爲農農即爲兵兼沿海數省之地方人民有爲其所掠而去者有趨而附者非習于漁則與爲有其半人去業荒勢所必有今部臣蘇拜等所議錢

糧數目較僞藩鄭克塽所報之額相去不遠在鄭逆當日僭稱一國自爲一國之用度因其人地取其餉賦未免重料茲部臣等奉有再議之
旨不得不以此數目議覆臣竊見此地自天地開闢以來未入版圖今其人民既歸
天朝均屬赤子以我
皇上視民如傷率土咸被伏乞
沛以格外之澤減以應需之賦則恩出自
皇上不在臣下使海外諸國向聞
天威而懾服茲輕賦薄斂益慕
聖德而引領如以會議既定當按數而徵在道府縣責成所係必奉行催科兼以鄭逆向時所徵者乃時銀我之所定者乃紋銀紋之與時更有加等茲劉國軒馮錫范見在京師乞
敕部就近詢而知彼夫遐陬初化之人非孝子順孫萬或以繁重爲苦輸將不前保無釀成地方之禍階乎

至時動輙爲費更甚何惜減此一二萬之錢糧哉且臣前之所以議守此土者非以因其地而可以加賦也蓋熟察該地屬在東南險遠海外之區關係數省地方安危既設官分治撥兵汛防則善後之計宜加周詳今所謂守兵一萬乃就本省經制水陸兵丁六萬五千七百五十名數內抽調前去兵無廣額餉無加增就此議定錢糧數目蠲減于寇虐之後使有司得以仰體

皇上德意留心安集撫綏俾四民樂業億兆歡欣至數年
後人戶盛繁田疇悉易賦稅自爾充溢斯時有增無
減豈待按數而徵哉至于興販東洋白糖一項歲定
二萬石不足之數聽其在本省之內採買夫本省之
去臺灣已隔兩重汪洋以臺灣所產白糖配臺灣興
販船數固爲安便若就本省湊買白糖涉重洋而至
臺灣方興販東洋則今四方蕩定六合爲一在臺灣
可以興販東洋何本省而不可興販必藉臺灣之名
買白糖赴彼興販此該部臣蘇拜等慮彼中之錢糧
不敷婉爲籌度湊足良法可知臺灣錢糧一時未能
裕足故也然在部臣及督撫二臣未至其地不知該
地情形雖留心區畫難以曲盡以臣躬親履歷其于
民風土俗安危利害無不詳悉天下事言之于已然
之後不若言之于未然之前臣荷
恩深重知無不言言無不盡如今不言至于後來或有禍
患咎臣以緘默之罪臣又安所自逭況臣叨有會議

之
旨故不得不以披陳緣係密題臺灣錢糧事理貼黃難盡
伏乞
皇上俯賜全覽敕部議覆施行
康熙二十三年九月　二十九　日

太子少保靖海將軍靖海侯兼管福建水師提督事務臣施琅謹
密題爲海疆底定更宜加慎以垂永安事臣聞慮事必
計其久遠防患在圖于未然我
皇上深念海宇旣靖生靈塗炭多年故大開四省海禁特
設關差定稅聽商民貿捕羣生感
霈澤之均沾
國家獲泉流之至計
浩蕩洪慈實冠歷代帝王之丕謨顧臣思前因海禁森嚴

提防易于晝一茲海禁旣展沿海內外多造船隻飄
洋貿易捕採紛紛往來難以計算水師汛防無從稽
察竊見在昔明朝濵海奸徒出沒糾䑸肆害延至我
朝定鼎四十餘年江浙閩粵數省民靡有寧今
德威遠播臺灣歸心惟南之東埔寨尚有僞鎮楊彥廸下
餘孽黄進聚艘百餘號北之浙江烏洋尚有房錫鵬
殘黨及撫而復叛之劉會集艘數十隻游移海洋邇
來貿易船隻給有關臣照票而往採捕船隻給有道
府縣由單而出叢雜無統兼數省內地積年貧窮游
手奸宄罔作者實繁有徒莫從施巧乘此開海公行
出入汛口若嚴于盤查則以抗
旨難阻之罪相加如此行走不加詰問恐至海外誘結黨
類蓄毒釀禍水師將弁必坐聽其罪况見准浙江撫
臣趙士麟咨稱閩省有等漁船越境荼毒漁民亟宜
禁止等語臣以爲展禁開海固以䘏民裕課尤須審
弊立規以垂永久如今販洋貿易船隻無分大小絡

繹而發隻數繁多貲本有限餉稅無幾不惟取厭外
域輕慢我非大國之風且藉公行私多載人民深有
可慮如近者臣在省會議據中軍參將張旺報稱船
戶劉仕明趕繒船一隻給關票出口往呂宋經紀其
船甚小所載貨無多附搭人數共一百三十三名臣
據報時即行查而該船已開去矣一船如此餘概可
知此時內地人民奸徒貧乏不少苐爲設法立規節
次搭載而往恐內地漸見日稀夫以臺灣雖民尚苟

皇上德意移入內地安插今內地之人反聽其相引而之
外國殊非善固邦本之法竊觀外國所來進貢之船
人數來往有限豈肯遺留一人在我中土更考歷代
以來備防外國甚爲嚴密今雖與其貿易亦須有制
不可過縱以臣愚見此飄洋貿易一項當行之督撫
提各將通省之內凡可興販外國各港門議定上大
洋船隻數聽官民之有根脚身家不至生奸者或一
人自造一船或數人合造一船聽四方客商貨物附

搭庶人數少而貲本多倘稅有徵稽查尤易至於外
國見我制度有方行法愼密自生畏服而遏機端其
欲赴南北各省貿易并採捕漁船亦行督撫提作何
設法畫定互察牽制良規以杜泛逸海外滋奸則民
可以遂其生
國可以佐其用禍患無自而萌疆圉永以寧謐誠爲圖
治長久之至計故安不忘危利當思害苟視爲已安
已治無事防範竊恐前此海疆之患復見不遠矣兼

水師船隻剋限三年小修五年大修自征勦及渡載
投誠僞官兵眷口難民之後多屬朽壞擱泊少當于
用窮弁不能拮据整葺請修猶遲時日而沿海新造
貿捕之船皆輕快牢固砲械全備倍于水師戰艦倘
或奸徒竊發藉其舟楫擴其貲本恐至蔓延益天下
東南之形勢在海而不在陸陸地之爲患也有形易
于消弭海外之藏奸也莫測當思杜漸更以臺灣澎
湖新闢遠隔汪洋設有藏機叵測生心突犯雖有鎭

營官兵汛守間或阻截往來聲息難通爲患抑又不
可言矣至時必有以禁止貿捕之議復行寧惟負我
皇上子養億兆之德意將東南環海地方不又仰廑
宸衷顧慮哉蓋自我
朝御極以來凡有梗化精騎一到率土咸服獨此海氛積
年負抗調發勞費動關億萬未獲剿平乃
乾斷航勦甫爾蕩定而四省開海船隻出入無禁思患預
防不可一日廢弛臣謬膺職任在閩言閩當此未然

深知情弊鰓鰓上陳使臣年力方壯
皇上不以臣爲駑駘尚可竭蹷綢繆惟年已六十有五衰
老漸及意在乞休祇荷
恩深重思
皇上有千萬世之洪基臣子孫有千萬世之爵祿故不能
緘默而言人之所不敢言者如果芻蕘可採伏乞
皇上睿鑒敕部議覆緣係備陳海疆宜慎事理貼黃難盡
仰祈

俯賜全覽施行

康熙二十四年三月　十三　日

太子少保靖海將軍靖海侯兼管福建水師提督事務臣施琅謹
密題爲收拾遺棄有用人材以彰
全恩事竊惟我
朝定鼎以來凡屬投誠荷
恩錄用在在竭忠或膺提鎮或授副叅遊守千把等官
殊典過優近准部咨康熙十三年以後凡投誠功加未至
八等者追劄歸農奉
旨欽遵在案此就功分別用舍亦慎名器之要端然此等

不無抱抑之嘆蓋用人之道用之不可以拘例棄之
尤不可以驟促臣聞閩省投誠有係康熙十三年以
前在外省懇荒爲
題調從征効力者有康熙十三年以後在本省効勞見
補經制遊守千把員缺內有著績者至于臺灣新附
人員亦有勇敢歷練者一旦棄置之未免屈其已効
之力而辜其歸命之心以臣愚見不若
洪開格外隆恩

敕下督撫提將新舊投誠各官見在閩省者親行考驗其中果老弱癈病無一技之長原係有經任遊守千把者准其原品致仕未經任事者聽其原籍安插歸農果係年力精壯膽氣勇敢歷練戰鬪者酌定銜劄量給俸餉令隨督撫提標下効勞許以遇缺保

題一二補用此中名數舊者如懇荒題調及本省効勞見補經制員缺航剿効力者驗選不過數十員計

朝廷之動給無幾盍前海疆未靖年年調撥飛輓費用不

計今四方式寧各省溢額官兵槩經裁汰俸餉從此減省一年之中何惜一二萬金以養有用之人使新舊投誠老弱者遂安處之榮精鋭者有功名之用若以功加未至八等循例而棄之已至八等循例而用之是循貲格以待人臣伏見未至八等者其才畧未必皆遜於已至八等者之員已至八等者其才畧未必能勝於未至八等者之員惟擇其精練勇敢者而蓄之則凡巨擘者得遂其願効之懷其壯而老老而死安心於

覆幬彼儒弱無長者亦恬然而自安不寧惟是見今 裁兵之際更多游手游食窮窘無藉之輩負戴營生非其素志不能盡保其無異念覩此巨擘者皆爲我羅而養之則若輩之祿祿因人成事者終無足有爲卽爲亦無濟此實籠絡人材羅其尤而衆心自戢者也且夫

朝廷尚三年一試武塲不過欲廣搜天下人材然所合中

式雖弓馬畧諳而未歷戎伍未經戰攻何若此等之赳赳武夫慣精於疆塲用之較有實効也昔漢祖當天下既定猶思壯士以守四方此深鑑用舍之得失茲萬國獻琛羣黎遍德各省亦有投誠不同而臣在閩只惟言閩特舉此投誠之用舍盍措置得宜其于

國家未必無少裨也况予鄭克塽見蒙優加公爵馮錫范劉國軒見授伯爵國軒更叨天津總兵之任

皇上之推心垂仁誠冠于萬古帝王又誰不傾心仰答者

乎臣爲封疆籌奠安至計非敢爲投誠人員市私恩
如臣言可採伏乞
睿鑒敕部議覆施行

康熙二十四年三月　十三　日

太子少保靖海將軍靖海侯兼管福建水師提督事務臣施琅謹
奏爲
君恩深重臣職未酬今將永辭
聖世伏枕謝
恩仰祈
睿鑒事切臣以猥劣庸材謬膺
寵眷自同安副將歷任總兵旋陞福建水師提督加爲靖
海將軍康熙六年内奉

旨進京荷蒙
皇恩授爲内大臣伯參養十餘年二十年内復蒙
特簡爲福建水師提督專征臺灣蕩平之後隨蒙
聖恩授爲靖海將軍封靖海侯世襲罔替海疆重任時兢
蚊負兩次
陛見臣自惟年老面
請乞休蒙
溫旨慰諭

命臣旋任勉供衰殘意謂一日在世可竭一日之効詎知
本年二月初旬陡染痰壅氣喘之症醫藥至今未見
有效中心思惟受
洪恩之罔極恐報稱之無從不揣愚昧冀邀
睿鑒臣家
恩封爲靖海侯世襲罔替臣親生八男長男出繼及三男
俱已蚤喪五男世駜七男世驊皆隨臣在任次男世
綸現任江南江寧府知府四男世驥現任浙江嚴州
府同知臣死之後乞
恩准赴闕盡喪所有侯爵臣擬以第八男施世范承襲俾
其代臣報効仰答涓埃又臣生長福建願乞骸骨
俯賜臣男等就梓里擇地安塟而臣之祖先墳墓俱在泉
屬本鄉臣請以第五男世駜在閩歲時祭祀照管伏
乞
皇上廣孝治之仁
垂憐恩准臣既不能延喘竭報猶幸第六男世驃任山東

濟南城守叅將功姪世駿任張家口副將現隨
聖駕効力
輦轂之下代臣竭未盡之心俾臣死得瞑目伏思閩疆
濱海重地而廈門又最要緊且臣銜門更有統轄臺
澎之責彈壓之寄出自
宸衷簡在弟臣愚見如現任江南提督臣張旺歷任閩海
邊疆臣稔知其人忠勤練達熟識閩海情形若以之
調補福建水師提督必克勝任伏乞
皇上睿裁至于南澳鎮臣楊嘉瑞浙江定海鎮臣藍理廣
東碣石鎮臣曾成四川建昌鎮臣施應元俱經同臣
征勦澎臺謀勇兼優戮力血戰海壇鎮臣楊元弼臺
灣鎮臣王國興廣東潮州鎮臣薛受益均才猷夙著
調度有方臣標副將方氷左營遊擊陳敬右營遊擊
傅春芳前營遊擊林顯達中營中軍守備梁愛後營
中軍守備劉春均勤慎東防恪供厥職功加左都督
施韜施肇瓚劉沛吳虎張應韓瑞董義邱建林應俱

係隨臣航勦澎臺著勞內施肇瓚劉沛吳虎張應經

臣保

題註册候推遊擊其施韜韓瑞董義邱建林應五員亦

經保

題部覆以係十三年以後投誠停其錄用在案此數員

皆係從征効力之人臣不敢泯滅其功仰冀

皇上簡拔先用更臣當進征臺灣時有捐造盔甲器械內

除澎湖攻戰陣失及年久壞爛不堪用外尚有存剩

盔甲器械發交臣標五營將備收貯理合一併聲明

臣今黃壤非遥丹心未泯一綫微息滿腔哀鳴貼黃

難盡伏乞

皇上寬宥全覽

敕部議覆施行

康熙三十五年三月　二十二　日

師泉井記

今上御極之二十一載壬戌孟冬予以奉

命統率舟師徂征臺灣貔虎之校犀甲之士簡閱而從者

三萬有餘衆駐集平海之澳俟長風破巨浪以靖掃

鯨窟爰際天時暘亢泉流殫竭軍中取汲之道遥遥

難致而平澳故遷徙之壤介在海陬昔之井廛盡成

堙廢始得一泉於

天妃宮廟之前距海不盈數十武漬鹵浸潤厥味鹹苦其

始未達深源其流亦復易罄詢諸土人咸稱是井曩

僅可供百家之需至隆冬澤愆水涸用益不贍允若

玆是三軍之士所藉以朝饔夕飧者果奚恃歟予乃

殫抒誠悃祈籲

神聰拜禱之餘不崇朝而泉流斯溢味轉甘和綆汲挹取

之聲晝夜靡間歕涌滋溉畧不顯其虧盈之迹凡三

萬之衆咸資飲沃而無呼癸之慮焉自非

靈光幽贊佐佑戎師殲殄妖氛翼衛

王室未有洪闡嘉祥湛澤汪濊若斯之渥者也因鐫石紀
異名曰師泉昭
神貺也在易地中有水曰師師之行於天下猶水之行於
地中旣著容民蓄衆之義必恊行險而順之德是知
師以衆正乃克副
大君討貳撫順懷柔萬邦之命而揚旌海外發軔涯涘神
異初彰闓惠覃布誕惟
聖天子赫濯之威以致百靈效順山海徵祥亶其然乎昔

貳師劒刺大宛之山而流水溢出耿恭拜禱疏勒之
井而清泉奔湧並能拯軍士于渴乏著萬里之奇功
乃今井養不窮三軍獲福予之不敏其曷以答玆鴻
嘉之賜哉是用勒之貞珉以志不朽云

康熙二十一年十一月　日

原跋一

平南之役
聖天子授鉞推轂於我
大將軍施公而　公果以膚功奏其知人善任誠千古
帝王命將之盛軌哉顧嘗思之古今克奏膚功者皆
其謀能素定熟識情形深知彼巳是以弗戰則已戰
則動出萬全功成一鼓今讀　公平南始末奏章如
密陳專征諸疏可謂成算在胸瞭若指掌矣然皆不
越其始所預策方康熙六年　公以蕩平機宜請也

有云據澎湖以扼其吭賊膽必寒先宣
朝廷德意如大憝勢窮革心歸命則姑從寬綱亟與安插
臺灣可不勞而定此謀定於十餘年之前乃今一一
如取左券雖淮陰築壇之對營平金城之圖王朴平
邊之策曷以加玆初　公之畫是謀也或且難之而
天子獨排衆議悉心委任竟使　公伸其十餘年前素預
之謨　公何幸遇特達之

聖主得以勝任愉快而建不世之奇勲耶然此猶以武功言之也若夫　公之文德則尤近古以來名臣宿將所未易彷彿一二者致遠竊讀　公之疏而知之也公諸疏凡條上便宜着着皆符
廟算着着各奏成效而一念悱惻曲體
皇上好生之仁遂使窮島萬靈重蘇於筆下盎其撰之心者明故其抒之筆也達是故非記室叅軍操翰幃幄者所能贊其一詞也昔武侯弱冠馳驅躬在行間斗

鈐之下親校簿書而前後出師二表探喉而出遂為古今奏疏第一忠肝智膽照耀史策千載下讀者至為感激流涕是皆至性之餘溢為文章故無人巧安排之迹而有天工自然之妙以視　公疏真堪頡頏矣　公軍旅稍暇輒賦詩磨盾不廢文事謂　公獨以武功著乎哉語曰天下危注意將天下安注意相今海內昇平方敷文德之化以　公文事武備兩者兼優為將為相無往不宜又奚安與危之可分則出為舟楫入為鹽梅
天子之注意於　公當有加無已也而受福者不獨吾門矣

晚生蔡致遠頓首拜具稿

原跋二

紫陽嘗以天將降亂必先生已亂之人而動心忍性增益不能子輿氏又以爲必苦心志拂所爲然則已亂之人天生之天固有以成之而非其人之徧歷艱難百折不回亦安能出其才德以仰承天心平劇亂而奏膚功哉仰惟我

先公平定臺灣充拓版圖功雖成於一時而事則出於素定當鄭氏盤踞兩島　先公一鼓廓而清之及

其遁入臺灣則知必復熾以滋民害章疏再上力主撲滅雖事從中止而論者以鄭氏未生　先公已生天心厭亂定臺灣者舍公其誰夫君心即天心也果

特畀專征以數十年之逋寇七日兩戰即制其命而致其降俾東南數千里之流移咸登衽席是事雖成於十餘年之後而與前之力主撲滅者若合符節謂非其素定耶然追溯　先公生平所謂艱難而百折固匪伊朝夕乃遲之十年而受命專征猶有相爲枘鑿者惟其志決其神定其氣正以勵其心公而忠所以仰答乎

君者即其所以仰承乎天也乃或以報仇雪耻類子胥之覆楚爲古今再見事而仁厚則過之不知伍氏之於楚有主臣之分非可爲　先公擬也惟是　先公之意以大臣謀國不顧私讐生殺之權自

朝廷主之斯則於仰承已亂之天心而又凛以尊

君之大義天下之所咸信而服之者也　先公事垂國史後之君子必有能論定矣然家乘不可闕也謹恭輯

御製詩章

褒錫祭葬各鴻文及叔祖孝廉聞于公所撰傳吾閩賢士大夫所評述前後奏疏文告弁頌揚詩賦合爲靖海紀嗚呼　先公之仁智忠誠約畧昭著矣而爲子若孫者席庇揚休仰思先烈知所以立德立功之大寧不惕然而興感乎

男世綸敬跋

先祖漕院輯靖海紀一編梓行於世誠以彰
聖主任賢之典名臣効忠之績俾後之爲子若孫者感
國恩仰前烈而繩繩無替也
先君觀察歷官江右滇南西蜀携其板之任摹印者
多已剝蝕不完矣學出守郢郡取舊編校而刻之於
原叙原跋各酌存其二以
御製八旗通志所載名臣傳易
族祖聞于公所撰家傳而舊編所載鄉先生評論以

及頌揚詩賦悉從刪焉非敢僭易而妄削也以
國史告成不敢以私廢公而疏章事實昭然耳目無事
於詡隲也嗚呼戴
皇仁於無極紹
祖德於不忘凡我後人尚其竭忠盡孝守是編而永
矢弗諼乎

曾孫奕學謹跋於郢中郡署

[印]

靖海志四卷

〔清〕彭孫貽撰　〔清〕李延昰續補

《靖海志》四卷，清彭孫貽撰，清李延昰續補。孫貽（一六一五—一六七三）字羿仁，浙江海鹽人。崇禎十五年（一六四二）舉人。延昰字辰山，上海人。是書記南安鄭氏三世盛衰事蹟，起天啓七年（一六二七）六月鄭芝龍擾攘閩山、銅山、中左所，訖康熙二十二年（一六八三）鄭克塽降清，凡五十六年之事。於鄭芝龍雄據海上，受招降，奉唐王正位、繼又降清；鄭成功據守金厦、設官分職、出師鎮江、進圍南京、收復臺灣；鄭經抵禦荷蘭、鄭克塽降清等事，記載甚詳。其間穿插記敘南明四朝之興亡、三藩之變及鄭氏諸將鄭鴻逵、鄭彩、鄭泰、甘輝、萬禮、陳魁奇、施琅、周全斌、洪旭、黄廷、劉國軒、馮錫範、吴淑、何祐與張煌言等人生平事略。全書按年月日記事，又以南明亡後，鄭氏仍奉永曆正朔，故注明清兩朝年號。據上海圖書館藏清抄本影印。

靖海志卷一

海鹽彭孫貽羿仁氏著

上海圖書館藏

丁卯　明熹宗天啟七年

六月海寇鄭芝龍等犯閩山銅山中左等處芝龍泉州南安縣石井巡司人也或曰漳州府之漳鎮人芝龍父紹祖為泉州庫吏蔡善繼為泉州知府府治後街與庫隅一街相望芝龍時十歲戲投石子誤中善繼額善繼擒治之見其姿容秀麗笑曰法當貴而封遂釋之不數年芝龍為父所怒持棍逐之芝龍大恐與其弟芝虎奔海上船乃懇巨商攜往海外芝龍姣

媚撫順音律摴蒲靡不精好同抵日本日就島主宴飲歌舞時主室有文君悅之乃日本長琦王之族女即賜姓成功生母也再一年前艦復至乃附歸所娶所生姑留日本至中途為海盜劫奪芝龍隻身隨艦貨作千金分與主寨之首領顏振泉海有十寨寨各為主芝龍之主又主中主也停半年主有疾疾且死九主為之療祭芝龍乃泣而求其主曰明日祭後必會飲意欲求衆力為我放一洋獲之有無多寡係我之命時緩言懇之主如言衆情允樂劫得四船貨物皆自暹羅來每艘分其半九主重信義盡畀之富逾

十主矣海中以富為尊主亦就俎芝龍升為十寨中之一時則通家耗輦金還家置蘇杭兩京細軟寶玩興販琉球外國等物沿海州縣搶掠一空官兵莫能抗始議招撫以蔡善繼嘗有恩于鄭芝龍因量移泉州道以書招之芝龍感恩為約降及受降之日善繼坐戟門令芝龍兄弟囚首自縛請命芝龍素德善繼屈意下之而芝虎一軍皆譁竟叛去天啟六年丙寅春遂據海島截商粟閩中洊饑望海米不至於是求食者多往歸之七月劫商民船勢浸大其党謀攻廣東海豐嵌頭村以為穴十二月芝龍乃入閩泊於漳

浦之白鎮巡撫朱一馮遣都司洪先春率舟師擊之
而以把總許心素陳文廉為策應鏖戰一日勝負未
決會海潮夜生心素文廉船飄泊失道賊暗度上山
詐為鄉兵出先春後先春腹背受敵遂大敗身被數
刄然芝龍故有求撫之意欲徼達于我兵乃舍先春
不追獲盧游擊不殺又自舊鎮進至中左所總兵俞
咨臯戰敗縱之歸中左人開城門求不殺芝龍約束
麾下竟不侵擾警報至泉州知府王猷知其詳乃曰
芝龍不追不殺不焚掠似有歸命之意今勦難猝滅
撫或可行不若遣人往諭退舟海外仍許立功贖罪

有功之日優以爵秩興泉道鄧良知從之遣人諭意

戊辰　思宗崇禎元年

春正月工科給事中顔繼祖劾福建總兵俞咨皋下獄初巡撫朱欽相招撫海寇楊六楊七等芝龍求近内地楊六給其金不為通遂流刧海上繼祖上言海盜鄭芝龍生長於泉聚徒數萬刧富施貧民不畏官而畏盜總兵俞咨皋招撫之議實餌賊囊舊撫朱欽相聽其收海盜楊六楊七以為用夫撫寇之後必散於原籍而咨皋招之海即置之海今日受撫明日為寇昨歲中左所之變楊六楊七杳然無蹤咨皋始縮

吾無辭故閩帥不可不去也疏入逮咨臯下於理

三月禁漳泉人販海芝龍縱掠福建浙江海上

六月議招海寇鄭芝龍

九月鄭芝龍降於巡撫熊文燦工科給事中顏繼祖

言芝龍既降當責其報效從之

己巳　崇禎二年

春二月海寇李魁奇伏誅魁奇本鄭芝龍同黨芝龍

忌之擊斬粵中

夏四月廣東副總兵陳廷對約鄭芝龍勦盜芝龍戰

不利歸閩不數日寇大至犯中左所近港芝龍又敗

寇夜薄中左所

辛未　崇禎四年

春正月上召廷臣及各省監司於平臺問福建布政使吳暘陸之祺海寇備禦若何暘曰海寇與陸寇不同故權撫之但官兵狃撫為安賊又因撫益恣致數年未息

上曰前撫李魁奇又何殺之暘曰魁奇非芝龍比即撫終不為我用今鍾斌雖撫亦反側不可保也上問計將安出之祺曰海上官兵肯出死力有司團練鄉兵多設火器以守為戰勦之不難上問巡撫熊文燦

暘曰文燦才胆俱優但視賊太易故前有吉了之敗之祺曰鍾斌與鄭芝龍勢不兩立七月間斌擾福州撫臣計誘往泉州前聞撫臣同芝龍討賊僇其兄賊適去閩廣東布政使陸問禮對曰廣東海寇俱自福建至舟大而多火器兵船難近但守海門勿令登陸則不為害

壬申　崇禎五年

冬十一月海盜劉香老犯福建小埕游擊鄭芝龍擊走之

癸酉　崇禎六年

夏六月海盜劉香老犯長樂

甲戌　崇禎七年

夏四月海盜劉香老犯海豐

十二月總督兩廣熊文燦奏道將信賊自陷時文燦令守道洪雲蒸巡道康承祖叅將夏之本張一傑往潮州海角之道山調集猺獞蠻黎與土漢諸軍入海招降劉香老不三日香老詐降兩道兩將皆被執入海上以賊渠受撫自當聽其輸誠豈有登舟往撫之理弛備長寇尚稱未知督臣節制何事命巡按御史確覈以聞已令文燦戴罪自效

乙亥　崇禎八年

夏四月福建游擊鄭芝龍合粵兵擊劉香老於田尾遠洋初劉香老蹈芝龍故轍仍為海邊患芝龍知其技力窘之視風色之東西潮頭之上下窮逼追擊幾無泊處香老恨已甚訪芝龍之在漳鎮選遣心膂直搗芝龍之室或殺或擒期了局以杜後患芝龍先知之假歡曰我自就撫以來為貪官污吏束縛正欲仍來入夥今眾義來邀喜不可說即遣家眷行李登所來之船并鍋鉄器械海中所需必欲取之市者無不席捲芝龍曰室中酒肉甚多何不暢飲喽空而去速

令治具取精腆豐美者恣為飽啖後則数拳高歌更為碗酒塊肉極量忘懷海中來黨至醉極酩酊矣醉而酩酊者腰刀快斧挂于壁或眠或坐笑譃罔顧芝龍陰伏兵於屋上忽鳴鑼一聲皆明盔明甲奮勇從屋跳下海中之党或醉卧未起或觧甲高歌皆砍殺無遺芝龍仍命舟中取上家口觧脫來人衣甲家丁披挂駕彼來船芝龍挺立桅下開船下海劉香老遥望本船與駕船服色稍別再晚船前獨立果係芝龍大喜呼曰來矣芝龍拱手應曰來矣立躍上岸乘其不備擧刀亂砍香老見勢蹙脅兵備道洪雲蒸出船

止兵雲蒸大呼曰我矢死報國亟擊勿失遂遇害香老舉火自焚死精銳皆盡康承祖以老疾卒于海夏之本張一傑脫歸

八月香老家屬六十餘人部屬十餘人至黄華降于温處參軍

庚辰　崇禎十三年

秋八月加福建叅將鄭芝龍署總兵芝龍既俘劉香老捲其資蓄復來漳鎮其八主皆為芝龍劲旅從此海氛頓息通販洋貨内客外商皆用鄭氏旗號無虞無儆商賈有廿倍之利芝龍盡以海利交通朝貴寖

以大顯

癸未 崇禎十六年

冬十一月設南贛兵三千以副總兵鄭鴻逵統之

甲申 崇禎十七年三月北京陷崇禎亡 清世祖章皇帝順治元年福王即位南京

春正月兵科給事中曾應遴薦副總兵鄭鴻逵緩急可用詔益南贛兵三千命鴻逵鎮守

五月十五日誠意伯劉孔昭司禮監韓贊周等立福王即位南京改元宏光兵部尚書史可法請督師江北鳳陽總督馬士英入專國政封福建總兵官鄭芝龍為南安伯賜蟒衣

乙酉　清順治二年宏光元年五月南京破宏光亡閏六月唐王即位福州改元隆武

封鄭鴻逵靖虜伯　左良玉下武昌破九江安慶至池州時阮大鋮黃蜚屯板子磯鄭彩屯三山峽黃得功屯蕪湖阮大鋮築壘板子磯小山上造二浮橋達北岸諸軍俱艤舟磯下大霧鄭彩溯江而上刼左營奪其舟數十艘於紫沙洲之梅根轉戰而前黃蜚嫉其功攔江不聽彩艘下左兵追之砲擊彩舟傷百餘人殺四將領彩訟之朝蜚亦以彩越汛地邀功致敗互相訐奏朝命大鋮兩平之　大清兵既破揚州沿江窺渡鄭鴻逵率水師禦之京口　大清兵編筏張

燈向鎮而別由老鸛河渡

五月大清兵開閘放舟蔽江而南鄭鴻逵鄭彩見之揚帆東遁

大清兵渡江福王走至蕪湖為降將劉良佐擒解豫王　鄭鴻逵鄭彩守鎮江擁舟師不戰走還閩至浙於江口遂唐王鴻逵奉之至福州福建巡撫張肯堂巡按御史吳春枝禮部尚書黃道周南安伯鄭芝龍等會議監國鴻逵固請正位以閏六月十五日即位改元隆武起曾櫻何吾騶等入閣辦事晉封芝龍為平虜侯尋封平國公鴻逵定虜侯尋封為定國公芝

豹為澄濟伯鄭彩為永勝伯賜芝龍長子森國姓名成功封忠孝伯賜姓以天啟甲子年七月十五日生于日本母顏氏出也芝龍後遣人將母子取回又封芝龍部將施天福為武毅伯洪旭為忠振伯林習山忠定伯張進忠匡伯陳輝忠靖伯鴻逵部將陳豹為忠勇侯林察為輔明侯

八月隆武詔至粵西有靖江王称監國不奉詔總制丁魁楚巡撫瞿式耜擒送至閩斬之

十月芝龍集廷臣議戰守宜自仙霞關外當守者共一百餘處其戰兵以元年冬操練二年春出關一支

出浙東一支出江右畧計兵共二十萬合八閩兩粵餉計之不支一年鄭芝龍還給事中梁應奇往督因參遲誤者數十人俱奉旨提問然遲疑未有提至者潮州知府楊球欲入朝聞旨遂止粤界不敢入　芝龍又令撫按以下皆捐俸助餉官助之外有紳助紳助之外有大户助又借徵次年錢粮又搜括府縣庫積存銀厘毫皆解不足又鬻官爵部司價銀三百兩後減至百兩武劄僅數十兩或數兩娼優厮隷盡列衣冠但無俸無衙門空銜而已然借此倩軒蓋僱僕役拜謁官府鞭撻鄰里甚至府縣莅訟兩造皆稱官

職立語不跪立毆于庭而莫可制　鄭芝龍所招闔門兵不過數百疲癃逮臣請出關者章滿公車　隆武每欲躬履行間而芝龍但以缺餉為辭

十月隆武未有嗣芝龍令子鄭森入侍隆武意有所嚮先賜國姓改名成功成功輒先得以告芝龍由是廷無敢異同者芝龍鴻逵自恃有援立功驕蹇無禮唐王嘗賜宴大臣芝龍以侯爵位輔臣上大學士黃道周引祖制武臣無班文臣右者固爭之遂首道周芝龍怏怏不悅諸生有佞芝龍者上書言道周迂腐非宰相才唐王怒敕督學御史杖之芝龍又薦其門

下士朱作楫為吏科給事中葉正發為戶部主事皆不允以是益懷怨望唐王行郊天禮於南臺。二鄭皆稱疾不出戶部尚書何楷劾奏郊天大典芝龍鴻逵不出陪祭無人臣禮當正其罪唐王賞楷有風裁即日令掌都御史事已而鴻逵揮扇殿上楷呵止之二鄭益怒楷知不為所容亟請告歸唐王欲曲全之允其回籍俟再召楷至中途盜截其一耳以去抵家未久死蓋芝龍令部曲楊耿害之也　兵科給事中劉中藻亦以忤鄭氏去　有密告芝龍攬權者隆武輒責芝龍芝龍怒佯欲謝事隆武心如芝龍不可恃無以制之因復固留曰此非朕意乃某人言也芝龍潛中傷之於是左右無一同心矣　廷臣屢請命芝龍出關芝龍亦知不出關無以服衆心因分兵為二聲言萬人實不滿千以鄭鴻逵為大元帥出浙東鄭彩為副元帥出江西隆武倣淮陰故事築壇郊拜而送之　二帥既出關疏稱餉不足逗留月餘隆武下詔切責曰尚畏縮不前自有國法在二帥不得已踰關行四五百里仍疏言餉絶留住如故大學士黄道周憤師不前因請以募兵江西以江西多其門生子弟也隆武命芝龍與之資芝龍不予一錢隆武給空札

百函為行資道周以劉聯絡忠義糾合鄉勇得九千人駐廣信與楊廷麟萬元吉相應出兵金衢前後斬級數百適衢撫與議不合忌其師也境上密跡其短道周不知也繼而請兵請餉絶不一應及知其由遂決意長驅深入婺源出徽婺源令其門人也北帥張天祿執令妻子命令設計誘道周至明堂里執之并從軍主事趙士超中書毛元冰蔡時培賴叔儒俱送南京不屈見殺　時閣臣蔣德璟自請行關相機督戰隆武許之比至則疲兵弱卒朽甲鈍戈無一可為因歎息告病去

鄭遵謙起兵江上與張國維陳函輝熊汝霖等迎魯王於台州監國駐紹興遣都督陳謙奉書至閩久住衢州持兩端云魯王已封芝龍請鹵侯欲以此邀封於唐王唐王敕芝龍取其侯印為驗賚印唐王即台入關啟函稱皇叔父不稱陛下隆武大怒御史錢邦芑劾其久住三衢徘徊閩浙之界自以舉足左右足為重輕因欲要取侯封以閩要浙以浙要閩祇恃搆間之謀敢行挾制之術又歷數其在衢奸謀不法狀遂下之獄謙武進人乙酉春齎宏光詔封芝龍南安伯比讀劵誤書安南謙謂芝龍曰南安僅一邑安南

則兼兩廣請留劵易詔厚贈而別及半途而南京變謙遂留閩芝龍德之故力爲申救行賄五千金於邦芑請免謙死邦芑懼以聞於唐王遂決意殺之即命邦芑監刑芝龍聞之過市命且停刑亟入朝見唐王請以官贖謙死唐王密敕行刑故與芝龍久語慰勞之過期芝龍出而謙已斬矣芝龍伏屍哭極哀以千金厚殮之從此益懷異志先是芝龍鴻逵已密遣人通內院洪承疇御史黃熙允及閩錢唐信息因疏稱海寇狎至今三關餉取之臣臣取之海無海則無家非遄征不可拜表即行隆武手敕留之曰先生稍遲

朕與先生同行使奉敕至河而芝龍已經飛帆過延平矣　芝龍既去守關將施福聲言缺餉盡撤兵還海仙霞嶺二百里間空無一兵惟所遣守關主事及内臣數員偵探兵信以聞耳

丙戌　順治三年　隆武二年

二月江楚迎駕疏相繼而至唐王遂決意幸贛與湖南為聲援芝龍欲挾君以自重固請回天興命軍民數萬人遮道號呼擁駕不得行乃駐蹕延平芝龍初以海寇受撫雖晉爵五等與地方有司不相統屬閩士大夫輙呼之為賊絶不與通及擁戴唐王即位芝

龍位益尊權益重全閩兵馬錢粮皆領于芝龍兄弟是芝龍以虛名奉君而君以全閩予芝龍也故芝龍不肯聽唐王出關思長有閩也

三月大清貝勒王駐兵錢唐北岸

五月江上師潰

六月初一日大清兵渡江江潮不至方國安馬士英欲献監國為投降計遣人守監國守者忽病乃得脱遂上海船遁入舟山督師張國維興國公王之仁兵部侍郎陳函輝大學士宋大典俱死之方逢年方國安及刑部尚書蘇壯俱薙髮投誠馬士英阮大鋮猶

擁殘兵數千請入關隆武以其罪大不許士英前後七疏自理有李濛者士英私人也與唐王有舊密疏言士英有治兵才與阮大鋮皆宜在使過之列唐王特允士英以青衣視事戴罪立功但無錢粮兵馬寄任士英計窮逃至天台山寺為僧為大兵搜獲阮大鋮迎降貝勒俱令隨內院辦事　大兵過順昌獲龍扛搜之得馬士英阮大鋮方國安父子及方逢年連名請駕出關為內應疏在已降後大鋮方遊山聞信知不免自投崖死仍命戮屍士英等四人俱斬于延平城下家眷百餘口悉給賜兵丁時杉關守將陳秀

陳曦投降而仙霞關無一守兵寂如也　大兵過延平而東時隆武定計入贛已至汀州見兵未至因停一日曬龍鳳衣忽有數十騎叩城曰我扈蹕兵也門者納之陳謙之子追至直入行宮遂及於難

九月大兵入泉州德化知縣陳光晋迎降　既而汀漳皆陷惟鄭芝龍退保安平軍容烜赫戰艦齊備砲聲不絕響振天地樓船尚五百艘因前通洪承疇信未得達故不敢迎降乃使人言其撤兵不守以待大兵之至有功當得不用貝勒知前紳郭必昌與芝龍有舊因遣招之芝龍曰我非不欲忠於大清恐以立

唐王為罪耳會大清固山兵逼安平芝龍怒曰既指我何相逼也貝勒聞之乃切責固山兵令離安平三十里駐軍別遣内員二人持書至安平書略曰吾所重將軍者以將軍能擁立也人臣事主苟有可為必竭其力力盡不勝天則投明而事乘時建功此豪傑事也若將軍不輔立吾何以用將軍哉且兩粵未平命鑄閩粵總督印以相待吾欲見將軍者欲商地方人材及取兩廣事宜也芝龍得書大悅刼衆議降諸將多不欲有周鶴芝者以死諫不聽其弟鴻逵芝虎皆勸芝龍入海曰魚不可脫于淵芝龍不從其子成

功涕泣力諫芝龍不聽於十一月十五日至福州朝見貝勒握手甚歡折箭為誓芝龍益喜命酒痛飲賂遺不可勝計飲至三日夜半忽拔營起遂挾之北去至京封同安侯閩事畧定貝勒將歸邀芝龍送之貝勒過芝龍舟每進一食必加贊歎見一人必加褒獎信宿乃去芝龍過舟報謁貝勒擬之曰我所用人粗悍鹵莽何足當公意命悉取芝龍舟中庖廚僕從來供飲食侍左右芝龍乃大喜不知墮其術中也留信宿已出閩乃謂芝龍曰公功高同我入朝一見天子何如芝龍以未宿戒辭曰公之左右僕從悉在此矣

豈憂無行李費命取二萬金置舟中令從行者五百人皆拘置別營不可相見對面作家書數行但稱本朝恩德囑其家世世無忘已又曰北上面君是我本願但子弟擁兵海上素非馴良脫有不測我且奈何貝勒曰即有之無與公事且亦非吾慮所及也芝龍既降其家人以為可免暴掠遂不設備貝勒至安平亂兵大肆淫掠成功母亦被淫自縊死成功大憤剖其母腹出腸滌穢重納之以殮殮後遂起兵

丁亥　順治四年　隆武亡是歲桂王即位于肇慶改元永歷

初芝龍撤兵密諭成功欲與俱見貝勒成功不從鴻

遠陰令逸去至是率所部入海芝豹獨奉母居安平鎮鄭彩率舟師至舟山迎監國魯王南下魯王封鄭彩為建威侯尋封建國公其弟鄭聯為定遠伯尋晋侯鄭彩及閣部熊汝霖進取福寧州諸縣響應遂入興化府熊閣部鼓舞義兵諸起義兵皆来給劄兵至数萬然多烏合鄭彩謂奪其權雖與之結婚忌之乘夜遣兵攻其舟并全家殺之於是義兵憤怨解體時義兵所在蜂起汀邵並亂據建寧閩鄭為阻是夏中朝命三大人陳錦佟國器李率泰督兵至破建寧屠之所失州縣盡復鄭彩至海壇復為鄉兵所敗遂同

魯王至厦門時鄭聯亦糾合浦南橋義兵楊重等攻入漳浦縣以洪有禎為縣令未幾縣破有禎被執不屈遂爲鄭聯率義兵攻海澄縣然見敵騎即走爭舟墮水死者甚衆平和縣曾慶等與詔安等處義兵立德化王慈煃據將軍寨陷大田攻順義將樂然皆為大兵所敗　初隆武之亡也舊相蘇觀生何吾騶俱遁回廣東與布政使顧元鏡于十一月立唐王弟聿鐭監國改元紹武

十二月大清總兵李成棟率兵襲廣成副將杜永和獲紹武并周王益王遼王盡斬之蘇觀生從死吾騶

元鏡皆降福建既陷兩廣總制丁魁楚與廣西巡撫瞿式耜會議監國式耜首為言永明王賢且為神宗嫡孫應立王諱由榔桂王之子初封衡陽以寇亂從梧州會桂王薨王以縗經於十月十四日監國改元永歷以肇慶府署為行宮丁魁楚呂大器為大學士瞿式耜以吏部侍郎兼閣學掌銓事封總兵陳邦傅為思恩侯尋晉慶國公後廣西破投誠率兵追永歷為李定國所擒父子俱死

時成功往南澳募兵而兵將戰艦百無一備聞永明王自立粵西遙奉永歷年號號稱招討大將軍罪臣

以眾三百人泊於廈門之鼓浪嶼訓練即今中左所也浯州者金門也委黃愷於安平鎮措餉芝龍舊將咸歸心焉

七月成功以洪政陳輝為左右先鋒楊才張進為親丁鎮郭泰余寬為左右鎮林習山為樓船鎮入寇海澄扎營祖山頭數日援兵至洪政中流矢與監軍楊期潢俱被殺不克而還

八月與鄭鴻逵合兵圍泉州列營桃花山大清提督趙國佐率數百騎衝之張進楊才逆戰鴻逵遣林順等夾擊大勝之別遣水兵破溜石礮城我參將解應

龍死之軍聲大振泉紳郭必昌之子顯欲内應國佐殺之滅其家

九月我副將王進自漳來援成功解圍走

戊子　順治五年

閏三月成功攻同安守將廉郎知縣張效齡逋遂入之復攻泉州

七月陳錦佟國器李率泰援之成功乃退大兵屠同安鄭氏鎮將邱晋林壯猷知縣葉翼雲教諭陳鼎咸被殺凡死者五萬餘人同安血流溝讖應焉先是同之諸生陳姓緯號泥鰍自省回至羅漢山中所稱生閻羅者援以片帋云泥鰍死半途同安血流溝嘉禾斷人種

安平成平埔陳生果至小盈嶺而死是後凡獲滿兵輒斷掌放回以應之然後來安海城竟毀拆而廈門竟還空無人歷一紀云是歲大饑成功及建國公鄭彩各發兵民船至高州糴米高州為思恩侯陳邦傳所轄成功船免餉餘照丈尺徵餉船有千餘多是民船斗米閩中近千錢也時成功將士分駐各島監國魯王別將平虜侯周崔芝閩安侯周瑞定西侯張名振總兵阮美等守舟山之沙埕鄭彩鄭聯等守廈門金門鄭鴻逵守安平之白沙使其將陳豹守南澳成功泊廈門以親丁三百人還其叔錦衣刷鄭芝鵬護家眷使張進守銅山所太子太師鄭香守海澄港之石尾有衆

數千人後為大軍所敗二子鄭廣鄭海死焉然粮餉缺乏取之民間而鄭彩營將章雲京等擾民猶甚鄭鴻逵遂率舟師至潮州隨地取餉

己丑　順治六年　永曆三年

廣東提督李成棟反叛迎永曆於是永曆有詔使至以為恢復在即詔各勳鎮考試諸生入廣省赴場成功遂考送生員葉后詔洪初闢等十數人令黃志高齎疏赴廣舟至潮陽遭風飄壞餘人不得達獨黃志高至粵詔以志高為兵部職方司主事使監成功軍命以舟師直取南都其後成功入寇長江承此詔旨

也詔使并齎秦　王孫可望告示一張其文云秦王告諭天下中間敘湖廣敬謹王四川八国山之捷報入滇擒逆黔父子云云又檄文一册中有云恢復兩京者准封為公一省者封為侯四府以上者封為伯今有無尺寸之功而擅封五等之爵云云又定西王李定國告示一張其文云西寧王奉秦王令旨中間敘破廣西定南王孔有德焚死之捷云云

三月成功遣施琅楊才黃廷何震樞等寇漳浦副將王起俸密赴納款謀洩棄家由龜鎮至銅山投見成功授偽都督同知桂統練軍門印令管北標將

十月成功舟進雲霄港由白塔登岸分道並進雲霄守將張國柱迎戰爲左先鋒下僞副將施顯所殺遂攻城中軍姚國泰拒守城陷國泰重傷成功獲之令醫調治送軍前效用進抵詔安扎營龍峰磁竈等處令中衝鎮何震樞左衝鎮黄廷右衝鎮林習山等守盤陀嶺以遏漳援漳鎮王邦俊副將王之剛調集各州縣守兵合攻盤陀嶺是日大霧海師咫尺不辨何震樞及其弟中軍震梅俱戰死

十一月成功解詔安圍督兵由分水關入潮州拒黄崗時潮屬多土豪擁據三河壩有吴六奇黄崗有黄

海如南洋有許龍海澄有楊廣海山有朱堯潮陽有張禮碣石有蘇利時武毅伯施天福來見成功黃海如亦至海如說成功取潮陽縣資其富饒且近海口有海門所達濠埔可以拋泊海艘通運粮米但須由南洋黌澳逆達濠埔方可至縣恐許龍張禮為梗爾成功遂令移兵南洋許龍逆戰敗走漢陽舊將陳斌來歸偽授後勁鎮楊廣朱堯唐玉各迎降遂移兵黌澳張禮拒命立破其達濠霞美二寨進攻青林寨張禮乞降准其歸命遣援勦後鎮黃山督諸軍往靖海衛并巡下惠來縣以中軍汪滙之理縣事正兵營盧

爵守城黄山等回攻南山寨破之成功遂移兵入揭陽會鄭鴻逵并帶張禮往見成功忽夜沈之水成功甚悔之

庚寅　順治七年　永歷四年

先是大清兵破湘潭何騰蛟死之破南昌金聲桓死之

二月破信豐李成棟歿于陣永歷皆追贈王爵抆淚親祭及報南雄不守遂移德慶抵梧州榕江兵潰桂林陷瞿式耜張同敞俱死之

三月成功入潮陽知縣常翼風率父老郊迎成功令

三鎮洪旭駐鎮徵輸轉運楊才攻破平和寨屠之陳斌克獅頭寨寨主黃亮采請降許之右先鋒楊才病故以正總班林勇為右先鋒後因征蘇利陣亡以甘輝管親丁鎮黃廷管右先鋒鎮施顯管援勦左鎮以監督王秀奇為戎旂鎮管親隨兵以林勝為中協陳瑞為右協

四月成功移師揭陽鴻逵言新墟寨負固不服合兵攻之用龍熕擊其城遂乞降門闢海中放光鄭鴻逵令人没水撈起淂大銃夾兩龍為耳用船車出之號龍耳熕所擊無不摧破後劉國軒用以攻泉城火引不發鞭之口遂裂城竟不破守潮州新泰伯郝尚久率步騎數千來援成功揮

諸將迎擊陳斌躍馬入陣擒我中軍陳祿諸軍繼進斬首數千尚久僅以身免

五月詔安九甲義將萬里等來附施烺所招也

六月引兵攻蘇利不克利據碣石衛復叛平南王發兵攻殺之成功諭諸將議攻潮州陳斌進曰潮郡東南環溪通漳大路只一浮橋必須斷橋以絕援軍然後移札西南攻圍之十全必克成功從之　初一交戰尚久大敗浮橋并石橋一齊焚燬隨移師攻城三面圍之尚久閉城不出遣人乞援於漳郡文興來援許龍渡之入城尚久削髮歸我朝城守益堅成功久

攻不下又天暑士卒多病乃解圍退屯潮陽黃亮彩
等復叛攻襲行營甘輝逆擊斬其父子始散去
鄭彩鄭聯屯廈門與芝鵬有隙成功用施烺之策以
米千石餉鄭聯欲襲取之鄭彩曰是毒葯也宜全軍
出避聯不從聯建生祠於萬石巖十五夜宴轄下諸
將二鼓後成功將至盡收其戰艦兵卒其將陳俸藍
衍吳豪等皆歸成功成功撥親隨兵守其衛後月餘
芝鵬說成功置酒萬石巖夜歸伏甲於路殺之時鄭
彩以舟師百餘艘逃于廣東南海之間成功遣人往
請回島不遇而還其部將楊朝棟王勝楊權蔡新等

來見成功以朝棟為義武營王勝等管水師舊將藍登來見授援勦後鎮彩飄泊數載士卒星散成功以書招之遂回後病死于島

山寇攻陷惠來縣知縣汪滙之守將盧爵俱死之三鎮洪旭報潮陽山陽復起不復追徵成功以閩安侯周瑞為水師右軍掛印黃大振為援勦前鎮命鄭芝鵬鎮守廈門阮引何德管水師藍登管陸師

十一月成功至潮陽提塘黃文自廣至報請成功入援我平南王尚可喜靖南王耿繼茂率滿漢數萬下廣州粵西望成功南下會兵甚切

閏十一月成功傳令各鎮齊備船隻南下勤王時陳斌與施琅相抗不睦帶兵而遁後據潮州歸命黃海如在達濠浦欲逃成功令林習山致之死

十二月守將杜永和弃瓊州王師下廣成功拖揭陽與鄭鴻逵議往接之

辛卯　順治八年　永歷五年

正月成功至南澳施琅進曰勤王臣子職分但琅昨夜一夢似大不祥乞藩主思之成功默然遂令將左先鋒印并戰士委副將蘇茂管轄鄭鴻逵送蕭拱宸沈奇等赴軍前効用成功以拱宸為中衝鎮沈奇為

護衛右鎮隨師南下鄭鴻逵同洪旭施琅帶陳壎鄭文星等回島

二月成功至白沙河颶風大作各船飄至塩州港成功正副坐船風大不得泊坐帆溜下幾覆数次天明方齊後陞管中軍船蔡進福為水師內司鎮管副中軍船施舉為水師後鎮

三月成功至大星所殺退惠州援兵遂攻城下之我閩撫張學聖急調提督馬得功集同安縣十八堡劉五店各處民兵及船攻廈門偽守將鄭芝鵬乘舟遁禁城中居民不許搬移得功数十騎下船飄至五次

始登岸無有禦之者守高崎水師鎮阮引不戰而走城中百姓哭聲振天成功董夫人倉皇抱木主至海口不得船厦門港居民林禮樂始于舟中負登小舟至芝鵬之大船其夜亂兵焚燬廬舍火光竟天前文淵閣大學士吏部尚書曾櫻在城中家人請挾之出城櫻曰此一片清靜地正我死所去將何之是夜自縊于所居樓上時爲二月十三日越三日公之門人阮旻錫入城尋毋遇公隣居藍姓者在西門外詢之藍曰公不肯出城是晚某進粥一盂公不食及曉再候之公已自盡矣無人可收斂也時已昏黑不得入

城旻錫住尋僧文台又至東嶽廟尋公之門人陳泰共議天未明文台以僧龕同陳泰抬公尸至曾厝灣下船付其家人鄉紳憲副王公忠孝以壽棺貯之司馬盧若騰副院沈佺期樞部諸葛倬等皆視殮後兵部主事劉玉龍疏陳輔臣從容就義事永曆下詔曰曾櫻身死綱常允宜優恤追贈光祿大夫上柱國太師謚文忠賜祭葬蔭一子中書科舍人一子錦衣衛百戶世襲其門人知縣陳泰冒險負尸積勞殞殁著贈鴻臚寺少卿

三月初一日大清巡撫張學聖同興泉道黃澍渡海

見島嶼孤懸，波濤環遶，驚爲絕地，爭先引回。令知縣張效齡安撫居民。初四日，馬得功行牌于各鄉，安民，意欲據守。初八日，會鄭鴻逵舟師至，截港圍之。命鎮將楊抒素登圍當港與戰，互有勝負，副將吳敦戰死。施琅率陳壎、鄭文星百餘人登厦門港與戰，大敗之，幾獲得功。於是得功求過海，巡撫張學聖遣人至安平乞和于鄭芝龍之母，囑鴻逵以船送馬得功步騎三百及餘兵盡回。先是，鴻逵遣都督鄭德翼將周全斌等至大星所報稱馬得功攻島，請成功回師。成功於四月初一日到浯嶼，得功已渡海二日矣。成功怒甚不許親戚與鴻逵相見鴻逵移屯白沙　初十日成功駐廈門港議失守功罪先賞施琅花紅銀二百兩陳壎一百兩斬鄭芝鵬阮引等以徇何德細責藍登免罪軍士皆踴躍歡呼銳氣百倍以將士家在島上遭鄭阮等搶掠得洩其忿故耳成功命忠振伯洪旭管理中左叅軍潘庚鍾追各紳士助餉潘加派各戶搜掠一空　詔安平和二縣復降于鄭氏定西侯張名振平夷侯周崔之英義伯阮駿等自舟山至成功各授水師鎮海澄守將郝文興密約納款

靖海志卷二

海鹽彭孫貽羿仁氏著

上海圖書館藏

壬辰順治九年　永歷六年

正月初二日成功督師至海澄港潮水大漲直至中權關下郝文興開城率將士出降授前鋒鎮挂印以叅軍黄維璟知縣事　初十日成功進兵江東遣各鎮攻長泰縣至溪西擊敗漳州援兵二十三日援兵再至復敗之

二月初二日游兵營吳世珍奮勇登城被礮燒死成功令火器營何明築地道用地雷以擊其城　三月

初四日大清總督陳錦督步騎數萬来援長泰扎營同安初十日早地雷發不及城而止陳錦按兵不進是日遂移兵扎江東初十日陳錦安營於牛歸山相去五里十三日親率諸軍出戰成功命諸將擊之錦大敗棄營盤而走全軍俱覆喪失衣甲馬疋輜重不可勝計遂奔回扎營同安城外後為家丁庫成棟所刺降于成功成功賞之以其弑主陰令殺之我長泰縣守將楊青棄城走成功以叅軍馮澄世知縣事以甘輝為中提督黄廷為前提督黄山為後提督

四月進圍漳城成功扎營南院

五月大清浙鎮馬進寶（號金衢馬）率兵援漳屯東門同王邦彥分道出戰兵敗還城遂嬰城固守不敢出成功圍之數月不下以張名振管地方事陞協將萬禮為前衝鎮副將陳朝為後衝鎮成功移師金門後浦扎營操練施琅全在南澳兵付蘇茂代將意回日必復任成功既不與遂請為僧成功諭令再募兵許授前鋒鎮施琅偶有親兵曾德逃亡成功拔為親隨琅擒回立斬之成功怒而不發二十日傳令諸將在船聽令出軍陰令右先鋒黃廷執施琅交忠定伯林習山囚於船中令副將吳芳看守琅家人著人詐稱成功

令箭取回審究吴芳即同登岸至草灣琅將吴芳及押人打倒脱走逃匿山穴中兩晝夜投蘇茂茂密以小舟渡海依澄霽伯鄭芝豹成功怒欲斬林習山未果殺吴芳妻子令芳追尋二十一日殺施琅之父及其弟施顯以戎旂中協林勝爲援剿左鎮二十二日成功督兵入漳州境二十七日大破漳鎮王邦俊之兵於磁灶六月回師舊將黄興來降授中權鎮黄梧來降授副將以監督陳六御爲北鎮管騎兵五月福建集舟師數百艘進攻厦門成功令陳輝督水師禦之戰于崇武所閩兵大敗棄船登岸而走

九月成功督師入漳浦境漳鎮王邦俊来援復大破之追至龍井降其部下数百人而還李長病篤以黄昌為戎旂親隨營　大清固山金勵統浙直滿漢兵萬餘人入閩来援至泉州駐扎養馬二十六日成功解圍退扎古縣據險以待固山由長泰入漳

十月初三日固山率滿騎衝營是早西北風盛發火箭火砲被風打回對面咫尺不見滿兵乘煙沖突海師潰散成功退扎海澄後提督黄山禮武鎮陳俸右先鎮廖敬親丁鎮郭廷護衛右鎮洪承寵皆戰殁

十一月大清提督楊名高自福州率步騎入漳應援

成功逆之於小盈嶺大破之追至馬厝港名高僅以身免成功以騎兵營楊祖有功挂印陞營爲鎮十二月舊將陳堯策先投大清同我將協守漳浦至是獻城納降成功以爲護衛前鎮照舊鎮守以叅軍林其昌知縣事議築鎮門象鼻山截溪流不得入海欲以灌城而奔流迅急堤不得合費工甚鉅罷之成功不攻城築長圍困之使其粮盡自降而城中兵盡括鄉紳富户及百姓粟食之粟盡民相枕藉餓死殺人爲食有父食子兄食弟妻食夫至於婦人群聚殺男子分食之者毋論鼠雀至樹根木葉水萍牛羊

馬皮之屬盡食之稀粥一碗直四金自四月至十月城中死者十七八後大清署守道周亮工收髑髏凡七十三萬有餘焚埋于東門外名曰同歸所築萬善庵其上勒石記之城外死者骨骸無數不與焉

癸巳　順治十年　永歷七年

三月成功駐廈門遣前軍定西侯張名振等率水師寇浙直州縣并遣忠靖伯陳輝等一齊進入長江

四月金固山調集水陸官兵船隻欲攻海澄成功即遣水師左軍林察右軍周瑞後軍周崔芝阮駿黄大振等前往堵截後遇颶風林察漂入興化港被獲至

鄭賈來議撫始放回

二十八日金固山扎營祖山頭

五月初一日成功至海澄調兵守禦以前鋒鎮郝文興戎旗鎮王秀奇護衛前鎮陳堯策守鎮遠寨前衛鎮萬禮守鎮遠外寨以前提督黃廷中提督甘輝守關帝廟前木栅連接鎮遠寨成功駐扎天妃宫親行督戰

初四日金固山率馬步數萬扎營天妃宫前巨炮火箭並發晝夜不絶木栅燒壞海兵多死傷山積

初五日後勁鎮陳魁後衛鎮葉章各率精勇數百合力擊之遇炮銃齊發葉章被砲打死陳魁打傷

右足成功令收兵固守以周全斌管後衝鎮楊正管後勁鎮大清兵連攻兩晝夜海兵營壘隨築隨壞成功率諸將登敵台觀望張蓋而坐滿兵見之砲矢齊發甘輝翼成功下台座位隨擊碎矣鎮遠寨邊新築邃除崩壞如平地軍士無可站立成功令神器鎮何明率洪善掘地河溝邊夜埋火藥無數藥心相續候令而發　初六日黃昏滿兵砲銃並放連夜不絕至五鼓火藥盡放空砲以向城頭疊綠旗兵　二疊滿兵填壕攀柵而上兵皆重鎧刃不能傷城上俱持大斧擊之皆墮地外兵乘其尸而登三疊滿將蜂擁齊進

銳不可當天色漸明滿兵過河已大半成功遂暗發
地砲烟焰蔽天過河者盡被砲擊死其未過河者甘
輝截擊之擒斬無算金固山夜遁　十二日成功回
廈門大犒將士論功行賞以忠孝伯印付甘輝輝不
敢受以擅離海澄城殺知縣黃維璟及不用命軍士
二人
三月差監督池士紳以蠟丸齎帛疏由陸路詣廣叙
方曲破總鎮王邦俊小盈嶺破提督楊名高江東橋
纖總督部院陳錦海澄敗固山金勵之功永歷遣兵
部主事萬年英齎敕晋成功為漳國公封延平王成

功拜表辭讓差監督張自新同萬兵部由水路詣廣回奏以海澄戰功請封各鎮封爵後永歷以帛詔封甘輝為崇明伯黃廷為永安伯黃禮為建安伯郝文興為祥符伯王秀奇為慶都伯參軍馮澄世為太僕寺卿兼都察院右僉都御史

四月築海澄城所屬地方每家各出民夫一名城高二丈餘舊有五都土城連而為一皆用灰石砌成并築短墻安大小銃三千餘號周圍以港水環之巨濠茫茫外通舟楫內積軍器粮草據漳州之咽喉與廈金二門相為表裏以為長守計命馮澄世督其工

六月成功以金固山回京遂督舟師南下進攻鷗汀壩鷗汀在潮州港口其民强悍有船百餘隻加十八槳水上如飛遇大船以繩絆其柁牽之入港小船即攻殺之海舟至潮者被其劫掠殺害甚多成功至攻其城楊廣亦以兵來會城厚而堅自辰至午攻打不下成功被飛彈微傷足踝遂退兵次日至華平貫嶼寨人納穀遂抽兵下船時李定國遣人致書其書曰西寧王致書國姓大將軍麾下言當同心戮力約以舟師直取江南也」　同安侯鄭芝龍在京遣家人李德稱有詔封成功為海澄公勸其息民就撫

八月成功回厦門

九月大清兵攻潮州郝尚久求救成功遣陳六御率兵援之尚久疑不敢開城納兵未幾城破尚久死六御引兵還

甲午　順治十一年　永歷八年

二月同安侯鄭芝龍復遣李德同鄭賈二使齎海澄公敕印招撫成功成功至安平鎮大宴二使辭以兵多將廣無地安插不受敕二使回京復命乃就福興泉漳措餉派富户追納諸善官俱至各府縣城外屯扎但不入城耳計所追凡四百餘萬

三月定西侯張名振忠靖伯陳輝師入長江奪戰船百餘艘入天津衛焚奪粮船百餘艘名振直至金山致祭列皇帝而回金陵聞風震動

四月執援勦前鎮黄大振絞殺之大振莆田人為黄斌卿舊將降于成功至是在興化措餉召募至數千人多不法有蜚語成功乃殺之

五月常壽寧報餉鎮黄愷逆派横行山海等餉多徵少解計十餘萬查實有據成功以其衆怨遂殺之籍其家

九月中朝遣内院學士葉成格理事官阿山同成功

弟內侍下渡舍蔭舍齋四府安插兵衆勅至　十九日李德周繼武先到廈門成功知先削髮後受詔只令周繼武特啟往請　二十四日葉成格阿山遣使到泉

十月成功發渡舍回泉復二使約至安平鎮開讀言先受詔而後削髮　十七日二使到成功設供帳於報恩寺二使只就布棚安詔敕成功不肯受詔　二十日二使回泉　二十九日二使促渡舍蔭舍夫人回京復命撫事不成遂置鄭芝龍于高墻戍鄭芝豹于寧古塔　成功遣撫明侯林察閩安侯周瑞督水

師戎旂鎮王秀奇左先鋒鎮蘇茂統陸師率五鎮營兵戰艦百餘艘南下差效用官林雲瓊奉表詣廣并持書約西寧王同時大舉

十一月漳州千總劉國軒同魏標朴世用以總鎮張世耀新任兵將未協遣人約期獻城歸降成功遣洪旭甘輝林勝戴捷等於

十二月初一夜直至南門挂雲梯國軒令人牽引而上張世耀倉卒不知所為乃降知府房星燁理刑王元衡知縣周瓊等俱降洪旭入城安輯　初四日成功抵漳以劉國軒為護衛後鎮魏標為大武營朴世

用為水武營張世耀軍前任用委戴捷鎮守長泰縣守將楊青來降諸屬縣皆下成功遣諸將徇泉州諸屬縣皆下惟府城為副將韓尚亮堅守

乙未　順治十二年　永曆九年

正月初五日成功寇仙遊下之焚殺甚慘明兵部尚書唐顯悅之子乃成功姻家世子經之外父也亦死焉

二月成功設六官以潘庚鍾為吏官洪旭為户官鄭擎柱為禮官張光啟為兵官程璠為刑官馮澄世為工官設協理各一員左右都司各二員以常壽寧為

察言司掌六卿印鄧會張一彬為正副審理　設儲賢館以前所試諸生洪初闢楊經阮旻錫陳昌言陳鵬羽楊芳葉儒羽呂鼎陳繼明林復明及薦舉薛聯桂鄧愈等充之設育冑館以死事諸將及侯伯子弟柯平林維榮充之　成功改中左所為思明州以薛聯桂知州事

四月成功以鄭文興為左提督萬禮為後提督王秀奇改為右提督林勝代為戎旂鎮黃昌為援勦左鎮黃梧為前衝鎮　築丙州新城

五月總督南下林察周瑞王秀奇蘇茂等班師回稱

西寧王李定國戰敗退入梧州應援不及成功怒甚降責有差　成功委戶官洪旭任水師右軍以吏官潘鍾庚兼管戶官加都督吳慎為協理佐之　成功以撫局不就分兵興張名振陳輝等會師入長江搗其心腹以水師右軍洪旭為總督以原北鎮陳六御為五軍戎政總制六師率兵北上　中朝遣庶子王統率滿漢軍三萬入閩先撥前鋒滿騎到福省成功盡抽福興泉之兵回漳各屬縣城悉夷之為平地成功以儲賢育胄二館諸生監紀諸鎮營每月紀其功罪彙冊上報設領兵中軍一員臨陣督戰以候缺

將為之又設餉司一員後以監紀兼之　六月成功
墮漳州城及各屬縣　成功合諸鎮兵於漳之南門
外蓮花埔合操親自教演月終乃出兵
七月成功以中提督甘輝為正總督右提督王秀奇
為副總督率二十餘鎮北上與忠振伯洪旭總制陳
六御相機而行以前提督黃廷為正總督後提督萬
禮為副總督率二十餘鎮南下
八月前提督黃廷等入揭陽港扎營桃花山　我朝
鎮劉伯祿率兵來援黃廷逆戰破走之擒其中軍斬
級無算　二十六日劉伯祿復合吳六奇及惠州之

兵列營鷹嘴埔左戎鎮林勝揮兵渡濠直砍木栅攻破其營擒其副將諸鎮兵乘勢追殺遂入揭陽城忠勇侯陳豹自南澳以兵來會運火銃築土山攻之我守將知縣棄城遁去并取普寧縣追派各鄉寨納餉中提督甘輝等北上阻風就于温台二府打粮台州總鎮馬信欲降洪旭遣人招之風順遂進發舟山未果

九月左提督祥符伯郝文興病故成功親臨祭奠厚恤其家　庶子王至福州調集綠旗馬步兵共進成功令思明州居民搬移過海將士眷口搬住金門鎮

海等處空島以待　庶子王至泉州駐扎東嶽

十月成功調回戎旗鎮林勝守思明州　甘輝洪旭

等至舟山由涔江口登岸守兵迎戰敗走遂進兵攻

城總制陳六御遣監督李化龍入城招降我鎮守副

將巴臣功等遂開城投順張名振等出自長江來會

我定關守將張鴻德棄家來附後授前鋒鎮

十一月成功差監督李長至舟山調兵北上師回以

總制陳六御督定西侯張名振英義伯阮駿等鎮守

舟山委林勝鎮守海澄縣王元士知縣事林其昌失

入人罪革職

十二月甘輝引巴臣功等入見成功即授驍騎鎮改名臣興　洪旭入台州港馬信棄城帶兵馬妻子來歸成功即授中權鎮掛定北將軍印

丙申　順治十三年　永曆十年

正月我平南王尚可喜撥騎兵同潮鎮劉伯祿恢復揭陽離城西二十里扎營成功右先鋒蘇茂統五鎮守西門陽港據橋橋外即平埔時平南兵先以數百騎挑戰鎮兵追之即走是日援兵勦右鎮黃勝殿兵鎮林文燦左鎮黃梧在埔上操兵平南兵大至蘇茂欲出兵迎戰金武營郭遂第諫以為橋狹難於退兵

不聽及戰大敗惟遂第兵先過橋無一傷餘皆自相蹂踐擠橋渡港黄勝林文燦皆死于橋下甲士死者凡五千餘人大兵過橋拆毁營盤直至城下前提督黄廷在東門出兵接戰我兵乃退報至成功命五軍總制張英再督戎旗鎮下潮大兵截港而營難于攻而各土堡堅守不納穀

二月成功差兵官張光啓入揭陽察戰敗情形調蘇茂杜輝黄梧蕃田思明州令黄廷林勝及各鎮下廣採聽承歷信息

三月前軍定西侯張名振於正月病故令陳六御兼

管前軍事令水師前鎮阮駿專守舟山阮駿報定關造船五百隻欲攻舟山請撥兵防護成功遣馬信張鴻德督師北上協防

四月我庶子王調各澳船隻令泉州城守韓尚亮統衆出泉州港成功令諸鎮出圍頭外迎擊援勦左鎮王明以銃擊之忽沈尚亮船一隻信武營陳澤等乘勢追趕忽颶風大作諸鎮舟收泊圍頭尚亮舟被風壓下有飄入圍頭被獲者有飄入青嶼金門登岸乞降者有飄至外洋至廣海者得收回泉港者不滿十隻由是不敢渡海

五月黃廷等至碣石衛兵士無粮逃亡皆盡遂回師六月成功至思明州議揭陽喪師罪左先鋒蘇茂斬杜輝綑責黃梧記責仍舊管事圖功自贖　以周全斌為先鋒鎮金武營鄭遂第改名華棟為後衛鎮撥黃梧守海澄縣　二十二日黃梧同副將蘇明據海澄降於我黃梧在揭陽亡其鉄甲兵二百名寘于賠補而厦門任屢又為鄭鴻逵所取故得揭春而走蘇明乃蘇茂堂弟　世祖封黃梧為海澄公鎮漳州蘇明授精奇呢哈番召至京為内大臣後黃梧請發鄭氏祖墳株求鄭氏宗黨陷沒五大商漳泉之民大遭

其毒

成功令甘輝林勝洪旭等率各鎮兵攻復海澄縣大兵已入城惟五都土城為副將林明領兵康熊所守遂搬米粟兵器下船計海澄城所貯貯粮二十五萬餘石軍器砲銃及各將領私蓄無算拔林明為右戎旗鎮扶康熊為左戎旗鎮領兵為中軍遠兵官張光啟兵都事黄璋下獄以其附同黄梧瞞借楊琦衣甲應點之罪又驚挾之致變故也以黄元華棟守銅山時鎮將楊琦鍾宇陳鵬等多不法為各監紀所揭被責甘輝上言以為文武不和乃聽諸監紀留用

七月成功遣中提督甘輝林勝周全斌楊祖等十五鎮兵北上甘輝等遂入閩安鎮至福省南臺橋登岸扎營成功諜知省城無兵令取福州而善船失柁諭帖不至甘輝遂掠南臺潭尾等處　八月庶子王抽兵赴福州　成功以前提督黄廷鎮思明州赦張光啟黄璋戴罪管事躬率右戎旗鎮林明等至福州視師矣

是月浙江定關水軍攻舟山陳六御阮駿二船爭先奮擊　大兵誘之深入水急船不得回砲矢如雨俱赴海自焚而死餘船奔散　大兵入舟山遷徙居民

拆毀城郭張鴻德亦戰没
九月初三日成功至閩安鎮相度地勢令馮澄世築
寨城鎮守羅星塔亦築土城鎮守成功駕出駐壺江
定海鳳埔等處中權鎮黄信自北回陳説失舟山之
事成功令優恤陳六御阮駿二家六御陳謙子也
成功取連江縣守之
十月成功駐三都　初六日庶子王發兵攻銅山後
衝鎮華棟護衛右鎮黄元合兵擊之庶子王敗走成
功以右提督王秀奇總督五軍戎務中權鎮馬信管
右提督事

十二月成功督師取羅源寧德等縣報入省庶子王遂撥滿洲梅勒章京柯格商巴都柯如良等帶披甲綠旂兵數千赴援時同安侯鄭芝龍差謝表小八等力說就撫李率泰亦遣人來勸退兵以就撫局成功令諸鎮兵皆退甘輝斷後至護國嶺甘輝令抽兵過橋至嶺下列陣馬信已撥兵下船顧謂甘輝曰吾聞公喜戰今日親視公退此一陣也滿洲先鋒數百騎追至見陣整不敢逼甘輝再令抽兵度嶺親督數十人在後柯格商至甘輝揮兵欲戰之別將勸止甘輝曰此易取耳當盡殲之格商至嶺下身自下馬諸騎

將皆步行上嶺箭如雨發路狹兵不能成行甘輝揮刄大呼從高趨下海兵殊死鬭滿兵四奔柯格商中數刄猶力戰諸兵亂砍之馬信令斷其首埋于田中餘者殺死甚衆甘輝即下令收兵還營而別鎮追者為滿騎所殺退是役也柯格商最驍勇而巴都柯如良等皆善戰及敗後滿兵為之奪氣於是撫事不成

丁酉　順治十四年　永歷十一年

正月成功駐三都　二月總制張英後提督萬禮等督舟師至溫州議攻金鄉衛我守將瞿永壽獻城降遂取粮而回

三月成功令萬禮督正兵鎮朝英左衛鎮洪善右衛鎮楊朝棟等輪守萬安鎮鎮羅星塔等處成功親率諸鎮北上至鎮下溪阻風遂回思明州　初八日定國公鄭鴻逵卒于金門所

四月遣水師後鎮施舉同李順往浙江等處招集松門一帶漁民以為進長江嚮導施舉至定關遭風暴坐船流入港內大兵攻之陷沒

五月六察常壽寧密啟戶官鄭泰乾沒洋船銀一萬查皆失實泰言此人必係奸細往往離間藩下左右用事之人不可信用又聞其受賄形狀成功大怒念

其嵩江世胄一家四十餘口起義被殺兼年老免刑
幽置而死
六月台灣紅夷酋長揆一遣通事何斌送外國寶物
來求通商願年輸餉五千兩箭柸十萬枝硫黃一千
担許之
七月成功興師北上委忠振伯洪旭督水陸四鎮兵
防守思明州　初十日傳令在船開駕督戎旗等鎮
進扎興化黃石分遣中提督甘輝進扎涵頭取粮三
日遂抽進狼琦親往閩安鎮令前提督黃廷鎮守廷
言閩安鎮不可守成功令守一月以護衛前鎮陳斌

守羅星塔
八月十二日成功入海門港乘風直進黃巖縣我守將王戎戰敗以城降　十八日成功進攻台州府令馬信遣兵招降　二十六日我總鎮李必出城降知縣齊維藩臨海縣知縣黎獻詹俱降
九月太平縣天台縣守將俱降　初八日成功遣萬禮攻海門衛　初九日成功親閱地勢頗險令監督宋繼寧入城招諭我守將張捷出降前所守將劉崇賢亦降永春義師林忠襲破永福縣我總督李率泰發兵進援撫海澄公黃梧兵未至疑之盡撤其轄下

兵分入八旗黃梧大悔　李率泰調集漳泉水哨庶子王撥披甲下船圍羅星塔集民夫命自鼓山開路達鎮城　十四日滿兵水陸齊攻成功前提督右鎮余程守項寨戰死遂失閩安鎮護衛前鎮陳斌神器鎮盧譓守羅星塔被圍無援時施琅歸命為同安城守在總督軍前使人招降陳斌麾下兵皆欲降斌遂降後說李率泰盡殺之南臺橋凡五百餘人　成功恐閩安鎮有失撥兵赴援遂棄台州率師南下已無及矣遂以五軍陳堯策督數鎮守狼琦地方　二十六日成功回思明州　二十八日成功督師南下

十一月初一日至南澳忠勇侯陳豹言惠潮破敗之
餘潟城無用鷗汀壩小寨令數鎮攻之可克左戎鎮
林勝願自領兵攻寨從之撥各提鎮于潮揭取其粮
成功回思明州　提督黄廷林勝等攻破鷗汀壩時
天旱濠乾兵至城下用人字牌遮身以鍬钁鑿掘城
墻列大熕齊發崩之而入男女無少長皆屠之壯士
數百人走免其地遂空　永歷遣彰平伯周金湯太
監劉國柱航海至閩進成功爲延平王晋封潮王成
功欲破金陵然後稱王固辭不受文書告示只稱令
旨而已後金湯復命雲南已破死于廣海前監國魯

王科臣徐孚遠附海船至交趾欲假道歸永曆交趾王欲其以臣禮朝見孚遠不肯登岸而回成功遂禁商船不許往廣南貿易

戊戌　順治十五年　永曆十二年是歲永曆亡海上猶称其年號

正月成功駐思明州　二月成功調集各提鎮挑選勇健者撥入親軍

三月成功築演武亭于廈門港練兵以石獅重五百斤者為最力能提起者撥入武衛虎衛親軍皆配雲南斬馬刀弓箭鉄面鉄臂鉄裙用鏢鏢定使其不得脱其時謂之鉄人　拔陳魁陳鵬為左右虎衛鎮成

功令左武衛林勝合左右虎衛之兵南下攻許龍港水忽漲舟師直入許龍率衆而逃護其輜重米粟船隻焚其巢穴

我海澄守將劉進忠等率兵獻城迎降後衛鎮華棟病故以劉進忠管鎮事華棟即金璲弟興化府諸生也舉義其母尚繫府獄故改名後成功以千金贖出之仍恤其子

五月以前提督黄廷防守思明州興兵官洪旭同商機務户官鄭泰給發兵餉餘諸提鎮俱從行甲士五萬習流五萬習馬五千戈船八千鐵人八千伏兵凡

十餘萬舟數千艘
六月初七日師至平陽縣我守將車任暹獻城降
十三日瑞安縣守將艾誠祥降　成功鉄騎鎮巴臣
興病故以黑雲　管鎮事　十六日成功至温州我
鎮將堅守不出成功議取足粮餉收兵下船
七月初二日成功開駕抵舟山閩引港官李順水程
順曰舟山至洋山西南風一日便到其山皆洋無人
任有大王廟甚靈海中有矇瞽二龍泊船不可金鼓
献紙恐其驚動翻覆不安成功不信　初九日午刻
到洋山候䑸初十日各提鎮来見放砲鳴鑼不移時

風起浪湧迅雷閃電對面昏黑不相見但聞呼救之聲管船都脫陳德與太監張忠等跪求成功上柵拜天拜甫畢風雨方息波浪稍恬覆舟五十餘號溺死數千人成功大中軍船打破失六妃嬪及幼子三人亦溺焉死者凡二百三十一人

十四日成功以兵船軍器損失回至舟山議向温台各港取粮

九月初十日成功至象山縣知縣徐某還生員父老送牛酒犒師并具稟啟成功遂傳令不攻時北兵驚怕風浪多逃去有援勦右鎮賀世明等船報頭桅俱

扮紅又訛傳欲叛去并北將盡失之語成功遂撤賀世明鎮任并令張五軍諭水武營卜世用火武營魏標中權鎮李必奇兵鎮張魁等解職惟北鎮姚國泰補援剿右鎮賀世明憤激氣死以總理監營翁天祐署左提督隸其兵

十月初二日成功至台州港後衛鎮劉進忠走入海門所成功令棄城而走以水武營黃招管後衛鎮

二十二日成功至磐石衛守將不降下令攻城

十一月初七日城破擒斬無數　十二日成功分各提鎮就汛地養兵

十二月成功駕駐沙關　是歲大清兵破雲南永歷亡先是秦王孫可望出湖南與經畧洪承疇對壘永歷駐安龍所西寧王李定國奉之以入雲南一路無阻遂將孫可望家眷送之軍中還之途中輜重又被刼掠可望窮憤投誠至京　世祖優待之封為義王其死也親弔之平西王吴三桂與內院洪承疇遂攻入雲南李定國護永歷至緬甸病死吴三桂追之緬人懼獻永歷疏聞築台絞死是日天地昏暗有白龍昇天之異觀者莫不傷感而明祚至是終矣

靖海志卷三

海鹽彭孫貽羿仁氏著

上海圖書館藏

己亥順治十六年

正月成功駐沙關

二月成功到磐石衛

三月成功催各提鎮限本月二十五日到磐石聽令

四月二十八日成功率將士齊到定關　二十九日入寧波港

五月初一日成功抽兵下船　初四日至舟山烈港

十七日成功至羊山諸將請先取崇明以為老營

成功不許　十八日成功至崇明　十九日成功差監紀劉澄密書通江南提督馬進賢

六月十四日成功合張煌言諸軍至焦山　十六日辰時成功集諸將議曰瓜鎮為金陵門户宜先破之成功進兵攻瓜州我操江都御史朱衣佐率遊擊左雲龍領滿漢兵數千扎營城外迎敵成功乃令右提督馬信前鋒鎮余新進奪譚家洲督左右武衛居中中提督居左左提督居右後提督抄瓜州之後兩陣相對隔一小港銃矢交擊成功令材官張亮督善泅水者盪舟斬斷滚江龍揮兵大進滿兵列火銃守岸

衝鎮周全斌揮兵下水直渡小港水深鉄重兵從水底行沒頂多溺死突上岸守兵不意海兵至驚駭全斌直衝其陣左雲龍及右協楊富率兵會戰背而軍戰未合雲龍已陣斬十餘人全斌率兵直抵城下諸軍直逼而進滿兵退走入城城正兵鎮韓英乘勢奪梯奮力先登左先鋒楊祖繼進城遂破巳時遂克瓜州左雲龍陣沒朱衣佐被擒斬首數千是日右提督馬信攻奪譚家洲大砲張兵官羅蘊章等攻滿洲木城三座木城用大杉木板釘平豎栅內容兵五百人火砲四十門火藥火罐不計其數從上流壓下船過

之立碎至是殲馬成功以全斌輕渡港失兵多欲斬之諸將跪請乃許戴罪立功朱衣佐至鎮江乞歸養親成功賜路費遣之以援勦後鎮劉猷鎮守瓜州監紀柯平督理江防管州事委張兵部楊戎鎮督水師入蕪湖牽其戰船直逼金陵以分其勢　十九日成功督師進泊鎮江南岸七里港　二十日登岸扎營時我提督管效忠以步兵駐守銀山海師扎于銀山對面山上相距只隔一港滿洲騎兵驚移大路扎營留綠旗兵數百守銀山　成功於二十二日二更移營到銀山下寅時傳令登山開隊以銀山迫府治先

爭地夜引兵擊之遲明大軍分五路三疊壓壘而軍
海師日逼鎮江告急副將高謙守鎮江江南總督郎
廷佐檄吳淞提督馬逢知以兵赴援滿帥哈哈木發
滿兵一千援鎮江逢知將騎兵三千至丹陽聞成功
兵盛返旆淞江三檄不至副將高謙將兵二千懼不
敢戰援勦林副將將閩兵二百五十人跳蕩敢戰海
師益逼林副將曰我輩赴援至此閉城不戰何以拒
敵請以所部為諸軍先開西門出戰高謙以兵繼之
閩將揮兵奮勇陷陣入海師營擊殺數百人成功親
督右武衛周全斌左虎衛陳魁等四面圍之周全斌

直衝其鋒以長繩介陣後曰兵退至繩者斬於是奮勇爭先滿兵披靡諸將繼之林副將血戰部曲殺傷過半僅餘七十餘人決圍出高謙不戰而走時西門道狹止容一人一騎且溝港甚多自相蹂踐死者不計其數後軍阻於道狹不能進故敗退入城明日合滿漢兵復戰漢兵居前鳥槍弓矢待敵海師火器先發銃鳴我師皆伏地聲畢皆起海師發火筒煙眯目不得開煙過海師已短兵接鳥槍弓矢不得施刀擊藤盔簰皆不入大敗走海人逐之盡奔入城提督管效忠將披甲八百援京口欲與成功戰將士皆退縮

不戰效忠曰戰而勝一軍盡為忠義若不勝我乞援走江寧不復入此城矣將士復不應效忠單騎入海師陣血染甲裳而還我師見氣壯亦開營出戰有旂將奮勇入陣軍士見紅旂氣百倍須臾旂仆海師乘之我師大敗一軍盡覆僅餘數十騎走江寧海師進逼城總鎮高謙大集紳士問戰守相顧皆默然一武生起曰海師勢大將軍當為一郡生靈計謙曰提督管公期堅守二日提師必至踰二日不至當如諸生言武生群譁曰瓜州且立破焉能二日待高謙推案仆紳士失色謙脫帽擲地痛哭曰我子已登武科駐

雲間事急不復能相顧請從諸君以紓禍乎高謙率
知府戴可進遂通款成功大喜送文武各官紅袍冠
帶各一襲犒師白金三千兩羅列于案藉以紅罽鼓
吹舁入城士民夾道觀各官遂冠帶父老耆宿高巾
寬衣大袖滿江市日夜張樂歌舞衣工緞肆頓增價
浙中昂邦陰遣人持數百金買緞疋于京口潛通款
成功周全斌身帶重傷成功令鎮守鎮江以工官馮
澄世爲常鎮道兵都事李允爲知府以監紀李若霖
爲司理時諸州縣多來降太平府守將劉世賢獻城
降蕪湖一路俱送款廬鳳以上望風歸附　成功議

取金陵中提督甘輝進曰斷瓜州則山東之師不下據北固則兩浙之勢不通但坐鎮此南都可不勞而定也或請從陸路進兵以為破竹之勢一鼓可下或攻取外面州郡以絶援兵則城孤亦難守若水路恐風信稽遲則援兵四集江上又難衝鋒矣諸將多以天時炎熱久雨溝河難通成功因此不聽遂由水路進發

七月初四日成功督諸軍下船　初七日成功至觀音門初八日令左衛鎮黄安總督水師守三汊河口十二日成功命前鋒鎮余新中衝鎮蕭拱辰扎獅子

山堵禦儀鳳門左提督翁天佑為應援中提督甘輝後提督萬禮左先鋒楊祖俱離前鋒鎮之第二大橋頭山上屯扎右提督馬信宣毅後鎮吳豪扎旱西門成功督左武衛林勝左虎衛陳魁右虎衛陳鵬五軍張英屯扎嶽廟山甘輝以守禦既固恐難猝拔為諫成功不聽時寧國府池州府和州滁州等州縣俱降杭州及江西九江等處俱有密謀通款者成功遣監督高綿祖禮都事蔡政往蘇淞通好提督馬進寶約其同時會師馬信齎書于崇明總鎮梁化鳳化鳳許納約下金陵後即納版圖　江南提督管效忠調集

各府兵將齊備講欲衝營成功舟師營江上戰士登陸逼城為營因山樹柵環金川神策儀鳳三門城中震恐文武將吏皆懷二三唯滿帥哈哈木總督郎廷佐提督管效忠堅持戰守飛章告急成功逼城大造望樓衝車羅將軍自廣班師至明安達里自浙至援師漸集江上見成功兵盛不敢戰廷佐檄調崇明總鎮梁化鳳入援化鳳將步騎各三千至江寧哈哈木令屯江上見梁兵戰馬雄壯令兵奪之梁兵洶洶思叛管效忠言於哈哈木曰江廣援師既敗外援已斷唯化鳳一軍遠赴危城謂必有以慰勞之奈何奪其

戰騎平軍心苟變為禍殊速矣速犒之歸其馬哈哈
木即命效忠勞化鳳軍歸其馬開城納江上兵成功
屯嶽廟山上軍容甚盛廷佐集滿漢諸將議出戰滿
兵懼諉候　旨進兵化鳳曰必待命而戰賊已逼城
人心一變大事去矣廷佐乃嚴整部伍刻期待戰
十七日甘輝請成功速攻城恐援兵日至師老無功
成功定于二十二日安砲進攻　二十一日成功營
將闕尚賢犯令當斬夜亡抵金川門縋而入盡以營
中虛實告城中曰營中令凌日盡解甲明日又成功
生日諸將上壽必置酒若欲破敵不出此日營中地

雷伏弩大砲長槍隨鹿角以密布無隙可入必從中而起出不意始可破之郎廷佐集諸將謀曰成功營抱三門中央神策門自明初塞之近三百年鑿之出兵直搗中堅彼自潰矣昧爽穴神策門去其土石梁化鳳以部下五千人為前鋒關尚賢導之升屋踰垣直入前鋒余新營部兵不及甲而戰舉火焚營火器迸發傷一二百人化鳳兵大呼奮擊營中大亂生擒余新蕭拱辰泅水而逃全軍覆没後提督萬禮扎於橋外救應不及滿兵見漢兵勝其氣亦倍遂蜂擁出城外扎營　二十二日晚甘輝林勝以金陵守禦既

固恐難猝拔勸成功收兵回至觀音山成功欲再決一戰令楊祖姚國泰楊正藍衍等扎於山上甘輝張英等伏于山中林勝陳魁等列於山下成功督陳鵬萬祿等扎觀音門為聲援萬里萬義等堵禦大橋頭大路馬信吳豪韓英由水路攝其後黃安專督水師防江　二十三日滿漢大隊抄出山後直冲左先鋒楊祖之營楊祖兵盡籐牌就地滚殺化鳳用棗木大棍概以棒之執牌者亂倒於地棄甲曳兵而走時成功傳令無令不許輕戰而山上山下又隔遠不相聯屬我兵矢發如雨楊祖衆寡不能當而走藍衍戰沒

成功遣陳鵬萬祿往援山高不得上滿兵從山後出其背前後夾攻甘輝張英等在山上被圍力戰不得出張英陣亡甘輝且戰且走至江擒馬林勝陳魁在山下戰敗全軍俱没萬禮等在大橋頭滿漢兵首尾合圍萬禮東西馳突不得出亦被擒馬萬義泅水逃成功見大勢已去扶創收兵下船順流迫京口滿漢水師艤集共追成功成功揮黄安火炮禦之擊沈數艘渡載諸眷姬及諸殘兵出港　成功查失將領中提督甘輝後提督萬禮五軍張英親軍林勝陳魁鎮將藍衍魏標卜世周副將洪復并户官潘庚鍾儀衛

吳賜等數十人

後甘輝等解至金陵總督固山會審萬禮余新皆跪甘輝以足蹴之曰癡漢尚欲求生乎大罵不屈俱被殺

海師之入長江也大江南北無不爭先獻冊上印南及徽寧西及九江俱遙通欵禁中聞風思動兩浙人心搖搖將吏坐觀向背滿兵望風退縮不敢爭鋒江南巡撫棄句容走丹陽築堰自守報至北京舉朝震駭諸王固山議出師逡巡莫敢任　當宁決計親征召前海澄降將蘇明問之對曰海兵不能持久不數日當有捷音後三日而江寧捷報至乃罷

二十四日成功至京口察戰士瘡傷

者療治之分派各鎮補缺管轄令五軍都督忠明伯周全斌將甲士五千人鎮江列營待戰追者不敢逼二十八日諸將領俱各下船駕入長江成功徐發鎮江所寄家口載舟中高謙及諸武生主穀者盡携家口從之將發大掠城中乃行載粮數十萬石出焦山口張煌言將舟師屯巢湖身率親信數百人登陸招撫各邑聞成功敗舟師全軍東下乘風順流過三山無敢攖其鋒者遂出鎮江口煌言間道走山中宵行倍道自廣德趨獨松關渡餘杭至台州下海

八月初一日功成率師回至狼山上沙　初四日成

功泊吳淞港遣蔡政往見馬進寶入京議撫　初八日成功至崇明以作老營先是梁化鳳以海人連敗出海必攻崇明以抒憤連夜提師追崇明　十一日海師攻圍甚急城崩數丈適梁化鳳兵至內外夾攻海師大敗正兵鎮韓英監督王起鳳雲梯登城俱被砲傷死成功欲令諸將再攻周全斌曰城小而堅難以驟拔得之亦無用適馬進寶差中軍同蔡政來勸退師以待奏請看撫局成否成功從之仍遣蔡政往京　十八日成功回師至浙江以楊富管正兵鎮分派各提鎮就溫台舟山各港口屯扎操練仍撥數鎮

屯扎蓁嶼三都興化南日沿海地方

九月初三日成功令開船　初七日至思明州

十月援勦後鎮劉猷屯温州深入内地取餉被誘戰没

十二月蔡政自京回云撫事不成繫同安侯鄭芝龍於獄并逮馬進寶到京問罪遣滿洲將軍達素帶披甲萬餘前來勦海并令三省水師會勦

庚子　順治十七年

正月二十一日報滿洲統兵將軍達素頭站兵至福州

二月成功調回北汛諸提鎮侯撥防守

三月將軍達素到泉州催促船隻配兵　成功調回

南下各兵分派屯扎

四月初三日成功改右提督馬信為提督軍驍騎鎮

傳令各提督將士眷口搬住金門所委英兵鎮陳瑞

保護同戶官鄭泰一同管轄　初四日遣中衛鎮蕭

拱宸等泊崇武堵禦泉港委輔明侯林察為水師總

督共商機宜派援勦右鎮林順禮武鎮林福防守海

門派右武衛周全斌驍騎鎮馬信防泊裂嶼尾派遊

兵鎮胡靖殿兵鎮陳璋為陸師守高崎等處援勦後

鎮張志為水師拋泊高崎應援撥林福防守倒流寨

二十六日泉州官船二百餘號駕到祥芝澚陸師山上扎營放砲水師山邊而行遂進至圍頭成功令林察蕭拱宸等泊劉五店遏止圍頭之官船不得入同安港會合命行戶官鄭泰將前派守圍頭兵丁船隻一盡防守金門拋泊城保角以防廣海許龍等船

成功撥右虎衛陳鵬守五道高琦東一帶撥援勦前鎮戴捷守高崎寨殿兵鎮陳璋前衝鎮劉俊智武鎮顏望忠防守蜥保寨并赤山坪遊兵鎮胡靖防守東渡寨仍委戎政王秀奇總督高崎等處協理戎政

楊朝棟總督東渡等處臨期商酌調遣　成功令神武營康邦彦扎崎尾兼管神前一帶撥宣毅後鎮吳豪後衛鎮黄昭撥勦後鎮張志并陳廣吳裕水師應援高崎五道等處堵截邀擊

五月初一日成功駐演武亭撥忠靖伯陳輝同安侯周瑞撥勦右鎮下楊元標銃船前提督下方左營等船泊海澄港以截漳州大隊水師　成功親督前提督黄廷右武衛周全斌撥勦左鎮黄昌右鎮林順正兵鎮楊富等屯海門準備迎敵　初八日漳州港中先造大船一百號配滿兵總督李率泰海澄公黄梧

督之出海澄港同安港收拾小船將軍達素同同安總鎮施琅以小船配滿兵橫渡高崎俱下船約初十日進兵　初十日早成功令五軍陳堯策傳令陳輝等碇海中流不許起柁欲待漳州船出而乘其後倏忽閩官船乘風蔽江而下以數船攻一船用鉄練牽住砲矢齊發梯而登陳堯策周瑞一船及方左營一船皆被燒死陳輝一船官兵蜂擁而上輝走入官艙發火藥從下冲上船艙飛裂官兵在船上俱死其船未沉為海兵奪回陳輝得活時成功坐熕船繼令何義督之而下八槳船往來督戰時官船乘風直追海

船漸漸退縮直壓至廈門港日將午南風作發海潮漸長黄廷同全斌等奮力迎擊同正副龍熕兩船破艅而入龍熕受大彈子一丸重十餘觔小彈子一斗副龍熕照様新鑄者各以一船專載之龍熕所攻船中人頃刻間不見形影遂奪滿先鋒昂邦章京紅眼二船出擒侍衛一二等蝦十餘員并烏沙一船黄廷擒梅勒耿勝一船户官鄭泰自金門率烏船五十號乘勢而衝入宣毅鎮黄元從鼓浪嶼後衝出夾攻砲聲如雷隱隱不絕火煙迷江咫尺不辨共擒官船十三號又追滿先鋒三船至圭嶼滿先鋒棄船登岸馬

信招之降夜溺殺之惟留紅帶梅勒士心秀併隨身披甲三人是日辰時達將軍總督滿漢兵船至牟尼嶼從赤山坪登岸殿兵鎮陳璋揮兵於水中迎戰兵少漸不支守髙崎右虎衛陳鵬密通我同安總鎮施琅謀為内應其副將陳蟒璋之姪也見事急欲出兵救援陳鵬止之不許成功總督王秀奇速令陳蟒赴之滿兵見金龍甲兵至以為迎己也及下水砍殺始慌亂而前協萬宏領兵林雄領旗協劉雄繼至合擊前衝鎮劉俊亦從東冲出協力拒敵俄而水師吳豪赶至滿船向前迎敵諸水師分路衝下擊沉數隻滿

兵先登岸者被殺及溺水不計其數生擒呂馬喇及
披甲三百餘人皆斷手掌放回達素率全師回省數
日屍浮海岸萬餘長髮者十二三短髮者十七八
成功磔陳鵬殺其家屬以陳蟒為虎衛右鎮何義為
虎衛左鎮
六月成功駐金門後埔令思明州將士兵丁眷口移
住金門百姓搬移過海聽其自便撥諸提鎮分扎汛
地取糧
七月成功令兵官張光啟往倭國借兵以船載黃蘗
寺僧隱元及其徒五十衆時倭人敦請隱元故載與

俱往成功書與倭國王而不及上將軍主國政者故倭人兵不發

九月諸兵民家眷俱回思明州

十月中朝調達素回京問罪達素在福州聞之吞金而死滿兵回京水師船隻俱調入港閣岸　監國曾王殂于金門所

辛丑順治十八年正月世祖晏駕　聖祖即位改明年為康熙元年

正月成功議取台灣台灣者在東南海中東倚山西薄海北界雞籠城與福州相峙南則河沙磯小琉球近馬周袤三千里與土番雜處萬山環抱中有膏腴

平地數百里當數縣故無君長饒布粟桑麻百物互相貿易山多金銀無所用人民饒樂不知甲兵戰鬬山口百里皆危礁兩山夾水如永巷潮長舟輕始可入天啟年間鄭芝龍與群盜出沒其地後為歐羅巴紅夷所佔於港口築城與中國日本廣南貿易海邊貧民流寓者種蔗煮糖為業殆數千戶時紅夷亦恐鄭氏動兵及庚子春先遣通事何斌及其酋長同来議貢何斌密進地圖盛言台灣富饒為四省要害且言可取狀成功陳兵自鎮南關至院東依山佈陣凡十餘里甲兵數萬周全斌統轄戎旗兵七千皆衣金

龍甲軍威甚盛、夷人震懾成功欲進兵諸將雖不敢
違俱有難色宣毅後鎮吳豪曾到其地力言港淺大
船難進且水土不服多瘴癘成功不從惟協理戎政
楊朝棟倡言可取成功納之
二月成功駐兵金門整理船隻以兵官洪旭前提督
黄廷居守思明州户官鄭泰居守金門所
三月初一日祭江成功督文武官親軍武衛周全斌
何義陳蟒提督馬信鎮將楊祖蕭拱宸黄昭陳澤吳
豪林福張志等作首程先行令守澎湖遊擊洪暄引
港各船俱駕到料羅灣聽令開駕　二十二日午時

成功自料羅放洋　二十四日各船齊到澎湖分各嶼駐扎成功扎營内嶼　二十七日開船到甘吉嶼阻風而回　三十日晚風雨未息成功以行粮已盡傳令一更後開駕三更後晴霽風順

四月初一日天明成功至台灣外沙線各船絡繹俱至到鹿耳門線外此港甚淺沙壇重疊海道紆折僅容數武大船從無出入故夷人不甚防備是日水漲丈餘成功令小船由鹿耳門登岸午後大小戰船齊進泊水寨港登岸扎營令陳澤督虎衛將坐銃船扎鹿耳門牽制紅夷甲板船並防北線尾守赤嵌城夷

長猫鷄寶叮發砲死擊營壘并焚馬廐倉粟成功恐焚及赤嵌衛令楊朝棟督張志統兵防禦　初三日陳澤扎營北線尾守台灣城夷長揆一見海師未齊遣頭目拔鬼仔率鳥銃兵數百直前邀擊陳澤迎戰一鼓殲之拔鬼仔戰死餘退走　初四日赤嵌城夷長猫鷄寶叮以孤城救之成功遣楊朝棟招諭之遂率夷人三百餘人出降　成功令赤嵌夷招夷長揆一菁來降不從時夷人尚有甲板船在港令陳澤陳廣等攻之沈其一隻焚其一隻走回一隻　初四日成功督師移扎七崑身以逼之築土台架砲攻台灣

城揆一等于附城銃城齊放大銃，頃刻土台崩壞，海兵退回。夷人出城奪砲，馬信、劉國軒率弓箭手射之，乃退。成功遂令赤嵌降夷架銃擊其銃城，崩之。派馬信等扎台灣衛固守不攻，俟其自降。成功又使人告之曰：「此地乃先人故物，今我所欲得地耳，餘悉以歸爾。」紅夷乃降。　成功派各鎮分扎汛地屯墾。

五月初二日，二程黃安、劉俊、顏望忠、陳瑞、胡靖、陳璋等到台灣。　成功集文武各官，審宣毅後鎮吳豪搶奪民財兼匿米粟，斬之；右虎衛陳蟒同罪，革職細責，以黃安管右虎衛。　成功既得台灣，制法律，興學校

改台灣為偽安平鎮赤嵌城為偽承天府委楊朝棟
為府尹一為天興縣委莊文烈知縣事一為萬年縣
委祝敬知縣事
六月十六日銅山守將蔡祿郭義搶掠居民脅忠匡
伯張進投誠進詐許置酒請會欲發火藥與之俱焚
蔡郭知之不赴張進遂縱火自焚初後提督萬禮密
約海澄公黃梧欲據思明州投誠後隨攻南京被獲
而死已祀忠臣祠矣事洩成功撤其木主蔡郭是其
黨也故懼而叛大兵入銅山城兵官洪旭會忠勇侯
陳豹統水師追之蔡郭同大兵退走報至成功拔總

監營翁天祐鎮守而厚恤張進之家
七月紅夷會甲板船至成功調右武衛前協裴德協
守台灣　張志黄志等激變大肚社土番楊祖與戰
中標鎗死土番圍張志營黄安陳瑞等擊走之
八月紅夷率甲板船来攻成功令陳澤同戎旗左右
協水師擊敗之獲甲板二隻小艇三隻自是甲板退
入台灣港不敢復出　朝命户部尚書蘇納海至閩
遷海邊居民之内地離海三十里村社田宅悉皆焚
棄先是達素兵至成功令思明州撤空其北人来降
者家眷乘隙皆渡海逃去成功右提督王秀竒亦逃

回江南埋名不出而原任漳州知府房星曄者為索國舅門客遂逃入京使其弟候補通判房星曜上言以為海兵皆從海邊取餉使空其地而徙其人寸版不許下海則彼無食而兵自散矣遂從其策陞房星曜為道員病死無嗣至是上自遼東下至廣東皆遷徙築短墻為界碑撥兵戍守出界者死百姓失業流離死亡者以億萬計蘇納海歸薦同安總鎮施琅為水師提督移鎮海澄

十月同安侯鄭芝龍為其家人尹大器出首通海時令上新即位四輔蘇克薩哈與鄭芝龍有隙以初三

日磔芝龍于菜市，殺其子孫家屬凡十一人。因芝豹于京師錮守之。報至台灣，成功叱為妄傳，然中夜悲號，居常鬱悒。

十二月，守台灣城夷長揆一等乞以城歸成功，而搬其輜重貨物下船，率餘夷五百餘衆駕甲板遠去。成功遂有台灣，改名東寧。成功以各社田土分與水陸諸提鎮，而各令搬其家眷至東都居住，兵丁俱令屯墾。初至，水土不服，瘴癘大作，病者十之七八，死者甚衆。加以用法嚴峻，果于誅殺。府尹楊朝棟以其用小斗散粮，殺其一家；又殺萬年縣令祝敬，家屬發配於

是人心惶惶諸將解體

壬寅　康熙元年　海上稱永歷十六年

正月成功嚴諭搬眷鄭泰洪旭黃廷等皆不欲行於是不發一船至台灣而差船來調監紀洪初闢等十人分管番社皆留住不遣島上音信隔絕

三月成功令周全斌調銅山思明州兵攻南澳欲擒陳豹豹短小精悍號三尺陳守南澳近二十年許龍蘇利皆畏之但驕傲專恣數違藩令兵至倉猝率衆搬眷下船不敢十分迎敵揚帆入廣東投誠朝命封為慕義伯未幾病盲而死

四月成功先有寵妾董夫人在思明州長子經亂之生子子生報台灣成功大喜高宴累日問所自出皆云不知既而微知之大怒命工官楊都事齎令箭劍思明州欲殺董夫人及長子經並左右五人首洪旭經妻父也黃廷與洪旭密謀國姓以盛怒命殺其子國姓無他子倘後而中變喜怒不可知不若姑緩之須後命遂殺楊都事不奉令又訛傳周全斌奉密諭欲殺謀將十餘人於是人人自危洪旭等候周全斌船回廈門港即執而拘之黃廷勸鄭泰殺全斌全斌求救於黃夫人洪旭亦依違乃得免

五月初八日成功病卒於台灣遺命子經不肖不堪
負荷文武各官俾輔幼弟為台灣主提督馬信鎮將
黄昭等宣遺命以其弟鄭世襲護理大將軍印未幾
馬信黄安皆物故世襲以黄昭蕭拱宸為腹心拔劉
國軒管鎮事謀自立報至思明州鄭泰洪旭黄廷工
官馮澄世參軍蔡鳴雷等皆不從立鄭經為嗣封世
子發喪即位　時靖南王耿繼茂移鎮福建與總督
李率泰遣中軍王明賞功李有功至思明州議撫鄭
泰等議照朝鮮例冠帶不薙髮復耿李使疏請而泰
遣中軍官楊來嘉同入京待命後不報釋楊來嘉回

八月京中差户部郎中貢岱兵部郎中金世德入閩安撫招撫凡海中文武官投誠者依例照品級升降補用

十月洪旭鄭泰等以兵千餘人配船送鄭世子入台灣鄭經以周全斌為五軍揖馮錫範為侍衛（澄世之子）陳永華為諮議參軍至澎湖世襲將李思忠乘船至台灣知諸將有謀逃回鄭經隨即防禦因乘風入鹿耳門登岸全斌令連夜伐木為寨扎營次早黃昭蕭拱宸謀奉世襲拒經值大霧晝暝咫尺不相見諸將多遲悞失期惟黃昭（兵）先至攻其前周全斌獨拒之劉國

軒督兵力戰破營而入鄭經兵却擠而前黄昭攀木而登為流矢所中墮下全斌令斬其首大呼示衆軍士皆迎降大霧忽晴日已向午鍾宇等至皆反戈而迎鄭經入安平鎮請世襲至待之如初世襲委罪于其僕蔡雲雲自縊鄭經收蕭拱宸李應清曹從龍等斬之餘皆不問諸將營兵撥守汛地如故

十一月鄭經率周全斌等同其叔世襲回思明州後世襲入京歸命授精奇尼哈番顏夫人鄭芝豹自戍所發回准在京同住

癸卯康熙二年

正月鄭經駐思明州時洪旭守思明州鄭泰守金門黄廷守銅山鄭經得鄭泰與黄昭往來書欲襲取之鄭泰不自安稱病不出　張煌言党偽靖波將軍阮美率文武各官詣温州投誠浙督趙廷臣以聞

三月鄭經命周全斌督船入海澄港取粮欲襲金門見其有備乃止

四月叅將陳永華謀以鄭經將回東寧而請鄭泰為居守户官統轄諸鎮資其餉給兵鑄居守户官印遣協理吴慎齎至金門泰遣其弟鳴駿入謝鄭經慰諭之見陳永華與鳴駿情好甚密鳴駿回永華力勸其

行泰遂于六月初六日帶兵船并餉銀十萬至思明州是晚入城赴席鄭經以其前通書黄昭面質之遂交興洪旭監留周全斌率兵并其船獨蔡璋一船得脱天未明至金門鳴駿倉猝與泰之子纘緒率諸將及兵丁眷口下船入泉州港向總督李率泰投誠船凡二百餘號兵八千餘全斌等追之不及後京中封鳴駿爲遵義侯纘緒爲慕恩伯文武官吏班賞敘用有差　初十日鄭泰見其子弟家眷兵衆皆入泉州港遂自縊而死

七月鄭經以黄而輝爲思明州知州黄廷之子也

蘇利反叛二十七日朝命兵部侍郎碩圖郎中沙海
正黃旗副都統木克必兔刑部郎中布福往廣東征
蘇利
廣東總督盧崇俊奏報八月十二日兵至南塘蘇利
親領萬衆迎敵平南王尚可喜合兵擊之賊始潰散
將軍提督督陣賊屍滿野官兵馳圍碣石賊夜開門
潛遁我兵搶門而入提督兵丁李起鴻陣斬蘇利驗
明屍首投誠員役認項有疤痕是實臣捐銀三百兩
馬一匹袍帽緞疋賞之以示鼓勵蘇利家口先期出
城下海遯去　黃廷自銅山入見鄭經慰諭之　海

中自鄭鳴駿入泉州人心解體鎮將多叛右武衛楊富左武衛何義精忠伯陳輝等文官參軍蔡鳴雷禮官都事陳彭等先後投誠

九月荷蘭國王糾集甲板船十六隻番兵數千會靖南王耿繼茂總督李率泰約共攻兩島俟事定之日欲求浯嶼築城貿易如廣東香山澳之例後準納貢互市李率泰遂議平島

十月調齊水陸官兵陸路提督馬得功督鄭鳴駿以船數百號出泉州港水師提督施琅同海澄公黃梧出海澄港靖南王耿繼茂同荷蘭國王扎營于同安

港之劉五店至期下船渡海守高崎正兵鎮陳昇先
約降
尚可喜奏十月二十二日蛋賊李榮周玉稱奉永歷
勅印號恢粵將軍直犯廣東省城臣隨同提撫二臣
調令現在船隻前往擊賊周李二賊揚帆遁走砲船
追襲八十里至魚珠纜尾海面賊援已至與兵船對
敵地多沙淺賊乘上風順水燒哨船三砲船十及水
師舟一暮夜收兵二十三四日賊船東西搶掠二十
五日賊攻順德縣南門捆知縣王允下船賊懸張僞
示沿海鄉村為其造船二十八日臣據鎮臣張國勛

報會同密遣擺手喇叅領劉國保統馬步兵一千協鎮將軍標下甲兵五十提督甲兵五十八擒燒村寨船隻臣密諭鎮臣張國勛班際盛統領戰船水陸并進三十日周李二賊率船一百二十三迎敵鎮臣張國勛叅領劉文煥兩鎮各營遊擊薛成亮等提標遊擊苗英等統領敵戰船直前冲殺左翼鎮臣班際盛協鎮將軍左鎮王運昌水師遊擊張友才叅將劉光宗提督守備文自炳等統二敵戰船抄出夾攻自午至申飛跳賊船擒斬賊衆抛擲火罐焚燒賊船各賊踉蹌落水馬兵往燒村寨從大石海旁邀擊奔岸之

賊盡殲爲劉文煥生擒僞恢粵將軍周玉奪回扭鏁知縣王允本標官兵生擒僞軍師林輔并周玉母梁氏各標共擒賊二百七十八獲賊大船二十四快船二十八鉄盔甲綿甲七百四十一大砲班鳩子母三眼百子鳥槍四百六十九虎叉大刀槍籐牌一千九百一十六火葯五十罈燒賊船六十四斬首二千六百三十七遁去三十餘舟劉國保統步騎至市橋陸路賊放砲對敵砲傷甲兵馬匹我兵奮力追勦賊逃至河邊潮田泥淖步騎難前斬首二百三十四級焚燒已未成大小船隻一百三十一隨收兵大石海旁

見水師方興對敵夾攻，逃岸之賊盡行勦殺，粵東環圍皆水兵，船不過七千，陸兵盈萬，勢難飛渡。逆首之李榮夜遁，必將糾合復來，逆船尚多，未可輕視。伏乞亟造戰船，以收緩急之用。　靖南王耿繼茂統陸兵趨潯尾，總督李率泰統陸兵次嵩嶼，提督馬得功統泉州各標水師自圍頭進，提督施琅統漳澄各標水師自海門進。

十月初二日，繼茂先發旂下都統王大用、䰨章京夏有功等將步騎自泉州發，別遣駐防漳州左翼總兵徐成功、右副都統江元勳等自漳州發。　初五日，兩軍俱次潯尾對厦門高崎鄭經率黃廷周全斌等列立營對海荷蘭國船高而且大一船有大小砲銃千餘號橫集中流為耿王李總督藩蔽賊望見我師駕遊奕數十艘砲擊我營營中亦發大砲擊賊舟　初六日午時鄭經周全斌統大䑸往來轉戰砲攻我營兵發砲相持　初六日晚賊精銳千餘乘夜潛渡登陸直逼遊擊史定國營火器弓矢並發向營盤堞口槍刀砍刺定國帶甲兵殺出營門都統王大用督兵策應刀箭砍射砲傷落水賊無數奪盔甲十一副火筒噴筒二十餘賊敗奔舟走經䑸引去餘舟仍扎高

崎島上立營靖南王耿繼茂督發泉州閩安水師及藩標都司陳一明將甲兵六百又投誠同安伯鄭鳴駿忠靖伯陳輝標下總兵楊富水師數十艘出海聽馬得功調度　十二日俱次潯尾李率泰屯漳州遣漳澄水師兼陸路官兵亦于十二日同海澄公黄梧中路總兵王之鼎俱馳至嵩嶼海口海舟俱撤回厦門止以數十舟游弋海面靖南王耿繼茂大集兵丁快船及同安水師大小戰船總督李率泰別遣一軍奪鼓浪嶼屯扎架砲整軍渡海刻期二十一日水陸四路官兵齊攻厦門飛檄圍頭水師二十一日子時

門洋至厦門白石頭會師　十八日夾版船八艘先泊金門外港　十九日馬得功親統各路水師大小四百艘夾版船七隻徑至金門烏沙頭偽提督黃廷等揮巨䑸百餘迎敵我兵首尾相應協力攻打海兵大敗鄭鳴駿陳輝陳一明等擊沈賊舟三奪獲大舟二斬首三百生擒四十餘砲傷溺死無算楊富砲擊偽總兵謝福船折其桅過船殺賊二百人生擒十八人閩安水師遊擊鄭洪中軍守備孔應賢獲烏船一趕繒船二水底艏二殺賊八十餘餘皆跳水死　二十日晨鄭經率周全斌黃廷等親督巨艦蜂擁挑戰

馬得功揮夾版船揚帆出禦大砲叠發打碎賊舟數艘是日砲聲如擂鼓從辰至酉相續不絕不啻如雷聲霹靂鄭經見夷船多砲衆寡不敵乘潮漸漸退出浯嶼屯廈門港周全斌等十三號船在後迫於潮長不得出遂直逺我船之後衝大鯮而入荷蘭國兵砲矢齊發無一中者馬得功坐鳴駿中軍船全斌誤以爲鳴駿也直前攻之黄廷中軍將吴朝宰鄭經親軍將蕭乘龍前後夾攻揮兵過船得功親隨鐵甲精兵三百人皆被殺下水得功頓時投水而死再攻楊富一船焚之楊富投水遇小艇救之乃得免所遇之船

多被攻沒我兵大小戰船齊起碇揚帆竭力應援死戰打傷賊船數艘全試不知馬得功之死也乃引去耿繼茂屯潯尾慮賊尾我之後突犯潯尾令游擊范維杰以千人扼高崎海口副將李之珍以千人扼潯尾海口兩岸俱設大砲大營仍扎潯尾嵩嶼繼茂令王大用徐成功夏有功江元勳等同擺牙喇參領徐文耀王蟒漢參領馬九玉阿達哈哈番張元德田養民拜塔喇布勒哈番王梅噶卜什章京朱懷德吳效忠副將馬化騏游擊郭文可史定國牛虎等統擺牙喇蒙古步騎官兵四千及同安總鎮黃翼與楊富副

將辛球等銜枚夜渡李率泰亦發標下遊擊謝四海澄公標下副將吳淑游擊戴亮總兵蔡祿郭義等合營夜渡兩路官兵同登鄭經不能拒　二十一日寅時直搗廈門中安山長驅度嶺向城下荷蘭出海王統夾版船抵大擔扼海面率泰令提督施琅統督標參將徐登第公標總兵魏茂會合蔡祿、郭義柯義林祖等並進繼茂發同安水師總兵杜永和俱出鼓浪嶼率泰選輕捷砲船五十為前鋒發砲擊賊賊屯教場分布抵敵忽見步騎大兵蔽嶺下驚潰奔舟不及者竄伏山峒我師環布海岸策應舟師擊賊鄭經披

靡退屯浯嶼我師以砲火擊之經船退泊浯嶼之外
尚有大船七八百小者亡算耿繼茂發藩標督標並
延建邵三府兵焚勦山峒餘寇復令提督施琅領漳
泉兩路水師同鄭鳴駿陳輝楊富等會合夾舨船二
十四日直抵浯嶼賊乘船宵遁黃廷議欲再守數日
周全斌以為船多被夷船打壞不如退屯銅山南嶼
遂棄廈門金門兩島而去先是李總督出示準島中
百姓入界思明州知州黃而輝召鄭經準島民渡海
下令三日而陳永華復召鄭經禁之至是大兵入島
盡將廈門金門城垣房屋焚燬遺民尚數十萬多遭

兵及男婦繫纍童稚成羣若驅犬羊連日不絕而投誠兵所至搜掠財物發掘冢墓至破建國公鄭彩之棺而殘其屍隳城焚屋斬艾樹木遂空其地而嘉禾斷人種之讖應焉

十二月兵部差郎中紀振疆筆帖式布蘭頒賞福建將士　靖南王耿繼茂奏鄭成功在台灣因其子鄭經擁兵抗拒驟發顛狂於五月初八日齩齒身死鄭經在銅山人心離散營鎮多叛而廈門金門之舊將殘兵官員紳士無船可泛海者或投誠或逃遁流離失所死亡殆盡矣

甲辰　康熙三年

正月十三日兵部奉

上諭鄭芝豹母在福建投誠爾部即傳諭芝豹念豹母投誠寬其罪即行釋放安插歸旂居住　鄭經駐銅山諸軍乏粮周全斌欲襲洪旭而并其船洪旭亦防之值海風大作船各飄開全斌遂率其衆入漳投誠後封承恩伯而洪旭以杜輝守南澳亦掠輝之輜重投誠

二月投海島投誠將士阮美鄭縄安左都督鄧嘉玉阮驊右都督焦華岳都督同知林鸞陳大興杜卿王

鼎勳高捷李隆陳志義阮復曾林朝褒張太都督僉事　福寧總兵吳萬福報偽逆阮春雷據長腰東蚶外島阻海為巢浙寇張煌言近復與之合䑸福寧向無水師艱于航海臣萬福、招撫偽鎮林國樑等兵丁船隻我兵借以利濟一時水陸并進分頭夾勦擒斬賊將焚其巢穴積年負固之賊殄滅無遺煌言春雷僅以身免陣擒偽將阮定江春王尊等解赴軍前正法　靖南王耿繼茂疏報大捷奉

旨阮春雷張煌言竊據長腰東蚶等島合䑸狂逆官兵奮勇擒斬賊將奪獲船隻焚燬賊巢偽鎮林國樑

斬煌言弟張嘉言殺兵奪船帶領家口投誠身雖負傷奮勇自效以所帶兵船同官兵搗賊巢穴克奏膚功深可嘉尚與尋常投誠不同著從優議敘

三月鄭經同馮錫範陳永華等率餘眾回東寧工官馮澄世一船為其家丁所迫自投海中死洪旭以二十舟候黃廷同行時黃廷部下兵將多不欲行議欲使其子而輝壻吳朝宰率眾投誠而自已帶家眷與洪旭往東寧適黃梧遣陳克竣來招降黃廷遂入漳投誠後封慕義伯洪旭獨往東寧

七月寧波水師左路協鎮常　塘報本月投誠效用

將孫惟法等于普陀山先遣兵丁扮作僧人擒獲僞兵部張煌言銀印一顆銅印九顆并伴當人等二十六日差官二十員護送到省二十七日部院趙廷臣於公衙門見煌言問屢屢相請歸順因何不從煌言答我已立意出家爲僧不願再用今被擒惹萬民笑罵惟求速死部院言既係謀臣必有重用既立意爲僧何不先繳敕印煌言不答

九月煌言不食病不死在杭日賦詩見志并賦滿江紅等詞人多傳誦之　初七日奉

旨腰斬煌言于市煌言角巾朱履葛袍從容就僇授

誠將士請收葬煌言趙廷臣不許子張奇觀鎮海大
將軍劉之源收爲養子年十餘歲亦奉
旨見
七月十九日内大臣會議以福建水師提督施琅爲
靖海大將軍以承恩伯周全斌爲副同慕仁伯陳輝
等合營往勦台灣差内院他赤哈哈番奈松尼兵部
筆帖式敖愷齎勅諭一道銀印一顆往福建商議軍
機　靖南王耿繼茂奏荷蘭出海王于八月十六日
帶番船十隻番兵一千抵閩安鎮外臣等會同延請
至公衙門優禮款待約定九月二十邉開駕至圍頭

取齊于十月初旬往澎湖攻打賊巢候風便進取台灣理合奏聞

乙巳康熙四年

四月靖海將軍施琅等出洋未至澎湖溝颶風大作各船飄散不能相顧皆引還未幾召施琅入京加伯銜爲内大臣歸旗其餘降將亦多以協鎮副參游守補用

丙午康熙五年

丁未康熙六年

部議分撥海上投誠兵移駐外省先撥慕義伯黄廷

駐河南鄧州隨名承恩伯周全斌入京遵義侯鄭鳴駿病故其子纘成襲侯慕恩伯鄭纘緒病故其子修典襲伯皆召入京歸旂其標兵及別鎮兵各給行粮分駐于淅江江南江西湖廣河南山東山西四川諸省屯墾荒田給其牛種免其六年租税將領或督墾或撥在督撫提鎮等衙門效勞文官赴部候補

戊申　康熙七年

己酉　康熙八年

鄭經在東寧以陳永華理國政馮錫範管侍衛劉國軒管鎮兵忠振伯洪旭病故其子洪磊及永華之姪

陳繩武等皆任用　鄭經改天興萬年二縣為州置鳳山諸羅二縣課耕種通魚鹽安撫土番貿易外國向之悍行者今喜為樂土焉　浙江投誠將都督僉事孔元璋請往台灣招撫朝議遣兵部尚書明珠侍郎蔡毓榮至泉州議款明珠還加卿銜興化府知府慕天顏與孔元璋同渡海至台灣往議鄭經宴犒甚盛請通市封貢如高麗冠帶不薙髮遣柯平葉亨到泉州同議明珠留其使不遣再遣天顏入台灣申前命必薙髮如內郡經怒折辱使臣困苦之以留使為辭將發兵擾閩地明珠命歸其使款議遂絕而數年

之間海上亦相安無事

靖海志卷四

上海李延昰辰山氏補編

上海圖書館藏

庚戌康熙九年

辛亥康熙十年

壬子康熙十一年

癸丑康熙十二年

十一月平西王吳三桂據雲南四川貴州以叛遂陷湖南岳州諸郡縣稱大周元年初平南王尚可喜疏請歸老遼東而留其子安達公之信襲鎮廣東朝議許之并令舉家歸旂平西靖南相繼疏請俱報可至

是平西反乃命平南靖南仍留駐鎮時耿繼茂已死耿精忠襲王三王交通逆命雖復停留而反謀益決

甲寅康熙十三年

三月十五日耿精忠據福建傳各官入府議事伏甲執總督范承謨巡撫劉秉政以叛知府王之儀建寧同知喻三畏走出被殺范承謨被拘以劉秉政為偽統制使鄉宦蕭震為偽布政司自稱總統兵馬上將軍移檄各府州縣俱望風而降　十九日耿精忠檄至泉州提督王進功是夜縱諸將焚燒南街西街譙樓殺掠到晚紳庶無遺傳檄各屬縣皆降興化鎮馬

惟興刦興化守備郭維藩刦惠安獨同安城守張學堯晋江水師營李尚文所部無犯耿精忠再遣通事黄鏞至台灣初耿精忠將拒命遣鏞通鄭經請師為聲援至是又遣鏞見鄭經請以舟師由海上出江南而已統陸師出浙江鏞回言海上船不滿百兵不滿萬精忠始輕之　耿精忠以黄梧為偽平和公梧病疽受印不數日疽壞而死其子黄芳度襲封管其兵

　駐漳海道陳啓泰黨于范承謨與精忠有隙聞變先殺家屬十餘人乃自縊陳為官則甚貪于死則甚烈　漳浦鎮劉炎海澄鎮趙得勝俱降耿福寧鎮吴

萬福貪刻失將士心謀拒耿衆不從耿精忠遣偽都尉曾養性督兵至萬福出降養性誘殺之并其兵遂乘勝長驅至平陽總鎮蔡朝佐降溫處二府望風皆下

四月潮州總鎮劉進忠降耿密請師耿令劉炎率兵會之夜攻同城續順公沈瑞并其兵精忠召王進功至福州留之徵其兵　鄭經遣協理禮官柯平至福州報命時耿聲勢已振謾應曰鄭世藩來甚善但兵多餉少各分地自戰可也由是兵端遂起鄭經親軍侍衛馮錫範鎮將劉國軒率舟師數十兵數千先至

廈門　耿精忠檄諸路兵出關黃芳度遣黃翼領兵千人應命趙得勝不從與馮錫範陰約以海澄歸命于鄭經隨將兵進取同安王進功之入福州也耿精忠調張學堯鎮泉州以化尚蘭代守同安鄭經兵至尚蘭迎降獲學堯家眷學堯聞變趨回施福引之俱降鄭經

五月鄭經至思明州以趙得勝為左提督封興明伯張學堯為左先鋒鎮化尚蘭為仁武鎮遣人至精忠處議撥地方安插船隻兵丁精忠不答又禁買竹木麻繩修船等物遂成仇隙至是耿精忠聞同安之失

乃遣王進率步卒千人入鎮泉州王進號王老虎原任漳州副將時提督五營兵將不肯應調王進至興城守賴玉相結納用提標守備戴國用為爪牙勒王進功家眷入省耿精忠復遣兵接應兵將至進功之子藩錫與其屬楊青等議先發制之

六月初一日王藩錫以提督夫人之命召諸將議事誘賴玉戴國用李尚文等執之率兵攻王進進走登塗門樓意氣自若提標兵散而無統帥相持至晚不決進恐海船至更深整隊出城西去　初三日藩錫殺賴玉分其屍　初四日絞殺戴國用釋李尚文迎

鄭經入城鄭經以藩錫為指揮使暫理提督軍務黄芳度襲殺漳州城守劉豹豹耿氏所署也鄭經遣人諭之芳度遂降封德化公授前提督漳屬錢粮聽其徵給芳度終不自安遣人間道齎密疏入京

七月平南王尚可喜遣兵圍劉進忠於潮州耿精忠不能救進忠納欵於海上鄭經遣援剿鎮金漢臣率舟師援之以進忠為右提督封定虜伯

九月耿精忠以步騎二萬遣漳浦新降總兵劉炎同王進攻泉州鼓行至惠安肆行焚掠　鄭經命劉國軒督諸鎮并統五營兵禦之對壘逾旬進退屯楓亭

列營二十餘里

十月國軒兵至塗嶺嚴陣會戰王進見前陣皆新募之兵直前奮擊之兵皆懼法死戰國軒令許耀分兵襲其後焚其營壘進兵大敗國軒追至興化城外三日夜而還

十一月僞周吳三桂遣禮曹錢點聘于海值鄭耿交惡回報復遣禮曹員外周文驥至海和解　劉炎在漳浦不降鄭經密請援于耿逆耿遣兵會之至平和鄭經徵黃芳度擊走之耿逆復遣其親軍都尉徐鴻弼從間道入漳浦鄭經以馮錫範趙得勝督諸軍攻

之徐鴻猷劉炎會雲霄鎮劉成龍合兵迎戰于羅山嶺右虎衛何祐揮軍擊之鴻猷等大敗走回城馮錫範以紅夷大砲擊入城中劉炎等大懼同鴻猷成龍俱出降

十二月趙得勝督諸軍援潮州與平南王兵戰于黄岡大破走之潮圍始解初進忠被圍金漢臣一軍殲焉進忠極力守禦將及半載至是廣兵燒營而遁

鄭經分設六官名曰協理洪磊為吏官楊英為户官鄭斌為禮官柯平為刑官楊炎為工官兵官缺置六科都事都吏察言司承宣司賓客等司陳永華為總

制留守兼管勇衛馮錫範為侍衛（二衛皆親軍）薛進思為左武衛劉國軒為右武衛何祐為左虎衛以施福為五軍其左右先鋒及諸鎮營皆聽五提督調遣凡文武事宜皆贊畫參軍陳繩武侍衛馮錫範主之初鄭經之來思明州也兵粮取給于東寧洪磊承其父洪旭遺命助餉銀十萬兩至是兵衆餉多轉運不給乃以六官督比紳士富民以充之以鄭省英為宣慰使總理各府州縣錢粮百姓年十六以上六十以下每人月納銀五分名曰毛丁船計丈尺納稅名曰梁頭特設府塩司分管塩場以給兵食

乙卯康熙十四年

正月耿賊遣張文韜至鄭賀正議和送船五隻鄭經遣禮官鄭斌報之約以楓亭為界自是鄭耿交好

二月永春馬跳峯寨民呂華不服鄭氏徵派薛進思圍之三閱月不下知縣鄭時英諭之出降釘殺之家族發淡水充軍　續順公沈瑞駐饒平劉進忠攻之不克廣兵來援何祐遇之于百子橋破走之瑞出降以封懷安侯流洪經略承疇胞姪士昌天恩天倫及眷口于東寧之狼嶠從公論也流前進士楊明琅及眷口于狼嶠以其過崇禎帝梓宮不下馬又修南安

縣志以海上為海寇也後皆死于流所知南安縣事劉祐有云洪經畧未必盡是鄭國姓未必盡非鄭經恍其言召之已逃回籍矣

五月劉進忠請海師南下鄭經許之　初六日鄭經入海澄遣鄭斌入漳慰諭黃芳度或東兵入見或統兵隨征芳度終不受命密調回黃翼出關之兵耿逆移檄召之亦以疾辭鄭經遂定攻城之計　劉國軒率諸鎮兵至潮與進忠規取屬縣之未附者安達公尚之信悉力守禦相持日久粮之兵病之信調兵十餘萬盡力來攻國軒自新墟寨一日一夜退至鱟母

山以餘粮露載車上宣慰使洪磊懸金以賞有功軍心稍定進忠與國軒議曰之信大兵必從小路而來出我不意須得勁將當之惟何祐可任然不可言其故恐其心怯子可嚴陣以待而余將騎兵背城以爲應援國軒從之是夜見敵營從大路火光照耀進忠發大砲擊之見火光不動進忠曰是空營也我兵可安寢以待次日之信率兵從小路而來何祐見大隊突至欲退不可冒死直前奮勇擊之無不以一當百之信大敗走國軒等窮日夜追之殺死不計其數是役也祐以飢卒數千破敵兵數萬由是何祐之名大

振粵東祐別號何錐子

六月鄭經自海澄移檄萬松關黄芳度令其下俱薙髮率兵拒守不降遣其兄芳泰突圍入粵請援鄭經進攻不利援勦後鎮萬宏雲梯登城中砲死鄭經乃築長圍以困之調何祐從潮州先攻平和縣守將賴陞降諸、屬縣皆下

十月海澄公標將吳淑以漳州降于鄭經初淑投誠屬公標黄梧待之厚將死呼淑托曰吾兒年少君可保全之及城被圍日久淑謂其弟潛曰我本鄭氏降將公雖待我厚我負罪于先藩實深今世藩待我眷

旌恩尤加重豈可反。圖逆命遂以初六日開城出降鄭經兵入芳度倉皇投開元寺井而死獲其將黃翼蔡龍朱武張濟戴麟陳驥黃琯等皆斬之沒其家剖黃梧棺戮尸斬首并芳度首揭以徇衆有議發梧祖塋者鄭經曰罪止其身與先死者何預不許後　朝命贈芳度為忠勇王時芳泰往粵求援會其兄芳世由汀州至永定亦以是日破永定縣聞漳州陷乃大掠而遁鄭經以吴淑為後提督吴潛為戎旂二鎮十一月鄭經令龔淳往日本取回鄭泰所寄之銀淳乃泰委寄之人并執有收票可據先是兩家紛爭日

本王皆不肯與至是番人皆混開支銷銀凡四十五萬僅得二十六萬而回

丙辰 康熙十五年

正月鄭經以右虎衛許耀前衛鎮洪羽等率師會在潮諸將攻取廣東州郡

二月平南王旨病日甚會偽周師克肇慶韶州等處廣州人人自危駐韶諸軍聞報燒營而遁劉國軒劉進忠何祐等分南北兩路而進碣石鎮苗之秀軍程鄉其妻在汎遣人迎降仍勸之秀納款鄭經許其回鎮碣石國軒等水陸並進圍惠州攻博羅不下旋下

長樂新安龍門等縣之信窮蹙遂乞降於三桂三桂封之信為轉德公檄讓惠州於經之信檄提督嚴明撤守兵回廣遣使餽弓馬幣帛通好於鄭氏鄭經乃以國軒鎮惠州東莞守將張國勛亦降鄭經經以為後勁鎮自是鄭與吳分界而守

五月耿逆調汀州鎮劉應麟兵出關應麟不從密通欵于鄭經經乃遣吳淑統兵馳書于精忠言欲假道汀州以出江右耿賊遣兵防城應麟懼其圖已率所部出掠瑞金石城吳淑兵至應麟與之合兵共攻汀州遂下之鄭經以應麟為前提督

七月鄭經調劉進忠出師進忠稱疾不行進忠自潮州定後來見鄭經待之禮意踈畧見左右用事者皆碌碌知不足與有為及取汀州歎為失計至興寧與諸將不協流言日起遂稱兵回潮陰為自守之計

九月耿賊師出浙江者為總督李之芳所扼多被摧敗　朝命遣康親王提兵乘機入閩耿賊兵出江西者總督蔡毓榮及滿洲兵移駐兵合力拒之耿兵大敗廣信遂失既而棄建昌不守大勢已潰又聞汀州已破耿賊益憂內顧諸將遂密謀詐作耿賊投誠獻關耿賊聞變大懼收王進范承謨蕭震絞殺之欲乘

船奔海為都尉徐文。耀所脅不得出城遣王進功回泉取救兵密囑曰我忍死以待也然延建已失不得已於十九日薙髮迎康親王入福州後耿賊入京與徐文耀及諸將領皆伏誅興化守將馬成龍以城降于鄭氏鄭經令許耀率兵赴之

十月鄭經令許耀督諸軍進取福州駐師烏龍江許耀驕縱諸將不服飲酒嬉戲不知軍事　大兵渡江有議於半渡擊之不聽既登岸倉皇出戰前鋒死鬬不能分兵救援及少却又不殿後引兵先走委棄輜重器械不可勝計鄭經乃遣趙得勝何祐屯興化以

代之　耿賊檄曾養性等自温州航海回閩朱天貴以舟師降于鄭氏其餘逃入福州鄭經遣奇兵鎮黄應邀擊之獲巨船数十艘

十一月精忠卲武守將楊德献欵于吴淑淑入據之始請盟

十二月。大兵至卲武吴淑禦之時大雪嚴寒諸軍冒雪涉溪拒戰皆大凍不能支遂棄卲武退劄汀州大兵進至建寧縣薛進思守汀聞之驚懼失措劉應麟願傾資餉兵固守進思猜疑不從棄城而走應麟奔潮州依劉進忠發憤病死　平南王尚可喜于九月

病故之信遣使報訃并請其妹奔喪妹沈瑞叔母也鄭經許之并遣使弔喪偽周封之信為轉德親王

丁巳康熙十六年

正月大兵至興化時鄭軍鋭氣已喪何祐又與趙得勝不睦疑其納欵于我戰敗不救得勝死之何祐奔回泉州

二月初九日大兵至泉州鄭氏守將林定無備城陷標將林孟叅宿營謝貴死之林定素與民相安逃於民間削髮走免諸軍潰散　十九日大兵至漳州鄭經倉皇登舟至海澄棄而不守至厦門欲回東寧百

姓號哭攀留角宿營吳桂整兵防守衆賴以安繼而餘衆稍集乃遣水師防衛分汛而守　鄭經祭趙得勝親臨哭之斬薛進思（原姓名裴德）許耀綑責耀病痢不數日死何祐吳淑戴罪自效　鄭經遣諸將家眷搬回東寧王進功沈瑞張學堯等陸續啟程劉炎以母老病至外洋勒兵劫船乘風下碣石衛依苗之秀後投誠至京流徙寧古塔

三月鄭氏諸將退集思明州時兵餉不給乃分汛南北地方措餉召募以前虎衛林陞水師樓船中鎮蕭琛等駐晉南及定海福寧一帶地方以後提督吳淑

揭威前鎮陳昌戎旂一鎮林應奇兵鎮黃應荐駐同安至揭陽潮陽一帶地方　漳浦巫者朱寅挾左道詭稱朱三太子聚集海上殘兵二百餘人于十九夜襲泉州攀堞而上鳴鼓揚旗從開元寺前至西街守兵以為海師復至乃于淮門前發一大砲寅乃抽回出城而去人以為神附者日衆屢戰皆勝蔓延於漳泉屬縣凡深山窮谷巖寨無所不到派粮以食頭裹白布時人謂之白頭賊

六月劉進忠擁兵觀望鄭經遣戶官至潮徵餉不應買運又閉糶獻款于偽周尋歸王朝磔死燕市　劉

國軒在惠州尚之信既歸命孤城難守鄭經遣水師迎之乃率所部航海而歸　朝命以黄芳世襲封海澄公授漳汀總鎮公標守備黄藍授海澄總鎮芳世請兼水師提督許之芳世至閩驕傲專用北兵人心不附　三桂將韓大任據守吉安大兵圍之經年無援乃造。小舟于城内乘夜以繩引舟截江渡兵潰圍走入閩界欲下海有信通于鄭氏

十月鄭經遣何祐等至南靖小溪收兵吴淑等至長泰扎天成寨以遥應之大任竟以粮盡就閩省投誠後歸旂旋從大兵征噶尔旦冲陣而死

十二月大兵圍吴淑於天成寨朱寅率衆來援吴淑乃突圍而出　康親王遣漳泉二知府同泉紳黄志美等照朝鮮例與鄭氏議和鄭經不從亦無報使

戊午康熙十七年

正月泉州提標兵巡界駐日湖鄭氏水師四營陳陞擊之大爲所敗標兵乘勝侵略東石等處

二月鄭經以劉國軒爲中提督總督諸軍後提督吴淑爲副　初十日國軒督軍至海澄攻玉州我守將劉宗降徇三汊河福滸皆下　十八日進取江東橋我守將王重禄吕韜等奔潰遂燒斷橋梁以絶漳泉

大路漳州援兵至國軒分兵擊敗之三戰三捷軍聲
大振　二十三夜取石碼獲我守將劉符楊朝宗遂
軍于祖山頭以逼海澄我副都統孟安等自潮來援
國軒退屯石碼築垣拒守仍分兵屯漳州郭外我提
督段應舉自泉州來寧海將軍喇哈達自福州至平
南將軍賴哈自潮州來先後應援國軒倏水倏陸我
滿漢諸軍疲于奔命
三月初一日國軒列陣郡東赤嶺我兵背城迎戰鄭
氏前虎衛林陞一軍當其鋒殺傷相當朱寅統兵扎
天寶山以牽漳兵之勢黄芳世擊敗之寅遁入長泰

國軒樹栅淮橋一帶離漳數里滿漢諸軍會議以一股同黄芳世扎水頭山灣腰樹一股扎鎮門安砲以斷其往來水路國軒偵知　十一日黎明焚營撤兵漳兵意其遁也少傾舉帆直抵水頭登岸涉嶺進戰芳世素不知兵又與滿將不協吴淑攻之戰敗墜馬遇救得免走入漳城病月餘死自水頭之敗海澄餉道阻絶叚應舉會緑旂兵及滿洲將軍滿兵數萬列營祖山頭　十八日午刻國軒兵至應舉揮兵迎敵何祐少却江勝吴淑等繞出祖山頭之背國軒督勁卒登山直衝滿漢兵滿漢兵敗走衆大潰國軒又

以疑兵截漳州大路滿漢兵棄輜重自相蹂踐奔入海澄國軒連夜令軍士鑿塹一人一尺引江水環城圍之外又鑿溝數里沿堤兩岸安砲守之由是内外阻絶　是月吴三桂以初三日稱帝於衡州國號僞周僭元昭武

四月朝命召總督郎廷佐入京以布政司姚啓聖代之勒巡撫楊熙致仕以按察司吴興祚代之調江南提督楊捷代段應舉援兵四集屯筆架山以救海澄

五月劉國軒以筆架山南小寨懸崖狀如掛燈俗呼燈火寨下臨大溪順流可通海澄間誰可扼守吴淑

請行乘夜率兵進寨。天明寨柵完備　初十日滿兵發砲攻擊連夜不絕淑令軍士穴地藏身無死傷者馳報國軒以為乘夜發砲意不在寨當別防之信至滿漢兵齊至振祖山兵嶺破林彪張鳳二營鳳戰死又進攻林陞營國軒援兵至姚啓聖之子姚儀統韓大任降兵以牛載土囊填溝至第三重國軒發大砲齊擊之死者無數滿漢騎兵多填于塹遂退去時京中　上諭有能救海澄及城中兵將有能拔圍而出者皆重賞奈國軒鑿塹通潮至數重不可復救矣六月初十日國軒攻海澄陷之殺應舉穆伯布佛自縊死黃藍不知所終獲孟安馬鹿等滿漢官三十餘員皆釋之授銜給俸滿兵千餘遷之東寧時城中滿甲二千馬八千餘匹綠旗城守兵計二萬餘圍八十三日粮盡殺馬而食馬盡屑馬骨食之死亡及泅水而出者過半閩省震恐諸援兵退守漳郡朱寅下海封爲蕩虜將軍改名蔡明義歲餘病死國軒議乘虛攻泉州吴淑分兵下長泰縣國軒兵至同安都統雅大理去回泉州擒鄉兵總黃朝光斬之與何祐江欽楊德數十騎離隊伍先行至泉城循清涼山至東嶽相視營地城中兵不敢出久之隊伍始至扎空營於

平地城中兵終不敢。出

七月國軒水陸並進江欽攻南安殺守將諸縣守兵相繼棄城走遂取南門橋銃城載龍熕及大銃數十號攻南門城城崩壞四十餘丈盡為平地城内再築短墻以守我城守馬勝等以釘釘裝船板鋪於地上兵入城無踔足處損傷甚多會天大雨城竟不拔

鄭兵圍泉兩月援兵四集將軍喇哈達從漳平間道出安溪巡撫吳興祚同浙江提督石某由白鴿嶺出永春提督楊捷由廣橋進河市三路會師至南安皆未敢向前將軍又調水師林賢黃鎬等出閩安鎮遥

為聲援

八月鄭氏水師鎮總督蕭琛守定海林賢等舟師至琛戰戰船不先期整頓議以舟寡且小欲據上流牽制之水師五鎮章元鎮欲先發制人率所部十舟進戰林賢等擊之元鎮衆寡不敵阻風遂流一軍盡沒被擒入福省殺之蕭琛不防備遇敵大潰退泊海山遂妄報福州水師大至鄭經遂令劉國軒退兵以守思明國軒於二十四日退兵下船閩三日城中兵始敢出鄭經召回蕭琛斬之以援勦左鎮陳諒後鎮陳起明督朱天貴等水師防禦北船　偽周主吳三桂

病死衡州孫世璠僭立其姪應奇守岳州驕而貪大兵攻之棄岳州遁回於是湖南雲貴皆不守遂亡九月劉國軒入江東橋至長泰滿漢兵遇之皆披靡乘勝長驅至耿精忠營衝之馬中砲擲國軒墜地有滿洲披甲前蒙國軒釋放遇之以己騎授國軒始走免滿洲主將詢知怒而殺之國軒出江東守三汊河列營觀音山與滿漢諸軍營壘相望

十月時鄭氏漳泉縣屬盡棄惟據守海澄姚啓聖等難于復命乃遣人至海議息兵安民意欲得海澄也鄭經竟不從

十二月再議遷界甲寅之變閩省遷民悉復故土丙辰八閩已復康親王疏請遷界累民罷之至是督撫請再遷從之

巳未康熙十八年

正月時雖設界而海汛往來內地派粮如故朝議工自福寧下及詔安三十里量地險要築小寨屯守兵限以界墻由是瀕海數千里無復人烟先是鄭氏諭思明州每月每户輸米一斗自二月起每户再加一斗劉國軒請停文武官俸自出粮餉兵三月從之

三月姚啓聖以果堂寨迫近江東橋欲發兵守之國

軒偵知同吳淑發兵入據其寨漳兵至擊走之　鄭經自定海失守以朱天貴守海壇陳諒為水師提督于二十九日早各船乘南風汛發進泊定海福州集船百餘號由五虎門而出陳起明朱天貴率熕船衝䑸而入擊破十餘船獲大鳥船一隻值大風暴起福船收入五虎門海船收泊海壇

四月陳永華啓請元子克𡒉為監國時年十六號曰監國世孫

六月鄭經命鄭時英駐東石督餉時禁界鹽貴居人多私來東石販鹽時英獻策欲搖沿海鹽埕則利盡

歸于海鄭經乃檄林陞令楊忠率兵往潯尾掘南北場塩埕忠至深滬舍舟登岸發掘兩日夜兵不就船竿頭守將密請泉城大隊兵至四面合攻忠力戰不支中砲没于海餘衆死傷逃亡過半界禁既嚴私販亦絶

七月國軒築潯尾寨一夜而成同安守將兵至擊走之復築洒洲城由是同港八槳船不敢出　朝命以萬正色爲福建水師提督正色晋江人歸誠授叅軍以四川朝天關之功陞岳州水師總鎮湖南平遂擢是任

八月初耿逆之變漳浦人江機與楊一豹同時聚衆于江右依耿逆及大兵克復江西始降不從攻之不能克據皇埜山攻掠村社至是送款於海鄭經授為征夷將軍率衆入閩建寧守將劉起龍禦之陣傷敗回而死機足跛號拐子一豹青年勇壯後投誠俱流寧古塔

九月右武衛林陞汎守東石取給軍餉及楊忠敗死林陞調兵隨征僅以散卒二百餘人委施廷陳申守寨時有叛卒入泉城報之城中發滿兵數千于廿五日四面環攻施廷被創陳申戰死寨破兵民赴海死

者無數我朝仍築三寨犄角以守
十月國軒離漳城五里而軍時援漳滿漢兵共十餘
萬國軒兵只有萬餘營壘咫尺相望指揮自如諸軍
畏之如虎國軒以果堂扼要重地　初八日率兵就
果堂復版尾地方再築一寨　初九日工未就滿漢
將軍提督集兵數萬齊至銳不可當國軒與吳淑何
祐林陞江欽（改江勝）兵不滿二千奮勇死鬥自午至申
衝擊數疊國軒戒依寨且戰且守每次發砲無不披
靡陣斬章京巴石兒等其餘帶傷而遁者以數千計
自是奪氣兵不敢出國軒時縱卒數百人皆持鹿銃

間以烏槍渡河衝擊自登土阜據胡床張蓋而觀之滿漢兵遇之無不摧破皆堅壁自守不暇又善用間諜諭人情形纖悉必知時謂之劉怪子　姚啓聖遣人至海上議息兵又說國軒使罷兵就撫國軒巽詞以謝啓聖又設修來館懸重賞台灣文武兵將來者次第俱賞銀有差降者日數百人時諸軍缺糧國軒一切不禁頭領與兵丁長髮與短髮任來循環而國軒兵額亦不缺

十一月吳淑守版尾寨大兵築壘環攻砲聲日夜不絶淑處之晏如身被傷復染病不以爲意時值陰雨

新築壘垣多壞揮左右避之自踞床而卧　初八夜二更墻崩壓死畀至思明州鄭經親臨哭之以其次子吳天駟為建威右鎮統其兵

十二月姚啓聖吳興祚大集舟師攻廈門題請浙粤水師剋期協攻鄭經調各洋船私船配兵北上以右武衛林陞為總督左虎衛江勝樓船右鎮朱天貴為左右副總督率諸軍禦之

庚申康熙十九年

正月水師提督萬正色及總兵林賢陳賢黄鎬楊嘉瑞督舟師出閩安鎮巡撫吳興祚率兵沿海援之林

陸分船三十號守海壇自統船六十號退泊泉州臭塗灣

二月萬提督至海壇海船俱退至泉州迎敵萬提督至圍頭朱天貴以七舟衝其䑸所向無前偶海風大作萬提督乘風收各船入泉州港而沿海岸上安砲陸師防守鄭氏各船無所取水乃退至金門　鄭經所親幸施福密通姚總督欲為內應使授降兵數百人挈眷來歸乘機欲舉事國軒諜知召鄭經收殺併及施齊（福即施亥齊施將軍琅長子）　鄭經議欲撥國軒兵三萬配小船直入泉州港攻萬提督使人持令箭抽兵時兵

已乏粮盡皆潰散國軒禁不能止守海澄陳昌以城投誠國軒至廈門知勢不可為收拾餘衆下船百姓遮道跪留　二十六日兵變擄掠百姓鄭經焚演武亭行營盡率將士登舟協理五軍吳桂收散卒據廈門以待大兵　二十八日萬提督兵入思明州　二十九日鄭經至澎湖朱天貴舟泊銅山姚總督招之遂投誠

三月十二日鄭經回至東寧

五月東寧地有聲如驢鳴半路店雨雹大如雞子

六月鄭氏總制陳永華晝坐見有衣冠甚偉者自稱

行灾使者欲借其衙署約住三月然後去永華設席張樂讌之與之談甚久餘人不見也即封衙署借之

偽承天府豬生子四耳三目前二足向上　鄭氏令曰十甲出丁壯一名

七月陳永華病故

十月劉國軒營中豬生子獸身人面

十一月白氣長數丈見於西方

辛酉　康熙二十年

正月二十八日丑時鄭經卒于台灣偽承天府行臺

三十日馮錫範劉國軒調兵駐台灣偽承天府會

六官議立嗣經母董太妃與諸公子收監國印克𡒉不肯與擁兵自衛羣議以克𡒉乃乳母抱養之子非鄭氏出遂縊殺之妻陳氏永華之女亦自盡

二月初一日董太妃率世子克塽登位時年十二歲錫範之婿百官朝賀畢太妃起出位諭所以誅監國故以世子付託馮劉等俾竭力匡扶涕淚沾襟衆心大尉董太妃以馮錫範為忠誠伯劉國軒晉為武平侯（初以海澄功封武平伯至是封侯）大赦國中　以經第二子聰為輔政公領護衛

三月以經第五子智為右武驤將軍募兵

四月以經第三子明為左武驤將軍募兵　台灣偽
承天府火災

五月總督姚巡撫吳陸提諸水提萬題為報明事本年四月二十二日據舉人黃金從呈繳偽官傅為霖密稟內開偽藩于正月廿八日病故三十日縊死其監國長子欽舍二月初一日立泰舍叔姪相猜文武解體主幼國疑時不可失等情到臣等又據龍溪縣送到偽官廖康芳稟稱相同俱與臣等密探相符此乃天亡之時。但台灣孤懸海外統師遠勦時地難測非臣等所敢擅定。會同具題請旨密示臣等遵奉施

行

六月十六日董太妃卒時協理刑官柯平已病故陳繩武閒住國事錫範主之兵事國軒主之

八月二十八日中軍營火

九月初三日塗軽庭火

十月賓客司傅為霖通欵事發逃亡　二十八日獲之

十一月初一日誅傅為霖及同謀宣毅左鎮高壽都吏陳典戚盡殺其子弟續順公沈瑞令自縊家屬入官發配禮官斌之女　總督姚上疏請攻台灣力薦內大

臣伯施琅可任水師提督萬言台灣難攻且不必攻
朝命召見施琅仍以靖海將軍充水師提督改萬正
色為陸師提督代諸邁
壬戌 康熙二十一年
正月施將軍出京至閩于厦門各處調兵整船　劉
國軒以銃船十九號戰船六十餘號兵六千人撥諸
將守澎湖身往來督視
五月姚總督率官兵至銅山候風　劉國軒至澎湖
台灣列兵守各港澳
六月姚總督官兵回汛

七月劉國軒歸自澎湖　安平鎮火　施將軍題請
專征奉　旨相機進取
十月歲饑
十一月國軒赴澎湖
十二月台灣偽承天府火災沿燒一千六百餘家米
價騰貴民不堪命　國軒歸自澎湖
癸亥康熙二十二年
正月馮錫範備兵鹿耳門
二月米價大貴人民飢死甚多
五月劉國軒率師至澎湖

六月十四日施將軍自銅山開船大小五百餘號姚總督撥陸兵三千隨征　十五日到八罩　十六日進攻澎湖國軒列砲架巨艦各數十以待諸將士皆望而逡巡惟提標游擊藍理曾成張勝正黄旂侍衛吳啓爵同安游擊趙邦誠海壇游擊許吳銅山游擊阮欽爲以七船冒險深入鏖戰國軒分兩翼海艘齊出四面合圍我師施將軍琅恐數船有失自將坐駕衝入内外夾攻敵稍却施將軍遂同七船隨流而出時天色將晚遂於西嶼頭洋中抛泊　十八日早次於八罩以收諸軍國軒聞而喜曰誰謂施琅能軍天

時地利莫之能識諸軍但飲酒以坐觀成敗爾遂不設備蓋澎湖自六月數起颱颶無三日晴風而近澎諸島下有老古石嵯枒若鉄樹剛利無比凡泊舟下扎遇風起立刻而覆乘船者莫不危之然停泊數日浪靜風恬亦天幸也　十八日移至虎井施將軍泊小舟於內外塹峙間窺覘形勢於是再申軍令嚴明賞罰令總兵陳蟒等領船五十號從東畔峙內直入四角山又令總兵董義等領船五十號從西畔內塹直入牛心灣以為疑兵示以若欲登岸者將軍身率諸鎮將部署大鳥船五十六號居中分為八股排入

餘船以次而進以為後援指畫既定俟風而舉二十二日巳刻南風大發南流湧起遂下令揚帆聯進風利舟快瞬息飛駛居上流上風之勢壓攻擠擊無不以一當百又有火器火船乘風縱發煙焰彌天大小海舟二百餘艘燒燬殆盡國軒見勢蹙難支遂乘小舟從北門孔道逸去而全軍覆沒矣是役也惟前鋒林賢朱天貴二船初入灣澳天貴倏中砲而死林賢被傷兩箭餘諸軍皆無恙國軒敗回羣情洶洶魂魄俱奪惟有束手待斃而已於是施將軍駐師澎湖休勞士卒收拾船隻為進取台灣之計下令戢一

降卒抵死諸島投戈者數千人皆厚恤之有欲歸見父母妻子者令小船送之降卒相謂曰軍門恩澤及我骨肉矣死難報也歸共傳述之台灣兵民莫不解體歸心惟恐王師之不早來也　世子克塽與錫範國軒泣相謂曰民心既散誰與死守浮海而逃又無生路計惟有求撫之著耳於是遣還鄭平英林惟榮曾蜚朱紹熙齎乞撫書表于閏六月初八日至軍前且求聽居台灣將軍曰削髮登岸煌煌明旨也何敢不遵且若輩不親到軍門而遣人代齎書表詐也為緩兵計耳復令曾蜚朱紹熙回諭之

七月十五日世子復遣馮錫珪陳夢煒劉國昌馮錫範韓同曾蜚朱紹熙再至軍前一遵嚴令烏　故明寧靖王術桂衮冕拜告祖宗從容投繯死　施將軍令侍衛吳啓爵及筆帖式常在同馮錫範等前往台灣宣布德意且密察台灣虛實情形吳啓爵於七月十九夜再至安平鎮翌日見世子克塽謂之曰足下遠居島嶼原與三王不同（三王謂吳耿尚也）三王國家叛臣也罪在不貰足下三世仗義於海澨亦人之所難也今若嚮化歸德使海宇廓清朝廷必有格外殊恩當不失爵祿也克塽曰侍君惠及宗祏敢不唯命是聽

靖海志　卷四　二十七

啓爵見國軒曰澎湖之役天也非人也君雖挫衄以歸而雄邁之風不衰島上英傑惟君一人耳然所謂英傑者在識時務今大師臨門或戰或降決之一心足矣何必遷延觀望致悞大計乎國軒曰天威遠震波臣革面誰敢復有二心侍君但安坐以待必得契約以報軍門也蓋台灣世子年幼內政馮錫範主之外政劉國軒主之錫範庸懦暨子進退無據故相持未決爲侍衛復謂國軒曰築舍之謀終無成日君但令兵民遵制薙髮則大事可定矣國軒曰謹奉教遂下令兵民薙髮錫範亦遂與世子遵繳册印而舉國

歸降馬侍衛回報將軍將軍喜曰不待勞師而傾國效順朝廷之福也即令侍衛馳驛入奏並繳歸誠冊印

九月初一日侍衛至京朝廷召見特加慰勞因問澎湖克捷事情侍衛披圖指畫備言渡海艱難藍理等冒險進攻凡兩舉而後得之又言諸將士竭力用命摧鋒血戰之苦朝廷為之揮淚因諭部臣曰閩師遠出海疆冒險勤寇非滇黔陸地可比論功再加一等朝廷又問台灣事對曰臣至其地視偽幼主未諳事國事盡委於馮錫範劉國軒錫範懦而無斷低徊猶

豫其實無能為也劉國軒傾心歸命挾以必從之勢故臣得畢事而歸又問台灣形勢侍衛傑對甚悉問提督重兵入險得無有慮否對曰台灣兵既敗之後莫與共命者但恐提督後至

南路為鳳山縣北路為諸羅縣建置既定經畫事竣十月初六日世子克塽馮錫範劉國軒何祐等併眷口登舟

十一月初六日至泉州　初七日往福省進京

十二月總督姚啓聖病死　克塽至京封為漢軍公弟克舉準閒牛录叔鄭聰等俱以三品五品官食俸隨旗馮錫範劉國軒俱封伯國軒隨補天津衛總兵

其子準開牛彔　鄭氏自丁亥年起至癸亥年亡共三世共三十七年

海上見聞録定本二卷

〔清〕阮旻錫撰

《海上見聞録定本》二卷，清阮旻錫撰。旻錫字疇生，福建同安（今屬厦門）人。明季諸生。曾佐鄭成功幕，悉備鄭氏史事。此爲編年體史書，記事起自明崇禎十七年（一六四四），訖於康熙二十二年（一六八三）。舉凡鄭成功、鄭經、鄭克塽三代之興兵抗清、經營臺灣，歸降清朝之史事，多所詳載。其中鄭聯被殺、清軍攻取厦門、施琅歸清等事，皆詳確過於他書。據中國國家圖書館藏清抄本影印。

海上見聞録定本卷上

鷺島道人夢菴輯

甲申崇禎十七年三月北京陷崇禎亡

大清順治元年

五月十五日誠意伯劉孔昭司禮監韓贊周等立福王于南京改元弘光

兵部尚書史可法督師江北

北鳳陽總督馬士英入專國政有中書隨地有都督滿街走監紀多于羊職方賤如狗蔭起千年塵拔貢一呈首掃盡江南錢填塞馬家口之謡

封福建總兵官鄭芝龍南安伯賜蟒衣

乙酉順治二年　南京弘光元年

封鄭鴻逵靖虜伯

清兵破揚州史可法死之

五月清兵渡江弘光走至蕪湖廿五日爲降將劉良佐擒解豫王

總兵鎮江鄭鴻逵鄭彩等擁舟師不戰走還閩至浙于江口逆唐王鴻逵奉之至福州巡撫張肯堂巡按吳春枝吏部黃道周安南伯鄭芝龍等會議監國鴻逵固請正位乙酉以閏六月十五即位改元隆武起曾櫻何楷騶等入閣辦事晉封芝龍平虜侯尋封平國公鴻逵爲定虜侯尋封定國公芝豹

為澄濟伯，鄭彩為永勝伯，賜平國公長子森國姓
名成功，封忠孝伯。
賜
姓以天啟甲子年七月十五日生于日本國，母顏
氏，後遣人将母子取回，方七歲，有志讀書，聡敏不
羣，年十五補南安縣學廩生。
封
平國公部将施天福為武毅伯，洪旭為忠振伯，林
習山忠定伯，張進忠正伯，陳輝忠靖伯，定國公部
将陳豹為忠勇侯，林察為輔明侯，以鄭鴻逵為大
元帥出浙東，鄭彩為副元帥出江西。既出關，疏言
餉缺，逗留如故。于是黃道周請募兵江西，除武為

給空札百函爲行資被獲送南都不屈與中書賴雍蔡繼等俱死之

八月隆武詔至粵西有請江王稱監國不奉詔總制丁魁楚巡撫瞿式耜擒送至閫斬之

時鄭遵謙起兵江上與張國維陳函輝熊汝霖等迎魯王于台州監國駐紹興時乙酉六月中遣都督陳謙奉書至國謙前齋南安伯勅印與平國相善平國邀之陛見啟函稱皇叔父不稱陛下隆武怒御史錢邦芑密勸隆武殺之夜半內傳行刑倉卒不及救平國痛憤甚先是平國已密遣人通內院

洪承疇御史黄熙胤至是又微聞監國錢塘信息乃稱缺糧餉檄守將施天福等回而閩兵無糧逃散不守矣

丙戌順治三年　海上稱隆武元年正位于福建省城

三月清貝勒王駐兵錢塘北岸

五月江上兵潰

六月初一日清兵渡江江潮不至方國安馬士英欲獻監國為投降計遣人守監國守者病乃得脱逃登海船遁入舟山時丙戌六月十八日也督師張國維輿國公王之仁兵部陳函輝大學士朱大典

俱死之方逢年方安國俱投降馬士英逃至台州小寺清兵搜獲後與方國安父子方逢年俱斬于延平城下眷口給賜兵丁阮大鋮迎降過嶺自投崖死仍戮尸將移閩守將陳秀郭曦投降而仙霞無一守兵隆武于八月定計幸贛未至一日晒龍鳳衣陳謙之子率數騎追至遂及于難

九月清兵至泉州芝龍退保安平鎮貝勒令泉紳郭必昌招之以洪黃之信未通未敢迎師貝勒與之書畧曰吾所以望將軍者以將軍能立唐藩也且兩粵未平今鑄閩粵總督印以相待芝龍得書大

喜賜姓力諫不聽十一月至福州見貝勒置酒甚懽夜半扶之北去從者皆不得見至京封同安侯

丁亥順治四年　是歲桂王即位于廣東肇慶改元永曆

初芝龍徹兵密諭賜姓欲與俱見貝勒賜姓不從定國陰令逸去乃至是率所部入海芝豹獨奉母居安平鎮鄭彩率舟師至舟山迎監國魯王南下魯王封鄭彩為建威侯尋晉建國公其弟鄭聯為定遠伯尋晉侯鄭彩及閣部熊汝霖進取福寧州諸縣響應遂入興化府熊閣部鼓舞起義諸起義者皆来給劄兵至數萬多烏合鄭彩謀奪其權雖

輿之結嫺忌之衆夜遣兵攻其舟并全家殺之于是義兵憤怒解體時義兵所在蠭起汀邵並亂擾延寧閩鄞爲阻是夏京中命王大人陳錦佟國器李率泰督兵至破建寧屠之所失州縣盡復鄭彩至海壇復爲鄉兵所敗遂同魯王至廈門時鄭聯亦糾合浦南橋義兵楊重等攻入漳浦縣以洪有楨爲縣令未幾縣破有楨被執不屈被禍鄭聯率義兵攻海澄縣然見敵騎即走爭舟墜水死者甚多平和縣魯慶等與詔安等處義兵立德化王慈熚據將軍寨陷大昌攻順昌將樂然皆爲清兵所

敗隆武之亡也舊相蘇觀生何吾騶遁回廣東與布政使顧元鏡於十一月立隆武弟唐王聿𨮁監國年號紹武十二月十五日清總兵李成棟率兵襲廣州城副将杜永和獲紹武并周王益王遼王等盡殺之蘇觀生從死吾騶元鏡皆降福省既陷兩廣總督丁魁楚與廣西廵撫瞿式耜會議監式耜皆言永明王賢且為神宗嫡孫應立王諱由榔桂王之子初封衡陽以寇乱徙梧州會桂王薨王以哀經于丙戌十月十四日監國改元永曆以肇慶府署為行宫魁楚吕大器為大學士式耜以

吏部侍郎兼閣學掌銓事封總兵陳邦傅為思恩侯尋晉慶國公後廣西破投誠率兵追永曆為李定國所擒父子俱死

時賜姓謀舉義而兵將戰艦百無一備往南粵召募聞永曆即位粵西遥奉年號稱招討大將軍罪臣有衆三百人于厦門之鼓浪嶼訓練委黄愷于安平鎮措餉識者知其可與有為平國舊將咸歸心焉八月以洪政陳輝為左右先鋒楊才張進為親丁鎮郭泰余寬為左右鎮林習山為樓船鎮進兵攻海澄扎祖山頭数日援兵至洪政中流矢與監

軍楊期潢俱死之遂退兵入粤會定國公進攻泉州州列營桃花山　清提督趙國祚率數百騎衝營張進楊才迎戰定國遣林順等夾攻大破之别遣水兵破淄石砲城斬叅将解應龍軍聲大振泉紳郭必昌之子顕欲内應國祚殺之滅其家并擊故相黄景昉等國祚酷虐泉民不敢喘息九月漳州副将王進率兵来援圍解

戊子順治五年　海上稱永曆二年

閏三月賜姓攻同安　清守将廉印知縣張放齡適遂取之

七月陳佟李援師至遂攻同安城八月城陷鎮将立晋林壯猷全軍盡沒知縣葉翼雲教諭陳鼎死之屠其城殺五萬餘人同安血流溝之讖應焉先是同安諸生陳姓綽號泥鰍者回至羅漢山中所稱生閻羅者授以片紙云泥鰍死半途同安血流溝嘉禾斷人種安平成平埔陳生果至小盈嶺而死是後凡獲滿兵輒斷掌放回以應之然後来安海城竟毀拆而廈門竟遷空無人歷一紀云

是歲大饑賜姓及建國公鄭彩各發兵民船至高州糴米為思恩侯陳邦傳所轄賜姓舡免餉餘照丈

尺徵餉舡有千餘多是民舡斗米閩中近千錢也時海上藩鎮分駐各島監國魯王别将平夷伯周崔之閩安侯周瑞定西伯張名振總兵阮美等守舟山至沙埕鄭彩鄭聯守廈門令定國公守平安之白沙使其将陳豹守南粤賜姓泊廈門以親丁三百人遣其叔錦衣衛鄭子鵬護家眷使張進守銅山所太子太師鄭香守海澄之石尾有衆數千人後為　清兵所破二子鄭廣鄭海死焉然糧餉缺乏取之民間而鄭彩營将章雲飛等擾民尤甚定國公遂率舟師至潮州隨地取餉

己丑順治六年

海上稱永曆三年

廣東提督李成棟反正迎永曆于是永曆有船使令以為恢復在即詔各勳鎮考試諸生赴廣省進場賜姓遂送考生員葉后詔洪初闢等十數人同黃志高賫本赴行在舟至潮陽遭風飄壞餘人不淂達獨黃志高至粵詔以志高為兵部職方司主事使監賜姓軍命以舟師查取南都其後賜姓入長江承此詔旨也詔使并賫秦王孫可望告示一張其文云秦王告諭天下中間叙湖廣殺敬謹王四川殺八固山之撻入滇擒逆點父子云云又檄文

一冊中有云恢復兩京者准封爲公一省者封爲
侯四府以上者封爲伯今有無尺土之功而擅封
五等之爵云〻又定西王李定國告示一張其文
云西寧王奉秦王令旨中間叙破廣西定南王孔
有德焚死之捷云〻

清鎮守漳浦副將王起俸賫赴軍門納欵謀洩棄家
由奄鎮至銅山投見賜姓授都督同知掛統練軍
門印仝管北標將

十月賜姓舟進雲霄港由白塔登岸分道並進雲霄
守將張國桂迎戰爲左先鋒下副將施顯敗死進

軍攻城中軍姚國泰拒守城破國泰重傷獲之令鑿治送軍前枚用遂進攻詔安扎營龍峯磁灶等處令中衛鎮柯宸樞援勦左鎮黃廷右衛鎮洪習山寄守盤陀嶺以遏漳援漳鎮王邦俊副将王之剛等弔集各縣守兵合攻盤陀嶺是日大霧諸軍各不相顧柯宸樞同其弟中軍宸梅俱戰死

十一月賜姓觧詔安圍督兵由分水關入潮州抵黃崗時潮屬多土豪擁據三吳壩有吳六奇黃崗有黃海如南洋有許龍澄海有楊廣海山有朱堯潮陽有張禮碣石有蘇利時武毅伯施天福同黃海

如説賜姓取潮陽縣資其富饒且近海口有海門所達濠浦可以拋泊船艘通運粮米但須由南海礐灣過達濠浦方可至縣恐許龍張禮爲梗耳賜姓遂令移兵南洋許龍逆戰敗走漢陽舊將陳斌来歸授後勁鎮楊廣朱堯唐王等各迎降遂移兵礐灣張禮拒命立破其達濠霞美二寨進攻青林寨張禮乞降准其歸命遣援勦右鎮黄山督諸軍往靖海衛并迎丁惠来縣以中軍汪滙之理縣事正兵營盧爵守城黄山等回攻南山寨破之賜姓遂移兵入揭陽會定國公并帶張禮往見定國公

夜沉之水賜姓悔之

庚寅順治七年　海上稱永曆四年

先是　清兵破湘潭何騰蛟死之破南昌金聲桓死之

二月破信豐李成棟歿于陣永曆皆追贈王爵技淚親祭及報南雄不守遂移德慶抵梧州榕江兵潰桂林陷瞿式耜張同敞死之

五月賜姓至潮陽知縣常翼鳳率父老郊迎令三鎮洪旭駐鎮徵輸轉運楊才攻破平和寨屠之陳斌克獅頭寨〻酋黃亮采請降許之右先鋒楊才病

故以正總班林勇為右先鋒後征藴利陣亡以甘輝管親丁鎮黄廷管右先鋒鎮施顯管援勦左鎮以監督王秀奇為戎旗鎮管親隨兵以林勝為中協陳瑞為右協

四月賜姓移師揭陽定國公言新墟寨負固不服合兵攻之用龍熕擊其城遂乞降

門闢海中放光定國公令人投水視之得大炮夫兩龍為耳用船車出之號龍熕所擊無不摧破後國軒用以攻泉城火引不發鞭之口遂裂城竟不破

守潮州新泰伯郝尚文率馬步数千来援賜姓令諸将迎擊陳斌躍馬入陣擒其中軍陳禄諸将繼進追殺尚文僅以身免

五月詔安九甲義将萬禮等来附施琅所招也

六月引兵攻蘇利不克利據碣石衛畔後平南王發兵攻殺之賜姓諭諸将議攻潮州陳斌進曰潮郡東西環溪只一浮橋通漳大路必須断橋以絶援兵然後移扎西南攻圍從之尚久出兵戰敗浮橋并石橋一齊焚燬隨移師三面圍城攻擊尚久差人往漳求救郝文興来援許龍渡之入城尚未削

髮歸　清久攻不下暑天兵卒多病解圍退兵潮陽黄亮采等復叛攻襲行營甘輝迎擊斬其父子始散去

鄭彩鄭聯在廈門與芝鵬有隙賜姓用施琅之策以米千石餉鄭聯欲襲取之鄭聯不疑鄭彩曰是毒藥也議全軍出避聯不從聯建生祠于萬石巖十五夜宴轄下諸将二鼓賜姓舡至盡收其戰艦兵卒其将陳俸藍衍吳豪等皆歸附撥親隨兵守其衙後月餘芝鵬説賜姓置酒萬石巖夜歸伏甲于路殺之時鄭彩以舟師百餘艘逃于廣東南海之

間賜姓差官往請回島不遇而還其轄將楊朝棟王勝楊權蔡新等來見以朝棟爲義武營王勝等管水師藍舊將藍登來見援授勦後鎮彩飄泊數載兵將星散賜姓以書招之遂回後病死于家

山寇攻陷惠來縣知縣汪滙之守將盧爵俱死三鎮洪旭報潮陽山賊復起不復追徵以閩安侯周瑞爲水師右軍掛印黃大振爲援勦前鎮命鄭芝鵬鎮守厦門阮引何德管水師藍登管六師爲

十一月賜姓至潮陽提塘黃文自行在來報稱有旨請賜姓入援　清平南王尚可喜靖南王耿繼茂

率滿騎數萬攻復廣州西寧王望　師南下會甚切閏十一月賜姓令各鎮官兵在船聽令南下勤王時陳斌與施琅相抗不睦率兵而逃具稟陳所逃緣由後據湖州歸　清黃海如在達濠浦欲議叛令林習山致之死

十二月賜姓抵揭陽與定國公商議賜姓欲南下定國公回廈門

辛卯順治八年　海上稱永曆五年

正月賜姓至南海施琅進曰勤王臣子職分但琅昨夜一夢似大不利乞藩王思之賜姓默然遂令將

左先鋒印并兵將委副將蘇懋管轄定國公送蕭拱宸沈奇等來效勞以拱宸爲中衝鎮沈奇爲護衛右鎮隨師南下定國公同洪旭施琅帶陳壎鄭文星等回島

二月賜姓至白沙河颶風大作各船收入塩州港賜姓正副坐駕風水不得泊坐帆溜下幾覆數次天明方霽後陞管中軍船蔡進福爲水師內司鎮管副中軍船施琅爲水師後鎮

三月賜姓至大星所殺退思訓援兵攻其城下之

清閩撫張學聖同提督馬得功集同安縣十八保劉

五店各處民兵及船攻廈門鄭芝鵬怯懦私自載輜重下船望城中居民不許搬移得功數十騎下船飄至五通遂登岸無有禦之者守高崎水師鎮阮引不戰而逃城中百姓號敲動地賜姓董夫人倉皇抱木至於海邊不得船廈門港居民林禮樂始于水中負登小舟至芝鵬大船坐爲其夜亂兵焚燬店舍火光竟天前文淵閣大學士吏部尚書曾櫻在城中家人掖之出城公曰此一片清淨地正我死所我將何之哉是夜縊于所居樓上時爲二月十三日越三日公之門人阮旻錫入城尋毋

遇公隣居藍姓者在西門外詢之藍曰公不肯出城是晚其進粥一盂公不食及晚再候公已自盡矣無人可收斂也時已昏黑不得入城旻錫往尋僧文台文台又至東嶽廟尋公之門人陳泰共議天未明文台以僧龕同陳泰招公屍至僧厝灣下船付其家人鄉紳副憲王公忠孝以壽棺貯之司馬盧若騰副院沈佺期樞部諸葛倬等皆視殮後兵部主事劉玉龍疏陳輔臣從容就義事奉旨曾櫻身死經常允宜優卹追贈光祿大夫上柱國太師謚文忠賜祭葬蔭一子中書科舍人一子錦衣衛百

戶世襲其門人知縣陳泰冒險負屍積勞殞殁着
贈鴻臚寺少卿
三月初一日　清撫院張學聖同興泉縣黃澍渡海
見島嶼孤懸波濤環繞驚爲絕地即先引回令知
縣張齡安撫居民
初四日馬得功行牌于各鄉安民意欲據守初八會
定國公舟師至截港圍之命鎮將楊抒素登篔簹
港與戰互有勝負副將吳毅戰死施琅率陳壎鄭
文星百餘人登廈門港與戰敗之得功幾爲所及
于是得功求通海張撫院差人至安平協平國公

太夫人囑定國公以船載馬得功三百騎及餘兵盡回先是定國公差都督鄭德翼將周全斌等到天星所報稱馬得功陷島請賜姓回師乃于四月初一日到浯嶼得功已渡海二日矣賜姓怒甚不許諸親與定國相見定國移屯白沙初十日賜姓駐廈門港議失守功罪先賞施琅花紅銀二百兩陳壎一百兩斬鄭芝鵬阮引等以狥何德細責藍登免罪軍士皆踴躍歡呼銳氣百倍以其家在島上遭口搶掠得洩其憤故耳命忠振伯洪旭管理中右參軍潘庚鍾追鄉紳助餉銀潘加派搜掠一空

詔安平和二縣俱復

定西侯張名振平夷侯周崔之英毅伯阮駿等自舟山来歸俱授水師鎮海澄守将郝文興容約納降

壬辰順治九年　海上稱永曆六年

正月初二日賜姓督師至海澄港潮大漲直至中權關下郝文興開城率将士出降授前鋒鎮掛印以叅軍黄維璟知縣事

初十日進兵江東遣各鎮攻長泰縣至溪西擊敗漳城援兵廿三日援兵再至復敗之

二月初二日遊兵營吴世珍奮勇登城被砲擊死賜

姓令火器营何明鑿河地道用地雷以轟其城

三月初三日報總督部院陳錦督馬步數萬来援已扎同安縣初十日地雷發不及城而止是日遂移兵扎江東初十日陳錦安营于牛蹄山相去五里十三日親来衝营賜姓率諸将迎擊之陳錦大敗棄营盤而走全軍俱覆失衣甲馬疋輜重不可勝計遂奔回扎營于同安城外為其家丁庫成棟所刺来歸賜姓賞其功以其弑主陰令殺之

長泰縣　清守将楊青棄城而走以參軍馮澄世知縣事以甘輝為中提督黄廷為前提督黄山為後

提督四月進圍漳州賜姓扎南院

五月　清淅鎮馬進寶（號金衢馬）率兵來援縱其入城復同王邦俊從東門出戰敗回遂嬰城固守不敢出諸軍攻圍數月不下張名振地方事陞協將萬禮為前衝鎮副將陳朝為後衝鎮賜姓移師金門後浦扎營操練施琅前在南澳兵付蘇茂代將意回日必復任賜姓既不與遂請為僧賜姓諭令舟募兵許授前鋒鎮偶有親兵曾德逃亡賜姓拔為親隨琅將曾德捉回立斬之賜姓怒而不發二十日傳令諸將在船聽令出軍遂令右先鋒黃廷

執施琅及忠定伯林習山拘在船中令副將吳芳看守琅家人着人假稱賜姓令箭吊回審究吳芳即同登岸至卓灣琅將吳芳及押人打倒脫走逃還山穴中兩日夜投蘇茂〻容以小舟載之渡海依澄清伯賜姓怒甚欲斬林習山未果殺吳芳妻子令芳跟尋廿一日殺施琅之父及其弟施顯以戎旗中協林勝為搜勦左鎮

廿二日賜姓督兵入漳州地方

廿七日大破漳鎮王邦俊之兵于磁灶

六月回師舊將黄興来歸授中權鎮黄梧来歸授副

將以監督陳六御為北鎮營騎兵

九月賜姓督師入漳浦地方王邦俊來援傻大破之追至龍井降其將卒數百人而還

李長病退以黄昌為戎旗鎮親隨營

十一月　清提督楊名高自福州率步騎入漳應援賜姓遇之于小盈嶺大破之追至馬厝港名高僅以身免騎兵營楊祖為首功掛印陞營為鎮

十二月舊將陳堯策先投　清同　清將協守漳浦至是獻城納降以為護衛前鎮照舊鎮守以參軍林其昌知縣事議築鎮門象鼻山截溪流不得入

海欲以灌城而奔流迅急提不得合費工甚鉅罷
之
賜姓不攻城築長圍困之使其粮盡自降而城中兵
盡括鄉紳富户及百姓粟食乏民相挑籍餓死殺
人為食至有婦人群聚擘男子而分食其肉者毋
論鼠雀及樹根木葉水萍紙及皮之屬盡食之稀
粥一碗直四金自四月至十月城中死者十七人
後　清署守道周亮工收髑髏凡七十三萬有奇
焚埋于東門外名曰同歸所築萬善庵其上勒石
記之城外死者骨骸無數不與焉

五月福省集水師數百隻來攻廈門賜姓令陳輝督水師督禦之遇于崇武所　清舟師戰敗棄船登岸而走

九月　清統兵固山金勵領浙直八旗滿兵及漢兵共萬餘旗入閩來援至泉州住扎養馬廿六日賜姓解圍退扎右縣據險以待固山由長泰入漳

十月初二日固山率滿騎衝營是早西北風盛發火箭火炮皆被風打回對面昏黑滿兵乘烟衝突諸將潰散賜姓退扎海澄後提督黃山禮武鎮陳俸右先鋒鎮廖敬親丁鎮郭廷護衛右鎮洪承寵皆

戰殘

癸巳順治十年　海上永曆七年

三月賜姓駐廈門遣前軍定西侯張名振等率水師恢復浙直州縣并遣忠靖伯陳輝等一齊進入長江

四月金固山吊集水陸官兵船隻欲攻海澄賜姓即遣水師左軍林察右軍周瑞後軍周崔之阮駿黃大振等前往堵截後遇颶風林察飄入興化港被獲至鄭貢来議撫始放回

二十八日金固山扎營楓山頭

五月初一日賜姓至海澄錮兵守禦以前鋒鎮郝文興戎旗鎮王秀奇護衛前鎮陳堯策守鎮遠寨前衝鎮萬禮幫鎮遠寨外以前提督黄廷中提督甘輝守關帝廟前木柵連接鎮遠樓賜姓駐扎天妃宫親行督戰初四日金固山率馬步數萬扎營天妃宫前安大小銃炮數百歸日夜連擊不停木柵崩壞官兵多被擊死

初五日後勁鎮陳魁後衝鎮葉章率各鎮精勇兵數百合力秉炮烟衝進遇炮銃齊發葉章被銃打死陳魁打傷左足賜姓令收兵固守以周全斌督後

衝鎮楊正晉後劲鎮　清兵連擊兩晝夜營壘隨
築隨壞賜姓率諸將上敵臺觀望張盖而坐　清
兵見之炮火齊發甘輝翼賜姓下臺而位隨擊碎
矣鎮遠寨邊新築蘧篨崩壞如平地軍士無可站
立賜姓令掘地藏身令神器鎮何明率洪善將火
藥就夜分掘埋河溝邊藥心相續候令而發
初六日黃昏滿兵火炮火銃連夜不絕至立鼓放空
炮頭疊綠旗兵二疊滿兵填濠攀柵而上兵皆重
鎧刀不能傷城上兵俱持大斧擊之墜則後列者
乘其屍而登三疊滿將蜂擁齊進鋭不可當天色

漸亮滿兵大半過河遂暗發地炮烟焰蔽天過河者一盡礮死其未過河者甘輝截擊之擒斬無遺全固山精銳盡喪連夜逃回

十二日賜姓回廈門于教場設宴犒諸將士論功行賞以忠孝伯印付甘輝〻不敢受以擅離海澄城殺知縣黃維璟及不用命軍士二人差監督池士紳以蠟丸齎帛疏由陸路詣行在敘方曲破総鎮王邦俊小盈嶺破提督楊名高江東橋殲総督部院陳錦海澄敗固山金礪之功行在遺兵部主事萬年英齎勅晉賜姓漳國公封延平王賜姓拜表

辭讓差監督張自新同萬兵部由水路詣行在冊奏以海澄破邊功請封各鎮封爵後永曆以帛詔封甘輝為崇明伯黄廷為永安伯萬禮為建安伯郝文興為祥符伯王秀奇為慶都伯叅軍馮澄世太僕寺卿兼都察院右僉都御史

築海澄城所屬地方每家各出名民夫一名城高二丈餘舊有五都土城連而為一皆用灰石砌成并築短墻安大小銃三千餘號周圍環以港水巨浸茫茫外通舟楫內積米數穀軍器據漳州之咽喉與廈金兩門相為表裡以為長守計命馮澄世督

其工

六月賜姓以金固山田京遂督舟師南下造攻鷗汀埧鷗汀在潮州港口其民強悍有船百餘隻加十八槳水上如飛遇大船以繩絆其柁牽之入港小船即攻殺之海舟至潮者被其刦掠殺害甚多賜姓至攻其城楊廣亦以兵来會城厚而堅從辰至午攻打不下賜姓被飛彈微傷足踝遂退兵次日至華平貴嶼寨入納穀遂抽兵下舡時李定國差人致書其書曰西寧王致書國姓大將軍麾下言當同心戮力納以舟師直取江南也

同安侯在京遣家人李德稱有詔封賜姓爲海澄公

九月京中遣内院學士葉成格理事官阿山同賜姓弟内侍下渡舍蔭舍賫四府安插兵衆勅至

十九日李德周繼武先到厦門賜姓知先剃髮後受詔只令周繼武持啓往請

廿四日葉阿山使到家

十月賜姓發渡舍回泉復二使納到安平鎮相面言先受詔而後剃髮十七日二使至賜姓設供帳于報恩寺二使只就布棚安詔勅賜姓不肯受勅二十日二使回泉州二十九日二使促渡舍蔭舍等

并顏夫人回京復命撫事不成遂置同安侯于高墻戌澄濟伯于寧古塔

遣輔明侯林察閩安侯周瑞戎旗鎮王秀奇左先鋒鎮蘇茂統陸師率五鎮營官兵戰舡百餘艘南下勤王差効用官林雲璿奉勤王表詣行在并持書會西寧王

十一月漳州千總劉國軒同魏標朴世用以總鎮張世耀新任兵未協遣人來約期獻城歸降賜姓遣洪旭甘輝林勝戴捷等于十二月初一夜直至南門掛雲梯國軒令人牽引而上張世耀倉卒不知

所為乃降知府房星曄理刑王元衡知縣周瓊等俱降洪旭入城安輯初四日賜姓抵漳以劉國軒為護衛後鎮魏標為火武營朴世用為水武營張世耀軍前任用委戴捷鎮守長泰縣守將楊青來降諸屬縣皆降賜姓遣諸將狥泉州諸屬縣皆下之惟府城為副將韓尚亮堅守

乙未順治十二年　海上稱永曆九年

正月初五日攻破仙遊縣焚殺甚慘明兵部尚書唐顯悅之子乃賜姓姻家世子經之外父子亦死焉

二月設六官以潘庚鍾為吏官洪旭為户官鄭擎桂

為禮官張光啟為兵官程璠為刑官馮澄世為工官設協理各一員左右都事各二員以常爵寧為察言司掌六卿印鄭會張一彬為正副審理

設儲賢館以前所試諸生洪初闢楊徑阮旻錫陳昌言陳鵬涓楊芳葉儒羽呂昂陳繼明林溲明及蒋擧薛聯桂鄭愈等充之設儲冑館以死事諸將及侯伯子弟柯平林維榮等充之改中左所為思明州以薛聯桂知州事

四月以郝文興為左提督萬禮為後提督王秀奇改為右提督林勝代為戎旗鎮黃昌為援勦左鎮黃

梧為前衝鎮
築丙洲新城
五月總督南征林察周瑞王秀奇蘸茂等班師回稱
西寧王戰敗退梧州應援不及賜姓甚怒降責有
差
委戶官洪旭任水師右軍以吏官潘庚鍾兼管戶官
加都事吴慎為協理佐之
賜姓以撫局不就分兵與定西侯忠靖伯等會師入
長江擣其腹心以水師右軍洪旭為總督以原北鎮
陳六御為五軍戎政總制六師率兵北上京中遣

世子王統率八旗滿兵及漢軍約有三萬入閩先撥前鋒滿騎到省賜姓盡抽福興泉之兵回漳各屬縣城悉墮之

以儲賢育胄二館諸生監紀諸鎮每月紀其功罪彙冊上報請設領兵中軍二月臨陣督戰以候缺將爲之又設餉司一員後以監紀兼之

六月隳漳州城及各屬縣

賜姓會諸鎮兵于漳之東門外蓮花埔合操親自教演月終乃撥各鎮出征

七月以中提督甘輝爲正總督右提督王秀奇爲副

總督率二十餘鎮北上與忠振伯陳總制相機而行以前提督黄廷為總区督後提督萬禮為副總督率二十餘鎮南下

八月前提督黄廷等入揭陽港扎營桃花山　清潮鎮劉伯禄率兵来援大破走之擒其中軍將斬殺甚多二十四日劉伯禄復集吳六奇及惠州之兵列營鷹嘴埔左戎旗林勝揮兵渡濠至斬木栅攻破其營擒其副將諸鎮兵乘勢追殺遂進揭陽城忠勇侯陳豹自南澳率師来會運大銃築土山攻之清守將知縣棄城逃去并取普寧縣進添各鄉寨

餉米中提督甘輝等北上阻風就温台二府取糧台州總鎮馬信欲降忠振伯遣人招之風順遂發舟山未果

九月左提督祥符伯郝文興病故賜姓親臨祭奠厚卹其家

世子王至福州吊集本省緑旗馬步一齊進發賜姓令思明州居民搬移邊海官兵眷口搬運往金門鎮海等處空島以待

世子王至泉州駐扎東嶽

十月賜姓吊回戎旗鎮林勝守思明州

甘輝洪旭等至舟山由岑江口登州守兵迎戰敗走遂進兵攻城陳總制遣監督李化龍入城招降清鎮守副将巴臣功等遂開城投順張名振等出自長江来會　清定関守将張鴻德棄家来附後授前鋒鎮

十一月賜姓差監督李長至舟山吊兵北上師回以總制陳六御督定西侯張名振英義伯阮駿等鎮守舟山委林勝鎮守海澄縣王元士知縣事林其昌失入人罪革職

十二月甘輝引巴臣功等入見即授驍騎鎮改名臣

興

洪旭入台州港馬信棄城帶兵馬揭眷来歸賜姓即授中權鎮掛征□將軍印

丙申順治十二年　海上稱永曆十年

正月清平南王尚可喜撥騎兵同潮鎮劉伯祿来湲揭陽離城西二十里安營右先鋒蘇茂統五鎮守西門隔港據橋、外即平埔時平藩兵即以數百騎挑戰參鎮兵追即走是日援剿右鎮黄勝殿兵鎮林文燦左鎮黃梧在埔上操兵平藩兵大至蘇茂欲出兵迎戰金武營郭遂第諫以爲橋狹難于進兵不聽敢戰大敗惟遂第兵先抽過橋無失餘皆自相踐踏擠橋墜港黃勝林文燦皆死于橋下兵死者凡五千餘人　清兵過橋拆毀營盤直至城下前提督黃廷在東門出兵接戰　清兵乃退報至賜姓命五軍總制張英再督戰旗下潮清兵截港而營難于攻而各土堡皆堅守不納穀

二月賜姓差官兵張光啟入揭陽察戰敗情形弔蘇茂杜輝黃梧等回思明州令黃廷林勝及各鎮下廣採聽行在消息

三月前軍定西侯張名振于正月病故令陳六御兼

晉前軍事令水師前鎮阮駿專守舟山阮駿報定關造船五百隻欲攻舟山請撥兵防護賜姓遣馬信張鴻德督師北上協防

四月清世子吊各灣船隻令泉州城守韓尚亮統率出泉州港賜姓令諸鎮出圍頭外迎擊援勦左協王明銃船擊沉清船一隻信武營陳澤等來勢追赶忽颶風大作諸鎮舟收泊圍頭清舟被風壓下有收入圍頭被獲者有颶入貴嶼金門登岍乞降者有飄至外洋至黄海者得收回泉港者不滿十隻由是不敢渡海

五月黄廷等至碣石衛兵皆無糧逃亡走散遂回師

六月至思明州賜姓議揭陽喪師罪斬左先鋒蘇茂杜輝綑責黄梧記責照舊管事圖贖

以周全斌為左先鋒鎮全武營郭遂第改名華棟為後衛鎮撥黄梧守海澄縣二十二日黄梧同副將蘇明據海澄降清黄梧在揭陽亡其鉄甲兵二百餘名窘于賠補而廈門住屋又為定國公所迫取故淂揭春而叛蘇明乃蘇茂堂弟清封黄梧為海澄公鎮漳州蘇明授精尼奇呢哈番召至京為內大臣後黄梧請發鄭氏祖墳株求鄭氏親黨陷

五大商漳泉之民大遭其禍

賜姓令甘輝林勝洪旭等率各鎮前往攻溲清兵已入城惟五都土城爲副将林明領兵康熊所守遂搬運米粟兵器下船計濯城所貯糧二十五萬餘石軍器銃炮及各将領私積無數拔林明爲右戎旗鎮拔康熊爲左戎旗鎮領兵中軍建兵官張光啟兵郡事黃璋下獄以其附同黃梧瞞借楊琦衣甲軍器應點之罪又驚扶之致变故也

以黃元華棟守銅山時鎮将楊琦鍾宇等陳鵬等多不法爲各監紀所揭被責甘輝言上以爲文武

不和乃聽諸監紀留用

七月遣中提督甘輝林勝周全斌楊祖等十五鎮官兵北上甘輝等遂入閩安鎮至省城南臺橋登岸扎營賜姓諜知省城無兵令取福州而差船夫其諭帖不至甘輝遂掠南臺潭尾等處

八月世子王抽兵赴省賜姓以前提督黃廷鎮思明州赦張光啟黃璋戴罪管事親率右戎旗鎮林明等至福州視師

浙江定閩水師来攻舟山陳六御阮駿二船向前衝殺被誘深入水急船收不回炮火如雨俱赴海自

焚而死餘舡奔散清兵至舟山遷徙居民拆毀城郭張鴻德六戰敗歿

九月初三日賜姓至閩安鎮相度地勢令馮澄世築寨城外鎮守羅星塔亦築土城鎮守

賜姓駕出駐壺江定海鳳埔等處中權鎮黃信自北回陳說失舟山之事賜姓令優卹陳六御六御陳讓子也阮駿二家取連江縣守之

十月賜姓駐三都

初六日世子王發兵攻銅山被援衛鎮華棟護衛右鎮黃元擊敗退走以右提督王秀奇總督五軍戎務

中權鎮馬信管左提督事
十二月賜姓督船取羅源寧德等縣報入省　世子
王遂撥滿州梅勒章京阿裕高巴都柯如良等帶
披甲緑旗兵数千赴援時同安侯差謝表等来勸
就撫李率泰亦差人来說退兵以就撫局賜姓令
諸鎮兵皆退甘輝斷後至護國嶺甘輝令抽兵過
橋至嶺下列陣馬信已撥兵下船顧謂甘輝曰吾
聞公善戰今日親視公退此一陣也滿州先鋒騎
数百追至見陣整不敢退甘輝再令抽兵度嶺親
督数千人在後柯格商至揮兵欲鏖之別将勸止

格商曰此易取耳當盡殲之格商至嶺下身自下馬諸將騎皆步行上嶺箭如雨發路狹兵不得成行甘輝揮刃大呼從高趋下兵殊死鬪满兵崩壞格商中數刃猶力戰者兵争斫之馬信令斷其首埋于田中餘者殺死甚多甘輝即下令收兵而別鎮追者為满騎所殺退是後也柯格商最驍勇而已都柯如良等皆善戰及敗後满兵為之奪氣于是撫事不成

丁酉順治十四年　海上永曆十一年

正月賜姓駐三都

二月總制金張英後提督萬禮事督舟師至温州議
攻金鄉衛　清守将瞿永壽献城降遂取糧而回
三月賜姓令萬禮督兵正鎮韓英左衛洪善右衛楊
朝棟等輪守萬安鎮羅星墖等處賜姓親率諸鎮
北上至鎮下湾阻風遂駕回思明州
初八日定國公鴻逵卒于金門所
四月遣水師後鎮施舉同李順往浙江等處招集松
門一帶漁民以為進長江嚮導施舉至定関遭風
坐舡流入港内　清兵攻之陥没
五月六察常壽寀啟户官鄭泰乾没洋船銀一萬查

皆失寔泰言此人必係奸細、離間藩下左右用事之人又聞其受賄形狀賜姓大怒念其嵩江世胄一家四十餘口起義被殺兼年老免刑幽置而死

六月臺灣紅夷人長揆一遣通事何斌送外國寶物來求通商願年輸餉五千兩箭桿十萬枝硫黃一千担許之

七月賜姓興師北上委忠振伯洪旭督水路四鎮兵防守思明州初十日傳令在船開駕督戎旗等鎮進扎興化黃石令遣中提督甘輝進扎涵頭取粮

三日遂抽進狼嶠覘往閩安鎮令前提督黄廷鎮守廷言閩安鎮不可守賜姓令守一月以護衛前鎮陳斌守羅星塔
八月十二日賜姓入海門港乘風直進黄巖縣　清守将王戎戰敗以城降
十八日進攻台州府令馬信遣人招降二十六日清總鎮李必出城降知縣齊維藩臨海知縣黎獄詹俱降
九月太平縣天台縣守将俱降
初八日遣萬礼攻海門衛初九日賜姓親到閱其地

勢頗險，令監督宋繼寧入城招諭，清守將張捷出降，前所守將劉崇賢亦降。永春義師林忠襲破永福縣。清部院李率泰發兵救援，檄海澄公黃梧兵未至，疑之，盡撥其轄下官兵分入八旗，黃梧大悔。

李率泰弔集漳泉水稍，世子王撥披甲下船圍羅星塔，弔集民夫自鼓山開路達鎮城。十四日，滿兵水陸齊攻，前提督右鎮程余守頂寨戰死，遂失閩安鎮。護衛前鎮陳斌、神器鎮盧謙守羅星塔，被困無援。施琅歸清，為同安城守，屬泉州，在總督軍

前使人招降陳斌麾下兵皆欲降斌遂降後說李率泰盡殺之南臺橋凡五百餘人

賜姓恐閩安鎮有失撥兵赴援遂棄台州率師南下已無及矣遂以五軍陳堯策督數鎮守狼琦地方二十六日賜姓回思明州

二十八日賜姓督師南下

十一月初一日至南澎溥忠勇侯陳豹言惠潮破敗之餘得其城無用鷗汀垻小寨令數鎮攻之可克左戎鎮林勝頗自領兵攻寨從之

各提鎮于潮揭取粮賜姓回思明州提督黃廷林勝

等攻破鷗汀垻時天旱濠乾兵至城下用人字牌
遮身以鍬钁鑿掘城墻列大熕齊發崩之而入男女
無少長皆屠之壯士數百人走免其地遂空
時永曆遣彰平伯周金湯太監劉柱從海上至思
明齎延平王勅印至晋封潮王賜姓欲恢復南京
然後稱王文書告示只稱令旨而已後金湯復命
雲南已破死于廣海前監国魯王科臣徐孚遠附
海船至交趾欲從趾交王借道歸永曆正欲其以臣
禮朝見孚遠不肯登岸而回賜姓遂集商船不許
往廣南貿易

戊戌順治十五年　是歲永曆亡海上猶稱其年歸

正月賜姓駐思明州

二月吊回各提鎮挑選壯勇者撥入親軍

三月賜姓築演武亭于廈門港練兵以石獅重五百觔為的力能挺起者撥入左右武衛虎衛親軍皆配雲南斬馬刀弓箭戴鉄面穿鉄臂鉄裙用鎖〻定使不得脱時謂之鉄人

援陳魁陳鵬為左右虎衛鎮賜姓令左武衛林勝合左右虎衛之兵南下攻許龍港水忽漲舟師直入許龍率衆而逃獲其輜重船隻焚其巢穴清海

澄縣守將劉進忠等率兵獻城迎降後衝鎮華棟病故以劉進忠管鎮事華棟即郭遂弟興化府諸生也舉義其母尚繫府獄故改名後賜姓以千金贖之[出]仍卹其子

五月以前提督黄廷防守思明州與兵官洪旭同商機務戶官鄭泰給發兵餉餘諸提督鎮俱北上甲士五萬伏兵凡十餘萬船數千艘

六月初七日師至平陽縣清守將車任遲獻城降十三日瑞安縣守將文誠祥降

鉄騎鎮巳臣興病故以黑雲祥管鎮事

十九日至温州清守将堅守不出賜姓議取足粮食收兵下舡

七月初二日賜姓開駕抵舟山閘引港官李順水程順曰舟山至羊山西南風一日便到其山皆羊無人住有大王廟甚靈海中有朦朧二龍泊舡不可金鼓獻紙恐其驚動翻覆不安賜姓不信初九日午刻到羊山候艅初十日各提鎮来見放銃鳴鑼不移時風起浪湧迅雷閃電對面昏黑不相見但聞呼救之聲官舡都陳德與太監張忠等跪求賜姓工柵拜天拜甫畢風雨方息波浪稍恬覆舟五

千餘歸溺死數千人賜姓中軍船打破失六　妃嬪并二公子三公子五公子凡二百三十一人

十四日賜姓以兵舡軍器損失四至舟山議向温台各港取粮

九月初十日至象山縣知縣徐某遣生員父老送猪酒犒師并具稟啟賜姓遂傳令不攻將北兵不怕風浪多逃去有報援勦左鎮賀世明等船頭桅俱粉紅又訛傳欲叛去并北將盡失之語賜姓遂撤賀世明鎮任并令張五軍諭水武營卜世明用火武營魏操中權鎮李必奇兵鎮張魁等解職惟北

鎮姚國泰補援勦右鎮賀世明憤激氣死以總理
監營翁天祐署左提督肆其兵
十月初三日賜姓至台州港後衝鎮劉進忠叛入金
門所賜姓令攻打棄城走以木武營黃梧管後衝
鎮事
二十二日賜姓至營右衝守将不降下令攻城
十一月初七日城破擒殺無數
十二日分各提鎮就汎地養民
十二月十五日賜姓駕駐沙門
是歲　清兵破雲南永曆亡

先是秦王孫可望出湖南與經畧洪承疇對壘永駐安龍西寧王李定國奉之以入雲南一路無阻遂將孫可望家眷送至軍中還之途中輜重又被刦掠可望窮憤遂投誠至京　上優待之封義王其死也親弔之

平西王吳三桂與洪承疇遂攻入雲南李定國護永曆至緬甸病死吳三桂追之緬甸入獻永曆疏闈築臺絞死是日天地昏暗有白龍升天之異觀者莫不流涕傷感而明祚至此終矣

己亥順治十六年

正月賜姓駐沙門
二月賜姓至磐石橋
三月賜姓催各提鎮限本月二十五日到磐石橋聽
令
四月二十八日齊到定關
二十九日至寧波港
五月初一日袖兵下舡
初四日至舟山烈港
十七日賜姓至羊山十八日至崇明十九日差監紀
劉澄賫書通江南提督馬進寶

六月十四日賜姓至焦山

十六日辰時進兵攻瓜州清操江軍門朱衣佐率遊擊左雲龍領滿漢兵數千扎城外迎戰賜姓督左右武衛居中、提督居左左提督居右後提督抄瓜州之後兩陣相對隔一小港銃矢交擊水師進斷滚江龍賜姓揮兵大進滿兵列大銃守岸左衛鎮周全斌揮兵下水直渡小港水深鉄重兵從水底行沒頂多溺死突上岸守兵不意驚駭全斌直衝其陣右協楊富陣斬十餘人諸軍直逼而進清兵退走入城諸軍乗勝豎梯攻城正兵鎮韓英先登左先鋒楊祖繼進已時遂克瓜州陣斬左雲龍生擒朱衣佐及所護満州盡殲之是日右提督馬信攻奪譚家大炮焉兵官羅含章等攻奪満州木城三座木城用大杉木板釘平豎柵内各兵五百人火炮四十人門火藥火礶不計從上流壓下舡遇之立碎至是殲焉賜姓以全斌輕渡港失兵多欲斬之諸将跪請乃令戴罪立功朱衣佐至鎮江乞歸養親賜姓賜路費遣之以援勦後鎮劉猷鎮守瓜州監紀柯平督理江防管州事委張兵部楊戎政督水師入蕪湖牽其戰舡直逼金陵以分其

勢

十九日賜姓督師泊鎮江南岍七里港

二十日登岍扎營時　清滿漢兵扎在銀山一帶吾兵扎在銀山對面山上只隔一港滿兵驚移大路扎營留緑旗兵數百守銀山

二十二日二更賜姓移營到銀山下寅時傳令登山站隊天明滿兵見之大驚分作五路而來賜姓覩督右武衛周全斌左虎衛陳魁迎敵周全斌直衝其鋒以長繩界陣後有兵退至繩者斬于是奮勇爭先滿兵披靡諸將繼之道路狭而溝港多自相

踐踏死者不計其數餘者遁走遂令攻城清總鎮高讓知府戴可進獻城投降周全斌身帶重傷時令鎮守以工官馮澄世爲常鎮道兵都事李鳳爲知府以監紀林若霖爲刑廳

時諸州縣多來降太平府守將劉世賢獻城降蕪湖縣亦降

賜姓議取金陵中提督甘輝請從陸路進兵以爲乘破竹之勢一鼓可下或攻取其外四州郡以絶援兵則城孤亦難守若水路恐風信稽遲則援兵入守又費工夫矣諸將多以天時炎熱久雨溝河難

過賜姓遂令由水道進發
七月初四日諸軍下舡初七日至觀音門
初八日令左衛鎮黄安總督水師泊三义河口
十二日派前鋒鎮余新中衝衛蕭拱辰扎獅子山堵禦鳳儀門左提督翁天祐爲應援中提督甘輝後提督萬礼左先鋒楊祖俱離前鋒鎮之第三大橋頭山上屯扎右提督馬信宣毅後鎮呉豪扎旱西門賜姓督左武衛林勝左虎衛陳魁右虎衛陳鵬五軍張英屯扎後廟山時寧國池州和州滁州等府州縣俱降杭州及江西九江等處俱有密謀舉

義前來給札者遣監督高綿祖礼都事蔡政前往
蘇私通私提督馬進約其會兵前來
江南總督管效忠弔集各府兵將齊備謀欲將衛營
十七日甘輝請總令攻城恐援兵日至師老無功
賜姓令于二十二日安炮進攻
二十三夜城中覘知余新懈怠無備請副將孫化鳳
率兵夜出從衛坊房舍中毀墻通道襲其營余新
被擒蕭拱宸泅水而逃全軍俱沒後提督萬禮扎
在橋外救應不及滿兵遂蜂擁出城扎營廿三晚
甘輝林勝勸賜姓抽兵且回至觀音山賜姓欲再

決一戰令楊祖姚國泰楊正藍衍等扎在山上甘輝張英等伏在山内林勝陳魁等列在山下賜姓督陳鵬萬禄等在觀音門應援萬礼萬義等堵禦大橋頭大路馬信吳豪韓英由水路躡其後黄安耑督水師防江

二十三日　清兵大隊抄出山後直衝在先鋒楊祖之營賜姓傳令無令不許輕戰而山上山下又隔遠不相聯屬清兵炮火交擊楊祖衆寡不敵敗走藍衍戰沒賜姓遣陳鵬萬禄往援山高不得上滿兵山上趕下甘輝張英等在山内被圍力戰不得

出張英陣亡甘輝被捉林勝陳魁在山下戰敗全軍俱沒萬禮等在大橋頭　清兵首尾合攻被捉萬義泗水而逃賜姓見大勢已潰先抽下船清水師鎵集來追黃安禦之擊沉數隻防護諸眷姬後載諸殘兵出港查失將領中提督甘輝後提督萬禮五軍張英親軍林勝陳魁鎮將藍衍魏標卜世用副將洪琅弁戶官潘庚鍾儀衛吳賜等十二名沒甘輝等觧至金陵總督同山會審萬禮余新皆跪甘輝以足蹴之曰癡漢尚欲求生乎大罵不屈遂被殺

海兵之入長江也　上議欲出京兵召前海澄降将蘇明問之對曰海兵不能持久不數日當有捷音後三日而江寧捷音至

二十四日賜姓至鎮江分派各鎮将收拾官兵補缺管轄

二十八日諸将領俱各下舡駕入長江

八月初一日師回至狼山上沙

初四日泊吳松港遣蔡政往見馬進寶入京議撫

初八日至崇明城以作老營

十一日開炮攻打城崩數丈　清守将梁化鳳死拒

不退正兵鎮韓英登梯被銃打下監督王起俸亦被銃傷俱死賜姓欲集諸將再攻周全斌以爲城小而堅難以驟拔得之亦無用適馬進寶差中軍官同蔡政来說勸回師以待奏請看撫局成否賜姓從之仍遣蔡政往京

十八日賜姓回師至浙江以楊富管正兵鎮分派各提鎮就温台舟山各港口地方屯扎練操仍撥數鎮屯扎蓁峡三都興化海南日照地方

九月初三日賜姓令開舡初七日至思明州

十月援勦後鎮劉猷在温州深入内地取餉被誘戰

沒

十二月蔡政自京回云撫事不成繫同安獄并逮馬進寶到京問罪遣滿州将軍達素帶披甲萬餘前来勦海并令三省水師合勦

庚子 順治十七年

正月二十一日報滿州統兵将軍達素頭站兵至福州

二月賜姓吊回北汛諸提鎮候撥防守

三月報達将軍到泉州催促船隻配兵

賜姓吊回南下官兵分派屯扎

四月初二日改右提督馬信爲提督軍驍騎鎮傳令各提鎮將領官兵眷口搬住金門所委英兵鎮陳瑞保護同户官鄭泰一同照管

初四日遣中衛鎮蕭拱宸等治崇武堵禦泉港委輔明侯林察爲水師總督共商機宜

派援勦右鎮林順礼武鎮林福防守海門派右武衛周全斌驍騎鎮馬信防治裂嶼尾派遊兵鎮胡靖殿兵鎮陳漳爲陸師守高崎等處援勦後鎮張志爲水師抛泊高崎應援撥林福防守倒流寨

二十六日泉州　清船二百餘歸駕到祥芝澚陸兵山上扎營放炮船依山邊而行遂進至圍頭賜姓令林察蕭拱辰等泊劉五店遏止圍頭清船不得入同安港會合

行戶官鄭泰將前派守圍頭官兵舡隻一盡防守金門拋泊城保角以防廣海許龍等船

撥右虎衛陳鵰守五道高崎東一帶撥援勦前鎮戴捷守高崎寨殿兵鎮陳璋前衝鎮劉俊智武鎮顏望忠守澥保寨并赤山坪游兵鎮胡靖防守東渡寨

仍委戎政王秀奇總督高崎等處協理戎政楊朝棟總督東渡等處臨朝商酌調遣各鎮管理外又令神武營康彥邦扎崎尾兼管神武一帶地方更撥宣毅後鎮吳豪後衝鎮黃昭援勦後鎮張志并陳廣吳裕水師應援高崎五道等處堵禦邀擊

五月初一日賜姓駐演武臺撥忠靖伯陳輝同安侯周瑞援勦右鎮下楊元標銃船前提督下方左營等舡泊海澄港以截漳州大隊水師又于初三日賜姓親督前提督黃廷右武衛周全斌援勦左鎮黃昌右鎮林順正戎旗楊富等在海門住偷迎敵

初八日漳州港内先遣大船一百號配漢兵部院李率泰海澄公黄梧督之出海澄港同安港收拾小船将軍達素同仝安総鎮施琅以小船配滿兵横渡高崎俱下船約初十日進兵

初十日賜姓令五軍陳尭策傳令陳輝等安泊中流不許起柁欲将漳州船出而乗其後倏忽閒滿船乗風順流敵江而下以数船攻一船用鉄鍊釘住炮矢齊發　而登陳尭策周瑞一船及方左營一舡皆被燒殺陳輝一船滿兵蜂擁而上輝走入官艙發火藥從下衝上船火飛裂滿兵在船上俱死

其船未沉為官兵奪回陳輝得活時賜姓坐熕舡
繼令何義督之而下八槳船往来督戰時滿兵乘
潮直進海船漸〻退走直壓至廈門港口將午南
風大發海潮漸長黃廷周全斌等奮力迎擊同正
副龍熕兩船破艅而入龍熕受火彈子一丸至十
餘觔小彈子一斗副龍熕照樣新鑄者各以一船
專載之龍熕所及船中人頃刻間不見形影遂奪
滿先鋒昂拜邦章京紅眼二船出擒侍衛一二等
蝦十餘員并烏沙一船黃廷擒梅　耿勝一船户
官鄭泰自金門率烏船五十號乘勢衝入宣毅鎮

黃元從鼓浪嶼後衝出夾攻炮聲如雷隐、不絕火煙迷江咫尺不辨共擒滿船十三歸滿先鋒三舡被追至圭嶼棄船登岸馬信招之降夜溺殺之惟留紅帶梅勒士心秀弃隨身披甲二人是日辰時達將軍総督滿漢兵船至牟尼嶼赤山坪登岸殿兵鎮陳輝揮兵于水中逆戰兵少漸不及守高崎右虎衛陳鵬密通同安施総鎮謀爲內應其左營陳蟒鵬之姪也見勢急欲出兵救援陳鵬止之不許総督王秀奇速令陳蟒赴之滿兵見金龍甲兵至以爲迎已也及下水斫殺始慌乱而前協萬并領兵林雄領鎮協劉雄継至合擊前衝鎮劉俊亦從東衝出協力拒敵俄而吴豪趕至滿船向前斂諸水師分路衝下擊沉數隻滿兵先登岸者被殺及溺水不計主擒巨馬喇及披甲三百餘人皆斲掌放回達素率全兵回省数日屍浮海岸萬餘長髮者十二三短髮者十七八賜姓磔陳鵬殺其家屬以陳蟒為后衝右鎮何義為后衝左鎮

六月賜姓駐金門浚浦合思明州将領官兵眷口移住金門百姓搬移過海聽其自便撥諸提鎮分扎汎地取糧

七月命官兵張光啟往倭國借兵以船載黃蘗寺僧隐元及其徒五十衆時倭人敦請隐元故載與俱往賜姓書與倭國王而不及上將軍主國政者故倭人兵不發

九月諸兵民家眷俱回思明州

十月清吊達素回京問罪達素在省吞金而死滿兵回京水師船隻俱吊入港閣岍

監國魯王殂于金門所

辛丑順治十八年　是歲順治終康熙登位

正月賜姓議取臺灣其地在東南海中延亘數千里

土番雜處天啟年間毆羅已紅夷占居之于港口築城與中國日本廣南貿易海邊貧民流寓者種蔗以糖爲業殆數千戶時紅夷亦恐海上動兵及庚子春漫遣通事何斌及其酋長再來議貢何斌賫進地圖勸賜姓取之賜姓陳兵自鎮南閣至院東依山布陣凡十餘里甲兵數萬周全斌統轄戎旗兵七千皆衣金龍甲軍威甚盛夷人震攝至是欲進兵諸将雖不敢違阻有難色宣毅後鎮吳豪曾至其地力言港淺大船難進且水土多瘴癘賜姓含之惟戎政楊朝棟倡言可取賜姓納之

二月　賜姓駐兵金門整理船隻
以兵官洪旭前提督黄廷居守思明州戶官鄭泰
居守金門所
三月初一日祭江賜姓督文武官親軍武衛周全斌
何義陳蟒提督馬信鎮將楊祖蕭拱辰黄梧陳澤
吳豪林瑞張志等作首程先行令守澎湖遊擊洪
暄引港各船俱駕到料羅灣聽令開駕
二十二日午時自料羅灣放洋二十四日各船齊到
澎湖分各嶼往扎賜姓扎營內嶼二十七日開船
到甘吉嶼阻風而回三十晚風雨未息賜姓以行

糧已盡傳令一更後開駕三更後晴霽風順四月
初一日天明賜姓至臺灣外沙線各船絡繹俱至
鹿耳門線外此港甚淺沙壠重疊大船從無出入
故夷人不甚防備是日水漲丈餘賜姓下小船由
鹿耳門登岸午後大綜船齊進泊水寮港登岸扎
營令陳澤督虎衛將坐銃舡扎鹿耳門牽制紅夷
甲版船并防北線尾守赤茨城夷長貓難寔叮發
炮擊盤營并柁馬厩粟倉賜姓恐焚及赤茨衛令
楊朝棟督張志官兵防禦看守
初三日陳澤扎營北線尾守臺灣城夷長揆一見官

兵来齊遣頭目援鬼仔率鳥銃兵數百前来衝擊陳澤迎戰一鼓殲之援鬼仔戰死餘夷退走初四日赤崁城夷長貓鷄寔叮以城孤救之賜姓遣楊朝棟招諭之遂率夷人三百餘名出降

賜姓令赤崁夷招夷長揆一等来降不從時夷長尚有甲版船在港令陳澤陳廣等攻之沉其一隻焚其一隻走回一隻

初四日賜姓督師移扎崑身築土臺架炮攻臺湾城揆一等于附城銃城齊攻大銃頃刻土臺崩壞官兵退回夷人出城奪炮馬信劉國軒率弓箭手射

之乃退賜姓遂令赤崁降夷架銃轟城崩之派馬信等扎臺灣衛固守不攻俟其自降派各鎮分札汛地屯墾

五月初二日二程黃安劉俊顏望忠陳瑞胡靖陳璋等到臺灣

賜姓集文武各官審宣毅後鎮吳豪搶掠百姓監匿米粟斬之右虎衛陳蟒仝罪革職綑責以黃安曾左虎衛改赤崁地方為東都設一府二縣以府為承天府委楊朝棟為府尹一為天興縣委莊文烈知縣事一為萬年縣委祝敬知縣事

六月十六日銅山守將蔡禄郭義搶掠居民脅忠匡伯張進投誠進詐許置酒請會欲發火藥與之俱焚蔡郭知之不赴張進遂於火自焚

初浚提督萬禮密約海澄公黄梧欲據思明州以叛後隨征南京被獲而死已祀忠臣祠矣事洩賜姓徹其木主蔡郭是其黨也故懼而叛清兵入銅山城兵官洪旭會忠勇侯陳豹統水師獲之蔡郭全清兵退走報至賜姓援總監營翁天祐鎮守而厚卹張進之家

七月紅夷會甲版至吊右武衛前協黄德幫守臺灣

衛名其衛爲安平鎮
張志黄招等激变火肚杜土番楊祖與戰中楊鎗死
土番圍張志营黄安陳瑞等破走之
八月紅夷率甲版船来犯賜姓令陳澤同戎旗左右
協水師擊敗之獲甲版二隻小艇三隻自是甲版
退入臺湾港不敢復出
京中命户部尚書蘇納海至閩遷海邊居民之内地
離海三十里村庄田宅悉皆焚棄
先是達素兵至賜姓令思明州搬空其先人来降
者家眷乘隙皆渡海逃去原右提督慶都伯王秀

奇逃回江南埋名不出而原任漳州知府房星曄者為索國舅門館客遂逃入京使其弟候補通判房星曜上言以為海兵皆從海邊取餉使空其土而徙其人立版不許下海則彼無食而兵自散矣遂從其策陞房星曜為道員病死無嗣至是上自遼東下至廣東皆遷徙築垣墻立界牌撥兵戍守出界者死百姓皆失業流離死亡者以億萬計藴

納海歸薦同安總鎮施琅為水師提督移鎮海澄

十月同安侯鄭芝龍爲其家人尹大器出首通海時

康熙新即位四輔蘇克薩哈與鄭芝龍有隙以初三日

殛芝龍于菜市，殺其子孫家眷凡十一人。報至，賜姓叱爲妄傳，中夜悲哭，居常鬱悒。

十二月，守臺灣城夷長揆一等乞以城歸賜姓，而搬其輜重貨物下船，率餘夷五百餘人駕甲板遠去。賜姓遂有臺灣，改名東寧。

時以各社田土分與水陸諸提鎮，而各令搬其家眷至東都居住，兵丁俱合屯墾。初至，水土不服，瘴癘大作，病者十之七八，死者甚多。加以用法嚴峻，果于誅殺，府尹楊朝棟以其用小斗散粮，殺其一家；又殺萬年縣祝敬，家屬發配。于是人心惶惧，諸

将解體

壬寅康熙元年　海上仍稱永曆十六年

正月賜姓嚴諭搬眷鄭泰洪旭黄廷等皆不欲行于是不發一船至臺湾而差舡来吊監犯洪初闢等十人分當番社皆留住不遣島上信息隔絶

三月令周全斌調銅山思明州兵攻南澳欲擒陳豹豹短小精悍歸三尺陳守南澳近二十年許龍蘇利皆畏之

豹驕傲專志数違藩令兵至倉率〻衆搬眷下船不敢十分迎敵揚帆入廣東投誠清為慕化伯未

幾病疫而死

四月賜姓遣兵官楊都事到思明州奉令箭欲殺董夫人及其長子經以乳母生子之故洪旭等不肯奉令殺楊都事而訛傳周全斌奉密諭欲殺諸將十餘人于是人〻自危洪旭等使周全斌船回廈門港即執而拘之黃昌勸鄭泰殺之全斌求救于董夫人洪旭亦依違乃得免

五月初八日國姓招討大將軍殂于東寧年三十有九提督馬信及諸鎮將黃昭等議以其弟鄭世襲護理大將軍印未幾馬信黃安皆病故世襲以黃

昭蕭拱辰為腹心　拔劉國軒管鎮事謀自立報至思明州鄭泰洪旭黄廷工官馮澄世參軍蔡鳴雷等立長子經為嗣封世子發喪即位

時靖南王耿繼茂移鎮福建與總督李率泰遣旗中軍王明賞功李有功至思明州鄭泰等議照朝鮮國例復耿李使疏請而泰遣中軍官楊來嘉同入京待命後不報釋楊來嘉回

八月京中遣戶部郎中賁岱兵部郎中金世德入閩安城招撫凡海上文武官投誠者依例照品級升降補用

十月洪旭鄭泰以兵千餘人配船逆世藩入臺灣世以周全斌為五軍馮澄世之子錫範為侍衛陳永華為諮議參軍至澎湖其將李思忠船飄至臺灣知諸將有謀逃回世藩隨即防備因乘風入鹿耳門登岸全斌令連夜伐木為柵扎營次早黃昭會諸將出兵值大霧晝冥跬步不可視諸將多迷誤失期惟黃昭兵先至攻其前劉國軒兵至攻其後破營而入世藩兵却擠而前黃昭攀木梯為流矢所中墜下全斌令斬其首大呼示衆軍士皆迎降大霧忽晴日已向午鍾宇等至皆反戈而迎世藩

入安平鎮請世襲至待之如初襲委罪于其僕蔡雲〻自縊收殺拱辰李應清曹從龍等餘皆不問諸將營兵撥守汛地如故

十一月世藩率周全斌等同其叔世襲回思明州後世襲入京歸命授精奇尼哈番顏夫人鄭芝豹自戍所發回准在京同住

海上見聞錄定本卷下

鷺島遺衲夢庵輯

癸卯康熙二年

正月世藩駐思明州時洪旭守思明鄭泰守金門黃廷守銅山世藩得鄭泰與黃昭往來書欲襲取之泰不自安稱病不來見

三月命周全斌督船入海澄港取粮欲襲金門見其有備乃止

四月參軍陳永華謀以世藩將回東寧而謀鄭泰為居守戶官統轄諸鎮資其餉給兵鑄居守戶官印

遣協理吳慎齋至金門泰遣其弟鳴駿入謝世藩慰諭之見陳永華情欵甚密鳴駿田力勸其行泰遂六月初六日帶兵舡并餉銀十萬至思明是晚入城赴席世藩以其前通書黃昭面質之遂交與洪旭監留周全斌率兵并其船獨蔡璋一船走脱天未明至金門鳴駿倉卒與泰之子纘緒率諸將及兵丁眷口下船入泉州港向總督李率泰投誠船凡二百餘號兵八千餘人全斌等追之不及後京中封鳴駿爲遵義侯纘緒爲慕思伯文武官班賞敘用有差

初十日鄭泰見其子弟家眷兵衆皆入泉州港遂自盡而死

七月以黄而輝爲思明州知州而輝黄廷之子

八月黄廷自銅山入見世藩慰諭之

自鄭鳴駿入泉州人心解散鎮營多叛右武衛楊富左武衛何精義忠伯陳輝等文官叅軍蔡鳴雷礼官都事陳彭等皆先後投誠

九月紅夷糾集甲版船十六隻夷兵數千會靖南王李總督約同攻兩島候事定之日歆求語嶼築城貿易如廣東香山澳例後准納貢互市李總督遂

議于島

十月調兵陸路提督馬得功督鄭鳴駿以船數百歸出泉州港水師提督施琅同海澄公黃梧出海澄港靖南王耿繼茂同荷蘭國紅夷扎營同安港之劉五店至期下船渡海守高崎正兵鎮陳昇先約降

十一月世藩率黃廷周全斌等會船于金門海夷船高而且大一船有大小熕銃千餘歸橫截中流爲清船藩敵是日炮聲如擂鼓從辰至酉相續不绝不啻如雷轟霹靂世藩見夷船多炮衆寡不敵乘

潮漸〻退出浯嶼周全斌等十三䑸船在後迫于潮長不得出遂直遶夷船之後衝大䑸而入夷船發熕齊擊無一中者馬得功坐鳴駿中軍船全斌誤以為鳴駿也直前攻之黄廷中軍將吴朝寧世藩親軍將蕭秉龍前後夾攻揮兵過船得功親隨鉄甲精兵三百人皆被殺下水得功頓足自投水而死再攻楊審一船焚之楊富投水遇小艇救之得免所遇之船多被攻沒遂揚帆直出日暮收兵海上不知馬得功之死也黄廷議欲再守數日周全斌以為船多被夷炮損壞不如退守銅山遂棄

兩島而去

先是李總督給示准島中百姓過界思明州知州黄而輝設世藩准島民渡海令下三日而永華渡啟世藩禁之至是清兵入島遺民尚數十萬多遺兵以男婦係纍童稚成群若驅犬羊連日不絶而投誠兵搜掠財物發掘塚墓至剖建國公鄭彩之棺而殘其屍墮城焚屋斬刈樹木遂空其地而嘉禾斷人種之讖應焉

十二月世藩至銅山衆心離散鎮營多叛而兩島之舊將殘兵官員紳士無船可渡海者或投誠或逃遁

流離失所死亡殆盡矣

甲辰康熙三年

正月世藩駐銅山諸軍乏糧周全斌欲襲洪旭而併其船洪旭亦防之值海風大作船各飄開全斌遂率其衆入漳投誠後封承恩伯而洪旭以杜輝守南澳輝亦掠其輜重投誠

三月世藩同馮錫範陳永華等率餘衆回東寧工官馮澄世一船爲其家丁所迫自投海中而死洪旭以二十舟候黄廷同行時黄廷部下兵將多不願行議欲使其子而輝率壻吳朝等率衆投誠而自

已帶家眷與洪旭往東寧適黄梧遣陳克竣来招降黄廷遂入漳投誠後封慕義伯洪自往東寧

八月李率泰上疏議取臺灣京中以水師提督施琅掛靖海將軍印總督投誠將周全斌副之整舟師數百艘候風開洋

乙巳康熙四年

四月靖海將軍施琅等出洋未至彭湖港颶風大作各船飄散不能相顧皆引還未幾召施琅入京加伯銜為内大臣歸旗其餘降將亦多以總鎮副將補

丙午康熙五年

丁未康熙六年

部議分撥海上投誠官兵移住外省先撥慕義伯黄廷駐河南鄧州隨召承恩伯周全斌入京遵義侯鄭鳴駿病故其子纘成襲侯慕恩伯鄭纘緒病故其子修典襲伯皆召入京師歸旗其標下官兵及别鎮兵各給行粮分駐于浙江〻南江西湖廣河南山東山西四川諸省屯墾荒田給其牛種免其六年租税將領或督墾或撥在督撫提鎮等衙門效勞文官赴部候補

戊申康熙七年
己酉康熙八年
世藩在東寧以陳永華理國政馮錫范管侍衛劉國軒等管兵忠振伯洪旭病故其子洪磊及永華之姪陳繩武等皆任用
改天興萬年二縣為州置鳳山諸羅二縣課耕種通魚鹽安撫土番貿易外國向之憚行者今喜為樂土焉
浙江投誠將孔元璋請往臺灣招撫京中遣大臣明珠蔡毓榮至泉州加興化府知府慕天顔卿衘同

渡海往議世藩遣柯平葉亨到泉州議照朝鮮例稱臣奉貢不剃髮不登岸議竟不成而数年之間海上亦相安無事

庚庚戌康熙九年

辛亥康熙十年

壬子康熙十一年

癸丑康熙十二年

十一月吳三桂舉兵反遂陷滇貴四川河南岳州諸郡縣稱大周元年

初平南王尚可喜疏請歸老遼東而留其子安達

公之信襲鎮廣東朝議許之并令舉家歸旗平西靖南相繼疏請俱可報至是平西反乃命二王仍留駐鎮

時耿繼茂已死耿精忠襲王時三王交通逆命雖復停留而反謀決矣

甲寅康熙十三年

三月十五日耿王傳各官入府議事總督范承謨巡撫劉秉政至伏甲執之知府王之儀建寧同知喻三畏走出被殺范承謨被拘以劉秉政為統制使鄉官蕭震為布政司自稱總統兵馬上將軍移檄

各府縣俱望風而降

十九日耿王檄至泉州提督王進功是夜縱諸將焚劫燒南街西街棋楼殺掠到晚紳庶無遺傳檄各屬縣皆降興化鎮馬惟興剳興化守倫郭維藩剳惠安獨同安城守張學堯晋江水師營李尚文所部無犯耿王再遣通事黃鏞至臺灣初耿王將拒命遣鏞通世藩請師為聲援至是又遣鏞見世藩請以舟師由海上出江南而已統陸師出浙江鏞回言海上船不滿百兵不滿萬耿王始輕之

耿王以黃梧為平和公梧病疽受印不數日疽壞

而死其子黄芳度襲封管其兵
駐漳海道陳啟泰黨于范承謨與耿王有隙至是先
殺家屬十餘人乃自縊陳為官則甚貪于死則甚
烈
漳浦鎮陳炎海澄鎮趙得勝俱降耿福寧鎮吳萬福
貪魁失將士心謀拒耿衆不從耿王遣都尉曾養
性督兵至萬福出降誘殺之養性等乘勝長驅平
陽總鎮蔡朝佐降温府處二府皆下
四月潮州總鎮劉進忠降耿密請耿令劉炎率兵會
之夜攻同安城續順公沈瑞併其兵耿王台王進

功至福州留之徵其兵
世藩遣協理禮官柯平至福州報命時耿聲勢已振
謾應曰世藩來甚善各分地自戰可也由是兵端
遂起
世藩侍衛馮錫范鎮將劉國軒率舟數十兵數千
先至廈門
耿王檄諸路兵出閩黄芳度遣黄翼帶兵千餘人
應命趙得勝不從與馮錫范陰約以海澄歸命于
世藩隨將兵進次同安王進功之入省也耿王調
張學堯鎮泉州以化尚蘭代守同安世藩兵至尚

蘭迎降獲學堯家眷學堯聞内变趨田施福引之俱降世藩

五月世藩至思明州以趙得勝為左提督封興明伯張學堯為左先鋒鎮化尚蘭為仁武鎮遣人至耿王處議撥船及地方安揷兵丁耿王不答又禁買船料貨物遂成仇隙至是耿王聞同安之失乃遣王進率部卒千人入鎮泉州王進綽王老虎原為漳州副将時提標五營兵將不肯應調王進至與城守賴玉相結納用提標守備戴國用為爪牙勒王進功家眷入省耿王湲遣兵接應兵將至進功

之子錫藩與其屬楊青等議先發以制之

六月初一日以提督大人之命召諸將議事誘賴玉戴國用李尚文等執之率兵攻王進〻走登塗門樓意氣自若提標兵無統帥相持竟日進恐海船至更深整隊出城而去

初三日錫范等殺賴玉分其屍

初四日絞殺戴國用釋李尚文迎世藩入城以錫藩為指揮使暫理提督軍務

黄芳度襲殺漳州城守劉豹〻耿王所署也世藩遣人諭之芳度遂降封德化公授前提督漳屬錢

粮聽其徵給芳度終不自安差人間道齎密疏入
京
七月平南王遣兵圍劉進忠于潮州耿王不能援進
忠求救于海上世藩遣援勦後鎮金漢臣率舟師
援之以進忠為右提督封定虜伯
九月耿王以步騎三萬遣王進攻泉州鼓行至惠安
肆行焚掠世藩命劉國軒督諸鎮并統五營兵禦
之對壘逾旬進退屯楓亭列營二十餘里
十月國軒兵至塗嶺嚴陣會戰王進見前陣皆新募
之兵直前擊之兵皆惧法死戰國軒令許耀分兵

襲其後焚其營盤進兵大敗國軒追至興化城外三日夜而還

十一月周吳三桂前遣禮曹錢點來聘值鄭耿二家交兵回報復遣礼曹員外周文驥來和解

劉炎在漳浦不降世藩寨請援于耿王耿遣兵會之至平和世藩檄黃芳度擊走之耿王復其親軍都尉徐鴻弼自間道入漳浦世藩以馮錫藩趙得勝督諸軍攻之鴻弼劉炎會雲霄鎮劉成龍合兵迎戰于羅山右虎衛何祐揮軍擊之鴻弼等大敗走回城馮錫范以紅夷衛大炮擊入城中劉炎等大

惧同鴻弼成龍俱出降

十二月趙得勝督軍援潮州與平南王兵戰于黄岡大破走之潮圍始解初進忠被圍金漢臣一軍盡殲馬進忠極力守禦将及半載至是廣兵燒營而遁世藩分設六官名曰協理洪磊為吏官楊英為戸官鄭斌為禮官柯平為刑官楊賢為工官兵官缺置六科都事都吏察言司承宣司賓客等司陳永華為揔制留守兼管勇衛馮錫范為侍衛二衛皆親軍薛進忠為左武衛劉國軒為右武衛何祐為右虎衛以施福為五軍其左右先鋒及諸鎮營

皆聽五提督調遣凡文武事宜皆贊畫參軍陳繩武侍衛馮錫范主之

初世藩之來思明州也兵餉取給于東寧洪磊承其父洪旭遺命助餉銀十萬兩至是兵衆餉多轉運不給乃以六官督比民紳士富民以充之以鄭省英為宣慰使總理各府縣錢粮百姓年十六以上六十以下每人月納銀五分名曰毛丁船計丈尺納税名曰樑頭及設各府塩引分管塩埸以給兵食

乙卯康熙十四年

正月耿王遣張文韶来賀正議和送船五隻世藩遣
礼官鄭斌報使約以楓亭爲界自是鄭耿交好
二月永春馮眺峯寨民吕華不服徵泒薛進忠圍之
三個月不下知縣鄭時英諭之出降釘殺之家族
發淡水充軍
續順公沈瑞駐饒平劉進忠攻之不克廣兵来援何
祐遇之于百子橋破走之瑞出降改封懷安公傳
流洪經畧承疇胞姪士昌天倫天思及眷口于東
寧之狼嶠法公論也流前進士楊明琅及眷口于
狼嶠以其過崇禎帝梓宮不下馬又修南安縣誌

以海上爲海寇也後皆死于流所知南安縣事劉祐有云洪經畧未必盡是鄭國姓未必盡非世藩悦其言召已逃回籍矣

五月劉進忠請大師南下許之

初六日世藩入海澄遣斌入漳慰諭黄芳度或東兵入見或率兵隨征芳度終不受命密調回黄翼出関之兵耿王移檄召之亦以疾辭世

城之許

劉國軒率諸鎮兵至潮與進忠規取屬縣之未附者安達公尚之信悉力守禦相持日久粮乏兵病

之信調十餘萬盡銃来攻國軒自新墟寨一日一夜退至黌母山以餘粮露載車上宣慰使洪磊懸金以賞有功軍心稍定進忠與國軒議曰之信大兵必從小路而来出我不意須得勁将扼之惟何祐可任然不可言其故恐其心怯予可嚴陣以待而予将騎兵背城以為應援國軒從之是夜見大路上數營火光點、進忠令放大炮擊之見火光不動進忠曰是空營也我兵可安寢以待攻日之信率兵從小路而来何祐見大隊突至欲退不可冒死奮勇極力擊之無不以一當百之信大敗退

走國軒等窮日夜追之殺死不計其数是後也以飢卒数千破敵兵数萬由是何祐之名振于粤東祐綽號何錐子

六月世藩自海澄移檄萬松関黄芳度令其下俱剃髮據守遣其兄芳泰入粤請援世藩進攻不利援勦後鎮萬宏登梯中炮死乃築長垣圍之調何祐堤潮州先攻平和縣守将賴陞降諸屬縣皆下

十月海澄公標将吴淑以漳州降

初淑投清屬公標黄梧待之厚将死呼淑托曰吾兒年少君可保全之及城被困日久潛謂其弟潛

曰我本海上舊将公雖待我厚我負罪于先藩寔深今世藩待我眷族恩尤有加豈可及圖逆命遂以初六日開城大兵入芳度倉皇投開元寺井而死獲其将黄翼蔡龍朱武張濟戴麟陳驥黄琯等皆斬之没其家剖黄梧棺戮屍斬首及芳度首揭以狗衆有議發梧祖塚者世藩曰罪止其身于先世者何與不許

後清贈芳度為忠勇王時芳泰往粤求援會其兄芳世由汀州至永定亦以是日破永定縣開漳州降乃大掠而遁世藩以足淑為後提督吳潛為戎旗

二鎮

十一月令龔淳往日本取回鄭泰所寄之銀淳乃泰委寄之人并執有票可據先是兩家紛爭夷人皆不肯與至是夷人混開支銷銀凡四十五萬僅得二十六萬而回

丙辰康熙十五年

正月以右虎衛許耀前衛鎮洪羽等率師會在潮諸軍攻取廣東州郡

二月平南王昏病日甚會周師克肇慶韶州等處廣州人人自危駐潮諸軍聞報燒營遁回劉國軒劉

進忠何祐等分南北兩路而進碣石鎮苗之秀軍程鄉其妻在汛遣人迎降仍勸之秀納降款世藩許其田鎮碣石國軒等水陸竝進圍惠州攻博羅不下旋下長樂新安龍門等縣之信窮蹙遂乞降于周〻封之信為轉德公令其讓惠州于海上之信檄提督嚴明撤守兵田廣遣使餽弓馬幣帛通好召以國軒鎮惠州東莞守將張國勳亦降以為後勁鎮自是與周分界而守

五月耿王調汀州鎮劉應麟兵出閩麟不從密来通款乃遣兵淑挺兵馳書與耿王言欲假道汀州以

出江右敗王遣兵防城應麟懼其圖己率所部州掠瑞金石城吴淑兵至應麟與謀攻城下之以應麟為提督

七月調劉進忠出師進忠稱疾不行進忠自潮州定後来見世藩待之礼意疎畧見左右用事者皆碌碌知不足與有為及假汀州嘆為失計至興寧與諸将不協流言日起遂稱疾回潮陰為自守之計

九月敗王師出浙江者為総督李之芳所扼多被摧敗京中遣康親王提兵乗機入閩兵出江西者総督蔡毓榮及滿州兵移駐兵拒之失廣信棄建昌

大勢已潰又聞汀州已破益憂内顧諸将遂密謀
詐作耿王投誠献閩耿王聞变收王進范承謨蕭
震絞殺之欲乘船奔海爲都尉徐文耀所脅不得
出城遣王進功田泉取救兵密囑曰吾忍死以待
也延平已失不得已于十九日剃髮迎康親王入
福州後耿王入京與徐文耀及諸将領皆伏誅興
化守将馬成龍以城来降令許耀率兵赴之
十月令許耀督諸軍進取福州駐師烏龍江許耀驕
從諸将不服飲酒嬉戲無他謀畧　清来渡江有
議于半渡擊之不聽既登岸倉皇出戰前鋒死鬬

不能分兵救援及少却又不敢後引兵先走委棄輜重器械不可勝計乃遣趙淂勝何祐屯興化以禦　清兵

耿王檄曾養性爭自温州航海回閩朱大貴以舟師来降其餘逃入福州奇兵鎮黄應選擊之獲巨船數千艘

十一月邵武守将献款于吴淑〻赴之移兵據守

十二月　清兵至邵武吴淑禦之時大雪嚴寒諸軍涉溪拒戰皆凍壞不能走遂棄邵武退劄汀州

清兵進至建寧縣薛進思守汀聞之驚惧失措劉

應麟顧傾貲餉兵固守進退猜疑不從棄城而走
應麟奔潮州依劉進忠發憤病死
平南王尚可喜于九月病故之信遂遣使報訃并請
其妹奔喪妹沈瑞叔母也許之并遣使弔喪周封
之信為轉德親王
丁巳康熙十六年
正月　清兵至興化時諸軍銳氣已喪何祐又與渇
勝不睦渇勝出戰何祐坐視渇勝力戰而死何祐
奔回泉州
二月初九日　清兵至泉州守將林定無備城破標

将林孟參宿營謝貴死之林定素與民相安近于
民間削髮走免諸軍潰散
十九日　清兵至漳世藩倉皇登舟至海澄棄而不
守至廈門欲回東寧百姓號江攀留角宿營吳桂
整兵防守衆賴以安繼而餘衆稍集乃遣水師防
衛分汛而守
祭趙得勝親臨哭之斬薛進思原姓名裴德許耀細
責耀病劇痢不數日死何祐吳淑戴罪自効
遣諸将家眷搬回東寧王進功沈瑞張學堯等陸
續起程劉炎以母老病至外洋勒兵刼船乘風下

碣石衛依黃之秀後歸清至京流徙寧古塔

三月時諸將追集思明兵餉不給乃分汎南北地方措餉呂慕以前虎衛林陞等水師樓船中鎮蕭琛等駐骨陽政定海福寧一帶地方以後提督吳淑楊威前鎮陳昌戎旗一鎮林應奇兵鎮黃應等駐同安至潮陽揭陽一帶地方

三月漳浦巫者朱寅挾左道詭稱三太子聚集海上殘兵率二百餘人于十九夜襲泉州攀堞而入鳴鼓揚旗從開元寺前至西街守兵以爲海兵浸至乃於漊門前發一大炮寅乃抽回出城而去人以

為神附者曰衆婁〻皆勝蔓延於漳泉屬縣凡深山窮谷岩寨無所不到派粮以食頭裹白布時人謂之白頭賊

六月劉進忠擁兵觀望世藩遣户官至潮徵餉不應買運又閉糴猷疑於周至是歸　清後召至京殛死

劉國軒在惠州尚之信歸　清孤城難守世藩遣水師迎之乃率所部航而歸

清以黄芳世襲封海澄公授汀漳總鎮公標守備黄監授海澄總鎮芳世請兼水師提督許之芳世至

閩驕傲專用北兵人心不附
周將韓大任據守吉安　清兵圍之經年無援乃
造小舟於城内乘夜以繩引舟截江渡兵潰圍走
入閩界欲下海有信来通十月世藩遣何祐等至
南靖小溪收兵吳淑等至長泰扎天成寨以遥應
之大任竟以粮盡就國省投誠
後大任歸旗從大兵征噶爾旦衝陣而死
十二月　清兵圍吳淑于天成寨朱寅率衆来援吳
淑突圍而出
康親王遣漳泉二府知府同泉紳黄志美等照朝鮮

例來議撫海上不從亦無報使

戊午康熙十七年

正月泉州提標兵巡界駐日潮水師四營陳陞擊之大爲所敗標兵乘勝侵掠東石等處

二月以劉國軒爲中提督總督諸軍後提督吳淑爲副

初十日國軒督軍至海澄攻玉川　清守將劉宗降狥三人河福滸皆下

十八日進取江東橋　清守將王重祿呂韜等奔潰遂燒斷橋梁以絕漳泉大路漳州援兵至國軒分

兵擊敗之三戰三捷軍聲大振二十三夜取石碼獲清守將劉　楊朝宗遂軍于祖山頭以逼海澄清副都統孟安符自潮来援國軒退屯石碼築垣拒守仍分兵屯漳州郭外清提督段應舉自泉州来寧海將軍喇哈剌達自福州来平南將軍賴哈自潮州来先後應援國軒倏水倏陸滿漢疲于奔命三月初一日國軒列陣郡東赤嶺清兵背城迎戰前虎衛林陞一軍當其鋒殺傷相當朱寅率兵按天寶山以牽漳兵之勢黃芳世擊敗之寅遁入長泰

國軒樹栅溲橋一帯離漳数里満漢諸将會議以一隊同黄芳世扎水頭小湾腰樹一隊扎鎮門安炮以断其往来水路國軒偵知于一日黎明焚營徹兵漳兵意其遁也少頃舉帆直抵水頭登岸渉嶺進戦芳世素不知兵又與漢将不恊吳淑攻之戦敗墜馬遇救淂免走入漳城病月餘死自水頭之敗海澄餉道阻絶段應舉會緑旗兵及満州将軍兵数萬列營祖山頭十八日下午國軒兵至應舉揮兵迎敵何祐以却江勝吳淑等繞出祖山之背國軒督劲率登山衝満州営満兵敗走衆大潰

國軒又以逆兵截漳州大路滿漢兵棄輜重自相踐踏奔入海澄國軒夜令軍士鑿塹一人一丈引江水環城繞之外又鑿溝數里深沿堤兩岸安銃守之由是內外阻絕

是月初三日吳三桂稱號于衡州以周為国號改元昭武

四月　朝命召總督郎廷佐入京以布政司姚啟聖代之勅巡撫楊熙致仕以按察使吳興祚代之調江南提督楊捷代段應舉援兵四集屯箄架山以救海澄

五月劉國軒以筆架山南小寨懸崖狀如掛燈俗呼燈火寨下臨大溪順流可通海澄問誰可扼守吴淑請往棄夜率兵進寨天明寨柵完備初十日酉時滿營發炮攻擊連夜不絶淑令畢士穴地藏身無死傷者馳報國軒以爲秉夜發炮意不在寨當別防之信至滿漢兵齊至祖山岳領破林彪張鳳二營鳳戰死進攻林陞營國軒援兵至姚啟聖之子姚儀統韓文任降兵以牛戴土囊填溝至第三重國軒發大炮齊擊之死者無數漢滿兵多填于塹遂退時京中　上諭有能救海澄及城中兵將

有能拔圍而出者皆重賞奈國軒鑿塹通潮圍至數重不可復救矣

六月初十日國軒攻入海澄城段應舉穆伯希佛自縊黄藍不知所終獲孟安馬虎等滿漢官三十餘員皆釋之授官給俸滿兵千餘遷之東寧時城中滿甲二千馬八千餘足緑旗兵城守兵計二萬餘圍八十三日糧盡殺馬而食馬盡屑馬骨食之死亡及泅水而出者過半閩省震恐諸援兵退守漳郡朱寅下海封爲蕩虜將軍改名蔡明義歲餘病死國軒議乘虛以泉州令吳淑分兵下長泰縣國

軒兵至同安，都統雅大里走回泉州，擒鄉總兵黃朝先斬之。與何祐、江欽、楊德十數騎離隊伍先行至泉城，循清源山于東嶽相視營地，城中兵不敢出。久之，隊伍始至，扎空營于平地，城中兵終不敢出。

七月，國軒水陸並進，江欽攻南安，殺守將，諸縣守兵相継棄城逃走，遂取南門橋銃城，截龍熕及大銃數十，歸攻南門城，々崩壞四十餘丈，盡爲平地。城内再築矩墻以守。清城守馬勝等以釘々裝船板鋪于地上，兵入城無踏足處，損傷甚多。會天大雨城竟不拔圍泉兩月援兵四至將軍喇哈達從漳平閩道出安溪巡撫吳興祚同游浙江右提督由白鴿嶺出永春提督楊捷由廣橋進河市會合來南安皆未敢向前清提督調水師林賢黃鎬等出閩安鎮遥為聲援

八月水師鎮總督蕭琛守定海林賢等舟師至琛戰船不先期整頓議以舟寡且小欲據上流牽制之水師五鎮章元鎮欲先發制人率所部十舟進戰林賢等擊之衆寡不敵阻風遂流一軍盡沒被擒入福省殺之琛不防備遇敵大潰退泊海山遂妄

報福州水師兵大至世藩遂令劉國軒退兵以守思明國軒于二十四日退兵下船隔三日城中兵始敢出世藩召回蕭琛斬之以援勦左鎮陳諒後鎮陳起明督朱天貴等水軍防禦北船

周王吳三桂病死衡州孫世藩立其姪應奇守岳州驕而貪　清兵攻之棄岳州遁回于是雲南湖廣皆不守遂亡

九月劉國軒入江東橋至長泰满漢兵過之皆披靡秉勝長驅至耿精忠營衝之馬中炮掀國軒墜地有满州披甲前蒙国軒放回遇之以騎授國軒姑

走免滿州主将詢知怨而殺之國軒出江東守汉河列营觀音山與滿漢兵軍壘相望

十月時漳泉屬縣盡棄惟據守海澄姚啟聖等難于復命乃遣人来議息兵安民意欲得海澄也海上竟不從

十二月再議遷界甲寅之变閩省遷民悉復故土丙辰八閩已復康親王疏稱遷界累民罷之至是督撫請再遷從之

己未康熙十八年

正月時雖設界而海汛往来内地派糧如故　清朝

乃議上自福寧下及詔安三十里量地窄要築小寨安守兵限以界墻由是瀕海數千里無復人煙先是思明州民每月每戶輸米一斗自二月起每戶再加一斗劉國軒請停文武俸自出粮餉兵三月從之

三月姚啟聖以果堂寨逼近江東橋欲發兵據守國軒偵知同吳淑發兵入據其寨漳兵至擊走之

自定海失守以朱天貴守海壇陳諒為水師總督于廿九早各船乘南風迅發進泊定海福州集船百餘艕由五虎門而出陳起明朱天貴率熕船衝

艅而入擊破十餘船獲大鳥船一隻值大風暴起
福船收入五號海船收泊海壇
四月陳永華啟請長子克𡒉爲監國時年十六歸曰
監國世孫
六月鄭時英駐東石督餉時禁界鹽貴居人多私來
東石販鹽時英畝策欲掘沿海鹽埕則利盡歸于
我世藩乃檄林陞令楊忠率兵往潯尾掘南北場
鹽埕忠至深扈舍舟登岸連掘兩日夜兵不就船
竿頭守將寮請泉城大隊兵亟四面合攻忠力戰
不支中炮殁于海餘衆死傷逃亡過半界禁既嚴

私販亦絶

七月國軒築潯尾寨一夜而成同安守将兵至擊走之漫築沔洲城由是同港八槳船不敢出

京中以萬正色為福建水師提督正色晋江人歸誠任叅将以四川朝天關功陞岳州水師總鎮湖南平遂擢是任

八月初耿王之变漳浦人江機與楊一豹同時聚衆于江右依耿王攻清兵克漫江西招降不從攻之不能克據皇禁山攻掠村社至是通欵于海世藩授為征夷將軍是率衆入閩建寧守将劉起龍禦

之陣傷敗面而死機足跛歸楊子一豹清年壯勇
後援誠遂流寓古塔
九月右武衛林陞汛守東右取給軍餉及楊忠敗死
林陞調兵隨征僅以散卒三百餘人委施廷陳申
守寨時有數卒入泉城報知城中發馬步數千於
廿五日四面環攻施廷被創陳申戰死寨破兵民
赴海死者無數　清兵仍築三寨犄角以守
十月國軒離漳城五里而軍時援漳滿漢兵共十餘
萬國軒兵亦有萬餘營壘咫尺相望指揮自如諸
軍畏之如虎國軒以果堂扼要重地初八日率兵

就果堂復版尾地方再築一寨初九日工未就滿漢将軍提督集兵数萬齊至銃不可當國軒與吳淑何祐林陞江欽又名江勝不滿二千兵奮勇死鬭日午至申衝擊殺疊國軒戒依寨且守且戰每次炮發無不披靡陣斬章京巴石兒等其餘帯傷以数千計始引回自是氣奪兵不敢出國軒時縱率数百人皆持鹿銃間以鳥鎗渡河衝擊身登土阜據胡床張蓋而観之滿漢兵遇之無不摧破皆堅壘貞守不暇又善用間諜敵人情状纖悉必知時謂之劉怪子

姚啟聖遣人至海上議息兵又説國軒罷兵就撫國軒具詞以謝啟聖又設修来館懸重賞海上文武兵将来者次第俱賞銀有差降者日數百人時諸軍缺糧國軒一切不禁頭領與兵下長髮與短髮往来循環而國軒兵額亦不缺

十一月吳淑守版尾寨　清兵築壘環攻炮轟日夜不息淑處之晏如身被傷瘻染病不以為意時值陰雨新築垣壘多壞揮左右避之自踞東而卧初八夜二更墻傾壓死舁至思明世藩親臨哭之以其次子吳天駟為建威左鎮統其兵

十二月姚啓聖吳興祚大集舟師攻廈門題請浙粵水師尅期協攻世藩調各洋船私船配兵北上以右武衛林陞為総督左虎衛江勝樓船右鎮朱交天貴為左右副総督率諸軍禦之

庚申康熙十九年

正月水師提督萬正色督舟師出閩安鎮撫院吳興祚率兵沿海援之林陞分船三十䑸守海壇自統船六十䑸泊泉州臭塗湾

二月萬提督至海壇海船俱退至泉州迎敵萬提督至圍頭朱天貴以七船衛其䑸所向無前俄海風

大作萬提督乘風收拾各船入泉州港而沿海岸上安炮陸師防守海上各船無所所乃退至金門世藩所親幸施福密通姚總督欲為内應使授降兵數百人挈眷来歸乘機欲舉事国軒諜知啟藩收殺之併及施齊福即施亥齊施將軍長子世藩議欲撥國軒兵三千配小船直入泉州港攻萬提督使又持令箭抽兵時兵已久無粮盡皆退潰國軒禁不能止海澄守將陳昌以城降　清國軒至廈門知勢不可為收拾餘衆下船百姓遮道攀留

廿六日兵变擄掠世藩焚演武亭行營盡率諸將登舟協理五軍吳桂聚散卒據廈門以待　清兵

廿八日萬提督兵入思明州

二十九日世藩至澎湖朱天貴守泊銅山姚總督招之遂投誠

三月十二日世藩回至東寧

五月東寧地有轂如驢鳴半路店雨雹大如鷄子

六月總制陳永華晝坐見有衣冠甚偉者自稱行灾使者欲借其衙署約三個月然後去永華誕設席張樂讌之與之談甚久餘人不見也即封衙署借

之
承天府豬生四耳三目前二足向上
令田一甲出丁壯一名
七月陳永華病故
十月劉國軒營中豬生子獸身人面
十一月白氣長數丈見于西方
辛酉康熙二十年
正月二十八日丑時世藩殂於承天府行臺
三十日馮范劉國軒調兵駐承天府會六官議立嗣
董太妃與諸公子收監國印克𡒉不肯與擁兵自

衛公議以克壓乃乳母抱養之子非親血脉乃縊殺之妻陳氏亦自殺永華之女

二月初一日董太妃率世子克塽登位時年十二歲錫范之婿百官朝賀畢太妃起出位諭所以誅監國故以世子附托馮劉等佐竭力匡扶涕淚沾襟衆心大慰

以馮錫范爲忠誠伯劉國軒晋武平侯國軒初以海澄公功封武平伯至此封侯

大赦國中

以二公子聡爲輔政公領護衛

三月以五公子智為右武驤將軍募兵

四月以三公子明為左武驤將軍募兵

五月總督姚廵撫吴陸提諸水揔萬題為報明事本年四月廿一日據舉人黄金從呈繳偽官傅為霖密稟内開偽藩于正月廿八日病故三十日縊死其監國長子欽舍二月初二日立泰舍叔姪相猜文武解体主幼国虚時不可失等情到臣等又據龍溪縣逢到偽官廖康方稟稱相同俱與臣等密探相符此乃天亡之時但臺灣孤懸海外統師遠勦時地難測非臣等所敢擅定會同具題請

賫示臣等遵奉施行

六月十六日董太妃甍時協理刑官柯平已病故陳

繩武閒任國事錫范主之兵事國軒主之

八月廿八日中軍營火

九月初三日奎輕庭火

十月賓客司傅為霖通清事發逃亡廿八日獲之

十一月初一日誅傅為霖及同謀宣毅左鎮高壽都

吏陳國威盡殺其子弟續順公沈瑞令自經家屬

入官發配礼官斌之女

總督姚上疏請攻臺湾力荐内大臣伯施琅可任水

師提督萬言臺湾難攻且不必攻朝命召見施琅
仍以靖海将軍充水師提督改萬正色為陸師提
督代諸邁
壬戌康熙二十一年
正月施将軍出京至閩于廈門各處調兵修船劉國
軒以銃船十九號戰船六十餘號兵六千人撥諸
将守澎湖身往来督視
五月姚総督率官兵至銅山候風
劉國軒至澎湖臺湾列兵至銅山候風守各 港澳
六月姚総督官兵回汛

七月國軒歸自澎湖安平鎮火

施将軍題請專位征奉　旨相機進取

十月歲饑

十一月國軒至澎湖

十二月承天府火灾沿烧一千六百餘家米價騰貴

民不堪命國軒歸自澎湖

癸亥康熙二十二年　海上仍稱永曆三十七年

正月馮錫范偹兵鹿耳門

二月米價大貴人民飢死甚多

五月劉國軒率師至澎湖

六月十四日施将軍自銅山開船大小五百餘歸姚總督撥陸兵三千隨征十五日到八罩

十六日進攻澎湖國軒列架炮巨艦数十以待諸将皆望而逡巡惟提標藍理曾成張勝邱黄旗侍衛吳啟爵同安游擊趙邦試海壇游擊許英銅山遊擊阮欽為七船冒險深入鏖戰海艘齊出已圍施将軍恐数船有失急将坐駕衝入内外攻擊數稍却将軍遂同七船隨流而出時天色将晚遂在西嶼頭洋中拋泊十八早舟次于八罩以妆諸軍國軒聞而喜曰誰誰施琅能軍天時地利莫之能識

諸君但飲酒以坐觀其敗耳蓋澎湖六月数起颶風無三日晴朗而近澎諸島下有老石槎枒若銑樹削利無比凡泊舟下札過風起立决而颭乘莫不危之然停泊数日浪静風恬亦天幸也十八早移至虎井施将軍乘小舟于内外塹峙閒察覘形勢于是再申軍令嚴明賞罰命總督陳蟒等領船五十䑸從東畔峙内直入四角山又令總兵董義等填船五十䑸從西畔内塹直入牛心湾以為疑兵亦以若欲登岓者将軍自率諸鎮将部署大鳥船三十六䑸居中分為八般排入餘船以次而進

以為後援指畫既定俟風而舉二十二日巳刻南風大發南流湧起遂下令揚帆聯進風利并快瞬息飛馳居上流上風之勢壓攻擠擊一可當十又多用火器火船乘風縱發烟焰弥天海舟相沿燒燬殆盡國軒見勢蹙難支遂乘小舟從北面孔門逸去而全軍覆沒矣是役也惟前鋒林賢朱天貴二船初入灣澳天貴倏中炮而死林賢被傷兩箭餘諸軍皆無恙國軒敗回羣情洶洶魂魄俱奪惟有束手待斃而已于是施將軍駐師澎湖休勞士卒收拾船隻為進取臺灣之計下令戳一降卒抵

死諸島投戈者數千人皆厚恤之有欲歸見妻子者令小船送之降卒相謂曰軍門向我白骨矣死難報也歸共傳述之臺灣民衆莫不觧体歸心惟恐王師之不蚤来也世子克塽與錫范國軒泣相謂曰民心既散誰與死守浮海而逃又無生路惟有求撫之者耳于是遣鄭平英林惟榮曽蜚朱紹熙賫乞撫書表于閏六月初八日至軍前且求聽居臺灣将軍曰削髮登岸煌煌　明旨也何故不遵且若軍不親到軍門遣代賫書表詐也為緩兵計耳復令曽蜚朱紹熙面諭之

七月十五日世子復遣馬錫珪陳夢煒劉國昌馮錫韓同曾蜚朱紹熙再至軍前一遵教令爲明寧靖王術桂衮冕拜告祖宗從容投繯死于是將軍令侍衛吳啟爵及筆帖式常在同馬錫環等前經臺灣宣布德意且密察海上虛實情形侍衛于七月十九夜再至安平鎮翼日見世子克塽謂之曰足下退居島嶼原與三王不同三王謂吳耿尚也三王國家叛臣也罪在不貰足下三世仗義于海澨亦人之所難也今若向代歸德使海宇廓清朝廷必有格外殊恩當不失爵祿也克塽曰侍

召意及宗祐敢不唯命是聽見國軒曰澎湖之役天也非人也君今雖挫衄以歸而雄邁之風不衰島上之英傑惟君一人耳然所謂英傑者在識時務今大師臨門或戰或降決之一心足矣何必遲延觀望致誤大計耳國軒曰天威遠震波臣革面誰敢澓有異志侍君但安坐以待必得約契以報軍門也蓋臺灣世子年幼內政馮錫范主之外政劉國軒主之錫范慶庸懦豎子進退無據故相持未決焉侍衛復謂國軒曰築舍之謀終無成日但君令兵民遵制剃髮則大事可定矣國軒曰謹奉

教遂下令兵民剃髮錫范亦遂與世子遵繳冊印而舉國納歸爲侍衛回報將軍將軍喜曰不待勞師而傾國効順　朝廷之福也即令侍衛馳驛入奏并繳歸誠冊印

九月初六日侍衛至京　朝廷召見特加慰勞因問澎湖克捷事情侍衛披圖指畫備言渡海艱難藍理等冒險進攻凡兩舉而後得之又言諸將士冒刃用命摧鋒血戰之苦　朝廷爲之揮淚因　諭部臣閩師遠出海疆冒險勦寇非滇黔陸地可比論功再加一等　朝廷又問臺灣事對曰臣至其

地視偽主幼未諳事國事盡委于馮錫范劉國軒錫范懦而無斷低徊猶豫其寔無能為也劉國軒傾心歸命挾以必從之勢故臣得畢其事而歸又問臺灣形勢侍衛條對甚悉問提督重兵入險有虜否對曰海上既敗之衆莫與共命者但恐總督後至彼或議論不一搶掠而逃苦害朝廷之百姓耳謂其螳臂敢推拒轍必無之理　上悅因觧所御龍袍并賦詩以賜提督加授靖海之將軍封為靖海侯世襲以示酬庸焉

八月十五日施將軍統率大師至臺灣百姓壺漿相

継于路海兵皆預製　清朝旗歸以待克㨗等以
次出謁皆謝不殺之恩將軍俱禮遇之
十月十七日　侍衛自京回至軍前啣　命申告軍
民莫不加額焉
部議以臺灣番民雜處山海要津設總兵一員副將
二員統水陸官兵一萬各鎮守之又設道官一員
一府三縣以統治百姓及番民衆府曰臺灣府附
郭為臺灣縣南路為鳳山縣北路為諸羅縣建置
既定經畫事竣
十一月初六日世子馮錫范劉國軒何祐等併春口

登舟十一月初六日至泉州初七日往福省進京
十二月総督姚啟聖病死
克塽至京封爲漢軍公弟克舉准開牛录叔鄭聡
等俱以三品五品官食俸隨旗馮錫范劉國軒俱
封伯國軒隨補天津衛総兵其子准開牛录
自丁亥永曆元年起至癸亥永曆三十七年止海
上始末俱在于此以倫採擇焉
取臺灣一節行文多以叙事兼議論而又多載諸
人口中語與本録是兩様筆今兩存之可也但于
癸亥年下當增註清漳詹氏刪補庶不相混耳

平臺紀略一卷

〔清〕藍鼎元撰

《平臺紀略》一卷，清藍鼎元撰。鼎元（一六八〇—一七三三）字玉霖，又字任庵，號鹿洲，福建漳浦人。康熙六十年（一七二一）臺灣朱一貴起事，鼎元隨族兄南澳總兵藍廷珍入臺平定，參佐戎幕，代爲草擬奏章、露布及書信文稿。後以《靖臺實録》等書所記多謬誤舛錯，乃據親身見聞撰爲是書，敘平亂戰役及善後調度事宜。另有《東征集》六卷，皆進討時所草公牘書檄。據上海圖書館藏清雍正十年（一七三二）刻本影印。

平臺紀畧

東征集 二卷 卷一至六
東征初集
脩史試筆
女學陳序 三卷 卷一至六
平臺紀畧 一卷
棉陽學準 一
鹿洲公案 二卷 卷上下

鹿洲小圖

鹿洲持敬圖

夫夫也少不自量夔卨爲徒先人教之誦法程朱循分盡性匪躐匪拘從容深造爲君子儒長遭坎壈牛馬馳驅學殖荒陋浪擲居諸繫心民物罔顧揶揄流離顛沛謬學著書兢兢寡過惴惴昏愚立誠持敬寢食與俱試思天地之廣大載籍之紛如至道之弘遠聖學之菑畬雖假汝彭聃之歲尚孳矻不見其有餘何半生之碌碌至此始愧汗於劬勉雖然猶未也古人寸陰是惜旣耄而好學不渝尚及今夙夜黽勉庶幾乎不自暴棄以明善而復初

雍正庚戌嘉平朔日

鹿洲自題

序

史以紀事垂法戒夫人而知之矣顧史才難得龍門扶風而後寥寥數家愈趨愈下宋元之間一望茅葦況於稗官野史惡有可觀者哉稗野之文鮮衷乎道循訛走僻炫異逞奇求悅市井庸俗人之耳目有道君子弗為也若有識有筆據事直書即在一郡一邑方隅治亂之微皆必以春

秋之直道行之雖稗野猶正史矣平臺紀畧亦野史之流也康熙六十年臺灣土賊朱一貴作亂
王師平之鹿洲山人身在行間目覩風濤戎馬豕突鴻哀指揮戡定經歲餘而後返其於全臺形勝事蹟及軍中叅贊公檄謀謨具載東征一集讀者自能知之繼因當時市井道聽耳食妄言臺事懼訛傳而失

其真將惑亂他年史氏之聞見此平臺紀畧之書所由作也其書以垂戒為主使守土之官兢兢業業願畏民岩奸頑之輩革面革心共興仁讓是以起亂必

書長亂必書棄民失地狼狽逋逃必書羣賊得志猖獗恣無忌憚必書以明封疆任重稍存玩忽之心必至决裂潰敗不可收拾如此豈不足為前車之鑒乎

自古作亂逆賊靡不身首横分史冊昭然愚氓或有未盡識者即以目前朱一貴竊踞海邦有地千數百里有黨至數十萬妄擬王公拜官封爵充盜賊之志

願至此極矣曾不旋踵而或磔或梟妻子親屬並受誅夷作賊果奚益乎回思守分善良安生樂業何等愉快所以厭叛亂之心而作其尊

君親上之氣又不啻示之標準焉嘉殉難嘉不屈嘉守澎明臣節也叙調度叙戰功叙擒撫予出力也置身局外不以己名雜其内示公也揔論其是非得失

疆境關繫施經綸而措之治安又善後之良策也使人人皆讀此書則在上無玩忽之官在下無悖逆之民千秋百載久安長治山人之有功世道也豈淺尠

哉山人平素以世道人心為己任所著女學學準公案諸書皆裨風化不為苟作少時有志欲續明史綱目旁求徵信及至　京師見明史館纂述未竣恐不

無是非互異之嫌又明人子孫有向山人曉曉聚訟者是以中輟慨然欲修宗史未敢自信先纂唐代名臣為修史試筆一書以質海内今宗史雖未成編而

讀斯平臺紀畧亦可知其史才之大槩矣紀畧成於雍正元年風行海內者十載舊板漫漶余為加評點而新之因併叙其事於簡端

雍正十年歲次壬子秋八月同學弟天長王者輔拜手題

序

藍子自東寧歸見有市靖臺實錄者喜之甚讀不終篇而愀然起喟然歎也曰嗟乎此有志著述惜未經身歷目覩徒得之道路之傳聞者其地其人其時其

事多謬悞舛錯將天下後世以爲實然而史氏據以徵信爲害可勝言哉稗官野史雖小道必有可觀求其實焉耳今以閩人言閩事以今日之人言今日事而舛錯謬悞且至於此然則史

氏之是非其迷亂於稗官野史之紀載者不乏矣臺灣雄踞海外直闢內地東南半壁沿海六七省門戶相通其亂其平非於國家渺無輕重者致亂之由定亂之略殉難喪節運籌折衝皆將權衡其袞鉞以為千秋之龜鑑言焉而不求其實習焉而不知其訛鄙人所為懼也謭劣不才學荒識陋東征逾載躬歷行間風濤戎馬磔鼠哀鴻執馘獻俘招降殄孽至於深搜窮山緩

靖番黎無不目擊手揮又或中夜聞警磨盾草檄千里驅馳躡蹻要害廢寢食冒風露蓋亦幾經勞瘁矣無一命之膺當贊畫之寄事定歸來滿船明月惟有全臺形勝治亂事蹟了了胸中所見所聞視他人較為切實則平臺紀略之作惡可已也據事直書功無遺漏罪無掩諱自謂可見天日質鬼神而或者以列憲稱名為譏是猶未知載筆之道者載筆所以傳信非一人一

時之文天下後世共之而姓名尚不敢筆之書則過失在所必諱縱功績可紀亦等之諂語諛詞夫豈其可傳耶鄙人愚昧文不足傳平臺大役事在必傳直道平心無爲市井訛談所昏惑

亦庶乎其可矣若夫鑒前車綢末雨施經綸措康乂有治安之責者諒早留心不待閲兹編而後得之也

雍正元年癸卯夏五月端午日

閩漳浦藍鼎元玉霖氏自題於

鹿洲草廬

平臺紀畧

漳浦藍鼎元玉霖著
天長王者輔近顏評

朱一貴之亂

大清康熙六十年辛丑夏四月臺灣奸民朱一貴作亂（大書提要）一貴漳之長泰人小名祖游手無藝好結納奸宄爲鄉里所嫉於康熙五十二年之臺灣充臺厦道轅役尋被革居母頂草地飼鴨爲生其鴨旦暮編隊出入愚氓異焉（作怪惑人）奸匪過者輒欵延烹鴨具饌務盡歡時承平日久守土恬熙絕不以吏治民生爲意（亂所由生）防範踈濶一貴心易之辛丑春鳳山縣令缺臺郡太守王珍攝縣篆委政次子頗踰閑徵收糧稅苛刻（擾民）以風聞捕治（此事不錯）盟歃者數十人違禁（此則）入内山斫竹木者百餘人奸匪遂藉爲口實日誣謗官府短長搖惑人心有黃殿者居羅漢門與朱一貴善時謀不逞往來密洽三月李勇吳外鄭定瑞等相率之羅漢門見一貴曰今地方官長（覷破官長本事）但知沉湎

樗蒱耳種種不堪兵民瓦解欲舉大事此其時乎一貴曰然我姓朱若以明朝後裔聳鄉村歸者必衆（爲首原無）皆曰可夏四月十有九日己酉李勇吳外鄭定瑞王玉全陳印等五十二人（多人及早擒捕可滅）卽黃殿庄中奉一貴焚表結盟各招黨羽得數百人（日增日多便無忌憚）立賊幟書大元帥朱夜出岡山襲刦塘汎辛亥警報至郡（以斯人行必不至亂）總兵官歐陽凱集將弁議出兵中營遊擊劉得紫請行弗許右營遊擊周應龍者龐然魁偉素議論風生令以兵四百人殺賊又白道府遣臺灣縣丞馮迪調新港目加留灣蕭壠麻豆四社土番隨之前往岡山（見周應龍玩寇致亂之由龍門筆法）距府治三十里賊勢未盛疾趨可滅也是日細雨霑泥應龍率兵番行五里駐半路店翼日再進十五里屯角帶圍賊夜出檳榔林汎防把總張文學迎戰敗績棄鳥鎗藤牌軍械爲賊所得應龍隔一溪不能救賊復掠大湖殺汎兵飽所欲而去（如入無人之境）南路賊首杜君英（又是南路諸賊）於是日遣楊來顏子京率其衆百人之一貴所稱君英在下淡水檳榔林招集粵東種地傭工客民與陳福壽劉國基議共掠臺灣府庫

又有郭國正翁義起草潭戴穆江國論起下埤頭
林曹林騫林璉起新園王忠起小琉球皆願從君
（兩路賊勢將合）
英攻府約朱一貴共事癸丑朱一貴移屯岡山之
麓周應龍兵至小岡山遇賊與戰千總陳元把總
（畧一出力賊便敗去）（只千把總）
吳益等奮力掩擊賊大敗退走入山奪袁交友庄
（惟恐賊亂不成）（聽其自去）
屯住應龍收兵劄二濫楊來顏子京亦回下淡水
甲寅周應龍在二濫傳令兵番殺賊一名賞銀三
兩殺賊目一名賞五兩土番性貪淫殺良民四人
縱火燔民居復斃八人聞者股栗乙卯遠近賊黨

平臺紀畧　十一　馮會

借兵番殺掠爲辭鼓煽沿途村庄迫脅居民分授
（是援賊以爲辭也）
以幟由是各鄉紛紛響應竪賊旗幟應龍進劄楠
仔坑得南路營叅將苗景龍警報稱林曹諸賊夜
（勉强）
攻新園奪軍器下淡水營汛已陷丙辰周應龍復
（再行幾步）
行十五里宿南路營丁巳官軍遇賊于赤山杜君
（可謂勇退）
英朱一貴兩路夾攻戰方合周應龍以後隊遽退
千總陳元戰死把總周應遂被擒吳益重創佯死
（七日方到一走便歸可謂）
陳元屍側李碩負傷走周應龍逃歸府治一貴率
（捷足）
羣賊大隊隨之君英偕陳福壽劉國基戴穆翁飛

虎江國論郭國正楊來顏子京林曹林騫林璉鄭
文苑王忠等攻鳳山縣南路營把總林富戰死守
（南路失鳳山）
備馬定國戰敗自刎死叅將苗景龍逃匿萬丹港
漁寮三日爲穆周林泗所擒獻郭國正國正令林
泗翁義殺之以其頭獻朱一貴郡中聞赤山之敗
（遙接赤山見周）（應龍玩寇之害而郡城文武失計可恨可憐）
譁然大震文武各遣家屬宵遁先後駕舟並出鹿
耳門士民相率逃竄戊午總兵官歐陽凱遊擊劉
得紫率兵千餘人臺協水師副將許雲率兵五百
（鎮兵如此焉得不敗）
出劄春牛埔列營以待軍中夜驚鎮兵四散己未

平臺紀畧　四　馮會

黎明稍集人無戰心臺厦道梁文煊知府王珍同
知王禮臺灣知縣吳觀域諸羅知縣朱夔等捐銀
一千五百兩躬歷諸營勞軍庚申賊至鎮協將弁
鎗砲齊發許雲躍馬當先陷陣水師弁兵決命奮
（可見賊無能爲）
勇陸師繼進賊大敗退屯竿津林把總陳宋見周
應遂被縛牛車力追殺賊救應遂回營而鎮標把
（又被此輩壞事）
總許陞黃陞見賊勢浩大終當復來徑引去是時
水師左營遊擊游崇功巡哨笨港聞報以兵還入
（尚有明理人惜來遲）
鹿耳門遇文武眷舟嘆曰官者兵民之望官眷逃

則人心散大事去矣登岸赴敵其揹叩馬請區處
眷屬崇功厲聲曰今日遑知有家哉（如此方是）麾衆疾馳春
牛埔五月朔日辛酉賊衆數萬俱集劉得紫率守
備張成以兵堵截中路口在半路店迎敵歐陽凱
許雲游崇功率弁兵在春牛埔迎敵杜君英朱一
貴合兵衝殺鎮兵忽內亂（鎮兵皆賊所以僨事）百總楊泰綽號達家勇
者先通賊爲內應刺歐陽凱墜馬羣賊交刃截其
首而去守備胡忠義千總蔣子龍把總林彥皆死（諸人
皆無愧臣節）之汀州鎮標把總石琳帶兵之臺換班亦戰死海

壇把總李信創重已死有王宋者憐而欲埋之復
蘇乃與偕匿他所劉得紫聞敗率兵還救所乘馬
爲賊砍倒與守備張成俱被擒副將許雲衝突血
戰殺賊數百人與遊擊游崇功千總林文煌趙奇（寫得水師將弁分外勇烈）
奉把總李茂吉奮臂大呼所向披靡自黎明戰至
日中矢窮砲盡雲重創遍體墮馬步行猶手刃數（許雲忠勇足令讀者神飛）
十賊勢孤無援左手被賊斫斷乃罵曰生不能殺
盡逆奴死必來殲滅汝等賊怒剮雲屍游崇功單
騎殺賊數十人馬蹶被殺林文煌趙奇奉俱戰死

李茂吉爲賊所執至南較塲見戴穆挺立岸然穆
怪其不跪叱之曰若兵耶茂吉曰官穆曰把總微
官耳若壯士降當以汝爲將軍茂吉瞋目厲聲罵
曰我　朝廷命官豈從汝作賊舉足踢賊案案翻（李茂吉氣吞逆賊尤令人可愛可敬）
奮力斷縛直前欲奪刀殺賊賊衆舉刀共斮之頭
腦破裂尚指賊痛罵如初氣絶乃已官兵旣敗臺
協水師中營遊擊張彥賢右營遊擊王鼎守備萬（以下俱寫一班抱頭鼠竄者）
奏平凌進楊進千把總朱明劉清鄭耀等率兵千
餘人戰船四十餘號聯艅揚航逃出澎湖鎮標左

營遊擊孫文元奔至鹿耳門赴海死右營遊擊周
應龍中營把總王丑附商船逃歸內地直走泉州（最走得遠）
把總李碩、陳福、尹成、道標守備王國祥千總許自
重皆逃澎湖臺厦道梁文煊知府王珍同知王禮
臺灣知縣吳觀域縣丞馮迪典史王定國諸羅知
縣朱夔典史張青遠皆一時相率登舟盧港內商（所慮亦
是惰微功不敵大過）漁艇艦爲賊所有盡驅出鹿耳門齊赴澎湖先是（追敘）
粵民高永壽在笨港負販爲生有病者於破廟餓（當日玩寇諸事是史漢筆法）
且死永壽活之一日至南路遇前所活人欷歔感

泣引之深山中設酒殽相待賊也與見朱一貴刀鎗森列言倡亂謀甚悉邀永壽入夥佯許之乘間逃回赴南路營告變弗信（弗信奇）至府復告之鎮道鎮道以爲狂疾（不知是誰狂疾）會審嚴刑坐妖言惑衆將論死從寬責逐過海遞回原籍（賊平後制府移檄粵東喚高永壽至臺尋向日所見賊營故處不可得令往羅漢門看之亦不是再至南路郎嬌徧尋上下山谷月餘乃還據高永壽言昔日如夢如醉想是命當受刑令徧覓諸山並無其處亦異事也）又安平兵竊賣火藥載往接濟事發亦置弗問（疎玩極矣）又一僧異服怪飾（此僧便是賊）周遊街巷詭稱天帝使告臺民四月杪有大難難至惟門設香案以黃紙爲小旗書帝令二字插案中可免及賊至家如僧言故官兵見者以爲百姓從賊多慌亂以及于敗（可見僧尼邪人俱不可令入境）（遙接亦是史漢筆法與前十有九日應則甫決留耳）羣賊攻破臺灣府蓋朔日午刻也杜君英先入住總兵官署朱一貴繼入居臺厦道署同開府庫分掠金銀復開紅毛樓樓故紅彝所築舊名赤嵌城紅毛酋長居焉鄭氏以貯火藥軍器四十年來莫有啓者賊疑爲金銀窖故發之得大小砲位刀鎗硝磺鉎鐵鉛彈如山（使賊無忌至此守臣其）癸亥立朱一貴爲僞王通天冠黃袍玉帶皆取之優（可宜乎書而弗削蓋傷之也）羣賊擁坐堂上呼萬歲僞號永和北路奸民（此段）

賴池（是失詰羅）張岳鄭惟晃賴元改萬和尚林泰蕭春等亦于是月朔日竪旗聚衆越三日環攻諸羅縣北路營叅將羅萬倉千總陳嶽把總鄭高葉旺分門迎敵萬倉當其南出死力拒戰兵單無援賊陳碧以竹篙鎗戳其喉顚張岳賴元改揮刀殺之（左氏筆法）萬倉側室蔣氏聞兵敗自經死（烈婦）陳嶽鄭高遯入山集鄉民自保乙丑賴池張岳鄭惟晃賴元改將羅叅將首賚至府獻朱一貴請功二一貴見全臺俱陷揚揚得意（寫賊人得志大胆胡）以爲莫已誅也遂倣俳優登高臺鳴鐘伐鼓呵（行筆法妙絕）唱拜跪大封羣賊以王玉全爲僞國師王君彩洪陳爲僞太師杜君英陳福壽李勇吳外翁飛虎陳印戴穆鄭定瑞郭國正顏子京楊來黃殿劉國基黃日昇江國論王忠林曹薛菊林騫林璉陳正達張看賴池賴元改鄭惟晃鄭文苑陳成等爲僞國公（絕似項紀）張岳不受公爵爲僞將軍（分封一段）陳燦蘇天威等爲僞侯張阿山卓敬陳國進等爲僞都督蕭斌詹遴爲僞尚書內閣辦事麻恩林玉爲僞輔駕大將軍其餘僞文職部科以下僞武職總兵副將以下不計

其數以鄭定瑞蘇天威同領賊兵三千鎮守鹿耳門是時僞職塡街摩肩觸額優伶服飾搜括靡遺（總承上面描寫一番逼出下面童謠來）或戴幞頭衣小袖紗帽金冠被甲騎牛或以色綾裹其首方巾朝服炫黃于道民間爲之謠曰頭戴明朝帽身穿淸朝衣五月稱永和六月還康熙（東上起下史漢神手）蓋童孺婦女皆知其日暮可滅而禽也先是遊擊劉得紫被擒（補敘劉得紫）引頸受刃賊素重其名弗忍殺（天衣無縫）得紫曰吾爲天子命官不可不死但求埋吾帥屍首死瞑目耳

賊黃日昇嘉其義聽之收埋畢復禁之學宮朱子祠求死不可得賊與言弗應進食弗食七日仍不死士民兵僧進粥苦勸皆弗食至是諸生林皐劉化鯉爲言諸賊可滅狀（與上皆知可滅句一線穿入）當報仇得紫始受民餽食啜粥延命以待大師作恢復計矣（方敘一箇不屈的忽照顧許多竄）臺中逃竄各官乃避難民人于壬戌癸亥兩日咸到澎湖（逃的是要逼出澎湖光景手法絕妙）澎協將弁倉皇不知所措見羣情洶洶而臺中文武俱至也亦各出家屬登舟將渡廈門百姓婦女爭舟雜沓哀聲震海岸右營守備林亮聞之請協營主將

掣回登舟各家屬死守澎湖（中流砥柱）諸將猶豫不決亮厲聲曰　朝廷以海外封疆付我等正爲緩急倚賴（忠臣之言）非徒畀平食祿廩營身家已也今鋒刃未血而相率委去他日駢首市曹寧能免乎（惜他澎諸公不曾計及此耳）丈夫不死則已死則死忠義耳請整兵配船守禦要害俟賊至決一死戰（壯甚）戰不捷而亮死公等歸亦未遲皆曰諾願死守亮馳出江干徑申主將號令（造出將令更要緊不然安得官眷肯登岸）拔所佩刀驅官民家屬各登岸衆心始固是時水師提督施世驃見避難民船到廈方知臺變然未意全郡遽陷也

賊入府時文武倉皇潰亂至澎湖喘息稍定乃具文申報丙寅報至廈門世驃集諸將議曰臺寇猖獗極矣六七日間全郡俱陷此殆非小敵也今數百艘逃入內地脫有奸徒混跡乘虛鼓煽廈島一搖罷可言哉其各謹巡防嚴守禦無敢懈怠浙閩總督覺羅滿保聞臺陷（探驪得珠）念廈門爲控制臺灣咽喉閩南沿海根本重地不可不親行彈壓以定人心（平臺得手在此一着）爲進取恢復之計會商巡撫呂猶龍綏輯省城糧餉軍需諸務屬焉密疏告變且言星馳赴廈狀請

皇上稍寬督責尅限一月務必掃除兇醜復還土
疆復念厦門地褊人衆軍興旁午米價易騰先移（此舉是安厦第一着）
檄浙江廣東兩省運米之厦令布政使沙木哈督
買延建上游之米運載赴厦平糶飛咨促提督施
世驃刻期出師檄名南澳總兵官藍廷珍星赴厦
門面商征臺機務以糧驛道韓奕總理厦門軍前（調遣佈置寫得井井有條）
糧餉調撥軍需雇募船隻諸事偕督標左營叅將
王萬化撫標左營遊擊邊士偉先兼程赴厦宣諭
百姓使無恐量調閩省水陸各標營將備弁兵悉

由水道赴厦聽候調遣庚午總督覺羅滿保發三（大書鄭重）
山壬申抵泉之塗嶺連接南澳鎮稟函大喜曰藍（串入）
總兵所見事事與吾脗合吾調此君平臺得人矣（英雄所見不）
蓋廷珍聞臺警條陳進兵事宜首請總督駐厦就
近督師而滿保已兼程疾趨三日澳稟適至又喜（約而同）
其指畫謨謀皆洞中窾會知爲帥必能成功故云（繪出道中小照見滿督之能）
爾也時陰雨連旬乘竹兜子從數騎行泥淖中所
過人莫知爲制府者乙亥至厦門則提督施世驃
已登舟出港兩日矣初厦島居民聞臺變倉猝疑

賊且長驅澎厦而泉漳山僻無賴囂囂偶語四處
有揭竿嘯聚之謀居郡邑者攜眷屬避深山居鄉
村者入郡邑岌岌乎動矣又聞各路徵兵恐所至（徵兵騷擾向來常事此）
騷擾米價騰貴市里驚惶及總督至厦從容鎮靜（見滿督之能）
民乃晏然召募丁壯籍游手皆隸軍中伏莽萌芽
潛消淨盡所徵各鎮協標營兵多從海舟赴厦陸（此是）
行至者亦處之舟中人給銀米蔬菜有加嚴令肅（不擾之訣）
伍船止許一人登岸買辦所需悉依民價故雖大（如此）
師雲集而街巷寂然不見兵革未幾所檄移諸路（方是能軍）

運載米石數萬俱至米價頓平民益歡慶忘亂屈（東上）
指臺郡可復也臺中羣賊互爭雄長當內地總督（逗下筆力千鈞）（內外紐合）
過塗嶺之日正朱一貴杜君英海外吞併之時先（對照時日清楚而文情亦妙絕）
是君英入府時欲立其子杜會三爲王衆不服立
朱一貴君英故恚甚每事驕蹇掠婦女七人閉營
中而一貴出令禁淫掠戴穆强娶民間婦女一貴
殺之以洪陣私鬻僞劄併殺洪陣君英所掠女有
係吳外戚屬者外請釋之不聽怒欲相攻一貴遣
楊來林璉往問君英收縛來璉一貴怒密謀李勇

郭國正等整兵圍攻杜君英敗之君英與林沙堂
等率粵賊數萬人北走虎尾溪至猫兒干屯劄剽
（敘賊所至而併及所未至是要逼出淡水）
掠村社半線上下多被蹂躪所未至者惟南崁以
（來）（郝好接上）
北爾淡水營守備陳策聞臺郡陷沒恐賊人將至
督弁兵堅守招集鄉壯分佈要害有奸民范景文
潛踪入境欲煽惑番民爲叛策擒而斬之遣隊目
鄭明蔡武赴厦請救則總督滿保已先于塗次移
咨巡撫呂猶龍就省撥兵賃船從閩安直向淡水
及至厦復以十艘配兵五百名令金門守備李燕

北路營守備劉錫帶領救淡鄭明蔡武所坐船遭
風飄入澎湖施世驃復遣澎協右營遊擊張駥領
兵前往及鄭明等至厦則呂猶龍自省調發援淡
之兵船亦至厦滿保遣千總李郡賷令箭帶領弁
（總束一筆完救淡調）
會諸路官兵星赴淡水應援統計前後發往救淡
之兵共一千七百餘名二十有七日丁亥南澳總
（遣之局）（大書）
兵官藍廷珍單騎到厦所部舟師繼至總督滿保
（特書與上總督發三山遥應）
大喜與定平臺方畧委令總統征臺水陸大軍帶
（總統將弁兵船數目）
領將弁八十餘員目兵丁壯八千餘名營哨商艘

杉板頭艕仔等船四百餘號舵工水手四千餘名
會提督施世驃於澎湖尅期進剿祭江誓師滿保
（是得勝將模樣）
躬造海濱送之廷珍意氣慨慷從容謂滿保曰草
（可謂目無全牛）
寇不足煩區處某一登彼岸大人可卽奏報蕩平
也六月朔日辛卯樓船出厦門港翼日至青水溝
颶風驟起浪高桅末幾覆溺者數次三軍相顧動
色藍廷珍親操舟御風飄至銅山戊戌風定發銅
山庚子到澎湖會提督施世驃分定調遣計先後
（總計）（兩路將弁如火烈烈氣味絶似平淮碑）
赴澎從征將弁督標左營參將王萬化陸路提標

中營參將林政後營遊擊范國斗將軍標右營遊
擊魏天錫撫標左營遊擊邊士偉水師提標右營
遊擊王良駿前營遊擊林秀後營遊擊許華金門
鎮標右營遊擊薄有成銅山營遊擊鄭耀祖海壇
鎮標左營遊擊謝希賢閩安協標左營遊擊朱文
福寧鎮標右營遊擊郭祺汀州鎮標左營遊擊王
紹緒漳州鎮標左營遊擊齊元輔雲霄營遊擊金
作礪興化協標右營遊擊胡璟原任海壇鎮左營
遊擊李祖原任黃巖鎮中營遊擊陳允陞澎湖協

右營守備林亮海壇鎮右營守備魏大猷南澳鎮左營守備呂瑞麟閩安協右營守備洪平陸路提標右營守備康陵水師提標左營守備高得志泉州城守營守備鄭文祥興化協左營守備劉永貴同安營守備葉應龍烽火營守備蔡勇漳浦營守備蘇明良安平協千總董方及各標營千總胡廣等把總蘇樑等俸滿千總林君卿等共叅遊都守千把一百二十餘員目兵丁壯一萬二千餘名大（此是合提督施兵船在內）小船六百餘號舵工水手六千餘名軍火器械米

鹽蔬菜一切軍需皆總督滿保自厦整備靡有欠缺所用商船俱發價僱募鄉義不受直者量給外委守備千把總銜劄以鼓勵之復慮大兵進勦澎（此慮周到）島單虛檄召金門鎮總兵官黃英統領海壇鎮標右營遊擊李殿臣羅源營遊擊王良翰福州城守營都司李經世將軍標左營守備黃元溥水師提標後營守備何重申桐山營守備閆威長福營守備王晏協同副將羅光乾左營遊擊陳國星守備邱延祚等督官兵防守澎湖其餘繼至者皆令赴（周到）

施世驃藍廷珍軍前從征先是周應龍逃回泉州爲陸路提督穆廷栻獲送總督軍前而施世驃至澎湖亦將臺變逃回將弁（可惜一箇將字）張彥賢等十餘員押解之厦總督滿保將按軍法數人者皆請死于敵冒矢石立功贖罪許之令千總游全興管押征臺至是亦到澎聽調遣則周應龍張彥賢王鼎王國祥（一班可恨並削其官實未革職）萬奏平凌進楊進朱明劉清鄭耀陳福尹成李碩陳奇通等合之牛龍許自重（二弁不在押內）爲臺變逃回十六員是也而澎協右營把總吳良在臺灣修理戰艦臺（十六員之下吳良書官非予之也所以明）

陷從賊爲賊謀（其爲官而作賊也）取澎湖領僞劄百張白金五百兩偕其黨十二人至澎施世驃故納之（見施世驃之能）夜使人醉其同行者酒逆謀頗露搜得僞劄窮治之遂盡吐賊中情形知賊黨相攻百姓不附藍廷珍言于世驃曰羣盜皆穿窬烏合畏死脅從乖離渙散一攻卽靡但其衆至三十萬不可勝誅且多殺生靈無益以某愚見止殲巨魁數人餘反側槩令自新勿有（所以解散其黨平臺要著此爲第一）所問則人人有生之樂無死之心可不血刃平也世驃曰善戒將弁登岸之日無得妄殺賊來降者

悉縱還家門户旗幟書大清良民者卽爲良民(妙使賊化爲民則不待戰而已勝)惟拒敵者乃斬之(特書)癸卯發澎湖以林亮董方爲前鋒令外委洪就洪選等善水者十二人駕小舟同前鋒先行于鹿耳門清港插標記明舟行路徑(是六)丙午黎明(月十六日)舟師咸抵鹿耳門外賊目蘇天威率衆據鹿耳門砲臺疊發大砲又以小舟扼險迎敵前鋒林亮董方以六船冒死直進亦施大砲攻擊遙望砲臺火藥堆積纍纍亮命砲專攻火藥桶中之火起(先鋒得簽)燔爇賊無算賊潰遂入鹿耳門(不是忙中着閒見)維時海靈助順潮水漲高八尺(得天人之應)藍廷珍率王萬化林政等四百餘艘連檣並進林亮董方乘勝掩殺燬賊船把總蘇榮爭先亦同登岸奪取鹿耳門砲臺焚其營壘(已收一險)遊擊林秀薄有成守備魏大猷葉應龍追殺逸賊蘇天威逃入安平鎮城與賊目鄭定瑞列兵迎敵林亮(好先)董方奮勇先登復陷賊陣(鋒)藍廷珍率叅將王萬化、林政、遊擊魏天錫、邊士偉、朱文、謝希賢、鄭耀祖、胡璟、郭祺、王紹緒、齊元輔、金作礪、范國斗、李祖、陳允陞、守備呂瑞麟、洪平、鄭文祥、劉永貴、康陵、蘇明良

等各弁兵繼之賊敗走林亮董方復登安平鎮城(好先鋒一日連收二險)竪立大軍旗幟廷珍出示安民蓋日猶未晡也安平既得令鄭耀祖、王紹緒專守安平城許華守鹿耳門王萬化、林政、林秀、邊士偉、李祖、康陵、蘇明良駐劄鯤身頭列守要害安平百姓喜　王師至止(此喜[illegible])老幼趨蹌爭給軍食少壯者自充鄉兵願導官軍(常)殺賊是夕施世驃船到鹿耳門丁未乘潮入安平朱一貴遣楊來、顏子京、張阿山、翁飛虎率賊衆八千餘人犯安平林政、王萬化、邊士偉、林秀、王紹緒、鄭耀祖、李祖等各率兵迎敵千總游全典以張彥賢等十四員同在四鯤身與戰藍廷珍指揮攻擊我兵鎗砲連環如雨復遣朱文、魏天錫、謝希賢、胡璟、林亮、魏大猷、呂瑞麟、葉應龍、劉永貴等駕小船沿岸夾擊賊大敗追至七鯤身瀨口(此十七日之捷)戊申魏天錫、謝希賢、魏大猷率把總牛龍外委守備陳章等以輕舟載鎗砲硝磺烈熖于塗墼埕水仔尾等處燒(此十八日燒賊船)賊巨艦凡四已酉朱一貴復遣李勇、吳外、張阿山、翁飛虎、陳印、楊來、郭國正等率賊衆數萬人駕牛

車列盾爲陣復犯安平乃以齊元輔、金作礪、呂瑞麟、蘇明良、范崇勛率弁兵爲左拒王萬化、林政、邊士偉、李祖、康陵率弁兵爲右拒鄭耀祖、王紹緒爲後應賊目翁飛虎率所部烏龍旗爲前鋒（此賊精銳）驅車擁盾冒砲火衝突羣賊大隊並至左右兩軍邊士偉、呂瑞麟等大戰于二鯤身藍廷珍親督大砲連環齊發倒賊烏龍旗破牛車陣（賊人失所恃矣）林秀、王良駿、朱文、謝希賢、胡璟、林亮、魏大猷、蔡勇、劉永貴各乘小舟駕大砲附岸夾攻賊衆大敗入水死者千餘人（此是十九日）斬獲殺傷不計（大捷）自是賊人退保府治不敢再至鯤身惟沿岸列砲晝夜固守我軍分駕小舟迫岸攻擊與賊相持（固守相持何時可了是要逼出西港子一路）有西港仔士民具羊酒到安平鎮叩迎（却好接上）王師載家屬爲質願引大兵從西港仔登岸殺賊。提督施世驃然之庚戌夜密遣林亮、魏大猷、洪平、董方以兵一千二百名往西港仔次日藍廷珍知其事急言于世驃曰謀算必出萬全不可怙勝輕舉聞賊多在蕭壠麻豆間西港仔乃其肘下且距府不遠呼召立應又多竹林可埋伏彼若以數千

人分佈要害四面掩擊亮等一軍危矣世驃瞿然曰如何廷珍曰當用全力以大軍繼之（要緊）世驃曰誰當行者廷珍曰此非他人所能任某不敢辭公當分遣將備于瀨口塗墼埕等處盡力攻擊賊聞我師北來必棄營遁府治恢復在此一二日間耳辛亥初昏藍廷珍留所部官兵三分之一會攻府治（此亦大舉故復詳兵數）率舟師五千五百餘人夜向西港仔進發（名將舉動）翼日黎明在竿寮鄉登岸令諸舟悉回安平諸將曰登岸棄舟何也曰示軍士必死無還心（兵法）今日戰勝明當直抵府治耳言未已諜者報賊在蘇厝甲與林亮、魏大猷決戰勢甚張廷珍分兵八隊以魏天錫、金作礪、葉應龍、武舉倪鴻範等率兵千人副林亮、魏大猷、洪平、董方爲前鋒林政、李祖兵千人爲左翼王萬化、邊士偉兵千人爲右翼復以胡璟、劉永貴、范國斗、范崇勛分千人爲左右奇兵蘇明良兵四百爲後應呂瑞麟兵七百爲遊兵廷珍親率陳允陞、陳章、林君卿、周宣、藍弘沛、何期有等領親丁精銳五百人爲中軍並進賊目林曹、江國論、黃殿、林

鶱林璉等率衆來迎前鋒軍奮力衝殺左右兩翼奇兵繞賊陣後首尾夾擊遊兵突出竹林橫衝賊陣中軍虓闞殺進鎗砲震天賊大敗潰亂奔竄追斬俘獲從橫遍地（如五花八門令人應接不暇筆力在左馬間）薄暮至犂頭標廷珍料賊必夜劫營漏初下傳令撤帳房捲旗幟露刃伏芒蔗間（此又高着出人意外）賊果至不見大營大驚須臾我軍突出衝殺賊大敗奔散自是胆落不復有戰心矣癸丑廷珍督大兵南下復敗賊於木栅仔追殺至蔦松溪直搗臺郡（如風捲蘀）朱一貴率羣賊數萬遁去廷珍收復府治出示安民駐劄（功成）　萬壽亭水師提督施世驃于先一日（特書）傳令水陸官兵並進遊擊林秀王良駿薄有成齊元輔郭祺王紹緒鄭耀祖守備鄭文祥千總游全興與張彥賢等十四員從七鯤身陸路至瀨口攻府治之南遊擊朱文謝希賢守備高得志蔡勇等分坐小船于鹽埕塗墼埕大井頭攻府治西南賊盡驅精銳拒戰我軍賈勇爭先遂奪塗墼埕燬賊營至晚屯南較塲（兩路合）癸丑與總鎮藍廷珍俱會府治萬姓歡呼復見天日家家户外設香案拜迎

王師廷珍一一慰撫之遣外委守備陳章飛航至厦赴總督覺羅滿保軍前報捷（大書一束完）乙卯提督施世驃登岸率大兵屯北較塲藍廷珍仍駐（報復府治之爲）　萬壽亭據弁兵先後報獲殺害歐陽總兵之達家勇殺害許副將之黄龍殺害羅參將之陳碧各付其子歐陽敏許方度羅世正等自行處死以報父仇凌遲剖肝碎屍揚骨聽從其便臺人快之（此大快人心之事）（不可少）閏六月朔日庚申陳章報捷至厦門總督滿保檄藍廷珍署理臺灣鎮總兵官事會巡撫呂猶龍繕疏以捷聞則施世驃在臺灣軍中已先自　題奏上達矣（插敘警）初臺灣警報于六月至京師（報路手法妙絕）

皇帝惻然不忍加誅乃爲

諭曰諭臺灣衆民據督臣滿保等所奏并伊等進摺家人所言臺灣百姓似有變動又奏稱滿保于五月初十日領兵起程等語朕思汝等俱係内地之民非賊寇之比或因饑寒所迫或因不肖官員刻剝所致（明見萬里）一二匪類唱誘衆人殺害官兵情知罪不能免乃妄行强拒其實與衆何涉今若遽行征

剿朕心大有不忍故諭總督滿保令其暫停進兵汝等若即就撫自諒原爾罪若執迷不悟則遣大兵圍剿俱成灰燼矣臺灣止一海島本地所產不敷所用祇賴閩省錢糧養生前海賊佔踞六十餘年猶且勦服不遺餘孽今匪類數人又何能為諭旨到時即將困迫情由訴明改惡歸正仍皆朕之赤子朕知此事非汝等本願必有不得已苦情意謂坐以待斃不如苟且偷生因而肆行擄掠原其致此之罪俱皆不肖官員汝等俱係朕歷年豢養

良民朕不忍勦除故暫停進兵若總督提督總兵官統領大兵前往圍勦汝等安能支持此旨一到諒必就撫不得執迷不悟妄自取死特諭又勅浙江將軍塔拜以甲二千赴閩協防巡撫呂猶龍遣按察使董永芠迎勞於浦城辦理夫船永芠素有才名方嚴不阿一路問民疾苦捐俸錢恤災傷多方撫慰故兵行而民不擾浙兵至閩欲借宿民居呂猶龍不可召兩司計議永芠曰靖亂（至言）以安民為本若宿民居民不堪也命署福州府馮鑒分

撥諸佛寺居之於是浙兵駐閩者數月得相安一無所苦

上諭至閩則六月二十有五日也（收復府治之三日）總督滿保檄委興泉道陶範親賫

諭旨往臺灣安撫百姓併署理臺廈道事調汀州知府高鐸知臺灣府分委建寧通判孫魯往署臺灣府同知併臺灣知縣事海澄知縣劉光泗往署鳳山漳浦知縣汪紳文往署諸羅俱隨大兵安輯流亡慰撫各庄社民番（此一着不可少）伊時臺郡既平提督施世

驃總兵官藍廷珍分遣大兵擴清南北二路（總提南北）以王萬化林政邊士偉魏天錫帶領官兵勦撫南路逸（分南路一股）賊收復南路營鳳山縣擒斬賊目顏子京鄭定瑞等安撫下淡水大崑麓各處人民社番而南路五（一筆完）百里地方俱皆平復矣（南路之局）以林秀薄有成范國斗齊（分北路追朱一貴等）元輔郭祺胡璟李祖鄭文祥劉永貴董方林君卿（一股）及游全興帶同張彥賢等十四員往北路勦撫逸賊原任遊擊劉得紫先于壬子夜乘間投大師施世驃藍廷珍嘉其（照應）抗賊不屈優待之得紫募丁壯

百五十人請殺賊報仇雪恥是行與焉戊午敗賊于大穆降（此二十八日大穆降之捷）斬獲甚多賊黨降者散者十之九朱一貴率數千人走灣裏溪大軍追至茅港尾鐵線橋收復鹽水港（賊勢漸窮）朱一貴走下加冬俸滿千總林君鄉率外委千總張佛等二十人先大軍二十里前行追殺賊衆奪牛車馬匹砲械與陳尚珍楊秀計議潛通張岳欲擒朱一貴先謀去僞軍師王君彩（一貴雖未擒而去一君彩賊黨已孫）一貴收君彩殺之而漳浦人王仁和素往來溝尾庄與庄民楊石友善知其族楊旭楊雄等爲一方巨擘可與謀（仁和亦能）以言餂之石許焉仁和密告於藍廷珍廷珍給仁和外委守備併楊旭楊石楊雄等守備千總各銜劄令謀擒朱一貴復有蘇山黃遵爲李祖賚書與楊旭亦令計擒一貴於是楊旭與王仁和楊石楊雄陳尚珍楊秀等密糾溝尾前庄後庄小槺榔新埤佳走後潭等庄鄉壯以待（張綱已定）閏六月五日甲子一貴率千人至溝尾庄索飯食楊旭等椎牛餉之許號召六庄鄉壯相助一貴往月眉潭之食乙丑夜其黨散去六百餘人丙寅楊雄紿一貴

復回溝尾庄薄暮霖雨旭備館舍將一貴等分宿（鳥已入羅）民家傳集六庄鄉壯佯爲守護潛以水灌賊砲夜五鼓大譁稱官兵至金鼓火砲齊鳴諸賊倉皇驚起不知所措楊雄楊旭楊石王仁和等遂擒朱一貴（大書）王玉全翁飛虎張阿山等四人散其餘衆吳外陳印各率黨逸出旭縛一貴等置牛車赴八掌溪交遊擊林秀王仁和馳報藍廷珍廷珍令解赴施世驃軍前而自往會訊一貴尚自尊大欲與提軍抗禮昂然而立廷珍叱之跪一貴猶妄稱孤家（此時尚有夜郎氣可笑）詞甚不遜廷珍怒命捶其足於是一貴及其黨皆跪伏罪請死乃檻送廈門聽總督覺羅滿保解京正法又有大排竹人民斬楊來首級獻林秀秀函至府竿示藁街復據林秀等官兵李必第楊雄等鄉壯報獲吳外陳印李勇陳正達盧朱及就撫之林曹林騫林璉鄭惟晃張看等俱先後解至軍前分遣（分北路收復營縣一股）朱文謝希賢呂瑞麟洪平及自澎調至之守備閻威以兵收復北路營諸羅縣擒斬賊目萬和尚等北路營千總陳徽把總鄭高率鄉兵來迎先

是陳徽等于六月丙辰起民兵攻復諸羅縣斬賊目賴元改頭祭羅絲將因　王師未至縣治復爲翁飛虎江國論所奪仍入山至是乃出招撫賊目曾賢李德隨朱文等安輯各庄社民番分遣汀州（分北路）鎮中營遊擊景慧帶領官兵收復笨港又遣林亮（平定沿海一帶）魏大猷洪平以舟師赴笨港接應平定沿海上下而援淡之遊擊張駴守備李燕劉錫千總李郡淡水營守備陳策等引兵南下半線時朱文等已平（總束一筆）諸羅謝希賢引兵北上與張駴等合而北路千餘

里地方盡皆平復矣元兇既擒餘黨解散尚有當（完北路諸軍之局）日倡謀渠魁僞稱國公如杜君英陳福壽劉國基江國論薛菊王忠陳成鄭文苑及君英之子杜會三等未獲總督滿保檄藍廷珍擒撫之重懸賞格遺弁目外委分途緝捕方朱一貴作亂時有下淡（伏後半篇多少文字）水客庄民人侯觀德李直三等建大清義民旗奉皇帝萬歲牌聯絡鄉壯拒賊一貴遣陳福壽劉國基薛菊王忠劉育等領賊衆數萬攻其庄六月十（大書義民殺賊是一快事）有九日巳酉侯觀德等逆戰于淡水溪敗之陣斬

劉育殺賊兵及迫入水死者萬計屍骸狼藉溪沙間陳福壽窮蹙自刎爲賊徒所救聞　王師已進安平五日乃遁入山劉國基薛菊王忠俱逃之郎嬌藏匿至是外委陳章遣諜至郎嬌踪（逕接無痕）跡之國基等三人皆在章因與林尚蘇庚駕船赴郎嬌招撫諭以　國恩寬大邀與俱來三人皆首肯有提督差員某繼至責賊迎拜不如禮王忠聞（此輩快事）之曰今如此到郡可知遂逃去章以劉國基薛菊見藍廷珍廷珍好言慰藉以恩禮加之七月癸丑

江國論鄭元長等復聚餘黨豎旗于阿猴林藍廷珍發兵追勦羣賊已散繫旗林木中國論元長逃北路其黨陳逸謀于差員張騰霄騰霄偕逸往撫之乃與俱至廷珍爲之美衣服聽其出入遨遊而（以招致未來者）陰使人爲之備於是就撫諸賊皆欣然自慰曰江國論且然我曹無患矣六月捷報至京　朝廷先得施世驃奏大喜特授賚摺人戴進官把總賜世驃東珠朝帽蟒袍黃帶異數有加又以淡水營守（兵變）備陳策陞補臺灣鎮總兵官加左都督時臺中癘

疫盛行從征將士冒炎威宿風露惡氣薰蒸水土（後往往有此）
不服疾病亡故者多參將林政王萬化遊擊許華
先後俱歿于軍八月十有三日辛未怪風暴雨屋
瓦齊飛風雨中流火條條竟夜燭天海水驟漲所（風雨中有火亦是奇事）
泊臺港大小船擊碎殆盡或飄而上之平陸拔大
樹傾牆垣萬姓哀號無容身地施世驃藍廷珍各
終夜露立風雨中軍士蜂擁相携持不敢動稍舉
足則風颶顛仆或裂膚破面流血翼日霽靜郡無（怪風）
完宅壓溺死者數千人浮屍蔽江瓦桷充路署臺

廈道陶範府縣高鐸孫魯等躬歷民家拊循流渉（可以爲民父母）
發倉賑貸瘞死扶傷以風災飛報上聞
朝廷發帑金賜恤殘黎始得更生諸羅一縣未被
風災而餘孽楊君李明等聚黨刦掠鹽水港藍廷
珍遣人緝捕悉擒之又林君等煽誘奸民豎旗於
六加甸俱爲知縣汪紳文所獲並解至府會同陶
範高鐸孫魯等質訊僉議押解内地廷珍曰甫平（二句便不可活）
思亂既赦復叛此曹弗可活也今解入内地不能（切中時弊）
不牽累無辜恐民間人人自危且上下審駁奏報

往返動隔經年海外反側地非樹威不足彈壓吾
於就撫者加之恩擒者棄諸市庶奸徒悚息可淨（必如此乃可定亂）
盡根株耳亟梟示衆定民心而固疆圉有罪其自
當之軍中義得專殺無預諸君事也皆曰諾九月
壬辰梟楊君林君等爲首四人竿示其處餘黨分（大書）
別杖斃枷繈責逐過水復有黃輝卓敬在舊社紅
毛寮聚謀爲亂聲言羅漢門阿猴林有王忠等數
千人接應尅日攻府藍廷珍發兵擒捕搜獲僞劄
與陶範高鐸孫魯等會訊輝與敬直承不諱並斬

之陳章訪緝餘孽復于南路觀音山招撫陳福壽
以來廷珍大喜留福壽軍中以家人禮待之服食（與上凝撫者如恩一串）
皆從厚遠近賊徒聞風思歸誠者益衆杜君英久
處山中晝伏夜走聞福壽就撫頗心動藍廷珍檄
外委守備施恩陳祥以諜者林生入羅漢門說之
君英恐見賣欲得福壽面詢情實即與俱來廷珍
遣福壽同施恩等往福壽尚病載牛車以行君英（推誠待賊膽識俱高）
遂出廷珍待以恩禮一如福壽飲食居處遨遊兩
人不相離也君英尚留其子杜會三未出越三日

知乃父無恙千總何勉往說之會三就撫蓋九月
（一東完招撫三渠魁之局）
中旬十數日間陳福壽杜君英杜會三俱羅而致
焉提督施世驃自風災驚悸疾作以九月望日癸
卯卒于軍藍廷珍奉檄署理提督印務陶範高鐸
見君英等諸賊出入自由疑日久有意外患言于
廷珍曰此曹皆元兇大憝　上所留意今報獲旦
（此是正論非迂也）
暮必致京師與朱一貴並鞫而公寬大至此倘逸
（欲靖餘孽併身家）
去奈何廷珍曰極知此賊失一身家隨之但王忠
（亦不暇顧足見公忠）
陳成鄭文苑餘孽未盡不得不然二人視福壽君

英等所居處與廷珍臥榻止隔窓櫺復謂曰將軍
膽太大矣推誠至此極耶萬一中夜有變將何及
廷珍曰無傷也遲浹旬卽送之厦陶範高鐸皆曰
難矣公以撫爲名待之心腹美衣豐食恣其宴遊
（說到此處令人掩）
彼安肯舍而他之畏罪憚行作何措置留之則局
（卷靜思幾無如何）
不可了有脫逃生變之憂抑之則將束縛驅迫駭
人耳目又恐山中遊魂謂公從前皆僞廷珍曰有
（含蓄妙）
以處之十月甲戌呼杜君英等至幕中紿之曰頃
接制府來書欲授若輩備弁令星速赴厦考驗天

霽風和卽日登舟可乎江國論不可廷珍罵曰汝
（狡黠）
（叱退妙）
貌輕福薄固知非有官者之相叱退之杜君英陳
福壽許諾廷珍大喜賜金爲贐遣左右送之行舁
（讀到下文方知此）
（處處俱是妙用）
婦人輿至幕中使乘向海岸登舟呼江國論鄭元
長來國論等度不可免强諾請行亦賜贐舁輿送
之去繼呼杜會三至亦如之蓋廷珍欲遣解諸賊
（補敘机密）
預備三舟委弁目在舟以俟自幕府至海濱分令
（妙無痕迹）
親隨丁壯沿途徙倚密爲防備順則善遣之行逆
則于幕內細手足閉輿中如婦人不動聲色市井

可無有知者君英等巽順以行舟中亦善待之至
厦總督滿保奏報奉
旨解陳福壽杜君英會三赴京師與朱一貴對質
（罪首伏辜亦大書以明國法）
朱一貴李勇吳外陳印王玉全翁飛虎張阿山俱
凌遲處死親屬同坐陳福壽杜君英杜會三以就
撫從寬斬于市其餘在軍前擒撫諸賊先後解到
厦門如黃殿、黃日昇、郭國正、劉國基、林曹、江國論、
林騫、林璉、陳正達、盧朱、張岳、張看、鄭惟晃、鄭元長、
等總督滿保俱發臬司收禁福州府獄候審擬就

地正法十有一月己丑臺灣鎮總兵官陳策率署提督藍廷珍移咨總督滿保檄金門鎮總兵官黃英之臺署事庚寅南路餘孽復叛為首莿瓜成即陳成蘇清楊美林阿尾等集衆竪旗于石壁寮隨發南路兵追剿癸巳黎明千把總何勉杜雄等率兵搗賊穴擒蘇清高三二名成等奔潰楊美王敎逃匿下淡水知縣劉光泗擒獲之藍廷珍以羅漢（必大）（廓清一番乃可收場）門諸山素為匪類逋逃藪不大舉搜捕掃清巖谷無以淨盡根株分遣遊擊王良駿薄有成守備呂

瑞麟率兵從角宿岡山刈蘭坡嶺一路搜入羅漢門守備閆威由仁武庄土地公崎阿猴林一路守備李燕蔡勇由卓猴木岡社一路己亥午刻咸會羅漢内門之中埔庄別遣把總林三陳雲奇鄭榮才游寛往大武壠分路堵截無令賊竄（周到）庚子分兵深入搜捕羅漢内門諸將備分搜銀錠山佳白寮東方木南馬仙等處大武壠諸弁目搜礁巴哖郎包米大龜佛大湖等處窮山密箐無不遍歷焚燬（總東一筆完搜山之局）賊巢數十所凡二十七日乃收軍回營據搜山將

備及差員外委蘇思維陳祥李得勝林福石瑀藍敦等先後報獲莿瓜成即陳成林阿尾林丁莊謀林讀林齊鄭敎陳璞等而石壁寮再叛諸孽盡行（完石壁寮案）廓清矣又據報獲鄭文苑林沙掌兇死郡即陳國進戇昆即林昆溯仔吳即李吳洪迎胡君用等及臺廈道陶範獲解蕭斌麻恩金絲猴即林玉等而朱一貴案内附和倡亂諸賊悉數俘囚（舊叛諸餘孽亦陸續廓清）惟王忠邱寶宣未獲遁逃傀儡内山臺灣山後藍廷珍分遣外委弁目諸路訪緝復令外委鄭國佐林天成召

致山番通事章旺同入傀儡内山遍查各社諭番（完傀儡一路）衆嗣後不許窩留復令鄭國佐往郎嬌繞行山後（完山後一路）至卑南覓傳檄獎諭大土官文結以冠帶補服賞勞之令起崇爻七十餘社壯番從山後大加搜捕（如此自然無容身地）將所有漢人逸賊盡縛以來於是王忠等不敢復入番界隻身竄伏束手待斃矣前此臺變逃回道（遇接逃澎前案）府廳縣各文員（以此時部檄方到也）　朝旨令督臣提臣會審發往臺灣正法併已故知府王珍屍棺剖梟示衆武職周應龍等亦令督臣會同提臣嚴審定擬（所以不得）署提督尚

未班師十有二月總督滿保在厦親審諸文員將（會審）
原任臺厦道梁文煊同知王禮知縣吳觀域朱夔
知府王珍屍柩委海澄營遊擊安奎賫令箭押送
之臺十有八日甲戌決于市而臺灣縣丞馮迪典
史王定國諸羅縣典史張青遠俱羈臺灣縣獄候（完造澎文）
部文秋後處決廣東提督姚堂奉（職之局）
旨調任福建水師提督署提督藍廷珍遣遊擊王
良駿賫印赴厦尅期班師總督滿保以地方初定（此着深）
檄廷珍以南澳鎮仍統征兵暫留在臺彈壓時廷（謀遠慮裨益地方不小）

議臺鎮總兵官移設澎湖臺灣府治設陸地副將
裁去水陸兩中營將備弁兵撤歸內地另補民間
憂惶不安寢食宵小之徒訛言復肆康熙六十有（廷議原不可行所以民情如此）
一年春正月差員陳祥王仁和續獲韓淵林良等
藍廷珍念訛言搖惑會商陶範高鐸孫魯以逆賊
蘇清等多人在獄久留未決恐不足震懾奸頑二
月二十有九日甲申將蘇清林阿尾王敘林讀林（大書）（此是再叛諸賊）
下莊謀林昆韓淵林良諸賊梟斬示眾李吳杖死
楊美先一日病死陳成鄭文苑等劇賊十數人及（此是舊叛諸賊）

續獲之邱寶宣江邦俊悉解內地與黃殿等俱禁
省獄候審擬歸案正法　朝廷以臺疆僻處天外（筆勢軒昂）
民間疾苦無由上達　特命滿漢御史各一員歲
奉差到臺巡視以南澳鎮總兵官藍廷珍調鎮澎
湖總督滿保疏薦督標中軍副將徐左柱調補臺
灣陸路副將三月望日庚子南路下淡水奸民林（林亨一案）
亨等復謀作亂以合心王三字爲勘合頒于其黨
方貿帛製旗欲夜舉事有密報者守備陳一得率
官兵捕之擒林亨搜得勘合及僞劄供稱同謀爲

首顏煙李咸陳法王帥王祿等分遣弁兵圍搜大
崑麓咢寮及北路鐵線橋諸處並獲之復有餘孽（分搜）
百餘人遁入諸羅後山小石門得寶寮等處夜出（小石門一案）
行刦藍廷珍密檄北路叅將朱文協防遊擊林秀
發兵搜捕遣署守備李郡把總鄭高林時葉分三
路並進復遣把總莊子俊蘇思維率兵往大武壠
堵截絕其竄路夏四月戊午諸軍齊集會勦賊已
先一夜遁至三林港焚汛殺傷兵丁奪商販小船（三林一案）
二入海逃生藍廷珍飛遣水師將弁出洋追捕聞

報在內地青水墘刦坐商船至銅山洋面又奪坐小漁船料爲潮賊将散夥登岸（所料一毫不差）必於樟林東隴鴻溝澄海等處在三林多有帶傷又從朱一貴作亂時皆割截髮辮（絶奸証據）易于稽察星夜飛請總督滿保巡撫呂猶龍移檄粵東令潮州鎮道府縣密行查緝仍差千總一員赴潮催提盡獲劉國華、邱阿路、張阿舜、賴日輝、林阿元、胡阿發、黃阿赤、黃阿五、巫阿盛、陳阿日等賊黨五十七人皆解閩審訊監候正法（完三林一案）癸亥夜又有奸匪百餘人在八掌溪小溪洲拜旗作孽行至竹仔脚塘殺塘兵陳楠王亘蘇天貴等三名（竹仔脚一案）比曉皆散回家爲民廷珍飛調將弁上下堵截搜捕寂無踪跡差員四路密訪併飭營縣廣差偵探知縣汪紳文緝獲葉枕、廖猛、賴興、賴勤等供指同謀聚衆羣賊因遣兵搜捕北埔寮諸山千總李郡生擒渠魁李慶奪賊旗械（李弁可嘉）及所刦贓物焚燬窠廬又據衆將朱文知縣汪紳文守備劉錫千總何勉、陳章、把總陳雲奇及外委弁目人等先後緝獲黃潛、蘇齊、張成、李延卿、張烏暢、潮邊、王妙何

歲、張鎮、朱崑生等劇賊四十餘人（完竹仔脚一案）俱解內地收禁福州府獄候審擬分別正法五月署臺灣府同知兼攝臺灣知縣事孫魯調補諸羅縣知縣　欽差巡臺御史吳達禮黃叔璥（重天使故大書）至自京師六月新授臺廈道陳大輦臺灣府同知楊毓健員外郎知臺灣縣事周鍾瑄及副將徐左柱等俱先後抵臺視事有奸民鄭仕者綽號急燒疎復訛言惑衆招集亡命謀于六月乙卯夜豎旗不果藍廷珍捕治之得其黨蕭興祖李柯等數人甲戌並擒會訊搜獲鄭仕家檔柵開列僞爵人數一時旁觀多有駭愕狀知縣周鍾瑄密白鎮道當堂燒燬將鄭仕等處死（此舉甚妥是安定地方手段）人心大定藍廷珍以副將既至欲遵旨赴澎湖駐劄百姓囂囂罷市環（非但保留藍帥特慮移澎失策故書之）府廳縣各衙門籲呈請留而　欽差御史道新旨已下允提臣姚堂所奏副將仍設澎湖總兵官仍駐臺灣水陸兩中營悉還舊制道標守備弁兵裁歸臺灣鎮管轄安設南北二路適中要害之處百姓欣欣以手加額（以手加額可慶可賀）歡聲載道新調鳳山知縣

靳樹畹抵任署縣劉光泗仍歸海澄漳浦知縣汪紳文安撫緝捕事竣仍歸漳浦靳樹畹染疫病未幾卒以同知楊毓健攝鳳山縣事雍正元年春正月十有九日巳亥逸盜楊合復謀作亂合騾聞

聖祖仁皇帝升遐未知

新天子即位乘間思逞散劄招邀匪類謀犯郡邑藍廷珍高鐸遣外委千總陳栩等擒獲之（完楊合一案）窮治其黨悉解散二月

登極恩詔到臺灣萬姓舞蹈懽呼共慶太平士農

商旅安心樂業無窩匪接濟之人（所以王忠等不得不就擒）一二餘孽棲身靡所饑餓待斃夏四月十有五日甲子千總何勉在南路鳳山林捉獲王忠劉富生陳郡等藍廷珍遣解內地聽總督滿保題達正法朱一貴孽黨盡絕矣臺灣平（老健）

藍鼎元曰臺灣治亂之局迴出人情意計之外其地方數千里其民幾數百萬其守土之官則文有道有府有縣令大小佐貳雜職若干員武有總兵副將叅將遊擊守備大小弁目若干員其額兵七千有奇糧儲器甲舟車足備又當

國家全盛金甌靡缺而朱一貴以餵鴨小夫欻焉倡亂不旬日間全郡陷沒（殊出意外）此豈智能所及料歟太平日久文恬武嬉兵有名而無人民逸居而無教官吏孳孳以爲利藪（固當無怪其然）沈湎樗蒲連宵達曙本實先撥賊未至而衆心已離雖欲無敗弗可得已然鹿耳鯤身夙稱天險鄭氏一踞其間遂歷三世

國家圖之數十年費錢糧幾百千萬而後能收之今不動聲色七日恢復（功成之速亦出意外）巨魁就擒孽從授首卽使

孫吳復生亦未敢望功成若斯之速也良由

聖祖仁皇帝大德如天神威遠震將卒用命海若効靈是以摧陷廓清不勞而邊疆底定（實情實事）

諭旨遥頒白叟黃童無不感激流涕葢至仁厚澤淪浹人心者深也諸臣或運籌帷幄出力疆場克敵致果功在社稷欲以鼓勵將來收千秋百歲用人之效則不得以其爲日無幾少之矣亂不久禍不深削平者之績不大此非君子之言也賞罰明則民易使今日之酬勳他年之龜鑑（生出後半篇文）知此說者其知

未雨綢繆之道乎（字波瀾壯闊）臺灣海外天險較內地更不可緩而此日之臺灣較十年二十年以前又更不可緩前此臺灣止府治百餘里鳳山諸羅皆毒惡瘴地令其邑者尚不敢至今則南盡郎嬌北窮淡水鷄籠以上千五百里人民趨若鶩矣前此大山之麓人莫敢近以為野番嗜殺今則羣入深山雜耕番地雖殺不畏甚至傀儡內山臺灣山後蛤仔難崇爻卑南覓等社亦有漢人敢至其地與之貿易（緊接）生聚日繁漸廓漸遠雖厲禁不能使止也地大民

稠則綢繆不可不密（入古）今郡治有水陸兵五千餘人足供調遣鳳山南路一營以四五百里山海奧區民番錯雜之所下淡水郎嬌盜賊出沒之地而委之一營八百九十名之兵固已難矣（南路兵力已弱）諸羅地方千餘里淡水營守備僻處天末自八里坌以下尚八九百里下加冬笨港斗六門半線皆奸宄縱橫之區沿海口岸皆當防汛戍守近山一帶又有野番出沒以八九百里險阻叢雜之邊地而委之北路一營八百九十名之兵聚不足以及遠散不足以（北路險遠兵單更為可慮）

樹威此杞人所終夜憂思而不能寐者也臺民好為盜賊不因饑寒方慶削平又圖復起去歲平臺大定之後尚有布散流言嘯聚巖谷復謀作亂者數次屢經撲滅歲餘始殄而王忠一賊伏匿深山至我

皇上卽位乃克就縛可見地方廣大搜捕弗周雖平臺僅在七日而拔盡根柢東擒西勦亦有兩載（人但知平臺之功不知事後安臺之苦）艱難欲為謀善後之策非添兵設官經營措置不可也以愚管見劃諸羅縣地而兩之於半線以上（絕妙經濟今已舉行卽彰化縣是）

另設一縣（也）管轄六百里雖錢糧無多而合之番餉歲徵銀八九千兩草萊一闢貢賦日增數年間巍然大邑也半線縣治設守備一營兵五百淡水八里坌設巡檢一員佐半線縣令之所不及羅漢門素為賊藪于內門設千總一員兵三百下淡水新園設守備一營兵五百郎嬌極南僻遠為逸盜窟伏之區亦設千總一員兵三百駐劄其地使千餘里幅員聲息相通又擇實心任事之員為臺民培（欲固圉又當壽吏治此循良更為要緊）元氣寇亂風災大兵大疫而後民之憔悴極矣然

土沃而出產多但勿加之刻剝二三年可復其故
惟化導整齊之均賦役平獄訟設義學興敎化奬
孝弟力田之彥行保甲民兵之法聽開墾以盡地
力建城池以資守禦此亦尋常設施耳而以實心（實心行之便非尋常）
行實政自覺月異而歲不同一年而民氣可靜二
年而疆圉可固三年而禮讓可興而生番化爲熟
番熟番化爲人民而全臺不久安長治吾不信也
顧或謂臺灣海外不宜闢地聚民是亦有說但今（此足以破迂說）
民人已數百萬不能盡驅回籍必當因其勢而利

導約束之使歸善良則多多益善從來疆域旣開
有日闢無日蹙氣運使然卽欲委而棄之必有從（理勢必然）
而取之如澎湖南澳皆爲海外荒陬明初江夏侯
周德興皆嘗遷其民而墟其地其後皆爲賊窠閩
廣罷敝及設兵戍守迄今皆爲重鎭臺灣古無人
知明中葉乃知之而島彝盜賊後先竊踞至爲邊（名言至）
患比設郡縣遂成樂郊由此觀之可見有地不可
無人經營疆理則爲戶口貢賦之區廢置空虛則（論聖人不易）
爲盜賊禍亂之所臺灣山高土肥最利墾闢利之

所在人所必趨不歸之民則歸之番歸之賊卽使（可使天下庸才一齊啞口）
內賊不生野番不作又恐寇自外來將有日本荷
蘭之患不可不早爲綢繆者也閒居無事燕雀處
堂一旦事來噬臍何及前轍未遠可不爲寒心哉（沉痛極矣）
殉難諸臣雖功過不一然大節凛然足以增光宇
宙褒其後而畧其先崇奬義烈用慰忠魂亦因以
爲鑒可也

臺自奸民起釁以及平定安集中間事蹟繁多
千頭萬緒欲以一篇文字網羅而條貫之非有

浩然剛大之氣排山倒海之力剸犀斷蛟之筆
未有不如理亂絲或附贅懸疣顧此失彼者也
茲紀一氣呵成絕大神力敘亂之所由生至纖
至微止在守土恬熙便開出無窮禍變可見凡
有地方責任之君子皆當兢兢業業無事常如
有事之防不可以未雨綢繆爲迂也岡山初起
賊勢未成不論中才將弁疾趨便可撲滅偏遣
一龐然無用之周應龍玩寇殃民養成賊亂日
行五里十五里稍勝收兵方戰遽退等情形不

但寫出豚尨見虎醜態萬狀亦見離郡咫尺鎮道奚罔聞知並不急遣能員將兵往換以致赤山敗衄賊遂長驅入郡此又用人不愼泄沓成風之過也金甌雄郡無端陷沒此時當事成何光景幸有陣亡殉難如許李游羅諸公凜凜生氣至今猶存令讀者心神飛舞爲歌地維賴以立天柱賴以尊之句彼抱頭鼠竄縮頸蝤蛭能不愧死無地乎補入高永壽兵僧軼事追咎從前鎮道疎忽全不以封疆爲意是以賊起浹旬縣府繼陷稱孤道寡妄希封拜直書弗削以見纍纍肉食誰生厲階葢傷之也不死不逃能全臣節如遊擊劉得紫尚猶有惻隱羞惡之心故亦許之若林亮之獨排衆議保守澎湖則諸將中第一出色寫得有聲有光鬚眉俱動使斯人早在臺灣必無棄地奔逃之事而用斯人以制敵則又何敵之不摧是澎湖一守扼住臺灣門户併收復臺灣之先鋒亦在其中此文字一大樞軸也滿督赴厦督師深得控制機宜一切調

度俱臻絕頂肅兵安民於戡亂功已過半讀者於怒髮衝冠之餘忽覩此景星慶雲出現不覺心中爲之一慰大帥出師軍威雄壯不殺二字使反側子自安尤爲平臺第一機括鹿耳安平鯤身西港數大戰寫得如火如荼五花八門變化入妙不啻親提枹鼓目覩垓下昆陽飛戈鳴鏑時也府治既收罪首就擒平定南北二路如風捲蘀溝尾庄下淡水義民功不可沒而一二附和倡亂同黨渠魁亦必陸續擒撫方得根株淨盡中間插出癘疫風災慘苦異常見得臺民喜亂戾氣薰蒸卽使　國法可寬天道亦不肯宥可爲大戒乃尚有甫平思亂既赦復叛之奸民則雖欲不殺豈可得乎鹽水港、六加甸、舊社、紅毛寮、后壁寮、下淡水、三林、竹仔脚、再叛諸孽一一正法臺民亦可以恍然悔悟不敢復萌非分之想矣通篇大意在儆勵地方文武當刻刻以吏治民生爲念使盜賊無自而興若稍一玩愒便功名身家性命靡不隨之且費後人許多區畫此居官者之不可不慎也愚人作賊不過要想妄行朱一貴聚黨數十萬不爲不多陷府殺官刦庫僭號不爲不橫然屈指幾日梟首碎屍誅及親屬數十萬黨俱歸何處即後此再叛如楊君林君等八九案無一不竿示藁街作賊果何益乎所以儆凡爲民者皆當起忠孝仁讓之心而消其犯上作亂之氣官民交勉則海甸畮畮常保寧謐子孫世世俱享昇平此作平臺紀畧者之意也大書特書正敘側敘補敘插敘

分敘合敘錯綜變化矯如游龍至其陡然而起咄然而止遙接遙應飛渡暗渡筆筆有神一篇萬五六千言讀之惟恐其盡不復有冗長汗漫之嘆知其浸淫於史漢者深矣總論鑒前車籌未雨措置設施絕大經濟則又當于長沙中壘間求之此有關世道之文非腐生所可與議也

雲錦少多病舞象後三年不讀書深自懼其弗成材也族人過者誚之曰此所謂今人一服儒衣反奄奄欲絕矣子之病在安坐偃臥未嘗一勞力是以筋骨懈散血氣不行今試習拳械練手足日出汗數升非惟不病且雄壯焉如其言果稍健因竊弄刀盾飛礮彈彎弓走馬以爲樂　家君固見其弗成材也亦聽之康熙六十年夏五月聞報臺灣朱一貴作亂今　伯父襄毅公統師征臺念軍中無

與[illegible]敘錯時幕友　陳少林先生已應　制府滿[illegible]聘他人畏風濤干戈莫敢往遂以家君行雲錦從焉　襄毅公笑謂曰養軍千日用在一朝汝病三載遂成健兒亦爲一朝用也雲錦時年十有九持戟立樓船乘風破浪覺甚壯迫一鼓入鹿耳門又一鼓收安平鎮鯤身數戰奮勇爭先目覩巨砲雷轟鳴鏑從耳邊飛過亦習爲故常不復知紛紛者何物矣七日之內府治收復如疾風之掃秋籜

亦似有一番佳趣嘆古人年少請纓大都如
此
聖皇在上仁育義正凡有血氣莫不尊親豈容小
醜不共自逃于先天化日之外
天戈所指罪人魄喪何蠕動之敢不伏辜也事
定旋歸迴憶執兵徵逐竟成卒伍粗鄙面目
何堪使君子觀之始愧厲發憤欲讀書
家君命啚諸弟從師授業數年以來蹉跎作
輟至今一條無所成少時不勉悔何及矣平

臺紀畧錄　家君還旆時所著者　家君參
贊謀畫□公檄文詞具載東征一集茲編特記
小醜起滅蕩滌安定事蹟而已　家君身在
行間指揮跋涉　襄毅公欲上其功　家君
不可蓋當時尚應制舉不欲以書生厠名勳
籍令紀畧亦置身事外弗以姓名勞績夾敘
其間雖高自位置不爭此區區一日之長亦
以示至公無私方可垂爲信史也是書風行
海內已十餘年雍正十年　家君客廣州與

執友　天長王先生同事筆硯　先生以板
文漫漶爲加評點再付梓人雲錦趨庭在粤
家君命校讐且識數語于後因薰沐百拜而
書之
雍正十年秋八月乙卯朔長男雲錦謹識

国家出版基金项目
NATIONAL PUBLICATION FOUNDATION

海上絲綢之路文獻集成

總主編　陳支平　陳春聲

歷代史籍編

116

主編　范金民

海峽出版發行集團
THE STRAITS PUBLISHING & DISTRIBUTING GROUP
福建人民出版社

本册目次

臺海使槎録八卷

〔清〕黄叔璥撰

《臺海使槎録》八卷，清黄叔璥撰。叔璥（一六六六——一七四二）字玉圃，順天大興（今屬北京）人。康熙四十八年（一七〇九）進士，官户部主事、吏部員外郎、常鎮揚通道。康熙六十一年奉使巡視臺灣，撰成是書。分赤嵌筆談、番俗六考、番俗雜記三門。「赤嵌筆談」分原始、星野、形勢、洋、潮、風信、氣候、水程、海船、城堡、賦餉、武備、習俗、祠廟、商販、進貢、泉井圍石、物産、雜著、紀異、僞鄭附略、朱逆附略等項。「番俗六考」就高山族之居處、飲食、衣飾、婚嫁、喪葬、器用六事，考而載之，有「北路諸羅番」十篇，「南路鳳山番」三篇。「番俗雜記」則敘臺灣山川地勢、風土民俗。包括生番、熟番、社商、社餉、捕鹿、番役、士官饋獻、番界、吞霄澹水之亂、馭番等。以重實地調查，所記多取資親見親聞，參稽前人撰述，非摭拾輿記、輾轉稗販者可比。據中國國家圖書館藏《畿輔叢書》清乾隆間刻本影印。

台海使槎録

上

小雅皇華之詩言使臣徧咨於忠信之人左傳所謂五善國語所謂九德是也自漢以後使者遂例有纂述考之鄭樵藝文略凡朝聘得三十七部行役得三十部蠻夷得四十七部不爲不夥然未有海外須滃之壤人物俶詭之鄉元元本本堂堂正正視之如指螺掌蠡當下可信則臺海使槎錄洵爲第一等書矣煜聞先生之言曰余之訂是編也凡禽魚草木之細必驗其形焉別其色焉辨其族焉察其性焉詢之耆老詰之醫師豪釐之疑靡所不耀而後卽安嗟乎幺麿名物先生猶慮慮焉若是而况島嶼之險易城堡之堅脃番俗之馴悍政刑之張弛戎伍之疏密禮樂之異同有關精神命脈之大者乎抑禹跡未經儒者從略先生必務詳審精密况墨丈尋常之間習睹習聞肯蹈襲虛悅惚如象罔之索珠狠睆之龥金已乎則甚矣先生之志之勤而學之篤也詩曰駪駪征夫每懷靡及先生有焉皇華于原于隰無不光明使臣于遠于近無不周徧先生是書傷之矣逵奚通之海南諸番行記曾何足云煜聾陋不足以知先生唯因先生之言而推廣之如此時

乾隆元年丙辰秋仲會稽弟魯煜拜序

臺海使槎錄卷一

畿輔叢書

大興黃叔璥撰

赤嵌筆談

原始

琉球國在泉州之東有島曰彭湖煙火相望水行五日而至旁有毘舍耶一作那國語言不通袒裸盱睢殆非人類喜鐵器臨敵用鏢鏢以繩十餘丈爲操縱蓋愛其鐵不忍棄文獻通考

按彭湖東南卽今臺灣其情狀相似殆卽毘舍耶國也

臺灣於古無考惟明季莆田周嬰著遠游編載東番記一

篇稱臺灣爲臺員蓋閩音也然以爲古探國疑非是臺灣隨筆

臺灣海中番島名山藏所謂乾坤東港華嚴婆娑洋世界名爲雞籠考其源則琉球之餘種自哈喇分支近通日本遠接呂宋控南澳阻銅山以彭湖爲外援明萬歷間海寇顏思齊踞有其地始稱臺灣　思齊剽掠海上倚爲巢窟臺灣有中國民自思齊始思齊死紅夷乘其敝而取之葺草爲田民知樹藝順治辛丑鄭成功金陵挫敗厦門不守襲而有之迄康熙癸亥歸我一統其民五方雜處非俘掠之遺黎卽叛亡之奸宄里無一姓人不一心溪深林茂易於伏莽山海氣淫又多霧露水土之害其番喜酒好殺無姓氏無歲月無冠履衣服之儀無婚嫁喪葬之禮不知法紀撫御或失急之則變生肘腋緩之則俗敝人頑蓉洲文藁

吏科都給事中王家彥疏閩省海壖地如巾帨民耕無所且沙礫相薄耕亦弗收加以年荒賦急窮民祿是走海如騖長子孫於唐市指窟穴於臺灣春明夢餘錄

星野

臺之星野莫錄其詳然旣係於閩則宜從閩閩蓋禹貢揚州之域天文牛女分野按牛女於辰爲丑銀海之屬星紀之次銀海元武象也星紀吳越分也劉向曰吳越屬斗牛女分晉隋元志吳越其辰在丑說者謂臺在泉州之窮南

去福州遠甚不宜爲銀海之屬又在漳州之極東去吳越遠甚不宜爲星紀之次遂以臺分野當在女虛之交者虛元枵之次在子之辰以臺之稍迤而東疑其越次越辰亦坐井之見今以近事考之明時彭島統於泉泉爲牛女則臺無可疑以近地考之臺海西界於漳南鄰於粤北則閩安對峙漳分野視閩而粤分野視漳臺之壤接獨不屬牛女乎唐僧一行有云星紀當雲漢下流百川歸焉故其分野自河南下窮南紀之曲東南負海爲星紀則臺宅東南仍屬牛女又與一行之說相符島上附傳

形勢

臺灣爲土番部族在南紀之曲當雲漢下流東倚層巒西迫巨浸北至雞籠城與福州對峙南則河沙磯小琉球近焉周袤三千餘里孤嶼環瀛相錯如繡

自鷺門金門迆邐東南以達於彭湖可數千里風濤噴薄悍怒激鬭瞬息萬狀子午稍錯北則墜於南風烈南則入於萬水朝東皆有不返之憂又東至鹿耳門夾以七鯤身北線尾海道紆折僅容數武水淺沙膠雖長年三老不能保舟之不碎餘乃山羅礁湧無由以入其險且不測如此 島上附傳

海中孤島地在東隅形似彎弓 臺灣紀略

雞籠山島野夷亦謂之東番萬歷四十四年倭脅取其地久之始復國東番諸山其人盛聚落而無君長習鏢弩少舟楫自昔不通中國 方輿紀要

臺灣處大海之中地形坐東南面西北自東北而至西南如列屏爲中國江浙閩粵四省之外界西北近海多平地可耕土番及人民聚落以數百山背東南一望洸洋舟楫所不到土番加嘮使種類居焉自紅夷以至鄭氏皆不能綏附聞中國盛德悉來臣服贄其方物故我

國家邊陲極於海東數萬里置郡縣爲疆界實自古所未有 福建海防志

東甯縁高邱之阻以作屏臨廣洋之險以面勢無仙蹤神跡之奇無樓臺觀宇之勝有山則頑翳於蔓草有水則鹵浸於洪濤鹿豕貍鼠之所蟠龍蛇蚤虺之所游夫既限之以荒裔而求天作地成之景皆無所得 蓉洲文藁 以上臺灣

三十六島巨細相間坡隴相望有七澳居其間大約有土無木土瘠不宜禾稼產胡麻菉豆山羊尤多居人煮海爲鹽釀秫爲酒採魚蝦螺蛤以佐食土商興販以廣其利貿易至者歲常數百艘爲泉外府至元末置巡司於此 元志

水至彭湖漸低近琉球謂之落漈漈者水趨下而不回也凡西岸漁舟到彭湖已下遇颶風發漂流落漈回者百無

一 續文獻通考

隋開皇中嘗遣虎賁陳稜略彭湖地其嶼屹立巨浸中環島三十有六如排衙居民以苫茅爲廬舍推年大者爲長以畋漁爲業地宜牧牛羊散食山谷間各剺耳爲記 海防考

彭湖島在琉球國水行五日地近福州泉州興化漳州四郡界天氣晴明望若煙霧 明統志

海中島嶼最險要而紆迴則莫如彭湖蓋其山周回數百里險口不得方舟內溪可容千艘海中舊有三山之目彭湖其一耳東則海壇西則南澳誠天設之險何可棄以資敵 方輿紀要

福州海中有彭湖島相去二千里晴日髣髴可見有參將領兵駐之自福州順風而往不半日至也玉堂薈記

彭湖僻在興泉外海其地爲漳泉南戸日本呂宋東西洋諸國皆所必經南有港門直通西洋福建海防志

鄭成功竊踞臺灣用彭湖爲外藪康熙二十二年六月將軍施琅統兵自銅山攻破據之八月遂克臺灣諸羅雜識以上彭湖

臺灣在福建之東南地隔重洋形勢延袤可至者凡千六七百里外此則生番所居與熟番阻絕遠望皆大山壘嶂莫知紀極可以置而不議府治南北千有餘里越港即水

師安平鎮又有七鯤身沙線潮平可通安平港內爲水師戰艘商民舟楫止宿之地港名鹿耳門出入僅容三舟左右皆沙石淺淤焉此臺灣之內門戸也衡渡至彭湖島嶼錯落有名號者三十六島彭湖溝底皆老古石參差港泊有南風北風二者殊澳此臺灣之外門戸也然臺灣之可通大舟者尙有南路之打狗及東港北路之上澹水凡三處而惟上澹水可容多船港門爲正也其可通小舟者尙有南路之蟯港北路之鹹水港及八掌港笨港海翁港鹿仔港大甲西二林三林中港竹塹蓬山凡十二處而笨港并有小港可通鹿耳門內卽名馬沙溝是也總之臺灣三路俱可登岸而惟鹿耳門爲用武必爭之地者以入港卽可以奪安平而抗府治也奪安平則舟楫皆在港內所以斷其出海之路抗府治則足以號令南北二路而絕依附之門故一入鹿耳門而臺灣之全勢舉矣或云鹿耳門爲天險門戸而又上設礮臺防亦密矣萬一攻之不入兵法有攻堅而瑕者亦堅其謂之何不如由北路之上澹水進兵所謂行師如過於衽席之上者謀非不臧也而不知由北路進兵則其勢主緩緩則必以衆而臨寡以强而併弱由鹿耳門進兵則其勢主捷捷則有以反主客之形成控制之師而且安平不據彭湖尙孤彼賊伙者急而揚帆不

無他處也是故覘臺灣之形勢而必講明於得入鹿耳門之要爲最急理臺末議

彭湖爲臺灣之門戸鹿耳門爲臺灣之咽喉大雞籠爲北路之險隘沙馬磯爲南路之砥柱鳳山縣志

臺郡無形勝可據四圍皆海水底鐵板沙線橫空布列無異金湯鹿耳門港路紆迴舟觸沙線立碎南礁樹白旗北礁樹黑旗名曰盪纓亦曰標子以便出入潮長水深丈四五尺潮退不及一丈入門必懸起後舵乃進

臺地負山面海諸山似皆西向　皇輿圖皆作南北向初不解後有閩人云臺山發軔於福州鼓山自閩安鎮

官塘山白犬山過脈至雞籠山故皆南北峙立往來日本琉球海舶率以此山爲指南此乃郡治祖山也澹水北山朝山與烽火門相對

同安洪濇思心登云北路澹水直對福州省城海道山石錯列礙於大舟往來南路赤山直對南澳

臺地諸山本無正名皆從番語譯出內山諸水皆西流於海安平七鯤身環郡治左臂東風起波浪衝擊聲如雷殷諺云鯤身響米價長謂海湧米船難於進港

余與益齋二兄論羅漢門書略羅漢門在郡治之東自猴洞口入山崇岡複嶺多不知名行數里爲虎頭山諸

臺海使槎錄卷一　七

峰環列樹惟㯓榔過大灣崎蘆竹坑咬狗阬又東南經土樓山壁平如削上則獨猴跳擲虞人張羅以捕稍前爲疊浪崎出茅草埔度鴈門關嶺回望郡治海天一色去關口里餘中爲深塹可數十丈緣崖路狹不堪旋馬一失足便蹈不測五里至石頭阬四里至長潭清瑩可鑑潭發源於分水山後由羅漢門阬入岡山溪同注於海自番仔寮逦邐至小烏山後入羅漢內門峰迴路轉眼界頓開沃衍平疇極目數十里東則南仔仙山東方木山隔澹水大溪爲旗尾山西即小烏山南爲銀錠山北爲分水山目貓徽山層巒疊巘蒼翠欲滴瞑色尤堪入畫民莊凡三外埔中埔內埔居民約二百餘口內埔汛兵五十名分防猴洞口狗勻崑諸地則寥寥三十餘人而已先是由長潭東南行至夏尾藍腳帛寮轉北至外埔莊後以逆黨黃殿潛蹤內埔而甕菜岑鼓壇阬尤爲奸匪出沒之所禁止往來外埔東南由觀音亭更寮崙番仔路頭至大崎越嶺即爲外門去大傑巔社十二里中有民居爲施里莊北勢莊莊盡番地往年代納社餉招佃墾耕繼以遠社生番乘間殺人委而去之今則茀草不可除矣自社尾莊劄蘭坡嶺可赴南路由木岡社卓猴可赴北路外此羊腸鳥道觸處皆通峻嶺深谷

臺海使槎錄卷一　八

叢奸最易土人運炭輦稻牛車往來徑路逼狹不容並軌惟約晝則自內而外夜則自外而內因以無阻夏秋水漲阬塹皆平則迷津莫度與諸邑聲息隔絕議者謂宜歸臺邑良然

上澹水在諸羅極北中有崇山大川深林曠野南連南嵌北接雞籠西通大海東倚層巒計一隅可二百餘里洵扼要險區也外爲澹水港八里岔山在港南圭柔山（一作雞柔）在港北兩山對峙夾東中流南北有二河南河源出武勝灣行四十餘里北河源出楓仔嶼行百餘里俱至大浪泵會流出肩脰門（一作干豆）入澹水港曲折委宛五

十餘里而歸於海圭柔山麓爲圭柔社由山西下數里有紅毛小城高三丈圍二十餘丈今圮城西至海口極目平衍名虎尾今澹水營所駐也兩山南北重岡複嶺灌莽叢翳南則武勝灣里末擺接秀朗諸社北則麻少翁外北投內北投大浪泵麻里卽吼楓仔嶼諸社磺山在內北投濱河山僅數仞寸草不生自澹水經楓仔嶼嶺上下十里過港至雞籠山高多石山下卽雞籠社稍進爲雞籠港港道狹隘港口有紅毛石城非圓非方圍五十餘丈高二丈遠望爲小雞籠嶼番不之居惟時於此採捕循此而上至山朝社又上至蛤仔難諸社深箐

鳥道至者鮮矣南路界盡沙馬磯頭相傳地脈直接呂宋凡舟赴呂宋必由此東放大洋有澳名龜那禿北風時大船可泊沙馬磯頭之南行四更至紅頭嶼皆生番聚處不入版圖地產銅所用什物俱銅器

彭湖一名彭蠡湖樵書二編彭蠡湖嶼環島三十六洪武五年以居民叛服不常遂大出兵驅其大族徙置漳泉間

觀彭湖諸島夏月正値南風由媽宮澳入港順駛最易惟出港逆風未可時計或收入八罩從挽門潭上岸登天台山四望則三十六島嶼形勢盡在目前

洋

大海洪波止分順逆凡往異域順勢而行惟臺與廈藏岸七百里號曰橫洋中有黒水溝色如墨曰墨洋驚濤鼎沸險冠諸海或言順流而東則爲弱水昔有閩船飄至弱水之東閱十二年始得還中土赤嵌集

暗洋在臺灣之東北有紅夷舟泊其地無晝夜山明水秀萬花徧滿而上無居人謂其地可居遂留二百人給以一歲之糧於彼居住次年復至則山中如長夜所留之番已無一存乃取火索之見石上留字言一至秋卽成昏黒至春始旦俱屬鬼怪其人漸次而亡蓋一年一晝夜云蓉洲文稾

由大擔出洋海水深碧或翠色如靛紅水溝色稍赤黒水溝如墨更進爲淺藍色入鹿耳門色黄白如河水

泛海不見飛鳥則漸至大洋近島嶼則先見白鳥飛翔

潮

月臨卯酉潮漲東西月臨子午潮平南北潮漲多在春夏之中濤大每居朔望之後各處皆然臺亦無異志云地屬東南月常早上十七八之夜月臨卯酉僅在初昏故潮長退視同安金廈亦較早同安金廈初一十六潮滿子午而退卯酉初八二十三潮滿卯酉而退子午臺則初一十六潮滿巳亥而退寅申初八二十三潮滿寅

申而退巳亥所差竟至一時半線以下潮流過北汐流過南與彭島同半線以上潮流過南汐流過北水師副將魏大猷云自鹿耳門至打狗港潮汐較內地早四刻水長五六尺打狗至瑯嶠潮汐較內地早一時水只三四尺自三林港北至滬水潮汐與內地同水丈餘

風信

臺灣風信與他海殊異風大而烈者爲颶又甚者爲颱颶倏發倏止颱常連日夜不止正二三四月發者爲颶五六七八月發者爲颱九月則北風初烈或至連月爲九降過洋以四七十月爲穩以四月少颶七月寒暑初交十月小

春天氣多晴暖故也六月多颱九月多九降最忌颱颶俱多挾雨九降多無雨而風凡颱將至則天邊有斷虹先見一片如船帆者曰破帆稍及半天如鱟尾者曰屈鱟土番識風草草生無節則一年無颱一節則颱一次多節則多次颶之名以時而異正月初四日曰接神颶初九日曰玉皇颶十三日曰關帝颶念九日曰烏狗颶二月二日曰白鬚颶三月三日曰上帝颶十五日曰眞人颶念三日曰馬祖颶（眞人多風馬祖多雨）巳上春三月共三十六颶此其大者四月八日曰佛子颶五月五日曰屈原颶六月十二日曰彭祖颶十八日曰彭婆颶念四日曰洗炊籠颶七月十五日曰鬼颶八月初一日曰竈君颶十五日曰魁星颶九月十六日曰張良颶十九日曰觀音颶十月十日曰水仙王颶念六日曰翁爹颶十一月念七日曰普菴颶十二月念四日曰送神颶念九日曰火盆颶念四日巳後皆曰送年風（香祖筆記）

余同王君仲千採硫仲千登舟余乘笨車行十八日至後壠社王君敝衣跣足在焉泣告余曰舟碎身溺幸復相見自初三日登舟泊鹿耳門十八日乃行舵帆不協斜入黑水者再船首俯入水底舟人大恐十九日午後南風大至行甚駛頃之風厲甚舵牙折者三風中蝴蝶千百飛舞舟

人以爲不祥申刻風稍緩有黑色小烏數百集船上舟人謂大凶焚楮鏹祝之不去至以手撫之終不去反呷呷向人少間遙見小港以沙淺不能入就港口下碇五鼓碇失復出大洋浪擊舵折舟師曰惟有划水仙求登岸免死耳眾口齊作鉦鼓聲人各挾一匕箸虛作棹船勢如午日競渡狀船果近岸得不溺（稗海紀遊）

海外紀略云颶風雖暴無四面齊至理辟如北風颱必轉而東東而南南又轉西或一日或三五七日不四面傳徧不止是四面遞至非四面並至也諸志云此乃天地之氣交逆地鼓氣而海沸天風烈而雨飄故沈舟傾

檣若海不先沸天風雖烈海舟順風而駛同鯤鵬之徙耳此語良然六月有雷則無颱諺云六月一雷止三颱七月一雷九颱來彭湖灣船之澳有南風北風之別時當南風誤灣北風澳時當北風誤灣南風澳則舟必壞癸亥興師正當盛夏南風大震之候偽都督劉國軒將戰艦盡泊南風澳時我師到彭舟盡誤泊北風澳國軒得計謂可弗戰而勝也豈知天眷忽北風大作我師舟楫無損而偽敵連艅覆沒因得乘時進攻克取彭湖楊孝廉朝宗說

放洋全以指南鍼為信認定方向隨波上下曰鍼路船

由浯嶼或大擔放洋用羅經向巽巳行總以風信計水程遲速望見彭湖西嶼頭貓嶼花嶼可進若過黑水溝計程應至彭湖而諸嶼不見定失所向仍收泊原處候風信由彭湖至臺灣向巽方行近鹿耳門隙仔風日晴和舟可泊若有風仍回彭湖

內地之風早西晚東惟臺地早東風午西風名曰發海西四時皆然船出鹿耳門必得東風方可揚帆彭湖來船必俟西風纔可進港設早西晚東則去船過日中始能放洋來船昏暮不能進口何云利涉

潛水在磺山之下日出磺氣上騰東風一發感觸易病雨則磺水入河食之往往得病以死七八月芒花飛颺入水染疾益眾風候與他處迥異秋冬東風更盛

諸山煙靄蒼茫若山光透露便為風雨之徵又饑鳶高唳海雀驚飛則踰日必風春日晚觀西冬日晚觀東有黑雲起主雨諺云冬山頭春海口

臺邑春日雨澤獨少鐵線橋以北大雨滂沱橋南無一滴梁觀察文科惡其限於南也改名通濟橋

氣候

臺灣環海孤峙極東南之奧氣候與漳泉相似熱多於寒故花則經歲常開葉則歷年不落春燠獨先夏熱倍酷秋

多烈日冬鮮淒風四五月之交梅雨連旬多雷電山溪水漲自秋及春則有風而無雨多露少霧田禾播種以後亦喜露而畏雨至月早升地常震風發不時此一郡之大概也諸羅自半線以南氣候同於府治半線以北山愈深土愈燥水惡土瘠煙瘴愈厲易生疾病居民鮮至雞籠社孤懸海口地高風烈冬春之際時有霜雪此又一郡之中而南北異宜者矣（諸羅雜識）

廣東志云嶺南陰少陽多故四時之氣闢多於闔一歲間溫暑過半元府常開毛腠不掩每因汗溢即致外邪蓋汗為病之媒風為汗之本二者一中寒瘧相乘其疾

往往為風淫又云盛夏士庶出入率以青布裹頭蓋南風為厲一侵陽明則病不可起此地正相同

水程郡縣里數

澹水登舟半日即望見官塘山一作關童自官塘趨定海行大海中五六十里至五虎門兩山對峙勢甚雄險為閩省門戶門外風力鼓盪舟甚顛越既入門靜淥淵渟與門外迥別更進為城頭土音亭頭十里至閩安鎮數十里至南臺大橋稗海紀遊

廈門至彭湖水程七更彭湖至鹿耳門水程五更志約六十里為一更亦無所據按樵書二編云更也者一日

一夜定為十更以焚香幾枝為度船在大洋風潮有順逆行使有遲速水程難辨以木片於船首投海中人從船首速行至尾木片與人行齊至則更數方準若人行至船尾而木片未至則為不上更或木片反先人至船尾則為過更皆不合更也舟子各洋皆有秘本云係明王三保所遺余借錄名曰洋更

臺灣至彭湖五更彭湖至廈門七更廈門至上海四十七更甯波近上海十更俱由廈門經料羅在金門之南澳可泊數百船沿海行至惠安之崇武澳泊舡可數十經湄洲至平海澳可泊船數百至南日澳僅容數艘南日至古嶼門從內港行古嶼至珠澳復沿海行二地皆小港南日古嶼東出沒隱見若近若遠則海壇環峙諸山也白犬官塘亦可泊船至定海有大澳泊船百餘至三沙烽火門北關澳亦如之此為閩浙交界至金香鳳皇三弁石童雙門牛頭門盡沿海行至石浦所亂礁洋崎頭門舟山登厝澳盡依內港其登厝澳之東大山疊出即舟山地赴上海甯波至此分䑸從西由定海關進港數里即甯波從北由羊山放大洋至吳淞進港數里即上海九月後北風盛尤利涉自登厝澳從西北放小洋四更至乍浦海邊俱石岸北風可泊於羊山嶼向北

過崇明外五條沙轉西三十四更入膠州口過崇明外五條沙對北三十二更至成山頭向東北放洋十一更至旅順口由山邊至童子溝島向東沿山七更至蓋州向北放洋七更至錦州府

郡志三縣南北延袤二千八百六十里康熙五十三年使者奉

命繪畫地圖勘丈里數臺灣縣南至二贊行溪鳳山縣界二十一里北至蔦松溪諸羅縣界一十五里鳳山縣南至沙馬磯二百一十里北至二贊行溪臺灣縣界六十五里諸羅縣南至蔦松溪臺灣縣界一百一里北至大

雞籠六百五里南北延袤一千一十七里而道里遠近乃定陳湄川中丞北路路程自郡城至八里坌四百七十七里滬水港以下溪湧潮吞過嶺踰海一自北港水路由內北頭至雞籠二百二十一里一自北港上岸由外北投至雞籠二百四十二里約略相同可證郡志之誤

海船

獨坐舵際水波不動星光滿天與波底明星相映上下二天合成圓器身處其中遂覺宇宙皆空　海上夜黑不見一物則擊水以視水光飛濺如明珠十斛晶光熒熒良久始滅亦奇觀矣（稗海紀遊）

余所坐海船桅木之值數百金舵師云得之外域者任重當風不稍屈曲長可八丈通身無節名打馬木明監察御史路振飛按閩摘略云崇禎六年遣戶科給事中杜三策行人司正楊崙冊封琉球先期採木造舟大桅屢求未獲嗣於甯化縣方得應用獨鐵力木柁產自廣南差官採買回大鵬所被賊焚刦復支銀五百五十兩前往海澄縣採買二門運到副用云云今鹽木柁尚值數十金亦廣南所產

每船載杉板船一隻以便登岸出入悉於舟側名水仙門碇凡三正碇副碇三碇（正碇一名將軍碇不輕下）入水數十丈椶藤草三緪約值五十金寄碇先用鉛錘試水深淺繩六七十丈繩盡猶不至底則不敢寄鉛錘之末塗以牛油沾起沙泥舵師輒能辨至某處有占風望向者緣篷桅繩而上登眺盤旋了無怖畏名曰亞班

南北通商每船出海一名即船主舵工一名亞班一名大繚一名頭碇一名司杉板船一名總鋪一名水手二十餘名或十餘名通販外國船主一名財副一名司貨物錢財總捍一名分理事件火長一正一副掌船中更漏及駛船鍼路亞班舵工各一正一副大繚二繚各一

管船中繚索一碇二碇各一司碇一遷二遷三遷各一司桅索杉板船一正一副司杉板及頭繚押工一名修理船中器物擇庫一名清理船艙香公一名朝夕焚香楮祀神總鋪一名司火食水手數十餘名

海船按十二支命名船頭邊板曰鼠橋後兩邊欄曰牛欄舵繩曰虎尾繫碇繩木曰兔耳船底大木曰龍骨兩邊另釘灣杉木曰水蛇篷繫繩板曰馬臉船頭橫覆板插兩角曰羊角鑲龍骨木曰猴楦抱桅篷繩曰雞冠抱碇繩木曰狗牙拄桅腳杉木段曰桅豬

舟隨波浪上下動輒數丈左右瞻顧不覺眩暈寄碇時

或遇風濤揉盪鮮有不眩暈者入大洋中天光水色瀰望無垠近船猶可望見帆檣遠者僅於水面依微點綴東坡云登州蓬萊閣上望海如鏡面與天相際忽有如黑豆數點郡人曰海舶至矣不一炊久已至閣下信然

城堡

臺灣府無城別有城在其西南曰紅毛城鄭氏僭竊時宮殿在焉今設副將一員統兵三千駐之距臺灣二十里居易錄

臺地初闢原卜築城於永康里後不行壬寅提督姚堂

奏請臺灣府縣無城可守請開捐建城未得所請余陛辭時跪聆

訓諭臺灣斷不可建城去年朱一貴無險可憑故大兵入鹿耳門登岸奮擊彼卽竄逃設嬰城自固豈能剋期奏捷

海外形勢瞭如指掌

廟算制勝克奏膚功有以也夫

鳳諸二縣各築土堡郡治居民亦欲倣行西南臨海議於南北東三面圍築堡牆約高一丈共長一千七百八十丈每丈約費銀六兩八錢零計共需銀一萬二千二百四十六兩有奇

安平城在一鯤身之上方圓一里赤嵌城一名紅毛樓在臺灣海邊方圓半里雞籠澹水小城也紅毛築之以禦海剽安平城一名甎城紅毛相其地脈爲龜蛇相會穴城基入地丈餘廣二百七十七丈六尺高三丈有奇雉堞俱釘以鐵今郡中居民牆垣每用鐵以束之似仍祖其制也城上置大礮十五位年久難於演放彭湖亦有紅毛城久廢

賦餉 羅蓮

臺灣田賦與中土異者三中土止有田而臺灣兼有園有陂塘貯水者爲田旱種者爲園中土俱納米而臺灣止納穀中土有改折而臺灣止納本色蓋自紅夷至臺就中土遺民令之耕田

輸租以受種十畝之地名爲一甲分別上中下則徵粟其陂塘隄圳修築之費耕牛農具耔種皆紅夷資給故名曰王田亦猶中土之人受田耕種而納租於田主之義非民自世其業而按畝輸稅也及鄭氏攻取其地向之王田皆爲官田耕田之人皆爲官佃輸租之法一如其舊卽僞册所謂官佃田園也鄭氏宗黨及文武僞官與士庶之有力者招佃耕墾自收其租而納課於官名曰私田卽僞册所謂文武官田也其法亦分上中下則所用官斗較中土倉斛每斗僅八升且土性浮鬆三年後卽力薄收少人多棄

其舊業另耕他地故三年一丈量蠲其所棄而增其新墾以爲定法其餘鎭營之兵就所駐之地自耕自給名曰營盤及歸命後官私田園悉爲民業酌減舊額按則勻徵既以僞產歸之於民而復減其額以便輸將誠
聖朝寛大之恩也（諸羅雜識）
贌社者招捕鹿之人贌港者招捕魚之人俱沿山海蓋草爲寮時去時來時多時少雖爲賦稅所從出實亦奸宄所由滋　僧道僞額四十五名年徵度牒銀二百兩僧每名牒銀二兩道士每名牒銀五兩今裁（東甯政事集）
內地之田論畝二百四十弓爲一畝六尺爲一弓臺郡之田論甲每甲東西南北各二十五戈每戈長一丈二尺五寸計一甲約內地十一畝三分一釐零內地上則田一畝各縣輸法不一約徵折色自五六分至一錢一二分而止一甲爲地十一畝三分零不過徵至一兩三錢零今上則徵八石八斗即穀最賤每石三錢已至二兩六錢四分零況又有貴於此者而民不以爲病地力有餘上者無憂不足中者截長補短猶可借漏巵以支應若履畝勘丈便難仍舊貫矣余有請均田減賦疏
康熙二十三年部臣蘇拜總督姚啟聖巡撫金鋐提督萬正色會議疏內有興販東洋白糖一項歲定二萬擔

不足之數聽在本省採買施琅另疏云本省去臺灣已隔重洋以臺灣所產白糖配臺灣興販船數固爲安便若就本省湊買涉重洋而至臺灣方興販東洋則今四方蕩平六合爲一何地不可興販必藉臺灣之名買白糖赴彼興販此皆部臣蘇拜等慮錢糧不敷婉爲籌度臣今不言後有禍患咎安所逭
三縣每歲所出蔗糖約六十餘萬簍每簍一百七八十觔烏糖百觔價銀八九錢白糖百觔價銀一兩三四錢全臺仰望賫生四方奔趨圖息莫此爲甚糖觔未出客人先行定買糖一入手即便裝載每簍到蘇船價二錢有零自定聯䑸之法非動經數旬不能齊一及至厦門歸關盤查一船所經兩次護送八次掛驗俱不無費是以船雖即行腳價貴而糖價賤矣（余奏准半線分設彰化縣尙在經理故仍三縣之稱）
臺邑額載厝餉磨餉二項俱始於僞鄭志載瓦厝草厝共徵銀一千二百四十兩零數十年來有片瓦寸草俱無子姓零落及孤寡不能自存者亦必按册拘追而大井頭一帶行店碁布終歲不出分文雍正元年五月所司查驗府治房店將破壞瓦厝草厝悉爲開除凡得大瓦厝七千零七十四間小瓦厝一千七百零三間小者每

間折半科算共七千九百二十五間半額餉匀攤每間一錢五分一釐九毫有奇每戶給以餉單如倒壞無存者許執單繳驗注銷另查新屋頂補磨三十首共額徵銀一百六十八兩除磨壞人亡者無從追比現徵十九首官年賠解十一首即十九首內實在開市者不及十首餘皆牛磨倒壞按冊問賦與厝餉等而近年新開磨戶悉投營弁以開則完銀不開即止今各戶給以照單按月照數匀徵將前項變爲活餉可以足額

雜餉罟罾縺罟䋍蠔志言之詳矣又有烏魚旗罟者結網長百餘丈廣丈餘駕船載出常數十人曰牽罟罾者

樹大竹棚於水涯高二丈許曰水棚置罾以漁縺小於罟罟又小於縺網長可數十丈廣五六尺曰牽縺曰牽罟蠔蠣房也即以爲取之之名用竹二長丈餘各貫鐵於末如翦刀於海水淺處鉤致蠣房䋍垂餌以釣魚也大繩長數十丈繫一頭於岸浮舟出海每尺許拴數鉤大小不一繩盡則返棹而收曰放䋍烏魚於冬至前後盛出由諸邑鹿仔港先出次及安平鎮大港後至瑯嶠海腳於石碑處放子仍回北路或云自黃河來冬至前所捕之魚名曰正頭烏則肥冬至後所捕之魚名曰倒頭烏則瘦漁人有自廈門澎湖伺其來時赴臺採捕鳳山雜餉給烏魚旗四十九枝旗用白布一幅刊刷烏魚旗字樣塡寫漁戶姓名縣印鈐蓋插於船頭帶網採捕

澎湖雜餉泊網大小滬泊者制竹片爲之繩縛如簾高七八尺長數十丈就海坪處所豎木杙趁潮水未滿縛泊於木杙上留一泊門約寬四五尺潮漲時魚隨水入以網截塞泊門潮退魚不得出採取之滬者於海坪潮漲所及處周圍築土岸高一二尺留缺爲門兩旁豎木柱挂小網柱上截塞岸門潮漲淹沒滬岸魚蛤隨漲入滬潮退水由滬門出魚蛤爲網所阻寬者爲大滬狹者爲小滬

澎湖居民以海爲田以魚爲糧稻穀升斗必仰給臺郡以地盡沙磧海風甚厲艱於播種惟植高粱麻豆亦不足用一遇凶歉便致絕粒陳觀察大輦詳請臺諸二縣各運粟五千石赴澎巡檢營弁公同監收遇凶歉或風颶舟楫不通以便糶賑兵糧亦可如期支放

北路米由笨港販運南路米由打狗港販運壬寅六月臺邑存倉稻穀無幾每日減糶數百石不敷民食暫借鳳山倉穀支放自東港運至臺邑進大港不由鹿耳門每石船價八分陸運每牛車止五六石溪漲難行腳價數倍水運雍正癸卯浙江餞運米一萬石甲辰補運四

萬石每商船載米五百石運費每石二錢未去之船尚
有貼費

臺海使槎錄卷一終

臺海使槎錄卷二

赤嵌筆談

武備

大興黃叔璥撰

洪武五年湯信國經略海上以島民叛服難信議徙近郭
二十一年盡徙嶼民廢巡司而墟其地繼而不逞者潛聚
其中倭奴往來停泊取水亦必經此嘉隆以後海寇曾一
本等屢嘯聚爲寇萬歷二十年倭犯朝鮮哨者云將侵雞
籠澹水於是議設兵戍險二十五年增設遊兵四十五年
倭犯龍門港增衝鋒遊兵其地環衍可二百餘里地斥鹵

水鹹澁常燠多風稼穡差艱峙正中曰孃宮嶼從西嶼入
二十里爲茶盤又十里即孃宮嶼矣波平浪息無淜湃激
射之勢其狀如湖因曰彭湖寬可泊船面爲案山右爲西
安各置小城列銃爲守名曰銃城又左爲風櫃山高七八
尺紅毛凹其中上壘土若雉堞今毀其城仍分軍戍守與
案山西安相犄角東爲蒔上澳豬母落水最當東南之衝
由陸趨孃宮三十餘里舊有舟師戍守今更築銃城以防
橫突又東向爲鎮管港林投仔龍門青螺諸澳龍門有原
泉舊爲居民聚落萬歷三十五年倭突犯泊此嶼西爲西
嶼頭有果葉澳泉甚洌可飲稍北爲竹篙灣又西爲緝仔

貝又西北爲丁字門水吼門今皆有兵戍守嶼北爲北山
墩有北太武稍卑爲赤嵌循港而進爲鎮海港壘城於此
又西北爲吉貝嶼又北太武與中墩稱兩太武俱最高便
於瞭望孃宮稍後二里有穩澳山頗平坦自萬歷三十七
年紅毛一舟闌入彭湖久之乃去天啓二年高文律乘戍
兵單弱以十餘船突據彭島遂因山爲城環海爲池破湏
長驅肆毒漳泉總兵俞咨皋移紅毛於北港乃復彭湖議
於穩澳山開築城基大石壘砌高丈有七厚丈有八東西
南留三門北設銃臺一座内蓋衙宇營房鑿井一口戍守
於此以控制孃宮然議者謂彭湖爲漳泉之門戸而北港

卽彭湖之脣齒失北港則脣亡齒寒不特彭湖可慮卽漳
泉亦可憂也北港在彭湖東南亦謂之臺灣天啓以後盡
爲紅毛所踞（方輿紀要）
彭湖遠在海外内澳可容千艘周遭平山爲障止一隘口
進不得方舟令賊得先據所謂一夫守險千人不能過者
也矧山水多礁風信不常吾之戰艦難久泊矣而曰可以
攻者否也往民居恃險爲不軌乃徙而虛其地今不可以
民實之明矣若分兵以守則兵分爲弱遠輸爲貧且絕島
孤懸混茫萬頃脫輸不足而援後時是委軍以予敵也而
曰可以守者否也亦嘗測其水勢沈舟則不盡其深輸石

則難捍其急而曰可以塞者亦非也惟峻接濟之防而敷
陳整旅以需其至則賊旣失其所恃詎能爲久頓謀哉（圖書編）
南路自大岡山以下至下澹水瑯嶠社北路自木岡山以
上至上澹水雞籠城其間如鳳山傀儡山諸羅山半綫山
皆扼野番之衝爲陸汛所必防如下澹水硫磺溪大綫頭
鹿仔港皆當入海之道爲水汛所必守至雞籠澹水乃臺
灣極北之島突處海中毗連番社後壠一港與南日對峙
卽興化港口也後壠而上一百二十里爲竹塹社對海壇
鎮竹塹而上一百五十里爲南嵌社對峙關潼卽福州閩

安港口自南嵌至上澹水七十里對北膠澹水至雞籠三
百里對沙埕烽火門皆浙江省界也大洋之外紅夷出入
之路而又遠隔郡城港道四達往來一帆直上僞鄭設重
兵於彼雖曰遠禦紅夷實恐我師從福興分出以襲其後
也雞籠至閩安不過七八更水若閩安興化等港聽商人
往來貿易非止利源通裕萬一意外之警則厦門彭湖之
師以應其前福泉興化之船以應其後首尾呼應緩急可
恃（東甯政事集）
臺灣環海依山欲内安必先守山欲外甯必重守水守山
之法勞而易守海之法逸而難蓋陸地之防惟在嚴斥堠

愼盤詰實心衛民勿以擾民不過得其人以任之而已水地之防必資於船多設船則有篷桅纜碇修葺之工費歲需不貲是在主計者之持策也蓋臺灣善後之計莫急於增兵增兵自不得不增餉若僅駐鎮於郡駐協於安平南北兩路兵單汛薄恐未雨之憂不在鹿耳而在海港山社之間矣（諸羅雜識）

臺灣水陸制兵盈萬費綦重矣乃彭湖安平之兵居其半水師汛重不容以裁減臺灣之兵居其半陸路汛廣又不得不議增然有可節省之道至便之術亦持籌者所必講也臺灣原有官莊卽可爲屯田其佃卽可爲屯兵不過加

以訓練明其節制或倣古者耕七調三或立在要地屯守寓兵於農之中非特兵無跋涉歲免度支已也歷觀名臣奏議所用邊守之衆多取土著以土著宜於水土明於地勢而又欲自保其身家則守禦必周且聞名將用兵有取農人號爲新力兵則以其性質椎魯手足強健雖風雨奔馳可無倦乏耳今議舊設制兵仍用內地更代增設之名就臺另立屯田可以相資則兵力愈強而巡防彌周矣（理臺末議）

陸師重馬力水師重舟力戰陣之時務爭上風而運轉不靈不能占居上風壓持不重或反退居下風此雖人力全在良舟然匠人爲舟固守繩尺及駕中流而快利遲鈍之用乃見同時發棹而前後入港之日頓殊者何也蓋木之本質不類（如鹽木爲桅遇波濤乃不搖動餘則否）輕重亦異（木老則堅而重否則輕）必得良材輕重配合如人一身筋骨相配然後善於運動也故水師必講於造舟者此其一也水師之灣泊猶陸師之安營凡水師不能於外洋覓戰皆於進港交鋒所以灣泊之處卽是戰爭之場我舟先至利在居要以爭上風然風信難憑透發之後往往轉變先要泊穩儻一澳中有南風澳北風澳不同則甯泊南風澳以待此又老將之持重不可執一而論也故水師必明於灣泊者此其一也水師之

入港猶陸師之克城凡港門爲賊所守而險隘尤爲賊所恃兵法有挾制其險而攻其虛之說以險處多虛故險可制而虛可攻耳故水師必詳於入港者此其一也此水師之大概也而其要在機曰扼要曰伺隙曰察變曰虛中四者夫扼要則握其權矣伺隙則分其力矣察變則奪其守矣虛中則避其害矣此所以能於袵席之上以過吾師克期取敵捷如也要而言之師之用在舟舟之用在水水之用在風舟與師相習風與水相遭其用在於變而通之以盡利神而明之存乎人易曰刳本爲舟剡木爲楫舟楫之利以濟不通蓋取諸渙渙者風水之義聖人一言盡之矣

同上

彭湖出洋巡哨由媽宮澳開駕向西至西嶼頭經內塹外塹復收泊西嶼頭內大果葉登岸大果葉二里左爲緝馬灣右爲小果葉南四里至內塹按季輪撥千把各一員澳口礟臺一東山頂烽臺三內塹西南三里至外塹澳口礟臺一西山頂烽臺三再北經緝馬灣小果葉八里至小池角西北四里至大池角十五里至小門礟臺一烽臺一四里至鴿界頭橫礁三里至竹篙灣仍回至大果葉十里登舟由內港駕至北山瓦硐港寄泊登岸四里至通梁三里至後寮二里至大北山山頂瞭望北爲吉貝嶼姑婆嶼土

地公嶼鐵砧嶼目嶼白沙仔嶼險礁東爲灣貝嶼藍笨仔嶼鳥嶼雞膳嶼碇齒嶼欲赴吉貝各嶼須出吼門往北若逆流逆風未可駕駛瓦硐港四里至大赤嵌社南有塘汛按季輪撥千把各一員一里至小赤嵌三里至港仔東二里即崎頭東南一里至鎮海三里至港尾二里至城前仍至瓦硐港登舟從吼門出洋哨巡由西嶼頭外收入內垵寄泊回媽祖宮澳　再媽祖宮澳開船出哨由西往南經雞籠嶼四角仔桶盤嶼虎井直抵八罩金雞澳入挽門汛南北風可泊五六船按季輪撥千把各一員汛後山頂礟臺一由塘口往西南一里至網垵南爲半砰嶼頭巾礁鐵砧嶼磗仔嶼西南爲大嶼西北爲花嶼貓嶼草嶼西北半里至甕菜堀北四里至花宅四里至水垵垵口北礟臺一南風時可泊船復回挽門汛東隔半里爲將軍澳與挽門汛對峙立冬後可泊四五船東臨海有石山名船帆嶼山頂礟臺一向北爲金雞嶼南北風俱可泊船在將軍澳後北有馬鞍嶼由挽門登舟出金雞嶼口往東南至東吉西吉鋤頭精嶼至文良港駕回經過鎖管港豬母落水虎井蒔裏風櫃尾雞籠嶼四角仔回媽祖宮澳　陸巡由媽祖宮澳四里至暗澳有巡檢司三里至東衛五里至大城北三里至隘門仔一里至林頭仔垵南香爐嶼鼓架礁四里至尖山仔一里至文良港東鼻頭烽

臺一可望陽嶼陰嶼北五里至果葉仔二里至奎壁港北三里即奎壁港山西三里白灣阬二里至湖東二里至湖西五里至紅羅罩北三里至青螺仔紅羅罩半里至西溪仔南三里至太武仔西三里至港底北一里至東石六里至沙港頭南三里至鼎灣西北三里至中墩嶼潮退可通西南二里至潭邊南二里至港仔尾三里至蚱腳嶼二里至東衛四里至西衛三里至後堀潭四里至媽祖宮澳　再陸巡用大杉板往蒔裏後山登岸蒔裏澳口礟臺一山頂烽臺一五里至風櫃尾澳口礟臺一烽臺一東二里至井仔垵東南四里豬母落水東北二里鎖管港西北一里

雞母塢北五里至鐵線尾入里至烏嵌五里至雙頭掛與大城北相對三里至菜園三里至暗澳回媽祖宮澳副將轄有成出哨月報

康熙辛丑兵部奏　准彭湖係臺灣咽喉緊要適中之地移臺灣總兵駐彭湖臺灣陸路改設副將金門總兵黃英奏言彭湖爲臺灣之門戶今將臺灣總兵移改彭湖臺灣設立副將與水師彼此接應遙度形勢盡善之謀無大於此臣閱地勢輕重彭湖雖稱三十六島居於臺厦之中究皆一抔之土錯落彈丸除媽宮入罩略有人煙餘悉冷落荒嶼原設副將儘堪防守茲臺灣南北

延袤二千餘里村莊番社閭井戶口不下百餘萬叢山深林最易藏奸非總兵不足以資彈壓况安平水師及南北路副參各員與臺灣副將職位不相上下有事勢必各懷己見非若總兵可行調度今若將總兵設在彭湖與臺灣懸隔往來船隻俱候風時臺灣水陸各營儻有緊急事機不能朝發夕至是彭湖固臺灣之門戶而臺灣實彭湖之腹心形勢重於彭湖關係沿海各省要害請將總兵仍設臺灣庶得居重馭輕之道以造海宇無疆之福提督姚堂亦爲陳請仍照舊制駐劄

安平水師額設戰船中營平字號十八號內趕繒十雙篷船六雙篷船二左營定字號十六號內趕繒八雙篷船入右營澄字號十八號內趕繒十雙篷船入彭湖水師額設戰船左營綏字號十八號右營甯字號十八號與安平中右營同趕繒長四五丈至七八丈雙篷船長二丈至五丈設爲分總巡哨之法每年二三四五月爲一巡期六七八月爲一巡期輪撥本營將備一員帶領兵船四分巡所轄洋面副將統領兵船四總巡各營所轄洋面大趕繒配兵六十小趕繒五十大船四十小船三十四巡期滿日官兵船隻撤回安平水次十月至正月各船配兵一半於本轄水汛巡哨澹水營舊撥左營

趕繒二近又撥道標波字號趕繒四又道標雙篷船四亦歸鎮標各船三年小修六年大修九年再大修十二年拆造小修自三十兩至一百五六十兩大修自四十兩至二百三十餘兩拆造自五十兩至三百六十兩不等

鳳山打狗港距鹿耳門水程三更北風盛發鹿耳門港道狹隘舟不得進而打狗可揚帆直入由此登岸者甚多水師把總配哨船二隻領兵防汛下澹水離邑既遠奸宄易滋陸路千總領兵防汛此二處爲南路水陸扼要之地

僞鄭在臺民人往來至半線而止自歸版圖後淡水等處亦從無人蹤故北路營汛止大肚安設百總一名領兵防守沙轆牛罵二社則爲境外自海盜鄭盡心脫逃部文行知夥盜供稱鄭盡心約在江浙交界之盡山花鳥合州之魚山福建臺灣之淡水等處藏匿維時總兵崔相國分撥千總一員領兵分防淡水自後遂以爲常而業戶開墾往來漸眾

鎮標原額兵三千三百五十名道標兵三百六十名康熙六十一年提督姚堂奏　准將道標裁歸鎮標安平協二千五百名彭湖協二千名南路營八百九十名北

路營八百九十名淡水營五百名全郡共兵九千四百九十名（合撥閩省將軍兵五百名共一萬）六十年總督滿保疏請於府治增一千名四面協護南路增一千名以五百駐岡山前護本營後護府東并保護羅漢門口以五百駐下淡水新園後護本營前查龍橋東之阿猴林等處北路增一千名以五百駐斗六門後護半線前護本營并查笨港海口防禦生番以五百駐半線後護淡水前護斗六門稽查鹿仔港防護大江口再北路營去府兩日又有大河不能即時接應於適中之地亦應增五百名前則協護府治後則稽查北路橫港海口堵截內山共計增兵三千五百名九卿議覆匪類聚眾爲亂並非兵少之故添設官兵甚屬無用遂寢其議

癸巳九月福督范時崇題　准在臺逃亡汰革兵丁不得在臺募補應於各原營挑選年力精壯有家業者計有十名以上即撥百隊一名押往補額兵米鎮標三營臺邑支給安平水師鳳山支給彭湖水師諸羅支給

半線淡水兵米向皆折給半線每石連腳價至九錢淡水每石連腳價至一兩五錢盡派里民邑令周鍾瑄於半線建倉三間貯穀三千七百有奇淡水建倉二間貯穀千餘隨便撥補就地糴給

偷渡來臺厦門是其總路又有自小港偷渡上船者如曾厝垵白石頭大擔南山邊鎮海岐尾或由劉武店至金門料羅金龜尾安海東石每乘小漁船私上大船曾厝垵白石頭大擔南山邊劉武店係水師提標營汛鎮海岐尾係海澄營汛料羅東石金龜尾係金門鎮標營汛安海係泉州城守營汛各汛亦有文員會同稽查余有清臺地莫若先嚴海口一疏

近海港口哨船可出入者只鹿耳門南路打狗港（打狗山南）岐後（水中有雞心礁）北路蚊港笨港淡水港小雞籠八尺門其餘如鳳山大港西溪蟯港蟯港東港（通淡水）茄藤港放綀港

冬月沙淤至夏秋溪漲船始可行大崑麓社寮港後灣仔俱瑯嶠地諸羅馬沙溝歐汪港布袋澳茅港尾鐵線橋鹽水港井水港八掌溪猴樹港虎尾溪港海豐港二林港三林港二港亦多沙線水退去口五六里鹿仔港潮長大船可至內線不能抵港外線水退去口十餘里不知港道不敢出入水裏港牛罵大甲貓干呑霄房裏後壟中港竹塹南嵌八里坌蛤仔爛可通杉板船臺灣州仔尾西港仔灣裏鳳山喜樹港萬丹港諸羅海翁堀崩山港只容舢仔小船再鳳山岐後枋寮加六堂謝必益龜壁港大繡房魚房港諸羅鱟仔窟象領今盡淤塞惟小魚船往來耳山後大洋北有山名釣魚臺可泊大船十餘崇爻之薛坡蘭可進杉板

沿海暗沙險礁哨船龍骨艱於駕駛即有可以開駕者必俟潮水平時方可進港否則沙堅水淺終於望洋港外更值風暴又無收泊之所或云當改製杉板舢仔數隻質輕底平隨波上下易於巡防隨處可以收泊高知府鐸云朱逆之變士民避亂及平臺後商旅貿易乘艍仔等平底船在洪濤巨浪中往來如織康熙壬寅五月水師營偏坐艍仔出哨遭風失柁飄至浙江黃巖八船卒致保全是在內港既屬相宜即外洋亦可無患

鹿耳門礮臺今圮礮十五位中左右三營各五位以木架之中有一樞隨向轉動名曰轉輪礮雍正甲辰總兵林亮新修礮架上橫梁前後各長四尺中實三尺下橫梁前後各長五尺中實三尺上下直梁各長四尺梁柱各五寸四方直柱各高四尺接筍處俱裹以鐵下坐板厚三寸橫八尺闊七尺柱腳木九根圍一尺八寸長五尺入地四尺五寸蓋以木爲之如屋頂式可以避風雨剝蝕兩邊用環句牽然礮時掀下極易

修造哨船工料大吉木八丈以上中吉木六丈以上俱杉木名浮溪木松柏木高洋木即土杉木福州出舵　碇　龍骨每丈配桅一丈二尺大桅趕繒長八丈二尺圍六尺五寸篷船長五六丈圍四尺五寸頭桅趕繒長六丈圍四尺篷船長四丈五

尺圍三尺五寸大櫓　小櫓　大小風篷　大小桅餅大木圈或十餘或數箇用套大桅便於起篷大小無底升亦木圈風篷掛於桅上用木圈以動之趕繒一千三百箇雙篷艍七八百箇樟梁　頭梁座　大桅座　頭桅座頭尾托浪板　斗蓋　水櫃　頭禁水鑲船頭木尾禁水鑲船尾木上金尾樓邊高起木下金在船尾水內用以拴舵招船頭上招子便於頭起也撐面艙蓋扛罩艙口直木此木自官廳口起至大桅兜止所罩艙之撐蓋俱扛於此故名隔艙板木乃橫木也在大桅處名舀櫓又曰梁頭在各艙則名堵經拔枋杉木板隔船兩邊水笨枋船頭板在棚枋之下戰占櫃鋪官廳頂蓋覆竹船兩旁所釘樟木車戰棚杉木板重鋪笨枋上車耳扯篷起碇索縛於此檼仔水蛇下灣木大繚極繫大繩索木灣極　直極　頭尾八字極俱樟木用以鑲船屈尺極媽祖堂前兩灣樟木大趕繒用雙篷艍無番人耳

船頭木頭舍檀樹頭桅木大舍檀樹大桅木凡船身長闊滿漢字號俱於此印烙大轉
水附大舍檀木舍檀鞋削成方木鑲舍檀內木裏鞋鑲桅座內方木轉水鞋船梢
上兩邊方木車檔扯篷起碇絞棍木大鹿耳夾大桅木頭鹿耳夾頭桅木夾車
檔靠車木棍金楦下金內木棍轆箸船尾中間鑲木用以夾舵櫓椽放櫓架作櫓牀一
上下枰拴風篷木頭尾在上者名上枰在下者名下枰尾穿梁船尾柱通梁艙口上木
下株梁船底木舵牙夾舵木水蛇猴楦桅豬見前鐵釘趕繒
一千八百觔篷艈七百觔茅鐵四五百觔櫆藤十觔張篷水藤百餘觔黃麻為繩
索之用其名有大律索小律索篷踏索小踏索大繚母小繚母大千觔墜小千觔墜篷尾弔小篷尾弔雞貫流
浪索之屬椶亦為繩索之用其名有篷頭根篷尾根舵弔虎尾碇奴碇索摘尾腰邊奏出尾奏之屬〇二項
趕繒一千數百觔篷艈八九百觔篾碇索二條每條三擔草四擔桐油趕繒一千五百觔篷

艍五六百觔每油百觔配灰三百觔釘一百觔網沙一百觔網沙破魚網煉入油灰內用以補縫灰
草餅舂灰用炭千二百觔至千八百觔勒肚拴舵繩自船底貫於碇前縛緊舵乃有力
水淺放鬆便可懸起杉板船　尾樓燈　金鼓各一其餘顏料旗
布匠役工價大修小修為數不等
水仔尾設有棈架地係修船之所郡守召募棈匠結繩
應工不償工費棈架不限數目各商船戶自備椶藤及
繩匠只用所豎棈架每一繩付賃值百錢
臺彭各標營船初俱分派通省內地廳員修造康熙三
十四年改歸通省內地州縣其尚可修整而不堪駕駛
者內地之員辦運工料赴臺興修迨按糧議派臺屬三

縣亦分修數船此非偏庇臺屬以內地各廠員多力分
工料俱便不煩運載可以剋期報竣後定左近道府監
修統計閩省船隻勻派通省道府乃將臺彭九十八船
內派臺灣道府各十八隻餘俱派入內地既而仍歸內
地修造惟未至朽爛而不堪駕駛者留臺修補至康熙
四十四五年間仍俱改歸臺屬而派府船數倍於道然
令其與福府分修議於部價津貼運費外每船捐貼百
五十金續交延糧廳代修其半道鎮協營廳縣共襄厥
事迨後專責知府并將道船亦歸於府矣
臺郡修船桅木大吉杉木等料並釘鐵油麻椶絲網紗

篾片蓬葉俱非臺地所產遠購福州料價運費不貲再
大木附搭商船裝載往年被風覆溺多案船戶深畏之
至樟枋厚力木在鳳諸內山烏道羊腸澗溪阻隔僱匠
砍鋸僱夫肩運動輒經月泥淖尤難計日且從前山廠
近遭焚燬今另為搭蓋尤為煩費需時況附近水沙連
等社接壤生番最易啟釁此辦料之難也又臺廠修艌
各匠原止二三十人向已不敷撥僱今經變亂或逃回
內地或為賊殺害見在無幾一舉大工內地僱募非易
僱價較內地數倍此又募工之難也每遇修船將備兵
目恣意苛求或將完固勒令修改或稍有損裂故行殘

毀或將板木藏匿致累多費工料與工時又於配定丈尺將大斲小將長截短又於修整合式之工挖剔拆換逼使加添又或押船赴修之兵乘夜伺隙偷竊料物則是旣苦辦料僱夫之難又苦弁兵之擾累所以臺地船工領價貼運必賠貼兩倍而後得竣也臺守高鐸申詳制府請查照往例將船身朽爛者內廠補造尚堪駕駛而應修者駕赴內港興修其尚可修整而不堪駕駛者留在臺灣交營與修文員仍遵例監視將府莊遞年所收官租爲津貼修船之資不惟節費且易於集事重工務而保殘疆實於臺地有益

前此覆轍患在兵虛將惰而兵虛之原皆由臺地招兵換名頂替蓋兵從內地抽撥逃亡事故不爲申報每至放餉即留餉以飽私橐即有召募强半市井亡賴空名掛籍含混欺蒙則主帥大府之過也當責總兵不時淸釐使隨丁悉照定制空糧悉行撥補無籍之人一名不得妄招到伍之兵一名不得頂替則虛冒之弊可除兵旣充伍而訓練尤所當亟講者撥換入班即宜配明隊伍將統弁弁統隊隊統卒淸查器械不足者補之不精良者淬礪之按期操演各營將操期幷演何技勇逐月彙報務使兵與將習手與器習而後可而分汛又當斟酌變通臺地遼闊大汛駐兵一二百名或數十名究之官多離汛兵多聚賭有汛防之名無守望之實多兵亦奚益乎防汛分作幾處匀作幾班統以該汛弁目於本汛鄉莊市鎮山口港隘分地劃界巡哨偵探有事則飛報本營酌量調遣追捕無事則遠者一月一換近者半月一換歇班之兵歸營操練更番戍守人無偏勞聲息可以時通庶賣汛舊弊自此絕矣巡哨海口責之水師遠近島嶼必明港澳險易叢雜交錯之區上下風濤必察灣泊向背取水風候之所善其舟楫械器習其行陣擊刺定其游巡往來毋潛伏內港空文申報駕駛旣熟

乘風自易則整練平時可資備禦出師剿捕可成勁旅甯有兵虛將惰之患哉

習俗

臺地民非土著逋逃之淵藪五方所雜處泉之人行乎泉漳之人行乎漳江浙兩粵之人行乎江浙兩粵未盡同風而異俗且洋販之利歸於臺灣故尙奢侈競綺麗重珍旨彼此相傚即傭夫販豎不安其常由來久矣賭博惡業也父不禁其子兄不戒其弟挾資登場叫號爭鬩始則出於典鬻繼則流於偷竊實長奸之囮也又莫甚於要盟豪健家兒聚少年無賴之徒指皎日以盟心撫白水而矢誓稱

兄呼弟出妻拜母自謂古道相期不知往來既頻則淫酗之累作聲援既廣則嚚競之患生若其喪不停柩婢不慾配猶爲近古之風而視疏若親窮乏疾苦相爲周恤亦荒島之善俗也（諸羅雜識）

婚禮倩媒送庚帖三日內家中無事然後合婚間有誤毀器物者期必改卜納采簪珥綢帛別具大餅豚肩糖品之屬謂之禮盤無力者止煩親屬女眷送銀簪二名曰插簪仔及笄送聘或番錢一百圓或八十六十四十圓綾綢數十匹以至數匹禮書二函則收一回一羊豕香燭彩花蔞葉各收其半禮椰雙座以銀爲檳榔形每

座四圓上鐫二姓合婚百年偕老八字收二姓合婚一座回百年偕老一座貧家則用乾檳榔以銀飾之福壽萬字糖或百餘圓或數十圓回以大餅其餘鹿筋鹿脯魚蝦肚肺糖果留三四種各以稻穀麥豆置於盤內又回禮錫盤二如大椀式一植石榴一株用銀石榴三四顆及銀桂花數朵纏繞枝頭名曰榴桂一植蓮蕉花一株取連招貴子之義土人蕉招同音此納幣之禮也親迎先期送擇日儀番錢或四十圓以至十二圓名曰乞日至期不論貴賤乘四人輿鳴金鼓吹彩旗前導親朋送燈少年子弟分隊擎執沿途點放爆竹壻至女家駐轎庭中連進酒食三次飲畢外弟攜籃於轎前索爆竹壻隨取贈名曰舅子爆新人出廳拜祖先次拜父母父兄把酒三盞覆以手帕上轎妝奩同行豐儉不一花轎後懸竹篩上畫太極八卦到門新郎揭蓋新婦頭上三日廟見以次拜公姑伯叔嬸姆謂之拜茶是日外弟來名曰探房午讌新婦及外弟婦之父兄請而後至不輕造也四日外父母請壻及女名曰旋家外家親屬壻各備贄儀惟外弟納之飲畢壻偕新婦同歸五日外家再請諸親相陪名曰會親女先往壻近午始至飲畢壻回女留三日後始回冠笄或於親迎日或在數日前詩禮

之家女子既笄則居於房內不復外出常人則無論矣

喪禮七日內成服五旬延僧道禮佛焚金楮名曰做功果還庫錢俗謂人初生欠陰庫錢死必還之既畢除靈孝子卒哭謝弔客家貧或於年餘擇日做功果除靈小祥致祭如禮大祥竟有先三四月擇吉致祭除服此則背禮之尤者若夫居喪朔望哭奠柩無久停則又風俗之美者矣

生辰爲紅麵食團彼此饋祝神佛誕日亦用以爲獻娶婦之家親友製白麵餅或二十圓或十圓及簪珥肘酒爲賀

親友自內地來具酒食相招名曰洗鹹水謂泛重洋而至亦猶北地洗塵之意

正月元旦家製紅白米糕以祀神於四五鼓時拜賀親友上元節未字之女偷折人家花枝竹葉爲人詬詈謂異日必得佳壻平民有毀傷他家牆垣或竊豕槽雞欄辱及父母亦謂一年大利街頭花燈簫鼓鎮夜喧闐至廿五六日方罷十六日各市廛競賽酒肉名曰頭壓自是月以爲常臘月既望踵而行之名曰尾壓

四月八日僧衆沿門唱佛曲人贈以錢米

五月五日清晨然稻梗一束向室內四隅熏之用楮錢

送路旁名曰送蚊門楣間艾葉菖蒲兼插禾稗一莖謂可避蚊蚋榕一枝謂老而彌健彼此以西瓜肉粽相饋遺祀神用諸紅色物自初五至初七好事者於海口淺處用錢或布爲標杉板魚船爭相奪取勝者鳴鑼爲得采土人亦號爲鬭龍舟午時爲小兒女結五色縷男繫左腕女繫右腕名曰神鍊三月盡四月朔望五月初一至初五日各寺廟及海岸各船鳴鑼擊鼓名曰龍船鼓謂主一年旺相

七夕呼爲巧節家供織女稱爲七星孃紙糊綵停晚備花粉香果酒醴三牲鴨蛋七枚飯七盌命道士祭獻畢則將端陽男女所結絲縷翦斷同花粉擲於屋上食螺螄以爲明目黃豆煮熟拌糖并裹及龍眼芋頭相贈貽名曰結緣

七月十五日亦爲盂蘭會數日前好事者醵金爲首延僧衆作道場將會中人生年月日時辰開明緣疏內陳設餅餌香櫞柚子蕉果黃梨鮮薑堆盤高二三尺并設紙牌骰子煙筒等物至夜分同羹飯施餓口更有放水燈者頭家爲紙燈千百盞於海邊親然之頭家幾人則各手放第一盞或捐中番錢一或減半置於燈內衆燈齊然沿海漁船爭相攫取得者謂一年大順沿街或三五十家爲一局張燈結綵陳設圖畫玩器鑼鼓喧雜觀

者如堵二日事畢命優人演劇以爲樂謂之壓醮尾月盡方罷

中秋製月餅并筆墨紙硯香囊瓶袋諸物羅列市廛設置骰子賭勝奪采負則償值

重陽前後競放紙鳶如內地春月是日儒生有殺犬取其首以祀魁星者餘肉則生徒聚啖歡飲竟日

除夕前數日以各種生菜沸水泡甕中以供新歲祭祀之用餘則待發變後食之名曰隔年菜

除夕殺黑鴨以祭神謂其壓除一歲凶事爲紙虎口內實以鴨血或豬血生肉於門外燒之以禳除不祥

衣服不衷袴露衣衫外者曰龍擺尾襪不繫帶脫落足面者曰鳳點頭農夫輿隷雲履綢衫服勞任役殊不雅觀也

交易最尙番錢紅毛所鑄銀幣也長斜無式上印番字銀色低潮以內地兼金與之反多滯難用小制錢外多用昔年所鑄臺廣昌南紅銅錢幷明時舊錢鵝眼荇葉散若流泉見行鼓鑄輪郭周好交易則棄而不用亦足異矣

賣肉者吹角鎮日吹呼音甚悽楚冬來稻穀糖鬻各邑輦致郡治車音肥薄如哀如訴時與吹角若相和然廣

東志順德之容奇桂州黃連村吹角賣魚其北水古粉龍潴馬齊村則吹角賣肉相傳黃巢屯兵其地軍中爲市以角聲號召不知此於何起也

士夫健卒喜賭博永夜讙呶呼盧之外或壓銅錢射寶字以賭勝名曰壓寶又爲紙牌三十六頁分文武院科四項文尊閣老武尊國公院尊學士科尊狀元每項九等納粟列庶吉士之上

鴉片煙用麻葛同鴉土切絲於銅鐺內煮成鴉片拌煙另用竹筩實以椶絲羣聚吸之索值數倍於常煙專治此者名開鴉片館吸一二次後便刻不能離暖氣直注丹田可竟夜不眠土人服此爲導淫具肢體萎縮臟腑潰出不殺身不止官弁每爲嚴禁常有身被逮繫猶求緩須臾再吸一筩者鴉片土出噶喇吧

郡中鴃舌鳥語全不可曉如劉呼澇陳呼澹莊呼曾張呼丟余與吳侍御兩姓吳呼作襖黃則無音厄影切更爲難省

大武郡數處平地涌泉浸溢數里土人謂之坔水坔土音濫字典中無此字亦猶大浪泵之泵字典音聘土音蚌又所生少子名曰屘土音滿皆以己意謁撰

祠廟

邑志載陳湄川撫軍重修文廟碑記云董子曰仁人者正其誼不謀其利明其道不計其功建廟修學正誼明道之大端應無出此者予以爲不計功而未嘗無功不謀利而未嘗無利臺令未有爲臺道者而予得調臺道臺道未有擢爲撫軍者而予得擢偏撫莫非先聖先賢默爲相之等語聖賢大道如日月經天江河行地正不藉崇飾廟貌皈依奉法便致感應報施建學明倫所以正人心厚風俗無一語及之竟說向福田利益豈可爲訓

府志至聖四

御賛後即接施琅褒章臺鳳志學校或載入祀典或見之藝文俱爲失攷諸羅志學校别爲一卷爲是

湄川建紫陽祠於學宫之左旁列黄勉齋陳北溪蔡九峰眞西山四先生木主春秋致祭兩廂列學舍令諸生肄業撥雞港官田二十八甲一分歲租一百六十八石六斗以爲膏脯資

水仙宫並祀禹王伍員屈原項羽兼列奡謂其能盪舟也一作魯般廟中亭脊雕鏤人物花草備極精巧皆潮州工匠爲之關帝廟前殿祀帝像後殿祀帝父方巾絲袍土人云與祀文宣并及啟聖同義南路長治里前阿社祀

五文昌梓潼關帝魁星朱衣吕祖後祀東王公西王母又僞鄭時建玉皇太子廟

三年王船備物建醮志言之矣及問所祀何王相傳唐時三十六進士爲張天師用法冤死上帝敕令五人巡遊天下三年一更即五瘟神飲饌器具悉爲五分外懸池府大王燈一盞云僞鄭陳永華臨危前數日有人持東借宅永華盛筵以待稱爲池大人池呼陳爲角宿大人揖讓酬對如大賓永華亡土人以爲神故並祀焉

求子者爲郎君會祀張仙設酒饌果餌吹竹彈絲兩偶對立操土音以悦神

商販

東西洋通販諸國西洋則交趾占城暹羅下港加留吧柬埔寨大泥舊港麻六甲啞齊彭亨柔佛丁機宜思吉港文郎馬神東洋則吕宋蘇祿貓里務沙瑤吶嗶嘽美洛居文萊雞籠澹水談薈

明給事中何楷疏臺灣在彭湖島外水路距漳泉約兩日夜其地廣衍高腴可比一大縣中國版圖所不載初窮民至其處不過規漁獵之利已耳其後見內地兵威不及往往聚而爲盜近則紅夷築城其中與奸民私相互市屹然成大聚落矣春明夢餘錄

給事中傅元初疏海濱之民惟利是視走死地如鶩往往至島外區脫之地曰臺灣者與紅毛番爲市紅毛業據之以爲窟穴自臺灣兩日夜可至漳泉內港而吕宋佛郎機見我禁海亦時時私至雞籠澹水之地與奸民闌出者市貨其地一日可至臺灣官府即知之而不能禁禁之而不能絶徙使沿海將領奸民坐享洋利有禁洋之名未能盡禁洋之實此臣鄉之大可憂者蓋海外有大西洋有東洋大西洋則暹羅柬埔諸國其國產蘇木胡椒犀角象牙諸貨東洋則吕宋其夷佛郎機也其國有銀山夷人鑄作銀錢獨盛中國人若往販大西洋則以其產物相抵若販吕

朱則單得其銀錢諸夷皆好中國綾緞雜繒其土不蠶惟藉中國之絲到彼能織精好段匹服之以爲華好是以湖絲百觔值銀百兩者至彼得價二倍而江西瓷器福建糖品皆所嗜好百工技藝有挾一技以往者雖徒手無不得食民爭趨之永樂間先後招徠至紅毛番其夷名加留巴與佛郎機爭利不相得一心通市據在臺灣自明禁絕之而利乃盡歸於奸民矣同上

近以開洋互市奉旨紅夷挾市地方官果能飭備毖防禁絕勾引接濟狡謀自無繇逞乃海防名飭實弛奸商陽禁陰縱以致釀釁滋隙至開洋應否未見確議但云宜呂宋

不宜臺灣均屬夷地商販給引出海何法綜稽能使畫地遵守著詳查開禁利害博諮熟審酌妥具奏據泉州鄉官史繼偕張瑞圖等稱開洋有四便漳州鄉官林宰等稱海寇起滅不係洋禁開閉臣會同鄒維連勘得開洋之說心心有主喙喙爭鳴大約主開而不主禁總之言利不能無害衣食源開則利在民洋稅復而閩安諸稅可免則利在商得稅三四萬以壯軍實則利在準備而亦有害即撫臣所謂四可慮者是已此就利害言也若體民情則開不容緩臣入閩關見高山大川迴旋掩映自建徂興間關千里中求三里康莊而不可得巖下居民各就山根溪畔開墾力食率崎嶇墝埆即方正五畝一段者亦未之見過泉眼界稍寛然已望洋海若矣其人則林林總總肩摩踵接望開洋不啻大旱望雨而臣反言開之不便違情之謂何故今日開洋全爲民計非爲夷計謂開洋而貧民不再從賊則可謂開洋而奸民盡化爲良則不可謂開洋而奸民便於勾夷則可謂不開而全無海氛亦不可按閩摘略

明莊烈時工部尚書渭南南居益巡撫福建時紅毛以明月珠珊瑚樹異香火馬諸珍賄請互市公絕其使焚其貢物口占一絕云明月珊瑚貴莫言番書字字誑軍門牙前立下焚珠令不敢持將獻至尊授部將以方略

討之繫其酋高文律閩人立石平遠臺以紀公績今嚴禁互市實苞桑之至計爲國家計久遠者當看前明紅毛入犯中左肆行焚刦又復勾引劉香老首尾衝突海壖騷動雖竭力驅剿實苦不支慎勿狃目前之近利而輕言互市也

海船多漳泉商賈貿易於漳州則載絲線漳沙翦絨紙料煙布草席甎瓦小杉料鼎鐺雨傘柑柚青果橘餅柿餅泉州則載磁器紙張興化則載杉板甎瓦福州則載大小杉料乾筍香菰建甯則載茶回時載米麥菽豆黑白糖餳番薯鹿肉售於廈門諸海口或載糖靛魚翅至

上海小艇撥運姑蘇行市船回則載布匹紗緞枲絲涼煖帽子牛油金腿包酒惠泉酒至浙江則載綾羅綿綢縐紗湖帕絨線甯波則載綿花草席至山東販賣粗細盌碟杉枋糖紙胡椒蘇木回日則載白蠟紫草藥材繭綢麥豆鹽肉紅棗核桃柿餅關東販賣烏茶黃茶綢緞布匹盌紙糖麪胡椒蘇木回日則載藥材瓜子松子榛子海參銀魚蟶乾海墆彈丸商旅輻輳器物流通實有資於內地

進貢

康熙二十五年臺灣平設郡縣其王耀漢連氏甘勃氏遣

陪臣賓先吧芝復奉表進貢表詞有云外邦之丸泥尺土乃是中國飛埃異域之勺水蹄涔原屬天家滴露云云貢物大珊瑚珠一串照身大鏡二面奇秀琥珀二十四塊哆囉絨二十五匹織金絨毯四領烏羽緞四匹綠倭緞一匹嗶嘰緞二十四匹織金花緞五匹雜色細軟布文采細織布白毛裏布二百九十四匹大自鳴鐘一座琉璃燈一圓聚耀燭臺一懸琉璃盞異式五百八十一塊丁香三十擔冰片三十二觔甜肉豆蔻四甕鑲金小箱一隻內丁香油薔薇油檀香油桂花油各一礶葡萄酒二桶大象牙五隻鑲金鳥銃三十把馬銃六十把彩帶三十佩鑲金佩刀三十把鑲金雙利劍二十把單利劍六把照星月水鏡一執江河照水鏡二執雕製夾板二雙（池北偶談）

荷蘭國最稱富饒乃遇風至臺假地於倭虎視盤踞大有深心迨何斌引鄭成功襲臺力戰不克而歸見我師掃盪鄭逆不覺讋服

臺海使槎錄卷二終

臺海使槎錄卷三

大興黃叔璥撰

赤嵌筆談

泉井　園石

北路阿拔泉虎尾溪源同出水沙連經牛相觸山口二水分流阿拔泉極清虎尾溪極濁水性湍急最為深闊西流二十餘里入地伏流於海

湯泉南路二一在下澹水社出赤山水流如湯亦無定處一在大滚水山山不甚高其上瀵湧出泉而溫故名相去十餘里又有小滚水山脈絡相屬北路二一在玉

山最深處泉流氣蒸如沸一在大雞籠隔港山朝山內

康熙辛丑我師與賊戰於鯤身正値炎歊隨地掘尺餘皆甘泉

郡治濱海各井皆澹水微苦鹹惟傀儡山馬兵營井極清冽為郡中第一泉安平城上紅毛井水高於海而味亦甘彭湖居海之中井亦澹水以觀音亭副將署二井為最

萬壽亭一泉屯兵萬餘汲取不窮今名萬軍井

龍目井有二南路阿猴林內竹仔寮兩井相連狀如龍目因名北路大雞籠山之麓下臨大海四周斥鹵泉湧如珠甘冽異諸井

鄭氏北園去郡治五六里從海視之則直北矣故名園在平壤無邱壑亭臺曲折淩峻之致丙寅臺廈道周昌因其地仍其茂林深竹結亭築室為之記且繪而圖之季麒光顏曰致徹有秋夜遊北園記昌於道署後築小園名寓望蓋取左史畺有寓望之言麒光亦有記

海中有硓𥑮石皆鹹鹵結成粗劣易腐或置盆盎中不足充玩彭湖石完好較文石尤細可為扇器餘則磨礲攻錯僅供諸番文項之用

物產　百穀　花果　竹木　鳥獸　蟲魚　鹽　硫磺

三縣皆稱沃壤水土各殊臺縣俱種晚稻諸羅地廣及鳳山澹水等社近水陂田可種早稻然必晚稻豐稔始稱大有之年千倉萬箱不但本郡足食幷可資贍內地居民止知逐利肩販舟載不盡不休所以戶鮮蓋藏

正月諸邑收菜子一名油芥九十月間種碾油只供膏火不可食二三兩月鳳邑收黃豆十月十一月間種下澹水八社尤多諸邑收大麥小麥十月十一月間種近臺屬者二月收遠處者三月收四月臺邑絲瓜紅涼瓜即菜瓜甕菜莧茄菜豆即豇豆熟鳳山八社水田收雙冬早稻一名安南番十月正月種民間西瓜熟正月種三邑糖廍事畢五月臺邑番檨西瓜熟鳳

山瓜樸蔬果於四月閒先熟五月幾盡矣諸邑收早麻即芝麻正月二月間種瓜樸亦盛出臺鳳地暖凡所種植先期成熟諸邑近北漸寒頗似內地所出之物稍遲六月三邑刈黃麻黃梨龍眼波羅蜜梨仔茇出民間種晚稻農務方興略無間隙諸邑收晚麻番民收稷米高粱蕎麥七月三邑靛青正月二月間種者薑芋檳榔浮留藤俱盛出諸邑收大頭婆早稻正二月間種八月諸邑再收黃豆及黑豆菉豆俱五月間種番民收薏苡九月三邑收菁子諸邑收圓粒粟一名枝蚕一園田皆可栽種若早播者則於八月收十月三邑收白占稻紅埔占稻白占種於田紅埔占種於園

番薯熟早種者七八月先出田家食至隔年四月方盡鳳山下澹水武洛糯米芋熟長二尺餘與別芋迥殊十一月三邑大蔗芋蔗熟大蔗即甘蔗芋蔗一名芒蔗一名竹蔗三邑農家豎廍興工碾糖鳳山採捕烏魚內山之番不拘月日捕鹿爲常平埔諸社至此燒埔入山捕捉麞鹿剝取鹿皮煎角爲膠漬肉爲脯及鹿茸筋舌等物交付贌社運赴郡中鬻以完餉十二月臺鳳進貢西瓜及王瓜匏茄熟南北兩路荷花盛開塗鱝魚出天時蒙霧齊浮水面捕獲倍多臺邑土壤褊小絕少水田農人多種瓜蓺麻雜植蔬豆栽蔗碾糖間種早稻以佐食納糧食每於兩路羅買輸將

稻有秔糯秔稻種於水田者曰早占曰晚占色白種於園者曰埔占色赤糯稻種於水田者曰赤秫殼色赤種於園者曰禾秫粒大色白麥有大麥小麥而小麥最佳稷之屬有細米黃白二種蕭壠麻豆諸社有之

南方麥花多開於夜臺則如北地然食多亦不覺熱黍米夜間開花居民多不食蕎麥種植亦少嬰兒有疾每用麪少許滾湯沖服立瘥謂能解肌祛熱間有爲飯者

土壤肥沃不糞種糞則穗重而仆種植後聽其自生不事耘鋤惟享坐獲每畝數倍內地近年臺邑地畝水衝

沙壓土脈漸薄亦間用糞培養澹水以南悉爲潮州客莊治埤蓄洩灌溉耕耨頗盡力作田中藝稻之外間種落花生俗名土豆冬月收實充衢陳列居人非口嚼檳榔即啖落花生童穉將炒熟者用紙包裹鬻於街頭名落花生包

花不應候余壬寅仲冬按部北路至斗六門見桃花方謝菜花初黃回至笨港見人擎荷花數枝及回寓館榴花亦照眼癸卯二月桂正芳菲八月桃又花信不可以時序限之

花開無節惟菊至冬乃盛開至二月蘇子瞻在海南以

十一月之望與客汎菊作重九有云嶺南地暖百卉造作無時而菊獨後開考其理菊性介烈不與百卉並盛衰也

班支花一作斑枝以枝上多苔文成鱗甲也較茶花尤大色深黃蓓蕾堅厚結實如緜陳觀察子京云卽係木緜粵西花更大色紅為稍異耳

鷹爪蘭一名油蘭花似蘭無心香味滯膩嗅之令人作惡結子如棗一叢二十餘枚攢簇如桃名鷹爪桃

倒垂蘭出北路內山枝屈曲如梅葉似萱短而厚不著土生取一枝挂簷陰雨露所及處自能生根抽芽出葉

開花花似蘭色黃碧微香

木蘭花如栗瓣黃芳似珠蘭樹本大者圍數尺名樹蘭

水仙歲底盛開一本五六莖一莖可十餘蘂鮮芳絕倫廣東市上標寫臺灣水仙花頭其實非臺產也皆海舶自漳州及蘇州轉售者蘇州種不及漳州肥大

美人蕉花紅黃二種黃者尤芳鮮可愛四時不絕有高丈餘者子堅黑或作小念珠

蕉有芭蕉金蕉芭蕉不結子金蕉花如蓮色紫不鮮每花結子一梳名蕉果凡蕉果一枝五六層每層數十枚排比而生剖食味亦甘異物志載羊角蕉子大如手拇指長而銳有似羊角者此也南方草木狀蕉樹子房相連累甜美亦可蜜藏臺地村舍後每廣植之四時皆生藉以獲利性寒婦人產後每以蕉果少許置兒口中謂能淸熱

番繡毬蔓生葉厚可一錢花白色底瓣似通草為之心微紅而堅明亮如蠟

番花葉大於枇杷枝每三叉花有五瓣六瓣者外微紫內白色近心漸黃香似梔子夏秋多開冬則葉落但名番花似屬統稱廣東志云貝多羅來自西洋葉大而厚梵僧用以寫經花大如小酒杯六瓣瓣皆左紐白色近

蘂則黃有香甚縟落地數日朵朵鮮芬不敗乃知此為貝多羅花也

番樹大如槐枝幹離奇或似臥松結實如槐角皮紅時綻裂肉白可食名曰莿豆一名番豆

曇花一枝數十蘂一蘂長七八寸花六出外紫內白頗似蓮香亦有白色者摘置几案間經時略不損壞花蘂仍然開放是一異種僧家言是西方小本

刺桐花每枝可數十蘂一瓣包裹數鬚似翦綵為之爛熳若朝霞臺郡最盛辛丑春無一開花者遂兆朱一貴之亂甚奇後遂於花時占一年盛衰

寶相花似薔薇色白瓣較多惜不甚香

佛桑一名朱槿高不逾五六尺四時皆花花有深淺紅澹黃各色紅則焰焰燒空尤爲奪目又有名一丈紅者葉與佛桑相似花單瓣狀如秋葵而殷紅綽約較佛桑更爲照眼臺灣隨筆云照殿紅樹甚高花如巨觥色紅無二意即一丈紅耶

茉莉最易栽植番茉莉較大種自東埔寨來花徑寸百餘瓣早晚街頭有連十餘蘂籤成一枝有連數十蘂爲一串買置牀榻殊有妙香

蓮四時皆開亦有單瓣者

蔗苗種於五六月首年則嫌其嫩三年又嫌其老惟兩年者爲上首年者熟於次年正月兩年者熟於本年十二月三年者熟於十一月故硤煮之期亦以蔗分先後若早爲砍削則漿不足而糖少大約十二月正月間始盡興工至初夏止初硤蔗漿半多泥土煎煮一次濾其渣穢再煮入於上清三煮入於下清始成糖入磘待其凝結用泥封之半月一換三易而後白始出磘曬乾舂擊成粉入簍須半月爲期未盡白者名曰糖尾併磘再封蓋封久則白封少則緇其不封者則紅糖也所煎之糖較閩粵諸郡爲尤佳東寧政事集

插蔗之園必沙土相兼高下適中乃宜每甲栽蔗上園六七千中園七八千下園八九千或至萬地薄蔗瘦多栽冀可多硤糖觔三春得雨易於栽插無雨亦犂種但戽水灌溉爲力頗艱十月內築廍屋置蔗車僱募人工動廍硤糖上園每甲可煎烏糖六七十擔白糖六七十磘沙土陶成中園下園只四五十擔煎糖須覓糖師知土脈精火候用灰湯大沸用礪房灰止之用油將成糖投以草麻油恰中其節煎成置糖槽內用木棍頻攪至冷便爲烏糖色赤而鬆者於蘇州發賣若糖涇色黑於上海寧波鎮江諸處行銷至製白糖將蔗汁煎成糖時入糖磘內下用磘鍋盛之半月後浸

出糖水名頭水次用泥土蓋磘上十餘日得糖水名二水再用泥土覆十餘日之糖水名三水合煎可爲糖膏或用釀酒每磘白糖只五十餘觔地薄或糖師不得其人糖非上白則不得價矣每廍用十二牛日夜硤蔗另四牛載蔗到廍又二牛負蔗尾以飼牛一牛配園四甲或三甲餘每園四甲現插蔗二甲留空二甲遞年更易栽種廍中人工糖師二人火工二人煮蔗汁者車工二人將蔗入石車硤汁牛婆二人鞭牛硤蔗剝蔗七人園中砍蔗去尾去籜採蔗尾一人採以飼牛看牛一人看守各牛工價逐月六七十金

唐大歷中鄒和尚始教民黃氏造蔗霜法其器用有蔗

削蔗鎌蔗凳蔗碾抬脒榨斗漆甕之屬今蔗車兩石矗
立狀如雙碾夾取其汁想卽蔗碾遺製酒有蔗漿用餳
汁釀成與荔子酒俱味極甘北路有用棃仔茇釀酒者
又在蔗漿荔子之下
番薯明萬歷中閩人得之外國瘠土沙礫之地皆可種初
種於漳郡漸及泉州漸及莆近則長樂福淸皆種之閩海
而南有呂宋國朱薯被野連山不待種植夷人率取食之
莖葉蔓生如瓜蔞黃精山藥之屬而潤澤可食或煮或磨
爲粉亦可釀爲酒生食如食葛熟食味如熟荸薺生貯之
有蜜氣香聞室中夷人雖蔓生不訾省然恡而不與中國

人有截取其蔓咫許以來於是入閩十餘年矣何鏡山頌
曰不需天澤不冀人工能守困者也不爭肥壤能守讓者
也無根而生久不枯萎能守氣者也佐五穀能助仁者也
可以粉可以酒可祭可賓能助禮者也莖葉皆無可棄其
直甚輕其飽易充能助儉者也耄耆食之不患哽噎能養
老者也童孺食之止其啼能慈幼者也行道鬻乞之人食
之能平等者也下至雞犬能及物者也其於士君子也以
代匱焉所以固其廉以廣施焉所以助其惠而諸德備矣
閩小紀
或云薯長而色白者是舊種圓而黃赤者得自文來國

未知孰是余見有大可尺圍形似南瓜者土人亦不經
見也
芋有二種紅者呼爲檳榔紅白次之熟較內地亦蚤六
月初旬卽可食多食滯氣不似內地滑潤南路番子芋
一名糯米芋有重十餘觔者味佳
棗子檳榔卽廣東雞心粵人俟成熟取子而食臺人於
未熟食其青皮細嚼麻縷相屬卽大腹皮也中心水少
許尚未成粒間有大者剖視其實與雞心無二或云粵
人食子臺人食皮一色青者爲雄黒臍者爲雌雄者味
厚雌者味薄顆向上長者尤貴蠣房灰用孩兒茶或柑

仔蜜染紅合浮留藤食之按范石湖集云頃在嶠南人
好食檳榔合蠣灰扶留藤一名蔞藤食之輒昏已而醒
快三物合和唾如膿血可厭蔞藤一作浮留藤土人誤
作爲荖字釋無荖字臺地多瘴三邑園中多種檳榔新
港蕭壠麻豆目加溜灣最多尤佳七月漸次成熟至來
年三四月則繼用鳳邑瑯嶠番社之檳榔乾
種檳榔必種椰有椰則檳榔結實必繁椰樹葉少林高
椰子外裹粗皮如椶片內結堅殼剖之白膚盈寸極甘
肥淸漿可一椀名椰酒東坡詩美酒生林不待儀此也
廣東志椰心色白而甘在酒中大小不一凡揀椰子以

手搖之聽水聲淸亮則心大而甜其肉厚水聲濁則否葢椰心以水而養無水則無心往往而是又有椰油可佐膏火或云用火炙椰其油自出療齒痛凍瘡極效

臺地夏無他果惟番檨蕉子黃梨視爲珍品春夏有菩提果一名香果芳馨極似玫瑰果當以此爲第一

土人酷嗜梨仔茇一名番石榴肩挑擔負一錢可五六枚臭味觸人品斯下矣臺灣隨筆云象齒有實可食不知何物

檨三種香檨木檨肉檨香檨差大味香不可多得所食者木檨肉檨曬乾用糖拌蒸亦可久藏臺人多以鮮檨

代蔬用豆油或鹽同食北路自半線以上則絕無矣字釋無檨字色味似杏或是番杏誤作檨檨實大如豬腰子葉尖長居易錄作番蒜五月熟大如蘋婆味甘香多津液樹大而葉圓非是

波羅蜜一名優鉢曇廣東志南海廟中舊有東西二株高三四丈葉如蘋婆而光潤蕭梁時西域達奚司空所植他所有皆從此分種生五六年至徑尺削去其梢以銀鋮釘腰即結實成實乃花然常不作花故佛氏以優鉢曇花爲難得每樹多至數十實自根而幹而枝條皆有實纍纍疣贅若不實則以刀砍樹皮有白乳湧出凝而不流則實一砍一實十砍十實故一名刀生果熟以盛夏大如斗重至三四十觔皮厚有輭刺礧砢如佛頭旋螺肉含純瓤間疊如橘柚囊氣甚芳郁有乾溼苞之分乾苞者液不濡膩味尤甜每實有核數百枚大如棗仁如栗黃煬熟可食能補中益氣悅顏色志云色綠似如來頂液黏如漆是已其子御似橡實每一子爲一房熟而食之味似百合子不可生食瓤可生食亦不甚甘美終不似橘柚味佳也土人用波羅蜜子煨肉黃梨煮肺亦海外奇製

粵西以波羅蜜爲天波羅黃梨爲地波羅居易錄謂黃

梨曰黃來去聲八月熟長可尺許味尤甘香其樹類蕉實生節間按黃梨長止五六寸草木叢生根下葉似萱兩邊如鋸齒頂上葉小攢簇如雞帚謂其樹類蕉非也

龍眼顆小味薄六七月熟荔枝皆自內地來藍總戎廷珍每貽漳州狀元紅紫綃玉膚甘如醴酪每以海上風阻不得日食三百殊爲憾事

香櫞初夏即熟長似木瓜上下微尖拌蠟勻檀較輭羅圓皺稍遜矣

木瓜樹幹亭亭色靑如桐每一枝一葉葉似蓖麻大者尺餘花白色生杈椏間瓜凡五稜無香味居民用鹽漬

以充蔬諸羅志謂毛詩投我以木瓜卽此殊非按果譜木瓜一名楙一名鐵脚梨樹叢枝葉花俱如鐵脚海棠葉光而厚春末花開紅色微白實如小瓜或似梨稍長色黃如著粉津潤不木者爲木瓜此地所產與內地木瓜絕不類豈可以稱謂偶同遂妄爲引據乎

鳳山縣有薑名三保薑相傳明初三保太監所植可療百病（香祖筆記）

楠生深山中裂土而出全體悉具蓋與竹筍相同兩葉始櫱已大十圍歲久則堅終不加大（稗海紀遊）

大松生水沙連合抱成林生番所居莫敢採伐相傳山

後崇爻黑沙晃諸山有松有杉有梅

蕭朗木大者數圍性極堅重入土千年不朽然在深山中野番盤踞人不能取洪水漂出偽鄭取以爲棺實美材也

南路打狗山有香木色類沈香味較檀尤烈不名何香土人亦不知貴傳說昔年有蘇州客商能辨之載數十擔去後有官某作爲香杖今所存者零星碎木見爲扇器者

娑羅樹中空四圍摺疊成圓形尤異花紋糾結盤屈如古木狀用貯管城因其材也

水沙連茶在深山中衆木蔽虧霧露濛密晨曦晚照總不能及色綠如松蘿性極寒療熱症最效每年通事於各番議明入山焙製

內山林木叢雜多不可辨樵子採伐鬻於市每多堅質紫色霾煙間有香氣拂拂若爲器物必係精良徒供爨下之用實可惜儻得匠氏區別則異材不致終老無聞斯亦山木之幸也

木有交標可爲梁柱九荆小而不高茆屋用以爲柱入土不朽又有白樹色白可以爲器此皆內地所無者

竹亦可爲器用但質薄劣蛀蟲易生不能經久徧處皆

竹數十竿爲一叢遠望若柳絕無蕭疏之致生筍不出叢外皆不甚食夏月街市亦有煮熟肩賣者味酸苦難以充庖諸羅志謂竹塹岸裏之筀竹筍味甚佳

觀音竹枝弱葉小蓺植盆中亦可供玩一名鳳尾竹志載佛眼竹金絲竹俱未見

江南竹亦名南竹魚港籬落每用之

築室一椽一木一瓦一石向皆取給內地以此處沙土不可以陶蓋瓦級甎竹木不勝棟楹榱桷康熙壬寅巡歷南北兩路窰亦錯列殆不足供全郡之需小民草寮以竹爲柱上覆以茅用土塗附傾盆疾雨沙土漂流捲

地狂飈棟桷摧折且經年之竹蠹已蛀盡烏能久支耶
藤最多盤旋里餘可爲碇索可縛茅屋嫩者合檳榔食
之海風藤治拘攣風痓極效葜藤縛器用之叉茭藤生
海濱水中內山有此大可合抱不適於用
隆冬木葉不脫惟佛桑番花落葉至春敷榮餘於春日
生新葉逐漸舊葉脫去青林暗換紅藥續開亦見大造
密移之妙
志載藥品有內地所不經見者如斑節草柑蔴苓茶菰
穿山龍草土木瓜風藤木蠋亦有志所不載者如金鎖
匙治疳舍鈴草苳匙黃虎咬黃龍鱗草四時春馬蹄香
一名一枝香金劍草磅礴草龍舌黃羊耳草治黃薑蔚子黃
金子龍船花正埔薑魚籤草苦麻草雞骨黃去風解熱
烏甜葉一名對面烏止血柑仔草半天飛涼血雞卵藤宜梧
草萬年薯撮鼻草治瘋鴨嘴黃一名定經草調經千里光治
目龍芽草竹仔草天青菜大楓草三艾刀鯽魚膽草牛
頓草山苦瓜牛角刺山葛藤頗仔葉山麻草千日青山
四英馬鞍草過江龍檳包藤豬母菜羊角豆姑婆草療
毒白埔薑止痛蔡板草一名九層塔珠仔草金不換草山蜈
蚣小營莿山茄報碎米黃治跌打損傷萬年松治腹痛
鹿肚草治噎膈赤血草醎酸草茄冬葉貓公刺山尾蝶

天仙茄徧地錦炮仔草治咽喉葉下紅一名馬蹄草一名消息草黃山
埔銀鹿角英地掃草午時草鼠尾黃眞珠黃山東枋白
花草龍樹草治疔毒龍吐珠虎婆刺漫桃花千里急鐵
馬鞭山芙蓉倒地枌和尙藤金絲五爪龍雞柔草瓜子
草茘枝草田烏草雞角刺束血草毛將軍田薯草五宅
茄羊相卓不求人蝨鬚草鐃鈸草馬鞍藤鱟殼刺治癧
山素英治疥蚶殼草治瘀蠅翅草治虛脹苦仔草治疸
水鏡草治痔漏三腳虎草三腳鼈草咬人狗虎尾侖治
瘰癧茅根草無根草通淋利水莿行草治瘍黎壁草治
膁瘡蒲鹽草治蛇傷蔦松葉過溝菜冷飯藤山荖葉蟲
草治潰爛豬腰草治陰症有異名者苧麻根名山桔根
柑核名仙柑子山藥名淮山木槿名水錦土茯苓名山
尾薯木賊名接骨筒
白鳩每當風雨舞翅盤旋霜衣雪襟可爲近玩或呼爲
洋鴿云自嘎喇吧來者初開臺時一雙不下二十金近
飼養將雛者多價不及十分之一
海八哥黑身紅頂綠足一名田雞鳥鬟鷩鳥也能搏擊
羽族尾長黑色時集於田間牛背上聞有鳥名彩囊似
雞而小頂上有五彩囊五鳴雞大如鵪鶉項白每漏下
一鼓則一鳴雷舞蒼赤色聞雷即舞未見

白入哥白晝眉亦未見或云鹽水港統領埤加冬樹大數圍其上每年生白入哥相近居民伺其將雛攫而飼之

番鴨大如鵝足微短兩頰紅如雞冠雄者色更赤畜之常飛去人每載入內地然䎘䎘唼唼無足充玩

山無虎故鹿最繁昔年近山皆爲土番鹿場今則漢人墾種極目良田遂多於內山捕獵角尾單弱絕不似關東之濯濯角百對只可煎膠二十餘觔鹿雖多街市求一臠不得冬春時社番截成方塊重可觔餘皆用鹽漬運致府治色黑味變不堪下箸而值亦不輕

福州東島視彭湖爲近內惟產鹿千百爲羣島人捕得取其腸胃連糞食之以爲至美其全體則鬻之福州人今所鬻鹿脯鹿筋皆東島物也玉堂薈記

鹿以角紀年凡角一歧爲一年猶馬紀歲以齒也番人射鹿爲生未見七岐以上者向謂鹿仙獸多壽又謂五百歲而白千歲而元特妄言耳竹塹番射得小鹿通體純白角才兩岐要不過偶然毛色之異書固未足盡信也番境補遺

臺灣多野牛千百爲羣欲取之先置木城四面一面爲門驅之急則皆入入即局閉而餓餓之然後徐施羈靮豢之芻豆與家牛無異矣居易錄

按木城應作木栅飼蔗葉非芻豆也

馬小而力弱異於內地內山有山馬

水沙連紅頭嶼出黃羊有鬻其皮以爲褥者

山鼠土人捕獲以蔗梗塡腹去毛炙黃合豬肉煮食又山貓取其毛以束筆微短而輭鄉間亦有捕蟬紙裹煨熟以下酒者

魚二種志所未錄一曰新婦啼狀本鮮肥熟則拳縮意取新婦跋踖也一曰飛藉魚疑是沙燕所化兩翼尙存漁人伺夜深時懸燈以待乃結陣飛入舟中甚至舟力不勝滅燈以避　鯊魚胎生市得一魚可四五觔用佐午炊庖人

剖腹一小魚從中躍出更得五六頭投水中皆遊去赤嵌集

鯊類不一龍文鯊雙髻鯊志言之矣外此有烏翅鯊身圓翅尾黑色鋸仔鯊齒長似鋸烏鯊口闊大者類百觔能食人虎鯊頭斑如虎齒迅利噬人手足立斷圓頭鯊亦食人鼠䱜鯊皮白齒如梳蛤鯊鯊口闊尾尖油鯊身圓而長尾似蝦尾泥鰍鯊口尖青鯊身青色扁鯊身扁尾小乞食鯊皮可飾刀鞘狗纏鯊身長尾尖狗鯊頭大上有烏赤點離水終日不死

魴有錦魴身圓有花點大者三四百觔皮生沙石尾長數尺骨弱肉粗黃魴身圓黃色泥魴皮黑掃帚魴尾如

篣烏燕魛頭身翅俱似燕肉黑四開魛頭似燕肉赤鬼
角燕魛頭有輭角水沈魛濟紅色身扁頭尖
海翁魚有言如小山草木生之樵者誤登其背須臾轉
徙不知所之此無可攷志云後壠番社有脊骨一節高
可五六尺兩人合抱未滿其圍漁人云大者約三四千
觔小者亦千餘觔皮生沙石刀箭不入有自僵者人從
口中入割取其油以代膏火肉粗不可食口中噴涎常
自爲吞吐有遺於海邊者黑色淺黃色不等或云卽龍
涎番每取之以貿利眞贗亦莫辨也
志載諸魚已詳又有金精魚花點細鱗三牙魚或赤或

白有三齒田鴿魚體圓兩鬚極長梳齒魚黑色花點齒
如梳魚肚食之立死泥鰌魚黑色口闊大者五六十觔
珠鰌魚黑色身有紅白點小鰌魚黑色小波浪魚青身
小尾歸秉魚身扁肉澁赤海魚紅色剑額魚金鱗頭內
有石子一枚鰔魚口邊有兩大刺牛尾魚狀似牛尾泥
龍魚身長有暗刺青箭魚色青口尖行如箭交綱魚色
烏赤二種牛粘鱖頭闊皮青金梭魚金鱗身輭竹梭魚
口尖身長飛烏魚色青有翅能飛咬網狗黑色歪口無
分左右海鱺魚頭大皮黑畬西魚身扁色白有刺圭糍
魚色黑脣厚徧身苦魚身有花點安米魚細鱗有赤有

白旗魚色黑大者六七百觔小者百餘觔背翅如旗鼻
頭一刺長二三尺極堅利水面敺魚如飛船爲所刺卽
不能脫身一轉動船立沈鯸魚俗呼海豎頭似豬大則
千餘觔小亦五六百觔常於水面躍起高丈餘噴水如
雪漁人見之卽避又海和尙色赤頭身似人形四翅無
鱗海狗頭似狗尾尖四翅海馬狀似馬頭有騣亦四翅
漁人網獲均爲不祥
土人呼蠣房爲蠔呼車螯爲蟯
蟳螯生毛者無毛者爲蟳有翠蟳蔚然深藍大不盈掌
巨者螯長六七寸殼有斑文呼曰青腳蠘有虎蟳闊小

紀云質粗味劣無足取殼極類門戶上所繪虎頭色亦
殷紅斑駁人有鑲爲酒器者冬來生子充盈臍外
石蟳赤色沙鑽蟳色黃徧身有刺遇人卽伏沙底沙馬
蟳色赤走甚疾大腳仙蟳身小一螯大一螯小色有赤
白虎獅蟳徧身紅點青蚶蟳青白色兩螯大金錢蟳身
扁赤黑色
䴇鼊龜屬卵生狀似鼈四足漫胡無指爪大者百餘觔
小者數十觔常從海岸赴山凹鑽孔伏卵人伺其來時
尾而逐之行甚疾衆并力反其背則不能動矣剣割時
兩目淚下嗜者謂味同牛肉值亦相等甲可亂瑇瑁亦

以飾物但薄而色淺不任作器市販鹿膠每以其板殼
與鹿角骨同煎南路龜壁港以此名今寫訛劉欣期交
州記作蚼蟒
文蛤味極鮮美往年絕少惟癸卯春夏魚市不絕西溪
叢話蛤蜊文蛤皆一潮生一暈博物志云東海有蛤鳥
常食之殼在海岸潮水往來碏薄潔白如雪入藥最精
往在大擔僧寺見海邊蛤殼各種奇異有競爲擕取者
龍蝦昂首奮角如畫龍狀甲硬如蠏殼鬚長二尺餘鉗
六七寸上有芒刺尾下子纍纍相屬又有九節蝦
海龍產彭湖冬日雙躍海灘漁人獲之號爲珍物首尾

似龍無爪牙長不徑尺或云入藥功倍海馬
海蒜一名海腎殼類蛤肉垂三寸餘白色上有黑點形
狀甚劣食之多患腹瀉
傳說北路有巨蛇可以吞鹿名鉤蛇能以尾取物余始
來此坐簷下有聲如雀御不見有飛鳥後迺知爲蜥蜴
鳴也林僉事麟焻使琉球竹枝詞靜聽盤窗蜥蜴聲其
自注云蜥蜴能鳴聲如麻雀海外蜥蜴俱能鳴耳
海舟夜眠潛伏艙內尚喜無蚊臺地四時皆受其害更
有不見不聞而爲所刺愈抓搔則愈癢閩小紀云閩地
有小蟲若微塵視之不見刺人較蚊蚋尤甚密帷亦不

能間之名没子
四時階砌蛩鳴不絕蟬於二月即噪樹間聽蟲鳴以占
候未可與此地律也
螟蚣腹下有光夜間青熒閃爍如螢毒氣如琉磺以足
踏之光熠燿不絕
南州異物志寄居之蟲如螺而有腳形如蜘蛛本無殼
入空螺殼中戴以行觸之縮足如螺閉戶火炙之乃出
走異苑謂鸚鵡螺常脫殼而朝遊出則有蟲如蜘蛛入
其殼中戴以行夕返則此蟲出庾闡所云鸚鵡外遊寄
居負殼者也臺地呼寄生

各省鹽或煎或曬臺地止於海岸曬鹽府鹽埕二千七
百四十三格臺邑鹽埕一千四百二十一格鳳邑鹽埕
一千三百二十一格每格廣狹不一計丈定課每丈徵
銀四錢九分諸邑無鹽埕南社冬日海岸水浸浮沙凝
而爲鹽掃取食之不須煎曬所產不多漬物易壞祟爻
山有鹹水泉番編竹爲鑊內外塗以泥取其水煎之成
鹽
余以採硫居臺郡爲購布油糖鑄大鑊治刀斧鋤杓規大
小木桶製秤尺斗斛布以給番人易硫土油與大鑊所以
煉硫糖給工匠頻飲頻浴體以避硫毒鋤平土築基刀斧

伐薪薙草杓出硫於鑊小桶凝硫大桶貯水秤尺斗斛以衡量諸物又購脫粟鹽豉筐釜椀箸等率爲百人具計費千金余乘笨車行十八日至後壠社越三日至澹水港口中流有雞心礁海舶畏之淺深莫定余停車欲渡有飛蝱億萬如急雨驟至衣不能蔽又五日至肩脰門爲茅廬二十間給眾番布七尺易土一筐約二百七八十觔土黃黑不一色質沈重有光芒撚之颯颯有聲者佳煉法槌碎如粉曝乾鑊中先入油十餘觔徐入乾土以大竹爲十字架兩人各持一端攪之土中硫得油自出頻頻加土加油至於滿鑊約入土八九百觔油則視土之優劣爲多寡油過

不及皆能損硫土旣優用油適當一鑊可得淨硫四五百觔否或一二百觔下則數十觔關鍵在油而工人視火候亦有微權也余問番人硫土所產指茅廬後山麓間明日坐莽葛緣溪入溪盡爲南北社呼社人爲導東行半里茅棘高丈餘兩手排之側身而入草下一徑僅容蛇伏約行二三里涉兩小溪復入深林中越峻坂五六值大溪溪廣四五丈水石皆藍靛色導人謂此水源出硫穴下是沸泉也余以指試之熱甚扶杖躡巉石度更進二三里林木忽斷始見前山又陟一小巔覺履底漸熱草色萎黃望前山半麓白氣縷縷如山雲乍吐搖曳青嶂間導人指曰是硫穴也風至硫氣甚惡更進半里草木不生地熱如炙左右兩山多巨石剝蝕如粉白氣五十餘道皆從地底騰激而出沸珠噴濺出地尺許余卽穴旁視之聞怒雷震蕩地底而驚濤與鼎沸聲間之地復岌岌欲動令人心悸周廣百畝間實一大沸鑊盖上所賴以不陷者熱氣鼓之耳右旁巨石間一穴獨大卽石上俯瞰之毒焰撲人目不能視觸腦欲裂急退百步乃止左旁一溪聲如倒峽卽沸泉所出源也還就深林小憩循舊路返衣染硫氣累日不散又有不用煎熬自然成磺者色黃如蜜蠟名曰磺花（海外紀略）

臺海使槎錄卷三終

臺海使槎錄卷四

赤嵌筆談

雜著

大興黃叔璥撰

郡縣志藝文榆林高拱乾臺灣賦率藉中土景物渲染似不足以形容無錫季麒光所著客問獨不作泛設語頗極臺地山川物產之勝諸志略而不載節錄數則於左一曰僭號承天東甯錫字乾坤東港華嚴南島近接彭湖遙分哈喇荷蘭起之琉球倚之北憑甌閩西距交廣屬揚州之分隸女虛之躔外環大海雲漲煙平內阻

重山沙迷霧列中有平原可耕可牧滃水長連崑流交峙呂宋之估颿時集日本之夷船常通南澳銅山風檣可接海壇東埔飛葦直達蛟龍蜃䲶兕豕鯨鯢隱隱沄沄沆沆莽莽遏雲怒風轟雷遁雨固海山之僻壤亦宇宙之奧區二曰木岡大岡以分南北前嶺後嶺以界東西鹿耳當海外之咽喉半線為內山之鎖鑰鳳山則悤鬱宏開猴悶則離奇盤結赤山烏山上港中港鉤嬰樸突攫搏呷呀至若斗六門攀緣鳥道傀儡山曲折羊腸觀音志如來之勝蹟鬼仔實魑魅之淵藪草目瑯嶠迆南巨嶂雞籠竹塹極北重關奇嶺之雪峰萬仞南日之煙嶂千尋大武壟大傑巔小琉球小雙寮皆疊岫參差連岡撼戛阿猴林障蔽頑番哆囉嘓交蟠遠社龜佛龜崙雙標天半貓羅貓霧接峙雲中圭心石門崩山後壠重洋底柱攫浪搏潮覷關蹀戶當者失據三曰東甯之地惟水是衛澹水江北注之津梁濁水溪南來之門戶鹿耳門衝突海口大線頭高據沙洋雞籠城下颿指閩安琉球社外舟通呂宋至如北線尾中樓仔夜靜潮平海翁窟歐汪溪春明浪秀蚊港笨港新港後港竹滬三林或依山回沍冒沒騰流或聚石奔衝昂澎涌溢千里雷馳萬潮煙汹七鯤身毗連環護三茅港匯聚澄泓路

分東渡西渡洋別大鄉小鄉鯽魚潭打狗澳漁舟雲集洲仔尾瀨口港鹽格星屯扼其險可以制患資其利可以裕民四曰鹿之生也或斑而文或黧而黝忽散忽聚乍往乍來於是弓矢殪之鏢槊搦之罟穽伏之鉛礮擊之肉堪調羹角則成膠皮毛稇載外洋是資牛之來也千百為羣憑陵谿谷聚飲則涓源為涸迴食則蔓草皆赭閑以圍棞制以鉤盾百步就羈以耕以駕至乃犬能攫麋羊可犒羹朝飛之雉倚草棲林夜嘯之猿依山緣木豹文隱霧兔窟藏煙若夫大鱛斷流修鰱橫海魦鯧鯉鰋蟶蛤蚶蟳挽青蜆之鬚截白黿之皮投龍籍羅蜃

府莫不布雕俎就爨切具糅五味腥膏饜飫五曰重山之中產有異材工師操斧匠氏持柯楠榕杉樟桑柏槐柳莫不枝覆層岡幹依連麓舒目而望之青茅白葦紫藁蒼蘆鬱苔深林叢如列幛代瓦以覆易牆以圍至如檨柚之茂葉翳日檳榔之修幹參雲蕉擅綠天荔垂朱實山則不童地鮮不毛土之良也六曰嘖壚斥鹵五穀是滋以稼則蕃以種則碩水耕火耨不營而足上地可七下地可二宜秔宜稻宜菽宜稷禾秫赤秫早占晚占秠黍蘆黍紅秈白秈豆分黃綠麥別大小莫不纍纍淋淋顆顆的的甌窶滿篝污邪滿車黃雲紅玉相積陳陳

於是牛馬運之舟航載之以徵以貢和鈞兵卒家有稼穡之利人有作甘之用

桐城孫元衡字湘南素工詩官臺灣同知所著赤嵌集王阮亭司寇謂裸人叢笑篇及咏禽魚花草諸什可作臺灣圖經風土志竟可自為一書而諸志絕不之及余因摘錄一帙并無錫季麒光蓉洲文藁數十篇書付陳觀察大輦續修府志為之補入

東吟詩一名福臺新咏四明沈光文宛陵韓又琦關中趙行可會稽陳元圖無錫華衮鄭廷桂榕城林奕丹霞吳葉輪山楊宗城螺陽王際慧前後倡酬之作吳有桴園詩集楊有碧浪園詩又東吟倡和詩季麒光與臺令沈省軒所作省軒郊行一集多寫民間疾苦麒光著有山川考略海外集惜俱未見今則兵燹之後官僚救過不暇無復寄情翰墨矣

武林郁永河臺灣竹枝詞鐵板沙連到七鯤鯤身激浪海天昏任教巨舶難輕犯天險生成鹿耳門　雪浪排空小艇橫紅毛城勢獨崢嶸渡頭更上牛車坐（沙堅水淺小艇不能達岸必藉牛車挽之）日暮還過赤嵌城　編竹為垣取次增（署官皆無垣牆插竹為籬）衙齋清暇冷如冰風聲撼醒三更夢帳底斜穿遠浦燈　耳畔時聞軋軋聲牛車乘月夜中行夢回

幾度疑吹角更有床頭蝘蜓鳴　蔗田萬頃碧萋萋一望蘢葱路欲迷綑載都來糖廍裏只留蔗葉餉群犀　青蔥大葉似枇杷臃腫枝頭著白花看到花心黃欲滴家家一樹倚籬笆　芭蕉幾樹植牆陰蕉子纍纍冷沁心不為臨池堪代紙因貪結子種成林　獨幹凌霄不作枝垂垂青子任紛披摘來還共蔞根嚼贏得脣間盡染脂　惡竹參差透碧霄叢生如棘任風搖那堪節節都生刺把背林間血已漂　不是哀梨不是樝酸香滋味似甜瓜枇杷不見黃金果番檨何勞向客誇　肩披鬒髮耳垂璫粉面朱脣似女郎（梨園子弟垂髫穴耳傅粉施朱儼然女子）嫣

祖宮前鑼鼓鬧（海舶演劇酬願）咮嚀唱出下南腔（閩以漳泉為下南）臺灣西向俯汪洋東望層巒千里長一片平沙皆沃土誰為長慮教耕桑

各志多取沈文開雜記未得全書亦不知其人蓉洲文藁文開傳名光文四明故相文恭公世孫字文開別字斯菴以恩貢歷仕紹興福州肇慶由工部郎中加太僕寺少卿明鼎革後遯迹不仕辛卯從肇慶至潮州由海道抵金門當事書幣邀之不就七月挈眷買舟赴泉過圍頭洋遇颶風飄泊至臺及鄭大木掠有其地斯菴以客禮相見鄭經嗣爵多所變更斯菴以一賦寓譏諷為

忌者所中乃改服為僧入山不出在廈門時與將軍施侯為舊識及侯安撫東甯慰問夙昔斯菴仍著僧衣姚少保亦與友善許贈貲回籍姚死事遂寢亦遂不能作歸計矣所著臺灣賦東海賦檨賦桐花賦芳草賦及花草果木雜記古近體詩俱係存藁未及梓行

余巡歷所至見臺地花果有內地所無者命工繪圖得二十餘種余為考其種類辨其色味以識之或曰此可作埤雅爾雅翼外紀則吾豈敢華亭吳太史王坦陸太學榮秬崇明柏太史謙展圖題句吳詩云爾雅自姬公蒐討窮大塊後有山海經所言同誌怪荒略何從稽於說亦黃稗乃知天地間賦形各萬派若非域外遊直猶等聾瞶巡方繡衣行幾及扶桑界東溟淩滄波驚濤歷洶湃旣至振紀綱問民軫病瘵閒見往往殊耳目為一快其中植物繁羅列登市賣五色爛然陳厥狀難盡詰細文如錦章粗文如方罫枝葉非尋常異味皆可嘬召工寫此圖摹仿在公廨碧綠與丹砂肖眞事揮灑稱名復辨種按之悉能解我生里閈間未得廣行邁多識慚古人拘墟徒自絓晴窗試展看意曠若脫械虛名玷使星願無遠弗屆　陸詩云名象遙傳東海東根苗無可問鴻濛波羅蜜與菩提種猶有林藤地床風　加斗如

拳碩且繁不離海島託雲根甜酸苦辣皆成實總荷天家雨露恩（番果圖）又吳詩搖曳珠幢翠帶長紫霞一片護花房金蓮樂樹知無色七寶闌中自在芳　少許貌牀侍釋迦一家眷屬見曇花遙知使節風清候攜得金莖灑異葩　珍果圖來命畫師拈花又寫佛前枝窗明几淨清茶供絕勝黃金鑄像時　柏詩西域誰攜仙種迴曇花喜雜瘴煙開分明遺贈皐華使不令空王獨占來一颿飄渺駕長川留取奇花入畫妍卻笑君房浮海去不傳芝草長瓊田（曇花圖）

紀異

明崇貞庚辰閩僧貫一居鷺門（即今廈門）夜坐見籬外陂陀有光連三夕怪之因掘地得古甎背印兩圓花突起面刻古隸四行其文曰草雞夜鳴長耳大尾干頭銜鼠拍水而起殺人如麻血成海水起年滅年六甲更始庚小熙皞太和千紀凡四十字閩縣陳衎盤生明末著槎上老舌一書備記其語至今癸亥四十四年矣識者曰雞酉字也加草頭大尾長耳鄭字也干頭甲字鼠子字也謂鄭芝龍以天啟甲子起海中為羣盜也明年甲子距前甲子六十年矣庚小熙皞寓年號也前年萬正色克復金門廈門今年施琅克彭湖鄭克塽上表乞降臺灣悉平六十年海氛一朝盪滌此固

國家靈長之福而天數已預定矣異哉（池北偶談）

府志載鳳山先年有石忽開讖云鳳山一片石堪容百萬人五百年後閩人居之俄而復合有言朱文公登福州鼓山占地脈曰龍渡滄海五百年後海外當有百萬人之郡今歸入版圖年數適符熙熙穰穰竟成樂郊矣

康熙丙申北路十八重溪內石洞三孔水泉圍繞忽一日水上出火焰高二三尺數日乃熄壬寅歲亦有見者此處水熱或謂即溫泉磺氣鬱蒸水石相激而火生焉

荷蘭為鄭成功所敗地大震鄭克塽滅地亦震朱一貴於辛丑作亂庚子十月亦地震雞時南路傀儡山裂其石截然如刀劃狀諸羅山頹其巔噴沙如血土人謂兩山相戰

壬寅七月十一日鳳山縣赤山裂長八丈闊四丈湧出黑泥至次日夜間出火光高丈餘熱氣炙人多不敢近有疑出磺者參將陳倫炯報稱赤山上一崙頗平東南二百餘步臨冷水阬縱橫百三十步土人稱自紅毛僞鄭及入版圖後遞年出火或連兩晝夜或竟日夜止今自申至丑焰較昔年稍低炯查硫穴土色黃黑不一佳者質重有光芒風至硫氣甚惡半里草木不生今近火處草色蔚青徧山土番種植土色亦無光芒俓處有如黑泥及乾色白輕鬆與土無異雖按法煎煉全無磺味或曰此係豐年之兆乃於十八日巳午颶風大作迅烈異常更兼暴雨傾注縣治民舍營房多被摧折幸兵民人口尚無壓斃芒蔗及早稻成實者亦間有損傷

雍正癸卯六月二十六日赤山邊酉戌二時紅光燭天地衝開一孔黑泥水流出四圍草木皆成煨燼七月十六日至二十日颱風驟雨發作無節潰水數處民田衝陷兩次火見即兆風災風自火出殆一定之理耶

康熙壬辰七月安平有物大如牛高可五六尺面如豕

長鬐雙耳竹批牙齒堅利皮似水牛毛細如獺四足如龜有尾飛行氷上土人爭致之繩木立碎後逐至海岸竦身直立聲三呼號聞者莫不驚悸既死郡人有圖形相告者究不知爲何物或名爲海馬亦非也海上事略康熙癸亥四月彭島忽見鱷魚長丈許有四足身上鱗甲火炎從海登陸百姓見而異之以冥鈔金鼓送之下水越三日仍乘夜登山死於民間廚下按鄭成功起兵荼毒濱海民間患之有問善知識云此何孽肆毒若是答曰乃東海長鯨也問何時而滅曰歸東卽逝凡成功所犯之處如南京温台并及臺灣舟至海水爲之暴漲

順治辛丑攻臺灣紅毛先望見一人冠帶騎鯨從鹿耳門而入隨後成功諸舟由是港進癸卯成功未疾時轄下夢見前導稱成功至視之乃鯨首冠帶乘馬由鯤身東入於外海未幾成功病卒正符歸東卽逝之語則其子若孫皆鯨種也今鱷魚登岸而死識者知其兆不佳至六月彭師戰敗歸誠亦應登山結果之兆焉康熙辛丑五月二十八日大雨如注六月六日始晴山推川溢溪澗閧塞田園沙壓瀨口有大牛冒雨犇騰下岸入水過三鯤身登陸由鎭城從柴橋頭入海向大港而出小艇追之不及而還此不知爲鱷爲鯨爲水牛或兆鴨母之亂旋卽殲滅乎

僞鄭附略

紅夷犯順鄭芝龍攻擊大擔偵知夷艕分泊彭湖設計勒捕焚夾板一隻擒酋七名後直抵料羅麾令參將陳鵬等首衝夷陣生擒酋長因用牽扯焚燒之法會同副總高應岳游擊張永產彭湖游兵游擊王尙忠等夾擊焚大夾板五隻賊小船五十餘隻生擒僞夷王呷吣嗶吧哇一名前後計擒賊衆百餘名斬級二十顆焚溺以千計此從來未見之死戰亦從來未見之奇捷又云芝龍渾身是膽屢建奇功海上之旌旗指顧不啻摧枯而拉朽（按閩摘略）

按此在崇禎六年志云天啟元年東洋螺甲顏思齊與鄭芝龍引倭據臺施琅請留臺灣疏崇禎元年芝龍就撫將臺地稅與紅毛爲互市之所此正在就撫之後

鄭芝龍泉郡南安人明季與劉香老嘯聚海上旣而投誠授游擊將軍順治乙酉分兵南下芝龍以兵降鄭成功芝龍庶長子也（小字森舍）時年十七爲諸生方衣單絺閒步階前聞父降咨嗟太息掉小舟至厦門隔港之古浪嶼招集數百人方苦無資適有買舶自日本來二僕在焉資近十萬成功悉以其資募兵製械從者日衆竟踞金厦門內地港澳悉設舟師登陸爲寨扼守水口又徧布腹心於內地事

無巨細皆得早聞為備故以咫尺地與大兵拒守三十餘年我
朝嚴禁通洋片板不得入海而商賈壟斷厚賂守口官兵潛通鄭氏以達廈門然後通販各國凡中國各貨海外皆仰資鄭氏於是通洋之利惟鄭氏獨操之財用益饒　日本最富強聞鄭氏兵精頗憚之又成功為日本婦所出有求必與故府藏日盈自傳位子經適當耿逆叛亂與鄭失好耿兵方圖內向鄭兵即躡其後已據閩之興漳泉汀粵之潮惠七郡養兵之用悉資臺灣自此府藏虛耗敗歸之後不可為矣　成功蓄志內侵造戰艦三千餘艘順治十

三年窺江南過浙之東甌泊舟三日連檣八十里至江南羊山山神嗜羊海舶過者必置一生羊日久蕃息不可數計鄭氏戰艦泊山下將士競取羊為食大風驟至人船傷損什之七八十六年復大舉入寇襲京口犯江甯　成功重操練舳艫陳列進退以法將士在驚濤駭浪中無異平地跳躑上下趫捷如飛將帥謁見甲冑僅蔽身首下體多跣足不褌有以靴履見者必遭斥罵凡海岸多淤泥陷沙惟跣足得免沾滯往來便捷　閩督陳景駐師漳郡力圖進勦鄭氏沿海拒守有門子李文忠素機警為景親信實陰通鄭氏一日夜入制府臥內刺其首并竊令箭出南門

稱有軍機無敢詰者以首獻成功成功惡其弒主薄與一官不滿所望歲餘以他事斬之　龍碩者大銅礮也成功泊舟粵海中見水底有光上騰數日不滅使善泅者入海見兩銅礮浮遊往來命多人持巨絙出之一化龍去一縛出斑駁陸離光豔炫目較紅衣礮不加大而受藥獨多先投小鐵丸斗許乃入大彈所至糜爛成功行師必載與俱龍碩有前知利即數人曳之不知重否則百人挽之不動以卜戰勝莫不驗康熙十八年劉國軒將攻泉郡龍碩不肯行強舁之往及發又不然國軒怒杖之一發炸烈如粉傷者甚眾（偽鄭逸事）

鄭成功攻取紅毛改臺灣為東都鄭經自銅山入臺改東都為東甯省

闔閩鄭國城門名偽鄭據紅毛城因取以名內城之門

順治十六年鄭成功大舉入寇七月抵焦山進據瓜州邀鎮江直薄金陵八月至觀音門我師以步卒擣其中堅而以騎兵繞山後出其背前後夾擊成功大敗十七年五月
世祖命將軍達素總督李率泰率兵大捘兩島（廈門金門）十八年議取臺灣三月成功泊彭湖次鹿耳門紅夷大驚成功引兵登陸克赤嵌城十二月圍王城不下成功乃使人告之曰此地乃先人故物今我所欲得者地耳餘悉以歸爾

荷蘭乃降康熙元年成功卒二年
天子鋭意南征遣人約紅夷合兵攻島大兵入兩島之賊
爛焉三藩紀事
康熙庚申十月僞鄭毀雞籠城雞籠係海嶼隸臺灣北山
居澹水上游其澳堪泊百餘艘先時呂宋化人裔占據此
城與土番貿易因出米稀少遠餽不給棄去後紅毛及鄭
國姓據臺灣皆不守癸卯總督李率泰召紅毛合攻兩島
約復臺灣後許貢就閩省交商紅毛於乙巳年重修雞籠
城圖復臺灣丙午鄭經令勇衛黃安督水陸諸軍進攻僞
鎮林鳳戰死紅毛慮無外援隨棄去至是有傳我師欲從

北飛渡恐踞此城乃遣右武衛北哨密令督兵將城拆毁
辛酉令僞鎮何祐等北汛雞籠驅兵負土就舊址砌築幷
於大山別立老營以爲掎角兵士疲勞兼時値炎天居處
磧地手足斷爛不可勝計僞鄭無定謀猶如兒戲雞籠一
城始也毁而棄之繼也築而守之摸棱之見徒苦生靈耳
海上事略
明時原住彭湖百姓五六千人原住臺灣二三萬人俱耕
漁爲生順治十八年鄭成功帶内地水陸僞官兵弁男女
計三萬有奇康熙三年間鄭經復帶内地僞官兵弁男女
約六七千人賊中無家者十五六靖海紀

天下一統胡爲一鄭經殘孽盤踞絶島而折五省邊海地
方畫爲界外以避其患自古帝王致治得一土則守一土
安可以既得之封疆而復割棄况東南膏腴田園及所產
魚鹽最爲財賦之藪可資中國之潤不可以西北長城塞
外風土爲比儻不討平臺灣匪特賦税缺減民困日蹙卽
防邊若永爲定制錢糧動費加倍又邊防持久萬一懼罪
弁兵及冒死窮民以爲逋逃之窟遺害叵測且鄭成功有
十子遲之數年長成假有一二機覺才能收拾黨類結連
外國聯絡土番羽翼復長終爲後患　督臣姚啟聖調兵
製器獎勵士卒精敏整暇咄嗟立辦捐造船隻無所不備

矢志滅賊非臣所能及惟是生長北方雖有經緯全才汪
洋巨浪中恐非所長臣謂督臣宜駐厦門居中節制別有
調遣臣得專統前進行間將士知有督臣後趲糧運策應
則壯志勝於數萬甲兵今若與臣偕行征糧何以催趲封
疆何有仰賴安内攘外非督臣斷難彈壓緩急所有督臣
題定功罪賞格俾臣循例而行則大小將士咸皆懍遵施壯
襄疏略
癸亥我師議取臺灣鄭克塽將僞鎮營兵官眷口監羈
紅毛赤嵌二城堅其死戰
僞延平王鄭克塽僞侯劉國軒差僞禮官鄭平英僞賓

客司林惟榮等齎表請降表云臣祖成功篳路以闢東土臣父經赫韋而雜文身甯敢負固重險自擬夜郎抑亦保全遺黎孤栖海角而已乃者舳艫西下自揣履蹈之獲愆念此氣血東來無非霜露之所墜顏行何敢再逆革心以表後誠昔也威未見德無怪烏駭於虞機今者悟已知迷敢後麟遊於仁囿

癸亥七月鄭克塽差僞兵官馮錫珪等齎降本稾到彭湖軍前施琅差侍衞吳啟爵筆帖式常在往臺灣看驗僞官兵薙髮克塽復差錫珪等同啟爵在齎降本并繳延平王印一顆册一副輔政公鄭總印一顆武平侯劉

國軒印一顆忠誠伯馮錫范印一顆左武衞將軍何祐印一顆尚有招討大將軍印一顆稱有戶口兵馬册籍未造暫留候繳

琅攻取彭湖獲紅衣大銅礮十二位每位重四五千觔礮子大者二十餘觔中者十七八觔次者十四五觔生鐵大礮二位每位重七千餘觔礮子三十餘觔

雞籠城貯鐵礮明崇禎三年鑄兵部尚書何喬遠監造鄭成功得之鎮江者

彭湖臺灣向屬夷島明末迄
國初鄭寇竊據迨鄭歸命夷島亦入版圖爲海中島海中島各一方耳無帝目無王古若茲況漢唐勝國末鄭寇强踞其壤恣跳梁乘潮汐駕帆檣肆侵掠毒閩疆
皇赫怒整斧斯命樓船下扶桑寇日蹙乃求降陬兼筵梯且航置郡縣破天荒貢皮幣賦蔗糖銷兵氣日月光勞之辨集

朱逆附略

康熙辛丑六月初三日
上諭臺灣眾民據督臣滿保等所奏臺灣百姓似有變動滿保於五月初十日領兵起程朕思爾等俱係內地之民非賊寇之比或爲饑寒所迫或爲不肖官員剋剝遂致一二匪類倡誘眾人殺害情知罪不能免乃妄行强拒其實

與眾何涉今若遽行征勦朕心大有不忍故諭總督滿保令其暫停進兵爾等若即就撫自諒原爾罪若執迷不悟則遣大兵圍勦俱成灰燼矣臺灣只一海島四面貨物俱不能到本地所產不敷所用祇賴閩省錢糧養生前海賊佔據六十餘年猶且勦服不遺餘孽今匪類數人又何能爲諭旨到時卽將困迫情由訴明改惡歸正仍皆朕之赤子朕知此事非爾等本願必有不得已苦情與其坐以待斃不如苟且偷生因而肆行擄掠原其致此之罪俱在不肖官員爾等俱係朕歷年豢養良民朕不忍勦除故暫停進兵若總督提督總兵官統領大兵前往圍勦爾等安能

支持此旨一到諒必就撫不得執迷不悟妄自取死特諭

朱寇警報至郡總兵歐陽凱令游擊周應龍帶兵四百人幷調新港目加溜灣蕭壠麻豆四社土番隨往應龍傳諭殺賊一名賞銀三兩殺賊目一名賞銀五兩土番性貪淫殺良民四人縱火燔民居復斃八人載道股栗賊黨借兵番殺掠爲辭鼓煽村莊由是紛紛響應號召豎旗殺總兵全臺陷沒平臺紀略

周應龍駐兵楠仔阬軍士風飡露宿每多怨咨羽書告急立弔北路番爲先鋒歷處奪民衣食掠淫漢婦妄殺平民概不禁制居民遭番戕毒各里社會立僞旗賊勢益振迨

臺海使槎錄卷四　十七

後府中紛紛避難縣官出入單騎無侍從新港土番率衆至府白晝刼奪百姓羣殺之縣官不敢與聞臺陽運會編

朱一貴原名朱祖岡山養鴨作亂後土人呼爲鴨母帝賊夥詭稱海中浮玉帶爲一貴造逆之符旣得郡治一貴自稱義王僭號永和以道署爲王府餘孽有平臺國公開臺將軍鎭國將軍內閣科部巡街御史等僞號散踞民屋刼取戲塲幞頭蟒服出入八座炫燿街市戲衣不足或將桌圍椅背有綵色者披之冠不足或以紅綠綢紵色布裹頭以書籍絮甲

變後居民避難絡繹海上風恬浪靜寸艇飛渡不畏重洋之險

大師自六月十六日進鹿耳門十七日下安平鎭二十二日復府治未及浹日奏捷先是童謠有云頭戴明帽身穿淸衣五月永和六月康熙

先鄭逆流毒沿海州郡迨破金厦兩島賊退守臺彭越二年乃滅之朱一貴爲亂未兩月便授首二事遲速不同何也蓋鄭逆竊踞海上歷有年所黨與尙多且踞彭湖是臺灣多一門戶故其道主緩圖而爲萬全之計朱一貴雖號稱十餘萬賊率係烏合之衆時水師副將許雲度勢已不支揮民船使歸內地廠內戰艘未成者悉焚之賊故不得

臺海使槎錄卷四　十八

取彭湖又與賊將杜君英相攻殺故其道主急攻而得制勝之術此其所以異也然而有同焉者臺灣南北中三路皆有港門可入中路鹿耳門最稱險要乃前者將軍施琅誓師期諸將取鹿耳門後者總督滿保詭稱三路並發及期仍令齊攻鹿耳門何也蓋鹿耳門一入便登安平鎭港內戰艘均在是已斷其出海之路矣安平隔港卽臺灣府賊失鹿耳門必退守七鯤身我師由陸可以直攻其首由水可以衡攻其腹水陸合攻賊必不支府地又無城郭可守便當引去南北二路黨與孤危不過傳檄可以立定矣此其所以同也抑聞之康熙癸亥年克鄭逆舟進港時海

水乍漲康熙辛丑年克朱一貴舟進港時海水亦乍漲前
後若合符節蓋由
聖人在上海若效順
王師所指神靈呵護理固然耳然在臣子效
命必求萬全老將行師自有授受所以閉門造車出門合
轍者此中蓋有機焉夫機有二義一曰機謀之機謀則至
精至確故其機不可失而後一舉有必勝之方略一曰機
緘之機緘則至愼至密故其機不可露而後百發有百效
之韜鈐况臺灣爲海疆最要地用兵乃
國家之機事持籌者使將士奉令以往成功而退可矣而

不必使明其故者蓋有深意在也平臺異同
島嶼之在外海者皆荒煙草樹魚龍窟宅盜安所憑在內
海者則汛防星列棊布稍有見聞便行擒捕盜無由伏惟
臺灣一區沃壤千里人眾百萬五穀狠藉貨物畢充近海
諸郡皆資臺灣所產而且地盡東南之表則生番隔絕港
有砂石之阻則門戶據險至於重洋遠隔風信難定所以
前代狡賊踞此爲雄後奪之紅毛又奪之鄭成功閩粵之
害惟此數爲盜藪耳康熙六十年間朱一貴復倡爲亂是
雖太平至治之時而一二奸民戇夫猶不忘亂心如此也
然則治之當如何無事之日責在賢良之司老成之帥熟

識風土體察人情愛民肅兵培植元氣安不忘危弭亂未
萌萬一有事法宜急平毋使滋蔓蓋乘其羽翼未大張根
本未甚固則易爲力此其機不可失者也然要必其熟識
於臺彭之形勢三十六島之灣澳南北中路之港門風雲
妙合之天時番民莊社之情形與夫用兵機宜素講其理
而親其事者然後可任以大權而功立成至於輸餉饋糧
以及舟艦甲仗咄嗟立辦選將行師一呼立應使內地不
擾而軍務畢集人事先定而天時可計此其責惟在於大
府之平時留心斯臨事調遣裕如耳理臺末議
八月十三日夜臺灣颶風大作倒壞衙署倉廒民房傷

損船隻人民田禾
上召入九卿詹事科道面諭臺灣颶風大作官兵商民傷
損甚多朕心甚爲不忍前朱一貴等謀反大兵進勦殺戮
已多今又遭風災書云大兵之後必有凶年地方茲言信
然總因臺灣地方官平日但知肥己刻剝小民激變人心
聚眾叛逆及大兵進勦征戰殺戮上干天和颱颶陡發倒
塌房屋淹沒船隻傷損人民此皆不肖有司貪殘所致今
宜速行賑恤以慰臺民
九卿議照保安沙城地震散賑之例倒房一間銀一兩
壓死大口一口銀二兩小口一口銀七錢五分被風傷

船壓死兵丁應照出兵病故官兵每名賞銀五兩給伊等妻子臺灣縣倒厝五千八百八十一間壓死男婦大小三十八口共賑銀五千九百四十四兩五錢鳳山縣倒厝三千三百六十五間壓死男婦大小二十九口共賑銀三千四百十九兩二錢五分諸羅縣倒厝一千四百四十二間壓死男婦大小八口共賑銀一千四百五十六兩七錢五分各營壓死兵丁一百二十名共賞銀六百兩又

敕下蠲免三縣六十年額征民番銀二萬二千二百十五兩四錢零粟十三萬八千九百五十二石六斗零被災

民番大口給粟二斗小口給粟一斗臺灣縣民五千五十八口共賑粟九百三十七石五斗鳳山縣民番八千八百六十七口共賑粟一千四百八十七石六斗諸羅縣民番八千五百六十六口共賑粟一千三百六十五石三斗

漳浦諸生藍鼎元著有東征集平臺紀略諸羅教諭蔡芳有平臺始末同安黃耀炯有靖臺實錄言之詳矣漳浦明經陳夢林鹿耳門卽事八首幷自注附錄於左征颿搖曳海無波回首滄桑一擲梭前後三從此地入安危幾度險中過頑民革面干戈戢諸將承恩節鉞多獨有書生仍故我白頭杖策待如何　東港由來各一天

興朝覆載獨無偏地袤南北二千里八樂耕漁四十年習染漸澆爭靡麗民風尚力雜機權當時載筆空愁思滿目煙花正鬬妍　地震民訛桐不華（庚子春有高永壽者詣帥府自首云至瑯嶠一人乘一筏引入山後大澳中船隻甲仗甚盛中渠帥一人名朱一貴云云鎮道以爲妖言杖枷於市辛丑羣賊陷郡治議所立因以朱祖冒一貴名賊平遣人入瑯嶠偏覓並無其處亦異事也是年冬十一月地大震臺多莿桐辛丑春闔郡無一華者有妖僧異服倡言大難將至門書帝令二字則免僧卽賊黨也賊平伏誅）處堂燕雀自喧譁無端半夜風塵起幾處平明旌旆遮牧豎橫簫穿赤甲（時官軍寡弱賊衆至數萬多以竹簫爲槍）將軍戰血幔黃沙（副將許雲參將羅萬倉游擊游崇功守備胡忠義馬定國千總陳元蔣子龍林文煌趙奇奉把

總林富林彥石琳俱戰死把總李茂吉不屈罵賊死）傳聞最是游公壯登岸飄然不顧家（四月廿九日崇功自笨港巡哨還入鹿耳門官眷有下船者崇功頓足曰官者兵民之望官眷下船則兵民心散大事去矣時賊已逼郡巫登岸壻蔡姓者叩馬固請願一過家門區處眷屬崇功厲聲曰吾此身　朝廷所有今日那知有家羅馬麾衆竟去前後連戰凡手刃數十百人崇功既殉蔡亦赴海死）

萬頃洪濤沙線瀠參差竹樹亦干城非關羣盜全無策漫說元戎有勝兵風自西來知順逆船從淺入任縱橫潮頭頃刻高尋丈天佑

皇圖孰與爭（六月十六日亭午西風大作潮長六七尺戰艦厲行齊入鹿耳門遂克安平）

沙磧甘泉信有神

廟謨宏遠古無倫鯤身合戰齊羣力西港分奇伏虎臣七十

十九日賊犯鯤身殊死戰我兵大破之廿二日總兵藍廷珍率林亮魏大猷等分兵由西港仔登岸賊大敗長驅至郡諸路兵合遂克郡治草竊頓消冰見晛天兵到處雨清塵等
閒一月全臺定何似有苗格七旬　刀劫火輪萬象凋
黑風紅雨又漂搖八月十三夜颶風發屋拔木大雨如注昏黑中紅點飄颺夾雨紛飛漏盡風雨乃止民居倒塌無數營帳船隻十無一存死傷者千有餘人纔看肆赦銜丹鳳忽
聽鷁租下九霄瘡病人扶郵竈冷拊循力盡長官憔時死傷載道次年春夏間米價騰湧文武官廚一日兩粥平糶散賑戴星出入至秋人心乃定轉移薄俗
從今日只在
先皇十六條　絕島重洋古穢墟棄留曾費幾躊躇原賚
保障安封內甯屑刀錐增幣餘亂後賦須仍舊額法寬

農好治新畬眼看磽确草萊盡尺寸何當軍國儲　南
從虎尾北雞籠建邑當年議頗同壬寅詔允巡使請於半線增設彰化縣
地逼諸番宜扼吭址因故鎮更稱雄天心悔禍民更始
帝德昭明日在東巡使奏釋餘黨從之寄語王官好著意無忘前
事曠天工
康熙六十一年七月余　奏請勒緝餘孽寬免株連疏
略云臣聞得朱一貴餘孽王忠劉育等逃匿內山不時
出沒本年四月初九日夜殺竹仔腳塘兵鎮臣藍廷珍
遣弁追捕於五月初三等日獲賊林干林欒朱崑生等
供王忠等先於四月內欲到三林港偷船出海因無船

隻退入得寶寮今又至內山淸水寮潛伏鎮臣令弁兵
搜緝未獲將空房燒燬臣竊思內山南北兩路相通水
陸隘口甚多賊奔竄不常弁兵防禦稍疏即受其害若
不竭力搜捕終爲臺郡之患查凡承緝賊犯原有定例
今已逾一年尚無蹤跡伏祈
皇上敕部嚴勒限期緝拿限滿無獲從重處分文武官弁
內有能設法擒獲者即從優議敘庶人人鼓舞協力同
心爭相搜捕王忠等指日可擒再朱一貴作亂時令民
剃辮以爲記認其中或被奸匪倡誘或被抑勒脅從去
年

聖諭明如日月聞宣布之後士民俱慶更生自首惡既誅
緝獲餘孽解赴省城審訊陸續供扳之人不時拿解牽
連不已人心時懷驚懼仰請
聖主施寬大宏恩
敕下督撫將拿獲眞犯審明正法其餘免其株連曉諭黎
庶予以維新則大法既昭而海疆小民安居樂業永戴
皇仁世世矣
敕部議行雍正元年四月十五日千總何勉在鳳山林拿
獲王忠并劉富生陳郡等三名余隨具摺將報獲逸賊
日期奏

聞超擢何勉北路營參將世襲拖沙喇哈番

臺灣始入版圖爲五方雜處之區而閩粵之人尤多先時鄭逆竊踞海上開墾十無二三迨鄭逆平後招徠墾田報賦終將軍施琅之世嚴禁粵中惠潮之民不許渡臺蓋惡惠潮之地素爲海盜淵藪而積習未忘也琅歿漸弛其禁惠潮民乃得越渡雖在臺地者閩人與粵人適均而閩多散處粵恆萃居其勢常不敵也康熙辛丑朱一貴爲亂始事謀自南路粵莊中繼我師破入安平甫渡府治南路粵莊則率眾先迎稱爲義民粵莊在臺能爲功首亦爲罪魁今始事謀亂者既已伏誅則義民中或可分別錄用以褒

向義加以嚴行保甲勤宣

聖諭使食毛踐土之眾一其耳目齊其心志則粵民皆良民也何以禁爲故曰聖王不易民而化（理臺末議）

南路澹水三十三莊皆粵民墾耕辛丑變後客民（閩人呼粵人曰客仔）與閩人不相和協再功加外委數至盈千奸良莫辨習拳勇喜格鬬倚恃護符以武斷於鄉曲保正里長非粵人不得承充而庇惡掩非率徇隱不報余時飭所司調劑而檢察之報滿擬陳請將外委多人分發閩廣各標營差操能者授以職不堪委用者斥還本籍不惟可清冒濫亦以殺其勢也尋被誣就質於杭不果

臺海使槎錄卷四終

台海使槎錄 下

臺海使槎錄卷五

大興黄叔璥撰

番俗六考

臺盡番地也雕題鬋髮蟻雜蜂屯海外于役實以綏輯爲難荼聆

聖訓以臺地土庶盡閩之漳泉粤之惠潮無長子孫以世居者諸番迺土著之民其令有司撫恤之余始來此見其盱睢渾噩質勝而野迨歷其境止其舍目擊其飲食動息與中土人民無二長跪送迎悚然知惕既以傔從兵弁秋毫不犯則又驩然交欣瀕行耄孺攀依不忍舍此固天性未漓豈降才爾殊耶近者社中間有讀四子書習一經者鼓舞化導不可變狉榛而文物耶番社不一俗尚各殊比而同之不可也余撮其大要凡六檄行南北兩令於各社風俗謌謠分類詳註爲番俗六考於以識我

朝重熙累洽光天之下至於海隅蒼生守土者懍遵

謨訓殫心拊循毋謂異類而莫之恤修教齊政以昭中外同風之盛實有厚望焉

北路諸羅番一

新港　目加溜灣一名灣裏　蕭壠　麻豆　卓猴

居處

作室名園先以竹木結成椽桷編竹爲牆蓋以茅草爲兩大扇中竪大梁備酒豕邀請番衆舉上兩扇合爲屋狀如覆舟寬二丈餘長數丈前後門戶疏通夫妻子女同聚一室門兩旁上下丹艧采色燦然可觀舍內地淨無塵前廊竹木鋪設如橋俯欄頗亦有致鑿木板爲階梯木極堅韌或以相思木爲之又一種木文理樛結如榿梨狀從內山採出番亦不名何木高可五六尺入室者拾級而入

飲食

飯凡二種一占米煮食一篾籣貯糯米置釜上蒸熟手團食日三飧出則裹腰間　酒凡二種一舂秫米使碎嚼米爲麴置地上隔夜發氣拌和藏甕中數日發變其味甘酸曰姑待婚娶築舍捕鹿出此酒沃以水羣坐地上用木瓢或椰碗汲飲之酒酣歌舞夜深乃散一將糯米蒸熟拌麴入籮籃置甕口津液下滴藏久色味香美遇貴客始出以待敬客必先嘗而後進　凡捕魚於水清處見魚發發用三叉鏢射之或手網取之小魚熟食大則醃食不剖魚腹就魚口納鹽藏甕中俟年餘生食之　捕鹿名曰出草或鏢或箭帶犬追尋獲鹿卽剝割羣聚而飲臟腑醃藏甕中名曰膏蚌鮭餘肉交通事貿易納餉

衣飾

衣黑白不等俱短至臍名籠仔用布二幅縫其半於背左右及腋而止餘尺許垂肩及臂無袖披其襟衣長至足者名褸暑則圍二幅半烏布寒則披褸近亦有傚漢人衣褌者番婦衣短至腰或織茜毛於領或緣以他色腰下圍幅布旁無襞積爲桶裙膝以下用烏布十餘重堅束其腓至踝頭上珠飾名曰沙其落瑪瑙珠名曰卑那萘頸掛銀錢約指螺貝及紅毛錢瓔珞纍纍盤繞數

帀名曰夏落臂釧東洋鐲銅起花鐲或穿瑪瑙爲之手圈名曰龜老若遇種粟之期羣聚會飲挽手歌唱跳躑旋轉以爲樂名曰遇描堵

麻達走遞公文插雉尾於首手背繫薩豉宜以鐵爲之狀如捲荷長三寸許展足闊捷腳掌去地尺餘撲及其臂沙起風飛手鐲與薩豉宜相擊丁當遠聞瞬息數十里　習紅毛字者曰教冊用鵝毛管削尖注墨汁於筒湛而橫書自左而右登記符檄錢穀數目暇則將鵝管插於頭上或貯腰間

婚嫁

婚姻名曰牽手訂盟時男家父母遺以布麻達（番未娶者）成婚父母送至女家不需媒妁至日執豕酌酒請通事土官親戚聚飲賀新婚名曰描罩佳哩夫婦反目卽離異男離婦罰酒一甕番銀三餅女離男或私通被獲均如前例其未嫁娶者不禁若配合已久造高架坐婦於上舁迎諸社中番衆贈遺色布歸宴同社之衆則永無離異

喪葬

番死曰馬歹不論貧富俱用棺埋厝內以平日衣服器皿之半殉之喪家衣俱著皁色以示不變父母兄弟之

喪俱一年夫死一年後改適必自爲擇定告前夫父母及所生父母而後嫁

器用

耕種如牛車犂耙與漢人同厝內器皿各殊汲水用匏飯俱用椰椀螺殼捕鹿用鏢箭炊飯用鐵鐺亦用木扣陶土爲之圓底縮口微有唇起以承甑以石三塊爲竈置木扣於上以炊近亦築竈間置桌椅及五綵瓷器非以資用爲觀美耳　螺錢皆漢人磨礲而成圓約三寸中一孔以潔白者爲上每圓値銀四五分如古貝式各社皆然

附番歌

新港社別婦歌

馬無艾幾喇（我愛汝美貌）唷無晃米哖（不能忘）加麻無知各交（實實想念）麻各巴圭里文蘭彌勞（我今去捕鹿）查美狡呵呵孛沈唷無晃米哖（心中輾轉愈不能忘）奚如直落圭哩其文蘭（待捕得鹿）查下力柔下麻勾（回來便相贈）

蕭壠社種稻歌

呵搭喃其礁（同伴在此）加朱馬池唎唭麻如（及時播種）包烏投烏達（要求降雨）符加量其斗逸（保佑好年冬）知葉搭著礁斗逸（到冬熟後）投滿生唭呬僉藍（都須備祭品）被離離帶明音免單（到田間謝田神）

麻豆社思春歌

唉加安呂燕（夜間難寐）音那馬無力圭吱腰（從前遇著美女子）礁嗎圭礁勞音毛嚼（我昨夜夢見伊）沒生交耶音毛夫（今尋至伊門前）孩加末生吱連（心中歡喜難說）

灣裏社誡婦歌

朱蓮麼吱匏裏乞（娶汝衆人皆知）加直老巴綠煙（原爲傳代）加年呀嗄加犂蠻（須要好名聲）拙年巴恩勞勞呀（切勿做出壞事）車加犂末礁嘮描（彼此便覺好看）

附載

土番初以鹿皮爲衣夏月結麻枲縷縷掛於下體後乃漸

易幅布或以達戈紋（番自織布名）為之數年來新港蕭壠麻豆目加溜灣諸番衣褌半如漢人冬裝綿哆囉嘓諸羅山亦有倣傚者（雜記）

余與黃巖顧敷公過大洲溪歷新港社加溜灣社麻豆社雖皆番居然嘉木陰森屋宇完潔不減內地村落顧君曰新港加溜灣歐王（即蕭壠）麻豆於偽鄭時為四大社令其子弟能就鄉塾讀書者蠲其徭役以漸化之四社番亦知勤稼穡務蓄積比戶殷富又近郡治習見城市居處禮讓故其俗於諸社為優歐王近海不當孔道尤富庶惜不得見過此恐日遠日陋矣然觀四社男婦被髮不褌猶沿舊習

各社終身依婦以處皆以門楣紹瓜瓞父母不得有其子故一再世而孫且不識其祖矣番人皆無姓氏有以也（稗海紀遊）

新港加溜灣二社為一邑孔道凡奉差至者將照身一出練保人等不知何事并不知何名畫則支給酒食夜則安頓館舍然燈進饌折勒規例臨行供應夫車一人必坐一乘日撥數起或二三十起欲概行應付則民力可憐抗阻則獲罪非小（東寧政事集）

四社地邊海空闊諸番饒裕者中為室四旁列種果木廩囷圈圉次第井井環植莿竹至數十畝（諸羅志）

郡中造船出水最艱所司檄四社番眾牽挽歲以為常聞金一鳴鼓力並進事畢官酬以煙布糖丸新港蕭壠麻豆各番昔住小琉球後遷於此

孫元衡加溜社詩自有蠻兒能漢語誰言冠冕不相宜此牛帶雨晚來急解得沙田種芋時

北路諸羅番二

諸羅山　哆囉嘓（一作倒咯嘓）　打貓

居處

結室曰必堵混每興工糾合眾番互相為力通門於兩脊頭不事繪畫舉家同室而居僅分袵席而已

飲食

酒二種一用未嫁番女口嚼糯米藏三日後略有酸味為麴舂碎糯米和麴置甕中數日發氣取出攪水而飲亦名姑待酒一種與新港等社同飯亦如之　每年以二月二日為年一社會飲雖有差役不遑顧也

衣飾

番婦頭帶小珠曰賓耶產盤髮以青布大如笠頭項圍繞白螺錢曰描打臘男婦衣服黑白俱短至臍掩蔽下體及束腓專用皁布　每換年男女豔服簪野花或纏以金絲藤相聚會飲手帶鐵鐲環名曰沙璽卑將散麻

達手腕縛草垂地鬪走而歸曰勞羅東隨插此草戶上三日以爲大吉　社中亦間有倣漢人戴帽著韡者

婚嫁

婚姻曰帶引那夠番名搭覔璽初訂姻男家贈頭箍以草爲之名搭搭干或以車螯一盂爲定將成婚男婦兩家各須親屬引男至女家婚配通社飲酒相慶名曰馬女無夏男家更以銅鐵手釧及牲醪送女家或夫婦離異男離婦者罰粟十石婦離男者亦如之男未再娶婦不得先嫁反是罰番錢二圓私通被獲投送土官罰酒豕鳴於眾再罰番錢二圓未嫁娶之男女不許也　哆

囉嘓社成婚後男女俱折去上齒各二彼此謹藏以矢終身不易

喪葬

家有喪曰描描產置死者於地男女環遶一進一退抵掌而哭用木板四片殮葬竹圍之內蓋一小茅屋上插雞毛井小布旗以平生什物之半懸死者屋內喪服披烏布於背或絆烏帶於肩服三月滿夫死婦守喪亦三月即改適先告父母後自擇配與新港等社期年除服先後擇配不同

器用

捕鹿弓箭及鏢俱以竹爲之弓無弰背密纏以籐苧繩爲弦漬以鹿血堅韌過絲革射搭箭於左箭舌長二寸至四寸不等傅翎略如漢製而翦其梢鏢桿長五尺許鐵鏃鋒銛長二寸許有雙鉤長繩繫之用時始置箭端遇鹿麃一發即及雖奔逸而繩掛於樹終就獲焉亦用以防夜於竹寮高望巡哨持挨牌以蔽身木皆斜紋箭不能入　諸番與漢人貿易家中什物亦有窯器釜鐺之屬近亦間置桌椅又製葫蘆爲行具大者容數斗出則隨身旨蓄毯衣悉納其中遇雨不濡遇水則浮　寢以竹片鋪地藉以鹿皮富者列木牀於舍以爲觀美夜

仍寢於地枕木如小凳

附番歌

哆囉嘓社麻達遞送公文歌

喝逞哄蘇力(我遞公文)麻什速哄什速(須當緊到)沙迷哄呵奄(走如飛鳥)因忍其描林(不敢失落)因那哄嗌包通事哄洪喝兠(若有遲悞便爲通事所罰)

打貓社番童夜遊歌

麻呵那乃留唎化呢(我想汝愛汝)麻什緊吁哞化(我實心待汝)化散務那乃哞麻(汝如何愛我)麻夏劄哞因那思呂流麻(我今回家可將何物贈我)

諸羅山社豐年歌

麻然玲麻什勞林（今逢豐年大收）蠻南無假思毛者（約會社眾）宇烈然輿沙無嘎（都須釀美酒）宇烈嘮來奴毛沙喝嘻（齊來賽戲）麻什描然麻什什（願明年還似今年）

北路諸羅番三

大武郡　貓兒干（一作麻芝干）　西螺　東螺　他里霧　猴悶　斗六（一名柴裏）　二林　南社　阿東　大突　眉裏　馬芝遴

居處

自新港蕭壠麻豆大武郡南社灣裏以至東螺西螺馬

芝遴填土為基高可五六尺編竹為壁上覆以茅茆簷深邃垂地過土基方丈雨暘不得侵其下可舂可炊可坐可臥以貯笨車網罟雞塒豕欄架梯入室極高聳宏敞門繪紅毛人像他里霧斗六門亦填基為屋較此則卑狹矣　麻達夜宿社寮不家居恐去社遠致妨公務也

飲食

飯一日占米清晨煮熟置小籐籃內名霞籃或午或晚臨食時沃以水一糯米炊蒸為飯製酒與哆囉嘓諸社同　每年以黍熟時為節先期定日令麻達於高處傳呼約期會飲男女著新衣連手蹋地歌呼嗚嗚　捕鹿採魚自新港以至澹水俱相等各社俱不敢食犬東西螺食豬肉連毛燔燎肝則生食肺腸則熟而食之　二林捕魚番婦或十餘或數十於溪中用竹籠套於右胯眾番持竹竿從上流毆魚番婦齊起齊落抑魚籠內以手取之

衣飾

衣達戈紋用苧織成領用茜毛織以紅紋為衣長只尺餘釘以排扣下體用烏布為蔽長二尺餘炎天則結麻片為之縷縷四垂圍繞下體以為涼爽且便於渡水

他里霧以上多為大耳其始先用線穿耳後用蠔殼灰漆木或螺錢或竹圈用白紙裹之塞於兩耳名曰馬卓裸人叢笑篇云番造大耳幼鑽困實以竹圈自少至壯漸大如盤汚以土粉取飾觀云或曰番婦最喜男子耳垂至肩故競為之　二林不為大耳皆帶銅錫墜長衣麻達頂髮分兩邊梳結兩髻曰對對　東西螺番幼時剔髮約十餘歲留髮待成婚後剔去周圍之髮所留頂髮較辮稍大臂腕束以鐵釧有兩手用五六十者或用蛤釧或縛手腕以草長垂至地如塵拂狀曰下侯落編籐束腹每倒身為之以圖就細凡差役皆麻達所任東

腹奔走倍爲趫捷成婚則去之　馬芝遴番頭帶木梳或插竹簪或插螺簪鹿角簪名曰夏基網

婚嫁

自幼訂姻用螺錢名阿里捫及笄女家送飯與男家男家亦如之定婚期番媒於五更引壻至其家天明告其親讌飲稱賀亦有不用定聘薄暮男女梳妝結髮徧社戲遊互以嘴琴挑之合意遂成夫婦琴以竹爲弓長可四寸虛其中二寸許釘以銅片另繫一小柄以手爲往復脣鼓動之其俗惟長男娶婦於家餘則出贅南社番夫婦雖反目終不離異下四社任意離合東螺社幼時

兩家倩媒說合男家用螺錢三五枚爲定娶時再用數錢或姊妹妯娌迎新婦入門男女並坐杵臼上移時而起女戴搭搭干用篾爲之嵌以蛤圈及燒石珠插以雉尾爲飾三日後新婦隨姑請母氏會飲

喪葬

父母死服皁衣守喪三月屍瘞厝邊富者棺木貧者草席或鹿皮襯土而殯生前什物俱殉其半

器用

出入必佩小刀舍中置鹿頭角有疾者沐髮用以擊之即瘥　夜無燈用松木片植石上然之名搭貯屢　番

婦用圓木挖空爲機圍三尺許面口如槽名普魯以苧麻撚線或用犬毛爲之橫竹木桿於機內卷舒其經綴線爲綜擲緯而織名達戈紋又織麻布名老佛　鼻簫長可二尺亦有長三尺者截竹竅四孔通小孔於竹節之首用鼻橫吹之或如簫直吹名獨薩里又打布魯以木爲之如噴吶狀聲亦相似皆麻達游戲之具

附番歌

大武郡社捕鹿歌

覺夫麻熙蠻乙丹（今日歡會飲酒）麻覺音那麻嘈斗六府嗎（明日及早捕鹿）麻熙棉達仔斗描（回到社中）描音那阿隴仔斗六府嗎（人人都要得鹿）斗六府嗎麻力擺鄰隨（將鹿易銀完餉）嘎隨窪頑熙蠻乙（餉完再來會飲）

二林馬芝遴貓兒干大突四社納餉歌

吧圓吧達敘每鄰（耕田園）其嗎耶珍那（愛好年景）夫甲馬溜文蘭（捕鹿去）其文蘭株屢（鹿不得逸）甘換溜沙麻力岐甘換（易銀得餉）（早完餉）馬尤耶哖耶其唎印耶（可邀老爺愛惜）圖含呵煞平萬耶嚎其喃買逸（我等回來快樂飲酒酬歌）

南社會飲歌

吧老灣唭嗎流末矢（耕田園遇好年歲）吧思沙螺吧思轆鎖（收得）（麻收得米）馬溜文蘭唭打咳（且捕得鹿多）打茅打柰打匏公串耶

奢（父子祖孫齊來飲酒）招彌流嚎唭喃買逸（歡呼歌唱為樂）

他里霧社土官認餉歌

礁包須嗎喝嘶連（請社眾聽說）因納率東呀通事罕餉（我今同通事認餉）因許麻吧那（爾等須耕種）愛化美忝無那（切勿飲酒失時）閑那東呀罕餉切耶（俟認餉畢）閔留美忝喃唧麼（請爾等來飲酒）

斗六門社娶妻自誦歌

夜描拔屢描下女（今日我娶妻）別言毛哈唧呼（請來飲酒）尤唧描咿林尤林（日後我生子生孫）由拔屢別言毛哈唧呼（再娶妻又請來飲酒）

東西螺度年歌

吧園吧達敘每鄰無那（耕田園）馬流平唧珍那麻留呵嗒（愛年歲收成）夫甲馬溜文蘭（捕鹿）甘換麻文欣麻力（易銀完餉）密林嗎流唧嚎嘩含（可去釀酒過年）

阿束社誦祖歌

嗎留耶茅務嗎吧那（我祖翁最勇猛）麻里末文蘭布務務巴那（遇鹿能活捉）吧出呂嗔甲買打招（鬬走直同於馬）布務務勃阿沙彌（遇酒縱酣飲不醉）

附載

大武郡之女時以細砂礪齒望若編貝（外紀）

大武郡社文身者愈多耳輪漸大如椀獨於髮加束或為三叉或為雙角又以雞尾三羽為一翿插髻上迎風招颭以為觀美（稗海紀遊）

東西螺以北番好飼馬不鞍而馳驟要狡獸截輕禽豐草長林屈曲如意擇牝之良者倍價而易之以圖孳息　斗六門舊有番長能占休咎善射日率諸番出捕鹿諸番苦焉共謀殺之血滴草草為之赤社草皆赤諸番悉以疫死無噍類今斗六門之番皆他社來居者（諸羅志）

臺灣令周鍾瑄詳稟估修船料悉取材於大武郡社山去府治四百餘里鋸匠人夫日以數百計為工須數閱月每屬工人俱領官價纔十餘兩尚不足支一日之費凡食用僱夫等項每匠勻派以補不足工完方止此為

工匠之苦工料辦齊郡縣檄催每縣約需車四百輛每輛計銀三兩五錢照丁派銀保大丁多者每丁派至三錢保小丁少者派四丁一輛是每丁出銀八錢合計三縣共派四千有零所領官價纔每屬三十餘金此為里民之苦至重料悉派番運內中如龍骨一根須牛五十餘頭方能拖載而梁頭木舵亦復如之一經興工番民男婦日夜不甯計自山至府若遇晴明半月方至此為番民之苦今歲估修不過數隻害已如此若明歲大修三十餘隻臺屬遺黎恐難承受不去為盜有相率而死耳當事允其請力為禁止

東螺貓兒干間有讀書識字之番有能背誦毛詩者口
齒頗真往來牌票亦能句讀阿束番童舉略讀下論志
大諳栖俱讀上論并能默寫蒙師謂諸童聰慧日課可
兩頁但力役紛然時作時輟不能底於有成耳
舊阿束社於康熙五十七年大肚溪漲幾遭淹沒因移
居山岡今經其地社寮就傾而竹圍尚鬱然蔥蒨也過
此則極目豐草高沒人身中有車路荒榛埋輪涉大肚
溪行山麓間竹樹蔽虧遠岫若屏幾不知為文身之鄉
矣
斗六門舊社去柴裏十餘里在大山之麓數被野番侵

殺後乃移出今舊社竹圍甚茂因以為利逐年土官派
撥老番數人更番輪守
孫元衡過他里霧詩翠竹陰陰散犬羊蠻兒結屋小如箱
年來不用愁兵馬海外青山盡大唐(番稱內地為唐)　舊有唐人
三兩家家家竹徑自迴斜小堂蓋瓦窗明紙門外檳榔新
作花　還過他里霧林黑澗逾響天青山更高諸番能跪
拜前隊肅弓刀臥篳惟功狗(番人最珍猛犬)喧枝盡伯勞(林無他鳥惟伯
勞爭鳴)　不因程計日待獵看風毛　西螺北行秋陰近午喜
妍和綠野空明霽色多雲盡山低應到海沙奔水亂各成
河蠻陬蠢蠢妻和子舌語醒醒轍且歌未解卜居何地好

略關形勝有干戈
余壬寅仲冬過斗六門作牆陰蕉葉依然綠瓏畔桃花
自在紅冬仲何殊春候暖蠻孃嬉笑竹圍東
北路諸羅番四
大傑巔　大武壠　噍吧年　木岡　茅匏頭社
(郎大年咔)　加拔(一作茄茇)　霄裏　夢明明(自頭社以下皆生番)
居處
住室曰達勞平地築土作基大木為梁剉竹結椽桷為
蓋眾擎而覆之落成全室歡飲
飲食

飯漬米水中經宿雞鳴蒸熟食時和以水糯少則兼食
黍米酒用糯米炊熟燒禾草作麴攪米飯藏甕中過六
日取出沃水而飲魚蝦鹿麂俱生食
衣飾
番男以布八尺圍身曰羅翁腰以下用四尺圍蔽或以
達戈紋緣領番婦項帶珠串曰麻海譯手足腕俱束以
銅圈曰堵生聲遇吉事則衣皆白色羣聚飲啖醉後歌
唱跳舞以為樂
婚嫁
娶妻曰匏治需未娶婦曰佳老歪賀新婚曰備力力其

搭學其俗先通後娶將娶則送珠仔爲定名曰毛里革用木櫃置布匹達戈紋送至女家三日後置酒大會女家亦邀會飲夫婦相離曰放手男未再娶女不敢嫁先嫁者罰牛豕不等通姦被獲鳴衆聲罪罰以酒豕未嫁娶男女罰依前例

喪葬

番死名麻八歹當未葬時在社鳴鑼喪家披髮皁布裹頭面止露兩目親屬酹死者以酒哭盡哀以大窰缸作棺瘞本厝內夫死一月服滿婦告父母他適

器用

飲食無椀箸用匏斗狀如葫蘆口小腹大可藏米數斗各社皆有大武壠礁吧年二社尤多貯物用筐及藤籃耕種則用刀斧砍伐樹根栽種薯芋亦有塡築薄岸爲田播插稻秧者

附番歌

大傑巓社祝年歌

臨臨其斗寅（今年）過尋唧嗼什剢格嗼圭甲（爲粉餈殺雞）施里西奇文林（祭天地）匏打鄰其斗寅麻亮其斗寅（祝新年勝去年）嗒學嗄葛嗼唦因（倍收穫食不盡）

大武壠社耕捕會飲歌

毛務麻亮其斗寅（耕種勝往年）遏投嗎喙務那其壘（同去打鹿莫遇）（生番）媽毛買仍艾奇打喙（社衆呼釀美酒）美樂烘嵜嗒奇打喙嗎萌（齊來乘興飲酒至醉）

附載

大武壠內社九大離蚌社礁吧年社邦鶻社內踏綱社敦里礁吧裹社萬打籠社藤橋頭社內優社美壠社（諸羅志）

大武壠南爲八里打難東爲達里打猿俱生番與傀儡番通

羅漢內門外門田皆大傑巓社地也康熙四十二年臺諸民人招汀州屬縣民墾治自後往來漸衆耕種採樵

每被土番鏢殺或放火燒死割去頭顱官弁詰捕而相近者爲木岡武洛大澤機遠之爲內幽諸社生番環聚緝治爲艱立界絕其出入可以杜患矣

莊秀才子洪云康熙三十八年郡民謝鸞謝鳳偕堪輿至羅漢門卜地歸家俱病醫療罔效後始悟前曾乞火於大傑巓番婦必爲設向適郡中有漢人娶番婦者因求解於婦隨以口吮鸞鳳臍中各出草一莖尋愈番婦自言初學咒時坐臥良久如一樹在前卧而誦向樹立死方爲有靈諸羅志作㽊詛咒名向先試樹木立死解而復蘇然後用之不則恐能向不能解也入舍無敢胠

筐採囊擅其技者多老番婦田園阡陌數尺一杙環以繩雖山豕麋鹿弗敢入漢人初至摘啖果蓏脅立牖求其主解之轉瞬平復如初近年附郭諸社畏怯不敢爲稍遠則各社皆有或於笭箵中取鵝卵石置於地能令飛走喝之則止

北路諸羅番五

內優（一作內幽附大武壠納餉）　壠社　屯社　綱社　美壠

（自壠社以下俱生番）

居處

倚山掘土狀若穴居以沙石版代甎瓦或用木及茅竿

草爲之闊不一式高不盈丈生畜俱養於內子女嫁娶則另築之

飲食

壘巘深溪樹木蓊薈平原絕少山盡沙石種黍秫薯芋俱於石罅鑿孔栽植黍秫熟留以作酒先以水漬透番婦口嚼成粉置甕中或入竹筒亦用黍稈燒灰攪成米麴發時飯或黍秫和入旬日便成新酒客至漉糟番輪飲之遠出則開鑿地穴置芋薯於中火煨以土覆之隨手取食可代餱糧射生禽鏢麋鹿炙而食之生亦不厭也

衣飾

男女多著鹿皮或織樹皮苧麻爲布極粗厚日以作褸夜以覆體今與漢人交易布疋男以布尺餘遮前後體畢露以皮爲帽不畏荆棘吉事則以鳥羽爲飾婦俱以布裹頭

婚嫁

男女私合父母知之則飲會議婚同飲者倩一人爲媒遂定偶工作之暇兩家訂期釀酒成婚或娶或贅不等

喪葬

男婦彌留將生平所有之衣盡著於體既死衣盡脫去

裸葬厝內哀哭數日無居喪儀節

器用

耕田用小鋤或將堅木炙火爲鑿以代農器短刀鏢箭與眾社無異

北路諸羅番六

南投　北投　貓羅　半線　柴仔阬　水裏

居處

屋曰夏堵混以草爲蓋或木或竹爲柱厝蓋葺茅編成邀眾番合於脊上大小同居一室惟未嫁者另居一舍曰貓鄰

飲食

食米二種一占米一糯米每晨淘淨入籃筐内置釜蒸食外出裹腰間手取食之爲酒亦如内優等社魚蝦鹿肉等物先炙熟再於釜内煎煮半線以北取海泥鹵曝爲鹽色黑味苦名幾魯以醃魚蝦

衣飾

衣用達戈紋或用皁布白布俱短至臍每年二月間力田之候名換年男女俱衣雜色綢紵紅襖曰包練或妝蟒錦繡爲之番婦頭帶紗頭箍名荅荅悠用白獅犬毛作線織如帶寬二寸餘嵌以米珠飲酒嫁娶時戴之番

最重此犬發縱指示百不失一或以牛易之尚有難色項掛衣堵（瑪瑙珠名）眉打喇（螺錢名）數十八挽手而唱歌呼蹈蹄音頗哀怨麻達兩耳如環實以木板螺殼已娶者曰老纖則去塞耳以分別長幼

半線以上多採樹皮爲裙白如苧曉行以禦湛露晞則褪之（諸羅志）

婚嫁

婚姻曰絲堵混未娶婦曰打貓堵男家父母先以犬毛紗頭箍爲定或送糯飯長則倩媒娶時宰割牛豕會衆敘飲男贅女家亦如之如有兩女一女招男生子則家業悉歸之一女即移出如無子仍同居社寮夫婦反目男離婦必婦嫁而後再娶婦離男必男娶而後再嫁違則罰牛一隻車一輛通姦被獲男女各罰牛車未嫁娶者不禁　半線社多與漢人結爲副遯副遯者盟弟兄也漢人利其所有託番婦爲媒先與本婦議明以布數匹送婦父母與其夫結爲副遯出入無忌貓兒干東西螺大武郡等社亦踵此惡習但不似半線太甚耳

喪葬

番死老幼裹以草席瘞本厝内平生衣物爲殉親屬葬畢必浴身始入厝喪家不爲喪服十日不出戶衆番呼

爲馬鄰夫亡婦改適必逾兩月告知父母姑舅許諾乃擇配

器用

耕種捕鹿具與衆番同惟採魚兼用篾笱炊以三石塊爲竈螺蛤殼爲椀竹筒爲汲桶

附番歌

南北投社賀新婚歌

引老綸堵混（爾新娶妻）其衣堵眉打喇（我裝珠飾貝）蠻乙丹綸堵混（慶賀新婚）引老覺夫麻熙蠻乙丹（爾須留我飲賀酒）

半線社聚飲歌

眞角夫甲文南（捕得鹿）支備辰呵打（收得米）密林嗎流呵嚎（做下酒）保務務其阿肖萬什呵嚎（社衆齊來賽戲會飲）

附載

半線番童趕善讀下孟大眉盈之俱讀下論宗夏讀上論商國讀大學

山有野牛民間有購者衆番乘馬追捕售之價減熟牛一半

余晚次半線作憶昔歷下行龍山豁我情今茲半線遊秀色欲與爭林木正蓊蘙嵐光映晩晴重岡如迴抱澗溪淸一泓（北爲大肚溪）大里社數百家對宇復望衡番長羅拜跪竹綵見童迎（麻達用雙竹結紅綵以迎）女孃齊度曲頫首欵噫嗚（番歌先以欵噫發聲）瓔珞垂項領跣足舞輕盈鬭捷看麻達飄颻雙羽橫薩豉聲鏗鏘（薩豉宜見前）奮臂爲朱英（紅布懸竹竿爲幟麻達先至者奪之）王化眞無外裸人雜我氓安得置長吏華風漸可成

臺海使槎錄卷五終

臺海使槎錄卷六

大興黃叔璥撰

番俗六考

北路諸羅番七

阿里山五社　踏枋（盧麻產）　鹿堵（干仔務）　唭羅婆　奇冷岸

大龜佛　水沙連思麻丹　木武郡赤嘴（一名刺嘴箍）

麻咄目靠　挽鱗倒咯　狎裏蟬巒蠻　干那

霧

居處

築室曰濃密架木爲梁鑿鬆石片爲牆（鬆石內山所出鑿之成片）上以石片代瓦亦用以鋪地遠望如生成石室比屋相連如同內地街衢與外社迥殊男女未婚嫁另起小屋曰籠仔曰公廨女住籠仔男住公廨

飲食

內山多麥豆少米穀芋薯則掘地爲穴積薪然火置芋灰中仍覆以土飢則出而食之黍米爲酒曰老勿釀製會飲與別社同魚爲醢俟有臭味乃食凡物生食居多惟鹽取給於外

衣飾

衣用鹿皮樹皮橫聯於身無袖間有著布衫者捕鹿時

以鹿皮搭身皮帽皮鞋馳逐荆棘中番婦衣自織達戈紋又名府律式掛青紅南把珠於項亦漢人所製收粟時則通社歡飲歌唱曰做田攜手環跳進退低昂惟意所適

婚嫁

婚姻曰閔言未娶曰胡仔轄亦曰麻達未嫁曰麻里氏冰不待父母媒妁以嘴琴挑之相從遂擁眾挾女以去勢同攘敚後乃以刀斧釜鐺之屬爲聘女家以雞豕達戈紋酬之通社羣聚歡飲與外社男贅女家不同夫婦離異女將原聘歸還聽其他適　水沙連北港女將嫁

時兩頤用鍼刺如網巾紋名刺嘴箍不刺則男不娶

喪葬

凡遇父母兄弟夫婦之喪頭裹皁布號哭十日不言不笑不履門外葬用石板四片築四方穴屈曲屍膝坐埋於中上蓋以石板覆以土

器用

耕種用小鋤短刀掘地而種行則貨物貯皮囊戴於頭上炊用木扣以代鐺

附載

水沙連雖在山中實輸貢賦其地四面高山中爲大湖湖中復起一山番人聚居山上非舟莫卽番社形勝無出其右自柴里社轉小徑過斗六門崎嶇而入阻大溪三重水深險無橋梁老籐橫跨溪上往來從籐上行外人至輒股慄不敢前番人慣行不怖也其番善織罽毯染五色狗毛雜樹皮爲之陸離如錯錦質亦細密四方人多欲購之常不可得番婦亦白皙姸好能勤稼穡人皆饒裕番境補遺

阿里山離縣治十里許山廣而深峻番剽悍諸羅山哆咯嘓諸番皆畏之遇輒引避崇爻社餉附阿里山然地最遠越蛤仔難以南有猴猴社云一二日便至其地多生番漢人不敢入各社夏秋划蟒甲獨木舟名載鹿脯通草水藤諸物

順流出近社與漢人互市漢人亦用蟒甲載貨以入灘流迅急船多覆溺破碎雖利可倍蓰必通事熟於地理乃敢孤注一擲　水沙連四州大山山外溪流包絡自山口入爲潭廣可七八里曲屈如環圍二十餘里水深多魚中突一嶼番繞嶼以居空其頂頂爲屋則社有火災岸草蔓延繞岸架竹木浮水上藉草承土以種稻謂之浮田隔岸欲詣社者必舉火爲號社番划蟒甲以渡嶼中圓淨開爽青嶂白波雲水飛動海外別一洞天諸羅志

阿里山乃總社名內有大龜山之大龜佛社霧山之干仔霧社羅婆山之嗚囉婆社束髻山之沙米箕社八童

闞山之鹿堵社溜籐山之阿拔泉社朝天山之踏枋社豬母嘮社（一作肚武眘）共八社納餉者五社盧麻產社今無番皆民居康熙五十六年瘴癘死亡甚眾遂徙居於阿拔泉社附阿里山合徵者又崇爻山後九社崇爻社竹腳宣社（一作郎加宣）描丹社薄薄社芝舞蘭社多難社（一作倒咯满）芝密社水輦社筠椰椰社或云八社之外又有礁那女嗎社打馬郎社嗎老因籠社巴只力社龜𡨴社伊碎擺社有至崇爻社者自倒咯嘓用土番指引盤山逾嶺涉澗穿林計程五日夜方至由民仔里武三日可至蛤仔難但峻嶺深林生番錯處漢人鮮至或云水沙連過

湖半日至加老望埔一日至描里眉一日至眉加堞一日至望加臘一日至福骨一日半至買槽無老又一日半至民仔里武二日至蛤仔難社由描里眉二日至斗截半日至倒咯嘓過大山數重四日夜可抵崇爻社路極崎嶇坑塹險阻難於跋涉若陰雨水漲更難計程由澹水從山後行路稍平易

水沙連社地處大湖之中山上結盧而居山下耕鑿而食湖水縈帶土番駕蟒甲以通往來環湖皆山層巒險阻屬番二十餘社各依山築居山谷巉巖路徑崎嶇惟南北兩澗沿岸堪往來外通斗六門竹腳寮乃各社總路隘口通事築室以居焉水沙連集集决里毛碎巒蠻木靠木武郡又子黑社佛子希社亦木武郡轄挽鱗倒咯大基描丹蛤里爛等社名為南港加老望埔描里眉斗截平了萬致務倒咯嘓眉加碟望加臘福骨描里八描里旺買槽無老等社名為北港或云北港尚有買辪買唐於老二社南港之番居近漢人尚知有法而北港之番與悠武乃等社野番接壤最為兇頑巴老完問仔眉觸甲描楮江四社昔屬水沙連統轄今移於巴老完合夥同居與民仔里武俱通於悠武乃生番矣通事另築寮於加老望埔撥社丁置煙布糖鹽諸物以濟土番

之用售其鹿肉皮筋等項以資課餉每年五月弔社七月進社共計十箇月可以交易完課過此則雨多草茂番無至者

康熙六十年阿里山水沙連各社乘亂殺通事以叛六十一年邑令孫魯多方招徠示以兵威火礮賞以煙布銀牌十二月阿里山各社土官毋落等水沙連南港土官阿籠等就撫雍正元年正月水沙連北港土官麻思來等亦就撫

惠安太學黃吳祚題水沙連圖詩二十（平聲）餘社盡邊湖南北沿崖仄徑紆斗六門來通一線諸番形勝島中無　五

色尨毛雜樹皮織成罽毯世稀奇蠻孃姸好珠垂項不見做田歌舞時

余咏水沙連社三首水沙連在萬山中一嶼環湖映碧空員頂淨明傍作屋渡頭煙火小舟通　土乘水上作浮田竹木交加草蔓延最是此間勤稼穡能同輸賦足豐年　湖中員嶼外重溪三跨横藤人自迷此境若非番社異武陵洞口認花蹊

北路諸羅番八

大肚　牛罵　沙轆　貓霧捒一作麻務捒　岸裏

阿里史　樸仔離　掃捒　烏牛難

居處

大肚諸社屋以木爲樑編竹爲牆狀如覆舟體制與各社相似貓霧捒諸社鑿山爲壁壁前用木爲屏覆以茅草零星錯落高不盈丈門戶出入俯首而行屋式迥不同外社

飲食

酒飯各二種飯不拘秫糯炊而食之或將糯米蒸熟舂爲餅餌名都都酒用黍米浸水越宿舂碎和以草麴三五日發氣水浸飲之一將糯米炊飯拌麴置桶中逾三日澄汁蒸酒番極珍之魚蝦麞鹿與南北投等社無異惟沙轆牛罵不食牛牛死委於道旁

衣飾

男婦頭貫骨簪曰打拉所掛之珠曰立頂帶瑪瑙珠曰牙堵螺牌曰夏力什素衣服不論皁白俱短至臍與各社同嫁娶俱著紅衣貓霧捒岸裏以下諸社俱衣鹿皮并以皮冒其頭面止露兩目

婚嫁

婚姻曰三問男女先私通投契男以銀錫約指贈女爲定曰貓六女倩媒告之父母因爲主配或娶或贅屆期會衆設牲醪相慶不諧卽離婦不俟夫再娶先嫁罰酒

一瓮私通被獲鳴通事土官罰牛一未嫁娶者勿論岸裏各社完婚三五日男往女家女往男家各以酒物相餽不則絶往來

喪葬

番死喪葬及浴身入室與南北投等社同守服十二日不出戶親戚送飯十二日後請番神姊祈禳除服婦服滿任自擇配父母兄弟不過問岸裏五社喪葬與水沙連阿里史同

器用

收貯禾黍編竹爲筐大小不一式出作則置飯於中無

升斗以簸籃較準與漢人交易近亦置琳榻鼎鐺椀筯以爲雅觀

附番歌

大肚社祀祖歌

嗅仔嗅麻隱嗱什今日過年靡阿麻唷仔武嘮馬礁乞咿珊都備新酒賽戲祭祖思引咿珊牟起林想祖上何等英雄夜嘮務力咿珊牟起林願子孫一如祖上英雄

牛罵沙轆思歸歌

嚅嗎嗄乞武力往山中捕鹿蘇多喃任嗱須岐散文忽想起兒子並我妻買捷嚅離嗎嗄乞武力速還家再來捕鹿葛買蘇散文喃任岐引岐兒得妻子在家盼望

貓霧捒社男婦會飲應答歌

爾貓呻嘆幼番請番婦先歌爾達惹巫腦番婦請幼番先歌爾貓力邁邁由系引呂乞麻唷番曰汝婦人賢而且美爾達惹麻達馬鱗唭什格婦曰汝男人英雄兼能捷走爾貓力邁邁符馬乞打老末轆引奴薩番曰汝婦人在家能養雞豕井能釀酒爾達惹達赫赫麻允倒叮文南乞網果嗎婦曰汝男人上山能捕鹿又能耕田園美什果孩唧彎哩勺根嘆巫腦岐引奴薩今眾社皆大歡喜和歌飲酒

附載

過沙轆至牛罵社社屋隘甚假番室牖外設榻緣梯而登雖無門闌喜其高潔余榻面山霾霧障之凡五日苦不得一覩其麓忽見開朗殊快不知山後深山當作何狀將登麓望之社人謂野番常伏林中射鹿見人則矢鏃立至慎毋往予策杖披荆拂草而登既陟巔荆榛樛結不可置足林木如蝟毛聯枝累葉陰翳晝暝仰視太虛如井底窺天時見一規而已雖前山近在目前而密樹障之都不得見惟有野猿跳躑上下向人作聲若老人咳又有老猿如五尺童子箕踞怒視風度林杪作簌簌聲肌骨欲寒瀑流潺潺尋之不得而修蛇乃出踝下心怖遂返越日大雨嵐氣甚盛衣潤如洗階前潚泥足不得展徘徊悵結賦詩曰番

舍如蟻蛭茅簷壓路低嵐風侵短牖海霧襲重綈避雨從留屐支牀更著梯前溪新漲阻徙倚欲雞栖頃之有番婦至蓬首瘠體貌不類人舉手指畫若有所欲余探得食物與之社人望見極麾之去曰此婦有術善祟人毋令得近也稗海紀遊

岸裏內幽礁吧年茅匏阿里史諸社磴道峻折溪澗深阻番雖健嗜殺雖內附罕與諸番接種山射生以食縫韋作幘鹿皮作衣臍下結以方布聊蔽前體露臂跣足茹毛飲血登山如飛深林邃谷能蛇鑽以入舉物皆以負戴居家則裸惟不去方布周身頑癬斑駁腥臊特甚番女亦自白

皙繞脅吻皆刺之點細細攢起若塑羅漢髭頭共相稱美

樸仔籬烏牛難等社有異種狗狀類西洋不大而色白毛細軟如綿長二三寸番拔其毛染以茜草合而成線雜織領袖衣帶間相間成文朱殷奪目數社之犬惟存其鞹諸羅志

岸裏樸仔離阿里史掃捒烏牛欄五社不出外山惟向貓霧捒交易樸仔離逼近內山生番眉裏嘓貓堵貓堵兩社間出殺人

過半線往大肚則東北行矣大肚山形遠望如百雉高城昔有番長名大眉志謂每歲東作眾番爭致大眉射

獵於箭所及地禾稼大熟鹿豕無敢損折者箭所不及輒被蹂躪不亦枯死其子斗肉女阿巴里壻大柳望各社仍然敬禮獲鹿必先貽之沙轆番原有數百人爲最盛後爲劉國軒殺戮殆盡只餘六人潛匿海口今生齒又百餘人辛丑七月大風糯黍歉收間爲別番傭工以餬口土官嘎即目雙瞽能約束眾番指揮口授無敢違社南地盡膏腴可種水田漢人有欲售其地者嘎即佯許之私謂眾番曰祖公所遺祇此尺寸土可耕可捕藉以給饔飧輸餉課今售於漢人侵佔欺弄勢必盡爲所有闔社將無以自存矣我與某素相識拒其請將搆怨眾爲力阻無傷也卒不如其請余北巡至沙轆嘎即率各土官婦跪獻都都番婦及貓女爲戲衣錦紵簪野花一老嫗鳴金以爲進退之節聚薪然火光可燭天番婦拱立各給酒三大椀一吸而盡朱顏酡者絕鮮挽手合圍歌唱跳舞繼復逐隊蹋地先作退步後則踴躍直前齊聲歌呼惟聞得得之聲次早將還郡治土官遠送婦女咸跪道旁俯首高唱如誦佛聲詢之通事則云祝願步步得好處一社攀送有戀戀意抵郡後聞將社名喚作迴馬社以余與吳侍御北巡至此迴也余因漫紀六首

沙轆行來界北邊裸人雖陋意殊虔官廚未識都都味首頂糍盤眾婦先

聚薪然火燭天衢一嫗鳴金貓女趨三椀鯨吞齊賜酒合圍挽手共歌呼

踏地分曹卻退行團花簇錦鬬身輕直前逞態蹁躚甚高唱惟聞得得聲

自聞天使過臺時番社遙臨豈所期內視土官能漢語劇憐耄孺盡歡嬉

臨發追攀不憚勞行行爲爾駐旌旄蠻孃伏地齊聲唱一步爭如一步高

誰言異類不同羣喣嫗春温未忍分見說新名迴馬社他年留紀海東雲

北路諸羅番九

崩山八社（大甲東社　大甲西社　宛里　南日　貓盂　房裏　雙寮　吞霄）

後壠　新港仔　貓裏　加至閣　中港仔（以上四社）

（俱附後壠納餉）竹塹　礁磱巴

居處

營室先豎木爲牆用草結蓋體制與別社同稍卑隘合家一室惟娶婦贅壻則另室而居

飲食

番地少播秔稻多種黍芝麻飯皆黍米又蒸熟置罌缶中俟發變曬乾舂爲麵拌黍飯藏於瓮數日後試其味則投以水蒸其液爲酒魚蝦醃爲鮭鹿麂醃爲脯餘物

皆生食

衣飾

各社番皆束髮未娶者或分梳兩髻於額角惟此數社則翦髮至額戴竹節帽竹取其裏白反而爲之高寸許以紅絲帶纏繞又以烏絲線縛之以白螺殼爲方塊可寸許名曰哈達圍於項或用螺殼間用瑪瑙珠串束於手以善走爲雄麻達編五色篾束腹至胸以便奔走穿耳實以竹圈圈漸舒則耳漸大垂至肩乃實以木板或嵌以螺錢娶婦則去其束箍摘其耳實衣名几轆長至腰以布及達戈紋爲之下體圍布二幅亦名遮陰間有衣鹿皮者會飲土官多用優人蟒衣皁靴漢人絨帽番婦衣几轆圍遮陰耳穿五孔飾以米珠名鶴老卜頸掛瑪瑙珠名璽忽因耶那數十人連手頓足歌唱爲樂

婚嫁

嫁娶曰諳貓麻哈呢娶婦先以海蛤數升爲聘竹塹間用生鹿肉爲定蛤大如拇指殼有青文生海邊石壁間盡力採取日不過數升甚珍之及嫁娶時用海蛤一搭紀（搭紀用竹篾編成大口小腰高尺餘可容數斗）殺牛飲酒歡會竟日父母娶婦或一二年三五年分居視其婦孝與否耳無一世同居者一女則贅壻一男則娶婦男多則聽人招贅惟幼

男則娶婦終養女多者聽人聘娶惟幼女則贅壻爲嗣夫婦服必逾年而後嫁娶不和或因姦則離夫未娶婦不敢先嫁嫁則罰婦及後夫并婦之父母各瑪瑙珠一串或牛一隻以歸後夫不受罰則糾集親衆負弓矢持鏢刀至後夫之家拆毀房屋倉囷土官通事不能禁私通亦然强者將其婦及姦夫立殺死或與麻達通祇罰婦酒一甕麻達不問女與麻達通亦不問

喪葬

番死男女老幼皆裸體用鹿皮包裹親屬四人舁至山上用鹿皮展鋪如席將平生衣服覆身用土掩埋服尙

白色既葬本家及昇喪人三日不出戶不舂不歌番親供給飯食一月後赴園耕種通社亦三日不赴園以社有不吉事也居喪父母兄弟半月夫婦一月一月後婦不帶耳珠著豔服改適方如常

器用

耕種犂耙諸器均如漢人食器亦有鐵鐺甆椀阿里山水沙連內山諸番尚用木扣平埔諸社多倣漢人

附番歌

崩山八社情歌

沈哪嘮葉嘆賓呀離乃嘮（夜間聽歌聲）末力吠弋達些（我獨臥心悶）末里流希馬砌獨夏噫嗄喃（又聽鳥聲鳴想是舊人來訪）達各犂目歇馬交嗄斗哩（走起去看卻是風吹竹聲）嘆下遙甯臨律嘆噃噫嗄喃呀微（總是懷人心切故爾）

後壠社思子歌

曳底高毛白（怪鳥飛去）吠目吠甘宰老描崙（飛倦了宿在樹上）末力希呂吠（見景心悶）毛嗄吠嘆幽耶林嘮（想起我兒子）目歇吠越耶（回家去看）仔者麼飲呂吠（請諸親飲酒釋悶）

竹塹社土官勸番歌

旺奇冉乞別焉毛嗒耶呼（社長請爾等來飲酒）打阿保留貓轆弋奇老久焉嗇（我祖公最善捕鹿作田）弋探耶林尤耶林眞嗎吧搭藍（爾少年子孫當聽我教導）由擺乞打保貓轆弋傳呵祿允（當學我祖勤謹耕捕）打呵貓武呼別焉（土官就愛惜爾）其耶林林毛嗒耶呼（還邀來飲酒）

附載

渡溪後過大甲社（即崩山）雙寮社至宛里社御車番人貌甚陋胸背雕青爲豹文男女悉翦髮覆額作頭陀狀規樹皮爲冠番婦穴耳爲五孔以海螺文貝嵌入爲飾捷走先男子經過番社求一勺水不可得得見一人輒喜自此以北大概略同至中港社見門外一牛甚腯囚木籠中俯首跼足體不得展社人謂是野牛初就靮以此馴之又云前路竹塹南嵌山中野牛千百爲羣土番能生致之候其馴用之今郡中輓車牛强半皆是自竹塹迄南嵌八九十里不見一人一屋求一樹就陰不得途中遇麋鹿麏麚逐隊行甚夥既至南嵌入深箐中披荊度莽冠履俱敗直狐貉之窟非人類所宜至也（稗海紀遊）

康熙壬戌偽鄭守雞籠凡需軍餉值北風盛發船不得運悉差土番接遞男女老稚背負供役加以督運弁目酷施鞭撻相率作亂殺諸社商往來人役新港仔竹塹等社皆附焉鄭克塽令左協陳絳率兵擒勦土著盡遁入山叢林疊澗無從捕緝仍不時出沒剽掠議就要道豎栅防守因

之海上事略

南日山後有巨石峭削巍峩出內山之頂或名為冠石後壠諸社指石為的登絕頂東洋及山後諸社可一望而盡諸羅志

崩山番皆留半髮傳說明時林道乾在彭湖往來海濱見土番則剃去半髮以為碇繩番畏之每先自剃以草縛其餘

崩山八社所屬地橫亙二百餘里高阜居多低下處少番民擇沃土可耕者種芝麻黍芋餘為鹿場或任拋荒不容漢人耕種竹塹後壠交界隙地中有水道業戶請

墾無幾餘皆依然草萊故往年自大甲溪而上非縣令給照不容出境大甲西社離港十里雙寮社離港六里後壠社離港三里竹塹社離港十里南嵌社離港二十里澹水社則直臨大海各有通事往來郡治貨物自南而北者如鹽如糖如煙如布匹衣線自北而南者如鹿脯鹿筋鹿角鹿皮芝麻水藤紫菜通草之類

近竹塹為汝綠生番名猴社

參將阮蔡文咏大甲婦詩大甲婦一何苦為夫饁餉為夫鋤為夫日日績麻縷績縷須淨亦須長撚匀合線緊雙股斲木虛中三尺圍鑿開一道兩頭堵輕圓漫捲不支機一任元黃雜成組間彩傾似虹霓生綻花疑落仙姬舞吾聞利用前民有聖人一器一名皆上古況茲杼軸事機絲制度周詳供黻黼土番蠢爾本無知制器伊誰遠近取日計苦無多月計有餘褸但得稍閒餘軋軋事傴僂番丁橫肩勝綺羅番婦周身短布裋大甲婦一何苦　後壠詩去縣日以遠風俗日以變顧此後壠番北至中港限音語止一方他處不能辨頭髮頂上垂當額前後翦髮厚壓光頭其形類覆盌亦有一二人公然戴高冕黑絲及紅絨纏之千百轉大有古人風所惜雙足跣男女八九歲牙前兩齒剗長大手自牽另居無拘管父固兒肯堂翁亦無甥館是處

兩三間邨莊何蕭散高廩置平原黍稷有餘輭所慮溼氣蒸駕木如連棧巨匏老而堅行汲絡藤辮溪水漲連旬利涉身焉綰豐年百禮偕疾病顛危罕飲酒即高歌其樂何衎衎　竹塹詩南嵌之番附澹水中港之番歸後壠竹塹周環三十里封疆不大介其中聲音略與後壠異土風習俗將無同年年捕鹿邱陵比今年得鹿實無幾鹿場半被流民開藝麻之餘兼藝黍番丁自昔亦躬織鐵鋤掘土僅寸許百鋤不及一犂深那得盈甯畜妻子鹿革為衣不貼身尺布為裳露雙髀是處差徭各有幫竹塹煢煢一社耳鵲巢忽爾為鳩居鵲盡無巢鳩焉徙阮庚午舉八

北路諸羅番十

南嵌　坑仔　霄里　龜崙（以上三社附南嵌納餉）　澹水

內北投　麻少翁　武嘮（俗作灣非）　大浪泵

擺接　雞柔（以上六社附澹水納餉）　大雞籠　山朝　金

包裏（以上二社附雞籠納餉）　蛤仔難哆囉滿（俗作喃非附蛤仔難納餉）

八里分　外北投　大屯　里末　峰仔嶼　雷

裏　八芝連　大加臘　木喜巴壠　奇武卒

秀朗　里族　答答悠　麻（一作毛）　里即吼　奇里

岸　眩眩　小雞籠

居處

澹水地潮溼番人作室結草構成爲梯以入鋪木板於地亦用木板爲屋如覆舟極狹隘不似近府縣各社寬廣前後門戶式相類

飲食

番多不事耕作米粟甚少日三飧俱薯芋餘則捕魚蝦鹿麂採紫菜通草水藤交易爲日用且輸餉亦用黍米嚼碎爲酒如他社志謂澹水各社不蓺圃無蔥韭生菜之屬雞最繁客至殺以代蔬俗尚冬瓜官長至抱瓜以獻佐以粉餈雞則以犒從者鳥獸之肉傅諸火帶血而食麋鹿刺其喉吮生血至盡乃剝割腹草將化者綠如苔置鹽少許即食之

衣飾

番婦頭無妝飾烏布五尺蒙頭曰老鍋項上掛瑪瑙珠螺錢草珠曰眞仔贊耳鑽八九孔帶漢人耳環每至力田之候男女更新衣曰換年會衆飲酒以示更新

婚嫁

既娶曰麻民未娶曰安轆自幼倩媒以珠粒爲定及長而娶間有贅於婦家者屆期約諸親宰割牛豕以黍爲粿狀如嬰兒取叶兆熊羆之意夫婦相聚白首不易婦與人私則將姦夫父母房屋拆毀倍罰珠粒分社番以示教家不嚴未嫁娶者不禁

喪葬

番亡用枋爲棺瘞於厝邊以常時什物懸墓前三日外闔家澡身除服又與別社期年三月十日者不同

器用

無田器耕以耡平時所佩鏢刀弓箭之屬厝內所用木扣螺椀之類

附番歌

澹水各社祭祀歌

嚂晚日居留什（虔請祖公）嚂晚眉（虔請祖母）街乃密乃濃（爾來請爾酒）

街乃密乃司買單悶（爾來請爾飯共菜）打梢打梢樸咖薩嚕塞
嘆（庇祐年年好禾稼）樸咖薩嚕朱馬喈嚼喈（自東自西好收成）麻查吱
斯麻老麻薩拉（捕鹿亦速擒獲）

附載

雞籠澹水夷在泉州彭湖嶼東北名北港又名東番永樂中鄭和入海諭諸酋番獨不聽約束和貽之家一銅鈴使頸之蓋狗之也（名山藏）

自南嵌越小嶺在海岸間行巨浪捲雪拍轅下衣袂爲溼至八里分社有江水爲阻即澹水也水廣五六里港口中流有雞心礁海舶畏之乘蟒甲由澹水港入前望兩山夾峙曰干豆門水道甚隘入門水忽廣漶爲大湖渺無涯涘行十許里高山四繞周廣百餘里中爲平原惟一溪流水麻少翁等三社緣溪而居甲戌四月地動不休番人怖恐相率徙去俄陷爲巨浸距今不三年再指淺處猶有竹樹梢出水面三社舊址可識　麻少翁內北投在礦山左右毒氣蒸鬱觸鼻昏悶諸番常以糖水洗眼隔干豆門巨港依山阻海划蟒甲以入地險固數以睚眦殺漢人官軍至則竄澹水以北諸番此最難治　武勞灣大浪泵等處地廣土沃可容萬夫之耕　八里分社舊在澹水港西南之長豆溪荷蘭時後壠最悍殲之幾無遺種乃移社港之東

北澹水各社土官有正副頭目之分（稗海紀遊）

哆囉滿產金淘沙出之與瓜子金相似番人鎔成條藏巨甓中客至每開甓自炫然不知所用近歲始有攜至雞籠澹水易布者　斗尾龍岸番皆偉岸多力文身文面狀同魔鬼出則焚掠殺人土番聞其出皆號哭走避鄭經統兵往勦深入不見一人時亭午酷暑軍士皆渴競取甘蔗啖之劉國軒守半線率數百人至見經大呼曰何爲至此令三軍速刈草爲營亂動者斬言未畢四面火發文面五六百人奮勇挑戰互有殺傷餘皆竄匿深山竟不能滅僅燬其巢而歸　阿蘭番近斗尾龍岸狀貌亦相似　雞距番足趾楂杈如雞距性善緣木樹上往來跳躑捷同猴狖食息皆在樹間非種植不下平地其巢與雞籠山相近常深夜獨至出海濱取水遇土番往往竊其首去土番亦追殺不遺餘力蓋其足趾楂杈不利平地多爲土番追及既登樹則穿林度棘不可復制矣（番境補遺）

雞籠山土著種類繁多秉質驍勇概居山谷按其山川則形勝奇秀論其土地則千里饒沃溪澗深遠足以設立州縣惟少人工居址荒蕪未闢皆爲鳥獸蛇龍之窟惜哉

僞鄭時上澹水通事李滄愿取金自效希受一職僞監紀陳福偕行到澹水率宣毅鎮兵并附近土著未至卑南覓

社土番伏莽以待曰吾儕以此爲活唐人來取必決死戰福不敢進回至半途遇彼地土番佐舟別販福率兵攻之獲金二百餘并繫其魁令引路刀鋸臨之終不從接出金乃臺灣山後其地土番皆傀儡種類未入聲教人跡稀到自上澹水乘蟒甲從西徂東返而自北而南溯溪而進而月方到其出金之水流從山後之東海與此溪無與其地山枯水冷巉巖峻峭洩水下溪直至返流之處住有金沙土番善泅者從水底取之如小豆粒巨細藏之竹簏或秘之瓿甎間出交易彼地人雖能到不服水土生還者無幾（海上事略）

龜崙霄裏坑仔諸番體盡雕題趨走促數又多斑癬狀如生番

康熙壬寅五月十六至十八三日大風漳州把總朱文炳帶卒更戍船在鹿耳門外爲風飄至南路山後歷三晝夜至蛤仔難船破登岸番疑爲寇將殺之社有何姓者素與番交易力爲諭止晚宿番社番食以粢朱以片鰲餉番輒避匿不食借用木罌瓦釜番惡其汚也洗滌數四所食者生蟹烏魚略加以鹽活嚼生吞相對驩甚文炳臨行犒以銀錢不受與以藍布舊衣欣喜過望兼具蟒甲以送蟒甲獨木挖空兩邊翼以木板用藤縛之無油灰可艌水易流入番以杓不時挹之行一日至山朝交日至大雞籠又一日至金包裏

蛤仔難有金井水極寒番淘金先置火及酒於井旁懸藤緶入取井底泥沙口含手掬急挽而上寒不可支飲酒向火良久乃如常有得一二錢者有數分者亦有一無所得者既非兼金且散碎難鎔冒死求利番人每苦爲之或云後山倒咯滿南有金沙溪金沙從內山流出近溪番婦淘沙得金後爲蛤仔難番所據

蛤仔難三十六社礁轆軒社宇馬氏社期班女懶社八知美簡社（一作巴抵女簡）嘮拔丹社基密丹社八知買驛社（一作巴抵馬悅）礁仔壠岸社（一作礁人岸）麻里陳轆社（一作貓里藤角）辛也罕

社（一作新仔羅罕）其沓沓社須老員社（一作思老完）八陳雷社奇武煖社抵密密社（一作芝密）倒麥倒麥社礁嘮貓社巴老鬱社賓耶知懶社脾釐社奇直扳社賓仔貓力尾社沈美閣社歪阿歪阿社（一作歪仔歪）陳雷女簡社削骨削骨社礁嘮密社巴嘮辛仔員社（一作巴老臣那浮）毒龜晚社（一作搭龜滿）奇武流社佳笠苑社（一作交里苑）冬仔爛社（一作微也難懶）其餘四社一作肉生打鄰里劉簡了喏一作期尾笠毋罕毋罕貓嘮府偃汚泥肴未知孰是

陳渭川中丞澹水各社紀程澹水港水路十五里至干

豆門南港水路四十里至武嘮灣此地可泊船內雞心
礁陸路六里至雷裏六里至了阿八里至秀朗三十里
至里末三里至擺接北港水路十里至內北投四里至
麻少翁十五里至大浪泵此地可泊船三里至奇武仔
十五里至答答悠五里至里族六里至麻里即吼二十
里至峰仔嶼上灘水路七十里至嶺腳上嶺下嶺十里
渡海十二里至雞籠又澹水港北過港坐蟒甲上岸至
八里分十五里至外北投十二里至雞柔山十五里至
大屯三十里至小雞籠七十里至金包裏跳石過嶺八
十里至雞籠社

番八逐鹿會至橫山絕頂有水如池澄然一泓

臺海使槎錄卷六終

臺海使槎錄卷七

大興黃叔璥撰

番俗六考

南路鳳山番一

上澹水一名大木連　下澹水一名麻里麻崙　阿猴　搭樓
茄藤一名奢連　放縤一名阿加　武洛一名大澤機一名尖山仔
力力

居處

屋名曰朗築土為基架竹為梁葺茅為蓋編竹為牆織
蓬為門每築一室眾番鳩工協成無工師匠氏之費無

斧斤鋸鑿之煩用刀一柄可成眾室正屋起脊圖竹裏
草標左右如獸吻狀名曰律武洛名曰打藍示觀美也
社四圍植竹木貯米另為小室名曰圭茅或方或圓或
三五間十餘間毗連亦以竹草成之基高倍於常屋下
木上簟積穀於上每間可容三百餘石正供收入遞年
輪換夜則鳴鑼巡守雖風雨無間也

飲食

種秔稻黍糯白豆菉豆番薯又有香米倍長大味醇氣
馥為飯逾二三日香美不餲每歲種植只供一年自食
不交易價雖數倍不售也歲時宴會魚肉雞黍每味重

設大會則用豕一不治別具飲酒不醉興酣則起而歌而舞舞無錦繡被體或著短衣或袒胸背跳躍盤旋如兒戲狀歌無常曲就見在景作曼聲一人歌羣拍手而和捕鹿除鹿臟外筋肉悉呈土官近番以鹿易酒將捕鹿先聽鳥音占吉凶鳥色白尾長即華雀也（番曰鸞任）音宏亮吉微細凶食物餒敗生蟲欣然食之酒以味酸爲醇漢人至則酌以待歡甚出番婦侑酒或六七人十餘人各酌滿椀以進客逐椀皆飲衆婦歡然而退儻前進者飲後進者辭遂分榮辱矣客惟盡辭不飲爲善

衣飾

男裸全體女露上身自歸版圖後女著衣裙裹雙脛男用鹿皮蔽體或氊披身名卓戈紋青布圍腰下即桶裙也名鈔陰武洛曰阿習俱赤腳土官有著履者男女喜簪野花圍繞頭上名蛤網插雞羽名莫良武洛曰伊習力力曰馬甲奴葛猶漢言齊整也性好潔冬夏男女日一浴赤體危立以盂水從首淋下拭以布或浴於溪用鹿豕脂潤髮名奇馬恐髮散垂各以青布纏頭或以草冬夏不除近亦有戴帽者剃頭編辮者拔髭鬚名心力其莪莪愛少惡老長鬚者雖少亦老至頭白不留一鬚每日取草擦齒愈黑愈固項懸螺錢名興那手帶銅鐲或鐵環名圭留力力社曰勞拔腳帶鐵鐲名石加來皆以飾美故男女並帶之又麻達用咬根任（即薩豉宜）擊鐲鳴聲另用鐵片繫腰間以助韻傳送文移行愈疾聲愈遠謂暮夜有惡物阻道恃以不恐穿耳惟茄藤放綵力力三社或以木貫之名勞宇

婚嫁

不擇婚不倩媒妁女及笄構屋獨居番童有意者彈嘴琴逗之琴削竹爲弓長尺餘以絲線爲絃一頭以薄篾折而環其端承於近弰絃末疊繫於弓面齧其背爪其絃自成一音名曰突肉意合女出而招之同居曰牽手

逾月各告於父母以紗帕青紅布爲聘（富者用紗帕貧惟青紅布）女父母具牲醪會諸親以贅焉謂子曰安六壻亦同之既婚女赴男家洒掃屋舍三日名曰烏合此後男歸女家同耕並作以諧終身夫婦反目夫出其婦婦離其夫不論有無生育均分舍內什物再牽手出贅近日番女多與漢人牽手者媒妁聘娶文又加煩矣

喪葬

土官故掛藍布旛竿鳴鑼輦屍徧遊通社名曰班柔少里堂敖敖通社閉戶尸游歸家用板合成一盞置屍於內殮以平日衣服什物各半諸親各送青藍布一丈或

鹿皮一張同什物與蠡葬所臥牀下妻子遷居別室本
家及親友各酧以酒奠畢錮其戶歸無論老少仍別搆
手其子孫則胸背披藍布二片謂之掛孝約及期年去
之餘番有喪悉如土官惟不敢游屍耳

器用

飲食用椰瓢名奇麟不用箸以手攫取近亦用粗椀名
其矢竹箸名甘直竈支三木泥以上或用石甃名曰六
難鍋曰巴六汲水用大葫蘆曰大蒲崙近亦用木桶坐
皆席地或藉鹿皮飲食宴會蹲踞而食近始製桌椅以
待客番眾仍架竹爲凳而蹲踞席地之風少減矣衣糧

多貯葫蘆內遠出亦擔以載行衣近行用竹筒名斗籠
貯香米飯以禦飢又編竹爲霞籃其制圓小者容一二
斗大者可三四石番無升斗以此概米粟黍豆多寡與
北路大肚諸社同藤籠以藤爲之有底無蓋或方或圓
或似豬腰形用以貯物至弓矢鏢槊亦與北路同刀長
止尺許或齊頭或尖葉函以木鞘男婦外出繫於腰間
以堅木爲木牌高三尺餘闊一二尺繪畫雲鳥以蔽身

附番歌

上澹水力田歌

咳呵呵里慢里慢那毛呵埋（此時係耕田之候）唭唹老唭描嗄

咳（天今下雨）唭吧伊加圭丏煙（及時耕種）唭麻列唭呵女門（下秧耕草）
唭描螺螺嗄連（好雨節次來了）唭麻萬列其嘻列（播田明白好來飲酒）

下澹水頌祖歌

巴干拉呀拉呀留（請爾等坐聽）礁眉咖咖漢連多羅我洛（論我）
（祖先如同大魚）礁眉呵千洛呵連（凡行走必在前）呵吱媽描歪呵連刀
（何等英雄）唹嗎礁卓舉呀連呵吱嗎（如今我輩子孫不肖）無羅嗄連（如風）
（隨舞）巴干拉呀拉呀留（請爾等坐聽）

阿猴頌祖歌

咳呵呵咳仔滴唹老（論我祖）振芒唭糾連（實是好漢）礁呵留的
乜乜（眾番無敵）礁留乜乜連（誰敢相爭）

搭樓念祖被水歌

咳呵呵咳呵嗄（此係起曲之調）加斗寅（祖公時）嗎搏唭嘮濃（被水沖擊）
搭學唭施仔捧（眾番就起）磨葛多務根（走上山內）佳史其加顯加
嗍（無有柴米）佳史唭唹嗎（也無田園）麻踏堀其搭學（眾番好艱苦）

茄藤飲酒歌

近呵欵其歪（請同來飲酒）礁年臨萬臨萬其歪（同坐同飲）描呵那
哆描呵欵（不醉無歸）代來那其歪（答曰多謝汝）嘻哆萬那呵欵其
歪（如今好去遊戲）龜描呵滿礁呵欵其歪（若不同去遊戲便回家去）

放縤種薑歌

黏黏到落其武難馬涼道毛呀覓其唹嗎（此時是三月天好去犂園）

武朗弋礁拉老歪礁嗎嘆（不論男女老幼）免洗温毛雅覓刀嗎林唭萬萬（同去犂園好種薑）嗎米唭萬萬吧唎陽午涼藹米唭唎呵（俟薑出後再來飲酒）

武洛頌祖歌

嘻呵浩孩耶嗄（此句係起曲之調）乜連糾（先時節）鎮唎爲留岐趺鄭（我祖先能敵傀儡）那唎平奇腰眉（聞風可畏）鎮仔奇腰眉（如今傀儡尚懼）唭耳奄耳奄䍐散嗄（不敢侵越我界）

力力飲酒捕鹿歌

文嘮唭啞奢（來賽戲）丹領唭漫漫（種了薑）排裏唭黎唉（去換糯米）伊弄唭嘮力（來釀酒）麻骨裏唭嘮力（釀成好酒）匏黍其麻因刃

臨萬唭嘮力（請土官來飲酒）媽良唭嘮力（酒足後）毛丙力唭文蘭（去捕鹿）毛里居唭丙力（回捕鹿）文嘮唭啞奢（復來賽戲）

附載

土官有正副大社五六人小社三四人各分公廨（管事頭目亦稱公廨）有事則集眾以議能書紅毛字者號曰教冊掌登出入之數削鵝毛管濡墨橫書自左而右由澹水入深山番狀如猿猱長僅三四尺語與外社不通見人則升樹杪人視之則張弓相向（鳳山志）

鳳山一邑倉穀多於澹水各社堆貯修蓋倉廒悉令土番繕治已屬派累至司納出入有社房有對差或經管僕役諸番原不與聞及遇黴黰兼之猴鼠侵耗或官吏侵盜缺少俱責令各番賠補從前有司總利番民蚩愚剝削侵吞苦累實甚余飭所司倉廒祇許令土番在外協同看護至倉內穀石及修理倉房不得混派一粟一木稍知警惕

小琉球社對東港地廣約二十餘里久無番社餉同瑯嶠卑南覓皆邑令代輸山多林木採薪者乘小艇登岸水深難於維繫將舟牽拽岸上結寮而居近因偵緝餘孽所司絕其往來矣

南路番童習漢書者曾令背誦默寫上澹水施仔洛讀

至離婁人孕礁巴加貓讀左傳鄭伯克段于鄢竟能默寫全篇下澹水加貓礁加里文耶讀四書毛詩亦能摘錄加貓讀至先進礁恭讀大學放縤社呵里莫讀中庸搭樓社山里貓老讀論語皆能手書姓名加貓於紙尾書字完呈上指日榮陞數字尤爲番童中善解事者

武洛社八社中最小性鷙悍逼近傀儡山先是傀儡生番欺其社小人微欲滅之土官糾集社番往鬬大敗生番戮其眾無算由是傀儡懾服不敢窺境其子孫作歌以頌祖功冬春捕鹿採薪羣歌相和音極亢烈生番聞之知爲武洛社番無敢出以攖其鋒者余詩云發聲一

唱競嘻呵不解腰眉語疊何傀儡深藏那敢出爲聞武

洛採薪歌

黃吳祚咏上澹水入社二首初冬出草入山深先向林間聽鳥音鼙雀飛來音較亮諸番競奮逐前禽　社中留客勸銜杯諸婦相將送酒來誤進一杯須盡飲謾分辭受起嫌猜

南路鳳山傀儡番二

北葉安　心武里（北葉分出）　山豬毛　加蚌（一作豕）

加務朗　勃朗（一名錫干）　施（一作系）汝臘　山里老（一名山里留）

加少山　七齒岸（一云卽施汝臘未知孰是）　加六堂

礁嘮其難（一名陳那加勿）　陳阿修（一名八絲力以上熟番）

加走山　礁網曷氏　系率臘　毛系系　望仔立　加籠雅　無朗逸　山里目　佳者惹葉

擺律　柯覓　則加則加單（以上新附番）

傀儡生番動輒殺人割首以去髑髏用金飾以爲寶志言之矣被殺之番其子嗣於四箇月釋服後必出殺人取首級以祭大武力力尤摯悍以故無敢輕歷其境飲食居處傳說不一有云若輩在深山中首蒙鹿皮胸背間用熊皮蔽之喜食大龜用火炙熟刀劈啖之以殼爲什器龜卵剝去輭皮和鹽少許而食麞鹿取其肉用石

壓去血水曬乾出山易鹽布米珠遇鐵及鉛子火藥雖傾其所有以易不顧也芋極長大而細膩番以爲糧熟後陰乾每食少許以水下之可終日不食或云武力社辛芒社瓜覓社歷歷社七腳亭社擺律社加籠雅社無朗逸社望仔立社勃朗社陳那加勿社陳阿修社加務朗社董滴社加蚌社加少山社毛系系社礁冏曷氏社龜嘮律社爲港東里十九社加走山社系汝臘社系率臘社七齒岸社北葉社心武里社山里老社八歹社加者膀眼社拜完社山豬毛社山里目社力力喇社爲港西里十三社鳳山通事外委鄭宇云礁巴覓曾轄六社

山豬毛社山里目社賓嘮龜臘社大解懷社毛邦難社加知務難社加務朗社轄三社柯覓社擺律社君崙留社擺灣社轄十二社礁巴覓工社山嘮老社加查青難社陳阿少里社加力氏社加則難社八歹因社礁來搭來社加老律社加者膀眼社知嘮曰氏社君云樓社佳者惹葉社轄十一社山里留社加少山社陳阿難益難社擺也也社加走山社則加則加單社大文里社貓美加社思里思里莫社施汝臘社卒武里社加蚌社轄九社礁網曷氏社施率臘社毛系系社嘮律目社施羅滿社礁嘮其難社八絲力社加籠雅社勃朗錫干社望仔

立社轄二社無朗逸社七腳亭社又歷歷社董底社萬屢屢社屬山後卑南覓社社轄共六十八社又見別圖有黎嶺社懷仔社加人工社山務諧社山卓考社或又云共七十二社層巖疊岫人跡罕經得之傳聞無所證據茲盡爲錄出以俟後之留心採訪者

雍正癸卯秋心武里女土官蘭雷爲客民殺死八歹社加者膀眼社率領番眾數百暗伏東勢莊殺死客民三人割頭顱以去文武宣示兵威勒緝兇番兩社遁逃僅得二髑髏以歸維時附近生番加走山社礁網曷氏社系率臘社毛系系社望仔立社加籠雅社無朗逸社山

臺海使槎錄卷七　十

里目社呈送番豕卓戈紋番籃蓋願來歸化計七百餘口各社歲輸鹿皮五張不衣不褲惟於私處以布圍繞土官衣狀如氅毿風吹四肢畢露毛系系社女土官弟勞里阮頭帶竹方架四圍用紅雨纓織成中有黃花紋遠望如錦纏繞竹上名達拉嗎亦有飾以孔雀毛者云非土官不敢加首

甲辰四月舊歸化山里留社土官珍里覓摯佳者惹葉社公廨蘭朗則加則加單社公廨礁鹿子卓擺律社副土官彩文柯覓社公廨余基卯等獻送戶口册共五百二十名口附貢迎喇巴（藤籃蓋）入咿洞（即卓戈紋）四番豕二據稱

聖天子愛養黎元下逮番庶聞風歸化土官內有戴豹皮帽者名力居樓大羅房如豹頭形眼中嵌玻璃片週圍飾以朱英帽後綴以豹尾亦有戴頭箍者名奧曼插以鳥羽十餘枝參差排列垂髮二縷云係其妻之髮衣熊豹皮名曰褚買內披短衣曰鴿覓下體盡露惟於私處圍烏布一片名曰突勿亦有胸前搭紅綠卓戈紋者名曰嶌拉祿用紅嗶吱折碎間以草絲番婦用口染成青綠經緯錯綜頗爲堅緻各佩一刀名曰奪佳另有網袋名細敲皮袋名落毋皆以貯行裝者

臺海使槎錄卷七　十一

鳳山令楊毓健令鄭宇撫和生番往來傀儡山風土性情言之極詳因述其略鳳邑東南一帶嶄巖嵾嵳足跡不至山前則加蚌山豬毛望仔立等七十二社上連諸羅之務來優下及鳳山之謝必益山後則卑南覓七十二社北通崇爻南極琅嶠悉爲傀儡番巢穴每社各土官一仍有副土官公廨小社僅一土官大社轄十餘社或數社不一共五十四社他如謝必益轄四社琅嶠轄十四社卑南覓轄六十八社崇爻轄四社山前山後社百四十有奇其居處悉於山凹險隘處以小石片築爲牆壁大木爲梁大枋爲桷鑿石爲瓦不慮風雨惟患地

震大枋大石爲牀番布爲裀食用器具以藤篾爲筐爲椀爲缽爲杓爲箸種薯芋黍米以充食種時男婦老幼偕往無牛隻犂耙惟用鐵鉎鋤鑿栽種芋熟置大竹扁上火焙成乾以爲終歲之需外出亦賫爲餱糧農事之暇男則採藤編籃砍木鑿盆女則績苧織布惟土官家織紅藍色布及帶頭織人面形餘則不敢各社生番持與熟番交易珠布鹽鐵熟番出與通事交易土官畜雞犬御不食餘番則以竹木及豢豕捕獸爲活下山則腰佩短刀手執鏢槊竹箭木牌等械背負網袋內貯貨物披髮裸身下體烏布圍遮隆冬以野獸皮爲衣熊皮非

土官不敢服天雨則以棕椰葉爲衣爲笠天旱亦祈禱通社男女五日不出門不舉火不食煙惟食芋乾得雨後亦不出門五日謝雨名曰起向各社頭皆留髮翦與眉齊草箍似帽以野草黑齒兩耳穴孔用篾圈抵塞土官副官公廨至娶妻後即於肩背胸膛手臂兩腋以鍼刺花用黑煙文之正土官刺人形副土官公廨祇刺墨花而已女土官肩臂手掌亦刺墨花此即尊卑之別捕鹿射獵以鹿皮爲袴爲履鏢刀弓矢皆所自製最喜鼎鐺銅鐵米珠鹽布嗶吱梳枇親朋相見以鼻彼此相就一點小番見土官以鼻向土官項後髮際一點凡所轄社小番栽種黍米薯芋土官抽取十分之二至射獵麞鹿山豬等獸土官得後一蹄凡嫁娶則以鼎珠刀布爲聘土官取其半山前山後諸社例於五年土官暨衆番百十圍繞各執長竹竿一人以藤毬上擲競以長竿刺之中者爲勝番衆捧酒爲賀名曰託高會酒酣各矜豪勇以殺人頭多者爲雄長故殺人之案歲不絕書今歸化生番習已盡易番婦俱以鞦韆爲戲各社戶前因大樹縛藤縱送爲樂日夕歌唱不絕口散髮鬖鬆短衣跣足外出掘薯收芋衣物俱於網袋貯之行戴於首未婚時男女歌唱相合男隨女肩水負薪意既投始告父母

聘之反目即時分離男再娶女別嫁土官彼此結姻不與衆番婚娶歸化番女亦有與漢人爲妻室者往來倍親密土官故無論男女總以長者承嗣長男則娶婦長女則贅壻家業盡付之甥即爲孫以衍後嗣無姓氏三世外即互相嫁娶孫祖或至同名子多者名或與伯叔同父母兄弟故家業器用一家均分死者亦一分埋葬於屋內挖穴四圍立石先後死者次第坐葬穴中無棺木只以番布包裹其一分物件置死側大石爲蓋米粥和柴灰黏石罅使穢氣不泄婦產死山頂另開一堀埋之本社有喪通社男女爲服二十餘日親屬六月土官

死則本社及所屬各社老幼亦服六月其服身首纏披爲布通社不飲酒不歌唱父母之服長男長女身披烏布頭荷斗笠謂不敢見天也服滿射鹿飲酒除烏布謂之撤服歲時以黍米熟爲一年月圓爲一月語與八社異有事他出聽鳥音吉則趨凶則返酒以黍米合青草花同春草葉包煮四五日外清水漉之貯甕一二日即有酒味聚飲以木椀盛酒土官先酌次及副土官公廨衆番相繼而飲社番間有角口無相毆者有犯土官令公廨持竹木橫擊將其器物盡爲棄擲卑南覓社有犯及獲獸不與豚蹄以背叛論即殺之

番貧莫如傀儡而負嵎蟠踞自昔爲然紅毛僞鄭屢思勦除居高負險數戰不利率皆中止近則種類漸多野性難馴且幼習鏢刀拈弓矢輕禽狡獸鏢箭一發無逸兇頑嗜殺實爲化外異類今

聖朝臨御惠澤廣被有血氣莫不尊親雖蠻夷悍輕亦知向化源源來歸非强致也

南路鳳山瑯嶠十八社三

謝必益　猪嘮鋉（一名地藍松）　小麻利（一名貓籠逸一名貓蘭）

施那格　貓裏踏　寶刀　牡丹　蒙率　拔蟯

龍鑾　貓仔　上懷　下懷　龜仔律　竹

猴洞　大龜文（或云傀儡）　柯律

居處

築厝於巖洞以石爲垣以木爲梁蓋薄石板於厝上厝名打包前後栽植檳榔蔞藤至種芋藝黍時更於山下豎竹爲牆取草遮蓋以爲棲止收穫畢仍歸山間

飲食

諸番傍巖而居或叢處內山五穀絶少斫樹燔根以種芋魁大者七八觔貯以爲糧收芋時穴爲窖積薪燒炭置芋灰中仍覆以土聚一社之衆發而噉焉甲盡則乙不分彼此日凡三餐不食雞有傳紅毛欲殺生番俱避

禍遠匿聞雞聲知其所在逐而殺之番以爲神故不食深山捕鹿不計日期饑則生薑嚼水佐以草木之實云可支一月或以煨芋爲糧無火則取竹木相鋸而出火海邊多石各番於空洞處傾曬海水成鹽收米三次爲三年則大會束草爲人頭擲於空中各番削竹爲槍迎而刺之中者爲麻丹畢華言好漢也各番以酒相慶三日乃止與傀儡略同

衣飾

男婦用自織布圍繞曰張面婦短衣曰鴿肉男短衣曰瑯袍翦紙條垂首曰加篤北或爲草箍束髮曰纈手足

亦用銅鐲名打臘或以鹿尾束脛曰打制出入負鹿皮日藉以坐夜則寢之

婚嫁

各番結婚不問伯叔之子自相配偶惟土官則不與衆番爲婚男女於山間彈嘴琴歌唱相和意投則野合各以佩物相貽歸告父母土官另期具豕酒會土官親戚贅入婦家反目男再娶婦將所生子女別醮其俗重母不重父同母異父俱爲同胞同父異母直如陌路呼父曰阿媽稱叔伯母舅如之呼母曰惟那稱嬸母及妗亦如之夫婦相稱以名產後同所生子浴於溪中與北路

同一產二男爲不祥將所產子縛於樹梢至死并移居他處瑯嶠一社喜與漢人爲婚以青布四匹小鐵鐺一口米珠觔許爲聘臨期備牲醪白之所親及土官成婚番無姓名以父名爲姓以祖名爲名如祖名甲父名乙即以乙爲姓甲爲名衆番呼曰乙礁巴甲礁巴者番人口吻語

喪葬

番死厝內築石洞以葬石板封固生者不別遷喪服則衣白卦圍白布與別社以烏布爲服又不同

器用

社內有製牀者名曰篤篤亦設而不用與漢人交易鐵器火藥以爲捕鹿之具鏢曰武洛刀曰礁傑弓箭曰木拉鍋曰巴六魚網曰下來

瑯嶠待客歌

立孫呵網直（爾來瑯嶠）六呷呵談眉談眉（此處不似內地）那鬼呵網直務昌哩呵則耶（爾來無佳物供應）嗎疏嗎疏（得罪得罪）

瑯嶠各社俱受小麻利番長約束代種薯芋生薑爲應差小麻利即瑯嶠一帶土番也番長及番頭目男女以長承襲所需珠米烏青布鐵鐺漢人每以此易其鹿脯鹿筋鹿皮卓戈紋路多險阻沿海跳石而行經傀儡山

非數十人偕行未敢輕踐其境瑯嶠諸社隙地民向多種植田畝今有司禁止悉爲荒田沿海如魚房港大綉房一帶小船仍往來不絕或云十八社外尚有高士港社是人傑社佳諸來社懷裏社咬人土社滑事滑社

附載

卑南覓係番社總名在傀儡山後沿海一帶地與傀儡山相連中有高山聳起相傳七十二社（與前異）各社名不能盡記贌社貿易每在山腳沿海處所約行程四五日始窮其境自卑南覓而北有老郎社美基社八里捫社農仔農社（一名南仔郎）須嘮宰社獨馬壢社株栗社貓武骨

社佳嘮突社貓蠻社自逸民社佳落社甕綵社離北路
崇爻社地界百有餘里人煙斷絕自卑蘭覓而南有呂
家莽社謝馬干社知本社朝貓籬社咬嚕蘭社甯巒社
謝已甯社幹仔弼社幹仔崙社兇只咯社打早高社大
鳥萬社離瑯嶠地界六七十里亦鮮人跡貨則鹿脯鹿
筋鹿皮麞皮麂皮芝藤果則蕉實鳳梨蔗檨柑柚檳榔
毛柿土番日食薯芋黍秫金瓜鹽自曝用鹿豕魚酒則
上珍矣服飾富者烏布爲衣嗶吱爲抄陰爲方褸如平
埔熟番之制衣著更短貧者以鹿皮芝衣蔽體耕作無
牛亦無銚鎒僅用一鋤闊三寸柄長一尺屈足伏地而

鋤捕鹿用獵犬弓矢鏢刀網羅婚嫁男女十餘歲時男
以鏢爲定迄成婚略無聘禮反目男女各擇匹偶方離
產兒用冷水浴雙胎爲不吉委道旁即徙居父母亡視
若路人惟爲兄弟姊妹服亦僅除草珠而已赴社水路
僅容杉板船懸崖石壁無可泊處農仔農社有阬溝一
道船至土番羣立岸上船梢拋索土番接索挽進即泊
溝內若無接挽溝外無可泊處大鼅文謝必益諸社俱
有路可通或云自糞箕湖入傀儡山行二日可至鳥道
盤旋跋履匪易外此則穿荆度莽越嶺攀藤尤難施步
矣拔貢施世榜說

紅頭嶼番在南路山後由沙馬磯放洋東行二更至雞
心嶼又二更至紅頭嶼小山孤立海中山內四圍平曠
傍岸皆礁大船不能泊每用小艇以渡山無草木番以
石爲屋卑隘不堪起立產金番無鐵以金爲鏢鏃槍舌
昔年臺人利其金私與貿易因言語不諳臺人殺番奪
金後復邀瑯嶠番同往紅頭嶼番盡殺之今則無人敢
至其地矣

或云瑯嶠山後行一日至貓丹又二日過丹哩溪口至
老佛又一日至大鳥萬社又三日過加仔難社朝貓籬
社至卑南覓社番長名文吉轄達里武甲等七十二社

歲輸正供銀六十八兩零南仔郎港可以泊船由卑南
覓一日至八里抝又一日至加老突文吉所屬番界止
此至打水安一日又二日至芝母蘭共五社又行五日
至直加宣社俱係北路山後生番另詳本社之下凡此
山後緜亘聲息鮮通野番種類無可查據姑附識於此

臺海使槎錄卷七終

臺海使槎錄卷八

大興黄叔璥撰

番俗雜記

生番

諸羅鳳山番有土番野番之别野番在深山中疊嶂如屛連峰插漢深林密箐仰不見天棘刺藤蘿舉足觸礙蓋自洪荒以來斧斤所未入野番巢居穴處血飲毛茹種類實繁其升高陟巔越箐度莽之捷可以追驚猿逐駭獸平地諸番恆畏之無敢入其境客冬有賴科者欲通山東土番與七八爲侶晝伏夜行從野番中越度萬山竟達東面東番導遊各社禾黍芃芃比戸殷富謂苦野番間阻不得與山西通欲約西番夾擊之又曰寄語長官若能以兵相助則山東萬人鑿山通道東西一家共輸貢賦爲天朝民矣有當事者能持其議與東番約期夾擊勦撫並施烈澤焚山夷其險阻則數年後未必不變荆棘爲坦途而化盤瓠獒狰爲良民也稗海紀遊

諸羅山以上皆在深溪峻嶺之間惟知採捕麞鹿聽商貿易鮮食衣毛所異於禽獸者幾希矣番之性雖剛而很但見小而善疑故無非分之求其技善奔走穿藤攀棘捷於猿猱所用之器鏢鎗最利竹弓竹箭雖不甚競而射飛逐走發無不中儻使稍有知識偶或蠢動亦非易制之衆也諸羅雜識

臺灣生番素喜爲亂苟有不足則出山屠殺商民然撫此類也若專以威則難搗其穴或柔以惠則難飽其貪要當示之以威武懷之以德意駕馭有術不敢背叛且各社自樹其黨不相統轄力分則薄較易羈束又其俗尚殺人以爲武勇所屠人頭挖去皮肉煮去脂膏塗以金色藏諸高閣以多較勝稱爲豪俠云海上事略

熟番

平地近番不識不知無求無欲日遊於葛天無懷之世有擊壤鼓腹之遺風往來市中狀貌無甚異惟兩目坳深瞪視似稍別其語多作都盧嘓轆聲呼酒曰打喇酥煙曰篤木固相傳元人滅金金人有浮海避元者爲颶風飄至各擇所居耕鑿自贍數世之後忘其所自而語則未嘗改終歲不知春夏老死不知年歲有金錢無所用故不知蓄積秋成納稼計終歲所食有餘則盡付麴糱無男女皆嗜酒屋必自構衣必自織績麻爲網屈竹爲弓以獵以漁罔非自爲而用之腰間一刃凡所成造皆出於此惟陶冶不能自爲得鐵則取澗中兩石自槌之久亦成器社推一二人爲土官非眞廣徵賦稅操殺奪擁兵自衞者比稗海紀遊

土番非如雲貴之貓獠猺獞各分種類聚族而居者也社之大者不過一二百丁社之小者止有二三十丁見在各社有正副土官以統攝番眾然亦支項蒙頭無分體統考其實即內地里長保長之役耳東寧政事集

社商

紅毛始踞時平地土官悉受約束犯法殺人者勦滅無子遺鄭氏繼至立法尤嚴誅夷不遺赤子併田疇廬舍廢之諸番謂鄭氏來紅毛畏逃今鄭氏又勦滅

帝眞天威矣故其人既愚又甚畏法郡縣有財力者認辦社課名曰社商社商又委通事夥長輩使居社中凡番一

粒一毫皆有籍稽之射得麋鹿盡取其肉為脯并取其皮二者輸賦有餘然朘削無厭視所有不異己物平時事無巨細悉呼男婦孩穉供役且納番婦為妻妾有求必與有過必撻而番人不甚怨之苟能化以禮義風以詩書教以蓄有備無之道制以衣服飲食冠婚喪祭之禮遠在百年近則三十年將見風俗改觀率循禮教寗與中國之民有異乎余謂欲化番人必如唐韋皐宋張詠之治蜀久任數十年不責旦暮之效然後可噫蓋亦難言矣然又有暗阻潛撓於中者則社棍是也謀長夥長通事熟識番情復解番語父死子繼流毒無已社商有虧折耗費此輩坐享其利社商率一二歲更易此輩雖死不移利番人之愚又欲番人之貧愚則攫奪惟意貧則力不敢抗即有以冤訴者番語侏離不能達情通事顛倒以對番人反受呵譴是舉世所當哀矜者莫番若矣乃以其異類且歧視之見其無衣曰是不知寒見其雨行露宿曰彼不致疾見其負重馳遠曰若本耐勞噫若亦人也馬不宿馳牛無偏駕否則致疾牛馬且然而況於人乎抑知彼苟多帛亦重綈矣寒胡為哉彼苟無事亦安居矣暴露胡為哉彼苟免力役亦服且逸矣奔走負戴胡為哉異其人何必異其性稗海紀遊

社餉

贌社之稅在紅夷即有之其法每年五月初二日主計諸官集於公所願贌眾商亦至其地將各社港餉銀之數高呼於上商人願認則報名承應不應者減其數而再呼至有人承應而止隨即取商人姓名及所認餉額書之於冊取具街市鋪戶保領就商徵收分為四季商人既認之後率其夥伴至社貿易凡番之所有與番之所需皆出於商人之手外此無敢買亦無敢賣雖可裕餉實未免於累商也　臺灣南北番社以捕鹿為業贌社之商以貨物與番民貿易肉則作脯發賣皮則交官折餉日本之人多用皮以為衣服包裹及牆壁之飾歲必需之紅夷以來即以鹿

皮與販有麢皮有牯皮有母皮有麞皮有末皮麕皮大而重鄭氏照舫給價其下四種俱按大小分價貴賤一年所得亦無定數僞冊所云捕鹿多則皮張多捕鹿少則皮張少蓋以鹿生山谷採捕不能預計也諸羅雜識

交納鹿皮自紅毛以來即爲成例收皮之數每年不過五萬張或曰萬餘張牯皮母皮末皮麞皮麕皮分爲五等大小兼收僞冊報部並未有止用大鹿皮及山馬皮之說東甯政事集

番俗醇樸太古之遺一自居民雜沓强者欺番視番爲俎上之肉弱者媚番導番爲升木之猱地方隱憂莫甚於此

社餉一項鳳山下澹水八社番米在僞鄭原數五千九百三十三石八斗蕩平後酌減爲四千六百四十五石三斗諸羅社餉共七千七百八兩零未邀裁減從前猶可支持以地皆番有出產原多自比年以來流亡日集以有定之疆土處日益之流民累月經年日事侵削向爲番民鹿場麻地今爲業戶請墾或爲流寓佔耕番民世守之業竟不能存什一於千百且開臺來每年維正之供七千八百餘金花紅八千餘金官令採買麻石又四千餘金放行社鹽又二千餘金總計一歲所出共二萬餘金中間通事頭家假公濟私何啻數倍土番膏血有幾雖欲不窮得乎今一切陋弊革盡無餘而正供應作何酌征以蘇番黎之苦周鍾瑄上滿總制書

捕鹿

鹿場多荒草高丈餘一望不知其極逐鹿因風所向三面縱火焚燒前留一面各番負弓矢持鏢槊俟其奔逸圍繞擒殺漢人有私往場中捕鹿者被獲用竹桿將兩手平縛鳴官究治謂爲誤餉相識者面或不言暗伏鏢箭以射之若雉兔則不禁也

番役

凡長吏將弁遠出番爲肩輿行笥襆被皆其所任疲於奔命久矣曾爲嚴止余巡視南北兩路槪不令任諸力役惟過澹水虎尾大肚溪深水漲用五六人擎扶笱輿犒以錢煙假宿社寮及兵弁輿從棲止處悉酬以煙布諸番驩甚謂爲從來未有間以所食物予番則驩然盡飽問何故跣足曰非樂此特無履耳可見人性皆同

土官饋獻

新官蒞任各社土官瞻謁例有饋獻率皆通事書記醵金承辦羊豕鵝鴨惠泉包酒從中侵漁不止加倍余初抵臺時正值農忙兼值溪漲往來僕僕必致廢時失業檄行鳳諸二縣禁止派勒赴府呈送禮物通事輩無可

生發亦不慫恿其來也

番界

內山生番野性難馴焚廬殺人視爲故常其實啟釁多由漢人如業主管事輩利在開墾不論生番熟番越界侵佔不奪不饜復句引夥黨入山搭寮見番弋取鹿麂往往竊爲己有以故多遭殺戮又或小民深入內山抽藤鋸板爲其所害者亦有之康熙六十一年官斯土者議凡逼近生番處所相去數十里或十餘里豎石以限之越入者有禁鳳山八社皆通傀儡生番放縤社外之大武力力枋寮口埔薑林六根茄藤社外之糞箕湖東

岸莊力力社外之崙仔頂四塊厝加泵社口下澹水社外之舊檳榔林莊新東勢莊上澹水社外之新檳榔林莊柚仔林阿猴社外之揭陽崙柯柯林搭樓社外之大武崙內卓佳莊武洛社外之大澤機溪口俱立石爲界自加六堂以上至瑯嶠亦爲嚴禁諸羅羅漢門之九荆林澹水溪墘（墘或墈字之譌）大武壠之南仔仙溪墘茄茇社山後哆囉嘓之九重溪老古崎土地公崎下加冬之大溪頭諸羅山之埔姜林白望埔大武巒埔盧麻產內埔打貓之牛屎阬口葉仔阬口中阬仔口梅仔阬山他里霧之麻園山腳庵古阬口斗六門之小尖山腳外相觸溪口東螺之牛相觸山大里善山大武郡之山前及內莊山半線之投揀溪墘貓霧揀之張鎮莊崩山之南日山腳吞霄後壠貓裏各山下及合歡路頭竹塹之斗罩山腳澹水之大山頂山前并石頭溪峰仔嶼社口亦俱立石爲界由雞籠沿山後山朝社蛤仔難直加宣卑南覓民人耕種樵採所不及往來者鮮矣

吞霄澹水之亂

康熙已巳二月吞霄通事黃申征派無虛日社番苦之會番捕鹿申約先納錢米而後許出土官卓个卓霧亞生等大譟殺申及其夥十餘人參將常泰進勦以新港

蕭壠麻豆目加溜灣四社番爲前部死傷甚眾復遣岸裏番繞出吞霄山後夾擊設伏殺之五月澹水土官冰冷率眾射殺主賬金賢及與賢善者盡殺之與个霧等通水師把總（失其名）誘而執之

吞霄去半線百里夾倒旗太平二山之間路通內山有險可恃昔年防汛止於牛罵隔吞霄六十餘里故卓个卓霧等敢於爲亂

冰冷爲官兵圍急全社竄伏山上削竹爲籤以溺浸之火炙數次堅黑如鐵徧插於山人不能前後爲把總誘執斬其首屍游各社有請乞免游者謂番頭過社則

一社皆瘟後將冰冷梟示澹水海岸諸番遠望迂道而行丼不敢履其境

馭番

生番殺人臺中常事此輩雖有人形全無人理穿林飛箐如鳥獸猿猴撫之不能勦之不忍則亦末如之何矣惟有於出沒要隘必經之途游巡設伏大張礮火虛示軍威使彼畏懼而不敢出耳然此皆由於地廣人稀不闢不聚之故不盡由侵擾而然蓋生番所行之處必林木叢茂荊榛蕪穢可以藏身遇田園平埔則縮首而返不敢過其殺人割截首級烹剥去皮肉飾髑髏以金誇耀其衆衆遂推為

雄長野性固然設法防閑或可稍為斂戢究未有長策也然則將何以治之曰以殺止殺以番和番征之使畏撫之使順闢其土而聚我民焉害將自息久之生番化熟又久之為戶口貢賦之區矣東征集

臺灣歸化土番散處村落或數十家為一社或百十家為一社社各有通事聽其指使所居環植竻竹社立一公所名曰公廨有事則集耕斂僅給家食不留餘蓄日事佃獵取麞鹿麋麂為生其俗男女同川而浴未婚娶者夜宿公廨男女答歌相慕悅而後為夫婦拔去前齒齒皆染黑傳所謂黑齒雕題者乎性好勇尙力所習强弩鐵鏢短刀別無長刃利戟藤牌鳥鎗之具或與鄰社相惡稱兵率衆羣然鬨鬬然未嘗有步伐止齊之規鬬罷散去或依密林或伏莽草伺奇零者擒而殺之所得頭顱擕歸社內受衆稱賀漆其頭懸掛室內以數多者稱為雄長要其戰爭長於埋伏掩襲之謀利於巉巖草樹之區便於風雨冥晦之候若驅之於平坂曠野之地則其技立窮且可以制其死命者有二其地依山並不產鹽斷絕其鹽彼將搖尾求食矣一也春夏之際其地雨多而露濃故一望蓊翳至隆冬之日則一炬可盡彼將鳥獸散矣二也夫生之殺之其權在於我土番豈能為吾患乎若利其有而資之以鹽任社商

剝尅而不之禁令鑿齒之倫鋌而走險乃復不察地勢審利害苟且動衆而曰土番能戰也豈不謬哉大凡土番雖稱殊悍而頗近信儻招之以義撫之以恩明賞罰善駕馭以導之吾見耕者獵者安於社敬事赴公者服於途其風猶可近古也臺理末議

社番不通漢語納餉辦差皆通事為之承理而好棍以番為可欺視其所有不異己物藉事開銷朘削無厭呼男婦孩穉供役直如奴隸甚至略賣或納番女為妻妾以至番民老而無妻各社戶口日就衰微尤可異者縣官到任有更換通事名色繳費或百兩或數十兩不等

設一年數易其官通事亦數易其人此種費用名爲通事所出其實仍在社中償補當官既經繳費到社任意攫奪豈復能鈐管約束因與道府約嗣後各社通事俱令於各該縣居住社中有應辦理事件飭令前往給以限期不許久頓番社以滋擾累盜買盜娶者除斷令離異仍依律治之至通事一役如不法多事即當責革若謹愿無過便可令其常充不得藉新官更換混行派費違者計贓議罪

肄業番童拱立背誦句讀鏗鏘頓革咮離舊習陳觀察大葦有司教之責語以有能讀四子書習一經者復其

身給樂舞衣巾以風厲之癸卯夏高太守鐸申送各社讀書番童余勞以酒食各給四書一册時憲書一帙不惟令奉正朔亦使知有寒暑春秋番不記年或可漸易也

附題咏

裸人叢笑篇十五首　孫元衡

皇威懾海若崩角革頑凶昔從倭鬼役今爲
王者農酋長加以冠族類裸其躬震驚鞭撻威嬉戲刀劍鋒臺郎出守羅星宿云是大唐王與公五十二區山百重南極蜈蜞北雞籠渾沌不鑿天年終

衛鬤縵靡草鬖鬖如植竿獨竦兕鷹立兩岐觺角端不簪亦不弁雜卉翼以翰謂當祝髮從甌駱爾胡不髡能自完

鑿囟貫竹皮括輪象日月兮衛其身圓景雙擔色若銀我聞無腸之東聶耳國趨走捧持猶捧珍又云一耳爲衾一爲茵非其苗裔强相效嗚呼坎德胡不辰

齒耳夫何以皓爲又奚取於漬汁而漆頤厲骨辟穢芳其脂墨氏毋甯悲染絲

倒懸覆臟如繫羵羊織竹爲笢約肚束腸行犇登躍食少力强蜂壺猿臂逐鹿踰岡將刀斷之挽手上堂爲語楚宮休餓死盍習此術媚其王

短布無長縫尙元戒施縞桶裙本陋制不異蠻犵猪猪蠻鑿齒喪其親爾蠻鑿齒媾其姻雜俗殊風仁不仁

管承鼻息颺簫音筠亞齒隙調琴心女兒別居椰子林雄鳴雌和終凡禽不顧耶孃回面哭生男贅婦老而獨但知生女耀門楣高者爲山下者谷貓女膩新相鬭妍醉歌跳舞驚鴻翩酋長朝來易版籍東家麻達西家仙

接飛軼走縱行橫施繡肌雕腋勇者是儀龜文蟬翼蒙表貫肢背展鵰鶚胸貙豹蝺跳脫臂釬瓔珞項披蠢然身首犂䰟尸

海山宜鹿依於樸樕麌麌呦呦羣行野伏諸番卽之長鈚

勁箙毒猘横噬倍於殺戮憑藉商手賦公局獲車既傾墊
有慾犦犇狺食何苦辛直朵頤於刖蹄而剖腹
爾之生也懸刀代弧爾之壯也畜犬爲徒柔筌以臥肉以
餔縱横猛氣淩殷虞奮狋狀犺不可呼爭先奚翅當百夫
功多齒鈍棄匪辜日暮纍纍嘷路隅
虎山可深入傀儡難暫逢不競人肉競人首殲首委肉於
豝豵驚禽飛駭獸走腰下血模糊諸番起相壽
崩泉下澗三尺波女兒沒水如羣鵝中官投藥山之阿至
今仙氣留雲窩生男洗滌意非它無孿無靡無沈痾他日
縱淚有勳業爲鯨爲鱷爲蛟鼉

鼉鼓轟林人野哭舉屍焮炙胇以燠蠅蚋不敢侵螻蟻漫
相逐埋骨無期雨頹屋安置鬼牛與鬼鹿鬼殘日夜傷幽
獨
金人竄伏來海濱五世十世爲天民花開省識唐虞春阡
陌雜作如無人披草戴笠鉗口合脣道路以目爰契天眞
華人侮之默不嗔秫粒如豆萁如薪
羣嚼玉英粲醽醁爲氤氳屛五齊三事而狄康不聞準人
準口量餘粟一榼一瓢萬事足蚩蚩者無懷古民白刃酬
交醒觳觫

秋日雜詩三首　　孫元衡

諸番多窟宅深箐瘴雲安竹塢疑熊館茅房結馬鞍山荒
朝獵豹田熟夜防貛此是羲皇上文身似羽翰
信此飄零眼浮觀別異同四時無正候百物有奇功版籍
翻稽婦蠻郡渾賤翁糟醨聊可啜應笑學郫筒
眼底天民在熙熙共往來忘年驚髮變改歲待花開卽鹿
羣看箭安家密咒灰唱歌爭款客嘆取女郎回

土番竹枝詞二十四首　　郁永河

生來曾不識衣衫裸體年年耐歲寒犢鼻也知難免俗烏
青三尺是圍闌　文身舊俗是雕青背上盤旋鳥翼形一
變又爲文豹鞹蛇神牛鬼共猙獰　胸背斕斑直到腰爭

誇錯錦勝鮫綃冰肌玉腕都文徧只有雙蛾不解描　番
兒大耳是奇觀少小都將兩耳鑽截竹塞輪輪漸大如錢
如椀復如盤　丫髻三叉似幼童髮根偏愛繫紅絨出門
又插文禽尾陌上飄颻各鬬風　覆額齊眉繞亂莎不分
男女似頭陀晚來女伴臨溪浴一隊鸕鷀漾綠波　鑢貝
雕螺各盡攻陸離斑駁碧兼紅番兒項下重重繞客至疑
過繡嶺宮　銅箍鐵鐲儼刑人鬬怪爭奇事事新多少丹
青摹變相畫圖那得似生成　老翁似女女如男男女無
分總一般口角有髭皆拔盡鬢眉都作婦人顏　腰下人
人插短刀朝朝磨厲可吹毛殺人屠狗般般用蔾罷樵薪

又索綯　耕田鑿井自艱辛緩急何曾叩比鄰構屋斲輪還結網百工俱備一人身　輕身趫捷似猿猱編竹爲箍束細腰等得吹簫尋鳳侶從今割斷伴妖嬈　男兒待字早離孃有子成童任遠颺不重生男重生女家園原不與兒郎　女兒纔到破瓜時阿母忙爲構室居吹得鼻簫能合調任教自擇可人兒　只須嬌女得歡心那見堂開孔雀屏既得歡心纔挽手更加鑿齒締姻盟　亂髮鬖鬖不作緺常將兩手自搔爬飛蓬畢世無膏沐一樣裯縿是室家　誰道番姬巧解釀自將生米嚼成漿竹筒爲甕牀頭挂客至開筒勸客嘗　夫攜弓矢婦鋤耰無褐無衣不解

愁番闕一圍聊蔽體雨來還有鹿皮兜　竹弓箬矢赴鹿場射得鹿來交社商家家婦子門前盼飽惟餘瀝是頭腸

莽葛元來是小舠刳將獨木似浮瓢月明海澨歌如沸知是番兒夜弄潮　種秫秋來翦入場舉家爲計一年糧餘皆釀酒呼羣輩共醉平原十日觴　黎園敝服已蒙茸男女無分只尚紅或曳朱襦或半臂土官氣象已從容土番舌上掉都盧對酒歡呼打剌酥聞說金亡避元難颶風吹到始謀居　深山負險聚遊魂一種名爲傀儡番博得頭顱當戶列髑髏多處是豪門

臺灣近詠上黃巡使　藍鼎元

番黎素無知渾噩近太古祇爲巧僞引訟爭亦肆侮睚眦動殺機其心將莫禦所幸弗聯屬社社自愚魯太上用夏變衣冠與居處使彼忘爲番齊民消黨羽其次俾畏威罔敢生乖迕無虐無令傲服勞安作苦恩勝即亂階昫嘘鼠爲虎所以王道平不爲矯枉補內山有生番可以漸而熟王化棄不收獷悍若野鹿穿箐截人首飾金誇其族自古以爲常近者乃更酷戕民則何辜晨樵夕弗復不庭宜有征振威甯百谷土闢聽民墾番馴賦亦足如何計退避畫疆俾肆毒附界總爲戕將避及牀褥

題同年黃玉圃番社圖　呂謙恒

九重渙汗使臣知萬里蠻荒跂踵時耳目全開天海外土風盡入竹枝詞

題黃侍御番社圖　陸榮秬

日麗中天萬國環入埏風俗版圖間誰言黑齒雕題遠只在鱗洲小水灣　淸時絶島似仙鄉密箐深林化日長捉罷野牛還捕鹿閒來飽啖夜舂糧

番社雜詠二十四首　黃叔璥

絶島中華古未通生來惟闘此身雄獨餘一面猙獰外人鳥樓臺刺自工 文身 剉竹爲椽扇縛筊空擎梁上始編茅落成合社欣相賀席地壺漿笑語高 作室 荒地欲

鬆園更腴誅茅覆草令秋枯種時禾秸驚風雨雜植還教薏苡扶種園小樓貯粟號禾間剉竹編茅蓋自開應識名禾知本計可專飲血事挼山禾間蠻孃織作亦殊勤圓木中空槽口分尺布可堪持北去但令知有達戈紋畫織霜鐘雲磬韻雙淸何處郁莊旋旋鳴北客初來聽不厭那知此是夜舂聲夜舂未負耕犂未服輈誰教馴狎入欄收番兒自慣無鞍馬大武山頭捉野牛捉牛仰沫巨魚纔躍波矢無虛發巧如何於今苦學漢人法駕筏施罛事轉多射魚地闊年來少鹿場焚林設阱兩堪傷擒生翦耳如黃犢相逐平原互鬬强捕鹿盛植檳

榔覆四檐濃陰夏月失曦炎猱升取子飛騰過不用如鉤長柄鎌猱採出草秋深盡夏初刖蹄剖腹外無餘當官已報社商革五穀雞豚一一書社餉獸皮時出內山深互市傳來直至今莫道漢人曾未到熟番有路敢探尋互市不爲穴處不巢巔布毯牢將兩樹纏此味睡鄉人不識不須化蝶自翩翩樹宿社中各自置樓高貓踏更番未覺勞擊柝宵嚴鏢箭利盡教鼠竊遠潛逃哨望未經牽手尙腰圍習慣身輕走若飛涼夜月明齊展足羨他貓女願同歸鬬捷製琴四寸截瑕玕薄片靑銅竅可彈一種幽音承齒隙如聞私語到更闌嘴琴配他弦索亦相宜小孔横將按鼻吹引得鳳來交唱後何殊秦女欲仙時鼻簫贅壻爲兒婦是家還憐鑿齒擦蕉花何如高架迎歸去偕老相期禮自嘉迎婦生兒出浴向河濱仙氣長留冷逼人三保當年曾到處南洋諸國盡稱神浴兒殊風雖陋尚堪論恤老收窮古意存長者途逢皆卻步朋儕相見亦寒温讓路外沿大海內深溪浮水葫蘆每自攜惟有土官乘筏過衆聲如蟻兩行齊渡溪厤書不識歲時增月幾迴圓稻一登鄰社招邀同報賽竹盃席地俗相仍會飲男冠毛羽女藍鬖衣極鮮華酒極酣一度齊咻金一扣不知歌曲但喃喃賽戲紅毛舊

習篆成蝸漢塾今聞近社皆謾說飛鴞難可化泮林已見好音懷漢塾

臺海使槎錄卷八終

小琉球漫誌十卷

〔清〕朱仕玠撰

《小琉球漫誌》十卷，清朱仕玠撰。仕玠（一七一二—一七七三）字壁豐，號筠園，福建建寧人。貢生。乾隆二十八年(一七六三)六月任臺灣鳳山縣學教諭，次年八月離任。小琉球爲鳳山縣西南海中一島嶼，是書乃述其山川、風土、人物等，自建置制度至方言野語，皆綜要備録之。道途所經與其地方物，則形諸吟詠。卷一泛海紀程，卷二、三海東紀勝，卷四、五瀛涯漁唱，卷六、七、八海東賸語，卷九海東月令，卷十下淡水社寄語。據中國國家圖書館藏清乾隆三十一年刻本影印。

小琉球漫誌

松谷藏版

小琉球漫志

小琉球漫誌序

同里朱子筠園年少以異等生貢國學在京聲名籍甚長洲沈歸愚尚書嘗稱其兄弟分擅詩古文云筠

園以詩名其弟梅崖以古文名蓋尚書亦第就其業之專且精者言之耳非謂其不能兼長也筠園屢試塲屋不遇年四十餘

以例官德化敎諭大吏知其才調任鳳山學鳳山在海外筠園於渡海道途經歷及學舍所聞見著小琉球漫誌十卷請序於

序二

余余讀誌中古今體諸詩原本風騷而紀載奇跡考訂錯誤文亦詳明而有法因嘆筠園不獨工於詩即其紀載之文與其弟

梅崖素相切劘者亦兼之而得其長也極詩文之能事而備宇内之大觀洵異書也余嘗著閒居偶錄頗爲名流激賞今復纂

序三

茶堂節錄二十卷見者尤愛之顧自念知識弇鄙無復有殊異聞見以視筠園斯誌殊自愧不如也筠園豊才博學在臺時方

以
計典稱最將見不次擢
用他日更以其詩文
之兼長者頌揚
聖代功德傳諸海內必
有倍蓰於斯誌者余
且拭目俟之矣
乾隆丙戌歲孟春月
筠亭老人徐時作撰

小琉球漫誌序

濰川朱筠園先生以深湛博雅之學豪儁瓌瑋之才豹隱蠖屈年踰四十始以明經教諭德化調鳳山鳳山隸臺灣郡海外地也生熟番襍處士民樸僿先生至其地宣揚聲教廸以文明踰年著小琉球漫誌十卷自山川風土人物上至
國家建置制度下而及於方言野語綜要脩錄靡有所遺其間道途所經勝跡所垂與夫珍禽異獸中土所不經見者則以詩歌寫之書成以示仕驥而命之序仕驥受其書而讀焉既訖先生用心之精而核而又以歎天之所以成就先生者為倍至也自古賢人才士蘊其奇不得施設天每縱其跡於四方俾其氣有所洩而其術業益以大且富荀卿趙人也游學於齊南浮楚著書於蘭陵為百世宗太史公周行天下名山大川而成史記其自言曰詩三百篇大抵聖賢發憤之所為作也又軼見其意於虞卿贊以為虞卿非窮愁亦不能著書以自見於後云至如韓退之柳子厚

蘊子瞻皆偉人也於潮於柳於惠後世艷稱之蓋天之於賢人才士既不欲使其循常以見於世而日月所照臨之區凡有血氣之屬亦不忍其終古不進於文明又鍾奇怪秘之藏於山海間者非得賢人才士亦不顯是二者固相須而必相遇之事也先生少習風騷嘗遊太學歷吳楚越宋衛齊魯之境既而息居濰川之陽其見之詩歌者亦既大且富矣然而其才其學未盡也今乃得洩其奇於此書臺灣自入

版圖後歷今八十餘年人但知為南徼一籓蔽要地而已未有知其奇勝有如此書所云也即愛奇者遐搜博採或得以知其一二亦未有洞悉其人情土俗有如此書所云也蓋雖屬內地而巨洋隔之學士足跡無從而至其四方之商賈於是者既不足以知之而官斯土者政事卒卒又或未暇筆之於書是以八十餘年惝恍迷離其詳不得而著也今先生以散秩優游其地得以用其精心考核而成此書此書之成既足以見

聖朝覆幬之仁不遺荒徼且使讀是書者洞悉其人情土俗他日或仕其地知所法戒而因以施其撫治之方此則其用心之尤精者矣仕驥竊謂此書當與尚書之禹貢周官之職方氏並垂不朽若夫名勝所著抑其小焉者爾然則天之所以成就先生者為何如乎乾隆

三十一年季冬月盱黎後學魯仕驥序

自序

鳳山之西南有小琉球山周三十餘里突峙海中閩部疏所云從興化東行六十里而遥至平海衛天清時隱隱見小琉球者即指此山也予以乾隆癸未歲蒙

恩調任鳳山既至學署即詢小琉球所在以險阻未能至顧意念終不置也居學署無事因追記道塗所經及在臺所聞見與夫郡邑誌所紀載凡山川風土昆蟲草木與内地殊異者無不手錄之閒以五七言宣諸謳詠名曰小

琉球漫誌用以彰意念所寄而所錄淆雜無序亦未暇詮次也越明年甲申夏慘遭吾母太孺人之喪狼狽西渡偷生苫次間有詢以海外事者則然疑交作恍如夢寐矣又明年乙酉授徒里中暇日檢舊篋得所為小琉球漫誌者因詳加編次定為類六曰泛海紀程曰海東紀勝曰瀛涯漁唱曰海東賸語曰海東月令曰下淡水社寄語共成十卷令好事者閱之既知海外山川風土昆虫艸木之異以見

聖治之無外而所云小琉球者亦可想像於海水汩沒之間也已時乾隆三十年旃蒙作噩之歲仲穐壯月邵武朱仕玠筠園書於里中之二如園

小琉球漫誌目録

小琉球漫誌卷一

邵武　朱仕玠　筠園

泛海紀程

乾隆癸未歲予自德化縣學教諭調任臺灣府鳳山縣學三月十五日壬申卸德化學事請假旋里四月初八日乙未抵家十九日丙午由家至榕城二十六日癸丑抵榕城五月初十日丙寅榕城曉發

榕城曉發詩云垂暮冒微秩學舍如小舟府檄猝焉下量移外海陬根荄慚植薄奚足供薪槱深荷栽培意不遺葑菲求有母嘆篤老未敢身遠投且虞靈胥捐遽與蛟蜃儔再三辭不獲乞假旋舊邱四載凋奉侍予庚辰歲抵德化學署至癸未歲離家四載筋力欣尚遒顧念春秋積難令百歲留況將蹈不測微軀惛自謀存沒兩無定肝腸紛細抽鬖鬖垂項雪未審幾見不別泼強抑制恐貽白髮憂馳驅抵會城倉卒發行輈七日距鷺門兩郡經置郵道經興化泉州二府更欲泛溟漲遠盡天東頭定更驗塗程海道以更為定濤浪荒咨諏嗟星尚磊落行子逝悠悠

下午渡烏龍江烏龍江即陽崎江其水滙於馬頭江入海元鄭潛置舟立義田鄉人號鄭公渡立碑吳海爲記晚宿方口

渡烏龍江詩云在昔覊厦南沿洄飽經由偶值風濤作便恐隨膠舟百年判須臾失足那可求兹將泛滄海想像大塊浮烏兎相跳擲局若籠內囚回頭瞻禹甸稊米分九州四瀆荒計較矧此溝澮流不覺嚴然笑扣舷成歌謳頹陽薄桑榆饑鴉啼汀洲輟棹問前塗聊爲永夜謀

十一日丁卯次漁溪十二日戊辰阻雨仍宿漁溪十三日己巳午至江口橋爲福州興化二府南北畫界橋下通海流遥山青蒼波濤淢汩午潮乍作海漁舟回腥風貫鼻有城寬数里海鱻輻輳下午抵涵江江瑤柱出自涵江形如三四寸扁牛角上銳下平雙甲薄而脆柱生雙甲中腰巨如古錢味爽而甘其餘肉則類大蚌閩小紀論閩中海錯以江瑤柱西施舌蠣房三物準以畫家三品江瑤柱爲逸品夜宿興化府興化背太平山而城以壺公爲案西山皆峭拔登城北山望東南大海浮空檣

帆皆見自涵江至興化沃野約数十里仙遊之水經府城下至涵江入海土人於出口處紮石為橋障以木板以資灌溉溝渠四達小船往來延緣稻畦村落風景絕類吳越

涵江詩云髣髴越中路溝渠進小艭渚花輕拂櫂沙鷺靜臨牕頓覺孤懷豁能令旅思降
前林烟火近鴉軋早驚厖

十四日庚午次楓亭驛〻屬仙遊縣楓亭荔枝甲天下瀰山被野樹極婆娑可愛唐明皇妃江釆蘋故里也妃于開元中高力士購諸閩中進上甚荷寵眷妃性嗜梅所居遍植因號梅妃自楊貴妃入宮罕得幸御妃慨慕長門賦故事欲求才士作賦因以動上一時無肯為者遂自作楼東賦明皇覽而憐之卒畏貴妃逼不敢召也及幸蜀歸遍索妃所在得温泉藁瘞處發之顏如生脅有刃痕知不屈為亂兵所戕上皇震悼命改瘞焉新唐書外戚傳未載妃名氏是晚宿塗嶺

過江妃故里詩云山礬水漲渚添痕傳說江妃舊住村青塚魂歸同寄恨莆陽端不讓荊門

玉環豈賦洵無倫窈窕楼東更絕塵翻笑上皇誠錯計馬嵬亡國竟何人

生年氣味類松筠絕愛梅花萬樹新歲〻嶺頭開勝雪依稀猶似見橫陳

蜀闗西望六龍奔畢命温泉識刃痕懊惱史官編外戚不書名姓慰貞魂

悵望華清渥澤頻閑拈玉笛倍傷神古来嬪御誰相匹長信宮中奉侍人

莆山繚繞翠為屏策蹇經過記幾經欲弔江妃吟八賦一天風雨下楓亭（妃有綺窓梅花諸八賦）

十五日辛未上午次惠安縣度洛陽橋〻原名萬安渡宋蔡忠惠公橋記云泉州萬安渡石橋始造於皇祐五年四月庚寅以嘉祐四年十二月辛未訖功纍址于淵釃水為四十七道梁空以行其長三千六百尺廣丈有五尺翼以扶欄如其長之数而兩之靡金錢一千四百萬求諸施者渡寔支海去舟而徒易危而安民莫不利職其事盧錫浮圖義波等十有五人既成太守莆陽蔡襄為之合樂讌飲而落之明年秋蒙召還京道繇是出因紀所作勒于岸左泉南雜志云公自書大方尺分勒二

石在公祠聞之父老云先時二石爲倭載去後見
江聞發光探之得後一石其前一石乃後人僕摹
故前石不如後石瑩潤今就東橋一碁視諸基大
数倍周圍約百餘步内建廟祀公二碑立公像左
右橋至此微曲每潮汐至濤浪浩衍及退地涸如
陸世俗相傳公造橋時禱于海神〻假醉卒進醋
字攄筠廊偶筆云閩中洛陽橋圯有石刻云石頭
若開蔡公再來鄞人蔡錫中明永樂癸卯鄉試仁
廟擢兵科給事中陞泉州太守錫至欲修橋〻跨
海功難施錫以文檄海神忽一醉卒趨而前曰我

能齎檄往乞酒飲大醉自沒于海若有神人扶掖
之者俄而以醋字出錫意必八月廿一日也遂以
是日興工潮旬餘不至工遂成語載錫本傳中錫
官至都御史以才廉聞觀偶筆所載是書醋字固
非忠惠矣然忠惠經始橋基其事視修葺倍難王
遵巖曰豈其駕長江之洪流馮虛以構寔其役有
足駭人者昧者驚焉而言之異亦以賢者之所為
興事起利人樂其神而稱其功故託于神以美之
耶

洛陽橋詩云清晨發塗嶺午抵洛陽渡〻名蠡
卷行旆奔潮倏已注端明昔典郡眘塹憫行
路思拯一時危以成萬代固金錢数百萬輩
至歎莫措偃蹇驕黿鼉誰敢拗其怒矢傾盈
腔血瀝向滄溟訴海若契精誠涸沙奔迴互
遂令千丈虹偃卧舒修胯繼起獲象賢修葺
無乖誤異事動潛靈同駕若騏馵由来大功
成天地與恩遇商旅樂康莊望洋肆安步引
領温陵城（橋距泉州府三十里）迢〻阻雲霧

是晚宿泉州府泉州負郭邑名晉江浯江郡志云
晉南渡時衣冠士族避地于此故名郡山之最高

者曰清源山在郡北三里許高数千仞聞未至絕
巘数百武有泉自石罅流出積于砥石凹處甘冽
獨勝他泉好事攀躋汲之冬夏不減其東有妙覺
巖石上刻第一山是米元章行書予以行期敦迫
未及遊焉十六日壬申次沙溪凡行旅往漳州廈
門者由此分路旅舍蚊不冬蟄至夏尤甚日未夕
聲殷如雷霆十七日癸酉過五通渡以地有五通
山因以名渡約計海面十餘里

五通渡詩云問訊廈門路烟濤十里溟滄溟
風昜動絕島樹疑沉漫效浮槎客難爲故國

心寃知今夜夢繚繞緑楊林（予所居村名）

下午抵厦門厦門一名鷺門屬同安縣爲閩中通洋巨鎮突起海中地廣輪約五六十里按郡誌厦門即嘉禾嶼上有無盡巖洪濟山點濟巖雲頂巖又有浮沉石潮漲其石不没潮退則石沉海底天將風則石下有聲名石虎礁郡誌亦第就有名者載之其中怪石欝律巖壑奥窈難以数計環以巨海砰訇寔奇觀也

厦門詩云厦門寔巨鎮遠轄盡漲渤重關嚴

榰查兵衞環戈戞東南通輻輳歌管日膠葛

蜀錦與杭綾被服同袒褐市門嫣一笑肯惜

紅靺鞨居貨物殊方由来蘊利窟海隅生齒

稠舉踵隘耕垈騰踔狎洪濤洋舶紛四出徃

来市諸番安論吳與越咬吧最險遠萬里逝

超忽崑崙及七洲（西海崑崙七洲二洋最險語云歸怕崑崙来怕七洲）

荒怪難具述蝦鬚閃旗殷鯨背矗山屼崴傒

西飈回珍貝光熇發

輿朝弛海禁非徒邊徼活王道尚柔遠要使職

貢達梯航安可窮泱漭滄溟濶

十八日甲戌至二十七日癸未凡旬日羇留厦門覔海舶厦門有海關稽查出洋商旅福建都統將軍晉理凡官于臺者携帶人数必具文書開列人名詳本省藩司藩司給票將所詳人名開後既至厦門將票呈海關掛號驗訖始敢登舶二十八日甲申登海舶匕首左右刻二大魚眼以像魚形長約十丈餘濶約二丈深約二丈舶腰立桅尾立舵桅長約十丈桅本約三十圍舵長約二丈餘巨約一丈舵前相距二丈餘設立板屋寛約一丈餘深約一丈内供養天后像左右立四小艙以爲卧室名曰麻離板屋後附立一小龕高約三尺横濶約

五尺以置羅盤定子午針板屋外右首立水艙縱横約八尺深如之以貯飲食所用水以海水鹹苦不可食登舶之後陳牲醴焚楮帛鳴金伐鼓以祭海神二十九日乙酉從小擔嶼張篷出口初出口時風濤搏擊舟中之人吐眩顛仆十人而九惟出海舵工鴉班水手諸人笑語自若凡海舶主事者曰出海定羅盤子午針者曰舵工經理張弛篷索者曰鴉班其餘俱名水手舶篷編竹爲之長約八丈濶四五丈或值黑夜舟行海風怒號舟楫振撼篷索偶失理鴉班上下桅竿攀緣篷外輕蹻烏隼

捷若猿猱洵稱絶技是日阻風仍退泊小擔嶼三十日丙戌五更放洋上午以無風且午潮將至拋矴歇大洋海船固畏風又苦無風風靜水平連天無際船不下矴則乘潮而北隨汐而南方向莫定矴以鐵力木爲之頭矴重七八百斤以次遞殺巨舟四矴次三矴二矴下鉛筒約四十餘尋鉛筒以純鉛爲之形如秤錘高約三四寸底平中刳孔寬約四分深如之繫以棕繩投鉛筒下海底孔粘海泥舵工覘泥色即知其處舟行自不錯誤按厦門位西北乾方臺灣位東南巽方凡海道出口有二

春夏多南風則由小擔嶼或大擔嶼海不甚深大擔嶼與小擔嶼相近秋冬多北風則由繚羅山下海深不測

小擔嶼放洋詩云遊子類飛蓬飄颻臨海界
長飆維百尺忽與滄溟會大塊杜德機蘊氣
不復噫神物酣蟠睡意快脫杻械茫茫尾閭
泄淼淼萬川濊安從測海深祇益驚天大生
年困倥傯日食厭虀芥偶然獲微官班秩鄙
纖介胡爲冒險行霜毛壓歲邁要知冥漠意
欲償諸番債抓搜到嘔吚心癢劇癢疥毋念

注金惛令我終宵喟

六月初一日丁亥回顧厦門諸山散若斷雲隱映斜照微風偶動波起伏輒数里舟入窪如墜其出如登初二日戊子不復有山空絶飛鳥時有小青蛇游泳舟側初三日己丑夜半觀日出未出時白光一抹長竟天東俄焉霞彩照灼鬚鬢可鑑近東海水盡赤環望西南北三隅甚黝黑計內地晨鷄初鳴良久日始出西南北漸開霽則內地昧旦時也或云日初出倏爲升沉其語誕妄蓋天欲雨海氣坌涌日出有定海氣興滅無定自崇山下觀疑

日有升沉矣三餘贅筆云補怛落迦山在東大洋海中鷄初號遥見東方日出輪赤如火流光燭海波閃爍不定蓋此係日輪未出時景象若日輪出則東方明其光氣亦漸歛矣

海中觀日出詩云我生守蓬蒿寸步困偪仄
忽成滄海遊挨眼恣天色坤輿漾空虛洪河
洶涓滴扶桑澆懸根滇淜知不隔夜半天鷄
鳴霞燒半海赤絳闕爛溫汾三山下臨逼掉
頭頡平地夜氣正黝黑良久火輪出游氛漸
開闢燋勞念馮生始覘東方白安知金鵶輝

早射崑崙脊

是日甚晴霽忽見臺灣諸山矗浮海面意指日可至常時渡海者必先見澎湖島纔見臺灣山是日諸山先見旋被雲翳蔽竟日無風海平如鏡日光下射五色炫目細玩澄澈如冰三四大下小鯊魚細鬐纖尾浮沉翕忽莫遯其形迨日既夕水惟一色海中魚類雖無所不有而舟行目所常見惟有鯊魚其種類亦繁赤嵌筆談紀載鯊魚至一十七種尚有未盡者初四日庚寅遙望厦門同發舟近一二十里遠則百里如點墨貼空際初五日辛卯

望見澎湖島寸碧隱隱自五月晦日至是日皆以無風隨水前漾夜仍宿大洋鉛筒下處深不過六七十尋淺則四五十尋臺灣諸山後不纔見

海中見澎湖島以無風不能至詩云五日歎羈遲六日漩尤靜自五月晦日放洋至是日凡六日意輕溟漲潤目炫陽烏烱飛廉謝冰夷逃竄深戢影穹蒼虛相涵一氣同溟涬鳥鯊狎瀺灂撥剌時一逞舵移昧遠近寸碧出俄頃安辨根虛無常虞失娛奵氣蹻未可乘臨空殊耿耿

初六日壬辰至澎湖澎湖舊隸晉江縣臺灣紀畧以爲屬同安縣考諸府誌以屬晉江縣爲允康熙二十二年臺灣平定始撥歸臺灣縣共三十六島皆平岡小阜而童惟媽祖嶼最大廣延各三十餘里臺灣府誌云總澎湖之嶼計之寔四十有五而相傳爲三十六嶼者特舉大概言之耳泉郡志云東出海門舟行二日程曰澎湖嶼在巨浸中環島三十六如排衙然昔人多僑寓其上苫茅爲廬推年大者爲長不蓄妻女耕漁爲業牧牛羊散食山谷間各剺耳爲記訟者取決於晉江縣城外貿易歲數十艘爲泉之外府後屢以倭患墟其地唐施

肩吾島夷行云腥臊海邊多鬼市島夷居處無鄉里黑皮年少學採珠手把生犀照鹹水即指此地也是唐時已有居民舵工云岡阜生青草曝極乾不可燃爲薪土人放牛飼草牛下糞曝乾燒則焰熾是不可解島中居民散處地沙礫斥鹵不可爲田粟米仰給臺灣泉郡志所云耕者非能如內地樹藝禾黍不過偶有種植矣惟倚漁爲生丈夫出漁婦女佐之備盡勞瘁諺云澎湖婦人臺灣牛哀其瘁同也內文員設一通判武員設一副將轄兵數千舭艚云臺灣所屬之澎湖其對岸皆獞猺部

落中國有賈於其地者必設席於家延之環坐置
盆水席中主人之婦出採樹葉裹糯米少許納口
細嚼吐於盆主人與客共酌初飲淡泊無味頃之
面頰發赬皆酩酊而散謂之頃刻酒今考澎湖無
所謂對岸地且獞猺乃八蠻之種惟五溪以南窮
極嶺海迤連巴蜀始有之海東諸島嶼固無有也
且不可言部落惟臺灣之地雖隔巨洋地形寔與
澎湖對岸山內生番釀酒搗米成粉番女嚼米置
地越宿以為麯調粉以釀沃以水色白曰姑待酒
味微酸外出裹其醅以蕉葉或藏於壺盧途次遇

水灌而酌之渾如泔亦未能頃刻而成觚賸所載
或即指此而傳聞訛異耳按廈門至澎湖船七更
是為大洋澎湖至臺灣船五更或云四更是為小
洋樵書云六十里為一更又一日夜定為十更定
更之法以焚香幾枝為度船在大洋風水有順逆
駕浪有疾遲水程難辨以木片從船首置海中人
自船首速行至尾木片與人行齊至則更數準若
人行至船尾木片未至為不及更或木片先人至
則為過更均非更数也澎湖至臺灣約計二三百
里據舵工云偶當夜靜波恬或聞臺灣雞犬鳴吠

聲未審然否也

澎湖詩云澎湖一窮島外海稱險阸東南控
制靜內地安棲息山童草木荒潮涸鹽鹵塞
地瀉不宜稼耙犁安所力波濤狎床幃蛟鼉
輕蜥蜴肆其虓闞性溟漲猶偪仄粟米自東
來未能飽饑膓修鱗與團介魚膾無不得
天兵昔東下萬艘喝荷戟神畀將軍泉至今噴湢
沠（大兵平臺時師駐澎湖掘井數處鹹苦不可食將軍施琅拜空默禱甘泉一夕湧出萬軍歡呼而臺灣遂克）東臨望臺疆時見山尻脊西颸
會有期便掛如雲席

午飯後北風乍作渡海占驗凡六七月北風則颸
立作舵工欲退泊澎湖待颸定商諸出海出海以
淹滯日久且恃颸未即作下午渡黑水溝海水橫
流為渡臺最險處水益深黑必藉風而過臺灣雜
記云溝中有蛇皆長数丈通身花色有梢向上如
花瓣六七出紅而尖觸之即死舟過溝水多腥臭
益毒氣所蒸予以驚怖未敢出視舵工云常下鉛
筒棕繩盡百数十尋未及底莫測淺深按宋徐兢
高麗錄云從明州出海口舟行八日過黑水洋元
史張立道使交趾並黑水跨雲南以至其國海中

黑水固不一洋及暮風益烈濤浪如山倏聞船底喧豗聲如地中萬道鼓角意加怖詢諸舵工云黃花魚因風起趨附船底呴沫竟夕噞喁有聲

由黑水溝夜泛小洋詩云舟過黑水溝舵工
顏如墨畏驚驪龍睡檣艣快掀擊回瞻黑奔
渾弱膽尚餘惕行旆颭飄颺飆張迅弩激便
堪瀛壺遊却恐銀潢逼夜久風更怒崩濤恣
淜湱何得萬鼓角號呶闃深黑蒼茫神鬼集
哀傷天地窄始知潛鱗介噞喁伸膈臆茲行
固留滯肝腸已結塞宵征太蒼黃履險更迷
遙誰能鞭羲車光展陽烏翼

初七日癸巳至鹿耳門々約長三四里左右皆礁石土人又名銕板沙潛藏波內彎環屈曲其道止容一舟深不踰尋丈出入必脫尾舵恐舟隔礙門外則係七鯤身沙腳巨石森布潛波二三尺長約百餘里常時無風海水自內河湧出怒激潛石翻銀噴雪枚乘所云洪淋々若白鷺下翔皓々皚々如素車白馬帷蓋之張可謂善於名狀舟將進口海邊漁人斫木裹白黑布為左右標記就礁石彎環屈曲揷之使知趨避凡海舟來臺者每歲出金少許以酬其勞舟上下偶失標記立至糜碎人百不一生以出入必由于是故以門名焉舟行必候風潮二者缺一則不敢出入既進鹿耳門海中突出一嶼周圍加以絫石寬平約一二里內立二稅館海防同知及安平鎮副將會理海舶至此仍將藩司所給票呈稅館掛號驗訖始得換小舟至府

鹿耳門詩云精衛啣石填洪濤羽毛禿盡波
仍高至今碪礐剩遺跡潛藏海底相周遭戈
矛咫尺銛爭向脫舵失憑心膽喪崩騰陡覺
眼光迷造次頓許蛟鼉葬憶昔

天兵動地來潮添十丈千艘開（康熙二十二年秋八月平偽鄭鹿耳門水漲）鯨鯢鏖戮窟宅淨孽血雨灑腥風霾有
道由來四裔守地險重扃復何有登崖張讌
對滄溟浮天瀲灩臨樽酒

鹿耳門潮聲詩云大荒地險盡堯封想見
天兵克偽墉故壘迄今盈百室寒潮依舊捲千重
餘波南滙暹羅水細沫東噓日本峯怪煞舳
艫爭利涉長年來往狎鷗蹤

常時風順一日夜可至于以無風留滯海中浹旬因得紀其梗槩如此初八日甲午至臺灣府

小琉球漫誌卷二

海東紀勝上

邵武　朱仕玠　筠園

臺灣不知所自始地延長千餘里諸番種類不一諸羅縣誌據馬貴與通考紀流求國其畧云流求國居海島在泉州之東有島曰彭湖水行五日而至隋大業中曾令羽騎尉朱寬入其國取布甲而歸時倭國使來朝見之以為夷邪久國人所用旁有毗舍耶國袒裸盱睢殆非人類宋淳熙間其國酋豪嘗率数百輩猝至泉州水澳圍頭等村多所

殺掠喜鐵器掠取門環及剗甲取鐵今考諸番俗多與臺類且東洋諸番惟臺地不產鐵而郡南有小琉球山今琉球國距泉州甚遠或元以前臺與澎湖共為一國而與琉球同名其所記毗舍耶國或係諸番內一種亦未可知至蓉洲文稿則據名山藏為乾坤東港華嚴婆娑洋世界名為雞籠考其源則琉球之餘種自哈喇分支近通日本遠接呂宋控南澳阻銅山以澎湖為外援是皆臆度之詞未可據為信也府舊誌云臺灣古未隸中國版圖明宣德間大監王三保舟下西洋因風泊此天

啟元年漢人顏思齊為東洋國甲螺（東洋即今日本甲螺即頭目之類）引倭屯於臺鄭芝龍附之尋棄去久之荷蘭紅毛舟遭颶風飄此愛其地借居土番不可乃紿之曰得一牛皮地足矣遂許之紅毛剪牛皮如縷圍匝已數十丈因築安平鎮赤嵌城漳泉商賈集焉臺灣紀畧云先是北線尾日本番來此搭寮經商盜賊出沒其間為沿海之患後紅毛乃荷蘭種由咖𠺘吧來假地日本遂奄為已有築安平赤嵌二城各社土番聽其約束辛丑歲偽鄭成功敗自長江歸土人勾之往由鹿耳門入潮水忽添数尺

紅毛戰敗逃歸成功因名臺灣為偽東都設一府二縣府曰承天縣曰天興曰萬年壬寅歲成功卒子鄭經嗣改東都為東寧康熙辛酉經預立其庶子鄭欽為監國退閑洲仔尾未幾經卒衆惮欽之嚴廹之縊死遂立鄭克塽為主年幼政出多門福建總督姚啟聖知之密請東征　朝廷可其奏命靖海將軍施琅為提督與巡撫吳興祚同討之二十二年癸亥六月十四日大師由銅山進發二十二日克澎湖克塽繕表歸誠臺灣遂平設一府三縣府名臺灣縣名臺灣鳳山諸羅紀畧所言如此

康熙五十年命大臣涉海勘定疆界雍正九年劃諸羅北境爲彰化縣通計版圖所隸南北縱長約千餘里東界崇山山内盡生番西臨大海横濶不踰百里地形如彎弓故名臺灣外環七鯤身又名沙線繚繞斷續約百餘里環圍内河與府治相向其外長沙線自南港口起至淡水海外止不知其幾千里復有大線頭海翁崛爲臺灣之外障沙線係海邊石矗露波面高不尋丈

七鯤身詩云臺疆肖彎弩千里射潮汐鯤身劈半環小曲百里窄圍東内河流明鏡安臺

脊少女逞狡獪撼動天光碧氣連滄海昏險自洪荒畫修鱗欲来遊骯髒鬐阻格内河望鯤身隐隐凸浮磧揭来勿狎侮下逼蛟龍腋

鯤身漁火詩云玆地曾經百六遭時清漁火遍輕艘屢探蛟蜃盤渦惡那惧鼋鼉駕浪高風定熒熒依古戍宵分點點映寒濤往来慵問乘除事燃竹無心羡爾曹

舟進鹿耳門入鯤身是爲内河水淺五六尺深則倍之大船至此不能復進另換小船遇潮退岍垂水涸如陸藉人力推舟或用牛車換載

内河詩云出險泊内河回覘猶餘恐幸逃滅頂凶敢誇投璧勇内河亦海流夷險差安悚波深不盈尋懸暉漾清溶窄受舴艋輕寬辭市舶聳潮迴鹵地涸舟小邱山重陸行迅摧濤百口號呼洶鴾鷁倏駭散鯤鮞怖群踴力疲撓寸進艱勝登泰隴森森認城郭歷歷分畦壟茲行飽艱虞快聽啼寒蛬西風颭毛鬢秋霜驚種種

遥望臺灣不見民居一帶青碧無城郭惟四門設城門累以巨石約寬數丈其餘周遭樹木栅栅閒

踈濶人恣出入遍植莿竹森茶綠珊瑚之類蓊鬱蕭森恍若入深谷矣

臺灣府詩云海中望臺山山形倏明滅合沓乘風潮闖然臨巀嶭自從鑿混沌狉獉狎噬嚙安知萬禩後冠裳儼森列南北千里餘竹木青轇轕相傳鷄籠陰猶有太古雪海流日砰訇海巘長屼[illegible]野鶴適何来拚飛恣寥泬

安平鎮在一鯤身上府治對岸有紅毛築城方圓一里築城時用大磚桐油灰共擣而成城基入地丈餘深廣亦一二丈城墻各垛俱用鐵釘釘之城

極堅固城外平廣約八九里突起海中與鹿耳門
稅舘相對地比稅舘倍四五二地遥望如石印二
顆分立海口環以鯤身繚繞形勢險固為咽喉之
地内設副将統水師三營府治至安平鎮水行約
十里至鹿耳門稅舘水行約三十里
安平鎮詩云重鎮壓瀛壖周遭樹營柵東迴
瞻府治十里鶩湍隔仡仡番子城土人名赤嵌安平二城統名番子城
荷蘭舊壁畫
興朝聲教濶外海恣開闢維天生五材並用敢
離遏設帥制狡獷心輸由吭搤大閱當嚴冬

千艘壓潮窄皂纛咽笳鼓摩動閃雲隙令傳
齊三呼狂趭洶濤黑髟髯還鯨鯢森森鬬鋋
戟誓將髑髏壓肯惜腰膂礫淵客竄汚於海
童鞘蹤跡張幕簡趫材慓狡迅鶚擊將軍燊
然笑磊落賚金帛頹陽入濛汜餘霞爛西赤
飲至動鐃歌滄溟夜寥闃
赤嵌城在臺灣縣治左相距不數百步荷蘭始至
築此城府舊誌以為詐地土番臺灣紀畧以為假
地日本二說未知孰是城初甚高峻以勢壓縣治
墮去數雉今無人居住

赤嵌城詩云諸番昔陸居漁海饜腥食紅夷
詐牛皮城築誅茅塞驅逐駭禽獸挺走竄峁
崩埤堄抗虹霓咸池瞰浴赤潮生鷩隆頹颸
作占氛黑想當締造初戀腐恣鵰嚇寧識
聖人出千里溝塗斥費豈愒垣墉衆心森削壁黑
齒日騷頁縱橫閭閈跡嘓轆唱番謠裨海紀遊云諸番語多作都嚧嘓轆聲
湛湛高穹碧
澄臺在道署内臺高丈有奇上廣一筵四望空
濶海濤汩没若在几席癸未歲長白覺羅四公召
入署閱歲試卷獲登澄臺遊斐亭斐亭在澄臺之

北公係紅帶子由内閣中書出為汀州同知陞福
州知府調任臺灣知府陞臺灣分巡道公謙恭好
士退食之暇留心詞賦甲申歲夏四月公俸滿西
渡為作海東頌八章上之
天眷有清以靖萬邦要荒率服歲貢克供裔焉
小孽竄海窟穴腰膂分離樓櫓漂血坤乾軒
豁昏霾殄絶奠兹井里重洋有截一維彼臺
疆開鑿末世憑怙貐獥鯨鯢恣睢自我奠居
文教撫治千里而遥有郡邑四
皇帝曰吁理我有民惟良守牧是拊是循二昔在

清端澤濡瀛壖至今皤髮猶嘖齒齰我公
宗室遠来此土繼陳清端益大其撫臺谷峪岈
赤嵌壁削五馬驤騰臺人歡躍三臺疆黎庶
寔徙内地外環諸番咬俊鴂餇格心麋来庀
修耕器公曰念哉汝民汝番汝驅汝特余溝
汝田汝哦汝册余賚汝冠四書院隆崛維公
成之孝秀屏棄維公烝之民番嘔心犍牂日
孳有恒其威而傴其惠河潤九里滂澤日繼五
皇帝曰吁念茲臺疆蠶人是求化迺易戍膺冠岌
岌我公再至後政之敷儷前之治士無厖教

民洞其志以謳以紘以樂以利六檳榔之樹
亟葉蓬々我公所植誰敢不恭自北徂南公
寔巡行輦其陰雨輸我豆杭公蒞臺疆前後
六載公曰予歸西杭溟海七公欲歸止民番
唏止公我父母而舍予弗穀匪公弗穀維
天子有命用勤相國家萬民以正願公福禄延及
孫子承々無疆同　國家億萬祀
澄臺觀海詩云海上棲遲及早秋登臺騁望
思悠々常虞雷雨從空下始信乾坤鎮日浮
淼漫由来圍赤嵌蒼茫何處問丹邱乘槎便

欲從茲去憑占星文入斗牛
宜亭在斐亭之西覺羅四公所建旁植檳榔十数
株每値月夕風旦景物凄清洒然塵外二亭相距
不数十步
宜亭詩云坐鎮諸番靜孤亭愜所宜海光搖
畫戟竹影漾浮巵魏闕長膺戀林泉偶繫思
風謠憑貢上寧減白狼詩
記厭承明値来東已六年英髦時接席　宗
室固多賢水檻朝垂釣風亭午擘箋檳榔皆
手植父老重流連

朝天臺在府署内覺羅四公爲府時所築臺之高
廣視澄臺過之亦可觀海癸未歲臬憲寶崗余公
時爲府召閲試卷因獲登焉公浙江紹興諸暨人
乾隆丁巳進士官刑曹幾二十年出爲福寧知府
歷福州漳州調任臺灣公性方嚴門絶私謁博學
能詩長于吏治予蒙公與覺羅四公皆有知己之
感癸未歲秋八月公俸滿西渡予作五古一篇上
之
詩云於越古輿區千巖競蒼翠欝烝干青冥
光涵瑚璉器大雅遡根原寔爲名家裔貫穿

七畧書摛藻春葩麗廿年官刑書時切平允
志持議無敢撓屹若山岳銳每歲上讞書屢
荷
天顔霽曰茲大小獄是臣稱職司遂令天下民咸
受恊中治繼　命守甌閩清霜肅瘴癘量移
滄海東經綸出腹笥欲頌騶虞仁彌厲鷹鸇
蟄化栽葛亮嚴神明鄭僑惠聽斷勝燃犀魑
魅潛逋避浩蕩千里閒卧狗足生毦黠胥無
完裾憔悴涕濡鼻民畨輕豊收狼藉攢遺穟
制府釋焦勞永無東顧累茲將航溟漲篮日

整行騎煌匕賢能名早巳　御屏記恐留官
神京軒車難再至斯須乞居停慰我民畨思
登朝天臺詩云泱漭接虛無臺空瞰四隅乍
驚寒浪湧惟見片雲孤拙宦東溟遠懷鄉西
日徂不堪華鬢髮漂泊嘆窮儒
五烈墓在臺灣縣治魁斗里明寧靖王侍姬袁氏
王氏暨媵妾秀姑梅姑荷姑葬處也按鳳山舊誌
云王名術桂字天球明太祖九世孫遼王之後長
陽郡王次子崇正壬午流冦破荆州王偕藩封宗
室逃湖中甲申京師陷福藩嗣位江南王與長陽

王入朝晉鎮國將軍令守寧海順治乙酉夏浙西
郡縣盡歸　本朝長陽率眷屬至閩王尚留寧海
而鄭遵謙從紹興迎魯王監國時傳長陽入閩存
亡莫測監國封王爲長陽王鄭芝龍據閩又尊立
唐藩王奉表稱賀唐藩亦如監國所封繼聞其兄
巳襲遼王王具疏請以長陽之號讓兄次子唐藩
不允改封寧靖丙戌五月　大兵渡錢塘王乃渉
曹娥江覔海舡出石浦監國亦由海門來會同至
舟山十一月王與監國乘舟南下歲杪抵厦門是
時鄭鴻逵迎淮王於軍中請王監其師合芝龍子

成功兵攻圍泉州經月不下鴻逵乃載淮王與王
同至南澳偵粤東故將李成棟已奉桂藩嗣位肇
慶王因入揭陽庚寅冬粤事潰辛夘春王仍與鴻
逵旋閩取金門及成功取臺灣王遂東渡就竹滬
墾田數十甲以贍朝晡既而元妃羅氏卒遂葬焉
康熙戊午聞靖海將軍施琅調集水軍楼船進討
鄭氏王蒿目憂之癸亥六月　大兵克澎湖二十
六日鄭兵敗回王謂姬媵曰我之死期巳至汝輩
聽自便僉云王既能全節妾等寧肯失身請先賜
尺帛死隨王所王曰善姬袁氏王氏媵妾秀姑梅

姑荷姑俱冠笄被服同縊於堂王乃大書於紙歷敘流離之艱矢以不肯失節并著絕命詞遂結帛於樑自經衆扶之下顏色如生越十日藁葬鳳山長治里竹滬與元妃合焉相距五烈墓三十里

五烈墓詩云百年荒塚在寧比玉鈎斜漫墮三春淚驚摧五朶花瘴鄉空葬骨絕海竟無家應化虞兮草臨風共怨嗟

遥念叢蒿地王孫烈骨憑未能依竹滬猶勝望西陵髣髴青蠵駕依稀赤豹乘佩璫紛侍從愁霧夜長凝

鯽魚潭在府治中路離府八里偽鄭時常畜魚於此據諸羅誌云臺地無鰱偽鄭載而置之郡治鯽魚潭及網之無有也其寔不然予在鳳山學署見守倫某餽同僚鰱魚二尾每尾重可五六斤豈地氣有異抑今昔不同耶

鯽魚潭詩云府東萬丈潭水族紛窟宅百泖沸重幽幐破下臨黑連峰亘東迴環照嵽嵲色戢戢穿蘋菼瀲瀲弄瀲灩氣各抉波濤隱忍困偪仄偽鄭饕口腹銀鱗出潑剌膾下金絲盤細聽霜刀騞自從罷施罛長晴瀲空碧

勿輕髻鬟微溟漲迫脅腋會當雷雨交騰踔安可測

暗洋采谿季麟光臺灣雜記所載府誌採入云暗洋在臺灣之東北有紅彝舟泊其地無晝夜山明水秀萬花遍滿而上無居人謂其地可居遂留二百人給以一歲之糧於彼居住次年復至則山中俱如長夜所留之眷已無一存乃取火索之見石上留字言一至秋即成昏黑至春始旦黑時俱屬鬼怪其人遂漸次而亾蓋一年一晝夜云此與山海經所載西北海外章尾山燭龍事相類似涉荒

居雖大荒之外靡所不有如極西所著天問畧云西國人親經歷地近北極者夏至日晝愈長夜愈短有全十二時爲晝三十日爲晝六十日爲晝六月爲晝者亦或有其事然臺灣與海東諸國遠離北極而玆地在臺灣東北相距應不甚遠事益難信況君子固道其常也

暗洋詩云海客傳逸事令我再三歎有島絕居民花濃竹欹亂紅彝挐舟来留種置行館再至燭遺書墮淚浩如霰憯傷人代促黜黑歲序半羲車厭修轡暑退快脫絆安知秋陽

輝長此冬夜漫山魈恣彳亍魍魎互窺瞷大荒固多異兩儀無更換誰能鑿空虛啟閉作昏旦甚類燭龍誣何減諾皋謾空堂夜杳闃決漭望河漢

小琉球漫誌卷三

海東紀勝下

邵武　朱仕玠　筠園

予于六月十二日戊戌由府治小南門間道鳳山十里至二濫風沙乍作窈冥晝晦轍跡縱橫居民短垣茅茨参差相錯風景絕類西北地二十里至大湖屬鳳山縣治市廛民居稠密為大村落二十里至竿蓁林又名鵅公店亦一大村落也以阻雨宿此十三日己亥十里至小店仔十五里至縣治城內周圍約五六里設四城門與府治同四門惟北門外有市廛廬舍學宮亦在北門外其東西南三門出郭則阡陌相接矣

初至鳳山學署有感成二十韻詩云渺軀輕鴻毛生死敢豫計舟航信乾坤遂造大荒裔儒官俗簡賤訓諭固職司負力窮展陳微員成虛置較祿等貳令論階崇邑尉未敢與齊觀曹閣脫權勢筮日勉就位滛霖行潦沸踏濘五六役前導失行次兒童拍手笑婦女掉頭詈壁立絕几榻廚荒假食器循例張科條諸生無一至空抱素餐慚深辜設官意安能

驅麋鹿近使諧孔翠肩輿偶行遊列壓紛起
侍詢知學宮官箕踞意復恣所歷盡揶揄始予
任德化繼署理永春矧茲饒瘴癘何如百夫長出入弓
刀騎駭汗雨翻盆拳身蜎縮刺野鶴忍調饑
自韜霄漢志由來太行阪鹽車有騏驥
予調任鳳山寔由順天石君朱公向制府推激予
以母老辭繼感公言而不獲辭也　宗室覺羅四
朗亭公時爲臺灣道憲公命予致書非公素交也
進謁日朗亭公極口相譽具述公書云爾予益感
動至臺既數月諸生罕至者深懼尸位辜公德意
日悒悒不樂因述公所言著於詩欲令天下益知
公之賢而予得此於公爲不易也公順天大興人
年十八登乾隆戊辰進士官翰林歷侍讀學士庚
辰歲出爲福建粮憲治朞年士民懷之繼陞臬憲
上朱臬憲五十韻詩云苑囿遊騶虞草木遂
萌拆雲霄下仙鶴凡禽整毛翮朱公來甌閩
橫目競修飭在野力鋤耰環坐延逵掖巍然
夔龍姿卓爾游夏匹童年躋高第飛騎控鳴
鏑儼列侍從班鴻羽儀王國四庫書貫穿百
篇管立搦骨爭華岳重量恣滄溟闊

天子念良臣民瘼須周悉欲成平格勳先與盤根
歷仰承　珍重意屢奏循良績澤民勝救暍
薦士深饑懲淺材本櫟樗蕪沒甘榛棘量移
滄海東公寔汲引亟顧念母篤老未敢身遠
達荷公言覼縷浩浩輸胸臆渾忘官階崇宛
篤骨肉戚上云憐侘傺微員大卑仄予貌類
拘迂予質亦悃愊任負材殊尤誰肯力推激
臺疆舊狉獉遷徙近充斥蒲俸稽邊勞進秩
固不隔受祿加豐盈供厨倫燔炙持歸養高
堂歡然動顏色弟昆况三四佐餕自無忒以
此答劬勞遠勝日侍側下云當　聖世鞅掌
匪異責未可眷私恩遽爾就家食忠言撼肝
肺勉力赴行役　宗室朗亭公音容濶疇昔
命作致書郵私謂僚誼迫舟航泛波濤傴僂
謁棨戟啓口快揚揄稔知勝熟識傾聽味由
來歆容增悚惕因述公郵書轅駒誇虎脊陡
焉心喞悲不覺臉淚滴勤勤肆搜羅瑣瑣無
遺擲要使尺尋材隱爲邦家惜思欲酬高深
惟日勤司職倫俾民畓明教廣龍蛇澤庶公
報國心少慰臥轉側負山嘆蚉微馳河懈蚷

力朝縻太倉粟寤向長檛擗諸生肖猨猱招
呼愈藏匿訓諭安所施志願卒未獲沭猴輕
儒冠亡羊愴抉筴過蒙冀北顧留滯周南客
颶風破簾幃飛沙埋莞席乾坤莽周遭哀歌
思䩞去聲何極

鳳山學宮教諭訓導無署舍教諭以明倫堂爲署
訓導以五王殿東西廂爲署宮前泮池即蓮花潭
也寬約八九里烟波浩渺漁筏出沒長堤綿亘竹
木蕭踈鳳鼻鳳彈諸山淡抹天際髣髴杭州西子
湖恨無臺榭點綴耳往時屬學官遍種荷花泮池

荷香爲鳳山八景之尤乾隆十二年縣令呂鍾琇
歸諸百姓漁人蹂躪荷無遺種矣俔偪山相距六
十五里倒影入池至冬水涸僅尋丈山影亦宛在
土人欲知晴雨常驗山上雲氣山極高峻常時雲
氣覆蔽偶遇晴霽山形盡露不數日即雨聞全臺
諸山盡如是與內地大異
與同僚林霞海讌飲蓮花潭詩云蓮潭當夏
末泱漭葭蒲蔚瀲灩細皺縠嵡崒環倒翠碣
米謝親愛賴跡慰羈思矧復同官賢草木諧
臭味樽罍諦新知靦縷傳舊事緬邈十年餘

爛熳豈荷芰露滑團蓋明風引高莖曳窈窕
擁紅粧喧填遊賓騎歲久忽摧殘白鳥失所
憩安從水濱問且作一日計魚膾既登盤梨
栗亦相次市酤罄漉囊引滿愁莫繼醉舞月
照席歌影紛墮地乍面絕嫌疑傾言到肝肺
興衰任不常歡娛且休置餘興鬱未伸列坐
更揚觶

鳳山在縣南三十里其狀昂騰如鳳若冊穴遠至
邑因以名山盤鬱不里許而圓秀絕倫山東北爲
鳳彈山俗呼爲鳳卵山西南爲鳳鼻山々皆肖形

而名
鳳山春雨詩云鳳山南望海天遙春至空濛
暮復朝氣動蛟龍初起蟄聲催螺蚌盡乘潮
瀟々餘響紛傳幄淰々輕寒鎮入宵羈旅有
情誰遣此短檠相對伴蕭寥

半屏山在縣治東北七里形如畫屏至蓮花潭山
忽截削數十仞肖屏風之半因名俗相傳昔有蠹
在山巔鳴則近地火災獵者捕不可得後莫知所
之
半屏山詩云茲山名肖形屈膝裂半曲造物

惝美盡悋此黛色足自昔蘊精靈警火鳴逸
躅獵徒欲罝捕奇獸寧國育新曦相照耀時
霪深𣟗沭哀猿啼一聲蕨迸萬莖綠猿啼地蕨乃多
每一聲遠生萬莖見林下清錄
半屏山夕照詩云屏山突兀映高空樹色山
光入望中一抹寒雲開夕照千竿疎竹動秋
風牛羊點々歸茅巷鳥雀啾々下枳叢欲倩
郭熙無處寫綸巾相對意何窮
龜山在縣治左近接半屏山々形如龜半盤城内
磐石嵬峩林木翳蔚偶値風柯遞振哀狖互答頓

令羇思增啼山不甚高登其巔可以觀海
登龜山憶家詩云怒石勢欲落哀狖啼啾々
攀援無尺土寸步猶淹留槎枒千章木終古
閟飂飉陽烏避薈蔚六月思重裘升高瞰巨
浸端倪洶難求洪濤醺雲霓淼漫不可收緬
渺望鄉邑西接崑崙卯王母竟何許玄圃空
悠々想像扶桑枝垂椹光十洲安能馭鸞鵠
飽啖銷羇憂
瑯嶠山在縣南一百四十里東北聯山西南濱海
山多巨木今造海船軍工匠屯駐其地陸行必出

入生番社水行泛海九十里可至
瑯嶠聽潮詩云欲向三山訪巨鼇瑯嶠島外
雪翻濤何當一夜寒聲壯正値千崖秋氣高
屢訝馮夷來擊鼓底須董女下鳴璈年來跼
蹐轅駒似欲伏餘波洗鬱陶
淡水溪在縣東南三十里源出山猪毛社後山水
初出爲巴六溪合力々溪中港爲淡水溪下合大
澤溪冷水坑會流数十里入海每値夏秋之交諸
溪水合海不能洩浩渺無際至霜降水落不過数
丈溪東西有熟番二社爲上淡水社下淡水社

淡溪月夜詩云一片冰輪海上生淡溪流水
寂無聲長懸碧落何曾異每到秋期分外清
淺渚惟聞寒蚓弔疎林時有夜烏驚國傳龍
伯知何處便欲垂綸趁月明
打鼓山在興隆莊縣西七里俗呼打狗山高峯插
漢高百餘丈袤二十餘里背障大海舟進鹿耳門
先見此山爲營卒樵採所資舊時水師營壘在焉
陳小崖外紀云明都督俞大猷討海寇林道乾道
乾戰敗艤舟打鼓山下恐復來攻掠山下土番殺
之取其血和灰以固舟遁占城去外紀所傳子竊

未信據府舊誌云俞大猷逐林道乾在嘉靖四十二年是時臺灣未爲倭據地皆土番而道乾已遁占城誰復知其事而傳也鳳山邑誌云道乾遁入臺艤舟打鼓山港其妹埋金山上故又名埋金山山上時有奇花異果入山樵採者或見焉若懷歸則迷失道未審然否也

打鼓山詩云鼓山邑右輔百里見尻骨獰狀類孤羆修脚踏漲渤跡地萃舟航究黠時出沒道乾昔敗衂袽船漬番血誰爲覼縷傳毋乃涉荒忽森〻樸樕材營伍樵蘓窟代期三

年戍口粮隨月撥臺地屯兵三年一更換猛性鬭虎哮賴此朝夕活居民懾乳羊腰鐮不敢越將軍巡哨堡清笳暮幽咽

萬丹港在縣西八里港道通外海南北小舟在此停泊貿易縣丞署在焉爲鳳山一大市鎮港沿而西北分汊曰蟯港轉入爲彌陀港通内溪水再北爲鯤身港透迤分支通臺之喜樹港及二層行溪爲縣北界

萬丹港詩云萬丹港水半篙寒絕愛蒲帆一幅寬向夕依〻浮極浦凌晨葉〻下前灘青魚大上時隨影白鳥低飛屢拂翰來往行人頻喚渡沙頭長是駐征鞍

大岡山在縣治北三十五里狀如覆舟天陰埋影晴霽則見上有仙人跡龍耳甕在焉相傳郡有大事此山必先鳴據古橋岡詩序云鳳邑未入版圖時邑中人六月樵于大岡山忽見古橋挺然山頂向橋行里許則有巨室一座由石門入庭花開落階草繁榮野鳥自呼廂廊寂〻壁間留題詩語及水墨畫蹟登堂一無所見惟隻犬從内出見人搖尾不驚吠曲折綠徑皆合抱橘樹也垂實如椀大

啗之甘香異常橘因袖懷數顆俄而斜陽入樹山風襲人遂荷樵歸遍處誌之至家以語人出橘相示再往遂失所在今山之巔壯蠣螺蚌遺殼甚夥山去生熟番既遠且上無居人是不可解彰化胡雄白明府云彰化諸高山在治内者亦然豈臺地諸山昔皆在海中耶沈文開雜記云臺灣當混沌時總屬范〻大海中峙高山因水歸東南漸現沙土所以地薄而常動理或然也又有小岡山二山對峙勢若相聯在縣北三十里山不甚高巔有巨石圓秀如冠名紗帽石

岡山頂有螺蚌蠣房遺殼甚夥賦之詩云岡
山三百仞雲壓吐油匕蚌螺辭洪濤陸死昧
所由濛鴻邇開闢萬川墬倒流欽崟墮泪沒
漱激重泉幽吞舟如山鯨突兀時来迸戴殼
亦狡憤弄潮鎮淹留波窮忽蹭蹬呀呷失所
求含漿戀汚淤涎壁戍拘囚安知千萬代壞
涸弗青疇委形埋瘴癘攢集蟲蟻搜樵蘸驚
磊砢舌撟不得収乘除自古然天地終悠匕
岡山樹色詩云海邊島樹自敷榮根浸滄溟
蔭愈清高幹排雲涵蜃氣踈枝漏月送猿聲

寔殊華夏何曾見種別圖經不解名極目遥
天青未了長年迢遞送人行
小琉球山在鳳山西南大海中孤峯突峙凌晨賓
旭屆夕凝霞周圍三十餘里内饒竹木山下多礁
石巨舟難泊或欲取薪木惟駕小舟昔年聞有人
墾土而居今亦徙歸臺以為禁地閩部疏云由興
化東門而出更從黃石東行六十里而遥爲平海
衛正當大洋東南二面了無障蔽登城東望日下
黯匕一點爲烏坵倭夷所經行處也天清時小琉
球亦隐匕見云即指此山也

初至鳳山即訪小琉球所在以海道險阻不
能至詩云黃石東行平海衛浪蘸虹霓濕修
曳天清時見小琉球一點青螺漾空際舟行
萬里隨天風探奇黙禱蛟螭宫便邀海若相
感動波攢疊巘青摩空安知琉球何者是轉
瞬陰雲迷尺咫（海中未見澎湖先見臺灣諸山旋被雲翳蔽）到官
兩日席未煖欲踐層巒恣雙眼風顛浪吼冰
夷怒即恐靈鼇倏移去咄哉神閟焉可窺倚
天猿嘯無窮期
小琉球朝霞詩云朝来紅紫射窓欞海上明

霞炫錦屏遠映三山魚尾赤高烘孤島佛頭
青光浮淵客時横眷影照鵁鶄欲曬翎安得
日餐成五色從教駐貿百千齡
火泉在諸羅縣治玉案後山之麓其下水石相錯
石罅泉湧火出水中有焰無烟焰發高三四尺晝
夜不絕置草木其上則烟生焰烈康熙甲午乙未
間諸番相傳述或疑其誕歲丙申三月知縣周鍾
瑄遣人視之信然石黝而堅傍石之土燃焦如石
于是好事者多往觀焉顧山徑險阻攀藤扶石而
上非有濟勝之具不能至也

火泉詩云玉案山後泉終古熇光氣陰陽忩亭毒變化徵道費蟬蜎朝自明腰肭昏尤熂勢爭赤曦烈焔破玄雲黷驅蛇競奔逃放鼇魚可饑蛟龍不安窟夭矯遊霎霴緑烟噴摧枯朱㸌攢投卉常虞萬斛源澆沃蝕之既胡爲公抗行不復避所謫諸番近炙灼嚴若强禦異巳驚神鬼焦敢别鹹苦味熺炭烔泉重陰炎燔海沸茫茫居大塊疇能齊萬彙怪生少所見俯仰舒長喟

火山在諸羅縣治貓羅貓霧二山之東山之上晝

常有烟夜常有光在野番界內人跡罕至按鳳山邑誌云赤山一名火焰山時瀵湧出火問諸土人則至今無有殆今昔有異歟

火山詩云貓霧接貓羅二山若聯䍧其東競巊溟破瘴青烟舉入宵勢尤熾光射倭人艫想像垠崖交磊落燖魚聚獨脚走且僵安問麇與麈石崩激砰磕枯歒壓宗柱獰飈倏蕩簸轉瞬漆焦土蘊隆朱㸌窟諒有千歲鼠修毛扳家茸燄燄光騰杼織成火浣布被服驕彊禦茆山神雲閟有路不敢取異物率絕傳

諸番免圖圖

鷄籠山在彰化縣治臺地氣候南北迥殊北境冬寒與內地無大異茆山爲北境盡處山大而高下逼巨海名爲大鷄籠至冬常有積雪瑩人取以列郡治八景焉又有小鷄籠嶼突浮海中上有砲城荷蘭時築今遺址尚存按諸羅誌云僞鄭入泉州寵楊明琅等眷屬於鷄籠城明琅崇正間翰林甲申之變明琅降賊嘗乘馬過梓宮揚鞭而指之曰此誠亡國之君也聞者惡之副使高拱乾有鷄籠山詩甚整麗

鷄籠山詩云維水之所歸星辰忩蕩潏大地一巨島矧茲千里凸要之南北殊亦自寒燠別鷄籠北境盡閩有照海雪未隨瘴銷鎔長留寒凛冽蛟鼉凍跼縮魍魎避澄澈遡初纏世網雲臺漸磨滅催迫羲車奔昏迷斗柄斡百年音過耳一逝箭離筈家山當嚴冬皚皚沁肌骨冷逼町疃隘僵卧扃闔閉去聲可憐堆瓊瑤鳥能旋蹩躠何如溟漲開浩蕩霏玉屑風姨快展布滕六逞澆潑氣侵凝碧宮光射瀛洲闕顧費濟勝具跣踏萬壑潔目睛刮翳

障臟腑洗污湼剖𦙶帶芥胸還納團圞月冊
田沃神泉天鼓叩清越安期梪咫尺木公許
忝謁刀圭一朝授羽翼生俄忽上乘萬里風
振迅鬖髿髮遨遊蔚藍天金殿蹮雌蜺玉女
笑投壺人褰鶩列鈌碓隤圄無盡霊芽亦不
折相與竟終古安知時代閱

小琉球漫誌卷四

邵武　朱仕玠　筠園

瀛涯漁唱上

尸位學署岑寂無聊泛泛隨流跡近漁父每
有聞見輙宣謳詠因名瀛涯漁唱云

鴻爪留泥盡偶然此生何意到瀛壖彼蒼憐踽溪
航小放眼滄溟十丈船

海舶大者長至十數丈次亦不下十丈
內地安知絕海濱車行千里響轔轔却思他日青
齊路轍跡縱橫撲面塵

臺地平衍負載皆用車
番疆物類信難齊炎帝圖經失考稽頗怪草名三
脚鼈爭傳人畜五鳴雞

三脚鼈藥名五鳴雞大如鶺鴒每漏下一鼓
則一鳴

疑移海底斕猶濡接幹交柯色自殊四尺鬭嗤石
衛尉遶籬盈丈綠珊瑚

綠珊瑚木名一名綠玉種出呂宋無花葉高
可丈餘色深碧宛似珊瑚民居多種之

鳴蜩幾日弔秋菰出網鮮鱗腹正腴頓頓飽餐麻

虱目臺人不羨四腮鱸

麻虱目魚名狀如鯔魚細鱗産陂澤中夏秋盛出臺人以爲貴品

爭似柯亭異響傳嘉名肇錫豈徒然夜涼風起戞蒼玉髣髴秋堂鳴七絃

七絃竹以皮間凸起七條如絃故名

難識一種差池可柰何入市果隣梨仔茇垂簷花薄貝多羅世人臭味應

梨仔茇即番石榴也其氣臭甚不可近土人以爲珍果貝多羅土人名爲番花開時未有

過問者

菊名獻歲恣含黃點綴籬間異樣香微雨淡雲風景好早春猶認是重陽

獻歲菊立春始開

曉起青青展嫩芽淡黃乍變正棲鴉繩床夜半不成寐香撲一簾鷹爪花

鷹爪花初開時青色無香至晚轉黃色香同

鳳梨

番蒜新收暑雨時青虬卵剖滿林垂瀛壖自重蓬萊醬應笑嵇含狀未知

番蒜一名樣大者合抱葉濃花淡黃結實初緑久則漸黃臺人以糖醃之名蓬萊醬

栩栩風搖番蛺蝶依依露濕雪鴛鴦任渠艮嶽收珍異省識名葩出大荒

番蝴蝶花高盈丈色內紅外黃雪鴛鴦葉似鹿葱花潔白夜開有香一名月下香晝則歛葱如玉簪以開時蒂必雙出故名鴛鴦

尚剩差池兩翼舒陰陽變化費躊躇牛哀爲虎休驚怪試看撲燈飛藉魚

飛藉魚有兩翼疑沙燕所化漁人俟夜深懸

燈以待乃結陣飛入舟

揉葉移時烜彩霞鳳仙從此減聲華玉臺更合添新詠別有東寧指甲花

指甲花樹高丈餘枝條柔弱葉如嫩榆擣以染指甲色同鳳仙花白色朶細香甚清

牡丹曾號玉樓春不道梔花譽望新漫說齊名眞忝竊李衙終讓杜陵人

百葉黃梔花一名玉樓春

西望家山倍惆悵怪風盲雨度殘年花名含笑知何意藥觧相思亦可憐

含笑花五辦淡黄色班節相思藥名状類薄荷

萎葉包灰細嚼初何殊棘刺强含茹新秋恰進檳榔棗兩頰浮紅亦自如

臺地檳榔乾即大腹皮裹以萎葉石灰食之剌口惟初出青色大如棗者名檳榔棗不用萎葉惟夾浮留藤及灰食之甚佳

柴門五月蒲蓬藜閑把光風細品題最愛千枝光照海龍船花發四眉啼

龍船花又名赬桐高不盈丈葉似桐花紅如火一莖數十朶五月競渡時盛開故名四眉鳥状微似畫眉兩眉各有二白紋

果號菩提薦玉盤乍疑盧橘簇團ㄴ故鄉隔海音書斷蠟裹無因寄一丸

菩提果一名香果花有鬚無辦白色實如枇杷鮮青熟黄状如蠟丸

空思吴下摘楊梅不見葡萄碧映皆齒頰濺酸差强意臺疆六月熟黄来

黄来又名鳳梨臺地六月熟

院匝清陰愛剌桐新英交庇長芳叢惟應雪色嚁吧鴿相映閑堦白剪絨

臺地有白鳩通體潔白或呼爲番鴿云来自咬嚁吧白剪絨花名花瓣如剪

想見如来紺髮鬖荷蘭移種海東南誰知異果波羅蜜别有佳名優鉢曇

波羅蜜樹高數丈葉如蘋婆花實難得或以刀斫之則實ㄴ生附樹幹大如斗皮似如来頂種来自荷蘭

月類金盤墮海西長廊深夜獨扶藜蘭香薦晚名鷄爪黍泛新醅號鴨蹄

鷄爪蘭一名賽蘭開於夏秋之間鴨蹄黍穗似鴨蹄釀酒甚美

溽暑薰人困欲迷堆盤冷沁釋迦梨消除下土塵埃淨便接跏趺身毒西

釋迦梨實大如柿碧色味甘而微酸一名番梨

炎方入夏太郎當空想冰盤沁午凉惟有傾翻柳子酒從教一飲累千觴

柳子樹高數丈直上無枝結實大如瓜内有漿如酒味

草木隆冬競茁芽紅黄開遍四時花何須更沐温
湯水正月　神京已進瓜
臺地西瓜有種於八月成於十月者用以充
貢正月至京師唐王建詩云内園分得温湯
水二月中旬已進瓜
擘紅無復果園開空憶明珠出蚌胎忽見堆盤成
一笑海航新載荔支来
臺地不產荔支皆載自内地憶在永春王氏
園中飽餐相距已二年矣
弱蕊柔莖倚架牢偶然拔擢出蓬蒿先生命比黄

楊卮羞問花名節節高
節節高葉及花微似胭脂而差小枝莖細弱
每開自本至末邑誌未載
茁白新抽暑月嘉盈筐買就淨無瑕兒童拍手從
旁笑錯認漁人海豆芽
海豆芽介屬形扁殼緑吐尾潔白類豆芽予
初至臺見之以爲眞豆芽也買而烹之味腥
不可入口聞者笑之
乍看草木自扶踈那識根蟠背脊餘悔客動生安
足怪世間到處海翁魚

海翁魚即海鰍也大者重至五六萬斤赤嵌
集云瀕海有小山草木叢生樵者誤登其上
小山倏轉徙不知所之葢海翁魚脊背也
春丁偶爾剩腥羶鼠輩翻盆鎮攪眠徑欲驅除盡
夜半卿嬌奔馬聘烏員
卿嬌山生番所居產猫形與常猫無異惟尾
差短自尻至末大小如一咬鼠如神名卿嬌
猫又名番猫頗難得
凌晨香氣沁重衾遠夢難成思不禁欲向花前問
消息家山西望海雲深

刺球花枝幹多刺花黄色而朵小細攢如絨
每露氣晨流芬香襲人冬月盛開人家籬落
多植之一名消息花
海族漁人浪品題一時傳播信無稽青紅便號鸚
哥樣拳縮何關新婦啼
鸚哥魚嘴紅色遍身皆緑新婦啼亦魚名甚
鮮美漁人以烹時舉體拳縮如新婦畏見姑
之狀
五瓣蠻花擢素芳渾如珠琲遶叢粧任從居士躭
禪寂無那撩人七里香

七里香木本一名山柑花叢生如柑五瓣色
白香氣可越数十步與芸香草名七里香名
同而族殊
聞道花田誌粤村海東喜見雪争繁春風已過二
三月日永閉庭空閉門
素馨花藤本多延緣竹木花白如雪二三月
盛開至四月而歇
草〻卹盃旅舍中揚塵眯目鎮濛〻揷萸空有登
高興不奈朝来九降風
九月北風初烈或至匝月名爲九降他月颶

多挾雨惟九降無雨而風
紫花如盎映山椒結子垂〻像翠翹消渴夜深難
禁制金莖沆露進牙蕉
牙蕉即甘蕉結子每莖百餘始綠熟則黄味
極甘美
終歲侯鯖絶冷厨索居雖暇誚吾〻朝盤快剖沱
連莢隻角山前見緑珠
沱連豆形比常豆爲小子嫩綠圓如蚌珠味
極甘美郡邑誌未載
戴殼含漿逐海波千形萬彙種紛羅好尋漁父傳

䚕縷細展烏絲譜蚌螺
在府治見漁人載蚌螺兩巨筐進巡臺御史
署名狀詭異正難更僕数也
栽成如栅阻牛羊誤認黄梨遶道旁青實遍簪番
婦髻却憎重價購都梁
𣗳茶樹類鳳梨高至丈餘結實酒盃大青色
番婦取簪髻以爲香勝都梁土人籬間植之
牛羊不得入
不識瀛壖草木衰秋光漸近肅霜期東皇海外無
拘管又見迎春再放時
迎春又名玉蘭内地正二月開臺地北路七
八月亦開
䍐梁跨海遡秦營慈地曾經望窈冥秪爲蓬壺三
島近至今有果號長生
長生果即落花生也又名土豆
爪蔓延緣上板扉流螢元夜弄輝〻非關腐草當
春化直是淹留不肯歸
正月冬瓜蔓生螢火夜出
穿比瑶塘稱並蔕漫依玉砌詡交枝惟應呼作綢
繆草免使佳名混澤芝

交枝蓮藤本花五辦白色其藤互相縈繞
亭々青節肖篔簹麵吐霏々勝栗黃翻笑廣文食
不足日寬圍帶望桄榔
桄榔木似椶樹有節似大竹樹杪挺出數枝
開花成穗結子如青珠皮中生粉赤黃色如
麪可食
漫道龍宮出秘方璽虛殿邇路茫々蠲除瘴癘輕
盧扁覓得岡山三保薑
臺灣志畧云明太監王三保植薑岡山上至
今尚有產者有意求覓終不可得偶得之可

療百病
濫竊南枝姓氏同飄零長恨五更風一叢開放遽
如許問日前庭始可中
午時梅午開子落又名子午花
黴蟲變化側根麤珍重臺人號蕉姑爭似坡公羇
嶺嶠賦成窾啣笑胡盧
臺地多種蕉々根有蟲形類鼠婦土人珍之
加以油炙名曰蕉姑
龍鍾㪚叟鬢成絲逝去流光揔未知不解絳人書
甲子黍收惟記一年期

土番不知年月生辰以黍收為一歲或以刺
桐花開為一歲
瓜小庖廚進未堪連宵露白氣初涵猩紅摘下供
書案合配黃來佛手柑
金瓜藤幹同茄花五辦淡紫色結寔酒盃大
有初白後黃者形員而長又有猩紅色者形
扁皆可以供玩
中庭髣髴此君容樹號娑羅世未逢鑿就團々置
棐几詰朝便冊管城封
娑羅樹中空四圍摺疊成圓形花紋斜結如

古木狀土人製就以為筆斗

小琉球漫誌卷五

邵武　朱仕玠　筠園

瀛涯漁唱下

霜後餘荷尚貼錢舊雷長是接新年陰晴十月渾
難定好似江南梅雨天
臺地十月間有時乍晴乍雨或日中下雨彷
佛如内地熟梅時
匆匆寒暑類驚湍又見青青辣芥盤節氣剛逢六
月朔麯紅摶就半年九
辣芥菜以六月時有亦名六月菜臺俗以六

月朔或望日家雜紅麯于米粉爲九曰半年
九
八足蹼蝥出水潯君謨誤食笑難禁不知許事自
佳耳且食滄溟斗大蟳
蟳蟹屬之大者亦名蝤蛑臺地有大至尺餘
者
佳名忝竊擅畨疆照耀羣分曉日光爭似法曹年
正少漫誇譽望出扶桑
扶桑花一名佛桑花深紅色五出大如蜀葵
乃木槿別種也

衍就波提十萬偈偶拈花笑脫言詮法華寺裡剛
留種来自牟尼忉利天
曇花六出色純紫高五尺許府治法華寺有
数本僧云種来西方
强稱此宅爲吾有那識消沉向此中若見鸚螺應
一笑諸君盡屬寄居蟲
寄居蟲臺地呼爲寄生異苑云鸚鵡螺常脫
殼而朝出則有蟲如蜘蛛入其殼戴以行夕
返則此蟲出庾闡所云鸚鵡外遊寄居負殼
者也

投贈曾聞賦衛風蠻州種別幹如銅了無香味傳
書案濫竊烏欄正末公
畨木瓜樹幹亭亭色青如銅花白色生杈椏
間瓜凡五稜無香味土人用鹽漬以充蔬大
明會典宣州歲貢烏欄蟲蛀木瓜以入御藥
局
難鑽七十二縱横蹢躅元夫海岸行為有文章如
玳瑁便邀五鼎事煎烹
黿鼊龜四足漫胡無指爪常從海岸赴山凹
伏卵人伺其来尾而逐之其甲可亂玳瑁亦

用以飾物但質薄而色淺

别饒節凸雪霜姿戴譜分宗尚未知移得一叢佛眼竹朝来便置越州甕

佛眼竹即人面竹高四五尺節容而凸宛如人面

角黍懸蒲俗共誇漫驚踪跡滞天涯海東五日標新様兒髻環簪虎子花

虎子花一名月桃花黄白色倒垂一莖可数十戀香甚濁五月始開端午日取其葉以包角黍摘花揷小兒髻上

東鄰釀熟夜相招激灩長盈貯月瓢任彼伯倫頌酒德不堪苦口進糖燒

臺地無佳釀土人將蔗熬糖訖以其渣釀為酒酒百斤米不踰数升名曰糖燒味極苦不堪入口

不見飛花似雪飄惟餘莿竹伴無聊驀逢一樹河西栁遠勝隋堤千萬條

臺地物産載有河西栁然未嘗見也予在道憲署止見一株

乘興飄然渡海東便思大嚼出廚中那知蕉鹿終成夢食指長慚誤子公

臺地鹿雖多而街市無賣者凡官臺三年任滿未嘗生鹿一嚼不獨學署窮員也

子菜初生漾碧漪金鴉南至翼低垂瑯嶠山下施罛集正是烏魚大上時

紫菜以子月生海中故一名子菜烏魚形似鯔每歲冬至前自東海来聚鳳山瑯嶠山下散子以億萬計大者五六斤小者一二斤味甚甘美腹有魚子膩滑性能敗血有血症者忌食之

無酒東来倍慘神鵝黄新造味清醇朝来漉就光浮盎何減滎陽土窟春

初至臺苦無酒而内地所載紹興酒價甚昂非窮員能購也同僚林霞海教以釀酒之法試之甚佳

夜半冊霞照海濱滄溟日出氣清新世人狎視黄金橘那識扶桑地大輪

極西云日輪視地輪為大

簪奈都人漫共誇未知異品出天涯惟應將詡新開徑合種東瀛三友花

丹鉛録云晉書都人簪奈花即今茉莉臺地
有沓茉莉另爲一種花徑寸每開百餘瓣望
之似白菊既放可得三日不似内地茉莉晨
開暮落也一名三友花一名葉上花
漫訝飛霜暑路中舳艫貨殖倍三農海東千畝饒
甘蔗何啻人間千户封
糖之息倍于穀臺地富户每歳貨糖吳越所
息不貲
高士心棲不二門興亡坐閱似晨昏壇南数畝閑
花竹道是當年夢蝶園

龍溪李茂春明季鄉薦竄居臺永康里題所
居室曰夢蝶園在府治社稷壇南日誦佛經
自娱人稱李菩薩云
緬想渡江歌阿童何如元幹乘長風只愁颶作鯨
波惡但占天邊屈鱟虹
凡颶將至則天邊斷虹先見一片如船帆者
曰破帆稍及半天如鱟尾者曰屈鱟
新醪剛熟舞婆娑方丈筵陳百不多買就管豪囷
蠢縮可憐王約奈癡何
竹鼬土人呼爲管豪寫豪字作㺜

誰云羇客坐無聊姬侍横陳伴寂寥青佩遍垂裙
帶豆朱頰紛圻美人蕉
裙帶豆子黑莢緑
姹李夭桃競放顛家山習見未爲妍番薑壓樹遲
蘭吐一日還欣見二賢
番薑木本種自荷蘭開花白瓣實緑熟則赤
形尖而長中有子辛辣暹蘭即樹蘭花細碎
如黍色黄以種出暹羅故名
生同蓎草碧離离却號含羞爲阿誰遥想甬東辭
老日九原無面見鵪夷

含羞草葉生細齒觸之則垂如含羞狀
隆冬单袷汗仍流微雨纔零便似秋誰信颶風三
日作炎方六月御羊裘
臺地隆冬有時如暑月值颶風作則六月御
羊裘
玉延刀切勝瓊瑰長記花臨五月開别有細抽番
薯好漫傳嘉種自文來
番薯有赤白二種生熟皆可噉臺海采風圖
云有金姓者自文来携回種之故亦名金薯
諸番鎮日射伊尼竹箭藤弓每自隨仆谷顛阬寧

敢悔衹緑辛苦覔胎皮
胎皮即鹿之胎者臺人貴之頗難得
觧籜聲清迥不凡欲叅玉版踐巉巖千頭觳觫穿
林出味苦難禁太守饞
臺地竹筍四時皆有然味苦不可食
迎風灼灼照窓楹湽縣翻同渭畝名誰料此君遽
如許何殊靖節賦閑情
夾竹桃一名俱那異一名半年紅
新鸝幾日囀高枝碧蔓糾纏遶架垂細雨斜風寒
食過四英含蕊正離離

四英花藤本春末開花瓣小而白香甚清
翠蓋團團小葉青萬花攢簇弄芳馨炎州不識冰
霜厲看取盆開潑雪形
潑雪一名噴雪葉深碧開小白花每開以千
百計乍望如雪故名
漫稱膏壤事耕深再熟田疇力不任惟有東西二
港地小春時節出秧針
臺地稻止一熟惟鳳山東西港間有再熟者
早冬種于十月收于三四月亦惟東西港可
種

熟番形貌肖猿猱漸製衣裾慕勝流但羨唐山無
限好安知文物萃神州
熟番歸化既久男女服飾同於土人但兩睛
稍圓爲異矣番人謂內地爲唐山
青州從事出遐方照座渾如琥珀光珍重數杯啊
啂酒頹然成醉遇周郎
啊啂酒出外洋味甘醇色如琥珀不敢多飲
以味醇而醉緩也每缾不踰四五斤價至番
銀四圓
未堪皇樹鬬聲華磊落前庭亦復嘉坐進一盤柑
子蜜何輸七碗玉川茶

柑子蜜果名橘之類形如彈丸土人和糖以
充茶品
栩栩渾如蛺蝶輕僊人手植號金莖任教拗取盈
頭插未必蓬壺便列名
金絲蝴蝶花黃瓣有鬚狀如蝴蝶一名金莖
花仙島有金莖花語云不戴金莖花不得列
仙家
仄行郭索出滄溟醜劣形殊鎮駭人料得中書應
罷食將糖免使議門人

兒蝂狀如傀儡

彷佛滄溟見玉人含茹珍重口生春誰云分體吳
宮裡不及江妃羅襪塵

論海錯之美者首列江瑤柱西施舌次之臺
地有西施舌而無江瑤柱

弱羽襹褷似不禁時人却號九皐禽祇緑舉目無
空濶共此雲霄一片心

隆冬時海渚盡出有鳥類鷺緣毛羽灰色土
人呼爲鶴究不知何名也

輕繒作袴白羅襦那識家仍擔石無明燭華燈喧

夜半分曹到處快呼盧

臺地賭博比户皆然矣

寒暑乖違物候偏蠻花隨意爛瀛壖獨餘一事艱
推測不見蜂狂蝶放顛

郡邑誌物産皆載蜂蝶予居臺地年餘蜂蝶
從未經見

九瓣香從内地分恰宜對酒吐氤氳微官飄泊東
溟遠那得傳柑餽細君

九頭柑〻之佳者載自内地

誰把瓊瑶萬朶裝未堪蹴踘築球塲揮毫難寫乘

藤態只合冊青付趙昌

番繡球蔓生花白色心微紅

淡白輕紅逐隊分安知蠶織事辛勤倦拋綉線無
餘事快嚼檳榔勝酒醺

臺地婦女不解蠶織惟刺綉爲事檳榔則日
不離口

常時微步踏莓苔北舍南隣鎮徃回水麝薰傳羅
袖濶非關寒食踏青来

臺地婦女好出遊人執一傘遮蔽傘率半開
衣袖約濶二三尺

甘蕉舒緑藹如雲花放惟應配茜裙何事偏蒙君
子號固宜修竹出彈文

蓮蕉似美人蕉而花大數倍其狀似蓮其花
從葉中抽出

好是風和景物妍野花盤髻勝金鈿乍聞笑語来
天半番女輕盈戲渺綿

番女有渺綿之戲即鞦韆也畧如漢人之制
高可丈許中以木爲舁止容一人繞梁旋轉
如紡上下可數十回漢人效之則暈而嘔

南至陽生氣盡蘓恨無飛雪點紅爐團圝坐飲稱

添歲一幅昇平外海圖

臺俗冬至日家作米丸祀先禮神畢卑幼賀尊長者節畧如元旦合家團圞而飲謂之添歲

黌舍周遭任卓錐庾郎鮭菜鎮相宜東西壓架須書遍頃刻家成十萬貲

儒官俸薄日用不足而貯須書甚富

生涯任運自遽遽踪跡應如海上漁安得廣張六百釣從教舉國飽鯨魚

小琉球漫志

海東賸語　海東月令　下淡水社寄語

小琉球漫誌卷六

邵武　朱仕玠　筠園

海東賸語上

額定鄉試中式

臺灣鄉試另廣一名係提督軍務侯張公雲翼特疏　准自康熙丁卯科爲始于福建鄉試正額外另編至字號取中一名是科中式蘇峩庚午中式邑星燦皆鳳山人也康熙三十七年總督郭世隆奏　准撤去另號通省一體勻中以後三十一年鄉試十二科臺地無獲雋者雍正七年巡察臺灣御史夏之芳奏　准臺灣貢監生員仍照舊例另編字號於閩省中額內取中一名雍正十三年巡撫盧焯奏　准於本省解額外不論何經加增中額一名乾隆元年巡撫盧焯奏准　恩科福建加中三十名內臺灣於原額外加中一名但臺地冒籍者多中式多非土著予查臺灣自乾隆癸酉至壬午凡五科共額中十名內惟癸酉科中式謝居仁一名係鳳山人餘俱屬內地乾隆二十八年巡臺滿御史永公慶漢御史李公宜青至臺臺地紳士以額中虛冒其名聯名進詞願撤去另號一體

勻中二巡臺不允所請但面諭道府縣嚴禁冒籍其源既清則其獘自止二公寔能善體　國家栽培海外至意李公加意督課諸生詩文皆手自批閱諄諄不倦幾忘憲體之尊而篤師生之誼多士頌之李公江西寧都州人也乾隆丙辰進士

臺灣書院

臺灣府治內有二書院一曰海東一曰崇文海東舊書院在府學西邊乾隆二十五年覺羅四朗亭公復創立新書院于臺灣縣學西首崇文舊書院在府治後今已頹毀覺羅四公為府時創立新書院於府署東首海東書院督課道主之崇文書院督課府主之二十九年正月予蒙覺羅四公諭府貴陽蔣公召掌教崇文書院舊例書院掌教凡係屬員則道府發牌委掌其事予蒙道府優禮不行委牌特用聘儀寔異數也臺鳳諸三邑無書院惟彰化立白沙書院

粵籍

臺地居民泉漳二郡十有六七東粵惠潮二郡十有二三興化汀州二郡十不滿一他郡無有風俗飲食器用同於泉漳惠潮居民亦准考試分其卷

爲粤籍四邑與焉遇府道試合四邑粤籍取之入學八名隸臺灣府學但無廪膳三年鄉試亦不與焉

陳清端

雷陽陳清端公觀察臺灣時常巡淡水往復一千四百餘里自持糗糒携小帳房以隨露宿風餐不入邸舍不受餽獻每食惟一飯一蔬或捐囊市酒肉以犒徒御不設儀衛寥寥數人道旁觀者莫不咨嗟公始任福州古田令予在德化時有同僚李陽光者即古田人年八十餘猶及見公言公治縣

時每日清晨門役剖龍眼七八顆以湯沃而食之即聽訟至暮公之介節人人所知而其腸胃之異亦若天特生之以黙相玉成耳

蘭波嶺樹

鳳邑南路蘭波嶺有樹三株狀類烏榕不知其名皆大十數圍三樹相隔各二丈餘其末枝柯合爲一本葉蔭數畝豈相思連理木之類歟

蛇草

鳳山有蛇草狀如波蔆蛇傷煎泡酒服立愈唐李衛公詩云愁衝毒霧逢蛇草若以蛇草爲不敢近殆別爲一種歟抑以蛇所經過毒露草上人畏近之故名歟

松樹

臺鳳二邑未見松樹或云傀儡山及北路上淡水諸内山有之聞有貨松根茯苓如斗大者諸羅誌云水沙連山松大者深山自老不可致子可取種而爲秧松子落處小松生焉移植即活若近山庄舍購于土番植之數年相傳漸廣用作宫室較雜木易朽者相懸也

水沙連茶

水沙連山在諸羅縣治内有十番社山南與玉山接大不可極内山產茶甚夥色綠如松蘿山谷深峻性嚴冷能却暑消瘴然路險且畏生番故漢人不敢入採土人云凡客福州會城者會城人即討水沙連茶以能療赤白痢如神也

鴉片

鴉片出外洋咬𠺕吧呂宋諸國爲渡海禁物然私藏者多不能制也臺地富室及無賴人多食之以爲房藥可以精神陡健竟夕不寐凡食必邀集多人更番作會鋪席於地衆偃坐席上中燃一燈以

食百餘口至数百口爲率烟筒以竹爲管大約八九分中寔椶絲頭髮兩頭用銀鑲頭側開一孔如小指大以黄泥做成葫蘆空其中以火煆之嵌入頭閒小孔上置鴉片烟於葫蘆首烟止少許吸之一口立盡格〻有聲飲食頓令倍進日湏肥甘不爾腸胃不安初服数月猶可中止至服久偶輟則困憊欲死卒至破家喪身凡食者面黑肩聳兩眼淚流腸脫不収行於道路人能辨之土人云有食鴉片烟者後貧窶不能食仆於道上氣息虛無宛如死人有知之者吸鴉片烟数口使其氣觸入鼻

內頓能起立再與烟吸数口筋力如常毫無病態矣予嘗有詩云鴉片出外番寔爲中夏厲乍服筋骸强窮慾日夜繼列坐盡狂且會食無終始樺燭爛熳燃妖姬左右侍相聚欝不散爲疹干天地遂令閭閈閒長横蝃蝀氣　國家雖厲禁猾賈敢私市脫畧錙銖投凡初食鴉片賣者不取錢覬覦萬倍利浸漬既已深俄頃不能置朝餔兼羊牛夕啖竭廩餼家傾黄白金葷載邱陵積投入無底阱空洞仍深閟中道悔愆尤久已移腸胃委頓四肢頹昏迷雙眼翳至竟囊槖空立成餓莩斃人生固爲難胡忍束冠

計相效遂慆淫甘心罔疑忌深辜受髮膚哀哉空畢世

水母

水母閩人謂之蛇又謂之蜇皮其形乃渾然一物有知識無口眼故不知避人蝦寄腹下食其涎蝦見人則驚此物亦隨之而沉産臺地者瘦小不堪食鹿耳門内甚多淡紫色狀如覆杯下有物摇曳如縣絮俗謂之足往来浮沉捕之則所謂足者縮入越絶書云水母蝦爲目海鏡蟹爲腹海鏡廣人呼爲豪莱盤嶺表録異記云海鏡飢即蟹子走出

以腹中有小紅蟹子其小如豆頭足俱脩及出食蟹飽歸腹海鏡亦飽海鏡一名璅珪郭璞江賦璅珪腹蟹抱朴子蟹不歸而珪敗珪恃蟹以爲命不可一日無也

海道

臺地四面皆海可以四達東南至呂宋海道七十更東北至日本海道七十二更而至臺海舶不許通外洋惟載臺地物産往吳越貨賣然必回舶抵厦門納税給票方許放洋造海舶回載亦如之其市於外洋悉係内地海舶而納税給票準此外洋

諸國惟咬𠺕吧最遠咬𠺕吧即咖𠺕吧予在德化時有諸生陳洪照者博學善屬文以貧宴曾附海舶客咬𠺕吧五閱月著吧遊紀畧一書所載海道甚爲詳悉附録於後厦門至咬𠺕吧海道二百四十更初放洋舟西南行三十六更至七洲洋茫無島嶼爲通西洋必經之道隆冬之際北風迅發至此暖氣融々人穿单衣中外之界自此分矣乃具牲饌籠金錢陳于木板投諸海面焚之以禮海神繼鳴金鼓焚楮帛以禮所過名山之神既過七洲洋是爲外羅之山有鳥焉白羽尖喙其大如鷄中

尾一羽似箭長三四寸名曰箭鳥是鳥也見有人至則回翔於其上過外羅山是爲馬鳴嶠由馬鳴嶠順風三日至烟筒大佛山々環列嶂中一山有石突出遠望如人立其巔非風利不得過舟行至此先以木板編竹爲小船帆用雜色彩紙陳牲饌香燭金錢以祭々畢將牲饌等物置小船中放諸海以厭之其小船瞬息前飄不見則過此平安謂之放彩船過烟筒大佛山至廣南赤嵌山其山色赤如赭過赤嵌山爲覆鼎過覆鼎爲羅源過羅源爲東西竹過東西竹順風三日至崑崙洋々中有

山名曰崑崙前列三峯後列三峯其洋小於七洲每海舟回時正當夏月常起鼠尾鼠尾者天際雲氣一點如黑子須臾黑氣一線直上猋風暴雨卒至所謂往怕七洲歸怕崑崙也海舟往時當冬春之際可以無慮然必設饌祭如七洲洋過崑崙洋爲麵飩嶼過麵飩嶼爲猪母頭嶼過猪母頭嶼爲短腰嶼過短腰嶼爲長腰嶼過長腰嶼爲琴七星嶼過琴七星嶼爲地盤自崑崙洋至此皆不見有大山惟認海中浮嶼爲水道行程舟行晝夜無往處離嶼常須數里恐嶼石斜伏水中隔礙也由地

盤順風二日至峽夾峽兩旁樹木生於海底大者數十圍皆直上無拳曲其高低分植如手分置舟行中央相去僅一二里許樹間猿鳥飛騰上下依稀可見入峽至出峽十五更峽中時有浮土々盡塗泥海水深不過七八丈或五六丈夜則下矴不敢行懼入淺而舟膠也出峽十二更至三立洋設牲饌祭如前過三立洋三更至王嶼々築小城緑邊植樹和蘭藏貨物之處夾板大船之所泊也番兵鎮焉又一日至咬𠺕吧海港自海港至城十餘里望之不見雉堞惟于緑樹隙末見飛樓層閣金

碧掩映而已蓋殊方一大都會也其地東南阻海西北依山山悉平衍城内外掘地数尺即水水與地平不溢不涸澄然而清味臭惡不可食其所食水係汲諸山中泉始出者載之以舟因而買之衣服藏筐笥置楼上十日失晒曝則蒸濕氣土帶沙礫雨過輙乾少時不雨通衢之地車馬走集塵漲如霧其山流水謂之溪港港流甚大源不知遠近環城内外導達溝渠紆迴曲折縱横成十字市廛民居密比如櫛東西對向人皆背水而居地暑濕多癘疫其俗晨興則浴港中晚亦如之子生三日

母抱子浴於港俗謂水爲藥其氣候冬至日長夏至日短雷發不震北斗隐而不見無大寒暑惟夏月稍熱冬月則暖冬至以後則降霖雨謂之和蘭春乃種五穀既種之後不溉不耘穫則剪其穗而揉之實皆堅好歲止一熟此田既穫乃種他田周而復始歲率爲常惟麥不生以其地氣暖也蘿蔔花而不實種皆載於中國阿橽子始花收其液如椰液可以釀酒椰有黑白二種樹如櫻一幹直上有葉無枝高丈餘栽之成行以竹架其上始花截其莖承之以筒夜有液如乳墜筒中味甜以釀酒

花成實可生食内有漿滿腹渴飲之生津其地多椰畨人謂椰爲咬嚠吧故以名其地焉其豕多赤其牛多白往時咬嚠吧自爲一國明季并於和蘭今王爲和蘭人王在和蘭咬嚠吧之地止命酋長鎮之亦稱爲王溯和蘭立國至乾隆十四年己巳歲乃一千五百四十九年也和蘭至咬嚠吧所歷之國東洋其國有海而無盬和蘭市之利百倍焉西洋其國街市廬室宛然而不見有人往市者以所貨之物書價置其室越夕取去貨物而置布焉不售者貨仍在其布方廣丈餘縷細如髪和蘭富

人以爲送死者裹衣云其尸不腐

清明

府治東北二門外墳塋甚夥墳上石碑必書載内地郡邑里居後列姓名每歲三月清明日民家合宅男女邀集親戚上墳祭畢則聚飲墳上而輕薄之徒亦借名遊觀人跡麋至以千萬計是日例撥佐雜一員武弁一員領衙役兵丁鎮壓以防惡少滋事

子午花

子午花草本葉似葵花似梅色紅午開子落其種

来自毗户沙圖一名午時梅予於漁唱已成一長句因爱其名甚佳復成二七律絳雪日中散藹枝何年毗户遠根移癸辛稱里悳難繼予午名花恰合宜曉起園林猶寂寞夜凉階砌已離披欲知開落無差誤看取猫睛一線垂其二云名冐西湖處士家午窓睡起炫頳霞朱英乍拆潮初上冊跗繞零月欲斜祇合壽陽粧晚額未容内史賦朝華榮枯暗合先天事侵曉狂蜂浪自譁

琉璜泉

駐防臺灣水師遊擊宗人廷謨云常遊上淡水有

一山出琉璜山上有泉約寬數畝人遠望水滚起如沸湯約高二三尺不敢迫視恐中其氣或至立斃諸羅雜記云玉山之下有温泉〻上湧氣蒸騰如沸凡數處夫山出琉璜斯下有温泉亦無足怪若泉上湧及沸高數尺則諸書所未載

臺竹

莿竹狀類内地大竹累生倒刺大小不一不走鞭就根四圍迸笋攢簇而生幾不容罅每生層累益上巨根周圍蟠結可以高至尋丈臺地用以代城按通雅云竻竹即李石所言攡竹有刺而堅村〻以爲籓落土人呼爲勒竹或云棘勒或云澁勒東坡詩倦看澁勒暗蠻村楊升菴以蓖竻即澁勒即係臺地莿竹也又有長枝竹一名鬣脚緑可以製造椅棹廚床又有空涵竹高二丈許圍二三尺無旁枝搆草屋用以爲桷他若桂竹石竹金絲竹七絃竹珠籬竹人面竹櫻竹其類不一而内地竹類則臺地多未有

冬寒

聞諸臺地未入版圖時天氣甚煖康熙二十二年平定其地是冬北路降大雪寒甚自後氣亦漸寒

雖有時隆冬穿单袷汗流亦偶然耳惟鳳山差煖熟番云臺地寒由唐山人携来盖諸番以内地爲唐山人爲唐人也地氣自北而南有道徵焉

鷄籠山

北路鷄籠山係臺地極北境在上淡水砲城東北境相傳與福州五虎山相對福州至上淡水海道八更或云與福咼縣上銅山相對海道止七更未知孰是有把揔某者云曾駐防上淡水福州近海漁人于五月初四日夜網取海鱻順風而渡及曉即至上淡水以應端午節用

男女暴長

臺地男女多暴長年十四五即如內地年二十許諺云男九女十言男九齡女十齡天癸即通也殆地居東方生發氣盛歟而本地長年者亦甚稀少矣

龍目井

龍目井在鷄籠山麓下臨大海四周斥鹵泉湧如珠噴地而出甘洌冠於全臺或云荷蘭所浚但其井相距府治千餘里且生番出入之地不能致也雲南山川志云哀牢山下有一石狀如鼻二泉出焉一溫一涼號爲玉泉貴陽山泉志云甘梗泉在平頭司石崖中一源湧出清濁分流有似涇渭之狀是泉出之異有難以理測者臺郡他處泉味亦微鹹而茶湯隔宿澄清福州會城井水味微鹹與臺地同而茶湯頃刻色變京城亦然

垂瘤

予在府治見一人左耳旁生瘤大如拇指瘤間垂肉皮二條一長約四寸許一長約三寸皮甚薄灰色每條約濶一寸質甚軟狀如摺帛因風吹動人乍見之不知係瘤所垂也

日出

臺地東負崇山日月所出甚遲與內地無少異昔人云海岸夜深常見日其地東臨海乃有此景臺地則無也惟東來時於海舶見日出其詳悉已載紀程及丁內艱歸送陳心齋教諭往臺灣詩內亦言及日出事附載於後東寧阻溟渤寔爲九州外翕滃際上下渾合成大塊我曾陵扶桑一瀚胸臆隘沫噴倭人城榜擊琉球汰夜半觀出日海氣添光怪燒濤已如燭平地猶昏霧自從腰經歸似夢常悲慨陳侯亦人豪捐俗無纖芥發春膺　簡命一舸飄行旆安能追長風同駕鯨魚背

渡海圖

予初至臺謁見府憲余寶崗公公命題渡海品古二圖予承命賦就蒙公嘉賞寔深知遇之感謹錄詩附後

聖代正域浩無垠東西南朔置堠分東寧沃區重海隔昔隸荒服無由賓

聖人出世海宇乂耕桑畜牧鳩吾民　廑思九重殷求莫堂堂秉節來儒臣鯨波萬里接暘谷舳艫遠泛窮朝昏馬銜海童胥戢影海天一氣何渾渾

秦皇鼉梁徒誕說玉局羽化應虛論爭如海若效順西飈作颿同徤鶻披層雲蛋人珠户歌來暮蘭橈桂櫂凌齋漾火雲夜半照天赤開𢥞笑望扶桑瞰品古圖詩云景山酒鎗葛氏昂往々中宵炫光影廬陵集古録久廢說與俗人渾未省何來繭紙爛青銅誰其圖者東寧公我公生具瑚璉器與古草木臭味同摩挲彛舟数十年眞贗到手分媸妍閉齋夜々虹貫月奚減米家書畫船高藤老樹西廊淨土花剝蝕深相映呼僮凌晨時拂拭清閟閣中無此艷丰神蕭散頽渥丹醒々世士慵往還誰

識畫師槃礴意置身日在商周閒

海翁魚

海翁魚即海鰍也皆屬胎生大者如山諸羅誌云後壠番社有脊骨一節高可五六尺兩人合抱未詭其圓另有肋骨一段大如斗諸番以爲杌海槎餘録云海鰍乃水族之極大而變易不測者梧川山界有海灣上下五百里横截海面且極其深當二月之交海鰍來此生育隱々輕雲覆其上人咸知其有在也俟風日晴暖則有小海鰍浮水面眼未啟身赤色隨波蕩漾而來土人用舴艋裝載藤絲纜爲臂大者每三人守一莖其杪分贅逆鬚鎗頭二三支於其上遡流而往遇則並舉鎗中其身縱纜任其去向稍定時復似前法施射一二次畢則棹船並岸徐々收纜此物初生眼合無所見且鎗瘡輕漾隨波而至漸登淺處潮落閣置沙灘不能動舉々家分臠其肉作煎油用亦大矣哉述異記云海船至七洲洋一夜陰雲晦昧星月無光忽有火山從後起光燭帆上如野燒返照漸與船並水工競以木扣舷不絕響約兩更次方隱知爲海鰍目光柁挂其體捩柁横開始得脫耳屈大均云

海鰍身長百里口中噴火能吞巨艚予往來厦南閩諸土人云每歲天后三月誕辰必有海鰍來朝或潮退偶困泥沙土人取大木長数丈直拄其口競入腹内割取脂膏数千石及潮至仍掉頭擺尾而去

和蘭借地

荷蘭一名和蘭初至臺灣借地居之遂據有其地吧遊紀畧云和蘭初賈於咬𠺕吧亦借地以住後益熟遂攻殺咬𠺕吧王和蘭種類在咬𠺕吧者不滿四千人悍鷙多譎計諸夷懾服自和蘭抵咬𠺕

吧帆海兩月可到中國人不得至其國其吧地有犯罪被流安置和蘭或遇赦放回懼其按誌水道必沿海迂道經歷所屬番島五六月乃達咬𠺕吧馬按咬𠺕吧即係爪哇其屬最衆曰萬丹曰井里悶曰三把隴曰井里咔啷頭曰直葛曰北家浪曰貳怕嘮曰爪哇林曰南望曰碣勒石曰四里末嗄曰望佳煞曰安悶曰萬蘭曰蛔子蹄曰瞿港曰馬臣曰末留虀曰牛嶼等島皆爪哇屬也和蘭悉愚弄之性癡拙貪酒冒色無長計尤嗜鴉片鴉片土產於和蘭和蘭法制國人吃鴉片者罪死無赦歲

海運數百萬斤於咬𠺕吧賣與諸番及異國人以取其貨物且毒害之爪哇無男女皆吃鴉片故其人悉負無厚產羸懦怯於戰鬬咬𠺕吧并於和蘭不能有所抗則鴉片爲之也爪哇之外又有武兀烏鬼番過水諸雜番武兀性懦馴殖穀負販習技自給咬𠺕吧之俗屋皆層楼人居楼下避暑惟武兀之番室内架木而處故俗謂之蜘蛛番烏鬼番膚黑如墨所居之屋塗以牛糞性桀黠和蘭用之爲爪牙凡查票差役左右護衛及各處鎮兵皆此類也

小琉球漫誌卷七

邵武　朱仕玠　筠園

海東賸語中

臺錢

臺地用錢多係趙宋時錢如太平元祐天禧至道等年號錢質小薄千錢貫之長不盈尺重不越二斤土人云康熙二十二年既定臺灣土中掘出錢千百甕荒唐不可信或云此錢自東粵海舶載至予觀瀛厓勝覽其誌爪哇國言民間殷富貿易用中國古錢流寓多廣東漳州人三佛齊市亦用中

國銅錢大約海外諸國有漢人流寓其地即閒用中國古錢是臺地古錢載自東粵海舶爲可信也

龍涎香

上淡水出龍涎香每一粒價兼金云可爲房術用甚爲難得聞欲辨真僞取香細搽入冷水香氣盈室去水而香輕重毫忽不耗乃爲真者赤嵌集云海翁魚口中噴涎常自爲吞吐有遺於海邊者黒色淡黄色不等或云即龍涎番每取以貫利真僞亦莫辨也臺灣風土記云以淡黄色嚼而不化者爲佳價昂十倍

草地郎

四鄉地盡平衍田畝盡屬草地開墾凡居鄉者揔名草地郎至府治則以鳳諸彰三邑人亦呼爲草地郎

臺田

臺土黑墳甚肥沃不須下糞故人畜糞狼藉道路每風起臭穢不堪圊厠無以踰布種自二三月至九十月収穫亦如之徃時夜露甚大雨澤或愆期禾稼不病邇来居人衆夜露亦稀且苗多生蟲槁死每下種以烟梗附根下蟲患乃息

海族夜光

予在學署偶向夕巡簷見階下光數十團拾視之乃所剥蝦殼也漁人云鱟魚雌雄相負多在沿海沙泥中雌雄尾各一每夜潮退尾出水面各有光一團如碗大因覘其光取之福清陳國學瑛郘武叅將正寅之子也家產漸落漁於海上甞爲予言凡昏晦之夕海魚大上則有數萬點火光隨火光聚處每下一網可以獲魚盈船海魚頭至夜皆有光非久於海濱者固不知之也

珊瑚草

珊瑚草生海底狀類珊瑚枝幹極纖小色赤黑高可七八寸漁人網魚常得之栽小盆内亦可供玩予在鳳山丁守偹署中見二枝土人呼爲珊瑚草又呼爲珊瑚樹按通雅云鐵樹生海底出水即堅高尺餘色如鐵一名石帆左思賦草則石帆水松是也恐即係此種范至能言有石梅石柏生海中乃小如鐵樹七修類纂言粵西鐵樹有忽開花者乃别一種也

蛇四跗

臺灣有毒釘蛇黑質長尺許或五六寸身扁四足

如蜥蜴巨如中指首約拇指大狀如獼猴自首至脊有金線一條左右黃綵繞之能浮水口毒而不螫人若捕急則螫人立斃鳳山學宫林木間有之予甞爲詩云大荒產物皆瑰奇有蛇四跗猶龍螭未能用壯不見石騰踔巳具雲雷姿頭如獼猴形醜惡金線貫脊盤黃綵葪毬森荼風露隨攀援上下窮娛嬉莊生猶局方以内夔蚿相憐太瑣碎能爲之足孟浪疑恨不見此跂匕態按本草綱目云安南雲南鎮康州臨安沅江孟養諸處產鱗蛇巨蟒也長丈餘有四足能食麋鹿冬春居山夏秋居

水能傷人土人殺而食之又西使記訖立兒城所產蛇皆四跗首黑身黃長五尺餘口吐紫艷吧遊紀畧云其國有蛇黑質四足形如蜥蜴大者百餘斤食之不疥其土人見此蛇輙驅弄之伺其倦生捕之籠以歸

石湖

石湖在諸羅縣生番界內入大武郡山行十餘日乃至有社曰茄茇綱社湖寬里許天將雨湖輙水漲丈餘或以為湖底有眼通海按潯陽記云鷄籠山下澗中有數處累石若有人功水常深尺餘朝

夕輙有湧泉溢出如潮水時刻不差朔望尤大號為潮泉與茲相類

新木

臺地薪木以龍眼樹為上木堅緻耐燃餘燼可為炭下此則用烏栽萩茶諸木使槎錄云內山林木叢雜多不可辨樵人採伐鬻于市每多堅質紫色寵烟有香氣拂拂若為器物必係精良徒供爨下之用寔為可惜倘得匠氏區別則異材不致終老無聞斯亦山木之幸也

田甲

赤嵌筆談云內地之田論畝臺灣之田論甲計一甲約內地十一畝三分一厘零內地田一畝各縣輸法不一自五六分至一錢二分而止計一甲準以內地輸法不過徵至一兩三錢零而臺地上田徵穀八石八斗即穀最賤每石三錢已至二兩六錢四分零況又有貴於此者而民不以為病蓋地廣衍上田無憂不足中下田截長補短猶可支應若履畝勘丈則難仍舊貫矣諸羅雜誌云臺地田賦與中土異者三中土止有田而臺地兼有園蓋以種水稻者為田種旱稻者為園中土俱納米而

臺地止納穀中土有改折而臺地納本色蓋自荷蘭至臺立為此法　本朝仍之雍正七年部議將新報墾田園化甲為十一畝分別上中下之差照同安則例升科其從前所墾田園照依舊額

文昌魚

文昌魚產漳州曝乾狀類銀魚臺人以為珍味予在道憲署食之殊覺名不副實

板輪

臺地車輪用堅木板鋪平橫鑿孔用堅木穿貫無輪與輻之別蓋臺地雨後潦水渟塗車輪有輻障

水難行不如木板便利所謂因地制宜

壁虎能鳴

臺地壁虎形狀與內地無異但能鳴矣聲如瓦雀土人云至澎湖則不能鳴林僉事麟焻使琉球竹枝詞云靜聽盤窗蜥蜴聲其自注云蜥蜴能鳴聲如麻雀是以蜥蜴為壁虎矣鄭漁仲註爾雅以蠑螈蜥蜴蝘蜓守宮種類既異未可釋為一物其說甚允予有詩云壁虎于物類馬體添毫毛形陋辭彭亨尺短相譏嘲醜然冒虎名無乃慚雄豪累饒攻殺技龑尾窮逋逃安能覓雷雨冰雹興土焦兒

童見之棄倖免號呼勞海東生頗異聞者皆驚跳自我航海來詭物紛目遭有魚剖母腹（鯊魚胎生）擺尾逝囂囂有蛇名毒釘四足荒圖描其餘鱗介族餮輙怖老饕鉤簾清晝坐海氣蒸帷綃胍胍龍無角興亦酣波濤叢綠墻壁上學吼同饑蛟吾聞中山國（琉球名中山）一醜類同號呶何如楊子幼撫缶呼自驕家僮厭喧聒驅逐持長梢興戎古所戒何迺及爾曹

紅毛荷蘭為二國

前史以荷蘭即紅毛府舊誌云荷蘭紅毛舟遭颶風爰臺灣地借居土番臺灣紀畧亦云紅毛乃荷蘭種由咖嵧吧來假地日本據吧遊紀畧云紅毛國近和蘭和蘭人白皙長大深眥青碧眼大鼻尖準毛髮鬚眉皆白狀類獮猴多譎智善賈紅毛狀貌與和蘭相類特鬚髮皆赤為異耳史以為即和蘭非也和蘭與紅毛高車為鄰而差弱于二國近紅毛與高車相仇殺皆求援於和蘭和蘭皆許之而兩不敢有所助其紅毛高車之賈於咬嵧吧者和蘭必善遇之和蘭之來咬嵧吧道必經高車高車番不甚長大男子耳貫金環綴珠國殷富通商

徧諸邦有慧識能辨寶物

野牛

近生番深山產野黃牛千百為群諸番取之用以耕田駕車陳小崖外紀云荷蘭時南北兩路設牛頭司取其牡者馴狎之闌其外臂以耕其牝則縱諸山以孳生臺海采風圖云取野牛之法先置木城四面一面開門驅之急則皆入入則扃閉而饑餓之徐施羈靮豢以芻豆與家牛無異嶺南雜記云山牛與牛無異但眼紅耳

檳榔

檳榔樹直無枝高五六丈葉如栟櫚幹嫩時青色有節如竹老則皮赤黑宛類栟櫚葉脫一片內現一包數日包綻即開花二三枝淡黃白色花秀房中子結房外擢穗如黍子數百粒宛若棗形據赤嵌集云檳榔不與椰樹間栽則花而不實今觀檳榔所在遍植未嘗與椰樹同栽而實固自繁也土人啖檳榔有日食六七十錢至百餘錢者男女皆然惟臥時不食覺後即食之不令口空食之既久齒牙焦黑久則崩脫男女年二十餘齒豁者甚衆聞有一富戶家約七八口以五十金付貨檳榔者

令包舉家一歲之食貨檳榔者不敢收其金懼傷本也貧窶之家日食不繼每日檳榔不可缺但食差少耳相習成風牢不可破雖云足解瘴除濕而內地官臺者食亦稀少未見遂受濕瘴病是知土人惡習也

郡邑二學宮番檨龍眼

臺地番檨隨地皆有以府學宮右一株爲上食之無渣且味殊勝他處龍眼以產臺灣縣學宮前者爲上顆大殼薄肉厚核細熟時摘下須以衣承之偶觸殼輒破分進道府鎮以爲貴品

螻蟻

臺地螻蟻終歲不蟄且與內地稍異內地螻蟻大小各族不相淆亂臺地螻蟻小者中雜大者結陣之時往來排列大小相錯有大如米如穀如小赤豆者啣負諸物皆係小者緣壁上几一切食物咸遭汙踐最爲可憎而大者則不至意小者服役大者坐享其具君臣之義歟

地震

往時地常震每歲震動無常或連日震不止邇來八九年間地不震或以爲人烟日益輻輳故地莫

安而不知實　國家景運休隆所致也

颶風

二十八年九月十一日颶風大作自北而至其風之暴十餘年所未有鹿耳門內商船漁舠擊破飄沒無算鳳山北畨稻田正值成熟百僅存一而南境距縣三十里下淡水地風甚微禾稼不害颶風之作自北徂南亘地千餘里無不蒙害下淡水地雖極南然距縣不遠颶即不至寔不可解嘗記本年七月間在府治十二三兩日颶作府憲行文澎湖通判令查海舶有無遭風回文云茲兩日內微

有南風而已猶謂其相距頗遠若下淡水無颶風則誠異矣海外紀畧云颶風乃天地之氣交逆地鼓氣而海沸天風烈而雨飄故沉舟傾檣若海不先沸天風雖烈海舟順風而馳同大鵬之徙耳凡占颶風視風反常爲驗如春夏應南而反北秋冬應北而反南惟有雷則止諺云六月一雷止三颶七月一雷止九颶及其既作必四面傳遍如北風颶必轉而東東而南南又轉西或一二日或七八日其南風颶亦然

諸羅山

臺地西臨大海臺灣縣逼海無餘地鳳山縣去海一里許惟諸羅彰化去海稍遠人稱諸羅縣治曰諸羅山欲指一山以實之無有也附郭番社曰諸羅山社蓋設縣時見諸山羅列遂與相稱故縣亦仍番社之名未分彰化縣時土地饒廣於臺地得三之二焉

南路山

長樂林謙光著臺灣紀畧所載南路諸山多與學宮鄰近打鼓山在學宮西南相距五六里觀音山在學宮北相距十里半屏山在學宮左龜山在學宮右二山與學宮相距不過數百步

鶺鴒鳥

內地鶺鴒鳥毛羽黑白相間臺地則爲淡黃淺綠色斑鳩有純白者鷄有大如拳重不踰八九兩者身輕能飛

奢俗

臺地舊稱沃壤民奢侈無節鳳山舊誌云宴會之設動費中產厮役牧豎衣曳綺羅販婦村姑粧盈珠翠今户口日增且比歲不収民多貧窶多有衣食不充者

土生仔

內地無賴人多竄入生番爲女婿所生兒名土生仔常誘生番乘醉夜出頗爲民害然道憲造海船軍需木料惟生番住處有之必用土生仔導引始可得是土生仔爲百害中一利

筏蓬

海邊漁人往海取魚則用漁舟至沿海淺處止凴竹筏筏上安蓬駕風往來押視海濤渾如潢池其筏長約三四丈濶約一丈

[illegible]苔

滸苔海中苔深綠色細如苧線長四五尺結成来土人向日曝乾用油煎食或煮爲湯每食薄餅用滸苔下之通雅云苔生於水者青緑如髮海濱之人多取裛而食之名曰陟釐又名側理可爲紙晋帝賜張華側理紙千張即此苔所爲也

私渡

入臺私渡者甚夥鳳山新誌載私渡之害甚爲詳悉因備録之內地窮民在臺營生囊鮮餘積旋歸無日其父母妻子俯仰之資急欲赴臺就養格於例禁群賄船户冒頂水手姓名掛驗女眷則用小漁船夜載出口私上大船抵臺復有漁船乘夜接載名曰灌水一經汛口覺察奸梢照律問遣固刑當其罪而杖逐回藉之愚民室廬拋棄器物一空矣更有客頭串同習水積匪用濕漏小船私載數百人擠入艙中將艙蓋封釘不使上下乘黑夜出洋偶值風濤盡入魚腹比到岸恐人知覺遇有沙汕輒趕騙離船名曰放生沙汕斷頭距岸尚遠行至深處全身陷入泥淖中名曰種芋或潮流適漲通波漂溺名曰餌魚在奸梢惟利是嗜何有天良在窮民迫於饑寒罔顧行險相率陥阱言之痛心

也漳浦藍鼎元有詩云纍纍何爲者西来偷渡人銀鐺雜貫索一隊一酸辛嗟汝爲饑驅謂茲原隰畇舟子任無咎拮据買要津寧知是偷渡登岸禍及身可恨在舟子殛死不足云汝道經鷺島稽察司馬門司馬有印照一紙爲良民汝愚乃至斯我欲淚沾巾哀哉此厲禁犯者仍頻頻奸徒畏盤詰持照竟莫嗔茲法果息奸雖寃亦宜勤如其或未必寧施法外仁

鯊魚

鯊魚翅出南路嵌頂及澎湖每歲十一月漁人取之率載海舶往江浙貨賣稗海紀遊云鯊魚胎生市得一魚可四五斤用佐午炊庖人剖腹一小魚從中躍出更得五六頭投水中皆遊去赤嵌筆談云鯊魚類不一龍文鯊雙髻鯊誌言之矣外此有烏翅鯊身圓翅尾黑色鋸仔鯊齒長似鋸烏鯊口濶大者數百斤能食人虎鯊頭斑如虎齒迅利噬人手足並斷圓頭鯊亦食人鼠唔鯊皮白齒如梳蛤婆鯊口濶尾尖油鯊身圓而長尾似蝦尾泥鰍鯊口尖青鯊身青色扁鯊身扁尾小乞食鯊皮可飾刀鞘狗纏鯊身長尾尖狗鯊頭大上有烏赤點

離水終日不死

臺鹿

臺地多鹿皆出内山生番地内地人以至臺灣必飫饜鹿肉不知欲求生鹿肉一臠不可得也二十九年四月間予在府治書院適府憲署内一鹿將斃殺之購求一肘食之味亦不甚佳鹿茸不及川產而價数倍鹿筋鹿脯價亦昂就胎鹿取其皮謂之胎皮長不盈尺其毛似有似無梅花斑點隐隐文采可觀往時皮一張價不過銀二三錢近因採取過多計皮一張價至番銀二三十大圓且無市

者使槎録云臺山無虎故鹿最繁昔年近山皆爲土番鹿場今則漢人墾種極目良田遂多於内山捕獵角尾單弱絕不似關東之濯濯角百對只可煎膠二十餘斤鹿雖多街市求一臠不得春冬時社番截成方塊重可斤餘皆用塩漬運置府治色黑味變不堪下箸而殖亦不輕稗海紀遊云鹿以角紀年凡角一岐爲一年猶馬之紀歲以齒也番人世世射鹿爲生未見七岐以上者向謂鹿仙獸多壽又謂五百歲而白千歲而元特妄言耳竹塹番社得小鹿通體純白角纔兩岐要不過偶然毛色之異耳書固未足盡信也鹿生三歲始角角生一歲解猶人之毀齒也解後再角即終身不復解每歲止增一岐耳

雨晴

臺地自九月至三四月雨甚稀少至五六七八月始有大雨有時自五月綿延至七八月罕有晴日土人占云鳶飛鳴則風鳶宿鳴則雨

生蝨

土人相傳云凡住臺灣不拘土著外籍衣中不生蝨若偶生則疾病將至予屢驗不然大抵蝨視內

地生差少耳

上下淡水

臺灣有二淡水在北路者名上淡水設一同知一巡檢治其地巡檢駐劄八里坌爲臺灣極北境相距府城爲程半月在南路者名下淡水設一縣丞一巡檢而下淡水又分上下番社有上淡水社下淡水社諸羅舊誌云南北淡水均屬瘴鄉而北淡水尤甚今南路下淡水水泉甘美居民輻輳即北路上淡水舊傳水泉惡毒今服食如內地蕃聲教廣被生齒日稠木拔道通人氣坌集山嵐海霧不

能爲厲矣

蘆鰻

蘆鰻產海邊隨潮登岸食蘆笋潮退入溪田中不能去方可得漁人或跡其往来之路以灰布之俾涎沫粘糊隨手可取身花紅色長四五尺全似鰻而身短有重至二三十斤者味極肥美嶺南雜記云蘆鰻背黒有類烏鱧其色稍異

臺灣譌字

臺地字多意造爲字書所不載如畨檨之檨字泥鰿之鰿字管獴之獴字呵吼酒之呵字茄荖網社

之荖字颱風之颱字獸善走爲䟐之䟐字不一而足難以枚舉

瓱瓶

諸羅雜記云僞鄭時開加溜灣井得瓱瓶其窾識係唐宋以前古窰物未開闢之先此瓶何從而瘞之也

甲萬

甲萬制自外洋此地多爲之者亦名夾板以楠木爲之以重而難移且啟閉以鋏爲機其制不一名曰畨鎖堅牢殊甚用以貯金銀重物今南北路旅舍皆有之其制稍大凡客至以重物包封付旅舍主即收貯甲萬内而寢其上焉

小琉球漫誌卷八

海東賸語下

邵武　朱仕玠　筠園

番社考試

熟番歸化後每社設有番學社師悉內地人以各學訓導督其事每歲仲春巡行所屬番社以課番童勤惰凡歲科試番童亦與試自縣府及道試止令錄

聖諭廣訓二條擇其嫻儀則字畫端楷者充樂舞生間有能爲帖括者通計四縣番童不過十餘人

道試止取一名給與頂带與五學新進童生一體簪掛初熟番有名無姓既準與試以無姓不可列榜某巡臺掌學政就番字加水三點爲潘字命姓潘故諸番多潘姓後別自認姓有趙李諸姓

番社

臺地熟番大小九十六社每年輸納番餉社中户口多者三四百口少者百餘口至八九十口每社置一土官四土副每土副一人名下有公戒二人猶衙役也凡徵收錢粮及大小事件土官掌之至于生番住社難以稽查鳳山相傳七十二社新修縣誌加增三十八社計傀儡山生番二十七社瑯嶠山生番十八社卑南覔山生番六十五社其外臺灣諸羅彰化三邑生番不在此數

居處

熟番居處築土爲基架竹爲樑復編竹結椽桷爲蓋各一大扇豎柱上樑畢衆共擎蓋以升編茅以覆每築一室合社之衆助之名屋曰朗四圍植桄榔椰子莿竹之屬貯米另爲小室名曰圭茅或方或圓或三五間或十餘間皆以竹草成之至內山生番則于山凹險隘處以小石片築爲墻基大木

爲樑鑿石爲瓦寢處以鹿皮屋中置火爐無冬無夏燃榾柮不令絶

飲食

熟番種植多於園地所種悉旱稻白豆菉豆番薯又有香米形倍長大味甘氣馥每歲所種止供自食價雖數倍不售也飲食用椰瓢名曰奇麟不用箸以手攫取近亦用竹箸名曰甘直用粗椀名曰其矢歲時宴會魚肉鷄鴨每味重設大會則止用一豕飲酒不醉不止興酣則起而歌舞其音嗚咿袒胸盤旋跳躍常時食物以餒敗生蛆爲旨酒以

味酸爲醇漢人至則酌以待歡甚出番婦侑酒或六七人十餘人各斟滿椀以進客逐椀皆飲衆婦歡然而退倘前進者飲後進者辭遂分榮辱矣盡辭不飲乃止内山生番五穀絶少斫樹燔根以種芋魁大者七八斤貯以爲糧惟不食鷄相傳紅毛欲殺生番俱避禍遠匿聞鷄聲知其所在跡而殺之番以爲神故不食捕獲生鹿則飲其血割肉生食之

衣飾

熟番自歸版圖後女始著衣裙裹雙脛男用鹿皮

或卓戈紋青布圍腰下名曰抄陰惟土官有著衣履者邇年來漸被聲教男婦俱製短衫袴與漢人無異土官則衣裘帛男女喜簪野花圍繞頭上名曰蛤網捕鷄羽名曰莫良猶漢言齊整也手帶銅鐲或銕環以瑪瑙珠及各色贗珠文貝螺殼銀牌紅毛劍錢爲飾各貫而加諸項纍纍若瓔絡性好潔男女日一浴赤體兀立以瓢水從首淋下拭以布或浴於溪内山生番男裸全體女露上身下體用烏布圍遮隆冬以野獸皮爲衣頭皆留髮剪與眉齊草箍似帽而耳穴孔用篾圈抵塞以大耳垂

肩爲美觀肩背胸膛手臂以針刺花用黑烟文之土官刺人形副土及公戒祇刺墨花或刺蝌蚪字及蟲魚之狀以文身命之祖父忍痛刺之云不敢背祖也海槎餘錄云黎俗男女週歲即文其身自云不然則上世祖宗不認其爲子孫也

婚嫁

熟番初歸化時不擇婚不倩媒妁男皆出贅生女則喜以男出贅女招夫也女及笄構屋獨居番童有意者彈嘴琴挑之嘴琴削竹如弓長尺餘或七八寸以絲線爲絃一頭以薄篾折而環其端承於

近領絃下末疊繫於弓面扣於齒爪其絃以成音名曰突肉意合女出而招之同居曰牽手逾月各告於父母以紗帕青紅布爲聘女父母具牲醪會親友以贅焉既婚女赴男家洒掃屋舍三日名曰烏合此後男歸女家同耕並作以諧終身夫妻反目夫出其婦婦離其夫不論有無生育均分舍内什物再牽手出贅邇日番社亦知議婚令媒通好以布帛酒果或生牛二先行定聘禮亦有學漢人娶女不以男出贅者至漢人牽番女儀節較繁近奉嚴禁其風稍息生番婚嫁與熟番初歸化時相

類

番禮

熟番禮節近亦漸學漢人遇尊長卻步道旁背面而立俟其過始行若駕車則遠引以避鳳山治内山猪毛傀儡山諸生番親朋相見以鼻彼此相就一點小番見土官以鼻向土官項後髮際一點取親愛之意

番鄉賓

番社從無鄉賓邇年來漸摩禮教亦求舉行但不行飲酒禮不詳府道止就本學牒縣給以匾額以

示激勸初番俗愛少惡老皆拔去髭鬚名曰心力其戕々番人頭至白不留一鬚近亦多有留鬚髯者既知尚齒之典則陋俗自除矣二十八年予在鳳山學值行鄉飲酒禮之候有下淡水社樂舞生趙工孚者年幾七十甚誠樸頗解爲帖括左右隣里呈學保舉鄉賓予嘉其意牒縣時邑令爲無錫王公瑛曾給以匾額々有社樂舞生等字後呈學求去社字同於齊民之意以見　國家文德之涵濡深且遠矣

賞番

凡巡臺御史及分巡道初至臺必巡所屬地并犒賞生熟番先期縣令々所屬熟番曉諭生番々畏威不敢遽出必質熟番爲信如其人之數然後敢出所賞物如銀牌苧線數十條紅布數尺婦人櫛髮諸器鐺々火酒諸食物各縣令供之

山後

臺地東面連峰疊嶂綿亘千餘里内盡生番所居山後則人跡不至鳳山謝孝廉居仁云近有人挐船由瑯嶠山下放洋轉折而東載棉布苧線器用之物向山後番易鹿脯筋角約計七八更可至云

其地縱廣止有全臺之半禾黍豐茂風俗醇樸以阻隔内山生番不能相通按諸羅縣誌云諸羅山後生番名哆囉滿由斗六門山口東入渡阿拔泉又東入爲林糞埔爲水沙連内山乃諸番出入之口地險阻可通山後又南曰諸山之後有巨石高出内山之頂名爲冠石登絶頂東洋及山後諸社可一望而盡亦有捷徑可通稗海紀遊云客冬有賴科者欲通山後土番與七人爲侶晝伏夜行從野番中越度萬山竟達東面東番導遊各社禾黍芃々比户殷富謂苦野番間阻不得與山西通欲

約西番夾擊之又曰寄語長官若能以兵相助則山東萬人鑿山開道東西一家共輸貢賦為
天朝民矣

蟒甲

蟒甲以獨木為之大者可容十三四人小者三四人划雙槳以濟稍欹側即覆矣番善水雖風濤洶湧如同兒戲漢人鮮不驚怖者惟鷄籠內海蟒甲最大可容二十五六人於獨木之外另用藤束板為輔於木之左右尚存太古刳木為舟剡木為楫之意吧遊紀畧云其國用連抱之木刳之為舟長

五六丈鋉枝為柱全木之板為蓋而朱綠采焉番人所載以遨遊者也其載貨物用平底方船其帆海大船謂之夾板船船兩旁及底悉用全木為板鎔錫貫其內長三十餘丈廣六七丈五桅木以布為帆引用八面之風風順逆皆可用也錢唐馮一鵬憶舊遊註釋云威虎者獨木船也以大木刳而鑿之坐以浮江甚穩與茲相類

浮田

水沙連四圍大山山外溪流包絡自山口入為潭廣可七八里中突一嶼番繞嶼以居白波青嶂別一洞天隔岸欲詣社者舉火為號番划蟒甲以渡繞岓架竹木浮水上藉草承土以種稻謂之浮田按天祿識餘云周禮澤草所生種之芒種注者不知其解王氏農書云即江南之架田也架田一名葑田以木縛架為曲田繫浮水面以葑泥附木架上隨水上下東西故江南有盜田者又粵東有蕹田滇南有海簰皆與茲相類

達戈紋

達戈紋一名卓戈紋鳳山邑誌分以為二非也瀛壖百詠云番婦以狗毛苧麻為線織成布染以茜

草錯雜成文朱殷奪目或云係取樹皮細搗撚為線以織成布予所見係褐色藍色方濶三尺餘質類布毯土人又名番包袱番人織以為衣土人買之以為衣袱

番烟

番烟以烟葉曝乾累數十片卷成圓形外用藤條細行約束巨如小兒臂每食以小刀切成細縷懸中番社書辨每貨以相餽

演戲

熟番遇家有吉慶事番婦裝束頭戴紙花圍十數

人携手跳躍或番童相雜鳴金鼓口唱番曲謂猶漢人演戲吧遊紀畧云番樂敲銑擊小韓兩人互演揺頭跳足以手相比試而歌哇哇亦微類此

番婦

南路鳳山及北路諸羅彰化番婦多醜悪惟住上淡水者甚美面如傅粉僅兩睛稍圓爲異居南路者熟番不供役居北路者皆供役輿夫多番婦爲之

薩豉宜

薩豉宜鑄鐵長三寸許如竹管斜削其半空中而

尖其尾曰薩豉宜又名卓機輪繫其尖於掌之背番兩手皆約鐵鐲身行手動則薩豉宜與鐵鐲撞擊錚錚有聲凡番童差役則用之

婦持家

臺地番俗以女承家家務悉以女主之南史記林邑國云凡嫁娶女先求男由賤男而貴女瀛涯勝覽云暹羅婦人多智夫聽於妻是東南諸夷多以女爲重又吧遊紀畧云咬𠺕吧之俗男子娶婦則婦持家務丈夫不能有所主禮尚左坐以左爲尊婦人坐則居左又云其國雌鷄有距而司晨

占草

老番能占歳草視每歳草何者居先則定一歳旱潦豐歉又以草驗風信草初生無節則週歳無颱每多一節主颱一次驗之不爽近漢人亦有識此草者不知其名但曰風草颱颶之最大者颱字係譌造

咬訂

北路聽差者曰咬訂又謂之貓踏又謂之貓鄰以番童十二三歳外者充之先時編籐束腰腹使小以身輕便於奔走凡遞公文立稍長者爲首聽通

事差撥揷雉尾於首手繫薩豉宜結草雙垂如帶飄颺自喜風起沙飛薩豉宜叮噹遠聞瞬息間已數十里

射鹿

番以射獵爲生名曰出草番童十齡以上即令演弓矢練習既熟三四十步外取的必中弓取材於竹容纏以籐籐染茜草其色朱内山番或以勒木爲之無弰不需筋角膠漆繩紵爲弦漬以鹿血堅韌過絲韋箭以堅直小竹爲之傅以翎翎如漢人之制鏃以鐵爲之或用鏢鎗鎗桿長五尺許能取

物於百步之外鎗舌爲兩鉤形如个字其鋒銛利將鎗套入桿末桿末小而鎗孔稍大以便鎗脫桿便利繫長繩於鎗鉤上之孔及桿末中物則鎗舌倒掛而不能出其桿擺落長繩糾纏樹木間番從後尾之無得脫者當春深鹿場草高丈餘一望不知其極四圍先掘火坑以防延燒逐鹿因風所向三面縱火焚燒前留一面各番弓矢鏢鎗並發圍繞擒殺鹿積如邱陵邇來鹿場悉闢墾爲田鹿亦漸少惟於內山捕之凡捕鹿番婦不與焉

番犬

番犬大如黄犢吠聲殊異剪其雙耳以草木蒙茸且多鉤刺欲其馳驟無掛碍也能生擒者曰生皷獨擒者曰單倒捕麞鹿發示追踪百不失一價至三四十千番人以田犬爲性命時撫摩之出入與俱凡鹿掟於犬然每奔盡一灣則反而顧故犬及之予在道憲署見番犬約重可六七十斤

度歲

度歲無定日或隣社共相訂期賽戲酣飲三四日乃止亦有一歲而行二三次者或八月初三月初揔以稲熟爲最重止之日盛其衣飾相率而走于

壙視疾徐爲勝負曰鬬走或社衆相詬誶則以定其曲直負者爲曲吧遊紀畧云爪哇以三月一日爲歲首過水諸雜夷其歲首無定月歲限十二月月限三十日不知紀年問其年歲則曰覧馬暋馬云者猶華言長久也

産金

諸羅雜記云蛤仔難內山溪港産金港水千尋冷於冰雪生番沉水信手撈之亟起匕則僵口噤不能語豫爇火以待向火良久乃蘇金如碎米粒雜沙泥中淘之而出或云內山深處有金山人莫知所在番人世相囑不令人知陳小厓外紀云康熙壬戌間鄭氏遣僞官陳廷煇往淡水鷄籠采金老番云唐人必有大故詰之曰初日本居臺來取金紅毛奪之紅毛来取鄭氏奪之今又来取恐有改姓易主之事明年癸亥我師果入臺灣番社六考云紅頭嶼番社在南路山後由沙馬磯放洋東行四更而至嶼孤立海中其海産金番無鐵以金爲箭鏃鎗舌昔年臺人利其金私與貿易因言語不諳臺人殺番奪金後復邀瑯嶠番同往紅頭嶼番盡殺之今則無人敢至其地矣

香米

熟番多於園中旱地種稻粒圓而味香名曰香米又名大頭婆甚爲珍重每歲熟時以進道府二署按滇行紀程云清浪衛前臨江後包北山地勢平衍其地產香稻宜圓而大味亦至腴即臺地香米之類也

大眉

相傳北路大肚社先時有土官名大眉每歲東作衆番爭致大眉射獵於田箭所及之地禾稼大熟鹿豕無敢損折者箭所不及輒被蹂躪不則枯死

斗六門舊聞亦有番長能占休咎善射日率諸番出捕鹿諸番苦焉共謀殺之血滴草ヒ爲之赤社草皆赤諸番悉以疫死無噍類今斗六門之番皆他社來居者也

崇爻黑沙晃諸山

相傳北路崇爻黑沙晃諸山深處松杉環列橘柚楊梅諸果悉如內地初冬山梅遍開香聞數十里皆野番雜處漢人罕至

抹鹿脂

往時番婦抹鹿脂油於身以爲香太僕少卿沈光文有詩云鹿脂搽抹遍欲與麝蘭爭或用以潤髮名曰奇馬今則漸除矣

向

往時北路老番婦能作法詛呪謂之向先試樹木立死解而復穌然後用之否則恐能向不能解也不用鎖鑰無敢行竊以善向故也田園阡陌數尺揷一杙以繩環之山猪麋鹿弗敢入漢人初至誤摘果蓏啖之脣立腫求其主解之輒推託而佯爲按視轉睞平復如初或取石置於地能令飛走喝之則止按異聞錄廣南苗民其婦人能變爲羊夜

出害人有能爲幻術易人骨肉者閩明時有仕於粵中者偕二幕友宿於苗地明日見二客彳亍于庭視之各失一足所曳者木腿耳詢之一居苗舍私苗人之妻夫恨之故易其腿一居苗舍苗婦挑之此客不從其請苗婦恨之亦易其腿宦者窮治其事苗人懼請還其腿而去嵩谿織志云玀玀人能呪咀變幻報讐家又善變犬馬諸物皆北路老番婦之類也今問諸番此術無有殆　國家威德廣被雖有幻術亦不能靈矣老子謂以道蒞天下其鬼不神信哉

小琉球漫誌卷九

邵武　朱仕玠　筠園

海東月令

按月令七十二候每月六候更五日則節氣應之所以使農知時也臺灣僻處海外風土物產非僅與內地不同且與粵東逈異固難以候定也吳江鈕玉樵著觚賸有廣東月令每月五候視月令去一候推其意亦第約畧言之耳予至臺灣訪諸土人及身所聞見復採諸郡邑誌而多誌所未詳者爰準廣東月

令之例戲作海東月令

正月　獻歲含英　歌女鼓脰

鷓鴣來巢　冊鳥懸輝　冬瓜蔓生

獻歲菊名又名元宵菊歌女蚯蚓也月令四月蚯蚓出臺地正月即鳴鷓鴣燕也亦以是時來巢冊鳥螢火也

二月　春蜩送響　貝多羅秀

馬齒爭吐　刺桐炫彩　青蚨上市

二月蜩鳴樹間貝多羅花以二月開范浣浦侍御詩云花開盛夏氣微香是盛夏亦有之非盛夏始開也馬齒莧菜也刺桐葉如梧桐其花附幹而生色深紅臺地以二月開

三月　四英含蕊　二月浪開

鯊蹻陸化鹿　夏葉來　早冬收

四英花名詳漁唱註三月浪桃花也絳紅百葉以春暮始開故名臺地鹿多鯊魚所化觚賸云鯊魚爲虎則鯊魚化固不一矣嶺南雜記云鯊魚之虎頭者化爲虎斑者化爲鹿夏葉魚名土人云以三月至新舊縣誌俱未載早冬稻名詳漁唱註

四月　白帶出水　斑支成棉

薝蔔花六出　鹿始孕　麻虱目响雨

白帶魚名身薄而長其形似帶無鱗入夜有光斑支花落而成實中有棉可爲裀褥四月採之薝蔔花即梔子花瓣六出臺地牝鹿以四月孕未孕極肥麻虱目魚名詳漁唱註

五月　桄榔子熟　白蟶含漿

番木瓜始華　虎子揷髻　鳳梨初熟

桄榔樹子以五月熟土人占子多生則歲有年白蟶形與內地蟶無異殼差薄而身小色

白如玉臺地五六月有之諸羅誌以爲無蟶而有蠔非也番木瓜虎子花鳳梨俱詳漁唱註

六月　番檨登盤　鱗介浮于海面
荔奴朝主　辣芥薦齒　七里香寔結

番檨凡三種香檨木檨肉檨香檨差大味香不多得所食者惟木檨肉檨按字書無檨字係臺人譌造臺地多颶六七月尤甚颶將作前数日海吼如雷或海中鱗介諸物遊翔水面臺地龍眼六月初即熟而內地荔支適至

辣芥詳漁唱註七里香花名六月結實大如豆末尖先綠而後紅一枝排比数十如排珠能辟烟瘴所種之地蠅蚋不生

七月　檳榔實成　玉蘭再華
海魚遠逝　尖仔競秀　颶母見

檳榔實初秋即采食至来歲三四月止玉蘭即迎春詳漁唱註漁人云七月海中魚稀少尖仔即占稻皮厚而堅可以久貯種于六月成于九十月種之美者也藝林伐山云颶母之作多在初秋南越志亦云有雲物如虹長

六七尺見則颶風必發故曰颶母其風一發鷄犬不寧颶母又名孟婆

八月　紅紗浮水　鴛鴦種収
仙冊霞爛　月餅書元　梨仔茇騰臭

紅紗魚名形似鱸皮紅如塗朱細鱗與內地紅紗另爲一種八月始出鴛鴦種落花生之早出者其子甚小與晚出者異新舊邑誌未載仙冊花開至八月始盛爛熳如朝霞臺俗中秋夜士子飲博達旦製大月餅硃書元字以鬮采梨仔茇八月上市詳漁唱註

九月　甲魚躍於淡水　九月白収
烏榕更榮　九降風至　沱連垂莢

甲魚又名傑魚巨口細鱗無刺形如鯔味甚美長者可六七寸惟出上淡水武勝灣等社九月白豆名又名米豆以可和米作飯烏榕亦榕之類而枝稍異葉比榕爲大土人名烏榕至九月西北風作舊葉盡脫旋生新葉々初生苞含嫩白如花蕊絕類辛夷九降風沱連豆俱詳漁唱註

十月　萬壽果成　蟋蟀在野

金鴨至　塗魠集　布種
臺地西瓜十月熟者康熙間以
萬壽節前貢至京師因名　萬壽果蟋蟀至十月
猶在田野每當月夕響振草間過往者幾忘
爲歲欲除也金鴨狀如鴨而小黑質毛作金
色以十月至過時則無邑誌未載塗魠魚名
一名泥鰡考字書無鰡字係臺地譌字魚形
類馬鮫而大重者二十餘斤無鱗味甚美自
十月至清明多有布種詳漁唱註

十一月
塗刺欵門　蛣蟯停化

海渚出　烏魚大上　子菜生
塗刺魚名本名扁魚方言謂之塗刺形似貼
沙而薄晒乾味香美鮮食亦佳每歲十一二
月出鹿耳門外甚夥海水至隆冬漸涸洲渚
盡出蛣蟯々蝍也十月猶化至十一月則停
化烏魚子菜詳漁唱註

十二月
烏魚歸　過臘上市
海鶴至　雷聲間作　元駒不蟄
烏魚至十二月仍歸東海至春則無過臘魚
名以臘月出故名味甚甘美邑誌未載土人
云海魚佳者曰龍尖曰過臘凡海魚多腥惟
龍尖過臘不腥味如池魚海鶴狀類鵝以臘
月至重十餘斤雷至冬月時聞但聲差小不
如春夏震動元駒蟻也終歲不蟄

小琉球漫誌卷十

邵武　朱仕玠　筠園

下淡水社寄語

沈文開雜記云臺灣土番種類各異有土產者有自海舶飄來者有宋時丁零洋之敗遁亡至此者故番語處處不同今就鳳山熟番八社其語音亦不相通況其他乎鳳山新修縣誌採取諸羅縣誌番語附於番俗之後似為未協二十八年冬予在鳳山學署有下淡水社樂舞生趙工孕者能為漳泉土音因令

其將番語譯出昔明定州薛俊著日本寄語分類十五予亦按其類分之名曰下淡水社寄語寄即譯也王制云東方曰寄

天文類

天文臨日阿易月務難星丁迓迓風麻例雨汙難

露于納霞汙臨雷你踏落雨無雕霧方納

時令類

早罵南覔夜覔嗌午特特喉嗌晚抹郎明罵南減

暗馬畢郎冷罵加參暖罵喉爾今日你你後維明

日下南埋後日意老埋

地理類

地奈田于罵水喇零海芒石麻卓山無僅火呵嚏

沙你伊井疚塵納本房爾舊屋芒芒門呵納

方向類

前呵落後鬱即

珍寶類

金文老員銀拜柰錢馬例錫心覔

人物類

官罵仁百姓踏父攬麥母賴臘公攬慕哥格七伯

叔父攬慕與公吁同男人安麥女人因納老人馬麼後生

阤老丕孩子阿埋兒子馬埋外甥安嘓你馬何我

阿要富罵住罵貧罵落

人事類

要馬論來不要買仁立株里爾坐微洛王看微踏

等待呵嗎斗拿來馬臘拿去阿臘后力眠微阿立

行嗎訥七難走藉函來汙掛下去嗎難倒罵嗎喝納

笑嗎斗沽怒嗎喝愁嗎里乇愛惜嗎下林唱巴苗鶴

吹微葉怠慢畢卓骨尊敬嗎下林借王喃殺剥扶

打人木木踏痛嗎漢喃買拜流賣拜臘哭嗎棟雅

醉罵俄賒王喃借司與害無煞換富斗瓣有情合剳阿抹居

無情海嶙阿抹居呌踏頸々老實說話嗎世英奇畫病
嗎漢喃活嗎安死嗎踏夕肚饑貌煞飽嗎嵱狗無
工夫海嶙奇旁喝親拿併々在合割不在海嶙快
来嗎六甲居益死快去嗎六甲居麼難醒合帛夢
徵嗎郎亂說癸縛居話說話抹々娶親波陳那食
嗎干居麥々食飽不用添買仁均呌人泰々庵醒
買嗷醜陋嗎同喉好人嗎淙踏惡人嗎同喉踏不
曉得興咬萬納慢々的嗎伱快々的嗎下甲起身
嗎那卓寫字順力讀書光登那里去駒拿交

身體類

耳哈唎口唔和鼻爾旋目麻搭手林罵舌那吝納
脚德感心呵莫唇蜜々牙踏墨頸踏甕腰莫引背
力骨面門哪腸朕々鬚蕉部髮毛角

器用類

大刀治哇小刀治列鏢鎗林溫刀柄笨郎弓舞几
箭竹筋刀鞘踏答紙萬立鎖鍊々針納喰線死来
翁礁巴悅鍋加里帛竈力儺箒阿越碗居舌々又云其矢
筋甘直蓆韓喇被踏々喃梯冊々傘斗鈴燭富篤
手巾巴里合鋸化々鐮交々鼻簫林慮口琴突覓
耳環打甲々書册柴加若椅棹踏恩烟筒必進觀

枕嗎芒々椰瓢奇鱗

衣服類

衣蕉麥衫梭木帽哥羅篤褲住雖鞋踏々實

飲食類

飲羅物鹽嗎易油意嗎穀壓臘禾汙下荳搭娄酒
喉鶴烟安卓吃烟打馬鼓糖翻落

花木類

柚瓜梭菜納登瓜猫喝地瓜監家嵱

鳥獸類

牛暖亂馬甫羊藥鹿文那鼠撈茅鵝江牙猴勞同

鴨老埋猫祿茅狗馬八狗吠馬八居嘵々鷄孫甲
猪罵威猪肉罵合魚家限蝦大江迓

数目類

一塞々壓二勞々呷三大哆絡四踏八五阿里麥
六安臨七哆哆八歸伯九篤假十皆墊百数論那
千圭納

通用類

有赫刮無海林好馬鄰極好馬孤攀大末老小亦單
破聞木多買縛少三興遠馬斗瓜近嗎字側長罵
鄰接短罵古珍高罵裡異矮郭律深罵来居淺罵

利甲亭嗎骨覓薄罵巴你邊緊嗎六甲緩嗎你是
犀不是百你皂罵仁殊香罵綑衣

子婿徐家泰恭校刊
受業門人吳聲帝恭謄寫

跋

小琉球漫誌十卷，鈞園先生官鳳山時所著也。凡海中日月之出沒、魚龍烟雲之變幻，與夫都邑地理、人物鳥獸草木之奇怪、風俗言語之殊異，莫不一一筆記，間為詩歌以發其羈旅之情，題曰小琉球漫誌。小琉球，鳳山山名也。先生少以詩名天下，天下言詩者咸推先生。嘗遊太學，以不遇而歸，年幾五十，始教諭德化，可謂窮矣。居二年，調鳳山。鳳山在海外荒涼僻陋，不可一夕居，而人文之喬野又特甚焉。豈天欲先生昌明詩教于重洋而使薄海窮壤咸知

國家雅化之盛與，抑欲使奇觀異聞得先生雄偉恢閎絕倫特出之才以誌之，以為史氏之采擇與。則是誌也，豈非海隅一代之典籍哉。家泰，先生婿也，復從事先生之門，得親承教誨，且習先生之詩尤深。今讀是誌，因嘆先生之才不得施于　朝廟，作為雅頌，薦道

聖世功德而紀載，衹此。然其雄辭麗句照耀後世，後世讀者與退之潮州諸詩、子厚永柳諸記

及東坡海外文字何異則先生斯誌豈猶足
星槎瀛涯勝覧諸小說稗編僅供觀聽也哉
歲在柔兆閹茂之余月子婿徐家泰謹跋

跋　二

東槎紀略五卷

〔清〕姚瑩撰

《東槎紀略》五卷，清姚瑩撰。瑩（一七八五—一八五三）字石甫，安徽桐城人。嘉慶十三年（一八〇八）進士。道光初任臺灣海防同知、噶瑪蘭同知。是書分五卷二十六目。卷一平定許楊二逆、復建鳳山縣城、改設臺北營制、改配臺北班兵、籌給艋舺營兵米、籌議商運臺穀、籌建鹿耳門砲臺、埔裏社紀略。卷二籌議噶瑪蘭定制。卷三噶瑪蘭原始、噶瑪蘭入籍、西勢社番、東勢社番、沿邊各隘、施八坑、噶瑪蘭颱異記、噶瑪蘭厲壇祭文、臺北道里記。卷四臺灣班兵議、覆笛樓師言臺灣兵事書、覆笛樓師言臺灣兵第二書、答李信齋論臺灣治事書、與鹿春如論料匠事。卷五陳周全之亂。書中詳述噶瑪蘭開發歷程、設廳制度、番社情形，兼及噶瑪蘭早期風俗。其治臺之方略，亦盡在書中。據中國國家圖書館藏清道光間刻本影印。

東槎紀略

東槎紀略

四卷

東槎紀略序

造物之生才也必有所以用之用之大則功被六合教垂百世用之小卽功在一隅而其言之立亦自足以不朽如吾友姚石甫大令所著東槎紀略一書其庶矣乎石甫夙留意經世之學不爲詹詹小言及爲縣令臺灣兼攝南路同知又權判噶瑪蘭習知其地勢民俗遇事激昂奮發銳欲有以自樹立其爲是書也始平定許楊二逆事而以陳周全案紀事終焉凡五卷其中言兵事諸篇切實詳備鑿鑿可見之施行旣不滅鼂家令矣而記颶異篇議論尤卓絕未之言也人人意中所未嘗有而及其旣言之也又若人人意中所共有也韓子曰其皆純也然後肆焉其是之謂歟石甫方以高才碩畫見重當世造物者益將有以大用之非僅於此書爲足自表見也然卽此而觀後之從事臺灣者必取其言以爲鑒豈非不朽之盛業也哉石甫嘗謂余有志立言之士遇所聞見美惡皆宜據事直書以寓勸懲之恉乃克扶樹教道而有補於人心讀石甫之書足以知其識之宏而志之所存者遠矣

道光壬辰五月宜興吳德旋序

東槎紀略自序

臺灣海外一郡耳懸絕萬里而糖米之貨利天下帆檣所至南盡粵閩兩浙東過江南山東北抵天津以極瀋陽旬月之閒可達也地亙千里沃饒甲於南服然其人蕃庶强悍易動難靜歸化百四十年亂者十數起械鬥刦掠比比有之

國家歲費帑金二十八萬設一總兵三副將水陸十六營戍兵二萬四千六百有奇其重之也如此夫無事則享其利有事則弄其兵區畫而措置之者吏也置兵所以治民治其民不可不知其情知其情不可不審其勢審其勢不可不察其機故情得則勢見勢見則幾明勢見幾明而方略出焉矣顧或習近閭閻而闇於制度或銳意興革而昧

於事情逐末者忘本務名者乖實言之娓娓而無所用發於其政害於其事利害相乘不可不辨也嘉慶己卯庚辰之歲余從政臺邑兼攝南路同知今

上元年權判噶瑪蘭稍識全臺大畧嘗有所言上官弗善也未幾罷去癸未春先師趙文恪來督閩浙軍深憂海外特請以知福州府方君往守屬要務十餘事焉君知無不言每陳事文恪未嘗不稱善立從所請卒能戡弭禍亂海外以安甲申夏五中丞孫公巡臺表上其績會

詔問賢能文恪以君對擢汀漳龍道仍守臺事又一年文恪督雲貴去乃易夫天下治安在守令督撫雖賢耳目固難真切即切矣而奉行之實仍待其人故知之而不能言咎在其下言之而不能舉咎在其上若夫言而舉之合如鍼芥吾不以羨君之遇而歎文恪之知君能竟其用也余以羈憂棲遲海外目睹往來論議區畫之詳實能明切事情洞中機要苟無以紀之懼後來者習焉不得其所以然設有因時損益莫能究也乃採其要略於篇附及平素論著涉臺政者而以陳周全之事終焉世有審勢察幾之君子尚其有采於茲道光己丑冬月

東槎紀略目錄

東槎紀略卷一

平定許楊二逆

長樂鄭振鐸西諦藏書

桐城姚　瑩石甫著

臺灣入籍一百四十年姦民十一起浮動好亂其土性然也生齒日繁所在多遊手非械鬥則爲盜道光三年趙文恪督閩患之愼選守令以福州府方傳穟署臺守一時臺灣道孔昭虔臺灣縣李愼彝鳳山縣杜紹祁嘉義縣王衍慶淡水廳吳性誠噶瑪蘭廳呂志恆皆有聲四年五月鳳山縣打鼓山鳴園竹生花七月逢閏民間以爲昔林爽文反有此兆訛言閧起臺防同知缺杜紹祁代之署鳳山縣者劉功傑也頗銳意捕盜未幾而許尚之事起許尚者鳳山廣安莊人業賣楨榔素結諸無賴羣盜悅之爲鄉保所

告懼捕遂與所善蔡雙弼張仔來高烏紫王曾楊良斌沈古老徐紅柑林溪及番人潘老通謀反其黨甚衆期以十月十一日集議先攻下淡水縣丞署次攻埤頭遂及郡城苦無貲先肆劫掠時反謀未露也傳穟聞盜擾縣急捕尚將起其莊人劉黃中微聞其謀留諸家勸之不使尚出功傑捕尚及良斌不得焚其居跡至黃中家十三日遂以尚獻械繫馳送于郡傳穟親訊之得其反狀言于鎮道曰許尚之黨俱在事破必速亂埤頭無城不可守也劉令初仕其參將又懦宜增兵防且臺地匪民所在嘯聚甚易曩者南路有事則北路起應北路有事則南路騷動郡兵常苦爲所掣今宜及未起速備北路俾我得專力於南鎮道皆然之乃密飭嘉漳淡水爲備時苦積潦郡城嘉義城垣皆圮急繕治之而使紹祁偕縣丞丁嘉植都司翁朝龍以郡兵二百協守埤頭埤頭者鳳山縣治也舊縣燬于林爽文移治埤頭僅樹竹圍又燬於蔡牽故慮之至則民間已紛言賊起爭避郡城然莫知賊所在營縣日出清莊捕賊十餘人最後得其軍師林溪許尚之被獲也其黨將散楊良斌不可衆乃推良斌爲首聚議黃梨山中良斌製刀杖旗幟使潘老通借礮於其舅番通事潘巴能以林溪爲軍師王曾爲都督領紅旗李川鄭榮春爲正副先鋒領烏旗蔡雙弼以下皆爲頭目分招賊衆期二十四夜攻埤頭戕官據地即乘勝攻郡城使徐紅柑自臺灣沈古老自嘉義各招其黨並起又使吳賜潛人郡城結匪民內應約既定二十一日林溪至埤頭市五色綢製旗溪故縣中白役偵賊

者也陰爲賊主謀官所往賊先知之故其謀甚密溪市得綢使人持往已將飯而後行其母詰知出首故獲之訊未即服良斌見獲溪不待衆集二十二夜遂以賊數百人分西北兩路攻埤頭殺苦苓門汛兵自竹圍隙處以入埤頭先有備紹祁功傑守縣署朝龍嘉植守倉賊先至倉朝龍揮兵擊之傷斃二賊賊燃大礮不震遂敗走其縣前賊已砍柵門將入亦爲鄉勇擊退參將某聞賊擁兵火藥庫不出翼日語朝龍曰賊雖敗必且大至埤頭倉署皆不可守火藥庫有土垣四面阻水昔蔡牽攻不能破可速據此朝龍惑之遂移兵入文官相率隨入民大惶懼奔逃姦人乘閧搶掠塘報兵又爲賊殺道路遂梗二十三夜郡中聞警乃議昭虔愼彝以城守左營及安平水師兵守郡傳穟與

署臺鎮趙裕福中營遊擊楊俊督師援鳳山許尙猶在府監斬之而後行時郡中訛言四起人心震駭紳士韓高揚黃化鯉等入見傳燧請方略傳燧曰鳳山雖一隅距郡城百里賊朝發可夕至也恐有姦宄應之宜固根本今郡城垣壞漏夜築之兩日可竣城內外街市多立木柵君等率丁壯隨李令日夜親巡城上分布兵勇安平副將率水師六百人駐西城外螻蛄石以衛商行爲犄角城內設勁兵三百人環甲露宿足爲策應各衙門及紳士家皆募鄉勇以收遊民無使助賊惟大兵南下賊必潰走當過之勿使越入郡境已飭臺灣嘉義營縣分屯兵勇扼其要隘且令各莊耆簡壯丁相爲守援土賊不得往應則吾事濟矣或請閉郡八門曰不可南路難民避賊者日數千至不能無

納且毋使北路諸傳郡城被困啟姦人心也道試甫畢各學官俱在率兵役守門稽出入而已眾悅守備遂嚴二十四日鎮將兵起傳燧部署畢二十五日亦以兵二百鄉勇二百繼之經阿公店南北適中地也民居頗稠留兵勇二百人使訓導謝代壎駐之以扼其衝道乃通二十六日至埤頭撤功傑使紹祁回任署鎮亦撤其參將以朝龍代傳燧乃督民夫增補竹圍繞圍濬深溝中插竹籤招撫逃民諭各鄉守莊捕賊其先受賊約能自首者免罪紹祁更募鄉勇八百名以四百人守埤頭四百人偕官兵捕賊縣役中有通賊者不敢動而頗自危紹祁大度示之不復窮究反側遂安賊自埤頭走黃梨山豎旗招眾鎮將初至不測賊眾寡又以負險頗患之未遽擊既而名路兵屯鄉莊受

府縣約束阻守要隘甚密所在匪民觀望待起者不下數千賊不能通至是竟無敢應者嘉義賊將自內山潛至扼于王李二令皆散走吳賜至郡城爲愼彝獲誅新授臺灣鎮蔡萬齡亦至艮斌見眾不集大懼其黨乃離兵勇進攻之遂潰傳燧紹祁亟懸重賞捕賊王曾李川蔡雙䅣以下全獲伏誅艮斌駕小舟入海逃至彰化縣令李振青獲之送郡南路遂平是役也自許尙起及竣事僅一月不煩內兵不使賊蹂躪閭閻南路辦賊北路宴如凡用餉銀數萬皆籌款補給不費帑金者郡縣得人之效也奏入

上大嘉之曰方傳燧總司籌辦悉協機宜特賞花翎鎮道以下各從優議敘明年乃建鳳山縣城於舊治

復建鳳山縣城

鳳山縣舊有土城在興隆里龜蛇二山之閒外有半屏打鼓二山環抱形勢天成康熙六十一年知縣劉光泗建雍正十二年知縣錢洙環植莿竹乾隆二十五年知縣王瑛曾於四門增建礮臺五十一年廢於莊大田之亂改治埤頭插竹爲城嘉慶十一年蔡牽攻臺灣吳淮泗乘閒陷埤頭頗有殘毀議者皆謂埤頭土薄水淺地苦潮溼不如舊城爽塏且負山面海形勢雄壯將軍賽公沖阿遂請移回舊治十五年總督方勤襄公維甸至臺相視奏如賽議改建以石並請圍龜山於城中以免敵人俯瞰費鉅部駁未行其後頗思捐建而民閒未有應者道光三年勤襄從子傳檖署臺守瀕行總督趙文恪公令相度成之明年巡撫

孫公爾準巡臺復採輿論奏建適有楊良斌之亂傳檖議請官捐以爲民倡眾從之因爲檄諭諸紳士曰臺灣富庶之國也而困於兵燹亟矣自康熙二十二年入版圖三十五年則有吳球之亂四十年有劉卻之亂六十年有朱一貴之亂雍正九年吳福生亂于岡山乾隆三十五年黃教亂于大穆降五十一年林爽文莊大田相繼亂北路先陷南路應之六十年陳光愛陳周全相繼亂南路甫平北路旋失汪降之亂也在嘉慶五年許北之亂也在十五年中更閒以蔡牽之亂則吳淮泗陷鳳山矣胡杜侯之亂則陳錫宗據會文矣百三十年變亂十一見近者楊良斌之事又用兵雖饒富其何堪乎且亂賊如吳球也朱一貴也莊大田也陳光愛也汪降與許北也吳淮泗與楊良斌也皆鳳山之事前後十二亂鳳山獨居其八此一隅兵燹尤多者何也則近郡之故也譬諸一身郡城如心鳳山則元首也嘉則腹而彰則腰淡水直脛股耳嘉義以北關鍵重重鳳山逼近咽喉朝發而夕至中無屏障元首病則心以之豈腰腹脛股所能救哉此賊之所以常在于南也南路有事郡城必先受兵北路之賊乘閒再發則郡城恆有不及之勢故鳳山尤重南路安則北路即有事可無虞矣古者五十里之國必有三里之城今鳳山北自二贊行溪南至岻嶠二百二十里至沙馬磯頭四百里西至海東至傀儡山下亦百餘里而無城欲醜徒無覬覦之心不可得也鳳山舊城之宜建眾議僉同今將易土而石乃以費重久不舉行豈臺人好義之風稍衰乎惟無以倡之耳命匠計工

需番銀十二萬有奇願官與民分任之今本道衙門籌捐三千府捐一萬二千鳳山縣捐六千淡水臺灣嘉義彰化四廳縣捐一萬二千臺防同知捐二千五百鹿港澎湖噶瑪蘭三廳捐四千五百凡官捐者四萬外此不能不于士民是望臺人感動于是鳳山士民僉議納正供者每穀一石捐番銀一元凡四萬有奇富民則捐又四萬四千郡中紳商聞之亦捐二萬五千有奇傳檖乃選紳士黃化鯉吳尚新黃名標劉伊仲等爲城工總理分門鳩工不經胥役自與知縣杜紹祁親巡督之道光五年七月十五日興築六年八月十五日工竣爲石城周八百六十四丈城樓礮臺各四用番銀九萬二千一百又建知縣典史衙署各一倉廒監獄備具參將衙署一火藥局附用番銀二萬五千

以次興修尚餘銀三萬爲歲修之費巡撫韓公克均奏
聞議敘紳商有差其明年署淡水同知李愼彝亦勸捐建
城竹塹焉自是山前郡縣始皆有城矣

改設臺北營制

臺灣地勢延長自郡以南盡鳳山之沙馬磯頭四百五十里北至淡水之大鷄籠八百餘里郡城雖云中路實南偏也由郡至嘉義兩日至彰化四日至淡水七日噶瑪蘭在淡水極北山後自淡水至蘭城又六日溪嶺險惡生番出沒鎭道重兵皆在郡城控制遙遠舊制北路設副將一員中營都司一員駐彰化轄嘉義都司爲北路左營竹塹守備爲北路右營嘉慶十年蔡逆自滬尾登岸徑至新莊復移臺協水師右營遊擊駐淡水之艋舺兼轄水陸移延平協守備爲遊擊中軍又移興化協守備駐滬尾爲水師守備噶瑪蘭新設守備亦轄于艋舺於是艋舺遊擊轄三守備陸路自新莊以北至噶瑪蘭邊界三百餘里水路自大甲外洋北過八里坌繞鷄籠而南至蘇澳八百餘里道光三年五月總督趙文恪公檄臺灣鎭道府曰臺北道遠郡兵難以遙制北路副將駐彰化尚覺鞭長莫及艋舺遊擊所轄洋面尤寬兼轄陸路未免顧此失彼蘭廳有事恐難策應今欲以北路副將移駐竹塹改右營守備爲中營抽撥彰化額兵二百艋舺額兵一百歸竹塹守備隨副將駐劄改彰化都司爲北路左營改艋舺守備爲北路右營同蘭營守備四營統歸副將轄其嘉義都司改歸郡中城守參將轄如此則南可以應彰化北可以應噶瑪蘭形勢始爲扼要而艋舺水師遊擊亦得專事洋面水陸兩路均可得力矣蘭境新開額設守備一員千總一員把總二員戰守兵四百名其地逼近生番兵力尚薄擬增設都司一員

駐五圍城內守備移駐頭圍千總移駐三貂復設在城千
總一員外委二員戰兵一百二十名守兵八十名庶巡防
周密其俸薪養廉馬乾兵餉就蘭廳正供餘租支給不敷
則以鹽課稅契留支此項額兵毋庸內遣可自臺灣城守
嘉義二營抽撥衙署兵房移建增設費如何籌其悉心會
議總兵觀公喜議將遵檄而水師提督在臺謂是減艋舺
水師事權也北路副將亦貪彰化富庶不願移營道府惑
其說乃覆議請北協駐彰化如故改艋舺遊擊爲參將以
大其階撥城守北左艋舺三營兵三百入蘭增設都司千
總如檄其撥兵分汛廉俸糧餉皆未籌也十月方傳檄至
臺觀鎮軍以告爲艋舺事有成議不及爭未幾傳檄署道
乃會詳蘭營之制曰蘭地民人三籍漳最多泉粵人少漳

泉兵不可用也請悉用上府兵以免分類械鬥之隙臺灣
城守左右兩軍舊額一千一百六十七名可撥左軍鬮山
汛兵四十右軍大武壠汛兵三十北路左營原額一千二
百六十八名可撥嘉義存城兵八十斗六門汛兵三十鹽
水港西螺二汛兵二十艋舺陸路原額兵八百名可撥艋
舺汛兵一百凡撥戰兵二百守兵一百以入蘭營其蘭營
形勢五圍城中最要原設守備把總外委各一員額外二
員兵丁二百一十五名請改駐都司一員在城千總一員
外委二員額外二員戰守兵三百六十頭圍北當北關東
扼烏石港人煙稠密地方孔要原設千總一員兵六十名
請改駐守備一員外委一員戰守兵一百嶐嶐嶺汛爲淡
蘭二廳交界接連三貂大嶺俯瞰雞籠卯鼻茂林峻嶺匪

民之所逃匿也舊有石堡設額外一員兵二十名請改設
千總一員戰守兵五十名馬賽草山之外曰蘇澳接界生
番東臨大海可泊大小百艘昔蔡牽朱濆二逆屢泊舟於
此以窺噶瑪蘭至今南風盛發土匪小船時有藏泊山坑
亦有民人私墾昔楊廷理原議于草山下建立南關然地
勢平闊關未易建不若于山上建立礮臺土堡以防蘇澳
請設把總一員戰守兵五十防守邊界堵緝洋匪加禮遠
港在東勢大溪出海之口也沿港皆番社港口僅容小船
出入楊廷理原議建礮臺於此似可毋庸請設額外一員
兵丁三十名稽查挂驗餘若溪洲汛爲東勢適中向設把
總一員兵四十名北關汛在梗枋爲入蘭鎖鑰向設外委
一員兵四十名三圍汛在蘭城西北向設兵十名請仍其

舊惟礮臺塘在烏石港口向設兵十名今增五名以上蘭
營新增舊設凡都司一員守備一員千總二員把總二員
外委四員額外三員戰守兵六百九十五名以爲定制噶
瑪蘭年額征餘租番銀一萬八千六百六十八元折紋銀
一萬三千三百三十四兩額編文員廉俸祭祀役食銀一
千四百零二兩原設蘭營官兵廉俸乾餉銀七千二百二
十六兩故兵白事運殖運柩班兵盤費車價銀六百兩遇
閏多支餉銀五百三十兩僅存三千五百餘兩蘭營原定
戍兵加餉歲支銀一千九百一十兩於鹽課支給餘銀不
及二百兩今新設官弁兵丁年支廉俸乾餉需銀五千五
百一十三兩逢閏多支餉銀四百又新兵加餉全年銀一
千四百四十兩蘭地所存餘租鹽課不敷而稅契年無定

額應請舊制如故新設營員俸薪廉乾及戍兵加餉均于鹽課餘租動支尚有贏爲故兵白事諸用其新增兵額乃由城守北左艋舺三營抽撥其餉銀四千八百兩及逢閏多支餉銀四百兩本有臺府大餉之額請仍於府庫關支蘭廳年額征供耗穀一萬四百五十八石蘭營新舊兵丁年支米二千五百二十七石二斗逢閏加支兵米二百一十石六斗盡由蘭倉支給此抽兵分汛及俸餉兵米之大略也蘭營守備存城把總頭圍千總溪洲把總舊皆有署今改建各官但稍爲增廓城中更造兵房三十間楊廷理原議加禮遠港建礮臺馬賽山下建南關今改建礮臺於蘇澳則南關之費可省惟蘇澳草山上築一土堡以圍礮臺設把總署及兵房二十間加禮遠港建外委公所及兵房十間費省而工易竣所有艋舺遊擊改爲淡水營參將與新設噶瑪蘭營都司千總印信鈐記咨部鑄造更給可也道光四年二月議上文恪公悉奏行之

改配臺北班兵

臺灣一鎮水陸十六營班兵一萬四千六百五十六名自內地五十三營遣戍三年更替至臺分入各營戍滿由鹿耳門配舟內渡此舊制也臺北各營至郡道遠跋涉維艱嘉慶十五年總督方公維甸奏嘉義以北班兵改由鹿港登舟時以爲便既而港門淤淺船少兵衆候配需時定例班滿出營卽停給糧餉雖准借支盤費回本營坐扣而所借無多其初調戍也皆至廈門提督點驗惟水提金門兩標最便上府各標自五六站至十七八站不等點驗配船候風東渡至臺後中營北協兩次點驗然後入艋蘭兩營歸汛道遠時久沿途已有借貸三年戍滿每不能償瀕行借支盤費輒以償還依然枵腹羣環帶兵官乞借爲之賠墊無以給至或被毆以故帶弁畏之尤甚所在廳縣常爲所吸而船戶之騷擾無敢言者商亦苦之道光三年鹿港行商求與淡水之八里坌口分船配載趙文恪公行鎮道府議四年正月方傳穟署臺道以問鹿港同知鄧傳安署淡水同知龐周皆言兵商之困傳穟乃與總兵觀公喜議覆曰臺灣三口對渡鹿耳門與同安廈門對鹿港與泉州蚶江對八里坌與福州五虎門對戍兵往來本可量地配載徒爲向例廈門臺郡點驗之故跋涉迂途臺灣北協中左右三營兵三千一百十名艋舺參將水陸二營幷蘭營新舊兵二千二百一十四名凡五千三百五十四名盡由鹿港一口配舟八里坌幷無配載商人苦樂不均且帶弁有賠墊之苦亦難責其鈐束官與兵商三者皆不便亟宜

量爲變通請以蘭艋滬尾北右四營中上府兵二千二百四十一名改由艋舺參將點驗自八里坌配渡徑入五虎門四營中下府兵與北協三營兵仍由鹿港如故其內地換班來臺應撥蘭艋滬尾北右四營者亦請以督標福協延建邵汀福甯長福海壇閩安羅源連江桐山楓嶺烽火諸營上府兵由督協或福協點驗合閩安協酌撥福甯烽火閩安諸營水師哨船配載有不敷令福防同知封雇商船協載均自五虎門竟渡八里坌登岸由艋舺參將點驗分收各營仍如鹿耳門向例卽順載戍滿各兵回內商船每兵一名減配官穀三斗惟蘭營中有興化兵數十名雖非上府而距福州甚近且素與漳泉兵不和請皆由省點驗配載戍滿之日亦由艋舺參將點驗自八里坌配渡歸

營如此則戍兵來往無跋涉之勞帶兵可免賠墊之苦而商船亦不致偏困之嗟矣文恪公如議奏入遂以施行今載兵冊於後以見臺營大略俾考營制者有所稽焉

艋舺營參將轄艋舺陸營兵七百七名

羅源營兵一百七名內外委一員

桐山營兵七十名內外委一員

長福營右軍兵三十六名內額外一員

福甯鎮右營兵一十八名內外委一員

建甯鎮中營兵一十六名內外委一員

督標右營額外一員

楓嶺營兵六名

延平協右營兵一十三名

右艋舺營舊額上府兵二百六十七名

海壇鎮右營兵一十八名

海壇鎮左營兵四十六名

烽火營兵一十八名

閩安協左營兵三十三名

閩安協右營兵五十名

督標水師營兵五十名

右艋舺營新撥入上府兵二百一十五名

艋舺營參將轄滬尾水師營兵七百七名

督標水師營兵一十五名

海壇鎮左營兵五十六名內外委一員

海壇鎮右營兵五十九名

烽火門營兵二百四十四名內外委一員

福甯鎮左營兵一十九名內額外一員

閩安協左營兵二十一名

閩安協右營兵二十一名

右滬尾水師營上府兵四百三十五名

艋舺營參將轄噶瑪蘭營新舊兵七百二名

延平協左營兵四十二名內外委一員

延平協右營兵四十一名內外委一員

建甯鎮中營兵四十二名

建甯鎮左營兵四十一名

建甯鎮右營兵四十一名

汀州鎮中營兵三十五名

汀州鎮左營兵三十六名
汀州鎮右營兵三十七名內額外一員
邵武協左營兵四十一名內額外一員
邵武協右營兵四十一名內額外一員
右噶瑪蘭營舊額上府兵三百九十七名
福甯鎮右營兵三十三名
海壇鎮右營兵七名
建甯鎮中營兵一十四名
建甯鎮左營兵十名
建甯鎮右營兵六名
福甯鎮中營兵三十名
連江營兵五十名

長福營右軍兵五十名
羅源營兵三十五名
長福營左軍兵十名
連江營兵十二名
延平左營兵十三名
興化協左營兵十五名
興化協右營兵十五名
右噶瑪蘭營新撥上府兵三百名
北路協轄竹塹右營兵七百二十六名
福甯鎮中營外委一員
福甯鎮右營兵一百三十三名內外委一員
福州協右營兵一十八名

建甯鎮右營兵一百六十四名內外委一員
長福營左軍兵七十三名內外委一員
桐山營兵一百零五名
楓嶺營兵一百零八名內外委一員
海壇鎮左營兵二十二名
右北路右營上府兵六百二十四名
以上艋舺滬尾噶瑪蘭北右凡四營上府兵二千二百四十一名由八里坌配渡入五虎門
艋舺參將轄艋舺陸營內
金門鎮左營兵五十名
金門鎮右營兵五十名
水提標中營兵二十五名

水提標左營兵二十五名
水提標右營兵二十五名
水提標前營兵二十五名
水提標後營兵二十五名
右艋舺營新撥下府兵二百二十五名
艋舺參將轄滬尾水師營內
銅山營兵七十九名內額外一員
金門鎮右營兵二十六名內外委一員額外一員
水提標中營兵二十三名
水提標左營兵二十三名
水提標右營兵二十四名內外委一員
水提標前營兵二十三名

水提標後營兵二十三名
金門鎮左營兵二十四名
南澳鎮左營兵二十七名
右滬尾營下府水師兵二百七十二名
北路協轄竹塹右營內
陸提標前營兵五十四名內外委一員
陸提標後營兵四十三名內外委一員額外二員
漳州鎮右營兵五名
右北路右營下府兵一百零二名
合前蘭艋三營共下府兵五百九十九名仍由鹿港
配渡蚶江

籌給艋舺營兵米

嘉慶十一年蔡牽自滬尾登岸蹂躪新莊艋舺十五年乃設艋舺一營兼轄水陸兵一千四百兵米仰給於淡防廳倉而額征供耗穀不敷者每年六千二百七十石借碾備貯倉貯已空復借屯租屯租者淡廳每歲協濟臺鳳二邑屯丁之餉也二邑屯丁索餉當事患之而艋舺兵米尤急部議噶瑪蘭存倉餘穀臺鳳嘉彰四縣截曠兵米盡數撥補不足由司發價採買臺灣道胡承珙遵檄議曰淡防廳册報嘉慶十五年起墊給艋舺兵米以本營截曠同存餘供穀撥補并藩司發銀一萬一千三百兩採買尚未補穀三萬五千八百二十九石此二十五年以前之數也各縣扣存截曠兵米內彰化一縣本營加潤兵米不敷不可撥

道光元年以前臺鳳嘉三縣扣存截曠穀七千零七十石噶瑪蘭征存供耗穀一萬六千七百四十石以補淡倉尚不敷一萬二千餘石與道光元年後應給之兵米請以三縣截曠及蘭廳存穀自元年起年約七千石運赴淡倉給新兵額米且陸續歸補墊穀惟陸運費繁當由海運三縣運至鹿耳門灣臺防廳就往淡水貿易之艕船配運令行戶保結其蘭廳餘穀每年春夏間淡防廳雇船往運照臺運章程內洋被劫地方官賠補外洋被劫營弁買賠船至內港駕駛不慎擱損或船戶中途盜賣者行戶賠補外洋遭風咨部豁免至運腳費及淡廳年征拏和官莊租穀變價銀六百六十九兩給發其二十五年以前廳縣應補穀二萬三千八百餘石腳費無項可支令二廳三縣攤捐議

上司道請咨趙文恪公疑之未行道光四年三月傳檖晉臺道覆議曰淡廳所急者每年支放新增之兵米也新支一日不定則舊墊一日不清造册頻更糾纏殊甚部中查取者嘉慶十八年以前墊給之數而承珙所議則淡廳現送二十五年續造之册較前數已增其道光元二三年墊給之數將來造册又不止三萬五千八百餘石而已此時卽計補還亦難清訖且廳中歷年借款有本廳及府倉備貯之穀有司庫發價採買之銀有協濟臺鳳二邑屯餉本廳應解稅契及拏和莊租之銀或係外款礙難報部或係借銀不能還穀又如各縣屯餉亟待支放而司庫發價則無用歸還種種不同未能一律惟有先籌當年之穀毋庸再墊然後歷年借數可以截清或分別歸補或准予開銷

此撥補之中後先緩急所當分計者也各縣截曠米穀嘉慶二十三年後現册臺灣存二千五百九十一石鳳山存三千三百零二石嘉義存一千一百七十六石彰化存八百九十三石雖奉部議盡數撥補但彰化縣年額支放兵米無閏之年餘穀有限五年再閏卽已短缺不得不將截曠存留而鳳山自蔡逆軍需之案所有備貯焚搶無餘每年供穀支放兵米可餘二千再收回曠米穀年可一千餘石若以留補本倉則十年之後卽可歸補大半嘉慶二十五年前人慨以此穀代嘉彰兩邑運回內地補二十二年前民欠之額置本邑倉儲于不問已爲失計若再以撥補淡廳則鳳邑淡廳事同一律豈可顧彼失此承珙但知彰化之穀當留不知鳳山之穀九不可撥此情形所當通計

者也至于海道運穀既責令三邑運赴鹿耳門灣又設立行保責令往淡艕船按樑頭大小配載而蘭廳之穀又令淡廳專雇船隻往運及至遭風被劫又責令地方文武及行保分別著賠不但舉動紛煩爲官商日後無窮之累且艕船之大不及千石鹿耳門往來載民閒日用貨物者臺灣鳳山嘉義三縣耳淡水艋舺踞郡窵遠貨船向無往來安得多船配運卽使有船而近年內地商船配運已多困累尚當妥議章程豈可使此等小船又滋弊害此又民閒久遠之累所當深計者也艋舺滬尾兩營原增戍兵八百七十一名歲支米折穀六千二百七十一石遇閏加給米折穀五百二十二石六斗者此乃道光四年以前之數現在改議營制抽撥艋舺營兵一百名入噶瑪蘭營則蘭廳

之兵穀有增而淡廳之兵穀可減據淡廳造送册內無閏之年扣除截曠實支兩營新增兵米穀不過五千八百餘石逢閏多支五百餘石今減兵百名則無閏之年實支五千二百餘石逢閏乃五千六百餘石耳淡廳年額征供穀一萬三千零七十石淡水北路中右營實支兵米穀無閏之年一萬一千二百餘石尚存一千八百餘石逢閏多支六百餘石應存賸穀一千二百餘石以兩年無閏之穀并計爲數尚多然則每年不敷之數實不過四千石而已噶瑪蘭年額供耗穀一萬四百五十八石除本營新舊戍兵歲支五千餘石外可撥給淡廳四千卽此一款已敷支放毋庸撥動四縣截曠以免每年海運之紛煩日後官商之賠累并請如噶瑪蘭呂倅所議在蘭廳將穀變價番銀四

千員齎赴淡廳遞年輪買米穀放給或民價昂貴蘭廳輪買之年由噶瑪蘭通判籌款湊補淡廳輪買之年則以拳和莊租銀准其開銷既可免海運腳費與遭風賠累又可免頻年採買騷擾閭閻其事幷無窒礙如蒙憲准則自本年爲始卽飭蘭廳在于額征穀內動撥四千石秋收後齎赴淡廳預先買穀存倉以爲來年兵食如此則艋舺兵米不敷墊給之數可自本年截清而道光五年以後皆預運一年無墊給之虞矣墊數截清然後飭令淡廳將歷年墊給之款分別銀穀何者當還何者毋庸歸補何者急需何者可緩數目截清事乃有緒卽如現據淡廳查覆兵米案內借動臺鳳二邑協濟屯餉一款自嘉慶二十一年至道光四年共未解番銀一萬八千三百五十元此墊款中之

亟當先還者也噶瑪蘭通判呂志恆造送蘭廳支銷冊內截至道光元年冬季除備貯穀二萬石外實存倉供耗穀二萬三千二百九十五石卽係應撥補淡廳之數而蘭廳一帶海道艱險遭風失水卽干著賠且烏石港口門淺窄只容三五百石小船運穀至二萬三千餘石需封雇民船六七十隻小民殊多不便卑護道現于清查屯租案內詳請將蘭廳應撥之穀照餘租例每石變糶番銀一元先以淡廳協濟屯餉一款代解府庫飭臺鳳二邑領回發給屯丁清款尚餘番銀四千九百四十五元撥解淡廳同本年應協濟臺鳳屯租番銀四千六百五十元幷存淡廳收貯分年買補歸還墊款至于截曠米石除鳳彰二邑免撥外每年臺邑約可收回穀八百餘石嘉邑約可收回穀四百

餘石趁船配運赴淡實多不便查淡廳墊給兵米內有借動府倉備貯穀九千五百石請飭令臺嘉二邑將此項截曠三年一次就近撥解府倉代還淡廳之款俟府倉借款還清卽行停止如此通計則艋舺新兵之米有出而淡廳墊給之數可清矣議上文恪公乃與巡撫咨部行之全臺稱便

籌議商運臺穀

閩省內地水陸官兵五十三營與駐防旗兵不下十萬歲征糧米惟延平建甯邵武汀州興化五府產米之區給兵外尚有贏米以濟他府福州福甯泉州漳州四府兵多米少協濟猶不足則半給折色督標金廈漳鎮銅山雲霄龍巖南澳諸營有全折者雍正間先後題請半支本色於臺灣額征供粟內撥運嗣又增給戍臺兵眷米亦以臺穀運給于是臺灣歲運內地兵眷米穀八萬五千二百九十七石有閏之年八萬九千五百九十五石乾隆十一年巡撫周學健奏定分配商船運赴各倉此商運臺穀所由來也臺灣商船皆漳泉富民所製五十九年水災後二府械鬥之風大熾蔡牽騷擾海上軍興幾二十年漳泉之民益困

臺灣亦敝百貨蕭條海船遭風艱于復製而泛海之艘日稀于是臺穀不能時至內地兵糈孔亟廳縣皆借碾備貯而倉儲空矣商船大者載貨六七千石小者二三千石定制樑頭寬二丈以上者配官穀一百八十石一丈六尺以上者配穀一百三十石每石給運腳銀六分六釐初無所苦既而運穀至倉官吏多所挑剔而民貨一石水腳銀三錢至六錢不等又商船自臺載貨至甯波上海膠州天津遠者或至盛京然後還閩往返經半年以上官穀在艙久懼海氣蒸變故臺地配穀私皆易銀置貨其返也亦折色交倉不可然後買穀以應官吏挾持爲利久之遂成陋規于是內地有臺穀廳縣皆賴以濟公如江浙之漕焉嘉慶十四年總督方公維甸以臺穀積滯奏開八里坌口與鹿耳門鹿仔港一律配運凡渡海漁船樑頭寬五尺以上至一丈二尺者皆令配穀三十石至八十餘石然姦商詭譎往往減報樑頭巧爲規避官穀積滯如故十六年總督汪公志伊奏請專雇商船委文武大員至臺運穀十萬二十三年復雇運七萬先是彰化縣知縣楊桂森嘗建言請臺地改征折色奏停臺運省議不可姦民盧允霞者以健訟遣戍赦歸在鹿港聞之曰此奇貨也謂所善商人我能革除陋規眾惑之以爲謀主乃設館抽各船戶錢給允霞爲訟費然獨鹿港十數家其臺郡及泉廈眾商船不願也二十五年臺澎道葉公世倬至自鹿港受其膚愬以爲商累病也欲除其弊以卹商議罷商人配穀請製官船海運以語臺灣縣姚瑩瑩曰臺穀歲十萬石舟以二千爲率法當

用五十艘一艘工料五千爲率當費金二十五萬既有糧艘必用弁兵管駕弁舵工水手每舟不下數十人歲費金又數萬海舟駕駛三年當一修費又數萬重洋風濤不測一有沉失則舟穀兩亾是漕艘之外又增
國家一病也不可行葉公疑其有私及爲巡撫力持前說未及改制罷去趙文恪公與孫公爾準爲督撫患商運不前屬臺灣府方傳穟籌之傳穟以鹿港口門淤淺商舟不前道光四年採輿論請開五條港利商船而是年乃奉
旨運米十四萬至天津免配兵穀者六十餘艘配運之船益少傳穟議曰今雖極力疏通不足運本年之額計來歲積欠當十三萬以上勢必又需雇運然非善策也重洋險阻商船往來歲有漂沉平時配運止百餘石糖市倍之卽

失水責償爲數無多故行之可久若雇船專運每船奚止十倍設有不虞官商皆難著賠雖前已三次行之而未可恃也昔時商本豐厚其船工料堅固近今商船薄小南北洋中沈碎者多民間置貨千石猶必分寄數船以防意外官穀豈可不加鄭重乎積穀十三萬用商船六七十艘廈蚶二廳雇撥當爲四起或五六起每起必有文武正副委員及護送弁兵供應犒賞皆取諸四縣賠累已甚而內地各倉既失商運之利則必多所挑駁非云穀雜糠沙則云斗斛不足紛紛撥行四縣補運此累之在官者也官穀運腳每石六分六釐較民貨水腳僅十分之二每船以二千石爲率船戶僅得運腳銀一百餘兩不敷舵水飯食工資其船本及修整篷索桅椗之需皆於何出每逢雇運眾行

商及通港之船皆科派津貼而船戶仍不免賠此累之在商者也臺灣三口來往商船只有此數既專運積穀則明年新穀必有短配是爲疏積欠反增新欠亦非計之得者況臺地近年米貴一聞雇運民間米價必一時騰踴匪類藉以滋事是官商既病而并以病民傳繼之愚惟有暫停新穀以折色支放兵食盡配積穀免雇運而補倉儲請飭下臺灣廳縣查明欠運穀數至本年止實若干石照舊配運其道光五年新穀令四縣盡數易銀按中平市價每一石易價番銀一元三角分四季解至內地福州廈防廳庫收貯有穀廳縣領回按月折放兵食內地番銀一元可易制錢八百餘文以二穀一米計之每米一斗可折放制錢二百文其內外廳縣領解番銀腳費平水即以商運例給之腳價予之俟積穀運竣仍配新穀如舊數年之後再有積穀亦可倣此而行則永免雇運之害而臺灣之積穀可濟內地之倉儲可補矣文恪公深然之水師提督許公松年力阻其議適盧允霞入京師上控求罷商運事下督撫議司道乃採楊桂森之說停止商運請臺地供粟半收本色以給臺營半收折色每穀一石改征銀一兩二錢以給內營即全數劃抵臺灣兵餉臺地免一領一解之煩內地免解餉遭風之慮每年又可省運腳銀六千餘兩文恪公曰閩省漳泉諸府負山環海田少民多出米不敷民食臺郡產米之區故令征收本色運給內營兵食原以臺地之有餘濟內營之不足今不令將本色運內濟兵轉使改解折色已失立法之本意況臺府請暫停一年改解折色司

道已慮米價昂貴營員藉口若此後盡解折色豈米價獨可無慮耶臺郡各屬征收供粟向無半本半折之例方守所議暫解折色一年猶屬一時通融之計尚可由官酌辦若改征半折則臺民有穀之家較多紛紛糶穀完銀必有平木火耗之加更滋流弊是利商以病民也更易舊章未可草率其再議之于是臺灣道孔昭虔臺灣府方傳穟臺防同知杜紹祁鹿港同知鄧傳安淡水同知吳性誠臺灣縣李慎彝嘉義縣王衍慶會議皆謂商運不可罷臺民聞將改折大譁紳士咸曰民間完納正供已百餘年雖今昔情形不同私有折色亦皆按時價之低昂并無一定若改征折色每穀一石征銀一兩二錢轉成定例行之日久勢必又有加征平水火耗將來受累更深且臺民市易皆用

番餅幷無紋銀全賴每年兵餉散佈民間紋番兩便故錢
價得平若大餉永停則紋銀斷絕番餅增昂必致民商兩
困大不便時孫公亦以改折抵餉之說密訪于傳燧傳燧
覆書曰今之紛紛言商病者皆務虛名未計其實也商船
往來臺洋一次販貨之獲利與船戶之水腳所得凡數千
金以數千石之船僅運百餘石之官穀復給以每石六分
有奇之運價
國家恤商可謂厚矣何病之有所謂病者有司之陋規耳
有
國法在罪之可也裁之可也今乃改易舊章設有他弊又
何以處之自古無不敝之法利之所在弊卽生焉苟鑒于
末流遂幷亾其本是爲因噎廢食烏可不之察乎夫商船

運穀雖以養兵其端亦原于正供臺地產穀之區頗艱銀
貨故昔人因地定賦有供粟而無地丁雖有勻丁雜稅爲
數無幾而漳泉福州兵民繁庶產穀不足故以有易無運
臺穀以濟各郡之兵糈發
帑銀以給全臺之兵餉各得其所民閒便之久矣雖近時
臺屬之正供不無折收內地之兵米不無折放船戶之運
穀不無折交然名存法在每有需穀之時猶可立備一經
改制則內地永無得穀之期臺地永無見銀之日一旦實
需其用反費周章其不便者一臺屬貿易俱用番餅官民
收用紋銀皆仰給于臺餉給兵之後散佈民閒舍此則海
外紋銀斷絕矣其不便者二全臺兵餉歲發銀二十一萬
一千有奇逢閏年發銀二十二萬六千有奇又加餉銀六

萬七千有奇臺屬額征鹽課叛產官莊雜項錢糧捐款盡
數劃扣歷年司中尚應發銀十四五萬有奇今以通臺運
穀折價卽使年清無欠裁十萬耳不足抵大餉之數設歲
有歉收民欠積累則支絀立形海外兵餉攸關貽誤匪細
其不便者三自古三代不廢力役之征國有徵發里出車
徒馬牛惟所用唐定租庸調之法史猶稱善蓋軍國之需
不能不資民力匪特賴以濟事也亦陰以維持上下使民
知起事赴功尊君親上之義故民安其分而忘其勞今西
北直省猶有車馬差徭故其民情愿樸而以奉公爲分所
應爾東南諸省民俗澆偷一切便民猶謗其上者不知分
與義也海船無他徭役官使往來皆予雇值獨過臺配載
軍工回棹配載運穀此二事尚有奉公之意耳然亦有水

腳之給雖稍賠費亦由船戶自圖巧利爲戶員胥吏之所
挾持雖成陋規幷無故而致也若裁去運穀則商船自此
不識奉公之義設一旦有意外之徵發反相與嗟怨以爲
不當役使之矣履霜堅冰由來有漸其不便者四盧允霞
一無賴訟棍耳昔嘗以唆訟擬遣逢
恩赦歸又盤踞鹿港倡爲邪說煽惑商民假控革陋規之
名設立公館每船抽費銀數十是以姦民橫征暴斂也各
商船戶惟泉郊數人稍稍附之餘皆已悟其姦有赴廳控
其假公斂費者此前歲鄧丞所以往毀其館也彼挾此恨
又爲眾船戶所歸尤故冒然叩閽以塞眾人之責始因斂
費而控陋規繼則因陋規而條陳改制是一姦民而敢恣
橫議變亂

祖宗成法矣雖停罷商運之議啟自楊桂森然桂森之議昔已不行今則因盧允霞之控而行之是姦民舞智反優于邑令之建言也此風一開異時必有紛紛效尤競議國政者語云天下有道則政不在大夫乃反在姦民可乎其未便者五州縣親民之官必使有力辦公乃可不形竭蹶臺穀之陋規不但內地各屬賴之者多即臺屬廳縣亦有折半征收之利每穀一石折收番銀二元或一元八角可當紋銀一兩四錢或二三錢今使以半折抵給臺餉則官無絲毫之餘羨而廳縣從此大困矣海外經費無一不倍內地幕友脩金歲常四五千金捐賠之款又一二千兩廉俸無幾何以供之非盡為人橐肥私之計也其不便者六雖有廉吏亦必俾能自給然後不侵

國帑不朘民膏陋規改盡勢必虧空倉庫否則詞訟案牘剖克贓私民間受禍更烈海外隱憂方自此深矣其不便者七夫病商之弊其害猶小若以便商之故而病官與民因以病國則其害甚鉅古之為政者利均則權之以義害均則權之以大小輕重不可不謹也本朝制度寬大一切便民或因時損益小有變通則可若竟廢前人之法竊恐貽悔他時書上孫公納之文恪公與傳穟書曰比閱陳議所見正同事關國制不可不盡言也然已違眾議不罷商運傳穟所云運舊停新之策亦遂置之明年仍雇運焉傳穟復請為減運之法曰比閱臺灣三口運穀冊數每年積壓約二萬以上若減運眷穀則無積矣眷穀者非戍兵正糧也每戍兵一名月給眷米一斗歲運二萬六千餘石各兵眷歷年米票皆轉以賣錢并不赴倉領米莫如照臺穀平價每米一石折予紋銀一兩藩司于臺餉扣發臺屬以折色納府抵大餉焉是時文恪公已去閩省議雖暫行之而未能奏否傳穟旋亦內渡矣

籌建鹿耳門礮臺

道光三年七月臺灣大風雨鹿耳門內海沙驟長變爲陸地四年三月總兵觀喜署道方傳穟署府鄧傳安上議建礮臺于鹿耳門其略曰臺灣孤懸海外屏幛四省郡城根本重地設險預防尤爲緊要鹿耳門一口百餘年來號稱天險者蓋外洋至此波濤浩瀚不見口門水底沙線橫亙舟行一經擱淺立時破碎其中港門深僅丈餘非插標乘潮不可出入此險之在外者也口內出水沙線二道橫亙南北爲其內戶南線又名北線尾大船入口更易小船循此線內東南行二十里過安平鎮爲入郡咽喉更東十里然後達郡北線又名海翁隙其內可泊大船自此至岸亦二十餘里爲郡北之洲仔尾及嘉義縣地水深泥湧舟不

能近無由登陸此險之在內者也往時僞鄭重兵皆守安平恃鹿耳門之險不爲設防

王師平臺乘潮一入鄭氏面縛輸誠朱逆之亂郡城已陷賊亦恃此門不爲設備大兵再入朱逆授首

本朝定制臺協水師副將駐守安平以防大港而鹿耳門口以水師中右兩營遊擊輪巡防守嘉慶十年前鎮道議奏添善字號梭船三十隻專守鹿耳門可謂周密然十一年蔡逆猶進鹿耳門直薄郡城則所謂天險者果何如也其時天設之險無恙而已如此今則海道變遷鹿耳門內形勢大異上年七月風雨海沙驟長當時但覺軍工廠一帶沙淤廠中戰艦不能出入乃十月以後北自嘉義之曾文南至郡城之小北門外四十餘里東自洲仔尾海岸西至鹿耳門內十五六里瀰漫浩瀚之區忽已水涸沙高變爲陸埔漸有民人搭蓋草寮居然魚市自埔上西望鹿耳門不過咫尺北線內深水二三里即係淺水至埔約五六里現際春水潮大水裁尺許秋冬之後可以撩衣而涉自安平東望埔上魚市如隔一溝昔時郡內三郊商貨皆用小船由內海驟運至鹿耳門今則轉由安平大港外始能出入目前如此更數十年繼長增高恐鹿耳門即可登岸無事更過安平則向之所謂內險已無所據依北路空虛殊爲可慮非於鹿耳門對岸埔上建築礮臺守以偏師幾無屏幛矣康熙年間鹿耳門舊有礮臺其後不知何時傾失遂未再建考府縣誌自乾隆年間至今營制安平副將所轄中營礮臺七座蚊港汛四大港汛三左營礮臺七座

安平鎮三条港海豐港三林港鹿仔港各一右營礮臺五座在打鼓港而鹿耳門重地獨無礮臺之設僅中營有礮架八座右營有礮架七座爲守鹿耳門之用而已竊疑前人定制不應疎略推原其故蓋以鹿耳門口水勢浩漫說者皆謂南北二線海上浮沙易於陷沒不能建設建礮臺亦無處可設營汛故嘉慶十年新議亦止添造梭船然南線舊建天后宮已百餘年其左右文武二館爲臺防同知安平中右營員稽查商船出入掛驗之所至今未見淪陷豈以之查驗商船則可以之防禦外患則不可乎人情喜逸惡勞避難趨易於此可見況今昔形勢不同宜爲百年之計新長陸埔未久潮長時海水猶不無漬溼且地勢平闊未有要隘應俟三五年後民居漸稠地土堅實移安平

右營於此以當北路之衝其鹿耳門南線天后宮請先建築礮臺圍以土堡使巡防鹿耳門之兵有所據依以堡衞兵以兵衞礮然後鹿耳之險庶乎可據省議以道光元年甫有鹿耳門不能建築礮臺之奏未便岐異更俟數年後議之遂不果建今存其說於此以待來者

埔裏社紀略

埔裏社者臺灣彰化縣之歸化番社也其地在彰化東南山內爲社二十有四府志所載曰埔裏曰決裏曰毛啐曰貓丹曰社仔曰木扣曰木武郡曰子黑曰子希曰倒咯曰巒巒曰田仔曰貓蘭曰田頭曰思順曰挽蘭曰外斗截曰水眉裏曰內斗截曰內眉裏曰平來萬曰致霧曰哆咯啷曰福骨凡二十四社埔裏特其一耳距縣治九十餘里中隔入山路徑崎曲難通其入社之道有二南路自水沙連沿觸口大溪東行越獅仔頭山至集集舖廣盛莊更越山東行十里至水裏社之柴圍又北逾雞胸嶺竿蓁林竹仔林十五里而至水裏之頭社地頗平廣皆番墾成田甚熟更進八里則爲水社中有大潭廣可七八里潭中有小山

名珠仔山番皆遶山而居番俗六考所謂青嶂白波雲水飛動海外別一洞天者也潭之東岸爲剝骨社西岸則水裏本社其番頗饒裕善種田能織罽毯番皆白皙俊好府志稱之遶潭更北行逾山七里至貓蘭社又北五里至沈鹿地頗寬廣迤西復入山凡十里谷口極狹幾於一丸可封最爲險要名曰鋮口過此以北始爲埔裏大社地勢平闊周圍可三十餘里南北有二溪皆自內山出南爲濁水溪源北則烏溪源也烏溪爲入社北路自彰化縣東之北投北行過草鞋墩至內木柵阿發埔渡溪東北行至火燄山下五里過大平林入山十里逾內龜洋至外國勝埔更渡溪而南二十五里至埔裏社自水沙連入可兩日程北路爲近然常有兇番出沒人不敢行故多從水沙連入水

沙連則番社之久輸貢賦者也蓋埔裏乃界外番社例禁越墾故漢人圖墾則假名於水沙連耳相傳埔裏社更東北越山五日行即通噶瑪蘭東南則奇來及秀姑蘭一帶番俗六考云水沙連屬番二十餘社各依山築居山谷巉巖路逕崎嶇惟南北兩澗沿岸堪往來外通斗六門竹腳寮乃各社總路隘口通事築室居焉余謂南北兩澗即濁口與烏溪也斗六門爲嘉義所轄距彰屬水沙連頗遠蓋萬斗六之訛耳府志言康熙六十年阿里山水沙連各社乘亂殺通事以叛六十一年邑令孫魯多方招徠示以兵威賞以煙布銀乃就撫自後無聞焉乾隆五十三年開屯各社遴設屯丁水裏埔裏二社內有屯田一百餘甲其番自耕田亦百餘甲未墾荒埔無數嘉慶十九年有水沙連

隘丁首黃林旺結嘉彰二邑民人陳大用郭百年及臺府門丁黃里仁貪其膏腴假已故生番通事土目赴府言積欠番餉番食無資請將祖遺水裏埔裏二社埔地踏界給漢人佃耕知府某許之大用隨出承墾先完欠餉約墾成代二社永納餘給社眾糧食儻地土肥沃墾成田園甲數仍請陞科以裕

國課二十年春遂給府示并飭彰化縣予照使墾然未之詳報也其受約者僅水沙連社番而已二十四社皆不知所爲郭百年既得示照遂擁眾入山先於水沙連界外社仔墾番埔三百餘甲由社仔侵入水裏社再墾四百餘甲復侵入沈鹿築土圍墾五百餘甲三社番弱莫敢較已乃僞爲貴官率民壯佃丁千餘人至埔裏社囊土爲城黃旗

大書開墾社番不服相持月餘乃謀使番割詐稱罷墾官兵即日撤回使壯番進山取鹿茸爲獻乘其無備大肆焚殺生番男婦逃入內山聚族而嚎者半月得番串鼻熟牛數百未串鼻野牛數千粟數百石器物無數聞社中風俗番死以物殉葬乃發掘番塚百餘每塚得鎗刀各一既奪其地築土圍十三木城一益召佃墾眾番無歸走依眉社赤崁而居先是漢番相持鎮道微有所聞使人偵之皆還報曰野番自與社番鬥耳社番不諳耕作口食無資漢佃代墾以充糧食又人寡弱倚漢爲援故助之所殺者野番也二十一年冬武鎮軍隆阿巡閱臺北悉其事嚴詰之於是彰化縣令吳性誠請諭墾戶驅逐眾佃出山而姦民持臺府示不遵有希府中指者言漢佃萬餘所費工資甚鉅

已成田園一旦逐之恐滋變性誠上言曰埔地逼近內山道路叢雜深林密箐一經准墾人集日多竊恐命盜兇犯從而涸迹儻招集亡命肆行無忌奈何且此埔素爲生番打鹿之場即開墾後明定界址而姦貪無厭久必漸次私越雖番性愚蠢而兇悍異常一旦棲身無所勢必挺而走險火啟邊衅不若乘未深入全驅出山尚可消患未萌鎮道深納其言飭臺府撤還二十二年六月傳諸人至郡會訊予郭百年以枷杖其餘宥之署鹿港同知張儀盛彰化縣知縣吳性誠呂志恆赴沈鹿拆毀土城水埔二社耕佃盡撤生番始各歸社集集烏溪二口各立禁碑然二十四社自是大衰漢人稍稍復入社仔社番被逐并入頭社猶蘭并入水裏社而哆咯啷福骨兩社與沙里興爲鄰混入

兇番肴裏致霧安里萬三社亦暗通兇番以自固埔裏人
少雖與水裏和睦而不能救援甚自危道光三年遂有萬
斗六社革通事田成發詭與埔社番謀招外社熟番爲衛
給以荒埔墾種埔社聽之田成發乃結北投社革屯弁乃
貓詩革通事余貓尉招附近熟番潛往復墾而漢人陰持
其後俟熟番墾成淵入爲侵佔之計先是成發之黨曾與
水沙連社丁首蕭長發有隙長發乃首破其謀道光三年
九月鹿港同知鄧傳安會營入埔裏社察之越墾熟番聞
聲先遁撫諭社眾而還然傳安頗有開設之議又有流寓
紹興人馬義士者至福州誘商人林志通謀爲業戶趙文
恪公以問前臺灣縣姚瑩瑩曰臺灣生齒日繁遊手甚眾
山前無曠土矣番弱勢不能有其地不及百年山後將全

入版圖不獨水埔二社也然會有其時今則尚未可耳四
年五月孫公至臺欲議其事傳安力言其地膏腴山川秀
美孫公意動欲如噶瑪蘭故事以問臺灣知府方傳穟時
姚瑩在臺傳穟訪焉瑩曰必欲開二社者有要略八事君
其言之傳穟問其略云何瑩曰往者噶瑪蘭之開也乾隆
間卽有民人潛往嘉慶元年吳沙率眾佃入山佔奪攻殺
凡十餘年楊廷理往開時大局已定故眾社番獻納輿圖
設官經理然委員督墾之初東勢社番亦尚相持强而後
可今埔社開墾之民已驅逐出山社番弁未輸誠願納前
此漢人焚殺夙怨未忘今往開墾必先和睦番情其一也
番漢言語不通和番需用通事而通事多卽姦人彼不以
國家安撫爲辭而以危詞恫喝社番畏而從命心實不甘

設有異謀殊傷
國體況開設之初番漢交涉事多小故鬥毆皆足釀亂通
事必求良善其要二也水社在外如社仔審鹿諸地已爲
漢人佔墾者無論矣埔社周圍數十餘里其中社番自墾
成田者不過十之一二餘皆荒埔今外社熟番往墾者不
過二百餘人官墾則招佃約用巨萬將以何者爲番田何
者爲官佃官課番租不可淆混其要三也社東北沿山各
社卽非埔裏之地其內徑諸處是否并開或以山爲界其
山外通噶瑪蘭及奇來秀姑蘭諸處開設後不無民人私
越往來其中界址作何開閉其要四也前此漢民往墾各
有頭人承領懇照其意在充業戶此時必仍萌故智業戶
之設其弊無窮初不過十餘人出名領照名爲自出工資

募佃實卽鳩合朋充私相契約及墾成報官勘丈弋甲若
干四至何所業戶一人界廣易於隱匿賦定之後遇水旱
偏災可任意影射且征收租課戶止一名欠嘗千萬、有
破敗更換爲難不若官荒召佃永除業戶之名此前守楊
廷理所以力破業戶之議也然姦人鳩貲謀充其利甚大
不惜賄賂以求必得則倡爲邪說以惑上聽惟姦計不行
然後民佃乃可相安其要五也地方數十里墾田數千甲
用佃多者殆將萬人紛紛烏合苟無頭人經理不但無從
約束且工本何出昔蘭人之法合數十佃爲一結通力合
作以曉事而貲多者爲之首名曰小結首合數十小結中
舉一富强有力公正服眾者爲之首名曰大結首有事官
以問之大結首大結首以問之小結首然後有條不紊視

其人多寡授以地墾成衆佃公分人得地若干甲而結首倍之或數倍之視其資力今開埔社亦當略仿此意行之庶乎其可其要六也噶瑪蘭地南北蓋百餘里弁山計之幾千二百東西腹內亦四五十里不足置縣故設一廳今埔社方三十餘里耳弁水社山埔計之或百餘里似不足爲一廳縣然其地在萬山中南自集集鋪北自烏溪兩路入山皆極迂險內逼兇番後通噶瑪蘭奇來諸處蓋全臺之要領前後山海之關鍵形勢天成去彰化縣城遼遠非佐雜微員所能鎮撫不得不略如廳縣之制文武職官廉俸兵餉作何籌給不可不爲計及其要七也田園日闢生聚日多不特商賈貨販通行卽所產米穀民食必須出山糶糴其南路由從口進水社山嶺重峻勢不可行惟北路

烏溪水道可通而溪水上流頗淺亂石巑岏亦當開通以便舟楫其要八也以上八事乃開設之大綱其餘細務猶在所後經理之人非才識足以幹事操守足以信衆不可傳穟陳其說孫公見而難之時吳性誠爲淡水同知呂志恆爲噶瑪蘭通判令傳穟更集衆議性誠志恆皆以爲禁之便傳安不能執前說也亦以爲當禁傳穟乃採衆議詳請禁之如故

論曰臺灣本海外島夷不賓中國自鄭氏驅除狉獉始闢入籍時止三縣半線以北康熙之末猶番土也朱逆旣平乃增彰化設淡廳遂極其北境至干雞籠山前之地盡矣然南北袤不過一千二百餘里嘉彰最中腹內自山至海寬乃百餘里耳入內供粟歲不過十萬而兵餉給外者倍之其不能利益

國家明矣嘉慶中又開噶瑪蘭遂及山後增幅員百里論者皆以形勝爲言夫

聖德遐被八荒皆我外藩鴻圖式廓遠邁隆古乃侈言滄海之一舟大圜之一星豈非陋耶若夫雕題裸體之民言語不通蹲伏深山墾耕自給沒世不敢出山一步然猶慕化充屯則是我

天朝之赤子較諸漢奸不法者奚翅十倍此土牛立界所以嚴申厲禁誠仁之至也有司守此邊隘不以宣播德威爲務乃任彼私人交通豪猾違禁開邊且肆其兇殘暴其枯骨所當駢首境上以昭炯戒而慰番黎乃復隱忍逾年越墾之詰發自鎮臣斯時猶有阿意庇奸爲依違之說者

向非邑令抗爭鎮道明決則奸人之計仍行矣卒之投鼠忌器曲赦有罪使

國禁不申番寃莫理政刑之失孰有甚于此者哉火炎不烈厲禁益虛于是奸人故智復萌不及數年而水社之穀復歸漢佃番愚不知訟訴社衆日衰外迫兇番內懼漢逼不得已從奸人之謀欲引外番自衛漢奸更從而躡其後養虎揖盜其事益愚其情益可憫矣鄧君深入內山窮履生番之境可謂壯甚而水社之山川秀美埔社之地土沃饒言次猶津津稱之且以番黎拙于治田不能深耕灌溉爲惜自余觀之喜功利者貪壤地之膏腴懼開邊者守土牛之虛禁此皆見止一隅未深計久安之策也水埔二十四社自雍正乾隆閒卽稱沃衍惟時番族猶盛足以自固

漢人不知虛實無敢深入且臺灣開闢未久地利有餘今山前無隙土矣舊族日滋新來不已無業可執則有三種莠民一奧夫千百爲羣動與兵鬥二赤棍結黨立會散處市廛三盜賊竊劫頻聞誅之不盡此全臺之大患也不爲區處臺灣未可言安則曠土之闢云胡得已漢人蕃衍丁口已二百五十餘萬而生熟社番不及二十分之一匪惟貧劍實亦丁衰寡弱之形殆若有天數焉其不能自固者不僅水埔二社也勢既寡弱則奸民欺凌益甚況頻年深入虛實周知即外社熟番亦垂涎至矣雖有明禁而趨利忘生旋驅復入昔者殺番掘塚其首惡既釋不誅今茲負耒而來安能遂置重典一再寬宥禁碑尚可恃乎旣不能禁不但社番被逼有走險之虞抑且地形險阻設有巨奸

招聚亡命即林爽文之大里杙也其患可勝言哉則安撫之道又不可不講矣

東槎紀略卷一終

東槎紀略卷二

籌議噶瑪蘭定制

桐城姚瑩石甫著

噶瑪蘭之入籍也知府楊廷理創議十八事嘉慶十五年總督方勤襄公維甸奏之汪制軍志伊張撫軍師誠續有奏列舉行未竣先是蘭地皆深林茂草番人不知耕作廷理丈其地可墾田園七千餘甲議田比屯租六等每甲征穀六石園四等每甲征穀四石仿同安下沙則例分爲正供耗羨餘租其供耗征本色餘租一石折征番銀一元而部議令比臺灣入官叛產每甲上等田征穀三十二石中等田征穀二十六石下等田征穀二十石上等園如中等田中等園如下等田下等園征穀十八石通判翟淦爭之

言蘭地貧瘠初議田六園四民人輸將已久若令加租殊非輕賦薄斂之意大吏是之而未能覆奏也廷理丈量本率繩約計謂可七千餘甲及墾後地多磽瘠西勢湯圍白石新興諸莊近湯溪爲熱泉所傷又有清濁二溪不時衝刷成熟田園實僅五千餘甲而已蘭人一甲抵內地十一畝有奇通計五百餘頃年納正供穀九千一百八十二石耗羨穀一千二百七十五石餘租番銀一萬八千六百有奇較淡水一廳幅員不及其半而賦額過之道光三年趙文恪公督閩詢知其狀歎曰彈丸之區民力盡矣豈復堪重斂乎特奏賦則請如楊議而七千餘甲不能足額得旨俞允乃以福州府知府方傳穟署臺灣府候補鹽運副呂志恆借補噶瑪蘭通判往竣其事志恆條列應造冊者

十事議行及停罷者二十事傳檄覆核上之院司悉如所議奏咨凡費部院司胥紙張飯食銀五千有奇悉籌捐以給蘭制始定傳檄與志恆所論頗詳今備載之俾後來者考鏡焉

一田園賦則應請覆奏核定也志恆議曰噶瑪蘭廳丈報陞科田園前守楊廷理原議援屯案成例田六等每甲征租六石仍照同安下沙則例劃完正供穀一石七斗五升八合四勺七抄二撮耗羨穀一斗七升五合八勺四抄七撮餘租穀四石零六升五合六勺八抄一撮園四等每甲征租四石劃完正供穀一石七斗一升六合四抄一撮耗羨穀一斗七升一合六勺六抄一撮餘租穀二石一斗一升一合七勺二抄八撮供耗穀征收

本色餘租每石折征番銀一元前督憲汪撫憲張奏入部議以臺灣叛產入官每甲上等田收官租穀三十二石中等田二十六石下等田二十石上等園如中等田中等園如下等田下等園可收穀十八石行令陞科前廳翟淦以蘭疆新闢地瘠民貧田園輸將已久遽令加租不無竭蹶且西勢湯圍白石山腳新興等莊及辛仔罕民壯圍六結諸荒埔或因田禾被熱泉泡傷或因地多砂礫或因溪水淹浸數據各佃哀乞豁減餘租稟蒙前院憲批允湯圍等莊止征供耗免納餘租其餘悉照同安下則征收轉行到廳緣冊籍繁多一切紙張飯食費無所出延未造冊詳咨覆奏卑職到任查案緣臺地入官叛產本係成熟田園噶瑪蘭乃初開荒埔肥瘠懸殊況叛產係田園全沒入官收租蘭地田園係民自管業只輸供賦尤非叛產可比卑職親赴村莊履勘蘭境地本磽薄非比嘉彰加以僻處極邊雨多晴少小民終歲勤動收成不易照田六園四征租已覺力有不支斷難再議增賦仰墾核明翟淦原詳湯圍白石山腳新興等莊止征供耗免納餘租其餘田園仍照同安下則以六石四石分劃正耗餘租照數征收餘租一石亦照原議折收番銀一元先行覆奏定案咨即選派經書設措各衙門紙張飯食之費造具佃戶花名清冊詳咨送部其已報陞科之湯圍等莊田園應扣豁餘租及未報陞科之辛仔罕等莊埔地兩款文冊請俟嵩案分別勘丈造冊通詳核辦

傳檄覆核曰田六園四額則現經督撫憲專摺入奏其湯圍白石山腳新興等莊止征供耗免納餘租一節未經升奏應請俯如所議但此等田園只可另為一冊與撥換城基埔地一項俟正案定後附案咨部自未便入於正冊以免混淆但此項湯圍等莊田園久已陞科歷年俱有征收供穀應入奏銷與未報陞之辛仔罕等莊不同應飭該廳勘丈造冊先行送核

一建造城垣衙署取用民人田園換給埔地應另款征收也志恆議曰噶瑪蘭創始善後事宜案內以五圍地處適中局面宏敞堪以建築城垣奉部覆准所有城垣濠溝文武衙署監獄較場演武廳營房皆取用民人田園地基換給東勢奇武荖荒埔取用民田一甲者換給埔

地二甲園一甲者撥給埔地一甲五分店地一間換給
埔地二分五釐自嘉慶十八年撥補至二十三年滿限
因肥磽不齊而各佃與泉籍墾佃爭界訐訟至二十五
年甫經定案道光三年始墾透熟園三十二甲九分額
征正供耗羨穀六十二石二斗餘租穀六十九石六斗
請以是年起科另立征册徵收歷年一律奏銷俾免淆
混

傳穟覆核日撥補城基屢奉檄催陞科緣在城各佃與
泉籍墾佃爭界訐訟至道光三年始行墾透係屬實在
情形應請俯如該廳所議另立征册徵收歷年一律奏
銷仍催承赶造各册詳送核咨

一奏銷限期請照部議奏定也志恆議曰噶瑪蘭奏銷原

議以嘉慶十七年十月開征十八年三月完半九月全
完十九年造報奏銷奉部核駁與定例不符飭令覆議
卑職查蘭地自嘉慶十七年八月設官所有十七年分
額征供耗餘租前通判翟淦詳報是年八月到任十月
開征限以次年三月完半九月全完十九年造册報銷
緣蘭地僻在萬山之後每至秋冬二季霖雨連綿雖有
征收之名而無其實翟前倅淦任開徵已值雨多晴少
之際是以於次年三月完半後定以九月全完亦屬因
地制宜遞年以來相沿成俗必得遞展一年奏銷民力
稍有寬裕仰懇據情覆奏仍以每年十月開征次年三
月完半九月全完再于下年與通臺廳縣一律造册奏
銷事無窒礙可行豐民胥受其福

傳穟覆核日通臺錢糧皆以二月開征四月完半八月
開征十月全完分上下忙與民休息次年奏銷定例通
行已久蘭地一隅獨以十月開征次年三月完半九月
全完再展至下年奏銷是一年之供租凡經三年而後
奏銷匪但與例不符且征期太寬人情易於觀望民既
不急完納官亦藉口緩征勢必年有積欠且時歷三年
事多遷變有事逃亡動成無著于
國課既有妨礙迨至事後追呼小民愈加困苦轉非所
以便民蘭地新闢之區本應年清年款乃核歷年奏銷
積欠不少立法之初即已如此將來流弊不可勝言是
即立法不善之明驗也但如原奏及該廳所議蘭地僻
在山後秋冬多雨翟前倅于設官初年八月蒞任九月

開征正值雨多晴少次年三月始得完半後遂定以九
月全完遞展一年奏銷相沿已久今道光三年始完二
年供租若遽改制并征三年新賦民力實有拮据請以
道光四年為始照例二月開征四年新賦四月完半八
月開征十月全完其道光三年舊賦准其分限于四五
六三年帶征仍於道光五年將三四兩年分供租一并
奏銷具報其從征接征各官處分亦自道光五年後與
常例一律辦理如此則民不病而
國課可冀清完且奏銷章程亦得畫一矣

一倉穀儲備二萬石實貯在倉餘穀應撥補淡防兵糧也
志恆議曰噶瑪蘭廳倉盈餘穀石先奉憲檄撥補淡水
廳墊給艋舺營不敷兵米名前廳以蘭城運穀至淡交

倉陸程四日中隔三貂嶐嶐二嶺山徑崎嶇牛車脚力均難挑運若由烏石港配船載至八里坌口登岸其閒有雞嶼鼻頭兩處港門淺狹礁汕壘壘各色小船往來出入維艱且非春末夏初南風當令之時不可工費浩大風水堪虞議請每穀一石變糶庫紋銀六錢解府發交淡防廳採買又以糶價不敷買補致奉議駁而蘭地潮溼非常倉廒貯滿所收供耗支給蘭營兵食外盈餘之穀日多無廒可貯霉變糟朽勢所不免尤慮不肖官吏承機糶賣及至查參治罪業經銀穀兩空卑職伏查彰化縣征收供粟定于八里坌口每年配運內地一萬七八千石彰邑距八里坌陸路五站水程亦須由鹿仔港登舟出大洋行走是水陸兩途亦與蘭廳至八里坌

相仿而原奏係征收供穀之後准其變價攜至八里坌買運蘭境似可仿照惟彰穀貴於淡防而蘭穀則較淡防爲賤其中穀價有貴賤之殊辦理則有難易之別請令蘭廳將每年盈餘穀石官爲變糶每石糶番銀一元攜價赴淡照每年盈餘應運之數各買一年歸補淡廳不敷兵食毋許推諉如此立定章程庶變糶穀價與折征餘租之數相同而攜價赴買亦與彰邑赴八里坌買穀配運成案脗合再與淡防分年承買亦免蘭廳獨耽賠累節省公家運費一舉而數善備焉

傳讞覆核曰滬尾水師一營自添設以來淡廳支放兵食歲有不敷從前有將四縣截曠兵穀撥補接濟之議但截曠之數無定且四縣紛紛核計爲數奇零又運淡道遠維艱自不若以鄰境蘭廳之有餘補淡廳之不足而陸運既有峻嶺之阻海運又有風水之虞二廳互推久未定議今呂倅議令蘭廳盈餘穀石官爲變糶每石番銀一元攜價赴淡各買一年歸補不敷兵糈實爲妥洽應請俯如所議惟淡廳每年不敷若干其數有定而蘭廳每歲盈餘之穀難定蓋歲有豐歉官有勤惰則征收多寡不同而盈餘卽不能畫一且蘭營現議添兵三百名歲應多支穀二千餘石并舊額編支之外實在盈餘若干酌中完數是否足敷淡廳兵食必須通盤籌算容俟專案議詳可也

一加畱餘埔番租應官爲經理也志恆議曰噶瑪蘭番社東勢一十六社西勢二十社嘉慶十五年前守楊廷理

因番性愚不知積蓄蓋藏將來生齒增繁勢必生計日絀所以原議加畱各社餘埔大社週圍二里小社週圍一里東勢餘埔與民人墾陞之地接壤非特攙越混佔且揑造賤約紛紛爭墾故前通判翟淦議令漳泉粵籍頭人各舉殷實之家充當佃首責令召募佃戶承耕按甲年議番租四石計丁匀配每屆收成各通土帶同佃首社丁公同向佃收租詳奉憲允在案近據土目八寶籠等呈稱伊等與漢人雜居日久多有通曉漢音并略知文字者承耕餘埔佃戶亦多認識儘可自向收租毋庸再由佃首經收卑職覆查東西勢各社番加畱餘埔原爲保卹番黎今社番既曉自收應如所請給予社番向佃收租每屆歲底由各通土造册報查開有佃欠延

准呈官拘追毋庸官爲經理
傳譏覆核曰噶瑪蘭東西勢社番各有通事土目所稱
加留餘埔其情形亦自不同東勢十六社最大者有三
曰加禮宛曰掃笏曰奇武荖通事三人一曰龜劉二曰
武淵大里滑三曰斗氏打嚕媽西勢二十社最大者亦
三社曰哆囉美遠曰珍仔滿力曰辛仔罕通事一人曰
八寶籠凡番社之事東勢則龜劉等爲首西勢則八寶
籠爲首各偕其土目出爲經理其加留餘埔所謂大社
周圍二里小社周圍一里者東勢十六社也蓋東勢之
地最後闢漢人猶未盡墾故番得留其有餘然與民人
陞科之地接壤非特易于混佔而且揑造贌約紛紛爭
墾前通判翟淦議以官爲招佃按甲分租前督憲汪覆

奏東勢社番自耕田園栽樹爲內界不許漢人贌耕其
加留餘埔一里二里之外亦栽樹爲外界准贌給漢人
開墾呈官在案按年完納番租至西勢荒埔先爲民人
開墾已無餘埔前督憲汪覆奏將西勢沿海一帶沙崙
自烏石港起至東勢濁水溪止約長三十餘里寬一二
里不等永爲西勢番業不許民人越墾如番社人少願
贌給民人開墾者亦照東勢之例呈官立案道光元年
署通判姚瑩率番總理林興邦通事八寶籠暨各社土
目勘定界址按社計丁分配繪造圖册詳送是東西勢
加留餘埔案已久定今呂倅擬八里籠等所呈議將東
西勢番社餘埔租穀給予社番向佃自收毋庸官爲經
理卑府竊以爲立法務期可久而愚番尤須曲爲籌慮

呂倅意以官設佃首難免朘削不如俾番自理然番性
愚拙易欺縱不足猶十得八九若聽番自管恐日久漢
奸謀佔私買私贌并埔業歸于無有官亦無從清查卽
如臺鳳等邑屯租原係官爲經理後租收不足議歸番
丁自收遂至屯業失其大半乃復議由官征給一事章
程再易至今屯務大壞蘭地餘埔豈可再仍覆轍且臺
鳳諸邑番丁歸化已百餘年甫能略通漢語粗識文字
蘭地諸番歸化甫十餘歲所謂通語言文字者殊未可
信難保非漢奸圖爭佃首不得唆弄愚番從中漁利應
請仍照原議未可率改抑卑府猶有請者餘埔番業定
制後惟以圖册爲憑此時官存案卷番眾不得見之更
歷日久恐漢奸不免侵越社番無憑控理若官存案卷

遺失卽官亦無憑稽核請將詳送圖册照造一分用印
給予社番通土收存并將章程刻石以垂久遠仍令通
土將圖册用石匣存貯以備水火每屆三十年呈官清
釐一次凡侵越番埔者不論從何典買一概追還儻或
官吏爲其朦混悞給印契墾照查出一概注銷如此庶
奸民有所顧畏愚番有所據依卽百餘年後案卷淪亡
而圖册具在官亦有以查核矣
一設隘防守生番隘丁口糧應分給隘地自行耕收也志
恆議曰噶瑪蘭民墾靠山課地常被生番擾害前守揚
廷理詳請奏明各隘口添設隘寮募舉熟諳隘務之人
爲隘首選雇壯丁分管地段堵禦生番防備耕田以及
往山樵採諸民人所有隘首隘丁口糧鎗藥辛勞之費

由附近承墾課地諸佃按田園甲數均勻鳩給責令隘首向佃科收毋庸官爲經理詳奉咨部覆准在案迨前通判翟淦任內以蘭屬各佃民四六征收租課賦稅匪輕再令勻攤隘費窮黎不堪其累議請將東西勢三籍民人分墾埔地除正額外其附近山麓之荒林磔石瘠地准隘首召佃墾陞列爲不入額之款備作隘丁口糧由官籌給以公濟公議免咨部旋奉憲檄以與原奏不符應奏明更正以昭覈實卑職查蘭屬東西勢沿山二十隘分配隘丁二百二十六名每隘分管界外附近山麓瘠地或一二十甲或二三十甲不等各隘丁在地墾種數年以來開闢尚未盡透卑職管見應請仍將各隘地予隘丁自行耕收以充口糧俟墾闢全透再行丈量

甲數造册詳查其耕墾佃民可免勻鳩隘費亦與原奏毋庸官爲經理之議相符

傳諭覆核曰噶瑪蘭三面負山所在生番出没沿山設隘守以壯丁行旅佃耕始免番患自始入蘭境之遠望坑起至蘇澳凡二十所皆設隘丁其口糧鉛藥辛勞等費雖原奏附近諸佃均勻鳩給但蘭地耕佃戈甲覈實賦則匪輕再令鳩給隘費民力實形竭蹶翟前倅請將附近山麓瘠地准隘首召佃墾陞由官籌給濟隘備民頗爲兩便惟與原奏不符自應奏明更正以昭覈實今呂倅議請將不成片段隘地給隘丁自耕俟墾透再行丈量甲數應請俯照所議奏行但隘地逼近生番誠恐各丁恃强貪墾侵入番界滋事不可不予以限制卑府管見請仍委員先往勘丈各隘首所墾若干甲約計足敷口糧需費而止給予墾照仍嚴定界址不許越墾致生番釁但此項隘地雖由官授其開墾工本皆丁首自備究與民耕官業有閒儻丁首緣事斥革或其人身故並無親丁接充由官另募即將隘地交接充之人經管仍酌給地租十分之二以贍䘏原墾丁首家屬其無子孫者不許冒領如此則規制有定可免事端而隘業亦不致于淪没矣

一東勢未墾頂二結鹿埔等埔地八百二十餘甲應請暫免報陞以紓民困也志恆議曰前守楊廷理丈報東勢漳泉粤三籍民人荒埔二千五百三十八甲前通判翟淦于嘉慶二十一二兩年丈報陞科田園一千二百餘

甲又被水沖沙壓田園二百八十餘甲詳准豁免外尚有未墾埔地八百十餘甲卑職查此項未報陞科埔地實係東勢靠近山腳之頂二結鹿埔馬賽等莊地多磔石瘠劣最甚雖有窮民往彼墾種雜糧鮮有收成以故拋懸至今不成田園難以徵輸供賦前廳高大鏞屢勘地力瘠薄仿照西勢湯圍等莊請免餘租嚴限勒墾又經三載仍未墾成應請暫免報陞仍由廳每年查勘結報一次不拘年限如可開透即令陞科如仍係荒埔即據實結報請緩以紓農力

傳諭覆核曰噶瑪蘭僻在臺灣極北山後本屬水寒土瘠徒以地勢平衍溪流灌注故有膏腴之名然其地可種者北起頭圍南至馬賽不及百里西自生番山腳東

至海邊寬者約四十餘里狹者不及十里自開闢以來已墾田園報陞者五千七百餘甲中遭水沖沙壓旋墾旋坍者數百甲實在陞科成熟田四千七十三甲二分園一千一百七十六甲七分雖較原奏之七千零五十甲缺額已多但核現在額征正供穀九千一百八十二石有奇耗羨穀一千二百七十五石有奇餘租番銀一萬八千六百八十八元統計賦則已逾三萬文武廉俸兵米餉乾一切取足于此每歲尚有餘穀以濟淡水之不足彈丸之區地力盡矣其不能無水堀沙礫之瘠地者勢也前守楊廷理僅于深林茂草中牽繩約計輒以七千餘甲具報初亦不料其中水堀沙礫若是之多者情也茲蒙憲臺深恤民艱特奏賦則不能加增甲數不

能足額實仰體
聖朝薄賦輕稅予民寬大之意蘭民聞知無不歡欣感戴呂倅所議東勢尚未墾透頂二結鹿埔等埔地八百一十餘甲實緣地多礫石瘠劣最甚議請暫免報陞不拘年限以紓農力實爲體恤民艱起見應請俯如所議
奏咨蘭民不勝幸甚

一西勢未墾埔地一百七十六甲應請緩報陞科以恤民隱而免漏賦也志恆議曰噶瑪蘭西勢原報荒埔二千零六十九甲先經民人佔定分墾勒限嘉慶十七年開透報丈征租迨至限滿先後丈報陞科田園一千八百九十餘甲外未墾埔地一百七十六甲現奉飭令入官另行召佃墾種卑職查此項未墾埔地皆積水之區每遇秋雨連綿即成窪穴嘉慶十六七年屢遭水淹各佃逃亡通判翟淦令結首另招新佃嘉慶十九年佃戶始集復定以二十一年開透二十二年徵租升取結繪圖造冊附同湯圍白石山腳新興等莊瘠地詳請豁減餘租又爲濁水溪流湧決屢築堤堰皆遭淹沒本年八月大雨田禾顆粒無收佃戶紛紛退墾應請將此兩處低窪瘠地一百七十六甲緩報陞科仍由廳每年查勘結報一次如得水乾土潤即諭令佃民上緊承墾陞科如仍水淹即据實結報請緩以卹貧農

傳穟覆核曰西勢未墾埔一百七十六甲久已逾限現據呂倅查係積水之區每遇秋雨連綿即成水窟屢次召佃領墾數爲濁水溪淹沒本年八月間大雨田禾無

收佃戶不愿承耕係屬實在情形應請俯照所請由廳每年查勘結報一次如得水乾土潤即令上緊承墾陞科如仍水淹即據實結報請緩以卹貧農并分別咨部立案

一民人承種田園毋庸換給司照以甦民困也志恆議曰噶瑪蘭收入版圖業戶開墾田園先由各前廳填給丈單付花戶執業並未赴司請給墾照卑職到任檢查承種花戶計有一二萬人若令自行赴司換給墾照重洋阻隔跋涉維艱應請仿各廳縣赴司請領契尾司單之式須定空白聯二墾照編列字號蓋用司印發行下廳由廳填給各花戶分領執業以昭信守仍將填過花戶姓名及四至甲分挨號造具承種細冊隨同截留墾照

存根詳報定案
傳𥡴覆核曰呂倅請須司照以昭信守誠爲鄭重課業起見但蘭民請墾向憑廳給丈單已十餘年有原給某甲佃單無力承墾給某乙墾成報陞者又有某甲報陞之業典賣某乙投稅換戶者又有原領丈單地段頗大其後分給某乙某丙墾陞者又有原領一單後因分賣只立契券原單仍存者又有展轉典賣數易其主者現在管業之佃半非當時領單之人後來陞科之戈聲亦非當日原單之弓丈就田問賦自以現在承耕各佃爲準此不能與原單符合所可慮者一也民人請墾之初皆當遣派胥役弓手同往勘丈四至戈聲填單給領至陸續墾熟報陞又往勘丈造册現因造報陞科定則咨

部又奏明委員覆勘是一田已三經勘丈若換給司單又必逐戶覆丈民間已不勝其擾矣民人始執廳單爲憑及至買賣投稅之後則憑司印契尾投稅之時并無查丈若換單覆丈其弓戈難免與契載不同則幷印契亦當更換換契則原主中證皆須傳同查勘方免控爭是換一司照而全蘭之民紛紛騷動恐非綏安海外窮黎之意所可慮者二也蘭地初墾先經前守楊廷理給予墾照後乃易給廳單兩次給單民間即有兩次之費將來換給司單需費勢所難免是一田而三次換單出費小民其何以堪勢必抗延不領從而差役追呼需索更甚即使肯領而所費既鉅田本已貴田價必昂田價昂則米穀安能使賤蘭地新開之初田園米穀即已昂

貴將來流害益無窮矣所可慮者三也卑府愚見以爲給單者所以使民有據俾免紛爭本便民也今民已有所據廳單亦由官給屢次紛更徒滋病累殊非便民之本意應請邀恩免換司單以甦民困

一加禮遠港礮臺幷南關圍墻外委公所應請暫緩建造
呂志恆議曰噶瑪蘭創始善後事宜案內應建東勢加禮遠港口礮臺南關圍牆外委公所兵房三案工程前廳高大鏞會同守備翁朝龍勘估東勢加禮遠港口礮臺一座幷圍墻等工估需銀四千八百八十三兩六錢一分六釐又加禮遠港口外委額外公所兵房等工估需銀二千二百九十三兩零七分七釐又東勢馬賽地方建造南關幷圍墻等工估需銀九千八百七十四兩

零九分八釐前府以數目浮多駮令刪減前署廳姚瑩覆勘詳送蒙藩憲行查並未出結姚瑩所送册結係高前倅銜名高倅已故飭換現任銜名印結詳送核轉卑職抵任會營覆加察核與姚署廳勘詳無異所有原估工料銀兩岩案會營出具現任銜名印結塡明年月另文送府核轉仰懇憲臺察核奏咨施行
傳𥡴覆核曰噶瑪蘭各工俱已報竣惟加禮遠港礮臺幷南關圍墻外委公所未建呂倅議請照原議估修卑府覆核所估工料並無浮冒但蘭地各工皆在歷年征存餘租動撥呂倅現送歷年征收支銷總册內截至道光元年止已盡數支撥并無盈餘銀款南關加禮遠港礮臺兵房工程浩大應請暫緩興修且現奉憲檄議于

蘭營添設都司大員戍兵三百名所有添設營署兵房
及兵糈兵餉亦未籌議容俟卑府通盤籌畫專案議詳
仍請于覆奏案內先行聲明
一城垣莿竹俱已茂密如有缺壞應隨時修補也志恆議
曰噶瑪蘭創始善後事宜案內五圍地方應建城垣挑
挖濠溝舂築城基前府楊廷理原議栽種土產九芎樹
爲城前通判翟淦涖任因九芎樹本過大一時不能生
根令總理結首城基之上遍插莿竹已經全活再于城
基之旁另栽小九芎樹將來樹竹茂盛即有空隙亦可
將竹枝編排城垣愈形鞏固係屬因地制宜奉憲檄照
所議辦理仍令將承辦各總理結首姓名及捐築丈尺
造册詳送以憑獎勵卑職抵任督同總理陳奠邦等履

勘所插城垣莿竹現在茂密其城邊並無所種之小九
芎樹詢據陳奠邦稱城邊種樹已非一次因蘭地每於
秋冬雨多地土鬆溼不能存活惟莿竹一律整齊又濠
溝淤淺亦即挑挖通流可資捍衛卑職現查各總理頭
人承辦丈尺姓名造具清册另文詳送仰祈察核咨部
傳旨覆核曰蘭地旣經開闢建城設官自當修築磚城
以資鞏固但蘭地沙土不甚膠粘燒磚皆不可用故本
地并無磚甓向須運自內地工費浩大一時難以興修
原議栽種九芎樹爲城嗣因樹本過大一時不能生根
議令總理頭人等在城基上遍插莿竹另栽小九芎樹
已奉憲准在案今呂倅查勘所插城垣莿竹現在茂密
而小樹屢種不能生活自屬實在情形應請俯如所請

隨時修補其濠溝儻有淤淺亦即挑挖通流以資捍衛
一入山備道應照前署廳姚瑩原議緩修也志恆議曰噶
瑪蘭應修備道二條泉粵二籍民人分墾地界各得其
一各前廳遵照奏案諭催二籍頭人興修旋據泉籍總
理翁清和粵籍總理林典等稟請寬展年限前署廳姚
瑩傳齊各頭人結首細加諮詢緣兩處備道一由艋舺
之大坪林進山從內山折轉至大湖隘始抵東勢之溪
洲係泉人分得地界一由竹塹之九芎林進山經鹽菜
甕翻玉山內鹿埔可出東勢之小叭哩沙喃口係粵人
分得地界計程皆應三日而所歷懸崖峭壁山徑崎嶇
樹木叢雜須扳藤附葛而上生番處處皆可出沒纍隔
大溪數重深不可測怪石羅列舟楫難施溪流復移徙

不定並無崖岸可建橋梁若欲進山修築須待溪流乾
涸之際各負乾糧執持器械結隊前進以防生番肆殺
野獸搏噬需數載之久始能將事計其工費非萬金不
可詳准咨部展限緩修在案今卑職覆加查察該兩路
山徑天限險峻紆迴百數十里並無平坦之地可以墾
闢田園山內向無居民即樵採之人亦不敢窮幽深入
本年山匠林允春滋事經水師提督許帶兵圍捕各犯
狼奔鼠竄亦無一犯敢從此二處逃走者可爲明證刻
下三貂正道大半業已修整寬平行旅往來不絕况備
道開成無人鎮壓必棄爲盜賊逋逃之藪應請仍照姚
瑩所議准予緩修將來民人入山樵採漸多人煙稠密
或行旅漸通生番潛跡再議興修未爲不可

傳穟覆核曰楊守原議修築進山備道者蓋緣蘭民三籍漳居十之七八泉僅十分之二粵人則不及十分之一又三貂正道進蘭頭圍西勢一帶盡屬漳人臺地好分氣類恐有械鬥緩急之事泉粵二籍爲漳人所困不能自通且三貂徑險設有不虞易于梗塞故欲更修二道誠爲遠慮卑府細加諮詢泉粵二籍自以人少皆與漳民和睦并無爭競之心設有不虞尚有烏石及加禮遠二港可由海道徑達鷄籠艋舺不必假道內山前署通判姚瑩查議此二道深曲險阻事非急要詳准咨部緩修今呂倅亦請照姚瑩所議與卑府管見相同所有楊守原議請修入山備道之處應毋庸議

一壇廟城垣俱已創建成規應請修造城隍神廟以符職守而順輿情也志恒議曰噶瑪蘭創始事宜案內奉准部文天后城隍神廟應就蘭屬官民捐建各前廳議設董事經理出示勸捐未有成效今卑職於抵任後查自開闢蘭疆以來所有山川社稷壇風雲雷雨城隍祭祀神位以及城垣池沼文武員弁衙署兵丁卡房各工俱已創建成規天后廟亦於城內建有廟屋兩進規模麤就惟城隍無廟僅於天后廟內附設紙牌實不足以昭誠敬況城隍尊神凡有府州縣城池者無不建廟以便民間祈報今噶瑪蘭收入版圖設官分職陰陽之道理無二致城隍尊神不可無廟卑職倡捐經費買定本城北門內空地一所擇本年十月初八日興工建廟塑像以順輿情

傳穟覆核曰神道設教說本義經燮理幽明贊襄聖治故凡建都設邑皆有城隍尊神職同守土咸受敕封載在禮官恭承祀典楊守原議蘭廳建立山川社稷二壇春秋致祭准銷祭品銀二十兩乃社稷有壇城隍無廟典儀未備人神不安現據呂倅倡率本地民人捐貲興建以順輿情殊與大部官民捐建之文相符惟祭品支銷尚未議及雖爲數無幾而不載禮官卽不足以昭崇敬又厲壇者所以妥慰無主幽魂俾有憑依乃不爲厲之意應請飭該倅俟城隍廟工完竣并撥設厲壇以祀無主民番所有城隍及厲壇自道光四年爲始准其每年在餘租項下動支祭品銀十兩以昭崇敬并乞憲臺察核咨部立案

一羅東巡檢兼管司獄毋庸移駐也志恒議曰原奏自五圍至羅東陸程二十二里設巡檢一員爲專管捕官現在羅東荒埔多未開墾戶口較少政務亦簡新設巡檢援照竹塹巡檢之例與印官同城兼管司獄時往羅東稽察仍俟羅東荒榛盡闢戶口日聚應否移駐隨時酌量辦理卑職查羅東荒埔雖已陸續開墾其近山荊榛荒土尚未盡透居民戶口亦未稠密羅東離城較近巡檢不時親赴各莊稽察儘堪控制且該巡檢兼司獄務朝夕稽查尤關緊要現在衙署已於城中建蓋應請仍與印官同城兼管司獄事務毋庸移駐羅東

傳穟覆核曰蘭廳治在五圍北距淡蘭交界約百餘里南距蘇澳邊境約四十里羅東在東勢之中距廳治僅

二十二里地雖開闢民仍無多巡檢駐居城中控制稽
查往來甚便且該巡檢兼管司獄有監獄之責應如呂
倅所議毋庸移駐
一烏石港及加禮遠港口小船出入應請由廳督同縣丞
會營稽查掛驗免其配載官差也志恆議曰噶瑪蘭西
勢烏石港東勢加禮遠港二處小口向於春末夏初南
風當令之時有臺屬之鹿港大垵八里坌雞籠等處小
船載民間日用貨物進港貿易併有內地之祥芝獺窟
永甯深滬等澳採捕漁舟入口售賣鹽魚鯆換載食
米回內其船每隻僅可裝米二三百石所有蘭境每年
額銷郡垣瀨北塲課鹽七千石必須雇覓此項漁船二
十餘隻方足以敷運載如裝米至四五百石之商船因

港門淺狹莫能進港且入口海道迴環曲折而烏石港
口礁汕羅列旁有雞嶼卯鼻瀾水分流之險一交秋令
港門沙塞卽垵邊各項小船亦難出入矣稽自蘭疆收
入版圖十有餘年未有堪以配載官穀之船入港者蘭
地僻處全臺山後生齒日繁人煙輻凑一切日用所需
全賴各處小船於春夏之閒入口貿易儻累以官差或
小加裁禁舟商一經裹足地方立見衰頹惟是每年進
口商漁船隻或一百餘號至二百餘號不等若不官爲
稽察挂驗難保無夾帶違禁貨物甚或附搭匪人偷渡
實不可不防其漸查全臺雖例止鹿耳門鹿仔港八里
坌三口通行其餘小口一概不准私越卽未便官爲挂
驗但噶瑪蘭另爲一區由艋舺入山計程四站其閒崇

山峻嶺貨多滯重難以陸行是烏石港加禮遠港二處
必須舟楫往來以爲民便頭圍縣丞頭圍千總駐劄之
所切近二港應請由廳督同縣丞會營於船隻進港出
港之時逐加查驗蓋印放行并令縣丞按月造册日廳
核明轉報其進港一切船隻免其配載官差以昭體卹
而免繁擾
傅檖覆核曰臺地各船配載官差惟有官穀最大但三
口配載官穀皆用大船蓋運載客貨二三千石貨本既
厚載價亦多派令配載官穀大者一百八十石小者一
百三十石給與七分運脚商民賠費無多故得久遠遵
行至於遭風到口小漁船樑頭五尺以上至八九尺者
載貨不過數百石向不配載官穀嗣因大船稀少官穀

欠運甚多嘉慶十五年後始議令到口小漁船一概配
載五尺以上配穀三十石六尺八尺以上配穀四五十
石至六十石不等然必正口始可押配其私口小港雖
遭風到岸之船亦必押歸正口配載緣正口人戶殷繁
百貨集各有行保配運官穀設有遭風失水皆行保著
賠其私港小口向無行保卽令配載而其船妥否並無
把握設有失水官穀卽歸無著此各口配載官穀之情
形也噶瑪蘭雖有烏石港加禮遠港二口港門淺狹入
口之船不過二三百石得利甚微蘭地民閒百貨旱路
難通皆賴其販運若累以官差或小加裁禁誠如呂倅
所言舟商一經裹足地方立見衰頹且僅春夏之閒港
門通暢秋令後港門沙塞卽小船亦難出入此又與通

臺各口情形不同應請俯如所議二港小船免配官差惟責成該廳督同頭圍縣丞會營於船隻出入時稽查挂驗并於船照內登明所載貨物并來往處所不許夾帶違禁貨物及匪人附搭偷渡諸弊仍按月造册由廳轉報洵於體卹民商之中仍寓慎重海防之意

一仰山書院因乏經費未建延請山長於文昌宮作課以端士習而振文風也志愜議曰噶瑪蘭廳自嘉慶十五年收入版圖生齒日繁人煙輻輳其閒工商農業者十居八九多以强覇刁健爲能明於孝弟禮讓者十難一二地方僻陋學校未施必先設書院延師教育人才日漸觀摩以期振興文教前廳翟淦議設仰山書院名目因乏經費未能建創僅于文昌宮內延師作課每歲甄

錄生童六七十名所需師生膏火花紅前廳高大鏞將阿里史等社餘埔原議設屯未准之租穀改作此項經費後來歷任照辦俱未詳明立案此時文昌宮內現經前署廳姚瑩延有臺邑拔貢生李維揚主講從師肄業生童共八十餘名事難中止經費不敷除將阿里史等社租穀另列專條議請憲示外所有原設仰山書院名目現經延師設課緣由伏乞憲鑒應請毋庸奏咨以省案牘

傳穟覆核曰噶瑪蘭新闢之區三籍人民風氣强悍自宜選擇俊秀教之誦習詩書俾知孝悌禮讓從前雖經議設仰山書院因乏經費未能創建既有文昌宮可以作課并延請山長生童肄業八十餘名近年附入淡水廳學者已有兩三人是卽造就人材之效若能建立學舍增益膏火文風可望彬彬日盛此時自可毋庸奏咨惟卑府更有請者蘭廳遠在山後至郡十三日程道路險窄生童肄業每逢考試跋涉艱難希圖進取似宜格外鼓舞以昭體卹但文風初肇生童不及百人未能立學向皆統由淡水廳錄取送考可否奏請于卷面別立蘭字號每歲臺灣道拔取一名以爲定制仍附淡水學教諭管東如此則蘭廳士子進取有階必更蒸蒸嚮學其于地方不無裨益

一阿里史等社埔地每年徵租不能如數請撥充書院膏火也志愜議曰前廳翟淦續查出東勢羅東阿里史馬賽流番各社及沿山界邊田園每年征租可得番銀一

千三百餘元請免陞科以充屯餉嗣准前任臺灣鎮道以蘭地流番並非土著番黎止應設立通土未便議設屯丁所有田園應照例陞科或完納番租分別辦理當蒙院司飭行丈量辦理卑職查翟前廳議作屯地之時原係未墾荒埔迨設屯之議奉駮當將羅東阿里史等社埔地一百零五甲飭令流番墾報陞科其馬賽番埔四十甲卽令佃首招佃承墾給番收租又沿山一帶荒地常有生番出沒翟前廳飭就馬賽施八坑口添設隘寮募舉隘首隘丁堵禦生番餘地劃村墾種以充口糧並未詳覆嘉慶二十五年前廳高大鏞在勘羅東阿里史等社流番墾成田園係沙磧之地不堪供納正賦議令完租作爲仰山書院膏火定于道光元年起科其馬

賽社墾透番埔仍議歸佃首收納給該社番等領作口糧亦未造册通詳立案卑職查羅東阿里史等社年僅收租四百餘石自起科之年起歷任所征皆不足數已經各前任支給書院生童膏火用訖無存可否仍照高前廳所議將歷年租穀撥歸仰山書院以爲延請山長幷生童膏火之需其馬賽番埔及沿山一帶餘地既經程前廳分別劃還社番由佃首招佃完納番租幷添設隘寮口糧之用似應仍循其舊以卹番黎而重巡防是否可行伏候憲裁至此條似可毋庸奏咨以省案牘

傳穟覆核曰噶瑪蘭本地生番只三十六社自三籍民人進蘭開墾之後有彰化之阿里史阿束岸裏東螺馬賽等社熟番先後流入羅東沿山一帶開墾謂之流番

其性愚質所得皆沙礫最劣之地不成片段茲據呂倅查明阿里史等社年僅收租穀四百餘石起科以來所征幷不足數歷年已支給書院生童膏火用訖無存請照高倅所議准將此項租穀撥歸仰山書院以爲延請山長幷各生童膏火之費其馬賽番埔及沿山界外餘地仍給社番招佃收租幷設隘口糧之用實爲體卹番黎起見卑府查此等田園既稱係各社流番所墾與民人承墾膏腴之地不同應請俯如該倅所請辦理幷無庸奏咨以省案牘

一蘭屬保甲應分爲七保遴舉公正之人爲保甲牌頭按戶編查也志恆議曰編查保甲原爲稽察奸宄並可考核民間士農工商各有執業於聽斷詞訟之時按册而稽多所裨益而向來承充保甲之人專司呈報命盜案件及地方雜務差徭於編查戶口不無潦草塞責且有抗玩之戶不聽編查自應另舉公正服衆之人承充保甲牌頭以十戶爲一牌十牌爲一甲十甲爲一保所有向日承充辦理雜務之保甲仍循其舊與編查戶口之保甲牌頭各司其事兩不相涉方能著有成效今卑職將噶瑪蘭全境通盤籌畫應分爲七保西勢頭圍抵美簡莊爲第一保四圍淇武蘭莊爲第二保五圍本城爲第三保民壯圍鎭平莊爲第四保東勢羅東爲第五保鹿埔順安莊爲第六保馬賽南興莊爲第七保捐給紙張頒發格式令其挨戶查塡年貌籍貫丁口事業幷該管牌首姓名編造循環簿册呈官核明再照册塡給門

牌按戶張挂嚴禁胥差勒索至於每年戶口之增減住址之遷移執業之更易悉照奉行章程隨時添註塗改按期抽查以昭覈實

傳穟覆核曰保甲一法臺灣各屬因地廣民稠又多浮寄往來未免行之不能盡實惟蘭地初開民人尚少且皆墾佃不肯輕棄田園其餘百工遊藝閒民無幾猶易編查且該處民人向係分結開墾各有頭人結首只須于此中選舉其人承充保正甲長不令承應一切差徭責成約束村莊編排戶口事卽易辦應請俯照呂倅所議分爲七保遴舉牌頭保甲按戶編造淸册門牌悉照奉行章程隨時添註以昭覈實

一蘭境食鹽年配臺場七千石能否加銷應俟編查戶口

定有確數以昭覈實也志恆議曰噶瑪蘭廳屬年額銷
臺郡之瀨北場課鹽七千石前歷守汪楠詳准歸于蘭
廳經理歷年應征課本番廣銀二千三百一十兩撥給
蘭營戍兵加餉紋庫銀一千九百一十兩零四錢以九
一伸折番廣銀二千零九十九兩三錢四分一釐尚存
盈餘番廣銀二百一十兩零六錢五分九釐按年批解
府庫抵充臺餉造報奏銷在案計自嘉慶十七年八月
初十日蘭地設官分職之日起至嘉慶十八年六月十
九日止應銷課鹽係汪前守代辦行銷所有嘉慶十八
年六月二十日以後始歸蘭廳經理屢奉鹽道飭查戶
口日增行令加配鹽斤卑職查蘭境流寓土著戶口原
報六萬餘人係約計之詞其間去來無定本難作準是

以歷年俱有缺銷課歸賠累閱今十有餘年生齒日繁
戶口總屬有增無減應請俟此次編查保甲戶口得有
確數能否加增容再另案另文詳請辦理以昭覈實
傳襚覆核曰噶瑪蘭僻處海外極邊彈丸之地田園供
租至於三萬閭閻已難藏富又征鹽課餉銀二千三百
餘兩年額行銷臺郡瀨北場鹽七千石案經前人議定
奏准遵行至今甫十餘年幷無缺欠課餉若復議令加
銷恐非
國家愛民輕賦之意議者以嘉慶十七年初設官時核
計丁口不過六萬有餘議銷食鹽七千石近來戶口漸
增故請加銷卑府愚見聞省近年鹽務頗形疲敝內地
各郡欠課紛紛獨臺灣年額清完者以額少而課輕也
蘭地大小丁口極多不過八萬而行銷食鹽七千石計
每口年配食鹽一斤尚不爲多故課輕而易銷若議加
銷恐民閒避官食私轉致有名無實且此一節原奏所
無請免議加銷蘭鹽俾得課餉年清實于鹽務民情兩
有裨益
一蘭地五方雜處人煙日衆其閒隻身遊蕩不安本分者
應請照例刺字逐水也志恆議曰噶瑪蘭居民皆係山
前廳縣移徙而來隻身遊蕩不安本分每因鼠牙雀角
細故輒行兇互鬥滋生事端究其所犯又止枷杖查例
載臺灣流寓之民凡無妻室者應逐令過水交原籍收
管卑職前于查辦山匠林允春一案之後將先後所獲
隻身無業遊民十餘名面刺逐水二字遞解內渡交原

籍管束從此以後地方較前大爲安靖請嗣後遇有隻
身流寓之人一經滋事犯該枷杖者卽行刺逐如向在
嘉彰一帶南路而來者卽遞交新莊縣丞衙門暫爲收
管移會淡防廳卽由八里坌配渡如係淡水新莊艋舺
而來者卽遞交彰化縣由鹿仔港配渡以免在地匪黨
代爲布置逗遛
傳襚覆核曰臺地遊民半由私僻小港偷渡日聚日多
因而滋事自當隨時淸查驅逐蘭地初開未幾現在尙
少易于淸理不可稍事容隱及至增多轉難辦理應如
呂倅所議嗣後遇有隻身流寓之人滋事卽照例刺字
逐水以免在地逗遛擾害閭閻

東槎紀略卷二終

東槎紀略卷三

桐城姚瑩石甫著

噶瑪蘭原始

噶瑪蘭僻在荒裔既入圖籍建城設官制田賦宜敎化雕題鑿齒之人漸知倫理粗習衣冠而游民樂業羣聚室家其秀者亦稍事誦讀矣顧草昧初開紀載闕略臺人所傳惟謝敎諭金鑾之蛤仔難紀略楊太守廷理之議開噶瑪蘭紀略二書乃權輿也楊書僅紀開拓之功謝書稍詳形勢併其原起然楊不及見十七年以後之事而謝僅得自傳聞未嘗親履其地所言或有未確瑩以道光元年奉檄權判其地訪諸耆老則多身與經營目擊前後者攷諸案牘咨詢舊吏爰紀其實以貽後之君子噶瑪蘭本名蛤仔

難在淡水東北三貂雞籠大山之後社番地也三面負山東臨大海三貂金面掖其左擺芝蘇澳草嶺搤其右員山玉山枕其後自山至海寬廣不及四十里自三貂溪南至烏石港三十餘里皆山石無地自烏石港至蘇澳山下綿亙不及百里然一望平疇溪港分注實天生沃壤也其始番居不知開闢雜處深林水窟之中捕魚打鹿而已康熙中即有漢人與通市易藍玉霖鹿洲集周宜子諸羅縣志皆已載之乾隆三十三年民人林漢生始召衆入墾爲番所殺後或再往皆無成功吳沙者漳浦人久居三貂好俠通番市有信番悅之民窮蹙往投者人給米一斗斧一柄使入山伐薪抽籐自給人多歸附淡水廳聞懼其爲亂乃遣諭覊縻之林爽文之亂慮賊北竄内山同知徐夢麟言三貂有吳沙民番素信可堵賊毋使遁入者是也沙既通番久嘗深入蛤仔難知其地平廣而腴思入墾與番割許天送朱合洪掌謀招三籍流民入墾并率鄉勇二百餘人善番語者二十三人以嘉慶元年九月十六日進至烏石港南築土圍墾之即頭圍也沙雖首糾衆入山而助之資糧者實淡水人柯有成何繢趙隆盛也沙所召多漳籍約千餘泉人漸乃稍入粵人則不過數十爲鄉勇而已初入與番日鬥彼此殺傷甚衆沙使人紿番曰我奉官令以海賊將據蛤仔難盡滅諸番特來堵賊且護番墾田足衆糧而已非有他也番性愚不事耕鑿聞有耕者用力苦而成功少故視地不甚惜得沙言疑信者半鬥又屢敗以爲漢人有神助稍置之番社患痘沙出方施藥全活甚衆德之

二年沙死子光裔無能姪吳化代理其事復有吳養劉胎先蔡添福附之漸開地至二圍湯圍亦時有爭鬥四年乃與番和沙與化皆能約束其衆番既聽墾亦不復侵擾番喜益進墾至四圍是時漳人益衆分地得頭圍至四圍辛仔羅罕溪泉籍初不及二百人僅分以二圍菜園地人一丈二尺粵人未有分地民壯工食仰給於漳四五年間粵與泉人鬥泉人殺傷重將棄地走漳人留之更分以柴圍之三十九結奇立丹二處人四分三釐化及三人者戒約其衆毋更進亦相安矣七年三籍人至益衆漳人吳表楊牛林循簡東來林膽陳一理陳孟蘭泉人劉鐘粵人李先乃率衆一千八百十六人進攻得五圍地謂之九旗首每人分地五分六釐漳得金包里股員山仔大三鬮深溝地

泉得四圍一四圍二四圍三渡船頭地又自開溪洲一帶粵得一結至七結地九年有漳化社番首潘賢文大乳汗毛格犯法懼捕合岸裏阿里史阿東東螺北投大甲吞霄馬賽諸社番千餘人越內山逃至五圍欲爭地阿里史眾强而烏鎗多漳人不敢鬥相與謀阿里史無糧不若助之粟而散其眾乃陽與和分置諸番而食之阿里史眾喜漸乃換買其烏鎗幾盡阿里史乃弱悟悔而無如何十一年山前漳泉械鬥有泉人走入蛤仔難者泉人納之亦與漳人鬥阿里史諸番及粵人本地土番皆附之合攻漳人不勝泉所分地盡爲漳有僅存溪洲鬥幾一年始息阿里史諸社乃自開羅東居之潘賢文爲之長十四年漳泉又鬥漳人林標黃添李觀興各領壯丁百人吳全李佑前導之

夜由叭哩沙喃潛出羅東後逕攻之阿里史眾驚潰走入土番社內漳人遂有羅東已復和泉人乃自溪洲沿海開地至大湖粵人乃至東勢開冬瓜山一帶此皆十五年前事也

謝退谷蛤仔難紀略曰嘉慶三年有龍溪蕭竹者頗喜吟咏於堪輿之術自謂得異傳竹從其友遊臺灣窮涉至蛤仔難吳沙款之居且久乃爲標其勝處爲八景且益爲十六景今所傳蘭城拱翠龍潭印月曲徑香泉濁水含清之類者是也竹悉爲賦詩或論述其山水遂爲圖以出其圖於山水脈絡甚詳時未有五圍六圍要其可以建圍之地竹於圖中皆遍指之後悉如其言余按嘉慶三年吳沙已死安有款居蕭竹之事若謂二年則是時僅開頭圍與番爭鬥未息安得遊覽全勢以余攷之蓋款蕭竹者吳沙之子光裔與吳化輩也化等既得二圍與番和乃延竹進窺其地

噶瑪蘭入籍

噶瑪蘭之入圖籍也其議倡自淡水同知徐夢麟乾隆五十三年林爽既平徐署府事乃爲臺灣府楊廷理言吳沙可信用及蛤仔難生番易於招撫楊議上之巡撫徐嗣曾以界外地恐肇番衅弗許吳沙既入墾懼獲罪嘉慶二年赴淡水請給札招墾同知何茹蓮予之沙出私單招佃每地五甲爲一張犁取番銀二十助鄉勇費沙死四年其衆詭名蘇長發赴省請墾藩司劉栻檄府察之淡水同知李明心議以蛤仔難遠在淡水三貂以外距淡城五百里深林密箐疊嶂重巒鳥道紆迴人跡罕至三十六社生番性同梟獍勿許便時栻已去藩司李長森從之六年沙子光裔及何繪趙隆盛柯有成等請復如前議置之然三籍八

衆亦未議逐出山封禁民墾自若也繪等多方求爲業戶不克十一年海寇蔡牽至烏石港欲取其地使人通謀其墾衆患之賊舟有幼童被擄者乘閒登岸遇其父匿之賊索不得揚言且滅頭圍衆益懼頭人陳奠邦吳化輩相與謀今逼賊官兵必討不如拒之且以爲功乃夜定計集鄉勇并各社番伏岸上爲備賊猶未覺晨入市貨物衆乃縛之得十三人并賊目賊聞之怒連帆進攻衆斷大樹塞港賊不得進拒敵久之賊敗去化等乃以所擒賊獻將軍賽冲阿聞乃有該處膏腴爲蔡逆窺伺之奏夏四月奉
命官兵相機籌備猶未議開也七月楊廷理以事戍伊犁返復授知府
召見問狀廷理奏蛤仔難當開不宜棄置貽邊患
上使馳驛至閩與督撫商之未果十二年七月海賊朱濆大載農具泊蘇澳謀奪溪南地爲賊巢五圍頭人陳奠邦等遣人告急廷理乃與南澳鎮王得祿水陸赴援先是漳人盃得有西勢地柯有成何繪陳奠邦賴岳吳化吳光裔六人爲之董事而東勢之强者獨潘賢文處羅東社自羅東以南至蘇澳數十里朱濆謀奪之以嗶吱紅布散給東西勢各社番有漳人李祐陰結黨與通廷理乃以札諭柯有成潘賢文七人曉以大義以嗶嘰十板紅布五百疋番銀千餅賚衆番賢文大悅民咸踴躍乃設木栅于海口各出器械巡邏捕通賊者祐黨懼挈妻子入于賊舟賢文復獲海寇黃善等七人以獻有黃寵者大股賊目也遁于蛤仔難爲黃姓所匿廷理索之黃姓縛寵出獻于是蛤仔難

民競出治道以迎廷理時鎮道以地叵測檄勿往廷理勿從九月九日自艋舺入山四日而至五圍蛤仔難縟多雨秋以後山海氣蒸瘴雲暝合及楊至而群峯開霽民以爲祥集耆老撫慰之衆皆鼓舞聽命義首林永福翁清和等願率精壯効用朱濆踞蘇澳港內之南澳王得祿以舟師追至港口港內寬外狹賊以巨纜纏鐵鍬橫沉港口林永福等番勇千二百人穿山開路以達蘇澳合舟師潘賢文以衆斷賊樵汲戊午得祿以舟師進攻賊于蘇澳廷理率林永福等自澳後夾攻之賊大敗突出官軍截擊焚賊舟三沉其大舟一獲二舟賊以十六艘順流東遁廷理安撫其民而歸言于將軍賽冲阿請設官丈陞田園弗許旋去府任又力言之將軍令與署府鄒翰議之十二年春乃奏

請設屯而免其陞科部駁中止十二月少詹事閩人梁上
國上言蛤仔難田土平曠豐饒每爲海盜窺伺前朱濆蔡
牽皆欲佔之俱爲官兵擊退若收入版圖不特絶洋盜窺
伺之端且可獲海疆之利并條奏其狀甚悉
上命總督阿林保巡撫張師誠議之阿林保乃以同知徐
汝瀾署臺守詣勘徐仍如賽沖阿議十四年正月
上諭阿林保曰蛤仔難居民現已聚至六萬餘人且盜賊
窺伺時能知協力備禦殺賊深明大義自應收入版圖豈
可置之化外況其地又膏腴素爲賊匪覬覦若不官爲經
理妥協防守設竟爲賊匪佔踞豈不成其巢穴更添臺灣
肘腋之患乎該督撫其熟籌定議如何設官安立廳縣或
用文職或用武營隨宜斟酌期于經久乃善梁上國摺內

敘及蔡逆賊船近至蘇澳時先率衆上岸有番人與鬥居
民吳氏捡獲數賊以獻賊始驚潰而去嗣朱濆竄往亦經
居民與官兵夾攻敗賊如此出力從前曾否奏明施恩彼
時如曾捡獻賊犯卽當加之獎賞亦此時收撫之要著也
時以漳泉分類械鬥未及行十五年總督方維甸過臺治
之旣定乃謀此事至艋舺有蛤仔難番土目包阿里率噶
里阿完等社番迎見呈送戶口淸册遵
制薙髮請入版圖并請設立通事以免熟番侵凌又有民
人何繪等呈請已墾田地照則陞科設官彈壓分定地界
維甸大悅生番各予獎賞傳民番面詢其狀乃覆奏曰淡
水玉山之後地名噶瑪蘭係番語閩音不正訛爲蛤仔難
其地三面距山東臨大海平原寬廣形若半規南有蘇澳

可進大船北有烏石港僅容小艇中有濁水大溪出山東
注原在噶里阿完社東旁入海近年故道淤淺正溜北徙
繞過員山逕五圍之東由烏石港入海民人所居自五圍
之外尚有員山溪洲羅東湯圍柴圍大湖圍三十九結圍
都美鶴圍勞勞圍下溪洲幾穆撈辛那罕等處及圍外零
戶濁水溪故道之北盡爲漳人開墾十之七八故道之南
係泉人粵人開墾又有岸裏社阿里史社阿東社東螺社
牛罵頭社熟番遷居其中荒埔尚未全墾此噶瑪蘭地勢
情形也當令總兵武隆阿知府楊廷理勘查覆稱噶瑪蘭
南北約長六七十里東西約寬二三十里不等漳人四萬
二千五百餘丁泉人二百五十餘丁粵人一百四十餘丁
熟番五社九百九十餘丁歸化生番三十三社四千五百

五十餘丁未墾荒埔應請分出地界何處令何籍民人開
墾何處令何社番開墾分畫公平以杜爭執已墾田地丈
量陞科其員山東北地處適中可以設官安營頭圍爲水
陸扼要之處應設分汛臣查噶瑪蘭田土膏腴米價較賤
流寓日久又有朱濆幫內散去餘黨及逃兇逸犯潛匿其
中前年漳人亦與泉人械鬥熟番互相黨護泉人爲漳人
所困大半避出以强淩弱相習成風良善民番皆思設官
納賦若竟置之化外恐臺灣日後或添肘腋之患鎭道僉
議皆以設官經理爲宜然該處數十年爲
王化所不及一旦繩以法度亦不能立就安貼知府楊廷
理丁憂巡檢胡桂於情形最爲熟悉臣已令其淸查田甲
分劃地界俟其查明會同撫臣詳議具奏四月初五日楊

廷理入山請定章程十八則丈繩一具以行何繪等始猶謀爲業戶廷理不許令各結首分領墾單自往丈量經三月始畢乃草其節略具報時維甸已去閩汪志伊繼之檄臺澎道張志緒與廷理覆勘十六年三月廷理至郡定議九月汪志伊與巡撫張師誠酌定條例以聞

西勢社番

西勢社番者在濁水大溪之北自溪北至烏石港凡二十社未入版圖之先茹毛飲血蓬髮露體男女莫别婚姻無時野合擇配聽人自便不識五倫不諳歲序以花開紀四時打牲爲恆業間有漢人教之耕種稻穀以爲寶貴以短刀代耒鋤并無牛隻間織樹皮僅蔽下體其富者惟知蓄積蝦米花布又俗重金鯉魚以銅線編成形如新月佩之出入羣以爲豔羨矣不重銀錢與人無犯各社自立頭人不相統屬嘉慶元年漢人吳沙率眾入蘭佔墾西勢各社首被侵奪殆盡十五年歸沐

王化始赴官控理已爲民人先報陞科不能給還知府楊廷理乃舉漢人爲各社總理設立通事土目約束社眾造

報丁册教以人事薙髮著衣始知置備耕牛農具漸通漢人語言亦知愛重銀錢烹調飲食矣惟倫常祭葬婚姻尚沿舊習今紀道光元年各社通土番丁之數以備考焉

哆囉美遠社距城十二里通事一人曰入寶籠土目一人曰鑾仔番丁男婦三百四十三口

打馬烟社距城二十二里土目曰遠老思悶番丁男婦一百二十六口

奇立板社距城十里土目曰敏祿番丁男婦八十一口

蔴里目罕社距城十里番耆曰那絹番丁男婦四十一口

擺離社距城五里土目曰廚瑤番丁男婦一百零二口

珍仔滿力社距城五里土目曰奪孝瑜番丁男婦二百三十八口

抵美福社距城六里土目曰阿返番丁男婦一百四十九口

流流社距城二里土目曰龜劉沙簡番丁男婦七十口

蔴芝鎮社距城四里番耆曰阿綱吻番丁男婦四十二口

仔罕社距城四里土目曰阿綱合必舟番丁男婦三百零八口

抵美抵美社距城八里土目曰武禮把老番丁男婦七十三口

踏踏社距城八里土目曰武歹畓丁男婦一百六十一口

高東社距城八里番耆曰龜劉番丁男婦九十八口

打那岸社距城八里土目曰武歹夏馬迯番丁男婦四十四口

奇武暖社距城六里土目曰芥力番丁男婦六十七口

奇蘭武蘭社距城十二里土目曰謝馬抵番丁男婦四十九口

辛仔羅罕社距城二里土目曰龜劉武朗番丁男婦八十九口

棋立丹社距城十四里番耆曰武歹吧老鬱番丁男婦六十八口

抵把葉社距城十四里土目曰阿綱番丁男婦五十口

抵美簡社距城二十里土目曰敏祿番丁男婦六十二口

以上西勢二十社番通事一人土目十六人番丁二千二百六十二口以番總理一人社丁一人管束之

嘉慶十六年總督汪志伊奏噶瑪蘭東西勢社番前皆不諳耕作是以埔地聽漢人佔墾爾來與漢人相習日久漸知耕種惟番性愚不知積蓄恐荒埔分盡地不加闢將來社番生齒日繁未免生計日絀是以楊廷理原議大社周圍加留餘埔二里小社加留餘埔一里茲據鎮道府議請東勢幾穆撈等十七社俞通事土目將社番自耕田園栽樹爲內界不許漢人贌耕其加留餘埔一里二里之外亦栽樹爲外界准贌給漢人開墾呈官立案按年完納番租免其陞科其西勢哆囉美遠等二十社羣處沿海一帶沙崙之上西勢番埔久爲民人開墾不能再留餘埔應將現在沙崙餘埔自烏石港口起至東勢界止約長三十餘里寬一二里不等永爲西勢番業不許民人過溪越墾如番社人少情愿贌給民人開墾亦照東勢之例呈官立案完

納番租免其報陞庶東西番社各安其業日久相安奏入

上許之西勢加留沙埔久未及行道光元年署通判姚瑩乃督西勢番總理林興邦社丁張金標通事八寶籠會同各社土目勘定西勢加留沙埔自烏石港起至東勢濁水溪止沙崙埔六百二十四甲四分一釐七毫二絲除原存奇立板猫里霧罕流流等社地及各社番自田一百二十八甲七分零外實存沙埔地四百九十五甲七分零二毫八絲西勢大小二十社統計番丁二千二百七十七丁口按丁分配每丁得地二分一釐七毫七絲定明界址分交各土目收掌并繪造圖冊詳司其制乃定

東勢社番

東勢社番者在濁水大溪以南自溪南至蘇灣凡十六社嘉慶十五年噶瑪蘭既入版圖西勢民墾已定楊廷理乃遣三籍頭人往丈濁水溪南十六社荒埔分授漳泉粤民人開墾凡二千五百三十八甲各社番性本愚弱既歸化益不敢較于是膏腴悉爲民有通判翟淦與楊廷理議請總督汪志伊以各社近埔處所存給之大社二里小社一里謂之加留餘埔仍官爲召佃以三籍頭人爲佃首經理收租按社計丁而分給之社番坐受焉共丈得地一千二百五十五甲二分自十五年至二十一二三年次第墾成造册詳定其制

漳佃首二人原分埔地七百六十二甲七分三釐四毫七絲九忽每甲定租四石年額納番租三千零五十石九斗三升九合配社十二

加禮宛社距城十六里通事一曰龜劉土目一曰武歹加禮番丁男婦四百五十三口

流流社距城十四里土目一曰武歹奪番丁男婦九十八口

掃笏社距城十四里通事一曰武懣大里滑土目一曰富寵番丁男婦三百三十一口

芭荖鬱社距城十四里土目一曰阿返番丁男婦九十二口

歪仔歪社距城十四里土目一曰奪斜黨番丁男婦九十六口

貓里府烟社即馬荖武烟社距城十五里土目一曰武裂末加眼番丁男婦一百一十九口

南搭吝社即馬魯烟社距城十五里土目一曰比蘭番丁男婦九十三口

武罕社距城十五里土目一曰九敏番丁男婦一百三十三口

打那美社即打納美社距城十五里土日一曰那猾貓荖番丁男婦二百零四口

打那岸社即打郎巷社土目一曰那交擔武郎番丁男婦一百零八口

猴猴社距城二十五里土目一曰罩伯番丁男婦一百二十四口

其澤簡社距城二十里土目一曰那交甲武烈番丁男婦一百口

泉佃首一人原分埔地三百八十三甲四分八厘九毫三絲六忽每甲定租四石年額納番租一千五百三十三石九斗五升七合配社三

奇武荖社距城二十五里通事一曰斗氏打嚕媽土目一曰遠嚕劬令番丁男婦四百四十口

里腦社即里荖社距城二十里土目二曰喇喇哈喇嚕日八里抵氏番丁男婦一百八十三口

婆羅新仔宛社距城十六里土目二曰武歹龜劉日打那罔施八番丁三百七十一口

粤佃首一人原分埔地一百三十五甲四分零七毫八斗

三升一合五勺二抄合配社一
珍珠美簡社距城二十里土目二曰芥力素馬幹曰劬勞
包依力氏番丁男婦二百四十八口
以上東勢番十六社通事三人土目十九人番丁男婦三
千三百零七口無總理即以三佃首一社丁約束之

沿邊各隘

噶瑪蘭地勢東面海西南北三面皆山所在生番出沒自
設官後沿山次第設隘以壯丁守之二十一二年間猶有
生番逸出殺人今則防堵益密林木伐平沿山皆成隘田
而居民安堵矣自三貂入噶瑪蘭首境爲遠望坑民壯寮
在焉始用以開道繼以護送行人過遠望而南爲大里簡
設民壯寮與遠望同
自大里簡以南乃沿山設隘各有田園數十甲以爲口糧
曰梗枋
烏石港　金面山　白石　湯圍　柴圍　三圍　四圍
一結　四圍二結　四圍三結　旱溪又名枕頭山　大
湖　叭哩沙喃　鹿埔　清水溝　崩山　員山莊　馬
賽　施八坑新設
以上隘地十九所北自梗枋南至施八坑不過棄界外數
百甲之地免其陞科隘丁貪利盡力守之而蘭民無番患
焉

施八坑

嘉慶十七年民人林朝宗等請墾蘇澚施八坑通判翟淦遣役李泉往偵之回報云查施八坑乃由東勢山尾過山盤嶺始至其處西南北俱疊山茂林惟有一坑形勢甚狹坑首西連叭哩吵喃生番社坑口東出蘇澚港乃生番出没隘口該地離東勢馬鞍山草山及議設南關之地約五六里阻隔山嶺本生番地界不與三籍應分埔地毗連前有民人陳金鄭觀鳳在彼欲求設隘開墾奉批不准已經棄置至于坑頭水堀皆生番巢穴尚有埔地若干不能窮究查蘭地自入版圖以來東勢一帶民番屢被生番殺害南風甚發之時又常有匪船寄泊澚內伺劫易于藏奸實屬要地去城窎遠最難防禦似可就地設隘把守內禦生

番逸出外護居民樵採如遇匪船寄泊亦可隨時飛報防守以杜奸民私墾藏奸之念似於地方實有裨益淦未及許其役稍為泉籍民人私墾道光元年聚居已三百餘人署通判姚瑩請查造丁册籍其田畝以為隘地未竣而去

噶瑪蘭颱異記

皇帝登極之元年六月癸未夜噶瑪蘭風颶也或曰颱雨甚伐木壞屋禾大傷繼以疫於是噶瑪蘭闢十一年矣水患之歲五颱患之歲三蘭人大恐謂鬼神降災不悅人之闢斯土也將禳之姚瑩自郡反聞災馳至周巡原野傾者扶之貧者周之請於上而緩其征製為藥而療其病疫以止民大悅乃進耆老而告之曰吾人至此不易矣生人以來此為荒昧惟狉獉之番睢睢盱盱巢居而穴處其所以異於禽獸者幾希始自吳沙數無賴召集農夫負耰鋤以入荒裔薙荊榛鑿幽險禦虎狼之生番數瀕於死矣乃築圍堡置田園聚族成郛既以無所統而相爭奪大吏以聞天子憫焉然後為設官治之黔首綏和文身向化今則膏

腴沃壤士農工商備矣城郭興宮室畢婦子嘻嘻而樂利夫山川之氣閉塞鬱結久而必宣宣則洩洩則通通然後和天道也今以億萬年鬱塞之區一旦鑿其苞蒙而破其渾洞澤源與山脈僨興陰晦與陽和交戰二氣相薄梗塞乍通於是乎有風雷水旱癘疾之事豈為災乎昔者羲軒之世湻風古處百姓渾渾不識不知未有所為災者逮乎中天運隆五臣遞王文明將啟而於是乎有堯之水湯之旱聖人以為氣運之所由洩而不以為天之降殃於人也不然德如唐堯功如成湯豈復有失道以干鬼神之怒哉若夫地平天成大功既畢則惟慎修人紀以保休嘉而於是乎時和年豐百寶告成宇宙熙皞臻於郅治苟有失德肆為淫慝敗亂則鬼神惡之而天乃降災此天地之氣既

通而人事不和之爲厲也今蘭地初開雖風水屢洊而不爲異五患水三患颱而民不饑無有散亂何也民皆手創其業艱難未忘不敢有淫慝之思也雖然吾特有懼焉懼夫更數十年後地利盡闢戶口殷富老者死而少者壯民惟見其樂而不見其艱也則將有滋爲淫佚而樂於兇悍暴亂者人禍之興吾安知其所極耶然則如之何而後可也曰崇節儉修和睦戒佚遊嚴盜賊守斯四者庶乎可以久安而不爲災祲何爲者耆老曰善乃記之

噶瑪蘭厲壇祭文

嗚呼

上帝好生蠢靈無異

聖王御世中外一家安民以惠爲先善俗以和爲貴冤慘之深莫過沙場不返厲氣之積多由餒鬼無依嗟爾噶瑪蘭開闢之初三籍流民皆以孤身遠來異域或負耒營田披荊斬棘或橫戈保衆賈勇爭先授身鯨鱷之淵射利虎狼之窟始與兇番格鬥繼乃同類相殘戰爭越十五年死亡以數千計聚衆奪地歿既無名違例開邊死且負咎重洋阻隔魂夢躑躅以安歸亂冢縱橫骨拋殘而莫辨肝腦空塗未得一弓之地幽冥淪滯長銜九壤之悲至於三十六社土番被髮文身

聖化未沐含生賦性

覆載攸同草爲衣而肉爲食獲鹿是伍何知布粟之精巢斯處而穴斯居風雨飄零不解宮室之美射鹿打牲以鏢弩爲耒耜赤男裸女無葬娶與室家睢睢盱盱獉獉狉狉乃始以市買而通漢繼因土地而交爭戰鬥屢摧信漢人果有神助疆原日蹙兇番衆殆是天亡生雖愚陋無知白刃可蹈死亦沈冤莫釋碧血難消更有黃髮少年白衣壯士奮孤忠而討賊識大義以勤王當孫恩猖獗之時亦盧循縱橫之會蛟吞鯨視屢思破卵營巢大旆樓船尙待焚艘拔幟乃父老深明順逆士女爭饋壺漿生擒醜類投軀願効前驅破敵功成碧海身喪黃泉莫考姓名未蒙

卹典忠誠不滅義魄何安方今

天子懷柔澤周海外嘉羣番之嚮義負籍歸誠憫絕域之初通設官布化授地分田鮭瀛有截食租免稅鱗冊無煩十二年教養涵濡七萬戶謳歌鼓舞漢庶則成家聚族都忘鋒鏑之艱番黎亦鑿雨鋤雲漸有衣冠之象生人安矣受福方長死者哀哉含悲何極萬眾青燐之鬼不免餒而頻年瘷厲之災良有以也瑩等共膺此土保赤為懷睹民番之錯處日久而安念溟漠之沈淪心悲以惻爰廣安民之惠更修祀鬼之壇建牖招魂設屋為主傳集三籍各社耆長涓吉致祭俾知忘身保眾死事無別乎公私木本水源此日猶申其禋祀茆檻既置足以棲靈生籍雖殊何妨共食奮身以爭地身亡地喪尙何爭為漢以怨番漢睦番和可以無怨如果讐忿兩釋自能厲氣潛銷漢乘風而

內渡速返鄉園番超脫於沈幽各登善地從此人鬼相安民番永樂殊方異域皆成

舜日堯天滯魄冤魂盡化和風甘雨豈不休哉尙饗

噶瑪蘭始入版圖民番未能和輯時有械鬥又頻歲多災瑩鋤除強暴教以禮讓民番大和乃以秋仲會集三籍漢民生熟各社番設厲壇於北郊祀開蘭以來死者為漳籍之位於左泉粵二籍之位於右列社番之位於地以從其俗城隍為之主列位於上是日文武咸集率各民番盛陳酒醴牲核以祀之至者二千餘人社番亦具衣冠隨眾跪拜如漢人禮祀畢又使民番互拜瑩乃剴切諭以和睦親上之義陳說五倫之道使善番語者逐句傳繹之環聽如堵多泣下者

臺北道里記

舊說臺灣南至瑯𤩝北至雞籠綿亙一千七百餘里以臺澎為中路鳳山為南路嘉彰淡水為北路今噶瑪蘭新闢又過雞籠極北越三貂大嶺轉折而南至蘇澳為界計增幅員一百餘里其南路仍舊余以辛巳年正月入蘭乃記北路道里于左

臺郡出北門五里柴頭港有塘汛又二里洲仔尾民居頗稠三里三崁店有溪二道一由鯽魚潭出一由大穆降出會流至鹽埕出海有汛又一里許臺嘉二邑交界十里木柵有汛民居小村市十五里曾文民居稠密有溪即灣裏也有汛又五里茅港尾民居街市頗盛有汛並館舍十里鐵線橋有汛十里汲水溪有塘十里下茄苳大村市館舍

有大汛駐守備一員十里八槳溪有汛十里水堀頭有溪不甚大有汛五里樹頭有汛十里嘉義縣城文職知縣一員教諭訓導典史各一員武職都司一員千總一員自嘉義北門五里殺狗溪五里打貓霧大村市有汛十里大埔林民居稠密有汛五里與化店有溪五里他里霧大莊市有溪有汛五里榕仔腳有溪五里鹿場溪嘉彰交界十里西螺大市有汛駐把總一員有溪出柑香美異他柑五里三條圳圳即俗畎字土人讀如浚凡三道水盛時非舟不渡十里東螺溪三里寶斗大村市即舊東螺也民居稠密街市整齊有汛五里茉莉莊五里關帝亭廟宇甚新峻前有僧能詩而還俗矣五里大埔心民居小村舍多盜匪其東北沿山即下林仔東南沿海為二林皆匪巢也五里華

固橋五里燕霧五里茄苳腳皆有汛五里口莊五里彰化縣城南門文職知縣一員教諭一員典史一員武職北路協副將一員都司一員守備一員縣北有八卦山陳周全之亂文武官出守八卦山城陷失守即斯地也今新城重建復于山上砌小磚城為援工甫竣自縣東北五里茄冬腳五里大渡溪有村市五里龍目井五里烏瓦窰五里沙路有汛五里牛罵頭民居稠有街市館舍七里青埔前入淡水界自嘉義之下茄苳至是一百五十餘里皆平壤山水清秀田膏腴人殷富洵沃土也入淡水界則沙瘠矣入界一里大甲溪溪廣數重水盛時一望無際下皆亂石溪流湍激舟筏一不慎即入海不返每大雨後行者必守溪數日水退乃敢渡八里大甲街民居頗稠駐巡檢一員外委一員自大甲西去八里即大垵海口也自大甲北行五里大垵溪十里坊裏溪有汛十里椿梢街市有溪汛館舍五里椿梢園五里望高寮五里白沙崙有汛駐外委一員五里烏梅崎毗連打那拔有溪七里後壠民居街市稠密館舍甚整潔有汛駐千總一員稽查海口是夕上元居民張鐙甚樂後壠北行五里山仔頂五里中港街有汛外委一員巡查海口五里魯獨崎一名螻蛄崎兩邊皆山蓋如峽矣五里望高寮三里香山有汛八里竹塹圍竹為城四門民居約二千餘戶淡水同知駐此同城教諭一員嘉慶二十三年初立學宮修尚未竣巡檢一員兼司獄都司一員守備一員都司署前較場不甚大學宮即在其南每逢操閱鎗礮轟震殊非妥侑先聖之所而土人士以地理家

言食較場地吉而置有司惑而從之過矣竹塹北行三里金門厝有溪渡十里鳳山崎山甚平廣袤十里為大湖口又名糞箕湖涸湖也十里枋碑十里楊梅櫪大村市有汛駐把總一員五里頭重溪十里中櫪街民居稠有汛十里內跋腳十里桃園大村市山水清秀田土膏腴恍如江南道上矣十里龜崙頂有汛五里大邱園小溪數重兩邊皆山八里龜崙腳七里新莊大村市民居約近千家駐縣丞一員有汛五里渡大溪至艋舺途中山水曲秀風景如畫擺接十三莊在其東南為北路第一勝境艋舺民居舖戶約四五千家外即八里坌口商船聚集闤闠最盛淡水倉在焉同知歲中半居此蓋民富而事繁也駐水師遊擊一員守備一員由艋舺東水程二十里即八里坌海口設滬尾一營與內地五虎門對渡自郡至艋舺皆北行由艋舺以上乃東北行十里錫口有街市五里南港入山沿山屈曲其港水自三貂內山出上自暖暖下達滬尾十里水返腳小村市水返腳者臺境北路至此而盡山海折轉而東出臺灣山後故名過此天山嶺迴日東行十五里為一堵山再北過五堵七堵八堵凡十里至暖暖地在兩山之中俯臨深溪有艋舺小舟土人山中伐木作薪炭枋料載往艋舺舖民六七家皆編籬葺少甚湫隘每歲鎮道北巡及欽使所經皆宿于此蓋艋舺以上至噶瑪蘭頭圍凡三日程皆山徑固無館舍耳暖暖迴日東行二里許稍平廣可三百餘畝居民四五家散處三里至碇內渡溪北岸更東行二里楓仔瀨復過溪南岸仍東行三里至鰗魚坑過渡

沿山二里伽石路甚險窄土人白蘭始開鑿之奇其事以爲神所使云二里至三貂嶺下俗云三貂仔有汛四里苿仔潭過渡水深無底有小店爲往來食所三里則三貂嶺矣盤石曲磴而上凡八里至其巔嶺路初開窄徑懸磴甚險肩輿不能進草樹蒙翳仰不見日色下臨深磵不見水流惟聞聲淙淙終日如雷古樹怪鳥土人所不能名猨鹿之所遊也藤極多長數十丈無業之民以抽藤而食者數百人山界廣約數十里內藏生番其外熟番有社及街市在楊廷理新開路東因其路迂遠人不肯行故多由此舊路云嶺上極高俯瞰鷄籠在嶺東南海波洶湧觀音燭臺諸嶼八尺門淸水灣跌死猴坑卯裏鼻諸險皆暸然如掌蓋北路山之最高矣下嶺八里牡丹坑本名武丹坑武鎭

軍隆阿改今名有民壯藔守險于此護行旅以防生番也六里粗坑口過渡六里頂雙溪有渡八里魚行仔有溪八里下雙溪過渡爲遠望坑民壯藔里許至三貂大溪西淡水界東噶瑪蘭界嘉慶十六年總督汪志伊奏定過溪迤北轉東八里半嶺四里草嶺十里下嶺至大里簡民壯藔則山後矣自此以下皆東面海爲蘭北境沿海南行十里至北關有汛駐外委一員八里烏石港水自叭哩沙喃出至此入海與龜山海中相對山形如龜首北而尾南港口沙線一道如蛇土俗以爲天生元武之象建眞武廟祀之港門春開秋塞盖乘南北風爲通塞內地及鷄籠艋舺一帶小船每乘南風進港蘭地爲產米穀百貨皆仰給于外

隔山難通故賴小船出入以濟百物有礮臺守港以防海寇更二里乃至頭圍二十五里則五圍蘭城矣

東槎紀略卷四

臺灣班兵議上

桐城姚　瑩石甫著

比聞大府檄下議改臺灣班兵召募土著愚竊以為過矣臺灣自古海外荒服之地明末鄭氏竊據為閩浙江南憂者數十年

聖祖仁皇帝命將興師克塽銜璧歸降始入版圖於今一百三十三載設立重鎮總攝師干俾以專殺之典為東南延海數十郡外藩日本荷蘭無敢窺伺者臺灣之功也臺澎一鎮水陸十六營額兵一萬四千六百五十有六自督撫兩院水陸二提漳州汀州建寧福寧海壇金門六鎮福州興化延平閩安邵武五協五十八營抽撥更戍多者七

八百人少者百數十人其到臺也又分布散處每內一營分臺營者十數極多不過百人而已匪特三年之中分起輪班出營收營紛紛點調之煩配坐哨船或商船重洋風濤歲有漂溺之患而且戍臺之兵既有兵糈又有眷米歲費十數萬

天庾正供不少惜此何所取而必為之哉蓋嘗推原其故竊見列聖謨猷深遠與前人立法定制之善不可易也夫兵者凶器至危以防外侮先慮內訌自古邊塞之兵皆由遠戍不用邊人何也欲得其死力不可累以室家也邊塞戰爭之地得失無常居人各顧家室心懷首鼠苟有失守則相率以迎暮楚朝秦是其常態若用為兵雖頗牧不能與守故不惜遠勞數千里之兵更迭往戍期以三年贍其家室使之盡力疆場然後亡軀効命臺灣海外孤懸務急勢難策應民情浮動易為反側然自朱一貴林爽文陳周全蔡牽諸逆寇亂屢萌卒無兵變者其父母妻子皆在內地懼干顯戮不敢有異心也前人猶慮其難制分布散處錯雜相維用意至為深密今若罷止班兵改為召募則以臺人守臺是以臺與臺人也設有不虞彼先勾接將帥無所把握吾恐所憂甚大不忍言矣其不可一也兵者貔貅之用必使常勞勿任安逸自古名將教習士卒勞苦為先手執戈矛身披重鎧雖遇寒冬雨雪盛夏炎蒸而大敵當前亦將整旅而進苟平居習為安逸何能驅策爭先故練技藝習奔走日行荆棘之叢夜宿冰霜之地寒能赤體暑可重衣然後其兵可用今營制訓練各有常期將弁操演

視同故事惟班兵出營約束煩難且以數十處不相習之人萃為一營彼此生疏操練勢難畫一將備懼罰即欲不時勤操演有所不能是於更換之中即寓習勞之意益以賢能將帥講習訓練斯成勁旅若改為召募則日久安閒有兵與無兵等其不可二也兵者猛士以勇敢為上勝敗在於呼吸膽氣練於平時百戰之兵所向無前者膽氣壯故視敵輕也古者名將教士或臥於崩崖之下或置諸虎狼之窟所以練其膽氣使習陷危機而不懼然後大勇可成臺洋之涉亦可謂危機矣駭浪驚濤茫無畔岸巨風陡起舵折桅欹舟師散髮而呼神鄭舶漂流而破碎大魚高於邱岳性命輕於鴻毛若此者班兵往來頻數習而狎之膽氣自倍一旦衝鋒鏑冒矢石庶不致畏葸而卻步且平

日海洋既熟卽遇變故亦來往易通兵法云置之死地而後生此之謂也今若改爲召募免其涉險則恇怯性成遇難望風先走膽氣既無鮮不潰敗愛之適足以死之甚非國家所以養兵之意其不可三也以必不可易之制而欲變更是以臺灣視同內地毋乃於

列聖謨猷前人美意有未之深思者乎然大府之所以議改者亦自有說請釋其疑可以無惑一曰節糜費閩省兵糈僅能支給自林陳蔡三逆軍興各府縣運穀赴臺積貯空其大半頻年買補尙缺額者十數萬石而臺灣每歲運穀不能時至各縣借動倉穀墊放兵米舊貯未滿又有新借各縣藉口不免虧空且臺灣新設艋舺一營兵米不敷支給是閩省倉儲頗形支絀若改班兵爲召募則內地眷

米一項歲可省穀數萬數年之後不惟補足且有贏餘幷可減運以給艋舺兵米此節糜費之說也殊不知內地儲倉並不虧於軍需而虧於官吏軍需所缺歷年採買不難報竣所慮者有採買之名而無買穀之實及至交代輾轉流底虛報存倉至於臺穀不過運期稍遲雖則借墊運到卽還何至虧空若艋舺不敷兵米則臺地亦尙有別款可籌何必貪節省之虛名而悞百年之大計二曰處游民臺地口禁雖嚴而港汊紛歧自鹿耳門鹿港八里坌三正口外南路則打鼓港東港大港喜樹仔北路則笨港五條港大甲椿梢後隴中港大垵烏石港其他私僻港口不可勝紀無業之民偷渡日多非遊聚市廛則肆爲盜賊捕治不勝其眾若募爲兵若輩有可資生亦所以區處之道此處

遊民之說也不知召募之額有常而遊民之來無限不爲兵者又將何以處之且若輩惰遊無根小不遂意及或犯法則逃去無所顧忌若操之稍急又鼓噪爲變一旦姦民蠢動此輩皆其逆黨矣況臺地漳泉粵三籍素分氣類動輒械鬥將弁帶兵彈壓非彼之仇卽彼之黨不更助之亂乎其患無窮不待智者而決矣三曰免煩擾臺灣班兵三年抽換往來絡繹則有造册移報之煩缺額事故則有補革案牘之煩臺灣鹿港蚶江廈防四廳配船候渡者無慮日內五十八營外十六營收營出營者屬於途且班滿出營之後多不遵約束紛紛滋事帶兵員弁既畏如虎狼地方廳縣更難於治問若改爲召募則諸弊皆清此免煩擾之說也不知文移案牘不過書識之勞廳營紛紜各有舊

章可守儻其出營滋事一能吏足以安之若慮煩擾務求安便此事簡民純之區所宜講求而非所以施於繁要況海外重兵之事乎然則由前三者其害甚大由後三者並無所利吾不知議者何取而輕改舊章也夫老將言兵計出萬全忠臣謀國期於久遠事必權其利害而利之所在弊卽在焉亦視其大小何如耳班兵之制於今一百餘年推其弊不過如此其利則保障全海而改爲召募則其害不可勝言幷無所利可以決所從違矣

班兵議下

班兵之不可易如此則大府欲易之也其惧明矣吾聞大府入覲嘗面言事宜已得俞旨必有言之甚切者此可揣而知也以爲班兵不得力耳朱一貴之亂也全臺陷矣林爽文之亂也南北兩路俱陷不破者郡城耳陳周全之亂也始陷鹿港既陷彰化蔡牽之亂也始入艋舺新莊既陷鳳山據洲仔尾郡城受攻者三月班兵不能滅賊皆賴義民之力繼以大兵而後殄滅是爲班兵不得力之明驗嗟乎此文武諸臣之罪也班兵何與乎臺灣地沃而民富糖蔗米油之利北至天津山海關南至甯波上海而內濟福州漳泉數郡民商之力既饒守土者不免壅肥之意太平日久文恬武熙惟聲色宴

樂是娛不講訓練之方不問民間疾苦上下隔絕百姓怨嗟故使姦人伺隙生心得以緣結爲亂倉卒事起文武官弁猶在夢中一貴致亂之由言之使人痛恨後來者不知炯戒久而漸忘又有爽文之事陳周全本陳光愛餘孽誅之不盡及彰化米貴匪民肆搶臺守馳往僅拴治二十餘人粉飾了事又置周全不問以致縱成大患甫旋郡而難作蔡逆犬幇騷擾海上十餘年以重利啗結岸上匪類受僞旗者萬餘人一旦揚帆直入匪民內應故得直薄郡城此皆諸臣經略不足於班兵何尤藉使不設班兵當時已皆召募能保無事耶然吾聞朱一貴亂作文員先載妻子走避澎湖是以人心無主總兵歐陽凱力戰死難若林爽文初據嘉義總兵柴大紀一出而殲賊復城陳周全別股

賊首王快攻斗六門千總龍昇騰以兵百人敗賊千數蔡逆攻臺澎湖副將王得祿以水師兵六百人破賊數萬於洲仔尾不三年卒殲蔡逆臺人至今猶能言之則是班兵非不得力顧用之何如耳而欲改變舊制豈理也哉抑臺營今日有宜講者五事一曰無事收藏器械以肅營規二曰演驗軍裝鎗礮以求可用三曰選取教師學習技藝以備臨敵四曰增設噶瑪蘭營兵額以資防守五曰移駐北路副將以重形勢臺灣班兵器械除礮位鉛藥外皆由內地各兵配帶因雜派各營恐有遺失向皆自行收管不交弁備然分類之習未除每口角細故彼此出械相鬥將備不及彈壓已致傷人雖屢加嚴懲此風不免良由器械在手易於逞兇故也今宜定制自入營點名之後所有器械

編號書名交本營守備收入庫局惟操演敎習差派出營逐捕盜賊按名散給無事則皆繳收不許執持各汛距營稍遠亦交千把總收管如此則手無挾持平時可免械鬥而營規整肅矣武備之用利器爲先籐牌鳥鎗長矛半斬腰刀在在必須堅利大小礮位一發擊賊數十人尤爲取勝要具臺營軍裝惟火藥硝磺由內地運給自行煎煮其餘皆由省局製造委參遊大員解運赴臺舊壞者收回繳省嘗見刀刃脆薄不堪砍斫每斬決囚犯僅一再用而缺籐牌甚小圍圓不過三尺籐尤輕薄此僅利於操演時騰舞輕便耳若以臨敵不足遮蔽矢石鳥鎗尤短不能及肩安能中遠至於礮位鐵多未經熟煉又攙雜鉛沙擲地稍重兩耳即斷火門又或敧斜往往炸裂傷人至於不敢演

放武備若此雖有健鋭亦難勝敵向者出局交營皆顧贍情面草率收受貽悞軍情莫此爲甚今宜嚴定制度務以厚大堅利爲主鎗礮必經委員當面演放并由鎮道會驗然後收營否則駮回另造且治工匠以應得之罪如此則省局不敢偷減工料委員不敢徇情解運臺營不敢草率點收而軍裝可期堅利矣營制操演弓箭鳥鎗籐牌刀矛各有用法進退跳蕩騰走擊刺各有規矩平時督撫提鎮較閲之時皆按一定陣圖演習此不過死法陳規練其步伐耳及至遇敵衝鋒則臨機應變惟以勇敢便捷整齊爲上必使手與器調器與心調心與伍調伍與弁調弁與將調然後千人一氣衆志成城無不克敵之理每見市中無賴皆有膂力相尚一營之中豈無嫺長技藝之人苟能留

心拔取使爲衆兵教師朝夕訓練將備親自董率日省月試考其優劣能教十人以上者賞百人以上者拔用如此則人爭以技藝見長勁旅可成臨敵必能制勝矣噶瑪蘭新開額設守備一員千總一員把總一員戰兵二百六十名守兵一百四十名歸艋舺水師遊擊管轄所撥班兵皆用上游四府惟蘭境北至三貂南至蘇澳邊界横亙百餘里三面負山口隘二十處皆生番出沒之所東臨大海其内港則烏石加禮遠二口自三月至八月港道通暢民人販載米石小船絡繹外洋則蘇澳龜山鷄籠洋面南風司令每有匪船遊奕防堵尤要蘭地僻遠在臺灣極北山後距郡十三日程距淡水六日程中隔三貂大山徑窄溪深極爲險阻設有不虞百人可以梗塞今額兵裁四百名分

守汛防未免單薄須添設戰兵一百二十名守兵八十名設都司大員統之駐五圍城内守備移駐頭圍千總移駐三貂更設在城千總一員外委二員始足以資彈壓惟添兵即須籌餉竊見蘭營兵米餉銀皆就蘭廳正供餘租支放每歲銀穀皆有盈餘穀約五千石餘租番銀二千今若抽撥戰守兵二百名添防則歲增兵米七百二十石不過用穀一千四百四十石歲尚有餘穀矣增設兵餉戰兵一百二十名每名月餉銀一兩四錢守兵八十名每名月餉銀一兩歲約用銀二千九百七十六兩都司全年俸薪馬乾養廉約銀四百四十九兩千總俸薪馬乾養廉銀一百九十二兩外委養廉銀三十六兩增設各兵加餉銀九百五十五兩耳凡共需銀四千六百餘兩蘭廳餘租一項頗

有盈餘以給官弁養廉戍兵加餉足敷支給至此項額兵若再從内地抽撥似覺紛煩閲軍册内臺郡城中駐城守參將一員兵一千一百七十九名北路左營都司駐嘉義兵一千二百八十二名額兵頗多今若於城守及嘉義二營中酌量抽撥即可足額且無庸另籌餉銀眷米如此則蘭營兵力可無單弱之虞而防守更爲周密矣臺灣府治東南路至瑯嶠四百五十里北路至蘇澳一千二百餘里以形勢而論南短北長蘭境未開初設北路副將一員中營都司一員額兵一千二百三十八名駐彰化城内轄嘉義都司爲北路左營竹塹守備額兵七百二十六名爲北路右營艋舺新莊以上空虛故嘉慶九年蔡逆從滬尾登岸徑至新莊後乃添設滬尾水師一營駐遊擊一員以艋

舺營守備陸路兵八百七名及蘭營陸路守備皆歸管轄所以兩營陸路皆轄於水師遊擊者北路副將駐彰化鞭長莫及故爲一時權宜之計耳滬尾遊擊所轄洋面上自蘇澳下至大甲八百餘里中隔鷄籠須候南風由鷄籠至滬尾及於大甲須候北風此一路港灣最多向爲匪船出沒之所哨捕稽查殊爲不易今更兼以陸路實有顧此失彼之虞一旦淡蘭有事仍不得力愚意不若以北路副將移駐竹塹改右營爲中營抽撥彰化營額兵二百名艋舺營額兵一百名歸竹塹守備加都司銜隨同副將駐札改彰化都司爲北路左營改艋舺守備爲北路右營同蘭營守備共四營兵統歸副將管轄其嘉義所轄駐左營都司改歸郡中城守營參將管轄如此則北路副將中權淡水

南可以應彰化北可以應艋舺噶瑪蘭形勢始爲扼要郡城可無北顧之憂而艋舺水師遊擊惟盡心洋面以專責成水陸兩路皆可得力矣以上五條實爲目前臺營之急務見諸施行必有實效然自古治法莫如治人苟守土之官平時廉正公明勤於政事不貪安逸吾知臺人必愛之如父母畏之如神明雖有姦宄不敢萌心卽萬一不虞而吾以有備之兵禦之再以子弟之民助之有不旦夕撲滅者未之有也又何致上厪

宸衷遠煩數萬大兵耗費無限之糧餉也哉

道光二年督撫以前臺道葉公言欲改班兵之制觀鎮軍疑不能決就瑩問策爲議上之鎮軍亟以爲然而葉公旋擢閩撫面對猶及此事

上命與總督籌之三年趙文恪來督閩浙軍見此議乃罷復採其言於臺北營制有增改焉

覆笛樓師言臺灣兵事書

奉六月望後諭以臺營惡習幾有魏博牙兵之勢深慮之集思廣益令博採輿論以聞瑩以為此不足為臺地深憂皆告者過耳自古治兵與治民異蓋兵者凶器其人大率猾獷橫暴馭之之道惟在簡嚴簡者不為苛細責大端而已嚴者非為刻酷信賞罰而已夫虎豹犀象雖甚威猛然而世有豢畜之者馭得其道也馬牛犬羊雖甚馴擾僕夫童子可操鞭箠而驅之壯夫鹵莽或受踶角之傷且死者馭之不得其道也市井無賴三五羣毆其勢洶洶婦人孺子心膽欲碎老儒學究向判曲直反受詬誶而歸搖手氣憤痛罵其無良而已道傍之人袖手竊議短長紛紛未已一武夫健者奮怒叱之二比闃然而散臺營情勢亦若是

而已矣今之走告於夫子者非婦人老儒則道傍袖手者也何足以煩明聽哉請質言之臺灣一鎮水陸十六營弁兵一萬四千有奇天下重鎮也兵皆調自內地督撫提鎮協水陸五十八營漳泉兵數為多上府各營兵弱向皆無事興化一營稍黠多不法其最難治者漳泉之兵也人素勇健而俗好鬥自為百姓已然何況為兵水提金門兩標尤甚昔人懼其桀驁散處而犬牙之立意最為深遠然如械鬥娼賭私載違禁貨物皆所不免甚且不受本管官鈐東不聽地方官申理蓋康熙雍正之間尤甚乾隆嘉慶以後屢經嚴治乃稍戢此兵刑二律所以於臺地獨重也豈惟今日哉重法如迅雷霹靂不可常施常施則人側足不安故曰一張一弛文武之道然小者可弛而大者不可弛小者宿娼聚賭攬載違禁貨物欺虐平民之類是也若械鬥人命不受本管官鈐東不服有司審斷則紀綱所係必不可宥此輕重之別也故治兵者不可不知簡嚴之道不辨輕重者不可以簡不簡者不可以嚴不嚴者不可以用威威不足則繼之以恩恩不足則守之以信自古名將得士力者皆由用此今之用兵者大抵既不知簡又不能嚴有罪而不誅則無威將不習弁弁不習兵勞苦之不恤而朘削之是求則無恩當罰者免當賞者吝則無信此所以令之不從禁之不止也然則以為不足慮者有說乎曰有兵之可慮而難治者叛變耳自古驕兵亂卒大抵在其本鄉形勢利便易於叛變若客兵則有潰而無叛其形勢不便故也魏博之牙兵皆魏博人也故敢屢殺逐其大將而

不受代若臺兵則皆撥自內地上游與下南不相能也興化與漳泉不相能也漳與泉復不相能也是其在營常有彼此顧忌之心必不敢與將為難明矣況其父母妻子皆在內地行者有加餉居者有眷米
朝廷豢養之恩甚至設有變父母妻子先為戮矣豈有他哉雖臺地之民大半漳泉而兵與民素有相仇之勢故百餘年來有叛民而無叛兵乃治兵者每畏之而不敢治則將之懦也且漳泉之人其氣易動而不耐久一夫倡而千百和初不知何故及稍知之非有所大不願則已懈更盛氣勢以臨之鼠伏而兔脫矣如吹豬脬然初雖甚壯但刺小孔剖索然此漳泉之人之情也漳泉之兵既治則他可高枕而臥矣請以近事徵之嘉慶二十四年七月安平兵

鬥死數人矣將備理諭之不止情懇之不息鎮軍怒整隊
將自郡往剿眾兵聞聲而解竟執數人分别
奏誅無敢動者二十五年正月郡兵羣博於市瑩爲臺灣
令經過弗避呵之眾皆走矣一兵詆縣役掠錢相爭瑩命
之跪而問之眾散兵以爲將責此兵一時羣呼持械而出
者數十人欲奪犯去縣役從者將與鬥瑩約止之下輿手
以鐵索縶此兵往迎之曰汝敢拒捕皆死矣眾愕然不敢
犯乃手牽此兵步行至鎮署眾大懼求免不許卒責革十
數人而禁其博自是所過兵皆畏避又是年九月興化雲
霄二營兵鬥將謀夜起諸將備倉卒戒嚴瑩亦夜出巡視
各營眾兵百十爲羣見瑩過皆跪好諭之曰吾知鬥非汝
意特恐爲人所劫故自防耳毋釋仗毋妄出出則不直在

汝彼乘虛入矣眾兵大喜曰縣主愛我至他營亦如之竟
夜寂然天明罷散音鎮軍切責諸將眾兵乃懼皆叩頭流
血察最狡桀者營數人貫耳以徇諸軍肅然此三事其始
洶洶幾不可測卒皆畏服不敢動可見臺之兵猶可爲也
及再至臺則聞紛紛以兵橫爲言者或慮有變詰其事大
率如拳賭不服之類將備懦弱畏事又鎮道營縣不和是
以議者紛紛張大其詞而非事實觀鎮軍每爲瑩言未嘗
不扼腕恨無指臂之助此所以決意引疾也既去而營縣
中乃有思之者矣今年正月鳳山淡水兩營皆有營兵鬨
斃小夫之事營將規避處分廳縣始意將外結方守護道
與觀鎮力持不許然後得以兇兵解郡而將備中或有以
爲怨者五月安平營兵與民人乘危搶米將備又思不究

幸撫軍巡臺值其事嚴責之斬三人餘以軍流抵罪方撫
軍之盛怒切究也臺中論者紛紛以爲兵民習慣久矣驟
治之恐變或言安平兵皆潰走下海矣或言出斬之日將
謀劫奪矣方守入見撫軍力陳無慮之狀惟請勿多殺而
已案奏之日兵民畏服然則悠悠輿論其可聽乎善乎夫
子之言曰非得有如李臨淮者安可望其壁壘煥然一新
斯言可謂得其要矣夫李臨淮固不可得若以臺營視魏
博則尚不至此雖有不法一健將能吏足以定之保無他
也且夫聚兵一萬四千餘人之眾遠涉重洋風濤之險又
有三年更換之煩舊者未行新者又至此其勢與長年本
土者固殊而營將能以恩威信待兵者百不得一又時方
太平無事終日嬉遊廛市悍健之氣無所洩欲其無囂叫

紛爭違例犯法之事必不可得也而愞懦無識者既不能
治徒相告以驚怪是可喟矣

覆笛樓師臺灣兵事第二書

日前一書備言臺兵可無深憂惟在鎭將得人能以簡嚴爲體恩威信爲用卽無難治說已詳矣既又思之此言爲將之略惟深明其意者能變通行之非今日諸鎭將所知也不知此意而偏執臺兵不足慮之言以相詬病非疑則駭矣穎齋太守見瑩稿以聞於荃溪觀察索取閱之謂太守曰所言戍兵不敢叛則有然矣以爲不足慮則吾不信吾卽慮其潰耳瑩在此落落觀察雖有世誼而不數見不能爲道所以然者惜乎觀察有憂世之心而不識兵情此難以口舌爭也在臺灣者尚不能無疑况吾師遠隔重洋兵事豈能遙度趙充國老將深謀猶必親至塞上指畫軍勢可見古人不易言之也請畢申其說惟夫子毋惑焉自

古名將非拔自行陣則皆出身微賤不矜細行兵卒尤多無賴健兒故能强悍勇敢捐軀致敵若皆循循規矩則其氣不揚氣不揚則情中怯雖衆將焉用之壯士如虎懦夫如羊牽羊千頭不能以當一虎之虓何必費

國家億萬金錢哉明季邊事之壞正由書生不知兵撓軍情而失事機雖有猛將勁卒而不能用一切以法繩之未見敵人其氣先沮此壯士所以灰心精鋭所以銷折也近時武人大都習爲文貌棄戈矛而講應酬以馴順溫柔取悅上官文人學士尤喜之以爲雅歌投壺之風嗟乎行陣之不習技藝之不講一聞礮聲驚惶無措雖有壺矢百萬其能以投敵人哉馴弱如此無甯麤猛麤猛之甚不過强梁强梁卽勇敢之資善馭之猶可得力一經馴弱則鞭之不能走矣且將卒者

國之爪牙苟無威豈設兵之意昔李廣以私憾殺霸陵尉謝罪漢武報書曰報忿除害捐殘去殺朕之所圖於將軍也若乃免冠徒跣稽顙謝罪豈朕之指哉武帝此言可謂知將略矣若夫差其過失小大施刑此乃軍吏之職非將略也故郭汾陽岳忠武名將知禮者也然皆嘗犯有司法矣科條繁細武人麤疏最易觸犯雖郭岳之賢猶且不免而以繩今之悍卒其能行乎不求所以訓練之方而惟悍不守法是慮吾故曰不識兵情也今不慮其叛更慮其潰夫兵則何爲而潰哉古之潰兵者或師老而罷則潰或守險糧盡則潰或强敵猝驚則潰此皆非今之情勢也無故而潰四面重洋之阻潰將安往乎且班兵可慮之說不自

今日始也其議自葉健庵中丞倡之中丞嘗觀察臺灣深以班兵爲憂建議改換班之制更爲招募未及行而中丞罷去猶以未行其志爲憾今吾師已洞知其說之不然矣而閩中執事者不悉情形往往耳食其論且不獨文官近有一遊擊告人曰臺兵吾不能治他日有急惟自到耳將備猶作此言故文員益懼而深惡之每見兵丁不法輒張大其辭以相告於是兵之勢愈張此文武諸官皆不能無責耳矣夫臺兵本無難治不咎己之無能而曰兵悍可慮至爲自到之言亦可哂矣獨惜臺營巨萬健兒皆

國家勁旅坐誤於三五庸懦之將官兵事尚可問耶有將則兵精無將則兵悍自古不易民而治於今豈易兵而治乎故爲吏而曰民惡者其人必非良吏爲將而曰兵惡者

其人必非良將雖然良將難矣執法之不能更何知將略營所力爭於眾人者明成兵可治欲安眾心而釋羣疑猶其懦而壯其志冀有振作耳豈好為是喋喋哉不得已而求其次姑為救弊之法有三事焉一曰小事勿問大事勿赦二曰按期實操每月親考三曰責成千把不得頻易夫軍法最重有事然後用之時方太平不能常用此律然不可不使知之若尋常易犯及兵民交涉宜分別其事之大小小事宜有以容之大事有犯則必以其罪罪之而不可赦蓋小事常有不容則繁密而軍心不安大事不常有若赦則無所忌而法令不行一寬一嚴恩威並著矣中樞政考操演本有常期每三八五十皆應操之日弓馬器械鎗牌陣圖各有定法今悉以為具文無一營實在奉行者條

教雖明而遵行不力此方今之大病也宜責諸鎮督飭各營實力行之每月由副參遊親考一次分別等第造冊送省以觀優劣有不遵者特予糾參以懲如此營伍自能整肅兵卒可收實效並免惰游滋事矣至於班兵到臺分營分汛各有本管千把向以並無操演兵士任意出營他往而各汛千總把總外委不時更易非規避處分則揣量肥瘠營將不肖至有以為利藪者以此之故往往千把不識頭目更無論兵卒前書所云將不習弁弁不習兵者此也今宜分定營汛責成將備不時抽查點驗使兵無妄出千把總各守汛地不得任意更換按季一報由總兵不時抽查使千把外委無常易如此責成既專然後勤惰功過有所歸矣以上三事至為淺易而認眞行之甚難其嚴罰信

賞不足以示懲勸而挽頹風故必賴有賢鎮將也廢弛已久必有力言不便多方阻撓者即察出特參以警然後令乃可行諺曰慈不掌兵故簡嚴尤治兵之要惟裁念之

答李信齋論臺灣治事書

閣下在晉江賢能懋著近謂臺邑海外之幸也乃撝詞下逮諮然以地方之張弛垂問愧不敢承顧瑩於此邦有舊令尹必告之義謹竭所知瑩聞善治國者如理一身氣血流通官骸運動乃可以無病苟一支一節氣滯血凝則病作矣然投劑者必審其稟體之强弱與受病之淺深有同病而異藥者其奏效一也又聞爲政在乎得民而得民者必與民同其好惡閣下由泉而之臺臺之民半泉人也泉人之爲病與其好惡既習知之矣若臺人之爲病與其好惡容或有同而異者是豈可以無辨乎哉今夫逞强而健鬥輕死而重財者泉之俗也好訟無情好勝無理賭館娼閭檳榔鴉片日寢食而死生之泉之所以爲泉也臺人固

兼有之然而臺之地一府五廳四縣南北二千里有泉人焉有漳人焉有粵人焉有潮人焉有番衆焉合漳泉潮粵番漢之民而聚處之則民難乎其爲民一總兵三副將水陸十六營爲督標爲撫標爲水提標爲汀邵爲延建爲長福烽火爲興化爲詔安雲霄平和爲金門同安合通省五十八營之兵而更戍之則兵難乎其爲兵民與民不相能也兵與兵不相能也民與兵不相能也番與兵與民不相能也其日錯處而生隙焉勢不能免則安撫而調輯之者難在和睦臺之門戶南路爲鹿耳門北路爲鹿港爲八里坌此正口也其私口則鳳有東港打鼓港嘉有笨港彰有五條港淡水有大甲中港椿稍後隴竹塹大按噶瑪蘭有烏石港皆商艘絡繹至於沿海僻靜港汊紛歧在在可以偷渡士也懷篋農也負鋤商賈負販而雲集來往不時居處靡定其內地游手無賴之徒重罪逋逃之犯溷跡雜沓而並至有業者十無二三地力人工不足以養羣相聚而爲盜賊則所以稽察而緝捕之者難在周密內地之民聚族而居衆者萬丁已耳彼此相仇牽於私門無敢倡爲亂異者臺之民不以族分而以府爲氣類漳人黨漳泉人黨泉粵人黨粵潮雖粵而亦黨漳衆輒數十萬計匪類相聚至千百人則足以爲亂朱一貴黃教林爽文陳錫宗陳周全蔡牽諸逆後先倡亂相距或三十年或十餘歲雖不旋踵而滅然戕官陷城生民塗炭兵火之慘談者寒心糜國家數十百萬之金錢勞將帥累月經年之戰討而後藏事人心浮動風謠易起變亂之萌不知何時其難在守常而

知變鳳邑之民狡而很嘉彰之民富而悍淡水之民淳噶瑪蘭之民貧惟臺邑附郡幅員短狹艋舺通商戶多殷實其民稍爲純良易治然逸則思淫一唱百和官有一善則羣相播頌而悅服官一不善則羣相詬誶而爲姦欺故舉措設施其難在有德而兼才凡此皆臺之病也知其病而藥之則投劑必有其方矣虛者補之毒者攻之捍隔而不入者和解而通導之雖扁盧無以易此夫所謂與民同好惡者非爲苟安之政一切姑息也其民既浮動而好事非嚴重不足以鎭靖鋤强除暴信賞必罰之謂嚴事有豫立臨變不驚之謂重威以震之恩以結之信以成之大要盡於此矣民惡盜賊而我嚴緝捕民惡匪類而我誅殛横民惡獄訟而我聽斷以勤民惡枉累而我株連不事其同民

之惡也如此民好貿易而我市廛不驚民好樂業而我閭閻不擾民好矜尚而我待之以禮民好貨財而我守之以廉其同民之好也如此寬以容姦而有犯必懲惠以養士而非公不見調和營伍平心以臻浹洽親接貧賤廣問以達下情防患於未萌愼思以明決文武同心官民一體則血脉自爾流通百骸無所壅滯尙何病之不治哉

與鹿春如論料匠事

頃謁觀察言蘭地軍工料匠一事慮廳中不能盡善委足下就近察治想素受知遇無不欣然奉命也惟此事原委不可不知治法寬嚴又須得當庶不激生事端緣軍工大廠所用本地土料木件向係南路之瑯𤩝北路之淡水兩匠首承辦而北路爲最多匠首杜長春又最久歷以煎煮樟腦獲利噶瑪蘭新開未設匠首其本地游民無食入山採伐木植爲居民建蓋房屋農椇器用皆賴於此其地並無松杉惟產硬木卽軍工小料之木也是以淡水大匠首杜長春派令承辦軍工歷年四載每載一百二十件無悞嗣因附近蘭民往往入山煎煮樟腦售賣漸多而杜長春之樟腦滯銷不行乃請入蘭設立料館以採軍工爲名而

實在欲取樟腦之利蘭地各山小料匠以爲歷辦軍工無悞一經設館不無多所派累頗有怨言而私煮樟腦者亦不肯遵禁遂勾結眾料匠拒杜長春不任立館杜長春大受肆辱而遂匿其情以抗辦軍工具控前觀察使葉公嚴札飭拏眾匠懼赴廳投訴乞免高前廳許之罰令備製頭圍縣丞衙署料植減半而爲詳銷設館及辱匠首之案眾匠以爲無事矣詳上而杜長春稟亦至葉公嚴斥廳中急拘之眾匠大譁遂相謀聚眾縛廳役欲殺因而爲亂此役畏死重賂得免然杜長春固猶嘵嘵不已也瑩時在臺邑聞之力言於葉公謂噶瑪蘭僻遠鞭長莫及此等皆亡命且平心計之其曲不盡在民人情洶洶急操之恐且有變公納之稍緩其事今春至蘭益得其狀蓋蘭地採料者皆

沿山架寮，自頭圍至員山、大湖，凡七處，各有頭人，多者十數寮，少者四五寮，每寮小匠或三四十人至一二十人不等，皆赤手無賴，故不避生番，身入險阻，歲常為番殺者數十人，而不顧。其頭人亦無大資本，即以隨時賣料為工資，採者與頭人均其利焉，藉以活者斯甚衆矣。若煎煮樟腦者則又不然，蓋亦略有身家，而出資𩿧工，侔利矣。此二者本不相涉，因煎腦者為杜長春病，欲并之而不可，則思除之，迫而與採料者合，乃并採料者亦病之矣。採料、煎腦二者既合，為杜長春病，然後淡水匠首始疲於軍工，而船政大儆。杜長春因得有所挾持，而時時求退，歷任皆姑容之。匠首益驕，其始志在除私腦而已，繼乃欲除私料。蘭地十萬丁日用取資於料，勢不可除，則思不出工資而坐抽其

利。蘭之人不甘也，誓不使其設館，而願照舊例承辦四載之料，杜長春必不可。故久而不決。其煎腦者亦藉此有泰山之安焉。此其原委也。愚以為杜長春固貪矣，無賴之徒動以𩿧衆抗拒，致害軍工，此風亦不可長。然若輩自出工資，忘生冒險，以求口食，本無抗辦軍工。徒以匠首爭利，故而坐以罪，此不足以服衆心而平衆怒，將舍採料而獨治煎腦，則又慮其勢方合，恐煽為變，將澈底實究之，則治衆採料者以𩿧衆毆辱官人之罪，必先究匠首以爭利勒派之咎。庶兩平之道，而軍工方在需人，去一杜長春不足惜，軍工之害不可勝言，此投鼠忌器之勢也。然則審思而善處之，惟有增設料館，而寬其抗拒之罪，使衆料匠與匠首一體辦公，稍為津貼，匠首以示有所統轄，料匠既歸料館，匠首亦藉得所利，不致獨肩軍工之累，然後獨聲私煎樟腦之罪而捕之，採料者必不復與合，然後煎腦之勢孤，一幹役可繫治之矣。去其煎腦之病，則匠首之利必專，於以裕匠濟工，豈不善哉？此瑩今秋在蘭所籌畫，出於萬全者也。既詳請，未及得批，去任。乃杜長春貪婪無已，衆料匠既聽從設館，不取工資，而聽匠首九一加抽，以為津貼之費，亦不復與煎腦者通，咸赴案具結矣。杜長春則必欲加抽二八，不可得，復以料匠抗辦為辭，不往設館，陰為挾持軍工之計。今觀察慎擇能事之人，而足下適在蘭，故屬瑩致書陳其始末，相機度勢，是在大才之審處，而不可以懸定。足下勉為之，無負觀察意。

東槎紀略卷四終

東槎紀略卷五

桐城姚瑩石甫著

陳周全之亂

乾隆六十年三月甲子臺灣匪民陳周全作亂陷鹿港同知朱慧昌遊擊曾紹龍外委任倘標死之乙丑攻彰化右營遊擊陳大恩出據八卦山副將張無咎知縣朱瀾走就之皆遇害城陷典史貴增運千總吳見龍郭雲秀死之

先是二月南路鳳山匪民陳光愛謀反攻石井汛未破被獲斬其黨數十人衆潰事且定矣捕少懈已而內地米貴商船爭集臺米亦貴石米錢五千文北路彰化游民聚衆搶奪知府遇昌右營游擊陳大恩馳往捦治十數人曉諭彰鹿有穀之家出糶市價平三

月乙卯遇昌回郡大恩留彰化彈壓陳周全遂爲亂周全同安人生長臺灣乾隆五十七年回籍與同安匪民蘇葉謀反未成事敗逃至鳳山與陳光愛結會再敗逃至彰化湖仔莊泉州人馬江家復謀潮州人陳容郎陳光輝漳州人黃朝黃親分漳泉粤三股各招千人作亂周全稱長拜晉江人洪棟爲軍師陳光秀許篤阮四吳加令楊成佳皆封僞將軍詭言內地朱一貴之後朱九桃有海船數千將以三月十五入鹿港令旗書大盟主朱又刻木印四角刻豎仰攻濟四字中爲桃形桃中刻小朱字其黨皆以朱爲號三月辛酉洪棟定計先攻鹿港癸亥彰化城中聞鹿港有賊將起遊擊陳大恩以兵二百人往備有告城中匪民吳添應賊者返捕之交縣收訊復出城駐剳是夜賊遂起甲子黎明攻破鹿港闔同知署同知朱慧昌有勇力持刀禦賊殺斃賊曰陳光秀衆賊齊入遂遇害鹿港營亦破遊擊曾紹龍外委任倘標皆戰死大恩聞變還屯八卦山爲城聲援署副將張無咎署知縣朱瀾聞城中有賊懼不敢守出奔入卦山就之乙丑賊趨攻彰化西門都司焦光宗拒守礮傷賊頗多賊繞攻八卦山大雨官兵火繩淋溼鎗礮莫施賊乘雨奪山殊死攻大恩見事急燃火藥自焚無咎瀾被害城中見八卦山火起無固守心賊遂入典史貴增運千總郭雲秀吳見龍皆戰死都司焦光宗自刎未殊民人匿之賊釋囚掠倉庫出榜安民郡賊因乘

雨攻山衣溼就周全取衣周全令各當舖暫借衆賊因肆掠民大怨乃相謀逐賊矣

丁卯提督兼臺灣總兵哈當阿臺灣府知府遇昌以兵九百人討賊戊辰至灣裏溪阻雨溪漲弗克進賊攻斗六門千總龍昇騰擊敗之

彰化初獲吳添供有海盜船進鹿港定日攻鹿港彰化弁有沿海匪民附和翼日果有賊陷鹿港之事丁卯當縣報至原任鳳山縣張植發自彰化奔郡言內地紅頭賊船約數十號俱穿白布領掛本地附和匪徒以白粉塗抹衣衫爲號其勢甚熾初不知賊首爲陳周全也郡議以郡城根本重地林逆之亂臺灣道楊廷理固守得民心與中軍遊擊潘國材留守哈當

阿遇昌以遊擊麥瑞水陸兵九百人剿賊使安平副將陳上高哨船赴鹿港堵截連日夜大雨戊辰至灣裏溪水漲不克進遂駐之是日斗六門賊王快數百人與陳周全應乘雨夜攻斗六營守備吳大瑞出援彰化未返千總龍昇騰禦之賊退次日復至從賊益眾畏營中鎗礮以方棹側轉車輪木上鋪浸溼棉被賊藏棹後推擁而前昇騰約軍士持鳥鎗不發度賊近昇騰親燃大礮轟擢破乃排鎗齊發擊賊死傷甚眾又先日因雨預備斗篷一百具以是兵帶雨戰火繩不溼賊已敗守備吳大瑞兵亦至賊走散時昇騰兵僅百人破賊千餘人皆壯之

己巳賊出攻田中央社武生林國泰率義民擊敗之汀州府同知沈颺潛城中密招義民逐賊鹿港廩生楊應選集義民應之都司焦光宗亦以林國泰義民至賊潰走遂復彰化鹿港賊亦潰復鹿港

汀州府同知沈颺以督撫委查工程至彰化遇變避匿城中民房密與貢生吳升東謀轉約廩生楊應選集義民二千餘人城內洶洶言逐賊大肚鹿港各處義民皆起己巳賊出掠山仔腳田中央社武生林國泰率莊民擊敗之賊懼不敢駐城中僞軍師洪棟先遁都司焦光宗自田中央率義民至自西門入城內義民大呼逐賊賊眾驚潰遂復彰化鹿港賊亦爲義民逐走復鹿港颺安撫居民與都司焦光宗率義民共守彰化以收復聞且請兵

提鎮哈當阿分兵守嘉義縣臺灣道楊廷理發鄉勇一千人赴灣裏溪添兵守鹿耳門

是時彰化鹿港已復鎮道皆未知也提鎮聞嘉義縣北虎尾溪皮船爲賊焚斷恐嘉義失守分兵二百人令守備林國陞赴嘉義協守仍自駐灣裏溪南嘉義各莊義民首張添錫生員張田玉率義民數千夜紮筏渡虎尾溪至嘉義從原任知縣單瑞龍協守縣城楊廷理亦選鄉勇千人赴軍營濟之郡中訛傳海賊且至安平右營遊擊陳光昭遙望鹿耳門外有十餘艘疑爲賊發礮擊散之廷理聞復添撥鄉勇助守鹿耳門

壬申收復奏
聞以沈颺署鹿港同知單瑞龍署彰化縣

沈颺收復彰化鹿港報至郡中人心大安颺請增兵撥餉以保城邑廷理發府庫銀一萬兩委丁憂典史陳聖增運送軍營以收復
聞請委颺署鹿港同知前嘉義縣知縣單瑞龍署彰化縣

甲戌埔心莊民獲賊首陳周全提鎮哈當阿渡虎尾溪乙亥至彰化遊擊麥瑞以水師一百人廣東義民三百人鹿港義民一千人赴鹿港

賊眾既潰陳周全隻身南遁至埔心莊鄉民陳祈莊南光誘執之以獻守備吳大瑞亦與義民邱景山獲賊目陳光輝馬江爲鋪民所殺各路報獲餘賊甚眾

哈當阿夜渡虎尾溪乙亥至彰化遣遊擊麥瑞以水師一百人廣東義民三百人鹿港義民一千人赴鹿港

丁丑南路賊將起獲之南路平

南路賊鄭賀綽號紅面猴住鳳山中州與陳光愛餘黨許强善鄭賀聞提鎮赴彰化剿賊意郡城兵單謀作亂陳喜黃皮李和尚鄭茂郭旭等附之約分招賊黨賀夜往邀許强强先見臺灣道示諭各賊投誠或能拴賊自効皆免罪乃陽許之飲以酒乘醉拴賀以獻陳善等至大目降亦爲線民郭猴助義民首方耀漢等所獲解郡又拴獻賊目李計趙好沈輝陳韮許强又偵獲謝楚卯浩貢生李登元又獲其族人爲匪

者李聰明李佔解獻皆誅之南路平

提鎮哈當阿護北路協副將吳大瑞知府遇昌分捕餘賊搜各匪巢燬之北路平

哈當阿自彰化分兵與吳大瑞遇昌搜捕各路埔鹽湖仔內埤腳梧厝水尾河婆崙四塊厝浸水同安寮荷包厝凡十莊皆賊巢穴捕獲百餘人悉誅之焚燬其巢獲賊目楊成佳黃潮與陳周全陳光輝解郡

四月甲申哈當阿至鹿港增水師兵二百人守之增陸路兵二百人守彰化

甲申提鎮至鹿港同知署已焚拆營房損壞惟民居市肆如故理番同知關防經朱慧昌家屬獲繳遊擊關防已失以安平中營遊擊麥瑞署之益以水師兵二百人守鹿港陸路兵二百人守彰化

丁亥陸提督烏蘭保以水師兵二千人自蚶江渡至鹿港

三月壬申廈門同知黃奠邦稟報至福州總督伍拉納聞亂度臺地鎮道必已剿捕奏請自至泉廈一帶相機調度途次得內渡商民言戕官狀賊勢且盛乃奏請陸路提督烏蘭保以水師提標兵五百陸路提標兵五百出蚶江赴鹿港海壇鎮總兵特克什布以督標兵一千撫標兵五百福寗鎮標兵五百出五虎門至八里坌介剿又調興化協標兵五百長福營兵五百遣遊擊朱龍章出廈門赴臺灣府城防禦南路及聞賊已破兩路兵罷惟陸提兵至

乙未獲洪棟

洪棟晉江人生長彰化打廉莊陳周全起事拜僞軍師敎周全先攻鹿港再搶彰化鹿港既破棟敎周全約束賊黨不得擄掠及攻八卦山賊懼官兵鎗礮不敢進棟逆知官兵遇雨火繩必溼督賊力攻及入彰化城棟又出示安民故兩處民居得無傷破及賊就周全乞衣周全令當舖借取羣賊因之肆掠義民乃起棟見勢敗攜妻子先遁至是爲義民首監生洪紹彤生員林超英執獻解郡

陸提督烏蘭保水提鎮哈當阿搜剿賊黨二百餘人皆伏誅

陸提督烏蘭保提鎮哈當阿以鹿港纛定回屯彰化遣兵四出搜捕先後獲賊二百二十名皆誅之漳泉

民人素分氣類林爽文之亂泉人爲義民擊賊陳周
全以泉人謀逆漳人亦爲義民敗之民間頗以爲口
實轉謀械鬥及烏蘭保兵至臺傳聞內地大兵且至
乃止楊廷理奏請留兵一千駐彰化鎭撫之
獲王快
斗六門賊首王快自攻斗六敗後其黨亦散至嘉義
被獲并獲賊黨三十二人送郡誅之
賊首陳周全伏誅
捷奏至京師
上命陳周全如尙在臺灣卽凌遲處死俾亂民觸目
警心可不涉海洋免致疎虞至是同賊目陳光輝黃
潮楊成佳洪楝皆伏法

署臬司劉大懿至彰化
總督伍拉納奏臺灣自福康安於五十二年生擒賊
首大加懲創民情至今畏懼數年以來鎭道有事必
懲亦尙無因循此等烏合之眾不難立時撲滅內地
正在招集官兵泉州民風剽悍又上年被水春米價
昂沿海無賴之徒多入海爲盜以致商船被劫頻聞
鎭將出洋緝捕不能淨盡請在泉廈一帶彈壓策應
賊首就擒民心已定一切善後事宜委令署臬司劉
大懿往臺會同鎭道辦理四月己酉大懿至鹿港庚
戌至彰化
五月甲寅總督伍拉納渡臺臺灣道楊廷理至彰化沈飏
知臺灣府

伍拉納不親渡臺辦賊
上切責之卽時趨渡甲寅至鹿港沈飏賞戴花翎授
臺灣府知府遇昌撤回內地
論獲賊復彰化鹿港功賞義首監生莊南光武生林國泰
官職銀幣有差
論獲賊首功監生莊南光給五品頂帶民人陳祈給
六品頂帶加賞銀各二百兩其復城擊賊之武生林
國泰給五品頂帶廩生楊應選民人林清標陳光宗
給六品頂帶魏廷文王松先以平林爽文功已賞六
品頂帶及藍翎千總至是加賞五品頂帶
上命諸義首願就文武職者聽從所請送部引
見其隨同擊賊及擒獲賊目之義民衆雖四十九人
皆給頂帶賞花紅銀牌散遣歸農烏合義民村莊本

年錢糧謄黃曉示臺民大悅
卹死事官費増運吳見龍郭雲秀任倘標旌節烈魯氏及
幼女羣姑
魯氏朱灝子婦羣姑朱灝幼女年十三歲城破奔投
園池水淺不死皆自縊
賞陣亡及受傷義民六人卹陣亡兵丁七十九人誅臨陣
逃弁何孟元陳金定兵丁施萬寶等十一人遣革潰兵及
潰後隨同義民復城外委李朝輝以下兵丁各有差
陣亡義民林波宗吳均蔡燦林穩陳艮皆賞銀五十
兩受傷義民吳四賞銀二十五兩臨陣逃弁額外何
孟元陳金定逃兵施萬寶等十一人正法潰兵雷允

科等一百一十五人發新疆給種地兵丁爲奴外委
李朝輝兵丁薛春等被賊冲散協同義民收復縣城
鹿仔港朝輝斥革發新疆効力贖罪額外鄭高龍張
玉桂兵丁薛春等六百三十一名革伍遞籍安插
革教諭林居義訓導邱廷清
彰化城破教諭林居義訓導邱廷清匿民舍以擅離
職守斥革之
續獲賊目餘匪一百四十人伏誅
續獲賊目曹商盧亮皆受僞將軍號吳加令洪崇黃
得喜皆賊股頭盧膠許發蔡會觀胡柯皆領賊令旗
僞示攻城殺害官兵餘匪一百四十人分別凌遲斬
決旋又獲賊目林敬元李敏黃阿[illegible]程文妙及陳光

愛案內逸匪柯取元楊耀正法又三十餘人計先後
捦斬五百餘人
論南路獲賊功貢生李登元武生李必魁義民首方耀漢
郭子璋等賞官職品級有差
上諭李登元及必魁獲獻李聰明有功賞六品頂帶
二人願就文職或武職聽之事竣後分送吏兵二部
引見義民首方耀漢郭子璋郭學淵郭友直林廷玉
郭有才線民郭猴助賞五六七八品頂帶投誠許强
賞九品頂帶陳周全誣供之王甯七人被累較甚者
酌賞八九品頂帶以示體恤
六月壬午哈當阿回郡
命沈飈議行善後事宜總督伍拉納臬司劉大懿內渡伍
拉納旋革職
先是伍拉納聞陳周全亂不即渡臺奏獲犯事與鎮
道不符皆嚴切責將軍兼署巡撫魁倫又奏海賊擾
五虎門關稅缺額至是內地虧空案起
命在臺先摘翎頂俟回內地即行革職質審閩浙總
督以長齡接署其鹿港彰化善後事宜令沈飈議行
丁亥沈飈至彰化辛卯伍拉納及臬司劉大懿內渡
譴提鎮哈當阿臺灣道楊廷理自請治罪免之
哈當阿阻雨駐灣裏溪屢奉切責陳周全供棟續有
解京之命而鎮道已在臺正法提鎮先後奏摺皆遲
上以哈當阿各多交部嚴加議處楊廷理自請嚴加
治罪加恩寬免臺灣文武各員奮[illegible]出力者亦免其

參處蓋以彰化之亂南路賊匪謀[illegible]起廷理預先
示諭賊黨自相捦獻免罪是以許强首獲鄭賀又通
信義民方耀漢先後獲賊事得解破故宥之也

東槎紀略卷五終

[seals]

臺灣鄭氏始末六卷

〔清〕沈雲撰

《臺灣鄭氏始末》六卷，清沈雲撰。雲字閒亭，浙江德清人。道光二十四年（一八四四）進士。在廣西興安知縣任上得閩人江日昇《臺灣紀事本末》四十九篇，以所敘鄭芝龍自明天啓四年（一六二四）起兵，至其子鄭成功攻克臺灣，及其曾孫克塽於康熙二十二年（一六八三）降清，「體類小説，辭不雅馴」，乃參考他書，删訂潤色而成是書。所述鄭成功江寧一役，較他書爲詳。烏程沈垚以書中海島洲嶼名目錯雜相混，另據《讀史方輿紀要》、《水道提綱》、《大清一統志》等書附注於其下。據吴興劉氏嘉業堂刻《吴興叢書》本影印。

臺灣鄭氏始末

吳興劉氏嘉業堂刊

敘

道光丙申歲余在京師偶從藏書家假得閩人江日昇臺灣紀事本末四十九篇敘天啟甲子歲鄭芝龍倡亂至康熙癸亥其曾孫克塽投誠而止凡十數萬言頗為詳盡惜體類小說辭不雅馴余因參攷他書刪其繁蕪加以潤色其事蹟年月少有不合者則姑仍之蓋疑以傳疑古人所尚自非身親目接者固未見彼之為是而此之為非也書既成析為六卷題曰臺灣鄭氏始末并識其緣起於簡端云是年冬十一月德清沈雲自敘

臺灣鄭氏始末卷一

吳興叢書

德清沈雲撰　烏程沈垚注

臺灣懸大海中北界彰化之雞籠城（在縣極北海中）南界鳳山之砂馬磯（縣東南二百三十里）縱輪近三千里東背山西面澎湖（島在臺灣縣西五十里海中臺灣廢城在今縣西南）舊稱澎湖之東爲毗舍邪國或曰昆舍那國祖果雎于習鏢弩宋淳熙閒嘗有酋衆肆掠泉之水澳（寨郎永甯衞）圍頭（鎮在晉江縣南一百里）等處明嘉靖年都督俞大猷嘗追海寇林道乾於澎湖道乾窮入臺不樂其土恣殺番衆以血膏艇棄之占城而臺地之闢實自鄭芝龍父子芝龍南安人父紹祖爲泉州府胥芝龍嘗兒戲擲瓦牆外誤中知府蔡善繼冠折左翼趣執既至奇其狀而縱之長益矯不羈道廣東香山澳傳市舶之日本豔翁氏女年十七暱焉不反會海澄亡命顏思齊爲甲蠃蓋彼夷所立以統華人者也豐積好施貸與晉江販者楊天生善天生謂日本達閩粵遼句驛得之可以自大轉鳩洪升陳德張宏陳勳等二十八人長思齊而芝龍年少爲之殿日本故於海隘置礮臺列卒更戍因謀閒不意脅殺戍者還礮車內嚮發徒衆縱火板屋乘昏夜襲取要害分奇席卷隱祈天地盟約定天啟四年夏六月將發翁氏婦夢巨魚觸膺生子男也衆往賀因誡芝龍勿疏秘於婦人曰何至是是非夫矣而同盟李英已醉不謹妻倭女王氏覺告而翁氏父翼皇先奔告芝龍曰殆已王兵將至乃速思齊等駛大艇乘風遁已說凡艇十三思齊欲之舟山（今定海縣）陳德謂密邇鄉土各歸耳難有固志不若風利駛臺灣便僉曰善八晝夜乃至計撫土番立寮寨以時出獵海上時紹祖已先死其羣從子姓歸者踵接而思齊以五年秋九月獵諸羅山反病死咸薦於皇天后土卜以磁質杯二曰邦伯不祿莫長莫君天庶新造賚一人以乂受祜那哉則一俛一卬而無小損者從祝已乃次年擲杯衆罔協末至芝龍允如祝衆亟曰盍再乃數十試皆俛卬協且完衆讙曰天與之衆庇之矣東六年春正月旬有八日受終芝龍固辭乃就令曰戔戔懼不勝敦顏駕茲弗政曷俾執綱紀黜賞惟平孰斤農食居者行者咸賴孰司工肆庀艫艦甲兵惟良孰修律度書識別旗表惟察孰肄戰陳進止坐作攻守惟備孰典祭賓飾辭令盛聲容豫占候異條故咸周孰安上下徠豪俊堲邪謫納規誨克均無隱其束十八人任仔耒予以符旬有八日之應上帝享予咸休其或不享咸劉咸其戒哉命不貳束不以實受而債不濟者差罰勿赦束而身覺不任者讓免芝龍乳字一官至是更焉更其弟芝虎芝豹芝鵬芝燕餘十三人皆以芝敘二月以楊天生洪升參軍事楊經李英總饟軍陳勳林翼督造戰艦陳德張宏爲監軍芝龍帥艇十艇各軍士六十偵事艦二艦各二十五人儲一

月糧於三月犯金門（卽浯洲嶼同安縣東南五十里海中）又犯廈門（卽嘉禾嶼同安縣西南五十里海中）夏四月犯廣東靖海（在潮之惠來縣東少南六十里）甲子（舊在惠之海豐縣東南一百五十里今陸豐縣東南一百里）二所所設指揮千百戶轄軍士無禦寇者徒馳羽檄報寇勢鋒盛不可當當事悚慴上聞或以蔡善繼嘗善芝龍說巡撫爲招安計卽起善繼泉州巡海道持撫臣朱欽相檄遣旗鼓黃昌奇入海芝龍方㝷滌戰艇於湄州（在莆田縣東南九十里海中）稔昌奇故亦泉府胥與紹祖善重不忍違善繼意允就撫而陳德等皆不欲乃別六艇遣還臺灣俟後命而自與羣從統十二艇衆八百餘人入泉州港謁蔡會欽相疾月餘不報芝虎因說曰撫臣意不測速去之便芝龍猶豫且

重負蔡虎又曰書生耳弇事體不速將及卽夕駕汐出泊圍頭外灣部羣從厲兵攻海豐下之又攻嶔頭（莆田縣東六十里）又連破甲子靖海二所七年春正月還泊漳浦之舊鎭（縣東南）巡撫朱一馮檄都司洪先春等會戰於將軍澳（縣東南）先春還舊鎭芝龍屯六鼇外嶼（縣東南七十里）偵先春檄調鎭海（衞城在縣東北一百里）懸鐘（銅山西南詔安縣東南四十里）銅山（陸鼇西南詔安縣東八十里）六鼇（鎭海西南）各衞所軍士兼募沿海鄉勇芝豹夜率二百人持海豐所獲鄉勇旗幟乘岸雜鄉勇中以待越日先春出港口戰芝虎不勝芝豹起岸上夾擊之先春大敗遁金門一馮卽令金門遊擊盧毓英會勦芝龍令羣季佯爲商舶並小艇唱漁歌分伏島嶼間而自

領數艇迎戰毓英少之芝龍復佯敗毓英駛進伏出弓弩齊發遂禽毓英芝龍以禮遣還屬道嚮者就撫意毓英還廈門謁都督俞咨皋言芝龍可撫狀咨皋者大猷子也怒責毓英毓英至泉復以可撫狀告知府王猷猷心是之而咨皋已至一馮所罪毓英失機繫獄更檄千戶馬勝百戶楊世爵擊芝龍至將軍澳中伏皆死咨皋又檄副總兵陳希范遏戰於杏仔又敗洪應斗張選舉沒焉咨皋大慚調閩安（鎭在閩縣東四十里）興化永甯（衞城在晉江縣東南六十里）銅山六鼇縣鐘鎭海金門諸軍將會議中左所（卽廈門）芝龍偵諸將惟王飛熊林盛李夢斗精水戰餘子碌碌不足數乃分十艇爲前鋒分八艇出青水溝約日中

由東碇會分四艇左右翼而自帥中軍六艇策應夜先發及旦遇咨皋軍芝虎鼓前鋒壓之戰林盛李夢斗至日中不決芝龍乘閒橫擊而東碇艇新軍奮起咨皋急麾分敵而諸將誤謂退師遂大亂芝龍縱擊軍將溺失無算咨皋遁入廈門遽令指揮傳珪統十五艇抵禦南山芝龍至又大敗之咨皋遁三汊河（在舊鎭東北龍溪縣東南）先是朱欽相撫海寇楊六楊七咨皋實主其議及中左之戰皆率衆先遁漳州工科給事中顏繼祖劾咨皋希范逮問崇禎元年王猷復以撫議說巡撫熊文燦文燦下巡道鄧良知議問誰可使芝龍者猷以毓英對卽白文燦自獄中釋之使往方是時楊六楊七叛烏洋劉香老擾

惠潮南澳（在詔安縣西南百餘里饒平縣東南一百六十里海中有三城去懸鐘澳口三十餘里）褚彩老劫沿海李魁奇攻掠澎湖遼羅等處最橫魁奇惠安漁人能竟日行水中初聚眾澎湖候劫呂宋國船陳德等回臺灣聞芝龍受撫不決以眾來會至澎湖爲魁奇所劫德及楊天生等皆死免歸臺灣者惟李英與通事何斌芝龍聞之大恚秋九月毓英說芝龍降偏賂當事皆喜遂詐以義士鄭芝龍收復鄭一官奏聞（一官芝龍乳名見前）許官爲防海遊擊復盧毓英監其軍芝龍曰世無君子天下皆可貨取耳陳平之間項也黃金勝百戰矣二年夏四月芝龍攻殺魁奇於遼羅取其首祭陳德等盡降其眾六月遂斬楊六楊七於浯洲港（即金門）秋八月褚彩老寇閩安芝龍追滅之於南日（山在興化府城東百里大海中）三年夏五月遣弟芝燕往日本迎婦翁氏及所生子而倭婦先未有入中地者不許芝龍命統戰艦數十逼竟上乃以所生子先歸年七歲芝龍喜其貌偉名之曰森字曰大木能讀書稍長通春秋左氏傳及孫吳兵法喜擊劒馳射時時東嚮咨嗟念母氏諸昆弟或有侮之者獨叔父鴻逵深器焉事諸母趙氏無閒年十五補南安縣學生香老寇小埕（寨在連江縣東百二十里南接南日山爲連江門戶）芝龍擊之遯再寇長樂及海豐當事以撫芝龍故事還惠潮分守道洪雲蒸巡道康承祖參將夏之木張一傑入海招香老需重賂皆被執八年春三月兩廣總督熊文燦福建巡撫鄒維璉檄芝龍討之香老時屯甲子脅雲蒸同舟距師夏四月遇於田尾洋（當即田尾澳之外洋澳在碣石衛西門外可泊）出雲蒸以撼芝龍雲蒸大呼曰當事非夫我則死急擊勿失香老怒刃之遯是夜芝龍泊赤澳（即赤嶼近南澳）許香老必乘潮至令芝虎芝豹伏眾艦前澳（當即錢澳在潮陽縣東南二十里碣石在甲子西甲子東爲錢澳又東爲赤澳赤澳近柘林）浮水寄椗已而果至大戰至日中芝虎手盾口利刃拔登檣巔近香老大艇躍而過搏將刃之左墜艦未之見也然礮擊大艇虎與香老俱焚死芝龍盡俘其眾還承祖之木一傑求芝虎尸五日不得大慟徒招以祭十二年夏六月荷蘭國將郎畢吉里哥連犯閩浙所至莫禦號曰紅夷軍夷精機巧用火器多奇中乘巨艦曰夾板堅質密護銃礮矢石無所施故我軍卬攻多敗失芝龍奉檄令芝豹東善泅水軍要瓠筩乘小艇實茅薪神煙礮石神沙毒火而艇之首腋錠狼牙鋭釘相風水執駛抵彼艦不可拔然火浮水遯因是焚其五艦餘遯去或表芝龍累多前虜於朝且善制敵乃進總兵再進福建都督鴻逵授副總兵鎮南安贛州荷蘭國王之弟曰揆一王因郎畢吉里哥敗歸請再舉不許請中占一島地以通往來伺閒隙乃許揆一王略地至臺灣遇何斌喜甚命爲甲螺度形勝築城於七鯤身（山在鳳山縣西北自打鼓山穿田過港逶迤六十餘里平地中結爲七峯如鯤魚鼓浪故名）之首曰臺灣城外列礮臺更築小城於對岸曰赤嵌城

灣縣十七年春三月京師陷夏五月福王立於南京以明
年爲宏光元年封芝龍南安伯鎭福建鴻逵靖鹵伯充
總兵官守鎭江芝豹彩並充水師副將芝龍遣兵衞南
京子森入太學說錢謙益以知人善任招攜懷遠練武
備足粻貯決壅蔽埽門戶曰少更事知之易行之難曰
行之在公等度不能行則去能不我用亦去此豈貪祿
位徒事粉飾地邪能將將伊呂一人能將兵虎賁三千
足矣不能多益擾衽席閒皆流寇也謙益心畏而謝之
大清順治二年夏四月大軍自歸德道泗逾淮克揚州
獲史可法不屈死五月鴻逵以水師守瓜州曹總兵守
儀徵距大軍北岸三日大軍分舟師潛由運河達南岸
陳於江之西距瓜州十五里絓鴻逵而別以舟師夜濟
未至南京福王先率馬士英及衆閹潛遯既至大學士
王鐸禮部尙書錢謙益並忻城伯魏國公等一百五十
六大員馬步兵二十三萬八千三百迎降大軍自徐州
進者敗劉澤清高佑於宿遷進淸河又敗澤淸馬化豹
等於淮黃淸三河口入淮安界降范鳴珂進攻淸江澤
淸田仰遯走柏永馥率兵出降遂克淮安鳳陽盧州望
風降福王遯太平六月復走蕪湖黃得功戰死田雄馬
得功縛王及妃以獻十總兵并率衆降鴻逵自鎭江奔
杭州潞王監國三日出降紹興淮王渡江降繫周王眷
屬於湖州總兵王之仁率兵二千五百人降捡桂陽王

於和州鴻逵奉唐王入福州改元隆武閏六月丁未日
也芝龍鴻逵晉伯爲侯芝豹澄濟伯彩永勝伯鄭森賜
姓朱名成功提督禁旅以駙馬都尉禮從事黃道周爲
大學士蘇觀生張肯堂吳春枝爲尙書侍郎開儲賢館
定十二科取士芝龍議自仙霞關外當守者百餘處所
仙霞嶺在衢州府江山縣南一百里南去浦城一百二十里有關先爲不可敗以規進
取又議以明年春出關計戰兵二十餘萬統閩粵正供
不足一年之食餉絀人無固志虛名假義不可以空腹
爭也時新進者希樹功以駕鄭氏文大臣亦疾鄭氏之
擅諷隆武趨出關圖恢復芝龍對曰戰危事非策萬全
不可會宴大臣芝龍意侯爵可位文臣上道周曰祖制
武臣無右芝龍謝不敏讓居下而環睹皆鄭氏宿將不
平甚芝龍目止之終宴諸生疏言道周等迂闊無能隆
武敕督學御史徧抶之芝龍鴻逵數援引親舊不聽用
意鞅鞅若失尙書何楷劾芝龍引疾不陪祀南郊無人
臣禮隆武奬楷好風裁令掌都察院事鴻逵偶搖扇殿
上楷面呵之秋九月大軍克徽州右僉都御史金聲死
之冬十月道周統兵至婺原潰婺原令道周之門人也
給爲內應信之至明堂里爲大軍張天祿所執死蓋洪
經畧敎也何吾騶曾櫻並爲大學士隆武擇日親征命
芝龍曾櫻留守鴻逵御營左先鋒出浙江彩右先鋒出
江西爲壇西郊行推轂禮鴻逵出城馬仆地隆武方秉

鉞誓師風暴起旗靡天帝及高皇帝前燭滅三軍土色
十二月甲申啟行丙午駐建甯三年春貝勒博洛固山
額眞公圖賴征福建浙江洪承疇經畧如故隆武懼將
出汀入贛引湖南何騰蛟爲援芝龍諫止駐延平封成
功爲忠孝伯潞安王瑞昌王以衆二萬入江甯（南都改府）不
克闖賊李自成僞總兵馬進忠王進才自岳州叛奔何
騰蛟隆武封騰蛟定興侯騰蛟率衆圍荆州貝勒勒克
德渾馳破之降自成弟李孜僞磁侯田見秀等馬步兵
五千餘人獲玉璽一隆武賜李錦名李赤心（賊號一隻虎）自
成妻弟名高必正及進忠進才郝永忠（原名搖旗）張光翠袁
應第牛萬才張光璧等十餘營皆隸騰蛟受節制承疇

大索潛山太湖間殺樊山王朱常淡及石應璉等三月
辛未大軍破吉安初汀邵間有大帽（山名）洞蠻永甯王誘
之同據撫州博洛分軍圍撫時彩軍屯廣信永甯請救
遣張家玉以三營往圍解已而大軍復合夏四月彩聞
博洛道衢州將至遂棄廣信入關（岑陽關在上饒縣東南一百二十里東去浦城縣二渡關三十里界廣豐崇安之間二渡關在浦城縣西北一百十里）撫州破永甯死
彩削爵待罪江西督師萬元吉自吉安退守張家渡又
退守皂口監紀程亮以新威營援師二百人下守緜津
灘壬午新威營潰元吉奔贛贛督師蘇觀生也丁亥粵
遣副將吳之蕃遊擊張國祚以兵五千人援贛庚寅博
洛軍至觀生退守南康是時滇粵先後援贛者累數萬

士望北軍皆股慄莫敢一戰乙巳閣部楊廷麟厲各營
兵尙四萬餘人劉廣胤自甯都募二千人亦至皆先後
潰五月丙午朔廣胤被執博洛軍抵浙江水涸徑渡數
十騎而列戍驚潰走死不暇矣監國魯王由紹興遁舟
山肅鹵伯黃斌卿不納會鄭彩至奉之入閩六月鴻逵
自浙還浦城隆武疾彩奉魯王并削鴻逵封爵先是魯
以都督陳謙使隆武御史錢邦芑以謙與芝龍有舊慮
他變請殺之芝龍亟請解官貸謙死隆武故留芝龍語
及出謙殊死矣晉江人黃熙允故厚芝龍以洪承疇舉
爲福建招討使又謂貝勒曰唐藩弱離鄭氏乃匹夫耳
不如紿以三省王芝龍使內附乃多爲閒書投芝龍秋

七月己巳隆武由關上主事所搜獲勸鄭氏迎降書二
百餘緘承疇又僞爲芝龍允獻隆武彩獻魯王書泄之
隆武左右鄭氏因人人自危隆武亦惡其不遐棄也日
思遠鄭氏爲全身策成功因以母疾辭還安平（鎮在晉江縣西南六十里）守關將施天福等知有內變皆撤兵先後去八月
大軍破仙霞關獲閣部黃鳴峻等進破浦城殺楊廷清
李暄等遂下建甯延平等府庚子隆武奔汀州追騎及
之死芝龍時守泉州與芝豹籌餉貝勒兵卒至衆潰翁
氏婦初由日本至死焉芝龍退保安平貝勒使郭必昌
招芝龍曰我出師平閩浙數月閒悉底就功負一隅何
侍速來鑄兩粵總督印待足下緩須臾無及芝龍遂刼

眾奉表出降成功叩馬諫曰海內思漢官威儀出於其性無賢愚恥作蒼頭奴李張二賊窮蹙不日死崛起巢穴半書生又所需無所得食故忽起忽滅若雲掣電明宗室無伯升昆仲才不足奉隆武孰既孤大抵走死願大人勿虞北人性習與人殊詐利反覆不可信大人設險以守觀釁而動逸則進勞則退天不厭明擇可立而立之否則終老海濱差可自快弗聽鴻逵諫曰兄位極人臣帶甲數十萬舳艫蔽海糧積齊山以此號召天下何所不可委身而事自比琉球奉正朔可矣且三省王爵頓易兩廣總督僞立破兄以此辭不然必悔又弗聽成功泣曰魚不可脫於淵也大人三思芝龍拂衣起去成功遯歸金門（海自泉江口西南至金門百餘里金門西至厦門百里厦門西南至南澳四百餘里）貝勒遂挾芝龍北去冬十月大軍破贛州楊廷麟萬元吉投水死初隆武封第四弟（聿鍔）為唐王隆武死乃浮海至粵瞿式耜等已奉桂王（由榔）監國肇慶蘇觀生從贛入廣與何吾騶等立唐王廣州改元紹武十一月大軍破廣州王及觀生自縊死吾騶等降彩由厦門奉魯王次長垣改明年為魯監國二年成功自仍隆武舊朔肇慶踰年改元永歷海上遂有三朔

臺灣鄭氏始末卷一

臺灣鄭氏始末卷二

德清沈雲撰　　烏程沈　垚注

四年春正月成功令鴻逵鎮金門芝豹芝鵬守安平而自率舟師泊鼓浪嶼（同安縣西南六十里厦門西北多大石）魯王以進取福甯興化功晉彩為建國公熊汝霖為相彩季弟斌鎮南伯楊耿鄭聯以兵會長垣封耿同安伯聯定遠伯辛未周崔芝復海口二月壬申朔克海澄（漳州府東南五十里）破九都（堡在海澄西）成功令其叔父香守海澄石尾港癸酉攻漳平不利甲戌福撫佟國鼐遣副將鄒必科等援海澄而自率師攻海壇（長樂縣東南七十里海中西南至泉江口二百八十里）丙子彩克漳浦越五日辛巳鄖西王朱常㳦復建甯其國師王祁復邵武辛卯彩攻福州必科等來援相拒月餘不克夏四月佟撫遣兵破海口崔芝退保火燒嶼六月彩攻漳州不克秋七月魯王親率彩等攻福州不克八月成功會鴻逵於泉州桃花山（晉江縣東南三十里）沈佺期等起兵應之泉州提督趙國佐以兵二千迎戰成功與鴻逵出奇兵夾攻大敗之遂圍泉州而分伏於中途襲殺溜石寨參將解應龍拔其寨八月丙戌彩乘閒取連江九月己亥漳州副將王進率騎兵五百步兵千來援聲言潮州兵數萬即至成功曰彼出一旅扼五陵（在大盈堡東安下西北）而攻安平則腹背受敵矣乃分兵守莿園而自營五陵以待進果至大盈（南安縣西南五十里）知有備而閒道出南安突泉州

圍鴻逵遣洪政迎戰敗鴻逵遯金門成功退保安平前浙江巡撫盧若騰進士葉翼雲舉人陳鼎海澄人甘輝南安人施郎與弟顯貴及邱縉林壯猷金裕先後傳成功冬十月魯王連下長樂永福閩清羅源甯德其大學士劉中藻別以兵下福甯州十二月魯遣陳世亨復安固不克林垐林汝翥攻福清兵敗皆死五年春正月興化分守道彭遇颽以城降魯二月江西總兵金聲桓遣郭天才援閩養鼒慢遇之天才降魯封忠勤伯三月成功率甘輝攻同安守將折光秋棄城走遂授葉翼雲知縣陳鼎教諭桂王使輔明侯林察諭成功遂改永歷紀年還使稱賀以縉等三人守同安而自整舟師趨銅山

二二

援粵金聲桓及王得仁用隆武年號攻陷南昌等府逆流攻贛贛帥高進庫故興平伯傑兄子也求援於粵李成棟與布政袁彭年脅佟養甲奉永歷令民解辮會聲桓並奉表至桂詔封聲桓豫國公得仁建武侯命吳貞毓以吏部侍郎使成棟所浙閩總督陳錦矙成功兵出遣師分攻興化莆田永福長樂建甯等所至皆克凡魯先後復三府一州二十七縣至是僅保甯德福安二城鄖西王以下死者無算夏五月大軍破聲桓復九江饒州等府六月彩糾李長蛟王國用陳泰鍾萬餘人分道攻建甯遣聯等率散卒藏皂衣白旗分伏各城約期內應秋七月丁卯遣陳鳳藍衍吳豪各以勁卒二百人乘

夜突門楊棟黃勝率舟師奪海口約同夜進燒漳州江東橋柵襲破長泰海澄龍溪遂攻同安安溪福甯守者皇遽皆下八月靖南將軍陳泰率大軍屠同安翼雲等皆死進克長樂連江陳泰等自戰彩聯而別遣李率泰等分攻各城彩等眾寡不敵遯出海口大軍遂入興化殺守者顧世臣等永歷至肇慶成棟迎百里外儲黃金千兩白金十萬緡幣稱是備供頒好予永歷大喜政無巨細關成棟而後受成焉聲桓得仁圍贛三月不克南贛撫劉武元閒師絕其餉乃解冬十月永厤詔封成功威遠侯辛丑詔養甲代祭興陵（端王後）而密令李元允磔之江中以貳故十二月惠國公成棟出南安攻贛敗單

二三

騎遯六年春正月大軍破南昌聲桓得仁皆死三月大軍至南安而別將分破南康克信豐連下撫州建昌成棟溺水死初騰蛟開府于長沙之湘潭是月湖南北十三鎮先後破湘潭不守騰蛟死大步橋下永厤遣告急於成功遂遣施郎楊才黃廷柯宸樞攻漳浦守將王起鳳降遂下雲霄殺其守將裴國柱（在漳浦西南六十里）傳檄浙粵江西王翊起四明（山即天台中大蘭山）眾萬餘人攻上虞破之蕭山石仲房會稽王化龍陳天樞台州俞國望金湯奉化吳奎明袁應彪平岡張煌言上虞李長祥皆應翊遂東徇奉化猝遇大軍奎明嘗之遯翊迎戰於河泊所大敗之是月大軍克甯德夏四月遂克福安劉中藻吞金死

魯將同時死者董世南等數百人王自沙埕徙南日遣張名振復建跳所施郎等進克詔安獲其守將姚國泰進屯分水關（在詔安東南二十五里）分遣黃廷洪政守羅山嶺宸樞守盤陀嶺（漳浦西南三十里）以書招潮州總兵郝尚久不從五月魯告急於舟山黃斌卿不應又使使四明拜翊河南道御史六月又拜右僉都御史會稽人嚴我公為魯招顧虎臣及長興柏襄甫皆以眾降永厤遣胡執恭以侯爵往封孫可望李定國劉文秀艾能奇已誅張獻忠之四將也執恭旣矯詔封可望為秦王秋七月詔封成功延平王固辭不受乃改封廣平公又封李過（即一隻虎）為興國公高必正鄖國公朱由植率眾攻南贛不克死劉

鄭二

治國等九人自廣東分三路進攻南贛亦不克死是皆成功檄奉永厤者也八月成功遣陳斌進破遠濠（寨在潮陽縣東三十五里）霞美二寨降其守將張禮又令黃山從海靖所破惠來縣以汪匯為知縣正兵鎮盧爵守之九月張名振阮進共殺斌卿迎魯王冬十月丁亥自建跳所徙舟山山西虞允陝西王國賢等皆遙奉永厯年號攻下蒲州及臨晉河津等府縣旋皆失陷大軍既克湘潭遂破永興獲總兵尹舉智等李過（一名錦又名赤心）棄辰州遯又擊王進才馬進忠於寶慶又破光山伯劉體仁等十營於紅江又破衡州進破胡一靖六營於全州彩聯等自舟山還乘閒克復興化斬其推官黎樹聲十二月焦璉分

兵攻全州不克大軍乘勝克道州永州常甯沅州進克烏撒城及文考洞閣部楊翥等皆死宜爾都齊等大敗郝永忠於黎平遂破之七年春正月大軍克南雄永厯自肇慶奔梧州李元允留守肇慶成功克潮陽（縣在潮南一百四十里西南至惠來縣百六十里）知縣常翼風降徵饟和平不允遣楊才攻破其寨才暴卒而以林勇代攝其眾三月遣施郎招萬禮於詔安九甲夏四月禮率眾降五月檄高必正等援梧州六月成功圍潮州總兵王邦俊拒守陳斌斷廣濟橋（在城東跨韓江上廣二丈長一百八十丈）戰其將郝尚久尚久卻乞援於漳州王進進攻羅山廷政敗走進攻盤陀宸樞堅壁守進以騎兵誘戰而別由閒道出雲霄夾擊宸樞死

鄭二　五

成功大驚乃解圍退潮陽時彩聯方據廈門秋八月成功令施郎分兵伏諸島而自設宴虎坑巖邀聯聯至半山塘伏起殺聯成功佯慟購千金告殺聯者分兵護彩已而其將陳鳳藍衍吳豪楊棟黃勝各以其眾來附并舊將藍登皆授原職遣洪政持書招彩竟全師付政成功大說九月定南王孔有德軍至桂林諸將望風遯瞿式耜等不屈死靖南王耿仲明至吉安自盡平南王尚可喜自攻肇慶等府而碣石守將蘇利閒道急破惠來（在碣石東）盧爵汪匯皆死成功命輔明侯林察將左軍閩安侯周瑞將右軍定西侯張名振將前軍平夷侯周崔芝將後軍自將中軍馮澄世潘庚鍾將遊騎策變別遣

閣部揭重熙總兵李安民蕩鹵伯洪國玉分攻邵武等處令洪政約東南澳銅山諸島掠詔安饒平擇日進取會永歷告急自廣西至速成功道虎門入（虎頭山在東莞縣西南五十五里大海中有大虎小虎二山名虎頭門外夷入貢及出使要道）冬十月以黃大振守海壇阮引藍登佐芝鵬守廈門而自帥五將軍之兵抵潮陽聞廣州已破永歷奔潯州陳邦傅叛劫從官溺死者董英許玉鳳潘駿觀三人而施郎與陳斌隙又告潮人黃海如將叛去乃陰遣林習山襲殺海如攝其衆遂攻潮州未下聞重熙等攻邵武戰失利盡焉川湖督羅繡錦等各遣大兵助可喜十一月福建巡撫張學聖亦分兵擊要害十二月兵解潮州八年春正月退屯南澳（萬歷四年築城三里左右有灣日白沙灣）以蕭拱宸爲中衝鎭守青嶼（在南澳北）令洪政施郎陳壎鄭文星潛軍還守廈門二月次白沙湖（惠來縣西南）抵天星所敗惠州援兵復惠來城分兵守之聞學聖遣總兵馬得功奪廈門阮引藍登懼不敢逐芝鵬挾珍寶棄城走成功妻董氏跳海濱僅以舟免而施郎等出不意截戰得功於員通港得功甓走鴻逵所舊相得也遂縱去及成功至則去已五日矣由是與鴻逵隙夏四月改廈門爲思明州以鄭擎柱爲知州出隆武所賜尙方劍斬芝鵬貶引登秩而重賚施郎陳壎等鴻逵謝歸命洪旭鎭思明族兄泰鎭金門芝豹施天福鎭安平張進鎭銅山陳霸鎭南澳距南洋許龍碣石蘇利

而自屯金門後浦永歷使宦者劉九皋報孔有德已先後盡克桂平梧柳四府地靖江王并世子文武臣四百七十三人皆沒上自潯州徙南甯三宮徙田州湖南牛萬才率總兵以下官八十三員兵七千七百降北是月成功以施郎有犯囚諸舟中脫去成功怒殺其父大宣及弟顯貴郎間行詣蘇茂茂令之安平芝豹所成功捕之急郎遂降北更名琅成功悔曰自此不復安食矣五月成功帥九將軍之兵攻漳浦道南溪（在縣南六鼇所西北）登岸副將王進迎戰不利入城堅守環攻之不下六月還思明尙可喜連克雷廉潮惠諸府地秋七月平和人黃梧來附授副將以陳六御爲北鎭領騎兵九月復攻漳浦敗王進於馬口（寨在縣東北）提督楊名高統興泉諸鎭兵入援成功親勒六軍藍衍杜輝當前甘煇余新督中以繼蘇茂郭義伏小盈嶺左楊祖蔡祿伏小盈嶺右陳魁黃梧彌縫左右翼成功憑高示進退引名高步騎戰嶺下兵交伏發名高突陳遯泉州漳浦守將楊芝德陳堯策以城降並授總兵以林其昌守知縣冬十月永歷徙新甯陳錦遣兵破舟山魯王遯尙書李向中將軍劉世勛以下死者數十人十二月成功遣乞饟日本以足軍實阮駿自舟山來歸九年春正月海澄守將郝文興迎成功入遂授文興前衝鎭以黃維璟爲知縣張名振沈宸荃張煌言扈魯王至金門宸荃艤舟南日山風裂維擧

去失所之永歷徙廣南孫可望遣總兵王愛秀迎至安隆所改名安龍府周全斌同安人以三策干成功曰大將軍志在勤王當以計間孔尚炅使反正檄孫可望李定國分兵川楚連師閩粵一道湖北徑取南鄭窺洛陽拊其背一由巴蜀搗關中封函谷扼其項一浮長江畫南都遏其饟以虛其腹此上策也會孫李師分克楚粵巴蜀由黃梅分克太湖潛山德化建昌一趨南贛一趨合肥粵師由南雄會閩師浙師左右之而又分南贛之師道浙浮江分下大江南北而下楚蜀之米以蘇閩浙不時之需此中策也若夫棲兵各島以閩蠶食浙粵沿海諸郡邑陸取南贛汀邵覬覦乘便此下策也成功大

說授房宿鎮參軍事遂密表於永歷會孫李進取偵孔尚易防之閩而捭合之而自遣諸將從江東驛在龍溪東四十里至長泰三十里攻長泰戰王進溪西龍津西溪敗之二月城未下而總督陳錦援兵大集成功屯柳營江東江東驛水錦始出峽處錦屯牛蹄山距五里三月錦眾來薄蘇茂林勝逆戰杜輝吳豪横截其腋大敗之退同安鳳尾山大鳳山在縣北三十里形如鳳翅此其支阜其奴庫成棟受杖怨錦夜剄其首來奔長泰守將李青棄城走遂以馮澄世為知縣斬成棟以徇曰此殺主以求利者夏四月以黃廷為前提督黃山為後提督圍漳州永歷將陳邦傅殺焦璉以潯州降凡思南慶横等二十二府州縣皆沒閩撫調金衢鎮總兵馬逢知援

漳甘輝請曰錦喪眾洶懼逢知遠來急擊勿失不聽逢知既入而復圍之數日逢知出戰士皆却後不能軍王進以師援敗遯巡撫宜永貴潛師攻厦門陳輝擊之遯五月孫可望分道出師李定國下楚馮雙禮副之劉文秀下蜀王復臣副之六月壬寅定國軍武岡雙禮軍寶慶署沅靖皆捷埶可乘勝南下而虞有德之躡其後也分武岡軍出新寧寶慶軍出祁陽合趨全州別遣西勝營張勝鐵騎右營郭有名道西延大埠取嚴關嚴關者所由入桂林要隘也雙禮統前軍都督高存恩鐵騎前營王會武安營陳國能天威營高文貴坐營靳統武合兵八萬先進抵驛湖斬有德騎將李四降其騎卒萬餘

遂薄全州定國統右軍都督王之邦金吾營劉之講左協營吳子聖武英營廖魚標奇左營卜甯合兵十萬繼進未至全州下定國令急過全州趨關雙禮既下全州亦分軍會後有德聞驛湖敗急遣精卒數萬援全不及遂急趨關則張勝郭有名已營關上諸軍皆會戰關下定國驅象陳衝之却蒼頭鐵騎持重兵奮突遂大敗之又追敗之大榕江有德急入桂林閉城守諸軍圍之三日守陴皆潰有德投火自焚死俘其子庭訓及叛將陳邦傅及其子陳師禹秋七月敬謹親王尼堪統大軍進取寶慶而黔將白文選已先克辰常殺總兵徐永興以下死者無算壬申尼堪入衡州精騎十萬分將援辰州

定國遣張虎助文選而多張疑兵於河上若爲堅壁不出者壁門左右穽坑穽帷濠於邊緣以遊騎伏奇兵閒道繞其後夜火象奔衝其堅迫之河上精騎盡覆文秀入蜀初克重慶敘州嘉定諸府州吳三桂親兵逆戰寡敵輒奔文秀諸將多易之既克成都兵益驕弛不設備三桂簡精卒攻破降其眾乘勝復嘉定殺總兵龍名揚遂拔重慶殺總兵李廷明九月定南將軍阿爾津都統馬喇希征廣東冬十月尙可喜耿繼茂兵克欽靈諸州平西王朱聿鐭率侯伯總兵李元允張月周朝袁勝等降元允至廣州不屈死尙可喜分兵克梧州成功之圍漳州者凡七月援絕糧竭死者七十餘萬人固山金礪

會總督劉清泰統大兵救漳成功攻益急令周全斌禦援兵於龍江之東城東四十里將戰聞礪已潛渡長泰出江東大驚成功解圍屯古縣黃山率陳鳳等迎礪戰不利成功退屯海澄以郝文興王秀奇守之還思明州永歷封定國西甯郡王雙禮興國侯三桂破復臣軍於保甯城下復臣與其將張先璧皆死十二月江西巡撫蔡士英克安福永新阿爾津馬喇希移征湖廣

臺灣鄭氏始末卷三

德清沈雲撰　　烏程沈　垚注

十年春正月魯王在金門去監國號成功爲樹宗人府正旗月歸芻米三月遣張名振陳煇率兵北上定遠大將軍貝勒屯齊統兵會阿爾津韓岱宜爾德等環攻永州定國遯去丙子進克寶慶辛巳進宿岔口初可望忌定國功高既封復悔讒人從欲禍之故遯去可望盡收前所復長沙等府縣官印思易置乃皆棄城走南甯鎭朱養恩等數言宜招定國不聽壬午可望統軍自靖州會馮雙禮白文選馬進忠合拒大兵岱等出奇連敗之可望軍不能成列乃乘莫遯入峒口夏四月金礪劉清

泰分兵出福泉二港會攻海澄成功遣林察周瑞防海壇近福港湄州近泉港而自屯海澄王秀奇郝文興陳堯策守鎭遠寨甘煇萬禮爲援五月察先遭風被執及搏戰礪騎數萬不勝陳魁出奇薄敵營遇伏創甚以甘煇救得免後衝鎭葉章戰死以周全斌代章楊正攝魁軍復振城亦旋裂旋築礪每攻輒爲鎭遠寨所撓亟擊不能下成功令火器鎭何明隧濠下空中實神藥火物勒敢死士持利斧待斫凡礪兵渡濠先登皆遇斫後者火發多斃礪雜散卒遯漳州秋七月攻鷗汀寨澄海縣西二十里闕陳鐵虎不利師還八月永歷改封成功漳國公九月郝尙久奉永歷朔據潮州爲尙可喜所困乞援師成功軍

至則耿繼茂已破潮三日遂令甘煇等下揭陽以濟軍
食十一年春正月命將扈魯王謁永歷不達還駐南澳
永歷改雲南爲雲興府辰州爲沅興沅州爲黔興起劉
文秀爲大招討督諸軍東伐二月　中朝使賫海澄公
敕印招成功成功辭曰士卒散多無土可著願還上敕
印便初清泰奉　密諭察奏既至復稱厦門左右故鄭
氏地非宅僭竊者比撫臣張學聖道臣黃澍鎮臣馬得
功垂涎金穴乘成功他出潛師襲取悉其家資致鄭逆
修怨索償海壘淪陷　命褫三人及革按臣王應元職
解京嚴訊都人士又藉藉道芝龍初居泉之東石有李
習者商販日本致累鉅萬無子子芝龍又爲取日本長
琦王族女多載珍奇還東石富甲八閩第宅縱橫數十
里每出遊從人數百衣服麗都若一莫辨疇孰芝龍者
崇禎中受撫于巡撫沈猶龍進珊瑚高尺餘飾珠龍金
盌爲猶龍母壽猶龍歎嘖嘖則復進一樹如前高製生
犀黃金爲甲因得結海內魁桀及世家紈袴子云是月
成功遣諸將分攻興化漳泉福州三月親整舟師攻署
崇明靖江泰興俘戰艦數百械數千遂燿武於金山遙
祭孝陵而還時尚可喜專鎮廣東耿繼茂移駐桂林定
國克復高明圍新會未下都統朱瑪喇會可喜大軍往
援夏四月成功命泉人戴捷爲援勦前鎮統三千水師
援定國攻潮州破之以定海李孟裘守知府防潮陽惠

來六月　中朝封芝龍同安侯遙封鴻逵奉化伯芝豹
就撫官左都督遣使偕芝龍季子渡齎惠潮漳泉四府
備安插兵將敕印撫成功使者見成功戒嚴令先薙髮
後接　詔成功疑紿已也論數日不決使還成功復書
其父曰曩歲戊子王裕使上聞父被圍後遂不通一介
懼滋累耳歲壬辰周繼武持書來不信先因道路傳聞
卒遭不諱故遣李德走探動靜至於和議實非本心自
古忠孝不兩全成敗不並立成功何人顧能兼是　新
朝徒以孫可望李定國成功三人力扶王室往來馳驟
於滇黔楚蜀閩粵贛浙淮鳳蘇松間犄角執成卒難力
服乃以孔尚耿分藩駐防與三桂爲之竭力而陳錦授
首於東有德隕身於西彼復此陷旋得旋失計以海澄
公四府地相餌折鼎足之埶孤孫李之援成功方宴使
者報恩寺禮待極隆而使者哨騎四出張皇山谷委、
詔書於草莽徒嘵嘵於先薙髮後接　詔甚無謂也天
下豈有未稱臣輕薙髮者然諾在布衣往往出肺肝相
示況成功不爲利動不爲害怵磊落作事聞天下一旦
苟且曖昧不特不見重於　新朝亦且貽笑於後世矣
父寄　新朝所謂中流失船一瓠千金其得延今日者
幸也不幸成功亦唯是縞素復仇以結忠孝之局他何
言哉書欲不復黃六表痛哭極陳必得一言以爲信用
詳所以伏維自重秋九月可喜再破定國軍新會圍解

成功大練舟師備進取冬十月漳州守將劉國軒樸世用等以城降官國軒護衛後鎮魏其志火武鎮世用木武鎮張世煇監督知府房星華龍溪知縣周瓊等如故十一月發水陸師十萬應定國漳屬十縣泉屬七縣先後皆降以南靖知縣李奇生爲同知漳浦知縣范進爲通判餘守原官如故十二月遣甘煇取仙遊定遠大將軍世子濟度統大兵至是歲可望出挼沅靖諸營由平越道屯天柱十二年春正月煇使陳謙攻仙遊知縣陳有虔守不下洪善穴地實火器裂其城百餘丈遂破有虔死永歷封定國晉王文秀蜀王遣宦者劉玉泛海來告可望與定國不和可望殺大學士吳貞毓以下十八

人二月成功置吏戶禮兵刑工六官令思明知州鄧會領儲賢育才二館取士黃帶臣洪初闢等四十八人三月應定國師失利還潮州陷夏四月築丙洲新城（同安縣南四十里城周四里）釋林察皋爲總督與周瑞帥舟師勤王破潮州復之閩繼茂可喜擊斬總兵廖篤增於玉版泉追敗定國於興業（縣名）分兵克梧州又連敗之於橫州等處遂分兵攻下高雷廉三府三州十八縣定國遯南甯（府名）橫州等二州四縣皆陷察次虎門不敢進成功責察觀望命戴皋立功益以前提督黃廷爲帥萬禮爲副率二十鎮水陸師赴粵命定西侯張名振爲帥陳煇爲副統二十四鎮入長江前進洪旭爲水師右軍陳六御爲五軍戎

政監其軍中提督甘煇爲總督王秀奇爲副率二十鎮繼進爲援戈甲燿日鉦鼓闐江夏五月都統石廷柱統大軍爲鎮海將軍駐防京口定遠大將軍世子統大軍乘虛攻擊總督劉清泰分兵防要害遣使齎書招成功且言大兵雲集後將無及成功笑不應厚其使而遣之甘煇會洪旭舟山乘岑江口（即岑港在舟山所西北）守將巴臣功（即副將把成功）堅壁不戰黃廷入揭陽港（俗名牛田洋在澄海西南四十五里）屯桃菴山潮州總兵劉伯祿駐鷹嘴埔亦堅壁不出林勝夜囊土塡濠進破其壘伯祿遯揭陽普甯（兩縣相去七十里）海澄皆下毀普甯城以峻揭陽六月芝龍囹禁高牆芝豹戍甯古塔都統伊爾德爲甯海大將軍統滿漢兵抵舟

山永歷將軍盧明臣馮雙禮分攻岳州武昌劉文秀攻常德甯南靖寇大將軍陳泰及護軍統領蘇克薩哈分徼大敗之明臣赴水死雙禮文秀遯泰窮追文秀爲定國援軍所敗陳泰死都統阿爾津代爲甯南靖寇大將軍偕都統卓羅駐防荊州都統祖澤潤分防長沙成功令兄泰移安平輜重於金門徙泉屬士民渡金廈空府藏墮漳府惠安同安諸縣城使張英築沿邊礮臺益戰艦從澄世計北兵利陸戰不利水戰故也郝文興守海澄以林其昌爲知縣遣英義伯阮駿總制陳雪之會名振守舟山烏洋遣李化龍招臣功臣功降授鐵騎鎮改名臣興洪旭甘煇還次台州港總兵馬信以城降授中

稚鎮爲征鹵將軍秋九月文興卒令王秀奇守海澄冬
十月名振軍次定海關（在鎮海縣南門外）降其守將張鴻德授
前鋒鎮十二月世子軍至泉因成功退守兩島復遣招
撫不報十三年春正月可喜遣劉伯祿徐有功克揭陽
普甯次揭陽城西爲定遠軍犄角黃梧諸鎮軍屯埔上
蘇茂欲先迎敵郭遂第止之曰列隊過橋勝則可却則
難退梧曰戰無不勝何退爲茂遂逆戰有功伯祿夾擊
大敗之黃勝林文燦皆死黃廷急引軍轉攻伯祿營伯
祿反救遂第乃以一軍免諸鎮皆沒浙閩總督屯泰分
兵攻舟山台州二月馬信率降將馮用張洪德謁成功
永歷在安龍可望謀劫駕出降定國舉兵敗可望奉駕
駐雲南改滇都成功令五軍總制張英督杜煇林勝佐
廷禦伯祿軍三月名振卒以陳雪之代遣馬信洪德助
駿守舟山堵屯泰軍伯祿絶港爲營徵各鄉之濟廷食
者耿繼茂攻定國於南甯禽輔晟伯李先芳斬參將杜
紀等定國奔隆安夏四月定遠軍戰艦已具使韓尙亮
爲前鋒檄諸軍會戰成功令林順等七鎮屯圍頭陳魁
等四鎮泊遼羅泰率舟師爲應萬禮等五鎮分據高崎
濤尾（皆在海澄縣西海）圭嶼（縣東北）及海澄諸港洪天祐張煌言
巡廈門尙亮出泉州港順率火輪舟逆之陳濟王明伏
走舸鑿其樓船沈溺十數尙亮却大軍集圍頭順以鐵
面軍據上風揚灰火弩齊發大敗之抵暮風雨大作滿

漢兵播蕩不能支既昏雨止風愈暴北艦不能寄椗漂
失過半成功令在廈門俘獲者斷其掌縱還先是有嘉
禾斷人種之謠嘉禾即廈門閩諺掌與種似故厭之或
說世子曰金門白沙寨爲鴻逵棲隱地出不意攻之可
得也金門得則廈門孤矣從之遣王進功潛軍馳往洪
旭逆擊順率八鎮軍助之進功潰遯泉州港五月廷豎
之食趨碣石攻蘇利利又堅拒不下遂還六月成功以
蘇茂輕進覆軍斬之罰黃梧輸鎧甲五百代王秀奇守
海澄王元吉爲知縣周全斌爲左先鋒鎮郭遂第爲後
衝鎮改名華棟以忠勇侯陳善守思明州初施郎之去
也茂縱之至是斬茂諸將以茂功多有後言成功乃贍
茂妻子爲文以祭引諸葛忠武斬馬謖以自解梧心猶
不自安遂劫副將鄭純及茂弟明知縣元吉殺總兵華
棟殲其部衆以海澄降協將康雄不從斷其手得墜城
出世子奏梧爲海澄公梧薦施琅爲總兵蘇明有母在
成功所成功亦不誅也康雄張協請速援五都土城則
大兵畢至海澄甘輝等議土城已不可守令康雄林明
保輜重還海門（山在海澄東北）成功擢雄左戎旗鎮明右戎旗
鎮秋七月遣黃元佐張進協守銅山（在古雷寨隔海之西古雷在漳浦縣東南五十里）時以福州無重兵計潛軍閩安襲福州遂令甘
輝萬禮統杜煇等十五鎮北次湄州命戴捷爲嚮道黃
廷守廈門洪旭佐兄泰守金門陳輝統戰艦二十泊南

山圭嶼辛亥親帥王秀奇等奪閩安斬守將胡希孔生擒百七十餘人遂入南臺（亦曰釣臺山在閩縣南九里去建江百步）奪橋（萬壽橋在府南跨南臺江上長三百餘丈）乙卯戰橋北再勝丙辰戰於教場禽延平參將張禮奪戰馬二十五匹遂圍福州分兵東守烏龍江（即陶江）遏漳泉援師北守連江嶺遏溫台援師西絕洪塘水口（府西十里與陶江通）以斷延建饋運惟南面近水不爲備築礮臺與烏樓對衝䡾橦城巡撫宜永貴急出原任布政周亮工副將王進於獄中問計亮工謂敵防疏東南當遣田勝李武伏軍西南遣王進潛師出鼓山後（閩縣東三十里）轉六通橋徑攻南臺破敵必矣八月己卯成功分將克連江（府東北九十五里）而進軍來襲眾疑大兵畢至驚

潰成功不能禁退屯閩安定遠軍偵成功出命馬得功道雲霄八尺門（在雲霄城南銅山城北）攻銅山爲黃元所敗走伊爾德敗總兵王長樹毛光佑沈爾序等於大蘭山殺之連攻定海敗阮思等於衡水洋口辛丑遂連破陳雪之等於舟山英義伯阮駿陳六御張洪德等皆蹈海死九月阿爾津破永歷將姚黃於彝陵之虼退山冬十月遂破辰州土司彭宏澍籍所屬三州六司三百八十洞戶口降成功禮官陳寶鑰逃泉州納降以黃開泰爲禮官以同安死難教諭陳鼎子永華有經濟才命爲參軍十二月攻羅源（西南至連江一百里）甯德（西南至羅源一百里）定遠遣阿格商巴都來援成功回思明州甘輝殿阿格商追至護國嶺

輝使韓英劉巧伏兵西北山谷中黃昭伏橋東北魏其志陳謙逆敵佯敗過橋伏起斬阿格商甘輝還戰巴都盡獲輜重以還是歲芝龍復遣使勸降復書有曰天下豈有無父之人哉然竊私籌父之禍福安危孰矣使者重來艮非得已成功死皋更復何言乃所以強忍須臾不卽輕身一擲者徒南望吾君雲天萬里北思吾父喘息重圍恐一朝落機阱飽虎狼爲婦孺之所竊笑負君父重恩靡有旣極耳若論創業明君招攜懷遠則有道矣漢光武推誠以待竇融唐太宗於尉遲敬德朝爲敵讐暮卽心腹宋太祖時吳越王錢俶全家入朝兩月遣還羣臣乞留章疏封固賜之豈不誠慨宏大度能鼓舞

豪桀不自已效章章若斯必謂以德服天下雖唐虞三代獨然與今當事者喜以詐力相尚有初鮮終此成功不幸中之於先而決之於豫者非謂世澆必不古若亦其性習疑殊也父長者不樂以不肖之心測當世乃今若此當亦稍稍自悔矣天實爲之嗟何及矣世子王將軍都統總督巡撫四集褊壤將三載勞苦功高一弄兵於白沙戰艦蕩沒再弄兵於銅山士卒奔潰舟台先失四將來降（巴臣功馬信馮用張洪德）希孔格商先後授首乃一裨將黃梧叛獻海澄遽封公爵供成功指揮若梧者累計億千恐盡天下不足封其以是爲能詐邪否邪萷者庫成棟弒錦首來獻成功卽斬以徇爲叛臣賊子戒竊謂天

討無私天不變道亦不變而顧反之以爲教是誘天下以叛也誠不知當事者自居何等且甚危乎其爲上矣本之不持末焉是議爲天下別順逆斤斤以薙髮爲辭無論古來聖帝明王未有髠完爲教忠孝者即如姜瓖金聲桓輩孰非薙髮稱順而叛不旋踵殆深奉其教然與教叛膺上賞果以叛爲順與非與夫彼既從其所好所令矣而又從而誅之示天下爲爭此區區一片土抑何教之未明量之不廣也漳泉潮惠懸海隅誠以畀我完我君臣父子得保一區如殷巢伯周箕子休養生息於其間彼無此侵此無彼畔使　中朝永永無南顧憂成功縱不足見高皇帝於地下然而塗炭生民歲月無

已當亦君父之所不忍出此況乎成敗不可必天命不可知也誓日指心有言不再中腸委折拜使黯然丁酉火藥局災十四年春正月永歷自滇都以璽書來問且告議開緬甸爲省以元江土府爲總督不果定遠軍分防泉州大營高濟烏龍江惠安衞荟侯官閩安諸隘成功督舟師北上亥三都二月攻溫州金鄉衞（平陽縣南七十里）守將翟永壽降三月使萬禮韓英守閩安羅星塔寨（閩縣東）成功師出鎭下澳遇風還定國公鴻逵卒於金門諸鎭戒嚴夏四月都統宗室羅託駐防荊州都統伯佟六十駐長沙成功使楊廷世劉九皋請秦王晉王修好會師進取使施舉李順往浙江遇定海關軍戰死秋七月

成功舟師出興化陳斌盧謙余程守閩安八月抵海門攻黃巖守將王戎執知縣劉登龍降進圍台州巡道蔡瓊枝副將李必知府齊維藩臨海知縣黎嶽以城降九月天台太平諸縣降令宗維甯說海門衞（台州府東九十里）守將張捷與前所（衞城北七里）守將劉崇賢皆降而都統屠泰會總督李率泰兵破閩安余程戰死斌謙率衆出降亦死成功遣陳堯策守狼崎（山在閩縣東）而自回廈門防禦冬十月可望攻定國軍不勝遂率妻子及標下總兵都督等降北初封義王遂以洪承疇統軍會羅託等由湖廣進討定國吳三桂會都統侯黑爾根侍衞李國翰由四川進都統卓布泰會提督綫國安富喀莽吉圖等由廣

西進都統濟席哈等隨羅託由湖南進十一月成功師至南澳攻鷗汀壩寨屠之屠泰以舟山不可守遷民渡內地迫之海水之間溺死無算遂空其地成功復分兵屯守招撫十二月永歷使漳平伯周金湯偕廷世九皋齎詔至思明州封成功延平王泰加少傅賜尚方劍便宜行事王秀奇祥符伯馬信建威伯甘煇崇明伯黃廷永安伯萬禮建安伯陳煇忠靖伯洪旭忠振伯餘侯伯印數十付成功頒錫成功率諸將拜受遂進謝表并會師江南疏使參軍徐孚遠隨金湯復命乃設長史審理典寶典仗典儀典膳諸官以王府禮從事

臺灣鄭氏始末卷三

臺灣鄭氏始末卷四

德清沈雲撰　　烏程沈垚注

十五年春正月多羅信郡王多尼會平郡王羅可鐸貝勒尚善杜蘭都統伊爾德阿爾津巴思漢卓羅等統兵進取雲南二月延平簡勇士力勝五百斤者爲親軍使工官馮澄世造鐵甲胄試以箭不入又造鐵面繪如神鬼每士一人副二人執斤斫馬足有進無退號曰鐵人以左虎衞陳魁統之三月右虎衞陳鵬敗許龍於南洋俘其衆定國將閆維龍曹延生攻克廣西橫州夏四月李國翰徼定國軍於全州三桂遣兵克重慶成功遣楊廷世詣永歷告師期以薛聯桂爲思明知州楊來嘉佐

黄廷洪旭佐泰分鎭金厦鄧會督糧餉五月以中提督甘輝統前軍右提督馬信統中軍後提督萬禮統後軍成功自統大軍凡水師五萬騎射五萬步擊五萬遊軍策應萬鐵面軍萬猛將數千戰艇數千北上澄海遊擊劉進忠率衆以城降授進忠後衝鎭永歷寳康侯賀九儀遣將曹友攻賓州不克羅託等略下沅靖進克平越鎭遠卓布泰略下南丹那地撫甯各土司進克獨山三桂等自重慶分擊定國文秀軍連敗至水西皆遯遂克遵義別將克開州六月延平軍攻降平陽守將車任進瑞安守將艾誠祥進攻溫州不下秋七月抵洋山山故有龍祠過船必以生羊祭畢即縱之山上日久孳乳羣

隊滿山延平軍士競逐之成功又不致祭天朗波平怪風卒至戰艦自相樅擊義陽王及成功三子睿裕溫甲士數千人皆溺既禱乃息遂還舟山葺戰艦八月永歷仁壽侯譚詣等攻重慶九月象山知縣徐福率父老迎降延平時有言北將謀叛者成功罷賀世明以姚國泰代又遣張英諭樸世用魏其志李必張魁悉解兵權爲監督世用憤死劉進忠因不自安冬十月率衆奔黄巖海門衞納降周全斌追至海門圍之進忠突圍走全斌不追遂據其城十一月破盤石衞樂清縣西南五十里令諸提鎭就汛休養十二月屯沙關籌餉樂清縣東有白沙嶺嶺東有關即此承疇遣攻水西宣慰司安坤降定國文秀入貴州都統明安

達禮俄羅塞臣賽音達禮護軍統領席伯臣車爾布等各統大兵會承疇分剳貴州防禦大將軍多尼會吳三桂卓布泰於平越之楊老堡分三道進攻雲南多尼自桂陽入斬劉將軍於安莊犂昌王白文選遣將焚盤江鐵鎖橋尼堪軍作浮橋以濟文選拒戰松嶺衞不勝三桂自遵義入攻七星關文選屯兵堅守不下乃轉水西苗猓界閒道度關襲其後克之遂進烏撒卓布泰自都勻入抵盤江之羅顏渡口文選遣將李成爵扼險沈其船定國亦率兵來援屯雙河口山頂而卓布泰軍從下流十里取所沈船乘夜潛渡襲斬成爵於梁瑞津遂會諸軍四合張左右翼奪擊定國定國退守陸格樹寨堅

拒諸軍以火器圍擊再戰再截定國兵不滿千轉戰四十餘里左右衝突大軍累萬圍數十重而火器熱不可執戈刃交前百不當一定國鼓銳奔之所向騰踐披靡莫敢仰視遂衝重壂奔據鐵鎖橋則已先焚不可據乃從普安閒道入雲南三道大軍俱迫滇都定國文選扈永歷奔永昌初孚遠取道交趾入安龍交趾要以臣禮不可阻不得前返廈門後孚遠隱吳六奇所得全髮死其子歸柩松江未葬子亦死十六年春仁壽侯譚詣攻殺其兄譚文脅新津侯譚宏降北封宏慕義侯詣向化侯分平西王駐雲南平南王駐粵東靖南王駐四川二月延平還盤石衛調兵閏三月癸亥三桂卓布泰等攻

永昌壬申定國扈永歷奔騰越三桂等渡瀘江定國與忠勇伯竇名望伏磨盤山左右偵三桂騎至突出截擊幾斬三桂大軍還戰獲遯免而卓布泰八隊合圍名望戰死定國突圍走石門扈永歷過南甸追至定國遣馬雄飛鄔昌琦護鹵簿先趨孟卯而身自斷後又追及定國扈入三宣六慰斬孔廷訓（有德子）以謀劫降故夏四月辛丑由蠻漠還河口水陸分進文臣舟從者六百餘人武臣陸從者九百餘人馬亦如之戊申舟次井梗定國遣文選率兵迎駕往啞哇城爲緬人所阻不爲達時距駐蹕處五十餘里文臣侍從皆畏緬人莫敢通文選既拔營去庚戌舟次沙河口陸行者至壂哇對河距城五

六里屯息緬人疑爲變集眾戰鬬朱蘊金姜承德等死者大半餘亦潰散延平軍抵崇明總兵梁化鳳堅守不下乘風趨瓜州遣監紀劉澄約提督馬逢知爲應令馬信黃安蔡文黃昭藍衍率銳師居前周全斌居中甘輝居左洪天祐居右萬禮居後羅蘊章參伍策變張煌言奉檄傳諭五月辛酉朔緬王具龍舟鼓樂迎永歷宿衛僅百餘人遂止不出定國書三十餘上爲大學士馬吉翔司禮監李國泰所沮不報六月辛卯延平軍抵焦山斬巡江營都司羅明升於談家洲（丹徒縣西北六里有沙洲橫列江中）以蔡文守焦山（丹徒縣東九里）令材官張亮率善泅者斬滾龍鎖前軍先登亮圍瓜州（江都縣南四十里）江防同知徐騰鯨遯陳

澤追斬遊擊左雲龍於大來橋生擒操江朱衣祚成功曰此腐儒也縱之蘊章督軍士焚木浮營三寨俘斬數千以劉猷守瓜州何平理江防事庚子遂泊鎮江南岸前軍屯銀山下（府西二里）守將遙見鐵人駭甚反走乘之遂破其柵副將高謙出援全斌爲圓陳持盾外向射之不動火器衝其中忽中分若衢而左右角銳進裏而截擊之奔殪不相顧謙跳入城全斌遂奪門入謙與知府戴可進等十四員兵眾數萬皆降成功以謙爲破鹵將軍馮澄世爲常鎮道李徵爲知府林若霖爲理刑丁未荆州衛糧官來降擢其首爲衛指揮使餘量授千百戶太平府守將劉世賢遣使迎降加世賢鎮南將軍己酉略

取江浦遣羅蘊章分兵守鎮江蕪湖以降書至遣張煌言守蕪湖韓鏞守江浦儀眞吏民迎降持牛酒揚州文武棄城逃吏民來請遂遣將分守勞民馮澄世潘庚鍾說成功緩取南京先設揚淮瓜鎮重兵以斷南北餽道扼各路要害以絕外援遣使定國會師則南京可不勞而定也成功曰定國遯走無處所且萬里援師不足恃大兵分防各省皆數十萬永歷諸將剷平大兵凱旋在卽我分兵以守勢弱不足當庶神速取南京得形勝守要害傳檄天下反正勤王定國等不召自至南都未得譬諸堂奧空虛何淮揚門戶之有遂使周全斌高謙益兵守鎮江京口楊朝棟招撫江南袁起震徐春招撫江

北有陳文達者統戰艦二百餘艘來歸授指揮鄉道使時延平聲勢大振旬日之閒江南北相率迎降府若太平甯國池徽州若廣德無爲滁和縣若當塗繁昌宣城甯國涇縣南陵太平旌德貴池銅陵東流建德石埭青陽含山舒城巢沛廬江高淳溧陽建平句容分將撫安若虞不給常鎮淮徐望風引降文武棄城奔走者絡繹不絕而內大臣達索爲安南將軍會都統索洪護軍統領賴塔等統大兵二十萬來援成功遂進取南京至觀音門 江甯外郭北面三門最西曰觀音 令黃安總督水師泊三汊河口 三新河口近草鞵夾通口 成功由儀鳳門登岸 西出從北第一門在三汊河口東北 率諸將觀鍾山形勢祭太祖列宗而還 鍾山在府治東北十五里 令甘

輝余新屯獅子山 府西北二十里亦名盧龍山 萬禮楊祖屯橋山上洪天祐爲援馬信郭義黃昭蕭拱宸屯漢西門陳魁陳鵬藍衍蔡祿屯東南隅結水寨劉巧楊正戴捷劉國軒屯西北隅環山爲營而自帥張英陳堯策王秀奇林習山等屯嶽廟山與諸鎮營壘雲連勢結首尾相迎巡撫蔣國柱率將士數千騎薄營余新徼之大敗單騎遁復爲遊卒所禽見成功呼萬歲憐而縱之郞廷佐管効忠等方議降未決會崇明梁化鳳及參將張國俊遊擊徐登第等各率水陸兵數千閒道至國柱衣袝依化鳳突圍至城下縋而入與總督廷佐巡城雉東北隅敵營少備閒大兵旦夕將至議出奇夾擊衣袝曰是有門曰神

策 在太平之西金川之東是年因勝成功於此改名得勝 化鳳大喜秋七月貴州凱旋副都統噶褚哈馬爾賽等由荆州浮江赴援陳魁等逆戰大敗之壬戌都統劉之源統水師數萬與噶褚哈等合擊魁鵬等衆藍衍蔡祿撤油豆敵艦上而衆以矛搠乘之溺斃過半水爲之塞甲子都統哈哈木等統水陸師會戰余新洪天祐分兵拒擊張英林勝督鐵人截攻陸路北帥見矢刃不能傷而斫足競前莫却駭避入壁水師又爲天祐等所敗延平屢勝兵益驕諸將爭功互相訐成功令非有令擅自進取者不爲功越營爭勝者功敘本營他營非危急不得相救庚鍾諫曰將士奮勇貪功勿苛責以挫其鋒且敵兵已數十萬朝夕益

至吾軍止有此數非連營速戰乘勝合攻不可都城久圍不下或有他虞諸城降納不足守勝則速來敗亦速去爲今日計不如發令諸鎮并力水師爭先取勝以吾所長攻彼所短果能盡覆其水路諸軍殲其渠帥橫江塞隘則陸路軍亦膽落神飛而後乘銳并力靡不濟矣不聽庚午達索等大兵繼至分兵會戰水營而分陸路兵渡江攻擊延平諸鎮各自爲戰勢已不支且北兵蜂集雲奔見勝則進小敗卽退朝夕更代以逸擊勞以飽擊飢以多擊少如是者旬有五日延平士卒日疲器械日敝氣衰糧匱累敗欲崩庚鍾曰勢急矣速令并力自全相機退守以圖再舉又不聽甲申夜化鳳等率精騎

穴城出攻余新營北軍夾之遂禽新盡俘其衆連攻拱宸等營連破之及萬禮等奉令來援而化鳳已入城去甘輝及庚鍾諫成功退屯觀音門連營合陳不必待令爭相救護又不聽乙酉達索統大兵圍擊甘輝張英索拱圍擊林勝陳魁哈哈木等分取姚國泰楊祖藍衍楊正而水師諸鎮爲劉之源大兵所圍橋山寨爲禎塔等所圍西北劉國軒諸營爲噶褚哈大兵圍守獄廟山諸屯又爲馬爾賽張國俊徐登第據臨環攻成功張黃蓋山上望大兵無不以三圍一以十并二神器雷轟矢石雨注方急遽不可爲計而耶廷佐梁化鳳各選精騎表裏合擊鋒銳不可當乃令庚鍾代蓋下指揮自趨江下

整舟師合戰而被所焚溺已五百餘艦觸折滲損無計算急帥周全斌劉猷楊富冒矢石衝堅力戰拔諸將出排沙嶼瓜鎮已破前降諸府縣守者多亡失潘庚鍾萬禮張英林勝陳魁藍衍李必魏其志力戰死軍中甘輝余新被禽亦死收殘卒亡歸者什不二三成功大慟曰悔不用諸將軍言敗棄若是欲自剄以謝死者全斌及諸將泣諫乃止遂縞素哭祭悲號咽江躬巡弔卹撫創痍遣使奉表永歷請貶王爵八月攻吳淞港遣蔡政齎書馬逢知所都統劉之源爲鎮海大將軍駐鎮江慶陽王馮雙禮兵敗走四川德安侯狄三品執之北降授三品抒誠侯濟安伯朱養恩等以嘉定州降北巡撫高民

瞻兵克成都成功攻崇明梁化鳳以礮擊死正兵鎮韓英監督王起鳳等遂退九月師還思明前使永歷者道阻反命諸將請仍王號冬十月劉猷往溫州徵餉遇北軍戰歿時安南將軍達索等移兵福建由溫州進十七年春正月遂抵福州三桂等敗定國軍於普洱奏稱滇南負固有年一朝戡定獨永歷在緬李定國白文選分屯三宣六慰等處窺我邊防患在門戶號召諸蠻患在肘腋投誠生心患在腠理請大舉入緬以靖根株三月安南軍抵泉州會總督李率泰提督馬得功海澄公黃梧總兵施琅調甯波溫台各水師檄廣東碣石總兵蘇利南洋總兵許龍饒平總兵吳六奇合兵會勦率泰遣

盜持孔雀膽賂成功庖人張德伺成功宴諸將毒之德以付亨人王回回告其父父曰事主而毒之不忠孰甚遂挈回持膽報成功遂捕德磔之而厚錫回父以獎其忠改右提督馬信爲提督驍騎親軍與忠正伯林習山守笠嶼即列嶼在同安東南八十里介廈金門之中周二十里輔明侯林察總督水師與中衝鎭蕭拱宸屯崇武所在惠安東南泉州東禦泉州兵夏四月安南進泊圍頭即令察等屯劉五店在同安東少傅泰與護衛左鎭黃安守金門城仔角五軍戎政王秀奇督右虎衛陳鵬殿兵鎭陳璋守五通高崎五通嶺在同安東南七十里高崎在五通之西鼓浪之東廈門之北雜浦嶼之東南多大石前衝鎭劉巧後衝鎭黃昭左衝鎭郭義援勦前鎭林明屯同安港逆戰闈安

侯周瑞忠靖伯陳輝護衛右鎭鄭仁援勦右鎭林順泊南山麓遏海澄兵前提督黃廷右武衛周全斌統棠銜二十載火物而帷之伏後閒發英兵鎭陳瑞護王侯伯以下細小過笠嶼金門而空廈島成功督五府陳堯策等於鼓浪嶼廈門西北海澄東北指揮號令忠振伯洪旭屯鎭海旂尾往來策應即岐島大武口高千仞屹立海上其南十里爲鎭海衛在廈門西南大武山在廈門南對岸上癸丑夜陳鵬約率泰兵出高崎當迎應飛渡廈門率泰喜諾五月乙卯朔梧潛師出海門成功遣堯策約各鎭聞礮起椗堯策到周瑞船而海門師大至不及他去礮擊瑞船堯策與瑞俱死陳輝督眾鏖戰負重創索洪進同安港海門在鼓浪西同安港在海澄東賴塔鼓溫台水師攻

高崎率泰前進應鵬達索施琅統大軍繼至成功手旂劍問左右流平否曰平矣曰平則潮轉風隨令發礮火艇擁上流壓大軍兩岸轆轤競轉竹縆貫沈樹大起鵬約親軍爭登岸應敵而副將陳蟒性直不可通故大呼發礮擊敵陳璋奮軍銁遠斧近擲瓜礮敵軍蹂踐蹈淤淖鵬愕然計左則亦麾眾助戰率泰落水逃免達索戰艦絓銳枝半皆沈覆施琅以小舸援達索間道遁成功令何義代已而自乘飛艇督諸鎭合戰索洪泰帥水師鎭蔡叶吉由浯嶼進發截溫台閩艦黃廷等縱火於鼓浪嶼後夾攻賴塔風起潮湧煙燄漫天馬信督神弩軍圍梧全斌復以竹罌洋礮橫擊之梧兵盡覆索洪賴塔

皆棄軍逃竄北軍奔殪焚溺死者以億萬計水爲不流成功知鵬有變密遣洪旭往勞伏勇士焉鵬喜未泄與旭飲歡甚引鵬送江滑勇士突起縛鵬部眾大譁得陳璋程應璠曉之乃定成功責鵬交通狀伏辠遂磔以徇時吳六奇遣將馬嵩至潮爲刺客所殺許龍蘇利聞大軍已敗退還逃帥達索等皆以馬得功軍獲全得功屯黃崎惠安東北不進故也成功厚卹周瑞等擢陳莽右虎衛何義左虎衛陳璋宣毅左鎭俘獲軍實分賚諸將士舉之數月不盡六月尚書車克納都統索渾統大軍會福州秋七月耿繼茂移駐福建都統宗室羅託爲安南將軍會大將軍達索等相機進勦成功使張光啟如日本

乞師八月議棄舟山地明安達禮率滿兵還京內大臣愛星阿爲定西將軍征李定國九月李率泰奏遷同安之排頭海澄之方田沿海居民八十八堡入內地安插成功因議取臺灣招沿海之不願內徙者屯田其中以益軍儲冬十月魯王卒成功與兵部侍郎王忠孝禮葬之金門後浦十一月光啟使還言日本上將軍不允發兵助銅熕鹿銃倭刀爲備十八年春正月成功集諸將議曰吾聞臺灣北自雞籠南至浪嶠千里而遙東自多羅滿西至王城千里而近風便自雞籠淡水趨福州港口五更可達自臺灣港至澎湖嶼四更可達（海道不可以里計舟人分一晝夜爲十更故以更計道遠近）彭湖至金門七更可達東北至日本七十更可達南至呂宋六十更可達中多大溪流入海水澹曰澹水洋雞籠名東番亦名北港有數十社社大者戶數千社小戶數百俗習走過奔馬土宜五穀竹數拱長十餘丈其鏢鎗竹鐵簇試鹿虎輒中後避倭難稍稍居山後我太師初闢臺灣事耕植通商販密邇漳泉地廣而腴至今爲紅夷所據屹然一大部落我將復之以裕兩島進可戰退可守況茲遷民播棄失業者多招之以耕以戰兵食兩足艮計之得也已而臺灣甲螺何斌持地圖來獻遂檄南澳陳霸備許龍蘇利參軍蔡叶吉佐少傅泰守金門郭義蔡祿往銅山協張進防禦洪天祐陳輝楊富楊來嘉何義守南日湄州崇武圍頭

防護金門（金門東北至圍頭又東北至崇武又東北至湄州又東北至南日）洪旭黃廷王秀奇杜輝林順陳永華及其兄子繩武馮澄世之子錫範等佐世子經守廈門而自率弟襲及馬信周全斌蕭拱辰黃昭等數十鎮東征二月次彭湖巡視三十六嶼（彭湖島在臺灣縣西大海中西與金門相望東至府城五十里三十六嶼泛若水中之鳧其最大而居中者曰大山嶼縱橫三十餘里）分將守之曰此臺灣門戶是矣諸將軍唯寡人鴿首是向勿以紅夷礟爲疑抵鹿耳門成功曰此古所謂落漈與（漈者水趨下不回也）使測水深丈餘額手謝曰天興我也潛軍循圖委折至赤嵌城登岸斌曰速據倉廒乃以兵進不然遠則燬矣從之守赤嵌城酋長苗難實丁遣何機走鯤身請援成功令諸將持神器傳城遣通事吳邁說曰不速降皆灰燼矣苗難實丁懼以衆降成功厚賂之令說揆一王曰臺灣吾故物久假當歸而揆一王已遣酋長英黎三來禦道遇何機機謂唐兵實由天下非傾國以赴不可還請濟師成功因得整軍速進徑抵臺灣令黃昭伏鯤身尾楊祥繞出鯤身之左擊其虛而奪之蕭拱辰以水師截其夾板皆伏以待全斌速伐大竹環布革若城多張旗幟鉦鼓飛卒諜誘而內穽坎焉蓋紅夷專恃火礟鎗銃無他長登高遙望發大礟轟擊城則偃而復起屢擊屢起遂盡挾鎗銃噴弩前趨奮擊楊祥自後突起昭三面壁之紅夷軍全覆坑陷中而成功速兵奪門火器奔下不獲前士卒傷乃退於

七鯤身壘土石環濠以自衛是月白文選密遣緬人齎表承歷議要緬王送駕出已作浮橋距行在六十里將渡以馬吉翔李國泰撓阻不果行夏五月攻赤嵌城為承天府楊朝棟為府尹置天興（在今臺灣縣東四十里）萬年（縣東南二十里）二縣以祀敬莊文烈為知縣黃安顏望忠等率師繼進授安為右虎衛招沿海居民之不願內徙者數十萬人東渡以實臺地初黃梧盤沿海多富商大賈勸率奏奏遷海澄內地民皆破產哀號自盡至是為成功所招梧由是吞噬莫遂大怨成功與施琅計間成功守將銅山北自金石接浯嶼南自梅嶺達廣東西南接元鍾所較諸守者為最要郭義蔡祿初約萬禮為兄弟及禮死

江南之役還祀忠臣廟中首甘煇次禮復覈禮實逃軍後溺死遂撤不祀因懷不平六月祿遣將陳華羅棟揚言南洋許龍兵將至分據要害劫忠匡伯張進欲俱降梧進佯諾密與呂簇圖義祿不獲進自焚死世子經聞變遣黃廷洪天祐陳霸合討義祿遂大掠城中與察言司薛聯桂等由八尺門納降達索等統大兵至則洪天祐黃元益兵守銅山不敢進又恐成功自彭湖奪福州乃還梧以招撫都督萬儀萬祿等奏入而急與尚書蘇海納劫掠沿海居民塗炭殆盡秋七月土番阿得苟讓聚眾欲救紅夷楊祖與戰敗死成功令黃安陳瑞設伏誘斬之躬巡田野慰撫諸社寨酋長及新遷居民令皆

梭堵樂業益繕甲兵堅城守揆一王自是閉城堅拒無所得食八月梧會蘇海納統兵開道毀鄭氏祖墓盛其屍置獄中而芝龍及子世恩世蔭等以冬十月無少長皆棄柴市十一月成功令陳廣等焚紅夷夾板黃安率眾自鯤身合攻揆一王勢蹙遣通事李仲說曰此去荷蘭遠不可久駐約自倉庫外金玉珠寶悉載歸遲將莫及揆一王與諸酋長如約還荷蘭成功祭告天地山川置社稷宗廟學校改臺灣為東都（今縣西南有廢城）城曰安平是月三桂愛星阿會師木邦晉王李定國奔景線鞏昌王白文選遯據錫波江大軍造筏將渡文選復奔茶山為總兵馬甯等連敗至孟養文選降封承恩公三桂愛

星阿進攻緬城十二月戊申緬人請移蹕皇太后皇后皇太子同行夜渡河三桂等遂執永歷（由榔）殺華亭侯王維恭等一百餘人越年定國在景線病死成功殺朝棟及敬為刻減兵糧故以鄭省英為府尹令黃安城守撫眾周全斌總督承天府南北路分地開墾圍生牛而教之耕鄉仍曰社田仍二十五戈為一甲三年然後定賦限溝渠時畜洩毋聽民兼并買賣察舉孝弟力田及有奇才異能者試用諸將以時簡肆武備嚴守望緝姦宄如律

臺灣鄭氏始末卷四

臺灣鄭氏始末卷五

德清沈雲撰　　烏程沈　垚注

康熙元年春正月成功聞冢兆慘發父被族誅擗踊大哭帥諸將以下皆縞素二月命洪初闢等分理社事成功切齒梧等未及報病肝急或告南澳陳霸有貳心卽遣全斌往擊霸聞之曰辨無及矣中梧等姦計不自察卒以兵逼如是而往衆畔親離無日矣豈掘冢之應墮地若斯雖然霸不忍爲梧用也乃率諸將遯粵東去全斌獲其子士鼇復命以杜輝代守南澳夏四月兵部司務林英奔告緬事諸將請更朔號成功曰不可傳聞異辭審而後發喪擇立宗室之賢者乃改元朔諸將以爲

然初世子經取尙書唐顯悅女孫爲婦不相得私於其弟之乳媼陳氏生男詭謂侍妾出者告成功諸王及邑之大夫皆賀而顯悅責成功書謂禮有入母乳母居一世子與狎當何辠成功暴怒卽令都司黃毓與少傅泰斬經及陳媼及所生男并斬夫人董氏以理內不職也諸將大駭莫敢諫少傅與毓議殺陳媼及所生男而諸王以下合表爲夫人世子請遂以兩級付毓報成功成功愈怒解所佩劍促毓詣少傅少傅令遂見經經拘毓與衆議未決而參軍蔡鳴雷在臺行多不法恐見誅奔愬經所已密諭全斌等將至矣令必盡誅乃已洪旭曰世子不可以拒父諸將不可以拒君惟少傅兄可以拒

弟遂告少傅趨林順統舟師守大擔嶼在厦門前同安縣東南八十里會全斌征陳霸還黃廷勸世子出不意執之使黃昌攝其軍成功聞諸將拒命憤甚遣洪有鼎馳諭全斌有鼎至銅山聞全斌被執不敢前五月癸酉朔成功病強掖登將臺望彭湖有船東至否安曰無之梧瑱姦計黃安見顯悅非爲梧賣者北既赤族又將滅是中冓事隱安見顯悅非爲梧賣者願王勿疑疑則左右皆義祿霸等父子至親且若是宅更何以自處成功益忿懟狂走越八日庚辰嚙指而卒年三十有九弟襲與黃安馬信遣人奔赴金厦信慟哭不絕死衆將請襲權政爲鎭撫計而蔡雲李應淸曹從龍張驥謀遂奉襲告黃安安持不可又說黃昭握重兵

擁戴昭諾遂與蕭拱辰合謀拒經而襲弟成賜潛單往厦門道遇許龍兵被執繼茂率泰遣使招經經請比朝鮮行事秋八月使再來令先繳所陷州縣印卽爲奏請經與泰等議曰先王甫荒東土不幸卽世內靡有定其何外侮之能膺懼而受撫則無以見吾先王不受又左右無以應敵不如姑受令焉以緩須臾乃使楊來嘉上州縣印十五率泰遂送來嘉北上且揚言鄭泰洪旭黃廷等將密獻兩島入奏以閒經心經竟以兩島屬少傅加全斌爲五軍都督率以東征冬十月抵彭湖先遣鄭斌至安平告諭諸將面視莫敢言獨黃昭等拒命遂進師西嶼彭湖三十六嶼之正西嶼昭率兵守寮港曹從龍守安平礮

臺蕭拱辰守洲仔尾張驥自鹿耳門蔡雲李應清自赤嵌城合兵拒戰全斌說經乘大霧登岸背水列陳驥等聞水聲人語呼譟縱擊經軍却全斌呼曰却則溺矣諸將奮死前戰潰驥陳而昭等合師來援昭先中流矢死眾亂反走遂乘勝進日中霧散全斌持旆周呼曰世子至矣黃安率諸將倒戈來迎經免胄觀眾出矢言令鄭斌勞襲至則待之如初斬拱辰等五人餘不問偶於黃昭營中得少傅泰與昭書令泰襲拒經而自據金廈云經祕之初不意為繼茂等反閒也十一月經與全斌巡南北路十二月來嘉還思明洪旭令仍守崇武遣使告經二年春正月經使顏望忠守安平黃安督承天府南

北路而自率全斌等還思明即王位稱永歷十有七年諸將皆賀少傅泰稱疾不至遣鄭斌視疾還或言來嘉北使還與少傅往來密甚三月王鐵佛等攻延建率泰會梧等往勦而梧將有以海澄來獻者經密令諸將整師泰疑為圖已也載妻孥出泊港口或勸泰出降泰曰先太師誤矣泰豈再誤已而知海澄有備經不果行經與全斌謀鑄金廈總制印遣鄭斌吳慎齋赴泰所言經已決意東行兩島唯伯父總制泰喜受命然未敢躬往稱謝其弟鳴駿謂曰骨肉至親土地重寄又何疑焉泰意稍解夏六月經使劉國軒護輜重東渡鳴駿力勸泰見經經與之語及成功相持慟哭且諄屬經理兩島事

越日置酒邀泰酒半經擲杯左右縛泰出與昭書示之泰急切不能自明遂縊殺之遣全斌籍其家鳴駿及泰子纘緒陳輝楊富何義楊來嘉蔡鳴雷等文武四百餘員海艦二百餘艘士卒數萬奔泉州納降封鳴駿遵義侯纘緒慕恩伯餘各授職有差秋七月和蘭揆一王遣通事李瑞乞師於繼茂率泰攻兩島復臺灣故地乃集眾議或曰紅毛古不通上國萬歷閒嘗駕大艦擕巨礮薄香山澳求互市不得海澄奸民李錦引據漳南彭湖嶼侵奪臺灣地築室耕田其中天啟初掠漁舟六百餘艘役華人運土石築城尋犯廈門泊舟風櫃仔出沒浯嶼白坑東椗莆頭古雷洪嶼抄洲甲洲閒海寇李旦等

復為之助海警戒嚴崇禎中為鄭芝龍所破不敢窺內地者數年十年駕大舶由虎跳門薄廣州主奸民李葉榮交通總兵陳謙為居停出入為兵科凌義渠所劾坐逮訊奸民知事不成復引番入據臺灣鄭氏奪復故土而今引紅毛克鄭氏若據臺灣要互市以閒寇掠閩粵閒誰復承其咎也率泰曰誰復為百年計功皋目前事耳吾聞紅夷去中國絕遠其巨舟長三十丈廣六丈厚二尺餘樹五桅後為三層樓旁設小窗置銅礮桅下置二丈巨鐵礮發之可洞裂石城震數十里世傳紅夷礮即其製也桅後置照海鏡徑數尺能照數百里其人悉奉天主教所役使名烏鬼入水不沈走海面若平地然

以舟大難轉其人又不善戰故再爲鄭氏所敗今若資其所長先進以挫其銳繼以新降將士俾力戰以樹功而我以大兵承其敝蔑不濟矣乃允撥一王爲前鋒使提督馬得功督降將卒數萬繼進經遣全斌督林維等分禦諸隘陳昇守高崎黃廷道南山林順道遼羅策應經自率洪旭王秀奇等屯大擔笠嶼冬十月全斌分諸將引戰紅毛巨艇於沙淺處焚之過半馬得功來援溺水死林維等追敵及海門爲琅將守備汪明等所徼戰死繼茂帥總兵王進功等截戰於雲霄鎭全斌敗却聞陳昇已降梧高崎失守衆益潰敗琅統大兵擊廷等不利復會紅夷夾板以大礮轟擊廷軍大敗琅遂乘勝奪

厦門順等聞昇已降不敢出戰琅梧合兵進擊斬千餘級遂取浯嶼金門壇城郭俘寶玉繼茂遣人至銅山招經又遣人告洪旭等有執經獻者當封爵比海澄公守泉州旭謂經曰勢急東渡否則變生肘腋奈之何經乃遣心腹護孥屬先行且諭衆文武其不願東遷者聽十二月蜀中晉王朱宗蕩及郝搖旗等皆敗繼茂遣將克長腰東蚶二島永歷兵部尚書阮春雷左侍郎張煌言僅以身免三年春正月琅遣招林順舉衆降二月南澳守將杜輝率衆赴揭陽港納降甯靖王瀘溪王魯世子巴東王諸宗臣及故臣王忠孝辜朝薦沈佺期郭貞一盧若騰李茂春等從經東渡馮澄世舟至東椗爲其僕

所殺若騰卒於彭湖經自往祭以洪旭言於彭湖娘祖宮左右分營立壘中置礮臺令薛進思戴捷林陞守之四閱月而代三月甲子周全斌質其子於李率泰而自率將士數萬從鎭海衞納降丁卯率泰會繼茂王進功黃梧統兵至厦門都督將軍翁求多率將士六萬降丙子夜半渡海進拔銅山降永安侯黃廷都督余寬以下及兵民三萬餘口遂盡驅沿海居民入內地築牆爲界縱軍士大淫掠殺人山積海水殷然夏四月經改東都爲東甯升天興萬年縣爲州設彭湖及南北路安撫使諸將分守土地庶事悉委陳永華崇尙儒雅與民休息而兩島遠近棄兵民衆凡四五十萬秋七月福建提督

水師總兵官施琅爲靖海將軍進攻臺灣遇颶風還八月浙督趙廷臣遣將由懸山花嶼乘漁艇入小港繞山後突入帳房禽煌言及其黨衆得視師兵部銀方印一關防九七年春明珠蔡毓榮與李率泰俱至漳州使興化府知府慕天顏持書招撫經仍以自比朝鮮爲請遣柯平葉亨入奏不報十年夏耿繼茂子和碩額駙耿精忠襲爵爲靖南王十二年春平南王尙可喜疏請歸老遼東秋七月平西王吳三桂靖南王耿精忠並疏請撤藩八月尙書梁清標等分往雲南廣東福建經理撤藩事宜十一月丙戌三桂拘經理侍郎折爾肯等殺雲南巡撫朱國治自稱天下都招討兵馬大元帥以明年甲

寅爲周王元年總督甘文焜自殺貴州巡撫曹申吉提督李本深以下皆應乃停撤平南靖南二藩梁清標陳一炳召還削三桂爵十二月甲子偏沅巡撫盧震棄長沙逃沅州總兵崔世祿被執十三年春正月四川巡撫羅森提督鄭蛟麟總兵譚宏吳之茂以四川降二月常德總兵楊寶應知府翁應兆長沙副將黃正卿及澧州守將並以城降廣西將軍孫延齡殺都統王永年副都統孟一茂等執巡撫馬雄鎮以叛三月耿精忠以福建反總督范承謨死巡撫劉秉政降約經統舟師徑取南京與三桂爲鼎峙經告藉漳泉地以募軍士精忠不許鄖陽副將洪福以所部叛襄陽總兵楊來嘉據穀城叛

並遣使告經仍用永歷正朔夏四月湖北總兵蔡祿謀以兵應來嘉不克誅死潮州總兵劉進忠以城降精忠與續順公沈瑞兵巷戰大敗之遂引兵據守三桂子應熊孫世霖誅死延齡削職精忠削爵經遣馮錫範劉國軒帥師徇漳泉屬縣五月經至廈門同安知縣鄧世茂來迎海澄總兵趙得勝同安副將張學堯遊擊花尚蘭皆叛精忠來降授得勝左提督興明伯學堯侍衛將軍泉州兵逐精忠守將王進殺總兵賴玉來降五月平陽兵執總兵蔡朝佐與精忠將曾養性合圍瑞安六月總兵祖宏勳以溫州叛羅清黃巖太平諸營相繼叛延齡寇柳州精忠遣李連李泰攻建昌杉關柯昇叛廣信以

應精忠甲辰經入泉州以前提督王進功子藩錫爲指揮使何可化爲提刑道王者都仍守知府事郎中周襄緒等招諭精忠而尚可喜攻進忠潮州甚急精忠將李雲龍張雄攻常山開化爲金華副將牟大寅所敗雄死乙卯進忠稱臣求援經授進忠右提督定鹵伯遣陳天祐金漢臣救潮駐軍南門外鳳皇洲一名老鷄洲可喜出不意來攻天祐等俱戰沒秋七月南瑞總兵楊富叛應精忠事覺伏誅精忠遣將克石城遂攻甯都爲遊擊周球所敗進忠遣將據程鄉縣旋爲官兵所破精忠將曾標攻金華爲將軍喇哈達所斬精忠合兵圍衢州八月又分攻處州金華龍游仙居諸暨新昌甯海象山餘姚遂

安嵊縣進忠將劉斌克據普甯海澄公黃梧卒子芳度降精忠已而復叛殺其將劉豹等三人固守漳城黃巖總兵阿爾泰降精忠三桂兵陷徽州祁門歙縣可喜遣人招進忠不受斬進忠副將陳琫等九月精忠將王進攻泉州經遣國軒大敗進於陳潼關仙遊縣南接惠安界白水驛惠安北五十里乘勝偪興化別以馮錫範趙得勝爲左右提督攻漳浦降其總兵劉炎授前鋒鎮定鹵將軍精忠懼使張文韶詣泉州請和以楓亭爲界仙遊東南五十里東北去府城六十里東南去惠安五十里許之來嘉兵攻南漳敗三桂兵攻袁州精忠兵據建昌廣西提督馬雄總兵郭義隆降三桂冬十月進忠乞援國軒分兵營新墟與可喜相持潮州圍解十

一月三桂兵守七盤朝天諸關官兵餉絕退屯廣元來嘉克陷竹谿中鋒寨十二月癸巳陝西提督王輔臣兵叛甯羌經畧英洛遇害大將軍貝勒董額退保漢中延齡兵攻懷集欽州給事中蘇拜往招輔臣十四年春正月精忠將黎化中與三桂兵合攻連州乙酉興安兵變殺總兵王懷忠三桂兵據廣元朝天諸關鄂泰統盛京大兵防守太原精忠將沙有祥據桃花嶺克處州輔臣兵陷蘭州巡撫花善奔涼州二月經遣何祐攻饒平獲續順公沈瑞歸授懷安侯三月來嘉攻南漳爲總兵劉成龍所敗畢力克圖統大兵拒輔臣於大同輔臣兵連陷定邊花馬池察哈爾布爾尼以兵叛佟國綱統大兵鎮宣府夏四月國軒入潮州使何祐奮擊可喜而自帥驍騎繼進大敗可喜於鱟頭山追奔四十餘里斬級二萬因是潮南諸縣皆聞風納降軍聲大振初黃梧降精忠封平湖公而遣黃藍北使梧怨見厲擊頭生瘍死芳度襲公恐精忠誅又降於經封前提督德化公至是聞又有貳志經乃自將南征將道漳州襲執之芳度不納遣弟芳泰走廣東乞援亦以其多反側莫應來嘉與洪福合攻南漳陷穀城輔臣兵陷延安綏德冬十月輔臣與大兵戰固原殺副將太必圖提督陳福逃靈州馬雄等攻陷高雷廉瓊等處十一月芳度將吳淑與其弟潛以城降經入芳度投開元寺（府治西北）東井中不死出而斬

之斲梧棺支解其尸夷黃氏無少長皆死授淑後提督平鹵將軍潛戎旗一鎮許贊提學葉亨知府守與泉道以陳啟泰拒精忠死故禮葬之十二月甯夏兵變陳福死十五年春正月以畢力克圖鎮甯夏康親王大兵將至精忠將邱飛龍等一百五十餘員就撫經遣劉國軒劉進忠由普甯南路蔡文許貴由大埔程鄉北路會攻惠州三桂兵會攻廣州肇慶二月碣石總兵苗之秀降經授宣毅前鎮滅鹵將軍三月尚之信守其父可喜降三桂鎮南將軍舒恕等引還副都統莽依圖自肇慶突圍走總督金光祖巡撫佟養鉅陳洪明提督嚴自明副將王啟秀等降三桂三桂使之信與經通和經使國軒守惠州進忠守潮州薛進恩吳淑統五將軍會攻江西道汀州襲降精忠將劉應麟以爲前提督奉明伯遂略下會昌瑞金諸縣精忠將馬公輔等陷宣平夏五月嵩哈里擊走之六月圖海招王輔臣降假靖寇將軍立功贖辠精忠將耿繼善及建昌新城諸守者皆燒營遁康親王知精忠爲經所偪遂檄諸將乘機速進秋八月都統賴塔等敗精忠將馬九玉等於衢州復江山九月胡圖等會擊又連敗之復常山賴塔馬哈達等進攻仙霞關降其將金應虎遂復浦城精忠殺范承謨賴塔紀爾他布等克建陽連克建甯精忠將王進功郭炳與降經授進功中提督匡明伯令炳興守長泰冬十月令許耀

襲取興化以烏龍江爲界馬成龍朱雲龍朱天貴俱降授成龍援勦左提督靖鹵伯雲龍樓船中鎭天貴水師一鎭康親王師抵延平精忠將耿繼美以城降精忠遣子顯祚納印迎王師至福州精忠率諸文武降還精忠爵如故率所部從征自効遂復溫州處州十一月副都統雅泰總兵許貞敗耿繼善於南豐經遣許耀襲福州爲都統喇哈達等所敗王師抵烏龍江或勸耀扼將軍山勿使得渡不聽又請乘半渡擊之不聽既渡耿兵在前滿兵在後并力擊耀耀衆大潰經令何祐趙得勝拒守興化時吳淑方由汀州進取邵武十二月耿繼善棄城走守將楊德降授後勁鎭淑兵進攻延平爲副都統穆赫林所敗守將彭世勳以城降北天大雨雪淑兵利跣足疾走因是敗潰思歸淑遂棄邵武不守薛進思在汀州將棄城走劉應麟固留且抉一戰不聽應麟乃自殺其妾率妻子奔潮州是月三桂殺孫延齡以其衆隸線國安尚之信遣人詣簡親王營乞降立功自効舒恕等擊敗嚴自明等於南康

臺灣鄭氏始末卷五

臺灣鄭氏始末卷六

德清沈雲撰　　烏程沈垚注

十六年春正月大軍抵興化城下祐中敵閒疑得勝有貳使先當敵戰敗祐不敢援得勝歎曰與若共不亡何待乃挽強射數人以死祐率敗軍遯還大軍遂入興化分下汀州建甯泰甯長汀甯化清甯歸化連城會昌新城二月林惟仁守周公源口亦棄營遯大軍攻泉州守將皆遯大軍攻經新泉經以諸將皆中閒計無固志遂棄漳州及海澄等十縣遯入廈門三月王移師潮州以莾依圖爲鎭南將軍會勦粵東使姚啟聖說劉進忠苗之秀並以原官從征進忠曰我率諸鎭皆總兵今與若敵其何以率尋以伯爵授進忠討逆將軍進忠遂遣諭惠州陳璉夏四月莾依圖師至南安嚴自明以城降遂克南雄抵韶州傅宏烈迎降授宏烈廣東巡撫五月尚之信以廣東降六月祖澤清以高雷廉降進忠以潮州降尚可喜卒於軍以子之信襲封平南親王授宏烈撫蠻威烈將軍經會文武議棄烏龍江汀州邵武皐詠薛進思許耀黜進思兄子常霖而以全軍畀國軒總統分遣鎭將守東石深滬日湖丙州諸澳秋七月國軒自惠州攻東莞將趨廣州之信會大兵圍擊大敗之遂克惠州降璉有白頭賊蔡寅者自稱朱三太子常率衆出沒南安同安閒爲經聲援八月三桂分兵攻韶州桂林經

遣吳淑會寅據長泰天成寨（縣東南三十餘里）九月提督段應舉夜潛軍襲破之冬十月啟聖至廈門招經受冊封奉正朔稱臣納貢通商販比島夷例經以箕子未嘗奉周朔辭乃移諸降將東渡劉炎不願東徙聽自就撫去十二月遣國軒襲泉州為副都統楊鳳翔提督段應舉所邀不克寅應三桂攻欽州為遊擊劉士貴敗遯還韓大任據萬安之梁口應三桂十七年春正月舒恕等追敗之於鷓鴣寨大任遯汀州二月率所部降國軒潛軍襲玉洲（漳州東南溪九龍江四十里三汊河會合之所）福河（府東南四十五里）下許諸堡皆下進取石馬（鎮在海澄北十五里）斷江東橋（即虎渡橋跨柳營江上）經自將攻泉州為應黃芳世等禦國軒參將朱起龍等

禦經經佯敗堅壁守而分兵西趨合擊芳世大敗之遂取平和漳平金光祖自潯進兵莽依圖自平樂援戰為三桂兵所敗三月祖澤清聞大兵失利復叛降三桂副都統孟安副將楊壯猷統驍騎援石馬國軒與戰却經遣將楊甯會蔡寅屯天寶山而自督諸將急攻泉州安等還兵圍天寶力戰甯中流矢死寅遂退壁不出閏三月芳世復會兵圍寅寅軍乏食夜突圍遯安等復偪沿海界外居民徙內地申海禁接濟交通寅乘閒招集得數千人攻安溪時侍講學士李光地以憂居練鄉兵與知縣李鈺討破寅寅蹙降經授前鋒鎮三桂將林興珠詣安親王軍降封列侯授建義將軍芳世會副都統穆

赫林攻平和國軒迎擊經遣寅伏灣腰樹而自率奇兵焚其營國軒乘之芳世大潰雜敗卒遯穆赫林遇伏大驚三合圍取無免者經故縱穆赫林五騎亡去乘勝進取潮州都統雅塔里統大軍來援夏四月袁本秀據慶暘應三桂澤清攻電白敗將軍額楚又連敗之克高州與之信戰不利遂棄高州本秀為大將軍圖海所敗死五月總兵馬三奇攻經潮州段應舉營祖山頭攻國軒前鋒統領希福及穆赫林大軍營海門左右總兵黃藍統重兵駐海澄餉軍為聲援國軒遣羸兵嘗應舉而別帥步卒齎火器襲山後應舉軍傷火石死者過半諸軍皆遯守海澄告急請益兵將軍賴塔帥師赴援經會國

軒并力圍海澄夜掘濠塹數重通潮水以阻援兵絕餉道遣數百人多燃火執幟偽為援兵至者藍等統大兵出戰左右伏起橫擊而遙望燃火皆滅以為援兵盡覆眾大驚爭擁蹊入城國軒密遣勇士褫敵衣幟雜逃軍進焚其芻糧積貯火光達旦六月辛未賴塔大軍欲乘尸填濠以渡經鼓諸將乘半濟掩擊又大敗之賴塔遯還泉州壬辰海澄破穆赫林應舉自縊三桂兵克永興都統伯宜理布護軍統領哈克山皆死遂據河外營尙之信移鎮潮州總兵班紹明宋思徵益兵守泉州三桂兵又敗頃岱于郴州經既克海澄遣祭穆赫林等收其眾三萬餘人入海官軍死者十餘萬人潰者且數十萬

遣吳淑等乘勢取長泰經自將圍漳州不克遂遣國軒
攻同安而自撤圍取南安惠安秋七月國軒遇守將王
應奎副將馮昭京拒戰大敗之副都統雅塔里統大軍
來援多火器國軒營輭壁周外深濠穽若爲久計每挑
戰佯敗輒走大軍徑前奮擊而國軒反在大營後鼓譟
馳擊已禽應奎走昭京雅塔里急退不得前隊落濠穽
倒戈自亂不能軍乃以數十騎遁兵仗輜重盡沒南安
惠安聞風皆降紀爾他布石調聲來援國軒伏兵徼之
又大潰副都統岳爾多馬思文路遇經將陳諒截戰亦
失利遁紀爾他布等退保興化國軒使人斷洛陽橋（泉州
東北二十里跨洛陽江上）會經將吳正璽圍泉州岳爾多等復率兵

來援堅壁不戰時提督侯襲爵總兵馬三奇守潮州遣
兵來援總督姚啟聖遣總兵林賢潛軍攻克平和八月
賢敗樓中鎮蕭琛於定海（所在連江東北八十里）經遣陳諒拒賢
辛未三桂病中風噎鬲有犬登其案而坐病甚口不能
張手書示明字庚辰下痢乙酉死馬寶胡國柱立其孫
世璠九月賢兵進攻同安巡撫吳興祚帥標兵赴援攻
復永春德化啟聖會平南將軍賴塔督大兵進攻國軒
國軒攻泉益急而蕭琛遣人馳報將軍喇達哩提督楊
捷統滿漢兵興祚帥閩安水師並至眾將士益懼國軒
恐內變遂斷南門二橋遏追兵全軍道南安金雞橋雪
嶺抵同安知琛妄報以告經遂斬琛流其妻子於淡水

啟聖等遂入泉州興祚募水師遣賢統以出海經遣蔡
沖瑚禦之赤澳大戰卻之興祚因請仍置水師提督以
備水戰大兵遂克同安啟聖以多金賂國軒左右廖琠
等令爲之閒而自督捷等會賴塔圍國軒於蜈蚣山大
戰敗之斬四千餘級國軒退據長泰江東窺漳州冬十
月啟聖伏卒深箐中設營壘躬帥捷等挑戰三戰三卻
國軒盡銳前進奪取其營捷等佯遁國軒方據營安撫
夜半伏卒突起啟聖捷還軍掩擊國軒軍大亂遂乘馬
浮水遁鎮將吳正璽等戰死廖琠等及眾一萬二千餘
人皆降大軍入長泰國軒既去江東寨退保三汊河觀
音山諸處十一月啟聖修江東杉橋開修來館以招降

者與興祚日出金幣縱閒使歸則隆禮甘言立請封授
無吝色至十八年春正月凡招撫蔡沖瑚等及軍士一
萬五千餘人援勦左鎮陳諒襲破官兵於定海甲寅國
軒攻長泰副都統紀爾他布會興祚夾擊大敗之三月
侯襲爵敗楊金日等於山頭仔喇達哩破東石寨陳深
戰死夏四月國軒屯玉洲吳淑屯蕭井寨相犄角丁丑
夜大雷雨淑爲寨牆壓死國軒馳往慟哭曰是又斷吾
一臂矣五月國軒攻江東橋將軍賴塔統大兵迎戰轉
戰及潦窪處國軒豫布竹籤鐵蒺藜泥淖中而長兵鉤
距環偪推引北兵人馬顛蹶不支俘斬萬餘興祚遣將
陳亥來援國軒乘勝連大敗之降亥及其眾八千餘人

而不省其詐也及暮啟聖遣總兵王英統輕騎五千援至時經方聞捷大喜行人司傅霖諫經夜半子時癸亥晦劉將軍營離方已巳敵乘貪狠將有大敗速遣黑衣軍三千由乾方進援緩且無及從之經既遣吳潛江勝前進而降亥之捷再告霖曰殆矣亥佯降將及其名之時而內變也速濟師爲援而後可施鳳曰劉將軍不勝則降速勝則降遲不始終爲鄭氏也霖曰救敗如救焚王速出令霖請以全屬任劉將軍無他經乃分四將各帥精騎伏要害遣進陳亥請國軒願以所部當先自効許之臨敵力戰斬數十級奔之盡獲其輜重還置營後又使告捷於經霖曰癸亥坤五也是於象爲大有大車

以載火器也焚如棄如死如急使者還報無及矣夜半更食將畢火發營後毒燄衝士卒若醉國軒急令將士持餅缶伏面各厲兵速騎而亥所部卒奮起英過營矢石雨注衆大驚竄國軒帥諸將突圍莫可出忽西北角譁譟震擊益惶急以爲官軍重集也則潛勝皂旗黑盾倭刀背强弩三千人至矣亥衆向之皆披靡國軒遂激衆奮勇鏖戰竟斬亥頭潰西北出潛勝斷後賴塔追奔十數里遇王隆會瑞等伏兵遯還英收亥散卒并所部得萬餘人追潛勝截戰遇江機援兵橫擊國軒還救圍英大敗之英突圍遯散卒復集得三千餘人奔潰飢儆將曙小休而邱輝闌擊不得退乃與親軍數騎間道遯

去所部皆沒啟聖興祚益縱賂廣間啗誘經國軒左右十九年春正月祖澤清及子艮梗伏誅二月楊來嘉乞降啟聖會水師提督萬正色出閩安興祚會甯海將軍喇哈達總兵王英等自同安分三路並進經分命諸鎮將防禦人莫有鬭心乙丑國軒率三鎮拒海壇正色麾衆大破之國軒力整營壘爲自守計癸酉啟聖會平南將軍賴塔統水陸軍七道並進守將皆聞風納款丙子水師將軍朱天貴自海壇遯還勸經速渡臺灣爲上策丁丑國軒遂棄海壇與蘇堪陳昌分守玉洲石馬海澄天貴守平海嶼經與施鳳守銅山左武衛林陞等分守湄州南日平山崇武諸嶼江機等分守金廈左右十九

寨戊寅平南軍徑取銅山鳳等思內應執經以獻鳳故經所最親信者傅霖密告經經急執鳳等誅之然顧左右皆莫測遂棄銅山遯廈門諸將降去同日啟聖抵海澄堪昌皆開門納降國軒遯廈門見經相持慟哭出啟聖興祚招書先後數十道曰諸將皆如是奈何庚辰康親王帥玉洲等降將爲先道進取金門廈門平南軍還屯潮州辛巳正色破天貴於平海嶼甯海軍分克南日湄州崇武諸嶼壬午經率諸心腹乘艦東渡盡以兩島委國軒天貴甲申王師克雲霄英等破海門三月庚寅謝啟聖督總兵趙得壽黃大來會平南軍分攻灣腰山觀音山展旗等十九寨皆破已亥興祚督王英等會甯

海軍進攻廈門五營將軍江機等爭先迎降國軒手刃數人不能止僅與天貴等出戰士卒不用命天貴負重創先遁啟聖會諸軍競進眾益潰叛國軒夜棄廈門退泊遼羅文武千餘員水陸兵數萬出降大軍遂取金門俘獲無算啟聖興祚並敘功予世職啟聖加太子少保興祚擢兩廣總督夏五月天貴窮蹙乞降啟聖待之有加禮表為浙江平陽鎮總兵復遣人持書幣招國軒謝使者曰善報熙止努力事事勿復以國軒為念海水若涸我心則降士為知己者死國軒受延平兩世信任無有貳參且天下多才何汲汲於二姓臣是貴若天不殄明延平再振國軒敢不東矢操戈追隨熙止以畣嘉貺

也六月東渡見經經惘惘病若失政無巨細委馮錫範錫範澄世子也經初娶唐氏妬悍無子妾林氏生男克𡒉唐嫉謂非經出欲害之經乃秘之他所他妾再生男則又告顯悅以為私乳媼所生遂搆大難幾滅族實則夕御更迭雖經與董夫人莫察也克𡒉娶陳永華女臺灣新闢倚永華綜覽上下晏如經既西渡克𡒉監國性精毅諸將嚴憚似成功永華時以寬濟之十數年生養恬謐經得以無東顧憂唐氏死經再娶錫範女生子克塽兩島既失經東歸憂憤遇事輒暴怒少可似成功當日老成若永華等皆物故錫範因柔佞取媚遂竊柄政擅威福經病迷眊益構煽帷幄閒肺腑大臣皆側目國

軒知事不可為經又無能與語他多新進難深結徒日與左虎衛何祐行人傅霖輩相向歎恨而已二十年春正月經病卒時成功子聰等九人孫克𡒉弟克舉等十人克塽年十三最幼錫範搆諸將及聰等畏克𡒉嚴以克塽幼懦易與遂白董夫人克𡒉非經出馳收監國印執幽別室夜拉殺之妻陳氏自縊死遂立克塽稱永歷三十有五年董夫人憂恚成疾夏六月卒錫範封忠誠伯攝行政事畏國軒封武平侯晉鎮國公何祐謀殺錫範不得閒諸將各懷異志啟聖因遣使弔喪陰以多金賂左右使為閒而密陳規取臺灣事復施琅為水師提督以計誘行人傅霖殺之以忠謀鄭氏故也秋七月故

萬正色為陸路提督會琅及將軍總督等進取彭湖及浯嶼遇國軒大戰正色軍先敗遁去吳潛追至嵩嶼海澄東北又敗之國軒窘琅於嘉禾幾獲琅而啟聖先在丹霞降建威後鎮朱友使向導前進援琅琅得跳海門啟聖復為琅陳請使守水師如故冬十一月大軍平雲南吳世璠自殺戮其尸傳首京師降其將方光琛等二十一年春正月分三桂骸骨於各省梟世璠首級耿精忠劉進忠徐文耀王世瑜白顯忠江元勳曾養性王振邦蔣得鯤凌遲梟示巴養元等五人斬梟示夏國相等凌遲精忠子顯祚黃國瑞林芳孫廖庭雲李似桂夏季旺呂應斗武灝司定猷沈偉郭景汾羅萬里祖宏勳陳儀陳

斌呂八及提督李本深其孫象乾象坤其弟子濟祥濟民張國柱高起隆斬決餘交內務府入旗啟聖督水陸軍出定海所風逆回厦門與瑱計進取瑱曰海洋呼吸須時攻臺灣宜候寒暑均平西南風便而後可此專責瑱奉公指揮足矣公先伐謀俾其攜貳瑱承命一舉掃蕩力耳何煩過計夏六月國軒大修戰艦繕甲兵錫範笑曰吳耿尚三王皆靡延平乃賴公獨存國軒曰東甯地什湯武沃壤宜耕穀蔬果實少歉多豐又有糖鹽竹木之饒交市商船鹿麝珍禽名材異卉皮甲銅鐵不可勝用練卒百萬繕艦數千銃礮神器硝磺怪藥不待他求環海依山天限莫入見利則略地進取沿海皆通無利則堅守力農人人自給幸投天隙以圖霸王舉天下無足抗耳若夫天命靡常人心鮮固內憂外患交訌洊乘則桀紂富有四海亡可翹足待也冬十月國軒屯彭湖築礮城十餘所扼諸險隘二十二年春三月何祐城淡水時啟聖謀自北來襲故備之夏五月瑱統舟師集厦門總兵朱天貴林賢泊銅山六月壬午瑱會諸軍奪貓嶼花嶼丙戌屯八罩嶼啟聖駐厦門督餉國軒在彭湖分左武衞林陞等守雞籠嶼吳潛援八罩不克死丁亥先鋒遊擊藍理以烏船先進國軒奮擊盡沒其船禽理遂擊瑱樓船親搏戰射瑱中其一目左衝鎮楊德縱瑱遂遯天貴以火器銳奔國軒壘戰良久天貴中流矢

傷腕乃遯戊子瑱退屯八罩國軒帥陳啟明王隆曾瑞江勝分屯虎井在八罩西八罩在彭湖大山嶼南桶盤二嶼雞籠在大山嶼西西嶼南桶盤在西嶼西而自將攻瑱與賢等力戰自辰至午國軒負重創退瑱遂麾諸軍夜進乘風焚殺己丑二嶼盡失庚寅且瑱遣人持書來招且視疾國軒報曰尊侯仕明遊擊亡歸延平復主逋逃臣事三姓此足下智若轉圜勇於舍舊捷出尋常萬萬猥欲策駑末步驥塵殷殷意厚敢不拜嘉國軒老矣君存與存君亡與亡若一旦背而他之卒然反噬雖犬馬有不忍爲而謂國軒不犬馬若也詰朝相遇不盡欲言辛卯瑱持書幣招錫範及諸守將壬辰啟聖使者又至諸將皆不欲戰國軒曰以功則三桂莫大然以撤藩窘死他皆殲殄唯瑱與天貴斸存假以毒我海氛朝以靖兩人夕以誅耳且兩軍殺掠相當勝敗未卜何餒然即欲投爐若斯願共諸將畢決一死戰以定去就何如皆曰唯命癸巳瑱遣戰艦百餘分取雞籠嶼四角山牛心灣而自將大艦五十六居中八十艦居後徑攻彭湖國軒悉衆逆戰乘西北風大起擊沈其大艦數十天貴中礮死日午風反南瑱大呼銳進賢繼合攻波濤沸天士皆股栗國軒疾戰不支諸將莫進瑱會諸軍圍擊氣益厲國軒大敗乘走舸從吼門遯楊德先以部衆降陳啟明等四十七鎮將皆死彭湖遂破旬日間凡喪偏裨三百七十餘人士卒一萬五千餘

人戰艦二百餘艘軍械輜重無算琅給降卒衣冠廩餼還招臺灣人眾錫範首倡議降國軒與明宗室王等力不能沮琅方書咨啟聖以臺灣水道紆回且炎酷士卒不耐計俟八月後乘北風行啟聖謂乘勝進擊可旦夕下遂賚功賞銀一萬兩增火器弓弩甚具趣琅進兵兵未發而錫範先遣鄭平英等約以秋七月甲午望日詣降甯靖王術桂自以明宗室義不可辱舉王印授克塽具冠服拜天地二祖列宗率妾袁氏王氏秀姑荷姐梅姐皆死錫範陳夢煒齎降表冊印籍土地府庫軍實以獻八月庚戌琅自彭湖進發壬子入鹿耳門抵臺灣曉諭安撫頒　赦詔克塽率聰等六人克舉等八人諸公侯伯以下盡以其屬歸京師其降卒願歸農家聽琅封靖海侯明年設臺灣巡道一知府一知縣三臺灣鳳山諸羅總兵副將各一兵八千彭湖副將一兵二千克塽至京隸漢軍封公爵國軒順清侯天津衛總兵錫範順清伯何祐梧州副將餘各封賞有差後六年以成功受封明室非他僭竊比令與其子經之喪歸葬南安鄭氏自芝龍至克塽凡四世臺灣自成功建國至歸入版圖凡二十三年

聞亭子曰世言鄭氏之先遇異人指一葬地名五馬渡江又傳萬歷中雷震一石有草雜夜鳴長耳大尾凡五十六言以為鄭氏興亡之讖辭甚俚鄙疑好事者所為余故不載夫芝龍起於海角糜爛東南受撫之後剿除羣盜其功有足錄者建援立唐藩擁兵驕恣首鼠兩端

王師甫臨反顏歸命為臣不忠終被誅戮固其宜也成功生有異徵雖桀犬吠堯而翊戴明室至死不貳易所稱幹父之蠱者豈其人乎瓜州之役嚮使勝國有人出洞庭下江南首尾相應豈易撲滅即不然而坐據淮揚分兵略地南北之勢忽焉中斷事猶未可知也天命有在既非知力所能爭旋師海外肇啟東土闢番夷為郡縣易鱗介為衣裳勸學屯田規模宏遠求諸史冊幾難數覯昔項羽以葢世雄才戰無不勝垓下一戰遂至灰滅以成功方之殆未知孰為優劣矣子經下士禮賢恂恂儒雅而釁生衽席變起蕭牆得國之始亦已多故況復輕信間諜自殘股肱以致兩島淪沒人心瓦解值耿藩搆亂略有數郡爰及末年得不償失延平之業衰焉克塽童稚政在外戚嗣位未幾遂為俘虜昔紅夷有眾一旅據守安平攻圍期年猶不能克今彭湖雖破全臺南北固無恙也而旬日之間國祚傾覆傳曰天之棄商久矣君將興之弗可赦也已其是之謂乎

臺灣鄭氏始末卷六

後跋

臺灣鄭氏始末六卷家聞亭孝廉所箸書也余以海島洲嶼名目錯雜相混因取方輿紀要水道提綱一統志等書附注於下以便省閱有譌誤者卽以已意辨之戊戌新秋南江漁父沈垚

臺灣鄭氏始末紀六卷德清沈雲撰烏程沈垚註摭拾詳盡信而有徵足備史家之參攷成功父子闢地海外自保一隅延及三世有明遺老矢志不食周粟者類皆航海東渡往依鄭氏臺灣文化之盛與各行省相埒皆鄭氏先導之功也家厚堂教諭莛於道咸間有傳經堂叢書之刻經子而外旁及史類未蕆事而遭亂板毀書目亦不及刊故傳經堂一書外間絕少流傳同邑劉子翰怡以表揚前哲爲職志因檢寄傳經堂已刻本十餘種翰怡深賞是書先行付梓慨自甲午一役臺灣爲日所得其地不復隸我版圖讀是編者當益增河山今昔之感云庚申孟秋吳興淩福鏡用臧氏跋

臺灣鄭氏始末六卷沈雲撰沈垚注雲字閒亭德清人道光甲辰進士官廣西興安知縣嘗取閩人江日昇臺灣紀事四十九篇參考他書加以潤色首天啟甲子歲鄭芝龍倡亂至康熙癸亥其曾孫克塽投誠而止子敦又以海島洲嶼名目錯雜相混因取方輿紀要水道提綱一統志等書附注於下以便省閱有譌誤者即以己意辨之是書於成功江甯一役驕矜取敗他書不若此本之詳八罩一役藍理重傷此本以爲禽理亦誤蓋首尾全備瑜多瑕少故重刊之歲在屠維協洽季秋朔霜降日吳興劉承幹跋

延平始末一卷

〔清〕佚名撰

延平始末　解題

《延平始末》一卷，撰者不詳。是書記述鄭芝龍、成功父子起家事，雖未詳備，然於收復臺灣始末敍述甚明，表彰節義，可補南明史事之不足。據上海圖書館藏清抄本影印。

延平始末

泉州南安人鄭芝龍少居東石其地瀕海有李習者商舶往來日本豪於財芝龍曲謹事之遂以妻子托居其家會習死乾沒其囊橐糾衆爲行海上与倭熟習久因娶日本長琦王族女爲妻以故横恣甚後就撫於巡撫沈猶龍挈其妻還東石第宅縱横數里富甲全閩製生犀黃金爲帆每出則百人冉俱穿闌一色莫辨其訛爲芝龍也乙酉六月隆武勸進移建府第于安海城内窮極宏麗先是廣賊劉香海盜李魁奇之餘黨後出而更銳犯小程犯長樂再犯廣之海豐詭請降熊文燦誤信之崇禎七年四月遣道臣洪雲蒸康承祖參將夏之本張一杰同往招撫爲竊留者㢠年出犯

如故朝廷命芝龍討之合兵夾擊于五虎門外之定海所香挾道
將出船止兵雲慈大呼曰吾矢志報國急擊之勿失遂遇害芝龍
弟芝虎勇捷甚覘香乘巨艦意氣指揮以輕舟超艦而上直前取
亂左右辟易莫敢動香亦錯愕格虎兵刃墮兩人徒手而搏相持
入海死一時焚溺殊甚承祖與二將脫歸芝龍并降其衆軍勢益
張子鄭森於崇禎末年肄業南雍慕牧齋夫子門牆願執弟子禮
公字之曰大木弘光朝封芝龍為南安伯隆武封侯爵再晉平國
公森陛見年才二十一丰采掩映上大悅賜國姓改名成功封忠
孝伯統領禁旅照駙馬例行事延汀之變北師入閩芝龍退屯安
海議降成功哭諫不聽竟單騎北行子弟莫有從之者丙戌十二

月朔成功設高皇帝位於烈嶼，會文武臣定盟恢復。丁亥仍稱隆武三年，移兵南澳。五月於廈門中左所設演武場。七月合定國公鄭鴻逵兵攻泉州。十月從大學士路振飛、曾櫻、黃公輔、陳洪謐四人議，頒明年隆武四年戊子大統曆，用文淵閣印之。戊子遣光祿寺卿陳士京入覲上于廣東肇慶行在所。己丑士京返，詔封成功為延平王，始稱永曆三年。庚寅成功南下。辛卯二月泉州守將偵廈門單弱，襲破之，曾櫻自縊，諸臣咸避于浯嶼。成功自南返，襲者退。壬辰二月圍漳州。九月北師援漳，島兵失利。癸巳島師下潮州，以定海李孟陵署太守事。甲午四月潮州復失。十一月發水陸師應西寧王李定國于粵東。乙未五月援粵之師敗歸。十一月遣英

義伯阮駿總制陳雪之攻舟山巴臣興舉城降丙申正月十一日
始頒永曆十年大統曆五月改廈門中所為思明州八月二十六
日舟山復陷阮駿陳雪之死之丁酉十二月島上火藥局災戊戌
正月行在遣使賫璽書從安南入海通問授張煌言兵部左侍郎
兼翰林學士其餘除授有差成功与煌言謀北伐抵羊山山故有
龍祠海船過者以生羊祭即放羊于山日久繁孳見人了不畏避
軍士爭上取之迅風猝起舟舡自相撞擊義陽王溺焉旋即返旆
己亥五月全師直指金陵煌言率所部義旅先驅入江抵瓜洲來
勢克其城成功南伐鎮江所在震動煌言泝江而上迎降甚衆六
月二十八日至觀音門成功亦率鎮江水師畢集七月朔哨卒掠

取江浦、五日蕪湖降書至、成功謂煌言是謂上游要害，倘留都不能旦夕下，無人控扼于此，則江楚援兵日至矣，公宜急往鎮之。七日煌言趨蕪湖，傳檄遠近，江南北凡府四州三縣二十四，無不望風納欵，當鎮屬邑亦觀望為降計。時島兵驕甚，樵蘇四出，營壘多虛，或執冰而踞城中，偵知其踈放，輕騎突出，衆閧破其前屯，成功倉卒移營，質明軍壘未就，滿漢兵已傾城出戰，島人戰駭鼠奔，成功順流歸海，并撤京口之師。煌言至銅陵，與楚兵遇，衆亦潰，變姓名，從建德祁門山中出天台以入海。成功之敗而歸也，慮厦門單弱不足恃，始謀所還。庚子，紅夷通事何斌謂成功曰：王何不取臺灣？此是君家故土，取之則不患無地無餉矣。臺灣者，從古不通中土亦未著其名，何喬遠閩書稱為東番，附于志末。其地環海，崇山峻嶺橫亘其中，北自雞籠，南至浪嶠，海岸千餘里，東西如之。永樂中，鄭和下西洋，三泊雞籠淡水，即其地也。嘉靖間，倭寇擾閩，俞大猷戚繼光擊敗之，退屯于此，歸北港，遂為倭之所踞。萬曆末，紅夷泊舟此地，廣募貿易，知芝龍為日本贅壻，挽其兩倭買地，芝龍棄閩以利誘閩之飢民，人給三金，三人共給牛一頭，用海船載至北港，令其茇舍闢地，遂成上田，歲收倍穫，衣食之餘，納租于鄭氏。紅夷与遷民雜處，因循有年，相忌久之。芝龍歸北，後紅夷奄有其地，築臺為城，始稱臺灣，以彭湖為門戶。彭湖水勢湍下，海船至此，須易舡而入，故險而易守。辛丑春，成功率舟師過彭湖，值水漲，揚旌直至臺灣經鹿耳門入內爲北線頭沙堤其港淺狹僅容一二舟魚貫行夷故不甚設備其時潮汐驟增數丈巨艦得以並進降赤嵌守夷三百人四月進攻王城擊以大砲城堅不能壞鄭氏所遷之民云城外高山有水自上而下遶於城壕貫城而過城中無井泉所仰而飲者惟此若絕其水源不三日告困矣從之紅夷乞降請以大船還其寶貨去延平遂王其地改爲東寧又踞東都設立承天府天興萬年二縣規模草創經營略就明年壬寅五月初八日王殂子經嗣辛酉經卒子克塽嗣癸亥六月克塽率衆內附臺灣從此遂入中國版圖矣

延平始末 畢

閩海紀略不分卷

〔清〕夏琳撰

《閩海紀略》不分卷，清夏琳撰。琳字元斌，福建泉州人。是書按年月編載，記臺灣鄭氏史事，起弘光元年（一六四五）閏六月「唐王即位於福州」，改元隆武，訖永曆三十三年（一六七九）十二月郭承隆逃歸清。記鄭經西征事甚詳，另記鄭氏將亡前諸將叛逃之情狀，爲他書所未見。據清抄本影印。

闽海纪略二卷 不著撰人名氏 南疆逸史凡例云陈燕思闽海见闻纪略 曹记参酌罔李秀山手未知即此书略否 按谷

辛巳六月闽山手志

閩海紀畧

乙酉弘光元年

夏閏六月，唐王即位於福州，改元隆武

初，唐藩統兵勤王，以援難南，銅陵高隱會救之。南都靖魯伯駐師京口，邂逅相識。及南都失守，靖南伯回師至浙，從于江口相逢，遂奉入閩。南安伯與諸文臣會議監國，靖魯伯同請正位，以歷服人心。閏六月十五，唐王即皇帝位，改福州為天興府，布政司為天同，大赦，以漢光武東山再起。六月即位，改元隆武，四方縉紳多歸之。

封安南伯為平魯侯，靖魯伯為定魯侯，旋封平定二國公

平公，姓鄭氏，名芝龍，字飛黄，南安石井巡司人也。兄弟四，長平公，次芝虎，三定公，名鴻逵，四澄濟伯芝豹。平公少年時起家海上，崇禎元年戊辰，歸投進剿，平海寇，叙累功陞總兵。與福建。甲申之變，福王即位南京，封南安伯，定公封靖魯伯。至是唐王立，叙翊戴功，晉封為侯，旋以平魯侯為平國公，平掌武事。

賜平公子國姓，名成功，封忠孝伯

平公長子，原名森，字大木，天啟甲子年七月十四日，生于日本。日後遣人取回，方七歲，有大志，讀書穎敏，不群，年十五，補南安學子員，食餼，省試首，術士視之，驚曰：公王侯骨相，殆非科目中人。時方銳志場屋，不以為然。及隆武立，召見，奇其狀貌，賜國姓，及令名，封忠孝伯。

丙戌隆武二年

秋九月，清貝勒入閩，誘挾平國公入京

(二)

時朝政戕守事宜皆出平公，常與武臣齟齬，兵餉日匱，繼聞我璫信息，決計南歸，于是各關守將皆言缺餉，盡撤兵回。清兵從容由建、由汀、由福安分道入閩，各處無一防禦，八月至延平。隆武幸汀，將入贛，詰旦將朝，關清兵隨之，扈皇求為而奔，不知蹤跡，或曰死于亂軍，或曰為僧而遁，所稱獲至福州斬之者非也。九月，清兵至泉州，平公家在安平，引避于海。貝勒馳書招之，書略曰：吾所以重將軍者，以將軍能立唐藩之人臣事主，苟有可為，必竭其力，力盡不勝天，則扶明而事東，將建功共豪傑事也。只兩粵未平，欲見將軍者，欲商地方人才故也。平公得書大喜，遂送款。臨行，國姓力諫，不聽，見貝勒，置酒甚歡，忽夜半拔營，挾平公北去，將士恨望而已。

丁亥永曆元年

國姓招討大將軍起兵

初，平公撤兵而南，家諭國姓速歸，不從，曰：父教子忠，未聞父教子貳。及平公北行，欲與偕見貝勒，定公陰令逃去，乃謀舉義。時兵將械船，百無一倚，遂往南粵召募，識者知其可與圖大事，咸歸心焉。丁亥永曆元年，即清順治四年，自南粵回閩，永曆即在粵西，遂奉其號，稱招討大將軍罪臣，以廈門先為建國公鄭彩與弟定遠侯鄭聯所據，移泊鼓浪嶼訓練。七月，以洪政、陳輝為左右先鋒，楊才、張進為親丁鎮，郭新、余寬為左右鎮，林習山為樓船鎮，會建國兄弟招討將軍楊耿等入海澄，破九都城。數日，援兵至，洪政中流矢死，諸軍回島，以圖後舉。

秋八月，定公攻泉州

定公自平公解兵投清，尚擁甲兵。八月，率所部進取泉州，國姓引兵會之，列營桃花山。清提督趙國佐鎮泉州，分輕視之。二十八日，率騎數百直衝營壘，張進、楊才迎戰，定公遣林順等夾擊，大破之，進至城下。九月三日攻城，別遣水師破溜石砲城，殺參將解應龍等，大振。泉紳郭必昌子啟內應，國佐殺之，殺其家，并禁原閣部蔣景昉。國佐嬰城嚴守，多殺泉民，日夜不攻，尚息漳州副將王進率兵來援，圍解。

戊子永曆二年

春閏三月，攻同安

引兵進取同安，守所步騎同九都民、大小盈嶺、店頭拒戰，同安兵奔，清追至縣，圍之，守將廉郎、知縣張効齡夜棄城遁，以葉翼雲知縣事。

秋八月，清破同安，知縣葉翼雲、守將丘晉、林壯猷、教諭陳鼎等死之，屠其城。

自去年攻泉州，所在蜂起，清之號令惟至郡城外而止。七月，三部院擁師至，義兵皆驚潰，丘晉、林壯猷全軍沒焉。知縣葉翼雲、教諭陳鼎皆死之，屠其城。城未破，將人心惶惶。先是同安有血成渠之讖，至是果驗。同安有諸生陳號與魚善術數者，回見羅溪山中所稱生閩鼎者，先以揭鉞三視底，諸生取視之，有王敢尾，死半遂同安血成渠，嘉年共入種安海，成平浦諸生，諸平陳然奔。司果至小盈類下，遇兵而死。初，國姓以斷人種為斷人掌，所仔者皆斷手掌，故司以旗之，其後敗安平鎮，城破廈門。廈門主名嘉禾，語皆驗。廈門即中左所，屬同安嘉禾里。

己丑永曆三年

攻漳浦，取之

自同安敗後乃往銅山募兵以施琅楊才黃廷柯宸樞宸明張英等攻漳浦守將王起俸降遂下雲霄鎮抵詔安移屯分水關南山留黃廷柯宸樞守盤陀嶺清兵進攻盤陀柯宸樞兄弟死之宸樞係科武舉

庚寅永曆四年

往潮州

是年全粵俱奉永曆年號土宄隨在橫踞守潮者新泰伯郝尚久也自定公入揭陽兩家雖未正翊各按劍潮人黃海如陳斌先為巨寇至是引國姓入潮遂入南洋勒許隆楊廣等渡達濠誅獨禮勒新墟金田等寨平之

夏六月、擊蘇利

蘇利在碣石衛引兵攻之不克利後自擾清討殺之

秋八月、并鄭聯軍

時兩島尚為建國兄弟所據其北將章雲恣肆國姓密與陳豹等謀襲之曰兩島吾家土也渠兄弟虎踞橫行大不道自揭陽帆中秋夜抵廈門定遠侯鄭聯出醉臥萬石岩詰朝酒醒登舟謁見握拜甚歡國姓慰諭之曰兄能以一軍相假乎聯曰敢不惟命先嚴部署舉號砲諸軍爭先過船聯衆不敢動未幾遂邀聯宴萬石巖盡歡而罷陰伏甲士道殺之時聯兵衆船具尚據國姓將至其兄鄭彩載全軍出避不從後不敢倚遂及于難鄭彩率所部航海而南飄泊數載兵衆星散身採損懷不敢歸國姓以書招之彩得書喜曰今不歸後無期矣遂回廈門國姓善待之遂卒于家

辛卯永曆五年

春二月、清巡撫張學聖道泉鎮馬得功襲島、

已并鄭聯軍以鄭芝莞守廈門率舟師南下次平海衛聞撫張學聖按泉密令泉鎮馬得功乘虛襲島時定公棄揭陽回師未至芝莞無守禦得功先遣數十騎渡五通登岸兵民望見皆奔竄遂入島原閣部曾櫻自縊死張學聖及興泉道黃澍登山望島孤懸海外汪洋萬頃撫然曰此絕地也設有緩急援兵豈能飛渡耶先引回不數日定公至得功欲退不得渡乃遣人謂定公曰吾不得出島上人民必不能保全公眷屬皆在安平內地毋乃不便矣定公以為然又不期國姓之猝來也縱其回四月一日國姓至得功已離島二日矣大悔恨按失島罪殺鄭芝莞芝莞國姓叔也諸將股慄定公退泊白沙築寨居之

擊左先鋒施琅、

施琅晉江人也屢有戰功授左先鋒鎮標兵逃在國姓左右琅會之馳令勿殺立己斬矣大怒擊之逮其家琅聞逸去密渡安平國姓殺其叔父并其弟援勦左鎮施顯後琅歸于清鎮同安陞為水師提督靖海將軍

夏五月、入漳州南溪、

自回島之後申嚴紀律兵聲復大振率衆入漳州南溪鎮將王邦俊迎戰大破之

冬十二月、敗清提督楊名高于小盈嶺

清提督楊名高自福州率步騎入漳應援迎戰小盈嶺名高大敗僅以身免乘勝徇漳浦守將楊世臣陳尧策等降

壬辰永曆六年

春正月、渡海澄、

進取海澄是日潮漲舟達城垣守將郝文興以城降授文興為左都督以壬午舉人鄭緝璟己卯舉人林其昌丙戌舉人

洪潘世先後知縣事

三月大敗清陳部院于江東橋北

陳部院錦先年引兵破同安有威望率師來援乃簡精銳列營江東橋北大夫蔺將之陳錦于同安之役意甚輕視及戰大敗奔回泉州七月陳軍于鳳皇山爲其下庫成棟所刺來歸以奴殺主大逆雖有功除令殺之

夏六月圍漳州

遣圍漳州浙鎮馬逢知原名進寶以全衛馬率兵來援縱其入城數日遣知出戰揮兵迎擊逢知兵潰退守陴外援既絕益危急諸軍百道攻城晝夜不休城中悉力堵禦不能克距漳三十里有鎮門兩山夾岸築斷激水灌城不就徙列柵圍之城中升米銀數兩人相食死者相枕藉解圍後署漳守道周亮工收枯骨七十三萬餘焚瘞一大穴碑曰同歸所其餘拾不盡者不可紀

冬十月戰于古縣敗績

漳郡被圍中外隔絕清遣金固山率兵赴援九月至漳舉勢甚銳將久頓堅城師老糧匱衆無戰志十月十三日退延古縣迎戰奔潰退守海澄

癸巳永曆七年

夏五月清攻海澄不克而還

金固山既解漳圍乃進攻海澄郡外壕爲平地國姓鼓厲將士親立雉堞堵禦之諸將數樓飲酒指揮自若忽一夕聞空砲聲王秀奇郝文興知是欲臨城也勸兵持斧以俟令同敵立聲所須臾清兵盡銳渡海大呼登城舉斧斫之先登者悉填溪無一生還金固山連夜拔回城守益固矣

秋九月救潮州旋引還

清兵攻潮州郝尚久因郝文興乞師遣陳六御率兵進援尚久疑惧不敢開城納兵未幾潮城破乃攻鷗汀吳等寨引還

甲午永曆八年

春二月清遣官議撫

初平公在京密令李德回勸就撫賜許之清遂封平公同安侯遣鄭貴二員賚詔及海澄公印勅書封定公奉化伯澄濟左都督國姓至安平見鄭貴辭以未有安插之方不受製衆鄭貴回京請餉福興漳泉十月清遣葉阿二滿員來令削髮登岸不從葉阿馳回京遂罷同安侯于高牆戍澄濟於寧古塔

誅援勦前鎮黃大振

大振丹化人初從黃斌卿卿死來歸累陞援勦前鎮左是往丹化措餉名參衆至數千人多不法有譌語遂親往海壇名大振軍前升事執之以歸賜死欽碼不旗鼓設之以戮以號其衆

設六官

以壬午舉人潘庚昌爲吏戶官丙戌舉人陳寶鑰爲禮官世職張光啟爲兵官都督程應璠爲刑官丙戌舉人馮澄世爲工官改中左所爲思明州以鄭省知州事時監國魯王及瀘溪寧靖等宗室皆厚贍之禮待鄉紳王忠孝沈佺期郭貞一盧若騰辜朝薦徐孚遠等有軍國大事輒以相諮考諸生有學問者入儲賢館凡是永曆欽開科舉兩諸生赴科舉皆給花紅路費銀兩各工衣冠濟濟粗有太平景象

誅鉤鎮黄愷。

初起兵時，苦軍貲不足，黄愷原充户椽，受為鉤鎮，播鉤漳泉沿海，悉聽科索。愷少有才，日見親幸，剋剥不堪，怨聲載道，遂收殺之。或曰黄愷號鉤龍，不利平公，以故因事誅之。

冬十二月，入漳州。

漳守將以郡城約降，十月晦日自島入澄，是夜嚴部署諸將未知邢指四更直抵漳郡，守將開門迎納入城，兵不血刃。于是守朴世用、魏標，挾其志，知府房星燁，知縣周變、李奇生，范道等皆降，屬邑悉附。泉州屬縣望風而潰，獨副將韓尚亮守泉郡。

乙未永曆九年

春正月，陷仙遊縣。

時諸將分地措餉，甘輝知撫事不濟，遂攻仙遊縣，開地道入之，屠掠殆無遺類，引還。

夏五月，遣忠振伯洪旭、北鎮陳六御督舟師北征。

陳六御等揚帆進取舟山，守將巴臣興舉軍降，調臣興回思明。以六御守舟山，後為清兵攻破，死之。六御，陳讓之子也。洪旭等攻溫台等處，台州鎮馬信、寧波鎮張弘德出降，空其城而歸。

六月，墮安平鎮，繼毀漳郡及泉屬縣城。

安平鎮距泉州五十里，平公置第其中，洋舶直通城外，入烟繁華，勝于他郡。清貝子統兵入閩，將至，乃墮安平鎮城，續壞漳郡及泉屬惠安、南安、同安各縣城，斂兵回島。

冬十二月，清貝子入閩。

貝子至泉，遣人賫諭至思明招降，和納，復務函，稱書爾姓答之。

丙申永曆十年

春三月，清舟師出泉州，遭風引還。

貝子調泉州水師，次兩島，遣林順、陳澤等駕船砲出擊之，未至北，船先為颶風所飄，多登岸而遁，擄千餘人，至金門獲之。斷手黥割耳鼻放回，蓋欲厭嘉禾斷人種之讖也。斷掌放回自此始。是役，清別遣兵攻白沙寨，不克而還。

夏五月，誅左先鋒蘇茂。

蘇茂原為挖狼副將，因補其任，茂縱狼逃脫，後露其跡，又同黄廷入揭陽，失利引軍還，遂按軍法誅之。乃責前衝鎮黄梧偕償贓，甲自効。

六月，前衝黄梧以海澄降清，封海澄公。

海澄備蓄糧草器械不可勝計，以左提督王秀奇統黄梧、蘇明等守之。明，蘇茂弟也。貝子入閩，漳泉屬邑皆下，獨海澄未復。多方誘降，適調秀奇出計事，前衝鎮黄梧以揭海失利懲罪，蘇明亦以其兄被殺，遂舉城降于貝子。清以海澄公爵梧，調蘇明入京為内大臣，以其母尚在海也。明黄梧獻平海策，請發鄭氏祖墳，掘求覘黨，設五商及遷海等事，漳泉民苦益甚矣。

秋七月，破閩安鎮。

貝子重兵在漳，議率衆北向以肆之。先期解纜，黄梧忽以海澄降清。國姓曰：吾欲圖大，豈以澄邑沮事？遂令諸軍揚帆進

(18)

攻閩安鎮，下之，省會震動。時王進緣事在獄，清督換出之，使修守具堅，攻不利。城中心塔，以陳斌等戍之。

冬十月，禮官陳寶鑰投清

寶鑰常懼得罪，至是將北向，說稍回思明修船，遂挈家入泉州投清，以為貴州道。緋浦江南以鄭所忝為禮官，叔為寶鑰同年舉人，後亦投清，補睢陳道。

丁酉永曆十一年

春三月，定國公病死金門

初，定公中崇禎庚午武科，為津撫鄭宗周坐營，轉隸都督劉應龍麾下。登萊之役，應龍失機，遂繫天津獄，後樹釋，援與同撫張廷拱共事。未幾，以允平紅夷功，稍歷錦衣衛掌印千戶。中庚辰科武進士，故事敘衛射策武甲科，加三級，進都指揮使。癸未，授副總兵。甲申，李自成破京城，弘光郎位南都，撒守采石，以左軍都督掛鎮海將軍印，擊破高傑、狗天祿，封靖虜伯。乙酉，以前都失守，引回，迎唐王入閩，主之，封定國侯，晉定國公。丙戌，清兵入閩，平公北去，乃與國姓舉義攻泉，入潮，率邦退泊白沙，築寨居之，名曰華覺。患足疾，構園亭池沼，佐木救吟度曲，淫歌自娛。清兵攻白沙，不克，移居金門養病，至是病腔卒，年四十五，三月十八日也。子鄭基亦降武，賜國姓，人稱小國姓；前小國姓在北，聞之回島。

甘輝擊斬滿將阿克襄

清護閩安鎮，諸將引回，陳斌率守中心塔，不得出。清遣人招降，至福州殺之，盡番其軍。時甘輝等自北回攻，乎遇戰，滿將阿克襄率兵來攻，克襄驍勇，焉頸果劍步戰，為甘輝所殺。

戊戌永曆十二年

舉兵向浙江

議欲大舉，直取南京。諸將曰：南京地遠城堅，非數萬人不可，不如就近攻取，為得計。國姓曰：入長江，則江南半壁皆吾囊中物矣。以黃廷為前提督，洪旭為兵官，鄭泰為戶官，居守廈門。自率中提督甘輝、後提督萬禮、武衛林勝、統領余新、虎衛左鎮陳鵬，水陸甲士五萬，號十萬，揚帆北行，入浙江，攻陷樂清等縣。將進長江，船次羊山，為暴風覆舟，沒數千餘人，退泊舟山，整頓舟楫，以圖後舉。諸將勸回島，不從。

己亥永曆十三年

冊封延平王

永曆行在粵西，年久隔，表間道不絕。至是遣周金湯賫金印從廣東龍文航海至思明，封延平王，諸將陞擢有差。時舉兵江南，及回，乃鑄招討大將軍，不受王爵。

六月，破瓜洲，下鎮江

瓜鎮沿邊設安置砲。七月，南風盛發，鼓棹而進，遂破瓜洲。柯寶樞子柯平，將在軍前監紀，以為瓜洲同知。瓜洲既破，清管提督來援江，統兵迎戰，兩軍未交，周全斌率所部先登陷陣，諸軍繼之，清兵大潰，滿米採江，仍從之北去。管提督適回鎮江，不守。是役，國姓以全斌違令先動，將殺之，諸將力請乃免，于是全斌帶傷守鎮江。

秋七月，圍南京，不克，引還

瓜鎮已破，進圍金陵，江浙郡縣望風頓門，江北遂有獻款，京師震動。金陵週圍百餘里，深入，又狃江上之捷，謂可唾手得也。未幾，余新一軍為梁化鳳所破，諸軍奔潰，赴舟溺者不可勝計。甘輝、余新皆被獲，輝不屈死之。出長江，攻崇明，不克。

而梁化鳳西安人時為副將是役有功陞江南提督李
亥病死標兵鼓噪圍其家索取扣餉之數至十餘萬

庚子永曆十四年

夏五月大敗清將軍達素于海門

清遣達素為將軍大舡出漳州小船出同安會粵中許隴蘇利舟師沿邊安砲水陸並舉乃遣右虎衛陳鵬督諸軍守高崎以遏同安鄭泰守所部舟師出浯嶼與樂廣舟自率周全斌陳輝鄭廷等次海門初十日黎明漳舡順風來流泊海門遣五府陳堯策將令諸軍按舟勿動候其齊出擊之呼吸間漳船已至諸船奉令不敢發閩安侯周瑞船先為漳船擊破與陳堯策皆死焉繼攻陳輝船輝舉火藥之滿兵群起且戰且却近午風發潮湧輝率巨艦衝之鄭泰復自浯嶼引舟合擊北安大敗橫屍浮海時有滿兵二百力距戰遣北將馬信招降夜溺死之是日同安滿兵駕小舟取高崎陳鵬約降勒所部勿動北兵將有內應未及岸棄舟爭前鵬部將陳蟒請曰事急矣豈可坐以待斃與越兵鎮陳璋合兵出擊北兵背指吉鵬降爭赴之北至戰遂不支溺海死者十七八是役攻陳鵬凌遲以陳蟒代之廣舟後二日至知敗而回封墨閱月空島北狗清兵竟不敢渡後達素回至省城自盡死

辛丑永曆十五年

春三月取臺灣

初紅夷欲城浯嶼依粵灣互市數以巨艦入犯因泊臺灣築二城一曰赤嵌一曰王城餘皆土番主法嚴土番咸來附東歷三十餘年無敢犯者至是以順治新喪未服連兵逆決意取之諸將謂夾板船多砲火難近鹿耳門水淺不可渡紅夷譯何斌進曰臺灣沃野千里四通外洋橫絕大海足與中國抗衡土番受紅夷威凌每欲逐噬以天威臨之譬如射狼逐羊群也得其地足以廣國取其財足以餉兵進戰退守毋踰于此且陳可取狀甚悉從之三月率舟前行次澎湖下令曰惟吾鷁首是向至鹿耳門則水驟漲丈餘大小舟銜尾而渡紅夷驚為自天而下引兵登岸先取赤嵌紅夷棄城奔王城死力拒守復燒其夾板船盡殲之圍至十二月紅夷出降生存者僅百數十人放其歸國

銅山守將郭義蔡祿歸清忠匡伯張進死之

忠匡伯張進原守銅山以郭義蔡祿協守畏往臺灣遂率体于清將挾進同行進不從曰吾守土有死而已密置火藥罌中欲俟二鎮來并焚之二鎮遣人促行遂舉火闔室俱焚進在銅咸惠頗著人甚惜之原知思明州鄭擎柱與義等同降入漳補江西糧道

冬十月清殺平國公

初平公在京屢以書諭撫否則必見誅戮因書詞設有不幸兒當縞素復仇以結忠孝之局而已順治在日猶不加害及康熙嗣位執政者與平公不協遂促殺之以十月初三日死于燕京之菜市子孫在都者無一免焉

清遷沿海居民于內地

閩海曆年用兵損兵折將頓帑協餉蘇納海議曰廈門金門彈丸兩島得延今日寔沿海一帶交通接濟今將山東浙江廣東瀕海人民盡遷入內地立邊界設防守嚴稽查片板不許下海粒貨不許越疆則海上食盡島敵散矣從之分遣滿員督遷四省數千里生聚一旦流離自古以來未之有也

壬寅永曆十六年

春正月平臺灣為東都

紅夷既平，改臺灣為東都，王城號安平鎮，赤嵌號天興府，以鄭省英為府尹。省英，芝莞長子也。當清遷界，漢民數省漁塭之區，數千里盡委而棄之，豈得計哉。召養兵蓄銳，天下事未可知也。于是闢草萊，興屯聚，嚴法令，犯者雖親信不免。時有諫用法宜稍寬者，曰：子產治鄭，孔明治蜀，皆以嚴從事。主國之始，不加一番整頓，則流弊不可勝言矣。嚴飭諸將移眷，時地方初闢，人不服水土，多死，又憚法嚴，皆逡延不行。

三月，遣周全斌擊忠勇侯陳豹于南澳。

豹原姓呂，為石井蔡入養子，因冒姓陳。先隸平公弟芝虎麾下，迨判責，役于島，復為平公部將，有勇力，身材甚短，人呼為三尺矮。守南澳十餘年，號通海運，許隆、蘇利畏之如虎，但不學無術，性專盜，人多忌之。至是讒言日起，乃命周全斌回思明，率黃昌等舟師攻之，豹倉卒不能自明，又不敢與敵，舉家引舟入廣，投清，封為慕化伯。蓋為讒言所誤，逃死而去，非有異志也。未幾病痛，其子陳士鷟抬家眷之在船者歸全斌，從周全斌投清，別遣人索資不應，遂以病死。

夏四月，諸將謀拒命。

自入臺灣，果于用法，忍有戶官鄭泰監殺元子之令，洪泰陸懼，又恐獲罪。時參軍蔡鳴亦懼罪，自臺灣回，聲言將盡誅諸將，皆大懼，又畏往臺灣，于是會議拒命，以元子，子也，不可拒父；諸將，臣也，不可拒君；鄭泰為兄行，為兄可以拒弟也。克期舉事，適全斌從南澳回，泰與諸軍不協，恐其為變，誘執之。

五月，國姓招討大將軍殂于臺灣。

五月，雖國姓感風寒，文武官入候，尚坐胡床，諸將不知其病，數日遂殂，時年三十九，永曆十六年五月初八日，即康熙元年也。國姓初起時，無兵無將，又無兵糧，徒以忠義自誓，眾遂日附。治軍最整，臨陣身先士卒，明賞罰，北來諸將推心置腹，故樂効死力。迨傳永曆遇害，有勸改年號者，曰：皇上西狩，安危尚無的實，何忍改乎？終身尊奉永曆，十數年來，戒行東南，僅以兩島抗天下全力，從來未有也。

六月，元子嗣位思明。

元子嗣位，稱嗣封世子，發喪。

清遣使至思明。

時南撫總督李、清旗鼓王明、賞功李有功至思明，鄭泰與洪旭、蔡鳴雷議曰：先王東征之日，猶有權宜通好意，今沿海遷移，依至此極，縱不為此者計，獨不念桑梓乎？眾議疑之，指于世子，世子曰：先王開國東都，草創未半，遽爾厭世，余將東承遺緒，諸君苟能息兵安民，無墮先王一生孤忠苦節，甚善。鄭泰議照朝鮮例，王院頒詔，遣楊來嘉同入京待命，不報，撤來嘉回，後來嘉投歸清，推袁尚鎮。

清遣官安輯投誠。

清以連年用兵糜餉，乃嚴界限，從議解散江浙閩廣四省各設滿漢兵，戶部郎中一員，尚司安輯，盡招諭之術，多眾大兵事，其將莫能上下相察。武職率眾投誠者，降四級，文官亦降四級，優敘者降二級，方武守義補授，又有武改文之例，都督副總改副使，僉事、參遊改同知，于是海上文武多投誠而偉功有藉此為提撥，或目不識丁，塽僭監司、府廳、縣佐，乎無緯鵠遊擊[illegible]總兵、副參、遊守，名器狼藉，不可勝數。

冬十月，世子入臺灣。

初平公子六人：長國姓，次曰渡，三曰恩，四曰蔭，五曰襲，六曰默。恩為顏夫人所出，咸死于京，惟襲在家，今春入臺灣，以其主事安置之。五月，諸將奉襲為護理，逆謀即真，引黃昭、蕭拱宸為腹心，結姻謀自立。世子出，周全斌為五軍，以陳永華為諮議參軍，馮錫范為侍衛。十月，率師而東，至臺灣，黃昭會諸將出兵，皆謁受命，值大霧晝瞑，咫步不可視，諸將迷失道。逾期，獨黃昭先至，破營而入。世子所部多新募，未諳戰，少卻。會周全斌率所部數十人力戰，黃昭中流矢死，忽霧消天朗，日向午矣，其衆驚曰："吾君子也。"解甲投戈。世子慰卹之，遂入安平鎮。遣人請鄭襲至，待之如初。襲無罪，其僕蔡雲自縊死。收敎李應清、從龍、蕭拱宸等，餘皆不問，令反側子自安。

癸卯永曆十七年

春正月，世子至自臺灣。

內難既平，依吾先王，調諸將守汛，回師以鄭襲全歸。正月至思明。

夏六月，執戶官鄭泰，幽之。

世子自臺灣回時，鄭泰與黃昭書，楊來嘉又自北回，疑其有異志，泰不自安，稱病金門。三月，世子率兵將入海，登泰覘知以將圖己也，舉家揚帆出金門，擁衆數千，戈船百餘，有勸兵入見世子，自明也。泰曰："吾今日救死耳，若稱兵，適增吾罪。"勸之又勸其投清。曰："先王已誤，豈容吾誤？"皆不從。艤舟待命。世子遣協理戶官吳慎、協理吏官鄭斌責印，主金門，傳命曰：兩島城方聽伯徒判，今惟欲東矣。泰乃交印，猶豫未敢入謝。其弟鄭鳴駿力勸其行。六月，鄭泰入謁，禮待之。翌日置酒邀議其軍貢，伏甲執。越日泰自縊死之。

鄭泰子纘緒及泰弟鳴駿逃歸清。

鳴駿聞泰死，泣曰："吾負叔兄之名。"舉軍艘艙引舟逃，周全斌等追之不及。鄭鳴駿稱同安伯，鄭纘緒稱永成伯，入泉州投清。船二百餘隻，兵八千，文武官四百餘員。清以鳴駿為遵義侯，纘緒為慕恩伯，文武官敘賚有差。

冬十月，清大舉攻破兩島。

自鄭鳴駿入泉州，文武官蔡鳴雷、陳輝、楊富、何義等皆先後投清，合謀會紅夷，清攻島自效，許之。十月，靖南耿繼茂、李率泰調投誠各官兵船隻，會紅夷出泉州，以提督馬得功統之，引小舟從同安出，而黃梧、施琅率漳船出海澄，令周全斌出禦泉州大隊。十九日，遇馬得功等于金門烏沙，待紅夷船十四隻、泉州船三百餘隻。全斌以二十舟沖入其綜，往來攻擊，紅夷砲無一中者。餘船望見披靡，不敢前。得功殿後，為全斌所破，赴海死。是日，靖南耿總督李、黃梧、施琅以同安海澄船濟師入島。世子見衆寡不敵，退守銅山。清墮廈門、金門城，焚掠而去。

甲辰永曆十八年

春三月，世子退守臺灣。

時軍乏糧，衆志不固，惟參軍陳永華與其往贊畫絕武大義相勉，艱難險阻，不離左右。將往臺灣，周全斌、黃廷後率衆投清。獨洪旭與參軍叔任侍衛，從世子東行，至臺灣，庶事悉委參軍總理，改東都為東寧，置天興、萬年二州，分諸將土地課耕種，徵租賦稅，丁庸，興學校，通漁鹽，申法紀，安撫土民，貿易外國，向之悍行尗皆吾為樂土，固若金湯矣。

乙巳永曆十九年

清遣水師提督施琅率舟師攻臺灣，遭風引回。

兩島既破，施琅欲提兵自東，請攻臺灣，報可，以為靖海將軍，周全斌、楊富等皆聽約束，方出外洋，颶風大作，各船漂散，不能相顧，引還。未幾，施琅入京，移投誠兵衆駐各省，設兵防界，不復以臺灣為事。已而年，清遣明珠、蔡毓榮主泉州，加興化知府慕天顏卿銜兩入臺灣，議照朝鮮例，遣柯平、葉亨旅會議，雖格不行，數年粗安。至甲寅，耿王據福州，請濟師，閩海復有事矣。

閩海紀畧

甲寅永曆二十八年

癸丑冬，平西王吳起兵雲南，以是年爲周元年。三月，耿王據閩，稱甲寅年，郎清康熙十五年也。

春正月，清以耿王仍駐福建。

初平南王既請歸老遼東，留其子鎮廣州，清許之，并令舉家歸旗。平西、靖南、亦繼踵請，如平南例，俱報可，遣內大臣督促之。時有臺省言三藩並撤，供應煩費，當漸次舉行，不聽。癸丑冬，平西先發，拒命，殺督撫等官，勒兵長驅，楚撫棄長沙，湖南盡失。報至京城戒嚴，要以平、靖二藩仍留駐鎮。先是耿密與麾下謀，遷行之日舉事，及停移諮至，衆謀稍定，然忌于國議，陰有異志，其母太妃周氏力止之。至是太妃薨，反謀益決矣。

三月，清耿王據福州，執總督范承謨幽之，殺福州知府王之儀、建寧同知喻三畏，自稱總統兵馬上將軍，馳檄八閩，皆下之。

時清以雲南有事，通行直省督撫增修武備，耿益不自安。范督知之，數出巡以避耿，先嚴部曲，分守各門。十五日，傳各官赴府，范督遲疑，巡撫劉秉政促之往，甫入門，砲起，出甲執范，發各官倉皇，福州知府王之儀、建寧同知喻三畏逃出，爲亂兵所殺。移時始定，以劉秉政爲統制使，蕭震曾布政司，自稱總統兵馬上將軍，馳檄八閩，望風降附。撤署曰：共奉大明之文物，悉還中夏之乾坤，高皇大業，必留陰準之遺，明室中興，斷有祭陵之瑞，聖當班城，翊戴戮力，達紘甲李郭再造之功，振晉鄭相依之勢，會周師南反，商政除新，法以復漢儀，非惟日月重光，直全山河改色云云。又有遠近嘔喝擬相推戴之語。

清福建提督王進功掠泉州降耿

王進功先為漳浦鎮，癸卯冬，雲霄有功，時提督馬得功歿于海，靖南王以進功題補。泉人先苦得功之虐，進功莅任，稍反其所為，十載之內，咸稱安焉。至是十五日，三山變作，十九日檄至泉州，進功恐為兵下所圍，乃縱諸將焚劫，郎中火南街，燕接搜掠，徹夜紳庶無遺。時興化鎮馬惟興劫莆陽，提標前營守備鄭惟藩守惠安，聞跡婦掠，獨同安城守張學堯、晉江水師營李文所部無犯。是日，進功勒派紳士衆二萬石，遣標兵吕鹿入省獻款。廿七日，勅印至，以為平北將軍，移檄屬邑皆下之。

耿王遣黄鏞往臺灣

黄鏞，漳人也，為苗璪。耿初聞遷移，密遣人入海，請師入援。癸卯十一月，藩艤舟澎湖待之。甲寅正月，耿停遷移，辭回師。三月舉事，復遣黄鏞請濟師，且以全閩戈船相許，曰：藩將水音將陸，江浙不足平也。

清海澄公黄梧降耿，病疽死，以其子黄芳度襲封平和公

黄梧，漳之平和人也。先王授前衝鎮，守海澄。丙申六月，以城降清，封海澄公。至是耿檄至，值病疽，剪辮納印，不數日疽潰死，以其子芳度襲封平和公。

清漳南道陳啟泰殺其闔家死之

陳啟泰與范有親，范督閩時，啟泰陳耿陰事。及范被執，搜得其文書，啟泰聞之，惧不自安，先殺家屬十餘人，後自縊。耿之變，死事僅啟泰一人。啟泰雖在任有穢聲，死亦烈矣。後藩入漳，令有司瘞之。

清漳浦鎮劉炎、海澄鎮趙得勝降耿為將軍

劉炎，清戊戌武狀元，由內侍衛出任閩汀協將，歷轉漳浦右路總兵。初海澄原為水師提督駐鎮，後裁提督，設總兵，趙得勝補是缺。得勝，平西王舊將也。是月，耿檄至，各以所部降，封炎為寧遠將軍，得勝為威遠將軍。

清福寧鎮吳萬福將其下所降于耿殺之

萬福在鎮貪刻失衆心，耿變，謀拒之，衆不從，欲遁不得出。劉養性督兵至福寧，萬福出降，誘殺之，沒其家，還兵恭口入福州。養性乘勝長驅，清平陽總兵蔡朝佐降，温處望風歸附。

夏四月，清潮州鎮劉進忠降耿，攻續順公沈瑞，并其軍

進忠先為閩將，耿待之有恩。耿變，令粵尚宝，進忠率先獻款。時續順公同鎮潮州，進忠密請師，乃以漳浦鎮劉炎率師會之，直攻續順公，并其衆，勒其家入省，以進功為平粵將軍。

平北將軍王進功至福州留之

進功在閩日久，耿慮其為變，遂遣馮君瑞說其入覲，及至，留之，徵其兵。

遣協理禮官柯平往福州報聘

耿之欲舉事也，慮下游郡邑不服，故遣黄鏞會師。不一月，全閩降附，浙之温處、江右之廣信、粵東之潮州相繼納款，聲勢大振。禮官至福州報聘，耿意甚輕之，曰：藩兵甚善，各分地自戰。禮官還，而兵端起矣。

耿徵威遠將軍趙得勝軍不赴

耿王徵各路兵出閩，惟興化鎮馬惟興帶兵先行，黄芳度遣原同安鎮黄翼率兵千人應命。後徵趙得勝兵，不從，陰以海澄待命于藩。

以侍衛左都督馮錫范督諸軍來思明

賊鄭會師，有戎議矣，乃遣馮侍衛督諸鎮來思明。時趙得勝已貳于賊，與馮侍衛深相結納，及禮官至福州，知賊意變，隨彰海澄之閒，克期進取同安。

五月，馮侍衛取同安，入之

張學堯守同安，王進功入省，賊調學堯鎮泉州，以葉尚蘭代之。師至，尚蘭開城迎納。學堯聞變，遁赴家，眷先獲，入海矣逸降。施風率舟歸焉。

賊以都尉王進鎮泉州

王進初為閩將，有戰舞埤號王老虎，緣事解任，後叩閩漢賊補京口標營，范督慮其能躍詗入閩，病足，未及，謂值賊變，擢授都尉，以吳萬福眷屬與之，結其歡心。時王進功在省，徵其兵出征，兵將悼祢潛遣諸生吳公鴻賫書入海請師，赴期登岸。及聞同安之變，賊以王進有夙望，命鎮撫泉州。

藩駕至思明

叙海澄功，以趙得勝為興明伯、左提督；叙同安功，以張學堯為左虎鋒鎮，掛蕩將軍印，葉尚蘭為仁武鎮，學堯中軍守備楊德為心宿營，施風為亢宿營，知縣鄭麟采、凌知同安縣，鄭省英知思明州。

六月，平北將軍王進功子藩錫，誘執泉州城守賴玉，率衆攻王進，逐之，以泉州來歸

王進至泉，僅步卒千人，作威福，與城守賴玉相結納，用提標守備戴國用為爪牙，密授賊意，勸王進功家眷入省，提標、站隊伏中日，復相陷，賊復遣兵援應將至，于是進功子藩錫與揭青等計議，以合父被留在省，援兵又至，吾屬無噍類矣，盍先發制人。六月一日，誘賴玉、戴國用、李尚文等入軍門，執之。砲響為號，部署突攻王進，進意氣自若，走登南門樓，勢同困獸，然力以鬪，提標無統帥相持，竟日。至晚，遙望揚帆，恐海船至，攻益急。閩潰圍出，趨省中，來兵乃整隊而還。忠安守將迎之。三日，殺賴玉于市，百姓爭食其屍殆盡。四日，紋殺戴國用。泉民德李尚文，為請命，釋之。迎藩師入泉，以王藩錫兄弟為指揮使，暫理提督軍務，餘通府廳縣各官照舊管事。

賊平和公黃芳度以漳州降，承制封德化公

黃梧雖死，其子芳度懼不免，藩遣諭之曰：昔際光復，事屬爾父，果能傾心，當棄前愆。芳度初任事，恐衆心不附，乃殺漳州城守劉豹二二，賊所署也。降啟至泉，改封德化公，前提督漳屬錢賦，聽其徵給。凡有啟請，靡不曲從。芳度終不自安，閒道容表于清，藩寬容羈縻，屬邑皆下，獨漳浦為劉炎所據。

賊遣使來泉，以葉亨報之

賊先聞同安之失也，遣馮國銓來議和，不克事而還。及失泉州，又遣使來，將使泉州歸己也，以葉亨報之。

秋七月，賊寧粵將軍劉進忠以潮州降

劉進忠降賊，還沈公家至漳浦，值漳泉之變，不能達福州。平南王遣兵圍潮，賊不能援，乃由海道獻款，藩遣後鎮金漢臣率舟師援之，以劉進忠為定虜伯兼右提督之任。

九月，賊遣王進爭泉州，以右武衛劉國軒督諸軍禦之

王進自泉奔回，賊令其鎮興化，仍遣兵從上游入漳，會劉炎赴期協攻泉州。進率兵至忠安屯，嘗攢肆焚掠。遣右武衛劉

國軒諸軍禦之。

冬十月，右武衛劉國軒敗王進于塗嶺。

王進素號南兵，泉州之役，以衆寡不敵為辭，至是請兵，願取泉州自效。耿王益步騎二萬，號稱十萬，從行至惠安，兵聲甚振。劉國軒嚴陣待之，對壘逾旬，進退屯楓亭，列營二十餘里。國軒率輕騎挑之，佯遁于塗嶺，進戰，耿猶少卻。國軒分諸軍轉戰，自夜至巳，兩軍殊死鬭，王進師潰，國軒追奔至興化軍郭外，三日夜乃還。

十一月，周王遣禮曹員外周文驥來聘。

周王初起兵，遣使賫帛書一入福州，一入臺灣，會師。藩遣監紀推官陳克岐、副將陳文煥報之。周王復遣禮曹員外錢點通問，值藩入泉，與耿王為敵國，錢點回報。周王遣禮曹員外周文驥前來解和，大意以同室操戈，貽笑敵國為辭。

以趙興明伯、仝馮侍衛、督諸軍取漳浦，克之。

漳州既降，劉炎在漳浦，不奉命，密請援于耿。遣兵會之，至平和，為德化公守將所邀擊，復遣其親軍都尉徐鴻弼統兵間道入漳浦，益欲逞漳州之師，分泉州之勢。及塗嶺之捷，乃以馮侍衛督諸軍，同趙提督由海澄進取漳浦。徐鴻弼、劉炎、雲霄鎮劉成龍合師迎戰于羅山嶺，右武衛何祐揮兵擊之，鴻弼等敗，回漳浦，環陴以圍，炎、鴻弼、成龍等出降。

十二月，趙提督援潮州，解圍。

劉進忠之被圍也，金漢臣一軍盡殲焉。時耿、鄭構兵，不能救援。城壞百餘丈，進忠極力守禦，中外隔絕半載。及漳浦降，趙提督督諸軍入潮，與廣兵戰于黃岡，廣兵潰回，燒營而遁，潮圍始解，趙得勝乃班師。

耿遣使來泉脩好。

耿王聞鴻弼等敗，乃遣蒲田興脩和，藩遣使報曰：果欲脩和，當如約。繼遣黃一奇、王世瑜來泉州議，仍未合。

設官徵餉。

先是，以諮議參軍陳永華為御史，總制留守臺灣，分設六官，名曰協理：以洪磊協理吏官，磊，忠振伯洪旭之子也；楊英協理戶官，鄭斌協理禮官，柯平協理刑官，楊賢協理工官，不設兵官。仍置六科都事、都吏，按辦文武官與設察言、承宣司、出入賓客司，主晉接聘問。設軍曰侍衛，以馮錫范為之；曰勇衛，以總制留守陳永華兼攝之；曰左右武衛，以薛進思、劉國軒為之；曰扈衛，以何祐、許耀為之；曰五軍，以施福為之；曰參儀，以艾禎祥為之。又有五援勦、果毅、折衝、五衛、五常、五行、五兵、左右先鋒、前鋒、後勁、中權、戎旗二十八宿營，制聽五提督遣調。凡文武事宜，皆贊畫參軍陳繩武、侍衛馮錫范主之。方師之東也，兵餉取給于東寧，及克漳州，兵將日多，轉運不繼，乃議徵各餉，以六官督比鄉士富民，以鄭省英為宣慰使，統理各郡錢糧，原呂容道吳慎為屯田道，清查屯田寺租、各縣令，俱以六科都事為之，皆從臺灣來者。人有丁錢，每月銀五分，名曰毛丁；船計丈尺納税，名曰樑頭，督造采船料，鹽司分鹽場，以陳進章為泉州鹽政，馮錫珪為漳州鹽政，李景為潮州鹽政，鄭珍英為惠州鹽政，每石鹽價二錢，徵餉四錢，餉司科稅以給兵食。

乙卯永曆二十九年

吳稱周二年，耿稱乙卯年，即清康熙十四年也。

春正月，耿王遣張文韶來泉州賀年議和。

耿以王進援師未成，再遣文韶來議，送船五隻，踐約許之。遣禮官鄭斌報使，主徐約楓亭為界，自是耿鄭交好。

二月，誅永春民呂花。

吕花恃焉能比險不服，仗寵凡避科派者相依為命，去冬十二月，藩遣中提督標將盧仁、張漢相討之，不克；乃遣左武衛蕭進忠攻圍之，至是三閱月，未下，時寨中困乏，永春知縣鄭時英遣人招諭，許以不死，吕花出降，釘之，沒其家產。

清續順公沈瑞以饒平降。

沈瑞叔母，為尚平南女也，降耿時，還至漳浦，瑞尚留詔安。廣兵圍瑞，瑞遣饒平，及潮州圍解，劉進忠率師攻之，不克；廣兵來援，何祐督兵遇于百子橋，廣兵敗。同沈瑞出降，沈封懷安侯。

三月，竄洪承疇侄洪士昭、士恩并及楊明琅于臺灣。

清祀洪承疇學宮，至是，毀其祠，沉其胞侄士昭、士恩、士倫于臺灣，責楊明琅甲寅之變，過梓宮不下馬，并沉其家，皆死于竄所。

五月，藩自率師次海澄。

黄芳度雖受約束，其志未嘗決然忘清，及饒平之捷，劉進忠啟請南征，許之。五月六日，自泉率兵入海澄，圍漳州，芳度遣其中軍蔡武啟朝，慮覘單勢，駐澄兩旬，芳度不敢入見，漢遣協理禮官鄭斌入漳慰諭，武率兵從征，武求身入覲，芳度終不受命，兵兄黄翼、蔡宗同安右路水師總兵欣變，執兵從征閉外，芳度家人同漳，亦移書乘機召之，又以病辭，于是定計攻城。

劉武衛大敗廣兵于黨母山。

武衛自塗嶺之役，率所部入潮，令劉進忠觀取屬縣之未下者，廣兵壹銳守潮，武衛相持日久，猴乏兵疲，密議退潮把守，平南揮步騎來迎，武衛、虎衛等設伏以待，時吏官洪磊為廣東與懸賞賈勇，清兵至黨母山，迎戰伏起，廣兵大敗。是役也，僅以疲卒數千，破數萬之衆，從來以少擊多，未有若斯之捷也。自是武衛、虎衛名振粵。

六月，黄芳度據漳歸清。

藩自海澄率師移駐萬松關，芳度判漳據守，遣其弟黄芳泰入廣請援，陸守平和，進攻漳郡，不克，援勒後鎮萬宏中砲死，調何祐由潮州攻平和，撫閩降為縣，悉平。

番舶互市

先中左所為諸洋利藪，島破，夷舶不至，甲寅復島，諸番如英圭黎、萬丹、暹羅、南安并國貢方物，互市島上，八閩帘井，依稀如舊矣。

冬十月，清海澄公標吳淑以漳州降，黄芳度投井死。

自六月圍漳州，芳度恃力拒戰，數攻不利，乃築長垣困之。十月六日，吳淑開城出降，芳度倉皇投開元寺井死，獲其將屍，翼、蔡陰、朱武、張濟、劉鱗、陳騏、鞠瑞等，殺之，沒其家，戮黄梧屍，并碎芳度身首，棄于海。時芳度遣弟芳泰往廣會其兄芳世，令清兵由汀入援，亦是日破永定縣，聞漳城降，乃遁。初，吳淑自海上投清，隨標黄梧標下，善待之，梧將死，呼淑托孤曰："吾兒再大君，可善輔之。"及城圍，淑謂弟瀏曰："黄雖待我厚，顧負吾先王罪重，今藩恩侍有加，反圍逆命，大不道，吾豈以私恩廢公義也。"遂決計約降，以為平南將軍，後提督親潛為戎旗二鎮，時有發黄梧祖墳者，禁止之，曰："罪止于身，于先死者何與？"清贈黄芳度忠勇王。

取回日本銀。

故戶官鄭泰，及其弟鳴駿所寄也。初，先舉平公陰武主，封左都督，加宮衛，先王舉兵，以為居守戶官，有心計，善理財，十數年間白手賞貲積百餘萬別寄日本四十餘萬以備不虞癸卯之變劉自焚藩遣官往日本取其所寄之銀曰先王軍需悉户官掌握今渠已死凡寄頓皆公帑鄭鳴駿時已歸清遣人爭之曰歷年所寄皆吾兄弟已貲贊通事居奇以兩家爭執未知孰是皆不聽藏因及藩入泉州遣龔淳往取淳原委寄之人也通事利所權以貳十六萬回餘皆混行關鎖龔淳啟其子為裡科援棘許之

丙辰永曆三十年

吳桥周三年二月平南王尚可喜降周周其周年號九月耿王歸清即康熙十五年也

春正月藩移駐漳郡

以虎衛許耀前衛洪羽等率師會在潮諸軍分遣進取廣州

二月取惠州清總兵苗之秀張國勛各率所部降

平南王尚可喜病日甚會周師進克榮度韶州等府廣中人人自危乙卯除夕清駐潮諸軍聞音燒營遁時碣石鎮苗之秀軍程鄉其妻在汛遣人迎師仍馳令之秀納款以為賊鹵將軍右提督右武衛水陸並進圍惠州分兵攻博羅不利於下長樂新安新會龍門等縣尚之信勢蹙降周封輔國公仍令之信退據惠州尚乃撫提督嚴自明撤守惠兵回廣遣使通好餽于馬勢蹙乃以劉武衛守惠州時東莞守將張國勛降以為征虜將軍

以中書舍人許明廷督漳泉學政

漳泉武生考授將材隨軍將有言考武不考文乃令許明廷為學政考較生童

夏五月吳督襲汀州克之

汀守將劉應麟耿王所署寂獻款于藩時耿鄭和好來使啟爨乃遣吳淑督萬人觀變馳書報取回將出江右假道汀州取遣兵防國應麟懼其圖己也率所部出掠瑞金石城下之淑至汀城中有備應麟率師回汀興淑計議今不取必有後患屬兵晨攻一鼓下之以劉應麟為本明伯前提督鎮汀州屬邑皆下

秋七月調劉進忠至興寧進忠自回潮州

進忠以得汀州為失計及調出師每以糧食器械未備為辭至興寧知將與耿為難又與諸將不協流言日起進忠不自安辭病引兵回潮險為自守之計

九月耿王歸清右虎衛許耀入興化

初耿之備好寔欲以全力出圖江浙至是師久無功勢已將潰漢聞汀州已破出征之兵盡變內傾遂密謀歸清有首王進預謀殺之并絞蕭震范承謨是夜失守聲勢已迫九月十九日剃髮侍罪迎康親王入省興化守將馬成龍以城約降許耀自泉率師赴之以馬成龍為珍亟伯援勦左提督

耿王遣平北將軍王進功回泉州

王進功在省其家在泉耿王聘進功次男為婿及泉州降其妻衷請藩備書耿王取同進功耿王欲先令其次子至省方遣進功回泉藩欲進功先回然後遣其子三往不聽藩意頗不平故有汀州之變至是清兵入閩耿乃遣進功回藩承制封為明伯中提督

冬十月右虎衛許耀為龍江敗績

興化既降撤許耀督諸軍取福州耀不速據峽江以擊羊溪又狃于奎嶺之役有驕色諸將不服紀綱退縮失遠近心欽

酒嬉戲無將師膝清兵渡汜許不知倚倉皇出戰不能鼓厲
士氣前鋒殊死鬪不分兵救援少却又不爲殿衆軍先遁委
棄輜重甾械不可勝數趙得勝何
左虎代之仍貫其罪使將兵自效

奇兵鎮黃應督水軍蕭琛蕭武等敗耿舟師于定海

時耿已降清撤浙江兵回閩曹發杜等自溫州航海衆無戰
志朱天貴等以師除餘舟且
戰且卻遂入福州黃應督諸
艘邀擊之獲巨艦數十號

十一月後提督吳淑入邵武

守邵鎮將彭　耿所署將軍也聞耿歸
清獻耿于吳時吳駐汀疾卸赴之入邵武

十二月吳淑敗績棄邵武

清兵將渡邵武淑自督兵禦之時天寒諸軍涉
溪拒戰凍不能軍故敗遂棄邵武退守汀州

左武衛薛進思棄汀州

初吳淑以汀爲閩類要地請重兵彈壓乃以左武衛薛
進思率諸軍守禦之至是清兵渡邵武至建寧距汀
數程進思聞之倉皇失措又疑劉應麟有異時應麟領
傾家貲守禦進思不欲棄城遁應麟奔潮州數月病死

周輔德公尚之信報訃并請其妹回粵許之

平南王尚可喜九月病死尚之信遣使報訃并請其妹奔喪
妹爲續順公沈瑞妹時在廈門聽其回粵仍遣使弔之周
進尚之信
輔德親王

丁巳永曆三十一年

吳擁向四年五月尚王
歸清即康熙十六年也

春正月提督趙得勝敗没于興化何祐棄城奔泉州

峽江汀州之敗軍心不可收拾左虎又與提督不睦南北相疑
趙督師出戰何祐擁兵坐觀其敗得勝力戰死之祐等奔泉州

二月林定棄泉州藩自漳州入島

時各郡失守兵心渙散泉州守將林定無守備清兵攻城一
鼓而登時二月初九昧爽也參宿營謝貴死之藩在漳聞泉
州失守倉皇登舟至海澄棄之不顧入島當是時人心風宿
角宿營吳桂欲兵守思明衆賴少安乃調北汛水軍防衛續
遣諸將家口入臺澎按而餘衆稍集分地汛守至月餘始定
固守之計

賞迯回諸將

奔潰之時諸將或棄城而回或不得已而投清後回者各賞
一二百金死事者厚䘏之泉州失林定逃于民間傳爲已死
半月後剃髮爲僧將出城爲司獄者所物色從之逃晝伏夜
行間道至思明定在泉深與民相安故得免于難

㕘故興明伯趙得勝

得勝督軍興化諸將以北人疑之及軍敗或勸其逃不從力
戰死贈至明思設祭祀哭臨之復賻其元孫焉

收薛進思誅之釋許耀旋病死

討汀州之失也與許耀同收繫諸將力請圖功贖罪不許數
進思不戰而逃之罪得于許耀斬之耀貴擢之先病瘋不數
日亦死并飭何祐吳淑以其有戰功令戴罪自效拔回自甲
寅渡海而西卷有漳泉惠潮連和閩耿蔡藩甚不赫武及其
汀州兵潰一趣北騎隨至許耀挫衄于峽江吳淑繼敗于邵
武趙得勝戰歿興化何祐棄城而逃土崩瓦解莫可如何薛

進思親信，風將守御汀郡，與漳泉聲援，猶可為，曾未一矢相加，狼蹌逃遁，衆心一散，素與泉漳如敵，扈伊誰之咎。按失汀州，律論進思，實為罪魁，從稍明訂擬之罰，進思未必敢棄汀州；違正進思之典，何祐未必敢棄興化入島，處分惜哉。至許耀之罪，不死法而死病，幸而天刑人，猶以為誡。

移北將家眷入臺灣，劉炎以舟下碣石衛

諸郡既失，令懷安侯沈瑞、中提督王進功、左提督趙得勝、驍騎將軍飛學堯、前鋒鎮劉炎各家口往臺灣，王進功等先行。劉炎以毋老不堪風濤，遲疑，後叛至海外，勒兵刦船，乘風下碣石衛，依尚之秀。遣兵追之，不及，劉炎遂至潮，與劉進忠歸清。

三月，分水陸守汛

諸將退集思明，軍資不給，乃分汛措餉召募，以前虎衛林陞駐東石，晉南地方隸之。水師四營陳陞、五營黃州珊、七營石到、八營許勝，分布圳江、洋芝、崇武、搬窟，凡晉南、惠沿海，悉隸之。一營蕭武守興化沿海，水師五鎮章元勳守海壇，凡海清、長樂、濱海等處聽其管轄。樓船中鎮蕭琛守定海一帶，莆宿營陳起萬守福寧州一帶，總制後協林日慧及吳兆綱分轄福安、寧德。樓船左鎮朱天貴、右鎮劉天福分扎浙江寧波、溫台地方，北汛之基布也。援勦後鎮陳起明守同安港、洒洲，後提督吳淑駐思明，大石湖凡同安地方悉聽管轄，戚前鎮陳昌、左鎮陳祐分扎漳港、海澄等處地方，戎旗一鎮林惑守運江井尾，凡漳浦沿海皆隸之。奇兵鎮黃應、英兵鎮李陞、敗兵鎮楊英、房宿營楊興分屯銅山、南澳，凡詔安、潮揭地方皆聽管轄，此南汛之基布也。其餘兵將屯潮州、惠州，遂為棋布，蓋後人始有固志。

清康親王遣僉事朱麟、臧虞齎書入思明

大意以知天時為歸，藩遺禮都事林棋致侍文之，復書有春秋華夏之語。

朱寅入泉州不克

朱寅，本姓蔡，漳浦人，業巫，以左道惑人，頗有占驗，人咸信之。詭言崇禎三太子，收集徒衆，焚劫襲泉州。三月十九夜，率二百餘人潛至城下，魚貫緣堞而上，鳴鼓揚旗至開元寺前，時守泉之甲，昏夜出不意，以海師援至，多驚竄。比曉，援兵四集，覘其後無繼，轉戰逐之，衆寡不敵，按兵徐退，無一傷者。自是人益以為神，咸奉向真三太子，附之日衆，屢戰皆挠，黃延泉漳屬縣，以白巾為號，遠近稱為白頭，聲勢甚壯，但烏合之衆無巢穴，衛有時竄，後歸藏，以為蕩爾將軍，改名明義，年餘病死，其黨猶以為屍解，將轉世云。

夏六月，劉進忠以潮州歸清

進忠素悍戾，潮已外，破漳郡，始入覲，恣甚奢難，啟凡有啟事輒違，其請進忠債不平，各郡失守，擁兵觀望，還户官至潮督餉，不應，遣舟買運，遏糴，更置府縣，獻款于清，旋歸，以為征逆將軍，與劉炎同調入京，遣其家江南。

劉武衛國軒自惠州引回

武衛，汀人也，初為漳州鎮標將，甲午年獻漳州衆，還至右武衛將軍，入潮，屢有戰功，鎮守惠州，粵人畏之。至諸郡失守，劉進忠據潮州，尚氏睨視廣州，武衛一軍，孤手潮惠之間，布置安閑。時尚氏猶奉周，潮武衛權宜用周號令，莫尚氏之相安也。未幾，尚氏、劉進忠相繼降清，聲問隔絕，遂舟至平海，令退師，乃率所部航海而歸。

冬十月，吳淑取天平寨

天平寨小而險，從未被兵，漳屬富戶皆恃為巢窟，吳督衆聞取之，泉漳援兵至，吳督退，平其寨。

十二月，泉州知府張仲舉、興化知府卞永譽議息兵安民

初，慕天顏之入臺灣也，議照朝鮮例，稱臣納貢，不成。至是康親王遣興泉二府，加鄭銜，令泉紳黄志美、監生吳公鴻再申前議，且以息兵安民為詞，遣刑官與議，曰：安民必先息兵，息兵必先裕餉，果能裕餉，兵可息而民可安矣。二府回報，康親王以無定局也，又無報使，責二知府辱命。

戊午，永曆三十二年

吳王稱帝，改元昭武，即康熙十七年也。

春正月，清提督侵日湖

退師之後，分據全海上，自浙江下至雷廣，沿邊各有分守。日湖濱海，為水師陸餉地，段應舉遣兵巡界，陸軍所部邀擊之，大為所敗，乘勝侵東石等處。

二月，劉武衛督兵克江東橋等處，擢中提督正總督，以吳淑提督副之

自七郡之失也，頻兵出工，清總督郎廷相、海澄公黄芳世、副都統胡兔按兵漳郡，黄藍鎮海澄，分防玉洲、三叉河、福滸、石碼等處。至是初十日，劉總督督軍取海澄，十一日攻玉洲，守將劉宗邦降，物三叉河、福滸皆下，十八日進取江東橋。時湖滿風利，揚帆先焚斷橋梁，使兵從至，守將王重祿、呂翔等奔漳，泉援甲遣至，劉督分兵擊敗之。是日三戰三捷，軍聲大振。廿三夜取石馬，獲守將劉俊、守備楊朝宗，遂軍祖山頭，迫海澄。滿洲副都統孟安等自湖來援，劉督退屯石馬，浚濠築垣拒守，分兵屯漳郡外。是役也，劉督殺其領兵都羅諸將，股慄。又能身先士卒，賈勇及被傷者，出己貲賞之，故衆心悅服，所向皆捷。

三月，戰于赤嶺

自江東橋之斷也，漳泉隔絕，提督段應舉自泉、寧海將軍喇哈達自省、平南將軍賴塔自潮，先後率兵來援。劉督倏水倏陸，滿漢疲于奔命。初二日，劉伯列陣郡東赤嶺，漳兵背城迎戰，而前武衛一軍最前，漳兵不敢從戰，互有勝負，殺傷相當。時蔡明義駐扎天寶，以牽漳兵之救，初一日為海澄公黄芳世所敗，進入長泰。

中提督敗海澄公黄芳世于灣腰樹

劉督兵勢日盛，樹柵渡橋一帶，去漳城數里。滿漢會議，令黄芳世督一軍扎水頭山灣腰樹，一軍扎鎮門，安砲以絕往來。劉督偵知之，十一日黎明撤兵，偽示退也，少頃舉帆直指水頭，渡嶺鏖戰。芳世素不知兵，又以天寶破白頭，氣驕，與滿漢不相下，一戰而潰，奔回漳郡，月餘病死。

復敗清提督段應舉于祖山頭

段應舉列營祖山頭，防禦海澄，粮稍取給漳郡。自水頭之敗，漳州粮道阻絕。十八日未時，劉督輕兵出踏營地，應舉意將攻己，撥兵迎戰。何祐、必郡、江勝、吳淑等繞出祖山之背，滿漢兵將望見，棄輜重自相殘踐，驚奔海澄，劉督等追至城下，會日暮收軍回。是役，盧仁、陳起明、沈誠出軍稍緩，劉督啟奏退縮，削起明等職，戴罪立功。劉督乃據祖山頭以迫海澄。

昴宿營張雄取平和，副將黄瑞鑣入漳平

先是，何祐入平和山中，為漳守將出兵遏之，相持逾月。及克江東，調祐回軍，漳浦亦同。牛宿營曾偉、昴宿營張雄等衆聞，取平和，守將知縣棄城遁。時黄瑞鑣亦在山斜集兵旅，入漳平，漳兵俱出援海澄，未暇往矣。

夏四月，圍海澄。

海澄負海抗山，城小而堅，為漳州門戶，原設水師提督主鎮。丁巳秋，以總兵黃藍守之。及劉督入澄，港漫遣滿將馬虎協防。祖山之敗，段應舉等皆逃入海澄。劉督以城險難攻，闊圍半月。數賊兵出，應舉等恐獲喪師失地罪，又以重兵在漳，咫尺不難救援，故誓衆死守。劉督蒙兵圍之，時清撫辰督協提徵，郎廷相單騎入京，以布政司姚啟聖代之。啟聖，浙紹興人，入旗舉解，仕香山知縣，緣事革職。甲寅之變，捐資募兵，起漢陞道，轉布政。勦巡撫楊熙致仕，以按察司吳興祚代之。興祚亦浙人，由無錫知縣陞按司，不一年，姚推總督，吳推巡撫，蓋佳事也。調江南提督楊捷代段應舉，以閩先任漳浦鎮將至。海澄圍急，漢兵四集，屯于華梁山。劉督撥祖山頭重壘，復要新兵出入前後四路，浚渠與海潮相匯，清屢挫兵，拔皆撤折力還。

五月，援提督吳淑進屯燈火寨。

時滿漢兵數萬，集華梁山，拔海澄，鼙鼓震天。總督武平伯劉國軒議以華梁山南小寨，懸崖狀如掛燈，俗呼為燈火寨。寨下大溪順流可通海澄，若不拒守，恐有援路，斷咫尺，滿營誰敢當是任？吳淑曰：吾請據之。寅夜率兵進寨，今明柵壘已備。清兵望之氣奪。初十日，開時滿營發砲攻寨，晝不絕聲。吳督令軍穴地藏身，達旦無死傷。忽馳報劉督，以衆夜發砲，意不在寨，宜別防之。諸衛至，萬馬已拔祖山嶺，破林標、須鳳二營。張鳳戰死。進薄林陞營，逮劉督援兵至，滿射多填塹死，乃退。海澄遂不可救援矣。

六月，破海澄，段應舉、穆伯希佛自盡死。

海澄之被圍也，滿甲二千，馬八十餘匹，提督公標及各鄉鎮標、城守、合澄鎮標兵，計二萬餘人。城中原無積貯，兵多食盡，羅鼠雀，殺牛馬，繼食人，屍骸枕藉。圍八十三日，衆力不支，劉督進攻，克之，時六月十日也。段應舉自縊，穆希布二將自焚死，殮而歸之。黃藍不知所終。獲孟安、馬虎等滿漢官三十餘員，兵將無一遺者。所獲諸將，擇之授銜給俸；滿兵十餘，遣之東寧。黃藍原充漳府門役，先黃芳度遣其齎表赴京，後割閩死事，以其有奔走功，授總兵。乙卯，入漳，獲其妻女，仁武鎮業明啟請其妻二女發于內。丁巳，黃藍任海澄，數釣置之，乃取其妻，寄侍衛署中，左右竊其妻歸之。及城破，又獲其二妻。妻自經死，以一妾配副都統孟安，一妾配參藍大魏赫。未七日，魏赫謀逃，為兵王昭所首，溺死之。郎以妾賞王昭。二女長者配田甘五，與孟安、魏赫妾同獲于海澄者也。黃藍在澄，滿人以其女在海，疑之；及破，蹤跡無覓，猶藉藉，謂藍偽死遁于海也。

劉總督克長泰、稚大里，棄同安，遂圍泉州。

海澄既破，閩省震動，拔澄之師，退守漳郡。劉督議秦庄掎泉州。吳督分兵攻長泰，下之。劉督自平諸軍取同安。時清副都統稚大里自浙調赴救澄，至同安，聞澄破，偵劉督將至，十八夜棄城，全軍入泉。劉伯引兵圍泉州，水陸並驅，遣江勝等攻南安，克之，殺守將知縣。浙江提督石調聲至惠安，亦棄城奔興化。于是永春、安溪、德化相繼棄城。迨閏月，運砲攻堅，城壞百餘丈，進取之，下兵將損傷，衆心困之，而阻矣，竟不能也。

籍鄉兵

清撤各府縣團練鄉兵，自相守禦，至于泉屬、各邑汎下，郎遣官分籍鄉總練哨，并眷口，仍調同安丁壯充伍，眷屬安土重遷，有赴海充者。時總督劉國軒以此舉失民心，請停之，不聽。及退師，始罷其先撥到者，仍著眷屬過臺灣，令身在伍，多棄眷而回。籍鄉兵者，開鑒丁巳之役，各鄉大宗提衛鎮營轄兵，十百不等，潰散無相隨，咸謂烏屬，多無賴游手，無眷口累

着故流弊至此今議藉鄉兵撤其眷口安插臺灣使其繫念內顧援急可為用又存寓兵于農之意勢籌已久故銳意行之

中提督後提督等啟陳時弊

自攻海澄圍泉州水陸軍餉公帑不繼取給民間中後二提督同啟畧曰奉令進取相宜就地措餉今官之催科有內差督粮餉司宣慰府縣又有總督衛鎮義將民之供應者有大餉大米雜餉月米有棕麻柴檝油釘炭鐵篙毛艸眾等項最協者又有水捐毛丁鄉兵民力已竭科斂無度請定畫一之法以收民心以撫民困宣慰鄭省英又以民夫煩苦當房重難請酌緩急抽調時陳廷章靳守泉啟陳時弊一曰畫一致令二曰停藉鄉兵三曰禁餙招恭四曰請改餉司皆切中時弊雖家還發伏然已不可問矣

叙功陞賞有差

藩叙勳次畧曰春仲用兵進取二月十一日克玉洲三叉河福河十八日奪斷江東橋廿四日入石馬三月初二日戰赤嶺十一日水頭之捷十八日追逐祖山頭四月十六日新渡南關擊退援騎五月初五取普玄木栅十一日拔守祖山截筆架山大隊援兵六月十日破海澄武戩力行間武著績守禦水陸諸將咸有功次皆正副總兵調度有方至以少擊衆殀海海澄滿漢兵將盡殲無一遺者厥功尚茂其以中提督劉國軒為武平伯征北將軍後提督吳淑為平虜伯將軍以左虎衛何祐為左武衛前虎衛林陞為右武衛右虎衛江勝為左虎衛俱授左都督餘鎮營各加級有差

秋八月中提督劉國軒泉州引還

泉州攻圍二月有餘不下漳兵克漳平知黃瑞燦以三百餘衆守漳平漳兵屢攻不克七月清將軍喇哈達師次漳平瑞鏢無援出降喇問道永安出援泉州湖頭李光地練鄉兵自守為鄉導延撫吳興祚從仙遊漫永春提督楊捷自興化下惠安林賢黃鎬陳子威以舟師出閩安鎮克期救泉州中提督水陸布擺恐分兵力薄乃引師退趨長泰各縣皆棄還

樓船中鎮蕭琛戰敗失定海五鎮章元勳死之誅蕭琛

泉州圍急清以林賢等率舟師出閩安逕為聲援蕭琛守定海沿海守將所屬汛地聽其措餉船隻器械不先期整備臨時遇敵一戰而潰時琛為總督據以舟寨且小雖克敵欲據上游牽制之元孤狀先獲制入來所部十餘舟進戰清師船大而堅元勳寡衆不敵阻風逆沉一軍盡沒元勳身創甚死于福州吳兆綱獲入福州殺之蕭琛退泊海山調回斬以狗以援勦左鎮陳諒後鎮陳起明督朱天貴等水軍禦之是役諸將掠連江偈泰男婦在船侯贖故未戰奔回乃飭所掠男女釋之寧究

冬十月議和

漳泉郡縣皆棄獨守海澄清督撫以澄已未下從命致併力進取又難猝攻乃遣漳進士張雄賫公書議和書畧曰昔令先王衆動天南亦不忍父老嗟怨靜處臺灣今日貴藩識能會體先志念井里瘡痍翻然罷甲息兵天和人順求華世世數月來使勞將士塗炭生靈亦何益于貴藩哉即從貴藩下游著恐今昔入心不同事變難測能不預慮及此近悉貴藩下大有惻隱桑梓之念故僭車佈惆惟望悉心畢論并遣適使偕臨漳濟書至禮遣樹而歸之漢書畧曰頃承明敦以生民為念不使正以生靈塗炭不忍生視故倘戈娛柔相與周旋德萬生靈所深諒也天心厭亂救運將回為可休息門不如命礼應遣貝奉數但貴使之攬未解而諸將之也已操彼此差池來及如命復遺泉紳黃志美賫書來議以必得海澄始可彼此適嫉書畧曰日拚漢音知貴藩臺懷懷以業梓為念近得傳君復張中書手必復啟啟于息兵安民民為能持始

終惻隱之心，敢不委蛇承命？是在仁人君子披肝露膽，毋事頌文，永倚于娛漫書。恐向事欲圖其可，久言當慎于厥始，所述台意，責人難行之事，非安民之實心也。惟酌其可行而再裁，數之議竟不合。

十二月，清再遷界。

初，清遷山東、浙江、閩、廣沿海人民入內地，設兵防守。甲寅之變，閩首遷民悉還故土。丙辰冬，閩復歸清，復議遷界。時康親王既核遷界累民，請罷之，已報可，復綠各鎮營就內地取粮于民。是清督撫提鎮仍請照順治十八年例遷徙之，值破海澄，圍泉州，事暫停。及泉圍解，遂行遷界之令。廣東尚王力請不遷，惟閩省爲甚，民益不聊生矣。

己未，永曆三十三年。

戊午秋八月，昭武死于衡州，其孫嗣位，以是年爲洪化元年，即康熙十八年也。

春正月，清築沿邊界寨。

清雖設界，而沿海汛守如故。清乃設防界上，自福寧下及詔安，或十里，或二十里，量地險要築寨，安民以截內外，瀕海數十里無復人烟矣。

親軍戎旗四鎮董騰毆海澄知縣洪蔭。

對壘兵餉多取給海澄。時知縣洪蔭任性多逆，董騰駐防福漳，蓄恨尤甚，因其生劉執忠支米角口，洪蔭毆執忠，董聞之，飛射入縣，毆蔭，啟聞。董、洪俱革職，中提督啟留董戴罪復任，以張廷輝代洪知縣事。

二月，清爭果塘寨，不克。

果塘寨近江東橋，清督議發兵據守。中提督偵知之，令後提督率諸軍入守其寨。清兵來爭，力戰卻之。

援剿左鎮陳諒、督朱天貴等，敗清舟師于定海。

自定海失守，調樓船左鎮朱天貴防守海壇，以援剿左鎮陳諒爲水軍總督。二月廿九日早，各船乘南風進泊定海。清遣大小船百餘隻由五虎門啣尾而來，援剿後鎮陳起明令朱天貴率熕船首先破綜，熕船所及，望風而靡，破其船十餘隻。陳起明船亦遣風失舵，各船仍收泊海山。叙功加陳諒、朱天貴總鎮銜，餘陞賞有差。

三月，旌樂輸寡婦李氏。

時軍輸法繁，議派殷戶樂輸，以知思明州李景董其事。令未下，樊門寡婦李氏守一男，家頗殷，先捐銀三百兩，嘉其向義，賜金花綵樂旌獎。于是州之富民洋商船程上中下派輸。

中提督辭俸，自餉其兵。

丁巳之役，州民每月輸米一斗佐軍，久之多藉詭，乃令副參儀衛陳慶清查漏口，凡文武官員人役不許影免，自本年二月起，每月八加米二斗。中提督請免文武官本身月米，并啟曰：謬荷倖祿，固出隆典，軍貲煩費，何敢再糜金錢，請辭月俸，懇竭微衷，自餉轄兵三月。從之。于是後提督左武衛、右武衛、左虎衛等，俱循中提督例自餉其兵。援剿前鎮施明良先捐千金助餉。

水師五鎮蔡沖瑚逃降清。

沖瑚汛守惠安，羞不能東兵，轄屬多逃亡，遣科員核其餘眾船隻，交虎宿營王傑接管，仍調回軍前聽令。沖瑚懼罪，駕小舟逃入泉州，往省投清，巡撫吳興祚，厚其家，遇之在臺灣督。

清漳州守備呂韜來歸。

呂韜原守江東橋，敗歸，中提督進軍海澄，陰以漳郡通款。顧
容其蹤，清督姚啟聖許以爵侯之，將入省，侍理韜乃先遣人
見英毅鎮林應，請兵援，載挈眷行，至同安界，郡林應伏兵取
之，以韜以為折衝左鎮，家眷移入臺灣。

木武營陳愷叛

陳愷，原黃梧家人也。乙卯冬，漳郡下，投為後提督領兵中軍。
丁巳之變，復走歸清，繼聞黃芳世駐漳，懼罪，仍逃入海。戊午
夏，啟請入山召募，以為木武營。至是挈眷入漳，投誠清提督
楊捷。思其叛服不常，題授隨征千總。

牛宿營鄭奇烈及紀朝佐被困歸清

奇烈，同安武生；朝佐，賊王將，領黎寅號稱三太子，起兵，奇烈、
朝佐從之。後同來歸，未幾，寅死，啟請入山召募，清兵困之，奇
烈、朝佐不能出，清
督招為隨征官。

諭飭各汛鎮營

略曰：水陸鎮營分疆固圉，就地措餉，寔出權宜，近聞暴索擾
征，若累生靈，甚稱抗餉，焚掠無遺，殊可痛恨，相應嚴防，遵
法紀，以副勤卹至意。敢有仍前害民，定以軍法從事，敢貳。特
諭，仍遣監督查各汛，釋回繫擄婦女。

遣官監紀南北汛

南北汛防每有徵調，輒以缺船餉為辭，乃申諭飭遣官監紀。
諭略曰：鎮營分汛兵精船隻，應就地設處，特設監紀，會同查
核，酌量地方大小，配兵額多寡，每千兵準以七百充數，餘三
百之餉備船隻甲械之資，務宜先期整頓，以聽遣調，仍聽監
紀按季查報。于是上至普陀，下及廣東
沿海大洋各鎮營汛地設官監紀之
隊

夏四月，以元子監國

甲寅西征，留總制守臺灣。至是總制以元子長成，請倣君行
則守之典，立為監國，從之。元子時年十六，名克𡒉，號曰監國
世孫，治事明
敏，人望歸焉。

六月，以屯田道鄭時英兼理鹽法

鄭時英駐東石，督理糧餉，設晉南二知縣，聽其督催。凡米粟
船料，皆料諸內地。是年清設沿海臺堡，將築靈水寨，距東
石二十里，泉州門戶也，興工有期，界內居民恐界嚴難通，急
出東石販鹽，鹽價騰至一兩二三錢。時英因計以沿海鹽
埕一盡發掘，則鹽利盡歸于我，月餉可得數萬，乃啟設鹽司
二員，開行東石，商民載鹽官買
官賣，私鹽論斬，從之。既
而界嚴，商散不通，事寢。

右武衛右協理楊忠掘南北場戰死

檄右武衛楊忠率兵往潯尾南北場掘鹽埕，將彼林陞戍之
曰：鹽埕迫近竿頭寨，寅夜乘潮進掘，天明下船，至夜復然，如
此乃為萬全，否則危道也。忠欲邀功，聞至深滬，舍舟登岸，督
掘鹽埕，閱兩日夜不就，船竿頭將兵請泉州大隊，侵晨驟至，
四面攻擊，忠殊死禦之，眾寡不敵，身中砲，沒于海，𥉚同其屍。
兵眾死傷逃亡過半，統忠轄
下多亡命，每入界內，伏掠閭
其死，皆曰莫予毒已。

秋七月，築潯尾寨

同安潯尾與廈門高崎咫尺帶水，癸卯年清從此過島，中提
督啟請築寨據防之，鳩夫一夜而成，同安守將率眾來爭，
卻之，築石城一、土城一，濱深滬洲城。
同安入犯船要放窺伺思明西北，轄
以無
虞云。

清中書穫鑛啟請官議和

前後議和不就，今春穫鑛等致書再申和議，復啟藩回誅盈庭，事歸獨斷，既感貴執事之萬鈞，更欲得世藩之一諾也。惟誠惟決，伏候破示。藩諭略曰：議決而言，予宜嘉納，惟以此意致之貴親王，俾心相從，則何猶豫之有。鑛復遣其胞侄衕瑶李思明參親王之命，啟請遣官偕書聞欵三事。藩令賓客司傅為霖賚書入省，書略曰：比藉中書而啟息兵安民，欲前馳一介而商，而遣賓客馳赴仰候明旨。賓客司由同安入泉赴省，沿途府縣近迭供應，撫布各遣官至興化相接。至見親王，面議海澄及往來之體，賓客司以展：海澄議定之後為彼此公所，若親王在閩，藩主並行；來往親王回京，各設官來往。清督以非出己意，力阻其事，竟無着落。

清北京地大震閱月而止

七月廿八日巳時，都城地震，城垣、宮禁、官署、民房倒例十六萬餘間，官民死傷數萬餘人。同日地震千里，通州、三河為甚。京城外地裂，湧出黃黑水，沸入鄰而立爛，閱月震方止。八月初三夜，流星犯斗。九月再震數日，真千古之奇變也。

八月清福建水師提督萬正色至福州

初施琅為水師提督，從裁調入京。丁巳冬，清以海澄公黃芳世兼水師提督，及灣腰樹戰敗病死，督撫疏請施琅復任，不允，推鎮江將軍伯王之鼎，以先年任漳浦鎮，能知閩事也。之鼎入閩，屢疏不諳水戰，改調四川提督，乃以萬正色代之。正色，泉州晉江人，以投誠衛劉累陞岳州總兵，及湖南平，遂授福建水師提督。

征夷將軍江機殺建寧守將劉起龍

江機，漳浦人。甲寅之變，聚兵江右，耿王以為左軍都督。迫耿王歸清，屢遣招降不從，置壘于江西、浙、閩交界，遣人獻欵，以為征夷將軍。機跂歸江拐于，與楊一鵬同時舉兵，至是率眾入閩，建寧城守劉起龍禦之，陣傷而死。

九月清取東石寨

丁巳春，分東石屬武衛，聽其措餉。戊午春，調右武衛攻取海澄，委右總理楊忠鎮守，一軍糧餉皆取辦焉。今春清設兵防海界，又欲築壘水寨，楊忠總兵單難守，啟請添兵協防，乃調右武衛四汛及楊忠同拓埕敗死。右武衛漫調出征，委左協理施廷前協陳申守之，精銳皆挑以行，在汛僅疲卒二百餘。時有敗卒入泉，言東石空虛可取狀，眼衛集自效，于是清鳴集滿漢馬步數千，九月廿六平明，慎淩四面環攻，自辰至午，陷。廷力禦被創，陳申戰死，眾寡不敵，隨潰，清兵登據而入，兵民多赴海死者。清仍築三寨犄角守之。時議以楊忠不能東石，不至是。

諭思明州鄉兵

時議諭州中團練鄉兵，自相守禦，柰復上從州民寥寥，僅千許人入籍，以顏熙、吳桂統之。吳桂，北人，京清守備，甲寅來歸，以為甯營鎮守同安。思明丁巳之役，各部失守，吳桂獨歛兵完島，授建威中鎮，以嗣親陳懼販，又假足疾引嫌辭兵，以其眾歸其子某宿營，吳天樣未幾授協理五軍與總監營，顏熙分督州兵。

版

冬十月中提督築版尾寨擊敗清兵

兩軍相持，深溝高壘，閱年餘，互有殺傷。清集滿漢計十萬，武平伯僅督萬餘人，營壘咫尺，指揮自如，清畏之如虎。武平以果堂扼要重地，夜率兵就果堂後版尾地方再築一寨。次早版寨未就，清督撫提鎮將軍耿王盡率滿漢數萬來爭，鋒銳甚，我不可當。中後二提督、左右武衛、左虎衛等兵不滿二千人，貫要殊死鬥，自午至申，衛擊數壘，中提督戒伏寨，且戰且守，每次砲發，無不披靡，陣斬東京巴石兒等，其餘死傷以數千計，清兵皆引回，自是益奪氣，不敢復輕視矣。

十一月，後提督定西伯吳淋卒于營

新築圯尾寨諸衛鎮，視為畏途，獨吳伯毅然請自守之。清築壘環攻，砲日夜不絕，賴吳伯處之晏然。前月初九之戰，身被傷，遂染病，不以為意。至是天雨，新築壘墻多壞，伯揮左右避之，自據胡床而卧。初八二更，墻圮壓死。屍至思明，藩親臨哭甚哀，宰恤之，分撥其轄下五鎮餘衆，以其次子吳天駟為建威右鎮，統之。

清封荷蘭國王，請夾板船

初，紅毛失臺灣，每思恢復。癸卯年，清督李率泰遣人招諭，許以先平兩島，復取臺灣還之。紅毛喜，自備機船粮蔬助戰，乞廈門互市。率泰慮有後患，不許，仍令其數年一貢。戊午，破海澄，清督既請照前年借紅毛合攻事例，乃遣泉州知府劉佑加道銜，同通事林奇逢齎敕至荷蘭國封王，并請夾板船會攻。

十二月，遣右武衛林陞督舟師北上

清督撫議大舉攻廈門、海澄，福州備造戰船四百餘隻，又題請江浙船各一百隻，撥潮州碣石船百餘隻，克期水陸協攻。乃調文武官歷年泰包松船及洋艘、砲船，配兵北上。以右武衛林陞為總督，左虎衛江勝、樓船左鎮朱天貴為左右副總督，率諸軍禦之，臨犒賞各將士有差。

縱陳汝器北歸

清故漳南道陳啓泰之子也。丁巳見汝器將入漳，遷其父骸回京，為東石守將所獲，羈于臺灣。至是以萬金來贖，縱其歸。

監督郭承隆逃歸清

初，破海澄，俘滿漢將，皆授監督、監營有差。未幾，滿將魏赫等謀逃被獲，隨遣諸俘于臺灣，仍留孟安、田耆五、馬虎、李時春、黃九榮、張承寵、郭承隆等在思明。於馬虎、李時春逃歸，孟安、田耆五皆撥兵守之。郭承隆原授提督右營，以虞樂之死，恐株累其妻子，在泉州至思明，意圖大用，逾年缺望，至是棄妻子，令黃九榮逃歸清。

戊子年清移書國姓謂宜釋兵全孝國姓復書曰城中兩大
惟君與親春秋所為大首綱也不孝不才殊何敢效伍氏乃辱
賜盡數以忠不能盡孝不能全是謂不孝必居一于此也故
不愧心自媿然則忠與孝何居豈辮結者為忠袖手者為孝
乎台灣生長中華豈忍淪入異域經來江楚諸地衣冠漫見
既入閩中又獨不聞兩粵反正佟李義撒元元皆已變夏
此亦當時忠不能全之人哉台灣何以數之
事卯年魯王閩部熊汝霖與建國公鄭彩奉魯王征福州四
方響應甲舟大振遠近皆就湖嶺請剿起兵鄭彩忌而殺之
并屠其家義師聞之離體散漢信讒抗殺義將陳士奇由是
人心解散糧運不通魯王不得已與彩再返中左既而福臣
張肯堂定西侯張名振等奉魯王進駐舟山漢陷于清
魯宮眷自焚肯堂死之名振乃奉魯王南來謀取海壇駐師
名振奉書來勸大將軍國姓會師迎駕魯王亦與大將軍書
則來無忌蓋予與公宗盟也予居則歌竹萼之章際國難頻
又既當賦脊令之什矣過閩軍聲震譽此柱南天是即今日慰

寧也雖剿敗扶漢李勃興唐何以漢過豈恨予一人手顛宗
社寔式憑焉敢于德冢昧頻年猶越尺寸未坼近漢以逆奴
會冠全力注溯予同二三勳鎮血戰經旬方奏捷于吳會詎
失利于定川孤城援絕遂至淪陷病思溯亂每不欲生又念
兩朝付託望繫東南山岩水營尚多忠義故間關退舍而死
閩傷今舟次泰川去公僅隔帝水非特晉鄭為依亦且共和
是頼所慮勢單力弱未便因敗為功將伯助予予公寔有厚
望况浙海既定諸島必且轉寓閩海在公不無唇齒之慮與
其淺風孰若先發與其合相孰若閩分持公誼切本支同患相
恤定知不吝偏師濟此多難乎量發援船指揮勳鎮戒會獵
于楊興我四帆于師亂越洗浙土之腥氛輦閩疆以磐石俾予
貝冑朱祓從事捷楚之役惟期漢奔得撫豈曰屯數遲侯詩
不云手宗子維城价人維藩會公其誰屬惟公亟圖之國姓
答書曰天不悔禍國難頻仍忠良接踵而剛說無一濟其才
力淺薄過蒙思文皇帝寵德假象我之職形屬籍之分又蒙
今皇中興兵士分麾疆場之重恩寵異二使當優叉于門誓師

犁擐迭掃腥羶奠京陵俾以旌預猶援九伯未咸是用枕
戈泣血練士俟時數年以來糾合精銳暇無以整勇而有方
自夏及冬不解甲者半載戰首虜數千擒戰馬以千餘當揭旆
于吳會非疑國于舊京靈祖宗之深恥盡力命之本懷業有
期矣忽聞滿洲失守聖躬播遷措胸拊心奔赴無及正擬發
信湖洞恭問起居遣賂國書兼須陰既捧拜自天措躬無地
其敢不俯竭股肱率屬將士元戎銳旅次第進發秉長風而
剪鯨鯢杖一劍而定句合必使王庭移而更奠金甌缺而復
完是某報効本朝之職分也即某所以報効國主之職分也
敢曰能希李郭之業庶幾無忝黔寧之勛遂命水師左右鎮
往會名振受調度漢命前兵科給事中劉亭徐孚遠偕至魯
王行宮面疏以永曆皇上現正位粵西宜去監國之號魯王
復書敘所以勉從監國之意國姓乃使奉迎居之金門名振
阮駿等皆以兵未歸
癸巳年清部院劉清泰奉旨議撫清泰書曰從來大丈夫舉事
必使功業有所爍身名無所累而後奮發一往以求白于天

下令尊公自依日月之像今祖三年遁棄榆之景思海上
有事以來胄貴者何地之全伐叉炭者何方之骨血足下英
雄之姿忠孝之性豈甘一時之倔強而胄青史之譏咫尺之
深搖而釀赤族之患也哉如棋投戈為孤注何妨擁護其子
弟以歸倘鋌赴闕為異途何妨請命于桑土而宗不俟以半
生忠朴久見諒于聖明皆能為足下一一以剖心以呼籲者時
國姓必欲全清朝割閩浙粵三省之地以相畀然後從清泰
漢遣書曰今天下中外帖然十載郎如足下自霸海句猶欺
招徠之以大一統之勢誰敢叱臣服之效圖維正之財賦而
輕議之且從來無此體第亦無此遂籌也由是議未決清泰
又遣書定公鴻逵曰不俟衆大兵未集兼程入閩意欲早定
海上之事早飄聖明之命以早結足下一門兄弟父子忠孝
之局耳前因令兄老先生家報之便先以一函附達令侄宋
通家骨肉之言亦字字今日時勢之言也不意令侄既昧
進止又復浮夸蓋臨子之帷幄原不可使聞于君父而恭位之席
說豈可以執論于尋常足下身經軍旅之遽日極興亡之變

如此大事必仗老成乃特剖心相告幸望呼令往與部落族党而諭之靄身島外既非英雄結果之攜回首京彙綜是天倫訣陷之悵況舸處治萬周至之意亦文書所未載從事所難邀矣固山之兵察力于津濱南至之師立馬于衆界有不能唄刻待者倘退廻以動羣策之疑負固以激聖明之怒令兄前此之綢繆興不佞後此之挽回俱付之東流而不可問矣惟是是下于令陸以參差之厥孤而同風而之鳩巢撫事如成自不能操臂而為狐注若其不成又安能袖手而付之秀觀于不若于今中搖々未定曉戒力挽以同躡戎獨先以就義不佞與足下交道之始郎默業之於矣從乘更運氣者俊傑之事也足下々此日之天時人事諒籌之久且確矣至于措置永安之計凡可玉成必竭綿力倘一言之不應不但非男子披瀝肝膽之舉亦何以施而目對見神于湛々之下耶幸足下鑒裁以決行止鴻遂漫書曰不佞積歲況痾經年佚贄久見諒于當道漁竿樵斧尚弗克貢荷況軒覓之崇耶若漫然邀笑足委綸綍于草莽矣至于舍徑青年壯志頗足

有為君父命重國敵不遵第以數十萬之衆仰給一府安頓不務救敝堪受彼時隕逃咎將誰任又體統事宜之間舊例新興不無有碍用是趨退以為新朝雖是開誠布公而于推心置腹似有未然其未能拜揚成命出自真衷且換之事搭亦不得不爾者老公祖其別有以教之否　是年安西王李定國遣使來請會師與大將軍國姓書回往來天生憂傑必興其時之可為具可為之資者必逸其勢之可藉當今之世之二者惟公有焉概此三百年深仁孚澤匹夫匹婦莫不子若孫以承之主其犢典奇帝則勖之發止于第士固未聞以臣民而上佇天祢者言及斯遇綜綱目千載百年間所不數見也夫恩重則報称必宏寵隆列休戚愈切艱茲國安婆娛猶傷周室之竟恤比人心父老方仰漢官之舊吾知公厥衷必有大不自安者枕戈待旦此其時乎不毅衝以薄材琛脣鉅任戒命付以討禹簡書戴其專征所得與四方熱鎮通照糾合者天子之雯乙客厥西學誅逆奸之孔肅衛陽梟敬謹之真劇樂几年脛渴以來為朝廷彰撻伐者俾茲西從然

今皇底運庇孚攻取固未敢謂其謀之允臧要亦見救之無雅撲滅耳茲以懷志兩藺東南對卧曾擬長驅建業不容肘股無疑況其局力自不可與桂林湖南同日以語又何悼而不英荊削株續通閩通也哉用以孟旻薄端城困其殘孽更狡鹵案前單之戒要城甘巾幗之遺恩以霖雨環江致我攻戰火霧哮日調飢方怒而水師義旅同口揄揚躙公青茬黃龍如飛如翰時一憑虐而至南膳殊寒于搞遺歡只今在潮恵之閩不殺閩之不覺望洋延舞知公嘐昔之怨期若有俟不殺今茲之火還越有待也緣托一鴻敬邀并賀公誠念居德孔學父恨深長則五羊赤海竚觀揚帆早望長城中心是既否則中興告成京觀紀勝而雲臺香家國姓不與其何以仰劃殊春而慰此可為之時勢乎于日望之國姓浔壽注報師期并上諸將戰勛于行在　八月乎公遺家人李德周繼武同清使費詔至議和國姓欽因和以休士觀賞捶許之因遣書清泰言致十萬之衆按甲待積議可疾而腹不摆欸就各郎蹤接宜措餉以濟兵積清泰漫書回所言取鉤一事不

佞亦効一浔為今日聯異姓于同舟化家國為骨肉則地方者各有閩係之地方人民者各有聯屬之人民也留浔一人民他日多一數蒸紹浔一地方他日多一生聚況台臺于業排蜊支之間更須調護比又不待不佞辭之畢矣國姓遂遣官于興泉漳諸屬邑及福州之長樂湖州之饒平微派精餉清泰安諭諸城守魚兵不出　平公恐其子不受詔為書与弟定公使勸之定公漢書略回新春逮接兄札并接旨諭云原駐地方不必來京中係侯伯今再加敘但弟以十餘載足疾日深日甚熱名之念久矣況受未朝羅遇官居上卿義無背舊恩而貪新榮揣之靜處白沙樂天養病興地方相安而已爵祿一節弟新不戚受亦不能受至大任一費弟在白沙渠在中左相去既遠惠渠行師所居靡宅相見尤罕此畬合兄書到弟郎扶病艤舟捷力言教任云大義臧親籌之早而計之決矣彼素不聽吾兄之言豈肯聽弟之言乎　是年閩名振與成功率舟師北上入崇明四方嚮應李清舟及來鮮替至五百餘艘遣親隨營碩忠赴天漢奔粮運百餘艘名振

登金山寺望北祭崇禎先帝哀慟三軍清浮滾江龍截其歸舟名頒戮不得免力戰而出失舟無算及議和國姓以不使労師遠往遣使名還表師不欲南表多引去後名撫浚上言頒得精銳數千乘風再上以飛軍貞使不敵難視則和議可成如其不成而我引師再上入長江攜其心腰彼必無暇南收浚之者王李定國遣使奉約婚姻又遣書從進師國姓訂以冬初南下十月命賴明侯柿察総督南祀入粵會晉王攻廣州閩安侯周瑞悍不敢進于是西師大敗退入格州瑞寺班師國姓大懇欲斬滅諸將為請杖八十章其賊來然行在詔會師再舉晉王守定國漫奉書回畏者高涼遣侯極目惠風紹不知期楨成晚限許大機宣從深悵望駐閱寧浚通容扎乃于秋矣沿書與居所荷遠賄使々得之海上傳閩求其並趨違禍再續五羊之役弟可得已今春楚國粵商合師狂還將啟震我行識雖時產接騎角落々難咲同許望踪來寧郎空兩粵以長驅冊賭乾弟及列安龍殉踏遠適掀心先爭迎委君子國有同心也三月陞見天語諄誅廷議於眾乞符

宸鑒郎日六燦風駕以四月如浜一時廣宣聖澤丕勝皇雯潛煌依光閏孤政步三百年興感入懷于斯一振而爾算軌斷燐然紀網社仗璽長無府竟卜矣惟念聖思廣大賞裕適涯如不敝眷不舒其長年之徒勞且酬其一日之塞負甚而柱衛簿績冊以丹書頒此非常益增悚反公將何以為報塞訓手然嘉獻茂伐頒邊朝延奚煩餞舌惟東事斬卑之諷湘恩賚奏之敷是同不宵已于對揚眷上每召問封辭久之周特專勅遙頒奠公于咫尺天頹枕弋靡懈且衣居舉定捷伐丞申拜威命以將天感分謀尤篤先而安而即外摟時勢維冝公其墜航餉旅布號宣威待我于長洋把譬擊揖論心一憤風慕不亦快我閩粵山海崇與忠義雲為所特以堅厥謀而慰所望眷植茲人鞮願得傳旨勿悍周答大將軍國姓浚書同客底遼便遥乘同仇同袍之訴甚符風心用足敵于穀胄大集接船方刻程期而敝員李景漫以台命至展讀再四知殿下內息居父之奧外切仇譽之痛不侯恨不能犯仍俟忽直併洙江同挈故玉以迎棨與拒意船師未到而大師先

已班同數日有貴部宣兵自粵來投者細訊其故蓋以驕兵致拮勝負兵家之賞不足深處但敵船逗通敗不能先期會師又不能奮國浚揚伐醜鹵長驛寧與有罪為已將水陸合將審定功罪乃知依遠不進者閩安侯周瑞已重行綱責章戰閑待乃念其有功不然已正法矣尚有貴水師江都督孫泊大鵬甚非久訣不侯現遣特員令其乘董抵驚待殿下捷音重李同我舟師齊然甚為而便有時腥氣在々而然所特血性男子堅乃心勝不侯于容冬十二月一鼓而下漳泉興各郎邑函來于莫撫克無敢進我類行春茲已萃集滿漢悉其精銳傾國而柔浚移援粵而簡之師以天下全力而來攻我主地不侯椽為屬兵靜以破之律々有餘此一戰也南力既挫必一敗而不可收不推江南半壁在吾日中即天下天發亦約署可審此不侯所可自信發今援廣之精銳已悉來閱則粵東勢必空虛來機鑿取正其吟也殿下幸迅師入粵戎取羊誠式取高留庶定有推枯拉打之勢從此長驅破竹共抵全陵眾負策勛深所能也

十一月烏金丗子至泉州

遺書招撫曰予今梅勒章京同鄭學士見爾殊鄭將軍誅議爾炸帳發誓云我等無有二心原有歸誠之意惟給發信札免宥住罪等諮閩之正合于懷不勝欣悅予恩信扎不難罪有可免之例業戴前榆分當重為中明一品宜祖天淺河國極投降既全其生且加樓罷釋同漫敗抗螢主上控濠國潤三年又勢迴投誠仍如寬宥若兄若教桑荷保全皆作朝廷大臣此事公蓋聞之五省經畧輔臣洪承疇當日率兵十三萬松山杏山數次抗設一戰盡破輔臣身被陳獲蒙朝廷寬宥全生猶越次擢用此事公互見之若論二人之罪天下大罪孰過于此惟主上廟養體承天地之通故如此也公之戀尤較此二入有所迴冥而滌眾之役興閩省文武意不相投諮言千宥所致取欲則如此予審恩也公罪不大若是投誠自益嘉慰皇上有何所不容尚念及爾此等事卿公力疑烏若即雍鬆投誠于必保奏免爾諸罪只為公不勞大兵以猜封疆予術以為公力保也惟欲招撫保全故每々綫師轉部予實係泛又體如上意乃發信札爪公當勿疑國姓依違咨

之丙申年清台州寧波鎮將馬信張鴻德來降各于向金丘
于兩憐衣王常合下閩母妻各白金五百兩珠冠霞帔各一
浙江提督田雄與馬閩書同比不相見數年于蘇閩麾下風
波勞苦可勝懷念夫智者不背時而業利勇士不怯死以疵
名每誦斯語未嘗不為麾下惜之麾下之于本朝分符界土
恩甚渥也乃以小不忍鄭翻然歸海今海更敵載中外遠迹
詎不知當日之事出自居抑哉致我賢士外資敵國人未嘗
不痛恨于迂儒而士也然則麾下于本朝本無厚怨于海上
亦無厚德避一時之難矣千載之功偽慈母之心墮先人之
教不大為智勇情乎且麾下托跡海上非恩義素洽也不過
姑籍勇略勝則首當其鋒而利歸于彼不勝則罰隨其後而
害又于身况彼蟻聚舟中烏合島上小則疑忌大則并漁恐
麾下以不貸之身處危疑之地東海難大何以自容今雲貴
興中原接議王師南指可望歸誠封以義王賜第京邑近日
極部報捷有李定國部文選姓寵貴州四川兩路大兵已過
鉄索橋七星閱廣西路大兵已過雲南隘口救敗賊衆之旨

刈普天率土盡入版圖而欲以區區之波濤將欲長梨憩所
謂河濱之人捧土以塞孟津多見其不知量也夫以雲貴之
險阻孫李之衆多其勢莫下于海上哉然望風而歸誠壓境
而鼠竄則皇天眷我大清蔚非尋常測識海上平日時以為
黨提者已清瀾之斯變下閩西豪傑洞燭今古不此一時明去
就之分歸父母若邪綱廷寬洪督撫力任生輩文有一日之
雅積以百又共相保公享土皇天寔闢斯詒匪但捐棄注慾
柳且重見寵任身名泰功業克勤慰老親之心傳子孫之
祚軌與總不測窮年波濤而興不革木同藹哉今朝廷微天
下之技身合屬國之舟師必職藏不同而後已麾下何思自
以智勇甘陷危此生輩日位降踐不能忘情于在古也遠
擄得海上數人執之皆迫身變織恩寬可矜懷已救而
帅殺同念從衆如此者多總不能脫離隔寂重念麾下勞苦
深用黯然該持命其貨書適意瞻惰然來契來歸生畢當力
為主持同督撫按醒緒位上言奏請論以上可比倩莪王下
亦不失為海澄剖符而封世ヽ勿絕昔齊桓忘射鉤之恥晉

文公斬袂之譽區區諸侯猶尚如此况我聖朝豁達大度肯
於他一人而失豪傑慕義之心恥今以歸朝則如此陷海一則
如彼宗奇之境利害判然幸勿漫過聽自錯機會負此生築一
番若口也信谷同數年不見每念老親之志以中國父母之卽
居音犬矣必有譽ヽ悅悵倚時而動之第以向叩至愛未嘗
不哼ヽ在意中亦每向忠義豪傑投為論指不以留其地頃接
數言悲ヽ皆顛倒判隊妹為拖悅此武周比來不相聞問以再
目所呼聖故為歸說以適其意耶弟世荷國恩朝學不屈清庭
以圖報正故其為清宮時紫之愛民浮報最高至于台計乘
便以歸正當之粉有何屈抑而避難于一時哉夫弟雖不
稱智勇正為不貴之身ヽ名可惜而不甘為草木同腐弟浮一
當以無負先人耳乃老親堂堂又以歸正為貽先人之羞爭
清為自名之泰豈諸公之先人矣無衣冠諸公之自名為
異魏不謂諸公受恩太甚而登于忠未為悖ヽ之語一主于
亡之踏不足戢弟有傾心相告於國朝深仁厚澤理心中興
度其時勢圖識妖淺大事斷在于今我藩主本誌理百萬之

師收復東南兵威震懾諸親黨素所心佩當今時論然上師
光歸則率土之熱半在於後亡許大師變總而後倒之究以
逆一許如帖於不逃劉名定而急弟數有一日之推未必能
用全也本素杜朴我之以白義闕切致所否望肝腸之要非
從勝口說以相激昂半年鑿綜之
已亥年國姓將師至安隆楊撒以於苏以挾妄旌經人污系
閩悍踪永跡迴矢名部網駝夜兩几伯之剝冰堪悲白馬秋
風諸後之松栢安在又曰故老迎泰終伺荒岩遂絡思浪空
暑丹心悵陽火之弥新望雲霓而典悠幸藩茶承剛詔親東
乞成蘭捷中指吳會以謁旋旌愁拂稷船望之燕雲斲常將樹
補蔽日直通米石之潮織鎖幟江岸尊天望之險頓于東將抑
閩陵蕪絕騎于兩北行將迎送臺路先收敗播于東內六
月興師敵云趨利十年秦銳正欲乘時化我閩仇難非佐命
既復左袒宜前先就兵ヽ時謂兵截蕪城內皆急章奏內有
馬晉賢雖兵不敢其意測事諾大將梁國姓今勝與晉寶
知之來我劍新數績協難死難國姓北師屏勝吳然前空還

宜來見錢知命劉收往視之已而逆同入京議不果時浙江
提督田雄遣忠將伯侯掃書以側開親翁且不世之才值望
清之逆若能勉建功業為力唐堂是迫哉惜也抱是風流猶
危覆陳愛人爵秩無從自效此不佞之談及每為高明正論者
也今朝廷布寬大之詔職中多悔過之門豪傑知機正在今
日為曰入各有志未可強求然天時人事直容淺識毋論漢
然之負剝姜李之自快全王之力無七兵一集鴛鷺魚潰鄭
如去歲羊山之役始亦甚矣京口入浙來嘗不克而一時
共知天意有歸建吉何益白門一戰血染江流望逆言旋首
毛周陷不惟兵威乞族當從從戒流華未見解體反心乎簡
宝窮山又將自為公行事務必其可不湯然絢憲然今鄭師
既已已撫恭使現在雲間若當從已之唐韵從序上之微撫
惜然來錄有光塵奈何廷必誤陰于破格撫按指臺必功于
萬揚諸有所求悉隱尊指身為保奈于旅遨策執与度猜忌
之之日為孤注之憂惘云何當萬：哉柳淺言曰規箱耕于生
之常器吖今日之勤勞在附壁箴亦或為之欣慕不佞窮為

倪惜者米以春秋之大義也無望親翁于此同心秉時反正
何期時煩使者思以均鑒之言俾不佞深增浩嘆今忽更不佞
仰承為公與結義之樓船統懷忠之義談正在進取忽流旋
師蓋以前驅務逑群力赤衛致討永方殄于京口而閩粵尚
閩于石獺迨：勝負敢暑相當舉足戢今不佞駐扎舟山
恰遭指揮紙舉擇於忱弋磊刃以盡責任所當為若閩
中變開一聽消主不佞不敢輕至信使往迫效羊非于之遺
風今非共比性有寒心外交之戒已乎　清將軍鄭[illegible]頜兵
征覆門也于浮尾不敢進閩姓遷使遺總督李率泰并達恭
以歸人騎衣劉叔敬皆受之
辛丑年國姓用堅瀆改曰東部王城曰安平鎮設府一曰承
天領縣二曰天興萬年
壬寅年帝臣以大將軍鄭總日益勵進位號提督馬信率諸
鎮又滿洲土[illegible]尼馬刺及[illegible]夫尚朝白丁寺各具啟勸登大
位大將軍不許群臣復固請乃令扶漢中王故事以開佚十
月於欲已南瑤先[illegible]郎祀之漳府[illegible]殿仍啟曰自古帝王登

大寶之後方議郊天今登進濡[illegible]郊壇之立似當係湖之首
欲至扣敢天一念命再酌議物乃与衆議謂尚書所戒湯始
自亳時尚未為王曾以玄牡告于皇天后上而中興如光武
亦有進位告天之文禮以義起草以時遵做古告天之典亦
禮之乞協恭今旨謂郊祀格典倘一時未便輕於從另日可
也國姓祖從總督劉[illegible]恭意欲議知遣降入侍書注拉親王
津州侯銀世子托以[illegible]家制之中不與閩遺典中軍官等持
為議亦事注銀劉忌一一穀從遂以議狀奏問濟劬竟不許

平南實録不分卷

〔清〕施琅撰

《平南實録》不分卷，清施琅撰。琅（一六二一—一六九六）字尊侯，號琢公，福建晋江人。早年爲鄭芝龍部將，後隨其降清，升任福建水師提督。清康熙二十二年（一六八三）以平臺之功，授靖海將軍，封靖海侯。是書亦題《靖海大將軍靖海侯施公平南奏疏稿》，爲閩士紳輯録施氏康熙六年至二十四年間涉臺奏疏文稿，凡三十篇，收疏十八、記一、告示四、祭文七，末附時人鄭開極之《平南行》、周澎之《平南賦》。嘉慶二年（一七九七），施氏子世綸刻《靖海紀》二卷，目次與是書略有不同。據上海圖書館藏清康熙二十四年刻本影印。

序

自鄭氏竊發海濱江以南遣蹂躪者蓋數十年于此矣我

太祖

太宗受命于天肇基王迹而

世祖章皇帝以文武聖神撫有天下既治且安迨

今上皇帝以堯舜之資繼成康之業民和年豐幾致刑措即三孽抗顏鬩沸海內而

廟堂筭勝不一二年平閩平楚平兩粵平川蜀平黔滇蓋唐虞之世亦有四凶曾何損於盛德哉中

國有聖人雖舟車人力所不至之地莫不慕義嚮風求爲臣妾自古享王之盛未有如今日者

也獨鄭氏僻在臺灣猶然負固雖海外窮寇不足爲
朝廷憂而王者察視天下未

恐獨囿此一方也
天子曰惟兹一二大臣惟予股肱能立不世功其以朕師往僉曰

將軍施　矢志忠貞智仁且勇惟
天子命
制曰可於是

公以内大臣特膺
簡命節鉞東南　蹏論敵
可破狀期以六月奏績
遂行師說者皆以天方

盛暑恐傷士卒　公曰
毋憚暑出不意攻無備
也未至澎湖先聚米作
地勢示衆將曰如此入

港也如此泊船也如此
進戰也違令者無赦衆
依　公號令進止皆無
恙方是時敵舟師大集

于鷄籠山之左内外設
炮臺而陸兵守焉　公
曰其以老弱之師驕之
示我無能爲也賊果徹

兵守我師長驅入戰有
期矣忽颶風大作波濤
洶湧巨霧塞天地軍中
甚恐　公曰惟

天惟
皇帝之靈實式臨之爾無
恐須臾雷聲震風定霧
收望海波蕩蕩恬如也

公散金犒士卒而誓之
曰不滅臺灣有如此水
焚香戒約一不妄殺士
卒皆感泣並力向前無

不一當十百當千也樓
船所指前徒倒戈海水
成赤赤壁之戰又不足
言矣夫　公行六月之

師用驕兵之計聚米作地圖則趙充國之筭也散金犒士卒則霍去病之志也約誓不妄殺則

曹武惠之仁也雷鳴波息則精神可以格天地也奇矣哉此捷也神矣哉此捷也澎湖既破敵

全師覆矣有進而謂公者曰　公與鄭氏三世仇今鄭氏釜中魚籠中鳥也何不急撲滅之以

雪前寃　公曰噫吾此行上爲國下爲民耳若其啣璧來歸當即赦之毋苦我父老子弟幸矣

何私之與有所獲敵卒
悉放歸弗殺帶傷者濟
以醫藥給以口糧敵覘
公無屠戮意籍戶口請降

師入臺灣秋毫無犯也
士民壺漿簞食以迎
公皆唏嘘泣下謂我等未
見　公望　公如望歲

也今見　公如見慈父
母也但恨晚耳即土番
向不屈於敵者皆重譯
來貢俅　本朝制　公

隨給以布疋等物興利
除弊與之更始可謂周
且至矣　公又念內地
兵民前後被敵獲者皆

淪爲奴婢爲佃丁甚可憫也其爲我遣之回籍故難民咸沾　公之仁紅毛英雞黎二種前爲

敵取臺灣者敵殲之　公一至令其歸國而荒服咸懷　公之德有明宗室王子依於敵者敵前

不爲禮　公疏請釋歸安置得所而天下咸知　公之禮事既平

天子晉　公爵爲侯

親製

宸章褒美所以寵眷　公者正未艾也嗚乎凡此平南之績叛而伐之服而

舍之柔而撫之由
天子之明且斷由
天子覆載如天地視遠人如
赤子故能信任公以成

不世功上以妥

太祖
太宗
世祖之靈下以紓江以南百

姓之急而　公之矢志
忠貞仁智且勇後之史
官將大書特書不一書
而已也予向在都門讀

公露布猶未詳悉始末近
旋里鄉先生士民以平
南事實相示丐余一言
以壽不朽余忝屬姻聯

不敢以不敏辭是爲序

旨

康熙歲次乙丑仲春

賜進士出身通奉大夫禮

部右侍郎兼翰林院學

士年家姻弟富鴻基頓

首拜撰

敘

韓淮陰指畫東征形勢

及料楚漢成敗如指諸

掌諸葛武侯按計孫曹

強弱圖荊益之利定鼎

足之規皆先握算於前

而操券於後司馬仲達

不足道也然其平公孫

淵量敵計期不差時日
岳忠武對魏公定擒楊
幺八日而捷書果至蓋
古之重臣宿將其於天

下大勢一隅要害未嘗
不熟籌深曉制其短長
之策故一旦應機迎刃
而解此固非冒利趨險

迄無成謀茍焉以國家
民命爲試者也東南之
苦海患六十餘年

聖朝受命恃其險遠踞島

嶼乘風潮出沒爲梗自
戊子以來攻圍破陷郡
邑者三跨有粵閩邊地
曠日而後平者一已亥

之役浮長江犯金陵則
中原腹心爲之震動議
者割棄沿海田廬延袤
數千里而又歲賫隣省

軍糈動百萬計蓋毒生
靈糜
國藏不可勝數此豈鱗介
之倫不以衣裳易者比

哉
靖海侯施公自其先任
樓船則已疏言賊可滅
狀乘傳

陛陳言之彌切天未厭亂
畱公
宿衛十有餘年而後出竟
其志時異勢殊而公前

二疏所陳者無一不酬
於後自奉
命專征至于受降獻俘籌
畫措置連篇累幅又無
叙六
一不符於前吾以是知
公計之熟料之明知己
知彼算定而後戰故能
役不踰時而成不世之

功所謂上兵伐謀者於
公見之矣國家之難在
用兵用兵之事莫難乎
滄波巨浪之中與遠夷
叙七
爭舟檝之利珠崖南交
漢明所以屢征而不服
遼左日東唐元所以傾
師而不再彼數君者皆

以遠略窮兵績用弗底
今鄭氏境內逸寇托足
孤島爲濱海無窮之憂
皇上憫惻殘黎赫然誅討

天佑
皇仁風波助順而公以國
賊家難忠孝交逼於中
憤不顧身義形顔色仰

仗
皇上委託之專無復疑貳
掣肘遂克受事報成宣
威絕徼航海之勳稽古

莫及焉然則公之智勇
蓋公之誠爲之而非
皇上救民伐罪內斷於心
任公勿二如議者舉棋

不定之口其不潰成者
幾希耳閩之人取公前
後章疏彙萃編刻而請
敘於余余惟公之功

天子褒之史氏紀之其所
以爲百世戎臣師者吾
無綴乎爾故復稱道古
今以見遠圖之不可事

耀兵之非得已以及
主之仁明臣之忠孝著厥
成功之自覽是編者攷
閩事之終始尚將有以

論其世也
内閣學士兼禮部侍郎
年嫻家弟李光地頓
首拜書

序

天生一人而係國家之重者豈偶然哉其生也有為其出也不苟天使之任天下之大則必有非常之事有非常之功惟天下之大智然後可任天下之大事惟天下

之大勇然後可成天下
之大功亦惟天下之至
仁然後可以承天而有
其事與功令夫立一事

于此天下之抱才負能
者舉知之或知之而不
能為為之而不能成是
其智有所不足也非然

者必其無勇者也又非
然者必其有自私自利
之心無強教悅安之懷
仁不及于天下也惟

大將軍施公則異是方公
之議伐鄭也天下有從
而疑之者矣匪惟疑之
又有從而阻之者矣而

公不顧也見之明而策之熟也一旦奉
命南征任大如此責重如此不憚以其身親冒于矢

石之間一鼓而澎湖之舟師潰矣一皷而澎湖之營壘破矣一鼓而敵人納款矣而臺灣平矣

天下以非常之事歸公而公不居以非常之功歸公而公不居曰予惟是奉

天子命懼隕越以貽羞何力之與有然則膺連帥之職節制東南不足為公貴爵至通侯實封萬戶

不足為公富將相而宦故鄉人咸羨公為晝錦之榮而實不足為公羨口碑傳之國史載之不足罄公美公豈有私哉公豈有利哉夫天地間惟庸人能樂而仁人有憂亦惟庸人有憂而仁

人能不憂憂在天下憂不在吾身也樂在天下樂不在吾身也先天下而憂其憂後天下而樂其樂憂與樂豈足以係公之心哉天為天下而生公以公而任天下寇未平為天下任憂寇既

平與天下同樂以其所以為仁人而無大智大勇也公豈有私哉公豈有利哉客歲册封旋里

莆先生暨士民以平南紀詠問序于麟焻既序而刻之然猶未悉公之德業兼至也今年春合

闔之諸先生都人士復以平南實績郵筒命麟焻序之竊謂公之功不欲為人傳功亦不待文

而傳文亦不待至再而傳而闔人無已之心若不能旦夕忘公不自知其請之至再者而麟焻

敬公之深慕公之至亦
不自知其序之至再着
區區數言聊以謝鄉先
生人士請也是爲序

皆
康熙歲次乙丑穀旦
賜進士出身户部江南清
吏司主事前内閣中書

舍人辛酉順天典試同
考奉
命册封琉球　賜正一品
俸服仍帶加一級治年

家世弟林麟焻頓首拜
撰

序

歲在丁巳炳薄遊京師

從舅氏太常後獲與

公追隨會閩海餘孽復

熾攻圍郡邑東南一帶

爲之震動

天子方南顧拊髀　公時

以内大臣奉

朝請即慨然有澄清之志

每蒿目時囏歔欷扼腕

聲淚俱下忠孝之性其

天植也時吾閩先生人

士在都者群詣　公私

請平海方略　公指畫

明悉凡征戰機宜以及

絶島巨浸險阻阨塞之

處如列諸掌蓋　公自
其先任樓船則已熟察
環海形勢疏論寇可滅
狀因詣

闕痛切陳之當事將爲息
邊之計持撫議疏寢不
行　公旣晋宿衞逆知
鯨穴未搗終當爲邊患

寢食燕處未嘗一日忘
殲賊也至是
皇上稔知　公智勇威望
素著

特簡　公南征之鉞得以
便宜行事　公之再奉
命也練舟師修戰具尅期
進取議者以澎湖險遠

賊負固據守難以猝拔
又風信不測進退爲艱
欲徐用間諜以待其斃
持兩端　公抗疏曰臣

今日操演水師以制賊
命譬若有人焉扼其吭
氣將垂絶一爲之稍鬆
則其氣將舒而復起且

曰臣年已六十有二血
氣未衰尚堪報稱今不
使臣乘機撲滅過此將
老無能爲更無敢肩渡

海滅賊之任者前後五
六疏皆披肝瀝膽慷慨
激烈
皇上感　公忠誠可其奏

不踰時遂克澎湖盡降
其衆臺灣平夫不讀
公之疏不考　公平南
始末謂　公與海逆不
序七
共之讐不憚波濤危險
捐軀報國乃　公素志
豈知其料敵制勝不遺
毫髮如此哉抑又有說

討賊　公任也旣奏膚
功告成于
王宜可謝厥責　公乃不
遑啓處毅然以經營爲
序八
已任如請減租稅免移
駐輯海外流民諸疏皆
言人所難言是其仁心
爲質原本經術將以培

養國家元氣固非勳名
之士邀功一時而忘久
遠善後之計所可彷彿
公可謂社稷臣矣　公
序九
勳名爛然史不勝書不
具論惟是敘　公生平
忠孝大節與匡濟弘猷
皆出素定而實爲炳昔

日京師追隨聞見之悉
不待功成而後知之
公克敵之役余待罪史
館不獲親悉　公鏖戰
序十
狀今讀是疏雷霆精鋭
之氣如或接之何啻作
從諸侯壁上觀也敬爲
序

旹
康熙歲次乙丑季春
賜進士出身翰林院庶吉
士候補主政年家眷姪
曾炳頓首拜撰

序

古帝王所與戡定天下而建大一統之業者必得智勇兼全之才而尤必得忠誠篤摯之人然是人也恒能言人之所不敢言任人之所不敢任故能成人所不能成

之功何則天下非無智者也任智而智窮則智不足尚也天下非無勇者也任勇而勇窮則勇

不足尚也然則不任智而見遠不任勇而氣壯曰惟誠而已誠可以格上天誠可以動君父誠

可以安反側誠可以定荒服而來遠人並可以感匹夫匹婦以及昆虫草木罔不率俾惟

大将軍施公則有然夫以公殲數十年逋誅之寇功在社稷功在民生天下信公於今日而公之

所以自信者固不自今
日始也則嘗讀公之疏
而知之矣方鄭氏負固
介在危疑之間持二三

者或以爲喜功好事矣
公獨自信益篤持議益
堅而入
告益切故專制閫外公則

有疏南風長驅刻期報
績公則有疏乘機定勦
滅之計而力破因循之
議公則有疏厥後一鼓

下澎湖而臺灣底定有
議留臺灣之請有善後
安置之請有蠲減租稅
以及

題免移駐之請公前後疏稿幾盈笥玆特舉其尤者而知公之勳業蓋天地坐而言起而行若河決下流而東注海也若王良造父駕輕車就熟路也若燭照數計而龜卜也讀公之疏見公之

心而公之所以自信者公之誠爲之也蓋嘗論古今來英雄豪傑之士凡以立大功于當時成大名于後世者舉不出此諸葛公南征孟獲深入不毛且擒且縱若是者七獲稽首曰公天威

也南人不復反矣郭汾陽帥師討懷恩將出鎮上名問方略對曰懷恩無能為也其麾下皆臣部曲必不忍以鋒刃相向已而朔方將士皆鼓舞感泣曰吾輩從懷恩為不義何面目見汾陽

王悉解甲歸公喜其來而悲其晚也曹武惠下江南城將陷忽稱疾不視事諸將問故曰余非藥石所能愈願諸君誠心自誓期以克城之日不妄殺一人則自愈矣諸將皆焚香為誓秋毫

無所犯孟子曰至誠而
不動者未之有也不誠
未有能動者也故五月
渡瀘而孟獲革心是諸

葛公之誠也出征朔方
而懷恩授首是郭汾陽
之誠也師下江南諸將
凜遵約束是曹武惠之

誠也公之誠可以格上
天故雷鳴而海返風公
之誠可以動君父故節
制萬里而

天子不疑公之誠可以安反
側故鄭氏皆啣璧而來
歸公之誠可以定要荒
而來遠人幷可以感匹

夫匹婦之心以及夫昆虫草木之細故今東南之生聚教訓雞犬桑麻皆公之賜也讀公之疏

見公之心而使

天子鑒其忠舉朝服其識天下稱其剛斷之不可奪雖與日月爭光可也余

向在江南鞅掌簿書未獲悉公平南始末今年春候

命都門得閱公平南實錄閩

先生人士復郵寄公平南表章徵序于余欲以壽之梨棗傳之後世余謂公章疏當與陸宣公

之奏議後先輝映文以
人傳入以文傳豈偶然
而已哉因忘其不敏而
爲之敘

旨
康熙歲次乙丑季春穀旦
賜進士第吏部文選清吏
司主事加一級年家眷

弟程甲化頓首拜撰

靖海大將軍靖海侯施公平南奏疏稿

目次

靖海大將軍靖海侯施公平南奏疏彙

八閩紳士公評仝敬梓

密請專征疏

題爲密陳航勦海務機宜以收萬全事竊照臣駑

駘庸才謬荷

皇上特恩起用以臣深知水性賊情專畀進勦海逆

之責臣思滇黔弄兵悉皆底定惟有臺灣四十

餘年殘孽逋誅未殲致廑

聖懷臣敢不殫心籌畫殲此朝食受事以來練兵整

船靡敢剌懈業已就緒然用兵之法不得不熟

審詳愼卽古者行兵多用奇計聲東擊西兵不

厭詐非可直道而行去冬具疏屢限

請以今年三四月輕北風進兵蓋爲鄭逆奸細頗多

使賊知我舟師必用北風而進然後出其不意

而收之臣在密用間諜亂其黨羽自相猜忌

自去年逆艘糾集澎湖欲抗我師據險以逸待

勞該我舟師到彼必由過澎湖西嶼頭然後轉

帆向東北而進正値春夏之交東北風爲多我

船盡是頂風頂流斷難逆進賊已先站立外塹

內塹接連娘媽宮俱居我上風上流禦敵其勢

難以衝擊取勝故不可不慮及此也所以前議

輕北風之候猶恐未能萬全且水道行兵專賴

風信潮水非比陸路任意馳驅可以計定進止

臣日夜磨心熟籌莫如就夏至南風成信連旬

盛發從銅山開駕順風坐浪船得聯綜齊行兵

無暈眩之患深有得于天時地利人和之全備

逆賊縱有狡謀斯時反居下風下流賊進不得

戰退不能守澎湖一得更知賊勢虛實直取臺

灣便可克奏膚功倘逆孽退守臺灣死據要口

我師暫屯澎湖扼其吭拊其背逼近窠穴使其

不戰自潰內謀自應不然俟至十月乘小陽春

時候大舉進勦立見蕩平此乃料敵制勝所當

詳細一一披陳者也然臣切有
請者督臣姚　調兵製器奬勵士卒精敏整暇咄
嗟立辦捐造船隻無所不備矢志滅賊
國爾忘身堅圖報稱非臣所能力止惟是生長北
方雖有經綸全才汪洋巨浪之中　恐非所長矧
撫臣呉　見在陞任即有新撫臣初到視事
恐未悉閩疆情形臣之愚愚謂督臣宜駐廈門
居中節制別有調遣臣得耑統前進行間將士

知有督臣後趲糧運策應則糧無匱乏之患兵
有爭先之勇壯志勝于數萬甲兵今若與臣偕
行征糧何以催趲封疆何有仰賴安內攘外非
督臣斷難彈壓緩急臣故密疏入
告使督臣聞知必以臣阻其滿腔忠藎仰冀
皇上密行
温諭督臣免其躬親偕行今臣同督臣操練水陸精
銳官兵充足三萬分配戰艦儘可破賊但臣僅

掌有水師提督印信未奉有征勦臺灣之
勑諭伏望
迅賜頒發以副轉睫師期俾得申嚴號令用以節制
調度所有督臣
題定功罪賞格
賜臣循例而行則大小將士咸皆凜遵至于師中叅
酌見有同安總兵官臣呉英智勇兼優竭忠自
許可以爲臣之副尤望

恩嘉奬勵又有興化總兵官臣林承金門總兵官臣
陳龍平陽總兵官臣朱天貴海壇總兵官臣林
賢留閩候補總兵官臣陳昌江東副將臣詹六
奇隨征左都督臣李日焜等俱堪衝風破浪勇
敢克敵共勷揭桒藉我
皇上天威丕著醜類遊魂何難殄殲航勦滅賊關係
臣之一身承當責任何等綦重以故凡賊之形
勢風之順逆事之區畫亟當十分詳審以圖萬

全况出汪洋大海之外匪敢輕舉妄動苟且從
事致負
眷顧之隆臣當會商將軍合詞具
題而將軍海務情形非所諳曉又恐奸細窺探洩
漏是以自將戰畧師期密疏上
聞仰聽
睿鑒
康熙二十一年三月　初一　日

公評○古大將出師未有貳其權而可以有成
者也所以王者遣將親執絭而命之曰閫以內
寡人制之閫以外將軍制之蓋明乎將之權不
可以或分也唐裴晋公討呉元濟憲宗委以都
督外軍事予以便宜故雪夜深入遂以平蔡宋
曹武惠討李煜太祖命之曰江南之事一以委
卿故武惠得以盡抒其秘畧遂定江南是二君
者皆以專任克濟大功往事已明驗矣

將軍疏懇專征非欲擅權不過上以報
朝廷而下活我閩人也若使出一師整一旅而疑者
在前撓者在後不知何日得以成蕩平之績也
今捧讀密疏數言忠誠懇切料敵成筭確確如
神宜乎
朝廷之允其請也且兵不厭詐公疏中聲東擊西之
說非深諳水務精熟機宜者烏能辯此而用兵
尤貴善于用人公推誠布公汲引奇才爲貳爲

副皆稱厥職此其濶達大度固已過人遠矣師
出萬全實基于此論者謂唐九節度之師安得
如公而用之而唐業復振矣諒哉諒哉

決計進勦疏

題為欲净海逆根株全在
嚴旨決計進勦以收實效事竊惟我
皇上御極以來宇宙廓清無思不服惟鄭逆抗拒顏
行深費
皇上宵旰南顧之憂臣茲復荷
聖恩起用非重臣以水師提督之任實用臣進平臺
灣之逆患兼面奉

天語溫諭諄諄勦滅臺灣以免生靈塗炭何等嚴切
故卿
命以來兼程疾趨即于去歲十月初六日抵廈門視
事點驗船兵全無頭緒焉敢妄舉進勦時欲具
疏入
告恐傷寅恭和衷故日以繼夜廢忘寢食一面整船
一面練兵兼工製造器械躬親挑選整搠至今
年四月終方稱船堅兵練事事全備移請寧海

將軍臣喇　侍郎臣吳　到廈門看閱此
時將士摩拳擦掌人人思奮將軍二臣交口稱
贊不已臣即于五月初五日會同督臣姚
統率舟師開駕至銅山以俟夏至後南風成信
聯䑸進發第督臣以五月初一日准部咨進勦
海賊關係重大之
旨隨轉意不前而三軍側聽一盡解體臣自初七日
起日與督臣決計進取力爭十餘天至十六日

將軍二臣抵銅山到臣營所臣面懇將軍轉勸
督臣乘南風進勦無不摧枯拉朽之勢奈督臣
終執
旨意以督提同心合意為辭臣故不便違抗姑聽督
臣主疏展期實非臣之本意此二將軍臣親到
銅山所目擊而共悉臣衷也本月初九日承准
兵部劄付內開寧海將軍喇　等疏稱總督
提督稱南風不如北風臣深為駭異切思臣當

日在銅與將軍二臣並無言及南風不如北風
之語日與督臣爭執南風進勦不惟三軍皆悉
其情即通省士庶亦皆俱曉且督臣日遣各總
兵海道勦臣權依督臣之議今將軍二臣具疏
竟不分晰明白一筆混入章疏陷臣推託不前
若非
皇上寬置不究則臣先後疏章自相矛盾欺誑
君父罪當萬死矣夫南風之信風輕浪平將士無暈

眩之患且居上風上流勢如破竹豈不一鼓而
收全勝臣見督臣堅意難以挽回故聊遣趕繒
快船二十三隻令隨征總兵臣董義投誠總兵
臣曾成提標署左營遊擊事臣阮欽爲併各鎮
營千把等官領駕前往澎湖瞭探賊息據其回
稱義等奉令遵于六月初四日午刻從古雷洲
開船至初五日未時到澎湖貓嶼時各船未便
輕進灣泊花嶼前至於初六日黎明率各船由

虎井過獅嶼頭瞭見劉國軒賊艐盡𦪷俱泊娘
媽宫賊見我船大船緊起頭帆小船盡起大帆
賊遂出趕繒二十餘隻駕出西嶼頭又有八罩
賊船十餘隻由南面而來我船恐衆寡不敵本
日未時傳炮收回各船歸𦪷于初七日到大境
初八日到廈門港歸汛等情據此則此行遣發
巡哨船隻來去無阻見有明據矣若決乘南風
進取豈不可見成效乎業將瞭探情由遂已咨

報將軍二臣併督臣知照在案乃坐塘筆帖式
譚木哈圖具
題大兵水面度日逆賊窺望空隙之疏殊非真知
灼見爲証臣全不解其故然臣生長濱海總角
從戎風波險阻素所屢歷且荷
簡命前任水師提督閱歷至今豈有海面形勢風信
水性猶不暢熟胸中而筆帖式乃更識于臣乎
蓋賊中情形臣有屢得舊時部曲密寄通報稱

臺灣人心惶惑無定兼以劉國軒恃威妄殺稍有蹤縱全家屠戮人人思危芒刺在背間有向義内應奈隔絶汪洋難以朝呼夕應豈敢公然謀舉此端便是可破可勦之機又此六月二十八日據守口兵丁遞送澎湖長髮賊柳勝林斗二人赴臣軍前投誠詢據柳勝等供稱原坐杉板頭船過來投誠澎湖新舊熕船鳥船趕繒雙帆艍船各船共有百一二十隻劉國軒林陞江欽等共計賊衆六千餘内有家眷舊賊約二千名其餘俱係無眷口新附之衆私相偶語提督不嗜殺人只等大軍到便乞解歸順有僞蕭一鎮下將領謀議候出娘媽宫操船乘勢駕舟過來投誠被其知覺登殺頭目九人因探聞我兵船自銅山撤回歸汛彼故調賊二千餘名回臺灣耕種以作糧食今止留賊四千名在澎湖配船防守等語據此則賊中虛實又已得其詳矣且

臣更以賊中之情形言之昔之僞鎮營蟻附胥從皆受鄭成功鄭錦父子結恩舊人籠絡相依今劉國軒暴戾操權動輒殺戮以威制人誰肯甘爲几肉是我舟師未到澎湖權猶在劉國軒一人之主持我舟師若抵澎湖勢難遏各僞鎮僞卒之變亂則踞守澎湖逆賊縱有萬餘内多思叛驅萬賊萬心之衆以抗我精練勇往之師何足比數雖劉國軒輕命死敵于人心猜忌之際靡不自潰則可破可勦之機又無如于是今我

皇上若以倏有可破可勦之機

温旨下頒則汪洋巨浸之中誰肯効命七尺之軀而殫力三窟之險勢必藉

旨意爲居奇遷延歲月虛糜浩費所謂築舍道傍三年不成是賊終無可破可勦之日矣矧夫按兵不動善以撫諭劉國軒沐猴鴟張操縱自如志

得意滿斷無輸誠向化之念其中有僞鎮營賊
衆有心歸正而逦來臺灣各港禁錮嚴密一船
不許出港雖有謀叛隱情亦難通報故并聯腙
進發疾行撲擊安有自甘獻俘坐待賊亡竟在
何時在督臣滅賊之念實切惜乎生長北方水
性海務非其所長登舟之際混心嘔吐身體雖
艱所以前疏懇留督臣居中調度蓋爲此也中
有一二覩此畏途未免低徊以致督臣疑惑不

決臣雖庸愚料敵頗效前于康熙二年間海逆
猖獗
皇上特差兵部郎中黨　到閩問臣機宜當即決
意進攻厦門時督臣李　亦以臣過于擔當
然兩島竟爲臣克平旋于康熙六年十一月爲
邊患宜靖逆賊難容等事具
題未奉
俞旨乃使逆孽于甲寅年有燎原之變鄭錦雖死

留此餘黨負踞絶島臣丁年六十有二血氣未
衰尚堪報稱今不使臣乘機撲滅再加數年將
老無能爲役恐更無擔當之臣敢肩渡海滅賊
之任是以臣鰓鰓必滅此朝食惟是臺灣殘孽
未殲故溢設許多鎮營官兵糜費錢糧貽累民
生未甦況所設水師鎮營原爲航海擣巢之用
今就中挑選精兵二萬有奇大小戰船三百號
儘堪破賊可以無用陸師覺相牽制卒難成功

若陸師之中間有勇敢効忠熟練海務能將容
臣調選一二以爲臂指共勷大舉之需伏思臣
累受
國恩奉
召進京即
寵擢內大臣之列豢養十餘載今復謬荷起用寸功
未效又叨更晉宮銜
特賜御膳全楊亘古臣子未有受

君恩如是也即赴湯蹈火臣志所不辭倘荷
皇上信臣愚忠獨任臣以討賊令督撫二臣催趲糧
餉接應俾臣整搠官兵時常在海操演勿限時
日風利可行臣即督發進取出其不意攻其無
備何難一鼓而下事若不效治臣之罪臣樸質
武夫一片圖報微誠惟知欽遵
天語煌煌責臣必破臺灣克奏膚功臣以
君命爲重故當克盡臣職不禁煩瑣激切瀝陳斷無

浮言飾辭罔昧于
君父之前伏乞
皇上膚鑒俯將臣疏留中
大賜乾斷決策
嚴旨速命事必見效民生幸甚封疆幸甚緣係密陳
欲淨海逆根株事理字多逾格貼黃難盡伏乞
寬恩全覽施行爲此具本謹密題請
旨

康熙二十一年七月　十三　日

公評○昔人有言疑者事之敗也斷者事之成
也況進勦之事而可以不斷乎黃帝有日中之
箴壽斧柯成江河蓋兢兢乎其言之也
公決計進勦持議者謂南風不如北風是未悉風
信也又謂大兵水面度日逆賊窺望空隙則是
以誣陷公也又有謂俟賊輸誠自來歸順是
又遷延歲月虛糜糧餉之積弊也而公皆不顧

公銳意攻討百折不回真可謂見之明而籌之
熟矣古所云立功惟斷乃成讀公此疏始終貫
斷雖群議沸騰其能奪公之志乎否

詳報進取疏

題爲恭報舟師北上平海俟風進發事竊惟臣以
謭劣庸材謬荷
聖明特知任用誠以海逆梗化多年欲滅賊而用臣
臣非滅賊不足以報
皇上之
殊恩也緣五月間會疏展期之後臣朝夕訓練整搠
周備即于九月初一日統率臣標五營官兵船

隻就廈門開駕至泉州海口臭塗寄泊操演一
面咨檄各鎮營官兵船隻併移調聯絡趕繒船
二十隻迅赴合䑸慮恐舟師航海遠征沿邊汛
地跡防乃咨督臣檄調陸路官兵協防金廈銅
三島十月二十日承准兵部咨劄爲欲凈海逆
等事內開該臣等會議總督姚　停其進勦
提督施　如無機會仍操演兵丁若有可進機
會統伊所派船兵相機進取臺灣可也等因奉
旨依議進勦海逆關係緊要着該督撫等同心協力
催趲糧餉勿致遲悮前姚啓聖具題功罪定例交
與施琅遵行寄劄到臣承准此臣欽遵
俞旨自應竭圖報稱又于十月二十八日承准兵部
咨劄爲稟報事內開該議政王等會覆福督姚
題前事等因查賊寇若能誠心改惡削髮
歸誠督撫等公同詳確發往招撫若賊知我大
兵進勦故智差員冀圖緩兵該督撫提等亦行

詳確若有可行機會提督施　等應遵前
旨統伊所派船兵毋失機會而行可也奉
旨依議咨劄到臣承准此仰見我
皇上宸聰睿察洞灼狡賊之伎倆勢窮臣舟師北上
于十一月初三日抵興化平海衛澳因帶領舟
師不敢擅離抵省隨咨移督撫二臣訂約會議
勦撫事宜准督臣咨覆內開勦撫大事賊之果
否誠心投誠本部院難以逆料未便遽行遣官

往撫等因又准撫臣咨開臺灣賊寇虛實情形病人昏迷不敢懸揣妄擬祈訂商督部院碩畫詳確等因各到臣准此是遣撫既不敢逆料懸揣則進剿所當決計而行者也臣伏思若待可行機會必當進剿澎湖若不至澎湖斷無可破可剿之機茲四鎮總兵官臣林賢陳龍黃鎬楊嘉瑞署興化鎮總兵官臣陳昌帶領官兵船隻及各協營船兵于十一月中旬後俱已陸續齊

到矣臣移取出征糧餉督臣二次解到銀九萬兩可以足給官兵本年九十十一三個月之俸餉仍移請預備賞功銀二萬五千兩隨帶軍前以俟賞賚破敵有功官兵之用總計帶領官兵二萬一千有奇配駕大鳥船七十隻趕繒船一百零三隻雙帆艍船六十五隻自到平海給發官兵銀米以資足食凡海逆之情形與破賊之計筭臣籌之頗熟可無匱

宸衷惟風信則不敢逆料當慎待天時晴霽十分利便極出萬全方敢統率進發此番擬在平海開洋船隻乃係坐子向午順風坐浪直抵澎湖佔據上風上流為制勝之要着也臣更咨會督臣俟臣進兵之後即前往駐劄廈門居中調度策應糧餉督臣雖瘡疾未愈而辦賊之心尤切必欲扶病趨公此臣得賴以彈壓策應而可無不給之虞矣緣係恭報舟師俟風進發事理貼黃

難盡伏乞

皇上睿鑒全覽施行為此具本謹密題

知

康熙二十一年十一月　二十五　日

公評○讀公此疏蓋信公之智勇超出于古今人萬萬矣軍志曰勦不易撫尤不易惟能勦而後能撫是時中外諸當事意在撫而勦其後也公意獨在勦而撫其後也以故自受事後斷以勦

爲王壬戌冬爰出師首剳平海蓋取乎掃平海氛之義也船隻坐子向午候風信直抵澎湖最爲順便乃公仍不肯自專咨請督撫二公商撫局何如二公果不能決公曰撫局不能決則勦局可行此公本意也公之勦局久熟于胸中到此則利有攸往矣且澎湖爲臺灣之門戶敵恃此負固久矣得澎湖則臺灣可不勞而定也公之神筭蓋在於此既而果如所料時莫不服公之智而嘆公之勇智勇兼全雖古今名將豈能有過于公也哉

乘機速勦疏

題爲海逆形勢將蹙不宜少寬自解賊危事竊惟

臣奉

命專征調集舟師俟機進發總期必滅此賊而後已兹正月十六日准督臣姚　送到會

題疏稿爲第二本爲選將挑船安頓上風等事內開選其善識水性勇往敢戰者挑選繒六十號佔踞上風灣泊出其不意直鼓奮擊俾其驚疑莫定則洋販無資糗糧不給一二年間勦撫皆宜等因到臣臣閱之不解其意督臣凡所會同章疏未嘗移稿議定先已列名入

告後遂盡題故臣不得不瀝陳之緣照臺灣逆孽情勢臣籌度之甚悉自去年出海至十一月杪各官兵船隻方得齊集平海衛澳取給糧餉催領至十二月止惟官兵渡海應得俸餉必預備隨帶臣在平海舟師時駕出洋操演若風可進即

直取澎湖若風未便則仍復收回故于十二月
二十三日出洋忽轉東風乃止二十七日開駕
至青水乾風輕又轉東南頂頭再收平海雖未
及直抵使官兵屢涉汪洋之中衝風顛浪愈練
慣熟賊聞知亦自驚惶不暇葢大鯮之船必藉
風勢順利自可直搗賊境始克成功若風勢未
順有恐零星不齊何能協力撲勦茲于正月初
七日據臣標署右營中軍守備黃復謙報稱初

二夜有原僞將劉秉忠等在澎湖挈眷八十二
名口駕雙帆䑸船一隻前來廈門投誠等情據
此隨于正月十一日准同安鎮臣吳英咨送劉
秉忠等到臣詢問據供去年五月間劉國軒知
我師往銅山乘南風進發甚然驚懼莫措後偵
知撤回歸汛劉國軒乃放心自回臺灣料理要
口將大小賊艘百號賊衆七千餘名交僞鎮將
林陞江欽陳諒等現在澎湖扼守賊中人人思

危多有離叛之心口供在案臣于本日隨將劉
秉忠洪貴二名轉送督撫二臣查訊去後今督
臣疏稱賊欲改砲船爲洋販散衆爲耕種請挑
趕繒船六十隻南北灣泊一二年間自然困疲
勦撫皆宜臣實不解督臣如此主持不定似非
善策臣今日水師齊集在海操演以制賊譬若
有人馬扼其吭氣將垂絕一爲之稍鬆則其氣
舒而復起矧以六十船之南北灣泊北風平海

可灣南風則將軍澳林景嶼豈可灣泊之處乎
臣之操演所以俟機候風進發又以屢奉
溫旨進勦海逆關係重大臣所統官兵二萬有奇大
小戰船二百餘號責任匪輕大鯮舟師渡海宜
慎不得不籌出萬全豈敢輕舉妄動又水師在
海操演皆出本分行坐均各給糧船兵又無額
外添設之費總惟以賊一日未滅臣一日未敢
偷安且此賊伎倆臣熟籌深算力任勦滅矢志

不移寧敢有片語虛飾于
君父之前而督臣止欲仗趕繒船六十隻可爲困敵
賊勢誠恐一二年後復張聲勢其費力尤甚臣
素知海逆始終虛實前時猶然疥癬皆因彼時
當道泛忽姑息不亟攻治養成癰疽潰壞負抗
四十餘載荼毒數省致煩
聖慮屢動大兵征討糜餉不計今若再一寬縱又蹈
前轍故臣惟俟風信之便順必無不破之逆賊

斷不復遺此賊以廑
宸衷緣係密題海逆形勢事理貼黃難盡伏乞
皇上全覽乾斷勅部議覆施行爲此具本謹密題請
旨
康熙二十二年正月　二十一　日
公評○嘗閱古大將督師破敵未有不籌成筭
于胸中而出以濟之者也
公自陳操演水師二萬有奇大小戰船二百餘號

只俟風信便順必無不破之逆賊讀此數語知
公之意固已繫敵頸于舳艫之前矣又何煩議
撫議困之紛紛過計哉而當事又議以趕繒船
六十隻灣泊南北灣佔踞上風出其不意直鼓
奮擊俾其驚疑莫定則洋販無資糗糧不給一
二年後勦撫皆宜公以六十船之南北灣泊北
風平海可灣南風則將軍澳林景嶼豈可灣泊
乎在當事尚未深知水務故有此議公則生長

海濱深知水性總角從戎久在行間其進取之
機宜蚤已瞭然于掌上故獨斷不疑終始如一
誠以賊一日未滅即一日未敢偷安者也昔祖
伯子渡江擊楫中流慨然有澄清中原之志公
誓志破賊不効則願自定罪此與祖生擊楫之
意豈異耶

密陳可取疏

題爲海逆有日蹙之勢航勦有可破之機密陳情形仰祈
睿鑒事竊惟臣奉
命征討臺灣康熙二十年十月初六日抵任以來一面整捌船兵相機搗窠併遣心腹三四人漸次密往臺灣澎湖賊中通達臣之舊部在彼現爲鎮營官兵令其就中謀叛取事自去年亦有通信數次俟大兵臨境之時方敢內亂倒戈迎降者衆至今年正月初二日有僞副將劉秉忠等坐雙帆艍船一隻帶眷八十二名口在澎湖前來投誠正月二十二日僞總理李瑞等奪民船一隻帶兵共二十一名亦自澎湖前來投誠三月十一日有僞兵許福等十四名駕小船一隻自臺灣猴樹港過來投誠帶有臣前所差之人要緊密禀潛通內有叛亂相應消息併稱彼處

米貴每担價銀五六兩七社土番倡反形勢甚蹙人人思危此乃天心厭亂明矣臣前差之人尚在臺灣謀結黨類以待內應其許福等臣只移明督撫前來投誠之詞不敢言真恐洩事機將人見収軍中養活又三月十六日有僞民許六呉阿三等奪漁船一隻在澎湖帶眷共一十九名口前來投誠四月初三日有海賊鄭才等一十八名于四月初一日從淡水港奪破柴民船一隻前來投誠是此賊中今日之形勢蹶在旦夕雖劉國軒復差僞目黃學林珩再來言撫致書一封求見于臣臣卻之不見今其自赴督臣轅門主議以么麼一海賊非可視爲敵國我以彼爲輸誠彼直以我爲和議徒褻
國體藉此妄稱祗安賊心臣惟祗遵奉
命搗窠殲逆爲念議撫之事臣不敢預及今臣在水陸官兵中挑選二萬有奇操練有日可稱精熟

足以破賊攻澎湖宜用水兵破臺灣則當用陸
兵也但糧餉最宜預備給足以鼓士氣乘夏至
南風成信當即進發擣巢蓋北風剛硬驟發驟
息靡常不準難以逆料南風柔和波浪頗恬故
用南風破賊甚為穩當臣大綜舟師航海責任
綦重自當相機度勢期出萬全以仰慰
皇上宵旰之懷臣每自思維膺軍旅之任者必虛張
賊之聲勢乃表見已之大功臣愚性戇直荷

皇上面諭諄諄從不敢一字粧飾自干欺誑緣係密
陳海逆可破之機其中所有來稟關係機密只
畧陳其槩貼黃難盡伏乞
皇上睿鑒全覽留中勿發恐勦撫之議不相入或有
漏洩以害成也為此具本謹密題
知
康熙二十二年四月　十六　日
公評○凡公每疏中皆發出大議論可師可法

而為天下萬世所贍仰者也若此疏為用撫則
彼輩欲與我並敵是長寇志而墮軍實也夫以
彼竊發荒島不過鷹眼未化耳乃與我
國家抗衡不惟有傷國體抑何其夜郎自大耶
公是以決意議勦而撫局不與焉且其先通舊部
從中作事至慎至密而偵察臺灣日蹙之勢穀
價沸騰糧餉匱乏人心思變望
大師即抵城下倒戈相向絕無異心此時速圖進

取犁庭掃穴以收蕩平之效誠易易耳且公之
區畫機宜具有成算若攻澎湖則用水師取臺
灣則用陸師皆非悍然妄動者此其所以戰無
不捷攻無不克而動出萬全者也於以固萬年
大一統之業從茲定矣蒸民之詩曰保茲天子
生仲山甫公真其人也

露布大捷疏

題爲飛報舟師渡海克取澎湖大捷事竊照臣自
去年六月同督臣姚　在銅山停師囘汛劉
國軒偵知自囘臺灣留撥僞鎮營等船兵扼守
澎湖不時來往諏度今年四五月知臣乘南風
決計進勦就臺灣賊夥選撥精壯敢死者及抽
調草地佃丁民兵將洋船改爲戰船凡各僞文
武等官所有私船盡行修整吊集來澎湖大小

砲船鳥船趕繒船洋船雙帆艍船合計二百餘
號賊夥二萬餘衆仍將僞鎮營等官兵各眷口
監羈臺灣紅毛城赤嵌二城堅其死戰劉國軒
親統傾巢復來澎湖將娘媽宮與頭上下添築
砲城二座風櫃尾砲城一座四角山砲城一座
雞籠山砲城一座東西蒔內一列砲臺四座西
面內外塹西嶼頭一列砲臺四座牛心灣山頭
頁砲臺一座凡沿海之處小船可以登岸者盡
行築造短墻安置腰銃環繞二十餘里分遣賊
衆死守星羅碁布堅如鐵桶臣總統鎮營舟師
將各大小戰船風篷上大書將弁姓名以便觀
看備知進退先後分别賞罰于六月十四日辰
時由銅山開駕進發十五日申時到貓嶼花嶼
有守汛賊哨數十餘隻見臣舟師將到即奔回
澎湖時值天晚將船隻灣泊八罩水垵澳遣官
坐小哨到將軍澳南大嶼等島安撫島民十六

日早進攻澎湖逆賊排列船隻迎敵臣標署右
營遊擊藍理等官兵配坐鳥船一隻署後營遊
擊曾成等官兵配坐鳥船一隻署左營遊擊張
勝等官兵配坐鳥船一隻二等侍衛吴啓爵等
官兵配坐鳥船一隻同安城守右營遊擊趙邦
試等官兵配坐鳥船一隻海壇鎮標中營遊擊
許英等官兵配坐鳥船一隻銅山鎮標右營遊
擊阮欽爲等官兵配坐鳥船一隻此數船首先

衝鋒破敵直入賊䑸攻殺賊砲船二隻赶繒船
六隻賊夥斬殺殆盡其船放火燒燬又用砲火
攻擊立刻沉壞賊鳥船一隻赶繒船二隻副鋒
臣標右營千總鄧高匀配水陸等官兵坐鳥船
一隻烽火營遊擊王祚昌匀配水陸等官兵坐
鳥船一隻臣標署右營守備方卻等官兵配坐
鳥船一隻金門鎮標中營遊擊許應麟等官兵
配坐鳥船一隻金門鎮標右營守備林芳等官

兵配坐鳥船一隻臣標隨標功加署守備李光
琅等官兵配坐鳥船一隻用砲火攻擊打沉賊
鳥船一隻赶繒船二隻賊夥溺死殆盡時值南
潮正發前鋒數船被流逼近砲城賊艘復合齊
出包圍臣恐數船侵入難出自將坐駕船直衝
入賊䑸殺退興化鎮臣吳英繼後夾攻焚殺僞
揚威將軍援勦左鎮沈誠統轄前鋒鎮姚朝玉
義武鎮陳侃戎旗五鎮陳時雨其僞恊將弁大

小賊目計有七十餘員不知姓名難以開報僞
水師總督林陞中箭三枝中鹿銃二門左腿被
大砲打折立即載回臺灣必死無活賊衆焚殺
溺死計有二千餘衆遂救出數船臣右眼被銃
擊傷眼睛未壞因天色將晚收出西嶼頭洋中
拋泊十七日早將全䑸舟師復收八罩水垵灣
泊嚴申軍令查定功罪賞罰官兵十八日進取
虎井桶盤嶼十九日臣坐小赶繒船往澎湖內

外塹嶼內細觀形勢二十二十一兩日故用老
弱驕兵之計用赶繒雙帆艍船分二股假攻嶼
內內外塹以分賊勢臣于二十二日再申軍令
分股進發遣臣標隨征都督陳蟒魏明副將鄭
元堂領赶繒雙帆艍船共五十隻爲一股從東
畔嶼內直入雞籠嶼四角山爲奇兵夾攻又遣
臣標隨征總兵董義康玉外委守備洪天錫領
赶繒雙帆艍船共五十隻爲一股從西畔內塹

直入牛心灣作疑兵牽制將大鳥船五十六隻居中分為八股每股七隻各作三疊臣居中為一股興化鎮臣吳英領一股居左平陽鎮臣朱天貴臣標前營遊擊何應元合領一股居右金門鎮臣陳龍領一股在次左臣標署中營參將羅士鈖署右營遊擊藍理署後營遊擊曾成合領一股在次右之右署銅山鎮臣陳昌領一股在次左之左海壇鎮臣林賢領一股在末右廈門鎮臣楊嘉瑞領一股在末左尚船八十餘隻留為後援臣督率嚴陣指揮直向娘媽宮撲剿賊各處砲城及迎敵砲船鳥船赶繒大小各船四面齊出迎敵每賊砲船安紅衣大銅砲一位重三四千斤在船頭兩邊安發熕二十餘門不等鹿銃一二百門不等砲火矢石交攻有如雨點烟焰蔽天咫尺莫辯首衝破敵陷陣乃末右一股海壇鎮臣林賢等官兵配坐大鳥船一隻

右股平陽鎮臣朱天貴臣標前營遊擊何應元等官兵配坐大鳥船一隻末右海壇鎮標左營遊擊吳輝等官兵配坐大鳥船一隻右股臣標千總蔡琦鳳勻配水陸等官兵坐大鳥船一隻末右海壇鎮標右營守備林正春等官兵配坐大鳥船一隻副鋒右股臣標前營千總林鵬勻配水陸等官兵配坐大鳥船一隻末右海壇鎮標右營遊擊江新勻配水陸等官兵坐大鳥船一隻右股署圍頭營遊擊陳義勻配水陸等官兵坐大鳥船一隻右股署平海營遊擊鄭桂勻配水陸等官兵坐大鳥船一隻末右海壇鎮標中營遊擊許英等官兵坐大鳥船一隻前鋒次右之右臣標署中營參將羅士鈖等官兵坐大鳥船一隻署後營遊擊曾成等官兵坐大鳥船一隻署右營遊擊藍理等官兵坐大鳥船一隻中營千總林顯達勻配水陸等官兵坐大鳥船

一隻左營千總胡泮勻配水陸等官兵坐大鳥船一隻署後營中軍守備戴名芳勻配督標副將林實等官兵坐大鳥船一隻前鋒臣中股隨征左都督何義等官兵坐大鳥船一隻侍衛吳啓爵等官兵坐大鳥船一隻隨征遊擊施世騄隨征外委守備李廷彪施肇勳施肇瓚等官兵坐大赶繒鳥船一隻隨征外委遊擊施應元隨征外委守備陳王路隨征千總施超等官兵坐

大赶繒鳥船一隻隨征副將黃昌都司黃勇外委守備施世驃等官兵坐大赶繒鳥船一隻隨征叅將許克濟陳遠致遊擊方鳳外委守備施世驥等官兵坐大赶繒鳥船一隻隨征副將湯貴叅將鄭雲外委守備施世忠等官兵坐大赶繒鳥船一隻隨征叅將鄭英遊擊廖程外委守備施世騋等官兵坐大赶繒鳥船一隻隨征副將林應外委守備施輔李寅等官兵坐大赶繒

鳥船一隻前鋒左股興化鎮臣吳英同安城守右營遊擊趙邦試勻配水陸等官兵坐大鳥船一隻署浯嶼營遊擊王朝俊勻配水陸等官兵坐大鳥船一隻閩安協副將蔣懋勳勻配水陸等官兵坐大鳥船一隻海澄城守副將林葵勻配水陸等官兵坐大鳥船一隻烽火營遊擊王祚昌勻配水陸等官兵坐大鳥船一隻江東協副將詹六奇勻配水陸等官兵坐大鳥船一隻

署平海陸營遊擊李垒信勻配水陸等官兵坐大鳥船一隻海澄城守左營遊擊卓策勻配水陸等官兵坐大鳥船一隻前鋒次左之左銅山鎮右營遊擊阮欽爲勻配水陸等官兵坐大鳥船一隻左營遊擊曾春勻配水陸等官兵坐大鳥船一隻前鋒次左金門鎮臣陳龍等官兵坐大鳥船一隻金門鎮標中營遊擊許應麟勻配水陸等官兵坐大鳥船一隻金門鎮標左營遊

擊曾榮匀配水陸等官兵坐大鳥船一隻前鋒
末左厦門鎮標右營遊擊陳蘭匀配水陸等官
兵坐大鳥船一隻厦門鎮標左營遊擊朱明匀
配水陸等官兵坐大鳥船一隻厦門鎮臣楊嘉
瑞等官兵配坐大鳥船一隻署銅山鎮臣陳昌
等官兵配坐大鳥船一隻帶領船八十餘隻居
爲後援其分遣東西二股官兵船隻繼進夾擊
互攻自辰至申我師奮不顧身抵死戮力擊殺

賊被我師用火桶火礶焚燬大砲船十八隻擊
沉大砲船八隻焚燬大鳥船三十六隻赶繒船
六十七隻洋船改戰船五隻又被我師火船乘
風燒燬鳥船一隻赶繒船二隻逆賊弁力死鬬
勢窮難支用火藥藏於船艙發衝心砲自焚砲
船九隻鳥船一十三隻賊驚危勢急跳水得獲
鳥船二隻赶繒船八隻雙帆艍船二十五隻焚
者焚殺者殺焚殺僞征北將軍曾瑞定北將軍

王順水師副總督左虎衛江欽統領右先鋒陳
諒戎旗二鎮吳潛援勦右鎮鄭仁援勦後鎮陳
啓明宣毅左鎮丘輝護衛鎮黃聯後勁鎮劉明
折衝左鎮林順斗宿鎮施廷親軍水師三鎮薛
衛水師一鎮蕭武水師二鎮陳政水師四鎮陳
立中提督中鎮洪邦柱中提督右鎮尤俊中提
督後鎮楊文炳中提督親隨一鎮陳士勛左龍
驤中協黃國助右龍驤左協莊用侍衛中鎮黃

德侍衛右協蔡智侍衛驍翊協蔡添侍衛領旗
協林亮侍衛左總轄毛興勇衛中協張顯勇衛
左協林德勇衛右協陳士勳勇衛前協曾遂中
提督領兵協吳略中提督左協林德中提督前
協曾瑞中提督領旗協吳福中提督前鋒協陳
陞中提督總理協陳國俊右武衛右協吳遜右
武衛隨征二營梁麟水師二鎮前鋒副將李富
水師二鎮左營副將張欽水師三鎮左營副將

許遴水師三鎮右營副將林耀援勦右鎮右營廖義援勦前鎮前鋒營莊遜折衝鎮左營陳勇左提督後鎮左營王受等四十七員其餘偽協營領兵監督翼將正副總班總理監營候缺將小頭目焚殺溺死約計三百餘員不知姓名難以開報焚殺自焚跳水溺死賊夥約計一萬二千有奇屍浮滿海總兵朱天貴被砲穿脇立死遊擊趙邦試亦被砲擊腦立死總兵林賢被箭

輕傷左臂總兵吳英被鹿銃輕傷右耳朶賊止剩有小砲船三隻小鳥船二隻赶繒船十一隻雙帆艍船十五隻脫出北面吼門遁走訊知劉國軒乘小快船亦從吼門而逃時值黃昏難以追殺在山偽將軍果毅中鎮楊德遊兵鎮陳明果毅後鎮吳祿中提督前鎮黃球壁宿鎮楊章侍衛後鎮顏國祥中提督中協副總兵張顯驍翊營副將洪良佐統領右先鋒領兵副總兵李

錫右先鋒前鋒營副總兵黃顯右虎衛領兵副總兵江高果毅鎮下左營林新左虎隨征營副將黃豹左虎副將江篇遊兵鎮中營周烈前營副將劉隆果毅後鎮右營副將林好旗鼓中軍嚴澤親隨營正總班阮恢中提督下副將李芳管理大砲副將林武前鎮下隨征副將湯興前鎮下左營副將蔡穆戎旗二鎮右營副將吳陞果毅中鎮正領兵副將曾勝中營副將楊傑左

營副將吳振右營副將陳李隨征營副將黃桂前鋒營副將張仕春叅將楊彬偽提督後鎮領兵中軍徐其昌果毅後鎮左營林和左翼將廖冬神威營林啓後鎮左營楊壯壁宿鎮隨征叅將洪有光候缺親隨營叅將王建遊兵鎮親隨標叅將鄭泗隨標叅將何正前鎮正領班叅將林典衛鋒正總班叅將黃莪左虎衛正領遊擊林尾副領都司斤陞壁宿鎮旗鼓正中軍遊擊

林朝暉宣毅左鎮左營丘睿果毅中鎮下遊擊
王壽吳旋賴淑鄭應一正領遊擊黃壽二正領
遊擊林明三正領遊擊林暢陳賢王招四正領
遊擊陳勝遊兵鎮中營遊擊陳恕前營遊擊薛
勇隨標營遊擊施辰果毅後鎮領兵洪陞坐營
中軍劉斌翼將楊勝親隨營將徐秋隨征營將
曾春遊擊鄭先庚前鎮隨征遊擊顏潛左翼遊
擊錢孟喬左副領遊擊方勝右副領遊擊林盛

掌標遊擊陳奕小監營遊擊戴㩳左副總班都
司黃陞右副總班都司黃義侍衛監營林仕領
旗營陳寅旗鼓中軍林贊果毅中鎮下都司鄭
辛王友順何榮黃桂李陞吳麟管砲都司陳鳳
壁宿鎮下正總理候缺都司林英楊勸宣令守
備林玉監營守備陳和副總班守備林麟副總
班守備楊瑞周明黃登中提督下二領林輝明
三領梁三老果毅中鎮下守備沈雲隆許福柯

偉陳仕陳定鄭典陳鑾林長陳德完蔡典洪祿
林鳳林甫陳萬蔣鳳謝吉康順張福王麟曾良
陳月陳尾遊兵鎮中營守備李忠前營守備朱
義隨標營守備黃二林彩許五林泰管砲守備
林換李受前鎮下守備吳傳胡哲龔㩳陳新提
督後鎮銜鋒總班陳斌候缺親隨營王飛龍正
總班曾道典副總班歐典都司高陞陳進果毅
後鎮下司總陳貴楊美陳桂總班周虎中提督

下司總林愛都司林三侍衛下副領陳祺遊兵
鎮下親標營千總胡進黃璉隨征千總李四朱
都王雄果毅後鎮下都司楊龍蔡珀監營林龍
壁宿鎮下都司劉明許佐總班程雄趙和紅旗
官沈冬陳勝果毅後鎮下司總謝里蔡明正總
班洪忠柳賜正總理黃三副總理許攀隨征正
總班張猛紅旗官許卯何煌陳勝董典總司黃
貴等共一百六十五員帶賊衆四千八百五十

三名倒戈投降臣仰體
皇上好生之德宥其自新俱已發令剃頭僞鎮營賞
以袍帽賊衆給以銀米用彰我
朝廷不嗜殺鴻恩以策後効是役也逆賊盤踞海島
四十餘載荼毒生靈跡躪版圖致廑
皇上宵旰之憂臣體
聖衷誓必滅此淨盡故雖帶傷負創躬督撲勦舟師
自十四日湲入汪洋巨浸之中水天相連稽古

以來六月時序澎湖無五日和風即驟起颶颱
怒濤山高變幻莫測三軍命懸悉聽之天今抵
澎旬餘日海不揚波俾臣得以調度七日夜破
賊克捷且二十二日進師午刻潮漲多四尺莫
非
上天垂祐
皇上彌天之福故使扼守澎湖巨魁巨鎮精銳逆賊
巨艦不數日而全軍覆没雖各鎮將弁目士卒

戮力用命實賴
皇上天威丕振督臣姚　捐造船隻捐養水兵與
臣共勷大舉仍又親來厦門彈壓殫心催趲粮
餉輓運不匱加以厚資犒賞將弁三軍莫不激
厲思奮今日克取澎湖之大捷皆督臣賞賚鼓
舞之功乃有此成效也擬即乘勝進勦但臺灣
港道紆迴南風狂湧淤淺莫辯似應少待八月
或十月利在北風進取萬全倘有機會可破臣

立即進師三軍關係綦重尤當倍加慎毖不敢
輕舉妄動澎湖爲臺灣咽喉今澎湖既已克取
臺灣殘賊必自驚潰膽落可以相機掃蕩矣但
二穴克掃之後或去或留臣不敢自專合請
皇上睿奪或遴差內大臣一員來閩與督臣商酌主
裁或
諭令督撫二臣會議定奪俾臣得以遵行更有請者
臣奉有

欽須功罪格例賞罰期必嚴明行間將士首先衝鋒
破敵自當
題敘如逡巡不前法豈容寬必宜分別依格究處
惟賞功一項臣前
題明暫取二萬五千兩布政司纔發一萬六千兩
尚少九千兩此番官兵用命血戰者多必須從
優獎勵仰候銀兩遵照格例賞賚又見在進勦
臺灣尤切需賞功銀兩以昭信賞用鼓士氣臣

惟有矢志捐軀竭圖殺賊至賞功之需臣委實
貧乏無可捐助應用所當仰給
公帑伏祈
皇上勅部移咨督臣迅行酌給如投誠官兵中有自
願歸農者臣查其原籍卽行該府縣安插老弱
者亦在點汰若欲入伍者糧餉在所必需應動
何項錢糧并乞
勅部咨會督臣撥給策應使投誠之衆各得其所而

無流離之嘆臺灣逆孽勢必望風歸附蕩平之
後仍遵
前旨裁汰此十六二十二等日水陸官兵攻殺賊衆
死亡者計三百二十九員名帶傷者計一千八
百餘員名悉被砲火攻擊以致傷亡甚多臣將
被傷官兵按其輕重一等傷每名給銀三兩二
等傷每名給銀二兩三等傷每名給銀一兩以
資藥費死亡者酌給銀兩以濟棺殮此項銀兩

臣暫爲挪應容備造發給數目細冊送部稽核
發給還項至于格外優䘏出自
皇仁其重傷官兵不能荷戈者臣俱已撥船載回廈
門延醫調治所少兵額另咨督臣就于陸師挑
選前來補足精兵實數時常操演尅期合𦨴進
發至于分派衝鋒副鋒鎮營將弁配坐鳥船赶
繒船鳥船每船或配大小將弁閒員及外委弁
員二三十員不等赶繒船每船或配十員八員

不等又如鎮將所領一股每股鳥船七隻其中
分配水陸將弁甚多今止開一船上帆號姓名
先行
題報所有分配各船上將弁首先跳船焚船者尚
多其人疏内未得逐一槩列合并
題報客臣蕩平臺灣奏凱之日擬定功罪臚列在
事文武官兵員名備造清册開報
請敘其投誠僞鎮營繳到僞關防牌劄與夫得獲船

隻大砲甲器旗幟等項查所獲紅衣大銅砲十
二位每位重有四五千斤砲子大者二十二三
斤中者十七八斤次者十四五斤鉎鏄大砲二
位每位重七千餘斤用砲子三十餘斤尚焚燬
砲船所配之砲俱已沉落在海見在尋撈其餘
大小發熕砲火甲冑等物容查明一并造册繳
部以聽查察緣係克取澎湖備陳官兵血戰情
形字多逾格貼黃難盡伏乞

皇上寬恩全覽施行爲此具本謹密題請
旨
康熙二十二年六月 二十六 日
公評
凡人告之辭貴詳悉又貴暢達貴眞實而又貴
明淨此古今奏疏所以獨推
宣公也公此疏誠無遺憾矣初陳敵勢之猖獗我
師攻取之情形公素諳水戰固已弄敵人于掌

上而目中蚤不見敵矣至若左設奇兵右設疑
兵中間分爲八股公居中指揮調度此等陣法
雖昔人八門六花之變化無以加此是故我師
再出而敵人一敗塗地焚舟溺水不可以計數
而公露布已達
帝廷矣疏中請優賞功績而陣亡士卒以及帶傷者
尤加惠恤傳之所謂仁將者是耶非耶後幅力
表總督

姚公共勷大舉謂澎湖之捷皆督臣賞賚鼓舞之功乃有此成效也豈非功不欲自已居者耶公固善讓功惟善讓功乃克居功公之所為比之汾陽口不言功殆為過之閱此疏始終顛末纍纍幾萬言既詳悉又暢達既眞實又明淨宣公以下莫能加焉公洵文武全才哉閩人卽禿毫讚述又何能揄揚公之萬一哉

特請受降疏

題為偽藩帶差賞書求撫據情具

題仰請

睿鑒事竊照臣奉

命專征整搠舟師于六月十六至二十二日在澎湖連日與賊鏖戰砲火雨點仰賴

皇上威靈官兵用命渠鎮賊夥俱被焚殺殆盡遂克取澎湖三十六島業于六月二十六日繕疏恭

報外擬乘勝長驅搗臺灣直如摧拉惟大小戰艦被砲打損破壞甚多臣姑將其次號之船可以補葺者載送砲傷官兵回廈門調治將船整固令其順載柴米火藥弓矢前來澎湖以給兵需至打壞烏船見泊澎湖即當用工修葺所需木料油灰釘鐵棕蔴等料匠作各項為數不少刻在要需誠難稍緩臣治師達島祗恐呼應不靈隨于閏六月初三初六等日移咨督臣亟行採備

仍辦八槳船料一百隻一併檄委漳州海防同
知王錫九等官督運解到澎湖以應整葺製造
用濟我舟師到臺灣穿淺入港渡載官兵登岸
之用至于臣標水陸鎮營被砲傷死官兵三百
餘員名砲傷一千八百餘員名陣傷之兵雖給
資藥治未能痊可荷戈臣計當進勦臺灣之時
宜留大鳥船二十隻赶繒雙帆艍船三十隻共
五十隻應用水陸官兵四千員名留守屯劄澎

湖以爲兩頭聲援策應然新附投誠兵衆未便
遽用征兵名額不足禦勦難以乏人業併移咨
督臣選調精壯陸師官兵四千員名前來補用
聽令調遣去後臣雖殫力疾呼无慮汪洋風濤
遠隔實爲獨力難支惟分撥船兵在于八罩將
軍澳南大嶼東西芊吉龍門港吼門吉貝嶼等
島倍加巡瞭以扼其吭乃殘孽敗遁之餘見臣
水陸官兵逼臨門庭安插投誠撫綏地方民人

樂業雞犬不驚臺灣兵民聞風俱各解體此閏
六月初八日僞藩鄭克塽巨魁劉國軒差僞禮
官鄭平英僞賓客司林惟榮僞員曾蜚朱紹熙
等賫具降
表一道并與臣書二封另致督臣書二封駕赶繒
雙帆艍船二隻到澎湖臣軍前納欵請降待
命惟馮錫范與鄭克塽欲求原居臺灣承祀祖先照
管物業懇臣指示臣思此議未妥若在未進師

撲勦之時逆孽叅遣求降當爲題
請今澎湖既得窮逼之際始差鄭平英等前來求撫
明係詭譎緩兵之計難以遽信臣專征止宜主
勦不宜議撫之事將鄭平英林惟榮二員并帶
書二封咨送督臣看守候
旨定奪查鄭克塽年尚幼穉未諳大體操縱指揮權
皆出于劉國軒馮錫范二人兹特令曾蜚朱紹
熙同臺灣傳諭若果真心投誠必須劉國軒馮

錫范來臣軍前面降將人民土地悉入版圖其
僞官兵遵
制削髮移入内地聽遵
朝廷安輯若僞藩等悉如臣言臣當體
皇上好生之心以拯數十萬之生靈具疏題
請我
皇上赦其前罪畀之
新恩

勅行督撫二臣撫綏安插臣因船隻被砲擊壞故暫
在整葺未得乘勝擣勦其所要需船料匠作解
應一到即晝夜兼工整造若船隻修備風信稍
利殘孽若不從臣之議即督師進發當斯劉國
軒一戰敗遁䰟落膽喪臺灣人民風鶴草木皆
兵之際無難殲滅净盡根株以慰
宸衷謹將僞藩鄭克塽原具降表及鄭克塽劉國軒
致臣原書進上
御覽恭聽
睿裁迅賜
勅旨其鄭克塽所致臣書茲然折閱乃臣之罪緣係
恭報僞藩求撫事理貼黄難盡伏乞
皇上全覽施行爲此具本謹密題請
旨
康熙二十二年閏六月　十一　日
公評○軍志曰惟能勦者能撫蓋我兵能勦之

猷畧而又具必勦之氣勢然後可不戰而屈人
兵彼區區小仁終何濟于大事乎夫臺灣爲鄭
氏竊據三世爪牙羽翼遍列左右雖澎湖一戰
事勢窮蹙納欵請降此其兵力亦可知矣而反
側未安易於爲變若不遷入内地畏難苟安保
無有意外之患耶公具疏題請以樹德莫如滋
去疾莫如盡令劉國軒馮錫范詣軍前面降令
人民土地悉入版國令僞官兵遵

制削髮悉聽
朝廷安輯何慮周而見遠也昔項羽困于敖倉高祖
亦欲罷兵歸國獨留侯不可曰此天亡也急擊
勿失帝從其言而項氏果滅公以撫爲勦以勦
爲撫不爲一時權宜之計卒之僞藩啣璧來歸
處置得宜恩威並著一一如公疏中所陳體
皇上好生之意而圖
國家數十世之安者豈其微哉

臺灣就撫疏

題爲恭報臺灣就撫事宜仰祈
睿鑒事竊照澎湖克捷海逆已失其險康熙二十二
年閏六月初八日僞藩鄭克塽渠魁劉國軒差
僞官鄭平英林惟榮曾蜚朱紹熙等賚送降表
倂書來澎湖軍前求撫臣慮其詭譎緩兵難以
遽信遂令曾蜚朱紹熙回臺灣傳諭若果真心
投誠必須劉國軒馮錫范來臣軍前面降將民
人土地悉入版圖其僞官兵遵
制削髮移入內地悉聽
朝廷安輯若僞藩等悉如臣言臣當體
皇上好生之德以拯數十萬之生靈題請
赦其前罪撫綏安揷業于閏六月十一日將降表弁
書具疏進上
御覽在案茲七月十五日鄭克塽復差僞兵官馮錫
珪僞工官陳夢煒劉國軒遣胞弟僞副使劉國

昌馮錫范遣胞弟僞副使馮錫韓同曾蜚朱紹
熙賫送降本稿前來澎湖軍前回話一一依臣
前言其防守南北淡水僞左武將軍何祐僞左
先鋒李茂等所帶賊衆今俱吊回臺灣南北淡
水已無防守矣何祐等差賫啓稟到臣納款是
臺灣南北地方俱已效順復據曾蜚等稟稱鄭
克塽劉國軒及兵民人等咸懇臣發給告示張
諭削髮俾得遵依蚤發一日則兵民蚤獲一日

之安臣因仰體
浩蕩洪慈服舍來安乃敢給示撫綏剝鄭逆自來逺
阻聲教未被
聖化非如吳耿諸逆受
恩背叛者比諒荷
皇上廣開面綱
赦其前愆俾沾
德意即將劉國昌馮錫韓見留軍前隨于十六日遣

侍衛吳啓爵六品筆帖式常在同馮錫珪陳夢
煒曾蜚朱紹熙帶安撫告示五張先往臺灣曉
諭看驗各僞官兵百姓人等削髮令其催賫僞
藩鄭克塽及劉國軒馮錫范等勅印併繕謄降
本前來交繳以便臣代爲賫
進則此事似可勾當也臣俟各船修葺齊備一面
統率船兵親抵臺灣看其形勢暫行安輯其所
議造八槳船隻及再調陸師官兵已咨移督臣

停止矣第查臺灣土地千餘里戶口數十萬地
在疊海之表或去或留僞官兵戶口繁多當作
何安輯事關重大所當亟請
皇上迅賜睿裁勅差才能戶兵二部迅速前來會同
督撫王裁料理安置得宜畢此大事俾臣得即
勾當班師從此金甌永固玉燭常調可無塵
南顧矣此番澎湖克捷臺灣就撫實賴我
皇上洪福齊天威靈遠暨乃克見成效但臣鹵莽武

夫性質愚戇直道行事不肯遺賊以為
君父憂荷蒙
皇上豢養之恩
特知之遇無足報稱誓必掃靖海氛少效涓埃耳今
年逾六十筋力衰邁難勝封疆重任且孤忠獨
立既不肯苟合又不能彌縫征勦臺灣之舉乃
面奉諄匕
温諭屢次

俞旨專征是以臣竭効死力堅不阿徇務期蕩平極
知深拂人意災必逮身茲賊島既平臣職已盡
若蚤不引退將來必為禍階伏乞
皇上恩賜召臣回
京俾得時覲
天顏臣所深願也謹將偽藩抄來疏稿恭進
御覽緣係恭報臺灣菀撫事宜貼黃難盡伏乞
皇上全覽乾斷

迅賜勑旨施行為此具本謹客題請
旨
康熙二十二年七月　二十四　日
公許○從來敵勢窮廹多藉投誠以為緩兵之
計今臺灣菀撫
公獨令其親來面降一面請
旨一面發示令其遵
制削髮以示無外殆所云閫以外將軍制之非歟且

以其遠阻聲教非與吳耿諸逆受恩背叛者比
真卓識也真公論也降表既來即咨移督院停
造八槳并停調陸兵可謂省國費而紓民力者
矣至于請召還
京非徒憂讒慮患實有古大臣功成身退之學問
焉雅歌仲山甫之明且哲史稱張子房之托辟
穀公於此思過半矣但以四十年難靖之海疆
一旦削平此皆

公之智畧過人聲靈遠播若使還朝安知反側子輩不復生異志耶昔明祖以沐氏定雲南遂世襲永鎮故終三百年無他患者誠餘威足以懾服之也

公鎮鑰閩南海國波靜閩人之得以安枕無虞者皆公之賜也公何可須臾離閩哉果遂引退之志其若社稷蒼生何宜乎

朝廷之永留我　公也

賫繳印冊疏

題爲恭報臺灣兵民剃髮僞藩賫繳冊印事竊照僞藩鄭克塽差僞兵官馮錫珪僞工官陳夢煒劉國軒遺胞弟副使劉國昌馮錫范遺胞弟副使馮錫韓賫其降本稿到澎湖軍前一一悉聽臣言臣察其真誠向化于本年七月十六日差侍衛吳啓爵筆帖式常在前往臺灣看驗僞官兵剃髮業將情由併僞藩降本稿于七月二十四日具題繳

報外此番僞藩差官求撫蓋因澎湖失險故革心歸誠臣就近差遣看驗剃髮無非畢此勦撫大事乃吳啓爵等于七月十九日到臺灣而督臣亦差候選同知林昇撫臣差官頭鄭瑞生遊擊孫熙駕船二隻于二十日到臺灣並無到澎湖知會枉道直去臺灣懇其就撫是均軍

國之事故作兩途岐視毋乃有輕

國體而貽笑于逆衆者乎且臣于閏六月二十一
日因僞官鄭平英林惟榮到處張蓋乘轎自尊
無忌咨移督臣有搖尾乞憐袒肉求降等語督
臣所差之員將此公移弃督臣自題疏稿抄送
臺灣與僞藩等看閱致使賊衆危疑抱恨于臣
其臺灣地方形勢兵民削髮安輯事宜應去應
留頭緒多端不便繁入疏章與啟爵常在親履
其地俱悉其情兹耑差二員赴

闕披陳再
奏本月二十七日僞藩鄭克塽復差馮錫珪陳夢
煒同吳啟爵常在賫具降本一道及繳延平王
冊一副印一顆輔政公鄭聰印一顆武平侯劉
國軒印一顆忠誠伯馮錫范印一顆左武衛將
軍何祐印一顆僞藩鄭克塽擬將所繳到印冊
令僞副使劉國昌親賫進
京臣即令同吳啟爵等一齊登程其馮錫韓適值

抱病不得就道臣留在軍前因見督臣如此爭
執是以將鄭克塽奏本一封冊一副僞印五顆
發交吳啟爵常在送赴督臣衙門聽其主稿具
題賫繳去後倘督臣不爲代繳臣一面囑令吳啟
爵等即行賫
進臣當即親臨臺灣先將要緊之人載入內地安
插但僞官兵人民戶口繁多仰祈
皇上迅差戶兵二部前來主裁料理得宜臣奉

命專征勦撫之事俱已勾當仰候
俞旨以便班師其安插事宜悉交督臣自行料理鄭
克塽尚有招討大將軍印一顆據稱有戶口兵
馬各項冊籍俱未攢造因暫留用候繳令將僞
藩鄭克塽所具兵民削髮奏本一道繳進
御覽其鄭克塽劉國軒馮錫范何祐等及文武大小
各僞官俱在候
旨削髮緣係僞藩繳印事理貼黃難盡伏乞

皇上俯賜全覽俯祈

勑旨施行

康熙二十二年七月　　二十九　日

公許○凡敵人之真誠向化者必我之威望足以服人智畧可以制勝然後動出萬全而言無不聽也

公先克澎湖威震要荒恤其被傷兵卒予以醫藥載其生還此其恩威已遍洽于臺灣故削髮繳印冊齎降本一事不敢或抗誠其先聲有以奪之也乃公仍差員同偽官繳送督臺請其主稿其與一等專權自恣者不亦大相逕庭哉昔裴晋公入蔡州示以上下之分韓文公諭廷湊曉以禍福之理夫二公之威望古今推服而一段嚴氣正性使敵人不敢復萌異志者誠其所以處之之道得也公收繳偽藩及偽侯伯印冊此誠數十年來所不能得之物亦數十年來所不

能爲之事一旦盡輸于

公而且一一請命于督院真有得于古人口不言功之大意也抑亦

國家體統之所在有不容以或失者乎唐臣有言

國家有大體統然後有大勲名其

公之謂歟

報入臺灣疏

題爲恭報微臣先抵臺灣安輯仰祈
睿鑒事竊惟澎湖克捷臺灣求撫兵民俱已削髮臣業經前後具疏賫繳僞藩鄭克塽降表進上
御覽應當候
旨欽遵奉行兼以出征官兵所需糧餉督臣即于六月十一日回省悉皆臣撥船過洋來往載運發給今各鎮營官兵秋季餉銀役過四十餘日尚

未運到故未得前去臺灣如督標所撥付朱天貴管坐赶繒艭帆䑸船于六月二十二日夜內朱與即帶一十三隻徑不請令私自迸回尚五十一隻配載官兵二千二百五十六名督臣于閏六月十二日差叅將洪範傳宣楊俊功賫咨文到澎湖守候畫行吊回矣茲本月初八日僞藩鄭克塽修書差僞副使何仕隆同曾蜚賫送前來僞武平侯劉國軒僞忠誠伯馮錫范各致書一封到澎湖臣軍前稱說臺灣兵民數十萬恐人心危疑不一事久生端請臣速去安輯臣即會商行間各鎮臣酌派兵船留守澎湖以爲接運糧餉之用臣統率水陸官兵船隻擬于十一日開駕前抵臺灣彈壓暫行安輯將要緊之人先即載入內地仍移咨督撫或親臨安插或酌委有司前來料理以仰候
勅差戶兵部臣到時與督撫二臣商酌安插得宜臣

到臺灣察閱土地人民情形另疏題
報更有請者臣右眼自六月十六日衝擊賊䑸被銃打傷醫治至今兩月有餘猶昏昧未明勉強在軍調度勦撫之事勾當臣職已盡伏乞
俞旨准臣班師回汛調治
俯賜睿裁施行爲此具本謹啓題請
旨

康熙二十二年八月　初九　日

公許○臺灣當新敗之後人心危疑加以遵剃削髮僞藩威令不行將卒亦不用命日望公節鉞駐臨與之更始實有甚于望歲也

公慨然選撥船隻尅期進發要緊僞官載入內地被獲難民悉給口糧給船隻載歸遇險要則設防汛設鎮營星羅棋布深合機宜毫髮無憾仍撫其民人按其圖籍使臺民曉然知

朝廷寛大之恩且以知我公生全之德慰雲霓而望

來蘇彼間始知有更生之樂矣迄今鷄犬桑麻熙熙安堵設官分治無異內地禮樂教化從此而生聚之而教誨之居然一大都會也若使當日遲留不進首鼠兩端萬一變生叵測又不知費幾多經營耶

公之先見碩畫實迥出古人萬萬也

臺灣報命疏

題爲恭報舟師已抵臺灣投誠官兵亟需糧餉仰

乞

勑旨應給事緣照臣總統水陸官兵船隻于本年八月十一日自澎湖開駕進發業已題

報在案其澎湖地方臣酌撥水陸官兵三千員名大小船三十餘隻留守山海防禦臣于本月十三日到臺灣鹿耳門僞藩鄭克塽遣小船前來接

引入港僞侯劉國軒僞伯馮錫范率領各僞文武官員到軍前迎接悉于本月十八日削髮臣逐一分發袍帽外套靴全副其各鄉社百姓以及土番壺漿迎師接踵而至臣宣布

皇仁酌量給賞銀牌袍帽靴烟布疋咸皆欣歡踴躍

其故明監國魯王世子朱桓呈繳金冊一副同

瀘谿王朱慈爌巴東王朱江樂安王朱浚舒城王朱著奉新王朱熺奉南王朱逵益王宗室朱

鑄等亦赴軍前投見詢稱寧靖王朱術桂聞大
師克取澎湖即全家自縊而死臣就朱慈爌等
追取各原受冊印據稱流落多年貧窘銷用見
各任草地耕種度活玆朱桓等宗室數人應載
入內地移交督撫聽其主裁安插惟臣舟師今
抵臺灣細閱港道紆廻地勢窄狹波濤湍急可
謂至險至固臣雖用兵頗能籌度但至此觀看
周詳若非

皇上威靈遠震似未易可以力闘取勝之地頗輸誠
向化之舉在各偽文武官員各懷疑畏獨偽侯
劉國軒決意傾心以生死聽命于
朝廷免貽害生靈此其人毅然慷慨見機力主歸
命遂使我師不用戰攻而得全國其功亦不少倘荷
皇上寬恩授以爵秩當有可見效之才也又閱土地
肥饒出產五穀沃野千里人民土番雜處其為
稠密應去應留臣經具疏題

請未奉
勑旨仰冀
迅賜睿奪俾得欽遵奉行更有請者臺灣偽官兵聽
其歸農者甚多而入伍者不少當即暫給糧食
以安新附之心若承交接管此項糧餉何從以
應臣于本年八月初九日承准兵部劄付覆奉
俞旨其願入伍投誠兵丁着即補經制缺額數內欽
遵在案第查此時缺額零星查補無幾再四籌

維閩粵江浙四省溢設營兵蓋因臺灣負抗甌
突靡常故增添堵禦今臺灣既平海外可以無
患請就福建內地陸營先行酌量裁撤將所裁
溢額之糧餉而暫給投誠之兵需可無外費
公帑亦移緩就急一時權宜策應之計也臣一面
題
請一面挪撥發給俟凱旋之後應撤應留以聽部議
定奪臣見今屯師臺灣船隻來往越過兩重海

洋水途遼遠值茲秋冬北風盛發阻滯難行動
經匝月不等非比春夏可以計期而至伏乞
皇上睿鑒迅勅部議或如臣所議裁汰或應就何項
措給
勅下督撫着令作速遵行以應發給投誠兵需庶免
懸待矣茲在臺灣如鹿耳門大港隙仔港馬沙
港蟯港打狗港上下淡水等處俱已調撥船兵
分布守禦臣帶水陸鎮營官兵一半登岸駐劄

一半在船至僞藩鄭克塽僞侯伯劉國軒馮錫
范等及各眷口應即一併載入內地緣此時風
勁浪狂舟楫難行容俟九月杪風浪稍平即撥
載移送督撫安插所有僞官印劄兵民戶口等
項繁多一時彙造未得就緒俟其造明交繳到
臣即具疏賫
進緣係恭報舟師已抵臺灣事理貼黃難盡伏乞
皇上俯賜全覽施行爲此具本謹容題請
旨
康熙二十二年八月　十九　日

公評○自古地方新定必得長才遠馭之畧區
畫裁制方能就緒
公初入臺灣新附官民頭緒多端僞藩侯伯等各
等應接賞賚有差一毫無缺至若社民土番壺
漿迎師絡繹而至酌量給賞咸使歡欣一若出
其素所料理而爲之者其明裔宗室流落多年

至于銷金印以爲朝夕之計耕種度活尤堪憐
憫公下車即載入內地移送督撫安插優恤
勝國之恩可謂周且至矣其劉國軒決意傾心
以生死聽命于
朝廷不忍貽害數十萬百姓公不沒其忠勇之誠慈
祥之意據實題報深有得于古大將愛才之雅
量若夫處置新附入伍之衆權宜挪給糧糈無
使怨望俾不至于呼庚呼癸者

公之經濟宏猷于此窺一斑矣他日事竣班師論
務得宜秋毫無取軍民畏其威而服其廉曹武
惠之匀當江南公事回止存圖籍衣衾
公何多讓焉

請留臺灣疏
題爲恭陳臺灣棄留之利害仰祈
睿裁事竊照臺灣地方北連吳會南接粵嶠延袤數
千里山川峻峭港道紆廻乃江浙閩粵四省之
左護隔離澎湖一大洋水道三更餘遥查明季
設水澎標於金門所出汛至澎湖而止水道亦
有七更餘遥臺灣一地原屬化外土番雜處未
入版圖也然其時中國之民潛至生聚於其間

者已不下萬人鄭芝龍爲海寇時以爲窠穴及
崇禎元年鄭芝龍就撫將此地稅與紅毛爲互
市之所紅毛遂聯絡土番招納內地人民成一
海外之國漸作邊患至順治十八年爲海逆鄭
成功所攻破盤踞其地糾集亡命挾誘土番荼
毒海疆窺伺南北侵犯江浙傳及其孫克塽六
十餘年無時不仰廑
宸衷日奉

旨征討親歷其地備見野沃土膏物產利溥耕桑並
耦漁鹽滋生滿山皆屬茂樹遍處俱植脩竹硫
磺水籐糖蔗鹿皮以及一切日用之需無所不
有向之所少者布帛耳茲則木棉盛出經織不
乏且舟帆四達絲縷踵至餝禁雖嚴終難杜絕
實肥饒之區險阻之域逆孽乃一旦凛
天威懷
聖德納土歸

命此誠
天以未闢之方輿資
皇上東南之保障永絕邊海之禍患豈人力所能致
夫地方既入版圖土番人民均屬赤子善後之
計尤宜周詳此地若棄為荒陬復置度外則今
臺灣人居稠密戶口繁息農工商賈各遂其生
一行徙棄安土重遷失業流離殊費經營實非
長策況以有限之船渡無限之民非閱數年難

以報竣使渡載不盡苟且塞責則該地之深山
窮谷竄伏潛匿者實繁有徒和同土番從而嘯
聚假以內地之逃軍閃民急則走險糾黨為祟
造舟製器剽掠濱海此所謂藉寇兵而齎盜糧
固昭然較著者甚至此地原為紅毛住處無時
不在涎貪亦必乘隙以圖一為紅毛所有則彼
性狡黠所到之處善能鼓惑人心重以夾板船
隻精壯堅大從來乃海外所不敵未有土地可

以托足尚無伎倆若以此既得數千里之膏腴
復付依泊必倡合黨夥竊窺邊場逼近門庭此
乃種禍後來沿海諸省斷難晏然無虞至時復
勤師遠征兩涉大洋波濤不測恐未易再建成
效如僅守澎湖而棄臺灣則澎湖孤懸汪洋之
中土地单薄界于臺灣遠隔金廈豈不受制于
彼而能一朝居哉是守臺灣則所以固澎湖臺
灣澎湖一守兼之沿邊水師汛防嚴密各相犄

角聲氣關通應援易及可以寧息況昔日鄭逆所以得負抗逋誅者以臺灣爲老窠以澎湖爲門戶四通八達游移肆虐任其所之我之舟師往來有阻今地方既爲我得在在官兵星羅碁布風期順利片帆可至雖有奸萌不敢復發臣業與部臣蘇　撫臣金　等會議之中部臣撫臣未履其地去留未敢進決臣閱歷周詳不敢遽議輕棄者也伏思

皇上建極以來仁風遐揚威聲遠播四海賓貢萬國咸寧日月所照霜露所隊凡有血氣莫不臣服以斯方拓之土奚難設守以爲東南數省之籓籬且海氛既靖內地溢設之官兵盡可陸續汰減以之分防臺灣澎湖兩處臺灣設總兵一員水師副將一員陸師參將二員兵八千名澎湖設水師副將一員兵二千名通共計兵一萬名足以固守又無添兵增餉之費其防守總兵副參遊等官定以三年或二年轉陞內地無致久任永爲成例在我

皇上優爵重祿推心置腹大小將弁誰不勉勵竭忠然當此地方初闢該地正賦雜餉殊宜蠲豁見在一萬之兵食權行全給三年後開徵可以佐需抑且寓兵於農亦能濟用可以減省無庸盡資內地之轉輸也蓋籌天下之形勢必求萬全臺灣一地雖屬外島實關四省之要害勿謂彼

中耕種尤能少資兵食固當議留即爲不毛荒壤必藉內地輓運亦斷斷乎其不可棄惟去留之際利害攸係恐有知而不言如我

朝兵力比於前代何等強盛當時封疆大臣無經國遠猷矢志圖賊徂於目前苟安爲計畫遷五省邊地以避寇患致賊勢愈熾而民生顛沛往事不臧延禍及今重遺

朝廷宵旰之憂臣仰荷

洪恩天高地厚行年六十有餘衰老浮生頻慮報稱
末由熟審該地形勢而不敢不言蓋臣今日知
而不言至於後來萬或滋蔓難圖竊恐
皇上責臣以緘默之罪臣又焉所自逭故當此地方
削平定計去留莫敢擔承臣思棄之必釀成大
禍留之誠永固邊圉會議之際臣雖諄諄極道
難盡其詞在部臣撫臣等耳目未經又不能盡
悉其緊是以臣于會議具疏之外不避冒瀆以

其利害自行詳細披陳但事關
朝廷封疆重大棄留出在
乾斷外臺灣地圖一張附馬塘遞進
御覽緣係條議臺灣去留事宜貼黃難盡伏乞
皇上睿鑒全覽施行
康熙二十二年十二月　二十六　日
公許〇臺灣削平之後持議者莫不曰此一塊
荒壤無用之地耳去之可也漢劉安諫伐閩疏

曰得其地不足以耕得其人不足以臣即此之
謂矣殊不知此島北連三呉南接兩粤實江浙
閩粤之左護棄之則紅毛巢穴于其中勾連匪
類久而生變此其爲害匪細故也
公身歷其地熟識情形特疏懇留條陳詳悉爲沿
海計萬全爲
朝廷圖治安誠深且遠也而所最快心者以當時封
疆大臣無經國遠猷矢志圖賊狃於目前苟安

爲計盡遷五省邊地以避寇患致賊勢愈熾民
生顛沛往事不臧延禍及今重貽
朝廷宵旰之憂此公之所以嘆息痛恨于當日者也
今臺灣澎湖文武官僚建設分治區畫咸宜鷄
犬桑麻境內又安是皆公日夜焦勞深思遠慮
而爲此久安長治之至計者也邊海長城天南
鎖鑰非
公其孰當此者乎

請免移駐疏

題爲移動不如安静仰乞

俞旨以廣

皇仁事竊照臺灣自鄭逆盤踞數十餘年以爲老巢招集亡命擾動數省故從前投誠官兵慮有反側皆安插外省所以解散而消弭之也臣奉

旨總統進征勦撫並用臺灣歸附臣親履該地僞官給以俸僞卒給以餉且將其兵將漸次分離並

無一兵倶聽管束仍一面派撥船隻將各官陸續載入內地查係外省者分發外省各府縣原籍安插係本省者即交各府縣原籍安插仍取其地隣保結存查其僞卒願歸農者則聽其歸農願逐伍者則暫撥在從征各鎮營逐伍其所給糧餉皆從省約不過使之各懷

新恩離散黨與未嘗敢效從前之冒給粮餉又僞鎮弁之現入內地者自本年正月起之俸已行停給其尚在臺灣僞官卒約計只三千餘員名其月餉自三月起亦行住支僞文官則從無分給

今奉有安插附近各省之

旨臣敢不欽遵在部臣蘇　欲令移駐畿輔山東山西河南諸省臣思自康熙十三年以後投誠各官累荷

隆恩免其遷徙今臺灣各僞官蒙我

皇上赦其前愆莫不仰戴

浩蕩鼓舞于光天化日之下毫無懷貳若一行移駐其間有眷口者不少無眷口者亦多遠涉長途不堪艱瘁逃匿生患所不能無況地方人民久困荼毒方謂海氛削平凋殘少蘇今欲將各僞官眷口移駐外省沿途搬運百姓有策應人夫之苦經過郡縣官吏有備給口糧之費所到地方有動撥民房之擾開墾耕作有應給牛種農具之資又是一番苦累以臣叨蒙

國恩夙膺同安城守副將以及陞轉水師提督十
有數載見從前投誠各官之移駐各省現在存
留寥寥無幾不過冐費金錢重煩百姓耳今天
下大定人心已安海外沾化革面傾誠率土之
濱莫非王臣不若廣開
仁恩將此項僞官俯就福建本省安插尤見
皇上推心置腹使各遂其生省人夫之搬運口糧之
應給民房田舍之動擾牛種農具之冐破且無
長途逃匿之患所謂移動不如安靜之爲得也
臣自入閩以來即遣心腹之人密往臺灣澎湖
賊中道達臣之舊時部曲現爲職官者從中潛
謀取事遂有僞鎭營何祐等謀結黨類以待內
應臣業有題
報但恐漏洩未敢直指姓名則當臺灣未平之時臣
已知其人心解體而無固志豈今日鄭克塽等
納土歸附並其親族與劉國軒馮錫范等皆遵

旨進京明宗室朱桓等移就山東河南安插是臺灣
之巢穴已破根株已盡可保其永無後患其餘
各僞官人員皆無關係又何須移駐以滋民擾
且費
公帑乎在部臣蘇　撫臣金　未悉其詳不敢置
議臣備知其傾心向化已無他念且思我
皇上知臣之深信臣之篤感激思奮雖在邁年一意
專征今地方既拓事無大小必求允當且臣衰
老餘生倘蒙
睿恩以海宇既靖邊封無虞准臣入侍猶可不負乃
現膺重寄欲討長治不得不據實入
告仰冀
俞旨臣極知此疏一題必啓群議以臣市恩但臣思
此番投誠與其移而復動數省之煩難曷若安
之可永保其無事在他人知而未必敢言在臣
深悉利害勢難緘默始終竭忠盡誠誓答

洪恩所以不避嫌疑冒昧上陳緣係容題移駐僞官

事理字多逾格貼黃難盡伏乞

皇上俯賜全覽乾斷施行

康熙二十三年三月　初十　日

公評○閩省當凋殘之後兵馬往來郵亭絡繹粟米力役民之疲于奔命者非一日矣茲幸臺灣削平逆艘絶跡誠與民休息之時也乃僞官弁眷口議移駐外省沿途夫役之迎送過宿行

糧之支給不惟閩省受供應之苦即經往省會關津亦難逃擾派之煩民生之大患莫有過于此也

公洞見利害獨疏入

告一力擔當不顧諸當事之非議請令本省安插各還原籍民生免供億力役之勞而按誠諸將士得以還首丘而保墳墓永無出疆之慘而遂獲更生之慶是皆

公之愷悌爲懷痌瘝乃心故其軫念民艱而推心置腹于反側子藎若此之慇且至也陰隲齊天

德垂萬禩豈虛語哉

靖海大將軍靖海侯施公平南奏疏彙

八閩紳士公許　仝敬梓

臺灣減稅疏

題爲壤地初闢乞沛

皇仁以弘治化事竊照臣准兵部咨咨爲謹陳善後末議以贊一統無外之宏規事內開覆奉

俞旨臺灣應得錢糧數目若干白糖鹿皮可否興販及

再議該臣會遵于本年

七月十六日就廈門登舟乘南風而赴省城會議浹月未得適合臣思漳泉爲下游地方兼見在渡載安設臺灣文武官員兵丁及班回征師臣與提臣萬　不便皆久任省城姑于八月十九日乘北風由舟先回廈門料理其臺灣應得錢糧數目及白糖鹿皮可否興販之處部臣及督撫二臣復議明白至九月初八日移送會

題疏稿與臣書

題矣然臣更有不得不披陳者蓋臺灣沃野千里則壤成賦因地爲糧宜稱富足但地僻汪洋之中化阻聲教之外瀰山遍谷多屬土番雖知懷服習性未馴射獵是事徭供無幾所安於耕桑可得按戶而問賦者皆中國之人于數十年前生聚乎其間及鄭逆擁衆盤踞兵即爲農亡即爲兵兼沿海數省之地方人民有爲其所掠而去者有遯而附者非習于漁則與爲佃自臣去

歲奉

旨蕩平僞藩僞文武官員丁卒與各省難民相率還籍近有其半人去業荒勢所必有今部臣蘇等所議錢糧數目較僞藩鄭克塽所報之額相去不遠在鄭逆當日僭稱一國自爲一國之用度因其人地取其餉賦未免重科茲部臣等奏有再議之

旨不得不以此數目議覆臣竊見此地自天地開闢

以來未入版圖今其人民既歸
天朝均屬赤子以我
皇上視民如傷率土咸被伏乞
沛以格外之澤減以應需之賦則恩出自
皇上不在臣下使海外諸國向聞
天威而慴服茲輕賦薄斂益慕
聖德而引領如以會議既定當按數而徵在道府縣
責成所係必奉行催科兼以鄭逆向時所徵者

乃時銀我之所定者乃紋銀紋之與時更有加
等茲劉國軒馮錫范見在京師乞
勑部就近訊詢而知彼夫遐陬甫化之人非孝子順
孫萬或以繁重爲苦輸將不前保無釀成地方
之禍階乎至時動輒爲費更甚何惜減此一二
萬之錢糧哉且臣前之所以議守此土者非以
因其地而可以加賦也蓋熟察該地屬在東南
險遠海外之區關係數省地方安危既設官分

治撥兵汛防則善後之計宜加周詳今所調守
兵一萬乃就閩省經制水陸兵丁六萬五千七
百五十名數內抽調前去兵無廣額餉無加增
就此議定錢糧數目錙減于寇虐之後使有司
得以仰體
皇上德意留心安集撫綏俾四民樂業億兆歡戴至
數年後人戶盛繁田疇悉易賦稅自爾充溢斯
時有增無減豈待按數而徵哉至于興販東洋

白糖一項歲定二萬石不足之數聽其在本省
之內採買夫本省之去臺灣已隔兩重汪洋以
臺灣所產白糖配臺灣興販船數固爲安便若
就本省湊買白糖涉重洋而至臺灣方興販東
洋則今四方蕩定六合爲一在臺灣可以興販
東洋何本省而不可興販必藉臺灣之名買白
糖赴彼興販此皆部臣蘇　等慮彼中之錢糧
不敷姑爲籌度湊足良法可知臺灣錢糧一時

未能裕足故也然在部臣及督撫二臣未至其
地不知該地情形雖留心區畫難以曲盡以臣
躬親履歷其于民風土俗安危利害無不詳悉
天下事言之于已然之後不若言之于未然之
前臣苟
恩深重知無不言言無不盡如今不言至于後來或
有禍患咎臣以緘默之罪臣又安所自逭況臣
叨有會議之

旨故不得不以披陳緣係密題臺灣錢糧事理貼黄
難盡伏乞
皇上俯賜全覽敕部議覆施行
康熙二十三年九月　二十九　日
公評〇臺灣原海外一荒島耳土番往來自為
貿易日以射獵為生概無正供賦稅洎鄭逆據
而有之帶集兵民始得分土種植通商貿販因
而設社追徵芸蔬其一隅之產以供百萬之費
政繁賦重民心已思變久矣今既歸降如出水
火各省難民相率還籍投誠家眾移送歸家較
之前時民數已減其半矣今若賦役稍輕從此
而生聚而教誨安在不可為樂土耶苟仍為重
征繁賦民不堪命或生異心亦未可知也
公疏中諄諄懇切措畫詳明蓋深悉利害于胸中
而不覺發而為忠藎之詞非徒鋪張時務以塞
一日之責者也至若典販白糖不便本省採買

之議尤確確可從而臺民免遠涉之勞真防患
未然之至計也
公無事不為民生陳疾苦無日不為地方計安危
即此疏已見其大端矣

海疆底定疏

密題為海疆底定更宜加愼以垂永安事臣聞慮
事必計其久遠防患在圖於未然我
皇上深念海宇旣靖生靈塗炭多年故大開四省海
禁特設關差定稅聽商民貿捕群生感
霈澤之均沾
國家獲泉流之至計
浩蕩洪慈實冠歷代帝王之丕謨顧臣思前因海禁
森嚴隄防易於畫一茲海禁旣展沿海內外多
造船隻飄洋貿易捕採紛紛往來難以計算水
師汛防無從稽察竊見在昔明朝濱海奸徒出
沒糾䑸肆害延至我
朝定鼎四十餘年江浙閩粵數省民靡有寧今
德威遠播四海歸心惟南之東埔寨尚有偽鎮楊彥
廸下餘孽黃進聚艘百餘號北之浙江烏洋尚
有房錫鵬殘黨及撫而復叛之劉會集艘數十

隻游移海洋遍來貿易船隻給有關臣照票而
往採捕船隻給有道府縣由单而出叢雜無統
兼數省內地積年貧窮游手奸宄罔作者實繁
有徒莫從施巧乘此開海公行出入汛口若嚴
于盤查則以抗
旨難阻之罪相加如此行走不由向問恐至海外誘
結黨類蓄毒釀禍水師將弁必坐聽其罪況見
准浙江撫臣趙　咨稱閩省有等漁船越境
荼毒漁民亟宜禁止等語臣以為展禁開海固
以恤民裕課尤須審弊立規以垂永久如今販
洋貿易船隻無分大小絡繹而發隻數繁多貲
本有限餉稅無幾不惟取厭外域輕慢我非大
國之風且藉公行私多載人民深有可慮如近
者臣在省會議據中軍參將張旺報稱船戶劉
仕明赶繒舡一隻給關票出口往呂宋經紀其
舡甚少所載貨無多附搭人數共一百三十三

名臣據報時卽行查而該船已開去矣一船如
此餘槩可知此時內地人民奸徒貧乏不少弗
爲設法立規節次搭載而往恐內地漸見日稀
夫以臺灣難民尚荷
皇上德意移入內地安插今內地之人反聽其相引
而之外國殊非善固邦本之法竊觀外國所來
進貢之船人數來往有限豈肯遺留一人在我
中土更考歷代以來備防外國甚爲嚴密今雖

與其貿易亦須有制不可過縱以臣愚見此飄
洋貿易一項當行之督撫提各將通省之內凡
可興販外國各港門每港門議定上大洋船隻
數聽官民之有根脚身家不至生奸者或一人
自造一船或數人合造一船聽四方客商貨物
附搭庶人數少而貲本多餉稅有徵稽查尤易
至於外國見我制度有方行法愼密自生畏服
而遏機端其欲赴南北各省貿易併採捕漁船

亦行督撫提作何設法畫定互察牽制良規以
杜泛逸海外滋奸則民可以遂其生
國可以佐其用禍患無自而萌疆圉亦以寧謐誠
爲圖治長久之至計故安不忘危利當思害苟
視爲已安已治無事防範竊恐前此海疆之患
復見不遠矣兼水師船隻刻限三年小修五年
大修自征勦及渡載投誠僞官兵眷口難民之
後多屬朽壞擱泊少當于用竊并不能拮据整

葺請修猶遲時日而沿海新造貿捕之船皆輕
快牢固砲械全備倍于水師戰艦倘或奸徒竊
發藉其舟楫據其貲本恐至蔓延蓋天下東南
之形勢在海而不在陸陸地之爲患也有形易
于消弭海外之藏奸也莫測當思杜漸更以臺
灣澎湖新闢遠隔汪洋設有藏機叵測生心突
犯雖有鎭營官兵汛守間或阻截往來聲息難
通爲患抑又不可言矣至時必有以禁止貿捕

之議復行寧惟負我
皇上子養億兆之德意將東南環海地方不又仰厪
宸衷顧慮哉蓋自我
朝御極以來凡有梗化精騎一到率土咸服獨此海
氛積年負抗調發勞費動關億萬未獲削平乃
乾斷航勦甫爾蕩定而四省開海船隻出入無禁思
患預防不可一日廢弛臣謬膺職任在閩言閩
當此未然深知情弊緦緦上陳使臣年力方壯

皇上不以臣爲駑駘尚可竭蹶綢繆惟年已六十有
五衰老漸及意在乞休祇荷
恩深重思
皇上有千萬世之洪基臣子孫有千萬世之爵祿故
不能緘默而言人之所不敢言者如果芻蕘可
採伏乞
皇上睿鑒勅部議覆緣係備陳海疆宜慎事理貼黃
難盡仰祈

俯賜全覽施行
康熙二十四年三月十三日

收拾遺棄有用人材疏

竊題爲收拾遺棄有用人材以彰
全恩事竊惟我
朝定鼎以來凡屬投誠荷
恩錄用在在竭忠或膺提鎮或授副叅遊守千把等
官
殊典過優近准部咨康熙十三年以後凡投誠功加
未至八等者追劄歸農奉

旨欽遵在案此就功分別用舍亦愼名器之要端然
此等不無抱抑之歎蓋用人之道用之不可以
拘例棄之尤不可以驟促臣思閩省投誠有係
康熙十三年以前在外省墾荒爲
題調從征効力者有康熙十三年以後在本省効
勞見補經制遊守千把員缺內有著績者至於
臺灣新附人員亦有勇敢歷練者一旦棄置之
未免屈其已効之力而辜其歸命之心以臣愚
見不若
洪開格外隆恩
勅下督撫提將新舊投誠各官見在閩省者親行考
驗其中果老弱病廢無一技之長原係有經任
遊守千把者准其原品致任未經任事者聽其
原籍安插歸農果係年力精壯膽氣勇敢歷練
戰鬭者酌定銜劄量給俸餉令隨督撫提標下
効勞許以遇缺保

題一二補用此中名數舊者如墾荒題調及本省
効勞見補經制員缺航勦効力者驗選約計不
過百餘員新者如臺灣投誠驗選不過數十員
計
朝廷之動給無幾蓋前海疆未靖年年調發飛輓費
用不計今四方式寧各省溢額官兵槩經裁汰
俸餉從此減省一年之中何惜一二萬金以養
有用之人使新舊投誠老弱者遂安處之榮精

銳者有功名之用若以功加未至八等循例而棄之已至八等循例而用之是循資格以待人臣伏見未至八等者其才略未必皆遜於已至八等者之員已至八等者其才略未必能勝於未至八等者之員惟擇其精練勇敢者而蓄之則凡巨擘者得遂其願効之懷自壯而老老而死安心於

覆幬彼懦弱無長者亦恬然而自安不寧惟是見今

裁兵之際更多游手游食窮窘無藉之輩負戴營生非其素志不能盡保其無異念視此巨擘者皆為我羅而養之則若輩之祿祿因人成事者終無足有為即為亦無濟此實籠絡人材羅其尤而衆心自戢者也且夫

朝廷尚三年一試武場不過欲廣搜天下人材然所合中式雖弓馬嫺諳而未歷戎伍未經戰攻何若此等之赳赳武夫慣精於疆場用之較有實効也昔漢祖當天下旣定猶思壯士以守四方此深鑑用舍之得失茲萬國獻琛群黎遍德各省亦有投誠不同而臣在閩只惟言閩特舉此投誠之用舍蓋措置得宜其於

國家未必無少裨也況乎鄭克塽見蒙優加公爵馮錫范劉國軒見授伯爵國軒更叨天津總兵之任

皇上之推心垂仁誠冠于萬古帝王又誰不傾心仰

答者乎臣為封疆籌奠安至計非敢為投誠人員市私恩如臣言可採伏乞

睿鑒勅部議覆施行

康熙二十四年三月十三日

祭鹿耳門水神文

惟滄波之浩蕩渺難測其所之何重關之據險儼要隘乎天池旣迤邐以紆折復迅激而奔馳擬鹿耳兮巖浚若砥柱兮標奇瀜湏無以喻斯流之湍急天塹奚以軼扃鍵于藩維某忝專戎于茲域端藉舟航以指麾欽神功于有赫仰幽贊而匡維願濟涉乎無阻俾往復咸底于平彝伏望　鑒此救民湯火之誠佃彰斯

聖皇赫濯之靈威風濤于焉恬息驚波爲之奠綏士馬攸利黎庶靡危虔陳菲獻亶錫崇祺謹　告

康熙二十年十一月　日

廈門祭江祝文

欽惟　尊神總納百川包括萬滙天池著象鉅靈攸宰祇奉

皇威伐彼有罪利濟安瀾丕赫軍壘翳惟徂征發河之瀕順茲長道舳艫星陳霞明組練戈甲嶙峋揚旌海外天討克伸乃奮厥武闞如虓虎除殘去暴逆勦順撫誓禁妄殺整軍束伍焚香籲

天百神是主肆靖醜孽是用勦絕擒渠獻馘蕩巢掃穴川后波恬覞頼　靈哲虔申薦告孔惠僤悅

謹　告

康熙二十年十一月十六日

師泉井記二十一年十一月　日

今上御極之二十一載壬戌孟冬予以奉
命統率舟師徂征臺灣貔虎之校犀甲之士簡閱而
從者三萬有餘衆駐集平海之澳俟長風破巨
浪以靖掃鯨窟爰際天時暘亢泉流殫竭軍中
取汲之道遥遥難致而平澳故遷徙之壤介在
海陬昔之井壓盡成堙廢始得一井於
天妃宮廟之前距海不盈數十武漬鹵浸潤厥味鹹

苦原夫未達廣源其流亦復易罄詢諸土人咸
稱是井曩僅可供百家之需至隆冬澤愆水涸
用益不贍允若茲是三軍之士所藉以朝饔夕
飧者果奚恃歟予乃殫抒誠悰祈籲
神聰拜禱之餘不崇朝而泉流斯擴味轉甘和綆汲
挹取之聲晝夜靡間歕涌滋溉略不顯其虧盈
之迹凡三萬之衆咸資飲沃而無呼癸之慮焉
自非

靈光幽贊佐佑戎師殲殄妖氛翼衛
王室未有弘闡嘉祥湛澤汪濊若斯之渥者也因鐫
石紀異名曰師泉昭
神貺也在易地中有水曰師師之行於天下猶水之
行於地中既著容民畜衆之義必協行險而順
之德是知師以衆正乃克副
大君討貳撫順懷柔萬邦之命而揚旌海外發軔涯
涘神異初彰闓惠覃布誕惟

聖天子赫濯之威以致百靈效順山海徵奇寔其然
乎昔貳師劒刺大宛之山而流水溢出耿恭拜
禱疏勒之境而飛泉奔涌並能拯軍士于渴乏
著萬里之奇功乃今井養不窮三軍獲福予之
不敏其曷以答茲鴻嘉之賜哉是用勒之貞珉
以志不朽云

公評〇井者養也惟
公之德實足養人鉞斧之下雨露津津蓋巨骨之

魂消而頳魴之氣昔人謂兵主殺井主養抑知
非殺至頑民何以生非拯其生民何以養故樓
船遥指鬼神護焉惟彼海若實鑒其誠乃能化
枯而潤易鹹而甘凡我三軍無憂于朝饔而夕
飧不然者以海濱之地烈陽之天渴者何以飲
飢者何以食師泉一誌奇於燕然遠矣

爲曉諭事照得澎湖各島地屬荒區民實窮苦
罹之逆賊蹂躪多年今幸
大師蕩平此日王土王民悉隸版圖宜加軫卹以
培生機合就示諭爲此示仰該地方居民人等
知悉爾等既脫邪氛咸登樂土各宜安意生業
耕漁是事本提督憫念疲瘵之餘當爲蠲三年
徭稅差役遂其培養也特示
康熙二十二年閏六月初四日

爲安撫輸誠文武官員兵民以廣
皇恩事照得
聖朝定鼎以來法素從寬恩恒惟厚撫順勦逆區宇
咸寧臺灣未靖本提督奉
旨專征葢欲拯絶島之生靈俾海疆於奠安茲僞延
平王及武平侯等識
天意之有在樂
皇仁之無偏見遣協理兵工二官副使二員齎具表

章勅印前來歸
命土地人民悉入版圖本提督體
朝廷好生之德念至誠求撫之心現在題
請仰邀
浩蕩洪慈安輯咸宜合就曉諭爲此示仰臺灣地方
官兵士庶人等知悉示到各兵民立即剃髮本
提督尅日親臨安揷軍紀素嚴秋毫無犯今旣
革心歸順官則不失爵秩之界民則皆獲綏輯
之安兵丁入伍歸農聽從其便各自安意樂業
無事徬徨驚心
俞旨下頒
新恩遍及本提督言出金石決不爾負須至示者
康熙二十二年七月十六日

攻克澎湖致祭

后土

聖代隆興

皇圖恢廓海澨山陬寸土經略蕞茲澎島鯨氛是托

恃險負嵎相傳濟惡四十餘載億兆斯虐戸口

零丁鄉村寂寞云胡

天厭喪敗莫度渠魁盡殲兎脫膽落地土人民今已

非昨

朝廷版籍閭閻丘壑以佃以漁以耕以穫惟

神之靈闢軀彌攢永賴奠安黔庶凞若齋心致虔清

醑一酌謹告

康熙二十二年七月　日

祭澎湖陣亡將士

嗚呼人孰無死得所流芳丹青汗青白骨猶香

鴟夷馬革不愧昂藏泰山鴻毛懸絕堪量嗟諸

將士干莫輝鋩矢志奏膚委身是償姓名大書

篷掛高檣逆孽惴慄螳臂車當艦艘縱擊砲矢

飛蝗迷眯烟熖地黑天黃死生此決勳譽斯揚

共奮不顧各逞其濆鯨鯢嚼鐵烏號孔張斬將

焚舟敵勢倉惶披靡敗逋魁渠滅亡無何祝融

奄忽殞傷非不能戰鋒鏑所創嗟諸將士塡膺

縈腸桓赳方壯時命匪常或分南北或同梓桑

某忝統率悼痛難忘嗚呼孰無妻兒在室亦有

椿萱在堂念爾捐軀滄海漂泊落荒英魂渺渺

浩氣茫茫養畜榮華猶晨夕倚閭之是望嗚呼

痛哉爲爾涕泗而汪汪惟逆旣竄巢穴必戕旌

旗一麾誰復顛頑颱捷

帝闕備敘疏章身殁名顯

寵錫後昌爾諸士卒優卹咸慶魂兮安妥各歸攸緒
蕩平凱奏趨虔建塲臨流哭奠釃酒盈觴陟靈其
有知來格來嘗尚　饗
康熙二十二年七月　日

爲重申曉諭以安民生事照得本提督統師親
臨臺灣官兵雲集號令霜嚴念土地既入版圖
則人民皆屬赤子保乂撫綏倍常加意官兵不
許佔住民居弁目不許包贌鄉社樵蘇採捕載
運米穀蔬菜出入港澳均聽民便農商工賈經
營市肆鄉村騷擾强買各嚴差廵糖蔗民間物
業嚴禁兵丁混折至于本地之跳梁伏莽夜聚
曉散訪聞皆係臺灣新附之將不嚴約束故縱

官兵剽劫經本提督一面發示招徠解散恐不
効順復一面行偽武平侯遣發撈捕法處該管
將弁故縱之罪凡有妨於民生者靡不禁戢備
至惟恐爾民未悉本提督惓惓至意自疑新附
猶懷驚惶刻此大師甫臨之際將及五穀秋成
之時若不安生必致失業合再申諭爲此示仰
各地方官兵百姓土番人等知悉本提督素性
愛民今月統師至此務在安戢爾民而登衽席

隨征官兵糧餉船隻載運足給兵食有餘鎮營日用蔬菜市肆買辦照依民價無虧斷不許藉稱官辦應用一絲一毫侵取民間茲地方初定賦稅固宜盡蠲惟查官佃田產牛種原出業主備給今歲應納租穀十分酌減其四准赴州官輸納六分以供僞延平王稅課其一切保務壹派什項差徭盡行蠲免臺灣去留業經題請候

旨或臺灣議留本提督軫念海外荒區非比內地樂土年納正供當爲從輕酌定具題其官兵人民去住聽從其便各宜樂業無事驚心收成在邇農務毋荒貿易如常壟登有禁官兵違犯法在必行人民安生事勿自綏須至示者

康熙二十二年八月二十日

爲嚴禁犒師以安民生事照得本提督奉

命進取臺灣所統

王師原爲拯民非以擾民故到處秋毫無犯務使民不知兵誠恐鄉社保甲沿襲故套各自派辦勞軍之費致擾民生合就嚴禁爲此示仰各鄉社保甲長居民人等知悉本提督居心如水視民如傷提師至此政期綏安竊誠煩擾如有該鄉社各保甲長敢藉端派辦犒勞之費者許即指稟定行嚴拿重究不貸特示

康熙二十二年八月二十九日

祭臺灣山川后土文

竊以淵獻仲秋東溟維舟原隰桐望陟彼崇丘
田疇鬱其聯屬黔庶于焉止休蔽長天之巨艘
揚旌旆之悠悠奉
皇威以遠濟統水兕乎貔貅既克彭湖于重險爰躋
臺灣而周流維
山川之巖浚兮羌連檣以難進仰神功之浩大兮御
艨艟其飛迅封內則載于祀典兮殊方邈夐古

而莫訊誕
后土之載物兮控東隅以靜鎮比神嶽而孕靈兮應
安貞以益崇夫明信某菲薄之凉德兮仗
天討以翼翼拯斯民于塗炭兮啓絶島之異域慨杼
柚之空竭兮嗟旱潦夫稼穡籲靈貺之昭格兮
錫福祉于遐國水土衍斯不匱于民用兮俾遺
黎徧得沾乎豐殖驅蝡螣與蟊賊兮庶無侵于
狐蜮繄統師其申嚴紀律兮秉鈇鉞以專征遏
兵戎于衽席之上兮欣耇稚壺漿之遠迎誓不
殺以凜犯于秋毫兮體
皇仁而用兵撫茲土以安民輯衆兮祈士馬乎寧平
亶篤祜此征人兮願氛沴波濤之弗驚幅幀既
入輿圖兮版籍已登
廟堂寧徒日雉楛矢之遠貢兮頌海波之不揚化蕃
髮以漸被兮熙
帝載于無疆酹椒醑與桂酒兮融肸蠁而彌臧謹

告
康熙二十二年九月初三日

班師過澎祭陣亡官兵文

惟渊獻之季夏統勁旅乎舟舤耀絳天之朱旆擁兕虎于戎行矚波瀾以迅激奠壁壘其奚方繄梟寇之不逞奮螳臂乎岌嶄恣轟雷于巨礮矢石共烟焰以飛揚洛將士之賈勇冒鋒鏑以罹傷身膏芙蓉之刃體沉大壑之鄉咸各矢忠報國誓死勤王風雲爲之黯慘日月掩其光芒家室悲痛望泣徬徨余忝軍麾于率領肅紀律

以難抗士爭先兮破敵哀猛壯于國殤茲當臺灣底定凱奏

廟堂舟師旋旆以西指不禁雪涙之千行凡厥將弁力當奏

請優卹恩逮妻孥其餘各鎮營之士伍遘此荼毒魂煢煢其無依即圖創建厲壇春秋供其祭祀務令爾等咸有血食之享勿致貽悲若敖以慰此九泉之痛苦是用披誠虔祭尚其歆格尚饗

康熙二十二年十一月二十五日

又祭陣亡官兵文

閼逢紀歲金祇御時涼飈瀏泬白露沾滋感四序之遷易懐故壘乎殤師操吳戈兮犀甲衝矢石兮海涯奮先登以賈勇誓將焚巨艦而搴旗遂乃觸轟礮于飛隕罹鋒鏑兮傷痍痛形體之淪喪冀魂魄之來茲風雲慘其悲惋波濤咽其流澌余忝軍麾于率領肅紀律以控持胷中元之令節值蘭盆于普施念將士之殫力悼幽冥之凶危羅肴蒸以奠享陳醓醴于盈巵特耑員而虔祭抒誠悰于水湄靈之遊兮髣髴惟歆飫以攸宜尚饗

康熙二十三年七月初十日

謹陳蕩平機宜疏

奏爲邊患宜靖逆賊難容謹陳蕩平機宜以效忠猷以奠永安事竊照鄭賊負嵎海上久阻聲教致干勦討遁竄臺灣絕島恃險負固雖戢翼斂跡未敢突犯而蜂蠆有毒沿邊將爲不寧堂堂

天朝萬國賓服豈容此餘灰以滋蔓患日

朝廷廣開洪仁遣官招徠

德至寬大茲總兵孔元章招撫回歸只稱有的確公移臣密諭押船官林功勳渡載孔元章往臺灣探賊中情形未必有歸誠實意使果傾心向化則海靖邊寧無庸討論今豈可憑信倘復頑梗如故似難中止臣荷使命兩次到彼並無的當僞員同來輸誠惟聽口傳

恩深重與賊仇不共戴際此逆賊跳梁能無扼腕雖躬履險阻身歷波濤亦必滅此朝食伏思賊黨盤踞臺灣沃野千里糧食匪缺上通日本下達

呂宋廣南等處火藥軍器之需布帛服用之物
貿易備具兼彼處林木叢深堪于採造舟檝以
致窮島一隅有煩
南顧爲今之計順則撫之逆則勦之若恣其生聚
教訓恐養癰爲患且此時經制船隻尚堪遠駕
過洋舵梢見有可選遲之數年船隻久壞再造
則損
內帑之金舵梢撥散名募安得慣洋之人萬一奏

動屬費驅除以臣愚見不如乘便進取以杜後
患夫興師所難在于招兵措餉製器造船今欲
大舉所不庸計慮者閩省水師官兵共一萬有
奇經制陸師及投誠開驤官兵爲數不少皆爲
防海而多設也就水師中選撥精銳者可得六
七千海澄公臣黃梧標下慣海併壯練者可擇
選二千有奇尚投誠乘未撥散內多有慣海舵
梢及精銳者可擇選數千此數若未敷足用就

與陸師中酌選湊共二萬便可合爲勁旅兵在
精不在多也閩省全轄大小戈船共二百隻選
撥一百七十隻小快哨一百隻選撥七十隻其
餘留爲防汎及運載糧糈傳報往來軍情之用
應再造大水艍船十餘隻以充前鋒另造渡馬
船二十餘隻便於配載計此新造三十餘隻之
船爲費不多其經制大小戈船見在題
請例應大修伏乞

勅部給此應修銀兩發付修葺不用濫額增加舟檝
業已堅牢將豫備之兵糧船器充東征之戰勝
攻取無煩徵名不事蕩費戮力討平海甸永清
誠長便之舉也惟是航海遠征後先抵岸各兵
湊集非親經訓練臨時難以信恃兵額既定分
撥八千爲水在船以接戰一萬二千爲陸登岸
以進取臣將此二萬之師分爲水陸躬督操練
加之數月將得兵心兵知將意方可渡海遠征

至于選任將領疇堪前矛疇堪後勁必其經歷
戰攻身先士卒夙有成效者乃堪委任臣于閩
中經制及投誠將領稔知有素另候
命下之日會議選撥定數具冊報
聞臣矢志報
國敢遺餘力第思任維艱而責綦重伏乞
皇上賜臣稍以便宜得于軍中申嚴號令庶膚功克
奏又當

密勅藩督撫提諸臣會商妥確催督修造戰船備足
糧餉選調官兵付臣整練完備相機進取居者
行者各盡其力則動出萬全前次東征兩阻風
濤之險逆賊雖未撲滅人謀亦未允臧投誠官
兵眷口多在彼處新附人心參差未一鴂鳥合
之衆以事曼海之表其未至誤公者誠賴
國家之福臣奉有
成命勉應擊檝固逆知其難也今臣思選撥將士修

葺船隻操練習熟紀律嚴明成算在胸故敢慮
勝而動葢澎湖爲臺灣四達之咽喉外衛之藩
屛先取澎湖勝勢已居其半是役也當勦撫並
用舟師進發若據澎島以扼其吭大兵壓近賊
胆必寒遣員先宣
朝廷德意如大慈勢窮革心歸
命抑黨羽離叛望風趨附則善爲渡過安揷可不勞
而定倘執迷不悔甘自殄絕乃提師進發次第

攻克端可鼓收全局矣但遠征外島風信靡常
當假以歲月不可限以定期臣整備舟師枕戈
待時或急遽以掩襲或愼重以制勝奏捷遲速
雖難豫定然滿腔血誠賊一日未滅臣一日未
安籌度時勢定當掃餘氛而拯黎元義不以賊
遺
君父且數年以來沿邊江浙閩粤多設水陸官兵佈
置錢糧動費倍增皆爲殘孽未靖之故如臺灣

一平防兵亦可裁減地方益廣歲賦可增民生得寧邊疆永安誠一時之勞萬世之逸也若以

臣言可採伏乞

皇上勅部議覆施行

康熙六年十一月二十四日題　康熙七年正月初十日奉

旨渡海進勦臺灣逆賊關係重大不便遙定着提督施琅作速來京面行奏明所見以便定奪其施琅之缺着施琅自行擇人暫令代管兵部知道

公評〇窮兵黷武固非福世之圖而縱亂養奸亦非安邦之策

公權彼之順逆而勦撫之道兩用之以不測眞俊傑者定識時務也嗣後進征綏靖不庭知以逆則勦

朝廷之决策於　公也明甚赤羽白羽已馬足折樹而鞭可斷流況　公抱九天九地之奇安在不收七縱七擒之績哉日出之邦自古車馬弗通也

公揆時度務陳師鞠旅而海外來琛越裳獻雉非常之業風聲赫焉乃中流未嘗擊楫而

公已坐操勝算矣則神智豈非天授若夫砥柱南天金湯海國廣布

帝威宏沛

皇仁則尤遠軼乎珠崖銅柱鏤姓字而紀元勲者也

從兹律調玉燭瑞應金甌天下萬世莫不拜

公之賜云

密奏盡陳所見疏
密奏爲遵
旨盡陳所見緣係克取海上情形面奏難盡謹詳瀝
披陳仰祈
睿鑒事竊照鄭成功倡亂二十有年恃海島爲險蔓
延賜張荼毒生靈故當時不得不從權拆地絕
其派取之路嗣而
皇上廣開德意招徠撫綏漸散其黨鄭成功疑懼乃

遁臺灣以爲兎窟又幸
天心厭亂遂促其亡康熙元年間兵部郎中黨古里
往閩公幹臣備將逆島可取之勢面悉代
奏復上疏密陳荷蒙
俞旨仰藉
天威數島果一鼓而平逆孽鄭經逃竄臺灣負嵎恃
固去歲
朝廷遣官前往招撫未見實意歸誠從來順撫逆勦大關

國體豈容頑抗而止伏思天下一統胡爲一鄭經
殘孽盤踞絕島而折五省邊海地方畫爲界外
以避其患自古帝王致治得一土則守一土安
可以既得之封疆而復割棄況東南膏腴田園
及所產漁鹽最爲財賦之藪可資中國之潤不
可以西北長城塞外風土爲比倘不討平臺灣
匪特賦稅缺減民困日蹙即防邊若永爲定制
錢糧動費加倍輸外省有限之餉年年協濟兵

食何所底止又使邊防持久萬一有懼罪弁兵
及冒死窮民以爲逃逋之窟遺害叵測似非長
久之計且鄭成功其子有十遲之數年長成群
强假有一二機覺才能收拾黨類結連外國聯
絡土番耕民羽翼復張終爲後患而我邊各省
水師雖佈設周密然臣觀之亦只區守汛口若
使之出海征勦擇其精銳習熟將兵實亦無幾
況後來慣者老練者往何可恃禦臣蒙

皇上逾格擢用荷

恩深重分應圖賊以盡厥職每細詢各投誠之人及

陣獲一二賊夥備悉賊中情形審度可破之勢

故敢具疏密

奏蒙

旨宣召微臣進　京面

奏謹將臺灣勦撫可平機宜爲我

皇上陳之查自故明時原住澎湖百姓有五六千人原住臺灣者有二三萬俱係耕漁爲生至順治十八年鄭成功親帶去水陸僞官兵并眷口共計三萬有奇爲伍操戈者不滿二萬又康熙三年間鄭經復帶去僞官兵并眷口約有六七千爲伍操戈者不過四千此數年彼處不服水土病故及傷亡者五六千歷年過來竄犯被我水師擒殺亦有數千陸續前來投誠者計有數百今雖稱三十餘鎮多係新拔俱非夙練之才或

管五六百者或管二三百者不等爲伍賊兵計算不滿二萬之衆船隻大小不上二百號分爲南北二路墾耕而食上下相去千有餘里鄭經承父餘業智勇無備戰爭匪長其各僞鎮亦皆碌碌之流又且不相浹協賊衆散處耕鑿自給失于操練終屬參差不齊內中無家眷者十有五六豈甘作一世鰥獨寧無故土之思但賊多係閩地之人其間縱使有心投誠者既無陸路可通又乏舟楫可渡故不得不相依爲命鄭經得馭數萬之衆非有威德制服實賴汪洋大海爲之禁錮如專一意差官往招則操縱之權在乎鄭經一人恐無率衆歸誠之日若用大師壓境則去就之機在乎賊衆鄭經安能自主是爲因勦寓撫之法大師進勦先取澎湖以扼其吭則形勢可見聲息可通其利在我仍先遣幹員往宣

朝廷德意若鄭經迫之勢窮向化便可收全績倘頑梗不悔俟風信調順即率舟師聯䑸直抵臺灣抛泊港口以牽制之發輕快船隻往南路打狗港口一股往北路蚊港海翁窟港口或用招誘或圖襲取使其首尾不得相顧自相疑惑疑則其中有變賊若分則力薄合則勢蹙那時用正用奇隨機調度登岸次第攻擊臣知己知彼料敵頗審率節制之師賈勇用命可取萬全之勝

倘賊踞城固守則先清勦其村落黨羽撫輯其各社土番窄狹孤城僅容二千餘衆用得勝之兵而攻無援之城使不即破將有垓下之變賊可計日而平矣夫興師惟慮募兵措餉今沿邊防守經制及駐劄投誠閒曠官兵皆爲臺灣而設聽臣會同藩公督伯提諸臣挑選調撥慣海者撥爲舵梢慣戰者練爲戰兵擇其精鋭有根脚者方可用充征旅無事徵募動費之煩此等

兵餉征亦用守亦用與其束手坐食于本汛孰若簡練東征於行間至修整船隻就于應給大修銀兩領修可無額外動支船未勾用則浙粤二省水師亦爲防海設立均可選用仍行該省督提選配官兵各舉總兵一員領駕協勦然遠征絶島所調浙粤二省船隻每船須用慣熟澎湖臺灣港路舵梢數人就于福建投誠官兵内挑選分配如投誠兵中選配不足則將投誠兵

查其老弱者汰退別募慣洋之人頂補糧額因此見在船兵額給糧餉不須分外加增無煩夫役輓輸安配定妥等候風期毋論時日風信可渡立即長驅利便之舉誠莫過于此者茲既調用浙粤二省船隻則臣前疏請造水艍船十餘隻渡馬船二十餘隻二項俱就于二省中船隻改修應用可省新造之費但水路行兵出海水深利用大船進港水淺利用小哨今當新造小

快哨一百隻以爲載兵進港及差撥哨探之用

又當新造小八槳二百隻每大船各配一隻到

臺灣臨敵登岸之時可以盤載官兵蜂擁而上

其小快哨每隻新造只用價銀四十兩小八槳

每隻新造只用價銀一十五兩二項共該用銀

七千兩爲費不多若臺灣一平則邊疆寧靖防

兵可減百姓得享昇平

國家獲增餉稅沿邊文武將吏得安心供職可無

意外罣累臣前疏故曰一時之勞萬世之逸也

臣荷

國厚恩職任閩疆水師平賊報稱分所宜然且目

擊邊民之困心切父弟之仇故靡刻不以滅賊

爲念少盡臣子之職然航海遠征調兵遣將乃

關

國家大事出在

皇上睿裁其餘興師應行事宜臣前疏已經

奏明緣係畫陳平海事理字多逾格貼黃難盡仰

祈

睿鑒俯賜全覽施行

康熙七年四月　　日

公評○臺灣勦撫之說紛紛數歲未決也

聖主日夜憂勞政以此耳

公早知

聖世干羽難戢負固之宄不得不藉彤弓旅矢廣布

天朝露雷用是招携懷遠焉顧險阻爲守勝之實難

朝廷非無憂國奉公之臣而計畫無復之也

公操妙算則有因勦寓撫先據澎湖之策百萬胸

藏妖氛已在目中何待聚米指陳哉

聖聽惟聰

特簡

元老四海欣欣慶得人矣自茲下瀨上霧伐鼓淵

淵氣蒸鳶飛誰無惻然

公戮力
王室蕩平念殷雖天地震懼神鬼泣血
公不以神龍負舟而色變也天開景運而地分南
北
公履險如夷克展韜略闢疆宇增版圖航送雲風
知天心之特眷旆壓鯨鯢瞻海波之俱靜帷幄
決勝萬里立功熟讀奏疏如握左券周顗之殺
賊取金彥博之請平貝亂其料功不爽與

公可樹三傑也至其貳而討之服而撫之百姓望
公如望父母焉則又以兵戢亂以德安民之爲也
戢亂勇也安民仁也能以兵以德者智也傳曰
至誠如神
公其天下之至誠乎

平南行有引

予自旋里後杜門讀禮概不與外事每念閩變未
嘗不爲之撫膺而髮指者也幸
大師光復咸慶太平而妖氛遠竄荒島負固未平賴
將軍一鼓成擒功過萬世海隅日出之邦靡不歌功
頌德矣閩縉紳先生及都人士謳吟傳誦過于鄧
林余時取而讀之獨有平南實錄一編不覺拍案
叫絕曰偉哉偉哉將軍平南之功久聞之而未知

其詳如是也將軍忠勇之名久聞之而未知其實
有如是也是真可歌而可述者矣所謂愛慕之不
盡故咏歌之咏歌之不盡故長言之因俯仰有懷
爲之賦平南行一章以附其後使采風者得此益
見將軍之功德真足勒銅柱而圖凌煙也云爾
大海洋洋久難平鯨鯢噴浪戕群生三世孽惡
逆顏行
宵旰憂勞不得寧頻年　禁旅費征浪蕩水仙逞

戰爭誰敢持籌搗賊營立爲四海奏澄清不世
奇人天所生維　公應運發其英旋膺
特簡下南津散金賞士集艨艟聚米要形瞭目中疏
請廟謨決撲滅羊裴先見古今同羊公平吳任
阿童灼炬截鎖渡長江鼓棹乘風一帶耳曷嶮
出奇詭若公淮西雪夜襲蔡州不過平陸運機
籌曾似波濤間出沒指揮舉艇奪上流澎湖環
島三十六臺灣港門復詰屈沸狼猛發吼如雷

平南實錄　稿二

組練水犀白於月排空巨湧千尺雪樓船游戲
翔龍宂東南助勝神飈廻鹹化清泉三軍足區
區防禦竟何爲共知天意端有屬迎潮迅擊鐵
關開沉若一箒拂塵埃孽寇君臣卹襯來公手
釋之忘佗猜滿人歡喜番人哀兵不血刃俘其
魁旁稽難民盡放回勝代餘裔保無殘傷者給
藥行給糧晏然不知有疆場奏凱獻囚上
宣聽鐵券山河帶礪長從此海波示不揚

帝曰咨卿寄一方行加九錫責　龍章出則尹召入
周姜與國偕傳及無疆君不見海内乂安外國
至梯航貢琛爭獻雉重譯遣子來入侍非公蕩
平孰所致他日召公入
帝庭絺繡太平歌燕喜武功既崇文德洽勳名炤耀
垂汗史今茲謳吟躋介兕聊申沐浴仁風爾猗
歟隆哉我
公功德安有既

平南實錄　稿三

三山　鄭開極具稿

平南賦

海氛煽虐數十載

大將軍施　銜

命徂征一戰而克平南實錄一編乃都人士家謡

戸頌積成卷軸也雖里巷微詞而輶軒足採

乃摭其事實而作賦曰

繄

帝德之光華曰聖神而文武耀化日於中天颺仁風

於率土賡一廷之都俞舞兩階之干羽張百旅之熊羆挟千屯之貔虎六服率賓萬方安堵靡不稽首來王輸賓天府惟是東南一帶溟渤輿區蛟鯨出没陸梁逋誅依黿鼉以窟宅聚蜃蛤而爲徒乘風濤以鼓鬣播毒燄於萑苻長使海澨黔黎毀家破室雲屯士旅抱戈枕桵嗟桑田之萬頃乃彌望而平蕪困頳魴於涸澤泣流鴻於征途錯烽煙於野戍裲燐火於寒墟至於淒風鳴柝涼月啼烏莫不含酸茹慼惻愴嗟吁

天子乃念南國之仳傐每殷勤而宵旰曰惟予股肱孰是仗旄秉鉞爲海邦剪此暴亂僉曰惟彼元勳夙膺寵眷俾控制以專征用克紓乎廟算

帝曰都自江以南倚汝爲屛翰其克奏膚功以靖此多難於是分虎竹綰龍章辭禁衛出

帝鄉貔貅夾隊魚麗成行戈鋋的皪旌旆飛揚駐雄師于澤國若雨集而箕張惟其地當斥鹵井竭

水漿喜甘泉之應禱供萬竈之餱糧乃修樓艫爰戒舟航凌中流以擊楫攬形勢於滄浪先卜期以決勝奏神筴於廟堂緊重淵之瀰漫慨風浪之不常望蜃樓之縹緲嗟欲濟之無梁因而畫沙爲隄聚米成島孰漂疾當其驚湍孰盤渦介其要道孰旁涯而可泊舟孰順流而堪直搗敵巳在吾目中胥按圖而可考定方略於金城羨克國之計早知拉朽而摧枯胡險阻之能保

爾乃乘機制變六月興師舳艫千里旌漢蔽虧
劒氣干雲而烱爍甲光冐日而陸離横驚波以
伐鼓撥瘴霧以揚旗各星羅而碁布聽中堅之
指麾因念蛟宫盤踞兕窟憑依既蜂屯而蟻聚
復扼險而負危雖投鞭之可斷匪制勝之機宜
故毀軍以驕敵弄股掌之嬰兒彼乃踈汛守撤
藩籬謂北來之軍旅豈渡江之能飛横千尋之
鐵鎖沉水底以何爲於是鼓輕橈浮彩鷁溯洪
波撼絶壁凌馮夷之宫搗潛虬之宅維時衝飈
怒號狂濤湍激飛沫噴空滂湃澌汨吞海岳以
俱冥合水天而齊碧百族爲之震驚千靈爲之
辟易天吴排浪以浮游罔象穿煙而蹩躠篙工
柁師逡廵踧踖莫不輟擢停橈驚心動魄爾乃
精誠上格叱電驅霆飛廉頓轡屏翳潛形波臣
歡焉助順海若剡其揚靈爰散金以誓士恥與
敵而俱生復焚香以戒旅惟妄殺之是懲於是

軍聲震士氣騰艨艟發枹鼓鳴摇赤羽麾青萍
殲怪鼉殪毒鯨弓不虚發矢必應聲倒戈漂鹵
流血波赬既獻俘而授馘遂掃穴而犂庭乘長
風以破浪藉專閫之威稜因而傾其巢剗其壘
敗甲殘鱗俛首帖耳濟藥石以扶傷俾瘡痍之
咸起仗天威以縱擒使歸布其德旨曰網漏之
餘魂漫稱雄于井底將計日以成擒胡憑陵之
足恃念薄海之含靈皆
聖朝之赤子無追踪於田横五百人而俱死倘銜璧
以來歸當茅土而錫爾惟公事之勾當何私仇
之足恥彼乃籍戸口輸土田匍匐蟻伏稽顙軍
前曰南人不復反願稟翔于堯天知
聖朝之寛厚必罔治于厥愆若夫哀鴻失所瑣尾堪
憐延頸企踵霓望久懸瞻王師之至止胥雀躍
而歡顔陳壺漿而塞野奉筐篚以周旋桑麻無
擾井里依然耕不輟耒買不易廛相與脫釜鬵

之苦登衽席之安更有流離遷客顦顇闔鬟弔
天涯之魂影悲絕徼之風煙盼征鴻而帛書難
繫吟夜月而笳拍空彈望鄉關於萬里長掩涕
以流漣欣撥雲而見日樂故土之生還乃復納
叛招降編諸部曲曰蔡人即吾人務推心而置
腹彼坑卒於長平何徒肆其殘酷化鷹眼以咸
馴各賣劍而買犢念勝國之宗支多竄身於窮
谷懷禾黍之故都每悲歌而當哭彼白馬以賓王

殷宗爲之不覆惟
聖世之芳規曠千春而並燭於是雕題貫胸之衆燋
齒梟鵰之倫廻首請吏願列編氓遷情反志服
敎畏神固絕徼荒陬盡變爲樂土何殊方異類
共識乎尊親若乃威靈遠暨悉主悉臣陸讋水
慄奔走來賓琛幣重譯而交貢梯航接踵以並
臻火齊木難之寶珊瑚瑇瑁之珍烏集麟萃靡
不咸陳豈中朝特貴乎遠物乃遐方共聞有聖

人由是鐃鼓傳于戈戟唱天山之歌勒燕然之
筆交趾之銅既標淮西之碑亦立捷音飈發于
閩關露布星馳于北極六合莫不騰懽
至尊爲之動色曰海波之載揚四十年如一日吁嗟
乎蒼生不安于稼穡仗爾師貞一戰而克從茲
殺運除劫灰熄樂桑麻恬作息南顧紓憂云誰
之力其速議褒封用彰彼勳德爾乃登
清廟播樂章告海邦之清宴慶社稷之靈長遂褒以

絲綸之
天語錫以黼黻之衮裳指河山而盟帶礪分茅土而
勒旂常謂爾元戎邦國之光用錫爾鐵劵汝其
世守而永藏藉金城之萬里用屏衛乎一方奠
封隅以永固肇奕葉于苞桑追伏波之舊烈曠
百世而流芳於是居者相與慶于閭行者相與
歌于市胥朋酒以言歡賡吉甫之燕喜願長借
乎衮衣沾雨化於桑梓若乃鈐閣餘閒左圖右

史吐握下賢赤舄几几門多珠履之賓座滿逢
掖之士同雅歌於癸遵等輕裘於叔子令旣肅
于秋霜心復澄于止水彼烟閣與雲臺知姓名
之永紀儻採風於輶軒詩罔逃于下里乃歌曰
嗟滄海兮噴狂濤蛟龍鬬兮虎豹嘷兵車絡繹
兮饋餉勞悲中澤兮聲嗷嗷孰提師兮奮旌旄
麾霓虹兮掣寶刀淬龍泉兮礪鵜膏入蛟宮兮
斬毒龍斬毒龍兮奠滄海吁嗟偉烈兮斗漢爭
高

乙丑臘月周澎百拜具草

跋

平南之役
聖天子授鉞推轂於我
大將軍施公而　公果以膚功奏其知
人善任誠千古帝王命將之盛軌哉
顧嘗思之古今克奏膚功者皆其謀

能素定熟識情形深知彼已是以弗
戰則已戰則動出萬全功成一鼓今
讀　公平南始末奏章如密陳專征
諸疏可謂成算在胸瞭若指掌矣然
皆不越其始所預策方康熙六年
公以蕩平機宜請也有云據澎湖以

阨其吭賊膽必寒先宣
朝廷德意如大憝勢窮革心歸命則姑從
寬網亟與安挿臺灣可不勞而定此
謀定於十餘年之前乃今一一如取
左劵雖淮陰築壇之對營平金城之
圖王朴平邊之策曷以加玆初

公之畫是謀也咸且難之而
天子獨排衆議丞心委任竟使 公伸其
十餘年前素預之謨 公何幸遇特
達之
聖主得以勝任愉快而建不世之奇勳耶
然此猶以武功言之也若夫 公之

文德則尤近古以來名臣宿將所未
易彷彿一二者致遠竊讀 公之疏
而知之也 公諸疏凡條上便宜着
着皆符
廟算着着各奏成效而一念悱惻曲體
皇上好生之仁遂使窮島萬靈重蘇於筆

下蓋其撥之心者明故其抒之筆也
達是固非記室參軍操翰幃幄者所
能贊其一詞也昔武侯弱冠馳驅躬
在行間斗鈴之下親校簿書而前後
出師二表探喉而出遂爲古今奏疏
第一忠肝智膽照耀史策千載下讀

者至爲感激流涕是皆至性之餘溢爲文章故無人巧安排之迹而有天工自然之妙以視　公疏奠堪頡頏矣公軍旅稍暇輒賦詩磨盾不廢文事謂　公獨以武功著乎哉語曰天下危注意將天下安注意相今海內

昇平方敷文德之化以　公文事武備兩者兼優爲將爲相無往不宜又奚安與危之可分則出爲舟楫入爲鹽梅

天子之注意於　公當有加無已也而受福者不獨吾閩矣

年家眷晚生蔡致遠頓首拜具稿

小引

吾聞僻處海濱波濤沸騰蓋歷數十餘年於此矣一方蠢動而數省之師爲雲集半夜登岸四邊鄙之民悉震驚以致議勦議撫了無一濟至煩

聖天子南顧之憂乃今波不揚民衽席市井熙熙如登春[illegible]之手

大將軍施公力

將軍不矜不伐不自以爲功歸之

天子

天子眞乃丕績

寵錫褒章使河如帶山如礪爰及

將軍苗裔

書林蔡調脩敬傳

国家出版基金项目
NATIONAL PUBLICATION FOUNDATION

海上絲綢之路文獻集成

總主編　陳支平　陳春聲

歷代史籍編 117

主編　范金民

海峽出版發行集團
THE STRAITS PUBLISHING & DISTRIBUTING GROUP
福建人民出版社

本册目次

治臺必告録八卷

〔清〕丁曰健輯

《治臺必告録》八卷，清丁曰健輯。曰健字述安，安徽懷寧人。道光十五年（一八三五）舉人，咸、同間官臺灣淡水同知、臺澎兵備道加按察使銜。是書前五卷彙輯前代有關臺灣文獻而成，後三卷爲其自撰。卷一藍鼎元《平臺紀略總論》等三十二篇、魏源《聖武紀》等二篇；卷二謝金鑾《蛤仔難紀略》一篇、鄧傳安《蠡測彙鈔》四篇、周凱《紀臺灣張丙之亂》一篇、姚瑩《東溟文集》、《東槎紀略》之相關者；卷三達洪阿等《防夷奏疏》、劉韻珂《奏開番地疏》等二篇、熊一本《條覆籌辦番社議》等二篇、仝卜年《上劉玉坡制軍論臺灣時事書》一篇、史密《籌辦番地議》等二篇；卷四徐宗幹《斯未信齋存稿》所收相關者三十四篇，卷五徐宗幹《斯未信齋文集》所收相關者三十五篇，卷六、七丁氏自撰之《平臺藥言》及治臺期間所上奏摺，卷八尺牘等。據天津圖書館藏清同治六年（一八六七）刻本影印。

同治丁卯春鐫

治臺必告錄

知足知止園藏梓

敘

臺灣一郡自
國朝康熙年間始入版圖地廣民稠人心浮動其民漳泉潮粵與屯番各籍雜處素不相洽每多分類械鬬刦奪樹旗之案習俗頑梗相沿已久而㝡後同治元年春戴萬生之結會戕害文武員弁全臺震動為禍尤烈實從前逆案之罕見者官斯土者為治愈難然人情勇直俗可轉移為上者果能布之以誠行之以敏馭之以簡潔清自矢先事慎防臨事鎮定未始不可化其頑梗靜其浮動之心也道光二十七八年間　曰健任臺灣廳縣時
中丞徐樹人大人觀察臺澎六年之久常得謁見於平定分類及樹旗各逆案疊次保奬以得民心為可恃凡所以治臺者無不指授多方俾得庶事就理迨後　健　回福省權糧儲道時而

一

天津市人民圖書館藏書之章

中丞於同治元年又來撫閩薦攝藩篆正值多
事之秋安内攘外幸無隕越東
中丞之教良多嗣因二年春籌餉心勞引疾告
退斯時臺匪戴萬生滋事已經年矣勢極猖獗
攻陷彰斗城堡官軍屢挫
中丞復保奏平臺奉
旨補授臺澎兵備道加按察使司銜提督學政並統
辦軍務懼弗克勝瀕行辭

二

公公以治臺必告錄一書見授謂治臺方略全
在因地制宜名賢往事可師旋由五虎口對渡
鷄籠招集舊部督率紳團進勦彰境先破水裏
港葭投從逆各莊直抵彰城民心嚮應連宵克
復斗六各處亦皆次第勦平首逆就擒由員弁
紳民之出力也沿途搜捕安撫到郡莅任
兩院憲保奏蒙
賞加二品頂戴越年復奉

命往勦彰屬内山逆首洪欉事竣返郡
恩命頻加益深感奮三次舉行歲科試事數年來戎
馬倥傯加以試士校閱重農開圳清理積案不
獲稍暇此書不遑校刋同治五年春舊病復發
專摺
奏請開缺奉
旨允准原擬到省後再承規誨而
中丞竟先一月仙逝悲痛之極健回憶知己之

三

感圖報無由此書乃　公在臺數年參酌搜討
薈萃諸名臣之精華而加以偉論大意重在知
人安民匪特健之奉以周旋凡有治臺之責者
無不當引為矩矱也爰即校正付梓以傳　公
諄諄求治之法又以健之在臺所上摺
奏
天語提撕洞達下情理宜恭錄及自著平臺藥言附
焉亦見平日所奉誨於

中丞者身體力行以仰副
皇上綏靖海疆之至意云爾
同治六年五月知足知止園皖懷丁曰健謹識

治臺必告録卷一目録

治臺必告錄卷一

皖懷丁曰健述安輯

鹿洲文集　藍鼎元

平臺紀畧總論

臺灣治亂之局，迥出人情意計之外。其地方數千里，其民幾數百萬。其守土之官，則文有道有府有縣令大小佐貳雜職若干員。武有總兵副將參將遊擊守備大小弁目若干員。其額兵七千有奇。糧儲器甲舟車足備。又當國家全盛。金甌靡缺。而朱一貴以餵鴨小夫。欻焉倡亂。不旬日間全郡陷沒。此豈智能所及料歟。太平日久。文恬武嬉。兵有名而無人。民逸居而無教。官吏孳孳以爲利藪。沈湎樗蒲連宵達曙。本實先撥。賊未至而衆心已離。雖欲無敗弗可得已。然鹿耳鯤身。夙稱天險。鄭氏一踞其間。遂歷三世。國家圖之數十年。費錢糧幾千百萬。而後能收之。今不動聲色。七日恢復。巨魁就擒。孽從授首。即使孫吳復生。亦未敢望成功若斯之速也。良由聖祖仁皇帝大德如天。神威遠震。將卒用命。海若効靈。是以摧陷廓清。不勞而邊疆底定。

諭旨遥頒白叟黃童無不感激流涕蓋至仁厚澤淪浹人心者深也諸臣或運籌帷幄或出力疆場克敵致果功在社稷欲以鼓勵將來收千秋百歲用人之效則不得以其爲日無幾少之矣亂不久禍不深削平者之績不大此非君子之言也賞罰明則民易使今日之酬勳他年之龜鑑知此說者其知未雨綢繆之道乎臺灣海外天險較內地更不可緩而此日之臺灣較十年二十年以前又更不可緩前此臺灣止府治百餘里鳳山諸羅皆毒惡瘴地令其邑者尚不敢至今則南盡郎嬌北窮淡水雞籠以上千五百里人民趨若鶩矣前此大山之麓人莫敢近

以爲野番嗜殺今則羣入深山雜耕番地雖殺不畏甚至傀儡內山臺灣山後蛤仔難崇爻卑南覓等社亦有漢人敢至其地與之貿易生聚日繁漸廓漸遠雖厲禁不能使止也地大民稠則綢繆不可不密今郡治有水陸兵五千餘人足供調遣鳳山南路一營以四五百里山海奥區民番錯雜之所下淡水郎嬌盜賊出沒之地而委之一營八百九十名之兵固已難矣諸羅地方千餘里淡水營守備僻處天末自八里坌以下尚八九百里下加冬笨港斗六門半線皆奸宄縱橫之區沿海口岸皆當防汛戍守近山一帶又有野番出沒以八九百里險阻叢雜之

邊地而委之北路一營八百九十名之兵聚不足以及遠散不足以樹威此杞人所終夜憂思而不能寐者也臺民好爲盜賊不因饑寒方慶削平又圖復起去歲平臺大定之後尚有布散流言嘯聚巖谷復謀作亂者數次屢經撲滅歲餘始殄而王忠一賊伏匿深山至我

皇上卽位乃克就縛可見地方廣大搜捕難周雖平臺僅在七日而拔盡根株東擒西勦亦有兩載艱難欲爲謀善後之策非添兵設官經營措置不可也以愚管見劃諸羅縣地而兩之於半線以上另設一縣管轄六百里雖錢糧無多而合之番餉歲

徵銀八九千兩草萊一闢貢賦日增數年間巍然大邑也半線縣治設守備一營兵五百淡水八里坌設巡檢一員佐半線縣令之所不及羅漢門素爲賊藪於內門設千總一員兵三百下淡水新園設守備一營兵五百郎嬌極南僻遠爲逸盜竄伏之區亦設千總一員兵三百駐劄其地使千餘里幅員聲息相通又擇實心任事之員爲臺民培元氣寇亂風災大兵大疫而後民之憔悴極矣然土沃而出產多但勿加之刻剝二三年可復其故惟化導整齊之均賦役平獄訟設義學興敎化奬孝弟力田之彥行保甲民兵之法聽開墾以盡地力建城池以資守禦

此亦尋常設施耳而以實心行實政自覺月異而歲不同一年而民氣可靜二年而疆圉可固三年而禮讓可興而生番化爲熟番熟番化爲人民而全臺不久安長治吾不信也顧或謂臺灣海外不宜闢地聚民是亦有說但今民人已數百萬不能盡驅回籍必當因其勢而利導約束之使歸善良則多多益善從來疆域既開有日闢無日蹙氣運使然卽欲委而棄之必有從而取之如澎湖南澳皆爲海外荒陬明初江夏侯周德興皆嘗遷其民而墟其地其後皆爲賊巢閩廣罷敝乃設兵戍守迄今皆爲重鎭臺灣古無人知明中葉乃知之而島彝盜賊先後竊

踞至爲邊患比設郡縣遂成樂郊由此觀之可見有地不可無人經營疆理則爲户口貢賦之區廢置空虛則爲盜賊禍亂之所臺灣山高土肥最利墾闢利之所在人所必趨不歸之民則歸之番歸之賊卽使內賊不生野番不作又恐寇自外來將有日本荷蘭之患不可不早爲綢繆者也閒居無事燕雀處堂一旦事來噬臍何及前轍未遠可不爲寒心哉殉難諸臣雖功過不一然大節炳然足以增光宇宙褒其後而略其先崇獎義烈用慰忠魂亦因以爲鑒可也

上滿制府論臺灣寇變書

臺灣僻處海外狃於治安久矣朱一貴突爾跳梁戕害官兵竊踞郡縣雖曰猖獗之極其實不難平也無賴子弟偶爾烏合尚未知戰守紀律爲何事當卽命將出師星夜進討如救焚拯溺勿容稍緩彼不意官軍猝至必將手足忙亂倉皇散走渠魁大憝自可聚而殲旃此迅雷不及掩耳之道也若俟奏報請
旨而後發兵動逾數月賊膽必大規模漸立謀士漸出羽翮漸成則燎原之火正須大費撲滅耳控制臺灣惟廈門最爲扼要形勝所在便於指揮執事在省隔遠莫如疾驅南下駐劄廈門督師進剿籌畫糧餉諸凡機宜呼應便捷且內地募民不無乘

虛鼓煽或謀嘯聚搖惑人心若棨戟一臨則羣疑自息執事曠世鴻才必有奇謀上計滅此朝食非鄙人所能窺測惟是養軍千日用在一朝
國家不吝爵祿施及下材未有毫毛小效補報萬一敢以此疆彼界之殊非在職守之內袖手縮頸晏坐而旁觀哉願執事假某水陸萬軍舳艫三四百艘請乘長風破千里浪爲執事者一鼓平之

與制府論進兵中路書

伏承憲檄令其統兵向南路打狗港攻入臺灣當卽繕治舟師

刻期進發緣打狗港水淺灘淤戰艦繒船槩無所用須盡易舢板頭艕子小船乃可入也登岸旱田百餘里夾道蔗林處處可容伏兵非焚燒剗平未便輕進臺民以蔗爲生糖貨之利上資江浙一旦火成焦灰半歲勤動不得以養其家口於心竊有未安況當寇賊蹂躪之餘撫摩噢咻尚恐稍緩不應復有此一摧殘某非敢以婦人之仁阻撓軍國大計但軍國大計不在於斯則摧殘無益爲可惜也鄙見以爲宜聚兵中路直攻鹿耳門鹿耳一收則安平唾手可得賊失所恃郡治無城豈能長守不過三五日閒可翦滅耳用兵之道知彼知己與能軍者戰則宜攻

其瑕討罪捕賊如逐鳥獸如堂堂正正直擣中堅譬諸擊蛇先碎厥首其他復何能爲乎鹿耳門暗礁天險昔立六竿標旗指於途徑南標紅旗北標皂旗賊已盡收標旗屯兵炮臺扼守港道意我軍不能飛越正可於此出奇制勝仍令善水者以長木投入海中插標而行擊破礮臺屯兵即可長驅直入恢復之計止在瞬息惟執事急裁度之苟利

國家勿厭狂瞽望速示下以便遵行

與施提軍論止殺書

賊眾至三十萬此曹可勝誅哉勿論鋋而拒敵即使安坐偃臥引領受戮我軍萬六千人以一人斬二十級亦不勝其煩也彼亦天地父母之所生不幸與賊共處此土耳畏死脅從知非本願或掛名賊黨以保身家其心豈不願見太平重爲

朝廷之赤子一旦大軍登岸渙散歸農簞壺迎師皆所必至惟慮崑岡炎火不容悔罪歸誠此出於萬不得已者矣多殺生靈其實無益諒亦仁人君子之所不忍聞乎以某愚見止殲巨魁數人其餘反側皆令自新勿有所問則人人有生之樂無死之心可不血刃平也某已大書文告先散其黨惟執事許之勿疑

原評烏合繁徒易聚易散急則挺而拒敵寬則各尋生路此平臺第一得手

檄臺灣民人

檄告臺灣民人土賊朱一貴作亂傷害官兵竊據郡邑汝等詭居肘下坐受摧殘無罪無辜化爲醜類深可憐憫本鎮總統大兵會同水師提督施尅期勦滅爲汝等盪滌邪穢共享太平非有立意殺戮苛求於百姓之心汝其自安無畏臺灣海外窮島野番木魅蟲蛇鹿豕之所居往時島彝海寇踞爲窟穴我

皇上登之版圖冠裳而富庶之四十年來强教悅安深仁厚澤淪浹肌髓汝等父老子弟莫不含哺鼓腹幸生太平朱一貴內

地蕩民為鄉閭所不齒遁逃海外鑽充隷役又以犯科責革流落草地飼鴨為生至愚至賤之夫謂可與圖大事乎附和倡亂之徒皆椎猪屠狗盜牛攘雞等輩以及堡長甲頭管事各衙門吏胥班役曾有正人豪傑才俊與於其間乎由來亂臣賊子皆膺顯戮雖强如莽卓狡如孫盧無不駢首就戮沈淵滅族況此小盜賤役智能不及中人輒敢公然造孽欲作夜郎於海外冀腰領之苟全無是理也浙閩總督覺羅滿躬親駐廈督師討賊移檄浙江廣東三省會勦旦暮即至水師提督施親率大兵見在澎湖尅日進發本鎮總統萬軍前驅清港縛雞豚於籠中鑾鼠雀於鼎鑊至則屠之何難之有惟念汝等賢愚不一或有抗

節草澤志切同仇或不得已畏死脅從非出本願若使崑岡炎火無分玉石誠恐有乖
朝廷好生之德且非本鎮靖亂救民之心爲此不追既往咸與維新凡汝士庶番黎莫非
天朝赤子嚮風慕義悔罪歸誠回生良策刻不容緩大兵登岸之日家家户外書大清良民者即爲良民一槩不許妄殺有能糾集鄉壯殺賊來歸即爲義民將旌其功以示鼓勵廢弁舊兵有立功破賊率眾來迎並略前愆敘績超擢凡擒朱一貴者受上賞擒賊目者次之獻郡邑者受上賞獻營壘者次之惟拒敵者殺無赦倒戈退避革面爲農皆許之汝等試思一隅小醜萬萬不能與
國家抗衡前此鄭氏盤踞數十年經歷三世人才眾多兵精糧足尚且一朝殘滅今諸草寇又非鄭氏之比天兵一到如雷如霆無得執迷不悟自取糜軀此檄

原評此檄解散賊徒數十萬平臺第一妙著

檄南路營進兵阿猴林

漏下三鼓接訪事差弁密報阿猴林有賊數百人在彼豎旗作

孽係僞國公江國論爲首旗幟飄揚林木間發兵勦捕不可易也郡城出師招搖耳目且相去百數十里自必聞風先遁徒勞無益江國論賊中狡猾凡事虛張計自打猫蹂躪客莊不過一二千賊聲言數萬地方驚惶被殺客民七八百人我師入府北路居民欲食其肉賊黨散盡國論逃竄入山從行不過百人顛崖墜谷餒斃坑淵不知凡幾距今兩月糧食全無投生靡路乃狼狽扶攜潛出大武壠羅漢門而趨阿猴林冀南路人不知底裏或可於此謀食苟延旦夕之命安所得數百人而附之然君子小心雖微不忽明知其無數十人不可不無數百人之備該

營相去不遠。可卽遣中軍守備帶兵二百名。捲旆疾趨。直擣阿猴林。將山中所有逸賊。盡行殲滅。江國論鄭元長二名。實爲渠魁。或被槍礮傷斃。則截其首級來報。倘山中闃其無人。止係虛張聲勢。不可便卽回營。且陽退而陰繞閒道以待。遣人偵左近山谷峒寮。必有三五人。或十數人。則江國論已在其中。急擒勿失。以吾所料不過如此。該將弁神而明之。相機度勢。搜尋勦捕。或奔投我師。求撫乞命。亦與偕來。本鎮但欲綏靖地方。原未嘗立意嗜殺也。該營進兵。以速爲要。尅限本日亥時出師。明日辰時務到阿猴林。不許違悞時刻。違者軍法罪之。此檄

原評驟聞警報鮮不張皇難得如此鎮靜蓋由料敵之明是以處大事若無事當日果無見賊止是繫旗林木而江鄭遁回北路亦卽就撫可見所料一毫不差

檄擒舊社紅毛寮餘孽

風聞舊社紅毛寮地方有賊首黃輝卓敬等。招誘鄉民聚謀爲亂。聲言羅漢門阿猴林諸處。有王忠等數千人接應。尅日攻府。其說甚謬。王忠亡命山谷。止二三賊相從。晝伏夜奔。饑餒無所得食。勿論人衆數千。卽百人亦無有也。輝等食飽福薄自尋死路。意在誑惑鄉民。墮彼術中。此時哀鴻甫集。驚魂未定。目覩朱一貴三十萬人。

王師一至。皆化蟲沙。早已知盜賊不可爲矣。卽使果有王忠數千人。尚未及曩賊百分之一。民雖至愚。豈肯復犯鋒鏑。與之偕死於無名哉。但輝等既有此謀。則法所必誅。招黨方新。逆勢未集。作速掩捕。如縛雞豚。該弁各以兵百人。分道入按緝之。止擒巨魁二人。不必株連。餘黨驚擾。百姓有持軍器拒捕者誅之。其他皆爲良民。無得過問。弁兵自備餱糧。不許派累飯食。及竊取民間一草一木。如違定按軍法。此檄

原評聞警不張皇掩捕不問黨羽擒到巨魁便卽了事是安定地方秘鑰

檄施恩陳祥諭撫杜君英

杜君英久處山中。晝伏夜走。終無了期。寂寂深林。餱糧莫繼。茫茫大海。插翼難飛。不旬日間。將爲萬下枯骨矣。本鎮哀其愚懵。仰體

朝廷好生之德。欲爲網開一面。該弁賫斯檄往諭之。自古君臣大義。無所逃於天地之間。是以作亂之賊。咸膏斧鑕。茍可改過自新。卽爲彌天大幸。

國家寬仁溥博。汝等匪類。皆許歸正。見奉有若卽就撫。諒原汝

罪之
恩旨浙閩總督覺羅滿檄委候選通判何廷鳳來臺招撫有杜
君英若降題授副將之語君英其亦聞之矣所以逡巡畏縮未
敢出而歸正者懼誅耳
朝廷既許弗誅總督復不忍誅馬下殺降本鎮又不爲也君英
悔悟來歸何誅之可懼從來國法所加必於窮兇怙惡不在多
殺一二無用之人君英昔日作亂有黨十數萬人不可不殺今
隻身亡命父子流離窮蹙無所依歸如犬彘螻蟻罔關輕重殺
之不足以樹威則不殺亦無不可也但本鎮總統大兵殺賊安

民是其專責斷不容山陬海澨尚有竄身草澤伸頭縮頸於光
天化日之中貽地方以去惡未盡之誚君英一日不出本鎮一
事未了不殺不休君英既出就撫則爲朝廷之良民本鎮不得
擅殺但靖疆以報竣事便可班師去矣君英自忖山中能住幾
時出則生不出則死此理甚明有何疑義陳福壽江國論劉國
基薛菊等皆君英同黨叛逆之人罪應滅族先後來歸俱皆不
殺美衣豐食炫耀街衢君英甯獨異乎且君英福壽誓同生死
福壽今爲良民逍遙自在君英一出便可同生何事株守空山
自速其死以負初盟君英懼誅疑團未破獨不可向陳福壽一

商酌乎本鎮言出如山要殺便殺不殺便是不殺豁達爽快可
對天日若詐誘人降而復殺之以爲功此不肖小夫之所爲而
謂本鎮爲之乎況即殺君英亦算不得功績日前臨陣斬獲不
知凡幾俱皆不以爲意復何有於孤窮垂斃之一賊而紿而殺
之祇足爲天下笑何功之可言君英靜夜三思山中能住幾時
出則生不出則死死生惟汝自擇本鎮不相强也該弁賫檄往
諭無得妄動君英降則與之俱來不降則聽之去不許擅殺因
檄諭而殺之仍是詐誘故智非大公至正之道也該弁自歸本
鎮別遣人取其頭來君英勿悔

原評開誠布公無微不到是摘取惡人心肝大手段宜
其手到功成

檄南路營勦捕石壁寮

南路餘孽復叛有眾豎旗於石壁寮嗟此兇頑不殺不已本鎮
雖極好生亦無如尋死者何也督標千總何勉差委在南訪緝
逸賊該弁素有幹才膽略亦優實心任事以之勦捕是其所長
該營撥兵二百名令把總杜雄與偕各率百人分道並進尅限
本月初五日戌時潛師出境夜抵石壁寮以漏盡直搗賊巢四
面圍殺料羣賊尚在夢中手忙足亂人不及衣槍不及火頃刻

間可殄滅也若至黎明則裝束已興奔逸較易恐不能無漏網之虞搜山追勦又費一番勞勩矣無得濡遲慎速慎速

原評出其不意自是兵家常法唯迅速乃能之

檄諸將弁大搜羅漢門諸山

臺民以倡亂爲嬉豈眞不知刑戮之可畏由大山深險而逋逃之藪多也成則出爲民害敗則去爲山狙人跡不至莫窮其底彼何憚而不爲哉夏季大亂削平渠魁咸縛秋間尚有阿猴林鹽水港六加甸舊社紅毛寮諸孽後先嘯聚屢經擒捕竿街舊逃之僞國公陳福壽杜君英江國論等十數賊目亦俱招納歸

降新舊根株殆將悉絕不意近日復有匪類豎旗於南路石壁寮隨發兵弁追勦立獲蘇清高三二賊供稱莿瓜成爲首共黨夥二十八人旦暮當盡縛之不足煩師徒也但逋藪不清萌孽終發諸賊往來南路阿猴林下淡水間其窠總在羅漢門乘此隆冬凋涸茅乾土燥之候大舉圍搜掃蕩穴窟諸將其各礪刃裹餱遵吾軍令刻日進兵爲一勞永逸之計今遣提標遊擊王良駿金門鎮標遊擊薄有成南澳守備呂瑞麟共帶領征兵六百以土番五十名爲鄉導從角宿岡刈蘭坡嶺一路搜入羅漢門署南路營守備閆威帶領南路兵四百鄉壯一百土番五十由仁武莊土地公崎阿猴林板臂橋搭樓一路搜入羅漢門金門守備李燕烽火門守備蔡勇共帶領征兵四百土番五十由卓猴木岡社一路搜入羅漢門尅於是月十二日午刻咸會內門中埔莊毋敢後至違者按以軍法另以臺鎮左營把總林玉中營把總陳雲奇共帶領汛兵二百鄉壯八十土番五十前往大武壠分路堵截以防賊竄北路營把總游寬下加冬把總鄭榮才亦帶汛兵二百往大武壠堵截搜捕俱尅於十二日午刻咸會大武壠之焦巴哖毋敢後至違者按以軍法翼日黎明俱各分兵搜捕羅漢內門諸將備分搜銀錠山內門嶺內埔佳臼

寮打鹿埔霞美林東方木小烏山南馬仙龜潭烏山尾等處逢人執訊遇窠燒毀焚山烈澤窮極幽深大武壠諸弁目分搜焦巴哖鹿駝庄望朗明郎包米菱拔埔大湖大龜佛內郎包烏山內等處凡有巖谷無不遍尋直使蠢爾奸頑更無藏身之地駢首就戮絕無竄逸之區倘有悔罪求生束身歸命仍貸其死開乃更生之路亂後餘孽自古蔓延必有一番震盪方能掃滌淨盡可從此卧鼓戢戈無死灰復燃之患也其師旅所過庄社地方秋毫無犯敢有擅動民間蔬菜雞犬一草一木卽按軍法領兵官約束不嚴飛章叅革治罪本軍門令出如山萬萬不可轉

移各宜抖擻精神凜遵毋忽

檄查大湖崇爻山後餘孽

日者鄭國就擒逆謀潰敗南路餘孽將從此永清矣據供王忠等有黨千人在內山大湖崇爻山後賊口壽張雖未足據爲憑信然不可以不防也其令千總何勉把總康賜由羅漢門大武壠分道並入直抵太湖採探有無匪類踪跡併熟視進兵路徑果有窠巢即大舉撲滅之耳山後地方有崇爻卑南覓等社東跨汪洋大海高峰插天巖險林茂溪谷重疊道路弗通茍有賊黨嘯聚往來番黎無不知之其令外委千總鄭惟嵩率健丁十數人駕舟南下由鳳山郎嬌至沙馬磯頭轉折而東賫檄往諭卑南覓大土官文結賞以帽靴補服衣袍等件令其調遣崇爻七十二社壯番遍處搜尋將山後所有盜賊悉行擒解按名給賞拒敵者殺死勿論凡擒解山中漢人一名該番賞布三十尺鹽五十斤煙一斤獲劇賊者倍之有能擒獲王忠當以哆囉哖嗶吱銀兩煙布食鹽等物大加犒賞諸番黎盡心搜緝餘孽應無容身之地也番性嗜殺本鎮不得已而用之但山後大湖地方乃自開闢以來人跡不到之境當今並無甲籍居民所有逋逃總非善類殲之亦不妨耳窮深極遠兵不可入番黎趫捷如

飛靡幽不到使之甚便擒縛以來如市貨物縱有一二漏網而山中既不可居待其出而擒之如籠中之鳥釜中之魚烏有不滅者哉其各努力以奏爾功無忽

檄諸將弁搜捕竹仔腳逸賊

據報初九夜有奸宄一二百人旗幟甚多經過竹仔腳地方戕殺塘兵蘇天貴陳楠等四名竹仔腳去諸羅邑治不過咫尺間耳何物奸徒乃敢夜張旗械搶殺塘汛來莫覺其所自去莫窮其所歸不知附近弁員所司果何事也孽醜放肆至此已極若不大加創懲養癰貽患成何軍紀料此賊來由不遠大抵在虎尾八掌溪上下張四面之網而搜而捕之烏有不獲者哉其令署守備林君卿以兵截其北扼住半線鹿仔港署守備李郡以兵截其南扼住下加冬鹽水港參將朱文控扼諸羅山一帶千總吳濟川巡守斗六門把總張天寶陳雲奇帶兵堵截東西螺山路無令奸宄逸入山中守備劉錫以兵駐劄笨港巡守沿海一帶無令逸入海中協防遊擊林秀都司閆威各率所部兵二百名於中間往來搜捕諸羅縣遣典史巡檢挨查家甲將踪跡可疑之人細爲盤問仍懸賞格曉諭通衢首報獲眞盜一名賞白金拾兩自首者免罪能擒夥黨立功從優加賞不寬不擾無

枉無縱夜則分兵埋伏要路堵截擒捉如有奸徒聚衆執持旗械領兵官立行追剿務必盡數俘獲毋得遲回觀望違悞軍機汝等各營將弁聞本鎮軍律有素尤必嚴束兵丁自備行糧毋得派累民間飯食及擅動草木雞犬違者軍法治罪各宜凜遵毋忽

檄下加冬李守戎

據報該弁追捕奸匪深入山中北埔寮與賊人對敵生擒渠魁李慶等奪賊旗械二十六桿收回所刼鄉民贓物焚燬窩廬披閱之下深爲莞爾該弁冞阻前驅罔憚勤勞克敵致果可謂能

盡職矣繼閱諸羅令申文則據鄉保長廖督等稟稱賊廬五間內積米糧百餘石該弁傳令焚燒果有此事又可謂知兵法矣從來敵遺貨物不可輕取恐兵丁貪獲所有隊伍散亂萬一賊人返攻無心戀戰鮮有不敗該弁追捕克勤又能知兵若此本鎮誠爲喜而不寐也但所稱賊廬五間是否新造抑係久居於此每廬深廣幾丈尺能容人衆幾何鍋竈幾所碗箸飲食之具可供幾人廬中糧食實在屯積多少是粟是米果否一盡焚燒抑或兵丁鄉壯尚有取攜而去所收回賊刼贓物牛幾頭雞犬豕羊幾隻衣服布帛首飾銀錢幾件數曾否俱還失主收領抑

移交諸羅縣令分發逐一開明備細據實報知本鎮將因此以卜賊人多寡出沒之數非於該弁有所苛求也洞達踪跡則可窮極幽深掃清根柢地方之福該弁勞績匪小耳隨行目兵分別功次併紀其名氏以來將有以獎勵之無忽

原評小善必獎根柢必清以此鼓勵立功固如拾芥

檄淡水謝守戎

昨擒獲孽醜黃來供稱臺灣山後尚有匪類三千人皆長髮執械也聚山窩耕田食力又有艘艦往來其詞甚謬本鎮治賊素嚴黃來既獲自料必死故爲危言以延數月之命豈有他哉然

君子思患預防明知其爲謬妄亦不得以其謬妄而忽之臺灣二千餘里止論山前西南北一帶本鎮耳目之所及不過上窮淡水雞籠下盡郎嬌至矣極矣其自淡水雞籠以上轉折而東至三貂蛤仔難下逮崇爻卑南覓沙馬磯頭迴環郎嬌一帶山後延袤大略與前山等其閒道里遠近山川形勢阸塞險夷以及番黎情狀性質馴悍本鎮不能周知其詳也能保深山大澤之中人民足跡不至之地無有匪類出沒乎曩者南路擒獲鄭固亦稱王忠逃匿山後大湖有黨千人本鎮經遣弁員賫檄往諭卑南覓大土官文結鼓舞七十二社番黎以兵搜捕將山後

所有逸賊盡縛以來苟有王忠在彼網不漏矣今惟雞籠以及蛤仔難下抵卑南覓北界搜捕未周併未遣有偵緝之人該弁營汛壤與相接此任舍子誰屬耶查大雞籠社夥長許略干豆門媽祖宮廟祝林助山後頭家劉裕蛤仔難夥長許拔四人皆能通番語皆嘗躬親跋涉其地蹼社和番熟悉山後路徑情形該弁其爲我羅而致之待以優禮資其行李餱糧之具俾往山後採探有無匪類屯藏巖阿窮極幽遐周遊遍歷倘有游魂伏莽立即飛報以聞本鎮調遣官兵遄臻勦滅無許偶留根株以貽地方之害但恐許略等或有畏遠憚行弗克殫心竭力潛踪近地飾言相欺斯亦不可不慮者該弁披肝膽以誠告之更選繪畫者與之偕行凡所經歷山川疆境一一爲我圖誌自淡水出門十里至某處二十里至某處水陸程途詳記圖上至蛤仔難按卑南覓而止百里千里無得間斷某處某社某山某番平原曠野山窩窟穴悉皆寫其情狀註其名色使臺灣山後千里幅員一齊收入畫圖中披覽之下瞭如身歷重賞酬勳本鎮無所吝焉山後廓清是亦該弁一勞績也即日舉行無爲猶豫慎速慎速

與臺灣道府論殺賊書

北路餘孽剽掠鹽水港豎旗六加甸恣其兇頑目無王章可恨極矣已經擒獲楊君林君李明等輩擬於明日會訊分別斬馘兹聞尊議欲按律成招押解省城聽制撫審題正法此常理也但某愚見竊有欲參末議者安靖地方原不必拘牽文法況在軍中無人人審解之例所謂得情哀矜施之良民則爲德施之叛亂則爲縱而況甫平思亂既赦復叛此曹尚可活哉今解入內地不能不扳仇復怨牽累無辜恐民間人人自危且上下審駁奏報往返動隔經年雖彼時萬刃碎磔民已忘記不知爲何人何事矣目前冤憤不伸咨嗟詛詋此聲曷可聞也海外反側地非樹威不足彈壓奸徒無所畏憚將何以爲定亂之資詎可以仁慈之治治之吾於就撫者加之恩力擒者棄諸市情法分明任其自擇庶可淨盡根株耳旦日會審將梟示衆定人心而固疆圉有罪某自當之軍中義得專殺無預諸君事也某非立意嗜殺無仁人好生之心正惟好生不得不以殺止殺亂賊不殺害及善良刑法將安所用鄙見如此未知當否同舟共濟勿吝相商某白

覆制軍臺疆經理書

十月既望接到憲檄內開臺疆經理事宜八條翼日又奉諭札

再加四條。具見未雨綢繆。爲臺地蒼生謀善後之策。職等自當
遵命。次第舉行。亦有愚昧無知。胸中未能悉達。不得不略屬僚
奉上之文。而講書生質疑問難之誼。伏惟
憲臺少加垂察。臺灣海外天險。治亂安危關係
國家東南甚鉅。其地高山百重。平原萬頃。舟楫往來。四通八達。
外則日本、琉球、呂宋、噶囉吧、暹羅、安南、西洋、荷蘭諸番。一葦可
杭。內則福建、廣東、浙江、江南、山東、遼陽。不啻同室而居。比鄰而
處。門戶相通。曾無藩籬之限。非若尋常島嶼郡邑。介在可有可
無間。值茲寇亂風災之後。民生凋瘵。大異本來。當庶面目。然風

俗尚多澆漓。奸宄未盡革心。網密則傷。網疏則犯。治安之政。宜
嚴而不宜寬。將安將治之民。宜靜而不宜動。伏讀憲諭。羅漢門
黃殿莊。朱一貴起事之所。應將房屋盡行燒燬。人民盡行驅逐。
不許往來耕種。阿猴林。山徑四達。大木叢茂。寬長三四十里。抽
藤鋸板燒炭砍柴耕種之人甚多。亦應盡數撤回。篷廠盡行燒
燬。檳榔林爲杜君英起手之處。郎嬌爲極邊藏奸之所。房屋人
民。皆當燒燬驅逐。不許再種田園。砍柴來往。以上四條。防患拔
根。至周至決。職等再四思維。一人謀逆。九族皆誅。亂賊所居之
地。雖墟其里可也。惟是逃賊非止數處。數處人民。不下數百家。

則亦有微可慮者。人情安土重遷。既有田疇廬舍室家婦子。環
聚耕鑿。一旦驅逐搬移。不能遍以資生之藉。則無屋可住。無田
可耕。失業流離。必爲盜賊。一可慮也。其地既廣且饒。宜田宜宅。
可以容民畜眾。而置之空虛。無人鎮壓。則是棄爲賊巢。使奸宄
便於出沒。二可慮也。臺地何人非賊。國公將軍。而外偽鎮不止
千餘。今誅之不可勝誅。俱仍安居樂業。而獨於附近賊里之人。
田宅盡傾。驅村眾而流離之。隣賊之罪。重於作賊。三可慮也。臺
寇雖起山間。在郡十居其九。若欲因賊棄地。則府治先不可言。
況郎嬌並無起賊。雖處極邊。廣饒十倍於羅漢。現在耕鑿數百

人。番黎相安。已成樂土。今無故欲蕩其居。盡絕人跡。往來則官
兵斷不肯履險涉遠。而巡入百餘里無人之地。脫有匪類聚眾
出沒。更無他人可以報信。四可慮也。鋸板抽籐。貧民衣食所係。
兼以採取木料。修理戰船。爲軍務所必需。而砍柴燒炭。尤人生
日用所不可少。暫時清山則可。若欲永永禁絕。則流離失業之
眾。又將不下千百家。勢必違悞船工。而全臺且有不火食之患。
五可慮也。疆土既開。有日闢無日蹙。臺地宋元以前。並無人知。
至明中葉。太監王三保舟下西洋。遭風至此。始知有此一地。未
幾而海寇林道乾據之。顏思齊、鄭芝龍與倭據之。荷蘭據之。鄭

成功又據之
國家初設郡縣管轄不過百餘里距今未四十年而開墾流移之衆延袤三千餘里糖穀之利甲天下過此再四五十年連內山山後野番不到之境皆將爲良田美宅萬萬不可遏抑今乃欲令現成村社廢爲坵墟厲禁不能六可慮也曩者諸羅令周鍾瑄有清革流民以大甲溪爲界之請鳳山令宋永清有議棄郎嬌之詳今北至淡水雞籠南盡沙馬磯頭皆欣然樂郊爭趨若鶩雖欲限之惡得而限之職等愚見以爲人無良匪教化則馴地無美惡經理則善莫如添兵設防廣聽開墾地利盡人力

齊雞鳴狗吠相聞而徹乎山中雖有盜賊將無逋逃之藪何必因噎廢食乃爲全身遠害哉今竊議於羅漢內門中埔莊設汛防兵三百名以千總一員駐劄其地郎嬌亦設千總一員兵三百名控扼極邊一帶三六九期操演之外准其自備牛種就地屯田以爲餘資雖險遠而弁兵便焉檳榔林在平原曠土之中杜君英出沒莊屋久被燒毀附近村社人烟稠密星羅碁布離下淡水營內埔莊汛防不遠無庸更議至各處鄉民欲入深山採取樹木或令家甲隣右互結給與腰牌毋許胥役需索牌費一分一釐聽從其便伏讀憲檄添防之制宜速議立以便　題

覆夫今所宜更議者惟羅漢門郎嬌而已矣外此則移八里坌汛千總駐劄後壠爲半線淡水適中之地及添設文員諸事尚未舉行其餘俱經遵照憲檄於南路添下淡水營守備帶兵五百駐劄新園設岡山守備帶兵五百駐劄濁水溪埔扼羅漢門諸山出沒竇徑北路添設半線守備一營帶兵五百居諸羅淡水之中上下控扼聯絡聲援以諸羅山守備駐劄笨港增兵二百名添設下加冬守備一營兵五百郡治添設城守遊擊一營兵八百與鎮標三營相埒再加羅漢門郎嬌各添設汛防兵三百則全臺共計增兵三千六百名較憲檄前指之數止多一百

但此三千六百之兵必須請
旨額外添設就內地各標營分額招募按班來臺如往例三年一換然後內地不至空虛無顧子失母之病諸羅地方遼濶鞭長不及應劃虎尾溪以上另設一縣駐劄半線管轄六七百里鹿仔港雖口岸扼要離半線僅十五里不用再設巡檢將巡檢設在淡水八里坌兼顧雞籠山後笨港設巡檢一員駐劄笨港佳里興巡檢仍還佳里興駐劄管目加溜灣移典史歸諸羅縣治南路鳳山營縣雖僻處海邊不如下埤頭孔道衝要然控扼海口打狗眉螺諸港乃匪徒出沒要區當仍其舊不可移易添

設鳳山縣丞一員駐劄搭樓稽察阿猴林篤佳等處彈壓東南
一帶山莊下淡水巡檢一員不許留郡仍令駐劄下淡水稽察
淡水以南各莊及諸海口臺鳳諸各縣各練鄉壯五百名在外
縣丞巡檢各練鄉壯三百名無事則散之隴畝有役則修我戈
矛鄉自爲首人自爲兵此萬全之道也伏讀憲檄營伍操練宜
勤虛冒舊弊宜除塘汛分防宜變通三者皆極切當時弊有兵
不練與無兵同兵不能識將意將不能識兵情是謂烏合器不
與手相習手不與心相應是謂生疎職每誡諭臺屬標營定以
三六九日按期操演三令五申如臨大敵又爲之捐造仗房槍

礮火藥以足其用其分防外汛之兵大汛每駐一二百人亦令
如期操演查足器械塘兵專遞公文多人無益每塘止定三名
小汛之兵不止數十人分作兩班赴就近大汛操演不許懶惰
有操期不至者大汛記名逐月造册報查又不許無故擅離汛
防凡有逃亡事故立卽報移內地調補不許在臺招募一人以
滋弊竇違者叅革其官務使地皆實兵兵皆可用前此虛冒名
糧之弊盡行廓清獨將弁書識一項未能遵諭革絕蓋緣武人
不學者多鮮有親操翰墨而兵馬錢糧文移册籍非可全憑口
說且自古軍中字識名將不廢若用其人而不給其糧情理亦

未甚協不揣愚憒妄爲酌議臺鎮中營遊擊及各營守備應各
予書識八名外營遊擊各六名千把總雖係微員亦不可全無
一字應予書識各一名水師副將十名南北二路叅將各予八
名總兵書辦十六名使粗足備具文書不至如從前冒濫將伙
糧盡行禁革可謂節嗇至矣未審憲臺以爲有當否臺地少馬
無以壯軍容而資衝突今擬鎮標三營城守一營各設馬兵六
十名南路北路二營各設馬兵八十名共該馬四百匹卽在添
設三千六百兵額之內請
旨配撥先自內地帶馬來臺以後換人不換馬或有倒斃方就

臺地孳生買補時或孳生不足亦向內地採買以來則無苦累
民番之處伏讀憲檄除奸務盡附和倡亂之徒非脅從可比應
將黨惡創懲黥其左面同家屬押逐原籍拘管稽查復承列單
開出名數深得火烈民畏鮮死之義臺綱久漏吞舟民不知國
法爲何物安逸而思爲亂階甫平而又圖復起所以九月間舊
社鹽水港六加甸等處奸民職等不敢不便宜行事梟斬四五
人杖斃六七人以定民心而固疆圉今尚未及三閱月復有石
壁寮羅漢門一二亡命布散流言欲燃死灰聚黨二十八人遂
豎旗爲孽可笑可憐可憎可恨職等分遣搜捕立獲爲首莿瓜

戍、蘇清、高三、楊美、王教、五人。現今整眾搜山。八面焚烈。務必盡絕根株。不留種類。除莿瓜成一名。係朱一貴僞國公。應解憲轅聽候

題達正法。其餘蘇清楊美及續獲諸賊。職等又將於軍前權行專擅。竿首藁街。使莠民喪膽。東土永甯。其潛通奸匪。附和接濟之人。照憲檄處分。押回原籍。惟是黥面雖羞。畢竟一藥即去。似不如馘耳之不可復續。較便稽查。其五月間舊賊已散爲民者。非奉憲行。及他有所犯。概不問。及所以開更新之路。使安靜而不自危也。伏讀憲檄。要口設備。議建鹿耳門礮城。水陸分守。竊謂鹿耳礮城。止用修築。不必從新建造。蓋其港暗礁淺

沙渺茫紆險。非有顯然門户。可以遵道而行。故須設立盪纓標記。指引迷途。毫釐偶差。立見虀粉。雖不建礮城。固亦未易入也。前此癸亥平臺。海潮驟漲。巨艦連艐並排而入今夏大師進勦潮水亦高數尺。皆賴

朝廷洪福。海若效靈。遊魂喪魄。夫豈礮城之故哉。且臺賊多自内生。鮮由外至。倘賊來自外。則郡地兵將雲屯。百萬蒼黎。未易侵擾。若賊自内起。雖隆礮之城至於天。非徒無益。反爲漳泉内地之害。職等所見不廣。以爲因仍補葺。厥功已多。此刻物力困憊。俟他日另議可耳。臺地民番雜處。狼子野心。頑良叅半。建築城池。確不可易。前請暫開磚石事例。執事既以爲難。而土城木城。又難成而不能經久。則亦末如之何耳。茲承憲檄。栽竹爲城。價廉工省。此亦因時制宜。不得不然之勢。謹即會同勘度。環萬壽亭春牛埔。將文武衙署。兵民房屋。沿海行鋪。俱爲包羅。種竹圍一周。護以荊棘。竹外留夾道寬三四丈。削莿桐插地編爲藩籬。逢春發生。立見蒼茂。桐外開鑿濠塹。苦臺地粉沙。無實土。淺則登時壅淤。深則遇雨崩陷。多費無益。止可略存其意。開濠廣深六七尺。種山蘇木濠内。枝堅莿密。又當一層障蔽。沿海竹桐不周之處。築灰牆出地五尺。高可蔽肩。爲雉堞。便施槍礮。開東

西南北四門。建城樓四座。設橋以通來往。量築窩鋪十二座。以當礮臺。如物力不敷。城樓未建。植木栅爲門。兩重。亦可暫蔽内外。茲會委署臺灣縣孫令。量明丈數。擇日興工。每十丈令設竹簽一桿。杙於地中。高五尺廣三寸。編千字文爲號。即於某字號下寫管工某人姓名。照天地青黃次序。不許錯雜。統計全城共幾號。管工幾人。先造一册呈送。以便稽查。每丈需竹幾株。桐幾柯。濠幾工。每種竹一株。需錢幾文。插桐十柯。需錢幾文。開濠一丈。需錢幾文。舉一丈而全城價值瞭然胸中。不可欺誑。工有勤惰。按號稽查。竹有榮枯。按號栽補。可無彼此推卸。含混侵漁。三

年之後。叢生茂密。雖未及石城堅好。然亦已牢不可破矣。郡縣既有城池。兵防既已周密。哀鴻安宅。匪類革心。而後可施富敎。而臺灣之患。又不在富而在敎。興學校。重師儒。自郡邑以至鄉村。多設義學。延有品行者爲師。朔望宣講
聖諭十六條。多方開導。家喻戶曉。以孝弟忠信禮義廉恥八字。轉移士習民風。斯又今日之急務也。若夫征臺將弁。雖効微勞。俱是臣子分內當爲之事。臺地員缺無幾。安能人人升擢。況蒙
憲恩格外奬勸。躁進爭心。未應不肖至此。何足煩憲臺諄諄遠念哉。職等狂言切直。總爲地方起見。有懷欲達。煩冗不文。伏維
憲臺諒其心而恕其罪。則幸甚。

論征臺壯丁停餉歸農書

伏承憲檄。以征臺千餘人。不在經制兵額之內。月糜糧餉。無處開銷。今地方事定。可即停止月糧。諭令回籍務農。無許留滯臺灣。或致生事。竊思此曹召募之初。原許給與名糧。造入兵籍。俾出死力以建功名。上功題薦特用。中功輪補把總。餘皆編爲經制。如例拔擢隊目。是以壯丁感激。奮勇前驅。凡有戰陣。所向無敵。今地方事定。正論功行賞之秋。酌酒相慶。願望功加部劄者。不知凡幾。一旦停止月糧。令回農畝。將無視爲空中霹靂。可驚可愕之事乎。滿腔熱血。所望功名。捐軀命。冒鋒鏑。膏塗原野而弗顧。豈其志在一兵。奈何併一兵而革之。怨憤之氣。上干天和。嗟嘆之聲。心傷行路。如之何其可也。小人無知。嘵嘵有詞。謂事急欺我以出征。事平束我於高閣。昔許我官。今吝我糧。人而無信。不知其可。鳥盡弓藏。復見今日。某惟有啞然憮然。實不知將何以對之。君子不可失信於民。況煌煌憲諭。墨瀋未乾。豈可遽自食言。授小輩以口實。灰軍前將士之心。塞將來得人死力之路。竊謂執事當必不然耳。海外反側之地。人衆至千。不可不爲隄防。使千餘人俛首遵命。覓舟配載。亦已駭人耳目。萬一掉臂弗依。勢難中止。懾以兵威。遂成變亂。此曹昔在內地。原皆亡命之徒。所以招致軍前。實爲潛消伏莽。非僅欲得其死力。出征以來。一人當十。十人當百。倘令激變。皆爲勁敵。豈能以一鼓盡殲之哉。其謂此千餘人萬不可棄。棄此強兵。實爲可惜。況負失信之名。自處艱難之地。似不如仍留在伍。汰內地各營老弱以補之。之爲
國家儲有用之精卒。爲營伍收得人之實效。一舉數美。望執事勿吝轉圜焉。情詞急迫。唐突尊威。伏惟收回原檄。俯賜中止。恕罪恕罪

原評事急則藉人死力事平則束之高閣古今通病

請班師書

臺灣已經大定。軍士久役思歸。班師之期。再不容緩。臘月十四日守備葉應龍到臺。詢知粵省姚提軍改調廈門。不勝手額。既有金門黃總兵署理臺鎮足資彈壓。新提軍又慶得人。東南鞏於磐石矣。此時山際廓清。南路阿猴林。北路大武壠中路羅漢門等處。所有窟窠。俱已搜尋。焚山烈澤。寮棚燬盡。匪類逃散。湮滅無踪。雖王忠劉富生二人未獲。亦已狼狽顛連。無地逃生。旦暮就縛。此後或有妄報訛言。執事亦不必聽之矣。此間莠民固

多。而捕風生事獻諛要功之輩。更復不少。一紙入報。雷厲霆飛。非賊而加以賊名。無故移人之村落。驚疑四起。家家自危。此召亂之道也。某在此間。尚不自量。恃蒙執事之愛。每封還憲檄。爲民請命。皆荷仁恩寬大。終賜曲從。是以地方諸凡相安不覺。若某行後。誰復肯專擅任過。以攖大憲之逆鱗。依文行文。或至擾動不可收拾。敢期執事將前後密差在臺採訪弁員悉爲撤回。一切地方事宜。惟臺道府縣是問。彼職司民社。擔負在肩。治亂安危。事關切己。未必皆視同隔膜。不如差弁之盡心。且平日讀書明理。閱歷世務。未必俱皆暗昧。不如差弁之聰明。某不學無術。竊謂鷹犬止可以獵狐兔。不宜他有所用。勿論此事把持不定。利欲薰心。所言未必皆實。即使矢念不欺。難保其爲人欺。惟執事加之意焉。新提軍歲內可至。某當躬趨赴廈交代兵符。不便久留臺中。致滋物議。請飭在廈舢艫星速來臺。配載班師。曷勝望切。

原評採訪以防壅蔽然亦多至悞事以可信任者少也

安得地方官皆能封還憲檄爲民請命哉

請寬楊姓株連書

伏讀憲檄林亨等一案。飭捕南北餘孽。及調遣水師兵丁策應。

具見去疾務盡苦衷。但中間有於溝尾楊地方。督責楊姓窩藏叛逆。著落究出楊來。將楊族俱遷內地。原籍安置等語。則職等竊有欲參末議者。溝尾楊非他。即溝尾莊楊旭等一族是也。楊旭楊石楊雄聚族倡義。誘擒賊首朱一貴。翁飛虎。張阿三。王玉全等。方蒙賞賚。又欲擢用數人。補授弁職。此族豈肯復萌異志。窩頓楊來。設使楊來未死。亦必在內山深處。彼平居作賊害人。將竿首藁街。豈敢復出優游里社。此等奇貨。誰能忘情。欲洩忿者已多。欲獻功者亦復不少。而溝尾莊去諸羅邑治二十里。當孔道之衝。楊來母妹尚不敢安其居。逃匿他所。正月中旬正遍

處緝拿楊來母妹之日而謂來安坐家中與陳法相見招集為匪莫過而問有是理乎賊口雌黃此類甚多雖不敢不信為真密為訪緝亦不可遽信為真輕滋擾累從來亂賊激夥皆由此計必誣指良民飛殃嫡禍使黑白混淆無地逃生今日風傳欲拏某處明日風傳欲剿某村人心惶惑厭畏官府因有鋌而走險墜其奸謀此之不可不慮也溝尾莊楊姓數百人聚居已久室家婦子相安耕鑿今以莫須有之楊來之故遂令闔族遷徙棄而田疇舍而廬舍是無罪有功之民流離失所於堯天舜日之下作賊亦死不作賊亦死鳥窮則搏獸窮則鬭勢必臨以兵

威將此數百人盡行誅滅而後可已竊恐誅滅此莊他莊又懼誅滅以訛傳訛將安所居刻下三林竹仔脚兩案大盜未能悉數擒獲埔姜林、水沙連、大湖、臺灣山後諸說正在傳疑未能徹底廓清鎮靜密訪則以次就縛如捕雞豚發擿過急則驚疑四起必生他變職等受恩深厚不敢不竭狂瞽之言惟祈垂諒採納以安全臺人心裨益非淺鮮耳職雖庸駑然於地方之事日夜廢寢忘餐並無甯刻深山窮谷開闢以來人跡不到之地尚欲以番通番深入搜求冀得擒獲逸賊淨盡根株況在郊關之內通衢大道之中苟真有窩匿楊來及王忠等類之處斷無敢掩耳閉目聽其安然自在致費憲心遠慮之理伏惟察照俯賜中止地方幸甚

原評原情按事審勢度理無一不周天下豈有冤民乎

不識諱忌欲言則言非如此不能動聽

復呂撫軍論生番書

望後二日接讀教言惓惓地方心焉識之臺中奸宄變幻百出雖厚集儼臨尚恐不足鎮壓邪心若移鎮澎島往來巡視謂可安靖地方則仰賴

聖天子威靈士民福命外此全無可恃之處也生番殺人臺中

常事此輩雖有人形全無人理穿林飛箐如鳥獸猿猴撫之不能勸之不忍則亦末如之何矣惟有於出沒要隘必經之途遊巡設伏大張礮火虛示吾威使彼畏懼而不敢出耳然此皆由於地廣人稀不闢不聚之故非因侵擾而然蓋生番所行之處必林木叢茂荆榛蕪穢可以藏身遇田園平埔則縮首而返不敢走過其殺人割截首級烹剝去皮肉飾髑髏以金誇耀其眾眾遂推為雄長野性固然與民人墾畝採樵生釁全無干涉亦無熟番仇殺推諉生番之事某已准提軍咨移特遣前營遊擊帶兵百人前往會同營縣設法防閑或可稍為斂戢究未有長

策也。然則將何以治之。曰以殺止殺。以番和番。征之使畏。撫之使順。闢其土而聚我民焉。害將自息。久之生番化熟。又久之爲戶口貢賦之區矣。但畫界避番之議方起。此說且存而勿論可也。

原評　威之使畏然後可以施恩。制之有方然後可以向化。馭番之法無過於此

請行保甲責成鄉長書

臺疆遼闊已極。臺民不馴特甚。皆內地作奸犯科逋逃萃止。豺心鼠性。隨處欲張。邇者北路地方竊劫頻聞。涓涓之勢。漸不可

長。若防汛照管不周。眞有顧此遺彼之患。兼班兵自遠新來。良匪情形。路徑要害。皆生疎弗能熟悉。延建汀邵福興福甯兵丁。言語不同。不能細偵密訪。如枘鑿方員之不相入。即有二千協防。尚不足供措置。況又有掣回之憂。茫茫千里。星星塘汛。勿論移鎭澎湖。必致覆餗。即駐臺亦難高枕而卧也。某夙夜兢兢。惟恐有辜

朝廷付託之重。負知己培植之恩。實切悚惶。所望二三賢能文職。振奮精神。以實心行保甲之實政。家家戶戶。自爲清革。使盜賊無自而生。聯絡聲援。守望相助。如常山之蛇。擊首則尾應。擊尾則首應。使盜賊無託足之地。雖不設立官兵亦何不可。但今保甲之法。久已視爲具文。虛應故事。莫肯實心辦理。而署事各官。又皆有五日京兆推諉後人意。眞末如之何也。團練鄉兵。亦是靖盜一法。憲臺以其亂後强悍成性。欲仁漸義摩。納之禮讓之中。誠爲移風易俗要道。但今盜賊衆多。不可不先爲剔刮。鄙人愚見。以爲作賊可以欺官。不可欺民。能避巡兵。不能避鄉里。莫若因其勢而防範之。就各縣各鄉僉舉一幹練勤謹有身家顧惜廉恥之人。使爲鄉長。就其所轄數鄉。家喻戶曉。聯守望相助之心。給之遊兵。以供奔走使令之役。如有一家被盜。則前後

左右各家齊出救援。堵截各處要口。務必協力擒獲。又設大鄉總一二人。統轄各鄉長。督率稽查。專其責成。鄉長有生事擾民。縱容奸匪。緝捕不力。救護不齊等弊。大鄉總稽察報查。如有失察。一體同罪。是雖無鄉兵之名。而衆志成城。不啻有鄉兵之實。今擬臺灣中路設鄉長六名。南路鳳山設鄉長八名。每縣各立大鄉總一名。統轄之。北路諸羅設鄉長十二名。立大鄉總二名分轄之。每鄉長一名。准給養遊兵四名。大鄉總一名。給外委千把總銜劄。以榮其身。准給養遊兵十名。其遊兵名糧每月銀一兩。米三斗。就官莊內支給。以爲贍養之資。計三縣遊兵一百四十

四名每月支銀一百四十四兩米四十三石二斗三縣鄉長共二十六名大鄉總四名應給養廉多少憲臺酌量定奪伊等工食既皆仰給於官則與官兵一例文武均行約束調遣無敢不從凡地方有竊劫盜賊就各鄉長跟要限期緝獲解官究處逾限不獲拘鄉長正身重懲大鄉總記大過一次凡盜賊不能緝獲至三次者鄉長責革大鄉總追銷外委職牌以示懲勸雖月糧似覺傷重但爲地方之利自不得顧惜小費欲行節省則每名每月銀七錢五錢亦可米三斗不易也無月糧則彼將生事擾民以爲食非徒無益爲害更大且天下亦無枵腹而爲人辦

公事之理必有以資其養廉方可責以清操大鄉總能幹練辦公勤謹三年無過犯有綏靖地方實蹟量行擢用以示鼓勵某庸陋無知總爲地方念切廷議既不肯添兵不得已而思以人治人之道任用得人便可不勞而理不知憲臺爲何如也

請權行團練書

凡事有經有權似當隨時變通難膠一定曩讀憲檄安輯地方事宜有團練鄉勇在臺地萬不可行宜與保甲之法以鄉約義學柔和其心性此誠移風易俗要道某拳拳服膺曰勤文職實力作興之矣但臺民錮蔽已深犯亂成習一時未能悉化每有

亡命之徒時作死灰復燃之想迺者林亨李咸陳法等倡亂於南顏煙招誘山際餘孽鼓煽於北雖經次第就擒奸謀潰敗搜捕山窩掃清逋藪不意三林地方復有焚汛奪舟之變隨遣舟師出洋多方追緝復發陸兵前往三林協防以壯聲勢乃初九夜竹仔脚地方復有賊殺塘兵之事據守備劉錫報稱風聞奸匪百人旗幟甚多又諸羅令稟揩稱賊夥在八槳溪小溪洲拜旗而行搶殺塘汛某一面調遣官兵圍搜堵截勦捕一面差人密訪則竹仔脚塘人烟聚集左右共數百家去歲杜君英過此尚須向民假道決非小賊所敢輕造之區而汛塘左右店舖布

疋貨物並無搶奪一件亦無戕傷一人獨殺兵丁可疑殊甚旗幟多人之說止據本莊如此傳聞訪之他社皆云未見此可知賊不在遠也果有聚眾拜旗搶殺塘汛則放肆披猖非同小可此等作何聚集從何而來鄉民豈無知覺並不先事首報及戕塘兵亦無莊鄰救護卽曰昏夜眾寡不敵獨不可尾追蹤跡窺伺去處以報官兵擒捕此可知人心渙散之故也夫作賊難欺鄉里況嘯聚殺人是何等事所以不敢救護者皆畏獲戾盜賊暮夜尋仇或如塘兵見殺或以茅舍供賊人之一炬是以坐視恣行莫懷守望相助之心未經約束團練勢孤心怯之故也臺

地二千餘里卽如去歲憲議添設營汛尚虞地廣兵單有鞭長不及馬腹之患乃兵不增而反減營不增而反裁較之未亂之先單弱更甚可不爲寒心乎今郡治雖有協防兵二千人足供調遣然計南路下淡水岡山分兵四百有奇北路下加冬半線又分去四百近者遊擊林秀都司閆威署把總林時葉張天寶陳雲奇先後帶兵協防北路又分去六百有奇在郡所存防兵及裁營候補之衆不過千人經制各營又多分守汛地存營無幾府治關係重大未可遂云兵力有餘也某不敏以爲當今之恃宜急訓練鄉壯聯絡村社以補兵防之所不周家家戶戶無

事皆農有事皆兵使盜賊無容身之地所謂急則治其標不可須臾緩者也星星之火或致燎原勿謂無傷其禍將長此時添兵不可增營不可坐觀其敝後悔何及鄙人不識時務權爲擅專會商道府檄縣暫行聯絡鄉壯之法以固人心早晚逸賊盡獲地方大定卽爲撤去仍行鄉約化導設義學以敎誨之不知憲臺以爲何如重洋遠隔請示維艱總爲奠安疆圉起見許我罪我均罔敢辭

論臺中時事書

臺中時事有大可慮者三米貴兵單各官窮蹙政務懈散而又將有移鎮澎湖之舉是合之而四矣近日斗米賣錢三百其不自度量移檄道府借動倉穀三萬石減價平糶當事者難之某以民心皇皇不可遲緩倘上臺督責則某一人獨償於是道府發奮共肩其任已經舉行民情稍慰併檄諸羅令開倉勸莊戶出陳易新嚴禁囤積及商船透越諸弊北路訛言未息諸羅營縣請兵協防隨遣把總林時葉陳雲奇張天寶領兵三百於是月初三日協防去矣北路地方千里深山曠野處處賊窠卽再添設一營尚苦鞭長不及今一兵不增又欲調離其鎮於數百里海外之澎湖是直委而去之豈但如纍卵之危乎此時移鎮

未行又有協防兵二千足資調遣然外九莊笨港以上盜賊頻聞皆距汛防窵遠巡察不及加以野番出沒亦須防閑秋成尚早人心易動種種情形已如抱火復慮協防之兵尚非長久之計恐議者謂臺平無事可以撤回則焦頭爛額將有大不可言邇者臺地各官多以五日京兆不肯盡心竭力任地方安危之寄高守不敢思歸又以戰船賠累惟無米之炊是急心灰氣隤以脫然廢棄爲幸何能得有餘力整頓地方臺道各縣强忍不敢言貧九營將弁人人有救口不贍之嘆此眞孤掌難鳴一事不可爲之秋也夫官人於遐荒異域而絕其養廉之資使枵腹

為
國家辦事。幸時際隆平。不過空乏其身。脱有一方蠢動。呼應莫
靈。惟有坐以待斃而已矣。鄙意前人官莊。宜酌量大小衙門。留
還少許。俾足養廉之用。略加饒裕。以備不虞。今悉數歸公。使各
官窮蹙至此。豈所謂地方之福乎。
國家四海之富。不在區區增益數萬之銀錢。一旦有悞封疆。即
費百萬之錢糧而不足。及今檄令開墾。如北路林墘埔竹塹埔
可闢良田十數萬畝。即於此内再創官莊。尚可補救將來。免生
番殺人之患。而執事又有劃界避番之説。則亦末如之何矣。鳳

山令不肯植栅爲城。亦以巧炊藉口。某於道府之前。痛切言之。
已許可矣。此雖小事。但營縣無遮攔。如人家無門户。行道皆得
胠篋而去。折柳樊圃。足禦狂夫。未可以爲微而忽之也。某小才
任重。時事關心。苦無將伯之助。非孜孜爲地方各官謀口腹身
家之計。又未知移澎一節。雖經提軍入告。可得挽回與否。目前
艱鉅。雖黽勉不敢告勞。移澎之後。天各一方。此間治亂情由。非
某所能逆料矣。言詞絮聒。繁冗無緒。惟執事之急爲維持之也。

論擒獲奸匪便宜書

臺民喜亂。如撲燈之蛾。死者在前。投者不已。其亦可憐甚矣。前
月遣兵搜捕北埔寮諸山。及諸羅縣令北路將弁差委員弁人
等。先後擒獲劇賊李慶黄潛蘇齊等四十餘人。本擬即於軍前
竿首藁街。以儆無賴。道府以地方既平。欲行善事。效古人死中
求生。得情哀矜之意。備敘供由。解回内地。聽臬司審擬。分别正
法。某以爲非靖亂之道。但意在文武和衷。不得不委曲從衆。竊
心疑此閒莠民將有輕視法網。謂叛逆可以從寛。不妨復嘗試
者。兩月以來。夜不能寐。密差弁員四處偵訪。果有奸民鄭任綽
號悉燒疎布散訛言。招集亡命。謀於六月初一夜豎旗縱火燔
文武衙署。抄掠市肆。是日大雨連宵。各自散逃。某聞知捕治。併

其黨蕭興祖李柯等。供認不諱。復會委臺灣令周鍾瑄。搜捕鄭
任家窩黨。獲其檔册。會同道府質訊。則册中開列僞爵人數。黨
羽數萬人。一時百姓旁觀。多有駭愕狀。周令恐牽連者衆。民心
驚惶。密白道府。將僞册當堂焚燬。某大敬服其能。即令燒去鄭
任等情罪既確。死有餘辜。立斃之庭。以彰國法。以快人心。從此
匪類廓清。諒無復作孽求死者矣。但副將徐左柱已經至臺。某
當遵
旨赴澎湖駐劄。既行之後。則非所知。應否諭令徐副將凡事少
加斷決。不必拘牽文義。以長奸頑。則在執事稍假之便宜。非某

所敢饒舌也

諭閩粤民人

鄭章毆死賴君奏賴以槐按問抵償聞汝等漳泉百姓以鄭章兄弟眷屬被殺被辱復仇爲義鄉情纏綣共憐其死本鎮豈非漳人豈無桑梓之念道府爲民父母豈忍鄭章無辜受屈但賴君奏賴以槐果有殺害兄弟家屬應告官究償無擅自撲殺之理乃文武衙門未見鄭章告愬而賴家兩命忽遭兇手雖欲以復仇之義相寬不可得已況賴君奏等建立

大清旗號以拒朱一貴諸賊乃

朝廷義民非聚衆爲盜者比鄭章擅殺義民律以國法罪在不赦汝等漳泉百姓但知漳泉是親客莊居民又但知客民是親自本鎮道府視之則均是臺灣百姓均是治下子民有善必賞有惡必誅未嘗有輕重厚薄之異卽在汝等客民與漳泉各處之人同自內地出來同屬天涯海外離鄉背井之客爲貧所驅彼此同痛幸得同居一郡正宜相愛相親何苦無故妄生嫌隙以致相仇相怨互相戕賊本鎮每念及此輒爲汝等寒心今與汝民約從前之事盡付東流一概勿論以後不許再分黨羽再尋仇釁各釋前怨共敦新好爲盛世之良民或有言語爭競則投明鄉保耆老據理勸息庶幾興仁興讓之風敢有攘奪鬬毆負嵎肆横本鎮執法創懲決不一毫假借其或操戈動衆相攻殺者以謀逆論罪鄉保耆老管事人等一併從重究處汝等縱無良心甯獨不畏刑戮本鎮以殺止殺無非爲汝等綏靖地方使各安生樂業速宜凜遵無貽後悔

原評先以情理國法開示使之曉然明白中間純是言情以動其固有之良心末後威之以法以絶其蟠結之妄念開誠布公焉得不令人心服

紀臺灣山後崇爻八社

北路擒賊黄來混稱臺灣山後尚有餘孽三千人皆長髮執械屯聚山窩耕田食力明知其謬亦遣弁員往視之併記其地理情狀以來雖未可信其確無訛舛亦足跡不到之一圖籍也山後有崇爻八社（康熙三十四年賴材等招撫歸附原是九社因水輋一社數年前遭疫沒盡今虛無人是以只有八社）東跨汪洋大海在崇山峻嶺之中其間密箐深林巖溪窮谷高峯萬疊道路不通土番分族八社曰筠椰椰曰斗難曰竹脚宣曰薄薄爲上四社曰芝武蘭曰機密曰貓丹曰丹朗爲下四社八社之番黑齒紋身野居草食皮衣革帶不種桑田其地所產有鹿麕野黍薯芋之屬番人終歲倚賴他無有焉自古以

來人跡不到康熙三十二年有陳文林倪等商船遭風飄至其處住居經年略知番語始能悉其港道於是大雞籠通事賴科潘冬等前往招撫遂皆嚮化附阿里山輸餉（八社與阿里山社合輸餉銀一百五十五兩二錢三分二釐）每歲贌社之人用小舟裝載布烟鹽糖鍋釜農具往與貿易番以鹿脯筋皮市之皆以物交物不用銀錢一年止一往返云其郡治水程由安平鎮大港出口沿海邊而行喜西北風歷鳳山打狗西溪東港大崑麓加六堂風港郎嶠至沙馬磯頭水道一十二更又向東轉行山背當用南風過蟒卒老佛大紫高蕭馬閘卑南覓山外水道十更復至薄辦社水道三更

此皆鳳山縣界也沿海北向直至崇爻之石門港口水道九更港内溪灘水急須待天清氣朗風平浪靜用土番牽纜上灘入於大溪窩灣而大舟不得達焉於是由山道灣進芝武蘭又三百里至機密又九十里至貓丹五十餘里至丹朗四社熟番共二百四十餘家（就歸附納餉者言）則近水沙連内山矣至欲往上四社須從原路復出下灘往北駕駛水道二更方至筠椰椰社二十餘里至斗難社又四十餘里至竹脚宣又二十餘里至薄薄社四社熟番共二百三十餘家其生番散處深谷不受教化者則不得而考矣東北山外悉皆大海又當從水道沿山歷哆囉猴

猴始到蛤仔難（蛤仔難三十六社與三貂山雞籠相近）水道二十一更南路船無有過者惟淡水社船由大雞籠三貂而至云嗟乎天下事非躬親目覩未免揣籥疑鐘今玆所云豈可盡信水道太遠不無虛張但山後險阻情勢大畧不過如此與余平昔所聞十九脗合則姑存其論可也曩者南路擒賊鄭固亦稱王忠逃匿山後大湖有黨千人經遣弁賫檄往卑南覓諭大土官文結鼓舞七十二社土番遍山捜捕並無逸賊及漢人踪跡惟崇爻八社未至今崇爻以内如此奸匪安得有容身之地乎但臺灣海外巖疆五方雜處雖時際隆平不能保百年無事將來匪類窮蹙必以

山後爲避兵之所當局者識之

粤中風聞臺灣事論

連日風聞臺灣復有小警北路土番作孽南路客子豎旗同謀拒敵官兵此異事也南北路相去遙遠民番情性不相聯屬何以北路土番不軌而南路客子即肯豎旗遙應或者起釁之處不在土番而在北路客子所以南路豎旗似因北路官兵討逆未先慰安無罪訛傳惶惑之所致也臺灣土番有生熟二種其深居内山未服教化者爲生番皆以鹿皮蔽體耕山食芋弓矢鏢鎗是其所長但止能穿林飛箐暗射殺人不敢公然出至平

地與官兵對敵且性畏礮火轟然一聲抱頭遠遁此生番之不足為慮也其雜居平地遵法服役者為熟番相安耕鑿與民無異惟長髮剪髮穿耳刺嘴服飾之類有不同耳雖矢鏢便利而各社言語不通里門之外視若秦越非有漢民指揮迫嚇其勢亦離而不合但除去莠民一振軍威則番害自息此熟番之不足為慮也廣東惠潮人民在臺種地傭工謂之客子所居莊曰客莊人眾不下數十萬皆無妻孥時聞強悍然其志在力田謀生不敢稍萌異念往往渡禁稍寬皆於歲終賣穀還粵置產贍家春初又復之臺歲以為常辛丑朱一貴作亂南路客子團結

鄉壯奉
大清皇帝萬歲牌與賊拒戰蒙賜義兵銀兩功加職銜墨瀋未乾豈肯自為叛亂愚意北路起釁必係一二無知客子作奸拒捕自料法網難逃誑誘土番混擾分罪造出盡勦客子之謠言傳播煽惑使在臺客子畏死惶亂群相響應是以南路無知有豎旗同謀之舉但當開誠布公慰諭無辜客民各安生業止戮罪首附和之人以儆將來其餘並免株連不必自懷疑畏竊計臺平以來方經十載瘡痍甫起既非作亂之日況當
國威方盛武備正強
皇上深仁厚澤淪浹人心極島遐荒感激愛戴雖在至愚不肖亦無忍為從叛之理不過二三莠民食飽福薄自尋死路此輩惟俟竿首藁街其他何能為哉今在臺文武各官出兵勦捕苟稍假以便宜勿拘牽文義過為掣肘旬日之內自可立見撲平按法行誅一勞永逸不足煩
當宁遠念也惟是海外巖疆五方雜處狼子野心賢愚參半似不可無善後之策曲突徙薪綢繆未雨亦昇平所不廢乎有留心經理前席願聞者請正冠肅容為之談笑而道之

論海洋弭捕盜賊書

國家東南環海萬里汪洋舟楫利涉為民生之大利其間宵匪潛伏出沒行劫亦為方隅之隱憂盛京一帶澳岸向來為洋盜避風之所今旅順口水師足資彈壓山東洋面冷落非賊所戀一年之間不過偶一二至江浙閩廣則自二三月至九月皆盜艘劫掠之時今天下太平非有所謂巨賊不過一二無賴饑寒逼身犯法潛逃寄口腹於烟波浩蕩之際而往往不能廓清歲歲為商民之患則以商船不能禦敵而哨船不能遇賊之故也原賊之起其初甚微止一二人密約三五人潛至港口窺伺小艇附岸徑跳登舟露刃脅舟人駕出外港遇有略大之漁船則

詐稱買魚又跳而上再集匪類至十餘人便敢公然行刦此粵東所謂踏斗者也出遇商船則亂流以截之稍近則大呼落帆商自度無礮火軍械不能禦敵又船身重滯難以走脫聞聲落帆惟恐稍緩相顧屏息俟賊登舟綑縶賊或收其財物將船放回或連船刦駕他往雖不願從亦暫相依以冀旦夕刦換一入其黨則與之化日久日多遂分爲一二船勢漸以大此等小輩無他伎倆但使商船勿卽惶恐下帆又有礮械可以禦敵賊亦何能爲乎愚以爲商船皆有身家斷不敢思爲匪以自喪其身家性命而且一船下水必有族鄰鄉保具結地方官查驗烙號

給與護船牌照方敢出外貿易此等有根有據之人豈不可信而必禁攜鎗礮使拱手聽命於賊若以族鄰保結不足憑則不應給與牌照既可給與牌照則可聽其隨帶防船器械倘得請旨勿爲拘牽弛商船軍器之禁則不出數月洋盜盡爲餓殍未有不散夥回家者也哨船之不能遇賊皆謂萬頃渺茫從何捕起風濤險惡性命可虞不知賊船在近不在遠沿邊島澳偏僻可以停泊之區時往搜捕百不失一蓋彼雖名爲賊未嘗不自愛其生陡遇颶風未嘗不自憂覆溺各省匪類性雖不同然皆必有坳塆可避颱颶乃能徐俟商船之往來必待天朗氣和乃

敢駕駛出洋以行刦其貪生惜死之心同其哨緝之方堵截之候無不同也向來各省巡哨實心者少閩海經臺灣變亂有懲羹吹虀之思稍異從前積習其他不過奉行故事而已每欲出巡必預張聲勢揚旆徐行一二月未離江干又於船中旦暮鼓樂舉礮作威是何異呼賊船而使之避也若夫巡哨官兵密坐商船以出勿張旗幟勿鼓樂舉礮作威逼賊船嚮邇可追卽追不可則佯爲遜避之狀以堅其來挽舵爭據上風上風一得賊已在我胯下我則橫逼賊船如魚比目並肩不離順風施放礮火百發百中兩船既合火鑵火藥桶一齊拋擊雖百賊亦可禽

也所有銀錢貨物盡賞士卒勿許將弁自私自利首功兵丁拔補把總將弁以次陞遷無得掩抑則將士之功名財利俱在賊船將不遑寢食以思出哨也抑愚聞在洋之盜十犯九廣則弭盜之法尤宜加意於粵東粵俗悍鷙貪殘不必財物豐多但殺一人可得銀五錢則欣然以爲勝屠一豕自潮州沿海而下千有餘里半以攘奪爲生涯水務習熟往來如飛而廣惠肇高深山聚處之民往往集眾操戈載大纛以出剽掠富商大賈地方官不敢過問或家人衙役爲其所擒黥面馘耳亦佯爲不知而姑息焉彼此相蒙幸免盜案叅罰將來流毒不知其何所居此

則杞人之隱憂。詎可以其天涯絕域。置爲荒遠而不足介意哉。海洋相通。無此疆彼界之殊。朝粵暮閩。半月之間。可以周歷七省。防範驅除。萬難稍緩。愚所以敢抒狂臆。願與七省商民慶萬里澄波之頌也。

與荊璞家兄論鎮守南澳事宜書

南澳爲閩廣要衝。賊艘上下所必經之地。三四月東南風盛。粵中奸民哨聚駕駛。從南澳入閩。縱橫洋面。截劫商船。由外浯與料羅烏紗而上。出烽火流江而入於浙。八九月西北風起。則捲帆順溜。剽掠而下。由南澳入粵。劫獲金錢貨物多者。各回家營

運卒歲。謂之散斗。劫少無所利者。則汎舟順流。避風於高州海南等處。來歲二三月。土婆湧起。南方不能容。則仍駕駛北上。由南澳入閩。所以南澳一鎮。爲天南第一重地。是閩粵兩省門戶也。鎮南之法。以捜捕賊艘爲先。今承平日久。將卒疲玩。大帥養尊處優。不肯輕身出海。將弁奉命巡哨。泊船近岸。沈湎樗蒲。以爲娛樂。遷延期滿。揚帆回汛。賊夥連䑸劫掠。莫過而問。或上命督責。不得已稍稍出洋。則大張聲勢。揚旆徐行。又於舟中旦暮鼓樂。舉礮作威。惟恐賊船不知遠避。賊亦若相體諒。不來衝突。自於他處行劫。俄而失事之處。偶屬他鎮地方。則此鎮自相慶賀。以爲賊不敢犯吾境。是則今日沿海水師之通病也。吾兄前在溫州。威望素著。捜捕賊船。如探囊取物。海島亡命之徒。望風遠遁。浙江提督吳公。總制覺羅滿公。僉謂兩省將才。無出兄右。

皇上眷兄勞績。一年之中。超遷大鎮。又使官於家鄉。晝錦殊榮。則所以上報

國恩。下酬知己。增宗族鄉黨之光。必有其道矣。凡人困抑下位。每不憚艱難險阻。思建功名。及功名既成。身家爲重。無論追風逐濤。出入水天茫淼之中。非其所肯。即求一二留心海務。督責將弁。亦難言之。蓋富貴之氣。移人最深。養尊處優。盡改前轍。固

其宜也。上偷安則下怠惰。營伍廢弛則士卒弱。將帥素尸則盜賊恣。自古及今。必然之理。前人有言曰。官怠於宦成。詩曰。靡不有初。鮮克有終。願兄無以開府滿盈。常如新進之日。抖擻精神。勤勞哨緝。一洗向來鎮弁積玩逡巡畏縮之習。夫昇平小醜。有何難治。海洋雖寬。得其要如一室耳。去接賊之人。賊勢自然窮蹙。練兵丁。選死士。精器械。慎機密。捜醜類而殲之。治其標也。平日恩威並濟。必有大服軍士之心。雖使赴湯蹈火。亦無所避。又當知弭盜之源。在乎民風士習。課農桑。修學校。以養以教。自然不爲盜賊。治其本也。鼎元不敏。敢抒管見。略陳數事。先民有言。

詢於芻蕘。惟吾兄察之。

一哨船之接濟宜察也。匪類逃躲外洋。非能不食而操舟。徒手而行刦。由內地奸人接濟之也。濟以糧米食物。然後能久延。濟以火藥軍器。然後敢敵殺。論者多歸咎漁船。不知漁船所帶糧米斗石。能濟幾何。火藥軍器犯禁之物。惟哨船可以攜之。向來南澳地方。皆守港哨船接濟。如東隴港、南洋港、漳林港、海澄港、沙汕頭、海山、拓林、井洲各處哨船。無一不接濟者。而東隴海山南洋三處爲尤甚。每猪十隻價近百金。米十石價五六十金。火藥鳥鎗籐牌軍器。價皆十倍。潮人謂坐港之利。勝於通番。此之謂也。夫民船犯禁。官兵可緝。官船犯弊。孰敢攖鋒。是在鎮主留心稽察。無使復蹈前轍。海孽之肅清。思過半矣。

一兵丁之老弱宜換也。　國家糜費金錢。養一兵必得一兵之用。而將官蔭空糧。老弱充軍數。可用者幾何。南澳之兵。老弱參半。膏粱子弟。厠身行伍。生事賭博。逃避差徭。此之不可不汰也。然沿襲既久。驟行裁革。未免怨聲沸騰。有苛刻之議。鄙意老弱之兵。及病船不能衝風破浪者。皆另造名冊。准舉餘丁自代。并不必問其爲真餘丁假餘丁。但人

材精壯。武藝高強。則補之。一舉不佳則再。再舉不佳則三。三舉而不中用則除之。官自招募勇敢強力之人。以補其缺。勿於此中取利焉。則兵皆精兵。無虛冒名糧之弊。而又於每月三六九期。勤行操演。考其技能工拙。而賞罰之。使兵識將意。將識兵情。屹然爲一方雄鎮。知所向之無敵也。

一親隨之精銳宜選也。雖有猛虎。無爪牙不威。雖有名將。無左右不雄。況殺敵重事。可無心腹親軍死生不離者哉。鄙意精兵既選練精壯。又於精壯中拔其武勇超羣才能出衆者。約三百人爲巡哨親軍。特加優恤。每出洋則與之俱。又於三百人中。擇其武藝尤精。敢死不二心之士。約五六十人爲親隨。待以心腹。休戚相關。遇有把總缺出。量才拔補。以鼓厲之。擒獲賊船。有金銀貨物。按其多寡均分之。凡隨行出哨之人。共沾其惠。切不可自私自利。有臨陣餘力功在衆上者。倍加優賞。遇缺先補。則敢死之軍。勇氣無敵。一遇賊船。如鷹攫兔。功名財利。悉在此中。皆將翹首跂足。惟恐鎮主之不出哨也。

一哨船之軍器宜審也。北人乘馬。專以弓矢見長。南人乘舟。角逐於烟波浩蕩之際。當其相距遼濶。則弓矢無所用之。

及兩船既交一人能發幾矢一矢能傷幾何則莫若礟火之為功大也鄙意哨船軍器專用鳥鎗鹿銃連環子母西瓜等礟噴天筒火罐火箭佐以單刀藤牌長鎗大鉤而其餘可一概不用約畧一船中為礟火者十之七為刀鎗者十之三賊雖有艨艟巨艦不能當官軍礟火重疊惟俛首就擒耳倘欲用箭必取諸弩而尋常之弩又不堪用必依諸葛武侯遺法作連環弩上有方箭箭分十道中藏百箭二人挽之觸機自發一發十矢隨發隨挽矢復自出每船安置十弩則瞬息發矢千計一飯之頃萬矢連環雖有劇賊無所逃避此亦舟中之長技也

一巡哨之踪跡宜密也兵法有奇正賊勢有大小出其不意敵乃可致往者遊魂猖獗賊首三十二等百十連䑸聚泊大萊蕪小萊蕪等處明目張膽受千把總饋獻而不辭哨船之出非所畏也今所謂賊不過無賴之輩饑寒逼身三五成羣蹭斗而出遇船小人弱則奪而駕之因其舵水糧食湊集匪類所奪船漸大然後敢公然行刦其為賊也有限其窺伺在商船貨貝財帛衣糧又必孤行離援乃肆其侮非立意與官兵哨船為敵者也見商船則趨見哨船則避哨船輕而浮其行速商船重而滯其行遲哨船旗幟飛揚牌刀高掛商船無之此賊所能辨也鄙意哨船之出當如商船行徑勿張旗幟勿掛牌刀多運小石壓載以疑貨物有急可當軍器行莫連船但度策應所可及若斷若續遇賊船對敵然後舉大礟為號衆哨齊集堵截環攻擒賊獲船百不失一若夫妝點軍容張揚聲勢是呼賊船使之避耳非眞心捉賊者也

一馭下之恩威宜兼濟也體恤不周則軍心怨望號令不嚴則將權不振今之為帥者意在立威則巍然自尊大視士

卒死生若秦越之肥瘠微疵細過鞭撻無常左右惴惴心悸膽裂此刻薄寡恩衆心離散不可以見敵者也其矯為大度包荒則廢弛營伍兵驕而不能戰將悍而不能制法令不行朝三暮四此又當場木偶徒有人形而無生氣者也御兵之法莫大乎體貼人情為之設身處地饑寒疾苦痛癢相關婚姻死喪酌量周卹上下相親如手足心腹之不可離至於法令一出泰山不移敢有犯者雖親無赦若穰苴違命而斬莊賈孔明揮淚而斬馬謖使軍士凜然知軍法之不可犯故令無不行禁無不止三軍之士懷德畏

威。此服心之上計也。

一島與之蒼黎宜恤也。用兵之道。安民爲先。弭盜之源。撫民爲本。南澚僻處海中。居民鮮少。兼地界兩省。有司政教之所不及。則鎮主營弁實民父母也。兵丁恃黨驕恣。未免欺制小民。民懟鎮主而不伸。則無能伸之地。攖怒積怨爲毒無已。故約兵貴嚴。待民貴寬。不使强凌弱。衆暴寡。是則兵民一體之意也。凡舉動必順民情。不則去之。有盜竊則爲嚴緝重懲。有奸棍則爲革逐出境。米價騰貴。運載平糶。雨暘不節。齋戒禱祈。又以春秋巡行阡陌。課農桑。擇其勤者

而勵之。悅色和顏。如家人婦子之相親切。又於每月朔望。集諸生鄉耆公所。宣講

聖諭十六條。使兵民共聽。咸知爲善之樂。且曉然於

聖天子軫念民生。諄諄然教誨之意。而相戒相勉。不敢作奸犯科。亦經理海疆之要務。使民無盜之原也。

一澚城之學校宜興也。雖在海外。不廢詩書。雖有戈矛。必興禮樂。孟子曰。壯者以暇日脩其孝弟忠信。則知教化之興。亦武備之根本也。南澚海島荒陬。無郡縣官司。古未立學。邇日人文駸駸乎起矣。前鎮周公特於澚城建立義學。文廟祀　至聖先師。捐衙門舊規水利。每歲百金之入。爲春秋丁祭延師修脯之資。既已勒牌刻石。昭垂來祀。未竟厥施。中途奄沒。此南澚士民所深惜也。署鎮弗紹前修。仍將祀業入己。輿論嘩之。鄙意以爲義學宜興。學舍宜廣。祭祀之費。膏火之資。宜續捐增益。春秋丁祭。宜親臨釋奠。萃闔澚諸生及兵民子弟之秀者。咸令入學。延漳潮間名士之學行兼優。才品出衆者一人。爲師表以教育之。月課生童。第其高下以鼓舞之。朔望行香謁　聖畢。進諸生而親切慰勞之。開府忘其尊。庶民興於學。甚盛事也。南澚舊有澚

生二名。一閩一廣。今在廣者存。而在閩者廢。殊非公道。捐一紙之文書。請當事以開復之。宏功盛業。千載不朽。尚於暇日加之意乎。

與吳觀察論治臺灣事宜書

臺灣當朱一貴作亂之後。干戈蹂躪。哀鴻遍野。繼以風災掃蕩。癘疫連綿。民之憔悴極矣。二三年來。文武和衷。餘孽拔根。地方甯靜。撫摩噢咻。瘡痍漸起。然元氣猶未復也。繼凋敝之餘。則培養維艱。消囂陵之習。則教化宜急。官斯土者。可不百倍留心。以訓民型俗。久安長治爲己任。今

天子眷念海疆慎簡賢能以明公才高行卓特命觀察是邦臺之民其有厚幸乎經濟内優納溝念切因其勢而利導之如王良使馬庖丁解牛無足煩措置也鼎元閩嶠書生識見淺尠明公以其曾贊戎行略悉臺地人情風土不棄固陋採及芻蕘敢不具陳所知以副公慇懃至意雖未必其言之當否而區區之心頗有與臺地人民相關切者苟千慮而一得亦聊補夫涓埃惟高明察之

臺民積玩成習每故撓法令以試官長淺深立法之初必誠必信凡文告號令必實在可行者方出之無朝三而暮四

言必踐禁必伸萬萬不可移易則民知在上之不可犯而教易從

臺地訟師最多故民皆健訟宜嚴反坐之法聽訟時平心靜色使村啞期艾咸得自達其情得情時鐵面霜威使狡猾財勢俱無所施其巧凡平空架害審係虛誣不可姑息務必將原告反坐登時研究訟師姓名飛拏嚴訊責逐過水遞回原籍取本縣收管回文存案

臺俗好動公呈多武舉武進士主之皆因以爲利非義舉也每有爭訟動輒盈庭宜遏絕

臺中逆孽雖平惡棍鼠竊不乏寬之則行劫又寬之則嘯聚星星之火將致燎原不可以其細而忽之也宜留心訪察凡白撞竊劫輕者黥面逐水重者會同臺鎮分别杖斃馘耳逐水嘯聚者便宜行事與臺灣鎮合稟報知制臺分報撫臺提臺勿用公文勿詳解内地詳解則波累多人且文移駁詰往反經年雖殺而民不畏

臺俗豪奢平民宴會酒席每筵必二兩五六錢以上或三兩四兩不等每設十筵八筵則費中人一二家之產矣遊手無賴綾襖錦襪搖曳街衢負販菜傭不能具體亦必以綾

羅爲下衣寬長曳地輿夫袒裸而繭綢綿綢褲不可易也家無斗米服値千緡饘粥弗充檳榔不離於口習俗相沿餓死不變則夫崇獎節儉稍示等威實轉移風俗之急務也

鴉片烟不知始自何來煮以銅鍋烟筩如短棍無賴惡少羣聚夜飲遂成風俗飲時以蜜糖諸品及鮮果十數碟佐之誘後來者初赴飲不用錢久則不能自已傾家赴之矣能通宵不寐助淫慾始以爲樂後遂不可復救一日輟飲則面皮頓縮唇齒齞露脫神欲斃復飲乃愈然三年之後無

不死聞此爲狡黠島夷誑傾唐人財命者（南洋諸番稱中國爲唐猶言漢云今臺灣人稱內地亦曰唐山）愚夫不悟傳入中國已十餘年厦門多有
而臺灣特甚殊可哀也

臺灣賭風最盛兵民皆然廢事失業損財召禍爭鬭作非胥
由於此宜知會臺鎮實心實力共禁之然表正者影直上
行則下效未亂之先皆鳴鑼張蓋呵道而聚賭無怪乎禁
令不從也前人覆轍可爲車鑒

臺中胥役比內地更熾一名皂快數十幫丁一票之差索錢
六七十貫或百餘貫不等吏胥權勢甚於鄉紳皂快烜赫

甚於風憲由來久矣近或稍爲斂戢亦未可知宜留心訪
察懲創一二以儆其餘至本衙門胥役善窺伺本官意旨
招搖撞騙見事風生尤不可不防也

商船出入臺灣俱有掛驗陋規此弊宜剔除之在府、則同知
家人書吏掛號例錢六百在鹿耳門、則巡檢掛號例錢六
百而驗船之禮不在此數若舟中載有禁物則需索數十
金不等查六百錢之弊屢經上憲禁革陽奉陰違蓋船戶
畏其留難不敢不從故也重洋駕駛全乘天時若霽靜不
行恐越日即不可行或半塗遭風至於失事差之毫釐謬
以千里敢愛六百錢乎六百雖微而六百非止一處船戶
履險涉遠以性命易錙銖似宜加之體恤臺船每歲出入
數千統而計之金以數千兩矣一念留心爲民間舒省數
千兩非小事也

商船水手多空缺數名所以私載無照客民而獲其利者也
牌照內水手二十五六名實在止有十七八名中船水手
十七八名止有十一二人或遇颶風不能駕駛間有慎事
出口入口文武員弁因以爲利如鹿耳門查驗每空名例
銀五錢惟恐其不多耳無照客民或爲盜賊風大人少或

至覆舟通同作弊可爲浩嘆

民生各遂家室則無輕棄走險之思臺俗婚娶論財三十老
女尚有待年不嫁者此等怨曠最足傷天地之和召水旱
之災所當急爲嚴禁凡民間室女年二十四五以上者限
三月之內逐一嫁完違者拏其父兄治罪

廣東饒平程鄉大埔平遠等縣之人赴臺傭僱佃田者謂之
客子每村落聚居千人或數百人謂之客莊客莊居民朋
比爲黨睚眦小故輒譁然起爭或毆殺人匿滅其屍健訟
多盜竊白晝掠人牛鑄鐵印重烙以亂其號（臺牛皆烙號以防盜竊買

賣有牛契將號樣註明凡牛入客莊。莫敢向問。問則縛牛主爲盜。易己牛赴官以實之。官莫能辨。多墮其計。此不可不知也。

客莊居民。從無眷屬。合各府各縣數十萬之傾側無賴遊手。羣萃其中。無家室宗族之系累。欲其無不逞也難矣。婦女渡臺之禁既嚴。又不能驅之使去。可爲隱憂。鄙意以爲宜移文內地。凡民人欲赴臺耕種者。必帶有眷口。方許給照載渡。編甲安插。臺民有家屬在內地者。願搬取渡臺完娶。許具呈給照。赴內地搬取。文武汛口。不得留難。凡客民無家屬者。在內地則不許渡臺。在臺有犯。務必革逐過水。遞

回原籍。有家屬者雖犯勿輕易逐水。則數年之內。皆立家室。可消亂萌。

臺人未知問學。應試多內地生童。然文藝亦鮮佳者。宜廣設義學。振興文教。於府城設書院一所。選取品格端正文理通優有志向上者爲上舍生徒。延內地名宿文行素著者爲之師。講明父子君臣長幼之道。身心性命之理。使知孝弟忠信。即可以造於聖賢。爲文章必本經史古文先輩大家。無取平庸軟靡之習。每月有課。第其高下而獎賞之。朔望親臨。進諸生而諄切敎誨之。臺邑鳳山諸羅彰化淡水。各設義學。凡有志讀書者皆入焉。學行進益者升之書院。爲上舍生。則觀感奮興。人文自必日盛。

臺民未知敎化。口不道忠信之言。耳不聞孝弟之行。宜設立講約。朔望集紳衿耆庶於公所。宣講

聖諭廣訓萬言書。及古今善惡故事。以警動顓蒙之知覺。臺屬四縣及淡水等市鎮村莊多人之處。多設講約。著實開導。無徒視爲具文。使愚夫愚婦皆知爲善之樂。則風俗自化矣。講生就本地選貢監生員。或村莊無有則就其鄉之秀者。聲音洪亮善能講說。便使爲之。官待以優禮。察其勤惰。

分別獎勵。

臺灣地方寥濶。兵防未增。民俗悍驁。好爲傾側。雖太平無事。不可忘有事之備也。若收納拳勇。免其差徭。練爲鄉壯。敎之步伐止齊。豈出官兵下哉。道府四縣及淡水同知各設鄉壯三百名。無事則散之農賈。有役則供我指臂。此古者民兵之法也。民兵不能給糧。在用權術駕馭之。臺民好近官長。以爲榮耀。但時召至衙齋。與之談吐。如家人父子之相親切。課其武藝。敎之戰法。則人人自以爲官長腹心。無不踴躍從事。但須約束有方。無使藉勢凌民。則多多益善。

不必限定三百數矣。鄙見如此。恐或畏其煩難。則不如實心舉行保甲聯守望相助之規。嚴窩隱匪類之禁。亦救時急務也。

臺地未有城池。緩急無以自固。磚石圍築。費重事繁。錢糧無從出辦。惟有種植莿竹爲城。而竹城亦需工本。欲以白手空拳。爲國家設險守禦。不勞民。不傷財。此大難事。然肯以實心行之。亦無難也。先定其規模。量明丈數。不動聲色。凡庭審輕罪應責者。每一板准種竹五株自贖。廿板百株矣。應枷者種二百株。亦准免。但必於臨刑時親詢其有力情

願。然後罰之。不願勿強也。無求速成。無立意要罰。只是常存此心。順其自然。守令俱皆如此。不半年城可成也。城門各築敵樓。如力有未及。植木柵暫蔽內外。亦可守禦。若有餘力。更於竹外留夾道三五丈。另植莿桐一週。廣尺密布。又當一重木城。外挖一濠。限之。濠外採山蘇木子撒種。當春發生。枝堅莿密。又當一層保障。再於莿桐城邊。量築窩鋪數十座。以當礮臺。爲登陴守禦之所。礮臺相離。以左右礮力管到之處爲準。接連建築。使敵不得近城。西面人家臨海。無地可容竹桐。築灰牆爲雉堞。便施鎗礮。不啻金湯

之固也。臺竹之性。與內地不同。內地竹無根不活。臺竹一株可截三段植之。雖罰多種。不以爲病也。莿桐一樹可砍作百十株。插地皆活。尤易易者。惟敵樓土牆之頗費人力。由此擴充。以漸致之可耳。天下事成於有心人。無難爲也。

臺地不蠶桑。不種綿苎。故其民多游惰。婦女衣綺羅。妝珠翠。好遊成俗。則桑麻之政。不可緩也。制府滿公保撫閩時。嘗著蠶桑要法。繪十二圖。頒行郡縣。臺土寬曠。最宜樹桑。可倣而行之。漳泉多木棉。俗謂之吉貝。可令民於內地收其核赴臺種之。并令廣種麻苎。織紝爲冬夏布。婦女有蠶桑

紡績之務。則勤儉成風。民可富而俗可美也。

臺灣田糧與內地不同。內地計弓論畝。臺灣計戈論甲。每戈長一丈二尺五寸。東西南北各二十五戈爲一甲。每甲約比內地十一畝三分有奇。上則每年徵粟八石八斗。穀價賤時每石三錢。是每甲徵本色銀二兩六錢四分。較內地加倍。若穀貴則不堪矣。或有虛令折色。每石七錢。則又倍之倍矣。但新闢土肥。丈報未必皆實。又或荒埔磽瘠。溪谷衝淹。乍墾乍棄。不登版籍之地。可以截長補短。故其民亦不甚病。然臺邑地方窄狹。不比鳳諸。臺邑民亦將不堪重

賦矣切不可輕議丈量爲清畝加賦之舉海外地土肥磽無常地震水衝滄桑倏變恐其後有額無田爲官民之累不少若有意量丈則須合臺鳳諸三邑酌量勻配勿致偏枯方爲盡善萬萬不可加賦惟募民墾闢使地無遺利則賦不期加而自加矣

臺地彰化縣地多荒蕪宜令民開墾爲田勿致閒曠前此皆以番地禁民侵耕今已設縣治無仍棄拋荒之理若云番地則全臺皆取之番欲還不勝還也宜先出示令各土番自行墾闢限一年之內盡成田園不墾者聽民墾耕照依

部例即爲業主或令民貼番納餉易地開墾亦兩便之道也

臺灣舊有官莊爲文武養廉之具今歸入公家各官救口不贍矣夫忠信重祿所以勸士况官人於遐方絕域欲用其身心而凍餒其妻子使枵腹爲國家辦事非情之平也旣不許挈眷之官而三載任滿又令以陞衘再任三載六年海外拋棄家室誰能無憂内顧又賞賚捐輸百無所出不能得人死力未有不怠乃公事上焉者閉戶茹蔬爲僧爲佛下焉者取償於百姓之脂膏爲鷹爲虎孰與撫綏吾民哉朝廷蠲利賑恤動以百千萬計何愛此微末之刀錐謂官佃多不法能爲盜賊則不法豈獨官佃治得其道盜賊可化爲良况佃乎陷臺諸賊半屬遊手半係衙蠹豈皆官佃爲之與鄙意以爲官莊猶古公田古藉民力助耕今官自養佃較公田更不病民舊莊雖沒新地可再墾也查臺北有竹塹埔沃衍百餘里可闢千頃良田又當孔道衝要曩以棄置荆榛故野番敢於出沒截殺行人墾爲田園番患自息但地大需人非民力所能開墾莫若合全臺文武各官就此分地墾闢各捐貲本自備牛種田器結廬招佃

永爲本衙門恒產此不獨一時之利千萬世之利也臺地素腴隨墾隨收一年稻穀可足本錢二年三年食用不竭以天地自然之利爲臣子養廉之資又可袪番害益國賦足民食此一舉而數善備者也

澎湖孤立海中無田地不生五穀全賴臺米接濟而澎民貧乏不能預備一二月之糧載米太多亦無售處必須食盡乃復再糴若颶風連綿一二月米船不至則闔島嗷嗷待斃矣切須於澎湖建倉積穀或行社倉捐輸之法或就臺鳳諸三縣倉粟估定價值撥載萬餘石積貯澎湖倉遇米

船不接之時副將巡檢發糶濟急將價再買補倉使澎民無餓莩之患此舉確不可易

土番頑蠢無知近亦習爲狡僞新港目加溜灣蕭壠麻豆四社近府刁猾健訟哆囉嘓諸羅山次之鳳山以下諸羅以上多愚昧渾噩有上古遺意然俱皆供辦車輛策應兵役以及差徭絡繹走遞公文勞苦較臺民十倍向有社商頭家包攬貨物代番納餉名曰贌社番終歲所捕之鹿與畜產布縷皆爲社商所有朘削不堪今社商已行禁革而傳譯輸納非通事不辦縣官每歲僉立通事換牌之時有花

紅規禮自數十金至六七百金不等重利輕貸夤緣必得而取償於番酷虐較社商更甚經諸羅令周鍾瑄通詳禁革署令汪紳文再行申禁令各番自立通事稍予辛勞而惡棍訟師或夤緣道府衙門給牌奪充又有謀奪不遂唆番生事焚刼良民重賂土官謀革現在通事此社棍之害也通事之盤剝社棍之唆謀均當懲創無虐無縱使番黎安居循法樂役趨公乃大中至正之道而近時制撫禁飭番車不許供應兵役甚至出軍捜捕亦令兵丁自負載帳房糧草此法萬不可行使土番漸不安分莫肯服役事事與漢人角較亦欲如中國所爲害將有不可言者矣

內山生番好出殺人然必深林密箐可以藏身乃能爲害若田園平埔無藏身之所則萬萬不敢出也荆棘日闢番患自消是莫如聽民開墾矣番聞鎗礮之聲則驚逃數日不敢復至此可以番和番招徠歸順招徠既久漸化漸多將生番皆熟是又爲朝廷擴土疆增戶口貢賦也若畫地禁民無入番界是亦一道然但能使民不入不能使番不出畫去一尺則出來一尺勢必舉全臺而盡畫之乃不能浮海入內地而日本荷蘭能浮海入內地者又將鵲巢鳩居

爲邊疆之患害恐生番亦不能保其有也

原評治臺有法立法在人準王政以立言而歸本於一誠

上郝制府論臺灣事宜書

臺灣海外巖疆幅隕遼濶高山大谷踞其中平原廣野敷其外四面汪洋萬里金湯之固也民番雜處奸宄孔多喜亂樂禍習與性成雖時際隆平亦難保百年無事今北路土番狡焉梗法公行拒敵傷害官兵當局不能撲除反議招撫損威示弱殊爲非計大人躬膺

簡命總制巖疆旌節所臨邪氛自靖乃蒙不棄疎拙念及廢員旣倍三請之慇欲爲後車之載弗能如命實切悚惶大人不以爲罪俾效蠡測條列此行事宜及海外番民情狀雖紙上談兵未必有當高明之採擇而一日知己山岳情重始終默無一言於心亦覺不安姑就昔時馬跡所經揆度情勢以當芻蕘之一助是否能合機宜略有補益則非廢員之所敢知也

臺灣機括全在廈門不但咽喉控扼且信息易通一切呼應便捷宜兼程赴廈駐劄彈壓先飛差星夜至閩知會將軍撫提併檄中軍副將齎捧印信率領辦事書役迅到廈

門伺候一面奏聞俟土番平定然後往駐省城則可以安海外之人心亦可使軍前將弁震怖用命庶合大臣綏靖封疆之體不負
聖主倚賴之心

土番頑蠢雖惡有限所慮客民附和敎誘或乘機攘奪我師難於兼顧便恐滋蔓今幸民人安靜然亦不可以安靜而忽之宜大張文告慰諭臺中善良各安生業軍士經行地方不許妄動民間一草一木無騷擾驚惶之患併令有司密爲防閑稍有萌蘖立卽除去倘一二無知與番同謀往來接濟許所親首報免其株連酌量酬賞則民人不敢有邪心番孼可勦殄也

土番穿林飛箐是其長技所慮深藏內山無踪無影得苟延旦夕之命玆作亂者聞係大甲西、大甲東、牛罵、沙轆、水裏、貓霧捒、阿里史、朴仔籬等社通共逆番不過二千人查貓霧捒至彰化縣僅三十里水裏牛罵沙轆四五十里大甲西大甲東二社止隔一溪亦與諸社相連皆在孔道平坦之中惟岸裏山介在牛罵沙轆二山間中有阿里史、烏牛欄、掃捒、岸裏、朴仔籬、五社號爲山深險峻今官兵已到阿

里史朴仔籬而岸裏掃捒烏牛欄三社尚無作亂是以臺鎮呂某遣令岸裏後壠土官前往招撫則野心未齊勢尚渙散可以嚴飭將弁奮勇撲滅尅限一月爲期務必蕩平清廓倘日久滋蔓將漸猖獗難制則軍法不可不肅也

山中草茂箐密土番得以蔽體所至焚烈最爲機宜但今發榮盛長有火難用其實夏日酷熱午後風發可乾薪草引燃長風鼓煽雖濕亦燒不可忽也林箐路雜險阻難行宜用近社番爲前導重懸賞格以番攻番查康熙三十八年吞霄土官卓个車霧等作亂北路參將常太多致糖煙銀

布。以咬岸裏番使擊呑霄。遂平個霧。卽今之岸裏社番不與作亂者是也。諸番惟岸裏最強。掃揀烏牛欄亦在其內。重賞之下。何求不獲。況所需不過紅綠色布糖煙食鹽木屐等類。未爲大費。卽左右稍遠之番。無不可以智計驅遣。在臺師之善馭之耳。

番箭鏃如利刀。鋒長五六寸。或醮毒藥。百發無虛。宜用木盾禦之。盾式高與人齊。用兩板湊合。如屋脊然。內結繩紐。可攜可佩。中藏棍柱一條。釘以鈎連活鐵。使可撐持。植立左右。酌開銃眼。以便施發。鎗礮兩盾並行。見敵則合。一人執

盾。止持短刀。兩礮手鈎鐮鎗隨之而行。若遇番多。則諸盾皆合。如木馬營壘之勢。左右藤牌輔翼。鎗礮連環。勢不可當。凡番箭皆著盾上。則彼技已窮。可一舉殲滅也。

山深番野。全賴礮火。震疊弓矢之威。非所畏也。宜多用礮手。併於廈門製備火藥鉛彈。遣官運赴軍前。多多益善。有餘則存貯臺庫。爲鎮營他日之需。不可限定其時。已發千斤。其時發幾百斤。惜小費而悮大事。在操家者且不可。況海外軍機乎。時人通病。所宜切戒。

大兵剿逆。逆番不得耕種。則絕糧甚易。接濟宜防。鹽鐵二件。尤爲山中所少。番不能淡食。又不能不用箭鏃。二者急需。比糧更甚。向皆漢民及外社狡番私藏鹽鐵。陰售重價。今既作亂。則此等亟宜杜絕。留心防察。厲禁而痛懲之。無接濟之人。則不能持久。此亦一切務也。

旌節到廈。宜遣官赴臺宣示威信。條教號令。煥然一新。併賚捧令箭督催進剿。以熟悉風土有膽略者充之。卽留軍前聽用。如詔安營守備林君卿。水師提標中營千總楊瑞。皆前此征臺出力之人。而林君卿汛守半線。卽今彰化縣也。逆番情形。尤所習諳。二弁皆頗有忠赤幹練可用。若令赴

臺隨師。當有裨益。併軍前一切行徑機宜。許其不時密稟。亦可以防壅蔽。

其官素稱勇敢。臨陣肯前。辛丑征臺。甚爲出力。今屢次損威。似見小敵則怯。殊不可解。大抵寠悲於宦成。身家念重之故也。此公才技可用。止待士卒寡恩。及傲上二字。是其一生病痛。人才難得。不可遽行糾叅。但留心駕馭之。到廈卽作手札極稱其前此功能。併以見在責成危詞悚動。使之激厲奮發。有善必獎。有過必規。推誠置腹。以示栽培。俾其芒刺常常在背。而又心感寬大玉成之恩。則尅日奏功不

難矣。
山谷最利土兵。召募壯丁。隨師殺賊。亦良策也。聞臺鎮募得三百人。人日給米一升。小錢二十。不數日散去二百餘人。此必然之勢耳。一月六百小錢。週年不過四兩。未及伙兵半餉。何能得人死力。且曩歲壯丁征臺。臺平之後。制府盡檄裁去。求一名糧不可得。斷斷怨恨。賴臺鎮沉檄不行。力爲詳請。衆心始安。迨允給名糧。又分發八郡。離家或數十日。不願就餉者多矣。嗣是衆心灰冷。莫肯復蹈前轍。今若欲用壯丁。宜稍加之情意。日給略爲寛裕。開誠布公。如手足骨肉之親切。事平之後。計功擢用。下者亦安頓名糧。無俾失所。使有依戀之心。則人人皆可用也。

謝郝制府兼論臺灣番變書

得潮州家報。具知憲駕臨潮。存問鼎元之家。賜米盈倉。嘉殺旨酒。羅列滿庭。重以手書慇懃。稱許逾量。捧讀之下。惶恐殊深。自念窮阨廢員。饑寒乃其分內。兩載士民供給。已覺赧顔。繼以全郡同寅上官。周恤又逾一載。正在慙恧無地。欲爲還鄉之謀。何期西江之流。激自天外。憲恩廣厚。一至於斯。夙夜思維。不知將來何以爲報也。東望三山。再拜稽首。匪敢言謝。用誌隆情。近聞臺北土番。復有崩山等社。猝至彰化縣治。騷擾作孽。此曹不知寛大之恩。欲以毛髮試洪爐之焰。自速其死。無足矜憐。冬春沙轆之變。兵威未振。招撫遽行。竊已疑爲非計。謂當消釁未萌。免動兵戈則可。既已勞師兩月。弗能取勝。然後招之使來。以示怯弱。養成驕恣。固知不能無復起之患也。今爲之計。宜大震軍威。連根撲滅。使他社番彝知
國法萬不可犯。然後一勞永逸。臺鎮請兵三千之意。想亦如此。似當稍假便宜。使之奮厲立功。多繼礮火。以足其用。更製木盾。以禦藥箭。焚山烈澤。直搗廓清。亦易易耳。但飛咨内地調兵三千。似覺招搖耳目。或滋宵小之疑。不如在臺招募土兵。倣戚繼光分號編伍。一日成軍之法。召集易而成功速。蓋山谷崎嶇。官兵不如民兵之利。選擇精壯。雷厲風行。隔海千里。不如就地取材之捷也。或以事平之後。有易集難散之虞。則北路地方千里。兵力本弱。安居無事。尚且宜議增防。況今逆番出擾。已有明徵亡羊補牢。甯能稍緩。彰化上下四五百里。僅委之守備一營。四五百之兵。此當改設遊擊。增兵五百無疑也。去歲閩邸抄有淡水同知移駐竹塹之議。不知張宏昌失事。何以乃在沙轆。必竹塹未墾。無村落民居之故耳。竹塹居彰化淡水之中。距彰化縣

二百四十里。一路空虛。上下兵力。俱皆不及。宜移同知駐此。以扼彰淡之要。聯絡數百里聲援。然後臺北上下。血脈相通。似應

請

旨特設叅將一營。兵一千。同駐其地。碁置村落。招民開墾。計竹塹埔至鳳山崎。寬平百餘里。可闢千頃良田。向以無民棄置。致野番出沒爲行人患。若安設官兵。則民不待招而自聚。土不待勸而自闢。歲多產穀十餘萬。爲內地民食之資。而野番不能爲害矣。二處添設之兵。皆當另募。然後內地防汛不至空虛。宜一面

奏聞。一面募用先得新兵一千五百名。協勦番逆。廓清更易。古人搏鼠亦用全力。不肯以其小而忽之。部覆准行之後。即以分防兩營。照在臺各營例。年滿內地撥換。或將竹塹一營屯田。俾立室家。作土著。與各營班兵爲主客相維之勢。尤防範之最密者也。方今西陲用兵。宵旰廑念。東方海外。微茫疥癬。以大舉速滅爲要。不可欲圖省事。反致蔓延。大人妙算神威。必有出人意外。非廢員所能窺測。但感佩盛情。不覺自忘其固陋。欲妄抒千慮一得之愚。惟大人諒其心而恕其罪。則幸甚。

聖武紀畧

魏源

聖武紀

天下有城郭之國。有游牧之國。有舟楫之國。穹帳騎射。風馳雨驟。此游牧之所長也。濤駛火攻。履危狎險。此舟楫之所長也。深溝高壘。清野堅壁。此城郭之所長也。自上世以來。中國有海防而無海戰。即漢之樓船浮海擊甌越朝鮮。魏青州軍。自海道討公孫度。劉裕遣兵自海道襲番禺。唐自東萊渡海趨高麗。皆僅濟師於海道。而非交戰於海中。以元太祖之兵力。而十萬兵船覆於日本。故水陸舟車。自古異用。惟明則太監鄭和。騁兵船於西洋。鄭成功奪紅夷之島國。彼二鄭者。固中國之一奇也。方其請漳泉。請海澄。何異於西夷之索港口。犯温台。犯金陵。何異於西夷之闖內地。而薙髮之令。何異於今日之烟禁。

國初所以制之。不過遷沿海。棄舟山。以斷煽濟。而杜牽制。卒駾喙喘息而不敢復獗。誠能以薙髮之制禁烟。以清野之法斷接濟。以堅壁之法禦火攻。烟可不過自絕。寇可不戰自困。是之謂以守爲戰。以守爲款。以內修爲外攘。故著

國朝防海家法可考者於篇。

康熙戡定臺灣記

臺灣亘閩海中袤二千八百里衡五百里與福興漳泉四府相直距澎湖約二百里厦門約五百里其山北起雞籠南盡沙馬碕千里有奇惟山西東兩面沃野自海至山淺濶相均約各百里大於琉球埒於呂宋自鄭氏以前中國人無至其地者皆生番據之隋大業中虎賁將陳稜一至澎湖東向望洋而反宋史謂澎湖東有毘舍耶國卽其地也元置巡司於澎湖明初廢之嘉靖中海賊林道乾竄據臺灣爲琉球人所逐天啟中日本倭逐琉球而踞之荷蘭

紅毛夷求香山求澎湖於中國而不得乃以重弊啗倭求臺灣一互市地旋誘以天主教又逐日本倭而有之及國初而爲鄭氏所據鄭芝龍者泉州人初附倭家於臺灣倭敗去芝龍以其人眾舟楫橫於海崇禎中巡撫沈猶龍招降之屢平劇盜積官至都督同知會閩大旱芝龍言於巡撫熊文燦以舶徙饑民數萬至臺灣人給三金一牛使墾島荒漸成邑聚時鄭氏已去臺灣惟荷蘭夷二千距城中流民數萬散屯城外荷蘭專治市舶不斂田賦與流民耦俱無猜鴻荒甫闢土膏墳盈一歲三熟厥田惟上上漳泉

之人趨之如歸市鄭成功者芝龍取日本倭婦所生子也當明季唐王隆武桂王永歷之際起兵海上屢寇閩浙江南及順治十七年自江南敗歸乃奪臺灣爲窟穴時荷蘭二城已置揆一王守之與南洋呂宋占城諸國互市漸成都會適其主會計之臣負帑二十萬恐發覺無以償乃走投成功請爲兵鄉導成功覽其地圖歎曰此亦海外之扶餘也十八年先以百艘舶澎湖進圖鹿耳門門外向有淺沙數十里海舟不能近岸紅毛夷又沉大艘塞港口及是潮驟漲丈餘數百艘倏抵岸紅毛倉卒不支遂克赤嵌城

進壁王城其城亂石疊砌火煆成灰融爲石城堅凝不受礮半載不下乃塞其水源困之且與約曰予我先人故土者子女玉帛任爾所之解圍退三舍荷蘭乃以大舶遷國成功既有臺灣與所據金厦二島相犄角又禮處士陳永華爲謀主闢屯墾修戰械制法律定職官興學校起池館以待故明宗室遺老之來歸者以赤嵌城爲承天府置天興萬年二縣招來漳泉惠潮之民汙萊日闢是年棄芝龍于市鄭氏在京者皆伏誅詔沿海居民三十里界外盡徙內地禁漁舟商舟出海以杜搆煽康熙元年成功卒

十有九長子經守廈門。案鄭經官書皆作鄭錦殆二名也入臺嗣立。成功弟世襲謀據其位。爲經所殺。我靖南王耿繼茂。總督李率泰貽書招經。經請如琉球朝鮮例。不登岸。不薙髮易衣冠。不報。是年監國魯王。亦卒於臺。二年明桂王亦滅。而經猶奉其永歷之號。三年繼茂率泰施琅黃梧等進兵。幷檄荷蘭夾板船會剿。克金廈兩島。降其衆萬有八千。經遁歸臺灣。而浙督趙廷臣亦禽張煌言於南田之懸山嶴島。寇悉平。授施琅靖海將軍。以降將周全斌楊富副之。進討。會阻風罷兵。六年琅入京復陳進兵事宜。部議寢之。七年

詔大臣明珠蔡毓榮赴漳招諭。經仍以海外琉球朝鮮例爲詞。是時鄭氏衰弱。不敢內犯。十有三年而三藩難作。靖南王耿精忠執總督范承謨反。福建告援於鄭氏。許以漳泉二府給之。臺人大喜。亟渡海而西。與耿氏合從。精忠旋悔。不踐割漳泉之約。閩中故多鄭氏舊部曲。海澄鎮總兵趙得勝。與其屬劉國軒。廣東潮州總兵劉進忠。皆叛降於經。於是經自取泉取漳取潮。耿尚皆訴於吳三桂。三桂令尚之信割惠州與經。申畫疆界。然不獲成。乘耿氏與王師抗旋尾其後。取汀州。運臺米內渡濟師。精忠前後受敵。十五年乃反正。導康親王傅貝子之師攻鄭氏。十六年我師收復漳泉邵武興化。其惠潮亦反正。經遁入廈門。貝子傅拉塔卒于軍。以貝子賴塔繼之。十七年春鄭氏復出沿海進下城堡十餘。

詔復遷沿海居民。畫界如舊。十八年經將劉國軒吳淑何祐等。分道入犯。總督郎廷相檄調官軍四路進剿。大戰兼旬海澄公黃芳世都統穆赫林提督段應舉皆失利。案是時前海澄公黃芳度已於十三年漳州破時遇害矣國軒圍之於海澄。環塹樹柵。我援軍至。國軒恐內外受敵。故開一面縱之入。以耗城中糧。圍復合

夏六月城中食盡。陷官軍三萬餘。馬萬匹。都統提督以下皆死焉。

詔罷郎廷相。以姚啓聖代之。以吳興祚爲巡撫。楊捷爲提督。時國軒乘勝下漳平長泰同安。略取南安惠安安溪永春德化諸邑。國軒自圍漳。遣兵圍泉。而斷漳州之江東橋及泉州萬安橋。以拒官軍。康親王駐軍福州不敢救。提督楊捷復惠安。巡撫吳興祚將軍貝子賴塔復漳平。楊捷遣兵襲破陳山壩。以出萬安橋之背。與大兵夾攻。奪其橋礮。沉其舟。而巡撫貝子軍阻江漲。亦得翰林李光地引出安溪間

道。遂解泉圍。國軒與吳淑何祐等。以兵五萬分軍漳州龍虎蜈蚣二山。勢甚盛。漳城兵少。哈喇達耿精忠欲棄城避其銳。姚啓聖閉城偃旗鼓。乘大霧突出精兵五千衝之。賊陣亂自相踏籍。連破十六營。斬四千餘級。復長泰同安。然賊猶據江東橋不退。至是楊捷軍赴援。復與啓聖夾攻。力戰克江東橋。盡奪險要。漳泉之路始通。國軒遁還海澄。海澄三面環海。其陸地一面復掘壕引潮。以阻大軍。不時出犯江東橋諸營。窺漳州。兼列艨艟守諸島。相持一年不決。乃議厚集舟師。水陸夾攻。并檄荷蘭夾板船爲助。時吳三桂

已死於湖南。我水師破岳州。

詔水師提督萬正色督湖南江浙戰艘二百由海赴閩。而姚啓聖吳興祚新修三百艘亦成。配兵三萬。啓聖等復縱反間離其黨。與重賞購募。先後降僞官四百餘員。兵萬有四千。郎分隸水師用以進攻。并約其守海壇之將爲內應。於是不俟荷蘭船至。啓聖與捷克復海澄。萬正色以水師克復海壇。水陸並偪厦門。復降其戈船將朱天貴。得其舟師。乘勢擣襲諸澳諸寨。悉破。鄭經及國軒等遂棄金厦二島歸臺灣。十九年春夏也。八月康親王還京師。留兵守金厦二

島。於是貝子賴塔與經書曰。自海上用兵以來。朝廷屢下招撫之令。而議終不成。皆由封疆諸臣執泥削髮登岸。彼此齟齬。臺灣本非中國版籍。足下父子自闢荆榛。且眷懷勝國。未嘗如吳三桂之僭妄。

本朝亦何惜海外一彈丸地。不聽田橫壯士逍遙其間乎。今三藩殄滅。中外一家。豪傑識時。必不復思噓已灰之焰。毒瘡痍之民。若能保境息兵。則從此不必登岸。不必薙髮。不必易衣冠。稱臣入貢可也。不稱臣不入貢亦可也。以臺灣爲箕子之朝鮮。爲徐市之日本。於世無患。於人無爭。而沿海

生靈永息荼炭。惟足下圖之。經報書。請如約。惟欲留海澄爲互市公所。姚啓聖不可。議遂格。二十年。姚啓聖吳興祚疏請沿海民展界復業。從之。初閩人當成功世。內輸官賦外應鄭餉。十室九匱。及耿鄭之亂。交作殺掠。所至不知誰兵。閩中駐一王一貝子一公一伯。將軍都統以下各開幕府。所將皆禁旅。居民居。食民食。役其丁壯。而漁其妻女。又遷沿海之界。流離內徙。至是始凱旋息肩。其驅掠而北者尚數萬。姚啓聖請康親王下令禁之。且捐金贖還者二萬啓聖在閩。靡財如泥沙。耳目徧海島。官帑不足。則回易貿

遷以濟之前後揮霍百萬鄭經在厦門時有嬖人施亥者姚啓聖密賂使爲間約誘經至海口而伏兵禽之鄭氏大享將士復賂其庖人謀毒而殲諸皆不克而死會經卒其長子克壓長而才然乳婢出也成功時即有人搆經父子謂孽賊不當爲世孫辱國及成功沒經連年出兵在外用陳永華言命子克壓監國既敗歸臺又日近醇酒婦人克壓監國二載禮賢恤下謹法令物望歸之而羣下憚其明察經諸弟亦不利其立也侍衛馮錫範先以計罷陳永華兵柄永華鬱鬱死克壓失助時成功妻董氏尚存復入間

言遂襲殺克壓而立次子克塽襲延平王幼弱不能莅事事皆決錫範於是鄭氏遂敗行人傅爲霖密約十三鎮同日發難事泄錫範并搆陷續順公沈瑞而有其貲人心益失國軒居臺而被刺者再皆姚啓聖所使也二十年啓聖奏鄭經死子少國内亂時不可失水師提督施琅習海道可用内閣學士李光地奏亦同二十二年六月將出師啓聖欲俟北風直取臺灣施琅欲乘南風先取澎湖奏言澎湖不破臺灣無取理澎湖失則臺灣不攻自潰請以戰艦三百水師二萬獨任討賊而督臣留厦門濟餉從之時國

軒守澎湖甚嚴盡據港口舟不得泊我軍次七罩灣水駛石惡適潮漲石沒舟乘以進國軒沿岸築壘環二十餘里間壘列礮會颶風夜發怒濤山立我舟師前鋒簸揚飄散賊艦四面圍攻琅親督大䑸衝其圍矢集琅目幾殆力戰得解時國軒自率衆二萬泊牛心灣而別屯萬兵於雞籠嶼相犄角我軍懲前戰被賊夾攻乃議分三路以五十艘出牛心灣五十艘出雞籠嶼爲奇兵分賊勢而琅自督五十六艘分八隊攻其中堅以八十艘繼後每路中復各分三隊不列大陣惟約以五艘攻其一艘人自爲戰酣鏖竟

日聲震數百里焚其百餘艘殺其兵萬有二千凡海洋占候雲合風生雷鳴風止是日將戰時黑雲起賊方相賀忽聞霹靂皆錯愕遂大敗國軒由吼門冒險突圍遁官軍乘勝進臺灣至鹿耳門膠淺不得入泊海中十有二日潮不至忽大霧潮高丈餘舟師浮而入鄭氏皆駭曰先王得臺灣鹿耳門漲今復然天也七月遣使議降施琅姚啓聖奏

聞八月

敕至於是國軒及馮錫範以鄭克塽降繳上成功所受明延平郡王招討大將軍金印各一公侯伯及將軍都督等銀印

五籍土地戶口府庫軍實以獻臺灣平時康熙二十有二年秋也琅由海道報捷七月抵京師而姚啟聖由內地馳驛後二日至

詔封琅靖海侯克塽入都隸漢軍授公爵國軒錫範皆伯爵鄭氏自成功傳三世凡割據三十有八年始黃梧之降也言鄭氏石井山祖墓形勢昌雄宜剗之泄其王氣於是晉江縣之大覺山南安縣之覆船橄欖金坑諸山五墓皆毀惟某山祖墓號五馬奔江者不知所在至是克塽請以成功及經之喪歸葬南安收其地畧臺灣府諸羅臺灣鳳山三

縣西為澎湖廳其後分諸羅北彰化為縣又北為淡水廳設巡臺御史旋改兵備道總兵轄水陸兵八千澎湖副將水師二千其後復增兵額萬有四千稱重鎮焉

臣源曰中國山川兩幹北盡朝鮮日本南盡臺灣琉球過此則落漈尾閭亦名萬水朝東舟楫所不至故琉球日本以東之國無聞焉臺灣地倍於琉球其山脈發於福州之鼓山自閩安赴大洋為澎湖三十六島又東渡洋百里至臺灣為中國之右臂可富可強可戰可守方鄭氏之初平也廷議以其孤懸海外易藪賊欲棄之專守澎湖施琅以為天下東南形勢在海而不在陸陸之為患有形海之藪奸莫測臺灣雖一島實腹地數省之屏蔽棄之則不歸番不歸賊而必歸於荷蘭恃其戈船火器又踞形勢膏沃為巢穴是藉寇兵而資盜糧且澎湖不毛之地不及臺灣什一無臺灣則澎湖亦不能守誠深識遐慮之言哉初朝廷以沿海奸民逋逃通寇下遷界之令移沿海居民於內地蕩析流離又失海上魚鹽之利於是總督范承謨再疏而復之臺灣已服尚禁商舶出洋互市則施琅藍鼎元等屢議而開之至漳泉仰給於臺米而禁其流通臺民渡海以

億計而禁其携眷則高其倬吳士功慷慨而陳之於是開鼓鑄之錢編鄉試之號易竹樹之城闢生番之地誠所謂仁者設其施智者申其辯勇者奮其斷而海國之民熙熙攘攘始遊化日覩其經營條畫亦賢人君子籌國之所纏綿也

康熙重定臺灣記

雍正元年憲皇帝即位詔曰臺灣自古不屬中國我

皇考神武遠屆拓入版圖末年逆賊朱一貴倡亂攻陷全臺諸臣夙稟方略士卒感戴教養之恩七日克復破賊數萬當

皇考春秋高邁。威播海外。所有立功將士。其各加等議敘。嗚呼

威矣哉。師武臣力。如

聖祖之世。而猶有此患。考康熙六十年夏四月。臺灣朱一貴之叛。激於知府王珍。稅斂苛虐。濫捕結會及私伐山木之民二百餘。淫刑以逞。鳳山奸民黃殿李勇吳外等。因民弗忿。而又窺臺吏文婪武嬉。遂謀變也。以一貴朱姓。可託明裔。而一貴販鴨。旦暮出入。自成行列。嫺烏合數百。夜劫岡山塘汛。揭竿荷耰無器械。岡山距府城三十里。疾趨掩之。立可撲滅也。總兵歐陽凱聞警。集衆議。遊擊劉得紫最知兵。請

行。不許。而遣遊擊周應龍以兵四百。及四社土番數百往。應龍者。龐軀有口。實無能。行五里即止營。次日再進十五里。賊劫楝榔林汛。戕把總。掠軍器。應龍隔一溪不救。賊旁掠四出。於是南路奸民杜君英等。亦蠭起應之。周應龍遇賊岡山。一交綏。賊即敗走入山。應龍又不追。而縱兵番焚掠近村。於是各鄉皆煽於賊。樹幟響應。南路賊攻參將苗景龍於淡水營。周應龍聞報。復行十五里。翼日遇賊赤山。方合戰。應龍遽以後隊遁歸府城。一貴大隊隨之。而君英等賊別攻鳳山。參將苗景龍敗死。府城大震。文武各吏盡室登舟。人無固志。總兵歐陽凱。遊擊劉得紫。副將許雲率師千有五百出禦之。中夜自驚擾。黎明稍集。而賊至。許雲躍馬陷陣。官兵繼之。賊大敗。退屯竿津林。時水師遊擊遊崇功出哨笨港。聞報。亦以兵還入鹿耳門赴援。五月朔。朱一貴杜君英合隊數萬來犯。劉得紫以兵截中路口。歐陽凱許雲遊崇功迎戰春牛埔。而把總楊泰通賊爲內應。刺歐陽凱墜馬死。官兵大潰。劉得紫率兵還救。馬踣被執。許雲遊崇功血戰至日中。矢礮俱盡。各手刃數十賊以死。於是水師遊擊張賢王鼎等。率兵千餘戰艦四十。揚帆出澎

湖。臺厦道梁文煊。知府王珍等。盡驅港內商漁艇出鹿耳門渡海。而周應龍遁回內地。是日賊陷臺灣。掠倉庫。復開紅毛樓。大獲鄭氏舊貯礮械硝磺鉛鐵。北路奸民賴池張岳等。亦同日陷諸羅。戕參將羅萬倉。凡七日而全臺陷。朱一貴僞稱中興王。號永和。大封羣賊。公侯太師將軍總兵以千計。優伶冠服。肩摩塞道。民爲之謠曰。頭冠明朝冠。身衣清朝衣。五月稱永和。六月還康熙。蓋人心皆不附賊也。遊擊劉得紫陷賊中。賊素重其名。不殺。聽收瘞各帥之尸。禁諸學宮七日不食。諸生林皐劉化鯉密陳諸賊可滅狀。

始受食謀恢復時逃官難民皆至澎湖澎湖協副將倉皇不知所措亦盡室登舟將渡廈門百姓婦女爭舟雜沓聲震海岸守備林亮厲聲曰朝廷以海外封疆付諸臣正備緩急倚賴今未見一賊相率委去若國事何與其死國法曷若死賊請整兵船守要害俟賊至決戰不勝我死公等走未晚也馳赴海濱拔刀驅官民家屬登岸衆心始固時水師提督施世驃在廈聞警卽調兵渡海總督覺羅滿保疾馳至廈門施世驃已先二日率師出港矣滿保復調南澳鎮總兵藍廷珍至廈使總統渡臺水陸兵八千餘船四

百艘六月朔出廈門港七日會提督施世驃於澎湖共兵萬二千有奇大小舟六百餘艘方是時臺中賊黨互相雄長攻擊杜君英爲朱一貴敗走剽掠村莊而淡水營守備陳策團練義勇固守要害又率淡水莊義民侯觀德李直三等以鄉兵破朱一貴賊數萬斬賊萬計而諸羅義民陳徽等亦起兵攻復縣治旋爲賊陷陳策遣人赴澎廈請兵滿保施世驃先後發兵千七百赴援適世驃獲賊諜吳良等二人於澎湖搜獲僞劄百道吳良澎湖把總降賊者也窮訊之盡知賊黨內亂百姓不附我軍士氣倍奮滿保議

三路進攻廷珍與世驃言南風已盛南路不可泊舟北路去府百餘里餉運艱難度賊必也聚中路宜直擣鹿耳門十日發澎湖以守備林亮千總董方爲前鋒并率善水者十餘駕小舟於鹿耳門表識沙路并載旗幟伏南北港時賊以大礮扼險迎拒十三日林亮董方以六舟冒死直進遙望礮臺火藥纍積專以礮注攻中之轟發如雷賊死無算衆軍齊集兩港悉樹我軍旗幟遂揚帆直渡鯤身鯤身者海沙也膠淺不能行大舟是日海潮驟漲八尺四百餘船倐齊薄岸賊遁保安平鎮列隊迎拒林亮董方復先登

陷陣藍廷珍督大隊繼之賊敗走官兵入安平鎮日猶未晡是夕施世驃亦乘潮至鹿耳門次日至鎮賊以八千來犯安平我兵迎賊於四鯤身別遣小舟沿岸夾擊逐北至七鯤身瀨口復以火舟燒賊戰艦十六日賊數萬復犯安平駕牛車列盾爲陣冒礮火死突藍廷珍親督戰於二鯤身而林亮等別以小舟載礮附岸夾攻斬溺無算賊始退保府治不敢出惟沿岸列礮晝夜固守施世驃等下令戒各軍無妄殺來降者悉縱還各樹大清良民幟於門惟抗拒者誅遠近脅從望風解散有西港仔義首載家屬爲質

願引大兵從西港登岸徑收賊巢。施世驃即密遣林亮董方等。以兵千有二百往。十八日藍廷珍聞之急白世驃曰此險道也。地多篁木易設伏且迫賊肘腋醜黨必衆而我軍甚孤若伏賊數千環攻乘我將奈何。世驃曰可奈何。廷珍曰請急以大隊進而別遣將分攻各港牽制使不得兼顧。於是廷珍率舟師五千五百夜指西港仔。黎明登岸則賊與林亮等方鏖戰我軍嚴陣設伏而進。前鋒遇賊力戰伏兵突出竹林。横截賊陣左右奇兵繞後夾攻賊大潰北。廷珍料賊必夜來劫營。初更卷帳偃旗伏蔗林間。賊果至

不見一人大驚伏起衝擊。大敗之。十九日逐北至府城賊數萬皆遁而施世驃亦分敗西南兩路之賊同日抵城自鹿耳門至是凡七日。廷珍報滿保於厦門而施世驃先於軍中奏捷矣。復分遣官兵廓清南北二路。而游擊劉得紫亦於賊中拔歸大營請爲鄉導。淡水營守備陳策率援淡之兵南下諸羅與大軍合北路賊黨潰散殆盡。朱一貴走灣裡溪爲村民禽獻。惟逆黨杜君英杜會三陳福壽江國論等尚未獲廷珍購得一二皆善待之使轉招其黨旬日先後出降。與朱一貴皆檻送京師。磔死臺灣平。其敗逃之

游擊周應龍及棄臺逃回之道府廳縣。訊治伏法。知府王珍剖棺梟示。先是

朝廷得施世驃捷奏大喜賜東珠朝帽黄帶四團龍補服。又徑擢淡水營守備陳策爲臺灣鎮總兵官加左都督藍廷珍仍統兵留臺灣彈壓。以施世驃奏中不及廷珍戰功也。八月臺灣怪風暴雨流火燭天竟夜海水皆立諸港船互相撞壞如漂桺敗葉或飄上平陸地大震。翼日始霽郡無完宅。壓溺死者數千。以風災奏聞發帑開倉大賑。而施世驃終夜露立風雨中驚悸疾作以九月望日卒於軍。調廣東

提督姚堂代其任。時廷議移臺鎮總兵官於澎湖。而設陸地副將於府治。裁水陸兩中營歸内地。藍廷珍力爭不可提臣姚堂亦以爲言。乃仍令總兵鎮臺副將駐澎

特命滿漢御史各一員歲巡臺灣。察民疾苦。廷珍之征臺也其弟鼎元在軍中文移書檄皆出其手。如論臺鎮不可移澎又言臺變皆自内起罕自外入。鹿耳門不宜設礮城以資賊守而阻攻討。又言諸羅以北地險兵單難以控制宜割爲二縣皆不易之論。其後乾隆中用其言分立彰化縣云鼎元號鹿洲漳浦人由貢生官至廣州知府有平臺紀略。

鹿洲文集說海防甚具。或問朱一貴以前。紅毛取倭。鄭氏取紅毛。

本朝取鄭氏。非皆變自外入者乎。臣源曰。耶蘇不惑。紅毛不乘。夷間不投。鄭兵不興。子不少。國不內亂。王師亦豈得而馮陵乎。日月蝕於外。其賊在於內。

乾隆三定臺灣記

臺灣不宜有亂也。土沃產阜。耕一餘三。海外科徭簡。夜戶不閉。然而未嘗三十年不亂。其亂非外寇。而皆內賊。朱一貴林爽文其尤著者也。一貴既俘。以諸羅北境遼闊。增彰

化縣。及北淡水同知。地大物夥。漳泉惠潮之民日眾。寄籍分黨。蘖牙其間。守土官又日朘削之。於是民輕視吏。及其樹幟械鬬。動以萬計。將士不能彈治。惟以虛聲脅和。於是民輕視兵。近山土沃。民墾日廣。巡撫楊景素立界限之。將界外良田盡畀生番。番不知耕。仍為內地游民偷墾。地既化外。易藪奸宄。又獄有不能結者。輒誘殺生番以歸獄。於是既毆民歸番。又毆番以黨賊。林爽文者。居彰化之大里杙。地險族強。豪猾揮霍。聚羣不逞之徒。結天地會。數十年。將吏務為覆蔽。不之問。黨日橫熾。總兵柴大紀調兵三百

使知府孫景燧。彰化知縣俞峻。及副將赫生額。游擊耿世文往捕。駐營五里外之大墩。勒村民禽獲。先焚無辜數小村怵之。爽文遂因民之怨。集眾夜攻營。軍覆。將吏死焉。彰化遂陷。時乾隆五十一年十一月二十七日也。賊初起時。總兵柴大紀適在彰化。知縣俞峻請留彈壓。大紀託言歸府城調兵。逾一旬而彰化陷。十二月六日。又陷諸羅。戕知縣。及淡水廳同知。而鳳山縣盜莊大田亦陷其縣。臺灣沙土浮疏。不時地震。故城無磚石。皆掘濠樹竹為城。府城亦樹城也。總兵柴大紀。兵備道永福等守之。賊分路來犯。柴

大紀禦諸鹽埕橋。殺賊千計。橋距府城五十里。扼水陸交。大紀自守之。賊始不敢窺府城。明年正月初旬。水師提督海澄公黃仕簡。陸路提督任承恩。副將徐鼎士。各以兵渡海至。黃仕簡檄柴大紀北取諸羅。而郝壯猷南出二十里即阻賊。頓兵幾五十日始進鳳山。鳳山城已空。招民復業。賊混其中。吏復不覺。三月十日城復陷。游擊鄭嵩死焉。壯猷遁歸府城。又任承恩至鹿港。距大里杙賊巢僅四十里。亦不敢進。初林爽文之反也。適當漳泉二府人械鬬之後。爽文本漳籍。故泉人不從亂。彰化之鹿港賊遣偽官來收

稅。泉民林湊等起義。一鼓禽之。故鹿港海口未失。賊所畏
惟泉人也。及黃任兩提督兵至。泉人爭思助官兵殺賊。兩
提督不知驅策。反觀望逡巡。坐失事機。
上命總督常青爲將軍往督師。以李侍堯署浙閩總督。復調廣
東兵四千。浙兵三千。駐防滿兵千。江南提督藍元枚故漳
人藍廷珍之子也。習臺灣事。
命移赴軍。與福州將軍恒瑞均同參贊。分赴府城鹿港。誅失律
之郝壯猷。逮提督任承恩。以柴大紀代之。藍元枚至臺僅
三月卽病卒。常青恒瑞以五月出師。離府城十里。遇賊萬

餘。甫交綏卽退。又請增兵萬。賊以其暇。逼脅各村不從。輒
焚刦。於是泉人亦弭首附於賊。官兵未增萬。而賊已增十
餘萬。南路莊大田驅之以攻府城。北路林爽文驅之以攻
諸羅。幸南路賊黨莊錫舍來降。倒戈殺賊。城中又開紅毛
樓。得大礮十餘。大礮丸百餘。分路轟拒。故府城得不陷。而
諸羅據南北之中。屏蔽府城。林爽文必欲得之。晝夜圍攻。
又攻鹽水港鹿仔港。以斷府縣餉道。大紀皆分兵擊奪之。
決其堰淵。破其礮車。以守城兵四千戰賊數萬。又屢禽內
應奸細。出奇兵奪賊偫積。

詔以大紀用法嚴明。載入行軍紀律。特授參贊大臣。常青選總
兵魏大斌。參將張萬魁。游擊田藍玉。副將蔡攀龍等。三次
往援。皆中途爲賊所截。僅得入城。損兵大半。諸羅圍日密。
城中以地瓜野菜油粈充食。常青頓兵府城。恒瑞及總兵
普吉保兩路援諸羅兵各五六千不敢進。反張皇賊勢奏
請兵六萬。
詔解常青恒瑞之任。以福康安海蘭察代之。又
命柴大紀捍衛民兵出城。再圖進取。十一月大紀奏言諸羅爲
府城北障。諸羅失。則賊尾而至府城。府城亦危。且半載以

來。深濠增壘。守禦甚固。一朝棄去。克復甚難。而城廂內外
義民不下四萬。實不忍委之於賊。惟有竭力固守待援。
上覽奏墮淚。
詔曰大紀當糧盡勢急之時。惟以國事民生爲重。雖古名將何
加茲。其改諸羅縣爲嘉義縣。大紀封義勇伯世襲罔替。并
令浙江巡撫以萬金賞其家。俟大兵克復。與福康安同來
瞻覲。福康安中途聞賊勢盛。亦奏請增兵而後進。
上嚴飭之。
命頒內庫所藏大吉祥利益右旋螺。以利渡海風帆。十月守風

鹿港。忽一晝夜順風數百艘抵港口。帆檣列數里。各村莊被賊脅者。望風解散。爭爲鄉導。聲言直擣大里杙賊巢。而陰趨縣治。十一月八日。大兵六千。義勇千餘。遇賊崙仔頂。海蘭察率巴圖魯侍衛數十衝賊陣。矢無不中。賊披靡。遂怒馬殺入。賊分伏竹蔗林邀截官兵。我兵五隊分戰。再敗之牛稠山。即日海蘭察抵嘉義城。次日福康安亦至。復乘勝追賊。克之於斗六門。遂擣大里杙。賊猶萬餘迎拒。乘我步兵未集。先萬炬來索戰。我前鋒千騎伏溝塍間。鎗矢從暗擊。明發無不中。賊遽滅火鳴鼓來攻。復尋鼓聲擊之。賊

旋敗旋進。我步騎鏖戰竟夜。黎明遂克其巢。林爽文已攜家走集集埔。乃通生番隘口也。據溪岸壘石環數里。十二月官兵伐箐騰而上。殺賊千餘。又破餘賊二千於小半天。林爽文先匿其孥於生番社。而自與死黨數十竄箐谷。皆就擒。遂移而南。剿莊大田於牛莊。屢敗賊。追至極南之郎嶠。負山阻海。我舟師先截其走路。而大兵環山圍之。斬溺各數千。莊大田亦就俘。臺灣平。其右旋白螺

命。即存布政司庫。凡將軍總督提督渡臺。及册使封琉球。則佩之以行。是年始罷遣巡臺御史及番民田界之禁。初福康安之解諸羅圍也。柴大紀出迎。自以參贊伯爵。不執櫜鞬之儀。福康安即劾其前後奏報不實。

上以大紀固守孤城。逾半載。非得兵民死力。豈能不陷。若謂詭譎取巧。則當時何不遵旨出城。其言糧食垂盡。原所以速外援。若不危急其詞。豈不益緩救兵。大紀屢蒙褒獎。或稍涉自滿。於福康安前禮節不謹。致爲所憎。遂直揭其短。殊非大臣休容之度。又福康安抵諸羅後。凡有攻剿。皆不派柴大紀蔡攀龍。而於擁兵不救之恒瑞。非惟不劾。且屢敘其戰功。曲爲庇護。恒瑞本應軍前正法。恐駭聽聞。其遠交

刑部治罪。尋遣戍伊犁。會侍郎德成自浙江歸

上以福康安所劾大紀事詢之。德成因奏柴大紀在任貪黷。令兵私回內地貿易。及賊起倉卒。不早撲滅。致猖獗。又逮問提督任承恩。供亦同。命李侍堯福康安查奏。五十三年正月

詔曰。柴大紀前此久困圍城。不肯退兵。奏至時朕披閱墮淚。即在廷諸臣。凡有人心者無不歎其義勇。用人者當錄其大功。而宥其小眚。豈能據福康安虛詞一劾。遽治以無名之罪。前詢李侍堯之旨。至今尚未復奏。殆亦難於措詞耶。尋

李侍堯奏至。略如福康安指。福康安奏言。大紀鹽埕橋之戰。尚未出力。守禦諸羅。亦有微勞。惟以專閫大員。既不能整飭於平日。又不能撲滅於臨時。皆紀律不明所致。請即解京正法。七月大紀逮至京。
命軍機大臣。會同大學士九卿覆訊。大紀再三稱冤。
上廷訊大紀始引咎。仍微訴其枉。
詔曰福康安等擬大紀斬決。朕念其守城微勞。原欲從寬末減。改爲監候。乃展轉狡辯取死。豈可復從寬典。其即依所擬正法。黃仕簡任承恩罪均。惟一爲海澄公黃梧之裔。一爲

任舉之子。貸其一死。時議以大紀之死也。不知引咎昧帥臣之體。與張廣泗不服訥親之劾。而負氣大廷者何異。豈知
聖主衡功過。燭隱微。早洞見萬里外哉。

治臺必告録

卷二

治臺必告録卷二目録

蛤仔難紀畧　謝金鑾

論證

附泉漳治法論

察由

知難

任役

用恥

械鬭

擄禁

抗官拒捕奪犯殺差

親民

重士

治下南獄事論

蠡測彙鈔　鄧傳安

臺灣番社紀略

水沙連紀程

牒臺灣府城隍文

内自訟齋文集　周凱

記臺灣張丙之亂

東溟文集　姚瑩

與倪兵備論捕盜書

上孔兵備書

上孔兵備論辨賊事宜書

再上孔兵備書

與杜少京書

覆趙尚書言臺灣兵事書

臺灣兵事第二書

答李信齋論臺灣治事書

臺灣班兵議上

班兵議下

籌議商運臺穀

籌建鹿耳門礮臺

東槎紀略

埔裏社紀略

治邊各隘

治臺必告録卷二

蛤仔難紀畧

論證

皖懷丁曰健逸安輯

謝金鑾

古之善籌邊者郤敵而已。開疆闢土利其有者，非聖王所欲爲。顧是説也，在昔日不可以施於臺灣，在今日復不可以施於蛤仔難，其故何也？勢不同也。臺灣與古之邊土異，故籌臺灣者不可以彼説而施於此也。夫古之所謂籌邊者，其邊土有部落，有君長，自爲治之；其土非中國之土，其民非中國之民，遠不相涉焉。偶爲侵害，則愼防之而已。必欲撫而有之，有其土而吾民不能居也，徒爲爭殺之禍，故聖王不願爲，而爲之者過也。若臺灣之在昔日，則自鄭氏以前，紅夷踞爲窺伺，海寇處爲巢穴。及鄭氏之世，內地之人居之，田盧闢，畎澮治，樹畜饒，漳泉之人利其肥沃而往者日相繼也。其民既爲我國之民，其地即爲我國之地。故鄭氏既平，施靖海上言以爲不當棄，

朝廷韙其説，遂立郡縣，豈利其土哉？順天地之自然，不能違也。夫臺灣之在當日，與內地遠隔重洋，黑水風濤沙汕之險，非人跡所到，然猶不可棄，棄之則以爲非便。乃至今日之蛤仔難，則

較爲密邇矣水陸毗連非有遼絶之勢而吾民居者衆已數萬墾田不可勝計乃咨嗟太息思爲盛世之民而不可得其情也哉況楊太守入山遮道攀轅如赤子之覿父母而民情亦大可見也爲官長者棄此數萬民使率其父母子弟永爲逋租逃稅私販偷運之人而不問也此其不可者一棄此數百里膏腴之地田廬畜產以爲天家租稅所不及也此其不可者二民生有欲不能無爭居其間者漳泉異情閩廣異性使其自鬬自殺自生自死若不聞也此其不可者三且此數萬人之中一有雄黠材智桀驁不靖之人出而馭其衆深根固蒂而不知以爲我疆

我土之患也此其不可者四蔡騫窺伺朱濆鑽求一有所合則藉兵於寇齎糧於盜也此其不可者五且其形勢南趨淡水艋舺爲甚便西渡五虎閩安爲甚捷伐木梔塞以自固則甚險倘爲賊所有是臺灣有近患而患即及於内地此其不可者六今者官雖未闢而民則已闢水陸往來木拔道通而獨爲政令所不及奸宄凶人以爲逋逃之藪誅求弗至焉此其不可者七凡此七者仁者慮之用其不忍之心智者謀之以爲先幾之哲其要歸於棄地棄民之非計也而或者曰臺灣雖内屬而官轄之外皆爲番土還諸番可矣必欲爭而有之以滋地方之事斯爲

非宜不知今之占地而耕於蛤仔難者已數萬衆必當盡收之歸於内地禁海寇勿復往焉而後可謂之還番而後可謂之無事否則官欲安於無事而民與寇皆不能也非民之好生事也户口日繁有膏腴之地而不往耕勢不能也亦非寇之好生事也我有棄地寇固將取之我有棄民寇又將取之也故使今之蛤仔難可棄則昔之臺灣亦爲可棄昔之所以留臺灣者固謂郡縣既立使吾民充實於其中吾兵防捍於其外番得所依寇失所踞所謂安於無事者此也今之蛤仔難亦猶是已矣或則又曰蛤仔難之民久違王化其心叵測驟欲馭之懼生禍端信

哉是言也夫君子之居官仁與智二者而已智者之慮事不在一日而在百年仁者之用心不在一已之便安而求益於民生國計倘敬事以愛民蛤仔難之民即堯舜之民也何禍端之有楊太守之入也歡聲動地驅爲義勇則率以從索其凶人則縛以獻安在其久違王化哉苟其圖利於身弗達時務抑或委用非人土豪奸吏把持行私乎其間則其啓禍也必矣故此事非才德出衆者不可與謀也

一方之闢必有能者籌度乎其間其見諸事者蔚爲功業矣或徒見諸言而其時不能用後卒不易其言焉則皆此邦之文獻

也自施靖海以後善籌臺事者莫如陳少林藍鹿洲二公者可謂籌臺之宗匠矣當康熙時彰化淡水未曾設官政令巡防北至斗六門而止或至半線扼要不越諸羅轄内二百餘里之地自半線以北至於雞籠七八百里悉荒棄之亦諉於番即臺邑之羅漢門鳳山之瑯嶠皆擯弗治當事者逡巡畏縮志存苟安屢爲畫地自守之計雖云禁民勿侵番地實則藏奸矣故少林作諸羅縣志慷慨著論其言曰天下有宏達深切之謀流俗或以爲難而不肯爲或以爲迂而不必爲其始爲之甚易而不爲其後乃以爲必不可不爲而爲之勞費已什百千萬矣明初漳

潮間有深澳（即今南澳）泉屬有澎湖爾時皆遷其民而墟之且塞南澳之口使舟不得入慮島嶼險遠勞師而匱餉也及嘉靖間倭寇入澳澳口復通巨寇吳平許朝光曾一本先後踞之兩省罷敝乃設副總兵以守之至於今巋然一巨鎮矣澎湖亦爲林道乾曾一本林鳳之巢穴萬歷二十年倭有侵雞籠淡水之耗當事以澎湖密邇不宜坐失乃立遊擊以戍之至於今又巋然重鎮也向使設險拒守則南澳不僨閩廣之師澎湖不爲蛇豕之窟倭不深入寇不得竊踞漳泉諸郡未必罹禍之酷如往昔所云也今半線以至淡水水泉沃衍諸港四達猶玉之在璞也流

移開墾舟楫往來亦既知其爲玉也已而雞籠爲全臺北門之鎖鑰淡水爲雞籠以南之咽喉大甲後壠竹塹皆有險可據乃狃於目前之便安不規久遠之至計爲之增置縣邑防戍使山海之險弛而無備將必俟羊亡而始補牢乎南澳澎湖之往事可覩已按少林此論其情形恰與今日相做今之蛤仔難即昔日之彰化淡水也但爾時海上尚屬甯靜今則海寇羅織日睥睨於其間其勢爲尤亟耳又藍鹿洲呈巡使黃玉圃詩云郡東萬山裏形勢羅漢門其内開平曠可容數十村雄踞通南北奸宄往來頻近以逃逋藪議棄爲荊榛此地田土饒山木利斧斤

移民遷產宅兵之亦斷斷何如設屯戍守備爲遊巡左捬岡山背右塞大武膂既清逸賊窟亦靖野番氛府治得屏障相須若齒唇又曰諸羅千里縣内地一省同萬山倚天險諸港大海通廣野渾無際民番各喁喁上呼下即應往返彌月終不爲分縣理其患將無窮南劃虎尾溪北踞大雞籠設令居半線更添遊守戍健卒足一千分汛扼要衝臺北不空虛全郡勢自雄晏海此上策猶豫誤乃公又曰鳳山東南境有地曰瑯嶠厥澳通舟楫山後接崇爻寬曠兼衍沃氣勢亦雄驍茲土百年後作邑不須樵近以險阻棄絶人長蓬蒿利在曷可絶番黎若相招不爲

民所宅將爲賊所巢遐荒莫過問嘯聚藏鴟梟何如分汎弁戒備一方遙此三詩者其所陳利弊又皆與今日相類則皆前事之師也且夫制治之方視乎民而已民之所趨不可棄也沃足以容衆險足以藏奸臺灣之地大概如此有類乎蛤仔難者尚當以漸致之其事非止於蛤仔難也然而自昔以來苟安者衆焦頭爛額之事使後人當之豈所以爲民爲國哉

附泉漳治法論

察由

良醫之視病也察其由不去其致病之由不可以言治也泉漳

之民性極拙而易怒拙則闇於利害而無遠圖易怒則不可激也不可激則少屈抑而發之暴矣夫民有屈抑則訟之官者勢也乃訟之官而官不能治曰犯不到案者悍而不可捕也捕矣到案矣又或賄之而不持其平也民以爲信矣官不能捕吾將自捕之於是乎有擄禁之事有私刑拷掠斃命滅屍之事以爲犯罪而官不能治則雖斃命滅屍無懼也俄而信矣斃命滅屍者可不到案矣到案而賄以免矣於是乎羣相效尤寖成風俗以爲吾所屈抑者得紓吾情雖破產以賄於官無怨至其事鬭乎鄉邑者則率衆合族私相侵伐由是而有械鬭之事鬭而死傷適均居閒者可和以解也吾殺彼二人而彼殺吾三人焉則必約衆再鬭曰吾持其平而已蓋捕犯刑拷以伸屈抑殺人抵命而持其平者人心天道之當然也第官不能則移其權於民而已嗚呼此擄禁滅屍械鬭之由也去其由者爲良吏有治人焉而後可言治法

治人治法千古不易之論今鬭習日盛若不懲艾其田園荒蕪者不可勝計則

國家之正供他日何所取辦也民敢於殺貧而爲盜則行劫殺若不幸繼以水旱凶荒則械鬭之技即爲亂之技爲地

方之憂者方大所望仁人君子消患於未形是不徒治鬭而已矣

知難

罪人不得則上無刑非刑之難而政術之難也夫殺人者抵命依古爲然童昏而知之也若夫殺人而無抵命則是國法不行天下之大亂不旋踵矣今泉漳之殺人皆無抵命者也械鬭而殺者自相抵非國法之抵之也擄禁而斃者上賄其官中賄其吏胥下賄其屍親檢其屍曰傷非致命也撲跌以死也服毒也屍親具供詞而讞以定無上控之患由是而縣官以命案爲利

路矣官不受賄則緝兇莫獲先受其累而民自賂屍親以免官無緝捕之能亦樂屍親之不復催也已不得錢而民冤仍不伸胥隸皆觖望故廉吏爲難其或屍親不受賄則上控於監司監司批飭牌札屢行紙墨告疲而事已畢矣其甚者則移營召兵大其號曰會拏文武畢集直指長驅風聲所至鳥獸各散無辜之人扶老攜幼哭聲載塗軍役既從鄉村一空縱火其廬奪其餘貲飽其雞黍而事永畢矣蓋至會拏而罪人弗得雖督撫亦知泉漳之難也而不知非泉漳之難也

官不受賕胥隸觖望此病無一處不然其爲官而得民譽

者多受胥隸之謗民去官遠胥隸去官近則必多方以惑其官陷之爲受賕之官然後已此廉吏可爲而不可爲也惟愼簡其人教之以善官之親隨左右及吏胥輩有好善而不貪者數人可任以共事實移風易俗之要圖也若不得其人則不若姑受其觖望之謗之爲愈已

任役

昔之緝捕者以健役今之緝捕者以民壯健役數人而已民壯則有數十人之多夫人至數十則必以治兵之法處之故官泉漳者不可以不知兵也夫兵未有不教而可用者且必自教之

而後可用也教者非必教其技勇而已教之使知吾之性情律令也吾之性情如鐵律令如山使彼知而信之如臂之使指二十人如一人可以爲縣也四十人如一人可以爲郡也得民壯四五十人可以橫行於泉漳兩府之間緝兇無弗得者矣其法縣不可過三十郡不可過五十過三十五十則不能以理而亦無所用之夫泉漳之民至頑也而亦至馴至悍也而復至拙激則易變犯罪則懔然知懼得一廉公之吏審機而乘之無敢抗者馬巷泉之巖邑也馮别駕養民壯數十人而其地以甯其明驗矣夫兵不經教與非其所自教雖數人之少名將不能御也

今之紛紛會拏者民壯數十會營數百譁然而往廢然而歸徒爲良民之害未見其益也夫兵不畏將者必畏敵利其財者不鬬此定法也將無律令孰知其可畏有贓物之利而無死傷之患彼誠樂之則且利其鄉民之逃而據其室廬搜其蓋藏攫其飲食占其厨竈房牀飽食以卧有來者駭之使走已矣無足怪者且夫兵非可輕試者也今之官兵養其虛鋒而不堪實用者也若輒試其鋒而兇人無一獲既取怨於平民而復使亂民輩習知其不足畏則肆行無忌流寇之患將在目前是則可憂已惟能任民壯者有用兵之實而無其名兵威仍伏而不洩民壯

任役而已故善籌泉漳者必無用會營之法緝兇不用會營即捕賊而營伍畢出亦嚇賊使走者也兵機不欲使敵知豈今之諠譁而往者可以得賊乎養民壯則必治兵治兵之法有妄取民間物者罪無赦然後民不虞於官可以得民情得民情則未有不得賊情者矣或恐民壯不無惡少所充養之反貽民害然岳忠武所收賊兵即爲精兵顧在上者之駕馭如何耳

用恥

傳者曰知恥近乎勇又曰用人之勇去其怒且夫恥生忿忿生

暴者泉漳之民也一轉移其心可用以爲善惟上有以去其蔽而激之以興耳夫彼之好勇鬬狠犯不韙而不避者恥受屈於人思有以勝之耳勢屈於人利奪於人則內顧若無地自容其憤不愛生者且相助以起也非恥心之所激與惜乎其所恥者廑勢與利也夫勢屈而利被奪者怯弱於一時而已而理尚有得伸若夫殺人犯法則理屈於人比其倫於亂民列其名爲兇犯齒身囚隸等類捕亡何獨無恥也且殺人之父人亦殺其父殺人之兄人亦殺其兄與自殺何異彼以爲吾能殺之其勢有以勝之而不計其自殺者固未嘗勝人也其或爭利而動者所爭未得而所費已十倍朝而鬭殺暮而鳩貲以啗官府兵役怒而攫之胥吏坐而飽之招謠撞騙之徒詐之以去其得達諸官府而買罪者猶幸也素日視一錢如命一旦受欺受詐棄如泥沙而不知愧嗚呼何其不悱以怒也惜無有斥其亂民呼其兇犯榜其囚隸暴其逋亡標其殺父殺兄號其受欺受詐使之瞿然難安靦然不獲移其無地自容之心而以恥以怒於此也夫仁人君子之用心才德出衆之循吏當此豈遂無術禁之不可威之威之不行諭之諭之不止激之其俗可變也是自明其理以先之善其術多方以啓之積誠以感之痛詞以發之因其所明而通之犯其所惡以觸之策家長以開其端訓生員以行其

化於是乎鄉約以聚其人讀法以柔其氣區其治之東西南北即假徵收之便每至其鄉必集其老幼而加勸懲焉語毋迂而意專於激也其勸也其鄉之善也祠堂則榮其區額徵收則薄其陋規鄉耆則予以賞賚衿監則隆以禮文其懲者其鄉之頑以悍也褫其祠堂區以辱之書其囚隸之姓名榜諸壁圖其逋亡之狀貌糊諸牆散而施諸近鄉之墟市强族之生員則難其科舉吾恐其鄉之人必恥以怒也雖然不盡此也程子云一命之士苟存心愛物於人必有所濟斯言也以其存心也心之苟

存相其宜而處之無弗得者心之不存民烏乎幸

衣食足而後禮義興今械鬬日甚民日貧無所用恥矣竊謂當察其積惡者先除其害使民樂業民樂業斯可激可勸也

械鬬

有積怨深讐而鬬者有因端起釁而鬬者其所以鬬不同治之之法亦異因端起釁者其禍淺治之宜猛其置之法也必嚴積怨深讐者其禍深治之必緩其置諸法也宜寬此其所以異也若泉之同安漳之漳浦寃家固結多歷年所殺父殺兄之讐所

在多有甚或刳及數代之祖墳出其骸鬻諸市題曰某人之幾世祖骨出賣列諸墟衆徧觀之此其不共戴天非國法所能止也治之之術亟之無益置諸法難以稱情得一二人而誅往往不當其罪而其禍不息嗚呼是必積誠相感涕泣以道使之瞿然驚翻然悔愀然不知涕之何從而後以善術處之庶乎可幾也嗚呼是非寡德者之所能爲也若夫因端起釁者墳田水穀之利爭起於一時羞忿恨怒之私激成於惡少非有根蔕甚不可已者斷之得其平則寃可釋倘治之稍緩則流毒既深勢難卒解嚴以處之則知所忌憚而其風可熄此爲上者所宜盡心也治法在講諭於平日力遏於將萌其既成者痛懲起事之人而嚴其責於家長家長者矜監也夫惡少之滋事也一朝之忿揮拳袒胸甚或擲石拔刀倉猝以起者非家長所及知而止也至其大鬬則必集衆家廟鳩貲列械設厨以飽其徒放礮以示其威斯時爲家長者一言不諾其事必格惟黨援强弱之見有以中其心而曲狥惡少年之志也是家長之罪也嚴其責而不宥則生監顧惜其私雖受惡少之迫而齟齬必多事勢已殺其大半昔謝金鑾教諭南靖南靖民有同姓而鬬於城邑者教諭爲之病輟藥饘不餐夜不能寐也悉召生監而諭之其弱房者

稽首悔罪縛起事者以獻於縣官强房者不爾也屢傳不至察其人方集於公所飽飯治器械放礮示强礮聲不絕者二日乃具文書詳革生員二人講戒飭者七八人封已具衆乃相率而叩首徧地願熄事自罰備明倫堂砌泮池石闌乃爲延山長戴明經以監之其弱房早悔罪者裁聯句褒之不予罰而彼亦荷畚鍤以來助也是豈及賢令之明示其法於衆者哉居官固當愛秀才獨械鬬一事嚴其責於秀才者所以重秀才以爲化始也

論以械鬬宜嚴其責於秀才今鄉僻處文風日衰有千百

丁男而無一秀才者矣又同姓而分强弱房秀才若係弱房亦不敢預强房之事其所謂家長者良善則不足以制惡子弟奸黠則樂以生事而得財治鬬者似當先治其家長良善者尊其權奸黠者懲其習有啓釁者使之鳴於官惡少不受制者亦許家長自首不告官不自首而輕為鬬者重其責庶幾家長可用也又有社無家長各自為鬬如廿七都蔡坂一社沈蔡二姓聯鄉相鬬殺人發塚至今八九年不息問其何樂於鬬則苦而非樂也問其何不息事則無家長也問其何不推一家長以主其事則衙役需賄

人命需賄控案未結家產已盡於鬬無財可辦其事亦無人敢預其事也鬬似於此治鬬者又當通其變矣　昔日之鬬會社猶以今各處無不會社凡此社有鬬同會者必出械助之因而牽連愈多或有惡少好鬬聞同姓有鬬或出械助之甚有起事之人欲息事而助鬬者不肯息此宜預為嚴禁凡出械助鬬者死不得索債索賄此風庶或可變又有延慣作盜賊者以助鬬名為請焉尤當痛懲　泉民之鬬以鄉鬬漳民之鬬則以姓鬬以鄉鬬者如兩鄉相鬬地畫東西近於東者助東近於西者助西其牽引嘗至數十鄉以姓鬬者如兩姓相鬬遠鄉之同姓者必受累受累則亦各自為鬬其牽引亦能至數十鄉若漳浦之紅白旗會則近似泉民究之以鄉鬬者必大族為之首以姓鬬者必大姓為之首則治大族大姓宜加意焉

擄禁

有擄禁而行勒贖者有擄禁而快仇讐者有擄禁而施刲制之術者勒贖者要其財仇讐者修其怨刲制者求其所爭者勒贖者强盜所為偵其人之子弟於途要而執之其甚者深夜夥衆明火持械斬門入其家擄其人以去後一二日有來者報其家

曰擄汝子者吾識其處矣得金若干可贖必某人者親齎以往則可也非某人金雖具不贖某人者邑之忠厚長者富其身家者也素不與惡類交怖不願往其家不獲已號呼哭泣頓首於其庭邀以行謹齎金如數果贖以歸倘遲一二日則報者復至已截其子之一指以示急矣再遲一二日則又截其一指矣金不具必急變產某人不來必急求之而某人者烏能坐視其死而不救也迨其既歸豈不欲控之官哉控之官則必援某人官不能捕盜而究某人必亟也盜未獲而忠厚長者之家已破矣如是者漳州爲多贓皆千計善良寃抑盜賊橫行爲真勒贖者

官皆不之知則以民之不控也若夫以擄禁勒贖控者多出於仇讐之家二姓忿爭素有嫌隙則互相擄掠無賴者因以為利或擄其財或擄其人矣擄其人以困辱之亦勒其財以贖焉贜則無多志在辱之以快仇讐而已若是者泉州為多安溪尤甚惟入於無賴者之手則與刦盜無異安溪赤嶺以擄搶勒贖而致富者數家林員林茂輩是也此輩控案以百數十計而縣官不能治赤嶺道梗不通者五六年於茲矣近村赴縣邑者皆倍道出他塗以往則以員茂輩之不獲也此初起於仇讐而終成於勒贖者也至其墳田樹木之爭訟於官而不到案逋租負債

之人恃其强而不肯還則擄其人而私加拷掠焉是為行刦制之法者雖紳士富民之家亦恆為之其法率多斃命然亦互相擄以為報也久之則成為仇讐之事矣擄禁之患此為最初治之者宜首嚴焉當切諭之曰墳田樹木之强爭逋租欠債之不還罪名之小者也擄禁私刑罪名之大者也斃命則尤大者也汝欲治其人之小罪而自處於大罪則所屈者終不得伸官將舍彼之罪而治汝至不利也汝之為此者以控官而不到案事不伸理耳汝既能擄而執之不如即送之官付諸差役官當為汝治之則汝無擄禁之罪名而事獲理利莫大焉民無不願從者也然必速為斷之而持其平若徒付諸班館以為胥役之飽久而不治則民仍不如執而私刑之為愈治法刦制者最易亦當最先仇讐者為稍難勒贖者害最大而治之最難且以民之多不控也嗚呼安得仁人君子專其心於為民而治及不控之案哉明其政刑則三者皆不治而自熄

邇日械鬭蔓延起於擄禁者極多則無賴輩藉端之為害也假如陳姓與王姓鬭則陳之惡子弟遇王姓者無不擄也無論隔鄉隔縣之王第曰汝姓與吾姓有仇吾不汝貸也而王之惡子弟其擄陳姓者亦然彼亦明知所擄刦者

非其罪意在利其財耳又有他姓之惡子弟藉端於助陳助王而遇人即擄者又有兩姓之人欲鬭未鬭而旁人即截途擄刦以迫之使鬭者惡黨日滋良民困抑治鬭者誠明示禁戒取藉端生事之人治其罪無患於鬭之蔓延矣

勒贖不控鬭死人命近亦多不控非不控也貧且破産無復可為控之資也官府不急治其鬭俄而死者日多控亦無益也其有力能控者復不控真兇而控其富而懦者以圖利遂使殺人者可以免罪而善良蒙冤則殺人者愈敢於殺人而控亦無解於鬭矣嗚呼富民之財飽於差役

之槀而貧民鬬死者或停棺不葬以庶幾官長之或來看驗而官長不得其情且詫爲刁悍之極而足不顧履其地也吁可憐已　大族梘惡截途搶刦小姓小姓貧人不得不出外謀食懼攖其怒亦無敢控者

抗官拒捕奪犯殺差

抗官拒捕奪犯殺差者泉漳之民有其具也而絕無其心絕無其心則絕無其事也而間或有之者何哉是有故焉官之不能持平也民習之矣無敢怨者官之受賕也民尤習之矣非特無敢怨者且朝犯罪名暮已鳩金以俟也官之下鄉也曰民壯曰

胥吏曰差役曰皂隸曰跟隨曰轎夫統計其數多則百餘人少亦不下七八十人飲食起居取給於民既行則悉奪其供具財物民非敢惜也然惟官不受賕而志在緝兇則縲繫其人胥隸肆其刦奪焉無怨官既受其賕則必脫其罪雖餘贓未完不得復繫其人與肆其刦奪苟有然者其變立作攖此禍者有兩人焉貪而無厭暴而不可已者其一也鄙而拙暗而腐者又其一也貪暴者禍由於一己鄙賤者禍成於下人舍此二者雖汚吏無患於泉漳之民也蓋天下雖不法之事亦必有情理焉強盜棄情理且無以成其爲強盜而況官乎出乎情理之外與人以痛心則將無所不至矣烏喙殺人者也乃明知其烏喙也而食之以死曰是喙之罪也豈理也哉

朝犯罪名暮能鳩金以俟此乾隆嘉慶間之民也今小忿輒鬬無賴者樂以此爲利而善良者屢破產傾家富民移居城市亦不免兇身指使之控土瘠民貧因有鳩金不能集而鬬因以不能息者矣父母斯民者奈何惑左右之言而聽赤子之自相殘傷也

親民

縣令親民之官也知所以親之可以爲令矣故其視民也常如

家人婦子然一日不相見則慮其寒暄饑飽之失時也出入起居之不謹也醜夷則慮其有爭職業則憂其或曠也而亦使民之視吾縣令常如父母家長然一日出遊則必審其行蹤之所之也慮其步履之失提攜也興一役慮其爲長者憂者遇一難懼其爲長者慼也歲時伏臘得飲食美味而不及父母家長而咨嗟也嗚呼是可以爲縣令也已今之爲令者徵收緝捕必親下鄉非事之常者然欲親之固不待徵收緝捕猶必時履其地也宣

聖諭講鄉約區其治之東西南北以時歷焉輕騎減從一食一

箪茶爐酒榼所至召父老與語道疾苦爲耕者課農桑爲讀者正句讀近村之衿者皆附以至無官府期會之勞而有家人婦子之樂則其鄉風之滈澆生理之豐嗇子弟之賢不肖皆在吾意中而其肫然之仁藹然之意樂其所樂憂其所憂者民悅之日忘其爲官也家庭幃闥之私有來告者乎況其鼠牙雀角不待詞訟而消者日不知凡幾輩矣有令如是吾慮其械鬬者無暇於械鬬擄禁者無因而擄禁仇讐者日忘其仇讐無大獄也一有緝捕彼與吾素相狎者老老幼幼不吾避也因而求之尚何有民壯之足需者乎昔程伯子爲晉城令三年而民無鬬死

秩滿代且至吏夜叩門稱有殺人者伯子曰吾邑安有此誠有之必某村某人也問之果然衆詫其故曰吾嘗疑此人惡少之弗草者也嗟夫是可爲親民者法矣今之爲令者其視民也如魚肉而民之視令也如虎狼凡有下鄉皆爲得錢而來不得錢不知有百姓也人之親魚肉也爲欲食之也而其畏虎狼也畏其食之也嗚呼安有虎狼而可與人親安有人而肯與虎狼親者哉其避之惟恐不速也固也上下睽乖縣如無官之縣民如無官之民自相争自相擄自相刑自相殺一至其鄉則壯役數十以臨之一家犯罪合鄉走匿是尚可以爲治乎古大學之文曰在親民其意可師也

至難治者泉漳之民而至易治者亦泉漳之民何也畏官長者論之二篇言任役宜養民壯若得廉公之吏與民相親亦無用於民壯矣今民之鬬争紛亂莫可調停者惟官長可以調停之其好鬬者亦壓於官長而不敢復作其調停後復鬬者必門子吏役受賄官强制於民而不得其平故也然其調停後復鬬者仍非官無以調停之則亦曰廉且公而已矣去歲過北溪親見林蔡兩姓鬬死已四十餘命而事未息問其故則無不悔鬬之禍而莫能收鬬之局

田連阡陌坐化草萊貧不能支者散之四方其人命或控或不控欲兩下私和則恐官據所控者以責其罪也其鬬死者欲索賄賄不滿其願則恐我與彼和而助鬬者復擄掠勒贖則和終不成也是非官不能調停之也亦曰廉且公而已矣廉則公公則明親隨左右者不能欺矣官不負民民歌功感德之不暇亦烏忍負官哉竊計泉漳之民無一縣不鬬無一歲不鬬一縣之中每歲鬬死者即不過百亦以數十計惟不控則官不知耳昔于公治獄平反信其後之必昌誠能使一縣不鬬不擄掠則每歲免於死者百

十人一任之縣令可救數百人一任之府道可救數千人萬代公侯何不可操券而取也聞泉漳之民有鬬者泉民嘗詐稱官長夜入某家以擄人詐稱官長而可夜入人家亦足見民之畏官長而非不可治者矣

重士

械鬬之當治秀才也予既得而詳之矣外此則當知重士之法蓋是非不明則國無政士失其所趨則教化無由以興政教不施雖長治久安之世將日以壞而況於治泉漳者乎今泉漳之俗凡有控案必列生員曰某某搶奪殺人而生員喝令也某某擄禁勒贖而生員主謀也且族鄙相傾則必盡錄其鄉其族之衿監雖深居閉門不諳世事者皆所不免甚有其人已死於一二年之前而控者不知猶列其名姓者蓋僅告兇人則明知兇之不緝控生員則傳之而至可以困辱之傳之而不至可以草其衣頂由是兇頑者有罪而逍遥懦弱者無辜而受譴泉漳之士始以讀書為患矣此風之成實由於縣官何也搶奪殺人擄禁勒贖諸如此類者亂民之行其不干生員官亦知之矣而其搆訟既成禍在鄉族則會衆斂錢飽官吏以全無罪之身家者實賴之於生員也夫民之告狀也明知兇之不緝則必伸其寃

志在傾其貲耳官欲受賕民亦欲受賕以息也官之待告狀也非必理其獄志在收其財耳明知民之可賄以休而已亦得賄以休也賄之所集必賴秀才此俗之所以必控秀才而縣官久因之以為利悚秀才以主謀之名陰受其斂錢之益而卒未嘗治其主謀者縣官之長技也其鳩貲不豐來之不順抑損其價拖欠其餘則以為把持爭執於中取利是秀才之劣也將實以主謀之罪與為讐矣而秀才遂真有把持爭執者真有於中取利者嗟夫以是日驅秀才於不善秀才何趨焉今

國家急泉漳之治法列憲以釐諸懷方將施教以破其愚頑而轉移其風俗教之所施舍生員何由始哉故治泉漳之獄惟徑告生員者移學取而究之其他凡有指其主謀稱其喝令者直斥其誣槩置不問牽連者立責之所以重秀才者是非明而教可因以起也或者曰天下豈盡贓吏哉生監身為家長責固難辭使羣累其間而後有所驚懼可賴以緝兇可賴以喻衆使秀才脫然局外也予烏得以施其教哉嗟夫官之緝兇喻衆固自有術豈賴秀才哉彼秀才烏能緝兇亂民將讐之矣上無有始其教者秀才烏能喻衆且官欲警懼秀才豈有難哉宣

聖諭講鄉約傳喚一不到革之有餘矣到而日與相接可藉以

宣教條察善惡於其奉行之勤怠辨其優劣以勸懲之則一罰一懲皆所以重之也不此之務而欲以不明之是非刲制秀才謂可行教哉

士習之陋莫甚於今日一做秀才即有開賭局交衙蠹以自肥於内而樹威於外者若其守己安分不能使人畏人亦不重之故欲秀才之不謀非分者難也嗚呼士為四民之首而其行或反汚於鄉愚所積豈一朝一夕之故哉且初進之秀才學官或待之如奴隷至有囚之學宮以勒取厚贄者秀才而有志於善則已秀才而無志於善他日出

身加民必相效為搏噬之行其居於鄉者亦必強而忮弱而求偎鄙狼籍上之人視而惡之曰士不足重也而不知士之漸染然也變民風自士始變士風自倡率於士者始父母師保其任維均正德厚生厥功並溥願與斯民禱祝而求之　龍溪林廣邁附識

治下南獄事論

凡泉民械鬭先期必有鄉之桀惡能把持其衆者按戶派銀派丁銀以資食用丁以助攻鬭其家無壯丁及有壯丁而不任鬭者必加派之銀及鬭則刀鐮棒銃之具悉陳兩地殺傷若相當斃則各斂其屍或生擒其人以去割斮焚燒瘞之坑棄之水屍滅不可獲甚者男婦過其境則汚之戕之或縶之使贖然往往不以聞之官以官不足治其獄也其訟於官者率鄉之奸宄與訟師比比舍兇手而羅織富者無得脫令乃集民壯鄉勇徒役共數百人或百餘人若出師狀馳詣其鄉捕捉尚恐不勝則以兵從而民先盡室遠遁空其廬令與兵役至索人不得則焚其廬舍殃其雞犬魚爛而未已於是健役與鄉之奸宄數人為之居間關說使必納賄以解其富而無辜者懼禍不得已諾之然亦斂錢於合族乃集既成言官吏健役等往斂而納諸上健役

又必與居間者俱同喝蹂踐民毒痛焉健役以次收囊橐自營將縣宰以逮闔人傔從胥役廝養輿皂之徒咸中飽然後獄事頗釋其所斃之家則鄉人自以賂貓之其殺人之犯則賂無賴者代死謂之頂兇而正兇率不出然其事往往即健役等為之謀主苟有所乾没頂兇之錢或不時給給或不足則代死者招解抵省翻供不肯承又或訟師及族之莠民谿壑不盈則踰數年或十餘年又唆使奔控於京師焉天子遣大臣獄乃息

論曰昔淮南王安言越人好攻擊固其常然則閩之械鬭自漢以來然矣豈非郢與餘善等階之厲哉細虞搆釁攻殺無已禍

連子孫殃及鄉閭踰百年不能解其意似近於公羊春秋之百世復讎而用之不得其義以至此也往吾弱冠時抵泉嘗目擊之後有用趙廣漢之術者收其桀黠誘其貨財民倒懸久姑聽命焉竟得休息者二十年今又蠢動不可遏禦月或鬬者數起矣然其鄉未嘗無善士良民知畏法循理所以滋難賈禍以裹脅其衆者不過桀惡數人為之渠帥耳又有一二奸宄舞其間與悍役比如虎而翼鈎結以漁利簸弄以餌官曰泉之民頑而客獨械鬬可威刦而貨弋也官諂之舊尹及同寮則皆曰彼土風氣固然且大邑廉俸僅千金歲費當數萬緡郡伯之陋規幕

賓之脩脯驛傳之供億賊囚之解送其用至浩繁計安所出非資賄於民不可資賄於民則莫械鬬若也故蒞兹土者上下内外囂然惟賄之是圖官所置民壯鄉勇大抵皆市井諸惡少與悍役日出詗伺民間一聞某鄉械鬬則鼓掌相慶否則疾首蹙頞若不可終日嗚呼宗族鄉黨古者所以教之保息聯比睦婣任衈以厚風俗者也而讐殺相尋至於此極豈其民獨無人心皆利災而樂禍者哉毋亦教化之久不行故也患已熾矣而今長又從而魚肉之縱其爪牙四出攫噬民殺人而官放火是官自為寇而民與為讐也凍餒其父母離散其妻子昆弟係纍其

宗族親戚水益深火益熱不糜爛其民不止嗚呼為民父母者奚忍而致此毒耶然而官則告於大吏及人人曰百姓誠刁悍雖孔孟復生莫能教化也嗚呼民果頑嚚不可教化也吾聞往數十年有史必大者令晉江一芥不取每食不過蔬菜以峻法束吏以誠求察民行之二年庭無訟牘泉人至今思之是豈易民而理者耶今即不能遽興教化顧有簡易之法在曰但令治獄毋納賄捕人毋用兵役而已凡四鄉械鬬必有期會非需數日不辦令長能於未發之先稍察萌芽登即單車詣鄉諭散理其曲直而禁約焉善之善者也其鬬已成者令亦單車詣鄉隨從

一二人外一切胥役民壯鄉勇屏不用呼其父老與其紳衿明告之曰殺人者死國法也令不得私且枉鄉有惡子不除國之賊亦若之殃也吾來為若治大獄錙毫無所取誓不令一役擾若民若執倡鬬及殺人者以獻餘皆安堵如故無所問其非正兇而賂以代者遣之若不聽吾言設易一郴且酷者至將大不利於若玉石俱焚若何幸焉且若犯國法而亡命不出是罪再不赦也

聖天子在上賢大吏在下豈其為一人而法不伸於天下若何愚也民怵於禍困於財若墜塗炭久矣一旦見良有司之來若

此人人得所依倚如是則比屋安居焉用逃竄焉敢不用命何犯不可得何獄不可解雖然此其道又在乎豫信豫信之道奈何曰令長始下車毋受吏賂毋誅民財束僕從胥役嚴治民事勤決詞訟敏居是邦也遠邪佞親正直暇則循行郊野與其父兄子弟詢疾苦勸仁讓相親猶一家相視猶一體民之信之也豫於是又擇其鄉之齒長而端慤者立族正及副二人如古三老嗇夫凡鄉有不便於民及訟事族人以告族正小事族正判其曲直而罷大事族正自詣縣告或率其人俱至以俟令長聽斷令長有所問以片紙召族正亦如之其人至則公正廉明以

鞫之忠信慈惠以察之不煩言而獄已解矣行之一二年民可無訟令長即有緩急民且爭相資助如三輔之輸租於兒寬山陰之送錢於劉寵何貧乏虧空之患之有舍此不務而以餓豺苛虎為長技轉相仿效罪浮於盜賊孽遺於子孫然而邮邮殘破户户顛連弱者轉之溝壑壯者驅之萑苻吾恐喪軀隕世降一夫之禍細而交讐激亂釀一方之禍鉅也

蠡測彙鈔

臺灣番社紀略

鄧傳安

臺灣四面皆海而大山亘其南北山以西民番雜處山以東有番無民番之所聚處曰社於東西之間分疆畫界界内番或在平地或在近山皆熟番也界外番或歸化或未歸皆生番也幸沾
皇化維有歷年地益闢民益集番益馴猶恐番黎有不得輸之情爰設南北路理番兩同知以撫之北路熟番可紀者嘉義共十三社彰化共三十三社淡水共三十六社每社有通事土目

約束其衆廢置皆由同知此外歸化生番嘉義則内優六社及阿里山八社而崇爻八社亦附阿里山輸餉彰化則水沙連二十四社其淡水之蛤仔難向在界外今入版圖改稱噶瑪蘭設官吏如淡水廳通判即兼理番不隸北路同知矣内優通事尚由官置餘如土司之世襲阿里山之副通事水沙連之社丁首皆治賧社輸餉事宜聞南路之卑南覓亦有官置社丁首夫賧社即民番互市也所謂歸化特輸餉耳而不薙髮不衣冠依然狉狉榛榛間或掩殺熟番而有司不能治為之太息安得如噶瑪蘭之改土為流乎南路理臺鳳兩縣番載在府志者臺灣祇

三社皆平地番鳳山熟番亦祇六社餘皆歸化生番以余所聞
惟山猪毛四社傀儡山二十七社實與鳳山相接瑯嶠一十八
社山行須歷生番界水行則由下淡水小舟可通而沙馬磯頭
為其盡處故由鳳山往者皆取水洋之捷若卑南覓七十二社
則西南值鳳山北接崇爻又在嘉義山後府志紀其大概故繫
於鳳山下耳今山猪毛已在界内民番雜處有都司駐焉瑯嶠
與沙馬磯頭皆見於藍鹿洲東征集瑯嶠當日已稱樂郊不忍
棄諸界外今益繁盛民雜閩粤番甫歸化有司俱得通文告不
比傀儡山之有番無民者矣鹿洲曾為元戎檄卑南覓大土官

文結令搜山擒賊賞以帽靴補服衣袍等件是生番中未嘗無
衣冠文物今其女土官寶珠盛飾如中華貴家治事有法或奉
官長文書遵行惟謹聞其先本逃難漢人踞地為長能以漢法
變番俗子孫並凜祖訓不殺人不抗官然則雖在界外又何殊
内地乎由卑南覓南崇爻其北為秀孤鸞又北為奇崍又北為
蘇澳已是海島盡處迤西乃達於噶瑪蘭自噶瑪蘭既開人跡
罕到之處始知其名宜前此無及之者獨怪巴荖遠獅頭獅尾
至今尚未歸化而府志附於彰化番社之末其猴猴歪仔歪巴
荖鬱新仔羅罕奇立再冊抵美簡抵美踏踏新仔罕又毛搭吝

即南搭吝珍汝女簡即珍珠美簡女老即里荖奇武律即奇武
荖勿罕勿罕即武罕毛老甫淵即貓里府煙奇立叐即奇立板
抵抵美福即抵美福哆勝美仔遠即哆囉美遠屏仔猫力即珍
仔滿力擺里即擺殰奇班宇難即奇蘭武蘭打那軒即打那岸
凡二十二社今皆在噶瑪蘭界内當日並未歸化何以府志載
在淡水番社中彰化萬斗六阿里史二社俱設立通事而府志
不載恐生熟番揉雜似此者尚多非親歷不能核實也我
國家車書一統聲教無外不宜於一島中判華夷溯臺灣初平
時僅有臺鳳諸三縣已而於半線置彰化縣矣又於竹塹置淡

水廳矣今又於艋舺三貂之東南增噶瑪蘭廳矣誠如鹿洲所
謂氣運將開非人力所能遏抑者分界禁墾前人權宜於一時
究竟舊日疆界無不踰越所當變而通之以番和番為柔服伐
貳内外合一根本郁滄浪稗海紀遊云有賴科者欲通山東土
番與七人為侶晝伏夜行從野番中越度萬山竟達東面東番
導遊各社禾黍芃芃比戶殷富謂苦野番間隔不得與山西通
欲約西番夾擊之又曰寄語長官若能以兵相助則山東萬人
鑿山通道東西一家共輸貢賦為
天朝民矣攷賴科之名亦見於東征集是大雞籠通事曾招崇

爻八社嚮化者所謂野番似指淡水山後未知所稱土番即崇
爻抑尚在崇爻以北姑存之以備一說

水沙連紀程

水沙連歸化生番共二十四社在彰化縣界外非與生番互市
之社丁不能至而越界私墾有厲禁焉嘉慶二十年令淡水司
馬吳樸庵性誠知縣事因奉檄往逐占墾埔裏社之漢民作詩
以紀其事越七年而余來為北路理番同知讀樸庵詩而嘉歎
之適又有熟番潛入者當事廑涓涓不絕之慮疊檄申禁余念
非親往不能察實況佳山水之得自傳聞何如目覩豈憚險遠

而不一行顧深入異域未可無衛於是先次廣盛莊令衆社丁
屬徒百人益以屯丁四十人田頭社生番亦率衆來迓願為先
導乃韔弓箙矢執戈揚盾以往過油車坑口路陡而挾攀兜上
下如挽如縋又沿溪行數百里登雞胸嶺從嶺上望社仔舊社
蓋二十四社之最近者既被漢民占墾生番不能禦俱遷往山
內矣水裏社土目亦率衆番迓於嶺上過土地公案五里皆密
樹過牛勝澤五里皆脩竹陰翳並不見日然樹林有濕氣侵人
未若竹林之瀟灑可愛此入山之最奧處海外所未見也過滿
冊嶺至田頭社由奧得曠心目頓開兩社番男婦跪迓道旁裝

東不名一狀見官長皆欣然喜因留宿焉時當秋暮山氣夕佳
社丁指點兩山相向形似龜蛇延佇久之次早過水裡社望見
日月潭中之珠仔山藍鹿洲東征集所紀之水沙連即此因番
未艤舟留俟回輿暢遊過猫蘭及審轆昔為生番兩社自被占
墾番徙社虛漢民既逐鞠為茂草由審轆而東穿林下坡行坑
中兩山聳峙夾以巨石溪流湍急淺處可厲深處不可涉登山
伐木推而下之頃刻成梁如左氏傳之除道梁溠者以人衆易
為力耳亦有不可梁處仍攀兜渡水縱橫灣轉更險於油車坑
險盡而夷奧盡而曠遥見埔裏社一望皆平原此界外之最曠

處也埔裏社番及招來諸熟番皆跪迓於路即延館於覆鼎金
山下之番藔山之高不三丈登而眺遠四望如一乃知二十里
平曠中惟埔裏一社餘社俱依山草萊若闢可得良田千頃生
番不能深耕薄殖薄收已有餘糧即招來之熟番亦不能如漢
人之盡地力今熟番聚居山下者二十餘家猶藉當日民人占
築之土圍以為蔽誅茅為屋器具粗備官長隨從多人皆免露
處生番既供薪米并以牛豕犒衆聞椎牛屠豕聲不啻於京斯
依之蹌蹌濟濟矣明日以熟番為引導履勘田原新墾地不及
三十里尚未成田舊墾田十倍於此早已荒蕪此地東通秀孤

鸞南連阿里山。北連未歸化之沙里興。為全臺適中之地。而平曠膏腴。彷彿內地莆田一縣。眞天地自然之美利。惜其越在界外也。民人生齒日繁。番黎生齒日耗。不知何故。余經過處。已見三社為墟。疑他處亦有似此者。過埔裏社。見其番居寥落。不及十室。詢知自被漢民擾害後。社益衰。人益少。鄰近看裏致霧安里萬三社皆强。常與嗜殺之沙里興往來。其情叵測。偪處者實惴惴焉。番性貴貨易土。何所愛於曠土。而不招熟番以自衛耶。余既知以番招番之由。仍召四社土目。詰以曠地之可開與否。音須重譯以通。而社丁及熟番之能生番語者。各懷私見。互有

是非。及求得能漢語之生番為通事。乃悉其實。蓋看裏諸社之不願開耤口於社仔社之因招墾而亡。其理甚正。埔裏社之孤立自危。不但汲汲招墾。即薙髮為熟番。亦所心願。其情可憫矣。且此次越入之熟番。實緣生番招來。異乎當日漢民之强占者。特以開墾不利於社丁。未免譸張其詞。以聞於上。當事慮有奸民混入其中。漸次藏垢納汙。不得不察實申禁耳。余所見已異乎所聞。並逆料熟番之開墾。將來必無成功。不必如往歲實力驅逐。惟諭令具狀。俟歲事既畢。各還本社。可以安番衆而復土官。何多求焉。遂於明日回輿。為水裏社之遊。是歲道光三年也。

禱海神息浪通舟文

維道光八年。歲次戊子。孟秋月己亥朔越十有一日。己酉某某等謹以少牢清酌庶羞之奠。敬禱於

敕封護國庇民妙靈昭應宏仁普濟福佑羣生誠感咸孚顯神贊順垂慈篤佑天后暨海上諸神之靈曰。惟旁淺中深之鹿耳門。實聯海東島嶼之七鯤身。藉咽喉以為呼吸。引此往彼來之楫若雲屯。通塞所關甚鉅。呵護全賴明神。當夏令震驚百里。似猊吼與雷喧。濤怒不因風激。天朗不覩祲氛。但聞大聲吹地。已知高浪排天。顧自昔之轊鏑不匝月。惟去歲之澎湃兼五旬。經

有司陳詞以祭告。漸轉危境為安瀾。不謂今茲之海湧更久。聞者并膽戰而心酸。貿遷之商賈。輻輳待濟之行旅。紛紜終日。顛簸於巨浪。竟夕不帖。夫驚魂或歸柩之冒險。或眷屬之單寒。冀早達彼岸為幸。詎堪此狼狽之盤桓。望外洋之飄風俱利。悵水激沙湧之限以籬藩。間值淺擱而舟漏。登岸求生之成羣。詎舴艋不堪觸浪。老幼載胥以沉淪。嗚呼。生民何罪。丁此艱辛。伐檀有誅。諷刺素餐。如果官吏不職。祈神靈加殃咎於其人。儻物怪憑依為厲。宜蕩掃以現乾坤。儻及溺猶能為鬼。亟招巫陽以釋煩寃。勿任沴氣之難散。累及無辜之蚩氓。用是吉蠲虔禱。同肅

鞾紳伏願昭假在上鑒茲愚忱息波濤之洶湧俾口門之深寬舳艫相接乎臺島久客得歸夫故園文報無不迅速海外永慶長春尚饗

牒臺灣府城隍文

伏以鬼有所歸乃不為厲中元郊外設祭載在
國家祀典所以安無主之遊魂惟城隍尊神實涖其事臺郡人民半自內地冒險而來進出以鹿耳口為門戶船隻或阻淺阻風不得徑出徑入間值滔天巨浸人力難施往往失事其險倍於外洋如今春領餉弁兵及秋初遊客棺柩眷屬載胥及溺得生者少遠近傷心諒亦蒙神憐憫顧故土之思人鬼同情冒險不得其死死而有知眷顧依違豈肯戀戀海外近日海氛異於前時焉知非遊魂為厲往禱設醮已罄有司之忱仰惟威靈公爵秩尊顯如一路之福星海島商民內渡必官給照乃行想幽明事同一體為此牒呈神鑒伏冀俯念無主遊魂陷於險遠思歸不得默賜引導護還故鄉得享族類禋祀不淹滯於寂寞荒埔俾海外長慶安瀾實千里無疆之福道光八年七月十五日

內自訟齋文集　周凱

記臺灣張丙之亂

臺灣一郡四縣五廳其地在東海中西向迤而長南盡鳳山北盡淡水新闢噶瑪蘭由北而東處臺灣之背澎湖一廳又孤懸不相屬處臺廈之中控臺灣者莫廈門若也其民閩之泉漳二郡粵之近海者往焉閩人佔居瀕海平曠地粵居近山誘得番人地闢之故粵富而狡閩强而悍其村落閩曰閩莊粵曰粵莊閩呼粵人為客分氣類積不相能動輒聚眾持械鬭平居亦有閩粵錯處者鬭則各依其類閩粵鬭則泉漳合泉漳鬭則粵即伺勝敗以乘其後民情浮而易動自康熙二十二年入版圖於今已百五十餘年矣亂者凡一十有五皆閩人也大如朱一貴（康熙六十年）林爽文（乾隆五十一年）蔡牽（嘉慶一十年）等俱請大兵剿之小如吳球（康熙三十五年）劉卻（康熙四十年）林武（雍正第九年）吳福生（雍正十年）黃教（乾隆三十五年）陳周全陳光愛（乾隆六十年）廖卦楊肇（嘉慶第二年）汪降（嘉慶三年）陳錫宗（嘉慶第五年）許北（嘉慶十五年）楊良斌（道光第四年）黃斗奶（道光第六年）等或以本省兵或以臺灣鎮標兵平之或數年或十數年輒一見焉若自相殘殺則間歲有也其地饒而產穀全省倚為倉儲而內地羣不逞之徒又趨之為盜賊數荒則從而滋事道光十二年冬

張丙倡亂嘉義十月朔戕知縣越日戕知府圍嘉義城困總兵亟月破鹽水港刼軍火器械於曾文溪彰化黃城陷斗六門是為北路賊鳳山許成臺灣林海攻鳳山奪羅漢門應張丙為南路賊而鳳山粵莊奸民李受又乘間假義民旗災殺閩莊阿里港七十餘處凡三閱月而事平於時興泉永道周凱駐厦門十月九日聞警馳報廵撫魏公元烺魏公方權總督就近調署漳州府托渾布任臺灣府事飛檄陸提督馬公濟勝率兵二千名渡厦門金門鎮總兵官竇公振彪率兵一千三百名渡蚶江副將謝朝恩率兵一千二百名渡至五虎分道平賊按察使鳳來

來厦門策應十一月二十八日總督程公祖洛自浙江馳抵厦門督辦尋東渡明年正月

欽差將軍瑚公松額由厦門渡事既大定署臺灣道平慶被議七月檄調凱權臺灣道事任百有九日搜捕餘孽親鞫犯供與前後傳聞異詞因訪求顛末稽之章奏案牘而次其事張丙者其先漳之南靖人居嘉義三世為店仔口魚牙古互字素無賴好結納亡命一呼數百人與羣盜相往來能庇之又以小忠小信庇其鄉鄰遂著名道光十二年夏旱各莊禁米出鄉有陳壬癸購店仔口米數百石不得出以𧶘求生員吳贊庇送贊之族吳房逸盗也與詹通刼諸途店仔口之禁米張丙為首贊牒縣謂丙通盗嘉義縣邵用之獲吳房解郡伏誅並捕張丙丙怨令不治米出境專治搶奪欲擒吳贊聞挈妻孥避入城追及之半途復為邵令遣役護去丙謂令得賄益怒陳辦者巨盗也居嘉義之北崙仔莊其族人摘粵人張阿凛芋葉為所辱白陳辦報復毀其芋田阿凛居雙溪口雙溪口粵莊之强大者閏九月十日阿凛率衆焚陳辦屋又牽他人牛陳辦約張丙與之鬭丙與詹通劉仲劉港劉邦頂賴牛王奉陳委洪番仔吳允許六吳猫李武松聚衆三百人與陳辦陳連攻雙溪口不勝反為所傷聞總

兵劉公廷斌出巡張丙與衆潛回店仔口陳辦陳連焚掠附近安平諸粵莊張阿凛焚陳連莊二十五日陳辦搶大埔林汛防器械總兵劉公追至東勢湖戮搶猪者二人北路協副將葉長春與邵令亦至夾擊陳辦於紅山仔辦走與王奉合復攻捕姜崙莊官兵猝至斬其黨王興王泉辦奉俱竄店仔口白張丙丙觸前忿謂專殺閩人偏袒遂與詹通謀反竪旗起事詹通父詹經知之命長子詹日新往勸通及其額不死旁賊殺日新十月初一日刼鹽水港佳里興巡檢署殺教讀古嘉會人名及汛兵掠下加冬北勢坡八槳溪各汛嘉義縣知縣邵用之追賊入店仔

口張丙圍而執之加撻辱分其屍初二日臺灣府知府呂志恒聞邵令被困以鄉勇二百人會營往援南投縣丞朱懋從張丙禦之大排竹署遊擊周進龍邵懋以言激之乃前施礮又不如法為賊所乘義首許邦亮以所乘馬授志恒徒步與戰俱陷呂志恒朱懋外委曾聚寶皆被戕懋有循聲賊後悔之周進龍與弁兵間道脫歸陳辦之約張丙也無戕官意至是其妻自經死張丙乃徧約所交游偽稱開國大元帥年號天運以戕殺職官為名張偽示獲官及官兵者賞殺淫掠者二人以狗謂居民無恐冀其助己也封其黨詹通黃番婆陳連陳辦吳扁為偽元帥

劉仲劉港劉邦頂王奉陳委洪番仔吳猫李武松許六孫惡為偽先鋒柯亭為偽軍師吳允不受封自稱偽開國功臣賴牛亦自稱偽元帥各就所居招集醜類縣南之店仔口迤南張丙與詹通踞之縣北之崙仔莊土庫陳辦陳連踞之推張丙為總大哥分大小四十二股諸股首偽帥皆稱大哥股首下為旗首旗首下為旗腳每股百餘人或數百餘人以派飯封穀為賊糧以勒民出銀買旗保莊為賊餉以攻汛戕官所得軍器為賊械初三日張丙率諸賊圍嘉義城典史張繼昌激勸兵民閉城守禦羣賊聚衆來助者復有蔡忝梁辦莊文一吳鰍陳開陶黃元德

陳太山劉眉滚杜烏番張廖各股首每股亦二三百人初四日張丙分賊搶大武壠汛巡檢秦師韓受傷鄉民救走搶加溜灣汛把總朱國珍死之聞總兵劉公援嘉義張丙乃令各股賊分道迎敵劉公以兵二百名出巡猝調不得至兵單且戰且進比近嘉義城劉仲突出腹背皆困遇前提督王得祿從弟武生王得蟠糾義勇來護城擁以入城副將周承恩殿不知也反馬入賊陣援之數匝被鎗馬蹶猶揮刃殺傷數十賊斷其頭去將弁死亡者九員兵丁百餘人軍械盡失總兵劉公之呼城也城中疑賊假以誘城者礮擊之礮高越擊尾追賊賊乃退兵餘無多

惟署副將溫兆鳳從日已暮諸囚反獄起火下令擒斬之以典史張繼昌權縣事修戰具募義勇晝夜登陴爲困守計張丙爲皮檔竹梯攻城劉公親率兵勇禦之又有賊江七曾吉侯虎歐淙柯和尚蔡臨廖花吳猫蠭起肆擾圍城焚莊忽分忽合道路梗塞郡城戒嚴劉公夜縋義勇襲擊屢有斬獲初七日黃番婆自率其衆攻鹽水港破之守備張縈森力戰死巡檢施模外委蘇連發俱被傷鹽水港者嘉義之咽喉郡北之屏障也既破賊益無所忌初八日張丙與諸賊遂解圍去四出騷索逼脅附和劉公令於城外築土圍以固城迤南之賊漸逼郡城郡中初不

知守令之被戕也。有自大排竹逃歸者。述其狀。臺灣道平慶以
改箚同知王衍慶權府事。環城樹柵開濠備戰守。紳士募義勇
助畚牐守城乏餉。借資殷户爲應備。貢生陳以寬涉險內渡告
警。訛言日起。中營游擊武忠泰落井死。有相率欲攜眷登舟去
者。王衍慶以刀令於城曰。敢言走者斬。獲奸細吳連三人。知爲
劉仲所使。遂與獄中盜張膽六人斬以狥。劉仲劉港劉邦項蔡
恭於圍嘉義時潛回大穆降（地名）窺伺郡城。及奸細被獲。乃北去。
蔡恭屯麻豆莊。與張丙爲犄角。十一日張丙遣賊復掠鹽水港。
十二日陳辦復攻笨港。屢爲縣丞文烜千總蔡淩標所敗。嘉義

所屬各汛俱遭焚掠。惟此汛始終獨完。嘉義縣城圍解。五日土
圍成。十四日張丙復攻之。令黃番婆舉鹽水港缺口大礮於城
下。不能發。强所掠兵發之。兵故高其礮。火上飛不及城。連發十
餘礮皆然。城中疑有神護。張丙亦有疑。仍以皮檔竹梯攻城不
克。凡三日又解圍去。是時南路鳳山縣賊許成以月之初十日
豎旗觀音山。亦僞號天運。封吳歐先僞軍師。柯神庇僞先鋒。以
滅粵爲詞。過運郡之米。窺郡城。張丙聞之。誘令來附。幷所得呂
守轎迎之。飯其衆。不飽去。臺灣縣賊林海豎旗舊社莊。聞捕走
附許成。十四日擾阿公店。千總許日高擊敗之。始不敢窺郡城。

而南擾鳳山。北路彰化縣之賊黃城受張丙約。以月之十二日
豎旗嘉義彰化交界之林圯埔。僞興漢大元帥。用大明主年號
以僧允報爲謀主。彰化令李廷璧聞嘉義有賊。先與鹿港同知
王蘭佩勸民聯莊互相保禦。賊不得北。又聞黃城反。與副將葉
長春爲解散招徠計。許以免死。收簡象等八人。後頗用其力。郡
城聞嘉義被困久。而城中諸將皆在外。乃遣都司蔡長青率兵
九百運軍火往援之。王衍慶又循故事札諭鳳山粵莊首事募
義勇赴郡城聽調。蔡恭既回麻豆莊。偵知蔡長青抵茅港尾。與
劉仲劉港劉邦項結江七曾吉蔡臨杜烏番陳太山劉眉滾分

股要之。曾文溪官兵屯溪北爲背水營。十九日賊大至。官兵返
走。溪不得渡。爲賊所擊。死者蔡長青等十八員。兵二百餘。軍火
器械又失。二十三日張丙焚嘉義北門。兵勇出擊。互有殺傷。賊
角仔寮莊爲之結寨。分遣其衆勒索銀穀。南路賊許成林海擾
東港。殺巡哨兵二十七名。鳳山粵莊監生李受籍王衍慶諭札
約各莊頭人斂銀穀。聚義勇。匪徒日集。製臺灣府義民旗六。因
許成有滅粵之語。以自保爲辭。不赴郡。乘機搶掠閩人。連日攻
萬丹阿猴諸閩莊。出兵勇助之。斬百餘賊。盡焚其藔。毀所製一
軌三輪車八輛。三十日張丙復分股圍嘉義城。城中出兵勇與

戰擒股首陳太山劉眉滚礫之陳辨陳連攻大埤頭雙溪口粤莊不勝張丙見攻城一月不能下諸賊各相雄長分踞各莊自飽有鎮南鎮北中路南路元帥名目賊夥郭桃葉斷亦各自爲股吳允爲諸賊歸心有兼幷意僅孫惡柯亭猶仍僞封遂舍城去與諸賊分掠民莊以爲食莊民初見張丙僞示不害鄉里派飯封穀買旗保莊猶强應之至是苦責索無厭稍不應則縱賊大掠焚其莊裹脅以去知其紿己也遂相率併力拒之殷富之莊紳士出貲建義民旗殺賊於是股首葉斷爲莊衆所殺杜烏番張廖果吳貂柯和尚郭桃爲紳士所擒賴牛爲張繼昌所獲

皆磔於市惟游民無所得食者羣附和之是日南路賊圍鳳山埤頭竹圍埤頭無城樹莿竹爲城故曰竹圍縣署在焉賊勾内應夜縱火逼縣署遊擊翁朝龍退守火藥局署知縣託克通阿與千總岑廷高列礮縣庭賊至然礮擊之退獲林海礫之十一月初一日福建陸路提督馬公濟勝將兵二千乘十三舟連艅抵鹿耳門傳令稽查海隘絶賊水路初三日屯郡城北門外較場誓師振旅難民跪道呼寃者萬餘人馬公曰巡撫已奏聞天子發大兵十萬由五虎蚶江廈門三口渡不日即至不足爲爾等復讐耶揮之去問賊安在曰南北皆有賊馬公曰當先其

大者急者以貢生陳廷祿爲鄉導先是馬公在廈門購麻布米袋數千至郡復購馬曰賊衆我寡當步步爲營初五日進兵西港仔獲奸細知賊狀初七日至茅港尾遇賊二千勝之馬公曰是地可戰令深其濠以袋盛土結壘爲三營立就諭鄉勇別爲營無近我雖役夫皆知公之必勝也初八日賊衆五六千大呼來攻馬公戒勿動俟其力竭分兵擊之殺賊三百人初十日賊來益衆以礮拒我我亦以礮擊之賊敗斬數百人生擒數十人獲賊往來書札蔡恭僞印碎之益知賊中虛實十二日進兵鐵線橋橋長而狹溪流湍急不可涉賊衆伏橋北馬公曰毋輕進

返屯茅港尾聞賊欲抄小路絶郡城之援又聞賊欲以燧尾牛車衝我軍決上流水灌營馬公勿聽令築濠三重設守以待凡三日港南無一賊而港北之賊大集十八日張丙親率賊萬餘挑戰分兵三路擊之敗蔡恭旁出又敗之追至灣裏溪多溺死賊衆訛傳馬公營有銀二十萬諸無賴思得銀躡賊後賊藉以張其勢二十二日張丙擁衆二萬自搏戰氣鋭甚鎗礮呼聲震山谷馬公曰吾欲其聚而殲焉在此舉矣下令堅壁無出聲自巳至酉詬詈萬端士卒皆怒賊聲漸歇乃發令軍中大呼士皆超壘躍濠以出勇氣百倍賊不及戰披靡返奔追逐數十里生

擒五十餘人斬殺七八百人轟擊溺水及自相觸以死者無算賊衆尚萬餘屯橋北二十三日昧爽馬公親督大軍出不意過鐵線橋賊望風走搗其巢生擒李武松獲詹通賊大潰道路以通乃大張曉示解散其黨向之買旗保莊派飯從賊者本懷二心賊至則豎賊旗賊退自稱義民間有搶掠者至是皆豎義民旗縛賊以獻賊益窘竄伏近山蔴林中二十六日大軍次鹽水港金門鎮竇公振彪亦於初三日登岸自鹿港疏通北路引兵來會馬公益以兵二百令攻鳳山南路賊二十八日馬公整旅入嘉義城總兵劉公迎見與竇公分兵四出搜捕紳士義民或

縛賊來獻或導兵捕賊獲黃番婆劉仲劉港戮於軍前三十日露布報捷彰化賊黃城既不能北率賊千餘人欲南與張丙合斗六門者處嘉義北界樹竹爲圍大汎也縣丞方振聲守備馬步衢千總陳玉威設險守禦賊不得逞約梁辦莊文一吳猫攻之屢敗十一月初一日恩退走監生張清紅人呼張紅頭與馬步衢有隙令族人張成僞稱大元帥集衆助賊初三日黃城用張紅頭計駕牛車載草填濠陳玉威焚之是夜復助以車覆泥草上以塞河逼竹圍步衢督諸弁禦之方急許荊山者嘉義都司與邵令同出捕賊至土庫爲陳辦所逼奔避斗六門步衢留

以禦賊見勢危破竹圍遁賊得乘間入縱火陳玉威與外委朱承恩許國寶林登超蔡大貴額外陳騰輝朱萬斗巷戰死玉威先遣其子陳繼昌赴總兵告變方振聲亦先遣其妾抱幼子出匿馬步衢無眷屬或勸之走厲聲叱之斂所餘火藥與方振聲自焚不死遂與方振聲妻張氏併幼女玉威之妻唐氏被執皆罵賊死賊臨之方振聲之友沈志勇僕江承惠曾大祥邱薪許廚以義死友之子沈聯輝以孝死同時死難者官九員家屬丁幕九人兵二百二十餘人黃城以黃雖萊爲僞縣丞守斗六門自率其衆而南助張丙以拒大軍敗十二月與張丙蔡恭江七

莊文一陳辦陳連陳開陶黃元德許六吳猫梁辦曾吉歐宗劉邦頂吳扁侯虎俱被獲解張丙詹通陳辦陳連於郡城磔李武松諸股賊於嘉義梟首店仔口諸處剖黃城諸賊心祭死事者北路平初七日馬公督兵赴鳳山勦南路賊賊禦之三喃溝敗之初八日謝朝恩擒許成懸蔡臨剉其屍南路亦平初粵人李受計許成之攻鳳山埤頭也必破破則以粵人復之可得功指所掠閩莊爲賊粵人故智也遂與楊石老二廖芋頭勾結生番乘間逞其報復十一月初十日以義民旗攻破阿里港及附近諸閩莊焚掠慘殺尤甚不意許成再攻埤頭被礮擊退走臺灣

縣界。十二月初二日。許成攻羅漢門汛。李受又乘間攻連界嘉義之樵吧哖閩莊。臺灣道平慶會副將謝朝恩誘李受獲之。置於獄。十三年正月總督程公抵臺灣。鳳山閩莊之被難無歸者。男婦老少尚千八百餘人。在郡城撫卹。乃捐銀令紳士於阿里港各莊。結草蓆棲之。檄提督馬公鎮鳳山搜捕攻莊粵人及股首之未獲者按治之。二月

欽差大臣將軍瑚公抵臺灣。當總兵劉公之被困也。與臺灣道平慶俱以賊勢入

告。

上命瑚松額署福州將軍

頒欽差大臣關防。哈朗阿爲叅贊大臣領侍衛巴圖魯章京三十四員。又調西安馬隊兵三百名。河南兵一千名。貴州兵五百名。四川兵一千五百名。赴臺灣勦辦。巡撫魏公。於十二月十一日。接提督馬公捷報。奏請止兵。并飛咨各直省截回。奉

上諭瑚松額抵閩後。即行渡臺。督同馬濟勝劉廷斌搜捕黨羽。程祖洛渡臺辦理善後事宜。所調各省官兵撤回歸伍。所到何處即行截回。侍衛章京令瑚松額酌帶數員。其餘著哈朗阿管帶回京。故各省之兵。皆未入閩境。而瑚公與總督程公先後渡臺也。至則奉

命撤查起衅根由。及死事出力者。與不職者。奏

聞窮究餘黨。按名悉獲。梟斬淩遲三百餘犯。遣戍者倍之。械送首犯張丙四人於京師。死事諸臣及兵丁俱蒙

恩優卹。方振聲馬步衢陳玉威入祀昭忠祠。妻亦

賜謚。又於斗六門立專祠。以幼女幕友家丁從祀提督馬公濟勝

賞戴雙眼花翎。二等男爵世職

御書忠勇嚴明匾額

賜之。前任提督子爵王公得祿率家屬勸諭連莊建義旗獲賊

賞加太子少保銜。總督程公祖洛

賞戴花翎。守城殺賊從事文武官弁及紳士義勇之出力前後

賞戴花翎藍翎。遷擢有差。臺灣鎮道俱被議。後劉公以病卒於軍。平慶因病乞休。調興泉永道周凱署臺灣道事。六月瑚公內渡。以次撤兵。七月程公善後事宜竣。巡閱北路而歸。凱以七月抵任。與總兵張公琴搜斬餘匪逸盜四十餘人。十二月回任。明年春正月。提督馬公入覲。深蒙

嘉賚。晉子爵。在

御前侍衛行走。半月回福建提督任。

賜巡撫魏公元烺花翎。

事皆查章奏供詞直叙。不敢稍有增益。初一初二諸日不書。甲子從歸太僕壬戌紀行及崑山倭寇始末股首旂首諸稱不以詞代從實也

東溟文集　姚瑩

與倪兵備論捕盜書

漳泉素稱多盜。頻年誅捕不爲少矣。而攘刦之風不息。則捕之可勝捕哉。今

功令以保甲爲弭盜首務。此在西北省行之。或有效者。然行之不善。民間已多病之。東南非阻江湖則濱大海。閩廣之間山深林密。往往兵役所不能至。惟羣兇亡命者匿焉。驅之急則奔聚日衆。其爲隱憂甚大。又不僅攘刦之患而已。漳泉惠潮各郡人民聚族而居。强悍素著。藏匿兇慝。常臨以兵役數千不能得一罪人。今欲比次其戶。著籍察之。又日更月易。使注其出入生死遷徙。具報於官。恐愚頑之民未能若是紛紛不憚煩也。瑩常以爲保甲之法宜審時度地。變通而行。但師其意可矣。瑩昔在龍溪。時患盜賊之多。用集各社家長。予以條約。教告。及族正族副家長。信記使各自注列名籍。不假胥役。社大者分設家長房長而以族正族副統之。社小者但有家長族正而已。以族正副統房長。以房長統家長。大小事以次關白。子弟不肖爲慝者得自治之。不率教。然後縛送縣。縣中亦不爲苛細。但即其地罰償所失。凡白晝中途被刦者。察地界何社。先責其地之家長族正以

貲償客。然後捕賊。其夜中糾劫者。令事主偵賊去入何社。亦責償於社。茍能捕賊者免。縣中四路各令家奴一人。率民壯五人。日往視。授以循環二簿。給予飯食。至其社則見其家長。信識於簿注明月日。簿中無他。惟出狀不敢容藏賊匪耳。自正月至於年終不間。若甫出狀而有事。則惟出狀之家長是坐。自是各社一清。宵小無敢容匿者。以爲善矣。數月後忽屢有夜劫。詢其故。蓋各社整肅。匪類皆逃至高山深林。藏匿漸衆。饑無所食。因出擾劫。乃悟立法未盡善也。用召衆家長曉之曰。爾邑諸社大者萬人。小者千人。最小數百。賊雖多不過數十。少僅十餘人而已。

爾族丁十倍於賊。賊雖强焉敢伺夜深入。此必有與賊通者。非他即本族貧乏之人也。若輩無業饑寒。族中富厚者不肯贍給。故怨而通賊。此盜之本也。今吾行清社之法。賊無所容。又羣聚山林為害。捕之較在社更難。且不勝其捕。拔本塞源。莫如卹族守社。卹族守社奈何。先覈爾社内公產及富厚之家。出公費若干。覈爾社中赤貧無業素不肖。壯者召致歸社。日給飯食錢。使爲社丁。大社四十人。中社三十。小社二十。分為兩班。每夜一班巡社防守。一人執鑼而不鳴。一人擊柝。餘執大挺。不許持刀鎗鳥銃。自三更起繞行社外。至五更向明而止。見賊則鳴鑼大呼。一社之人。咸起羣呼逐賊。賊必不敢入社而逃。一社鳴鑼。則鄰社皆應。不鳴鑼。不逐賊者罰之。賊既走。不可遠追擊捕。恐窮逼拒捕傷人也。此法一行。各社貧乏者。有以自養。皆自保其社。不但不爲賊。亦不復出而爲外盜。此卹族守社之法。拔本塞源。孰有善於此者哉。衆家長大喜。皆遵約而行。然後盜賊屏息。由此觀之。則保甲之法。如果行於漳泉。不特閭閻騷擾。良民受累。且姦人無所容身。恐走聚險阻。如瑩清社之事。其患又有不可言者甚矣。立法之難也。

上孔兵備書

姚瑩頓首謹上言。閣下以

先聖之哲孫。儀鄭之令子。望傾中外。譽在

九重。今兹按察臺澎。蓋六月矣。清亮之節。嚴正之義。吏民無不悅服傾誠。是以政通人和。雨暘時若。而郡守以下暨諸廳縣。亦皆賢能著稱。孜孜求治。遂使百餘年來委靡奢華之習。廓然一清。此固由

聖天子恭儉仁明。風行海外。而承宣德化。敷政優優。實不能不爲閣下頌也。頃聞攝總兵官趙公。以往逐夷船。巡視南北兩路。令符忽下。文武惶然。頗有竊議者。瑩亦不能無惑焉。舺板夷船。

以販鴉片禁煙爲粵省驅逐竄入閩洋總督巡撫水師提督嚴
檄沿海文武官勿任停泊自本年三月至鹿耳門外郡中禁嚴
逐駛至雞籠而淡水姦民恃在僻遠潛以樟腦與易鴉片水師
任其停泊經時不更驅逐此中情弊固顯然矣幸檄吏馳往又
値中丞至郡切責水師遊擊始以七月十五日引去尋於閏七
月初三日復返且近至滬尾計自三月於茲已盤桓半載矣夷
情叵測始意不過圖售鴉片適至雞籠遂收樟腦及往來臺灣
海道既熟又見我海防之疎水師之懦萬一回至彼國言及此
地本紅毛舊土忽起異謀能保無他日之憂耶水師玩誤若此

竊意攝總兵官趙公必予嚴劾驟檄兵船大集海口遣人往問
久停之意彼船單勢孤必颺去矣乃計不出此遲疑觀望者閱
月忽易辭巡視南北兩路不識此舉爲公乎抑爲私乎定制臺
灣鎭總兵官每年冬巡視南北兩路一次所以必行於冬者蓋
其時宵小易生故因巡視營伍鎭靜羣邑且農功間隙道路供
給夫差稍便也今時方八月則未及巡閱之期本年六月中丞
遵
旨巡臺灣入奏未及三月兵民安靖何必須再巡閱之舉則所
云爲公者無謂矣且逆計總兵官蔡公渡海適當冬日彼以眞

守始至能不一出巡視乎是半年之中一巡撫兩總兵官三次
巡閱郡縣雖富不能勝此煩擾也雖郡縣餽送賢者必不受然
卽此夫馬之供隨從弁兵之犒豈易言哉今年三月觀公去而
明公至七月明公以憂去而趙公至十月蔡公又將至一歲四
易文官供帳已大繁費各營參將下尚可問耶臺灣五廳四縣
有倉庫者七更易時多不克如期日交代如臺灣縣則已以缺
官錢劾黜矣諸營交代亦多如此其情形之支絀不概可覩耶
趙公素能卹下或者一時未計及此營中無敢言者廳縣亦避
嫌不言計此時可言而能言者惟閣下耳何不以善言婉告之

曰夷船久泊海口水師既不足倚非親往示威不可特不必以
南北巡視爲名蓋巡視當奏聞營伍小小利弊今　撫軍甫奏
未幾且不當冬令之期不但非督撫意亦恐未得
假
優旨如此則彼必翻然覺悟其所全於文武衆屬吏者爲不少
矣抑瑩更有慮者一時之議懼生邊釁每遇外夷之事卽往往
天朝恩德寬大爲言而實示之以弱殊不知損
國威卽失
國體嘉慶二十四年暎咭唎之至天津可爲明鑒當事者祇取

省事目前而不顧啓外夷輕視中國之心彼水師既陷其利又畏夷船高大不敢驅逐趙公此去彼必詭言以對甚或張大其詞以相恐懼皆未可知而趙公之量識未知何若倘更無以大異於游擊則失體愈甚又不若不往之爲愈矣狂瞽之言本不足輕重徒以

國家體統所關又深知地方文武罷敝不堪供億之煩忘其出位不得已而有言伏惟採擇幸甚

上孔兵備論辦賊事宜書

南路賊匪自二十二夜入城之後百十成羣嘯聚崙仔頂及黄

梨山截殺兵役幸大兵到埤頭又檄屬吏駐阿公店扼其要害賊聞風驚散道路始通誠乃萬民之幸郡中人心大安但聞攝總兵官按兵兩日不出勦賊竊所不解衆人皆以賊散爲喜瑩獨不能無憂也匪類烏合本不足慮然既敢入城刦犯又屯聚山中沿途截斷文報其志不小近使其黨潛入郡城招衆此豈尋常細故哉揆度賊情大約兩大羣一爲許尚一爲楊良斌許尚雖擒其黨僅獲潘阿榜一名而楊良斌黨遂敢攻刦埤頭誠恐兩賊潛合自發郡兵後不聞官軍殺賊若干而即聞賊散彼初以爲官軍可畏故暫避耳諸將素怯不敢擊賊及見賊退以爲賊眞畏我其心必驕而懈恐賊有以見我軍之情而始畏者終且不畏暫散者未必不復聚也不揣愚見妄擬八事爲閣下陳之

一曰勦賊宜速勦賊與捕盜不同平時捕盜須用線民差役今賊匪公然聚衆入縣又延途截殺兵役此乃叛逆非線民可辦直須探有賊踪即速帶兵撲勦兵遲一日則賊匪日多矣撲勦之法以多殺為上生擒次之最不宜衝散蓋賊聚則用兵之處少兵集則力厚勢大而有一鼓成功之速此等烏合之衆器械不具安能抗敵其敗也必矣若其衝散則無處非賊即須分兵

逐捕兵分則力薄勢輕而有東西奔命之勞曠日持久何時始能滅賊乎且大兵南衝賊必北竄北路賊盜素多或起響應則蔓延不可收拾矣今雖分兵屯禦而山徑甚多豈能盡塞故曰殺賊爲上擒捕次之屯禦爲下若衝散則害不可勝言攝總兵官發兵已遲既到埤頭又按兵兩日不動道路聞者無不詫異宜以大義責之勿惜聲色以誤郡邑

二曰鄉勇宜募臺灣遊民日衆平時剽悍及小有蠢動則不待賊招而自赴否則各成一隊乘機焚掠府縣城廂内外尤多蓋城市繁衆爲姦民聚集所也向來辦此郡兵事者每遇有警則

道府廳縣各有出貲廣募鄉勇名爲備用守城擊賊實則陰收此輩養之免其作賊耳若輩亦非必欲作賊以無人養食之故乘機求食今有口糧則其心定矣此必不可惜費

三曰軍實宜簡臺灣軍器有在郡收買製造者有班兵内地隨帶至者有由福州製造齎至者今宜通牒在郡及郡外各廳營縣所有鳥鎗籐牌刀鎗火藥鉛子大小礮位實數若干果皆備具足資分給以便配用

四曰招集散兵諸營積弊班兵收營後每私自請假別出生理并不在伙房汛地此種蓋去十之三又伴當四行等人去十之一

其餘僅十之六而已平時到處則苦兵多有事調遣則苦兵少而汛地兵少不能如額是以賊匪益無忌憚今宜速令各營嚴覈在營汛兵丁實數仍收回平日散出之兵以資攻守

五曰移調外兵臺營存兵在城不過千餘其安平一協中左兩營水師兵分防汛地外在鎮者亦僅千人去其虛數實存不過七百餘人而已只可協防郡城不能再有分遣今南路有郡兵七百又有南路本營兵一千足以辦賊無用增往惟北路嘉義地方遼闊僅北路左營都司一員駐嘉義縣城雖有一千二百六十八名之額除分防汛地守城亦僅五百名耳再去四行虛數恐不及四百人今南路之賊紛紛北去即宜偵賊踪跡馳往擊捕不但無兵可調抑且無官可將近北路者莫若澎湖其營水師額兵一千八百餘名其地無賊宜咨攝總兵官檄遊擊一員備兵七百名以俟北路進止

六曰請員聽用臺灣各營自安平副將以下叅將至守備大半以小署大參錯不一望淺權輕實不足以董率軍校不但幹局庸懦而已即文官中備公使者實亦乏人偵知賊踪遣兵往擊即苦無員可用而守城帶兵之事至用及敎官安能有功宜密請太府選叅將至守備各一員文官中郡倅縣丞素稱能事者

二三員馳至此即安堵無事亦所宜行並不止爲勦賊之用

七曰亟修城垣郡中城垣頹壞各縣傭工繕修尚未竣事南門尤爲扼要但縣丁所傭匠首召傭泥水匠不及百人未免遲滯宜令臺灣縣增募鄉夫二百名準匠人工直發交匠首其工直仍著各縣家奴分給力促修築限以三日畢工又嘉義縣城連爲雨水衝塌亦二百餘丈聞王令已籌款修葺宜檄促加傭民夫限日修竣

八曰籌給兵費大兵既動口糧尤急今郡中往南之兵雖由臺灣府籌款備具其鳳山本邑兵費及臺灣守城各兵由縣籌付

凡諸雜費甚夥尤不可少缺此時各員義在急公斷不敢略存
吝惜然恐事定之後各人虧缺甚鉅身家從之此款將來如不
獲開銷宜作如何籌補抑或郡縣分年遞捐請先給札牒以釋
各官之慮庶鮮瞻顧致失機宜

再上孔兵備書

南路賊匪滋事仰荷碩畫文武盡力首從咸獲保障全郡績烈
無量瑩羈旅此邦亦得蒙威武之力略無驚駭鼓舞歡欣不能
自已惟自起事至於竣功業已匝月未能入告者豈非以罪人
衆多悉心研鞫不欲造次定讞故乎於此仰見閣下仁恕爲懷

雖嚴厲肅殺之中仍體
聖主一夫不辜之德所謂求可原於法外者也乃淺俗無識之
徒不明大義往往以縱爲寬遂欲使有罪逃刑此則輿論之誤
矣自古有道之國不赦有罪蓋法者本諸
天祖雖
天子之權不能以意爲輕重今則拘於陰德報應之說者往往
有意減釋人罪瑩嘗苦口爭之以爲是縱非寬也夫所謂寬者
特舉其大綱不爲苛刻繁細附會深文而已故
聖王在上網漏呑舟之魚然未嘗廢網而不用武侯治蜀用法
頗竣而蜀人百世懷之子產稱衆人之母而鑄刑書此其義至
爲深遠非淺見俗士習婦人之仁者所能知也雖然法者聖王
不得已而用之期以止辟而已而不爲已甚其中有權衡焉苟
矯縱弛之弊而一意峻法則或有不得其平者日者賊徒謀逆
至欲攻城戕官此誠罪大惡極然猶幸黨羽無多卽已破滅今
渠魁助惡之十數人既服極刑而從逆攻城服大辟者亦數十
人其餘桎梏待罪者尚有百數以瑩之愚似可悉就發遣無事
更加駢首矣何也聖王之律所以極重於反逆者以此等惡戾
敗壞人心閭閻受其荼毒災禍之中至爲慘酷故主謀者必置

以極刑使後人知警耳方賊勢初挫民間謠言未息猶尚驚疑
其潛受賊約者亦尚不免於觀望當此之時若非嚴刑峻法不
足以警兇慝定人心及乎事已平定民人安堵賊徒畏懼解散
之後則戮數百人與數十人等耳今首逆與助惡之人或置極
刑或置大辟其餘業已輸服及按驗時俯首無辭者無論矣或
言詞反覆雖明知其狡詐似不妨姑援惟輕之議降等問罪雖
此亦近於縱而實則非縱蓋就法者已多而
國法足以昭戒也仁義兩途互相爲用權衡之道是在秉鈞竊
謂此時宜速檄府縣定讞上

聞以抒
聖懷不必再事推求今月已幾望倘過此朔期則開舟須至歲除未免太遲愚昧之言伏乞垂鑒

與杜少京書

時事方殷亟還杜母士民歌舞仁威遠聞觀今日之輿情益知當年之惠政望風慶喜爲之不寐頡齋先生還言足下受符於瘡痍皇遽之中慷慨致身推赤誠以安反側衆志成城可殲强敵況此區區烏合之徒一聞大兵已自驚潰蛇行鼠伏何難次第就擒四境肅清保障之功偉矣日者竊有過聽之言輒獻芻

蕘惟仁者留意焉自古初服之士率多驕悍怯於見敵而勇於虐民者比比而是仁人君子莫不惡之然苟處之不得其道則民間未受吾庇或者有意外之患不可不察也蓋兵者凶器譬猶劒鋒以殺寇讐則千金之寶也以傷善類則鈍鉤弗足貴彼將卒者特劒鋒耳指揮而用之是在能者用之之道奈何恤其勞苦通之以情憫其麤陋接之以禮兵役一體視之如子宥其小過而教其所不知有言必信有賞必速如此而兵不用吾命未之有矣將帥官階雖較縣令稍崇然亦視縣令之才與分二者不足則姑順其意而曲就之蓋郭汾陽結歡於魚朝恩王陽明夜交於張永以二公之才之功猶不難自屈以成大事誠以所以見者遠也然則宏包荒之度而揮無益之金不正在今日耶諺云重賞之下必有勇夫又云成大事者不顧家此語居常念之聞足下受事之明日即募鄉勇八百名以半守城以半偵賊此誠盛舉惟意以留兵爲無用此似但見於有形而未見於無形也夫兵雖緝捕之能不如役卒然
國威所在藉以鎭定人心且未嘗不可用也二十二夜埤頭之危已如一髮幸賴郡兵擊退全城無恙此功豈可沒哉所恨者次日之退守火藥庫及大兵繼至又未能奮速入山痛勦耳然

賊匪潰散實由大兵之故今餘孼未盡伏莽猶存而已有留兵無用之言此誠不可使賊聞之且恐愈失將士之心能保將帥言旋賊不再至乎抑又聞之艱難之際尤以人心爲本察夷傷勞士卒振困乏撫孤寡雖在軍旅猶日見士民勤於恤問遠人尤加意焉此古循良之風足下亦既優爲之矣竊聞前有率義民數十來者足下給兩日粮不見其人而遣之此誠可惜若輩雖不皆可用然其名急公赴義甚正也義民一興賊必有所顧忌而沮其邪心此善機也是宜迎其機而導之勞以善言給以條教令各保護村墟四方聞之必有起者是不費行糧而勁旅

屯於四境矣何乃計不出此聞其懷怨而去之散其衆又聞武舉人某以獲賊小羣首械送求保其賊之弟而足下不許其亦退而散其義民遠近人心得無涣乎異時恐有招之而不來者矣瑩所聞未必實而臨機應變之道不可不講願舉此而類推之惟善人能受盡言伏惟珍重千萬

覆趙尚書言臺灣兵事書

奉六月望後諭以臺營惡習幾有魏博牙兵之勢深慮之集思廣益令博採輿論以聞瑩以為此不足爲臺地深憂皆告者過耳自古治兵與治民異蓋兵者凶器其人大率粗魯橫暴馭之

之道惟在簡嚴簡者不爲苛細責大端而已嚴者非爲刻酷信賞罰而已夫虎豹犀象雖甚威猛然而世有豢畜之者馭得其道也馬牛犬豕雖甚馴擾僕夫童子可操鞭箠而驅之壯夫鹵莽或受蹄角之傷且死者馭之不得其道也市井無賴三五羣毆其勢洶洶婦人孺子心膽欲碎老儒學究向判曲直反受詬誶而歸搖手氣憤痛罵其無良而已道旁之人袖手竊議長短紛紛未已一武夫健卒奮怒叱之二者鬨然而散臺營情勢亦若是而已矣今之走告於夫子者非婦人老儒則道旁袖手者也何足以煩明聽哉請質言之臺灣一鎮水陸十三營弁兵一萬四千有奇天下重鎮也兵皆調自内地督撫提鎮協水陸五十八營漳泉兵數爲多上府各營兵弱向皆無事興化一營稍黠多不法其最難治者漳泉之兵也人素勇健而俗好鬬自爲百姓已然何況爲兵水提金門兩標尤甚昔人懼其桀驁散處而犬牙之立意最爲深遠然如械鬬娼賭私截違禁貨物皆所不免甚且不受本管官鈐束不聽地方官申理蓋康熙雍正之間尤甚乾隆嘉慶以後屢經嚴治乃稍戢此兵刑二律所以於臺地獨重也豈惟今日哉重法如迅雷霹靂不可常施常施則人側足不安故曰一張一弛文武之道然小者可弛而大者不

可弛小者狎妓聚博私截違禁貨物欺虐平民之類是也若械鬬傷人且死不受本管官鈐束不服有司逮理則紀綱所係必不可宥此輕重之別也故治兵者不可不知簡嚴之道不辨輕重者不可以簡不簡者不可以嚴不嚴者不可以用威威不足則繼之以恩恩不足則守之以信自古名將得士力者皆由用此今之用兵者大抵既不知簡又不能嚴有罪而不誅則無威將不習校校不習兵勞苦之不恤而朘削之是求則無恩當罰者免當賞者吝則無信此所以令之不從禁之不止也然則以爲不足慮者有說乎曰有兵之可慮而難治者叛與變耳自古

驕兵亂卒大抵在其鄉邑形勢利便易叛與變耳若客兵則有潰而無叛其形勢不便故也魏博之牙兵皆魏博人也故敢屢殺逐其大將而不受代若臺兵則皆分檄自內地建甯延平諸與漳泉不相能也興化與漳泉鄰郡亦不相能也漳與泉復不相能也是其在營常有彼此顧忌之心必不敢與將爲難明矣况其父母妻子皆在內地行者有加餉居者有眷米

朝廷豢養之恩甚至設有變父母妻子先爲戮矣豈有他哉雖臺地之民大半漳泉之兵與民素有相仇之勢故百餘年來有叛民而無叛兵乃治兵者每畏之而不敢治則將之懦也且漳

泉之人其氣易動而不耐久一夫倡而千百和初不知何故及稍知之非有所大不願則已懈更作其氣勢以臨之則鼠伏而兔脫矣如吹豬脬然初雖甚脹但刺小孔卽索然此漳泉之人之情也漳泉之兵旣治則他可高枕而臥矣請以近事徵之嘉慶二十四年七月安平兵鬬死者數人矣將裨理論之不止情懟之不息鎮將怒整隊將往誅之衆兵聞聲而解竟執數人分別

奏誅無敢動者二十五年正月郡兵羣博於市瑩爲臺灣令經過弗避呵之衆皆走矣一兵詬縣役掠錢相爭瑩命之跪而鞫問之衆散兵以爲將責此兵一時羣呼持械而出者數十人欲奪此兵去縣役從者將與鬬瑩約止之下輿手以鐵索縶此兵往迎之曰汝敢拒捕皆死矣衆愕然不敢犯乃手牽此兵步行至鎮署衆大懼求免不許卒責黜十數人而禁其博自是所過兵皆畏避又是年九月興化雲霄二營兵鬬將謀夜推殺諸將倉卒戒嚴瑩亦夜出周視各營衆兵百十爲羣見瑩過皆跪好諭之曰吾知鬬非汝意特恐爲人所刦故自防耳毋釋伏毋妄出出則不直在汝彼乘虛入矣衆兵大喜曰縣主愛我至他營亦如之竟夜寂然天明罷散音鎮軍切責諸將衆兵乃懼皆叩

頭流血察最狡桀者每營數人貫耳以徇諸軍肅然此三事其始洶洶幾不可測卒皆畏服不敢動可見臺灣之兵猶可爲也及再至臺則聞紛紛以兵橫爲言者或慮有變詰其事大率如聚賭督禁不服之類將裨懦弱畏事又營縣不和是以議者紛紛張大其詞而非事實總兵官觀公每爲瑩言未嘗不扼腕恨無指臂之助此所以決意引疾也旣去而營縣中乃有思之者矣今年正月鳳山淡水兩營皆有營兵擊斃小夫之事副將以下欲陰謝過廳縣亦議稍決罪寢其事方太守時護道與觀公力持不許然後得以此兵械送郡而營中或有以爲怨者五月

安平營兵與民人乘危刦米諸將又思不問幸撫軍巡臺值其事嚴責之斬三人餘以軍流治罪方撫軍之盛怒窮詰也論者紛紛以爲兵民習慣久矣驟治之恐變或言安平兵皆潰走下海矣或言出斬之日將謀刦奪矣方太守入見撫軍力陳無慮之狀惟請勿多殺而已入奏之日兵民畏服然則悠悠輿論其可憑乎以後諸營無械鬬刦奪者豈非用嚴之效乎善乎執事之言曰非得有如李臨淮者安可望其壁壘煥然一新斯言可謂得其要矣夫李臨淮固不可得若以臺灣諸營視魏博則尚不至此雖有不法一健將能吏足以定之保無他也且夫聚兵

一萬四千餘人之衆遠涉重洋風濤之險又有三年更換之煩舊者未去新者又至此其勢與長年本土者固殊而營將能以恩威信待兵者百不得一又時方太平無事終日嬉遊廛市悍健之氣無所洩欲其無囂呌紛爭少違犯禁令之事不可得也而巽懦無識者既不能治徒相告以驚怪是可喟矣

臺灣兵事第二書

前上書備言臺兵可無深憂惟在統者得其人能以簡嚴爲體恩威信爲用卽無難治說已詳矣既又思之此言爲將之略惟深明其意而能變通行之者乃足語此非今日諸將兵者所知也不知此意而偏執臺灣兵不足慮之言以相詬病非疑則駭矣頴齋太守見瑩書以聞於兵備孔公索取閱之謂太守曰所言戍兵不敢叛則有然矣以爲不足慮則吾不信吾卽慮其潰矣瑩在此落落與孔公雖有通家誼而不數見不能爲道所以然者惜乎孔公有憂世之心而不識兵情此難以口舌爭也在臺灣者尚不能無疑矧隔巨海兵事豈能遥度趙充國老將深謀尤必親至塞上指畫軍勢可見古人不易言之也請畢申其說惟垂察焉自古名將非拔自行陣則皆出身微賤不矜細行兵卒尤多無賴健兒故能强悍勇敢捐軀致敵若皆循循規矩

則其氣不揚氣不揚則情中怯雖衆將焉用之壯士如虎懦夫如羊羣羊千頭不能以當一虎之猇何必費
國家億萬金錢哉明季邊事之壞正由書生不知兵撓軍情而兵事機雖有猛將勁卒而不能用一切以法繩之未見敵人其氣先沮此壯士所以灰心精鋭所以挫折也近時武人大都習爲文貌棄戈矛而講應酬以馴順溫柔取悅上官文人學士尤喜之以爲雅歌投壺之風嗟乎行陣之不習技藝之不講一聞礮聲驚皇無措雖有壺矢百萬其能以投敵人哉馴弱如此不若粗猛粗猛之甚不過强梁强梁卽勇敢之資善馭之猶可得

力苟至馴弱則鞭之不能走矣且將卒者國之爪牙苟無威豈設兵之意昔李廣以私憾殺霸陵尉謝罪漢武報書曰報忿除害捐殘去殺朕之所望於將軍也若乃免冠徒跣稽顙謝罪豈朕之旨哉武帝此言可謂知將略矣若夫差其過失小大施刑此乃軍吏之職非將略也故郭汾陽岳忠武名將知禮者也然皆嘗犯有司法矣科條繁細武人麤疎最易觸犯雖郭岳之賢猶且不免而以繩今之悍卒其能行乎不求所以訓練之方而惟悍不守法是慮吾故曰不識兵情也今不慮其叛更慮其潰夫兵則何爲而潰哉古之潰兵者或師老

而罷則潰或守險糧盡則潰或強敵猝驚則潰此皆非今之情勢也無故而潰四面重洋之阻潰將安往乎且班兵可慮不自今日始也其議自葉健菴中丞倡之中丞嘗任臺灣兵備深以班兵爲憂建議易更戍爲招募以語總督慶公不可後葉公罷去猶以未行其志爲憾今執事已洞知其說之不然矣而閩中執事者不悉情勢往往耳食其論甚者有言臺兵吾不能治他日有急惟自刎耳夫將校猶作此言文官則又何說宜其深惡而益懼之每見兵丁犯法輒張皇其辭以相告於是兵之勢愈張此文武衆官皆不能無責耳矣夫臺灣兵本無難治不咎治之無法而曰兵悍可慮至爲自刎之言亦可哂矣獨惜臺灣巨萬健兒皆爲

國家勁旅坐誤於三五庸懦之將校兵事尚可問耶有將則兵精無將則兵悍自古不易民而治於今豈易兵而治乎故爲吏而曰民惡者其人必非良吏爲將而曰兵惡者其人必非良將雖然良將難矣執法之不能更何知將畧瑩所力爭者明戍兵可治欲安衆心而釋羣疑救其懦而壯其志冀有振作耳豈好爲是喋喋哉必不得已則姑爲救弊之法三一曰小事勿問大事勿赦二曰定期練習每月親考三曰責成軍校不得數易夫

軍法嚴重有事然後用之時方太平不可常用然不可不使知之若尋常易犯及兵民交涉宜分別治之小事容之大事必罪之以其罪而不赦蓋小事不容則繁密而軍心不安大事若赦則無所忌而法令不行一寬一嚴恩威並得矣中樞政考訓練本有常期弓馬器械鎗牌陣圖各有定法今悉以爲具文條教雖明遵行不力此方今之大病也宜嚴責總兵官下各營每月由副將下親考一次明著等差牒上省治視其優劣分別賞罰以勸懲之如此營伍自肅兵卒可收實效亦免惰游滋事矣至於班兵到臺分營分汛各有本管官向以並無練習日期兵士

任意出營他往。而各汛軍校不時更易。非以公過遷就處分。則揣量肥瘠以爲利藪者。故往往本管官不識頭目。更無論兵卒。前書所云。將不習校。校不習兵者此也。今宜分定營汛。責成本管官約束。使兵無妄出。軍校各守營汛。不得任意更易。總兵官隨時察其賢否勤惰。功過有所歸。而兵不難治矣。此三者至爲淺易。而力行之甚難。故必賴有賢能將也。廢弛已久。必有力言非宜。多方阻撓者。無爲所惑。即嚴劾以警。庶幾惠威著。令可行。諺曰慈不掌兵。惟執事裁之。

答李信齋論臺灣治事書

閣下兩知晉江。賢能懋彰。近移臺灣。實海外黎元之幸也。乃撝詞下逮。盛執謙沖。諄然以此邑之張弛。施措之後先垂問。慙悳之餘。轉增跼蹐。顧瑩於此邦有舊。令尹必告之義。不敢自外。謹竭所知。瑩聞善治國者如理一身。必使氣血流通。官體運動。乃可以無病。苟一支一節。氣滯血凝。則病作矣。然投劑者又尤審其秉體之强弱。與受病之淺深。酌量而用之。故有同病而異藥者。其奏效一也。又聞爲政在乎得民。而得民者必與民同其好惡。閣下由泉州而之臺灣。臺灣民半泉州人也。泉州人之爲病。與其好惡。既習知之矣。若臺灣人之爲病與其好惡。容或有同

而異者。是豈可以無辨乎哉。今夫逞强而健鬭。輕死而重財者。泉州之俗也。好訟無情。好勝無理。擕蒲女妓頑童梹榔鴉片。日寢食而死生之。泉州之所以爲俗也。臺灣人固兼有之。然而臺灣之地。一府五廳四縣。南北二千里。有泉州人焉。有漳州人焉。有嘉應州人焉。有潮州人焉。有番衆焉。合數郡番漢之民而聚處之。則民難乎其爲民。一總兵。三副將。水陸十三營。爲督標。爲撫標。爲水提標。爲汀邵。爲延建。爲長福烽火。爲興化。爲詔安雲霄平和。爲金門同安。合九郡五十八營之兵而更戍之。則兵難乎其爲兵。民與民不相能也。兵與兵不相能也。民與兵不相能也。番與兵與民不相能也。其日錯處而生隙焉。勢不能免。則安撫調輯之者。難在和睦。臺之門戶。南路爲鹿耳門。北路爲鹿港。爲八里坌。此官所設也。非官設者。鳳山有東港打鼓。嘉義有笨港。彰化有五條港。淡水有大甲中港吞霄後壠竹塹大安。噶瑪蘭有烏石港。皆商艘絡繹。至於沿海僻静。港汊紛歧。多可徑渡。不獨商賈負販之徒來往不時。居處靡定。其内地游手無賴。及重罪逋逃者。溷跡雜沓。並至。有業者十無二三。地力人工。不足以養。羣相聚而爲盜賊。爲姦惡。則所以稽察而輯捕之者。難在周密。内地之民聚族而居。衆者萬丁已耳。彼此相仇。牽於私鬭

無敢倡爲亂異者臺灣之民不以族分而以府爲氣類漳人黨漳泉人黨泉粵人黨粵潮雖粵而亦黨漳衆輒不下數十萬計匪類相聚至千百人則足以爲亂朱一貴黃教林爽文陳錫宗陳周全蔡牽諸逆後先倡亂相距或三十年或十餘年雖不旋踵而滅然殺官陷城生民塗炭兵火之慘談者寒心糜國家數十百萬之金錢勞將帥累月經年之戰討而後藏事人心浮動風謠易起變亂之萌不知何時其難在守常而知變鳳山之民狡而狠嘉義彰化之民富而悍淡水之民漁噶瑪蘭之民貧惟臺灣附郡幅員短狹艋舺通商户多殷實其民稍爲湻良易治

然逸則思淫一唱百和官有一善則羣相入頌悦服官一不善則率詬誶而爲姦欺故舉措設施其難在有德而兼才凡此皆邑之病也知其病而藥之則投劑必有其方矣虛者補之毒者攻之捍格而不入者和解而通導之雖扁盧無以易此夫子所謂與民同好惡者非爲苟安之政一切姑息也其民既浮動而好事非嚴重不足以鎮靖鋤强除暴信賞必罰之謂嚴事有豫立臨變不驚之謂重威以震之恩以結之信以成之大要盡於此矣民惡盜賊而我嚴緝捕民惡匪徒而我誅强横民惡獄訟而我聽斷以勤民惡拖累而我株連不事其同民之惡也如此民好貿易而我市廛不驚民好樂業而我閭閻不擾民好矜尚而我待之以禮民好貨財而我守之以廉其同民之好也如此寛以容衆譌作容姦而有犯必懲惠以養士紳者總董而非公不見調和營伍平心以臻浹洽親接貧賤廣問以達下情防患於未萌愼思以明決文武同心官民一體則血脈自爾流通百骸無所壅滯尚何病之不治哉

臺灣班兵議上

比聞大府檄下議改臺灣班兵召募土著愚竊以爲過矣臺灣自古海外荒服之地明末鄭氏竊據爲閩浙江南憂者數十年

聖祖仁皇帝命將興師克塽銜璧歸降始入版圖於今一百五十三載設立重鎮總攝師干俾以專殺之典爲東南沿海數十郡外藩日本荷蘭無敢窺伺者臺灣之功也臺澎一鎮水陸十六營額兵一萬四千六百五十有六自督撫兩院水陸二提漳州汀州建甯福甯海壇金門六鎮福州興化延平閩安邵武五協五十八營抽撥更戍多者七八百人少者百數十人其到臺也又分布散處每内一營分臺營者十數極多不過百人而已匪特三年之中分起輪班出營收營紛紛點調之煩配坐哨船或商船重洋風濤歲有漂溺之患而且戍臺之兵既有兵糈又

有眷兵歲費十數萬庾正供不少惜此何所取而必爲之哉蓋嘗推原其故竊見

列聖謨猷深遠與前人立法定制之善不可易也夫兵者凶器至危以防外侮先慮內訌自古邊塞之兵皆由遠戍不用邊人何也欲得其死力不可累以室家也邊塞戰爭之地得失無常居人各顧家室心懷首鼠茍有失守則相率以逃暮楚朝秦是其常態若用爲兵雖頗牧不能與守故不惜遠勞數千里之兵更迭往戍期以三年贍其家室使之盡力疆埸然後亡軀効命臺灣海外孤懸緩急勢難策應民情浮動易爲反側然自朱一

貴林爽文陳周全蔡牽諸逆寇亂屢萌卒無兵變者其父母妻子皆在內地懼干顯戮不敢有異心也前人猶慮其難制分布散處錯雜相維用意至爲深密今若罷止班兵改爲召募則以臺人守臺是以臺與臺人也設有不虞彼先勾結將帥無所把握吾恐所憂甚大不忍言矣其不可一也兵者貔貅之用必使常勞勿任宴逸自古名將教習士卒勞苦爲先手執戈矛身披重鎧雖遇寒冬雨雪盛夏炎蒸而大敵當前亦將整旅而進茍平居習爲安逸何能驅策爭先故練技藝習奔走日行荆棘之叢夜宿氷霜之地寒能赤體暑可重衣然後其兵可用今營制訓練各有常期將弁操演視同故事惟班兵出營約束頗難且以數十處不相習之人萃爲一營彼此生疎操演勢難畫一將弁懼罰卽欲不時勤操演有所不能是於更換之中卽寓習勞之意益以賢能將帥講習訓練斯成勁旅若改爲召募則日久安閒有兵與無兵等其不可二也兵者猛士以勇敢爲上勝敗在於呼吸膽氣練於平時百戰之兵所向無前者膽氣壯故視敵輕也古者名將教士或卧於崩崖之下或置諸虎狼之窟所以練其膽氣使習蹈危機而不懼然後大勇可成臺洋之涉亦可謂危機矣駭浪驚濤茫無畔岸巨風陡起舵折桅欹舟師散

髮而呼神隣船漂流而破碎大魚高於邱岳性命輕於鴻毛若此者班兵往來頻數習而狎之膽氣自倍一旦衝鋒鏑冒矢石庶不致畏葸而却步且平日海洋旣熟卽遇變故亦往來易通兵法云置之死地而後生此之謂也今若改爲召募免其涉險則恇怯性成遇難望風先走膽氣旣無鮮不潰敗變之適足以死之甚非

國家所以養兵之意其不可三也以必不可易之制而欲變更是以臺地視同內地毋乃於

列聖謨猷前人美意有未之深思者乎然大府之所以議改者

亦自有說，請釋其疑，可以無惑。一曰節靡費。閩省兵糈僅能支給，自林、陳、蔡三逆軍興，各府縣運穀赴臺，積貯空其大半，頻年買補，尚缺額者十數萬石，而臺灣每歲運穀不能時至，各縣借動倉穀墊放兵米，舊貯未滿，又有新借，各縣藉口，不免虧空。且臺灣新設艋舺一營，兵米不敷支給，是閩省倉儲頗形支絀。若改班兵爲召募，則內地眷米一項，歲可省穀數萬，數年之後，不惟補足，且有贏餘，並可減運以給艋舺兵米，此節靡費之說也。殊不知內地儲倉並不虧於軍需，而虧於官吏。軍需既缺，歷年採買不難報竣，所慮者有採買之名，無買穀之實，及至交代，輾

轉流抵，虛報存倉。至於臺穀，不過運期稍遲，雖則借墊，運到即還，何至虧空？若艋舺不敷兵米，臺地尚有別款可籌，何必貪節省之虛名，而悞百年之大計？二曰處游民。臺地口禁雖嚴，而港汊紛歧，自鹿耳門、鹿港、八里坌三正口外，南路則打鼓港、東港、大港、喜樹仔，北路則笨港、五條港、大甲、吞霄、後壠、中港、大垵、烏石港，其他私僻港口不可勝紀。無業之民偷渡日多，非遊聚市廛，則肆爲盜賊，捕治不勝其衆。若募爲兵，若輩有可資生，亦所以區處之道，此處游民之說也。不知召募之額有常，而游民之來無限，不爲兵者，又將何以處之？且若輩惰遊無根，小不遂意

及或犯法，則逃去無所顧忌；若操之稍急，又鼓譟爲變。一旦姦民蠢動，此輩皆其逆黨矣。況臺地漳、泉、粤三籍素分氣類，動輒械鬬，將弁帶兵彈壓，非彼之仇，即彼之黨，不更助之亂乎？其患無窮，不待智者而決矣。三曰免煩擾。臺灣班兵三年抽換，往來絡繹，則有造冊移報之煩；缺額事故，則有補革案牘之煩。臺灣、鹿港、蚶江、廈防四廳配船候渡者無虛日，內五十八營、外十六營，收營出營者屬於途；且班滿出營之後，多不遵約束，紛紛滋事，帶兵員弁既畏如虎狼，地方廳縣更難於治問。若改爲召募，則諸弊皆清，此免煩擾之說也。不知文移案牘，不過書識之勞，

廳營紛紜，各有舊章可守；倘其出營滋事，一能吏足以安之。若慮煩擾，務求安便，此事簡民醇之區所宜講求，而非所以施於繁要，況海外重兵之事乎？然則由前三者，其害甚大；由後三者，並無所利。吾不知議者何取，而輕改舊章也。夫老將言兵，計出萬全；忠臣謀國，期於久遠。事必權其利害，而利之所在，弊即在焉，亦視其大小何如耳。班兵之制，於今一百餘年，推其弊不過如此，其利則保障全海；而改爲召募，則其害不可勝言，並無所利，可以決所從違矣。

班兵議下

班兵之不可易如此則大府欲易之也其悞明矣吾聞大府入覲嘗面言事宜已得俞旨必有言之甚切者此可揣而知也以爲班兵不得力耳朱一貴之亂也全臺陷矣林爽文之亂也南北路俱陷不破者郡城耳陳周全之亂也始陷鹿港既陷彰化蔡牽之亂也始入艋舺新莊既陷鳳山據洲仔尾郡城受攻者三月班兵不能滅賊皆賴義民之力繼以大兵而後殄滅是爲班兵不得力之明驗噫此文武諸臣之罪也班兵何與乎臺灣地沃而民富糖麻油米之利北至天津山海關南至甯波上海而內濟福州漳泉數

郡民商之力既饒守土者不免噬肥之意太平日久文恬武嬉惟聲色宴樂是娛不講訓練之方不問民間疾苦上下隔絕百姓怨嗟故使姦人伺隙生心得以緣結爲亂倉卒起事文武官弁猶在夢中一貴致亂之由言之使人痛恨後來者不知炯戒久而漸忘又有爽文之事陳周全本陳光愛餘孽誅之不盡及彰化米貴匪民肆搶臺守馳往僅擒治二十餘人粉飾了事又置周全不問以致縱成大患甫旋郡而難作蔡牽大幫騷擾海上十餘年以重利啗結岸上匪類受僞旗者萬餘人一旦揚帆直入匪民內應故得直薄郡城此皆諸臣經略不足於班兵何

尤藉使不設班兵當時已皆召募能保無事耶然吾聞朱一貴亂作文員先載妻子走避澎湖是以人心無主總兵歐陽凱力戰死難若林爽文初據嘉義總兵柴大紀一出而殲賊復城陳周全别股賊首王快攻斗六門千總龍昇騰以兵百人敗賊千數蔡逆攻臺澎湖副將王得祿以水師兵六百人破賊數萬於洲仔尾不三年卒殲蔡逆臺人至今猶能言之則是班兵非不得力顧用之何如耳而欲改變舊制豈理也哉抑臺營今日有宜講者五事一曰無事收藏器械以肅營規二曰演驗軍裝鎗炮以求可用三曰選取教師學習技藝以備臨敵四曰增設噶

瑪蘭營兵以資防守五曰移駐北路副將以重形勢臺灣班兵器械除礮位鉛藥外皆由內地各兵配帶因雜派各營恐有遺失向皆自行收管不交弁備然分類之習未除每口角細故彼此出械相鬭將弁不及彈壓已致傷人雖屢加嚴懲此風不免良由器械在手易於逞凶故也今宜定制自入營點名之後所有器械編號書名交本營守備收入庫局惟操演教習差派出營逐捕盜賊按名散給無事則皆繳收不許執持各汛距營稍遠亦交千把總收管如此則手無挾持平時可免械鬭而營規整肅矣武備之用利器爲先籐牌鳥鎗長矛半斬腰刀在在必

須堅利大小礮位。一發擊賊數十人。尤爲取勝要具。臺營軍裝惟火藥硝磺由内地運給。自行煎煮。其餘皆由省局製造。委叅遊大員解運赴臺。舊壞者收回繳省。嘗見刀及脆薄。不堪砍斫。每斬決囚犯。僅一再用而缺。籐牌甚小。圍圓不過三尺。籐牌尤輕薄。此僅利於操演時。騰舞輕便耳。若以臨敵。不足遮蔽矢口。鳥鎗尤短。不能及肩。安能中遠。至於礮位。鐵多未經熟鍊。又攙雜鉛砂。擲地稍重。兩耳即斷。火門又或欹斜。往往炸裂傷人。至於不敢演武備若此。雖有健鋭。亦難勝敵。向者出局交營。皆顧瞻情面。草率收受。貽悞軍情。莫此爲甚。今宜嚴定制度。務以厚

大堅利爲主。鎗礮必經委員當面演放。並由鎮道會驗。然後收營。否則駁回另造。且治工匠以應得之罪。如此則省局不敢偷減工料。委員不敢徇情解運。臺營不敢草率點收。而軍裝可期堅利矣。營制操演弓箭鳥鎗籐牌刀矛各有用法。進退跳蕩。騰走擊刺。各有規矩。平時督撫提鎮較閱之時。皆按一定陣圖演習。此不過死法陳規。練其步伐耳。及至既遇敵衝鋒。則臨幾應變。惟以勇敢便捷整齊爲上。必使手與器調。器與心調。心與伍調。伍與弁調。弁與將調。然後千人一氣。衆志成城。無不克敵之理。每見市中無賴。皆有膂力相尚。一營之中。豈無嫻長技藝之人。苟能留心拔取。使爲衆兵教師。朝夕訓練。將裨親自董率。月省月試。考其優劣。能教十人以上者賞。百人以上者拔用。如此則人爭以技藝見長。勁旅可成。臨敵必能制勝矣。噶瑪蘭新開額設守備一員。千總一員。把總二員。戰兵二百六十名。守兵一百四十名。歸艋舺水師遊擊管轄。所撥班兵。皆用上游四府。惟蘭境北至三貂。南至蘇澳。邊界橫亘百餘里。三面負山。口隘二十處。皆生番出没之所。東臨大海。其内港則烏石加禮遠二口。自三月至八月。港道通暢。民人販載米石。小船絡繹。外洋則蘇澳龜山雞籠洋面南風司令。每有匪船遊弈。防堵尤要。蘭地僻

遠。在臺灣極北山後。距郡十三日程。距淡水六日程。中隔三貂大山。徑窄溪深。極爲險阻。設有不虞。百人可以梗塞。今額兵裁四百名。分守汛防。未免單薄。須添設戰兵一百二十名。守兵八十名。設都司大員統之。駐五圍城内。守備移駐頭圍。千總移駐三貂。更設在城千總一員。外委二員。始足以資彈壓。惟添兵即須籌餉。竊見蘭營兵米餉銀。皆就蘭廳正供餘租支放。每歲銀穀皆有盈餘。穀約五千石。餘租番銀二千。今若抽撥戰守兵二百名添防。則歲增兵米七百二十石。不過用穀一千四百四十石。歲尚有餘穀矣。增設兵餉。戰兵一百二十名。每名月餉銀一

兩四錢守兵八十名每名月餉銀一兩歲約用銀二千九百七十六兩都司全年俸薪馬乾養廉約銀四百四十九兩千總俸薪馬乾養廉銀一百九十二兩外委養廉銀三十六兩增設各兵加餉銀九百五十二兩耳凡共需銀四千六百餘兩蘭廳餘租一項頗有盈餘以給官弁養廉戍兵加餉足敷支給至此項額兵若再從內地抽撥似覺紛繁閱軍冊內臺郡城中駐城守叅將一員兵一千一百七十九名北路左營都司駐嘉義兵一千二百八十二名額兵頗多今若於城守及嘉義二營中酌量抽撥即可足額且無庸另籌餉銀眷米如此則蘭營兵力無單

弱之虞而防守更爲周密矣臺灣府治東南路至瑯嶠四百五十里北路至蘇澳一千二百餘里以形勢而論南短北長蘭境未開初設北路副將一員中營都司一員額兵一千二百三十八名駐彰化城內轄嘉義都司爲北路左營竹塹守備額兵七百二十六名爲北路右營艋舺新莊以上空虛故嘉慶九年蔡逆從滬尾登岸徑至新莊後乃添設滬尾水師一營駐遊擊一員以艋舺營守備陸路兵八百七名及蘭營陸路守備皆歸管轄所以兩營陸路皆轄於水師遊擊者北路副將駐彰化鞭長莫及故爲一時權宜之計耳滬尾遊擊所轄洋面上自蘇澳□下至大甲八百餘里中隔雞籠須候南風由雞籠至滬尾及於大甲須候北風此一路淺澳最多向爲匪船出沒之所哨捕稽查殊爲不易今更統以陸路實有顧此失彼之虞一旦淡蘭有事仍不得力愚意不若以北路副將移駐竹塹改右營爲中營抽撥彰化營額兵二百名艋舺營額兵一百名歸竹塹守備加都司銜隨同副將駐札改彰化都司爲北路左營改艋舺守備爲北路右營同蘭營守備共四營兵統歸副將管轄其嘉義所轄駐左營都司改歸郡中城守營叅將管轄如此則北路副將中權淡水南可以應彰化北可以應艋舺噶瑪蘭形勢始爲扼要

郡城可無北顧之憂而艋舺水師遊擊惟盡心洋面以專責成水陸兩路皆可得力矣以上五條實爲目前臺灣之急務見諸施行必有實效然自古治法莫如治人苟守土之官平時廉正公明勤於政事不貪安逸吾知臺人必愛之如父母畏之如神明雖有姦宄不敢萌心即萬一不虞而吾以有備之兵禦之再以子弟之民助之有不旦夕撲滅者未之有也又何致上廑
宸衷遠煩數萬大兵耗費無限之糧餉也哉

道光二年督撫以前臺道葉公言欲改班兵之制觀鎮軍疑不能決就瑩問策爲議上之鎮軍亟以爲然而葉公旋

擢閩撫面對猶及此事
上命與總督籌之三年趙文恪來督閩浙軍見此議乃罷復採
其言於臺北營制有增改焉

籌議商運臺穀

閩省内地水陸官兵五十三營與駐防旗兵不下十萬歲征糧米惟延平建甯邵武汀州興化五府産米之區給兵外尚有羸米以濟他府福州福甯泉州漳州四府兵多米少協濟猶不足則半給折色督標金廈漳鎮銅山雲霄龍巖南澳諸營有全折者雍正間先後題請半支本色於臺灣額征供粟内撥運嗣又

增給戍臺兵眷米亦以臺穀運給於是臺灣歲運内地兵眷米穀八萬五千二百九十七石有閏之年八萬九千五百九十五石乾隆十一年巡撫周學健奏定分配商船運赴各倉此商運臺穀所由來也臺灣商船皆漳泉富民所製五十九年水災後二府械鬬之風大熾蔡牽騷擾海上軍興幾二十年漳泉之民益困臺灣亦儆百貨蕭條海船遭風艱於復製而泛海之艘日稀於是臺穀不能時至内地兵糈孔亟廳縣皆借展備貯而倉儲空矣商船大者載貨六七千石小者二三千定製樑頭寬二丈以上者配官穀一百八十石一丈六尺以上者配官穀一百三十石每石給運脚銀六分六厘初無所苦旣而運穀至倉官吏多所挑剔而民貨一石水脚銀三錢至六錢不等又商船自臺載貨至甯波上海膠州天津遠者或至盛京然後還閩往返經半年以上官穀在艙久懼海氣蒸變故臺地配穀私皆易銀買貨其返也亦折色交倉不可然後買穀以應官吏挾持爲利久之遂成陋規於是内地有臺穀廳縣皆賴以濟公如江浙之漕焉嘉慶十四年總督方公維甸以臺穀積滯奏開八里坌口與鹿耳門鹿仔港一律配運凡渡海漁船樑頭寬五尺以上至一丈二尺者皆令配運三千石至八十餘石然奸商詭譎往往

減報樑頭巧爲規避官穀積滯如故十六年總督汪公志伊奏請專僱商船委文武大員至臺運穀十萬二十三年復僱運七萬先是彰化縣知縣楊桂森嘗建言請臺地改征折色奏停臺運省議不可姦民盧允霞者以健訟遣戍赦歸在鹿港聞之曰此奇貨也謂所善商人我能革陋規衆惑之以爲謀主乃設館抽各船户錢給允霞爲訟費然獨鹿港十數家其臺郡及泉廈衆商船不願也二十五年臺灣道葉公世倬至自鹿港受其膚愬以爲商果病也欲除其弊以卹商議罷商人配穀請製官船海運以語臺灣縣姚瑩瑩曰臺穀歲十萬石舟以二千爲率法

當用五十艘。一艘工料五千爲率。當費金二十五萬。既有糧艘。必用弁兵管駕。並舵工水手。每舟不下數十人。歲費金又數萬。海舟駕駛。三年當一修。費又數萬。重洋風濤不測。一有沉失。則舟穀兩亾。是漕艘之外。又增

國家一病也。不可行。葉公疑其有私。及爲巡撫。力持前說。未及改制。罷去。趙文恪與孫公爾準爲督撫。患商運不前。屬臺灣府方公傳穟籌之。傳穟以鹿港口門淤淺。商舟不前。道光四年。採輿論。請開五條港。利商船。而是年方奉

旨運米十四萬至天津。免配兵穀者六十艘。配運之船益少。傳

穟曰。今雖極力疏通。不足運本年之額。計來歲積欠。當十三萬以上。勢必又需僱運。然非善策也。重洋險阻。商船來往。歲有漂沉。平時配運止百餘石。糖市倍之。卽失水責償。爲數無多。故行之可久。若僱船專運。每船奚止十倍。設有不虞。官商皆難著賠。雖前已三次行之。而未可恃也。昔時商本豐厚。其船工料堅固。近今商船薄小。南北洋中沉碎者多。民間買貨千石。猶必分寄數船。以防意外。官穀豈可不加鄭重乎。積穀十三萬。用商船六七十艘。厦蚶二廳僱撥。當爲四起。或五六起。每起必有文武正副委員。及護送弁兵。供應犒賞。皆取諸四縣。賠累已甚。而內地

各倉既失商運之利。則必多所挑駁。非云穀雜糖沙。則云斗斛不足。紛紛檄行四縣補運。此累之在官者也。官穀運脚。每石六分六釐。較民貨水脚僅十分之二。每船以二千石爲率。船戶僅得運脚銀一百餘兩。不敷舵水飯食工資。其船本及修整篷索桅椗之需。皆於何出。每逢僱運。衆行商及通港之船。皆科派津貼。而船戶仍不免賠。此累之在商者也。臺灣三口來往商船。只有此數。既專運積穀。則明年新穀。必有短配。是爲疏積欠。反增新欠。亦非計之得者。況臺地近年米貴。一聞僱運。民間米價必一時騰踴。匪類藉以滋事。是官商旣病。而並以病民。傳穟之愚

惟有暫停新穀。折色支放兵食。盡配積穀。免僱運而補倉儲。請飭下臺灣廳縣。查明欠運穀數。至本年止。實若干石。照舊配運。其道光五年新穀。令四縣盡數易銀。按中平市價。每一石易價番銀一元三角。分四季解至內地福州厦防廳庫收貯。有穀廳縣領回。按月折放兵食。內地番銀一元。可易制錢八百餘文。以二穀一米計之。每米一斗。可折放制錢二百文。其內外廳縣領解番銀脚費平水。卽以商運例給之。脚費予之。俟積穀運竣。仍配新穀如舊。數年之後。再有積穀。亦可倣此而行。則永免僱運之害。而臺灣之積穀可清。內地之倉儲可補矣。文恪公深然之。

水師提督許公松年力阻其議適盧允霞入京師上控求罷商
運事下督撫議司道乃採楊桂森之說停止商運請臺地供粟
半收本色以給臺營半收折色每穀一石改征銀一兩二錢以
給內營卽全數劃抵臺灣兵餉臺地免一領一解之煩內地免
解餉遭風之慮每年又可省運脚銀六千餘兩文恪公曰閩省
漳泉諸府負山環海田少民多出米不敷民食臺郡產米之區
故令征收本色運給內營兵食原以臺地之有餘濟內營之不
足今不令將本色運內濟兵轉使改解折色已失立法之本意
況臺府請暫停一年改解折色司道已慮米價昂貴營員藉口

若此後盡解折色豈米價獨可無慮耶臺郡各屬征收供粟向
無半本半折之例方守所議暫解折色一年猶屬一時通融之
計尚可由官酌辦若改征半折則臺民有穀之家較多紛紛糶
穀完銀必有平水火耗之加更滋流弊是利商以病民也更易
舊章未可草率其再議之於是臺灣道孔昭虔臺灣府方傳穟
臺防同知杜紹祁鹿港同知鄧傳安淡水同知吳性誠臺灣縣
李愼彝嘉義縣王衍慶會議皆謂商運不可罷臺民聞將改折
大譁紳士咸曰民間完納正供已百餘年雖今昔情形不同私
有折色亦皆按時價之低昂並無一定若改征折色每穀一石

征銀一兩二錢轉成定例行之日久勢必又有加征平水火耗
將來受累更深且臺民市易皆用番餅並無紋銀全賴每年兵
餉散布民間紋番兩便故錢價得平若大餉永停則紋銀斷絕
番餅增昂必致民商兩困大不便時孫公亦以改折抵餉之說
密訪於傳穟傳穟覆書曰今之紛紛言商病者皆務虛名未計
其實也商船往來臺洋一次販貨之獲利與船戶之水脚所得
凡數千金以數千石之船僅運百餘石之官穀復給以每石六
分有奇之運價
國家恤商可謂厚矣何病之有所謂病者有司之陋規耳有國

法在罪之可也裁之可也若改易舊章設有他弊又何以處之
自古無不弊之法利之所在弊卽生焉苟鑒於末流遂并亡其
本是爲因噎廢食烏可不之察乎夫商船運穀雖以養兵其端
亦原於正供臺地產穀之區頗艱銀貨故昔人因地定賦有供
粟而無地丁雖有勻丁雜稅爲數無幾而漳泉福州兵民繁庶
產穀不足故以有易無運臺穀以濟各郡之兵糈發
帑金以給全臺之兵餉各得其所民便之久矣雖近時臺屬之
正供不無折收內地之兵米不無折放船戶之運穀不無折交
然名存法在每有需穀之時猶可立備一經改制則內地永無

得穀之期。臺地永無見銀之日。一旦實需其用。反費周章。其不便者一。臺屬貿易俱用番餅。官民收用紋銀。皆仰給於臺餉。給兵之後。散佈民間。舍此則海外紋銀斷絕矣。其不便者二。全臺兵餉歲發銀二十一萬一千有奇。逢閏年發銀二十二萬六千有奇。又加餉銀六萬七千有奇。臺屬額征鹽課叛產官贌雜項錢糧捐款盡數劃扣。歷年司中尚應發銀十四五萬有奇。今以通臺運穀折價。卽使年清無欠。裁十萬耳。不足抵大餉之數。設歲有歉收。民欠積累。則支絀立形。海外兵餉攸關。貽悞匪細。其不便者三。自古三代不廢力役之征。國有徵發。里出車徒馬牛

惟所用唐定租庸調之法。史猶稱善。蓋軍國之需。不能不資民力。匪特賴以濟事也。亦陰以維持上下。使民知趨事赴功。尊君親上之義。故民安其分而忘其勞。今西北直省猶有車馬差徭。故其民情愿樸。而以奉公爲分所應爾。東南諸省民俗澆偷。一切便民。猶謗其上者。不知分與義也。海船無他徭役。官使往來。皆予傭值。獨過臺配載軍工。回棹配載運穀。此二事尚有奉公之意耳。然亦有水腳之給。雖稍賠貴。亦由船戶自圖巧利。爲口員胥吏之所挾持。遂成陋規。非無故而致也。若裁去運穀。則商船自此不識奉公之義。設一旦有意外之徵發。反相與嗟怨。以

爲不當役使之矣。履霜堅冰。由來有漸。其不便者四。盧允霞一無賴訟棍耳。昔嘗以唆訟擬遣。逢
恩赦歸。又盤踞鹿港。倡爲邪說。煽惑商民。假控革陋規之名。設立公館。每船抽費銀數十。是以姦民橫征暴斂也。各商船戶惟泉郊數人稍稍附之。餘皆已悟其姦。有赴廳控其假公斂費者。此前歲鄧丞所以往毀其館也。彼挾此恨。又爲衆船戶所歸尤。故冒死叩閽。以塞衆人之責。始因斂費而控陋規。繼則因陋規而條陳改制。是一姦民而敢恣横議。變亂
祖宗成法矣。雖停罷商運之議。啓自楊桂森。然桂森之議。昔已

不行。今則因盧允霞之控而行之。是姦民舞智。反優於邑令之建言也。此風一開。異時必有紛紛效尤。競議
國政者。語云。天下有道。則政不在大夫。乃反在姦民可乎。其不便者五。州縣親民之官。必使有力辦公。乃可不形竭蹶。臺穀之陋規。不但內地各屬賴之者多。卽臺屬廳縣亦有折半征收之利。每穀一石。折收番銀二元或一元八角。可當紋銀一兩四錢或二三錢。今使以半折抵給臺餉。則官無絲毫餘羡。而廳縣從此大困矣。海外經費無一不倍內地。幕友脩金歲常四五千金。捐賠之款又一二千兩。廉俸無幾。何以供之。非盡爲入橐肥私

之計也其不便者六雖有廉吏亦必俾能自給然後不侵
國帑不朘民膏陋規既盡勢必虧空倉庫否則詞訟案牘掊克
贓私民間受禍更烈海外隱憂方自此深矣其不便者七夫病
商之弊其害猶小若以便商之故而病官與民因以病
國則其害甚鉅古之爲政者利均則權之以義害均則權之以
大小輕重不可不謹也
本朝制度寬大一切便民或因時損益小有變通則可若竟廢
前人之法竊恐貽悔他時書上孫公納之文恪公與傳穟書曰
比閲陳議所見正同事關

國制不可不盡言也然已違衆議不能商運傳穟所云運舊停
新之策亦遂置之明年仍催運馬傳穟復請爲減運之法曰比
閲臺灣三口運穀册數每年積壓約二萬餘若減運眷穀則無
積矣眷穀者非戍兵正糧也每戍兵一名月給眷穀一斗歲運
二萬六千餘石各兵眷歷年米票皆轉以賣錢并不赴倉領米
莫如照臺穀平價每米一石抵予紋銀一兩藩司於臺餉扣發
臺屬以折色納府抵大餉焉是時文恪公已去閩省議雖暫行
之而未能奏咨傳穟旋亦内渡矣

籌建鹿耳門礮臺

道光三年七月臺灣大風雨鹿耳門内海沙驟長變爲陸地四
年三月總兵觀喜署道方傳穟署府鄧傳安上議建礮臺於鹿
耳門其略曰臺灣孤懸海外屏障四省郡城根本重地設險預
防尤爲緊要鹿耳門一口百餘年來號稱天險者蓋外洋至此
波濤浩瀚不見口門水底沙線横亘舟行一經擱淺立時破碎
其中港門深僅丈餘非插標乘潮不可出入此險在外者也口
内出水沙線二道横亘南北爲其内戸南線又名北線尾大船
入口更易小船循此線内東達行二十里過安平鎮爲入郡咽
喉更東十里然後達郡北線又名海翁隙其内可泊大船自此

至岸亦二十餘里爲郡北之洲仔尾及嘉義縣地水深浪湧舟
不能近無由登陸此險之在内者也往時僞鄭重兵皆守安平
恃鹿耳門之險不爲設防
王師平臺乘潮一入鄭氏面縛輸誠朱逆之亂郡城已陷賊亦
恃此門不爲設備大兵再入朱逆授首我
朝定制臺協水師副將駐守安平以防大港而鹿耳門口以水
師中右兩營遊擊輪巡防守嘉慶十年前鎮道議奏添善字號
梭船三十隻專守鹿耳門可謂周密然十一年蔡逆猶進鹿耳
門直薄郡城則所謂天險者果何如也其時天設之險無恙而

已如此。今則海道變遷。鹿耳門內形勢大異。上年七月風雨海沙驟長。當時但覺軍工廠一帶沙淤。廠中戰艦不能出入。乃十月以後。北自嘉義之會文溪。南至郡城之小北門外四十餘里。東自洲仔尾海岸。西至鹿耳門內十五六里。瀰漫浩瀚之區。忽爾水涸沙高。變爲陸埔。漸有民人搭蓋草寮。居然魚市。自埔上西望鹿耳門。不過咫尺。北線內深水二三里。卽係淺水。至埔約五六里。現際春水潮大。水裁尺許。秋冬之後。可以揭衣而涉。自安平東望埔上魚市。如隔一溝。昔時郡內三郊商貨。皆用小船自內海駁運至鹿耳門。今則轉由安平大港外始能出入。目前

如此。更數十年繼長增高。恐鹿耳門卽可登岸。無事更過安平則向之所謂內險。已無所據依。北路空虛。殊爲可慮。非於鹿耳門對岸埔上建築礮臺。守以偏師。幾無屏幛矣。康熙年間鹿耳門舊有礮臺。其後不知何時傾失。遂未再建。考府縣誌。自乾隆年間至今營制。安平副將所轄中營礮臺七座。蚊港汛四。大港汛三。左營礮臺七座。安平鎮三。笨港海豐港三林港鹿仔港各一。右營礮臺五座。在打鼓港。而鹿耳門重地。獨無礮臺之設。僅中營有礮架八座。右營有礮架七座。爲守鹿耳門之用而已。竊疑前人定制。不應疎略。推原其故。蓋以鹿耳門口水勢浩漫。說者皆謂南北二線。海上浮沙易於陷沒。不能建設礮臺。亦無處可設營汛。故嘉慶十年新議。亦止添造梭船。然南線舊建天后宮。已百餘年。其左右文武二館。爲臺防同知安平中右營員稽查商船出入掛驗之所。至今未見淪陷。豈以之查驗商船則可以之防禦外患則不可乎。人情喜逸惡勞。避難趨易。於此可見。況今昔形勢不同。宜爲百年之計。新長陸埔未久。潮長時海水猶不無漬溼。且地勢平闊。未有要隘。應俟三五年後民居漸稠地土堅實。移安平右營於此。以當北路之衝。其鹿耳門南線天后宮。請先建築礮臺。圍以土堡。使巡防鹿耳門之兵有所據依

以堡衛兵。以兵衛礮臺。然後鹿耳門之險。庶乎可據。省議以道光元年甫有鹿耳門不能建築礮臺之奏。未便歧異。更俟數年後議之。遂不果建。今存其說於此。以待來者。

東槎紀略

埔裏社紀略

闕名

埔裏社者。臺灣彰化縣之歸化番社也。其地在彰化東南山內。爲社二十有四。府志所載曰埔裏。曰决裏。曰毛啐。曰猫丹。曰社仔。曰木扣。曰木武郡。曰子黑。曰子希。曰倒咯。曰巒巒。曰田仔。曰猫蘭。曰田頭。曰思順。曰挽蘭。曰外斗截。曰水眉裏。曰內斗截。曰內眉裏。曰平來萬。曰致霧。曰哆咯啷。曰福骨。凡二十四社。埔裏特其一耳。距縣治九十餘里。中隔大山。路徑崎曲難通。其入社之道有二。南路自水沙連沿觸口大溪東行。越獅仔頭山至集

集舖。廣盛莊。更越山東行十里。至水裏社之柴圍。又北越鷄胸嶺。芋蓁林。竹仔林。十五里而至水裏之頭社。地頗平廣。皆番墾成田。甚熟。更進八里。則爲水社。中有大潭。廣可七八里。潭中有小山。名珠仔山。番皆遶山而居。番俗六考所謂青嶂白波。雲水飛動。海外別有一洞天者也。潭之東岸爲剝骨社。西岸則水裏本社。其番頗饒裕。善種田。能織罽毯。番皆白皙狡好。府志稱之。遶潭更北行。逾山七里至猫蘭社。又北五里至沈鹿。地頗寬廣。迤西復入山。凡十里。谷口極狹。幾於一丸可封。最爲險要。名曰䢖口。過此以北。始爲埔裏大社。地勢平闊。周圍可三十餘里。南北有二溪。皆自內山出。南爲濁水溪源。北則烏溪源也。烏溪爲入社北路。自彰化縣東之北投。北行過草鞋墩。至內木柵阿發埔。渡溪東北行。至火燄山。下五里過大平林。入山十里。逾內龜洋。至外國勝埔。更渡溪而南二十五里。至埔裏社。自水沙連入。可兩日程。北路爲近。然常有兇番出沒。人不敢行。故多從水沙連入。水沙連則番社之久輸貢賦者也。蓋埔裏乃界外番社。例禁越墾。故漢人圖墾。則假名於水沙連耳。相傳埔裏社更東北越山五日行。卽通噶瑪蘭。東南則奇來及秀姑蘭一帶。番俗六考云。水沙連番屬二十餘社。各依山築居。山谷巉巖。路徑崎嶇。

惟南北兩澗。沿岸堪往來。外通斗六門。竹腳藔。乃各社總路隘口。通事築室居焉。余謂南北爲澗。卽觸口與烏溪也。斗六門爲嘉義所轄。距漳屬水沙連頗遠。蓋萬斗六之訛耳。府志言康熙六十年。阿里山水沙連各社。乘亂殺通事以叛。六十一年。邑令孫魯多方招徠。示以兵威。賞以煙布銀。乃就撫。自後無聞焉。乾隆五十三年開屯。各社遵設屯丁。水裏埔裏二社。內有屯田一百餘甲。其番自耕田。亦有百餘甲。未墾荒埔無數。嘉慶十九年。有水沙連隘丁首黃林旺。結嘉彰二邑民人陳大用。郭百年。及臺府門丁黃里仁。貪其膏腴。假已故生番通事土目赴府言。積

欠番餉番食無資。請將祖遺水裏埔裏二社埔地踏界。給漢人
佃耕。知府某許之。大用隨出承墾。先完欠餉。約墾成代二社永
納。餘給社衆糧食。倘地土肥沃。墾成田園甲數。仍請陞科以裕
國課。二十年春。遂給府示。飭彰化縣予照使墾。然未之詳報也。
其受約者僅水沙連番社而已。二十四社皆不知所爲。郭百年
既得示照。遂擁衆入山。先於水沙連界外社仔。墾番埔三百餘
甲。由社仔侵入水裏社。再墾四百餘甲。復侵入沈鹿。築土圍。墾
五百餘甲。三社番弱莫敢較。已乃僞爲貴官。率民壯佃丁千餘
人至埔裏社。囊土爲城。黃旗大書開墾。社番不服。相持月餘。乃

謀使番割。詐稱罷墾。官兵卽日撤回。使壯番進山取鹿茸爲獻。
乘其無備。大肆焚殺。生番男婦。逃入内山。聚族以嚎者半月。得
番串鼻熟牛數百。未串鼻野牛數千。粟數百石。器物無數。聞社
中風俗。番死以物殉葬。乃發掘番塚百餘。每塚得鎗刀各一。既
奪其地。築土圍十三。木城一。益召佃墾。衆番無歸。走依眉社赤
崁而居。先是漢番相持。鎮道微有所聞。使人偵之。皆還報曰。野
番自與社番鬬耳。社番不諳耕作。日食無資。漢佃代墾。以充糧
食。又人寡弱。倚漢爲援。故助之。所殺者野番也。二十一年冬。武
鎮軍隆阿巡閱臺北。悉其事。嚴詰之。於是彰化縣令吳性誠。請

諭墾戶。驅逐衆佃出山。而奸民恃臺府示。不遵。有希府中指者。
言漢佃萬餘。所費工資甚鉅。已成田園。一旦逐之。恐滋變。性誠
上言曰。埔地逼近内山。道路叢雜。深林密箐。一經准墾。人集日
多。竊恐命盜凶犯。從而溷跡。若招集亡命。肆行無忌。奈何。且此
埔素爲生番打鹿之場。卽開墾後。明定界址。而姦貪無厭。久必
漸次私越。雖番性愚蠢。而凶悍異常。一旦棲身無所。勢必鋌而
走險。大啓邊衅。不若乘未深入。全驅出山。尚可消患未萌。鎮道
深納其言。飭臺府撤還。二十二年六月。傳諸人至郡會訊。予郭
百年以枷杖。其餘宥之。署鹿港同知張儀盛。彰化縣知縣吳性

誠。呂志恆。赴沈鹿拆毀土城。水埔二社。耕佃盡撤。生番始各歸
社。集集烏溪二口。各立禁碑。然二十四社自是大衰。漢人稍稍
復入社。仔社番被逐。并入頭社。猫蘭并入水裏社。而哆咯啷福
骨二社。與沙里興爲隣。混入兇番眉裏。致霧安里萬三社。亦暗
通兇番以自固。埔裏人少。雖與水裏和睦。而不能救援。甚自危。
道光三年。遂有萬斗六社革通事田成發。詭與埔社番謀。招外
社熟番爲衛。給以荒埔墾種。埔社聽之。田成發乃結北投社革
屯弁乃猫詩。革通事余猫尉。招附近熟番。潛往復墾。而漢人陰
持其後。俟熟番墾成。溷入爲侵佔之計。先是成發之黨。嘗與水

沙連社丁首蕭長發有隙長發乃首破其謀道光三年九月鹿港同知鄧傳安會營入埔裏社察之越墾熟番聞聲先循撫諭社衆而還然傳安頗有開設之議又有流寓紹興人馬䢵士者至福州誘商人林志通謀爲業戶趙文恪公以問前臺灣縣姚瑩瑩曰臺灣生齒日繁遊手甚衆山前無曠土矣番弱勢不能有其地不及百年山後將全入版圖不獨水埔二社也然會有其時今則尚未可耳四年五月孫公至臺欲議其事傳安力言其地膏腴山川秀美孫公意動欲如噶瑪蘭故事以問臺灣知府方傳穟時姚瑩在臺傳穟訪焉瑩曰必欲開二社者有要略

八事君其言之傳穟問其畧云何瑩曰往者噶瑪蘭之開也乾隆年間即有民人潛往嘉慶元年吳沙率衆佃入山佔奪攻殺凡十餘年楊廷理往開時大局已定故衆社番獻納輿圖設官經理然委員督墾之初東勢社番亦尚相持強而後可今埔社開墾之民已驅逐出山社番幷未輸誠愿納前此漢人焚殺夙怨未忘今往開墾必先和睦番情其要一也番漢言語不通和番須用通事而通事多即姦人彼不以國家安撫爲辭而以危詞恫喝社番畏而從命心實不甘設有異謀殊傷

國體況開設之初番漢交涉事多小故鬬毆皆足釀亂通事必求良善其要二也水社在外如社仔沈鹿諸地已爲漢人佔墾者無論矣埔社周圍數十里其中社番自墾成田者不過十之一二餘皆荒埔今外社熟番往墾者不過二百餘人官墾則招佃約用巨萬將以何者爲番田何者爲官佃官課番租不可淆混其要三也社東北沿山各社即非埔裏之地其內逕諸處是否幷開或以山爲界其山外通噶瑪蘭及奇來秀姑蘭諸處開設後不無民人私越往來其中界址作何開閉其要四也前此漢民往墾各有頭人承領墾照其意在充業戶此時必仍萌故

智業戶之設其弊無窮初不過十餘人出名領照各爲自出工資募佃實即鳩合朋充私相契約及墾成報官勘丈戈甲若干四至何所業戶一入界內易於隱匿賦定之後遇水旱偏災可任意影射且徵收租課戶止一名欠嘗十萬一有破敗更換爲難不若官自召佃永除業戶之名此前守楊廷理所以力破業戶之議也然奸人鳩資謀充其利甚大不惜賄賂以求必得則倡爲邪說以惑上聽惟奸計不行然後民佃乃可相安其要五也地方數十里墾田數千甲用佃多者殆將萬人紛紛烏合茍無頭人經理不但無從約束且工本何出昔蘭人之法合數十

佃爲一結通力合作以曉事而貲多者爲之首名曰小結首合數十小結中舉一富强有力公正服衆者爲之首名曰大結首有事官以問之大結首大結首以問之小結首然後有條不紊視其人多寡授以地墾成衆佃公分人得地若干甲而結首倍之或數倍之視其資力今開埔社亦當略仿此意行之庶乎其可其要六也噶瑪蘭地南北蓋百餘里幷山計之幾於二百東西腹内亦四五十里不足置縣故設一廳今埔社方三十餘里耳幷水社山埔計之或百餘里似不足爲一廳縣然其地在萬山中南自集集舖北自烏溪兩路入山皆極迂險内逼兇番後

治臺必告錄　卷二　百四

通噶瑪蘭奇來諸處蓋全臺之要領前後山海之關鍵形勢天成去彰化縣城遼遠非佐雜微員所能鎭撫不得不略如廳縣之制文武職官廉俸兵餉作何籌給不可不爲計及其要七也田園日闢生聚日多不特商賈貨販通行即所產米穀民食必須出山糶糴其南路由徑口進水社山嶺重峻勢不可行惟北路烏溪水道可通而溪水上流頗淺亂石巑岏亦當開通以便舟楫其要八也以上八事乃開設之大綱其餘細務猶在所後經理之人非才識足以幹事操守足以信衆不可傳檄陳其說孫公見而難之時吳性誠爲淡水同知呂志恒爲噶瑪蘭通判傳檄更集衆議性誠志恒皆以爲禁之便傳安不能執前說也亦以爲當禁傳檄乃採衆議詳請禁之如故

論曰臺灣本海外島夷不賓中國自鄭氏驅除狉獉始闢入籍時止三縣半線以北康熙之末猶番土也朱逆既平乃增設彰化設淡廳遂極其北境至於雞籠山前之地盡矣然南北袤不過一千二百餘里嘉彰最中腹内自山至海寬乃百餘里耳入内供粟歲不過十萬而兵餉給外者倍之其不能利益國家明矣嘉慶中又開噶瑪蘭遂及山後增幅員百里論者皆以形勢爲言夫

治臺必告録　卷二　百五

聖德遐被八荒皆我外藩鴻圖式廓遠邁隆古乃侈言滄海之一舟大圜之一星豈非陋耶若夫雕題裸體之民言語不通蹲伏深山墾耕自給没世不敢出山一步然猶慕化充屯則是我朝之赤子較諸漢奸不法者奚翅十倍此土牛立界所以嚴申厲禁誠仁之至也有司守此邊陲不以宣播德威爲務乃任彼私人交通豪猾違禁開邊且肆其凶殘暴其枯骨所當駢首境上以昭炯戒而慰番黎乃復隱忍逾年越墾之詰發自鎭臣斯時猶有阿意庇姦爲依違之說者而非邑令抗爭鎭道明決則姦人之計仍行矣卒之投鼠忌器曲赦有罪使

國禁不申番寃莫理政刑之失孰甚於此者哉火炎不烈厲禁益虛於是奸人故智復萌不及數年而水社之轂復歸漢佃番愚不知訟訴番衆日衰外逼凶番内懼漢逼不得已而從姦人之謀欲引外番自衛漢奸更從而躡其後養虎揖盜其事益愚其情益可憫矣鄧公深入内山窮履生番之境可謂壯甚而水社之山川秀美埔社之地土沃饒言次猶津津稱之且以番黎拙於治田不能深耕灌漑爲惜自余觀之喜功利者貪壤地之膏腴懼開邊者守土牛之虛禁此皆見止一隅未深計久安之策也水埔二十四社自雍正乾隆間即稱沃衍惟時番族猶盛足以自固漢人不知虛實無敢深入且臺灣開闢未久地利有餘今山前無隙土矣舊族日滋新來不已無業可執則有三種莠民一興夫千百爲羣動與兵鬭二赤棍結黨立會散處市廛三盜賊竊刦頻聞誅之不盡此全臺之大患也不爲區處臺灣未可言安則曠土之開云胡得已漢人蕃衍丁口已二百五十餘萬而生熟社番不及二十分之一匪惟貧削實亦丁衰寡弱之形殆若有天數焉其不能自固者不僅水埔二社也勢既寡弱則奸民欺淩益甚況頻年深入虛實周知即外社熟番亦垂涎至矣雖有明禁而趨利忘生旋驅復入昔者殺番掘塚其首

惡既釋不誅今茲負耒而來安能遂置重典一再寬宥禁碑尚可恃乎既不能禁不但番社被逼有走險之虞抑且地形險阻設有巨奸招聚亡命即林爽文之大里杙也其患可勝言哉則安撫之道又不可不講矣

沿邊各隘

噶瑪蘭地勢東面海西南北三面皆山所在生番出沒自設官後沿山次第設隘以壯丁守之二十一二年間猶有生番逸出殺人今則防堵益密林木伐平沿山皆成隘田而居民安堵矣自三貂入噶瑪蘭首境爲遠望坑民壯藔在焉始用以開道繼以護送行人過遠望而南爲大里簡設民壯藔與遠望同自大里簡以南乃沿山設隘各有田園數千甲以爲口糧曰梗枋

烏石港　金面山　白石　湯圍　柴圍　三圍　四圍一結

四圍二結　四圍三結　旱溪（又名枕頭山）　大湖　叭哩沙喃

鹿埔　清水溝　崩山　員山莊　馬賽　施八坑（新設）以上隘地十九所北自梗枋南至施八坑不過棄界外數百甲之地免其陞科隘丁貪利盡力守之而蘭民無番患焉

施八坑

嘉慶十七年。民人林朝宗等請墾蘇澳施八坑。通判翟淦遣役李泉往偵之。回報云。查施八坑。乃由東勢山尾過山盤崙始至其處。西南北俱疊山茂林。惟有一坑。形勢甚狹。坑首西連叭哩吵喃生番社。坑口東出蘇澳港。乃生番出沒隘口。該地離東勢馬鞍山草山及議設南關之地。約五六里。阻隔山崙。本生番地界。不與三籍應分埔地毘連。前有民人陳金鄭觀鳳在彼欲求設隘開墾。奉批不准。已經棄置。至於坑頭水堀。皆生番巢穴。尚有埔地若干。不能窮究。查蘭地自入版圖以來。東勢一帶民番屢被生番殺。南風甚發之時。又常有匪船寄泊澳內。伺劫易於

藏姦。實屬要地。去城窵遠。最難防禦。似可就地設隘把守。內禦生番逸出。外護居民樵採。如遇匪船寄泊。亦可隨時飛報防守。以杜奸民私墾藏姦之念。似於地方實有裨益。淦未及詳。其後稍為泉籍民人私墾。道光元年。聚居已三百餘人。署通判姚瑩請查造丁冊。籍其田畝。以為隘地。未竣而去。

治臺必告録

卷三

治臺必告錄卷三目錄

治臺必告錄卷三

皖懷丁曰健述安輯

天津圖書館藏

防夷奏疏　達洪阿　姚瑩

再臺灣地勢綿長一千四百餘里。要口林立。臣等自上年先後親往南北大小各口。履勘築設礮墩。調兵募勇設防。復於滬尾添設石墩臺一座。雞籠礮墩改築石礮臺。左右添築石墻。并將督臣顏伯燾發還新鑄之八千觔大礮四門。六千觔大礮二門。分置安平及雞籠滬尾三口。以期鞏固。後聞粵東議撫。臣等因夷情反復。仍不敢撤防。本年六月後。廈船不到。粵中夷務無聞。省廈文報亦絕。正深盼望間。七月二十日忽傳郊外來信。廈門失守。督臣退保同安。聞之不勝髮指。伏思臺灣孤懸海外。全藉廈門為援。今有此變。形勢愈覺孤危。民情浮動之區。恐匪類乘機搖動。臺灣戍兵名雖一萬四千。除事故缺額換班未補一千餘名外。澎湖兩營隔海。噶瑪蘭一營遠在山後。其餘分布一廳四縣。汛地十餘區。在在均須彈壓。未便調動。是以每遇有事。兵力仍單。臣等督同知府熊一本熟商。將巡洋舟師暫行收回。嚴守口岸。陸路存城及各處團練之義勇。分別加

防又查郡城重地口門不可過多其鹿耳門廢口同國賽
港三鯤身三處口門用在廠不堪修葺之哨船四隻并買
民船五隻加以大木桶數百個裝載巨口預備臨時塡塞
仍多派兵勇防守以免匪船遶越臣達洪阿先因省鑄大
礮膛口礮子不甚合式親督工匠改造礮子並添鑄小銅
礮多門整備攻守各具府城本係土築先經知府熊一本
勘修次第完竣其西北沿海一面紳士前造外城因沙土
質鬆城基近水早已坍卸臣姚瑩親督臺灣縣知縣閻炘
帶領紳商於外城之内自小北門起繞大西門至小西門

周七百一十一丈密樹木柵分别地段安設義勇以資捍
衛臺地郊商生理多在廈門一聞警信無不驚惶風謡一
日數起連日督府廳縣多方撫諭示以鎮靜人心始定更
發印諭數百道委員交各路義首莊耆申約聯莊添設壯
勇家自爲守人自爲兵蓋臺灣人浮動易爲亂亦易爲義
駕馭貴合機宜爵賞不可吝惜得其心庶得其力一面將
逆夷兇淫貪狡惡狀遍加曉諭使人皆切齒共奮同仇亦
潛銷其異志之萌惟地廣口多兵勇既衆經費益鉅除常
例兵餉不計外守口兵丁鹽菜鄉勇口糧製備一切攻具

守具七月以前已月費七八千金今廈門失守全臺處處
添設戍兵多已班滿當有事時未便更換且守口之兵兼
同鄉勇日夕登陴不可不加體卹又先後督臣頒發告示
擒斬逆夷擊沉夷舟者賞格自數千至鉅萬不等種種經
費在所必需有歷案軍需所未載者臣等事事撙節委素
得民心辦事結實之臺防同知仝卜年專司局務痛洗向
來惡習亦不敢因惜費而悞大事道庫備貯十萬兩一款
經道光十六年十八年兩次逆案動用現僅存銀五萬五
千餘兩上年防夷皆各屬墊支未敢遽動備貯本年三月

始經省撥經費銀十萬兩來臺現存無多業經稟請督撫
臣撥銀三十萬來臺接濟尚未解到伏乞
皇上天恩飭下督撫臣行催司局赶緊委員起解接濟臺澎可
否另撥四萬五千兩將道庫備貯補足更爲有益再臺地
防守要口十七處鄉勇衆多需官帶領又須兼顧澎湖經
向内地請員隔海難到即如督臣飭知廈門失守文件於
八月二十五日始由蚶江遞至阻海阻兵情事非意料所
及查有因案革職之候補同知前臺灣縣知縣託克通阿
丁憂之候補同知前署澎湖通判徐柱邦休致之通判銜

前福清縣知縣盧繼祖暫留在臺管帶鄉勇極知於例未
符實以海外軍務緊急差委乏人與內地情形迥別不敢
拘泥常例貽悞事機合併陳明謹
奏
再上年欽奉
上諭各海疆省分紳士商民果有捐貲助餉修建城堡及募義
勇造船鑄礮有益軍需者其急公好義即與出力將士無異
若仍照捐輸常例議敘似不足以示鼓勵著核實保奏候朕
破格施恩欽此臺灣自上年以來臣等設法勸諭各屬紳士

義首團練義勇四萬七千餘名其中捐資出力之人頗多
應俟查明欽遵
諭旨辦理外查有淡水貢生林占梅呈捐番銀一萬元以助修
築礮臺製造攻守戰具之用臣等查此次辦理夷務事屬
創始並無軍需成例可援所有製備軍需等物自應先動
此等民捐之欵除俟事竣另行分別
奏報外該貢生林占梅倡首捐番銀至一萬元之多合時值
紋銀八千兩以上首先遵
旨急公海外地方尤爲難得臺灣製造攻守戰具以及建造石

壁礮臺需用甚鉅必須當地士民捐貲踴躍經費方能寬
裕謹先查明具
奏伏乞
皇上天恩破格奬勵以爲後來者勸惟臺灣遠隔重洋又海氛
未靖文報往往稽遲即如部頒豫工事例本省刷印係於
本年三月方始到臺距七月截卯之期已無多日雖民間
有情殷報效計期到京已屬無及且身携重貲遠涉重洋
既有風水盜艘之險而到京程途遥遠上兑又恐後時可
否仰乞

天恩俯念中外士民同一報効而地形遼隔獨抱向隅
飭交部議酌量變通如有臺灣士民愿遵新例報捐者准在本
省藩司衙門具呈上兑歸於卯期一體選用似於撫馭海
外不無裨益是否有當伏祈
聖鑒訓示遵行
爲遵
旨議奏仰祈
聖鑒事道光二十二年二月十四日亥刻接准軍機大臣字寄
道光二十一年十二月初八日奉

上諭前據達洪阿等奏逆夷滋擾臺郡官兵擊沉船隻奪獲器械並擒斬夷匪多名當有旨諭令該總兵等嚴飭在事文武添派兵勇嚴密防範并諭令王得祿移駐臺灣協同剿辦嗣因日久未據續報復諭令怡良等確探馳奏迄今又將匝月朕心實深廑念臺灣爲閩海要區向係該逆垂涎之地此次駛入逆船復經該總兵等殲剿難保無匪船闖入冀圖報復現據奕山等奏逆夷有遣人回國添調兵船於明春滋擾臺灣之語該總兵等接奉前旨後於一切堵剿機宜自已先事預籌妥洽現在情形若何有無續來滋擾萬一該逆大隊復來該處駐守弁兵及召募義勇是否足資抵禦其如何定謀決策層層布置可操必勝之權著達洪阿會同王得祿悉心定議一並會銜具奏并著怡良等密速確探現在情形據實奏聞毋再遲延將此由六百里諭知怡良等並傳諭姚瑩知之欽此遵

旨寄信前來臣等謹查臺灣戍兵名雖一萬四千內除事故未補一千餘名又澎湖兩營隔海噶瑪蘭一營遠在山後其山前一廳四縣地亘一千餘里海口林立民情不靖現當處處戒嚴若遇大幫夷船實形單薄欲請兵內地則本省

防夷喫緊缺額戍兵尚難補足其不能添調可知欲請兵外省則客兵地利生疎未見十分得力且遠隔重洋緩不濟急反覆思維不得不用本地義勇以臺人習鬬膽氣較優且自衛鄉邦其情較切若曉以大義優其爵賞尚可有爲臣等自二十年八月先後赴南北路督同廳縣委員遍諭紳耆聯莊團練義勇半守本莊半聽官調已據各屬陸續册報練勇四萬七千一百有奇請領義旂腰牌此皆平時不領經費但有犒賞臨事調用始給口糧其各海口則自二十年夷船窺伺臺灣擊退後及上年厦門失守夷船再犯雞籠陸續添派守口弁兵三千六百六十八名調募屯丁義勇水勇五千五百餘名臣姚瑩自練壯勇三百名知府熊一本亦練水勇三百名以備策應惟兵勇分駐只可禦三數夷船設有大幫則需調取陸營官兵及團練在莊之義勇出禦仍凜遵

聖訓不與海上爭鋒俟其登岸設伏擊之伏思用兵之道氣不可餒貴從容布置言不可夸貴切中機宜謀不在奇貴深明事勢人不在衆貴協力同心夷人之長全在大船火器必使船不入港火器有禦方爲盡善守禦之法其要端有

五一曰塞港近時塞港之法各省皆有講求當各因地勢
而用臺郡近城惟國賽港與三鯤身之新港最爲寬深新
港現用大竹簍及木桶載石填塞國賽港則以不堪用之
哨船數隻並製四方六尺高大木籠數百箇載石疊布水
中攔其大小船隻港內岸上並設兵勇守之至四草與安
平大港對峙安平爲重兵所在而以偏師扼守四草其港
內製大木排六座作爲水墩上架大礮各二門外以大棉
花包牛皮網紗蔽護我兵水中用六排連總一排攔截港
門更製二丈長大木鑽數百枝上安大鐵鑽帶鉤貫以巨

籐排浮水中以罣其船此塞港與守港之法也二曰禦礮
沿岸建設石壁外以竹簍貯土堆作礮墩或用大竹簍夾
築土墻長數十丈至百餘丈不等其下更挖濠溝或埋釘
桶釘板或插竹籤布鐵蒺藜臣達洪阿近更製地雷火礮
數十處埋伏以待三曰破其鳥鎗水中用竹筏上張木架
懸挂牛皮棉被使水勇乘之以進岸上則於籐牌之外新
添棉被架五十名爲一排後藏小銅礮擡鎗擡礮可以破
其鳥鎗火箭手鏢又練翻被手其法用五十名爲一隊手
執水濕棉被張其兩角兼執單雙刀排列而前繼以鳥鎗

長矛較籐牌更爲得力四曰守城臺灣郡城逼近海邊安
平內卽係西城三郊商賈雲集之所向有礮臺三座近更
加築堅厚復圍建木栅七百餘丈守以義勇城上安大礮
滚木纍石灰包火罐鍋煎餹油城內八坊八十二境諭令
紳士商民每段樹栅自選壯丁稽查嚴守現在送册亦五
千餘人此臣等籌防郡城內外之大概情形也五曰稽察
奸民夷雖猖獗皆由所在奸民勾引廣東廈門甯波本洋
船往來通市已久無賴之徒素食夷利故爲之用臺灣向
無洋商夷舶不到似無此患而民情不靖則其患更深昨

獲鳳山逆匪張從更以廣西逃軍在廣東與通夷奸民勾
結回臺糾人爲夷內應幸逆黨首從伏誅該逆爲臺灣縣
知縣閻炘所獲并究出夷用漢奸以劉相蘇旺爲之主謀
本年夷酋噗嘛喳復自定海遣夷目顛林偕漢奸黃舟等
以重資來臺窺伺欲行勾結又卽被獲而南北兩路匪徒
上年復痛加殲剿惟是逆夷既屢次失利懷恨轉深果否
遂能戢其邪謀尚在未定臣等益當督飭文武隨時嚴密
稽查以防意外之虞且夷囚現在郡監一百六十八名解
省既有不可久禁亦非善計甫經

奏請
訓示設未奉到
批回而大幫猝至惟有先行正法以除内患是爲要著至於臺
灣各城惟臺郡城臨海最爲難守其餘廳縣皆距海數十
里民莊皆用竹圍可禦夷礮獨海口沙地水鹹不能種竹
惟令各口文武添設碉墩土墻相機辦理又各口惟雞籠
三面環山險峻可守滬尾兩山對峙一港中通其險次之
此外則皆一望平沙港門皆在水中或有暗礁沈汕猶可
限阻夷舟否則全仗人力自當相度地勢而行不能一律

辦理現令各民莊自相結聯倘夷人登岸卽同官兵設伏
邀擊然兵事頃刻變易全在不失機宜非成法所能盡者
亦惟存乎其人將吏果皆有勇能謀是又臣等之愚所不
敢必信者也臣等才識庸愚當此鉅任惴慄時深何敢遽
言必勝之權惟有竭誠畢慮鼓勵人心以期衆志成城仰
報
高厚鴻慈於萬一謹將籌議辦理情形由五百里覆
奏此次所陳皆臺灣機要請免
宣示以昭愼密是否有當仰祈

皇上聖鑒訓示遵行謹
奏
再有請者臺灣自道光二十年夏間夷船到鹿耳外洋官
兵擊退之後臣等卽督飭文武查明各屬海口設築礮墩
委員督帶兵勇駐劄防守一面製備攻守器具迨厦門失
守夷船再犯雞籠復逐次添派處處戒嚴所有兵勇口糧
一切經費實爲繁鉅派設府局遴委臺防同知仝卜年專
司支應由知府熊一本查核其應准應駁皆稟由臣姚瑩
親自裁決一切立有章程絲毫不容浮冐計自二十年八

月起至二十一年十二月底止淡水噶瑪蘭二廳暨臺灣
鳳山嘉義彰化四縣並撥給澎湖一廳共支給過銀二十
餘萬兩除先經省撥經費銀十萬兩外均係該府廳縣挪
欵墊應逆匪案内亦有挪墊嗣蒙
皇上賞銀三十萬兩經督撫臣於上年十二月委員解到歸還
前此挪墊及分給各屬外府庫實僅存銀十三萬餘兩道
庫備貯原存五萬五千餘兩又以南北兩路逆匪滋事動
用三萬兩所存無幾茲仰蒙
諭示以逆夷將有大幫到臺滋擾經費未免尚形短絀聞省中

經費亦非寬裕不能再濟臺灣可否仰乞
天恩飭部另籌經費銀五十萬兩撥貯閩省陸續解臺接濟軍
需俾臣等稍有所恃庶無掣肘之虞臣等極知
國家經費有常何敢稍昧天良再行瀆請實緣地廣日久所
費較多必須先事綢繆方臻妥洽惟有加意撙節不使稍
涉虛糜仰體
皇上振武理財之至意至於鼓舞人心尤爲目前第一要著臺
灣出力義民除勞績顯著者隨事專摺具
奏請獎外所有弁兵義民遇事出力可否

准令臣等便宜賞給六七八品軍功頂戴俾得立時奮勇無誤
事機後再行彙案具
奏咨部則臺地更有裨益謹
奏
爲遵
旨覆訊夷供分別斬決留禁繪呈圖說仰祈
聖鑒事本年五月十九日接准軍機大臣字寄道光二十二年
四月初五日奉
上諭達洪阿姚瑩由五百里馳奏逆夷復犯臺港破舟殲逆一

摺據奏該逆三桅大船三隻在五汊港外洋向北駛去僅只
擊沉一船其餘二隻究竟駛往何處此次生擒逆夷數十名
且獲廣東漢奸五名正可隔別嚴鞫令其據實供吐逆夷屢
次前來係何人指使意欲何爲所獲白夷十八人有無得受
僞職之頭目在内此次滋擾臺灣船隻由何處駛來現在廣
東福建浙江各洋面口岸夷船共有若干隻各處夷船分領
頭目幾人漢奸幾人漢奸内最爲該逆信任者幾人其姓名
並詭譎踪跡務當層層分晰訊取確實供詞與保奏摺均由
五百里復奏取供之後除逆夷頭目暫行禁錮候旨辦理外

其餘各逆夷與上年所獲一百三十餘名均著即行正法以
紓積憤而快人心欽此同日又准軍機大臣字寄道光二十
二年四月初六日奉
上諭據達洪阿姚瑩馳奏遵旨嚴訊夷供一摺覽奏均悉昨據
奏稱逆夷復犯臺灣經該總兵等生擒白夷十八人紅夷一
人黑夷三十人漢奸五名該逆夷中必有洞悉夷情之人究
竟該國地方周圍幾許所屬國共有若干其最爲强大不受
該國統屬者共有若干國又嘆咭唎至回疆各部有無旱路
可通平素有無來往俄羅斯是否接壤有無貿易相通此次

遣來各偽官除噗噍喳係該國王所授此外各偽官是否授自國王抑由帶兵之人派調著達洪阿等逐層密訊譯取明確供詞據實具奏毋任諱匿欽此查二次獲紅夷頭目顛林夥長律比及漢奸黃舟等前經臣等提訊供情業同起獲夷書圖信具奏呈

覽茲再奉

聖明指示應訊各情內有前奏所未及者謹督同道銜知府熊一本同知仝卜年及眾委員復提顛林等逐層隔別究詰據供該國王城地名蘭嶙在大地極西北隅海中其國本

不甚大王城東西南北周六十里後枕大山其名哀嶙近蘭嶙之西海中一地名埃倫自王城東南陸行半日許即海登舟南行十五晝夜至彌爹喇更南行五十晝夜至急卜碌轉東北行五十晝夜至望邁再自望邁東行二十五晝夜至新地波其地東北即安南更東行七晝夜即至廣東復三晝夜而至浙江凡一百五十餘日極順風一百二三十日夜亦可至不順風亦有遲至半年以上者蘭嶙外自西北而西南更轉東北而至廣東海中所屬島二十六處皆其埠頭多他國地據爲已有貿易聚集之所一曰埃倫二曰彌爹喇三曰吉時烟士四曰那古士歌沙五曰閒拿吶六曰的賒士七曰散打嗹八曰金山九曰士嬌也十曰急卜碌十一曰罵利加時架十二曰罵哩詢十三曰息賒厘十四曰士葛打喇十五曰烟十六曰望邁十七曰士啷十八曰袜打喇沙十九曰孟呀喇二十曰磨面二十一曰檳榔嶼二十二曰罵叻格二十三曰新地波二十四曰路士倫二十五曰班地文二十六曰蠂士爹厘耶以上各島皆噗國埠頭設官主之海中相去或一二千里數千里不等遥相聯絡諸島左右復有別島或自爲國或為賀蘭別國埠頭非其所屬亦有不能詳者前供嚏叻即息辣同

望結仔二處皆賀蘭埠頭因賀蘭亦有紅毛之稱同一貿易故併僱用其黑夷非噗屬也吽勝油者黒夷之通稱即華言無來由也海中諸國最強大西爲噗咭唎所畏者曰米唎嘡華人稱爲花旗在的賒士之西二曰佛蘭西皆地土大於噗咭唎而船礮如之亦好貿易與賀蘭黃祁大西洋俱在廣東通市頗恭順佛蘭西船少近年未至此其海路之情形也其陸路自蘭嶙外並無土地東北東南隔海之國甚多顛林所知者曰士袜國叻倫國顛麥一名黃祁

國什卑厘國、撻地厘國皆在其東北。土壤相接。北即北海。氷厚二三丈。極寒人不敢往。又有賀蘭國。拿扐倫國。米莉毡國、佛蘭西國又稱勃蘭西國、大西洋國、鴉沙爾國、布路沙國、記利時國、埃地利國、大呂宋國、的記國、皆在其東南。國亦相接。問以俄羅斯國。謝皆瞢然不知。惟隔賀蘭黄祁之東有羅沙國。又東南有北叨思國。係即俄羅斯國、而字音別也。賀蘭黄祁一國。最近暎咭唎。隔海相距一千二百里。諸國皆不相統屬。賀蘭頗爲暎咭唎欺淩。每倚佛蘭西爲援。則與暎國固外好而陰忌之。未必聽暎咭唎越其國

與俄羅斯貿易。此暎國以東隔海諸國之情形也。其王現爲女主。議國政之大臣曰馬倫侍。其在浙江之統帥人名沙連彌噗嘌嗑。其官爲比泥利布顛剃衣彌。一切兵船聽其調派。其次主兵官爲贊僩留。其人名沙有哥哈即吧噶。又主船政官爲押米嘍。其人名沙外廉巴如即思啞勑力巴敦。時噗嘌嗑係一等官。年得俸銀一萬元。以下分等遞減。其在厦門者官爲善用勒彌沙。人名時蔑。又稱士勿乃主船政。官其在廣東之香港者文爲馬厘士列即馬禮遜。其人名贊臣武爲善用哈沙。其人名禮也。時皆授自國王。

而聽自國王。或有自貴官授之。而報名於王者。凡三桅大船。黑夷以元頭目管之。一正五副。二桅中船。黑夷頭目三人。一正二副。小船黑夷頭目二人。一正一副。正頭目夷言沙泠。副頭目夷言嬓底。此次大小夷船百餘隻。實在兵船連火輪船七八十隻。內多即貿易之舟。配以夷官。改作兵船。其兵皆黑夷僱自各島。共約四五萬人。每月工資二三員至十員不等。至同來兵船。見顛林被獲。是否逃回浙江。抑往廣東。無從追問。臣等伏思逆兵船半即商船。人衆數萬。月費工資數十萬金。夷首俸銀。夷衆口糧。軍裝火藥。月

費亦數萬。船本貨本又數百萬計。犯順已逾二年。費亦不下二千萬。夷以貨財爲命。今閉其貨不行。所在私售無多。價亦大減。主客異形。逆夷雖富。何能久支。噗嘌嗑始冀爲義律故智。思得所欲。及欲不可得。且人船喪失。所耗益多。其情勢必絀。飢而撲食。乃更揚言繼師大舉。竊恐其衆將離。未必能久持也。然賊窮必有變計。臣等防守不可不益加嚴。其餘各條皆如前件。地名人名。翻譯殊難。漢人或通其語而不通其文。顛林能作畫。乃令圖其國所屬。及各國形勢。惟東北旱路伊所未至。又回部絶遠。故不得其詳。漢

奸五人中。惟鄭阿二最通夷語。黄舟能漢字。乃使鄭阿二
傳顛林之言。以廣東土語翻譯出之。間有悞者。顛林似亦
覺之。而毎指正其悞。更使律比等觀所繪圖點首。察其情
形。似屬可信。謹遵
旨將紅夷頭顛林。及夥長一律比。二吧底時。三科因諫呢。副頭
目怒文。白夷頭目伊些駱黒夷頭目忍滿。翻譯供詞之漢
奸黄舟鄭阿二。又前次所獲之黒夷頭目咀莉啌。及哈吻
叻咘。共十一名。嚴行禁錮。候
旨辦理。設有大幫來臺。仍照前奉

諭旨准予相機酌辦。以免內變外。其後獲之紅夷肐哩等三人。
白夷舊錫莫哩等十名。黒夷病斃二名外。現犯下治吳蚋
油等二十七名同前獲病斃外。現存之黒夷吵喕等九十
九名。共一百三十九犯。恭請
王命。在郡正法。以振
國威而快人心。所有臣等遵
旨覆訊辦理緣由。恭摺由五百里具
奏。將所繪暎夷各圖考證諸書。爲說進呈
御覽。除備錄供招咨部外。伏乞
皇上聖鑒訓示。

暎咭唎地圖說

暎咭唎國。又稱英機黎。或作膺吃黎氏。通稱紅毛。在大海
極西北隅。四面皆海。其國都名蘭隣。北枕大山名哀隣。隔
海而南。與賀蘭、佛蘭西、大呂宋鄰近。相去皆千餘里。又有
米唎堅在其西南。海中相距約萬餘里。國皆强大。不相統
屬。惟大呂宋稍弱。近中國之小呂宋者。早爲暎國所據。不
能爭。近七十年。暎咭唎謂其地小利。呂宋始以金贖回。賀
蘭亦常爲暎國侵凌。倚佛蘭西爲援。佛蘭西又大於英吉。

利也。然佛蘭西不善經商。今廣東貿易之夷。自大西洋外。
有暎咭唎。咪唎堅、賀蘭、黄祁、佛蘭西諸國。惟暎咭唎船多。
年常六七十艘。諸國無公司。惟暎國有之。公司者其國王
自以本錢貿易故名。諸國至廣東十三行商。公建樓屋居
之如客寓。諸夷商去來無定。非如大西洋之常住粵門也。
暎咭唎通商廣東自云二百餘年矣。其國王城東西南北
周六十里。東南城外車行半日許卽海。本國雖不甚大。人
精巧善製器械。以其强黠脅制海外小國皆爲屬島。自王
城稍西。海中有一島名埃倫。又南爲弼爹喇。王城至此。舟

行十五晝夜。彌爹喇之西北一島。名急時烟士。又西北爲
那古士哥沙。又西南爲閭拿吖。皆其所轄。彌爹喇之西南
隅海中一大國名咪唎𠼝。即華言花旗之北境也。其北至
南。陸地大於暎咭唎數倍。船礮如之。暎國入中國。必由其
海面。故畏之。而於咪唎𠼝之東。據一小島名的䝼士。設埠
頭。又於的䝼士隔海相對一高山。名散打嗹。亦望其用心
之密若此。義律即的䝼士人也。自散打嗹而南爲士嬌也。
自金山而南爲急卜碌。即海國聞見錄所謂呷也。蓋海中
大地西南一角之極盡處。自彌爹喇至急卜碌。舟行五十

晝夜。皆自西而南。自此以後。則舟行轉向東北。初無罵利
加時架。更東北爲罵哩詢。又東北爲息䝼厘。又北爲士葛
打喇。又北爲烟。其東爲望邁。自急卜碌。至望邁。舟行又五
十晝夜。更由望邁而南爲士啷。又東北爲袜打喇沙。又正
北爲孟呀喇。即孟加喇。又東南爲磨面。又南爲梹榔嶼。一
名新埠。又東爲罵叻格。即明史所云麻六甲也。前明本滿
剌加國。爲佛郎機所滅。後歸賀蘭。暎咭唎有一地在其南。
名孟姑倫。與賀蘭互易而有之。乃於其地之西新開梹榔
嶼。爲大埠頭。又東爲新地波。自急卜碌至此。本皆黑鬼地。

而暎咭唎據之。統稱牛嘮油。華言無來由是也。自望邁至
新地波。舟行二十五日夜。其東北即近安南。更向東七日
夜。即廣東。明史西洋利瑪竇言其國至中國九萬里。暎咭
唎又在其北。海道可知矣。罵喱詢之南。又有路士倫。又東
北有班地文。又東北有蠎士爹厘爺。皆暎咭利屬島。佔自
他國。爲積聚貿易之所。爲埠頭者。蓋華言也。總計埃倫至
新地波。凡二十六島。皆設官主之。諸島在海中。相去或千
里。或二三千里。勢相聯絡。其左右復有別島。或自爲國。或
爲賀蘭他國所屬者尚數十。而暎咭唎爲其最。此海路之

形勢也。其陸路自本國外並無土地。國之東北隔海而地
相連者。爲士袜國。羅委國。叻倫國。顛麥國。一名黃祁國。更
東爲什卑厘國。又東爲撻地厘國。其北即北海。極寒。氷厚
二三丈。盛夏不解。人無敢往者。其國之東南隔海而地相
連者。最近之東爲賀蘭國。自此而南。爲拿打倫國。米莉毡
國。佛蘭西國。捷羅那國。布度基國。布度基者。即華言大西
洋也。廣東澳門即大西洋所寓。納稅設官。文官名加文打。
華爲番差。武官名知爾茲。華謂兵頭。賀蘭之東迤南爲鴉
沙爾國。布路沙國。記利時國。埃地利國。大呂宋國。又東爲

的記國。自西洋以東。如呂宋等。至的記諸國。皆沿中海。此其國以東陸路之形勢也。問以俄羅斯及回部。其人皆茫然不知。惟言賀蘭之東北爲羅沙國。又東稍南爲北叻思國。核與海國聞見錄。載俄羅斯隔普魯社。卽係黃祁賀蘭之境相似。乾隆年間。俄羅斯女王。卽西洋之女。則其相去當不甚遠。特地名字音各別。或卽所云羅沙及北叻思是也。顚林未至東北諸國。故不能明。然其所繪圖。與康熙年中西洋人南懷仁之坤輿圖說。乾隆年中總官陳倫炯之海國聞見錄。形勢大略相同。二書皆收入

四庫中。可以參攷。故大學士臣松筠。嘗爲臣姚瑩言。俄羅斯大臣多西洋人。乾隆五十八年。嘆咭唎貢使瑪瞎爾言。今俄羅斯之哈屯汗。本大西洋女。乃前哈屯汗之外孫女也。其表兄襲汗娶以爲妻。然則兩國世爲婚姻。嘆國本近西洋。婦人爲王。其俗同。人之狀貌又同。則其近可知。俄羅斯人有在京者。傳詢當得其實。然嘆咭唎國旣隔海。而俄羅斯尚隔黃祁等諸國。未必與其交結。故顚林律比皆不知之。若回部則以南懷仁陳倫炯之圖攷之。相去益遠。而所隔國尤多矣。至的記之東爲巴羅。又東爲茂加。又東南爲也加剌。又北爲啞巴賒。又東北爲烟爾士丹。皆烏鬼地。其自的記轉南沿中海而西者。爲衣接埠頭。爲禮卑厘爲埃地也。爲都利士埠頭。亦皆烏鬼地。與聞見錄形勢正相同。顚林言伊船內原有四海各國全圖。緣船破失水。不知所在。今據其能記憶者圖之。其言似可信也。至其立國。自稱一千八百餘年。本無稽考。然國俗王死無子。則傳位於女。其女有子。俟女死後立之。其實已數易姓。而國人猶以爲王後。足見夷俗之陋。道光十八年。其國王死無子。復無女。乃傳位於姪女。名役多厘里也。今二十二歲。招夫丙次

阿不爾。稱爲邊嗹士啞鄕。又華言駙馬。生一子。今二歲。異時女王死。卽立爲國王。邊嗹士亞鄕不理國政。大事則有三大臣。在女王左右議決之。其第一者名馬倫侍。極貴。次二人不知其名。其國文官少。武職多。大埠頭文官名羅洛堅。如中華督撫。中埠頭文官名沙外簾叻洛堅。如中華知府。小埠頭文官名未士洛云。如中華知縣。至武職大者名馬甯接。如中華總兵。其餘武官不可悉數。此次統兵至定海之總帥。其人名沙連彌嗼嘸喳。其官爲比利呢布顚剌衣彌。最貴。一切由其調度。各官雖授自國王。有事故則嗼

嘛喳遣代其次主官兵者爲贊儞噹其人名沙有哥哈郎
吧噶又主船政者爲押米嘍其人名沙外廉巴加郎思啞
勅力巴敦時皆在浙江其在厦門管船者官爲仙用叻彌
沙人名時葳又稱士勿在廣東者文官爲馬厘士列華言
馬禮遜其人名贊臣武官爲善用哈沙其人名禮也時凡
管理貿易及船政官皆名呷嗶𠯈郎明史所稱加必丹末
又稱急敦如華言船主也船上管黑夷者頭目有正副正
名沙泠副名燉低大船一正五副中船一正二副小船一
正一副此次至内地兵船名百餘隻其實七十餘艘餘外

多商船配以夷官至火輪船亦實只十隻用以急遞信息
爲諸船引導黑夷皆僱自諸島月給工資番銀二三員至
七八員不下數十萬其官自噗嘛喳年給俸銀萬員餘等
遞減小者亦數百員凡造一船費數萬計礮械火藥資用
尤多閉户後洋貨不售有私售者貨價大減用兵日久復
多喪失亦自苦之其女王之出戴金絲冠四面綴珠身衣
紅色哆囉嗹長袍或羽毛爲之胸前繫金珠爲飾乘大馬
上用平鞍後有靠背左右扶手前後隨者有步有騎夷人
有騎夷人見王不跪惟免冠手拔頷上毛數莖投地爲敬

其國人肌膚皆白身長貓睛高鼻類在京之俄羅斯而髮
拳黄故稱紅毛亦有肌白而髮黑者不貴也初奉佛教後
奉天主教净髭鬚其産鴉片烟土者凡三國一爲的記二
爲望邁皆出小土每塊重六七兩惟孟加刺出大土每塊
重四十五六兩海外諸國貿易皆以其所有易其所無自
洋布哆囉嗹羽毛紅木紫檀花梨氷片龍涎香海參燕窩
丁香油之屬數十種鴉片特其一而望邁孟加刺皆嘆咭
唎埠頭故其國貨船此物獨多各國人皆不食即嘆咭唎
亦自不食惟華人及黑夷多嗜之凡貿易諸船皆商賈自

爲王收其税亦有領國王本錢者謹據夷囚顛律比供及
圖證以諸書如此

奏開番地疏　　劉韻珂

奏爲臺灣水沙連六社生番輸誠内附並獻納各社輿圖籲
請歸官開墾現飭該管鎮道查勘情形妥議籌辦恭摺
奏祈
聖鑒事竊照臺灣四面環海大山南北亘峙山以西係屬内地
山以東係屬番社而彰化縣所屬之水沙連内山即屬生
番地界坐落縣之東南距城百有餘里各生番分社而居

其田頭、水裏、猫蘭、審鹿埔、裏眉裏等六社。毘連一處。南北
袤延一百餘里。陂原沃野。地盡膏腴。而水裏社山澤之芳
麗。鹿埔裡社壤地之寬平。尤甲各社之上。向禁民人私入
樵採。道光四年。前撫臣孫爾準過臺巡閱。曾經彰化嘉義
兩縣衿民及屯弁等。呈請開墾水裏埔裏二社番地。當因
其時水埔二社中隔兇番。地形險遠。且非出自生番之意。
與淡水瑪蘭番民自願歸附者不同。恐開墾別滋事端。
經前督臣趙慎畛會奏飭禁。並請於入山隘口。設汛專防。
復令鹿港廳同知彰化縣知縣。每年輪往巡查。以杜偷越。

奉
旨允准。二十一年前給事中朱成烈。以臺灣曠地甚多。奏請開
墾。復經前督臣顏伯燾援案覆奏停止。各在案。臣劉韻珂
抵任後。因恐該同知等日久生懈。巡查稍疎。節經照案嚴
飭。務令實力稽察。不准內地奸民私越占墾。茲據署鹿港
同知史密稟稱。本年正月該同知會督北路協副將葉長
春。署南投縣丞冉正品。帶同通事番目。親至水沙連內山
巡查。行至山口雞胸嶺地方。即有田頭等社番目擺典等。
率眾出迎跪接。該同知等即令該番目導入社寮。傳集番

眾宣布
皇仁。逐加撫諭。賞以紅布鹽糖等物。該番眾等均極悅服。並據
田頭社番目擺典。水裏社番目毛蛤肉。猫蘭社番目六改
二。審鹿社番目排搭母。埔裏社番目督律。眉裡社番目改
努等。率領六社番眾。男婦老幼共一千一百六十三人。匍
匐前來。苦訴伊等衰弱窮困。各社番地悉成曠土。伊等不
解耕種。以致生計日蹙。無可謀食。情願薙髮易服。改為熟
番。求准內附。並獻納各社輿圖。籲懇歸官經理。該同知等。
察看情形。極為真摯。且俱已薙髮。勢難拒阻。遂復賞給各

番衣褲一千餘件。諭令各回本社。聽候稟請查辦。該生番
等。歡欣鼓舞。感謝而回。該同知等。即將田頭等六社番地。
順道履勘。約可墾田一萬二三千甲。按則陞科。每年可徵
正供穀三萬數千石。足成閩省一大廳縣。應請援照淡水
噶瑪蘭之例。設官撫治。並建設城池。以資保障。如蒙准行。
統計文武俸廉役食兵餉。歲需銀不過六千兩。以歲收之
正供。盡數支銷。尚可餘穀二萬餘石。其未經陞科以前。應
需一切經費。約需洋銀三十餘萬元。現在嘉彰兩縣紳衿
認捐洋銀。已有十八萬餘元。其應開番地。除該同知自認

捐墾二千甲外該紳衿等亦認墾七千餘甲其餘不敷經
費未認田畝陸續勸捐招墾尚易爲力將來開墾與興建
並舉當不致有缺誤等情稟請具
奏前來並據臺灣鎮總兵武攀鳳臺灣道熊一本臺灣府仝
卜年據實轉詳臣等接閱詳稟參酌於封禁開墾之間熟
籌乎因革損益之理並默察夫今昔時勢之宜利弊判然
情形迥異臚舉所知敬爲我
皇上詳細陳之臺灣孤懸海外民情浮動不逞之徒動輒逞兇
械鬬甚或造謠聚衆謀爲不軌迨經兵役跟踪尋緝而該

匪徒等明知水沙連内山爲兵役緝捕難至之區遂各相
率逃入潛匿深藏開闢則地歸疆理建廳設汛棊布星羅
匪徒既無從託足地方即可期靜謐是其袪弊者一臺灣
向無土著多係閩粤兩籍之人從前地曠人稀物產豐富
力作經營在在皆可謀食近則生齒日繁生業乏術有游
民而無恒產鮮不流爲盜賊開闢則驅之力田贍養無數
窮民耕鑿相安自可消患於未萌是其袪弊者二水沙連
地土肥美甲於全臺雖内地民人例禁私越但小民趨利
若鶩既知其中有土地可耕木植可採總難保必無私越

之人即使加謹巡防迭增厲禁亦難保必無官來則去官
去復來之弊久之呼朋引類盤踞日多爲害滋深開闢則
按户授田奸匪無從混迹可免意外之虞是其袪弊者三
佳里興等各社野番係在水沙連各番社之後臺灣不法
奸徒向有勾引佳里興等社野番潛出卡隘擾害邊民之
事内地兵役因水沙連番社居民隔絶不能深入查拏以
致該匪徒等負固恃險顧忌毫無開闢則水沙連番社悉
爲我有建設營屯擇要防守奸徒既不能私入勾結野番
即不敢越出擾是其袪弊者四水沙連各社生番向以抽

籐吊鹿爲生不諳耕耨茲因封禁日久社地荒蕪俯仰無
資籲懇歸附若不允其所請既見拒於官府必串謀於熟
番即不串謀而漢奸偵知生番求懇不允斷無不串謀熟
番私誘生番之理迨私墾既多生番得沾餘利再爲查拏
該生番等始雖舍熟番漢奸而求官後必結熟番漢奸而
抗官矣操之過急則倚衆負嵎更難保不激而生變開闢
則番衆必安可杜私墾之漸而熟番漢奸即無由串謀勾
結是其袪弊者五臺灣夙稱殷阜近因物力有限户口頻
增以致地方日形凋敝開闢則地利較溥歲可產米百萬

石。他如木料茶葉樟腦藥材等物。爲數更屬不少。通商惠工。培養生機。元氣可期漸復。是其興利者一。臺灣餉銀向須內地撥解協濟。不特虛糜解費。而且重洋遠涉。疎失堪虞。開墾則歲得正供數萬石。卽可就地酌撥。在臺灣多一分餉銀。卽內地少一分協解。是其興利者二。臺灣爲海外巖疆。倉儲不可不裕。開闢之後。正供既有盈餘。而該同知捐墾之二千甲。一經成熟。又可酌提充公。從此儲備日見充盈。則可爲地方緩急之需。是其興利者三。鹿港向設屯丁三千餘名。歲給餉銀。不敷衣食。開闢則調取無業番丁。酌給荒田農具。令其自行耕作。仍由官給器械。隨營操演。使該屯丁等生計裕如。均得安心學習。無事則保衛沙連。有事則協助兵力。是其興利者四。水沙連內山。前控嘉彰兩縣。後近噶瑪蘭廳。爲全臺腹背重地。開闢則前後呼吸相通。全臺均可資策應。是其興利者五。其祛弊也如此。其興利也如此。若竟重拂番情。拒而不納。未免坐失事機。顧或謂前之奏明封禁。係屬老成慎重。今之奏請開墾。終覺好大喜功。不知前此係衿民呈求。此次係番衆獻納。前此各番未服。不能與番攘爭。此次各番輸誠。並可使番樂利。

前此議開僅只水埔二社。尚有田頭等社間隔。越墾爲難。此次田頭等社。均已一概請開。井里相通。並無兇番梗阻。且現在各番向化甚殷。薙髮者已有千餘衆。實有難以遏拒之勢。是今昔情形迥不相埒。自未便因奏禁在先。卽膠執拘泥。不予查辦也。惟圖功必先防患。愼始方可要終。究竟各社番地實有若干。番情果否一律悅服。地勢有無險阻。城池衙署應在何處建造。文武員弁應設何等職銜。書役兵丁應設若干名數。何處應設隘巡防。何處應分屯守衛。溝渠應否開濬。道路應否疏通。授地分田應如何定立章程。方可通力合作。丈畝定賦應如何設法清查。方免移匿隱混。生番應如何保護。漢奸應如何剪除。開墾建置應否同時並舉。捐輸經費是否不致絀支。必當預爲籌慮。計及萬全。方不致臨時掣肘。臣等現已檄飭該管鎭道親詣番社。周歷查勘。體察情形。妥議詳覆。伏思

國家承平二百餘年。

仁恩怙冒。遐邇傾心。闢土開疆。所在多有。卽遠邊甌脫。無不建官設汛。列入版圖。今水沙連各社雖止彈丸一隅。第該生番等羸居崖谷。性類犬羊。一旦感承

高厚莽髮易衣獻圖納款統猺猺狉狉之儔遵蕩蕩平平之路
亦未始非
太平之盛事臣等又何敢壅於上
聞致負
聖主子惠番黎一視同仁之至意謹不揣冒昧據實
奏懇
天恩俯准援淡水噶瑪蘭改土為流之例一體開墾設官撫治
俾鯷室鯨波以外附隸
王封雕題鑿齒之倫涵濡

帝澤感沐
鴻施實無既極倘蒙
俞允俟該鎮道等勘覆到日由臣等詳細確覈將應辦一切事
宜妥議條款另摺
奏請試辦並繪具圖說恭呈
御覽所有水沙連六社生番獻地乞墾現飭查勘緣由謹先合
詞恭摺具奏伏乞
皇上聖鑒訓示再臺灣丈量地畝向皆不計弓步以長戈柄代
之一丈二尺五寸為一戈積百戈為一甲以內地畝分覈
算每甲計地一十一畝合併陳明謹
奏

奏勘番地疏

為遵
旨履勘水沙連六社番地體察各社番情並查出私墾民番分
別辦理恭摺據實覆奏仰祈
聖鑒事竊臣於道光二十六年十二月十五日承准軍機大臣
字寄本年十一月二十六日奉
上諭前據劉韻珂等奏臺灣生番獻地輸誠請歸官開墾一摺

當交大學士軍機大臣會同該部議奏茲據會議具奏番性
類犬羊竄居崖谷忽因衰弱窮困獻地投誠懇請官為經理
恐有漢奸懷詐挾私潛為勾引一經收納利之所在百弊叢
生有非預料所能及者此事大有關係著該督於明年二三
月渡臺後將該處一切情形親加履勘悉心體察籌及久遠
據實奏明未奉諭旨之先不准措辦斷不可輕聽屬員慫恿
以為邀功討好受其朦蔽率行議准致貽種種後患凜之慎
之原摺抄給閱看將此諭知之又臣附奏起程渡臺閱伍並
履勘番地一片於五月二十四日在彰化縣途次奉到

硃批知道了。又於卽親詣水沙連各社。體察番情。履勘地勢。旬旁。欽奉
硃批凜之慎之。不可顧目前留後患也。各等因。欽此。跪讀之餘。
仰見
聖主智慮深遠。指示周詳。欽佩私衷。莫可言喻。伏查水沙連六社番地。雖於道光四年及二十一年兩次議開。總以與番爭利。恐後患難防。奏請飭禁。此次田頭水裡猫蘭審鹿埔裡眉裡等六社生番。輸誠獻地。固由不諳耕種。謀食維艱。欲求內附。以爲自全之策。與前此議開情形迥別。但犬羊

之性。反覆無恒。誠如部議。恐其鼓舞於前。仍復頑梗於後。臣前因臺灣鎮總兵武攀鳳。臺灣道熊一本。臺灣府仝卜年。及署鹿港同知史密。先後詳稟。該員等均係親歷六社。更番迭勘。咸謂番情真摯。並無他虞。察其所言。似均確有把握。而熊一本仝卜年歷任臺灣。又皆數十年。凡海外一切利弊。無不瞭如指掌。其武攀鳳史密二員。雖不及該道府之年久。而辦事之結實精勤。亦與該道府相埒。旣於開墾一事。剴切詳陳。力請舉辦。自不致稍有欺飾。且其時各社生番。多已薙髮易服。更未便拒而不納。致阻其向慕之誠。是以會同前福建撫臣鄭祖琛
奏請試墾。茲奉
聖諭。飭令親勘熟籌。自當欽遵辦理。何敢因原奏在先。稍涉迴護。惟事關開闢。所係甚重。其地勢之有無險阻。番情之果否悅服。尚不難一勘而知。而開闢之與封禁。孰得孰失。究屬未來之事。必先參以衆論。方不失於偏倚。臣遂恭錄
諭旨。轉行遵照。一面隨時隨地博訪周諮。有謂六社地土沃饒。若得及時開墾。可爲全臺興大利者。有謂各生番族類克頑。若不照案封禁。恐爲全臺貽後患者。而詢之在籍之紳

士廖鴻荃等。則堅以開墾爲是。并云伊等戚友在臺多年。深悉六社地甚肥美。果能議開。旣可多產食米。亦可安插游民。數月之中。人言籍籍。雖議開多於議禁。然要皆各執其說。並無一定之論。自非親身審察。究難決其是非。當卽
奏明於二十七年三月二十四日。由省起程。將興泉二府屬陸續報獲洋匪。順道履勘辦後。逕至蚶江登舟候風。於四月十四日放洋。次日收鹿港口。卽由陸路按站前進。沿途詳訪六社確情。亦與內地人言相等。臣先將臺鳳嘉三縣各營官兵。按次簡校。並將應審案件。應理公事。逐一辦竣。

遂督同署鹿港同知史密、署淡水同知曹士桂、北路協副將葉長春、嘉義營叅將呂大陞及臣隨帶之文武員弁，均輕騎減從，酌帶兵勇，於五月十三日在彰化縣屬之南投換坐竹輿，由集集鋪入山，於二十日至內木柵出山，由北投一帶回抵彰化縣城，計八日之間，將該處一切情形親加履勘，悉心體察，謹為我

皇上縷晰陳之。查水沙連內山係屬總名，而田頭、水裡、猫蘭、審鹿、埔裡、眉裡六社附於中，在彰化之東南隅。南以集集鋪為入山之始，南投係其門欄；北以內木柵為番界之終，北投係其鎖鑰。自集集鋪東行十里為風谾口，又五里為水裡坑，由水裡坑南行三里，折西登雞胸嶺，過嶺五里為竿蓁林，又五里為竹林子，又五里為田頭社，越社南之鑾丹嶺東行五里為水裡社，由水裡社東北行五里為猫蘭社，又五里為審鹿社，又二十里為埔裡社，社名加冬里，里北十餘里為眉裡社。由埔裡社西行十里為鐵砧山，山南有溪水一道，過溪後仍西行二十里為松柏崙，十五里為內國姓，五里為龜紫頭，十里為外國姓，五里為大平林，五里為蹼屯園，由蹼屯園南行五里為內木柵，又二里為北投。

以上自集集鋪起至內木柵止，計程一百五十五里，均係約略計算，並未施弓步，較外間驛路不啻倍之。內田頭社約可墾地七八百甲，生番大小男婦二百八十八丁口，番寮八九十間。水裡社約可墾地三四百甲，生番大小男婦四百三十四丁口，番寮八九十間。猫蘭社約可墾地七八百甲，生番大小男婦九十五丁口，番寮三十餘間。審鹿社約可墾地四千餘甲，生番大小男婦五十二丁口，均已遷附水裡社居住。埔裡社約可墾地四千餘甲，其社南之一千甲先經熟番私墾，間有生番自墾之地，均係畸零小塊，不成片段，且俱將稻穀撒於田地，聽其生長，並非插種之法，秧苗皆稀散細弱，難期秀實，現住生番大小男婦二十七丁口，熟番約共二千人。眉裡社約可墾地二千餘甲，現住生番大小男婦一百二十四丁口。統計六社約可墾地一萬二三千甲，各社地均有溪流可資灌溉，且日晡露瀼侵人衣袪，入夜更重，近山之地亦無虞旱乾。其間懸崖仄磴者為風谾口，古木連陰者為竿蓁林，幽篁夾道者為竹林子，壁立千仞俯瞰羣峯者為雞胸嶺、為松柏崙。至水裡社之日月潭，南北縱八九里，橫半之，水色紅綠並分，四圍

層巒疊翠潭心孤峙一峯名珠子山高里許頂平如砥可容屋十數家椽番倉數十間依山繞架潭東溪源四時不竭水邊漁筏零星隱約於竹樹間是其山水之清奇實爲各社之名勝而平原曠野局勢天開壤地毘連周圍約六七十里一望無盡者則埔裡眉裡二社尤爲各社之最臣躬親閱歷雖平險殊途山澤異地然均有道路可通並無阻塞之處惟南路之雞胸嶺北路之松柏崙山勢高聳引重維艱而南有八仙嶺一路可以開闢北有溪水一道可以疏通亦無虞間隔若夫埔裡眉裡兩社之東有觀音山

一座列岫拱環山下悉屬曠土與社西之鐵砧山遥相映對萬霧溪繞其北史老溪圍其南其西來之水均灌注史老溪直達鐵砧山下與萬霧溪合流而西歷彰化之大肚溪滙入於海其合流處所灘石峻崢水勢較淺加以濬鑿舟楫即可通行此臣履勘水沙連六社番地之實在情形也而六社番情則又有大可見者方臣甫至南投時即有田頭社生番三四十人匍匐出迎及入山以後又有水裡猫蘭審鹿埔裡眉裡五社各生番或十數人或數十人閒段跪接一見臣輿均各爭先恐後用手挽扶每至一社履

勘時各生番即盡率其族衆俯伏道旁不敢仰視内有薙髮著衣履者十之七八餘尚披髮跣足男番以番布或鹿皮二塊護其下體前後女番以番布數幅裹其下體上身亦被服番布而襟袖粗具亦有布質藍縷不能蔽體者其乳哺之嬰番多用布條縛繫於胸背間身無寸縷形似羸蟲窮蹙之狀有令人目不忍覩者臣諭通事傳示各番令其不必生畏各番均昂首色喜惟男番眉心間有刺一王字者體畫較粗而女番之眉心頷頦多各刺一小王字且從口旁刺入兩頰至耳又彎環刺下如蝶翅狀所刺行數

疎密不一所塗顏色黄白亦不同詢知番女許字後始刺兩頰遵祖制也當向查詢歸化獻地是否出自眞誠各番均手指草地一一首肯惟言語啁啾音同鴃舌無從辨悉據通事傳稟各番皆誠求開墾臣遂飭歸本社聽候勘辦各番於歡呼感謝之後或扶攜老幼逕自回社或奔走前後擁護而行並於臣路過水裡之日月潭邊爭請乘船遊覽番俗以大木分爲兩開刳其中而毫無增益呼爲蟒甲船木質堅如鐵石長者二丈有奇短亦丈餘或八九尺濶三四五尺不等臣因番情眞摯未便過拂又欲徧勘全社

形勢。卽徒步登蟒甲。各番等卽以七八人舁槳行駛。踴躍
歡騰。到處涉歷。其親愛之忱。毫無虛飾。迨臣履勘六社已
畢。復回至埔裡社行寓。將田頭社番目攏典。水裡社番目
毛蛤肉。猫蘭社番目六改二。審鹿社番目排搭毋。埔裡社
番目督律。眉裡社番目改努。同隨行番眾。及各社通事人
等。逐一傳齊。嚴詰其獻地之故。該番目等各操番音喃喃
苦訴。詢之通事。據稟各番目等。咸稱伊等因不諳耕作。各
社番地悉成荒蕪。其自墾之地。歲收無多。不敷食用。遂致
衰弱窮困。日甚一日。實有難以存活之勢。幸鹿港同知進

社查看。遂各獻納輿圖。情願薙髮易服。改為熟番。求准歸
官經理。但蒙
大皇帝酌賞租穀。俾得溫飽自全。
恩同再造等語。臣因通事傳供。恐有揑飾。復諭令傳示各番目
凡有供詞。不妨裝演手勢。該番目等各以一手捫心。一手
拍地。並以拍地之手。作操翻狀。以明其獻地歸官。實係出
自本願。臣以該番眾等。榛處狉遊。毫無知識。一旦輸誠納
款。未必非漢奸人等懷詐挾私。從中勾引。又面諭通事。向
各番目再三詰訊。各番目均搖手稱無。臣遂諭以爾等既

各眞心內附。自當代為具奏。俟欽奉
諭旨再行遵辦。各番目伏地叩頭。同聲感戴。並各撫其手足身
體。含笑私語。傳詢通事。據稟各番目以如蒙
大皇帝恩准墾地。伊等此後亦得同服衣裳。同著冠履。是以稱
快。及臣諭令回社。各番目或囑通事。轉求臣多住幾日。或
求通事請示。臣何時再來。或又將臣寄寓茅舍。信手指揮。
絮語不休。詢之通事。稱係各番目因臣現寓草寮卑隘。俟
臣再來時。伊等起造高大房屋。以為駐宿之所。臣復一面
諭令通事嘉獎。一面辭覆。並促其率眾各歸。各番目始率

領男婦唯唯而退。嗣臣因公留住五日。各番眾仍絡繹前
來。有獻鹿筋數條者。有獻鹿角兩隻者。有獻鹿皮一張者。
有獻鹿脯番餑二盤者。並有番婦番女。以番布一二段。雞
雞一二隻。雞卵五六枚呈獻者。臣酌收些須。以示不疑。亦
薄賞其紅布食鹽。以示體恤。各番懽忻鼓舞。叩謝不已。有
時逐之使去。而舉步遲疑。有時禁其不來。而傍門瞻顧。其
依戀不舍。直有倒懸待解。饑嬰待哺之情。復察各番羣稱
史密為老祖。纏綿固結。更難以言語形容。洎臣束裝出社。
各番眾跪送紛紛。面容悽慘。臣亦不覺顧而心惻。此臣體

察水沙連六社番情之實在情形也。且匪特六社內之番
情可見也。而六社外之番情亦可共見。查內山南北綿亘。
界分三港。南港番性柔馴。中港番情貧弱。六社卽在其內。
北港生番。較爲蕃庶。各番雖係同類。要皆各自爲社。彼此
不知相顧。有無亦不相通。臣行至南投。卽有南港之巒社。
毛註仔社。山頂社。巴轆頭社。並中港之社仔社。剝骨社。适
社。木噶蘭社。扣社。干打萬社。各生番男婦二百一十二人
出迎。迨入內山沿途一帶。又有中港之阿里鮮社。架霧社。
包倒訓社。溪底社。并北港之致霧社。眉藐吶社。眉猫蠟社。

嗎伊郎社。各生番。或數十人或百餘人出迎。其貌言服色。
悉如六社。各生番內。間有以番布鹿皮跪獻者。臣酌收薄
賞。亦如六社。各生番皆叩謝不遑。喜形於色。惟臣查勘六
社番地。與外社生番。毫無干涉。何以該生番等。亦齎至跪
接。當向詰詢。據通事傳稟。前因史同知查禁內山。深入六
社。隨處勸諭生番。不可行兇爲非。並恐六社受人欺淩。力
爲保護。伊等同深感激。茲欣聞
大皇帝欽命臣前來履勘六社。是以率衆瞻仰。以表恭順之忱。
臣諭通事。面爲獎譽。飭令回社。後均抽籐吊鹿。勤謀生業。

切勿作惡犯法。各番皆歡喜叩頭。復囑通事傳稟。伊等實
不敢欺瞞。從來各番族衆。不乏作惡之人。自奉鹿港同知
示諭。各番目約束緊嚴。各番丁無不斂迹。詢據隨行之臺
灣官役稟稱。向來生番殺人。每歲多至一百餘名。近一二
年中。殺人甚屬寥寥。臣又令通事傳諭各番。爾等果能如
此。卽是良番。
大皇帝自必嘉悅。各番皆頂感無旣。欣欣而去。並經臣查知有
北港之平來萬社生番。帶領番衆十餘人。先期來至六社
內之埔裡社迎候。嗣因等待日久。口糧食盡。未及見臣。怏

怏而返。又有相距埔裡社五六日程途。南港之丹社勿勿
社。依內閣社。改重社生番。亦各率番衆二三十人。隨後赶
至六社內之水裡社迎接。丹社生番又牽活鹿六隻。勿勿
等三社生番。亦携番布二段。鹿筋一束。欲來呈獻。因臣已
過社數日。追謁不及。亦各無奈轉回。跡其篤摯向慕之殷。
斷非他人慫恿所能致。至於生番所用器械。衹有鐵矛鳥
鎗弓矢三項。矛以竹木爲柄。長僅四五尺。其運用時。但知
兩手握柄。直向前戳。並不諳縱橫撥刺之法。施放鳥鎗。必
須用架。且一出之後。務再裝藥下子。燃火公機。必遲至半

刻之久。方能完竣。弓矢則以竹爲之。弦用苧繩。發矢不能
及遠。着物亦不能深入。內山並無虎狼。打牲全恃猛犬。若
憑技藝。十不獲一。卽其逞兇殺人。亦祇伺單身入山樵採
者而暗傷之。並不敢出山肆虐。臣訪詢明確。深知內山生
番。不但懦於湖南廣東之猺匪。並且不及四川之猓夷。此
臣體察水沙連六社外各社番情。並查悉各生番械技之
實在情形也。惟是番地固貴周勘。番情亦應詳察。而私墾
之犯。更宜嚴切查究。臣自入六社之後。卽督同史密曹士
桂及隨從員弁。帶領通事。分投清查。並令各社番目。將自

墾之田。逐一指認。查出埔裡社有私墾地二三百甲。其田
頭水裡審鹿三社。並無私墾。當向各社番目查訊。據通事
稟據埔裡社番目督律供稱。伊祖父在日。因不解耕種。曾
招熟番佃墾社地。歲收租穀。尚敷養贍。近來熟番增多。每
年給租有限。難資餬口。各熟番尚無凌逼情事。至伊祖父
於何年招佃。各熟番墾地若干。並應納租穀若干。伊實不
知。訊之通事。亦堅供不知。各熟番係何年進社。並稱生番
愚蠢。實皆不識數目。傳集各熟番頭目羅國忠等。逐一研
鞫。僉供伊等祇知祖父早年。因埔裡社生番招佃。遂各挈

眷入社。代懇納租。伊等在社生長。並不記始自何年。亦不
知本社社名坐落何處。現種番地。卽係祖父遺業。實非伊
等私墾。所納穀租。均係酌量給予。有減無增。各生番後不
計較多寡。該奉示諭。始知犯法。亟應遵諭搬遷。惟出社後
安身無處。討乞無門。男婦老幼二千人。勢必盡成餓莩。當
各伏地碰頭。泣求恩施格外。各等情。究詰至再。各供不移。
臣查該熟番等本係埔裡社生番招佃。與違禁自行私墾
者。究屬有間。況其祖父進社時。該番等尚未生長。迨歷年
久遠。遞相承接。祇知爲先世之遺田。並不知爲私開之禁

地。現在聚黨而居。已有二千丁口。若竟繩之以法。與明知
故犯者。旣無區別。且人數眾多。誅之亦不勝其誅。臣再四
思維。自不能不漸爲權變。當卽嚴諭該熟番等本季番租
斷不准減少。聽官照例收給生番。割獲之後。亦不准再種。
候奏奉
諭旨。如不准開墾。卽各率族遷徙。谷番傾心感服。旋卽呈具切
結存案。復向貓蘭社番目六改二眉裡社番目改努查訊
兩社私墾之犯。各有若干。私墾始自何時。是否係各番目
招引進社。又據通事傳稟。貓蘭社內私墾者。祇有二十餘

人俱係漢民不知是何籍貫眉裡社内私墾者男婦大小
約共四五百人俱係外來熟番兩社内向俱無人私墾該
民人熟番等均係本年正二月間先後來社打藔墾種並
未議租各番目等實無招佃情弊私墾各犯聞知臣入内
查勘均各逃逸並據署鹿港同知史密面稟上年伊查禁
内山親歷各社祗知埔裡一社有生番招引熟番佃種情
事伊等防患將來是以通稟試墾其餘五社絕無私墾之
人迨稟請試墾之後又恐民番先自偷越即商同北路協
副將葉長春會撥兵勇丁役在北路之内木柵地方設卡

稽查嗣因奉
旨不准措辦隨將原撥兵勇撤回伊亦未敢再進六社各等語
是猫蘭眉裡二社私墾之犯其爲偵知兵勇撤後始行偷
越無疑查私墾官地大干嚴禁乃該民番等竟敢因撤回
兵勇潛入私開實屬藐玩當飭北路協副將葉長春嘉義
營參將呂大陞協同史密督帶兵勇將該二社私插秧苗
全行剗除間有已届成熟者交官暫時經理俟收割後匀
給各番並將草藔拆毀仍飭嚴拏各逸犯務獲究辦旋據
史密稟訪有今春新來熟番徐戇棋一犯倡墾番地生番

側目積惡最稔尚在眉裡社樹木内藏匿臣嚴諭史密並
長春等將該犯設法拏獲訊認倡率私墾發掘番目改努
幼侄墳塚拋棄屍骸及焚毀番藔搶牛物等情不諱質之
改努亦無異詞並向徐戇棋究出殉葬鐵器經改努認明
領回臣以徐戇棋窮兇極惡若不就地正法既無以攝熟
番之氣又何能安生番之心遂將徐戇棋恭請
王命在眉裡社處斬梟示以爲懲一儆百之計一面出示曉諭
如敢再有私墾凌迫生番者與徐戇棋同罪各社生番並
埔裡社招佃之熟番同深畏服而改努更感激涕零叩謝

不已此又臣在六社内查出私墾分別辦理並將欺凌生
番之犯訪獲審辦之各實在原委也伏思我
國家開疆拓土二百餘年聲教所敷東漸西被雖遠邊荒陬無
不盡入版圖幅員之廣實爲漢唐以來所未有茲水沙連
六社番地不過蕞爾一隅或禁或開本屬無關得失特以
生番之率衆來歸由於不知耕耘生計日蹙而招佃之熟
番又皆減租欺朦其所以欲得官爲撫治者實藉此爲保
護身家之圖若不俯順番情則生番日益窮困熟番日益
肆橫勢不至不盡戕其生而盡併其地不止久之呼朋引

類日聚日多而無賴之徒負罪之犯亦得以無官查察潛
跡遁藏從此傳類互分必致倚強而凌弱黨羽既衆更恐
拒捕而抗官得逋逃之藪爲負嵎之謀其貽患殊難逆料
縱熟番不難驅逐而利之所在衆趨若騖能禁今日之不
來不能保異日之不往從前豎碑立界設隘分防立法何
嘗不密乃私墾者仍有二千人之多可見禁令雖嚴總難
期歷久無弊即謂驅逐之後厲禁迭增竟無敢或有踰越
而被逐之熟番數至二千既無本社可歸又無田廬可家
饑寒交迫勢必致流而爲匪臺灣地狹人稠流匪本多不

靖又何堪再益此二千流匪也一經開墾則分疆畫界計
畝授耕生番收其租息既各鼓腹無憂熟番得以力田亦
皆養身有具有恒產斯有恒心誰不相安樂利而撫馭兼
有文武巡查又有兵役則一切無賴之徒負罪之犯更屬
無從託足顧議者或謂臺地民情浮動械鬥豎旗層見疊
出若再開墾番地設將來內地匪徒竟與番類勾連勦辦
必更費手不知匪徒與番類聲氣本不相洽溯查歷年檔
案祇有因官兵不敷派撥酌調屯兵協勦匪徒之案並無
匪徒番類互相勾結隨同附和之事即如乾隆五十三年

首逆林爽文逃入六社經埔裡社番衆協同官兵社丁等
將該逆生擒縛獻而林爽文家屬並經水裡田頭社生番
拏獲綑送此更足爲內地匪徒不能勾連番類之明証又
或謂生番世隸化外罔知法度現雖困苦來歸迨衣食充
裕無所顧慮安見不始順終悖不知漢奸詐僞百出每多
首鼠兩端而生番則不識不知絕無機巧斷不致口是心
非縱使譎變無常而統計六社生番大小男婦現止千有
餘名壯丁不過三百餘人皆散居六社其所需之械與所
習之技又無一足恃勦捕亦甚易易況臺地自鄭氏滅後

即爲中國所有厥後陸續開墾者如淡水鹿港噶瑪蘭諸
廳無處非生番地界百數十年來穰穰熙熙莫不涵濡
帝澤移風易俗共安耕鑿之天從未聞有生番爲害調兵征勦
之舉往事足徵可以例推至六社之外番社雖衆族丁地
勢且均莫由知悉然就出社迎接者觀之已有二三十社
之多其賦性之眞樸作事之蠢蚩悉與六社相似以此例
彼當亦不甚懸殊且三港之內統爲生番又別無兇番種
類是皆無足深慮又或謂臺地本屬外夷現在閩省兩口
通商夷情或不無叵測若六社番地一開土地廣而財賦

多。恐外夷之垂涎更甚。不知夷情止在通商。此外別無營求。更不貪圖田土。六社番地尚在彰化之後。僻處山隅。距海口甚遠。外夷斷無垂涎之理。而臺地所產菽粟魚鹽之外。間有產茶處所。皆葉粗味苦。俱非外夷所珍惜。卽外夷之售銷於內地者。又非臺民所必需。懋遷有無。均不足啓外夷之覬覦。必謂外夷之垂涎專以六社之番地。墾與不墾爲行止。臣固未敢深信。回憶臣東渡前後。博採衆論之時。實未能折衷一是。迨親歷六社。確知底蘊。不但閩省內地人言多係耳食。卽臺地人言亦半屬隔膜。天下事及之

後知。履之後見。益信臺灣鎭道府之所詳非虛。署鹿港同知史密之首先深入。創議開墾。確係防微杜漸。並無邀功討好之心。而在籍之紳士廖鴻荃等之言。之恰中事機也。至番地膏腴。實爲僅見。六社可墾之地。雖多至一萬二三千甲。而平坦者十居八九。絕少石磧沙壓之處。翻犁卽成沃壤。開墾匪難。科丈亦易。卽創建工程。材木固取之不盡。灰石亦用之不竭。經費充盈。興修自可迅速。據臺灣各官稟請稱。初議私墾番地。嘉彰兩縣紳富無不樂從。認捐之數。已甚不貲。及聞臣奏

命。親勘旋卽中止。如再議續捐。尚不致觀望不前。久延時日。是

開闢創建。均無須耗費

帑金。亦無待數年始能蕆事。臣材識雖極檮昧。非不知省事爲爲政之要。諉事爲便己之方。今以大有關係之事。仰蒙

天語提撕再三。

誥誡爲公爲私。均可奏請中止。特以六社番地開之則易於成功。禁之竟難於弭患。深思密計。實不敢藉

君父之責成。輒思廢公而便己。況一身之利害。究不可奪天下之是非。臣渥受

殊恩。又何敢稍涉依違。致孤

高厚。以臣愚懦之見。似不若查照前奏。仍援淡水噶嗎蘭改土爲流之例。一體開墾。設官撫治。俾六社生番均得優游

聖世。附隸編氓。以昭

盛治。惟迭奉

訓示。勅令凜慎從事。臣實未敢擅便。是否仍乞

聖裁。如蒙

俞允。恭候

命下。再將試墾一切事宜。會同福建撫臣妥議條欵。臚敘

奏
聞並將六社地輿繪具圖說。恭呈
御覽。將審辦徐懿棋一案另行具奏外。所有遵
旨履勘水沙連六社番地體察各社番情。及臣查辦民番私墾
各緣由。謹先繕摺據實覆奏。伏乞
皇上聖鑒訓示謹
奏
道光二十七年八月十六日奏十月十二日奉
硃批大學士軍機大臣會同該部悉心計議務期久遠無弊妥

議具奏欽此
道光二十七年十二月二十二日准
户部咨爲覆奏事福建司案呈内閣抄出大學士穆彰阿
等會議覆閩浙總督劉韻珂奏履勘臺灣水沙連六社番
地體察情形一摺道光二十七年十月十九日奉
上諭前據劉韻珂奏履勘臺灣水沙連六社番地體察各社番
情據實覆奏一摺當交大學士軍機大臣會同該部悉心計
議茲據穆彰阿等公同酌覈。以該生番輸誠獻地。固由不諳
耕種。謀食維艱。欲求内附以爲自全之策。惟利之所在。日久

弊生。況生番熟番合壤而居。不能不與漢民交易。倘日後官
吏控馭。偶或失宜。卽易激生事端。國家開闢邊境。計畫必周。
與其輕議更張。而貽患於後。不若遵例封禁。而遏利於先。所
議自係籌及久遠。未肯遷就目前。且此項番地。舊以土牛爲
界。乾隆年間。復立石牌。例禁綦嚴。自應恪遵舊章。永昭法守。
該督所請六社番地歸官開墾之處。毋庸議。欽此欽遵抄出
到部相應抄錄原奏行文閩浙總督轉飭遵照可也。
計單一紙内閣大學士臣穆彰阿等謹。
奏爲遵

旨會議具奏事九月十六日閩浙督臣劉韻珂奏履勘臺灣水
沙連六社番地體察各社番情。據實覆奏一摺奉
硃批大學士軍機大臣會同該部悉心計議務期久遠無弊妥
議具奏欽此臣等伏查臺灣六社番地既經該督履勘地勢。
體察情形。以該生番輸誠獻地。固有不諳耕種。謀食維艱。
欲求内附以爲自全之策等情覆奏前來。謹遵
旨悉心計議公同商酌竊以番民之投誠。此時不患其不眞。患
在始眞而久且漸濟。番地之開墾。此時不慮其不利。慮在
有利而適以滋害。統核該督原奏。六社番地。墾田每年雖

可征正供穀三萬餘石。但耗費甚繁。久恐不敷。何裨積貯。一旦有事。將倍數十年之所入。一朝而用之。況胥役侵蝕。兵弁欺凌。朘削其生。難保不激而生變。犬羊之性。不知禮義。易啓爭端。生番熟番合壤而居。不能不與漢民交易。既有官吏。必爲平其爭訟。又接壤兇番。種類甚夥。平昔嗜殺。常出擾害。六社番地既沃。倘被侵壓。既有官吏。吏當力爲保護。爭訟不平。必相挺鬬。保護未周。必相仇敵。始則番與番戕。繼必番與官抗。理諭之不可。則治以法。法禁之不可。必繼以兵。一番不安。全番騷動。匪徒乘之而起。外洋從此窺覬。此尤不可不深慮也

國家開闢邊境。計畫必周。不徒取悦於目前。實且遠慮於事後。勿以番丁蠢愚。絕無機巧。各省苗疆猺獞之俗。滋事不少。其始未嘗非榛榛狉狉。一無知識之愚民也。番社雖懦於猺匪猓夷。而反覆無常之性則同。據奏內官役稟稱。前此生番殺人。每歲多至百餘名。近雖遵約束。而謂盡無足慮乎。此時番衆械技。原無足恃。迨疆土既開。種落日衆。奸民勾引。日至悍强。偶有煽動。而勞師糜餉之事。紛變無常。則又難以逆料。至謂匪徒向與番類不洽。安知佃耕既久。

匪類必不潛通。又謂外夷相距番地甚遠。安知生齒既足。外夷必不垂涎。總之利之所在。日久弊生。邊防切要之圖。

動關

國計。該督封疆大吏。渥受

重恩。斷無依違牽制。自係爲

國籌。思惟當局者深恐措循之不周。而議政者自宜久遠之是務。況番地舊以土牛爲界。乾隆年間復立石牌。例禁綦嚴。此時輒請開邊。究失杜漸防微之意。相應請

旨責成該督。妥爲開導。愼重從事。與其輕議開闢。而貽害於後。

不若遵例封禁。而遏利於先。以臣等愚昧之見。一切仍應從舊。無事更張。似覺妥協。是否有當。伏乞

皇上訓示。再此摺係內閣主稿。合併陳明。謹

奏

條覆籌辦番社議　　熊一本

一、蒙詢水沙連番地前雖迭禁開墾難保不無私墾之人如果私墾人衆一經官為經理是奪其私墾之業彼難甘心此時欲行開墾必須將私墾之衆不咎既往仍須安頓得宜方無後患此其可籌慮者一也查田頭水埔猫蘭眉裡審鹿等六社內惟埔裡社道光三四年間慮被漢人佔奪招引熟番開墾自衛熟番勢盛漸逼生番他徙二十年來熟番已二千餘人生番僅存二十餘口自埔裡社南口起四里至茄苳北木柵止一帶平地為熟番墾佔約

有二千甲自茄苳木柵以外南北十五六里東西十二三里抵眉蘭溪邊全屬荒埔先經史署丞正月間巡查至彼熟番墾求施恩因念年久人多勢難一槪驅逐當即插標定界不准再墾各熟番均已遵守又眉社有阿里山熟番百餘人新近潛入該社私墾數百甲又淡水岸裡樸仔社熟番數百人因傳聞開墾亦由內山潛入埔社私墾因嚴查畏懼懇求免逐願與業户一律承墾辦理亦已插標定界此外別無墾動統而計之熟番不過三千餘人其中大半係生番自應寬其既往仍令照常耕種止於隨衆陞科

並擬擇地設屯即在埔社熟番內挑選精壯數百名分調各處給以牛犁自墾作為屯兵增設屯弁管束操練以散其衆現在史丞在埔裡茄苳木柵插標定界不准於未經官丈之先擅再私墾衆情歡悅可無後患之慮

一、蒙詢水埔六社番衆窮苦固由不諳耕作亦難保不因漢奸私墾淩逼所致現雖傾心內附設開墾一律成熟漢奸因所獲之利不敵私墾內附各番又見墾熟之田獲利甚厚不無垂涎漢奸乘機煽誘竟難保各番不始順終悖更難保漢奸不助番抗官此其可籌慮者二也查六社番衆

僅止千零按六社可以開成田園者有一萬數千甲每甲番租擬定一石已有萬餘石分給千人不止敷食尚有多餘況各山出産竹木將來商衆開伐亦各有山租較向之荒埔顆粒無獲者其利已厚六社生番明白共喻無不欣悅即續經內附各社將來陸續開墾更陸續有租又慮及未經陞科期內無租可收愚番不曉何為試墾陞科未能枵腹久待擬在捐貲官墾田內新得花利計日授餐先為安頓一面設屯挑丁給餉規模可以大定至於漢奸私墾實亦不免但查六社內只埔社間有漢人私墾雜於熟番

之中不出拾户人尚無多熟番私墾果已陞科納賦漢人私墾亦自安於計畝科糧又水社生番有被漳人潛墾租給陳姓一二百甲此外田頭眉社猫蘭審鹿四社并無漢墾至新經歸附之八十餘社亦止适社被泉人蔡姓私開百餘甲鹿厨社被泉人蒲姓私開一二百甲毘連地方為全臺適中之地其四面盡屬外山並無生番居住與六社接界有生番者惟東南北三面東一面大山峻疊為水社二十四社内之福骨社木噶蘭社即挽蘭社适社即吷社越适社山外為未歸化之扣大社平達萬等社東北一面

為埔社後二十四社内之致霧社平來萬社兩社外為未歸化之依物物等社正南一面為田頭社西大尖山後二十四社内之鸞社即蠻蠻社毛註社即毛啐社越毛社山外為未歸化之治卯社柑仔林大哮萬等社西南一面為田頭社接界二十四社内之社仔社再南則嘉義縣屬之阿里山鹿厨等社臺灣縣界之内優各社是水沙連埔裡社等六社東南兩面接界生番盡屬二十四社之内惟北面至眉社則沙連之界已盡踰赤崁山以北為未歸化之沙里興即佳里興各社生番散處直通淡水此彰轄生番

全境而六社適在三面番界之内並無別社犬牙相錯情形也現查各社聞風獻土薙髮願改熟番陸續具稟求入版圖者附近有福骨社、田仔社、木噶蘭社、水眉裡社、萬社、霧社、适社、社仔社、鸞社、毛啐社、猫丹社、木武郡社核計東南兩面最近六社之二十四社内生番多已歸附其在水沙連界外正東則有适社、山後之扣大社、葬社、架霧社、吻吻社、黨萬社、黨麥社、棹榥社、溪底社、干達萬社、卓社、包倒訓社、茄裡滿社、異了萬社、苟八社、阿里鮮社東北則有萬社、霧社、山後之噠哪嗎社、疾約社、哩猫社、問那與社、把攔

社、陳肉茅社、望仔社、陳目仔社、神冷鵝社、老閣社東南則有郡丹社山後之產竹社茄厘冬社、依物物社、下崙社、合社、阿丹眉社、依肉閣社社、後丹社、咩錢闘社、拔老嗨社、頂閣社、興武郡社、士滿蘭社、猫磾社、十八重溪社北地則有乃烟社、長閣社、三埤能社、橋頭社、巴轆社、打訓社、改重社、正南則有鸞社山後之治卯社、分夫社、粉烘社、里厘社、樹蘭社、郡鞍乾崙社、大哮萬社、柑仔林郡抗社、頂社、鹿厨社何社、均經薙髮内附距六社尚遠止於北面與眉社較近者為未歸化之沙里興生番崙頂社、哮屈社、眉交社、阿里

籠社沙波社琢社敏仔社眉猫蚋社亦已率土歸誠似當
照例增設各屯與六社一體辦理但查埔社為將來建城
設官駐兵重地水頭眉裡審鹿眉猫蚋等社亦扼要之區
雖接界之萬霧鸞社沙里興各番相率投誠然該番等久
在深山不比六社之番常與漢人交接性較悍野開墾之
初仍須嚴為防範擬於各要口分設卡隘重設營屯以防
偷越各社嗜殺生番東惟南社霧社卓社干達萬社南惟
鸞社北惟沙里興社歲常鬭殺生事防此數番遠近可以
安謐其應東面萬霧要隘三處一在眉社之牛眠山一在

眉社以西之史港一在審鹿北之烘底至卓社干達萬社
要口在木葛蘭山其南面鸞社要隘在土地垵及牛欄澤
風硿口北面沙里興要口在龜仔頭龍眼林及火焰山等
處並擬相度緊要處所分隘設屯安置炮櫃其餘各社既
已來歸多為防守必致驚疑設法防護祛盜賊息鬭爭各
番自必日久相安於無事矣
一掌詢請墾之田一萬二三千甲以一甲十一畝半科算計
得田一十三四萬畝有奇開墾人衆閩粵兩籍自必兼有
且難保從前私墾之人必無閩粵兩籍設開墾之時任聽

粵人聚墾一處漳泉兩籍又各聚墾一處是開墾之時已
伏分類之勢究竟如何使之通力合作計畝均分後仍令
其錯處無猜必當悉心區畫方昭善後此其可籌慮者四
也查六社請墾之田一萬二三千甲除官墾二千甲及屯
田一千二百甲外臺嘉彰業户認墾七千餘甲餘田二三
千甲陸續開墾此時三縣業户尚無粵籍即從前埔裡水
裡與新附之社仔社适社私墾者亦止係漳泉並無粵人
將來墾多人衆難保無閩粵人各自為墾又漳泉人各自
為墾潛萌分類之機果可區畫使人通力合作計畝分收

誠為公田善法但行於今日之閩粵漳泉勢有力不能通
作不能合者況認墾田數多寡授地亦不能均而願墾之
田又多係各指一社若必强令參差錯處轉恐兩不相安
爰思通變合宜之法擬於嘉彰業户彼此互好自願合墾
一區者初無猜嫌任其共處其漳泉未嘗願合而各認一
埔之業户或於己鄉較近或於彼土相宜只能聽其自便
即如嘉義王朝綸等認墾内國姓外國姓眉社等處五千
餘甲彰化王雲鵾等認長鹿埔一處二千甲嘉義大小業
户彰泉俱有是其自相和好者可以無論其王雲鵾等認

墾則多係漳人長鹿埔距內外國姓等埔尚越重山兩日之程勢難提嘉義之泉戶插居長鹿提長鹿之漳戶插居國姓強使之合況兩類肇端每在連塍爭水強割佔耕毫釐口角致成大衅惟有官為開墾無論漳泉之大戶各墾或小戶聚墾一埔全盡者則已如其未盡官於該戶所墾接界之處插墾官田一段或再附以屯田泉與漳相距已遠可杜爭端又細勘水沙連形勢重疊皆山與嘉漳兩縣一律坦平者不同兩社名為毘連其實中隔重山業戶商謀多共一區之地即使粵人聚墾一社漳人聚墾一社泉

人聚墾又一社峰巒間隔動輒數十里風馬牛各不相及其自為合者當融洽必使之合其自為分者亦只可相間以遂其情而殺其勢且為設立閩粵漳泉會館共舉公正頭人時常聚會聯絡和好間有鬬爭官易止息

一蒙詢開墾之時番民雜處開墾之人良莠不一必應文武彈壓兵役巡防無棲身之所露處豈能辦公無餬口之資枵腹亦難從事史署丞所稱開墾與建城同時並舉捐資經費究竟有無窒碍是否不致支絀應否先修竹城暫時經理俟開墾後再建城池以免興作並舉兼顧為難之虞

均應切實審度方不致臨時周章此其可籌慮者五也查水沙連一經開墾聚閩粵漳泉數萬之衆無兵彈壓無官理治必滋事端所以建設文武必須與開墾並舉以期安謐集事今既定為先行試墾成就與否尚屬有待遽請設官建署未免不分緩急擬請通融辦理仍照建設之應防應守等處派兵彈壓委官經理俟開墾有成效再行議請至於修築城池儲材購料事非刻期可成亦必在一年以後方可興作即種竹亦須數載始可成城惟有開墾之初先有埔社地面審度形勢挑浚溝渠設立木城後經建設

經費充牣再築磚石城垣以及建造文武衙門祠廟各項此時各委員住所兵役巡防等處止能先為搭葢篷蓆暫作棲止至捐輸一項係出墾戶約計先後生番歸附可墾田園二三萬甲嘉彰業戶已認七千餘甲先捐輸而後承領墾單陸續開墾經費亦陸續動用似可無虞支絀倘或有一時未能鳩集暫於府庫酌量借用捐集按數歸還

一蒙詢開墾田地人數雖衆授田宜均設一二人及十數人而承墾數百甲或數千甲豈數百千甲之田一二人及十數人即能開墾其中或數百人或數千萬人共與其事而

出名承墾者又止一二人及數十人將來丈量地畝徵收
錢糧難免影射抗欠之弊即如史署丞稟據嘉紳王朝綸
等稟稱嘉義縣業户認墾五千六百甲彰化縣業户認墾
二千甲究竟各業户出户承墾者共有若干人是否將來
不致壟斷召衅應如何區畫使承墾之人大小總散各有
統屬必須妥立章程方可有條不紊此其可籌慮者六也
查授地宜均原為良法所以均貧富不使富者壟斷古均
田法也但必得經費在官無藉於捐輸先正經界召民授
田而後得田適均若經費無出有藉於捐輸則認墾田數

之多寡止能聽由於捐輸之業户倘業户殷寔資本豐盈
認墾甲數必盈千纍百招佃領辦雖以一二人之名有田
陞科難於影射有租完賦莫能抗延若止准其數甲數十
甲之小户給墾地多户碎曠日持久萬難集事況小户必
不徑請於官多覬望求附於親識之大户其田亦必附近
於大户之田故先有大户出而後小户隨之弗為之倡事
莫能成墾熟之後請領印照小户亦必各執為業斷不肯
甘匿其名而歸業於大户大户亦不肯小户得田而代其
名以完賦閩省通弊花户實徵册籍悉歸糧胥之手無從

稽查此次開墾先清丈而後授田開造名册一經出示請
照大小業户無不核實實册在官按以徵收可以杜匿墾
匿糧而絶胥弊至於大小總散若何統屬應請以一百甲
立一小甲首三百甲立一大甲首五百甲立一總甲首有
事則官問之總甲首而總甲首問之大甲首以次管束有
所稽查不至於紊亦即噶瑪蘭之大小結首舊章也
一營餉兵可百年不用必不可一日無備水沙連内山既議
奏墾究竟距臺灣府及噶瑪蘭彰化嘉義各城若干里是
否均有水陸可通抑或必須開修道路之處若不先事籌

計設有不靖必致臨時掣肘此其可籌慮者七也彰化縣
東南六十里林圯埔起二十五里集集埔入山為水沙連
北路山口南至鸞社丹社東至萬霧斗截社北至眉社水
眉社西至山外為界南北直長一百三四十里東西横長
約六七十里為水沙連全境南距臺灣府二百二十里西
距彰化縣八十里嘉義縣一百二十里東距噶瑪蘭山巒
重疊人跡罕到有三路可通山後按山後平埔直長四五
百里北為噶瑪蘭中為奇來南為秀姑鸞卑南覓直接鳳
山之瑯嶠内山三路北由眉社五日可至蘭境中由南霧

社四日可至奇來南由郡社丹社兩日可至秀姑巒溪則
盡沙連東界至噶瑪蘭境約畧計之應有一百餘里埔水
兩社居沙連之中陸路入山南由集集北由木柵中間尚
有一小路為八圯仙嶺路皆險窄崎嶇難行走是以入山
多由集集此沙連陸路之可通彰化者也其水道則有南
北清濁兩溪均由萬霧大山發源分注一自萬社之吧仔
㘓西經埔水社山後流出繞陸社之南過适社社仔社風
硿口至獅仔頭出山由彰化縣南寶斗小埔入海其水全
濁是為六社南面濁水大溪一由霧社眉猫蚋出松仔崙

後繞六社之北經眉社後山至大石鼓而埔社之南亦有
小清水源出萬霧山前由木噶蘭北經蓮花港石壁峡口
曲折達於埔社埔社之北又有一溪由後山之嗹咖嗄經
牛眠山出眉社山前與烘口之水交會西至國姓埔東石
鼓山與大清水合流滙為烏溪再由九芎林大坪林出山
繞彰化縣北大渡口易名大渡溪經水利港等處入海其
水全清是為六社之北清大溪南面濁水可運田頭社仔
适社福骨水裡等社之穀北由清水烏溪可運審鹿猫蘭
埔裡水眉眉裡眉猫各社之穀兩溪均須修鑿而烏溪水

道山石陡狹灘流淺阻將來運載此路最多尤須疏鑿寬
深使木筏小船均可暢行陸路亦必須將北面木柵龍眼
林等處疏通開山伐樹計四五十里嶺平路坦由彰化兩
日可至埔社穀貨易於出山商民水陸皆便設遇有事應
即於此處進兵水路溯烏溪而上直達埔社之水尾水陸
并進相隔不及十里呼應皆通又查南路集集進口七八
里至水利坑由水利坑迤北一帶林深箐密內有平地能
達審鹿擬將此路開通則平坦行車審鹿一日可至不必
更越雞胸嶺土地按之險峻由此車運省盤山之力南路

之天險亦奪而內山之軌胥可蕩平無虞掣肘

擬勦夷疏

為廣東𠸄逆鴟張臺民惶懼謹遵二十二年
皇上指示方畧悉心辦理恭摺
奏
聞事竊照𠸄咭唎國前在粵海關通商納稅業已有年嗣因中
國查禁洋煙該夷不肯甘服率其醜類肆行騷擾膽敢二
十一年七月攻破厦門盤踞鼓浪嶼洋面當時並未大加
懲創僅於是年八月及二十二年正月在臺灣北路洋面

小有蹉跌俘獲黑白夷鬼二百餘人分別擬辦當據前任
鎮臣達洪阿道臣姚瑩籌議臺灣防夷章程具奏於道光
二十二年四月二十六日奉
上諭達洪阿等奏議臺灣防夷章程一摺所見甚是所辦甚好
仍著達洪阿等相機度勢協力同心平日嚴申紀律臨時籌
度機宜設有大帮逆船冞犯勿與海上爭鋒俟其登岸設伏
殲除可操必勝之道欽此欽遵到臺是時臣在臺灣府任內
正在隨同達洪阿等商謀辦理間旋即接奉飭知𠸄夷業
已就撫其事遂止該夷於受撫之後屢次駕駛三桅大船
在淡水外洋遊奕並乘坐杉板小船上岸登山相度地勢

繪畫地形該處兵民人等頗生疑懼當據該營縣飛報到
郡均經稟報福建督撫臣移會廣東督撫臣在案茲於二
十七年三月據臺灣廈門商人之在廣東貿易者先後寄
到家信均稱二月十七日有𠸄夷火輪船三隻夷兵千餘
名駛至廣東虎門將威遠靖遠鎮遠礮臺并上下橫檔各
礮臺礮眼釘塞所有火藥礮子器械悉行抛入海中又有
兵船數隻寄泊金星門洋面十八日又有𠸄夷火輪船二
隻夷杉板數隻夷兵二三千名駛至廣東省城將東西礮

臺焚燒又香港兵頭聲稱接伊國主文書令其入城大憲
許以二年半聽其入城又許以街坊起蓋夷館河南沙地
起蓋禮拜寺等語查臺灣洋面並非議准𠸄夷通商口岸
該夷於受撫之初駕駛來臺至再至三已屬不遵議約復
在廣東恃强稱兵平空起釁是其藐視中華反形已露臺
灣為該夷失利地方勢必先圖報復若不及早嚴防竊恐
臨時莫措臣再四思維惟欽遵二十二年四月二十六日
諭旨勿與海上爭鋒俟其上岸設伏殲除最為上策除抄録該
商民原寄家信恭呈
御覽外理合據實陳

奏伏乞
皇上訓示遵行謹
奏
再𠸄夷受撫本屬權宜之計斷未可永遠遵行者也從前
該夷在粵通商大船停泊外洋用杉板小船運載貨物至
洋行中交易而退岸上並無該夷寸土今則霸佔香港據
為己有以中國
帝王之土為該夷寄頓之巢且復益以浙江之舟山江蘇之上

海福建之厦門五虎門任其終年盤踞出入肩輿儼如顯
宦是何異養蜥蜴於中庭引虎狼於寢室乎事理之不平
莫逾此矣向來遇有
國家慶典外國入
貢使臣經過各省均赴撫臣衙門筵宴撫臣高坐堂上令該國
正副使臣分別列東西席地而坐給以酒餚餅餌三爵既
終使臣起立儐者唱謝而退撫臣並不迎送所以嚴華夷
之辨也今乃以七萬里外之荒夷短衣抹額狀類俘囚與
中國卿大夫分庭抗禮獻酬交錯是何異享爰居以鐘鼓

將獼猴以玉帛乎禮制之不順莫逾此矣此等犬豕之徒
即使凛遵議約不敢稍逞兇狂究竟卧榻之旁他人鼾睡
終不能不推而遠之也而況該夷受撫之後三次駛入臺
洋毫無忌憚又於二十六年五月十六日在淞江大沙頭
洋面强刦程增齡沙船砍死舵工殺傷水手搬去布匹九
十五綑將船鑿沉之案今又於二月十八日駕駛其火輪
夷船三隻帶領夷兵二三千人將各處礮眼全行釘塞火
藥鉛子器械抛入海中復敢索要河南地方起蓋夷館禮
拜寺此其藐視中國背棄前言尚可一日稽誅哉而粤東
督撫大員明知其兇頑難制一切降心將就絕未有以誅
討之謀入告者亦以該夷滋事之時蹂躪地方數千里耗
費
帑金數千萬卒不能與之爭勝是以不敢上煩
天聽耳殊不知該夷犯順之時以數十丈之船載萬餘觔之礮
橫行海面聲若雷霆我
中國昇平已久沿海兵民創聞創見心膽皆驚一遇夷船立
時潰散是以該夷乘勢長驅毫無阻遏彼若離其大船大
礮與我兵角勝爭雄有立形其挫敗者耳如果欽遵

諭旨不與海上交鋒專以陸路設計殲除則各處海口祇須選
派明練弁兵十數人偵探該夷動靜不必如從前督兵練
勇每口動用百餘人數百人不等空費口糧莫能得力也
倘蒙
皇上大振天威飭下海疆督撫協力同心密圖大舉則二三年
内夷禍必可剪除軍需亦無重費豈非我
國家億萬斯年之大慶哉臣海外微員智識短淺是否有當
謹附片陳
奏

上劉玉坡制軍論臺灣時事書　仝卜年

臺灣自道光十三年程前憲旋斾後又經一十四載督撫大憲每遇巡閱之年均以有事未獲親臨而地方情形較之曩時迥不相同凡在屬吏各羈職守不克躬詣崇轅雖復詳稟時申中懷莫由罄吐幸值旄節東渡不特東瀛父老扶杖郊迎若大旱之望雲霓某幸獲瞻仰尊顏快攄胸臆藉將十餘年來地方之彫敝民風之頹壞吏治之廢弛屬寮之苦累得以轉移崇朝私衷快慰忭躍莫名竊查臺灣現在情形有應覆奏更正者二有應奏請量為變通者

四有應亟加整頓者三有應設法籌補者一敬為憲臺陳之一曰鳳山縣制查鳳山縣舊制在興隆莊康熙四十三年知縣宋永清始設衙署六十一年署知縣劉光泗始築土城雍正十二年知縣錢洙環植莿竹至乾隆五十一年為逆匪莊大田所陷五十二年福文襄公東渡戡亂相度情勢謂其地霾下南面打鼓山北負龜山可環而俯瞰城內奏移縣治於埤頭至嘉慶十一年冬蔡逆竄臺鳳城失守賽將軍奏請移回舊城道光三年孫前憲在撫憲任內巡臺東渡始議建造舊城方陞府商同鎮道官捐以為民倡建築城垣十三年程前憲因張丙滋事過臺札飭速議遷徙至今並無定議愚見竊謂建造城池形勝為先必須居中阨要方可控制一方興隆舊城僻處海濱實不足以控制全邑即方陞府建造城池亦有鑒於福文襄公舊議改造舊址之南併將龜山圍繞城內以避俯瞰之虞而半屏打鼓兩山逼壓城外俯瞰之虞仍不能免地處沮洳城形如釜龜山圍在城內每遇大雨時行山水全注城內無所消洩城中泥濘難行所建叅將衙門尤不堪託足誠不如埤頭新城地當適中為南北通衢寬濶爽敞可以控

制全邑曹陞令在鳳山任內以各耆民稟請不願移居興隆捐資補栽竹建造城樓礮臺開挖城濠寬而且深較之土城磚城石城幾無以異視興隆舊城固不可同年而語矣如謂興隆舊城負山面海有險可憑何以乾隆五十一年竟陷於莊大田之亂如因嘉慶十一年蔡逆竄臺埤頭失守遂謂埤頭不如興隆設使嘉慶十一年縣治仍在興隆則距海更近蔡逆上岸勢必先犯興隆能保其不失乎且其所謂負山面海必求有可負之山可面之海方可藉保無虞又何必負此海邊斥石可以俯瞰城內之山以為

山不通正口之海以為海耶彼時賽將軍因蔡牽之變既不免懲羹吹虀而孫前憲渡臺兩次並未身歷鳳山親閱形勢僅據圖說一紙定議入奏程前憲十三年東渡亦未親至南路其所差委員因事關重大未敢擅專故仍以騎墻之見模稜其說不肯據實稟覆而周陞府暨鳳山縣徐故令又未能按形勢立論僅以堪輿風水之說嘵嘵置辯宜乎程前憲以為不入耳之談也總之埤頭腹心也興隆文賢嘉祥港東港西各里股肱手足也腹心既正則股肱手足呼應皆靈捍衛自固鎮道往返相度意見相符第情

形與案卷不符欲遷則實不可遷不遷則以屢經奏明遷移之案又未便置之高閣若不據實覆奏則此案終無了局一曰臺嘉劃界道光十二年張逆作亂程前憲東渡查辦以嘉義一縣地方遼濶酌量劃歸臺灣縣就近管轄因地制宜誠屬精當惟查原奏以灣裡溪為界自發源之雙溪口起直達新溪口洋面鹿耳門外汕止溪南劃歸臺灣溪北仍歸嘉義間有保分在溪南而莊在溪北者仍歸嘉義管轄保分在溪北而莊在溪南者劃歸臺灣管轄無如該溪東北自雙溪口發源西南至新溪口歸海溪勢斜長

並非其直如矢是以劃歸臺灣縣管之番界五社俱在嘉義縣治之東而循溪而西仍歸嘉義縣溪北西之本縣各莊及沿海之鹽埕等處北距嘉義七十餘里南距臺灣僅止三十里俱係宵小聚集之所搶刦頻聞在嘉義則仍有鞭長莫及之虞而臺灣相距甚近又因非其管轄呼應不靈是劃界案內仍有未能盡美盡善之處則與其以溪為界仍不如計里分疆較為妥洽未便株守前議再查乾隆五十五年福文襄公原奏屯制大屯四百名小屯三百名而劃界時陳熊二令會議又將蕭壠屯內溪南劃歸臺界

之屯兵撥出九十六名改交臺邑新港屯外委管帶則新港一屯比照大屯四百之額尚短四名而蕭壠一屯僅剩屯兵二百零四名並不成一小屯核與屯制不符況兵丁食糧當差兩縣交界之區往往此邑民人越在他邑食糧亦有各縣民人在府城食糧當差者屯兵事同一例與民人逃避徭役越籍冒考者不同似亦應改照舊規以符原案至蕭壠一屯密邇郡城原可朝發夕至向歸北路理番同知管理鹿港距郡尚有四日程途每遇臺嘉有事由郡備文調撥往返動輒經旬查劃界案內既將靠山一帶之

內攸茄茇頭社蕭壠芒仔芒五社。劃歸南路理番同知管理。則蕭壠一屯。亦宜劃歸南路理番同知。以昭劃一。而便調遣。所謂必待親蒞東瀛。查勘情形。據寔覆奏更正者此也。一曰嘉義斗六縣丞。分轄地界。嘉義縣屬原設縣丞二員。一駐笨港街之坂頭厝。管轄海口一帶。稽查樹苓湖船隻出入。一駐斗六門。東通內山。西抵他里霧。北臨虎尾溪。與彰化縣之西螺等莊。緊相毘連。該處素多匪類。而虎尾溪北之西螺等莊。尤多匪徒。溷迹其中。地方有事。則彼此勾結。謀為不軌。無事則溪南溪北。偶因纖毫小忿。互相械

鬬。連年不休。至其聚衆攔途。刦搶則尤視為故事。竟至道路不通。洵為一方大害。自二十四年某親臨嘉彰。查辦漳泉分類。嚴加整頓。二十五年史丞又設立五段。清查道路。連年以來。械鬬之風。遂息。截搶之案亦少。但恐日久懈弛。故智復萌。尚非久安長治之策。查西螺地方。距彰化縣城七十餘里。向歸彰化縣典史分轄。每有盜案開報。典史職名。夫以距縣七十餘里之區。縣令已屬鞭長莫及。典史有監獄之責。安能兼顧。現在署理斗六縣丞之試用縣丞姚鴻。按照磨李如桂。辦事俱各認真。緝匪安良。頗著功效。惟

溪北彰化縣屬之西螺等處。則以地非管轄。莫克越俎而謀。一曰臺灣羅漢門巡檢分轄地界。查臺灣縣舊設新港巡檢一員。乾隆二十六年。移置羅漢門。介居臺鳳二邑之間。該處有內門外門二處。歷來南北匪徒勾結滋事。即由此門往來。實為居中扼要之區。而二邑交界處所。又復犬牙相錯。鳳山所轄之旗尾月眉彌濃等莊。逼近內山。匪徒尤衆。距縣既已遼遠。分轄之下淡水縣丞。有稽查東港海口船隻之責。其勢亦難兼顧。伏查道光十四年。程前憲奏請劃界案。將大武壠巡檢。改歸臺灣嘉義兩縣管轄。更換

印信。俾令兼管兩縣交界各莊。自二十三年以後。李如桂胡益源相繼署事。督率總董。認真聯莊。獲犯既多。地方安靜。均著成效。可否仿照辦理。將嘉彰交界處所。東自內山起。西至海口止。虎尾溪南北兩岸各莊。統歸斗六縣丞分轄。臺鳳交界處所。即將鳳山所轄之港西上里一里。撥歸羅漢門巡檢分轄。並各遴委勤明强幹之員。責成認真辦理。如果三年之內。地方安靜。匪徒絕迹。或酌量調劑。或予陞階。以示鼓勵。其下淡水縣丞衙門。原住萬丹。乾隆二十六年。移駐阿里港。嗣又移駐阿猴。因該處水土惡劣。相連

數任疾病死亡不絶現仍僑居萬丹應仍聽其駐劄萬丹附近東港海口稽查船隻較為便易一曰嘉義店仔口營汎一曰鳳山縣岡山營汎該兩汎文歸該縣管轄武歸郡城城守營參將管轄文武隔絶兩地會面時少每至有事之時難免彼此擔擱而嘉義之店仔口地方距郡遼遠尤非一日所能達城守參將聞信馳赴往往緩不及時岡山汎既已孤懸南路而附近該汎之南路營阿公店汎僅只外委一員兵丁五名過於單弱有事不能救援故歷年逆匪鴟張均不免有攻搶營汎戕害弁兵之事曾與南路已

故叅將余躍龍會議以鳳山水底寮地方現在安靜無事擬將該處守備移駐阿公店與岡山汎守備為犄角之勢聲勢相援平時則賊匪不敢覬覦一旦有事兩路夾攻不難殄殲醜類又前年查辦漳泉分類一案在營盤內夜間與呂叅將談及店仔口汎地擬將該汎劃歸嘉義叅將管轄彼此意見尚各相符惟某係屬文員不諳營制武鎮諳練精細曉暢軍事必能剴切指陳無煩某之饒舌也所謂應奏請量加變通者此也一曰交代遲延查交代初叅定限兩個月舊任官限二十日內造册移交新任官限四十

日內查覆轉造出結申送若倉穀在二萬五千石以上錢糧在五萬兩以上准其以次展限然至多亦不得過四十五日限期既迫處分甚嚴原以重倉庫而杜虧缺也自抵臺灣府任後統核各處交代自道光十五年起至現在止已據造册結報因核册造舛錯駁改未覆者一起欠欵未清者二起叅案已經覆奏未據造册結報者一起短欵已清難以越次造册者二起其餘未經申送者尚有三十四起逐加查核其中或有結而無册或有册而無費碍難率轉披閱之下殊覺駭異推原其故均由二十年以後防夷

報銷案內各有墊欵在前任則以有欵可抵並無短缺遂思置身事外在後任則以為將來如奉省局暨部中核減多寡尚無準數案難懸定一經結報恐干賠累徘徊觀望不肯完案其在夷務停止以後各任交代則又明知前任未經結報者積壓甚多即使依限申送亦斷不能越次造報遂至任意延擱或前任偷安不肯依限造册移交或後任挨延不肯覆核會算積習相沿牢不可破頻加撤催業已唇焦顏禿目擊疲玩之風誠堪痛恨而推其遷延之故又非無因現在防夷報銷久已送省此時諒已咨部約計

年內可以接奉部覆或准或駁不難水落石出幸值親涖東土應懇嚴飭各廳縣自今年五月起至二十八年四月底止勒限一年依次造冊結報如有違逾即將現任各廳縣先行摘去頂戴再限三個月完竣倘仍逾限不清據實奏參庶幾頹風可冀挽回一曰奏銷逾限臺灣一郡孤懸海外風帆靡常遲早難定原不能與內地奏銷同時北上迺各屬書吏因此吝惜小費不肯依期造送追催促難堪始將數年奏銷並作一次彙送原屬不可為訓之事而各該書吏則以為歷辦如斯恬不為怪以致限期遲延司中

無從設法扣算歷任廳縣甫被嚴議於前旋復罣誤於後俱各救過不暇迨至二十三年適有洋盜刦去奏銷文冊費銀之案各屬書吏因此藉口更加疲玩幾不知奏銷為何事矣嗣經設法籌議所有被刦無著費銀各歸各屬匀攤補足嚴檄頻催始於去年內將二十年以前積壓未送冊費補造送司而二十年以後各屬連年應辦奏銷又復壓擱若不乘此清釐靡特不成政體廳縣因此受過終無了期應請嚴飭各屬勒限一年內先將二十一年以後二十六年以前所有奏銷文冊費銀一并解繳清楚以便送

司核轉嗣後逐年分案辦理再不得積至數年彙總造送致干部議各屬沾恩無極矣一曰疏通未配軍流徒犯查各屬審擬軍流徒罪人犯一經奏准部覆即當定地發配惟各犯起解之日一切投批掛號以及犯人口糧解役飯食不無使費無論多寡向由承辦之地方官發給各省皆然不獨臺灣一隅也臺灣重洋遠隔道路遼遠海面日期更難懸定兼有船價一項核計一犯需費較之內地增至三倍有餘自嘉義縣知縣范學恆居心詭譎遇事取巧一經卸事拂衣而去任內應配人犯一切諉之後任而接手

人員又因本任亦有應行起解之犯無暇兼顧均各壓擱不辦及至卸事時又將本任應解人犯蹈襲范學恆故智依樣葫蘆歷任相沿積壓愈多竟有奉到部文十年未配之犯致令各該犯已從末減仍係囹圄經年累歲望配無期愁怨之聲日夜不絕監獄逼窄備形擁擠人氣薰蒸易生疾病不惟非矜全獄囚之方亦非感召天和之道今春武鎮目擊心傷慨捐番銀四百元道府亦各捐番銀四百元發交臺防廳郭署丞撥船配遞畧為疏通查點現在府監尚有一百零五名臺灣縣監亦有一百一十四名合之

三縣二廳各監統計不下四百餘名需費正復不少似應責成廳縣籌項墊給核計各前任應解之犯需費若干歸於各屬分年勻攤歸欵其本任承辦之犯各歸各任捐給不得仍前推諉惟人犯既多需費甚鉅其應給各衙門領批過堂等項規費亦宜大加核減以節糜費應由縣府妥議章程詳明本道衙門立案永遠遵行統勒限兩年將積壓各犯赶配清楚如此設法疏通俾向後不致擁擠洵屬快舉所謂亟應整頓者此也一曰缺額屯租乾隆五十二年林逆謀叛福文襄公東渡剿滅查勘番黎打仗出力因

仿照川省之例設立屯兵通臺南北兩路設立大小十二屯大屯四每屯四百名小屯八每屯三百名十二屯總共屯兵四千名千總二員把總四員外委十二員千總年給俸銀一百元把總年給俸銀八十元外委年給俸銀六十元屯兵每名領餉銀八元核計千把外委年給番銀一千二百四十元屯兵年給餉銀三萬二千元共需銀三萬三千二百四十元委員勘丈番社田園責成地方官按甲收租南路鳳山縣放縤大屯四百名搭樓小屯三百名千總一員把總一員外委二員共應俸餉銀五千九百元臺灣縣新港小屯三百名外委一員共應俸餉銀二千四百六十元北路嘉義縣蕭壠小屯三百名柴裡社小屯三百名外委二員共應俸餉銀四千九百二十元彰化縣東螺大屯四百名阿里史北投二小屯各三百名把總一員外委三員共應俸餉銀八千二百六十元淡水廳竹塹麻薯大屯二各四百名日北武勝小屯二各三百名千總一員把總二員外委四員共應俸餉銀一萬一千七百元各就各屬屯田收租分作春秋二季散給惟鳳山臺灣二縣額租不敷散放就淡廳所收贏餘項下撥解鳳山二千八百五

十元臺灣九百元以為協濟之資此乾隆五十六年福文襄公奏定之原額也迨後年遠廢弛或被水衝沙壓不能復墾或被强豪隱佔以致缺額甚多不敷散給鳳山一縣額征三千元經某在南路理番任內逐加清釐曹陞令催收得法每年尚能收至二千有餘加淡水協濟一項不至十分賠累迨後歷任止能征收一千數百元不敷正多臺灣所收新港屯租加以淡水協濟亦不至賠累惟因十四年劃界案內將嘉義縣屬之蕭壠屯租二千五百二十八元劃歸臺灣縣征收內有道光五年委員覆丈水衝無著

之一千二百三十一元從此臺灣一縣每年賠累不少矣嘉義所屬之柴裡社額征二千四百六十元遞年雖照常征收仍復有絀無盈亦不免賠累惟獨彰化一縣額征八千二百六十元而遞年所收僅只四千餘元不敷大多該縣缺分本苦年年賠累寔難支持淡水一廳所收屯租本屬有盈無絀因道光元年被水衝失田園核計每年除協濟臺鳳二縣外尚短九百五十餘元十八年經鹿港同知陳盛韶丈撥溢地歸補現在仍有缺征遞年由廳自行墊補通盤核算各屬額缺無著加以各小户未能年清年欵

不下八千餘元内惟蕭壠屯冲失額租一千二百三十一元十四年劃界案内題本内有俟確查淡廳并鳳彰等縣有無丈溢租銀良多益寡匀撥歸補之語其餘各屬缺額甚多當時並無議及將來年復一年伊於胡底所謂亟宜設法籌補者此也以上各條均係臺屬最要之件故不嫌瑣屑敬陳大畧其中尚有筆難盡述之處再容面稟此外如豁免民欠軍流徒犯減等晴雨糧價月報冊摺積習相沿未能依期造送以及臺穀配運延滯並臺灣縣征取正供東門外一帶業户仍復藉口郭光侯控案覬望遷延統

俟駕臨逐條縷述懇祈大振霜威力破沉錮積習庶不致辦理掣肘感戴鴻恩實無涯涘矣

籌辦番地議　　史密

去年七月奉札垂詢七處當即詳細據實開陳因候鎮道履勘至十一月內始並續行歸化詳冊專丁一併齎呈奉鈞諭事經入告所有應辦事宜愼重妥速辦理切勿游移卑職遵將應辦章程稟商道府先擇撫綏馭制歸番各事宜應辦者即辦而設隘分防開通水陸等處亦應陸續先事預籌惟番情望澤甚殷稟商道府斟酌再三官先試墾以定番心未准以前未便遽招業戶儘卑職及仝守黃丞朱倅王令等官捐之工本召佃熊道亦捐千甲稟經武鎮

派兵二百名彈壓於十二月進山各番見官經理均極懽忭靜謐茲於正月二十三日接奉

廷寄以此事關係甚大未便率行議准部中覆奏亦以番情難測後患滋多慾意以

廟堂之上尚無定算恐冒昧試辦設奉

旨飭禁進退為難轉多棘手並蒙訓以通盤籌畫斟酌妥辦萬勿輕舉妄動番情地勢究竟若何其應安撫羈縻之處體察情形酌量妥辦捧讀之下仰見憲慮愼重周詳惟恐卑職輕忽冒昧致有疎虞下懷實深感激查此事內地隔海

未經親睹情形遠在

九重更無從知其底細番情難測誠為疑所當疑若一經洞悉實在情形及辦理體要固有渙然冰釋無可疑慮者謹陳之細繹部文總在後患滋多四字是未深知臺地之為番而與清海王樹並看甚且視等外夷不能不以難測為可慮不知臺地生番與別省之番迥異夫獻圖開闢不自今日始全臺無地非番一府數縣皆自生番獻納而來由諸羅而彰化由彰化而淡防納土開疆百餘年來安於無事即遠在後山噶瑪蘭地土不同而該處番情則自請墾以

來四十餘年未聞番患五廳四縣最為安靜者惟蘭一廳此其明驗設當日淡蘭歸化以番情難測為疑則兩廳至今依然番土耳歸化以後究竟有何事端蓋臺番之所以迥異者有故凡番情滋事皆由志在金帛貨財牲畜始有聚眾擄搶拒捕各情臺番最愚一無所圖委以錢財不取無大志安有大事百餘年間從無擄掠拒捕之案此臺番之情也凡番夷生事必仗其器械精工礮火便利方能得力臺番在山獵食為生所用者竹箭竹標鐵器無多火藥絕少一聞銃聲遠竄無踪裸體赤身何能為事番首每以

聲勢相通。易於結黨。臺番散處四山。各自為謀。絕不相屬。依林傍草。不離巢穴。社雖多名。至多數百人。此社之番。萬不敢至彼社。呼應不通。從無糾結。此臺番之勢也。番情番勢如此。此所以迥不同於別省之番。而絕無大患。然猶概指生番之大畧。至若初歸埔水六社之番。其情尤為可靠。地近外山。常與漢人交接。極其和柔曉事。附近六社。番情馴順。同於埔水。而勢皆衰弱。十二社共止一千六七百人。除婦女老幼。僅有七八百壯番。散於各社。窮苦可憫。見官經理。如嬰兒得母。投懷望哺之不暇。何敢生事。亦何能生

事。安撫經年。調遣奔走。已成熟番。番性最直最重。薙髮。髮一薙則一直到底。全臺十數萬熟番。其初何一非生。又何一難測。此生番既經改熟。萬無可慮之實在情形也。然而開闢之始。動計萬全。甯可過於謹細。在無可慮之中。必存一有可慮之心。而通盤籌畫。防患未然。查六社外遠近生番業經陸續獻地歸化者八十餘社。該番既經改熟。例應增設大小各屯。挑取壯丁屯四百名。小屯三百名。增設各屯弁管束。所有千總、把總、外委、屯目、土目、通事。即擇其本社强力頭人充當委任。使自相管轄約束。責成鈐制。數百

里同於臂指。此控制之法也。每丁例給閒田二甲。生番新改熟番。仍不能諳耕種。佃給租穀。籌餉八元。番不需錢。准折鹽布。再按開墾之田。定給穀石。番愚無知。但謂歸化獻圖。便可有租。延頸經年。今歲萬不可無穀。未召業戶。不得不官墾先給。以慰番情。番亦人心。裸體飢寒。得有衣食。其不樂安飽而生事者。百不一二。此撫綏之法也。分別調遣驅使。當差雜於熟番。俾其漸習漸馴。漸知禮法。更調强社以牽制全番。使不敢動。此馭治之法也。盡去東南北三面近山大樹叢林深箐密草。一望坦平。無可伏匿。分守各隘

礮臺。募勇設隘。勇多用熟丁。以番防番。此備禦之法也。投誠歸命。盡屬懽忭待哺之番。但須安置得宜。衣食有賴。便作良民。第一要籌在於設屯挑丁。自相維制。一番以至萬番。若網在綱。雖多奚慮。歷年改熟。照例設屯。無不如此。此通盤籌畫、控制撫綏、馭治防範。斟酌辦理之實在情形也。卑職才庸識淺。然此事試辦已一年有餘。經道府再四籌商。事關重大。慎之又慎。猶恐疎虞。非全局在胸。十分把握。何敢孟浪。大凡撓成壞事。全在辦理之初。自去年正月至今大局已成。部署悉定。入山試辦。又經數月。番漢安堵並

無事端比之外。而嘉彰尤顯。靜謐經營已久。即此可見將來。然而准辦則然。若不准辦。則其情頓別。不知者謂辦則可疑在後日。有識者謂不辦則可慮在目前。窮番無以自謀。苦無生路。一旦輸誠薙髮。求改熟番。天下無不准歸化。不准為百姓之理。峻拒驟絕。衆望俱空。是激之使怒。其變有不待智者而決。當日之禁生番之求。逆乎番意。有事無事。全視乎番。所謂番情難測。後患滋多者。應即移用在此。自古傾心內附。無不撫收安置。況歸化例題之件。雍正乾隆歷辦有案。熟番皆由生改。設屯籌餉。不有閒田即遵例

安置之處。從何措手。所以歸化與開墾。原係兩事。月別無曠土。不能不併案以辦者也。或者未便率准。應查確實情形。再議再定。固亦慎重辦理之至意。卑職前稟降番與降賊迥殊。賊聚一方。番散四處。賊無根柢。番有家室。賊因勢逼。番出誠求。各歸各社。靜候安置。誠恐以衆見疑。故據實

附稟。但

廟堂之上。六社尚在躊躇。八十餘社更關重大。二次已經奏請

此次自宜從緩入

告且儘六社議行。再為辦理。伏望察奪。至於番情地勢。雖經卑

職稟陳。總望親臨察看履勘。方為確切。且各番無不延首加額。未便久遲。失望萬懇。早為東渡。不勝企禱切望之至。再接到抄寄稿件。詳細揣繹。實由未知臺地情形地勢。致生疑慮。所云獻地投誠。保無虞漢奸懷詐挾私。潛為勾引一層。大凡挾私勾引。必有所圖。獻地投誠。勾引之所圖何在。內山漢奸。即屬私懇之輩。方且恐番獻地。何肯勾其投誠。一社能勾。社社亦能勾乎。所云豈有恆心。恐鼓舞於前。頑梗於後。是蓋泛論番情。而未嘗深思也。臺番情直。如不願從。萬不歸化。既已薙髮。萬不回頭。亦萬不肯以番所最

重之條。為一時鼓舞之舉。歸化之誠與不誠。以髮之薙與不薙為斷。不薙則懷反覆之根。薙則已改熟番。由官布置而為百姓。所以有把握也。知其必有恆心者。即在屯餉屯田番租之恆產。分屯設弁。並非投誠後仍然散漫無紀。臺地歷來改熟之番。何嘗反覆。所云佳里興即沙里興兇番與該番爭擾相仇。勢必為之用兵驅逐。此口外之番情與內山事同隔壁。內山番社。從無結黨相攻。即彼此成仇。亦止吊鹿抽籐觸遇鬬殺。更不報復再遇再鬬而已。沙里與距埔社遠越重山。與六社向不來往。從無爭擾情事。況沙

里與附近六社之眉藐吶等社均於此次歸化相安即將來各社日久難保無殺傷一二之番不過如漢人鬭殺命案何至代為用兵所云草木蒙翳創建開墾為難是未知沙連地勢以為山巒沙石草昧未闢不知由審鹿貓蘭抵於眉社數十里平原沃野較內地小縣尤為廣濶熟番數千人二十餘年早經開墾人煙叢聚已具有井疆南北兩路此時均已暢通出入再無險阻創建取資甚易耕耨翻犁即成將來正供遠過淡蘭經費萬不至入不敷出以上各種實情如此一經周歷詳勘便可洞悉也

再細揣駁意一由於未知臺地番情而以口外之番夷概視也二未知投誠改熟之後有增屯設弁挑丁安置之各法也三未知番以薙髮為重一薙髮則以其身為
天朝之身更無回路可反覆也四未知禁猶不禁二十年來早經私闢日聚日多不開之開正多後患也五未知生番與漢匪為仇與官一氣蓋私墾無租官開有穀番漢必不能勾引也此時生熟兩番皆恐仍行封禁生慮無租熟慮驅逐漢匪私墾諭以陞科各執為業無不帖然一聞議駁定復乘機大入生番起而排爭無論生番必變即漢匪熟番亦由此多事去冬察看情形因歸化已久必宜亟為撫綏安置稟商道府均以試懇先慰番望為急務案尚未定不便募召即以官捐先試然後由近而遠擬設大小屯以束番志卑職入山籌辦又經數月於二月初六日接有抄稿各件敢不凜遵但現在勢有萬萬不能中止不可中止者羈縻全在試墾一經住手變即隨生熊道謂髮無還理激之生變有不閙事者乎番族愈多卑職尚有把握經費愈鉅卑職尚有籌維開墾愈廣卑職尚有馭治同時再舉周到愈難卑職尚有布置獨於中止一事焦思極慮撤銷而

使番漢仍安不至決裂毫無善全之法卑職獲咎分所應當無如事則大壞惟有仰懇親求察看情形辦理目前不露聲色仍然照常以安人心先將彈壓之兵設法次第撤回惟日久必有風聲誠為可慮再八十餘社較遠者已從緩再辦後山亦一概止住謹以附陳

再閱熊道覆詳內有生番專嗜殺人一旦革面洗心化鷹鸇為鸞鳳變虎豹為馬牛在其意極力抑揚以形容歸化之盛然措詞失於檢點生番嗜殺非全山皆嗜亦非全社皆嗜概以專嗜言之則大非實據然革洗遂成鸞鳳亦無

此神化。卑轄內山南北中三港。南港社多性柔從不多事。
北港社少性悍。常有殺人。中港界乎其間。近南者似南。近
北者似北。是以中北二港數十社。其名為兇番者。止有中
港之卓社干達萬社。北港之致霧社平來萬沙里與社。計
共五社。並無大患。所謂兇者。或因交易相爭。或因挾仇伺
殺。極其伎倆。伏林匿草潛殺一二行人。隨即逃走。往年全
山歲常百餘起。官因處分不報。自去年至今年。餘止有九
命。番亦格殺一命。今嘉彰之案。且數十倍於番。必謂數萬
之番歸化。則無一命案。萬不能保。特少於往年。是其成效

社皆設卡地。有防範。或并此九命亦漸少耳。此兇番嗜殺
之實在情形也。
再道路開通。卡隘分設。工程已竣者。無所謂撤兵也。但令
陸續歸伍。此外不能遽撤者。止有官佃一層。現在已墾之
佃一千五百餘名。未墾者概行停止。計佃所開不及三千
甲。埔社五分之一。大半安置眉社內國埔笨南等處。悉屬
社山外閒田。留以羈縻。勢難罷撤。其餘各項一概俱裁。更
無所措辦也。

呈鳳邑主曹懷樸。核改議撤捐給精兵銀兩。稟請　臬道
憲周芸皐大人稿。　曹公名謹字懷樸。河南解元。時因幕
友蔡姓。自漳之臺。任鳳書稟。頗篤交情。常有來往贈答。旋
值此舉急遽。忝承清問。下及。爰敢不揣冒昧塗鴉。繕呈
曹公斧削稟請。以抒憤世嫉俗深衷。聊亦少補於各廳縣
之萬一耳。

臺灣府鳳山縣知縣曹謹敬　稟

大人閣下。敬稟者。卑職疊奉
鈞函飭議練兵一事。查此事前經　劉陞憲與　達鎮憲議

定。自練精兵六百名。每日需用飯食犒賞錢七十五千餘。
每年十個月。計算應費二萬五千有奇。除
憲臺暨府廳縣捐助洋銀一萬二千圓外。其餘費用及諸器
械衣履。均由鎮憲捐辦。業已通行各屬。卑職初來海外。未
悉此地情形。況一介書生。軍旅未學。何敢妄參末議。惟既
承
憲意。亦懼深負
國恩。卑職竊惟臺灣孤懸海外。中征內地五十二營之兵。三年
一班。更番撥戍。人既雜則材力不一。時既暫則考校多疏。

將與兵不相習兵與兵不相知故未及交綏先已釋甲從
前僨事職此之由則訓練誠亟亟也顧練之云者詎惟是
有兵六百遂可恃無虞哉（自顧練之云句起至虞哉句曹令增敘入）
朝廷慎重海疆額設水陸步戰守兵一萬二千六百七十名無
一非鎮帥之兵即無一非鎮帥當練之兵
列聖軫念戍兵頻加賞賚除本兵在臺支領糧餉外每名每月
於內地添賞米一斗銀二錢八分零以資養贍家口而又
盤費有給叛產有加（自除本兵在臺支領至有加等句乃曹令增入）凡各營操演
之時叅遊以上皆有犒賞銀兩戍兵所得較之內地倍多

本足以固其心而作其氣其所以不練不精者乃兵弁之
辜
恩非
朝廷之吝賞今議者不務遵守舊章申明紀律而動議變增計
所練之兵僅全臺二十分之一而所賞較本兵糧餉倍之
（自計所練之句起至倍之句止曹令增入）試思
朝廷設兵原無彼此此而當練孰不當練此而可精孰不可精
如必厚賞而後精則非厚賞遂不必精必厚賞而後練則
非厚賞併不能練是必歲捐數十萬金以為全臺練兵之

用而後可如其不然是予各兵以藉口之端而開各營推
諉之漸也且臺地綿亘一千餘里精兵六百以之自衛則
有餘以之衛人則不足往歲小醜跳梁幸而隨起隨滅倘
一旦南北交警（且臺地綿亘句起至交警句止曹公改增敘入）此六百人者顧此
則失彼顧彼則失此勢不能不仍驅未練未精之人相與
從事夫平居各籌練兵之貲有事不獲共享練兵之用以
平居未沐精兵之賞有事不免仍蹈精兵之危皆情所難
堪而理所弗順也況乎費之所出非官則民查一縣捐攤
每歲數幾盈萬已未能按款批解今又加以千餘之費名

曰捐廉實則挪移公項至公項亦無可挪則送費者一日
不至催費者則一日不休文武不和咎將誰屬此派之官
者之不可行也若夫取之於民則臺民數經兵燹十室九
空加以亢旱頻年則素封之家所入不敷所出故鹽觔加
價則貧民譁籌款發商則富室累此取之民者之不可行
也抑卑職更有慮者練兵之費各屬一萬二千其一萬三
千餘金尚須　鎮憲自行捐辦如　達鎮憲之不辭勞瘁
不惜重貲猶之可也後之繼　達鎮憲者既未必自捐一
半又未必每日親操而既有成數可稽即不能不照常致

送是一定案遂成陋規練兵者固不得不然不練兵者亦不敢不然誰能以練則與不練則不與練之不精亦與者而為鎮軍直陳耶自練兵者固不得句至直陳耶句曹公懷璞改增叙入惟是練兵之舉將及三年既議停止必籌安置計惟就現練精兵中擇其年力精彊技藝嫺熟者分插南北各營使之轉相教習除本營該管官按照定例於三六九操演外鎮軍南北巡時再為按名操演賞罰之政備在中樞實力奉行何施不可是鎮兵雖有自練之名而通臺處處皆宿重兵人人可成勁旅去二萬三千餘貫之糜費收一萬二千餘人之實

力官民之間胥受其福卑職腐儒之見憑臆直陳殊多冒昧然為公起見思於事有裨益不敢稍涉趨避尚希

諒其愚直加之

訓誨無任惶悚待

命之至肅此具稟恭請

勳安唯祈

憲鑒卑職某敬稟

治臺必告録

卷四

治臺必告録卷四目録

治臺必告錄卷四

皖懷丁曰健述安輯

斯未信齋存稿　徐宗幹

會奏嘉義匪徒滋事一案附摺

再查近年臺地查辦匪徒滋事案內出力文武官員及兵
勇義首人等前鎮道臣遵奉
諭旨奬勵並詳請督撫臣核定保奏仰荷
聖恩垂念海外巖疆
溫綸普沛是以偶有蠢動無不勇往爭先得以立時撲滅不至

蔓延爲害是地方之乂安悉由
天恩之高厚也此案在事文武大小員弁人等據前鎮臣武攀
鳳前道臣熊一本將出力人員分別開單同全案卷宗移
交前來臣呂恒安甫經到任臣徐宗幹亦事後到臺容臣
等確查詳明督撫臣復核奏請
恩施以昭激勸謹附片陳明伏乞
聖鑒謹奏

會奏審辦盜匪附摺

再臺灣素多無籍游民每易糾集生事其始不過數人漸
聚漸多即至肆行無忌惟在地方官隨時隨地留心查訪
一有萌孽立時撲捕方免滋蔓爲患海外民情浮動臣等
疊經嚴密檄飭各屬先事預防文武各員弁自不敢幸災
樂禍待其釀事拏辦以冀見功而未必盡於無事之時存
有事之慮即令處處稽察勢難徧及必須聯絡鄉村聲息
相通酌保甲之法而變通行之官民一氣庶閭閻可漸臻
安堵藉兵力以治於已然之後固不如結民心以弭於未
然之先也臺灣縣匪徒鍾阿三糾人搶奪攜帶刀銃甫經
聚集即被委員鳳山縣下淡水縣丞馬克惇查知同汛弁

劉廷標率領約首陳瑞良等當時圍獲復經該鄉甲長黃
世德廖國珍等邀集丁壯隨同該縣胡國榮將拒捕各從
犯拏獲多名餘匪當即竄散又嘉義縣匪徒鄒憩狗糾邀
三十餘人向殷實之家揑單嚇詐銀錢聲言不允即行强
搶一經查捕復敢抗拒若非該署縣丁曰健把總蔡拔俊
先時訪拏鄉耆林章選率同莊民鄒榮等合力堵獲必致
被其擾害且恐蔓延生事附近該鄉總理監生柳振春游
思賢生員林丹桂林芳槐等協同巡路委員候補縣丞程
榮春聯莊堵緝事後該監生等仍各自捐貲募勇防守交

界地方匪徒不敢復聚毗連各莊向來多事之區上年冬間得以悉臻静謐查鍾阿三一犯已歸另案從重正法鄒戇狗一犯擬遣其餘從犯數十名嚴究並無不法別案按例分別問擬流徒非盡凶暴已行情重之犯在事各員例無甄叙而查拏於萌動之初較之誅除於跡蹦之後所保全者實多文武該管地方果能日久安戢再行分別奬拔其拏獲首犯鍾阿三之下淡水縣丞馬克惇兼獲另案斬梟盜犯三名已於正摺内併案聲明附請

勅部照例議叙無用另奬惟士民急公協力爲地方官指臂之

助者似應量予鼓勵除捕匪受傷平復之鄉勇人等業經

臣等酌加犒賞外所有捐貲募勇巡防之監生柳振春游思賢附生林丹桂林芳槐四人可否給予八品職銜又率領莊衆隨同各員弁查緝尤爲出力之民人陳瑞良黄世德廖國珍林章選四人可否給予九品頂戴以資觀感俾士民咸知防捕密速即微勞亦仰荷

天恩藉以固其禦侮之心而作其義勇之氣於海疆地方尤有裨益飭據臺灣府知府裕鐸查明核議具詳前來謹附片籲懇伏祈

皇上聖鑒訓示再南北兩路附近海口村莊協同兵役守望舟師兼帶水勇巡查各洋面一律肅清堪以仰慰

聖懷合併陳明謹

奏

會奏勦辦洋匪附摺

再此案内有浙洋被擊奔逸餘匪兼以内地盜船逃竄南駛巡緝稍疎難保不聯䑸而至商旅畏阻不通所關非細水師現任將弁各員巡洋是其專責各匪船竄入之始防範有疎當即嚴檄勒緝並將署水師左營守備千總楊得

喜斥革示儆嗣該弁自備船隻隨同効力協獲盜犯多名該水師各將官督帶兵船圍勦雖未能全數兜擒而各匪聞風遠駛洋面旋即肅清商漁往來無警功過尚足相抵楊得喜仍請留營以外委補用此外在事人員無應捕之責首先獲犯例應奬敘而尤爲出力者查據臺灣府詳稱六品頂戴署羅東巡檢鄭元杰前於漳泉分類案内奉

旨免補縣丞本班留閩以應升之缺升用此次首獲隣境斬梟洋盜林求李添助蔡查畝陳添成李桶五名遣犯李杙李猛李巷李檔四名候補縣丞沈時熙首獲罪應斬梟之首

夥盜犯蔡嘈、邱呆面、邱溛三名。擬遣夥盜高貯一名。並隨
同審訊全案盜犯。又捐募丁勇。帶同兵役。協查北路海口。
數月以來。別無匪徒接濟生事。爲始終出力之員。又陸路
游擊楓嶺營守備夏汝賢。到任未久。首先拿獲斬梟洋盜
林成、柯劍、楊鵉三名。並請
奏獎。前來。臣等覆查無異。六品頂戴鄭元杰。本係應升之員。
可否以應升之缺。即補。沈時熙可否
賞加六品銜。俟補缺後。留閩以應升之缺。即行補用。夏汝賢請
旨交部從優議敘。以示鼓勵。再巡哨舟師。例有口糧。惟全營兵

丁深入外洋堵緝。涉歷波濤。未經歸伍。已三月之久。自應
格外優給行糧。兼僱備商漁船隻。添製火器。加配水勇。布
置方能周密。而尤要在杜絕陸路奸民接濟。臣等於各口
分派員弁。飭各廳縣沿海收募壯勇。練習技藝。令其協力
守望。仍責成各鄉耆長聯莊約束。臺郡四面環海。地窄民
稠。無業者衆。多一防賊之壯役。即少一附賊之游民。此亦
行保甲以寓鄉兵之遺意。且俟其有犯而繩之以法。不如
預爲安集以遏其萌。現在洋面雖已恬靜。而聞拏奔逸之
餘匪。難保無得間上岸。竄至偏僻地方。勾結土匪生事。時

近秋獲。爲向來多事之秋。尤不可不杜其漸。是非不惜重
貲購線懸賞。設法查辦。不能合水陸地方一律清謐。防患
未然。似費而所省實多。惟添僱商漁船隻。支發員弁薪水。
兵勇口糧。犒賞等項。需用甚繁。現已檄飭該府先行墊應。
仍由臣徐宗幹另行籌欵歸補。謹一併附片陳明。伏乞
聖鑒訓示。謹
奏
又
再案據彰化縣稟稱。上年九月二十日。巡海丁役隨同水

師營弁拏獲盜犯李大肚。李立、蔡明糖、陳厚、陳成、林汰和、
陳劾、李水來、蔡澎、陳興等十名。解案訊認出洋行刦不諱。
錄供稟報。嗣該犯李大肚、蔡明糖在監患病。報明撥醫治
痊。正在覆審解辦間。十一月初八日辰刻。猝遭地震。縣監
倒爲平地。該犯等因變逸出。是日酉刻。俱自行投歸。因查
辦災賑。批解稍遲。茲據該縣擬由臺灣府知府裕鐸審轉
前來。臣等隨提犯研鞫。緣李大肚籍隸漳浦縣。置有漁船
一隻。邀同現獲之李立、蔡明糖、陳厚、陳成、林汰和、陳劾、李
水來、蔡澎、陳興、及逸犯方四、金方、糟林、紹雞、李湯圓、林花

鼓陳晚一共十六人同夥採捕道光二十七年八月因捕漁失利起意由僻港出洋行刦得贓分用李立等應允是月二十一日駛至鷄籠外洋見有事主林寬容魚脯船經過李大肚喝令駕船攏刦留陳劾李水來蔡澎陳興林紹鷄陳晚在本船接贓自與李立等過船搜刦魚脯米袋各物遞交陳劾等接收而逸經事主林寬容報經淡水廳查勘通詳二十三日該犯等將船駛入海邊因分贓不均互相口角方四金方牆林紹鷄李湯圓林花鼓陳晚先行散夥登岸李大肚等仍在船上赴沿海一帶捕魚度日二十

八年九月二十日李大肚船隻停泊五汊港面適安平艋舺等水師營弁督同彰化縣丁役巡哨至彼亦在該處停泊彼此閒談該弁兵等見李大肚船內有布袋一個上寫林寬記字樣知係事主林寬容贓物向前盤問李大肚等言語支唔駛船欲逃該弁兵等併力圍捕當將李大肚等十人全行拏獲由彰化縣提犯訊供通報嗣因李大肚蔡明糖在監患病報明撥醫治痊該縣正在覆審解辦間十一月初八日辰刻嘉彰一帶猝遭地震監獄倒爲平地該犯等因變逸出仍卽自行投歸由縣府審擬解勘臣等覆

加研訊據各供認前情不諱詰無另犯搶竊不法別案亦無知情分贓之人矢口不移贓經主認正盜無疑查例載江洋行刦大盜立斬梟示又濱海行刦過船搜贓一經得財俱擬斬立决其止接遞財物並未過船搜贓行刦亦止一次並無凶惡情狀者仍照情有可原免死發往新疆給官兵爲奴又在監斬絞重囚及遣犯如有因變逸出自行投歸者俱照原犯罪名各減一等發落各等語此案李大肚李立蔡明糖陳厚陳成林汰和夥同在洋行刦過船搜贓按例皆罪應斬决梟示其在監因變逸出自行投歸例

得照原犯斬罪上各減一等問擬滿流惟該犯等均係過船行刦洋盜若僅擬流罪設或配所防範稍疎一經潛回濱海地方難保不復出爲匪自應酌量從重問擬李大肚李立蔡明糖陳厚陳成林汰和等六犯均請照免死發遣例發新疆給官兵爲奴以示懲儆陳劾陳水來蔡澎陳興四犯訊止在本船接贓行刦亦止一次本屬情有可原既因變逸出自行投歸仍照例於原犯遣罪上減一等各杖一百徒三年比照閩省搶竊擬徒之例鎖繫石礅五年限滿交保嚴行管束以上各犯並照例刺字失察各牌保飭

杓責懲已起贓物布袋給主認領未起各贓查明有無盜
産分別追賠逸犯飭緝獲日另結除備錄供招咨部外謹
附案具
奏伏祈
皇上聖鑒勅部核覆遵行謹　奏
會奏紳民捐資助賑附摺
奏爲紳民捐資助賑籲請仍照前摺從優獎敘恭摺具
奏仰祈
聖鑒事道光三十年十一月二十八日准吏部咨議奏臺灣淡

水等廳被水暨彰化等縣被震兩案捐輸銀米並出力各
官紳查照海疆捐輸章程分別條款開單恭呈
御覽於本年八月十三日奉
旨依議欽此由内閣鈔出咨移到臺臣等伏查淡水等廳被水
彰化等縣地震兩案原奏以事關災賑重務聲明請照現
行常例及豫工二卯事例准予優敘欽奉
上諭吕恒安徐宗幹奏官紳捐資助賑可否給予獎敘一摺上
年臺灣府屬淡水噶瑪蘭兩廳同時被水情形較重經各該
官紳等捐輸銀米分別賑卹並彰化等縣上年地震亦均籌

捐辦理所有各官紳等著准其於事竣後覈實查明彙請獎
敘此案並著免其造册報銷該部知道單併發欽此臣等業
將奏准援照前例獎勸緣由曉諭在案今部臣改照海疆
捐輸章程綜覈甄敘欽奉
俞允臣等何敢干冒再瀆但臺地四面風濤往往災異不測省
城遠隔重洋聲息難通又非比内地海疆各郡邑有輔車
相依之勢萬一地方有事存款不敷一時無從接濟不能
不兼藉民力惟俟事竣優加獎勵得以應手兩案災務臣
等督飭印委各員力求節省核實查辦士民觀感奮興急

公好義許以從優請獎並爲將來緩急可恃之地海外民
情知恩尤甚於畏法罰宜嚴而賞宜寬撫馭之方未可盡
拘定格言必忠信蠻貊可行該捐生等非盡殷實有餘或
圖登進之路或希章服之榮是以踴躍輸將易於集事茲
與前奏引例多有不符則未能取信以後遇有勸辦之事
恐致觀望不前查道光二十四年漳泉分類案内捐卹難
民亦按現行常例豫工二卯事例從優給獎合無仰懇
聖恩俯准仍照臣等原奏將該紳民等分別議敘其捐輸各官
員可否照獎以歸畫一出自

皇上逾格鴻慈。至在事出力人員。遵照部臣原議。不敢
再乞
恩施。臣等目擊海外情形。近年以來。地方安輯。不至勞師糜餉。
實得力於官民一心。信而後勞。安危所繫。不敢不據實上
陳。除將部查捐年考補各人員咨覆核辦外。謹合詞恭摺
具
奏。伏乞
皇上聖鑒訓示。謹　奏。

會奏澎湖地方偶遇風災附摺

奏為澎湖地方偶遇風災。循例動項委員前往查辦。恭摺
奏陳。仰祈
聖鑒事。竊澎湖一廳。孤懸海中。地多沙石。不能栽種稻穀。惟藉
雜糧以資民食。上年十月間。據通判楊承澤稟稱。該廳地
瘠民貧。冬令雨少風多。收成稍歉。幸早收尚稔。猶可支持。
民間多捕海為生。素鮮蓋藏。誠恐來春青黃不接。未免食
貴堪虞。並稱海島窮民。不慣粒食。以地瓜切碎曬乾。名為
薯絲。經久可用。向來多以此糶濟。請預為籌備等因。當經
臣等率同臺灣府知府裕鐸。暨該廳楊承澤。公捐銀二千
兩。收買薯絲。運往以備接濟。去後。茲於三月二十五日。復
據該廳報稱。交春以來。雨澤稀少。三月初四日至初六日。
風霾大作。刮起海水。徧地飛灑。土人稱為鹹雨。瘠土皆成
斥鹵。最重之處。所種雜糧苗葉枯萎。收成無望。廳屬共十
三澳。大小六十八鄉。逐加履勘。除吉貝、西嶼、八罩等澳稍
輕。其餘九澳受災較重。貧民餬口維艱。前備薯絲。不敷散
給。現在會同澎湖協副將設法倡捐。周卹。惟澎湖素乏殷
實之家。捐集無多。請援照嘉慶十六年及道光十一年歷
辦成案。籌項賑濟。並據副將謝焜、臺灣府知府裕鐸稟同

前由。臣等查澎湖地方。上年晚收已歉。本年正月以後。雨
澤仍稀。復於三月初旬。猝被風霾。雜糧枯萎。致失早收。民
情倍形拮据。雖經臣等暨府廳捐買薯絲接濟。惟被災之
處。須俟晚冬栽種望收。為日正長。該廳為全臺門戶。四面
皆海。貧民易致流離。亟須妥為撫卹。俾獲安定。該廳營同
士民捐資不敷。即由臺郡勸辦。尚需時日。且地隔海洋。緩
不濟急。溯查嘉慶十六年及道光十一年成案。亦被鹹雨
為災。曾經動項辦理。臣等會同籌商。於道庫備貯項下。提
銀二千兩。添買薯絲。委候補從九品曾廣煦。陸續解運。並

撥銀三千兩。委即補同知本任嘉義縣知縣王廷幹管解前往。會同該廳確查實在極貧次貧丁口。分别輕重。或就近添買薯絲。或易錢折放口糧。先行撫卹。仍察看情形。應否加賑。抑應緩征。據實馳報。由督撫臣照例核辦。以仰副

聖主怙冒海隅。不令一夫失所之至意。所有澎湖地方偶遇風災。動項委員前往查辦緣由。謹合詞恭摺具

奏。伏乞

皇上聖鑒訓示。謹

奏

議水沙連六番地請設屯丁書

竊抵省後。接蒙鈞札。以臺灣彰化縣轄之水沙連六社生番獻地輸誠一案。奏奉

諭旨。無庸歸官開墾。自當照舊封禁。惟前此薙髮生番。應如何酌量安撫。已墾番地。及私墾各戶。應如何禁止驅逐。飭令遵照部咨。於到臺任事後。會同臺灣武鎮嘉義營叅將呂大陞。督同臺灣府仝守署鹿港同知史丞。體察情形。妥爲開導。愼重辦理等因。職道於四月初五日東渡。原擬收泊鹿港。即由彰化縣就近順路至該番社內。訪察情形。預爲籌畫。乃次日因風駛至嘉義縣轄之北港地方。於初十日登岸。行入縣境。適在途次接晤史丞。據稟巡查內山公出。現在各番衆靜候查辦。安謐如常。聞嘉邑斗六門至水沙連入山之集集埔相近。於赴郡道路亦便。探聞武鎮業請開缺。仝守正在患病。呂叅將亦因公赴郡。恐到任後時日稽延。上煩憲廑。即同該丞前往山口查看。當有田頭社番目擺典等帶領番衆。先至道旁跪接。隨令傳集各番目前來。敬宣

皇上德意。妥爲開導。諭以

朝廷禁令。不准越墾番界。設立碑禁。誠恐一經官墾。番漢雜

處。設有民人欺凌爾番。豈非轉貽爾害。令通事反覆傳諭。該番等感激叩頭。環跪泣訴。據供自乾隆年間協剿林逆。蒙

皇恩賞給口糧九十名。數十年來。生齒日多。業經薙髮。願改熟番。求一體爲民沾濡

聖澤等情。職道再四籌維。得衆之道。總當綏之使來。柔遠之經。尤在示之以信。既未可因却地而不准爲熟番。又未可令蓄髮而復驅爲生番。部議謂番民之投誠。此時不患其不眞。患其始眞而久且漸漓。不徒取悦於目前。實宜遠慮於

事後今若概行拒絕恐投誠之心不待久而已渙而遠慮
尚計及日後近慮已隱伏目前也此時恪遵
諭旨申明舊章徧加曉示與奉委各員襲老成之見會同稟覆
即已畢事其一切格碍實在情形
國計民生所關知而不言言而不實粉飾遷就聽其自然此
正所謂取悦目前而貽害將來者是有負
君恩憲德問心實有所不安竊思封禁舊制防微杜漸永遠遵
行原爲長治久安之策然土牛界禁在乾隆年間早經
奏明虛設法久弊生即欲力爲整頓而相沿已久有積重難

返之勢官不能禁而後請開官不准開而又不能禁是部
議所謂番與番戕番與官抗之慮恐在目前也此其不容
粉飾以貽害者一也雜髮易衣已成熟番拊循既周雖犬
羊之性中孚可格習久自馴如又麾而拒之不生不熟不
番不民生番欺凌之熟番戕削之必至激爲困獸既未闢
地又未設官原可聽其自生自滅然一番輸誠不納全番
聞風皆不復萌其向化之誠是部議所謂一番不安全番
騷動之慮恐在目前也此其不容遷就以貽害者二也已
墾番地皆成沃土禾黍芃芃一旦揠其苗刈其實豈非逼

之生事私墾各戶既知官之不能禁又知官之不准開官
不能禁而私開益多官不准開而私開益便日聚日衆是
部議所謂奸民勾引悍强煽動之慮恐在目前也此不容
聽其自然以貽害者三也凡事率由舊章畫一遵守一動
不如一静然因時制宜實有行乎其所不得不行者官禁
果遵則番守其界斷無請開之理私墾既衆則官去即來
實無永禁之方現在尚無利可興而亟宜防害伏讀部臣
前奏創建工程開墾地利多一部署即多一紛更恐將來
所入不敷所出並慮其胥役兵弁種種滋弊今欲無用紛

更無勞部署無設立官吏兵役之流弊無創建工程費用
之浩繁而使目前歸化之番仍可得所陸續墾成之地不
至紛爭斟酌權宜惟有設屯之一法查雍正以來凡有生
番歸化求改熟番無不准之案乾隆年間改熟之番無不
設屯安置皆有
奏請挑丁給餉各成案可循正在籌議間仝守因病開缺調
史丞署事該員到任後六社番目人等羣至郡城叩賀並
集職道署前環跪求見隨會同署臺灣葉鎮因公在郡之
署北路協呂參將督同該署守暨委署鹿港同知胡升令

等曉諭番衆。爾等原爲謀食求生。不肯收爾土田。乃
皇上俯恤爾番黎至意。至於爾等願改熟番。出於誠悃。當查明
舊案。設法爲爾等養贍。該番等皆伏地叩頭。又詰以埔南
熟番。何以私入。據稱伊等祖父爲從前生番招入。已代墾
二十餘年。求免驅逐等語。因思此時設屯籌餉。別無閒田。
該熟番等在埔南開墾多年。已蒙將碍難驅逐各情陳奏。
則此項熟番。祇可任其自耕。即以熟番所墾埔社。加冬以
南地內。出給六社屯番租餉。以番養番。似可通融辦理。據
史丞等前已查明埔地加冬以南熟番。舊墾者約有千甲。

加冬以北。業有已墾埔地若干。皆去年春季熟番私入所
墾。五月間曾蒙蒞勘。諭令廳縣驅逐。於冬月內概行逐盡。
剩有空埔。聽候官爲經理。詢據該番目等。並稱當時原因
埔南所招番墾無多。不敷口食。以故獻土歸官。今既不收。
而甫經改熟。仍未諳耕作。誠恐去年逐出之番。又復潛入。
即官爲驅逐。去而復來。與其埔北仍歸私墾。不如與埔南
一概自行招墾。同出番租。以免私爭生事等語。傳問各番
衆。均皆欣願。職道等復妥爲撫循。令各歸本社。靜候辦理。
並酌加犒賞。皆帖然感謝而去。竊查臺地內山生番。屢經

歸化。南北兩路。均於乾隆五十三年。經前大學士福奏請
分設十二屯。挑取精壯。充當屯丁。大屯四百名。小屯三百
名。南路一千名。屬臺防同知。北路三千名。屬鹿港同知。設
立千總把總外委各屯弁管轄。其丁外餘番。設有通事土
目等管束。歷來歸化改熟之番。從無生事。其屯丁每名按
年酌給銀餅八元。以爲丁餉。撥給埔地一甲三分至六分
不等。以爲租穀養贍。其屯弁等應給埔地飯食等項。一并
在於未墾埔地。及丈溢田園內。撥出作爲此項設屯租餉
等公用。又於水沙連等社生番。出力協剿林逆案內。

奏請挑取埔水田頭等社番九十名。彼時以該番尚未薙髮
改熟。未便設屯。僅按年賞給口糧租穀。隨餉支放。各在案。
玆查埔社水社頭社眉社猫蘭審鹿等六社番衆。前雖未
改熟番。既挑給口糧。已與生番有別。玆復薙髮輸誠。與生
番歸化改熟設屯之例。亦符。自應推廣
皇仁。援照舊定章程辦理。俾該番等既得贍其身家。又可資以
捍衛。共沐
生成。以昭
盛治。查埔水等六社番衆。男婦一千餘人。挑選壯健者四百名。

可設一大屯在於番社內選舉衆所悅之番充補外委一員管轄屯務其丁外餘番再設通事土目等管束仍屬北路屯千總把總統轄歸於北路理番同知及北路協副將稽查管理所有應給屯餉屯租現在無款可籌埔南熟番墾地無多即出餉租亦不敷屯用將埔北地段與埔南一體招種出給租餉雖與禁例稍有未符然以熟番而養熟番番墾番地於事理未爲不順且此時縱遏其請難免番衆之不自招更難保漢奸之不私入轉滋事端不如聽其納租自墾此外仍應另立界限不准再有私越如此則改

熟新番得以安置舊墾熟番並免流離而設屯公用亦不至於無措新舊各番均各安於無事況番餉番銀出於番地悉由番心所自願是因所利而利之而不與爭利無創建工程糜費之煩無增置兵役流弊之慮目前固可相安日後亦無貽患並與前任熊道及日前奉委在事人員今因公留臺之候補府經唐均等熟商意見相同且憲臺初次條陳原有調取屯丁令其自行耕作官給器械隨營操演之議合無仰懇仍奏請

聖恩俯准循照屯務舊章妥辦以恤番衆而弭隱患如蒙

俞允再將增設屯丁屯弁應辦各事宜會同署鎮等於巡行之便仍親詣六社確切查勘妥議另稟並應定屯田經費收支各章程飭由廳縣詳造清冊繕呈憲覽報部察核存案緣奉特札飭委謹將籌議大概情形肅先具稟

再察看六社番情詢問臺人士之所傳說查閱乾隆嘉慶年各臣工之所敷奏前後參酌雖彼時所指非此六社而切中利弊實與今此機宜若合符節此事氣運所關似終有欲罷不能之勢熟籌全局有不得不再詳晰陳之者臺地寸土悉由生番漸次開成埔裏六社地面較大居全臺

心腹襟帶數縣爲中權扼要之區由內山之番社木柵北曰四十里半日可至彰化縣地在後山番社尚可云邊而六社之地則與縣毘連前大學士福公奏稱從前設立土牛禁民佔墾因生齒日繁私佃耕種土牛之界竟成虛設良田彌望多在界外舊設土牛早無遺址可尋民人開墾與生番日久相安並無事故等語據此則土牛之界在乾隆年間業已全無私墾陞科早已深入番地之內埔水六社於乾隆五十三年協討林逆以後支領口糧時常出入不但該番衆在集集等處交易即民人亦時常進內實以

別社番地皆在高山峻嶺之中此六社獨爲沃野平原距後山生番地境迥隔惟前而有山聯絡南通嘉義北達淡水路徑歧雜如有匪徒逋逃入內不但深山可以藏身並且沃地易以糊口前此林爽文窮蹙竄入謀據險要幸彼時私入之人無幾生番之勢尚强不爲所據數十年來私入之人較多生番之勢極弱今昔異形所以尚無事故者以並無巨惡乘機竄入設或成爲巢穴則險爲賊據番力不敢拒爭憲臺前奏五弊之說已詳噶瑪蘭當日慮爲蔡逆所竊議請歸官然猶在後山八九日之程非若六社之

去縣咫尺歷來策臺患者無不以此爲慮前廣州守閩人藍鼎元所云闢其地而聚我民害將自息翦焉闢焉正所以少事而非多事理焉治焉正所以弭患而非貽患或未知其地之能爲賊據而謂棄之便可無害者試以林爽文爲車之鑒至於番地歸官經理議者慮有事端是所慮在乎生番查生番不比別省夷酋皆散處各自爲社六社之番其性馴良亦與別社有異如准其援案設屯六社男婦一千有零挑取壯健四百調外充丁有屯弁通事等管束可與各屯番一體當差者昔日噶瑪蘭遠在後山深入生

番境地盜賊竊伺番民鬭爭不靖者數年一旦歸官四十餘年至今安靜六社番性尤馴更可無慮或未知臺地番情而謂恐有後患者試以噶瑪蘭爲前事之師總之膏沃制勝之地不爲我有必爲人有前臺灣道姚瑩方傳穟臺灣府鄧傳安具有稟陳前詹事閩人梁上國章奏內引雍正初年前憲滿題報南北二路生番自古未通聲教近見內附熟番飽煖優游亦莫不歡欣鼓舞鬭爭編氓應令所報丁口附入版圖云云又乾隆五十三年福公奏云沃土既不免拋荒游民又無以歸宿應請照民買番地之例一

概陞科免其查究等語以此見番界情形各須因時以制宜不容膠執大概番墾者歸番民墾者給民民番未墾者則官爲屯田而收其租穀可矣否則賊目耽耽見拋荒則難免垂涎無歸宿則愈謀勾引此類於慢藏以誨盜者也以恩意招徠之以良法綏定之則歡欣鼓舞必有倍勝於昔時者是使山後要地隱隱有增兵之實而無增餉之繁臺疆利賴永及無窮詳悉疏列奏

旨允准至今享其樂利由此觀之是日前六社試墾之舉實出自臺民之有例可援番民之見善則遷而非臺屬官吏之

創議多事也夫臺地情形與他省迥異一經歸化番即我
民地即我地番地能爲後患者在漢不在番漢民日聚日
多彈壓稽查所不及小害鬬爭大害據數十年來由彰
化而闢淡水由淡水而闢噶瑪蘭跡似開疆意實除患今
日之六社即昔日之淡蘭也前此六社之禁因番未輸服
歸官不禁則番必相爭禁則番守其土今出於番之自請
揣度其心固由謀食亦因番族少而私入者多恐地不歸
官必歸於賊歸官尚可自存故決意薙髮改熟而獻其地
此時禁則必有事端不禁則轉可綏靖設屯之議亦出於

不得已並非調停於目前也昔噶瑪蘭亦曾有置屯之議
彼時內山山番俱未改熟而熟番歸化者皆淡水等處遷
移而來與漢民雜處是以未經立屯即開墾之事亦屢經
奉駁而後定今六社設屯以後自益見馴習而策及萬全
終當相機籌辦蓋其勢有不能不官爲經理者總之綢繆
久遠之計無論漢民番民安危之機利害之原在於得人
不得人不在於得地不得地也惟徵之往事合現在時勢
而論究以得地爲善策耳凡此情形久在洞鑒之中而猶
復縷晰上陳誠以此事爲安民而非徒恤番爲除害而非

爲興利職道身歷其地及之而後知仰體公忠體國固不
敢迎合見長亦不敢瞻狥畏事是以冒昧再陳仍候裁奪
再查噶瑪蘭文卷舊名蛤仔難伏讀嘉慶十四年前憲阿
奏奉
上諭蛤仔難北境居民現已聚至六萬餘人且於盜匪窺伺之
時能知協力備禦幫同殺賊實爲深明大義自應收入版圖
豈可置之化外況其地又膏腴素爲賊匪覬覦若不官爲經
理防守設竟爲賊匪佔踞豈不成其巢穴更爲臺灣肘腋之
患乎又嘉慶十五年前憲方奏奉

上諭噶瑪蘭田土膏腴米價較賤民番流寓日多若不設官經
理必致滋事生端此噶瑪蘭遵奉開闢之由來也再查梁詹
事所奏有云其地未入於版圖其人遂域於法外萬一不
能自守淪爲賊巢恐海洋從此多事前廣州守閩人藍鼎
元東征集云臺北民生之大利無以加此氣運將開必當
因其勢而利導之番害不待驅而自息當事者往往難之
蓋彼時亦皆不以其言爲是也又平臺紀畧云生番化爲
熟番熟番化爲人民而全臺不久安長治若吾不信也或
謂海外不宜闢地聚民不知委而棄之必有從而取之又

云有地不可無人經營疆理則爲戶口貢賦之區廢置空虛則爲盜賊禍亂之所利之所在人所必趨不歸之民則歸之番不歸之番則歸之賊即使內賊不生又恐寇自外來又臺灣事宜論云畫地禁民無入番界是亦一道然但能使民不入不能使番不出畫去一尺則出來一尺有鵲巢鳩居爲海疆之患者恐生番亦不能保其有也前嘉義敎諭謝金鑾噶瑪蘭紀畧有云臺灣與古之邊土異古所謂邊土有部落有居長土非中國之土民非中國之民遠不相涉必欲撫而有之有其土而吾民不能居也徒爲爭殺之害臺地爲我之地民即爲我之民噶瑪蘭官雖未闢民則已闢而獨爲政令所不及奸宄凶人以爲逋逃之藪則棄地棄民之非計也或曰生番土還諸番可矣必欲爭而有之以滋地方之事斯爲非宜不知必當盡收之歸於內地而後可謂之還番而後可謂之無事否則官欲安於無事而不能也又述陳少林嘉義縣志云或以爲難而不肯爲或以爲迂而不必爲其始爲之甚易而不爲其後乃以爲必不可不爲而爲之勞費已什百千萬矣此皆爲噶瑪蘭而言與現在情形實相脗合伏讀兩次陳奏業已無

言不盡職道知識謭瞀更未敢臆度屢陳謹以前人論說摘敘臚列並祈鈞鑒

請籌議備貯書

自古官有餘俸而後可以講吏治即無餘而非不足尚可責備也民有恒產而後可以講風俗即無產而得以謀生尚可措理也惟日不足而萬無足之時其臺灣之官乎不能謀生而萬無生之理其臺灣之民乎其不足也皆自至足來也其謀生之難也皆自謀生之易致之也府有叛租有鹽課廳有口費縣有正供有雜稅皆有羨餘也皆有津貼也倉有餘粟庫有餘帑民有餘錢商有餘貨昔之官於此者皆公私綽綽然加以存項充牣無慮支絀故至今無不以爲臺地之勝於內地信而有徵履其地而後知十年前之不如二十年前也五年前之不如十年前也一二年內之不如五六年前也其故安在兩言以蔽之曰銀日少穀日多銀何以日少洋烟愈甚也穀何以日多洋米愈賤也他郡縣猶或可以補救臺地居海中既無去路又無來路他郡縣不過曰穀賤傷農與其穀貴而有損於貧民不如穀賤而有損於富民臺民則無業者十之七皆仰食於

富民。富民貧。貧民益貧。而官亦因之而貧。府中叛產。每年額徵洋八萬餘元。皆糶穀完納。今易穀十石。纔五六元。而額完且多在十元以上。民間正供。少亦在二十元以內。設法墊納。以昔之有餘。補今日之不足。亦未為苦也。乃逾一年而賤。逾二三年而更賤。向來承辦之殷戶。今皆紛紛稟退。懇求查抄。以延餘喘。此難之在民者。於昔日至足。而今日至不足也。府庫積欠歷年統計叛租墊二十餘萬。鹽課欠十餘萬。營中官租欠六萬零。司中按年照額劃扣庫中按年挪款墊支。此外生息之款。及應由廳縣歸補而未解

者。尚有二十餘萬。正供與叛租情形相同。辦公日形竭蹷。是以司庫已扣。而府庫未收者。愈積愈多。無怪同任初接交代存庫數十萬至今日而一空。此難之在官者。昔日至足。而今日至不足也。叛租既不能足。尚有鹽項。此向來府中之出息也。乃鹽戶又不能支持。問其故則以私鹽之日多也。私鹽之所以日多。則以穀價日賤。富民不能養貧民。貧民無所傭趁。無所挑負。而私販餬口也。禁之過嚴。緝之過猛。將趨而為盜矣。往年商船流通。地方繁富。鮮有饑寒者。故窮民無不以臺為退步。今則不然。需者為道殣餓死

強者犯法以苟免。昔無恒業。而寄居求食。便於自贍。今無生路。而惰游已慣。不耐勞苦。此謀生之難。皆自謀生之易致之也。夫生財之道。不外開其源。節其流。臺地無源可開。但通其流。而源自裕。米穀不流通。日積日多。望豐年乎。賤更甚矣。抑待歉年乎。賤如故也。蓋由內地食洋米。而不食臺米也。不食臺米。則臺米無去處。而無內渡之米船。無內渡之米船。即無外來之貨船。往年春夏外來洋元數十萬。今則來者寥寥。已數月無廈口商船矣。各廳縣雖有海口。幾成虛設。然無來亦無去。猶可也。而烟土之禁不弛而弛。

即以每人每日約計之。須銀二錢。就臺地貴賤貧富良莠男女約略喫烟者不下數十萬人。以五十萬計之。每日即耗銀十萬兩矣。此有去之日。無來之日。業數十餘年矣。安得而不窮。且盜乎。穀多而銀不缺。銀少而穀易銷。尚可苟延。二者夾攻。其何以堪。且穀已賤。或有可貴之日。銀已貴萬無再賤之時。則以洋夷之殖本愈厚。而牟利愈巧也。臺商之貨。糖為主。今聞夷亦販糖矣。臺商困則臺民敝。臺民敝則臺吏窮。夫事有便於官。而不便於民。或便於民。而不便於官。而今則官民皆淪胥以敗。奚暇講吏治哉。奚暇講

風俗哉現存備貯道庫十萬兩府庫截至夏季止聞僅存
三萬餘兩秋餉尚敷冬季已須別爲籌墊然非有叛租鹽
課等項之羨餘無可墊也各處内地劃餉而由府轉劃者
兵丁不能嗷嗷以待又須別爲設措然亦非叛租鹽課等
項之羨餘所可措也此兩項全任未征完及外欠者將五
十餘萬近年征而未完欠而未繳者又將十餘萬承辦者
求退求查抄之不暇比追豈能如數則欲墊而無可墊欲
措而無可措所恃者道庫之十餘萬兩例不准無事擅動
然府中既無所籌應海外兵餉攸關不得不移借應之及

來年大餉到臺提還後所存又無幾今年冬餉不敷來年
秋餉不敷後年春夏餉亦不敷矣地方殷富之時干戈尚
且屢起窮蹙至此尤可寒心萬一偶有蠢動道庫所存無
多也府庫懸磬也紳商大半皆破落户也智如諸葛勇如
武穆亦束手而無可如何是非早爲綢繆大爲更張將有
坐視其一潰而不可復振者議者或請減兵額以節餉曰
止見兵來擾民未見兵去殺賊減之似非防患之道而實
所以去患兵不擾民民必不亂宋范鎮所謂憂不在四夷
而在冗兵與窮民也此一說也或請籌公費以養吏曰於

正供劃出如昔年耗羨歸官俾得辦公有資當此國用短
絀之秋尚爲官吏計養贍亦愚且誣矣然臺地縣官無漕
餘也無陋規也地方紳商無通融借貸也止有正供之羨
而正供之難征如此加以兵穀半折等項按年全數劃扣
而後收總不能清款並有僅完至六七分以上者賠貼從
何而來全臺攤款已十九萬有奇又從何彌補即如幕丁
之資費僚友之應酬眷口之食用究出於何項乎賢者虧
挪耳不肖者即不至簠簋不飭惟望辦軍需耳是惟恐不
亂也窮生貪貪生酷酷以濟貪終亦未有不亂者即惟正

之供民間已有敲骨吸髓之苦從前臺地郭光侯洪協因
抗糧激成巨獄尚在殷實之時今則禍變更易人心散而
盜賊起所耗於國家者不可以數計何如先爲籌其餼廩
似費而所省實多元崔彧曰百官月俸不能副養贍之資
難責以廉勤之操宜議者增俸斂民必受恩惠其有以貪
抵罪又復何辭此又一說也或請減糧賦以安民曰額賦
不能求減每十石一車減價收洋十元上下其軍餉不敷
者由内地另為籌撥則民氣大舒民氣舒而官無掣肘始
可責其盡心以治民為此說者亦知其不可而強爲之詞

也然其說似迂而實爲切要之計明吳甘來曰所慮兵鬨賊而逃民見賊而喜恐非無餉之患而無民之患宜急輕賦稅收人心其迹似損而所益實大此又一說也總之臺地之難難於孤懸海外非內地輔車相依可比諺云三年一小反五年一大反豈眞氣數使然耶天地所生以養人者止有此數財用有去無來流民有來無去欲不擾攘而不能如咫尺之地四面皆水萬秀叢生其勢不能相容非斬刈之則焚燒之理勢固然也爲今之計先其急者司庫有應發還府庫之項籌撥若干以爲備貯或以後扣劃少

爲變通使常變皆有所恃而無恐卽一切支墊亦易於轉運而不至坐受其困仍取積久之有着者設法追補兼採衆論之可行者次第圖維臺人有云萬不能斷洋烟不得已本地聽其種烟而銀兩或不至外出也萬不能絕洋米不得已內地所附近各省均辦採買而米穀或可以流通也皆言之易而行之艱也朱子所謂大勢如人身重病內自腹心外達四肢無一毛一髮不受病者臺地先設法備貯府庫殆如奄奄待斃者進之以參苓姑延一息耳近日么麽海賊洋面刼掠不久卽去而僱備商艘籌給舟師口

糧已覺搘擋之難設有大憝如曩日朱蔡者其若之何嗚乎敗壞至此非一朝一夕之故其所由來者漸矣大約元氣之大傷由於歷年疊次豎旗分類而又繼以夷氛之擾其一切通欠之積重難返也亦以近年官斯土者衰病已久也前官去者去亾者亡後人欲求近功速效而不能悠悠忽忽文恬武熙苟安目前得過且過而病根日深不發則已發則不可問知而不言其咎益重嘗讀雍正年間陜西潘總戎疏云地方事宜有可設法措置者以錢糧爲重而斷不肯耗費於無用之地若地方及營伍事宜有必用

錢糧始得安謐者當以地方爲重而斷不敢博節省之名是以不揣狂吠激切上陳無任干冒悚惶之至

籌議目前酌劑各條

一爲府庫稍輕籌墊也府中經征叛產多在嘉彰兩縣自道光二十五年風災案內呈報水衝沙壓者不可勝計勘驗清丈分別是否堪以墾復一時未及詳辦佃戶拖欠有因而司庫則已全劃營餉卽須全支佃首不能墊納府中不得不籌款以應以致日形支絀可否將加餉六萬四千兩除叛租征收五萬四千兩儘數支除並鹽課項下撥給

一萬兩兩外再行加撥一萬餘兩減鹽課應劃之額以補叛產短征之數臺地鹽販欠課與內地鹽商倒懸逢額無二現在難於瀆求者以租產先其所亟而亦知更張之未易也

一爲廳員稍輕賠累也廳員承辦配運商船日見其少每屆奏銷即須由官僱運鹿口向運本色船儎之加貼盤量之所耗友丁押運之脩伙皆在其次風濤之險一船失事則數千元去矣盤穀之費一船上倉又數百元去矣臺淡二口向俱賚價赴買而收穀者以穀非臺產不肯盤收於

是私自議折每十石自十八九元至二十二元爲止縣交一三餘俱廳貼淡口並有收本色而交折價者其賠貼尤重可否將僱運之事議一定章或交穀而酌加倉費或折價而按照時值此非爲內地收穀廳縣裁減規費實由船少短配逼於無可如何盡歸海外口員賠貼似未足以示平允也

一爲各縣屬庫稍輕籌墊也縣征正供皆以爲每石折收銀二元二角並不爲少而供穀最多之臺灣縣已僅收二元蘭淡則本收一元八角經胥工伙食等項均出其中即

隨征之耗羨各項之案費亦出其中其買米給兵買穀配運穀價既賤非無羨餘而應買米穀祇十分之三所餘無幾僱運則須一三交價眷穀半折則須一四劃餉而所收正供中之營租學租叛產等項則每石僅折納一元又勳業官租書院寺廟等租均折納一元一二角不等是名爲有餘而實則不足所劃所運所給俱應年清年款方能抵兌當此民力凋敝之時彰化至多收七分淡蘭臺嘉至多收八分惟鳳山可收至九分而各項支應不容稍短是以地方一切公事有不暇兼顧者可否將眷穀半折兩項量

爲減價援內地部定例價每石七錢八分之數照額劃扣蓋兵祇領穀近年米價大賤按二穀一米每石已得銀一兩五錢六分銀價大貴每石已得錢三千二百餘文在內地足敷買給似無用每石二兩折錢四千二百餘文之多也

以上姑爲目前補救之計府廳縣辦公稍裕始得盡心於地方公事即如防冬緝匪稽查海口一切須有餘資乃能應手而催科聽斷中不失撫字之道庶幾海外蒼生陰受其福或可望其日久相安不至生事若徒恃兵刑是過其

流。而非清其源。且有事以後。必至糜帑殃民。幸而安定。隱患終在。更可慮者。即使地方無事。萬一兵丁餉項支給不及。尤難約束。昔人所謂兵數不抽。軍費不減。食既不足。衆何以安。不安之中。何事不有也。今如期支放。近日雖稍形斂戢。而閒有串通匪徒。擄奪之時。餉項再不能隨時應付。尚可問耶。至道署精兵之經費。船工之賠墊。以各前任捐攤每年須五六千兩。此職道已事。不敢嘵瀆。惟各屬情形。爲全臺休戚所關。既有所見。不敢不據實直陳。爲保全地方起見。非爲見好屬員。輕議紛更。喜事多言。上煩廑念也。

此心無他。諒蒙涵鑒。

請變通船政書

昔劉晏曰。成大計者不惜小費。置船場執事者。當先使之私用無窘。則官物堅完矣。誠古今之通論也。曩者臺地船工。道府有餘項。價寬則易完。舟師有口糧物用則不腐。是以一船得一船之實用也。查船廠所需料物。有購自內地者。若松杉若鐵若油若棕之類。皆由廈口商船配帶交廠。例不許民間私售。廠用有餘。則發商匠領賣。而交價浮於原値。舊船椗柁等料。亦有廠戶承領繳價。以津貼工料。例價之不敷。如有延欠。同存料並於交案作抵。此官私之皆有利益也。乃日久而利之所在。弊即生焉。今移交冊內。孔劉鄧平四任。流抵一萬餘兩。周劉沈等任。流抵三萬六千餘兩。姚熊兩任。列抵廠料及匠欠九千餘兩。熊任又抵存廈料四千餘兩。其匠欠作抵。是以現存之項。爲辦公之餘囊。而以待追之項。爲懸抵之空賬也。又各屬有料差。有匠首。承辦料物。由各澎船運廠。向來於差役中點派。有應交公費。亦爲廠中工需津貼。如恐其厲民而裁革之。則採伐料物。無所責成。或土棍影射滋擾。爲害更甚。然官有餘資。

民少困窮。亦利弊參半。而久則有弊無利矣。今者道府之存款。有減無增。舟師之出巡。有名無實。應修應造之船。例應由營駕廠。因港道不能疏通。修船者得以卸責。而弁兵亦樂於折價。虛報領收。便可搪塞。或購買以補額。即補額亦爲兵丁販運耳。已修已造之船。例應由營領駕。因港口不能安泊。駕船者得以藉口。而工匠亦樂於草率。埔岸高擱。何須堅固。或粉飾以備驗收。即驗收亦爲兵丁需費耳。由是而料物之餘存者益多。則以發匠領賣爲利。由是而鋪匠之積欠者益多。則以移交折抵爲便。領售多而完繳愈多所追者半窮丐之子孫流抵多而存款愈少所墊者皆寄存之要款完繳愈少而比追無著不能不問及保人追保人不能不累及鋪民鋪民視爲畏途而接充者無人矣是欲發料物以爲津貼不可得也存款愈少而工需急促不能不取及料差造料差不能不累及匠首匠首皆苦無贏餘而願充者無人矣是欲藉料差以爲津貼又不可得也是誠不如不開港不駕廠之爲便也今一旦力矯其弊而正告之曰有船必造有船必修則應之曰造必如何而後可用也修必如何而後可用如其式而造之修之則

又曰用不可也即用之矣而終置之無用之地曰非不用也造不如式也修不如式也是誠不如不修船而給以修之之費不造船而給以造之之費之爲便也然而又不應也曰料物不能私取也工匠不能聽其使令也則仍歸廠修造而令水師營員監視之其奉委者不過千把等官或曰此舊料不必用也作價與我可也或曰此新料不必用也作價與我可也不得已而與將官親督之則工皆實用矣然而已造之船桅柁皆完駕未久而棄置者有之已修之船帆索悉備領未久而折賣者有之即不准其棄置不許其折賣而無兵丁以守之無礮械以實之有兵丁矣有礮械矣無官弁以統之無口糧以養之欲其不變價而不能也欲其不販貨而不能也私用窘則官物焉能全也將官即知之而無如何也數年而居小修如是數年而居大修如是又數年而居折造亦復如是其間或偶遇風暴則曰不堪修葺甚且以爲片板無存修無可修而造難遽造久之而文冊中有船海洋中無船矣嗟乎洋面無兵船則洋面皆盜船洋面皆盜船則洋面無商船商船絕而臺民危矣今盜船漸以臺洋爲逋逃藪因循再久患不遠也勢

不能不亟起而改圖之全臺原設及裁改應共存戰船九十六隻內臺協中營十九隻內省造四隻本年新折造二隻本年及來年已居大修四隻小修三隻應造補三隻又應歸府廠造補三隻臺協左營十四隻內省造六隻新折造一隻應造補一隻居大修一隻小修二隻又應歸府廠造補二隻小修一隻臺協左營十四隻省造四隻應造補二隻居大修四隻小修二隻應歸府廠造補二隻小修二隻澎協左營十七隻省造六隻應造補二隻居大修五隻撥府折造二隻大修二隻澎協右營十六隻省造一隻居

大修十三隻。撥府造補一隻。小修一隻。艍舺營十四隻。省造四隻。應造補六隻。届小修一隻。大修一隻。撥府大修一隻。折造一隻。除省造二十五隻。新造補三隻外。未修未補者。尚有六十八隻。大同安梭船。新造實銷銀一千零五十兩零。内支臺耗二百兩零。實領司庫八百四十七兩零。折造實銷銀六百二十八兩零。支臺耗一百四十二兩零。實領司庫四百八十六兩零。大修實銷銀四百七十三兩零。支臺耗九十二兩零。實領司庫三百八十兩零。小修實銷銀三百三十七兩零。支臺耗六十三兩零。實領司庫二百

七十四兩。中小同安梭以次遞減。大號白底艍新造實銷銀二千一百十二兩零。折造銀一千一百五十八兩零。大修八百七十二兩。小修六百二十一兩零。小號白底艍。又以次減。例銷之價。實苦不敷。如前所謂料價等無可津貼。則賠墊益多。或曰請將道府兩廠應折造造補之二十三隻。歸道府趕緊辦理。其餘届限大小修之各船。竟請歸臺灣鎮督飭水師將備。各歸各營領價承修。勒限報驗。其料物仍由道廠支給。照例價於領項内扣收。臺協各營。即在道廠興辦。由營員經理。澎湖艍舺各營。由該營將官督修。

責成該廳。據實查報。或由鎮委員驗收。既免駕廠之遲逾。又無領駕之周折。如届折造。則以舊船折料運廠。或應造補。即由廠興工。舊料無用再運。則事以簡而易集。工以分而易完矣。或曰届限大小修之船。大半皆不堪修葺由修造以後。多擱於海埔。風日暴烈。雨水浸淋。責營承修。亦仍有名無實。不如一概全行由道府折造。以大修兩船小修三船之費。各按大小號折料添補。改爲新造一隻。庶幾工歸實在。於原設額數不符。另行籌議造補。其實照原額實備一半。即已得用。餘即補足。亦無兵無械。徒虛設耳。或曰

折造造補之船。請全歸省廠興辦。例價不敷。由道府將折料變價。再另行籌捐劃解省局。配渡到臺。後大小修仍歸營承辦。料物多需於内地。盜船不絶。商船日稀。料物不能源源配渡。不如就省製造之便。所需於臺地者。惟樟木耳。回班哨船可帶運也。如此則所謂發料僉差諸弊之有累於地方者。不過大小修之用。舊例即不能革除。而亦可稍爲輕減矣。如循舊由臺廠修辦。所有厦口料物。亦須商哨並運。方無悞工需也。擇於斯三者。而變通行之。全臺幸甚。明戚繼光言軍工當任武臣。不當任文臣。航海者漁人。而

造舟者梓人彼何與於利害而勞苦以經營之加倍以賠補之不過苟且塞責而已無補國家佟中丞云工料本貴給價不敷雖造成器具總屬無用之物所謂惜小誤大其害不可勝言由此觀之臺地之船工責成舟師大員之賢者而厚給其値其爲上策乎不然積習相沿徒糜帑項而海洋之防僅有虚名商民之受害其小焉者也此可爲長太息也

請變通船政書二

竊道廠承辦師船前請將積壓船隻撥分府廠並責成營

員依限駕交及將開港墊費分年捐補各緣由由司核議詳蒙據情具奏抄摺行知並粘發清單飭卽謹遵辦理等因伏查摺單内開帶辦兵船共十三隻内濟九波五定五三船已據交廠餘照按季帶修章程次第催提遵辦惟各船逾大小修之限已數年皆須另造卽現在届修各船内有高擱多年椗椇多已損失或已蛀朽名爲大小修而舊料不堪取用又無可變價均與造補無異所有損少料物移營追繳十不獲一現計道光二十八九年及三十年正月届修之船截至本年三月止除澎湖營綏一等六船以遠隔橫洋擬請由營分修已另詳請示外逾限未經交廠者尚有十餘隻又帶修十三隻内除造補順二等四船共大小修未駕廠者六隻自經奏定章程當可移交迅速而從前廠港淤塞遲交並非無因未經定議以前似難全行著賠且爲數太多終亦有名無實職道不敢藉此諉卸實苦於力不能支伏閱原摺内開職道額支養廉二千餘兩實止一千六百兩而年例捐款及精兵經費等項計須二千五百餘兩船政關重總應設法趕辦况積壓之船已分撥府廠挑港之費又蒙准勻捐卽購運料物一切爲難情

形悉邀洞鑒何敢再有嘵瀆奈船廠事務繁冗前次清釐大概尚未深悉地方緊要公事甚多未能專理廠務茲在任日久而後日積習相沿動多掣肘當交廠時未便以驗收椗椇不全停工止可先行修造一面追繳亦不過存案而已及修竣交營非實在堅固不能責該營員領駕也卷查從前歷任購料充餘到臺發匠鋪變價交卸之時以匠欠列抵現在接收交代册内歷任併計有五萬兩之多姚熊各任料物並抵九千餘兩今一切核實辦理所有前任列抵物料隨時取用以免日久朽爛尚可無須停待省料

料物既歸實用。而向來領料之戶。多半逃亡無著。既無從比追舊欠。又未能發變新料。以資津貼。衹有將府廳各屬向例。所有公費。捐擋應用。不敷再以存寄閒款添補。所慮日久挪無可挪。將來又抵無可抵。營員賠款。或可邀免。而道廠賠貼。格於成例。無從開報。卽如報竣之波四順十四兩船。皆從新造補。照折造領價外。核計墊用一千九百餘兩。又工竣之平四定六平九三船內。兩船折造。亦係造補將大修平四例價併入。仍屬不敷。平四一船。並係籌款另修。除自行捐賠不計外。尚有挪用之款。是以前請將領款

仍扣存司。不必多購餘料。以便歸補。竊思舊章未便紛更。墊賠究非長策。求其工歸實在。項不虛縻。俾承辦之員賠累稍輕。衹有酌減額數。查臺營師船。較內地加多一倍。原額共計九十六隻。如果依限實在修造。各營止須一半。卽調用有餘。今酌減三成之一。定以六十五隻。臺協中營十九隻。擬減七隻。左營十四隻。擬減四隻。右營十六隻。擬減六隻。澎左營十七隻。擬減七隻。右營十六隻。擬減六隻。艋舺營十四隻。該營爲入臺門戶。擬減一隻。共減三十一隻。改定六十五隻。內除奏明道廠承收之順一、順二、濟四、順七、定五、定二、順十一、濟十一、鞏一、波三、濟十四、波五、濟九、十三船。又府廠平修之平三、濟六、濟七、順五、濟十、濟十二、綏三、綏七、綏十一、綏十三、鞏十一、濟十五、波六。十三隻。共二十六隻。又業經道廠報竣之平四、平九、順三、濟三、定六、順九、波四、順十四、八船。並現在請修之平六、澄一、澄六、順十三、順十六、五船。及請領價交澎營代修之綏一、綏十七、鞏十三、鞏十四、鞏十五、鞏十六、六船。共十九隻。尚有未屆限之平五、平七、平十一、順八、濟五、濟八、澄七、順十二、綏四、綏八、綏十二、綏十四、鞏二、鞏三、鞏十三、波一、波二、順十五、

濟十六。共二十隻。通共六十五隻。細詢水師營員。僉謂數用有餘。照原額收造。實無兵可配。無械可裝。徒爲虛設。物不用則腐。久久停擱。以待届限送修。營員同道廠並增賠累等語。並風聞原船。尚有一二漂失無著。辦理過於棘手。必至久仍廢棄。勢不能不量爲變通。酌減此數。節省經費之虛縻者不少。如定制不便更張。或將臺地減去之三十一隻。分撥內地福泉漳三廠。以符舊例。各項料物。除樟料外。皆出自內地。較臺廠採辦爲便。設或海洋有事。各營原可臨時調遣。至減去各船。仍行配緝。如已朽壞。卽由各該

營酌改小哨。爲巡查內洋之用。所有擬減各營船隻字號詳晰分註。開列清摺稟祈酌定。職道謬膺劇任。時以紛更喜事爲戒。而因循依就。徒託虛名。上負恩慈。實爲寢食不安。誠如憲臺從前船工奏議所云。賠累難支。難以適用。支發例價。亦與虛擲無殊。徒爲具文。仍循故步。情同欺罔。是以不揣冒昧。遇事徑直率陳。以備菲葑之采。皆求公事核實。起見非爲己私。倘蒙允准。再咨司核議轉詳。如以格於成例。窒礙難行。惟有竭力儘辦。不敢藉詞延誤。伏乞鈞示。

開港議

臺灣軍工廠前。舊有哨船港一道。直達安平大港。以資哨船出入。旋因溪流沙土壅塞。安平大港。變成荒埔。經孔前道詳明。由道出示。召佃試墾。年收租息。以抵每年開挖廠港經費。某蒞任後。委員週歷履勘。廠中原開舊港。因溪流改道。緊接洲仔尾之溪。橫冲直貫。雖年年開挖。旋修旋淤。竟有一歲而開數次。徒滋糜費。一經淤塞。居修之船。即不能駕廠。因而停工。殊於船政軍工有礙。當即委員週歷海邊。逐一履勘。查有負郭之小西門外迤南地方一段。地勢平坦。堪以建設船廠。凡遇修造哨船完竣。引入海內。近接

三郊所開之新打港。水勢既深。易於交營領駕。既免旋開旋塞之虞。又免營中藉口港道淤塞。難以駕廠。惟該處尚須開造船塢。挖深港道。不無費用。究係一勞永逸。除再委員勘估開挖船塢若干處。挖接港道若干丈。應建房屋若干間。實需工料價銀若干。另行繪圖估價詳辦外。合將移建臺廠另開港道。以備新舊哨船。便於交營駕廠緣由。先行具文詳報察核。

移船廠議

臺廠遞年以來。積壓船工不少。先於六月間詳晰陳明在案。究其所以積壓之故有二。遭風各船營縣延不造冊具結勘覆。以致無從咨請轉詳具題領價造補。居修各船營以港道不通。船難駕廠。道以開港既須津貼修船。又需賠累。相率因循。愈積愈多。伏思營縣勘覆冊結。自可嚴限催辦。而開港一層。非親歷其境。不能周知。緣港道上游有洲仔尾溪一道。每遇大雨。洪流泛濫。沙泥貫注。是以有隨開隨塞之患。埔租經費不敷辦理。實形掣肘。不得不另籌善策。當與臺協水師郭護副將熟商。以開港不過濟目前之急。移廠可以成久遠之利。即委員沿港溯流而下。至小西

門外迤南一帶。平坦之處。堪以建廠。就廠前曠地兩旁開築船塢。中間開挖港道。約一百二十餘丈。以便哨船出入。港外緊連臺郡商賈郊行所開駁載貨物之新打港。由三鯤身出口。極爲近便。查開港經費。原有埔租本款。卽使不敷。亦應捐墊。其築塢建廠各事宜。卽因陋就簡。約需千餘金。方能敷用。並因樽節辦理。不免規模狹隘。一切修舩料件。仍在舊廠。祗於開工之時。運料前往應用。現在籌款興辦。尚有不敷。先行墊付。俟工竣報明分年攤補。身膺重寄。凡事總須先顧大局。斷不敢畏累悞公。藉港道淤塞。船不駕廠。廠不興工。爲自私自便之計。特因地制宜。以期事無窒礙。省虛糜而歸覈實。伏乞訓示遵行。

報廠港竣工書。

前詳擬將臺灣船廠。移建南勢。以就港道各緣由。奉批據詳臺廠移建地方。以就港道。係爲速濟船工。所辦極妥。應卽如詳辦理。並經藩司於議覆清釐積壓船工案內。咨請船廠未經移建以前。仍將舊廠港道淤塞之處。設法疏通等因。遵查軍工廠務。修造船隻。係道專責。當此遞年積壓之後。不容稍事諉延。是以先經稟請清釐。有移廠就港之議。原因上年六七月。已有屆修之船。必開港以後。方能催令駕廠。舊港挑挖需時。旣有旋開旋淤之慮。新廠規模粗具。可以隨到隨修。當於上年八月間。選派委員。督同工匠。就會營勘定小西門外。迤南之平坦地勢一段。塡築廠坪。就近按時價買民房一所。前後廠房四櫊。並帶空地兩段。因陋就簡。重加修葺。添建料屋匠寮十間。樹插竹圍。就平地新挖港道三十丈。引通南廠小港。又將小港九十餘丈逐段挖深。通至外港。開造內外船塢九個。共用過番銀二千四百四十七元五角一辦五尖。其廠港以外。爲水船港直達三鯤身。新打港共長三百數十丈。向係倡捐勸商賈郊行經理。除由道捐發外。該商等費亦不少。十月間工竣後。催營將屆限應修之船。陸續駕廠。一面用小船前往探水。潮退之後。深有五尺。營哨乘潮出入。自可便利。乃據稱探至招外。忽起暗汕一道。橫亘於中。該處沙硬水深。非人力所能開濬。詢之商漁船戶云。七八月間。疊遭颱風暴雨。迤南之二層行溪。向於此處瀉水入海。而迤北之灣裏溪洲仔尾。來源不由安平大港故道。亦歸併於此。南北衝激遂成沙汕。如舊廠港道。仍開通至安平大港。則各歸各道。

一半年後。潮水衝刷。可期平陷。遂又委員親赴舊厰查勘
港道。悉成埔地。姑勿計開挖工費之鉅。先須溯流窮源。實
有把握。方可有濟。某在任一年。地方情形。粗知大略。而海
洋港汊形勢。隨時變易。尚難瞭然。再四訪問。參考圖誌。始
知灣理溪水可以引從國賽港入海。而洲仔尾水道。又可
遶歸安平十二間後而出。即督同署臺防廳郭令署臺灣
縣劉令。候補府經歷縣丞唐均。帶同各郊行。逐細勘明。自
厰坪起至五條港口。由道籌費開挖。並於洲仔尾來源。築
立壩岸。以防漫溢。又引水歸壑。遶道入海。期無碍於現開

港道。共用過番銀二千四百六十元零一角三辦四尖。其
五條港直達安平大港。沙礁疊積。用費尤鉅。據各郊行以
貨船並由此撥運。願爲挑挖。上年更番履勘。期於盡善。嗣
各處災務頻仍。勢難兼顧。甫於本年正月間開工。該委員
等督率工匠。趕緊催辦。直至四月杪。據報工竣。隨即前往
覆勘。一面移催居修之平四平九定六澄一澄六積壓之
定二定五順五濟十等九船。先後駕厰行駛。甚爲便捷。伏
思新厰既經移建。港道亦已開通。因招外突起暗汕。遂致
商哨出入不便。所云溪水各歸各道。仍可藉潮水衝刷。依

然平陷。此說果確。則日後月修帶造各船擁擠。一時尚可
分厰辦理。以期迅速蕆工。相輔而行。於船政亦有裨益。至
現在應修應造船隻。即於舊厰興工。一切收發料件。督催
工作。無煩搬運。且便稽查。惟是兩案移厰開港築壩。先後
共用過番銀四千七百零元。自應捐辦。惟廉銀無幾。捐款
又多。現在船工尚須設法賠貼。吊查檔案。有道光四年間
孔前道任內。因開港費重。詳准就府庫緝匪生息項下。提
番四千元。以應工資。由道勻作六年捐補。此次事同一律。
似可援以爲例。查道厰尚有征收埔租一款。原爲津貼開

港之需。遞年風災水溢。有淡地變鹽者。有被水衝沒者。以
致征收不足。上年埔租本款。祇征有四百零元。此後年額
應征。又須留備修壩築岸之用。未便預爲動撥。姑就征存
之四百零元。全數撥用外。裁零截整。實不敷番銀四千二
百元。府庫生息一項。既須歸補歷次軍需墊款。又應撥解
巡洋舟師弁兵口糧之需。碍難提解。只可就道庫民寄及
代追前任匠欠料價項下。提出番銀四千三百元。以資經
費。除由道捐補三百元外。將四千元請照前辦成案。毋分
正署。即自前四月底工竣。閏四月初一日起。由道勻作六

年攤捐歸補。理合開列用項清摺繪具移建新廠並另開舊廠港道圖說備文詳請察核。再五條港至安平大港。現在各郊商開挖一律深通。連前挑水船港確查工費。亦共有四千餘元。首事者優加獎勵。又近港新淤埔地。不無附近居民私行佔墾。且任意圖築。以致衝毀港岸。淤阻港道。現飭郭署丞劉令確勘妥議。撥歸郊行承管。以為該商歲修安平大港之需。因利而利。庶可行之久遠。一俟定議另行詳報合併聲明。

覆院司籌辦船工書

咸豐元年正月十七日奉札。開臺地向不出產杉木。所有軍工廠凡遇修造戰船。應需工料銀兩。係由該道備具文領料照送司由司核明詳給臺廠省書承領。購備木料。運赴廈門料館存貯。陸續配船勻裝運赴臺廠修辦。并咨明閩海關將軍轉飭各關口隨時查驗放行。此乃歷來久定章程。從無異議。茲據該道會報修竣六船。興工二船。是船未領價亦無詳請購辦料物。所有興工完竣各船。該道係用何項木料辦理。殊不可解。豈各該船尚未領價辦料。預先報竣。斷無是理。且向來亦無如此辦法。據報前情。合亟專札飭查等因。道光二十八年十二月間。詳明請劃餉銀辦料交省廈丁書寬為購備運廠。加以存料尚多。並前任移交堪備選用。是以兼行墊辦。得以依限報竣。邇來商船日見稀少。一船之料。分數船配運。動輒經年。且由省至廈。由廈至臺。重洋遠隔。又一時無船可配。萬不能依限全到。竊思舊章不容輕改。但今昔情形不同。必須量為變通。始可核實修辦。廠存餘料。歷前任皆造冊列抵交款。如拘守成規。以圖自便。每辦一船。必領一船之價。辦一船之料。則存料漸致朽敗。而新料不定何時運齊。仍致停工積壓。如

舊自應選用舊料。另行領價歸補抵項。於船工交款。兩有裨益。仍將續辦各船。隨時酌量分案請領。並非概請扣存。尚須再行籌款報明。飭令省書寬為購運料物。源源接濟。一面領價一面墊辦。方可濟要工而副例限。除造具料照清冊送由藩司核詳外。理合具文詳覆察核示遵。

戍兵議

查兵丁滋事。有先期換班。逗留在郡者。有尚未滿班者。一經生事。即混入班兵內渡。應請通行各屬。在內地實力查辦。不得以過海即脫然無事。再向設精兵。職道及所屬皆

捐廉養贍原以保衛地方惟往往恃衆生事是衛民適爲民害雖精兵挑出後均住鎮轅而防範究恐未到擬請將原額裁減一半所餘捐項交臺灣府委員勘修伙房責令各按營頭居住伙房一律修竣後歸各衙門爲添僱丁勇之費虛糜不如實用並非意存吝惜如果該兵丁改過自新日見起色仍請復舊額以資扞禦都守以上必須外省之人方能破除情面大加整頓再下府兵丁固强而上府亦未見盡弱營兵滋事俱係漳泉而提標之悍更甚可否換班時漳泉各營減撥若干名或漳兵與泉兵分年調戍

免致釀成分類之患或提標兵數酌減抑現在即全行撤換臺民幸甚

一都守以上不用閩人都守以下不用漳泉人

一精兵裁減一半以一半經費捐項修理伙房分營居住不准雜僨民居

一非操演及有事時所有軍裝器械一概繳庫違者惟該管守備是問

一精兵城內酌留若干分撥加添南北兩路巡查不得並居一城有事仍隨時調遣

一換班之年不准請留臺以免日久盤踞生事

一調戍之期漳兵與泉兵分年調戍

一提標兵減調若干名到臺均分撥外汛以免城市窩娼局賭及開小押烟鋪貽害閭閻

一道府縣各多養屯丁鄉勇隨特練習以補兵力所不及並以制兵丁之多事者

移鎮改建兵房議

臺郡紳士陳泰階等僉呈以郡城內各兵分據各坊街佔住民房復設立私廟公廳以爲犄角鬬爭之勢以致兵民

雜處易啟衅端呈請示禁勒歸營房俾得彼此相安等情查兵民錯雜民居難免不起衅生端據請示禁勒歸營房誠爲彼此相安之道惟各營兵房自道光二十五年被風雨倒塌之後至今尚未估辦現在有無續塌及原建間數可否量爲減緩均應一律勘估通盤籌議當卽札委候補通判張啟煊會同該營縣逐一履勘現存營房若干倒塌若干應修建若干開摺具稟去後玆據該員稟請遵卽移會各營及臺灣縣於十一月十一日會同親詣各營房逐一查勘計各營全到應建營房連堆房三百八十七間損

壞應分大小修營房連堆房二百一十一間。堪住十二間。開具清摺呈送察核。查臺地兵丁每易生衅。其故皆由散處民居。提標各兵俱住鎮北坊一帶民房。同安兵丁散住東安上下坊。俱係錯處民居。與營較遠。每易滋事。其同安兵丁。冒建公廳。前臺灣縣訖令業經拆毀。現查建有同安祖廟。雖無公廳名目。而其實與公廳無異。應請趕緊修建營房。飭令歸伍。至督撫標興化詔安雲霄等各兵所居。俱尚在營盤附近。應由營查明。間處民房者。趕修營房。飭令歸伍。其餘不與民房間雜者。尚可相安。其營房可以緩為

修理。至於本土募兵。係屬土著。應與民居錯處。其餘各營向不多事者。由營查明有營房者。令其歸伍。無營房者亦可暫緩。此就現在情形。酌分緩急。應請飭縣召匠估價。分別修建。其提標所買楊二房屋一層。並請由縣查明稟覆等由。查該員會勘郡城各營兵房。應行修建。各處分別緩急辦理。甚爲明晰。已批府移行營縣。照稟確估詳請撥款興辦。至所稟溫陵媽廟及同安公廟。均爲兵丁聚集之所。且同安兵丁從前冒建公廳。經姚前道飭縣會營拆毀。有案。此時復又改建。仍雜民居。難免不復啓衅端。易滋騷擾。

應否一併拆毀。勒令各歸營房。抑或籌款按價承坐。另作郡城公所。將價銀歸營。先行移建。並即由府妥議覆奪。合併移會。一體照辦。

水師口糧議

查前鎮愛奏請籌撥司庫款銀十萬兩。發臺生息。以資臺地各營出洋捕盜口糧一款。府城各戶領銀六萬五千兩。鹿港行郊領銀三萬五千兩。分別於嘉慶十一年十一月起息。每年應征息銀一萬二千兩。遇閏加增一千兩。各前府按年征息。初尚殷實完繳如額。後漸懸曠。官多代賠。今

則疲戶甚多。完繳不前。懸欠甚鉅。每年所支巡洋經費。嘉慶十一年至十七年應造之冊。遲至道光二年始行核銷。報部銷訖。其十八年至二十一年冊送司。復奉輾轉駁斥。營中遂未改造。以後逐年並無來文。蓋因原奏每名每日支銀四分。嘉慶二十一年以後。改給三分。彼時銀價極賤。兵丁所得無幾。而營中造冊又不按年請領。率遲至數年後始造。前官經支之員悉已物故。司中核減不准銷之項。歸於現任勻賠。後員受前員之累。營中花費之外。尚須躭遲延處分。故不樂於支銷。更不樂於造報。嘉慶二十二年

之後府中遞任交代均無開支惟應征銀兩被疲戶拖欠之外截至本年五月十六日仝任出缺止尚墊支銀約八九萬蓋因道光六年臺北械鬬十二年張丙滋事及以後歷年辦理匪案請動軍需正銷之外其調撥屯丁及臺營兵丁口糧夫價等款指撥生息銀兩案多息少故有籌墊至今尚須待補其原領各紳商殷戶現皆中落雖有印契爲質大率僞造投稅保家卽屬本人換名或空號店鋪傳喚無人繩之過激本息胥歸無著若復不加察更飽胥差谿壑須從新清理一番殷實者留存疲乏者收回另放倒

罷者按戶嚴追鹿港廳領款責成廳中一體清釐庶能有著至議舟師出洋仍支此款須通盤籌畫前墊如何歸補後支如何核銷或俟前墊歸清再行支領或暫提若干由營捐辦若干俟籌議章程再會請憲示

會鎮請籌款防洋議

臺廠船工事極繁重經某等督同水師將備實力查辦次第修造期於配緝無誤而重洋遠隔風帆靡常商船稀少且省料由省運廈至臺往返動輒經年累月莫能株待現因兼工趕辦量爲變通將餘存料物儘數應用所需雜料催船渡廈採買免再由省轉發致多周折其中小修不甚費工者從權撥交營員分辦核實驗收並須籌款墊發庶幾易於集事惟道庫寄存閒款無多府庫除例支臺耗外支絀時形亦無餘項可撥自抵任接收前道交存備貯銀十萬七千一百二十五兩有零例定遇有緊要事件奏請動用連年仰叨庇佑地方平靜惟於前年嘉彰地震案內用銀五千兩已從捐項提回實貯仍如原數竊思臺地海防最爲喫緊其土盜零星出沒固不難於跡捕若連艅滋擾憐匪結幫必至商旅不通視地方蠢動之案所關尤鉅

勢不能不厚集兵力以期迅速撲滅第調兵入洋難於陸路哨船固宜寬備糧餉尤必充餘一切軍火器具及幫貼口糧不敷未便責令各屬常年捐備而府庫籌撥水師口糧不敷未便責令各屬雖有應徵息款既存者歷任挪墊公用尚待清釐現征者領戶半皆凋殘莫能足額至於商郊更多疲敝催其船隻協同防堵多方推諉更非咄嗟所能猝辦近聞水師提督出缺實任未知何人儻計去南風司令之時伊邇洋匪萬一充斥諸費周章尤宜先事預備將各船上緊完竣諸用費早爲籌維再四熟思惟有請於

備貯項下暫行借撥銀一萬兩隨時支提爲船廠工料之用一有盜警水兵口糧等項例給不敷亦在此内酌提墊付船無欠缺費亦有出文武員弁自可指臂從心無所顧慮至於修竣各船除已請領之價應留省若干仍行購料接運咨司核發外餘悉按例價分別咨請扣存司庫俟領餉委員附解回臺歸款如有因勦捕洋匪墊用者若未便請銷再行籌補仍足一萬兩入庫以後營船數用不復援此爲例以示限制府廠應修各船催府自行領辦與此撥項無涉其等爲思患預防起見當此經費短絀萬不敢存

自便之私諒邀涵鑒

領餉議

一嚴定領解限期也各營核造來年餉冊以本年八月爲限府委領餉人員以九月爲限委員起行内渡以十月爲限遵定例年内到省由道就近嚴查如有遲逾不准以倒塡月日爲憑據實揭參

國帑兵糈所係人命生死攸關斷不容坐候六七月颶風大作之時履危蹈險徼幸萬一也或事變無常萬一春融不及出口遲延有因竟報明俟八月秋汛平定後放洋究竟

盡人方可以聽天耳

一寛備裝載船隻也卷查往年有用兵船至三四隻者間有疎失亦不過三四分之一卽配用商船至大三千石爲限不必定須五六千石以上海艘止求堅固不在過大其顛簸亦無分大小吃緊全在出口收口之際倘遇風帆不順漂近港口船不甚笨重易以收泊近年多止載大商船一隻員弁兵丁家人等羣聚一船加以兵役私行附帶之人舵水搭僱販貨之客枕籍擁擠極爲叢雜每於配定以後始而待人繼而待貨非無風順水平一潮可達之時而

因循坐誤委員多未經渡海者不敢冒昧催促又不識裝載宜求適中但知愈重愈穩多多益善及擔延日久不暇詳愼察看風雲卽行開放往往已入内洋而船大載重駕駛不靈又防觸礁礙汕權且下椗待潮一時風波不測遂不可問應請責成廈防廳酌量餉鞘多寡勻配三四船至少亦須正副兩駕以備不虞設或一船有故另船可先入港飛報沿海各汛迎護僱覓小船分載亦便並須嚴禁附搭多人良莠不齊可患者亦不獨在風浪也倘仍拘定一船又聽其任意附搭如有失事並將該廳參處倘商船罕

有過便者。似不妨出價僱覓。准其開銷。船係官僱。自不能任其守待貨客。所費無多。而所全不少也。

一領款有臺灣府庫收。即准劃兑也。查領餉委員。攜帶劃兑公文。原可照數辦理。自未便以私項混和。第在臺官員。其眷口或老親在堂。住內地者居多。重洋來往不易。既經繳入府庫。私項即皆爲公項。但以庫收爲憑。多劃一兩。即少一兩運解之費。或有意外之虞。劃項總爲有著。且解到需時。弁兵俸餉。亦可由府先期將存款支發。諸多簡便。再訪聞仝故守任內。每因情託虛出庫收。以致賠墊。因而不

願多劃。而紛紛瀆求者不一。委員起程遲延。亦未始不由於此。應明定限期。總以九月底爲止。逾限一概不准請兑。其繳府庫預存之項。由府酌定名目。統出總庫收一紙。交委員稟呈。領餉時一併發交該委員。自行劃交。其兑項並定以成數。或千或百。不准畸零瑣碎。以免核扣之煩。幕丁人等私函以零星求兑者。一概不准。仍由道就近查核。有現銀上庫。方准給予庫收。以照核實。並請由省另給委員實在起運確數執照。以便沿站查照。接遞免致別有影射滋擾之處。

一開駕由五虎門出口。較爲便捷也。歷年自廈門出口。因內地驛站夫役。比臺屬彰化等處較便。出五虎門。即須收淡水八里坌。由淡水至郡城。道路寫遠。夫價昂貴。各屬攤扣爲數甚鉅。未免因賠累而增虧挪。兼以由省裝運。須海防廳僱船。隻到臺又須免各口公費。種種於各廳縣不便。是以由府詳請仍歸廈門配渡。然總以餉銀穩渡爲便。此外即累及廳縣。再爲設法籌議。凡事有利即有弊。兩弊相形。則從其輕。似未可爲屬僚省一時之費。而不爲

國帑籌萬全之方也。且委員行期。亦可就近稽查。不至任意

遲滯。究竟行走洋面。比廈門對渡較短。雖難保其必無疎失。而據理而論。較爲平穩。且一抵淡口。即與到臺灣無異。由該廳或彰化縣先行點收馳報。該委員等亦可從容進郡。除餉鞘照例應付夫役外。其行李及隨從人等。亦酌定數目。飭遵以立限制。庶不致私行附帶物件。一概沿途支應。致滋賠累。以上管見所及。是否有當。伏乞裁定。

請卹沉溺官兵書

卷查歷年哨船餉船失水漂沒官員弁兵之案。有詳請題卹而未奉明文飭知者。有輾轉查取冊結。而遲延未辦者。

有因復查生死下落久未見覆而即置之高閣者竊思官弁及兵丁人等因公出洋皆職分所當爲在水師不詳察風雲不熟諳沙線以致疎失亦屬咎所應得然猝遇風浪淪胥及溺甚至屍身漂失無踪實堪憐惻如春融及風䑸和緩之時或可漂没後傍岸遇救若值秋䑸風暴浪湧兼天一經沉溺除當時浮出撈獲外稍遲即萬無生理向來成案均須沿海文武各衙門挨查出具並無遇救得生切結其未獲屍身亦須徧查結報臺屬各廳縣並無驛站公文每多遲滯加以澎湖一廳遠隔海洋即廳縣均已詳復又必各口營汛報齊然後具詳到道由道咨司又不知何日始能到省固爲慎重核實起見但地方官多不能尅期辦理使因公殞命者未能一邀

天聽早荷

恩施殊爲可憫每年海上至夏秋颶風大作固由天時節氣而沿海居民於七月間大設齋醮祈免風潮厲虐爲災雖係愚俗之見似亦有至理存焉愚昧之見請將現在遭風淹死弁兵即飭内地本營查明籍貫由該地方官迅速詳請題卹以慰遊魂其兵丁賞項亦由内地查明的實親屬具

領並飭嚴禁胥吏需索尅扣諸弊所有近年報明在案者謹查卷開摺附呈憲覽伏乞分別飭查如尚未題報者可否一例先行核辦一面由道催齊冊結咨司備案或年分久遠碍難辦理者查明淹没兵丁原籍如尚有家屬由地方官酌量撫卹是否可行伏祈慈鑒謹將近年哨船餉船在洋失事淹没官弁兵丁姓名註明案由開摺呈覽

防夷書

嘗讀前史有云遠人請和弭兵省財爲上策惟當以百姓爲念又云夷狄之患自古而然議者以許和示弱爲非國計要在令其畏我之威喜我之賂鴟鳴狼踞不足喜怒惟宏之以大度制之以遠筭勝之以深權此今日撫夷之大概也然所慮者喜我之賂而不畏我之威久則無賂可喜矣此時情形閩省與他省不同閩省已准其設口通商有撫法無勦法唐書所謂懷之以德使爲惡者在夷不在華失信者在彼不在此也臺地本非原約所有孤懸海外無商可通所稱各口虧折無非詭詞海疆内地精華將被吸盡而仍不舍此海外一隅覬及煤炭其牟利之心無微不入不令處處空虛而不已且所欲亦不在此名爲改易口

岸。實則聲東擊西。借此發難。昔年曾於此地大受創痛。難保其不懷叵測之心。卽無異志。終不相安。且聞該夷受撫之後。曾駕駛大船三入臺洋。並在淡水乘坐杉板上岸登山。相度地勢。畫圖而去。現在防守要隘。以淡境鷄籠洋一帶爲先著。竊以爲有堵法無撫法。堵之以官兵。究爽前約。而開後衅。堵之以民。堵之以番。則無可藉口。所謂堵者。非必列兵布陣。但阻其不上岸而已。民番或無紀律。以官兵間之。兵亦可或裝爲民。民亦可改裝爲番。彼固無從辨别也。臺地遠隔重洋。內地聲息難通。直如别爲一邦。與夷界

近。而本係夷地。尺寸不能容其進步。本境匪徒騷動。尚可請內地添兵征勦。此則往來無定。出没無時。惟有就臺地設防禦之策。若善爲接待。往來漸熟。患在眉睫。蓋彼勢便而我勢孤也。魏徵云。外夷以賓客待之。非中國之利。臺地尤爲烱戒。其不畏我之威。我本無威可畏。惟有百姓衆志成城。合億萬爲一心。天明威自我民明畏。舍此别無可畏矣。如果前來停泊干求。衹一二船。船數百十人。則以情理曉諭之。不去亦聽之。不動聲色。處之淡然。勢不能停橈久待。亦不得餽賞牲牢食物。以長其傲睨之萌。倘兵艦麇集。

意在要挾凌逼。竟不必問其何爲。惟號召民番數千人。排列海口。如堵如該夷偶爾買菜取水。許其通事上岸。以丁役隨行。不准與民人交接一言。有與密談者。縛之送官。若有投文之事。卽以奉官諭概不接收。堅却之。彼操以急。我處以閒。彼示以懈。我防以嚴。諄飭民番及兵勇人等。遇有夷鬼近岸。止須吶喊鳴鑼。不得擅動礮械。但大家攔截。令其歸船。或敢於鬪傷。蜂擁而進。擊其下體。稍退者以軍法從事。亦僅追至海邊而止。或於要路開濠溝以截之。夷船開礮。則伏地入溝避之。用民不用兵。戰陸不戰水。而尤要

在使本地奸究消息不通。乃可令其進退維谷。永絶覬覦之心。夫欲杜內奸。官之耳目不如民之耳目。官之號令不如民之號令。蓋以民防民。而內奸絶。內奸絶而外侮必不能入。此尤在地方守令平日之得民有素。然論吏治於今日。但不視如寇仇足矣。安望其能如子弟之衛父兄乎。計惟以重利動之。紳耆向來遇事出力者。無不立加優獎。不難鼓舞以作其氣。至於丁勇。大半出自游民土棍。非啖以重利不可。水陸兵丁。卽夷船不到之處。皆須布置。行糧必宜充餘。卽番丁亦有精鋭可用者。而各縣未發屯餉尚多。

此時諸事非難難於度支一項而已一須酌墊屯糧以固屯番之守望一須寬發軍餉以期士卒之飽騰一須收雇壯勇以防內宄之勾結無事之時但以聯莊緝匪爲名而靜以俟之其澎湖一廳島嶼紛歧居海之中亦胃有夷船因風寄泊應專派文武各一員會同該廳營巡察噶瑪蘭距郡過遠山後番界亦須派員協同稽查至鹿港及郡城鹿耳門各口沙線甚多夷船雖未經寄泊而沿海奸民恐其貪利導引卽南路鳳山及北路各縣偏僻港口皆須一律瞭探以期周密惟兵役不能徧及必兼責成就地總理

鄉者人等而各屬紳商可望其出力未可强以捐貲此臺民之不如粵民也果有急公助餉者事定再歸補動項若干另行奏辦海洋風帆靡定萬一奚如其來卽須相機而行不容稍存拘泥致有貽誤連年地方並奏稍有蠢動致糜帑項此時大事不能惜費惟求核實而於事有濟再杜元凱有云中外阻隔古今同慨坐而言者百聞而未一見懸揣臆測苦於無所適從或不問難易墨守成例求全責備此歷年來受病之由古來將在外非任其操縱自如終難萬全耳此則關大勢之安危而非爲一身之利鈍一時之成敗計者也

上兩院清理人犯書

查臺屬廳縣招解命盜等犯到郡勘定卽將各犯留禁府縣二監命犯隨時給批起解盜案遣軍流徒等犯俟奉准部覆由該廳縣造冊撥役押解赴省均由臺防廳轄之鹿耳門口配搭商船對渡厦門解至同安縣交收遞程解省命犯解赴臬司衙門審轉盜犯請咨定地發配此臺屬各犯解省之向定章程也自道光十九年夷匪擾攘海氛不靖卽奉憲行以泉州辦理夷務軍需旁午飭將臺灣起解人犯由漳泉二府經過者概行截留緩解迨夷務告竣商船來臺者日漸稀少每年續辦之犯又多於起解之犯且臺地各衙門承辦招解書役及船價不無浮費及至內渡厦門厦防廳逐程遞至同安晋江惠安莆田福清等縣又需投批寄禁是解犯費用必須寬爲措備人犯愈衆籌墊愈難遂致前後任互相推諉任意遷延此臺屬各犯積壓之實在情形也職道抵任後核查檔案應解新舊案犯共積有二百餘名之多若不勒限起解設法清釐勢必愈積愈衆無論監獄擁擠疎失堪虞且淹禁病斃在所不免實

堪憫惻伏查人犯解審解配例有定限豈容挨延觀望加以海洋阻隔風帆靡常即依限起解尚不知何日到省況又以費用之繁積習相沿愈形壅滯此而不加整頓伊於胡底除臺地各衙門在官人役業由職道督飭臺灣府分別嚴禁不准需索外所有厦防同安等各廳縣投批寄禁等費合無仰懇俯賜檄飭一體查辦實爲公便再現擬籌款僱備商船一二隻將積壓人犯飭提分起配解届時仍由道備文先行飛移臬司委員至厦門一帶嚴提以期妥速而免疏虞合併聲明

再淡廳彰化兩處人犯解勘到郡定案後即由臺防廳配渡自府城對渡厦門亦有就近由鹿港對渡蚶江者向例鹿港口配船無用給發船價因免人犯往返之煩是以另備船費由府出水但現在府監及臺灣縣監實形擁擠應請將該廳縣人犯分起飭撥兵役押解發回悉由鹿港配渡以歸簡便

解犯議

前蒙諭將應辦公事宜設法變通悉心籌議等因伏思爲政以清理庶獄爲先而不留獄以起解人犯爲要通臺積壓應解新舊案人犯竟至二百餘名之多不即勒限解配分別清釐淹禁瘐斃陳陳相因伊於胡底當即吊核檔案向辦解犯出水章程並據署臺灣府史密呈送解費清摺前來查悉臺屬各廳縣招解命盜人犯到郡勘定後即將各犯留禁府縣二監命犯隨時給批起解盜案遣軍流徒之犯俟奉到部覆即由該廳縣造冊撥役均由臺防廳之鹿耳門口配搭商船對渡厦門命犯直解赴臬司衙門審辦盜犯解至同安縣交收逐程接遞到省定地請咨發配此一定章程各廳縣亦從無積壓多名之弊自道光十九

年暎夷滋擾洋面不靖即奉憲行泉州辦理夷案軍務臺灣起解人犯有經由漳泉二府經過者概行截留緩解適值淡水廳拏獲夷犯二百餘名解郡收禁府縣二監一時擁擠當經姚前道飭將各屬定案人犯概行發回監禁發回之犯除臺鳳兩縣仍由鹿耳門配渡外其餘不必仍行解府淡水廳則由八里坌嘉義縣則由五條港彰化縣則由鹿仔各歸各口逕行配渡迨夷務告竣起限商船來臺稀少每年續辦之犯多於出水之犯以致愈積愈衆而解費益難籌措各該廳縣一經交卸諉諸後任接手之員又

以前任無費交存。竟付高閣。此各犯所由積壓之實在情形也。竊思設法清理。自宜量為變通。以酌請裁減費用為先。推廣配船章程次之。另立嚴催期限又次之。三者俱備。或不致再有積壓。查臺灣廳縣解犯費用。較之內地各縣。不啻數倍之多。業經姚前道將在臺各衙門用費。大加核刪。嗣據淡蘭二廳。臺鳳嘉彰四縣。有請將命犯解費。新案減四。舊案減六之議。當查招解出水人犯。書有紙筆之費。差有看管之勞。需費在所不免。惟通計費用尚鉅。似應如府議。毋分新舊。再行一律減半。以免瑣碎。其盜犯一名。費

不及命犯之半。為數無多。該廳縣亦復請減。姑再准減十分之四。仍遵照前定三名以下者。准其按名計費。如三名以上至六名者。皆照三名之額給費。倘在六名以上。至二十名。只可論批。不論人數。每批照五名之額給費。似此逐層核減。是起解一犯。已作兩犯之用。而猶不止此也。每犯船價又有三十元二十元者。此款前所未聞。迨道光十年前署臺防廳蔣鏞牒付聲稱。命犯每名應給船價三十元。盜犯每名應給船價二十元。廳中賠墊不貲。經前署府王衍慶。詳准由承審廳縣勻貼一半。相安數載。至道光十四

年前署廳沈汝瀚任內。仍以廳中係閒曹薄俸。不肯認賠。又經前府周彥詳由廳縣全行捐解。究竟賠墊船費之說。無所查考。不過俶自蔣丞。沈丞踵而成之。遂令承審廳縣又增此配犯船費一項。現在人犯愈多。解費愈絀。僅以配船之費而論。通計已需數千元之多。豈易措辦。查姚前道既有各歸各口。逕行配渡之議。則臺防廳口配犯已少。毋慮擁擠。負累較前為輕。矧各歸各口之五條港。鹿仔港八里坌等處。船戶配犯。係屬當差。實無所謂船費者。茲據會稟請減。委實無可議駁。即令臺防廳設身處地。當亦不

便為船戶爭費。應准其酌減十分之四。已比民間搭船之費。有贏無絀。況此款屬格外津貼。倘各口船戶援以為例。尚應由口員以當差向章。妥為開導。鹿耳門口之船戶。自無可爭論。臺費既減。各廳縣又以請減內地沿途解費之說進。犯人抵廈。每名應繳廈防廳投批費。及同安等縣寄禁費。為數多寡不一。並計亦復不少。查廈防廳不過點收人犯。同安等縣不過寄禁一宿。何需重費。尤應大加裁減。應懇查照摺開請減。及酌給實數。飭知內地廳縣。盜犯逐程接遞外。嗣後命案每犯一名解到。所有經承辦送文批

禁卒看守人犯等費照章給發已足敷用不得再有需索層層遞減而後又須籌議經費俾有著落不作紙上空談現在諄札臺灣府分行廳縣將已結未結命盜雜案之遣軍流徒及應解勘各犯開列清摺查係何任奉到部覆何任承辦此案即歸何任出費起解如未及起解遇有交替由現任查明應解命盜人犯各若干共應出水解費若干移令前任專款備交現銀後任代爲配解不得歸入交代案統交統抵致滋糾纒其卸事已久交代未清之員即由現任先行籌墊一面彙入短款分別請移著追解補倘業

已離臺則輾轉催追非特有稽時日亦恐徒爲虛文應與事故及實在無力之員統由現任將墊解之銀聲明何任所短詳明道府立案歸各該廳縣按人犯解費之多寡酌定年限毋分正署勻攤歸款仍令將應出解費毋論現交代墊除人犯發由淡水廳八里坌嘉義縣五條港彰化縣鹿仔港自行配渡外其應由鹿耳門出水各犯之解費概須隨犯先行解府存貯俾隨時人犯出水給領此次議定清理以後若再有犯無費應惟現任人員是問庶解費既歸有著而辦理亦覈實矣至現在各口船隻稀少宜循照

舊章量爲推廣除發回淡水嘉彰等廳縣勻禁人犯各歸各口自行解配惟鹿港有廳員彈壓八里坌五條港兩口應責成艋舺笨港二縣丞管解出水設有疎虞照例叅處鳳山無口可配仍應解郡而郡城府縣監人犯本多專就厦來商船配解每年往來次數難以懸定設至停犯待配舊犯未去新犯又來恐仍未能疏通依然擁擠亟籌推廣之法因思哨船一項於配載戍兵來臺之便必換載各兵內渡若令權宜撥配則兵力厚集可資防護非如商船之不敢多配道光十九年鳳邑絞犯林思文等十三名在艙

行兇一案可爲前車之鑒哨船則酌量加配究竟有所畏憚不敢居然滋事然亦每船祗准配載十餘名准出木籠不鬆鐐銬一概關禁艙底駕弁躬此干係自應酌貼一半船費俾令分給舵水以昭奬賞而示體恤如邀憲允即請飭營遵照永爲定例似此費已核減船又推廣各廳如敢再事諉延漫無限制應另立嚴催期限分別記過撤叅即責成臺灣府查明各廳縣現在應解人犯限內不解先行撤任一面詳請奏叅從此明定章程可冀振刷精神即不能囹圄空虛或可望其漸就清理惟現居深秋轉瞬冬令

正船隻艱於往來之際。除仍照常催令起解外。應請以明歲正月起限。至議減各項費用事涉瑣屑。究屬私情。不宜瀆陳憲聽。但辦理此等事件。發言盈廷。誰敢執咎。不得不剴切陳之。以期言之可行。行之可久。除飭查事故無力各員之無著解費。詳移著追補交。由現任籌墊勻攤各事宜。分別飭遵。并開具府議核減實給解費清摺呈送外。合將籌議清理解犯緣由。稟請察核。俯准迅賜批示通飭祇遵。洵爲公便。

免解審人犯議

命盜立決人犯。皆由臺地奏辦。其人命監候及雜犯。由道提審成招。給批解司勘轉。上年在省時。曾有擬援照他省。由道勘轉。請免解司之議。及抵臺後詢商僚屬。以案犯情實者皆留省處決。例應由院審題。其遣軍流徒等犯。終須由司定地。卽免過臬司衙門。而解省則一也。惟有道署勘定後。祇將招冊送省。由省具題部准。部覆轉行到臺。居秋審時仍解省彙勘。至遣軍等犯。悉照臺地奏案人犯。解司定地發配。如此辦理。較爲簡易。亦不至辦案煩難。苟安自誤。然讞獄務求明愼。生死出入攸關。未可由道據定。卽如

內地盜犯奏請就地正法。尚未准行。是以中止。竊思於公有益。不必避擅專之嫌。存畏事之見。自圖便安。而由道請更舊章。究似見長討好。可否權衡通變。飭司移道。轉行臺灣府及各廳縣。詢謀僉同。再由道咨司核議。詳請具奏。事如可行。新事秋審人犯。每年合屬不過數人。或一二人。均限前年到省。實緩皆照舊章留寄省監。其緩決改流之犯。由司定地。若原定遣軍流徒等犯。及雜案擬徒不在改爲鎖礮之例者。均由道定地起解內渡。徑行發配。似更簡便。並請鈞示。

搶竊案內杖徒人犯請先行鎖礮議

竊查閩省辦理搶竊各案。應擬徒杖人犯。遵照新例。鎖繫石礮。分別年限。均俟奉到憲批。將犯提禁鎖礮起限。臺屬搶竊各犯。由道會同臺鎮審明。問擬杖徒彙入刦搶各案內具奏者。俟奉准部覆。始提禁鎖繫。重洋阻滯。動輒經年。或日久不到。往返稽查。有擬徒止三年。而淹禁已至四五年者。可否於出奏之後。卽由道將徒杖各犯。飭府先行發回犯事地方鎖繫石礮。分別年限。均以遞回礮禁之日爲始。如此明定章程。於罪犯並無輕減。設有駁改。亦不致脫

逃。而於監獄漸次疏通。既免擁擠。而情輕之犯。亦少瘐斃
矣。卷查尚有姚前道任內。應解之犯。未經配渡者。實堪詫
異。現在逐一清釐。勒限起解。惟有未准部覆者扣計已數
年之久。想轉行公文。或有漂失。另開清摺稟呈。伏乞核查。
飭司補行。再臺屬人犯。悉係內地本籍。並請將多年未奉
部覆各犯。先行勻禁內地。各犯本籍。或分寄附郭縣監。飭
司查辦。就近起解。實爲公便。

援救人犯請免解審議

案蒙憲檄接准部咨欽奉

恩詔。將已審結罪應斬絞遣軍流徒人犯。分別准免不准免。飭
卽造冊申送等因。遵卽轉行催辦去後。茲據臺灣府裕守
稟據臺灣縣胡令稟稱。遵照部行條款。將監禁定罪人犯。
飭承趕緊分別查造另文申送。伏思臺地斬絞立決。及遣
軍流徒人犯。向由本道審勘定案。惟斬絞監候。應入秋審
者。解省勘辦。近年臺地各口船隻稀少。配運差務日見殷
繁。以致審解人犯。每多積壓。且海洋風帆。靡常遲速無定。
有遭風折回解配數次者。此次欽奉
恩詔。凡尋常斬絞監候人犯。咸予赦免。此等人犯。既在准免之

例。若因解省配船。轉致稽延時日。不獲早邀
曠典。情殊可憫。合無仰懇量爲權變。俯賜轉請將現奉條款內。
得邀赦免尋常鬬毆案內。斬絞監候人犯。免予解省。倣照
斬絞立決之例。卽由本道審定。轉詳核定具題聽候
部覆辦理。其事在道光三十年正月二十六日
恩詔以後。人犯及情重不准援免者。仍各照舊審轉等因。到道。
據此查臺屬尋常斬絞監候人犯。向應由府解道。由道審
轉移司。解送撫轅審勘。茲據該府縣所稟各口船隻稀少。
解犯維艱。亦屬實在情形。且此等人犯。一經奉准

部覆。卽予援免釋放。若仍紛紛解省。不特守候配船稽延時
日。且多往返周折。雖與定例未符。而海外究與內地不同。
可否仰懇俯如所請。將准赦尋常斬絞人犯免其解省。卽
由道審明後。移司詳請具題聽候部覆之處。伏乞鈞示。

解犯兼配哨船議

臺屬積壓未起解人犯。亟須清理。前蒙訓誨周詳。業經遵
照備文申請鑒核。一面催提陸續起解。計已先後到省。惟
入冬以來。商船稀少。卽有一二配渡者。各船戶頗爲苦累。
不能搭解多名。監犯依然壅滯。因思班兵哨船時有內渡。

前稟請憲示。誠恐事屬創始。是以不便遽行。玆據臺灣府史守署臺防廳郭署丞稟稱。各營管駕弁兵。如將解犯船價。酌量津貼。無不樂從。當與呂鎮悉心籌議。總以十名爲准。每次約船價百十餘元。於弁兵不無裨益。免致臨開船時。諸多耽延。其便一。商船免此苦累。同深欣感。即偶配一二名。亦無畏避。商販可望流通。其便二。各屬監獄。從此疏通。該官吏亦不致藉口待配需時。任意延擱。案牘亦可漸清。其便三。兵船到厦。由道給該駕弁執照。並備文照會厦門道。飭該廳縣接遞解役路費等項。仍當寬爲籌給。而交

差有營弁同往。非比商船。可以藉端留難。解役人等。不至延累。其便四。兵丁向配商船。今既改哨船。則遞解人犯。似無不可變通辦理。況人犯久羈囹圄。及時出水。如罟阱餘生。一朝解脫。且遣軍人犯居多。重囚不過十之一二。每起換班兵丁。至少有數十名。協同解役彈壓。必無他慮。間有重犯。營中不必再另派護送弁兵。其便五。每年五六七三個月。風帆不便。應停止配渡。以免疏虞。如邀允准。一面起解。一面將某犯配解某營哨船。及駕弁銜名開行日期。隨時具文申報查考。現在與各營將備熟商。議論不一。或以

班兵人衆。慮及別滋事端。又與水師營員。再四計議。擬哨船因差內渡者。附便搭配。而不必用換班歸伍之兵船。更爲周妥。合無仰懇憲臺檄飭遵行。抑請將商哨並用配解人犯之處。奏明立案。伏惟鈞示。再解犯浮費。應行核減。並前後任如何攤認章程。另文稟陳。

漁船並配公文議。

竊照臺灣爲海外巖疆。政務殷繁。簿書叢襍。其中固有可以逕由道會商呂鎮。隨時查辦。而事關重大。雖往返重洋。亦必須請示飭遵。所以詳稟遥申。竚俟鈞斎。時深盼望。至

奉飭查詢之件。靡不登時商辦。冀慰藎垂。而風帆靡常。難免延擱。是文報往來。實爲治臺第一緊要機宜。然而商船日少。漁船日多。商船之來臺愈稀。漁船之來臺愈衆。口員拘於成例。謂漁船向不配差。其掛號出口時。亦祇掛往南北兩路通商。並非聲明東渡。未便將公文交其賫遞。即遇有緊要事件。飭令配帶。該漁船恐以配文開配差配轂之端。在內地以往南往北爲詞。來臺地則以遭風飄收爲說。商船僅存二三十號。載糖往北。經年始歸者去其半。祇此十餘號。臺厦橫洋。貿易圖利甚微。經商匪易。甚有遲至數

月之久不見一船來臺。廈口之積壓各衙門遞臺公文。不啻千百餘件。迨至報有船到。文件捆載而來。查辦又恐不及。爲今之計。莫若變通成法。蕲免壅滯。查漁船由泉至廈來臺。原可藉口掛號前往所在。詭詞推諉。不肯配遞公文。而載貨回內。或廈或泉。彰明較著。自必確有定所。不准再任偷越。是由臺內渡之漁船。可責成行保。與商船一體交帶公文。分別賫遞。如回廈口。或收泉州各口。即責成該船戶。專送泉廈兩處臺營提塘。及料館家丁專差遞送。至省來公文。除由商船隨時賫帶外。所有哨船載班來臺。並令順賫公文。甚爲妥便。合無仰懇俯賜檄行水中軍會廳議詳立案。其兼由來臺漁船帶內地公文。再由道會鎮分飭臺地口員。並飭水師營哨船內渡。亦一律賫帶。以歸畫一。庶不至公文來往。專候商船。膠柱鼓瑟。以致沉擱多時矣。

再漁船遭風來臺。經年絡繹不絕。若將公文並交漁船接遞。或發行保轉交。最爲便捷。且攜帶文書。亦無苦累之處。其格碍不行者。祇因違例渡臺。不能彰明掛號之故。積習相沿。更張非易。愚昧之見。該漁船一見公文。恐以後公事。皆援以爲例。加以投交廳縣。或送驛號。事一經官。無不存畏葸之見。若公文而加以包封。外無印文。則與信函無異。不拘何日何船皆可賫帶。所有省中一切公文均祈飭遞廈防廳塡明。徑交料館家人。包封轉遞。再由該家丁編號彙總包封。轉交行保。令其遇有臨開便船。即令寄帶。不必拘定正口商船。及到臺亦由行保呈繳。似亦變通之法也。

會鎮請設太平船裝載兵骸並運送馬匹議

竊照臺地向有太平船二隻。專爲運送兵丁骸骨。並附搭客柩而設。歷係招募郊商舉充。來去自由。並非官爲經理。是以隨設隨廢。及另舉承充。該船戶等固視爲畏途。而地

方文武官吏。亦不暇問及。廢棄已將十載。綜計檢拾出土之骸骨。寄存北壇寺廟。已積至二千數百具之多。其在埋候檢者不知凡幾。官山義塚。及郡城內外荒埔。幾無隙地。即各營署外。亦一望纍纍。日久暴露殘毀。不但失掩骼埋胔之意。且不免疫癘薰蒸。實與居民不便。某等日夕疚心已久。而籌辦未得其方。又臺灣各營每年例應派員赴口外買馬一次。雖買補缺額多寡不等。連同多帶餘馬約計總有一百餘匹。至二百匹爲止。向係到廈後勻交商船。每船配馬二匹。從前商郊富庶。帆檣雲集。自春及秋。即可配

竣。迨後船隻稀少。甲年之馬有積至乙年未配者。加以各商避差取巧。多改商爲漁。配渡更少。以三年之船尚不敷配一年之馬。其買馬差弁逗遛在厦。守候經年。倒斃受累。艱苦萬狀。不得不自行僱船運臺。賠墊更鉅。此又其等與各營協將時刻圖維。而無善策者也。現擬仿官運義渡之法。准其出本營運。酌帶貨物。然非熟於貿易者不能子母兼權以資經費。是官事仍須借資商力。當經飭據臺協吳護副將等覆稱。傳集郊行詳商妥議。僉以此事總須新造一船。載骸而去。運馬而歸。方能兼營並顧。尚須酌帶貨物

津貼舵水工伙并隨時修葺之需。仍請免配官穀軍料人犯差事。暨臺厦各口掛驗規費。其造船之價需番銀四千元。有船戶祝榮歸願認其半。如能官捐足數。方可承充。該護副將等以僱船既非久長之計。造船又恐照料維艱。似此官捐半價。商爲駕駛。年以三四渡計算來往。一舉兩便。均免久延。事屬可行。稟請就莊租項下撥借番銀一千元。移借臺灣府庫番銀一千元。發交該船戶認領興辦。工竣領運。並妥議章程。不准漏稅私攬越渡。分別移行遵照立案。其移撥借款。請自道光三十年冬季起至咸豐三年秋

季止。在於各營應支養廉內。無論正署勻攤歸款。正在核辦間。據厦防同知劉署丞來詳。募得厦港金寶陞一船願充太平船。議定每年赴臺載骸一次。經發護照載運前來。其移知臺防廳文內聲明祇載骸骨五十簍。每簍十具等情。查該船戶年載一次。而一次之中。又祇運此數。非八九年不能運楚。且以外尚有客民流寓身故附載內渡者。何能源源載運。但該船現已抵臺。即將兵骸積壓在先最久者先行配渡一次。以後即行停止。仍舊改商配穀應差。其現定祝榮歸一船陸續運送骸骨。亦先舊後新。分次載往。

至客民棺柩。皆係搭僱便船。檢骸附運者無多。應定以每次止帶十具爲限。其載馬回臺亦須酌定匹數。以昭慎重。除札覆該副將等遵照辦理。一面行令臺防廳臺灣縣查驗舵水姓名年貌名數給照領運外。謹將籌辦緣由。聯銜具名稟察核。俯賜批示飭遵。並懇據情移請將軍憲飭行海關知照。洵爲公便。

澎湖官制議

臺屬地方遼濶。各廳縣恃分防佐雜爲耳目。而遇事藉以收指臂之助。平日於所管各鄉。事無鉅細。隨時探報。且與

紳士總理比印官易於親近往往收息事安民之效現在署笨港縣丞之候補縣丞張徵庸署貓霧揀巡檢之興隆司巡檢王衢頗能出力附近地方交秋以後均尚安戢此外各屬亦俱有分防之員可資任使惟澎湖一廳孤懸海中爲全臺門户島嶼叢雜港汊紛岐文職止有通判一員民事雖簡而海防實爲喫緊之區郡城又遠隔鯤洋鞭長莫及該廳命盜案件向由廳勘驗後歸臺灣縣詳辦如公出巡查海島或有緊要公事進郡設地方出有案件百姓竟無可控訴之處郵封往返風帆靡常又不能定以時日

兵民倘或生事未便專責武員彈壓然添設官吏事涉紛更祇可酌量裁撥飭據該廳楊倅會同臺灣府裕守稟商各屬分防之缺皆關緊要惟鳳山興隆司巡檢與縣城附近向係典史兼理久成虚設可否將此缺裁歸澎湖名爲澎島巡檢該廳海口媽祖宮地方可以暫置公署遇有緊要事件亦可隨時差委庶官守不至曠誤防洋較爲周密商之呂鎮意見相同但事關改設官制如蒙俯准再由該府廳具詳會鎮轉請核辦再查該廳管轄洋面七八百里共計三十六島係有名可指者此外島嶼尚多周圍約三

百餘里近年生聚日繁人丁約計有十五六萬與往昔情形不同且駐札兵丁尤衆鈐束稽查不容稍懈即如上年戍兵林應生因姦謀殺本夫一案若非張倅星速拏辦幾至漏網想平時姦盜之案亦所常有該廳爲糧捕通判如可請加撫民職銜如淡蘭等缺管理民事而設巡司兼管監押人犯遇有情重之案徑由廳解府速辦則兵民皆有所畏憚似更周妥某以海防關重而又遠隔郡城非如臺郡本屬易以首尾相應不能不鰓鰓過慮也

澎湖請改募兵議

臺地治兵難於治民兵安則民安近年呂鎮督飭各將官實力整飭與地方官和衷治理漸有成效惟澎湖一營遠隔海洋無從遙制留心訪察聞該營戍兵由厦門銅山海壇南澳四營撥調間有桀驁不馴者頗難鈐束欺凌民人甚或奸占婦女雖該管文武隨時查辦積習驟難盡改並風聞有人歃血結盟私立規約如本管官弁責革不公不能聽從此傳聞之詞不可盡信細查亦並未生事然究不可不預爲籌維前稟請酌改官制實爲此也據楊倅面禀請將澎湖營水師改爲募兵或酌量增補抽換澎民皆以

捕海爲生。極爲勤苦。且熟諳水性。履波濤如平地。健壯丁勇。挑選入伍。以備不虞。較水師實爲得力。雖亦係漳泉本籍。儉樸安分。與臺嘉等屬游民。迥不相同。必不至因充兵而生事。不但節省戍兵換班加餉若干。並收養海島許多無業窮民。沙線既熟。守望亦專。內地兵丁既不至離處爲患又可省其跋涉往返。實一舉而數善備。該倅所議。不爲無見。可否備葑菲之采。而酌行之。竊謂臺郡之於澎湖。猶省垣之於臺灣。苦於聲息難通。時多顧慮。實以責任攸歸。仰體在遠不遺。有所見聞。不敢不據實上陳也。

上劉玉坡制軍論緝匪書

自夏至秋。晴多雨少。將成旱象。糧價漸增。七月中旬得雨二次。未足。八月下旬普沛甘霖。極爲優渥。稻田近山者。本屬滋潤。雨後益形芃茂。近海者間有枯槁。節氣已晚。改種雜糧。可望有秋。各屬民情。皆已安定。惟嘉邑向稱多事之區。同呂鎮概裕守刻刻留心。疊飭文武各員。懲勸兼施。亦較從前漸見安戢。前月有一二糾鬪之處。經該縣丁令。同署參將曾玉明。分投查辦。甫經萌動。即已遏滅。又近海各莊。聞有分類風謠。鄉民已皇皇移徙。該縣營周歷巡防。妥爲鎮撫。當即次第歸莊。訪聞匪徒有截竹爲筒。夜間次爲聲號。以聚衆焚搶。謠言恐嚇鄉民。待其搬動。乘間攘奪。該縣營不動聲色。密約紳耆。將造謠首犯偵獲。當場格斃。又殲斃夥匪數人。人心大快。從此遠近帖然。設或辦理稍失機宜。恐又不免勞師糜餉。該營縣籌辦妥速。已會鎮優加獎諭。並飭查在事紳民。酌量褒賞。附近內山一帶一二著名巨匪在逃已久。署中營參將曾元福購覓眼線。單騎前往訪拏。一面設法。令其陸續投首。前來已會鎮飭府妥爲羈縻。即有黨援。均可聞風解散。蓋向來匪徒非無悔罪自新者。而既已出名。凡有游民糾集刦奪。皆假其名爲頭目俾良民聞而生畏。且易以召號餘匪。其事主呈控。亦必首列禍魁。冀地方官從重懲辦。實則本人非盡知情。同行而無從置辯。自謂終無生路。甘心作惡。欲罷不能。逸犯投奔或收留自衛。遂至謠議日生。幾於不軌。如辦理不善。往往逼假成眞。釀成巨案。開一面之網。許其來歸。拏犯自贖。亦不至寬而弛法。彰化以北。前聞史丞親帶兵勇。深入葫蘆墩等處巡緝。匪類皆已潛踪。昨會鎮飭府委本任斗六縣丞呂朝良。同營弁蔡得標。由嘉彰一路回郡。各處皆安帖如常。然秋末冬初。正巡防喫緊之時。不敢稍有怠意。再淡水廳營報獲洋盜兩起。共二十餘名。擬斬梟十六犯。皆事主難民指認確切。且有前案犯供同夥有名者。商同呂鎮會委文武各員。請令前往押赴海口正法。當此秋收伊始。俾沿海奸民知所儆惕。其餘各口土匪。隨時查拏處治。不令久稽。庶幾辟以止辟。容另敘妥奏稿敬呈核正。本年臺洋地面。仰叨庇佑。極爲安恬。爲近年所罕見。知關慈廑。謹附縷陳。臨稟無任依戀之至。

上徐松龕中丞治洋匪議

查水師究恐不能得力。惟有陸路兵勇杜絕路徑。尚有把握。前經出示各海口。盤獲洋匪一名。賞銀五十元。並飭府滙委幹員。分投曉諭。嗣聞匪船共有三幫。每幫十隻八隻不等。徒以力禦。未必能保其制勝。探聞近附嘉義樹苓湖一帶。緣該處向來有串通盜匪奸徒。若防範稍疎。隱患不可勝言。道署有前委候補縣丞姚鴻。招收該處歸順之壯丁。其中畋過多年。而素稱勇往者。令其混入漁筏。設計以離間之。優給盤費。作爲投去作夥。各帶密信一紙。內稱臺郡文武招安彼幫來打此幫。照抄諭帖送來。內云爾等爲官兵所逼。與其坐以待死。不如姑且逃生。人衆糧少。無奈牽劫。今內地水師提督。即日帶兵船前來夾攻。死在目前。不如早爲求生之計。爾等攻打他幫。或呈送首級。或綑送多名。概准自首立功。船隻礮械充公。發價以作犒賞等語。至另幫亦如此云云。該壯勇依計而行。旋即逃回。三日後嘉邑洋面各幫皆已解散。或駛往西南。或駛至北路淡水洋面。卻無連幫盤據之勢矣。此事全臺官吏。除姚鴻而外。無一人知者。謹密呈清聽。以慰懸系。再聞四月二十六日。據姚鴻於嘉義港口。訪有自盜船逃出之被擄客民二人。

皆某鄉人。自上海駕豆船至佘山被劫。擄至漁山。正在勒贖。被官兵追擊。即載入艙內。駛至臺洋。詢問盜船情形甚悉。據稱每船大礮一二百斤者一二門。每人有銃牌一分。爲首者所以指使衆匪皆聽其用者。以禁烟由盜首分給。不用命則絕其吸食。祇須師船圍堵。一日烟癮齊發。捉拿甚易。該匪等最怕夷船。不能向夷人買食。是以劫商船以得土爲先。果能絕其洋烟。較之絕米水尤爲窮逼。現將所供情形。飛檄飭知沿海印委各員。並通知各營將弁。以壯其膽。雖籠洋面所餘各船。或擊退。或逃竄。臺洋漸見肅清。

凡商艘來往隨時探問近日並無遇盜者至水師口糧壯
勇僱費幫同府中籌款接應或謂虛糜無益然明知其無
益而行兵之道用財欲泰且該匪既駛至臺洋臺境多泉
州人民消息必與岸上相通不可不壯此聲勢耳謹並附
陳臨穎悚切

上劉玉坡制軍論治書

竊惟整飭地方惟在任用得人其要不外勦莠安良然治
於已然者勞績易彰而弭於未然者功效不覺治於已然
雖即時撲滅不至蔓延而良善已被擾害即殲厥渠魁其

脅從者株連不少甚至勞師糜餉民生國計所損已多幸
官民出力者一經奏報無不仰荷
天恩至優極渥所以有事皆奮往爭先膚功易奏其弭於未然
者地方隱受其福而不覺一時未能即邀薦剡在實心任
事者必不樂以有事爲榮而不計功不近名之員豈能多
覯非有事變即無可爲升擢之階遂致啓遇事張皇之漸
近年勦辦竪旂匪徒幾成年例每次駢戮多至百數人不
爲姑息辟以止辟而旋滅旋起及到案亦未有不狡展求
生者蓋眞正巨憝首惡或未能擒致長其玩法之心游民

窮極無歸且圖糾合以爲目前飽煖之計一年半載聚集
漸多始而竊刦地方官不能立時拿辦久則釀成巨案不
能不大加誅戮始可苟安年餘根株未浄萌孽又生夥犯
不盡積匪一時附和既爲逆案萬無可宥剉斬極刑見聞
已慣其兇悍者不覺鈇鉞之威其餘黨素非兇惡一概殲
旃同類益深憤激遂致與出力之莊民爲仇甚且與地方
官積怨逞忿一時不及計爲釜中之魚此屢辦巨案不休
之由來也但得地方官清心正己實心爲民姦盜偶萌即
行懲治相機而行亦不在概治以猛久之惡者漸向善善

者不爲惡官民漸相浹洽馴至清和咸理庶幾得勝殘去
殺之意然此官此境談何容易祇求在任日久鬭者解散
搶者屏息一二年内不出竪旂聚衆之案悃愊肫忱勤懇
不倦日計不足月計有餘愚昧之見便當加以保薦海外
浮動之區能弭患於已然者固應優奬而消患於未然者
尤當格外拔擢俾實心任事之員益加奮勉而恃才矜能
急功近名者知升擢褒榮不必定以兵刑爲畏以軍旅爲
重譬如河工三載安瀾亦有升換翎頂者不必有大工合
龍而後邀恩也芻蕘一得伏乞涵鑒再地方匪徒滋事該

管廳縣到任。在半年以内者免議。查拿出力者事定仍與獎勵。一年以内功過兩抵。一年以外。應將委員在事出力者甄叙。該管地方官仍應議處。如查係由官激生事端。或查辦遲延釀成巨案。無論到任久暫。從重叅究。或慮及規避諱匿在内地恐耳目不周。而臺郡一隅傳言速於置郵。無虞諱飾。合無仰懇鈞檄飭遵。功過分明。勸懲並行。吏治庶有豸乎。

治臺必告録

卷五

治臺必告錄卷五目錄

治臺必告録卷五

皖懷丁曰健述安輯

[seal]

徐宗幹

斯未信齋文集

議委員留署辦事

竊四月間到臺任事。惟時前任臺灣府仝守患病已久。正在請員接署。旋卽開缺。公事不無積壓。各廳縣交代文冊紛繁。亦宜由道查核。是以暫留候補府經歷唐均在署幫同清釐。玆史署守到任以後。一切漸有頭緒。業令該員循例聽候差委。現値辦理清查。須設局委員分任勾稽查明在臺試用人員。惟該經歷素諳錢穀事宜。且曾承辦報銷籍資熟手。俟委查彰化災賑事竣。卽赴局辦理。業經札飭遵照在案。又各屬積案。半年以來。次第查催。業據各廳縣陸續詳銷。尚有應由道提審之案。須道府均有讞局。方無遲滯。查有護餉來臺之候補縣丞沈時熙。熟悉刑名。某前任汀漳龍道任內。該員分漳郡當差辦事。實心差委甚爲得力。應令在署隨同審理積案。至署內公務。另有幕友勷理。合併陳明。再某渥荷憲恩。當此重任。必須集思廣益。以免貽誤。且海外巖疆。政務極其煩雜。先有司而總其成。始能有條不紊。仍勉竭駑駘。矢勤矢慎。不敢圖自己安逸。亦不至聽旁人主張。總求公事有益。或應添人員入署辦事。以便考察。而嚴關防。有未便拘泥成例之處。別無偏見。亦無私心。諒荷鑒原。再到任之初。人地生踈。又考試在郡。臺郡作幕者寄居年久。道署與他處不同。不能不倍加審慎。並非專用委員。致生訾議。然卽有品學兼優之幕賓。遇事高擱。總不及奮勉出力之僚佐。同顧考成也。惟爲該員等避嫌起見。所有一切穪案。仍另延友人核辦。自己無敢泄延。或不至相沿積壓也。

學政議

臺地歲科試畢。所有錄取各學文武生員。及緣事扣革。並因案開除各生。歷年分別彙造文冊。申送內地學院咨部在案。自道光二十八年五月間歲試。二十九年四月間科試。均循照向例辦理。其革除各生舊管項下。卽按底冊繕造。至二十九年冬間。查出彰化縣有已革武生。回內地冒混錄遺中式之案。而咨送部冊。仍以緣事斥革填註。並未聲明冒混取中一節。亦未以中式開除。二十八年考試後。仍查照造送。至二十九年冬間始查悉。前案該革生癸二十三年科考後錄遺。彼時臺地文冊遲延。未到前任學政無由知其被革。至取中但憑錄送文冊。更無從知悉底裏。惟送考之教官臺灣縣訓導。不應備送卷冊錄遺。然該武生係彰化縣學甫經批革。臺灣學官亦未必定係知情通同弊混。查該員已於二十六年在臺郡病故。其送考書斗。事隔多年。久已更換。無憑查問。該革生旣經出學弋獲無期。此時未便仍照舊含混造報。除於冊內註明。一面嚴催該府縣詳辦。到日另文轉請內地學院咨達外。合肅具稟。

再臺地諸生。皆內地本籍居多。且內地學政衙門。向無另

送底冊。往往影射滋弊。臺地向來秋冬間。地方屢屢多事。是以廳縣府試。多在春初。道考至早亦在三四月間。如科場之年。應試諸生。必於五月底六月初旬風潮平順之時。赴期內渡。所有科試文冊。繕造需時。擬於本年送考學官赴省時。先將斥革及游學患病各生。另具清冊一分。賫送內地學政衙門查考。卽可無從冒混。似亦清場規而端士習之一法也。

臺屬考試。向分六學。澎廳同粵籍附入府學。噶瑪蘭附入淡水。餘四縣各自爲學。其中粵籍生童散處各廳縣。而考

試另爲一榜。額進九名。廩保歲貢。則雜入閩籍歸府學。各以次補廩出貢。如所出之缺係粵人。則以粵人請補。此向來舊章也。粵籍人數不過閩籍十分之一、近亦漸見增多。文風轉優於閩。閩籍以額就文。粵籍之文足額而外尚有遺者。現定九名。卽至十二名亦不爲多。粵人久已籲請增廣。然未便率准請奏。今年科試童生將及三百名以上。如鳳山不過二百餘名。而取進十五名。尚可撥府二名。粵童額定九名。又無撥府之例。該童等入閩已歷三四代。實與閩童無異。亦多可造之才。彼此相較。未免向隅。現由道飭

府議詳粵籍生員赴省鄉試公稟事如可行。海邦幸甚。又嘉慶年間請添舉人一名。另設恩拔歲副貢額。經前憲奏

奉

部駁。道光年間復奏。蒙

恩允粵字號額中舉人一名。而貢生仍和入閩籍。一體選取。是以歷科拔貢有閩無粵。非粵人無可選。閩人多而粵人少。且究係寄籍。不能不先儘閩人。若不俯順輿情。墨守成規。或至紛爭。必須另准選拔一名。有缺無濫。並廩貢亦剔出單歸粵學。方爲公允。本年選拔場中粵籍廩生中寫作極佳。品學儀表兼全者實非無人。而閩籍不能不占其先。有備卷一名蕭國香。現求附入鼇峰書院課習。想愛才若渴。或招來試其技。亦見海外非無不匿之秀。詳文到時。尚祈婉商。如可請加學額。一并代請。則海濱人士感荷恩培。曷其有極。再粵人多富而好義。粵士多愚而好利。事如可行。切勿預露。致有招搖。是則過慮。而不可不防者也。

上彭詠莪學使書

臺地閩粵雜處。人情浮動。固非易治。而實在民風士習。細按之。似差勝於內地。祇因各莊內一二奸民。或構隙唆訟。

或煽惑忿爭。以致習俗日漓。禍患疊起。地方官又以遠在海外。諸事易於彌縫。一時糾參不及。以致養癰貽患。有力圖整頓者。自應緝匪詳辦。而越海解勘。先苦經費無出。且各存化大爲小。化小爲無成見。避張皇之名。以苟安爲靜鎮。其能事之員。專用火烈畏民。卽爲除暴安良。而以暴攻暴。暴且日甚。如語以學道愛人之說。鮮不笑其迂者。然校士卽以牖民。制治清濁之原。實在於此。臺郡城內庠塾相望。晝夜時有書聲。此卽各郡邑所罕聞。閩粵文童將近三千人。生員亦有習經古工楷書者。雖文風未佳。非無彬彬

可造之才。言語不通。戒諭訓勉。以筆代舌。亦無不啓不發者。但考試弊竇孔多。即有勵志之士。因真贗混淆。遂相率不肯上進。因而漸入下流。諸生不但不知以器識爲先。并不以科名爲念。恃有護符。作奸犯科。愚民因而效尤。甚且匪類皆其同類。風氣日壞。實由於此。前於考童時。實力稽察。就場中拏獲頂冒鎗手一名。自稱童生。實係慣作訟師之生員。串通廩保。買空名入場。向來即於場內現講買賣。習以爲常。即教官廩保亦恬不爲怪。當發提調官枷號示衆。合郡生童爲之大快。若即予寬釋。不但無以儆將來。且

恐胥吏人等亦難保無同謀別情。是以考畢仍發臺灣縣收禁。勒提廩保及本童分別嚴訊。革究擬辦。或謂於讀書人當不爲已甚。然非如此。無以成全讀書人也。所有録取諸生。及新進各童。剴切勸諭。兩月以來。似覺稍知自愛。而一時遽難挽回。亦惟盡此心力而已。素叨垂愛。謹肅佈陳。伏祈訓示。

覆王坡制軍文武和衷治事書

竊思臺得吕鎮共事。不但佩知人之明。而深幸同舟協濟。受益良多。此間治兵得人。地方一切皆易就理。自抵任至今。文武一家。兵民漸見安輯。彼此毫無間言。傳聞之詞。不知何來。以致上煩憲廑。實切悚惶。再四思之。其所以有此説者。蓋亦有由。向來文武之和。和於外而不和於中。兵丁肆無忌憚。文員不敢過問。恐傷營員和氣。其意以縱容生事。該管將弁終不能自全。只可聽之。此文之於武。似和而非和也。地方緊要之事。及民生休戚所關。武員漠不關心。以避干預之嫌。其意以爲地方廢弛。與武營無干。只可聽之。此武之於文。似和而非和也。積習已久。人之所謂同寅協和者如是而已。現在兵丁過犯。不准地方官稍爲庇護。

此正吕鎮所深願。而人以爲此文與武不和也。地方公事。吕鎮有所見聞。絶不稍分畛域。知會查辦。此正幹所深願。而人以爲此武與文不和也。即以一二事言之。如上年獲有行搶刀傷事主之兵丁。即擬請 令斬之。嗣已據各將弁自行處死。文武皆秉公辦理。外人則執爲與營員不和之證。或應保列人員。向來鎮署所定。道無不從。道署所定。鎮無不允。故覺其和之至也。今武弁有求於道者。文員有求於鎮者。必核其平日居官。考其實在勞績。於事有此准而彼不准之議。而不知鎮道實一心也。從前鎮道累月不

見一面現在除朔望同謁廟每月會晤往來三四次官民所共見遇有要件往返密商或於公所談論公事各有可否此不和正所以爲和即偶有稟達之件必將原函送閱或面述緣由從無隱諱日前有請變通船政等件亦呂鎮商同將實在情形上聞勿用冒瀆嗣因措詞尚多未協因而中止而致藩司之函先已寄至鹿港史丞行館附便先發後與呂鎮商明函致鹿道轉達明知事有難行無非將下情上陳須爲綢繆之計彼時鹿港傳言即有鎮道各執意見之說或因此訛傳亦未可知也總之同受恩施至優

極渥凡事但求無過惟冀地方日久相安庶稍副鴻慈於萬一必不至營私誤公諒蒙垂鑒但海洋遠隔傳聽易譌不得不縷晰稟陳上紓遠念再某到任後除排期見官之日每日辰刻坐二堂核辦公事遇有招解人犯隨到隨提或應提訊之件從無停擱一日或積案上控但得一二人可以設法審結即爲判斷從前憲轅控案今夏間亦了結多起有府縣案卷可稽其奈積疲過久日日催提不過得十之一二核稿以外一切應辦公事早作夜思不離案牘僚屬所共見共聞偶爾無事可辦提案不到除卸靜坐觀

書別無嗜好但催提不能應手皆未能實力整頓之咎撫衷循省時切悚慚一經有事可辦分別緩急次第清理不敢稍有壓擱偶遇閒暇繙閱書籍亦係講論吏治及海防諸書並非別弄文墨至於課試生童一月中有兩日親駐書院與教官同飯廳縣各員頗有不必如此之論不知其中實有隱衷宋富弼云兇險之徒讀書應舉仕進無路心常怏怏此輩在民間密相結煽縱無成謀實能始禍當設法以羈縻之臺郡健訟好鬬及另滋事端往往有粗知文義刁劣之徒暗中主謀又無跡可按藉此牢籠近年以來

似覺鴞音稍變課卷係署中姪輩校閱將餘出脩脯贍補貧生其選刻文字亦署友代校泉郡兵丁多以刻字爲業者資其生計究竟爲違禁之事以餬口者少去數人耳人情莫不好逸而惡勞謬蒙知遇膺此重任臨深履薄夙夜未遑豈肯再鑽故紙咬文嚼字博取虛名致荒政務寅僚中有勸其辦公而外應節勞而親書籍妄耗心血似省中亦有傳聞之詞自當聞過即改不敢有過必文而實在下情亦不敢不據實直陳惟有失慎失勤盡其心力之所能到專一於應辦公事而無所旁騖以仰副始終生全委曲

裁成之至意。職兼學政。録取試卷。例應解部。必須親加磨勘。而貢卷尤應修飾完善。此近日不能廢文墨之故也。再史丞已由北路回郡。呂鎮於十月二十日先巡南路。十一月中再往北路。各處會同呂鎮分飭巡防。妥爲布置。似今冬亦可望安堵無事。堪慰慈懷。語多粗畧。字復草率。伏乞涵宥。無任悚懼之至。

上粵督徐仲紳制軍書

某羈身海外。瞬届三秋。連年以來。諸叨芘佑。地方大局粗安。尚不至屢出巨案。糜帑殃民爲幸。現在海洋亦無颱颶

作。盧萑苻並漸見肅清。堪以仰慰遠廑。惟交秋以後。得雨未能沾足。雖早穀已登。而冬收不足。恐難保其帖然相安。臺地情形。險不在風波而在官。累患不在盜賊而在兵冗。憂不在番夷而在民困。整飭無方。徒生惴栗。不揣冒瀆。伏祈涵鑒。

復林少穆制軍書

睽侍鈞儀。疊更寒暑。私衷景仰。不律難宣。前聞移節滇黔。萬里郵程。未獲時申寸牘。海外荒僻。寡聞。安車吉適榕城。尚稽肅稟。乃於清和上浣。先奉賜函。盥誦迴環。恍親麈誨。

想見優游巾褐。二疏不得專美於前。而中外蒼生。未免大失所望也。再臺地之難。販運漏卮之貨。有去無來。逋逃漏網之徒。有來無去。曠土少而游民多。如水中一邱。蒿蕘叢生。非芟薙之將不能容。是以有三年一反之諺。然防之於前。遏之於初。解之於後。未始不可望其苟安。但皆治其標。截其流。而究無術以培其本也。不揣冒昧。伏祈訓示。

上廖儀卿座師書

二月中旬。接奉賜書。恭誌起居曼福。入春以後。自當康健勝常。翹企程門。無任馳溯。仰叨芘佑。黽勉供職。幸無隕越。

小兒啓蒙。尚不甚拙。舍弟南北兩處安信。常通。諸稱平順。堪以仰慰慈廑。臺地大局粗安。蓋藏素足。各商運販各省災區。而糧價尚未增昂。此間情形與内地不同。轉以米穀稍貴爲便。貧民無業者多半皆隻身東渡。富者得利。則貧者仰食有資。傭趂挑負。皆可餬口。糶販外省。一舉兩善。然疏通於目前。又須籌備於後日。惟在隨時留心體察而已。至械鬭之風。何能默化。亦別無董勸之方。竊謂洗心革面。不責諸民而求諸官。文武僚屬。經制軍整頓以後。漸去積習。大約無事若有事。刻刻防閑。一有萌蘖。卽芟夷之不至

如從前之待其滋蔓而後圖之即可望其相安而有事又須若無事稍有張皇難保無幸災樂禍者從而和之激成變亂非海外蚩蚩者盡爲梟獍也兩年以來奏辦匪犯兇盜黨案具疏或由地方官酌量外結未敢姑息養癰而用賊攻賊以兵防民宥其脅從之徒留其自新之路不拘牽文例而變通其間亦因時因地爲之非敢任意以行果爾勢至燎原不容稍存成見自當痛加剷除要在縣官得人弁兵守法總可相安耳至近年士習似覺稍有起色非能棄末返本借文字以鼓舞之不知者或以爲事非所急且

近好名而於地方無益未知由內地來臺者民固多莠民士亦少良士宋富鄭公所謂兇險之徒讀書應舉仕進無路此輩常在民間密相結煽縱無成謀實能始禍當設法以羈縻之是誘掖佳子弟之中實隱以牢籠若輩且十室必有忠信得一二善良者與官長氣脉相聯每默消禍患於無形各屬漸去貪婪之習於詞訟曲直易明即考試得舉錯之公頑愚亦聞而心服似與地方習俗不相涉而實隱隱相通此稍見安定之實在情形也每念函丈寤寐時縈覼縷辜陳以代侍坐答問耳再爲致不在文告之煩而

言語不通不能不以筆代舌僚友有取以付梓者謹檢數件恭呈訓正求教於父師之前非敢輕以示人也

寄浙撫梁楚香中丞書

日前登岸之初即聞郡城兵丁械鬭因而乘機搶奪罷市閉門城廂之內路徑不通鎮道皆告病退居又無署事者府則病臥已久百姓幾有煽動之勢蓋平日受其苦毒積怨已深將一發而不可遏各路匪徒再聞風而集遂不可問及聞某將到漳人人念舊而息泉人亦因以罷兵抵任後操縱兩難如再事彌縫履霜堅冰隱患可慮三四月以後

情勢漸通向所謂獲盜引盜之人今亦漸爲巡盜捕盜之人矣夫以海外繁劇緊要之區悍兵刼殺攘奪之苦鎮道半年無人府縣雖有若無而商民亦忍之安之竟未釀出事變是民情雖不能如來書所云葛天無懷之民而實非難治也惜乎數年以來元氣剝喪已盡一誤於好靜之員以無爲爲治一誤於好動之員以有事爲榮究竟封元帥作先鋒者爲免饑寒耶爲爭富貴耶爲地方官視之如仇寇耶爲自外於承平之世甘作亂民將爲鄭氏餘孽耶僞號既加爰書有據豈容曲宥遂至剞之斫之如刲羊繫豕

戾氣所感。年年地震。歲歲風災。興言及此。可爲痛哭。然習慣已久。一旦矯弊太甚。或稍存姑息。爲害尤烈。此間地方官難則眞難。易則眞易。風氾靡常。限期寬展。且除莠安良。海外浮動之地。有不能不暫假便宜行事者。火烈勝於水懦。惟期克明克允耳。士習尚易整頓。五月間歲試。頗極安靜。經古並有可觀。舊有海東書院肄業者三百餘人。各街巷晝夜俱有書聲。內地所罕聞也。水沙連一案。徧訪輿論。不准其歸化。實爲全臺隱患。擬請設屯以安其心。民生國計所關。不敢稍存成見。亦不敢畏事不言。另稿附求訓示。

答王素園同年書

宦海庽言也。某則眞入於海矣。遙諗足下脫開韁鎖。得以優游泉石。侍高堂甘旨。以抒愛日之忱。莫名企慕。如某之負疚終身。仍待罪於蠻烟瘴雨中。直永墮輪迴矣。升官不難。而去官難。去官何難。難在去之而心安理得耳。海外情形。另有一紙書可以得其大概。各省吏治之壞。至閩而極。閩中吏治之壞。至臺灣而極。然猶是民也。猶是官也。豈其無可治之民。無可用之官。而卒至束手無策者。一言以蔽之。曰窮而已矣。搶擄之罪。生死未定。尚在後日。號寒啼饑。目前別無恒業。流至海外。更無身家可戀。不能坐守餓斃。只可鋌而走險。是民以窮而不能治。聽之愈頑。殺之愈悍。此治民之難也。疎防之咎。參劾未定。尚在後日。工食賞耗。目前別無經費。官於海外。已捨性命而來。無從虧挪。告貸只可苟且姑安。是官以窮而不能馭。劾之不能自新。舉之亦復如舊。此爲官之難也。事莫重於人命。而不求償命。但求得錢。豈眞重財不重命。窮到無可奈何。只好要錢不要命。且地方官不能振刷精神。爲其伸寃理枉。只可以錢了之。官不知民之代爲將就。以保全考成。反謂輕命重財之

民不可治。甚且有此成見。而亦置之不治。臺陽居海外。無所謂限期之說。爲重洋阻滯也。故吏治之易。至閩中而極。閩中吏治之易。至臺灣而極。豈知今日之難。皆自數十年來以爲易之所致耶。爲今之計。但有動官之良心。以冀通民之良心。不至官民爲仇而已。官窮死不要錢。則民屈死不怨官。其萬不能伸理者。民亦諒官之無可如何。苟有可以伸雪者。稍盡心力而爲之。不視之如犬馬。而民已戴之如父母矣。其萬不能依限完結。上司亦諒官之無可如何。苟有可以及時辦理者。稍盡心力而爲之。不以海洋爲退

步而上司已倚之爲手足矣大約亂民多出於兵否亦兵所釀成嘗謂治番不如治民治民不如治兵兵安則民安民安則番安而兵之難治亦無他難難在將兵者得其人得人亦無難仍一言以蔽之曰窮而已矣臺地救窮別無良策已入版圖地方菁華已竭惟有准歸化之番來爲我民令流亡之民去墾彼地上年考畢聊集可觀者爲試牘不過作海外稗乘觀書末有開内山番地論則拙作而借名以刻者附呈哂正事不果行想亦早有所聞漢書有云國家與公卿議大策非凡所見事必不從古人已先我言

之矣先生不忘蒼生者故不憚煩絮上陳諒不以爲不入耳之言也此間非無人才但無一處不焦頭爛額卽遷地爲良仍不出苦海之外而無可如何也紙短情長無任惓惓

祭海文

維大清道光三十年歲次庚戌五月壬辰朔越祭日癸卯福建臺灣道徐宗幹等謹陳羊一豕一清酒麪飯致祭於海洋溺亡兵民之靈而告之曰嗚乎自戊申履任未久慘聞官兵沉溺者百數十員名商民死者尚不知凡幾旅魂渺渺將何所歸上年六月乙酉日率屬祭告後帆檣來往多獲安全固仰賴
海神好生之德而人力所不能施者冒險無恙則爾衆冥冥中與有力焉夫生而正直歿爲鬼神爲王事而致身者雖亡如存救危濟難猶是仰體
聖天子已溺之懷爲
國家效力卽兵民中豈無忠信公正授職波臣者謹再循舊典復展明禋酬已往之勤勞冀將來之呵護近年以來各官兵因公沉没同戊申秋師船溺亡者已照例請

卹並於新修昭忠祠内諏吉附名供設以妥
幽靈如眷戀鄉井旣已名達
天庭來往自無阻滯此外無主游魂當牒請
城隍默賜引導護還故土得享族類禋祀無爲此邦疵癘嗚乎自今以往尚無淹滯荒埔徒蒿目於中元之羹飯也哀哉尚饗

戊申晦日祭告城隍文

某年月日某敢昭告於
城隍尊神曰維

神聰明正直赫濯威靈海上蒼生咸叨
福庇職服官兹土並仰荷
神庥幸無隕越計自視事以來勉竭心力惟恐貽誤民生但才
短事劇積習難移徒滋愧悚自秋徂冬兵船覆溺餉鞘沉
淪淡蘭水溢爲災彰鹿地震尤重斯民刼禍難逃究由官
吏奉職無狀不能挽回
天心循省之餘益深惴惴祇有籲乞
尊神默爲輔佑俾蚩蚩者以漸自新從此歲稔人和閭閻安謐
刁斗無驚洋面肅清帆檣穩渡職黽勉率屬矢愼矢勤稍

贖前愆冀覲後效本年歲試取進生員名次備列上陳自
念寒士出身不敢昧心去取有不明無不公當蒙
神鑒又繕呈會同臺灣鎮勘定請
令正法各犯法無可寛求其生而不得惟懼有失入卽恐有失
出殺之者少宥之者多如逃顯戮伏乞冥誅至所屬各衙
門海外重地除莠安良有不能不變而通之俾得便宜行
事者但因公無私
神共諒之無任干冒悚惶之至謹告
與臺陽屬吏書

我輩出身加民除莠安良原分内應爲之事如不能弭患
於未萌以致糜帑殃民方引罪之不暇遑曰計功仰荷
聖恩垂念海外宣勞無不准其請奬而或因以飾詞取巧清夜
實屬難安然得之昭昭終失之冥冥僕閲歴宦場將三十
年凡竊虚名而得捷徑者非徒無益有因他案而𦊅誤者
有别出事故者甚至未久而身亡者歴歴可徵章服天命
也不應得而得是謂逆天果爾實心實力誅鋤兇暴造福
無量朱綅方來不期而至是謂順天閩中近日升官之易
者無過陳雲谷羅子揚二君皆臺灣之官而未及來臺獲

犯也夫重囚罪有應得原無可矜而以彼首級换我頭銜
以私心得之終亦必亡而已官於此者大概爲兩端所誤
一則以海外可便宜行事一則以重洋可展宕多時圖庫
人滿淹禁纍纍死者固求其生而不得生者且求其死而
不能黑獄沉埋罪未定而幽閉瘐斃者亦不可勝計怨氣
充塞何怪天災人禍疊見不休幕丁延壓咎在本官省費
有限造孽無窮盡於歡娛宴樂時一撫心思之果因公賠
累於心無憾天亦終必佑之嗚乎罔民犯法而又視之如
几上之肉昭昭之律例尚可規避冥冥之律例其能通融

耶地方治理全在親民官盡其力之所到行其心之所安必先立於無過之地乃共安於無事之天二者切中時弊有則改之助我非淺是用忠告書不盡言

諭書院生童

書院之設非徒課文詞也所以造人才敦士品也諸生文藝稍優者大半皆赴省闈試而本司道仍按課親蒞仍課經策詩賦雜體以訓習之無非欲爾等專精學問以收放心不至干預外事閒爲不習耳且安分讀書者其容貌舉止閒可見每居課期留神察看有面色浮躁神氣粗戾者即知其非

閉戶潛修之士夫子弟爲非他人則漠然置之其父兄則必深惡而痛懲之何也愛之切故憤之深也其有溺愛於先卒至不能制者則有望於地方有司及學官矣然子弟在外多事者紳富之家居多並其父兄尚不得而知之官師或以情面所關又豈肯董戒之久之積慣自然毫無忌憚醸成大患悔之無及如到本司道衙門但知執法無可挽回此爾父兄之教不先也地方官師敎導無方也要皆本司道一人之咎也視爾等爲百姓之子弟則成敗聽之視爾等如自己之子弟則不能不愛之切而憤之深也寬

之正所以害之是與溺愛之父兄等披枷帶鎖人人指視曰此某某之子弟也爾父兄能無赧然受刑坐牢人人指視曰此考試時所取錄之生徒也本司道能無惄然思之愼之

諭書吏

爾等入公門爲吏原爲顧體面保身家起見如作奸犯科甘蹈刑章豈非自投法網爾等將來考得吏員亦將爲
朝廷官職若有刑傷過犯後悔何及大家要勉勵做個好書吏不要包攬詞訟不要串通衿棍挾制官長縣官是爾等

父母不得以身充上司衙門經書便敢藐視自家子弟及所居鄉鄰有爲匪者爾等在官知法當勸戒之如不聽從即密稟查究居鄉時遇事排解公門中好修行刑房公事尤爲緊要如招詳早辦一時則人證少羈候一時爾等亦曾讀書爾等子孫亦可成名無心過失不以笞杖辱之有心作惡立斃杖下本司道整飭地方先從各衙門起爾等不能盡解官話是以簡明曉示既往不咎咸與維新愼之

諭差役

爾等入衙門當差名爲官役還是本地百姓皆我子民要

爾等做好人不可凌虐愚弱魚肉鄉鄰不可串通匪徒擾
害良善如問出搶奪擄掠曾與爾等結識者究出盜賊竊
刼曾經爾等包庇者訪出糾鬬滋事曾同爾等串謀者查
出刁告架訟曾由爾等指引者即提至堂下或因木籠或
斷其脛骨必置之死地以示衆爾等各有父母妻子但求
足以養家餬口小心當差勿造惡孽鬼神亦保佑爾如任
意索詐害人本司道衙門即陽間之速報司也凜之

試院諭諸生六條

一要保身讀書上進將來爲

國家出力須要精神若謂年力方强任意游蕩習爲佻達即
學問優長塲中精神不到必犯規被黜
一要敦行家道素殷者切勿内聽婦言外交損友以致兄
弟不和貽父母憂貧苦者須守分安命果能孝友無虧天
必不負也顯親揚名先固根本故曰君子務本
一要積德恃有護符扛幫詞訟挾制官長結交胥役甚至
與棍徒爲密友不但剝喪功名久且身家不保天上主司
有眼單看心田借文章爲去取
一要養氣幸爲四民之首遇事逞忿愚民相效而爭鬬之

風日甚十室之邑必有忠信能令一鄉之人皆薰其德而
化爲善良排難解紛保全多少身家性命此莫大陰隲天
必報之
一要篤志實力用功非徒求名正心養心終日對聖賢書
則邪僻之心自少且無暇干預外事而品行自端須先窮
經爲根柢之學或專治一經務熟不務多兼看註疏及先
儒説經精義則作文可以貫通而二場工夫亦并及之矣
暇時兼觀史書不但爲策問之學並可增長識力不是讀
幾篇時文鈔幾本類典便詡通才也

一要專心或理家務或教生徒不能不分心兼顧須自定
課程或十日内某日讀經某日課文或一日内某時作詩
某時寫字當此日此時萬事撇開盡此一刻精力自有長
進試帖須平日講究塲中因詩有疵黜落可惜且得甲科
後尤必工詩善書臺郡雖處海外何地無才今下車考試
頗有大可造就者近年仰蒙
聖恩漸被添額中名數爾諸生應如何奮勉報
國士習日滴自文風日上久之必大有人出處爲醇儒出爲
名臣本學政有厚望焉不欲爾曹博一領青衿爲地方之

蠹貽門牆之辱也勉之愼之。諸生言語未能盡通手書示之

庚戌歲試手諭

童試功名雖小爲

國家取士之始而亦

上天勸賞陰騭之權爲考官者取黜之間鬼神鑒之此本學政之所以每屆考試必昭告於

城隍也嘗有爲子弟鑽謀徼倖成名不久或喪身或敗家此逆天之報求榮而反以自害何如安分讀書自然獲儁之身名俱泰乎今之顯達者多由先世爲官清白本學政即

不爲聲名計未有不爲子孫計者在內地各省歷任縣府考錄一秉至公豈至海外而初心忽變乎自戊申年四月間到任未及一月即行開考因未悉臺地士習之不純一至於此合屬士民亦未知本學政居心行政究竟如何彼時文場內不留一丁一役各廳縣文卷窮數日夜之力親自去取自謂問心無愧及新生招覆時風聞有代替之卷俱令當堂面試一起講尚皆通順是以未行革換然事後訪察仍多浮言密加查詰終無實據若故事吹求恐讀書良善者並受牽累非明知而故縱也至上年科試不料有土豪劉思中勾串劉篠園等招搖生事幸而事前敗露行賕未成案關考試舞弊豈容姑息當即發府審辦一面咨司詳院批飭嚴究此案罪魁在劉篠園劉思中二人餘人尚可照府擬枷杖劉篠園因病委員看管業據稟報病故劉思中雖在逃未獲已飭縣府通詳咨部斥革獲日再查明被控各案審實併案律辦勸善罰惡皆天理之公並無成見也本年又居歲試當不至再有撞騙亦必無受騙之人矣前年歲試時取進劉達元等同族三人彼時但憑文錄取及招覆拆封因其同姓弟兄恐有別情一一面試文

字均尚相符糊名考試原無從知其姓氏之異同而劉思中遂以此誇耀於人人亦受其欺惑如果本學政於劉思中有徇私之處何取進三人中獨無其子劉鋒元此不辦而自明何以臺地之人昏愚至此且前案之敗露莫非天理昭彰使隱惡得以顯著而本學政一片苦心亦可自白此即所謂鬼神憑之也此外尚傳聞不一查無實證本學政存不肯株累良善之心而不知者或以爲故從寬縱恐仍不免以身試法且上年科試取進者之父兄或仍有如劉思中者出而招搖亦未可定一經訪出本童之父兄認

保廪生及互結各童幷干法究本學政以忠信待士民而言語不通動頰文告生童等卽良莠不齊究係讀書之人非不識字之羅漢腳而爲匪類者之不可以理諭也向來考試一切關防大張告示皆視爲具文是以不憚煩而剴切諄諭如有不法之徒或頂冒鎗替或舞弄作奸兩年以來本學政熟悉情形斷不容此鬼蜮也凜之特諭

諭郊行商賈

爾等遠涉重洋貿易營生爲身家謀養贍爲子孫計長久持籌握算自無不精於會計者乃昌盛者少而衰敗者多

本司道涖臺一年以來隨時察訪其故有三一則存心以生理謀利爲主不覺流於刻薄而稍有贏餘便爲習俗所染踵事增華也夫農之種地也成熟由天士之讀書也功名有天商賈之成家立業獨無天乎血汗蓄積原不能不放利而行然或以劣貨欺矇遠客或以重利滾折窮人甚至以奇技淫巧及違禁害人之物販售漁利損人利己天理何存夫貿易曰生意生意者愛人之仁也愛人則生意存損人則生意滅此理易曉臺郡人情浮靡華衣美食及一切縻費無益之事無不以侈麗爲尚各爭體面至周貧濟困所以盡睦婣任卹之道者又或一味慳吝不庇本根但貽子孫以有數之金錢而不貽子孫以無窮之陰德不知小吃虧正是大便宜被人欺者天必佑之如自恃巧詐爲得計刻薄成家理無久享蘊利生災此其所以易於衰敗者一也一則知人不明用人不當而又不能約束子弟也合夥之人但取浮滑爲能不以誠信爲貴或以結納刁劣生監積蠹吏胥爲得計其意不過恃爲護符如果守分奉法交易公平何畏何懼與若輩相親有損無益稍有餘資無不望子弟讀書者而子弟愈聰明愈易敗壞轉不如

不讀書者尚近純樸其故由於家道既殷匪人乘其在外就傅設計相誘臺地澆風惡俗少年漸染尤易其父兄或遠涉他方或暫歸內地或終日專心料理店務以爲子弟自有書齋功課自有師傅督責其實私行游蕩甚至債累滿身而父兄尚在夢中雖銖累寸積辛苦數十年不足償其快樂一時之費用久而品行卑汙性情浮薄甚至剝喪短命殊可嘆也正本之道仍在家長店主果爾克勤克儉如娼賭禁烟等事絲毫不染心清志正自能料理周妥諸事穩實店中之夥友守分小心共事法度家中之子弟攻

書明理皆知艱難則不敎而自善否則外有奸夥坑騙內有子姪消耗此其所以易於衰敗者二也一則同夥分店或一家析產不能深思遠慮也臺地與內地不同海洋阻隔家在彼而店在此領本而來寄利而往以及先合後分非無賬據中見可憑然中證不能常存數年數十年而後往往復起訟爭有祖父爲子孫鬮分極爲周密乃屍骨未寒訟端已起雖百萬之富一經結訟骨肉成仇未有不廢時失業立見敗亡者刁徒蠹役從中唆撥以眞賬爲僞賬又以僞字爲眞字故號黑白使糾纏不了以爲取賄之地

地方官以錢債細故賬目煩擾又不能耐心細審任意擱延聽候調處適中奸徒之計如兩造目不識丁任人簸弄累月經年防坐誣則令婦女出頭處笞辱或以生監代質自殘骨肉盡飽他人負氣不平俱傷兩敗墮人計中而不知甚至禍生不測人命圖賴無所不至此其所以易於衰敗者三也以上立心行事可以自主而訟累則難逆料今預爲防患莫如分夥之日析產之初止須一張格式呈紙寫明緣由將所立字據及結總賬單粘抄雖至親至切目前毫無芥蒂亦各赴該管地方官衙門投呈存案或恐別

生支節卽並呈道府亦可仍將原呈抄錄收執日後萬一爭訟則以某年月日存案可據所呈與案卷相符皆眞賬也不符者皆假賬也奸胥訟棍伎倆俱無所施且問官一覽而知一訊而結不至稽延時日責令衆商會算一家有事衆家不安矣茲因提審多年產業積案而望各商引爲前車之鑒故並諭之

諭各屬總理鄉約

查臺地向稱浮動官民一氣則日久相安弭盜息爭緝奸除暴全在各鄉總理人等公正無私實力任事作官吏指臂之助爲

朝廷忠義之民去患於已然尤當消患於未然所管村莊內向來爲匪之人非無畏法改悔者特不敢遽行出頭今許其將功折罪如願作線緝捕寬其已往之愆留其自新之路卽赴附近分防衙門代爲稟請明示或徑赴該管地方官及本府衙門投首或徑赴本司道衙前候攔輿叩稟願當差者考其技藝留充壯勇願在鄉者記其姓名派守村莊按名酌給口糧俾資養贍本司道以忠信治民必不計誘治罪無用疑畏此時訪察已明何難督兵圍捕特先開

一面之網。許以投生。毋得自誤。爾總理人等。妥爲勸導。務令痛改前非。及時自首。其有始終怙惡不悛者。即率衆綑拏解送。定將該總理等從優獎勵。往年械鬬糾搶案內出力之舉人鍾桂霖、鍾洪誥、武舉林得時、貢生謝晉初、附生吳夢同、監生李化龍、義首林萬能、林萬掌、鍾玉書、李朝陽、蕭清華、陳登俊、王飛虎、許鳴盛、林相元、張聯陞、陳廷祿、張必超、林煥明、李飛龍、顏清蛟等。經本司道會同　鎮臺連同文武員弁。並官紳士民出資捐助兵費者。概行

奏獎欽奉

諭旨。分別授職給銜有差。即在事出力傷斃之壯勇黃金順亦同受傷身故之弁兵。奉

旨勅部議卹。爾等僻居海外。苟能一心急公。便可上達

天庭。光耀門第。如改過自新之徒。助官兵効力。即或偶被拒傷

並可仰沐

皇恩。較之兇鬬喪身。犯罪正法而死者。相去何如也。無分貴賤貧富。同是父生母育。何不生爲良民。歿爲義民。而甘心死於鬬殺。死於官刑乎。爾總理等遵照反覆告戒。化邪歸正。仍率同莊衆。守望盡力。既保身家。又邀爵賞。豈不甚善。果爾連年安靜。不必定有軍功。本司道亦必

奏加獎勵。伏讀康熙六十年

上諭臺灣衆民有曰。朕思爾等俱係內地之民。非賊寇可比。或爲饑寒所逼。或因不肖官員刻剝。遂致一二匪類倡誘。情知罪不能免。乃妄行强抗。改惡歸正。仍皆朕之赤子。朕知此事非爾等本願。必有不得已苦情。意謂與其坐以待斃。不如苟且偷生。因而肆行擄掠。原其致此之罪。俱在不肖官員。爾等俱係朕歷年贍養良民。毋得執迷不悟。妄自取死。欽此。爾等至今沐浴

朝廷德澤百數十年矣。何至再有甘居化外。不可感格之民。爾總理等敬謹莊誦。令大衆恭聽。實心實力。懇切勸導。同樂太平。本司道有厚望焉。

諭兵丁

你們多是好百姓。當了兵丁。更是替

國家出力的。與尋常百姓不同。要自愛自重。將弁是父母官。你們也可作到將帥。提鎮地位。總要對得住天。對得住

皇上。對得住官長。此時太平世界。不要衝鋒打仗。安居度日。就是受

皇上的恩。雖不出兵。各人練習武藝。預備出力。就是盡忠報
國。你們爲百姓防緝盜賊。彈壓地方。爲百姓盡力。就是爲
皇上盡力。你們不爲百姓防害。倒去詐害百姓。開口便說我是
精兵。其奈我何。百姓怕你們是
皇上家的兵。你既不能盡當兵的道理。是你們不怕
皇上了。百姓那理還怕你們。百姓大家與你們爲仇。你們也未
必能安然當兵。我奉
命遠涉重洋。來做官。你們也是衝風冒險來當兵。論分位有尊
卑。其實同甘共苦。爲

國家出力是一樣的。你們上有父母。下有妻子。吃了錢糧。錢
糧是
皇上的。還是百姓的。豈可不保護百姓。若是得了功名封誥廕
襲。何等光榮。或舍身報
國。恩賜優卹。萬古留名。無論順逆。總是有好處的。若是一時
負氣。把性命送掉了。豈不可惜。臨陣殺賊不出力。不大家
一心。不是好漢。賭氣打架。讓人一步。再沒人笑話。你們只
因浮浪嫖賭。吸烟。酗酒。相習成風。鬧得百姓恨你。官長惱
你。或遭罪刑。或被責革。流爲匪類。死在海外。豈不是自害

一身。及害了父母妻子。你想父母妻子。在家何等掛念。豈
可不節省用度。滿班回去。好團圓過度。你們多是年輕少
壯的人。離家日久。自不能常常悶坐。偶爾游戲。亦不責怪
你們。但不要生事。犯了刑法。我們要饒你們。
皇上不饒我們。執法辦你們。還是要你們學好。殺一個人。多少
人都變好了。豈不是愛你們麼。料想你們也不盡糊塗。不
服本官。便是不服王法。辛苦過海來做犯法的人。却是爲
何。你們不胡行亂爲。天地鬼神也保佑你。斷不至困苦終
身。即或同夥偶聚在一處。無論何地人。何營的兵。總是一

家。同安樂。同患難。朋友是五倫之一。你們沒有兄弟在一
處。這就與親兄弟一般。豈可逞兇鬧事。民間械鬬死了。還
有圖錢的。你們却圖什麼。況大家隨從附和。連好人都變
盜賊了。堂堂官兵。將帥根苗。豈可學作匪類伎倆。向設精
兵。地方官大衆出錢貼補你們。你們倒令地方官爲難。擔
處分。天理何在。良心何在。我今初到。不肯不教而誅。以後
須大家聽我們的話。我幫你們補官立功。你們幫我保衛
地方。如家人父子一般。將來大家平安內渡。豈不甚好。如
不聽我話。我也不能在此做官。只可具摺自奏請

皇上將我治罪看你們如何下場慎之此諭

諭各社家長

查姚前道任內諭各社家長以各莊丁口萬人千人最少數百人賊雖多不過數十少僅十餘人爾族丁十倍於賊賊雖强焉敢伺夜深入此必有與賊通者通賊者非他即本族本莊貧乏之人耳若輩無業忍饑富者不肯贍給故怨而通賊爾社內富家出公費若干將社中赤貧無業而年壯者召致歸社日給飯食錢使為壯丁大社四十人中社三十小社二十分為兩班每夜一班巡社防守一人執鑼

不鳴一人擊梆餘執大挺不許持刀鎗鳥銃自三更起繞行社外至五更向明而止見賊則鳴鑼大呼一社之人羣起呼喊賊必不敢入社一社鳴鑼則隣社皆應不鳴鑼不逐賊者罰之賊既走不可遠追擊捕恐窮逼拒捕傷人也此法一行各社貧者有以自養皆自保其社不但不通賊亦不復出而為外盜矣姚前道任內各社遵行立見安謐至隆冬以後平日各須妥議章程以期閭里益臻清靜凡子弟為非父兄同罪當綢繆於未雨期任卹之可風各社內一人興訟衆人牽連一家滋事大家破費官兵至則妻孥移散壯勇來則雞犬皆驚典田鬻産為無益之虛糜積怨深仇遭不測之禍患與其為難於事後何如早籌於事前人無愚智各具天良境處饑寒易成地棍各社內家道殷實者公議按地畝若干各家分收近支族中貧苦孤獨單身子姪若干人或借給糧食若干傭工出力按年抵扣或支付銅錢若干小本營生餘利歸還或祠堂公提生息或本社捐置贍田幼而慧者設義塾以免遊閒壯而鈍者習技勇以防奸宄如怙惡不悛公請族長責懲逐出本支聯名送官究處不准回社如改過自新或保送衙門充當

壯勇爾等同心協力庶幾有安享太平之日矣共全祖宗一脈之誼天必報以賢子孫免干
朝廷三尺之條我亦樂為慈父母也此本司道前在漳郡所勸行者著有成效爾紳者其各勉旃此諭

戒錮婢文

夏正二月綏多士女周官仲春令會男女風詩桃夭摽梅諸篇詠婚姻以時生民之始王化之基齊家治國其理一也夫正家之道以不用婢女為最善即使令需人年近二十必須及時擇配彼亦子女不過命薄耳一任禁錮非所

以養和氣於家室貽陰德於子孫也且天地之氣與人心相感召中和位育調變之機甚微但以因果淺近之説驗之凡多蓄婢嫗者家道必不和順子孫每少繁昌蓋怨曠鬱積所致也即如風災天患水溢地震災祲癘疫雖天地氣數究由人而興其理固無或爽焉聞紳宦殷實之家好善樂施者衆而隱造此孽損傷實多若由地方官查禁恐胥役人等及奸民藉端滋擾別生枝節是以先行告戒其各發惻隱之心挽回積習互相勸勉公同立限半年以内如家有年近二十婢女概行擇配但須令其依託得所不

得欲速見利誤其終身倘留配奴僕家人亦須禮以行之明正名分是亦杜漸防微爲保家長久之計智者自能遠慮及之幸勿視爲瑣瑣迂談强恕而行求仁莫近仍爲自己兒女種福此不費錢之大功德也

陸稼書先生勸諭監犯文

爾等人犯這身子也是父母生下的當初父母生你的時節也望你成家立業望你養老送終望你榮宗耀祖誰想你今日到這個地位這皆由你一念之差不安生理好喫酒好賭錢交結匪類遂做出這箇事來其中也有窮極了没奈何去做的也有家裏儘可過得道這箇是好生意不肯收心自恃勢力無敢發覺放膽爲非毫無忌憚希圖分得財物大家快活不知天理難容王法難躲一朝敗露披枷帶鎖淹禁牢獄在官府豈不知愛惜你一樣的皮肉只是法上去不得了没奈何只得將刑罰加在爾身你等遂受盡了苦楚若强盜則屍抛曠野頭掛道旁固不必言就是竊盜也有竊盜的刑罰有何趣味你的妻子在家裏悲啼你的父母在家裏痛哭又對人羞恥說不出來眞可酸心迴想當初若不是一念之差守分安貧聽天由命就是

熬饑忍寒强如今日受這般苦楚如今悔也遲了然天地間人也没有一定苦海無邊回頭是岸只要你等將這個心改正了痛悔向日的不是一心要守分安貧如今若得出去再不敢喫酒賭錢再不敢交結匪類再不敢做這樣非爲的事將天理二字時刻在念頭上轉你若有了這箇心即使今日便死也做一箇好鬼若僥倖出去便從新做箇好人日遠一日人只見你後來的好處漸漸忘了你向日的醜行依舊可以成家立業依舊可以養老送終依舊可以榮宗耀祖不枉了父母生你的心切不可說我今日

已做壞了。索性做一箇不好的人罷。如此則永遠無出頭
日子了。然更有一說。你今日要將這箇心改正也不可看
容易了。須要將主意拏定。方纔改得。若主意不定。旁觀匪
類的人。將不好的話來引誘你。你被他引去了。向日不好
的念頭。從新發出來了。切記切記。我今這一番話。眞箇是
你們對病之藥。無非哀憐你們一樣是父母所生的。故諄
諄勸化你。你們也動心麽。你們這一點動的心。便是做好
人的根基了。

每月初一十五日。刑房書吏至監獄中。及管押人犯
處所。用土音講誦一二遍。人犯中有識字者。給一紙
如取保開釋。給保人一紙。帶回本莊。令鄉長人等遵
照勸戒子弟改過自新。切切

祭溺海兵民文

維大清道光二十有九年。歲次乙酉六月丁卯朔越祭日
乙酉某謹陳羊一豕一清酒蔬飯。致祭於海洋溺亡兵民
之靈而告之曰。共託兮大造。我與若兮同行。海島僻獨於
爾兮淪亡。何昊天兮不弔。夫誰非生之者之所珍兮。竟沉
没於荒渺。號父昆兮路遥。割妻拏兮年少。夕陽紅時春草
碧。夜潮黑兮秋月白。爰居叫兮魂冷。精衛啼兮血滴。嘆游
魂其奚適兮。登彼岸其何時。閃青燐於波面兮。寄悲嘯於
天涯。遇風濤兮颶母。遭覆溺兮水師。叩
天閽兮上陳。泊重洋兮良苦。籲
聖恩之褒卹兮。表姓名於
朝亡。嗟嗟援手之不及兮。譬則已之所溺。荷戈殳以從戎兮。莫
貴於効忠而殉節。致命亦得其所兮。夫何怨而何泣。伊他
鄉之逆旅兮。居未共而行與偕。四海皆爲家兮。何必故土
之掩埋。人生自古有死兮。同爲曠埌之點埃。是宜逍遥於
世外兮。毋爲厲以洊災。山蒼蒼兮水茫茫。曰方壺與圓嶠
兮。汝惟翺翔而冥冥兮。風淅淅。曰鯤身與鹿耳兮。汝惟棲
息。念汝既餒而漂蕩兮。歲舉祀事於初夏。聊望汝以來享
兮。向長空而奠斝。焚楮幣而沉犧牲兮。迎雲車而送風馬。
表余一念之微忱兮。使汝格狂瀾而度來者。尚饗

中元約

臺地七月中元節。近向有普度之俗。靡費極多。如祭享祖
先有餘者。犧牲粢盛。固宜求備。而不必家家演戲設醮。無
力者亦當量家有無。盡其致孝之誠。事死如事生。傾貲耗

產。如先人尚在其心。亦不安。此理甚爲易曉。更有父母兄弟。饑寒不顧。但知事鬼。不知事人。但知求福。適以生禍。然各祭其先。尚不失報本之意。乃有以普施鬼魂爲名者。無論貧富。舉國若狂。以此爲行善祈福。實杳㝠無憑。何不將此項費用。掩暴露之棺骸。救垂斃之鰥寡乎。如謂臺地傷於兵燹。溺於風波。客死流亡之鬼。多於他處。恐其爲厲殃民。則
朝廷有賑孤之典。 城隍爲治幽之神。爲善豈疫癘所能侵。爲惡又豈禱媚所能免。但愚民惡俗。相沿已久。不必遽行禁

革。祇許備供蔬果麪飯等物。不得屠宰牲禽。古人無故不殺羊一豕一。載在祀典。淫祀豈能違制妄用。況耗費錢財。多戕物命。暑熱腥臭。徒以造孽。小民愚蠢之見。或不免尚有疑懼。本司道飭該地方官先期至海口及厲壇等處。伏爲祭告。祈求疵癘不生。災沴不作。諒較爾等之喧呶褻狎。爲有益也。此約

重校

聖諭廣訓直解恭紀

王制有道人之令。周官垂讀法之文。各郡邑設立鄉長。鐸生。恭讀
聖諭廣訓宣布
朝廷德意。以化導斯民。法至善也。夫人同此心。心同此理。易薄俗。革澆風。勸懲自有政典。而遐荒僻陋。頑梗性成。亦無不可牖而覺之者。顧力行如何耳。曩官山左。敬校雍正年間。河東運同王名又樸敬繹
聖諭廣訓衍義一冊。淺語方言。婦孺皆可通曉。除朔望敬讀並於聽訟公堂及巡行郊野。或市集之期。老幼環聚時。擇紳耆隨時以土音講說。蚩蚩者敬聽之下。或喜而舞。或感而

泣。默化潛移。成效可睹。後出守蜀中。見有直解一冊。與衍義大旨相同。及巡閩漳。仍率屬遵行。今復奉
簡命涖任臺澎。惴惴以有負斯民爲懼。伏念
聖澤涵濡百餘年。以來海隅日出。罔不率俾。間有一二梗化者。良有司亦不得不以法繩之。不教而殺。心滋愳焉。嘉慶庚辰年。前道臣葉世倬有敬刊直解原本。板藏學宮。爰率僚屬。謹復加校訂。分發各廳縣。遵奉舉行。廣爲傳布。庶幾官斯土者。各盡父母師保之責。俾斯民遷善遠罪。以仰副
聖朝重熙累洽。久道化成之盛云。

自正月初八日起以後每年朔望日辰刻生員蔡某在城
隍廟前初八二十三日辰刻生員某在本轅照壁前宣講
聖諭廣訓衍義二篇周而復始本轅講期派禮書同值役備方
棹一張上安半棹加黃棹圍武巡捕恭捧
聖諭自中門出交講生立誦畢仍由巡捕恭捧繳進每月本轅
講生制錢一千文該生赴署親領郡廟講生另有公費初
八二十三兩日午刻赴本城義塾朔望日午刻赴西關外
兩塾敬謹宣讀塾師督同各生徒環立恭聽

勸捐鄉會試公費約

臺地僻處海外而人文不遜於他邦平日培養造就將以
儲育英才備
國家選用古云爭名者於朝未有不出戶庭而能立功名者
也乃或狃於便安甘於小就大半皆以道阻重洋資斧不
足之故我
朝文教漸被添中臺額四名原爲廣收人才庶見幸而入庠
不應省試幸而鄉薦不能京試此何異頂戴榮身
朝廷又安用此慶典爲耶爾父老所期於子弟者當欲其家
修廷獻上報

國家養士之
恩下以爲宗族里閭榮寵本司道亦藉以慰得人之望夫積善
之道不爲其私而親罷鄉黨中果有才學出羣者力能資
助成人之美天必不負其子孫但臺地近年一切漸見凋
敝力不從心想亦愛莫能助計惟有設法勸設公費集少
成多由公正紳士妥議章程積存生息報官存案不必官
爲經理約計三年子利須鄉試每名有三四十元會試每
名有二三百元方可稍資津貼如行之年久或捐數增多
再爲擴充遇

恩科之年減半支給粵籍應由該紳士另爲籌畫如情願併捐
卽不分畛域一律辦理由府城紳耆先爲首領分致各廳
縣每處一二人董其事立簿勸捐多寡各聽其便祇須書
寫數目其銀元俟定期由府中紳耆前往按數收集或稟
請委員同往監收齊全發存殷實穩妥紳商分領行息以
免推諉事不經官必無後累且爲同鄉士子勞心正爲自
己子孫積德諒都人士無不樂爲也如或有必須官爲主
持之處不妨隨時稟請酌核飭遵但捐項絲毫不得交進
衙署本司道亦儒素出身深知寒士之難近來諸生頗見

有志向上。爾紳商亦深以科名爲重。想同有此心。非本司
道爲之倡議。不能舉行。明知事非易集。然統計措備本銀。
爲數尚不甚鉅。各廳縣紳商集腋爲之。似非苦以所難。再
選拔之年彙考
朝考舟車之費。即隣里親友情誼敦篤。恐一時尚難周備。俟
公費得有眉目。定立章程。並須籌及每年提出利銀若干。
爲下科之用。本司道爲海外興起人才起見。此拳拳期望
之忱。諒共信其心之無他也。此諭。

設義塾約

臺郡城鄉子弟浮蕩者多。皆由養蒙未得其正。大半苦無
恒產。無力延師教課。及長成或不免流爲匪類。稍能知書
明理。究竟作惡者少。不才之棄。殊爲可嘆。爲農爲工。即畧
識文字。亦不爲無益。查郡城向無義塾。今飭本轅經書公
立一所。並因西關民居較稠。於閒空新廠立塾。嗣聞願赴
學者甚衆。人多則淆雜無益。且年至十五六歲以上。知識
已開。氣習未純。轉恐貽誤子弟。是以酌定十五歲以下。二
十餘名以爲限制。嗣據耆民許白成等好義同心。於附近
之保安宮捐設一塾。分敎二十餘人。除隨時飭委學官稽
查。如果訓課認眞。於蒙童有益。再由本司道察看。另行籌
議。作爲官學。各該處既爲書塾。所有鄰近浮浪閒雜人等。
不得喧呶作踐。一切違法之事。不容相近。致被沾染。隨時
派令講生前往敬讀
聖諭廣訓。令該生徒環立恭聽。紳民有力之家。仍須各自延請
名師。認眞教習。守身爲上。成名猶其次也。或公議倡捐。於
鄉里添設義學。用廣教育。一面將首事人等稟明存案。以
憑查考。庶幾桀驁冥頑之習。可冀相觀而善。黙化潛移。俾
風俗漸蒸蒸日上。本司道有厚望焉。

設義渡約

臺郡曾文溪爲南北往來孔道。向來附近民人。設舟濟渡。
原應約給錢文。而匪徒乘機訛詐。甚至攔河截搶。臺嘉兩
邑交界。此拏彼竄。易以藏奸。是便民之舉。實爲大不便也。
本司道下車以後。訪悉情形。已嚴飭所屬並附近各莊民。
認眞防巡。嗣據義首吳大棨稟稱。彰邑職員林世亮嘉義
劉捷鰲等情願倡捐。改立義渡。並將該渡舊有餉項籌議
另行歸補等情。當即由府分給札諭勸辦去後。尚未據復。
想一時未能就緒。而遷延日久。恐未能剋期有成。茲先飭

署臺邑劉令塾捐造船兩隻卽日興工一面囑臺邑紳商協同嘉彰等邑首事公同妥爲勸捐或置田收租或發典行息如捐項寬餘再設涼亭以便行人憩息且避風雨之患巡查兵役人等亦可棲止有所從此利濟既無留難之苦商旅亦無刼盜之虞想好義樂輸無不聞風興感共襄義舉本司道商同鎮軍率府廳暨各縣捐廉爲倡一切工料及將來出入支銷均由公正紳商經理不假手胥吏事竣妥議條規通詳立案核定勒石河干以垂久遠

附全臺紳民公約

臺北淡水雞籠山一帶爲合境來龍靈秀所鍾風脈攸關近聞有沿海奸民訛言山根生有煤炭難保無偷挖之徒一經傷損於全臺人民不利合亟公立禁約如遇刨挖者卽行圍捕送官倘敢抗拒格殺勿論或內地及各處商販前來大衆協力阻止若强行開鑿富者出資貧者出力億萬人合爲一心爲全臺保護山脈有不遵者公議懲罰此約

附禁烟公約

外洋烟土殘害中國生靈稍有人心者無不切齒痛恨我朝深仁厚澤淪浹寰區中外同言太平之福我今百姓窮者窮死者死夷人發財得意是販烟吃烟皆助夷以害人且自害以從夷與反叛何異與禽獸何異公議自本年十一月初一日起立限兩月大衆洗心滌慮咸與維新限滿以後先請文武官長查察衙署內外人等次及紳商士民聞夷人吸食夷茵卽殺之如不戒斷並夷鬼之不如而中其利己害人之計至死不悟爲國家大患人人得而誅之此約

昭忠祠碑記

臺灣府昭忠祠敕建於嘉慶七年祀諸陣亡官兵卽附功臣祠之側十一年前道慶置座設位至道光元年前道葉胡始將康熙以來朱逆等各案內死事官員弁兵一併入

祀葢以鯢身七折爲國家新隷之巖疆鹿耳一門尤海外
孤懸之地軸經坱失險阻而來歸施黃乘精鋭而深入自
是厥後盧循孫恩之釁疊構其狼烽棘門壩上之師時陳
於鯨瀲其間或納刀入陣或拔幟登城或裹革忘歸而彌
貞其志或守陣誓義而卒殉以身壯矣哉函先軫之元丹
留一點埋萇宏之血碧繡千年宜其誠格黔閭恩邀黼座
永存正氣不沫令名也乃者烏合之衆復聚於清時梟藻
之心倍難於前烈道光十二年奸民張丙等煽亂雖運籌
甲帳迅就削平而流毒申池幾成蹂躪庭内之懸魚未腊

驚徼先加境中之害馬難除寇鋒已及見危授命再覩閫
門殉節之人臨難無生乃在草檄從軍之士又無論荷戈
者之塗膏廣野釋甲者之委骨荒沙矣更有寇興海鶻鬪
起城蛇秉插羽之書深林捕伏張游鱗之網駭浪追逃棄
軀命如土苴等浮生於泡幻至若名登軍帖赴戍年年事
在官書應差僕僕唱公無渡之曲滅頂知凶效臯某復之
呼招魂欲泣嗚呼烈傳横草固宜哀此憚人險蹈狂瀾疇
非歿於王事加乘車以再世而餒而之鬼無靈寵三禭以
殊榮而塊然之形早化自非亟登禋祀用享吉蠲無以慰

諸忠之魂實亦叢守土之責爰於道光三十年二月與同
官相率捐廉即於舊祠復加修葺循嘉慶七年例增祀張
逆各案傷亡官兵而以奉檄東渡舟覆溺海者附焉溯自
乾隆五十四年功臣祠告成由府籌撥三官堂原業鳳屬
赤山里租穀歲納一百六十一石有奇置守祠者供洒掃
久且就湮亟爲清釐復舊選公正紳耆司其會計復經臺
灣縣知縣胡國榮勘度内外地基前後共二十九丈八尺
左右計十八丈七尺豎立界石以杜侵占而昭整肅於戲
規模式廓丹雘重新咸爇炷而拜庭宛凌煙而見像爲忠

爲烈俾留後代觀瞻書爵書名悉仿史家體例云爾是役
也董其成者署澎湖通判張啓煊鳩金以助之者淡水同
知史密監工庀財始終其事者紳士陳泰階黃應清朱世
澤張必中也並誌

考試示諭

童生考試進身之始我出身時亦從此起讀書累世須留
種子登舟來此對神明志謀利徇私沉溺海底爾等作弊
亦同此誓

一各學官於被控生員情節虛誣者不得附和地方官致有

屈抑其實有劣跡者亦不得徇庇干咎

一童生免試經解其取古者免招覆果由自己出筆一望而知録取内記不先榜示

一童生取進多備一二十名先將坐號開單傳諭原保廩生認明本童於某日辰初集院面試各記坐號聽點不准報名代備眞草紙頁無用另具卷冊亦不必攜帶考筐用布包文具不許另帶片紙覆定出榜再照例招覆此外未經入選各童可及早回籍免致逗留

一歲試各屬生員有應次年出貢者准其預考以省跋涉

一歲試武生未取有願闈試者准其預考遺才

一生員二等三等前列坐號先行發府由各學官赴府開單傳知俟一等覆定再折彌封榜示未經取録者可免守候

一生員有事故及被控暫革者造冊交送考學官賫呈内地學政查考以杜蒙混並設木榜開列各生姓名事由立限投案以憑酌量情節可寛者於榜内簽示開復註冊報部

一文武分起於覆試榜後隨堂簿挂不必全俟試畢示期以免守候

一幼童默三經以上者除取進外餘選取若干另冊發書院註冊按期飭學官背誦後作文或全篇或半篇各從其便佳者給外課膏伙

一武科以箭爲准功力嫺熟必中靶心較多原不必拘定五箭如僅着靶邊全中亦不爲優其步箭脱空者免校刀石

一未取武童於默經原卷面塡明箭眼發閲以昭公允

一取進無分文武皆爲門牆中人望其將來爲　國家出力各鄉遇有賊匪追捕攢射從優奬勵文有書院武亦宜課習住址附近郡城新生每月望日午後至本轅造冊習射分別奬賞並習雜技

一各屬生童雲集道府連試廑郡日久城廂内外地保居民人等務各小心火燭嚴防賊盜向來有窩藏奸匪之徒乘此考試勾引游蕩遇事生波藉端漁利各屬應試子弟不能盡有父兄同來約束居家本係澑樸因應試而轉近匪徒讀書皆可成材因赴考而忽爲敗類小則耗費錢財大則損壞品行或受訟累或犯官刑傳聞鄉里父母懸望憂愁俯伏公庭師友牽連玷辱考試原爲鼓勵人才反致戕賊善類求名正以敗名言之殊堪憤懣除飭府行縣會營派撥員弁督飭兵役分段巡查如有奸徒窩留賊盜及引

誘年少子弟嬉遊者立即拏究該生童之父師人等各加
管束倘有爲非不法情事並坐其父師並該廩保失察之
咎仍在該生童等自愛自重閉戶潛修考試黜落非不可
對人若另滋事端受侮召辱何顏以見父兄且一受刑傷
終身不齒於士類求其當童生而不能矣再外屬遠道而
來無論貧富資斧總不能有餘往往出外閒游或深夜不
歸行李被盜良懦者旣隱忍無可控訴刁劣者又架揑藉
以索賠今立定規約除借居親族之家外所有租賃厝舍
以及坊廂店鋪本生童入門之日即將衣物銀錢開單眼

同房主點明如出門有事及應考之日單身獨處者將住
房封鎖以鑰匙交付房主夜間至遲三更回寓該房主小
心守夜自無疎失其各街巷舊有賭閒娼家之處業經本
司道密查存記如考試之時復行開設或兵役人等從中
包庇一經查出即先飭地方官會同營汛査封治罪其各
凜遵

致僚屬手札

卷查臺屬積案纍纍貴處尤多固由民情刁詐而歷任因
循之咎亦不能辭但一經催提或舊案復起波瀾或新案

愈增訐控玆擇其要者令張縣丞前往催提該員在嘉任
捕官年餘情形較熟且逐案委人亦不勝其煩擾是以各
札並交帶來面商設法辦理以清塵牘庶免刁徒播弄屢
瀆不休愈積愈多然圖准不圖審之惡習已久自不能一
時清理查原告不到例應請銷細加察訪果係所控未實
愼擇妥役先傳原告日久不到即請詳銷有委員會禀易
以措詞如續控再作新案辦理况非本任内之案更無所
用其回護不必定欲提解來郡以致官民交受其累果蠹
役豪棍不能畏難姑息懲一即可儆百所謂先難而後易

也某任州縣二十餘年雖海外情形與各處不同而地方
民情大概事同一律其一切爲難之處自己旣爲過來人
必不强諸寅好以所難且由内地遴選而來皆能事而不
肯廢事者實藉勗勵之力以冀同免愆尤盡一分心有一
分效大要易辦者莫放過難辦者要耐煩清理積案其一
端也果盡其心力之所能爲無稍倦怠即宦場得失無憑
冥冥中尚有一部考功則例也　致各屬
再當務爲急無過聽訟緝捕二端而言語不通費用無出
兼以重洋易於躱閃雖賢者亦不能不爲積習所移但無

預存大化爲小。小化爲無之見。而力所能爲者。愼無憚難而不爲也

爲民害之尤甚者。不能去其一二。安用地方官爲耶。秋禾漸次登場。或半月或十日。務撥冗親歷。向來多事村莊。一行爲囑。如無事。輕騎減從。不必會營。切切。以上致嘉邑王仲甫明府書

貴境與臺邑毘連之曾文溪。水漲之時。擺渡船夫行人。自應酌給錢文。而訛詐異常。商旅爲之裹足。甚有乘間刦奪。並殺害投之溪流者。或未免言之太甚。其附近溪邊。係臺

邑所轄之胡厝寮地方。盜刦頻仍。皆由交界地方易以藏奸。且有溪河足以阻截之。故除飭臺邑撥役前往巡緝。並嚴諭該莊總理人等。清莊聯甲外。務祈嚴諭該管地保鄉人等。一律辦理爲望。再聞該溪每年有繳縣公費若干。未知虛實。或奸徒假冒撞詐。均未可定。祈密加訪察。如果書役人等。有此規費。必須明示革除。查地方陋規非爲害太甚者。原不必裁汰。若為利甚小。而為害甚大。正不必避干譽之名。設法永遠禁除。或商同臺邑。改為義渡。妥議章程。勒石河干。為民造福無窮。似有損。而實有益。不但為自己

顧考成也。若漠然置之。豈非蹂躪百姓。皆由我輩作孽耶。想急公向上者。必能振刷精神。實力圖之。致臺嘉兩邑書

聞四鄉農民。做小本生業者。多不敢進城。以致諸物昂貴。緣有假充文武衙門人役之棍徒。任意訛索。誠恐串通在官丁胥滋事。是以商同前鎭臺勒石示禁在案。茲聞各城門車輛。仍有阻滯之處。務祈嚴飭汛弁查禁。如巡防認眞。郡城內果常常安靜。所有各衙門汛丁。自八月為始。每月由道酌賞。以示獎勵。致呂壽山鎭軍書

思患預防。非全副精神。十分周到。則廢弛叢脞。靡所底止。

守經兼須用權。但不可以狼豕視百姓。以寇盜視屬吏耳。僕遷地弗良。譬如以柔弱之客兵。治剽悍之勁敵。以拘謹之學究。敵佻達之狂徒。歷宦將三十年。所可告無罪者。審斷不惜力。緝捕不惜財而已。惟官高一級。卽與民遠一層。一任嘔心。無從措手。天下事固未有獨力而能奏效者也。上浙撫梁楚香中丞書

治兵難於治民。治民難於治番。兵安則民安。民安則番安。颶風暴雨。皆官吏咎徵。不能感召天和。所致此時惟有戢兵心以平爭。收士心以消訟。結民心以弭盜而已。上廖儀

御座師書

漳泉果能合而為一游匪無所煽惑地方自日見敉安或
云聯結亦有隱患此過慮之迂見惟求目前相安我輩何
至激之使變耶此時正巡防喫緊之時無事須作有事想
昔白凌蒼副戎有云奸宄視政令之疎密爲伏發兵役又
視官長之誠僞爲勤惰旨哉閱歷之言也夙夜勤勞安民
息事悉已代爲上達交冬以後有佩犢而無吠尨行之無
倦拭目俟之致嘉邑丁述安明府書
其居官如何前不深悉現在留心察看精明過露凡事見

長是其所短然視因循退縮者尚高一籌是所短亦即所
長全才難得在用之者於馳驟之中寓控制之法養其精
鋭遏其虛憍則得矣若謂蕩檢踰閑甚至簠簋不飭則斷
斷乎無之可代爲保結倘有影響萬不能稍爲姑容亦不
能掩人耳目此時察吏別無他求總以現在控案闒案盜
案之多寡有無爲斷則信而有徵無此三者無論才具如
何皆爲良吏
豎旂誠叛逆也殺之非枉然假豎旂之名爲搶奪之計饑
寒所逼不得已脅從或因案追捕或被人指控藉爲護符

其戕官攻汛者往往激而成之情罪相當惟其心安理得
而止如故示哀矜又恐頑梗愈甚水懦之害尤烈一旦矯
弊太甚各屬官吏豈有不計功者若遇事不肯上前或竟
諱飾彌縫化大為小亦為非計臺地但論出力獲犯之功
而不究起衅失察之過有深意也總在平日於前三項隨
到隨辦一得民心自能消患於無形耳
從前府庫充裕道庫亦備貯甚足每年內地解餉來臺遲
早均可卽偶有不虞總可應手此時情形譬如居家者無
斗石之儲專候隔海運糧計日爲炊而又不能操券期必

至之權且事變又往往出其不意府庫磬支罄盡紳商殷
實者少一切迥不如前前年餉船失事倘非從前綢繆遠
慮發道庫備貯一項眞是不堪設想是籌添備貯實爲全
臺命脉所關也
洋面未能常常清靜皆由各處捕拏逃竄此間游奕往來
不定水師將備先須添僱船隻再籌備兵費而盜已一帆
遠颺矣舟師出洋向來造領口糧商船進口舊例有津貼
一項每兵一年勻給纔得銀三四錢近來船少港淤并此
而無之內地出洋均有口糧臺灣洋面收泊較難尤爲艱

險此時海洋情形非循例出巡可比必須預備攻擊追勦
各兵梢腹從戎安能責其冒險出力卽官弁從嚴叅處亦
無濟也　以上上劉玉坡制軍書
向來交冬風謠四起總不免小動干戈今人禍幸免而天
災疊至淡廳水溢彰邑地震傷人甚多履薄臨深皆成實
境雖籌議撫卹而凋敝已深豈臺民之必不能安生抑居
官者奉職無狀上干天和耳　上蘇鼇石師書
用其心之所能到盡其力之所能爲大概治兵難於治民
治民難於治番兵安則民安民安則番安番無足慮可慮

者通番之民兵無難治所難者領兵之官而終歸於地方
官不易得其人然亦非無人其病只一言以蔽之曰窮而
已矣　上粵督仲紳同年書
任人行政不能顧及私情然心有所挂戀卽不能專一辦
公亦當慮及　上劉玉坡制軍書
上控之案愈積愈多民情譸張難治一經催提舊案反起
波瀾新案倍增訐告之風派委員設法清理而不必定行
提問且多非現令任內之事察看案情先傳原告如日久
不到卽先詳銷一面訪出唆訟之徒懲創一二大約不出

衙門中人法自近始或可刁風少戢
各處爲民害者不外盜賊訟師蠹役三項而臺屬尤甚者
則三者合而爲一胥役勾通匪徒爲盜窩及事主報官又
與訟師代爲揑告愚民無知訟累經年贓物絲毫未得又
添出許多費用卒之盜匪與棍徒逍遥事外在官受累者
大半皆被牽良民於是胥役既分盜贓又得訟費失事者
固寃無可伸而未失事者亦不知禍從何來諸僚屬非不
肯辦事者一則言語不通難得其情一則動須會帶兵勇
好官不肯累民卽須自捐而缺分非昔比費用無出卽報

解一切種種爲難得忍且忍姑求無事爲福苟安目前地
方奸徒亦明知官之無可如何於是律例煌煌皆成虛設
其爲州縣二十餘年一切係過來人必不肯苦諸君以爲
難但力所能爲者勿畏難苟安爲望　以上致各屬
勸捐不在委員有能惟在地方官素得民心耳
內地人員無不謂臺地爲美及到此而後知苦累更甚於
內地稍可敷衍者止二三缺或存幸災樂禍之見希冀機
會可圖亦難保其必有大獄若輩職司奔走原無須十分
出色現在皆年力富强並無過於庸劣者調去之人與派

來之人似亦不相上下未免徒多一番跋涉周折然一經到臺省中即不能爲政亦不成事體奉有明文必不容其逗留以後請准留臺者再令出差前來如差委不得力俟道府有明文到省再調則若輩無所諉延矣

刑期無刑愈殺愈多而不能止似求無刑不在多殺殺其萬無可宥者可也 以上致陳慈圃方伯書

領次年兵餉員弁限定十月中旬内渡來年得以從容回臺不至爲颶暴所虐嚴其考成正全其性命耳 上徐松龕中丞書

彰化舊名半線嘉義舊名諸羅皆以武功易名鳳山楠梓坑士民圍勦匪犯多名人衆未能徧奬改其莊名爲義勇鄉建坊通衢以示表揚而資觀感庶幾有勇知方可爲地方官指臂之助 致鳳邑丁述安明府書

監犯羈滯未解至六七年之久諸寅好以歷任積壓解費未交交代未結年復一年陳陳相因各犯非盡應致死者任其瘐斃有一案而已報斃三四人者冥冥之中咎將誰歸即不爲考成計獨不爲子孫計耶昔人有因人犯羈累而寢食不安者我輩獨非同此心耶如費用浩繁果係前任無從著追者設法攤抵或由道轅代墊姑勿論公事應辦望同行此方便耳船價及内地各項已通詳議裁除差役盤費外其雜項有無多寡想亦不至刁難必須趁此辦理 以上致各屬

海外人犯擁擠多年不能不變通辦理非敢率更舊章致寅好爲難但求人犯一到即行點收勿令船户羈滯爲要其有不能盡革者望嚴加查察而已 致泉屬書

民情雖極浮動而官吏得人亂極思治亦易人但知咎民不知其咎在官官又不知自咎而專咎民遂至不可收拾

學校習染日壞未易挽回但得賢有司先培士氣則地方自有起色而大半皆與民爲仇與士爲敵民以士而益悍士以民而益刁未牖民先課士自有隱隱相通之理 上彭詠義學使書

隨時陸續嚴辦積盜匪徒較之釀成豎旗分類巨案事半而功倍且亦不至出巨案也

庫藏以備不虞無非爲保民起見當民生流離之秋處海外浮動之地與其衛民於有事之秋不如安民於無事之先

兵丁有犯寬嚴酌辦須使知恩知法而必須官去積習民無後言

各洋附岸之小醜易滅而外洋之巨寇難防各省嚴勦必以此間爲逋逃藪商民並受其害即將官弁叅革亦無濟於事是非核實辦理戰船不可

臺地緊要有須酌調者未可拘泥必待請命而行而爲缺擇人爲人安缺大非易事稍有未協貽誤非輕不能不三思而行總須詢謀僉同未可獨行己意但期於公有益耳

向來出力人員應奬者以各犯分謂之撥犯然未可毫

無干涉而濫竽其間其捐貲應叙者亦須實兑到庫未可海市蜃樓憑空結構

姻戚招搖生事雖未成亦應照例科斷未可稍弭爲自顧聲名起見處分事小名節事大 致陳慈圃方伯書

盜船一望而知今則牽刦商船佔坐行旅誤認商船猝不及防失事尤易宜兵船亦裝爲商船俟其來刦而捕之亦使之猝不及防船堅而後兵膽壯糧足而後兵心固地方官惟有杜絕接濟之一法多收一在官之壯丁即少一助匪之游民臺民生路專恃商船欲通商船須無盜船欲無

盜船須有兵船欲備兵船須有兵糧即謂有船而兵不得力訓練自在人爲有兵而無船雖賁育無所施其技營員皆以此藉口而廢弛之咎不盡在管船工之員 上劉玉坡制軍書

風帆靡常一切得以寬展限期然辦事未可先存此成見

交代無難難於有空賬無現銀

地方匪類生事不盡關年歲之歉也夫年豐穀賤便於貧民不便於富民歉年則富者愈富貧者愈貧易至攘奪生事臺地則又不盡然米多而賤貧富兩困臺民多無產無

業皆仰食於富戶富無餘羨以養貧攘奪仍不能免豎旂謀逆大案則又非貧民所能爲必富者倡之然其先亦由攘奪以致富也 以上致各屬

難治之區地方官在任太久民易生玩然情形尚熟更一生手又有爲難之處 致彰邑唐升菴明府書

勸富民各收養本族本莊游匪以禦外族外莊之游匪則游匪皆不爲匪 致各屬分防

供賦三石之價尚不足完一石之額加以洋匪而禁販米出口則民困愈甚惟嚴杜奸民接濟而不必遏糴 上劉玉

坡制軍書

重犯押赴犯事地方正法俾匪徒觸目警心亦辟以止辟之道審辦總宜速速則犯者知懼良民之憤亦早洩而未犯者並知所儆致嘉邑丁述安明府書

重洋遠隔擬遣之犯有六七年而未接部文者應先解內地勾監致尚志齋廉訪書

會匪蔓延大是可慮然又未便張皇捕拿祗須細訪其是非爲糾鬬地步抑或各自防禦則滋事亦尚易收拾若通縣合而爲一再有兵役隱伏其中則不能無履霜堅冰之

戒致鳳邑高南卿明府書

臺灣道係地方官衙門兼學政非內地居時按臨者比杜弊尤難不但閩人例不准閱卷即寄居臺郡者與本地人士往來已久亦未便延訂某以累世寒儒一旦膺斯重任惟有殫精竭力以冀無負初心況海外地方舉錯公則輿情自順必須除弊務盡以清本源而端士習然諸弊尚易查其爲害最甚而難於防閑者惟場外招搖之事海外風俗雖多粗悍而士子求名之心獨甚地方奸徒藉以乘機愚弄事或湊巧幸而得之即難保無指官撞騙情事以賄

行求之風斷不可稍任萌孽此與污蔑名節何異必須據實查辦以自明非以公直見好也致陳慈圃方伯書

凡事干國計民生果有裨益而無不便之處即坦然爲之不必稍存意見蘭廳大害無過生番殺人一事整頓隘口自可循舊章而振作之抑或別有善法能去此害訪察輿情於附近生番村莊細加詢問以威則力不能及以恩則情不能通或番格人等設法聯絡須費若干密示商辦將來作某創此議不令官其土者擔好事之名也致蘭廳卓犖亭通守書

凡事先求實在而下情爲難亦許其上達不可不蹈實地而先巧爲退步也

各屬住郡家丁捕風捉影任意稟報以致本官不能專心辦公且一旦因之呼應不靈亟宜嚴懲正佐吏調皆先牌示一面飛檄飭知從無預行宣洩幕丁專以搆造謠言爲事其爲害非淺

解犯船費等項向交解役攜帶到郡後任意侵用匿延而人犯又在府縣各有監有獄管獄各官不隨時查核即催問亦往返經年不但文批無着即差役亦杳不知所之以

後應備船費等項。專丁賫送臺防廳收貯。以便隨時配解。各屬獄官將監犯姓名。按月摺報。所有本轅移司文批包封徑發臺防廳。而不用僉差。以免多一番周折。府批亦徑送本轅。不經差役之手。自無從滋弊。

羈押人犯。每日立循環簿過目。仍派親信家人逐日查點。尚恐有差役私押未稟者。須間日親往密查。或委獄官點驗。情重者固防其踈脫。其被誣牽累未經審定者。速取的保候訊。卽係有干之人。偶爾踈縱。其咎猶輕。較勝於無干押斃。且免奸徒刁供。別生枝節。拖累更無了期也。

人犯壓延。諸寅好亦非必狃於積習。外而書吏。內而幕賓。皆久而相安。所謂一齊人不能敵眾楚咻也。查例載軍流人犯。文到限兩月起解。逾限降一級調用。未經行催之上司。並干參罰。嘉慶二十五年改限一月。臺地卽重洋阻滯。至一年萬難再爲說詞。近有延至九年者。實足駭異。揆厥所由。一則人犯在郡。而本官卽置之不問。一則解役出門。曾否投文領配。絕不稽查。一則費用一時不及措備。前推後諉。遂大家擱開。索性無分新舊。專待其監斃而已。想幕丁書役。無不以監犯病故爲幸者。上司更動無常。宦場變幻莫測。但知目前苟安。而不知設有翻騰。無從措手。其爲此事寢食不安。特再諄致。萬勿因循諉延。果費用無出。卽儘年遠者陸續起解。每次一二名。以漸清釐。實在爲難。但得文冊齊全。道中卽可設法墊解。容緩歸還。亦無不可。文冊實不能代備也。舊管命犯。不必再責成原差。差役仍須搜括百姓。若並差役而亦逃亡。除却官賠。原無別法。且人犯口糧日計有限。總計實倍蓰於解犯之用。卽爲省費起見。亦計之左矣。致各屬

爲地方得人。總須本人中心勤懇。任事。上司强勒之無益也。上下一心。無非求地方安靜起見。下固不能任屬員之

便。而致上司無權。上亦不能存成見於中。而令下情不達。惟求其是而已。分防各員。勷助得力。自不容沒其功。倘有踈虞。責任仍在地方官。不能藉口於一二佐雜。進退之間。

答淡廳史梅叔司馬書

洋匪大幫偶集。非籌備萬全不能保其必勝。宜設計以離間之。海口募悍而黠者入其黨。帶一諭帖。作爲探聞而密告者。此幫如是云云。彼幫亦如是云云。諭爾等皆良民百姓。豈肯甘心犯法。出入風濤中。樂於死不樂於生。實因一

時無知游手好閑無可營生或爲饑寒所廹或爲官吏所逼或爲豪强所欺既入其中欲息而不能加以各處官兵追拏與其坐以待死不如姑且逃生而人衆糧少不能聽其餓死遇有船隻不得不前往搶刼爾等得船待贖並非放火殺人可見不是樂於爲盜亦處於無可如何然陸有陸營水有水師豈能坐視不管內地兵船一帆可到即能逃避不久亦起颶風無處收泊是爾等有死無生不如早爲求生免死之計本司道前任汀漳龍道漳泉人犯法自新者救得不少爾等自有所聞今水師營伍同商民并力

攻勦一面請實提臺督率金門厦門各兵船前來夾攻爾等死在目前本司道念爾等莫非　朝廷赤子焚溺可憐特先開導一番爾等自有頭人衆夥中自有識字者可細細講說再三審思如聽本司道之言爾等年壯力强者由頭人帶領投首本司道代爲轉請總督大人奏明准其自首或編入營伍當兵或入壯丁充役果有才力出衆者拔充營弁從前四川有羅提臺打仗立功做到一品大官先誤從匪人後投効軍營出身近年陳提臺盡忠報國萬古揚名何嘗不從海洋中出來爾等聽我言即具一稟交來

人帶回定期十日後某日在某處港口頭人止來一二人本司道委大員親到海口面諭不帶一兵亦不令丁役一人近前可見並非哄誘爾等爾等信我言先將搶來船隻一概放行貨物有存者給還原主免其致罪爾等船隻礮械等物可以充公另賞銀錢與爾等食用亦盡彀了如再有盜匪前來爾等大家幫同出力將功折罪從此可以養身可以保家可以成名立功如不願在臺各令歸回內地本司道即飛致實提臺無用帶兵前來並另用文書知會爾等皆已投首免其追拏豈不甚好如始終執迷不悟仍

肆猖獗即調兵前來勦滅必盡殺乃止毋貽後悔

地方巨匪投首有眞悔罪者有因捕緝緊急者有詭計以自全者一概皆將計就計准其自首而設法收之但必收本地方官爲之乞恩鄰里出保結有地方官作保地方官代求有道府擔承而外面則上自執法下自施恩若先越赴上司投首則不可據准而仍當別爲羈縻之方匪夥聞風解散亦不至假其旂號以擾害鄉莊竟用以盜攻盜之法此勝於彼則除一害彼勝於此則我不殺之而自有殺之者兩相殘害則兩害並除而官不費絲毫之力且既准

其投首則彼自恃其無恐不加防閑良民之受害者圖之亦易是又在地方官之代爲主張援格殺勿論之條而變通行之以盜治盜以民防民其治臺之善策乎

言語不通以俗語作告示刊印多張而令誠實書吏酌給費用分往各鄉同明白公正鄉者人等以土音反覆曉喻之並諭書吏至各鄉毋索一錢毋擾一飯於示内詳明填註必有一二能聽從者 致各屬

致各學官於考試前督同各廩保於報名之始認眞稽查有無冒考頂替等弊若廳縣業已錄送再有攻訐原保及

該學官皆有不合原首之人顯爲挾制牟利起見至頂冒入場該學卽不知情其平日不能約束士子已可槪見錄送以後復行攻訐無論虛實學官非疎忽於前卽徇縱於後均有應得之咎果毫無私意查出確據事後亦准檢舉若任意混供者在廩保猶可以一時未經查實不敢始終誣執爲詞若學官不加詳察牽據不實之詞卽詳請扣除豈非扶同多事頂冒入場如係生員學官豈能以不識認推諉整頓士習自廩保始整頓廩保自學官始廩保匿喪朦混如學官知而不究是天理滅絕遑論品學設學明倫根本何在耶 致各學官

地方刁徒及衙門蠹役遇爭較家產於孤寡易欺者視爲奇貨百計架唆互令爭搶藉訟費爲分肥之計海外愚民死於水火寇賊者半死於若輩者半且此等唆訟殺人無形之害視鬭搶擄刼爲尤烈 致臺郡裕子厚太守書

海外多事劣幕及漸染惡習之家丁遣逐内渡加以今昔情形不同浮海往來之賓旅槪不能盡如所欲造言惑聽萋菲易生惟在犀照靡遺自非浸潤所能入臺地公事泄延其咎不盡在官而在幕有非幕必不能辦者錢席更難

其人官欲另延實無可恃者有一人兼兩三縣而其人究亦未見其可恃 上松龕中丞書

臺地四時溫煖窮民有饑無寒然連年收成尚可饑者亦少而不能絶竊刼之害者游惰日久習慣自然仿勸撫兼施之意而實力行之可期安枕

能事之員有功不伐而用人得力必宜上聞然又不可過請優獎轉恐無益一秉至公無所瞻顧總求有濟耳

士心平則民心亦服考試秉公自有隱隱相通之效指納縣官爲人言所惑而拔取首卷者竟黜斥之正所以全其

聲名。以上上劉玉坡制軍書

憲恩愈寛律已當愈嚴

赦詔條欵傳知鄉長人等諄勸子弟改過自新如有畏罪依附積匪爲黨援者及時投首或作眼線自贖使匪徒易生離間而羽翼亦漸解散。致各屬書

頑疲地方須對症用藥急則治其標未可盡投以中和之劑人才難得但求在百姓上留心不廢事而能了事地方得粗安而已

用人先講調劑恤吏也但恤吏須恤民臺地積習但知有

官不知有民既不顧民要官何爲得斯民不可少之官則恤吏正所以恤民

防夷第一隱患惟在奸民勾引販賣禁物耳

偏僻海口土盜時時竊發大半皆假漁爲盜莫如捐募水勇寓兵於漁即借捕漁以捕盜是亦以盜攻盜也。以上上劉玉坡制軍書

民不盡蠻民多窮耳官不盡劣官多累耳民窮官愈累官累民愈窮無形之消耗在於尾閭漏卮而漏在界內尚非難治之症今則一去不返故不可救藥。上川督徐梅橋同年書

治番不如治民用兵不如用民

漏卮之物有去無來漏網之人有來無去

破除情面不容濫竽正以核實爲激勸之道

捕務惟在得人用人必先激勸著有微勞即登奏牘即不必優奬亦足觀感奮興非敢濫乞恩施以見好也

治水陸盜賊之法有二或爲離間之計以殲其魁或留自新之路以散其黨用盜攻盜以民防民徒恃兵力無益也

寓兵於漁治海盜之要策兼以杜岸上之接濟也

凡事預則立又須不動聲色聯絡紳耆團練丁壯以緝匪

爲名各守各莊一呼即至而靜以俟之。以上覆松龕中丞書

惟以治內宄爲先務而令彼類自相害以人治人以鬼治鬼。上楊雪椒先生書

盤錯愈久識力愈增欲爲稍益地方之事非實任久任不可然盡一日心造一分福不可無遠慮而無所用其過慮也。答門人洪潤堂書

凡身所未到者皆以爲彼善於此及之而後知。答嘉邑丁述安明府書

克殷而年豐除暴得其當即殺戮亦感召天和然慎刑敬

天之常理。

多事之秋。虛步勿走。

積弊止可懲一儆百。先清理在官人役。而又不可不爲留其後路。知之明而後處之當。

官場拂亂之事。惟在靜守。而用告子勿求於心之法。心不動卽良方也。以上答前署臺邑劉良卿明府書

官須自做。非自用也。若自用而又不能自主。卒爲人用。此咏孤雁詩所謂稻粱羣鶩共。霜露一身寒。答淡廳史梅叔司馬書

大學開章曰親民。民不親我。須我去親他。心誠求之。蠻貊可行。豚魚可格。事不畏難。顧方寸何如耳。

訪獲包訟劣衿。蚩蚩者自迎刃而解。所謂釜底抽薪。拔其毒根。膿血自盡。擒其軍帥。大隊皆潰。捐資給總理。自有實效。獵者飼鷹犬而不飽。則獐鹿何來。至惡獸互相殘食。既已搖尾馴伏。而仍欲困之。必至挺而走險。惟在息事而不生事。

地方官在城則慮及四鄉。在鄉又慮及城關。守官止此一身。豈能變化。惟存此惟恐有事之心。自然無事。所謂思之思之。鬼神通之。此眞循吏不可以語此。

以惡人作眼線。如芒硝巴豆。用之不得法。殺人更速。惟視官長爲轉移。防之不可少疎。懲之不可稍寬。治之亦不必過急。含沙不能射人。則鬼蜮之技自窮。以上答鳳邑郭巽帆明府書

人情叵測。平地生波。實在爲公無私。有懷莫白。

匪徒肆無忌憚。由官不過問。問又無以服其心。寬猛皆失之。急查緩拏。神而明之。存乎人。

詞訟只不拖累。便已造福。久之則訟自簡。

少一層經手。卽少一分侵漁。不但征收爲然。惟催科一事必實任者方易整頓。然新政嚴明。又致久任生玩者較爲得力。居一日官。盡一日心而已。以上答彰邑唐升菴明府書

聯莊一事。祇在得人。尤宜識人。而莫要於善用人。去貪去詐。顧用之何如耳。安得各莊皆好人。用之之法。惟在中無阻隔。一言以蔽之。曰在親民。捕務之弛。一由於不耐煩。一由於惜費。實力爲之。仍不出無欲速無見小利二語。所難者非惜費。而或苦費無出。惟有不惜力以勤查嚴辦。昔人謂勤以補拙。當云勤以補儉可也。致嘉邑丁述安明府書

今日論吏治，興利除害，非易言也。但除其害之顯然者而
已。大約不外聽訟、緝捕兩端。而蘭廳生番之害，尤甚於他
處。匪徒宜刻刻防閑，非爲考成計、爲因果計耳。我輩豈眞
戀此官者？凡極難爲之事，思之思之，鬼神通之，實心爲民，
自有善策出來。誠則明，雖蠻貊可行也。
果能救人，不必惜費。寔寔中有主之者，終不至累及身家
也。答蘭廳董鈞伯別駕書
地方疲頑已久，急則治其標。勿憚煩，勿畏難，盡一分力，得
一分效。答嘉邑丁述安明府書

一切公事，雖打官話，而名實不能求其相符。致泉州沈海
如太守書
勸商販出糶，此有利可趨，不令自行，市儈之信早於官衙。
若外境價減，令其飄洋，作無大利之貿易，亦非官法所能
强。答廈門史蘭舫觀察書
官知民窮，而不至激生事端；民知官窮，而不至妄生覬覦。
是窮亦有好處。年年太平，乘桴而來者，升官無路，然暗中
保全身家性命不少，則食可下咽，寢可安枕，無論升官去
官，當可穩挂一帆，生還彼岸也。答郭小房同年書

地僻事簡，與蚩蚩者如家人父子，別有一種樂處。此官場
入手眞正題脈。一任繁劇，則文不對題矣。然認題果眞，即
隨時變幻，究不爲風氣所汩。入手既正，必非落卷也。答門
人王子勤書
防夷易而防民難。答史梅叔司馬書
歸化之番，即當年助滅逆匪之子孫。不招之使來，萬一不
爲我用，而爲彼用，奈何？老成之見，未目睹情形，自以報罷
爲是。其實與開邊迥不相同，似不至貽留後患。海外安危，
祇在得人不得人，無關於得地不得地也。與仲弟書

西川亦舊遊之地。嘓匪爲害，止在練團得人，格殺勿論。答
四川皂昆鵬總戎書
聽訟去民累，愈速愈好；緝捕去民害，以猛爲仁。懲一儆百，
不惜錢，不惜力。無錢亦惟有出力，盡一分心，民受一分益。
待書役勿過嚴。讀書人初作官，每犯此病，不可銳進欲速。
急於見長，無過即是有功。窮苦乃我輩本分，受之慣矣。況
起居一切，較之當秀才已高萬倍。致永福縣令門人王子勤書
言語不通，不能不藉文告，而以言教者訟，終亦無益。且蚩
蚩者既塞於耳，又盲於目，須得人以達之，則在生員之操

土音。致四川縣令門人張香海書
不為州縣稍留有餘讀書寒士出身謹守清白箴者。將為餓莩尚能為循良乎餓莩一身外無事官吏之為餓莩更難了矣元氣傷盡加以硝黃舊者死新者亦不得生官不足惜如蒼生何答山東沈臺簷明府書
無論豐歉彈壓撫綏惟在縣官得人兵丁守法上廖儀卿師書
士民大半自內地來蠻者極蠻而秀者極秀茫茫巨壑怪物出其中寶貝亦出其中歲科兩試自問可質鬼神而弊竇之多有非意計所及者網羅而區別之培護而雕琢之借文墨爲激勸以好名之易易其好利之心而已與山左濟州門人于如川書

子弟在臺者最易爲狹邪所害必不能遣之歸者爲置妻室以收其心致周左池世叔書
居官多隱慝先德恐難綿大學時還讀惟防好惡偏覆姚杏垣世伯和寄詩
子弟但能世世不絕秀才種子便不可多得此祖宗積累所致愚於考試誓不敢自我斬絕此根與拔數姪書
藉兵力以誅除於蹂躪之後不如結民心以弭患於萌動之初稍有把握者如此而已欲爲內地滈良之區官民一家則萬不能考課之勤名爲鼓勵人才實則牢籠秀士不知者或以爲不急之務而隱消患於未然其保全實多是則苟簡之術是以粗就安定也善籌國計者未嘗慮及州縣之肯爲百姓者以後亦遇事袖手以免後累而現在受參追者恐所居之地並無自然之利設竟取生舍義則解納者不自天降不自地出不虧國專虧民國用暫足邦本恐傷而吏治更不可問致沈飴原姻伯書
公事之難如日日衣敗絮行荊棘中惟有耐煩爲之出得州縣一關卽如浮海見岸退一步想心平氣下苦死不能

苛求屬吏餓死不能賄賣秀才窮死不能揑報軍需不求人諒惟望天憐　虧挪之罪雖同究竟賢不肖及公私之間須酌量區別卽如流攤一項或分缺之大小定以限制核實查辦留此一線生路非爲官實爲民也如堤工報險官必待題請而後辦否則不免後日參賠不知傷財若干害民若干矣盜錢橫行一錢不敢浪費久之釀成巨案或竟辦軍需恐賠項不足以償其萬一此外一切公事皆將廢弛是率天下之能吏而皆爲木吏也錢漕賠墊廉俸扣

罰爲州縣者大半皆寒士出身卽貲郎亦因仕而貧其父母妻子尚須養贍乎宗族鄉里尚須周䘏乎幕丁不能不用應酬人情之必不可尚何出乎欲䘏民先䘏吏不損國則損民卽令召杜復生無米爲炊而某任賠欵某任款限如星火遲卽罪之有官皆無生路能保其至死不變守定清白箴乎是天下皆以爲廉吏不可爲而吏治民生恐不可問是有益於國計者有形而有損於國脉者無形也致山東歷城張寄琴明府書

此時如飄洋遇颶風祇可聽其所之我輩苦節半生萬不肯畏罪譴而忘清白致浙江舒自菴觀察書

一出茅廬先作州縣卽終身無脫然之日命也如何致雲南王英齋觀察書

萑苻之甚各處皆同臺地得便宜行事尚易措手然如莠生惡草刈之不能盡其渠魁閒有計無所出有投首擒犯以自贖者事半而功倍全恃誅戮未見火烈生畏然亦海外可變通行之耳答汴梁郭小房同年書

此地之難難在虛擁多金之名致山東泰安張壽泉明府書

臺地首重洋防水師以造舟爲先務實核辦理官價總不

敷用非公而忘私捐資津貼難望其利涉大川劉晏有云私用無窘則官物堅完洵通論也

三五年一反之諺幸而不驗不至糜項殃民然久則生倦才盡而技亦窮終難保其長相安耳答蘇藩武次南同年書

有犯必獲海外頑玩雖久何不可挽回答鳳邑郭吳帆明府書

清理交代須於現任留心待其卸任則已無從著手罪囚稍有可疑仍開一面之網致史梅叔司馬書

勿隱所短勿沒所長勿爲空泛之詞勿作模稜之語愧乏知人之明仰藉寅忠之助致臺郡裕子厚太守大計書

正兇正盜逍遙事外無干者波累至死加以奸徒勾串架訟不休愈久愈幻爲患無窮正犯一時未能弋獲者止列正犯姓名批緝

兵民皆朝廷赤子文武均守土官員庇兵而兵愈犯法非愛兵也縱民而民漸玩法非愛民也兵丁當以地方官爲父母百姓當敬營員爲官長以相安無事爲福

開誠布公直言無隱至印文公牘自有體制不能暢所欲言以上致各屬公牘

羈押之人無關罪名或察其情形尚非怙惡不悛者不必

拘泥定須保狀難保無捕快人等需索情弊每有欲改過而不能復行偷竊以償取保之費者應發落卽行發落秉公判斷但於心無愧何必顧慮任意延擱徒滋訟蔓或謂待其處息可永免爭端而累月經年破家失業伊誰之咎原告未到不必羈累被告無須慮其上控被告未到不必扣留原告秪須嚴究原差互控之案隨稟隨訊隨訊隨釋不必守候兩造齊全早結一日卽少造一日之孽少留一人卽多造一人之福也 行各屬

欽奉 恩赦業已謄黃宣布風聞各處匪徒畏罪藏匿勾

結夥黨以自衞其法無可宥者固在不赦之列而罪犯尚輕欲悔過投首者不敢卽出應再剴切曉示合抄稿札發傳示使匪黨易以解散而頑愚可望自新弭患於未然必須預爲綢繆轉瞬秋收在卽宜早爲防範也 通飭各屬

節孝有關激揚風化之事身任司鐸是其專責一任胥斗壓延需索能無愧汗 致嘉義學

同寅協和惟在公而忘私理以制氣小不忍亂大謀行不得者求諸己躬自厚而薄責於人我輩當三復之譬如舵水不和雖艨艟亦不能安渡上官同僚無非爲地方起見非好爲嘵嘵於其間作和息人也 致某邑營縣書

民間種種不法皆文武衙門人役包庇其切近城内窩留奸匪通國皆知未便一任官弁縱容須懲治一二以儆其餘玆將訪明各處開單密飭再確切查究某政務稍簡藉以輔耳目之所不及非越俎好事也太守自能體此意而妥實爲之 致裕子厚郡守書

民之所惡惡之惡莠早去一日良苗得早生一日置之重刑使本鄉本境共見共聞庶幾刑期無刑 致某令書

前任州縣各任内在押之人除竊匪棍徒設立號籍按日

稽查外其詞訟人證交差管帶者設一横粉牌一面責成值吏專派内丁分別管收除在逐日登記親加硃標懸示大門可做照行之

匪徒忽聚忽散風謠不一止有兩法一曰攻一曰散足下親督兵壯會營以截其後某令堵其前而留一面之網擒其抗拒者寬其逃避者自可立就安定今某令帶兵壯多人駐札已五日之久而未聞貴營人到日久相持民留官爲護符官去賊來終無了局至於散之之法須該管地方官明白號令但誅首犯餘悉免罪自然解散又聞糾劫未

成於交界假道而被殺多人在良民不得咎其擅殺而各匪徒又未嘗無說必須細問情由仍將曲直伸明威勸兼施否則釀成分類亦未可定滋蔓難圖早爲之所 致鳳邑高南鄉明府書

各城門汛兵查詰奸匪向來車輛負販出入津貼錢文爲數無多相沿已久惟有此名目卽難保無棍徒冒混需索以致商民視進城爲畏途車輛入城旣少不但鄉民難以販運營生而城内堆積糞土不能拉運出城種種不便是以會同前署鎮勒石示禁玆恐兵丁仍未盡恪遵而地方

刁民又藉此爭較生事如所費止十餘文數文不等原不甚爲病民但以兵法秋毫無犯而論卽一文亦不應得戍兵多窮苦亦難令饑餓從事玆每月由道轅酌捐銀元送城守營給領如再犯應從嚴革究 致呂壽山鎮軍書

命盜控案正犯未獲只取屍親求緝正兇事主求拏正盜甘結照例請叅控案儘可先結將一切牽連之人開釋否則一任奸胥播弄甚至粘單混列多名或移文隣封查傳愈滋紛擾轉致眞正兇盜逍遙無事依舊殺人刼貨而受累者皆屍親事主無故牽涉良民甚至拖累瘦斃被控多

人萬無傳集到齊之日也 致臺邑胡令書

實廩應貢延久不到卽以次名送考往往視爲奇貨可居頂補者不必定殷實之家直以學校而罔市利士習之壞莫此爲甚若丁憂大故亦改易月日直非人類倘明知故縱或有所聞而不切實報究任其含混實屬天理滅絕遑論品學耶 通飭各學官

呈控擄贖滅屍者幾無虛日皆由官不能隨審隨結兩造屈抑未伸以致互相仇擄是其咎亦不盡在民俗之刁惡控愬到官地方文武數見不休不知疏防處分綦重爲政

以仁恕爲本試設身處地自己親丁被人擄禁生死未卜情何以堪爲民父母當亦寢食不安如告官不見速辦奸徒益肆行無忌甚有孱弱良民因官不立時拏辦恐遭害更甚隱忍不敢出控者而揑詞聳准之案又不根究坐誣遂至虛實不辨黑白不分積案如山一任胥役串詐造孽無窮實者不辨而犯者日衆虛者不辨而控者日多犯者亦日多擄人之犯視刼搶尤爲兇惡各案確有姓名住址非若別案可以消弭各分防衙門爲印官耳目指臂之助所轄地方一有此等案件切近易於聞見立時查辦一面

飛報印官追捕。致各屬縣

地方利弊。和夷商確。總期於公有濟。不容稍留成見。徒法不行。空言無益。致淡廳史梅叔司馬書

各屬應試生童。爲求名而來。父母以下。日夜懸盼。卹不能成名致榮。斷不可敗身招辱。夫人必自侮。而後人侮之。果能自愛。何有損傷。如在外游蕩生事。惟其父兄尊長及廪保是問。並由該學詳請扣考。仍發地方官究辦。致各學官

家產詞訟。女人出頭者。無非聽人主唆。且有冒列婦女。以防坐誣者。或以尊凌卑。而本婦並不與聞。宜詳察之。致各屬

愚民無知。任人播弄。虛心研審。實力勤查。速訊早結。保全實多。致嘉邑令

郊商貿易營生。人多誠實。及遇有詞訟。有素延訟師主謀。皆刁生劣監出頭扛幫。知地方官必爲商人留其臉面。遂至任意砌控。訐告不休。或影射撞騙。商人但知耗財而已。明似受益。而暗中被其損傷而不知也。致臺郡守

奸民放膽妄爲。刁徒藉口健訟。皆衙署玩役所致。致郡守

盜匪經事主當場協獲者。自係正犯居多。往往匪夥或與捕快人等。素有瓜葛。設法開列多人。聯名求保。或覔婦女出頭。揑稱孤寡。以冀領脫。本犯恃有庇護。茹刑不吐。延押日久。終歸漏網。此匪徒所以無忌憚也。致臺邑令

匪徒慣技。故意牽拉平民。使不能定讞。以遂其狡展之私。或將首拏之人。攀供洩忿。或捕快串供。爲索詐地步。惟有止就一犯嚴究追贓。所供夥犯。須察明確。再行查傳。不可據供拘拏。致臺邑令

匪類恃兵丁爲護符。兵丁恃刁徒爲計謀。無惡不作。良民隱忍而無可控訴也。致嘉邑令

刼盜在城廂者究戎兵。在鄉村者究糧胥。在海口者究鹽

丁。十不失二三也。致各屬

全臺紳民公約

曩者㖆夷犯順。我
成皇帝不忍百姓流離。罷兵議撫。准其通商。而不通商口岸。該夷官自行照會。不准夷人登岸。違者送其領事官治罪。此人人共知者。臺灣非該夷應到之地。我百姓知
朝廷寬大。許其和約。每有夷人前來。不與抗拒。非畏夷人也。彼既俯首恭順。我百姓豈敢生事。上煩
皇上聖心。如該夷藐視我們。挑衅釀禍。地方官長以和約在先。

不便過與爭較我百姓固未嘗與之立約也且所謂和者
但見之不殺耳非聽彼之使令也彼先侮我我豈能讓彼
我百姓堂堂
天朝子民此地既未准設立馬頭豈容任其雜處如我百姓爲
夷人所用是逆犯也是犬羊之奴也餓死亦不肯爲我百
姓不爲他用不但無罪而且有功粤人不許其進城共受
皇恩可爲明證大衆同心仗義人人武藝高强何必畏怯走避
我百姓自爲義民報
國即在地文武官弁亦不得而牽制之如夷人本無異心本

地奸徒從中指引我們不殺夷而殺通夷之人於撫夷之
道固並行而不悖也風聞夷人欲於臺地貿易如果成事
貽禍無窮習教惑衆是子弟罹其害也占地蓋房是居民
遭其殃也覇攬貨稅是商賈絶其生計也買用男婦是子
女受其荼毒也臺地孤懸海外無可徙避亟宜及早圖之
一曰勤瞭望沿海城鄉居民隨時於高處探望但見夷船
蹤影即飛報該管文武衙門一面探其駛入何口再行阻
截不得專恃口岸吏胥也一曰聯聲勢夷船前來停泊並
無逞强情形我百姓們多至千人少至數百人暗藏刀棍

排立港岸以此地不准深入阻之不與鬭狠靜以待之久
則自退一曰查奸細夷人不足慮慮土匪勾結耳如有私
與交接者公同拏送文武衙門如查出確有通夷證據者
或因夷人前來造謡乘間搶刼應報明地方官殺斃勿論
一曰選壯丁平日無事時各街各鄉除鰥寡孤獨及家無
次丁外每家各出一丁年歲約在五十以下二十以上殷
實紳商各自添備不拘定數先造名冊存於各義首處仍
各自生業一旦有事一呼即至違者公罰至有事之日動
支口糧或由官給或由民捐臨時定議宜從優厚事竣必

渥受
恩榮即有一二死傷者定邀褒卹當無不奮興也一曰籌經費
防堵軍需自有節項我百姓仍須儲備同保身家每街每
鄉公議公正紳耆爲義首查明現在經商及田產較多者
每家每日捐錢或數百文或數十文或數文一月一支零
星積存有成數再妥議生息除卻防夷不准動用一曰備
器械刀鎗牌銃家家皆有人執一件即成勁旅所慮者夷
人之礮耳然彼礮在船遠不能及我礮在岸近而易攻但
令大礮不能登岸則其技已窮所慮者登岸後礮隊在前

耳。我不必用礮。惟禦彼之礮。而其技亦窮。各義首督令每家或三兩家。置遮牌一面。以木板高與身齊。或編竹爲之。内安鼻紐。或爲長柄如木檔式。外釘牛皮鋪綿紙。或加綑絲。或塗蔗糖。此皆臺所有而易辦者。得壯士千百人。持此爲前隊。礮火不能傷。人人膽壯。勇往向前。有進無退。一鼓而殲之矣。臺人有用棉被裹身。演習技藝者。如得勇壯之人。以棉被濕水爲甲。持利刀而直衝之。亦可破也。再探明夷人如聚衆上岸滋擾。先於附近溝港内。埋伏年力壯勇數百人。各帶鍋煤墨水。將頭面項頸及兩手塗黑。分持刀

銃長矛。俟其登岸離船漸遠。并力從中横衝尾擊。萬一闖入街市。各店緊要閉門板。於板上多開數孔。不必過大。可以望外。放銃放箭。平日仍用木板遮隔。亦操必勝之法也。

以上各條。其大畧耳。未盡事宜。尚須大衆妥議。以期周備。而其要在先清本源。惟共嚴鴉片之禁。我百姓有吸烟者。與爲娼同。有賣膏者。與爲盜同。有販土者。與謀反同。大家齊心告戒。勒限禁止。萬人一心。奸民絶而夷鬼遁。我臺百姓。子子孫孫。萬年太平之福也。此約。

治臺必告録

卷六

治臺必告録卷六目録

平臺藥言　丁曰健

治臺必告録卷之六

皖懷丁曰健述著

天津市人民圖書館藏書之章

平臺藥言

曰健由乙未科舉人於道光二十三年揀發來閩二十七
年受知於
前陞任山東巡撫陳方伯委署鳳山縣適逢楠梓坑樹旗
滋事當卽督勇撲滅今
陞任大中丞前臺灣道以健蒞任未及三月保薦不遺餘力嗣
而任嘉義則有格殺王湧平定分類及撲滅洪紀樹旗之
奏續任鹿港又有圍拏股首曾雞角之奏任淡水則又兩
次平定分類及克復雞籠格殺擒獲黃位餘黨之奏
大中丞前在臺灣刻刻以除暴安良爲急務於健尤殷殷垂注
感深刻骨不料
大中丞於咸豐四年離臺灣而營規吏治風氣爲之大變前鎭
邵委缺以得財爲次第文員亦相習成風下屬相率效尤
甚至得匪百餘元數百元不等撫而爲營書爲募兵廳縣
亦撫匪爲總董頭人竟給與頂戴以示優異毫無緝捕實
事大開賞盜之風益縱害民之虐邵鎭尤恨健之持正多

方排擠不得已至九年請咨內渡原爲歸田計也因時値
多事道途梗塞隨俗浮沉竊見臺灣釀禍已深加以疊次
調勇臺灣道府兩庫墊付已空臺勇知內地虛實回臺必
生異心健早爲隱憂形諸詞色同治元年三月彰化失守
孔道殉難海外仰望前署臺鎭曾玉明回臺斯時在福甯
府北路防堵當道力阻其行省議以西有崇浦之防北有
福鼎之堵斯時甯紹未復會垣則五虎門吃重均說賊已
逼近郊關自顧不暇郊關外之重洋無兵無餉可撥且緩
圖焉臺灣告急一月之久尚無成說
大中丞於元年夏初蒞任健權糧道篆力言宜速發兵餉與前
番三年情形不同
中丞毅然主持撥餉調兵曾署鎭亦欣然樂往以到臺號召自
任焉詎意至鹿不重進攻專重計誘主見已錯加以前鎭
林向榮斗六之失賊勢更張嘉義又樹多幟矣急調省內
營中大員往援節節延宕失機二年五月底新潰臺灣道
洪於六月初憂勞出缺不但彰嘉賊盛而郡城重地已成
孤注鳳山又有閩粵番之鬬北淡水亦搶劫頻仍人心惶
惶全臺傾覆堪虞非位高權重大申軍令恐難了當此事

僅一道員未足統攝
中丞焦勞尤甚　健前在藩署十月積勞成疾於二年正月初七
日用紅白印稟詳陳乞退又於二月交卸藩篆力陳手足
麻木起立不穩情形復於四月在
左制軍行營又稟精神不能復元各在案但使精力稍可
支撐向非推諉畏事之人何敢自棄無如頭昏心悸恍惚
善忘拜跪維艱已成病廢決難出山謬承
諸君子下訪有不能已於言者曰平臺藥言願舉以告諸
寅好之渡海者服是藥而沉疴或起則捷音可俟焉謹將

六條欵臚列於後
一籌餉宜寬備也臺地自咸豐三年以來捐輸已空刻又蔓
延至一年半矣產業為匪所佔官幕紳商出資相助者又
復一載無可搜括質之新來內地請餉各員皆云眼前極
少亦須二十萬此後定須月月接濟等語從前在糧署任
內見有籌六十萬兩而出師者似乎二十萬兩尚可設措
同心合作共襄盛舉以救百萬生靈而固七省門户為幸
不乘此時力救設或傾陷則珠還更費財矣
一生力軍宜速調也自漳州繼鎮殉難於杭城精兵數千皆

失眼前漳泉各營無可籌撥臺勇回臺者又復為賊前此
林文明之回臺舉行團練竟不能辦各地賊莊林立似宜
速請威望素著之營撥精勇三四千選將帶往為是
一賞罰宜嚴申也查咸豐三年臺邑高鴻飛陣亡先逃守備
李雲龍在省正法叅將富擁兵坐視革職發往軍臺海外
稍知紀律近年失事貽悞之員一體優卹刻下新潰之師
不聞嚴叅恐用命不易也似當核實辦理以肅軍令
一行師宜間道出奇也由省至厦師行十多日配船又須月
餘由府至彰化四站中隔嘉邑斗六數百里賊莊相聯如

我師中途失利則大局又敗更不堪設想若由省對渡淡
水風順一夕可達雞籠亦四站至彰化道途比由府城嘉
斗順暢用粵勇由內山以攻彰賊之巢用精勇由大路以
去山賊之腹兩路夾攻彰城先克復則斗六嘉邑各地可
漸次芟除郡垣南路亦聞風鎮定矣
一文武員弁宜慎選也臺地文武習氣太深必須更動另呈
臺地李紳與省中黃紳一信內言吏治營規大不如前另
信呈上文員必須帶正途正印三四人佐雜三四人武員
將弁五六人前福建

劉大中丞刻綠野堂集中內敘張丙陳辦滋事之大由於內地擇人之不慎誠哉是言

前制軍劉巡臺舉以爲法當恪遵焉

一彰斗克復後餘黨當嚴搜也臺地漏網股匪滋事復起者層見疊出即如三年洪紀之案乃前叛案內之餘孽也現在各地匪勢太熾先去其尤以次清理其黨觀鹿洲先生集朱一貴作亂克復後搜除用兵至一年以外現時掃蕩非南征北戰年餘之力恐難肅清也子產治鄭先猛武侯治蜀從嚴姑息養癰伊於胡底前車可鑒不宜再蹈覆轍

至於營規之整頓吏治之講求元氣非培養數年不能復是在善後者之隨時經理又非一夕所能縷敘也　二年七月二十四日記

藥言六則詳細拜讀籌餉一則固此時至爲切要閒道出奇一則已行之有效矣當時曾輯五在鹿港得署提之信陳灼翁屢次函勸由中道疾趨新斗不知何以定欲繞道郡垣一行糜費猶小而錯過機會實大舍弓絃而走弓背誠不知其命意何在生力軍一則與閒道同但靠臺募之勇臺額之兵瘦弱既已積慣不知打仗爲何事領兵官弁遂一意招購遷延歲月至於迄無成功壎亦嘗持此議謂究竟以攻剿爲先無有不見效驗者所謂不戰不能守亦不戰不能撫古人有言斷非欺我也賞罰一則尤切中時弊古云慈不掌兵義不掌財今日之所謂慈者乃直是苞徇耳法先於親令行於近台端惟能殺自部之勇是以能成功耳前日在木柵片刻之談深佩

尊論壎於去歲正月間上條陳於　徐大中丞早議及平臺非武人之事必得威望素著之文臣爲之深喜此

言之非出臆斷究竟胸有詩書即有甲兵彼奮力行間而驟躋節鉞乃戰將非大將也以後二則用人則壎不敢顯操議論搜捕乃題中應有之義識如

尊論非南征北剿一年以外斷難蕆役而尤以整飭營規爲目前第一吃緊但願

福星久照是邦壎當拭目以觀新政焉唐壎謹注

署理藩司恭謝

天恩摺

奏爲恭報微臣署理藩司日期叩謝

天恩仰祈
聖鑒事竊臣接奉撫臣徐宗幹札委署理藩司篆務於五月初八日准藩司裕鐸將道字五十三號司印一顆並文卷移交前來當即恭設香案望
闕叩頭祗領任事臣籍隸順天由道光乙未
恩科舉人揀發福建知縣歷任臺灣廳縣先後因辦理軍務出力
奉
旨以同知直隸州儘先補用並加知府銜
賞戴花翎遵例捐升道員於克復汀州案內奏

上諭着以道員留閩遇缺即補欽此奉委署理糧道荷
鴻施之逾格慚報稱之毫無茲復署藩篆用人理財責任綦重現在西北兩路防務喫緊加以臺灣會匪肆擾徵兵愈急籌餉愈難唯有秉承督撫臣設法圖維以資接濟核實撙節以杜虛糜地方一切應辦事宜督率屬僚實心經理不敢稍存懈忽以冀仰答
高厚鴻慈於萬一所有微臣接署藩篆日期及感激下忱理合恭摺叩謝
天恩伏乞
皇太后
皇上聖鑒訓示謹
奏
議政王軍機大臣奉
硃批知道了

補授臺灣道謝
恩摺
奏爲恭謝
天恩仰祈

聖鑒事竊臣於本年八月初四日接奉撫臣徐宗幹行知奉
上諭臺灣道員缺著丁曰健補授欽此恭錄轉行到臣當即恭設香案望
闕叩頭謝
恩伏念臣庸愚下士知識毫無由順天舉人於道光年間揀發福建知縣歷任臺灣廳縣十有餘年疊次辦理軍務奏
旨以同知直隸州儘先補用並加知府銜
賞戴花翎遵例捐陞道員於克復汀州案內奏
上諭著以道員留閩遇缺即補欽此先後奉委署理糧道藩司

篆務茲復渥荷
聖恩補授臺灣道員缺
鴻施逾格感悚難名竊思臺灣遠隔重洋孤懸海外閩粵民番
雜處鎮壓撫綏在在皆關緊要辰下彰化首逆竄踞縣城
附近匪徒乘機滋擾節次徵兵進勦尚未殲除前道洪毓
琛因病開缺撫臣委臺灣府知府陳懋烈暫行署理飭臣
前往督同籌辦正在酌調兵勇籌備餉需一面配船飛渡
適染受暑疫醫治甫痊自揣精力未逮惟軍務吃緊敢不
迅速啓行殫心竭力以冀仰報

高厚鴻慈於萬一近聞南路軍情稍鬆臣即日由省門對渡淡
水口岸督率北路官兵添調丁勇直擣賊巢進取彰城並
妥爲布置疏通嘉義中路前赴臺郡接印一切稟商督撫
臣相機趕辦務期迅掃妖氛力挽危局上紓
聖廑除到任日期及登岸後查看各路軍情另行馳稟外所有
感激下忱理合繕摺恭謝
天恩伏乞
皇太后
皇上聖鑒再臣摺借用糧儲道印謹呈撫臣代遞合併陳明謹

奏
議政王軍機大臣奉
硃批知道了欽此

諭同誅首惡解散脅從札示

爲曉諭同誅首惡解散脅從事照得本司道恭膺
簡命特授臺灣道並奉
奏委督辦全臺軍務節制南北各軍先派總帶官田參將帶
領省標精兵作爲頭隊渡淡本司道配駕火輪船督帶二
隊兵勇由五虎口開行已於九月初九日到滬尾登岸調

集舊部閩粵精勇並調各莊練丁連省中續到者雄師逾
萬大兵雲集即由大甲各路進兵直擣彰境賊巢克復彰
城廓清嘉義中路滅此而朝食查臺灣之地自古棄置至
我
朝始入版圖開闢田疇生齒日衆
列聖厚澤深仁豢養已二百年凡有知識共戴
尊親突有逆賊戴萬生林戇晟等竟敢戕官陷城任意鴟張荼
毒我生靈佔踞我城邑實爲天地所不容
王法所難宥又有在官人役及從征沐恩弁勇亦竟甘心從逆

盤踞各大莊。隨同各股首竄擾各處。拒敵官兵。均屬罪大
惡極。罪在不赦。在該逆等夜郎自大。妄冀逞志於一時。然
試以從前臺匪而論。如朱一貴、林爽文、張丙、陳辦等。聚眾
至數十餘萬。大兵一到。無不立就誅戮。即以近年粵西髮
逆而論。如悍賊洪秀全、四眼狗等。早已就誅。即長髮大逆
石達開。率眾十餘萬。竄擾浙閩廣東黔川等省邊境。志在
必逞。亦經
四川總督駱　於本年夏初。生擒該逆到案。明正典刑。
傳首十省。海外遊魂。不知內地軍威大振。髮逆已殲除殆

盡。尚敢鼓惑鄉愚。蓄留長髮。尤為可恨可笑。藐茲跳梁小
醜。不難聚而殲旃。但不教而誅。於心有所不忍。用特分別
等差。於刑威撻伐之中。仍寓憐恤生成之意。合先剴切為 合亟札飭
此示仰各屬鄉莊紳耆總董暨居民屯番人等知悉。須知 札仰各莊紳耆總董頭人即便遵照。爾等
綱常大義。萬古為昭。不臣當誅。千秋常典。該紳耆總董義
首屯弁。諒皆志切同仇。心存報國。一俟大兵到地。能獻城
邑擒首逆者。受上賞。毀賊莊擒股首者。次之。能勸令各股
匪首自行投誠者。又次之。至於被脅各莊內皆良民。因懼
賊蹂躪。官又未到。無可如何。暫行附賊。以保身家者。情殊

可原。皆不究問。即有從逆日久之犯。但能解散歸莊。或自
行受撫。姑免深究。能於擒獲黨類。或斬正賊首級來獻。亦
准以功抵罪。若果能擒誅逆首重犯。仍當破格優獎。以示
鼓勵。本司道在臺灣歷任廳縣十有餘年。刻刻以除暴安
良為念。眾所共知。茲來救民水火。共登衽席。故不憚懇切
告誡。各宜猛醒。免致噬臍。毋違特示
　該總董義首屯弁等務須實力遵辦切勿陽奉陰
違自干重咎凜之慎之　同治二年九月　日
由省對渡添調丁勇迅籌勦辦摺
奏為出師放洋。由省對渡淡水滬口登岸。現擬添調丁勇迅

籌勦辦大慨情形。恭摺馳陳。仰祈
聖鑒事。竊臣於本年八月十八日。具摺叩謝
天恩。謹呈撫臣徐宗幹附驛恭遞在案。旋奉撫臣札飭督辦全
臺軍務。調度各路官兵。任懼弗勝。而責無可諉。轉瞬冬收
時屆。搶割頻仍。盜糧齎足。勢恐滋蔓。趁此時饑而勦之。刻
難延緩。隨稟商撫臣。飭挑省兵四百名。派參將田如松總
帶。作為頭隊。催於九月初四日配船先發。海洋風汛靡常。
又恐商船未能速渡。臣督同解餉委員暨親軍人等。另駕
輪船。於九月初七日自省城羅星塔登舟。初八日駛至五

虎口門初九日收泊淡水之滬尾口登岸初十日駛至艋舺先後接見署淡水同知鄭元杰委員同知銜候補知縣白驥良并紳士耆民人等詢查各路軍情據稱戴林各逆竄陷彰化斗六已後滋擾嘉郡蔓延淡界南北三百餘里道途梗塞文報難通從前官兵觀望加以調赴浙營各臺勇大半籍隸彰化向與賊黨習熟自奉撤回臺被賊誘惑反敎賊以戰守之法賊膽愈張近日傳聞郡嘉軍務略鬆革提督臣吳鴻源攻破南靖莊後進剿新港未下署提督臣曾元福攻破大岸頭各莊後病回鹿港就醫現甫痊愈欲至嘉營接印臺灣鎮臣曾玉明仍紮水圳橋一帶彰化縣淩定國激勵粵莊義民進紮湖仔内各莊所有彰淡交界之水陸兩路如梧棲港岸裡社等處則有候補道區天民所派之補用同知知縣王楨都司銜儘先守備鄭榮提舉銜候補通判張世英義首羅冠英等軍分紮迭次殺賊力保淡水大甲門戶艱於經費尚稽前進各路良民均欲舉義幇官惜軍威未振無所恃倡等語覆查臺灣爲七省門戶安危大局攸關現在用兵道路彰城斗六爲賊久據自臺郡嘉義北剿匪莊林立未免賊逃師勞自淡水大甲南

攻地處險峻可以居高臨下臣在省時蒙撫臣面授機宜由省對渡淡水登岸固恐由厦渡臺道途紆遠抑取其形勢之所利也惟現欲沿海道以攻彰自梧棲港以下葭投莊水裡港一帶均有悍匪盤聚欲由山路以攻彰自岸裡社以往則犂頭店四塊厝等處亦爲各逆據巢嘉鹿各營兵勇雖多藉口積欠竟有譁潰復與臣途次行營聲勢阻隔至駐紮彰淡交界之張世英王楨等兩營防剿日久撤去饑疲留用精壯其力亦單臣隨帶之省兵至今尚未到齊且爲數有限非就淡水添募多名不足以撲滅逆氛而鼓舞衆志臣前任淡水同知時於咸豐四年閩剿克小刀會匪黃位等各逆所用得力總理義首大半尚在藍翎六品銜范義庭等向隨臣克復雞籠戰功卓著於全臺民情地利俱極熟諳卽飭該員同各總理人等招募親信丁勇前赴竹塹城聽候分別挑選調用去後臣連日派弁由海道咨會彰嘉各營并飛移前守斗六後解嘉圍現調署彰化協之湯得陞率帶兵勇由西螺虎尾溪一帶而上聯絡彰化縣淩定國所率義民尅期會剿一面飛飭署臺灣道之臺灣府陳懋烈移催署臺灣城守營參將關鎮國率駕

紅單炮船艇赴梧棲港口會同王楨所帶勇丁合攻葭投莊等處疎通鹿港後路另派員弁督率精鋭由内山岸裡社協助張世英之師直擣賊巢臣親督大隊擬由牛罵頭直剿竹坑收復大肚溪先克彰城次取斗六探賊情之虛實定進取之機宜四面環攻水陸並舉不敢遷延貽誤以期仰慰

聖懷除將一切軍情隨時繕摺馳陳外所有出師放洋由省對渡淡水滬口登岸日期現擬添調丁勇迅籌剿辦大概情形恭摺由驛四百里馳奏再淡水并隣界之噶瑪蘭廳地方均屬安靖臣摺借用淡水同知印信合併陳明伏乞

皇太后

皇上聖鑒謹

奏

再撫臣於上年十二月間奏明來臺幇辦軍務並查察情形之員外郎銜候選主事周懋琦前在嘉義各軍營深悉賊情本年五月間准前臺灣道臣洪毓琛移請内渡稟陳機宜請發餉項於六月間晉省該主事習練兵事臣起程時邀令同渡來淡以資贊助謹附片具

奏伏乞

聖鑒謹

奏

此摺奉

上諭列在二次奏稿

彰境開仗連日大捷並南路各營獲勝摺

奏爲親統兵勇沿途剿辦直抵彰境進擣逆巢水陸兩軍連日大捷斷賊糧道並南路各營獲勝暨現在布置情形恭摺馳陳仰祈

聖鑒事竊臣於本年九月十六日行抵淡水途次謹將登岸後

添調兵勇籌辦大概情形具摺由驛四百里馳奏在案旋聞革提督臣吳鴻源於九月初八夜攻破嘉義逆首嚴辦所踞之新港署水提臣曾元福於九月初十日自鹿港率帶兵勇由水道駛往嘉義軍營於是月二十一日接印逆首陳啞狗偵知曾元福一軍既赴嘉邑所有彰屬之王宮二林等處義民莊已無援救遂通知嘉逆嚴辦招集潰匪再抗嘉邑北上之師該逆由小埔心派匪攻打王宮二林等庄親率悍匪至寶斗一帶圍攻署彰化縣知縣凌定國

所紮湖仔内各營。臣飛飭淩定國提防。並飭鹿港同知與
廉。激勸局紳等接濟鉛葯。俾無缺悞。並函致署提督臣曾
元福卽日北剿。以牽賊勢。去後。復據探丁並土人密稟彰
化城内逆首林晟陳鯑等。探臣已抵淡水。不日大舉。妄欲
阻截臣部進攻之路。密派奸細至淡屬内山蕉坑地方。勾
結股首劉阿妹。誘集匪徒。擬於淡屬呑霄後隴等處滋事
等語。查内山三汊河蕉坑一帶。居民稀少。向爲盜竊淵藪。
劉阿妹又係著名匪犯。上年曾招致戴萬生林晟等逆攻
陷淡屬。大甲土城。雖經前署淡水同知通判張世英補用

同知知縣王楨等赶緊克復。彼時該逆等。方欲逞志於嘉
義。因而不復再擾。然風謠時起。人心浮動。此時若另生事
端。則大甲復失。紮近彰界之梧棲港岸裏社。水陸兩營官
軍。後路俱斷。致臣援彰之日無期。計殊狡毒。臣隨派藍翎
軍功范義廷。並營弁邵桓帶領新募勇丁。赶赴大甲。暗中
彈壓。繼飭主事周懋琦。偕同都司銜署大甲守備陳兆麟。
營弁周鳳翔。帶領省兵准備策應。臣輕車減從。行抵呑霄。
派義首鄭捷英。莊民鄭阿嬰等。夜入蕉坑。出其不備掩捕
股首劉阿妹。殺死割取首級前來。並搜出紅衣旂幟多件。

劉逆伏誅。被惑土匪。立時竄逃星散。此臣至大甲沿途寄
挐之情形也。大甲人心既定。卽拔營進紮彰化所屬之鰲
頭。卽牛罵頭。查悉前調會剿之署臺灣城守營条將關鎮
國。現在會剿嘉逆。尚未到地。而林逆復以截路詭計。被洩
未成。大兵壓境。膽敢飛囑陳逆啞狗。赶至海峯崙等處。力
抗淩定國之師。抽調海峯崙悍匪渡大肚溪來援葭投。臣
恐進攻稽時。於十月十四日。派候補知縣白驤良。營弁侯
元楨。義首劉維翰。戴朝清。張琳生等。帶粵勇四百名。馳入
内山四張犁。會同張世英之師千餘名。並義首羅冠英廖

廷鳳等進剿犁頭店一帶賊巢。卽牽制内山逆匪。不能出
援葭投。臣是日率主事周懋琦等至梧棲港一帶。登高察
看。熟揣形勢。彰化城北以大肚溪爲險要。大肚溪以葭投
莊爲屏蔽。賊首陳鯑現家於此。該莊長亘十五六里。廣亦
四五里。其形如船。東有飯店水師藔等莊。如船之椗。而水
裏港莊。則接濟葭投糧藥之處。且係由梧棲港以至鹿港
之門道。並爲臺灣鎮臣曾玉明軍營後路。由水裏港迤西
一帶福州厝等處。數十匪莊。又葭投之藩籬也。欲攻葭投
必先撤其藩籬。絕其糧道。然後截斷其椗。庶易得手。水裏

港各莊外大路偪近海隅。潮水至時。立足不定。官兵屢攻
失利。該逆恃以無恐。十五日黎明。派范義廷紳士舉人蔡
鴻猷、文生蔡懷斌。訓導楊清珠。義首姜殿邦等。乘潮未來
之前。率帶閩粵各勇練丁共三千餘名。往攻水裏港。派王
楨都司銜守備陳捷元、鄭榮。義首楊至器等。分攻田中央
海陂厝等處。守備陳兆麟率營弁張榮貴、余見成等。帶領
省兵往來策應。自辰至午。各莊踞匪抵死抗拒。官軍奮力
猛攻。鎗礮齊施。賊勢不支。陳捷元攻破田中央賊莊。殲斃
匪黨三十餘名。奪獲旗幟器械多件。餘匪悉竄入海陂厝。

併力死抗。王楨親放大礮轟塌銃樓五座。鄭榮持刀手刃
紅衣賊目一名。刺死踞守銃樓悍賊多名。各匪退守竹圍。
暗施鎗砲。正在相持。范義庭與陳朝綱、張雲龍、林成施、福
楊大旗等。猛攻水裏港莊。踹平莊外賊營四座。並焚燒賊
舟百餘隻。潮水適至。抽回勇丁。合攻海陂厝。立將該莊。砍
破竹圍。爭先突入。斃匪五十餘名。生擒紅衣賊目僞先鋒
陳火、謝連兩名。匪黨十三名。解營訊明正法。搜獲僞印一
顆。大銅砲兩尊。僞令旗三枝。十六日夜半。派范義廷、陳捷
元、通判王成瑞。指分廣東知縣裘伯玉。彰屬南投縣丞温

振邦。營弁王金亮。唐炳銓。攻水裏港。該逆蛇伏圍內。以逸
待勞。希圖潮至後乘勢掩擊。時北風大作。范義庭等。預備
草包硫磺火箭等物帶往。招呼各勇一齊縱火。一面環施
鎗砲。王楨、鄭榮等軍分攻福州厝一帶。是日署臺灣南路
營条將田如松。帶革弁翁占春續到省兵一百二十名。甫
行到營。即飭往助。劉臣亦親至陣前督戰。各賊莊首尾均
自顧不暇。水裏港之賊。因無援。至棄莊突圍沿海而逃。無
船可覓。官軍四面兜擒。逼入海中淹斃無算。隨潮漂沒。時
方午刻。風力愈猛。臣飭各軍赶運柴草並調回范義庭等

所部勇丁分投助焚。烟燄騰天。喊聲震地。所有福州厝、漚
仔底、塗爾窟、羊厝莊、新莊仔、頭湖莊、南海埔仔、外海埔仔
有頭崙、八角亭十餘賊莊。並無名小莊十餘所。同時燬爲
平地。匪眾焦頭爛額。死於灰燼瓦礫之場者。不計其數。其
冲烟冒火而出者。經官軍陣斬百餘名。餘匪竄入葭投老
巢。十七日整隊徑攻葭投。並燬葭投尾莊賊營三座。適值
彰化援逆數千竄至。首尾分戰。斃匪多名。至晚收隊查點
滅賊三百。兵勇受銃死者四名。受傷者三十餘名。其內山
張世英、白驥良等軍。十五日卯刻。率帶兵勇分為三路。一

由四張犂中路攻石牌莊棋盤厝一由賴厝埔攻何厝莊一由壙仔街攻西大墩各匪蜂擁出拒該員等督勇奮力爭先陣斬賊黨八名被銃墜崖而死者甚多遂攻破八張犂踹平何厝莊賊營七座十六日焚燬西大墩外圍十七日官軍又獲勝仗佔紮石牌莊棋盤厝等處再圖進取在籍捐升叅將林文明亦率壯丁在該莊與四塊厝之賊打仗得手此臣進紮彰境督辦各軍水陸同舉痛剿賊巢三日連獲大捷焚燬各莊斷賊糧道之情形也同日接到彰化縣凌定國印稟據稱鹿港同知興廉激勸紳士舉人蔡

德芳等籌備餉銀購買藥鉛於十月初九初十十一等日率守備陳啓祥外委葉保國凌定邦委員沈忠照飛調義首陳捷三王啓文等先後攻破竹仔脚龜壳花阿麻厝等大小賊莊二十餘處並將海峯崙陳啞狗老巢焚燬生擒股首林振一名偽先鋒蔡大柴陳友兩名匪夥十三名陣斃匪衆一百餘名遠近被脅各莊望風歸順鹿港至北斗大路疏通並准鹿港同知興廉來稟署北協叅將湯得陞函稱署提督臣曾元福督飭叅將關鎮國自浙回臺之武員白瑛等擊散嘉逆嚴辦進紮石龜溪溪邊厝逼近斗六

力圖進取此又督催南路軍營剿辦得手之情形也伏查曾元福一軍已有起色凌定國一軍新得大捷臣飛飭凌定國取道西螺一帶聯絡湯得陞白瑛等迅攻斗六以擒戴逆前於淡水途次料逆首陳鮄必由彰化調集悍匪來抗大兵以衛葭投巢穴臺灣鎮臣曾玉明擁兵久駐水圳橋踞彰城數里當賊出救葭投之時正彰城空虛之際卽可乘間奪門而入拔幟先登已飛函由間道密商連日臣飭各軍攻破水裏港後該處至鹿港道路已通鎮臣軍營後患亦絕葭投附近各莊周迴二十餘里一律剿燬賊膽

已寒惟葭投為賊所必爭之地其勢愈孤其援愈急現擬飛商鎮臣分撥一軍駐紮彰城以北之中蔡莊一帶俾彰化援逆不至紛至沓來肆無忌憚並俟葭投攻破正可遥爲會合盡殲潰匪於大肚溪中一面嚴飭張世英等急攻西大墩進取犂頭店並催林文明迅撥莊丁助勦勿徒困守霧山以期截彰化之賊與內山匪徒往來要隘但軍情瞬息變遷籌防總期周密臣曾商提鎮督飭在事各員實心實力不敢遷延貽悞以冀仰慰

聖懷除將一切軍情隨時繕摺馳陳外所有督率兵勇沿途剿

辦直低彰化境內疊燬賊莊二十餘里。並各路軍營均獲勝仗。現在布置緣由。繕摺由驛五百里馳奏。再鎮臣軍營去臣行營尚遠。未及會銜。臣摺仍用淡水同知印信。合併陳明。伏乞

皇太后

皇上聖鑒訓示。謹

奏

出力員弁擬行奏獎。恭候

命下。片

再臺灣遠在海外。從征員弁。涉歷風濤。諸冒危險。由淡水至彰化境內。沿海一帶。惡溪重疊。其內山尤爲險峻。異常各路賊莊。深林密箐。內溝外濠。銃樓環立。賊莊之大者長廣約十餘里。小者亦俱周圍七八里五六里不等。又有近海各莊。攻剿須乘潮未來之先。爲時又暫。官軍兵勇攻莊之難。甚於攻城。北路攻莊之難。尤甚於南路。所有臣此次水陸兩軍。員弁兵勇紳民人等。三日之內。連破賊莊二十餘里。並無外營會合夾攻。單師分攻。尚屬著有微勞。臣擬俟再有攻剿得手之處。可否擇其尤爲出力者。先行奏乞

恩施。以昭激勵。恭候

命下。謹附片陳明。伏乞

聖鑒訓示。謹

奏

同治二年十一月二十二日奉

上諭。丁曰健奏出師放洋由省對渡淡水滬口。現擬添勇籌剿一摺。臺灣匪徒滋事日久。亟應速爲剿除。以杜蔓延。徐宗幹現挑省兵四百名。派參將田如松統帶赴臺。丁曰健亦自徑渡淡水之滬尾口登岸。馳至艋舺。著左宗棠徐宗幹即飭吳

鴻源曾玉明曾元福各軍分路並進。丁曰健即由淡水大甲而南。會齊諸軍進克彰化斗六。以期漸次肅清。各營兵勇積欠。即着設法速行籌給。該道現因兵力尚單。擬令軍功范義庭等招募勇丁前赴竹塹城聽候調用。著即慎加挑選。毋令奸細混跡。致與賊匪勾合。丁曰健擬令新募各營及湯得陞所帶兵勇由西螺虎尾溪一帶進發。聯絡彰化。令凌定國所率義民。尅期會剿。參將關鎮國率駕紅單礮船。赴梧棲港口會同同知王楨勇丁合攻葭投莊等處。疏通鹿港後路。並派兵與通判張世英之師直搗賊巢。該道即由牛罵頭直剿竹

坑收復大肚溪先克彰城次取斗六所籌尚合機宜即著照
所擬辦理前據徐宗幹奏稱林文察已抵蚶江口配船候渡
現在已否抵臺著左宗棠徐宗幹迅飭該署提督速行渡臺
督兵會剿毋稍遲緩正在寄諭間據丁曰健續奏直抵彰化
逆巢連獲大捷並請將出力官紳兵勇等擇保各摺片此次
丁曰健由淡水進至大甲將匪首劉阿妹擒捕正法派勇馳
往內山犂頭店一帶賊巢牽掣內山逆匪不令出援葭投而
親至梧棲港派撥勇練分路進攻彰化境內賊巢連日陸續
攻破田中央海玻厝水裏港福州厝各賊莊並將藴仔底等

十餘莊及無名小莊十餘所同時平燬復將葭投尾莊外賊
營三座及八張犂何厝莊賊營七座焚燬斷賊糧道其凌定
國一軍亦先後攻破竹仔脚等大小賊莊二十餘處並海峯
崙陳啞狗老巢焚燬生擒逆首林振等十三名被脅各莊望
風歸順現在鹿港至北斗大路業已疏通辦理甚爲得手丁
曰健熟悉臺灣情形且素能與該處紳勇聯絡此次抵臺後
調集鄉團分路剿賊所向有功該義勇等隨同出力亦屬可
嘉着丁曰健即激勵各義勇等乘勢攻拔葭投以次進取彰
化並飭凌定國等迅拔斗六殲戮逆一面催督曾元福等會

合夾擊勿任延宕所有此次水陸兩軍出力之員弁兵勇紳
民人等着丁曰健暫行存記俟彰化斗六攻克後彙案奏請
獎勵將此由五百里諭知左宗棠徐宗幹並傳諭丁曰健知
之欽此

勦破葭投老巢撲滅巨股彰化大肚溪以北一律肅清摺
奏爲勦破葭投老巢撲滅巨股彰化大肚溪以北一律肅清
恭摺馳陳仰祈
聖鑒事竊臣於淡水途次謹將登岸後籌辦情形於九月十六
日具摺奏續行抵彰境督飭水陸官軍斷賊糧道連獲勝

捷各情又於十月十八日具奏各在案自官軍攻克水裏
港福州厝等數十匪莊在北路逆勢漸就窮蹙逆首陳鮘
等率潰黨并新到援逆數千人竄守葭投老巢臣飛商鎮
臣曾玉明乘間急攻彰城並請撥隊分剿城北之中蓁莊
等處以截續援葭投之賊旋准鎮臣咨函以近擊城西之
平和詔安各厝暨崙仔平十二張犂等賊大獲勝仗城內
悍匪日出撲犯水圳橋營隨時堵擊等語熟揣情形實欲
牽分兵力使不得前來會剿臣恐頓兵堅巢之下相持日
久墮賊狡謀隨於二十一日派補用同知候補知縣王楨

都司儘先守備鄭榮。率同縣丞張國楷等。帶勇五百名。進紮海坡厝。守備陳捷元。來臺措資隨營効力之前將樂縣知縣區俊。營弁莊鴻禧。等帶勇五百名。進紮福州厝。通判王成瑞。營弁吳春波。同勇首姜殿邦。等帶粵勇七百名。分紮塗角窟頭湖莊。藍翎六品銜范義庭。率從九品程榮森。營弁林鴻鈞。勇首林成。等帶勇六百名。進紮水裏港。參將田如松。率守備陳兆麟。帶省兵四百名。進紮田中央。紳士舉人蔡鴻猷。文生員蔡懷斌。孟際滋。訓導楊清珠。等率帶壯丁。進紮八角亭一帶。臣率營弁江瑛。圖縣丞胡培義。首

張輔軍施福。等帶領親軍四百名。移紮三塊厝。各營均逼近葭投西北兩面。該逆屢次出撲。各軍屹立不動。迄未能逞。臣飭各營兵勇不分晝夜。輪番剿擊。該逆抗拒愈勞。鉛藥大耗。自水裏港經官軍攻破以來。截斷海道接濟。至是援黨屬聚。米糧亦乏。該逆窘極思竄。於二十五日戌刻傾巢而出。猛犯水裏港營。范義庭揮軍力擊。殲斃匪黨二百餘名。臣飭田如松。陳捷元。鄭榮等各率所部包抄兜剿。銃斃陣賊三百餘名。餘匪奪路奔回葭投老巢。各軍乘勝追擊。直抵葭投莊外。二十六日自卯至申。官軍鎗礮齊施。奮

勇爭先。躍濠欲入者數次。忽大雨如注。暫息收隊。是日猛攻六時之久。羣賊膽落。惟查葭投莊長亘十五六里。廣濶亦四五里。爲大肚溪屏蔽。陳逆踞爲巢穴。深溝固壘。銃櫃砲樓。周列環布。臣恐困獸死鬬。多損士卒。且稽時日。二十八夜。適移調淡水在籍紳士花翎鹽運使銜浙江候補道林占梅。率試用通判陳尚惠。同知職銜翁林萃。帶團勇一千名到營。候調員外郎銜主事周懋琦。經臣授以機宜。飭與該紳士等密商布置。值連宵陰晦。甫於二十九日放晴。交夜半時。林占梅派同知職銜林汝梅。職員林元龍。等各

帶勇丁。乘黑暗之中。越山穿林。偃旂息鼓。由間道襲取水師藔、竹坑、大肚街、山仔頂等地。居葭投東南。經勇掩殺之時。臣於四鼓時先派范義庭。蔡鴻猷。營弁林登高。另募熟諳道路鄉勇三百名。手持前所奪獲之僞令旂幟。冒充內山援逆。徑入葭投莊。使陳逆不及分辨。一面飭田如松。陳捷元。鄭榮。王楨等。率領各軍。整隊以待。三十日黎明。林占梅所派各勇。由水師藔等處。徑攻葭投東南。各逆倉惶迎拒。礮聲甫發。鄭榮等揮軍由北搶入葭投莊內。范義庭。蔡鴻猷等伏甲齊起接應。田如松親放大礮。轟倒銃樓四座。

各匪戰半自亂。潰散尋隙而逃。卽於是日巳時。立將葭投克復。焚燬老巢七座。經官軍圍殺蓄髮黃衣賊目三名。紅衣賊目九名。匪黨三百餘名。生擒僞先鋒陳開基。何仔榮。白萬生。僞軍師趙苡。僞旂首莊文龍等五名。均解營訊供極刑處死。搜獲僞副元帥木印一顆。大礮三尊。小礮五尊。馬二匹。僞令八支。鳥鎗三百十六桿。刀矛器械二百二十七件。船十三隻。被脅難民千餘人。押令歸莊各安本業。此次葭投全股匪徒。殲斃殆盡。軍威大振。大肚溪南被脅各莊。望風歸順。無難掃蕩。統計連日陣亡兵勇六名。受傷二十八名。頃接署陸路提督臣林文察來文。知於九月十九日抵嘉義城。飭伊弟參將林文明。募勇赴嘉。臣飛飭該參將赶緊招募起行。與水師提督臣曾元福各軍會攻斗六。一面飛請鎮臣撥隊分紮大肚溪南。並飭周懋琦范義庭等。督帶前隊勇丁迅渡大肚溪進取。臣尅日拔隊與鎮臣各軍會合夾攻彰城。定可克復。以冀仰慰

聖懷。除將一切軍情隨時恭摺馳陳外。謹將剿破葭投老巢。撲滅陳逆巨股。自彰化鰲頭地方至大肚溪以北匪莊四十餘里一律肅清各緣由。具摺由驛五百里馳奏。再鎮臣軍

營尚遠。未及會銜。臣摺仍借用淡水同知印。現在收割大熟。冬雨及時。雜糧茂盛。淡蘭各地方民氣安恬。合併陳明

伏乞

皇太后

皇上聖鑒謹

奏

同治二年十二月初六日奉

上諭丁曰健奏剿破葭投老巢。撲滅巨股一摺。臺灣官軍自攻克水裏港福州厝等處數十匪莊。北路逆匪漸就窮蹙。逆首陳鮄等率黨鼠守葭投老巢。抗拒官軍。經丁曰健派令文武員弁。移營進逼。由水師藔等處奮力進攻。搶入葭投莊內。生擒僞先鋒等多名。全股匪徒殲斃殆盡。立將葭投克復。自彰化鰲頭地方。至大肚溪以北。匪莊四十餘里一律肅清。著丁曰健乘勝進攻彰城。迅圖克復。以期早日蕆事。現在林文察已飭林文明募勇馳赴嘉義縣城。著左宗棠徐宗幹。飛飭林文明。赶緊招募齊集起程。會合曾元福各軍進攻斗六。丁曰健亦卽乘此聲勢。會合各軍分路進取。迅克彰城。掃清羣孽。毋稍延緩。將此由五百里諭知左宗棠徐宗幹並傳諭丁曰

健知之欽此

會師克復彰化曁貓霧地方并各要隘摺

奏爲會師克復彰化縣城生擒僞副元帥江有仁等逆暨內山官軍擊賊獲勝克復貓霧巡檢地方并攻克各要隘情形合詞恭摺馳陳仰祈

聖鑒事竊臣丁曰健前於淡水途次謹將初次登岸後籌辦布置二次續抵彰境督飭水陸官軍斷賊糧道連獲勝捷三次并勦破葭投老巢撲滅逆首陳鮄巨股各情形先後於九月十六日十月十八日十一月初一日恭摺由驛馳奏

各在案臣曾玉明自上年帶兵東渡勦辦彰化逆匪駐紮鹿港先期保固完善之地追進紮水圳橋地方去彰城僅隔數里匪莊林立疊次飭都司游紹芳守備黃炳南顏逢春練鋒暨紳士貢生蔡廷元義首林慶鍾職員曾雲峯舉人蔡德芳等各率兵勇勦破多莊并派守備陳啓祥等率勇援助署彰化縣知縣凌定國之師勦克海峯崙等處賊巢惟大肚溪以北葭投等莊長亘十餘里逆首陳鮄踞爲老巢東與竹坑水師藔毗連西與水裏港福州厝犄角自水裏港以往有間道可達鹿港即旁抄水圳橋大營後路羣匪日夕窺伺防堵稍疎恐爲賊乘且竹坑等莊爲賊盤踞大肚溪一帶無兵截擊內山四塊厝之賊時合彰城悍匪出犯臣曾玉明營擊此竄彼兵力不敷堵禦臣丁曰健督師由淡水至彰境自十月十五日以後攻克沿海之水裏港等數十匪莊彰化城逆出渡大肚溪以援葭投巢穴自三十日復勦克葭投撲滅巨股賊勢已衰溪北肅清溪南被脅鄉民望風歸順止附城各匪莊尚懷觀望十一月初一日卯刻臣曾玉明飭都司游紹芳帶勇三百名出勦平和厝守備顏逢春練鋒等帶陸路提標興化各營兵四

百名分勦湳仔尾職員曾雲峯等同鹿港同知興廉所派局勇三百名出勦詔安厝各逆均蛇伏竹圍官軍勦擊數時轟倒銃樓五座焚燒詔安平和等莊外圍收隊暫息午後復出隊分擊逆勢不支各匪竄入城中是日夜半臣丁曰健密商鎮臣曾玉明派紳士舉人蔡鴻猷訓導楊清珠生員孟際滋等覓溪南線民混入彰化城內初二日辰刻臣丁曰健派藍翎六品銜范義庭等帶勇八百名越大肚山而南進勦柴坑莊都司陳捷元通判王成瑞等帶勇五百名從大肚中渡以勦茄冬腳知縣王楨守備鄭榮等帶

勇五百名從大肚下渡沿溪而東與范義庭等軍會合剿擊紳士鹽運使司銜浙江候補道林占梅亦督團助剿臣帶領親軍率參將田如松守備陳兆麟隊目謝雲清等帶省兵四百名分紮於大肚溪南北兩岸以防内山援逆一面飭通判張世英知縣白鸑良等帶勇急攻内山之犂頭店等處以分賊勢去後是日自午至申范義庭等各帶兵勇到城奮擊該逆抵死抗拒相持三時之久轟斃多名各逆繞莊四竄臣曾玉明派守備曾大鏞等會同追捕斬馘二百餘級就勢直剿彰城城上鎗礮雨下時交酉刻臣等

飭軍收隊飽食以待漏下三鼓後臣等麾軍復攻彰城該逆仍嬰城固守忽城中伏火舉發烈焰燭天前所密派之線民當經早到候外兵直搗打開城門臣曾玉明督同曾雲峯等首先從西門而入臣丁曰健同時督軍從北門而入城内匪徒狂奔東門而逸官軍追斬四百餘名内黃衣賊目四名搜有一名身藏千歲偽印一顆餘匪負傷捨命由八卦山繞道竄入山路四塊厝林逆老巢守堞悍匪各軍躍級直上鎗斃六十餘名越城而逃者經民團圍斬無算生擒一十三名内有偽元帥江有仁一名偽先鋒陳卯

余茂勝林寶黃旭日四名訊據江有仁供稱曾隨浙江軍營差用賞有翎頂自奉撤回臺後因與逆首舊識招同入黨受偽封副元帥之職陳卯等逆亦供稱受封偽職疊率悍黨拒抗官軍不諱均屬罪大惡極極刑處死其餘各逆分別正法實足以彰

天討而快人心搜獲奉天承運偽令四支偽獅紐二元帥銀印一顆偽王府千歲木印一顆偽北路大元帥偽總統兵馬糧餉都閫府等木印大小二十七顆銅礮二十五尊鳥鎗百餘桿黃紅新幟衣帽多件硝磺火藥三十餘石遂於十

一月初三日卯刻將彰化縣城克復同日接據内山張世英白鸑良等來稟連日克復貓霧巡檢地方并犂頭店西大墩烏日莊等處殲斃紅衣騎馬賊兩名匪夥四十餘名轟倒銃櫃共三十餘座臣等飛飭林文明迅帶團丁與張世英等軍合剿四塊厝林逆老巢并擬分撥隊伍赴日南下會合署陸提督臣曾元福臣林文察等所部兵勇進攻斗六土城以擒戴逆一面籌辦善後事宜除陣亡員弁兵勇義民人等分別查明彙案

奏請

恩卹外此次尤爲出力之花翎都司陳捷元擬請補缺後以遊
擊補用並加叅將銜都司儘先守備鄭榮擬請
賞戴花翎藍翎六品銜范義庭擬請給五品銜並請
賞換花翎補用同知藍翎福建候補知縣王楨擬請免補知縣
本班以同知補用並
賞換花翎紳士舉人蔡鴻猷舉人蔡德芳候選訓導楊清珠廩
生陳捷魁貢生蔡廷元等五名擬請給五品銜均請
賞戴藍翎義首林慶鍾擬請給六品銜并
賞戴藍翎淡水紳士花翎鹽運使銜浙江候補道林占梅前帶

團練同官軍克復淡屬大甲土城此次自備資斧募勇千
名越境隨營助勦得力該紳官職較優未敢擅擬應如何
奬勵之處出自
逾格鴻慈又准留閩省差委之員外郎銜候選主事周懋琦上
年經撫臣奏委赴臺幫辦軍務前在嘉義各營商籌堵勦
同在事各員力保嘉城本年五月間內渡赴省請餉接濟
稟陳機宜此次復隨臣丁曰健到臺兩渡重洋不避艱險
擬請
賞戴花翎以上文武紳士等實屬最爲出力祗以重洋遠隔往

返逾時正攻克得手之際自應仰懇
恩施現在斗六土城內山巢穴未盡掃除此次蔓延日久糾黨
亦多搜捕實需羣力奬其微勞正以策其後効俾海外各
員弁紳士等感激圖功以期迅速蕆事其餘出力人員俯
容臣等會查確實分別開單請奬所有會師克復彰化縣
城生擒僞副元帥等各逆暨內山克復貓霧巡檢地方暨
各要隘各情形臣等謹合詞恭摺由驛六百里馳奏上慰
聖懷再臺灣鎮道印信關防前於彰化斗六兩地被陷時先後
於營中遺失臣等奏摺借用鹿港同知印信合併陳明伏

乞
太后
皇上聖鑒訓示謹
奏
同治二年十二月二十四日內閣奉
上諭曾玉明丁曰健奏會師克復彰化縣城並攻克各要隘情
形請將出力人員奬勵一摺臺灣逆匪滋事日久經臺灣道
丁曰健督飭水陸官軍斷賊糧道三次獲勝攻破葭投老巢
撲滅陳鰍臣股臺灣鎮總兵曾玉明會克海峯崙等處賊巢

後復派兵攻燬詔安平和等厝。丁曰健會師攻剿柴坑莊等
處。斬馘二百餘級。乘勢進攻彰化縣城。內預伏勇丁於夜間
舉火。內外夾攻。立將城池克復。追斬匪徒四百餘名。黃衣賊
目四名。生擒十三名。內有僞元帥江有仁僞先鋒陳卯等四
名。訊明正法。並分兵克復貓霧巡檢地方及犁頭店等處。剿
辦尚屬認眞。著曾玉明丁曰健迅速督兵將四塊厝斗六兩
處賊巢。力行掃蕩。毋留餘孽。所有尤爲出力之都司陳捷元。
著俟補缺後以遊擊補用。並賞加參將銜。守備鄭榮著賞戴
花翎。六品銜范義廷著賞給五品銜。並賞換花翎。知縣王楨

著免補本班。以同知補用。並賞換花翎。舉人蔡鴻猷等五名
均著賞給五品銜。並賞戴藍翎。勇首林慶鍾著賞給六品銜。
並賞戴藍翎。鹽運使銜道員林占梅着賞加布政使銜。員外
郎銜主事周懋琦著賞戴花翎。以示鼓勵。餘著照所議辦理。
該部知道。欽此。

又仝日奉

上諭。徐宗幹奏克復彰化縣城。剿平南北兩路逆巢。曾玉明丁
曰健奏會師克復彰化。並攻克各要隘情形。請奬出力各一
摺。本日已明降諭旨。將都司陳捷元等照請奬敘。道員林占
梅賞加布政使銜矣。臺灣逆匪日久蔓延。從未大受懲創。經
丁曰健攻拔葭投。與曾玉明會師進克彰化。並將鹿港至寶
斗一帶道路疏通。其南路匪莊。亦經吳鴻源曾元福先後攻
克多處。林文察現已放洋。將抵臺灣。著左宗棠徐宗幹即知
照該署提督。迅即馳赴嘉義。會同曾元福相機進攻。速清餘
孽。毋稍遲延。斗六逆巢已經官軍圍困。著曾玉明丁曰健激
勵諸軍。迅將賊首戴萬生斬擒。毋令兎脫。內山貓霧巡檢地
方業經攻克犁頭店等處。亦獲有勝仗。並殲斃賊匪多名。著
即飭令林文明等軍會剿四塊厝林逆老巢。以期內山地方
一律肅清。將此由六百里諭知左宗棠徐宗幹。並傳諭曾玉

明丁曰健知之。欽此。

克復彰城斗六。並攻克山路抗莊。擬即移師赴嘉搜捕。到

郡接印摺

奏爲克復彰化城後。續克斗六。並攻克彰屬山路抗莊。大獲
勝仗。流離招集。開圳勸農。現在會商分兵追剿逃匪逆巢。
籌辦善後。擬即移師南駐嘉義。搜捕安撫。赴郡接印。恭摺
馳陳。仰祈
聖鑒事。竊臣於十一月初三日會同鎭臣曾玉明督飭兵勇攻

克彰化縣城並內山官軍克復貓霧地方暨各要隘等情。業於十一月初四日會同鎮臣由六百里馳
奏各在案臣於十一月二十六日彰城師次接奉省中善後局移文恭悉二年八月二十五日奉
上諭前據左宗棠奏臺灣粵勇潰敗情形。當經降旨將署提督吳鴻源革職拏問所有福建水師提督即命林文察署理責令迅速起程渡臺剿匪本日接據原任臺灣道洪毓琛六月初三日摺報所陳軍務遷延兵餉匱絀情形。並請特派大員來臺督師勒限滅賊各等語雖未將吳鴻源等貽悞實情據

情糸劾而軍務之掣肘呼應之不靈實已意在言外。該故員於病勢危殆之際猶能念切時艱殫心籌畫實屬可憫現在林文察一軍是否渡臺即著左宗棠徐宗幹飭令該署提督凜遵前旨趕緊前赴臺郡督率諸軍力圖掃蕩並著左宗棠等酌度賊勢軍情。勒限蕆事倘再逾限無功則吳鴻源覆轍具在斷不能爲林文察寬宥也丁曰健受朝廷厚恩膺斯重任當與林文察等妥籌防剿毋得稍有疎懈致干咎戾將此由五百里諭知左宗棠徐宗幹並傳諭丁曰健知之欽此臣自顧庸愚。渥受

天恩高厚。具有天良。勉竭愚忱。未便因前此道路梗塞會合難期稍形濡滯。趕緊先時於九月初九日登岸招集舊部丁勇單師疾馳。由塹北入彰化境內海路先破水裏莰投各莊。山路先破犂頭店貓霧各要隘。斷絕糧道屢經馳奏又在案仰賴
皇上威福將士用命會同鎮臣克復彰化縣城維時城內餘匪潰竄內山之四塊厝一帶與逆首林晟匪黨合股臣原派通判張世英一軍千三百餘名。分紮克復內山各隘恐其不敷堵禦。趕派都司陳捷元張輔軍。營弁侯元楨義首羅

冠英等帶勇共一千名。前往助剿。鎮臣亦派營弁會合布置甫定該林逆果竄潰匪於十一月初十十一等日乘夜襲犯張世英所紮犂頭店貓霧各營俱經該員等有備擊退。林逆復以彰城人心未定意圖窺伺復經臣派義首劉然等率勇紮烏日莊。以斷林逆匪黨出路風謠乃息。一面商同鎮臣催督各軍會攻斗六土圍接到前次移調之署臺灣城守參將關鎮國游擊白瑛等來函據稱奉文後並經署水師提督曾元福派令管帶兵勇由陸路進攻斗六。大有斬擒。現逼近土圍逐日攻打等語。並聞署陸路提臣

林文察帶兵已紮嘉義他里霧地方則斗六以下俱有重兵迎剿獨恐潰逆竄走水沙連等處潛入番界追捕必稽時日當飛飭舉人陳肇興義首陳捷三陳雲龍等鼓舞義民出堵二八水地方飭鹿港同知興廉前赴寶斗傳諭七十二莊鄉民出堵官地廳地方以斷斗六潰黨逃入番地之路囑主事周懋琦飛催署彰化縣凌定國守備陳啓祥輪攻小埔心陳啞狗老巢以牽制出援斗六之逆飭捕同知候補縣王楨守備鄭榮等軍會同通判王成瑞王脩業紳士蔡鴻猷職員洪長庚林錫爵李華國義首陳大義等

各軍攻克苦苓脚等處三十餘莊斬殺無算大獲勝仗疏通內山販運柴米大路進剿北投新街逆首洪欉老巢並據舉人簡化成綑送陣擒簡文確簡文聰到營訊明供認從逆授偽先鋒不諱即行正法同日並接都司陳捷元同張世英等攻破永定厝各莊毀賊營四大座亦獲大勝並據通判王脩業追獲偽先鋒楊萬生義首楊捷魁生擒旂目陳其爲解營訊明極刑處死山路人心亦定合計陣亡壯勇七人受傷十餘人調回北路內山帶勇之白驥良前赴燕霧等保堵剿歸順者百餘莊彰城東南聲威大振西

螺等處道路亦漸疏通而斗六土圍經水陸兩提督臣會商立飭關鎮國白瑛等軍遂於十一月十八日夜半攻克該處附近抗莊亦多毀平惟逆首戴萬生乘隙逃脫賴二八水官地廳各路義民堵截不至竄入番地先經派出官軍圍練擒獲隨同戴逆逃竄之偽忠義二元帥康江中偽大先鋒張永偽軍師江喚扑偽先鋒鄭猪母林和尚偽欽差江言江正和即江剩回親丁許酷等四十餘犯分別訊明凌遲正法事竣另行彙案奏報外並截獲前次遺失之部頒斗六都司銅印一顆笨港守備銅印一顆偽黃衣旂

幟多件彰化城內被賊蹂躪將居兩年滿目瘡痍飭前後任南投縣丞葉滋溫振邦暨各委員等傳諭紳耆設立官局招集流亡並飭在地士民阮鵬程楊凌烟陳榮賢陳殿等於城鄉遠近被賊斷塞之水圳一律興工開築陸續據報流通小民貿易漸次起色初克彰時附城彰莊前曾被脅爲匪既復舉義幇官情有可原自應暫免查辦而泉民之曾受荼毒者或挾舊嫌乘勢洩忿報復幾至分類派衆將田如松軍功范義庭等各帶兵勇會同鎮臣所派員弁分投彈壓懲辦不至另滋事端民各安業此臣克復彰城

後一月以來攻克抗莊多處防勦獲勝開圳勸農招集流亡之情形也伏查臣自淡水登岸後添募丁勇入彰城後分紮外莊各處僅餘省兵親軍留防城内鎮臣所部除派撥堵紮外餘仍紮水圳橋老營與城内作犄角之勢疊次咨催水陸兩提臣迅統所部北上合勦十二月初五日署陸路提督臣林文察甫能統師自嘉義之他里霧地方進抵彰城署水師提督臣曾元福亦統師逕赴彰屬紮寶斗地方查此次戴逆倡亂以來竄陷彰斗二城蔓延淡嘉兩屬滋擾三百餘里誘脅二十餘萬人除前經官軍勦辦臣

單師迅入彰境先期大張撻伐克城之夕即會同鎮臣督飭各軍痛加誅戮提臣林文察曾元福等軍取道嘉義乘彰城克復後半月攻破斗六以及附近斗六各路抗莊斬殺無算刻下首逆戴萬生並各股首雖仍聚集潰黨或恃險負嵎或憑巢死抗而彰斗克復義民響應賊勢窮蹙四路軍威大振釜底遊魂不難擒獲據提鎮臣所報兵勇屯丁合計人數甚多足資勦捕連日會同妥議署陸路提督臣林文察家住於彰化北路之内山阿罩霧地方與四塊厝逆首林晟巢穴甚近擬親統所部並督飭伊弟糸將林

文明原集團練圍勦該處林逆老巢署水師提督臣曾元福即由寶斗一帶攻小埔心逆首陳啞狗巢穴並跟追首逆戴萬生竄黨鎮臣曾玉明督師攻彰城東南内山之北投新街逆首洪欉巢穴臣復屢晤各提鎮臣熟商并見各營員弁悉心籌畫意見相同並派紳士中書林鳳池舉人陳肇興蔡鴻猷職員蔡謙光等率團分紮要隘以資策應檄調現攻小埔心之署彰化縣凌定國率帶勇丁回城並由提鎮臣酌派隊伍會同防守彰屬既有重兵臣恐匪徒南竄率糸將田如松軍功范義庭等舊部丁勇拔隊由寶

斗他里霧南駐嘉義該縣道路雖通惟疊次嘉城被困雖經在事文武紳民力圖保固而所屬鄉莊全被賊擾兼之嘉邑逆首嚴辦朱登科等尚未就擒在逃匪黨亦多搜捕餘匪安撫殘黎俱應督飭營縣次第舉行此臣現在會同提鎮臣分兵進勦彰化山路逆巢一面移師南下至嘉義沿途搜捕妥辦善後之情形也臣身膺重任軍務地方責無旁貸惟多一營兵勇即增一層口糧蓋由臣未抵臺之前耗費太多致臣抵臺之際籌給不足且於本年二月臣文卸署藩司任内曾經由省籌撥臺餉數十萬自渡臺後

知前道臣洪毓琛。因籌餉防剿積勞患病身故緣由。目睹
時艱信深焦灼擬於在彰起程時先將兵勇酌撤分遣內
渡回淡。并留帶隨行搜捕至嘉城察看情形。到郡時將臣
部兵勇再行陸續凱撤。以節糜費。而裕餉源。迭次疊接署
道陳懋烈來文稱郡城根本重地。鎮臣業已出師。道員未
便久在外屬巡防整飭。署任呼應不靈等情。一面由嘉晉
郡接印任事。除俟到任後另行恭摺叩謝
天恩外。所有克復彰化城後。續克斗六并抗莊大獲勝仗。流離
招集。開圳勸農。現在會商分兵追剿彰屬逆巢。並擬移師

南駐嘉義。淨捕逃匪。辦理善後。再行赴郡接任各緣由。謹
繕摺由驛四百里馳陳。再臣摺仍借用鹿港同知印信。合
併陳明。伏乞
皇太后
皇上聖鑒訓示。謹
奏
同治三年三月初四日奉
硃批知道了欽此
會奏生擒僞東王戴萬生等。勦滅巨股會匪。彰屬西南大
路肅清摺。
奏爲合軍生擒首逆僞東王戴萬生等。剿滅巨股會匪。彰化
縣屬西南大路俱已肅清。合詞恭摺由驛六百里馳陳。仰
祈
聖鑒事。竊臣曾元福率關鎮國白瑛各軍。於十一月十八日克
復斗六土城。業於十一月二十日具摺呈由撫臣徐宗幹
附驛恭遞在案。臣丁曰健同鎮臣曾玉明克復彰化城後
派隊攻克彰屬山路抗莊。招集流離。開圳勸農。籌辦善後
事宜。會商分兵追勦逃匪巢穴各緣由。於十二月十二日

五次具奏。亦在案。查會匪首逆僞東王戴萬生。即戴朝春
自斗六被剿兔脫。臣曾元福隨即派隊跟追。一面分飭官
軍札諭義首陳捷三等。預至二八水官地廳各處迎頭攔
截。並由臣丁曰健飭舉人陳肇興。暨紳耆總理人等。協助
官軍堵禦。以遏該逆首竄入番地之路。而潰黨尚多潛伏
於斗六附近之石榴班莊。臣曾元福揮令各軍於十一月
二十七日將該莊攻破。匪衆殲除殆盡。當飭遊擊白瑛率
所部四百名回駐嘉義縣城。杜絕後顧之虞。以都司周夢
渭熟悉斗六情形。委署該處都司篆務。並撥勇丁五百名。

交令管帶，以資彈壓。臣等彼此函商，俱以首逆一日未誅，鄉民一日觀望，加以在逃匪黨復肆詭辭，聳惑愚氓，倘追捕稍遲，恐生他變。時署陸路提督臣林文察已統全部由嘉義縣屬之他里霧地方，沿海至彰化，督隊赴內山四塊厝進攻逆首林晟巢穴。臣曾元福親督大隊於十二月初四日進紮彰化之寶斗地方，探查戴逆率黨千餘人同北投逆首洪欉等逆派來之援匪數千，麕聚於張厝莊。該逆附近西南一帶周回十餘里以內，仍屬抗莊林立，脅眾約萬餘人。且小埔心陳啞狗另股招集嘉彰各路敗匪，復出肆擾，以爲戴逆聲援。署彰化縣凌定國所部勇隊已調回守城。臣丁曰健飛飭守備陳啟祥、把總凌定邦、府經歷沈忠照等率帶兵勇，日夕堵禦，陳逆不至猖獗。臣曾元福各軍無所牽制，得以專剿戴逆。自初五至初八等日，派署臺灣城守參將關鎮國、儘先遊擊林鵬程、署頭圍守備徐榮生、守備許炳、千總陳朝忠、曾登貴、郭得高、曾登玉、外委吳興隆、陳錦章、蘇恩洪、縣丞余辰賚、藎臣、義首廖財禪、吳恩波、吳序江、許廷道、李建極、邱徵、增生陳文謨、監生曾韞玉等，各帶兵勇二千餘名，分爲五路，剿燬目宜山、紅毛社、丙郎莊、社頭、崙仔等處抗莊大小四十餘處，殺賊無算，生擒僞軍師黃雜先等二十一名正法，其餘望風歸順。張厝莊之藩籬盡撤。初九日寅刻，各軍往攻張厝莊，鎗礮環施。臣丁曰健札派之通判王成瑞、王修業、舉人蔡鴻猷、廩生洪鍾英、附生孟際滋、外委池興生、義首蕭天芳、蕭律章、許岐鳳等，均各選募丁勇前來助剿，相持六時之久，賊勢不支，遂於酉刻將該莊焚燬，斃匪七十餘名。戴逆率死黨數百名，冒煙突火，狂竄芋蓁仔莊。該莊壘固濠深，抵死困守。各軍四面環攻，屢因莊內伏鎗亂發，軍士多有傷亡。臣曾元福審度地勢，東路生番地界，早經道臣丁曰健派撥官軍義民伏堵要隘，無從竄逸；北路枋橋等處有間道可通內山，派曾登玉等帶隊阻截；其西南兩路，分紮八營，斷賊接濟，逼近攻打。十一日至十七日，派令關鎮國、徐榮生等飭令兵勇不分日夜，輪放大礮，擊死悍賊甚多。主事周懋琦等帶領親軍並鹿港局勇將弁，解炸礮親督施擊。該莊內屋舍倉房、銃樓、鎗櫃先後被大礮炸彈轟塌焚燬，匪眾呼號，號聲聞於遠近。臣丁曰健復派參將田如松、守備陳兆麟、軍功范義庭、千總周鳳翔、莊鴻禧、從九品謝端申、外委余見成等率帶兵勇五百名前來會剿十八日子刻臣曾元福嚴督在事各員弁奮力猛攻並懸重賞各軍踴躍直前鎗礮如雨該莊鉛藥罄盡時方巳正臣丁曰健亦統所部自彰化拔隊到地合力圍攻各路兵勇一齊躍濠突圍而入見戴逆身穿黃衣繞遁於竹林之內經陳朝忠林文光曾登貴勇首林得勝等將戴萬生擒獲洪鍾英等亦縛董九仙至營臣等會同親提鞫訊該首逆戴萬生自供與林晟等逆結會謀叛自封偽東王凶悍之氣見於眉宇就地紳民觀者如堵曾經充當北路副將營書皆能識其面

治臺必告錄　卷六　四九

貌實為戴萬生正身無疑本擬檻送省垣呈由撫臣督飭在省司道訊明核辦惟重洋遠隔風帆靡常未便使著名巨憝久稽顯戮當提戴萬生在營會訊極刑處死其董九仙一犯訊據戴逆奉為香主太師善會符咒四處煽惑所有在會匪徒俱係該逆誘脅等語不諱其同時被獲之偽三千歲戴印偽元帥陳鳴和偽宰輔廖阿蘭偽將軍王光傚偽旂首王文徐海慈王進才鍾應陳番江等三十二名分別凌遲處死伏查該逆首滋事以來攻陷彰化斗六城池戕害鎮道大吏暨副將蔡遊同通文武員弁多人竄擾淡嘉兩屬蔓延數百里脅從二十餘萬之眾猖獗將近兩年較之從前逆案尤甚實屬罪大惡極仰賴

皇太后

皇上福威將弁兵勇紳團人等咸知用命臣等攻克彰化斗六以後趕緊籌辦布置俾該逆不至竄入番界節節跟剿將巨股會匪全行撲滅該逆首戴萬生等生縛到案明正典刑亟應竿懸首級遍示克復城邑地方以快人心而彰

天討現時西南大路肅清其內山北投四塊厝林晟洪欉等逆另股現在署陸路提督臣林文察臺灣鎮臣曾玉明分督

治臺必告錄　卷六　五十

所部兵勇馳往剿辦不日諒能蕆事臣曾元福即日拔隊督軍攻小埔心陳啞狗巢穴擬俟事竣後咨呈督撫臣凱撤內渡臣丁曰健擬於本月二十一日凱旋赴嘉義一帶沿途搜捕安撫新正再行接印任事在事尤為出力之擬保副將關鎮國請加以總兵銜留閩委用員外郎銜分部行走候補主事周懋琦擬請免選主事以員外郎分部候補加四品銜抑或仍留閩省免補直隸州以知府用之處

恭候

聖裁署臺灣南路營參將候選陸路參將田如松擬請開復前

督臣慶端於同治元年奏參革職留營處分以參將留閩
儘先補用署頭圍守備徐榮生擬請免補都司以遊擊儘
先補用並
賞換花翎留閩拔補藍翎守備許炳擬請加都司銜藍翎守備
陳啟祥擬請以都司補用均
賞換花翎擬保五品銜范義庭擬請給四品頂戴擬保守備陳
朝忠曾登玉林文光均擬請以都司儘先補用先換頂戴
擬保知縣余長擬請補缺後以同知直隸州補用布經歷
銜候補府經歷沈忠照擬請給五品頂戴指分福建縣丞

費蓋臣請俟到省後免補本班以知縣補用該二員均請
賞戴藍翎把總凌定邦擬請免補千總以守備儘先補用監生
曾韞玉擬請給五品銜義首李建極擬請以把總儘先拔
補從九品卲徵擬請以縣丞歸部即選該四名俱請
賞戴藍翎以上各員實屬異常出力可否仰懇
逾格奬勵渥沛
恩施其餘出力員弁兵勇團練義首人等容俟核實查明分案
開單請奬所有合軍生擒首逆剿滅會匪巨股彰化縣屬
西南大路俱已肅清各緣由謹合詞由驛六百里馳

奏再署陸提督臣林文察臺灣鎮臣曾玉明均距臣等行營
較遠未及會銜合併陳明伏乞
皇太后
皇上聖鑒訓示謹
奏
同治三年正月二十七日奉
上諭曾元福丁曰健奏生擒首逆剿滅巨股會匪一摺與林文
察同日奏報情形大畧相同臺灣官軍自攻克斗六後逆首
戴萬生逃至張厝莊一帶聚衆數千負嵎抗拒經曾元福等

派兵進剿於上年十二月間攻燬目宜山等處逆莊四十餘
處殺賊無算初九日各軍進攻張厝莊自寅至酉立將該莊
焚燬斃賊七十餘名戴逆率死黨數百人衝出竄入芋蔡仔
莊踞守自十一日至十七日官軍四面環攻擊斃悍賊甚多
十八日各軍奮勇直前躍濠突圍而入立將逆首戴萬生擒
獲夥黨董九仙戴印等三十餘名同時生擒正法剿辦尚屬
得手仍著將林晟洪欉等逆悉數殲擒毋留餘孽所有此次
尤爲出力之擬保副將關鎮國著賞加總兵銜候選主事周
懋琦著免選主事以員外郎分部候補並賞加四品銜署臺

灣南路叅將田如松。著開復革職留營處分。以叅將留於福建儘先補用。守備徐榮生。著免補都司以遊擊儘先補用。並賞換花翎。守備許炳。著賞加都司銜。陳啓祥著以都司補用。以上二員並賞換花翎。擬保五品銜范義庭著賞給四品頂戴。擬保守備陳朝忠曾登玉林文光。均著以都司儘先補用。先換頂帶。擬保知縣余辰。著俟補缺後。以同知直隸州知州補用。府經歷沈忠照著賞給五品頂戴。指分福建縣丞費藎臣。著俟到省後免補本班。以知縣補用。以上二員並賞戴藍翎。把總凌定邦著免補千總。以守備儘先補用。監生曾韞玉

著賞給五品銜。義民李建極著以把總儘先拔補。從九品邱徵。著以縣丞即選。以上四名並賞戴藍翎。其餘出力員弁兵勇團練人等。准其查明奏請奬敘。林文察摺內所稱軍功五品頂戴林赤。攻剿四塊厝賊巢。首先衝陣。中鎗陣亡。殊堪憫惻。著交部從優議卹。該部知道欽此

又仝日奉

上諭曾元福丁曰健奏生擒首逆剿滅巨股並林文察奏圍攻林洪各逆老巢疊獲勝仗各一摺。本日已明降諭旨。將尤爲出力之副將關鎮國等。分別奬敘矣。首逆戴萬生於官軍攻

破斗六後。逃至張厝莊。經曾元福帶兵將該莊附近西南一帶之目宜山。紅毛社丙郎莊社頭崙仔等處。逆莊四十餘處。分路剿燬。復與丁曰健所派勇丁合破張厝莊。該逆遁至芋寮仔莊。復經曾元福丁曰健。親督兵勇將該莊攻破。生擒逆首戴萬生。並逆犯董九仙戴印等正法。彰化縣屬西南大路。俱已肅清辦理尚屬得手。此股會匪黨與衆多。滋事日久。現在首逆雖已就擒。而敗散餘匪。尚須力行搜捕。尤防其竄入內山番地。復行嘯聚。曾元福丁曰健務當分派兵勇嚴扼入山要隘。以杜餘匪竄山之路。一面搜捕淨盡。以絕根株。毋貽後

患。曾元福親督兵勇。進攻小埔心。陳啞狗巢穴。諒可迅速攻拔。該署提督擬俟事竣後內渡。着左宗棠徐宗幹屆時酌量情形。將曾元福及其所部兵勇撤歸內地。以節餉需。至內山北投四塊厝爲林晟洪欉等逆另股盤踞。現經林文察會玉明分督所部兵勇剿辦。着即責成林文察等。速行攻克將首逆林晟等擒斬。毋任漏網。仍着丁曰健分派勇丁。扼要堵禦。勿令該逆紛竄。臺灣各路漸次肅清。林文察現稱擬留兵勇五千名。足資堵剿。此外兵勇及曾元福所部。已咨請左宗棠徐宗幹分別撤回。着即照所擬辦理。林文察摺內并敘攻打

四塊厝賊巢陣亡之五品頂戴林赤未經請䘏想因其係該
署提督堂弟之故本日已明降諭旨交部從優議䘏所帶族
勇兵丁之陣亡及出力人等並著查明分別彙案奏請奬䘏
將此由六百里諭知左宗棠徐宗幹並傳諭林文察曾元福
丁曰健知之欽此
曾擒首逆沿途搜捕凱旋赴郡到任摺
奏爲自彰化寶斗街會擒首逆後拔隊南下沿途搜捕至嘉
義縣城督縣妥籌善後事宜並凱旋赴郡到任日期恭摺
馳報仰祈

聖鑒事竊臣於十二月十三日派主事周懋琦參將田如松紳
士軍功范義庭等各帶兵勇赴寶斗街會剿隨於十月十
八日親督大隊自彰化縣城前赴該處會同署水師提督
臣曾元福生擒僞東王戴萬生等逆到案業於十二月十
九日六次會摺具奏在案二十日提臣曾元福撤攻芊蓁
仔各營前赴小埔心進剿陳啞狗巢穴臣飭調守備陳啓
祥等帶勇回彰化縣城隨同署北路協副將湯得陞署彰
化縣凌定國嚴密防守去後查斗六一帶前經提臣曾元
福督率關鎮國白瑛等軍先後剿辦克復土圍以後派都

司周夢渭帶勇留守足資防捕其沿海西螺虎尾溪他里
霧一帶因彰化克復軍威大振署陸路提督臣林文察聞
彰復亦帶兵到地各莊遂舉義旂餘匪多半潛踪臣督飭
員弁兵勇於二十一日卽由寶斗街拔隊起程至嘉義他
里霧暫駐沿途傳集耆民總理人等將逆首戴萬生伏誅
緣由剴切傳知各莊民均畏服向化經臣曉以大義責令
各該莊民引導官軍並派降補縣丞解餉來臺之黃文奎
委員汪秉端義首吳調和會同各紳民分投搜捕是晚卽
據署嘉義縣白鸞卿面禀擒獲僞軍師章鳳卽邱新章解

營訊明梟示二十三日又添派從九品任玉林先後同兵
勇莊丁擒到僞元帥林忠厚僞先鋒李西螺匪犯吳厚林
木、莊榮、莊爽、莊振、莊祥、張貓安、黃福、郭硎、卽郭漏等、十一
犯隨軍押赴嘉義縣城訊據供稱隨同嘉義逆首嚴辦朱
登科等疊次率同賊黨攻撲城營不諱卽於二十三日酉
刻在嘉義縣城外正法此外仍有續獲著名之犯飭縣訊
明梟示另行彙案呈部查覆外伏查嘉義縣城疊次被圍
竭力保固而城外鄉莊被擾日久滿目瘡痍深堪憫惻所
幸田土具在祇以水泉被賊壅塞荊棘叢生當飭嘉義縣

傳集紳士王朝輔陳熙年等設法興工疏通水圳以利灌
溉但使田園不淪於荒蕪即莊民可藉以耕耘其有廬舍
被焚播種無業者飭令分別查明另行鳩資安集俾免流
亡此臣自彰抵嘉沿途搜捕安撫之大槪情形也臣籌議
甫定原擬即在嘉義縣度歲以冀就近多擒一賊即多除
一害疊據署臺灣道陳懋烈等函文交催以郡城根本重
地署任呼應不靈等語二十六日由嘉義縣城凱旋二十
七日行抵臺灣府城二十八日卯刻准署臺灣道陳懋烈
將提督學政關防一顆並

勅書
上諭等件委員賫送前來臣恭設香案望
闕叩頭祇領任事訖伏念臣庸愚下士知識毫無由順天舉
人於道光年間揀發福建知縣疊次辦理軍務奏
旨以同知直隸州儘先補用並加知府銜
賞戴花翎遵例捐陞道員於克復汀州案內奏
上諭著以道員留閩遇缺即補欽此先後奉委署理糧道布政
司篆務本年春間交卸署布政司篆後擬赴部引
見復奉撫臣飭令赴臺辦理軍務正在調集兵餉候風配渡遲

蒙
聖恩補授臺灣道員缺自九月初九日滬尾登岸後添調丁勇
至十月十二日單師馳入彰化境內趕籌剿辦仰託
皇太后
皇上福威彰化斗六以次珠還元凶授首雖僅餘內山四塊厝
北投海口小埔心林晟洪欉陳啞狗等匪巢未破有署水
陸提臣曾元福林文察臺灣鎮臣曾玉明等三營分督兵
勇前往搜捕不日諒能蕆事惟查臺灣孤懸海外人情素
稱浮動臣昔任縣廳十有餘年深悉逆案頻仍前次漏網

之餘生即爲後次豎旂之股首臣內渡以後距今又逾五
載生齒日繁生計日絀吏治營規廢弛更甚士習壞而商
民驕此次軍興兩年蔓延日久誘惑更多賊燄方張固不
能不先行解散以孤其勢軍威既振又不可不嚴加搜剿
以懲其餘既不可稍涉株連亦不得致留遺孽臣惟勉竭
駑駘於軍務機宜善後事件隨時稟商督撫臣會同鎮臣
曾玉明督率知府陳懋烈等實心整頓法立而後可原情
良安必不容縱匪以期仰副
聖主綏靖海疆除惡務盡之至意再接見郡城府廳縣紳士人

等據稱南路鳳山縣屬閩粵莊民向來各分氣類近來械鬬之風益熾臣恐另生枝節擬新正卽飭隨營帶兵之參將田如松趕赴南路營署任並將省兵一百名隨帶前往屆時察看情形如該處不至滋生事端卽將省兵就近撤退由旂後口配船至厦門回省臣酌留勇丁在郡城巡防彈壓以備不虞臺灣道關防前道臣孔昭慈在彰化城中遺失臣摺用提督學政關防再臣到任在封印期內先期函囑署臺灣道陳懋烈預用空白合併陳明所有自彰化寶斗街拔隊至嘉義縣沿途搜捕餘匪籌辦善後各事宜暨微臣到任日期並感激下忱謹具摺由驛四百里具

奏叩謝

天恩伏乞

皇太后

皇上聖鑒訓示謹

奏

同治三年三月初五日奉

硃批另有旨欽此同日奉

上諭列在加按察使銜謝

恩摺後

到郡舉行歲科兩試片

再學校可以化頑梗之心禮樂足以靖干戈之氣查臺灣前因軍務方殷壬戌癸亥歲科兩試俱停止未考此時彰化斗六先後珠還元惡就戮大路一律疏通祇內山餘匪有提鎮臣三營分兵剿辦指日可望肅清明年甲子正科未便令該生童等仍復向隅現與府縣暨各學官籌商擬於明春舉行歲科兩試其彰化縣前考試卷遺失著仿照內地成案補錄辦理惟郡城游民太多良莠不齊深恐士子雲集之時難保無匪徒混跡飭令各廳縣學妥議章程發給執照由臣屆時派員驗明入城仍派兵勇隨時巡緝並飭各屬於各隘大路分派勇團往來保護以免疎虞謹附片陳明伏乞

聖鑒訓示謹

奏

三年三月初五日奉

硃批知道了欽此

奏請

頒鑄臺灣道關防片

再臺灣道關防。於同治元年春間。前道臣孔昭慈赴彰化
縣城剿匪。隨帶前往。嗣彰城被匪竄陷。孔昭慈殉難。關防
遺失。前道臣洪毓琛接任以來。皆借用提督學政關防。臣
前克復彰化時。疊派員弁紳民四處檢查。均無着落。現在
臣已晉郡到任。所有道署常行事件。借用學政關防。似非
體制。合無仰乞
天恩
勅部頒鑄臺灣道關防一顆。以昭信守。謹附片具
奏。伏乞

聖鑒訓示。謹
奏
三年三月初五日奉
硃批。知道了。欽此

加按察銜謝
恩摺
奏爲恭謝
天恩。仰祈
聖鑒事。竊臣於同治二年十二月二十八日接奉巡撫臣徐宗
幹行知。本年十一月初八日。承准議政王軍機大臣十月
十八日奉
旨。丁曰健著照例加按察使銜。該部知道。欽此。當卽恭設香案
望
闕叩頭謝
恩訖。伏念臣顓愚下士。樗櫟庸才。自春間卸署布政司篆後。擬
赴部引
見。旋奉撫臣札委赴臺辦理軍務。正在籌畫餉需。趕緊配船候
渡之際。渥承

皇太后
皇上天恩。畀以海疆重任。辰下彰斗城垣雖復。會匪首惡亦誅
而逆黨潰孽未盡殲除。軍務不能休息。徒深兢惕報稱爲
難。茲復欽承
寵命
賞加司銜。感優渥之
恩施。實莫名夫惶悚。臣祇有勉竭愚誠。於一切軍務機宜應辦
事件。咨商水陸提臣曾元福、林文察。會同鎮臣曾玉明、督

率所屬實力講求迅就廓清不留餘孽以冀培養元氣整
頓地方仰報
高厚鴻慈於萬一所有微臣感激下忱理合恭摺並附驛具
奏叩謝
天恩伏乞
皇太后
皇上聖鑒謹
奏
三年三月初五日奉

硃批知道了欽此
同日奉
上諭徐宗幹奏皖匪由浙境竄入江西逼近閩疆派兵防堵情
形丁曰健奏沿途搜捕餘匪妥籌善後並到任日期各一摺
前據沈葆楨奏偽王宗一股將越新城而西逼近閩疆諭令
左宗棠徐宗幹派兵嚴密堵剿茲據徐宗幹奏建甯府屬接
壤江西浙江逆匪意圖竄越閩疆防務喫緊現飭署總兵袁
良帶兵四百名馳赴浦城調金門鎮標等營兵五百名俟蔡
潤澤巡緝回省督帶繼進派知府張文斌募勇數百併交袁
良調遣並以閩浙交界關隘甚多委候補道張啓煊馳往建
甯會剿等語賊匪因江浙兩省不得逞志圖竄閩疆以遂其
遠遁之謀復行蔓延完善逆計甚爲叵狡且此股竄賊人數
甚衆閩省與浙江江西毘連處所甚多徐宗幹派出之兵恐
兵力尚形單弱張文斌所募壯勇倉猝湊集亦未必即能得
力著左宗棠徐宗幹凜遵疊次寄諭於浙江江西接壤福建
地方嚴密堵禦如兵力尚屬不敷應如何添派勁旅擇要扼
守以期穩固之處並著妥籌辦理前諭左宗棠等將曾元福
所部兵勇由臺灣撤回派赴邵武一帶著即飛檄曾元福飭

令星速前進擇要駐紮以厚兵力該督撫務當慎益加慎布
置周密毋令該逆闌入閩疆致全局又形掣動張運蘭一軍
當已在途著左宗棠徐宗幹飛催該臬司趕緊趲行迅回閩
省以資攻剿丁曰健已赴臺灣道本任現在內山四塊厝北
投海口小埔心林晟洪欉陳啞狗等匪巢未破曾元福一軍
如尚未起程即著催令迅速內渡丁曰健即與林文察曾玉
明等會商分督兵勇前往搜捕毋留餘孽丁曰健現回府城
如有應須親出彈壓督剿之處仍着隨時親往毋得安居府
城致令首惡稽誅復行滋蔓該道所籌善後各事宜務當認

眞籌辦。不得有名無實。將此由六百里諭知左宗棠徐宗幹
並傳諭丁曰健知之。欽此。
彰屬餘匪復行勾結思逞摺
奏爲彰屬餘匪未淨。復行勾結思逞。飛商駐城在鄉各營督
率兵勇民團合力防剿。赳期擊散。恭摺馳報仰祈
聖鑒事。竊臣於去冬克復彰斗會擒首逆戴萬生後。卽遵奉撫
臣徐宗幹札飭。以鎮道久駐北路。剿匪臺南空虛。臺鳳兩
邑關案疊出。彰化現有三營兵勇甚多。城鄉足敷分布。以
餘匪責成提鎮搜捕。令臣由嘉義安戢殘黎。抵郡接篆。至

十二月二十八日到郡接印。卽派員弁馳往南路彈壓。謹
將任事日期籌布情形。並感激下忱。專摺叩謝
天恩。計已早呈
御覽。臣到任後。卽與臺灣府知府陳懋烈熟商。統飭各屬聯莊
團練。以助搜捕兵力之未逮。當經委令前署臺灣府知府
臺防同知葉宗元等。分馳南北各廳縣督同辦理。迄今三
月以來。各路稟報聯莊拿獲要犯甚多。又疊催提鎮攻破
林逆巢穴。林晟伏誅後。正可會合迅掃。而署陸路提督臣
林文察。自正月十一日。攻克林巢。頓兵霧山五十餘日。至

三月十一日始至寶斗。會合前護水師提督現署臺灣鎮
臣曾元福之師。進攻小埔心陳逆匪巢。前臺灣鎮現署水
師提督臣曾玉明。圍捕北投洪欉。專重計誘。遂致兎脫。並
傳聞兩營在內山。另有招引投誠。以示羈縻。如能撫不爲
匪。原可予以自新。但恐鈐制稍疎。復萌故智。且林姓族繁。
向與賴姓有隙。難保不倚勢作威。轉爲匪徒藉口。另生事
端。前臣在彰化面商。此次宜迅速妥辦。固不可稍涉株連。
亦不得多留遺孽。近日據現署臺灣鎮臣曾元福拿獲股
匪張純制王冬胡海等多名。又據署彰化縣知縣凌定國。

赴鄉搜捕。疊獲逆匪多名。並起獲前失臺灣道關防一顆
儲庫。查洪欉在逃未擒。內山招撫已濫。臣寢饋難安。而臺
灣自戴逆滋擾已及二載。科歲兩試久停。本年係甲子正
科。自應一並補行。鼓勵士氣。卽可以鎮定人心。先於臘底
已
奏明在案。刻下府廳縣考試均畢。士子雲集。臣已於四月初
三日取齊開考。先期已咨明提鎮札飭各屬。並面諭來府
送考之學官。傳諭各路聯莊紳士嚴加防範。茲於三月三
十四月初二等日。接署臺灣鎮臣曾元福函報。二十七日

訪有林天河强佔内山賴姓產業。衆心不服。以致賴矮及林姓各匪勾結洪㰖。並各招撫股首聚集千餘人。復有竪旂之謠。擬分二股。一股糾攻阿罩霧山。一股直撲彰城。當即飛佈各營加意愼防。二十八日果於近山有匪先焚沙仔崙等莊。並據彰化縣稟報情節大畧相同。詎據二十八日夜交亥刻時附城北門外之市仔尾街。勾引山匪數百人屯集街中。二十九日黎明。署北路營副將湯得陞。署彰化縣知縣凌定國先將訪獲冒充壯勇身穿號褂之奸細諜作内應甘拔山等十餘犯斬訖。即率兵勇出城剿捕。該

逆迎敵。兩時之久。我軍開炮轟擊。賊敗稍退。生擒匪首范郎獅。匪夥黄慶等三名。即於陣前正法。附城紮營。午後該逆復敢回撲。適鹿港同知興廉。護游擊陳啓祥在鹿聞警。率領兵勇鄉團護運糧米。由西門入城。以安民心。即率兵勇往北會合攻擊。鎗礮齊施。斃賊三十餘名。賊勢不支。當即擊散。我軍奮勇爭驅。生擒逆匪四名。惟因城内防守兵單。未能遠追。逐捕。三十日寅刻。鎮臣曾元福同署陸路提督臣林文察駐營寶斗附近之十三甲。各匪莊亦擁衆撲營。經提鎮各營派隊攻剿。大獲勝仗。立將目宜莊燬爲平

地。署鎮臣曾元福留守寶斗要隘。兼圍陳逆。署陸路提臣林文察隨即起程往彰。沿途共燬十三甲橋仔頭各莊賊巢。由鹿入彰。現署水師提督臣曾玉明。亦帶兵搜捕。紮住西門外水圳橋。但彰化時當青黄不接。米價太昂。府城亦因勞師日久。籌餉過多。極形竭乏。臣於萬難設法中。趕緊籌措餉銀米石鉛藥等項。共約銀萬元。委員星夜解往。以應急需。誠恐不敷。並札飭鹿港同知興廉激勸在地紳士舉人蔡德芳。職員蔡懷斌等籌餉募勇。接濟防剿。並據附鹿之八莊二十四莊寶斗鰲頭舉人蔡鴻猷。訓導楊清珠

等各紳來稟。據稱自遵諭聯莊鄉團後。各莊一聞警報。即於二十九三十等日。率集團勇三千餘人。齊赴彰化城鄉。會合各營防剿。似此官民齊心協力搜捕。滅燭餘星。決不致死灰復燃。然近城餘匪雖已撲散。而内山捒東貓霧捒頭店水沙連一帶。仍多賊踪。難保不勾結復熾。已飛咨署水陸提臣曾玉明。林文察。並署鎮臣曾元福。嚴飭各屬文武委員紳團窮搜極捕。總期除惡務盡。以仰副
聖主綏靖海疆之至意。臣斷不敢以兩署提臣現奉調回西防。稍事因循。轉致滋蔓。現在郡城鳳山雨暘時若。並據淡蘭

嘉義均報聯莊獲犯地方安靖謹將餘匪思逞飭辦聯團
會合官軍尅期擊散實力搜捕各緣由恭摺由驛五百里
馳
奏伏乞
皇太后
皇上聖鑒訓示再提鎮臣遠在北路未及會銜合併陳明謹
奏
再正在具摺
奏聞四月初四日接到署鎮臣曾元福來函連日復有曾厝

崙各莊賊匪出撲寶斗大營當經派隊往剿均獲勝仗於
初二日適有外莊聯董陳雲龍等率領莊民千人會合以
助軍勢即將曾厝崙一帶賊莊竹圍八座盡行攻燬擊斃
賊匪無算同日又據彰化縣知縣凌定國稟稱日前犯彰
各匪經官軍擊散後復思遁往內山初二日督帶兵勇民
團隨同署陸路提督臣林文察各營馳往大肚溪追剿經
附近聯莊各義民齊出助剿兩路夾攻該匪自相踐踏溺
死者甚衆當場生擒股首陳在等多名而犁頭店莊聚集
餘匪亦經遊擊陳捷元都司何國英等率各聯團合力圍

剿生擒匪犯吳琴等多名餘即遁散並據各莊截拏各敗
匪細送至彰城先後共計七十餘名已會營訊明正法鹿
港同知興廉亦令各紳採運糧米陸續入城接濟民心現
已大定合併呈慰
聖懷附片謹
奏
同治三年五月十一日奉
上諭林文察奏官軍擒斬首逆彰化解圍丁曰健奏擊散彰化
餘匪暨攻燬曾厝崙一帶賊莊各摺片已明降諭旨將副將

湯得陞等照林文察所請奬勵矣前因髮逆竄入閩疆疊經
諭令林文察率衆內渡嗣因徐宗幹請催曾玉明回省亦經
照該撫所請令該署提督回省督辦內地防剿事宜茲據林
文察奏逆匪陳在楊金環等襲陷犁頭店員林街各汛地攻
撲彰化縣城雖經兵團擊退首逆就擒而張三顯陳弄等逆
黨尚各糾黨嘯聚洪逆亦未弋獲丁曰健奏內山招撫太濫
賴林各逆復勾結洪欉並各招撫股首分撲彰化縣城北門
外之市仔尾街匪首范郎獅等經官軍擒斬餘匪潰散內山
揀東貓霧犁頭店仍多賊蹤曾厝崙竹圍等賊莊平燬後彰

化撲城各匪復思遁往內山是臺灣逸匪尚須趕緊搜捕惟
江浙髮逆擾及建甯甯化等處閩省西路之防尤為喫重著
左宗棠徐宗幹仍遵前旨催令林文察曾玉明統率所部迅
速內渡以資攻剿其臺灣剿匪善後各事宜卽責成曾元福
丁曰健督飭兵勇會同地方文武聯絡鄉團實力辦理曾元
福丁曰健係鎮道大員均屬責無旁貸倘日久因循不能竣
事以致死灰復燃再煩兵力必惟該鎮道等是問將此由五
百里諭知左宗棠徐宗幹並傳諭林文察曾玉明曾元福丁
曰健知之欽此

會攻小埔心生擒偽西王陳啞狗弄張三顯等懲辦摺

奏為策調彰化文武官紳督率兵勇民團會攻小埔心老巢
生擒偽西王陳啞狗弄並先後拏獲逆首張三顯等多名
分別懲辦彰屬海口一帶賊莊俱已肅清恭摺馳陳仰祈
聖鑒事竊臣於本年四月初四日謹將彰屬餘匪思逞赴期擊
散各緣由並十五日接奉撫臣行知渥蒙
恩旨賞加二品頂戴當卽望
闕叩頭恭摺叩謝
天恩由驛馳奏各在案臣因甲子正科在卽臺地重洋遠隔晉
省較難是以前經
奏明於四月初三日取齊開考歲科並舉原為鼓勵士氣趕
赴鄉試起見初非粉飾太平況身在試院而各路軍務兢
兢於心仍密速布置隨時策應未嘗一息延悞嗣聞鳳山
岡山有匪徒造謠煽惑嘉義下加冬一帶亦有股匪勾結
搶奪當卽撥派臣去冬酌留部下防城隊勇委員分馳南
北會同各營縣嚴密剿捕嘉義拏獲巨股陳蘋山等多名
訊明均係嚴辦逆黨鳳山拏獲首逆黃毓蕃等解郡提訊
供認謀逆豎旂不諱當經正法中南二路已形鎮定似可
無虞所慮者惟佔踞小埔心勾通王功二林海口一帶三

十餘莊之逆首陳啞狗弄最為兇悍狡猾又復有攻撲寶
斗大營奏報著名巨股張三顯同惡相濟若二害不除則
各股匪乘機響應患無已時去秋經派署彰化縣知縣凌
定國攻剿四月始得撤其藩籬嗣於冬臘調回縣城咨請
署鎮臣曾元福駐兵專剿設計圍攻復經署提臣林文察
派林文明帶隊會剿總未得手迨詢向在內山最為得力
之義首五品銜藍翎羅冠英分路環攻已得破其近圍而
羅冠英竟受傷陣亡賊膽反張此陳逆之踞守老巢勾通

海口各賊莊堅抗之情形也。內山揀東貓霧等處，前經署陸提臣林文察入山搜捕，於正月破林巢後，安住家園五十餘日，頓兵不出，兼有胞叔林天河即濫保知府，更名林奠國，倚勢作威，截水霸田，以致衆議沸騰，欲圖報復。餘匪藉此復肆攻撲各莊，非先事預防，聯莊得力，竟有難解之憂。查前署陸提臣林文察於二月間先奉督臣左宗棠咨調回省，逗遛在彰，赴小埔心協剿陳巢，引水灌注，未能攻克。自四月初旬回彰城，擊退餘匪後，仍進霧山月餘。其附近犁頭店之馬粦潭各巨匪，竟置不問，犯無一獲，辦理棘

手。正期卸肩，又接撫臣徐宗幹咨催赴省，據報五月十五日帶兵由彰起程，分配淡鹿兩口。此時南風司令，諒早抵省。馳赴西防，署水提臣曾玉明早經函報由鹿配渡，今忽於五月十五日，復晉郡索餉。臣已飭臺灣府趕緊籌備銀兩，酌給兵勇赴廈口糧之需，以便內渡，而固邊防。前聞署水陸兩提臣營紮彰城，兵勇騷擾城鄉，地方營縣彈壓不遑，無暇搜捕，而紳民怨恨離心，凡遇公事，觀望不前。今兩營均行拔隊，地方文武似易專心剿匪，兼之紳商亟望轉危為安，亦皆踴躍從公。臣先期分札彰屬得力聯董，并有

內閣中書林鳳池來郡送考，即飭令回彰，分給札諭該地紳士，隨征參將陳捷元、義首陳捷三、楊清時等，趕緊聯莊搜捕，並調集團勇隨軍助剿，以補兵力之不足。復飭在彰委員通判張世英督同各員防守縣城，勒限彰化縣知縣凌定國、北協都司張顯貴分剿逆首張三顯賊巢，以阻救援陳逆之路。一面飭令嘉義團練紳士副將白瑛派撥隊勇馳赴西螺，會同廖才蟬帶隊助剿，以防逃竄。並飛咨鎮臣曾元福嚴飭員弁四面圍剿，尅期攻破。嗣署鎮臣曾元福函報：該陳逆督率兇黨冒死交鋒，連戰數日，見絕救援，

始覺力稍竭，而施放鎗礮尚如雨注。五月十一日，署鎮臣曾元福即親督兵勇義民奮勇前驅，密令守備徐榮生率各精勇由後抄入，立將陳逆老巢攻破，並焚燬上下番仔厝等多莊，擒獲匪夥陳狗、蔡法、蔡九及陳逆等妻子三十餘口，擊斃偽先鋒魏阿東、股首許活水、陳貓會、葉貓番等多名，斬獲無數。而陳啞狗弄受傷，乘間逃竄面前厝莊等語。陳逆現雖老巢恐竄入番界，逃往內山，勾結馬粦潭各匪，搜捕更稽時日，即飭各路聯莊紳民加意防守，並凌定國一體兜拏。又據凌定國稟稱：五月十二日會同張顯貴

守備凌定邦義首蔡廷揚並各委員等統率兵勇駐紮陳厝莊。適札調帶團叅將陳捷元亦已到齊。查該逆張三顯糾集黨與麕聚濫底枋橋頭莊。於十三四等日督隊攻剿。死守不出。我軍用礮轟擊傷斃賊目數名。陳捷元乘勢由西北斬關而入。各軍由東將火包火箭施放。逆黨冒火而出。燒焚賊巢四十餘座。陣擒偽鎮南大將軍黃彬逆夥劉扁黃茂黃盛黃山等十三名。割取首級八十七顆。跟追張三顯下落。均供尚伏張厝莊内。隨即移攻。適署鎮臣曾元福亦拔隊駐紮大排柵。圍攻面前崙莊。兩營互相犄角。聲

勢聯絡。十九日凌定國見該莊礮聲不繼。鉛藥罄盡。統率兵勇突圍而入。即將張三顯擒獲。並戴萬生之子戴能股首黃養江高明等四十七犯。分別凌遲處死。張三顯既已伏誅。則陳逆亦失應援。而凌定國一軍得以會合助剿。二十三日署鎮臣曾元福嚴督在事各員奮勇猛攻。各軍踴躍直前。該逆負嵎抗拒。相持六時之久。賊勢不支。即募敢死之士冒死爭先。各軍隨同躍濠斬關而入。該逆鋌而走險。尚欲竄回後厝仔莊。伏勇齊發。將陳啞狗弄擒獲。即經提訊供認與戴萬生林戇晟結會謀逆。自稱偽西王。佔住彰化斗六城池。戕害鎮道副將各官。疊攻嘉義城不諱。即當極刑處死。並據彰化各局紳公稟情節相同。伏查該逆商同戴萬生謀亂。擾害淡彰嘉三屬地方。抗拒官兵兩年。戕官攻城。罪大惡極。仰賴

皇太后

皇上威福。將弁兵勇紳團人等咸知用命。將各元惡次第生縛到案。明正典刑。立即竿懸首級。梟示被擾各地方。以彰

天討而快人心。至王功二林並海口三十餘莊。一律蕩平。特患内山前次林營撫匪過多。養癰貽患。近今反側。若不澈底

懲辦。恐有毒發之虞。現在水陸兩提臣奉調撤防。善後一切事宜。臣責無旁貸。惟有移催署鎮臣曾元福督同彰化營縣激勵兵勇民團。務將在逃餘匪窮搜極捕。不留餘孽。以期掃除羣醜。肅清臺疆。下蘇民困。上安

聖懷。斷不敢因要逆陳啞狗弄張三顯等業已伏誅。稍事鬆縱。亦不容林天河勢豪巨族恃强横行。唯師久用乏。當餉半年未到。勉力接濟。實形竭蹶。除查明此次出力文武紳董及陣亡義首羅冠英等欽遵前奉

諭旨併案詳送督撫臣彙核奏保外。合將兩署提臣林文察曾

玉明拔隊後臣督飭紳士聯團用命會同署臺灣鎮臣曾
元福並彰營縣擒獲僞西王陳啞狗弄逆首張三顯等多
名大獲勝捷緣由恭摺馳奏仰祈
皇太后
皇上聖鑒訓示再近日大雨溪水阻漲鎮臣曾元福遠在彰北
軍營未及會銜合併陳明謹
奏
同治三年七月十八日奉
上諭徐宗幹奏臺灣官軍攻克彰化小埔心賊壘生擒渠逆平

毁匪莊曾元福丁曰健各奏生擒陳啞狗弄並獲僞太子戴
能戴如川及股首張三顯等多名沿海賊莊俱已肅清等摺
本日已明降諭旨宣示並將尤爲出力之遊擊徐榮生等照
曾元福所請先行獎勵矣曾元福剿除小埔心賊壘將陳啞
狗弄等殲除尚爲迅速惟洪欉等皆係著名巨匪現在逃往
何處裹脅人衆當亦不少各摺均未言其下落著左宗棠徐
宗幹嚴飭曾元福丁曰健等上緊緝拿務獲免致再行勾結
生事彰化餘匪仍著曾元福認眞搜捕各屬招集流亡安撫
良善著該鎮道會同妥辦林天河在籍逞强横行無忌丁曰

健有地方之責應行隨事裁抑不得任其魚肉鄉里大爲閭
閻之害徐宗幹另摺奏浙省平陽會匪潛赴福甯窺伺圖擾
經署福甯鎮鍾寶三等拏獲多名審明正法並據報温處道
周開錫已由郡帶兵勇前赴平陽泰順一路搜捕並經平陽
縣余麗元等獲犯多名而股首尚未有獲餘犯亦未盡殲除
着左宗棠徐宗幹嚴飭周開錫鍾寶三等督同府縣紳董嚴
密查拏務將股首趙辛即趙阿虎及在逃之陳田壁等犯按
名弋獲不得任其漏網致貽後患將此由六百里各諭令知
之欽此

同日奉
上諭丁曰健奏署陸路提督林文察於破林巢後安住家園五
十餘日頓兵不出兼有肥叔林天河倚勢作威衆議沸騰
又協剿陳逆未能攻克在彰逗遛月餘剿匪事宜竟置不
問又與署水師提督曾玉明紮營彰城兵勇騷擾紳民怨
恨離心等語林文察等以專閫大員當軍務喫緊之時宜
如何振刷精神激厲將士若如該道所奏頓兵逗遛縱勇
滋擾實屬大負委任着左宗棠徐宗幹確切查明如實有
前項情事即著嚴行參辦毋稍徇隱原摺著摘錄抄給閱

看將此各諭令知之。欽此
酌帶精勇督飭剿捕查辦善後事宜摺
奏爲彰化餘匪續獲未淨。現在定期酌帶精勇先往督飭剿
捕。並辦理善後事宜俾絶根株而固疆圉恭摺由驛四百
里馳陳。仰祈
聖鑒事竊臣前因會擒首逆後。沿途搜捕餘匪并赴郡到任日
期。當經具摺
奏報旋奉督撫臣行知。欽奉
上諭丁曰健現回府城。如有應須親出彈壓督剿之處。仍著隨

時親往等因。欽此伏查臺地自彰斗克復。會擒首逆戴萬生
等就誅之後。尚有在逃逆黨未盡殲除。先經臣策調彰化
文武官紳。督率兵勇民團。會攻小埔心賊巢。生擒僞西王
陳啞狗弄。並拏獲股首張三顯等多名。分別懲辦。彰轄海
口一帶賊莊俱已肅清。於本年五月二十六日繕摺馳陳。
並由署鎮臣曾元福會同具
奏在案。嗣又接准署鎮臣曾元福函稱。訪聞在逃股首廖談
等。竄赴麥寮地方。卽經派隊到地。將廖談登時擒獲。並獲
逆子廖真頭。僞先鋒廖老澎。及逆黨廖荖等。解至行營。訊

明正法等由。並據署彰化縣知縣凌定國稟報。大略相同。
是陳啞狗弄張三顯廖談等。續已先後就擒。惟竄踞北投
之股首洪欉。恃與番界接壤。往來莫定。出沒靡常。卽逃赴
捒東馬粦潭之股首陳鮄等。亦恃竹圍堅厚。黨與暗結。遂
至日久抗拒。節經飭該處在事文武屢往剿捕。雖有斬獲。而
奉委接辦內山軍務之副將林文明。又以本地之人。辦本
地之匪。易生嫌疑。報經撫臣徐宗幹查明。係屬實在情形。
飭其毋庸接辦。仍將內山搜捕事宜責成鎮道辦理。行知
查照在案。現當郡垣試事已竣。南路鳳山等處。亦尚靜謐。

而北路之巨匪洪欉陳鮄等久未成擒。若不亟圖剿捕。熒
熒不滅。仍覺堪虞。適署鎮臣曾元福先經
奏明回郡清理積欠口糧。並裁撤疲病各勇。原擬挑選精銳。
修治軍裝。卽往搜捕。今臣與其商酌。暫留郡垣。另行察看
情形辦理。臣卽欽遵前奉
諭旨。先行親往督剿。茲定於九月初十日酌帶精勇由郡起身。
前往北路彰化一帶。督飭前後任彰化縣知縣凌定國張
世英。暨營員紳團人等。相機剿辦。並將善後一切事宜。妥
爲辦理。但此次窮搜極捕。仍須擣穴攻莊。斷不能不資兵

勇之力。而軍行糧從餉需又難缺悞。臣目睹時艱。自當力求撙節。卽如臣二年秋間由省渡臺。除支給官兵鹽菜等項並船價之外。僅帶餉銀六萬餘兩。所統省標兵丁。並在臺招募及接統各兵勇共不下五千餘名。更兼撥給前鎮臣曾玉明等。各路軍餉銀一萬六千餘元之多。嗣雖續奉撥解。仍屬匀給不敷。若非撙節動支。迅復彰斗。並將兵勇隨時裁撤。勢必更難支持。現時惟有飭令臺灣府知府陳懋烈於萬難設法之中。勉力籌措。並自行湊借支應。總期餉不虛糜。人皆用命。俾除醜類而奠蒼黎。以冀仰副

聖主綏靖巖疆。廓清海外之至意。合將微臣定期先往北路彰化一帶。督飭剿捕。並辦理善後事宜各緣由。謹會同署臺灣鎮臣曾元福。恭摺由驛四百里具

奏伏乞

皇太后

皇上聖鑒訓示謹

奏

同治三年十月初五日奉

上諭丁曰健奏前往彰化督剿。並辦理善後事宜一摺。北路股首洪欉恃與番界接壤。往來莫定。負嵎抗拒。棟東馬鬐潭之匪首陳鮘等。亦恃竹圍堅厚。暗結黨與。狡焉思逞。若不速加殲滅。恐日久死灰復燃。勢將仍肆蔓延。致剿辦又形棘手。丁曰健現於九月初十日帶領兵勇。前往北路彰化一帶督剿。著左宗棠。徐宗幹。督飭丁曰健統率所部。認眞搜捕。務將洪欉等逆首悉數弋獲。並將餘匪剿除淨盡。以竟全功。而清疆圉。其一切善後事宜。卽著丁曰健妥爲經理。副將林文明以本地之人。辦本地之賊。自不免致招嫌隙。所有內山搜捕事宜。卽著責成該鎮道接辦。毋庸林文明前往。署總兵曾元福。

現在回臺清理積欠口糧。並裁撤疲病各勇。卽著照丁曰健所擬。暫留郡垣。另行察看情形辦理。丁曰健親赴彰化剿匪。所需兵勇口糧。亟應寬爲籌備。著左宗棠。徐宗幹。飭令臺灣府知府陳懋烈於萬難設法之中。竭力籌措。并著丁曰健自行湊借。俾供支放。毋令缺乏。將此由五百里諭知左宗棠。徐宗幹。並傳諭曾元福。丁曰健知之。欽此

治臺必告録

卷七

治臺必告錄卷七目録

治臺必告錄卷之七

皖懷丁曰健述安著

賞加二品頂戴恭謝
天恩摺
奏爲恭謝
天恩仰祈
聖鑒事竊臣於同治三年四月十二日接撫臣行知本年二月二十三日内閣奉
上諭徐宗幹奏臺灣南北兩路現就肅清請將尤爲出力之鎮道先行奬勵一摺護水師提督記名總兵副將曾元福所向克捷臺灣道丁曰健運籌決勝均屬著有微勞曾元福著賞給堅勇巴圖魯名號丁曰健著賞加二品頂戴以示鼓勵餘著照所擬辦理該部知道欽此欽遵轉行到臣當即恭設香案望
闕叩頭謝
恩訖伏念臣宛平下士知識毫無由舉人揀發福建知縣歷任廳縣因臺灣軍功出力保陞同知加知府銜
賞戴花翎復於克復汀州府案内

奏以道員留閩遇缺即補歷署福建糧道及布政使去春交卸後秋間蒙
簡授臺灣道員缺
賞加按察使銜疊沐
天恩至優極渥凜懷夙夜感悚交深自督師由北渡臺去冬克復彰斗會擒戴逆以後督辦聯莊緝匪餘孽雖多就獲現時尚未捜捕淨盡仰慰
聖懷正深惶恐茲又復邀
寵命
賞加二品頂戴感
鴻施之逾格覺報稱之爲難慚惕之餘亟圖自効臣惟有竭盡駑駘益加奮勉於一切應辦善後事宜實心講求督飭所屬認眞捜捕一面移催署臺灣鎮臣曾元福刻速策勵兵勇會合各營務將抗拒逆莊尅日攻滅在逃餘匪悉數殲除以冀除惡務盡保安善良仰酬
高厚生成於萬一所有微臣感激下忱理合恭摺具
奏叩謝
天恩伏乞

皇太后
皇上聖鑒訓示謹
奏
議政王軍機大臣奉
硃批知道了

會奏臺屬早稻收成摺

奏爲恭報臺屬早稻收成分數仰祈
聖鑒事竊臺地本年入春以來雨澤稀少迨交夏令疊沛滂沱又覺雨水過多各屬早稻成熟尚不失爲中稔除澎湖廳向不產穀臺灣縣土性鬆浮不種早稻外其餘廳縣各將收成分數陸續開報由臺灣府知府陳懋烈彙覈詳請具
奏前來臣等覆查無異覈計臺屬二廳三縣早稻收成勻算六分有餘現在地方甫就安定本年早稻收穫可稱中稔民情亦尚靜謐堪以上慰
聖懷所有臺屬早稻收成分數臣等未敢稍涉拘泥理合附驛恭摺具
奏另繕清單敬呈
御覽伏乞
皇太后
皇上聖鑒謹
奏

早稻收成清單

謹將同治三年臺屬二廳三縣早稻收成分數繕具清單恭呈
御覽

淡水廳早稻收成七分有餘
噶瑪蘭廳早稻收成七分
鳳山縣早稻收成七分有餘
嘉義縣早稻收成六分有餘
彰化縣早稻收成六分
以上二廳三縣勻算收成六分

親赴彰化內山督軍勦滅全股踞逆摺

奏爲親赴彰化內山督軍勦滅全股踞逆並搜捕各處逸匪臺疆一律安定現仍分兵淨殲餘孽督屬妥辦善後事宜恭摺馳陳仰祈
聖鑒事竊臣先因彰化餘匪續獲未淨欽遵前奉

諭旨親往剿辦。業將統軍起程日期。暨到地後督剿獲勝情形
於本年九月初六十月初六等日。先後繕摺馳
奏在案。伏查臺地巨逆洪欉與首逆戴萬生。林戇晟陳啞狗
弄等本係同惡相濟。溯自該逆等結會倡亂以來。戕官陷
城。分股肆擾。黨與日聚。逆燄益張。爲時兩載有餘。蔓延數
百餘里。幾同燎原之火。撲滅爲難。臣於二年秋間奉
命補授臺灣道員缺。並奉撫臣徐宗幹
奏委督辦全臺軍務。統兵渡臺。招集舊部精勇。相機進取。先
後克復彰化斗六城堡。嗣又會擒首逆戴萬生。明正典刑。

其林戇晟陳啞狗弄等逆。併經策調在事官紳民團。隨同
署陸路提督臣林文察。署鎮臣曾元福。以次剿除。惟洪欉
一犯。生性狡悍。族類尤多。素爲戴林二逆所倚賴。且所居
之地北勢湳莊。接壤番界。旣爲各逆逋逃淵藪。又可作竄
匿入番之路。聚黨甚衆。壘抗官軍。此中棘手情形。前經署
陸路提督臣林文察詳晰陳
奏在案。旋經林文察暨前鎮臣曾玉明。屢次帶隊往攻。僅將
附近該莊僞造宮殿燬滅。仍難搗穴擒渠。其爲狡惡之尤
迥非他逆可比。茲臣督軍剿辦。派令四品軍功范義庭等

率帶兵勇。會集紳團進攻之後。隨又調派隨營委員候補
都司凌定邦。通判王修業。守備陳兆麟。千總戴捷春。外委
黃允升等。多帶勇丁。並飭調剿勝馬莽潭各軍。前往協助。
雖我軍連日進戰。步步爲營。佔紮銃櫃數座。屢施礮火。擊
中逆屋倒塌頗多。該逆出拒。亦被我軍殲斃不少。然路逕
險惡。附巢一帶賊營銃櫃林立。我軍迫近圍攻。該逆憑壘
堅敵。施放鎗礮甚密。勇丁亦有傷亡。乃該逆又於十一月
十九日乘我軍戰勝收軍。復率大股悍賊來撲我營。經守
備鄭榮率隊出擊。腿受銃傷。猶能帶傷奮擊。而同知王楨

通判王修業。都司凌定邦。守備陳兆麟。縣丞張國楷。千總
劉全戴捷春等。亦各率勇出援。合力擊退。斃匪多名。我軍
尚無挫失。然當此內地有事之秋。正羣匪思逞之際。雖鎮
臣業已折回郡垣。妥籌防範。而臺北一帶。仍須由臣督屬
嚴防。倘有另股響應。必致分我兵力。且聞該巢復多馬莽
潭敗匪竄匿其間。結爲死助。而近巢洪姓各莊。又不免私
相接濟。更有逆兄洪璠。人本兇殘。心懷詭譎。洪欉之敢於
悖亂。亦係專用其謀。而匪黨族衆之中。素又稱其有才。更
相比附。續有傳聞洪欉已被我軍礮轟震斃。但其抗拒如

前守禦益密既恐洪璠逞其詐術懈我軍心更慮洪欉已死洪璠自立爲首勾結尤易剿辦愈難若非親督攻剿迅截要路絕其糧援實難權操必勝臣隨於十一月二十日督率親軍由寶斗移駐我軍迫紮內山之看頂營壘登高瞭望北勢湳賊莊業已另立紅旗該處地勢險深銃櫃密布且兼竹圍濠溝重疊本屬易守難攻其正南看頂一帶已爲我軍連營二十餘座並造有銃樓礮臺兩緊接賊巢迤西之牛峙崎箐仔園上茄荖下茄荖山圳寮迤東之糖廍蔗園塗城雞柔崎頂坪等處皆賊藩籬其牛峙崎尤爲

賊之咽喉要路此外龜仔頭一帶更係該逆通番必由之徑均須分別佔取扼紮並多造竹筏由黑水大溪後路夾擊方能制其死命當飭鹿港同知興廉義首廪生洪鍾英貢生陳如璧吳聯輝擬保守備陳雲龍等調集番屯堵截龜仔頭通番要路並令運同銜義首趙仲鉞舉人蔡鴻猷把總王希賢從九品顧德濂文童范寶書義首王國柱外委簡思聰等抄出賊巢之後多造竹筏由黑水大溪夾擊又派追捕馬彝潭敗匪之署彰化縣張世英帶勇駐紮新街以爲我軍後應並飭設局聯莊解散賊援臣即親督各

軍分路夾擊隨令委署副將遊擊李朝安署南投縣丞葉滋千總戴捷春中書林錫爵外委張建功黃允升等率帶勇丁攻箐仔園上茄荖下茄荖圳寮一帶賊營並派署都司張顯貴知縣白驤良中書林鳳池未入流華廷錫廪生張春華義首陳捷三等率勇攻糖廍蔗園塗城雞柔崎頂坪等處逆壘又令鄭榮王楨王修業張國楷劉全等多帶精勇專攻牛峙崎賊隘臣自率都司凌定邦守備陳兆麟直隸州劉泳附生孟際滋勇首林成等督軍力搗中堅以掣其分援之勢於十一月二十七日起疊次鏖戰鎗礮齊

施轟坍老巢逆屋多處奪取箐仔園上茄荖下茄荖圳寮糖廍蔗園塗城雞柔崎頂坪及附近逆巢前後銃櫃三十餘座踹燬賊營二十餘座陣斬偽左先鋒洪老義等並殲斃匪黨無算而牛峙崎下一帶賊營銃櫃亦經鄭榮裹創力戰同王楨等一律攻燬我軍遂添紮三十餘營並預派義首呂偉徠勇首施福等由我軍搶紮相距逆巢最近之兩抱竹銃樓內開挖地道兩處限日直抵逆巢當我軍分路進攻時據屯弁巫清眉等解送訪獲奸細方九一名逆信一封經臣提訊據供洪欉已於十一月初十日被官軍

礮轟震斃。新立偽北王洪璠。約會萬斗六莊股首洪顥古招黨來援。今洪顥古着伊送信到北勢湳逆巢。囑其堅守以待等語。將該犯處決。又據張世英會營拏獲造謠招匪之股首張曉等三名。又據鄭榮巡獲洪璠遣赴舊社石頭埔番仔田等莊糾匪竪旂。以及招黨圍攻縣城之匪黨吳首等三名。先後解營。及由該縣訊明正法。當因張世英現在內山新街聯莊。並隨同攻剿。未克兼顧縣城。隨飭前署彰化縣續升知府凌定國會同署北路協副將湯得陞在城嚴加防範。一面催令鄭榮等迅攻牛峙崎頂賊隘。即於

十二月二十日。亦經鄭榮等攻拔。燬其賊壘兩座。佔取銃櫃五座。陣斬偽右先鋒洪照一名。並擊斃賊匪無算。其老巢內逆眾見牛峙崎頂賊隘已爲我軍所拔。糧援盡絕。甚屬驚慌。是日地道亦已告成。當令各軍準備衝突截殺。於二十一日丑刻。地道火發。直轟逆巢。臣即揮令各軍鎗礮火箭一齊轟發。望見逆巢塵土蔽空。火光四射。並令凌定邦、陳兆麟、劉泳、孟際滋、林成等率帶精勇。由賊巢前面急進。而鄭榮、王楨、王修業、張國楷、劉全等。已由牛峙崎率帶勇丁。首先斬關躍濠而入。李朝安、葉滋、戴捷春、張建功、黃

允升等。即由箐仔圍上茄荖、下茄荖、圳藔一帶率帶兵勇。同時猛進。張顯貴、白驥良、林鳳池、華廷錫、張春華等。亦由塗城糖廍等處揮軍殺入。賊匪四散奔逃。各軍奮勇截殺。立斃匪黨三百餘名。生擒紅衣賊黨余石頭等七名。其死於火焚礮轟者不計其數。又趙仲鉞、蔡鴻猷、王希賢、范寶書、王國柱等。亦由黑水大溪駕坐竹筏。擊其後路。適遇匪黨奔突而來。我軍奮力截殺。並追溺淹斃者甚多。其有逃赴龜仔頭一帶者。並經興廉、洪鍾英、陳如璧、吳聯輝等率令番屯截殺大半。餘皆逃往深林密箐之中。莫可窮追。臣

於次日天明。親詣逆巢查看。洪欉逆屋半遭焚燬。放出被擄閩籍良民三十七名。搜獲僭妄服物及鎗礮旗幟多件。而該逆屍棺則難尋蹤跡。訊據生擒賊供。洪欉屍棺聞已掩埋。實在不知埋於何處。新立首逆洪璠先於數日前。已赴新莊地方。隨令閩營員弁兵勇義首人等。偏處搜查洪欉屍棺。並飭張世英、凌定邦、陳兆麟、陳捷三、郭瓚等帶勇前往新莊圍拏洪璠。務獲解辦。旋據稟報。各該員帶勇馳往。經張世英首先拏獲新立偽北王洪璠一名。併經該員等。先將同時擒獲率眾拒捕之偽軍師許大顛股首蕭朝

旺匪黨洪自然等十名。就於軍前正法。卽將洪璠一名。押
解來營。當提洪璠訊據供稱洪欉係該犯胞弟。前與戴萬
生等謀逆。自封北王總制大元帥。該犯亦受僞司馬之職。
凡洪欉夥同戴逆攻陷城池。及一切僭逆之事。均係該犯
代爲主謀。現在洪欉於十一月初十日。被官軍礮轟震斃。
匪眾共立該犯僞北王。今因官軍連日進攻。適有曾充首
逆林戇成先鋒。與該犯素識的巫阿乖。來說官軍糧餉無
多。不能久持。若前往各處約會豎旗。並聲言往攻彰化縣
城。自必退回救應。或堅壁拒守。待官軍糧盡自退。是以該

犯遣黨吳首等。往舊社等莊。約會豎旗起事。那知近日官
軍圍攻愈急。該犯遂於十二月十三日。潛赴新莊招集族
眾先來救援。詰以洪欉屍埋何處。據供該犯往新莊時。尚
未掩埋。迨官軍破巢後。是否被火焚燬。抑匪眾已爲埋匿。
委不曉得。又詰以陳鯡有無潛逃巢內。據供馬彝潭敗匪
來此。雖多。並無陳鯡。聞已受傷遠逸。不知蹤跡等語。該逆
洪璠生長於斯。爲附近居民所共識。是日觀者如堵。咸謂
惡貫滿盈。並飭被擄之民人莊矯認明。果係正身。當將新
立僞北王洪璠極刑處死。傳首示眾。暨將破巢陣擒之余

石頭等七犯。分別斬決梟示。而洪欉屍棺。並據張世英會
同鄭榮葉保國等在該逆屋後竹林最深處掘出。擡送營
次。臣當卽對眾開棺驗明。該屍尚未腐爛。年約三十餘歲。
蓄髮甚長。穿戴龍冠龍服。飭令被擄民人李道新辛登及
曾與對陣之勇首林成等認明。委係洪欉眞屍。隨卽戮取
首級。寸磔其屍。舉火焚燒。仍將首級傳示被擾地方。以彰
天討而快人心。第查洪璠所供糾約豎旂響應之舊社等莊。均
多逆案。餘匪潛伏亟應乘勝剿捕。又奸細巫阿乖。併應嚴
拏懲辦。當經派令鄭榮、王楨、張顯貴、凌定邦、劉泳、葉滋、趙

仲銛等。率勇赴萬斗六、舊社、石頭埔、番仔田等莊。共二十
八處。會集各該處紳團。先後燬巢搜獲股逆洪戇古、洪熊、
洪江水、薛元、紀業、等共三十一名。解營訊明斬決。並據洪
鍾英等拏獲奸細巫阿乖一名。訊認曾與洪璠勾謀約會
匪徒豎旂攻城。並唆使堅抗不諱。亦卽正法。此外逃往各
處餘匪。併經節飭所屬會營認眞搜捕。業據署嘉義縣知
縣白鸞卿等。先後拏獲逸匪詹鰍等十名。分別解營及就
地正法。均經臣前摺據實陳明在案。嗣據署斗六縣丞程
榮森稟報。會營拏獲在逃股首林晚等。及逃匪陳貓溪等

四名。經臣委員前往訊明正法。又據署淡水同知鄭元杰稟報楨獲匪黨張太平等七名。訊明就地正法。又據張世英稟報剿破馬莾潭逆巢。先後追捕僞先鋒呂傳及匪黨黃生等十五名分別斬決。是此次窮搜極捕。固已痛創嚴懲。地方已就安定。惟尚有星散逃逆。雖黨盡力衰。勢已窮蹙。然根株莫淨。終虞萌櫱復生。況當內地漳郡尚未克復。設或外匪偷渡來臺。更難免勾結爲患。臣現仍嚴飭各軍分路搜拏。並將善後事宜督屬妥辦。以期仰副

聖主除惡務盡永奠生民之至意。特是該逆洪欉久未就獲。疊

次欽奉

諭旨上緊緝拏。務獲。免致再行勾結生事。乃洪欉怙眾貪亂。踞險負嵎。其鋒莫敵。實甚諸逆。而洪璠先則陰與主謀。嗣復豎旂繼叛。罪無與比。法更難容。且其勾結生事。早在

聖明燭照之中。今臣督軍痛剿。雖亦相持多日。卒使全股盡滅。寸効得收。所有在事出力文武員弁紳團人等。俱能冒險耐寒。陷堅殪敵。及搜捕餘匪。籌借餉需。不辭勞瘁。且各該員或曾隨同克復城堡。擒獲渠魁。先於二年十月間經臣

奏報直抵彰化賊巢連獲大捷情形。當經附片陳請。另行擇保出力人員。欽奉

恩旨著臣存記。此外又有力解城圍。保固地方。先既防剿逾年。今復戰績聿著。均未便沒其微勞。相應擇尤另繕清單。籲

懇

鴻慈逾格准予分別併案給獎。以爲海外從戎奮勉苦戰者勸。其餘出力稍次員弁兵勇紳團並傷亡勇丁人等。仍俟查明另行核辦。合將微臣親赴彰化內山督軍剿滅全股踞逆。並搜捕各處逸匪。臺疆一律安定。現仍分兵淨殲餘孽。督屬妥辦善後事宜各緣由。謹繕摺由驛六百里馳

奏。伏乞

皇太后

皇上聖鑒訓示。再臺灣鎮臣曾元福先已折回府城督屬籌防海口。未及會銜合併陳明。謹

奏。

隨摺保獎清單

謹將剿滅臺灣彰化內山北勢湳全股踞逆。暨前曾屢著勞績。欽奉

恩旨記獎。茲復攻剿出力之文武員弁紳團人等。相應分別併

案擇尤酌保繕具清單恭呈
御覽。
謹開
提舉銜候補通判署彰化縣知縣張世英
該員先破馬𦪇潭逆巢。繼往内山追捕。爲我軍後應。首
先擒獲繼叛首逆洪璠。及搜獲巨逆洪欉屍棺。且該
員當戴逆攻陷彰化。分股比竄淡水。卽能克復大甲。
旋赴彰化内山。攻克賊莊多處。今復勤勞疊著。洵屬
始終奮勉。尤爲出力之員。應予併案奬敘。擬請免補

本班。以同知留閩遇缺卽補加知府銜并請
賞戴花翎。
花翎都司銜候補水師守備鄭榮
花翎候補同知王楨
藍翎儘先守備陳兆麟
同知銜候補知縣白驤良
提舉銜候補通判王修業
候補縣丞張國楷
内閣額外中書林鳳池

北路右營千總戴捷春
候補千總劉全
附生孟際滋
該員等率帶精勇。佔紮要隘。力搗賊巢。斬獲甚多。且各
該員前曾隨同規復彰化。生擒戴逆。或又攻克山海
逆莊多處。今復戰功懋建。洵屬始終奮勉。尤爲出力
之員。應予併案奬敘。鄭榮擬請以遊擊留閩儘先補
用。該員裹創力戰。勇敢有爲。并請
賞加勇號。王楨擬請以同知留閩遇缺卽補。仍俟補缺後以知

府補用。先換頂戴。陳兆麟擬請以遊擊留閩儘先補
用。並請
賞換花翎。白驤良擬請
賞戴花翎。王修業擬請免補本班。以同知留閩遇缺卽補。張國
楷擬請以縣丞留閩遇缺卽補。仍俟補缺後以知縣
卽補加五品銜。林鳳池擬請免補中書。以同知儘先
選用。劉全擬請以都司留閩儘先補用。王脩業張國
楷林鳳池劉全等四員均請
賞戴藍翎。戴捷春擬請以守備留閩儘先補用并加都司銜。孟

際滋擬請以訓導不論雙單月歸部遇缺即選并加
五品銜
澎湖左營遊擊委署安平協副將李朝安
藍翎儘先遊擊署北路中營都司張顯貴
藍翎儘先都司凌定邦
分發到省後儘先補用直隸州知州劉泳
署彰化縣南投縣丞候補縣丞葉滋
候補未入流華廷錫
澎湖左營外委張建功

南路下淡水營外委黃允升
該員等率帶精勇攻奪賊壘共拔逆巢斬擒多匪實屬
戰績聿昭尤爲出力之員李朝安擬請以叅將留閩儘
先升用並請
賞加副將銜張顯貴擬請
賞換花翎凌定邦擬請以遊擊留閩儘先補用並請
賞換花翎劉泳擬請
賞戴花翎葉滋擬請免補縣丞以知縣留閩補用並請
賞戴藍翎華廷錫擬請免補本班以縣丞留閩補用張建功黃

允升均擬請免補把總以千總儘先拔補並請
賞戴藍翎
花翎候選知府鹿港同知興廉
該員率帶番屯堵截要路斬殺甚多且該員前值戴逆
竄陷彰化另股迫擾鹿港乃能力保全境籌濟各路
軍火在事日久勤苦異常今復勞績昭著洵屬始終
奮勉尤爲出力之員應予併案奬敘擬請以海疆繁
缺知府留閩遇缺即補並請
賞加道銜

花翎府銜准補平潭同知署淡水同知鄭元杰
同知銜調補臺灣縣署嘉義縣知縣白鸞卿
該員等此次搜捕餘匪擒獲甚多且前值彰化匪徒分
擾南北各路或能募勇集團越境助勦或竟忍飢堅
守克保危城厥功甚偉今復搜捕認眞洵屬始終奮
勉尤爲出力之員應予併案奬敘鄭元杰擬請以海
疆繁缺知府補用白鸞卿擬請以同知留閩遇缺即
補並請
賞戴花翎

候補知府臺防同知葉宗元
同知銜廣東候補知縣裘伯玉
理問銜准補彰化縣南投縣丞温振邦
理問銜遇缺即補縣丞胡培
署斗六縣丞候補從九品程榮森
該員葉宗元裘伯玉温振邦胡培等四員此次委令湊借餉項。均無貽悞程榮森到任未久。即能拏獲在逃股匪多名。且查葉宗元前曾隨軍兩次力解嘉義城圍而裘伯玉等四員。亦曾隨軍攻克水裏港葭投。規

復彰化生擒戴逆疊著勞績。今各該員又復籌餉搜捕勞瘁不辭洵屬始終奮勉尤爲出力之員應予併案奬敘葉宗元擬請
賞戴花翎。裘伯玉擬請以知縣遇缺即補。温振邦擬請開缺以知縣留閩即補。胡培擬請補缺後以知縣留閩遇缺即補加五品銜。程榮森擬請免補本班以縣丞留閩即補。裘伯玉温振邦胡培程榮森四員均請
賞戴藍翎。
捐輸運同銜趙仲銛

五品藍翎舉人蔡鴻猷
七品銜貢生陳如璧
貢生吳聯輝
廩生張春華
廩生洪鍾英
六品職銜義首呂偉倈
文童生范寶書
六品把總王希賢
義首王國柱

勇首林成
勇首施福
該義首等率勇集團隨軍攻剿。或堵截要路。開挖地道。均能不避艱險所向有功實屬最爲出力之員趙仲銛擬請
賞戴藍翎。蔡鴻猷擬請以知縣歸部儘先選用。陳如璧擬請以訓導不論雙單月歸部儘先選用。吳聯輝擬請給五品銜。張春華洪鍾英二員均擬請以訓導歸部儘先選用。並請

賞戴藍翎。呂偉徠擬請以未入流不論雙單月歸部儘先選用
范寶書擬請以從九品不論雙單月歸部遇缺即選
并加六品銜。王希賢擬請免補把總以千總留臺儘
先拔補並加守備銜。王國柱林成均請給五品銜並

請

賞戴藍翎。施福擬請以把總留於臺營拔補並給六品頂戴

同治四年二月二十九日奉

上諭丁曰健奏勦滅彰化內山全股踞逆並搜捕逸匪臺疆一律安定一摺臺灣踞逆洪欉自被官軍轟斃後逆兄偽北王

洪璠約會萬斗六莊股首洪𧄍古遣赴舊社石頭埔番仔田等莊糾匪堅旂仍前抗拒經丁曰健督飭官軍於十一月二十七等日分路進攻疊破賊壘多座並催令鄭榮等迅攻牛峙崎賊隘十二月二十日經鄭榮等將牛峙崎攻拔燬其賊壘斃匪無算其老巢逆眾見要隘已失驚惶失措二十一日官軍轟開地道奮力猛攻鎗礮齊施逆巢壓土蔽空火光四射淩定邦等由賊巢前面急進鄭榮等亦由牛峙崎率帶勇丁首先斬關躍濠而入李朝安等分股殺進賊匪四散奔逃各軍奮勇截剿立斃匪黨甚多其死於火焚礮擊者不計其

數復經張世英拏獲偽北王洪璠等並派員率勇赴萬斗六舊社石頭埔番仔田等莊共二十八處會集紳團先後焚燬賊巢搜獲洪𧄍古等多名訊明正法並掘出首逆洪欉屍身寸磔梟示實足以伸天討而快人心其逃出零星餘犯仍着丁曰健等督飭各軍嚴加搜捕以淨根株丁曰健曾元福均着交部從優議敘曾玉明著開復降一級調用處分其在事出力之通判張世英著免補本班以同知留於福建遇缺即補並賞加知府銜賞戴花翎守備鄭榮著以遊擊留於福建儘先補用並賞加銳勇巴圖魯名號同知王楨著留於福建遇缺即補俟補缺後以知府補用先換頂戴守備陳兆麟著

以遊擊留於福建儘先補用並賞換花翎知縣白驤良著賞戴花翎通判王修業著免補本班以同知留於福建遇缺即補縣丞張國楷著留於福建遇缺即補俟補缺後以知縣即補並賞加五品銜內閣中書林鳳池著免補中書以同知儘先選用千總劉全著以都司留於福建儘先補用以上四員均著賞戴藍翎千總戴捷春著以守備留於福建儘先補用並賞加都司銜生員孟際滋著以訓導不論雙單月遇缺即選並賞加五品銜遊擊李朝安著以參將留於福建儘先補

用並賞加副將銜都司張顯貴著賞換花翎凌定邦著以遊
擊留於福建儘先補用並賞換花翎知州劉泳著賞戴花翎
縣丞葉滋著免補縣丞以知縣留於福建補用並賞戴藍翎
未入流華廷錫著免補本班以縣丞留於福建補用外委張
建功等二名均著免補把總以千總儘先拔補並賞戴藍翎
候選知府興廉著以海疆煩缺知府留於福建遇缺即補並
賞加道銜同知鄭元杰著以海疆繁缺知府留於福建補用
知縣白鸞卿業經曾元福奏准以同知直隸州知州留於福
建遇缺即補此次著賞戴花翎知府葉宗元著賞戴花翎知

縣裘伯王著遇缺即補縣丞温振邦著開缺以知縣留於福
建即補胡培著俟補缺後以知縣留於福建遇缺即補並賞
加五品銜從九品程榮森着免補本班以縣丞留於福建即
補裘伯玉温振邦胡培程榮森並均賞戴藍翎運同銜趙仲
銛著賞戴藍翎舉人蔡鴻猷著以知縣儘先選用貢生陳如
璧著以訓導不論雙單月儘先選用吳聯輝著賞給五品銜
廩生張春華等二名均著以訓道儘先選用並賞戴藍翎六
品銜呂偉徠著以未入流不論雙單月儘先選用童生范寶
書著以從九品不論雙單月遇缺即選並賞加六品銜把總

王希賢着免補把總以千總留於臺營儘先拔補並賞加五
品銜團首王國柱等二名均著賞給五品銜並賞戴藍翎勇
目施福著以把總留於臺營拔補並賞給六品頂戴該部知
道單併發欽此同日並奉
上諭丁曰健奏官軍剿滅全股渠逆並搜捕餘匪妥辦善後一
摺已明降諭旨宣示所保各員均照所請奬勵矣前據曾元
福奏巨逆洪欉轟斃全臺肅清當經諭令曾元福丁曰健督
兵搜捕餘匪務絕根株現在洪璠又被擒獲匪黨洪覿古等
均就殲戮是臺灣地方業已安定著曾元福丁曰健將善後

一切事宜妥爲籌辦並將逃散零匪悉數搜擒以期除惡務
盡永奠民生漳州賊氛雖挫尚未就殲深恐偷渡來臺勾結
爲患著曾元福丁曰健凛遵前旨實力巡查妥籌防範毋稍
疎虞左宗棠徐宗幹務當督飭將弁乘屢勝之威迅速攻復
漳郡剿滅匪衆俾免日久蔓延將此由五百里諭知左宗棠
徐宗幹並傳諭曾元福丁曰健知之欽此

乘勝嚴督各軍分路搜拏並查辦善後事宜暨凱旋妥籌

防海情形摺

奏爲乘勝嚴督各軍分路搜拏巨匪多名並將善後事宜分

别查辦。暨凱旋抵郡。妥籌防海情形。恭摺馳陳。仰祈
聖鑒事。竊臣親赴彰化內山督軍剿滅北勢湳偽北王洪欉等
全股踞逆。並搜捕各處逸匪。臺疆一律安定緣由。業於三
年十二月二十七日繕摺由驛六百里馳
奏在案。維時臣仍嚴督各軍。分路淨殲餘孽。即據同知王楨。
都司凌定邦。守備鄭榮。通判王脩業。縣丞張國楷。千總劉
全。外委張建功等。率同貢生吳聯輝。廖傳崴。職員陳瑞鑾。
六品軍功洪大舟各帶勇團分赴水沙連、溪州、北投、火盆
山及深入龜仔頭。迫近番界之旱園一帶。蹤巢搜獲著名

股首莊明德。廖阿螺。及疊與官軍接仗。偽北王洪欉之胞
兄洪狗。胞姪洪盞。洪龐。逆黨洪從。洪希。洪連等多名。先後
解營。經臣提訊。均各供認。或受偽職。屢攻城堡。戕殺官兵。
及接仗多次不諱。當即分別正法。第查洪族之中。洪欉洪
璠固爲元惡巨憝。而臨陣拒敵。兇悍異常。則以在逃之偽
元帥洪花夫婦爲最。當首逆戴萬生攻陷斗六疊圍嘉邑
時。洪花同其妻李氏騎馬上陣。當先捍殺。莫遏兇鋒。人所
共憤。續因訪聞該逆潛伏附近萬斗六莊之坪林山頂地
方。隨飭王楨。鄭榮等。率勇約會紳團。馳往圍拏。旋又探聞

附近彰化縣城之學田莊。多有逆匪潛匿。傳聞陳鮄亦在
其內。臣即於本年正月十六日由內山拔隊移駐彰城。派
令署彰化縣知縣張世英。會集各莊紳士民團。合力剿捕。
復聞內地漳郡踞匪。現因大兵雲集。即可剿平。更恐不法
臺勇勾結偷渡。致生他變。因思彰化縣所轄之鹿港地方。
乃臺地最要口岸。相離彰城較近。隨又親赴巡查。嚴飭鹿
港同知興廉。會同該處水師營員。督率紳團兵役。認眞稽
查。加意防範。旋即回彰。據義首生員梁炳光。解送拏獲從
逆抗官之匪黨梁欽。又據張世英。遣派丁役。購獲在逃股

首楊聘。解營。先後訊明處決。並據王楨。鄭榮稟報。洪花潛
匿在坪林山頂竹圍之內。經該員等會合在籍都司林廷
棟。外委林成功。職員何春林。義首林瑞麟等。疊次圍捕。該
逆竟率死黨抗拒。迫經我軍施放火箭。焚燒逆屋。該逆奔
出。被我軍用鎗刺斃。割取首級。其妻李氏。逃赴萬斗六山
後。併經我軍追獲。亦因身受鎗傷甚重。梟取首級。先後解
驗。當即傳示被擾地方。以昭炯戒。而學田莊潛伏逸匪。屢
據張世英稟報。督同舉人蔡鴻猷。訓導楊清珠。候選縣丞
張世鏞。守備葉保國。義首詹炳星等。分路夾攻。該逆等抵

死拒守嗣經我軍堵截要隘乘夜攻殺破其竹圍拏獲匪黨陳貓通楊狗仔何有榮陳水源陳傳宗廖石螺洪中瑛洪大頭甕等八名餘皆四散奔逃適因黑夜未及窮追經張世英訊據陳貓通等僉供因馬莽潭敗後逃赴北勢湳依附洪欉今因洪巢復被官軍剿燬竄匿學田莊內詰以陳鯑下落據供陳鯑自官軍攻破馬莽潭受傷後隻身逃逸委屬不知去向等語當於訊明後即將各該犯正法又據署嘉義縣知縣白鸞卿稟報會同營員督率紳團續獲股首羅務等及匪黨曾輪等共一十六名先後訊明斬決

閒送供摺到臣伏查臣此次督軍剿滅踞逆續又分兵搜拏逸匪歷時五月之久雖不敢稍遺餘力惟陳鯑自馬莽潭逆巢前被官軍擊破該逆受傷後孑身逃竄訪無確踪其餘星散逃逆亦已力盡勢窮無復黨與四處逃匿並無定向以目前情形而論似未便屯兵待捕糜費餉需現已嚴飭該管文武購線查拏務期必獲至臺北被匪各處民多為析離居前於克復彰斗後業已先後招撫來歸田園墾復生計漸紓其内山一帶失業窮黎現當洪逆既滅亦已次第歸莊玆又出示招撫並令乘此春雨及時開圳墾種均可復業此外善後未盡事宜仍督飭該地方文武隨時妥辦毋致懈忽其應查抄入官之叛產並照成案飭府查辦及現應如何開設屯田亦令一併妥協籌議辦理臣隨於正月二十八日起程回郡路經彰化嘉義等縣所轄之大埔心及他里霧各莊據義首生員利秉淵獲送逆黨張阿七又據署斗六都司許炳署縣丞程榮森獲解在逃股首林番薯匪黨李清水均經先後訊明正法察看沿途民情尚屬安謐早禾間有播種地瓜雜糧亦甚暢茂惟嘉義縣近南一帶每有匪徒搶刦行旅併經嚴飭該管營縣

及在籍候選同知劉達元吳敦禮等認眞聯莊督率役勇團丁隨時拏辦臣即於二月初二日抵郡現在清釐積欠勇糧並將各勇分別裁撤暨將湊借餉項另行稟請籌撥歸還及酌留精勇妥籌巡防海口以遏竄匪而固地方庶期仰慰

聖主睠懷海外保乂黎元之至意所有微臣乘勝嚴督各軍分路搜拏巨匪多名並將善後事宜分別查辦暨凱旋抵郡妥籌防海情形理合繕摺由驛四百里馳

奏伏乞

皇太后
聖上聖鑒訓示謹
奏

潛回股首嚴辦勾結搶匪滋事片

再正在拜摺間准據嘉義營縣及該處紳團先後移稟在逃潛回股首嚴辦勾結搶匪滋事剿辦情形並據在籍候選同知劉達元吳敦禮等稟報會合營縣及各莊紳團人等與賊接仗乃竟拚死抗拒旋經我軍奮力擊敗陣斬股首嚴辦梟取首級連同生擒匪黨石文等十一名解送驗

訊又准據署嘉義營叅將徐榮生署知縣白鸞卿移稟同時會剿拏獲股匪嚴豬母匪犯蕭赤等四名並聲明該縣團練局紳士候選同知王朝輔候選訓導陳熙年在籍副將白瑛等集傳助剿擒獲匪黨郭牛港等三名解縣訊辦各等由到臣伏查股首嚴辦當戴萬生分股圍攻嘉義該逆即受偽元帥之職糾黨響應旋又攻撲斗六窺伺府城騎馬張蓋拒敵官軍經前道臣洪毓琛屢於奏報彰化逆匪滋事籌辦情形各摺內據實陳明在案是該逆嚴辦實為嘉邑中路渠魁先因聞拏遠逸致未成擒今竟逃回暗結搶劫行旅之匪徒假裝官兵混入嘉轄之水堀頭莊焚搶擄殺意圖復逞惟該處搶匪先經臣飭令該管文武暨紳團人等聯莊拏辦續又訪聞嚴辦勾結滋事併經飭令上緊剿滅暨移由署鎮臣曾元福派隊前往會剿去後茲據該紳團暨該管營縣先後具報剿匪獲勝陣斬嚴辦割取首級及獲匪黨多名分別解送前來經臣將嚴辦首級驗明飭令傳示被擾地方並提現解匪犯石文吳戇番賴瓊李德詹近黃漢詹吉林勝吳番麗富詹瑞記等十一名隔別研訊均各供認或前曾從逆與嚴辦等攻陷城堡今

復潛助滋事或曾攔劫行旅聽糾入夥焚搶拒敵不諱當即分別正法除再嚴飭該管地方文武暨紳團人等嚴拏逃匪並飭該縣迅提股匪嚴豬母等確訊詳辦仍飭查此次斬獲股首嚴辦等究係何員最為出力及詳細攻剿情形另行會同署鎮臣曾元福核辦外理合先行附片陳明伏乞
皇太后
皇上聖鑒訓示謹
奏

同治四年四月十一日奉

上諭前因丁曰健奏剿滅彰化賊匪。全臺一律安定。當經諭令
丁曰健曾元福督飭各軍將餘匪嚴加搜捕。茲據丁曰健奏
稱嚴督各軍分路搜拏巨匪多名。現擬辦善後事宜一摺。臺
灣彰化逆匪自倡亂以來。迭經丁曰健等督飭官軍盡力掃
蕩。此次復擒斬積年悍逆洪花夫婦等。肅清全境。尚屬著有
微勞。二品頂戴。按察使銜。臺灣道丁曰健著再加恩賞加布
政使銜。署臺灣鎮總兵曾元福督率兵勇所向克捷。著賞加
提督銜。曾玉明前在臺灣督軍剿匪。迭獲勝仗。並著交部從
優議敘。以示鼓勵。該部知道。欽此。同日又奉

上諭丁曰健奏督軍搜拏巨匪。並查辦善後。妥籌防海。及擒獲
嘉義逆首等犯正法各摺片。本日已明降諭旨。將丁曰健等
加恩奬勵矣。臺灣彰化內山匪黨。前經丁曰健督軍剿辦。將
洪欉等股踞逆悉數殲除。臺灣一律安定。現復嚴督各軍分
路搜剿。將著名股首莊明德、廖阿螺、及洪欉之胞兄洪狗等
擒獲。其潛匿坪林山頂之悍賊洪花。亦經官軍用鎗刺斃。其
妻李氏身受銃傷。均梟取首級示眾。復將學田莊等賊巢攻
破。獲匪多名。並擒獲羅務等匪黨。均先後訊明正法。嘉義匪
首嚴辦。亦經曾元福派隊殲斃。獲黨多名。剿辦尚屬認眞。著

曾元福丁曰健查明所獲要犯洪狗洪花等是否的係正身。
不得稍涉含混。致令漏網潛逃。復生他變。其在逃之要犯陳
鮄。及零散餘匪。並著督飭地方文武員弁團勇分路搜拏。以
期淨絕根株。永弭後患。一切善後事宜。著一併妥爲籌辦。據
丁曰健奏稱賊黨四處逃匿。未便屯兵糜餉。自應量爲裁撤。
即著斟酌情形。隨時遣撤。仍酌留兵勇將潛匿之匪實力搜
捕。以期淨盡。漳州賊匪未平。深恐勾結渡臺。爲入海之計。著
曾元福丁曰健仍遵前旨。於海口要隘。妥籌防範。毋令攔入
臺地。所有斬獲嘉義股首嚴辦等。出力人員。著曾元福等查
明保奏。毋許冒濫。欽此。

剿滅嘉義二重溝逆巢並會同籌辦防海事宜。摺
奏爲官軍剿滅嘉義二重溝逆巢。截獲投誠復叛巨匪呂梓。
並會同籌辦防海事宜。全臺水陸地方。均各靜謐。恭摺馳
陳。仰祈
聖鑒事。竊查前飭嘉義營縣紳團人等。會同剿捕陣斬在逃潛
回勾結滋事之股首嚴辦。並獲解匪黨多名。分別訊辦。經
臣丁曰健於本年二月十三日。附片具
奏。並將飭拏逃匪。暨飭縣迅提同時拏獲股匪嚴猪母等。確

訊詳辦。一併陳明在案。旋據署嘉義縣知縣白鸞卿稟報。提訊嚴猪母等七犯。暨續獲朱德等二犯。均各供認從逆屬實。即行就地正法。其餘逃匪悉已麕聚二重溝。先經投誠之股匪呂梓巢內。結爲死黨。欲圖復叛等情。臣等查呂梓一犯。本係著名巨惡。當逆首戴萬生倡亂之時。曾受僞封總制大元帥。即在二重溝糾黨嚮應。同抗官軍。旋因在地紳耆請令拏犯續罪。經前護水師提督臣吳鴻源。與在事文武熟商。姑貸一死。使各路匪黨自相攜貳。易以殄滅。稟經撫臣前於奏報臺灣官軍剿平南路逆壘摺內聲明

在案。乃該逆茲又故智復萌。此次嚴辦潛回勾結滋事。先竟陰與合謀。迨嚴辦就殲。復恃壘固巢堅。聚集餘黨。冀圖死灰復燃。當經嚴飭署嘉義營叅將徐榮生。署知縣白鸞卿。暨派赴會剿之署臺灣左營遊擊陳朝忠。擬保遊擊曾登貴。候補知縣白驥良等。激勵兵勇。迅爲剿滅。疊據具報該逆呂梓復結連大崙頂塗溝。下塗溝。後廍仔埔心等莊。豎旂拒敵。而沿海撲仔脚一帶。亦有匪徒互相附和。經該文武會同籌商。於二月二十二、二十四、二十六、二十九、三月初二等日。各率兵勇。分路攻剿。該逆先猶率黨死拒。甚至暗襲包抄。續經施放連環鎗礮。奮力猛擊。先後攻克頂塗溝。後廍仔兩處逆巢。斃匪多名。呂梓亦受鎗傷。我軍併有傷亡。叅將徐榮生因竭力窮追。復被鎗子貫傷右腿。雖猶奮勇督戰。然大崙埔心下塗溝等莊未下。仍有犄角之勢。且二重溝竹圍濠溝堅厚深濶。兼之莊外安放大礮。遍插竹籤。守禦極嚴。必須厚集兵力。並運廣礮轟擊。方能得手。且該巢又係附近海口。既難保不竄逃內地。依附漳逆。又恐漳逆被剿窮蹙。遣黨來臺勾結。致生他變。此時籌防海口。尤應益加慎密。所有臺屬最要之鹿港口岸。前經臣

丁曰健親往巡查。嚴飭該管文武督率紳團兵役。認眞稽查防範。而附郡之鹿耳門。及鳳山縣所轄之旂後各口。俱與漳州廈門對峙。更爲吃重。併經臣等熟商。先後派撥兵勇。擇要嚴防。暨由臺防同知葉宗元。調派屯丁。實力堵禦。臣等亦不時親往巡查。毋致疎懈。此外淡水噶瑪蘭澎湖各口。均經飭令各該管文武加意籌防。其附近二重溝逆巢之布袋嘴等處。雖係偏僻小口。但該逆均可由此竄逸。續復密令該處紳團實力堵截。一面由郡派委署安平協副將陳啓祥。候補知府凌定國。管運廣礮。率帶兵勇前往

助剿據報於三月十七日陳啟祥在大崙尾紮營該逆呂梓擁眾撲犯即經開礮擊退但二重溝逆壘甚堅且有下塗溝大崙埔心各莊互相援應若非先扼其吭斷難制其死命旋又飭調淩定國舊部彰化勁勇飭由都司張顯貴義首楊金簡等督率到地逼近賊巢扼要屯紮三月二十九日正在赶築礮臺該逆復又率黨衝突經張顯貴暨前閩安右營都司游紹芳率勇禦之斃匪無算陳啟祥親放大礮擊其後隊賊眾披靡遂於四月初一日早晨將下塗溝逆壘乘勝攻克陳啟祥淩定國等復率張顯貴游紹芳

白驥良等進剿二重溝逆巢並令儘先千總黃作舟千總陳建勳帶隊夾攻又派候選知縣張仁勇等由東北逼攻大崙莊署參將徐榮生亦派兵勇練丁由西路直擊埔心莊署知縣白鸞卿等率紳士王朝輔等帶勇齊出助剿該逆拚死堅抗施放鎗礮子密如雨我軍爭奮環攻愈急初二日丑刻該逆巢內人聲鼎沸有欲突圍而逸之勢陳啟祥遂當先斬關猛進匪眾紛竄陣斬偽女帥王太媽生擒偽軍師呂對等多名並殺斃匪黨二百餘名暨搜獲偽印旂幟多件其大崙埔心兩莊亦同時攻毀提訊生擒賊供

該逆呂梓是夜由溝底潛伏而逃復經臣等飛飭在事文武跟蹤追捕適臺灣府知府陳懋烈前赴嘉彰一帶查辦善後案內叛產等事並經臣等授以機宜飭令督拏務獲一面密飭嚴堵海口不使逃逸旋據陳懋烈稟報四月初九日行抵嘉義茅港尾地方探悉呂梓逃至布袋嘴希圖偷渡漳郡依附髮逆隨經諭令該處紳士蔡如璋等確探堵截並飭署知縣白鸞卿會同游紹芳及督令紳士陳熙年義首蔡圖南等匽督於十二日將呂梓獲解到案經該府提訊據供投誠後續因漳州髮逆猖獗意將竄擾臺灣

遂與嚴辦糾集匪黨並約會搶匪滋事嗣嚴辦等被官軍斬獲復又招集餘黨並結連大崙等莊竪旂拒敵巢破之日該犯隻身逃赴布袋嘴海口希圖潛渡赴漳依附髮逆不諱當於訊明後淩遲處死惟該逆呂梓被剿竄逸在事文武紳團乃能奮力堵截圍拏不使逋逃入海別滋他患而此外彰化零星逸匪並據署彰化縣知縣張世英稟報先後購獲洪澗嘴、洪芒冬、林乞食、簡番薯、何海瀾等五名訊明正法漏網游魂亦不能終免肓鑕現在全臺水陸地方均各靜謐堪以上慰

聖懷除將攻剿呂梓出力員弁紳團及傷亡兵勇人等容俟臣
等查明另行分別彙案核辦外理合會同恭摺由驛四百
里馳
奏伏乞
皇太后
皇上聖鑒訓示再臺地迴來民情安堵士子望考甚殷所有本
年歲試臣丁曰健已飭照常舉辦合併陳明謹
奏
同治四年閏五月十九日奉
硃批辦理尚屬認眞仍著飭令在事文武紳團搜捕餘匪以期
盡絕根株海口要隘處所尤須清查奸宄毋令與髮逆勾結
欽此
彙獎人員由督撫憲核
奏
同治四年五月十八日奉
上諭左宗棠徐宗幹奏遵旨查明臺灣剿匪出力之官紳等分
別開單請獎一摺同治元年二月間臺灣逆匪攻陷彰化等
處經各官紳等敵愾同仇衝冒鋒鏑將彰化縣城及斗六等

處先後克復生擒首逆戴萬生等地方賴以安定尚屬著有
微勞自應量予恩施以昭激勸在事尤為出力之調補嘉義
縣知縣降補府經歷縣丞黃文奎著開復原官以知縣留於
福建補用並免繳捐復銀兩縣丞蕭殿元著不論雙單月遇
缺即選軍功陳聯著賞加五品銜未入流任玉材著俟補缺
後以縣丞留於福建即補謝端申著俟到省後遇缺即補並
賞加六品頂帶余文海著俟到省後免補本班以縣丞補用
從九品龐廷才著免選本班以縣丞選用候選道曾雲峰著
以道員本班遇缺即選並賞換花翎郎中曾雲登著以知府
遇缺即選並賞戴藍翎千總徐毓恒著以都司即補並賞戴
藍翎都司駱祝福莫二員均著免補都司本班以遊擊補用
守備蘇慶蕃等二員均著免補守備以都司留於福建儘先
補用千總曾際昌著以守備留於福建儘先補用周鳳翔等
二員均著免補千總本班以守備儘先補用莊鴻禧著以千
總分標儘先補用並賞加守備銜沈光耀等二員均著以守
備儘先即補石廷鳳等六員均著免補千總本班以守備留
營補用把總林彰等四員均著免補把總以千總儘先拔補
屯把總劉尊賢著以千總補用並賞戴藍翎屯外委李謙和

等三員均著以把總即補並賞戴藍翎都司李準芳著賞換花翎千總張輔軍著免補千總以守備即補巳革守備黃炳南著開復守備原官巳革千總翁占春著開復千總原官留營補用均免繳捐復銀兩守備曾捷春等二員均著以守備儘先即補千總何永忠等六員均著免補千總把總以守備儘先即補何永忠並賞加都司銜林芳等六員均著免補千總以守備補用外委鄭連科著以千總儘先補用千總洪國泰等二員均著賞加守備銜把總林其中等三員均著以守備拔補邱連勳等三員均著以千總拔補並賞加守備銜外委張榮貴著以把總拔補並賞給六品翎頂武生張清華著以千總儘先拔補即補道林會圖等二員均著賞戴藍領通判王成瑞等二員均著遇缺即選知縣顧廷棟著以本班不論雙單月選用縣丞葉紫來著以本班儘先補用程森著俟補缺後以應升之缺升用馮雲卿著以縣丞儘先補用訓導陳宗慶著遇缺儘先選用舉人簡化成等二名均著以直隷州州同不論雙單月選用並賞戴藍翎貢生張雲龍等三名均著以州同選用生員邱萃英等二十六名均著以訓導選用監生金國棟等五名均著賞給六品銜莊其爵等三名均

著以從九品選用布政司經歷銜王邦輝著以布政司經歷選用按察司照磨銜吳增著賞加六品銜從九品銜王啓文等六名均著以從九品不論雙單月選用生員丁志璧著以訓導不論雙單月選用並賞加五品銜隊目季湧等四名均著以把總歸於江蘇水師營補用並賞給六品頂翎義勇廖廷鳳等三名均著以把總歸於福建水師營拔補鄭尚義等五名均著以外委留於臺灣拔補以上十名並賞加六品頂翎書識范逢安等三名均著以從九品不論雙單月選用職員鄭如梁著賞換花翎鄭應璠著賞戴花翎前將樂縣知縣區俊著開復原官留於福建補用並免繳捐復銀兩縣丞鄗志緯著俟服闋到省補缺後以知縣補用熊明著免補本班以知縣即補鹽大使區兆葵著賞加五品銜廣東鹽大使鄭紹宗著俟到省後遇有本班缺出不論班次即行補用候補府照磨沈廷瑞著免補本班以府經縣丞留於福建遇缺即補州判吳先藻著免選州判以州同不論雙單月選用縣丞李之塏著以縣丞留於福建儘先補用從九品顧德廉著以從九品留於福建補用雙月從九品吳似徐著以從九品不論雙單月儘先選用未入流鄭如本著以未入流儘先即選

雙月選用未入流李焕宸。著以未入流不論雙單月儘先選用。按察司照磨陳家麟。著免補照磨。以縣丞留於福建補用。州吏目毓敏。著以州吏目不論雙單月儘先選用主簿顧紹宗。著免選主簿。以縣丞不論雙單月選用。未入流沈紹昌等二員。著遇有未入流缺出儘先即補。都司普超。著免補都司。以遊擊儘先補用。守備陳開輝。著以都司留於福建儘先補用。守備林振英。著以守備留於福建儘先補用都司銜林用銓。著以守備留於福建補用。千總陳維超等二員。均著以守備留於臺灣補用。千總張得龍。洪金元。均著以守備儘先升

用。洪金元並先換頂戴。把總黃大升等二員。均著以千總儘先拔補。把總李廷琛。著免補把總。以千總補用。外委林炳祥。著以把總儘先拔補。五品銜主事陳維英。著賞戴花翎。中書莊正。著賞加五品銜。通判陳尚惠。著俟補缺後。以同知補用。並賞戴藍翎。通判沈贊清。著免選通判。以同知不論雙單月選用。同知銜翁林萃。著以州同選用。並賞戴藍翎。同知銜胡珠光等四員。均著賞給運同銜。縣丞胡湘蘭等十一員。均著賞給知州銜。府經歷銜章樹滋。著賞加五品頂戴。署訓導李聯芳。著以教諭儘先補用。並賞加五品銜。布政司經歷何炳

森。著俟到廣東後。以本班儘先補用。並賞加五品銜。光禄寺署正銜何祥瑞等八員。均著賞給知州銜。從九品銜查佺等三員。均著以從九品選用。教諭彭廷選。著以教授不論雙單月遇缺即選。並賞加五品銜。教諭陳緝熙。著以教諭遇缺即選。並賞戴藍翎。訓導葉清華。著以教諭不論雙單月遇缺即補。並賞加六品銜。都司銜朱光地等二員。均著賞加遊擊銜。千總銜鄭瞻南。著賞加守備銜。五品翎頂林元龍。著以守備留於福建補用。軍功仰星柄。著以縣丞不論雙單月即選。並賞加五品銜。七品銜余寵。著以從九品儘先選用。訓導葉呈

芳。著賞加同知銜。薛如芬。著以訓導儘先即補。舉人黃延祚等二名。均著以教諭遇缺即選。貢生蔡學禮等九員。均著以訓導即選。生員鄭人俊等五員。均著以訓導選用。監生胡清蘭等八名。均著以從九品選用。書識杜名高等三名。均著以未入流選用。義勇林嗣福等二名。均著賞給六品翎頂。兵丁徐連升等四名。均著以外委留營補用。並賞給六品翎頂。知縣王衢。著以同知補用。並賞戴藍翎。同知胡繼芬。著賞加知府銜。楊汝器等三員。均著遇缺即補。通判湯興邦。著俟到省後。以同知即補。並賞戴藍翎。張啓熢。著賞戴藍翎。史濟臣。著

歸候補班前遇缺先用。潘承烈著不論雙單月即選。陳兆琮著歸候補班遇缺即補。胡益源著俟補缺後以同知直隸州仍留福建補用。知縣馬慶釗著以同知儘先補用。程廷耀等二員均著留於福建補用。縣丞范鼎亨著以知縣遇缺即補。府經歷董榮綸著以布政司經歷仍留福建儘先補用。縣丞徐星緯等三員均著俟補缺後以知縣補用。章德蔭等二員均著以本班留於福建儘先補用。吳榮森著俟到廣東補缺後以知縣補用。楊建春等二員均著俟補缺後以知縣升用。史廷棟等二員均著以鹽課大使留於福建補用。布政司經

歷王兆鴻著以本班儘先即補。府稅課大使余萱等二員均著以府經歷縣丞補用。從九品董松齡著免補本班以縣丞留於福建即補。巡檢陳灝著以府經歷縣丞儘先補用。教諭蔡修五著賞加五品銜。訓導莊志正著以教諭儘先選用。署嘉義縣教諭高卓芳著以訓導儘先選用。從九品卜孔諧著俟補缺後以應升之缺升用。王希惠著儘先補用。周聲可等二員均著不論雙單月即選。巳革參將薛師儀著開復原官留於福建補用並免繳捐復銀兩。署遊擊陳宗凱著以遊擊補用並賞戴藍翎。遊擊周逢時、徐步雲均著以參將儘先升

用。都司蘇吉良著以遊擊儘先補用並賞換花翎。都司李懋德等三員均著賞戴藍翎。馬志亨著留於福建即補。張聯奎著免補都司以遊擊升用。陳世英著賞換花翎。守備王有陞著仍歸山東遇缺即補。遊擊林鵬程著免補本班以參將即補。都司周夢渭著以遊擊儘先補用。先換頂戴。捐職都司蔡毓奇著以守備儘先補用。守備林舜英等三員均著免補本班以都司升用。先換頂戴。鄭嗣林等二員均著以守備儘先補用並賞加都司銜。巳革千總楊恩等二員均著開復原官留營補用。千總龔朝俊著免補守備以都司即補。林青芳等

八員均著以守備儘先補用。內趙品著賞戴藍翎。把總吳朝華等三員均著免升千總以守備銜外以上龔朝俊等十一員均著先換頂戴。外委柯必從著免升把總以千總儘先拔補。千總姚珠寶等四員均著以守備補用並賞戴藍翎。王喜國等二員均著以守備升用。先換頂戴。史致元等二員均著以守備即補。楊世勳著賞加守備銜。把總徐獻猷著以守備即補。千總李鴻高等五員均著免補千總以守備儘先補用。把總吳騰起等五員均著免補把總以千總儘先拔補。內蘇錫陞著賞加五品頂戴。外委林國華著以把總拔補並賞加

五品頂戴。訓導陳熙年。著以教諭儘先選用。並賞加四品頂戴。知縣謝延庚著以本班歸江蘇儘先補用。陝西縣丞黃承琈。著留於福建儘先補用。縣丞張雯著賞戴藍翎。鹽課大使王秉鈞著儘先選用。縣丞潘思賢等三員均著賞加同知銜。吳煥章著改武職。以千總留於臺灣儘先補用。並賞加守備銜。許安邦等三員均著加運同銜。布政司理問銜高得宜等二員均著賞加知州銜。州同黃秀南著不論雙單月選用。按察司照磨高玉潤等二員均著賞給州同銜。縣丞王源瀛等三員均著不論雙單月即選。同知劉達元著以知府選用。守

備吳志高著賞加遊擊銜。同知黃應先等二員均著俟到廣東補缺後。以知府補用。黃應先並賞戴花翎。鄭如椿並先換頂戴。訓導蔡錫熙。著賞給州同銜。同知吳敦禮等三員均著賞戴藍翎。陳超英著賞加運同銜。教諭林奉璋著賞加五品銜。訓導孫翼隆等三員均著以教諭不論班次遇缺即選。並賞加五品銜。貢生徐業成等十三名均著以訓導選用。從九品林若澄著不論雙單月即選。都司銜陳尚清著以守備留於福建補用。貢生張登鰲著以教諭不論雙單月即選。蔡如璋等六名均著以訓導不論雙單月選用。縣丞王國秉著不

論雙單月即選。訓導鍾召棠著以知縣選用。武舉劉華雲著賞給四品頂戴。並賞戴藍翎。貢生林濬哲著賞給州同銜。監生施向榮等三名均著賞給布政司理問銜。義勇高麗金等六名。均著以從九品選用。義首楊春等二名。均著賞換花翎。何邦謨等三名均著以千總留於臺灣拔補。千總林鳳翽。著以守備補用。義勇鄒若輝等三名。均著以把總儘先補用。並賞加守備銜。從九品黃繩芳著以主簿即選。江宗瀚著賞加布政司理問銜。王鶴崑著以本班留於福建遇缺即補。吳美著以縣丞儘先即選。從九品銜葉丹等二員均著以從九品

選用。未入流黃時衡等二員。均著以本班儘先選用。生員黃遠材著以訓導選用。監生施至誠等十一名。均著賞給州同銜。從九品蔡德潛等二十二員均著以從九品選用。監生何朝義等三名。均賞給五品頂戴。軍功游如松等八名。均著賞給守備銜。府經歷戴成鈞等三名。均著賞給五品頂帶。軍功余慶餘等二名均著以從九品選用。義勇施九挺。著以千總留於臺灣補用。並賞戴藍翎。林有才等二名。均著以把總留於臺灣補用。並賞給六品翎頂。另片奏請將總兵曾玉明等獎勵。道員林占梅。請另調引見各等語。除曾玉明曾元福丁

曰健業經給奬外知府陳懋烈著以道員留於福建補用並
賞戴花翎補用道區天民著賞加按察使銜延平府知府馬
樞輝著開缺以道員留於福建補用浙江補用道林占梅著
吏部調取引見又另片奏查明剿匪出力人員請仍照原請
分別奬敘等語主事周懋琦著仍照曾元福等擬免選主事
留於福建免補直隸州知州以知府候補並仍賞戴花翎五
品銜范義庭著仍照所請奬勵該部知道單三件片三件併
發欽此

統軍到彰督剿餘匪摺

奏爲統軍到彰督剿餘匪獲勝並探聞內地漳郡不守移商
鎭臣迅速折回妥籌防範以重地方恭摺馳陳仰祈
聖鑒事竊臣先因彰化餘匪續獲未淨欽奉前奉
諭旨親往督剿業於本年九月初六日會同署鎭臣曾元福繕
摺具
奏並將商留署鎭臣曾元福暫駐郡垣另行察看情形辦理
據實陳明在案臣拜摺後於九月初十日酌帶文武員弁
統率各勇由郡起身於十一日行至嘉義縣地方即經督
飭署嘉義縣知縣白鸞卿拏獲在逃匪黨詹鰍張水淊葉

藬羅阮等四名解送到營訊據供認曾經從逆攻城刦營
及與官兵接仗多次不諱當將各該犯分別正法即於次
日拔隊前行至十三日始抵彰化縣所轄之寶斗地方該
處與北投馬莽潭各匪莊相離較近且與縣城聲勢亦甚
聯絡洵屬適中扼要之區遂即紮營就近督剿探悉北投
之逃逆洪欉仍踞北勢湳老巢既恃山路崎嶇有險可守
且與番界連壤更可作竄逃之路其揀東馬莽潭之逃匪
陳鮄亦踞堅巢牆結醜類冀與北勢湳互相援應當即督
飭彰化在事文武並添派隨營員弁各帶兵勇分路進攻

倘能先拔一巢即可杜其牽制旋據署彰化縣知縣張世
英疊次稟報會同署北路營都司張顯貫署貓霧捒巡檢
張載熙暨隨營委員候補知縣白驤良縣丞張國楷等親
率勇丁於九月十九二十二十一等日屢攻馬莽潭逆巢
該逆始尚抵死拒守繼因我軍用礮轟倒該逆銃櫃數座
竹圍兩座遂各紛紛逃竄我軍追殺甚多並聞陳鮄業已
負傷逃逸等情當飭上緊跟剿不留餘孽即據隨營職員
黃進安暨該處紳局職員黃邦彥生員蕭體中等先後拏
獲逃匪吳達張天來蕭文曲等三名稟解來營訊認供受

偽職圍城攻莊不計次數續因聞拏逃匿内山馬𤍽潭現
在復被官軍圍攻甚急竄出被獲並詰據供稱陳鰗亦已
脫逃不知去向當即就於軍前正法又據署淡水同知鄭
元杰稟報督率紳團拏獲在逃偽先鋒吳幅生即吳伏生
及逆黨劉路生徐阿鼎等三名並起獲戴逆偽札一紙訊
係從逆結會疊攻城堡屬實當即就地處決開具供摺暨
將偽札繳送到臣而派赴進攻北勢湳之隨營四品軍功
范義庭亦據先後稟報會同署副將李朝安署南投縣丞
葉滋隨營千總劉全璧續派隨營委員候補同知王楨守

備鄭榮等各率兵勇約會紳團於九月二十三二十八十
月初一初三等日進攻洪欉逆巢連用大礮轟擊斃匪多
名並施放火箭焚燒逆屋數間雖已獲勝但該逆亦在深
濠竹圍之内開放鎗礮拒敵我軍間有受傷且因路險巢
深未能迫入一時尚難猝拔等情自須添派員弁勇丁另
尋間道斷絕糧援暗襲明攻方能迅拔根株悉除羣醜惟
臣行抵寶斗後於九月十八十九等日風聞内地漳郡失
守是否匪徒造謠生事正在偵查確訪間適據鹿港同知
興廉以現有内地商艘抵臺探聞漳郡已於九月十四日

突遭髮逆竄陷請飭嚴防海口密稟前來竊以臺灣民鮮
土著半係籍隸漳泉警信一傳未免惶惑雖彰化餘匪經
臣督軍進剿不致復肆鴟張第漳郡所轄口岸均可對渡
臺口倘或該逆被剿窮蹙既難保不偷渡來臺勾結擾害
況查咸豐三年間小刀會匪滋事竄陷漳州府城臺地匪
徒竟至聞風響應豎旗分類之案屢見疊出前車可鑒更
宜先事預防當即密函飛飭臺灣府陳懋烈會同文武嚴
密籌防即據稟覆署鎮臣曾元福已於九月二十日繼赴
彰化辦理搜捕忽聞漳郡警信隨由該府函請暫留嘉義

縣所轄之茅港尾地方以資鎮定等由伏思郡地爲根本
要區現當内地有事之秋既虞外匪竄擾又恐内寇復滋
鎮臣似難遠離自應移商迅速折回妥籌防範並飭各屬
水陸兼防勿稍疎懈仍由臣督飭文武員弁激勵兵勇迅
將在逃餘匪上緊剿除暨將善後事宜妥協籌辦俾淨妖
氛而安黎庶以期仰慰
聖主眷顧東南之至意除稟督撫臣并移署鎮臣曾元福查照
外合將微臣統軍到彰督剿獲勝并移商鎮臣迅速折回
妥籌防範各緣由謹繕摺由驛四百里馳

奏伏乞

皇太后

皇上聖鑒訓示謹

奏

同治三年十二月二十七日奉

旨知道了著即督飭在事文武將洪欉陳鯡等逆巢穴。迅速攻

拔。殲除羣醜。仍嚴防漳郡逆匪。勿令偷渡勾結。並移知曾元

福暫行折回。妥籌防範。毋稍疎懈欽此。

賞加布政使銜謝

恩摺

奏爲恭謝

天恩並陳感激下忱。仰祈

聖鑒事。竊臣於本年五月二十日接奉軍機大臣字寄。曰月十

一日。內閣奉

上諭前因丁曰健奏勦滅彰化賊匪。全臺一律安定當經諭令

丁曰健會元福督飭各軍。將餘匪嚴加搜捕茲據丁曰健奏

稱嚴督各軍。分路搜拏巨匪多名。現擬辦善後事宜。一摺臺

灣彰化逆匪自倡亂以來。疊經丁曰健等督飭官軍盡力掃

蕩。此次復擒斬積年悍逆洪花夫婦等。肅清全境尚屬著有

微勞。二品頂戴按察使銜臺灣道丁曰健。著再加恩賞加布

政使銜等因欽此。當即恭設香案。望

闕叩頭謝

恩伏念臣庸材薄植。遭際

盛時。由順天舉人。於道光年間揀發福建知縣。疊辦軍務。保升

同知直隸州。並加知府銜。

賞戴花翎。於克復汀州案內奏。

上諭著以道員留閩遇缺即補。奉委署理福建糧道藩司篆務。

嗣奉撫臣奏委赴臺辦理軍務。適先時患病請假。續又染

受暑疫。醫治甫痊。正在整軍配渡。仰荷

特恩補授臺灣道員缺並蒙

賞加按察使銜。旋因抵臺克復彰斗生擒首逆。南北兩路均就

肅清。復邀

優錫二品頂戴。茲以擒斬積年悍逆。更沐

温綸晉予布政使銜感

異數之頻頒。實涓埃之莫報。况臣謬膺軍旅未諳韜鈐自率偏

師進勦臺匪。一切軍情入

告。均蒙
皇上詳加批答
縷示機宜。是以得秉
聖謨兼資羣策幸收寸效。洊荷
隆施中夜以思慚惶彌切。現在全臺轄境俱已一律敉平。而零
匪逸逃。仍須嚴行搜捕。此外籌防海口。撫馭民番尤爲當
務之急。均難少懈。惟有殫竭血誠。益加奮勉隨時隨事。稟
商督撫臣會同鎮臣率屬實力講求。認眞妥辦。總期瀛寰
永奠民氣胥恬以冀仰酬

高厚鴻慈於萬一。所有微臣感激下忱理合繕摺叩謝
天恩。伏乞
皇太后
皇上聖鑒謹
奏
議政王軍機大臣奉
旨知道了

會奏妥籌善後摺

奏爲妥籌善後嚴督水陸官軍。擒斬洋盜。搜捕內山渠逆洪益等多名懲辦。並查明斬獲股首嚴辦等同積年臺鳳出力未保官紳臚列清單遵
旨會保籲懇
天恩。仰祈
聖鑒事。竊臣丁曰健於同治四年二月十三日附
奏剿辦嘉義逃逆嚴辦等潛回勾結滋事一片。四年五月二十日奉
上諭。漳州賊匪未平。深恐勾結渡臺爲入海之計。著曾元福丁曰健仍遵前旨於海口要隘妥籌防範。毋令闌入臺地。所有

斬獲嘉義股首嚴辦等出力人員。著曾元福等查明保奏。毋許冒濫。欽此。欽遵到臺。臣等當同治三年內地漳郡未經克復之先。誠恐髮逆被剿窮蹙竄逃。下海渡臺勾結。節經疊札沿海營汛廳縣嚴密巡防。旋據探報鳳山打狗口即旂後地方有形跡可疑之洋船在口外遊駛。當即照會英國領事郇和。稅務司麥士威查探會辦。飛札鳳山營縣。刻速馳赴堵剿。四年四月二十八九等日准領事郇和。稅務司麥士威照覆查前來美國夾板船名人呢兒沙門內有洋匪數名前在江蘇帮助髮逆。經該國領事查知立逐回國。

前次來臺已函致花旂國領事覆稱將船內前通髮逆之醜類鎖拏到關懲辦船即放行此次來旂後載貨並無藏匿匪犯並據署南路營參將田如松署鳳山縣知縣凌樹荃會稟前經訪聞旂後口有美國匪船寄椗即督帶兵勇配足軍火飛往駭處洋船見防堵嚴密旋即開去至四月二十七日復來詢據麥士威備述前情諭令守口員弁及在地行郊不准該船進口登岸載運貨物當日開駛臣等查美國洋船前既在江蘇勾通髮逆此次來臺雖稱買貨難保非暗通漳逆使來窺探見有準備竄駛別口臣丁曰

健即統帶酌留親勇督同候選知府臺防同知葉宗元赴安平鹿耳門海口一帶沿途巡查臣曾元福商令署安平協參將陳啓祥選派舟師出洋巡哨通飭沿海營縣一體防範一面稟明督撫臣在案嗣於五月初二日臣等訪聞淡水後壠港有廣艇在洋伺刦情事即嚴札艋舺營水師會同淡水同知王鏞出洋追捕又札委前署淡水同知鄭元杰督同紳董民團分路防禦並示禁沿海奸民接濟水米適有署閩安協副將劉興邦自省管駕輪船巡至淡北雞籠洋面飛商會合在事文武訂期夾擊該處文武顧募

商船水勇調集壯丁排列口岸以防該艇竄逃五月十二日午刻劉興邦駕駛輪船抵後壠港外是日水陸並進該艇匪開礮迎敵相持三時之久輪船遙放天礮擊損該艇一隻其餘兩船欲圖駛逃被輪船堵截未能竄逸是夜艇匪潛移港內依山作障以避礮火十三日輪船復開天礮轟擊因內港形勢灣曲未能盡中舟師繞至山邊施放鎗礮該艇兩面受敵勢難兼顧受傷落海者多名我軍乘勝齊進牽獲匪艇一隻兵勇爭先登船該匪拚死格鬭被兵勇殺斃落海二十餘名生擒吳阿情等八名放出關禁難

民林裕一名起獲大礮三尊小礮兩尊器械十餘件其時風潮驟漲餘艇乘閒駛出外洋輪船因風猛折回滬尾提訊吳阿情、張阿狗、羅金、陳其水、廖登旺、羅阿猺、陳阿根、張阿萬八名同紳董頭人獲送悤水登岸之艇匪何阿三、李阿六、張阿承三名供認在洋搶刦殺人多次即令就地正法以免稽誅此防剿海口中外匪船之實在情形也至嘉彰餘匪雖經臣等督率營縣節次搜捕逆犯沈昆、楊和尚、李番、嚴魚、吳相、余茬青、朱輕風、葉查畝、王松、李囉、呂鴨母、鄭大頭、王猫九、郭青水等十四名隨時懲辦惟尚有著名渠逆係已正法逆首僞王洪璠洪欉之胞弟悍逆洪益未獲此害不除彰化諸事掣肘臣丁曰健於三年冬間往北勢湳攻剿該逆疊次執旂對陣殺傷官兵兇悍異常因逃入番社以致漏網四年冬初該逆復出勾通漏逆僞先鋒張阿乖糾集匪夥數百人搶割稻穀嗣後攻破粿仔藔莊佔紮石城仔等處黨與漸眾分派匪夥盤踞莊內添掘壕溝造築銃櫃殺斃帮官義首洪三統一家七命意圖死灰復燃臣等查該處山路崎嶇兼通番界若非北投洪姓頭人帮拏斷難得手勒令候選訓導洪鍾英武生洪青選義

首洪國忠等選派族丁於十月十五六等日隨同代理彰化縣知縣韓慶麟署北路協副將湯得陞守備葉保國統帶大隊由粿仔藔莊進兵出其不備攀籐入險先破賊之門戶逐日分兵攻剿焚燬二十餘莊斬首十餘級擒獲陳球等八名押解到營越日我軍進紮適中之牛峙崎截其外援斷其糧道分派勇隊數百名埋伏左右令洪姓頭人抄截後山該營縣揮令兵勇由中路直進點放大礮轟倒銃櫃五座擊斃執旂賊目二名該匪拚死拒敵兵勇奮力爭先伏兵四起該逆抵敵不住四竄奔逃殺斃賊夥四十

餘名生擒蔡阿發等十三名訊據供稱洪益黑夜乘隙竄往近番界之龜仔頭我軍跟蹤尾追至平林地方與洪青選等率勇堵遇會合兜拏各匪驚散追捕墜崖死者甚眾即將巨逆洪益圍擒提訊該逆供認元年九月間攻破斗六營盤割取前鎮臣林向榮副將王國忠等首級洪欉死後逃入番界接充僞王三年疊次督陣拒敵四年冬間復欲聚眾起事南北勾結訊之逸犯陳球謝寨陳國何九陳義林炎何仁劉乃賜蔡阿發陳崴謝老朱曾山洪尾洪爲楊盛魏扁郭榮簡烏招蕭水供認充當洪益等旂腳拒敵

官兵將逆首洪益軍前凌遲處死陳球等十九名斬梟兵勇即乘勝又進內山揀東搜捕歲已云暮各營仍紮內山過年新正即添調義首武生江觀瀾選帶莊丁並鹿港總局練勇來營助戰疊次攻撲兵勇互有殺傷正月二十一日策勵兵勇民團分三路進兵合戰多時先行攻破下員林外圍該逆退守老巢膽敢黑夜偷刼我營幸有準備即行擊退至二月十九日復攻破雙張賊寨陣前格斃陳紀陳益張阿狗三名割取首級奪獲鳥鎗多桿北中營前失擡礮一尊大旂五面搜出戴逆僞糧串一本生擒悍逆洪

老松等十六名、訊據洪老松。供認。前充戴逆偽元帥。攻陷彰城。三年三月間。復欲豎旂攻城。近又與洪益同謀報復等供。訊之同時搜獲林萬、施厚、何良、王有得、何隆、詹籃、吳、宋張產。九、邱三。周洪勝、洪茂。洪添、房洪阿、雲簡、茶畝、陳強、均各供認。充當洪老松旂脚。與官軍接仗。將偽元帥洪老松。同訪拿元年三月間。開彰化縣城迎賊之賊目蔡沛。均凌遲處死。林萬等十五名一併梟示。漏逆偽先鋒張阿乖等。經逆首洪益先期分派匪黨竄往南北肆擾。以圖牽制。嗣據淡水同知王鏞。稟稱有逆匪竄至內山鯉魚潭勾串

土匪擄搶。即調集丁勇。協同千總鄭飛熊義首張阿晨等前往圍捕、該匪膽敢開銃拒捕。因地勢險窄。兵勇屢進屢傷。無計可入。商令義首張貽謀等。謀通潭後之番目潘貴。許給重賞。令其由內打出。放火為號。內外夾攻。該匪驚惶無措。紛紛潰逃。格殺陳阿得等十餘名。生擒廖連進、許惡、陳潮明、林阿二、黃阿矮、李阿尾、李阿牯、謝慶德八名。訊認圍攻大甲。並另犯搶刦別案。就地處決。署嘉義縣知縣王文際。自到任以來。或懸賞購拏。或親臨剿捕。陸續搜獲逸犯呂日安、呂大哮、呂阿茲、顏合。謝元全、胡正、李佳角。丁仔

闖、謝紅蟳、潘欉、郭田何任癸江旺十三名。訊供詳報。嗣因張阿乖。率黨竄至嘉彰交界之水沙連東勢坑。攻搶林圯埔街。殺斃義首林西輝。莊丁林進等五名。移會彰化縣斗六門都司林振皐。四面圍拏。當場格斃漏逆偽先鋒張阿乖。陳進。王萬。等十餘名。擒獲簡必、李春、徐後、徐嬰、黃登、劉和成。陳濫、何義、黃秋涼、郭聰。王招。何塗生。李埔。王知、黃歹、十五名。驗明逆首張阿乖等正身。戮屍割取首級。同前獲之偽先鋒呂日安等一併解郡。臣等先經訪聞臺灣縣轄蘇厝寮莊。有匪首謝大箍等在五虎藔會文溪交界一帶。

聚眾結會搶擄。即札飭署臺灣縣知縣張傳敬。會營前往剿辦。又恐此拏彼竄。臣、丁曰健另派五品軍功林成。同勇首楊斗等。督帶酌留防冬緝匪親勇多名。隨同協拏。並諭令聯莊總董。四面堵截。該匪見官兵到地。始猶開鎗拒捕。經兵勇兩路夾擊。冒險力攻。疊破莊門要隘。該匪格斃多名。棄械分竄。營縣揮令兵勇跟追、拏獲龔投、王習、許狗、徐貓、生林碧、王添全、黃晚、黃紅毛、林俊、戴短尾、陳雷、王來、卻許、大代、楊通、陳勝。沈達。楊大謀、沈名、尤原、尤抱二十名。經親勇同各莊義首。截獲匪首謝大箍、梁金聲、黃新章、黃見

成四名。續獲李添成、郭福。陳小篇、黃以鎗。黃萬。許百良。劉
牛、蘇萬復、胡紗、唐美歐仔、牙林和、廖烏番十三名、並據署
鳳山縣知縣淩樹荃。稟報訪聞元年起事響應之股首呂
清漣。近有勾結嘉彰內山匪徒。希圖搶奪。因公下鄉時、不
動聲色。購線拏獲該逆首呂清漣一名。并緝獲李矮古、潘
土地、潘連枝、侯阿得、鍾東新五名。以上各犯。先後解府。臣
等卽札飭臺灣府知府陳懋烈。臺防同知葉宗元。督同前
署嘉義縣知縣白鸞卿。臺灣縣知縣張傳敬。分案提犯研
訊。嘉義匪犯呂日安、呂大哮、呂阿茲、顏合、均各供認前充

逆首呂梓僞先鋒。謝元全等二十四名。充當旂腳。并攻陷
斗六。殺死兵勇。臺灣匪犯謝大箍、梁金聲。黃新章。黃見成
四名。供認前充逆首嚴辦僞先鋒龔投等三十三名。充當
旂腳。圍攻嘉義城。又另犯擄搶各案。鳳山匪犯逆首呂清
漣。供認元年糾邀已正法之李從。謀逆豎旂。響應。李矮古
等五名。充當旂腳。錄供審解前來。臣等覆勘無異。當卽恭
請
王命。將各犯綁赴市曹。逆首呂清漣、僞先鋒呂日安、呂大哮、呂
阿茲、顏合、謝大箍、梁金聲、黃新章、黃見成九名。凌遲處死。

旂腳、謝元全、胡正、李佳角、丁仔鬮、謝紅蛶、潘欉、郭出、何任
癸、江旺、簡必、李春、徐後、徐嬰、黃登、劉和成、陳濫、何義、黃秋
涼、郭蘊、王招、何塗生、李埔、王知、黃歹、龔投、王習、許狗、徐貓
生、林碧、王添全、黃晚、黃紅毛、林俊、戴短尾、陳雷、王來却、許
大代、楊通、陳勝、沈達、楊大謀、沈允、尤原、尤抱、李添成、郭福、
陳小篇、黃以鎗、黃萬、許百良、劉牛、蘇萬復、胡紗、唐美歐仔
牙林和、廖烏番、李矮古、潘土地、潘連枝、侯阿傳、鍾東新、六
十二名。一併斬梟。傳首犯事地方。分別懸竿示眾。以昭炯
戒。此南北先後搜捕餘匪要犯。懲辦之實情也。臣曾元福

自去冬南北閱伍後回郡。督練精兵。臣丁曰健職兼學政
刻已舉行科考。現在水陸平靖。民情安堵。堪以仰慰
聖懷。惟臺灣自元年三月彰化失陷以後。蔓延數百里。全臺震
動。幸賴
皇上威福。將士用命。彰斗次第克復。戴林二首逆伏誅。卽分股
巨憝。各處賊莊。以次芟除。第用兵三載。始息干戈。爲時已
久。出力者多。所有淡嘉彰在事文武紳董義首人等。經督
撫臣分案彙保。荷蒙
聖恩高厚。一體

允准臣等查元二兩年賊氛漸近郡城及鳳山暨旂之時均經
前道臣洪毓琛奏明有案臺鳳兩縣尚多未保人員其官
紳義首或募勇防勦或隨軍殺賊或運解糧餉或審案取
供以及妥籌善後巡防水陸至兩三年之久均屬始終出
力似未可沒其微勞壅於
上聞臣伏查咸豐三年逆首林供滋事案内嗣後搜捕餘匪出
力文武員弁前由臺灣鎮臣邵連科臺灣道臣裕鐸於咸
豐五年間分案會保今事同一律合將前次斬獲股首嚴
辦同剿辦逆首呂梓並搜捕餘匪巨憝出力人員分繕清

單恭呈
御覽合無籲懇
鴻慈逾格准予分別奬敘以爲海外從戎始終効力者勸臣曾
元福丁曰健督飭文武實心實力整飭營規勤求吏治以
冀仰副
皇上綏定海疆之至意除將稍次出力紳董義首另行咨部立
案並起獲礮械留營配用各犯有無財產飭屬查封另辦
外謹合詞繕摺由驛四百里馳陳伏乞
皇太后
皇上聖鑒訓示遵行謹
奏
同治五年四月二十八日奏
旨另有旨欽此
鄉試各生赴省有遭風淹沒請
卹片
再臣丁曰健職兼學政每逢鄉試之期臺屬文武各生由
臣録遺送考查同治三年係甲子正科臣於是年四五兩
月歲科並試後即録取文武各生造冊送省嗣因髮逆竄

擾漳郡奉文停止旋於四年六月二十八日接撫臣閏五
月初六日抄摺行知會同督臣左宗棠學臣曹秉濬
奏請四年九月間補行甲子鄉試聲明考官俟到閩酌定入
闈開考日期等因臣當即示諭一面行知府廳縣各學一
體曉諭各生因考期未定是以晉省稍遲詎知四年入秋
以來颶風時作訪聞臺屬晉省鄉試各生有遭風淹沒情
事當即通飭府縣各學確查稟覆去後茲據臺灣府學教
授沈紹九彰化縣學教諭卲培英詳稱有府學附生黃炳
奎彰化縣學廩生陳振纓黃金城蔡鍾英四名八月間由

鹿港配金德勝商船晉省。該船在洋遭風沈溺。黃炳奎等屍身日久探撈無獲。取具各親屬切結前來。臣伏思該生等因觀光志切。覆溺身亡。殊堪憫惻。查咸豐壬子科有臺灣縣學廩生石耀德等四名赴省鄉試遭風溺斃。經撫臣徐宗幹在臺灣道任內附片請卹。荷蒙
鴻慈逾格議給訓導職銜。今附生黃炳奎等四名事同一轍。合無仰懇
天恩援照咸豐四年廩生石耀德等請卹成案。
勅部議卹。以慰游魂。謹合詞附片陳明。伏乞
聖鑒訓示。謹

奏

同治五年四月二十八日奉
旨禮部核議具奏。欽此

文武員弁兵勇陣亡死傷請卹片

再臺灣自元年三月間彰化失陷以後。蔓延南北。震動全臺。節次調派水陸官軍先後攻剿。至三年之久。始得漸次肅清。其中兩次嘉義解圍。收復彰城。攻克斗六防剿大甲此外破滅無數賊莊。各兵勇經年累月。効力疆場。陣亡死傷。已屬不少。惟斗六大營失陷。前鎮臣林向榮、安平協副將王國忠等。所部兵勇屯番全軍覆滅。死傷更多。遇害文武大員均經隨時
奏請
賜卹。即省中來臺援剿陣亡弁兵。以及淡水義勇。亦經報明督撫臣彙案咨部。議卹在案。今臣等查尚有臺灣水陸各營員弁兵丁。同郡局嘉彰等三處義勇暨南北屯番並殉難之義首幕丁等未曾請卹。加以三四兩年先後剿辦逆首

洪欉洪益等。各兵勇亦有死傷。茲據各營廳縣查明該弁兵勇等死事實蹟。取結造冊送府。由臺灣府知府陳懋烈彙核詳報前來。臣等查該員弁兵勇等。或衝鋒冒敵。當場陣歿。或力戰爭先被擒屠戮。或身受重傷。登時殞命。捐軀報
國。忠義凜然。至廣東補用從九品幕友王鶴、康即王海帆。彰城失陷被擄。設計沒間。謀賊引兵。被賊窺破遇害。不惜一身之死。得保嘉義全城。舍生取義。清殊可憫。謹開列清單。
恭呈

御覽。合無籲懇
天恩。敕部分別從優議卹。以慰忠魂。除咨報督撫臣調撥各營
兵丁來臺戍守。外謹合詞附片陳明。伏乞
聖鑒訓示。謹
奏
同治五年四月二十八日奉
旨。潘恭贊等均着交部。從優議卹。單並發。欽此
彙獎清單
謹將遵

旨查明斬獲股首嚴辦同剿辦逆首呂梓。並此次搜捕餘匪要
犯。出力官紳義首人等。分別酌保。謹繕清單。恭呈
御覽。
計開
花翎留閩補用道臺灣府知府陳懋烈。
該員當逆首嚴辦潛回嘉義滋事。即派勇飛赴會剿。嗣
逆首呂梓復叛。該員正在嘉義辦理善後。立即督率營
縣。攻破二重溝。拏獲呂梓。訊明正法。洵屬著有微勞。擬
請
交部從優議敘。
花翎候選知府臺防同知葉宗元
該員於嚴辦呂梓二逆滋事案內。先後調派屯丁隨軍
助剿。會擒首逆。並搜捕餘匪多名。此次復隨同赴鹿耳
門及旗後各海口巡防。順途督辦聯莊。洵屬最為出力。
擬請以知府留閩遇缺即補。
花翎遇缺即補知府凌定國。
花翎同知銜候補知縣白驥良
該員等當逆首呂梓復叛時。帶勇助剿。扼要屯紮。擒斬

匪黨多名。均屬出力。凌定國擬請
交部從優議敘。白驥良擬請以知縣本班。留閩儘先補用。
花翎候補知府。前署淡水同知。准補平潭同知鄭元杰
花翎知府銜。咨補淡水同知王鏞
該員等當廣艇竄至後隴洋面。會同營員水陸堵剿。擒
獲洋匪多名。該員王鏞復於鯉魚潭搜捕餘匪多名。均
屬出力。鄭元杰擬請
交部從優議敘。王鏞擬請以應陞之缺陞用。
花翎遇缺即補同知直隸州知州臺灣縣知縣白鸞卿

該員前在嘉義縣任內。正嚴辦呂梓二逆先後滋事。帶
勇會剿。搗穴擒渠。殺賊多名。最爲出力。擬請俟補同知
後。以應陞之缺陞用。
同知銜署嘉義縣知縣即用知縣王文榮。
該員到任後。節次搜捕逸犯呂日安等多名。嗣因漏逆
張阿乖竄至東勢坑搶擄。帶勇會捕格斃逆首張阿乖。
擒獲匪黨二十餘名。實屬最爲出力。擬請補缺後。以同
知留閩補用。
同知銜壽甯縣知縣署鳳山縣知縣凌樹荃。

該員到任後。勤於緝捕。訪聞元年起事嚮應之股首呂
清漣勾結嘉彰匪徒搶擄。該員暗購眼線。密拏股首呂
清漣並餘匪李矮古等解辦。洵屬出力。擬請以同知留
閩補用。
汀州府經歷代理彰化縣知縣韓慶麟。
該員到任後。節次搜捕餘匪陳球等八名。嗣又深入內
山。攻克石城仔。及抹東賊巢。衝鋒破敵。搗穴擒渠。拏獲
悍逆洪益偽元帥洪老松等多名。躬冒矢石。不避艱險。
洵屬最爲出力。擬請開缺。以知縣留閩。遇缺即補。並請

賞戴藍翎。
前署嘉義縣佳里興巡檢候補府司獄胡榮海。
前嘉彰斗六門縣丞理問銜儘先補用未入流姚潼
不論雙單月選用州同吳先藻。
該員等於嚴辦滋事案內。帶勇助剿。扼要堵禦。並聯莊
緝匪。獲犯多名。均屬著有微勞。胡榮海擬請以府司獄
本班留閩儘先補用。姚潼擬請補缺後。以縣丞留閩補
用。吳先藻擬請免選州同本班。以藩經歷留閩不論班
次。遇缺即補。

已革海澄縣典史陳汝坍
該員咨補海澄縣典史。因到省遲延革職。茲該員於嚴
辦滋事案內。自備資斧募勇協剿。擒斬匪黨多名。洵屬
最爲出力。擬請開復革職處分。以原官留閩補用。並免
繳捐復銀兩。
候選員外郎黃景琦。
該員當戴逆滋事。捐資助餉。募軍防剿。獲犯出力。經前
道臣洪毓琛奏請加四品銜。以員外郎儘先選用。嗣奉
部駁與例不符。飭令改獎。茲該員於嚴辦滋事案內復

備貲募勇隨軍助勦，協獲逆匪多名，洵屬出力，應將兩
次勞績，併案改奬，擬請以知府歸部選用，並請
賞戴花翎
州同銜翁林英
該員於淡水艋舺一帶，防海兩年，疊次拏犯，又呂梓復
叛案內，自備貲斧，率團助戰，攻破賊巢，隨同文武協獲
首逆，實屬出力，擬請加五品銜，並
賞戴藍翎
候選主簿黃繩芳

候選從九品蔡行芳
候選從九品黃華
候選從九品葉丹
該員等當呂梓復叛之際，帶勇助戰，攻燬賊巢，擒獲匪
黨多名，實屬著有微勞，黃繩芳、蔡行芳、黃華、葉丹四名
均擬請以本班不論雙單月歸部儘先選用，葉丹並請
賞加五品職銜
五品銜不論雙單月遇缺卽選訓導孟際滋
不論雙單月選用訓導沈炳焜

義首蔡德潛
該義首等當呂梓逃竄，欲偷渡布袋嘴往內地漳州勾
結時，聯莊堵截，設計誘拏，將呂梓協獲送案，著有微勞
蘇志誠、蔡圖南、蔡德潛均擬請
賞給五品頂戴
花翎署北路協副將儘先補用副將湯得陞
該員統帶大隊兵勇，窮搜極捕，獲犯多名，嗣又深入內
山番界，攻克石城仔，及揀東賊巢，身先士卒，衝鋒破敵
擒斬悍逆洪益等首犯，營中度歲，冒寒苦戰，洵屬勇敢

有爲勤勞懋著，擬請
賞加勇號
陞署閩安協副將劉興邦
該員由省管駕輪船，巡至臺灣淡北雞籠洋面，適匪艇
竄擾後隴港，該員不分畛域，越境追勦，會同在地文武
水陸夾攻，擒斬洋匪多名，洵屬出力，擬請
交部從優議敘
花翎副將銜前署安平協水師副將候補參將陳啓祥
花翎副將銜前署嘉義營參將儘先補用遊擊徐榮生

候選訓導陳春濤。
候選訓導沈芳林
候選訓導陳疇
附生梁星樞
該員等於嚴辦呂梓滋事案內。兩次率帶練勇。堵截要隘。使該逆不得逃竄。復辦理聯莊緝捕餘匪。均屬著有微勞。孟際滋擬請以訓導不論班次遇缺即選。沈炳焜陳春濤沈芳林。陳疇四名。均擬請以訓導不論雙單月歸部儘先選用。梁星樞擬請以訓導不論雙單月。歸部

選用。
義首張阿晨
義首張貽謀
該義首等當匪艇竄擾後隴港洋面。即督帶練丁。水陸堵禦。緝獲登岸。在逃洋匪解辦。嗣又隨同官兵擒獲鯉魚潭餘匪。均屬出力。張阿晨。張貽謀均擬請
賞給五品頂戴。
義首蘇志誠。
義首蔡圖南。

該員陳啓祥。前在安平協任內。選派舟師出洋巡哨。嗣於呂梓復叛時。督帶兵勇攻破二重溝賊巢。擒斬匪黨甚多。該員徐榮生。前在嘉義營參將任內。於攻剿呂梓時。督帶兵勇不避礮火。極力窮追。腿受鎗傷。實屬最爲出力。現在傷已平復。陳啓祥擬請
交部從優議敘。徐榮生擬請以參將留閩儘先補用。
花翎署南路營參將候補參將田如松
該員當呂清蓮勾結搶擄時。選派兵勇會縣密拏逆首呂清蓮等多名。洵屬出力。請

交部從優議敘
斗六都司林振皐
該員帶隊深入水沙連。督率民團。擒斬首逆張阿乖等多名。並協同搜捕逸犯。實屬奮勇出力。擬請以遊擊儘先補用。並請
賞戴藍翎。
儘先都司臺灣城守左軍守備張得祿。
儘先補用守備陳雲龍。
南路營千總李長青

北路中營千總江有聲。

城守營千總王得升。

該員等於逆首嚴辦呂梓滋事案內。兩次帶兵夾擊。攻破賊巢。擒斬首逆。並分路搜拏餘匪。焚毀各逆莊。洵屬出力。張得祿擬請以遊擊儘先補用。陳雲龍擬請以都司儘先升用。先換頂戴。李長青江有聲王得升均擬請以守備儘先補用。

都司銜留閩儘先補用守備戴捷春。

該員於同治三年十二月間攻克北勢湳洪逆賊巢案

內保舉守備。留閩儘先補用。加都司銜。奉

旨允准在案。嗣接行知。該員先於三年六月初五日奉准部文。因兵丁鬧餉滋事約束不嚴革職。該員參革在先。保舉在後。斯時臺灣尚未接到部文。是以保陞未請開復。今該員於嚴辦滋事時帶兵攻剿。獲犯出力。著有微勞。擬請開復原參革職處分。仍以守備留閩儘先補用。加都司銜。並請免繳捐復銀兩。

花翎儘先陞用守備葉保國

儘先補用守備鄭貴

署北路左司左哨千總鄭飛熊。

北路營外委林成功。

該員葉保國林成功管帶隊伍。隨軍攻破洪益賊巢。復深入內山紮營度歲。窮搜極捕。獲犯多名。該員鄭貴於嚴辦呂梓滋事案內。督率兵勇。攻克賊巢。擒斬匪夥甚多。鄭飛熊選帶兵丁。會拏鯉魚潭餘匪解辦。均屬出力。葉保國鄭貴均擬請俟補缺後。以都司留閩儘先陞用。林成功鄭飛熊均擬請以千總遇缺拔補。

武生洪青選。

武生江觀瀾。

義首洪國忠。

該武生等當官軍攻剿洪益賊巢時。各帶族丁。於內山崎嶇扼要埋伏。引軍追剿。擒獲洪益。搜拏餘匪。實屬出力。洪青選江觀瀾均請

賞給六品翎頂。洪國忠擬請

賞加五品銜。

勇首張媽生。

勇首游立升。

該勇首等帶勇助戰首先攻破呂梓賊巢擒斬多匪並
搜獲逸犯洵屬出力張媽生游立升均擬請以千總留
臺拔補
勇首黃德昭
勇首林希周
勇首丁福祿
勇首陳鋭
勇首楊斗
該勇首等始則帶勇分赴各海口嚴密巡防繼復隨同

官兵拏獲要犯謝大箍等十餘名均屬奮勇出力黃德
昭林希周丁福祿陳鋭楊斗五名均擬請以外委留臺
儘先拔補
又清單
謹將查明戴逆滋事案內元二兩年臺鳳防剿出力未保
官紳義首人等分別酌保謹繕清單恭呈
御覽
計開
五品銜前署鳳山縣知縣補用知縣張傳敬

該員前在鳳山縣任時正戴逆勾結楠梓坑匪徒豎旗
嚮應該員督帶兵勇飛赴會剿擒獲股首二十餘名登
時剿滅不致蔓延郡城藉以安靖實屬最為出力張傳
敬擬請免補知縣本班以同知留閩儘先升用並請
賞戴花翎
花翎同知銜前署臺防同知閩縣知縣秦煦
同知銜前署臺灣縣嘉義縣知縣章覲文
該員等當元年彰化失陷後賊氛逼近郡城調集屯番
役勇晝夜巡防盤獲奸細多名並籌餉勸捐接濟軍需

實屬著有微勞秦煦章覲文均擬請以應升之缺升用
候補同知夏靖之
同知銜候補通判蕭澈
該員夏靖之解餉來臺謹慎無悞嗣後留營剿匪出力
請以同知本班留閩儘先補用蕭澈督帶義勇巡防郡
城拒守要隘拏獲逆犯並解餉多次渡海入山均無貽
誤擬請以通判本班留閩儘先補用俟補缺後以同知
補用並請
賞戴藍翎

提舉銜指分江蘇通判鍾學義
候選知縣馬蓉
補缺後補用知縣指分福建縣丞孫祖蔭
該員等當元年郡城戒嚴時備資募勇日夜巡防復隨
軍勦匪獲犯出力均有微勞鍾學義擬請到省後以通
判本班儘先補用馬蓉擬請以知縣留閩儘先補用孫
祖蔭擬請
賞加五品銜
提舉銜分發通判徐寶鏞

該員由縣丞遵票本例捐升分發通判加提舉銜奉准
部覆元年賊氛逼近郡城該員倡捐軍餉備資募勇日
夜巡防復隨軍勦銜鋒胥敵殺賊多名陣擒渠逆葉
番婆等五犯實屬始終出力擬請到省後遇缺即補並
請
賞戴藍翎
提舉銜臺灣府經歷管綸
臺灣縣典史韓紹基
理問銜遇缺即補府經歷縣丞王朝棻

該員等隨同在事文武督率役勇晝夜巡訪並辦理聯
莊盤詰奸宄管綸韓紹基均擬請以應升之缺升用王
朝棻擬請補缺後以應升之缺升用
前署艋舺縣丞候補縣丞樊炳文
該員解餉渡臺留營効力帶勇助戰擒斬要逆甚多嗣
於署艋舺縣丞任內緝捕餘匪多名尤爲出力擬請以
縣丞本班遇缺即補候補缺後以知縣留閩補用並請
賞戴藍翎
署艋舺縣丞候補縣丞葉駿

署頭圍縣丞布經歷銜候補府經歷王師陽
候補府經歷孫綽
候補縣丞王淮
候補縣丞王建勳
六品銜候補縣丞吳春熙
候補縣丞張星煥
候補縣丞李溶
指分福建縣丞周應藩
該員等或督率鋪民日夜巡防或管造軍裝辦理支應

或航海解餉留營効力或隨同勸捐接濟軍需均屬著
有微勞葉駿王師陽孫綽王淮王建勳吳春熙張星煥
李溶八名均擬請各以本班留閩儘先補用周應藩擬
請到省後以本班儘先補用並請
賞加五品銜
指分四川鹽課大使羅其哲
指分福建縣丞曹溥
該員等當鳳山匪徒竪旂嚮應時自備資斧帶勇巡防
並辦理聯莊盤獲奸匪均屬著有微勞羅其哲擬請到

省後以本班儘先補用
賞加提舉銜曹溥擬請到省後以本班儘先補用
儘先補用從九品吳鏳
儘先補用未入流陳學瀛
六品頂戴仙遊縣楓亭巡檢何懋鴻
六品銜留閩遇缺即補未入流易師彥
該員等或督造軍裝分司局務或帶勇助戰擒獲要犯
或辦理聯莊緝捕匪黨均屬著有微勞吳鏳陳學瀛均
擬請補缺後以縣丞留閩升用何懋鴻擬請以縣丞留

閩儘先升用易師彥擬請到省後免補未入流本班以
縣丞升用
前署大武壠巡檢候補從九品李坦
候補從九品費鏞
候補從九品王熙
候補從九品朱鴻
候補按司獄胡東海
六品頂戴福建儘先補用未入流姚灝
該員等襄辦局務自元年起至今三載有餘郡城戒嚴
時督率舖民分門防守稽查奸細勸捐軍需均屬出力

李坦費鏞王熙朱鴻胡東海五員擬請各歸本班留閩
儘先補用姚灝擬請補缺後以應升之缺補用
坐補南安縣典史魏埥
候選從九品王家賓
該員等始則帶勇稽查城門盤獲奸細繼復清查保甲
辦理聯莊著有微勞魏埥擬請俟到省補缺後以縣丞
儘先升用王家賓擬請從九品入班留閩儘先補用
中書銜候補訓導孫培甲

試用訓導劉其旋

該員等當元年軍興之際。帶勇稽查城門。辦理團練。並設法勸捐接濟軍需。實屬著有微勞。孫培甲擬請以訓導不論班次遇缺即補。劉其旋擬請以訓導儘先遇缺即補。均請

賞加五品銜

舉人陳有容。

舉人王藩。

該舉人等於郡城吃緊時。帶勇防守。督修城垣。採辦軍火。勸捐軍餉。著有微勞。陳有容王藩均請以教諭不論雙單月歸部儘先選用。

五品銜藍翎候選訓導楊清珠。

訓導銜歲貢生吳春華。

恩貢生王麟振。

廩生廖登鏞。

廩生陳昌年。

廩生楊銘鼎。

廩生陳次仁。

廩生顏廷均

該員等於戴逆滋事之際。團練義勇。協同防守。清查保甲。緝匪聯莊。又復勸捐軍需。接濟兵餉。均屬著有微勞。楊清珠吳春華王麟振廖登鏞陳昌年楊銘鼎陳次仁七名。均擬請以訓導不論雙單月歸部儘先選用。顏廷均擬請

賞加五品職銜

義首布經歷銜明海。

義首六品職銜杜春貴。

義首監生蕭植章。

義首文童戴朝斌。

義首文童吳錫齡。

義首文童吳青。

義首文童呂陽泰。

義首文童林春發。

該義首等當上年賊勢蔓延。道路梗塞之際。備資募勇防守要隘。出莊巡哨。探報軍情。林春發復隨軍接仗。獲犯多名。均屬急公好義。著有微勞。明海杜春貴蕭植章

戴朝斌吳錫齡吳青呂陽泰七名均擬請以從九品不論雙單月歸部選用林春發擬請以未入流不論雙單月歸部儘先遇缺即選

前署鹿港營遊擊安平協水師副將江國珍

查該員前在鹿港遊擊任內戴林二逆節次攻撲營盤該員督兵固守並出營追剿擊退賊匪殺賊多名鹿港得以保全功績最著前次未獎此次未便沒其勞績擬

請

賞戴花翎

前署臺鎮中營遊擊嘉義營參將洪金升

該員前在臺鎮中營任內正當郡城吃緊該員督同兵勇晝夜巡防復隨前提臣吳鴻源帶兵往剿洵屬出力

擬請

交部從優議敘

雙月選用都司北右營大甲守備葉連標

都司銜藍翎守備李連枝

該員等當元年郡城戒嚴賊氛四起之時督率兵勇日夜防禦並屯紮茅港尾等處扼要巡緝遇匪接仗殺賊多名使逆黨不得竄越保固郡城洵屬出力葉連標擬請免補都司以遊擊儘先升用李連枝擬請以都司留閩儘先升用

儘先補用守備趙品

鎮標中營千總廖凌霄

鎮標左營千總鄭天才

鎮標右營千總黃亨銘

藍翎南路營千總吳萬祿

北右營千總朱拔高

北右營把總朱鳳標

該員等當鳳山楠梓坑匪徒豎旂時督帶兵勇日夜防守盤詰奸細並出城巡哨遇賊接仗擒斬多名均屬出力趙品擬請以都司儘先補用先換頂戴廖凌霄等六名均擬請以守備留閩儘先升用鄭天才黃亨銘並請

賞戴藍翎

六品頂戴督標儘先拔補把總林鴻鈞

六品頂戴撫標儘先拔補把總王金亮

六品頂戴撫標儘先拔補把總唐炳銓

把總侯元楨

該弁等於二年秋間隨臣丁日健疊次攻克水裏港及
蕿投内山猫霧捒等逆莊前次奏明奉
旨記奬實屬最爲出力林鴻鈞王金亮唐炳銓侯元楨四名均
擬請以千總留營儘先拔補
邵武左營儘先把總嚴人松
北路右營外委署阿公店汛外委孫金聲
安平水師左營外委記名把總翁翼飛
該弁等當鳳山匪徒響應時管帶隊伍出城復督同民
團分路堵截遇賊追剿擒斬甚多洵屬出力嚴人松孫

金聲翁翼飛擬請以千總留臺儘先拔補
代辦石井汛弁効用朱通
鎮標中營百隊張大義
鎮標左營百隊黄澄源
鎮標左營百隊沈連三
該弁等當鳳山匪徒響應時各帶本標兵丁分赴臺灣
大穆降鳳山之岡山等處扼要防守遇賊竄擾督同民
團殺退賊匪解散黨與不致蔓延均有微勞朱通張大
義黄澄源沈連三四名均擬請以外委留營拔補

同日奉
上諭曾元福丁日健奏遵保迭次搜捕逆匪出力人員開單請
奬一摺福建臺灣地方每有盜船在洋行刼並與髮逆暗中
勾結前經曾元福等嚴密搜捕擒斬賊匪多名嘉義彰化積
年匪黨亦一律搜獲將匪首洪益嚴辦等正法其臺灣鳳山
歷年防剿員弁紳勇均屬始終出力自應量予奬勵所有單
開之知府陳懋烈著交部從優議敘同知葉宗元著以知府
留於福建遇缺即補知府凌定國著交部從優議敘知縣白
驥良著以知縣本班留於福建儘先補用同知鄭元杰著交

部從優議敘王鏞著以應陞之缺陞用知縣白鸞卿著俟補
同知後以應陞之缺陞用王文棨著俟補缺後以同知留於
福建補用凌樹荃著以同知留於福建補用府經韓慶麟著
開缺以知縣留於福建遇缺即補並賞戴藍翎府司獄胡榮
海著以本班留於福建儘先補用未入流姚潼著俟補缺後
以縣丞留於福建補用州同吳先藻著免選州同本班以布
政使經歷留於福建不論班次遇缺即補已革海澄縣典史
陳汝枬著開復革職處分以原官留於福建補用並免繳捐
復銀兩員外郎黄景琦著以知府選用並賞戴花翎州同銜

翁林英。著賞加五品銜。並賞戴藍翎。主簿黃繩芳等四員。均
著以本班不論雙單月儘先選用。內葉丹並賞加五品銜。訓
導孟際滋著以訓導不論班次遇缺即選。沈炳焜等四員。均
著以訓導不論雙單月儘先選用。生員梁星樞著以訓導不
論雙單月選用。團首張阿晨等二名。均著賞給五品頂戴。蘇
志誠等三名。均著賞給五品頂戴。副將湯得陞。著賞給効勇
巴圖魯名號。劉興邦著交部從優議敘。參將陳啓祥著交部
從優議敘。遊擊徐榮生著以參將留於福建儘先補用。參將
田如松。著交部從優議敘。都司林振皐著以遊擊儘先補用。

並賞戴藍翎。守備張得祿。著以遊擊儘先補用。陳雲龍著以
都司儘先陞用。先換頂戴。千總李長青等三員。均著以守備
儘先陞用。已革守備戴捷春著開復革職處分。仍以守備留
於福建儘先補用。免繳捐復銀兩。並賞加都司銜。葉保國等
二員。均著俟補缺後。以都司留於福建儘先陞用。千總鄭飛
熊等二員。均著以千總遇缺拔補。武生洪青選等二員。均著
賞給六品翎頂。團首洪國忠著賞加五品銜。勇目張媽生等
二名。均著以千總留於臺灣拔補。黃德昭等五名。均著以外
委留於臺灣儘先拔補。知縣張傳敬著免補知縣。本班。以同

知留於福建儘先陞用。並賞戴花翎。秦煦等二員。均著以應
陞之缺陞用。同知夏靖之。著以本班留於福建儘先補用。通
判蕭溉著以本班留於福建儘先補用。俟補缺後。以同知補
用。並賞戴藍翎。分發江蘇通判鍾學義。俟到省後。以本班儘
先補用。知縣馬蓉著留於福建儘先補用。縣丞孫祖蔭。著賞
加五品銜。通判徐寶鏞著俟到省後。遇缺即補。並賞戴藍翎。
府經歷管綸等二員。均著以應陞之缺陞用。補用府經歷縣
丞王朝泰著俟補缺後。以應陞之缺陞用。縣丞樊炳文著遇
缺即補。俟補缺後。以知縣留於福建補用。並賞戴藍翎。葉駿

等八員。均著以本班留於福建儘先補用。周應藩著俟到省
後。以本班儘先補用。並賞加五品銜。鹽大使羅其哲等二員。
均著俟到省後。以本班儘先補用。羅其哲並賞加鹽提舉銜。
從九品吳鏞等二員。均著俟補缺後。以縣丞留於福建陞用。
巡檢何懋鴻。著以縣丞留於福建儘先陞用。未入流易師彥。
著俟到省後。免補未入流本班。以縣丞陞用。從九品李坦等
五員。均著各歸本班。留於福建儘先補用。未入流姚瀜著俟
補缺後。以應陞之缺陞用。典史魏堉俟到省補缺後。以縣丞
儘先陞用。從九品王家賓。著以從九品本班。留於福建儘先

補用訓導孫培甲著以訓導不論班次遇缺即補劉其旋著以訓導儘先遇缺即補以上二員並賞加五品銜舉人陳有容等二名均著以教諭不論雙單月儘先選用訓導楊清珠等七員均著以訓導不論雙單月儘先選用顏廷均著加五品銜布政使經歷銜明海等七員均著以從九品不論雙單月選用文童林春發著以未入流不論雙單月儘先遇缺即選副將江國珍著賞戴花翎參將洪金升著交部從優議敘守備葉連標著免補都司以遊擊儘先陞用李連枝著以都司留於福建儘先陞用趙品著以都司儘先補用先換頂戴千總廖凌霄等六員均著以守備留於福建儘先陞用內鄭

天才黃亨銘並賞戴藍翎把總林鴻鈞等四員均著以千總留營儘先拔補嚴人松等三員均著以千總留於臺灣儘先拔補汛弁朱通等四名均著以外委留營拔補餘著照所議辦理該部知道單二件併發欽此

告病籲請開缺片

再臣丁曰健於同治二年二月卸署福建布政使篆務因任內籌濟糧餉耗盡心力致患怔忡脾瀉等症續又感受暑疫病益加劇維時臺灣軍務吃緊撫臣徐宗幹念臣曾任臺灣廳縣有年熟悉地方情形向臣寓所問病商委渡臺辦理軍務醫治稍痊正在整軍配渡仰荷

聖恩補授臺灣道員缺復奉

命督師追勦當於二年九月由福省飛渡淡水登岸招集舊部勇丁力圖進取單師直下親冒矢石連日攻破水裏港莿投賊巢復會同提鎮臣先復彰化次收斗六首要各逆接踵就擒無如臺北天氣厲寒兼多烟瘴臣在軍營觸發脾瀉舊症始猶勉力支持抵郡後三年夏間補行歲科兩試調養數月病勢稍痊續因彰化北投巨逆洪欉等久未成

擒復圖思逞遂於三年九月統軍北勦親紮彰化內山看頂地方嚴督在事文武員弁紳團人等冒險冲寒進攻北勢湳僞北王洪欉等老巢仰賴

天威計三閱月全巢攻燬巨逆就誅四年二月凱撤回郡道過嘉義布置攻勦嚴辦呂梓各逆先後授首詎臣染患內山瘴氣透入骨髓自是舊症復發周身筋骨作痛脾瀉較前尤甚然臣猶念內地漳郡甫平鄰寇未殄台地各口皆與閩粵海灣對峙節節需防加以四年冬間內山逃逆蠢動可慮時勢如此正臣子捐軀圖報之秋斷不敢因此微痾

遽萌退志又力疾督飭文武深入番界嚴捜痛剿今幸罪人斯得水陸交防臺疆敉定閩粵一律肅清春耕無悞年穀順成臣於五年正月舊症加重頭昏腹瀉精力已覺難支至二月間痰喘大作泄瀉頻仍披覽公牘籌畫諸事總覺心旌搖搖難以把握醫者僉云因焦勞過度元氣大虧非僅藥石一時所能奏效等語臣前以候選知府臺防同知葉宗元年力正强人甚穩練當三年九月間臣赴彰化北勢湳剿匪時道署一切日行公事委令代拆代行並無貽悞今擬仍將日行事件由臣督委葉宗元代拆代行一

面稟請督撫臣遴委妥員渡臺接署以重海疆職守第臣已先期通行各屬舉行科試刻下士子雲集臺灣府考將次完竣未便令各生童守候稽延只得扶病入塲勉行考校又恐精神疎忽飭令臺防同知葉宗元隨同襄校以期慎重並嚴禁鎗冒頂替諸弊靜候督撫臣委署臺灣道接手有人藉得交卸回省就醫臣祖籍安徽籍隸宛平本生長北方現已年逾六旬血氣日衰海外毒霧蠻烟殊難服習醫藥不便此次病勢日增若得回省醫痊仍思赴
闕補行引見緣臣前署布政使任内曾疊奉部催祇以到臺軍情緊要未敢呈請給咨依戀之忱無時或釋儻醫治難效則臣此生無由仰瞻
天顏惟有矢犬馬之報於生生世世矣除稟督撫臣遴員接署將臣臺灣道開缺並懇
聖恩迅賜簡放外所有微臣舊病屢發扶病舉行科考各緣由謹乘驛便隨案附片陳明伏乞
聖鑒訓示謹
奏

同治五年四月二十八日奉
硃批知道了欽此

治臺必告録

卷八

治臺必告錄卷八目錄

治臺必告錄卷之八

皖懷丁曰健述安著

天津圖書館藏

請

卹清單

謹將先後剿辦戴逆等案內陣亡傷斃臺灣水陸文武員弁各營兵丁同郡局嘉彰等處義勇並南北路屯番暨殉難之義首幕丁等查明敬繕清單恭呈

御覽

計開

補用同知潘恭贊該員在浙江隨同克復遂松宣處各郡縣案內由知縣保陞同知同治元年隨軍來臺援剿在彰化八卦山等處節次督隊打仗叠著戰功同治二年六月間在白沙墩軍營病故

臺鎮左營千總梁青芳該弁在浙江隨同克復遂松宣處各郡縣案內保舉藍翎儘先千總同治元年隨軍來臺援剿帶兵在彰化八卦山等處打仗迭著戰功同治二年七月間在鹿港軍營病故

藍翎五品軍功梁徵長該員在浙江軍營出力保舉藍翎五品軍功同治元年隨軍來臺援剿在彰化大岸頭等處節次督隊打仗迭著戰功同治二年六月間在白沙墩軍營病故

保陞把總臺鎮左營額外林逢照該弁在浙江隨同克復遂松宣處等郡縣案內保舉把總同治元年隨軍來臺援剿帶兵在彰化大岸頭等處打仗屢著戰功同治二年八月間在鹿港軍營病故

擬保把總北路中營額外李青輝該弁在彰化大岸頭等處叠次打仗殺賊迭著戰功同治二年九月間派令赴嘉義攻剿航海前往在舟次病故

藍翎儘先把總王榮升該弁於同治元年隨軍來臺援剿屢著戰功三年正月間在小埔心軍營直撲陣逆賊巢奮不顧身殺賊多名力竭陣亡

城守營頭司外委黃捷陞該弁於同治元年三月間節次隨軍剿匪殺賊多名八月間又隨同前鎮臣林向榮帶兵往斗六剿捕大營失陷力戰陣亡

嘉義林圮埔汛外委蔣文彪該弁在本汛營盤被賊圍攻力戰陣亡

安平水師營千總鄭添祿。千總趙基英。把總李朝華。把總林朝來。外委鄭朝龍。外委孫朝榮。額外外委許祥光七員。隨同殉難之安平協副將王國忠、遊擊顏常春等。往斗六剿匪。於同治元年九月間斗六大營失陷。力戰陣亡。

南路營外委署臺鎮中營把總李青。該弁隨同前鎮臣林向榮押解軍裝。隨營剿匪。於同治元年九月間斗六大營失陷。力戰陣亡。

澎湖水師左營守備蔡安邦。把總周允魁。右營外委李連

生。外委周德榮四員。均於同治元年四月間在彰化白沙墩等處打仗陣亡。

水提左營額外署左哨二司外委胡惠傑。該外委於同治元年八月間由廈門奉派管帶精兵赴臺援剿。委解軍餉往斗六大營接濟。九月初八日。途至嘉屬埤斗湖仔內地方。遇賊接仗陣亡。

浙江候補同知林廷翰。該員係嘉義縣人。浙江候補同知。丁憂在籍。嘉城兩次被圍。辦理團練守城殺賊。嗣因往救斗六大營。攻破被執。不屈罵賊遇害。隨軍次子林俊亦被擄殺斃。

都司銜義首陳康泰。該義首係嘉義縣人。前因帶勇守城隨軍節次殺賊。經前道臣洪毓琛

奏請以守備留營補用。並

賞戴藍翎。奉

部覆准在案。嗣復隨攻南靖匪莊。身受重傷。立時斃命。

幕友王海帆。即王鶴康。該幕友係廣東候補從九品。前署嘉應州吏目。省親來臺。丁憂在彰。辦理文案。城破被擄。欲謀賊詐從。及賊攻嘉義縣城相持日久。戴逆在斗六

聞大兵將至。馳書囑圍嘉股首嚴辦。加緊環攻。該逆即由斗六率黨來嘉助勢等語。該幕友乘間暗改其書云大兵將至。恐難力敵。著令撤退回彰。因此城圍遂解。賊歸窮詰。置以千及。罵不絕口遇害。訊之逃回難民。供指確鑿。訪之嘉彰輿誦。一律僉同。該幕友不惜一身之死得保嘉義全城。舍生取義。殊堪憫惻。應請從優

勅部議卹。以慰忠魂。

同知銜林上達。該職員係殉難前署北路協副將林得成之子。募勇隨軍斗六。節次殺賊。為父報仇。大營攻破。力

戰陣亡。

咨部軍功九品頂戴嚴厚。該軍功於同治元年三月間帶勇隨同前道臣孔昭慈赴彰剿辦戴逆。城陷殺賊。力竭被害。

軍功六品義首林春、李光輝二名。於同治三年十月間。由淡水帶勇來彰化看頂大營。隨軍攻剿北勢湳洪欉逆巢。打仗陣亡。

臺鎮城守營陣亡馬兵陳壽生、林連標、陳福隆、戰兵許捷報、楊金龍、吳升階、朱捷高、余捷魁、楊朝昌、沈玉麟、鍾蘊

玉、劉國榮、李玉鑾、邱榮金、蘇陞標、李朝龍、高朝陽、陳麒昌、邱雄英、林標雲、林茂春、傅安國、郭振鳳、王高輝、柯得元、鄭芳勳、丁大珠、王連金、吳經魁、王捷升、吳高升、謝得魁、林路、張金安、林光璉、楊得高、蔡運高、柯捷魁、顏清鳳、康得成、守兵楊開恩、陳熙元、曾士榮、林萬升、江金鳳、王卜捷、蔡大恩、吳朝高、周得春、林仁貴、葉廷邦、何林玉、林得全、黃玉進、莊得慶、翁捷標、徐朝慶、楊連升、田錦玉、劉金生、陳連升、康進標、陳有群、謝大雄、吳得福、葉得輝、顏振輝、伍鳳飛、裘連高、王繼成、許日升、陳春保、蔡進寶、鄭清貴、陳福春、尤元升、徐允升、林得貴、黃茂魁、蔡朝寶、林國安、蕭長太、倪國成、張飛龍、陳朝熊、李廷震、周旺、陳國勝、郭林合、沈元吉、雷廷升、連元吉、楊得寶九十三名。於同治元年在嘉義縣斗六等處打仗陣亡。

臺鎮中營陣亡戰兵林松茂、褚飛鳳、吳捷成、蔡陳生、郭安邦、高生發、楊錦章、邱鴻標、林大標、陳登榜、林連光、王上陞、張連高、黃金城、吳連元、李國成、柯克敏、柯章興、陸鼎成、康施興、陳國榮、謝青龍、蔡世璋、周益生、廖天高、翁得龍、卓應立、黃祥雲、黃立功、張文鳳、朱吉友、曾捷標、曾文

章、林一池、方廷坊、朱克明、王維斌、賴鶯遷、詹國榮、吳成國、梁玉榮、黃光祿、葉德龍、王歡樂、方新禧、守兵王金標、陳國英、李福生、陳雲鳳、蔡青發、游得紹、王朝賢、余泰、邵玉生、葉長青、林捷陞、林成興、高振陞、孔廷芳、蕭定興、謝泰、方得山、黃德隆、顏飛鳳、王得虎、方得勝、施得寶、洪國璋、陳宏傑、陳捷陞、陳清美、林廷茂、涂朝賢、張成功、林得生、徐得意、王名卿、洪莊生、沈茂龍、黃得陞、吳進春、許英雄、丁財貴、方揚清、方永春、方得意、曾春生、羅得光、吳經佐、張莫成、蔡林生、陳瑞隆、莊捷陞九十三名。於同治元

二兩年在嘉義縣南靖邦碑及埔心無影厝莊等處先後打仗陣亡。

臺鎮左營陣亡馬兵。林飛虎、葉芬生、周爵祿、張金元、戰兵。薛邦光、陳一春、王以成、黃成春、陳彰、陳上春、余德修、陳瑞芝、陳得標、陳輝、黃貴、林士貴、郭得旺、董進、王連春、黃永泉、黃本金、陳得興、林龍標、蔣青諒、蘇慶元、楊得升、陳得名、莫長春、蔡得元、朱正春、張大鳳、許振隆、盧聯科、林振興、葉陳林、歐永居、劉春輝、陳鳳閣、朱勇進、葉席珍、陳振標、葉邦英、陳得詩、陳樹勳、賴景唐、黃奠魁、陳廷溫、陳

朝鳳、守兵。王廷貴、顏有在、黃連升、廖得拆、莊朝貴、陳春光、吳德升、潘青輝、朱志貴、蔡得安、楊得標、紀茗芳、葉春中、李志義、吳清華、周得春、張春輝、林升祿、紀正元、鄭得勝、王再生、陳連貴、曾捷龍、劉光輝、魏輕龍、錢得清、辛驥德、姜錦升、林國青、謝青龍、陳升龍、曾大春、黃大鵬、洪得生、江生龍、戴日升、吳萬成八十五名。於同治元二兩年在嘉義縣邦碑碑斗湖仔內并斗六及彰化縣梅仔厝庄等處先後打仗陣亡。

臺鎮右營陣亡戰兵。沈振武、何得章、李錦康、石得標、劉化龍。許飛雄、黃得進、劉正標、陳廉登、蕭青龍、江有山、方得標、王士貴、王桂、陳如標、陳捷陞、張得喜、洪泉中、林青得、陳士升、蔡長湖、何捷興、沈國平、林禧光、傅友法、沈清吉、許文雅、守兵。陳捷成、楊本源、蘇得寶、王得標、黃國標、周龍山、顏得勝、呂得生、郭振成、黃瑞光、李青江、傅振輝、何煥春、吳得良、吳捷福、林恩福、洪得高、劉成福、施大王、周新建、陳錦川、楊捷陞、楊傳音、陳振標、范浩然、沈安邦、林福安、林成龍、沈玉期、沈捷芳、黃復堃、王得賢五十九名於同治元二兩年在嘉義縣碑斗湖仔內及斗六小埔

心等處打仗陣亡。

臺協安平水師營陣亡戰兵。穆光輝、林大得、吳國標、歐陽法、許允成、洪保、葉日升、李近、王金盛、翁一成、阮得法、陳捷魁、倪高輝、張思新、吳古老、曾王成、鄭國成、周光彩、吳彩鳳、翁德法、林國生、許得顯、王再興、鄭廖福、戴榮春、樊奇、蔡文基、魏成法、李安生、許求成、陳得三、邱浩源、辛朝春、陳宗發、許清王、胡必章、翁青吉、余金鑾、王金標、鄭錦貴、林國良、劉文陞、李清瑞、余連泰、洪順興、鄭廷泰、林興祥、陳有斗、洪紹科、陳茂朝、林向華、陳基、張登龍、陳起才

陳進旺、李炳文、游高發、施建勳、盧鳳飛、紀騰飛、何廣春、
邱陞龍、曾金成、陳錦銓、丁明耀、蔡國祥、陳隆福、顧得龍、
高當引、吳得高、徐施興、姚瑞義、薛萬然、薛高陞、黃必安、
陳得發、廖中桂、蔡三福、施得貴、鄭寶魁、林連清、陳得壽、
黃禎祥、陳清高、林必鳳、張得春、林一桂、林得信、張步陞、
林朝海、守兵楊盛興、張建生、薛得金、劉順法、李青芳、李
彪、盧金法、宋坤、李鴻貴、鄭振安、龔日生、蔡傳生。許揚友、
高進祥、張得生、吳友生、黃國材、歐得生、李定國、李得全、
李維成、邱建邦、周鵬儀、許志保、孫得生、徐高爵、李得恩、

楊均達、曾志成、洪成法、鄭神祐、錢友生、劉得勝、吳友吉
許吳成、李高泰、陳清江、李進順、蔡永成、張朝安、李榮福、
謝福、蔡仕生、周逢春、龔正春、張信標、陳元福、林西興、王
青隆、陳得英、張福生、林建成、歐陽卿、吳鵬飛、王成元、林
得明、許得春、黃萬金、陳成發、林清吉、王明山、劉保生、李
元義、曾振生、洪振元、葉彩雲、陳瑞元、陳高陞、洪士發、何
發生、曾國安、王窪、徐得標、周建平、賴占魁、李新彩、任金
藩、廖學清、江得春、楊建春、李安邦、温昌榮、薛榮波、林國
安、劉得良、一百七十五名。於同治元年在嘉義縣斗六

并彰化縣大墩等處。先後打仗陣亡。
澎湖水師營陣亡戰兵。林進國、吳一志、陳捷勝、梁德陞、陳
國慶、吳成家、邱得清、劉日、朱旗、陳友德、陳文魁、林得樑
謝得陞、鄭有成、韓永壽、吳朝升、王昌茂、方得升、嚴得生
陳郭福、張朝玉、李明順、洪再興、守兵。胡得福、曾初發、林
克成、蔡世哲、劉轉生、蔡成茂、黃其意、何漢忠、林得成、黃
安國、麥福星、王有慶、三十五名。同治元年在彰化縣白
沙墩地方。打仗陣亡。
戰兵。林得良、潘憲章、魏得祿、施榮美、張黃清、林朝科、薛家

春、高孟德、陳威耀、廖福高、林江清、賴黃科、李振得、林陳
蛟。守兵陳有才、林信發、邱連福、許必春、十八名。於同治
元年隨同前鎮臣林向榮在嘉義邦碑大營。被溪水淹
斃
嘉義營陣亡。戰兵。陳朝寶、蕭文林、曾國忠、陳振升、潘朝彪、
李奪魁、嚴朝榮、李成輝、黃高輝、林俊顏、李元龍、黃鎮標、
張進成、趙夢齡、黃耀金、陳開得、呂金福、朱清高、楊掄元
楊春生、張元隆、林得鳳、游克忠、蔡捷元、王國標、洪春元、
甘銘、高吳振、江范日升、周元亮、呂金標、陳標衷、長興、蔡

承、封、梁振蛟、張雲彪、呂得龍、劉元成、張金彪、劉殿高、衷
元、高鄒占標、羅得春、林王繹、方進標、林朝魁、彭照魁、孫
世龍、陳建標、陳振標、周德興、林宗泰、張士興、章士顏、李
忠魁、陳金養、盧玉章、林得勝、王和照、黃占魁、范初榮、楊
日高、黃新傳、林得春、陳大魁、張得勝、黃夢魁、黃克生、連
高、徐賜標、魏希侯、陳得全、吳金川、守兵林捷升、葉得安、
林成捷、陳時春、吳得標、沈聰明、許捷春、黃秀端、賴得勝、
鄭漢良、戴國棟、黃祥斌、沈廷節、陳鵬飛、曾占元、蔡慶雲、
彭瑞桂、連捷魁、余登標、陳金勝、顧得標、劉元高、吳玉輝、

吳蔡生、蘇錫金、張一海、張振芳、王振興、曾泰得、王瑞珍、
張國選、盧得福、方瑞標、劉文平、鍾明福、吳雲生、鄭安成、
葉其福、盧耀南、羅明德、余永清、張日升、鄭國成、黃定邦、
劉金彪、賴鴻元、何殿元、衷占魁、張仁德、江朝福、紀瑞芳、
蕭興鳳、余連英、陳吉祥、吳得勝、謝金章、邱得升、彭得清、
史得春、張定邦、陳大聘、林長春、康捷元、李枝芳、吳成彪、
李廷桂、陳明貴、林德升、陳其祥、葉志雲、張金升、林成標、
蔡朝安、洪捷福、馮聖春、吳志升、阮明升、陳步階、陳登鳳、
陳桂升、葉捷高、莊永清、蔡東平、宋清輝、江養生、謝會東、

張元盛、楊建標、蔣國興、洪成基、張捷魁、陳本輝、林勝飛、
莊維新、許芳生、呂國璠、張長貴、連級升、楊掄春、莊振生、
林良明、陳捷魁、江忠清、張步雲、李春生、楊武、黃秀標、林
達賢、林紀生、一百八十二名、於同治元、二兩年、在嘉義
斗六營盤及石榴班、庄溪底、大堀尾、鹿仔草、新港、二重
溝等處、先後打仗陣亡、
臺鎮北協陣亡戰兵林義路、蕭登高、陳添福、陳大貴、吳魁
元、林兆元、鄭作福、衷復興、守兵陳躍龍、李升魁、許化龍、
葉春恩、謝順高、十三名。同治三年攻剿北勢湳等處。打

仗陣亡。
南北路陣亡也。丁。潘恭義、連乞生、張貴淑、邱仁貴、潘天恩、
潘得成、王水仔、張阮良、邱建華、張阿乾、潘細茍、鍾細九、
曾傳淑、邱阿傳、張天河、涂喜爹、廖阿生、徐阿郎、林阿靄、
潘福才、陳知母、林阿三、曾新桃、潘昂茍、潘阿哮、張阿四、
潘開和、潘仙桃、潘山牛、潘成仔、陳丙郎、潘阿拙、潘正宗、
潘郤生、潘阿茍、楊辭二、曾阿鼎、潘添仔、潘春仔、潘莪仔、
王兩榜、潘嫣生、潘福壽、陳老蘇、定仔賴、漏潘、添陳、才楊
水生、潘升枝、潘景生、潘山來、潘貴仔、潘薪丁、劉阿新、潘

祥、潘仙助、潘有呈、潘阿的、張阿見、潘仁仔、潘文溫、天生、
潘紅生、盧阿水、潘時、謝長、陳其才、楊敎化、潘金聲、潘涼
仔、吳一壽、邱英生、林華妹、潘為仔、潘生有、林添福、林頭
仔、潘登龍、潘桂仔、潘慶仔、潘佃仔、潘傳來、劉阿全、潘守、
潘美仔、潘天來、潘阿載、潘眉仔、潘列仔、吳阿畓、潘阿來、
潘添河、潘新旺、潘春仔、潘牛仔、潘有生、潘治仔、潘忠仔、
潘東僯、潘阿先、潘王仔、潘克山、潘阿僯、潘清水、潘阿治、
潘進、潘雁、潘萬成、潘莫、潘萬掌、潘定、潘阿支、潘清河、潘
春池、潘春水、潘廷全、潘廷瑞、潘金、潘福、潘錦香、潘大吉、

潘金法、潘得勝、潘平治、潘有成、潘喜、潘文賢、潘心正、潘
金寶、潘敬、潘天福、侯天錦、王有得、潘元壽、潘方仔、潘金
生、潘茂生、潘能春、潘阿望、潘英、潘吁卓、潘元生、潘阿生、
潘金元、潘小阮、潘阿朋、潘順、王振榮、林老守、李連、潘阿
科、潘雹、潘丙、潘田、陳老順、邱搥獅、黃阿雲、鄧開元、張侯、
魏春風、潘烏、潘慶、張阿雹、陳阿五、潘惡、鍾得二、吳春進、
黎阿畨、潘有仔、潘生仔、潘添生、潘求傳、潘忠來、潘長成、
潘友春、潘旺生、潘保生、潘全仔、潘連仔、潘阿保、潘機仔、
王雹、潘發、潘乞來、潘文章、潘成力、潘天和、潘天元、鍾捷

三、劉賢盛、潘九生、潘紅哦、劉德元、王登仔、潘圭仔、潘阿
清、潘清仔、潘陞仔、潘海生、潘振成、潘清雲、潘添壽、潘能
元、潘通櫃、潘復、潘勝賢、潘牲仔、潘清春、潘金順、潘能仔、
潘老生、潘路生、劉阿福、潘金來、潘添丁、潘世英、潘諒仔、
潘望仔、李謝桃、潘阿是、潘再生、潘永成、潘傳仔、潘大和、
潘能江、潘光列、潘與仔、潘斗生、潘溪、潘雙仔、潘郝市、潘
蓝、潘得、潘阿成、王飛龍、潘國、潘福貴、潘烏枊、潘郝、潘登、
潘紅、潘阿順、潘傳、徐盡、陳竣、王港、陣徐趙、胡阿烏、潘添
陞、潘得升、潘驚生、潘福春、潘嫣力、潘九王、劉林敦機勝

窓戴添付、羅吓哦、戴文為、莊頭、歐貴、羅蔥、知機雅老戴
皆武禮港海司奪龜劉武荖龜乳抵不仔、老翁比蘭那
眉客人八寶仔、流鎚仔、大箍、小荖二百七十五名於同
治元二兩年在嘉義縣斗六彰化縣水裡港等處。先後
打仗陣亡。
傷亡屯丁。蘇雹、劉如玉、蘇樹、吳杏仁、李清、王穆、文元標、窓
潘來、八名。於同治元年在嘉義縣斗六等處。打仗受傷
身死、
嘉義縣防剿打仗陣亡義首。林秉心、林聿成、王金元、即王

庵、許國輝、林永成、李秉忠、黃騰茂、林西輝、史忠、九名。該
義首等或招集民團、來縣解圍、或解運糧米、進城接濟。
或隨軍進剿。往救斗六。途次遇賊。接仗陣亡。
壯勇王吾、報徐二、劉精、黃贊、張淵、王添、潘黨、黃禄、王漢水、
余壬辰、潘締、羅木、施薯、陳水池、蘇七、吳戇虎、林得友、張
九、陳唤、吳生、劉龍、李翔、陳音、羅加、駱榮、陳當、蔡乞、張標、
王忠、洪泰、陳阿尾、張真、江獅、謝昔、吳查某、黃甫、黃萍、柳
厥、柳潤嘴、王鑯、林伙、卓枋、林容、王爍、林知母、黃知、高楊
吽、游金和、廖分、林義洪、在林、雪廖、心登、謝力、吳春羅五

音、黃小萍、李決、郭瑞慶、劉泉、劉阿爍、許江、許哮、許琛、許
尚、許眼、薛辛、勞蘇升、蔡烏棕、洪趖、邵文、楊守、王厚、許賦
蔡才、許王印、許憨、陳運、陳秋、蘇貞、蔡烏獅、許會貴、鄭蔭、
周撓、許好、邵習、王赤、向蹦、蔡般、王友朋、蔡棕、蔡錢、洪厚、
許軍、蔡彤、蔡念、王得成、楊埔、蔡丟、鄭比、白响、許升、蔡猫、
許知、蔡臭頭、賴老深、許約、李方、黃水深、郭永貴、郭茶某
郭文理、鄭乞、葉貓、施乞食、洪戇騷、洪玉串、李順利、張赤、
林田、吳添子、黃海、黃經、黃歸、黃歹、陳士顏、福鍾、萬江生、
葉長恩、何添定、陳芋、林武、劉惡、黃華、沈化龍、趙允、顏察、

陳查畝、涂丁、賴曰、賴草、吳愛、林塗、陳明智、林如、林群、廖
屋、謝寬、黃卯、許大目、張欽、方皆、陳新力、張海、林鑿、黃猪
哥、劉爂、張大鼻、黃善、蘇宇、李武、吳老回、楊質、張噲、張朮、
楊天來、邱猛、劉崁、黃牛、姚劉、林降、盧為、林斷、林直、馬無
牙、蔡目黎、陳臨、陳華、王炎、羅網、陳彭、黃進、陳宜、陳光坪、
馬德元、陳螺、林天樓、陳擄、黃正、陳老營、許礒、陳漢、羅累
周乙、王串、陳老隨、陳庵戇、蔡建、陳振、吳鮭、馬尚、恭李允
陳選、許利、翁芋、翁木、宋月、林進、周印、陳武、郭謹、郭水連、
二百十三名。於同治元二三四等年。先後守城攻庄以

及剿辦逆首。嚴辦二重溝呂梓逆巢。打仗陣亡。
彰化縣城陷被害家丁。黃彬、林義、張緩、沈榮、程萃、鄭貴、馬
義、侯福、陳定、許榮、陳喜、游盛、十二名。因城破被執。罵賊
不屈遇害
義首。陳傳成、陳傳平、陳傳祥、陳傳砂、林嬰、吳清白、吳清輿、
林朝禮、林金禮、劉德輝、李嘉禾、李保軍、吳澄波、洪三統
洪火剪、洪火蔭、葉涵、楊鳳儀、十八名。義首陳傳成等十
三名。率團助戰。打仗陣亡。洪三統等五名。因帮官殺賊。
挾恨被擄遇害。

壯勇張文古何三、張必用、張高、賴王麟、賴清河、賴傳、賴三
順、黃老瓔、賴火、賴金水、黃琳、黃為、徐英、吳委、張益、張炎、
胡尾、柯為殿、陳生、黃豹、黃順、鄭鹽、黃藂施添旺施口、章
酷、李亨、柯孝道、鄭別、許肇基、楊爐、陳城、楊竈、林庚寅、蔡
天來、謝德、謝扶、黃同、王溜、鄭獅、林猪、陳樹、陳南、楊科、楊
秋、楊尊、李歹、黃烏九、林筆、張烏思、廖必、吳九、林思、王意、
王沛、黃種、邵未、李義、李塗、辛程、陳遞、李滿、李性、周傳、謝
愡、黃勝、章正定、梁占梅、梁咸、吳友、顧善、盧偷、蔡品、施瞻
蔡懊、蔡鐸、王玉、楊璠婆、楊務、林風、陳成、馮平、張清道、李

金盤、蕭俊、高生、李盤、張道、陳諒、陳利、李查畝、陳佛、蘇笑
陳永、陳金城、李桃、許開謨、楊寶、楊茄東、徐由、陳助、劉顏、
劉會、賴順德、李文燦、李業、李郡、李石、李兆、李山、許郡、江
和尚、杜竈、吳猴、黃諭、李慈、李情、許王、李坎、吳雖、賴岳、李
敏、唐必、柯吉、蔡塗、李世、陳春、趙端明、林東、洪侯、張記、柯
度、鄭別、花白秋、林藂長、花旺、李有用、周藂俊、呂秀林田、
黃雹、吳成、吳擾、張由、王賓、鄭藂田、謝花、陳郊、陳祥、黃天
賜、張來、王淡、林論、劉遁、陳暗光、陳福來、莊祥、黃芳、黃矮、
游豔、陳扁、謝陞、謝居、蕭旺、謝汪、陳老七、陳廷季、劉進興、

莊秋水、莊清、王精、莊拘、簡降麟、黃車、施添、鄭璋、慈陳、蔡、
丁、通高、山林、承發、呂恭、彭田、卓蚶、莊算、邱令、林潤、許藂
顏、詩陳、萬金、黃老能、黃龜精、顧來、謝烏面、蔡柔、廖華、黃
正、察許、化龍、黃邁、翁智、黃舟、洪田、賴天俊、王尚、游搕、黃
棟、徐格、楊奴、楊看、楊別、楊然、蔡丙、柯廣、胡訓、曾魁、高基
戴泉、洪虧、楊枉、何班、楊喜、張顯、吳梓、林爽、楊連、廖丙、蔡
綱、楊籃、楊響、洪盛、楊國治、楊其如、楊慶、鄭蛋、胡買、徐錫
洪弱、楊港、楊華、楊開、楊清池、楊轍、陳遷、楊梅、楊天晟、顏
添、許藂、雲葉、牛張、定張、順洪、壇孫、談陳、勇元、顏鑾、王添、

周海、蘇天機、林居、王睦、陳蘇獻、林壽、卓恭、許智、黃遠、鄭
王潘、知楊、取李、求李、昌李、改李、周楊、恭阮、子陳、雨柯、平
洪詔、蔡約、高法、李海、李治、王鰍、林知、林庇、林熊、施弼、吳
批、謝長音、徐受、徐九、謝景、楊坎、楊英、楊項、康石盤、洪惟、
楊約、戴英、張正、楊阿晟、楊廣、楊番、楊秉、楊吻、楊茄苳、楊
晟、廖馬、蔡寶、林照、徐淺、楊飽、何嫈、洪成、李在、蔡瓊、陳武
陸、吳烟、蔡淵、莊炳、邱長、陳扶、唐元、陳塗、陳吟、方田、謝從、
陳賣油、蔡雨、鄭團、張文生、陳富、吳枋、陳猫、義周、烏張、妹、
林潛、林老、陳泉、楊乞食、利阿三、林賜福、王賽阮、超黃論、

李敏、省王開然、黃崙、黃狗精、顧霤、翁見、智蘇阿、三劉螺、
黃周、黃莊、仙陳、印川、吳明、李兆、林實、留曾、志言、卓棟、黃
布、楊麟、周叜、劉俊、王䀝、王泉、卓受、王林、柯保、柯獅、柯成、
蘇行、蘇盈、卓路、陳興、江德、生蕭、俊謝、祐李、有李、地許、成、
許法、王頭、王起、黃水、黃尚、陳喜、陳鵠、施頭、王清、林著、楊
柔、楊金、蔡石頭、楊勝、江文、陳亮、劉顏、紹莊、實李、興邱、仔、
陳務、蕭條、張春和、羅福澤、詹阿才、黃惡、古詹、天生、謝運、
古郭、阿才、巫進、黃阿房、羅石秀、陳統生、涂汎、管阿、古楊、
番婆、陳永華四百十七名。於同治元二三四等年。在寶
斗海峯崙及番婆莊大埔心北勢湳等處。先後打仗陣
亡。

臺郡籌防局陣亡壯勇。黃振元、黃五、賽唐、恐唐、振顏、富黃
香、黃大、黃論、許天來、林烈、王位、劉武、曾清順、林圭成、許
番、陳璋、林發、林矮、顏文生、黃古人、陳韜、連祿、蘇知、張后、
馬鳳、林吉、黃招、鄭歹九、潘吉、林崑、林鳳、王沅、呂頭、劉令、
盧桂、施和、吳得然、江琴、蔡條、智蔡、印曹、天張、奈彭、添李
二、李合、戴石器、曾來春、范祥、陸德裕、鄭矮、王黃、建余至
黃包、蘇慶、蘇順友、郭猛、陳立、邱容、文矮、胡顴、陳襲、余鐵

張傑、余抱弟、余經、余面、林會、余忠、林雙、王潘意、余色、鄭
紅、余撥、周拋、余猛、許照、張田、林強、郭子厚七十九名。於
同治元二兩年。派往臺嘉鳳各莊巡哨。及護解兵餉。中
途遇賊。打仗陣亡。
酌留緝匪陣亡親勇。林篇、李淵、鄭土、洪志、陳老、徐阿申、曾
海、曾石、徐猪、徐友、張山、林大鼻、尤其生、陳制勝、林毯、李
順、王乞食、洪悔、林金生、吳景、王基、柯目獅、張華、黃勉、朱
詹、謝益、林大、陳國、曾圖二十九名。於同治三年十月間
攻剿北勢湳逆首洪欉賊巢。先後打仗陣亡。

受傷身死親勇。施凌、楊榮、郭紅、林發、蔡江、施軒、林富、陳皮、
林外、林藏、李根、蔡炎、蔡信、曾松、簡雄飛、何合、洪咱、陳遣、
十八名。於同治三年十月間。攻剿北勢湳洪欉賊巢打
仗受傷身死。理合登明。

咨
　部請獎清單

謹將巡防逆首戴萬生等滋事案內。臺鳳嘉彰稍次出力
紳團義首人等。援照歷辦軍務便宜獎賞成案。分別酌給
五品以下頂戴。彙列清冊。呈請
大部察核立案。須至清冊者。

計開

藍翎千總張建功、莊鴻禧、把總張榮貴、余見成、外委吳振
清、林文信、廩生徐元焯、林上青、徐仲山、生員吳朝旌、義首
施正修、林清泉、黄安、林寶興、施贊成、林旭初、施家謀、杜文
華、周秉生、蘇春輝、邱振遠、柯瞍、三官、體仁、鄒國勳、廖俊傑、
六品職銜嚴登高、許錫齡、
以上二十七名均請給五品頂戴
歲貢生楊元音、施家潤、陳瀛、周應嘉、吳邦鏕、拔貢生葉孚
甲、吳存仁、例貢生許邦彥、貢生許乃炘、查元咼、廩生陳熙
春、朱望南、吳敦常、蔡文泰、蔡邦、增生楊元鴻、附生葉維翰、
蘇資深、鄭呈泰、林芳、生員何逢源、林清源、把總林清揚、武
生張廷藩、翁進龍、葉春藹、李逢年、監生詹光玉、義首周全
吳丙、吳廷金、余升、趙鎔、陸咼石、以恭、吳國熙、林書彥、陳承
曾、吳清泉、蔡宗、陳韋國、琳、鄭以寬、王南盈、戴文佐、陳呈芳、
盛、逢時、陶光璵、陶年春、葉光穠、周紹宗、林朝魁、賴志輝、蔡
振高、黄皎光、黄季忠、施瓊期、施向榮、施策治、施家聲、施清
山、林秀春、交瑪、蘭和、鑾成、吉來、興羅、進興、楊金印、黄春魁、
林廷芳、陳謀臣、施志誠、林富、黄天爵、杜金盈、黄漢、李福星

辛福、恩桂、蔡守廉、趙執忠、蔡鵬升、周東坤、謝正中、吳瓊宴、
王貞、陳得寶、洪考教、李晉招、蔡聯升、胡文輝、陳如祥、温桂、
林徳令、林文榮、周起超、李邦基、盧日升、陳春、蔡鴻謨、李親、
蔡賜喜、林上升、康超然、戴成、陳自安、施棟、張可成、何必成
陳清泉、施君平、張文炳、楊福世、金春、屠順、蔡成、王國元、曾
玉兎、黄招德、施朝修、楊峻武、楊恩波、施麟祥、楊捷報、楊金
水、楊大旂、蔡廷英、蔡國樑、蔡如桂、蔡有慶、蔡應奎、廖孟善、
廖庚芳、黄炳榮、邱廷英、潘子福、凃成才、吳義、黄廷珍、廖慶
昌、陳建猷、施奠邦、許長温、鳳岐、廖金波、戴韞玉、陳瑞鑾、郭
戴賡、施鵬飛、陳起謀、蔡鴻烈、陳謙益、鄭景謀、施朝安、黄廷
安、蔡玉山、洪周、王順興、林淵、林登科、蔡金勝、塗如順、蔡得
承、林金華、吳南金、洪新發、林友和、黄保南、林注生、王獅王、
彬、陳元楷、陳捷升、施金聲、陳德春、余茂松、連福忠、林壽春、
曾光秀、朱澤才、陳夏、劉壽、莊廣、林慶、
以上一百八十二名均請給六品頂戴
義首許晴緒、陳建寅、嚴國楨、陳榮宗、陳靈昭、張靈機、劉炳
南、黄文淵、黄克家、蔡慶平、陳源盛、王以忠、吳樹芳、吳利貞、
陳子坤、蔡景雲、徐應庚、郭鵬冲、方如金、李成章、李衡德、楊

振睦、李合義、李迎禧、黃國安、黃花瑤、馬炳東、黃瑞烟、施光
鮫、林鳳岐、黃清俊、出榮陞、
以上三十二名均請給七品頂戴
義首黃金平、陳青鳥、林若麟、戴進得、黃得高、陳錫恩、吳朝
鑾、林志先、徐詠、張泰山、林伯适、連克家、林皆得、林源成、劉
元禧、曾日新、陳國楨、鄭廷玉、林慶雲、黃光荃、張廷華、張碧
富、陳江龍、侯雖泗、葉魁、王漢川、陳時中、張名山、顏聯登、許
贊元、陳清輝、許文瑞、莊迎春、韋廷英、葉天申、施登雲、鄭英
才、戴晚詹、得添、魏文中、陳榮川、周元亮、周曜東、

以上四十三名均請給八品頂戴
臺紳陳內翰迓谷來書
述翁大公祖老年伯大人閣下。敬啓者昨喜讀露布。彰南
果平矣。延久彰南不平。伊誰之咎。到今彰南始平。伊誰之
力。當彰南滋事之初。侄即告人曰。平彰非閣下不可。早有
望平之念矣。比聞有備兵臺郡之信。侄復告人曰。閣下將
來平彰可待。漸有蕩平之機矣。及統軍涖淡。侄齋心趨謁。
觀其精神益壯。籌畫有方。德威竝用。寢食俱忘。視前雞籠
之役。倍加謹嚴戒慎。正所謂薑桂之性。愈老愈辣也。出又

告人曰。閣下到彰。如仍不平者。挖吾目。已定必平之計矣。
此非素蒙玉成之年家子阿其所好也。即凡所告之人。亦
無不以平雞籠者信之矣。自恭送棨戟登程後。侄刻刻關
心。時時洗耳。只匝月間。俄而破水裏港矣。俄而入斗六擒
戴逆矣。俄而克加投復彰城矣。胷有成竹。自能勢如破竹。
豈侄多智哉。亦由閣下之神智過人。有以成侄之智耳。夫
齊勝燕猶必五旬。舜格苗猶必七旬。而茲之平彰僅三旬
而已。非采薇篇所謂一月三捷乎。從古興師奏捷固常有
之。然未有若是之捷也。不然自彰南滋事。距今二十箇月

之久。文武官紳以百計。閩粵兵勇以萬計。攻之者幾多次。
敗之者幾多回。死之者幾多命。何皆不能奏膚功。而必
俟閣下之三箭定之耶。誠如宋劉錡曰。朝廷養兵三十年。
今日大功乃出於儒者。我輩愧死矣。要之非大憲有推轂
之力。
皇上有知人之明。安能得此春卿重來。秋毫無犯。聲迎竹馬。氣
奮藻鳧。而使臺郡無數生靈。咸出水火之中。而登衽席之
上也耶。侄以謬主學海講席。月三課士。始也既不能執馬
鞭而殫驅力。繼繫自慚。今也又不得趨虎帳而賀駿功。葵

私甚歉。惟有望風下拜之餘。手之舞之。足之蹈之。大聲疾呼曰。彰南果平矣。翙言果驗矣。輒取韓昌黎平淮西碑文琅琅然歌誦不置已耳。

稟制軍左宮保季高

竊職道現奉撫憲行知。欽奉
諭旨。補授臺灣道員缺。自揣庸愚。膺茲重任。才力已恐不勝。況久患病症。今始就痊。精神亦有未逮。但臺灣現當軍務緊急。仰荷
恩施逾格。敢不竭盡駑駘。勉圖報稱。現擬尅日配船東渡。惟近

聞臺灣府南路軍情畧鬆。由厦紆遠。卽由省對渡淡水口岸。督催北路官軍。添調丁勇。直搗賊巢。迅復彰城。再通嘉義中路。到郡接印任事。查臺灣遠隔重洋。孤懸海外。實爲七省海疆門戶。民番雜處。察吏防奸。事事不容稍懈。現值彰化匪徒滋事。竄據縣城。攻陷斗六。而嘉義鹿港等處。均各逼近賊氛。卽府城亦有岌岌堪危之勢。其初孔道遇匪死節。繼而洪道積勞病亡。前臺灣林鎮先則坐失事機。嗣亦不免於難。此外疊奉調赴督剿之提鎮大員。與賊相持。雖間有勝負。終未能大挫兇鋒。並聞所部各勇。有籍隸本處。由內地調回臺灣者。亦多心懷反側。莫能効命。其由他處徵調者。更復久疲思退。不能出力。屢經臺地官紳來信。俱稱賊酋林立。賊勢仍張。在臺兵勇難資得力。目前若非添調勁旅。重振軍威。未易撲滅。且自咸豐三年寇亂之後。捐輸屢屢。杼軸已空。現又被擾年餘。民間生計愈難。卽紳商急公好義者。捐輸助餉。爲時已久。力有難支。實已水盡山窮。無可羅掘。詢之由臺回省各員。皆云餉需匱乏。日甚一日。以現在情形而論。以多籌餉項接濟軍糧爲急。至於視賊所向。相機進取。並稽查營伍。講求吏治。容俟到臺後。察看情形。妥協辦理。隨時稟報。以抒盡廑

又

竊職道前在省垣。另稟擬由省城對渡淡水各情。諒可先蒙鈞鑒。隨稟商撫憲派參將田如松。總帶省兵四百名。於九月初四日配船先發。商艘遲速靡常。餉項尤關緊要。督率委員親軍人等。另覓火輪。於初七日開至五虎口門。初八日放洋。初九日申酉間已抵淡屬之滬尾口登岸。初十日馳至艋舺。先後接見在地官紳。詢查水陸各營軍情。派探彰斗賊蹤動靜。一面整理軍裝器械。尅期進剿。伏念嘉

鹿道路不通。節節梗阻。與職道途次行營。難以聯絡。其分
紮彰淡交界之梧棲港。岸裡社。水陸兩營堵剿日久。留用
精壯。撤去饑疲。其力甚單。而自梧棲以下。如葭投各莊悍
逆屬聚。自岸裡社以往。如四塊厝等社。又爲各匪踞巢。深
溝固壘。竹圍箐密。隨帶之省兵。至今尚未到齊。且僅有四
百名不敷派紮。各路良民。雖有帮官義憤。苦於兵賊相持
暗懷觀望。非添調勁旅。重振軍威。轉瞬時屆冬收。一經搶
割。盜糧齎足。勢恐蔓延。急宜趁其飢而剿之。惟大甲以南。
與彰境接聯。多被賊勾結。自浙調回之勇。本與賊黨有熟。

未便募用。查職道前在淡水任內。於咸豐四年間。所用剿
小刀會匪之總理頭人。擇其可靠者。諭令就淡招募得力
丁勇聽候調用。並分別移會署臺灣北路協之湯得陞。署
臺灣城守參將之關鎮國。率帶所部。會合進攻。迅圖克復。
謹將大概情形。繕摺馳奏。並抄摺稿。呈請察核。職道擬於
日內移紮竹塹城後。卽由大甲。親督員弁。趕催各軍同時
進剿。除將一切機宜。隨時具稟外。合先肅稟。伏乞垂鑒

稟撫軍徐中丞樹人

竊職道於九月初七日出省登舟。初八日駛出五虎口放

洋。風帆迅順。初九日申酉間。收泊淡屬之滬尾口登岸。晤
辦理通商事務之恩丞煜。詢查田參將如松。率帶省兵。尚
未抵滬。職道在省時。先發傳牌。暨首縣海防各信。均未達
到。大約商船向怕重陽暴。過三五天方開。不比輪船不拘
何風也。適有區道札飭請餉候船往省之候補知縣白令
驥良。在滬來謁。淡水鄭丞元杰。次日亦到。並內閣中書陳
紳維英。陳紳霞林。淡北各職員。先後接見。詢稱嘉鹿兩路
軍情。緣道路節節梗阻。傳聞異辭。淡屬大甲以南。匪莊林
立。現紮彰化五汊之王令楨。紮彰境牛罵頭之張丞世英。

不時與賊接仗。尚相持不下。區道仍駐竹塹廳治城中等
語。查區道所部軍餉。業蒙憲臺
奏飭滬尾關稅項。每月撥用壹萬兩在案。白令驥良似可暫
緩晉省。職道札令留營差遣。是日由滬尾起程。薄暮抵艋。
該處紳民耆老聞舊日長官帶兵到地。香花鼓樂。夾道懽
呼。前任淡水有年。惜無政澤在人。覩此情形。感愧交集。唯
兵貴神速。乘此衆志踴躍之時。統師直前。一鼓作氣。庶期
及早撲滅。乃田參將所帶前隊省兵。既未抵滬。後隊楚師
更需時日。正值交冬搶割之際。未便稍涉拘泥。致誤事機。

除飛移署臺灣城守關叅將鎮國。率帶紅單礮船。馳赴五汊港口候調由水路合剿外。查有藍翎六品軍功范義庭。前隨職道克復雞籠。頗立戰功。年來在淡屬辦理鹽館。於此間地利民情。極爲熟悉。職道舊時所用總董頭人之可靠者。大半尚存。諭令各招募得力丁勇隨營聽調並札派范軍功會同白令驤良。先期馳赴竹塹。將各頭人所募丁勇。詳愼挑選聽候。職道親自點驗後。再行分別派紮要隘尅期進剿。職道現幇住艋舺數日派弁收拾軍裝火器並密飭得力舊部勇目。往探彰化情形。一面用小舟由海道

通知南北郡城嘉彰文武布置稍有頭緒。卽前赴竹塹熟籌進取機宜。再彰屬抗莊竹圍。較嘉屬尤箐密。可否將省城演過之硼礮撥解數位并派製礮之從九品區玉良率粵匠兩三名來淡。以便隨時添製炸子備用。合并稟懇伏乞垂鑒

又

竊職道於重陽日舟泊淡水所屬之滬尾口登岸。翌日馳至艋舺接見官紳。傳諭總理頭人添募丁勇在竹塹聽用。一面整理軍裝器械。續又將大概情形飛稟憲督。尤後計

可上𢘫鈞鑒矣。查嘉鹿各營。仍然聲勢阻隔。駐紮彰淡交界之梧棲港岸裡社之水陸兩營。疊次剿賊。力保大甲門户。而防堵既久。積欠頻仍。去其饑疲。用其精壯。合隨帶之省兵計之。其力尚嫌單薄。況且商船因風阻滯。自十四至十六日。由滬尾竹塹香山兩口甫到四船。尚有田如松帶二船未到。且道途生疎。膽力懦弱止可以壯虛聲。未必能獲實用。而沿海自梧棲以下。如葭投等莊。匪衆麕聚內山岸社以往。如四塊厝等莊。悉賊踞巢。非用重兵兩路同舉則大肚溪難渡。彰化不能到。各莊良民無所憑藉。何能冀

其實在出力。凌令至湖仔內進紮。至今不能再舉。是其殷鑒。故不得不就淡添募多名。一冀其大振聲威。一冀其精壯得力。頃據各頭人來稟。招募漸次就緒。擬一二日內卽移紮竹塹城中。詳愼挑選。裹帶無多。不能不畧留餘步以待接濟。然大約總須三千名以上。始能分派也。合肅具稟伏乞垂鑒

又

竊職道於九月二十二日移紮竹塹城內。卽派員馳往內山岸裡社將張丞世英羅義首冠英等。所部內撤去饑疲

留用精壯共得一千人。先命馳往該地布置。進攻林逆所據四塊厝犁頭店等莊。另將范軍功義庭招集各路舊部親加挑選。共得二千名以上。合之省兵約四千人。於九月二十六日祭纛。已於二十八日派頭隊先行。十月初三日拔營。親督大隊進紮大甲。抵大甲後。即擬督師入彰境之鰲頭。即彰化牛罵頭分路兜剿。查葭投水師蔡等莊。悍匪麕聚現在彰化之股首陳鮘。家住葭投。我攻其巢。該逆勢必全力援抗。彰城空虛。藍田軍門久駐水圳橋。近城不過三里。職道又疊次函致。懇於該逆出援葭投之時。乘間先

取彰城。昨接曾鎮來函。一切會剿軍情毫不提及。但稱彰化凌令紮營。不得聯絡。所需鉛藥。難以應付等語。細按情辭。深恐凌令將來爲賊所乘。預占自己地步。不管大局安危。職道一面飭凌令小心提防。不得疎畧。並囑近日牛罵頭迎見之舉人蔡鴻猷。暨鹿港總局紳商。隨時接濟。勿致貽悞。職道相離三站。道途爲匪阻隔。不及兼顧。昨凌令來稟又有曾鎮軍按兵不動。吳前提督於九月初八日。攻破嘉邑新港。仍住大埔林。未能速進。曾署提督帶兵勇一千四百名。由海道赴郡等語。與鹿港興丞所稟情節畧同。查

凌令前此疊獲勝仗。前隊兵勇已紮寶斗一帶。曾署提督若由陸路王宮二林等處。打入嘉境。會合吳前提督之師。掩取斗六。較爲便捷。乃計不出此。而自又由海繞郡赴嘉。再圖進取。必致又需時日。關叅將已於八月二十外趕由鹿赴郡城。雖移調至梧棲會剿。風汛不常。未識何時得達。省兵共係六船。先後止到四船。田叅將兩船百餘名。至今未到。鉛藥半在其中。職道不及守候。擬督率現募丁勇。添購火藥鉛子等項。趕緊掃盪。並激勵淡廳林紳占梅鄭紳如梁等。各集團練。隨營助剿。以壯聲援。加以鰲頭舉人蔡

鴻猷募勇合計五千多人。尚敷分攻。先行稟聞。伏乞垂鑒

稟制軍左宮保季高

竊職道於正月十九日奉到去秋九月初六日鈞函。當經肅丹申覆。並將林逆巢穴火發自焚。經官軍乘勢拿獲各營撫匪太甚。緣提鎮籍隸漳泉。均存瞻顧。餘逆漏網尚多。深虞後患各情形。於正月二十二日縷陳在案。職道於在彰化啓行時。函商以經費爲難。作一勞永逸之計。乃前月杪接到嘉義縣白令來稟。以彰化所屬之西螺餘匪廖談糾集張順制等豎旗肆搶。當經飛飭各屬文武會同義首

廖才禪帶勇前往嚴督並於省解到關稅餉內勻撥先後八千元。解赴曾鎮軍營。又撥先後五千元。解曾署提軍營。林署提處。府局亦經速催籌解到山。三營近在彰化。何致西螺大路。復被匪擾。茲嘉義土庫聯清局義首陳澄清。於二月初四日具禀。以餘逆廖談。焚燬西螺街。即有該處附近餘孽陳登順等。乘機響應。於二月初二日焚搶新興街莊。冀圖死灰復燃等情。又經飛催提鎮趕緊派勇殲滅查曾提軍於督攻斗六會擒戴首逆後。現又剿小埔心陳逆巢穴。難分兵往西螺。堵截尚嫌力單。林署提會鎮攻破四

塊厝及北投新街二處後。頓兵又近一月。仍偷安不肯出山。已失走險之鹿。復縱當道之狼。其撫匪殃民。勞師費餉。伊於胡底。且林署提十月到臺。奏報勒限兩月肅清。今近四月。始而觀望遷延。徘徊於郡城之嘉邑他里霧。至彰斗克復之日。并未會合攻擊。巧於粉飾居功。繼而只破一垂斃之林巢。安坐家園霧山。於漏網股匪全置不問。且奏報一切軍務。從無移知。與奉

命會商之意相違。曾玉明身任地方。責無旁貸。既已蔓延於前。又不搜捕於後。姑息養癰。以致餘逆肆無忌憚。又復糾眾焚莊。重煩兵力。職道為地方起見。不得不據實禀明。務懇飭催提鎮迅速搜捕蕆事。或三營中擇留一人責成辦理。俾惡除餉節。兵勇早撤。地方幸甚。否則孔前道以營務廢弛而殉難。洪前道又以各營追呼而急亡。職道本係力疾從公。辦理正當就緒。各營搜捕不力。何堪餘匪復擾。隻手難支。凡職道所陳情形。盡可明查暗訪。如有虛浮。願一并嚴參治罪。敬肅丹禀。伏祈垂鑒

又

竊職道前在署藩司任內。竭蹶籌撥臺餉至數十萬兩。支

絀之狀。悉皆親嘗。此次深知司庫拮据。蒙飭於浙餉內勻取分撥。於積欠既多之中。作舍己從人之請。造福海疆。力挽大局。職道趕緊於重九日。先抵臺洋。單師迅速籌剿山海。分兩路進攻。先絕水裡港逆匪糧道。疊破葭投藩籬。決不敢因諸軍未合。蹈遷延前轍。荷蒙憲臺遠庇。在淡水部署拏犯一月後。十月十二日入彰。屬鰲頭四旬之內。彰斗於十一月內珠還。克彰一月後。林署提甫於十二月初五日入彰。職道於彰城拔隊至寶斗。會擒首逆後。已酌撤兵勇。分遣內渡回淡。留帶隨營。由嘉搜捕至郡。格外撙節。亦

適以自轂支應。且又撥借各外營餉欵。亦至過萬。兼之合
手得力人少。後來居上之營。與前此遷延之將。徘徊觀望。
緣提鎮皆隸籍彰泉。各袒其私。撫匪太甚。餘匪漏網。亦多。
後患非淺。兵勇一時不能盡撤。林署提軍自十二月十五
日入山以來。奏報匿不移知。似與商籌之命相違。真不可
解。且今歲甲子正科。補行歲科兩考。郡垣係根本重地。不
得不駐郡辦理。酌留數百名。以資防匪混跡。鳳山近年又
多械鬬之案。現已飭營縣妥辦。如不能安定。將來尚須南
行。雖臘底接到續解之銀。而分撥有難填之壑。大約職道

未抵臺之前。消耗太多。以致辦善後之際用度不足。若就
地設法。滿目瘡痍。何忍啓齒。此時惟有竭盡駑駘督催提
鎮勦捕餘匪。早日肅清蔵事。以慰藎垂。兩提似宜先撤。專
責臺鎮督緝。俾權歸於一。較爲妥便。近得省函。敬知雄師
直入。於去冬克復杭垣。不世鴻勳。懽騰中外。下塵遜聽頌
賀彌殷。並聞苗逆伏誅。狼氛又息。想運轉上元。四海共享
昇平之福。悉由元戎之旋轉功高也。承示攻杭獲勝。劉營回屯
休歙。機局較緊。成算在胸。所言悉効。下懷欣羨良深。伏乞
垂鑒

稟撫軍徐中丞樹人

竊職道自去秋重九。由滬尾登岸。馳進艋舺。先清臺地各
匪。繼息淡廳風謠。招集舊部。於十月十二日單師直入彰
屬鰲頭。自十五日開仗以來。疊次獲勝。連破葭投水裡港
數十村莊。十一月初三日卯刻。會師克復彰城。親紮布置。
搜獲股匪。莊民陸續搬回安業。並飭白瑛關參將乘勢速
攻斗六。遂於十八日。据報將土圍攻破。戴逆逃往張厝莊。
該莊股匪張三顯。尚敢糾眾出燒官地廳。義民公稟懇求
親臨勦辦。斯時淩署令遠在小埔心。惟職道一軍鎮壓彰

城。不能棄之而去。尚且支架八面。分派各軍。出紮烏日莊。
並進兵會勦。甫於十二月初五日。林營由嘉義他里霧入
彰。當經會商提鎮。分攻四塊厝北投林晟洪欉匪巢。林署
提軍在彰安坐十日。於十二月十五日始行入山。職道將
彰城布置周密。飭調淩署令回城。並請提鎮分派固守。適
北協湯副將亦經到城。職道遂於十二月十三日。先派主
事周懋琦。軍功范義庭等。帶勇進紮寶斗。會同曾提軍力
攻張厝莊。圍拿戴逆。職道於十八日卯刻。親督兵勇由彰
拔隊馳赴會勦。戴逆親執僞旗。率眾抗拒。經官軍奮力轟

擊賊眾稍退兵勇乘勢躍濠而入將該莊燬平生擒戴萬
生到案會同曾提軍在寶斗大營訊供明確請令凌遲處
死旋由寶斗嘉義沿途安撫殘黎並搜獲餘匪十多名訊
明正法於十二月二十七日到郡接篆府城根本重地責
任攸關細查吏治營規較之從前更覺江河日下若不急
加整頓將來難期收拾故屢稟請揀正途老成正印之員
分臺委用在案兼之本年鄉試臺地歲科兩考被擾暫停
現在南北大路已通惟剩內山餘孽有提鎮重兵圍捕不
致野火燎原未便以觀光

大典因之稽延致各生獨抱憾向隅現定補行歲科兩考縣試
於正月二十二日開考府試於二月二十四日舉行約計
四月中旬院考可期發案俾士子於五月小暑前照例配
渡進省鄉試鳳山近年屢有械鬬現經職道嚴飭營縣頭
人已漸壓息惟文武疲玩已久民風比前刁狡擬俟院試
完竣再定南行辦理計職道到臺征剿調用張世英王禎
鄭榮陳捷元各勇並舊部統軍功范義庭之勇及羅冠英
暨內山各粵勇連省標精兵統計五千以外每月需用口
糧二萬有奇且又另借各外營逾萬職道前在藩司任內

深知庫藏空虛竭蹶情形悉係親歷欲就臺地捐借湍目
瘡痍更難啟齒籌餉之難苦於無可搜括是職道抵臺時
趕緊布置進剿不敢以各軍未合有需時日致蹈遷延前
轍自彰拔隊時即慮餉需不繼將兵勇配撤內渡回淡以
節糜費酌撥千餘人隨入嘉境搜捕刻下僅留數百名在
郡因試期巡防郡營太空不得不留為查緝以備不虞林
提軍自十二月十五日入山以後攻剿奏報各情一切匿
不移報似與商籌之命相違真不可解此次得力人必後
來居上之營與前次觀望之將相等實緣提鎮悉皆籍隸
漳泉各袒其私撫匪太甚餘逆漏網尚多竊恐後患非淺

兵勇一時難以盡撤正在窘逼之時於臘底接到大憲臺
在海關稅項下撥銀二萬兩由局解交職道查收自撥營
餉項自當凜遵勻解無如各軍分撥有難填其壑大約職
道未抵臺之前消耗太多以致籌辦善後之際用度不足
職道身任地方責無旁貸此時惟有督催提鎮搜捕餘匪
早日肅清蕆事以慰藎垂正月間側讀大憲臺致周主事
函中有云及職道去冬
奏報到臺布置及攻克各莊獲勝摺件俱經

批回夾板飛遞回臺。細查至今並無奉到。未悉擱延何處。已通
飭各口岸查追速遞。函中尚有六處。均皆切中病根。將來
提鎮凱撤清理積欠。勢實不支。職道克復彰城續擒戴逆。
均係會同提鎮
奏報。而他營公牘事前竟不移商。事後又不抄稿寄知。各自
爲政無從窺其底蘊。林營揑飾尤甚。職道爲全臺長官。縱
使他營冒濫妄爲。而大體總當慎防力顧。斷不敢因循貽
悞有負恩培。以上各情。俱已隨時稟報在案。因隔海重洋。
恐風帆阻隔用再爲大憲臺詳陳之。正月二十二日接奉

左制軍來函。係去秋九月所遞。已逾五月始得捧聆隔省
親筆魚書。獎詞厚勗。指示機宜。莫名欽佩。現已據情稟復。
並將來函復稟抄呈憲鑒。惟菲材任重惶恐難勝。既多掣
肘之人。又乏點金之策。欲苟合扶同。則生靈塗炭。欲巽言
法語。又置若罔聞。桑榆日暮。寢饋不安。並望特賜誨言。俾
奉圭臬。伏維霽鑒。

又

三月二十三日第三次接奉正月二十日發遞鈞函。知去
臘朔日親筆詳丹。得邀鑒察府試揭榜在郎。職道現亦定
四月十一二開考。大約節後總可完竣。頃又奉到督憲二
月十九日發函。情詞諄篤。莫名欽佩。諒皆由憲臺剖析所
致也。職道現已稟復。合特照抄原信。并復稿呈電。嗣後吏
治軍務。唯有確遵憲諭。和衷商辦。即有非禮之加。隱忍包
含。總期與公事有益。此外亦不計利鈍耳。林天河係林文
察之叔。倚勢作威。搶霸賴姓田屋。以致衆怒。幾乎釀成分
類。林密卿奉調回省本非所願。刻下在彼營投誠之股匪
復出滋事。正可藉詞鋪張。挨延內渡。況現據凌令密稟。因
彼營駐節揀東辦理失當。民心不服。各匪意在報復林姓

私讐等語。如此情形。若再淹留。非特餉無所出。抑恐另生
事端。大憲臺之前。無所隱諱。用敢直陳。職道意重攻剿。不
留後患。各營各護私人。養癰貽害。因此參差不合。職道爲
地方起見。何暇與彼爭論。鬩言也。肅丹稟覆。伏祈垂鑒。

致省局司道書

啓者。竊弟猥以菲材。謬膺重任。藉隣光之分。照得大功其
慶成。茲蒙督撫憲逾格鴻施。會摺具奏。奉
上諭賞加二品頂戴。仰
聖恩之高厚。覺報稱之愈難。弟撫今日遭逢。思去年東渡。不三

旬而彰邑珠還。渠魁就戮。雖云將士同心。兵勇用命。其所以用命者。實出自諸兄臺曲籌餉項。源源接濟。不使弟有掣肘之虞。故得號召三軍。直前勇往。奏功迅速。何莫非叨芘同舟爲之相與有成耳。感激私忱。至今莫釋。謹鳴謝悃。伏祈霽鑒

復臺府陳芍亭臺防廳葉峭巖書

飛復者。二十三日燈下接到公函。備悉前釘封要函已到並商留鎮臺駐茅港尾。兼顧郡城。於弟二十三日分布一函意相同。並府城調勇屯四五百人防禦。皆現時乃急務。

二十三日鎮臺來函。有暫駐鹽水港候弟回示之說。忽於二十四日未刻來信。稱又移師嘉城。傳云奕者舉棋不定。不勝其偶。既有內地急報。萬難離府太遠。輕進更易招寇。隔塞後路糧道。關繫非淺。弟又有專函請其兼顧中南兩路。此時只應在嘉嚴拏搶犯。切勿遥移北行。貽悮事機。近日疊接郊行來信。土匪仍在漳城。雖外圍民團合力。不知能否驅逐鄰境。長髮有無深入。各匪莊已有傳聞。雖禁止造謠。防民之口。甚於防川。總不若實力巡防之得計也。蘭廳洪倅來斗接見。知淡蘭兩屬安謐。伊意本欲晉郡。第因要缺未便遠離。已囑其明早回蘭矣。馬蕣潭北投兩邊開仗。頗有斬獲。惟莊大力單。揀東一帶又飭凌守添勇繼進。北投一帶令北斗局紳合舊部各勇。往山力攻。惟天氣太旱。米價高貴。支持不易也。匆匆布達。

復鹿港廳興宜泉書

連日接各郊行原信。知賊仍佔踞漳州城。已悟前報乃聊爾定張皇也。二十五巳正。又接子正手書。并抄泉報。已遵照來示。行文咨海口慎防。臺灣勇勾引入城一層。無非臺中各營帶去留滯未回臺者。此事弟於數年前力阻。不幸

當道皆以弟爲非也。北投於二十三日開仗。已殺賊獲勝。然莊大兵單。未能速破。本早又加添銳勇。并運大礮火藥前往。俟不日淡水范四弟所帶屢勝銳勇前來。再往內山。作破巢擒魁之計。府城出示。禁止造謠。防民之口甚於防川。此時以巡緝爲上。未便作掩飾計。鎮臺不宜輕進悮事。已有信勸其力顧東南兩路也。蘭廳洪公來見。談次老練安詳。深得民心。因要地不可久離。已命今早速回蘭矣。匆匆佈復。

上督撫憲將軍稟並致司道書

竊查臺地自本年入秋以來雨澤愆期米價騰踴嗣雖甘
霖渥沛地瓜雜種尚可補救而晚禾收穫未免損傷民間
食貴堪虞匪徒爭端易起旋又探聞內地漳郡不守風謠
一播四境騷然雖彰化餘匪當經先期出剿不致復肆鴟
張第漳轄海口均可直達臺垣風便則一葦可杭而臺地
人民又多籍隸漳泉易生惶惑當此之際既慮外匪竄擾
又恐內寇復滋郡城爲根本重地允宜先事預防惟此次
赴彰剿匪適值秋旱糧貴之時直搗地險巢堅之寇辦理
亦非易易更兼原帶餉項無多且知後繼爲難尤形棘手

但已屢次進攻獲勝若即遽退轉恐愈張匪膽又起戎心
殊與大局有礙是以現聞會署鎮整隊繼進即行移商折
回妥籌防範庶免郡南空虛臺北偏重有鞭長莫及之虞
然內地軍情利鈍實關海外安危惟冀威聲遠播漳城早
日珠還則閩嶠鯤瀛胥可承平永慶肅此佈達伏祈垂鑒

覆臺鎮曾輯五書

本月二十六日酉刻接展是日卯刻所發環示誦悉旌旆
已移駐嘉城並知吳志高遣人來迎惜未及見且有送犯
三名交營解縣訊辦具徵鴻威夙著懾服足資惟是內地

漳州之變續據鹿港廳興丞照抄郊行原信飛稟內云所
稱漳賊已退乃廈門道臺令郊行傳寫以安民心今閱此
信內有臺勇勾引髮逆進城如此看來臺地不可不防等
語當即照抄郊行來信泐函布達並另備公牘請飭員弁
嚴防海口以杜竄擾諒已均邀青鑒竊思漳城之賊竄踞
未退更有臺勇勾引爲患即使兵民合力攻敗亦難保不
豕突狼奔竄回臺地此時嚴防海口尤爲當務之急而海
口之防則宜首重臺郡及布袋嘴等處蓋以漳廈對渡臺
口較爲便捷布袋嘴乃嚴辦久踞之區尤易勾致即嘉邑

之吳志高雖已遣人來迎究未親身到地況其焚搶不止
一處送犯僅有三名就此了事既恐不足以服人心而寒
匪膽更兼其情叵測其黨甚多是否眞心思服尤難揭悉
際此風謠屢播正匪徒欲動之時允宜思患而預防之若
得駐師鹽水港洵可內顧郡城外防嘉邑實爲至計雖閣
下與弟同係奉
旨剿捕餘匪而軍情變遷應爲
國宣勤原可無分彼此設或因籌兼顧偏注一方事變滋生
糧道斷絕則大局決裂何堪設想至於馬蕣潭匪黨麕聚

前於四月間曾由林密帥奏明派令文武召募園丁攻撲
迨六月間林副戎文明以馬彝潭逆匪負嵎抗拒藉詞推
諉續於七月間復准湯協戎咨稱馬彝潭比投非厚集兵
勇四面環攻不能制勝若云威逼匪氛四起夏間已然失
策之咎另有其人茲弟此次北行所帶餉銀亦屬無多原
期剿撫兼施速為蕆事來示所云廖有于業由貴處令其
交犯贖罪若果如此弟又何必深求惟細窺其意則又係
凜懼軍威故有是請由此觀之想不致因威聲之重匪氛
復起也閣下通籌全局駐紮鹽水港兼防海口以遏內寇

而禦外侮尚乞高明詳察是所至禱

覆臺防廳葉峭巖書

十月初九申正接初六日寄章知巡防安靜情形并張署
令出莊章署倅赴防莫名欣慰又蒙示及外間傳聞歧出
等語并承獎勗以古名臣相勉勵尤形慚感至書中除却
硬攻更有何術二語切中機宜之極以
天語必須正法之犯敢不竭力圖之耶至洪巢艱險各提鎮已
出
奏於前弟又以一時不能猝拔入

告現在臼署令慮及餉缺勇多不能持久亦見相愛之深然勝
仗何敢捏報不但舍親義庭不容其混稟即新來之子奇
二族弟前往山中親見其苦戰殺賊轟倒銃櫃多座斬取
洪八洪達等首級萬目難掩惟韓帥與余辰日以撫為得
計兩次差弁往誘洪逆宕延置之不答若忘
君父之誥誡此則弟之所不敢從者也彼吳志高事尚不可含
糊留患其罪浮於吳者非決計力除不可其莊本大原須
似弟之去秋兵勇數千方足合圍其如餉已不足兼之無
兵可調刻下於萬難之中仍添調數百人前進連日又愈

紮愈近昨勇回署寄接山中營盤初六日奪銃櫃一信亦
可見該委員紳士等之出力矣弟今早又運去西洋銅礮
兩尊大小礮子八擔火藥六石因思
國初乾隆年間如阿文成之攻金川碉樓有數百座均經破燬
不過心齊力厚四字耳今非其時但此一簣之功不全即
各路之氛易起現在彰化知弟一心滅賊是以各頭人聯
莊拏賊日前斗六縣丞程榮森於斗六一帶率頭人等陣
擒髮逆林晚等多人竇斗街一帶拿獲壘次攻城之妖婦
謝笑娘均經正法即聯莊殺賊之明效現時省中漳府大

亂未平各匪思逞設或氣餒偷安則誤及大局更有不堪設想者弟豈好勞多費之人實有不能一刻放鬆之勢閣下於南中兩路曾身歷其境非猛不行諒不致以弟言爲過也刻已專札委員到府往提餉銀火藥切囑蕭委員迅即起身爲要實營立等應用也書院膏火難追自當早停早給尤見體恤陳學瀛既知愧奮清苦異常亦可註銷記過之案容再批發可也匆匆佈復諸唯朗照

稟督憲左宮保季高

竊職道前因林署提督復往內山犁頭店剿賊觀望推諉

業飭紳團會同地方文武速爲剿辦茲於同治三年八月奉撫憲行知前稟荷蒙憲臺逐層指示飭即明白稟復等因仰見諄諄誥誡之中仍寓用彰無隱之意下懷感悚莫可名言竊以臺灣爲海外巖疆人心浮動現當地方甫定餘匪尚未盡除兵燹之餘民情尤形拮据曷可懈於搜捕妄事誅求是使已困之氓重遭意外之擾況先已肇衅致啓戎心倘再朘削頻仍事變滋起在職道一身之獲咎猶小而

國體之所關甚大故不敢稍存緘默冀可挽回乃因前稟未能畢詞致蒙明詰但事皆有由言庶可復不得不再爲我

大人覼縷陳之伏思職道自上年秋間仰邀

恩命補授斯缺統兵來臺督辦軍務當即視賊所向相機進取不敢畏難就易免致師老餉糜隨由滬尾登岸後遂即進紮牛罵頭單師直逼賊巢先取水裏港斷賊糧道次取葭投莊去賊屏蔽並同日攻克山路貓霧捒等處匪勢已成孤注彰城隨即克復爾時林署提督甫經到臺行抵嘉義之他里霧地方無論職道志在滅賊事屬應辦何足言功而林署提督路隔兩站之遙兼之斗六未克賊莊隔塞諒

亦不致遽生倖爭之心即職道此次統帶省標官兵連同跟役人等共只五百餘名原領司庫軍餉內除由省發給省標官兵一個月鹽菜等項並船價之外實銀六萬餘兩且未奉有轉撥各路營餉之文專顧本營在起行時自覺充裕迨抵臺境查悉曾林兩提督遠在嘉邑前臺灣曾鎮玉明困守水圳橋並無兵勇分佈殊覺賊眾兵單難期制勝隨於艋舺等處招集舊部壯勇並添募新勇暨區道移交陳捷元及酌留張世英等管帶各兵勇共不下五千餘名歷次派往打仗均經

奏報有案。旋又另募水勇。添製軍械衣旂。在在需資。雖所募之勇分路堵剿。未見其多。而所帶之餉支應浩繁。實形其少。況值各營紛紛請撥。又不得不顧全大局。復於無可籌措之中。勉力陸續湊撥。現署水師提督前臺灣曾鎮玉明。前署水師提督現署臺灣曾鎮元福。北路協湯副將得陞管帶紅單船。關副將鎮國。署彰化縣凌令定國。共銀一萬六千餘元之多。更兼職道素性耿介。覩此滿目瘡痍。又曷敢妄事捐罰。苦累閭閻。是以營中別無進款。若非續准解撥。竟不免有譁潰之虞。似此窘迫情形。曾林提督各營知之最稔。雖其形諸公牘。微露爭餉之言。然其早悉底蘊。似亦不致終懷必爭之念。且林署提督原帶陸提弁兵及許忠標所募詔勇。亦不過數百名。其餘均係就近招集親族子弟。而所領軍餉內原領省餉二萬二千兩。又抵臺後陸續由郡解應及代發夫價等項共銀九千餘兩。合計銀四萬餘兩。前經臺灣府陳守稟報憲鑒。續又自行具

奏。收到林維讓等捐欵番銀二萬元。核計先後所收軍餉亦屬不少。又曾署水師提督玉明奉文內渡。籌辦西防。曾准照會臺灣府陳守清釐積欠。聲稱自統兵東渡以來。需用

兵勇口糧及各項什支。除由省郡撥濟暨籌捐等欵一十一萬餘兩之外。尚應找給銀一十七萬餘兩。各兵勇以積欠未清。不遵裁撤。旋經陳守於請示可否。由省酌量籌撥委員解交查收支發。內渡稟內聲請鈞鑒有案。惟核其原文。雖續由職道到臺後及郡局先已籌解共銀二萬餘兩。究竟是否已在領數之內。並計。並未切實聲明。但加之現復由府籌給銀二萬一千元。資其內渡。統計所領餉銀較之別營尤爲增鉅。誠如憲示。不難按冊而稽。至職道與林署提督本係舊識之人。因其前在職道署理淡水廳任內充當義首。並由職道保舉有案。現在躬膺顯職。又得共事行間。晤對之餘。頗甚歡洽。本無各存意見。稍涉齟齬。祇緣此次彰化復有匪徒滋事。雖經地方文武督同民團即時撲滅。但察其致寇之由。先准曾署鎮元福來函。訪聞有林天河強佔內山賴姓產業。民心不服。以致各股首聚集千餘人。復有豎旂之謠。擬分二股。一股攻阿罩霧。一股直撲彰城。又准曾署鎮移稱訪聞賴矮與後厝林泉等各率族房人眾。同張五古水等互相勾結。由內山招集匪黨。大肆謠言。尅日豎旂。攻打阿罩霧地方。又稱二十七日據彰化

縣稟稱係賴姓挾林天河私仇因搶紮賴姓住屋人心不服以致滋鬧又稱二十九日據鹿港局紳增生林清源稟稱內山逆匪陳鰷陳梓生劉安盧江陳狗母林皆等再會青斦通同南北餘匪起事先在犁頭店烏日莊沿溪屯紮此番內山再行謀叛者皆林天河所迫又稱同日據貓霧巡檢申稱林天河近日因討賴姓租穀率黨數百猛駐紮舊社莊三份浦溝背等處連紮七八座並將賴姓圳水斷絕厝屋焚搶無遺以致一時變起遍地皆賊又稱三十日據莊民邱阿七稟稱委員林飛高林信芳在七十二莊悅

興街一帶勒捐百姓慘不可言又稱先於二月十六日據西螺吳厝埕民人吳墘指控林飛高貪媳年幼欲圖爲婢帶往他處藏匿並准聲明刻下勸捐委員無數如林營則有林志芳林志高林飛高林瑞麟王希蕙等又稱拏獲匪犯胡海吳母丁亦供此次蠢動實因霸產派捐以致謠言與其派捐及被人霸此產業不如滋鬧得免暫時抄錄供單彙案移請察辦各等由此乃會署鎮先後函移林天河等霸產肇端之情形也又林署提督辦理捐罰叛產等事並經臺灣府陳守於稟覆報林署提督藉詞積欠未清恐

誤內地邊防稟內聲明自彰化克復以來分捕餘匪正月間已將逆首林戇成擒獲正法巢穴蕩平是時林署提督飭派許忠標率帶兵勇協助曾前水師提軍圍攻小埔心陳阿狗弄而身留內山歷時一月有餘則在地各勇口糧節省自當不少其籌辦捐罰閤郡傳說紛紛或謂某處罰欵盈千或謂某處捐欵累萬雖未奉林署提督移知第其熟悉情形多方籌措諒早得有成數不致缺餉稟陳鈞聽有案又據彰化縣凌令稟稱大肚溪之趙憨陳九母茄投之陳鮑早經遠颺聚集揀東陳梓生賊巢林署提督因清

理叛產兼辦捐罰未及督兵剿辦擬俟林提督撤隊後親督弁兵痛加剿洗搗其巢穴以杜後患又奉撫憲抄摺行查彰化匪徒復擾起衅情形并職道訪聞復有抑勒罰捐混抄叛產各事惟林署提督奉調內渡有無起身的期一并飭據彰化縣凌令及委員張世英稟復林署提督雖已咨報定於五月十五日內渡其所以遲遲吾行者一則侵沒叛產恐早冬租穀各佃不願完納必須親自督收一則揀東尚有捐罰之欵可辦無非準折田產居爲己業必欲搜括殆盡總之惟利是圖之人大權在握適足以濟其貪

雖道路以目，而屈於勢力，不能不隱忍以待。嗣又奉撫憲函開：准憲臺咨據紳道林占梅稟臺灣此次餘匪滋事情形，係由辦理不善所致等由，函飭職道試後必須親臨北路督辦善後，務將起衅情由就近確查密稟等因。當核抄奉憲臺咨文內敘林紳占梅原稟，既稱勒捐軍餉，混抄叛產，又云保舉豪強，嚴科激變，均係隱約其詞，未敢直言無諱，亦未始非凌令所稱屈於勢力，隱忍以待之一證。又據臺灣府陳守稟報：奉准林提督照會，以大里杙館抄封各穀，向係由府委收充餉，刻值早稻收成，似可將此欵提作

兵餉，經該府查明前項叛產業經派撥書差前往封收，即以提督印單征收，府管叛產，亦與政體不合，隨經該府通稟在案。此乃臺灣府陳守及彰化縣凌令歷次函稟林署提督辦理捐罰、混收叛產之情形也。是林天河之釁端生事，林署提督之妄行搜括，雖孫某之信無足重輕，然曾署鎮及陳守等，或係身列總戎，或係職膺表率，歷敘屬吏紳民，異口同聲，如非見聞較確，曷敢函牘紛投？而職道前稟既未敢逐一指陳，亦未便緘口不言者，良以林署提督係由職道保舉之義首，游擢今職，現署提督，倘趨近利而昧遠圖，非特地方之安危所關匪細，即因此招尤，亦特為惜之。以故屢次函囑，冀其共維全局，努力前修。無如言者諄諄，聽者藐藐，又不得不將函報各情畧為稟陳，亦無非欲仰仗憲威，使知儆惕，並非有意排斥。況林署提督前於咨報奉調內渡案內，自矜戰功，並以設法辦理民間田產為詞，旋奉撫憲行知，已准憲臺咨會，嚴行駁飭，並以本籍民人爭佔田產，尤應引嫌迴避，豈有藉憑威勢，妄有干預，則此中一切隱情，必邀明察。緣奉前因，理合縷晰稟覆，臨稟不勝惶悚之至。

臺郡義倉開晒後實存抔穀売穀石額出入銀錢數目彚
造清册並稟
四品藍翎員外郎銜刑部候補主事前七品小京官臺灣
郡紳黃應清等敬稟
逑安大公祖大人安稟敬稟者竊應清久沐
恩施情深淪浹睽違
鈞範時屢寢興仰
慈蔭於瀛壖謳歌不輟頌
福星於閩嶠朗耀長懸客臘餞送郊坰轉瞬時逢荔夏恭維

大人武功素建
文敎宏敷
佛是無量布政本詩書為經濟
老當益壯凝庥偕日月以升恒
暫留養晦精神告歸赤崁
再冀出山霖雨望慰蒼生隔海翹瞻望風忭祝應清庸材謭
陋見識拘墟株守家門罔預外事迺蒙
憲臺加意栽培
委任公務義倉甫畢旋畀清溝自顧駑才時深蚊負茲於

義倉續採穀石一併開晒統計實存穀壹萬陸千餘石連
經費實存銀額造具清册寄呈
電鑒至清溝事自
憲駕揚帆旋省局中時形鬆散捐户任意挨延當軸者亦無
從鞭策虧清一人力肩其任不忍一簣功虧北條溝岸穿
城至厰口一概砌築磚石全工告竣兩經淋雨不見傾頹
清水寺路煥然一新三處橋梁次第成之縣城隍廟前一
橋正在着力興工南條溝岸只須脩補工輕費少均須計
及不致虛懸惟是統計應銀陸千餘元不敷肆伍百元未

交縁金陸百餘元經理不無支絀皆清陸續墊應以期及
早蕆事無負
憲臺委任摯意成桑梓一節工程敬肅蕪稟備陳一切虔請
崇安伏祈
垂鑒應清謹稟
遵將義倉續採穀價挑運脚費開晒工資添補鋪墊脩理
米倉穀倉逐一開列清册呈送
察核須至清册者
計開

舊管

一存岦銀壹千捌百肆拾貳元壹角玖辦肆尖同治伍年拾月稟案

一存銅錢貳千壹百捌拾陸文

新收無

開除

一算手黃期同治五年全年辛金去岦銀叁拾陸元同治五年十一月

一奉　憲創收米倉土木工開去岦銀柒元捌角同治五年十二月

又屏斗四路各用捦時協盛號去銀肆拾壹元壹角

又蔡成司包做竪笨軟笨二間去銀壹拾伍元

又做笨頂簟等件去銀貳元陸角

又什費夯工等費錢𢇁千去銀柒元陸角

一許貫僱倉賞年支去錢壹千文

一續採杯穀壹千石匀價去岦銀壹千叁百捌拾元同治五年十二月

又挑工放籌循章去岦銀叁拾肆元零肆辦

又添買倉廒鋪墊竪軟笨去岦銀玖元捌角

又開晒工資每石工價壹辦柒尖壹千石去岦銀拾柒元同治六年正月

又補綴晒穀大谷達并買粗糠口袋去銀捌元陸角

一修理倉廒二月廿一日至四月初四日止泥水匠大𡶛工佰小𡶛工𠼻去銀貳拾陸元捌角伍辦

又恒德號亮灰灰心𠃵担價銷角去岦銀壹拾叁元

又孝司花瓦叁千肆百片價銷角去銀拾玖元柒角貳辦

又挑沙塗買茶心炭鐵丁土桄等錢𢇁千去銀伍元肆角

一許貫僱倉支工食銀去岦銀叁元二月十五日

又去岦銀叁元三月二十五日

又去岦銀貳元四月二十九日

又支賞節去錢壹千文五月初三日

又去岦銀貳元五月二十二日

一算手黃期支同治陸年半年辛金去岦銀壹拾捌元

一督辦收穀入倉修理倉廒黃統堅賞去岦銀壹拾元

一買倉梯長短二張共去岦銀壹元肆角

以上共用去銀壹千陸百陸拾叁元玖角壹辦錢貳千文

實在

一存銀壹百柒拾捌元貳角捌辦肆尖

一存錢壹百捌拾陸文

另存

一郭煥記用契爲胎借去銀伍百元五年九月初一日起利

一吳亨記用契爲胎借去銀伍百元五年十月初一日起利

謹將義倉穀自同治五年四月二十六日起至六年二月
二十一日止節次開晒乾淨實在收入倉厫各字號抔
穀殻穀石額逐一開列清冊呈送
察核須至清册者
計開
一倉字號收抔穀壹千陸百陸拾伍石
一廩字號收殻穀壹千陸百貳拾捌石
一實字號收抔穀壹千柒百陸拾伍石
一禮字號收抔穀壹千柒百貳拾石

一義字號收殻穀壹千伍百玖拾捌石
一興字號收抔穀壹千陸百壹拾陸石
一風字號收殻穀壹千陸百肆拾伍石
一俗字號收殻穀玖百壹拾陸石
一美字號收抔穀伍百貳拾貳石
一慶字號收抔穀肆百伍拾肆石
一豐字號收殻穀柒百陸拾貳石
一登字號收抔穀壹千柒百叁拾石
共存抔殻穀壹萬陸千零貳拾壹石較之稟案數

目加失穀伍拾柒石皆因近來海市杯穀多濕一
經晒乾每多加失合應登明

大中丞樹人憲臺七十述懷詩並記

一官四十有餘年游宦萍蹤半海邊從政驅車仕東魯
効忠叱馭入西川榛蕪皖豫空蒿目風月湖山暫息肩
五度仙霞今老矣承平可許賦歸田
舳艫千里火輪飛牙纛遥臨八陣威臺鳳煙氛銷赤嵌
漳龍露布颭紅旂人和可望天心合官瘦方能國計肥
戎馬風濤經歷慣餘生贏得古來稀
平定兼圻大將才謂左帥縈叨驥尾附雲臺幾經磨盾參
謀畧何幸遺書免刼灰憂樂敢云天下共功名不是熱
中來
四朝歷受
恩如海一片葵心向日開
報最曾無尺寸功三年海上白頭翁安瀾路達鯤身穩
柔遠情聯象譯通孝悌壯丁脩暇日文章多士盼秋風
九月補行鄉試告天夜夜焚香祝人壽期頤歲屢豐
塵塵梅麓小園亭署東有塵塵軒梅麓亭旂鼓二山名當門繞翠屏
退息未曾抛案牘加餐無用餌參苓學爲稼圃占時雨
圃多種瓜菜掃盡欃槍拜壽星風鶴不驚刀斗靜課兒依舊

一燈青

自嘉慶庚辰通籍後官曲阜宰武城治泰山處於高
唐牧濟甯則爲任處守攝兖郡仍反魯道光癸卯入
蜀守閬中巡川北卽擢汀漳龍道乙巳讀禮家居丁
未服甫闋
簡臺灣道咸豐癸丑臺亂三月平甲寅升閩臬內渡
漳泉剿匪事畢乙卯入都丙辰襄辦皖豫軍務丁巳
赴浙任臬事已未遷藩司庚申春杭城陷先一月以
短解甘餉被議歸未及於難同治壬戌正月
內召旋奉
命撫閩四月抵任維時上游匪擾臺氛復惡以次剿
除甲子春粵逆自江右闌入汀郡屬境竄踞建甯甯
化二邑隨卽擊退九月復由粵界突犯漳郡龍巖州
相繼淪陷者汀屬二縣漳屬一廳六縣冬十一月季
高少保督師入閩調浙蘇諸軍並駛輪船而進迄乙
丑夏四月先後收復各城一律肅清　奏捷皆附名
入　告籍免罪譴計履任三載有餘年已七十矣乞
休此其時也兒毓海自三歲挈之渡臺今仍隨任公

餘課讀癸亥回里小試幸冠童子軍續書香一脈耳

閏端午日宗幹并記

臺灣道丁曰健恭和

大中丞樹人憲臺七十述懷元韻

天河洗甲紀功年帝嶽生申克靖邊通籍鴻聲齊望岱

還喬駿業快移川七鯤舊屬重回首五虎新麾又永肩

（日僂由臺返閩荷中丞陶鑄功深）名教惟期傳一脈初心不負重書田

錦帆開浪逐霞飛紳庶爭迎頌

德威皖豫疊經匡節鉞杭湖猶想駐旌旂民生多賴同甘

苦家計何心論瘠肥感格真誠

天眷久近來福壽似

公稀

迂拙原非軍旅才銜

恩扶病又登臺（交卸藩篆引疾乞假蒙薦拔授臺道篆）機宜赤嵌曾親授報稱丹

忱未敢灰望冒三年羣志洽歌鐃五月捷音來（到臺後數月克彰斗擒首逆）近聞全海臻安定嶺上梅花視蝦開

大業喧傳數省功關心教育重文翁揮戈扼要元戎合

射策逢時九月通（九月准補鄉試）桃李陰多依

北極芙蓉生不怨東風海濱向化同鄒魯逢吉康強食報豐

襟懷瀟洒坐高亭遠近峯巒展畫屏雲谷無心爭出岫

松根得地自生苓承歡桂子歌濃露養志蘭陔樂壽星

中外尊崇歸潞國

聖朝未許隱山青

修造臺澎提學道署初記

今
皇上御極之三年春王正月甲子上元修造提學道署崇
國體急時政定民心也提學道署在郡垣西定下坊後枕内
山前環瀛海形勝地也羣僚之躋蹌士庶之瞻仰政治之
因革於是乎在自入
版圖以來幾二百年矣始爲臺廈道署繼爲臺澎分巡道署
今爲按察使兼提督臺澎學政署政教愈興則修葺愈肅
臺民以此卜氣運之隆替焉其先朱逆首亂斯署荒蕪平

臺者七日奏績二年撫綏舉斯署一新之中閒經歷寇災
官凡幾任署凡幾修補苴罅漏歷有年所然未有如戴逆
陷彰　孔公殉節天爲改容地爲噫氣越五旬爲壬戌五
月郡地大震而斯署傾動坍塌若是之暴也余以同治三
年八月受
命總統平臺九月由省抵淡習聞斯署頹廢已甚竊願仰藉
皇威蕩滌邪穢振興教化整理斯署上尊
朝廷制度下新小民耳目與官吏紳耆坐論善後事宜於其
中果也

聖神被海兵力撼山由五虎門而對渡登八里坌以集兵旬餘
之閒先清海路破水裡港繼搗山路克葭投庄直入犁頭
店攻克貓霧捒連宵而復彰邑乘荼火之威摧折枯朽遂
收斗六遂梟逆首破竹已成順流而下以癸亥十二月下
旬直抵臺郡余旣到郡視事宣揚
上德與民維新巡城察獄視吏所便問俗所苦策士人所長咨
汎弁於地宜考戰艦於古制方將運籌帷幄剪嘉北未除
之小醜安鳳南欲逞之狡思隱嘆斯署之不可駐足羣僚
奉公之無地也而一時局紳學衿以修署請以爲臺地之

最難定者民心也居平里巷竊議見長官之興作輙多遲
疑假令辦公無所官署不肅卽
國體不尊必有匪徒訛傳因而伏莽竊發者比比然矣戴逆
熾而　孔公歿　孔公歿而地大震地大震而署傾壞視
經朱逆擾時倒敝滋甚斯署其有氣運存乎且弭非常之
變者必建可久之模今茲修署之役非徒崇
國體正以急時政也且示民以北路餘孽剪除畧盡而庶務
皆作治運一新亦鎮定民心之一法余聞斯言也謂有合
於治爰命局紳舉人黃景琦廩生陳熙春貢監增附若而

人董役而修之修九閱月而竣事制雖仍舊材則取堅工必擇良費惟務節是役也計糜錢紋逾萬出於紳商樂輸者多余於聯試歲科士後落成而爲之記一切鋪張勝景詞概從畧懼褻也亦使後之涖斯署者諒余區區苦心所經營於戎馬倥傯之餘非爲不急之務也則幸甚

同治三年小春穀旦皖懷丁曰健初記

再記

臺受

聖天子漸摩之化垂二百年文物聲明漸臻醲懿而潛萑伏莽

不免蘖芽其間觀察是邦者兼督學陳臬之權教以育其才刑以詰其慝其任重且繁則其治事所亦不容以苟且

還就同治癸亥歲

朝廷以戡逆稽誅師久無功欲更張而振作之時余需次會垣

蒙

恩簡拔臺澎兵備任統軍進勦賴

國家威靈碧海澄流玉山獻瑞至則驅貔虎以掃蟲沙殲渠犁穴不數月而奏蕩平先是歲科二試格於寇氛不得舉既班師則於甲子春補行之而道署因震災傾圮亦以上元日興修自春徂秋克蕆厥事其爲期不紆不迫築削度揉循節之爲美其爲制不陋不華暨茨丹雘取固以爲良落成之日余既念作者之難而尤思居之不易也方余與賊鏖戰淡彰間野次幕宿枕戈待旦縱有斐亭澄臺在前亦豈能游目余幸斯民安堵爲之長者得燕坐於此堂則持盈保泰之道宜何如圖維者昔人云官如傳舍實不盡然王丞相之治揚州廨舍也曰爲次道治此蔡侍郎之修中書廨宇也曰庶來者無勞此與黃岡竹樓明年何處之意大殊而東坡先生宦轍所經獨多營造其意似更有進

士大夫職在司民一日未離篆則一方之廢修治革皆所關心况茲署弼教明刑觀瞻攸屬又不得以弓戈甫戢土木遽興爲嫌矣是役也需金逾萬官帑不足捐諸紳商急公可尚也而任勞任費黃孝廉景琦之力爲多助之董役則有廩生陳熙春并附以示獎

同治四年孟夏穀旦皖安丁曰健再記

後序

治臺必告錄一書　徐清惠中丞任臺澎日採輯前人治臺成效及論臺事之名言碩畫益以自治官書薈萃而成同治二年臺彰戴逆變作經年師久無功全臺大擾　方伯丁述安同年方卸署藩篆請假養痾　中丞委辦全臺軍務行有日備兵
命下統師東渡瀕行　中丞授以是書蓋深以福文襄孫文靖二公勳業相期許臺人之望　方伯也如歲如慈父母舟抵臺北招募舊部精勇單師直入搗穴擒渠先復彰化旋克斗六疊次深入內山殲除醜類救定全臺其明效大驗

也如此五年冬引疾請開鈌得
旨允准內渡時　中丞已於冬初薨于位　方伯感公知遇之厚思竟公未竟之緒亟取是書釐訂之附以平臺藥言抄錄在臺前後軍情摺報合爲八卷將付剞劂以芳前掌海東教事獲聞緒論使加校正因得受是書讀之中請獎請卹清單臚列全卷姓名似繁且體近檔案第旣全敘摺報自應恭錄
諭旨俾海外戎行益曉然
朝廷有功必敘微勞不沒之至意所以昭激勸也體例不妨從刪書於臺地利病講求不厭其詳而思患豫防之道尤懃懃三致意焉然則是書爲治臺之圭臬也可爲平臺之方略也可爰誌數語附名簡末云

同治六年歲次丁卯九月侯官黃紹芳謹跋

延平王户官楊英從征實録不分卷〔一〕

〔清〕楊英撰

《延平王户官楊英從征實録》不分卷，清楊英撰。楊氏爲鄭成功户部官員，掌管錢糧銀餉之事。自永曆三年（一六四九）迄十六年，凡鄭氏大小征戰，幾於無役不從。遂據隨從征戰事實，撰爲是卷。原係抄本，名曰《先王實録》，民國二十年（一九三一）經海鹽朱希祖整理而改題，並撰長序，於其内容得失、史料價值論之甚詳。謂楊氏身任户都事，每逢出征，必經理糧餉，故此書之記載，專重財政、軍事兩端，而尤詳於財政。據上海圖書館藏《國立中央研究院歷史語言研究所影印史料叢書》本影印。

從征實錄

延平王户官楊英撰

史料叢書　之一

中華民國二十年五月

國立中央研究院歷史語言研究所印于北平

延平王戶官楊英從征實錄序

中央研究院歷史語言研究所景印舊鈔本延平王戶官楊英從征實錄一册，不分卷，此書出於福建故家所藏，前後霉爛，書題四字脫去，末亦有缺文，裝成四册，郵寄北平時，稱爲延平實錄，因「錄」字原文尚隱約可辨，遂錫以此名。余觀此書體例，不以延平一生事蹟爲始末，而以楊英從征目覩爲標準，故此書起於永曆三年九月楊英獻策，而終於永曆十六年四月楊英敢陳農務，而永曆十五年八月杪至十六年四月，約七閱月，未有記載，自言：

英染（病），此後不知軍中機宜，不敢冒（載），

而書首又云：

十六年五月，先王賓天，凡所隨從戰征事實，挨年逐月，採備造報。

一

故余改其題爲從征實錄，而冠以楊英二字；傅君孟眞以爲此六字上宜再冠以「延平王某官等字」，否則楊爲何人，征爲何事，似皆不能引人注意。余甚韙之，因覆孟眞書云：

攷夏琳閩海紀要「永曆十七年十一月，鄭經設六官，以楊英爲戶官。」（閩海紀要卷下）先是「永曆九年，延平王鄭成功承制設六官，時奉詔文武職官許其便宜委用，武職許至一品，文職許設六部主事；又賜詔許其軍前所設六部主事，秩比行在侍郎，都事秩比郎中。」（閩海紀要卷上）楊英在延平王成功時爲戶都事，觀實錄中自稱可知，此書作於嗣王經時，且在英爲戶官後，故書首題「戶部主事楊英」，蓋在鄭氏方面言之則爲戶官，在行在方面言之，則爲軍前戶部主事。竊擬此書可改爲「延平王戶官楊英從征實錄」。

孟眞以爲然，遂定此名云。

此書文辭俚俗，多公牘語，蓋多錄自六官案卷，如云「軍令賞格，俱在兵科」（見第一百三十八葉）而書中所載軍令賞格甚多，知其出於兵科案卷也。所到地方，均記載所得錢糧計銀若干兩，米若干石，甚覺詳悉，知其出於戶科案卷也。而書中所載行在詔旨及與晉王等來往文書，與夫清廷詔勅及疆吏來往議和文書，蓋皆出於案卷，不然何以能如此之詳備也。書中「調兵」之「調」盡作「吊」，「風暴」之「暴」盡作「報」，侍衛作「蝦」，爲滿洲土語，官家子作「舍」，爲福建土語（見第四十八葉「令內侍蝦鄭渡舍蔭舍來見」又四十九葉「二弟蝦」逆臣傳鄭芝龍傳蝦作「侍衛」；舍爲官家子，疑爲「少爺」二字之縮音）他如「打仗」「穿帶」「溜下」「閣破」「搬去」「歹天」「手段」等詞，層見疊出，亦其好用俗語之一例也。

書中又多避諱字，如「由」作「繇」（見第一葉，避明思宗安宗昭宗諱），「松」作「嵩」（見第八十七葉，避安宗諱）「常」作「甞」（見第六葉避桂恭王常瀛諱）龍「」作「隆」（見第九十六葉「許隆」海上見聞錄閩海紀要皆作「許龍」此避鄭芝龍諱）「功」作「光」（見第十三葉「馬得光」海上見聞錄閩海紀要均作「馬得功」此避鄭成功諱）「經」作「京」（見第三十二葉，「天地之常經」作「天地之甞京」此避鄭經諱下凡經歷經營曾經等字皆作京）「錦」作「金」（見第二十一葉，「陳金」海上見聞錄閩海紀要均作「陳錦」此避鄭經小名錦舍諱）書中誤字本多凡此等字則非誤字，故特拈而出之亦可見當時藩臣之對於藩主實與皇帝齊等，觀其稱成功之薨曰「先王賓天」（見第一葉）稱成功之夫人曰「國母」（見第八十七葉）侍從曰「扈駕」（見第九十三葉）此皆過於尊崇而稱謂不當者也。

楊英籍貫本書不載，不知其爲何地人其事蹟亦不見於他書，惟夏琳閩海紀要下及連橫臺灣通史卷二十九言「楊英爲戶官」而不別綴一辭，本書自紀其獻策上書與夫從征時經理糧餉甚詳，今列舉如左：

永曆三年九月，藩駕駐中左，初一日，楊英獻策，藩批「着來見」，隨錄任戶科。（第一葉）

永曆五年正月，藩駕至南澳，統師勤王，二月，至白沙湖，二十五日卯時，開駕，遇風報大作，本藩正副坐船遭險，戶科楊英等隨從在副坐船中，時，方近山，三月初十日，至大星所，十五日，傳令攻城，一鼓而下，城中米穀，令戶科楊英分派官船運載。（第十一葉至十三葉）

永曆八年十月，藩駕駐中左，十九日，遣師南下，與晉王（李定國）等會師勤王，官兵數萬，戰船百隻，剋日南征，委忠振伯（洪旭）先到銅山，撥船配兵，議糧，遣戶科楊英同忠振伯炤議發行糧米十個月。（第五十五葉）

永曆九年二月，藩駕駐中左，議設六官，并司務，忠振伯洪旭管戶官事，貢生林調鼎爲戶官左司務參將吳愼爲右司務楊英涑中出征，加銜司務，（案八年十二月，前鋒赫文興破同安縣，援勦左鎭林勝破南安縣，中提督甘輝同北鎭陳六御破惠安縣，遂移師興化地方，九年正月破仙遊縣，楊英蓋從甘輝等出征泉州興化也。）後因張名振條陳不宜僭設司務，遂改司務爲都事，（第六十六葉）

永曆十年二月，藩駕駐思明州，令前提督戎旗等鎭棄揭陽縣，登舟下廣，采聽行在聲息；另差戶都事楊英查察張一彬徵收揭邑正供支銷，并察餉司監紀追收米石，配載商船，一盡回州，計餉銀十萬兩，餉米十萬石。（第七十六葉）

永曆十一年七月，本藩興師北征，八月十八日，移師進攻台州府，二十日，虜總鎭李必降，二十六日，知府齊維藩臨海縣知縣黎嶽詹遞府縣正供戶口籍册，遣戶官都事楊英進城查察倉庫圖籍等項，解出正供銀三千餘兩，版藉稱是。（第八十八至八十九

葉）

永曆十二年正月，藩駕駐思明州，時軍政頗暇，稽查粮餉事務，閱各提督統鎮南下取粮稍裕，恐軍士未免將米粟冒濫，發銀五千兩，初二日，令戶都事楊英繇銅山巡下，與各提督統鎮議就官兵積貯三個月外，有餘者盡行發糶載來，預給守汎官兵，各官兵俱喜有銀買糴，計運回米五千餘石，并派給後程水武營、後衝鎮官兵三個月糧。（第九十四葉）

永曆十三年五月初四日，藩駕至舟山烈港，傳令進取長江。（第一百十一葉）七月初四日，本藩督師進取南都。（第一百二十二葉）初十日，行令官兵就鳳儀門登岸，下營獅子山一帶，分程而進；本日楊戎政報六合縣鹽船載米萬餘石，係解北京粮運，押官搬藏民家，乞差官盤貯，藩委戶都事楊英陣中監盤□□萬□，搬貯在船候支。（

第一百二十四葉）十七日，各提督統領進見甘輝，前曰：大師久屯城下，師老無功，恐援虜日至，多費一番功夫，請速攻拔，別圖進取。藩時以諸將急請攻城，必有緣故，非兵有故，必粮不足，密喚兵都事李胤、戶都事楊英諭曰：爾兵都事往各營訪軍中動作何如，爾戶都事往問粮食何如，并□□□□各各在伍整束如對敵一樣否？已差鄭德去後，不如爾等之□□□□□□□□時各分路訪問去，訖，至酉刻回報，各甚釋稱旨惟楊英□□□□□□□□□□□時間前鋒鎮以對壘之際，緣何聽□兵撤網取魚城□咫尺，□□□□□□□□余新應云：軍機通變，總在將妙其用，張飛以疎而獲嚴顏，□□□□而□□□□□□言，啟覆藩主可也。藩曰：取魚者係伙兵則可，或戰兵則事去矣。立卽差張五軍傳諭戒余新，并發諭責之。（第一百二十六葉）八月初一日師回至狼山上沙時，粮運船多重載，不堪駕駛，委戶都事楊英分派各中軍船并各提

督統鎮船隻運載，預作兵粮，各船俱滿載，粮船放回，賜手梢各路粮千餘石。（第一百三十一葉）

永曆十五年二月，藩提師札金門城，進平臺灣，（第一百四十九葉）四月初一日，藩坐駕船至臺灣，到鹿耳門，是晚，赤嵌城夷長貓難實叮發炮擊我營盤，并焚馬□□□其赤嵌街係我民居草厝，藩恐被焚燬粮粟，特差戶都事楊英持令箭委同楊戎政督同援勦後鎮張志官兵看守堵禦，不許官兵混搬，亦不可致紅夷焚燬，明日分派發給官兵粮食，繇是各街米粟看守完全，無敢侵擾，次日卽令戶都事楊英將街中米粟一盡分發各鎮兵粮，計匀足半個月。（第一百五十葉）臺灣城未攻，官兵乏粮。二十二日遣楊戎政并戶都事楊英同通事何廷斌查察各鄉社有紅夷所積粟石及糖麥等物回報，發給兵粮，計粟六千石，糖三千餘担。（第一百五十二葉）八月，戶官運粮船猶不至，官兵至食木子充饑，日憂脫巾之變，藩遣楊府尹同戶都事楊英往鹿耳門，守候粮船，并官私船有東來者，盡行買糴給兵。二十二日，遣戶都事楊英押米船前往二林南社，接給兵粮，並同李胤察訪兵心何如回報，時粮米不接，官兵日只二餐，多有病沒，兵心嗷嗷。二十八日，藩令戶都事楊英持金十錠，同楊戎政馳往四社，買糴禾粟，接給兵粮，計可給十日兵食，回報。隨後英染（病）口口口口此後不知軍中機宜，不敢冒（載）。（第一百五十五葉）

永曆十六年四月，病愈，啓陳農務中有云，英隨藩主十四年，許矣，扈從歷遍，未有如此處土地膏腴饒沃也。英去年四月間，隨駕蚊港，路京四社，頗知土民風俗；至八月，奉旨南社，適登秋收之期，目覩禾稻遍畝，土民逐穗採拔，不識鈎鐮割穫之便云云。（第一百五十五葉）

綜上觀之，楊英自永曆三年以至十六年，凡大小征戰，幾無役不從，南至潮揭，北至南京，東達臺灣，蓋儼然一軍需要人也。

楊英身任戶都事，而又每逢出征，必經理糧餉，故此書之記載，特專重財政軍事兩端，而財政之記載爲尤詳，此爲本書最精彩處，其他史書均不能如此詳盡者也。且其職司會計，只知記載之完備，不顧事端之是非，故其搜括民間之米糧，與其取償損失之刼奪，在鄭氏或欲引以爲諱者，彼亦不暇計及，而爲之盡量披露，此眞所謂實錄者也。茲將關於財政之記載，分爲三類，列舉於下：

一、沿海徵取糧餉

自永曆三年至永曆十四年約十二年間，沿海之徵取粮餉，記載最爲詳贍，其間有名爲正供者，有名爲樂輸者，其實大抵用兵強取也。其地方可分爲福建本省及廣東（潮陽揭陽）江浙（浙江沿海，及長江）三區域：

甲、福建、

永曆七年閏八月，以和議故，分遣各勳鎮就漳泉派徵樂助兵餉，遣督餉都督黃愷追晉南地方餉二十萬。（第三十六葉）

九月，遣提督黃廷就雲霄地方徵米五萬石。（同上）

十月，遣中權鎮黃興前衝鎮萬禮等，統領鎮轄進入龍巖地方，徵餉二十萬。（第三十八葉）

十一月，遣前鋒鎮赫文興、北鎮陳六御、右衝楊朝棟等，率轄鎮往惠安仙遊等地方，徵餉三十萬。（同上）

八年三月，藩以議和，乘勢分遣各提督總鎮就福興、泉漳屬邑，派助樂輸。（第四十一葉）

四月，遣前提督黃廷、前衝鎮萬禮，率轄鎮進入永定地方措餉。（第四十三葉）

六月，遣中提督甘輝同援勦左鎮林勝等，出師長樂等處措餉。（第四十四葉）

七月，分遣各提督總鎮就漳泉福興等地方，徵派助餉，以和議未定，虜兵無敢阻抗，追遣益力。（第四十五葉）

十一月，漳屬十邑以次歸附，是年計派漳屬餉銀一百零八萬。（第五十七葉）

十二月，破同安、南安、惠安，由是安（安溪）、永（永春）、德（德化）各縣聞風俱下，是舉計派泉屬助餉七十五萬有奇。（同上）

十年十月，遣師進入福安地方取糧，以多積取者陞賞，時正兵鎮韓英居最。（第八十

一葉）

十二月二十九日，攻圍寧德縣，令各官兵散處取糧，各積足三個月。（第八十二葉）

十一年二月，遣右戎旗鎮周全斌出師福安內港三十里地方取糧，克拮坑寨，積糧三個月。（第八十五葉）

七月初十日，興師北征，集諸將議，遠征當先積糧，爾等當計何處可以取積，諸將各忘所在。藩曰：「處處俱皆輸將，惟興化涵頭黃石地方，大師未有京臨，倚虜未附，饒富貯積，可即取之。我于十二月已令護衛中鎮陳澤密畫地圖，現在分派各鎮架樑取糧地方，爾等當依令着力取積可也。」遂分中提督等督師進扎涵頭，本藩督戎旗等鎮進扎黃石地方，十三日，一齊登岸，各撥衝鋒官架樑，副鋒伙兵搬運粟石，駐扎三日，各船滿載，虜無敢犯。（第八十八葉）

乙、廣東

永曆三年十一月，藩督師進入潮州，駐師南洋，令搬運糧粟萬餘石，令督餉黄愷運回中左積貯。（第四葉）

四年四月，攻破揭陽縣，追取正供數萬，俱樂輸。（第七葉）

五年三月，藩勤王班師，諭諸將曰，「班回殺虜須足糧食，先就近處取糧」，滿儎候風開駕。（第十四葉）

十一年十一月初八日，遣各提督統領左右戎旗等，就潮揭派取糧餉。（第九十三葉）

十二年正月，南下取糧稍裕，議就官兵積貯三個月外，有餘者盡行發糶，計運回米五千餘石，並派給後程水武營後衝鎮官兵三個月糧。（第九十四葉）

四月，藩令各師沿路取糧，並令攻克澄海縣。（第九十七葉）

十四年二月，遣前提督黃廷等下揭取糧。（第一百三十六葉）

丙、江浙

永曆九年九月，北上師阻風乏糧，就溫台取糧。（第七十二葉）

十一年正月，遣北征水師往溫州、福寧州、牙城、漵寨等地方，取積糧餉。二月，師至溫州金鄉衞，卽議攻城。虜遊擊翟永壽獻城迎降，所報城內米粟甚多，客商湖絲三百餘担，藩遣船運載匀給。（第八十五葉）

十二年五月，北征，議就溫州界屬登岸，復攻郡邑，取足糧食。（第一百葉）

六月，行令各官兵取足七個月糧食，候令載往三盤卸貯；如無足七月之糧，究處將領。後各鎮俱報足七個月糧。（第一百一葉）

八月，羊山遇颶風，損失船隻甚多，九月，藩駕在舟山，集各將議曰，官兵船隻破損，糧食不足，須入温台各港，奪船取糧，再圖進取。（第一百五葉）

十三年五月，官兵乏糧，到順江洲，就太（泰）興縣地方取糧。（第一百十四葉）

七月初九日，進泊鳳儀門下，六合縣鹽船載米萬餘石，係解北京糧運，押官搬藏民家，藩令戸都事搬貯在船候支。（第一百二十四葉）

八月，師回至狼山上沙時，糧運船多重載，不堪駕駛，委戸都事楊英分派各中軍船并各提督統鎮船隻運載，預作兵糧，各船俱滿載糧，船放回，賜手梢各路糧千餘石。（第一百三十一葉）

十四年七月，遣石武衞周全斌等北征，略地取糧。（第一百四十七葉）

觀以上所舉，可知鄭氏所以能給合廿餘萬水陸縱横之兵，維持其十餘年南北攻戰之勢者，其給養大都恃乎沿海之糧餉，此獻策清廷者所以有「五省沿海遷民立界，以爲堅壁清野」之舉也。

二、中左海澄所失積貯，公然扱掠取償。

黃梧以海澄降清，所失糧米二十五萬，軍器衣甲銃器不計其數，本書記載頗詳。（見第七十三葉）惟馬得光襲破中左，所時僅言鄭芝莞遁太夫人（成功夫人董氏）同世藩（經）棄其輜重，只攜祖宗神主登舟，（見第十三葉）而不詳言所失之數，攷本書成功報其父書云「己丑歲，襲破我中左，掠我黃金九十餘萬，珠寶數百鎰，米粟數十萬斛，其餘將士之財帛，百姓之錢穀，何可勝計」（見第三十四葉）又鄭鴻逵致其兄書，亦言「寶物黃金計近百萬」（見第五十葉）此二書所言損失數目，可補其敘事之疏漏。

中左之所失，爲成功全部之家資，芝龍一生所積畜，清軍此舉，積怨成功甚深，故沈雲臺灣鄭氏始末云：

劉清泰奉密諭察奏稱「厦門左右，故鄭氏地，非他僭竊者比，撫臣張學聖、道臣黄澍、鎮臣馬得功垂涎金穴，乘成功他出，潛師襲取，悉其家貲，致鄭逆修怨索償，海疆淪陷，」命褫三人及革按臣王應元職，解京嚴訊。（鄭氏始末卷三）

日本川口長孺臺灣紀事卷中引三朝實錄，與沈說略同，而互有詳略，皆可證明中左所失之巨，積怨之深，且可見襲取之陰謀出於張黄馬之垂涎金穴；而當時成功叔芝莞及鴻逵之縱去馬得功，所以一見殺，一沒齒不相合也。今將其刼掠取償之事蹟列之於下：

甲、中左所

永曆五年四月，時官兵扎後院埔，乏糧，集諸鎮議曰「中左積米數十萬，被海邊載虜搬去，今官兵乏糧，當取之海邊。」五月初四日，藩督大師掠永寧、崇武二城，所獲頗多

而回。（第十六葉）

乙、海澄城

永曆十年七月，藩付一札與中提督張五軍林戎旗等，且諭之曰：「至暸羅灣，卽集諸鎭拆看，一一當照吾令而行。」初四日，隨至暸羅灣，依令而行，直入閩安鎭，逼至福州南臺城下，大掠而回，時官兵船隻滿載輜重寶物不計，足償海澄之失。（第七十九至八十葉）

海澄之失，成功歎曰：「吾意海澄城爲關中、河内，故諸凡盡積之。」（見七十八葉）黃梧因此封海澄公，可見海澄之失足以挫成功進取之謀，其積恨甚深，故永曆二十九年嗣王經得海澄，梧子芳度投井死，沒其家，剖梧棺，戮屍斬首，及芳度首揭竿以徇衆。（見海上見聞錄卷下）嗟乎，洵如司馬遷所謂「怨毒之於人甚矣哉！」

三、經營東西洋商船及各商行，

鄭氏養兵數十萬，固全恃沿海之徵取糧餉，然非經營東西洋商業及商行，亦不能措置裕如，蓋成功藉芝龍餘業，經商亦其家傳，花村談往云：

海有十賽寨飛黃（芝龍字）富逾十主，輦金還家，置蘇杭兩京細軟寶玩，興販琉球外國等物。（飛黃始末條）

不特芝龍如此，即其叔輩亦嘗以商業爲務，如：

鴻逵復書芝龍云：「督舟入揭，通商濟糴。」「擇地白沙，粗建茅屋，所有大小戰艦盡爲漁商，（言或爲漁船，或爲商船也）與地方相安者已三載矣。」（第五十一葉）

藩督後衝鎮周瑞等往圍頭接太夫人澄濟伯（鄭芝豹）洋船二隻，助洋銀十餘萬（於）太夫人，並送太監楊進、胡安國等至。（第十葉）

然則芝龍昆弟，本精商業，至於成功，則更擴而充之，本書云：

藩行令稽筭東西二洋船本利息，（言東西兩洋，各有商船，其數頗多，不僅二艘，蓋自南洋各島，東及日本琉球，皆有商船，往還絡繹不絕，散見各書，茲不具引。）并仁義禮智信金木水火土各行出入銀兩。（第八十六葉）

觀此，則當時東西兩洋，皆有商船，經營商販，而內地則有商行，以通貿易，故成功與其父書云「沿海地方，我所固有者也，東西洋餉，我所自生自殖者也，進戰退守，綽綽餘裕。」（見本書第三十五葉）黃梧條陳平海策，謂「鄭氏有五大商，在京師蘇杭山東等處，經營財貨，以濟其用，當察出沒收。」（見劉獻廷廣陽雜記卷三）然沒收其內地商行，仍未足以致其死命，蓋在海外轉輾貿易，仍甚裕如，且因通商之故，而得臺灣，適以延其世祚，本書言：

永曆十一年六月，藩駕駐思明州，臺灣紅夷酋長揆一，遣通事何廷斌至思明啓藩，年願納貢和港通商，并陳外國寶物，許之。因先年我洋船到彼，紅夷每多留難，本藩遂刻示傳令各港澳並東西夷國州府，不准到臺灣通商，繇是禁絕兩年，船隻不通，貨物湧貴，夷多病疫，至是令廷斌求通，年輸餉五千兩，箭柸十萬枝，硫磺千担，遂許通商。（第八十七葉）

魏源聖武記謂：

時荷蘭二城已置揆一王守之，與南洋呂宋占城諸國互市，漸成都會，適其主計之臣負帑二十萬，恐發覺無以償，乃走投成功，請爲兵嚮導，成功覽其地圖，歎曰「此亦海外之扶餘也。」（聖武記卷八）

觀此，則通商之事亦成功事業中最重大者，亦不可不記載，此書雖不甚詳，然已能識其大矣。

此書記載軍事，雖皆爲其從征時所目覩，頗覺詳盡；然較其記載財政，則反覺失之繁蕪，而不得要領，且有漏其機要，失其眞相者。今舉例如下：

一、南京之戰

南京之戰所占篇幅甚長，然其載甘輝之謀，僅得其片段，而又不甚明瞭，如云：

甘輝進曰：兵貴神速，乘此大勝，狡虜亡魂喪胆，無暇預備，繇陸長驅，晝夜倍道，兼程而進，逼取南都，倘敢迎戰，破竹之勢，一皷而收；不則圍攻其城，以絶援兵，先破其郡，則孤城不攻自下；若繇水而進，則此時風信不順，時日稽遲，彼必號集援虜，攖城固守，相口口戰，我亦多一番功夫矣。（第一百二十一葉）

而夏琳記甘輝之言，則較完備而明瞭，今錄於下，以資比較：

瓜鎮既破，甘輝進謂成功曰：「瓜鎮南北咽喉，但坐鎮此，斷瓜州，則山東之師不得下；

據北固，則兩浙之路不得通，南都不勞而定矣。」成功不聽。將進兵，甘輝又請陸路而行，以爲乘破竹之勢，一鼓可下，或攻取其附近州縣，以絕援兵，則南京勢孤，自必難守；若由水路，恐風信稽遲，援兵四集，又費工力。（閩海紀要卷上）

南京之戰，以甘輝爲最重要人物，而其謀畫及其死節，皆不爲之詳載，故闇然而無光彩也。

二、漳州海門之戰

漳州海門之戰，清兵由漳港、同安港兩路出師，而各有重要人物主持，此書對於兩港主要敵帥，既不明叙，已無知彼知己之明，又不能先提綱領，再爲分叙，遂致兩港人物時有混淆。如叙漳港之師，而言黃梧、施琅等不敢前進，只在觀望，（見第一百四十二葉）而阮旻錫叙此戰則較明晰，如云：

漳州港內，先遣大船一百號，配以漢兵，部院李率泰同海澄公黃梧督之，出海澄港。同

安港收拾小船，滿將軍達素同同安總鎮施琅，配以滿兵，橫渡高崎。（見海上見聞錄上）

三、增築海澄城

增築海澄城，此書記載甚略，似不知其重要，其言曰：

令馮工官吊民夫，增築海澄短牆。（第二十八葉）

阮旻錫記此役則較詳，其言曰：

築海澄城，所屬地方每家各出民夫一名，城高二丈餘，舊有五都土城，連而爲一，皆用灰石砌成，并築短牆，安大小銃三千餘號，周圍環以港水，巨浸茫茫，外通舟楫，內積米穀軍器，據潮州之咽喉，與廈金二門相爲表裏，以爲長守之計，命馮澄世督其工（海上見聞錄上）

據阮氏之記載，則更可見海澄之失，不特喪其輜重軍器爲可惜也。

四、毀漳泉各邑城

此書記載漳泉各屬邑毀城事，頗有失實之處，如

永曆九年六月，藩駕駐漳州，時因和議不成，虜多阻我餉道，又增兵入關，故令福泉興之兵盡抽回漳，傳令徵餉屬邑，一盡拆毀平地，使虜無城可恃，以便追殺。又傳令拆毀漳城。（第七十葉）

九月，藩駕駐思明州，漳泉各屬邑并漳城俱報拆完平地。（第七十二葉）

然夏琳沈雲所記則異，是夏氏云

九年六月，成功毀安平鎮，安平距泉州六十里，芝龍置第其中，人煙繁華，勝於郡城，至是聞貝子王統大兵將至，乃墮其城，并毀漳府及惠安同安三城，斂兵回廈。（閩海紀

要上）

沈氏云：

成功令兄泰移安平輜重於金門，徙泉屬士民渡金廈，空府藏，墮漳府、惠安、南安諸縣城。（臺灣鄭氏始末三）

據此則所墮不過一府二縣一鎮城耳，此云漳泉各屬邑并漳城俱拆完，則是有一府十餘縣城矣，恐非實錄。

上列四端不過偶爾舉例，已可見其對於兵事之記載，臨事既不能深知底蘊，事後又未嘗參攷他書，但采集案卷及其記憶所得之表面事實而已。如黃梧以海澄降後，其所獻平海五大策，實影響於成功，此後一切戰守事宜，如此重大事實，且不記載，則知其於歷史因果之關係及事蹟輕重之標準，皆朦無所知者也。

財政軍事而外，對於軍國重要史實，亦多言及，然亦有因史料關係，有偶爾中律者，有極不中律者，茲分別觀察，各爲舉例，以明其概：

一、極不中律者

甲、成功殺其族兄聯，并其軍，此書諱而不言其死。

永曆四年七月，藩駕回至中左，欲與建國公鄭彩等會師，適建國先數日前出師北上，會其弟定遠侯鄭聯，藩勸令改兵柄，合師共濟，聯亦聽從，令其轄將陳俸、藍衍、黃興、吳豪等歸附。（第九葉）

殺鄭聯事，惟阮旻錫直書之而不諱，其言曰：

成功殺定遠侯鄭聯，并其軍，建國公鄭彩逃於南海，將佐多降。（海上見聞錄上）

阮氏亦爲成功故吏，其作史頗多直筆，楊氏對之有餘愧矣。溫睿臨鄭彩傳云：

庚寅，與鄭成功搆釁，成功擊走之，襲執其妻子，成功祖母責其孫善遇之，得釋還，彩漂泊海中無所適，成功以書招之，乃歸，死於家云。（南彊逸史列傳三十九）

楊氏既諱聯之被殺，又諱彩之擊走，文過飾非，毫無微辭，此其一例也。

乙、成功因其叔鴻逵縱去馬得功，絕之，終身不合，此書於鴻逵卒，諱不書。

永曆五年四月，藩駕到中左，定國公（鴻逵）致書差人請藩入城，不從，且曰：「定國公與虜通好，請我似無好意，回報定國，謂不殺虜無相見期」。定國知藩意難合，即移屯白沙，因再與一書曰：「馬虜之歸，蓋以吾兄身在於清，重以母命故耳，不然我亦何意何心也，侄有疑吾之言，不亦錯乎」。是日往白沙。（第十四葉）

鴻逵答芝龍書云：「自放馬得光之後，擇地白沙，粗建茅屋，所有大小戰艦，盡爲漁商，與地方相安已三載矣，弟受本朝寵遇，官居上爵，義無悖舊恩而貪新榮，總之靜處白沙，樂天養病，若地方仍復相激，則弟惟有揚帆遠避，雖涉波濤，亦所甘心。」（第五十七葉）

十年四月，虜世子犯白沙。（第七十七葉）

攷虜犯白沙，鴻逵移居金門，養病（見閩海紀要上）至永曆十一年丁酉三月，鴻逵卒於金門，（見海上見聞錄上閩海紀要上南疆逸史鄭成功傳）此書皆不載，蓋以成功與之不合，不欲書其事以彰成功之過也。然追溯成功賜姓之由，全由於鴻逵擁戴紹宗所致；芝龍之降也，欲挾成功見清貝勒博洛，鴻逵陰縱之入海，至昭宗時，成功南下勤王，鴻逵亦出兵相助，觀其與芝龍書，眷念舊恩，不貪新榮，散軍艦爲商漁，居白沙以弢晦，書中廻護成功，沒齒無怨，而成功則以家產之喪亡，殺芝莞以洩恨，（臺灣外紀曰「芝豹因護庇施琅，成功怒之，後見芝莞被殺，乃乘招撫之令，挈芝龍妻顏氏入泉州投誠，移居京都。」鴻逵跳身白沙，幸而免戮，忘大德而不赦小過，此施琅黃梧輩所以寧反面事仇也。及至黃梧獻平海五策，於是芝龍被殺，祖墳被掘，內地絕其商販，沿海遷其居民，於是大軍之給養已絕，不得不退關臺灣，鬱怒之餘，致病肝急，（見沈雲臺灣鄭氏始末卷五）以致濫用權威，人多思叛，至欲以小過殺其子經及妻董氏，骨肉且不能容，而何況乎他人！於是衆叛親離，反以自戕其身，成功英年得志，局量未弘，中道摧折，不竟其業，誠可惜也。而楊氏之匿過諱惡，其於鴻逵猶其小焉者也；至芝龍之被殺於北京，在永曆十五年十月，成功遣官殺其子經及妻董氏，在十六年四月，（此書四月事雖有缺葉，吾料其必不記載五月成功之卒，亦必不敍述矣。）此書皆託病不敢記載，此皆巧而傷直者也。

丙，魯王來中左所，此書言成功以臣禮奉之，則失之誣。

永曆四年十月，魯王同閣部曾櫻等至中左，藩執臣禮奉之，厚待曾閣部。（第十葉）

攷江日昇臺灣外紀，與此說異，其言曰：

永曆六年，魯王至厦門，成功集諸參軍議接魯王禮，潘賡鐘曰：「魯王雖曾監國浙右，而藩主現奉粵西（據小腆紀年補此二字）正朔，均臣也，相見不過賓主。」成功曰，「不然，若以爵位論之，魯王尊也，況經監國，若用賓主禮，是輕之，輕之是綱紀混矣。吾當以宗人府府正之禮見之，則於禮兩全。」諸參軍拜服其論。（外紀卷七）

徐鼒小腆紀年，汪鏞鐘延平忠節王始末皆取斯說，則言以臣禮事之者誣也。

丁、設六官不言承制跡似專擅

永曆九年二月，藩以和議不就，必東征西討，事務繁多，議設六官及察言承宣審理等官分隷庶事。（第六十六葉）

攷南疆逸史鄭成功傳云：

先是隆武之以總統命成功也，許立武職得至一品，文職至六品，至是兵勢既盛，乃設六官，分理庶事。（逸史列傳三十八）

閩海紀要則記載尤詳，其言已略見上文，今更詳舉之，

永曆九年二月，延平王成功承制設六官，初，成功以明主行在遙隔，軍前所委文武職銜，一時不及奏聞，明主許其便宜委用，武職許至一品，文銜許設六部主事。成功復疏請以六部主事銜卑，難以彈壓，明主乃賜詔許其軍前所設六部主事，秩比行在侍郎，都事秩比郎中，都吏秩比員外。於是設六官。

由此觀之，文武各職，便宜委用，在隆武時已然，此南疆逸史所說，足補閩海紀要之缺焉；而閩海紀要則詳記永曆時疏請詔許情節，亦足以補南疆逸史之缺。總之，設六官事確係承制，非如楊氏所記之自置，而出於專擅也。

二　偶爾中律者

楊氏身任戶官，六官案卷，調取甚易，而又從征所至，身經目覩，故其所得史料，往往極可珍祕，他家史書所求之不可得者，而楊氏實錄中則環寶山積，觸目燦然，蓋其所值者多，偶爾釆獲，雖玉石不分，金沙雜糅，然而渾金璞玉，往往而在，楊氏之書，其價值全在於此而已，茲亦略舉最要數例如下：

甲、　書南下勤王之經過及原委，較他書爲詳備。

成功南下勤王，計有二次，一親征，一遣將，他書記載皆語焉不詳，茲分列比較如下：

第一次勤王

海上見聞錄云：

永曆四年十一月，成功至潮陽，閏十一月，成功令各鎮兵在船聽令，南下勤王。

其下僅云抵揭陽，至南海，（當依本書作南澳）至白沙河，颶風大作，別無言其結果者，閩海紀要略同，且僅言南下，而不言勤王，更不知其因何出師。此書記成功南下勤王，約一千二三百字，首述成功至潮陽，提塘黃文自行在來報清平南、靖南二王率滿騎數萬寇廣州，有旨令成功入援，成功即傳令各鎮官兵，催完各寨餉米，束裝行李，聽令南下勤王。次述定國公（鴻逵）至南澳，會師，並送鎮將蕭拱辰、沈奇等效忠勤王。又述陳豹請見，告以「廣州已破，杜永和入瓊南，此去或恐不遇，而中左根本亦難捨，不如將此南澳聽藩主居中調度，豹願前驅，督同各鎮南下會師，俟有信，請藩親行未晚」。成功曰：

「爾固效忠，但我家世受先帝厚恩，捐軀難報，今有旨吊師，雖越山踰海，義當趨赴，豈暇謀及身家。爾當暫固地方，中左有急，馳赴援防可也。」（第十一葉）

又述成功至白沙湖，遇颶風，幾覆正副坐船，詳述遇險及受餓狀況。又言中左所為清師襲破，定國公遣使請班師，成功曰：

奉旨勤王，今中左既破，顧之何益！且咫尺天顏，豈可半途而廢，國難未報，遑顧家爲！（第十四葉）

終言將士思歸，脫巾難禁，不得已班師，成功又南向拜陳班師之意，揮淚痛哭，三軍哀慟，此篇實爲成功大增光彩。

第二次勤王

海上見聞錄云

永曆八年十月，遣輔明侯林察、閩安侯周瑞、戎旗鎮王秀奇、左先鋒蘇茂，統陸師，率五鎮營官兵戰船百餘艘，南下勤王，差効用官林雲瑞奉勤王表詣行在，并持書知會西寧王。（李定國） 九年五月，總督南征林察等班師回，稱西寧王戰敗，退梧州，應接不及賜姓大怒，降責有差。

閩海紀要略同，惟班師後，有再致李定國一書，卻爲本書所不載；而本書則載出師時致李定國一書，書中所言各事，於史料極爲重要，又詳叙南征將帥職責，林察爲水陸總督，提調軍中一切事宜，周瑞爲水師統領，王秀奇爲陸師左統領，蘇茂爲陸師右統領，其下尚有三鎮三營將領姓名，且發糧米十個月。又叙班師後，周瑞削職奪爵及其他賞罰頗詳。此皆他書之所無，吾人對於勤王之師，苦無詳確記載，此書則差堪饜望者焉。

乙、與李定國往還書札，締結婚姻，共奬王室。

西寧王李定國與延平王鄭成功，實昭宗時西南東南之雙柱，其兵威皆能震慴水陸，其忠義皆能昭人耳目，當時二雄若能溝通廣州，連兵北伐，則清廷必不能安枕而臥也。故成功之屢屢南下潮揭，定國之屢屢東侵肇廣，其中實有線索在焉。舊時各史記載皆昧於此，故兩處之師，往往視爲閒着，而不甚重視，無他，以不知二王之暗通約束也。今觀此書所載二王來往書札，乃始知東西之會合夾攻實有深遠之謀畫存，惜乎成功屢愆師期，始終如參商之不相見，豈非大不幸之事哉！　茲考李鄭遣使往來並其書札，先爲一目如下：

一、永曆六年十一月，安西王李定國復廣西，殺僞王孔有德，遣使會師。（來書本書不載）藩遣効用官李景往廣西約師會期。（复書本書不載，　第二十八葉）

二、永曆七年五月，行在遣兵部萬年英賫勅册封藩延平王，藩遣監督張自新同萬兵部繇水赴行在回奏，另遣監督池仕紳賫表繇路（陸）詣行在，并會平西等兵馬行軍事宜，時晉王定國蜀王文秀俱有書來會師。（李定國來書誤載於下四十七葉）　藩脩書答之。（复書本書不載，　第三十三葉）

三、永曆八年四月，定國遣使來。（此事本書不載，八年九月，定國來書言「孟夏遣使帆海詣鈴閣」則知其有使有書也。見第四十六葉）　十月十九日，藩遣使林察等率師南下，與晉王等會師勤王，又差効用官林雲璿賫勤王師表詣行在，并持書會晉王。（本書誤載此復書於定國季秋第二次來書後，見第五十五葉）

四、永曆八年九月，李景自西師回，晉王定國差官同景至賫書來會師。（書見第四十六七葉，此書達到，蓋在十月已出師後，此書載在九月，恐誤。）

五、永曆八年二月，時永曆行在安龍州，晉王定國蜀王文秀有差官賫書來會師。（來書，載第四十葉，案書中明言「六飛夙駕，以四月如滇」則此書當在永曆十年四月入滇之後，不在安龍州矣）藩復晉王書。（書載第四十一葉）

考劫灰錄永明王始末及南疆逸史李定國傳，永曆四年，封李定國爲西寧王，十年封李定國爲晉王，劉文秀爲蜀王，本書於永曆九年以前，稱李定國爲安西王，或爲晉王，皆誤也。李鄭二王來往書札，次叙顛倒，年月錯亂，其事蹟亦因而淆混，余別有明晉王與延平王來往書札攷證，茲不贅述。

觀定國致成功諸書，頗欲連師閩粵，清其肘腋，然後長驅建業，且欲與成功聯姻，共奬王室；而成功專顧根本之地，不肯長離閩海，且牽於清廷和議，故屢愆師期，雖遣林察等偶爾會師，然旣已愆期，又不親征，徒爾塞責，班師致罰，亦聊以掩人耳目而已。雖使張名振等三入長江，亦定國所謂「緩於今日發粵之舉」矣！初，周全斌以三策干成功，謂：

大將軍志在勤王，當以計間孔尚吳使反正，檄孫可望、李定國分兵川楚，連師閩粵，一道出湖北，徑取南鄭，窺洛陽，拊其背；一由巴蜀，搗關中，封函谷，扼其項；一浮長江，畫南都，遏其饟，以虛其腹，此上策也。會孫李師分，克楚粵巴蜀，由黃梅分克太湖、潛山、德化，建昌，一趨南贛，一趨合肥，粵師由南雄會閩師浙師左右之，而又分南贛之師，道浙浮江，分下大江南北，而下楚蜀之米，以蘇閩浙不時之需，此中策也。若夫棲兵各島，以間竄食浙粵沿海諸郡邑，陸取南贛汀邵，覬釁乘便，此下策也。（沈雲臺灣鄭氏始末卷五）

成功專取下策，不能高瞻遠矚，以赴時機，味定國之良圖，棄全斌之上算，往往欲爲孤注之擲，而致獨占之功。（清史稿張煌言鄭成功傳言「張名振三入長江，成功嫉之，借和議召還，名振俄遇毒死，或曰成功酖之」此言雖不可盡信，然名振爲魯王臣，不肯使其獨當一面，盡量以助其進取則無可疑。）觀於南京一役，清廷西征之師，適已凱還，遂致大敗，其不能東西呼應，常失時機，彰彰明甚。定國書中借他人諷以「頻年抗節，而不千里勤王，亦何夙績之足道！」又戒以「勿然諾浮沈，致貽耽閣！」（見第四十六葉）亦有以窺見其隱衷也。

丙、與清廷議和始末及文件載之最詳。

議和二字，在清廷則謂之招撫，其視鄭氏受撫曰歸順，劉清泰書所謂「膺此閩浙之任，并拜招撫之諭」（見本書第三十六葉）又謂「歸順人衆具數奏聞」是也。（第四十二葉）在鄭氏則謂之和議，蓋自以代表明朝而與清爲對等之國也；嚴格言之，成功既奉明正朔，則帝在安隆，和議之事，自當稟承帝命而行，若清廷專與鄭氏言和，撤東南之師以併攻西南，則帝室危亡，可立而待，幸而成功以三省相要，和議不成，後世猶留忠節之名，（清光緒元年正月初十日謚成功曰「忠節」）若其成也，豈竟如成功所謂「清朝若信吾言，則爲清人；若不信吾言，則爲明臣」耶！（見第五十葉成功與其弟渡舍書，又見五十三葉復其父書）抑竟如劉清泰所譏「無三省則舍我而忠於彼，將有三省，棄彼而忠於我」耶！（見第五十五葉劉清泰書）蓋和議二字，在當時不過爲率爾相稱之辭，對清廷不過爲緩兵取糧之計。當和議初起時，成功卽謂

「清朝亦欲詒我乎，將計就計，權措糧餉，以裕兵食也。」（第三十四葉）故此事只可作爲行軍之詐計，不可視爲正式之和議，蓋觀於成功之屢次與其父書，而眞心見矣。永曆七年八月與其父書曰：

清朝既失信於吾父兒，又安敢以父言爲信耶！當貝勒入關之時，父早已退避在家，彼乃卑辭巧語，迎請之使，車馬不啻十往還，甚至啗父以三省王爵，始謂一到省便可還家，既又謂一入京便可出鎮，今已數年矣，王爵且勿論，出鎮且勿論，即欲一過故里，亦不可得，彼言豈可信乎，父在本朝，豈非堂堂一平國公哉，即歸清朝，豈在人後哉，夫歸之最早者且然，而況於最後者！其或者將以三省之虛名，前啗父者，今轉而啗兒，兒非不信父言，而實有難信父言者。（第三十四五葉）

永曆八年九月，與其父書曰：

和議實非初心，不然豈有甘受招撫，而詞意如彼，不待明言而可知矣，吾父往見貝勒之時，已入轂中，其得全至今者，亦大幸也，萬一吾父不幸，天也，命也，兒只有縞素復仇，以結忠孝之局耳，（第五十三四葉）

同時又與其弟渡舍書曰：

吾弟善事父母，盡厥孝道，從此之後，勿以兄爲念，噫漢有子瑜而有孔明，楚有伍尚而有子胥，兄弟之間，各行其志，各盡其職焉，兄敢不勉，弟其勉之。（第五十葉）

觀上列數語，便可知成功之於和議，實係詐計，非其眞心，故不可以春秋之義責之也，此書對於和議一事，自永曆七年正月至十三年十二月，前後七年，若斷若續，來往文書有二十餘件之多，余別有延平王與淸和議始末攷，蓋和議文書，此書所載，最爲詳備，十之七八，皆他書所未見；然亦尚有遺漏未載者三四篇，且與他書所載文書有異同者，非攷斠畫一，不足以見其眞相，此不能贊述矣。

丁、

一、將士多不願行

書初取臺灣時之困苦艱難，皆他書所未見，蓋非身歷其境，不能道也。

永曆十五年正月，藩集諸將密議曰：「前年何廷斌所進臺灣一圖，田園萬頃，沃野千里，餉稅數十萬，造船製器，吾民鱗集，所優爲者。近爲紅夷占據，城中夷夥，不上千人，攻之可垂手得者。我欲平克臺灣，以爲根本之地，安頓將領家眷，然後東征西討，無內顧之憂，并可生聚教訓。」時衆俱不敢違，然頗有難色。惟宣毅後鎮吳豪（經）到此處，獨言風水不可，水土多病，藩心含之，謂其有阻貳師也。（第一百四十八九葉）

三月初十日，藩駕駐料羅，候順風開駕。時官兵多以過洋爲難，思逃者多，隨委英兵鎮陳瑞搜獲捉解。（第一百四十九葉）

案阮旻錫記此事，亦有足補此書之缺者，如云：

> 永曆十五年十二月，改臺灣名東寧，時以各社土田分給與水陸諸提鎮，而令各搬其家眷至東寧居住，令兵丁俱各屯墾。初至水土不服，疫癘大作，病者十之七八，死者甚多，加以用法嚴峻，果於誅殺，於是人心惶懼，諸將解體。永曆十六年正月，賜姓嚴諭搬眷，鄭泰洪旭黃廷等皆不欲行，於是不發一船至臺灣，而差船來吊監紀洪初闢等十人分管番社，皆留住不往，島上信息隔絕。（海上見聞錄卷二）

觀此則初闢台灣時，將士多不願行，卽行矣，仍有「生入玉門」之意，故不肯遷移家眷，甚至留守之鄭泰洪旭等據思明金門而抗令，封鎖船艦，截留監紀，成功之發憤以卒，此亦其最大原因也，殺經之事，不過爲其導火之線耳。

二、糧米時虞匱乏

永曆十五年三月二十七日，大師開駕至柑桔嶼，阻風，又收回彭湖嶼內嶼，時官兵多不帶行糧，因何廷斌稱「數日到臺灣，糧米不竭」，至是阻風乏糧，藩令戶都事同洪遊擊就彭湖三十六嶼徵取行糧，時吊集各澳長追取接給，各澳長搜索二日，回稱各嶼並無田園可種禾粟，惟蕃薯、大麥、黍稷，升斗湊解，有百餘石，不足當大師一餐之用，藩驚乏糧，又恐北風無期，隨於三十晚傳令開駕，時風報未息，風雨陰霧，不然官兵豈堪坐困斷島受餓也。（第一百四十九葉）

七月，藩駕駐承天府，戶官運糧船不至，官兵乏糧，每鄉斗價至四五錢不等，令民間輸納雜子蕃薯，發給兵糧。（第一百五十四葉）

八月，藩駕駐承天府，戶官運糧船猶不至，官兵至食木子充饑，且憂脫巾之變，遣楊府尹同戶都事楊英往鹿耳門守候糧船，并官私船有東來者，盡行買糴給兵，時糧米不

給官兵日只二餐，多有病沒，兵心嗷嗷。（第一百五十五葉）

案缺糧之厄，此下若何，楊英染病，未曾記載，蓋至十六年正月，思明金門不發一船至臺灣，則臺灣已受經濟封鎖，其時開墾未多，且未至收獲之時，自當坐以待斃矣。

觀上列二事，已足見成功開闢臺灣之不易，加以疾疫喪亡，番社叛變，其平定荷蘭二城之困難，尚不與焉。成功既薨，世子經入臺灣，平定擁立世襲之亂，卽回駐思明，而沿海既已遷界，不能掠取糧餉，未幾思明金門又失，退守銅山，諸軍乏糧，時臺灣開墾之遺業，已有成效，民樂趨之，永曆十八年三月，經率衆回東寧，陳永華秉政，課耕種，通魚鹽，安撫土番，貿易外國，繼成功之鴻烈，延祚二世，關利萬禩，然後知非常之功，不世之業，非有卓識之豪傑，不能排萬難而力行之也。成功開闢臺灣之功，於是乎不朽矣。魏源謂「明有鄭和賜兵船於西洋；鄭成功奪紅夷之島國，彼二鄭者，冏中國之一奇也！」（聖武紀卷八）信哉！至今談臺灣鄭氏者，猶有東南屏蔽之餘思，而爲國際重要之歷史，設非楊英從征目覩之所記，則向之艱苦備嘗之勞績，亦已湮沒無聞，而又何知其締造之艱難哉。

余於二十年前留學日本，得彼國川口長孺臺灣鄭氏紀事，始治臺灣鄭氏史，然以鄰國所著，我國史雖詳贍而多異聞，終不免有傳聞之誤；其後得康熙時閩人江日昇臺灣外紀，時地皆與鄭氏相接，雖親切而多可信，然爲小說體，終不免有鋪張之慮；既而得沈雲臺灣鄭氏始末，汪鏞鐘延平忠節王始末，而沈書潤色江氏外紀，汪書勦襲小腆紀年，其他乾隆以後新出之作，尚有多種，大率裨販舊史，絕少新材；惟近日連橫之臺灣通史中載鄭氏事蹟，採輯較豐；其出於康熙時者，有黃宗羲之賜姓始末，鄭亦鄒之鄭成功傳，郁永河之僞鄭逸事，鄭達之海東紀事，雖皆失之太略，時有謬誤，然轉多異聞；而阮旻錫有海上見聞錄，夏琳有閩海紀要，二人皆爲閩產，阮爲延平故吏，夏亦疑多目覩，此二書者，爲臺灣鄭氏史之最簡要而明塙者。余治此史，頗多引二家以爲權衡。近中央研究院歷史語言研究所新得臺灣鄭氏史二種，皆二百數十年來人所未覩者：一爲內閣大庫中之平定海寇方略，新改名爲清代官書記臺灣鄭氏亡事，惟詳於嗣王經及克塽二代，雖爲清廷官書，偏而不實，要亦不失爲敵國所記之反證史料；一卽爲楊英從征實錄，惟詳延平王成功一代，而皆得於從征目覩，最可信據，且多出於六官案卷，尤可寶貴。余妄爲作序，評論其得失，不覺其辭之費也。而余尚有一奢望者，苟能得林時山之明季紀事一書，則臺灣鄭氏史事，必更多所發見。劉獻廷廣陽雜記謂：

泉州同安縣人林時山，字樓船，在臺灣以功封伯，後因保舉施烺，烺叛，遭杖，削職。其子前在都，忘其名字矣，有書十數卷，曰明季紀事，自隆武二年起，癸亥鄭氏國亡止，皆臺灣事也，文筆雖不能矯健，而記載詳明。楊于兩在都門曾見之。（雜記二）

攷海上見聞錄「隆武帝初即位，封平國公部將林習山爲忠定伯。永曆元年，賜姓以林習山爲樓船鎮，進兵攻海澄。永曆五年五月，令右先鋒黃廷執施琅交忠定伯林習山，拘在船中，令副將吳芳看守；琅逃，賜姓怒甚，欲斬林習山，未果，殺吳芳妻子，令芳跟尋。」廣陽雜記所稱林時山蓋即林習山爲樓船鎮，而非字樓船；放逸施琅，而非保舉施琅以功封伯，即所謂忠定伯也。臺灣外紀謂綑林習山欲殺，廣陽雜記謂遭杖削職，語互有詳略耳；惟其時未得臺灣，謂在臺灣以功封伯者誤也。劉氏作雜記，往往得之傳聞，率爾操觚，偶或致誤，亦未可知。又案乾隆禁書總目，有明末紀事，注不知何人所輯，此明末紀事或即爲明季紀事之誤，猶夏琳閩海紀要禁書總目亦誤作閩海紀略，不著作者名氏也。總之，此書必曾遭禁燬，故傳世甚少；世苟尚有其書，余當不遠千里，不惜兼金以訪之購之，或借鈔之矣。海內外藏書家其或有以詔我乎！

中華民國二十年五月二十八日，海鹽朱希祖作於北平。

户部主事楊英為輯造

事諓將永曆叁年己丑九月陳策從　王十月初一日蒙録用

六年壬寅五月

先王賓入　凡所隨從戰征事實挨年逐月採備造報以

永曆叁年己丑九月　藩駕住中左初一日楊英献策為有

藩批着未見随録任户科

初三日廈鎮守漳浦副將王起俸慕義歘歸先遣

許之剋日進兵城下外攻内應克拔浦邑緣謀

1 隨

出孫藩鎮下　才
印賞授都督同知職才　紗傘玉帶欵目　入曾北標將至次年以弟
宣闈女主配之其轄將吳大明等陞賜有差　係保六　湖人善騎射　吳大明今
為馬兵今亦善騎射
十月　藩駕駐中左
初六日傳令官兵在船出征　初八日進入海澄港漳虜吊到各邑虜兵援防
初九早傳令駕出乘風直進雲霄港　初十日錄白塔登岸分三路進兵以左先鋒
援勦左鎮黃廷前衝鎮阮引正兵營盧爵係左而進右先鋒楊才援勦右鎮黃
鎮周瑞左衝鎮林義右衝鎮洪習山錄右而進
海自率統領戎旗中軍康明中衝鎮　宸樞親丁鎮張進錄中而進是午

2

振國柱千總夏義柯虎督馬步兵千八餘離城五里列陣迎戰遣旗鼓中軍
兵守城時右先鋒鎮撞遇國柱兵馬遂即交鋒約戰數合右先鋒鎮
左先鋒鎮副將施顯躍馬提刀直衝其陣　二人馳馬交迎被施顯焉一刀砍之
馬下我兵繼殺虜遂潰散盡被我兵殺死積屍滿野時施郎轄下親隨洪羽施顯下
哨官黃安戰功居多　藩遂知名　大藩遂揮軍乘勝進兵攻城姚國泰先棄之拒
守左衛鎮林義中衛鎮柯宸樞等督兵從西北角攻城其城遂拔姚國泰被亂兵所
殺衆死屍中時　藩頗聞國泰名令搜索得之撞至遍身殺傷甚死　之面銅山之
也方官陳明登延醫調治愈送軍前拔用　國泰　武陵人善騎射　明登
諸將議以　命將　復暫兄之

以佚勞致而殄之然後長驅進攻漳浦如不敢來分兵扎　陀嶺然後以
縣以與復明潮兵併定國公在昌通援共圖進取可也諸將曰然
二十日偵漳虜無敢來犯　藩遂躬督中衝鎮到盤陀嶺分汛隘　以截虜援以
嶺高而險兩邊俱峻山深坑中惟大路通漳　藩指諸將曰可謂險要所云一夫
守隘萬夫不敢過是也爾等嚴守以拒援　以候克詔日即會兵前來進取浦邑吾擇
爾等守之其必勉之爾中衝鎮柯宸樞智勇有方堪當一面督轄下屯札嶺路左山
後勒左鎮黃廷亦衝鎮洪習山戰守便宜　督轄下合札嶺路右山各樹木柵
堅相為犄角虜若衝左則右援若衝右則左援若從中路則互擊俱要同心協
謹守為主有功不賞另有南嶺門小　可通詔邑爾後衝鎮周瑞前衝　院引督

ト前往防守令正兵營盧爵督轄兵〻嶺下以為兩路應援併馳護鄉〻派守之

海馳回營

十六日　藩督師進圍詔安札營龍峯磁灶等處虜守將晋級[illegible]四知議未

兵不止至則降　漳虜王之綱王邦俊等吊集邑虜赫文興魏標謝予連等亦于另日

齊到會復盤陀嶺分作四股來犯一股從[illegible]嶺門一股繇右敵左援右衛二鎮一股

繇左敵中衛鎮一股繇中路截我往〻應援另以次澄守虜赫文興一股從山下爬

上抄出中衛鎮之後

二十八早黎明齊來衝犯時濃雲不相照應援勦左右衛二鎮被其乘霧突進包　收戮句外

3

衝此〻遂合衝其左邊先〻被中衛鎮殺〻退及後各虜會集〻　寡不敵

衡鎮、河宸樞同胞弟中軍柯宸梅力戰不支死之
告以是日濛霧不及接戰而敗敘之不究聞宸樞弟陳六嘆曰彼沉毅有謀方
共成大業豈期至此兄弟俱殞行令恤其家仍令其子柯平來見
十一月初一日　藩令改詔圍督師又繇分水關進入潮州駐師抵黃岡時潮屬不
清不明土豪擁據自相殘併糧課多不入官當崗則有掛征南印黃海如南洋有許
隆澄海有楊廣海山有朱堯潮陽有張禮　藩次第收平之時武毅伯施天福同黃
來見　藩令天福典兵柄辭以老從之諭海如曰我舉義以來所得屢失乃
亂今大師至此欲擇一處以為練兵措餉之地必何而可海如曰潮屬魚米之
素稱饒沃近為各處土豪山義所據稅多不入官　藩主第而收服之藉其兵

民其餉訓練恢復可預期也　藩曰亦思之但潮邑屬明未忍為也時參軍潘庚曰宜先事入告然後號召其出師從王順者撫之逆者討之　藩主奉旨嵩佺今大師咫尺南洋許隆不勞師郊迎聲義問罪誰其不然　藩曰未且圖之許隆何足云也海如又曰駐軍措餉莫如潮陽縣蓋潮陽饒富甲於各邑且近海口有海門所達濠浦可以拋泊海艘通運糧米以守治山土豪數年擁據祖粟貿囤山寨邑長不敢問今駐節邑中撫順勦逆兵食裕如但須假道南洋縣黨澳過達濠浦至邑恐許隆張禮梗道也　藩曰自有以處之于是發諭許隆令除道併備小船以候過師傳令移師駐札南洋山頭仔言隆果抗命仍敢出兵拒絕　藩怒令舟師進塞

4

港口陸師搗其窠穴

初八日許隆出兵来迎我師一鼓而　許隆僅身免走湖　藩駐
岸上有數猛伏在岸邊認是　文藩突衝犯駕坐馬驚跳跌下賊猛舉刃將刺幸
班蔡巧李長等迎接刺殺之得保無事此一險也　藩駐師南洋令撥運糧粟萬餘
石餘軍器船隻稱是其粟石令督餉官愷派撥運回中左交鄭四鎮積貯海陽舊將
陳斌来歸斌身大十圍力舉千斤一驍　又以兵官陵勁鎮事澄海都督楊廣亦
来附初唐與斌有隙
咸血酒解釋之後協力共事南陽唐玉亦来歸海山都督蔡堯来附各得其兵衆頗
八　藩駕駐南洋發諭張禮備船渡載禮拒命　令楊廣備船并移書定國公
船渡載

十九日　藩移師黌澳過達濠埔此處有三寨曰達濠曰霞美曰青林每寨千餘

固自恃不隸版啚每載（歲）海標掠先年經與　定國公為難至是仍復自逞不

遵諭令、

藩到達濠觀度形勢即告諭諸將曰三寨相為犄角統路相通其受敵之處必設地

鈎溝陷須以計取免傷吾兵聞張禮據青林兵欲先擒之須先攻達濠尚二寨不用

兵臨彼必併力來援也爾周瑞阮引董山虞舜督轄兵伏於中寨之左右須示弱以

誘之待進攻時彼必出兵然後衝其半截使首尾不相顧仍各撥一二翼兵如欲移

襲其城狀似兵抽回防城彼自無心戀戰則併力追殺可盡殲也爾等當遵令而

略

爾戎旗并左右先鋒等鎮須用炮攻沉先拿地民究問溝所

導
道然後進兵安炮攻打導令而行
十二月初二日傳令發炮攻達濠寨張禮果發兵出援被周瑞等依計殺敗殲殺
盡達濠寨中看見驚惶　藩號令登城不先鋒楊才并戎旗親隨等鎮蟻灘登埋之
破達濠霞美二寨即合兵進攻青林張禮見勢不支城上呼降　藩令陳斌招諭之
准其待罪歸命達濠遂平
初八日三鎮洪忠振伯奉　藩令來至軍前并柯宸樞于柯平俱到令忠振伯發助
喪銀叁百兩付平買米回家以示優恤　定國公聞達濠已平張禮乞降致書來賀
請面會機宜并借張禮一觀　遣援勦右鎮黃山督率後衛鎮周瑞左衛鎮林義正
兵營盧爵往靖海衛并巡下惠來縣俱歸順以中軍汪匯之理惠來縣以正兵營盧

爵鎮守其城吊黄山等田攻南山寨破之

十四日　藩移師入揭陽會定國公并帶張禮往見定國言潮鎮郝尚久併誅車都督占據潮郡每起兵與我為難意欲　本藩合兵向問何如　藩曰彼尚藉明號豈可自矛盾俟其踪跡敗露然後聲罪師出有名侄當任之定國曰然時揭邑白灰寨李芳等負固不服徵輸定國請師討之

藩令左先鋒鎮率兵一鼓而破其寨李芳正罪餘寨攝服時定幕陳四明家屬被張禮所掠陳請救之隨沉之水致書謂禮酒醉沒海

6

藩悔曰吾送去害矣人必謂吾假手後將何以招亡納叛而使投降定國待人丁

四年庚寅正月　藩發舟至潮陽知縣常翼風率父老郊迎陳廓外御寨頑

藩隨率師征〻〻固頑寨徵輸糧米時以運轉〻〻未有的員諭令三鎮洪忠振

駐鎮潮陽以軍器糧務委付任理徵輸轉運不竭深倚重之委右衛鎮洪習山鎮守

達濠地方以副將林輝任右衛鎮事　藩督師攻和平寨此寨三面環水惟西面受

敵恃險抗輸（拒徵）攻之數日不克一日

藩督師攻打與潘參軍偶立總轉身一動一銃彈打中濇（潘）參軍右指乃

藩所立處若未轉則悞中矣亦一險也　藩見難攻傳令抽回右先鋒楊才進曰似

此梗化不攻將何徵輸我願督兵進克限明早若不破城願退先鋒之印

藩許之次早右先鋒楊才率先冒矢石登陴連砍數賊衆等奮進遂破其寨盡殺之

左先鋒施郎攻破溪頭寨後勁鎮陳斌克獅頭寨　賊首黄亮來聞風驚懼求陳斌

願降

藩許之令其招兵授鎮事

二月　藩督師進入洋島減水平山冦有銅山寨和尚寮恃險不服攻之左衛鎮林

義率先登寨傷銃而死北將吳仕標亦陣亡　藩擇令名鎮將寨掘平之男婦一盡

勦殺無遺餘寨聞風歸順

藩巡師之棉湖寨普寧縣地方俱向化委監督程應璠會地方事徵收正供

以統領戎旗協理中軍吳明為左衛鎮以正總班吳勝管中軍事

7 右先鋒楊才病卒以親丁正總班林勇為右先鋒 勇隨征藩六陣亡吳勝退縮斬首示衆

以正總班林勝代其職（吳代）　之右衝鎮甘煇　以戎丁鎮以正兵盧爵管右衝鎮
以援勦左鎮[illegible]管右先鋒鎮　以左先鋒鎮副將施顯管援勦左鎮
四月　藩督師往平九軍破其溪頭寨之頑惡而險要者九軍首人立琉劉公顯令
畏服投順令監督陳六御派徵助餉先時九軍首亂攻破揭陽縣後擁據抗納官租
至是追取正供數萬俱樂輸　陞監督王秦　以戎旗鎮管親隨林勝為中協陳瑞
為右協
藩移師到揭　定國公言新墟寨負頑已久不服輸將每與赤寮合兵為梗
二十五日　藩隨與定國公合[illegible]之尤恃險未服我兵攻打定國公用[illegible]　煩擊平
[illegible]城隨赴　藩乞降許之抽其寨中之壯勇者四百人充兵令施顯管轄都尚久出

[illegible]来援新墟

藩曰却虜必遂加兵擒而滅之 消名矣随令移營迎敵令親丁鎮甘輝伏石塲寨左 右先鋒黄廷伏寨右邊親率諸鎮迎戰却尚久率馬步[illegible]千前来本藩揮令左先鋒施郎後勁鎮陳斌等向[illegible] [illegible]交一合左右伏兵和出陳斌 羅馬衝入陣中砍殺鋒不可當虜遂潰走擒[illegible]中軍陳禄而回諸將繼進追殺横屍遍野尚久僅以身免我師班回

是月漳虜王邦俊率兵攻銅山所管理地方事陳明登[illegible]餉黄愷先 至軍前藩怒欲罪之 [illegible]彼等[illegible]無兵何能死守 宥之以忠匡伯張進管銅

8 方事時虜犯銅山 城固守後忠[illegible] [illegible]陳豹率兵来援虜驚遁[illegible]禄兵[illegible]

伍月　藩駕往昌□□　□□萬禮□兼附施郎招出□

六月諭諸將□□久不□不明□順助逆徑出兵□□我欲斷之計將安出陳斌進

曰斌潮人也頗知潮地利潮邑東面環溪□一浮橋通漳大路惟西南北平地可□

攻擊必須斷其浮橋以絕援兵然後移扎西南攻圍內之糧糈外無救兵不降何待

本藩從之隨統師先札溪東葫蘆山郝尚久□□搦戰

本藩令王起俸伏兵山下候接戰抄出□□斌等迎敵虜見我兵強壯伏兵四起潰

亂而走□殺死不計隨令左先鋒施郎督先斷橋緣橋只一線□□難容兵馬虜就橋

中敵□□□守對擊三日□　本藩即傳令曰諒一橋難拔尚欲斷大今日

□藩親督有奮勇拔克者重賞□□退卻者不論總鎮官兵立即□示時左先鋒親

了何義陳法林椿等十數人尋以克進登樓攀連而下虜支吾不及殺傷跳下死者
不計其數隨即燒斷并石橋以沉殺虜援絕退守
本藩隨移師屯札西南北重圍數匝築炮攻打一日　本藩出示令田同諸鎮在城
邊高山松石下飲酒虜偵知駐節次所　大炮忽響一聲其管家阿三傍
藩身邊提壺被炮打碎身死
藩王與各鎮無碍即移避之虜偵知驚服謂王者不死隨往漳請救攖城固守
七月二十日章虜赫文興哀投許降渡江　城尚久削髮歸清錄是圍困三個月之
下　本藩以暑天炎熱士卒多病解圍暫抽退潮州以冠黃亮采等又叛抗截餉米
9 令親丁鎮甘輝等討王

以下缺

八月分遣各鎮承守汛地　總理地方兵民糧餉事自率戎旅　王　奇　欽
周瑞前　鎮阮引等扈從回中左
十五日　藩駕回至中左欲與建國公鄭　等會師適建國先數日自出師北上會
其弟定遠侯鄭聯　藩勸令改兵柄合師共濟聯亦聽從令其轄將陳俸藍衍黃嶼
吳豪等歸附　本藩令陳俸為戎旗鎮前協　為後協吳豪為副　黃嶼為中衝
鎮管兵中軍
以四鎮鄭芝莞管理中左地方事　忠靖伯陳輝為水師一鎮
九月　藩駐中左設壇請兵部萬　宣　勅行禮祭太夫人
請建國公回師共圖恢復建國被風飄至廣海不遇而還其轄將楊朝棟王勝楊

杜蔡新等來見後以朝棟為義武營以王勝等管理水師 舊將[illegible]登來見授援勦後鎮蔣憕為副將授周全斌為[illegible]鎮[illegible]軍翼將督兵鎮守中左 二十八日藩六集山寇攻陷惠來縣汪滙之[illegible] 無爵等不屈死之

十月 藩督後衛鎮周瑞等往園頭接[illegible] 入澄濟伯洋船二隻取洋銀十餘萬太夫人并送太監楊進胡安國等至 後衛鎮何瑞病卒以何德為後衛鎮

忠振伯報潮陽山賊復起不復追徵 藩令再往潮陽諭鄭地方曰前建國等在中左虜不敢犯今建國南下定遠水師已歸我我欲往潮虜若來犯爾將何守爾衆任否[illegible]皆曰

藩若設水陸官兵數人[illegible]調防守虜[illegible]入犯[illegible]失願依軍令

藩曰可隨以前衛鎮下　右武衛德為水師以援剿後鎮藍登為水師督率

官兵防守中左聽鄭四鎮調遣機宜　留太夫人董氏同世子監守中左

魯王同閣部曾櫻并閩安侯周瑞掛印黃大振等至中左

藩執臣禮　公之厚待曾閣部以周瑞為水師右軍黃大振為援勦前鎮

十一月初二日　藩駕至潮陽提塘黃文自　行在來報稱有旨請藩入援借兵靖

二王率滿騎數萬寇廣州復之　寧藩望我大師南下會勦甚切今二偽王兵馬來

至廣東先遣滿將克復潮惠與我師為難　藩知之傳令各鎮催完各寨樂輸餉米

交忠振伯撥運貯中左忠振伯啓曰　此縣餉米約完十分七八所欠者窮苦貧民耳

滋追呼之苦而飽奸差之腹不如出赦以彰浩蕩之仁　藩從之　以柯鵬任右

[illegible]鎮事

閏十一月 藩駕駐潮陽傳令各鎮官兵束裝行李聽令在船南下勤王時施郎兄弟俱握兵權每有拔扈之狀動多倚兵凌人各鎮俱受下風惟從勁陳斌每與之抗曰彼恃兵力吾兵足與敵若彼手段雖兄弟吾用隻手撲滅之郎知之亦讓之但每懇于 藩斌有戒心至是率兵而逃審啟一稟陳所逃緣繇 藩心含之

十二月 [illegible]駕抵揭陽與定國公議曰有[illegible]自 行在來二酋已下廣州即到廣省先復惠潮矣又郝孽歸清此處終非久居叔父暫回中左居守侄統兵南下勤王言為兩利定國曰侄有此舉社稷靈貺實式憑之我當駕回中左協防也

11 二十日 藩令官[illegible]駕時[illegible] [illegible]觀駕諭之曰奉旨勤王勢不[illegible]

遲留城中吾自有[illegible]縣韋翼風率民壯防守

二十一日 藩師自達濠開駕約定國公至南灣會師

後勁鎮陳斌入潮陽城鎮守虜遂歸之

黃海如在達濠欲謀叛敗露 藩令洪習山賜之死

五年辛卯正月初四日 藩駕至南灣鎮守南灣地方忠勇侯陳豹謁見告曰

藩主統師勤王先帝在天之靈實鑒既之但聞二酋已破廣州杜永和入瓊南矣此去或恐不遇而中左根本亦難捨也不如將此南灣地方聽 藩主駐節居中調度豹願前驅督同各鎮南下詣會王師以存信請 藩親行未晚也 藩曰爾固効忠王我家世受先帝厚恩捐軀難報今有旨吊師雖越山踰海義亦趨赴豈假謀及身

12

旁爾當暫固地方中左有急馳赴援防可也爾知

藩意已堅從之　左先鋒施郎入言曰勤王臣子職分但郎昨夜一夢似大不利之

藩主思之藩知來意心含許之遂令將左先鋒印并兵將令副將蘇茂管轄其後營

萬禮吊入戎旗親隨協將　定國公送鎮將蕭拱宸沈奇等願効忠勤王

藩納之以蕭拱宸為中衝鎮沈奇後為護衛右鎮跟同南下監督張英為正中軍

二十七日　藩駕開發南澳　定國公忠振伯施郎帶陳壎鄭文星等俱回中左

二月、藩駕至白沙湖　二十五日卯時傳令開駕遇風報大作各船雖駛俱収入

塩州港惟　本藩正副坐駕風大収灣不得無奈坐帆溜下會正中軍船內司部督

蔡進福副中軍船　[illegible]　藩[illegible]一[illegible]、駕[illegible]晚適至萊嶼風浪愈大桅門擺折

驚危蔡進福駕舟

藩破浪過舟施舉船隨飄離浪大不見山嶼收泊姑駕出外洋戲戲夜分風雨益烈幾覆數次其船艙上器物一盡浮水船中百餘人愴惶無地直至鷄鳴雲收雨散風浪頗恬

藩起視呼進福曰此遭頗險今無虞矣未知副坐駕何如船中多錢糧冊籍也福曰此番若非　藩主忠義天地呵護亦難保全矣今船中咼灶水櫃俱失無可待炊其副坐駕桅門攏拆舟用一門不則棄桅牽頭帆順溜施舉峯危人素善慣海船務的保無事也迨天亮只有坐駕一船近在彭山戲駛遂令進福駛下尋踪跡船中無水丁炊

藩亦各餓二餐至申時方近山尋見我船而副坐駕亦来見

藩喜甚查問當時在船同險何員役從調楼大勝户科楊英工科范斌賞勲司張忛等俱在船與焉　班回日陞蔡進福為水師内司鎮　施舉為水師後鎮

三月初十日　藩駕至大星所有廣東烏尾船數十隻在港伏兵登岸樵採虜兵同百姓来逐　藩怒傳令札營攻打所城令左援勦施顯縣木奪船各官兵餘陸攻城令協將萬禮率轄下往僻處伏截惠州援虜分撥已定時萬禮欲建奇功諭轄下曰惠虜必大隊来援

藩只令我三百人伏截視吾手段問土民稱惠路只有龍盤徑最為險要虜諒我未

13

知地利不敢離遠　我[illegible]吾[illegible]密處　伏待其過半　爾等從中截擊一半迎前一半殺

後彼首尾不能相顧可盡殲也□虜果由龍盤山而來被其截殺無遺

十五日傳令攻城黃山等揮兵攻城一鼓而下城中米穀令戶科楊英分派官船運載

是月福省偽撫張學聖令泉虜馬得光漳虜王邦俊合師冦中左令澄濟伯撥船民載澄濟以太師在京無奈從之

十四日虜過中左前衝鎮阮引後衝鎮何德等水師不敵而走莞亦遁

太夫人同　世藩棄其輜重只攜祖宗神主登舟　定國公師亦至中左分發水師犯截五通高崎等處自以大船泊守神前港令小哨巡截往來聲息候馳報

本藩班回勤處　時左先鋒施郎率隊擴鄭文星等數十人與虜戰殺敗之追至城下

二十二日定國公遣都督鄭德同援勦後鎮中軍翼將周全斌船到大星報稱三月

十四日偽部院張學聖令泉虜將馬得光漳虜將王邦俊襲破中左水師前衛鎮阮引後衛鎮何德等退敵不支俱出浯洲百姓望救定國公特差斌等抛海前來請藩主班師　本藩諭曰奉旨勤王今中左既破顧之何益且咫尺天顏豈可半途而廢國難未報遑顧家為時三軍知之哭聲遍聞諸鎮亦來勸駕回棹謂三軍各懷家屬脫巾亦是可慮

藩無奈姑南向拜曰臣冒涉波濤冀近天顏以佐恢復不意中左失守將士思歸脫巾難禁非臣不忠勢使然也揮淚痛哭三軍哀慟又諭諸將曰班回救虜須足糧食先就近處取糧蒲儀侯風開駕何如諸將曰可

14 二十五日　藩令班師開駕是日南風盛發各船開洋直溜下縣安海以糧

藩姑同䑸駕回

四月初一日　藩駕到中左泊五嶼虜已於數日前挾定國公以太師故令渡過江矣藩聞之不勝髮指引刀自斷其髮誓必殺虜又傳令不許芝莞及定國與諸親拒曰渡虜來者澄濟叔渡虜去者定國敢棄城與虜者芝莞功叔家門為難與虜何干定國公致書差人請　藩入城不從且諭差員曰定國公與虜通好請我似無好意回報定國謂不殺虜無相見、也定國亦知渡虜之失　藩意難合即移屯白沙因再與一書曰馬虜之歸蓋以吾兄身在於清重以母命役于不然我亦何意何心也任有疑吾之言不亦錯乎是日往白沙

初十日　藩移駕廈門港札營澳仔召諸鎮集議失守功罪先賞施郎花紅銀二百

兩加二級轄下陳勲等一百兩郎以中左已失虜又生還辭不受

藩曰虜先渡海水陸失守該鎮假回閑員目擊虜氛身率数十人與虜對敵追逼城下使藍登水陸諸人如是虜無隻還矣功而不賞罰於何施

吊鄭芝莞至責曰吾南下時未敢以地方城池付汝是汝自請水陸樓鎮付汝提調有失依軍令今有何說莞歸罪阮引　藩曰水師未敗而汝先搬物身已在船矣立令推出斬之諸將跪告不得竟徇軍中次日阮引梟示何德綑責一百二十棍革職

敍其副將楊昇藍登免罪

陞協將萬禮為前衝鎮　援勦右鎮副將陳朝為後衝鎮

15 命忠振伯管理中左地方事一應兵糧船器釋委任

藩移師後埔札營操練施郎不從請啓削髮爲僧[illegible]劉王清[illegible]
藕茂代將意班回日心復歸營也至是　藩不與又拔其原副將萬禮爲鎮己令閒
住郎有愠色因啓請爲僧以揣　藩意　藩諭令再募兵許援前鋒鎮郎不報竟[illegible]
削髮不赴見
藩心啣之一日家丁與右先鋒黃廷兵爭競小故郎徑率數猛直至黃廷行營辱罵
并碎其家器廷恐避之密啓　藩遣黃山仝黃愷誠諭之竟面從心違郎有親兵曾
德赴
藩求拔親隨　藩與之郎探知即出令箭將曾德拿回立斬之
藩啣之尤未發諭其弟顯勸告之曰　藩無能作傷恩事也郎益無忌

16

時官兵札後院埔之糧集諸鎮議曰中左積米數十萬被海邊載虜搬去今官兵之
糧當取之海邊
頒定殺虜大敵中敵賞格　初設前鋒營　設督陣官
五月初四日　藩督大師掠永寧崇武二城所獲頗多而回　施郎不[illegible]頗露益與
弟顯無忌
二十日傳令在船聽令出軍各鎮分所船撥調以黃山提調援勦左鎮施顯令宣令
廖達持令箭催施顯赴提調商確出軍機宜顯至船黃山傳令奏旨綑縛幽之船倉
又令右先鋒黃廷圍厝拿施郎令親隨黃昌圍拿施郎父大宣并家屬施郎文忠宗
伯林習山羈船中山令副將吳芳看守之一日有人[illegible]、[illegible]奪[illegible]奋[illegible]施官寓

吳芳不疑即與登岸至僻靜處將吳芳同押人才刎[illegible]越日渡[illegible]

海捜之不得

藩怒習山計放欲殺之未果殺吳芳妻子[illegible]人令芳跟尋越日殺之[illegible]於市殺施[illegible]

於曾厝垵

陞戎旗中協林勝為援剿左鎮

二十二日　藩督師海澄磁灶地方漳總鎮王邦俊率海澄馬步兵數千于二十六日亦來札近磁灶對壘　藩諭諸將曰欲面進取先從[illegible]起手此番殺他一陣則漳虜攝服集兵裕餉恢復有基矣[illegible]等[illegible]之衆俱曰然于是隨撥戎旗鎮伏磁灶山坑南援剿右鎮黃山伏坑北左先鋒蘇茂援剿左鎮林勝俱伏磁灶社內令親丁鎮

17

廿輝前衝鎮萬禮右衝鎮柯鵬討接迎敵

二十七日王邦俊果由社前大路而來左先鋒等即迎敵交鋒虜勢已却繼而親丁前衝等鎮繼進虜則潰敗不敵被蘇茂林勝等殺奪馬[illegible]并殺傷遍野獲其馬匹輜重而回

六月初二日隨回中左陞賞蘇茂林勝二鎮為首功廿輝官兵為副功萬禮柯鵬官兵為又副功焰中敵賞[illegible]外仍行五軍張英將督陣官袁進池仕紳張銘依首副功賞銀加級

是月舊將黃興來歸授中權鎮舊將黃梧來歸賞銀二百兩撥入中權鎮為副將

初設五營陞戎旗前協陳俸為禮武營後協藍衍[illegible]右[illegible]鋒[illegible]將陳澤為

信武營援勦左下副將吳豪為仁武營北將吳郭來為義武營
援監督陳六御為北鎮營理北兵騎射事
七月劉五店弁石潯地棍陳春等多給廩餼在海截劫我舟
藩遣援勦右黃山提調前衝鎮萬禮北鎮陳六御中權鎮黃興等追捕陳春等逃走
追至小崎駕坐其船數十隻殺掠甚多同安虞馬直追來援被萬禮陳六御等分遣
理伏誘至龍窟與戰盡被我兵伏殺無遺
八月再設五營陞中權鎮左營黃梧為英兵營舊將王世珍為遊兵營戎旗正總班
楊姐為奇兵營賜名祖林文燦為　兵營陳壎為正兵營
委陳啓設局督造軍器藤牌戰被火箭火筒火礶等項

定國送轄將沈明來見援護衛左鎮沈奇為右鎮陳魁為後勁鎮

九月　本藩督師　地方王邦俊同援虜陳尚智復吊集馬兵數千步兵數千同援虜陳尚智來札錢山與我師對壘列陳　藩隨集諸鎮議曰王邦俊伎倆可見陳尚智無名小將我以逸待勞以飽待饑若又來對其等為埋伏[illegible]守為抄後截擊其等為勁敵俱各賈勇齊擊殺其片甲不回勝此一着則漳虜膽破攖守不暇浦詔和等邑可指掌而　矣諸將奮曰此番我等盡欲得功虜必無生回矣

二十五日虜列大隊直進逼我營壘　本藩麾令迎擊戎旗[illegible]援勦左林勝并蘊茂等先搗其鋒即被我　師殲殺次則親丁鎮前衝援勦右等鎮繼殺其後虜狼奔逃竄殺死不計我兵直追至龍井方回所獲馬匹軍器不計[illegible]

陳尚智奪路而走僅以身免時漳府道關閉城門不准進城　藩遣人招降

降其部下將卒數百人隨傳令班師

十月班師田中左路京霞帳寨札營伏兵〻〻取蔬薪被寨民逐回鎮以告

藩曰小民無知諭之我師殺虜非殺民也遣諭彷徨不遜　藩怒令破其寨須民

險拒敵自辰至巳我兵殺傷甚多　藩益怒親督攻打于是陳瑞李長等冒奮登埤

殺其寨首餘將繼進遂破其寨勦殺無遺　藩駕田中左陞賞殺寨　引官兵炤大

敵賞格而行

親隨營李長病退以黃昌為戎旗親隨營

十一月漳虜王邦俊二次被我師殺敗馳報偽院求師援防遂遣偽將標名皐帶馬

步數千入援

藩集諸將議曰名皐未知我手段必然輕敵我須畧地取糧誘其來戰先須占據險處迎殺爾等此番用力殲擊勝此一着則援虜計窮瀉泉不攻自下矣懋功懋賞本藩斷不爾靳如不用命者殺無赦　本藩躬親督戰目睹難掩[illegible]　將俱曰[illegible]議出師地方　藩遂督師絲九都登岸進札小盈嶺待敵同諸將相度地利分派札伏撥援勦右鎮黃山督正兵營陳壎等伏鵠烏山下令右先鋒黃廷督左衛鎮康明等札東邊嶺下拒截泉虜

本藩率戎旗鎮札嶺上其餘左先鋒援勦左[illegible]鎮等官兵札西邊領下另遣親丁鎮

19

甘輝督中衛鎮蕭拱宸遊兵營吴世珍奇兵鎮　[illegible]等趕殺[illegible]漸[illegible]上兵

四股兵馬分遣已定是日名皐分三股而進。　山[illegible]踰山來抄戎陣後[illegible]

一股來衝正兵營

藩令未准出戰至三股齊犯遂揮戎旗鎮協同援勦左鎮等各　兵迎擊中股援勦

右鎮等擊左左先鋒等擊右我兵奮勇冒矢衝逼虜遂少却　本藩馳督[illegible]

益力諸將無不鼓奮虜遂不支被我殺死追逐擒殺不計其數踰山來抄陣[illegible]虜中

衝鎮遊兵營撞先遇敵被其逐退不支奇兵營楊祖率兵赴戰殺傷過當祖身

箭尚奮勇殺死虜將一員至親丁鎮甘輝趕至遂同中衝遊兵奮進虜即潰敗亦被

我兵追殺不計遂合兵一處直[illegible]馬擠巷而回名皐僅身免

藩令班師回至中左焰大敵陞賞以楊祖為首功甘輝援勦左右正[illegible]先鋒等為

次功祖掛服戎印賜蟒玉改　奇兵營為奇兵鎮中衛鎮遊兵營降罰瀾責
十二月舊将陳尭策先投虜協虜將楊世德防守漳浦縣遣人密叩納浦事宜
藩約日許之
十五日　藩督師至舊鎮港登岸御校馳至城下圍尭策献城納降令戎旗鎮
守将楊世德驚懼自刎投入河戎旗三正　班黃安救活之謁見　本藩□慰諭之
加其忠令醫治并護其家眷授大監督職知縣范進貴僞印赴軍門降諭　以厚待之
委叅軍舉人林其昌蒞縣事委張英同潘庚鍾追虜紳助餉陞以陳尭策掛寧南印
管護衛前鎮炤舊鎮守漳浦
遣右先鋒黃廷督護衛左右鎮等巡復詔安縣　鎮黃興督英兵營

巡復平和縣俱各次第報平

二十四日　藩督師繇陸回中左　左衛林康 以老告開拔副將楊琦任左衛鎮事

二十九日海澄虜守將赫文興密遣中軍胡安然叩見約開城納降以玉决為贄

藩許之賜安然金五錠以八寶暹帶賜復之約日進兵

定西侯張名振平夷侯崔周之英義伯阮駿等俱來歸以名振管水師前鎮 崔之管

水師後軍阮駿為水師前鎮

六年壬辰正月初二日　藩督師揚帆進入海澄港原港內水淺大船難以進港

是日潮水漲起數尺　藩坐駕直入泊中權關下澄人驚謂從古未有真氷堅可渡

之符也赫文興開城率將士詣軍前納誠隨賞將領官兵銀壹萬兩　興五千兩

授前鋒鎮賜掛破虜將軍印蟒玉其參幕毛恒并將領各陞擢有差[illegible]軍都督張
英督兵鎮守參軍黃維璟掌縣印隨增築城池為關中河內令赫總鎮并將領屯田中
左安插家眷勵兵出征
初十日　藩督師進入江東遣各鎮官兵攻長泰縣
十七日至溪西地方漳援虜馬步數千來迎戰適親丁鎮甘輝率禮武營[illegible]等戰
數合我兵未集衆寡不敵少却甘輝奮身臨陣身中二箭陳俸繼進被傷四箭時大
督陣王孔嚴督官兵奮勇前進退却即斬親丁鎮副將歐斌[illegible]直衛虜陣殺死馬
將二員虜隨潰我兵趕殺虜溺水死者一[illegible]計[illegible]而回時親丁鎮前鋒營將陳震
21
總班曾猛退却登時陣前梟示

二十三日援虜數千再至被戎旗鎮王秀奇等擊明

本藩札營泰邑東門石高山製造雲梯攻土之一具令各鎮圍困數匝攻打數次城堅

未易遽拔

義師兵部職方司主事陳韻率兵丁數千來附　藩委用之令隸入前軍定西侯張

名振管轄

二月初二日嚴令攻城遊兵營吳世珍奮勇登城被炮擊下身死以黃元為遊兵營

遂傳令攻城為下以計取之遣戎旗鎮移鎮北門高埠處鑿地道通城令神器營何

明選善火器洪善用地雷擊破開鑿半月方達城

三月初四日報偽院陳金督馬步數萬來援到同安住札

22

本藩傳令地雷即發城崩則進城以殺援虜如未達城則移出江東一帶　路迎敵
初七早地雷發不及城而止　是日遂移師札江東山
是年漳浦詔安海澄平和俱已克復及困圍長泰虜亦檄召潮汀兩路馬兵并吊集
水師建國叛將蔡興章雲飛等及陳金親督來援　本藩隨遣護衛左右鎮沈明沈
奇等屯札詔安拒潮援虜遣總督中權鎮黃興督護衛前陳堯策英兵營黃梧等屯
札南靖平和拒汀援虜遣援勦前鎮黃大振同平夷侯閩安侯等轄將拒泉港章雲
飛水師又遣北鎮陳六御督信武營陳澤守海澄　本藩自統大師屯札江東待敵
初八日藩同各鎮相度地利視其迎敵據險設伏伏之處田即傳令曰東北大山下係
通漳大路當先據其險不可致令敵札據高[illegible]下爾左右先鋒黃廷督左衛鎮楊琦吉

兵鎮楊祖等札空營山頂多樹旗幟伏精兵於山傍待敵另選戎旗內壯勇銜鋒三百人埋伏虎渡橋南北與楊琦等為應援犄角以絕漳城之[illegible]東南一帶山埠堪戰之地爾左先鋒藴茂伏札東尾寨內外爾親丁鎮甘輝督禮武鎮陳俸等札當頭疊敵道之衝次爾援勦左鎮林勝接之又次爾前衝鎮萬禮并正兵營陳壎接之戎旗中軍營則札各營之中繼連援勦後右衝中衝等鎮接其右勢如常山之蛇擊首尾應擊中則首尾俱應又爾前鋒鎮赫文興統馬兵千餘伏中軍營前樹林以為各路衝突應援又爾援勦右鎮黃山埋伏深青橋鴻漸尾一帶截其歸路時中軍各營前附山後背[illegible]傳令各船放出無得隻留以胆怯者思退走亦淮陰背水陣法也又傳各營盤中豎瞭望樓高數丈瞭官帶火號三枝炤看中軍營第一樣[illegible]號起是虜出

23

兵各穿帶衣甲軍器站隊貼立木栅邊第二枝火號起係虜逼近營盤鳴金貼立木栅邊藤内以逸待勞挫其銳鋒俟第三枝火號起即齊擁殺敵頭疊用火筒火箭神機銃器次疊用牌被鎗刀又傳令曰此番殺虜焰大敵賞罰格副將以下退却者許督陣監營登場梟示統領總鎮登時綑解軍前梟示調遣去札已定虜陳金初十日耒擇營於對面之牛蹄山相拒有五里我師已占得地利矣至十三午盡率馬步繇東南山埠而來見頭疊各營寂然不動未敢逼進直至正兵營中即近砍斬木栅本藩即發第三枝火號各營蜂擁而出虜遂分路迎敵未分勝負　本藩親督戎旗鎮官兵勇向而進虜始少却禮武陳澤親丁鎮甘輝右先鋒黄廷并蔡茂林勝等首尾兵將奮前夾圍而赫文興又督馬步搗其中虜遂披靡退敗我兵追至牛蹄山老

營各鎮齊集一盡追殺積屍遍野陳金盡棄其衣甲輜重奔命而走至夜分又被黃山伏兵追殺陳金僅以身免此一敵也虜全軍覆沒獲衣甲輜重不計

本藩隨煬大敵陞賞有差以禮武鎮陳俸甘輝黃廷黃山等為前鋒陞右先鋒黃廷為提督前甘輝為提督中黃山為提督右以副將廖敬管右先鋒鎮歐斌管親丁鎮余新署援勦右鎮正兵營陞為正兵鎮

偽陳金敗兵夫將不敢進入同安札營城外被家丁李進宗等刺死進宗等來歸初罷用之後沉進宗於水以背主故也

十三日我師既敗陳金是夜長泰守將并縣官聞知棄城而逃百姓迎請鎮守

藩委參軍馮舉人知縣[illegible]護衛右沈奇駐札防守

四月　藩督師進攻漳州

是月兵衆雲集開設·十八宿營角宿戴捷亢宿林德氐宿鄭榮房宿周全斌心宿周騰尾宿楊正箕宿鄭文星 宿林功牛宿謝對女宿蔡科虛宿洪承寵危宿賴策室宿盧彪壁宿唐邦杰奎宿華章昴宿杜輝柳宿姚國泰井宿陳習山進攻漳州守將王邦俊擐城固守上下請援

本藩隨分兵重圍數匝困之遣仁武營吴豪義武營楊朝棟專札西門營盤堵禦以前衛鎮萬禮禮武鎮陳俸尾宿營楊正為應援另撥戎旗鎮王秀奇提調兼應援西門有失則罪王秀奇護衛左鎮沈明乇　兵營陳壎親丁鎮啟斌專札北門營盤堵禦以左衛鎮楊琦右衛亻金柯鵬亢宿營林德為應援另撥提督前黃廷為提調兼應援

北門有失則罪黃廷　護衛前鎮陳堯策角宿營戴捷專札東門營盤堵禦以援勦左林勝中衝鎮蕭拱辰後衝鎮陳朝〔八〕　宿營周騰為應援以提督右黃山提調兼應援東門有失則罪黃山其南門專札營盤以遊兵營黃元札新橋頭後勁鎮陳魁札舊橋頭信武營陳澤二武營藍衍為應援另撥北鎮陳六御提調兼應援南門有失則罪六御又撥氐宿營鄭崇柳宿營姚國泰專札八角樓營盤堵禦以英兵營黃梧為應援　天張名振為提調八角亭有失則罪名振奇兵鎮楊祖援勦後藍登房宿營周全斌專札東嶽一帶　大路堵禦援兵以中權鎮黃興提調兼應援大路有失則罪黃興另撥親隨營李長提督前黃廷提督中甘輝鐵騎鎮劉有才昴宿營杜輝兼各處應援遊兵

本藩駐札南院調遣其餘各鎮分守漳浦海澄詔安長泰平和南靖等縣

五月虜援兵金礪馬至漳隨會王邦俊督兵綵東門進戰　本藩隨撥房宿營周全斌援勦後籃登伏東嶽左右并宿營謝對援勦右余新伏右邊大師屯札市尾兩邊待敵虜〃〃〃而進　本藩督令戎旗鎮親隨營黄昌前提督中提督等賈勇殺進而房宿并宿兩邊衝擊虜隨敗走擒其副將金鳳殺獲甚多後退守城中不敢復出　本藩論功陞賞各有差傳令各築營盤圍困其營盤外開河溝一丈鹿角一重木柵一重木柵内則豎籧篨每籧篨三個隔一位設一銅百子銃另築短墻如城一樣困守之此此將王有才所畫進傳各營如〃〃而行以為久困之計虜援絶不敢出戰仍堅

25

閉固守

是月前軍定西侯張名振議就鎮門築水灌浸漳城緣工力浩大水淌難防棄之

漳平縣虜守將蕉彪來見（彪身大數圍膂力過人能左右射百發百中）因副將蔡勤引見

藩禮敬之授室宿營令回札茶坊嶺招募克復上遊

陳金殺敗金衢馬等來援亦被殺退漳圍未改遂集舟師數百隻來犯中左攻吾所

必救以改漳圍　藩令一鎮陳輝為總督率右軍閩安侯後軍周崔之左軍輔明侯

前鎮阮[illegible]鉷施舉等水師百餘號往迎之遇敵於崇武[illegible]虜舟據上流順風衝下

我師少卻至流退風轉陣[illegible]揮令衝犁周瑞同施舉二坐駕揚帆衝入虜陣奮擊虜

不敢當繼而各船湧進協擊虜遂披靡退走虜縣崇武登岸而逃奪其大船十餘隻

而回

26

六月　藩駕如浯洲青嶼灣賞罰水師官兵傳令漳城圍困將領加謹　毋致踈虞賞右軍周瑞後鎮施舉首功殺其退卻副將四員傳令炤舊防守泉港虜船自是虜船再出來犯被我舟師[illegible]焚其舟并殺其副將緣是虜水師不敢復逞

親丁鎮[illegible]故以鄭廷為親丁鎮

七月　藩督師圍困漳州時城中之粮至食人肉百姓多餓死王邦俊等遣蒲騎欲衝出寨中取討粮米被我官兵伏殺無回虜聞知不敢再出堅守饑餓待援

八月　藩督師圍困漳州時粮米益盡百姓餓死過半虜兵有至食革充饑者有逃出降者俱稱欲奪路共逃亦有欲降扣　本藩傳令攻城撤去西北兩門營盤任兵環攻東南聽其夜遁伏半路截殺虜偵知亦不敢遁只得餓守

九月十八日報金門小礪繞浙直蒲漢馬騎萬匹大阝星夜入援至泉駐札本藩集諸將議曰攻城未下援兵已至暫工解圍軍于江東以待之如殺陳金一樣則漳城亦如長泰不攻自下矣諸將曰可時金固山聞鑒江東覆轍不敢直進兼程繇長泰小路

藩偵知隨于二十六日解圍擇札古縣地方據險以待雪亦于是日進城

落下營々廿々高埠𡋯左邊撥中提督甘輝統親丁鎮郭々々左援前衛中衛等鎮札于山頂伏松栢林內右邊々々右提督黃山統右援勦余新右衛鎮柯鵬護衛右洪承寵禮武鎮陳俸等陣于田中作頭　宜以後衛鎮護衛左太衛等為應援撥前提督黃廷督右先鋒廖敬亢宿營林德等往來馳援右邊撥前鋒鎮赫　文興馬騎就中馳擊

27

應援左邉

本藩自督戎旗鎮馳援左右碁布已定金固山遂率城守并援兵萬餘騎前來對敵十月初一日虜札營對壘與我營伍星布碁密未敢輕進至初三早西北風盛發占搶風上遶分二股而來先以一股衝我左邉中提督揮兵[illegible]戰約數合勝負未分繼而我林内兵抄斷其後合兵逼進虜遂披靡被我兵逐[illegible]死者過半餘者敗回作一堆齊擁直衝我右邉右提督揮兵接戰我用火箭火炮神器齊發一時西風猛烈火烟被風打回對面昏黑遮不見人虜遂乘烟突衝我兵不能相顧潰散而走

藩親督戎旗等繼進已無及矣虜遂迎野追來我兵且戰且退　藩駕隨回札海澄

是晚查點不見右提督黃山禮武鎮陳俸右先鋒廖[illegible]親丁鎮郭廷護衛右鎮洪承

寵等田已戰沒陣亡矣

藩集諸將欲治喪師之罪盡殺之甘輝言曰此番非人力不齊將士不用命乃反風所悞天時不順地利失據以至敗田亦天未厭亂也　藩默思良久曰爾言固是但我見陣中旗幟未接即退者此等不儆將何以治兵於是定元宿營林德先退梟示狗軍中右衝鎮柯鵬細責削職

另議優卹陣亡將領甘春并令禮官議禮迎入忠臣廟祭祀

藩駕擬田中左派撥屯守海澄隨行前鋒鎮赫文興提調房宿營周全斌智武營藍衍防守東門義武營楊朝棟提調北鎮中協唐邦杰柳宿營姚國泰氐宿營鄭榮防守南門蕭應援又以援勦後鎮藍登中權鎮黃興協守西北門以副將蔡勁同謝子連

28

協禦西門小水門城内碁布已密又撥都督王明駕銃船為首程提督中鎮為二程防守烏礁水師撥援勦左鎮林勝親隨營黄昌為二程援勦前鎮為三程仁武營吳豪為四程防守中洲水師調遣已定隨率鎮將田中左并調遣南北征勦　令馮工官吊民々々曹々等々每濬復墻

十一月　藩駕駐中左　陞義武營楊朝棟為右衛鎮々衛鎮副将陳鵬為義武營其二十八宿營暫撥歸鎮親丁鎮不設右先鋒禮武等鎮候員另補

遣中權鎮黄興為正提調前衛鎮萬禮為副提調率援勦右余新護衛前陳堯策護衛右沈明英兵營黄梧戎旗一營王怡三營陳端恢撫盧若驥等往詔安九甲平和等處畧地措粮　是月秦王孫可望移檄會師安西王李定國復廣西殺偽王孔有

有德遣使會師　藩遣効用官李景往廣西約師會剿

十二月　藩駕駐中左　知海澄縣事叅軍黃維景失職不謹逮繫羈留委正中軍

都督張英理縣事　虜偵知黃興等駐師平和遂遣三大人帶馬步數千前往追逐

一枝逐至大小墻地方正提調黃興等據險迎敵虜不知地利被我師用伏擊殺退

敗而走一枝追至松柏坑被副提調萬禮據險設伏擒殺殆盡虜遂奔回

七年癸巳正□　藩駕駐中左　漳虜大隊到石碼鎮被我官兵逐殺之盡焚民居

店舍奔回　藩令中軍張英招撫安集如故　太師平國公差周繼武至自燕京傳

清朝欲来議和令藩議就之

藩差李德奉書稟復　太師言兒南下數年已作方外之人張學聖無故擅發大難

29

之端兒不得不應令騎虎難下兵集難散云云

二月　藩駕駐中左　中權鎮黄興等率衆自詔安回　藩召集責之曰未聞帥令擅自歸田是欲何為問誰為唱首衆俱以王怡若騤對王怡令推出斬之若騤綑責革職[illegible]提督并各將領俱降級有差　委五鎮余寬鎮守三都等處地方

三月　藩駕駐中左　遣前軍定西侯等水師恢復浙直先時定西啓曰名根生長江南將兵數十年今虜各處兵將多係舊屬茲全首既佐力於閩勢必空虛浙直我以百艘來此長風破浪直入長江號召舊時手足攻城掠野因時制宜搗其心腹虜無暇南顧　藩主得以恢復閩省會師浙直可指日待也　藩從而遣之并遣忠靖伯陳輝中權鎮黄興護衛右鎮沈奇禮武鎮林順知[illegible]營藍衍後鎮施舉等一齊進

入長江

四月報固山金礪吊集水陸官兵船隻欲寇海澄中左即遣左軍輔明侯林察右軍周瑞後軍周崔之前鎮阮駿援勦前鎮黃大振等督率官兵船隻前往堵禦虜船後遇颶風輔明侯林察船漂入興化港被虜拘禁於獄至鄭賈來議和出之

十八日報虜吊集十縣民夫二萬擡運攻城器椇于是日同馬步數萬出城駐札教塲來[illegible]海澄　藩亦傳令辦守城器椇以待之

二十八日虜札營祖山頭　後衛鎮陳朝病故以葉章管理後衛鎮事

五月　藩駕到海澄令五中軍張英催督守城民夫器椇撥北鎮陳六御督義武營仁武營智武營防守縣內撥援勦左林勝堵禦南門外橋頭撥左先鋒鎮督[illegible]

外嶽廟前撥護衛左鎮沈明守中權關撥正兵奇兵等鎮守土城九都城撥前鋒鎮
赫文興戎旗鎮王秀奇護衛前鎮陳堯策守禦鎮遠寨前衛鎮萬禮幇守鎮遠寨外
撥前提督黃廷中提督甘輝札守關帝廟前木柵連接鎮遠寨
本藩　札媽宮澳行營戰
又令水師楊權蔡新等駕船擊其旁虜移炮擊我水師楊權被擊死
初四日金固山率馬步數萬札營媽宮前離我營半里之地　藩令我師擊其營虜
是晚即逼營安籧篨大小銃炮數百號日夜連擊無瞬息間斷打透我營中官兵多
被擊傷而死　王籧篨木柵多被打碎崩壞　藩傳令立刻修築完固至初五午諸將
請令曰虜炮連續不絶籧篨多被擊碎無可容身各官兵俱願出決一戰不可坐受

其擊　藩問誰敢領頭疊衝擊後勁鎮陳魁後衝鎮蔡章等向前願領于是遣令諸鎮各選精勇叁百名合力乘炮烟衝進虜見我兵出營炮銃齊發我兵又多中手傷後衝鎮葉章被銃打死後勁鎮陳魁右腿擊折

藩令收軍而退只得固守　核周全斌署理後衝鎮事楊正管理後勁鎮事禮望葉章陳魁發回中左調治　虜連擊兩日夜我營壘整而又壞官兵無可瓚立損傷者多兵將當偈議各無守志　藩頗聞之

初六早　藩見營壘難堪官兵面面驚惶遂喚旗鼓張光啓往各營傳令光啓不敢往再喚宣令廖達進曰可往遍傳大小將領官兵此城不守尚备恢復再遲早晚本藩有計殺虜令其片甲不回如有不敢守者即報名來聽其回去本藩于此土生死

31

以之決無抽回之理也時參軍馮舉人參贊營中亦言雖死無可去之理恐將領未喻

藩意耳于是再諭參軍曰爾為我持此招討之印遍諭軍中朝廷以此畀我我惟有効死勿去而已諸將以有能率衆得功者願以此題讓于是參軍持印傳諭軍中無不感奮諸將齊到請令　藩勞以酒并提督對衆激言曰古云人生自古誰無死留此丹心照汗青此番竭力以守倘有不測亦死得其所王秀奇等合聲齊應曰此城是大家今日死忠營也

藩壯其志令入酣飲　藩遂率諸將上敵臺觀敵諸將告以銃炮繁多不可乘危

藩曰死生有命在天虜見口〔虜炮如〕我何于是上臺指虜觀覘虜見之知其國姓移炮向擊

叢矢向射時典膳役蘇貴持戰被向護中提督檣　藩下臺忽聲炮響中擊
藩座此一險也又郭鎮、逐寨邊新築邊條擊碎崩壞平地
藩令各掘地窩藏身隨諭諸將傳、令曰虜吊許多精銃只攻此木柵邊條數日夜用
過煩炮不知幾千遍今雖如此平地未敢逼戰者一則知我手段二則意我必退回
中左昨偵探來報虜營中火藥錢粮不繼盡在早晚一決我諒今晚必大擊一番明
早黎明必併、力決一戰如不勝必退走矣虜之使倆在吾掌中料之審矣爾等須
諭將領明早的來歸營彼若欲過河時必用空炮助其聲勢愚我耳目斷無自擊之
理爾等須攢隊站立各執大刀大斧如耙上劈去不准追逐候虜齊過河墘攢定時
用火攻齊發一盡焚去方准併力殺出進前重賞退後立斬各依軍令軍法而行可

也于是令諸将各田營隨令戎旗神器鎮何明率洪善等将所有火藥就夜分時一盡埋伏河溝邉其藥心相續如地道埋藏法候令而發虜果於初六晚迅炮大擊連夜頃刻不絕營壘一連盡如平地官兵多開藏地窖中不傷其所埋火藥亦無防碍至五鼓虜果移至炮併營逼進先用民夫扛運過河車頭疊用漢兵二疊俱蒲兵湧逼直進我兵死敵用大斧砍下三退三進殺傷相當時戎旗鎮内班将蔡文王明中提督班将鄭仁李昴前提督下賴使楊正前鋒鎮下蕭自啓等賈勇百倍砍殺尤多虜見勁敵率三疊蒲将蜂擁繼進盡過河溝矢如雨下人難站立我兵站生死拒時天暫亮瞭見虜盡過河　藩令發起地炮一連将在過河之虜一盡燒死棄填河内盡皆疊蒲遂令我兵一擁衝出其未過河殘虜狼奔而走擒殺無遺固山隨令民夫

運炮走田此一敵也死中得生何啻背水之戰非本藩善戰親督不至是也

十二日　藩駕回中左到教場設宴炤大敵格論功陞賞　先時署海澄縣叅軍舉人黄維璟因失地方事不理逮繫至是聲罪與將誅之　陞賞中提督甘輝前提督黄廷前鋒鎮赫文興前衝鎮萬禮戎旗鎮王秀奇等為首勲擬題伯爵叅軍馮舉人運籌決勝題授監軍御史　陞蔡文王朋鄭仁謝任賴使蕭自啓等超授都督僉事餘各炤級陞賞有差

是月行在遣兵部萬年英齎勅冊封　藩延平王　制曰克敘彜倫首重君臣之義有功世道在嚴夷夏之防蓋天地之常京實邦家之良翰爾漳國公賜姓忠猷愷摯壯畧沉雄方閩浙之飛塵痛長汀之鳴鏑登舟灑泣聯袍澤以同仇嚙臂盟心謝辰

沓於異域而刀戈船浪泊轉戰千年蠟表興元間行萬里絶燕山之僞欵覆虎穴之
名酋作砥柱於東南繫遺民以弁冕弘勳有奕苦節彌貞惟移忠以作孝斯為大孝
盖忘家而許國乃克承家銘具金石之誠式重河山之誓是用錫以冊封為延平王
其矢志股肱砥脩茅戟丕建犂庭之業永承胙土之麻尚敬之哉　藩拜表辭不敢
受　另遣監督張自新同萬兵部繇水赴行在回奏題叙海澄敍虜功次請勅各鎮
勲爵後即勅封甘輝為崇明伯黄廷永安伯王秀奇慶都伯赫文興祥符伯萬禮建
安伯馮叅軍監軍御史餘各陞叙有差　另遣監督池仕紳賫表繇路詣行在并會
平西等兵馬行軍事宜時晋王定國蜀王文秀俱有書來會師　藩脩書答之
33 漳報金酋奉旨班回　藩集諸將議曰金酋敍敗班回必有一番説詁虜不足慮矣

我欲興問罪之師於潮揭一則使郝尚久不敢擄郡歸清二則鷗汀逆寨屢截粮萬

應當掃平也諸將俱曰可隨以中提督甘輝督義武等營鎮守海澄縣以後衛鎮周

全斌督水師鎮守烏礁另委忠振伯鎮守中左總督策應戰守兵粮事宜撥水師右

後軍前後鎮堵禦泉港

六月　藩督舟師南下先攻鷗汀逆寨其寨築在田中四畔泥深只一路可行進攻

未下一日

藩集諸將在寨外樹下坐議伐樹架銃攻打逆民移銃向擊忽一彈子中傷

本藩左脚指上幾傷要處後醫愈亦一險也

藩以雨田泥深攻打又難姑抽回入揭徵助行粮并移諭郝尚久令其固守城池不

可悖叛歸清尚久不報
七月　藩駕駐揭陽門闢徵輸行糧各寨樂輸
八月　藩駕回中左　太師平國公差李德周繼武等齎手書到稱清朝欲賜地來
和欲差二大人齎海澄公印勅以一府地方安插又係劉清泰保認先差德等來探
可否回報然後方令詔使賫來　藩曰清朝亦欲賠我手將計就計權措糧餉以裕
兵食也遂回稟與平國公令李德星馳赴京回報稟云遠侍膝下八年於茲矣但吾
父既不以兒為子兒亦不敢以子自居坐是問候濶絕即一字亦不相通總繇時勢
殊異以致骨月懸隔蓋自古大義滅親從治命不從亂命兒初識字輙佩服春秋之
義自丙戌冬父駕入京時兒既籌之熟而行之决矣忽承嚴諭欲兒移忠作孝仍傳

清朝面諭有原係侯伯即與加銜等語夫既失信於吾父兒又安敢以父言為信耶當貝勒入關之時父早已退避在家彼乃卑辭巧語迎請之使車馬不啻十往還甚至啗父以三省王爵始謂一到省便可還家既又謂一入京便可出鎮今已數年矣王爵且勿論出鎮且勿論即欲一過故里亦不可得彼言豈可信乎父在本朝豈非堂堂一平國公哉即歸清朝豈在人後哉夫歸之最早者且然而況於最後者又可唉者兒先遣王裕入京不過因有訛傳父信聊差員探息輒縶之於獄備極箠楚夫一王裕亦做得甚事而吠聲射影若是其他可知雖然兒於己丑歲亦已揚帆入粵屯田數載矣不意乘兒遠出妄啓干戈襲破我中左蹂躪我疆土虔劉我士民擄辱我婦女掠我黃金九十餘萬珠寶數百鎰米粟數十萬斛其餘將士之財帛百姓之

35

錢穀何可勝計彼閒晃將田乞憐於四叔幸四叔姑存餘地得以骸歸乃歸而又相貳啓釁我將士痛念國恥家亡咸怒髮指冠是以有漳泉之師陳金之授首楊名皐等之屢敗固自出爾反爾之嘗且不特此也異國之兵如日本東埔寨等諸夷兵旦晚畢至亦欲行春秋大義矣信如父命及清論猶且兩難而以父所傳之諭若此乃抄到部院劉清泰所賫之勅若彼前後之言自相刺謬夫沿海地方我所固有者也東西洋餉我所自生自殖者也進戰退守綽綽餘裕其肯以坐享者反而受制於人乎且以閩粵論之利害明甚何清朝莫有識者蓋閩粵海邊也離京師數千餘里道途阻遠人馬疲敝兼之水土不諳死亡殆盡兵寡則必難守兵多則勢必召集召集則糧食必至於難支兵食不支則地方必不可守虛耗錢糧而爭必不可守之土此

有害而無利者也如父在本朝時生鎮閩粵山海寧謐朝廷不費一矢之勞餉兵之外尚有餘京朝廷享其利而百姓受其福此有利而無害者也清朝不能効本朝之妙算而勞師遠畜年年空費無益之貲將何以善其後乎其或者將以三省之虛名前啗父者今轉而啗兒兒非不信父言而實有難信父言者劉清泰果能承當實以三省地方相畀則山海無竊發之虞清朝無南顧之憂彼誠厚幸至於餉兵而外亦當使清朝享其利不亦愈於勞師遠畜空費帑金萬萬者乎況時下我兵數十萬勢亦難散散之則各自嘯聚地方不寧聚之則師旅繁多日費巨萬若無省會地方錢糧是真知前者啗父故智也父既悞於前兒豈復再悞於後乎兒在本朝亦既賜姓矣稱藩矣人臣之位已極豈復有加者乎況兒功名之念素澹若復作馮婦更非本心此

可為智者道耳不然懸烏有之空名冢已然之實禍而人心思奮江南亦難久安也耑稟遣李德賫稟入京

閏八月　藩駕駐中左以和議故分遣各勳鎮就漳泉派徵樂助兵餉遣督餉都督黃愷追晉南地方餉二十萬

九月　藩駕駐中左遣前提督黃廷就雲霄地方徵米五萬石

時和議亦就徵派四出偽院劉清泰聞知遣書　本藩曰從來、、　夫舉事必使功業有所歸身名無所累而後奮臂一往以求白于天下可也今令尊公以身依日月之傍今祖母年逼桑榆之景更思海上有事以來冒費者何地之金錢塗炭者何方之膏血足下英雄之姿忠孝之性豈甘一寺之倔強而冒青史之譏咫尺之飄搖而

釀赤族之禍也哉如懼投戈為孤注何如俾其子弟以歸倘疑起關為畏途何妨請
命於桑土而守不佞以平生忠朴久見諒於聖明皆能為足下一一剖心以呼籲者
倘有言之不應不但非男子且無以質鬼神幸決裁鑒另書與定國公求相勸免書
云足下以韜畧起家驍勇報國素振海甸之威久著樓船之譽 不佞雖邈隔於山河
而實遙聞於異代丈夫功名事業如足下亦可為不負生平矣不佞章句謇才備
員侍從一旦膺此閩浙之任并拜招撫之諭責綦重心綦苦矣故秉大兵未集兼程
入境意欲早定海上之事早報聖明之命以早結足下一門父子兄弟忠孝之局耳
前日令兄老先生家報之後先以一函達令姪字字通家骨月之言亦字字今日時
勢之言也不意令姪即昧進止又涉誇浮蓋驕子之啼本不可聞之君父而荒唐之

說豈所以執論於從常足下身京軍旅之艱目極興亡之變如此大事必伏老成乃特剖心相告幸亟呼令侄與部落族黨而喻之羈身島外既非英雄結局之場回首京華終是天倫缺陷之恨況朝廷浩蕩周至之恩亦史書所未載往事所難邀矣固山之兵露刃於漳濱南至之師立馬于泉界有不能頃刻待者倘遲回以動群策之疑貿罔以激聖明之怒令兄前此之綢繆與不佞後此之挽回俱付之東流而不可問矣唯是足下于令侄以參差之鳫羽而同風雨之鳩巢撫事[illegible]戍自不能掉臂而為孤注若其不成又安能袖手而付之傍觀乎不若於今中搖搖未定時或力挽以同歸或獨先以就議不佞與足下交道之始即勳業之終矣從來乘氣運者俊傑之事也足下於此日之天時人事諒籌之久且熟矣至於措置[illegible]安之計允[illegible]可以王成

必竭綿力，倘一言之不應，不但非男子披瀝肝膈之舉，且何以施面目，[illegible]神於湛湛之下耶。幸足下裁鑒，以決行止，竚候好音。定國公復書於清泰曰：仰荷明令，達辱大教，新朝浩蕩之恩，與老公祖優渥之愛，闔門頌鏤，如何可言。第不佞病積沉痾，京年林箐，久見諒於當道，漁竿樵斧，尚弗克負荷，況軒冕之榮耶。若漫然濫竽，是妾綸綍於草莽矣。向已數陳，兼詳遠使，想在汪涵。至於舍姪壯年鋭志，頗足有為，君父命重，罔敢不遵。第以數千萬之衆，仰給於一府，安頓不易，畔散堪憂，彼時隕越，咎將誰任。又體統事權之間，舊例新恩，不無稍礙，用是趦趄。以為新朝實開誠布公，而于推心置腹，似有未然。其未敢拜揚成命，出自其衷，且揆之事勢，亦不得不爾者。老公祖其別有以教之否。

38

十月　藩駕駐中左遣中權鎮黄興前衝鎮萬禮等統領轄鎮進入龍巖地方徵餉
二十萬
十一月　藩駕駐中左遣前鋒鎮赫文興北鎮陳六御右衝楊朝棟等率轄鎮往惠
安仙遊等地方徵餉三十萬
十二月　本藩親統戎旗等官兵巡到南安惠安討叛逆頑寨而回
八年甲午正月　藩駕駐中左　太師平國公又差李德貴手書到稱清朝遣鄭賈
二使賫海澄公印并與泉漳潮四府聽我安插兵　月杪到省　本藩隨令副中軍
掛顕義軍門印常壽寧為正使典仗所鄭奇逢為副使前往福省接待因太師大命
欲其忠孝兩全也喚壽寧等諭之曰議和一事主宰已定　頁爾等言及應對只是

禮節要做好有不可失我朝體統應抗應以因時酌行不辱命可王

二月初一日報壽寧到省二使令按察司道黃澍接待議相見禮澍曰今日內院大人欽命天使爾等應行腳門叅謁寧曰今日俱兩國命使況掛印賜王我朝無尸之理賓主抗禮足矣澍回二使二使不肯澍又曰大人繇京至本省為爾　藩主撫事而來爾奉　藩令有主道焉暫宜少屈寧曰本省屬之明朝則我為主若寄清朝今日我等至此恥為賓矣且和事出自清朝非我　藩主求之也二使欲先屈我是無意于和我等回歸復命矣澍再回二使稱不肯屈亦不敢強只令同回寧等回見　藩述抗禮事稱其能使

初六日隨帶奇兵鎮楊祖後衛鎮周全斌親隨營黄昌等兵馬前往安平札東山書

院與清使朗見　次日二使將印敕交收未開讀是晚大賜宴次早二使欲回京復
命乞示旨意
藩云兵馬繁多非數省不足安插和則高麗朝鮮有例在焉另罄外國寶貝以贈之
初十日二使回京復命　藩駕回中左

39 是月定西侯張名振忠靖伯等督師進入長江奪虜舟百餘隻民兵四起歸附遣親
標營顧忠入天津焚奪運粮船百餘艘名振直至金山寺致祭先帝而回虜聞風驚惧
順治海澄公敕諭朕惟閩海粵區兵戎重寄宜資勲胄以靖封疆爾其乃我朝世〻發
同安侯鄭某之子曩大兵下閩某等首来歸順維京收録未稱報功緣是勍根王〻
心輕聽不計閤全恩眷以致疑懼淹留跡〻海中情甘化外朕念〻〻十之倫慈孝〻

性父既為功臣子豈願他敵但道阻且脩爾心無繇上達乃若李[illegible]
朕令内院大臣細詢言語悉爾至情朕惻然念之推心置腹何分新舊即
定防鎮亦必需才與其另擇他人豈如任用爾等且爾父舉不避親力為保任厥固
加之封爵畀以事權聿同開國之功特錫承家之慶茲封爾為海澄公賜之敕印鎮
守泉州等處地方禄俸如例閩境海寇未靖仍宜防勦海洋船隻俱令管理稽察收
納税課所部官員照舊管轄以俟敘録歸順人衆具數奏聞以便安插地方官評民
詞訟錢糧凡有職掌自有督撫管理爾服此寵光受茲信任務殫竭心力以圖報稱
海濱寧謐惟爾之功毋替朕命　另敕撫院劉清泰　近日海寇鄭某屢次騷擾沿
海郡縣本當勦除朕但思昔日大兵下閩伊父[illegible]先歸順其子弟何忍背棄父

兄獨生叛逆此必地方官不體朕意行事乖張并令將有心向化無路上達又見伊父歸順之後墨勒根王令人看守防範又不計籍親人作何安插恩養致其等疑懼反側朕又思父先歸順其子弟即我赤子何必征勦若某等來歸即可用之海上何必赴京今已令鄭某作書宣布朕之誠意遣人往諭及伊弟鄭某等知悉如執迷不悟爾即進勦如家人回信到閩某等果能傾心悔罪爾即一面奏報一面遣才幹官二員到彼審察歸順的實許某某等赦罪授官仍聽駐札原駐地方不必赴京凡浙閩廣東海寇俱責成防勦其往來洋船俱着總理稽察奸宄輸納租課若能擒獲海中偽藩逆渠不吝爵賞此朕厚待歸誠大臣至意爾當開誠推心令彼悅服仍詳籌熟勿墮狡謀欽哉特諭

40

時永曆行在□□□□晉王定國蜀王文秀有差官賫書來會師　蕭洪交用八字署

同赴行在復書往會定國來書云曩者高涼遺候極目惠風約不如期頓成睽阻詎

大機宜徒深悵望嗣駐朗寧復通密耗乃於秋爽始審興居所荷遠貽偟偟得之海

上傳聞求其並攬連檣再續五羊之役弗可得　今春楚虜□□酋合師狂逞將欲震

我行儀維時聲援犄角落落難呼因計聖□泰寧即空兩粵以長驅而膽就弗交引

安龍弱蹟遠通愀心先事迎鑾君子宜有同心也此月陛見天語諄詳廷議茲舉允

符宸斷即日六飛鳳駕以四月如滇時廣宣聖□丕暢皇靈潛躍依光鼎狐改步三

百年興感人懷于斯可振而廟謨乾斷煥然紀綱社稷靈長無容龜卜矣惟念聖恩

廣大賞格逾涯如不穀者不督其長手之徒勞□□州□　一日之寒負甚而桂衙薄績

41

冊以丹書頒此非賞益增悚矣公將何以為報褰割　然嘉猷茂伐頻達朝廷奚煩饒舌惟東事輔車之誼潮惠疊奏之勛是固不容已於對揚者上每召問拊髀久之用特專勑遙頒冀公於咫尺

天顏枕戈靡懈耳宸居鞏定提代亟申拜成命以將　天威分誼攸篤共内安而即外攘特勢維宜公其整帆飭旅布號宣威待戎於長洋把臂揖論心一償夙願不亦快哉惟茲尺鯉願得傳告勿憚用答不盡

藩復晉王書云　數遣信使祗候好音山川脩阻或達或否計在老親翁焰中前粵東之役不佞立調水師期會五羊進止相左深用扼腕然疆埸之事一彼一此桑榆想非遙遙[illegible]滇狐鼠改步東西南北共帑宗周此社稷之靈而實老親[illegible]

之勳不信點　問識酋戎醜首數矣拜聆鴻猷殊深喜慰今宸居既云而帝業未可偏安況中原有可乘之機胡運值將盡之時宜速乘勢併力齊舉茲不佞現提水陸精銳收復閩浙薰風威發指日北向願老親翁擐甲長驅鼓行迅擊首尾交攻共焚濟河之舟表裡合應立洗腥膻之穴然後掃清宮闕肯但裝輔豈不大符所願哉　是月　藩駕往安平議和晉南府台黃愷逆派橫行藩妾當壽寧查察田報究擬

三月　藩以和議方就乘勢分遣各提督總鎮下福興泉漳屬邑派助樂輸恐其出兵相阻即移書於督撫劉清泰曰以數十萬之衆按甲待和雖議可俟而腹決不可枵梢就各郡邑權宜措餉以濟兵糧可也　清泰復書云　頃接華翰并讀家報已

悉台裹矣前令親筆賫勅印到不佞已慶其事之戊　羊共議之確在尊公老先生於君臣之際父子之間寔費大力苦心矣但勅印來於萬里既不便久為虛懸事勢既已垂成更何必稍存芥蔕且勅中歸順人衆具數奏聞安插地方會同督撫詳細報聞之語何嘗不為斟酌次第商及乎今一併詔不但台臺可以特疏不佞亦當補牘矣倘必緩成命以待議持家書以入告在台臺多一番形跡在尊公多一番綢繆此不佞中夜代籌至愚至篤之論想英雄豁達之見不以為　言之迂且淺也不佞濡筆以候裁決萬勿遊移耳至所言取餉一事不佞亦効一得焉今日聯異姓於同舟化國家為骨肉則地方者各有關係之地方人民者各有聯屬之人民也留得一人他日多　之　人留得一土他日多一生聚況台臺於桑梓朋友之間更須周護此

又無煩不　請懇矣不侵以侍役舊人偶莅封疆去就裕如然得始終此事自不
敢貪天以為己功但可告無罪於尊公握手時則厚幸矣餘何計哉臨啓待命
是月　藩得書親督大師巡歷民情勵餉順逆以定勦撫先繇南安小路達至楓亭
登舟至鎮東海口等衛地方駐札先時海壇松下大小址等處逆民每年衝我商洋
船隻至是發諭誡諭之　松下逆民狂逞不服徑出旗號備敵　藩遣中提督甘輝
前鋒鎮赫文興左衛鎮楊琦等繇陸路抄進　藩督戎旗鎮繇[illegible]抄進時　兵齊會
逆民不支俱被勦殺并焚其鄉社示儆隨移師進攻海壇山逆首陳西賓亦擁集逆
民來迎敵被我師一鼓敗之陳西賓自縛乞降宥之二處素逆俱平　委後軍平夷
侯周崔之鎮守海壇地方逮援勦前鎮黃大振振　作為不執假義刼掠詔

43

使　藩巡歷至是知之遣中提督甘輝逮繫治罪　以[illegible]戴捷管理援勦前鎮事

四月　藩駕自海澄班回中左賜黃大振死　遣前提督黃廷前衝鎮萬禮率轄鎮

進入永定地方措餉養兵汀虜將王進功率兵數千阻截餉道前提督得旨迎敵之

敗其師於雷胡地方擒斬虜馬兵不計各寨聽令追徵　白土寨頑抗萬禮等亦破之

五月　藩駕駐中左　藩再馳書與清泰必有三省方兢和劉清泰馳書來復書云

遠接後札以為必有以慰不佞之殷殷而不為尚搖搖於行也不佞[illegible]往入閩徵

切致書莫非欲早定海上之議早報聖明之命早結尊公父子忠孝之局何足下之

所荅依然毫釐千里耶天下事情理與勢而已尊公位列大臣之上令祖母年逼風

燭之時念　咫尺土非足下胞絡所疼則祖宗廬墓所依足下咫尺弄兵荊棘其上

在尊公之憂魂一刻未安令祖母之寢食一刻不樂足下將泰然波濤之間自謂富貴功名之計得乎此情理之絕無者也更有慮者固山枕戈久矣今大兵駐馬於漳畔勁師露刃於泉南有不能頃刻待者蓋不佞之御命意主於撫固山之振旅力主於攻在足下夸浮恍惚不佞焉敢執為必撫以止其攻倘一攻而綏撫局之成尤可言也一攻而遂以成撫局之變則尊公前此之綢繆與不佞後此之挽回俱無所用矣此又勢之了然者也況足下家報所陳來札所對皆足以啓群議之誹而[illegible]門之怒不佞繕疏而入幾費躊躇然一片苦心不得不因足下所言再為披瀝所云不知有父[illegible]矣此言一出不但傷天性之恩亦且貽後世之刺尊公身為明季重臣以國亡而擇主非背恩而事仇也足下前無顧命今[illegible]何得滅不易之親而從不

必然之義耶古云求忠臣必於孝子者幾無據矣臣於今十以三省相畀之說斯言胡為乎來哉今天下中外貼然十載而足下身羈海甸猶欲招抹之以大一統之勢誰敢取臣服之版圖惟正之財賦而輕議之且從來無此廟算并無此邊籌也即如足下所云亦可笑矣無三省則舍我而忠於彼將有三省則棄彼而忠於我耶此皆拂情影借之言而知非足下之心也但念朝廷加恩一番尊公京營一番不佞來此調停區畫一番天下事寧可尼全勿為玉碎足下或諭之族黨謀之老成務必開心見誠勿得藏頭換面勿再以不可告之言必不可行之事徒費口舌徒滋論議而終於坐失事機也不佞言至此心力已竭他日見尊公于班聯之間亦可以告無罪矣

44 至進止之事則有固山并諸大人成敗之局則關乎足下一門父子兄弟不佞雖膺

其責豈盡執其咎歟惟足下裁之

是月韋壽寧回報黄愷逆派横行種種難枚又山海等餉多徵少報計十餘萬額藩查實有據令殺之又告示有清朝賜地之句　藩〻并殺其掌案及户房二人沒家資十餘萬

六月　藩駕駐中左遣中提督甘輝同援勦左鎮林勝等出師長樂等處措餉養兵佟國器馳書求情書云　聞鷁首揚帆而歸上府料斯時祇受寵命正在阿日駢麾之候也今據標將謝燦報稱得貢差林雲瓊傳台臺發甘林二鎮殲除山寇于長樂等處不佞極感台臺安攘至誼但恐山隅百姓倏見海兵驚惶無措茲時正當耰植未免奔竄田間且不侫華正在整兵殲除山寇以敉　藩主知台臺所欲殲者何姓

之山寇不僥倖當聞命而從事焉莫若請嚴檄調回　示止戈之義則閭閻辛

伍咸戴[illegible][illegible]洪恩耳　藩不報終亦不敢抗拒

七月　藩駕駐中左報清朝添設兵馬入閩　藩分遣各提督總鎮就漳泉福興等

地方徵派助餉以和議未定虜兵無敢阻抗追遣盡力

八月　藩駕馳中左京報清朝又遣內院葉同鄭阿賚四府安插兵將勅入閩議和

初六日洪國器馳書來會書云久不通候正在鵠伺明旨今八月四日內院學士葉

內侍瑕鄭理事官阿特賚勅諭過衢星赴台臺處其中機宜天使自能面傳不必不

僕畢詞矣尚此馳聞以便預為祗迎到後更望詳示可慰懸切

十九日李德同繼武等到中左稱漢令司　人到省欲炤鄭貫例差員去請

方可下来　藩知先削髮後受詔不許身　[illegible]只作小啓令周繼武往請啓云不佞浪志海隅伏節方外無意人世之功名久矣不意丘園辱賁寵命頻来重之綵綸推之以心腹誼更何辭矣手劄香草珍肴軺車尚有不罄衷言當面承商確示在冈駕慰此懸思庶幾東南止戈賴使君一言以定而遠近懷忠義俾幽情萬世獲申也

二十四日葉成格阿山到泉令周繼武来言謂　藩不剃頭不接詔不剃頭亦不必相見　藩叱之亦未荅他詔使駐泉待報

九月　藩駐中左李景自西師回　晋王定國差官同景至賫書来會師書云孟夏遣使帆泊詣銜闕悉機務并候興居擬閱月可得旋不啚至今尚棲遲貴壁今差員李景至始知前此遣使林祚者固不知所下落也不[illegible]師高凉秣勵養銳惟俟貴

46

爵芳信即會攀長驅以成合擊蓋不欲俾虜有隻艣〃　迺果乃七月中旬又接皇上敕書切〃以恢東為計君命不俟駕寧敢遲遲吾行哉爰遣水陸二師齊發新摩扎祉有初兩見成績蓋殄虜於長洋敗李甫於端水而會城兩虜恃海攖城尚稽戎索茲不穀已駐輿邑刻日直搗五羊然逆虜以新會為鎖鑰樞牖儲糗攸資是日　懸所精神援餉不絕不穀之意欲就其地以芟除庶省城可不勞而下故亦合力於斯在彼望風屏息遁陸知難遂恃長舸艦堵我舟師非藉貴爵星言發〃其誰以此一撓也企慕甚慇宜有關切至於粵東水師官義抗虜降虜者莫不齎遣告勞然詳所舉止多倫觀望不思羊城底定後雖頻年抗節而不千里勤王亦何夙績之足道哉惟貴爵為此宣意以慫恿各部則五等上〃　國恩祇報在茲而不謂不穀之功罪

可混也至淩虜之來向亦畧聞其槩哉[illegible]　虜再無敵諠之強且精者今安在哉誠未當盡縛以報知己其楚豫之間偵使頗繁大畧粤事諧而閩浙直爭傳一檄所謂張侯爵鼓楫而前要知亦緩於今日發粤之舉時乘其所急名高於易收執事寧忍置之差員稱貴爵從潮惠脂車則當以初冬為的其水部必以逆臨新邑為限均希相要旦旦足仅至誠雲臺虛左不穀實厚冀於公也暫復不備　又書云聖蹕艱危不可言喻勅中愴怛之語不穀讀之痛心五月至今所待貴爵相應耳倘確不能来即示以的不穀便另議舟師以圖進取甚勿然諸浮沉致貽駝閣要知十月望後恐無濟於[illegible]宜矣

安西藩亦書來會書云　國姓大將軍麾下從來天[illegible][illegible][illegible]傑必予其時之可為具可

為之資者必憑其勢之可藉當今之世之二者惟公有焉慨自三百年深仁厚澤匹夫匹婦莫不子若孫以承之至其曠典奇榮則元勲之錫止于茅土固未有以臣民而上侔天祧者言及斯遇終綱目幾千百年間終不數數見也夫恩重則報稱必宏寵隆則休戚愈切覩茲國步孤斃猶傷周室之衰恤此人心父老猶仰漢官之舊吾知公厥衷必有大不自安者枕戈待旦此其時乎不穀慚以薄才謬膺巨任成命授以討虜簡書載在出征所得與四方勲鎮通聯糾合者天子之靈也客歲西粤誅逋奸之孔酉仲冬衡陽梟敬謹之真虜舉九年腥濁以來為朝廷彰撻伐者僅茲兩役然今皇應運庇孚攻取固未敢謂其謀之允臧要亦見虜之庶難樸滅耳茲以懷志兩酉東南鼾卧曾擬長驅建業不容肘腋無疑況其兵力自不可與桂林湖南同日

以語又何單而不芟荆削棘續通周道也哉用以函夏薄端城困其殘孽乃獲虜渠

前軍之戒嬰城卅巾幗之遺熏以霖雨環江致我戰攻少需時日調饑方愁而水師

義旅同口揄揚謂公青省黄龍如飛如翰特一憑虛而至虜胆殊寒牙檣遺韻只今

在潮惠之間不穀聞之不覺望洋起舞知公疇昔之慾期若有俟不穀今茲之少選

誠有待也緣托一鴻敬邀弁駕公誠念君德孔厚父恨深長則五羊赤海斿睹揚舲

半辭長城中心是覬否則中興告成京觀勝紀而雲臺香字千載傳流國姓不預其

何以仰副殊眷而慰此可為之時勢乎予日望之匆言幸炤　藩得會師二雋即欲

調兵南下　勅王以虜使在泉令差暫住金門

初四日　藩遣禮掾辦呂太同李德入泉送禮蓋外國所送珍寶煊耀之二使以和

48

事未就未敢受呂太任泉待報

初七日二使又令內侍蝦鄭渡舍蔭舍來見渡舍見　藩號下涕泣淚漣稱父在京許多斡旋此番不就全家難保之勉強受詔　藩曰爾凡子未知世事從古易代待降人者多無結局惟漢光武不數見父既悞於前我豈蹈其後我一日未受詔父一日在朝榮耀我若苟且受詔削髮則父子俱難料也爾勿多言我豈非人類而忘父耶箇中事未易未易日令戲酒以樂其心俾勿言和事

十一日遣渡舍回泉復二使約期到安平相面言先受詔而議削髮事

十七日二使到安平鎮發呂太禮物不收帶回報命　藩令大設供帳於報恩寺二使不肯駐宿只就布帆安駐詔勅　藩見其來意〃我不肯受詔

二十日二使田泉送知　藩無削髮之理故也

二十一日　藩又差官林候同渡舍持書并禮物再送二使二使益不敢受

藩書云皇華旌旆萬里驅馳弗獲祗迎歉懷耿耿前月抄差官李德來知台旆祗省政擬嵩員款候而到泉之報已至近二舍弟來見不佞囑其致意約以訂期相面而台旌又自即到安平在台臺星言夙駕過於太驟在不佞腊車不遑致踈接應禮節之畧冀以情亮日　接劉部院來翰云其中機宜天使能面傳又二舍弟及李德周繼武等稱台臺一路來道有的實話欲對不佞面悉非渠輩所當知而傳述者未審果否不佞一一片鄙悰敢商面罄非筆墨所能悉者業已卜期掃榻石前致一芹未荷槩納茲脩不腆少伸主道統祈鑒茹臨顏聽溯　二使復書云九重詔下快睹安瀾弟

49

等何緣恭逢盛事昨抵三山即令李德周繼武等先行八月二十四抵泉又着二令弟與黃徵明相繼前往預揚朝廷德意不謂失於傳宣紆回已久弟竚候至九月十二日黃徵明回十三日令二弟蝦亦回未言接詔剃頭來請弟等相會故於十七日往安海十八十九李德黃徵明到言不接詔不剃髮弟是以二十日回泉也頃承來翰復云卜期不識黃李二差前言之謬抑公今日 始議剃頭接詔耶若台翰中劉部院云與令二弟道達途中有的實話此弟所不解者即使相晤不過宣傳皇上浩蕩德意與公剃髮後上謝恩本將貴部官作何安插及四府設防數目脩入而已他復何言哉似公文不宜以傍語及也弟以一介微軀而膺朝命欽限在十月內回京何敢稽延以自試法伏祈早決一言俾得星馳復命矣途路敻遙用以印信官封相

復免其傳聞之悞計程往還此月二十四台音可至下次遲亦不過二十五矣若前後
隆重昂既斷不敢先私情而後朝廷籍蘧完上統惟諒之
二十四夜渡舍蔭舍同周繼武李德黃徵明等又來涕泣懇告曰二使此番失意而
回大事難矣我等復命必無生理并太師老爺亦難　藩曰更活許多更易許多哉
意已決無多言也
二十六日　藩又差旗鼓史讜鄭奇逢等再請二使來安平訂議二使亦知
藩欲留難他逐史讜等回報
二十九日二使促渡舍李德周繼武黃徵明并顏太夫人等回京復命和議不成矣
黃徵明求　藩書回復太師與之書云三十早所對表臺之言兩邊情理所易行者

已詞盡而意決雖天翻地覆誓無更改表臺可星速往泉見二詔使只以徑早所言決之以破其牢恐遇渡弟李德等要来中左不與之同来前言已決餘無別言縱藉張復生豈能動摇吾心哉若詔使決意回京亦可持此言以回奏矣　藩又與渡舍書云兄弟隔別數載聚首幾日忽然被挾而去天也命也弟之多方勸諫繼以痛哭可謂無所不至矣而兄之堅貞自持不特利害不能以動其心即斧刃加吾頸亦不能移吾志何則決之已早而籌之已熟矣今兄之心緒盡在父親復稟中弟聞之亦可以了然矣大抵清朝若信兄言則為清人若不信兄言則為明臣而已他何言哉蓋葉阿身為大臣奉勅入閩不惟傳宣德意而持以奠安兆民不為終始之畫徒為輕率之舉不為國家虛心相商徒以躁氣疊加凡午　暴烈舉動疑忌忽然而来忽

然而去海外遥遠真令人應接不暇矣此弟所目睹　總其立心只用[illegible]之一字而已若用挟則當用之干戈不當用之棄阿為也况兄豈可挟之人也哉且四府地方糧餉僅足以養一萬之兵外此數十萬之衆何處取給將何安插即使不逼之以剿然尚且不能况其迫之者乎又况其盡餅者乎夫虎豹生於深山百物懼焉一入檻阱之中搖尾而乞憐者自知其不足以制之也夫鳳凰翱翔於千仞之上悠悠乎宇宙之間任其縱横而所之者超超然脱乎世俗之外者也兄名聞華夷久矣用兵亦矣豈有舍鳳凰而就虎豹者哉惟吾弟善事父母厥盡孝道從此之後勿以兄為念噫漢有子瑜而有孔明楚有伍尚而有子胥兄弟之間各行其志各盡其職焉兄敢不勉弟其勉之因便賦别不盡願言

時平國公亦有書與定國令勸　藩受詔另清朝亦欲授定國勲爵至是定國回書復之書云自丙戌冬鷺江涙別兄顔弟與諸将静安島上盼望歸期眼幾欲穿不意宿遷訛傳建寧途梗杳無音信致各将士懷疑顧慮弟乃督舟入揭通商濟糶屈指八載不敢隻字脩候者總為時勢使然耳辛卯春本省撫鎮道覷大姪屯田於粤侵掠中左男女遭慘不可勝數寶物黄金計近百萬各将士聞父母妻孥被禍憤恨欲絶星夜班師救島泉鎮馬得光貪戀無厭尚留島上被各舟師重圍三戰三北援絶勢孤乃乞命於弟弟憐沿海百萬生靈紛紛逃竄不得安生樂業姑許其請遂縱舟全渡人馬使得光生還泉郡弟之力也及大姪督師繼至聞得光渡脱畧有見訝島上被慘莫怪其然也馬得光既脱大姪與将士憤氣　欲有攻郡取邑之舉在弟則

因足疾艱楚自放馬得光之後擇地白沙粗建茅屋　時大小戰艦盡焚沙漘居室
方相安者已三載矣此人人所耳而目者年内新正連接兄諭并抄旨諭及劉部院
所責勅書有云原駐地方不必來京原係侯伯今再加級蓋弟以十餘載足疾日深
日甚非今日始言凡移寸步皆用兩人扶掖故功名之念久灰丙戌夏曾繳印削髮
辭官矣天下人所共知亦吾兄所深知者况弟受本朝寵遇官居上爵義無悖舊恩
而貪新榮總之靜處白沙樂天養病與地方相安而已開洋事務容寬圖之爵禄一
節弟斷不敢受亦不能受至白沙乃海濱斥鹵之地密邇桑梓弟前閱詔凡前朝文
武息兵田籍地方官即與安插之條今復讀諭旨中聽其原駐地方之句弟之措身
處地政相符合劉部院不日到閩耳目所能及地方官所能言也惟是弟素性迂拙

加以疾病纏楚不能與地方官往來通候或因而見訝致此心跡莫白耳至於大姪一事弟在白沙姪在中左相去既遠兼弟病足艱於寸步姪行軍所居無定相見尤罕此番吾兄書到弟即扶病艤舟極力言勸大姪云大義滅親籌之早而計之決矣彼素不聽吾兄之言豈肯聽弟之言乎差員回怠持此稟復希將弟情入告若[illegible]處白沙而地方仍復相激則弟惟有揚帆遠避雖涉險波濤亦所甘心遠遥筆短未遂所言幸惟鑒炤不勝跂仰

時黃徵明奉太師命并偽旨來議不就而回無復命并無復太師求　藩復書

藩復稟與太師稟云　兒戊子年差王裕入京問候父親福履以致父親被圍王裕被梏從此而後隻字不敢相通不特無差敢往亦恐　[illegible]也壬辰年抄忽然周繼武

等賫到父信兒且駭且疑繼而李業師等賫書踵至兒疑信參半乃差李德進京[illegible]前傳聞父親已無其人試往覘之果在與否修禀聊述素志和議實非初心不然豈有甘授招撫而詞意如彼不待明言而可知矣不意清朝以海澄公一府之命突至兒不得已按兵以示信繼而四府之命又至兒又不得已接詔以示信至於請益地方原為安插數十萬兵衆固圉善後 言何以曰詞語多乖徼求無厭又不意地方無加增而四府竟屬畫餅欲致前喵吾父故智不出兒平日之所料遽然雜髮之詔一下三軍為之衝冠嗟嗟自古英雄豪傑以德服其心利不得而動之害亦不得而林之清朝之于地方將以利餌乎兒之請地方將以利動乎在清朝羅人才以羣封疆當不吝土地在兒安兵將以綏民生故必藉土地今清朝斤斤以剃髮為辭天下

53

間豈有未受地而遽稱臣者乎天下間豈有未稱臣而輕剃髮者乎天下間豈有彼不以實求而此以實應者乎天下間豈有不相信以心而期信以髮者乎天下間豈有事體未明而可以糊塗者乎大丈夫作事磊磊落落毫無曖昧清朝若能信兒言則為清人果不信兒言則為明臣而已此八月十九日李德周繼武等自京回之中左道詔使抵省渡弟李德周繼武等與葉阿各面議欲炤前使鄭賈例俟兒差人去請然後下來政欲差官往省敦請而詔使已於八月廿四日到泉矣忽聞到泉的確九月初四日辰時即差李德同差官呂太入泉送禮渡弟九月初七日來見九月十一日即回兒囑其致意詔使約期相面而詔使忽於九月十七日遂到安平盛設供帳于報恩寺安頓乃詔使不敢住宿哨馬四出布帆山坡舉動十分疑忌以動書之

之草菴成何體統且奉勅堂堂正正而来安用生疑彼既生疑豈能無疑乎九月一九日辰時豈再差官林侯賫書送禮往安平請詔使訂九月二十五日的的相見而詔使遂於九月二十日回泉忽然而来忽然而去不知何解亦真令人接應不暇矣九月二十一日林侯不得已賫書同渡弟進城再送程禮而詔使回帖回書卜期未定九月二十四夜渡弟及周繼武再到中左表見得息九月二十五日巳時先令周繼武回報詔使云欲接詔欲剃髮先接詔安在安平署中其剃髮萬分大事非[illegible]苟且之事須與詔使面議十分妥當奉旨命下然後放心剃髮猶恐周繼武傳述失實故書一稿為據九月二十六日辰時渡弟自中左回又差旗鼓史讜鄭奇逢等同渡弟進城再請詔使来安平議接詔剃頭事九月二十九日辰時詔使遂史讜等回

又接李德周繼武來稟德等廿九早見二大人被他兜留仍差撥雜庫催迫起身不容刻緩廿九下午二大人先出西門立待德等齊行德等稱說夫馬未便限三十早起身九月三十日酉時李春吳文榜等來報詔使已於九月廿九日午後回省去矣蓋葉阿身為大臣奉勅入閩不惟傳宣德意亦將以奠安兆民今百姓困苦見將士如此繁多在泉月餘目睹帨巾情形未聞與之商量官兵如何安插糧餉如何設處輙以剃髮二字相來逼挾兒一身剃髮即令諸將剃髮乎即令一日數十萬俱剃髮乎未安其心即落其形能保不激變乎葉阿不為始終之畫徒出輕率之語不為國家盡心相商而徒躁氣相加即李德亦兒差也與詔使一路同來動輙凌厲李德何罪彼非欲挾李德實欲挾兒也夫觀人者不於其所勉而於其所忽未接詔之前自

致慇懃繾接詔之後輙肆逼挾使臣尚如此朝廷可知矣能令人無虎乎能令人[illegible]悟乎況兒名聞華夷者使苟且從事不特不見重於清朝亦貽笑於天下矣大抵清朝外以禮貌待吾父內實以奇貨視吾父今此番之勅書與詔使之動舉明明欲借父以挾子一挾則無所不挾而兒豈可挾之人哉且吾父往見貝勒之時已入彀中其得全至今者亦大幸也萬一吾父不幸天心命也兒只有縞素復仇以結忠孝之局耳又據報督撫行文各府辦馬料策應大兵李德周繼武等來稟孟兵部領〻已到關外此即是前日劉部院與金固山一和一攻今日葉阿與清兵一剿一扶前後同一轍也兒此時惟有秣厲以待他何言哉他何言哉兒本不敢回稟緣黃六袁痛哭流涕必欲得兒一字回奏姑詳悉顛末統惟尊慈垂炤

55

是月前提督攻破詔安溪南寨以抗餉故

十月　藩駕駐中左

十九日　藩遣師南下與晉王等會師勤王　委左軍輔明侯林察為水陸總督提調軍中一切機宜委右軍閩安侯周瑞為水師統領委戎旗勲鎮王秀奇為陸師左統領左先鋒鎮蕭茂為陸師右統領督率殿兵官林文燦遊兵營黃元正兵鎮陳勲護衛左鎮杜輝後勁鎮楊正信武營陳澤等官兵數萬戰艦百隻尅日南征另委忠振伯先到銅山撥船配兵議糧遣户科楊英聽同忠振伯炤議計發行糧米十個月又差効用官林雲瓚賫勤王師表詣行在并持書會晉王等書云季秋幸接尊使讀翰教諄諄脩茅戟而奏膚公大符夙願又重以婚姻之約情誼綢繆雖隔在一方而

神交不啻面談矣竊聞方召並駕而玁狁于襄秦晉締盟而周邦咸賴古人美績何多讓歟第十年京營十年攻戰正欲得一同袍同氣者共殲醜類而朝夕茲疊承大教寧恐濡滯以自失事機奈尊使到敝營時值南風盛發利于北伐而未利於南征故再發舟師令定西侯張名振忠靖伯陳輝等復出長江水陸並進規取金陵使彼胸腹受創則手足自亂即欲遣師南下與[illegible]台兵取五羊緣風信非時未便發師左恐久懸尊慮先遣敝員林祚李景等賫小函奉復諒達台覽矣茲屆

冬北風飈起即令輔明侯林察閩安侯周瑞等統領揚帆東指雖媿非順昌旗幟然勉効一臂之力水師攻其三面陸師盡其一綢則粵酋可不戰而擒矣至於連姻一議聞命欣悵惟有祇承第小女長者已先許人茲有兄弟之女欲以托蔦蘿弟性篤天倫雖兄弟

之女不殊已女但事須光明不敢不以實告惟在裁擇焉未訂朱陳之諾本未敢遽附姻稱但尊誼山重意氣之雅猶金石也敬托姻末諒無唐突之誚否辱承厚貺如捧瓊瑤對使拜登玲瓏金頂攝絨大帽碧鞓帶賽蠟金珠四色銘謝曷既另附戔戔匪云抒報聊申貉毛之薦異達明信之忱伏惟崇慈俯垂鑒茹餘情縷縷恨未能會飛促膝面罄尊使四日自能代悉

是月　藩令録陳亡忠臣後入育胄館柯平洪蔭林鴻猷等在焉又考諸生又優行者入儲賢館洪初闢楊京陳昌言等在焉

十一月初二日漳州協守清將劉國軒獻城歸正先時國軒慕義欲歸　藩下未得其便至是月乘總鎮張世耀新任兵將未協先遣母舅江振曦江振暉等密來見

藩約日兵臨城下敵城歸降

藩令密款之惟君忠振伯私議曰國軒漳中一小將焉能做此大事況虜撥新鎮總

至豈有如此疎虞莫是此中有詐否必我親行縱詐將計就計詐無所施爾意何如

忠振曰　藩主何用輕出是真是詐　藩主密授機宜遣數鎮付旭提調依期抵臨

城下隨機應變迎機而乘會下漳城報命云云　藩然之曰非爾代行不可也於是

密令調中提督甘輝援勦左鎮林勝援勦前鎮戴捷等初一夜直至城下雲梯登南

門城國軒已令人牽引而上總鎮張世耀協將魏標朴世用知府房星燁理刑王元

衡知縣邢虞建等已知我兵進城是早俱來降忠振伯入城安輯秋毫不擾文武官

無有驚惶皆忠振伯節制有方也是日馳報　本藩

国家出版基金项目
NATIONAL PUBLICATION FOUNDATION

海上絲綢之路文獻集成

總主编 陳支平 陳春聲

歷代史籍編 118

主编 范金民

海峽出版發行集團
THE STRAITS PUBLISHING & DISTRIBUTING GROUP
福建人民出版社

本册目次

延平王户官楊英從征實録不分卷〔二〕

〔清〕楊英撰

初四日　藩駕抵漳授劉國軒都督僉事管護衛後鎮事江振曦大監督其轄下將領陞賞金帛有差歸降文武官炤舊任事惟總鎮張世耀吊軍前任用　以援勦前鎮戴捷鎮守漳城

行忠振伯派漳城廪糈紳富户助餉時漳宦多無出仕清朝惟張明俊一人派及焉餘如陳天定張若仲若化等潔身山棲　藩遣人問候餽贈之　屬十邑以次歸附

是年計派漳屬餉銀一百零八萬

十二月　藩駕駐中左遣前鋒鎮赫文興襲破同安縣守將楊其志知縣于元鎮歸降援勦左鎮林勝等襲破南安縣　中提督同北鎮陳六御等襲破惠安縣繇是安永德各縣聞風俱下是舉計派泉屬助餉七十五萬有奇　遂移師至興化地方

九年乙未正月　藩駕駐中左

初五日攻破仙遊縣焚殺甚慘明兵部尚書唐顯悅之子亦死焉令　藩之外父也先時虜兵據守招諭不降攻打不下　藩聞知勅諭五軍正中軍張英北鎮陳六御并援勦左林勝等玩寇之罪林勝遂用地道法令洪善用火攻從地道破其城至是克之

藩令南安縣周瓊持書與軍門佟國器書云自去歲議和之後不侵遂按兵不動即江淮截運之師亦暫吊回遣進浙西之旅亦戒安輯孫李請援之兵亦停未舉此示信於清朝不可為不炤矣但以數十萬之兵衆嗷嗷待哺議可俟而腹不可枵故措食民間亦權宜之至計實所以堅明信而姑為此委曲也乃不侵以信相期而清朝

以詐相待，虛崇名爵，不定安插，一不可信也。空糜兵衆，不謀支給，二不可信也。既未成議而調補兵將疊疊踵至，三不可信也。最可異者，葉阿奉使而來，動輒厲氣相加，至猜忌多端，去來不測，此何為耶？又葉阿未到之先，白巴至省三日而回，此何為耶？葉阿將到之時，聲言大兵入閩，各府催迫糧料，急如星火；又各府縣脩城浚河，撥兵守垛，樹旗祭銃，此何為耶？葉阿纔到之後，旋推補泉鎮，而以前日馬得光任之，此何為耶？馬得光亦請圍隨二百，此何為耶？是清朝明明欲爽其信，欲釁其端，能令天下豪傑不自寒心哉！夫英雄舉事，堂堂正正，欲和則和，欲戰則戰，無不裕如，寧有依違乎？清朝亦試自揣，將來將帥果有如陳金之鴟張者乎？滿漢兵將果有如金礪之萃集者乎？而陳金今何在耶？即金礪之衆今何存哉？即令清朝選八旗滿漢烏合，調南浙疲卒其伎倆止此耳不俟所預計而知者惟有隸屬從事兵誰勞誰逸誰勝誰負有不待再決耳況清朝近來時勢比十年前日異而月不同矣且以清朝人事論之陝西為天下元首現今西虜傾國入河州地方方割全陝清朝若從之則潰裂立見也若不從之則潰裂立見也其元首之決壞如此者湖廣為天下腹心前敵諠之兵精而且多全軍覆沒今洪承疇烏合之衆戰敗固其宜也其腹心之決壞如此者廣東為天下手足現今西寧王攻破肇慶羊城亡在旦夕清朝應援之兵披甲不滿三千是驅犬羊而赴虎群稍飽其腹耳其手足之決壞如此者更以清朝天時論之數年河北人民半付水國江南百姓多化魁鬼河決地震災異非常不啻春秋山崩川竭之徵適符胡元日食星變之慘聖賢所云國家將亡必有妖孽其言已明驗矣天

時既如此人事又如此政智者觀變迭起之會然不佞按兵不動者實實欲昭吾明信耳豈料清朝竟自失策不以誠心相期而以詐術相欺不佞安能更守尾生之愚信而中清朝之彀中哉用是南北齊發水陸咸驅掣其一方而旁及四國將見吾兵抵吳而吳靡入浙而浙摧至粵而粵破動閩而閩尾解此非不佞誇言也實斯時必然之勢耳又不特此也江北錢糧皆取給之南鹽課艚粮関係國命我師特扼江淮不特南北截為兩斷將見畿輔立斃矣如春夏間焚燬糧艘諸船頗見其一端也乃不慮及此為清朝謀事者不亦踈哉且地方各官不為百姓謀安靜而尚為國家構難端至各府縣公文塘報出語不遜動曰海寇藉口盤詰不論真偽或監或殺揣其
59 意以地方不擾無所恣其狼貪豈知欲自肥其囊橐先不保其身家不佞用兵十餘

人計發已熟籌矣亦聊用吾兵左驅右馳使清朝稍知痛癢地方各官亦困苦台臺若自度德量力能與我戰則可速來一決雌雄不能與我戰則宜早從吾言將地方可靜錢糧可輸百姓可安此實清朝之大利不佞亦何難再申前信以舒東南之民命也惟早圖之勿生後悔　佟國器復書云日接下游塘報新事襲破清漳連陷各邑不佞深為悵惜以垂成之撫局尊翁苦心嘔血而一旦決裂至此將以為得計乎二十日之夕周令賚到手書篝燈展視知台臺於順逆存亡之機不終惜情而父子兄弟之情尚不忍遽割然也我皇上定鼎以來不尚用兵德威所訖無遠弗屆東至于高麗窪兕哈魚皮諸國西至於插漢狪苗諸國南至于土苗洞蠻諸司北至於河套海西諸國率皆慕義向化稽顙恐後即如孔耿尚吳諸藩封無不崇膺茅

士專任一面君臣之情親於父子而來書惓惓於信詐之間是自疑貳也天時人事
哆口而談驕蹇滿紙殊甚噴飯不佞畧一折之大凡開創之初久而後定即如周武
之一戎衣猶困小腆未靖作多士多方八篇以曉告之楚粵弄兵不過地方殺運未
除致煩王師戡定耳近報執馘獻俘風飈篳捲至西人入河州一事全無影响而台
臺伏處海濱見聞不遠一二遊食之徒好事造言以相簧鼓此如山村野落傳說市
井咄咄稱怪而不知其無稽也至於河北水溢閩中地震事實有之董子謂天之仁
愛人主故特出災異以誡之春秋末年災異不一見以此見天之絕愛人主也自古
殷憂啓聖無論堯湯之世水旱為甚漢文帝時日中有王字貞觀之治千古稱最宣
帝時五鳳至麟一至仁柔不振卒以短祚災瑞之驗果何如乎從來竊發海上老

之人矣其不能離於海猶魚之不脫於淵也廟堂深謀以為興師動衆於淵波浩之中勞民而費財不若收其英傑使相統御居民得以永逸此不過以海治海之策所以綸恩頻頒詔使疊至而台臺錯認以為窮洋孤島洵是萬里長城艨艟桿櫓可作長生寶籙意蓋驕而念愈侈不亦踈乎且聖天子車書一統海宇率俾猶且溫辭慰勉推心置腹台臺倔強鷺島之中期期不奉詔偃蹇恣肆此真夜郎王問漢使者曰漢何如我大也豪傑舉動似不如是然不佞以為尚可與言者台臺不反覆於既撫之後而排徊於未撫之先洵骯髒男子哉弟既破之甑挽回甚難為今之計果能不殺戮人民不凌辱有司不動搖庫藏獄囚不擅遠年號衣冠斂兵而退以待天朝之命則猶可改也昔日之議劉制臺領其事原非不佞擔任今承書教即行進繳弟

61

跛危脾睨之語未必蒙聖明霽顏耳如果定志来歸披肝瀝膽自處無疑之地不佞以心任之補牘上請亦何靳焉從遠之機悉聽審擇内斷於志勿爲旁議所奪即全天倫之恩復膺帶礪之錫鉄劵金章如取如携爾公爾侯爰及苗裔不但珥筆文臣不敢望即從龍諸勲戚血戰數十年不易致者而台臺一旦得之此誠布衣之極致丈夫之偉業矣若乃擁烏合之衆奮螳臂之勢九重之上赫然一怒大師南指豈尚有逆義顏行者乎抑或懸五等之賞以待海上之士執事肘腋之間豈無有懷我好音者乎利害存亡間不容髮願高明熟思而審處之語出鯀衷並無欺飾仰祈裁察可勝企祝

藩又與泉鎮韓尚亮札云不佞桑梓関念豈忍以鋒鏑相加特在今日不得不以戰爲和自常人觀之必以戰則和不成不知戰則和益速而信益堅、

自不相妨清朝到底必來就和此可為智者道耳近馬得光將來鎮泉今又信
旨清朝必和之意亦大畧可見矣漳泉土地皆我土地人民皆我人民不侵此舉不
過畧施指撝使清朝稍知痛癢凡投誠之地兵不血刃漳州各官文則依舊任事武
則從重擢用仍與以原轄兵馬另行優債此推心置腹所可肝胆相照者也貴鎮膺英
材俊畧不媿名將之風不佞拊髀興思企慕非一日矣然勤宣吾泉八載於茲而任
不過叅將清朝之無論公今人扼腕茲大師已臨貴鎮能全城而歸保全數十萬生
靈又不失功名富貴泉鎮之任虛左已待泉州兵馬盡歸統轄賞以萬金爵以五等
斷斷不爽豈不身名俱泰哉且和議克諧之日貴鎮全城保民可以有功於清朝此
有利而無害亦彰明較著者矣抑貴鎮攖城自守首鼠兩端其意不過望援耳省兵

寥寥固守省會猶恐不保至澌直兵馬亦且空虛必無舍夜求比之理若待京師之援往反半載河清難俟況京師虛耗當四方有事之際如陝西湖廣廣東處處瓦解已詳在佟撫書中必無重兵可以遠救萬里之外不待智者而知也貴鎮則勉支時日然守一日則害一日之民命守一城而害萬命仁者不為異日和議既成土地仍歸吾有殃民之罪貴鎮何辭以謝百姓何顏以見不侫縱能守此不失然且有害而無利況馬步不滿二千萬萬不可守欲以寥寥之兵抗我大師城下之日靡有孑遺欲如漳州之安全決不可得矣是其禍福利害判若列眉有識者自能熟思而審處之不侫諄諄之意一為念桑梓一為愛貴鎮若漳州未下之先不侫豈肯輕出一言哉昨已遣知縣周瓊賚書與佟撫詳陳以戰為和之意使清朝畧知吾手段將必攸去

以實心相待而不敢輕言剃頭不然豈區區戀此漳泉二城哉茲特寬二日之く、、
待回音若不早翻身家所關民命猶繫毋貽噬臍之悔　韓尚亮復稟云本月十四
日捧讀檄諭良爲痛切隻字片言可服可佩計當日議成之初漳泉寸壤久昇湯沐
朝廷綸綍未寒而諸當道之齒頰猶馨也最後詔使馳至寄聲問對傳意　離致遲
疑未决遽爾遄歸是以操戈相向有今日也然喜大英雄通必遠慮戰不忘和猶見
始終誠信至意漫謂燕閩萬里情隔九閽設有毅然仔肩者披抒愚陋直節陳書畢
達幽隱而終君臣父子之懿倫似亦未曉尚亮出身田野從事戎行尸素閩泉歷今
九載梗拙之衷不惟諸上臺頗相原炤即同安侯太師亦或念及若敢傾此腔血矢
口讜言庶幾乎罕有重相猜訝者夫事不有遺疎於賢聖而完繕於芻蕘者乎竊慮

63

藩下以尚亮蒲員孤戍之微而固不足以輕重棄之也今　藩下取漳下惠定其屬邑兵臨泉境究誨嘉言尚亮雖身長百夫而目無一字歸聽之餘殊深感仰且非敢以一旅孱罷之師而拒投鞭斷流之衆弟食人之食事人之事枕戈待旦盡其所職而已成敗利鈍豈敢問哉雖然漳泉實　藩下之土地而人民多屬貴戚得之不過楚有楚弓攻之亦免損耗士卒且辭其順受而繼以逆取是前後相戾也況馬鎮既有綏至之息朝廷已無爽約之舉又從而勞師動衆震蕩於井里之間舍忠臣孝子之誼而傷天地太和之氣知　藩下聰明慈惠所不忍爲者也夫全勳業終富貴修名立行原借和平以致福又何忍成之數年而委於一旦圖之堂陛而棄之中野豈不疎哉伏望　藩下少加納察欽其風霆歸休士馬必完信誠之名以結之上

亮雖人微言輕，盍不惜冒昧控瀝，俾朝廷洞悉真懇，再修前好，則地方幸甚
甚矣。尚亮鄙野之習，中心坦率，詞語戇肆，實出肝膈，惟　藩下宥之禮法之外，因所
禱也。

藩再諭韓尚亮云：貴鎮篤實老成，熟嫺世務，兵民相安，本藩所敬愛也。邇者貴鎮方
寸錯亂，舉動乖張，想以地方失守，故免強以求巧耳。但本藩以大義大信自持，豈效
清朝刓印吝賞，失信於天下人耶？以故漳州房知府暨全屬各焐舊供職，守備劉良
辟，況啓王愛民等改授漳浦、長泰、永春等縣，其餘各將領願受職者加陞數級，不願者
贈金數百兩，鄉紳士民毫厘不費，商賈各安其業，想皆泉中所稔聞也。本藩不過欲
清朝踐割地之信，其道鎮文武等官，皆藩下之將吏也。清朝雖欲究失守之愆，本藩

64

能代文武受過此々鎮失守之不足慮也今貴鎮面許而心違言語吱唔此求巧而反拙也今以三事詰貴鎮清朝覃恩大婚二詔除失守城池外々奸貪不赦外貴鎮署右路漳州十邑莆田一府泉之六縣悉在本藩之域中矣貴鎮何法以解此峻削之綱歸清之必無生理者一也聞貴鎮佳兒佳婦合眷悉在溫陵尤恐城破之時本藩固愛爾文武等官其柰兵革之不相識何貴鎮須為子孫計其不可死者二也況貴鎮乃史閣部標下參將為李成棟所貽而降虜勞征苦戰萬死一生九載功勲仍舊參將今日欲為清朝一死固不免有傷勇之譏尤不知何面目於九泉見貴恩相不可死者三也且貴鎮歷盡世務昔日歸清時勢也今西虜悉有秦地肇慶失守李率太僅以身免羊城危在旦夕李西藩兵臨南雄南贛南昌風鶴靡寧此亦清人[illegible]

也今泉中文武面目不磨少正衣冠則糟氣盡除雲臺繪像流芳百世貴鎮庶比之光景覺勝於對簿書作失守之罪囚乎

本藩有舞干之舉貴鎮勿以氷山自恃昔錢越王應天順人录全錢塘之名免於鋒鏑至今武林廟宇血食光輝願貴鎮速効之温陵士民尸祝者豈少減於錢氏哉勉之勉之

藩又發諭泉州府知府申儒抱云不侫桑梓關念豈忍以鋒鏑相加特在今日不得不以戰為和自常人觀之必以戰則和不成不知戰則和益速而信益堅戰和自不相妨清朝到底必來就和此可為智者道耳近馬得光將來鎮泉今又停留候旨清朝必和之□□前大畧可見矣不侫此舉畧施指撝使清朝稍知痛癢投誠之地兵不

65

血及漳州　官文則炤舊仕事武則從重擢用另作優賞此推心致腹所謂肝膽相炤者也貴府潔己愛民撫循地方真不媿古循良之選不佞嘉慕已非一日矣茲大師已臨貴府能與泉鎮全城而歸保全數十萬生靈不惟泉府之任炤舊倚伏并當為貴府稍寬其民力士民戴德身名俱泰豈不休哉抑欲嬰城自守首鼠兩端其意不過望援耳省兵寥寥固守省會猶恐不保至於浙直兵馬亦且空虛必無舍彼求此之理若待京師之援往反半載河清難俟況京師當虛耗有事之際必無重兵可以遠救萬里之外不待智者而知也勢力不支徒自荼毒七□不以為德清朝亦不以為功異日和議之成土城仍歸吾有清朝若問殃民之罪誰其任之不佞諄諄至意一為念桑梓一為愛庶能若漳州承下之先不佞豈肯輕出一言昨已遣知縣周

瓊賫書與佟撫詳陳以戰為和之意亦使清朝畧知吾手段將後來以實心相加而不敢輕言剃頭不然豈區區戀此漳泉二城乎茲特寬一二日之期以俟回音若不審圖欲以寥寥之兵抗我大師城下之日靡有孑遺欲如浮丨之安命必不可得矣身家所関民命攸係毋貽噬臍之悔

申儞抱稟云嘗聞有興有廢天道之常有信有義人事之京而信者又所以明大義於天下者也儞抱嘗讀公之書有云不失信於清朝又云乘人虛為之不武公之言炳若日星公之信堅若金石矣不意漳惠失守傳者謂公必乘虛而危溫陵儞抱實未敢盡信蓋以自信者信公也今果欲稱兵相向以為清朝失信儞抱屬臣子何敢輕發一　又有不得不言者自葉阿二詔使回京屆指幾及兩月朝端正在相

議從此必ン疑端且尊大人同安侯謀周萬全自然有始有終春仲之間可期來命以時則不遠以勢則必諧此正公昭明信之一會也況泉民泉地朝廷原以畀公偉抱雖以菲材而守茲土一意撫綏益求疏灌不忍貽累民間竊幸夙荷寵炤故一旦忍以鋒鏑相加擾害生靈為耶即云人力或可勝天惟効死勿去偉抱之職也然而公所云不失信者似未足服偉抱之心歟用是冒昧直陳幸即罷兵恤民以俟綸音之來彼此一家不特侯之心安而公之大信益明矣千古忠臣孝子誰能與公匹休哉謹薰沐報命願垂鑒原偉抱臨稟曷勝顒望之至

二月　藩駕駐中左　藩以和議不就必東征西討事務繁多議設六官并司務及察言承宣審理等官分隸庶事令各官會舉而行遂以參軍蔡人潘庚鍾管吏官事

張玉為吏官左司務忠振伯洪誦旭　户官事貢生林調鼎為户官左司務參將吳慎為右司務楊英陳中出征加街司務以參軍舉人鄭擎柱管禮官事呂純為禮官左司務以指揮都督張光啓任兵官事黃璋為兵官左司務广僴為右司務以都督程應璠管刑官事楊秉樞為刑官左司務蔡政加街司務張義為刑知事以參軍舉人馮澄世任工官事舉人李贊元為工官左司務范斌謝維俱司務後因張名振條陳不宜僭設司務遂改司務為都事掛印黃壽寧為察言司舉人鄧愈為承宣司葉亨為承宣知事舉人鄧會思生張一彬為正副審理以參軍舉人林其昌代行工官理海澄縣事

三月　藩　左議設六察官俾其數陳庶事譏察利弊以葉茂時趙威周素沈

陑等隸共〻甯壽寧掌六察官印
馮工官起蓋演武亭成先時 藩以〻夜出督操練往還殊難命馮工官就灣仔操塲築演武亭樓臺以便駐宿教練觀兵至是告成一日 藩在樓觀各兵陣操有未微妙者于是再變五梅花操法日親臨督操步伐止齊逐隊指示計半月官兵方操習如法始集各鎮合操法并設水師水操法俱有刻版通行 六察官周素棐茂時等條陳中左興王之地不宜因循舊址顧名思義請改中左所為思明州亦如新豊故事也 藩從而改之後有一老儒亦上一條陳改固當改〻宜改作思字徒思何益思盡即止也衆叱之不敢繳進縣令逦推老儒不謂無見亦有數存焉耳

67 四月 藩駕駐思明州勳撫伯周金湯太監劉國柱自行在至州賫勅印頒發勳爵

晉封　藩主[illegible]王忠振伯加少師晉甘輝崇明伯王秀奇慶都伯赫文興祥符伯萬禮建安伯黄廷永安伯叅軍馮舉人監軍御史　藩令受封襲爵惟潮王辭不敢受改授赫文興前鋒鎮為左提督以援勦右鎮余新任前鋒鎮改前衝鎮萬禮任後提督以英兵鎮黄梧任前衝鎮擬改戎旗鎮王秀奇為右提督因南征未回故也　拔援勦左鎮林勝為戎旗鎮以戎旗親隨營黄昌管理援勦左鎮事

通行各提督統領挑選精銳官兵拔入戎旗鎮鎮内京制設開五協每協五正領十副領每副領管五十員協將授副總兵銜正副領叅將銜班長守備銜衝鋒官把總銜拔洪復管中協王朋管前協江春[illegible]左協黄安管右協江文英管後協楊祥為[illegible]

櫟營令林[illegible]　攸就演武亭焻五梅花陣法操練　藩督親操　江陰地方呈請平

68

夷中軍林天[illegible]不服民望乞委官鎮守免虜兵騷擾從之以賞勲司裴德管江陰地
方事時海壇逆民復逞　藩令裴德[illegible]近會平夷侯勦撫安報裴德等數日獲解叛
首林簡修等誅之　藩對衆言曰裴德從我行陣已久亦頗知兵堪與黄復等也徬
林勝請乞裴德入戎旗鎮侯缺從之
是月築洒州新城并高崎五通湖蓮等寨拆運高浦所城以成之俱委馮工官督就
五月　藩駕駐思明州總督輔明侯林察并周瑞等入粤勤王師班回到思明
時西寧師望我　師不至被虜戰敗退入梧州我師不遇而回　藩集文武官吊林
察等責之曰勤王入援君命原無俟駕逗遛觀望而回朝典何在爾等合心畏避當
盡正罪若有[illegible]征罪應科減於是衆俱以闔安侯對　藩令正罪以狥軍中

諸將勸免隨　削職奪爵改其兵柄永不叙用總督林察統領王秀奇蕭茂
各記責實降三級餘各降二級惟信武營陳澤遊兵鎮黃元殿兵鎮林文燦三人建
議請令往至廣海以探王師聲援總督不從
藩加其忠義各加陞一級各賞銀一百兩　委戶官忠振伯任水師右軍事以吏官
潘庚鍾兼管戶官事辭不敢受遂以吳慎加銜協理戶官幫之
藩大閱操吊各提督統領鎮營就演武亭合操炤五梅花操陣法如對敵賞罰軍令
另設宴陳樂宴各鎮將大小官將賞賚有差時左提督赫文興督操隊伍不齊
藩閱之吊文興就操場令責四十棍詰鎮將跪勸免實降一級督操官陳武綢責百
二貫耳遊示文興因此悒悒驚憂抱病　林勝綢責二十棍　護衛前鎮陳堯策操

不如法　藩令改兵柄委官浪嶠地方事以左先鋒副將蔡飛管理護衛前鎮事令其鎮守同安馬厝巷時馬得光率兵乘夜驟至衝散其營蔡飛引敗兵來見立斬以狗　泗洲新城成以原後勁鎮陳斌來歸授護衛前鎮職率兵鎮守之

報清朝增兵入關欲與偽世子會攻思明　藩令各餉官并各統鎮官兵田札漳州北鎮陳六御辭兵柄許之以姚國泰管理北鎮事　核育胄儲賢二館諸生授監紀職俸配監各提督統鎮從軍出征紀録功罪　另設大餉司同監紀隨各鎮出征查給粮餉　另設監督監營督陣官監同各鎮出征戰勤授鐵竿紅旗一面書軍前不用命者斬臨事退縮者斬副將以下先斬後報

69 是月偽世子　書云所發前諭特書爾名別無他故以共叨國恩予為世子

爾封公爵　無妨碍是以書名然揆之節文亦失簡點誤。不為介介爾
叔鄭將軍邀鄭學士講議于於本月初五日令固山額真都察院承政土衆梅勒章
京纛章京同鄭學士前來白沙是日至晚講議初六日復議爾叔惟發誓云我等無
有二心原有歸誠之意惟給發信札免宥住罪等語予聞之正合予懷不勝欣悅予
思信札不難罪有可免之例業載前諭今當重為申明一品官祖大受大凌河困極
投降即全其生且加禮寵釋回復叛抗敵主上金州控濠圍困三年又勢逼投誠仍
加寬宥若兄若弟概荷保全皆作朝廷大臣此事公蓋聞之五省京畧輔臣洪承疇
當日帥兵十三萬松山杏山數次抗敵一戰盡破輔臣身被陣獲蒙朝廷寬宥全生
越次擢用此事公蓋見之若論二人之罪天下大罪孰過於此惟主上廟筭體承天

地之道故如此也公之愆猶較之二人有所逈異而漳泉之役與閩省文武意不相投語言茅盾所致耳雖則如此予審思之公罪不大若是投誠自益加慰皇上有何所不容尚念及爾此等事耶公勿疑焉若即薙髮投誠予必保奏免爾諸罪主上以罪之大於爾又無立保者慨然免宥超用予為保公夫復何疑只為公不勞大兵以靖封疆前來迎降予所以為公力保也惟欲招撫保全故每每綏師轉盼予係實心又體知上意乃發信札耳公當勿疑

藩復書云南陬海隅之地至煩萬里提師東弓負矢驚馬拆轅歷艱涉險京年而到水濱樗材何能乃亦重垂清朝南顧予本圖自保漢嶼豈意以其言相餂旋則二三

其令今士々征馳於南北間矣兩壘之間可知彼已前者金門山陳金敗挫以

不知之故焉　識用兵必使官壅蔽無以聞又遙遠不相知之故今王世子親舉征殺辱於水滸試亮泛而觀之又氷聽而思之則可以相知矣尊諭所謂信札夫勅之不信札於何有且所謂信者是何等交約乎憊勞而出憊勞而歸師行弗易願下執事實重圖之且國家大事非筆翰所能盡與細人能詳鄭內院固京夙晤者其使之面相通如何前承教語似謔戲因未遑報荅併祈台亮此來書并回書在十月錯寫在此

六月　藩駕巡駐漳州時因和議不成虜多阻我餉道又增兵入關故令福泉興之兵盡抽回漳傳令各徵餉屬邑一盡拆毀平地使虜無城可恃以便追殺故　藩至漳閱兵就巖亭埔大合操三日傳令拆毀漳城　遣前提督黃廷統轄戎旗鎮左右先鋒等共十二鎮綠漳浦詔安巡下潮州駐兵徵餉　藩駕回思明州正兵鎮陳勲

以病辭兵柄許之拔韓英管理正兵鎮事

初設總理監營以管大小監督監營監同各提督統鎮出征凡有軍機重務必繇報聞拔督運都督翁天祐為總理監營拔都督鄭德原正兵鎮陳勲為左右協理監營

七月　藩駕駐思明州　藩集諸文武議曰和局不就宜分兵與定西侯并忠靖伯等會師進入長江搗其心腹使彼不得併力南顧衆曰然遂命右軍忠振伯為總督北征水師水軍事務征戰機宜悉聽節制調度　陞原北鎮陳六御為總制五軍戎政總制六師以中提督為陸師正總督右提督王秀奇為陸師副總督征戰機宜與忠振伯陳總制商確而行隨率後衛鎮周全斌中衝鎮蕭拱辰援勦前鎮戴捷等十

71

二鎮尅日[illegible]　[illegible]江　并委右協理監營鄭德督監督監營隨督軍中另委餉司監

紀跟同出征炤令而行先時周全斌密諫　本藩曰監督監營久在行陣至于監紀
或初拔士子或褒誇公子能識軍中功罪為何物而可令其監紀䟽鎮提督耶
藩不從至是令兼儒羽監紀周全斌　藩知之諭曰兼儒非監紀全斌之才異日必
不和須擇其可以服全斌之望者方可我思惟柯平可以監之渠出自平父之轄員
又温恭純厚足以協之也於是改柯平監紀後衝鎮北征
八月　藩駕駐思明州前提督黄廷後提督萬禮戎旗鎮林勝等各鎮進兵圍困揭
陽縣偽鎮將劉伯祿率馬步數千來援屯札排浦埔
十三日我師列陣交戰虜來迎敵我師賈勇湧進纔交一合虜即披靡敗走生擒偽
中軍一員斬首七百餘級奪輜重不計餘衆奔回

二十四日劉伯祿又集惠州程鄉來援兵馬萬餘列營鶯爪花埔前提督等議曰援兵數多未易輕敵當面萬全林勝自對衆領曰我戎旗鎮願先鋒破之爾等隨後追殺於是衆等莫不奮曰獨戎旗鎮能殺虜我等隨後追殺耶各鎮無不爭先賈勇齊逼其營交鋒兩合虜又敗北被我師逐殺千餘所獲軍器衣甲馬匹不計揚陽縣同守將聞風而逃回 師進駐揭陽縣以張一彬知縣事 本藩行令炤大敵賞格陞賞戎旗鎮奇兵鎮功居多為首功餘鎮俱次功大監督鄭文星大監營賴祐林福池仕紳等監督有功加一級總監營翁天祐督監有功加陞一級總督黃廷總制張英各加二級賞賚有差

72 九月 藩駕駐思明州漳泉各屬邑并漳城俱報拆完平地 比上師阻風乏糧就

溫台取糧台州偽守將馬信聞風欲歸慕忠振伯名欲藉投附忠振伯遣人招接之時未得其便我師進發舟山信不果來

左提督祥符伯赫文興病卒　本藩親臨祭奠優恤其家　委五軍中軍張英管理左提督事英力辭不任許之官兵分作二鎮管轄以右鎮賀世明為左提督一鎮左鎮王雄為左提督二鎮暫隸其兵　省報烏金世子統率新到滿漢三萬到省札擾民居養馬弃吊本省兵馬一齊竄犯思明州時我師分遣南北征勦只有後提督奇兵左衝等數鎮守鎮城邑地方而已

本藩傳令併空思明州聽居民搬移渡海其將領官兵家眷搬住金門浯州鎮海等處聽從其便時有引禮舍人許靖李從直上條陳謂併空思明十不便不如吊回南

北之師與決一戰之語

本藩聞之大怒謂其僭議軍國大事搖動軍心立令稟示因鄭宫傅等人勸免細責八十棍隨啓諭宫傅等曰清朝豈無宿將遣此乳臭孩子豈意在戰耶不過藉兵再逼我和耳我若吊回大師被他識破所以佯空思明以疑之昔孔明城上撫琴而退魏兵此意豈異耶諒他必有書來講議一番我隨乘機迎之彼自入吾彀中諸人俱曰　藩主妙算無遺非小人所能知也

虜世子至泉州又發札諭直書　藩名来　藩不答復令鄭學士到白沙見定國公而回

73 藩令馮工官築白沙城成以援勦前鎮鎮守之委監紀武大盛管理晉南地方住白

沙城定國府委轄將黃昭楊暄幇守白沙城并兼寬寨

十月　藩駕駐思明州演武亭往來金門駐節[illegible]氏并將頤家眷俱搬過海思明併空

偽世子頗知之

藩行吊北征大師并吊戎旗鎮田思明防守

十五日戎旗官兵到思明北征師至舟山十六日水陸總督同總制會議攻取機宜

己定

十七日官兵蘇岑江口一齊登岸分二路而進泊舟山城虜出六列陣交鋒我兵合

力鼓進虜遂不支時右提督右鎮陳瑞勇往登先陣斬[illegible]中營中軍陳彪一員并虜

兵數十虜遂敗走入城堅守不出我師遂議攻城

二十三日圍攻城下時守將把臣功城上瞭見我兵強盛節制有方又見水師堵塞援路孤城援絶無心攻戰陳總制遣監督李化龍進城招降把臣功果傾心歸附二十八日把臣功同張羆等開城投誠官兵進城安民草木不動威聲振江南先時行軍

本藩即發銀壹萬両付陳總制等領載北上凡攻城畧邑有功先賞後報有罪鎮將會議先斬後聞其官兵奸淫搶掠連罪將領阿私不舉罪總制時師至湄洲北鎮下有一兵取水拾人一鷄被監營報解遂集諸鎮議罪甘輝對衆自認統御陸師失律去衣請責示儆諸將遲疑輝曰爾等今日不責[illegible] [illegible]致我總督與 本藩赦耶師仁在邇今即不行尚望恢復致遠於是總制請令箭致於前責十棍犯兵梟示付翼司

哨隊各細責北鎮舟師後至免罪以故軍令嚴明官兵遵守進城秋毫無犯先時定西侯張名振與陳忠靖北上不和

藩委刑官程應璠觧之名振尤未降心故我師至舟山馳會攻城不至中提督等議曰名振謂我南來之師未知地利但我等攻城畧邑多矣此一孤島何俟名振會也殆泊其城遂降至是城下名振等出自長江來會　定關守將張鴻德慕義棄家來附忠振伯厚待載歸鴻德係皇廠宿將善騎射百發百中後　藩授以前鋒鎮

十一月　藩駕駐思明州演武亭知縣事叅軍林其昌因審會六假人命事失入人罪吊責八十棍革職永不叙用以副審理王士元知海澄縣事委戎旗鎮入鎮海澄城

藩差監督李長至舟山吊餉

十五日隨議鎮守舟山水陸官兵船隻以總制陳六御督定西侯張名振英義伯阮駿等鎮守之

是日舟山降將把臣功張魁等官兵家眷俱配船同大師回思明州

十二月　藩駕駐思明州演武亭

十三日舟山大師回至思明州甘輝等引把臣功等見　藩藩大喜改名臣興即授驍騎印管鎮事賞銀五千兩餘轄將營官兵陞賞有差時忠振伯師後至因前台州守將馬信約歸至是進入台州港馳書達之馬信果棄城帶兵馬搗家眷附忠振伯來歸　戎旗鎮啓請侯缺裘德已知行陣善能衆兵堪拔為親丁營　藩從之

75 十四日右軍忠振伯同台州降將馬信全師至思明州　藩喜甚令忠振伯撥厝安

頓家眷設宴款會授中權鎮事掛征虜將軍印賞銀貳千兩并玉帶蟒服封母封妻各賞銀五百兩珠冠霞帔所轄將員共賞銀一千兩另陞克復舟山有功將領官兵各有差因諭諸將曰聞中提督至湄洲受罪請責其子座公古名將不過爾等當勉之吾亦拜下風矣另賞忠振伯銀五百兩以其收服張馬二大將來歸

十月丙申正月　藩駕駐思明州潮虜劉伯祿復集潮惠援兵萬餘來復揭邑佈札西關外前提督集諸將議戰機宜左先鋒蘇茂請戰謂劉偽將去年八月內被我兩殺二提亡魂喪膽雖有新援之兵俱皆先年戰敗之餘何足濟事此來不過逼于請平二酋來此塞責耳豈敢戀戰自隤氣兵殺截不効依軍令前提督依議進兵以左先鋒領頭疊前衝鎮黃梧護衛左鎮杜輝為二疊殿兵鎮林文燦援勦右鎮黃勝等

為後援前提督領後勁鎮楊正等抄攝其後約日進戰詎藴茂輕敵黎明出營虜探知先伏西關城外待其過半虜首尾夾擊我兵遂亂分為兩截應援不及左先鋒併力與戰身中二矢一銃帶傷突圍而回虜殺傷相當幸前提督殺至虜始不敢強追收兵回營折兵大半又失鎮將黃勝林文燦二員死於橋下衣甲軍器所失甚多前提督將敗軍情形馳報軍前　藩隨委戎旗等鎮入揭應援　前軍定西侯張名振卒委總制陳六御兼管前軍事令水師前鎮英義伯阮駿專守舟山地方

二月　藩駕駐思明州差兵官張光啓入揭察報西關一戰左師失律之事吊左先鋒藴茂前衛鎮黃梧護衛左鎮杜輝等鎮回思明州令前提督戎旗等鎮棄揭陽縣登舟下廣採聽行在聲息另差戶都事楊英查察張一彬徵收揭邑正供支銷并察

餉司監紀追収未石配載商船一盡回州計餉銀十萬両餉米十萬石

二十日前提督等舟師南征左先鋒等回思明州　阮駿報護京王子勅諭定關造船五百隻欲復舟山乞撥師援防　藩遣張鴻德馬信等督師北上協防

三月　藩駕駐思明州前提督報我師南征廵至盐州海州大星所等處坐奪烏尾船百餘隻兵粮甚殷惟行在駐蹕高瓊聲援難通　藩集文武官議揭陽喪師罪蘓茂身為統領先鋒慢師輕敵致失兵喪將罪不待誅黄梧杜輝應援退却致統領失機亦應如律諸將跽告曰蘓茂欺敵輕陣以致敗亡非我等罪衆俱一辭於是杜輝綑責六十棍黄梧寄責各戴罪圖贖　梧舊管事再犯二罪並舉是日斬統領左先鋒鎮蘓茂狥軍中拔後衛鎮居全斌為左先鋒鎮陞木武營華棟管後衛鎮撥前衛鎮

黄梧同後衝鎮華棟代守海澄縣城

二十日總制陳六御恢復健跳所觧大[illegible]印一顆　藩大嘉奬之

四月　藩駕駐思明州虜世子吊各澳船隻令韓尚亮統領水師船隻欲犯思明自統陸師屯札石井寇攻白沙城　藩又令兵民家眷搬移過海調遣水陸官兵碁布待敵虜水師分作三䑸来犯一䑸白艘犯白沙一䑸紅艘犯金門浯州一䑸烏艘犯思明分配已定

十六日虜水師齊出泉港来犯我水師左右軍并援勦左鎮黄昌信武營陳澤水師内司鎮左右協統船出圍頭外迎敵虜前䑸被左協王明銃船先發一熕擊沉一隻

77 虜船遂挽回不敢前進繇是信武等鎮營乘勢追進忽狂風大作陰翳濛霧對面不

見船艅我師溜下收泊圍頭虜船欲取回泉港及深滬港不得俱被狂風壓下有收入圍被我師牵生者有被浪打漂上青嶼金門登岸逃生乞降者有飄出外洋至廣海者韓尚亮亦被沉溺我師生獲大虜船十隻閗破焚燬者三十餘隻收回不上十數隻我師大勝班回　本藩犒大敵陸賞信武營援勦左内司鎮左協王明為首功餘俱次功将降虜割其耳鼻放回見虜世子諭令毋得輕為動兵世子亦嘆服渡海之難收軍回泉

五月　藩駕駐思明州設戎旗左右鎮以林勝為左戎旗鎮抜左衝鎮楊琦為右戎旗鎮吊各處鄉勇訓練銃器配執銅[illegible][illegible]花釬銃設斬馬刀不空歸木棍每名兵另帶銃彈三粒在身遇敵擲擊俱自此始擬左戎旗鎮南日回吊選久歷戎伍精勇者

撥入右武旗為協將正副領班及班長以便管練郷勇及新吊班官其郷勇銃器日在操練出征　抜副將洪善管理左先鋒事翁陞任副將事

閏五月　藩駕駐思明州日令郷勇新兵操練　藩親督操并教銃務抜張魁管理奇兵鎮事魁善騎射發無不中一日同　本藩在船教習水師適有水鳧在水面乍沉乍浮　藩諭張魁曰汝善射能中貫此鳧即以此船賜爾魁即挽弓箭在手待其鳧浮一箭射去應弦而中　藩稱其能遂以坐舟賜之至是令管奇兵鎮傳令各鎮備辦出征候南下師回日全往北征着出征船隻各給船牌熖票以防混冒計大小船一千一百張另南船未算

78 六月　藩駕駐思明州前提督戎旗鎮等自南征班回至思明　藩吊選班配左右

戎旗將領班官得宜遂同合捣如法拔左戎旗內領班杜斌為右戎旗前協魏國為後協李尾為左協何義為右協裴德為中協傳令配船候令出征

二十二日防守海澄縣城前衝鎮黃梧據城悖叛迎虜歸降報至

藩遣中提督甘輝左戎旗林勝并右軍忠振伯率各鎮前往攻復援虜已入城不及其土堡係林明所鎮與黃梧抗敵不附於是衆等俱撤運粟石軍器　藩令抽回查城中所貯糧粟二十五萬軍器衣甲銃器不計其將領私積者又不計　藩嘆曰吾意海澄城為閩中河內故諸凡盡積之豈料黃梧王元士如此悖負後將何如用人也傳令出師別寓進取後衝鎮副將林明并領兵康熊不從悖叛　藩嘉獎賞即拔後衝鎮副將林明為右戎旗鎮楊琦管理護衛鎮楊琦先因黃梧揭陽敗陣所失衣

甲軍器甚多　藩查點楊琦盡將左衛鎮衣甲軍器借之應點　藩見其齊整無失
故不殺之至是聞知恐琦與謀故削其兵柄而以林明代之拔康熊為左戎旗正領
兵中軍陞都督僉事逮兵官張光啓兵都事黄璋俱下獄衆言黄梧之叛為二人所
驚激又責以附同黄梧欺蔽查點軍器别借應點之罪吊令押赴忠靖伯船上監候
班師回日定罪
拔旗鼓史讜理行營兵官事讜賜改名興明陞遊兵鎮黄元為護衛右鎮同後衛鎮
守銅山
陞一鎮胡安然為援勦右鎮二鎮王雄為護衛後鎮

79 七月　藩駕駐思明州遣中是督左戎旗左右先鋒等十五鎮官兵在船北征諸將

啓援機宜

藩付一札與中提督張五軍林戎旗等收受且諭之曰出軍地方機宜俱在此各鎮船隻聞駕齊至賺羅灣即集諸鎮折看一一當炤吾令而行傳視若完即時開駕直溜至所諭地方不可令其泊灣駕駛有違令者先斬後聞該提督此番代予親行毋違明令

以右戎旗林明同前提督扈從　本藩居守思明撥右戎旗中協裴德官兵同左戎旗出征

初四日隨開駕至賺羅灣依令而行直入閩安鎮逼至福州南臺城下札營整辦攻城器椇虜報知堅守求援虜世子星夜馳赴防守故不攻大掠而回時官兵船隻滿

載輜重寶物不計足償海澄之失時虜兵來追被戎旗左協黃安等殺退我師全獲而回出札閩安鎮羅星塔等一帶候令進取　援中提督中鎮鍾宇督護衛中鎮事

八月　藩駕北征我師既入省界虜世子盡吊赴省　藩恐我師未免輕戰又恐閩安鎮地方難守故行親征隨以前提督為居守總督水陸防守以鄭會督思明州地方事出張光啓戴罪督兵官事同前提督居守都事黃璋隨扈出征

十八日　藩駕登舟統率右戎旗鎮林明官兵北上　廿提督等克東埭叛寨殺獲甚多

是月二十六日虜水師大小五百餘船進犯舟山陳總制阮英義等率戰艦五十餘

80 號與戰時我師占據上順風虜窄大敗虜船虜隨退回我師全勝回舟山

二十七日虜又令舟師來　意在誘敵且戰且退我師悞中其計直追而進至定關口水流湧急虜遂擁合交鋒我師少却陳總制遂呼英義伯二舟率先衝破其䑸緣不知水勢乃舟被流水擁拖而入挽掉不進虜認知為先鋒總制之舟合力齊攻銃矢如雨總制知不支望南拜畢蹈海而死阮英義亦知深入無援必死將船中火藥銃器齊發自焚其舟虜船被擊沉二隻虜兵亦死不計我師見二船俱失隨四散溜下虜遂進克舟山遷移其民拆壞其城張鴻德亦戰沒陣中

九月初三日　藩駕巡至閩安鎮相度地勢知為省之門戶隨令馮工官馮澄世吊民夫增築土堡城寨以為長久之計巡至羅星塔亦令增築土城撥兵鎮守巡至閩清永福港蕭家渡沂設水師扼守斷虜往來以右戎旗中協裴德防守之撥左戎旗林勝鎮

守羅星塔總督水陸防守撥後提督萬禮鎮守閩安鎮總督水陸防守調遣已定

藩駕出駐壺江定海鳳埔等處

中權鎮馬信自北師回至壺江見　本藩說陳總制陣亡之事　本藩令優恤其家

并阮英義家後

遣左衛鎮洪善右衛鎮楊朝棟襲取連江縣克之虜將并縣逍走以洪善守其城

十月　藩駕駐三都

初六日偽世子發兵將襲攻銅山縣詔安四都大礶渡載過江被後衛鎮華棟護衛

右鎮黃元等統兵擊殺無遺命忠仁伯督造巨艦令各鎮徵積兵糧　陞右提督王

81 秀奇總督五軍戎務督各提督統領鎮守閩安鎮以中權鎮馬信管右提督事遣師

進入福安地方取糧以多積取者陞賞時正兵鎮韓英居最　拔信武營陳澤為護衛中鎮　委五軍中軍張英總督五軍戎政兼管水師前軍事阮美管水師前鎮事

十一月　藩駕駐三都時鑑岡寨負固不服遣前鋒鎮余新勦平之餘寨悉輸

太師平國公又遣家丁謝表小八等來勸就和議虜以　藩不受詔又攻破郡邑故逮繫太師令逼　藩就撫至是差至　藩不從置之

十二月　藩督師進取羅源寧德等邑舟師至梅溪登岸躡飛鸞白鶴嶺踰至羅源虜探知赴援遣梅勒章京阿格商巴都柯如良等帶真滿馬步數千尾後牽制藩隨統師直薄寧德縣阿格商等又躡後繼逐　藩隨與諸將議授中提督甘輝左先鋒周全斌援勦後陳魁等機宜令其斷後節節示弱誘敵待至險要伏兵齊出殲

之諸将受計斷後

二十九日　藩督師先行阿格商果直追而来見我師佯走放心追趕殆至護國嶺險要處中提督即令左先鋒伏左邊援勦後伏右邊中提督自引迎敵阿格商促兵迭戰矢如雨下我兵併力死戰殺傷相當繼而左右伏兵齊出虜遂少却我兵奮進阿格商等各下馬打死仗中提督與周全斌計曰虜倚馬為長技今下馬是来送死但聞格商名将每以打死仗得勝　本藩前程去遠虜衆我寡又俱真滿披掛未可輕視須令将領各斜精神死中求生以計取之彼下馬逼我我炤操法三退誘之彼披掛必倦然後我兵齊進以一當百可取勝也格商果三追我即三退彼力倦我兵

82 齊力追殺陳魁執牌直取格商把作一堆身中二矢一刀　陳蟒繼至将格商殺死

敹回陳魁虜見格商被殺即少退我兵乘勝趕殺一時杷〻上馬者盡被殺死積屍
遍野拾獲弓箭馬匹不計時虜以格商已死又不見章京巴都柯如良等數將即合
兵又來決戰奪屍時右提督趕至合力奮殺虜死者又不計生擒數十名格商身屍
莫可尋回虜敗回只存瘦馬數百我兵収回時
藩尤未知戰勝殆陳魁被傷同中提督等至　藩始嘉慰親勞之令陳魁在船調養
先送藥資三百兩合師攻圍寧德縣虜不敢出戰令各官兵散處取粮各積足三個
月遂回札三都焒大敵陞賞但未知虜失何頭目令人至省採探稱格商巴都柯如
良等員皆清朝勲故自入京來無戰不勝故特遣隨世子入閩作先鋒至是死焉
十一年丁酉正月　藩駕駐三都陞左先鋒鎮周全斌統領戎旗右鎮陞援勦後鎮

陳魁統領左先鋒鎮以右戎旗林明管援勦後鎮事
謝表小八等來　藩駝告曰表等奉太師命特來稟請和局一事到此已久太
師度日如年候回信復命難待耳　藩於是令諸參軍擬稟稿回覆太師各各進呈
此不合意　藩即自作書稟復書云謝表小八等至備述苦情信疑參半情能不傷
而勢無如何耳嗟嗟曾不思貝勒往見之時許多勸止竟爾不聽自投虎穴無怪乎
有今日也吾父禍福存亡見料之以熟清朝待投誠之人猜忌多端有始無終天下
誰不共曉先以禮貌相待後以魚肉相視總之挾一字若一挾而兒豈可挾之人哉
固己言之於先而決之於早矣今又以不入耳之言再杯勸免前言已盡回之何益
83
但謝表等日夜啼泣謂無可回覆爲憂故不得不因其前　而明言其詳蓋自古之

治天下惟德可以服人三代無論矣漢光武恢廓大度惟竇融唐太宗於尉遲敬德朝為仇敵一見即待以心腹宋太祖時越王俶全家來朝兩月遣還群臣乞留章疏封謝賜之此皆有豁達之規模故英雄感泣樂為之用若清朝則崇用詐力矣夫詐力縱可以服人而人未必心服況詐力之所不能行殆亦難矣自清朝入閩以來喪許多人馬費許多錢粮百姓塗炭赤地千里已驗於往時矣茲世子傾國來閩將歷三載殊無奇謀異能只是補葺破城淫掠焚殺女多於兵牛多於馬一弄兵於白沙而船兵覆沒兩弄兵於銅山而全軍殲滅閩安鎮為福省之門戶遽爾遂破羅源一戰阿格商巴都柯如良等盡行喪命況我未嘗揚一帆遺一矢而彼人馬喪川面相久持不服水土千里饋粮轉運難繼清朝之尚詐力果有損耶有益耶此不待辨

而明矣今欲戰不得欲守不能罷珠崖置交趾何嘗失計乎舟山為南浙之門戶既幸得矣遷而不[illegible]其力量亦[illegible]概可見矣大抵清朝欲以剃髮別順逆不知順逆在於心而不在於形試觀姜襄金聲桓李成棟海時行等豈皆非辮髮之人哉大丈夫磊磊落落光明心事正大皎皎如日月終不肯效詐偽所為苟就機局取笑當世清朝試思今日之域中是誰家之天下乃損無數之甲兵費無稽之錢粮危億萬之生靈區區爭此數根無用之頭髮亦何量之不廣耶清朝誠能畧其小者而計其大者安插我兵將俾地廣足以處糧裕足以養何難罷兵息民彼無詐我無虞如此則奉清朝之正朔無非為生民地而為吾父屈也文官藝[illegible]之錢糧照前約總無非為生

84 民地而為吾父屈也將兵安插得宜清朝[illegible]無南顧之[illegible]左在海外別一天地兒

願效巢許嚴光輩優游山林高尚其志耳清朝多疑[illegible]人再往見至此心已書
而心尤寔伏祈鑒炤謝表等持書復命自是和局永絶
藩令取運船料發各鎮造脩戰船以赴北征一應船務俱委右軍忠振伯料理報稱
中提督甘輝假回思明養病　藩行戸官送藥資三百兩諭曰護國嶺力戰所致盡
瘁報國先帝在天之靈實憑既之須善調攝以赴師期二月初旬當馳赴軍前也軍
聞之無不感奮
二十五日遣總制行軍司馬薫水師前軍張英總督北征水師同總督後提督萬禮
督同左右先鋒前鋒等鎮前往温州福寧州牙城㵎寨等地方取積粮餉
二月　本藩駐蹕三都

初七日張英萬禮等師至温州仝鄉衛郎議攻城虜偽遊擊翟永壽守備王虎衛官于起麟能識時务献城迎降自[illegible]中衛鎮蕭拱辰鎮守為老營安撫市肆不易[illegible]虜官兵願回者聽之所報城内米粟甚多另容商湖絲三百餘担　藩遣船運載匀給

十一日遣右武旗鎮周全斌等出師福安内港三十里地方取粮克拮坑寨積粮三個月班札原汛

三月　本藩督師北上進至鎮下湾阻風遅留不得前往随駕　思明州撥後提督萬禮督正兵鎮韓英左右衛等鎮輪番防守閩安鎮并羅星塔等處寨城吊左武旗鎮林勝回思明州

85

遣水師前鎮左營李順同水師後鎮施舉前往浙省[illegible][illegible]處採探虜息并招猺松

門一帶漁民以為進取長江嚮導後施舉至定關追至□口風水不順施舉坐駕船
飄流入港衆寡不敵被虜所執不屈據海而死　遣□　乃　主事鄭省英督理沙關地
方事
四月　本藩駐驛思明州委前提督同戴罪兵官張光啓點驗防守思明□水陸官
兵有無老弱旗幟是否鮮明盔甲火箭銃器被牌大龍彈子斧頭船隻等項是否齊
備逐項填註明白回報
本藩親臨閱視對各鎮稱曰援勦左鎮護衛左鎮後勁鎮等三鎮官兵俱驍壯軍器
船隻俱整備而援勦左黃昌□為最賞銀一百兩二鎮各賞銀八十兩禮武鎮□容
似未盡美須加整備比後勁鎮等二鎮次之陳忠靖水師軍容器械終是水師故步

86

比禮武鎮又次之右軍下陳明陳陞劉興等七大船各新整齊備大堪駕用皆右軍忠振伯調度有方銃船如蘇青林太等六船俱堅緻無患着兵官炤次第賞賚勸勵若周鳳銃船陳榮武蕭梓二烏尾與司總朱玉等船只有內港裝兵運運未堪外洋衝風破浪着協理船務林叅估修啓報

前提督官兵軍器頗亦雄備調度得宜賞銀一百五十兩

張光啓戴罪圖贖能自勉勵與前提督協恭料理軍機保固地方安全准贖前罪炤舊協理兵官事兵都事黃璋一併赦宥炤舊供職辦事

援協守白沙城恢勦都督黃招為木武鎮撥中提督營副張華為木武鎮左營委張遠為中軍

五月　藩駕駐思明州稽察各項追徵粮餉賬造軍　及洋船事務本年二月間六察嘗壽寧在三都告假先回　藩行令對居守戶官鄭宮傅察算裕國庫張恢利民庫林義等稽算東西二洋船本利息并仁義禮智信金木水火土各行出入銀兩時林義因陳啓西洋一船木萬餘未交付算已先造報　本藩存案明白壽寧謂林義匿贓此項係與鄭戶官瓜分欺瞞啓陳

、藩藩未見冊亦心疑之但報冊係　藩標日鈐印可查時戶官覺知面斥扭壽寧見本藩壽寧執以此項沉臧無交算核戶官執為案冊造報明白只因林義後交便不肯收受再算則此人必係虜之奸細專來離間前黃愷一二失錯被其播害後又將逐造端欲害援勦前鎮戴捷并忠振伯章　藩主明鏡發六官察明無欺方釋茲又誣泰同林義欺瞞乞委多員逐件細覆如有欺瞞願全家受罪如果無欺是輩之奸細欲離藩主左右任用之員藩主若不密為察訪輕信間計大恐左右任員重足寒心矣　本藩是夜翻閱簿帳件件造明輩六察所駁條件虐謬阿附遂心惡之。傳令革去六察事追奪印劄幽置閒住

87 六月　藩駕駐思明州臺灣紅夷酋長撥一遣通事何廷斌至思明啓　藩年願納貢和港通商并陳外國寶物許之因先年我洋船到彼紅夷每多留難　本藩遂刻示傳令各港澚并東西夷國州府不准到臺灣通商繇是禁絶兩年船隻不通貨物湧貴夷多病疫至是令廷斌求通年輸餉五千兩箭柸十萬枝硫磺千担遂許通商

壹六察閒置至是再啓白冤仍陳户官虐賺實狀無迹亦有指壽寧受賂一二其狀

得實

本藩深怒令議置重典後念其高江世襲勳功舉家肆拾餘口起義勤王被虜殺死

憐其年老遂令安置臺灣令何廷斌供給衣食開銷

派定出征居守水陸官兵并船隻入宴賞在州各文武官并將領令

國母分作七程款請出征居守文武將領各母妻子女入府宴待并焰次賜賚金帛有

差一程請提督并六官父母妻子次点領次總鎮次署鎮次管理次營將次死難勳

功等蘇是將士歡騰感激益奮　左衛鎮洪善守連江港施郎有書誘之善原係阝

屬下將：：沉沒不報右營翁陞从之報聞至藩到鎮時將洪善推出斬之諸將勸免

綑責一百二十棍革職責翁陞銀一百兩官兵四百兩拔副將林燦管理左衛鎮

七月　本藩興師北征

委忠振伯督理居守兵官事并調度援勦前左右等鎮水陸官兵防守思明

初十日傳令在船開駕集諸將議曰此番遠征當先積粮爾等當計何處可以取糧諸將各忘所在　藩曰處處俱皆輸將惟興化涵頭黄石地方大師未有京臨倚虜未附饒富貯積可即取之我于十二月已令護衛中鎮陳澤密畫地啚現在分泒各鎮架椋取粮地方爾等當依令着力取積可也遂分中提督等督師進札涵頭

本藩督戎旗等鎮進札黄石地方

十三日一齊登岸各撥衛鋒官架椋副鋒伏兵搬運粟石駐札三日各船滿載虜無

88 戮犯隨揚帆抽進琅琦親往閩安鎮巡閱城寨以五軍戎政王秀奇為總制并撥前

提督總督水陸官兵防守寨城吊後提督等輪畨出征以護衛前鎮陳試守羅星塔
撥護衛中鎮陳澤為水師同前提督協防應援碁布已密　藩督師出札鳳埔操練
数日至二十九日即開駕北上只傳令各船跟中軍船駕駛并不傳進止機宜
八月十二日　藩師進入海門港時海門衛西岸係守將張捷前所守將劉崇賢各
發銃打擊我船俱不能傷我師乘風逼進黄岩縣内港諸將請見告曰海門衛所未
下侵入内地何策
藩諭曰海門台州門户若先得台州壹與門户豈暇掩關耶若先攻門户則合力
守之亦難矣諸將曰然
十四日登岸進攻黄巖縣虜守將王戎率馬步数百迎敵左戎旗首程當其鋒一鼓

陣斬步虜數十奪馬十疋餘衆奔入 王戎遂入城我兵直逼城下 王戎見我兵精勇布蔽城下孤城無援遂就西門豎起降旗 藩還馬提督張五軍招納之戎出城迎降遣水武營入城鎮守委五軍中軍毛恒署理縣事安民秋毫無犯是日援勦後[illegible]林明派札南門因未得帥令見城上無虜兵把守遂率兵登城馳報軍前本藩怒甚即出令箭綑解林明責以無令登城重責六十棍革職戴罪圖贖管鎮事

十八日移師進攻台州府

二十日傳令提督總鎮照依派定次所札營聽令攻打 藩札營西南城外時虜總鎮李必見大師威儀又聞先台州守將馬信投誠重用持疑兩端 本藩見城上旗幟參差官兵混亂遂集諸提鎮諭曰我觀城上情形虜將非走必降斷無有死守之

兵當此對壘而參錯如是馬提督爾前年守此有舊熟者可遣招之必斷然來歸也

依諭往招李必果降

二十六日李必率轄將常太初等出城叩見　藩親慰勞之遂遣北鎮姚國泰進札

南門援勦右鎮賀世明札東門仁武營康祁彥札北門右衛鎮魏騰札西門知府齊

維藩臨海縣知縣黎獄唐叩見逆府縣正供戶口籍冊　藩禮接待之諭令照舊供

職遣戶官都事楊英進城查察倉庫畓籍等項解出　併銀三千餘兩版籍冊冊是台

州已復遣中提督率所轄官兵前來居中應援閩安鎮又先遣護衛左鎮杜輝戍

烏龍援勦後鎮林明聽前提督撥派協守閩安鎮右衛鎮楊朝棟辭退以營付魏騰

管理右衛鎮事

九月　藩駕駐台州府

初一日台屬太平縣守将高綿祖聞風歸附先時祖有臺兆歸　藩聲名故守鎮太平留眷黄巖至是挈眷来歸　藩禮待甚侈遣文武營魏標率兵鎮守遣蔬領言一鈔鎮余新率右衛鎮魏騰等下台屬縣邑令北鎮前鋒營　勤代魏騰城守

初七日天台縣守将韓文盛率家眷献城投誠優禮待之仙居縣聞風亦下守将逃走余新遣中軍安撫之市不易肆

初八日遣後提督萬禮率兵攻下海門衛所一城此衛乃台州門户西北一帶皆高山峻險南面環海地險兵多負隅不下後提督請令安炮東南角攻擊之

初九日　藩遂移師到海門衛親臨歷閲地勢頗險攻擊必有所傷

初十日遂令監督宗維寧進城招諭

十一日守將張提果率兵出城迎附　藩優待之，又遣宗維寧往前所招降守將劉崇賢，亦于十二日帶兵出城投降，所有兵馬撥歸鐵騎鎮把臣興管轄

是月　藩遣義師林忠襲破永福縣，守將縣官俱殺死。李率太發兵往援，吊黃梧兵未至，疑之，將黃梧轄下官兵，率太盡吊撥入八旗下，黃梧只剩隨從數人，始悔叛之悞也，有思來歸。　藩弗納之。率太整兵復閩安鎮，偵知師精銳者北上，悏[illegible]守鎮者多係老弱，副鋒伏兵隨吊泉漳水梢配船，令土國山督鐵兵繇水對我水師夘星塔，吊集閩福民夫自古山開路達鎮城，令郎國山率兵與我陸師對敵，攻犯鎮城。先於八月中用民夫萬餘自古山鬥路，繇溪頭而下，至九月初十方達烟墩寨腳，時

91

藩亦患副鋒兵稍弱難敵令總理堤塘徐日彩馳赴鎮城與前提督商議揀宜虜果
来犯立刻飛報赴援日彩到鎮回云計議烟墩上寨四面峻險虜不能施展銃炮寨
北山腰可容百餘人若来只可當我地雷兄余右鎮全鎮獨守則無虞矣其鎮後山
頂寨亦四面險阻惟寨西山徑一條可容三五百人副 兵雜寸不齊已撥神威營陳
興幇守虜若来只攻一寨不能兩寨俱攻若攻鎮後寨暫撤余程兵幇守烟墩如攻
上寨亦如此提調至於水師舊鎮水　旋流舟不能成列出口出口正好乘東北風
衝犁是我皆處必勝之勢似可無煩南顧　藩閱報驚訝集各提督統領言曰似此
提調閩鎮危矣李率太頗能知兵開路吊梢必水陸全力協攻鎮上數寨分兵齊擊
左右支吾首尾不能相應豈有專攻一寨俾我得全力堵禦且我不設遊兵應援就

守兵移動往来兵心未免驚惶虜知我虛實聲東擊西使我奔馳不暇坐受〻　乍
於水師右我長技當先掣勝豈可聽其咸列出口若至出　則反客為主順流直出
將何抵敵水陸俱出彼下閩鎮難矣此報緣何纔到爾等速集兵馬繇陸路至楚門
所下船往援率太行兵来攻若出廿外則援及無虞若慮我兵知援廿內来攻則危矣
十八日已時令旨催促刻限中提督赴援水師左右戎旗赴援　師繇路兼程赴鎮
本藩已歸恐閩安鎮有失省虜為患隨捨台州府縣皆向戴水而下二十一日至良
琦陳五軍前提督叩見陳虜来犯鎮果如　本藩所料已於十四日即土固山水陸
齊擊攻破矣前提督右鎮余程守頂寨戰死守羅星塔護衛前鎮陳斌神器鎮盧諒
俱被獲逮去不屈殺之

藩曰不必言矣徒亂人意耳是我欺敵失援之過也行令提督統領収拾副鋒兵歸配隊伍候令聽㸃仍以協理五軍陳堯策駐鎮浪琦地方撥護衛中鎮陳澤護衛右鎮黄元二鎮水師聽堯策調度防守

二十六日　藩駕督大師至思明州時五軍戎政兼[illegible]軍事張英請中衛鎮坐營黄與大有將畧乞撥歸轄下委任將兵生營未足以展其材[illegible]、請乞藩許之黄與撥張五軍調用委材官陳印為中衛鎮中軍

十月　藩駕駐思明州

十五日集提督統鎮文武各官於演武亭定失守閩安鎮功罪先究總制喪師失律之罪王秀奇進曰李率泰集全閩之虜吊民夫數萬開路運銃水陸齊擊而[illegible]以

一提督下之兵薰禦水陸不亦難乎其餘所撥副鋒之兵雜處幫守主持不一　攡
非服雖嚴加約束未免觀望前委督時已京面啓蒙　藩主諭云我提師占據上游
攻服郡邑僞虜吊集應援不暇省虜何暇及此副鋒之兵以之戰征不足以之守城
有餘萬一有急立撥鎮兵赴防可也秀奇領受據宜不得推委況虜連攻四日夜銃
炮連續不絕城垣灰粉人無站足亦與先年五月初七日金同山之攻海澄等爾欲
以副鋒當之其能保乎　藩思其言姑不深罪實降六級示儆前提督總督水陸失
律應究因右鎮余程全師殉沒以平日能鼓舞轄下効死勿去之方足贖之諒降三
級其革職戴罪萵贖管援勦後鎮事林明護備左鎮杜輝責以救援無功幫守致潰
今推轅門正法中提督甘輝等勸解各綑責一百二十棍以儆杜輝充前提督尾名

操兵林明左戎旗下尾名操兵另察各鎮副鋒翼將司哨先潰者四十二員一併梟示軍中攝服

抜義武鎮陳鵬督援勦後鎮事抜萬義為宣毅左鎮　是月改護衛鎮為宣毅鎮

藩欲振師南下議攻鷗汀壩賊寨以屢阻我潮揭糧道、又遣姿右先鋒統領英兵等鎮札漳浦遣仁武營守新城禮武守海門援勦前守高崎援勦左守泉港以右軍忠振伯督理兵官事調度居守鎮營軍機事宜

二十八日　藩親督各提督統領南下

十一月初一日　藩督師駕至南澳駐蹕青嶼山少師忠勇侯陳豹請見訪問潮虜兵鷗汀逆寨情形次第陳對甚釋因進勸曰王師退處久無聲息潮惠破敗[illegible]定

93、

在下方得其地不足長驅何如進搗浙直攻心為上也至若鷗汀小寨用遣大鎮勦

尖𡮢倒耳何勞　藩駕親臨鄭左戎旗林勝等亦以此言勸自願領克破逆寨復命

藩從之授以攻取機宜

初八日令左戎旗中協洪復扈駕回思明其各提督統領左右戎旗等俱遣就潮揭

派取粮餉并攻取鷗汀逆寨

是月二十一日英兵鎮唐邦杰率前鋒親隨二營叛歸虜左營將鄭然中軍許廷

珪不從密報右先鋒楊祖智武鎮藍衍追之不及

二十二日報知　本藩驚訝曰邦杰自戊子年同安來歸一馬兵耳見其頗善騎射

於儔人之中每加賜妻賜宅壬辰年授入北鎮副將乙未年陞授英兵鎮寵渥亦云

周矣此而叛去將何用人也棄之

我師攻破鷗汀埧逆寨報聞此寨負固已久四畔皆深泥水田惟一面近港通海有數千強僕出沒波濤之間時或商漁時或洋劫屢屢阻截粮道至是破之此寨罪大惡極本藩日在痛念因三年七月我師攻圍潮州抽回　係彼寨外京過被其藏誘截殺忠勇侯左鎮呂未死之至七年六月

本藩督師攻　深銃炮難施抽回至是前提督同左右戎旗等相議砍取茅草鋪塞城窩平地踏破仍一面用厚枋作人字牌倚城墻遮身人藏牌内用鐵錐掘透後用地雷滚進登時城即崩裂各湧而進將城中大小盡屠之馳報以聞　藩曰此

94

等小醜遲我後至之誅南下去一梗化矣尚有許隆未服須收滅之以免有顧之慮

十二月　藩駕駐思明州傳諭分遣各鎮官兵就潮揭地方駐札練兵以左〻旗林勝統領宣毅前鎮吳豪正兵鎮韓英等札達濠埔右武旗周全斌統領後衝鎮華棟水武營朴世用等前鋒鎮余新為正提調右提督馬信為副提調統北鎮姚國泰援勦右鎮賀世明火武營魏標等俱札海山訓練兵馬其前後提督等札銅山漳浦詔安等地方中提督統轄鎮駐晋南地方

十二年戊戌正月　藩駕駐思明州時軍政頗暇稽查粮餉事務閲各提督統鎮南下取粮稍裕恐軍士未免將米粟冒濫發銀五千两初二日令戶都事楊英緣銅山廵下與各提督統鎮議就官兵積貯三個月外有餘者盡行發糶載來預給守汛官兵各官兵俱喜有銀買糴計運回米五千餘石并派給後程水武營後衝鎮官兵三

個月糧

二月 藩駕駐思明州吊各提督統鎮班回思明選練征勦追至集諸將議曰先年護國嶺敍敗阿格商所拾衣甲全身披掛是鐵所以敢下馬打死伏者恃有此耳其如我兵精勇何今我亦欲用此披掛勦殺醜虜諸將以為何如戎政王秀奇進曰披掛全身穿帶不下三十觔虜有馬駝載穿帶充易若至下馬打死伏戰勝不能追趕戰敗則難收退今我兵欲以一人穿帶三十斤步行雄壯者步伐不難孱小者未見其便 藩曰須揀選雄壯強健者當之甘輝進曰岳家軍多自負帶我朝戚南塘曾令兵卒兩脚股負沙操練豈畏重耶要在揀練得法耳時適左戎旗管理大侯缺將

95 王大雄將披掛付其穿帶雄手執戰棋步伐止齊如赴敵狀動履如飛 藩喜曰似

此可縱横天下矣遂行馮工官傳督造陳啓等日夜製造披掛鐵面專意爲之諸將亦以爲可大雄長樂縣人腰大數圍力舉千斤有武藝後因拔爲左虎衛正領兵中軍官行各提督統鎮挑選勇壯者吊入親軍

二十七日吊左右戎旗下壯勇將領協將林鳳何義正領班林登何昇楊龍黄高副領劉德許貞此數員 藩素深知者随吊用又正領張愛秉丁陳飛副領黄忠林盛曾姐疑候吊用

三月 藩駕駐思明州

初一日拔左先鋒鎮陳魁援勦後鎮陳鵬爲親軍左右驍衛鎮曾披掛官兵改左右戎旗爲左右武驤鎮後改武驤爲武衛鎮改驍衛爲虎衛鎮陞右先鋒楊祖爲左先

鋒鎮援後提督領兵劉尤署援勦後鎮事

行張五軍王戎正同陳魁親赴各提督統鎮營中挑選分為上中等撥入左右虎衛鎮其中等選而又選方同上等吊入另設一大石重三百斤于演武亭前將選中者藩覲閱令其提石繞行三遍提不起者雖選中不隸入〻每班帶班長六員配雲南斬馬各二牌鉀各二弓箭則全班俱執又十班之中弓箭居四刀牌居六每班另募伙兵三名挑帶戰裙手臂披掛隨後遇戰便穿帶行伍免勞頓各給口糧每員各給大糧月三四兩不等每副領管十班每正領管二副領每協管四正領各員銜給焰左右武衛例

96

左虎衛左協林鳳　右協王俊　前協鄭仁　後協陳蟒　署領兵事管侯缺正領

班王大雄　副領班林鳳　大攻營倪正

右虎衛左協黃安　正領班洪羽劉雄　副領班張禄許貞　右協賴興　前協萬宏　後協陳冲　領兵正中軍張彩每鎮四協并火攻領兵計上戰官將一千二百員名早晚日令穿帶披掛操練二次慣習如常惟鐵面晒日領熟後不用操一日考試武藝一日弓箭令都水司高陞掛銀牌考選時候缺將盧奎黃喜張伴班長陳寵二正領班劉雄班長許順石英陳英吳元等俱皆發無不中報聞隨行文紀録

四月　藩駕駐思明州

初十日　藩與左武衛林勝密議先取許隆牽其船隻破其巢穴免其出沒海上使我師北征有南顧之慮勝曰然即令林勝密尋鄉導以勝澄海人隆近隣也傳令行

軍北征中後提督并右武衛首程先行俱泊圍頭　本藩同左武衛左右虎衛等鎮
開至浯洲星夜溜下不及會䑸恐許隆偵知逃走出其不意故也許隆敢於作逆以
港門內深外淺非深識港路船多閣破此日洪水緣何漲滿　藩督舟師直擣其港
各鎮至次日方知溜下惟親軍鎮先到所得輜重米粟不計船隻分發各鎮配兵許
隆僅隻身率衆而逃焚其巢穴而回時軍中謠曰亦戲亦溜後行先到鐵人着做一
出便好以　本藩實有意披掛也時後到諸鎮獲糧未幾　藩令各師沿路取糧并
令攻克澄海縣虜守將劉進忠副將高進威等率兵千餘献城迎降知縣祖之麟典
史江景雲亦揭家投誠　藩加納之隨駕回思明各賞賚有差隨以劉進忠任後衛
97 鎮事時後衛鎮華棟病故令進忠任後衛鎮事忠係遼東人入蒲籍　藩恐未知我

軍中事宜令材官曾熾管生營中軍事

五月　藩駕駐思明州

初二日通行各提督統鎮自行挑選兵將出征大舉諭云　本藩選將選兵用心有素察現在官兵俱京挑選訓練隨征多年個個堪以自信但精而益求其精選之中又加選茲大舉殺虜對壘在刻思臨敵之際成敗呼吸惟前驅首當其鋒膽勇成列則心力俱齊無堅不摧何敵不克今再行精選分為三等以最上者為上上又上次之上中次之平日區別既定臨機便於調撥此是制勝要着大家功名富貴所係定限廿結回報

初六日又再通行選將諭云兵之勇怯在乎將領如將領稍却則兵雖勇亦不肯向

前如將領敢勇雖弱兵必勉力赴敵所謂強將之下無弱兵是也故兵貴精而將尤貴乎選最為當今切要　本藩屢京通行面諭挑選矣但恐有一二狥情明知不十分膽勇而故舊牽掛不忍擺換夫知故則可優以賞賚別行委任至於管兵萬萬不可輕易茲特著各提督統鎮再加察選將領要以膽勇為上東兵次之互相公結如有未十分膽勇不敢保結即詳換補至於臨敵之時將領退却將原結連罪重處各取甘結回報存案

傳各提督統領整備船隻器械粮食以便聽令北征以前提督黃廷總督防守思明州軍機事務與兵官忠振伯計議而行其兵粮移居守戶官鄭泰支給候報吊左軍

98 輔明侯林察為居守工官時左軍官兵分配水師待工官已吊出征故令林察為居

守工官其防守海門新城泉港等處俱炤原防守鎮而行拆白沙城令援勦前鎮戴
捷官兵配船仍舊防守白沙等處
初七日重布出軍嚴禁條令傳示炤得恢復伊始信義為先故逆者勦之順者撫之
勦撫分明所以示大信伸大義於天下此誠今日之要著如嚴禁姦淫焚燬虜掠宰
殺耕牛等項本藩已刻板頒行諄諄不啻再三爾提督統領鎮營營征苦戰十有餘
年所為何事總從報國救民起見亦為勳名富貴後來子孫計況姦淫焚掠等項皆
犯造物所忌為將者積陰德於冥冥之中以為子孫長久之計不特為救民地又是
自家分內事耳雖兵丁繁衆紛紛不一然在上之戒緝必嚴則在下之奉行惟謹如
提督用心禁緝各提督循而行之各鎮營又從而效之以至副翼及大小將領莫不

整頓遵依且互相告誡互相結獲如是而令無不行禁無不止四方聞風向化百姓
壺漿迎師仁義何嘗不利乎若泛視悠忽以致兵丁違犯歸罪於上累及身家明有
王法幽有鬼責繇此觀彼果孰得而孰失從今之後爾提督統領鎮營允京過及屯
札地方務要遵依明禁翕然畫一以共奏恢復之大業而享無疆之福澤今將歷頒
條禁開列於左本藩令重如山有犯無赦各宜着實凛遵毋得狃為故套也

計開

一就地方取粮亦不得已之役官兵只准取粮不准姦淫擄掠婦女如有故違
本犯立即梟示大小將領一體從重連罪不論鎮營官兵役伙人等有能拿
99 報首明者賞銀五十兩

一攻勦地方有附虜十分須抗負固者攻破之後明令將掠婦女以鼓用命以示懲創不在禁內如係虜據不服百姓罪有可矜如無發明令擄婦女者不准擄婦女在營在船如有故違本犯梟示大小將領從重一體連罪不論官兵役伕拿解首明者賞銀三十兩

一擄掠婦女在營必難瞞同寓舖之人如致察出本犯梟示同班同隊連罪盡行梟示若班隊中能攻擊首舉不但免罪仍照格給賞

一擄掠婦女在船必難瞞在船之人如致察出本犯梟示本船舵梢盡行梟示若本船能攻擊首舉不但免罪照格給賞

一癸勦搶地方非奉明令焚燬一切嚴禁不許擅燬居室敢有故違本犯梟示

大小将領一併連罪不論鎮營官兵役伙拿報首明賞銀二十両

一出征船隻各舵梢俱要請給號布以防混冒如無號布将船沒官舵梢梟示家屬發配有能拿報首明者賞銀十両

一發勦地方非奉明令不准擄掠男子為伙兵如有故違本犯梟示将領連罪有拿首明者賞銀二十両

一嚴禁混搶沿海地方多係効順百姓官兵登岸之時不准混搶致玉石俱焚須明聽號令如有未令敢有擅動民間一草一木者本犯梟示大小将領連罪不貸

100 一禁宰牛農業民生大本牛畜耕犂重資若肆宰宰民将失業不惟百姓俯仰

無資而且軍糈重賴自今以後不許牽取宰殺敢有故違本犯梟示將領連

罪

一官兵出征派有船隻載運各官兵不許借坐給牌商船或奉本藩吊借公事完畢立即放回毋得刁難如違致船戶稟報本官兵梟示將領連罪不貸

以上禁條如荒淫擄掠焚燬假冒等項誠恐巡緝官兵耳目不周另懸賞給至於混搶宰殺等項已着各鎮營輪流巡緝難以漏網但有能拏報稟明者亦分別錄賞各項禁條有犯斷斷無赦但官兵不識字着副翼司哨書記逐隊解說曉諭遵守

十三日　藩督師思明開駕北征緣阻風逐浪戧上至二十一日駕到沙關風雨未順駐札十數日官兵之粮議就温州界屬登岸攻復郡邑取足糧食

是月十四日行營藩户官跟鯮北征船到圍頭閣礁溜回思明偹整至夜分搬移女眷上山遇前提督守水兵盤問語言来往不遜疑為回来搬眷歸虜中軍翼将鄭進隨報前提督將藩户官并家眷船隻覊留馳報　本藩藩疑信参半賞鄭進銀五十兩前提督壹百兩以防守嚴謹令押送户官到軍前其家眷諭令炤護不阿不縱可也自是文武不和矣

六月初四日　藩督師從前岐港登岸進取録分水関達平陽縣縣界有大溪達金鄉衛大海流水湍急先令小艍船渡載過江

初七日大師進至平陽縣傳令衛鋒架樑副鋒取粮并辦攻城器棋　藩睇見伙兵

101 至城下拆料造雲梯守虜並無發銃隨集諸将議曰此城可無谷攻招之必降不然

皇有聽我兵撇取城下手此城若降瑞安咫尺相望必無拒理為了一番殘害我兵
亦得取糧足食亦云幸也即發諭令張五軍同馬提督招之
十一日守将車任暹果献城投誠城中撫綏草木不動随移師進札瑞安縣令車将
招之
十三日艾誠祥率部将竇奉先楊志道等亦献瑞安城納款　藩喜二将胞厚雄大
善騎射有福将器甚禮待之
是月十四日行令各官兵取足七個月粮食仍着監督監營傳取足額以城邑歸附
不用防備殺虜且近水易載候十五日有令載往三盤卸貯如無足七月之粮究處
守領後各鎮俱報足七個月粮

鐵騎鎮把臣與病故以黑雲祥管鐵騎鎮事

十六日　藩督師進圍温州虜堅守不敢出敵是月風雨大作　藩駐營温之南門外高山古塔邊一日同各鎮在塔前設酒議事會風雨大作方宴畢起送各鎮歸營忽一迅雷從塔前筵邊奮起烟黑震動移時方散打死本處民夫二名　藩與我衆官兵俱無碍傳聞温州城内亦知天意所鍾偵報頗有順意諸將俱加額慶賀是晚藩出營邊聞民夫荅語此一老人云此亦天意有在若尤宴聚不動恐亦難矣藩聞語會意次日集各鎮議改温州之圍亦以民夫亦難之語述之隨傳令収軍下船

二十六日前提督報虜来札白沙意欲窺犯思明被援勦前鎮率兵殺敗獲馬匹軍器不計自是虜不敢犯無煩、藩主南顧之憂居守一勳合啓請賞

七月初二日　藩督師開駕往舟山駐札官兵出征日久未有操練遂令各鎮逐日就舟山教練委禮都事蔡政辦祭戎政陳六御前鎮英義伯阮駿等弁陣亡將士儀禮備至三軍感泣

初九日陞賞車艾二將帽靴斗牛服玉帶各一俱都督同知職銜花紅銀各四百兩部將竇奉先楊志道姚来太崔官王虎史大䖍等各陞賞有差

十八日　藩移師食盐灣駐札操練以風信不順暫移師候風

八月初九日　藩駕至羊山先數日前問引港都督李順水路遠近港門山嶼流水何如順曰舟山至羊山鷄鳴開駕好西南風午後便到此處有二山不甚高一名猴山俱係猴而無羊一名羊山係羊而無猴無人居住有一所小廟踪傳稱祀羊山王

103

靈應乎泊船必祭祀又稱海中有朦瞽二龍泊船不可金鼓獻紙恐其驚動翻覺也允有泊船不祭而金鼓獻紙船多不平安　藩曰焉有此理光武涉滹沱之河金人渺混洞之水天意有在嶽瀆爲之效靈我提師望復神京以爲社稷涉歷波濤有年矣未見如此妖氛也不信之是早鷄鳴開駕風平浪恬至午果到羊山傳令寄泊仔䑸坐駕泊山下越初十日午各提督來見　藩過六中軍船議事見黑雲徵起風轉不順催各鎮歸船傳令小船閣山大船多寄椗灣泊去後　藩隨過新中軍船不移時即風起浪湧迅雷電閃雨大如注昏黑對面亦不相見只聞呼死呼救拆裂衝聲悲慘之聲時管船都督陳德跪告曰六中軍近在此這今不見矣風濤異常本船椗三條俱斷今即一舊草椗去未知何如　藩主上應天生請上拜棚拜告看

風息浪救此數萬官兵　藩叱之以天意有在豈人所能求禱移時舵手又報草椗又去一股時太監張忠等與各官俱跪求哀勸　藩姑從就船四拜隨雲収雨息波浪稍恬自午至酉方始霽静遂令人查訪六中軍船已不見惟船杉漂閣在岸矣船中失去六妃嬪并二三舍五舍三位餘男婦老幼梢兵計二百三十一人俱沒水中惟存一老婆及老梢浮水逃生　藩發一笑令各収屍埋瘞

次日天氣清光有報失船失兵者有報失將者有報漂流未知去向者現在灣沒失左衝鎮林燦行營兵官史興明正典膳洪消餘如副翼司哨生死未知者尚多遂請各提督統領來會有稱坐駕閣破在山衣食飄流無存者有稱逃過小船坐駕飄出知存亡者時見各提督統鎮呵慘之情　藩令太監張忠王守禮將所帶行營衣

户一盡寸出分送各一二件三四件不等仍分發南將金二錠北將金三錠以慰勞之言曰前李順對我言羊山之怪我不信之今豈是也以後傳如李順而行寧信有勿信無也又曰今船隻兵器損失長江難進矣須溜回舟山收拾再作區處其失船官兵須併載而去焉載不去者暫寄山養飼候明年來牽尤肥壯者速歸收拾仍令各差小哨逐嶴巡視有官兵閣破漂上山嶴者逐一載來限次日起程

十四日　藩督師回到舟山時各船有被飄先至者有別嶴隨後收入者逐一查點時未見七中軍船靈熕船并報左虎衛左協黃安未到　藩曰此人沉厚溫黙尤未可量豈至死耶次日林勝報黃左協坐船橫棋俱失飄二日夜入普陀港　藩令隨行船往載之至隨委署左衛鎮事管七中軍船歐東敬來見責以離䑸私逃殺之并

練勇營廖達以其在船同逃也達係手和人自關中衆隨頗曉操練教法凡軍中
教操教藝俱委任至是敍之晉靈熕會銃報船閣破羊山外爽其靈熕被泥壓沒不
見　藩委阮美等撥趕繒撈拾得之會銃弁敍以儆不謹此靈熕重萬斤紅銅所鑄
係外國夷字戊子年抄定國府入揭陽港夜半發芒光定國見而疑之至次夜又見
定國隨令善沒者入撈之出云一條光物約丈餘有兩耳其大難量定國再令善沒
者詳視出回云係熕銃兩耳二龍隨傳令船中用綵絞起熕刻即進船上定國即造
熕船載運教放容彈子二十四斤擊至四五里遠命發無不擊中揭中碽寨并門關
虜炮城俱被擊碎遠近聞風俱云神物後送歸
多勛效靈

105

八月　藩駕在舟山集各將議曰官兵船隻破損粮食不足須溜入温台各港奪船取粮再圖進取諸將各依而行遂傳令初七日開駕初十日至象山縣取粮令諭守將歸降不降則攻破屠畧其温守將徐縣官即遣里老生員送猪酒犒師并具啓陳稟云　藩蹕至邑有何堪敵而不早為迎降也况聞風慕義又孰不願執戟而前驅乎特以各眷羈留在省使逞身報効家属灰粉　藩主仁心仁聞所不忍也倘大師直攻省邑我等為之看守此城或令備作嚮道無不可也如或別圖攻取我即為藩主看守此城保全此土或有軍中應用者一一辦付是我等今日受恩保全之員即從來報効知遇之日　藩得稟遂傳令不攻并不許取城下一草一木只就鄉間以積粮末而已時有北兵逃走者多以羊山風浪驚怕故也又密報援勦右鎮賀世

[illegible]等船頭梔俱粉紅不知何意有訛傳謂欲引虜叛去并北奇盡去之語　藩聞之
寮察營中偶語紛紛又令察船梔果有紅號是日遂輙去賀世明鎮任并令張五軍
告勸水武營朴世用火武營魏光華中權鎮李必奇兵鎮張魁等歸謝兵柄惟北鎮
姚國泰陞補援勦右鎮事賀世明以心迹不明遂忿激氣死時所撤官兵多未統屬

十二日遂令總理監營翁天祐署左提督事隸其兵

十四日遂傳令下船是日雨雹如注如彈子大打死民夫二名我兵無傷亦是怪事
行各提督統鎮將船上米粟行李物件駕往三盤山限三日搬卸安頓仍撥副鋒兵
在山看守粮粟其粮船各到紅花港聽令

二月初二日　藩駕督師至台州港後衛鎮劉進忠叛入台州歸虜在海門所登岸

藩以進發尚在所城即令攻打虜棄城逃走拔之尚拿殘虜百餘俱鑿手鼻発回仍駐札各處取粮再令攻海門衛城拔之駐札取粮傳各文武官輪畨回家候明春齊吊北征

拔木武鎮黄招管理後衛鎮事

二十二日　藩駕至磐石衛時令偽守將弁衛官来降不從隨令各辦攻城器椇

十一月　藩駕駐磐石衛

初五日行各提督統鎮攻打衛城以援勦右鎮姚國泰後衛鎮黄昭右衛鎮萬禄等架梁温州大路堵禦援虜

106

七日合攻破之擒殺無數先有踰城迯走被獲者有在城殺死盡搜獲暫　藩令

之一鮮出分别處置踰城者聽其回　婦或充兵隨其便其任戌扒獲者着鑿左手如回以其與我對敵者時攻破衛城頗有擄掠婦女　藩以為虜所擄傳令釋放恐有未遵者令搜出究罪時後提督下副將胡雄伙兵匿一婦人連罪俱殺副將胡雄驚自縊死何祐亦連其罪伏誅諸將跪乞曰此猛員難得處處有勳殺之可惜力保之乃免降兵綑責右武衛殫忠營黃應攻城有功核管奇兵鎮事

大師進圍樂清縣虜聞大師將到棄城逃走克之緣人民逃散焚棄不守

十二日遂分派各提督就汛養兵派餉造船製器左武衛右虎衛札磐石衛永嘉場一帶地方右武衛左虎衛札沙園所一帶地方前鋒鎮統領左衛鎮黃安中衛鎮蕭拱宸札平陽一帶地方左先鋒楊祖統領右衛鎮萬祿後衛鎮黃昭援勦右姚國泰

107

九參與水澳欽城等地方左提督翁天祐督奇兵鎮黃應正兵鎮韓英札亍石地方
後提督右提督五軍等札台温一帶地方諸鎮各歸汛地訖　藩駕駐磐石衛令宣
毅左鎮萬義督兵護侍
十二月十五日　藩駕駐沙關管理沙關戶部主事鄭省英料理供侍萬義督兵扈
從左右
十六日故後衛鎮華棟母陳氏贖出虜獄到家據中軍陳有慶報稱本官十載從征
父弟戰死於虜七旬老母生滯虜獄搥胸抱憤不幸五月謝世臨終垂淚嗚囑遺恨
以為終無能出母獄期也幸蒙　藩主詢知遺語敕諭宮傅鄭泰囊金賂脫以鼓將
蒙宮傳用銀二千兩令旗鼓盧愍　乡方幹旋賂脫本官　一於本月還生柩穴、

之此日奄奄垂暮之年得揭骸骨歸葬雖不及見其子尤見其孫不恃棟生死皆感藩主鴻恩即軍前將士亦云待死士尤如此則我生者益當感奮百倍矣棟係興化人起義從王原名燧第因母在獄特令改名華棟

十三年己亥正月　藩駕駐沙関

初四日周全斌陳魁等報偽院趙國祚吊集馬步數千欲來攻復平陽沙園所藩馳諭機宜云國祚必不敢來犯倘果妄動此地利非用馬之處則平陽蕭家渡會前鋒鎮一枝兵馬進入可抄平陽虜奴之後會磐石之師蘇瑞安港直抵飛雲渡抄虜之右先撥右協楊富全協班官同領旗協大攻營弓箭鳥銃分配小船十餘隻大銃船四隻直抵釣魚嶴與下發銃攻虜之左爾等全力直搗其中則國祚直釜中之魚

矣全斌等焰依機宜而行國祚探知出瑞安十五里迯札商田地方不敢進犯

十三日周全斌等又報偽部院數時再吊兵馬并封大小船五百餘號另吊石匠篾匠火藥數儎入端安港現封小艇百餘隻并拆厝絞排配運大炮給發行粮在此十四五間來犯磐石沙園等處　藩再馳諭機宜國祚見我甚布已密斷無來犯之理特虗張掩人耳目耳如來焰會前日機宜而行萬無一失虜竟無來犯

閏正月十二日　藩在沙関馳諭左武衛札云目今交春時多霧天恐虜駕小哨乘霧而來或天未亮突至各船拋泊日久官兵懈怠踈於防備必至倉卒悮事可將船隻改出七都近樂清一邊拋泊不時往々　乾為萬全且百姓日間來此買賣焉知無探知我虗實山上不足慮船中十分防備左武衛溥令守船又出乘潮出入江

遊奕虜果絞排同小船來霧直夫原札處所焚燒知彼船移動而回　藩令提督統領以趙國祚現在府城擒賊必須擒擒次進攻温州計將安出各議妥馳聞周全斌啓云趙國祚前集陳梅勦宜偽酋不敢來犯一處伎倆可知矣今所聚兵馬盡是烏合之衆縱言新兵將至亦是虛張雖來亦是寥寥殺之真易為力也果攻温州密温城外房屋自行拆盡築短墻樹木柵多置火炮此時城池頗堅我師壓境彼若堅守不出以待援兵攻之似難立效莫如攻其所必救方可誘虜截殺計殲國祚此時瑞安縣城錯互插木柵相其地勢情形我師攻圍遂撥一鎮兵馬帶伏兵畧取青田太順之糧以飽我師國祚必統醜出援誘而殺之在吾掌中乘勝逼温不用力而可得也於以台處可傳檄而定則水陸並發進取寧又船隻延攬英雄廣募士卒然後

直抵長江痛殺虜奴一塲則金陵可得再殺虜奴一塲中興業過半矣此得寸得尺
之謂也 藩如議示攻
二月二十日 藩駕到磐石衛行催各提督統領總鎮速整船隻催完餉務限三月
内齊到磐石衛聽令另行各提督統領傳諭官兵揪眷隨征諭云官兵遠征不無内
顧携眷偕行自然樂從 本藩親統大師北伐醜虜肅靖中原以建大業慮各勳鎮
將領官兵永鎮之時有為家之念已京着兵户官撥趕繒船配載各眷各令有眷官
兵俱依派船載來暫任林門候令随行時官兵俱各欣悦惟女眷醉船頗有怨言另
着水師一鎮忠靖伯陳輝宣毅前鎮陳〃〃保護眷船隨後而行
109 月 藩駕駐磐石衛差官催促各 提督統領嚴限本月二十二日齊到磐石聽

[illegible]不許一船留汎

二十五日各提督統鎮俱如期到衞港[illegible]石地方窄狭難泊多船派前鋒鎮左先鋒二統領下札大門湾中左二提督下札小門湾親軍札七都外嶼　藩駕札小門湾撥哥兵鎮黄應防守南日地方　藩傳令就大小門湾考較弓箭令禮都事辦銀牌每面三五錢一兩不等掛百步外令各協將正副領班官比射中者賞之又製金牌每面伍錢　藩同提統領將較射中者賞之日各賜宴時金牌銀牌製不副射計用銀牌千面

四月　藩駕駐大小門湾日比試弓箭考較器械并行操練以風信未順姑灣

十五日行提督統鎮限十九日開駕進征　藩集[illegible]督統鎮議曰大師進取

定關尚有虜船百隻萬一出沒阻我往來船隻式擾於尾後使我長慮卻顧亦非全勝之道我欲先取定關牽其船隻用藉配兵資其粮餉賴以飽騰起手制勝先聲奪人一則雪陳總制前日戰沒之恨二則定虜必求援于浙直之兵待其救到然後擾帆直取金陵使虜罷於奔命以逸待勞百戰百勝之道也但定關有二炮城船隻俱泊在炮城內又有滾江龍橫江為限須奪其城斬斷滾江龍揚帆直抵寧波城挖牽盡船隻然後攻其城池此舉諸將以為何如衆俱曰　藩主等無遺策當領機宜而行於是令各提鎮選衝鋒𨂻陸進發副鋒兵配船聽前鋒鎮總督𨂻水進發約二十八日齊到定關取齊

四自領首程督師𨂻梅山港登岸　程二日俱到定關炮城時炮城有守[illegible]

〻〻尚敢擊炮
本藩傳令每伙兵取柴一把將城焚燬[illegible]九日柴草擁疊及城其守將繇滾江龍
浮水而走　藩令右提督往招之尚存守兵三百名俱降其水師進斷滾江龍進入
寧波港牽取船隻時虜已將梔舵收起難以駕出　藩令將船焚之令辦攻城戰棋
二十九夜有我馬兵五十餘名叛逃歸虜而虜亦偵知我師要犯寧波預請浙直之
兵集至　本藩又集諸將議曰直浙之兵既至與之相持無益既奪炮臺斷滾江龍
又焚其船可、無後患、不如抽回下船乘勢進入長江攻其無備到處垂手可得也諸
將俱曰謹受欆宜而行隨抽至定関港口下船
是日抽回下船　藩同數疋馬馳至後提督隊伍勺[illegible]行至一小溝前呼者闗開班

官穿戴聞聽不真藩馬走過頰上被班官陳勇斬馬傷一痕血愴不止至下船後

提督細陳勇至處斬

藩釋之發銀賞慰之諭曰爾非敢故乃悞也亦我自悞今傷痕已愈奮勇立功更不

爾員勇幸赦生回又得賞銀各兵聞皆悅服

五月初四日　藩駕至舟山烈港傳令聽議進取長江事宜一各小船屢不聽令先

行搶奪今如不跟䑸各提督統鎮面議已定本船頭目舵工梟示三犯通船盡行梟

示炤令而行斷無更改各僉號為定規俾無後言計提督統鎮二十八員押號存據

再申諭曰本藩親統大師不憚數千里　驅遠涉進入長江刻期恢復上報國恩下

[illegible]蒼生此行我師一舉一動四方瞻[illegible]　天下見聞關係非細各提督統鎮十餘

冰辛勤功名事業亦在此一舉當從此俱起見同心一德共勷大事進入京都之時凡江中船隻貨物准其插生但要和衆一注爭競其岸上地方百姓嚴禁秋毫無犯己有頒刻禁條炳若日星總以收拾民心上為國家大計須體此意諄諄嚴飭所轄登岸之時不准動人一草一木有犯連罪非不念爾等從征有跋涉風波歷試鋒鏑特以法之所在難以情宥各遵毋忽

十五日行提督統鎮設收兵進兵紅白高招旗號諭曰進兵收兵原以金鼓為號我大師一盡穿帶盔甲而臨陣制勝只在呼吸之間恐盔甲掩耳鐵甲有聲玲瓏雜於金鼓聽聞不真進退狐疑故耳聞不如目睹茲議再設紅白高招二樣定進兵執紅高招收兵執白高招撥官有馬者派執臨陣進收二樣旗執軍中飄揮俾三軍知所

進止也

又傳諭駛船泊宿機宜　一大小船隻衆多若混雜而行必有衝犂之患且小船輕快大船鎮重恐致參差今定大船為一䑸抛泊吳山處所派首程進發　本藩親督而行各水艍船為一䑸抛泊馬目處所派中後左提督等督領而行各小船為一䑸抛泊蟳港口外處所派右提督左先鋒前鋒鎮等督領而行限此十六日俱赴吳山抛泊聽令而行候好風信　本藩中軍船開往羊山大船方可開到吳山各船方始程而進另南船未熟長江港路行張五軍馬提督張兵部各取引港三人分三程配船令都督李順帶總兵王耀武在　本藩坐駕常川伺候以備詢問另撥小烏龍船二隻跟中軍引港分程開駕入崇明事宜

一本藩帶文武官船隻先行擬泊排沙港
一各大船為首程聽張五軍督行撥就叩督羅蘊章馬隆船引巷盡泊排沙
二程水艍船撥喬之鳳陳感李隆船引港泊新興沙
三程小船李國寶殷繼忠船引港泊新開塢引港船隻分作二隊前後日則桅上掛
高招旗一面遇夜在前出燈三盞在後出燈二盞其餘船只出火號相連續椄引到
泊灣則在頭抛椗即發大熕一門火箭三枝各船炤次第同泊　先令水師前鎮阮
都督差船同差官張亮先往大筋山夜間放大火使各鎮船隻知是大筋山崇明排
沙港口交加嘴在此候天光便於進入羊山開駕至崇明排沙好風一日夜俱無山
與只有大小筋係沙線高芒必如此詳慎方保船隻無虞調遣已定候風開駕

113

是月十七日　藩督師開駕到羊山

十八日駕到崇明新興沙移札蘆竹洲查各提督統鎮轄下大小船隻盡行進入内港平安齊到

再申軍令崇明等處地方可以安插提督統鎮大小將領家眷為我師根本之地與思明州一體其地方百姓最宜撫綏凡有騷擾有殺弁連罪無赦

十九日移泊吳淞港口差監紀劉澄賫書通報偽提督馬進寶合兵征討以前有反正之意至是未決欲進圍京都時舉行故賫遣通之未報

長江内港惟劉家沙狼山俱有沙坛深淺　藩令楊戎政都督李順蔡翼兵都事楊珍等押督張兵部沙船前往狼山等處躧勘淺深其淺處豎標為記大船毋得京犯

致閩其大船另各撥小船二隻隨行恐閩淺撇輕易淫傳各通知而行

二十三日　藩督師至永勝洲會集仍札營數日操練并重申尚法諭曰自古做大事以得民為本至於行師而耕市不變則聲聞遠播四方咸有徯夭之望本藩數十年苦心生聚教誨以有今日諸將同事盡瘁總皆從恢復起見茲本藩親統大師进取金陵雖克詰戈矛為殺虜要着而約束兵士收拾民心當與戰勳並重諸將能遵令戢兵即是本藩之聲名各官兵能遵禁不擾即是提督統鎮之聲名故曰名者實之副不可不謹也本藩頒刻禁條不許擅騷百姓又申之文諭可謂詳且盡矣茲又重申前意言之不厭詳者其中必有大關係存焉願諸將深體而力行之時時刻刻吊集大小將領官兵諄諄告諭未有不遵依者至本藩如此諄諄而該提督統鎮猶

有澳然不省者真頑冥之極不論提督統鎮立行革職仍炤令究罪遵之毋忽
數日夕天永勝洲難泊多船不堪避風茲各船俱傳往順江洲上大沙會集撥精兵
落小船伏兵上大船以便登岸殺虜到鎮江時各銃船水艍船䑸正副熕船近岸协
擊各船隻各炤提督下歸䑸以便一齊登岸不准零星拋泊以致殺虜不齊
本藩又恐官兵或有不一未遵約法令都督張光啓正儀衛吳[illegible]督監督江振曦高
綿祖宗維寧等派帶新兵巡緝南北岸但大師未進長江南北岸尚是虜地各營兵
未敢登岸混搶只有北岸地方如劉家沙永盛洲六十分洲合應巡緝至大師起程
之後官兵登岸須照所派南北岸分道巡緝如致騷擾罪在爾等依法重處
二十七日官兵之粮到順江洲就太興縣地方取粮官兵遵炤約法而行

再申禁令云　本藩統兵十餘年歷盡艱險勞瘁實為救民恢復大事起見乎
于因地取粮不得已以佐兵糈若專主搶掠此乃相聚為盜絕無遠大規模本藩何
苦為諸無賴之巨魁身受罪惡爾各將皆鬚眉男子亦何苦跋涉追隨而事此不濟
之主帥乎大家俱上為千古勛名下為身家顯榮故不辭櫛風沐雨之勞苦今乎白
大舉數千里而來克復南京天下瞻仰政若盡井未之時須各合打起精神古云民
為邦本雖取民之中必存愛民之意其約束禁條不啻三令五申然猶諄諄於此者
誠恐有不法兵丁弁髦三尺而一二將領約束稍疎甚而藉口飾非如前有令江中
船隻准生令思江南一帶地方當務嚴禁秋毫無犯以示安撫若開一生船之端即
登岸搶掠落船必藉口為船中貨物紛紛莫辨茲再嚴飭禁令江北地方准其取粮

准其坐船至於江南地方務要一草一木不動伏兵水梢不准上岸不准坐船徵如火禁亦就江北取去供江南之用使禁令得以畫一且江北瓜州六合儀真素稱富庶之地所取定不勝計官兵儘已富饒亦可知足若江南敢有故犯者是真真目無王法目無天道目無本藩明明欲做盜賊不肯做大事本藩安用管此頑冥之將管此頑冥之兵為也如有違令斷必盡法而行通船通隊盡行梟示該管大小將領盡行梟示本提督統領一體連罪決無姑恕如本藩不敢盡法則再不敢統爾三、 丁大小將領推委炤管不及自古設將束兵兵之有罪罪連主將古今如是為將不能束兵所司何事此理之不可通者此令字字金石可矢天日各宜凜遵毋以勛名富貴身家性命等為兒戲也

115

六月初一日　藩督舟師至江陰縣時伏兵登岸拾取父紫守虜
官兵上山札營勦弁令攻城虜兵退走堅守不出諸將告以恐延日子小縣何足濟
事止之繇是揚帆進發
十四日舟至焦山塔近在鎮江瓜州地方集諸將議聽攻取調遣機宜　藩諭言以
瓜鎮京都之門戶峙立兩岸必有重兵鎮守又有譚家洲炮臺與瓜州柳堤炮臺對
擊又有滾江龍把截未易輕敵須分一枝繇水攻取譚家洲奪其大炮另撥陳大勝
善沒水者斬斷滾江龍又以大師搗其瓜州使虜左右支吾聞風膽破瓜鎮不日克
下矣爾等各依行令機宜而行內
一右提督前鋒鎮督轄下鎮營官兵船隻分取鎮江潭家洲大銃

一各大船北港水淺難行須限右提督從南港而進到瓜州北岸拋泊聽令各小船繇北港而進

一親軍并中後左各提督左先鋒等鎮限　本藩七中軍船前行進取瓜州

一長兵部陳文達等并水師一號船隻俱到潭家洲放炮以便右提督前鋒鎮中衝鎮左衝鎮宣毅後鎮等陸兵登岸殺虜奪炮

一阮前鎮李順表起震及正副熕并左右武衛左右虎衛五軍中後左提督右[illegible]參等銃船并水師船隻俱到瓜州放炮以便陸兵　進取殺虜

一著工都事謝維傳各船上火藥或多者撥別船配載恐防虜炮動火大為悞事遵行料理毋遲時刻

一隨營大銅熕及攻城大銃俱要時刻跟隨隊伍江邊駕駛以便臨時立刻吊用如
不到者依軍法工都事督催不謹并罪

十五日隨進師札瓜州北岸傳令進師委刑官程應璠催督右提督前鋒鎮等各水
師船進取潭家洲大炮　令戴罪材官張亮督泅水盪船刻限斬斷滾江龍
令張兵部水師羅藴章督轄兵俟斷滾江龍即直進擾瓜州上流焚奪蒲州木浮營
此浮營用大杉木板釘圍內容兵五百名大炮四十門火藥火礶不計上流　船
遇之一三碎此項最利害
諭刑官曰此謂人歒功名富貴在此起手委爾此行代予親督爾速嚴諭倘有退
縮日後委爾用刑自無辦詐也爾若逗遛罪加一等當看　本藩陸師進圍之時即

指揮督押前進可也

又誡諭諸將曰此番孤軍侵入重地當於死中求生勝此一陣直克其城則破竹之勢成功名富貴近之矣進生退死　本藩當身先陷陣以爲爾率爾等其免之傳令十六日五鼓造飯辰時進兵是日天氣明亮東南風威發水陸齊進我師先得天時矣虜守將操江軍門朱衣佐同遊擊左雲龍率滿漢兵馬數千屯札瓜州城外迎敵　本藩得左右武衛居中中提督居先鋒居左左提督五軍居右令後提督抄[illegible][illegible]之後埋伏揚州大路以絕援虜并防勦敗虜兩陣相對只隔一小港銃矢交擊俱未合陣時水師進斷滚江龍揚帆兩岸對擊　本藩揮兵大進時右武衛率兵浮水直衝其陣一鼓破右協楊富等陣殺滿虜數十諸軍直逼而進虜見難敵隨退入城

我師乘勝逼進正兵鎮韓英左先鋒楊祖等已先登瓜城樹幟我師齊擁而入勦殺不計溝井皆滿其有奪陣逃回者又被後提督截殺無遺是日巳時遂克瓜州程刑官又馳報午時右提督等攻奪譚家洲大炮殺虜不計張兵部羅蘊章等已奪蒲州木城三座各捷報聞未時　本藩發諭瓜州安民時查虜守將游擊左雲龍陣亡棄示大末橋下江防徐騰鯨敗走惟操江朱衣佐同滿虜數十逃匿在衙　藩令搜出滿虜盡殺之朱衣佐乞降獲至鎮江乞歸養親　藩賜銀五百與之聞風者歸慕

藩駐恒河菴集議鎮守瓜州并攻取鎮江事宜其陞賞功次候克南都日一齊議行以援勦後鎮劉猷鎮守瓜州監紀柯平督理江防地方并與劉猷叅議官兵城守機宜兵部張煌言進曰瓜州陸兵一鉦敗尚有水師退入蕪湖彼若偵我師登岸扎營順

流衝下未免牵掛當速整水師直擣蕪湖一則牵掣虜船二則聲取南都以分其勢
仡不敢来援然後陸師可無郤顧進取鎮城必矣
藩遂之委張兵部楊戎政總督水師前鎮并羅蘊章袁起震等大小船進入蕪湖直
南都再令各鎮派撥船隻着總監營鄭德督押前往以壯聲勢傳諭諸提曰兵貴
神速瓜州已下水師遣進南都虜不暇及鎮江我全師乘勝直逼其城虜若嬰固自
守攻打遲我數日工夫倘不揣来戰則一鼓而敗之城可立降也爾等須傳諭官兵
畨若遇有敵須賈勇百倍再勝一陣則狡虜破膽南都不攻自下矣
十八早令各船隻盡放上流官兵俱各在船聽　本藩掌號三聲中軍熕船放炮三
聲升七星大旗各官兵各依分位一齊登岸站隊務要相度地方相讓站隊不得攙

擠混雜

十九日　藩督舟師進泊鎮江南岸七里港二十日登岸札營未定虜分路前來對面咫尺我師靜以待動虜遂未敢打伏退去十里下營我亦下營然虜原札在銀山一帶及我師札在銀山對面山上只隔一港虜即驚移大路札營留住銀山只是數百步虜作疑兵耳　本藩親見銀山逼近鎮江府離虜營不及三里若得此山則我得其勢虜必愴惶逼近鎮府不是打伏又不是則此山乃必得要緊之地　本藩細思明白若日間移營占據山頭則虜營甚近于我虜騎更捷于步勢必再來據占銀山堵剿不惟銀山難得恐我隊伍未齊纔登半山不無衝突之虞大非萬全之策　本藩于二十一日密看山勢分其道路某營札某處某營截某路一一派定明白於二十

119

二日二更移營啣枚而行到銀山下站隊聽令調遣至寅卯兩時即刻傳令一聲登札但山東方將亮要站隊完備所以齊備打伏比及天明相去不過一二里地虜一見之虜騎無措虜即布陣勢我亦布陣勢　本藩即請各提督統領議事派某為頭疊某為二三疊議論未完虜遂大喊三聲跑馬奔上分五路而來一股先衝中軍營來衝之虜後知一千八百餘騎亦作三疊　本藩親督親軍右武衛左虎衛特當其鋒以二百人衝殺滿漢八百餘騎時有虜騎二百直衝過我頭疊之内在二疊之背[illegible]疊之兵任其衝突安然不動被我二疊之兵併人馬砍死頭疊之虜遂爾少退二疊之虜站住射箭箭如雨下我師頭疊之兵任及射箭即喊一聲竟衝二疊之虜殺死頗多虜遂退回一箭之地仍合二疊三疊之虜六百一處勢在必衝虜步兵烏

行營炮先伏在後臨敵虜騎盡行下馬死戰弓箭齊發我師亦鳥銃行營炮齊齊
齊發炮聲震天地兩下齊喊一聲畧作一堆我師奮勇死戰無不一以當百虜遂披
靡齊奔下山彼連人帶馬跌陷無數道路小而溝河多一時各自奔命自相蹂踏而
死及淹河塡溝而死者不計其數此破其一路也時餘四路虜見衝我中軍營者
勝敗未分只以一路千餘騎牽制我各提督統領之兵其三路再來衝我中軍營
本藩親督左武衛五軍馬步官兵堵禦虜騎銃炮矢石不啻如雨虜見右武衛已來
退其二疊又畏我大炮弓矢火箭甚多隊伍不動以待衝突遂爾站住不敢衝盡行
　馬死戰我師奮勇直衝其陣斬殺不計其數隨皆尾解虜騎過溝者死於溝過河
皆死於河自相蹂踏人馬異處強者相爭奪搶大路而走弱者被擁墜馬塡溝滿壑

遍野橫屍我師乘勝直追十餘里其一路牽制我提督統領之漢馬兵早見回四兒砍
殺無遺即驚惶回散鼠竄而迸矣大發伏兵摟山殺其馬步亦不知其數生捉馬匹
駱它并盔甲弓箭鳥銃行營炮等器械亦不計數自辰鏖戰至未時收軍查點我師
只是被箭重傷被炮打死數名而已是亦一大勝也
時鎮府守將高謙并轄下將領同知府戴可進同知等在城上觀我大師雄壯推鋒
陷陣斬殺無遺天下不足敵各各驚服心心向附　本藩一面傳令進兵圍城一一
差人進城招降高謙遂同戴可進等献城赴銀山軍前投誠　藩嘉納之
二十四日令右武衛周全斌統轄鎮守鎮江付全斌克敵身帶重傷故令守鎮調治
後衛鎮黃昭督兵協守高謙老練仍令協防其轄下兵將選巾隨征以行營下

澄世為常鎮道行兵都事李甗知鎮江事後以進司南都行營兵務繁重非紈、
不果行暫令戴可進看府印以監紀林若霖知刑廳事詣事俱聽常鎮道委行
二十五日　本藩巡閱鎮江城觀兵作四抽行繇西門河邊大閘過北門甘露寺站隊
一程後提督　二程左提督　三程右提督俱教場下山中田中札不准札手此處
四左先鋒五中提督六前鋒鎮七右武衛左虎衛八張五軍專汛防後九左武衛右
虎衛專汛防後尾名行過閘至甘露寺調遣聽令爪鎮都會之處　本藩故令排列
行伍壯觀時觀者傳聞謂之天兵
識諭右武衛并常鎮道曰城守貴乎嚴肅寧民必以簡靜鎮江首先歸順乃為恢復
之始當十分加意撫字以為天下榜樣宜嚴束官兵日夜住宿窩舖不許混落城下

121

擅入民家致行騷擾該道不時緝解有擾民者罪連該統領其民不准道府差役擾害該統領須為查察有病民者即拿啓報罪連該道此處騷擾即四方望風而逆天下事自爾等壞矣慎之慎之至於守城機宜商確而行馮道繇是 撫如故市不易肆民不知兵句容縣歸附遣都督李必安撫儀真縣遣張兵部楊戎政安撫浦口遣袁兵部徐長春安撫滁州六合等處時歸附者接踵而至

二十八日集諸提督統鎮議取南都問官兵行程水陸孰得快便中提督甘輝進曰兵貴神速乘此大勝狡虜亡魂喪胆無暇預備繇陸長驅晝夜涪道兼程而進逼取南都倘敢迎戰破竹之勢一鼓而收不則圍攻其城以絕援兵先破其郡則孤城不攻自下若繇水而進則此時風信不順時日稽遲皮必號集援虜攖城固守根本

戰我亦多一番功夫矣　藩如其議時諸將以謂我師遠來不習水土兵多負之

此炎署酷熱難責兼程之行也時因大雨溝河難過不宜陸行更議繇水進發

七月初一日　藩駕駐舟中陞賞鎮江投誠將領守將高謙掛破虜將軍印都督同

知官服玉帶等物花紅銀一千兩其轄下李發高繼芳潘麟溫璟等　美等俱授烈

總兵遊擊都司職銜共賞銀五百兩并給官帶我師有功將領俱限克六都日同瓜州

有功一齊陞賞惟令先賞現傷官兵并賞發炮并火箭鳥銃手以發無不中助敵神

功故也

是日蕪湖江浦縣父老前來迎附兵部中軍楊嘉璐報奉差徐明小哨往蕪湖因不

識港路徑入浦江港適有虎衛將四員在岸與二百等虜相持本哨四人亦登岸幫

敗虜遂驚走八人乘勢追趕去南門本縣并防守虜兵繇北門逃遁本縣士民迎接官兵八人入城鎮守現有縣書手田沛同父老前來軍前迎降給諭安民隨行張兵部委員鎮守時童謠有云是虎平否八員鐵將驚走蒲城守虜

初二日六合縣并浦口鎮歸順縣官守將逃走委楊戎政安撫其地

初三日太平府守將劉世賢詣軍前朝見迎降献府中兵馬錢糧軍器冊籍藩親勞之厚加賜賚掛鎮南將軍印委羅蘊章協鎮太平府

初四日　本藩督師進取南都

初五日蕪湖縣歸順委張兵部參軍安撫其縣官炤舊委用

122 初六日當塗縣繁昌縣歸順委張兵部察兵馬錢糧軍器等項解繳繁多

初七日　藩駕至觀音門集諸將議曰大師現在進攻都城其陸師攻取殺敵
成算惟水師一項最為吃要必得·員獨任抗御各處水標虜船使我陸師得無卻
顧多員則無用獨任恐難勝爾等會推一員或敢自領者不妨啓陳以聽裁奪另授
機宜時宣發後鎮吳豪正兵鎮韓英等各請願任水師獨當一面　藩諭曰爾等水
務固長但合衆則有餘獨當則不足蓋此處上通九江黃河北連蕪氵采石南達京
口處處各有水師彼若偵知我師登陸遠札會合窺犯請援則不及堵禦則周章臨
機應變非智勇周全者恐難得勝算也時提督甘輝統領親軍林勝前鋒鎮余新等
正之會舉左衝鎮適左衝鎮黃安徵言自請曰　藩主若詳授機宜安任之未知何
如　藩喜曰是矣爾能勝任矣諸將亦僉曰可隨諭之曰此番水師比陸師得勲更

123

大陸師惟我統之水師則爾一　人是任各船家眷糧器陸師決意征勦俱係爾之一人素知爾智識慎重勇練兼人故傾心、　爾當日夜加謹、　又當思水師一路來犯何以禦之各路齊犯何以應之何船何將可當頭疊副鋒何器何藝足以殺敵配船須一一預先料理先聲制人無負委任至意爾其勉之時左衝鎮請曰海中水師必用大船乘風衝犂今江中風微流急大船不便戰艦馳驟只用六熕船十數隻每小船用長櫓二枝兩舷邊各用長槳八枝每槳前配銅百子一門斗頭另配銅花千銃一門遇敵先發花千然後將左槳撥轉右邊發銃右邊發完右槳撥轉左邊發銃徑衝入陣中兩銃齊發如此往來飛擊諒虜無完船但火藥火箭火礶大炮及弓箭等項須發齊備足用虜若敢犯先擒解以振軍威　藩曰是如此吾無患矣初八日委令左衛鎮都督黃安總督水師泊三叉河口堵禦虜船傳令曰大師登岸殺虜攻取南都料虜船必[illegible]出但無事當為有事之備須出萬全茲特委爾為水師總督節統後開各銃船并各大小船隻前往泊札三叉河口用心防禦日夜嚴加提防有勳有賞毋致疎虞其臨敵之時有不用命賜爾一[illegible]守以下登時梟示啓報該鎮之令即　本藩之令爾往領配大熕船九隻大小船六十五隻往守之

行令陸師各提督統領遵照官兵現在登　進取都城其各大船須近南北岸兩邊一條鞭拋泊小船俱傳在邊岸內中央港心以便船隻往來不許混雜擁擠衝撃候令發　[illegible]隊并重申搶掠姦淫軍令

初九日傳令各官兵船隻進泊鳳儀門下　本藩親[illegible]令各提督統領前去踏看地勢

分派明白然後焰依後開派定處所聽令上山札營不許參差登岸

初十日行令官兵就鳳儀門登岸下營獅子山一帶分程而進

一程右提督　二程前鋒鎮　三程後提督　四程右武衛　五程右虎衛

六程左虎衛　七程左提督　八程五軍　九程中提督　十程左先鋒

一令大船泊江東門外跟正中軍而行多用旗號掛拋以待至上新河以上蘆洲北

岸一條鞭拋

一令銃船　三人河口聽左衛鎮調度征戰

一傳各提督在此辦小杉大竹製[illegible]梯　本日楊戎政報六合縣盐船載米萬[illegible]

石係呼北京粮運押官撇藏民家乞差官盤貯　藩委户都事楊英陣中[illegible]

萬　機〻貯在船候走

丹陽縣當塗縣俱歸順發示安撫

十一日伏〻　塘報一名稱南京總督管効忠自鎮江敗回口將防城器椇料理并差往蕪松等處討援兵并帶報急蕪都奏請救援稱〻師二十　戰船千餘艘俱全身是鐵箭射不透刀斬不入瓜鎮二戰敗回者魂膽亦驚策戰者鞠縮不前現攻下鎮江太平寧國等府浦口六合丹塗繁昌句容浦江等縣滁和等州松江提督馬進寶陰約歸現在攻圍南都危如累卵乞發大兵內一救援撲滅免致燎原焰天云云

藩得報喜曰似此南都必降矣重賞之

是日　藩札鳳儀門得報甚喜見虜有憂畏情詞令修書招諭并繳寫疏內一二語

另抄疏并令射進城中管効忠回有書報俱有稿在禮科　藩另密書與馬提督知防

十〻日傳令炤分派處所移營屯札前鋒鎮中衝鎮札獅子山堵禦鳳儀門〻〻左提

督爲應援中提督後提督左先鋒離前鋒鎮之後角第二大橋頭山上屯札中提督

〻〻後提督居左左先鋒居右右提督宣毅後吴豪札漢西門教場并撥水師應援

鳳儀門　本藩督親軍并五軍屯札嶽廟山相機攻取

寧國府知府高〻階獻城歸順委張兵部安撫之吊〻階軍前

十三日〻〻袁起震報和州合山縣來安縣屬守將　聞風逃遁震委生員

孫獲孫慥孫衛蕃徐開祥等前去〻〻安集乞發〻　張發江北附近地

125

方以〻〻　藩主招徠安撫至意許之

十四日委浦口總兵徐長春同兵部表起震前往滁州安撫并招徠屬縣令々

帶被民瞻仰以正々明威儀自是各村聞風向附

十五日張々軍報和州歸附時和州兵馬聞大師進圍都城驚潰私逃者多有小將

謝明與張五軍有交至是来見請兵鎮守啓聞　藩淩總兵張々　前往安撫時和州

不攻自附者緣一起流棍假冒大師頭目印信兵馬搶擾鄉村焚掠諭令献城投降

如致攻破々々盡屠之故守將聞風先逃和州以歸

十六日虜蘇鳳儀門衛犯前鋒鎮營焚燬民居斷拆塘兵文書往来被前鋒鎮殺敗之

是日張兵部送到鈔關抽分户部主事陳猷言等至　藩前歸附另解餉銀三十两

并爲印牌劄繳換　藩令禮都事黄昱厚欵之并賜冠服職銜印信仍將餉銀三千

126

両與之令其撤眷到軍前

十七日各提督統領進見甘輝前曰大師久屯城下師老無功恐援虜日至[illegible]費一番功夫請速攻拔别畓進取　藩諭之曰自古攻城[illegible]邑殺傷必多所以未即攻者欲待援虜齊集必撲一戰邀而殺之管効忠必知我手段不降亦走矣況屬邑節次歸附[illegible]城絕援不降何待且銃炮未便又松江馬提督[illegible]約未至以故援攻諸將暫磨勵以待各備攻椇候一二日令到即行諸將回營

藩時以[illegible]　急請攻城必有緣故非兵有故必粮不足密喚兵都事李俶戶都事楊英諭曰爾兵都事[illegible]各營訪軍[illegible]　[illegible]何如爾戶都　往問粮[illegible]何如乎各各仕伍整東如對敵一樣吾已差鄭德去後不如爾等之[illegible]

時各分路訪問去訖至酉刻回報各甚釋稱旨惟相
時問前鋒鎮以對面上之際緣何聽兵撒網取魚城之久
新應云軍札變通總在將妙其用張飛以疎而獲嚴顏
言啓覆　藩主可也　藩曰衆點者係伙兵則可或戰兵則事去矣主即差張五
傳諭之曰余新言之其實吾每慮其憤事今如此甚爾須審戒之勿致畫虎不
成反類犬須時身家攸関軍法無私并發諭責之
十八日行令左提督翁天祐即將該轄之兵今夜月亮即移與前鋒鎮同札幫守至
滁　札併分兵堵禦之法即與前鋒鎮議妥而行并行余前鋒協和幫守毋致疏虞
時余前鋒欲建全功隨立軍令啓請曰鳳儀門只有一穴街路左邊城下係大河深

127

溝無地可容兵而來侵右邊是長流大江流上則有左衛水師截守惟兩傍街厝已拆[illegible]瓏可伏兵馬其路頭塞斷設三重大炮堵住營內嚴密如鐵桶雖飛馬難過狡虜何能敢來衛犯況前日已被殺敗畧知手段必不[illegible]再來故示弱以誘之茲若敢犯新與中衛鎮愿當其陣不用撥兵幫守如有疎虞愿依軍令新亦無顏面見藩[illegible]立於三軍之上時　藩見其據認之當又張[illegible]回稱果堪獨當一面而左提督之兵隨中止吊回原札

是日張兵部又報池州府歸順遺掛印王戎安撫之

上元縣溧陽縣亦報歸順遣原兵官張光啓往安撫

是日遣監督高綿祖禮都事蔡政前往蘇州松江往見偽撫院馬提督約日起[illegible]

打都城并令韋鎮道馮監軍撥大官座二隻多設儀仗供帳戴高蔡二使前往蕪松會師

十九日張兵部報安慶府徽州府虜守將吊入南京防守府縣官逃遁城中無主父老請示安撫

藩[illegible]扎印劉世賢安撫之時江西九江等處聞大師圍攻都城起義響應有明光祿寺署丞金軒主員吳襄方正馮懋昂星夜馳赴軍前請給牌札印信起義殺虜見我軍兵容儀嘆曰人傳天兵不虛虜不足敵矣　藩[illegible]遠來忠誠厚賜賞賚加金軒監[illegible]同知吳襄等監紀通判并發安撫招降令諭十數張與之

傳令各辦銃器攻城令蔡翼吊各中軍目梢[illegible]正副靈熕登岸攻城

委監紀鄭潛曾江江北接迹偽朝上下來往文書傳報

委[illegible]來維寧馬上接迹軍前時本處傳迹鋪兵凢虜有緊急上下公文俱來迹軍

前　藩厚賞銀五十兩自後各處聞風俱越水來[illegible]以官兵攔阻故委二員專理報

內有燕都不通文報近一月矣南都未知明清之句又有家書附搭云南都音信久

絕[illegible]門鐵兵難敵有遷都遠避之議大事可知可令子與弟先投國姓以為我後來

進見地云云時王子王孫公侯附馬伯馳書稟乞給牌札起義者比比

二十日張五軍傳迹杭州徐閣下渭子徐楷報稱杭虜俱吊入南京城中空虛乞付

劄以便攄城迎降云云杭虜與家人永決赴京云戰其利害有機會必投順之句

128

藩令給札與之

傳令各提督統領限二十二日安炮攻城以右提督漢西門兵大稍薄令正兵鎮韓英帶所轄官兵往漢西門與右提督協力攻城另吊左衝鎮督兵同右提督宣毅後鎮正兵鎮協守攻取其水師暫委轄下的員料理

二十一日城内塘報報各處虜馬吊集齊備欲來衝殺一陣以決勝負云云藩料虜必先犯前鋒右提督二處隨遣左提督帶轄下官兵移札王家攏渡洲頂近大廟水乾與前鋒鎮右提督等接連如遇有警互相應援限二十晚移札　定着具稟

再遣禮都事蔡政往松江見馬進寶并安插陳忠靖〻毅前鎮陳澤等護眷舡援以樣[illegible]先時祖等見進寶以家眷在燕都未決回報至是再遣諭之曰見馬提督先以婉言開陳須不剛不柔務極得體要之以先事〻〻妙若至攻破南都日方會之為晚也

129

二十二年虜就鳳儀門撞炮與前鋒鎮對擊我炮[illegible]幷堵塞路口俱被擊碎官兵無站
[illegible]都擁大隊衝来或繇層項爬下救應不及前鋒鎮余新左營董廷幷各大將
員官兵全軍戰沒中衝鎮副將蕭拱柱亦戰陣亡[illegible][illegible]辰浮水而逃時　藩見前鋒
營中炮響必是虜警催左提督迅援不及陷破前鋒鎮營隨蜂擁出城住扎
是晚傳令抽扎觀音山待敵各派地分扎令左先鋒鎮楊祖統援勦右鎮姚國泰後
勁鎮楊正前衝鎮藍衍屯扎大山上作犄角應援中提督五軍伏在山内左武[illegible]五
虎衛列在山下迎敵　本藩督右虎衛右衝鎮萬禄在觀音門往来應援後提督宣
毅左等堵禦大橋頭大路令右提督宣毅後正兵鎮繇水抄躡其後令左衝鎮專理
水師防其繇水抄犯分遣已定是晚虜乘勝促近吾營對壘

二十三早辰刻虜大隊兵數萬抄出山後直衝出左先鋒鎮之營時因本藩傳令中軍營無令不許輕戰而山下山上又隔遠不見只聽虜擁擠蝟集對山用炮攻擊虜攻具齊備一齊下馬打死伏炮矢交擊無可容足衝突死戰我兵冒死迎敵退却三次　本藩已遣右衛右虎往援山高跑不及到左先鋒等衆寡不敵遂被殺敗[illegible]鎮藍衍戰沒陣虜乘勝從山促下中提督五軍等在山內被圍死戰不出亦在陣亡左武衛左虎衛在山下整搠死敵但大勢已潰獨力難支亦在戰沒後提督堵禦大橋頭與虜對擊被首尾合攻戰沒宣毅左鎮萬義浮不而走　藩見大勢已潰遂抽下[illegible]虜水師蟻集齊擁下來左衛鎮一面堵禦一面防護眷船而出其我兵有被虜浮水而逃者左衛鎮遂令載上眷船配載而出[illegible]活數千人我船竟護無失仍擊沉

虜船二隻虜是以不敢輕犯時轄下陳諒張禄叅進劉明之功居多
是〻。　本藩隨傳令出師鎮江仍委左衛鎮黃安宣毅後鎮吳豪等殿後再等我兵、
有逃回者着令載来

二十四日　藩師至鎮江官兵有蘇路逃回有蘇水浮回者有被左衛載回者惟查
不見大将甘輝萬禮林勝陳魁張英藍衍副将魏標朴世用洪復并户官潘庚鍾儀
衛吳賜等回　藩嘆曰是我欺敵之過輕信余新所致也然勝敗常事亦何慮〻
弔賞鎮道馮御史右武衛周全斌後衛鎮黃昭并瓜州地方柯平援勦後鎮劉猷等
俱各在船聽令别作良畫

130 二十五日議正楊祖楊正姚國泰等失機之罪令梟首示衆後諸将勸免楊祖楊正

暂管事姚國泰發刑官監候

二十六日令右武衛收拾左武衛官兵令前協裘德副領兵林瑞劉國軒等管束

右虎衛收拾左虎衛官兵令前協鄭仁後協陳蟒等管束

右提督收拾五軍驍騎鎮官兵令中軍虞允升協理黑雲祥等管束

中衝鎮收拾前鋒鎮官兵　右衝鎮宣毅左鎮收拾後提督官兵令右鎮須

後勁鎮收拾中提督官兵令右鎮李昴親隨營林正管束

宣毅後鎮收拾前衝鎮官兵

二丷八日派程班師駕出長江

三程本藩文武各官親軍四鎮　二程左衝鎮〻工毅後鎮後勁鎮左提督中衝鎮中

提督

左先鋒援勦右後提督宣毅左右衛鎮

衛鎮援勦後等斷後并專押運粮船　右提督正兵鎮先行堵口

八月初一日師回至狼山上沙時粮運船多重載不堪駕駛委戶都事楊英分派各

中軍船并各提督統鎮船隻運載預作兵粮各船俱滿載粮船放回賜手梢各路粮

千餘石

初四日師泊吳淞港遣禮都事蔡政往見馬進寶進京議和事機宜俱授蔡政知之

亦無書往來

131 初八日舟師至崇明港集諸將議曰師雖少挫全軍猶在我欲攻克崇明縣以作老

營然後行思明吊換前提督等一枝再奮進取一則逼其和局速成二則抹訪其提督等諸將生死信息三則使虜知我師雖敗尚全力攻城不敢南下襲我諸將以為何如衆簽曰可於是隨派防水師弁攻城官兵

以左衛鎮黃安督配援勦右鎮前鋒鎮右虎衛左武衛協將裘德五軍左虎衛各共戰艦十六隻提調羅蘊章防禦七了港口泊白米沙外洝

以援勦後鎮劉猷宣義左鎮萬義中衛鎮蕭拱辰右衛鎮萬祿等共戰艦十二隻防禦吳淞港口泊新興沙外洝

以小先鋒楊祖後勁楊正督配中提督前衛鎮等防禦狼山上流泊王家港各分亘防守去訖

初十日傳令登岸札營攻崇明縣城派定處所

一右武衛堵攻西門并護大炮　一宣毅後鎮堵攻北門橋　一正兵鎮堵攻東北角　一後衛鎮堵攻西南角　一右提督爲各路應援　一左提督札土壆爲老營接應北門　一伙兵限初十夜俱到城下炤所分汛地在河溝乾吶喊分其銃路便安遞篠

十一早辰時開炮至午時西北角城崩下數尺河溝填滿　藩親督催促登城[illegible]將梁華鳳死敵不退時正兵鎮韓英勇壯登梯被銃傷中左腿跌下矢石交加有如雨下監督王起俸亦被銃傷而退

藩見城堅難攻傳令班回越數日韓英死之王起俸亦被傷而亡時　本藩又欲吊

集諸將前來攻打右武衛周全斌言曰此城深溝高壘梁華鳳請加守援已難驟拔況官兵被創之餘昨日韓英被傷聞者寒心無意戀戰且得此孤城絕島亦是無益不如漸回舊汛休養號召精銳候明年再進長江以圖大舉未為晚也伏請睿裁藩從之隨傳令班師是日晚適馬提督差中軍官同都事蔡政至營言馬提督同閩大師攻圍崇明特遣中軍前來說和稱既欲奏請講和仍又加兵襲破城邑教我將何題奏貴差將何面君不如捨去崇明暫回海島候旨成否之間再作良圖亦未為晚　藩諭之曰爾酋等大張示諭謂我水陸全軍覆沒國姓亦沒陣中清朝無角逐英雄之患吾故打開崇明安頓兵眷再進長驅爾主其亦知之否我今撥施數銃其城已倒及半明日安炮再攻立如平地既爾主來說姑且緩攻留與爾主好題請說

詰也令人同看營中兵器船隻整備嘆曰京都覆沒豈有是耶
藩隨令撤營在船
十二日遣蔡政同馬提督中軍再回吳淞往京議和
十八日　藩督師回至林門傳令左武衛左虎衛中後提督等各協營將所收拾將
領官兵并配執軍器造報查點操練查報陣亡將領官兵家眷安頓給賠左武衛前
協裴德收管中協并後協官兵副領兵林瑞收管領旗協驍翊營火攻營正領兵下
官兵　左協蕭泗收管右協并援勦官兵　隨征營劉國軒自收并同張鵾收左右
協理官兵　一營洪善收二三營直庫
133
赦左先鋒楊祖後勁楊正准革職戴罪暫管鎮事援勦右鎮現在擬罪其官兵船隻

撥歸後衛鎮黄昭管轄正兵鎮韓英已故全鎮官兵未有管束傳令集諸將會推一員以代時會推裴德洪羽蕭泗劉國軒鄭仁楊富張志等以進惟右武衛獨保張志堪任楊祖惟薦楊富　藩諭曰二員俱各堪任但思功次則楊富係洪益進親隨從尨花山以来歷有戰績尤多張志從施郎時到功次尤較不如當以楊富惟是於是諸將跽謝曰　藩主炤功次陞授諸將益當勵効矣

二十七日行委楊富管理正兵鎮事派各地方發各鎮官兵休養訓練

援勦後鎮劉猷後提督右鎮顏望忠札右提督原札温州石塘一帶地方

宣毅後鎮吳豪中衛鎮蕭拱辰宣毅左鎮萬　札原左武衛清江一帶地方

親軍右武衛并左武衛裴德等札原前鋒鎮金鄉瑞安一帶地方

左先鋒右衛鎮札蓁嶼一帶地方　後勁鎮後衛鎮中提督右鎮李昂札[illegible]地方

左提督正兵鎮札興化南日一帶地方、忠靖伯陳輝督水師前鎮阮美弁都督羅

蘊章李順等為水師泊住舟山防禦各港抗拏上流右提督馬信同左衛鎮黃安為

陸師鎮守舟山應援

以掛印都督李必管舟山地方事

九月初三日　藩令各鎮駕歸汛地　藩駕至沙關灣分派餉地安插官兵俱已得宜

初七日　藩駕回至思明州廣行招募舊時散遊將領官兵

十月　藩駕駐思明州援勦後鎮劉猷侵入隘頑所內地徵餉為虜所誘與戰不勝

顏右鎮救援不及猷死之　右武衛周全斌屯札沙園所就地徵輸兵餉遏虜來阻

餉道斌來酧率兵與戰不勝左協方英死之

十一月　藩駕駐思明州脩整船隻備造軍器

十二月　藩駕駐思明州蔡政自京回京報和議不成逮繫馬進寶入京偽朝委滿酋長達素帶滿漢萬餘騎前來勦海另吊浙直廣東數省水師合勦

藩令差監督李長吊各汛守官兵回思明州議遣前提督黃廷户官鄭泰督率援勦前鎮仁武鎮往平臺灣安頓將領官兵家眷

十四年己亥（庚子）正月　藩駕駐思明州演武亭

初八日行兵官造報南京陣亡將領家眷厚賜優恤弁查陣亡提督統鎮有男女者與之姻親時只中提督甘輝左武衛林勝有子女合婚遂令禮官擇吉行聘

135

蠧

十一日傳令督練官兵催前提督等督練官灣各文武官隨侍帳房住[illegible]　令軍機

十九日陞禮武鎮林順為援勦右鎮　陞前提督右鎮劉俊署前衛鎮

陞禮武鎮左營林福管理禮武鎮事以其有居守之功

二十一日遣蘇迪章押送漳平伯周金湯太監劉國柱到龍門港登舟往行在復命

虜酋達素頭站兵馬至福省

二十四日北汛右武衛仝左衛鎮等師吊至思明

二十六日吊仁武鎮康邦彦出征以左衛鎮黄安交代防守新城諭之曰重地鎖鑰

非爾不可爾勉之

撥正兵鎮楊富代前提督右鎮葉伯防守思明東渡

右武衛周全斌啓爲切陳末議仰祈膚睽事竊謂治外必先治内疊據各報屢添設兵馬脩造船隻乘我失利之時故敢浪逞但彼悉皆地方之衆未習船務區區水戰與我慣習之師相角遂貿天資我戰勝之會恢復亦未可知也而今日我所要着者惟在強兵裕賦固足兵心察各鎮營官兵奉令屯札舟山各處皆離鄉有日在外風霜各有歸思兼以措餉維艱日復一日暫爲弊端尚有缺少軍器衣甲若有警未免空拳赴敵不如調回思明訓練擇地取餉以裕兵食以鼓兵心以戰則勝以守則固屬雖百萬來犯亦可立破也　藩批曉得已先吊回了

二十八日委左衛鎮右營陳廣拔授正領兵中軍以左武衛副領兵林瑞管左營事

二月　藩駕駐思明州

136

初二日陞中提督右鎮李昴為義武鎮左虎衛前協鄭仁為正領兵右武衛中協忠為援剿後鎮

初四日陞左提督左鎮胡酉為遊兵鎮改名胡靖

十八日陞右提督左鎮陳瑞為英兵鎮謝任為左營陞正領兵陳璋[illegible]鎮林却為左營改名明祚

二十六日陞後提督右鎮顏望忠為智武鎮何祐為左營

以原護衛左鎮草職降尾名兵杜輝為水師

改左提督翁天祐焰舊總理監營事官兵船器交與左鎮胡靖任遊兵鎮事

赦姚國泰罪撥為右提督協理黑雲祥為左協理

遣前提督黄廷右提督馬信率後勁右衛等鎮下揭取粮

三月　藩駕駐思明州報僞酋長達素到泉催促船隻舵梢齊備刻日犯攻思明

藩令宣毅前鎮陳澤同奇兵鎮黄應援勦左鎮黄昌等各水師抛泊峙後獺窟灣等

處堵防泉港吊回南下取粮官兵分派屯札防守

時官兵多思迸躲將領每有驕悍故左衛鎮黄安有啟為定制束兵以一體統事竊

炤同仇敵愾貴在和衆而兵士參差尤宜嚴束近察一二兵士沿習刁風只知本管

將領而藐視別鎮遇有交加輒敢侮慢優容之自可視為細故苟責之遂不免於生

端、茲深戒此弊屢諭轄下將領切責班官不准在外生端尤慮故習難以驟消必使

尊卑相承管轄無分於彼此有犯立懲驕悍庶儆於將來庶體統一而兵自知俘袍

親而戰自克矣伏請通行申飭施行　藩從之

137

寧國府知府高一階報家後被逮啓　為天恩曲賜矜憐以全孝治事臣係南都首先効順之員矢竭犬馬以佐中興是以破家捐軀隨駕東下依戀聖明有死無二臣之願也詎家後八十老母被虜尋拿嚴酷聞報肝腸寸斷日夜涕零不禁泣盡而繼之以血也向在鎮江蒙　藩主面諭憐臣家有老母至性關心催促檄請不則送臣還里以完天親時臣未忍奉詔者以國爾忘家虜未必至是吹求也今老母逮矣方寸亂矣以風燭之年萬一不測終天遺恨則萬死不足以贖罪也求忠臣於孝子豈用不孝之臣以玷聖明哉姑瀝血哀陳賜臣還里捨身救母倘徼天庇得全刻期再趨報効不然雖在異鄉亦無異依依闕下啣結以報也　藩許之令禮都事宴送并贈

二百金盤費諭之曰漢中之不留徐庶亦以母故爾欲回用銀救得爾母可即遣人
来取雖千金亦不靳也感泣辭回
行兵官忠振伯議南京功罪
四月　藩駕駐思明演武亭報虜出征兵馬備到船隻器械舵梢齊集約期来犯思明
初三日改右提督馬信為提督親軍驍騎鎮隨啓轄將黄興行陣久著智勇臨敵多
奏功績應授驍翊營缺俾試錐利以策奇勳許之隨以黄興爲提督親軍驍騎鎮驍
翊管理南兵營事
使人各提督統鎮下將領官兵家眷搬住金門仍委英兵鎮陳瑞督轄兵往金門保
護家眷并令余宮鎮鄭戶官幫同炤管家眷

初四日遣中衝鎮蕭拱宸率轄兵同援勦左鎮奇兵鎮宣毅前鎮宣毅後鎮合鯮拋於武圩禦泉港并上流虜船委輔明侯為總督水師共商堵禦機宜

初九日　藩大諭諸將領官兵炤得狡虜有必敗之機在我益當決必勝之算去歲我師數千里直抵長江登岸殺虜瓜鎮之蒲漢精銳殲滅殆盡何況虜欲捨其馬長技以與我爭橫於舟楫波濤之間以寥寥船隻驅叛兵殘卒而嘗試之主客之形既不同如水陸之勢又甚懸絕其勝敗固已瞭若指掌矣此天奪虜魄而假手於我非士我將士鼓勇用命何難殲此朝夕且虜數十年来戰守伎倆已不遺餘力今之狡焉一逞是所謂不到黃河心不休也此番大破虜鋒則虜計無復施束手以聽命自兹而中興之大事已定我將士之勳名富貴在一舉我將士數十年風波鋒鏑從征

之苦心從此而發舒是役也精神意氣尤當百倍令　本藩與諸將士約除退縮軍令另行申飭外特懸一賞格開列於左不論大小將領官兵勛次一一如格施行本藩信賞必罰衆所共知勉之哉退縮軍令并賞格俱在兵科

防守舟山地方水師前鎮阮美報定關狩虜果以大師班回遂啚窺犯不出藩主所料據探報稱順治偽旨令明虜統水陸馬兵會合吳淞寧紹溫台戰船五百餘號直抵思明合師着三省攢運粮米已於四月初下船[illegible]月十八日到舟山取犄明虜初十在武林帶披掛二千餘杭省滿漢俱吊出征只夏[illegible]　杭州田雄出舟山不准逗遛内地佟偽撫為海上事拿問到蘇州自盡趙偽院亦削職虜船二十日開駕五月初内的合𦪇犯思明　藩傳諭前鎮等知云偽虜徒虛張聲勢斷

139

無來犯之理即來徒送死正喜其來耳軍機勝敗呼吸咫尺不能相援豈有千里遠
〻〻汛水〻洋料天能如期赴約會合即倘果開駕直來該鎮即同張兵部袁兵部
各船聯開外洋　隨其後隔港泊宿以逸待勞不必與戰彼必去顧仍到海壇南日
崇武近地我有水師堵禦上流如遇打仗爾等即從上抄　後出路生踈立容不敵
一鼓可破也爾等敬當如令有功之日炤格陞賞
派援勦右鎮林順禮武鎮林福防守海門
派右武衛周全斌提督親驃驍騎鎮防泊莿嶼尾
水師忠靖伯陳輝保原水師右軍閩安侯華職帶罪同端蕉水師同職願領頭疊衝
鋒殺虜許之

派遊兵鎮胡靖殿兵鎮陳璋㸃陸師守高崎等處援勦往來張志為水師抛泊高崎

應援

禮武鎮林福防守倒流寨撥管理大炮劉安世幫守擊放大炮

二十四日行令各水師將領此番殺虜水師船隻衆多遇敵之時爭先擁擠前

與陸戰隊伍不明同一弊也且虜無大船我只用中號船破之今面議預先派定分

明以便堵勦每鎮挑選二號中船及水艍作頭疊梔尾掛紅旗為號一號大船作二

疊者　梔尾掛青旗為號遇敵頭疊船前衝二疊船相機赴應　　　　挑

將領官兵配駕貼舨每船又另選配船精兵大船約四十名中船約二十名水艍

十五名坐在艙內候本船衝犂虜船可以過船時即齊擁過船未對　時不准輕動

僨事得勝奪船焰格陞賞過船官兵系先領元寶一錠作養銳氣至於舘下挑選外
以六十分京戰大船跟後駕駛以作聲勢不許先時亂進自相紊亂乜乜　澂宜立
將頭□三登及情兵具報請給旗號并領銀兩
行户官鄭泰即將前派并該　防守圍頭船隻一盡吊回防□令
防廣虜并許隆賊船并護家眷其圍頭地方交與宣毅後鎮防守
二十六日泉港虜船二百餘號駕到洋□□湯我師輔明侯等堵禦迎敵虜先比□
上放炮擊我舟不得近彼船虜船逐隻依山邊而進欲合同港并漳港齊犯我師住
泊圍頭
140 二十七日虜船又依　山進至圍頭　藩令林輔明侯中衝　□宣毅前鎮宣毅左鎮黃

元督水師泊劉五店遏止圍頭虜船不得進入同港埔、
報同港虜船百餘號俱二十　日在船出港會䑸
報漳港虜船叁百餘號限五月初一日祭江出師會䑸頭疊係真滿虜披掛船艘俱
漆紅二疊係滿漢船艘俱漆烏其黃梧施郎之兵配八槳荒字號船達素自帶一
札星嶼
另一枝滿兵札潯尾備小船渡過東渡并岝頭等處一枝滿兵　劉五店備小船
過五通　湖運等處一枝滿漢水師縣新城出犯赤山坪　藩令[illegible]
至通高崎以一帶
援勦前鎮防守高崎寨殿兵鎮前衝鎮智武鎮分守蠏仔寨并赤山坪遊兵鎮防守

141

東渡寨各選副鋒仗兵守寨其衛鋒臨敵馳赴名路應援仍委戎政一秀奇督守高崎協理戎政楊朝棟督守東渡商酌調遣令仁武營康邦彥[illegible]札崎尾兼督神前一帶另宣毅後鎮[illegible]豪後衛鎮黃昭援勦後鎮張志左衛鎮領兵[illegible]水師船隻應援堵防邀擊高崎五通等處

三十日右武衛進言大敵在即賞罰尤當嚴明則將領知所策勵前年南京之失總係天數非戰之罪在　藩主固不深究然前此當敵之將領未免疑慮今此將員[illegible]官兵恐多觀望三月間行兵官同都事擬呈功罪未蒙批奪擬定似一所以策後効而儆將來以開使過之門也　藩曰是隨擬批云南京[illegible]門之役左先鋒後勁鎮援勦右鎮前衛鎮等一股札在大山[illegible]衛大山左[illegible]抵敵不克官兵潰散此

一股當以失陣論罪姑從寬典拔勸右　革職不管領　左先鋒鎮楊祖後勁鎮

楊正准革職管鎮事戴罪　轄下將領着革職尚罰一體施行前衝鎮藍衍陣亡

免議轄下將領着革職管事立勳贖罪時惟　本藩親督右虎衛右衛鎮在觀音門

殺敗步虜數千將領官兵奮勇可嘉應從獎賞其餘中提督五軍等札在山內大〻

鋒大山上潰散下自難當武衛左鎮虎衛左鎮等札在山下上面大勢既潰雖鼓勇

力戰死殺相當竟亦不支後提督宣毅左鎮等札大樹頭相距不遠至大隊潰敗之

餘力已無及但提督統領總鎮力戰陣亡轄下將領應當連罪係

六鎮李五軍下領兵戴燦等左武衛下協將蕭泗　德等虎衛左鎮下協將鄭仁

陳蟒等宣毅左鎮萬義等俱各分別降級着兵官行文遵炤其陣亡提督五軍統領

總鎮爲國 心擇吉迎祀忠臣廟祭奠配享

五月 藩駕駐思明州演武亭

初一日撥前提督 督右武衛援勦左右鎮正兵鎮水師忠靖伯

本藩親督堵禦漳港大隊水師

初八日報各港虜兵俱配在船約期初十日進兵 藩駕駐舟中督師海門

初十早辰時漳港虜船大小四百餘號乘潮直犯圭嶼 藩見虜舟至我潮勢

汛未順遣陳堯策傳令不准起碇泊定一條鞭與之打仗候潮平風順有令方准駕

駛衝殺時忠靖伯陳輝同督 周瑞坐駕領作頭督前衝同援勦右鎮下楊元標

銃船泊在上流虜船數十隻乘潮風順流前來衝犯二 無令不敢起碇相援虜

擁攻二船衆寡不敵楊元標死叔相當後被生忠靖伯一船官兵與之死敵矢石如雨閩安侯死陳堯策傳令船中亦戰死惟忠靖伯陳輝入官廳內蒲虜蟻擁上船輝令列火藥從下發上與之俱焚時虜以為必得之將合來爭功計有二百餘真蒲一時藥發而上賊面飛裂虜在船面上者俱死無存餘艨艟後遇戰亦不敢過船謂我師俱如是拼戰二船交戰餘船只是對擊砲矢自辰至巳時潮平風順傳令起椗衝犁虜排擁衝下我師稍退　本藩親駕小哨躬督官兵直衝待右武衛坐駕同正副熕船破䑸而入左衛捨命虜昂拜章眼紅等一船蒲虜俱死船中另生擒真蒲哈喇土心虜蝦十餘員續後虜䑸衝散我師乘風衝前提督左鎮翁求多忠靖伯王錫丕兵驍翊

顏奇等與右武衛馳騁衝擊爭倂張紅眼一船右武衛下驍翊嚴保領旗張盛擒獲
虜先鋒少一船蕭泗奪回楊元標銃船前提督生駕擒焚梅勒耿滕虜船一隻時
滿虜頭先鋒船隻內被我擒焚并生擒真滿呢馬勒石山虎黃梧
敢前進只在觀望至午後南風盛發宣毅右鎮左先鋒鎮并户官水師從浯嶼駛進
助勝辟虜始退却逃走時虜先鋒三船不知港路閣淺圭嶼我師趕至滿虜三百
餘俱登嶼山死戰　藩令生致之遣馬提督招諭不殺來降至次日　藩查無降意
盡押沉之水中後只得滿將已馬勒土心石山虎等俱善弓馬隨征
一股係同安南北港來犯　三嶼炮響擁擠駕丑年尼與從赤山坪登岸彼地水
淺泥深滿酋督漢兵先登岸　真滿俱登時前衛署　麟等當頭疊迎戰退却

虜即擠擁而上殿兵鎮陳璋　□戰矢如雨下勝　□分王戎政隨督右虎□
兵助戰右協陳蟒從右邊　□□旗協劉雄從水墘抄出同至赤山坪往來拒戰時
右虎衛鎮陳鵬與虜有通禁不出兵前協萬宏領兵林雄力請往援鵬不能禁即奔
馳繼至前衛鎮劉俊見此處大敵亦從梟奔衝而到協力拒殺時水將漲虜下水為
□□諸殺不得一齊登岸而我水師宣毅後鎮船又追至虜即駕船對敵其先登
岸之虜大半在水泥中被我師所殺及淹死者不計繼而後衝鎮水師從高崎遲至
左衝鎮領兵陳□□吳裕等從新城港衝出輔明侯中衝鎮宣毅前□
下俱各□　□數隻自辰至巳虜始退走入港尚潯尾虜營至十三日被中衝宣毅前
鎮等追擒後艅方始退回此一役也

三股水陸集蒲漢精銳費許多軍器船隻但叙我師殺死不討生擒老本酋長斬
首割耳　級田不計違素只率陸師田福省會議再犯
十一日又提督統領總鎮將領將擒獲虜船生擒虜兵軍器等項解訖諭丁　　卯
事蔡政驗被傷將領官兵厚賜醫治
今　議殺虜功次遲呈議云高崎之捷赴水接戰使虜不得擁齊登岸者論首勳
殿兵陳璋也繼而陳蟒劉雄協力殺退又繼而萬宏林雄并劉俊等奮到追殺虜　
死水中應先後次勳水師刑官殺後鎮當虜登岸之時衝下斷作兩截登岸者復逐
在船者驚避應為首勳繼　任鎮至又繼而中衝宣毅前鎮等至協力追走并舉
況虜船亦其次勳也至於陳壽　同吳裕船衝擊　又應行另議

其海門一戰俱係真蒲死殺之　仍先鋒頭疊遇衛我々即連環釘住擊打死
藩主登陴親督諸將協力爭雄一時擒奪焚燬衆々俱均難以指明其有居最
藩主洞鑒了然難以懸議備擬呈進　藩批云水師用兵必論其事勢此番虜船過
海鯮水登岸我師所致力者全賴水師既水師不能制勝而陸師用命擊殺則陸師
之勳懋矣設水師何用哉所議殿兵真陳璋首勳陳蠑劉雄次勳萬宏林雄又次之
前衛一翼官兵見虜稍却而該鎮親督所部從東繼衛論勳又其次之准如議行翼
將黃麟只行申飭究罪其水師宣毅後鎮援勦後鎮尚泊高崎時撓動其餘仍行記
過各船々無前進已行申飭并梟示劉祝外宣毅後鎮時在潮頭政賴衛擊々仗虜不
盡登岸惜乎無料理小船而虜皆小哨我大船尚涉深水駕駛不快故虜哨疊進登

145

岸為陸師盡殲此一時之幸非萬全之策以後宜戒之然宣毅後鎮猶能擄流扼截
砍一沉虜船擒獲虜將虜兵少壯陸師聲勢亦行議賞後衝鎮洎石湖頭來打成快衝
沉虜船一隻亦以議賞至領兵陳廣坐一沙船出入虜䑸攻擊用命可嘉應當優敘
定賞向使水師船隻盡如陳廣一船則虜哨可盡撲滅片帆不還矣其餘中衝鎮宣
毅前鎮并陳繼美等初十日之衝截虜船十三日之擒獲後䑸此皆水師職分宜然平
平無奇何足議勳援勦前鎮戴捷督火攻營許祥傳初及協理大炮蔣䨮在寨演放
大炮擊傷虜兵虜船俱當議賞日者海門之役虜船乘風連排而出初時西風甚靜
我舟錯在不趕椗以致忠靖伯數船失事至風起以後政好乘風施展左衝右突使
虜首尾不能相顧俟虜船退至偏半擒獲焚燬收其全䑸斯為奇勳若大䑸以

未散僅擒獲其一二隻何足消弭乃[illegible]日各鎮船隻游移[illegible]歇心力不齊論此一
罪多而勲少今本藩就中配議敘賞以示鼓勵當南風初起右武衛坐駕[illegible]衝[illegible]虜
船遂併奪章服紅一船時翁求多王錫正兵驍翊顏奇許新陳六船協力副之應行
敘賞虜先鋒烏沙一船縱橫莫何而嚴保張盛奮力協擊前提督下劉仁正兵鎮翼
將李長之船協力獲之殺其巨酋餘虜盡殲亦當敘賞右武衛協將蕭泗風靜時駕
小船奪回楊元標銃船亦可議賞至虜船三隻來援虜先鋒哨我前提督坐駕同所
轄許騰閔虎廖杜林德等船擒焚虜哨一隻又前提督下翁求多許國[illegible]阮盛[illegible]右
[illegible]衛下[illegible]欽[illegible]斜等船擒焚虜哨一隻亦當敘賞其餘衝散零星船隻雖有擒焚不
足為武無容議及若宣毅右鎮下風擄上系圭與比直進一齊衝擊察轄下將領有

擒獲虜哨者准與議賞户官船原泊浯嶼趕來接應向前擊殺察轄下將領有擒焚
虜哨有功者議賞其正熕船演放大熕攻擊虜船虜兵者亦行薄賞着兵官照格議行
命兵官〻 擬伯同〻政王秀奇逮右虎衛陳鵬至并拘家屬訊服通虜退師之罪登
時寸磔以狥軍中并誅妻子拔陳蟒為虎衛右鎮以不與鎮謀并有功次
二十日拔前協何義為虎衛左鎮拔陳廣入侍衛管効欽
二十五日報達素回省傳令各船并舵梢暫發回候七月有令再吊
藩集諸將議曰此番達虜來侵雖被我殺敗其船隻所失無幾滿虜領先鋒者所擒
殺亦不多偽朝既吊數省兵馬船隻動費許多錢糧若此一戰達素率太亦難回奏
勢必湊集再決勝負但舵梢、吊丆動京數月我師粮〻浩繁豈能坐待其戰

等各歸原汛就地養兵。又泊 宗 浯州金門併思明以待之諸將但
聽令派札汛地遣左先鋒札佛潭橋宣毅右鎮札銅山古雷宣毅左鎮右衝札雲霄
義武鎮遊兵鎮札舊鎮杜潯智武鎮前衝鎮札南溪錢山龍井援勦右鎮札海門禮
武鎮札三都援勦左鎮札崇武奇兵鎮札湄洲正兵鎮札南日宣毅前鎮札海壇後
勁鎮札詔安玄鍾援勦前札高崎左衝鎮札新城前提督札思明州親軍等鎮隨
本藩駐札浯州。
六月初 日 藩駐浯州後埔城其思明州將領官兵家眷一盡移金門浯州烈
嶼等處。民 撤移過水者聽其自便不禁
藩發諭與達素并偽院李率太約其合兵再戰仍遺以巾幗不敢再戰則受之差禮

武鎮犯罪中軍吳亮并罪犯俞承二人俱持巾幗并諭赴達素等二處投遞達素率
公答書俱受巾幗厚待差員而回書諭俱在禮科

七月　駕駐後湖城

初五日　藩差員特頒左衛鎮黃安銀三百兩賜之以孤城鎖鑰前臨大敵尤擬出
陳廣為水師得功受賞其自守城池固如金湯茲番大隊出征倂空思明又獨任而
不請代真良將也左衛鎮望北拜受仍以三百兩頒分將領官兵均沾　藩賜三軍
倍為歡騰

初十日遣右武衛周全斌提督親軍驍騎鎮馬信率左右虎衛鎮後衛中衛正兵奇
兵等鎮北征畧地取糧　另　力　日協防漳港

頃寨其寨依山近水我師灣泊時時常特

二十日右武衛周全斌等攻之

阻梗出沒劫我哨船至是平之籍其資重糧米甚多

八月　藩駕駐後甫城

初八日吊回奇兵鎮札興化一帶地方正兵鎮札福清一帶地方

宣毅右鎮黃元統領仁武義武二鎮札澄海小埕長樂一帶地方聯絡徵餉

九月　藩駕駐後浦城

初三日．明知州鄭會條陳思明附城內外百姓未有田家惟有禾山四都一二貧

民婦女竊自出田擾百姓紛訴　本藩令諭撤移出於愛民敢不遵依第撤移日久

困餐露宿百苦備嘗撤回出於不得已也職思狡虜既已敗回再犯必奉偽旨百姓

撇出已久若不致其歸回四民失業未困于敵先死於饑也除撇回者暫准安住其未回者聽從民便　藩批曰是錄是思明百姓弁將領家眷絡繹而回

二十日　征右武衛等班回　藩令各鎮脩葺船隻輪番出征

十月　藩駕回駐思明州報達素回京各水師盡吊俱閣在岸邊催各鎮脩葺船隻限月終報竣赴十一月出征

十一月　藩駕移駐金門城

初二日遣右武衛周全斌為總督提調左右虎衛鎮援勦後鎮以馬掛印為副督提調羅蘊章仍以宣毅後鎮吳豪暫統領宣毅前鎮殿於存[illegible]兵[illegible]鎮及後衛副將張芊以中衛鎮暫統領宣毅左鎮右衛[illegible]援勦前鎮暫統領英兵後勁二鎮而去

衛鎮總領水師官兵前往南下取粮
是月右武衛等師到潮陽縣進入和平貴嶼取粮攻击偽□□殺敗潮州援虜各船
俱取有粮未稱是
十二月　藩駕駐金門吊右武衛等南征大師班回
十五年辛丑正月　藩駕駐思明州南征師班回至思明州傳令大脩船隻聽令出征
集諸將密議曰天未厭亂閏位猶在使我南都之勢頓成瓦解之形去年雖勝達虜
一陣偽朝未必遽肯悔戰則我之南北征馳眷屬未免勞頓前年何廷斌所進臺灣
一圖田園萬頃沃野千里餉稅數十萬造船制器吾民鱗集所優為者近為紅夷占
據城中夷夥不上千人攻之可垂手得者我欲平克臺灣以為根本之地安頓將領

家眷然後東征西討無內顧之憂乍可生聚教訓也時衆俱不敢違然頗有難色惟宣毅後鎮吳豪京到此處獨言風水不可水土多病　藩心含之謂其有阻貳師也獨協理　軍戎政行　[illegible]棟倡言可行　藩嘉與之故於事平日任以府尹事誅吳豪

二月　藩提師札金門城候理船隻進平臺灣時船隻修葺未備派首二程而行首程本藩并文武官親軍右武衛左右虎衛提督驍騎鎮左先鋒中衛後衛鎮宣毅前後鎮禮武鎮援勦後鎮等刻期先行令鎮守澎湖遊擊洪暄前導引港以兵官前提督居守思明州户官居守金門　藩親祭江傳令舡隻盡駕到料羅澚催官兵候齊聽令下船開駕

149

三月初一日　藩駕駐料羅候順風[illegible]　[illegible]多以過[illegible]行為難忌逃者多隨妾走

兵鎮陳瑞搜獲提解

二十二日催官兵在船二十三午天時霽靜自料羅□　二十四日各船俱齊到彭

湖分各嶼駐札

藩駕駐峙內嶼候風開駕

二十七日大師開駕至柑桔嶼阻風又汳回彭湖峙內嶼時官兵多不帶行粮因何

廷斌稱數日到臺灣粮米不渴至是阻風乏粮　藩令戶都事同洪遊擊就彭湖三

十六嶼□取行粮□□□正供時吊集各澳長追取接給各澳長搜索二日回稱各嶼

並□田園可種禾粟惟蕃薯大麥黍稷升斗湊解合六百餘石不足當大師一餐之

用　藩駕之粮又恐北風無期隨於三十晚傳令開駕時風報未息風雨陰霧管中

軍船蔡翼并陳廣等䖏稟暫候風雨開駕　藩諭曰水堅可渡天意有在天意若付我平定臺灣今晚開駕後自然風恬浪静矣不然官　豈堪坐困斷島受餓也是晚一更後傳令開駕　風雨少間然波浪未息驚險殊甚迨至三更後則雲收雨散天氣明朗順風駕駛

月初一日黎明　藩坐駕船即至臺灣外沙線各船魚貫絡繹亦至辰時天亮即到鹿耳門線外

本藩隨下小哨繇鹿耳門先登岸踏勘營地午後大䑸船齊進鹿耳門先時此港頻淺大船俱無出入是日水漲數尺我舟極大者亦無　意默動也是晚我舟齊到泊禾寮港登岸札營近街坊梨下　鎮督虎衛將坐銃船札鹿耳

門　水師甲板并防北線尾

是晚赤嵌城夷長猫難實叮發炮擊我營盤并焚焉，[illegible]其赤嵌街係我民居草厝

藩恐被焚燬粮粟特差戶都事楊英持令箭委同楊戎政督同援勦後鎮張志官兵

看守堵禦不許官兵混搶亦不可致紅夷焚燬候明日分派發給官兵粮食餘是名

街米粟看守完全無敢侵擾次日即令戶都事楊英將街中米粟一盡分發各鎮兵

粮計匀足半個月

初三日宣毅前鎮[illegible]兵札營北線尾夷長撥一城上見我北線尾官兵未備遣戰

將拔鬼仔率鳥銃兵數百前來衝，[illegible]皮宣毅前鎮督兵向敵一鼓而殲夷兵拔鬼仔

亦死陣中餘夷被殺殆盡

151

初四日赤嵌城夷長猫難實叮以孤城援絕城中之水欵降先一日其弟同婦外　遊
被我兵捉獲解
藩藩慰諭　加[illegible]送歸赤嵌城與兄實叮道述德意至是日議降　藩遣番通
事吳邁李仲同楊戎政招諭之誓無殺害之意遂赴[illegible]納降仍令原駐城中弁
厚賜唐山土儀
藩遂遣實叮往臺灣城招揆一來降
令諭招我百姓回家樂業
初五日夷王揆一遣我民充番通事胡興同揆一人[illegible]由說和　藩諭令夷長來見
初六日揆一遣夷長　等同實[illegible][illegible]　藩賜宴厚禮之令何廷斌問[illegible]

揆一何日出降荅云揆一無降若　藩主兵將才到年老秋老千萬併土產貨隨貢聽從年年照例貢納至此番大師船隻俱納沾　歸官兵愿送勞師銀十萬兩云云餘無敢言　藩却之令發回

各近社土番頭目俱來迎附如新善開感等里　藩令厚宴并賜正副土官袍帽靴帶繇是南北路土社聞風歸附者接踵而至各照例宴賜之土社悉平懷服

時紅夷尚有水師甲板在港　藩遣宣毅前鎮侍衛鎮陳蟒併左虎左協陳沖等為水師攻打甲板一隻[illegible]擊沉甲板一隻燒焚甲板一隻走回一隻自後甲板泊宿臺灣城下

初七日　藩督師移札崑身山傳諭候令進攻臺灣城

十二日　藩駕親臨蚊港相度地勢并觀四社土民向背何如駕過土民男婦壺漿迎[illegible]塞道藩慰勞之賜之[illegible]　[illegible]是喜慰

臺灣城未攻官兵乏糧

二十二日遣楊戎政并户都事楊英同通事何廷斌查察各鄉社有紅夷所積粟石及塘夯等物回報發給兵糧計粟六千石糖三千餘担

二十四日　藩以臺灣孤城無援攻打未免殺傷圍困俟其自降隨將各鎮分派汛地屯墾

派提督馬信督轄兵札臺灣街守困[illegible]禮武[illegible][illegible]福被紅夷[illegible][illegible]撥協將洪羽管

禮武鎮

五月初二日　藩駕駐臺灣集文武各官會審投掠臺灣百姓銀兩盜匿粟石罪犯

宣毅後鎮吳豪伏罪被誅以右武衛右協魏國管宣毅後鎮事虎衛右鎮陳蟒亦有

罪經責革職

二程官兵左衛前衛智武英兵遊兵殿兵等鎮到臺灣以左衛鎮黃安管虎衛右鎮

以提督驍騎親隨營蔡文管左衛鎮事

改赤崁地方為東都　明京設一府二縣以府為承天府天興縣萬年縣楊戎政為府

尹以莊文烈知天興縣事祝敬知萬年縣事行府尹查報田園冊籍徵納　銀改臺

灣為安平鎮

十八日　本藩令諭云東都明京開國立家可為萬世不拔基業本藩已手闢草昧與爾文武各官及各鎮大小將領官兵家眷聿來胥宇總必創建田宅等項以遺子孫計但一勞永逸當以己力京營不准混侵土民及百姓現耕物業茲將條款開列於後咸使遵依如有違越法在必究着戶官刻板頒行特諭

一承天府安平鎮本藩暫建都於此文武各官及總鎮大小將領家眷暫住於此隨人多少圈地永為世業以佃以漁及京商取一時之利但不許混圈土民及百姓現耕田地

一各處地方或田或地文武各官隨意選擇創置莊屋盡其力量永為世業但不許紛爭及混圈土民及百姓現耕田地

153

一本藩閲覽形勝建都之處文武各官及總鎮大小將領設立衙門亦准圈地
庄屋永為世業但不許混圈土民及百姓現耕田地
一文武各官圈地之處所有山林陂池具圖來獻本藩薄定賦稅便屬其人掌管須
自炤管愛惜不可斧斤不時竭澤而漁庶後來永享無疆之利
一各鎮及大小將領官兵派撥汛地准就彼處擇地起蓋房屋開闢田地盡其力量
永為世業以佃以漁及京商但不許混圈土民及百姓現耕田地
一各鎮及大小將領派撥汛地其處有山林陂池具啓報聞本藩即行給賞須自炤
愛惜不可斧斤不時竭澤而漁庶後來永享無疆之利
一沿海各澳除現在有網位罟位本藩委官徵稅外其餘分與文武各官及總鎮

小將領前去炤管不許混取候定賦稅

一文武各官開墾田地必先赴本藩報明畝數而後開墾至於百姓必開畝數報明承天府方准開墾如有先墾而後報及報少而墾多者察出定將田地沒官仍行從重究處

六月　藩駕駐承天府遣發各鎮營歸汛左先鋒札北路新港仔竹塹以援勦後鎮後衝鎮智武鎮英兵鎮虎衛右鎮繼札屯墾以中衝義武左衝前衝遊兵等鎮札南路鳳山觀音山屯墾頒發文武官炤原給額各六個月俸役銀付之開墾

十六日宣毅左鎮萬義右衝鎮萬祿據銅山所汛叛逃歸虜投管銅山地方事忠匡伯張進以歸不從死之先時　藩派義祿等二程來邓暫札銅山地方至是催另

到□擾城從虜扶□張進同叛進詐□□察室請藏火藥與之

頗知不赴其會□□見虜進□□□自焚死虜□至銅兵官□派伯令留守兵□

忠勇侯統水師復之二萬同虜逃走銅山如故報至　藩令總理監營翁天祐鎮□

山令旌獎忠匡伯進祀忠臣廟位第一議官其子僔□其家

七月　藩駕駐承天府户官運粮船不至官兵乏粮每鄉斗價至四五錢不等令民

間輸納雜子蕃薯發給兵糧紅夷甲板船至吊右武衛前協□□帮守安平鎮

援勦後鎮後衛鎮官兵激變大肚土番叛衛殺左先鋒鎮營楊祖與戰被傷敗回至

省病死之圍援勦後鎮張志營右虎衛英□鎮智武鎮□□左兵都事李□省監制各

准攬擾土社吊後衛鎮等移札南社

155

八月　藩駕駐承天府戶官運粮船猶不至官兵至食木子充饑日憂脫巾之變
藩以□之大書於座前云戶失先定罪遣□□尹同□□□楊英往鹿耳門守候粮
船并官私船有東來者盡行買糴給兵□□
甲板船來犯被　藩令宣毅前鎮陳澤并戎旗左右協水師陳□朱堯羅蘊章等
□敗之奪獲甲板二隻小艇三隻宣毅前鎮副將林進紳戰死自是甲□永不敢犯
十二日遣戶都事楊英押米船前往二林南社接給□□□司李胤察訪□□
二十□日　藩令戶都事楊英持金十錠同楊□□馳往四□買糴禾粟接給□
如□□特粮米不接官兵日只二餐□□有病沒兵心嗷嗷
計可給十日兵食回報隨後發粜　□□□□軍中□□宜不□□

十二年壬寅四月病愈啓陳農務曰　爲本民以食爲天、
户之計不外勸農力耕而已隶來老屯編氓素　不一去、論矣至於各社上
數三、交旅撫其衆而耕長　教其法、竭其力使適意開墾趁行、許則按例
年可歲供百萬也英隨
藩主十四年許矣邑從歷遍未有如此處土地膏腴饒沃也惜乎土民作種者待其
法無有人教之耳英去年四月間隨駕蛟港路京四社頗知土人風俗至八月奉旨
南社適登秋收之期目覩禾稻遍畝土民遂穗采拔不識鉤鐮割穫之便一甲之稻
云採數十日方完訪其開墾不知犂耙鋤杵一快只尸　然刈鏊一甲之園必一月
至近水溢田置之無用如此雖有廣土衆以竟亦人事不齊地力

156

盈今[illegible]來京[illegible]上貢乎以[illegible]昧謂宜[illegible]歸順各社每社[illegible]發[illegible]

一名鐵犂耙鋤各一副熟牛[illegible]頭[illegible]教[illegible]犂耙[illegible]法[illegible]五穀割獲之方[illegible]

群習後見其用[illegible]而取効速耕種易而收獲[illegible]多謂不吹然効尤變其舊習[illegible]一

[illegible]首未之有也書曰因民之所利而利之斯不亦惠而不費乎[illegible]必[illegible]

已奉公用心撫綏家諭户曉恩威教導[illegible]多力耕者有賞怠玩少作者有罰[illegible]

男女户口度其力量授田然後計畝徵輸焉行見粟無[illegible]民[illegible]

[illegible]知禮義衣食足知榮辱[illegible]上者教以事上死長之[illegible]

[illegible]俗易共濟雍熙之世[illegible]

勝[illegible]至於久[illegible]

本書影印時因照像修版致有少許錯誤更有原書模糊致石印不能顯出者列表如左以資更正

葉數	面	行數	原文	改正	備註
八	前	七	先	先遁	
十	後	五	藩八	藩入	
十	後	九	藩从、	藩從之	
十六	前	六	援〃力	援勦	
十六	前	八	忠宁	忠定	
十六	前	九	看户	看守	
十六	後	三	殺六、、於	殺六[illegible]於	殺下當為大宮二字
十六	後	七	從岀水	從漳永	從下當為漳泉二字

一七	前	八	中權	中權	
一七	後	五	同[illegible]	同安	
一八	前	九	屍[illegible]	屍横逈	屍下當爲横遍二字
一八	前	九	野三印	野王邦	
一八	後	五	至已	至已	
一九	後	六	来[illegible]	来犯	来下當爲犯字
四二	後	四	年[illegible]	年截	
四三	前	一	[illegible]戴	訓將戴	戴上當爲副將二字
四三	前	六	行[illegible]	行止也	行下當爲止也二字
四六	前	一	隻[illegible]	隻踣	
四六	前	四	是[illegible]	是用	
四六	後	八	濟[illegible]	濟人於機	濟下當爲於機二字

四六	後	九	□傑	豪傑
五三	後	五	言何	計何
五三	後	八	林之	怵之
五五	後	五	與□□	與貴部
六一	後	大	論公	論公
六三	後	八	敢頌	敢傾
六九	前	八	臨車□	臨陣退
七三	前	九	比上	北上
七三	後	八	斬□	斬陸
七五	前	八	鎮□	鎮啓
八三	前	二	已久□	已久恐（已下當為久恐二字）
八三	後	一	大□	大庋（大下當為度字）

八三	後	一	唐八	唐太
八四	前	二	不丬	不[illegible]
八六	後	四	船木	船本
八七	前	九	二矣	二欸
八七	後	四	隻入	隻入
八八	後	七	合力	合力·人
九一	前	三	雷兄	雷況
九一	前	八	恊玦	恊攻
一〇〇	後	七	逐墜	逐隊
一〇五	前	九	而巴	而已
一一三	前	四	再中	再申
一一七	前	三	其免	其勉

不下當為守字

隻下當為又字

合力下當為以字

頁	前後	行	誤	正
二七	後	六	歸慕	歸慕
二八	後	九	明ノ	明白
三二	後	一	大師	大師現
三〇	後	九	三程	一程
四〇	前	一	兵[illegible]	兵另
四二	後	九	伯丅	伯下
四三	前	八	年尼	年尼
四六	後	一	以侍	以侍
四九	前	九	過氵	過洋
五〇	前	六	綠木	綠外
五六	前	一	盈仒[illegible]	盈倉犨
五六	前	一	宜二	宜工

宜下當為于字

葉前	二	熟牛	熟牛一
葉前	二	頭〻	頭使
葉前	二	聚八	聚教
葉前	三	用十	用力
葉前	三	之隹一	之難且
葉前	四	然儿	然此
葉前	六	女𠃊一	女户口
葉前	九	於久土丁	於冬杜尤

於下當為谷杜尤三字

附記

此書爲李岳先生所藏，託由本所編印。近日本所接李先生信，述得此書經過如左：

民國十六年，秦望山君出延平實錄一書以示，謂於民十一年自治軍之役駐防安海，其所部吳輝謙得之於延平故里南安石井鄉，乃鄭氏子孫世代秘藏者。書多蛀蝕，迄未刊行，洵海內孤本，請爲參攷整理而保存之。弟欣然受之。

此書原名先王實錄，弟改爲鄭延平實錄（憶書首兩行有「口口州戶部主事楊英爲輯造先王實錄事」等字樣，不知去冬重裱時，此先王實錄數字尚存在否）。書內輕過之經字，因避鄭經之諱改用京字，請於凡例內爲之聲明，以免閱者誤會。

本所印此書後，仍以原書歸還李君，並志來源，庶不泯李君保藏之功。又此書原本，李君擬置之延平紀念圖書館，誠善事也！

本所告白

民國十八年夏，本所編定史料數種，擬依次印行，惟限于經費，出版者僅第四種「清代官書記臺灣鄭氏亡事」而已。蓋原定第一、至第三，卷帙較繁，無貲付印。茲改以「延平王戶官楊英從征實錄」為第一種、另以內閣大庫殘餘材料之自成一件者為第二第三種。其第五種以後仍當繼續刊印。然因經費之制限，出版期未能預定，幸同好者諒之！

從征實錄

延平王戶官楊英撰

國立中央研究院歷史語言研究所史料叢書之一

中華民國二十年五月　影印

實售國幣貳圓

批發處
上海亞爾培路三三一號
國立中央研究院出版品國際交換處
北平北海公園
國立中央研究院歷史語言研究所

代售處
各地商務印書館
北平各書店

代售者
得酌加運費寄費

此書版權由本所保留

臺灣雜記一卷

〔清〕黃逢昶輯

《臺灣雜記》一卷，清黄逢昶輯。逢昶字曉墀，湖南湘陰人。清光緒八年（一八八二）曾奉委至宜蘭催收臺北城捐。此書收《上岑宫保撫番稟稿》、《驅寇論》、《紀事略》等文三篇，及臺灣《竹枝詞》七十五首，《重遊玉山》、《蘭陽八景詩》絶句六首，《望龜山歌》、《生番歌》、《熟番歌》等。據中國國家圖書館藏清光緒十一年刻本影印。

臺灣雜記
鄭祖焕題

光緒乙酉仲春月鋟

臺灣雜記

近有關臺新聞録一卷自甲申秋起至乙酉春止一切軍情俱極詳確係閩中高士採録成書容俟續刊以供衆覽

吳玉田鐫

余官閩粵出使西洋經歷之區風土人情皆得隨時紀載以廣見聞不意黃君曉墀實獲我心臺灣雜記一書全臺形勢洞澈言之足資攷覽尤喜熟番謌其言悽惻白樂天秦中樂府猶有遺音欲撰敘言曉墀重游閩海匆匆話別爲書數語用附簡端時事艱難需才孔急知採納有同心也

光緒十年甲申仲冬月

愚弟郭嵩燾拜題

湖南省會曾文正公祠內思賢講舍係郭筠仙李仲榮朱雨田張力臣諸公糾集鹽商捐貲創設每歲聘師講明經學爲國儲材意深遠矣申甫袁邁主講叅年今秋湘陰黃景芬茂才與執脡焉黃生英姿卓犖博覽旁搜爲文簡練揣摩具徵切當余心契之知學固有淵源也一日出乃翁曉墀先生臺灣雜記一書經郭筠仙中丞張治秋太史李幼梅觀察周定軒廣文大加評贊閱之如親遊其地旋晤曉墀詢悉鯤洋遠涉曾由湘浦而纖

輔而閩臺而兩浙諸凡遊歷之區靡不撫景興懷感時寓意形爲歌詠非尋常贈答所能同曉墀著作盈囊士大夫和韻敘言皆足光輝梨棗開擴胸襟而是書剴切詳明洵不讓孝侯風土記留心時務軫念民艱當軸採而嘉許之共有同心哉爰慫恿付梓勉爲之敘

光緒十年甲申葭月

世愚弟彭申甫頓首拜敘

頌讀

曉墀先生仁兄大人臺灣雜記欽佩無已謹題辭三首

海外山川海上城援軍隔水檄縱橫就中一策尤堪用
招集民番代戍兵

談到瀛洲客不知雞籠鹿耳海環之何緣外國詳風土
百首西堂舊竹枝

新從閩海唱刀環臺北臺南記往還幕府昨逢余節度
地圖先問釣魚山 楊宮保督師援閩聞曉墀有臺灣雜記一書取閱後躬親造訪相招入幕問明一切情形

世愚弟周發藻頓首呈稿

臺灣雜記目錄

臺灣雜記

湘陰曉墀氏黃逢昶手輯

北京圖書館藏

竹枝詞　壬午年作癸未九月申報錄登

海天鼇柱峙中流千里臺疆水上浮雪浪雲濤環四面我來疑即是瀛洲臺灣又名東瀛爲閩浙江皖粵東七省雄關四面濱海中間層巒疊嶂蒼翠橫生眞巨島也

驅車走馬白雲灣遊遍銀山又玉山造物不知何愛寶教人莫掛杖頭還臺中有銀山玉山週圍十餘里銀玉朗然人不敢取

忽訝空中振鐸聲樵逢谷口問山名道儂且住聞天語鐸

子峯前鐸自鳴鐸子山臺北府屬空中有聲如鐸故名

潛伏深淵不計年魚頭仰臥正朝天化龍飛去知何日得水從今躍海邊魚頭山臺北府屬山似鯉魚頭朝天故名

孤山笑口爲誰開龜息千年欲出來漫道斧柯今莫假蓬萊宮闕正須材龜山宜蘭縣屬有老龜數千觔嘗現身

作霖有願代天工欲雨何眠亂石中不信臥龍岡在上請看燭照山海經燭龍照天海門紅臺北有石燭坑亂石參天光如燭照天將雨則有聲如龍又呼龍洞

捕鹿捕鹿灣臺南府屬羣趨逐鹿場逐鹿場臺北府屬牛刀牛刀嶺臺南府屬小

試糶鋒芒何如手叚屠龍慣屠龍市臺北府屬驅馬驅馬坡臺南府屬來觀海國光

名園曲路栩成陰月滿樓臺樹滿林金縷歌喧鶯嘴嶺宜蘭縣北攜柑往聽奏新音

畫棟雲飛近海濱花枝右拂武陵春臺北大成館右有武陵蓁熟番聚處取魚爲業榜人一笑先招手如入桃源訪道眞

電光時掣日光斜萬景遙涵映白沙楓落潮頭秋色晚登崙如踏紫金蛇宜蘭縣有蛇崙海沙飛積透迤六十里酷似蛇形每歲秋晴士女遊觀紛紛爭集過客登樓愛晚題句最多

桃花三月逵前隄倏忽秋風槲葉低日暮漁船何處泊下雙溪接上雙溪臺北有上雙溪下雙溪水雲環抱漁舟往來

採花莫道菊花殘朵朵瓊英足夕餐忽訝扁舟浮一葉仙人又到秀孤鸞宜蘭縣有秀孤鸞其山多菊花能結實海中一浮嶼皆仙居每歲冬初遣一童子駕獨木舟到秀孤鸞採菊實有老番從童子至其處無城市有人家異獸珍禽奇花瑤草滿目繽紛歸則壽數百歲猶依稀能憶其槩或童子不來欲往尋之則迷路不得其所惟隨童子往返瞬息登岸迅若雲飛

蘭疆驛路關三貂海外雄圖天外橋有句攜來搔首問莫疑孤嶺隔雲霄三貂嶺爲臺灣第一最高處

旅夜高樓夢忽驚瀟瀟不住到平明天公欲與蛟龍噴聽罷濤聲聽雨聲臺臨海濤聲作卽大雨

海內何如此地溫恒春樹茂自成村輕衫不怯秋風冷終歲曾無雪到門

鄉村二月便分秧望杏頻聞叱犢忙打稻家家逢令節新鐮磨罷過端陽

禾取纔歌三百囷村邊鳥語復催春蒲懸萬戶秧千畝前渡紅蓮今又新五月又插田八月又納禾

綠野芸苗遍夏畦身如躍水手搓泥笑他腳底雙雙採一腳高來一腳低內地人芸苗手持竹管以足採草臺人反笑其愚

操臼何修月下容紅顏赤腳鬢蓬鬆雙拳握杵聲聲喊紫稻黃粱用手舂閩中婦女皆用手舂米憐其愚尤憫其苦

花林港口泛輕航聞道穿花盡女郎兩面芙蓉看不見採蓮人在水中央花林港臺北府屬

家家弄瓦必開筵慶溢門楣喜欲顛生女較生男尤爲貴重包布客來齊入賀賀生女者以布贈之道郎臺人男女均呼郎又呼女爲雜木郎應載美人船賀客稱呼主人回答之詞可意會不可言傳

閨閣一去女如雲翠帶垂肩兩鬢分莫訝雙蓮彎似月玉鉤倒掛映霞裙臺中婦女兩足似彎弓每足掛一銀釧

檳榔何與美人妝黑齒猶增皓齒光一望色如春草碧隔窗遙指是吳娘 臺中婦人終日嚼檳榔嚼成黑齒乃稱佳人

引得清風拂面來張葵曾畫放翁梅何如贈我檳榔扇 檳榔扇出臺灣

一路揚仁到上台

煙飛漠漠繞千家珠玉輝增蔗管華 臺地多甘蔗以蔗管嵌金飾玉爲鴉片煙鎗人皆寶貴

兵客不知何物好隔村遙聽賣風車 臺人呼鴉片煙鎗爲風車

登臺莫訝杖燃藜萬戶星臨福德齊 臺北有福德坑石如明星明照 照徹

石頭鸜鵒眼取來片片勝端溪 其石爲硯最佳人爭取之

海曙雲霞日暮煙炬光閃閃燄橫天何人不怕山頭火尚

臺灣雜記　四

有眞金在客船 臺北有火山出硫磺

百圍大木聳煙嵐珠樹琪花好共探海外有材儲國器襲人尤愛是香楠 臺灣後山多香楠木

落霞掩映夕陽紅海外花開別樣工日下扶筇桑下望教人錯認牡丹同 大紅花即扶桑花宜蘭縣最盛

一枝高折近蟾光尚待秋中桂子黃詎料木樨花鬭巧年年月月散天香 木樨花枝繁蒂軟每月一開亦名月桂臺地最多

香雪含葩玉吐華影隨明月照窗紗攢如銀箭擎如傘疑是簪花即此花 洋玉簪花莖如傘柄葩似箭簪開似傘蓋周圍似雪香氣襲人眞異花也宜蘭縣有之

後山踏遍到前山綠樹陰濃明月灣蕉葉有心纔捲雨纍纍結果出闤闠 蕉果最多臺人爭食

昨夜聞聲賣地瓜隔牆疑是故侯家平明去問瓜何在笑指紅藷繞屋華 臺人呼紅藷爲地瓜地瓜最多大者十餘觔重家家和米煮粥以佐饔飧內地人不合水土食地瓜最宜

百盤異果出臺灣多品何如金面山 臺北山名多果品 柹子初黃瓜子熟秋來不改舊容顏

臺高灣曲產名茶一味清香沁齒牙有女採來歌欲罷滿

臺灣雜記　五

筐歸去夕陽斜

日落沙明喜浴凫泉流月照水平鋪新茶石上初烹火過客勾留是此湖 白石湖出清泉產名茶

從來丙穴出嘉魚況復山居近海居無那遊鱗多怪狀秋風鱸膾思何如

牖壁搖搖忽作聲無端地震輒心驚東邊牆屋西邊倒傳說鼇魚正轉睛 臺灣地震土人云鼇魚轉睛

客中聞道巨魚多忽報揚鰭海口過屈指前程三十里登臺猶見尾長拖 有獨眼巨魚透迤三十里隨潮至雞籠困斃土人云是魚吞舟不少龍王剜目示衆

恍聽工歌入曲新鹿鳴何獨遍東閩不知異獸多花樣海
內鯊魚是化身土人云有花毛者鯊魚變成茸無補益
山環港口水中流番女番婆夜盪舟打得鹿來歸去好歌
喧絕頂月當頭鹿港臺南府屬熟番捕鹿之區
濤飛日落水瀠洄昔欲乘桴今渡臺南望層城如畫裏天
邊竹箭海邊來由臺北至臺南樓船泊處離城三十里竹排轉渡排中置木桶坐兩人波濤洶湧殊爲可畏間亦有失事者
兒童竹馬早安排臺上民歸衆母懷一路歡聲騰比戶甘
棠化被海之涯嘉慶年間太守楊廷理負才名權篆臺灣縣勤政愛民口碑載道

恒疆開闢幾經年草木逢春色倍妍恒春縣臺南府屬夏雨纔過
秋雨潤稻香風送雁來天其地多稻粒大米香
新泥踏遍鳳山鳳山縣臺南府屬邊海外人疑別有天乍見東方
紅日出無端變幻又雲煙其地多陰霾瘴雨
金鼇穩踏上山坡嘉義縣臺南府屬有金鼇山馬首東來嘉阜縣東有嘉
阜過誰道海邦無義士荷鋤人盡習干戈其地尚武民多仗義
彰化彰化縣臺南府屬人多俊秀才朱衣總爲點頭來當年種得
桃千樹又向梧桐井上開朱榦隆樹梧大令湖南人前宰彰化多善政今又重來頌聲達於行路

鹹水中分淡水流淡水爲臺北府首縣波涵月影照城頭天開一幅
新圖畫客到如臨十二樓現新修府城
種得千竿菉竹新新竹縣臺南府屬其地多竹竹之高者海內所未有班聯玉筍出
風塵琴堂若肯虛心剖除卻松梅有故人
綠沈千个儼維城鳳竹猶傳雉堞名固圉卽今勞版築此
君應不負生生臺地多插竹爲城
自昔疆開噶瑪蘭臺北府屬而今花縣治思潘今改爲宜蘭縣宜民早
種宜男草九畹新英好並看彭達孫心壺大令權篆斯土民甚愛之
雞籠海口罕見月中蟾鴨漲茫茫昨夜添客子貂裘何易

敝沾衣無奈雨如鹽臺地多山臨海氣候不同風土人情亦復各別
遊人莫漫解輕衫滬尾海口風寒水更鹹若問波濤誰敢
涉惟憑忠信掛征帆臺歌云艋舺女滬尾風雞籠雨郎去郎來容易死
桂棹蘭橈艋舺臺北地名過來如飛箭去如梭舟隨潮來去仙槎八
月年年到有客從茲泛絳河臺俗中元新造一舟家家備辦糧食百盤食品俱全公請一閩人坐於其中任風飄泊及止其處其人登岸還家舟中食品任窮民分取舟亦聽其爭奪此風不獨臺灣閩中多有之故七八月之間有飄泊至艋者有由艋經過飄泊他方者
南北衢通大甲溪洪濤巨浪湧前隄行人到此愁無奈喚
救聲聲共鳥啼大甲多山陰霾瘴雨終歲不改山水奔流行人不敢經過有時晴霽忽雨進退維谷

葬於魚腹者多矣岑宮保鑄鐵籠修築隄防行人歌頌今又衝倒非愚公復起神禹再生無濟也

巖疆猶見古衣冠獨苦荒山白骨寒有巽難逃歸去後請公入甕便拋棺閩中風俗人死埋葬後必檢骨於甕纍纍富者用石灰窑磚封於土面貧者即以瓦甕置諸山中若不如是其心不安無顏對親友然仕宦秉禮之家則不聞有此若鄉閭愚民雖疊經地方官出示嚴禁習俗移人今猶如故

家貧殮葬更寒心小屋如舟搆竹林無數枯骸皆入內泉臺風雨夜沈沈

中元殺果列層臺夜夜燈花繞市開鴨作高山雞作塔人人競說搶孤來臺俗中元家家燈燭輝煌並結綵燈多至千萬笙歌鼓舞夜夜遊街名曰放水燈豬

羊雞鴨砌成山塔百盤果品海菜羅列高臺無賴之徒爭相奪食名曰搶孤搶時雖有地方官率弁勇彈壓猶不免傷人鄉城用費須數十萬金

莫道僧無父子親也曾舊好結朱陳禪林花放桃千樹根葉迎來一色新僧家娶妻不獨臺灣閩中多有之

鴃音鴃舌語難通翻笑唐人臺人呼內地人為唐山郎話不同欲問前程何處是但憑指畫辨西東

生番何獨愛髑髏日暮孤村動客愁手執長標腰佩劍殺人爭賀奪人頭生番以殺人取首為英雄好漢

奪得頭歸落照西番王有女配為妻更將何物增新寵雉尾雙雙插鬢齊取首獻番王王以女娶之並給雉尾紅巾披插兩鬢

獨憐血刃尚流紅手舉頭顱作碧筩取酒灌死者喉中以瓦樽承接和血暢飲有酒盈樽招客飲銜杯爭說助英雄

牲牲忽訝遍山村又取枯髏飲一樽見山中有鹿取枯髏灌酒酣醉以捕之聞說醉人先得鹿皆攜斗酒祝靈魂眾番羅拜稱賀

報道空空打獵回便拋枯首墮塵埃百端辱詈並以屎尿污之不知無限泉臺憾且囑癡魂莫再來

防番無奈暵番何以物易物名曰暵番番首出山換番名曰番割持戟傷人引誘多不有奸徒貪貨殖問誰能與製長戈

異類猶能感至仁有臺無物不登春同遊化日光天下何獨生人欲噉人有海舟將之日本行至雞籠山後無風為東流所牽抵一山得暫息舟中七十五人皆莫知其所有四人登岸探路見異類疾馳攫一人共噉之三人逃走遇一人於莽中與之語係泉州人攜之登舟具道妖物噉人狀莽中人曰此非妖物即生番之別種也蛇首獰猙能飛行然所越不過尋丈前數日余舟至同侶遭噉惟余獨存問其故舉項間一物曰彼畏此不敢近耳眾視之則雄黃也皆曰吾輩生矣出其篚有雄黃百餘觔因各把一握少頃蛇首數百飛躍而來將近船皆伏地不敢仰視久之逡巡而退船後水轉西流舟回廈門泉人得歸故里

赤身幾莫辨豚魚猶見蛾眉月下舒荳蔻梢頭風露冷護花有布尺無餘番女美色尚多眠雲宿露尺布遮羞殊為可惜

同心蕊綻並頭蓮點點波紋欲鬬妍番女配合者面刺紋爲記頭樹下誰題鸞鳳字惟將一齒締良緣番皆倚樹爲巢男女配合女拔一齒授男以示信從莫道番非太古民羞顏猶自率天眞天桃不與桑中亂粉蝶偷香恨煞人番性惡淫男女有別

漁郎宛載木蘭艭一曲歌聲度隔江月夜不知誰盪槳熟番有女話蓬窗生番歸化曰熟番番女多以取魚爲業

唱罷漁歌覓剪刀輕裁番布白如旄莫疑花樣新宮錦難與香羅價並高熟番以樹皮爲布輕似香羅豪貴爭購

猩猩小立釣魚磯臺南府屬絕代佳人正搗衣相見卻疑相識

早前生鴻案認依稀猩猩與佳人自述前生情深伉儷夫爲顯宦妻封一品夫好淫求容者以女獻乃得高官妻莫之禁且相助爲歡今生一降爲異類一貶爲番婦

蓮花向晚綻羅東臺北府屬彩映枝頭夕照紅忽訝海棠春睡醒天台勝會一時同羅東美少年號蓮花郎有番女秀若與蓮花郎兩相屬目不能通一日山中老猿變番女狀冶容畢肖卧林下少年過女忽驚曰海棠睡猶未足願效桃花仙請到天台一共衾枕少年欣慰入林三年辭歸女送去如劉阮還家

誰將解贈助英雄海外猶存太古風雞黍不時緣客具教兒切莫問窮通唐時進士負才名遊遍天涯見宦情冷落世態炎涼遂入山結社番爲鄰子孫百餘人守家訓有勤儉風異客停留具雞黍助行囊示兒曹與客言莫問功名得失遇合窮通惟以禮相接居近後山名

日古唐社番臺北府屬

夜半流螢數點星巖爲牖戶穴爲庭柳條春色濃如許不及生番兩眼青後山有青眼番居巖穴種柳栽榆滋蘭樹蕙四時暢茂滿目皆青終歲螢火飛騰不須燈燭

忠義亭臺北府屬邊策馬過英光浩氣壯山河揮鞭又上炎涼嶺臺北府屬近奇萊社一路相逢白眼多炎涼嶺皆白眼番

觀潮曾上赤松樓臺北秀孤鸞山有赤松樓萬里鯤洋眼底浮忽見番歸叢翠裏後山有叢翠裏社番長虹一綫貫雙眸叢翠裏社皆赤眼番

熟番相顧謂生番何弗同沾雨露恩聞道戍樓兵不解低

頭欲語復聲吞防軍以勦爲功番畏懼不敢降

歌傳碑口語思岑頑石猶知衆母心詎料巉巉頭乍點雲邊一去甜棠陰岑宮保修城開路設法招撫生番向慕惜移節滇南

臺城鬱鬱水迢迢滿目蚨飛海上橋畢竟有錢歸不得千金都付客中消臺歌云臺灣賺錢臺灣灑臺灣不灑不得過海

雲中畫舫海中山水色遙迎綠樹灣天險何如兼地險環臺七省閩浙江皖粤東仗雄關

春帆帶雨轉山隈柳絮飛時破浪來歸路忽逢葭琯動竹枝唱遍海中臺

重遊玉山

曾向磺溪幾度遊驅車又過玉山頭天公不許人雕琢留待重修上界樓

聞寇警有感

渡臺有願挽狂瀾欲濟無舟把釣看作楫倘教占利涉望洋莫訝路漫漫

蘭陽八景詩 蘭陽即宜蘭縣

龜山朝日

曉峰高出半天橫環抱蒼波似鏡明一葉孤帆山下過遙看紅日碧濤生

嶐嶺夕煙

層層石磴繞青雲綠樹陰濃路不分半面斜陽餘返照晴煙一縷碧氤氳

西峯爽氣

重疊青峯映碧流西來爽氣一天秋山光入眼明如鏡空翠襲人無限幽

石港春帆

石港深深口乍開漁歌鼓棹任排徊那知一夕南風急無限春帆帶雨來

蘇澳蜃市

澳水回旋地角東山光日色照曈曨蜃樓海市何人見遙在輕煙細雨中

湯圍溫泉

泉流瀉出半清湍獨有湯圍壯異觀是否天工爐火後浴盆把住不驚寒

望龜山歌

千歲老龜化爲石遍體綠毛眼深碧蹣跚欲上蓬萊山道逢巨鼇話仙跡天風慘澹迷寒雲水國汪洋震霹靂縮頸團伏波之心奔浪汨沒露其脊不計年月皴蘚苔竟飽煙霞卧沙磧荒草如鱗羣鹿遊深洞穿脇老猿據孔門東魯有龜山望魯操琴心戚戚我遊東閩訪龜山瀛英講書稱嘖嘖何來蘭海挺奇姿黃安撇下隨潮激只今避地兼避人不爲世人十朋錫我來正値秋風生遙見山門溜新滴曳尾波中甘浮沈昂頭天外去咫尺仙蹤肯逝肯來遊塵眼可望不可即吁嗟乎龜兮龜兮如有靈力捍蛟龍斬荆棘卜我買山終乘桴此間支牀學閉息

生番歌

風藤纏掛傀儡山。山前山後陰且寒。怪石叢箐巨龜卧。橫眼老幹修蛇蟠。呦鹿結羣覓仙草。捷猿率旅尋甘泉。蕉葉爲廬竹爲壁。松枝作瓦樓作椽。中有毛人聚赤族。羣作鳥語攀雲巔。黥面文身喜跳舞。唐人頭顱漢人奸。或言嬴秦遺徐福。童男童女求神仙。神仙不見見海島。海島已荒荒人煙。五百男女自配合。三萬甲子相迴環。不識不知覺太古。以似以續爲葛天。何不招之隸戶籍。女則學織男耕田。人生大欲先飲食。此輩喜見盛衣冠。熙朝版圖軼千古。梯山航海暨極邊。此亦窮黎無告者。聖人仁政懷與安。

熟番歌

人畏生番猛如虎。人欺熟番賤如土。强者畏之弱者欺。無乃人心太不古。熟番歸化勤躬耕。山田一甲唐人爭。唐人爭去餓且死。翻悔不如從前生。竊聞城中有父母。走向堂前崩厥首。啁啾鳥語無人通。言不分明畫以手。訴未終。官若聾。仰視堂上有怒容。堂上怒。呼持杖。具杖畢。垂頭聽官諭。嗟爾番。汝何言。爾與唐人吾子孫。讓耕讓畔胡弗遵。吁嗟乎。生番殺人漢人誘。熟番翻被唐人辱。爲民上者慮其後。

上岑宮保撫番禀稿

為安邊綏遠勦撫兼施以廣招徠而全賦稅事竊維用兵之道固宜因利乘機制敵之方尤貴臨時應變卑職渡臺日久地方情形隨處察訪頗知大略查臺北府南離城四十里大地名南勢兼連粗坑新田火燒樟一帶多出木料遍山種蓏栽茶物產豐饒歡騰比戶民共安之其故由官軍駐臺威鎮海疆生番不敢猖獗近年防務稍鬆番無忌憚斃民命燬民房致令山田遍荒生且難逃稅從何出該處本屬要區若不早圖恐外夷勾通藉資羽翼其害尤不易除然欲弭禍患於將來須預籌勦撫之良策卑職一介書生略知軍事不揣冒昧敢請准募壯丁五百名訓練成軍擇要駐紮名為進勦實則撫綏一面會同地方官妥善辦理並聯絡本地明正紳士設法招徠許伊改過自新從優獎賞庶民番一體耕種如前賦稅悉資完納且該處局面寬廣並可安置流氓有業營生免致結成匪黨滋事擾民前山招撫有方後山尤為易辦生番以殺人為快後山番逆出沒無常其害由奸徒貪利私造軍械子葯易其土物名曰換番實助番為虐踪跡詭秘地方官莫可如何應

請出示曉諭嚴禁換番遣明白通司詳晰開導傳諭番割生番頭目將所換之軍械子葯一概繳出仍以食品易之番好紅布鹽酒以此並懸賞格必畏威懷德俯首投誠一社投誠眾社聞風響應若有頑梗拒命者即以降番勦逆番併力進攻痛加懲創該番畏罪悔禍歸順當在須臾若由後山進勦層巖遠涉難免縻餉勞師且三面空虛進退維谷一時救援緩不濟急兵勇不合水土病亡必多辦理似難得手曷若棄難從易以逸待勞勦撫兼施恩威並用似於安邊綏遠之道或有裨益是否有當伏乞

宮保大人察奪施行

批據禀留心時務軫念民艱并熟悉臺地情形募勇駐防一面招撫大有裨於生靈俟府城竣工准即如禀施行相期助理

驅寇論 甲申十月作

臺灣枕夷夏之交四面濱海其中層巒疊嶂前後相連後山爲生番巢穴名曰高山番山外皆熟番所居名曰平埔番總計生熟番千百社其餘貿易耕種漳泉人居多地本膏腴物產豐饒富甲於中外爲夷人窺伺垂涎非一日矣現法兵猖獗基隆滬尾鹿耳門各海口皆梗塞我軍駐臺雖猛力前驅其勢或有所不逮渡臺救應其容緩哉雖然臨時募勇不習海戰縱有大隊兵輪恐敵人藏魚雷於海底未及登岸卽被轟燬將捐軀不足以報國反致有損國

威查乾隆嘉慶道光年間朱一貴林爽文蔡牽朱濆等侵犯臺疆所爲勦滅驅逐者皆借土勇社番之力臺多煙瘴地尤險阻鴂音鴃舌言話不通又不合水土行路之難實爲所苦卽承平無事官軍駐防傷亡不少一旦交鋒對壘能保全軍無恙乎惟漳泉人飄海之舟乘風潮而入者名海口雖塞其間小港尚多土人素所經歷而且民風强悍番性尤剛所好者紅布鹽酒以此獎勵遂踴躍從公該處富紳家貲數萬至數十萬者又多急公仗義夙負幹練之才如臺北林時甫陳棟儒黃紹芳周振東臺南林蔭堂張縉雲林汝梅張春華林儀卿等皆能助軍餉舉義旗招集民番力圖驅逐一紓國難一保身家義固有不容辭者特非諭令則其權莫假卽其勢不行務期 大帥主持謹遵
上諭督師駐紮漳泉聯絡該處紳士土勇設計渡臺暗結臺民向前猛撲而以官軍助之不增兵不籌餉以逸待勞以拙勝巧斯驅寇之計得焉矣

記事畧

臺疆初闢時預籌進山要道以便策應緩急南北通衢由大甲溪至新莊抵淡水北路凡三條一由淡水基隆三貂過嶐嶺抵頭圍係入山往來大路即漳人分得地界之內今由艋舺入宜蘭通行大路又一路由艋舺之大坪林進山從內山行走經大湖隘抵東勢之溪洲係泉人分得地界之內又一路由竹塹之九芎林進山經鹽菜甕玉山腳由內鹿埔出東勢之八哩沙喃係粵人分得地界之內近年來艋舺安溪茶販竟由大坪林內山一帶行走直出頭圍其徑甚捷艋舺近莊人多由萬順藔六里至平林尾過溪入九芎林開墾田園千萬頃桑麻黍稷被野盈疇

臺灣入山孔道初由東北行自淡水之八堵折入基隆循海過深澳至三貂嶐嶺入宜蘭界嗣改從東行由煖煖三瓜仔過三貂則較由基隆而稍近矣迨開疆時復由三瓜仔逾東南走三貂魚桁仔遠望坑過嶺至大里簡入頭圍此即現在通衢視舊路又較近矣然自宜蘭至艋舺計程二百餘里官程四站民壯五藔雖便猶未捷也茲查有一路地甚寬坦毋庸多涉深溪重經峻嶺但由頭圍礮臺外

斜過石空仔山六里至鹿藔（一名待牛藔）再十二里至大溪又二十里至大坪二十五里至雙溪頭出淡屬之水返腳再二十里便抵艋舺矣凡所經過內山皆做料煮栳打鹿抽藤之家而大溪大坪雙溪頭一帶皆有藔舍行人可資棲息現在安溪茶販往返皆由此途惟中有溪流數處深廣五六尺許必須造橋五六座設隘一二藔方足利於行人又中有一路不出水返腳而出錫口又有一路不由大坪可直向萬順藔出口路更坦曠無溪出口十餘里即抵艋舺附誌之以俟捷足者先登

宜蘭縣南與奇萊社番最近奇萊陸路由烏仔埔過奇萊至蘇澳南關大約一百五十里水路由米浪港出口直入蘇澳計程五六十里該處生番現有根耶耶直腳宣荳難薄薄李劉罷鞭等六社名目查根耶耶即筠椰椰直腳宣即竹仔宣荳難即多難此四社舊屬諸羅縣界崇爻山後傀儡大山之東後與崇爻芝舞蘭芝密苗丹水輦合為九社歸入諸羅歲輸社餉近又改照民丁例凡四社與芝舞蘭芝密水輦納納名為崇爻八社另輸鹿皮徵收丁銀亦可見番性之遷改無常故社之分合不一也今芝密詭作

奇密。與納納另屬泗波瀾。泗波瀾有十八社番。與奇萊相近。屬鳳山縣界。亦在崇爻山後。可知奇萊即嘉義之背。泗波瀾即鳳山之脊。由此而卑南覓。而沙馬磯頭。迴環南北一帶。則後山諸地。自泖鼻至瑯嶠。大畧與前山千餘里等耳。海船從沙馬磯頭。盤轉而入卑南覓諸社。山後大洋之北。有嶼名釣魚臺。可泊巨舟十餘艘。崇爻山下泗波瀾可進三板船。漳泉人多有至其地者。

卑南覓自山到海。濶五六十里。南北長約百里。此地開闢。可墾良田數千萬甲。歲得租賦數萬石。足置一縣治。與秀孤巒為鄰。今嘉彰兩相接壤也。其地為東西大平洋。向西北行百餘里。即彰化界外之埔裏社。乃全臺適中之處也。

卑南覓土產檳榔。薯榔尤多。漫山遍野皆是。近時郡城有小船私到山後。向番擺流（華言互易）者。即卑南覓也。所出鹿茸鹿脯亦多。交易不用銀錢。但以物互換而已。其地港澳數處。皆可泊舟。小舟由溪而入。可二三十里。溪水清且深。

烏石港口南出。萬水朝宗。洋面不遠。舟行至此。百無一回。俗謂之落溜。落溜即落漈也。按文獻續通攷。水至澎湖漸低。近琉球謂之落漈。落漈者。水趨下而不回也。凡西岸漁舟到澎湖以下。遇颶風發。漂流落漈。回者百無一二。又稗海記遊云。基隆山下實近弱水。秋毫不載。舟至即沈。或名為萬水朝東。勢傾瀉。捲入地底。滔滔東逝。流而不返。二說微異。但謂在澎湖以下者。時尚未開臺也。謂在基隆山下者。時尚未開蘭也。總之不離乎東流者近是。新修臺邑志則云。弱水見於禹貢。自有其處。萬水朝東。天下之公言也。諸書言順流而東而南者。就內地言之也。臺處東南。其地之基隆山。即內地之東。其南之沙馬機頭。即內地之南。水歸東南。故皆可曰順流。康熙初。張給諫出使琉球記謂由五虎門放洋。已離梅花所七日矣。令舵工上斗。遙望見東北一山。形圓卑如覆盂。四面無址。諒無居民。心甚疑。越日因北風引舟南行。至小琉球。詢之土人云。尤家埠琉璜山也。北去日本。東出弱水洋。當飄蓬萊扶桑。不知何日西還矣。據此所言。則又似朝東之水與小琉球遙遙相對云。

嘉慶丙寅春。海寇蔡牽至烏石港。欲取其地。使人通謀。共墾眾患之。賊舟有幼童被擄者。乘間登岸。遇其父匿之。賊索不得。揚言且滅頭圍。眾益懼。頭人陳奠邦吳化輩相與謀。今通賊官兵必討。身家之害尤為切要。不如拒之。且以爲功。乃夜定計。集鄉勇并各社番。伏岸爲備。賊猶未覺。晨入市貨物。衆乃縛之。得十三人并頭目。賊聞之。怒連帆進攻。衆斷大樹塞港。賊不得進。拒敵久之。賊敗去。化等乃以所擒賊獻。將軍賽冲阿聞。乃有該處膏腴爲蔡逆窺伺之奏。越丁卯秋。朱濆大載農棋。泊蘇澳。謀奪溪南地爲賊巢。陳奠邦遣人告急。知府楊廷理緝捕至艋舺。得訊。遂與南澳鎮王得祿。水陸赴援。先是漳人盡得有西勢地。柯有成何繪陳奠邦賴岳吳化吳光裔六人爲之董事。而東勢之强者。獨番社潘賢文。駐羅東。自羅東以南至蘇澳三十里。

朱濆謀奪之。以嗶嘰紅布。散給東西勢諸社番。有漳人李祐。陰結黨羽勾通。廷理乃以札諭潘賢文七人。曉以大義。出嗶嘰十板。紅布五百疋。番鏹千圓。賚番衆。賢文大悅。民咸踴躍用命。設木柵於海口。各出器械巡邏。捕通賊者祐黨。懼挈妻子入賊舟。賢文復獲海寇黃善等七人以獻。有黃灶者。大股賊目也。爲黃姓所匿。廷理索之。卽縛灶出獻。於是蛤仔難居民。競出治道。以迎廷理。四日而至五圍。至則泉州義首林永福翁清和。自艋舺率精壯社番勇千二百人。穿山開路。以達蘇澳。潘賢文以衆斷樵汲。遂與舟師夾攻。敗賊。賊順流而東遁。

蔡牽僭稱王號。逆造正朔。自稱鎮海威武王光順元年起釁滬尾。竄連東港。厚集郡城。皆山賊爲之揚其波。一若至微極賤之蔡牽。一日可鞭箠番民。控制閩粵也。豈不悖且惑哉。蔡牽雖垂涎臺灣。然日久計熟。所欲得者。噶瑪蘭耳。其地膏腴未入版圖。田畝初開。米粟足供。居郡城上流。險固可守。漳泉人雜處。其釁易乘。而同時巨盜朱濆。力足相當。又慮爲其所奪。是以揮金布賂。密謀先發。令其黨赴東港。而自留滬尾督率。意以滬尾既得。卽可上迫噶瑪蘭。而下制郡城。不

圖羽翼未成。陸賊元凶就戮。不得已。始率黨南下。既入鹿耳門。又遷延踰旬。若其初意在郡城。必乘無備。併力急圖。蓋蔡牽雖愚。生長海崖。習聞往事。縱使得有郡城。未有不懼爲朱一貴之續。以此度羣賊所爲。決非噶瑪蘭不可。蔡牽烏合鴟張。多以林爽文比。而大勢實相反。林爽文之變。實激之使起。故釁生一時。蔓延數載。而其敗也。至於窮蹙自投。蔡牽之變。若招之使來。故勾通數載。流毒一時。而其敗也。止於詭秘自逸。以勢論之。山賊被誘迫脅。身雖從賊。心懷兩端。羣呼跳躍。如同兒戲。有節制之師。不足平也。海

賊雖拚命敢殺。然其入港。必借勢風潮。即使登岸。必無傾船盡出之理。有勇力之師。固守海口。以逸待勞。亦足恃險無虞。惟上流噶嗎蘭。官所不轄。賊所必爭。萬一民番失守。棄以與賊。臺灣之患。由是方滋。故爲臺灣久遠計。非掃清洋面。以拔其根。即當致力上流。以絕其望。論者謂海賊出沒無常。水師頻年勦滅。苦於風濤。無已則請踵藍鼎元鹿洲集中之故智。而以假扮商船之說進。然時至今日。則又不然。自泰西諸國通商後。商船往來不絕。臺灣物產豐饒。皆外夷所窺伺。爲夷人第一緊要者。基隆之煤。全臺之樟

栳木料耳。地方官因現敦和好。借輪船飛渡爲便捷。凡漳泉人飄海之舟。幾置爲無用。番社屯丁。並不時加訓練。又未能撫卹招徠。爲固結人心之本。一旦海疆有事。將鞭長莫及。其爲患有甚於從前者矣。

烏鎔林諱竹芳。前宰詔安。以緝捕勤能。擢陞刺史。借署噶嗎蘭通判。道光五年六月到任。次年五月間。嘉彰分類匪徒竄入蘭境。布散謠言。吳鄭成。吳集光。吳烏毛等。從而和之。集眾數千人。焚村莊。刼財物。全臺鼎沸。烏聞信。星馳至冬瓜山粵莊。賊眾甫集。倉皇驚散。追至馬賽。生擒賊七名。早至羅東。聞賊攻打員山。遂不暇食。率眾前往。伏那美莊竹圍中。鎗銃齊施。傷勇役三名。眾欲奔避。烏以身當先。大呼各役奮勇衝擊。生擒五名。賊畏逃。次日探賊聚鹿捕莊。烏與營員分路夾攻。烏先至鹿埔。賊正焚莊。見官兵驟至。率眾齊出。漫山遍野而來。彼眾我寡。人人皆懼。烏獨激勵勇丁。以一當百。衝鋒直入。生擒賊九名。從此賊眾喪膽。望風而遁。但團聚四處。一時未能即散。二十四日。諸路賊又會攻員山。烏傳諭各村莊居民。團練鄉勇。豎立義旂。身領兵勇。并帶大礮三尊。布列山前。與賊對壘。各路伏勇。又生擒八名。

自此賊眾計窮勢蹙。遁影無踪。而全臺不至蹂躪。居民得以保全矣。又中港逃來難民。不下三千人。烏恐與眾合謀。率領頭人。親至頭圍撫恤。給以米銀。棲以廬舍。皆懽洽。不敢滋事。時淡水小雞籠。與蘭接壤。山上又有避難粵人千餘。被漳人圍困日久。飲食幾絕。烏聞信。即飭漳屬頭人。帶銀數百兩。星夜馳赴。給以米石。勸漳人解圍和好。由是歡頌之聲。遍於道路。光緒八年秋。逢祀奉委至宜蘭。催收臺北城捐。蘭中父老。有詳述其事者。遂不禁蹲蹲起舞。握管直書。足見軼事流傳至今不替云。

醫方

臺灣横山跨海烟瘴迷漫忽雨忽晴濕熱又相乘爲患內地人不合水土多致病亡爰擬醫方壬午三月禀請岑宮保刊行遠人多賚調活板藏臺北府考棚內後爲滇軍取去茲特附刻於後以備急需

蒼术　陳皮　半夏　厚朴　藿香　甘草

右各味按病之輕重酌批分兩薑棗煎服

一頭痛加川芎白芷
一有濕加白术茯苓

一口躁心煩加柴胡乾葛
一潮熱加柴胡黄芩
一瘧疾加常山檳榔草果
一冷瀉不止加木香豆蔻柯子肉
一咳嗽加桔根杏仁五味子
一痢疾加黄連枳殼去藿香
一身體疼痛加麻黄桂枝赤芍
一喘急加麻黄蘇子桑白皮
一嘔逆加丁香砂仁

一感寒腹痛加乾薑官桂
一熱極大便不通加大黄芒硝
一氣塊加三稜枳殼檳榔小茴香
一胸膈脹滿加枳實砂仁莪术
一腹脹加香附枳殼白豆蔻
一兩足浮腫加木爪大腹皮五甲皮

國立中央圖書館珍藏

臺海見聞録 四卷

〔清〕董天工撰

《臺海見聞録》四卷，清董天工撰。天工（一七〇三—一七七一）字材六，號典齋，福建崇安（今武夷山市）人，雍正元年（一七二三）貢生。曾任彰化教諭，任滿後就在臺所見聞，徵諸文獻，編成此書。卷一山川、建置、官制、營制、武備、船政、田賦、户丁、鹽課、水陸餉、官莊，卷二漢俗、番俗、臺卉、臺果、臺蔬、臺木、臺竹、臺草、臺禽、臺獸、臺鱗，卷三雜記，卷四藝文。據中國國家圖書館藏清乾隆十六年（一七五一）刻本影印。

乾隆辛未

臺海見聞錄

琢玉軒藏板

臺海見聞錄序

昔賢稱益神智者兩端首尚讀書次唯遠游余謂遊不遠不壯遊不險亦不奇也身歷重洋無恠弗接可云壯且奇矣乃或眺聽其間惶然駭然精神略不相屬遇境思之口呿舌撟莫能道一辭則萬里遥迢雖淹日月直等諸噩夢須臾耳坡公遊冠平生之語豈欺人哉憶辛酉歲余奉

命持節臺灣自廈門東渡長颸四

至揚波觸天舵人面皆土色余端坐舷次頻左右顧伸紙濡筆手錄輟書初不知吾身之顛如質也居臺二稔彙所作詩顏曰瀛壖百咏凡乘槎之使謬取為道海一斜余則彙為敝帚久矣

越丙寅崇安　董君典齋秉鐸彰邑君故閩之博雅君子也道究天人繩其家學多士奉為楷模蔡之向風一時既號稱海濱鄒魯公餘更徧矚臺郡山川風土民俗物產賢良節烈以及前

人題詠之類都為一集名臺海見聞錄紀中有史詩中有畫披讀之下俾未至其地者神樓壯觀已至其地者目湖舊遊撈奇縋險厥功比之郭酈故文章與峭亦相與頡頏視僕之所作奚

啻判雅鄭已哉顧序亦節集中多采拾葑菲君之虛懷樂善抑又加人一等矣則斯編也信其行遠傳後足補輿經之闕軼匪直為山海之梯航而詹詹小言如余者亦得附垂不朽獨非幸

歎爰為書之簡端以慶吾遭且以志吾媿云

乾隆十八年春三月

賜進士出身中憲大夫掌雲南道監察御史署京畿道事加二級紀錄一次年家眷弟張湄拜譔

見聞錄叙

嘗稽山川鑄於彝鼎風土載在詩書古昔先王無非以所見所聞昭示來茲後之君子體此意或山海著經或郡國作志他如九域有志十洲有記著作紛紛亦皆據所見所聞筆之於書用以信今而傳後也然以耳目所遇發為文章欲

描形繪聲使山川風土瞭
如觀火苟非才識卓越學
問淵愽有難言者兹昆俵
董君典齋先生夙吞丹篆素
富青箱存曲水名宿作彰

毛序　二

山楷範夫彰乃閩之臺灣
古昆舍耶國近以我
朝德威遠播始入版籍其地邑
嶼孤懸海中城市獨闢海
表山川既殊風土亦異民

情物產均多不侔內地
董君宦遊斯土實有得於見
所未見聞所未聞者乃退
而編輯成書凡臺地疆輿
官守土俗民風山珍水利

毛序　三

之類以及詩詞歌曲靡有
不備彙為四卷顏曰臺海
見聞錄較之臺灣郡誌暨
圖考筆談諸書尤為詳核
持以質余兼請序之余披

閲之下神遊其境覺蛟室蜃樓之形儼遇於目濤鳴海吼之聲恍接於耳山川風土一覽洞然不啻以　董君之見聞援為余之見聞矣是録也詳明典博直可為山海經郡國誌之拾遺九域賦十洲記之補亡焉要亦本古先王鑄彝鼎載詩書之意也夫

毛序　四

新都毛大周題於崇署之遠香亭

毛序　五

臺海見聞錄引

臺灣古毘舍耶國也越在海外遠通江浙粵東近逼閩省廈門初佔扰荷蘭繼據于偽鄭康熙二十二年鄭克塽輸誠

皇威遠布文德武功海宇敉寧迨三十一年巡使高公拱乾秉節茲土始輯郡志乾隆六年劉公良璧復增補成書又歷年所海疆日擴人物丕變巡方六公十七范公咸經羅薈萃重為編輯海外文物於茲大備其前則有明太常少卿沈公光

文臺灣輿圖考草木襍記靖海侯施公琅靖海紀諸羅令季公麒光臺灣雜記山川考畧教授林公謙光臺灣紀畧臺防孫公元衡赤嵌集仁和郁公永河稗海紀遊偽鄭逸事漳浦藍公鼎元東征集平臺紀畧巡方黃公叔璥赤嵌筆談使槎錄巡使張公嗣昌巡臺錄尹公士俍臺灣志畧巡方張公湄瀛壖百咏六范二公纂修郡志多採集焉予丙寅夏司鐸彰山一舟航海覩山川之美秀水土之饒沃風俗

之華麗物產之豐隆有見有聞退而識之稽之文獻質其真贋其有荒唐不經者槩置勿錄庚午春秩滿憂居梓里一二良朋每詢島嶼風土海國文章輒出以相視然而卷帖繁蕪又恐散失讀禮之暇漫

為編次首山川建置以及官爵武備田賦輸將倫考條例次風俗物產名賢烈婦至於詞賦詩歌擇吮臺風土者錄之名曰見聞錄分卷爲四以為筆談豈曰毘舍耶國今歸我

朝版圖擬作齊諧之志山海之圖耶聊以附諸公之末一覽而得其大概云爾乾隆辛未陽月典齋董天工書於平川書屋

臺海見聞録卷一

長樂鄭振鐸西諦藏書

崇安　董天工　典齋

山川

臺山自福省五虎門蜿蜒渡海東至大洋中有二山曰關潼白畎是臺地諸山之太祖也隱伏波濤穿海渡洋至臺之雞籠山始結一頂磅礴千餘里或山谷或平地諸山屹峙不可紀極大約臺山背東溟面西海其地形如半月郡邑居其中木岡山爲郡之少祖在府治東北一百三十里巍峩聳拔雲霧掩罩天清頂見山南三十餘里爲臺灣縣

治自木岡山南至沙馬磯頭山在府治西南四百六十里其西盡大海其東北爲鳳山縣治自木岡山北至玉案山其西北三十里爲諸羅縣治自玉案山北至大武郡山其西北四十里爲彰化縣治自大武郡山北至雞籠鼻頭山在府治東北六百三十里其北盡大海其西南三百五十里爲淡水廳治大海環繞遠通江浙粤東近爲閩省外障澎湖爲門户鹿耳爲咽喉加以七鯤身毗連環護誠天設之險其山皆向内北路之後壠港與興化南日對峙後壠而上之竹塹與海壇對峙竹塹而上之南嵌與福州閩安鎮對峙自南嵌至上淡水與北茭相望淡水至雞籠城與沙埕烽火門相望澎湖憑山環海有五十嶼巨細相間迴環五十五澳

文獻通考云琉球國在泉州之東有島曰澎湖烟火相望水行五日而至旁有毘舍耶（一作那）國語言不通袒裸盱睢殆非人類喜鐵器臨敵用鏢以繩十餘丈爲操縱蓋愛其鐵不忍棄按澎湖東南即今臺灣其情狀相似殆即毘舍耶國也

蔡洲文稿云臺灣海中番島名山藏所謂乾坤東港華嚴

婆娑洋世界名爲雞籠考其源則琉球之餘種自哈喇分支近通日本遠接呂宋控南澳阻銅山以澎湖爲外援明萬曆間海寇顔思齊踞有其地始稱臺灣思齊剽掠海上倚爲巢窟臺灣有中國民自思齊始

大海洪波止分順逆凡往異域順勢而行惟廈抵臺名曰横洋中有黑水溝色如墨曰墨洋驚濤鼎沸險冠諸海或言順流而東則爲弱水昔有閩船飄至弱水之東閲十二年始得還東土

海吼俗呼海叫小吼如擊花鞚鼓點點作撒豆聲乍遠乍

近若斷若連大吼如萬馬奔騰鉦鼓響震三峽崩流萬鼎共沸吼時雲氣漸興風雨不旋踵至矣海上人曰是雨徵也若冬月吼常不雨多主風

廈門至澎湖水程七更澎湖至鹿耳門水程五更約六十里爲一更往來船隻以澎湖爲關津行舟以北極星爲準黑夜無星可憑則以指南車按定子午格巽向而行倘或子午稍錯南犯呂宋或暹羅或交趾北則飄蕩莫知所之至若鹿耳門北至雞籠十九更自鹿耳門南至沙馬磯頭十一更苟遇颶風北則墜於南風炁一去不復返南則入

於萬水朝東皆極險阻此來臺者之不可不知也

稗海紀遊云淡水登舟半日即望見官塘山（即關潼山）自官塘抵定海行大海中五六十里至五虎門兩山對峙勢甚雄險爲閩省門户門外風力鼓盪舟甚顛越既入門靜綠淵渟與門外迴別更進爲城頭（土音亭）十里至閩安鎮數十里至南臺大橋

續文獻通考云水至澎湖漸低近琉球謂之落漈漈者水趨下而不回也凡西岸漁舟到澎湖以下遇颶風發漂流落漈回者百無一

鹿耳門南北兩岸鐵板紗線橫伏水底舟觸立碎出入僅容三舟土人標示其港名曰盪纓入門候潮長水深丈四五尺揹帆起舵而進潮退不及一丈不能進有乘北風作從澎湖放洋不半日可到門

海上黑夜不見一物則擊水以視一擊而水光飛濺如明珠十斛傾散水面晶光熒熒良久始滅亦奇觀也

瀛壖百詠云暗澳相傳在臺灣東北昔紅毛泊舟其地無晝夜山明水秀萬花爛熳無居人心愛之留二百人居焉次年復至則山中昏黑如夜所留番無一存者取火索之

見石上題云至秋成夜至春始旦黑時俱屬鬼怪因漸次以亡蓋一年一晝夜云

魁斗山在臺灣府學對朝張巡方鷺洲有詩云近接宮牆數仞高星光磊落起文豪問名已列魁三象分派應知海一鼇

玉山在諸羅三峯並列無遠不見冬末春初風清無塵日暉映射晶瑩耀目如雪如冰如瀑如練瞬息雲起如隱紗籠傳言此山渾然美玉生番既不知外人又莫敢向取

赤山在諸羅山頂時出火置薪其上則煙起康熙癸卯我

師進港出火三條如彩虹亘天至三日夜乃散

打鼓山在鳳山傳林道乾妹埋金山上入山樵採者時或見金若懷歸迷不得路疑有山靈呵護云

硫磺山在淡水内北投山腰白氣如雲觸腦欲裂周廣數十畝如一大沸鑊跳珠噴濺出地尺許近穴處土石皆熱色如蜜蠟名曰磺花

水沙連在彰化東北番境四圍大山自山口入爲潭廣可七八里周二十里中央一嶼圓淨開爽番繞以居架竹木承土以種稻謂之浮田欲至社舉火爲號番划蟒甲以渡蓋海外一洞天也

大甲溪在彰化北溪濶水急水底皆圓石苔蒙其上不可駐足秋漲尤險阮蔡文有詩云水方没脛已難行水至腰間命呼吸

劍潭在淡水潭畔有加冬樹高聳蔽天圍合抱相傳荷蘭開鑿時插劍於樹樹忽生皮包劍於内不可復見

龍潭在臺灣縣永康里綿延二十餘里取水禱雨輒應中多鯽魚又名鯽魚潭

蓮池潭在鳳山學宮前潭水澄清中植荷花香聞數里

建置

臺灣去福州一千二百六十里古荒服地未隷中國明宣德間太監王三保（通志作鄭和）舟下西洋因風泊此嘉靖二十四年林道乾寇亂邊海都督俞大猷逐道乾入臺偵知港道紆廻不敢進留偏師駐澎湖時哨鹿耳門外道乾以臺非久居恣殺土番取膏血造舟從安平鎮二鯤身隙間遁去占城（占城屬廣南今尚有道乾遺種）道乾既遁澎之駐師亦罷因設巡檢守之尋裁天啓元年漢人顏思齊爲東洋國甲螺（東洋即日本國甲螺頭目之名）引倭屯於臺鄭芝龍附之尋棄去久之荷蘭舟

遭颶風飄此愛其地借居於土番不可乃紿之曰得一牛皮地足矣多金不惜遂許之荷蘭剪牛皮如縷周匝數十丈築赤嵌樓居之（今府城内）復築紅毛城於一鯤身上（今安平鎮）設市於城外而漳泉之商賈集焉迨

國朝順治十六年鄭芝龍子成功由海道犯江寧敗歸孤軍厦門適甲螺何斌負債逃厦誘成功取臺地舟至鹿耳門乘大霧騈進荷蘭歸一王以死拒戰成功告之曰此地先人故物今珍寶聽而載歸地仍還我荷蘭知不敵乃遁去成功遂入據之改臺灣爲安平鎮赤嵌爲承天府總名東

都設二縣曰天興曰萬年康熙元年成功死子經改東都爲東寧二縣爲二州設安撫司三南北路澎湖各一二十一年福建制府姚公啓聖用間諜陰散其黨約僞賓客司傅爲霖爲内應垂成事洩爲霖遇害二十二年水師都督施公琅統征六月由銅山直抵澎湖入羣嶼取虎井桶盤嶼戒軍士毋得妄殺軍士苦水鹹島岸突湧甘泉遂無渴患一戰而澎湖平經死子克塽震懾遂籍府庫納地歸誠二十三年廷議府一曰臺灣隸福建布政使司領縣三廳一曰臺灣鳳山諸羅臺防雍正元年增設縣一曰彰化并增設淡水廳五年增設澎湖廳今領四縣三廳

赤嵌筆談云臺地初闢原卜築城於永康里後不行鳳諸二縣各築土堡郡治居民亦欲倣而行之西南臨海議自南下林子土墼埕鬼子山春牛埔上帝廟坑中營埔

萬壽亭中樓子北敎場直至北海尾將南北東三面圍築堡牆約高一丈底寬一丈八尺上寬一丈每丈用土十四方牆頂高三尺寬一尺五寸用土半方共土十四方半每丈八層每層用茅竿草四擔共三十二擔牆長一千七百八十丈每丈約費銀六兩八錢零計共需銀一萬二千二百

四十六兩有奇

雍正十一年

上諭從前鄂彌達條奏臺灣地方僻處海中向無城池宜建築城垣砲臺以資保障經大學士等議覆令福建督撫妥議具奏今據郝玉麟等奏稱臺灣建城工費浩繁臣等再四思維或可因地制宜先於見定城基之外買備刺竹栽植數層根深蟠結可資捍衛再於刺竹圍内建造城垣工作亦易興舉等語朕覧郝玉麟等所奏不過慮其地濱大海土疏沙淤工費浩繁城工非易故有莿竹藩籬之議殊不知城垣之設所以防外患如必當建城雖重費何惜而臺灣變亂率皆自内生非禦外寇比不但城可以不建且建城實有所不可也臺郡門户曰鹿耳門與府治近號稱天險港容三舟旁皆巨石峯稜如劍戟舟行失尺寸頃刻沉没内設砲臺可恃以為固其法最善從前平定鄭克塽朱一貴皆乘風潮舟行入港水高港平衆艘奔赴無所阻碍大兵一入即獲安平港之巨舟賊無去路而撫其府市人民南北路商賈一聞官軍至絡繹捆載而來相依以自保物力既充軍氣自倍賊進不能勝退無可守各鳥獸散

終無所逃遁故旬日可以坐定向使賊衆有城可據收府市人民財物以自固大兵雖入攻之不抜坐守安平曠日相持克敵不易葢重洋形勢與内地異此即明效大驗固未可更議建制也若謂臺灣築城即以禦臺灣外寇是又不然從前兩征臺灣皆先整兵泊舟於澎湖之南風澳以候風潮之便歲不過一時時不過數日若盜賊竊發或外番窺伺泊舟澎湖則夕至而朝捕之至南北二路可通之地雖多然如南路之蟯港北路之八掌溪海豐港鹿子港大甲二林三林中港竹塹蓬山惟小船可入其巨港大舟

可入者不過南路之打鼓東港北路之上淡水其次則北路之笨港鹹水港去府治較遠縱有外寇亦不取道於此備設砲臺派撥汛兵朝夕巡視自足以資控禦今郝玉麟等請於見定城基之外栽種刺竹藉爲藩籬實因地制宜甚有裨益其淡水等處砲臺務須建造各屬並應增脩不可惜費省工或致潦草應如何舉行之處着郝玉麟趙國麟妥恊定議具奏欽此續據該督郝玉麟等題准臺灣府治自小北門起至南水門止俱屬沙土堪以栽種刺竹其西面一帶逈臨海濱潮汐往來難以種竹應建大砲臺兩座設立敵臺城門望樓等項至府治西北一方見有鎮營駐劄營盤惟東南一處並未設立議於大東門内設立營盤一處小南門邊設立營盤一處仍與各營盤一體圍植刺竹并南路之茄藤港等處建砲臺十座府治西面一帶砲臺空隙處所設立木柵以資捍蔽谷稿

海會寺郡北關外五里原僞鄭别業康熙二十九年改爲寺近有僧石峯壁間多咏白菊句張巡方有詩云歌罷蠻姬易梵腔層樓煙際晚鐘撞吟詩賭奕人稀到閑煞孤僧白菊牕

竹溪寺徑曲林深溪山環拱可稱勝致寺門榜曰小西天距郡二里許

夢蝶園在郡小南門外漳人李茂春遯跡來臺構茅亭以名今爲法華寺

李氏園在郡小東門外近先農壇李某築小亭曰聚星緑疇四繞青嶂當窓臺地官僚省耕皆憇於此

官制

巡視臺灣監察御史滿漢各一員康熙六十年設

提督學政舊係臺灣道兼攝雍正五年改歸漢御史兼理

分巡臺灣道一員兼督船政舊爲臺厦兵備道兼理學政康熙六十年改爲臺厦道雍正五年學政歸漢察院雍正六年改爲臺灣道

知府一員總滙四縣刑名錢穀兼支放兵餉經理艁政

臺防同知一員專司稽查鹿耳門海口兼督臺鳳諸三縣捕務

淡水同知一員雍正元年添設稽查北路兼督彰化捕務雍正九年劃大甲溪以北刑名錢穀歸理

澎湖通判一員稽查船隻管理錢穀遇刑名事件仍歸臺府審結舊係巡檢所轄雍正五年改設

臺灣縣知縣一員

鳳山縣知縣一員

諸羅縣知縣一員

彰化縣知縣一員雍正元年新設

臺灣府學教授一員

訓導一員雍正十一年添設

臺灣縣學教諭一員

訓導一員雍正十一年添設

鳳山縣學教諭一員

訓導一員雍正十一年添設

諸羅縣學教諭一員

訓導一員雍正十一年添設

彰化縣學教諭一員

訓導一員雍正十一年添設

府首領官經歷一員兼司獄務

臺灣縣縣丞一員雍正九年分駐羅漢內門稽查地方

鳳山縣縣丞一員雍正九年新設分駐萬丹稽查地方

諸羅縣縣丞一員雍正九年新設分駐笨港稽查地方兼查船隻

臺灣縣新港巡檢一員稽查地方兼查大港口船隻

鳳山縣淡水巡檢一員稽查地方兼查東港船隻

諸羅縣佳里興巡檢一員分駐鹹水港稽查地方兼查船隻

彰化縣鹿子港巡檢一員雍正九年新設稽查地方兼查船隻

彰化縣貓霧捒巡檢一員雍正九年新設稽查地方

淡水竹塹巡檢一員雍正九年新設稽查地方兼司獄務

淡水八里坌巡檢一員雍正九年新設稽查地方

臺灣縣典史一員

鳳山縣典史一員

諸羅縣典史一員

彰化縣典史一員雍正元年新設以上四員俱隨堂司捕獄事務

文職共三十六員

營制

臺灣鎮標中左右三營

掛印總兵官一員駐劄府治鎮北方雍正十一年議准照山陝沿邊例爲掛印總兵給方印

中營中軍遊擊一員駐府治中路口守備一員中營署右千總二員

把總四員　步戰守兵九百一十名

左營遊擊一員駐府治北路口守備一員駐鎮北方千總二員

把總四員　步戰守兵九百三十名

右營遊擊一員駐府治南路口守備一員駐府治東門千總二員

把總四員　步戰守兵九百三十名

臺灣城守營左右二軍雍正十一年添設

叅將一員駐防府治北門内

左軍守備一員駐防岡山千總一員　把總二員

步戰守兵五百名

右軍守備一員駐防下茄冬千總一員駐防府治把總二員

步戰守兵五百名

南路營

叅將一員駐防鳳山縣都司一員駐防下淡水守備一員駐防營後

千總三員　把總六員　步戰守兵一千五百名

北路協標中左右三營原止一營雍正十一年分設

副將一員原係叅將駐劄諸羅縣雍正十一年改設駐劄彰化縣

中軍都司一員駐劄彰化

左營守備一員駐防諸羅縣

右營守備一員駐防竹塹千總六員　把總十二員

步戰守兵二千四百名

淡水營

都司一員駐防淡水港千總一員駐防淡水港把總二員

步戰守兵五百名

安平水師協標中左右三營

副將一員駐劄安平

中營遊擊一員駐防安平守備一員本營内千總二員

把總四員　步戰守兵八百五十名　戰船十九隻

左營遊擊一員駐防安平守備一員本營内千總二員

把總四員　步戰守兵八百名　戰船十八隻

右營遊擊一員駐防安平守備一員本營内千總二員

把總四員　步戰守兵八百五十名　戰船十九隻

澎湖水師協標左右二營

副将一員駐劄澎湖
左營遊擊一員駐防媽宮澳　守備一員本營署轄　千總二員
把總四員　步戰守兵一千名　戰船十八隻
右營遊擊一員駐防媽宮澳　守備一員本營署轄　千總二員
把總四員　步戰守兵一千名　戰船十八隻
武職共一百一十四員步戰守兵共一萬二千六百七十名戰船九十二隻

條例

康熙三十年奉
旨臺灣各官自道員以下敎職以上俱照廣西南寧等府例将品級相當現任官員内揀選調補三年俸滿即陞雍正七年議准臺灣道府同知通判知縣到任一年令該督撫於閩省内揀選賢能之員到臺協辦半年之後回内地補用政優者准加二級稱職者准加一級
雍正八年奏准嗣後調臺各員到任二年該督撫另選賢能赴臺協辦半年之後将舊員調回
雍正十一年覆准臺灣道員准其照協鎮之例三年報滿知府同知通判知縣准其照叅将等官之例二年報滿協

辦人員半年之後令各員交代清楚回至内地該督撫照例察核分别具題如果實心辦理地方寧謐俱准以應陞之缺即用其道府應陞之缺給咨赴部引
見候
旨陞用同知通判知縣俱留於本省遇有應陞缺出該督撫即行具題陞補
乾隆八年議准嗣後臺灣府廳縣准其照道員佐雜教職等官一體三年期滿報明該督撫照例具題分别陞用免其留臺協辦
又議准臺灣訓導三年報滿以縣丞府經歴等官陞用如該員俸次應陞學正教諭吏部截定俸次該督撫挨次論俸陞
武職定例總兵官三年俸滿請
旨陞　見副将三年俸滿給咨引
見叅将遊擊都司守備二年限滿咨部推轉千總把總三年限滿赴省俟文推補其兵丁由内地三年按班抽換不准就地推補
康熙六十年議准嗣後文武大小官員不許帶眷往臺雍

正十二年總督郝玉麟奏准調臺官員年逾四十無子者准其挈眷過臺

武備

雍正十一年總督郝玉麟奏准臺屬民壯俱係無賴流寓之人每多滋事擾害良民除原撥澎湖通判臺灣府經歷臺鳳諸彰四縣典史民壯共四十四名照舊存留供役外其道府同知知縣共民壯三百五十六名悉行革退編入保甲將原給器械追繳貯官即於鎮標營兵內酌量撥給道員二十四名知府二十名臺同知十五名淡同知二十

四名臺鳳諸彰四縣各二十名以資護衛巡查

圖書編云澎湖遠在海外內澳可容千艘周遭平山爲障止一隘口進不得方舟令賊得先據所謂一夫守險千人不能過者也矧山水多礁風信不常吾之戰艦難久泊矣而曰可以攻者否也往民居恃險爲不軌乃徙而虛其地今不可以民實之明矣若分兵以守則兵分爲弱遠輸爲貧且絕島孤懸混茫萬頃販輸不足而援後時是委軍以予敵也而曰可以守者否也亦嘗測其水勢沈舟則不盡其深輸石則難扞其急而曰可以塞者亦非也惟峻接濟之防而數陳整旅以需其至則賊既失其所恃詎能爲久頓謀哉

東寧政事集云南路自大岡山以下至下淡水瑯嶠社北路自木岡山以上至上淡水雞籠城其間如鳳山傀儡山諸羅山半線山皆扼野番之衝爲陸汛所必防如下淡水硫磺溪大線頭鹿子港皆當入海之道爲水汛所必守至雞籠淡水乃臺灣極北之島突處海中毗連番社後壠一港與南日對峙即興化港口也後壠而上一百二十里爲竹塹社對海壇鎮竹塹而上一百五十里爲南嵌社對峙

閩潼即福州閩安港口自南嵌至上淡水七十里對北膠淡水至雞籠三百里對沙埕烽火門皆浙江省界也大洋之外紅夷出入之路而又遠隔郡城港道四達往來一帆直上僞鄭設重兵於彼雖曰遠禦紅夷實恐我師從福興分出以襲其後也雞籠至閩安不過七八更水程若閩安興化等港聽商人往來貿易非止利源通裕萬一意外之警則厦門澎湖之師以應其前福泉興化之船以應其後首尾呼應緩急可恃

理臺末議云臺灣在福建之東南地隔重洋形勢延袤可

至者凡千六七百里外此則生番所居與熟番阻絕遠望皆大山疊嶂莫知紀極可以置而不議府治南北千有餘里越港即水師安平鎮又有七鯤身沙線潮平可通安平港內爲水師戰艘商民舟楫止宿之地港名鹿耳門出入僅容三舟左右皆沙石淺淤焉此臺灣之內門户也衞渡至澎湖島嶼錯落有名號者三十六島澎湖溝底皆大石參錯凡港泊有南風北風二者殊澳此臺灣之外門户也然臺灣之可通大舟者尚有南路之打鼓及東港北路之上淡水凡三處而惟上淡水可容多船港門爲正也其可通小船者尚有南路之蟯港北路之鹹水港及八掌港笨港海豐港鹿子港大甲西二林三林中港竹塹蓬山凡十二處而笨港并有小港可通鹿耳門內即名馬沙溝是也總之臺灣三路俱可登岸而惟鹿耳門爲用武必爭之地者以入港即可以奪安平而抗府治也奪安平則舟楫皆在港內所以斷其出海之路抗府治則足以號令南北二路而絕依附之門故一入鹿耳門而臺灣之全勢舉矣或云鹿耳門爲天險門户而又上設礮臺防亦密矣萬一攻之不入兵法有攻堅而瑕者亦堅其謂之何不知由北路

之上淡水進兵所謂行師如過於衽席之上者諜非不臧也而不知由北路進兵則其勢主緩緩則必以衆而臨寡以强而併弱由鹿耳門而進兵則其勢主捷捷則有以反主客之形成控制之師而且安平不據澎湖尚孤彼賊徒者悉而揚帆不無他虞也是故覘臺灣之形勢而必講明於得入鹿耳門之要爲最急

臺灣水陸制兵盈萬費綦重矣乃澎湖安平之兵居其半水師汛重不容以覈減臺灣之兵居其半陸路汛廣又不得不議增然有可節省之道至便之術亦持籌者所必講也臺灣原有官莊即可爲屯田其佃即可爲屯兵不過加以訓練明其節制或倣古者耕七調三或立在要地屯守寓兵於農之中非特兵無跋涉歲免度支已也歷觀名臣奏議所用守邊之衆多取土著以土著宜於水土明於地勢而又欲自保其身家則守禦必周且聞名將用兵有取農人號爲生力兵則以性質椎魯手足强徤雖風雨奔馳可無倦乏耳今議舊設制兵仍用內地更代增設之兵就臺另立屯田可以相資則兵力愈强而巡防彌周矣同上

陸師重馬力水師重舟力戰陣之時務爭上風而運轉不

靈不能占居上風壓持不重或反退居下風此雖人力全在良舟然匠人爲舟固守繩尺及駕中流而快利遲鈍之用乃見同時發棹而前後入港之日頓殊者何也蓋木之本質不類（如鹽木爲柁遇波濤乃不搖動餘則否）輕重亦異（杉木老則堅而重否則輕）必得良材輕重配合如人一身筋骨相配然後善於運動也故水師必講於造舟者此其一也水師之灣泊猶陸師之安營凡水師不能於外洋覔戰皆於近港交鋒所以灣泊之處即是戰爭之場我舟先至利在居要以爭上風然風信難憑透發之後往往轉變先要泊穩倘一灣中有南風

澳北風澳不同則寧泊南風澳以待此又老將之持重不可執一而論也故水師必明於灣泊者此其一也水師之入港猶陸師之克城凡港門爲賊所守而險隘尤爲賊所持兵法有挾制其險而攻其虛之說以險處多虛故險可制而虛可攻耳故水師必詳於入港者此其一也此水師之大概也而其要在機曰扼要曰伺隙曰察變曰虛中四者夫扼要則握其權矣伺隙則分其力矣察變則奪其守矣虛中則避其害矣此所以能於袵席之上以過吾師克期取敵無疑也要而言之師之用在舟舟之用在水水之用在風舟與師相習風與水相遭其用在於變而通之以盡利神而明之存乎其人（同上）

船政

臺海使槎錄云臺澎各標營船初俱分派通省內地廳員脩造康熙三十四年改歸內地州縣其尚可脩整而不堪駕駛者內地之員辦用工料赴臺興脩迨按糧議派臺屬三縣亦分脩數隻此非偏庇臺屬以內地各廠員多力分工料俱便不煩運載可以尅期報竣後定在近道府監脩統計閩省船隻勻派通省道府乃將臺澎九十八船內派

臺灣道府各十八隻餘俱派入內地旣而仍歸內地脩造惟未至朽爛而不堪駕駛者留臺脩補至康熙四十四五年間仍俱改歸臺屬而派府船數倍於道令其與福州府分脩議於部價津貼運費外每船捐貼百五十金續交鹽糧廳代脩其半道鎮協營廳縣共襄厥事迨後專責知府并將道船亦歸於府雍正三年兩江總督查弼納題准設立總廠於通達江湖之所百貨聚集鳩工辦料均屬省便每年派道員監督領銀脩造再派副將或叅將一員公同監視務節浮費均歸實用部價不敷銀兩歷來州縣協貼

仍應如舊復經總督滿保會題將臺澎戰船九十八隻於臺灣設厰委令臺道臺協監督脩造於是各船盡歸臺厰而道協之責任獨重矣

條例

購造海船先赴各該縣報明驗量樑頭長短廣深塡明印烙取澳里族鄰行保結狀給照聽其出洋貿易

商船自厦來臺由泉防廳給印单開載舵工水手年貌并所載貨物於厦之大嶝門會同武汛照单驗放其自臺回厦由臺防廳查明舵水年貌及貨物數目給印单於臺之鹿耳門會同武汛點驗出口臺厦兩廳各於船隻入口時查驗進港如有夾帶等弊即行查究其印单彼此移銷如有未到及印单久不移銷移行查究

商船自臺往厦每船止許帶食米六十石以防偷越如敢違例多帶米穀嚴加究處

淡水舊設社船四隻舉淡水莊民殷實者詳明取結赴漳泉造船給照在厦販買布帛烟茶器具等貨來淡發賣即在淡買米粟回棹接濟漳泉民食雍正元年增設社船六隻乾隆八年定社船十隻每年九月至十二月來淡一次

回棹帶米出口餘月赴鹿耳門貿易九年定臺道軍工所辦大料社船配運赴厦再配商船來臺交厰自九月至十二月止不限次數聽其往淡

商船撥運內地兵米及採買平糶米穀大船配載三百石次大二百五十石大中二百石次中一百五十石下中一百石小商船免配每石脚價銀六分六釐眾遇起運之時當堂拈鬮值何處如福州府屬及南澳等處交卸給免单二張與泉漳等屬交卸給免单一張俟該船下次入口將免单呈繳免其配運

海洋禁止偷渡如客頭包攬偷載為首者發邊衛充軍為從者減一等杖一百徒三年澳甲地保及船户舵工知而不舉亦照為從例均不准折贖偷渡之人杖八十遞回原籍乾隆元年王水提郡奏准偷渡船户照為首客頭例發邊衛充軍所得贓銀照追入官該地方官弁踈縱偷渡人數至十名以上者專管官罰俸一年兵役各責二十至踈縱偷渡人數至數十名者專管官降一級兵役各責三十

田賦

臺地田園十分曰一甲每甲東西南北四至各二十五戈

每戈長一丈二尺五寸其坵塅之方圓曲直寬狹不等則計尺寸折算雍正九年定凡七年以後新墾田園援照同安下沙則例化甲爲畝每甲折内地弓步計一十一畝三分零

臺鳳諸彰四縣及淡水廳徵粟惟澎湖廳地種徵銀舊額通臺賦役規則上則田每甲徵粟八石八斗園每甲徵粟五石中則田每甲徵粟七石四斗園每甲徵粟四石下則田每甲徵粟五石五斗園每甲徵粟二石四斗

諸羅雜志云臺灣田賦自紅毛至臺就中土遺民令之耕

田輸租以受種十畝之地名爲一甲分別上中下則徵粟其陂塘堤圳脩築之費耕牛農具耔種皆紅夷資給故名曰王田及僞鄭攻取其地向之王田皆爲官田耕田之人皆爲官佃輸租之法一如其舊僞鄭宗黨及文武僞官與士庶之有力者招佃耕墾自收其租而納課於官名曰私田所用官斗較中土倉斛每斗僅八升其餘鎮營之兵就所駐之地自耕自給名曰營盤及歸命後官私田園悉爲民業酌減舊額按則勻徵既以僞產歸之於民而復減其額以便輸將誠

聖朝寬大之恩也

臺灣志畧云雍正九年定自七年開墾及自首陞科者改照同安則例化一甲爲十一畝三分零計畝徵銀仍代納以粟上田每畝徵銀八分五釐三毫四絲（以銀三錢六分折粟一石）米六合九抄五撮（一米二粟納）合計每甲輸粟二石七斗四升有奇中田每畝徵銀六分五釐八毫八絲四忽米三合八抄七撮合計每甲輸粟二石八升有奇下田每畝徵銀五分七釐五毫五絲（不征秋米）合計每甲輸粟一石七斗五升有奇上園照中田中園照下田下園每畝徵銀五分六釐一毫

八絲（不征秋米）合計每甲輸粟一石七斗一升有奇照下田少差新則較輕舊則不啻數倍統計通府歲徵正供額粟一十七萬零十二石一斗二升零每粟一石徵耗粟一斗折納銀五分其正供額粟支納全臺十五營兵米四萬四千八百五十一石八斗折粟八萬九千七百三十石六斗又例運福興泉漳四府平糶乾隆六年奏准改運粟七萬零二百八十七石零二升班兵眷米粟二萬二千二百六十石金廈兵米粟二萬三千九百五十二石又例運督標兵米折粟一萬五千五百七十石計全臺徵收粟數尚不敷

起運粟五萬一千七百八十七石五斗每年將運糶四府粟價發臺每石價銀四錢五分分給四縣并淡防廳糶補足額其耗粟所折之銀與人丁餉稅官莊各耗羨暨併封戥頭皆解充各衙門養廉及津貼船工公費以上六項銀粟惟綜核現在之數併統計兩廳四縣之額至或多或寡各屬之因地制宜有定規焉

户丁　民丁共一萬八千八百二十七　番丁共六千八百三十八

康熙二十三年題准臺灣每丁徵銀四錢七分六釐五十二年

恩詔以五十年丁册定爲常額滋生人丁永不加賦

乾隆元年

上諭朕愛養元元凡内地百姓與海外番民皆一視同仁輕徭薄賦使之各得其所聞福建臺灣丁銀一項每丁徵銀四錢七分再加火耗則至五錢有零矣查内地每丁徵銀一錢至二錢三錢不等而臺灣加倍有餘民間未免竭蹶着將臺灣四縣丁銀悉照内地之例酌中減則每丁徵銀二錢以紓民力從乾隆元年爲始永著爲例

乾隆二年

上諭聞臺地番黎大小計九十六社有每年輸納之項名曰番餉按丁徵收有多至二兩一兩有餘及五六錢不等者朕思民番皆吾赤子原無歧視所輸番餉即百姓之丁銀也着照民丁之例每丁徵銀二錢其餘悉行裁減該督撫可轉飭地方官出示曉諭實力奉行務令番民均沾實惠又聞澎糧廳淡防廳均有額編人丁每丁徵銀四錢有零從前未曾裁減亦着照臺灣四縣之例行

鹽課

臺灣府鹽埕二千七百四十四格諸彰淡澎均無鹽埕俱在臺鳳二縣共徵銀二千四百三十六兩一錢四分三釐

零

臺灣志畧云臺地自入版圖之後鹽皆居於民曬民賣其鹽埕餉銀由臺鳳兩邑分徵批解緣民曬民賣價每不平雍正四年四月内歸府管理其鹽場分設四處洲南洲北二場坐落臺邑武定里瀨南一場坐落鳳邑大竹橋莊瀨北一場原坐落鳳邑新昌里今割歸臺邑管轄四場曬丁計三百三十五名洲南場設巡丁八名洲北場設巡丁十名瀨南場設巡丁四名瀨北場設巡丁六名晝夜巡邏每

場設管事一人泒家丁一人專司稽查以防透漏夏秋雨水塩埕泥濘不能曬塩惟春冬二季天氣晴爽方可收曬四場塩埕共二千七百四十四格每埕所出之塩盡數用制斛盤量收倉每月照數給價曬丁收領洲南洲北瀨北三場每交塩一石給定價番廣銀一錢二分瀨南一場所出之塩粒碎色黑遜於他場每交塩一石給定價番廣銀一錢計四場收入倉塩每年約九萬十萬十一萬不等府治內設塩舘一處聽各縣販户莊民赴舘繳課領单每塩一石定課價番廣銀三錢脚費銀三分執单赴場支塩各

處運賣每年約銷八九萬石不等所賣塩銀除每月支發塩本及各場舘辦事人役工食外餘悉存貯府庫按月造册申報

水陸餉

正供之外又有水陸餉水則有港潭魚塭採捕船網罟縺罟綾蠔箔罾滬烏魚旗等名陸則有厐厝茅厝蔗車牛磨糖廍番檨宅檳榔宅厐硒磘菜園等名其徵銀採捕小船計載樑頭每担徵銀七分七釐杉板船每隻徵銀四錢二分港潭則論地之大小徵銀一百以上及四五十兩不等塭大者徵銀四五十兩不等小者不過幾兩網每張徵銀三兩五錢小網不等罟每張徵銀一十一兩七錢六分小罟不等縺綾蠔箔俱每條徵銀五兩八錢八分罾每張徵銀四兩二錢小罾不等烏魚旗每枝徵銀一兩零五分滬每口徵銀八錢四分厐厝茅厝臺邑因僞鄭之舊今亦變通餘無徵銀牛磨蔗車糖廍每張徵銀五兩六錢檳榔番檨菜園瓦磘每宅徵銀幾兩不等統計徵銀七千八百三十三兩零

乾隆二年

上諭朕查閩省澎湖地係海中孤島並無田地可耕附島居民咸置小艇捕魚以餬其口昔年提臣施琅倚勢覇佔立爲獨行每年得規禮一千二百兩及許良彬到任後遂將此項奏請歸公以爲提督衙門公事之用每年交納率以爲常行家任意苛求漁人多受剥削頗爲沿海窮民之苦累着總督郝玉麟宣朕諭旨永行禁革其現在捕魚船隻飭令該地方官照例編號稽查辦理此項漏規既經裁除若水師提督衙門有公用必不可少之處着郝玉麟将他項銀兩酌撥數百金補之

赤嵌筆談云臺邑額載厝餉磨餉二項俱始於僞鄭志載瓦厝茅厝共徵銀一千二百四兩零數十年來有片瓦寸草俱無子姓零落及孤寡不能自存者亦必按册拘追而大井頭一帶行店基布終歳不出分文雍正元年五月所司查驗府治房店將破壞瓦厝茅厝悉為開除凡得大瓦厝七千零七十四間小瓦厝一千七百零三間小者每間折半科算共七千九百二十五間半額餉匀攤每間一錢五分一釐九毫有奇每户給以餉单如倒壞無存者許執单繳騐註銷另查新屋頂補磨三十首共額徵銀一百六

十八兩除磨壞人亡者無從追比現徵十九首官年賠解十一首即十九首内實在開市者不及十首餘皆牛磨倒壞按册問賦與厝餉等而近年新開磨户悉投營弁以開則完銀不開即止今各户給以照单按月照數匀徵將前項變爲活餉可以足額

官莊

官莊向係武職駐防守土給工招墾亦有閩粤寓民互相爭鬭投獻武職大員所有田地名曰官莊雍正元二年間將此題報歸公現在歳徵銀三萬零五百六十餘兩以充內地各官養廉之項

乾隆九年

上諭外省鎮將等員不許在任所置立産業例有明禁在内地且然况海外番黎交錯之地武員置立莊田墾種取利縱無佔奪民産之事而家丁佃户倚勢凌人生事滋擾斷所不免朕聞臺灣地方從前地廣人稀土泉豐足彼處鎮將大員無不創立莊産召佃開墾以爲已業且有客民侵佔番地彼此爭競遂投獻武員因而踞為已有者亦有接受前官已成之産相習以爲固然者其中來歴總不分明

是以民番互控之案絡繹不休若非徹底清查嚴行禁絶終非寧輯番民之道着該督撫派高山前往會同巡臺御史等一一清釐凡歴任武職大員創立莊産查明並無侵佔番地及與民番並無爭控之案者無論係本人子孫及轉售他人均令照舊管業外若有侵佔民番地界之處秉公清查民産歸民番地歸番不許仍前朦混以啓爭端此後臺郡大小武員創立莊産開墾草地之處永行禁止倘有托名開墾者將本官交部嚴加議處地畝入官該管官通同容隱並行議處

卷終

臺海見聞録卷二

崇安　董天工　典齋

漢俗內地習見者不録計八條

竊花

正月元夜未字之女偷折人家花枝竹葉爲人詬詈謂異日必得佳婿范巡方咸有詩二截女郎元夜踏蒼苔攀折青枝笑落梅底事含羞佯不采月明犬吠有人來難將心事語人知暗祝燈前有所思爲是傾城顔色好不教開到落花時

蒙面

臺俗婦女靚粧入市無肩輿以傘蒙首而行時伸時縮以窺行人張巡方湄有詩云香車碧幰厭紛紜擁蓋微行擬鄂君一隊新粧相掩映紅蕖葉底避斜曛

送檳榔

臺地閭里詬誶輙易搆訟親到其家送檳榔數口即可消怨釋忿張巡方有詩睚眦小忿久難忘牙角頻爭雀鼠傷一抹腮紅還舊好解紛惟有送檳榔

騎犢

臺牛健者善跑擇黄犢之肥壯者飾以鞍轡騎之日可行百里張巡方有詩金勒籠頭錦轡紆追風犢子抵神駒晴郊鞭影揺山緑羈出函關老子圖

衣服

羈臺遊徒衣服不衷袴露衣衫外曰龍擺尾襪不繫帶脱落足面曰鳳點頭擔夫輿隸雲履綢衫服勞任役殊不雅觀張巡方有詩鳳頭龍尾好衣裾錦繡偏諳謝不如若使賈生來此地未知流涕更何如

祝七娘

七夕爲乞巧會家家設牲醴果品花粉之屬夜向簷前祝七娘壽或曰魁星於是日生士子爲魁星會竟夕歡飲張巡方有詩露重風輕七夕涼魁星高讌共稱觴幽窗還聽喁喁語花果香燈祝七娘

盂蘭會

中元醵金爲盂蘭會延僧作道場陳設猪羊肉飯餑餑餅菓等費金數十堆積如山僧甫登壇施食衆擁紛搶謂之普度夜分放水燈謂水陸會六巡方十七有詩楚人尚鬼習相仍高會盂蘭放佛燈釋氏金蓮三十里石家銀燭百

千層獨醒難挽浮靡俗空色渾疑清淨僧最怪莊嚴成刼奪肉山還有酒如澠

焚紙虎

除夕殺黑鴨以祭神謂之壓災爲紙虎實以鴨血燒之門外范巡方有詩二截階前金薄印於菟燃火燒香達九衢好趁春前辟虛耗新年事事要懽娛死虎猶能致毒龍精誠大府慰三農閭閻莫怪還驅鬼壓煞迎神重季冬

番俗計三十條

番寮

番屋築基五六尺高以竹木結成椽桷葢以小茅合兩大扇爲屋狀如覆舟廣二丈餘長數丈簷深垂地前後開門繪雕髹漆夫妻子女同聚一室潔淨無塵黄巡方叔璥有詩剉竹爲椽扇縛茭空擎棵上始編茅落成合社欣相賀席地壺漿笑語高

耕田

番俗以女承家凡耕作皆番婦偝負辛苦或襁褓負子扶犂男則僅供饁餉范巡方有水田黎婦盡春耕之句

禾間

番寮前後架小竹屋收成貯穀曰禾間其粟名倭粒大而性粘似糯米張巡方有詩流珠炊玉食維艱終歲勤劬敢務閑生計只知依稼穡一枝棲息號禾間

舂米

番無碾米之具以大木為臼直木為杵帶穗舂令脱粟計足供一日之食男女同作率以爲常夏巡方之芳有詩杵臼輕敲似遠砧小鬟三五夜深深可憐時辦晨炊米雲磬霜鐘咽竹林

製酒

番酒凡二種一番女以口嚼米爲麯和蒸飯調勻置缸中旬日發氣取出攪水名姑待遇婚姻築舍出飲一將糯米蒸熟拌麯入篾籃置甕口津液下滴藏久色味香美遇貴客始出以待張巡方有詩二句玉蛆蕩甕新醅熟滴滴流芬齒頰中

織布

番婦機杼以大木如栲鑿空其中橫穿以竹纏經於上刓木爲軸繫於腰間夾竹穿梭以苧絲染茜草合鳥獸毛織帛斑斕名達戈紋又以絲線伴紅呢絨織手巾等極精緻

范巡方有蓬麻茜草能成錦何必田園定種桑之句余亦有絶句斵木爲機似月圓横穿翠篠夾絲纒摻摻巧織戈紋錦斑駁爭誇柿蔕鮮

衣服

番男女向皆裸體跣足女衣烏布短衣曰吼吺用青布裹脛曰沙里樂男以布四尺圍蔽下體曰踏畢亦有著鹿皮以達戈紋緣領者張巡方有詩烏衣漸易裸人風尺布爲褌犢鼻同可但鹿胎花簇簇達戈紋錦手裁工

穿耳

番喜大耳垂肩以博婦歡自幼鑽耳貫以竹圈螺殼漸大如盤傳以白粉取飾觀也又束髮爲三丫或雙角插雞尾迎風搖颺張巡方有詩垂肩粉耳大如盤貫竹填螺取次寬丫角髻邊風不定翩翾五色鬭雞翰

箍腹

番尚腰小以利疾走幼時即以細竹編如籬濶三寸長與腰齊圍繞束之使有力善走張巡方有詩競誇麻達好腰圍健足凌空捷似飛薩鼓鏗鏘聲近遠輕塵一道走差歸

文身

番俗裸體爲飾以針刺膚紋如臺閣及花鳥蟲魚之狀漬以墨汁社中以此推爲雄長番女以此願求婚媾黄巡方有詩絶島中華古未通生來惟鬭此身雄獨餘一面猙獰外人鳥樓臺刺自工

口琴

削竹片如紙薄長四五寸以鐵絲環其端啣於口吹之又有似琴大如拇指長四寸窪其中二寸釘以銅片另繫一柄以手按循唇探動之其聲娓娓麻達於月夜吹行社中番女悦則和之情欵私通余有詩宛如私語夜深深別様

絲桐別様音齒頬低微音韻渺雄鳴雌和月陰輕

牽手

番已娶者名暹調姦有禁未娶者名麻達則不忌番女未嫁者曰麻里氏氷及笄居小寮任自擇配麻達夜以口琴鼻簫挑之意悦野合告父母成牽手焉亦有用螺錢爲定張巡方有詩定情雖假白螺錢麻達歌諧禮數捐幾處社寮清月夜鼻簫吹徹手隨牽

贅婿

番重生女贅婿於家曰有賺生男出贅於人曰無賺蓋以

女配男承接宗支也故一再傳而孫不識祖以故番人無姓氏祖孫同名張巡方有詩瓜瓞移根自剪劉家家秦贅俗同諳再傳儘使孫忘祖有睇惟知女勝男

鑿齒

番俗男女成婚後各折去上二齒彼此易藏配合已久造高架坐婦於上迎諸社中以示終身不易孫司馬元衡有猺蠻鑿齒喪其親爾蠻鑿齒媾其姻之句

浴兒

番俗初產產母携所育嬰兒同浴於溪不怖風寒有病不

知醫藥輒浴於河言大士置藥於水以濟男女張巡方有詩浴川女伴不知寒綠水鸕鷀雪影翻見說生雛纔墮地陂池堪作浴兒盤

布床

番人每以布毯纏兩樹間酣寢其上不畏風露張巡方有詩一枕鼾齁樹杪眠從來木處不曾顛此中風味人知少蝴蝶南柯夢竟全又婦育兒以大布爲襁褓有事耕織則繫布於枝椏若懸床然風動枝葉颯颯酣睡其中不顛不怖余有詩何事番兒不畏寒布床高挂椏枝端風吹木葉聲蕭瑟好似嬰孩熟睡殘

番戲

番俗成婚後三日會親宴飲各婦艷粧赴集以手相挽面相對舉身擺蕩以足下軒輊應之循環不斷為兩匝圓井形引聲高唱互相答和搖頭閉目備極媚態張巡方有詩二截連臂相看笑踏歌陳詞道是感恩多剌憐不似弓鞋影一曲春風柰若何妙相天魔學舞成垂肩瓔珞太憨生分明即是西番曲齊唱多羅作梵聲諸羅周令鍾瑄有五絕蠻姬兩兩鬪新粧蹀躞花陰學舞娘珍重一天明月夜

春來底事爲人忙不揄檀板不吹笙一點鉦聲一隊行氣味何如初中酒山花翠羽鬢邊橫聯翩把袖自歌呼別樣風流絕世無番調可知輸白雪也應不似潑寒胡野氣森森欲曙天維摩新病未成眠空餘無限羅伽女亂地天花散舞筵一曲蠻歌酒一卮使君那惜醉淋漓但令風物關王會我欲從今學畫師

鞦韆

番女有緲綿氏之戲即鞦韆也以緲爲飛以綿氏爲天以爲飛天耳風和景明招邀同伴椎髻盤花靚粧麗服纍纍

相比歡呼游戲臺人有雲霨碧梧飛彩鳳花移丹桂下姮娥之句

戲毬

番衆不知年月以穀熟爲一歲月圓爲一月嘗以藤絲編爲毬會社衆爲踢蹴之戲與鞦韆爲樂張巡方有詩藤毬擲罷舞鞦韆世外嬉怡別有天月幾回圓禾幾熟歲時頻換不知年

走差

番麻達走差腕帶鐵釧手背繫銅瓦狀如新荷葉名薩豉

宜展足疾走以尾扣釧如鳴小鐘一步一擊不疾不徐遠聞數里焉余有詩狀似捲荷四寸長手環相擊響丁當不疾不徐音鏗爾遠韻清徵勝鼓簧

浴川

番婦日往溪潭盥頮沐浴女伴牽呼拍浮蹀躞謔浪相嬲雖番漢聚觀無所怖忌臺人有浪映桃腮花片落波搖粉臂玉魚遊之句郁永河有詩覆額齊眉繞亂莎不分男女似頭陀晚來女伴臨溪浴一隊鸕鶿漾綠波

放手

夫妻反目離異曰放手男離婦必婦嫁而後再娶婦離男男未娶不得別嫁違則罰酒栗牛隻若干張巡臺有詩反目還將放手稱牽牛挈酒痛交懲何如白首期偕老高筏迎歸耀彩繒

遊車

番以刺桐花開爲年每當花紅草綠之時整潔牛車番女盛粧出遊所戴紗頭箍名答答悠瑪瑙珠名賓也珠行人有稱其艷冶者則男女均悅以爲快張巡方有詩包練衣衫最麗都換年風景野花敷金藤耀首新粧裹答答偏宜

賓也珠

捕鹿

番捕鹿曰出草於八九月間聽鳥聲以定吉凶吉則往凶則退捕時集衆番各持器械帶獵犬逐之以鹿善觝也張巡方有詩出草東郊徑路深枝頭鳥語最關心幾聲啁哳宛如訴不似黃鸝俱好音

捕魚

社番頗精於射又善用鏢鎗捕魚於清水處用竹籠套於右胯衆番持鏢從上流毆打扣魚籠内以手取之張巡方

有詩抵頂設網與操舟撐突濆溪截上流發發游魚齊入手筍籠頃刻百千頭

渡水

溪深水汨編藤繫兩崕之樹以當橋左右另繫一藤高出橋三尺許兩手扶之以行張巡方有詩攀枝已訝衆猱升渡水驚牽百丈藤真見飛行都絶跡西京那數戲橦絙

懸顱

傀儡生番野性難馴每於林木蓊茂處殺人割截頭顱剝去皮肉飾之以金懸列户内誇示其衆以數多者為雄長

張巡方有詩傀儡山深惡木稠穿林如虎攫人頭群兇社裏誰雄長茅宇新添金髑髏

社學

習紅毛字者曰教冊子用鵝管濡墨橫書自左而右所以登記錢穀出入今設社學延師教訓有黠寫四子書背誦毛詩者張巡方有詩鵝筒慣寫紅夷字鴃舌能通先聖書寧馨兒童眞拔俗琅琅音韻誦關雎

迎使

巡使按年巡歷南北二路撫賞番黎凡至一社土官婦女遠迎馬前跪獻都都意頗誠切黃巡方有詩沙轆行來界北邊裸人雖陋意殊虔官厨未識都都味首頂磁盤衆婦先

賞番

官長至社番婦數十人身着鮮衣項挂瑪瑙珠曰衣堵螺錢曰罥打喇挽手合圍蹋地而歌逐隊跳舞官賞之酒連酹不醉張巡方有詩領懸文石間雕螺連臂咲噫蹋地歌簇錦圍中看賜酒累觴未覺醉顔酡

臺卉　計二十二條

七里香

七里香木本花叢生如緋珠娑娑可愛五瓣色白香氣濃郁能辟瘴氣所種之地蠅蚊不生一名瓊花又名瑒花又名玉蘂又名山礬又名春桂六巡方有詩雪魄冰姿淡淡粧送春時節弄芬芳着花何止三迴笑惹袖猶餘半日香竟使青蠅垂翅避不教昏瘴逐風狂靈均莫謾悲蘭茝音齒韜正色宜令幽谷藏范巡方詩翠葢團圞密葉藏繁花如雪殢幽芳分明天上三株樹散作人間七里香丹桂婆娑猶入俗繡毬攢簇太郎當何如瓊島嫣然秀釆擬還傳辟

瘴方又有六絶句唐昌觀名玉蘂無踪跡后土廟名瓊花再見難宮閣獨餘春桂影婆娑長得月中看小葉茶蘼一丈餘花開五出襲瓊琚生憐青瑣無消息香山玉蘂花詩不緣啼鳥春饒舌青瑣仙郎那得知難覓吹簫紫鳳車張文昌玉蘂詩五色雲中紫鳳車尋仙來到洞仙家瑶臺原不在人間素艷何來綠玉鬟長見蘂珠宮裏雪只緣地近補陀山補陀山猶言白花山聚仙也合依稀似玉質濃香總不同欲向通明上封事彈文先斥妬花風幸留七里香名在認取山礬爲寫眞寄語世人休聚訟氷姿原不藉前塵瀛壖合是洞仙家宴賞貪看玉樹花賦罷新詩消受得春風何處

七香車劉賓客玉蘂詩玉女來看玉樹花異香先引七香車莊觀察年二律鈴閣清嚴碧檻涼一叢玉蘂正芬芳瓊姿乍怯秋初雨花氣渾同夜合香繡斧筵前歌白雪銀鬟窓外舞霓裳擎杯細把山礬嗅沁我詩腸潤酒腸密葉繁葩綠玉叢朝霞掩映雪瓔瓏唐昌觀裏依稀似后土祠邊想象同滿砌花飛鶯積霰隔鄰香透趁微風三年海外埋芳信此日開筵興不窮余有四絶飄然玉質森森秀別有幽香到小庭不用嬌容敎傅粉逢君一見自娉婷素華眞可勝梅粧點點瓊葩點點芳翠葉繽紛懷潔白濃香暗惹綠衣郎蘊抱氷心此一方

不敎蜂蝭逐花狂瓊姿本是神仙骨肯作人間賈女香香開七里玉玲瓏月色平林和露瀜玉女原來看玉樹一般清白煦春風

刺桐

刺桐花木本葉似桐而幹多刺二三月間花開殷紅泉州志云刺桐先葉後花則五穀豊又土人傳康熙六十年朱一貴之亂刺桐無一着花者丁晉公謂有詩聞得鄉人說刺桐花如後發始年豊我今至此憂民切只愛青青不愛紅孫司馬有二絕春色烧空白海涯栁營繞遍到山家崑

崙霞吐千層艷華嶽蓮開十丈花百朵紅蕉簇一枝偶然著葉也相宜烟籠絳羽鸚哥舞雲南稱爲鸚哥花信是春城火樹奇

赬桐

赬桐花草本高不盈丈葉似桐花紅如火一穗數十朵五月盛開土人於競渡時各採數枝揷餅又名龍船花開至隆冬不止結子色藍子老而花未凋六巡方有詩枝柔葉厚碧痕濃色艷還看花發重朱蕚臨風迷紫蝶丹鬚和露抱黃蜂剪殘紅錦枝頭見敲碎珊瑚月下逢好是年年誇

競渡鮮妍如火映魚龍

扶桑

扶桑花木本似木槿而四時着花有紅黃二色光彩陸離一名拒霜謂凌冬不凋也一名照殿謂日光所爍疑若焰生也范巡方有二絶秖是江鄉木槿花千重照殿炫紅霞生來不遇繁霜雪穠艷經年向客誇桃腮杏臉襯朝霞邪信紅顔薄命嗟兩樹新粧爭賭勝老夫無月不看花孫司馬詩燒空處處佛桑燃寒煖花魂總放顛大海東頭當曉日丹山脚下對晴煙眼明五月朱榴火泪溅一春紅杜鵑

粉白嫩黃相映發遥情將向洛陽天

水仙

水仙花一本五六莖鮮芳絶倫粤東市上標臺灣水仙花頭其實産自漳州及蘇州范巡方有詩寬裳翠袖剪吴綾烟霧輕籠弱不勝綽有風神凌海嶠憐他冷艷鬬春氷銀盤皎潔還疑雪金醆嬌嬈好試燈擬與梅花同配食水仙王廟最相應六巡方詩凌波仙子世同稱瓊島芳姿未敢憑香與春風相應接神將秋水共清澄玻璃案上金千點玳瑁筵前玉幾層不許纖埃侵皓素檀心夜月一壺氷

美人蕉

美人花紅黃二種黃者尤芳鮮可愛四時不絶有高丈餘者子堅黒或作小念珠張巡方有詩亭亭清影緑天居扇暑招凉好讀書怪底彈文出脩竹美人顔色勝芙蕖孫司馬詩美人名自香山贈珎重叢生琥珀芽總省漢家宮様好澹烟斜月見新花

蓮蕉

蓮蕉似美人蕉而花之大數倍絶如蓮其花從葉中抽出無莖花之杪微緑似葉范巡方有二絶奇花多變態顔色

紅於火風物類海南不似鶯花妥已長葉中花更生花上葉我欲剥蕉心酒痕映雙頰

曇花

曇花草本一名優鉢羅種出西域葉叢生濶五寸高五尺一枝數十蕋蕋長八寸花六出外紫内白頗似蓮香亦有白色中攢十八朵每日開一朵梵剎多植之取十八羅漢之義也范巡方有詩一莖數蕋盡叢生粉暈檀心畫不成静態雪華堪比潔幽香蓮葉與同清已蠲穠艷消塵刼應散諸天入梵聲傳是西方來小種淨因我亦未忘情張巡

方詩採自猊牀象座前紫霞一片映青蓮優曇不是人間種色相應歸忉利天孫司馬詩一叢優鉢曇花好移得西天小本來日色烟光浮紫氣凌空誰爲築瑶臺

貝多羅花

貝多羅花木本種自西洋來葉似枇杷梵僧用以寫經枝皆三叉瓣六出白色近心漸黄香似梔子張巡方有詩奇英六出幹三叉簷蔔香中嗅露華曾識僧龕寫經葉而今始見貝多花范巡方詩已兼蝶粉與蜂黄更裏依微紫絳囊葉似款冬稜較健花開盛夏氣微香一叢蓓蕾盈枝發

半捲婀娜小瓣長可是貝多真色相閑書梵字午風凉

金絲蝴蝶

金絲蝴蝶黄片紅點拳曲多鬚似蛺蝶趂人之致孫司馬有詩流宕春光爛熳枝翩翻似醉更疑癡家家一樹錦蝴蝶是夢是花人不知龍溪王洪詩不識波羅國爭看蛺蝶花吐絲多浥露展翅各矜華最喜秋陽映應須錦幔遮風飄仙客醉窓外影横斜

刺毬花

刺毬花木本有刺秋冬開黄花細攢如絨似治耳消息一名消息花又名番蘇木毎露氣晨流芬香襲人結子似豆有筴其葉秀整相次根可染絳孫司馬有詩黄菊難尋處士家也無楓葉受霜華海東秋思知多少爲問牆邊消息花

交枝蓮

交枝蓮藤本花五瓣白色其莖互相縈繞午開未謝張司馬若霳有詩産自汚泥湼不緇迎風承露號交枝看他亦解相縈抱底事依依在水湄

番茉莉

番茉莉一名三友花又名番梔子其花千瓣望之似菊開後可玩三日不似内地茉莉暮開晨落耳孫司馬有詩爭迎春色耐秋寒開向人間歲月寛嫩蕊澹煙籠木筆細香清露滴金盤繡成翠葉爲紋巧蔕並叢花當友看日日呼童階下掃濃陰恰覆曲欄干又詩名花聞道出南荒覩到南天聞妙香弟是素馨兄是菊淡烟如水月如霜佳人小立畫廊西紈扇迎風手自携雪瓣恐教蟬翼重縵華應遣鳳頭低却月盆中向晩芳瑶臺誰與散天香殘魂消盡同禪寂不覺瓊花在枕傍

鐵樹花

鐵樹花狀如竹絲燈籠廣張千瓣瓣各一花孫司馬有詩黑入太陰根幹老翠生鳳尾葉橫斜紗籠瑣細玲瓏雪道是千花是一花

梅

梅花有紅白二色其名頗多佳者如千葉梅玉蝶梅異者如氷梅墨梅色艷而香臺地罕有陳大中丞璸任臺刺史時建朱文公祠落成於祠前手植二株紀詩一律賞徧花叢愛老梅賢祠左右手親栽寫真舊有廣平賦入妙詩稱和靖才風送清香迷瀛海月移孤影出澄臺應知雨露深無限獨步初春傲雪開能巡方學鵬二截一枝誰自江南寄島嶼衝寒亦有香繪出當年東閣興高吟不必憶何郎調鼎和羹異日才邊城春色喜先開會看百卉從今盛錦繡層層遍九垓

午時梅

午時梅色紅午開子落孫司馬有詩葵葉梅英並可誇枝枝絳雪受風斜道人不語先天事開落庭前子午花

番繡毬

番繡毬花蔓生葉厚紅白二色白花瓣似通草爲之心微紅而堅明亮如磐孫司馬有紅繡毬詩玲瓏煖玉更施朱錦繡成團綴幾株絳雪即今零落盡餘枝猶是小珊瑚

木蘭花

木蘭花如粟淡黃芳似珠蘭木本大者圍數尺名樹蘭孫司馬有詩清芬殊絕世不與衆芳同香溢珠蘭畹黃先月桂叢交枝深照席一夏兩溫風天意特相贈憐余大海東

月下香

月下香葉似鹿葱其花白夜有奇香晝則斂孫司馬有詩風引清芬暗裏來素花隱約旁莓苔貪迎月露飄香滿更領蟾蜍死魄開

仙丹

仙丹花色鮮紅一朶包百蕋似繡毬花無香自四月開至八月爛熳如霞種出粤東潮州之仙丹山傳昔黄氏女經過遺落鬢揷紅花後滿山發此花故名余有詩一朶娜雲物外仙丹珠纍纍映霞鮮漫言黄母鬢花落移種東山處處妍

迎年菊

臺草木經歲不萎花開無節黃巡方云余仲冬按部至斗六門見桃花方謝至笨港見人擎荷花數枝回署見榴花照眼丁河峯歲除一聯迎年蓮菊猶芳奚但梅傳春信獻歲瓜茄未老還同韮薦辛盤張巡方有詩少寒多燠不霜天木葉長青花又妍真個四時皆似夏荷花度臘菊迎年昔蘇子瞻在海南以十一月之望與客汎菊作重九會有云嶺南地暖百卉造作無時而菊獨後開考其理菊性介烈不與百卉並盛衰也范巡方有元旦後四日莊副使齋頭見菊花詩迎年何事更爭新怪底真成海外春花歷三

時如熱客葵開五葉儼浮塵幽姿豈必誇顏色艷景難欺信隱淪與寒梅仍應候孤芳不肯早呈身

鳳仙花

鳳仙花一名金鳳花有紅紫黃白及雜色臺俗喜種以土厚色倍艷也臺明經李霧有詩道是仙家卉亭亭向座隅繞驚花綴鳳翻見蘂凝珠色逞秋容好烟浮暮靄敷隣家小兒女纖手愛塗朱

臺果　計十四條

黃梨

黃梨實生叢心味甘微酸葉似蒲而短濶兩旁如鋸齒攢簇參差有如鳳尾其皮鱗起又名鳳梨盛以瓷盤其香滿室孫司馬有詩翠葉葳蕤羽翼奇絳文黃質鳳來儀作甘應似籧篨實入骨寒香抱一枝張巡方詩毛羽手茸皮甲皺阿誰截得鳳皇身番梨縱復稱名好何似中原大谷珍

檳榔

檳榔樹直無枝高一二丈皮類青桐節似筠葉如櫻竹花淡黃白色朶朶連珠香芬襲人實若棗形自孟秋至孟夏生生不絕與椰肉蔞藤同蚌灰夾啖能醉人如酒張巡方

有詩丹頰無端生酒暈朱唇那復吐脂香饑餐飽嚼日百顆傾盡蠻州金錯囊范巡方詩南海嗜賓門（檳榔一名賓門）初嘗面覺溫苦饑如中酒得飽謝朝餐種必連椰子（檳榔不與椰樹間栽則花不實）功寧比稻孫瘴鄉能已疾留得口脂痕孫司馬詩竹節櫻根自一叢連林椰子判雌雄醉醒饑飽渾無賴未必於人有四功

椰子

椰樹葉少林高子外裹粗皮如棕片內結堅殼剖之白膚盈寸極甘脆清漿可一椀名椰酒土人以手搖聽水聲清

亮則心大而甜其肉厚濁則否東坡詩美酒生林不待儀
蓋指此也

番様

番様有三種香様為上肉様木様亞之種自荷蘭樹高大可陰花微白實如猪腰皮緑肉黄五月熟味酸甘臺產也韻書字典無様字山海經草木諸書未詳其物切片醃乆曰蓬萊醬張巡方有詩參天高樹午風清嘉實纍纍當暑成好事乆傳蕃爾雅南方草木未知名孫司馬詩千章夏木布濃陰望裏纍纍羨子林莫當黄柑持抵鵲來時佛國

重如金

波羅蜜

波羅蜜果種自荷蘭實生熟以盛夏大如斗色翠緑似如來頂剖而食之液粘而味甜與蜜相似其子似橡一子一房煮食味亦相類孫司馬有詩波羅門下樹亭亭香蜜成房子更馨僻是西來真善果十方供奉佛頭青

菩提果

菩提果西域來種狀類枇杷味甘而香置諸几案足供清玩張巡方有詩清果菩提繞室馨眘金包柑橘麗繁星更憐斗大波羅蜜磥砢真同佛髻青

香果

香果花有鬚無瓣其色白其實中空狀如蠟丸孫司馬有詩但有繁鬚開爛熳曾無輕片見摧殘海天春色誰拘管封奏東皇蠟一丸

釋迦果

釋迦果實大如柹碧色有紋形如佛頭味甘而膩微酸熟於夏秋之間亦種自荷蘭沈光文有詩稱名頗似足誇人不是中原大谷珍端爲上林栽未得只應海島作安身

番柑

番柑種出荷蘭大於橘肉酸皮苦荷蘭人夏月飲水必取此和鹽搗作酸漿入之沈文開有詩種出蠻方味作酸熟來包燦小金丸假如移向中原去壓雪庭前亦可看

公孫橘

公孫橘似橘而小前生者紅後生者青花實四時相續沈文開有詩枝頭儼若挂繁星此地何堪比洞庭除是土番尋得到滿筐攜出小金鈴

西瓜

西瓜暑時多內地來臺産種於深秋熟於隆冬元旦多啖之皮薄瓤紅可與常州並驅但遜泉之傅霖耳乾隆二年額定福建督撫每年正月各進瓜十圓取之於臺臺有進
上瓜地一區約數十畝所産之瓜其子兩旁有番字臺太守僱工種收解交督撫轉進以此別爲臺瓜此數十畝外所産之瓜子即無番字亦一奇也

牙蕉

牙蕉一名甘蕉即芭蕉中之一種不甚高約六七尺結子名蕉果一枝五六層每層數十枚排比而生始緑熟則黄

味極甘美異物志載羊角蕉子大如手拇指長而銳有似羊角者此也臺地村舍後每廣植之四時皆生藉以獲利性寒婦人産後每以蕉果少許置兒口中謂能消熱

番石榴

番石榴俗名莉仔茇郊野徧生花白頗香實稍似榴雖非佳品臺人亦食之味臭且澁而杜番則皆酷嗜焉

番木瓜

番木瓜直上而無枝高可一二丈葉生樹杪結實靠幹墜於葉下或醃或蜜皆可食樹本去皮醃食更佳

臺蔬　計四條

番芥藍

番芥藍似菜菜藍其紋紅根亦紅種久蕃盛團結成頂層層包裹彩色照耀一名番牡丹種出咬𠺕吧其國以爲上品菜諺云一叢抵一茇言其罕也番銀錢小者名茇

金瓜茄

金瓜茄葉幹同茄花連五瓣淡紫色結實酒鍾大似金瓜有外瓣初白後黄土人採以供玩張司馬有詩不是東陵種籬間別弄輝冰紈澄夏節黄絹剪秋衣承露鵝兒嫩迎

風杏子肥依稀明月下疑自鳳池歸

番芋

番芋一類數名長曰土芝圓曰蹲鴟又檳榔芋中有紅根相連如檳子又淡水芋大者重四五斤其味似荷香臺蔬獨芋擅名頗不似內地之芋也

番薯

番薯結實於土生熟皆可噉有金姓者自文來攜回種之故亦名金薯閩粤沿海田園栽植甚廣農民咸藉以爲半歲糧

臺木 計六條

榕橋

榕樹不中材寡伐而長壽臺郡署内有榕橋蜿蜒地上高四五尺長二丈爲臺邑八景之一楊廵方二酉有詩誰將玉斧斲仙槎露葉露根影萬重疑是銀橋天上落不因風雨作神龍孫司馬有榕樹石谷歌榕生海甸長官宅冬葉青青擬松柏高幹上踰層樓顛横枝葢地一千尺連蜷偃蹇筋骨露礧砢盤鬱脂膏積赴土藤根蛇尾青垂空條綫龍鬚赤黄鳥嚶嚶不露身白駒佗佗無停隙種植當年好

事人故遺根柯盤怪石磝磝蓊蓊皆有情相軋相樛共支脉崖巔葉頂賁吟哦散髮披襟閲朝夕雨中滅竅蒙雲烟風裏攙搶鬬戈戟不同癡大（樹名）空滑柔盡化祖頑得潤澤太華青城紛滿眼木石幽居念疇昔此日投荒大海陽一生賸有烟霞癖息陰枕塊發高歌有酒如澠當醉客

緑珊瑚

緑珊瑚一名緑玉樹有枝無葉不着花槎枒互出映翠玲瓏異產也其枝皮破有漿沾人肉毒爛不可醫臺人樹作籬笆以防盜種自吕宋來張廵方有詩一種可人籬落下家家齊插緑珊瑚想從海底搜羅日長就苔痕潤不枯

蕭朗木

使槎録云蕭朗木大者數圍性極堅重入土千年不朽然在内山人不能取洪水漂出僞鄭取以爲棺實美材也

娑羅樹

娑羅樹中空四圍摺疊成圓花紋糾結盤屈如古木用貯管城亦雅觀也

土沉香

土沉香樹開花五瓣白色結子黄如豆大其根香

林投樹

林投樹幹直皮似栟櫚葉青而長兩旁有刺其骨極堅紋理斑駁可作榅板月琴三絃等花似蘆荻實類鳳梨有子如金鈴番婦貫纓額上爲飾并啖之

臺竹 計四條

刺竹

刺竹番種也數十根爲一叢生筍不出叢外截斷插土生根枝横生排比而出有刺似鷹爪殊堅利惟臺有之土人多環植屋外以防盜臺城謂竹木城即栽插此竹以爲牆

也張巡方有詩干霄刺竹易蕃生渭水淇園未較盈千畝侯封未足貴賴君海表立長城孫司馬詩潤緑編青上拂雲下枝勾棘最紛紜到門却步逢成趣未負生平愛此君

觀音竹

觀音竹枝弱葉小藝植盆中亦可供玩張司馬有詩趺坐伽陀石清筠自古今虛中成淨業勁節印禪心緑染菩提果聲含薝蔔林半規新月上妙義正堪尋

七絃竹

七絃竹幹白有青線紋五六七條葉與竹同

人面竹

人面竹高四五尺華彛考節密而凸宛如人面故名通志一名佛眼竹可供玩

臺草計六條

七絃草

七絃草叢生如稻秧其朶如蘭有直紋似絃白緑相間至冬則白變紅土人植以充玩張司馬有詩瑣窗閑靜影蹁躚繞砌亭亭發七絃高下有情嬌映月淺深着色嫩含煙乍經新雨銀絲潤旋挹微風翠帶鮮最喜秋來紅結綬一尊相對韻悠然

含羞草

含羞草高四五寸葉似槐細齒撓之則垂如含羞狀孫司馬有詩草木多情似有之葉憎人觸避人嗤也知指佞魯無補試問含羞却爲誰張司馬詩萱花自惜可忘憂小草如何却解愁爲語世人休怪詫風清太甚要含羞

風草

風草土番識之云春生無節則經年無颶風生一節即颶一次多一節則多一次甚爲奇驗土人呼爲蘆竹草幹似

蘆高丈許葉長尺餘有穗可爲帚葉上有橫紋如指甲痕者土人又云葉上無紋即無颶有一紋主颶一次以此驗颶也

荖草

荖草蔓生葉如田薯枝柔而長根爲荖籐味辣切片夾檳榔食之甚香花亦和食香更烈如雲南蘆子一名浮留籐即蒟說文蒟蔓生子如桑椹苗爲浮留籐左思蜀都賦所謂蒟醬取其子爲之粵人夾檳榔用葉臺人用籐按正韻無荖字或作蒌字亦非

番薏茹
番薏茹一名番苦苓一名心痛草能治心氣痛種出荷蘭
葉秀嫩似雲板曝乾則香結子青赤色
紅毛茶
紅毛茶乃草屬黄花五瓣葉如瓜子根似籐曝乾遇有時
氣熬飲即愈
臺禽計八條
長尾三娘
長尾三娘即練雀也朱喙翠翼褐脊彩耀相間尾長盈尺

生於諸彰深山六巡方有詩翠羽光華綬帶長如雲委地
美人粧命名當日非無意謂勝黄家第四娘
五鳴雞
五鳴雞一名五更雞大如鶴鶉雄者項下有黒白文如太
極圖每漏下一鼓即鳴三五聲土番曰標標以其音相似
也諸羅陳司訓繩有詩標標引嗉自呼名太極平分似繪
成二十五聲隨漏滴底須侵晓候雞鳴
華雞
華雞較錦雞微大冠與面俱赤脛足亦然尾黒白相間長

一二尺毛羽五色陸離土人用繩圈繫餌於深山生致之
然性難馴豢養不易
白鳩綠鳩附
白鳩每當風雨舞翅盤旋霜衣雪襟可為近玩或呼為洋
鴿種自咬嚼吧來者能知氣候每交一時連鳴數聲又有
綠鳩紺嘴碧毛艷勝鸚䳇惟不能言皆出自鳳山孫司馬
有寒暄黄鳥在晴雨綠鳩知之句
烏鶖
烏鶖似八哥而通體皆黒喙如雛尾長飛最疾鳴如鶯善

作百鳥聲夜則隨更遞喚能搏鷹鸇遇諸惡鳥飛空中則
竄啄其胸脇鷹鸇飛較遲爪不能及負痛飛鳴而去宿處
惡鳥不敢近
倒掛鳥
倒掛鳥一名小鸚哥翎羽鮮明紅綠相間喙如鈎足短爪
長性好倒掛夜睡亦然種出呂宋六巡方有詩美質天然
着綠衣來從呂宋見應稀啄餘丹嘴慵無語鎖向金籠困
不飛中立羞隨凡鳥列倒垂却與眾生違細推物理誠難
解欲起張華問化機

白八哥

白八哥白晝眉俱未見或云鹽水港統領埤加冬樹大數圍每年生白哥居民攫其雛而飼之

頳鶴

頳鶴俗呼食蛇鳥狀似鶴畧小而短尾周身毛淡紅專食蛇以嘴啄蛇穴令自出或口啣而飛空中頭尾皆動

臺獸 計五條

鹿

臺地素稱產鹿昔年近山皆爲土番鹿場今則墾種良田

鹿亦稀少社番捕爲鹿脯街市求一鹿不得也鹿以角紀年凡角一岐為一年猶馬之紀歲以齒又牝鹿既乳視小鹿長則避之他山慮小鹿之淫之也獸之不亂倫者惟馬牡馬悍蒸則自死牝鹿自遠以避

野牛

臺山多野牛土人設機械獲之先餓餓而後豢以芻豆蔗葉與家牛無異孫司馬有蕷苗田鹿喜蔗葉野牛馴之句自註云山有野牛網而摯之馴以蔗葉

山馬

臺灣内山有馬小而力弱與内地異

黃羊

水沙連紅頭與出黃羊有鬻其皮以爲褥者

豹

臺灣無虎有豹然豹與内地不同内豹皮厚金錢紋臺豹艾葉紋皮薄可為衣原產北路彰化今惟淡水雞籠山時獲一二頗稱難構其價亦數倍於内地豹皮也

臺鱗 計八條

新婦啼

新婦啼魚名狀本鮮肥熟則拳縮意取新婦未諳恐被姑責也孫司馬有詩淇魚未學易牙方軟玉銷為水碧槳厨下却憐三日婦羹湯難與小姑嘗

飛藉魚

飛藉魚疑是沙燕所化兩翼尚存漁人懸燈以待飛入舟中取之孫司馬有詩入海微禽能變化秋來巢燕已為魚翻飛應悔留雙翦誤學燈蛾赴火漁

鸚哥魚

鸚哥魚鳥嘴紅色遍身皆綠相傳真臘有魚名浮胡嘴似

鸚鵡孫司馬有詩朱施烏喙翠成襦陸困樊籠水厄罛信是知名無隱法曾聞真臓有浮胡

鯱魚

鯱魚黑色如鰍長數寸時於水面昂首二目突出身多緑斑背有翅置於地能跳亦能行如有足然六巡方有詩無鱗隱見緑苔斑額上雙眸月兩環掉尾居然行地上潛身不肯入波間烹來羨膾爭誇美捕向淤泥未覺艱海外蟲魚皆有異他年歸去紀南蠻范巡方和韵怒目稜稜迺體斑蛇行也觧曲廻環如何生在滄溟裏偏喜身居清濁間

虎穴棹頭終不顧六給諫畜數尾于池有跳石上斃者龍門燒尾可知艱烹鮮更怪成何味叢笑令人鄙百蠻

烏魚

烏魚於冬至前由彰化鹿港及安平大港至鳳山瑯嶠海脚石罅處放子仍回北路至前爲正頭烏則肥至後曰回頭烏則瘦鳳山雜餉有烏魚旗稅拾遺記大業六年吳郡獻海膾四瓶帝以示羣臣云昔術人介象於殿庭釣得鯔魚此幻化耳今日之膾乃是真海魚所作來自數千里亦是一時奇味即出數盤以賜羣臣葢烏魚也范巡方有詩網魚競捕正頭烏興味頻嫌至後殊海堀引回憐瘦劇船頭懸罟急徵輸釣緡信是嬌漁父幻化無須問老夫曾食江鰡爭比得杭有江鰡芙蓉花裏好提壺

海翁魚

海翁魚大者約三四千斤小者亦千餘斤口中涎沫常自吞吐有遺於海邊者黑色淺黄色番毎取之假作龍涎香以貿利乾隆九年冬淡水白沙墩雷擊死隨潮擱淺巨魚二十二尾如排列狀頭似豕長丈餘目生頷下口濶四尺魚身蝦尾腹寛二尺尾寛七尺約長三丈有奇居民以爲

海翁魚云龍涎香詳雜記

海龍

海龍產自澎湖澳冬日雙躍海灘漁人獲之號為珍物有尾似龍無牙爪長尺餘以之入藥功倍海馬孫司馬有詩澎島漁人乞我歌海龍雙躍出盤渦爪牙未具空鱗鬣直似枯魚泣過河

海馬

海馬狀似馬頸有鬉四翅漁人網獲以爲不祥

卷終

臺海見聞録卷三

崇安　董天工　典齋

雜記

赤嵌筆談云朱文公登福州鼓山占地脉曰龍渡滄海五百年後海外當有百萬人民之郡今歸入版圖年數適符熙熙穰穰竟成樂郊矣

舊臺灣志云鳳山相傳昔年有石忽自開內有讖云鳳山一片石堪容百萬人五百年後閩人居之又傳緬民墾田得石碣內鐫山明水秀閩人居之八字

池北偶談云明崇正庚辰閩僧一貫居鷺門（即今廈門）夜坐見籬外陂陀有光連三夕怪之因掘地得古甎背印兩圓花突起面刻古隸四行其文曰草雞夜鳴長耳大尾干頭銜鼠拍水而起殺人如麻血成海水起年滅年六甲更始庚小熙皞太和千紀凡四十字閩縣陳衎盤生明末著槎上老舌一書備記其事至

國朝癸亥四十四年矣識者曰雞酉字也加草頭大尾長耳鄭字也干頭甲字鼠子字也謂鄭芝龍以天啓甲子起海中爲羣盜也明年甲子距前甲子六十年矣庚小熙皞寓年號也前年萬正色克復金門廈門今年施琅克澎湖鄭克塽上表乞降臺灣悉平六十年海氛一朝盪滌此固國家靈長之福而天數已豫定矣異哉

臺灣土番種類各異相傳元人滅金金人浮海避元爲颶風飄至又宋時零丁洋之敗遁亡至此者聚衆以居男女分配故番語處處不同明太監王三保舟至臺投藥水中令土番染病者於水中洗澡即愈又植薑岡山至今尚有產者樵夫偶見結草爲記次日尋之弗獲故道有得者可療百病

臺灣風土記云龍涎香傳爲鰍魚精液泡水面凝爲涎能止心痛助精氣以淡黃色嚼而不化者爲佳番子浮水取之價十倍不可多得按何喬遠名山藏云龍涎香出蘇門答剌國其國西有龍涎嶼獨峙南巫里洋之中羣龍交戲其上遺涎焉國人駕獨木舟伺採之每一斤值其國金錢一百九十二枚准中國銅錢九千文嘉靖三十四年下戶部取香百斤遍市京師不得下諸藩司採買部文至廣東臺司集議懸價每斤銀一千二百兩僅訪買得十一兩上進內驗不同姑存之亟取真者部文再至廣州獄吏囚馬

那別的貯有一兩三錢上之黑褐色窖地都窖地山夷人繼上六兩白褐色細問狀云黑者採在水白者採在山皆真不贋尋有窖地山商再上通前共得十七兩二錢五分次年進入內辨驗是真許留用自後夷舶閒上供稍稍挾來市始定價每香一兩價百金龍涎之爲用也入香合和能收歛腦麝清氣雖數十年香味仍在得其真者和香焚之翠烟裊空不散或言涎沫有三品曰汎水曰滲沙曰魚食汎水則輕浮水面善水者伺龍出隨取之滲沙則凝積多年氣滲沙中魚食則化糞散於沙磧惟汎水者可入香

用又言魚食亦有二種海旁有花若木芙蓉春夏間盛開花落海大魚吞之若腹腸中先食龍涎花嚥入久即脹悶昂頭向石上吐沫乾枯可用惟糞者不佳六巡方十七謂余在臺曾得兩許其色黑土人謂爲龍涎香不能辨其真贋也

臺灣志畧云水仙宮祀五像莫詳姓氏或曰大禹伍員屈平又其二爲項羽魯班更有易魯班爲奡者更屬不經或曰王勃李白按禹平水土功在萬世伍相浮鴟夷屈平投汨羅王勃省親交趾溺於南海李白粃視塵俗沈於采石沒而爲神理爲近之凡洋中欸忽遭風浪危急不可保惟划水仙一事庶能望救其法在船諸人各披髮蹲舷以空手作撥掉勢假口爲鉦鼓聲如五日競渡狀即檣傾柁折亦可破浪穿風疾飛抵岸其靈應如響亦甚殊絕

陸提萬正色將之日本無風抵一山暫息舟中七十五人有四人登岸探路見異類蛇首猙獰馳攫一人共噉之三人逃歸於莽中遇一梟人攜之登舟道妖噉人狀梟人曰往余舟至同侶遭噉惟余獨存以項間有雄黃一物不敢近耳衆喜曰吾輩有雄黃百餘斤因各把一握頃之蛇首

數百飛來將近不敢仰視逡巡而退

寧靖王傳

前明寧靖王名術桂字天球別號一元子太祖九世孫遼王後長陽郡王次支也始授輔國將軍崇正壬午流寇破荊州術桂偕惠王暨藩封宗室避湖中甲申京城陷莊烈帝殉社稷福王嗣立於建業術桂與長陽王入朝晉鎮國將軍命同長陽守浙之寧海縣乙酉夏浙西郡邑盡歸
國朝長陽率眷屬至閩中術桂尚留寧海而鄭遵謙從紹興迎魯王監國時傳長陽入閩存亡莫測監國封術桂爲長

陽王鄭芝龍據閩又尊唐王爲帝建號隆武術桂奉表稱賀隆武亦如監國所封後聞其兄尚存已襲遼王術桂具疏請以長陽之號讓兄次子承之隆武不允改封寧靖仍依監國督方國安軍丙戌五月　大兵渡錢塘術桂乃涉曹娥江奔避寧海覓海艇出石浦監國亦由海門來會同至舟山十一月鄭彩率舟師北來因芝龍與隆武不洽知越州不守監國出奔故遣迎之術桂與監國乘舟南下歲杪抵厦門而芝龍已先歸命北行矣是時鄭鴻逵迎淮王於軍中請寧靖監其師合芝龍子成功兵攻圍泉州經月

不下鴻逵乃載淮王與寧靖同至南澳值粵東故將李承棟奉桂王之子稱帝肇慶改元永曆寧靖因入揭陽永曆令居鴻逵師中月就所在地方支膳銀五十兩戊子春命督鴻逵成功師庚寅冬粵事又潰辛卯春寧靖仍與鴻逵旋閩取金門及成功取臺灣寧靖輒東渡就竹滬墾田數十甲以贍朝晡旣而元妃羅氏卒遂瘞焉戊午聞靖海將軍調集水軍樓船進討鄭氏諸臣燕雀處堂晏如也寧靖獨蒿目憂之常言臺灣有變我再無他往當以身殉癸亥六月　大師克澎湖二十六日鄭兵敗回寧靖謂姬媵曰我之死期已至汝輩聽自便僉云王既能全節妾等寧甘失身王生俱生王死俱死請先賜尺帛死隨王所寧靖曰善姬袁氏王氏或云蔡誤也媵妾秀姑梅姐荷姐俱冠笄被服同縊於堂寧靖乃大書曰自壬午流賊陷荆州攜家南下甲申避亂閩海總爲幾莖頭髮保全遺體遠潛外國今四十餘年已六十有六歲時逢大難全髮冠裳而死不負高皇不負父母生事畢矣無愧無怍次日校役舁主人柩至寧靖視之無他言但曰未時即加翼善冠服四團龍袍束玉帶佩印綬將寧靖王麐鈕印送交鄭克塽拜辭天

地祖宗耆士老幼俱入拜寧靖答拜又書絶命詞曰艱辛避海外總爲幾根髮於今事畢矣不復采薇蕨書罷結帛於梁自經且曰我去矣遂絶衆扶之下顏色如生越十日藁瘞於鳳山縣長治里竹滬與元妃合焉不封不樹妾媵五棺埋於魁斗山去其墓三十里時稱爲五烈墓寧靖無嗣繼益王裔宗位之子名儼鈖爲後時年七歲安置河南開封府杞縣見臺灣府志

題寧靖王齋壁　前太常寺少卿沈光文鄞縣人

倘得一間屋坐來身與閒夜深常聽月門閉好留山但得

覊棲意無嗟世路艱天人應共仰愧我學題蠻

寧靖王祠　　舉人陳　輝臺灣縣人

閭關投絶域遺廟海之濵古殿山雲暮空堦野草春鴟鴞啼向客杜宇咽迎人自立千秋節英風起白蘋

過寧靖王墓　　明經郭必捷

萋萋芳草憶王孫碧水丹山静閉門弔月蟪蛄悲故府號風松栢泣忠魂一枝聊借猶堪托四海無家豈獨存歷盡艱辛逃絶域但留正氣塞乾坤

輓寧靖王　　陳元圖會稽人

匿跡文身學楚狂飄零故國望斜陽東平百世思風度北地千秋有耿光遺恨難消銀海怒幽魂凄切玉巉涼荒墳草緑眠狐兔寒雨清明枉斷腸

寧靖王墓　　生員盧九圍臺灣人

周道不復振晉鄭豈堪依劇來要荒外聊思效採薇神聖膺天統薄海播恩威樓船忽飛渡原野蔽龍旂降藩知順命逝將安適歸愛此數莖髮謳吟自歎欷蒼天爲之變白日歛其暉哀哉殉主難從容有五妃

輓寧靖王　　董天工

綱常誰與立大義炳千秋時危懷激烈身殞姓名留

其二

飲盡心中血從容就義成數行臨絶語生死一何明

其三

爲愛幾根髮艱辛四十年一朝從此訣勁氣壯坤乾

其四

明社已成屋精神不改初離離坟上草竹滬是安居

五妃墓　　巡臺御史張　湄

瘞玉埋香骨未塵五妃青塚草長春雲寒孤島魂相聚直

抵田横五百人

五妃墓　　巡臺御史六十七

東風駘蕩天氣清載馳驄馬春巡行刺桐花底林投畔森然古墓何崢嶸路旁老人爲余泣當年一綫存前明天兵既克澎湖島維時臺海五烈皆捐生至今坏土都無恙誰爲守護勞山精雲封馬鬣連衰草四圍怪石爭縱横時聞鬼毋悲啼苦想見仙娥笑語聲歲歲里民寒食節椒漿蘋萸陳香羨滿目荒凉已感歎更聽此語尤傷情有明歲晩多節義樵夫漁父卄遭烹島嶼最後昭英烈頑廉懦立

蠻婦貞田横從死五百皆壯士吁嗟乎五妃巾幗真堪旌

五妃墓六絶句　巡臺御史范　咸

明亡已歷四十載死節猶然爲故明荒塚有人頻下馬真令千古氣如生

天荒地老已無親肯爲容顔自愛身遥望中原腸斷絶傷心不獨是亡人

君后相將殉社稷指莊烈虞兮未敢笑重瞳廟廷倘使增陪祀臣妾應教祭享同

忍把童家舊誓忘指福王孝陵風雨怨蒼蒼芳魂若向秦淮

去正好乘潮到故鄉

明妃無命死胡沙青塚荒凉起暮笳爭比氷心明似月隔江不用怨琵琶

壘壘荒墳在海濱魂銷骨冷爲傷神須知不是經溝瀆絶勝要離塚畔人

又三月三日祭五妃墓再成六絶句

又逢上巳北邙來宿莽新澆酒一杯自古宮人斜畔土清明可有紙錢灰

田妃金盌留遺穴何似貞魂聚更奇三百年中數忠節五人個個是男兒

長恨丁寧數語餘從容猶自整簪裾邨西便是埋香地三女墳應近闔閭越記闔閭葬女於邨西名三女墳今五妃墓去寧靖墓三十里

封題無樹一孤岑剩有兒童躑躅吟豈是五丁開蜀道却緣望帝哭春深華陽國志秦惠王許嫁五女於蜀蜀遣五丁力士奉迎蛇山崩同時壓殺蜀王痛傷命名曰五婦塚

可憐椎髻文身地小字羣傳紀載新轉眼燕京瀰泯滅英風獨顯費宮人

十姨廟已傳訛久參昴還應問水濱此日官僚爲表墓五

妃直可比三仁

輓五妃　董天工

吁嗟乎自古賢媛多節烈何當五命同嗚咽丹心赤血飲爲誰視死如歸甘訣絶聞道

天師克澎湖燕雀滿堂盡晏愉君王獨立依誰護侍女追隨祇歎許地老天荒生命迫兩姬三妾真巾幗死生願共應聲齊含淚請先賜尺帛北邙荒塚何嵬嵬陌上行人爲悲哀月朗幽魂歡笑語夜窺疑是碧雲堆於今歲歲清明節里老追思釃酒啜赫赫豐碑爲表揚六范兩巡方爲立碑莫愁上國

聲名滅噫嘻有明晚節多崢嶸南八男兒有婦貞化石氷
心凌露冷香閨烈魄允堪旌

姚總制傳

姚啓聖號憂菴浙江紹興人康熈癸卯以漢軍籍登鄉薦
第一初任香山知縣以詿誤去甲寅耿逆作亂
朝廷知其有幹濟才起爲台州郡佐尋擢溫處道十五年隨
和碩康親王入閩爲福建布政使時海氛未靖啓聖每自
備衣糧募壯勇有澄清海外之志嘗曰
國家聲教無外今逆藩雖已削平而以臺灣一彈丸壓

宵旰憂使沿海居民不遑寧處罪將誰歸會總督郎廷相罷
去以啓聖代之於是得爲所欲爲而平臺之計決矣十八
年移駐漳州漳與臺邇間諜可施乃大開招來館使隨征
叅議道黃性震董其事賊降者無真僞皆納之高宴華軒
焜煌於道令福州同知蘇良嗣督造戰船委隨征同知林
昇督糧運既數月賊稍有降者即厚賜與寵以禮貌使聞
者心動先是僞將軍朱天貴來歸啓聖知其勇且熟海道
諳賊形勢特疏請朱天貴叅軍事至則引入帳中相與卧
起器用供帳侈於自奉天貴感激竭誠致命得其死力遂
增置火炮軍器買上游米石以圖大舉會蘇良嗣戰船亦
報竣乃夜馳三百里至閩安鎮之五虎門親自配舟調遣
精鍊水師隨又赴漳使興化知府卞永譽泉州知府張仲
舉往說賊降而僞行人傅爲霖雖約爲内應實心持兩端
及爲霖見殺乃作急遽狀從數騎招搖城市見大屋輒僞
之榜其門曰某鎮公館某將軍行臺各盛陳供具得賊偵
則佯曰若非某將軍人乎歸語而主某日之期不可爽予
酒食遣之歸得他偵亦如之海上喧傳自相猜忌繼踵納
欵鄭氏心腹皆人人自危矣十九年二月癸未乘賊懈遣

見聞録　卷三　姚總制傳　十二

兵攻破陳洲馬洲觀音山石碼等十九寨甲申復遣隨征
遊擊張定國都司張壐等引兵直抵海澄城下招僞總兵
蘇侃爲内應攻抜之降其衆二千二百六十七人遂復海
澄是夜遣隨征知縣黃金從等乘潮分渡直入海門等處
降其僞統領鄭元堂僞都督黃瑞僞將軍陳珍僞總兵張
雄僞將軍張治等水陸兵一萬二千八百八十一人丁亥
遂復金門厦門賊勢窮蹙退保澎湖二十年啓聖自以北
人乘舟終非素習軍中不可無帥具疏上請
天子以内大臣伯施琅爲水師提督既至與之籌兵料敵經

畫方畧於二十二年六月乙酉從平海進兵癸巳克澎湖七月丙申鄭克塽率衆歸誠海外悉平啓聖制閩數載前後議勦臺灣獨握勝算一切文移條教悉出己手雖溽暑盛寒不倦每有議論指授英氣激發義形於色遇有功將弁及降將皆開誠奬勵捐金宴犒無少慳惜推功讓能勞謙不伐其定謀推轂亦一時之能臣也

靖海施侯傳

施琅號琢公晉江人明崇正時爲遊擊將軍及明亡閩粵事亦相繼敗琅挈家屬入海依鄭氏成功忌其能因釁孰

之會得脫遁歸家屬皆被害順治丙申制府李率泰薦授副總兵駐同安薄厦門賊壘擒其驍將數十輩所招降萬餘人晉同安總兵擢福建水師提督平金厦沿海諸島康熙六年以邊患宜靖疏請擣臺灣得
旨赴京面陳尋以議裁浙閩粵三省水師提督留京晉爵内大臣伯康熙二十年
朝廷從姚啓聖請特命琅征臺琅至閩選舟師練習三載以二十二年六月乙酉由銅山進兵入八罩直抵澎湖澎爲臺門戶賊之精銳悉在焉有衆二萬餘艘二百餘集於雞籠等嶼僞鎮國公劉國軒亦擁精兵二萬屯於風櫃尾牛心灣等處環設砲城以陸兵守之其餘沿海賊舟星羅碁布琅令大小船於風帆上大書坐將姓名以知進退定賞罰丁亥昧爽鼓角喧騰兩師將合琅先令曾成藍理吳啓爵張勝許英阮欽爲趙邦試七艘衝鋒破浪直入賊師焚殺無遺值潮自南至前鋒爲急流分散賊艘復合琅知其深入挺身衝殺賊䑸收入八罩獨駕小舟潛偵賊寨動靜癸巳與各鎮誓師分爲八隊每隊七舟各三其疊琅自統一隊居中調度留八十餘舟爲後援又分遣五十餘舟從

東畔蒔内截寇歸路以五十舟從西畔牛心灣内外塹爲疑兵牽制忽北風驟發勢相逆三軍股栗琅廵師大呼曰無畏惟天惟
皇帝之靈實式臨之須臾雷震風反將士賈勇而前賊舟發火矢交攻烟焰迷天官兵乘勢夾擊自辰至申賊艘被焚覆溺投水者無算劉國軒遁入小舟從吼門出僅以身脫既破澎湖琅思以恩信結臺人凡降僞鎮營弁奬賞有差給士卒糧米焚傷覆溺未死者以醫藥救治之有欲歸見妻子者給舟送之降卒相謂曰是直生死而骨肉也歸相

傳逃賊衆解體望　王師如時雨方駐師澎島時士卒數萬之水隨地鑿井甘泉湧出於是軍聲大振鄭克塽始決計歸順遣裨將馮錫珪陳夢煒齎獻延平王金印一招討大將軍金印一公侯伯將軍銀印五來乞降時七月二十七日也八月壬子琅統舟師臨臺地受降令人民土番薙髮官民有讐怨者悉爲捐釋撫殘孽籍府庫兵仗卸陣亡之殺傷者雞犬不驚壺漿載道捷書至闕

上解所御龍袍馳賜載褒以詩加授琅爲靖海將軍封靖海侯予世襲琅復念海外初平所在土番雜處爲善後計特

疏詳陳臺灣棄留利害請設郡縣以爲東南數省藩籬

詔報可版圖式廓海波不揚江浙閩粵四省數十年鯨鯢久靖琅之功爲多

施都督傳

施世驃琅子初以外委守備隨父戰澎湖有功後累官至水師提督駐廈門康熙六十年朱一貴倡亂世驃聞變集諸將議曰臺寇猖獗六七日全郡俱陷此非小賊也今臺灣數百艘逃入内地脫有奸徒混跡乘虛鼓煽廈島一搖勢不可制咎將誰執乃按兵觀釁而總督覺羅滿保羽檄飛促世驃出師赴澎湖以慰衆心迨滿保至廈門而世驃已登舟出港兩日矣抵澎湖與南澳鎮總兵藍廷珍謀克復安平時朱一貴悉衆攻安平世驃與廷珍遣將分攻直擣臺郡朱一貴等後先就擒世驃卽於軍中疏平臺郡狀值南風正駛捷書到闕

賜世驃東珠朝帽蟒袍異數有加時元兇雖擒餘黨散匿世驃復與廷珍分遣大兵廓清南北二路以除殘孽會風雨大作屋瓦皆飛人民震動世驃終夜露立疾作卒於軍

陳復甫傳

陳參軍永華字復甫泉之同安人父某科孝廉以廣文殉國難永華時年舞象試冠軍已補龍溪博士弟子員因父喪遂隨鄭成功居廈門成功爲儲賢館延四方之士永華與焉未嘗受成功職也其爲人淵沖靜穆語訥訥如不能出諸口遇事果斷有識力定計決疑瞭如指掌不爲羣議所動與人交務盡忠欵居平燕處無惰容布衣蔬食泊如也成功常語子錦舍曰吾遺以佐汝汝其師事之成功既沒鄭經繼襲以永華爲參軍慨然以身任事知無不爲謀無不盡經倚爲重知其貧常以海舶遺之謂商賈倣此歲

可得數千金永華却不受強與輙遭風敗更與之亦然永
華笑曰吾固知吾命窮徒損他人資無益臺郡多蕪地永
華募人闢之歲入穀數千石比穫悉以遺親舊量其所需
或數十百石各有差計已所存足供終歲食而已逮耿逆
以閩叛鄭經乘機率舟師攻襲閩粵八郡移駐泉州使永
華居守臺灣國事無大小惟永華主之永華轉粟餽餉五
六年軍無乏絶初鄭氏爲法尚嚴多誅殺細過永華一以
寬持之間有斬戮悉出平允民皆悅服相率感化路不拾
遺者數歲一日命家人灑掃廳事内設供具扃閉甚嚴日

齋沐具表入室拜禱願以身代民命或曰君秉國鈞民之
望也今爲此實駭觀聽其若民心何永華曰此吾所以爲
民也復嘆曰鄭氏之祚不永矣居無何告其家人曰上帝
命吾宰茲郡將以明日往詰朝端坐而逝婦洪氏小字端
舍同邑人賦質幽閑有齊眉舉案風晨興盥沐畢夫婦衣
冠斂袵揖而後語尤長詞翰精筆札閨門之内切磋不異
良友永華冗不暇給凡文移尺牘屬稿及丹筆批答多洪
爲捉刀而措語字畫與永華無異人不能別子夢緯夢球

陳烈婦傳

陳烈婦者永華季女鄭經長子欽舍婦也欽舍甫弱冠性
剛毅果斷遇事敢爲經愛任之先是鄭經幼好漁色多近
中年婦人民婦爲經諸弟乳母者經皆通焉有昭娘者遂
納爲妾有寵經妻唐氏無出昭娘首生欽舍當時流言昭
娘假娠乞養賫屠者李某子獨鄭經謂生時目覩不之信
族人竊誹之未幾昭娘以衆嫉死矣逮耿逆變亂鄭經統
舟師渡海駐泉郡志圖内向以欽舍守臺灣號爲監國監
國居守裁決國事賞罰功罪一出至公即諸父昆弟有過
不少假用是宗族多怨之及鄭經自厦門敗歸視監國處

分國事悉當益信其賢自是軍國事悉付裁决與精兵三
千人爲護軍宗族益憚監國而含怨愈深矣會經疾遽亡
未立後家人方治含殮經母董氏出坐幃中傳集各官聽
讀遺命立新主逡巡未舉經諸弟白董氏先收監國印董
氏命太監往取印欽舍不時與因訛傳監國率兵且至衆
倉惶不知所出羣妾有和娘者即克塽母也曰監國必無
是請往取之欽舍曰此印先君所授軍國繫焉向使一介
傳命眞僞莫據何可輕付和娘來固當持去遂隨和娘至
喪次再拜董氏前納印董氏曰汝非鄭氏骨肉寧不知乎

欽舍未及對經弟羣起撻之欽舍笑曰撻我無足武我平日不避嫌怨守法不阿亦爲鄭氏疆土耳今日死生惟命何撻爲董氏命置旁室中不令出經諸弟又遣烏鬼往縊之烏鬼畏不敢前欽舍知不能生遂自縊死明日立克塽爲嗣（克塽小字秦舍）而移欽舍柩於門外別室董氏謂烈婦曰汝叅軍女也叅軍於國有大功汝居宅中當善視汝烈婦曰昔爲鄭氏婦今居兒婦矣尚安居此柩既舉烈婦扶柩出人莫能阻至喪所晝夜哀啼不輟路人聞之莫不殞涕其兄慰之曰汝娠未娩盍存孤以延夫後不猶愈於死乎烈

婦曰他人處常妹所處者變也縱生孤孰能容之有死而已絶粒七日不死復雉經與欽舍合葬郡治州子尾海岸閭婦幼習文史工書知大體實秉母教亡年二十既葬臺人士常見監國乘馬呵殿往來或時與烈婦並出容服如生尊從甚盛人以爲神云

平朱一貴亂

康熙六十年春三月大雨如注（瀨口有大牛冒雨奔騰下岸入水過三鯤身登陸由鎭城從大橋頭入海向大港而出小艇追之不及此不知爲鼇爲鯨爲水牛蓋兆鴨母之亂云）夏五月朱一貴倡亂陷府治總兵歐陽凱副將許雲戰歿總督覺羅滿保馳至廈門檄水師提督施世驃進兵南澳總兵藍廷珍統偏師援之六月十三日施世驃藍廷珍復臺灣械朱一貴至京師礫之秋八月十三日大風壞民居天盡赤（提督施世驃駐兵郡城營房傾倒港内船隻皆擊碎兵民多壓死）

初狂民高永壽冒首傀儡山後有朱一貴者謀爲不軌鞫之無實杖遂回籍五十九年十月朔臺地大震民間訛言爲亂兆賊有杜君英者粵人也藉稱一貴在其家招集徒衆六十年四月十九日豎旗岡山奪汛塘軍器臺鎭歐陽凱遣遊擊周應龍討之賊擣岬頭敗應龍軍

於赤山千總陳元戰死二十七夜攻陷南路守將苗景龍被執遇害把總林富戰死守備馬定國自刎死五月朔賊擁衆攻府安平協鎭許雲率遊擊游崇功千總趙奇奉林文煌等引兵來援力戰俱死之臺鎭歐陽凱及遊擊孫文元守備胡忠義千總蔣子龍林彥石琳俱戰死遊擊劉得紫把總李茂吉被執茂吉罵賊不屈死之府陷是日北路營亦陷守將羅萬倉死之其妾蔣氏自縊以殉時三邑俱陷惟北路上淡水都司陳策孤軍自保阻遠初四日羣賊立飼鴨者朱祖冒一貴稱義王僭

號永和元年總督覺羅滿保十四日馳駐厦門檄水師提督施世驃南澳鎮藍廷珍赴澎湖討復滿保悉心調度發舟師萬七千人戰船五百餘艘適水漲丈餘駢進鹿耳門克復安平鎮時六月十六日也二十二日與賊戰鯤身賊却遊擊林秀等乘勝追入府治次南較場軍令嚴無敢犯民秋毫者郡民慶更生爭担粥挈漿以迎越日藍廷珍等至自西港軍於

萬壽亭二十三日提督施世驃行視郡中慰民疾苦遂軍於北較場二十五日

詔到諭賊就撫二十八日遣朱文等略北路滿保又遣遊擊張駿會陳策於上淡水兼程而下夾攻一貴等一貴竄窟溝尾鄉民醉而縛之閏月獻俘軍門諸黨亦漸次就擒檻送

京師磔之惟王忠未獲八月十三夜颶風大作雨如注火光閃閃燭天發屋碎舟營盤傾倒官哨商漁船俱覆軍民溺死無算賊餘黨黄輝卓敬等復糾衆小岡山捕獲斬之臺灣平

雍正元年夏四月千總何勉獲逸賊王忠伏誅

辛丑之變羣賊俱已伏誅惟王忠潛匿年餘未獲巡臺

御史吴達禮黄叔璥奏請勒限緝拿總督覺羅滿保以中營千總何勉竭力用命專委搜緝勉備歷險阻訪知踪跡獲其親信羽翼使爲内應四月十四日夜擒王忠於鳳山解省正法事

聞授何勉福州城守右軍守備仍從優議叙陞北路營叅將須給世職准襲兩世拖沙喇哈番

外島

琉球國在臺灣正東由大雞籠山水程四十三更（稱爲東洋）其

國王有三曰中山王山南王山北王深目多鬚有職事者以金銀簪爲差賤者髮束無簪土人結髻於右漢裔結於中俱用色布纏之紫黄爲貴紅緑次之青爲下衣則寬博廣袖腰束大帶貴者纏文錦無貴賤皆着草履見使者始具冠履婦人以墨鯨手爲花草鳥獸形不簪珥不傅粉足與男子同上衣之外更用幅爲帷周蒙背上見人則升之以蔽面下裳摺細而長不令足顯君臣上下各有等級文有大夫長史都通事等官專司朝貢之事武有法司察度遏闥那覇港耳目等官分司刑名錢穀訪聞之事王則曰三

覲朝羣臣搓手膜拜遇

聖壽長至元旦王統衆官肅冕服嵩呼慶祝儀同内地土產則禾苧土絲紫菜魚鰲龍蝦螺蟳熊虎豺豹鹿牛馬羊豕硫磺皮紙蜉蚌又有紙扇煙筒其製陋劣果品頗同中國獨不宜茶賦法頗似井田明洪武五年初入貢

國朝順治三年投誠請封以後每二歲一貢方物率以爲常其使艦恒被風飄泊至臺給船送福省云

日本古倭奴國亦稱東洋在臺海東北由大雞籠經闞潼白畎水程五十九更至長岐或作長崎港長岐者日本互市地也有上

將軍主之王住京城去長岐遠極不干政事歷代止爭將軍無有爭王者其人好勇剛勁男子生則授一刀出入佩之有所爭輒攜以刺人隨自割其腹國法獨許殮自割者以其勇也屋地鋪厚褥入必脫履户外物產金銀琥珀水晶硫磺水銀紅銅白珠青玉蘇木胡椒細絹花布螺鈿漆器鯀魚鮑魚子魚綿紙扇犀象刀劍之類首飾銀器極精又有烏金香爐酒瓶手釧等玩婦人美姿容不施粉着鈌後朱履曰淺拖長岐有大唐街花街賈舶至則將人入土庫擇其貴者送以妓歸時計日算緡遣之最爱臺貨白肯

糖鹿獐皮價倍他物至古蹟書畫又無價矣日本人皆覆姓其單姓者徐福配合之童男女也福所居之地曰徐家村其塚在指熊山下

呂宋在臺海東南船行由沙馬磯斜指巽方經謝崑山大小覆金山水程五十八更稱爲南洋其國甚小頗產黃金其人質樸爲紅毛所據與西洋人雜治之分其地爲二十四郡有化人巴黎共操其柄生女及笄必候巴黎按選姿色者留之色衰乃令出嫁男子將婚必赴巴黎跪聽呪法以毒油滴其額名曰淋水人死不瘞舁置萬人坑中三年衆棄諸海西洋商貨多聚其市王自紅毛來者率數歲一易土

人蓬髮短衣跣足惟紅毛則具冠履着窄袖衣袴取包臂襪名没大小言無大小皆能着也冠制如鈸有職事者手持藤條鑄銀爲錢每顆重七錢三分謂之大錢半其重爲中錢遞而輕之至一錢八分以至九分四分半者謂之茇子即今臺地所用番銀是也

咬嚁吧一作噶喇吧在臺海極西水程二百九十一更本爪哇地紅毛奪之其初土人輕捷善鬬紅毛製鴉片烟食之遂疲羸受制竟爲所據其人凡三種紅毛爲貴中國寄居爲唐人次貴土人爲賤屋制高地覆板鋪藤花蓆珈趺而坐

王騎象或牛男蓬頭女椎髻上衣下帨西洋化人巴黎之屬與紅毛分持其柄嚴約紅毛及唐人無得吃鴉片犯則重罰不宥然唐人往往竊食私帶至臺物産金銀犀角象牙玳瑁青鹽檳榔椒香蘓木桄榔吉貝倒掛鳥綵鳩緑鳩紅緑鸚鵡白鹿白猿鑄銀爲錢其豐贍與呂宋相似

西洋在西海外去中國極遠其人拗目隆準狀類紅毛然最多心計又具堅忍之志析理務極精微推測象緯曆數下逮器用小物莫不盡其奇與用心之深將奪造化之秘且能過目成誦終身不忘明季有來中國三年遍交海內

文士於中國書無所不讀多市典籍歸教其國人悉通文義創爲七克等書所言雖孝悌慈讓其實似是而非又雜載彼國事實以濟伊天主教之邪説今中國亦有天主堂扃閉甚密外人曾不得窺不耕不織所用自饒其國多産白金明時常歲運白金鉅萬轉送各郡邑天主堂又製爲風琴自鳴鐘刻漏渾天儀諸器皆巧奪天工其國富强紅毛密邇與之同類咬𠺕吧爲其兼并呂宋遠居東海亦爲所踞其心寧有厭足乎

紅毛即荷蘭又曰紅夷一名波斯胡在臺海極西實西洋附庸也性貪狡能識寶器善貿殖重利輕生貿易無遠不至其船最大板用兩層謂之夾板其帆如珠網八面受風無往不順海洋相遇恒遭其刼惟廣南小船名軋船操檝飛行駕巨礮於上攻其船底底破即沉物産自鳴鐘水鏡眼鏡哆囉呢嗶吱紗緞之類皆中國所不能製者

大崑崙在大海中去臺灣極遠與暹羅稍近其山最高且廣五穀不種自生果木繁植百草熳焉但空山無人明季海寇林道乾自臺遁去曾至此山見其風景特異欲留居之柰龍出無時風雨暴烈海浪掀騰舟不可泊竟其下爲

蛟龍窟宅乃棄去復之大年（國名也在暹羅西南）先年臺灣有老人經瞻道乾至大崑崙尚能詳言之後鄭成功不安臺灣有卜居大崑崙之志咨訪水程風景甚悉會病亡不果行

暹羅原暹與羅斛二國後併爲一稱暹羅國漢赤眉遺種在臺海極南水程一百四十一更其國方千里羣山環繞峭拔崎嶇地下濕土踈惡氣嵐熱不齊王宮壯麗民樓居藤蓆竹簟寢處其中鱷魚潛伏樓下伺人高影攝入水中呑之向晚人必牽牛緣梯置樓上王白布纏首腰束嵌絲帨如錦綺跨白象或乘肩輿尚釋敎國人效之好爲僧尼

僧善呪人有爲鱷魚戕害者訟諸僧即呪拘立至數其罪魚俯伏乃杖而放之婦人多智夫聽於妻妻與中國人私不爲怪婚則僧爲迎壻至女家僧取女紅貼男額稱利市喪禮貴者灌水銀瘞民間鳥瘞言語大類廣東俗澆浮習水戰好鬬喜寇掠市用海䴢煮海爲鹽釀朮爲酒產寶玉奇香異木翠羽獅白象白鼠蘇木六足龜珊瑚地宜種穀多穫水長丈餘禾亦暴長出水不患淹明洪武間其王遣子奉金葉表朝貢後數年復貢象及方物永樂間遣使上表貢方物乞量衡式賜古今列女傳量衡令三年一朝貢至

國朝猶朝貢以時尤足徵

聖化誕敷無遠弗屆云

安南在臺海正西秦屬象郡漢武帝平南越置交趾郡與滇南粵西相連後漢伏波將軍馬援征交趾立銅柱以分茅嶺爲界唐改曰交州自臺水程八十三更可至其俗喜鬬不解耕種明洪武遣使封其國王陳日煃賜以駝鈕塗金銀印乃入朝貢後爲權臣黎季犛所篡永樂五年詔求陳氏後立爲安南王人言陳氏無後乃郡縣其地宣德間以交廣屢叛數勤王師從楊士奇楊榮之議遂棄之後封陳暠爲安南國王歲時朝貢暠死黎利詐以暠卒族人並絕共推利守國表請於朝許之黎氏遂據有安南俄爲莫氏所篡後黎寧逐莫又復國今其國王大抵黎氏子孫也其地產金珠珊瑚玳瑁丹珠沉檀束奇楠諸香蘇合油胡椒羚羊角犀象兕白鹿猩猩狒狒白雉翡翠蚺蛇蟻子波羅蜜烏木蘇木境內有越王城天使舘浪泊柱銅鼓自通貢以來中國人多入居之今其民人漢裔居多無男女長幼見漢人皆稱阿叔女子爱招漢壻婦人出而貿易丈夫

坐食於家好食檳榔人多黑齒衣服頗類琉球披髮戴箬笠跣足見尊長輒去其笠叉手以爲敬謂坐爲卑謂立爲尊以立高而坐下也能爲軋船無首尾輕捷異常紅毛夾板船遇之立敗故不敢入安南凡有遠行挈家與俱康熙五十六年嘗有藤釘小艦飄風至澎艙中男女眷屬畢集自稱安南國大學士陳某因往莊收穀偶遭颶風飄流十餘日至此凡三年一朝爲中國貢獻外臣

蘇祿在臺海東南水程由砂馬磯抵呂宋放船經文武樓山呂蒙山一百二十六更可至其俗山涂田瘠宜種粟麥

民食沙糊魚蝦螺蛤煮海爲鹽釀蔗爲酒織竹布爲業土產竹布玳瑁珍珠甘蔗所居在海山小島築外木内石牆垣一道長二里許以作防守聚居不過千人無銀鐵使用率以布疋米穀相交易明永樂間其國王嘗率妻子酋長來朝歸過德州而卒後遂不通貢至
國朝雍正四年遣使龔廷綵泉州人同通事賫表文方物入貢乾隆五年有蘇祿番目烏人皆色參船送被災泉人回唐并獻書水師提督與泉道代求
奏請來歲入貢遭颶風飄泊到臺官爲咨送赴廈以上外島皆見舊志

使槎録云明莊烈帝時工部尚書渭南南居益巡撫福建時紅毛以明月珠珊瑚樹異香火馬諸珍賄請互市公絕其使焚其貢物口占一絕云明月珊瑚貴莫言番書字字誑軍門牙前立下焚珠令不敢持將獻至尊授部將以方畧討之繫其酋高文律閩人立石平遠臺以紀公績今嚴禁互市實苞桑之至計爲國家計久遠者當視前明紅毛入犯中左肆行焚刼又復勾引劉香老首尾衝突海壖騷動雖竭力驅剿賈若不支慎勿狃目前之近利而輕言互市也

卷終

臺海見聞録卷四

崇安　董天工　典齋

臺灣賦

臺灣府學教授林謙光長樂人

有汗漫公子足騁八方目鶩九鄙訪秦漢之故都登雲亭之舊時紆神於錢來丹穴之巔長嘯於渾夕朓扈之址洞庭彭蠡拍驚浪以飈飛弱水龍門鼓輕舠而容與歷吳越詡甲第之連雲入鄒魯羨絃歌之盈耳闤闠諠雜轝踵則觸乎輪轅都市紛華摩肩則炫乎羅綺自以爲穆王策駿之遊蔑有尚於此儼然恃所覯而述於廓宇先生先生方

暴背鴻濛吸飲滄溟聆而哂之謂是尠丈夫也曰子亦嘗曠爾矚遠爾盱而知
今皇帝之輿圖乎制萬國以侯尉垂一統於車書人弗敢私其尺土俗無不拱乎辰居奠神州而晏若廓六合而恬如暢餘威於殊俗沛異澤於遐區即跳梁以據險終痛悔其負嵎走也慶流波之既靜得專爲子頌臺灣之盛執而勿遑及乎其餘懿夫逢浮湞澥沆瀁潰泓撇天震地吞谷排空駛如奔馬激如騰龍瀉碧千里湧浪萬重神鰲驅瀑石燕呼風飀飀颯颯飄飄寰寰擬蓬瀛之難即匪解纜之可

通爾乃以忠信爲舟以道德爲櫓爰縱纜於銅山泛一葉於厦浦飛廉戒途屏翳先路巨浸廻瀾狂濤息怒游泳虎井之灣瀠洄牛心之滸望内塹而揚舲指西嶼而繫組既憇足於澎湖復放櫂於深渚程僅歷於六更里倏越乎五百少焉神山突出沃野孤浮景呈異狀沙截洪流一崑連七崑而蜒蜿南崑偕北崑而阻脩大線扼海翁之堀北線接安平之洲衝鹿耳以抵岸陟臺灣而遠捜於是大岡小岡峣屼嵬崔半崩半屏巉嶫嵒嶨鳳巒插漢以嶔巇龜山負地而磅礴翠織觀音之峯丹銷赤崖之麓聳打狗於平

坡峙買猪於廣漠木岡凹底形若聯翩阿里雞籠勢相犄角玉筍璀璨則漾素影於波濤金鐫嶙峋則伏雷聲爲管籥計自南而訖自北繞以二十二重之溪由此界而溯彼疆隔以六千餘里之谷升高而眺循俗而詢厥地惟鹵厥土惟墳厥田惟上厥種惟糜厥草惟茂厥木惟囷厥珍惟錯厥布惟芬厥鳥惟毽厥獸惟羣飛潛動植長盛紛紜嘉茲壤之沃饒矧温風之時至犬吠雪以爲常龍興雲而不曀郤溽暑於竹椰掃嵐烟於蘿薜刺桐飄經歲之絳霞菡萏迎四季之夏氣歷選勝於炎方允莫京於海澨則有文身番族黒齒奇巒爛滿頭之花草拖塞耳之木環披短衣而抽籐作帶蒙鳥羽而編貝爲纍欣中國異人之戾止乃跳石越澗以來觀饋波羅之清冽獻嘉樣之甘酸蕉子剝來幾等木桃之贈黄梨摘露不殊葵藿之繁翹首瞻依幸彼俗之未陋跂足蠕動樂大化之可須又有蓬跣方除膠庠初隷載酒問奇負經請諦吟誦半雜於博勞衣冠尚存其椎髻拱手於都講之庭側身於敷教之地斯時也名邦上客暫停輶軒廣布文德弘宣湛恩數討叛之故開並生之門示傲慢以秋肅導頑梗以春温譬木鐸之狥路若指

南之啓昏從此蜃氣晴噓結陸離之樓閣鮫人晝卧展錦繡之乾坤謂非禹服重新涵侯甸要荒於一體堯仁遐被輯躬桓蒲穀以稱尊也哉汗漫公子伏而聽焉茫乎喪於懷來曰不觀滄海者誇溝壑之弘不覩王會者詑都邑之鉅鄙人乃知

今皇帝之輿圖未易以蠡測也請爲歌以比於雅頌之末爰起而系曰有土綿綿有水漣漣介在絶島吐霧吹烟

帝赫厥怒淵淵闐闐既昭義問乃命旬宣崇儒重道勿棄蒙顓匪棘其欲式廓厥埏

皇以涖之於萬斯年

平南賦　周　澎晉江人

海氛熾虐數十年大將軍施公銜

命往征一戰而克平南奏疏一編乃都人士家謠户頌積成卷軸者也雖里巷微詞而輶軒足採乃摭其事實而作賦曰繄

帝德之光華曰聖神而文武耀化日於中天颺仁風於率土賡一廷之都俞舞兩階之干羽張百旅之熊羆扶千屯之貔虎六服率賓萬方安堵靡不稽首來王輸賓天府惟是

東南一帶溟渤奥區蛟鯨出沒陸梁逋誅依黿鼉以窟宅聚蚤蛤而爲徒乘風濤以鼓鬣播毒燄於萑苻長使海濱黔黎毁家破室雲屯士旅抱戈枕殳嗟桑田之萬頃乃彌望而平蕪困頳魴於涸澤泣流紅於征途錯烽煙於野戍棲燐火於寒壚至於淒風嗚柝涼月啼烏莫不含酸茹慼惻愴嗟吁

天子乃念南國之仳傠每殷勤而宵旰曰惟予股肱孰是仗旄秉鉞爲海邦剪此暴亂僉曰惟彼元勳夙膺寵眷俾控制以專征用克紓乎廟算

帝曰都自江以南倚女爲屏翰其克奏膚功以靖此多難於是分虎竹綰龍章辭禁衛出

帝鄉貔貅夾隊魚麗成行戈鋋的皪旌旆飛揚駐雄師於澤國若雨集而箕張惟其地當斥鹵井竭水漿喜甘泉之應禱供萬竈之餱糧乃脩艨艟爰戒舟航凌中流以擊楫攬形勢於滄浪先卜期以決勝奏神策於廟堂繄重淵之瀰漫慨風浪之不常望蜃樓之縹緲嗟欲濟之無梁因而畫沙爲隄聚米成島孰漂疾當其驚湍孰盤渦介其要道孰旁涯而可泊舟孰順流而堪直擣敵已在吾目中胥按圖

而可考定方畧於金城羡充國之計早知拉朽而摧枯胡險阻之能保爾乃乘機制變六月興師舳艫千里霄漢蔽虧劍氣干雲而爛爍甲光冒日而陸離橫驚波以伐鼓撥瘴霧以揚旗各星羅而棊布聽中堅之指麾因念蛟宮盤踞兎窟憑依旣蜂屯而蟻聚復扼險而負危雖投鞭之可斷匪制勝之機宜故毁軍以驕敵弄股掌之嬰兒彼乃疎汛守撤藩籬雖北來之軍旅豈渡江之能飛橫千尋之鐵鎖沉水底以何爲於是鼓輕橈浮彩鷁溯鴻波撼絕壁凌馮夷之宮擣潛虬之宅維時衝飈怒號狂濤湍激飛沫噴

空滂湃漭汩呑海岳以俱宴合水天而齊碧百族爲之震驚千靈爲之辟易天吳排浪以浮游罔象穿煙而蹩躠篙工柁師逡巡踧踖莫不輟櫂停橈驚心動魄爾乃精誠上格叱電驅霆飛廉頓轡屛翳潛形波臣歡焉助順海若剡其揚靈爰散金以誓士恥與敵而俱生復焚香以戒旅惟妄殺之是懲於是軍聲震士氣騰艨艟發枹鼓鳴搖赤羽麾青萍殲怪鱷殪毒鯨弓不虛發矢必應聲倒戈漂鹵流血波頳既獻俘而授馘遂掃穴而犁庭乘長風以破浪藉專閫之威稜因而傾其巢剗其壘敗甲殘鱗俛首帖耳濟

藥石以扶傷俾瘡痍之咸起仗天威以縱擒使歸布其德音曰漏網之餘魂漫稱雄於井底將計日以成擒胡憑陵之足恃念薄海之含靈皆

朝廷之赤子無追踪於田横五百人而俱死倘銜璧以來歸當茅土而錫爾惟公事之勾當何私仇之足恥彼乃藉户口輸土田匍匐蟻伏稽首軍前曰南人不復反願稟朔於

堯天知

聖朝之寬厚必罔治於厥愆若夫哀鴻失所瑣尾堪憐延頸企踵霓望久懸瞻王師之至止胥雀躍而歡顏陳壺漿而塞野奉筐篚以周旋桑麻無擾井里依然耕不輟耒賈不易廛相與脫釜鬵之苦登袵席之安更有流離遷客顛頓閨鬟弔天涯之魂影悲絕徼之風煙盼征鴻而帛書難繫吟夜月而笳拍空彈望鄉關於萬里長掩涕以流連欣撥雲而見日樂故土之生還乃復納叛招降編之部曲曰蔡人卽吾人務推心而置腹彼坑卒於長平何徒肆其殘酷化鷹眼以咸馴各賣劍而買犢念勝國之宗支多竄身於窮谷懷禾黍之故都每悲歌而當哭彼白馬以賓王殷宗爲之不覆惟

聖世之芳規曠千春而並燭於是雕題貫胸之衆燋齒梟瞯之倫廻首請吏顛列編民遷情反志服教畏神固絕徼荒陬盡變爲樂土何殊方異類共識乎尊親若乃威靈遠暨悉主悉臣陸讋水慄奔走來賓琛幣重譯而交貢梯航接踵以並臻火齊木難之寶珊瑚瑇瑁之珍烏集鱗萃靡不咸陳豈中朝特貴乎遠物乃遐方共聞有聖人由是鐃鼓傳干戈戢唱天山之歌勒燕然之筆交趾之銅旣標准南之碑亦立捷音颺發於閶闔露布星馳於北極六合莫不騰歡

至尊爲之動色曰海波之載揚四十年如一日吁嗟乎蒼生不安於稼穡伏爾師貞一戰而克從兹惡氛除刼灰熄樂桑麻恬作息南顧紓憂云誰之力其速議褒封用彰彼勳德爾乃登

清廟播樂章告海邦之清晏慶社稷之靈長遂褒以綵綸之天語錫以黼黻之衮裳指河山而盟帶勵分茅土而勒旂常謂爾元戎邦國之光用錫爾鐵券爾其世守而永藏藉金城之萬里用屏衛此一方奠封隅以永固鞏奕葉於苞桑追伏波之舊烈曠百世而流芳於是居者相與慶於閭行者相與歌於市胥朋酒以言歡賡吉甫之燕喜頓長借乎衮衣沾化雨於桑梓若乃鈴閣餘閒左圖右史吐握下賢赤舄几几門多珠履之賓座滿縫掖之士同雅歌於祭遵等輕裘於叔子令既肅於秋霜心復澄於止水彼烟閣與雲臺知姓名之永紀備採風於輶軒詞徧騰於下里乃歌曰嗟滄海兮噴狂濤蛟龍鬬兮虎豹嗥兵車絡繹兮饋餉勞悲中澤兮聲嗷嗷孰提師兮奮旌旄麾霓虹兮掣寶刀淬龍泉兮礪鸊膏入蛟宮兮斬毒鼇斬毒鼇兮奠滄海吁嗟偉烈兮斗漢爭高

海吼賦

巡臺御史張湄

環臺皆海也自夏徂秋颶風屢作驚濤溢涌雷呴電焯擊於鯤身厥聲迴薄遠近相聞莫不錯愕主人索居海濱形隻影寡滌積庭間兩昏燭灺起坐聽之晝夜不舍惝然罔然若置身壙埌之野有難乎爲懷者乃作海吼之賦其辭曰

繄天風之欲怒作地氣以先聲通呼吸而互應混上下而相成斜景黯其晝伏斷虹絶以宵横帆檣集島沙磧凌城鯨甲振厲鵬翼長征風摶九萬兮扶搖直上水激三千兮不平則鳴爾乃炎蒸絺葛潤逼柱礎海若頻驚石尤頓阻獰飆颯颯以廻凉怪雨淫淫而去暑蕭梢林木聳萬壑之秋聲破碎虛空竟千村之社鼓其爲壯也轒輼四起蕩潏八埏冰崖崩裂鐵騎羣奔擬金鏞於山谷擺雷硠於乾坤其爲駭也黿鼉騷遝贔屓連屯天吴奮以叫號蝄像詭以游巡鬥饞蛟而水立哮虣虎而林昏於是經旬陰曀徹夜喧豗琳宫久閟貝闕沉埋飛滂霧積峻湍山頽嗟樓船之胥没絶商旅之往來淼淼龍津浮萍蹤其何託啾啾鬼哭出魚腹而興哀則有域外孤臣天涯羈客長簟凄其短檠

蕭索枕繞瀑雷㗊縈濤雪帳落葉於始波感吟蟲於將夕愁泛波之杳茫憶弄潮之夙昔徒撫影而徘徊或隨聲而嘆喟爲之歌曰風淅瀝兮動羅幃雨淋浪兮暑氣微長鯨吼兮水四圍夢魂驚兮不可歸望無極兮音塵稀指故園兮孤雲飛

臺暘八景

安平晚渡　臺灣觀察高拱乾

日腳紅舞壘烟中喚渡聲一鉤新月淺幾幅淡帆輕岸濶天遲暝風微浪不生漁樵爭去路總是畫圖情

又　臺灣觀察莊年

笳聲互動日沉西一片蒼茫暮靄低夕照城邊催渡急晚烟風裏裹帆齊水寒弄影光搖月潮長移舟浪拍隄却怪羣鴉棲不定參差樓堞望中迷

又　臺灣刺史褚祿

樓堞參差噪暮鴉村氓喚渡語聲譁忽衝沙鳥暝煙破漸轉蒲帆夕照斜遠浦不須愁返棹晚風無事動悲笳寒潮乍退人歸後明月孤舟漾淺沙

又　彰化令陸廣霖

高城極目勢蒼茫向晚歸人一葦航月淨波光浮遠白霞殘帆影帶昏黃參差樓閣迷雲樹掩映漁燈上女牆市井只今誇極盛可知濟渡賴津梁

又　董天工

粉堞光搖日欲斜隔江呼渡鬧諠譁飛凫泛水迎新月馳馬揚波噪暮鴉纜結千章迷綺樹檣懸十丈捲荷花錦帆望裏橫收處簇簇歸人下碧沙

沙鯤漁火　高拱乾

海岸沙如雪漁燈夜若星依稀明月浦隱躍白沙汀鮫室寒猶織龍宮照欲醒烹魚沉醉後何處曉峯青

又　莊年

一帶沙平水亦停漁舟鱗集傍遥汀寥天夜黑難邀月極浦燈紅若聚星網罷熹微穿爝火波回歷亂溢流螢遠山欲看糢糊甚近岫還留半朵青

又　褚祿

連岡相接聚沙汀掩映魚舟點點螢風定碧波明遠火光搖寒影落疎星莫疑滄海鮫人淚翻訝乾坤柳絮萍驚起蒼龍眠不穩欲燃犀角燭奇形

又

又　陸廣霖

高掛絲綸新月鈎沙汀隱現泊漁舟烟籠小艇連檣語風起孤篷一葉秋倒映水光星錯落斜聯螢火影沉浮銀燈合向銀河瀉絶似吳江古渡頭

又　董天工

一線鯤沙集萬篷晚來夜照滿江紅明星爍爍疑殘月螢火燐燐似彩虹影落波心金點綴光浮水面玉玲瓏且聽三弄梅花笛吹徹行雲耀太空

鹿耳春潮　高拱乾

海門雄鹿耳春色共潮來二月青郊外千盤白雪堆線看

沙欲斷射擬弩齊開獨喜西歸舶爭隨落處回

又　莊年

桃花春漲浪如洚鹿耳門高勢更雄殊死千軍嚴破陣凌虛萬木怒號風硤深不信纓猶盪沙走還知海欲東盛氣漸平羣籟寂恬波依舊賸瀜瀜

又　褚祿

天然形勝待潮生鼙鼓逢逢望欲驚正是桃花春破浪儼然瀛島兩翻城當時竊國悲浮瘴此日長年認盪纓競説

王師平逆日海門如雪勢崢嶸

又　臺防司馬張若霳

春媚潮偏怒兼天截地來望迷烏鬼渡幻作白龍堆風勁千層立門雄萬古開正疑纓失盪旋起復旋回

又　董天工

春潮春長水連天鹿耳門高湧萬千拍碎冰壺搖岳瀆噴開白雪浸坤乾風吹浪蹙龍鱗皺疊吼波迴虎眼漩極目飛帆何處進鐵艫標插盪纓穿

雞籠積雪　高拱乾

北去二千里寒峰天外橫長年紺雪在半夜碧雞鳴翠共

峩眉積炎消瘴海清丹爐和石煉漫擬玉梯行

又　莊年

迴殊漠北子卿身六出何來伴雁臣排闥一峯疑砌玉凝眸幾點恍堆銀炎方特爲開生面羈宦渾如遇故人金碧山川都看盡磐頭晝稿覺翻新

又　褚祿

移來瓊島是何年積素凝華入望妍瑞數碧雞開運會城依元圃説桑田玉山米粤光相映銀海波濤勢欲連不信

炎方寒起粟燕雲迢遞近中天

又　張若霳

翠靄渾無色凌虛絳雪横空山寒霧集茅屋凍雞鳴海窄銀花合天高玉柱清丹崖縹緲外素影傍人行

又　董天工

遠望高峰叠翠嶒飛花六出照空凌光搖銀海三千界寒聳玉樓十二層排闥山椒渾是壁倒懸樹杪却非氷山陰王子如乘興應去扁舟騎鳳騰東坡咏雪詩鶖毛垂馬騣自怪騎白鳳

東溟曉日　高拱乾

海上看朝日山間聽曉鐘天開無際色人在最高峰紫閣催粧鏡咸池駭浴龍風流靈運句灼灼照芙蓉

又　莊年

尾閭東洩浩無邊初旭俄將黑霧穿幾度欲升猶半隱須臾一躍似空懸潛銷蜃氣金光爍倒射鯨波血色鮮自是中天多瑞彩蟄龍寧敢抱珠眠

又　董天工

朱明淑郁耀清穹暘谷生暉彩始紅燦燦金輪升碧海炎炎紫電閃蒼空雲間五色晨曦照天際重離曉氣融地極東溟窺日出般然萬國慶來同

西嶼落霞　高拱乾

孤嶼澎湖近晴霞返照時秋高移絳樹海晏捲朱旗孫楚城頭賦劉郎江上詩淋漓五彩筆直欲補天虧

又　莊年

殘照無多日漸沉餘霞散綺滿西岑不隨孤鶩飛江渚偏逐歸鴉落樹林斜度微雲千片玉淡依新月一鈎金欲餐自愧慚中散執掌風塵思不禁

又　董天工

雲錦斜帔暮色低千絲萬縷繞峰西朱光照水驚孤鶩綠綺經天吐彩霓朴子漫思滋氣飲魏髮恐作曉粧迷霏霏

澄臺觀海　巡臺御史六十七

層臺爽氣豁雙眸遠望滄溟萬頃收赤霧啣將紅日暮銀濤拍破碧雲秋鵾鵬飛擊三千水島嶼平堆十二樓極目神州渺無際東南形勝此間浮

又　高拱乾

有懷同海闊無事得臺高瓜憶安期棗山驅太白鼇鴻濛

歸紫貝腥穢滌紅毛濟涉平生意何辭舟楫勞

又　莊年

簿書笥束苦相纏乘興登臺意豁然烟靄光中三面水晴雲影裏四垂天瀰茫境界憑欄外浩蕩滄溟落照前極目波濤渺無際笑他精衛若何塡

又　張若霳

聳立憑欄蕩遠眸海天一碧望中收鯨魚潛伏三千浪鵬鳥高搏九萬秋極目無情逢幻市近山有意覓瓊樓會當上獻安期棗看取滄溟瑞色浮

又　陸廣霖

煙波縹緲水漫漫高閣登臨面面寒收拾崑崙千派合劃開江漢四圍寬塵氛不向龍靈發（龍靈鼻神字見黃庭經）寰宇全歸掌握看憑眺頓教心地遠擬將浩瀚寫毫端

又　董天工

洪源萬里畫滄洲綺閣凭臨極目收遥望東溟天與共轉窺西與地隨流波澄似覺乾坤浸浪湧還看日月浮緬想登州蘇太守蜃樓不見恨悠悠

斐亭聽濤　高拱乾

島居多異類大半是濤鳴試向竹亭聽全非松閣聲人傳滄海嘯客訝不周傾消夏清談倦如驅百萬兵

又　莊年

繞聽朝潮又暮潮怒濤聲裏竹蕭蕭千竿不藉風搖曳萬弩何當影寂寥豈必林泉甘漱石却因烟月憶吹簫星纏舊是揚州路流水應過廿四橋

又　諸羅令林彧

曾趨官閣待春潮笑語渾疑燕蓼蕭乍聽怒濤雲浩浩還看良月夜寥寥早知沙上無寒鴈可有仙人倚洞簫此日瀛壖成夢想天邊誰與度銀橋

又　陸廣霖

踈影蕭蕭萬籟平江亭忽聽怒濤鳴乍疑簷角風敲玉頓覺叢中浪拍城島嶼波迴憑竹報篔簹聲寂待潮生遠臣仰沐澄清久跨海鯨鯢靜不驚

又　董天工

何處波聲入耳盈江亭忽若聽雷鳴千般澒澒敲寒玉百囀洶洶擊曉箏雅韵疑從蕭竹響凄音莫辨怒潮生直應浪靜風恬後始識馮夷奏鳳笙

裸人叢笑篇　　臺灣司馬孫元衡

皇威懾（音讋服也）海若崩角革頑凶昔從倭鬼役今爲王者農
酋長加以冠族類裸其躬霞鶩鞭撻威嬉戲刀劒鋒臺郎
出守羅星宿云是大唐王與公五十二區山百重南極蜈
蚨北雞籠渾沌不鑿天年終
衛髮（音壞亂髮）縵靡草鬛（音齋束髮）髽（音撾括髮）如植竿獨竦兕鷹立兩
岐獮角端不簪亦不弁雜卉翼以翰謂當祝髮從甌駱（西甌駱越）
爾胡不髡能自完鑿囦貫竹皮括輪象日月兮衛其身
圖景雙擔（儋同任也）色若銀我聞無腸之東聶耳國趨走捧持

猶捧珍又云一耳爲衾一爲茵非其苗裔强相效嗚呼坎
德胡不辰
齒耳夫何以皓爲又奚取於漬汁而漆頤厲骨辟穢芳其
脂墨氏毋寧悲染絲
倒懸覆臟如縶豶羊織竹爲笊（篚同）約肚束腸行犇登躍食
少力强蜂壺猿臂逐鹿踰岡將刀斷之挽手上堂爲語楚
宮休餓死盍習此術媚其王
短布無長縫尚元戒施縞桶裠本陋製不異蠻犵狫（蠻狫也）
蠻鑿齒喪其親爾蠻鑿齒媾其姻雜俗殊風仁不仁

管承鼻息颼簫音筠亞齒隙調琴心女兒别居椰子林雄
鳴雌和終凡禽不顧耶娘回面哭生男贅婦老而獨但知
生女爲門楣高者爲山下者谷猫女膩新相鬬妍醉歌跳
舞鶩鴻翩酋長朝來易版籍東家麻達西家仙（麻達既娶名仙）
接飛軼走縱行横施繡肌雕胺勇者是儀龜文蟬翼蒙表
貫肢背展鶥鶚胸獰豹螭跳脱臂釬（音翰鎧也）瓔珞頂披蠢然
身首犁魗尸（小人國有神人面獸身名犁魗尸）
海山宜鹿依於樸樕麀麌呦呦羣行野伏諸番即之長鈚
（箭也）勁箙毒猢（音訕健犬）横噬倍於殺戮憑藉商手賦公局獲車

既傾罄有慾犡（音薑白牛）犇猛（音榻犬食）食何苦辛直朶頤於刖蹄
而剖腹
爾之生也懸刀代弧爾之壯也畜犬爲徒柔筌（取魚器）以卧
肉以餔縱横猛氣凌殷虞奮猔（音銀兩犬争也）犾（音寅吠也）犻（音力争貌）不
可呼爭先奚翅當百夫功多齒鈍棄匪辜日暮纍纍嘷路
隅
虎山可深入傀儡難暫逢不競人肉競人首殲首委肉於
犯縱鷙禽飛駭獸走腰下血模糊諸番起相壽
崩泉下澗三尺波女兒汲水如羣鵞中宫投藥山之阿至

今仙氣留雲窩生男洗滌意非宅無孿無靡無沉痾他日
縱浪有勲業爲鯨爲鯉爲蛟鼉
鼉鼓轟林人野哭舉屍燃炙晞以燠蠅蚋不敢侵螻蟻漫
相逐埋骨無期雨頹屋安置鬼牛與鬼鹿鬼殘日夜傷幽
獨番死鳴鼓而哭火炙令乾露置屋中屋傾而後掩所遺皆稱鬼物無敢取者號其婦爲鬼殘衆共棄之
金人竄伏來海濱五世十世爲天民花開省識唐虞春忻
陌雜作如無人披草戴笠鉗口合唇道路以目爰契天真
華人侮之黙不嗔秫粒如豆萁如薪
羣爵玉英粲醽醁番婦嚼米爲酒爲甂瓿屏五齊三事而狄康不

聞準身準口量餘粟一榼一瓢萬事足蚩蚩者無懷古民
白刃酣交醒觳觫

臺江雜咏　巡臺御史范　咸

保昌家十八兄以滇昌雜咏詩十二首見示次韻却寄

慚愧先鞭早識途中郎強仕亦非迂使星民社分三事地
北天南各一區家十七兄令太谷奉職夙期書竹帛哦詩好共紀
輿圖乘槎吾占瀛壖美海上三山異兩都
茫茫滄海一扁舟隱約星羅西嶼頭山仄遠迷烏鬼渡浪
高齊拍赤嵌樓笑他草竊成何事冠絶平生是此游莫向
窮鄉辨稊米中原如髮十三州
雞籠島外近伽佗色相俱空逸興蹉沙起魚龍紅日暝山
號神鬼黑風過腥涎吞鹿傳脩蟒鐵甲成船認舊螺東嶽廟後
有舊螺散大如船惟有官衙瀟灑甚竹蕉常聽雨聲多
百年島嶼又重開可有伊人在溯洄花氣長留月下草月下
香花春風還發午時梅午開子落客窗詩苦愁遺老沈文開有客窗詩苦囊兼
滋句小院蘭香愛逸才孫元衡有小院蘭香人獨歸句憑弔墜樓爭死節田
横墓外起荒堆
占風小草宛如莫官廨粗營有緑廳園地慣收百日赤稻名

林問無改四時青聲呼晴雨籠中鳥語學咮嗃海上伶最
怪香燈誇七夕三家村裏祀奎星
百錢猶自懶傭工只愛兒童賤老翁長袖紅帬爭執蓋婦女
出必持傘短衣烏布未須縫番黎短衣烏布鳴蟬早咽先秋露落雁空
傳横笛風底事黄雲彌四野埤圳成甲不論弓田論甲不論弓
繞籬刺竹插天青小草幽花未有名冷食裸人占夏雨番祈
雨不舉火水田黎婦盡春耕耕多番婦插秧鳥語知聲吉懸穗禾間
徧室盈風起簫琴緣底急破瓜嬌女倍多情
解讀周南第一篇更加鑿齒締良緣花叢並蒂誇三友草

繡雙紋弄七絃（七絃草葉有紋）珍重耳邊消息到（消息花名）生憐額上
畫眉煎（臺畫眉眉無白）難窮物理裁新語瘴雨蠻烟別有天
到處都城綠玉村珊瑚無葉儘疑真（臺有綠珊瑚樹）十圍葫蘗生
如笋（楠初生大十圍）百歲良材爨作薪問俗尚期通譯語采詩未
敢笑前人齊諧志怪吾能憶草木蟲魚次第陳
漁舟歷亂曉燈紅久狎波濤不畏風結網纏罟輸課易隨
潮滬箔取魚同（纏罟滬箔皆取魚器）怪他新婦脂如玉無那鷴哥首
已童（新婦鷴哥俱魚名）蟳蠘紛紛收不得監州好作信天翁
柑子甜過橘柚鄒西瓜元日得新嘗因貺蕉果能清肺酷

愛番榴是別腸辨味誰能輸荔子解饑人只食檳榔西方
移得波羅蜜又種菩提問佛桑（菩提果名）
貝多蘺畔雪如堆又見優曇花信催不向中原爭艷去却
依荒島避人來求仙敢問長生事化俗還期治世才寄語
海南勾漏令丹砂莫載舶船回

再疊臺江雜咏原韻十二首

瀰茫徼外闢窮途飛渡橫洋計不迂瀇瀁自來甌脫地屏
藩藉此彈丸區靈槎好繫扶桑木赤石誰傳瀛海圖千樹
刺桐紅似火錦官直欲擬成都

汗漫真成不繫舟連檣還裹片帆頭遠瞻砂馬磯邊石近
眺澄臺海上樓雲日有情隨我住鯤鯓未辨悔空游劇憐
春瘴迷人目清夢何從覓九州

西天小寺禮彌陀（郡有小西天寺）僞鄭園亭日漸蹉（悉改寺）銅磯風
雷金甲動（鄭成功見水底有光上騰使善泅者入海得銅磯）鯨魚冠帶海門過（鄭成
功攻臺時紅毛先望見一人冠帶騎鯨從鹿耳門入成功諸舟隨由是港以進）虎鯊夜集貪牽罟
（虎鯊魚名）鸚武朝遊寄負螺（鸚武螺名）堪笑揭竿稱鴨母空喧海外
夜郎多（朱一貴素飼鴨土人稱爲鴨母）

密雲狂吼幾時開鼉鼓逢逢潮汐洄沙線兩條翻白浪颱

風六月作黃梅樓船出水憑颿疾犀甲摧人藉將才惆悵
鮫宮經百戰忠臣血濺白沙堆（謂辛丑變）

朝潮盈縮視堯蓂榕樹垂條刺史廳（郡署內有榕橋）春雨獨添鐵
線白（鐵線橋名）秋山無過木岡青（木岡山名）絃歌比户皆蠻語優孟
登場半粵伶欲望長安愁日遠夜涼徙倚太微星

含沙誰謂射人工登陸先機兆海翁（海翁魚之大者鄭氏將滅前有魚長四五
丈鳴聲嗚嗚登岸死）深賴子矛還自刺尤憐尺布未能縫（施原與偽鄭同事後
以施攻鄭經孽子欽舍監國有才爲宗族所害）天心但測淺深水（鄭氏滅荷蘭王師滅鄭氏平
朱一貴鹿耳門水皆驟長）地利全資順逆風此日

聖朝聲教遠軍容整暇不張弓
土田不糞便滋榮百穀從教未識名一雨似秋三節夏四
時皆穫半年耕人非土著翻成庶食有餘糧到處盈却恨
搏蒲成夙疾竊花兒女說風情（臺俗未字女元旦竊花枝謂得佳婿）
不信幽風蟋蟀篇雪霜氷霰了無緣潮雞夜半已先唱月
魄蓂稀便上絃金穴玉山那可到湯泉硫井轉相煎最奇
暗澳花如海纔至新秋薄暮天（暗澳春夏百花爛熳秋冬即如長夜）
零丁避世有遺民（零丁洋之敗宋人遁亡至此）重譯還疑似女真山上
蠣房成澤國洞中橘樹爛樵薪鹿場漸已除荒埔蛑甲於

今度漢人（蛑甲獨木舟也）底事穴居同一室僅分衽席夜橫陳
繁花多半是深紅有色無香謝曉風倒挂終嫌與物異（倒挂）
鳥含羞却似向人同（含羞草名）蛋烟蠻雨憐猫女狐帶鵜衣怪
狡童頼有松醪風味足玉山頹處醉衰翁
鳳尾黄梨間白瓤連林檨子共分嘗生憐香醉郎官舌（荔支有名郎官紅者）
牽惹情多御史腸辟瘴定須藏薏苡拂塵聊且縛
榱榔（榱榔樹可為帚）蓬麻茜草能成錦何必田園定種桑
佳葩異卉繡如堆詩欲成時景又催絳羽鸚哥頻自舞（刺桐一名鸚哥花）
金絲蝴蝶忽飛來（金絲蝴蝶亦花名）九重溪外求田好七

里香中作賦才思力敢誇猶未竭天風還鼓海濤回

三疊臺江雜咏原韻十二首

方丈瀛洲孰問途童男丱女計真迂難從縹緲尋三島纔
望滄溟笑具區志怪惜無觀海賦陳詩頼有采風圖（六巡方著）
簡書不見依依柳只合中原占麗都
小豆稀微認海舟（東坡登蓬萊閣望海舶似黑豆數點）淵渟静緑到城頭緣
蓬上下憑桅脚望向東西倚柁樓十斛夜珠波上度一天
雲漢月中游鼠橋虎尾從頭數不惜千金檄廣州（廣南庄烏桅）
蟠螭光怪起陂陀（鷺門古磚偽鄭讖語）箕服成謠竟不蹉拍水早占

銜鼠起登山還信蟄龍過（朱子登鼓山占地脉）赤眉銅馬泥中蠖滄
海桑田指上螺怪得清泉轟烈火（水泉長出火）飛廉暴駭涸鱗
多
四時花並一時開冬日池荷清淺洄儘放顛狂偏愛菊不
隨寒暖却輸梅笑他作客無愁思何用悲秋仰大才照殿
深紅渾不謝朝華山下錦成堆（鳳山有朝華離山）
改歲無從問落蓂于茅添竹結莎廳矮牆漏日虛窗白叢
樹連陰曲檻青被髮文身尊粤尉裸衣埋骨學劉伶漆頭
便自誇年少難染絲絲兩鬢星

甋爨人人備百工生男贅婦不知翁束腸約肚足爭捷緝苧編茆手自縫宿樹隱藏狐兎窟驚沙奔及馬牛風髑髏高奉羣相壽野伏長鈚恃竹弓

繁英的的遶南榮花信風來孰主名冬夜還疑輸夏日秋淋何事轉春耕地瓜生處成滋蔓（番薯一名地瓜）土豆收時祝滿盈（花生一名土豆）更有蔗漿通市舶羈縻應鑒遠人情

懷柔頻誦　典謨篇省識黄農與古緣象物已新皇夏冐阜財更拂有虞絃中官投藥泉猶潔（明太監王三保投藥水中）狂虜游寬膏自煎極目雲山多北向彩霞深處是中天

無懷信是葛天民獰豹當胸未似真出草（捕鹿也）攻圍先用火采藤伐木豈抽薪舊痕貫竹塗金釧新浴臨溪愛玉人（番婦晚浴於溪）爲看渺綿飛彩鳳（鞦韆戲曰渺綿）靚粧可厭綺羅陳

椎髻圝花一色紅尤憐雉尾晚搖風也諳禮讓非關學纔讀詩書便不同大耳祇因娛美婦（番婦喜大耳番）細腰未許過成童（成婚後即不箍腰）笑他女作門楣好真個吾翁即若翁

榔子中堅不作鄺天生美醞得分嘗緑筠已覩觀音面（觀音竹）翠蝌終無公子腸粉壁握椒焚牡蠣管城脱頴貯桄榔（桄榔可爲筆筒）難烹却怪逢蚼蝷（蚼蝷龜屬大者百觔）博物應知又累桑

木城環拂綠雲堆二月寒蟬聲已催北塞罕傳鴻信至南荒終少鵲飛來（臺無鴈與鵲）銷磨刼火培元氣鼓吹勾萌養不才但使巡行阡陌好中天日月自昭回

即事偶成二律　六十七

微茫島嶼片雲孤物產民風事事殊絶好饔飧紅脚早天然籬落緑珊瑚花無寒燠隨時發酒長瓊漿不用沽最是良疇耕鑿易欣然醉飽樂唐虞

飽啖檳榔未是貧無分妍醜盡朱脣頗嫌水族名新婦却愛山蕉號美人劇演南腔聲調澁星移北斗牛女真生憎

負販猶羅綺何術民風使大淳

臺灣近咏十首呈巡使黄玉圃先生　（原臺鎮幕友任廣州太守）藍鼎元（漳浦人）

東寧大海荒從古無人至明末羣盜窠島夔互竊踞鄭氏奄而有蔓延爲邊忌我
皇撻伐張天威及魑魅遂使瘴癘鄉文物漸昌熾川原靈秀開欝勃不可閉式廓惟日增蹙縮非長計（時有議棄近山田廬禁入番界樵採）所當順自然疆理以時議勿因去歲亂畏噎却飯饐

去歲羣醜張揭竿三十萬我旅一東征倒戈雲見晛七日

復全臺壺簞匝地獻可知
帝德深望雲爭華面餘孽雖時有死灰謀欲煽旋起即撲除
夫誰與爲叛當茲振鐸敷化不容緩民心原猶水東西
流依變棄之鋌而走理之忠以勸
臺俗敝豪奢亂後風猶昨宴會中人產衣裘貴戚愕農惰
士弗勤逐末趨驕惡囂陵多健訟空際見樓閣無賤復無
貴相將事摴博所當禁制嚴威信同鋒鍔勿謂我言迂中
心細忖度爲火莫爲水救時之良藥
閩學追鄒魯東寧昧如障當爲延名儒來茲開絳帳俾知

道在邇尊君與親上子孝及父慈友恭更廉讓從茲果力
行誘掖端趨向其次論文章經史爲醞釀古作秦漢前八
家當醞釀制義本儒先理明氣欲王洗伐去皮毛大雅是
宗匠此地文風靡起衰亦所望
臺地一年耕可餘七年食寇亂繼風災民間更蕭索今歲
大有秋倉儲補云急穀貴慮民饑穀賤農亦惻厲禁久不
弛乃利於奸墨徒有遏糴名其實竟何益估客既空歸裹
足此寥寂何如樽節之一艘一百石窮年移不盡農商惠
我德幸與諸當途從長一籌畫

纍纍何爲者西來偷渡人鋃鐺雜貫索一隊一酸辛嗟汝
爲饑驅謂茲原隰畇舟子任無咎拮据買要津寧知是偷
渡登岸禍及身可恨在舟子殛死不足云汝道經鷺島稽
察司馬門司馬有印照一紙爲良民汝愚乃至斯我欲淚
沾巾哀哉此厲禁犯者仍頻頻奸徒畏盤詰持照竟莫嗔
茲法果息奸雖寬亦宜勤如其或未必寧施法外仁
臺邑最褊小徵粮視鳳諸土狹賦獨重民困曷以紓臺灣
田一甲內地十畝餘甲租八九石畝銀一錢輸將銀來比
粟相去竟何如納粟弊多端斗斛交相瘉折色比時價加

倍復何居鳳諸雖厚斂什百臺版圖墾多或報少以羨補
不敷臺土瘠無曠衝壓且偏枯安得相均勻丈輕三邑俱
征收同內地含哺樂只且
郡東萬山裏形勝羅漢門其內開平曠可容數十村雄踞
通南北奸宄往來頻近以逋逃藪議棄爲荆蓁此地田土
饒山木利斧斤移民遷產宅兵之亦斷斷何如設屯戍守
備爲遊巡左拊岡山背右塞大武臂既清逸賊窟亦靖野
番氛府治得屏障相需若齒唇
諸羅千里縣內地一省同萬山倚天險諸港大海通廣野

渾無際民番各喁喁上呼下即應往返彌月終不爲分縣
理其患將無窮南劃虎尾溪北踞大雞籠設令居半線更
添遊守戎健卒足一千分汛扼要衝臺北不空虛全郡勢
自雄晏海此上策猶豫誤乃公
臺灣雖絶島半壁爲籓籬沿海六七省口岸容相依臺安
一方樂臺動天下疑未雨不綢繆侮予適噬臍或云海外
地無令人民滋有土此有人氣運不可羈民弱盜將據盜
起番亦悲荷蘭與日本眈眈共朶頤王者大無外何畏此
繁蚩政教消頗僻千年拱京師

東征逾載整棹言歸巡使黄玉圃先生索臺灣近咏
知其留心海國志在經綸非徒廣覽土風娛詞翰
已也賦此奉教五首　藍鼎元
盛夏我將去先生繡斧來欲觀君子化以茲暫徘徊邂逅
若疇昔雄談何快哉清風彌島嶼百辟式丰裁其如困羽
檄不得日追陪我今整歸棹過從無嫌猜所念經營者先
事去禍胎願言一爲別幸無忽草萊
番黎素無知渾噩近太古秖爲巧僞引訟爭亦肆侮睚眦
動殺機其心將莫禦所幸弗聯屬社社自愚魯太上用夏
變衣冠與居處使彼忘爲番齊民消黨羽其次俾畏威罔
敢生乖迕無虐無令傲服勞安作苦恩勝即亂階煦嘘鼠
爲虎所以王道平不爲矯枉補
内山有生番可以漸而熟王化棄不收獷悍若野鹿穿箐
截人首飾金誇其族自古以爲常近者乃更酷我民則何
辜晨樵夕弗復不庭宜有征振威寧百谷土闢聽民趨番
馴賦亦足如何計退避畫疆俾肆毒附界總爲戕將避及
床褥
鳳山東南境有地曰瑯嶠厥澳通舟楫山後接崇爻寬曠

兼沃衍氣勢亦雄驍茲土百年後作邑不須魚近以險阻
棄絶人長蓬蒿利在曷可絶番黎若相招不爲民所宅將
爲賊所巢遐荒莫過問嘯聚藏鴟梟何如分汛弁戒備一
方逢行古屯田策令彼伏莽消
天子重海邦宵旰念重洋稔知民疾苦經營固巖疆先生
代巡守曠典豈尋常勿虛此行行使命乃有光賤子雖不
才躬踐戎馬場居東將二載所見頗周詳曾將前箸借孽
醜俘且儷承索臺灣咏草此留別章狂言失忌諱意念則
深長蕘採檄有司白簡上朝堂敉寧紀功德山水並蒼泱

咏僞鄭逸事四首　　候官諸生陳　昂

戰舸旋師返北轅轉教航海闢乾坤金多舊借牛皮地水漲新通鹿耳門赤嵌城孤遺舊業紅夷援絶竟移屯何緣自比虬髯客豈昧幾先讓太原

片石能容百萬人天遺圖讖應南閩也知中國全歸漢妄托仙源可避秦荒島畲田登版籍土酋番族雜流民開荒絶勝田横島易世相傳尚不臣

荒遠羈棲幸弗誅敢通叛逆約齊驅漫勞蝸戰爭天下先自鯨吞奪海隅三載相持誰得利兩雄交搆待全輸彼蒼

藉手平南紀曠古新增一統圖

耿逆變後使人詣經請濟師經欲借漳泉二郡爲召募地耿逆弗許自是戰爭不息

昔年亡將濟時才仰仗威靈涉險來地轉海鹹生淡水天回風颶起奔雷官軍血戰滄波沸逆虜魂銷刼火灰澳嶼全收三十六受降澎島戟門開

臺海竹枝詞八首　　仁和諸生郁永河

鐵板沙連到七鯤鯤身激浪海天昏任教巨舶難輕犯天險生成鹿耳門

雪浪排空小艇横紅毛城勢獨崢嶸渡頭更上牛車坐日暮還過赤嵌城

編竹爲垣取次增衙齋清暇冷如氷風聲撼醒三更夢帳底斜穿遠浦燈

耳畔時聞軋軋聲牛車乘月夜中行夢回幾度疑吹角更有牀頭蝘蜓鳴

蔗田萬頃碧萋萋一望蘢葱路欲迷綑載都來糖廍裡只留蔗葉飼羣犀

青葱大葉似枇杷臃腫枝頭著白花看到花心黄欲滴家家一樹倚籬笆

肩披鬒髮耳垂璫粉面朱唇似女郎媽祖宫前鑼鼓鬧侏離唱出下南腔

臺灣西向俯汪洋東望層巒千里長一片平沙皆沃土誰爲長慮教耕桑

土番竹枝詞十首　　郁永河

生來曾不識衣衫祼體年年耐歲寒犢鼻也知難免俗烏青三尺是圍闌

文身舊俗是雕青背上盤旋烏翼形一變又爲文豹鞹蛇神牛鬼共猙獰

胸背斕斑直到腰爭誇錯錦勝鮫綃氷肌玉腕都文遍只有雙蛾不解描

丫髻三叉似幼童髪根偏愛繫紅絨出門又插文禽尾陌上飄颻各鬬風

覆額齊眉繞亂莎不分男女似頭陀晩來女伴臨溪浴一隊鸕鷀漾緑波

耕田鑿井自艱辛緩急何曾叩比隣搆屋斵輪還結網百工俱備一人身

夫攜弓矢婦鋤耰無褐無衣不解愁番曆一圓聊蔽體雨來還有鹿皮兜

莽葛元來是小舠刳將獨木似浮瓢月明海澨歌如沸知是番兒夜弄潮

梨園敝服盡蒙茸男女無分只尚紅或曳朱襦或半臂土官氣象已從容

土番舌上掉都盧對酒歡呼打剌酥聞說金亡避元難颶風吹到始謀居

紅夷劔歌　孫元衡

海潮迅復千丈波寶劔出匣悲風多劔身三尺菖蒲葉文

成蝌蚪星辰羅耿耿光明拖疋練潢潢氣勢翻長河繞膝柔如弓抱月錚然脱手鏘鳴珂壯士斫石迸陰火應聲解物無延俄寒燈照夜老蛟泣冷雨入屋神龍歌長鬚遺民向我説兒時喪亂淪於倭長歷荷蘭諸絶國酷嗜長劔情靡他番禁例同盜神器得此逋竄遭蹉跎渡海中流鬼物奪雷公電母頻撝訶歸向中原迺拂拭照見頭髪霜爲皤良工導我開生面千金裝飾十年磨佩之邪心除已盡世人不敢輕摩挲我有墨兵久不用覩此神物心平和願見聖人舞干羽喜逢宇內銷兵戈遺民掀髯發長嘯太平對此將如何萬事不平今已矣掉頭蹈海雙滂沱

海吼歌　孫元衡

我聞百物憊恚鳴穹蒼而何有於百谷之王幽隘摶擊成聲光而何有於祝融之汪云胡吼怒彌晝夜震撼鮫室喧龍堂延聽千聲無遠近氣沴風屯海爲運窮天拗忿悲莫伸死地埋憂思欲奮初時起類漁陽撾七鯤噴沫開谽谺繁響漸臻有噓噏萬蹄按轡行虛沙倏如戰勝轟千軸刮乾戾坤爲起伏灕以山摧熊虎號砰磕成雷魔母哭山摧石爛如寒灰雷震翻空偶馳逐爾乃十日五日吼不休使

我耳聾心矗矗或言旬哮由積風掛席長梢凝碧空或言狂潮本瀾汗進則剽沙礐石爭來攻退則餘波呷呷殿成功爲魁爲窟奔海童朝夕池邊歷歲月去來喧寂將毋同老農又言徵在雨黒螭隱見青鼉舞呌嘯年來徹霄漢炎威千里成焦土泱泱海若大難名我欲問之阻長鯨水德懦弱懼民玩庶幾赫怒張竒兵大賢崇實戒虛聲股肱之喜良非輕

颶風歌　孫元衡

九瀛怪事生微茫瘴毋含胎颶毋長虹蓬出水勢傾墮雲

車翼日爭廻翔須彌山下風輪張獰悍慓怒天爲盲揄然於扶桑之木末吞吐夫天地之巨洋旬哮簸蕩鼓神力不崇朝而周廻於裸人之絶國黒齒之窮鄉颸颸颸颸無不有一一堁堀塵飛揚哭如神兵交萬馬崩若秦家天地尾飀飀起中央沙礫盡飃飁鼇身贔屭拄坤軸羲轂軒軒欲回鰈怒鯨張齒鵬奮飛涸鱗陸死鹽田肥嗟哉元龜入蔽避武威伏蟲盡蹂躪植物將誰依東門大鳥何時歸我聞山頭礬石墜海水夔鼓轟騰五百里戰舸連檣吹上山乖龍罔象迫遷徙萬人牽之返於沚嗚呼海田幻化良如此又有麒麟之颶火爲妖颸颸燏燏如焚燒黄髮遺民一再見闔門堅壁逃蒸熇青青者黄黄者黒死海破塊山枯焦飛廉狂癡肆其虐祝融表裏夫誰要帝天不下聽仰首空雲霄舉筆用紀其事爲長謠昨者估客歸爲言落漈事遭此四面風溯滂無由避連山波合遠埋空湧嶂劃開驚裂地木龍冥鬱呌幽泉桅不勝帆柁出位閃閃異物來告凶鬼蝶千羣下窺伺赤蛇逆浪掉兩頭白鳥掠人鼓雙翅天妃神杖椎老蛟攘臂登檣叱魔祟事急矣划水求仙披髮執箸虛搖船牛馬其身踼其手口銜珠勒加鞍韉雷霆一

震黄麻宣金雞放赦天所憐扶欹盡伏六丁力中原一髮投蒼煙芒刺在背鉗在口自量歸渡霜盈顛爲舉一杯酹南斗胡爲乎職司喉舌而箕張其口聖人御極不鳴條噫此厲氣焉能久雄兮雌兮理則均強爲區别楚人狃花信何妨廿有四扶揺不礙萬盈九動物神功齊雨暘南風薫兮愠何有顧箕簌所好剛柔用其中戢威自艾安爾宫三年不波萬國來同吾將槎乘貫月歷四荒八極徜徉而東

赤瓦歌有序　范咸

臺屋瓦皆赤下至牆垣階砌無不紅者此赤嵌城所由名也余乃爲作赤瓦歌

絳雲火繖張海國燒空滅盡青銅色信知天運應炎方搏土何緣變髹漆萬室於今陶者誰煬竈渾疑欺白日連椽櫛比紛參差畫棟朱甍幾回惑漢家黄屋禁例嚴風剝雨淋遮不得臨漳銅雀更何似香姜舊欵無人識況兼四壁光炯炯環堵恍與宮牆逼簾前磚影更輝煌彤墀彩繪盈階墄華棼儼上祝融峯珠煤貫屋祥光直千門萬户火西馳照耀燭龍烏戢翼我思天台有赤城朱霞天半稱奇特又聞南方裔外山赤石爲牆標異域此閒合是虹霓居羲轂軒軒火鞭挟六丁叱馭驅蛟螭故發狂飈銷鬼蜮君不見火焰山頭半焦土爚爚如焚少荆棘又不見燉翻地底硫磺山草楛海破飛烟黑麒麟之颶炊繁星流金爍石鯨鯢息温泉轉作瘴毋胎裂竅烘池土花䕺刺桐萬朶吐紅絲蔦地燒天怪繁殖扶桑照殿逞鮮妍艷艷絪緼錦交織海若自來足光怪丹卯浴日鎔金霱蒸鬱恒暘暘用九司天南正神明力十八重溪水㵎騰九十九峯山崱屴魯陽揮戈勢當逐巫厄自焚尢應殛炬牛燧象爛功勳庶幾赫怒彰天德秪今海宴無烽塵不煩煆煉洪爐側承平但願風雨調永息炎威靜八極

番曲

大傑巓社祝年歌

臨臨其斗寅（今過年）尋唧唭什剌格唭圭甲（爲粉餈殺雞）施里西奇文林（祭天地）匏打鄰其斗寅麻亮其斗寅（祝新年勝去年）嗒學嗄葛唭嘇因（倍收穫食不盡）

新港社別婦歌

馬無艾幾唎（我愛汝美貌）唷無晃米咩（不能忘）加麻無知各交（實實想念）麻各巴圭里文蘭彌勞（我今去捕鹿）查美狡呵呵孛沉沉唷無晃米咩（心中輾轉愈不能忘）奚如直落圭哩其文蘭（待捕得鹿）查下力柔下麻勾（回來便相贈）

武洛社頌祖歌

嘻呵浩孩耶嗄（此句係起曲之調）也連糾（先時節）鎮唎烏留岐跌唧（我祖先能敵傀儡）那唎平奇腰眉（聞風可畏）鎮仔奇腰眉（如今傀儡尚懼）唭耳奄耳罩散嗄（不敢侵越我界）

下淡水社頌祖歌

巴干拉呀拉呀留（請爾等坐聽）礁眉咖咖漢連多羅我洛（論我祖先如同大魚）礁眉呵干洛呵連（凡行走必在前）呵吱嫣描歪呵連刀（何等英雄）嘇嗎礁卓舉呀連呵吱嗎（如今我輩子孫不肖）無羅嗄連（如風隨舞）巴干

拉呀拉呀留（請爾等坐聽）

上淡水社力田歌

咳呵呵里慢里慢那毛呵埋（此時係耕田之候）哄唦老哄描嘎咳（天今下雨）哄吧伊加圭朗烟（及時耕種）哄麻列哄呵女門（下秧鋤草）哄描

螺螺嘎連（好雨節次來了）哄麻萬列其嘻列（播田明白好來飲酒）

力力社飲酒捕鹿歌

文嘮哄啞奢（來賽戲）丹傾哄漫漫（種了薑）排裏哄黎唉（去換糯米）伊

弄哄嘮力（來釀酒）麻骨裏哄嘮力（釀成好酒）匏黍其麻因刃臨萬

哄嘮力（請土官來飲酒）嫣良哄嘮力（酒足後）毛丙力哄文蘭（去捕鹿）毛

里居哄丙力（捕鹿回）文嘮哄啞奢（復來賽戲）

瑯嶠社待客歌

立孫呵網直（爾來瑯嶠）六甲呵談眉談眉（此處不似內地）那鬼呵網直

務昌哩呵朗耶（爾來無物供應）隹嗎踈嗎踈（得罪得罪）

麻豆社思春歌

唉加安呂燕（夜間難寐）音那馬無力圭吱腰（從前遇美女子）着礁嗎圭

礁勞音毛噃（我昨夜夢見伊）沒生交耶音毛夫（今尋至伊門前）孩如未生

吱連（心中歡喜難說）

諸羅山社豐年歌

麻然玲麻什勞林（今逢豐年大收）蠻南無假思毛者（會約社衆）宇烈然

嗅沙無嘎（都須釀美酒）宇烈嘮來奴毛沙喝嘻（齊來賽戲）麻什描然

麻什什（願明年還似今年）

打描社番童夜遊歌

麻呵那乃留唎化呢（我想汝愛汝）麻什紫吁哰化（我實心待汝）化散

務那乃哰麻（汝如何愛我）麻夏劉哰因那思呂流麻（我今回家可將何物）

贈我

斗六門社娶妻自誦歌

夜描援屢描下女（今日我娶妻）別言毛哈唧呼（請來飲酒）尤唧描咿

林尤林（日後我生子生孫）由援屢別言毛哈唧呼（再娶妻又請來飲酒）

東西螺社度年歌

吧園吧達叙每鄰無那（耕田園）馬流平耶珍那麻留呵嗒（愛年

歲收成）夫甲嗎嚠文蘭（捕鹿）丼換麻文欣麻力（易銀完餉）容林嗎流

唧嚎喡含（可去釀酒過年）

猫霧捒社男婦會飲應答歌

爾猫呻嘆（幼番請番婦先歌）爾達惹巫腦（番婦請幼番先歌）爾猫力邁邁

由系引呂乞麻嗵（番曰爾婦人賢而且美）爾達惹麻達馬鱗哄什格

（婦曰汝男人英雄兼能捷走）爾猫力邁邁符馬乞打老末𩌏引奴薩（番曰）

（汝婦人在家能養雞豕并能釀酒）爾達惹達赫赫麻允倒叮文喃乞網果

嗎（婦曰汝男人上山能捕鹿又能耕田園）美什果孩唧彎哩勺根嗼巫腦岐

引奴薩（今衆社皆大歡喜和歌飲酒）

蓬山八社情歌

沉唧嘮葉嗼賓呀離乃嘮（夜間聽歌聲）末力吠弋達些些（我獨卧心悶）

末里流希馬砌獨夏噫嗄喃（又聽鳥聲鳴想是舊人來訪）達各犁目歇

馬交嗄斗哩（走起去看却是風吹竹聲）嗼下逢寧臨律嗼噃噫嗄喃呀

微（總是懷人心切故耳）

後壠社思子歌

曳底高毛曰（怪鳥飛去）吠目吠茸宰老描崙（飛倦了宿在樹上）末力希

呂妖（見景心悶）毛嗄吠嗼幽唧林嘮（想起我兒子）目歇吠越耶（回家去看）

仔者麼飲呂吠（請諸親飲酒釋悶）

淡水各社祭祀歌

遲晚日居留什（虔請祖公）遲晚眉（虔請祖母）街乃容乃濃（爾來請爾酒）街

乃容乃司買單悶（爾來請爾飯共菜）打梢打梢樸咖薩嚕塞嗼（庇佑）

（年年好禾稼）樸咖薩嚕朱馬喈嚼喈（自東自西好妝成）麻查吱斯麻老

麻薩拉（捕鹿亦速擒獲）

卷終

渡海輿圖便覽一卷

〔清〕胡宗文撰

《渡海輿圖便覽》一卷，清胡宗文撰。宗文字季謨，號學峰，江西金溪人。雍正元年（一七二三）舉人。歷任長樂知縣、泉州府同知，駐厦門，旋擢福建糧儲道。就任厦門時，遍訪鄉村，諳其風土，又詢諸渡臺者臺灣、澎湖之事，復與《渡臺輿記》、《渡臺稿本》較證參差，核對虚實，補缺繪圖，撰成此書。記述臺海水程、潮汐、颶風、島嶼、礁石等甚詳。後附《番俗補遺》。據上海圖書館藏清抄本影印。

序

予髫年聞閩之厦門澎湖臺灣俱為險要重地心竊異之歲辛亥由鼇江量移厦門防廳三載以來凡厦之鄉遂村落無不親抵其地風土情形頗了然心目而澎湖臺灣寫隔大洋徇於職守　个

汪洋澎湃之思每於自臺返廈者反覆諮詢　向知其人物山川服習居處然恐傳述之稍誤覩記之偶偏故終不釋於懷雍正十一年澎湖別駕周于仁將之任攜渡臺輿記一本得自友人遺之亦未鐫有姓氏細閱所載者僅臺郡事跡而廈門澎

湖則頗從畧即臺郡亦猶未詳且盡因思海外
形勢與內地迥殊即幸旁搜博徵實彙編然不
繪為圖象而人物之奇異山川之幽險服習居
處之各別縱極力描寫閱者能見其然必不能
瞭如指掌曠若發蒙丁巳二月予方撰渡

說並番土風俗海洋雜記已脫稿適舊幕相
岳立云伊父會赴臺採琉覉遲年餘有渡臺稿
本紀載甚悉出以示予乃知周別駕所刻輿記
即伊父號滄浪稿本中摘而出之者也予所而
較証參差核對虛實在在晤合毫無疑義爰更

補鈌畧細繪輿圖庻重洋生熟番地展卷可辨且海外渚國而為梯航所至者亦皆了然心目間也是為序其畧云

乾隆二年歲在丁巳夏月繡谷胡宗文學峰氏

書於榕城之離索堂

渡海輿圖便覽

閩之省會自南門直至南臺大橋三十里渡烏龍江歷興化府過泉屬之洛陽橋又由泉治百五十里至劉五店渡廈渡本海汊支流廣十餘里抵岸即五通廟復三十里為廈門將軍祠祠祀原提督吳諱英廈門烟火萬家街道支斜出洋巨艘俱於水仙宮上下灣泊裝卸貨物地最高處砌有石城周圍約四五里水師提督及中營駐扎馬攤兵五千分汛各要地并出洋巡哨控制澎臺離城里許則為興泉道署向駐扎泉州府今移廈門海關公館向另設海關今歸道員管理又三里名廈門港設有泉防廳并巡檢司稽查出入舡隻盤驗渡臺人民冀斗廈地屬同安凡戶婚田土及争鬬之事俱防廳理之但其地五方雜處俗尚嚣靡食物騰貴難以謀生婦女少遵閨訓遊蕩流棍常引誘少年聚喫鴉片烟奸拐賭博不時報聞惟生童皆

了

承之兹土延師課讀於朱文公祠加意鼓舞士氣益勵科名無間廳署之前構有臺郡公餘來以作居停其左有寺名碧山圍頗幽潔士宦常遊覽或借寓焉他如南普陀萬山岩老虎洞奇峰峭壁屈曲盤遶悉稱奇觀廈之水道北接同安西通漳屬海澄石碼等處其東南逼近大洋二十里中有小山三五座直起中流為廈之門戶曰青嶼曰浯嶼曰小旦曰大旦山高流急而淺凡渡臺舡隻俱由此出洋者若往呂宋噶嚁叭等國重大洋艘去來悉由小旦門此地水師設有哨舡時撥將弁點驗巡查責任綦重海舶以羅經定向自乾趨巽又轉舵指坎由黃土坡抵遼羅遼羅是金門支山去大旦約八十里赴臺者必泊遼羅候風風順則渡紅黑水二溝紅溝不甚險惟黑溝湍激迅駛水多青紅碧綠色勢若稍窊故謂之溝廣約百里利於乘風疾行遲則怒浪夾擊相傳有怪蛇長數丈遍身花紋尾稍向工毒氣熏蒸舟師須以鏹楮投之

可保無恙二溝在大洋中與緑水界限不淆理殆難明渡溝而後望東南一線若黛者澎湖也如經趨臺可不入澎其必入澎者因趨臺宜正西風次西北忽轉東南必於此避若入澎湖由媽祖澳爽脚舡登岸高不越丈浮沙没骭是當澎之正面有水師裨將統兵弍千人守之雍正五年以巡撿職微不足弹壓改設通判一員駐其地與武弁同為保障然澎在海中澳嶼環拱凡六十有二其嶼則曰西嶼此嶼極大内有合界頭滬螺大池角小池角緝馬灣小巢葉諸處俱有居民惟竹篙灣及内按外按有居民并有防汛可泊舡避風四角嶼花嶼猫嶼鷄籠嶼桶盤嶼虎井嶼草嶼大嶼八罩山嶼此山亦大内有挽門網按花宅水按諸處設有防汛有居民可避風鉄砧嶼頭巾嶼半坪嶼鐘仔嶼馬鞍嶼金鷄嶼舡蓬嶼西吉嶼東吉嶼陰嶼陽嶼雞膳嶼南白沙嶼北白沙嶼藍峯嶼湾貝嶼北峣沉礁吉貝嶼有居民有防汛可泊舡隻險礁金嶼牛心灣嶼鳥嶼中墩嶼雁淨嶼土地公礁北山礁此礁極大内有大赤嵌小赤嵌畸頭鎮海港諸處俱有居民又有港仔尾銅港頭頭舡

姑婆嶼空殼嶼小烈嶼大烈嶼目嶼小門頭嶼（可泊舡隻）吼門嶼大倉仔師公礁案山仔嶼（有居民）又如只　有（防汛可泊舡隻）烟墩澳（有居民可泊舡）林投澳潭邊澳（俱有居民）風櫃尾澳（有居民有防汛）双頭掛澳嵵灣澳（有居民）猪母落水澳（有居民可泊舡）暗澳（通判衙署駐此可泊舡隻）媽祖宮澳（武營營房俱駐於此西前泊舡能避南北風也）以及沙港鎖管港（有居民可泊舡）文良港（有居民有防汛可泊舡隻）奎壁港（有居民）俱各断續不相聯彼此相望在烟波縹緲間遠者或不可見近者非舟莫即地俱砂磧徒種蕃豆落花生小米地瓜等物米穀雖升斗必仰給於臺灣大要以海為田以魚為糧其取於魚者若龍占珠螺塗魠章魚巴螺龍蝦丁香土鮑鯊魚海馬等類然海馬不常有而鯊魚頭（多其）大者腹中有胎剖之將小鯊魚投水中即游去始信鯊魚胎生也更有紋石產於外塹山麓掘地劈石得之其色光潤似玉其紋圓轉若飛禽之晴或點綴為扇墜或追琢成素珠極乎常者亦堪作案頭玩物澎人以其價昂爭購尋之即至

甕命而不顧由澎趋臺前望諸山已在隱現間水色先本深碧頃轉淡黑色更轉而淡藍而白色而臺郡山峦畢陳目前矣海無道里可稽每晝夜分為十更臺厦相計水程十一更厦之大旦門七更至澎湖又四更至鹿耳門風或不順尺寸為難即二十日行一更未易期也嘗有海舶已抵鹿耳門為東風所逆不得入而門外鉄板沙又不可泊勢必仍返澎湖若遇月黑莫辨澎湖島嶼又不得不重回厦門以待天明者総之海風無定亦不一例竟有兩舟並發此順彼逆禍福攸分實有鬼神司之昔年新港巡檢羅開勲自澎放洋忽折柁木僅存舡壳浪飄二十七晝夜泊安南竟得生還神實相之歟至鹿耳門原為臺之咽喉駐海防同知於其地盤詰舡隻兼設炮臺汛兵戍之近岸皆淺沙傍（去声）門兩邊沙脚斜插狀如鹿耳故名其沙線偶或觸犯舟即立碎港道僅容一舟還迴盤曲土人沿港插竹掛小旗立招使知趋避然終屬危險多用小〻心

門內水面三十里巋然中立者則為安平鎮南連鉄板沙之七鯤身設副將一員與臺郡犄角刁〻　大
井頭否則用牛車從淺水牽挽乃達即一小港而出入之艱險如此嚴守港口雖百萬之衆計無所施故臺以
此地稱扼要云臺地東阻大山西距海自海至山廣四十五里南極琅𤦼北至鷄籠山袤圭千五百里（康熙五十五年欽差大
過臺校）轄四邑曰臺灣曰鳳山曰諸羅曰彰化府治無城郭直木為栅今又栽竹圍之竹種異內地叢生合沓間不容髮
而傍枝橫勁篠節皆刺若夾植二三重雖狐鼠不敢穴矢礮不能穿其勢反堅於石城內滿漢御史同鎮道府廳
縣衙署學宮外列為四方左曰甯南右曰鎮北前曰西定中曰東安而鎮北之前又有赤嵌樓一座（即紅毛樓）原係紅毛
所築雕欄凌空乃如天造自水仙宮一帶中通車行傍列市肆人烟輻輳百貨聚集實為海外一大都會市中交易獨
尚番錢番錢者紅毛所鑄銀幣也或規圓或斜長上印番花有大中小之分輕重有定式成色足九四臺人非此不

用有以庫帑與之仍照番錢行使附郭為臺灣縣東自木岡山西至海南至二層行溪為鳳界北至新港為諸界
袤七十六里其地窄狹民多土著漳泉人流寓居多田園素磽薄利用肥壅千四伯餘格肥潤得足食俗尚華侈
宴客必豐好演戲男子衣服多用綾綢庸販輩非紗帛不衣婦人出門乃肩輿擁傘而行衣必麗都飾必華艷最險
要者曰羅漢門（朱一貴謀為不軌即起於此地）東倚南馬山南接觀音山北連礁巴哖扼鳳諸之沖素為匪類逋逃藪邑在中
路不與生番連界素無生番之害其熟番為大傑巔社內通大澤機土瘠番苦力役度日番婦時傍內山樵採相安
朝夕郡南為鳳山築土為城參將縣令守之土多開闢民山勤儉東連傀儡大山西至海五十里北至二層行溪南
接琅璠三百餘里適中之地為大埤頭土地寬平烟戶稠密其險要為岡山阿猴蘭坡嶺一帶深林密箐最易藏
奸其溪為下淡水潮惠客民列庄而居每庄千百人不等皆壯年單丁頗勇敢雍正九年土寇吳[illegible] [illegible]番

變作亂伊等糾集數千人旗書義民殺退賊衆保全郡城多賴其力熟番諸社在平地者曰武洛曰[illegible]曰阿猴曰上淡水曰下淡水曰力力曰茄藤曰放䋺俱勤耕種急賦徭不敢跳梁番婦共力作歲時每男婦牽手作戲以自娛最南則茄洛堂社琅嶠社沙馬機頭距小琉球不遠無徭役之勞東則傀儡生番種類不一皆在大山内路經崎險由琅嶠繞行山後為卑南覓社近海邊地平坦過溪流縱三十餘里横二十里植竹為圍中分九公廨大土官掌之為諸番門庭其卑南覓以西凡十一社栽種禾米番薯抽藤編簍以資生理而卑南覓以南統計三十五社山陡嶺峻樹木翁翳不見天日羊腸鳥道百餘里其人少食米穀煨芋為糧土產苧蔴剥削樹皮雜織布疋名為卓戈文又由卑南覓以北從本灣社歷數至巴鳩欝社共二十社雍正二年内招撫為歸化生番其最凶者山豬毛山里目山務殺八里斗難層峰疊嶂聳出雲霄磊石為穴洞地光潔木瓦器具悉載其中鷄犬同

處夜入則以石抵門捕鹿為生茹毛飲血不知稼穡不辨春秋時斛種類出口隨帶標鎗弓矢戕殺漢人金帛俱不取計在得人首級為快每殺一人即綉刺一人頭如殺漢人綉刺其頭於胸背兩膊若殺熟番其頭綉刺在腿與足究之漢人為凶番戮殺亦由漢人深入其地吊鹿抽藤掘水所致抑或軍工匠人包買巨木赴山盜斫犯其境必殺之

郡治北為諸羅亦土城先設副將今改留守偕同縣令守之東自大圭佛西至海五十里南自新港北至虎尾溪百六十里外内九庄畝地平衍牛車絡繹村庄相望所出穀米及糖蔗麥豆黍麻番檨檳榔土產甲於他邑民多蓋藏若笨港鹽水港茅港尾鉄線橋水陸通衢民多雜處山寮漁寮奸良辨莫其熟番曰諸羅社麻豆社肖壠社新港社目加溜湾社哆囉國社大武壠頭社二社打猫社他里霧社斗六門柴里社節儉勤苦遇事公奔走以應往時老土官他老年百餘歲曾送至京師稍知漢禮小番仔亦有讀書識字者而番帚々青衣如

漢人露[不]靣蓋頭知羞恥惟裸足不易飾用瑪瑙為項環如素珠嚼米成漿釀酒如酹有時男女藉草劇飲歌舞徹夜其樂融融又重生女女長聽自擇配每吹鼻簫彼此合調者挽手成親即以婿為嗣番倍大享類是不獨此番為然也由加巴哰入曰內灣社米籠社邦尉社曹羅婆社望社墩社為內優六社皆歸化生番身披鹿皮腰橫白刃不通漢語每歲夏秋殺機竊發殺人則取其頭懸之門誇好漢各番輒以酒賀番女聽其擇配六社中惟內灣社尤強雖山豬毛亦畏之故通事四月出社後至十月乃覆入社番人男婦攜鹿肉鹿皮背出大山以易鹽布通事輸為社餉其亦羈縻之術哉又此而彰化原割諸之虎尾溪以北為縣東自大武郡西至海五十里南至虎尾溪北至雞籠山九百八十里縣治在半線社植木為圍其民勞其倍撲新設副將同縣令守之半線以南數十里居民稠聚半線以北地廣人稀風氣近寒土多荒蕪漳泉人少潮惠人多米穀賤挽運為艱山麓深林處野番常服[伏]林中射鹿見人矢鏃

交至山牛出入百十成群番人生致之因之木籠馴服用以挽車凡番人類截髮雕青文於胸背間有鬚皆拔無齒不紅又兩耳輪從少挖穿塞以竹令漸長漸垂若熟番之西螺社大武郡社紋身者愈多耳輪愈大竟至垂肩束髮三叉或双髻喜插雉羽迎風偏反以為美觀婦人裸體無狀由半線而上為啞東社大肚社番人貌愈陋蓄牛積穀麻達强悍土官不能約束過此為沙轆社番頗饒番婦好華飾先年淡防廳之未駐竹塹也有王君汧者駐此教番女人綾綢穿繡履倍戎一變又過此為牛罵社大甲西社宛里社石宵社後壠社新港仔社男婦剪髮覆額如頭陀男覘樹皮冠胸背雕青成豹文婦亦穴耳五孔嵌入海螺文貝其陋惡更甚亦多野番出入逐鹿射人道路荆棘時有野猿跳號於其間再越高山為中港社小港遭迴至竹塹為北路要地故改防廳駐焉此外有眉裡社南社鹿仔港社三林社大突社馬芝遴社水裡社双寮社馮社崩山社皆西處平原又旬大甲東社

岸裡社掃拺社南日社猫盂社猫裡社皆東附大山再東則歸化之水沙連社四面高山中有大湖湖中起一山番人聚居其上非舟莫即番婦白晳喜織罽毯染五色狗毛雜樹皮為之陸離可愛亦產茶味苦能解暑毒茅舍鷄犬穚酒稻麥不殊漢人其類有南投社北投社猫羅社朴蘢社戀戀社掃蟬社倒蛤社挽麟社麻咄社干那霧社皆深處大山由竹塹過眩眩社南大溪北大溪至南嵌凡八十五里不見人烟竹旅淒然至八里芬社則淡水港也港西為八里分山港東則奇獨圭崙山港口中流有鷄心礁海船畏之潮汐去來深淺不時有番舟名葛莽係獨木鏤成兩人對坐各揮一楫既渡即淡水城設都司特立一營領兵駐防與半線營都司俱隸協標由淡水港入二山夾港如門柱東西相望水道甚隘名甘豆門也蓋淡水為臺灣西北隅盡處高山嶢峨俯瞰大海西望福州府閩安鎮勢聲遥應內地外洋互相控制又沿海東行由圭柔社大屯社金包裡小鷄籠社大鷄籠社水西十里孤懸海中即

屬鷄籠山鷄籠城實為北路盡境也另有内抗仔社霄裡社麻翁社武湾社大浪泵社擺折里社山朝社桶盤社皆附近鷄籠更轉而東為蛤仔難有三十六社在奇獨圭崙山後連九十九峰高山阻絕人跡罕到為野番盤踞而鷄籠與下實近弱水秋毫不載舟至即沉或云名為萬水朝東水勢傾瀉捲入地底滔滔東逝流而不返二說未詳孰是從無操舟往試歸告人者海舟相戒不能出其下故於水道不能通焉此閩海之大畧也按澎湖名屬泉郡同安縣漳泉人聚漁於此歲征漁課嘉隆間琉球踞之因小視其地置弗問臺原為荷蘭人所有（即今紅毛國）於安平建紅毛城於臺湾建紅毛樓後鄭成功取之并據澎湖一傳其子經再傳克塽至　國朝初海寇時侵掠漳泉間或經至省之南臺騷擾人民莫不震動康熙二十二年我　師征討鄭將黄梧（即海澄公）投誠藉其地以歸改承天府為臺湾府萬年州為臺湾鳳山二縣天興州為諸羅縣澎湖隸湾管轄康熙六十年漳郡之長泰縣朱一貴飼鴨於臺邑之羅漢門窺

瞰臺郡文武疎防結連賊首杜君英等倡亂不旬日全郡陷没水師提督施諱世驃南澳總兵藍諱廷珍聞變率兵勦滅是時鹿耳門水高八尺舟師連檣並進僅七日而全臺克復六十一年遂設滿漢御史各一員雍正三年再分諸羅虎尾溪以北設彰化縣今為一府四縣復增改營頭額加兵丁星羅碁布可謂有備無患矣且從前郡屬概係土著番人言語不與中國通亦不識文字近則讀書者遍村社內地寄籍俱得入學與解額每科中式二人士風丕振駸駸乎衣冠文物之邦也土多平壤宜種稻雖霪雨而無潦患露重如雨旱歲轉潤納稼恒倍於內地每年額運穀拾六萬六千餘石赴福興泉漳出陳入新又碾米運販漳泉者殆無虛日穀有圓粒三杯尖粟等類圓粒無多三杯穀薄米白久貯則生虫尖粟穀厚糙貯倉十餘年不壞臺地正供率用此又出息之大者植蔗為糖歲得二三十萬金每於冬十二月遠近舡隻爭赴臺郡販運載往各省口岸市鎮並呂宋日本等國即漳州橘餅明

薑一切糖食俱藉臺之糖熬煎雜糧有種必獲芝蔴尤多果實如番檨黄梨香果波羅蜜夹梹榔皆內地所無即計一載所出亦盈千累萬不可勝數又哆囉滿產金淘沙出之彷彿雲南瓜子金番人鑄成條藏覔中亦有攜至雞籠淡水易布者火山在北路野番中晝則見烟夜則見火珊瑚出琅璚海底狀有枝葉色如鉄似無足異惟龍涎香傳為海鰍精液所成價十倍不可多得若銀山有產銀礦更積鏰皆大錠前道王諱效宗命家人挽牛車至其地見堆積如山恣取滿載迷不得出乃盡棄之歸明日復尋故道竟失所在有硫穴在淡水港深山中出硫水源色藍如靛硫地勢炙草木不生其土最優者煉油一鑊可得硫四五百觔昔年仁和人郁滄浪曾到此地採硫玉山在萬山中其山獨高無遠不見巉巖峭壁色白如銀遇晴霽一望如太白積雪瑩然可愛番人既不知寶外人又畏野番莫敢向邇是玉與否徒深人仰慕之思耳各大山中俱有厚力木可資軍工通事恒引匠人往取如蕭朗木性堅

極重入土千年不朽實屬美材特野番盤踞未敢經取番境荒土草深五六尺睇望無際藏巨蛇當年鄭經率兵勦斗尾龍岸忽見草中巨蛇口啣生鹿角礙其吻不得入揚其首吐吞再三咽之若大如甕者不計其數亦不為怪產鹿之地出則成群以數百計番人射鹿為生箭無虛發小者計取之故臺郡多有活鹿即鹿茸鹿膠亦以臺郡為佳熊則有猪狗人馬之異各肖其形惟馬熊最大而勇摯獨推人熊猪熊毛勁如鬣又厚箭鏃不入蹄有利爪能緣木升高蹲於樹巔或穴地而處極難致之山猪即野彘大者如牛巨牙出唇力能拒虎傷人走疾如風獵者不敢射又多小猿猴番人用果實誘取自臺回者每攜帶以為土宜凡此皆臺郡之所有而為內地人所不經見者但全郡氣候常苦蒸熱正月食西瓜黃瓜茄子五月始雨田乃種六七月雨水連綿故云四時皆是夏一雨便成秋其地不時震動微則柱搖環響重則折屋裂地山崩水溢黃霧四塞若驟遇颶風拔木壞垣飛瓦推

石船多擊碎颶之尤者曰颱臺人占颱者以風反常為驗謂夏應南而北秋冬與春應北而南必成颱非颱必轉而東而西而南或二三日或五七日不四面傳遍不止颶驟而禍輕颱久而禍烈春風畏始冬風畏終風在六月聞雷即止七月聞雷則風立至康熙六十一年八月十三日怪風暴雨屋瓦齊飛雨中流火條條竟夜燭天海水驟漲豈海外之天不同而生於彼地者率多凶戾歟再查臺鳳諸漳各邑俱有潮惠漳泉客民流寓環聚而居千百為群單身赤漢俱無室家或買偷渡婦女價倍內地或牽番女以為妻室以至交結少年盲認姊妹並結盟拜把流蕩為匪殊難查察總緣臺地肥美易於謀生即傭工之人日計百錢猶趑趄不前屠兒牧豎腰纏常數十金所以嚮往者絡繹不絕惟聽客頭招引致甞命偷渡舡中而不能禁止也然臺郡素稱沃野曩以土滿為患者今則闢除草萊播種生植遍成樂土義者謂生聚之繁將不利於臺并不利於內地不知保庶之道惟在經理得宜防範周密文武和衷兵民一體如各

庄居民嚴編保甲稽查出入每五人各取一保結凡游惰而不敢保者盡押回原籍則宵小之輩無所容矣各營兵丁概係内地撥換各衙門吏役多係無賴之徒兵驕役縱起釁生端盡屬此輩若嚴加約束文武無少偏護則番與民安堵矣至於熟番戒例禁原不許擅入然内地軍民匠役諸色人等每因利其所有瞞官科派需索乃至誘姦婦女恣意役使以致番土寒心激而成變誠使防微杜漸平時稽察雖嚴而有犯輙按法重懲毋少彌縫寬假則生熟番土相安於無事之天雖欲肆害釁從何起此實久安長治之道也雖然有治法尤貴有治人官斯土者如才稍明敏又或矜才恃氣地方多事如貌似老成持重又或至昏聵無知委靡不振此列憲所以日勞簡任賢員必得廉明素著老成練達之員長者進而膺兹重任也況臺地中遍海外諸國東南沿海一帶安危係之豈獨閩省一方之保障已耶故曰有治法猶貴有治人云

番俗補遺

補遺者因番人性情行習輿圖不及詳載故又錄其大概以附於後

番有生番熟番之别生番即野番在深山中疊嶂如屏連峰插漢林木如蝟毛陰翳晝冥仰不見天荆棘藤蘿舉足觸礙蓋自洪荒以來斧斤所未入野番生其中巢居穴處種類實繁大概狀如猿猱長不滿三尺自父母而外無伯叔甥舅之稱性好殺人截其頭歸而熟之剔取髑髏加以丹堊置之當戶同類視其室髑髏多者推為雄熟番常畏之無敢入其境者所用標鎗長五尺許取物於百步之內發無不中弓則用竹為之以蘇為弦矢則長銳無翎毛弋獲禽獸皆生咽男子約十四五歲時編藤圍腰束之使小故射飛逐走速於奔馬其升高陟嶺如履平地夫婦不合不論有無生育各自尋配暑月男女皆裸體對坐淫慾之事長則避幼若弟妹子女壻不羞避其性直同禽獸不能化誨若平地熟番冬夏一布粗襤一飽不識不知一若自遊於無懷氏之天亦恒往來市中狀貌無甚

異惟兩目㴱深瞪視似稍別其語多作都盧嘓轆聲呼酒曰打剌酥呼烟曰蔦木固男女夏則裸體惟私處圍三尺布冬寒以番毯為單衣毯潰樹皮雜犬毛為之亦有用蔴者厚可一錢兩幅聯綴不開領脛衣時以頭貫之仍露其臂又有袒挂一臂及兩幅左右互袒者婦人衣以一幅双疊縫其兩腋僅蔽胸背別以一幅縫其兩端以受臂而權擔肩上上衣覆乳露腹中衣橫裹僅掩私不及膝足不知履以烏布圍股一身凡三截各不相屬老人頭白則不挂一縷箕踞往來鄰婦不避髮如亂蓬以青蒿為香草曰取束髮蟻蝨遶走其上間有少婦施膏沐者分兩綹盤之亦有致妍者亦露倩盼之態但以鹿脂為膏羴不可近男子競尚大耳於成童時向耳垂間各穿一孔用篠竹貫之日以加大有大如盤至於垂肩捧胸者項間螺貝纍纍盤遶數匝五色陸離都成光怪胸背紋以雕青為鳥翼網罟虎豹文不可名狀人無老少不留一髭並五毛盡去之有疾不知

醫藥惟飲溪水則愈婦人無冬夏日浴於溪浴畢汲上流之水而歸有病者浴益頻孕婦始娩即携兒赴浴兒患痘盡出其衆復俗之曰不若是不愈也婚姻無媒妁女已長父母使居別室中少年求偶者皆來吹鼻簫弾口琴得女子和之即入與亂亂畢自去久之女擇所愛者乃與挽手挽手者以明私許之意也明日女告其父母召挽手少年至鑿上齶門牙傍二齒授女女亦鑿二齒付男期某日就婦室婚終身依婦以處蓋皆以門楣紹瓜瓞父母不得有其子故一再世而孫且不識其祖稱吳番之室放龜殼為制築土基三五尺立棟其上覆以茅茅簷深邃無地過去基方丈雨暘不得侵其下可舂可炊可坐可臥貯米車網罟農具雞栖豕柵各無不宜室前後各為牖在舂棟下緣梯而登室中空無所有視有幾人為置幾榻人為惟藉鹿皮便臥夏並鹿皮去之藉地而已壁間懸葫蘆大如斗旨蓄毯皮納其中竹筒數規則新醅也其釀法聚男女老

幼共嚼米納筒中數日成酒飲時入清泉和之客至番婦傾筒中酒先嘗然後進客飲盡則喜否則慍慍客或憎之也又呼其鄰婦各衣毯衣為聯袂之歌以侑觴客或狎之亦不怒其夫見婦為客狎喜甚謂己妻實都故唐人悅之海外皆稱中國為大唐稱中國人曰唐人若其同類為奸則挾弓矢偵奸人射殺之而不懟其婦地產五穀番人惟食稻黍與稷都不知食麥其饔餐不宿舂曉起待舂而炊既熟聚家人手摶食之山中多麋鹿射得輒飲其血肉之生熟不甚較果腹而已出不慮風雨行不計止宿終歲不知春夏老死不知年歲村落廬舍各為向背無市肆貿易有金銀無所用故不知蓄積雖有餘力但知計食而耕秋成納稼計終歲所食有餘則盡付麴糵來年新禾既熟又盡以所餘釀酒番人無男女皆嗜酒酒熟各携所釀聚男女酣飲歌呼如沸累三日夜不輟每群飲之際誇力爭強互不相下杯斝未釋手白刃以陷其脰間有平時睚眦醉後修怨旦日酒醒曾不自知故

土番殺人非謀不執也麯蘖悞之也人死結綵於門所有器皿衣服與生人均分死者所應得之分同其屍埋於
床下三日後會集同社將死者取出灌以酒然後深塟葬不用棺槨移居仍取出再埋屋必自構衣必自織績蔴
為網網魚生咽屈竹為弓力能貫革每獵挾百十矢以往遇鹿必獲二三隻腰間一刀行臥與俱凡所成造皆出
於此惟陶冶不能自為得鐵則取澗中石夾搥之久之亦成器未嘗不利於用剖匏截竹用代陶瓦飲食惟求至足
鄉黨緩急親戚有無不相通鄰人米爛倉紅饑者不之貸走捷如飛各衙門遞送公文兩手擊鈴搖之接刻不悞
社有大小户口有衆寡皆推一二人為土官先是不知有君長自紅毛始據時平地土番悉受約束力役輸賦不
敢違犯法殺人者勦滅無孑遺鄭氏繼至立法尤嚴誅戮不遺赤子並田疇廬舍廢之故其人既愚亦甚畏法
本朝徵收社課俱係郡縣有財力者認辦名曰社商社商委通事夥長輩居社中凡番人一粒一毫皆有藉

山廣八百里今為定定縣又有普陀岩觀音士香刹在焉次台温次沙城為浙閩之交過此為福甯府次閩安鎮閩省門户次興泉漳三郡泉屬有金厦二山各廣数十里商舶通外洋諸國悉由厦門出入漳與粤鄰漳之南曰南澳屬粤潮郡次惠州次香山澳次廣州次高莱廉渡海港為瓊瓊之南為厓為冈皆粤東地瓊厓之間實為東南隅緑海轉西則為中國之南面矣盡粤東地而西為粤西更西為貴州省又西為雲南省雲南者中國西南隅也然雲貴不盡於海而盡於山崇山複嶺猓狸苗夸所居又有緬甸國皆瘴癘害人人不能入而海港亦斷於粤西未能達雲貴也自瓊厓間渡海港而南水程七更抵東京東京又渡海港十二更抵安南安南即古交趾國東京安南两海港自港横渡雖甚廣漸西漸隘而海亦止蓋海之支汊也故東京交趾山川實與雲貴連屬不斷漢伏波將軍征交趾立銅柱不以海為限而以分茅嶺為限則接壤可知交趾之南曰東浦寨曰暹羅暹羅轉西曰六崑曰

麻六甲曰柔佛曰大年凡六國皆與中國連中國以其鄙遠棄而不收大年國為西面盡處惟北連中國三面皆海凡海舶由廈門直指南離至東京水程七十更安南七十二更暹羅一百八十更漸偏而西至六崑一百五十更麻六甲一百六十更柔佛一百八十更大年二百四十更至此約已轉出雲南緬甸後矣雖曰海道皆依山而行實未嘗渡海也自大年國渡海斜指西北四十更為噶喇吧始渡西海噶喇吧西北為啞齊啞齊之外中國舟船不得往尚有英圭黎荷蘭大西洋等國皆在西海外莫可究詰但就噶喇吧言其山最大且遠自噶喇吧綿亘而南為萬丹又極南萬里為馬神自馬神轉東迤北為文萊為蘇祿為呂蒙山至此又在中國極東海外萬里矣又轉北為文武楼山以迄呂宋海舶欲至馬神者仍行安南水道既至噶喇吧依山而南過萬山達馬神水程四百六十更非故紆其途也以南海水道未諳不敢渡耳往呂宋者由廈門渡澎湖循臺灣南沙馬磯

斜指東巽方經謝昆尾山大小覆釜山遠出東北計水程七十二更往蘇禄者從覆釜直指東南水程一百四十更計自噶喇吧從西北海中至極南又轉極東迄於呂宋連山不斷蜿蜒數萬里較中國遼陽至雲南海道猶或數倍蓋皆割裂分據而城郭人民曾無幾也日本者在中國正東自其南言之去中國甚遠由甯波渡海水程三十五更北接朝鮮朝鮮去遼陽密迩既渡鴨緑江便可馳驛而行雖謂與中國連屬亦可琉球在東海日本之南呂宋之北去中國不遠其地貧乏所產土物無甚利益故商賈亦多不往夫六合之外存而不論即六合之內其為人跡罕到之地不知凡幾圖中諸國皆中國所常往來貿易故道里之遠近山川隰之離合尚能言其大概而繪而傳之俾覽者稍知形勢焉若云天地之大薄海之遥即已盡於斯也夫豈其然

採硫日記三卷

〔清〕郁永河撰

《採硫日記》三卷，清郁永河撰。永河字滄浪，浙江仁和（今杭州）人。康熙間入閩爲幕客，康熙三十六年（一六九七）奉命往臺灣採辦硫磺礦，歷九閱月，歸閩後據日記撰成此書。此書又名《裨海紀遊》，記述臺灣山川、夷險、形勢、扼塞、番俗等甚詳。所記清初臺灣社會諸情形，多爲修志者所採摭。據《粵雅堂叢書》本影印。

採硫日記

採硫日記卷上

仁和郁永河撰

我　朝聲施遠被偽鄭歸誠臺灣遠在東海外自洪荒迄今未聞與中國通一譯之貢者迺遂郡縣其地設官分職輸賦貢金艅帆往來絡繹海上增八閩而九甚盛事矣余性耽遠遊不避阻險常謂臺灣已入版圖乃不得一覽其槩以爲未慊會丙子冬榕城藥庫灾燬硝磺火藥五十餘萬無纖遺有
旨責償典守者而臺灣之鷄籠淡水實產石硫磺將往

採之余欣然應曰吾事濟矣丁丑春王遂戒裝行同人言子聖平右陶裘子紹衣胡子慎履何子襄臣陳子子蔚表弟趙履尊表姪周在魯（脫三字）鄭重有僕役徐文余興龍德喜請從郊送者曹子邑陽同行者王君云森也

二十四日午刻出南門至大橋會雨留宿呂陽邸舍

二十五日天稍霽行三十里渡烏龍江宿霧初收江光如練望海口羅星塔影如一針倒懸水中因賦絕句浩蕩江波日夜流遙看五虎瞰山頭（烏龍渡在五虎山下巉巗五石皆如虎形）海門一望三千里只有羅星一塔浮晚至坊口晤石君

某董君贊侯董君爲諸羅令長子石爲董君渭陽遂訂偕行

二十六日度相思嶺憶余自入閩已六過此嶺年來齒髮益衰憮然興感賦詩曰閩中七載作勞人六染相思嶺上塵獨有蒼蒼雙鬢色經過一度一回新晚宿漁溪

二十七日曉行肩輿在晨光薄靄中村民攜挈牽犢往來壠上余買山無日不勝慨然賦詩曰山色曉逾潔溪聲靜自流人言隔壠阪犬吠出村陬細雨沾衣溼輕寒動客愁白雲眞可羡舒卷在峯頭午刻至涌尾輿夫以

肩輿置小舟中余雖乘舟實坐輿上舟人持竹篙挽舟在岸上行舟去甚疾岸上撐船舟中乘轎亦一時奇事也岸旁多老榕根株盤結離奇萬態有十餘樹排聯半里而仍屬一株者余嘗維舟其下至今念之愛其榮茂如昔爲賦詩曰榕陰垂一畝斤斧慨無施臃腫多駢榦蜒蜷盡附枝風霜經飽歷歲月自榮滋相見長如此曾無凋落時再過涵頭煙火萬家亦一大村落憶余辛未過此暾荔甚佳流連信宿而去今又六年矣至晚宿興化郡

二十八日行莆陽道中早麥已秀風過成麥浪蓋四月時令也嶺南春早於此可見賦詩曰曉起籃輿逐隊行今朝眞喜得春晴黐畦蚤麥初成穗透徑寒流自有聲隴阪雲移靑嶂合郊原風蹴綠波平年來已識躬耕樂何事勞勞又遠征

二十九日渡洛陽橋至泉郡值陸師提督吳公英以詣朝莅任五營兵將兜鍪櫜鞬臨郊列伍以迎而子衿亦傾城爭出趨蹌恐後因賦所見百里金戈繞路斜紛紛鐵騎亂如麻無端佔畢咿唔者也曳藍袍候使車晚宿

郡城

二月朔日宿沙溪

初二日行四十里至劉五店即五通渡也渡實支海廣十餘里登舟颶風驟至巨浪如山帆掠水三尺傾斜欲覆浪入舟中衣冠盡溼抵岸即廈門地顧視日影已墮崦嵫復行三十里抵水仙宮漏下已二十刻旅舍隘甚無容足地姑就和鳳宮神廟坐以待曉明日假水師裨將公署館焉晤蕭山來子衛爲余覓舟爲渡海計値大風不輟聞萬石虎溪二巖爲廈門山水之勝拉石君董

君王君往遊至萬石巖巨石林立攲斜合沓若連楹複室而迴環曲折一徑可通偪仄處傴僂匍匐俯首側體然後渡有時瀑流淙淙橫拂肩袂問其實在澗底石下行也洞中宏敞有石几可憑清泉可濯奴子陳肴核歡飲竟日抵暮循舊路返每值陡隘處令一人當關以猜枚鬥勝勝者得斬關度童子進酒飲不勝者至前隘處易勝者守關而不勝者奪之凡奪十七關始出洞而新月

譜已挂林杪矣相共踏月歸賦詩曰何年月黑風狂夜吹落崆岈覆一谿詩裏未經摩詰畫袖中難倩米顛攜雲流石罅疑天近瀑濺衣裾識洞低盤礴不知春日永欲尋歸路幾番迷

初四日復偕往虎谿巖登其巓巨石大可一二畝高十餘丈團圓似鼓曲磴緣石旁可登有巨石斜覆鼓上壁立插漢位置殊怪與萬石巖各擅其奇賦詩曰絕頂多奇石巑岏聚一叢懸崖臨巨壑壘嶂吼長風屐折危欄轉筇支曲磴通扶桑遙在望落日晚潮紅巖畔頹垣小徑云是僞鄭公子錦舍聽舍讀書處惟有砌蟲唧唧草間銅駝廢井何地覔有祇爲遊人增慨然萬石虎谿二巖巨石雖多絕無峯巒峭削態小如拳大如屋率皆圓鈍椎魯物即有層壘而上者望之亦纍卵耳廈門孤懸海中周廣二三百里步步皆山巖石無小大悉作卵形亦山川情性然也余以登涉致勞腰疾復作祓而後行者累日

十六日小瘥風亦暫止舟人促行遂登舟俄而急雨驟至雨過風復橫海舶在巨浪中搖曳震蕩凡三晝夜無甯息登舨望港口左爲廈門支山右爲海澄縣古浪嶼山兩山對峙蜿蜒入海盡處有小山矗起中流舟子言

是大旦門海舶出洋必由此余謂水流峽中兩岸如門謂之亹是大旦門與金門廈門悉應從亹不當從門也若以形勢言大旦門爲廈門門戶金門廈門又漳泉門戶矣

十九日風息波平石君董君皆至方共敍三日闊董君忽委頓伏艎底大嘔舟人伐鼓鳴鉦揚帆起椗約行二十里抵向所見大旦門有十二舶皆依山泊宿

二十日無風不能行

二十一日黎明聞鉦鼓聲披衣起視已乘微風出大旦

門一望蒼茫淼無涯涘同泊十二艍參差並進望舟左數十里外有黃土坡隱隱可見凡自廈門往臺灣水道當自乾趨巽舟師忽轉舵指坎比午至黃土坡下椗使從者問之對曰舟無風不行依此暫泊耳復問此何處曰遼羅是金門支山蓋已去大旦門七八十里矣視同行僅得三艍餘皆不復可見頃之有微風復起椗行比暮視黃土坡猶未遠以風力弱不勝帆也始悟海洋汎舟固畏風又畏無風大海無櫓搖棹撥理千里萬里秖藉一帆風耳憶往歲榕城晤梁谿季君蓉洲言自臺令

旋省至大洋中風絕絕十有七日舟不移尺寸水平如鏡視澈波底有礁石可識斯言誠然既暮就寢初更風漸作寤聽舷間浪激聲甚厲而艙中董君呻吟聲若相和不輟夜半渡紅水溝

二十二日平旦渡黑水溝臺灣海道惟黑水溝最險自北流南不知源出何所海水正碧溝水獨黑如墨勢又稍窳故謂之溝廣約百里湍流迅駛時覺腥穢襲人又有紅黑間道蛇及兩頭蛇繞船游泳舟師時時以楮鏹投之屏息惴惴懼或順流而南不知所之耳紅水溝不甚險人頗泄視之然二溝在大洋中風濤鼓盪而與綠水終古不淆理亦難明渡溝良久聞鉦鼓作於舵間舟師來告望見澎湖矣余登鷁尾高處憑眺祇覺天際微雲一抹如綫徘徊四顧天水欲連一舟蕩漾若纖埃在明鏡中賦詩曰浩蕩孤帆入杳冥碧空無際漾浮萍風翻駭浪千山白水接遙天一綫青回首中原飛野馬揚舲萬里指晨星扶搖乍徙非難事莫訝莊生語不經頃之視一抹如綫者漸廣漸近矣午刻至澎湖之媽祖澳相去僅十許丈以風不順帆數輾轉不得入澳比入已

暮

二十三日乘三板登岸（三板即腳板也海舟大不能近岸凡欲往來則乘三板至欲開行又拽上大船載之）岸高不越丈浮沙沒骭草木不生有水師裨將統兵二千人暨一巡檢司守之澎湖凡六十四島澳曰南天嶼草嶼西嶼坪貓嶼布袋澳八罩山東嶼坪水垵尾西吉花嶼鋤頭插馬鞍嶼東吉將軍澳布袋嶼虎井嶼船航嶼岑鷄嶼豬母落水桶盤嶼月眉後鼻西嶼頭風櫃尾鷄籠嶼鐵線灣紅毛城四角嶼雙頭掛暗澳案山仔林投仔牛心嶼蟙仔灣天妃澳（有副將衙門）鎖管港

有銃城有城巡檢司小蕉葉潭邊蝴仔灣小池角龍門港大蕉葉大池角龜壁港沙港底中墩與竹篙灣鼎灣與吼門陽與雁靖與赤嵌仔小門與陰與土地公與椗鉤與姑婆與雞善與員貝與吉貝與罩與悉斷續不相聯屬彼此相望在烟波縹緲間遠者或不可見近者亦非舟莫即澳有大小居民有衆寡然皆以海為田以魚為糧若需米穀雖升斗必仰給臺郡以沙磧不堪種植也居人臨水為室潮至輒入人室中即官署不免頃之歸舟有罟師鬻魚者持巨蟹二枚赤質白文厥狀甚異又

鯊魚一尾重可四五斤猶活甚余以付庖人用佐午餐庖人將剖魚一鯊從腹中躍出剖之更得六頭以投水中皆游去始信鯊魚胎生申刻出港泊澳外舟人駕三板登岸汲水畢各謀晚食余獨坐舷際時近初更暝月未上水波不動星光滿天與波底明星相映上下二天合成圓器身處其中遂覺宇宙皆空露坐甚久不忍就寢偶成一律東望扶桑好問津珠宮璇室俯為鄰波濤靜息魚龍夜參斗橫陳海宇春似向遙天飄一葉還從明鏡度纖塵閒吟抱膝檣烏下薄露泠然已溼茵少間黑雲四布星光盡掩憶予友言君右陶言海上夜黑不見一物則擊水以視一擊而水光飛濺如明珠十斛傾撒水面晶光熒熒良久始滅亦奇觀矣夜半微風徐動舟師理柁欲發余始就枕

二十四日晨起視海水自深碧轉為淡黑回望澎湖諸島猶隱隱可見頃之漸沒入烟雲之外前望臺灣諸山已在隱現間更進水變為淡藍轉而為白而臺郡山巒畢呈目前矣近岸皆淺沙沙間多漁舍時有小艇往來不絕望鹿耳門是兩岸沙角環合處門廣里許視之無

甚奇險門內轉大有鎮道海防盤詰出入舟人下椗候驗久之風大作鼓浪如潮蓋自渡洋以來所未見念大洋中不知更作何狀頗為同行未至諸船危之既入鹿耳又迂迴二三十里至安平城下復橫渡至赤嵌城日已晡矣蓋鹿耳門內浩瀚之勢不異大海其下實皆淺沙若深水可行舟處不過一線而又左右盤曲非素熟水道者不敢深入所以稱險不然既入鹿耳斜指東北不過十里已達赤嵌何必迂迴迺爾會風惡仍留宿舟中

二十五日買小舟登岸近岸水益淺小舟復不進易牛車從淺水中牽挽達岸詣臺邑二尹蔣君所下榻計自二十一日大旦門出洋以迄臺郡凡越四晝夜海洋無道里可稽惟計以更分晝夜為十更向謂廈門至臺灣水程十一更半自大旦七更至澎湖自澎湖四更半至鹿耳門風順則然否則十日行一更未易期也嘗聞海舶已抵鹿耳門為東風所逆不得入而門外鐵板沙又不可泊勢必仍返澎湖若遇月黑莫辨澎湖島澳又不得不重回廈門以待天明者往往有之矣海上不得順

風尺寸為艱余念同行十二船未至蔣君職司出入有籍可稽日索閱之同至者僅得半餘或遲三五日至七八日最後一舟逾十日始至友人僕在焉訊其故曰風也余曰同日同行又同水道何汝一舟獨異曰海風無定亦非一例常有兩舟並行一變而此順彼逆禍福攸分此中有鬼神司之遑計遲速乎余以舟中累日震蕩頭涔涔然雖凭几倚榻猶覺在波濤中越二日始謁客晤太守靳公司馬齊公參軍尹君諸羅令董君鳳山令朱君又因齊司馬晤友人呂子鴻圖握手甚慰渠既不

意余之忽為海外遊以為天降余於異域得見故人尤快相過無虛日取臺灣郡志究其形勢與呂子共相參考蓋在八閩東南隔海水千餘里前代未嘗與中國通中國人曾不知有此地即輿圖一統志諸書附載外夷甚悉亦無臺灣之名惟明會典太監王三保赴西洋水程有赤嵌汲水一語又不詳赤嵌何地獨澎湖於明時屬泉郡同安縣漳泉人多聚漁於此歲征漁課若干嘉隆間琉球據之明人小視其地棄而不問若臺灣之曾屬琉球與否俱無可考臺之民土著者為土番言語不

與中國通況無文字無由記說前代事迨萬歷間復為荷蘭人所有（荷蘭人即今紅毛）建臺灣赤嵌二城（臺灣城今呼安平城赤嵌城今呼紅毛樓）考其歲為天啓元年二城彷彿西洋人所畫屋室圖周廣不過十畝意在駕火礮防守水口而已非有埤堄闉闍如中國城郭以居人民者也　本朝定鼎四方賓服獨鄭成功阻守金廈門屢煩征討值鄭氏京口敗歸欲擇地為休養計始謀攻取臺灣聯檣並進紅毛嚴守大港（大港在鹿耳門之南今已久淤不通舟楫）以鹿耳沙淺港曲故弛其守欲誘致之成功戰艦不得入大港覘鹿耳不守遂

命進師紅毛方幸必敗適海水驟漲三丈餘鄭舟無復膠沙之患急攻二城紅毛大恐與戰又不利請悉收其醜類去時順治十八年（缺一字）月也於是成功更臺灣名承天府設天興萬年二州又以廈門爲思明州而自就臺灣城居焉鄭氏所謂臺灣城卽今安平城也與今郡治隔一海港東西相望約十里許雖與鯤身連實則臺灣外沙前此紅毛與鄭氏皆居此者誠以海口爲重而緩急于舟爲便耳成功沒於康熙元年子經繼立（經卽錦舍）經紈綺子無遠畧其下諸將多來歸者　朝廷悉以一

官畀之由是歸誠者日益衆康熙二十年鄭經亡子克塽繼年甫十四幼不諳國事而總督姚公（啟聖）銳意圖勦多設反閒閒其用事諸人人心離叛無固志遂與提督施公（烺）先後進討康熙二十二年六月十六日戰於澎湖二十二日再戰王師克捷已入天妃澳臺灣門戶已失鄭衆危懼欲遷避呂宋不果蓋其下皆謂克塽孺子不足謀國事而歸誠反正猶冀得爵賞遂定計降有旨原其罪十月克塽率其族屬朝　京師授漢軍公甯靖王朱（術桂）先依鄭成功歷三世近四十年聞克塽

降爲詩曰流離來海外止賸幾莖髮如今事畢矣祖宗應容納與其二嬪同自經以殉魯王世子輩安插河南臺灣遂平夫成功年甫弱冠招集新附草創廈門復奪臺灣繼以童孺守國三世相承卒能保有其地以歸順朝廷成功之才信有過人者況乎夜郎自大生殺獨操而仍奉永歷之紀元恪守將軍之位號奉甯靖王魯王世子禮不衰以視吳耿背恩僭號相去不有閒耶臺灣旣入版圖改僞承天府爲臺灣府僞天興州爲諸羅縣分僞萬年州爲臺灣鳳山二縣縣各一令一尉臺灣

縣附郭首邑增置一丞更設臺廈道轄焉海外初闢規模草創城郭未築官署悉無垣墻惟編竹爲籬蔽內外而已臺灣縣卽府治東西廣五十里南北袤四十里鎮道府廳暨諸鳳兩縣衙署學宮市廛及內地寄籍民居多隸焉而澎湖諸島澳亦在所轄鳳山縣居其南自臺灣縣分界而南至沙馬磯大海袤四百九十五里自海岸而東至山下打狗仔港廣五十里攝土番十一社曰上淡水下淡水力力茄藤放索大澤磯啞猴荅樓以上平地八社輸賦應徭曰茄洛堂浪嶠卑馬南三社在山

中惟輸賦不應徭另有傀儡山番并山中野番皆無社名諸羅居其北攝番社新港加溜灣(音葛剌灣)歐王(音蕭郎)麻豆等二百八社外另有蛤仔難(音葛雅蘭)等三十六社雖非野番不輸貢賦難以悉載自臺灣分界而北至西北隅轉至東北隅大雞籠社大海袤二千三百十五里三縣所隸不過山外沿海平地其深山野番不與外通外人不能入無由知其所暨總論臺郡平地形勢東阻高山西臨大海自海至山廣四五十里自鳳山縣沙馬磯至諸羅縣北雞籠山袤二千八百四十五里此其大畧也

雖沿海沙岸實平壤沃土但土性輕浮風起揚塵蔽天雨過流為深坑然宜種植凡樹藝芃芃鬱茂稻米有粒大如豆者露重如雨旱歲過夜轉潤又近海無潦患秋成納稼倍內地更產糖蔗雜糧有種必獲故內地窮黎襁至輻輳樂出於其市惜蕪地尚多求闢土千一耳五穀具備尤多植芝蔴果實有番樣(土音讀作蒜杏無此字或云當作檨)黃梨香果波羅蜜皆內地所無過海即敗苦不得入內地荔枝酸澁龍眼似佳然皆絕少市中不多見楊梅如豆桃李澁口不足珍番石榴不種自生臭不可耐而味又甚惡蕉子冷沁心脾膩齒不快又產於冬月尤見違時惟香果差勝檳榔形似羊棗力薄殊遜滇粵椰子結實如毬破之可為器有椰酒盈椀肉附殼而生用與檳榔共嚼余愛二樹獨幹無枝亭亭自立葉如鳳羽偃蓋婆娑牕前植之差亦不惡瓜蔬悉同內地西瓜盛於冬月臺人元旦多啖之皮薄瓤紅可與常州並驅但遜泉之傳霖耳郡治無樹惟綠竹最多一望猗猗不減渭濱淇澳之盛惜止一種輒數十竿為一叢生筍不出叢外每於叢中排比而出枝大於竿又節節生刺人入竹中往

往牽髮毀肌莫不委頓世有嵇阮難共入林花之木本者曰番花葉似枇杷枝必三叉臃腫而脆開花五瓣色白近心漸黃香如梔子宜於風過暫得之近則惡矣自四月至十月開不絕冬寒并葉俱盡草花有番茉莉一花千瓣望之似菊既放可得三日觀不似內地茉莉暮開晨落然香亦少遜焉街市以一析三中通車行傍列市肆髣髴京師大街但隘陋耳婦人弓足絕少閒有纏三尺布者便稱麗都故凡陌上相逢於裳下不足流盼也市中用財獨尚番錢番錢者紅毛人所鑄銀幣也圓

長不一式上印番花實則九三色臺人非此不用有以庫脊子之每歲額不顧以非所習見耳地不產馬內地馬又艱於渡海雖設兵萬人營馬不滿十四文武各官乘肩輿騎黃犢市中挽運百物及民間男婦遠適者皆用犢車故比戶多畜牛又多蔗梢牛嗜食之不費芻菽曩鄭氏之治臺立法尙嚴犯姦與盜死不赦有盜伐民間一竹者立斬之民承峻法後猶有道不拾遺之風市肆百貨路積委之門外無敢竊者天氣四時皆夏恆苦鬱蒸遇雨成秋比歲漸寒冬月有裘衣者至霜霰則無

有也海上颶風時作然歲有常期或逾期或不及期所爽不過三日別有風期可考颶之尤甚者曰颱颱無定期必與大雨同至至必拔木壞垣飄瓦裂石久而愈勁舟雖泊澳常至虀粉海上人甚畏之惟得雷聲即止占颱風者每視風向反常爲戒如夏月應南而反北秋冬與春應北而反南（三月二十三日馬祖暴後便應南風白露後至三月皆應北風惟七月北風多颱）旋必成颱幸其至也漸人得早避之又曰風四面皆至曰颶不知颱雖暴無四方齊至理譬如北風颱必轉而東東而南南又轉西或一二日或三五七日不四

面傳偏不止是四面遞至非四面並至也颶驟而禍輕颱緩而禍久且烈又春風畏始冬風慮終又六月聞雷則風止七月聞雷則風至又非常之風常在七月而海中鱗介諸物游翔水面亦風兆也此臺郡之大略也爲賦竹枝詞以紀其槩

鐵板沙連到七鯤鯤身激浪海天昏任教巨舶難輕犯天險生成鹿耳門

安平城旁自一鯤身至七鯤身皆沙岡也鐵板沙性重得水則堅如石舟泊沙上風浪掀擲舟底立

碎矣牛車千百日行水中曾無軌跡其堅可知

雪浪排空小艇橫紅毛城勢獨崢嶸渡頭更上牛車坐日暮還過赤嵌城

紅毛城即今安平城渡船往來絡繹皆在安平赤嵌二城之間而沙堅水淺雖小艇不能達岸必藉牛車挽之赤嵌城在郡治海岸與安平城對峙

編竹爲垣取次增衙齋清暇冷如冰風聲撼醒三更夢帳底斜穿遠浦燈

官署皆無垣墻惟插竹爲籬比歲增易○無墻垣

爲薇遠浦燈光直入寢室

耳畔時聞軋軋聲牛車乘月夜中行夢迴幾度疑吹角

更有牀頭蝘蜓鳴

牛車挽運百物月夜車聲不絕○蝘蜓音偃忝郎

守宮也臺灣守宮善鳴聲似黃雀

蔗田萬頃碧萋萋一望蘢葱路欲迷綑載都來糖廍裏

只留蔗葉餉羣犀

取蔗漿煎糖處曰糖廍○蔗梢飼牛牛嗜食之

青葱大葉似枇杷臃腫枝頭著白花看到花心黃欲滴

家家一樹倚籬笆

番花葉似枇杷花開五瓣白色大本臃腫枝必三

叉花心漸作深黃色攀折累三日不殘香如梔子

病其過烈風度花香頗覺濃郁

芭蕉幾樹植墻陰蕉子纍纍冷沁心不爲臨池堪代紙

因貪結子種成林

蕉實形似肥皁排偶而生一枝滿百可重十觔性

極寒○凡蒔蕉園林綠陰深沉蔭蔽數畝

獨榦凌霄不作枝垂垂青子任紛披摘來還共蔞根嚼

贏得脣間盡染脂

檳榔樹無旁枝亭亭直上徧體龍鱗葉同鳳尾○

子形似羊棗土人稱爲羊棗檳榔食檳榔者必蔞

根蠣灰同嚼否則澁口且辣○食後脣口盡紅

惡竹參差透碧霄叢生如棘任風搖那堪節節都生刺

把臂林間血已漂

竹根迸篠以至於葉節節皆生倒刺往往牽髮毀

肌察之皆根之萌也故此竹植地即生

不是哀梨不是楂酸香滋味似甜瓜枇杷不見黃金果

番樣何勞向客誇

番樣生大樹上形如茄子夏至始熟臺人甚珍之

肩披鬒髮耳垂璫粉面朱脣似女郎馬祖宮前鑼鼓鬧

侏離唱出下南腔

梨園子弟垂髫穴耳傅粉施朱儼然女子○土人

稱天妃神曰馬祖稱廟曰宮天妃廟近赤嵌城海

舶多於此演劇酬愿○閩以漳泉二郡爲下南下

南腔亦閩中聲律之一種也

臺灣西向俯汪洋東望層巒千里長一片平沙皆沃土

誰爲長慮教耕桑

臺郡之西俯臨大海實與中國閩廣之閒相對東則層巒疊嶂爲野番巢居穴處之所鳥道蠶叢人不能入其中景物不可得而知也○山外平壤皆肥饒沃土惜居人少土番又不務稼穡當春計食而耕都無蓄積地力未盡求闢土千一耳

採硫日記卷上

譚瑩玉生覆校

採硫日記卷中

仁和郁永河撰

余以採硫來居臺郡兩閱月爲購布購油購糖鑄大鑊治刀斧鋤杓規大小木桶製秤尺斗斛種種畢備布以給番人易硫土油與大鑊所以煉硫糖給工匠頻飲幷洛體以辟硫毒鋤平土築基刀斧伐薪薙草杓出硫於鑊小桶凝硫大桶貯水秤尺斗斛以衡量諸物又購脫粟鹽豉筐筥釜椀箸等率爲百人具計費九百八十金買一巨舶載之入資十七覺舟重不任載心竊疑焉遂止

弗入更買一舶爲載所餘費半前舶或曰舟有大小受載有量今頗未盡量何徒費爲余曰吾忽心動方欲使兩舶中分之匪直載所餘也言者匿笑去王君意圖便安不欲更張而中分之志遂寢余事既畢擬旦日登舶郡守靳公（名治揚號斗南）司馬齊公（名體物號誠菴）咸謂余曰君不聞鷄籠淡水水土之惡乎人至卽病病輒死凡隸役聞鷄籠淡水之遣皆欷歔悲嘆如使絕域水師例春秋更戍以得生還爲幸彼健兒役隸且然君奚堪此曷令僕役往君留郡城遙制之何如余曰茲行計役工匠番兒數

百人又逼近野番不有以靜鎮之恐多事貽地方憂況既受人託又何惜一往明日參軍尹君（復）鳳山尉戚君（嘉燦）皆吾鄉人來止余行曰客秋朱友龍謀不軌總戎王公命某弁率百人戍下淡水纔兩月無一人還者下淡水且然況雞籠淡水遠惡尤甚者乎又曰縣役某與其侶四人往僅以身返此皆近事君胡不自愛耶余笑曰吾生有命蒼蒼者主之水土其如余何余計之審矣不可以不往尹君與守戎沈君（長祿）為余作九散藥及解毒辟癘諸方為贈珍重再三又吾鄉黃巖顧君（敷公）

隨父南金先生任江南糧儲道住京口順治己亥被掠留臺居臺久習知山海夷險與余一見如故交亦來謂余曰水土害人鬼物為厲有識者所不計若夫去險就夷居安避危胡可不審君亦知海道乎凡海舶不畏大洋而畏近山不患深水而患淺水舟本浮物有桅御風有柁辟水雖大風浪未易沉覆若觸嶕則沉膠沙必碎其敗立見今自郡治至雞籠舟依沙瀨間行遭風無港可泊險倍大洋何如陸行為得乎君將偕我往若必從舟則我請辭余曰謹受教王君圖便安卒登舟挽之不

可余與顧君率平頭數輩乘笨車就道隨行給役者凡五十五人時四月初七日也經過番社即易車車以黃犢駕而令土番為御是日過大洲溪歷新港社嘉溜（音葛辣）灣社麻豆社雖皆番居然嘉木陰森屋宇完潔不減內地村落余曰孰謂番人陋人言寧足信乎顧君曰新港嘉溜灣歐王麻豆於偽鄭時為四大社令其子弟能就鄉塾讀書者蠲其徭欲以漸化之四社番亦知勤稼穡務蓄積比戶殷富又近郡治習見城市居處禮讓故其俗於諸社為優歐王近海不當孔道尤富庶惜不得

見過此恐日遠日陋矣然觀四社男婦被髮不褌猶沿舊習殊可鄙自麻豆易車應至倒咯（音洛）國番人不解從者語見營官中途為余治餐意余必適彼為御至佳里興至則二鼓矣問誰為宿處則營中也無已乃之守戎趙君所趙君名振天雄人孝廉與余友侯君敬止善談次及天雄平千鄰下汧臺諸故人皆能了了蓋皆三十年事矣漏下三十刻乃就寢

初八日仍馭原車返麻豆社易車渡茆港尾溪鐵線橋溪至倒咯國社日已近暮憶王君此時乘南風駕巨艦

瞬息千里余至則後矣乃乘夜渡急水八掌等溪遲明抵諸羅山倦極坐憩天既曙復渡牛跳溪過打貓社山疊溪他里務至柴里社宿計車行兩晝夜矣車中倦眸欲瞑每至深崖陡塹輒復驚覺所見御車番兒皆徧體雕青背爲鳥翼盤旋自肩至臍斜銳爲網罟纓絡兩臂各爲人首斷脰猙獰可怖自腕至肘纍鐵鐲數十道又有爲大耳者

初十日渡虎尾溪西螺溪溪廣二三里平沙可行車過無軌迹亦似鐵板沙但沙水皆黑色以臺灣山色皆黑

土故也又三十里至東螺溪與西螺溪廣正等而水深湍急過之轅中牛懼溺臥而浮番人十餘扶輪以濟不溺者幾矣既濟值雨馳三十里至大武郡社宿是日所見番人文身者愈多耳輪漸大如椀獨於髮加束或爲三叉或爲雙角又以雞尾二羽爲一翿插髻上迎風招颭以爲觀美又有三少婦共舂一婦頗有姿然裸體對客而意色泰然

十一日行三十里至半線社居停主人揖客甚恭具饌尤腆云過此多石路車行不易曷少憩節勞遂留宿焉

自諸羅山至此所見番婦多白晳妍好者

十二日過啞束社至大肚社一路大小積石車行其上終日蹭蹬殊困加以林莽荒穢宿草沒肩與半線以下如各天至溪澗之多尤不勝記番人狀貌轉陋

十三日渡大溪過沙轆社至牛罵社社屋隘甚值雨過殊溼假番室牖外設榻緣梯而登雖無門闌喜其高潔

十四日陰霾大雨不得行午後雨止聞海吼聲如錢塘怒潮至夜不息社人云海吼是雨徵也

十五日十六日皆雨前溪新水方怒不敢進

十七日小霽余榻面山霾霧障之凡五日苦不得一覩其麓忽見開朗殊快念野番跳梁茲山實爲藩籬不知山後深山當作何狀將登麓望之社人謂野番常伏林中射鹿見人則矢鏃立至愼毋往余頷之乃策杖披荆拂草而登既陟巔荆莽樛結不可置足林木如蝟毛連枝累葉陰翳晝暝仰觀太虛如井底窺天時見一規而已雖前山近在目前而密樹障之都不得見惟有野猿跳躑上下向人作聲若老人欬又有老猿如五尺童子箕踞怒視風度林杪作簌簌聲肌骨欲寒瀑流潺潺尋

之不得而修蛇乃出踝下覺心怖遂返

十八日又大雨嵐氣益甚衣潤如洗堦前泥滓足不得展徘徊悵結賦詩曰番舍如蟻垤茆簷壓路低嵐風侵短牖海霧襲重綈避雨從晉屐支牀更著梯前溪新漲阻徙倚欲鷄棲頃之有番婦至墳首瘠體貌不類人舉手指喙若有所欲余探得食物與之社人望見亟麾之去曰此婦有術善祟人毋令得近也

十九日晨起忽霽差爽人意計二三日水落可涉則前路匪遙矣比午方飯南風颸颸起蘋末衣潤頓乾覺快

甚飯罷風漸横草木披靡念兩海船當已至不然殆矣王君奈何意甚憂之薄暮有人自海濱來云見二巨舟乘風而北益駭披襟坐大風中至三鼓勉就枕然竟夜無寐

二十日辰刻風定無從得二舶耗顧君慰余曰君無憂二舶也彼非南風不行既久無南風昨風又横無行理何憂爲土官使麻荅爲余問水（麻荅是番兒之矯健者問水探水之深淺也）曰水急且高未可涉也

二十三日余念二舶遂叱馭行行二十里至溪所衆番爲戴行李沒水而過復扶車浮渡雖僅免沒溺實濡水而出也渡凡三溪率相越不半里已渡過大甲社（即崩山）雙寮社至宛里社宿自渡溪後番人貌益陋變胷背雕青爲豹文無男女悉翦髮覆額作頭陀狀規樹皮爲冠番婦穴耳爲五孔以海螺文貝嵌入爲飾捷走（缺一字）男子經過番社皆空室求一勺水不可得見一人輒喜自此以北大槩略仝

二十四日過吞霄社新港仔社至後壠社甫下車王君敝衣跣足在焉泣告曰舟碎身溺幸復相見余驚問所

以不死狀曰自初三日登舟泊鹿耳門候南風不得十八日有微風遂行一日舵與帆不洽斜入黑水者再船首自俯欲入水底而巨浪又夾之舟人大恐向馬祖求庇苦無港可泊終夜徬徨十九日猶如昨午後南風大至行甚駛喜謂天助頃之風厲甚因舵劣不任使强持之舵牙折者三風中蝴蝶千百繞船飛舞舟人以爲不祥申刻風稍緩有黑色小鳥集船上驅之不去舟人咸謂大凶焚楮鏹祝之又不去至以手撫之終不去反呷呷向人若相告語者少間風益甚舟欲沉向馬祖卜

斾求船安不許求免死得吉自棄舟中物三之一至二更遥見小港衆喜倖生以沙淺不能入姑就港口下椗舟人因頓各就寢五鼓失椗船無繫復出大洋浪擊舵折鷁首又裂知不可爲舟人告曰惟有划水仙求登岸免死耳划水仙者衆口齊作鉦鼓聲人各挾一匕箸虛作捍船勢如午日競渡狀凡洋中危急不得近岸則爲之船果近岸拍浪即碎王君與舟人皆入水幸善泅得不溺乘浪勢推擁登岸顧視原舟惟斷板折木相擊白浪中耳余急問後船安在王君曰彼舟利涉自十八日已先余舟數百里矣尚何能知之余聞王君言意欲迴車復自計曰驅馳千餘里何惜數日程不往探後舶確耗乎

二十五日與王君共一車兼程進越高嶺三至中港社午餐見門外一牛甚腯囚木籠中俯首跼足體不得展社人謂是野牛初就靮以此馴之又云前路竹塹南嵌山中野牛甚多每出百千爲羣土番能生致之俟其馴用之今郡中挽車牛强半是也飯竟復登車道由海壖横涉小港迂迴沙岸間三十餘里王君指折舵碎舟脫死登岸處甚悉視沙間斷木廢板尚有存者惟相對浩歎而已又浮一深溪至竹塹社宿溪水湍急役夫有溺而復起者奴子車後浴水而出比至無復人色有人自雞籠淡水來者言二十日風後有一船至余聞之甚喜謂王君曰沉舟諸物固無存理然大鑊與冶器必沉沙中似可覓也且一舟猶在無中輟理君無惜海濱一行遂留王君竹塹社余復馳至南嵌社宿自竹塹迄南嵌八九十里不見一人一屋求一樹就蔭不得掘土窟置瓦釜爲炊就烈日下以澗水沃之各飽一餐途中遇麋鹿麏麚逐隊行甚夥驅獪猲獟獲三鹿既至南嵌入深箐中披荆度莽冠履俱敗眞狐貉之窟非人類所宜至也

二十七日自南嵌越小嶺在海岸間行巨浪捲雪拍轅下衣袂爲溼至八里分社有江水爲阻即淡水也深山溪澗滙爲此出水廣五六里港口中流有鷄心嶕海舶畏之潮汐去來深淺莫定余停車欲渡有飛蟲億萬如急雨驟至衣不能蔽偏體悉損視沙間一舟獨木鏤成可容兩人對坐各操一楫以渡名曰莽葛蓋番舟也既

渡有淡水社長張大鑾折沙際迎遂留止其家視後船果已至宮風橫時棄擲數物餘皆獲全然不過前船之餘計所亡已什八矣爰命張大爲余治屋余留居五日以待

五月朔張大來告屋成

初二日余與顧君暨僕役平頭共乘海舶由淡水港入前望兩山夾峙處曰甘答門水道甚隘入門水忽漶爲大湖渺無涯涘行十許里有茅廬凡二十間皆依山面湖在茂草中張大爲余築也余爲區畫以設大鑊者二

貯硫土者六處夫役者七爲庖者二余與王君顧君暨臧獲共處者三爲就地勢故錯綜散置向背不一張大云此地高山四繞周廣百餘里中爲平原惟一溪流水麻少翁等三社緣溪而居甲戌四月地動不休番人怖恐相率徙去俄陷爲巨浸距今不三年耳指淺處猶有竹樹梢出水面三社舊址可識滄桑之變信有之乎既坐定聞飛湍倒峽聲有崩崖轉石之勢意必有千尋瀑流近在左右晝夜轟耳不輟覓之累日不可得見

初五日王君自海岸馳至果得治器七十二事及大鑊二具餘其間之水濱矣又數日各社土官悉至曰八里分麻少翁內北頭外北頭鷄洲山大洞山小鷄籠大鷄籠金包里南港瓦烈擺折里末武溜灣雷里荖𧃒繡朗巴浪泵（音呠）奇武卒荅荅攸里族房仔嶼麻里折口等二十三社皆淡水總社統之其土官有正副頭目之分飲以燒酒食以糖丸又各給布丈餘皆忻然去復給布衆番易土凡布七尺易土一筐衡之可得二百七八十觔明日衆番男婦絡繹以莽葛載土至土黃黑不一色質沉重有光芒以指撚之颯颯有聲者佳反是則劣煉法

搥碎如粉日曝極乾鑊中先入油十餘觔徐入乾土以大竹爲十字架兩人各持一端攪之土中硫得油自出油土相融又頻頻加土加油至於滿鑊約入土八九百觔油則視土之優劣爲多寡工人時時以鐵鍬取汁瀝突旁察之過則添土不及則增油油過不及皆能損硫土既優用油適當一鑊可得淨硫四五百觔否或一二百觔乃至數十觔關鍵處雖在油而工人視火候似亦有微權也余問番人硫土所產指茅廬後山麓間明日拉顧君偕往坐莽葛中命二番兒操楫緣溪入溪盡爲

內北社呼社人爲導轉東行半里入茄棘中玅茄高丈餘兩手排之側體而入炎日薄茄上暑氣蒸鬱覺悶甚草下一逕逶迤僅容蛇伏顧君濟勝有具與導人行輒前余與從者後五步之內已各不相見慮或相失各聽呼應聲爲近遠約行二三里渡兩小溪皆履而涉復入深林中林木蓊翳大小不可辨名老藤纏結其上若虬龍環繞風過葉落有大如掌者又有巨木裂土而出兩葉始櫱已大十圍導人謂楠也楠之始生已具全體歲久則堅終不加大蓋與竹筍同理樹上禽聲萬態耳所

創聞目不得視其狀涼風襲肌幾忘炎暑復越峻坂五六值大溪溪廣四五丈水潺潺巉石間與石皆作藍靛色導人謂此水源出硫穴下是沸泉也余以一指試之猶熱甚扶杖躡巉石渡更進二三里林木忽斷始見前山又陟一小巔覺履底漸熱視草色萎黃無生意望前山半麓白氣縷縷如山雲乍吐搖曳青嶂間導人指曰是硫穴也風至硫氣甚惡更進半里草木不生地熱如炙左右兩山多巨石爲硫氣所觸剝蝕如粉白氣五十餘道皆從地底騰激而出沸珠噴濺出地尺許余攬衣

即穴旁視之聞怒雷震蕩地底而驚濤與沸鼎聲間之地復岌岌欲動令人心悸蓋周廣百畝間實一大沸鑊余身乃行鑊蓋上所賴以不陷者熱氣鼓之耳右旁巨石間一穴獨大思巨石無陷理乃即石上俯瞰之穴中毒焰撲人目不能視觸腦欲裂急退百步乃止左旁一溪聲如倒峽即沸泉所出源也還就深林小憩循舊路返衣染硫氣累日不散始悟向之倒峽崩崖轟耳不輟者是硫穴中沸聲也爲賦二律造化鍾奇搆崇岡湧沸泉怒雷翻地軸毒霧撼崖巔碧澗松長槁丹山草欲燃

蓬瀛遙在望煮石迓神仙五月行人少西陲有火山孰知泉沸處遂使履行難落粉銷危石流黃漬篆斑轟聲傳十里不是響潺湲人言此地水土害人染疾多殆臺郡諸公言之審矣余初未之信居無何奴子病矣諸給役者十且病九矣乃至庖人亦病執爨無人而王君水底餘生復染危痢水漿不入晝夜七八十行漸至流溢枕席間余一榻之側病者環遶但聞呻吟與寒噤聲若唱和不輟恨無越人術安得徧藥之乃以一舶遞歸之而顧君又以他事赴省獨余不可去與一病僕俱時時

督番兒課匠役往來烈日下與深草茂林中日不少休而一二社棍又百計暗撓之余既不識侏離語與人語人又不解余旨口耳並廢直同聾啞是余一身且有兼病倘得以不病傲人乎以余觀之山川不殊中土鬼物未見有徵然而至輒病者特以深山大澤尚在洪荒草木晦蔽人跡無幾瘴癘所積入人肺腸故人至即病千人一症理固然也余體素弱十年善病恆以參朮代饔飧猶苦不支自臺郡至此計觸暑行二十日兼馳凡四晝夜涉大小溪九十有六若深溝巨壑峻坂陡崖馳下

如覆仰上如削者蓋不可勝計平原一望罔非茂草勁者覆項弱者蔽肩車馳其中如在地底草梢割面破項蚊蚋蒼蠅吮咂肌體如飢鷹餓虎撲逐不去炎日曝之項背欲裂已極人世勞瘁既至草廬中四壁陶瓦悉茆為之四面風入如射卧恆見天青草上榻旋拔旋生雨至室中如洪流一雨過屐而升榻者凡十日蟬琴蚓笛時沸榻下堦前潮汐時至出戶草沒肩古木樛結不可名狀惡竹叢生其間咫尺不能見物蝮蛇癭項者夜閣閣鳴枕畔有時鼾聲如牛力能吞鹿小蛇逐人疾如飛

矢戶閾之外暮不敢出海風怒號萬籟響答林谷震撼屋榻欲傾夜半猿啼如鬼哭聲一燈熒熒與鬼病垂危者聯榻共處以視子卿絕塞信國沮洳為何如柳子厚謂播州非人所居令子厚知有此境視播州天上矣余至之夜有漁人結寮港南者與余遙隔一水纍布藉枕而卧夜半矢從外入穿枕上布二十八扎幸不傷腦猶在夢鄉而一矢又入遂貫其臂同侶逐賊不獲視其矢則土番射鹿物也又有社人被殺於途皆數日間事余草廬在無人之境時見茂草中有番人出入莫察所從

來深夜勁矢甯無戒心若此地者蓋在在危機刻刻死亡矣余以斑白之年高堂有母甯遂忘臨履之戒以久處危亡之地乎良以剛毅之性有進無退謀人謀已務期克濟心志素定神氣自旺匪直山鬼降心二豎且遠避百舍且余固以嗜遊來余嘗謂探奇攬勝者毋畏惡趣避遊不險不奇趣不惡不快兒蓬萊在望弱水可掬藉令祖龍漢武聞之不將褰裳恐後乎

採硫日記卷中　　譚瑩玉生覆校

採硫日記卷下

仁和郁永河撰

余既窮幽極遠歷海外無人之域其於全臺山川夷險形勢扼塞番俗民情不啻戶至而寸履焉可不一言俾留意當世者知之間嘗於清旦策杖薄暮操舟周覽探討而得其槩焉蓋淡水者臺灣西北隅盡處也高山嵯峨俯瞰大海與閩之福州府閩安鎮東西相望隔海遙峙計水程七八更耳山下臨江埤堄爲淡水城亦前紅毛爲守港口設者鄭氏既有臺灣以淡水近內地仍設

重兵戍守　本朝內外一家不虞他寇防守漸弛惟安平水師撥兵十人率半歲一更而水師弁卒又視爲畏途扁舟至社信宿即返十五六年城中無戍兵之跡矣歲久荒蕪入者輒死爲鬼爲毒人無由知汎守之設特虛名耳緣海東行百六七十里至鷄籠山是臺之東北隅有小山圓銳去水面十里孤懸海中以鷄籠名者肖其形也過此而南則爲臺灣之東面東西之間高山阻絕又爲野番盤據勢不可通而鷄籠山之下實近弱水秋毫不載舟至即沈或云名爲萬水朝東水勢傾瀉捲入地底滔滔東逝流而不返二說未詳孰是從無操舟往試歸告於人者海舟相戒不敢出其下故於水道亦不能通西不知東猶東之不知西也止就西言自淡水港而南迄於郡治而南至鳳山縣沙馬磯亦有蟯港打狗仔下淡水三港山中澗水所出雖沙堅水淺難容巨舶每當潮汐亦可進舟設有寇盜伺隙或紅毛思復故物以數舶虛攻鹿耳牽制水陸而出偏師掩襲各港據土列營首尾夾擊則我兵守禦勢分三面受敵矣今獨重鹿耳安平之守而於各港一切泄視非計之得也又

郡治各邑悉無城郭戰守無憑當事者亦屢圖之以去山遠無水道不可得石往往中輟近有建議植竹爲城者以竹種獨異內地叢生合沓間不容髮而旁枝橫勁篠節皆刺若夾植二三重雖狐鼠不敢穴矢礮不能穿其勢反堅於石而又無舂築之勞但令比戶各植數竿不煩民力而民易從朞月之間可使平地有金湯之壯其說可採所當亟爲舉行不待再計者至若諸羅鳳山諸邑各有疆域舍已邑不居而寄居郡治臺邑之地若僑寓然似宜各度地勢植竹建城不獨撫字爲便而犄

角互援之勢亦成矣近者海内恆苦貧斗米百錢民多饑色賈人責負聲日沸闤闠臺郡獨似富庶市中百物價倍購者無吝色貿易之肆期約不愆傭人計日百錢趦趄不應召屠兒牧豎腰纏常數十金每遇摴蒱浪棄一擲間不甚惜余頗怪之因詢臺久始得其故茲地自鄭氏竊踞民間積貯有年矣王師克臺倒戈歸誠不煩攻圍不經焚掠蕩平之後設鎭兵三千人協兵南北二路二千人安平水師三千人澎湖水師二千人三邑丁賦減地放給外藩庫又歲發十四萬有奇以給兵餉兵

丁一人歲得十二兩以之充膳製衣履猶慮不敷甯有餘蓄蓋皆散在民間矣又植蔗爲糖歲產二三十萬商舶購之以貿日本呂宋諸國又米穀麻豆鹿皮鹿脯運之四方者十餘萬是臺灣一區歲入財賦五六十萬自康熙癸亥削平以來十五六年間總計不下千萬人多而出少較之內地州縣錢糧悉輸大部有去無回者安得不彼日瘠而此日腴乎又臺土宜稼收穫倍蓰治田千一給數萬人食有餘爲賈販通外洋諸國則財用不匱民富土沃又當四達之海卽今內地民人襁至輻湊皆願出於其市萑苻陸梁孰不欲掩而有之有如曩昔鄭氏者乘間覬覦實足爲患而內地沿海且無甯宇矣議者謂海外丸泥不足爲中國加廣裸體文身之番不足與共守日費天府金錢無益不若徙其人而空其地不知我棄之人必取之我能徙之彼不難移民以實之噫計亦疎矣我　朝自鄭氏竊據以來海艘飄忽在在入寇江浙閩粵沿海郡縣蹂躪幾遍兵戈垂四十年不息至沿海萬里遷界爲淸野計屢煩　大兵迄不能滅者以有臺灣爲之基也今既有其地而謂當棄之則琉

球日本紅毛安南東京諸國必據之琉球最稱小弱素不爲中國患卽有之亦不能長守爲中國藩籬安南東京搆兵不解無暇遠圖日本最大獨稱强國紅毛狡黠尤精戰艘火器又爲西洋附庸西洋人務爲遠圖用心堅深不可測識幸去中國遼邈伺不易使有臺灣置足則朝去暮來擾害可勝言哉鄭鑒不遠何異自壞藩籬以資寇巢不智者所不爲也犄角三城扼險各港堅守鹿耳外此無良圖矣然守臺灣尤宜以澎湖爲重澎湖者臺灣之門戶也三十六島絕無暗礁在在可以泊船

故欲犯臺灣必先攻澎湖澎湖既得進戰退守無不宜欲守臺灣亦先守澎湖澎湖堅壁敵舟漂蕩無泊即坐而自困矣昔鄭氏尙與　王師鏖戰澎湖既失遂至窮蹙蓋可鑒也乃臺民居恆思亂每聚不軌之徒稱號鑄印散劄設官者歲不乏人敗露死杖下仍多繼起者非有豪傑之士欲踵武鄭氏也緣臺民皆漳泉寄籍八五十年來習見兵戈不足畏又目覩鄭氏將弁投誠皆得官封公侯以是爲靑雲捷徑成則王敗不失爲進身階故接踵走死地如騖非性不善習見慣之耳往歲獲亂

人問何爲叛曰我非叛諸公何過譸張復問印劄有據非叛而何對曰冀投誠圖出身耳問者絕倒不知鄭氏方猖有來歸者　廟謨不惜一官畀之不如是不足解其黨今鄭氏反正薄海乂安盜弄潢池有戮無赦寗與前此同日語乎亦愚甚矣故臺灣縣易藏奸宄事較兩邑爲繁諸羅鳳山無民所隸皆土著番人番有土番野番之別野番在深山中疊嶂如屏連峯插漢深林密箐仰不見天棘刺藤蘿舉足觸礙蓋自洪荒以來斧斤所未入野番生其中巢居穴處血飲毛茹者種類實繁其

升高陟巓越徑度箐之捷可以追驚猿逐駭獸平地諸番恆畏之無敢入其境者而野番恃其獷悍時出剽掠焚廬殺人莫能向邇其殺人輒取首去歸而熟之剔取髑髏加以丹臒置之當戶同類視其室髑髏多者推爲雄如夢如醉不知向化直禽獸耳譬如虎豹遭之則噬蛇虺攖之則嚙苟不近其穴彼無肆毒之心亦聽其生槁於雨露中耳客冬有趨利賴科者欲通東面土番與七人爲侶晝伏夜行從野番中越度萬山竟達東面東番知其唐人爭款之又導之遊各番社禾黍芃芃比戶

殷富謂苦野番間阻不得與西面通欲約西番夾擊之又曰寄語長官若能以兵相助則山東萬人鑿山通道東西一家共輸貢賦爲　天朝民矣又以小舟從極南沙馬磯海道送之歸七人所得餽遺甚厚謂番俗與西番大畧相似獨平地至海較西爲廣有當事者能持其議與東番約期夾擊勦撫並施烈澤焚山夷其險阻則數年之後未必不變荆棘爲坦途而化槃瓠裔筰爲良民也若夫平地近番冬夏一布粗糲一飽不識不知無求無欲恆往來市中狀貌無甚異惟兩目拗深瞜視似

稍別其語多作都盧嘓轆聲呼酒曰打剌酥呼煙曰篤木固畧與相似相傳臺灣空山無人自南宋時元人滅金金人有浮海避元者爲颶風飄至各擇所居耕鑿自贍遠者或不相往來數世之後忘其所自而語則未嘗改男女夏則裸體惟私處圍三尺布冬寒以番毯爲單衣毯續樹皮雜犬毛爲之亦有用麻者厚可一錢兩幅連綴不開領脰衣時以頭貫之仍露其臂又有袒挂一臂及兩幅左右互袒者婦人衣以一幅雙疊縫其兩腋僅蔽胸背別以一幅縫其兩端以受臂而橫擔肩上上

衣覆乳露腹中衣橫裹僅掩私不及膝足不知履以烏布圍股一身凡三截各不相屬老人頭白則不挂一縷箕踞往來鄰婦不避也髮如亂蓬以青蒿爲香草曰取束髮蠟或遶走其上間有少婦施膏沐者分兩綹盤之亦有致妍者亦露倩盼之態但以鹿脂爲膏羶不可近男子競尚大耳於成童時向耳垂間各穿一孔用篠竹貫之日以加大有大如盤至於垂肩撞胸者項間螺貝纍纍盤繞數匝五色陸離都成光怪胸背文以雕青爲鳥翼網罟虎豹文不可名狀人無老少不留一髭并五

毛盡去之有疾不知醫藥惟飲溪水則愈婦人無冬夏日浴於溪浴畢汲上流之水而歸有病者浴益頻孕婦始娩卽攜兒赴浴兒患痘盡出其漿復浴之曰不若是不愈也婚姻無媒妁女已長父母使居別室中少年求偶者皆來吹鼻簫彈口琴得女子和之卽入與亂亂畢自去久之女擇所愛者乃與挽手挽手者以明私許之意也明日女告其父母召挽手少年至鑿上齶門牙旁二齒授女女亦鑿二齒付男期某日就婦室婚終身依婦以處蓋皆以門楣紹瓜瓞父母不得有其子故一再

世而孫且不識其祖矣番人皆無姓氏有以也番室倣龜殼爲制築土基三五尺立棟其上覆以茆茆簷深遠垂地過土基方丈雨暘不得侵其下可炊可舂可坐可臥以貯笨車網罟農具雞栖豚柵無不宜室前後各爲牖在脊棟下緣梯而登室中空無所有視有幾人爲置幾榻人惟藉鹿皮擇便臥夏并鹿皮去之藉地而已壁間懸葫蘆大如斗旨蓄毯衣納其中竹筒數規則新醅也其釀法聚男女老幼共嚼米納筒中數日成酒飲時入清泉和之客至番婦傾筒中酒先嘗然後進客客飲

盡則喜否則愠愠客或憎之也又呼其鄰婦各衣毯衣
爲聯袂之歌以侑觴客或狎之亦不怒其夫見婦爲客
狎喜甚謂己妻實都故唐人悅之海外皆稱中國爲大唐稱中國人曰唐人
若其同類爲奸則挾弓矢偵奸人射殺之而不懟其婦
地產五穀番人惟食稻黍與稷都不知食麥其饔飧不
宿舂晨起待舂而炊既熟聚家人手摶食之山中多麋
鹿射得輒飲其血肉之生熟不甚較果腹而已出不慮
風雨行不計止宿終歲不知春夏老死不知年歲寒然
後求衣饑然後求食不預計也村落廬舍各爲向背無

市肆貿易有金錢無所用故不知蓄積雖有餘力惟知
計食而畊秋成納稼計終歲所食有餘則盡付麴糵來
年新禾既植又盡以所餘釀酒番人無男女皆嗜酒酒
熟各攜所釀聚男女酣飲歌呼如沸累三日夜不輟餘
粟既罄雖饑不悔屋必自構衣需自織耕田而後食汲
澗而後飲績麻爲網屈竹爲弓以獵以漁盡畢世所需
罔弗自爲而後用之腰間一刃行卧與俱凡所成造皆
出於此惟陶冶不能自爲得鐵則取澗中兩石夾搥之
久亦成器未嘗不利於用剖匏截竹用代陶瓦可以挹

酒漿可以胹饋餐鄉黨親戚緩急有無不相通鄰家米
爛粟紅饑者不之貸也社有小大戶口有衆寡皆推一
二人爲土官其居室飲食力作皆與衆等無一毫加於
衆番不似滇廣土官徵賦稅操殺奪擁兵自衛者比其
先不知有君長自紅毛始據時平地土番悉受約束力
役輸賦不敢違犯法殺人者勦滅無孑遺鄭氏繼至立
法尤嚴誅夷不遺赤子併田疇廬舍廢之其實土番殺
人非謀不軌也麴糵誤之也羣飲之際誇力爭强互不
相下栝弩未釋手白刃已陷其胸間有平時睚眦醉後

修怨旦日酒醒曾不自知而討罪之師已躡其門矣至
今大肚牛罵大甲竹塹諸社林莽荒穢不見一人諸番
視此爲戒相率謂曰紅毛强犯之無噍類鄭氏來紅毛
畏之逃去今鄭氏又爲中國勦滅盡爲臣虜眞　天威
矣故其人既愚又甚畏法曩鄭氏於諸番徭賦頗重我
　朝因之秋成輸穀似易而艱於輸賦彼終世不知白
鏹爲何物又安所得此以貢其上於是仍沿包社之法
郡縣有財力者認辨社課名曰社商社商又委通事夥
長輩使居社中凡番人一粒一毫皆有籍稽之射得麋

鹿盡取其肉爲脯并收其皮日本人甚需鹿皮有賈舶收買脯以鬻漳郡人二者輸賦有餘然此輩欺番人愚朘削無厭視所有不異已物平時事無巨細悉呼番人男婦孩稚供役其室無虛日且皆納番婦爲妻妾有求必與有過必撻而番人不甚怨之苟能化以禮義風以詩書教以蓄有備無之道制以衣服飲食冠婚喪祭之禮使咸知愛親敬長尊君親上啓發樂生之心潛消頑憨之性遠在百年近則三十年將見風俗改觀率循禮教寧與中國之民有以異乎古稱荊蠻斷髮文身之俗

乃在吳越近地今且蔚爲人文淵藪至若閩地叛服不常漢世再棄而復收之自道南先生出而有宋理學大儒競起南中人固不可常俗限在上之人鼓舞而化導之耳今臺郡百執事　朝廷以其海外勞吏每三歲遷擢政令初施人心未洽而轉盼易之視一官如傳舍孰肯爲遠效難稽之治乎余謂欲化番人必如周之分封同姓子孫世守或如唐韋皋宋張詠之治蜀久任數十年不責旦暮之效然後可噫蓋亦難言矣而又有暗阻潛撓於中者則社棍是也此輩皆內地犯法奸民逃死匿身於僻遠無人之地謀充夥長通事爲日既久熟識番情復解番語父死子繼流毒無已彼社商者不過高坐郡邑催餉納課而已社事任其播弄故社商有虧折耗費此輩坐享其利社商率一二歲更易而此輩雖死不移也此輩正利番人之愚又甚欲番人之貧愚則不識不知攫奪惟意貧則易於迫挾力不敢抗匪特不教之且時時誘陷之卽有以冤愬者而番語侏離不能達情聽訟者仍問之通事通事顛倒是非以對番人反受呵譴通事又告之曰縣官以爾違通事夥長言故怒責

爾於是番人益畏社棍視之不啻帝天是舉世所當哀矜者莫番人若矣乃以其異類而歧視之見其無衣曰是不知寒見其雨行露宿曰彼不致疾見其負重馳遠曰若本耐勞噫若亦人也其肢體皮骨何莫非人而云若是乎馬不宿馳牛無偏駕否且致疾牛馬且然而況人乎夫樂飽暖而苦饑寒厭勞役而安逸豫人之性也異其人何必異其性仁人君子知不吐余言

七月望炎暑漸退新涼襲人有役夫自省中初至者十二人方共具飯醪爲中元祀鬼事向空山羅拜余笑而

賚之酒其明日有三人忽稱病
十七日病者又五人北風大作
十八日風愈厲而十二人悉不起爨煙遂絕
十九日至二十一日大風拔木三晝夜不輟草屋二十餘間圮者過半夜卧聞草樹聲與海濤澎湃震耳屋漏如傾終夜數起不能交睫
二十二日風雨益横屋前草亭飛去如空中舞蝶余屋三楹風至兩柱俱折慮屋圮無容身地冒雨擕斧斫自伐六樹支棟力憊甚而萬山崩流並下汎濫四溢顧病

者皆仰卧莫起急呼三板來渡余猶往來岸上尙欲爲室中所有計不虞水勢驟湧急趨屋後深草中避之水隨踵至自沒脛沒膝至於及胸在大風雨中涉水行三四里風至時時欲仆以杖掖之得山巖番室暫棲暮無從得食以身衣向番兒易隻雞充餒中夜風力猶勁
二十三日平明風雨俱息比午有霽色呼番兒棹莽葛至山下渡余登海舶過草廬舊址惟平地而已余既倖生存亦不復更念室中物敝衣猶足蔽體解付舟人就日曝乾復衣之遂居舟中

二十五日水既落乘海舶出港至張大所有病者殯舟中爲槀葬山下以屍骨無渡海理也
二十八日視舟中病者轉劇因遣海舶急歸余獨留張大家命張大爲余再治屋
二十九日復大風雨四晝夜洪水又至走二靈山避之驚怖有甚於前幸早避得免涉水然在空山中竟一日夜不得食
初四日雨止風息再返張大所
初八日有一舶入港言初五日三船同自省中來半渡

遭風一舶已碎其一不知所往友人顧君敷公在焉念之甚切自此旦旦出海上望之
十五日中秋節番兒報舊址茆屋成尙有臺郡病夫二人不能歸者從余走海岸沙際遥望午後張大擕酒核至與余就沙際飲抵暮而返不見一帆
十六日乘莽葛返茆屋中與病夫二人俱視新結茆三區區各三楹余與二病夫各占一區夜惟孤影四面猿啼鬼嘯聲不輟有臺令李子鵠梅花書屋詩一卷雋永可玩坐常至夜分一夕甫就枕殘燈既熄帳前有火光

如盌碧色去地三尺許知其燐也審視久之而滅

二十五日忽聞有海舶至驚喜出戶則顧君敷公至矣問遭風飄泊何所云是日西岸頗無風半渡風至舟入强持之已見鷄籠二靈諸山值潮落不得入港陳某一舶已觸岸爲虀粉惕然轉柁歸西岸泊定海鎭山下舟中器具悉敗需補製而大風又半月不輟故遲來幸無恙而余前遣歸一舶亦以是日至問病者歸去何若則死過半矣計兩舶中復來夫役近六十人明日再修整矣煎煉硫土一如曩日夜則與顧君共論前代海防及僞鄭故事議其得喪一夕就寢未寐視屋外火光如箕赤色耀目余以見慣不怪顧君駭曰君榻下何故燃燭余笑曰火從君枕畔來照吾榻下君試反顧必有所見顧君遽躍起方結衣褌欲出戶火光漸滅又一夕有鳴鏑過枕畔恐野番乘夜加遺出戶視之不見一物

十月朔硫事既竣將理歸棹命衆役夫向山前刈薪午後又使人艤三板水涯以待見四人並坐樹下疑刈薪有先歸者趨問之已不見種種幻妄皆鬼物也人之居此甯不病且殆乎

初四日復出至張大家與別遂登舟

初七日未刻値風便與顧君舶同出大海北風方勁巨浪如山行不數里余舟檣折有聲回視顧君一舶亦大呼檣折二舶在巨浪中既無復入港理隨風蕩漾意必飄南方千里外憂不能寐

初八日侵曉風稍息余攬衣出視晨光初動宿靄未收而一輪紅日從鷁尾水底湧出三躍而後昇大如車輪海波盡赤不瞬息已丈餘高矣向聞登州日觀擅奇殆未必如余所覩也將午遙見遠山在有無間猶疑爲海上雲氣午後審視漸眞舟師謂是省城官塘山夜半抵官塘猶屬海外孤島不連內地

初九日自官塘趨定海鎭巳刻將近山顧君一舶已先至相見如夢意二舶檣折無並全理竟達會城嘆爲神助望山上兩城遙峙前人築爲犄角互守計者也命舟師棹三板登岸周覽一匝畧得形勢之概沿海市肆碁布漁艇有大於海舶者覽畢登舟乘順風南行去岸甚遠仍行大海五六十里至五虎門兩山夾峙勢甚雄險又有巨石綿亘入海如五虎蹲踞中流實閩省門戶也

門外風力鼓蕩舟勢顛越既入門靜淥淵渟與門外迴別矣左望山巒斷處爲梅花嶼沙淤水淺非潮長不能出入更進爲亭頭（土音讀作城頭）是近海大村落至則暮矣命從者擕卧具與顧君偕登怡山僧院假宿焉老僧粗解文義可與語壁閒有詩倚韻爲五言律弱水歸帆遠驚濤日夜紛青衫餘蜃氣寶劍有龍文暫息并州駕還瞻故國雲鍾聲與禪誦清響得重聞

初十日復登舟苦水涸必候潮至始行行十里至閩安鎮有副帥屯兵千人守口再行十里膠淺不前

十一日行不數里

十二日黎微風以棹佐之望見南臺大橋周子宣玉率數僕乘小艇來迓既見歡甚余與宣玉共乘小艇同至大橋登陸入城求晤曩時餞送諸交好惟裘子紹衣何子襄臣表姪周在舜三人在餘或歸家或他適不可得見獨呂子鴻圖先我渡海歸差可喜再覩城市景物憶半載處非人之境不啻隔世不知較化鶴歸來者何如余向慕海外遊謂弱水可掬三山可即今既目極蒼茫足窮幽險而所謂神仙者不過裸體文身之類而已縱

有聞苑蓬瀛不若吾鄉瀲灩空濛處簫鼓畫船兩奇勝好足繫吾思也憶遊歷所覩再爲土番竹枝以詠之

生來曾不識衣衫裸體年年耐歲寒犢鼻也知難免俗烏青三尺是圍闌

烏青是黑布名

文身舊俗是雕青背上盤旋鳥翼形一變又爲文豹鞹蛇神牛鬼共猙獰

半線以北胸背皆作豹文如半臂之在體

胸背斕斑直到腰爭誇錯錦勝鮫綃冰肌玉腕都文遍

只有雙蛾不解描

番婦臂股文繡都遍獨頭面蓬垢不知修飾以無鏡可照終身不能一覩其貌也

番兒大耳是奇觀少小都將兩耳鑽截竹塞輪輪漸大如錢如椀復如盤

番兒大耳如盤立則垂肩行則撞胸同類競以耳大爲豪故不辭痛楚爲之

丫髻三叉似幼童髮根偏愛繫紅絨出門又插文禽尾陌上飄颻各鬥風

覆額齊眉繞亂莎不分男女似頭陀晚來女伴臨溪浴
一隊鸕鷀蕩綠波
　半線以北男女皆翦髮覆額狀若頭陀○番婦無
　老幼每近日暮必浴溪中
釐貝雕螺各盡攻陸離斑駁碧兼紅番兒項下重重遶
客至疑過繡領宮
銅箍鐵鐲儼刑人鬥怪爭奇事事新多少丹青摹變相
畫圖那得似生成
老翁似女女如男男女無分總一般口角有髭皆拔盡

鬚眉都作婦人顏
腰下人人插短刀朝朝磨礪可吹毛殺人屠狗般般用
纔罷樵薪又索綯
　人各一刀頃刻不離斫伐割剝事事用之
畊田鑿井自艱辛緩急何曾叩比鄰搆屋斲輪還結網
百工俱備一人身
　番人不知交易借貸有無相通理鄰人有粟饑者
　不之貸也畢世所需皆自爲而後用之
輕身矯捷似猿猱編竹爲箍束細腰等得吹簫尋鳳侶
從今割斷伴妖嬈
　番兒以射鹿逐獸爲生腹大則走不疾自孩孺即
　箍其腰至長不弛常有足追奔馬者結縭之夕始
　斷之
男兒待字蚤離娘有子成童任遠颺不重生男重生女
家園原不與兒郎
　番俗以壻紹瓜瓞有子不得承父業故不知有姓
　氏
女兒纔到破瓜時阿母忙爲搆屋居吹得鼻簫能合調

任教自擇可人兒
　番女與鄰兒私通得以自擇所愛
只須嬌女得歡心那見堂開孔雀屏既得歡心纔挽手
更加鑿齒締姻盟
亂髮鬖鬖不作緺常將兩手自搔爬飛蓬畢世無膏沐
一樣綢繆是室家
　番婦亂髮如蓬蟣蝨遶走其上時以五指代梳
誰道番姬巧解釀自將生米嚼成漿竹筒爲甕牀頭掛
客至開筒勸客嘗

夫攜弓矢婦鋤耰無褐無衣不解愁番爲一圍聊蔽體
雨來還有鹿皮兜
　鹿皮藉地爲卧具遇雨即以覆體
竹弓楛矢赴鹿場射得鹿來付社商家家婦子門前盼
飽惟餘瀝是頭腸
　番人射得麋鹿以付社商收掌充賦惟頭腸無用
　得與妻孥共飽
莽葛元來是小舠刳將獨木似浮瓢月明海澨歌如沸
知是番兒夜弄潮

　番人夫婦乘莽葛射魚歌聲竟夜不輟
種秫秋來甫入場舉家爲計一年糧餘皆釀酒呼群輩
共罄平原十日觴
　秫米登場即以爲酒男女藉草劇飲歌舞晝夜不
　輟不盡不止
梨園敝服已蒙茸男女無分只尙紅或曳朱襦或半臂
土官氣象已從容
　土官購戲衣爲公服但求紅紫不問男女
土番舌上掉都盧對酒歡呼打剌酥聞道金亡避元難
颶風吹到始謀居
　番語皆滾舌作都盧轂轆聲
深山負險聚游魂一種名爲傀儡番博得頭顱當戶列
髑髏多處是豪門
　深山野番種類實繁舉傀儡番以槩其餘

採硫日記卷下

譚瑩玉生覆校

右採硫日記三卷　國朝仁和郁永河撰按是書見吳中吳翊鳳伊仲祕籍叢函鈔本不著撰人名氏而書中所載詩如文身舊俗是雕青一首胸背斕斑直到腰一首莽葛原來是小舠一首覆額齊肩繞亂莎一首六十七字居魯滿洲人官吏科給事中番社采風圖考錄之稱仁和郁永河作又書中有不若吾鄉瀲灩空濛處簫鼓畫船雨奇晴好足繫人思之語殆西湖風景益知其爲仁和人矣則定是書爲永河所撰似無疑義云永河字履未詳俟考書爲採硫于役所紀而於全臺山川夷險形勢阨塞番俗民情紀之特詳於末卷尤暢言焉固明言俾留意當世者知之矣實足與魯亮儕臺灣始末偶紀藍鹿洲平臺紀略沈子大治臺灣私議趙雲松平定臺灣述略謝退谷蛤仔難紀略同爲有用之書所言殆如疊矩重規矣又言欲化番人必如唐岑皐宋張詠之治蜀久任數十年不責旦暮之效噫豈獨爲臺灣一郡言哉莽葛船名蛤仔難紀略番社采風圖考並作艋舺音本同而字各異耳咸豐癸丑春盡日南海伍崇曜跋

東瀛識略八卷

〔清〕丁紹儀撰

《東瀛識略》八卷，清丁紹儀撰。紹儀字杏舲，江蘇無錫人。道光二十七年（一八四七）渡臺，在臺灣道仝卜年幕下襄理度支，稽核文册。在臺八月，凡臺事之堪資談助者，輒筆識之，並附所見，成書八卷。分建置疆域、糧課稅餉、學校習尚、營制屯隘、海防物産、番社番俗、奇異兵燹、遺聞外紀等篇。據中國國家圖書館藏同治十二年（一八七三）刻本影印。

東瀛識略

同治昭陽作噩福州吳玉田刻

凡人讀書立說咸思有裨於用尋章摘句固不足貴卽鎔鑄經史發爲偉詞而於朝章政典今昔形勢閭閻風尙與夫因革損益諸端委不能察微知著洞悉利病甚或喜新非故專務嚴刻昧大體而炫私智縱言之娓娓動聽而用之適足害道則亦等之巵言君子無取焉若杏舲丁丈東瀛識略一編則異是丈昔遊臺灣就所見聞筆誌而論列之僅五萬餘言而臺事已包羅備具意在厚民生移習俗防微杜漸奠巖疆於磐石彼時丈年方壯坐而言者將起而行之乃仕閩未久擅責大吏與人爲所惱會中丞檄丈帶兵解泉州圍指爲違例劾緣

被劾去知者咸爲丈惜然以丈之才而自甘永遯不復出濂獨深爲斯民惜耳是書久祕笥中今値濂自臺內渡命加參訂且言將授之梓供他日覆瓿之需濂承乏鹿港淡水近兩年簿書鞅掌不克有所建樹亦不遑有所記述愧無以副委囑請綴數語用廣丈意夫瓿蓄醬器也有物覆之則醬不敗卽小喻大其爲用也烏可少哉又豈小補已哉質之通儒當不以鄙言爲謬時

同治癸酉春三月中浣愚姪濬周式濂拜序

道光丁未秋余以歸妹至彰化及冬禮成省黃浣雲師於臺灣郡廨時守臺者仝執全礀南太守適兼臺灣道篆囑余襄理度支並佐浣雲師稽核臺郡交冊勾留者八閱月凡臺事之堪資談助者入耳經目輒筆識之並附綴管窺所及竟得八卷內渡後棄置篋衍久不省記戊辰夏禧兒承乏噶瑪蘭將行因檢錄數條畀之會張煥堂觀察邀辦通商筆墨得於案牘中略稔時事復墨數行於後去歲歸省松楸次壻鍾偉臣請任刊資隨遣佛奴三十輩來爰卽付之手民古人言儒者胸懷當上下三千年縱横一萬里今所識地不越千里時不及二百年而筆又冗弱顧乃災及棗梨非敢謂足備志乘之采聊供覆瓿而已時

同治十二年癸酉夏四月丁紹儀識於福州寓廬

書刊未半資已不敷禧兒又以鄰封及民捐事横罹降秩心情煩劣謀食方艱剞氏頻催力無以應黃星樵妹壻惜其半途而廢慨然以番銀三十枚見助乃克告成時已越秋徂冬虹藏不見矣紹儀又識

東瀛識略目錄

東瀛識略卷一

無錫丁紹儀杏舲纂

建置

康熙二十二年夏福建水師提督後封靖海侯施琅統師征鄭氏克澎湖島鄭成功之孫克塽震懾歸誠納所闢臺灣地朝議墟之琅奏言地廣而腴且關繫四省要害宜留爲外蔽不可棄時尙未知山東天津遼陽各口由臺可以逕達故云四省二十三年

聖祖斷自宸衷卽成功所置承天府總名東都成功子經改稱東甯者設臺灣府隸福建布政使司爲入中國

版圖所自始領縣三附府曰臺灣南曰鳳山北曰諸羅今名嘉義雍正初於諸羅以北設縣一曰彰化廳一曰淡水改臺灣縣屬澎湖巡檢爲通判設澎湖廳嘉慶間又於淡水以北迤而東設廳一曰噶瑪蘭

臺灣之稱於古無考文獻通考云澎湖旁有毘舍耶國言語不通袒裸盱睢殆非人類頗與土番情狀相似然中國及東西洋人均未嘗至卽明初鄭和王三保徧歷東南洋亦未言及有臺灣也嘉靖末海寇林道乾被都督俞大猷所逐遁入其地旋棄而之占城萬歷間姦民顏思齊自日本竄往屯踞始有臺灣名明季莆田周嬰所著遠遊集以臺灣爲臺員殆閩音訛耳臺地有中土民自道乾思齊始思齊死其黨推鄭成功之父芝龍爲魁崇禎初芝龍就明撫荷蘭乃往築城居之故成功語荷蘭曰此地本先人故物當以見還荷蘭戰不勝遂遁鄭氏據爲巢穴闢地漸廣今府縣以臺灣名蓋沿鄭氏舊稱其義莫詳也

臺灣縣附府爲治本鄭氏承天府地康熙二十三年設知縣縣丞典史各一員縣學教諭一員時改福建巡海道爲臺厦兵備道兼學政事並設知府一員海防同知一員經歷一員府學教授一員均駐縣城巡檢

二員一駐新港一駐澎湖六十年改臺厦兵備道爲臺厦道六十一年添設滿漢巡臺御史二員亦駐城中每年一易間有留任一年者雍正五年以學政歸漢御史兼理裁澎湖巡檢分澎湖地爲廳治六年改臺厦道爲臺灣道九年移縣丞駐縣屬之羅漢門十一年增設府縣學訓導各一員乾隆十七年定御史三年巡視一次事竣卽回學政仍歸臺灣道兼理二十六年裁新港巡檢三十一年以海防同知兼南路理番同知三十二年仍加臺灣道兵備銜四十七年停巡臺御史五十二年奉

諭嗣後臺灣道員著加按察使銜俾得自行奏事五十四年改羅漢門縣丞爲巡檢

鳳山縣以邑有鳳山名鄭氏設南路安撫司並萬年州治其地康熙二十三年設知縣一員典史一員儒學教諭一員均同城巡檢一員駐下淡水雍正九年增設縣丞一員駐萬丹管轄下淡水枋寮等處移巡檢駐大崑麓十一年增設儒學訓導一員乾隆十六年移萬丹縣丞駐阿里港初縣治在興隆莊僻近海隅甚荒落縣官治事恆在相距十里之埤頭街五十二年逆匪莊大田躪縣治遂移駐埤頭改大崑麓巡檢爲興隆巡檢駐舊城並移阿里港縣丞駐下淡水嘉慶十一年海賊蔡牽攻臺灣遺黨陷埤頭頗有殘毀十五年移回舊城然埤頭溪山環繞煙戶繁盛甲一邑道光二十七年議准仍移治埤頭

嘉義縣先名諸羅鄭氏北路安撫司所治天興州地邑有豬勝山以不雅馴易稱諸羅因以名縣或言取義諸山羅列非也康熙二十三年設知縣典史各一員儒學教諭一員同駐城內巡檢一員駐佳里興堡雍正九年增設縣丞一員駐笨港移佳里興巡檢駐鹽水港十一年添設儒學訓導一員乾隆二十六年移

臺灣縣新港巡檢爲縣屬斗六門巡檢五十二年逆匪林爽文圍攻縣城紳民協力堅守幾四閱月

高宗特改縣名曰嘉義以褒之是年添設縣丞一員駐斗六門移原設巡檢駐大武壠

彰化縣本諸羅縣地雍正元年以土番相繼歸化民居益繁析縣屬虎尾溪北半線地方置縣名彰化設知縣典史各一員儒學教諭一員俱同城九年增設巡檢二員一駐鹿仔港一駐貓霧捒又分大甲溪以北地歸淡水廳轄十一年添設訓導一員乾隆二十三年增設縣丞一員駐南投社三十一年裁泉州府西倉同知改設臺灣府北路理番同知一員駐縣城五十一年移理番同知駐鹿仔港兼海防事嘉慶二十一年移儒學訓導於淡水移鹿仔港巡檢駐淡水廳轄之大甲溪

淡水廳本諸羅縣地以淡水溪得名雍正元年析隸彰化縣設淡水捕盜同知一員駐彰化九年改撫民同知劃縣屬大甲溪以北地歸廳轄以竹塹地方爲廳治增設竹塹巡檢一員兼司獄事又增設巡檢一員駐八里坌乾隆三十一年移八里坌巡檢駐新莊五十四年改新莊巡檢爲縣丞嘉慶二十二年又增設

巡檢一員駐大甲溪移彰化學訓導駐竹塹爲淡水
學訓導
澎湖廳屹峙海中羣島參差環拱隋開皇閒虎賁將陳
稜略地至澎湖始見於史元末置巡司明初徙民漳
泉二郡廢巡司而墟其地繼而不逞者潛聚其中推
年大者爲長苫茅棲止以畋漁爲生嘉靖閒都督俞
大猷勦海賊留偏師駐防後設巡檢守之不久並裁
萬歷中增設澎湖遊兵天啟初荷蘭據焉總兵俞咨
皋擒其帥歸遂遁去後爲鄭氏所據設澎湖安撫司
倚爲重鎮康熙二十二年水師提督施琅率師往征

一戰克之二十三年以隸臺灣縣設巡檢一員駐守
雍正五年裁巡檢改設通判一員兼海防事卽大山
嶼之媽宮澚爲廳治
噶瑪蘭廳本土番地一名蛤子難蓋番語無定字閩音
相近致訛後譯正爲噶瑪蘭在臺灣極北山後迤東
而南荷蘭鄭氏竊踞時均未之及卽康熙閒臺地內
附後亦止山前南自瑯嶠北至雞籠山止初不知後
山尚有沃壤雍正初社番向化始附東螺各社輸餉
於諸羅旋改屬彰化又轉隸淡水乾隆末漳泉二郡
民潛往墾闢嘉慶初由頭圍漸開至五圍及羅東蘇

澚一帶十一年海盜蔡牽竄至民番協力禦之敗牽
衆縛賊十三人以獻始通於官十二年牽黨朱濆謀
奪羅東爲巢泊舟蘇澚總兵王得祿追至敗之臺灣
府楊廷理撫綏民番而歸慮爲盜賊覬覦貽後患始
議設官治理十八年設理番撫民通判一員羅東巡
檢一員同駐五圍爲廳治又設縣丞一員駐頭圍兼
稽察烏石港海舟出入
臺地初附南至鳳山縣屬枋寮止北則諸羅縣屬
虎尾溪外僅沿海一線地可達雞籠餘皆荒服甫
四十年生聚日衆爰於半線竹塹分設廳縣各一

而淡水以北富庶甲全臺之艋舺滬尾及擺接十
三莊尙番多民少榛莽未除也百餘年來自枋寮
而南至迤東濱海之大秀房長逾百里律以內地
弓步幾二百里生番半徙山內土人之耕種其閒
者不知凡幾康熙閒漳浦藍鹿洲太守鼎元卽有
擬設千總一員兵三百名於瑯嶠之議因循未果
雖地濱山海甚偏狹路亦艱險不足置縣若開通
途逕增設分防縣丞一員駐瑯嶠之柴城管理屯
番及糧餉詞訟需費不及萬金可杜後來嘯聚相
訌之患弁兵則分自安平協蓋安平昔爲要隘近

年鹿耳鯤身悉被沙淤海船到臺非泊百里外之國賽港卽泊鳳山縣之旗後口似毋庸重兵坐守矣淡水所轄南北斜長三百四十里實有六百餘里官縱勤能亦苦鞭長莫及故催科聽訟一歲中半在艋舺而竹塹以南又難兼顧如畫南嵌溪東北地於艋舺分設一縣兼司滬尾雞籠兩口海防增設雞籠巡檢一員移新莊縣丞於滬尾各司巡察其雞籠山後遙接噶瑪蘭西界中有未闢荒土數十里半經游民與豪强所募工人私墾不少久之必爭爭不已且鬬似可責成雞籠巡檢與蘭屬

之頭圍縣丞就近相機不動聲色畫定疆界收入版籍可免後日爲逋逃藪艋舺參將不妨移駐彰化而移臺灣道與駐彰之北路協副將同駐新設縣治庶南北兩路不致偏重且滬尾距福州海口最近風利則朝發夕至信息易通控制全臺似無有要於此者昔鹿洲太守議卽半線添置新縣不十年卽如其議又謂氣運將開非人力所能遏抑必有因其勢而利導之者後此竹塹八里坌亦將作縣惜未至者不能知至者雖知而不能言留心經濟之君子當不以斯言爲河漢今竹塹已爲廳

治八里坌距艋舺止三十里商賈之輻輳昔推八里坌今稱艋舺云

道光丁未平陸仝礀南太守（卜年）守臺灣申請大府移駐鳳嘉二邑巡檢營弁是年冬余至幕中妄謂太守曷不言其大者因以未議進太守笑曰水沙連事邀准卽可次第議行今祗可留待後之有心人矣次年太守故及冬余亦內渡忽忽二十餘年未聞有議及此者水沙連者嘉義彰化二縣內山番地鹿洲太守親往遊覽會記其勝中有猫丹埔裏等十餘社廣袤三十餘里山水秀麗厥土中

上丙午秋齊甯史梅叔太守（密）任鹿港同知往撫其番番衆欣然迎入謂生平未見官至咸願薙髮輸誠獻其地設官治理汝上劉玉坡制軍（韻珂）履臺勘實據情入告請卽其地設通判一員如噶瑪蘭式廷議恐啟番釁再請未允殆以昔之番情視番抑知涵濡

帝澤早已易心革面熟番旣與平民無異且有讀書易漢姓者生番亦漸化爲熟習漢人衣冠禮貌爲榮所謂體不穿衣專以殺人爲强者乃巖居穴處未經歸化之野番耳卽生番亦畏之然十中一二而已

與歸化番涇渭迥殊數陳未明事遂寢時漳泉人之農於內者已有數千歲可得粟數萬斛惜水陸兩途嶮巇逼側不能外運但得數萬金不難不險爲夷事會有時當不致終爲甌脫今旗後滬尾均准西國通商瑯嶠山南時有洋船經行雞籠吏有運煤舟往情形又非昔比撤桑未雨可忽乎哉比聞高要陳香根別駕培桂權淡水廳事請析艋舺地設直隸廳改淡水爲屬邑殫心國事具見一斑惜未幾以報盜遲延被議且以桑梓故波及臺灣道順德黎召民觀察兆棠不安其位而去恐所請

又成畫餅別駕新編淡水廳志成志餘中有紀地二則云臺北山後由噶瑪蘭屬蘇澳而南爲大南澳再南爲奇萊其地寬廣與噶瑪蘭等海道一日可到港口頗狹僅四五百石小舟堪泊再水程半日復有水口稍寬廣可泊舟者爲秀孤鸞土地膏腴比噶瑪蘭大逾一二倍地在彰化東界可通埔裏等社云埔裏社水沙連各地乃外人嘖嘖豔羨者淡水內山如南雅莊大湖等處日益深廣郡志言竹塹東至南山十里西至海七里廣十七里今則廣且百里矣司馬相如云明者見遠於未萌知者避危於無形其勞逸殊焉況從前海波不揚今則各國紛至沓來睥睨膏腴希圖駐足若非通籌全局及早佈置則隱憂不遠倘明知艱鉅而曰姑遺後人此豈仁人君子之用心哉所論尤爲超卓於以見日營心計不僅以淡地宜析爲當務之急

而已辛未秋日又識

疆域

臺灣府治在福建省城東南隅面西背東中隔大海東至臺灣縣屬羅漢門內山陸程七十里西至澎湖廳屬西嶼水陸程三百五十里南至鳳山縣屬大秀房

莊龜鼻山海濱陸程二百六十里北至淡水廳屬雞籠山麓陸程五百五十里自雞籠迤東四十里經三貂嶺折而南至噶瑪蘭屬大南澳番界陸程一百四十里東西廣四百二十里南北袤八百一十里皆山前地又折而南一百四十里則面東背西山後地也

臺灣縣附府東至羅漢門內山七十里西至安平鎮大海二十里南至二贊溪鳳山縣界二十里北至新港溪嘉義縣界二十里東西廣九十里南北袤四十里東北至大穆降莊內山五十五里東南至角帶圍山鳳山縣界三十里西北至新港溪海口二十餘里西

南至喜樹港海口二十里初設縣時南北相距祇二十里雍正初分鳳山縣二贊溪以北諸羅縣新港溪以南地均歸縣轄以溪爲界袤長遂有四十里

鳳山縣埤頭新城在府治南距府八十里東至傀儡山番界六十里西至打鼓山俗呼打狗港海口二十里打鼓與旗後兩山對峙中環巨灣可泊大舟百餘故又名旗後口南至大秀房莊番界一百七十里北至二贊溪臺灣縣界六十里東西廣八十里南北袤二百三十里東北至大澤機內山五十里東南至老佛山番地一百九十餘里西北至二贊溪海口六十餘

里西南至沙馬磯頭大海一百八十里沙馬磯今稱龜鼻山自大秀房西南錯出海濱下多礁石大小舟遭風到者無不立碎轉而東二十餘里名龜仔角諸番社錯落其間再轉而北則後山人跡罕到處矣沙馬磯西北四十餘里爲瑯嶠柴城再西北十餘里屹立海中者爲小琉球山更有鼎立三嶼曰石塔曰石佛曰涼傘在旗後口外

嘉義縣在府治北距府一百里東至大武巒內山九十里西至笨港海口三十里南至新港溪臺灣縣界八十里北至虎尾溪彰化縣界五十里東西廣一百二

十里南北袤一百三十里東北至鼎蓋梁內山六十里東南至琅包內山一百里西北至虎尾溪海口四十餘里西南至卓加港海口八十餘里卓加港卽新港溪下流入海處更有北門荷包等數嶼在距縣三十餘里西南海中

彰化縣在府治北距府二百一十里東至平林仔莊內山七十五里西至鹿仔港海口二十里南至虎尾溪嘉義縣界六十里北至大甲溪淡水廳界四十里東西廣九十五里南北袤一百里東北至東勢莊內山七十里東南至水沙連堡番界六十餘里西北至牛

罵溪海口五十里西南至海豐港海口七十餘里南距嘉義縣治一百一十里北距淡水廳治一百四十五里

淡水廳在府治北距府三百十五里東至九芎林內山二十里西至香山海口一十里南至大甲溪彰化縣界一百五里北至大雞籠山海濱一百九十五里東西廣三十里南北袤三百里東北至三貂溪噶瑪蘭界二百三十五里東南至銀錠山番界九十五里西北至八尺門海口二百餘里西南至大安街海口九十五里自廳治北行稍東有大莊曰艋舺折而西三

十里爲滬尾海口對岸爲八里坌沿海而北約八十餘里至雞籠山海港俱有街市雞籠港外桶盤香鑪等嶼羅列海濱而以雞籠嶼爲最大其西南面與福州之五虎口斜對

澎湖廳在府治西距府三百二十里東至椗鈎嶼四十五里西至西嶼三十里南至鐵砧嶼九十里北至吉貝嶼八十里東西廣七十五里南北袤一百七十里東北至白沙嶼四十五里東南至東西吉嶼一百二十里西北至月眉嶼六十里西南至小貓嶼八十五里澎湖四面環海舊傳三十六島今考之實有五十

五嶼與卽島也中惟南嶼及東西坪二嶼禁民採捕牧放然距廳治遠潛往搭寮棲止者終未能絕

噶瑪蘭廳在府治東北距府六百五十里東至過嶺仔海濱十五里西至枕頭山番界十里南至馬賽山番界三十里北至三貂溪淡水廳界六十里東西廣二十五里南北袤九十里東北至泖鼻山淡水廳界九十餘里東南至蘇澳南大南澳番界八十里西北至嶐嶐鋪淡水廳界六十里西南至叭里沙喃番界三十里距淡水廳治二百九十五里廳東稍北三十里烏石港外有島突起曰龜與周約三十里捕魚者時往焉廳治壤土在臺灣廳縣中最僻小其枕頭山大湖山以西尙多曠土遠接淡水廳屬大坪林石碇堡等處可以直達艋舺途坦且近道光初原議闢爲備道免涉三貂嶺之險土人輒以兇番噆殺出沒無常不敢行爲詞經費亦無所出議遂輟實則山坡高下雖不宜稻而溪流縈繞地甚肥饒近有種苎種靛青者潛匿其間闢地益深兇番之跡遠矣

臺灣郵程較內地長幾及倍言五十里約有八九十里非窮日之力不能至故軍需則例臺地行軍置傳准照西北口外以四十里爲一站惟府縣志

所記程途時有參差核諸桐城姚石甫廉訪瑩臺北道里記又多不同蓋海外疆索本未淸丈大都約略科計今就往來商旅相傳里數言之不能一一考正卽志中所列四至亦有未確如臺灣縣志云西盡海三里西南至安平鎭七里按縣城距海雖不過三里而近而安平則在城西積歲沙淤陸行可達計程實有二十里西南則界連鳳山尙有喜樹港卽二贊溪之尾閭也至各番社相去遠近內山幅員幾何言人人殊未由徵信矣初府廳縣皆未建城雍正初請建未果乾隆中始立砲臺樹

城門栽莿竹或九芎樹爲衛民閒莊堡亦有環植莿竹且築銃樓以自固者逮嘉慶道光閒乃次第築磚石城惜土鬆又易震未有數十年不傾陊者今惟澎湖廳無城噶瑪蘭廳與鳳山縣所治埤頭尚未改建綜計全臺政教所暨已盡山之西面及噶瑪蘭迤南番境自雞籠山起至瑯嶠以南龜鼻山止袤長八百餘里舊說一千七百餘里殆就內地弓步約計耳由蘭屬之大南灣而南爲奇萊爲秀孤巒爲崇爻爲卑南覔轉西則爲瑯嶠山內之牡丹社皆東面番地繩以官步未必能逾千里其

閒東西相距約不過四五百里北之雞籠山轉而東與南之龜鼻山折而西寬廣均不及四十里地形彷彿如梭尚有凹凸處不能如兩弓相向彎而無缺也以經一圍三法去觚乘之約有漳泉二郡地後日盡隸輿圖尚可添設數廳縣或言方廣數千里足抵嶺西楚南一小省者是猶龍溪蕭竹甲子蘭記謂蘭地沃野三百里未免浮夸失實

妹壻黃運昌校字

東瀛識略卷二

無錫丁紹儀杏舲纂

糧課

舊制人戶以籍爲定就戶計口按口徵賦謂之丁糧各省人丁每口歲徵銀一二錢上下多至四五六錢有奇有多至二兩四兩零者僅直隸江西山西數邑而已臺灣循鄭氏之舊每丁歲徵銀四錢八分六釐全臺人丁初祇具報一萬六千八百餘口糧額既重隱匿實多康熙五十三年欽奉

恩諭嗣後丁糧以五十年丁冊爲額續生人丁爲

盛世滋生戶口永不加賦是年合計新舊丁口一萬八

千八百零應徵銀八千九百餘兩五十五年廣東疆臣請將丁銀攤入地糧勻徵雍正閒各省繼之彼時臺灣未議攤也乾隆元年

高宗特諭臺灣丁糧著照內地例酌中減則每丁徵銀二錢以紓民力自是年始實徵銀三千七百六十餘兩逮十二年乃議勻入田園徵收其番衆所耕田地概不完賦仍照舊就丁納糧百餘年來臺地之熙熙穰穰衣租食稅於光天化日下者殆二百萬語以口賦知者鮮矣

有田卽有賦今稱爲地糧唐建中前所謂租是也臺灣田賦獨與內地異內地止有田而臺灣兼有園園者旱地田乃有水之區內地之田論畝臺灣則論甲澎湖則論種每甲東西南北各二十五戈每戈長一丈二尺五寸地之方圓廣狹不整者以尺寸折算乃荷蘭授地法後卽因之覈以內地弓步每甲計田十一畝三分零種則每穀一石折地七畝四分七釐五毫內地之賦有銀有米有麥豆有折色有本色臺灣則止納粟且有本色而無折色澎湖則每種一石徵銀四錢二分合計每畝徵銀五分六釐零不分田園亦

不徵粟米噶瑪蘭兼有餘租謂取其額徵供粟以外所餘之租也內地田賦每畝科銀一二釐有奇至一二錢零不等米則三撮起至七八升而止卽江浙漕糧最重亦止每畝科米一斗九升零臺灣則每甲上田徵粟八石八斗中田七石四斗下田五石五斗上園五石中園四石下園二石四斗以二粟一米與每甲十一畝零科計每畝上田完米三斗九升零下園亦一斗一升零殆承鄭氏重斂之餘未及議減而民不病者地力有餘無憂不足耳雍正九年奉

世宗諭自七年始新墾田園化甲爲畝改照同安上中下則例起科計畝銀米分徵仍代納以粟爰定一甲爲十一畝每畝上田徵銀八分零米六合零合之每甲輸粟二石七斗零中田徵銀六分零米三合零合之每甲輸粟二石八升有奇下田徵銀五分零不徵米合之每甲輸粟一石七斗五升零上園視中田中園視下田下園視中園少差每甲輸粟一石七斗一升零較之舊則僅三之一焉部議科則太輕應照舊額輸納乾隆九年復奉

恩諭不必議加仍照同安則例定額徵收厥後續報陞科有以畝計者有仍以甲計者卽以畝計而徵粟仍以

甲計噶瑪蘭初無上中下則之分議照淡水屯租田比屯租六等每甲徵粟六石園比屯租四等每甲徵粟四石嗣照同安下沙則例科算卽於六石內應完正粟一石七斗五升零耗粟一斗七升零又四石內應完正耗粟一石八斗八升零作爲正供其尙餘粟四石零及二石有奇名曰餘租每石折銀一圓隨粟繳納彰化更有水沙連社糯米之徵種種不同蓋如此屯租田園各分六等徵租之制詳後屯政內

臺灣全郡初報墾熟田園一萬八千四百五十餘甲徵粟九萬二千一百餘石又徵澎湖地種銀六十八兩

零此初隸版圖舊額也遞年續報陞科並豁免水沖沙壓圯陷田園歲異月殊時有增除就道光閒而言通計全臺墾熟田園三萬八千八百餘甲又三千六百二十一頃五十餘畝穀種折地一千四百三十餘畝年應徵粟二十萬五千六百餘石糯米七石六斗零餘租番銀一萬八千七百餘圓地種銀一百六十餘兩墾闢疆土較前三倍不止而應徵銀粟則止一倍有奇者新增田糧胥遵輕則起科所以裕民生卽以奠巖疆也所徵銀粟淡水悉充兵糈噶瑪蘭支發文武俸廉各款及兵餉兵糧餘存廳庫備地方緩急

之需澎湖支發官俸役食之餘解府充餉臺鳳嘉彰四邑一半碾充兵食一半配運澎湖內地爲各營兵糈及戍兵眷米近因船少運滯奉文半運本色半改折色其折也每粟一石折價銀一兩由司在於應發臺營兵餉內扣給內地各營此收支之大較也

耗羨者銀有傾鎔費米有雀鼠食不徵無以供耗既徵卽有餘羨耗羨之所由名也雍正前徵收銀米各官有加取十之二三以資公用者民病焉

世宗博采衆論諭提耗羨歸公卽以其銀勻頒各省臣工以養其廉此養廉所由始蓋名曰歸公實於國帑無出入也內地各省自每兩隨徵銀五六分起至一錢五六分二錢止米自二三升起至一斗四五升不等臺灣則徵粟一石隨徵耗粟一斗折銀五分勻丁銀一兩徵耗銀七分又封平餘銀二分共銀九分澎湖地糧銀一兩徵耗銀一錢就道光閒而言年徵耗羨銀一萬四千八百餘兩另有官莊番餉水陸雜餉等均每兩隨徵銀一錢年約徵銀二千兩零並充各官養廉及津貼船工公費此外如餘租屯租及田房稅鹿皮餉等不徵耗羨

鹽課亦正賦也製鹽之法有煎有曬閩皆曬鹽臺灣亦

然初於鳳山縣屬濱海產鹽地由民自曬自賣價每不平雍正四年議歸臺灣府經管於臺灣鳳山二縣設場四曰瀨北曰瀨南曰洲南曰洲北共築鹽埕二千七百餘格後因瀨南鹽質黑而不佳移於瀨東所出之鹽盡數由官盤收入倉倉卽設於場所每石一百觔給場丁曬工番銀一錢二分募僱哨丁晝夜巡邏不准私鬻並私添埕格近有淡水廳屬之虎仔山亦產鹽居民私曬私賣雖派哨嚴緝迄未淨盡他處無有也府治設鹽館一所聽各販戶莊民赴館繳課領單每鹽一石定繳課價腳費銀三錢三分執單赴

倉支鹽運赴各廳縣售賣年無定額乾隆二十四年始定銷鹽十一萬石嗣又加銷溢額鹽二萬石道光初又加代銷漳州府屬官辦滯銷引鹽一萬七千石年共應銷鹽十四萬七千石應徵正溢課銀四萬八千五百餘兩內除臺鳳二邑應徵鹽埕餉費番銀三千四百餘兩就餉劃支兵餉並扣發曬工運費支給養廉役食哨餉等項外餘銀核實冊報撥充兵餉糧與耗羨鹽課徵不及額例有處分其無關考成而爲內地所無者更有官莊叛產官莊者歸官之業莊乃所在處也有田有園有牛磨有塭有蔗車所徵有粟

有麵有魚有青白糖有芝麻而皆按價折銀以繳惟淡水噶瑪蘭止徵粟澎湖無徵其莊有遺自鄭氏者有無人田業由官墾設者有紳民請歸者有緣事充公者其閒有已詳奏者有未咨報者有崩陷倒壞請豁免者有籍在而產亡者有規復而隱匿者其承辦也有舉佃首者有派胥役者其銀粟有應歸完正供粟餉者有撥充兵餉者有備地方工程公用者有供祠廟祀祭者就道光閒而言共計官莊一百二十餘所年徵銀一萬九千餘兩粟三千餘石止能徵及七八分而已叛產者抄封叛逆所遺之產也乾隆五十三年

諭將林爽文案內叛產租息賞給戍兵每名每月銀四錢爰有加餉名後續抄陳周全張丙等案內叛產有撥支兵餉者有充地方辦公經費者亦有歸供軍需者並有未經上達者其產散在各廳縣境統歸臺灣府遴舉佃首經徵田園各分三等每甲上田徵粟三十二石中田徵粟二十六石下田徵粟二十石上園如中田中園如下田下園徵粟十八石道光閒年應徵番銀八萬餘圓合銀五萬六千餘兩亦如官莊止徵十之七八臺地糧課欠者甚寡獨鳳山多書欠府徵

多佃欠云

地有墾圮即糧有陞豁且移新抵舊析彼益茲數目糾紛不能以意斷也奈稽之志乘嘉義之諸羅志編自雍正初年已無可覓府志與澎湖紀略鳳山縣志咸修自乾隆三十年以前僅彰化臺灣二縣志刊於嘉慶道光閒淡水噶瑪蘭均尚無志他若無錫季蓉洲大令麟光海外集宛平黃玉圃觀察叔璥赤嵌筆談武陵朱幼芝太守景英海東札記侯官謝退谷廣文金鑾蛤仔難記略邵武朱筠園廣文仕玠小琉球志馬平楊雙梧觀察廷理開

蘭節略藍鹿洲太守東征集姚石甫廉訪東槎紀
略史梅叔太守請開水沙連議所述皆臺事獨於
田數糧數鮮有敘及求之案牘又洊經震災兵燹
大半遺佚即有存者亦塵封蠹食殘缺糢糊故祗
能統以府而以道光間概言之舛漏實多聊存崖
略而已我
朝輕徭薄賦惟期民生咸遂而於海外偏隅減糧定
則尤加意焉有謂臺地內山番界墾闢日廣未盡
陞科間有報陞亦墾多報少十不及五淡水更有
業戶徵之業田者三而納於官者一無田而坐收

餘利與內地包戶相似若分別勘丈禁革清出田
糧約可加倍意在裕正賦覈名實未可謂非昔人
所云臺灣沙地遇雨沖瀉熟田即變荒壤且依山
臨海風大則鹹水湧入必待鹹味去盡數年乃復
兼之土脈炎熱不宜用肥耕穫二三年必荒棄兩
歲相替轉換方克有秋以今視之亦未可盡信顧
古人言之若是豈不知地有遺利所見不及後人
哉蓋體
列聖閎謨以藏富於民爲本不屑與島嶼小民競刀錐耳
定例各省丈量田畝及抑勸報墾之事永行停止

違者以違
制律論乾隆中有請丈量臺田者甫起辦林逆亂作
乃止臺民性浮易動豪強隱佔之徒一聞清丈不
免造謠生事希圖倖免然竟置之不理又似因噎
廢食不足以清姦蠹是在地方官因勢利導仿元
代檢核江南匿田令民自實於官之制責成各莊
堡頭人分清舊界界內已陞者概不必論界外續
墾田園各自具報均按同安下則起科給以墾單
執憑所墾番地亦令呈明給照認完番租俾土番
得資事育有耕荒土而不報或以番田作荒地報

墾者勘實分別歸番入官不許承耕業戶則相沿
已久未易驟革俟有涉訟者因事除之以其餘利
仿照蘭廳作爲餘租藉充公用要在不加迫促不
事煩苛使民就範圍而不覺事乃易集此非良有
司不能辦非視國如家者不肯辦姑存此論質諸
後之任臺事者

稅餉

田房當稅田房稅者順治四年定民間置買田地房屋
必用布政司契尾每兩輸銀三分今謂之稅契年無
定額當稅者開設當鋪質入衣物而取厚利故稅之

每鋪徵銀五兩以其開閉無常亦無定額此二款與
內地同他餉則皆內地所無

厝餉屋舍餉也閩人謂家室曰厝謂屋舍亦曰厝如稱傭婦則繫其姓曰某厝稱人所居則繫以地曰某處厝厝有草瓦之別以其厝基皆官地故沿鄭氏之舊徵之臺灣縣街市瓦厝每閒徵銀三錢零三釐八毫草厝每閒徵銀二錢一分七釐安平鎮市厝減徵十分之四有奇歷年既久有片瓦寸草俱無未邀除免而星羅廈屋終歲不出分文者雍正初復加查驗凡得瓦厝七千九百餘閒按額勻攤每閒徵銀一錢五

分零給單爲據如有倒壞許執單繳驗註銷另查新屋補其缺嘉義縣祇笨港有市厝每閒徵銀多寡不等年共徵銀二百兩零他邑無厝餉

番餉徵之熟番即丁糧也番有公廨壯少之分初公廨番每丁年徵米一石壯番每丁年徵米一石七斗少番每丁年徵米一石三斗壯番婦與公廨番同亦有按社納銀不計丁口者雍正四年
詔免番婦一千八百四十四口其番丁納米改徵折價每石折銀三錢六分乾隆二年奉
諭番丁亦皆赤子照民丁例每丁徵銀二錢按社徵者亦以丁計均以康熙五十年丁册除免番婦外計男番六千八百三十八丁爲定額年徵銀一千三百六十七兩零嗣後滋生番丁永不加賦

瓦窰菜園餉瓦窰燒磚瓦者以座計每座徵銀二兩五錢菜園種菜蔬者以所計每所徵銀一兩獨嘉義縣有之他邑無

蔗車牛磨餉一以糖徵一以麵徵蔗車製糖具也以張計牛磨磨麵具也以首計每張每首均歲徵銀五兩六錢

檳榔番檨餉二者以宅計皆果屬也每宅徵銀多寡不

等年共徵銀一百三十六兩嘉義以北無徵

鹿皮小米餉皆徵之歸化生番以番之捕鹿獻皮並有獻小米者名其餉也鹿皮每張折輸銀二錢四分淡水番社有獻獐皮者折輸銀數與鹿皮同小米惟彰化社番獻納每石折輸銀六錢

船稅船有尖艚杉板船渡船採捕船之分其稅有以隻計者有按其樑頭大小以擔計者每擔以百觔爲則尖艚每隻徵銀八錢四分杉板每隻半之彰化船船每隻徵銀一兩一錢五分五釐渡船採捕船每擔徵銀七分七釐俗稱則有澎仔龍艚大船小船按邊

𡨚仔一封書等名皆往來南北各港貿易捕採不能橫渡大洋者內地江海巨舸均按樑頭科稅渡船漁船不徵也臺灣則正稅外更有規禮乾隆二年

高宗特諭海島居民置小艇捕魚以餬其口乃年有規禮爲衙門公事之用魚人多受剝削頗爲苦累著即永行禁革若有公用必不可少之處將他項銀兩酌撥補之

港潭塭餉就蓄魚産魚之所徵之港者海水支流之處潭者平埔開窪積水甚深塭者沿壖築岸納水其中咸待魚繁以資捕取港以所計有徵銀二百二十兩者或六十九十餘兩少至一兩及四錢分別大小徵納潭亦以所計每所徵銀十二兩及七兩零不等塭以口計每口徵銀五十兩及七兩九錢零至五錢止亦視大小爲等差

罟罾餉漁課也就其器名之皆以張計網之巨者爲罟先駕二舟沈罟海底後用四五十人挽其兩端牽圍至岸得魚最多亦分大小大者每張徵銀十一兩七錢六分小者徵半罾有舉罾搖罾車罾等名舉罾止用一人港潭海濱皆可採捕搖罾需五六人駕龍艚船帶𡨚仔船捕魚海中車罾椗掛海岸上搭高寮人

在寮中將罾索用車車起以取魚之入罾者大罾每張徵銀四兩二錢次者每張徵銀二兩二錢小者每張徵銀八錢四分

罟縺繚餉三者以條計均取魚具亦漁課也罟者網上有邊能浮水面下繫網袋無數袋掛鉛墜沈入丈餘魚投袋中輒不能出每條徵銀五兩八錢八分縺小於罟結網長數十丈廣五六尺冬春二時在海外捕大魚用之繚者垂餌以釣大繩長數十丈繫一端於岸浮舟出海每尺許懸數鉤大小不一繩盡則返棹而收曰放繚縺與繚每條徵銀與罟同

蠔箔餉亦以條計蠔者蠣房也即以爲徵餉之名隨潮而産黏結海坪用竹二長丈餘各貫鐵於端如翦刀然潮退時於海淺處鈎致之箔以竹爲之潮將滿時橫插海濱離羅水族汐則取之無一遺者二者每條徵銀亦如罟數

網滬餉惟澎湖廳有就其捕魚之製名之網以張計曰澗尾尖用大木二枝竪港口長流之所名曰網桁掛網於上魚蝦之屬隨流入內潮退舉網解尾出之每張徵銀三兩五錢次曰小網每張徵銀大網之半再次曰箔網每張徵銀一兩二錢六分小者曰小箔

網每張徵銀半箔網滬以口計用碎石圍築海坪潮長魚入滬內汐則捕焉小滬每口徵銀四錢二分大者倍之

烏魚旗餉亦漁課類納餉領旗方准採捕故以名烏魚即鯔魚臺灣於冬至前後先出彰化之鹿仔港次及安平鎮南至鳳山之瑯嶠放子石罅中仍轉而北冬至前所捕曰正頭烏肥而美後之所捕曰倒頭烏瘦而味劣漁人伺其時先向鳳山縣請旗旗以白布爲之書烏魚旗字並船戶姓名鈐蓋縣印插於船首每旗一枝納銀一兩零五分然後駕舟舉網長百餘丈

廣丈餘一舟數十人出海採捕土人謂之討烏

臺地厝餉徵之市廛與內地門攤稅西疆房租銀相似非宋之稅閒架也瓦窰車磨檳榔等餉猶直隸之有榛栗稅甘肅之有磨課褐毯稅四川之有碾榨稅廣西之有紙觔銀船稅及港塭罟網等稅即內地之河稅漁課特名目繁瑣耳番餉熟番所輸以其不完田糧無畝可攤是以按丁勻徵鹿皮小米納自歸化生番蓋任土作貢意每社納皮一二張至四張米則數斗至一石折銀止數錢兩餘理番官年給鹽布且倍之厚往薄來亦綏懷也綜

道光間各稅餉而言年約徵銀二萬三千餘兩緣田房當稅本無定額舟營車磨之沈沒倒壞報陞報復亦乘除無定嘉慶前時有增益近年無矣或謂臺灣出產甚饒米糖油靛販鬻半天下其綿絲綢布日用所需則皆內地運往若設關徵稅年可得銀十餘萬於國用不無裨補竊按乾隆中臺逆林爽文平

高宗御製功臣像贊序中云臺灣一歲之收蔗薯更富若徵有加賦意以致民變不能如是成功之速也後世子孫當知此意毋聽浮論富國之言庶幾恆承

天眷耳大哉

皇言所以厚民生籌奠安者至矣蔑以加矣試即丁糧言之臺地初闢具報丁口一萬六千八百零康熙末額編丁銀止增二千有奇洎道光中河內曹懷璞司馬瑾任淡水廳歸安胡裕堂大令國榮知臺灣縣編查保甲淡水一廳實共丁口四十二萬一千三百零臺灣一邑三十三萬五千二百有奇而流寓浮寄者不與焉推之全臺約有一百八九十萬較諸原額增逾百倍皆

盛世所滋生者一隅如是天下可知折中科之每丁

年徵銀一錢似爲不苛卽可得銀數百萬兩
聖祖豈不知後世滋生之盛丁糧之鉅顧以一
詔免之不惜者民爲邦本本固邦甯
大聖人作爲固有八紘以內千古人君所不及薄海臣庶
所莫能窺者況我
朝取民有制但患用之奢不患入之寡今欲取市賈
繩頭之微效輕塵之委嶽意雖善左矣
以上乃二十年前狂論也咸豐九年各國新立條
約美國先請在臺灣開市通商英法二國繼之同
治元年於淡水之滬尾口設立洋關徵稅次年雞

籠增設分口又越歲臺灣縣之鹿耳門鳳山縣之
旗後口亦准設關然所徵者洋稅閒有內地貨物
附運前往者爲數無多中國商賈往來不徵如故
惟各項買賣均應完納釐金釐者極言其微始自
咸豐六七年閒軍用孔殷爰仿商賈家每貨抽取
十百中一二積爲公用規式抽以助餉在商民食
毛踐土久荷生成理當稍伸奉上之忱然
國家實爲不得已之政
文宗詔諭曾屢言之逆熖就平卽擬停止繼而變本加厲
是豈創始人所及料哉初閩中試抽洋藥釐金言
官露章劾奏事幾中輟不久而湖北江南相繼議
抽今則各省且以洋藥爲釐金大宗矣臺灣釐金
至咸豐十一年始由府委員設局辦理章程與內
地大略相同數年來各商之喁喁而望希冀減免
者甯不異內地商情我
朝名臣如朱文端軾朱文正珪當乾隆嘉慶初見有
以言利希寵者皆遏絶不遺餘力轉以庫帑充裕
爲可憂而不慮度支之不足噫老成謀國所見遠
矣辛未冬日又識

壻胡鑑校字

東瀛識略卷三

學校

無錫丁紹儀杏舲纂

臺灣府學康熙二十四年設二十五年題准歲科試各額進童生二十名曰附生乾隆五年以粵民入籍臺地者不乏秀良堪以應試奏准另編新字號合郡通校歲科試各額進童生八名附入府學嗣以文風日盛再蒙廣額今歲科試各額進閩籍童生二十一名粵籍童生九名共三十名臺灣縣學亦康熙二十四年設歲科試原額各進童生十二名內澎湖士子取

進一二名無定額今歲科試各額進童生十五名內澎湖童生三名亦有於府學額內撥增者鳳山及先名諸羅之嘉義二縣學與府學同設原進童生名數及現進學額均如臺灣縣學之數彰化縣學雍正元年設歲科試各額進童生八名淡水士子初附縣學合考後另設半學分額進取今縣學歲科試進額與鳳嘉二學同淡水廳學嘉慶二十二年始設歲科試各額進童生六名內噶瑪蘭士子分進一名今歲科試各額進童生九名內淡屬編炎字號進六名蘭屬編東字號進三名計一廳四邑俱送府覆考再送學

道考試惟澎湖噶瑪蘭二廳尚未設學應試士子一因海洋間隔一因距郡窵遠送候府考往返維艱准如粵東南澳廳例由廳逕送學道並免府考至廩膳生與增廣生員原額府學二十名粵籍無縣學各十名淡水學各四名今府學廩增生閩籍各三十名粵籍各八名一年一貢曰歲貢臺鳳嘉彰四縣學廩增生各十五名二年一貢淡水廳學廩增生各六名四年一貢澎蘭二廳廩增生即在臺灣淡水兩學額內尚有恩貢優貢拔貢均如內地考選舉充

各省鄉舉例有定額臺灣於康熙二十六年奏准另編

臺字號額中舉人一名今改至字號定中三名粵籍編田字號中一名會試則視應試舉人多寡恭請
欽定取中今考臺灣縣有舉人自康熙三十二年王璋始有進士自道光九年黃驤雲始鳳山縣有舉人自康熙二十六年蘇莪始有進士自乾隆三十一年莊文進始嘉義縣有舉人自康熙五十年王錫祺始有進士自乾隆二十二年王克捷始彰化縣有舉人自乾隆九年黃師琬始有進士自道光六年曾維楨始淡水廳有舉人自乾隆三十六年葉期頤始有進士自道光三年鄭用錫始澎湖廳有舉人自嘉慶五年蔡

其英始有進士自道光二十五年蔡廷蘭始噶瑪蘭
廳有舉人自道光二十年黃纘緒始進士尚闕溯康
熙雍正間臺地無進士即舉人亦復寥寥今則應
廷試者且聯翩相繼海表絃誦媲美中原
聖澤之涵濡宏矣哉
內地各郡邑於府縣學外均設書院聚集生徒讀書其
中使之交相策勵克成偉器故雍正間各省會書院
咸蒙
恩賜帑金歲取息銀永資諸生膏火蓋以興賢育才足廣
學校所不及也臺灣書院始自康熙四十三年知府

衛台揆創建百餘年來屢有興廢今府城書院二曰
崇文曰海東臺灣縣書院一曰引心已廢鳳山縣書
院一曰屏山嘉義縣書院一曰玉峰彰化縣書院二
曰主靜已廢曰白沙鹿港廳書院一曰文開淡水廳
書院二曰明志曰學海澎湖廳書院一曰文石噶瑪
蘭書院一曰仰山院有掌教曰山長乾隆三十年以
延師訓課而以山長稱之名義未協奉
諭應稱院長然沿襲已久卒未能改主院事者曰監院監
院有薪水院長有脩脯諸生有膏火官試列超等者
有花紅看院有辛工食米所需經費或紳富捐置田

產支應或官捐廉俸給發臺地書院經費大抵民間
捐助者十之七官捐以湊者十之三
順治九年令各鄉置學一區擇通曉文義行誼謹厚者
爲師量給廩餼養贍康熙初因多冒濫令即革除至
五十二年復令各府州縣多立義學延師教導生童
以廣文教自是義學遂徧寰宇應需廩餼半係民間
捐備然非官爲董率不能成成亦不久往往未數年
而鞠爲茂草即基址莫可問矣臺灣縣初設義學二
增設一鳳山縣初設義學一增設三嘉義縣初設義
學八後析隸彰化縣一彰化縣原設義學一增設四

淡水廳初設義學四增設二澎湖廳先後設義學十
三噶瑪蘭廳未設今各廳縣所設半已頹廢存者十
不及五
臺灣義學之外又有社學蓋仿楚粵滇黔等省邊隅州
縣設學延師教訓苗蠻猺黎子弟之制就歸化番社
設立社學擇熟番子弟之秀穎者入學讀書訓以官
音熟習之後令其往教生番子弟果能漸通文理取
入佾生再援黔省苗學之例請設學額考試庶幾薰
陶濡染漸化其獷野之習法至良意至美也奈廩餼
等項取之番租每不敷用理番官又不甚經意視同

具文雖不乏清俊番童有志向上能振興成就之者蓋寡考臺灣縣原設社學五所鳳山縣原設社學八所嘉義縣原設社學十一所彰化縣原設社學二十一所淡水廳原設社學六所今亦如義學存者無幾

澎湖廳無番噶瑪蘭廳係續設均無社學

府廳州縣設有教授學正教諭訓導專司訓迪士子他無所事責甚鉅也然能恪遵功令月課而季考者百無一二且隸於學者廩增附生若童生非所約束矣於是有書院之設或合舉貢或萃生童年甄旬試甲乙其文以導之其遠鄉僻壤貧不能

從師向不知務學之儒童番童更設義學社學以教之蓋移風善俗莫要乎學故鄭重其事鼓舞造就之者詳且備如是行見型仁講讓比戶可封而猶有不盡然者何耶無他古之教者重德今之教者重文古之學者貴躬行今之學者貴耳食姑勿論學官程課卽書院師徒所學習者時藝而已等而上之詩賦策論再上之經義史議而止能遵雍正中功令兼解律例者已不概見若夫民生疾苦地方利病兵農禮樂諸大政何利當興而不可卽興何弊當革而不可驟革設施以何者爲先當務以何者爲急如子路之問政顏子之問爲邦又如范文正爲秀才時卽以天下爲己任今日坐而言他日將起而行者相與研究於平時無有也又何暇論及立身制行家庭倫紀之閒此教與學之所以不古若歟臺地書院義學社學無邑無之果欲實事求是童子入學正句讀解字義外教以應對進退之節忠信孝友之義使之怡然有會於心趨向自正能文之士衡其文先覘其品立心端厚內行純摯者爲上器識宏通練達世事者次之議論明正吐屬清俊者又次之寓古人鄉舉里選之意

於評文設教之中有偏僻卑鄙苛刻爲能者文如范蔚宗詩如溫八叉皆擯斥不遺餘力俾知士之所重不僅時藝宜工而已亦未有生具至性腹蘊經綸而文章不能華贍條暢者其要則因風振響首在擇師尤在地方官之行以實心實力庶不負

國家化民成俗育才待用之本意近年廳縣中籌膏火勤考校廣設義學增益院舍以博振興文教之名者亦有之抑末也徒逐其末盍務其本

同治七年噶瑪蘭舉人楊士芳會試獲雋爲蘭廳有進士始近見新刊淡水廳志列黃驤雲選舉表

中註爲粤籍考太學進士題名碑則係臺灣府臺灣縣人如廳志不誤則臺灣首邑尚無登甲科者比聞淡水廳請設專學禧兒承之噶瑪蘭亦請鳩資建立文廟設半學冀以文教移其舊習昔裴行儉有言士必先器識而後文藝嘗擬進一語曰士必先德行而次器識世有器識超卓而於父子兄弟夫婦間不堪問者期其出而致君澤民難矣然自唐以來憑文取士器識猶可於文詞徵之德行非同閭共井者不能審知詢事考言二者並舉勢有格礙難

行者況書院課士而欲兼核文行必有反脣相稽譁而起者前論教學之方未免意見過偏迂而不切於事姑存之以誌閱歷淺深辛未秋日又識

習尚

臺民皆徙自閩之漳州泉州粤之潮州嘉應州其起居服食祀祭婚喪悉本土風與內地無甚殊異惟氣性剛強浮而易動緣鄭氏初制寓兵於農暇即以戰爭角力爲事一呼並集今漸仁摩義幾二百年而好勇鬬狠之習迄未盡除往往睚眦之仇報而後快片言不合輒鬬甚則械鬬更甚則分類或閩與粤分或泉與漳分分則至親密友白刃相加不相認雖富家巨室亦必出資以助從而遷徙其始也臨以兵戎悍然弗顧逮憤氣稍紓徐以官法繩之則亦弭耳聽命而已然有足取者輕財尚義見有流離窮乏者振之必使得所尤重同鄉同姓設受陵辱傾家拯援身罹法網所不卹頗有朱家郭解風獨於近支昆弟間閒有坐視顛連漠然勿問更有鬩牆訐訟頻年不已者其故殊不可解

臺地物產豐饒各處貨物駢集士農而外商賈爲盛工値尤昂士之初學文者每月朔望試以起講越日列

甲乙榜之獎賚有差曰小講會以七月七日爲魁星生辰羅陳牲醴祭畢劇飲曰魁星會婦女是夕設香花菜品鴨卵七枚於庭以祀織女曰乞巧會農之租田以耕者曰贌田納粟不納銀有先納無利銀兩立約限年年滿田主還以原銀而別佃他田者曰磧地俗呼穀熟曰冬有早冬晚冬兩熟曰雙冬猶麥熟之言秋也所種米麥外麻豆蔗薯芋之屬不一有未熟先糶未收先售者曰賣青商賈先期定價給資及時而取曰買青城市之零鬻貨物者曰店聚貨而分售各店者曰郊來往福州江浙者曰北郊泉州者曰

泉郊厦門者曰厦郊統稱三郊郊者言在郊野兼取交往意年輪一戶辨郊事者曰鑪主葢酬神時焚楮帛於鑪眾推一人主其事猶內地行商有董事司事值年之類工之嫺手藝者無論操鏝執鍼日須銀二三錢卽肩擔背負輩計日百錢尙趦趄不前必二三百文乃應命呼山野人曰草地郎嘲其與麋鹿爲羣也別有游手無賴遨遊街衢以詐索爲事者曰羅漢脚及冬衣食不繼輒聚徒黨伺掠行旅地方官必募派役勇分布巡拏歲以爲常先時有驅之回內地者曰逐水然不久復至今且驅之不勝其驅無復知有

逐水事矣

臺灣僻在東南隅地氣炎燠陽盛易發男女多暴長年甫舞勺卽如內地十六七許壯男旬日不近女輒不能忍故頑童土妓在在有之女年十二三卽有破瓜者人家生女亦不甚重臺灣縣志言臺人雖貧男不爲奴女不爲婢乃百年以前事今殊不然每每轉鬻內地爲人婢妾價亦廉於漳泉諸郡他鄉人之旅食於臺者積番銀數十圓卽可得妻惟習於嬌惰蠶桑紡織咸不解大家婦女猶工刺繡田家閒有助耕南畝者中人之家惟知炊爨澣濯而已澎湖婦女獨苦終日視潮長落赴海濱拾取蝦蛤蝌螺以供饔餐農事興則栽植耘鋤悉女任之諺云澎湖女子臺灣牛極言其勞瘁同也

臺俗華侈相尙其服食異於漳泉者漳泉人畏風恆以布纏首而喜赤足臺人亦纏首多易以藍黑縐紗長丈餘環繞五六匝以爲美觀有時著襪不繫帶任其脫覆足面曰鳳點頭然未晚卽除性不耐也男子短衣每過膝襟多直下曰蘇裾其實蘇人之衣不爾領則不論頸之肥瘦多上圓下尖半露其胸曰瓜子領袴之露於衫外者寬長約尺有半曰龍擺尾傭販輿

隸衣袴率用紗綢今惟澎湖噶瑪蘭尙多布素女子喜穿紅夏則黑裏衣之袖甚小衫袖則寬幾二尺裹足者手釧而外有脚鐲以銀爲之重疊至三四行則丁當有聲瑯嶠婦女多以銀練纏髮有至十餘條者男女尤嗜檳榔咀嚼不去口日茹百餘文不惜客至必以獻不以茶酒爲敬宴客必羅珍錯一筵之費至十餘金不計旨否以豐滿爲貴除夕前數日取各種生菜沸水泡甕中待發變而後食之曰隔年菜味殊惡遇喜慶事以紅麴和米粉或麪範如龜形炊熟相貽卽以龜稱澎湖則製成紅雞爲祀神之敬殆取龜

鴿齡長意而訛爲雞內地人諱言龜臺人不忌市豕羊肉者吹角爲號其音嗚嗚聽之淒楚每値旣望角聲瀰厲蓋是日市廛競饜酒肉其平時一日三餐頗儉樸卽蔬菜亦罕登盤惟海腥鹹魚是嗜猶有漳泉遺風焉

南人尙鬼臺灣尤甚病不信醫而信巫有非僧非道專事祈禳者曰客師攜一撮米往占曰米卦書符行法而禱於神鼓角喧天竟夜而罷病卽不愈信之彌篤凡寺廟神佛生辰合境斂金演戲以慶數人主其事名曰頭家最重者五月出海七月普度出海者義取

逐疫古所謂儺鳩貲造木舟以五彩紙爲瘟王像三座延道士禮醮二日夜或三日夜醮盡日盛設牲醴演戲名曰請王旣畢舁瘟王舟中凡百食物器用財寶無不備鼓吹儀仗送船入水順流以去則喜或泊於岸則其鄉多厲必更禳之每醮費數百金亦有間一二年始舉者福州諸郡亦興出海船與各物皆紙爲之象形而已卽普度亦弗如臺普度者祭無祀孤魂僧家所謂盂蘭會也自七月初起至月盡止或一家數家或一村延僧道誦經施食設牲醴花菓包麪以祭焚紙帛於衢貧家亦必市杯酒塊肉紙錁少許祭而焚之其盛則以鎭道府廳縣衙署爲最大堂供神位結綵張燈羅陳圖畫骨董香花務滿設欄以限觀者兩廊爲僧道醮壇日則唪經夜放焰口燃水燈以千百計鑼鼓喧闐送浮水面有置錢於中者漁人得之謂一年順利醮二日或三日將畢庭聯巨案三陳列酒饌下鋪草蓆置阿芙蓉膏及所需鎗斗燈籤之屬謂鬼之所好在此不具不受享別具多棹壘猪魚雞鴨鮮菓餅餌高五六尺積如岡阜爲美照壁前搭臺演劇又有擇童男女之美秀者飾爲故事名曰臺閣數架十餘架無定每架四人舁之先以鼓吹

編歷街市及署而止官乃賚以銀牌每年需費番銀千圓少亦數百圓胥斂之署以內其雞魚皆生獻越宿已臭未免暴殄僉日不但葷腥易敗祭後諸品雖存形質食之均無味云

府志云上元節未字之女偷折人家花枝竹葉爲人詬詈謂異日必得佳壻平民則毁傷他家牆垣或竊豕槽雞欄辱及父母亦謂一年大利此與江浙婦女走三橋京都新嫁娘摸城門釘遨時放偷之風頗相類小琉球志云往時北路番婦能作法詛咒謂之向向者禁制也先試樹木立枯解而復蘇然後用之恐能

向不能解也田園阡陌數尺插一杙以繩環之山豬
麋鹿弗敢入人有誤摘其瓜菓啖者脣立腫解之乎
復如初問之諸番近已無有今聞淡水廳屬尚有能
持符咒殺人者以符灰雜烟茗檳榔閒食之罔逃弗
覺劫財恣淫一任所爲然皆未見惟娼家遇客至利
其貲不利其去潛以妓口嚼餘檳榔汁濡客辮尾客
卽留連不忍他適或數日閒瞯妓向所奉土神前焚
香紙默誦數語客輒心動趨往言者鑿鑿當非臆造
是魘制餘習猶未絕也習之惡者更有博塞衙門兵
役皆月有規禮故敢明目張膽爲之夜則門懸巨燈

數人遮客於途廟戲市集環排數十棹如列肆然工
商輩得貲較易視之遂輕一擲多金囊空弗顧近來
物力漸衰鄉鎭猶然城市稍斂戢矣
臺地物阜民殷人多尚義俗宜醕樸乃有相沿陋
習如輕生好鬬信鬼嗜博牢不可破致富者因之
而貧貧者因之而不肯顧可因而不易弗思所以
轉移之哉然有未易言者設場誘賭例禁綦嚴莠
民之甘冒不諱者大抵無田可業無藝能操而又
不慣作苦捨而他圖計惟爲竊爲匪而已每有良
有司禁賭愈力盜風愈熾正少一區處法耳至神

道設教所以警懾兇頑俾知戒懼亦足輔聖教所
不及語以宜敬宜遠不宜篤信雖士大夫猶將腹
誹況乎愚夫愚婦勢必水旱疾疫胥藉口於鬼神
爲厲且禁絕其祈禳崇奉迎賽彼亟其閒以誤食
者不知凡幾一旦失其故業又將何以處之其視
性命如鴻毛輕者往往無業棍徒一二人倡之衆
卽從而效之和之遂致如水橫決不復可制使之
明乎是非仁讓之理咸有家室妻孥之繫戀而猶
以强矯自負不知省悔者未之有也然則轉移其
習其知所先務哉今內山未耕之土甚多且名莊

堡均有頭人鄉長堪責以董率教導凡細民之不
務正業者盡納諸畝畝閒不難也更擇曉事而有
口才者月給廩餼於寬廣寺宇義社學之無虞風
日處一月數次敬將
聖諭廣訓及勸善各書廣譬曲證詳爲解說或叶以五七
言韻句教以謳誦以動其好善惡惡樂生惡死之
秉彝俾曉然於尊親之義忠恕之道邪不勝正之
理毋得就文敷衍虛應故事有能信從轉述遵行
恪守者每講辨以百文數十文有差所需經費或
鳩之紳富或取之罰贖置產生息以圖經久或於

聽訟時先詰以曾聽講書能述大意否而後理其曲直有茫然不知者酌令出錢數千文散給聽信之衆以示懲勸此卽鹿洲太守論治臺事宜罰種城竹之法稍變通之似於政體無傷如是而草上之風有不偃者吾未之信況臺民性慕浮榮得一職銜例頁必顏其楣如訪有孝子弟弟順孫節婦及鄉里共推善人者分别請旌給扁准其製爲
欽旌特褒某項銜牌婚喪等事列於頭踏之前其人見官長免行長跪禮用彰殊寵小民見此無有不爭相誇羨者此本地方官應爲之事甚易辦也所難者

同僚嗤之上臺迂之官不能有三年淹事甫舉行代者已至卽著有成效後人且不以爲是盡反前政者有之是多事不如省事與其役心疲神徒勞無益曷若循分供職差足自娛吁此臺之循吏所以不易爲而亦不易覯歟

同學友胡君守齋見余前論囅然曰君之所以謀教養者古循吏曷以過抑知非錢莫辦乎鳩之於民民未必從取之於官官無所出其肯解私囊而爲此者世有幾人耶自古民有恆產乃可講風俗官有餘資乃可講吏治雍正中議提耗羨設養廉錢塘沈文恪近思力爭言養廉之數有定州縣之需無定其力不裕其政必偷道光初議核陋規增公費濟甯孫寄圃協揆玉庭亦力陳不可皆欲爲州縣留餘地俾得展其手足者非爲官也正爲國計民生所繫在官設因窘乏因循貽患卽費百萬金錢而不足黜之誅之已無及矣彼識卑見淺以刻薄搜括爲能者固不解此亦有通達治體之君子非不知損上益下爲久安長治計又不能獨行已志此無可如何事也今官莊歸公矣雜款奉提矣陋規禁革矣所入之數人盡知之方謂尙有盈

餘所出之不能上陳不克自限者正難枚舉不致捉襟露肘之區十無二三如以罰贖充公必蹈科歛之咎自謀且不暇何暇謀教養君何未之思耶君所云難尙未甚難君所云易則誠不易君必不久於幕府會當有日請君入甕余無以答彊應之曰古人曾言廉吏不可爲今之循吏且不易爲余固言之矣相與一笑而罷守齋懷才未遇不久歿於臺今墓木拱矣追筆於此用誌黃壚之感辛未九月又識

姻姪鍾啟元校字

東瀛識略卷四

營制

無錫丁紹儀杏舲纂

鎮守福建臺灣總兵官一員雍正十一年議准照山陝沿邊之例爲掛印總兵帶方印駐臺灣府城標下中左右三營遊擊各一員中軍守備各一員千總五員把總九員分防南北中三路

協鎮臺灣水師副將一員駐安平鎮標下輪防鹿耳門中營遊擊一員右營都司一員中右營中軍守備各一員千總四員把總七員分防蚊港大港東港打鼓

港等汛其左營遊擊一員駐彰化縣轄鹿仔港中軍守備一員千總二員把總四員分防笨港大突新店三林港海豐港等汛

協鎮澎湖水師副將一員駐媽宮澳標下中軍兼左營遊擊一員右營遊擊一員左右營中軍守備各一員千總四員把總八員分巡八罩西嶼蔣裏風櫃大北山瓦硐港文良港通梁港將軍澳竹篙灣等汛

協鎮臺灣北路營副將一員駐彰化縣城標下中營都司一員斗六門都司一員千總三員把總四員分防南北投西螺燕霧貓霧捒水沙連牛罵溪等汛其右營遊擊一員駐淡水廳城標下中軍守備一員千總三員把總六員分防大甲大安中港香山後壠桃仔園銅鑼灣等汛

臺灣城守營叅將一員駐臺灣府城標下中軍守備一員右軍守備一員千總三員把總四員分防羅漢門大穆降並鳳山縣轄之岡山嘉義縣轄之加溜灣下加冬各汛

南路營叅將一員駐鳳山縣城標下下淡水都司一員中軍守備一員千總三員把總六員分防萬丹石井枋寮下淡水阿里港興隆莊山猪毛口等汛

嘉義營叅將一員駐嘉義縣城標下中軍守備一員千總二員把總四員分防蕭壠北新莊佳里興石榴班鹽水港等汛

艋舺營叅將一員駐淡水廳轄之艋舺標下中軍守備一員滬尾水師守備一員千總二員把總四員分防石門金包裏大雞籠三貂港八里坌等汛

噶瑪蘭營都司一員駐噶瑪蘭城標下守備一員千總二員把總二員分防頭圍羅東蘇澳加禮遠大里簡等汛

臺營武職屢有添設移改今計臺澎一十八營共設總

兵官一員副將三員叅將四員遊擊八員都司五員守備十六員千總三十三員把總五十八員又外委一百零二員由外劄委不歸兵部推選

雍正間全臺額設水陸戰守兵一萬二千六百七十名初無馬兵乾隆五十三年始議增設並增添步兵今計全臺共設水陸馬步戰守兵一萬四千六百五十七名內額外並馬戰兵一百二十名步戰兵六千八百九十三名守兵七千六百四十四名均於內地各營撥往輪戍三年班滿仍回原營

定例臺灣總兵官三年俸滿奏請

陛見副將三年任滿給咨引見叅將遊擊都司守備三年任滿咨部推轉千總把總三年屆滿調回內地俟缺陞補乾隆五十一年停止前例副將叅遊都守俱俟歷俸五年方准陞補內地惟總兵及千總把總仍從舊規其各員俸廉薪蔬心紅馬乾等項及額外並馬步戰守兵月餉銀二兩一兩五錢一兩月米三斗均如內地營制年共應需銀二十六萬一十二兩零

戍臺班兵額餉之外另有眷米眷餉卹賞加餉等項雍正二年奉

諭加恩月給戍兵家米一斗以資養贍七年又蒙

特恩歲賞戍兵家銀四萬兩均匀散給計每兵月得銀二錢八分零八年復發帑銀二萬五千餘兩置產生息名陞恩莊爲戍兵拾骸扶柩家屬吉凶事件賞卹之資乾隆五年又令於生息銀內賞給往來盤費凡戍兵娶妻及子女婚嫁各賞銀三兩父母本身亡故各賞銀四兩故弁扶柩回籍照依每員名支食養廉名糧計算每名賞銀四兩十名賞銀四十兩照此類推故兵遺骸拾運回內如在上游賞銀三兩下游減半有營船帶運者止賞銀一兩病兵辭退革伍回籍者

按照程途每站賞給盤費銀四分遊巡兵丁每名每日賞銀一分五釐期滿班兵換回內地上游每名賞給盤費銀二兩中游一兩五錢下游一兩五十三年復奉

恩諭以林爽文案內抄沒田園家產遞年租息加給臺澎戍兵每名每月銀四錢歲爲例

臺灣在海外中國一彈丸地耳而設總兵以下官一百餘員水陸兵一萬四千餘名歲需俸餉二十六萬餘兩更有眷米加餉等項共銀十餘萬兩規制如是之嚴密經費如是之繁鉅賞賚如是之優

遲不稍憚煩靳惜者蓋以地雖褊遠實爲東南數省藩籬臺灣安則數省俱安且使內地之兵更班分戍三年一易籌慮尤爲深密道光初大府有因戍兵驕不易制議改班兵召募土著以省煩擾節繁費者姚石甫廉訪時任臺灣令奉諱將行爲議以上曰夫兵者兇器以防外侮先處內訌自古邊塞之兵皆由遠戍不用邊人何也欲得其死力不可累以室家也戰爭之地得失無常若各顧室家心懷首鼠則相率朝秦暮楚是其常態雖頗牧不能與守故不惜數千里勞遠更迭往戍使之亡軀

効命盡力疆場臺灣遠隔重洋民情浮動易爲反側然自朱一貴林爽文陳周全蔡牽諸逆寇亂厥萌卒無兵變者其父母妻子皆在內地懼干顯戮不敢有異心也前人猶慮其難制分布散處錯雜相維用意至深今罷止班兵改爲召募則以臺人守臺是以臺與臺人也且豵豜之用必使常勞勿任晏逸自古名將教習士卒勞苦爲先故練技藝習奔馳日行荊棘之叢夜宿氷霜之地寒能赤體暑可重裘然後其兵可用班兵約束頗難且以數十處不相習之人萃爲一營操練勢難畫一將備

懼罰即欲不事勤練有所不能是於更換之中即寓習勞之意若改召募則將弁操演視同故事日久安閒有兵與無兵等彼百戰之兵所向無前者膽氣壯故視敵輕也臺洋駭浪驚濤茫無畔岸班兵往來頻數習而狎之膽氣自倍一旦衝鋒冒鏑庶不致畏葸卻步土著膽氣既無見敵心寒鮮不潰敗受之適足以死之甚非

國家所以養兵之意然大府之所以議改者亦自有說一曰節糜費二曰處游民三曰免紛擾殊不知欲貪節省之虛名必惧百年之大計有事所費必

倍尋常況召募之額有常游民之來無限不爲兵者何以處之若輩游惰無根設或操之稍急鼓噪爲變姦民乘機蠢動此輩皆其逆黨矣若慮三年抽換往來絡繹案牘紛煩務求便安此事簡民醕之區所宜講求而非所以施於繁要劇海外重兵之事乎或謂欲易之也以班兵不得力耳朱一貴等之亂皆賴義民之力繼以大兵而後殄滅豈非不得力之明證嗟呼此文武諸臣之罪也班兵何與乎太平日久文恬武熙惟聲色宴樂是娛故使姦人伺隙生心得以糾結爲亂倉卒事起官弁猶

在夢中致亂之由言之令人痛恨於班兵乎何尤藉使當時已皆召募能保無事耶然林爽文初據嘉義總兵柴大紀一出而殲賊復城陳周全遺黨攻斗六門千總龍昇騰以兵百人敗賊千餘蔡逆攻臺副將王得祿以水師兵六百破賊數萬於洲仔尾是班兵非不得力顧用之何如耳時總督閩浙者武陵趙文恪慎畛韙其議事得寢又有以班兵驕悍之說進者廉訪復上書文恪曰自古治兵與治民異其人大率粗魯橫暴馭之之道惟在簡嚴簡者不爲苛細如宿娼聚賭欺虐平民此小過

之可寬者也嚴者非爲刻酷若械鬬人命不受本管官鈐束不服有司審斷此紀綱所係大端之不可宥者也今之用兵者既不知簡又不能嚴所以令之不從禁之不止然不足慮也戍兵皆撥自內地上游與下游不相能也興化與漳泉不相能也漳與泉復不相能也是其在營常有顧忌之心必不敢與將爲難故百餘年來有叛民而無叛兵乃治兵者每畏之而不敢治則將之懦也且兵卒多無賴健兒故能強悍勇敢捐軀致敵若皆循循規矩則其氣不揚氣不揚則情中怯雖衆將焉用之

壯士如虎懦夫如羊率羊千頭不能當一虎之虓何必費

國家億萬金錢哉明季邊事之壞正由書生不知兵撓軍情而失事機有猛將勁卒而不能用一切以法繩之未見敵人其氣先沮此壯士所以灰心精銳所以銷折也近時武夫行陣之不習技藝之不講而惟兵之驕悍不守法是慮亦可哂矣後二十年富陽周芸皐觀察凱備兵臺灣達洪阿都統爲總兵官議練精兵六百名歲需犒賞等費二萬五千有奇道府廳縣捐助番銀一萬二千圓餘由總

兵官捐發曹懷璞司馬方知鳳山縣事起而爭曰臺灣額設水陸兵一萬二千餘名無一非鎮帥之兵卽無一非鎮帥當練之兵所以不練不精者乃弁兵之咎非賞賚之薄今不務遵守舊章申明紀律而動議變增計所練之兵僅全臺二十分之一此而當練孰不當練此而可精孰不可精如必厚賞而後精則非厚賞遂不必精必厚賞而後練則非厚賞併不能練是必歲捐數十萬金爲全臺練兵之用而後可不然是予各兵以藉口之端而開各營推諉之漸也且精兵六百以之自衞則有餘

以之衛人則不足遂可恃以無虞哉倘一旦南北
交警此六百人者顧此則失彼顧彼則失此勢不
能不仍驅未練未精之兵相與從事夫平居未沐
精兵之賞有事仍蹈精兵之危此人情所難堪事
理所弗順也況練兵之費各屬公捐者半鎮軍自
捐者半後之鎮臺灣者既未必倒篋慨捐又未必
按日親操而屬捐既有成數可稽卽不能不視等
陋規照常致送誰能以練則與不練則不與練之
不精者不復與爲鎮軍直陳耶賞罰之政備在中
樞實力奉行何施不可全臺處處皆宿重兵人人

宜練人人可成勁旅何必多此二萬餘金之糜費
轉使眾兵懈體腐儒之見思於事有裨益諒其愚
直爲幸二公所論極爲透快顧改戍練兵之舉仍
有指爲當務之急者非卓然自負如二公不能侃
侃言之若是更毋庸復贅一詞
咸豐初通州徐清惠宗幹觀察臺灣以精兵恃眾
生事衞民適爲民害議請酌裁一半所留之兵分
撥南北兩路巡查不得並居一城是未收一卒之
用而害已如此爲期未十年也清惠又有請改澎
湖戍兵議謂澎民捕海爲生勤儉安分且熟諳水

性履波濤如平地挑選壯健入伍以備不虞較戍
兵實爲得力必不致桀驁不馴因充兵而滋生事
端如將澎湖水師改爲募兵不但節省餉需海島
窮黎亦可藉資事育一舉而數善備焉議上未行
蓋未悉臺澎情形迥不同也臺民悍澎民懦臺民
奢佚澎民貧苦作奸犯科不數年輒蠢動者皆臺
民澎民無有也而戍兵之驕橫則以澎營爲最酌
留戍兵之半分防各澳而募土著爲遊巡兵使之
互相鈐制似爲兩得若以臺宜更戍例視澎湖未
免揣籥疑鐘世有擔當任事之人當不以斯言爲

謬辛未九月又識
再國初紋銀每兩易錢七百文左右每米一石糶
銀八錢有奇布帛薪蔬價無不賤故守兵月餉一
兩已足贍家餬口近年銀價米價倍逾往昔百物
因之昂貴各兵無以資生不能不兼事負販卽不
能認眞操練兵艱宜卹庫帑有常審慮兼籌弛張
非易於是長沙左恪靖伯宗棠有裁兵加餉之議
至同治七年臺內各營先後奏定請將臺鎮右營
改爲道標改原設游擊一員爲都司守備一員爲
千總其餘弁兵分別裁留歸臺灣道專轄並改臺

協中營澎湖協左右二營游擊各一員爲都司改噶瑪蘭營守備一員爲把總共裁各營守備四員千總十七員把總十七員外委四十六員馬步戰守兵六千九百五十三名官馬五十四合計臺澎實留總兵一員副將三員叅將四員游擊四員都司九員守備一十員千總十七員把總四十一員外委五十六員額外並馬戰兵七十名步戰兵三千一百四十六名守兵四千四百八十八名官馬七十四馬兵月加餉銀七錢共銀二兩七錢步兵月加餉銀一兩五分共銀二兩五錢五分守兵月

加餉銀一兩四錢共銀二兩四錢官馬每匹月加草乾銀五錢共銀一兩五錢綜計年應俸廉餉乾等項銀二十六萬一千九百兩零比較舊額計不敷銀一千八百餘兩即將裁贋兵米折銀湊發其舊時每月每兵加餉銀四錢仍照舊章給領附識於此以資考鏡第昔人有言自古未有無騎兵而能戰必勝守必固者鄭成功之犯江甯蔡牽之犯臺灣各省土匪之肆擾皆不旋踵而敗者無騎兵也英法之內犯粵逆之披猖其衝鋒悉用馬隊就臺事而言藍總戎廷珍之征朱一貴用騎與否無

明文然藍鹿洲太守經理臺事書中即有添設馬兵四百之請足徵馬之不可少矣福康安貝子之翦林爽文馬提督濟勝之勦張丙無不以馬隊當先海上交綏固資礮火一經登岸非馬不足以制敵今全臺官馬僅七十四散之各營與無馬同湘潭曾文正國藩之征粵匪也始起皆水師繼而增步益騎乃克奠定東南雖發縱指示別有勝算亦未必不資馬軍之力此近事之彰彰可見者古人豈欺我哉辛未十月再識

屯隘

臺灣本無屯設屯自乾隆五十三年始時大學士福文襄貝子康安勘定逆匪林爽文之亂因各社熟番隨同官兵殺賊有功議照四川屯練例擇番丁之壯健者爲屯弁屯兵分給界外民墾丈溢田園歸屯納租一等田每甲徵租粟二十二石園每甲徵租粟十石二等田一十八石園六石三等田一十四石園五石四等田一十二石園四石五等田十石園三石六等田六石園二石計分田園各六等每粟一石折徵番銀一圓由官徵收按照二八兩月支放仍給未墾埔地使之自耕自食不徵租賦卽古寓兵於農意也五

十五年奏准南北兩路設立屯千總二員分統一路屯務由屯把總拔補每員年給餉銀一百圓各給埔地七甲把總四員分管一縣屯務由屯外委拔補每員年給餉銀八十圓各給埔地五甲屯外委十二員分司一屯之務由屯兵拔補每員年給餉銀六十圓各給埔地三甲大小屯十二所大屯屯兵四百名小屯三百名共屯兵四千名每名年給餉銀八圓各分給埔地一甲至一甲二三分不等五十七年改令屯租卽歸屯弁自收散給嘉慶十九年復議歸官設立佃首給串徵租按屯發餉每佃首一名年給辛勞銀

六十圓計南路屯千總一員臺灣縣屯外委一員新港小屯一所屯兵三百名鳳山縣屯把總一員外委二員放縤大屯一所搭樓小屯一所屯兵七百名北路屯千總一員嘉義縣屯把總一員屯外委二員蕭壠柴裏社小屯二所屯兵六百名彰化縣屯把總一員屯外委三員東螺大屯一所阿里史北投小屯二所屯兵一千名淡水廳屯把總一員屯外委四員竹塹麻薯大屯二所日北武勝小屯二所屯兵一千四百名各屯悉隸南北路理番同知管轄無事歸農有事乃聽調發時噶瑪蘭尚未開闢未設屯澎湖無番故無屯亦無隘

隘者巡防野番出沒之隘口也有官隘民隘隘首隘丁隘地隘租隘糧隘寮等名蓋內山一帶舊設土牛紅線為界年久湮沒無踪土人越墾日深野番逼入深山蠢悍嗜殺每每乘閒出而戕人乾隆間由官遴募壯丁扼要巡邏防禦每隘多者二三十名少至八名六名曰隘丁更於通事隘丁中公舉熟諳隘務者令其統率各丁曰隘首所需口糧鉛藥辛勞之費准各隘丁於附近山麓之荒林磧土或一二十甲或二三十甲自行墾種列為不入額之欵謂之隘地是為官

隘其由承耕課地各佃及往山樵採諸人選舉隘首隘丁或按田園或就所獲均勻鳩資支給每丁年給番銀三十圓或粟三十石謂之隘租隘糧是為民隘就隘所搭蓋草舍以資棲止謂之隘寮臺灣縣羅漢門內山林深嶺峻無野番踪跡故未設隘鳳山縣官民隘十二所隘丁一百八十六名嘉義縣官民隘八所隘丁一百二十名彰化縣官民隘十六所隘丁二百十八名淡水廳官民隘二十七所隘丁五百二十八名噶瑪蘭廳官民隘二十所隘丁七十二名今惟淡蘭二廳各隘如故略有遷移增減鳳嘉彰三邑舊

設各隘半已不知其處

晉甯李筠軒司馬廷壁彰化縣志論屯隘積弊極其愷切特錄於後其言曰臺灣之設屯兵立屯弁分屯田發屯餉俾足衣食而資調遣法至善也然始未嘗不奮勵而後之流弊有不勝言者夫人必先有以遂其生而後可以用其力古今之通義也脫令寒莫爲衣饑莫爲食凍餒廹身欲從而驅策之彼能樂爲我用否也吾知其勢固有不能設屯以來日就廢弛相沿至今幾於有名無實閒嘗深維其故而知其弊所由生矣番性愚魯衣食可度

卽不忍輕去其鄉今則俯仰無資紛紛散走向時之社經再過焉而已爲墟屯丁何關其人屯事安有實效則以埔與餉之徒具虛名也不然屯兵一名給以埔地一甲使墾而耕焉數口之家可以無饑矣無如所給之埔皆遠其所居之社勢難往耕不得不給佃承種而歲收其租於是鼉弁盜而給贌者有之虎佃抗其租粟者有之蠹胥潛爲埋沒者有之此埔地之無實也屯餉雖有八圓而官設佃首徵收非諉之佃人抗欠卽推之官司挪移而又屯書發串恣刁難以勒索屯弁目領扣假名以

報銷散給之盤剝靡已藉端之短折尤多此屯餉之無實也是故埔分一甲終無尺地可耕餉定八圓不過數百可領既不能自食其力又不得仰食縣官無怪其饑寒廹切輕去其鄉也然則琴瑟之不調已甚可勿改絃而更張之耶若番界之設隘又與屯相表裏者也而其弊亦相因何則屯租與隘租皆取諸界外埔地而頑佃輾轉爲奸屯兵向徵則曰此納隘也隘丁欲收則曰此納屯也蒙混既久釐正爲難屯隘糾紛無從究詰界外之荒埔俱爲民閒之樂土而其詳不可得聞矣微特兵燹

屢經案卷莫考奸民猾吏朋比爲姦激之既慮其釀禍縱之莫得而清釐蓋亦積漸使然耳且山之有隘猶海之有防隘防野番之出沒海慮洋盜之去來其事殊其理一也今乃隘則猶是而實已無存矣凡隘首額缺由番漢業戶舉充彼豪强之輩不惜多貲以謀充者非能督責隘丁守隘口也不過欲收隘地租糧以飽慾腹耳隘之無益於民猶屯之無益於兵也然則欲除積弊而有志廓清者尤恐措理未洽徒滋紛擾則不如奉行故事之得以相安無事也蓋屯隘之租多在界外官非不欲

嚴定界址以杜私越而歸覈實其如利之所在民爭趨之越墾隱佔之徒性命尙不自惜又何畏乎犯法哉竊謂除弊不如興利凡界外可耕之地官爲經理而墾闢之倣噶瑪蘭成案於以開曠土而安游民則大利既興諸弊可革更有司得毋意乎今距司馬志成止十餘年而南北路情形又異南路之曠土早已墾耕無餘北路則官隘有廢民隘有增緣生齒日繁土地日闢游民之潛墾界外有深入數十里百里者非設隘以守則野番不免滋擾凡土人之素與番謚與贅於番社者曰番割比

年隘首隘丁半皆番割及亡命匪徒爲之故能安居險阻泰然無虞若輩中亦閒有可用之才後有人欲倣噶瑪蘭成案易戎索而疆以周索非用若輩不能聯民番爲一氣古人使貪使詐視用之何如耳如不善用卽不免轉爲所用藍鹿洲集中有云人無良匪教導則馴地無美惡經理則善又云翦焉闢焉正所以少事而非多事理焉治焉正所以弭患而非貽患旨哉言乎蓋與其議丈量不如籌墾闢顧幸值昇平無事誰肯復持此議自千喜事之訾昔之噶瑪蘭非出

仁宗明斷正値蔡牽朱濆窺伺之後又適有力任艱鉅毅然不撓之楊觀察卽不致終爲棄土遲至前數年英人往犯而後議設官置戍不知費幾許兵力幾許軍需矣

男承禧校字

[圖書館藏印]

東瀛識略卷五

海防

無錫丁紹儀杏舲纂

北京圖書館藏

臺灣孤峙海東非舟莫達初止鹿耳門一口沙堅如鐵港道紆迴樹標水中以誌淺深名曰盪纓兩舟不能並駛稍不慎衝擱沙線舟立碎門內為安平鎮設重兵扼守夙稱天險百餘年來淤沙擁塞安平至郡已可陸行海船到臺多泊百里外之國賽港另易小舟盤運而進雖潮退時深祇二三尺而海天浩渺一望無涯時值夏秋風狂湧大郎國賽港亦不能泊昔險

今阻不同如是縣之西北更有新港洲仔尾二口大舟不能至僅容漁舟出入

鹿耳門南為鳳山縣屬之打狗口昔祇小舟能進近年沙去水深南北有打鼓旗後兩山彎環相抱故一名旗後口中可停泊百餘舟海船往來遂不赴鹿耳而趨打狗桑田滄海於此可徵由打狗而南有東港放綵港一名新打港均止小舟出入再南則為瑯嶠熟番界內之社寮港夏秋湧起亦不能泊舟極南至沙馬磯頭轉而東則山後矣

嘉義縣港口四北曰鹽水港南曰笨港而蚊港猴頭港介其間昔年亦祇數百石小舟來往近來鹽水笨港二口一千餘石大舟亦可駛進然笨港水深則鹽水沙淤鹽水沙去則笨港淤淺每十餘年多則二十餘年一易兩口並通之日甚少其理有不可測者

嘉義以北以彰化縣屬鹿仔港為正口與泉州府之蚶江遙對水程亦近於廈門之距鹿耳門乾隆間移北路理番同知兼海防事與安平協標左營遊擊同駐其地其時一二千石大舟均可直抵港岸商艘雲集盛於鹿耳近年沙汕漲坍靡定漲則舟不能通須泊二三十里外有時通利亦沙線環繞非小舟引道不

敢行鹿仔港西南為三林港俗稱番仔空再南為海豐港近已淤塞其附近別有昔淤今通之宗元港與嘉義縣之笨港相接北為水裏港又北為五叉港均通塞無常通時大舟亦可進泊

五叉港北為淡水廳屬大安港深止數尺僅容小舟往歲禁烟釁起英船到港沈沒臺灣鎮道以英人犯臺人船並獲馳報繼而英使訴稱實係舟遭風險並非有意往侵臺灣總兵達洪阿臺灣道姚瑩因之得罪去是時各國商艘未有駛近臺境者其至也意在偵探途逕遂致擱淺未必眞出無心事後藉稱遭風所

致殆飾詞耳大安港而北更有後壠中港香山等港巨舸咸不能泊再北則爲滬尾港

滬尾爲臺灣北路最大港口與福州之五虎口相對較鹿仔港對渡蚶江水程尤近舊有荷蘭礮城南即舊時八里坌口口門深廣大小舟隨時進泊暗沙圍抱無患風濤嘉慶閒蔡牽朱濆先後竄擾故口門北新築砲臺設兵駐防迤北稍東爲雞籠港與福甯之沙埕對峙三面皆山北對大洋舟無巨細出入無阻港口亦有荷蘭礮城鄭氏毀而復築禁烟時英船駛至礮折其桅亦藉詞遭風適至云

臺地各港皆西向惟淡水之雞籠口北向折而南爲噶瑪蘭屬之烏石港則東向港口時有沙淤祭之乃開開時亦僅容千石以內商舟相傳有神司之其南則加禮遠港較烏石港稍深再南則蘇澳內寬而外窄有南北澳之分南風泊南北風泊北可避風湧因近接番界貿易無幾商艘至者寥寥蔡牽朱濆曾往窺伺爲民番兵勇擊敗始遁

蘇澳而南爲東澳大南澳小南澳口倣浪巨舟難久泊澳以內嶺埔相屬爲額刺王字之大老閣諸生番所居再南則奇萊秀孤鸞諸番社海口奇萊口內溪流湍急多人牽挽舟乃得進秀孤鸞口較爲寬平可容數十舟時有挨邊小船運貨往售傳有流民在彼墾植久與番衆耦俱無猜再南爲崇爻卑南覓諸社番地亦有泊舟港口乾隆閒猶有商漁小船往販番貨後奉嚴禁遂無問津者更南則後山界盡轉而西則山前之龜鼻山大秀房港下多礁石必遠駛百里外乃可捩柁而北

澎湖島嶼星羅小舟處處可泊泊舟處曰澳澳卽港口也大舟至時若値南風宜泊八罩嶼裏將軍澳北風司令宜泊西嶼頭內外塹泊非其所舟卽難保他澳

多暗礁均不能近獨媽宮澳山環水深無論南北風均可泊舟西嶼之北有口曰吼門波濤鼎沸舟楫罕通鄭氏僞將劉國軒與施琅戰敗由此遁回臺地澎湖以西百餘里爲黑水洋寬約百里水黑如墨雖風平日麗而天容黯淡帆檣俱震爲厦門東渡最險處其長不知幾何如由蚶江渡至鹿仔港或由滬尾雞籠西渡五虎門均不經黑水洋

臺灣水師巡防各口額設大小戰艦九十六號其名有十日趕繒船曰雙篷船曰雙篷艍船曰雙篷舡船曰白艕船曰哨船曰雙篷哨船曰平底船曰平底哨

船曰水底碇船嘉慶間又添設同安梭船橫洋梭船繼又另造守港船八槳快船先後屢有裁增船身最大者長八丈有奇寬二丈六尺大船各有杉板小船以備緩急及登岸渡港之需船中各物按十二支命名頭邊板曰鼠橋後兩旁欄曰牛欄桅繩曰虎尾繫碇繩木曰兎耳船底大木曰龍骨兩邊另釘彎杉木曰水蛇蓬繫繩板曰馬臉船頭橫覆板插兩角曰羊角鑲龍骨木曰猴楦抱桅蓬繩曰雞冠抱碇繩木曰狗牙柱桅腳杉木段曰桅猪至司一船之事者曰出海司柁者曰柁工緣蓬桅繩而上登高眺望者曰亞

班一曰斗手司繚繚者曰繚手司碇者曰碇手司杉板船者曰杉板工均於班兵內挑選學習分別九年六年更換其餘水手十餘人二十餘人視艦之大小爲等差

沿海有塘汛各口有兵船除盜詰奸規制已極嚴密復因沙有坍漲卽港有通塞隨時損益移易以彌其缺海防旣固商民乃安顧百餘年來僅蔡牽朱濆一攻臺郡陷鳳山之埤頭城兩擾北路均不得逞而去卽英船駛近亦均失利蓋港道地勢有以限之也自西人立約以來設口凡五閩乃居二臺灣並未通商且非洋艘西來必經之地而往來遊弈者無歲無之雖未必遽違條約而臺地物產饒沃且有硫磺樟腦爲西人所貴軍火所需恐不免旁睨涎垂是今日海防不僅在奸盜之出沒又要在外人之窺伺就海港而言又不在鹿耳門諸口而重在旗後滬尾近年各口非淺卽有沙汕獨二口直進無虞乃滬尾尚有都司旗後止有末弁均無文員莅止旣乏礮臺又鮮重兵如弈棋然不於閒中布子必待爭刦而後籌所以補救所謂臨渴掘井亡羊補牢豈不晚哉

咸豐元年卽有洋船駛赴滬尾雞籠貿易十年而通商議定同治元二年滬尾旗後先後設立洋關並准美法普英諸國商人在彼租地建屋以資棲止於時條約新換故不致重費周章淡水硫磺亦非所屬意二年秋擬請開採經區覺生觀察（天民）議稱窒礙得仍前封禁而磺油樟腦之利遂爲西人所有雞籠石炭臺人初不知可以代薪及是而禁弛從嚴洋人往運者聯艅不絕其志似已饜飫此後患者千慮恐不在山前又在山後矣後山腴土甚多曠無人耕十圍巨木在在而是又傳有五

金等礦社番復蠢而易欺西人以拓疆設埠爲能其肯漠然置之未必也七年夏已有普魯斯人美利士率領黑奴並募淡水游民潛至大南灣藉口伐木築土圍蓋房舍墾地種薯與番講好爲久駐計藹兒時權噶瑪蘭事理遣諭阻彼若罔聞脅以兵威恐開邊釁請命當軸則以善處爲貴爰飭役勇嚴扼通蘭要隘示禁民番不准一人受僱往傭亦不得與之接談交易違者賞違者重責旋赴滬尾與其領事官執約詰辯雖允撤退仍復陽奉陰違不得已令淡人之在蘭充勇者密誘受募淡人

詐病乞回厚與川資淡民既獲工金又有盤費於是先至者病續至者亦病能工作者祇數十人美利士孤掌難鳴始怏怏而去亦幸傾囊從事彼則鳩資無幾所獲不償所失得以消患無形然而策斯下矣其機已兆設有强鷙西人勾結奇萊崇爻各社番疏港引舟設埠安居更越山西向扼我項背其如之何或謂各社人稀箐以林深菁密鬱爲瘴毒外人到彼往往疫癘交作又乏深通港口可泊巨艦未必敢貿貿然往抑知地氣隨人而轉康熙間仁和郁滄浪明經永和稗海紀遊所誌淡水

風景不異羅施鬼國噶瑪蘭初闢亦苦雨多晴少今則寒暖皆如內地所謂瘴癘毒淫無有也又如旗後鹿仔港滬尾各口初皆祇通小舟近歲峩峩巨艘檣森如薺矣海沙之坍漲靡定今昔之險夷迥異況土人傳說奇萊秀孤巒固有港道又有石門港在崇爻卑南覓閒且有流民墾種其內與秀孤巒口相仿顧可不加之意哉今際大亂就平釐金未止番衆性愚且嗜利但得數十萬金不難除荒穢而啟東衢如東粵瓊州盡歸屬籍諸羅縣志有云天下有宏遠深切之謀流俗或以爲難而不

肯爲或以爲迂而不必爲其始爲之甚易而不爲其後乃以爲不可不爲而爲之勞費已什佰千萬矣前明漳潮閒有南灣泉州有澎湖皆墟其地棄之及嘉靖閒倭寇入灣巨盜吳平許朝光先後往據兩省罷疲乃設副總兵以守澎湖亦爲林道乾曾一本寇巢萬歷中倭將侵擾乃遣游擊戍焉旋復撤回遂爲鄭氏所得今則巋然兩巨鎮矣向使設險固守則南灣不儘閩粵之師澎湖不爲蛇豕之窟倭不得深入寇不得竊踞漳泉諸郡未必罹禍之酷如往昔所云也狃於目前之便安不規久

遠之至計使山海之險弛而無備南澚澎湖之往事可覩已其論雖爲彰化淡水尚未設廳縣而發恰與此日山後情形實相脗合辛未冬日又識

物產

臺灣多竹而筍味均苦不可食別有檳榔筍乃樹頂初出嫩尖巨如人臂剝去外殼僅比茭白略長味甘鮮且嫩於筍其樹直上無枝高一二丈折其尖則萎故得之不易價甚昂凡種檳榔不與椰樹間栽則花而不實葉皆上聳猶如鳳羽葉脫一片內現一包包綻花開色白微黃朶朶連珠香芬襲人實附花下一穗

數百粒初類羊棗瑩碧如橄欖臺人名爲檳榔棗男婦咸嗜之細嚼麻縷相屬卽大腹皮剖其中含水少許甚甘逮成粒卽雞心檳榔既熟則大如雞卵縐而紫黑矣菩提菓一名香菓花有鬚無瓣白色其實中空有細絨屬蒂狀如蠟丸鮮青熟黃味甘而淸釋迦菓一名番梨樹高出牆實大如柿色碧紋縐如釋迦頭味甘微酸而膩番木瓜一幹直上色如靑桐葉生樹杪花色白出杈椏閒結實五稜無香味與內地木瓜絕不類居民用鹽漬以充蔬或浸以酒云可療足疾軟霧一名翁霧大如蒜蒂銳頭圓形似石榴花蒂色白微紅瑩潤可愛味淸甘略同蘋婆公孫橘前生者紅後生者靑花實四時相續大如金橘肉酸味苦與內地橘異僅堪娛目而已西螺柑產彰化之西螺蒂如梅花色紅微黃大者如缽味甘而鮮臺地菓品推柑爲最產他處者卽不逮近又有麻豆柚獨嘉義縣屬麻豆堡有之大不逾甌皮靑蒂尖摘後月餘乃可食味甘芳核細如黍

竹木之屬爲臺地特產者有莿竹葉繁榦密旁枝橫生有刺似鷹爪殊堅利城堡多環植之以禦盜有人面竹一名佛眼竹節密而凸宛如人面口目略具故名

有七絃竹榦白皮間凸起靑線紋五六七條葉與竹同有筆竹圍二尺許大者高四丈產淡水之岸裏社他邑無之有九芎樹一名九荆入土不朽枝葉交互城堡亦樹以爲衞有婆羅樹中空四圍縐摺成圓形黑質白膚花紋糾結不假雕琢久浸水中剔去膚尤玲瓏明透可作帽架筆斗有加冬木葉似冬靑極堅重入水經久不腐作器不漆本色自佳有烏榕樹亦榕之屬而枝稍異葉大於榕九月西北風作葉盡脫旋生新葉葉初生苞含嫩白如花蕊絕類辛夷有林投木一名林荼皮似棕櫚葉多刺高可丈餘理鬆而

骨堅花紋斑駁類檳榔可作著亦可作念珠文具樂器實如梨不堪食肉有紅白二種云可治痢紅者用紅白者用白俗名林投菰有蕭榔木質堅而香大者數圍文理細緻可作棹椅有咬人狗其木甚鬆高丈餘葉似烟葉有毛刺刺人入毛孔甚癢搔之發紅腫痛一晝夜方止

花草之屬有內地所無者午時梅一名子午花葉似葵花如紅梅色甚豔午開子落雪鴛鴦即內地月下香北地名晚香玉葉如鹿葱花潔白夜開香甚烈獨臺地者開時蒂必雙出故以鴛鴦名節節高葉與花微

似臙脂而小枝莖細弱開則自本至末節節而上虎子花一名月桃色白微黃倒垂一莖可數十蕊香頗濁五月始開葉可裹糭消息花一名刺毬本高數尺有刺秋冬開黃花似菊而小細攢如絨形如治耳器香頗清逸根可染絳名番蘇木番繡毬葉厚可一錢花色白底瓣如通草心微紅而堅明亮如簪風草春生可占颱期無節無颱一節即颱一次節多颱多甚驗而神蒲草似莞而扁春生於水涯滑而堅韌可爲席摺疊不少損且沁汗乳草附地而生枝細葉紅背微紅婦人乳少和肉煮食能多乳或云未孕者食之

亦流乳汁綠珊瑚一名鐵樹多椏枝而無花葉色碧而潤民間種以爲籬仙人掌狀如人掌旁有刺層疊歧出不花無葉亦無枝榦其汁入目使人失明相傳植之牆頭可避火災荖草一名老又名扶留藤蔓生葉如桑花如僵蠶色綠味辛或云即華茇根爲荖藤色白微紅臺人取之切片長寸餘和蠣灰夾檳榔棗食之葉以斤論運鬻內地年以數百萬斤計閩廣人食檳榔多裹以荖葉味尤辣

藥石之屬亦有內地所無者風藤產北路內山狀與他藤異粗者如小兒臂細亦圍寸餘中如木通或熬煮

成膏或煮肉浸酒服之可已風疾樟腦乃老樟根株煎取汁液爲之本草註言出韶州漳州故一名韶腦今漳韶均無獨出彰化淡水樟有赤白二種赤者腦多白者無腦中國祇入藥傳聞美國有一地多蟲惟畏樟腦爲殯殮所必需年運至粵東轉鬻西商不知凡幾樟寄生附生於樟味甘平治周身骨節酸痛婦人產後傷風尤效馬尾絲生溼地葉細長花小而紅根如荔枝核色黃多細絲如髮不拘鮮乾治蛇蜂毒鹿肚石出老鹿肚中以其食草黏沙凝結成塊堅如圓石磨汁冲服療心氣隔噎諸證礞石一名老古

石澎湖淡水最多乃海中鹹氣所結取出時石猶鬆脆久之雨淋日曝即堅實或如羊肚或類蜂房或晶瑩如礬巨細不等色白如雪亦有微灰色者澎民牆壁田塍皆用之淡蘭則燒灰堤牆其玲透者置盆盎中可充玩具文石出澎湖之西嶼外塹石外有璞剖之石見五色相錯以黃者爲上可作念珠扇墜今挖掘殆盡頗難得土珊瑚亦出澎湖海濱在水中見淡紅色出水即枯而無光且易折然枝榦杈枒長者一二尺樹之盆瓶亦頗可觀

禽之屬有華雀似雀而小背淡黑色唧唧善鳴性畏暑遇夏多死又有海雞毛黑腳綠比雞較大宿海嶼中骨脆而味美不讓野雉又有五鳴雞大如鵪鶉項下白點如太極圖漏下一鼓輒鳴數聲又有金鴨黑質毛作金色如鴨而小以十月至他時不知所在鱗之屬有鸚哥魚形如鯉而濶嘴勾曲紅色周身皆綠又有沙梭長尺餘形如織梭肉豐骨脆作金色者名金梭又有新婦啼狀甚肥烹則拳縮取新婦畏見姑意名之又有飛魚疑沙燕所化兩翼猶存漁人懸燈以待乃結陣飛入舟力不勝滅燈避焉又有丁香鮒出噶瑪蘭類銀魚而極小長不盈五分漉以鹽曝乾可

致遠過春時即無介之屬有龜龞卵生狀如鼈四足無指爪大至百餘觔小者數十觔常從海岸穴山孔伏卵甲可亂玳瑁但薄而色淺市販以其板與鹿角同煎僞爲鹿膠有售其足筋者謬稱龜筋云又有海豆牙形扁如蟶殼綠色吐尾潔白類豆牙腥不可食蟲之屬有蔗姑大如蠶蛹具頭足而無翅油炙食之頗甘芳近日漳州間有之其他皆內地所罕見

人工所製者有番錦絲皆內地往撚如線方就經緯彷彿滇之通海緞止郡城一戶能織價極貴表裏兩端初需番銀二十餘圓今昂至三十餘米色者最佳間以五采絲織爲被褥面價與袍褂同亦有織成椅圍椅墊全堂者價需百餘圓朱地錦紋陸離耀目惜紅色黃黯不免微瑕有番布名達戈紋番婦合棉苧織成或爲斗方柳葉紋長不逾五尺短衣一需布三段細者價至七八圓粗者一二圓可以代綌張鷺洲侍御湄瀛壖百詠言以狗毛苧麻爲線染以茜草所織殆訛以卓戈文爲達戈紋也卓戈文番氈名亦番婦所織刮獸毛和樹皮爲之錯雜成文質甚粗不以出售亦無往購者有蕉布係年久老蕉被風吹折析其筋撚織如番布色深黃兼淡灰盛暑服之涼而爽汗

漬濯以水當風吹之不宜日曝曝卽裂有麃鹿皮衣包棹圍牀炕圍去毛存鞹白其地外施五彩繪獅鳳花卉翎毛或布藍靛朱砂爲地爛然可觀亦有加紫黑漆者滑不留手有番席番女取蒲草爲之出淡水之大甲甚精緻一牀價一二圓極細者須番銀十餘圓近日民人亦有織之者

臺灣物產以米油糖爲大宗芝麻靛青次之米有秔有糯有赤米有香米油有花生芝麻之殊糖有青白紅三種靛有兩熟芝有四收亦有小麥皆白晝開花與北地同又有魁藤可製器薯榔可染縡

噶瑪蘭之頭圍有淺黑石可製研澎湖之薯析而乾之可爲米曰薯米臺鳳之檨名曰番蒜搗而醃之可爲醬曰蓬萊醬內山之鹿茸熊掌濱海之鹽鱗鮮介亦歲出不窮然均非臺所獨有誌之不勝誌矣至雞籠山傳有石炭北方曰煤其地爲全臺祖山且柴薪已燒之無盡臺人不知所用故與淡水之磺同禁止不得挖採又傳煤下尚有銀礦終不能確指所在舊傳蛤仔難港底產金水深且冷土番沈入從泥沙中淘之亟起已噤莫能語良久乃蘇其地卽今噶瑪蘭淡水大溪也雖水之深冷不如前然積沙深數尺卽有金在亦沈埋沙底不易求取若淡水之玉山在萬山中疊白如銀可望而不可卽竊謂未必眞玉玉皆韞存在璞斷無豁呈露如此者或疑爲積雪亦不能終年如故殆石之瑩潔者耳近日爭傳山後尚有金銀銅礦謂西人望氣知之生番以貨易貨不貴金寶不解採驗外人又不敢及之其誠其僞莫得而徵第語卽無稽其來有自鼠窺鷹睨不可不防自來大患每起於忽而成於待似未可置之不論不議況就崇爻山有鹽泉石壁蘩有火穴例之臺地固無奇不有亦未可定爲齊東語也

黃玉圃觀察赤嵌筆談言水沙連產茶在深山中衆木蔽虧霧露濛密晨曦晚照總不能及色綠如松蘿性極寒療熱證最效昔游臺郡未之見也茶固閩產然祇建陽崇安數邑自咸豐初請由閩洋出運茶利益溥福延建邵諸郡種植殆遍比聞臺北居民亦多以茶爲業新闢埔地所植尤繁其味不減武夷無菌及水沙連者矣因思天下事不待引誘勸誡無不爭趨如騖者莫如利茍無利焉雖鞭箠在前刀鋸在後驅之迫之强行數武止矣藍

鹿洲集中言臺地寬曠最宜桑漳泉多木棉俗謂之吉貝可令臺民植之曹懷璞司馬任淡水購種至臺教以蓺法久之無應者此如錢塘屠琴塢太守倬官儀徵令曷民紡織一時爭相仿效諸文士咸賦詩頌之甫去任機聲寂然矣又如昆明楊宧峯中丞名颺守漢中謂南山多槲樹飼蠶織綢可裕棚民生計入
覲時敷奏及之進綢二端不數年擢撫陝西而繭終不成至歲買東綢以貢豈民情偷惰不知奮哉無他利薄故也吾鄉雖近浙素不務蠶桑亂後田多蕪穢

合肥李肅毅爵相鴻章念嗷嗷澤雁無力墾荒莫如樹桑功效易見僅一紙文告耳而從者如雲殘黎之獲紓喘息實賴於茲此與臺地之茶均不煩督責而日增月盛有莫知其然而然者亦無他其利厚也欲爲閭閻興大利必審察其利之厚薄庶幾不勞而民勸語云因民之所利而利之斯言也千古不易辛未十月又識

姪壻陳慶禧校字

東瀛識略卷六

無錫丁紹儀杏舲纂

番社

臺灣土番當荷蘭鄭氏竊據時附近數十里內非徙即滅已無遺種故臺灣縣治獨無番雍正間劃鳳山諸羅二縣地益臺灣遂以鳳山屬之大傑巔社諸羅屬之卓猴社新港社歸臺灣縣轄皆熟番也道光中清釐疆界復割嘉義縣屬噍吧哖內優兩社所分之小社五曰芋匏曰茄茇曰頭社曰蕭釐曰芒仔芒亦歸臺轄名雖歸化生番已與熟番無異

鳳山縣轄熟番之社凡八曰淡水曰下淡水曰阿猴曰搭樓曰大澤機曰力力曰茄藤曰放縤其歸化生番凡一百二十二社近在東南者爲山猪毛四社曰山毛孩曰萬里篤曰山無嵛曰加六堂遠在縣南者爲瑯嶠十八社曰瑯嶠曰猫仔曰牡丹曰合蘭曰猴洞曰猫釐曰猪勝束曰龜勝律曰猫籠逸曰牡里毒曰滑思滑曰加錐來曰上哆囉快曰下哆囉快曰蚊率曰德社曰慄留曰施那隔稍南而近在內山之東者爲傀儡山二十七社曰加蚌曰錫干曰拜律曰何律曰益難曰加泵曰八絲力曰加少山曰加無郎曰加

無朗曰加走山曰加籠雅曰施汝臘曰心武里曰山裏留曰毛絲絲曰西率臘曰礁網曷曰七腳亭曰陳阿脩曰務朗逸曰陳阿難曰望仔立曰加者惹也曰礁老其難曰礁勝加物曰勃朗錫干遠在內山之東橫亙南北下毘瑯嶠上接嘉義縣之崇爻界者爲卑南覓七十二社迤西之社曰治本曰拔望曰八搭禮曰八施閣曰老郎曰射馬干曰呂加罔曰里踏禮曰百馬以力曰礁勝那狡迤而南者曰龍鑾曰悶悶曰募陸曰里力曰大里力曰大龜文曰朝貓籬曰礁里亡曰那作曰加那打難曰哆囉網曷曰買屢里乃曰

瑪勝的曰加留難曰搭其文曰蜩仔崙曰哆囉覓則曰屢門曰搭琳曰貓美葛曰大狡曰礁貓里力曰一大德訖曰謝已甯曰射臘眉曰勝北曰柯末曰岡雅曰七腳亭曰大棗高曰勝哈曰大板陸曰大鳥萬曰幹仔彌曰確只零迤而北者曰本灣曰美棋曰舊八里岡曰新八里岡曰加里房曷曰郎也郎曰干也貓曰須那再曰朱買烟曰甘武突曰邦也遙曰丁也老曰加那突曰巴鳩鬱曰沙別曰株栗曰窩律曰甕索曰茄絡曰礁勝尚有七社逸其名黃觀察番俗六考云瑯嶠卑南覓閒更有生番社曰懷里曰咬人土曰

高思港曰是人傑曰貓鑾曰白逸民曰農仔農是否卽逸名七社抑係界外野番或如佳諸來之卽加錐來須嘮宰之須那再本屬一社譯語兩歧聲敎未通事難懸揣又云由南路沙馬磯頭東行二更至雞心嶼又二更至紅頭嶼與小山孤立海中傍岸皆礁大船不能泊每用小艇以渡山內四圍平曠無草木番以石爲室卑陋不堪地產金而無鐵以金爲鏢鏃鎗舌昔年臺人利其金私與貿易殺番奪其金復邀瑯嶠番同往紅頭嶼與番盡殺之遂無人敢至其地今又閱百餘年絕無聞焉其信然歟莫可考矣

嘉義縣轄熟番八社曰蕭壠曰麻豆曰哆囉嘓曰目加溜灣曰猪勝山曰打貓曰他里霧曰斗六門柴裏其遠接臺灣縣界熟番社二曰大武壠頭社二社歸化番社一曰噍吧哖均雜處民閒存番無幾往昔番盧胥成村市舊社無從蹤跡矣生番之社已歸化者二十二在縣南者爲內優六社曰內優曰米籠曰邦尉曰望社曰貢社曰墩社迤北而東者爲阿里山八社曰貓丹曰鹿楮曰踏枋曰奇洽岸曰大圭佛曰阜羅婆曰乾仔務曰盧麻產極東爲崇爻八社曰竹仔宣曰芝舞蘭曰筠郎耶曰芝密曰水輦曰斗難曰納納

曰薄溝各社之或分或併或亡或徙末由詳考相傳水輦業已遭疫沒盡大約仍舊名者十之六七而已外此更有番社六曰龜崙曰打馬郎曰巴只力曰伊碎攊曰礁那女瑪曰嗎老烟籠尚未歸化

彰化縣轄熟番之社二十六曰東螺曰西螺曰半線曰阿東曰柴仔坑曰大武郡曰馬芝遴曰猫霧捒曰猫兒干曰眉裏曰岸裏曰水裏曰大突曰二林曰南社曰阿里史曰烏牛蘭曰朴仔籬曰大肚南社中社北社曰沙鹿曰牛罵曰猫羅曰南投曰北投中如岸裏阿東東螺北投阿里史五社番衆於嘉慶初越山遠

徙噶瑪蘭境早已名存實亡今日之番半係他社遷入又如猫霧捒諸社已成闤闠無復番蹤可問其在縣治東南歸化生番爲水沙連二十四社曰埔裏曰猫丹曰社仔曰決裏曰毛啐曰木扣曰子黑曰子希曰倒咯曰田仔曰猫蘭曰挽蘭曰思順曰田頭曰巒巒曰福骨曰致霧曰水裏曰內眉裏曰平來萬曰外斗截曰內斗截曰木武郡曰哆咯啷其開田頭社仔猫蘭諸社已墟福骨眉裏致霧平來萬哆咯啷諸社半淪入野番界內非復二十四社之舊至水沙連外沙里興各社生番已歸化者六十有四南方之社十二曰鸞社曰治卯曰分朮曰粉烘曰里壟曰樹蘭曰郡抗曰頂社曰荷社曰郡安干曰大哮萬曰柑子林東南之社十五曰郡丹曰產竹曰依物物曰茄里各曰下崙曰合社曰頂閣曰猫硬曰阿丹眉曰依肉閣曰社後丹曰哖錢關曰拔茇母曰興武郡曰士滿蘭迤東之社十五曰扣大曰架霧曰吻吻曰黨萬曰黨麥曰溪底曰棹棍曰荀八曰卓社曰遴社曰干達弗曰包倒訓曰阿里鮮曰茄裏滿曰異了萬東北之社十四曰萬社曰霧社曰獅前曰獅後曰疾約曰里猫曰把蘭曰望仔曰嘘哪嗎曰開那與曰陳肉茅曰陳

月仔曰神冷鵝曰萬斗六正北之社八曰長閣曰乃烟曰橋頭曰巴轆曰打訓曰致重曰三埤能曰巴荖遠中有數社亦遷徙噶瑪蘭山內更有未化野番有名可知者凡八社曰崙頂曰哮屏曰眉交曰沙波曰敏仔曰干打萬曰眉猫訥曰阿里籠再東北則極東之秀孤巒番界

淡水廳轄初無熟番舊傳七十餘社係併現在噶瑪蘭界內者計之後云三十六社又止就生番化熟者而言其分出小社與未歸化番未詳及也今設屯熟番實有四十六社曰竹塹曰新港曰霄裏曰苑裏曰房

裏曰猫裏曰猫盂曰後壠曰中港曰吞霄曰加志閣曰日北曰日南曰大甲東曰大甲西曰雙寮曰舊岸裏曰岸東曰岸西曰岸南曰蔴薯曰翁仔曰崎仔脚曰西勢尾曰蔴裏蘭曰葫蘆墩曰朴仔籬曰武勝曰南坎曰坑仔曰龜崙曰雷裏曰北投曰擺接曰圭泵曰雞柔曰里族曰毛少翁曰搭搭攸曰峯仔峙曰小雞籠曰大雞籠曰金包裏曰圭北投曰三貂曰八里坌其未歸化而近界之生番有社名可指者南路之社八曰雞蠻曰水晶那眉曰吟嘣打老曰抵那嚕嘣曰鹹䕸拐仔曰桶盤曰哆囒曰䕸施東南之社九曰求留曰喉仔曰荖裏曰茄荖哩曰擺當冬曰金雞翁曰猫嘣崙曰打羅山曰山妲仔東北之社十一曰油囉曰秀翁已曰連勿仔曰哆老敏曰茄假牙曰阿里翁曰吧拉老曰媽陵媽嗄曰思羅阿班曰猴吼里自曰青坑假已更有內山以東野番三十二社曰竹頭角曰覺雅雅曰猫裏翁曰猫裏蛙曰大道難曰木瓜原曰逃孏孏曰淋漓雨曰九美孏曰錦蘭薩曰加里本曰排牙散曰雜無老曰卓皆銀曰卓高山曰石衢額曰阿里吻曰雞飛內外社曰合吻上下社曰南雅曰蘇那曰蘇膠曰加勝曰無擇曰騾擡曰婆老曰干

藥曰儀毋曰文甲曰密斐是否卽奇萊秀孤鸞各社番人跡罕臨亦難臆定

噶瑪蘭轄熟番三十六社曰哆囉美遠曰打馬烟曰奇立板曰蔴里目罕曰擺離曰珍仔滿力曰抵美福曰流流曰芝蔴鎖曰仔罕曰抵美抵美曰踏踏曰高東曰打那岸曰奇武暖曰奇蘭武蘭曰辛仔羅罕曰棋立丹曰抵巴葉曰抵美簡曰加禮遠曰留留曰掃笏曰芭荖鬱曰歪仔歪曰猫裏府烟曰南搭吝曰武罕曰打那美曰打那岸曰猴猴曰奇澤簡曰奇武老曰里荖曰珍珠美簡曰婆羅新仔宛廳治西北界連淡水山內各社野番可指名者有八曰大霸曰油蔴曰阿里紋曰大悅仔曰奇紐吝曰連雞督曰竿眞林曰吧魯吻其西南山內未化生番由東灣南接奇萊社名均無可考見其額刺王字咸以王字番名之

綜計全臺熟番一百二十八社歸化番二百三十七社未化野番可知者八十九社明何喬遠閩書言社或千人或五六百人今每社男婦少者二三十名多則百餘名二三百名最多至四百餘名無不另分新社者其閒或苦貧弱而歸併或避侵淩而相附或因鬭鬩疾疫而遷徙喪亡百餘年來自

生自滅於崇巒疊嶂閒有社名存而番已易者有番是而社名非者且有土人佔耕其地仍冒社番名者兼以番語侏儒有音無字譯者參差不一即如鳳山番社大澤機土人咸呼武洛里噶瑪蘭番社奇武暖府志作奇武律臺灣總兵官武隆阿譯以滿文則爲幾穆蠻似此者更僕難數而遠在內山山後各番社更不知尚有幾許滿洲白麓給諫六十七臺海采風圖言內山絕頂有社名嘟嚪其番罙睛大耳狀甚惡足指如雞爪樹上往來同狷狖善射好殺雖生番亦畏焉詢之土番近已罕覯

茲就書牘所見社名列之至年徵番餉冊大半土人通事之耕其地者應名代納不足憑也無錫季蓉洲大令臺灣雜記言土番種類有自海船飄來及宋時零丁洋之敗遁亡而至者郤滄涓稗海紀遊言相傳元人滅金金人浮海避元爲颶風飄至數世之後亡其所自似未足信蓋有土即有人猶之有水即有魚聞西人新闢之美利加奧大利亞等處皆先有土蠻生長其閒亦知飲食男女所異者言貌依稀耳臺灣土番多深目高鼻不同內地人必欲溯其種之所自鑿矣臺灣舊志言顏思齊

引日本人屯臺灣後荷蘭舟遭風到臺借土番一牛皮地因築安平城邵陽魏默深刺史源聖武記云海寇林道乾竄臺灣爲琉球所逐日本復逐琉球而踞之荷蘭乃昭以重幣又計逐日本而有之是又不然考道乾竄臺未久懼都督俞大猷兵至棄而之占城琉球但圖自固未嘗一莅臺境顏思齊久旅日本結黨張宏林福李英等謀據其地南安鄭芝龍年正少亦與焉私日本女翁氏遂娶爲妻李英酒醉漏言於妾王氏妾兄王六平將首告翁氏之父翌皇聞之馳告芝龍即與思齊等急併

十三船遁出海口駛至臺灣屯聚思齊死芝龍歸命曾訴稱逼於日本致蹈不義荷蘭於芝龍受撫後始入臺地漳浦江東旭日昇臺灣外志誌之甚詳以理揆之思齊之遁必無勾引同行事芝龍固日本之奸徒叛黨也荷蘭僅據海口人止千餘威脅土番與內地人之亡命在臺者爲之耕作納稅及爲鄭成功所敗盡挈其人去即有一二遺留早經鄭氏誅鋤盡絕矣所謂借地一牛皮大縷翦而布之遂占其地築壘以守誌外國事者言其得東南洋諸埠胥用是計殆甚言其人之狡耳又按明

薛俊日本寄語稱天曰帝地曰智日曰虛路月曰
禿討父曰爺母曰發擻之一曰丢二曰呾臺民固
無此語府志及朱仕玠漫志所記諸番土語則稱
天爲務臨地爲奈爲烏吻日爲易阿爲咿嚹哈月
爲咿達爲務難父爲擸麥爲阿兪母爲賴臘爲兒
嚹數之一爲打爲羣壓二爲利撒爲勞勞岬亦與
日語不類此可徵日人與臺實風馬牛不相及也
惟舊傳諸番野性難馴焚屋戕人是其常技殊不
知樂生畏死好逸惡勞之情初無異也近年熟番
服食悉效編民生番已半化爲熟其以殺人爲武

勇飾人首以金誇示豪雄者十社中無一二餘皆
山僻野番苦無人化導轉移之耳居人見野番出
必羣起殺之顧以番嗜殺人爲言盍亦反而自思
耶番皆貪利且見小多疑若因其所明袪其所蔽
撫以恩導以禮徐移其獷悍之習而歸於信義久
之野番化生生番化熟斷無自外生全不願爲
盛世良民者康熙間漳州把總朱文炳風飄至蛤仔
難舟破登岸番疑爲寇初欲加刃旣知非是留宿
具食送之雞籠山得返郎嶠瑪蘭諸番也又有賴
科者與七人爲侶晝伏夜行從野番中越度東面

東番導遊各社謂苦野番閒阻不得與山西通若
得萬人鑿山通道共輸貢賦則爲
天朝民矣亦康熙閒事其情可見乃以異類歧視之
恐異日將如藍鹿洲平臺紀略所言不歸之民將
歸之賊卽使內賊不作又恐寇自外來如委而棄
之必有從而取之者可不早爲綢繆哉
雍正十年以後臺地屢經變亂從未有生番爲害
調兵征勦之舉番情衰弱可知亂民之遁入番社
者且生縛以獻必不致併歸於賊獨外寇誠爲可
慮然非蔡牽朱濆輩也自西國通商以來其船多

行山後設遇風礁登陸番衆見其形貌衣飾之殊
而又言語不通未必全其生命將來邊釁恐不免
啓自諸番何以徵之同治六年美國羅昧商船遭
風至鳳山縣轄瑯嶠以南之龜仔角觸礁舟破船
主與數水手鳧水近岸被番所殺續又傷其兵官
一人美領事官李讓禮申呈英香巖制軍桂以臺
灣鎭道答以生番不隸版圖難以用兵究懲彼當
調統兵船親自往辦時平陽張熉堂觀察啓熽督
辦通商急請照覆李讓禮言已檄派文武大員帥
兵馳往務期罪人斯得不必遠勞客兵如欲往觀

請坐中國輪船切弗輕率從事並飛檄前臺灣鎮曾輯五總戎（元福）臺防同知王柳莊司馬（文棨）遴調屯兵外示軍威密函囑以善撫各番相機辦理又函致厦門道曾峻軒觀察（憲德）婉阻李讓禮暫緩東渡官兵到後李讓禮方至番目卓杞篤出而認誤起還洋女頭顱影像等物李讓禮泊舟數日旋與番目議立條約嗣後妥爲救護勿更戕害並請於龜鼻山建築營房駐兵巡防俾被難人有所依託其地收入中華版籍遂不折一矢分道而還復檄鄭芸舫太守（元杰）往勘議移巡檢千總外委

各一員於枋藔瑯嶠駐兵二百以善其後設申呈到日視等尋常僅允以責成地方官察核懲辦或語以無需越俎致違公法冀以一紙書遏其盛氣則美船到彼番衆見其相逼不得不出而迎拒番勝則西人圖報勝而後已既勝則所得番土必不肯棄驅之返旆彼轉有詞即使理窮勢屈師覆於我而伺隙蹈瑕有昔年英國搆兵故智可循七省邊民均難安枕所謂星火足以燎原者此是也幸彼時番情地勢西人尚未深悉又懾於我之先發無所施其狡計亦幸徙薪曲突傾聽有人故不見

焦頭爛額之功聞邇年西國之行教游歷者接踵而赴内山山中途徑我所未悉者彼已繪圖而去況臺灣設口實始於美美之所貴首在樟腦他國不重也苟有釁隙可乘條約足恃乎哉七年春總理各國事務王大臣函咨閩督謂生番雖非法律能繩而其地究屬中國且爲西洋各國往來南洋要道若仍以荒服置之設他國心存覬覦藉稱人棄我取肆其蠶食其患雖不在目前亦宜預行籌及思深慮遠燭照機先數語概之矣倘因前車未覆嗤御者之過慎掉以輕心恐康衢馳道中未

必無覆轍耳或謂駑騂驊騤不加鞭箠不能就銜勒其然豈其然乎辛未十月又識

番俗

臺地諸番多深目瞪視鼻隆而銳語作都盧嘓鹿聲呼酒曰打嚹蘇烟曰淡巴菰頗與蒙古音相近男女均不薙髮有齊翦覆額如頭陀狀者亦有男番薙其半留其半者男多穴耳實以竹漸舒漸大如錢以硨磲螺貝圍圓二三寸者塞之刺其胸臂爲花草虎豹文云遵祖制不敢背也北路番或文其面噶瑪蘭番咸於額間刺一王字或塗鹿脂於體以禦風雨足皆重

蘮履山險如平地編藤箍束腹以期行走趫捷娶婦則去之番女鮮白皙惟嘉義以北較妍淨乃繡脣吻刺之點以黛若塑羅漢髭鬚以爲美穿耳多至六七孔既婚男女必斷旁二齒女之黥面者不斷古云斷髮文身雕題鑿齒今猶於生番見之生子則母攜婗嬰同浴於溪有疾亦往溪中盥濯以身熱爲度不熱再濯熱則病愈小兒多以幅布懸置樹杪任其簸颺故既長不畏風寒終年赤裸攀緣嶺樹若素習然

番所居室南路曰囤曰朗北路曰達勞曰濃密曰必堵混每有興作眾番協力成之築土爲基架竹木爲樑

杜葺茅爲蓋編竹爲牆形同覆舟舉家同室而處男娶婦女贅壻始另居彰化番則異是男女未婚嫁者另築小屋曰籠仔或曰猫鄰女居之男所居曰公廨此公廨番所由名也其內山各番閒於山凹險處壘石爲垣覆以石片望之儼然石室或倚山掘土狀如穴居大抵好居高峻以便瞭望兩旁皆通小戶牲畜俱養於中淡水以北地氣溼亦有覆板於地高三五尺梯而登者室無比鄰左右多栽竹木花卉靜深幽邃似隔塵世落成時必邀番眾飲酒盡歡

諸番男婦咸以草箍纏首似帽非帽或用竹片纏以絲帶或以青布及紗爲之喜簪野花圍繞殆徧男番之供役於官者插雞羽爲識腕帶銅鐲或鐵環或穿瑪瑙珠爲圈足亦束以銅鐲衣以布及自織達戈紋爲之長不及臍無袖披其襟女則前加以結下體圍布二幅曰抄陰亦曰突勿彰化內山番止繫尺布於前風吹則全體皆現炎天或結麻枲縷縷繞垂下體以爲涼爽冬以鹿皮披於身間有鹿皮蒙首止露兩目者亦有披氊及以卓戈文蔽體者皆赤足不知有韈履每年二月力田之候名換年男女俱披雜色綢苧相聚會飲聯手頓足歌唱以爲樂土目多用優人蟒

衣皁靴其帽箍外加金圈爲飾或插雉尾二

番以薯芋爲常餐食飯者僅十之三四飯皆摶而食之或將糯米蒸熟舂爲粉餈名都都珍爲上品緣不知耕作故粟米甚少禾熟多以手摘取亦不藝圃無葱韭生菜雞最繁客至殺以代蔬俗尙冬瓜見官長抱瓜以獻雞則以犒從者魚蝦鹿麂之屬傳之火帶血而食性最嗜酒酒有二種一番女嚼米置地上越宿成麴調飯以釀飲時沃以水色白味酸曰姑待酒一將黍米合青草花同舂草葉包煮數日外清水漉之藏於甕曰老勿釀飲時或用木瓢或椰盌羣坐地上

互汲遞酌以味酸爲醇亦有醃魚爲鮭醃鹿爲脯者鹽皆取給於外相傳崇爻內山有鹽泉與四川鹽井相似故山後諸番不假外求

番俗皆先通後娶不納聘無媒妁男女及歲意相悅遂野合焉然後各告其親因訂爲婚名曰牽手以海蚌青紅布銅鐵手鐲等爲幣屆期男婦兩家各以牲醴相貽引男至女家婚配通社飲酒稱慶亦有娶婦入室者邀衆會飲與贅壻同近日番女多與漢人牽手媒聘禮文略如漢制瑯嶠卑南覓各番目獨互相嫁娶不與衆番爲婚番多以女承家甥卽爲孫以衍後

嗣無姓氏伯叔之子自相匹偶夫婦不合卽離曰放手男未娶女不敢嫁先嫁者罰酒或牛豕通姦被獲鳴衆聲罪罰如之未嫁娶者勿論惟北路南嵌以上番雖反目脫輹白首不離異夫死一月或三月期年婦告父母別擇牽手各社皆然父母死號哭服皁衣屍瘞室內富者棺木貧者用石片草蓆襯土而殯生前雜物俱殉其半葬畢生者卽遷居間有不遷或瘞屍室邊者持服則一年數月少至十日不等始喪合社爲之不飲酒不唱歌頗有古人鄰舂不相意

各社通用螺錢名眉打嚩皆漢人磨礲而成圓約三寸中鑽一孔以潔白爲上每圓值銀四五分耕用小鋤短刀掘地而種或將堅木炙火爲鑿以代農器近亦有驅牛用犂耙者捕鹿用鏢刀弓箭鏢曰武洛刀曰礁傑弓箭曰木拉捕魚亦用鏢以竹爲桿長五尺許鐵鏃鋒銛長約二寸有雙鈎長繩繫之刀長尺餘函以木鞘弓箭俱用竹搓苎繩爲弦漬以鹿血堅韌過絲革汲水用匏炊用石三塊置鍋於上有用陶土名木扣者圓底縮口微有脣起以承甑飯具用椰瓢螺殼閒用磁盌與人交易編竹爲霞藍其制圓小者容一二斗以概米麥多寡儲物則編藤爲籠有底有蓋

方圓不一又制葫蘆爲行具大者容數斗遇雨不濡涉水則浮寢則鋪竹片於地藉以鹿皮或卓戈文枕木如小機富者列牀於室爲美觀夜仍席地而寢番不知書結繩記數如上古時無碾米具以大木爲臼直木爲杵舂令脫粟卽炊食渡水無舟刳獨木空其中邊翼以板用藤繫之名曰艋舺恰受兩三人而已番女以大木如拷栳鑿孔其中橫穿以竹使可轉纏經於上刓木爲軸繫於腰闢闔穿梭織而成布頗堅緻番童截竹竅四孔如簫長可二尺通小孔於竹節間就鼻橫吹曰鼻簫音不甚揚當爲簫之別調

黃玉圃觀察郁滄浪明經與府縣各志所記番俗皆合生熟番言之尙是雍正以前事今熟番多娶少贅一姓相承服食行爲大概與齊民無別即歸化各番婚則行聘死則另葬食分美惡女服袴襦亦多習華風止衣少襟袖足鮮著履未立姓氏不知文字而已番情本各社不同而又有今昔之異特摘其大概識之更歷數十年恐又非今之番俗可概矣浮梁鄧蔽原太守傳安蠡測彙鈔言嘉慶時女土官寶珠盛飾如中華貴家治事有法或奉官長文書遵行惟謹不殺人不抗官雖在界外何

殊內地乎俗傳卑南覓土官紋吉當朱一貴亂邀令擒賊官獎以六品頂戴袍靴及幼子亦爲土官雄冠諸社有獻以珊瑚頂珠者遂自稱卑南王思得一佳麗爲妃臺郡有妓聞之欣然願往番本重女既得妓變甚一惟所命乃革除舊俗教以中華禮法故卑南覓七十餘社最循謹其風俗早與他番不類寶珠亦不類番女名所謂女土官殆即妓歟何裔遠閩書言永樂中鄭和入海諭諸酋獨澎湖東北有東番不聽約束和貽之人一鈴使懸之頸蓋狗之也自來南北各社番未見有懸鈴者所述似不足信諸羅志云諸番皆夫婦相暱雖富無婢妾僮僕終身不出里閈行攜手坐同車不知有生人離別之苦不爲竊盜不識博弈渾乎混沌之未鑿也臺海采風圖云農事既畢衆番互相邀會男女雜坐酬酢歡呼若漢人闖入便拉與同飲不醉不止卑幼遇尊長卻立道旁俟過始行如遇同輩亦通問相讓此風今猶未替可想見無懷葛天之世焉又按西人艾儒略職方外紀云北美利加地愈北人愈野無城郭君長文字數家成一聚落俗好飲酒日以攻殺爲事凡出鬬則一家持齋祈

勝勝而歸斷敵人頭以築牆若再鬬家中老人輒指牆上髑髏相勸勉其尙勇好殺如此近有歐羅巴教士至彼勸令敬事天主戒勿相殺遂翕然一變又強毅有恒心既改之後永不犯俗既富足好施予人家每作熟食置於門首往來者任意取之所紀乃新闢美利加洲北鄙本有之土蠻也其獉狉不異臺番而兇悍特甚西人導以支離恍惚之教竟易其俗乃謂生番雖有人形全無人理不可以王政化豈不寃哉

婣姪胡欽校字

東瀛識略卷七

無錫丁紹儀杏舲纂

奇異

後漢書鄭宏傳云若耶溪風朝南暮北土人呼爲鄭公風徵之臺灣益信古語不誣臺之鹿耳門恆朝東風午西風四時不爽名曰發海一月內鮮有一二日異蓋舟赴澎湖必侵曉揚帆回必日晡進港若西朝東晚則往來俱阻誠天造地設之奇也內地之風拔木發瓦而止臺則千石巨舟往往吹上田隴有時風愈烈燥熱愈甚風過草木皆焦名麒麟暴謂風中有火

云鳳山縣轄風港以南更有山風善撲人必數人攜手偕行如一人獨走不急伏輒吹入海早起東望諸山雲霧迷茫主老晴若山無片雲歷歷可覩少頃即雨天際現斷雲如半帆或如鱟尾層矗曰鱟帆雲不久有颶風起雷電與內地同而罕殛人相傳六月有雷止三颱七月一雷九颱來占之頗驗颱必挾大雨同至雨乃地氣蒸騰而下味皆淡獨澎湖有鹽雨物被淋濡無不枯萎田土須雨灌數次方可種植或謂四圍皆海故然環海島嶼不止澎湖全臺亦孤峙海中未聞有鹽雨也夜露甚濃日甫落已霏霏如霰乘月遊行不半時衣袂咸淬故雖歷久不雨而田圃不

煩車屏

西疆有火山地雖熱不見烟焰西蜀有火井以火引之乃然獨臺灣出火之區多且異一在鳳山縣東南五十里赤山之頂名火山有時山裂漿湧出火有燄無烟遇薪芻則烟騰起一在嘉義縣東南四十里玉案山後有小山水石相錯石罅泉湧火出水中名火泉亦有焰無烟燄高三四尺晝夜不絕置草木其上則烟生燄烈悉化爲燼一在彰化縣東五十里貓羅貓霧二山之間名火燄山晝常有烟夜常有火人不敢近一在淡水廳東北一百二十里石壁蔡山麓火出

穴中名火穴久旱及陰雨燄高三四尺穴口草仍青一在廳東九十里牛角山山腰有泉懸流望之如烟近之則寂置物水上旋燼成灰淡水廳更有反經石在廳北一百十餘里觀音山西雲巖上石形如馬鞍每捧羅經針本子午置之石則反爲卯酉奇乃至此理不可解磺油出蜀中井汲而得今淡水所出不於井而於窟在廳東南七十餘里貓裏溪內牛鬭山下視之一汪濁水耳日惟申酉二時油浮水面乃可挹取色黃味臭然之燄比他油倍長風吹水沃咸不熄

彰化縣屬水沙連內山有日月潭廣袤七八里中起一峯名珠子山羣番繞山以居非舟莫即潭水紅綠各半旱澇不消故以日月名番以竹木浮水上藉草盛土以種禾黍曰浮田人至其地覺海外別有洞天臺鳳二邑交界處有大岡山山頂皆蠣蚌殼人跡罕至歷久如新滄海桑田竟不知何時物鳳山縣蓮花潭在舊城外寬約八九里距傀儡山六十餘里而倒影入潭歷歷可指及冬水涸僅潤尋丈山影亦宛在惟天氣晴明乃見瑯嶠內山有毒溪廣數丈惟子午二時水涸可行餘時水深盈尺不容舟徒涉者必病

近年毒漸殺有置石水中者可跳而過

天下之潮無聲獨浙潮有聲且不獨錢塘即平陽之飛雲渡潮亦翻濤捲雪一線而來已足奇矣乃臺灣之潮雖無聲而同在一隅有此漲彼退此退彼漲之異淡蘭二廳以三貂溪北迦鼻山爲界山之西潮漲則山之東退山之東潮漲則山之西退一若潮亦因之分界者又四海之水非風不鳴獨臺灣之海能吼小吼如擊花腔鼓點點作撒豆聲臨流聽之有成連鼓琴之致大吼如萬馬奔騰千鼎共沸驚濤溢涌舟莫敢近俗曰做湧湧者無風自起雖纖塵不動而湧隨吼發中流至岸湧之巨者三疊爲最四五六月甚於鳳山六七八月臺灣爲甚秋深乃止或謂地氣蒸熱自下而升猶煮飯之沸於釜中也然嘉義以北何以不吼亦無湧且冬令地氣閉藏矣何以山後之大南澳以南吼聲繼起其湧不異夏秋及春勢漸殺而山前湧吼復作是又何說

雀入水爲蛤橘踰淮爲枳物性之奇理所難格臺灣動植之物更有內地所同而性獨異者蝘蜓大者長二三尺緣壁飛行不毒人而能鳴聲如蛤蚧然止鳴於虎尾溪南涉彰化縣即無聲蠏之生溪河中螯足有

毛者曰毛蠏味尤佳臺南無之獨產彰化欲致之郡必兼程疾走若渡虎尾溪响沫有聲螯足皆脫不可食其不脫者十中二三而已臺地魚族最繁而黃魚獨少長亦止數寸見有盈尺者咸詫爲亂徵與竹樹開花皆屢驗相傳臺鹿皆鯊魚所化然沿海俱有鯊即臺地山前亦有之未見有化鹿事獨後山鯊魚隨潮登岸即化爲鹿毛色純黃其孳生者始有梅花點

西瓜有種於八月成於九月者以正月貢至京剖之瓜子作串字形因名壽瓜乾隆間奉旨停貢其種遂失草之生澎湖岡阜者縱曝極乾然之無

谿不可爲薪土人放牛飼草伺牛下糞乾而燒之谿甚熾名曰牛柴賴以炊爨臺人尚皂衣布帛之染於他處者數澣卽淡就彰化所轄牛罵溪濯之則黝黑如漆歷久色不退

臺灣開闢未久無奇聞異事可紀而仰觀俯察耳目所接有迴異內地者不謂之奇不可然有言之甚奇而其實不足信者如王圻續文獻通考言水至澎湖漸低謂之落漈漈者水趨下而不迴也臺灣雜記言臺之東北有暗洋一年爲一晝夜稗海記游言雞籠山下實近弱水舟至則沈或名萬水朝東其勢捲入地底陳資齋總戎（倫烱）海國聞見錄言南澳之東南有南澳氣吸四面之流船被吸入則不能返今西國舟船北極冰海南極新得之默瓦蘭東西經行數萬里未聞其落漈亦未聞有暗洋弱水南澳氣此猶蓬萊方丈渺茫荒忽以作掌故用可耳又如濟甯尹東泉觀察（士俍）臺灣志略云明大監王三保舟至臺投藥水中令土番染病者浴於水卽愈又植薑岡山上至今尚有產者有意求之終不得得之可療百病淡水有劍潭荷蘭人插劍於潭側大樹樹生皮合劍在內因以名

鳳山志云林道乾遁臺艤舟打鼓山下其妹埋金山上時有奇花異果樵採者或見焉若懷歸則迷失道三保與荷蘭亦猶人也道乾一盜魁耳安得有此奇蹟未免好奇之過更有事雖甚奇而不足異者如施靖海戰澎湖島湧甘泉雷起風止藍總戎征朱逆潮水驟長直進鹿耳門福貝子勦林爽文一夕而全軍百餘舟同抵鹿仔港皆賴
聖天子威福故百靈效順如是又如志略述萬提督（正色）有海舟行至雞籠山後得一山暫泊舟中四人登岸探路見異類蛇首猙獰飛行而至攫一人噉之餘三人身佩雄黃得免臺灣縣志述鳳山有民婦被祟暮卽見形如人似犬闖室騷擾邑令方邦基爲牒告城隍神忽雷震怪走入地掘之得死猴一祟遂絕巨蛇噉人老猴成魅世亦間有所稱蛇首而人身則近乎怪矣兹之所識惟期信而有徵他若雞鳴應更魚飛撲火草可占颶風之數竹乃具人面之形公孫橘恆青後紅先晚香玉悉一花雙蒂龜鼈之穴山伏卵烏魚之散子南游已詳稅餉物產條下不再及至民風時事有甚可異而習焉不以爲奇者讀書不知孝弟力田不知蓄聚女不

以再醮爲恥男不以犯上爲非謀逆必先竪旗從
亂必先助餉奸徒覗稱王稱帥如兒戲逆黨以旗
首旗腳爲美名官甚無良亦以長生祿位奉之番
已歸化猶以未列版圖外之得鮮不嗜而喜嗜腥
有目不用而愛用耳衆所切齒者乃以賢能稱民
所傾心者乃以讒嫉去士人日以欺番爲事轉謂
番性難馴武弁不以練兵爲務第日兵驕莫制吁
此臺地未二百年而亂民至十有七起歟

兵燹

康熙間臺灣新附不四十年亂民三起三十五年秋七

月臺灣縣民吳球謀亂衆未集臺灣道高拱乾總兵
王國興設計擒之不一月平四十年冬十二月今改
嘉義之諸羅縣民劉卻復亂卻以拳棒自負日與無
賴往來密置樟腦於屋瓦深夜然之詭於衆謂每夕
紅光燭天遂率黨燬營汛四出焚掠北路參將白道
隆整隊禦之歲將除殲其黨殆盡卻走匿山谷久之
就獲伏誅六十年夏五月鳳山縣民朱一貴亂作禍
尤烈一貴以豢鴨爲業鴨行皆成列衆異焉逆黨杜
君英以其姓朱假託明裔擁之攻據岡山汛僞稱義
王僭號永和總兵官歐陽凱副將許雲戰死道府以

下官咸遁澎湖北路奸民賴池張岳等聞亂響應府
城及鳳嘉二邑同日陷閩浙總督滿保得報疾馳至
廈門調遣軍旅提督施世驃先已登舟總兵藍廷珍
繼之以萬七千兵東渡克安平鎭七日而復府城並
鳳山嘉義一貴竄溝尾鄉鄉民醉以酒縛獻軍前閏
六月檻送入都磔之餘逆次第擒斬棄城各官均伏
法知府王珍已死剖棺梟示後遂無聞警先逸者

臺地初附時番多民少生番均未歸化熟番苦於誅求
故康熙雍正間亂亦三起然未煩內地兵也康熙三
十八年春二月淡水呑霄社土官卓个卓霧以通事

黃申苛斂無已殺申拒捕臺灣道常光裕總兵官張
玉麟發兵往討遣譯者誘致岸裏社生番攻其後夏
五月內北投社土目氷冷亦殺通事之主帳者金賢
等遣使通於个霧秋七月氷冷爲水師把總某所襲
執八月卓个卓霧同被岸裏社番擒獻斬於郡傳首
以示諸番雍正四年秋八月彰化縣水沙連水裏社
土目骨宗潛踪出沒恣殺掠閩浙總督高其倬檄臺
灣道吳昌祚北路參將何勉率師深入諸番震懾就
撫冬十月獲骨宗父子解省誅之九年冬十二月彰
化縣大甲西社番林武力等鼓衆倡亂圍彰化縣城

十年春臺灣總兵呂瑞麟討之匇克夏六月閩浙總督郝玉麟移會前臺灣鎮陞任提督王郡巡臺御史栢脩會兵進勦搗其巢冬十一月番衆縛林武力以獻梟首傳示脅從者赦而撫之自是各社相繼向化生熟番均不復反矣

雍正中番亂兩起民變復作十年春三月鳳山縣流民吳福生偵知北路番亂未靖府治兵少結黨商大槪等聚衆岡山刦塘汛攻埤頭竹城不克焚萬丹巡檢署鋒甚銳夏四月臺灣總兵官王郡陞提督未行潛師夜發與參將侯元勳守備張玉等三路夾攻敗其

前鋒賊大潰未浹旬福生及殘逆悉就俘解省伏誅南路平

乾隆時物阜民殷兵力强盛

高宗勵精圖治疆吏咸凜凜是非好惡一秉大公不敢逞私徇情苟涉欺妄誅譴隨之故西北連歲用兵而天下晏然共享昇平之福即難靜易動如臺灣亦四十年不見兵革僅三十五年臺邑民黃教據大穆降脅附近各莊謀逆臺灣知府鄒應元出不意突往圍捕擒誅首惡數十人內地知而事定矣繼而交相蒙蔽吏治日偷亂民始伺隙而起三十九年王倫謀逆於山東四十六年回民肆毒於隴右五十一年彰化縣民林爽文鳳山縣民莊大田亦同時倡亂先是淡水同知潘凱因公出城忽被殺并胥役殲焉主名不得當事者以生番戕害報而畀人脫然事外於是益輕官吏爽文素奸黠恣爲盜賊囊槖窩糾羣不逞爲天地會嘯聚日衆臺灣知府孫景燧至彰化趣新縣令俞峻副將赫生額往捕不敢入諭村民擒送焚無辜數小村怵之冬十一月爽文因民之怨集衆攻營全軍覆沒文武咸死焉翌日陷彰化城孫景燧及北路同知長庚前攝令臺防同知劉亨基都司王宗武等

均遇害亨基女滿姑尚幼賊扶之出姑痛罵賊怒剸其舌噴血大慟而絕劉氏一門與幕友孫南容范琪輝死者十五人長庚有膂力與賊戰手刃其二賊沈其首於濠十二月又陷諸羅縣縣令董啟埏死之大田故盜魁是月亦陷鳳山縣知縣湯大奎自刎其子荀業隨殉惟府城有總兵柴大紀臺灣道永福同知楊廷理固守未破逆黨王作北陷淡水廳治戕同知程峻推爽文爲盟主僞號天順作自稱征北大元帥峻幕友壽同春詭從賊潛約被議之前巡檢李生椿合義民擒斬賊黨復廳城警報內傳提督黃仕簡任

承恩副將徐鼎士自厦門蚶江五虎口分三路東渡五十二年春正月官軍先後抵臺大紀北取諸羅一戰而復遂守之總兵郝壯猷南取鳳山頓兵幾五十日始敢進城中已空未二旬復陷壯猷遁歸後以失律誅二月閩浙總督常青莅臺督師參贊大臣將軍恆瑞提督藍元枚亦至夏五月師出南路甫交綏即退大田復攻府城爽文復圍諸羅府城旋解嚴屢發兵北援阻賊不得達

上念諸羅堅守久改名嘉義以旌士民而解常青恆瑞任元枚已故逮仕簡承恩授大紀提督兼參贊大臣調

陝甘總督福康安爲將軍內大臣海蘭察副之率蜀粵兵五千冬十月由惠安縣崇武澳放洋一夕抵鹿仔港鼎士由淡水進兵勦賊幕友壽同春被擄不屈賊支解之十一月大兵敗賊崙仔頂即日解嘉義圍乘勝擣大里杙賊巢克之爽文遁集集鋪扼險以守十二月大軍騰而上生擒爽文及其孥並王作等以歸移師而南大田與爽文雖同逆各僞稱大元帥不相下聞勁旅將至益聚糧爲旅拒計五十三年春正月敗之牛莊連蹴之大小岡山水底寮累戰至極南之瑯嶠大田亦就獲南北俱平大紀以賊起時不早

撲滅又恃功負氣逮至京正法六十年又有陳周全陳光愛之亂光愛鳳山縣人春二月聚衆攻石井汛未破被獲斬其黨數十人事且定同安人陳周全生長臺灣先在鳳山與光愛結會既敗竄至彰化復糾徒黨皆封將軍自稱盟主三月初哭攻鹿仔港殺同知朱慧昌遊擊曾紹龍次日乘雨陷彰化縣城知縣朱瀾副將張無咎遊擊陳大恩都司焦光宗同被害臺灣總兵哈當阿知府遇昌以兵九百討賊阻水灣裏溪弗克前賊黨千餘攻斗六門千總龍昇騰率兵百人擊之敗去汀州同知沈颺勘工至臺時在彰化

密與貢生吳升東等謀選集義民逐賊賊潰遂復彰化鹿仔港周全遁至埔心莊鄉民執以獻餘黨以次就擒夏四月哈當阿至鹿提督烏蘭保統兵二千亦自蚶江渡至鹿仔港捕賊黨三百餘斬之五月閩浙總督伍拉納抵臺續獲賊目百餘與周全均伏誅六月伍拉納內渡旋革職去

嘉慶二年淡水民楊肇五年鳳山民汪降嘉義民胡杜侯陳錫宗十一年鳳山民吳淮泗十五年鳳山民許北十六年嘉義民沈知淡水民高夔先後謀亂雖甫起即滅未致稱僞號據城邑而百姓因之震驚物力

因之耗敝陳錫宗曾踞曾文溪吳淮泗且焚埤頭城
擒捕黨羽駢戮至數百人皆兼旬累月而後定而蔡
牽之擾爲尤甚牽同安人出沒海上十餘年遂成巨
寇九年夏四月竄入鹿耳門乘雨登岸戕游擊武克
勤奪商船所有而去十年夏四月至淡水結胡杜侯
遺孽洪四老爲内應出僞示自稱鎮海威武王僭號
光明六月復窺滬尾値水師提督李長庚追至始遁
冬十一月遣其黨與粵寇朱濆南擾鳳山土匪吳淮
泗等應之焚掠埤頭戕知縣吳兆麟都司涂鍾塑力
戰陣亡惟城内火藥庫經守備藍玉芳固守未失牽

自至滬尾劫艋舺倉都司陳廷梅戰殁會知府馬夔
陞督兵赴援牽即南下進泊鹿耳門攻郡城臺灣道
慶保總兵愛新泰分兵嚴守提督李長庚扼之口外
水陸夾攻十一年春二月擊燬賊舟數十副將王得
祿又出奇兵敗其屯聚洲仔尾之衆牽餘數十舟奪
路而逸濆亦棄鳳山遁三月將軍賽冲阿至臺牽北
竄噶瑪蘭時尚未設廳治義民吳化等合土番禦之
牽敗去生縛十三賊獻於軍前十二年秋九月朱濆
潛入噶瑪蘭之蘇澳謀踞爲巢總兵王得祿臺灣知
府楊廷理率兵大破之濆竄回粵十三年爲總兵許
松年所敗沈於海十四年牽亦被提督王得祿邱良
功追擊自焚其舟死海氛淨
道光四年冬十月鳳山民許尚素結諸無賴爲鄉保所
告遂謀亂鄉人知之縛尚送官其黨將散有楊良斌
者不可自稱元帥僞立都督先鋒諸名夜攻埤頭城
弗克退據黄梨店臺灣府方傳穟總兵官趙裕提師
往援攻之遂潰賊黨咸就擒良斌駕舟入海遁至彰
化亦被獲未一月事竣六年夏五月閩粵人分類械
鬭蔓延淡嘉彰三廳縣提督許松年在臺巡閲以和
解爲事淡水奸民黄斗奶乘機據中港屢出殺掠六

月閩浙總督孫爾準統兵莅臺由鹿仔港進駐淡水
檄總兵陳化成攻斗奶擒之並獲其黨二十餘名分
別梟斬乃用閩人捕閩粵人捕粵法化其分類之見
舉報義首令將匪犯自行縛送及秋亂平十二年冬
又有漳人張丙倡亂於嘉義丙居縣屬店仔口爲魚
牙慣與巨盜陳辨等往來因售米事忿縣令袒粵民
遂於十月朔劫鹽水港佳里興巡檢署殺幕友古嘉
會焚汎塘知縣邵用之督勇馳援爲賊執加撻辱分
其屍臺灣府呂志恆會營往與南投縣丞朱懋皆被
戕遊擊周進龍開道脱歸丙乃僞稱開國大元帥僭

號天運以殺穢官爲名張僞示圍嘉義城典史張繼
昌攖城守値臺灣總兵劉廷斌北巡回突圍入爲固
守計副將周承恩殿後歿於陣賊黨復掠鹽水港守
備張榮森力戰死南路鳳山賊許成臺灣賊林海北
路彰化賊黃城相繼起成圍埤頭海奪羅漢門丙與
辦三攻嘉義均不得逞十一月陸路提督馬濟勝將
兵二千由鹿耳門入先淸北路三戰三捷進次鹽水
港總兵竇振彪自蚶江東渡鹿仔港以師千二百來
會益兵二百往攻南路賊時黃城欲與丙合突攻斗
六門縣丞方振聲守備馬步衢千總陳玉威或巷戰

或罵賊死振聲幕友沈志勇及子聯輝均被戕十二
月羣賊合拒大軍次第就縛移師南討擒許成林海
等南北路俱平閩浙總督程祖洛先駐廈門調度十
三年春正月移節莅臺
宣宗已命大臣瑚松額爲將軍哈朗阿爲參贊領禁旅及
秦豫黔蜀兵赴臺勦辦半道捷
聞隨諭哈朗阿旋師瑚松額渡臺捕逸賊二月抵臺窮究
餘黨按名悉獲械張丙陳辦入都磔之將軍總督先
後凱旋臺灣鎭道均被議十四年秋嘉義民許慸成
復糾黨據縣屬馬斗蘭圖不軌臺灣鎭張琴星夜馳

往擒之歸並獲餘黨七十餘名亂卽息
嗟夫事變之來豈盡天意哉抑亦人謀未臧歟遡
禍既烈身命攖鋒鏑膏血塗原野者動盈千萬耗
費帑金亦動逾百萬數百萬民之流離顚沛破家
喪軀與婦女老弱之被汚辱轉溝壑者更不知其
幾而其始實起於一二奸徒耳其起也非有以釀
之卽有以激之豈天心若或使之然歟顧曰臺民
好亂性成信臺民之生而好亂歟臺灣爲海外巖
疆定制文武官胥由內地調往非夙著循良卓卓
有聲者不得預其選洵如是數百年可期無事何

以數年數十年變亂頻仍歟故老傳言朱一貴之
起由知府王珍任意苛斂淫刑以逞林爽文之變
由知府孫景燧始則因循彌縫繼則輕率妄動張
丙之反由知縣邵用之貪黷偏執知府呂志恒不
卹民隱珍也景燧也志恒用之也皆幾經明試時
所謂賢能吏也外此如吳球黃教高夔許尚等之
亂皆非無自而作幸道府縣中尚有得民心通權
變者措置合宜得以卽時消滅且也一貴亂時淡
水尙無文員守備陳策激勵義勇固守要害破賊
數萬斬馘以萬計北路民得免蹂躪爽文亂時李

生椿以退休巡檢與幕友壽同春密糾義民擒斬逆黨遂復淡水張丙亂時郡城遷徙將空臺灣道平慶檄改篆同知王太守衍慶權府事受印畢卽慨諭紳民各保身家拔刀令於城曰有走者斬一夕而守備具嘉義則賴典史張繼昌固結民心卒無恙楊良斌亂時急撤署縣劉功傑易以杜司馬紹祁賊旋滅王司馬李巡檢時所謂庸劣吏也非素與民洽具有應變才曷克如是他如張鎮軍琴鄒太守應元擣兵不三百擒賊如探囊取物是固有成竹在胸非孟浪如景燧用之輩所可語也役

東瀛識略　卷七　七

之膺臺任者可不引爲金鑑哉其他漳泉閩粵分類械鬬不備識大抵訟不得直藉圖報復奸匪因而肆搶其憤未息其鬬不止治之之法莫善於吾鄉孫文靖爾準之選舉義首以粵人捕粵閩人捕閩然亦視令出能行與否若臨以疲懦貪酷吏與積薪厝火抱薪救火曷以異又道光二十一年秋二十二年春英舟再至雞籠一至大安先後碎其兩船在事文武或在百餘里數百里外乃能一時俱集合力禦之英使之藉口欺妄也有由哉

以上皆道光前事咸豐同治閒又有林供戴萬生

之亂林供者鳳山縣民曾充縣役喜與匪類交咸豐三年夏四月聞漳泉會匪攻陷郡縣密與臺灣奸民王汶愛嘉義匪徒賴棕等約期起事假粵西逆匪天德僞號自稱鎭東鎭南各元帥臺灣縣高大令鴻飛會營往緝夜駐灣裏街翌午賊麕至詎守備李雲龍潛逼賊未戰先逸高大令力戰陣亡南路賊冒稱義民突入縣城知縣王大令廷幹典史張樹春同遇害曾參將元福扼守火藥庫得不陷北路之賊屢攻嘉義城知縣呂大令朝梁督勇出擊城賴以全徐清惠宗幹方爲臺灣道裕子厚

東瀛識略　卷七　六

方伯鐸方知臺灣府與總兵官恆裕正議堵勦五月初供等驟犯郡城三攻不克乃退時福建逆氛四起下游則黃德美據廈門陷漳州及海澄漳浦長泰同安安溪各縣林俊則陷南安永春大田德化延及興化之仙游莆田上游則黃有使圍延平陷沙縣永安尤溪而福州錢鋪同時倒閉米價頓昂民閒岌岌不支庫儲又不及萬金搜羅殆盡勢不能再籌兵餉遠顧臺灣王春巖制軍懿德不知臺灣總兵懦怯畏葸轉以藉病圖安意見不和劾徐清惠幸

文宗聖明僅予議處察看而已鄭芸舫太守時以縣令需次臺郡奉清惠檄權鳳山縣事募勇千五百偕鎮標夏游擊汝賢領兵六百於六月初轉戰而南會參將探知援到由火藥庫破圍出收復埤頭城城內火藥庫四圍樹竹環以深濠中築土牆堅甚故蔡牽亂時守備藍玉芳亦據以待援賊百計攻之不拔雖得地利亦視守者何如耳恆鎮軍久駐郡城外伺賊釁前守臺灣史梅叔太守密已奉文休致檳練壯勇六百請為前隊適孔雲鶴觀察昭慈任鹿港同知受代回募勇七百餘名航海來會澎

湖王游擊國忠亦以水師兵四百至乃拔營起沿途搜討秋七月抵嘉義縣汝愛棕等次第就擒與逆黨二千餘咸授首南路賊林供亦經圍獲伏誅八月噶瑪蘭土匪吳磋林汶英又起董別駕正官往捕被戕頭圍縣丞王衢誘汶英至出不意手刃之曾藍田提督玉明時為北路副將統師至蘭擒磋等正法四年夏四月嘉義遺逆賴昏等復嘯聚縣屬布袋嘴莊負嵎自固平陽張煥堂觀察啟煊時以同知需次會同嘉義營王參將國忠督隊進勦生擒賴昏歸餘匪悉數殲除恆鎮軍被議去南

北路軍事始畢內地上下游匪蹤亦漸平惟黃德美之姪位率黨遁入海閏七月竄擾淡水屬之雞籠口丁述庵觀察曰健方權廳事疾約曾副將玉明馳往攻擊燬賊舟九位等逃出外洋自沈五年秋冬嘉義匪徒林房等戕斗六門縣丞陸仕興鳳山匪徒王辨等攻搶二贊溪塘汛圖復亂經嘉義營凌參將敬先臺灣協王副將國忠即時殲滅均未重勞師旅越七年而戴萬生亂起萬生本漳州人居彰化縣屬葭投莊曾為勇首入內地殺賊同治元年春三月糾眾結會肆焚劫臺灣道孔觀察

昭慈蒞彰督捕以曾暴於彰之署淡水同知秋司馬日覲諳彰情檄調至彰率軍功勇首林顥晟募勇四百先往顥晟故與賊通佯請司馬焚香誓師拜未畢突砍其首返旆入城孔觀察被幽憤極自盡次日萬生至偽稱東王顥晟偽稱南王同據城叛遣黨陷貓霧巡檢地分攻鹿仔港時嘉義縣賊嚴辦亦起合攻縣城與宜泉司馬廉方任鹿仔港白仲安司馬鸞卿方權嘉義事督兵勇義民晝夜嚴守得不陷臺灣鎮林總戎向榮安平協王副將國忠統師北討駐斗六門萬生留偽元帥陳鮄守

彰化自率醜黨攻斗六官軍覆沒鎮將咸被害賊益張署水師吳提督 鴻源 署臺灣鎮曾總戎 玉明 先後東渡由鹿耳門鹿港分道進均為賊阻至二年秋已閱歲半自來臺亂未有若是之久者吳提督兵潰待罪曾總戎 元福 繼為水師提督亦阻賊嘉義不得進會臺灣道洪潤堂觀察 毓琛 故

簡命懷甯丁述庵觀察 日健 為臺灣道遴省標兵四百於九月乘輪船出五虎口抵滬尾陸行至淡水就地募勇入彰境力戰而前未兩月偕曾提督 玉明 復彰化城並薙霧地方又合曾提督 元福 克斗六門

擒萬生磔之署陸路林提督 文察 亦自嘉義至斬戇晟於軍三年林曾兩提督均凱撤曾提督 元福 鎮臺灣會督道府嚴捕餘逆偽西王陳弄偽北王洪欉偽元帥嚴辦等悉伏辜陳鯡亡命死四年夏投誠偽總制呂梓復反據二重溝拒敵臺灣府斷州陳芍亭觀察 懋烈 陣斬偽女帥王大媽擒梓梟示餘氛肅清論者謂林戴二役師武臣過於慎重未張撻伐致遺孽萌芽歷時均閱二年卒藉義民壯勇之力始告蔵事姚石甫廉訪曾云臺民易為亂亦易為義蓋軍威克振無不堅義民旗爭先殺賊者且臺地游手人多多一充勇之人即少一從賊之徒多調內地兵不若用臺勇故史梅叔太守以六百練勇蕩滌萬餘逆賊丁述庵觀察祇統省兵四百餘皆臺勇滅賊如摧枯拉朽非明效大驗歟然無邯鄲之技而第學其步又鮮有不顛且蹶者邵大令秋司馬是也梅叔太守固休致人也述庵觀察官同知時曾調省察看後且與芍亭觀察均開缺送部矣雖宦臨磨蝎而戡弭之功同在人口卒莫能泯辛未冬月又識

男承祐校字

東瀛識略卷八

無錫丁紹儀杏舲纂

遺聞

人生以忠孝爲本孝尤人人所當盡顧士大夫有不能竭其誠者而至性所發甚至亡身以殉往往出自小民不圖人知人亦不盡知況在偏隅海外湮沒無聞者多矣其可知者順治初鄭成功躪泉州有蕭明燦者周晬而孤甫五齡與母林相失其族祖攜之至臺以爲子既長始稔遭亂失母故行求內地久不得最後與家人訣誓不見母不復生繼遇延平族人知母

所在迎以歸備極孝養母以老壽終雍正中有黃廣者耕於臺鄰火起扶母出避惟小妹在內見母憐女復返急隨母入妻慮夫同焚挽之止輒推妻倒遂與母同燼其妻亦投於水後又有翁林福者居淡水之竹塹性絕孝父疾篤刺指血爲文禱於神乞延父壽果愈後父歿哀毀骨立不久亦卒噫之三人皆細氓也褒揚未及姓氏僅存可慨也已

施靖海之規取臺灣也知被議參將藍公理性忠勇且善用兵請出諸獄署水師游擊爲前隊先鋒師抵澎湖僞將劉國軒曾遂等率數萬衆迎敵公手殺數十人戰正酣忽賊礮衝腹過公仆曾遂呼曰藍理死矣公急起奮拳吼曰藍理在曾遂死矣連呼殺賊時腹破腸出於外血淋漓公弟掬而納諸腹持匹練腹背交裹之公負創督戰不暇顧也旋命以火藥傾賊舟焚毀無數沈其巨艦二賊大敗遁後擢參將入都
聖祖曰是征澎湖時拖腸血戰之藍理耶問戰狀甚悉
命解衣視之手摩傷處嗟歎良久授宣化鎮總兵又引見
皇太后曰此破肚總兵也

臺灣歸附後前明舉人龍溪李茂春竄居臺之永康里題所居曰夢蝶安貧處困日誦佛經自娛人稱李菩

薩云時同安盧觀察若騰亦以遺老遯跡澎湖前明以進士召對稱旨授兵部主事擢郎中疏劾督師楊嗣昌定西侯蔣惟祿有惡其太直者外遷甯紹兵備道專意撫循兩郡士民有盧菩薩之稱後終於澎甯之鄞縣有沈太僕光文由前明副榜歷官太僕寺卿奉使粵東航海回風飄至臺流寓目加溜灣以醫藥活人姚總督啟聖與有舊招之歸不可因家焉所著有臺灣輿圖考草木雜記越十餘年又有前明副貢生惠安張士椰棄家至臺杜門不出焚香烹茗學辟穀法惟日食茶果卒時年九十九

國朝以文職改武者人知岳大將軍鍾琪康熙時以同知改游擊劉總戎青嘉慶初以布政使改總兵官不知先有漳浦阮副將蔡文初冒蔡姓舉江西庚午鄉試以知縣需次會浙盜陳尙義擾沿海御史陳汝咸請招撫遣文往文直上賊艘開示威信陳說利害盜皆乞降授雲南陸涼知州

聖祖召見注目曰阮蔡文一書生有膽乃爾改廈門水師參將調臺灣北路協每親巡山谷綏撫番黎有獻牛酒者或啖一粉餈引酒沾脣而去見番社學童能識字誦四子書者賚以銀布爲之講解君臣父子大義

諸番莫不感悅尋陞福州副將有大甲婦竹塹番二詩人比之元道州舂陵行云

康熙中以清節震海內者爲平湖陸清獻隴其海康陳清端璸清獻宦不逹清端與前明海忠介瑞後先媲美忠介居瓊清端居雷隔海相望云然忠介行事每矯枉過正清端則貞不絕俗藹然可親蓋恪遵

聖祖清不可刻之諭也初授古田知縣調臺灣行取入都歷陞臺灣道一再莅止以興化易俗爲先務鎭以廉靜番民帖然後擢偏沅巡撫入覲

帝以苦行老僧目之任臺灣令時晨起剝桂圓數十粒沃水啖之聽訟至晡乃再食此與毋徒陳文貞玉書食止山藥少許尹文端繼善早啖蓮子三十枚終日不饑頗相似其腸胃固有異於人者以視顏魯輿制軍伯燾每早必服燕窩三兩和珅非日屠二牛不敷一家啖奢儉又太懸殊矣清端薨於福建巡撫任屬纊時一綈袍覆以布衾而已

閩浙總督滿公保聞朱一貴變起卽日乘竹兜冒雨行泥淖中疾趨廈門密募商船販魚飧入臺爲偵賊喜得飧酬以米粟又密令魚舟託言遭風漂泊使壯士附船用竹筒儲告示潛行登岸徧諭城鄉有建大淸

旗寫大淸字貼縫衣帽者免誅戮由是民皆欣喜翹望王師已而舟師雲集命諸將分路進討而密授錦囊戒以半途啟視則合攻鹿耳門也賊果分兵拒戰而水師提督施公世驃南澳總兵藍公廷珍已聯艅乘潮進克安平鎭夜有鄉民驅妻子詣營爲質請引大兵從西港開道出郡治之背施公然之遣游擊林亮以兵一千二百往翌日藍公知之急白曰此誠良策然賊在蕭隴麻豆開多竹林可埋伏彼若四面環擊一軍危矣非大隊繼之不濟此行某願往公第在此力攻以分賊勢可也遂率舟師五千夜渡西港旣

登陸悉令來舟回安平諸將曰登岸棄舟何也曰示軍士無還心今日戰勝明日抵府城矣言未竟諜報林在蘇厝與賊戰勢不支乃急令分兵八隊鼓行而前奇兵繞出賊後首尾夾攻賊大潰薄暮甫結壘又下令撤帳捲旗露刃伏莽蔗中賊夜劫營不見一人驚而退我軍突出擊之追奔至蔦松溪直搗臺郡一鼓遁盡賊衆分而我力專也藍公官溫州游擊時總兵忌其能以日事觀劇譏於滿公具白簡將發會擒巨盜孫森等以獻滿公愕然曰有是哉吾過聽矣乃劾總兵而以剡牘上改過不吝滿公亦賢矣哉

朱逆警報至郡鎮標游擊周應龍統兵四百往征駐南仔坑逡巡不前請調新港目加溜灣蕭壠麻豆四社土番爲先鋒傳諭殺賊一名賞銀三兩殺賊目一名賞銀五兩番性貪淫所至掠衣食淫婦女殺良民四人邀賞縱火焚民居復斃八人概不禁制賊借兵番殺掠爲辭鼓煽各莊由是紛紛響應賊初起謀於粵莊中黨羽無多恃粵爲援至是勢益振洎大軍復府治粵莊率衆先迎稱爲義民請隨軍殺賊粵民在臺者不敵漳泉人衆故賊起則從賊賊敗乃從官後此林爽文張丙之亂後先一轍爲功首不爲罪魁閩人常憾之而無如何蓋粵恆聚居閩多散處且粵居悉近內山其勢暗相制也

朱逆平大吏以前諸羅令貴筑周鍾瑄有能聲檄知臺灣縣臺有厝餉年久倒敝者力不能完而新構瓦屋無徵又有牛磨餉情形相似乃逐加履勘以新抵舊減其完數勻徵及額而止後有破壞另以新者抵補民甚便之其任諸羅興修水利地益豐腴又延漳浦諸生陳夢林字少林者修邑志凡所論列憂深慮遠一篇之中三致意焉及受代民肖像祀於龍湖巖爲臺郡循吏冠後百餘年道光閒稱能吏者爲曹司馬

謹慈惠不如周而強毅明察過之初知閩縣事隨大吏行香獨不拜觀音大士曰此不列祀典且異端耳調知鳳山日臺鎮議練兵令各廳縣捐練費力持不可竟不與有報被殺於山野間者往驗畢即宿近村薄暮傳各鄉砍藤人略詰數語令役隨往各取其刀至炙以火一刀有血痕隱起鞫之具款藤絆死者仇因謾罵爭毆誤傷致斃或問何以知之曰吾驗傷日非鎗刃亦非菜刀柴刀必砍藤刀也幸其人恃無人見未遠颺不然須另籌勾捕矣旋陞淡水同知卒以忌嫉者衆乞病歸

臺灣以賢守稱者爲仁和方邦基乾隆初官鳳山縣請免浮糧蘇民困民婦爲妖祟禱於神妖被震死擢臺防同知有習水匪徒嘗入海竊斷商船碇索獲而錮之獄商得安枕尋署臺灣府事值漳泉米貴檄運臺米接濟時臺灣米價亦昂輿情洶洶因請免購運而陰聽商舟多帶遂得兩濟臺內晏然後以入都內渡遭風溺於福清之南日事

聞予郵渡海非風不駛又最畏暴風相傳檣折舟傾危不可保惟划水仙可救其法在船之人咸披髮蹲舷空手作撥棹勢假口爲鉦鼓聲如五日競渡狀可冀破

浪穿風疾飛抵岸其應如響臺郡有水仙宮祀大禹伍子胥三閭大夫王勃李太白蓋大禹平成水土餘皆沒於水如方太守者附祀爲宜

超勇侯海蘭察乾隆閒健將也林爽文反副福康安員子莅臺進討一日經一大莊鄉老男婦百餘人執香環馬首請少駐侯頷之密分兵兩路而已策馬先進寨內伏兵起急發矢殪數人兩路兵齊入痛殲無遺或詢之侯曰亂後郊野爲墟此獨室廬如故其逼賊無疑諸君特未審耳又一日督兵搜山忽下馬以箭插山麓行二十里始命部下兵二百回向插箭處乘晚上山必有賊急殲之以斷賊偵及往果如其言又問之侯曰一路草木蒙叢獨彼處微偃知必有人上下特非大夥賊耳每回營不與人往來惟坐帳中令左右相撲爲戲而其用心縝密料敵如神眞有古名將風相傳鄭經統兵征番不見一人値亭午渴甚軍士競取甘蔗啖之僞將劉國軒後至大呼曰何爲至此令三軍速割草爲營甫畢而四面火發幸免於難此亦有事臺疆者所宜知時有蔡總戎攀龍同安金門人狀貌雄偉聲如洪鐘少貧事樵採負薪入市力兼數人某翁見而異之勸以從戎曰已再應募皆被

黜翁曰長官以服飾取人子姑從我乃延至家妻以女爲製冠服戎裝以往遂入伍以捕盜功累陞澎湖游擊爽文亂作率四百人守郡南桶盤棧築壘未就賊大至乃堅陣以待大破之自是獨當南路衝賊屢攻城皆被創遁郡城賴以全擢臺灣總兵官圖形紫光閣列平臺功臣二十人之一

嘉慶閒蔡牽竄臺灣擾鳳山臺鎮左營游擊吉凌阿滿洲人也以三百兵往援未半途遇賊即相地立營一夕壘成傳令衆兵賊來五步內鎗礮乃發賊四面至死無算如是兩日總兵檄以歸乃僞使人馳書鳳山

令約期明日南行會師某處賊得書退二十里設伏要之天甫明拔營而北比賊知已全軍抵郡矣後總兵官愛新泰出北門勦賊命率偏師出東門爲後應甫出城聞鎗礮聲詒曰此陷圍聲也急登高覘之復曰某向瑕嚴兵攻某向遂破圍援總兵出其明於兵法如此道光中馬提督濟勝渡臺征張丙命軍中多攜蔴袋行及對壘俟賊鎗礮聲稍緩急揮馬隊旁衝之賊披靡卽就所至處將袋盛土結營頃刻而成故所向無前所統二千兵耳

道光初幾輔歲歉

詔諭臺商販米赴津免納貨稅各商呈請運米十四萬石將北駛守口兵無可求索藉稱米貴搶奪米船一文武將彌縫了事會閩撫孫文靖爾準巡臺知之必欲嚴懲時營規久弛揚言兵且變或言水師皆潰走下海矣總兵以事起倉卒乏首謀力請少寬至屈膝公笑曰旣如是翌早集安平兵吾自問之各兵至聲嗷嘈莫可辨公傳諭曉事者數人入內自陳旣入略訊數言卽斬之令總兵與安平副將持其首出諭曰首惡已誅餘皆免究敢譁者視此衆兵愕然散歸伍驕悍之風頓戢公權按察使時福清縣革貢生林彌高搆訟抗糧狡不承公詰以現在糧戶何故抗納答言若釋革生回定必清完公曰果爾宜具結卽袖結白於閩督董文恪教增曰此卽號召鄉里之實據也爰以定讞立置重辟甫一月而福清糧報完如額公廉隅自勵不營生產所至以振文教興水利豫儲備爲務而臨事剛決不稍瞻顧惜乎淸而近刻

桐城姚石甫廉訪官臺灣令時郡兵博於途縣官過弗避訶之衆始散一兵誣縣役掠錢相爭命之跪而問焉衆兵以爲將加責也一時羣呼持械而出者數十人欲奪之去廉訪自持鐵索縶此兵迎而前曰汝敢

拒捕皆死矣衆愕眙不敢犯乃手牽此兵步行至總兵署衆大懼求免不許卒革十數人而禁其博旋權噶瑪蘭事獲淡水民朱蔚自稱明後入蘭煽惑愚民圖爲亂並獲其妖書木印悉具忌者謂是顚疾人耳解至郡屢訊皆實而大吏圖省事竟以瘋狂論未幾遂有楊良斌之變昔有高永壽者首朱一貴謀不軌目爲狂民責逐回籍遂致重煩兵力吁姑息養奸流毒至不堪筆述其肯盡心民事者且不免因之必寒如是而言綏靖地方講求吏治得毋南轅而北轍耶廉訪擢臺灣道被議復起再陞至按察使其古文

深得姚惜抱薪傳先是臺人黃參將清泰以平林逆功得官權嘉義都司有奸人爲妄詞誣淡水民不法臺灣總兵官武隆阿檄往擒治急密陳曰某在淡久深悉民情必不爾遽興兵恐騷動請先派人偕察虛實比至呼檄內有名咸立至示偕往者曰此豈莠民耶遂坐妄言者一人罪民情帖然此與高永壽朱蔚事恰相反有司牧之責者又不可不知

臺邑諸生李凌霄因貧輟學有同塾友遊泮見之不爲禮凌霄奮然曰吾第貧耳是豈足以傲我哉乃入拜前受業師郭玉璿曰弟子貧無以爲禮願服役仍從

先生學玉璿許之時年已十九家弗能具牀席夜讀倦卽假寐几上醒復讀比府試竟冠一軍補弟子員先受業玉璿時與其子泰善泰以鄉試遭風溺斃藁葬澄海縣之甲子所及凌霄得預鄉試揭曉後計程約費閒關至其處覓泰遺骸囊之歸嗚呼海外而有斯人是可入獨行傳矣

五妃墓在臺邑仁和里爲前明甯靖王姬妾葬所甯靖名術桂太祖九世孫遼王後流賊破荆州避亂至浙唐王封爲長陽王旋請讓與兄子改封甯靖桂王命監鄭鴻逵軍師潰偕鄭成功至臺墾田數十甲自給

鄭氏歸命甯靖曰時逢大難遠潛海外今死期至矣汝輩聽自便時元妃已故姬袁氏王氏秀姑梅姊荷姊僉曰王能全節妾等願從先同縊於室甯靖書絕命詩畢亦自經衆舁甯靖柩於鳳山縣竹滬與元妃合窆而瘞五姬於里之魁斗山麓後人又稱五烈墓附近之武定里又有陳烈婦墓烈婦者鄭經子克𡒉妻僞參軍同安陳永華女經死諸子誣𡒉係螟蛉不宜爲嗣執而殪之烈婦殮𡒉畢投繯以殉後有通判傅爲霖受閩督姚啟聖指謀反正事洩被鄭氏磔死波及續順公沈瑞偕弟珽逼以自盡瑞妻鄭氏經族

人鄭斌女與祖姑金氏姑滿氏小姑大姊三姊及爲霖妻蔡氏子婦黃氏皆相率自縊聞者哀之

董綴娘臺灣民徐光庭妻少隨父學能誦經書嫁二年而寡無子族亦無可繼者遺周晬女琴娘家貧藉女紅以自活聞儒童魏開顏者工於文招爲壻先與約日苟生男當爲徐後越歲生男元烈遂以繼徐未幾琴娘卒開顏失意渡海歸不復至綴娘苦守襁褓孫口授經書卒以成立元烈既成家入太學亦篤於孝

澎湖有李氏女適薛千祿生一子而千祿亡不久子亦殤李曰向所以不死者冀延夫嗣耳今復何望遂

自縊又有林氏女亦澎湖人字於黃未及笄黃氏子夭女告於父母奔喪夫家事舅姑甚謹足不踰閾三年服終闔戶雉經時有林春娘者七齡爲淡水民余榮長養室年十二榮長溺死舅歿姑在旁無叔伯未成婚也春娘願代夫奉事勤十指養姑姑目疾幾瞽以舌舐之復明撫族子爲嗣娶媳後子歿復偕媳巫氏撫幼孫勤苦終其身値歲旱官祈雨不應春娘禱之遂雨凡兩旱皆然

好官者臺人黃聲集妾佚其姓婢曰銀娘集將死與好官百金令改適好官以金養族人子爲嗣與銀娘共

撫之既所養子歿好官悲憤欲絕遂持長齋尋死銀娘亦卒以妾婢而能如是且出自茅簷荒服加人一等矣乃更有番婦大南蠻者嘉義目加溜灣社番大治賦妻甫生子而大治賦死婦年二十願變番俗不更嫁自耕以撫其男沒齒不苟言笑益足徵王化之洋溢紘埏矣

聖人云十室之邑必有忠信臺灣沭政敎最後而忠孝節義事見於志乘傳於故老代不乏人惜事實多不具茲取其尤足觀感者識之以概其餘至文武官之莅臺者非不炫赫一時各思有所建樹不數十年而姓氏無聞且有齒及之而猶疾首痛心者矣尤可異者名列循良而輿論訾謷歷久未已究其故則衆以爲賢未必賢衆以爲不肖未必不肖耳是非淆上下睽而冀地方之奠定也顧不難哉而一二流風善政與審機戡亂之功津津恒在人口或散見各書中者亦足爲後事之師爰彙而識之世有君子倘其有采於茲或言臺民強悍番性尤獷非禮敎所能化或謂治臺如武侯之治蜀必猛以濟寬乃可余實未敢謂然善乎魏叔子之言曰水無不清停之斯驗民無不良

良有司治之斯驗矣

外紀

臺灣水程最近惟福建再則琉球在臺之東北水程約四十餘更國王有三曰中山曰山南曰山北明時併入中山爲一其人多黑而髯官以金銀簪爲等差首以布帛纏之紫黃爲貴次紅綠青爲下屋地多鋪板簟潔不容塵無貴賤皆著屐入室則脫之婦人無粉黛下裳摺細而長足不令顯司刑名錢穀訪聞朝貢之事者有大夫長史都通事法司耳目等官文字與中華同竊盜輒加剖腹劓刵之刑賦法略似井田王

與臣民分土爲食有事始取於民事竣卽已土瘠而貧恆西貢中國北附日本藉貿販取利順治初投誠請封後定二歲一貢以爲常其舟往往被風飄泊至臺官爲給資護送回國

臺之北稍東爲日本國距臺灣水程約六十更可至其國之長崎去王所居京城尙二千餘里王不與政守府而已國事悉上將軍一日關白主之故歷代不爭王而爭上將軍人皆雙姓其單姓乃徐福配合之童男女裔也福所居名徐村墓在熊指山下民多白晳剛勁好勇男子生則授一利刃出入佩之有所爭輒

以死相期女美姿容不施粉白鬒髮如雲薰以沈楠諸香赤足著鞅後朱履屋地鋪厚褥入必脫履戶外服中國冠裳習中國文字而讀以日音官皆世官世祿祿厚足以養廉故少犯法年舉一街官給贍養銀五十金街官者猶中國之鄉保也通文藝者爲高士優以禮免以徭而已不能與高門比長崎有大唐街皆中華人所居元世祖命舟師十萬征之覆於海終元世未通中國前明洪武二年始貢馬及方物旋掠溫州蹂福建諸郡自是屢貢屢犯嘉靖萬歷間肆毒尤甚閭巷小民至指以相詬詈後又侵陷朝鮮國都擄其王妃王子逮關白平秀吉死亂乃已蓋其人外文秀而內狡譎且强橫不知恥男女恆同浴

國朝威德遠播絕不與通其技遂無所施曾有西洋人誘其民習天主教王與上將軍覺殲無遺類鑄十字架天主像於衢令人踐之故西人不敢履其境

朝鮮在臺灣西北本箕子所封國扶餘別種常居之後改國號曰高麗又曰高句驪幷新羅百濟二國有之地益廣明初李成桂繼王氏自立遣使乞封始仍古號曰朝鮮制度文字如中華衣皆大領廣袖色尙白男女貌文雅士好吟詩其南境釜山與日本對馬島

隔海相望萬歷間被侵國幾亡我

朝未入關率先歸命迄今朝貢不絕人憚遠賈鮮與諸國通間有漁舟飄蕩至臺亦資給衣糧遣之歸

在臺灣西南約水程八十餘更者爲越南秦屬象郡嗣名交趾亦曰越裳所都東京唐交州都護府治所也入貢我

朝者初爲安南黎氏其廣南順化二道爲西京卽古九眞日南地世爲阮氏割據自號廣南王乾隆末廣南阮光平篡黎氏謝罪乞降傳子光纘嘉慶初爲黎氏甥阮福映破滅兼有安廣二南地稱爲黎氏復仇並

請以越南名國仍修職貢其官制章服文字悉遵中國人多矮黑衣裳亦黎黑小民皆貧苦坐則席地貴官坐堂皇或解衣捫虱其簡率如此有他國船進港防範嚴苛故商艘罕至康熙中其國大學士陳某嘗遇風飄至澎湖嘉慶時潛遣舟師詐爲盜掠閩粵江浙間阮福映立始戢

由越南而南爲暹羅緬甸二國距臺灣水程約一百四五十更暹羅故扶南古爲羅斛及暹兩國地土沃產豐爲海舶市埠之最國王威儀甚尊出跨白象其人形貌與越南緬甸相類夫聽於妻妻與人私不爲怪

婚則僧取女紅貼堉額稱利市性黠而勇習水戰若陸戰樹木柵甚堅步步爲營同緬甸文字亦與緬同緬甸在唐稱驃國古朱波地其賦稅如中國法以錢糧爲正供惟稅餉別儲內庫王甚富衣服飲食仿佛暹羅民矮小而健女裙而不袴不以苟合爲辱夏日多裸體所都曰阿瓦城二國皆朝貢以時表文均以金葉爲之緬之南境有曠土曰馬他班本與暹羅戰爭地久蕪不治今爲英人所據暹之東南舊有滿剌加國明時屢入貢又名麻六甲民甚饒裕後爲法蘭西所滅據爲屬埠別有彭亨柔佛等國見於明史嘉靖間又與滿剌加均爲葡萄牙人征服崇禎時復爲荷蘭所奪今被英吉利人佔據名新加坡距臺水程約一百六七十更以其地產金又名新金山

南洋各國見於明史者曰美洛居曰丁機宜曰三佛齊曰蘇門答剌曰婆羅曰浡泥曰瓜哇曰蘇祿曰呂宋皆島國也明代曾梯航入貢距臺灣水程近者一百八九十更遠者二百餘更閩粵商艘時往貿易人之留而不返者甚衆今惟蘇祿與馬辰二國尙存餘爲西人脅服設官莅治無復擁號稱國者矣呂宋本蠻里喇爲呂宋人所據明史誤以呂宋本國之稱稱之

又誤謂滅於佛郎機皆非也佛郎機卽法蘭西呂宋卽是班牙一名西班牙其本國同在歐羅巴洲界於葡萄牙荷蘭意大里之間去中國甚遠今蠻里喇稱小呂宋云婆羅諸國與附近之萬丹葛嘯巴蘇洛各島均屬荷蘭惟美洛居荷與法各據其半三佛齊屬於英今名舊港逈南相近亦屬於英之閣婆島則稱下港尙有地問島本荷葡分屬聞已并於英矣島人皆短衣蓬髮跣足英荷諸國人衣飾各如其國中華人之在彼者曰唐人衣冠未改也唐人爲荷蘭推舉爲官屬者曰甲必丹漳州王大海柳谷海島逸志言

葛𠺕巴之爲甲必丹者皆富逾百萬其俗男不娶而女贅壻女不袴而男皆袴女不敷粉簪花而男鬢簪花有病不服藥而浴於河賭博之風尤熾荷蘭稅其什一之利博徒燈籠大書國課二字父兄到彼不得約束子弟以國課攸關也其顛倒背謬如是每歲中國商船運貨往售各島之船鮮有至中華者故土風與臺番相似而舟楫絕不往來

荷蘭於明季曾據臺灣築城以居後爲鄭成功所敗而遁康熙間猶入貢人多深目隆準髮卷而紅故稱紅毛其國在大西洋歐羅巴境地極褊小而好勤遠略

自得南洋諸島與南印度之孟邁利未亞洲之大浪山等埠日以富強繼而欲佔臺灣未得復爲法蘭西所逼降服請盟近又與北義部一名彌耳尼壬不合分而爲二國勢衰矣歐洲諸國疆宇最大者曰俄羅斯跨有亞細亞洲地惟北接氷海不毛之土居多再則曰奥大里亞曰法蘭西曰是班牙即呂宋曰葡萄牙一名布路斯即廣東澳門所謂西洋是也再則曰日耳曼曰南北普魯斯曰南北土爾其亦跨有亞細亞洲地曰意大里曰比利時曰璉曰瑞士曰瑞典曰大尼曰英吉利而推法英二國爲最強蓋與葡萄牙均於本國外兼佔印度利未亞洲奧大利洲沿邊境土幅員遂廣英吉利處西北海隅初止兩島嗣得美利加大洲勢乃盛逮美利加自立爲國幾不能支適得中西東三印度之孟加剌等處由是復振印度有五古謂天竺爲佛所生地歐洲人所奉耶蘇亦生其間北印度與西藏之廓爾喀新疆之愛烏罕接壤南印度爲葡法荷三國屬埠印度所產阿芙蓉膏俗名鴉片土流毒幾徧寰宇臺人嗜者尤多人咸謂西國以此害人而不知出自孟邁孟加剌皆佛地也

海外諸國荷蘭而外與臺灣均不相及而府志以

外島列諸篇末蓋臺地遠峙海東莅其土者必環顧遠矚如指掌而後知所以守知所以守而後知所以治况五口通商以來與昔之止准粵東貿易者情形迥異而各國之離合強弱又月異而歲不同其可漫不爲意哉故亦以外紀殿後今南洋諸島我有舟往彼無舟至西洋各國則彼有艘來我無舶去臺貨則皆由福州泉州廈門三口轉運長此無變無更是則臺民之幸也夫

俄羅斯於康熙間即與我
朝通好並遣其子弟遊學京師蓋以禮讓爲國非若

法英諸邦日以逞强爭勝爲事者可比比聞附近俄界之美利加北鄙與日本邊境有歸俄國藩屬者其風尙殆稍殊矣南北美利加戰鬬頻年卒之北併於南合爲一國其疆土幾與俄羅斯埒日本爲詩書禮樂之邦已二千餘年其惡耶蘇天主教特甚聞近年一變離道言語衣冠政教無不西法是效此則事理所不可解者昔歲越南亦不容西人入境後因法人拯阮光平於流離中助其復國始許法人行教通商日人無是事也其邊土已屬於俄猶欲妄效西人自誇富强獨不慮誘之效法

者將乘其敝而藩服視之耶又聞歐洲昔推奧大里亞爲盟主以奧法俄英爲四大邦乃南北普魯斯新與日耳曼合伐法勝之遂崛起諸國閒自稱德意志與俄英美相雄長擯法不復在列奧亦擁虛名而已不二十年形勢與前又易今臺灣已爲通商口岸各國紛沓而至何以奠磐石於旣安且固是所望於知幾之君子辛未十一月又識

北京圖書館藏

堉鍾保元校字

国家出版基金项目
NATIONAL PUBLICATION FOUNDATION

海上絲綢之路文獻集成

總主編 陳支平 陳春聲

歷代史籍編 119

主編 范金民

海峽出版發行集團
THE STRAITS PUBLISHING & DISTRIBUTING GROUP
福建人民出版社

本册目次

海東札記四卷

〔清〕朱景英撰

《海東札記》四卷，清朱景英撰。景英字幼芝，一字梅冶，號研北，湖南武陵人。乾隆十五年（一七五〇）舉人。三十四年任臺灣海防同知，駐鹿耳門，以其地爲臺灣門户，司海口商船出入，兼管四縣，極爲險要，而臺北遼闊，南北路兵單汛薄，請益兵防衛。當局韙其言。此書爲乾隆三十七年於臺灣海防同知任内所作，專記其宦臺見聞，素爲治臺史者所取資。卷一方隅、巖壑，卷二洋澳、政紀，卷三氣習、土物，卷四叢璅、社屬。據中國國家圖書館藏清乾隆三十八年刻本影印。

海東札記

序

六合以外聖人有所不知不知之則不敢言之也東坡官登州五日而將去以不見海市為恨禱於神而得見乃作詩歌以紀之故凡風土人情之變山川草木之奇屬在海隅非中土可例不身親其地而歷有年所其能了然於心筆之於簡冊乎吾友朱君研北為臺灣司馬三年秩滿來京出海東札記一編見示夫臺之隸我版圖久矣官斯土者孰不真知之而能言之顧待君援筆以記乎蓋四海內外其麗於天與麗於地者有同有不同人生於其間性情嗜好亦因之各別每覽夫方輿所載千態萬狀忽覺胸中奇奧之氣勃然而生未嘗不嘆宇內之風景皆乾坤清氣醞釀而成即天地之大文也欲得難狀之景而錄之成文非才學識之兼全豈能文天地之大文哉君為吾楚名元自為諸生時吾即欽其學之博才之長年來宦遊四方又足增其識故所著奮經堂詩集早為騷壇所推重而其作是編也統之以八門釐之為四卷萬類洪纖瀰縷備載體物之工不啻偃師化人之戲至於御民有道立政有方則經濟之老成尤足為後之守土法寧第斯文之必待君而成哉君與

吾少圃兄為同年友君甫自臺歸吾兄即往寧鳳邑君其寄一編與吾兄讀之亦可奉為前事之師云乾隆癸巳仲冬月下浣八日年姻愚弟劉亨地撰

序

臺灣孤懸海裔入版圖置郡縣自我朝康熙始閱今百餘年六穀時熟犵狫如家人官跡土者怡怡于于涉洪濤如履平地蓋太和翔洽非一朝夕效也若其土俗民風載郡邑志者亦屢經修輯而覽者猶有弗全弗備之憾何耶程之以在官縻之以常俸迫之以歲月不能事事考而物物辨也武陵朱研北司馬深思萬古醲於平時乃以佐守是邦行部所經得遍其境至輒延覽形勝諏詢名物暇日記所見聞釐為四卷名之曰海東札記歲癸巳秩滿來京師手以示余予受而卒業因嘆曰昔人謂一莖草化萬丈金身不信然歟夫臺灣蕞爾地而外障生番內屏中國屹然為東南重鎮豈所謂地險者非邪觀研北是編島夷之延亘風濤之險夷不待按圖瞭然在目前其地田畝軍營下及鳥獸卉木鉅細悉具其立言簡而峭其敘事約而盡其體物核而精即起酈生柳子為之奚以易此至其習俗之騃難移易利弊之所當因革尤拳拳致意寓以箴規重以激勸且有深望於來者仁人用心無往不厚如是研北治績循茂讀是編者其亦可想見矣毋徒作嶺外代荅諸書

觀也可乾隆癸巳長至後治學弟鄭際唐撰

海東札記目次

余貳守海東逾三歲南北路遍焉凡所聽睹拾紙襍然記之日積以多遂析為八類鈔存四卷隨筆件繫藉備遺忘要無當於郡邑志體故挂漏不免覽者諒之乾隆壬辰歲冬十月朔日武陵朱景英幼芝自識

男和璧
和椽

姪孫怡錕校字

海東札記目次

海東札記卷一

記方隅

以海中荒島而置郡邑實叔所未有其以臺灣名者襲乎舊第未知昉自何時或曰地在東隅形似彎弓或曰山橫海嶠望之若臺民居壘市又在沙曲水涯之處地之得名以此明末莆田周嬰東番記又稱臺員未知何據大抵閩音灣員相近故涉筆者亦因之混耳愚謂島夷僻在窮海鱗介與伍書契蕪昧觀嶼咿嚘安得有地形字義可以彷彿意明嘉萬間海寇奸民迭來竄踞時因墟立市即境呼名差為近是

否則音之不通義於何取臆度者毋乃詞費耶

文獻通攷流求國居海島在泉州之東有島曰彭湖水行五日而至隋大業中曾令羽騎尉朱寬入其國取布甲而歸時倭國使來朝見之以為夷邪久國人所用旁有毗舍耶國語言不通袒裸盱睢殆非人類宋淳熙間其酋豪嘗率數百輩猝至泉州水澳圍頭等村多所殺掠喜鐵器掠取門環及剜甲取鐵臨敵用鏢鏢以繩十餘丈為操縱蓋愛其鐵不忍棄論者疑其情狀相似臺灣即毘舍耶國其足信歟又有據名山藏乾坤東港華嚴婆娑洋世界名為

雞籠之說指為今臺灣恐亦影響譚耳至海防攷有隋開皇中遣虎賁陳稜略澎湖三十六島郡志据之語尤可疑攷隋書陳稜流求之役在大業中而本傳亦無畧澎湖三十六島之詞獨不解當日談海防者何所据而云云也惟顧宛溪謂北港在澎湖東南亦謂之臺灣或不誣歟

元末設澎湖巡司明洪武初徙其居民置漳泉間废巡司嘉靖中林道乾寇海邊俞都督大猷討之追至澎湖道乾遁入臺灣大猷留偏師駐澎道乾旋遁之占城澎之偏師亦罷設巡檢守之尋裁萬歷間內

地人顏思齊為日本甲螺甲螺者彼國中頭目也引倭屯於臺灣鄭芝龍附之未幾棄去荷蘭誘土番取其地築城以居又築樓相望今安平鎮城及郡中紅毛樓是也甓如塗丹故均謂之赤嵌云

本朝順治初芝龍子成功自江南敗歸鷺門荷蘭甲螺何斌導成功取臺灣遂逐荷蘭據之僭置承天府名東都設天興萬年二縣又即一鯤身立安平鎮成功死子經改東都為東寧二縣為二州又設南北路澎湖安撫司各一經死子克塽嗣康熙壬戌歲姚總督啟聖謀取臺灣明年六月施提督琅統舟師攻澎湖破之克塽降歲甲子廷議設臺灣府領臺灣鳳山諸羅三縣雍正元年增彰化縣又設淡水廳五年設澎湖廳此臺灣有郡所繇來也

由廈門出大嶝門或由遼羅放洋歷七更水程至澎湖又自澎湖五更水程至臺灣通水程十有二更更六十里計海船汎洋直為里七百二十入鹿耳門易小舟棹內港二十里經安平鎮又十里抵郡西郭上岸蓋臺廈東西遙對其水程約畧如此

臺灣府東抵羅漢門六十五里是為中路西抵澎湖三百八十里南抵沙馬磯頭四百六十里是為南路

北抵雞籠六百三十四里是為北路東西廣四百四十五里南北袤一千九十四里臺灣縣倚郭東至羅漢門六十五里西至鹿耳門三十里南至二贊行溪鳳山縣界二十里北至新港諸羅縣界二十里廣九十五里袤四十里鳳山縣東至傀儡山五十里西至打鼓港十里南至沙馬磯頭三百七十里北至二贊行溪臺灣縣界七十里廣六十里袤四百四十里距郡九十里諸羅縣東至大龜佛山二十里西至海三十里南至新港臺灣縣界八十里北至虎尾溪彰化縣界五十里廣五十里袤一百三十里距郡一百里彰

化縣東至南北投大山二十里西至海二十里南至雷尾溪諸羅縣界五十里北至大甲溪四十里廣四十里袤九十里距郡二百里淡水廳駐竹塹東至南山十里西至海七里南至大甲溪一百十九里北至大雞籠城二百七十五里廣十七里袤三百九十四里距郡三百五十九里澎湖廳東至東吉嶼八十里西至草嶼八十里南至南嶼一百里北至目嶼八十里距郡三百里是又以水程計者以上全郡疆域道里就志乘所紀稍為更定如此舊志則稱臺地二千八百四十五里劉觀察良璧風土記又謂康熙五

十五年經大臣勘定一千五百餘里而林學博謙光臺灣紀略直稱南路五百三十里北路五千三百三十里何計程懸絶乃爾要之郡邑疆索不過山外沿海平地官司所轄者可紀若其深山野族與外罕通外人亦不能深入其阻谿峒廣輪之數豈郵籤里鼓所可計算耶且郡境紀程甚長視內地幾幾倍之未審從前憑何步丈大抵就土人所指意為近遠耳

臺灣綿亘千餘里號稱沃野顧平沙漠漠彌望無際每風起堀堁飛揚如度龍堆屬塞幾忘此境在

東南海外也高者為園低者為田窪者為潭瀦者為塭附山者為莊為社通海者為溪為港問途者亻亍於岐路尋津者裹回於絕潢字以俗撰而愈訛語經重譯而莫辨斯故非僅盩厔盱眙阻於南北人之見已也

記巖壑

志稱臺山自福州五虎門蜿蜒東至大洋中二山曰關潼白畎是臺灣諸山之龍起處也隱伏波濤穿海渡洋至臺之雞籠山始結一腦磅礴綿繞千餘里或山谷或平地諸山屹峙不可紀極又稱臺地祖山自

福州渡海從北而來而郡治又近南故以木岡山為少祖是皆狃於形家者言牽附支離可為典要乎至稱大海環繞郡境為閩省外障其山皆向內地北路之後壠與興化南日對竹塹與福清海壇對南嵌與閩安鎮關潼對上淡水與北茭對雞籠城與沙埕烽火門對形勢之論差為近似

東望半壁還岡複嶺蔽虧曦魄竟莫能測其起訖稽其名義以地域野番故統謂之內山云終日雲氣冪歷不見峰岫則天色晴霽若山骨盡露青琳如澣則霶霈立致矣

羅漢門在郡治東自猴洞口入山層巒疊嶂環峙需頭山過大灣崎蘆竹坑戲狗坑又東南経土樓山辟如削成稍前為疊浪崎出茅草埔度厲門闕距闕里許有深塹可數百尺攀崕度嶮令人心悸又自番子寮越烏山高峰斗絶險不可階矣緣路徑紆而仄入幽出坎不一而足惡草蒙茸悶人頭目樹惟桄榔披拂而已入羅漢内門平疇沃衍種稑被畦畝無潤塍蘸無閒壤凡歷三重埔皆然又東南由觀音亭更寮頭崙番子路頭越大崎嶺則為外門其東為南子仙山東方木山隰溪為旗尾山淡水出焉南

為銀錠山北為㕲水山又自社尾莊蘭坡嶺可赴南路由木岡社卓猴山可赴北路曩以地逼野番且易叢奸匪故邊界有禁而輦運以時近則墾闢漸廣往来如織矣

未至鳳山十數里遙望崇墉錯堞稍前詢知半屏山也山奇秀為海外僅見列障出於天鑿名山者惟此為雅切耳縣南三十里有鳳山縣之得名以此又有鳳彈鳳鼻諸山狀形殊可鄙笑

打鼓山附近縣治委屬海隅山石嵌空頗為好事者輦致亭榭間然膚理色澤罕有細潤者要不足供玩賞也

岡山在鳳山縣治之北狀如覆舟無洞壑幽阻之處不解醜類何以屢集此生心近時城守左軍守備率兵駐此久而匆殄庶狐兔無從竄突歟朱學博仕玠小流求志云山巔牡蠣螺蚌遺殼甚夥山去生熟番既遠且上無居人是不可解彰化胡雄白明府云彰化諸高山在治内者亦然豈臺地諸山昔皆在海中耶沈文開襍記云臺灣當混沌時總屬茫茫大海中峙高山因水歸東南漸現沙土所以地薄而常動理或然也

小流求山鳳山西南海中嶼也周三十餘里内饒竹木山下多礁石巨舟不敢泊樵採者棹小舟往焉聞昔有墾土居者今亦徙入以為禁地朱學博据閩部疏云由興化東門而出更從黃石東行六十里而遙為平海衛正當大洋東南二面了無障蔽登城東望日下黯黯一點為烏坵倭夷所經行處也天清時小流求亦隱隱見云即指此山也恐未必然

玉山在諸羅萬山之中望之如太白積雪非有玉可採也

火山有數處鳳山志港西里赤山之頂不時山裂湧

泥如火燄隨之有火無烟取薪芻置其上則煙起臺灣風土志南子仙山後有火出石畔撲之亦滅吹之輒起又郡舊志猫羅猫霧二山之東山上晝常有煙夜常有光在野番界內人跡罕到又玉案山後山之麓有小山其下水石相錯石罅泉涌火出水中有燄無煙燄發高三四尺晝夜不絕置草木其上則烟生燄然皆化為燼故亦名火泉

蓬山而北有白沙墩橫累中達巨濱漱其趾陟巔瞰臨眇空濶遠浪擊撞青瀉無際真大觀也

八里坌亦山名由竹塹過眩眩社南大溪北大溪至南

崁凡九十五里不見人烟路行海岍間雪浪一拍直沾衣袂至此則為淡水港港南有觀音巖極高峻相傳淩絕頂可瞰澎湖港東有奇獨圭崙山山後有磺山水潺潺巉石間與石皆藍色如澱下為沸泉其熱如炙厥土黃黑質沉重有光芒以指撚之颯然有聲碎如粉日曝極乾煉以油可得硫磺余以公事至八里坌棲止港南見隔港山頂毒霧彌漫氣息觸不可耐從前設巡檢都司防此以地氣惡近皆移去

沙馬磯山南路盡境也雞籠山北路盡境也皆在海中相傳呂宋往來船以沙馬磯為指南日本往來船以雞籠為指南沙馬磯酷熱雞籠奇冷南北之殊如此郡境若南之傀儡卑南覓大龜紋瑯嶠諸山北之攸武乃查內蛤子難諸山皆野番出沒之區本無正名譯番語彷彿得之不堪覃錄

郡境通海之處各有港澳定例只許廈門鹿耳門商船往來此外臺灣縣有大港鳳山縣有茄藤港打鼓港東港諸羅縣有蟁港笨港猴樹港彰化縣有海豐港三林港鹿子港水裏港淡水廳有蓬山港中港後壠港竹塹港南嵌港八里坌港凡十有七

港均為郡境小船出入販運其中各設官守之笨港列肆頗盛土人有南港北港之稱大船間有至者鹿子港則煙火數千家帆檣麇集牙儈居奇竟成通津矣中港而上皆可泊巨舟八里坌港尤夥大率笨港海豐三林二港為油糖所出鹿子港以北則販米粟者私越其間屢經查禁近亦稍稍斂跡矣

南北溪流錯襍皆源發內山勢如建瓴大雨後尤迅急不可厲揭行旅苦之郡城北十里許有洲子尾地極窪坳通途為之中斷蔣觀察允焄前守郡時築堤數里支板橋十餘以洩水人稱便焉嗣來分巡是

郡復增築之

鳳山縣東南三十里為淡水溪源出山猪毛社後山水初出為巴六溪合力力溪大澤溪冷水坑會流數十里入海每夏秋水漲諸溪驟滙海不能洩灝漾不可涯計水落後洲渚縱橫有褰裳涉者有用竹筏濟者

雺尾溪在諸羅彰化之交源出水沙連內山合諸溪之水至臺子窪入海水濁而迅泥沙淤澱車徒涉此疾行稍緩則有沒腹埋輪者有插竹以導行旅循之可無他虞

彰化縣北十里有大肚溪志稱溪闊水險發南投山過北投猫羅柴坑諸社北合水沙連九十九峰之流為草港入海然水落時沙際尚可踵接也

大甲溪闊可十里溪滙山皆圓石絡土溪底山骨礧硌苔毛跃募滑不容趾迅湍衝激聲沓如霆渡此者先傭社番數十牽臂聳頂亂流逆涉良久始達北岸心膽猶惕惕然溪在彰化縣北四十里與淡水廳分界又北二十里許有大安溪險如大甲然較狹矣

自竹塹至南嵌諺云九十九溪內多一溪十數彎折者潮過小鳳山至南嵌社南受查內山水東受關渡門水西入海

關渡門從淡水港東入潮流分為二支西南至擺接社止東北至峰紫嶼止番民往來俱用蟒甲蟒甲者刳獨木為舟也大者可容十三四人小者三四人划雙槳以濟蠻奴習焉雞籠內海所製寬大於獨木之外另用藤束板輔於木之兩旁可容二十五六人

郡東北十里有鯽魚潭廣可十數里平流清淺碎萍圓藻演漾水面岸際漁村蟹舍錯落其間施罛者浮查容與鮮鱗躍躍翔集洵海外勝境也所少者嘉樹垂蔭且無亭榭可憩耳

蓮花潭在鳳山學前廣約八九里煙浪皺褶有致長堤修亘水木湛然往時屬博士遍植荷花露凈香清泮宮佳境後為俗令判歸民業漁人踐藉荷氣久不聞矣

水漣潭在半線方廣二丈餘狀如井諸峰環焉天將風雨則水漲發聲如潮又諸羅野番界內入大武郡山行十數日至加荖網社有石湖寬里許天將雨輒水漲丈餘或以為湖底有穴通海云

水沙連四周大山山外溪流包絡自山口入為潭廣可七八里屈曲如環圍二十餘里水深多魚中突一嶼野

番繞嶼以居空其頂岈草蔓延沿岈架竹木浮水上藉草承土以種稻謂之浮田隔岈欲詣社者爇火示之番棹蟒甲以渡嶼圓淨開爽青嶂白波雲水飛動海外別一洞天舊志云尓詢之津逮者良然

候官門人謝曦錄

海東札記卷一

海東札記卷二

記洋澳

廈門達臺灣七百里中巨溟界之或曰岐海一曰橫洋自大嶝乘西北風針盤定巽向放舟出洋後混茫一氣四望青蒼天角下垂銀濤怒捲若乃天無片雲微風不動中流停檝棲泊未由旣而颶舉浪掀高帆峭起瞥爾千里簸蕩無垠局促海船中者鮮不眩搖心目震懾鬼神者矣船將届澎湖經黑水溝乃海水橫流處深無底水多青紅碧綠色勢若稍窪故謂之溝廣約百里舟利乘風疾行遲則怒浪夾擊且水深

不能下碇也傳有怪蛇長數丈遍體花紋尾梢向上毒氣熏蒸腥穢襲人此為渡海極險處或順風鼓柁不泊澎湖謂之透洋然必視澎湖爲定向若舟不收澎或飄越臺之南北而東則渺不知其所之或未及泊澎為東風所逆不得不仍回廈門倘已收澎湖值風大浪湧惟日泊澳以待而已

澎湖在汪洋大海中錯落五十嶼巨細相間坡隴相望迴環五十五澳凡可泊船之處曰澳澳即在嶼中也舊稱三十六島指著名者言之耳由西嶼頭外塹內塹泊天后澳乘小舟登岈達天后宮前壘里環列為

澎湖正面聯絡風櫃尾猪母落水爲嵌子林投子峙
裏諸嶼形勢曲盤甲於他澳通判副將駐焉此外曰
西嶼大蒼嶼小蒼嶼姑婆嶼小門頭嶼白沙嶼圓目
嶼大烈嶼小烈嶼險礁嶼吉貝嶼目嶼空殼嶼土地
公嶼金山嶼鳥嶼丁字門嶼大猫嶼小猫嶼北白沙
嶼中墩嶼南白沙嶼四角嶼碇鉤嶼鋤頭嶼大山嶼
北崎嶼奎壁嶼藍笨嶼陽嶼香爐嶼雞籠嶼虎井
嶼船篷嶼金雞嶼狗沙嶼桶盤嶼頭巾嶼花嶼草
嶼墨嶼鐵砧嶼馬鞍嶼布袋嶼八罩嶼東吉嶼西
吉嶼味銀嶼鐘子嶼半坪嶼大嶼其西嶼之小果葉

大果葉竹篙灣牛心灣及小赤嵌八罩山船篷將軍
諸澳皆有居民有防汛餘悉無人居天后宮澳泊船
最平穩外塹內塹將軍八罩各澳南北風皆可泊西
按子澳北風可泊山裏良文港各澳南風可泊雙頭掛
鎮海港各澳值颶風亦可入避此外東衛澳西衛澳
䐗澳咼圓子澳紅羅澳湖東澳湖西澳奎壁澳小
果葉澳林投子澳煙墩澳鎖管澳銅瓦澳通梁澳大
赤嵌澳小赤嵌澳竹籠灣澳輯馬澳大嶼澳花嶼澳
只通小舟出入供居民採捕而已
鹿耳門全郡之門户也四周皆海海底鐵板沙線排

列如鑄南曰北線尾北曰加老灣又西南曰隙子港
兩岸沙腳環抱中通一徑狀如鹿耳故名鹿耳門
商船率銜尾出入不敢並櫂潮長水深丈四五尺潮
退不及一丈舟人必懸柁始能出入港路紆迴舟觸沙
線立碎於盤旋處插竹剪布南白北黑名曰盪纓
一曰招子使出入者知所趨避或令人駕小舟導引亦
曰招船沙岸設礮臺分兵防守海防廳亦置一館稽
查凡由內地東渡及自此西旋者舍此末由取道目
爲天險諒哉
自南來七峰蜿蜒海中纍如珠貫差排無近遠殊

雜卉被阜望之蒼鬱所稱七鯤身者是也安平鎮
占一鯤身之壤設副將治水師焉有大港通小舟往
來南路者蓋安平鎮與鹿耳門相表裏衛郡之要
區也往時荷蘭人築城其上周二百七十七丈崇三丈
有奇趾入地丈餘厚倍之垣甃巨甓色如染紺雉堞
皆鑄以鐵今協營軍裝火藥貯其中城外平廣約
八九里水軍與土人雜處環岸列戰艦焉
出鹿耳門迤南有石埨嶼石佛嶼涼傘嶼小琉求
山至沙馬磯頭止焉迤北有海翁線馬沙溝青鯤身
青峰闕南鯤身北門嶼荷包嶼直至大小雞籠山

外有䟫石旗竿石獅毬嶼桶盤嶼燭臺嶼香燭嶼羅漢石雞心嶼此上遠莫能稽矣諸嶼皆附近海岸尚無險仄故郡境北港口外號鏡面洋

俗呼廈門至澎湖為大洋澎湖至鹿耳門為小洋由大嶝出洋海水深碧或翠色如澱紅水溝稍赤黑水溝如墨更進為淺藍色近鹿耳門則漸白矣又泛海不見飛鳥則漸至大洋近島嶼則先見白鳥飛翔

禅海紀遊云海吼俗呼海叫如擊花腔鼓點點作撒豆聲乍遠乍近若斷若連臨流聽之有成連鼓琴

之致大吼如萬馬奔騰鉦鼓響震三峽崩流萬鼎共沸惟錢塘八月怒潮差可彷彿觸耳駭愕余常濡足海岸俯瞰溟渤而靜淥淵渟曾無波瀾不知聲之何從出然遠海雲氣已漸興而風雨不旋踵至矣海上人習聞不怪曰是雨徵也若冬月吼常不雨多主風此則形容頗肖余署近海壖每夏秋間晝夜震耳而更闌籟寂時枕畔喧豗尤難成寐值雨夜則如洞庭合沓令人五色無主矣

舊傳由廈渡臺行舟者皆以北極星為準黑夜無星可憑則以指南車按定子午格巽向而行倘或子午稍錯南犯呂宋或暹羅或交趾北則飄蕩莫知所之此則入臺者平險遠近之海道也至若臺灣郡治之海道自鹿耳門北至雞籠十九更自鹿耳門南至沙馬磯頭十一更茍遇颶風非則墜於南風烈一去不可復返南則入於萬水朝東皆極險此又居臺者之不可不知也或言黑水溝險冠諸海順流而東則為弱水昔有閩船飄至弱水之東閱十二年始還中土或又言雞籠山下實為弱水名為萬水朝東勢傾瀉捲入地底流而不返然均不可攷又蓉洲襍記言臺灣東北有暗洋春夏為晝秋冬為夜蓋一年一晝夜其

說甚誕不足信

芝渚紀畧云羅經針定子午放洋各有方向春夏由鎮海圻放洋正南風坐乾亥向巽巳西南風坐乾向巽冬由遼羅放洋正北風坐戌向辰至夜半坐乾戌向巽辰東北風坐辛戌向乙辰或由圍頭放洋正北風坐乾向巽至夜半坐乾亥向巽巳東北風坐乾戌向巽辰至天明俱可望見澎湖而嶼頭由澎湖至臺灣俱向巽方而行薄暮可望見其說甚悉要為長年三老所習者

海舶長約十丈餘濶約二丈深約二丈船首左右刻

二大魚眼以像魚形船腰立大桅高約十丈圍以丈計購自外洋来者曰打馬木亦曰番木又船首立頭桅丈尺殺焉帆編竹為之長約八丈濶四五丈尾柁長約二丈餘巨半之以鹽木製者為堅柁前相距二丈餘設板屋廣約丈餘深如之左右置四小龕為卧室曰麻離板屋後附小龕高約三尺横濶約五尺置針盤其中燃燈以燭板屋前左置水櫃深廣約八尺以貯淡水又前則為庵室碇以鐵力木為之頭碇重七八百觔以次遞殺巨船四碇次三次二鉛筒以純鉛為之形如秤錘高約三四寸底平中刳孔寬約四分深

如之繫以棕繩約長六七十丈舟人用以試水繩盡猶不至底則不敢下碇鉛筒之末塗以牛油下繩沾起泥沙輒能辨至某處又載一杉板船以便登岸出入悉由船側名水仙門船内出海一即船主柁工一亞班一用以緣桅攀帆捷如猿猱升頂了無怖畏足資占望經理者大繚一頭碇一司杉板船一香公一司祀神者總鋪一司火食者水手二十餘人凡海船以十二辰命名船首邊板曰鼠橋後兩旁欄曰牛欄柁繩曰虎尾繫碇繩木曰兔耳船底大木曰龍骨兩旁另釘杉木曰水蛇帆繫繩板曰馬臉船首横牚板捶兩角曰

雞冠桅碇繩木曰狗牙拄桅脚杉木段曰桅猪

記政紀

蔡文勤公曰臺灣鮮土著之民耕鑿流落多閩粤無賴子弟土廣而民襍至難治也為司牧者不知所以教之甚或不愛之而因以為利夫襍而不教則日至於侈靡蕩逸而不自禁不愛而利之則下與上無相維繫之情為將校者所屬之兵平居不能訓練而又驕之夫不能訓練則萬一有事不能以備禦驕之則恣睢侵軼於百姓夫聚數十萬無父母妻子之人使之侈靡蕩逸無相維繫之情又視彼不能備禦而有恣睢侵

軼之舉欲其帖然無事也難矣此論語語切中海外之獘有事斯土者其三復之

簡滿漢御史或給事中巡視臺灣自康熙六十年始往時歲有更替嗣俾遣近則三年一蒞半歲輒回至則釐覈案牘查盤倉庫閱視軍伍周巡南北疆圉據實入告所以重海外也其猶循古者遣重臣行部之遺歟

雍正五年以前臺廈兵備道領之六年改分巡臺灣道近兼提督學政又加兵備銜凡廳縣刑名由府審轉者道復核審移司錢穀册案亦多經道稽覈舉

歲科試覈錄文武生童其恩拔歲貢亦由道考取彙卷冊送本省學政歲會臺灣鎮兩閱水陸軍務又設厰督修臺澎戰船八十一號責綦重矣

臺灣府視內地職事無別惟全臺兵餉貯府庫由府支放與藩司等又經理鹽政其鹽埸分設四處洲南洲北瀨北三埸屬臺灣縣瀨南一埸屬鳳山縣四埸鹽埕共二千七百四十四格曬丁計三百三十五名每埕所出之鹽盡數盤收每月照數給價曬丁收領計四埸收入倉鹽約九萬十萬十一萬石不等府治內設鹽館一所聽各廳縣販戶並戶赴館繳課領單執赴

埸支鹽各處運賣所賣鹽銀除每月支撥鹽本及各埸館辦事人役工食外餘悉存貯府庫按月冊報

臺灣海疆也海防同知一官實關緊要蓋鹿耳門爲全郡門戶而南北各港口亦其統轄者凡商船自厦來臺者有糖船橫洋船之分由泉防廳給發印單開載柁工水手姓名年貌并所載貨物於厦之大嶝門會同武汛照驗人貨相符放船出口其自臺回厦亦由臺防廳查明柁水姓名年貌及貨物數目換給印單於臺之鹿耳門會同武汛點驗出口倘出入有私冒夾帶者究之其所給印單臺厦二廳彼此彙移查銷如有一船未到及久不銷者即移查焉又司四縣額運內地府廳縣倉兵眷米粟歲計九萬四千四百八十八石有奇逢閏加運粟四千九百六十九石有奇臺灣縣附郭粟貯郡城其鳳山縣粟石自茄藤港運至府澳諸羅縣粟石自笨港運至府澳彰化縣粟石自鹿子港運至府澳凡有內地商船自厦門來進鹿耳門者責成臺防廳分爲六等糖船則以梁頭在一丈六尺以上者爲大一丈四尺以上者爲中一丈二尺以上者爲小橫洋船則以梁頭在一丈四尺者爲大一丈二尺者爲中一丈者爲小大糖船初配粟三

百二十石後減配二百六十石中糖船初配粟二百六十石後減配二百二十石小糖船初配粟二百四十石後減配二百石大橫洋船初配粟二百石後減配一百六十石中橫洋船初配粟一百六十石後減配一百二十石小橫洋船初配粟一百二十石後減配九十石至其交卸處所遠近不同則令各船指臚由縣給以水脚銀載赴厦門轉輸內地各府廳縣倉交納其初來之船領單呈數後已運者免運一次謂之一差一免事例均經咨部行之郡境有澎子杉板頭一封書船子各小船領給臺灣鳳山諸羅三縣船照設

有船總管理均有行保赴南北各港販運船總行保具結狀填往某港同縣照送臺防廳登號給與印單以水程之遠近定限期之遲速到港時汛官驗戳入口仍填所載貨數蓋戳出口回至鹿耳門將印單繳驗進澳各港汛官每五日摺報備查有踰限者嚴懲船總行保仍行各汛挨查以防透越近年又兼南路理番則以臺灣縣三社鳳山縣八社歸其管理已另鑄關防須用矣

乾隆三十三年專設北路理番同知駐彰化縣城管理淡水廳及諸羅彰化二縣番社一切民番交涉事

件毋許奸棍豪强賭典番土牽手番婦佔居番社及官吏派累採買需索供應諸弊仍責令不時清查番累防禦生番其南路理番則以海防同知兼之

臺灣鳳山諸羅三縣設自有鄭之初雍正元年劃諸羅虎尾溪以北設彰化縣又增設淡水同知稽查北路兼督捕務九年劃彰化大甲溪以北歸其管理駐竹塹職事與縣等凡廳縣刑名錢穀簿書期會與中土無異惟田賦則殊蓋中土止有田而臺灣兼有園中土俱納米而臺灣止納粟中土有改折而臺灣止納本色中土之田以六尺為一弓二百四十弓為一畝臺灣之田以長竹一丈二尺五寸為一戈東西南北各二十五戈為一甲計一甲約中土十一畝三分一釐有奇中土上則一畝田各縣輸法不一約徵折色自五六分至一錢一二分而止是臺灣一甲之田在中土不過徵至一兩三錢零今一甲田上則徵粟八石八斗中則七石四斗下則五石五斗一甲園上則徵粟五石中則四石下則二石四斗其輕重懸殊如此蓋自紅夷至臺就中土遺民令之耕田輸租名曰王田非民自世其業按畝輸稅也及僞鄭時王

田改為官田耕田者為官佃輸租仍其舊其支黨及文武僞官與士庶之有力者招佃耕墾自收其租而納課於官名曰私田其營兵就所駐之地自耕自給名曰營田迨歸命後官私田園悉為民業酌減舊額按則勻徵以有此數也雍正九年戶部議准劉總督世明具題臺屬報墾田園自雍正七年報墾及自首陞科以後續墾者照同安則例徵糧俱以雍正七年為始化甲為畝分則上中下如上田民米例每畝徵銀八分五釐三毫四絲米六合九抄五撮中田鹽米例每畝徵銀六分五釐八毫八絲四忽米三合八抄七撮下

田官米例每畝徵銀五分七釐五毫五絲不徵秋米上園照中田例中園照下田例下園照鹽米不徵鹽折例每畝徵銀五分六釐一毫八絲至改則田園仍依臺例統照三錢六分折粟一石核算徵輸著為例查淡水廳新舊額徵粟一萬一千七百八十一石零臺灣縣新舊額徵粟五萬一千七十九石零鳳山縣新舊額徵粟四萬六千三百五十二石零諸羅縣新舊額徵粟四萬八千三百七十八石零彰化縣新舊額徵粟三萬二千三百五十石零全臺各廳縣每年新舊額通徵粟一十八萬九千九百四十三石零

每年應支銷全境兵粟及撥運內地兵眷粟通十七萬一千九百一十石零逢閏加支粟一萬一千三百八十二石零計常年現徵之粟較常年支銷之數實餘粟一萬八千三十三石零閏年餘粟六千六百五十一石零論者謂一郡之中新舊異額輕重懸殊輸納既未免偏枯且核現徵額粟除支銷之外實有嬴餘議於餘粟一萬八千三十三石零數內每年止徵粟六千石為三年一閏五年再閏加支之粟其餘一萬二千石零請於雍正七年以前舊徵額內攤勻核減以紓民力然卒不果行又各廳縣雜稅多沿舊名故徵餉水陸異科與中土迥別然存留經費之項資焉未可議減也

各港汛員如大港則經歷司之南路茄藤港則鳳山縣上淡水巡檢司之打鼓港則鳳山縣典史司之北路蚊港則諸羅縣佳里興巡檢司之笨港猴樹港則諸羅縣笨港縣丞司之三林港海豐港則彰化縣南投縣丞司之鹿仔港則彰化縣鹿仔港巡檢司之水裏港則彰化縣貓霧拺巡檢司之蓬山港後壠港中港竹塹港南嵌港則淡水同知司之八里坌港則淡水廳新莊巡檢司之

府縣設教授教諭訓導各一臺灣府學歲進文武童生各二十名科進文童生二十名又歲科額進四縣粵籍文童生各八名附府學縣學歲進文武童生各十二名科進文童生十二名臺灣鳳山諸羅三縣學同惟彰化縣學歲進文武童生各八名科進文童生八名廩增生府學各二十名四縣學各十名歲貢則分府縣學一年一貢二年一貢為差屆鄉試渡海赴省闈另編臺字號取中二名郡中有海東書院道主之崇文書院府主之近移設南郊曰南湖書院

澎湖為臺灣郛郭承平既久生聚日繁佔亦少馴

矣雍正五年設通判治之稽澳懸詰奸船平訟爭攴軍糈有命盜案仍歸臺灣縣審擬設文石書院生童肄業其中歲科試於廳渡海應道試附臺灣縣屢有游庠者近淡水廳亦依此例附彰化縣進學

臺灣鎮總兵官駐郡城掛印埒提督水陸兼轄重鎮也領中左右營遊擊各一守備各一千總六把總十二額兵二千七百七十名復領城守營叅將一左右軍守備各一左軍駐鳳山縣岡山汛右軍駐諸羅縣下加冬汛千總二把總四額兵一千名南路叅將駐鳳山縣城領守備一駐埤頭千總二把總四額兵一

千名復領下淡水都司一駐山猪毛千總一把總二額兵五百名北路副將駐彰化縣城領中軍都司一左右營守備各一左營駐諸羅縣城右營駐竹塹城千總六把總十二額兵二千四百名復領下淡水都司一駐猛甲千總一把總二額兵五百名設波字號戰船二隻臺灣協水師副將駐安平鎮領中左右營遊擊各一守備各一千總六把總十二額兵二千五百名中營設平字號波字號戰船十五隻左營設定字號波字號戰船十六隻右營設澄字號戰船十五隻澎湖協水師副將駐澎湖領左右營遊擊各一守備各一千總四把總八額兵二千名左營設綏字號戰船十八隻右營設寧字號戰船十五隻統計臺澎水陸兵一萬二千六百七十名水師戰船八十一隻其間分布塘汛聯絡巡徼礮臺烽墩列戍相望官有秩限兵以更番練習勿弛防衛加謹蓋海外營務至今日倍周密矣論者以諸羅縣境地廣濶谿嶺深險居戶流民錯處其中僅一守備駐城存兵無幾所轄要害之地防守亦寘兵寥寥殊不足以資捍禦議將鎮標左營遊擊移駐諸羅縣城守備移駐下加冬又以縣境斗六門地方北接虎尾溪東通內

山實為要隘應將舊駐縣城之北協左營守備移駐其舊駐下加冬之城守右軍守備撤回郡城又以縣境礁吧哖地方山深林密徑路錯襍易於藏匪應將上淡水都司移駐與斗六門守備均歸北協管轄其淡水各處俱關緊要須寘大員彈壓都司既移駐礁吧哖應將安平協左營遊擊移駐猛甲又以彰化縣境鹿子港澳口廣濶人居稠密舊設把總一員防範難周應將安平協左營守備移駐蓋亦相時籌地之議也雖不能遽行存此以備採擇

陳少林曰臺灣環海依山欲內安必先守山欲外寧

必先守水守山之法勞而易守水之法逸而難盖陸地之防惟在嚴斥堠愼盤詰實心衛民勿以擾民得其人以任之而已水地之防必資於船多設船則有逢桅纜碇修葺之工費歲需不貲是在主計者之持籌也盖臺灣善後之計莫急於增兵增兵自不得不增餉若僅駐鎮於郡駐協於安平南北路兵單汛薄恐未雨之憂不在鹿耳門而在海港山社之間矣少林名夢林漳浦諸生蔡文勤公稱其曾修諸羅縣志凡所憂虞規度先事而中錄此以見一斑

候官門人謝曦錄

海東札記卷三

記氣習

具四方之風謂之颶字从具今羣然作颶訛从貝呼亦貝音且轉為暴音矣字書無颱字亦土人臆撰者呼為台音風大而烈尤甚者為颱颶倏發倏止颱常連日夜正二三四月發者為颶五六七八月發者為颱九月則北風初烈或至連月為九降渡海以四八十月為穩以四月少颱八月秋中十月小春天氣多晴暖故也六月多颱九月九降其最忌者颶將至則天邊斷虹先見一片如帆者曰破帆稍及半天如鱟尾者曰屈鱟出其驗也颱無定期必與大雨同至至必拔木壞垣飄瓦裂石久而愈勁舟雖停泊常致粉碎海上人甚畏之惟得雷聲即止諺云六月一雷止三颱七月一雷止九颱占颱者每視風信反常為戒如夏月應南而反北秋冬春應北而反南旋必成颱若七月北風亦主颱及其既作必四面傳遍如北風必轉東而南而西南風亦然或一二日或七八日不傳遍不止也颶驟而禍輕颱緩而禍久且烈昔人謂天地之氣交逆地氣鼓而海沸天風烈而雨飄故沉舟傾檣又謂春風畏始冬風慮終非習海上氣候者烏

能知之
暴信或先期即至或逾期始作總不出七日之内其期舟人悉習之相傳正月九日玉皇暴有風則終歲各暴皆驗否則至期或有風或無風靡所準也又十二月廿四日送神暴自是日至二十九日凡有南風則應來年有颶如二十四日應四月二十五日應五月二十九日應九月俱不爽

廈門之風早西晚東惟臺灣之風早東晚西無午後海上如煙霧濛濛名曰獃海西四時皆然說者謂船出鹿耳門必得東風方可揚帆澎湖來船必俟西

風裁可進港設早西晚東則去船過日中始能放洋來船昏暮不能進口豈非風信之奇於此想越中樵風之說不盡誣也

自九月至明年四月不雨殆累歲皆然五月以後大雨時行甚有連綿匝月不歇者砌苔礎菌綠意延緣墻壁几榻津潤欲滴椸架連箱靡不霉浥殊悶悶也於日落時見西方雲色黯然一片如墨全無罅竇不見雲腳者主來日雨鄭滄浪云雲腳者如畫家繪水口石其下橫染一筆為水石之界者是也無腳之雲如畫遠山但見山頭不見所止可謂善狀豐陰者黃玉圃侍御云諸山煙靄蒼茫若山光透露便為風雨之徵又飢鳶高唳海雀驚飛踰日必風春晚觀西冬晚觀東有黑雲起主雨諺云冬山頭春海口

常年氣候皆燠雨後輒微涼薄肌所謂四時皆夏一雨成秋也入冬絕無霜雪故土人度臘少挾纊者遊客三月輒着輕紗至十月不更每朔風驟凜忽易薄裘曦光一射仍被縠衫一日之間暄涼數變故讌集須袷毳兼攜以備不時脫換砌蟲夜響竟歲皆然春初已綻夏萼膳餅折供若榴與山茶掩映不足怪也更有狂飈怒號轉覺灼體風過後木葉焦萎如爇俗謂之麒

麟颶云風中有火殊可詫異

舊傳野不苦旱以土沙含潤又露氣重也予嘗秋郊早行辨明時草露已晞志所謂入夜霏霏如霰茅簷日高尚溜餘滴者無有也或曰近年人煙漸稠故露氣減於昔云

黃玉圃侍御曰廣東志云嶺南陰少陽多故四時之氣闢多於闔一歲間溫暑過半元府常開毛腠不掩每因汗溢即致外邪蓋汗為病之媒風為汗之本二者一中寒瘧相乘其疾往往為風淫又云盛夏士庶出入率以青布裹頭蓋以其俟南風為厲一俟陽明則

病不可起此地正相同余見寓臺者小有感冒投表劑則內府虛餒而俗師驟施温補之藥變症又不可思議矣大抵來此者堅强變為柔脆十常八九矣

臺灣本島夷境秖今林〻總〻皆漳泉潮惠之人占居於此凡歲時婚喪諸儀節率沿其土風要不得目為臺灣習俗也顧海外襍然雖疆索視內治而流而不返之勢已成積重有心挽救者非洞見其受病所自烏能相勝理而鍼砭之哉

好鬬輕生舊習故未殄也每睚眦微隙輙散檳榔一呼鬨集當衢列械橫擊不可嚮邇陳肆者收所售物

如恐不及蓋稍需則乘機攫奪盡矣七月中元絜臺延僧道施食其上至於更闌攤觀者爭所施食名曰搶孤有鬬毆至死者又開場演劇小伶流睞所及名曰目箭人必爭之揮拳斃命亦所時有此皆習之宜惡者當厲禁之

海外百貨叢集然直倍中土俗尚華侈雖傭販輩徒跣載道顧非紗帛不袴婦女出不乘輿袨服茜裙擁傘蓬通逵中略無顧忌匠作冶金範銀釵笄釧珥之屬製極工巧凡鬻冠服履襪者各成街市闐然五都奢可知已

無男女老少羣然好博有骰寶骰字湯抓攤攤錢諸戲洋錢大者一博動以千計洋錢銀錢也來自咬嵧吧呂宋諸國臺地交易貲費皆用之大者一枚重七錢二分有二當一者曰中錢有四當一者曰茇仔且有八當一十六當一者臺人均謂之番錢亦稱番餅

土人啖檳榔有日費百餘錢者男女皆然行卧不離口啖之既久脣齒皆黑雖貧家日食不繼惟此不可缺又解紛者彼此送檳榔輙和好款客者亦以此為敬

俗喜迎神賽會如天后誕辰中元普度輙醵金境內

備極鋪排導從列仗華侈異常又出金傭人家垂髫女子裝扮故事舁遊於市謂之擡閣靡〻甚矣每舉尚王醮設壇造舟送迎儺恪糜費尤屬不貲

神祠里巷靡日不演戲鼓樂喧闐相續於道演唱多土班小部發聲詰屈不可解譜以絲竹別有宮商名曰下南腔又有潮班音調排場亦自殊異郡中樂部殆不下數十云

鴉片產外洋咬嵧吧呂宋諸國為渡海禁物臺地無賴人多和烟吸之謂可助精神徹宵不寐凡吸必邀集多人更番作食鋪席於地衆偃坐席上中燃一

燈以吸百餘口至數百口為率煙筒以竹為管大約八九分中實椶絲頭髮兩頭用銀鑲首側開一孔如小栢大以黃泥揑成壺盧樣空其中以火煆之嵌入首間小孔上置鴉片煙於壺盧首煙止少許吸之一口立盡格格有聲飲食頓令倍進日須肥甘不尔腸胃不安初服數月猶可中止迨服久偶輟則困憊欲死卒至破家喪身凡吸者面黑肩聳兩眼淚流腸脫不收而死

凡遊臺者蕩子癖狹斜之遊敗類耽摴蒱之戲貪毒煙以自賊其膏比匪人而甘罄其橐以致生歸無日費根埋沙縱令綿息僅存含羞托鉢習之不戚轍胡勿鑒至於斯極悔何及哉

臺灣更有一種無賴之人出則持梃行必佩刀或藪巨莊或潛深谷招呼朋類譎誘蚩愚始而伏黨群偷繼而攔途橫奪蓋梗化之尤者初方日為羅漢腳而治之不早將有鴟張之勢如朱一貴以一飼鴨奴跳梁黃教以一盜牛賊作逆雖先後對日就戮而官軍受其戕害村莊遭其荼毒已不可勝言矣吾願司土者尚時時留心斯輩也可

記土物

有物非此土所產來自中土他海者有名繫此土實非產自此土者有此土與中土他海同產而早晚稀稠有別與夫形狀小異者有實為此土獨產者或畧或詳就見聞所及記之

稻之屬若秔稻有早占埔占尖粟三杯圓粒各種秋稻有赤殼鹿皮鴨母鵝卵各種早占種於二三月成於六七月田中種之埔占種於三四月成於八九月園中種之圓粒無多三杯殼薄而米白但不耐久貯尖粟殼厚而米麤收倉十年不腐故各屬正供惟收此種鵝卵秋性極黏諸秋中最佳者又鳳山淡水東西

港早冬種於十月收於三四月名曰雙冬又為他邑之所無也臺地土壤肥沃田不資糞種植後聽之自生不事耘耔望享收成倍於中土近歲糴價不賤居民炊釜頗艱則以逐利者秖貪越販故蓋藏鮮焉

南路地熱不宜麥北路種者甚多三月可收不待麥秋也凡小麥開花北地以晝南方以夜臺麥如北地故其性寔良又一種狀如棗實如石榴子一枼一穟穟數百粒土人謂之番麥

黃豆黑豆赤豆綠豆黃粱胡麻之屬北路廣種之種同中土而收穫較早

蔬菰與内地無別黄瓜茄莧之屬春初即入盤飧又荷蘭豆如豌豆角粒脆嫩色綠味香虆帶豆莢綠子黑紅公豆莢紫子紅御豆大如指頂味尤滑嫩皆食單佳品也

筍味酸苦不堪入庖予在八里坌港見有筍生竹節間剝而瀹食味甚脆美

傀儡山產芋魁有數十觔大者野番以此為糧余在康子港見芋大如巨筐重三四十觔云亦產自内山

番藷有紅白二種產同中土臺人亦資以供常餐海外土浮而沃樹藝較内地倍肥澤焉余署階際偶植

一枚旋坼土牽蔓未數月幹如蒲桃支架引之高丈許葉覆數笏地蓋僅見者

王漁洋香祖筆記云鳳山縣有薑名三保薑相傳明初三保太監所植可療百病鳳境今無有也臺地植薑春種夏熟味最脆嫩

梅花間有山茶花紅白各種多重臺者桂花四季皆開然香少遜矣蘭花水仙花來自海舶桃花處處有之入臘盛開至燈期則花事闌珊絳緋碧桃吐蕚稍遲若牡丹芍藥乃絕無者

扶桑花一名佛桑葉如桑葉花如蜀葵色深紅如火爍光所燭疑若燃生臺地有二種千葉者紅黃二色單瓣只有紅者自夏至冬一樹開數百花望之如燒空焉

刺桐樹高大而枝葉蔚茂其花附幹而生側敷如掌色極鮮紅予友任伯卿官右營遊擊署旁射圃中列植以百計因以名園花時余偕觴詠其下襟袖間疑蒸赤城霞也

貝多羅花樹多瘿結枝皆三杈葉如枇杷而厚瓣過之可以寫經所謂貝葉也花瓣五出間有六出者大如小酒琖瓣皆左紐白色近蕋則黄苞微紫香如檗

橙日開數萬朶落地如鋪銀略無萎意余署前庭一株老樹屈蟠婆娑廣蔭竟歲在馥郁中殊饒佳致

曇花即優鉢羅花草本出西域有紫白二種青葉叢生或一年一花或數年不花懸莖包裏狀若荷蕋中攢十八朶每一日開一朶釋家謂符羅漢之數梵刹多植之

抹麗花千層大如菊蕋碎玉玲瓏開經三宿妙香逈絕亦名三友花土稱番茉莉又稱番梔子或稱葉上花其常種亦自饒賤串朶成毬一錢可得置枕簟間足清夢琳

晚香玉葉如鹿葱花潔白含苞如玉簪夜開有香蒂必雙出一名月下香又名雪鴛鴦此花中土極珍之臺地叢生如草土人不甚愛惜剪之成束鬻以插餅余於署後圃中課僮遍栽每風露涼宵月光如水覺清芬細細襲襟帶間

頳桐花草本高不盈丈葉似桐花紅如火一穗數十蕊苞如鸚咮亦名紅鸚哥臺地五月盛開午日雜插瓶盎中故俗呼龍船花又席子花一名月桃花亦五月開午日折以簪小兒髻上

木蘭花樹本大者圍數尺花淡黄色細碎如黍粒香

氣清遠種出暹羅故名暹蘭又珍珠蘭花如金粟弱枝蔓引香與木蘭同俗呼雞爪蘭

含笑花五瓣淡黄色香味郁烈擷折開餘芬溢指尖經時不歇

鷹爪蘭花如蘭無心色初青漸黄香味滞膩襲之令人作惡閨人插之鬢際云染髮膏則香益清徹

斑支花即木棉也花較山茶更大色深黄蓓蕾堅厚結實如棉又一種花色紅者臺地無之

消息花即刺毬本高數尺有刺植之籬落間黄蕊細攢如圍絨芬馥亦自襲人又番繡毬蔓生葉厚花白心微紅亦名紅繡毬

金絲蝴蝶花黄片紅點多鬚如舞蝶一名金茎花又番蝴蝶花高盈丈色中紅外黄如蝶有鬚四時常開

鐵樹花狀如紗龍玲瓏細瑣千瓣分披瓣各一花黝根翠葉故自森森

午時梅色紅午開子落一名子午花非梅種也相傳來自毗尸沙國

指甲花樹高丈餘枝條柔弱葉如嫩榆搗以染指甲色同鳳仙花白色朵細香清

百葉黄梔花一名玉樓春亦非牡丹種又七里香木

本一名山柑花叢生如柑五瓣色白香遠與山礬名同族別又素馨花藤本延緣竹木花白如雪晚亦與花田所產者殊類

美人蕉花有紅黄二種黄者尤芳鮮可愛四時開花不絕有高丈餘者子堅黑可作小念珠

迎年菊與秋花無異惟紫色一種開歷冬春故名余署齋前四月間盆菊盛開曾邀友人賞之臺地少寒多燠百卉榮滋故不論節候也

蓮蕉花出蕉心大如蓮鮮紅可愛經時不謝又交枝蓮藤本花五瓣白色其莖互相縈繞午開未謝

噴雪花葉深碧開小白花以千萬計彌望如雪故又名潑雪

西瓜種於八月成於十月臺灣鳳山二縣有之歲以充貢

波羅蜜大如斗皮礧砢如佛頂螺髻剖之純瓤間疊如橘柚囊色黃味甘核如棗仁熟食味如百合余初得一枚署中人有不識者余戲之曰此荔祖也衆為撫掌

釋迦果似波羅蜜而小色碧種自荷蘭味甘而膩微酸熟於夏秋間

菩提果一名香果花白色實如枇杷味甘芬鮮青熟黃纍纍如臘丸

鳳梨一名黃梨亦曰黃來葉如蒲而短濶兩側如鋸齒實抱幹生通體鱗皴葉自頂出森張若鳳尾色淡黃味甘酸切之津瀝芳香襲人

羨子亦稱番蒜或作檨字書無此字也樹高大葉尖長濃可蔭畝花微白小朶有香結實膚綠肉黃味酸甘盛夏大熟人爭噉之又或蘸鹽以代蔬切片用糖罨之名曰蓬萊醬土人甃擔堆筐鬻諸通市果之最繁富者

甘蕉一名牙蕉綠葉攢抽中心出花一枝五六層層層吐瓣紅紫可愛結實每層數十枚排比如櫛色黃白味香甘臺地村舍後每廣植之四時皆生藉以獲利

檳榔樹直無枝高一二丈皮如青桐葉類筠竹葉上聳如翼張葉脫一片內現一苞苞綻即開花淡黃白色連綴而叢實附花下形圓而光宛然纍棗自孟秋至來年孟夏叢生不絕土人摘其鮮者用扶留藤和蠣灰食之咀嚼不能少輟迨六七月未熟時輒以熏乾者繼之

椰子樹幹葉如檳榔結實外裹粗皮似欖片質大如

瓜殼堅厚剖之白肪盈寸極甘脆清液可椀許氣味與酒相近曰椰酒六七月熟可採番人躍其上攀援摘提名曰猱採

南北路連隴種土豆即落花生也沙壤易滋黃蘤遍野每冬間收實充衢盈擔熟啖可佐酒茗榨油之利尤饒巨桶分盛連檣壘舶販運者此境是資

番薑木本花白色實尖長熟時紅艷中有子味辛荷蘭種也番人帶皮啖之亦名番椒又一種實圓而微尖狀如柰種出咬𠺕吧中土無之又番木瓜樹幹直上無枝葉生樹杪似草蔴花白色開枒椏間瓜凡五稜無

香味番石榴不種自生味臭而澀番柑番橘皮苦肉酸皆不足啗

佛手柑北路產者甚大香殊不足龍眼亦顆小味薄均非佳品

蔗有紅白二種其漿資人啖者與中土同又幹小者名曰竹蔗煮汁成糖者此也東寧政事集云蔗苗種於五六月首年則嫌其嫩三年又嫌其老惟兩年者為上首年者熟於次年正月兩年者熟於本年十二月三年者熟於十一月故硤煮之期亦以蔗分先後若早為砍削則漿不足而糖少大約十二月正月間始盡

興工至初夏止初硤蔗漿半多泥土煎煮一次濾其渣穢再煮入於上清三煮入於下清始成糖入碣待其凝結用泥封之半月一換三易而後白始出碣曬乾舂擊成粉入簍須半月為期未盡白者名曰糖尾併碣再封蓋封久則白封少則緇其不封者則紅糖也又赤嵌筆談云臺人十月內築廍屋置蔗車僱募人工動廍硤糖每廍用十二牛日夜硤蔗另四牛載蔗到廍又二牛負蔗尾以飼牛一牛配園四甲或三甲餘每園四甲現插蔗二甲留空二甲遞年更易栽種廍中人工糖師二人火工二人煮蔗汁車工二人將蔗入石車硤汁牛婆二人鞭牛硤蔗剝蔗七人園中砍蔗去尾去籜採蔗尾一人看牛一人二書足盡煮糖之法因摘錄之

臺灣山無松柏坐蔭則雍腫成林草不芊緜彌望則劍鋩刺眼縱有良材多淪深谷豈無芳草未入圖經欲指名而未繇求適用而奚辨嵇含之所難狀神農之所未嘗不幾指不勝僂也哉

榕樹產閩粵間木之易長而多壽者海外亦所在皆有余署南園一株輪囷偃覆極冥濛鬱律之狀郡署鴻指園有榕根蜿蜒地上高約四五尺橫長約二丈餘

凌空撐拄疑出神工謂之榕橋奇觀也

茄冬樹木質堅重色紅紫紋理細緻製器物與紫檀相近花梨不及也余在後壠見列樹交柯葉如冬青淺黃深綠一望鬱然類西洋界畫中所渲染者詢之即此樹也

蕭朗木大者數圍質重而理細類黃檀然求之內山析片輦運製器家良之或曰即柏也一曰消郎

楠木始生已具全體裂土而出兩葉始櫱已大十圍歲久則堅終不加大蓋與竹筍同一理也見裨海紀遊

南路打鼓山有香木色類沉香味較檀尤烈不名何香

土人亦不知貴閒昔年為吳客載去甚多後有製為香杖者零星賸木拾琢扇器見赤嵌筆談

桄榔直幹似栟櫚有節如竹樹杪抽數十枝攢葉若蒴吐花作穗子歷落狀若青珠皮中有屑赤黃色如麪可食木質堅而多文製器斑如

杪欏木腹空洞四周綴褶如縲篆自然蚪屈不待郢削也人每取以貯筆

綠珊瑚一名綠玉樹竟體槎枒絕無花葉色光潤如研黃和黛綠不可拭其生易蕃郡境籬柵閒所在皆植

交標九荊皆土人構室材也交標可為梁九荊作柱入土不朽野人縛茆成舍搘拄便焉又番樹大如槐枝幹離奇或似卧松結實如槐角皮紅時綻子肉白可食俗呼刺豆亦呼番豆又餲頭果樹幹似桐不直聳旁枝着葉略如木芙蓉細花綠穗攢蕚相屬皆中土所無者

林投或作菻荼樹直幹皮似椶櫚質極堅有紋理中空從根結縲貫頂葉青而長兩旁皆刺花如蘆荻實類波羅蜜不堪啖又水漆柯葉彷彿刺桐皮有黏液着膚輙腫一說葉有毛刺人則癢不可耐搔之發紅腫

痛久之乃止故名咬人狗即水漆種也與林投均為人家園籬所資

每於雜薪中拾木如蟲痕甚如濕漬腐朽指不可掐者迨裂之堅實異常揮斤有難色矣質細滑如塗膏睇之完蝕相錯洵製器美材俗呼爛心木究不審何許木也黃玉圃云內山林木叢雜多不可辨樵子採伐鬻於市每多堅質紫色竈煙閒有香氣拂拂若為器物必係精良徒供爨下之用實可惜良然

竹叢一望蒙密畧無娟翠細香供人玩味則惟刺竹一種而已此種數十竿為一叢茁筍不出叢外每於

叢中排比而出枝大於竿又節節生刺如鳥爪指人甚銳人不敢近是用植以固樊圃焉而欂櫨枅柱几榻筐筥之屬亦於是資其他中土產者閒有之

七絃竹幹白有青線紋六七條葉與凡竹同蓋竹別種也又人面竹節密而凸宛然人面一名佛眼竹又觀音竹弱枝細葉瓷斗中物也

地不產茶水沙連一種與茗荈相類產野番叢箐中曦光不到之處故性寒可療熱症然多啜恐胃氣受傷

扶留藤即蒟也俗名荖字書無此字蔓生葉如田藷

而小枝條細長延十餘丈土人食檳榔或用葉或用藤或用根和食之納幣儀以紅絲繫葉百束盛盒不解何義

風草惟社番識之春生無節則經年無颱風生一節則颱一次多節則多次聞驗必不爽眞奇事也

龍舌草形如舌旁有刺中液如膏閩人取以潤髮鮮澤可鑑

紅毛茶草類黃花五瓣葉如瓜子亦五瓣根如藤斵取曝乾瀹茗可療時疟又董黃叢生葉如美人蕉根似薑取以染繪又七絃草叢生如秧苗界紋白綠相

間入冬白變為紅又羞草葉生細齒仯之則垂如含羞狀又齒草枝葉高尺許社番取以擦齒久之皆黑凡此悉隨俗呼名為類尚多不能臚記

藥品多本草所不載者舊志及赤嵌筆談諸書所錄甚夥如羊甘鳥甜雞骨鴨嘴鼠尾黌殼與夫四時春半天飛過江龍鐵馬鞭之屬名既不典性亦難識雖主治各有方味刀圭當勿輕試也

蔣觀察以海外無鵲從中土籠致十數枚載海船來亦復營巢伏卵意必蕃息甫逾年無一存者說者謂鵲卑飛不能越海是不然土性不相習故物類不能

不拘於墟鸜鵒不踰濟鴻雁迴于峰獨鵲也歟哉

鳩不一種色青黑者曰斑鳩項下赤者曰火鳩體純綠蒼趾紅者曰金鳩白鳩周身如雪皎然可愛能知氣候每交一更輒鳴數聲眞慧禽也

烏鶖似八哥通體皆黑喙如錐尾長飛最疾鳴如黃鸝能作百鳥聲夜則隨更遞喚能搏擊羽族蓋鷙鳥也又一種黑身紅頂綠趾曰海八哥又傳鹹水港統領埕茄冬樹上歲巢白八哥土人每伺其將雛時攫而飼之

海燕與中土無別而營巢少異又一種似燕背淡黑

色腹下黃色尾長飛則鳴行則搖曰番草

鵚鸛狀似鶴畧小而短尾翎羽淡紅色專食蛇虺探穴啄令自出

長尾三娘朱喙翠翼褐脊彩耀掩映尾長盈尺土人因名之產諸羅深山中

海鵝俗名南風鵝又名布袋鵝恒於海濱獵魚又海鷄比家雞較大色黑腳綠宿海嶼中取而烹食骨脆味美甚

五鳴雞大如鵪鶉項白每漏下一鼓則一鳴又潮雞潮上輒鳴又彩囊似雞而小項上有五彩囊

番鴨大於舒鳧翎采微異嘴趾皆赤色味殊遜之

臺山無虎故產麀最繁從前麀場在近山所後皆墾為田遂於內山捕獵貿販者多越山後交易麀茸性減於關東而直不賤胎皮則益昂矣市人購皮製為箱篋裀囊遊臺者必挾歸充餽物然費侈而品不精徒供唾涕耳

艾葉豹斑駁可觀製裘者重直購之然亦粗重不堪曳婁

內山多野牛千百為羣欲取之先置木城一面開門驅之急則皆入入則扃而餒之然後徐施羈靮豢之以

芻馴則役同家畜矣其革製衣篋甚堅臺物以此為冣

產馬小而弱不及中土內山亦有產者名曰山馬

內山多猴有小如拳者不易得

畨犬高倍常犬狀尤獰猙中土人每重直購而畜之又畨猫較家猫肥澤而尾甚短捕鼠亦捷

聽蟲聲以占候海外不然二月已聞蟬噪四時不絕蛩吟蟲風月令所陳要難為此間例也至若容帷不能障蟲蠅鑰笥不能卻蟻豸尤足生人厭惡不堪寢處者矣

每夜分籟寂忽四壁作響蜡蜡如鵲噪火之則蝘蜓鳴也聒耳不休殊無清趣徒令旅懷作惡耳

蛇之毒者不一種聞北路有巨蛇可以吞麀名鉤蛇能以尾取物則又巴蛇之亞也

海族綦繁夥矣沿海郡邑志詳載之臺產無珍錯燕窩海參鰒鯗之屬來自洋船所常產者蟳蠣蠃蛤蚶蜆鰈鯽各種無異也故鱗介不備記記其稍饒異者

稗海紀遊云鯊魚胎生市得一魚可四五觔用佐午炊庖人剖腹一小魚從中躍出更得五六頭投水中皆遊

去赤嵌筆談云鯊類不一種龍文鯊雙髻鯊志言之矣外此有烏翅鯊身圓翅尾黑色鋸子鯊長似鋸烏鯊口濶大者數百觔能食人虎鯊頭斑如虎齒迅利噬人手足立斷圓頭鯊亦食人鼠蜈鯊皮白齒如杯蛤婆鯊口濶尾尖油鯊身圓而長尾似蝦尾泥鰍鯊口尖青鯊身青色扁鯊身扁尾小乞食鯊皮可飾刀鞘狗纏鯊身長尾尖狗鯊頭大上有烏赤點離水終日不死按郡志有白鯊胡鯊雙髻鯊其最佳者皮上有黑白圈文曰龍文鯊其翅尤美今鯊翅出南路嵌頂及澎湖每歲十一月漁人取之載海船行販焉

澎湖產塗魠魚魚無鱗狀類馬鮫而大重者二三十觔肥澤鄰甘海外鱻味之絕官澎島者以此餽遺不過一二尾意甚珍重然冬春間海船經此市之直廉未嘗不饜飫而去

烏魚以冬至前後盛出由鹿子港先出次及安平大港後至瑯嶠海腳於石罅處放子仍引子歸原港冬至前所捕者曰正頭烏則肥冬至後所捕者曰回頭烏則瘦子成斤下鹽曝乾味亦佳漁人有自廈門澎湖伺其來時東渡採捕鳳山縣䧺餉款內有採捕烏魚旗九十四枝旗用白布一幅刊刷烏魚旗字樣填寫

漁户姓名鈐蓋縣印植船頭網取旗每枝徵銀一兩五分是為臺賦水餉之一又臺灣鳳山諸羅三縣蠔餉每條徵銀五兩八錢八分蓋蠔蠣房也即以為取之之名用竹二長丈餘各貫鐵於末如剪刀於海水淺處鉤取蠣房者

飛藉魚相傳沙燕所化兩翼尚存漁人俟夜深時懸燈以待乃結陣飛入舟力不勝滅燈以避又新婦啼魚狀本鮮肥熟則拳縮命名以此

鸚哥魚觜紅體綠又蝴蝶魚見上淡水海岈間栩栩然宛似鳳皇孫也

旗魚色黑大者六七百觔小者百餘觔背翅如旗鼻頭一刺長二三尺極堅利水面鬬魚如飛船為所刺即不能脫身一轉動船立沉赤嵌筆談云爾余在安平鎮所見即此尤駭其會脊間肉陷如溝鬐翅斂之不見有時怒張如支雨蓋故亦名破傘魚

䲔魚俗呼海豬首似豬大者千餘觔小亦五六百觔常於水面躍起高丈餘噴水如雪漁人見之輒避又海和尚魚色赤頭與身皆似人形四翅無鱗又海狗魚頭似狗尾尖四翅又海馬魚形似馬頸有鬉亦四翅漁人網獲均為不祥俱見赤嵌筆談

澎島冬日產海龍每躍必雙首尾似龍無牙爪長不徑尺以之入藥功倍海馬漁人獲之鬻為珍物

海翁魚即海鰍也大者三四千觔小亦千餘觔皮生沙石刀箭不入鹿耳門沙岈有自殭者肉粗不可食人割取其膏資然釭焉或言口中噴涎常自為吞吐有遺於海濱者黑色淺黃色不一即龍涎香也聞上淡水有之云可止心痛助精氣欲辨真贗研入水攪之浮水面如膏以口沫撚成丸擲案有聲嗡之通宵不耗分毫者為真每兩直數十金豔其名者每於臺是徵然此地實罕有仍購諸洋估所販者無益之物

之為累如此

蟹產於海獨諸羅蟹生溪澗中螯有毛名曰毛蟹諸羅溪內亦產鰱與臺灣縣鯽潭產鯽均肥美為食單佳品又鳳山溪中產蝦彰化澤中產茭白皆海外僅有者

越絕書水母蝦為目海鏡蟹為腹郭璞江賦璅蛣腹蟹水母目蝦按水母閩人謂之蛇又謂之蜇皮渾然一物有知識無口眼蝦寄腹下食其涎見人則驚此物亦隨之沉鹿耳門內甚多淡紫色味遜於他產又鹿耳門沙岍上多寄生螺小蟹如黿鼉本無殼入空螺

殼中負以行大小磥硌郭索沙磧中甚疾觸之縮入如螺閉户火炙之乃出走此即海鏡璅蛣種也

鼂鼊龜屬卵生狀似鼈四足湯胡無指爪大者百餘觔小亦數十觔常從海岍赴山凹鑽孔伏卵人伺其來尾而逐之行甚疾衆併力反其背則不能動矣甲可亂玳瑁亦以為飾但薄而色淺不任作器南路每有之又龍蝦文蛤他海所有鱟蟳鬼蟹則名狀皆惡劣矣

郡境貨無奇贏番錦番毯番布之屬或絲不經練雜染成者或績樹皮緝獸毛為之者不足珍也文綺大布來自中土入市者直恒倍焉相傳哆囉嘓產金地屬野番恐不足信而中土每謂臺地有金蓋此地工善煉金賈人以金來就煉者為多耳近聞加礮社山亦產銀礦星星無幾亦在野番界內厲禁之無敢入者

侯官門人謝曦錄

海東札記卷三

海東札記卷四

記叢璅

郡無城郭四周樹栅藩以竹木望之深鬱惟七門甃石粗具樓堞而已鳳山彰化二縣皆然諸羅往時築土為垣歲久漸圮今周令大本增築之或謂厥土疎浮不任壘甓當荷蘭來踞時既築赤嵌城於鯤身又築赤嵌樓於鎮北坊且築城於雞籠島上何以皆歷久仡仡耶總之談形勝者以東嶺為疊屏以澎島為巨障以鹿耳門為巖鑰恃天造之金湯又何墉隍之是藉哉

郡中文武廨宇布置四坊中歷有脩葺近時章鎮帥紳闢大樹園搆清蔭堂倚青亭於署側蔣觀察亦於署後搆褆室又剏延薰閣挹爽廊檥月樓魚樂檻接葉亭花南小築花韻欄復闢叢桂逕得樹庭小仇池瑞芝巖疊雲峰醉翁石仍增飾澄臺舊蹟更移搆斐亭於其東偏郡署鴻栺園往時蔣觀察所闢者鄒太守應元復葺治之城守白參將世儻搆凝香居左營余遊擊大進搆鏡清堂峴舫右營任遊擊承恩搆師慎堂棣花書屋又闢刺桐園臺灣王令右弼搆古春小築而余亦就署後隙地搆澹懷軒研北書屋皆一歲中興工蕆事者頗增海外之勝

郡舉秩祀所在咸飭外此尚無多淫祠寺觀亦寥寥北郊海會寺即鄭氏北園頗宏敞黃蘗寺亦在北郊饒有花竹明孝廉李茂春夢蝶園後改為法華寺今於其前祀祝融左側則南湖書院闢焉彌陀寺在東門內僅具規模惟南郊竹溪寺境以幽勝差堪遊憩

隨牒黃沙坌積何從選勝偶與任將軍伯卿聯轡城隅得曾氏園脩竹千竿極檀欒之致藥欄羅逕布置逶迤頗有清趣相與盤桓老樹下嘯詠良久自此遊涉日衆竟成海外辟疆矣

一元子玉帶流傳民間且久玉版凡二十枚碾成百麁良玉善工是寶也玫一元子名術桂字天球明遼藩裔也明亡由輔國將軍依唐藩閩中封寧靖郡王崎嶇兵間無成事竄海外迨鄭氏歸命無所之遂自經死臨終書絶命詞曰艱辛避海外總為幾莖髮於今事畢矣不復採薇蕨聞者悲之死時年六十六葬鳳山竹滬里姬侍從死者五人蓋康熙二十二年癸亥六月事也五人者姬袁氏王氏媵妾秀姑梅姑荷姑也葬郡城南門外魁斗里人稱五烈墓云

郡人譚藝者必推沈斯菴往歲范九池侍御修郡志採其詩文入志者甚多頹唐之作連篇累牘殊費持擇也攷斯菴名光文字文開鄞人明副榜由工部郎中晉太僕寺少卿命監軍廣東順治辛卯自潮州航海至金門總督李率泰陰招之不赴將入泉州舟過圍頭洋遇風飄至臺灣鄭成功禮以賓客不署官及經嗣以賦寓諷幾羅不測遂變服為僧入山臺平不能歸因家焉意此君官唐桂藩事敗渡海依鄭氏者覩其序東吟社稿有云鄭延平視同田島志效扶餘可想見已他如王忠孝辜朝薦沈詮期盧若騰李茂春張士郁張灝張瀛輩均以故紳遯跡島嶼者志家列諸此郡流寓論其世原其志可耳

官臺灣者文武皆三年秩滿吏民知𠩄期將及輒形為懈玩俗之敝也若此水陸軍伍亦以三年更迭及期每不受鈐束典領者所當嚴治之也

南北路任載及人乘者均用牛車編竹為箱名曰笨車輪圜以木板々心鑿孔橫貫堅木無輪輿輻之別蓋臺地雨後潦水停塗有輻輙障水難行不如木板便利也車轆縱橫衢市間音脆薄如泣如訴侵曉夢回時尤不耐聽

凡貨食物率土音叫唱不可曉賣肉者沿街吹角如塞上高秋時難勝淒楚

使槎錄云郡中鴃舌鳥語全不可曉如劉呼澇陳呼淡莊呼曾張呼丢吳呼襖黃無音厄影切更為難省

小流求志云臺地字多意造為字書所不載如秏㨂之㨂字泥鱝之鱝字管獴之獴字啊乳酒之啊字茄荖經社之荖字颱風之颱字獸善走為䟔之䟔字不一而足尤難枚舉愚謂形聲舛異此類尚多二書特舉其槩耳

海外晝日視中土較長蓋迤西巨瀛無際陽曦無有蔽虧故也有謂男女暴長年十四五即如中土年二十許且有男九女十之諺以為地居東方生𤍠氣盛所致未必盡然

郡中歲常地震每大風雨後或黃霧彌漫時多有此異然不過一往來間舍宇動搖而已聞諸羅宗甚至有裂地溢水之變近年稍稀可以覘境疆之寧謐矣

臺地多用宋錢如太平元祐天禧至道等年號錢質小薄千錢貫之長不盈尺重不逾二觔相傳初闢時土中有掘出古錢千百甕者或云來自東粵海舶余

往北路家僮於笨港口海泥中得錢數百肉好深翠古色可玩乃知從前互市未必不取道此間果竟遯與世絕哉然邇來中土不行小錢洋船亦多有載至者

澎湖出文石土人礪為念珠玩物列肆以市石理如指螺淡黃色暈間以白暑可觀然質枯而色黯非珍物也今竟以此為書院標額鄉曲之見不堪嗢噱耶

武林郁滄浪撰偽鄭逸事頗詳核長耳莖雞後先竊踞一甲子中本末具在雖不足為海外故實然禹

海東札記卷四　五

禹鑄其神姦楚史鵂為檮杌要亦鑒古者所不憖置也

臺灣人稱內地曰唐山內地人曰唐人猶西北塞外稱中土人曰漢人蓋塞外通於漢海外通於唐名稱相沿其來久矣至土人呼府城為仙府鄉村為草地則開郡後始有此稱

澎島四面阻海山不生草木土不宜稼穡井罕冽泉竈惟糞爨居人散處其間舍漁別無所業資俯仰者望歲於海將毋操網罟以代耒耜歟

已丑臘盡同人集官齋度歲余以鎖印無事集杜句成五律十三首有序曰天涯薄宦歲杪驚心物候方新盤桓不廢交親依舊羈旅同然頻此盍簪因之授簡昔少陵棲遲劍外厥有嘯歌伊僕也落拓梅邊能無抒寫爰用意於剪綵仍乞靈於浣花始自臘宵迄於人日十三短律參伍彙篇要無殊於借酒澆愁竊自比於引聲娛興焉耳臘夜云絕域三冬暮寧辭酒殘空瀉看年少樂不與故園同殊俗還多事生涯獨轉蓬梅花萬里外睞放憶途窮贈鳩茲韋蘊溪潤琬云相門韋氏在夫子獨聲名歲暮遠為客憐君如弟兄聽歌驚白鬢飄轉任浮生同調嗟誰惜悠〻滄海

海東札記卷四　六

情贈晉安薛滄菴宸翰云大雅何寥闊情親獨有君幾年一會面重與細論文韋曲花無賴王喬鶴不羣往還二十載隨意嶺頭雲贈吳興鮑絅菴進云新詩句〻好俊逸鮑參軍問子能來宿聽詩靜夜分他鄉復行役何路出塵氛南海春天外愁多任酒醺贈錫山周梅亭龍驤云故國愁看外江山憔悴人〻飄零為客久披豁對吾真蓋室豈相偶交情何尚新勿云俱異域白髮好禁春贈吳門徐友松貢金云吳楚東南坼胡為君遠行不知滄海上月是故鄉明鴻雁幾時到雲霞過客情飄〻何所似鷗泛已春聲贈貝匾李

槎寄挼云行路難如此姑蘓落海邊含悽述飄蕩發
興自林泉用拙存吾道將詩莫浪傳乘槎斷消息把
酒意茫然又贈槎寄云不見李生久飄零似轉蓬蕖
居仙縹緲門巷落青楓輿與烟霞會交親氣概中誰
能更拘束愁坐正書空贈新安吳滄如基堯云萬里
蒼茫外嵇康有故人天涯喜相見欵曲動彌旬久客
得無淚長歌欲損神故園花自發絶域望餘春贈四
明佘獻之廷良云意愜關飛動今朝豁所思異方同
宴賞到日自題詩才士得神秀清襟照等夷藏書問
禹穴含此欲何之贈武林施止葊燿云莽莽天涯雨從

西萬里風所居秋草淨忍對百花叢靜者心多妙何
人高義同異方驚會面此日意無窮示子壻高時夏
云長為萬里客日夜向滄洲高浪垂翻屋沅湘萬里
流朝來沒沙尾漸擬放扁舟雖對遠山好桃源無處
求示從子和埈云嗣宗諸子姪遙憶舊青氊前輩復
誰繼含情覺汝賢應須理舟楫恣意買江天一室他
鄉遠相望淚點懸人日云元日到人日他鄉滕故鄉踈
花披素豔沙岍繞微茫錦里殘丹竈春星帶艸堂平
生為幽興詞客未能忘
東瀛署齋八詠倚聲臨江仙亦余暇日戲拈也附録

於此蕉窗話雨云覆地濃陰風力怯隔窓淅瀝驚心
坐来舊雨一燈深無端譚娓娓相對意愔愔又　愁滴
聽從殘葉下浣花苦值秋霖巴山往事費沉吟寒聲
催剪燭絮語咽題襟竹榻聞濤云大海迴風波浪潤
海門竟夜喧豗魚龍蹴踏白銀堆挾聲舂急雨作勢
殷輕雷　欲卧難眠人起立匡牀夢亦疑猜鈞天合沓
洞庭来壯心驚舞劍飛渡戲浮桮紙閣揮毫云散卓
幾回成棄擲底論歛手薑芽興来屏障遍塗鴉自嗤
貪結習只覺媿書家　片石鴻都標格在臨摹體勢
槎枒軒窗如幽境無譁隼波隨跌宕繭紙任橫斜涉

庭索句云小院落花風細細芊緜纖草香吹放衙散
步此間宜蒼茫還獨立徙倚為尋詩　性癖少陵佳
句得白頭吟望低垂閒中意味有誰知會心殊未遠
叉手已多時小園馴鹿云緣遍南園風日美夾輪靈
種嬉遊来從芊野一雙妝交眠仍濯濯對語忽呦呦
踈放年時無住着覆蕉夢裡何求長林豐草自為謀
物情偏靜穆人意與綢繆別館来鷗云海上翁無機
事者忘機沙鳥相親命疇嘯侶海之濱風前踈有態
煙際點如銀　浩蕩逐將晴浪至舍南舍北生春依
他水石碧粼粼憑軒紗帽對着筆粉痕匀篁運納涼

云正苦煩襟無滌處倚墻幾個貧儋晚風依約戞琅琅渭川留縮夲淇澳闢新莊　輭到葛衣輕袅袂那知白汗翻漿移時佇月淨琴張當頭逈翠影落指動清商榕陰度曲云宮調暗拈紅豆記又從綠樹偷聽當場接葉一園青柘枝何綽約鸎語太丁寧　綠竹中年哀樂寫忍看華髮星星黃雞白日唱休停檀痕安點點珠串瀉泠泠

記社屬

郡境南北路番有熟番一曰土番有生番一曰野番南路熟番十一社北路熟番七十八社每年輸納丁餉社

中戶口多者三四百丁少者百餘丁至八九十丁每社置通事一亦有一通事兼數社者土目二三四不等皆番充之謂之土官又設番役數人勾攝社事者均歸南北路理番同知分領之

南路臺灣縣熟番三社曰大傑巔社新港社卓猴社鳳山縣熟番八社曰武洛社舊名大澤機社搭樓社阿猴社上淡水社下淡水社力力社茄藤社放索社北路諸羅縣熟番十三社曰灣裡社舊名目加溜灣社蕭壠社麻豆社大武壠頭社芊仔芊社蕭里社加拔社諸羅山社打猫社他里霧社哆囉嘓社大武壠派社柴里社彰化縣熟番二十九社曰西螺社東螺社眉裏社猫兒干社南社二林社大武郡社柴坑仔社猫羅社馬芝遴社半線社大突社感恩社舊名牛罵社遷善社舊名沙轆南社沙轆北社大肚中社大肚南社大肚北社水裡社阿東社猫霧捒社岸裏社樸仔籬社舊社壺盧墩社烏牛欄社阿里史社南投社北投社淡水廳熟番三十六社曰德化社舊名大甲西社日南社日北社大甲東社雙寮社房裏社猫盂社宛裡社吞霄社後壠社猫裏社加志閣社中港社新港社竹塹社武勝灣社雞柔山社雞泵社舊名大浪泵

社奇武卒社八里坌社擺接社搭搭攸社里族社錫口社峯子峙社雷裏社南崁社坑仔社毛少翁社北投社三貂社小雞籠社金包裏社大雞籠社霄裡社龜崙社其生番鳳山縣則有山豬毛五社傀儡山二十七社瑯嶠十八社卑南覓六十五社諸羅縣則有崇爻八社內優六社阿里山八社彰化縣則有水沙連二十五社淡水廳則有蛤仔難三十六社攸武乃四社

熟番社或處平原或倚山麓或近海濱亦有山居者其俗尚語音互有異同相傳番種各別有土産者有自海船飄來者有宋時丁零洋之敗遁亡至此者又

傳元人滅金〻人有浮海避之遭風飄至各擇所居數
世之後忘其自而語不盡改故多作都盧嘓轆聲呼
酒曰打辣酥呼煙曰淡巴菰理或然也當歸化之初鷙
獷成習誠有如舊籍所紀者今則漸染華風番俗亦
稍稍變易矣然其舊習有未必盡更者崕略尚不廢
載筆也
番狀貌無甚怪異惟兩目坳深向人瞪視高顴濶口紺
膚赤足一望而識為別種也無族姓無祖先祭祀父
母而外無伯叔甥舅之稱不知歷日亦不自知其庚甲
居處築土為基架竹為梁復編竹結椽構為蓋各一

大扇植柱上梁畢衆共擎蓋以升編茅以覆各築一
室合社之衆助之名屋曰囷或曰朗亦曰必堵混曰達
勞曰夏堵混曰濃蜜曰都粉曰打咯狀如覆舟前後
疏通男女長幼異榻而同室今則殷富者棟牖堂寢
宛然民舍矣週屋多植藤竹果木望之翠蔭如圖畫
種園為田收穫早稻菽麻粱黍藷芋之屬亦廣植焉
置筐釜上蒸米為飯或漬以水盛用椰瓢以手攫食
近亦有用椀箸者擣秫為餈曰都都極精潔酒用未
嫁番女口嚼秫米藏三日微酸成麴擣秫和置甕中
發氣攪水飲之名曰姑待亦有蒸秫米拌麴入筐置

甕口滴瀝成者男婦飲必盡醉始歡漬魚腥醃鹿臟
以佐餐味餒敗為美衣製短至臍以幅布圍其下體
曰抄陰被以番毯曰卓戈紋婦衣短至腰〻下圍桶裠
織茜毛緣其領以青布束髆至踝頭盤髮不挽髻裹
以青布喜簪野花飾贗珠曰沙其落曰賓耶產項掛
銀錢螺貝曰猫打臘曰麻海譯曰牙堵約指珠貝曰
夏落臂釧或銅或瑪瑙曰龜老曰堵生聲男婦俱跣
足近或衣衫履韈彷彿漢製南路番婦竟有纏足
者男子十四五歲時編藤圍腰束之使小故射飛逐
走疾於奔馬髮少長即斷去其半以草縛之齒用

生芻染黑人各穿耳孔始用線貫後用蠔殼或螺錢
或竹圈或木圈貫於孔內自少至壯漸大如盤名曰
馬卓或言番婦最喜男子耳垂至肩故競為之胷
背腕臂多點花紋或紅毛字以為美觀邇來此路諸
番猶沿此習南路則絕無貫耳文身者男子鬚出輒
拔無一莖留者謂番俗僧老也今間有鬚〻者矣從
前不擇婚不倩媒男皆出贅生女則喜以男出贅女
招夫也女及笄構屋獨居番童有意者彈嘴琴挑之
嘴琴削竹如弓長尺餘或七八寸以絲線為絃一頭
以薄竹片折而環其端承於近弰絃下末疊繫於弓

面扣於齒爪其絃以成音名曰突肉意合女出而招
之同居曰牽手逾月各告於父母以紗帕青紅布為
聘或男家贈頭箍以草為之曰搭々干女父母具牲
醪會親友以贅焉既婚女赴男家灑掃屋舍三日名
曰烏合此後男歸女家々務悉女持之耕作皆婦人
男反待哺夫妻反目輒離異不論有無生育均分舍
內器物各再牽手出贅近日亦有議婚以媒聘用布
帛牛酒娶婦不出贅者凡婚嫁有曰帶引那曰毿治
需曰線堵混曰三問曰諳猫麻哈呢社各異名如此生
兒以冷水浴之疾病不知醫輒浴於溪雖冬月亦入

水澡身為快歿喪曰馬歹曰擋々産曰麻八歹喪家結
釆於門所有衣服與生人均分歿者所應得之物同
其屍埋於屋內或所卧床下亦有葬之竹圍內者蓬
山以北或埋山上或瘞宅邊其斂或合板為盝或裹
覆衣革各不相襲也歸無廚竈用三足架支鍋於地
以炊今則庖室具焉另構小室貯米曰圭茅室中懸
壺盧貯米粟衣服以懸之多寡覘其家之贏絀亦以
番婦腰佩鎖匙多寡為驗俗以秋成度歲或以東作
換年屆期盛其衣飾聚飲平蕪歌呼笑樂經三四日
乃止歌時番婦裝束簪花圍圜十數人攜手跳躍或

舉腕拍々諵々唱不絕或番童相雜鳴金鼓以助之
聽鳥音占吉凶鳥色白尾長即華雀也名曰巒在音
宏亮吉微細凶動作以此定趨避番童曰麻達聽差
者曰咬訂亦曰猫踏曰猫鄰凡撲遞公文插雉尾於
首手繫薩豉宜又名卓機輪鑄鐵為之長三寸許如
竹管斜削其半空中尖其尾繫其尾於掌之背番
兩手皆約鐵鐲身行手動則薩豉宜與鐵鐲撞擊
錚々有聲又結草雙垂如帶飄颺自喜風起沙飛
足幾及背瞬息間已數十里獵則削竹為弓無硝背
纏以藤苧繩弦之漬以鹿血細篠為矢錐鏃雞翎直

弓卓地控弦而射百不失一佩刀尺許圓銳不一每以
木室障以木楯高三尺餘濶二尺繪雲鳥焉鏢桿長
五尺許鋒長二尺許有雙鉤長繩繫之遇野獸一鏃
即及雖奔逸繩挂於樹終就獲焉社有事集公廨以
議小番供役其間有能書紅毛字者謂之教冊凡出
入數皆經其手字體如蝌蚪文削鵝管濡墨橫書自
左至右非直行也番以父名為姓以祖名為名如祖名
甲父名乙即呼曰乙礁巴甲礁巴者番口語也近時各
社均延師課讀番童出就道試錄取樂舞生給予頂
戴與新生一體簪掛前學政就番字加水旁姓以潘

者今則張王劉李自為姓者多矣

東望一帶層巒叠嶂中皆野番巢穴也於山凹險隘處以石片壘墻壁大木為梁大枋為桷鑿石為瓦地無五穀種芋為糧掘芋魁大者儲之穴為窖積薪燒炭置芋灰中仍覆以土聚一社之衆裝而噉之鹽則汲海水自曝啗麋鹿之腥者或割剝而燔炙之披髮裸身或以鹿皮為衣雨則被以樹葉頂皆蓄髮剪與肩齊草箍如帽黑齒文身所在皆是婦亦以鹿皮蔽體織樹皮苧麻為布極粗厚日以作褸夜以覆寢常持布幅出與漢人交易耕作無牛亦無農具僅用

一鋤濶三寸柄長一尺屈足伏地而斵捕鹿用獵犬弓矢鏢刀網羅之屬男女十餘歲以鏢為定父母亦視若路人惟為兄弟姊妹服南北內山社俗大率類此惟水沙連雖在山中實輸貢賦其番善織罽毯染五色狗毛雜樹皮為之陸離如錯錦質頗細密番婦亦白皙妍好能勤稼穡人皆饒裕殆野番中僅有者蓋野番家窮有終身無偶者惟殺得漢人頭顱稱為好漢社內任其選擇番女為婚女家亦願得為婚不向索財物故每以殺人為事所用弓矢刀鏢視熟番尤勁利每殺人即割其髮辮纏於鏢柄以多者為勇提所割髑髏與衆番環坐歡呼灌以酒從喉管中出以口接之輪吸為樂醉後以手剝人頭眼鼻皮肉爭啖無遺然後將顱骨懸户以相誇耀善於走險懸崖絕壁跣足而登捷若猿猱每掘土為坑暗藏鋒竹蓋以薪芻或悞墮輒為所害又潛伏草內暗發鏢矢往往被戕惟苦無鹽每夜間結夥出山取海泥有遭之者多受屠毒真異類中之奇兇也又有雞距番足距叉了如雞距性善緣木往來跳躑如猿狖然食息皆在樹間偶下平地尚可追及既登樹則穿林度棘不可復制是又諸番所最怖畏者司土者惟有禁漢人之

侵越嚴隘口之防禦庶幾民命少蘇乎

臺灣土番敬官長趨力役勤耕作安愚賤渾渾噩噩又遊於懷葛之世蓋自歸化後無有一跳梁者迨通臺音習漢字而番情日以詐矣華衣飾美飲饌而番俗日以侈矣即如北路馬芝遴社男番有耽賭博食鴉片者女番有作冶倡習崑曲者嗚呼誰實使之然歟且夫番社之敝也豪彊戕番如草芥而蹼地佃田任其侵削番業有不能自保者矣漢奸弄番如傀儡而牽妻刀訟肆其騷擾番居有不能自寧者矣吏役視番為魚肉而納餉徵車恣其饕餮番力有不能自紓

者矣竊或為之説者曰是番也曷可使之富殭是固然〻亦思是番也既屬王民誰非赤子忍令其貧弱至此極而不一盡然動念耶適來禁典蹼則有例前例後界内界外之分治社棍則有枷杖逐水之條嚴侵漁則有南北理番之設立法亦綦備矣雖然與為文告之繁何若奉行之謹要期於番稍有裨益焉可至於野番非我族類魍魎饞狼見之惟有殲滅獨念蚩〻者氓亦何苦入林而甘遭其毒噬也哉

候官門人謝曦録

海寇議一卷

〔明〕萬表撰

《海寇議》一卷，明萬表撰。表（一四九八—一五五六）字民望，别號鹿園居士，浙江鄞縣（今寧波）人。正德末武進士，歷官都督同知僉書、南京中軍都督府。時值海寇出没，爲患江浙，表推原禍本，以爲法禁漸弛、姦民通番者所致。故爲此議，備敘逋逃嘯聚始末甚詳，冀當事者之採聽。其後倭亂大起，表結少林僧，習格鬬法，屢殲其衆。於防海寇見解獨特，此議皆身歷目睹所得。據上海圖書館藏《借月山房彙鈔》本影印。

海寇議

欽定四庫全書提要

海寇議一卷明萬表撰表字民望鄞縣人正德末武進士累官都督同知僉事南京中軍都督府嘉靖值海寇出沒爲江浙患表推原禍本以爲姦民通番者所致因爲此議上之當事歷敘逋逃嘯聚始末甚詳其後倭亂大起表結少林僧習格鬭法屢殲其衆蓋本能以才略自顯者宜其所言之具有先見也案黄虞稷千頃堂書目載表海寇前後議一卷此乃袁褧採入金聲玉振集者所錄僅一卷疑已佚其後議又譌萬爲范尤爲失考矣

海寇議

明　萬表　著

寧波自來海上無寇每年止有漁船出近洋打魚樵柴並不敢過通番者後有一二家止在廣東福建地方買賣陸往船回潛泊關外賄求把關官以小船早夜進貨或投托鄉宦說關我祖宗之法尚未壞也二十年來始漸有之近年海禁漸弛貪利之徒勾引番船紛然往來而海上寇盜亦紛然矣然各船各認所主承攬貨物裝載而還各自買賣未嘗為羣後因海上强弱相陵互相

刼奪因各結腙依附一雄强者以為船頭或五十隻或一百隻成羣分黨分泊各港又用三板草撇脚船不可許數在於沿海兼行刼掠亂斯生矣自後日本暹邏諸國無處不至又哄帶日本各島貧窮倭奴借其强悍以為羽翼亦有糾合富實倭奴出本附搭買賣者互為雄長雖則收販番貨俱成大寇徽州許二住雙嶼港此海上宿寇最稱强者福建陳思盼住橫港後許二為朱都堂檄委福建盧都司鏜帶領福兵破其巢穴焚其舟艦擒殺殆半就將雙嶼港築截賊首許二逸去今見在京

師汪五峯名直亦徽州人原在許二部下管櫃素有沉機勇畧人多服之乃領其餘黨改住瀝港後有一王船主卒領番船二十隻陳思盼往迎之約為一夥因起謀心竟將王船主殺害奪領其船其黨不平陽附思盼將各船分布港口以為外護而潛通五峯五峯正疾思盼之壓已而瀝港往來又必經橫港屢被邀截乃潛約慈谿積年通番柴德美發家丁數百人又為報之寧波府白之海道差官兵但為之遙援詢知其從船出掠未回又俟其生日飲酒不備內外合併殺之盡奪其財德美

所得亦以萬計擒其姪陳四并餘賊數十人送官及各船餘黨回還因無所依悉歸五峯後雖有一二新發番船俱請五峯旗號方敢海上行使朱都堂所取福清船義官吳美榦所領者不盡還本省一半亦從五峯五峯之勢於此益張海上遂無二賊矣此因其有隙而用賊攻賊亦兵家之常未為失策五峯以所部船多乃令毛海峯徐碧溪徐元亮等分領之因而往來海上四散刼掠番船出入關無盤阻而興販之徒紛錯於蘇杭公然無忌近地人民或饋時鮮或饋酒米或獻子女絡繹不

紹邊衛之官有獻紅袍玉帶者如把總張四維因與柴德美交厚而往來五峯素熟近則拜伏叩頭甘爲臣僕爲其送貨一呼卽往自以爲榮鈐挾上下順逆不分良惡莫辨法禁之壞至此極矣今雖平昔本分者亦往通之只是法弛故也近自破黄巖屠霩衢而其志益驕緋袍玉帶金頂五簷黄傘頭目人等俱大帽袍帶銀頂青傘侍衛五十人俱金甲銀盔出鞘明刀坐於定海操江亭數日先稱淨海王僭竊叛逆腰斬指揮殺府知事殺百戸焚燒房屋擄掠婦女財物數月以來沿海軍民被

殺數萬罪惡滔天在所不赦昔年太倉秦璠王艮之亂未嘗見其攻一城殺一官而撫按衙門卽以奏聞請將出師一面通行各省緝捕親黨翦其羽翼而其勢始窮束手就擒地方遂寧今此賊據城掠邑殺官戕吏一至於此而見今四散刼掠不於餘姚則於觀海不於樂清則於瑞安往來塗毒生靈無有虚日而猶混言倭寇不實上聞果何待耶今旣曰倭奴酋長爲誰是烏可隱也其所刼掠地方凡通番之家皆不相犯葢以立信故人皆競趨而賊黨之在省者紛紛不可復言奸細如汪五峯之眷屬徐碧溪之子弟亦且安住出入眞若無人況其他乎而杭州秀才監生俱與往來厚爲內交近日碧溪之子弟見爲人首告拿獲在官而又故縱毛海峯鄞縣人其父毛相乃黜退秀才先因長子毛子明通番逋欠貨物以父往贖而後以弟代之頗有勇力善使佛狼機又善彈射五峯因育爲子託爲心腹就稱海峯父去子來交馳番國其兄縣學秀才亦嘗看其弟銀兩財物不時差搬送至家而其父母尚在見以科舉入場且徐碧溪毛海峯皆五峯部下賊首也黄巖縣實徐碧溪同

姪明山率領攻掠又屠霩衢其惡不在五峯之下族誅猶有餘辜而待之若此是爲無法杭城歇客之家明知海賊貪其厚利任其堆貨且爲之打點護送如銅錢用以鑄銃鉛以爲彈硝以爲火藥鐵以製刀鎗皮以製甲及布帛絲綿油蔴等物大船裝送關津略不譏盤明送資賊繼以酒米非所謂授刃於敵資糧於盜乎此自古所未有也或又曰行法慮以招釁若只畏忌必欲法不行而釁不招但各悠悠以度時而彼賊養一日四方黠猾之來附者日衆沿邊財物之刼虜者日富畢竟縱之

何所至而後已也且今日之屠殘是果誰招釁以激之耶正在法之不行有以釀成之耳今爲調停之說與之送貨及餽酒米以姑從其請者此卽宋之和議前此已誤豈容再誤耶近又有海賊厚利欲變祖宗成法倡開海市以息亂者全無後慮且不知致亂之原蓋在於法弛而非有嚴法以致之吾恐市一開而全浙危矣先年夷齋沈公爲海道正當羣盜縱橫之時虛心訪究盡得其情惟盡心奉法畧無假借凡地方積年通番者一拿卽至不敢踰時按法治罪雖豪右不能以計免而人皆

始知懼法無敢窺海者如巨猾柴德美亦逃之福建而不敢歸番船亦各漸往廣東別爲生理若遲以一二年海道其肅清矣惜乎其去之速也豈邊海之當厄耶至今士民皆懷誦之後自沈公之去而法禁復弛逃避者復回問罪者復脫而海賊復橫復又拆巡海之哨船減墪寨之戍卒城垣任廢而不修邊糧侵欠而不究海賊殺掠禁不許報惟務隱蔽但令邊官買賊以爲功姑以塞責祖宗之法益蕩然矣夫以朱中丞搗穴焚舟除海巨寇鑿山築海功非不偉而人未有懷之者蓋以其高

而不下粗而不察惟專攻其末而反遺其本臨下雖過嚴地方之通番紛然如故除一許二增一五峯其勢宜不足稱此不猶汲水滅火而厝薪沃膏者之不息乎本之所當先而末之所當後也明矣今以杭之兵卒器械不利累糧不足盛暑以往卽欲攻其末不亦難乎楮山朔子門又焉能守賊船盡入其將何法以禦之但爲之迎賊可也各郡役民守城妨其生理殆不可久況通番者得利而良善者受勞人心焉服且勾引者之不除則海賊必不可去從逆者之不正其罪則遠近黠猾者何

所憚而不爲此紀綱法度朝廷所以維持天下不可一日或廢者也豈勝太息議者有謂今歲不亟爲處養至明年二三月間其勢決不可復爲浙東諸郡皆危矣豈特浙東之危如杭州由朔子門而入嘉興由澉乍二浦而入其先潛住諸黨又爲之內應亦不可保殆不爲迂然卽今誠猶可爲也但以朝廷之法治之則有不待血刃而可以成功者交通卽絕酒米不餽彼亦不能久住今舍其易而不爲坐失事機何哉且聞此賊攻掠之處未嘗不有人勾引而但無勾引者則不攻掠則可知矣

近又聞許二覘海禁之弛糾領黑番船復來海上此尤可發愚衷切切不覺言之顛直伏惟公爲國者一垂覽焉

海寇議

嘉慶戊辰春三月
昭文張海鵬校梓

采常吉倭變事略四卷

〔明〕采九德撰

《采常吉倭變事略》四卷，明采九德撰。九德字常吉，浙江海鹽人。所記嘉靖間海鹽被倭始末，與海鹽令鄭茂《靖海紀略》大略相合，尤詳於通倭頭目王直、徐海等被俘斬之經過。附録記王直被斬事，均親聞目睹，「逐日而記」，又言剿撫時事及諸帥功罪頗詳。據中國國家圖書館藏《鹽邑志林》本影印。

采常吉倭變事略序

國家德敷九有光被海隅百八十餘禩以來恬如
一日人不知兵久矣自嘉靖癸丑歲倭夷騷動閩
浙蘇松之境中患我邑數載勿靖幸而漸就殲滅
然東南罷敝極矣余世居海濱目擊時變追惟往
昔四郊廬舍鞠爲煨燼千隊貔貅空塡溝壑旣傷
無辜之軀命復浚有生之脂膏聞者興憐見者隕
涕矧余本支世胄盡忠效死叨蔭　國恩余也能
無記述示子姪俾識時艱以善繼前人之志乎爰
攷其顛末於左旹
嘉靖三十七年歲次戊午十二月鹽官采九德識

倭變事略序終

采常吉倭變事略卷一　鹽邑志林第四十八帙

明黃岡樊維城彙編　友人姚士麟訂閱
鄭端胤
劉祖鍾
孫采重熙較梓

嘉靖三十二年癸丑夏四月二日一海船長八九
丈餘泊鹽邑演武塲北新塘背約賊六十餘皆髡
頭鳥音有鎗刀弓矢而無火器時備倭把總指揮
王應麟率本衞驍兵數百而出賊見我兵不敢動
王遣陸路指揮王彥忠率軍百餘至船詢所以來

而譯言莫通惟以小木櫃置書其中曰吾日本人
也來自吾地以失舵願假糧食修吾舵卽返幸無
吾逼逼則我爾死生未判也時承平久邑人相攜
往觀嘻然莫爲虞日甫西彥忠率衆逼船倭盡起
立以燕尾利鏃射數軍皆立死諸觀者始知懼奔
入城遂塞門爲拒守計矣會雨夜昏黑防少懈漏
四鼓賊畱半乍船其半登陸而遁
次日侵晨軍人胡士澄持火藥數斗奮身上船焚
之火發賊突起胡遂被殺酋長有八大王者從火
中奮躍膚毛盡焦獨舉二刀拂火飛斫我軍跳擲

數四而倒焚死有十餘賊生擒被傷者六賊縛置
北城闉內刀瘡傷處見其痕多無血人咸異之其
遁賊沿塘而北經白苧橋就民家索食由腹裏抵
新行鎮所過殺傷十數人初四日官兵追及之至
矮婆橋力戰是日大雨泥濘勇士茅堂手梟嘗先
一倭諸軍咸盡力血戰良久賊以半出戰以半伏
草麥林莽中戰酣伏發而茅堂舒惠敖震素稱勇
敢者皆戰歿我軍死者十八人賊皆割取其首排
列橋上此海上兵與倭交鋒之始也初賊執一民
欲導出海口怪引入腹內殺之復執民以髮貫耳

鼻曳而行自竹林廟經平湖縣地典史喬父子率
兵壯邀擊喬遇害兵士死者十七人云
賊至乍浦匿天妃宮把總王應麟率兵圍之賊以
神前長旛編帆絞繂既備向軍前紿曰我等不敢
與將軍戰乞退舍俟海潮至各願自投海死是爲
雨全毋作刀下鬼我師輕信之而退賊持帆繂衝
出掠哨船脫去
五月二日青村有賊四十二人即前賊同夥緣失
風上青村海岸不知前賊船已焚於吾鹽沿海覓
船不得由金家浮潛踰梁庄至白馬廟匿黃姓民

家登屋哨望壞壁開扉以防不虞指揮滿朝率乍
浦軍數十人追及遂圍之賊從屋上麾白旗招賊
黨出鬬朝鬬弓射斃之賊窘甚用門屏蔽出入處
朝逼之不虞白馬廟中更有賊突出朝腹背受敵
奮勇砍殺以兵寡難支死焉時有千戶王繼隆百
戶朱堂康綬俱被殺官軍死者二十人賊有善卜
筮者每日侵晨卜筮爲謀畫勝算有詩題廟壁云
海霧曉開合海風春復寒衰顏歡薄酒老眼傲驚
湍叢市人家近平沙客路寬明朝晴更好飛翠潑
征鞍　鄭端簡公論倭奴之變多由中國不逞之

徒如衣冠失職書生不得志者投其中爲之奸細
爲之鄉導觀此四十餘賊亦有能題詠者則倡亂
者豈眞倭黨哉厥後徐海王直毛烈等竝皆華人
可信矣
賊屯白馬廟連四日不出南北沮絕無一行者協
總指揮馬呈圖檄指揮釆煉率澉浦驍兵三百合
衛所軍千餘屯教塲三晝夜不進蓋欲俟彼至而
擒之謂以逸待勞計也時指揮王彦忠部陸軍三
百指揮徐行健帥湖兵四百俱屯教塲承平日久
軍心怠忽若霸上棘門然

初六日倭晨我軍星散至柴家埭炊飼賊分五六夥而來服色裝束與我爲一衆以爲逃竄民也且海霧溟濛天色似明未明不可細辨一夥自海邊來者擊吾首一夥自裏塘來者擊吾尾從中要擊者二三夥衆皆潰亂奔逃馬總被一鎗穿胷背死采乘騎擊賊傷二賊賊恚甚斫其首腮喉處受數刃而斃千百戶姜節呂鳳姚岑王相等咸被殺一鼓手擂鼓促戰賊一鎗連鼓釘之地我軍死者四十餘人城上人下看教塲惟見黯黯殺氣天若爲慘者是戰也非賊智勇亦我軍失策耳賊穴白馬

廟纔十餘里耳我軍宿教塲三晝夜觀望不前銳氣消阻且軍宿教塲官自宿柴家埭民家官軍散處統紀絕無蓋其時備倭把總考選指揮任之與指揮俱爲同僚非若今日受敕㕘戎有相臨之分以故把總不能束指揮指揮不肯下把總誰爲先鋒誰爲後殿誰爲左右前後奇正之兵誰有旗牌監督者在其陣至於三里而探五里而偵者絕無一軍詗報賊既至前猶疑爲逃竄之民迨其四面殺人自相潰敗又何尤耶

是賊既勝意氣揚揚有稱二大王者年二十餘每戰輒揮扇用幻術惑衆獨衣紅袍騎而行至龍王祠祠即東關要處邑典史李茂率勇士四百守關賊發數矢不動李亦搴旗吶喊放砲示出戰狀賊不敢逼城遵海南行抵馬家堰就袁姓民家食執民導行自腹裏走經礪頭門歷園花塘入海寧縣界守禦所軍出擊被殺者數百餘竄赭山數日至錢塘鱉子門把總指揮陳善道奉軍門調遣提兵來禦遇害陳乃㕘戎萬鹿園壻也方出師日家人具饌請食陳大言曰吾滅此而後朝食一遇賊而陷於伏矣萬將軍素好施捨有少陵僧者自幼行

腳江湖諳武藝手執鐵棍以古大錢貫鐵條於中長約八九尺重約三四十斤嘗德萬公施欲爲其壻報且曰吾輩不願受中丞約束願爲公滅此賊隨集黨八十餘迎擊賊賊戰每搖白扇僧識爲蝴蝶陣乃令軍中各聳一稲花僧手撑一傘以行但作採花狀賊二大王者望見僧即若縛手然蓋以術破之也僧以鐵棍擊殺之并殺勇戰者十餘賊僧欲盡滅此賊俾無孑遺我兵從征者爭奪首級至有自相殺傷者僧怒闔其傘賊遂能應敵且四遁矣明日擄錢塘江船汎海去

是月二十日督府王公忬檄參戎湯公克寬來守鹽湯號武河邳州衛指揮有智勇提邳兵三百人皆雄偉長大慣戰者曰熟知倭情鹽人自是皆倚湯將軍矣時邳兵口糧每日人各八分重湯帥也守道潘公恩巡道姜公廷頤咸在鹽守禦城中兵衛驍兵選鋒六百縣鹽兵四百處州劉大仲所統坑兵五百召募湖州水兵四百各口糧一日五分每十日一給而酒肉犒賞守巡府縣絡繹與之是以兵士願出死力戰守焉

二十三日乍浦倭船七隻賊數百圍薄南城口索

糧食守禦指揮姚洪度湯帥必援城上佯許刻日以待因先剽掠附近村落二十五日湯帥果至賊即遁去有遠掠回者數十取民居門屏窟高公山負固獨留湯率所部邳兵三百合鹽兵約千餘公親冒矢石登山督戰殺賊四十餘以鐵貫長矛凱旋入鹽東門人皆頂香盆迎湯而潘姜二公設宴邑公署中爲奏凱賀酒未三行而倭衆三十七艘至龍王塘矣

倭船三十七隻泊龍王塘如蔽天之山其帆亦如浮空之雲軍民大駭懼湯慰曰爾衆毋恐此吾責也吾爲爾守第遵吾約毋梗毋惰而守巡二公俱微服步行城上惟湯公是依公相視城垣外石砌有凸凹可登處攜二公指示曰使石工鑿平之某民家附外城者可虞當折卸者卸之計城垛共二千有奇每垛軍一民二暨鄉紳舉監生員之家丁一每五垛督一邳兵每十垛監一甲長每窩鋪城樓屯以兵民二三十人及千百戶一二員每城門一指揮一千戶一縣僚屬守之四門皆然某門有警坐某官某鋪有警坐某官某垛有警坐某甲長某軍民甚得邳兵監督之力守城兵民冊籍諸衙

門各一冊或差官或親自點閘鄉士夫俱城上侍湯公守巡之側而聽命焉賊衆數千白晝攻城矢入城中如雨弓長七八尺矢長四五尺鏃之鐵者如燕尾鏃之竹者如長鎗城外隔河而射中城內屋釘瓦入椽而沒鏃矢自垛隙中入者傷死十餘人湯公開弓射殺數賊邳兵亦射數賊俱無虛矢鳥銃擊數賊皆立倒賊雖衆咸喪膽矣是日自午攻城至申益急時值晦夜湯命城上舉燈火如晝梆鑼鈴鐸聲震天有頃則銃砲絡繹而發凡一門舉號則合城吶喊可聞數十里許又時時以繩懸

木運行垛外處賊登堞而上者是夕猶有賊蟻附北城二三處俱及垛將入推墮城下而死是時以三十七艘數千餘倭攻圍鹽邑數重若釜魚穽兎矣不有湯公之拒守潘姜二公之協謀億萬生靈又安賴以存也

時鹽與平湖俱中倭患銓部乃選癸丑榜中有才名者爲二邑令壺陽鄭侯諱茂令鹽邑而平湖則漢樓劉侯諱存德同日而任二邑始有所恃鄭侯守城恩威兼濟籍其貧與富之家爲差別凡城守民貧者日給米二升夜給燭五枝夜半給餅五枚

間又給衣絮銀雨則給蓑笠富者不給米絮等止給燭與蓑笠又二人給一梆十人給一鑼梆鑼之聲日夜不息親在城上撫摩勞來聞有惰而寢者卽鞭撻之不貸[illegible]人曰余每夜巡邏遶城走七匝天始辨曙壺陽守城之勤勞有如此

湯公令軍民取大石重一二百斤者置垛上謂賊來攻多負門板以防矢石俟至城下或有附垛上者推石下之可以[illegible]賊使不敢近城垛之上又加築高二尺許有賊[illegible]半上北城垛守者推石而下賊遂墮於地後都[illegible]劒崖張公鉄以大石不便推發乃去大石而疊以[illegible]磚處守者倦怠而賊或登垛則碎磚易傾一加手而磚與賊俱可墜地矣二公各自爲見云

賊攻城連三夕東北二[illegible]門外賊造雲梯高三四丈者數十居民乘賊出掠[illegible]竊獲獻諸官守[illegible]令縣每梯賞銀三兩賊旋造[illegible]夫以城有備雖竭力攻之無益也遂開船揚帆音[illegible]往乍浦湯登城樓躡其巔望之知其往乍也顧謂衆曰乍難支矣時把總王應麟居守會大雨王下令曰毋擊梆柝試靜聽之有頃賊遂瀰漫四入而城陷矣屠戮淫刼不勝其

慘傷哉此城誰之咎耶

直隷吳淞等處賊勢[illegible]猖獗乃轉湯公守金山以松陽令西泉羅侯拱辰[illegible]鹽代守羅廣西人以教職轉令有膂力熟弓馬能擲標鎗於數十步外中賊督撫知其能檄守海鹽暇日邀師生輩教射會飲談兵嘗於座上射矢不虛發擢吾郡同知未幾擢浙僉憲

五月十八日賊數十犯平湖居民死者百餘人二十日羅率兵往勦斬首[illegible]七級賊夜遁擄掠諸物棄不暇載

二十八日海寧流賊十十餘剽掠村落六月初一
日羅率兵往勦先遣哨領項姓者覘虛實項率所
部數十衆抵石墩遇賊而戰殺一賊餘皆奔匿尖
山祠項獨追入祠極力推門入欲擒之後援不至
被殺賊復出擊項兵傷十數人次日羅引兵來賊
已擄船下海而去
張都閫鈇築海鹽土城用本縣里長民夫及本衛
十一屯所軍餘泒軍三氏七與築先濬沿城之河
使深取土築附城之地高一丈五尺下視河底其
深倍之城外隍內復增一藩籬土城之下下猫竹

簽鐵蔆角等物賊不敢近城下鹽人以是爲張公
不朽之績今於農隙時仍歲用軍民力浚隍修理
無使柵塌庶無復隍之虞守土者所宜究心也
七月六日平湖流賊至沈姓民家時金山湯公會
吾鹽羅僉往勦火其廬勇士吳壽升屋逐出諸匿
賊斬獲數十餘皆奔散追勦連日漸次擒獲
八月十四日澉浦東闞泊三倭船賊二百人自眞
君堂掠至李家圩時民多逃竄村里蕭索無所掠
即開洋去
九月十二日賊船十餘隻泊乍浦湯公率兵來會

吾鹽叅戎盧公鏜援之殺賊賊出奇兵擊我松陽
葉千戶嘉興沈隊長等四人被殺兵民死者百餘
人
築城上敵樓三面可望外賊朔之自壺陽也
築小東關尋廢
築南北敵臺
十月增高石城
十一月造帥府於柴家埭尋廢
十一月築平湖縣城
此上皆癸丑年事吾鹽被寇者四死者約三千七

百有奇平湖乍浦各三被寇澉浦海寧各一被寇
而乍浦城陷之日有避神祠屋上者潛窺賊黎明
時禱於神前問許我住此城數日否不許問許我
盡殺否卜又不許遂傳令止殺僅掠一日而去賊
前後來寇每每遺三四賊擒送官拷詢多江南人
或漳人舊爲擄去者今不欲從彼入海故逃生耳
又云賊議寇吾鹽輒呼尖頭村蓋望見吾邑塔頂
故有是號

倭變事畧卷一終

鄭端胤
明黃岡樊　維城彙編　友人姚士麟訂閱
劉祖鐘
孫采重熙較梓

三十三年甲寅春正月倭寇松江沿海地方南祥新城二鎮尤甚所獲輜重尤多

二月賊陷新城鎮直隷督府借兵於浙盧參戎丁總戎帥師往援我衞驍兵選鋒六百又四百次之嘗留守城時選鋒六百從丁總戎征勦丁諱僅號東谷處州衞指揮有勇略其子堯時號少泉能振勵諸軍從征屢有功我軍多膽勇士器械精利以紅布纏頭嘗擣巢獲利多願從征中有柴鸞者歸語儕人曰吾隨丁帥擒賊丁留我輩六十人守船衆以爲恥諸同趨丁帥告曰吾輩願殺賊不願守船受怯名丁壯其言而遣之六十人相拜誓戒而前首衝賊鋒餘衆從之遂大勝還

初湯公在鹽時有家兵黃猛者膂力絕人先從公守浙東與賊戰於普陀山猛被圍數重身被數十鎗不死突出重圍賊亦知其名謹避之後在鹽有

他遣歸而城門適閉呼不得入植長竿於城下緣之而上見者駭異抱病從征猶殺六賊而死

三月倭船三隻夜泊東城外演武場人罕知者時柴家埭置柵門砍之而入執漁人蕭憲導至城下先時城柵鄭公澹泉家已捐金立使工匠修完矣賊以憲爲給已斬於城下余父春泉公晨起上城急取號頭吹北城上官民始知遂爭趨上城設守

先是有司以木椿沮絕河道湯參戎曰未能阻賊於陸而欲阻賊於水徒使吾民避賊者無生路耳欲盡撤之自是賊掠鄉村凡舟出遇椿柵用布代繚曳出如拔草葦然水柵亦竟無用

時賊來寇多效吾鄉民裝束又類吾軍裝束混而無別遂致常勝盧丁二帥令軍中各銜墨塊臨陣塗面以相別識賊始駭懼

我軍始置竹牌高五尺濶二尺五寸先鋒用之排列於前各持腰刀向敵捱牌而進後隊皆隨牌奮擊賊爲牌格不得肆我軍每賴之取勝

南沙賊住新場鎮盧帥圍之會夜大雨賊乘之遁慮爲我兵所覓懸羊蹄擂鼓柵樓以愚我云

初八日流賊二百餘經乍浦教場適處州兵四百

新調至飢憊應敵遂損其半次日賊經吾鹽守巡
收餘兵入城以守賊踰鹽自礀頭門執鄉民導抵
袁花鎮剽掠刼農船欲入太湖未幾聞官兵追逼
乃盡殺操舟人憤其載入死地也自是遇人即砍
殺死者無算盧丁追及之恐賊伏田麥中命人先
芟之賊以擄民為先鋒使敵我兵而自脫去處兵
有劉大仲一枝衝鋒劉驍勇連戰皆勝斬獲過半
餘黨流入硤石鎮歷長安臨平諸鎮至餘杭去惟
此賊深入內地殺掠甚慘數百里內人皆竄亡困
苦極矣

四月五日有雙桅大船一隻泊教塲東時盧丁在
南沙賊止一船鹽人易之須臾登岸自焚其舟魚
貫而上至龍王塘數之五百六十六人吹螺整隊
遶城外揚旗來攻城上戒嚴遂焚小東關及民房
百餘家轉掠西門吾鹽惟西市民稠貨集縱火焚
刼煙焰燭天是夜攻城用長竿掠城石以雲梯攻
北門軍民協力拒守不得入翌日賊居鍾孫二宦
家鍾為西皐太守孫為白峯學博孫出避遇賊欲
加害僕以身蔽主哀言乞代延頸迎刃賊義之釋
上而去自被倭以來惟是倭焚掠吾鹽為甚鄭公

壺陽使人促盧丁二帥一日而四五徵之且言二
公本浙帥守浙門戶何貪功外境而不顧門庭之
寇若此也二公日夜兼行至鹽不遑暇食遶城外
即抵輿城而日暮矣盧宿嶽廟舍一漳兵竊銀梧
盧命斬於橋以徇士卒皆不悅軍中有漳兵遂怨
盧乃陰與賊通令先設伏臨陣佯潰且助賊擊殺
兵至孟家堰夾河而戰賊誘我軍入伏內四面攻
殺掌印指揮李元律處州薛千戶及千總劉大仲
皆力戰死之盧有馬能渡水一家丁控馬盧附馬
而渡獲免至澉浦而入丁亦從之李有文武才先

入邑庠屢試棘闈及官祖職郎中壬子武舉第一
人竟死於難不負所學矣大仲者處人最驍勇統
坑兵五百來吾鹽多建戰功凡戰令部卒各帶石
塊數十俟兵接刃令兩旁畚以石塊擊賊而中間
皆以短兵對敵賊知交兵不虞亂石擊面率以此
取勝凡客兵食吾土者惟劉兵不愧至是死之莫
不痛悼春秋血食宜矣議者謂孟家堰之役非戰
之罪由漳兵賣已緣倭黨中多有漳人故也是役
官兵戰溺死者總計一千四百七十五人巡道帶
川劉公燾郡侯唐君劉公慤命有司備棺載至戰

塲驗其傷前者殮之傷後及溺者鄉給事錢海石
捐田爲義塚瘞之邑令備牲醴爲文祭焉
此賊既勝由海鹽官塘直犯嘉興所過皆以火爲
號午間至錢給舍宅就食殺農人三四申後抵郡
先是劉郡侯聞報即令拆去附城民房恐緩不及
事悉命火之賊至宣公橋官民出禦令兵民先登
屋伏脊聚瓦石於屋上俟賊至街左右擲之兵半
匿市肆間門闔皆半掩把守俟賊至擊刺之多竒
中俄而剽悍百餘賊舞刀直突南街伏脊兵匍匐
而下急閉栅門上下夾擊在上者擲瓦如雨在下

者於戶隙中發矢石賊奔栅楞俟出如羊觸藩不
能脫兩街兵出巷戰攢殺數賊十餘皆望風奔遁
俗呼爲烏鴉竹節陣謂瓦飛如烏鴉栅絕如竹節
也官兵鼓譟而追直抵落緯舖賊有失羣者匿義
塚棺中越數日搜獲斬之是晚由故道抵曹王廟
宿焉明日復至海鹽過西門大栅橋沿烏坵塘歷
八字橋宿陳家村明日出塘經馬家堰入姜家殺
伯姪五人一姪孩提宿牀上殺之取血漬酒飲之
又明日掠朱亭村登秦駐山殺牛饗士又明日沿
海塘經澉浦歷談家嶺窟黃灣

十一日松江流賊數百自唐行掠舟犯嘉善縣燬
民居劫庫藏進犯嘉興翌發雙溪橋適狼兵至郡
郡侯令賚餉犒兵狼兵即擊賊一兵甫弱冠獨奮
身衝鋒連殺七賊兵衆乘勝追擊斬獲數十賊皆
披靡棄舟走自官塘奔抵石佛寺殺鄉官侍御金
燦號豐村者時年七十餘遂宿其家
十二日賊自松江來者二百十七人經新行午後
又有一百六十人來咸宿東塘橋村明日由腹地
走金山入柘林窟焉越數日黃灣賊千餘掠袁花
鎮焚劫甚慘徙商木及民居門屏築疊石墩掠二

哨船招集其黨爲過洋計時掠未滿意又南抵海
寧攻城不能破燬劫塔下徐家西自袁花歷黃岡
麥墩西北抵硤石硤石聚而出禦民稠市窄不得
入遂至小墅抵九都歷紫雲村角里堰談家嶺抵
澉浦所過數十里無人煙海寧大姓多罹其害廟
灣周氏有二庠生執之令負擔不勝釘手足於樹
殺之抵朱家栅宿其家守港門賊用布漬油裂長
竿燃之徹夜如晝隨處掠劫人口男則導行戰則
令先驅婦人晝則繰繭夜則聚而淫之是時各地
有警不相援救棄其鄉民惟守城郭如螺閉龜伏

不敢出老幼水載陸奔驚恐萬狀良可悲也

十九日中丞公始調兵分屯表花等鎮要路

二十三日賊掠糠篩橋而歸道出靈泉山時省城周都閫及指揮徐行健率兵兩路追賊周自山南而下徐自山北而合徐失期周兵行至菩提寺前陣如半月形賊望見齊呼爲牛角陣以術魘之周墜馬被殺兵亡過半

五月四日晡時賊船二隻犯泰駐山掠入音樂墩抵東洋橋時民多竄避無所得即開洋去盧參戎率海船以火器破其一艘傷賊數人而死餘復登

岸計九十三人赴石墩賊壘求託焉石墩賊不納流於崇德轉匿積慶寺復次王江涇即遣狼兵出勦購以七百金獲而殲之

初六日賊船一隻泊麥庄涇掠附塘數家移時去

十一日石墩賊攻澉浦城取民家門蔽身以登城幾陷鹽典史李茂率兵飛石擊殺數賊賊解去李放佛狼機誤傷幾墮幸城陴口隘得免賊回壘不得志殺男婦千餘以泄怒見者悲痛

十三日八槳船二隻渡賊三十六人爲哨船追逼於藍田舖上岸抵朱家橋就討家橋炊食宿塘內陳姓家明日由官塘將犯嘉興抵石塘灣郡遣守兵出禦適吾鹽丁總戎率驍兵千人追之郡兵望見疑爲賊黨郡兵迯賊伏麻田截郡兵百餘殺之賊夜遁焦山門綿化店中有宗姓大家率數商出禦一商先刃三賊後援不至死之明日郡侯懸數百金購狼兵追至松江泖橋不及而還本日又有金山流賊十七人劫農船載出平湖嚴州朱百戶率兵追次九里亭爲賊矢傷進至新豐鎮朱戰沒郡遣狼兵勦滅之

十五日石墩賊復爲攻澉浦狀明日亦如之越二

日之夜携所掠輜重四船開洋行次白塔山兵船百餘追擊時海方吐月然水氣溟濛方苦賊船之難辨也俄而見一船用門屏捍身併力舉棹旁翼二船因而知其爲賊遂以發熕破其船殺溺凡三百四十級明日海濱獲浮板托命者又三十一人及白塔山下傷病不能浮海者悉就勦焉總計四百有奇獨一船竄去追不逮而止此黨賊留居吾土凡四旬有三日殺害數千人蕩民產數萬家至此始蕩滅云　愚按石墩一夥流賊最甚天禍此虜使得船兵勦獲獻功亦彼蒼好還之報因是而

知我兵船擒海賊本易爲力況有火藥諸器長技
可施昔本兵虞坡楊公博上疏言防倭之法防海
島者爲上防港門者爲次守城郭者爲下蓋倭奴
長技利於陸我兵長技利於水也歷稽往歲用師
凡克捷者俱在海戰利害較然明矣昔人論防倭
之功有言擊來賊僅見什之一二擊去賊者又可
以獲輜重之利而因得以文其故縱之愆識者謂
宜以擊來賊之賞優于追去賊之賞縱來賊之罰
嚴于縱去賊之罰斯言良得之
二十一日有三十六賊自松江來匿大六滙民家

二十四日丁總戎統兵來援賊已遁去追至廣陳
先是張參戎欒把總前後與戰皆敗
不及而返
二十七日復報三十六賊匿小營盤巡檢司司有
石城賊先積石城上丁總戎命作木梯可並登十
人者凡五具次日攻城飛石如雨又命射火藥筒
百矢齊發賊不能支城遂下圍之數重刀戟森列
如蝟賊入巡司後堂自分必死先日斬戰傷者十
餘人首用門窗火煨之張參戎部[illegible]四漳兵入與
打話遂私與賊約佯爲潰走縱之出時獲一賊道

其詳丁縛四漳兵送當道驗果得賊賄斬之賊中
故多漳人用漳兵勦之焉得不僨事乎
六月十四日太倉劉家河寇至約千餘由官塘經
崑山抵儀亭有譚姓家貯米萬石餘賊諭居民每
石價四錢民往買如約由是旬日米賣盡遂犯蘇
門焚掠竟日載錙重百餘舟經吳江城外湖口兵
船圍之邑令出城督戰兵中鼓勇無不一當百賊
乞生路一先鋒船殺十七賊獻首于令令有畏色
入城闔門兵遂無戰心賊用計棄三四空笥及數
衣包于水兵爭奪笥與衣包賊棄船登岸兵入船

搶物賊因逸走而南抵平望鎮矣翊日湯盧夏丁
劉五帥會勦於王江涇巡檢司前勝之繼而丁總
戎麾兵渡河就食賊又乘虛掩擊失數船復戰于
杉青閘百步橋我師敗績夏總督遇害殺溺官兵
數百人賊乘勝登北麗橋城上射死一賊退就石
條街燬劫一夜焰燼亘數里焉
九月二十一日賊船一艘四十三人泊石墩就民
家炊食次日經破塘關歷馬鞍山迴令三賊登
高哨望見草蕩官兵來遁北避出一郎廟渡東洋
橋適與官兵接時張參戎丁總戎又子三路出兵

丁駐大歩山其子率兵合擊賊一先鋒衣紅緔金短襖舞雙刀突前衆圍之斬其首猶能匍匐數歩我兵復斫斷其手足隨斬八賊餘皆蹈水斷其橋據沈姓民家詈我軍官軍間從他道渡河奮擊又殺七賊追抵馬家又殺三賊時昏黑餘賊沿海北遁丁又追殺九賊焉時羅公帳下有晉秀才者帥勇健四十餘馳馬北追爲賊襲殺

時嘉興犀被警督撫議築外城費不動官銀數日募郡人得數萬金已而中止

十月初八日石墩泊一大船賊百餘詭言兵船打

水使居人不疑暮則四掠矣至十一日開洋遇兵船復登岸十四日丁總戎偉與徐揮使行健率兵往勦丁斬八賊徐殺五賊明日兵船生擒二賊餘黨復開洋追抵茶子山火器破其船斬獲約八十餘生擒十三賊赴官司訊問言如鳥語莫能辨也

二十五日沙上賊數千來寇總六十八號每號約六七十人執白旗吹螺整隊而來分八九路是日一犯平湖一犯我十六都一犯新行鎮一犯嘉興諸鄉村其在新行者蔓延十數里燬掠三日執民載輜重二十七船還沙口守巢者出迎相慶以爲出掠無事且得利云十六都賊歷平湖抵嘉善入嘉興載輜重百餘船北抵王江涇出南潯掠皂林烏鎮雙林等市

初有司伐樹木阻塞河道以爲擒賊計而舟楫難通避賊之民反以爲礙其沿海窮民又夤夜冒倭狀劫掠海寇未除土賊繼作矣

時平湖築城至是畢工嘉善崇德桐鄉咸築城

是時客兵數千守吾鹽每日給餉五分其乍浦平湖守兵費亦如之師旅徵發額外增稅每田一畝出兵餉至一分三釐沿海之民膏血爲之罄盡

倭變事畧卷之二終

采常吉倭變事略卷三　鹽邑志林第四十八帙

鄭端胤

明黃岡樊維城彙編　友人姚士麟訂閱

劉祖鐘

孫采重熙較梓

三十四年乙卯春正月朔賊數千乘歲除地方無備出沙口焚掠而行海中徹夜火光城上人無不見之初一日至吾鹽一賊從馬路口踰河跨土城而坐手　旗招黨賊攻城城上兵擲一磚中其首而仆遁去後手旗麾衆退整隊伍而南行有乘騎者

有乘輿者皆衣紅衣其酋長也自辰至午行始絕賊中有舊掠袁花鎮祝婦者賊首葉麻擄獲之從賊過南關見我關上有兵婦按轡行與賊語賊若受其約束者遂抵破塘關是夜諸賊分宿茶院角里堰約七八里間民家歲時酒餚賊縱飲食之無一兵敢出城外探勦者自癸丑年來以數十賊行海瀕千里之地殺官兵無算今賊盖幾萬矣孰敢有攖其鋒者宜乎斂跡固守以為得策也

初三日有避寇村婦數百襁負幼小齊渡西浦橋值天雨橋滑皆棄兒匍匐以渡河畔積孩屍甚多悲號震野賊掠出袁花鎮載輜重由黃道湖抵硤石有先鋒六騎按劒把截硤石口硤鎮值年節男皆酣飲婦皆粧飾不虞寇至焱忽四發煙塵蔽天經三宿燼猶未熄死水火者無算遂西犯崇德崇德因初築城未就初九日攻陷之執一儒學官一縣尉戕殺之縣尹惶懼急踰城出折臂傷足而扶避村落民家賊所寶在絲綿入葉序班家見絲綿庫廣踴跳而喜獲鄉官太守姚汝舟刼其家衆用千金贖還姚既脫虎口憤怨官兵逗遛不進赴軍門控訴始督兵進勦二十三日先鋒丁總戎駐兵

方炊會大風起賊冐吾民服色至軍前詒曰寇至矣兵方卸甲置器待食卽錯愕而視賊伏起掩擊我師大潰覆千餘人由是賊勢益振掠入雙林出南潯湖兵熟於水戰邀擊頗勝賊棄輜重二十餘舟復抵杉青次日嘉興兵與賊戰止獲四賊而喪師三千沒官十二員賊得勝復還柘林

二月初八日有調來客兵一枝吹牛角聲為號沿海北來抵吾鹽呼於北城門外守者疑而不納有項統兵官至遞牌入始知為山東兵官既入城兵散處城外掠姦索食不滅於賊民恨無訴後遣戰

於嘉興蠢懦無比臨陣逋逃徒糜兵費爲吾郡蠹
二十日柘林賊犯平湖置長梯攻城城上釦大石
擊殺數賊因散去
三月十二日廣西田州瓦氏兵暨白都閫湯盧二
總戎羅任二兵憲丁樂二總戎諸兵入城以吾鹽
爲吉方往鎮一帶沿海要地兵號二十四萬屯金
山搗賊巢賊聞之懼退保柘林堅壁不敢出瓦氏
土司岑彭妻也以婦人將兵頗有紀律秋毫無犯
四月初八日諸帥揚兵出哨遇賊擊殺九賊而覆
兵三百明日瓦氏姪恃勇獨哨賊復掩擊瓦姪殺

六賊而人馬俱斃瓦氏來海上銳欲建功數請出
戰諸將集議軍門輒以固守爲上策多觀望不進
至是其姪戰死之瓦氏遂鬱鬱不得志而思歸焉
是時我軍大會勦哨兵兩戰不利賊復鼓氣攻侵
我軍運餉薪魚鯗至張堰掠去二十六舟獲糧二
千餘石軍門復移文各縣備乾糧及役夫往金山
刈麥以便擒賊十七日發刈麥夫二百名及黏米
二十石麩二百斤送金山
二十一日賊分一枝約二三千南來金山白都司
率兵迎擊白被圍數重瓦氏奮身獨援縱馬衝擊

破重圍白乃得脫
二十三日賊自金山戰後歷乍浦次吾鹽至獺頭
門聞澉浦火砲連聲不絕復轉由吾鹽城西官塘
抵璵城夜散處南次於鄭墳北次於鄔家村明日
炊後唱名起行一賊憤病自刎油坊中又明日吾
鹽發兵北追郡城遣兵南禦前後夾擊斬獲數百
級二十八日賊餘黨奔蘇門次寶帶橋西北小堰
有司聞報先期決去堰埂至是雨滂水湧不能渡
復自故道轉竄王江涇次日盧湯任諸兵會勦軍
門命丁總戎衛鋒令牌至丁父子率兵啓行遇賊

一家兵奮勇執牌而前兵衆從之冒刃力戰前兵
方銳後陣乘之須臾賊戈甲棄地四潰而逃多伏
地受刃或跽而乞哀者斬獲二千餘級獻捷軍門
沒兵亦幾千餘人是爲王江涇大捷云乃總督胡
梅林公籌略功也
五月初三日殘寇約三百餘奔還柘林由腹裏經
烏木橋有傷不能行者用民家榬兩人舁之逸上
四賊匿彭道亭初四日報縣遣兵勦之一賊出哨
亭外我兵攢鎗刺之賊斫一刀十數鎗齊折兵皆
徒手而奔一處兵勇敢能戰突往抱持一賊其黨

奮援傷死至晚賊就擒

初五日報金山瓦氏兵勦殘賊一百五十有奇則知歸巢者無幾矣初十日柘林賊空壘而出南圍金山城大索瓦氏緣前戰解白都司圍知其驍勇故欲劫其衆也

十一日鎮江賊五六千北沙賊五千合犯蘇門燬掠數日用餅船渡太湖據洞庭山軍門移文各地戒嚴十八日連報北來賊萬餘蔓延在道二十二日次八團圩經吾鹽南抵獺頭門西犯袁花鎮徙商木結寨示久屯狀二十三日又一黨約千餘在

八團圩二十四日經吾鹽次音樂墩夜雨散處三四里間殺傷十數人二十五日我水兵船次三官堂橋火砲聲不絕賊聞之遂吹號啓行西入袁花鎮黨

二十六日暮抵長安鎮鎮爲四方通衢其市民未四鼓即啓門張燈以待上下河所到客船賊與潼人及所擄民佯就店家買飯飯畢遂分入客店擊殺鎮民騷動出避傷者死者塞途樂土一旦丘墟矣

二十八日寇省城犯湖州市大肆燬掠東自江口至西興壩西自樓下至北新關一望赭然殺人無算城邊流血數十里河内積貨滿千船斯時也雖有鎮兵在省倉皇無措惟觀望而已

六月初六日會大風晚益急火益熾煙焰入城守者不能立城幾陷初七日賊掠官船冒爲夫皂等誑言軍門往嘉興擊鼓開船一路調守港水兵船來迎至落瓜橋先有伏賊在村船中賊數十登岸舉旗伏發截殺水兵二百餘人賊乘勝掠練市及水路所由諸鎮乃出平望將掠蘇州見吳江截樹横水閘吳江兵素諳水戰棄錨重數十船而復南

至十七日經嘉興先是軍門會議痛恨茲賊猖獗敢犯省城務在必擒命有司壩絕各處河路止留一水道爲必由路相地利以爲戰場鋪門屏以習水戰至是北麗橋亦鋪木排竹筏兵劄水際報寇至總督張公經怒曰如此防守却無了日出掛甲督戰侍御胡公宗憲親自驅兵水陸並進斬獲數十前兵忽覆後兵皆溺胡公亦在溺中僅露其髮有勇士沈坤錢燦急援出棹小舟濟去坤郡人燦硤人燦犯法繫獄有舉其能軍門釋罪編於行伍郡侯劉公出觀戰所命解尸牌合六籍擔赴府查

嚴

十八日賊舟入魏塘十九日歷嘉善盤據張涇滙

二十四日　朝命以討罪無功逮張總督經李都憲天寵湯參戎克寬去

是時阮公鶚督學兩浙令諸生習武既而賊犯省城輒詣軍門指畫兵機親自監門以防奸細未幾擢浙福巡撫侍御胡公宗憲擢浙直福建總督

初台州有徐千斤者負勇力擾民間前督學公牧之學宮與之衣巾使肄業粗知文且食公餼俾其知所自重後督學者秉公衡文停其廩餼入市遇繼廩者以指拍其背戲曰汝奪吾廩耶其人為蹙蹙狀歸解衣視血凝如瘢瘡踰月不散是秋復送考同事諸生假坐染坊坊人嗔之

徐怒挾二碾石於街旁人是以稱徐千斤云爭求識面又嘗偕友買舟渡江與其値頗廉舟人強索促侶登岸徐獨橫卧舟中以行足著力舟刺刺有聲舟人恐乞哀而止其有力大率如此文不足稱也阮公以用武之時特加聘睞後薦用於邊不知所終

七月初三日瓦氏兵回田州

是月錢塘江有一船渡賊六十餘賊遇鄉官侍御錢鯨送家眾抵家殺侍御併家眾復登岸由腹地歷徽州直抵南京各路官兵迎擊不克陣亡武職凡三十餘員兵死以萬計轉至無錫望亭官河見糧船趨之復燬數隻乃奔虎丘而盤據焉適趙通政文華奉　命祭海神過蘇州命兵勦之圍賊於

祠中懸千金以購壯士有一家兵獨踰垣入窺見祠中一賊獨坐須臾起如厠乃一鎗中之而斃其黨駭亂兵眾奮擊盡殲之

九月初四日金山海口雙桅一艘賊數百初五日五桅八艘賊數千先後登犯屯柘林軍門調主客兵號二十萬進金山討之十三日白都司及姚指揮洪等率兵進薄陶宅與賊戰先鋒刃三賊又以銃擊殺數十賊賊勢稍弱俄一賊長七八尺突前衝擊我師敗績姚死之將官遇害二十餘人兵千餘人

十一月二十日賊六十人自大步門登岸指揮徐行健率兵出賊登山以待徐自間道登山襲之賊下山而北避破塘關復抵金水堰匿民家即火其廬徐駐師南山嶺望其出而進擊之會縣遣巡捕官兵至賊亂行隴麥間直奔西南去官兵追抵橫涇而暮賊匿張姓民家時漵兵隔水圍其南縣兵遶屋圍其後須臾一賊嗔目咬牙作叱咤聲舉刀對斫火噴星流著地舞來眾兵攢刺中十數鎗尚能跳起四五尺餘欲闖門以避縣兵踰垣而入賊罔敢對敵有潛榻[illegible]者有避樓中者有羅拜乞生

者官兵遇卽殺之凡四十九顆逸十四賊夜匿秦
山之阿二十二日徐兵搜山悉擒斬之

倭變事略卷三終

采常吉倭變事略卷四　鹽邑志林第四十八帙

明黃岡樊維城彙編　友人姚士麟訂閱
鄭端胤
劉祖鐘
孫采重熙較梓

三十五年丙辰正月沙上賊屢犯沙口擄男婦巢中索贖始還二十一日尚都司等率兵薄其巢與戰敗績陣歿官十六員兵千餘

二月二十九日總督胡公廵歷鹽邑及海寧平湖澉乍沿海諸地練將卒閱城濠稽查糧餉逾月乃還

時勇士錢燦作亂燦恃援救胡公功肆惡劫掠無憚有桐鄉生員胡鶴齡者與燦善同蓄異謀謀泄桐鄉金令聞之學道畢公公在海寧歲試未竣卽託疾居桐鄉觀變至是燦不自安遂斬公差及巳妻子夜匿海寧許秀才家索之急次日與其黨蔡乂起事硤村聚衆數百人裂裳爲旗揭竿爲戈以逞官兵追勦遁入太湖後聞入海寇黨莫知其竟胡許死於獄

二月初四日諜報海口賊船大至南北相望不絕

海船兵官燕千戶遇戰被歿軍門發廣兵一千二
百戍鹽
二十三日賊船泊金山海口桅檣一望如密竹明
日沙賊出巢南次金山
二十六日水陸賊合衆約萬餘分寇各地時賊首
徐海葉麻覘知嘉杭兵調松江搗巢各地無兵可
恃故也海寧衆先閘乍浦壞民室爲臺高於城置
薪臺上覆以青麥縱火焚之煙噴入城守卒不能
立城幾陷兵憲劉公躬督男婦運石擲下賊稍不
敢近旬日外援不至用健卒善水者伏水從間道
鹽邑志林　卷之四十八　四　二　倭變事略　三十五
馳赴軍門請援兵軍門擇四月四日出兵往援竟
愆期幸賊自退
軍門以海寇居島出沒無常莫得虛實有生員蔣
洲者犯法拘獄釋而遣之又以陳可願蔡時宜潘
一儒等爲輔行蔣以徽人王直爲海中雄先抵其
所說令內附直遣養子毛海峯與蔣偕至諸酋所
蔣諭以禍福誘之降奏請官職賊有洪東岡黃侃
者相與期之蔣還報道出吳淞又往說沙賊陳東
等胡公曰兵法代謀爲上角力爲下遂鎮節嘉興
圖之而賊從嘉善來前驅直逼郡城衆懼甚胡公

取酒百餘罌投以毒載之兩舟選卒之有膽而慧
者衣冠坐舟上作餉軍狀載向賊所遇賊卽棄舟
走賊信不疑取飲之多死適保靖宣慰彭藎臣領
土兵數千至胡公使人傳語曰賊善伏且知分合
我兵嘗爲所敗且分奇正左右翼擊之彭不聽乘
銳直前果遇伏陷賊計挫於石塘灣胡公親詣軍
營撫勉之仍指畫地形教之曰汝宜分道而伏賊
至前鋒迎敵佯敗走俟其過伏盡起夾擊蔑不勝
矣彭如其策賊果大潰北走平望
四月初六日賊衆至吾鹽北王橋指揮徐行健率
鹽邑志林　卷之四十八　四　三　倭變事略　三十八
兵迎戰隔河而陣以鳥銃擊殺十餘賊既而伏賊
四起前後夾攻徐力戰死之兵覆百餘人
初七日經吾鹽抵礀頭門是日白都司統省兵由
海寧來至角里堰聞賊在前麾兵避之
初八日海寧兵與賊遇於西崦倉蔡尉遇害兵沒
其半時賊蔓延數十里一屯硤石一屯袁花所歷
地必掠所掠必焚相望若舉燧然十四日硤賊
執民導至宮[illegible]徧掠硤賊據惠力寺山頂懸大白
旗爲號出掠[illegible]揚旗歸巢則偃之所掠蠶繭令婦
女在寺繅絲[illegible]形戲辱之狀慘不可言

十八日賊掠皂林

十九日賊掠烏鎮

二十日河朔兵有將軍宗禮裨將霍貫道調守嘉興遇賊戰於皂林各有斬獲賊敗去二十一日賊登樹而望見宗等孤軍陷於水濱且無他援即縱兵掩擊之師敗二將死焉

軍門阮公聞河朔兵敗自崇德進保郡城二十二日至皂林與賊舟相遇賊遣二三擄民冒耆民出迎以弛軍門之備耆民登舟寄語之故阮錯愕單舸走入桐鄉避之令水兵出戰不利賊乘勝圍桐鄉城

二十三日賊以阮在桐鄉期必取之多爲攻城具乘一舟於水又覆一舟於舟上而匿賊於舟中直抵城邊急攻水門守卒以巨石破其舟賊中而斃遂不敢近

明日賊又取木爲架高於城秤一巨木懸於中復聯屬其木長數十丈下用車輪推而附於城以撞擊之城幾破邑令金公令絞綿絮爲團懸於城之著木處俟撞至即收縛秤起而斷之

又明日賊又以大舟乘於水架小樓於舟上高踰於城外攢以木中懸以梯賊升梯上挽舟以抵於城且擊且入時有犁頭村人善爲鑄釜者急取鐵鎔汁俟樓近輒潑下著木木焚賊多斃

又明日賊舁銅將軍一架來守卒望見之即先以佛狼機待之賊未發而我已先擊之如雷震矣賊退避又以雲梯望高樓之類百計攻城不能下金邑令以瓦礫數十擔於城上至昏黑時傾城下賊聞其聲疑城圮十數賊爭至城墻遂卸城上巨石擊殺數賊餘駭懼不敢近賊自是寢攻城之念專意出掠以故阮公得越城夜去

初阮公被圍日夜望援兵不至乃募一卒厚賞之伏兵而出遺書於總督胡公曰賊圍城已二十日初七日始接手教弟非敢於輕率使當時左顧右眄遲到一刻今無桐鄉矣錢燦諸賊引而據爲巢穴弟恐兩浙不能高枕而卧也弟之來桐鄉亟亟爲生民之計耳至於宗禮霍貫道原奉兄調夫嘉興適與賊遇一戰而死此亦分之所宜非弟之力所能調也朝廷遣將本爲搗巢今巢賊犯浙月餘大兵按而不舉弟實未解昨南門東門賊夥洪東岡係漳人黃侃係浙人兄舊年今年曾令蔣洲蔡時宜潘一儒呼他來通貢再不加兵今又朱朝鳳等入杭吾兄再講前事當此危急而不加兵甚與賊言相合若果如此禍福且不論又是宋家和議弟死不敢與也弟之輕躁不過去官不救桐鄉之難又干滅族之誅且晝夜攻城半月不解其使來者本非有求貢之意不過緩官兵之迫以困桐鄉耳今兄將浙江巡撫衙門原募義兵原選正兵俱付與弟則今日之危不悔矣舊年滅賊即此兵也向今遽謂之弱乎而不與旗牌關防迹交代耶

且處兵不過三千乃作浦入困暫避之卒耳今調二千浙東以解餘姚之危調一千崇德以阻犯杭之路至於水兵不能隨戰兄所知也此外更無兵矣昨桐鄉外栅敵臺內栅城墻而賊人雲梯雲樓望高臺銅将軍凡自古攻城之法無不備矣兄何忍棄弟至此不以憂國家爲念保城池爲心而反以宗家好兵爲詞恐非豪傑本心也禍福自有天命不當推避如此心在社稷不暇他顧穴中布恍不忍終默

五月十九日桐鄉賊半引劉崇德西

二十二日賊解圍東行留桐鄉凡二十九日掠殘鄉市村鎮凡數十里輜重千餘舟

二十三日賊經嘉禾舟相屬二十餘里二十四日遇湖兵戰而不勝棄數十舟盖飽欲得志之時惟營歸計無心鬭格故也

二十六日賊復由故道抵硤石分三路行南入袁花北入王店東入吾鹽時諸將有欲扼其歸路者軍門會議兵寡賊衆與其浪戰傷兵雖勝猶負不若離間其黨以計擒之爲得於是遣蔣洲蔡時宜朱尚禮等偕行復申前約且曰願歸者聽資之以舟願降者留封之以職於是諸賊掠輜貨多陸行則人不能任水行則海不能渡計正坐窘蔣等說適慰其欲然賊亦非愚而墮吾計不過佯假連和之路以遂營歸之心非得已也蔣還始知賊酋徐

海一黨也洪東岡黃侃自海至又一黨也陳東葉麻吳四自沙來又一黨也葉陳竊沙久思歸不能渡海從說獨深六酋中徐海爲霸且主盟焉徐少爲僧有九金錢卜事甚中以故見推於衆

六月初二日賊遣使來[illegible]如約入吾鹽南門有司勞以酒食送之軍門初[illegible]日復遣使溫約促備舟

初七日葉麻遣百餘賊駕六舟至袁花取祝婦婦杭人有姿色初葉犯袁花劫以爲妻居沙久一日思鄉流涕葉憐而遣歸至是得蔣說六酋晝夜爲計會飲徐酒酣謂葉曰允嫂幾何日無徐曰聞有

一祝氏何日無日去矣徐又曰佳人不易得汝棄吾當取之葉怒曰聞汝六七妻妾肯與人否徐亦怒二酋交惡自是有隙然徐善謀而葉尚勇徐憚葉佯笑而解葉恐其害取故有是遣六舟在道劫財殺人初八日既取祝婦歸由道塘入常姓民家索飯掠財婦以爲言賊稍止次尚胥橋壺陽鄭侯以欽取往郡辭官適遇賊幸遇兵船濟之得免婦至巢其黨稱賀者累日

十一日賊獻錢燦首級[illegible]軍門燦入賊黨至是賊使至因索之賊乃斬他人首冒爲燦首來獻致修

好之意

十三日軍門聞徐海乍子彌月遣鑼工樂人賫花紅酒禮賀之明日海遣使來謝盖連和之始互相愚弄云

十七日賊遣使各縣促船限是月二十五日泊乍浦

時諸賊與軍門通好徐洪二酋欲封葉陳諸酋欲歸歸之心終始不渝獨徐機械叵測較葉等爲甚其投降取封不過託言覩變歸心未露耳胡公待五酋之禮於徐獨優徐親詣平湖城下納欵兵備劉

帶川欲放賊入二十一日城中士宦慮賊入城爲變與劉公議左咸以鐵鍊自鎖其頸走索劉公同赴京奏辯謂其與賊交通也是日兵備家兵竝騷動城中士夫大亂胡阮二公及侍御趙公在郡聞報急趨平湖解之

時徐賊降心既決見葉等將歸所積輜重較多徐欲分其所有吳四等從之獨葉不許海恨之又前醉怒有隙於是遂有殺葉心佯謝曰汝去我留固當多得潛遣親信遺書軍門以圖葉告謂其勢尚未可擒俟我假催船爲由漸收其部屬而後及其主又云我遣人與之共事彼必不疑事成當釋吾遣者軍門得書大喜報曰如約

二十五日賊期乍浦看船設浮舖南北相連十餘里

二十六日葉麻部屬同徐海部屬抵郡城催船有司宿戒守者佯不介意開關放入郡侯勞遣云船隻一時未備姑少待諸賊信之還報葉心益安然意在速歸督船之使無虛日

七月初一日各地羈收促船賊合數百吳淞亦收之徐海力也

初三日郡收葉麻等八賊先是徐海用計動輒以巳部在前行至是説葉親行恐其疑乃説洪等陪行四酋偕來陳獨不與暨頭目等八賊呼於郡城門既入有司盛筵欵之酒酣以花紅爲贈因而縛之即刖其大指而拘焉見官門但曰予等悔墮徐海計至此海不足有爲我當致其偕來同死耳

初六日天兵入郡騎兵先至即馳赴吾鹽明日約十萬衆入鹽邑初　朝廷以東南海寇犯邊三十四年勑趙通政來祭海神兼督官兵進勦還奏賊勢已緩勦戮將盡　天顏方喜並是北沙賊葉麻

陳東等掠裏河數十船移其輜重出海去道遇徐
海等來寇戒以河船不甚浮海因糾入海島僻處
議事旬日軍門聞報賊去輒進十倭疏矣不意葉
陳等轉沙口南來徐海等從海口東至於是軍門
復題請師謂千里之外島嶼之間情難遙度倭寇
復來勢倍於前　朝廷擬遣將發兵適吾鹽生員
徐藻父爲鉛山教諭避寇夾外祀恨抵京乞師勦
賊疏入内閣義之召見焉盖五月六日也明日
朝廷特遣工部侍郎沈公良才視師南勦將行徐
藻以趙通政客歲有祭海督勦之行乃疏請以趙

易沈　朝廷從之乃改勅趙南行隨調京營神鎗
手三千名涿州鐵棍手六千名保定箭手三千名
遼東義勇衛虎頭鎗手三千名河間府義尖兒手
三千名德州兵備道民兵三千名已上雄兵六枝
咸從德州上船由運河而來臨清曹濮二道團操
快手兵三千名亦由運河而下河南夏時統領毛
葫蘆兵二千名河南睢陳兵備道團操馬軍三千
名漢中府礦徒三千名已上雄兵六枝由汴河下
船而來定保二司兵三萬容美等司兵一萬由陸
路進發合各地主客兵共二十萬時諸百執事統

兵參遊等官運給兵餉紀錄軍功中書郎署及轅
門幕客中軍參謀不知凡幾而趙公奉　命既至
會同總督胡公巡撫阮公咸駐節於鹽軍聲大振
諸賊聞之惶怖憂懣徐海雖降復營歸[illegible]而欲封
之念澹然矣
初九日徐海遣老倭賫木匣抵吾鹽教場守卒報
兵備道同羅中書出老倭叩頭進匣啓之乃獻一
刀勞以酒食紗幣隨送軍門
十四日郡收陳東等十三賊初軍門既收葉麻令
其爲書招東東與其黨十三賊抵嘉興并收之又

賞令葉爲書與東使陰謀殺徐乃不遣東而故示
徐由是徐海益感軍門不忍倍德
是日揭示附壘居民及出兵所經由處迴避十里
山是民皆震懼遠徙即不在迴避之限地方亦相
率而逃匿焉
十六日徐海遣部屬二人及率各部屬八人抵吾
鹽東關言事十七日抵澉城羅中書在焉招之入
款以盛筵收而擒之是日吾鹽亦收六賊則知五
酋部佐收之亦盡矣
十八日五酋餘黨見主佐俱擒各自爲心密營歸

計乘海口一二應官敝船夜候潮至開洋風作飄覆吾鹽龍王塘賊約二百許移輜上岸羅中書欲擒諸將恐驚徐海以爲不可釋之去自是還謂徐海曰吾屬無患矣

十九日徐海取葉麻所遺金盔銀甲遣使賷送軍門勞以花幣答以轎傘因舁至巢翊日請來會議海猶豫不敢行

二十四日大兵出勦以吾鹽爲吉方既行中道止之是時軍門集諸將問計以爲征勦不如計取於是復備船隻百餘集海口以應其求移文關會海

兵船侯賊行扼其歸路云

二十七日夕徐海移輜於二十七船將率巳黨以行諸黨怒曰汝陷予主何地今棄我而回耶因相格殺各損百餘

二十九日軍門出兵驅行兵至賊有去而遠者有去而尚在海口者有猶在海岸者即奮擊斬首數百顆獲其輜毀其巢是日徐海行出海口見兵船如蜂聚火砲之聲震海島懼而復回劄於梁庄

三十日天兵反郡城

八月初一日徐海入平湖城欵四公於庭先是兵備劉公欲放賊入鄉士夫阻之至是羣公議協限是月二日進欵而海故示強梗違期先一日率其黨陣於外自與部佐數十人城諸官兵聯屬直抵各衙門盛陳兵器令賊縱觀咸有畏色及欵四公海頓首口呼天星爺死罪死罪趙尚書及二軍門慰遣之緣海欲識總督通事指之海復欵如初總督手摩其頂曰毋更作孽獨侍御趙公震怒不爲禮謂汝害我無數百姓當服何罪海俛首伏地久之若有退避之狀因開關放出軍門令擇便地居之

初四日巡海兵獲四船俘斬數百溺死甚衆次日又報海寧兵俘二十賊江南兵獲數船此皆所擒諸酋黨也

初八日徐海寓平湖沈庄遣使持書抵軍門復乞降且曰願買此宅及田三千畝爲贍永願投降不渝前盟是時海既讐諸黨縱得歸必爲襲擊欲寓吾土故掠平湖見沈屋高廠遂注意焉

十一日徐海歸計既不遂見水陸兵各處戒嚴始悟連和爲僞又悔散黨勢孤乃以計設酒會隣遍送飲劵三四里間以年高者先民懼不敢往惟比

隣附居不能辭者乃赴焉是日合四十餘人入設
一席殽核豐腆結鄉隣久處之盟各贈席金而散
蓋誘其父兄將以貨取其子弟也十二日亦如之
遠近壯夫赴席者至二三百人酒半出刀剪髮髡
其首咸劫爲用
十五日平湖守備官遣人邀徐海賞月不赴十六
日乍城使使至海巢海拘留之十七日軍門遣使
至并斬之連和之路自此塞矣
十九日海知危在旦夕漏二鼓遣親密護送二愛
姬出巢逃遁會葉麻黨深銜海夜每伺於巢側不
得出

二十日永保等兵進薄賊巢擒四賊俘軍門二十
三日誘斬賊二十餘顆二十四日軍門督諸路主
客兵凡二十餘枝圍徐海數重賊放發熕以銀塞
熕口火發銀如星飛中人中土中水如雨鳴衆皆
不能進二十五日軍門令取民家犬數百爲羣被
以戎服以當熕擊復使數人持火雜於羣中驅之
以入賊但擊前犬不知火已四發矣焚溺無算斬
獲千餘是日徐海爲讐黨信殺二十六日搜巢於
溝渠中逐出數賊尚突出與兵鬬因而擊斃之渠

魁既除孽黨無不就擒矣
次月朔設宴百席奏凱論功行賞備銀牌旗帳等
物優恤陣亡官舍軍餘除奏功加秩外恤賚有差
指揮滿朝禾煉等每員給銀三十兩軍舍姚鳳王
來張仁智等六十九名每名給銀五兩

附胡總督奏捷疏臣胡宗憲爲恭仗天威蕩
平巨寇飛報捷音事該職會同提督軍撫都御
史阮鶚勘得賊首徐海等勾引倭夷連年流毒
浙直地方　昨歲蒙我皇上俯念東南重地財
賦奥區特勅侍郎趙文華祭告海神果仗
玄威遂有王江涇大捷比時海雖遁去逆心未
改今年復率倭賊萬餘糾同新塲賊首陳東等
擁衆攻圍乍浦遂及桐鄉職因援兵未至多方
用間廣布疑兵與都御史阮鶚及中書舍人羅
龍文計議密遣通事邵岳山陳欽童翠峯高香

朱尚禮等入巢諜諭離間腹心使之自相疑畏
徯間襲滅復蒙　皇上軫念元黎再遣尚書趙
統領天兵來援浙直竭忠殫力振揚天威所
至克捷先聲大振海等益加畏懼七月至嘉興
會同職與阮　等因機用計令中書羅龍文贊
畫綦時宜于尸金丹入巢誘降離散其黨窖授
北來諸將方畧乍浦城內官兵內應乘其半
渡水陸夾擊遂有乍浦之捷於八月初一日職
等題報訖本日午時徐海率倭乞降比時職
等以餘倭未殄永保官兵未至欲養全力收
一舉姑令其回候處分間海復擅收殺遯零倭
潛移沈家庄屯住日聽奸民煽惑謀拒自全該
尚書趙　與職等會議此賊不滅禍根不除屢
差指揮李昂王詔監生謝德行施良臣等行催
都司李經統領永順保靖二司官兵前至平湖
會集諸路主客官兵於本月二十日啓行兵備
劉燾督催官兵直抵賊巢永順宣慰使彭翼南
遊擊尹秉衡守備朱陰夏時軍其西以原任參
政孫宏軾督之保靖宣慰使彭藎臣應襲冠帶
舍人　忠總兵徐珏參將唐玉左灝軍其東

以兵部郎中郭仁中書羅龍文督之留守朱仁
王倫統領容美宣撫田九霄把總郭儒軍其南
以丁部郎中陳茂禮督之遊擊曹克新指揮楊
永昌沈希渭陳光祖統領致仕尚寶司卿史際
水陸家兵原任都司戴冲霄朱文把總朱先百
戶沈應潮鎮撫李臣立功官羅希韓盧鉞軍其
北以副使徐洛督之參將丁僅把總樂垍統領
處兵爲奇遊以同知張文顯督之又行戶部郎
中陳惟舉參政汪柏督理糧餉僉事李如桂督
理軍器船隻知府盧孝達宋治知縣張烈戶
曾勇督放灰瓶火砲百戶胡漢管放發熕通判
顧旻供應餽餉知府溫景葵黎遵訓知縣王察
言金燕各率鄉兵把守關隘復差應襲舍人管
懋光生員沈遷徐藻祝延宣周大韶武生朱見
王彪等賫捧旗牌分投督催直隸提督都御史
張督發參將婁宇宣撫田九霄通判韓崇福
主簿曹廷慧千總車良等水陸官兵齊進策應
職同尚書趙提督阮臨陣親督四面攻圍
賊負險不出至二十三日督令彭翼南設伏誘
滅擒斬倭級二十一顆至二十五日職等督令

各該官兵鼓噪齊進直搗巢穴郎中郭仁令參
將唐玉兵劉進等從南卿史際家兵段天恩等
從東職標下正兵從西永順長官汪相向鑾從
北四面放火燒巢自寅至酉連戰數十餘合各
賊大敗擒斬一千二百餘名顆焚死倭賊不計
賊首徐海藏伏小溝各兵重圍達旦至二十六
日辰時搜巢徐海率領倭賊數十持刀督戰當
被永順把總官汪浩田有年等就陣斬首餘賊
一時盡滅俱赴浙直巡按御史趙周轉委
推官方敎郭嵩何全紀驗訖職惟倭寇之性蠢
如禽獸若非內逆主謀勾引豈敢連年深犯恭
惟皇上明見萬里嘗謂內逆不可不除職等
仰體聖心加意緝訪各逆姓名惟名山和尚
今知名徐海者尤係首惡去年節曾榜示募能
擒之人懸以重賞及陳東葉麻吳四王七胡四
戴二董一董大王亞六各爲賊首每夥不下數
千百人亦嘗出榜募人擒捕今皆仰仗玄威
神輸鬼運盡歸羅網雖瀚海浩渺夷種繁多不
能保其將來然天討所臨而勾引首逆一時
盡滅則逃者有所懲創而聞者莫不震慴矣且

七月二十九日進兵八月二十五日平滅功收
神速人力何至於此且適當聖誕之期東南
士民鼓舞歡呼舉手加額頌祝萬壽皆我
皇上保愛萬民之德昭格上玄蕩平百蠻之
威遠數滄海實非
職等所能與也

九月初八日軍門斬葉麻等五酋於嘉興北教場

附錄

三十六年丁巳秋九月二十五日海商徽人王直
者即汪五峯率其黨數千人泊舟於江口遣人賫
疏抵軍門初軍門欲覘海寇虛實遣蔣洲陳可願
等入海說直內附直果感悅如約隨遣養子毛海
峯款定海關至是直自分當協同官兵擒賊有功

無大罪犯欲軍門代爲疏請通商因上疏云帶罪犯人
王直即汪五峯直隸徽州府歙縣民奏爲陳悃
報國以靖邊疆以弭羣兇事切臣直覓利商
海賣貨浙福與人同利爲國捍邊絕無勾引
黨賊侵擾事情此天地神人所共知者夫何屢
立微功朦蔽不能上達反羅籍沒家產舉家竟
坐無辜臣心實有不甘前此嘉靖二十九年海
賊首盧七搶擄戰船直犯杭州江頭西興壩堰
劫掠婦女財貨復出馬蹟山港停泊臣即擒拿
賊船一十三隻殺賊千餘生擒賊黨七名被擄
婦女二口解送定海衛掌印指揮李轉送巡按
衙門三十年大夥賊首陳四在海官兵不能拒
敵海道衙門委寧波府唐通判張把總托臣勦
獲得陳四等一百六十四名被擄婦女一十二
口燒毀大船七隻小船二十隻解丁海道三十
一年倭賊攻圍舟山所城軍民告急李海道差
把總指揮張四維會臣救解殺追倭船二隻此
皆赤心補報諸司俱許錄功申奏何反誣引
罪逆及於一家不遑湮沒臣功亦昧微忠多矣

連年倭賊犯邊爲浙直等處患皆賊衆所擄奸
民反爲嚮導劫掠滿載致使來賊聞風倣效咨
來遂成中國大患舊年四月賊船大小千餘盟
誓復行深入分投搶擄幸我　朝福德格天海
神默祐反風阻滯久泊食盡遂劫本國五島地
方縱燒廬舍自相吞噬但其間先得渡海者已
至中國地方餘黨乘風順流海上南徙琉球北
掠高麗後歸聚本國薩摩州者尚衆此臣拊心
刻骨欲捕剿上達愚衷請爲使客遊說諸國自
相禁治適督察軍務侍郎趙巡撫浙福都御史
胡差官蔣洲前來賫文日本各諭偶遇臣松浦
備道　天恩至意臣不勝感激願得涓埃補報
即欲歸國効勞暴白心事但日本雖統於一君
近來君弱臣强不過徒存名號而已其國尚有
六十六國互相雄長往年山口主君强力霸服
諸夷凡事猶得專主舊年四月內與隣國爭奪
境界隳討自剝以沿海九州十有二島俱用遍
歷曉諭方得杜絶諸夷使臣到日至今已行五
島松浦及馬肥前島博多等處十禁三四今年
夷船殆少至矣仍恐薩摩未散之賊復返浙直

急令養子毛海峯船送副使陳可願回國通報
使得預防其兵馬蹟志山前港兵船更番廵哨截
來今春不容省懈也臣同正使蔣洲撫諭各國
事畢方回我浙直尚有餘賊臣撫諭歸島必不
敢仍前故犯萬一不從即當徵兵勦滅以夷攻
夷此臣之素志事猶反掌也如　皇上慈仁恩
宥赦臣之罪得効犬馬微勞驅馳浙江定海外
長塗等港仍如廣中事例通關納稅又使不失
貢期宣諭諸島其主各爲禁制倭奴不得復爲
跋扈所謂不戰而屈人之兵者也敢不捐軀報
効贖萬
死之罪

初軍門欲得直爲用以散海中諸酋乃執其妻子
招致直來將十百計招之不來人有言王千戶者
智勇多能令招之王冐爲鬻蔬人載蔬至直所直
見與之語識其非種蔬者因厚禮之久而定交焉

王自是鬻蔬無間日一夕直至王舟飲飲且樂忘
其身之在險也王宿戒舟人陰釋其纜順流而及
其岸於是軍門始得見直待以賓禮縱之歸由此
直之情與軍門通矣時徐海已除直在海　上知
爲釜魚智力俱困乃詔顯誅王直胡公得　旨秘
而不宣夜馳至寧波圖方略密調參戎戚繼光等
潜伏水陸要害而以夏正爲死間紿直曰汝欲保
全家屬開市求官可不降而得之乎帶甲陳兵而
稱降又誰信汝汝有大兵于此即往見軍門敢留
汝耶况死生有命當死戰亦死降亦死戰死不若

降死且萬一有生焉今　朝廷用人之際不論功
罪或留汝防倭討賊乃汝轉禍爲福之秋也直偵
知四面兵威甚盛終無脫計况徐海敗没孤立無
援因歎曰昔漢高謝羽鴻門當王者不死縱胡公
誘我其柰我何乃復曰我部無統欲得毛烈攝之
胡公知其言曰海上賊惟直機警難制其餘皆鼠
子輩毋足慮諸將亦皆曰以犬易虎不可失也遂
遣烈往直乃紮然詣軍門時十一月也諸司謀欲
縛之胡公恐激黨生變乃陰待以禮而羈留之設
供帳備使令命兩司更相宴之直每出入乘金碧

輿居諸司首無少遜避自以爲榮日縱飲青樓軍門
間移之觀兵因盛陳軍容以陰懾其心
三十七年戊午正月二十五日收王直入按察司
獄初直始降軍門咨疏直已就擒禁錮待罪至是
按察使孟公知之恐直逸去則責有所歸輒詣軍
門謀縛直計定直見軍門軍門曰予與若已釋然
矣但孟廉使讓若無狀似與若有隙不可不往謝
直不得已往謝孟曰　朝廷有旨令予收若獄遂
拘攣之直強項不屈曰吾何罪吾何罪死吾一人
恐苦兩浙百姓直雖繫獄其衣食臥具擬於職官
凡玩好之物歌詠之什罔不置之左右以娛其心
少有不懌醫進湯藥以調護焉
軍門以計收直黨葉碧川越旬日直黨索主不得
人人自危毛烈率衆盤據舟山岑港聲言欲爲直
報讐勢甚張　胡公分布諸將進薄之時賊絕塞
諸道止通一徑險隘難行官兵魚貫而入行將盡
賊兵自尾擊之我兵大潰死者過半
二月把總張四維兵船出哨遇賊張力戰斬賊數
十時賊方期大舉以脫直省城騷動幸有此捷少
阻賊氛舟山之役張功居首

三月風雨交作山水驟發溪澗湧溢賊於山之高
塹處相其可隄者隄之後官兵進擊決而注之兵
多漂死
五月賊與農民襍耕於舟山山阜處磽确皆成田
時有朝貢倭數十自京回軍門厚賚之令抵舟山
解散直黨至則劫而用之畱數月直黨有散者貢
倭化諭力也
秋九月舟山賊食盡出巢大肆掠劫各地戒嚴
冬十一月舟山賊畱屯久莫能脫直貢倭又促之
歸乃毀巢掠舟移輜而遁聞爲颶風覆焉
三十八年己未冬十一月二十五日詔斬王直於
省城官巷口直繫獄幾二年不能決軍門數請
旨定奪　朝廷以東南未平許軍門便宜行事姑
羈養之至是　詔下侍御周公監斬公適巡嘉興
聞　命卽還省躬詣獄取直以小肩輿舁至法場
直出按察司見官兵聯屬始悟就死地矣臨刑索
子至子抱持而泣直以支髻金簪授其子歎曰不
意典刑茲土若不勝其怨恨者遂伸頸受刃至死
不撓妻子沒入成國公家至今子孫尚在不絕
倭變事略附錄終

海議一卷

〔明〕唐樞撰

《海議》一卷，明唐樞撰。樞（一四九七—一五七四）字惟中，號一庵，浙江歸安（今湖州）人。嘉靖五年（一五二六）進士，授刑部主事，因上疏言事忤世宗被罷。留心經世之務，九邊及越、蜀、滇、黔險阻阨塞，無不親歷。是書收嘉靖三十一年以降議論數篇，依次爲簡分守陳玄山少參（壬子七月）、復林石海大巡公帖（壬子七月）、軍門對巡撫王思質公（癸丑五月）、復趙劍門大巡公帖（癸丑五月）、復督府張半洲公帖、復巡撫公李汲泉、簡趙大洲何棘陽、條擬開市事宜復胡梅林公、簡唐荊川、復潘笠江姜蒙泉守巡二公、簡太府禩岡徐公。樞知兵法，所論皆當時防海抗倭要務，據中國國家圖書館藏明刻本影印。

海議序

嘗謂論天下事易善天下事難而垂之悠久可
以常行而不易者爲尤難也必本諸天理之正
因夫地勢之宜酌乎人心之允協者而措置詳
盡施爲精密斯不惟善於一時而可遠垂後世
矣吾師
一翁之海議是也觀其原起寇之由[illegible]
法明前人立戍本意設今日料應玄機錢糧
以處置要害所以預防保障則守台爲急杜寇
則商道宜通海戰最利火攻用間須乘機會嚴

戍伍以壯吾勢散黨與以孤賊援選將爲時
最先練兵乃久長至計條列開市事[illegible]
哨職守與夫海船之造水寨之立守城之方給
餉之術遣偵遂客募勇沿道之類纖悉備其詳
無遺策而其中料擻精神獨斷直前以無事處
事數語尤爲簡切至要當時諸公敬信而行之
者亦既有成效矣不數年來卒收東南平定之
功謂非

先生之功不可也然豈特一時可行而已哉斯
議頒布昭然常在國上稽天理下因地利俯協
人情考諸先哲而不繆俟諸百世而不惑後有
作者信能師此而遵行之若大匠有繩墨之可
依若良醫有方劑之可守其成功不亦易乎其
貽東南之利不亦遠乎昔孔子相定公會齊侯
于夾谷却策兵歸侵疆一言威重於三軍繼而
魯之叛臣帥費人襲魯命申句須樂頎伐而
之遂墮三都以張公室夫孔子之在春秋人皆

謂其知禮無勇及臨大敵禦大患輙功成於俄
頃之間何也蓋聖人之心渾然一理泛應曲當
用之以經天緯地則爲文用之以克戡禍亂則
爲武可常可變可經可權而文武自神于並用
耳愚嘗備閱
先生之書如積承因領等錄開示理學之精易
俯周禮等論闡發未明之蘊而斯議之建乃見
諸行事之深切著明者也非錄非論無以驗其
體之大非議無以顯其用之優體之大者天德

所用之儒者王道也內聖外王一以貫之故文
武時措而皆得其宜也
先生之學眞淵源於孔子之心法矣
門人陸綸撰

海議

吳興唐樞

簡分守公陳玄山少參　壬子七月

切聞邊陲竊發雖屬常故而今日之舉大與昔異內外連結曲狡悉皆彼擬其長昔所未有也軍民盡嫺上下無統財力合困我當其短亦昔所未有也以無倫之境而衝方銳之敵又所自爲甚多推其所終能自疲而遂爲已乎以是知賊今日之出洋非去也所以逸而待我之勞耳

及是時豫吾所當辦思以乘其繼至且猶未得爲三年之艾而所爲乘之之具又誠不可踵昔故議其連結孰從而脫其狡孰從而破其悍孰從而禦我兵孰從而振上下孰從而協財力孰從而贍蓋嘗試論之浙東巨寇以台爲菩巢穴倚山以爲後衆入海門以爲前迫事急出洋則四風無阻三者皆與台若所以孫恩裘甫方國珍成得先着宋商宗航海亦潛泊金鰲山而茲黃巖爲首攻則其計出入上可知矣倭宅東洋

正對浙福差南寧波路要而露以是漳寧人出
不得歸道入不得蔽隱故習悍勢而成連結乃
其勢之所必至者夫倭有七道而五畿之地不
與焉海道三山道三陸道一今彼避荒之說蓋
非假辭去年山道苦旱我人久蓄之奸曰俟其
釁乘其飢而引之而其畿王固不知之然則茲
役也我入爲主而彼則爲賓況乎復有暗柄其
中以伏深圖者耶知此而後可以定兵議收戍
功矣且昔賊人志無向寧殘霸衢而出要語詳

其所新發可以窺其計之所在利於寧而舍必
復有事於台毒不潰而能免於身禍得乎竊念
台之無備可直擣而破所未即入者非其力之
不能彼亦慮夫荅山之鐵玉環之鹿毒坑卒之
復西下能襲而不能久若得於寧而舍之則必
計運海門以南轄松門以禦諸力誰其當之此
不可不先爲慮也夫倭雖夷其舉動必有因
本朝數次來寇皆非無說故東南小國不下百
數皆所服屬今事不起於彼則其求有不可言

者若宗設宋素卿事跡在中國良非壽安之咎
及近來許棟李光頭之亂皆係我人亦因雙嶼
澳既失無所歸巢而發彼雖勾合佛郎機船揔
不餘三十隻又志在鼠偷乃不旋踵以殄今時
何時其舉動作何狀嗟乎哉來亦久矣其始也
以不通商爲迫故海之熾寇自嘉靖五年始也
然而南紀澳爲巢而已其繼也以掠人而令取
贖則自嘉靖二十年後始也然而其夥四五屬
而已而今布心腹而延衣冠智慧之徒迄今不

早圖誠不知其所終爲今之計急請巡視以一
事權倣宋紹興間傳箭之法以嚴戍哨選領精
銃酌中住劄以充應援復留處兵以任忿激仍
安撫地方以爲內固及前所陳緊要事宜早賜
施行庶無臨事之悔不識公以爲何如也樞義
激忿然苟非有衣冠之舊則充一旅而親矢石
固所不辭恃愛瑣喋惟亮裁之幸甚

復林石海大巡公帖　壬子七月

側聞海上事坐不安席至省城知事體有不盡

以聞者且辱下問切效畜犬馳一念條具上覽伏惟裁擇地方幸甚

一起寇緣由

海寇之熾自嘉靖五六年始彼因商道禁嚴橫行切掠然止以南紀澳爲巢穴居有定處至嘉靖二十年後許棟李光頭等掠人貢贖聲勢行蔓然止偶遇佛郎機船數隻黨有定夥昔時在倭爲寇在中國爲我民行者爲寇居者爲良民今則華夷渾處內外連結善惡莫辨官府舉動

方下堂階而聲傳賊衆賊有勾當不時遣入而即作施行推厥所終誠可疑懼

一今日賊情

中國巨猾久釀異志往來海上待釁以動倭國山道去年荒旱巨猾因而討誘空島殺卒以是勢猛難敵又巨猾先將心腹遍處沿邊地方及本省城中衣冠禮度不異常人而潛通賄報資運用物盤據既深不可勝詰

一台州要害

自古浙東巨寇以台爲舊巢穴依山以爲後險入海門以爲前泊事急出洋則四面風俱無所阻所以前代孫恩裘甫及方國珍咸得先看宋高宗航海亦潛泊金鰲山茲以蒼岩爲首攻亦非無爲其不即破台州非其力之不能彼誠慮大荅山之鐵玉環之鹿毋又處坑之後西下可襲而不可久姑爲暫舍之計故去台而向寧彼又將有別爲若復計運海門以南轄松門以禦諸力誰其當之是以今日之守以台爲至急

一暫移兵備

寧波路要而露既非藏寇三窟又值情識所牽寇肯忍以毒之其犯寧衛秪將小示以爲要索之媒斷不入犯況有明能之守又有戍總所居蓋不難以自護不必兵憲駐劄此理勢必然不敢浪語

一立戍本意

寧衛所等戍皆孤懸海外舊時設官分職豈漫無見蓋緣立國之初精神流運彼此能無能制

剽哨於外以當其衝重屯於內以應其發故外
若失事則幷罪其內內有大衆則先資於外如
北邊立柴設關之意今內不顧外又在內出洋
戰具俱無以其孤懸者自棄於敵人不止今日
然耳法度之廢良可爲慨

一料敵復來

近日賊人出洋非真遠遁欲稍自逸以待我之
勞耳若其有遠志必再寇溫台若只事刼虜必
犯乍澉海塩若欲索商本不忘定海鄞見須於

溫台寧紹嘉五府各駐劄二司一員見有海道
一員此外添注四員暫將各地方當行事宜如
遇緊急只令關白本道徑自施行待事後申報
其有各道相關異同不協者總候詳奪庶不以
往復誤事又科場進簾員數先須儘選外用餘
多及之又沿海府縣不分正官佐貳通留守護
地方免其入簾以防緩急

一急請巡視

兵貲先於一事概近日邊事廢弛只因甲可乙

否　國初海上專只付之武戍永樂十五年倭
寇登岸燔刼即坐失機指揮千戶數三十餘人
子孫不世襲自是防制周備海道平靜後來承
平之久漸失原意復作調停立以監憲之臣由
是武職有所制而不能修憲臣亦多文而不自
衆又官止一道復難遠統一有衆動必待申白
況當事勢重大將牽連別省豈一副使可辦向
年巡撫之設請之居平之時誠非今日可比

一留用坑卒

浙江以處兵爲絶勇不得以小負棄之鄙見謂
使功不如使過用驕不如用抑今其愧過忿激
之將正可任用但只容防賊人暗通頭目以致
負緣敗事必先擇人以爲統馭即於太平樂清
縣分溫台二府之中住練防候以消賊人之氣
殊大有益

一議造海船

切念沿海必須有戰船此是本等但今久廢難
成且一時價直未就況須合式中用不致虛廢

又此時出洋之戰最所大忌以不教之民無備之具而欲語出洋對敵萬不能勝所以戰船或姑有待其行哨小船各地方所宜急辦往年沿山鐵船號稱無敵近被官府差遣又不給以費用有將棄之而不修者有含淚稱苦而强以從之者所以近來每失事不利蓋先有以喪其氣也況小船之設民間皆所不禁著有明條即如象山縣屬寧波陸路却由台州而入其湖頭渡原係　國法船隻合行之地而舊日軍門且嚴禁之皆非自衛之計也

一處置餉根

師行根從事舉財費近各處庫藏空虛又民間困敝若有大衆倉卒難備須先通行一省百凡節省并先的議隨處作何區畫以待不時處用

一預防他變

凡奸宄之徒類乘其防弛而所以各處原設戍備宜各照舊居守不令遣調其欲增添守備游擊策應等項務額外召募勇力以充任使又時

場軍將杭州府新報抖門夫查無迴避者文其官軍戍備如故庶杜窺伺之心

一嚴督戍伍

國家養軍所以待用近來衛所廢弛殆甚整頓國初備禦之法亦不爲難是在主之者得人賞罰明而衣食足即可振發如近日台州二三大家奮力死守賊過而不能進況以官府威力衛所群衆乎宋紹興年間海防傳箭法則亦可倣行

一查議策應

自杭州鼈子門以南直至溫州金鄉衛其間衛所之所戍備及巡司之所管撥有分居在外而爲哨者有重鎮在內而爲主者有別設在旁而爲應者有補立其空而爲備者有迴追其往而爲防者着令識者備查開具復等其重輕遠近以爲援應之常計其發耗多寡以爲饒減之變即如溫州之溫州港有盤石衛寧村千户所守口內往幾十里有館頭巡司更往幾十里有府

城瑞安港有沙園千戶所守口內往幾十里爲
海安千戶所更往幾十里爲瑞安縣其各衛所
見在軍若干名合增合減若干名又於其處空
缺合添戍守若干名俱用通融調發又如戰船
於蒲門小漁野青嶼門中界山楚門等處海口
灣泊隄備遇有其處警急即便其處船策應定
爲規制稽其勤隳以爲功罪

一行軍口粮

凡軍行若隨路關支口粮候到唱名給散晝則
擔閣行期夜及二三更纔得聽息若先給與盤
纏靜路之時不便買辦不無受飢之病北方行
軍每每有此必須先立從長良法庶克有濟

一事平處寇

按國初吳淵穎論倭書說盡事情乃引辛毗對
魏文帝之言曰罷我互市任彼貿易中國免徼
利之名外夷知効順之實計莫便於此惟其商
道不通而利之所在人必趍之不免巧生計較
商轉而爲寇商道既通則寇復轉而爲商彼其

既犯國禁思圖苟安因啗引勢家同作勾當行
之既久不免惹起奸闌大生覬覦時則不因商
道不通而實成寇心矣伏按　國初禁海之例
始因遣諭不來繼恨林賢巨燭之變欲與閉絕
之故非以通商之不便耳惟其不通商而止通
貢所以正德年間各道爭貢以規市利在彼國
則強請勘合倭王遂不能制在中國則有宗設
宋素卿之禍而漳寧惡少則甘蹈負固肆橫
行然以前役僞未備華夷兩家行之既久併力
合作乃有不可支者推厥所原各爲行商之意
而終貽地方之害能無慮乎

軍門對　巡撫王思質公　癸丑五月

癸丑五月十又一日樞近軍門於嘉禾行臺公
曰大才宜顯至務有機何以教我樞曰謭朽何
足以知之以管窺天敢不濫布今日之事雖難
爲有明公揔柄機權又二巡公以爲協理又潘
臬諸公之贊行兩戎參之勇畧百執事之奉職
賊似無難滅者所願明公安運中帳盡委兩參

竭心矢石責以滅賊之期明公告之曰錢粮兵馬帥府之事于竭心經畫任爾所用不靳又於有事軍門者各令抖擻精神其不然則令中而三五之其不然則小懲而大劾之其又不然即以軍法從事精神者事之根苗精神舉而事無難集諸執事服勤於供役明公逸處於經畫是故中帳爲東西南北之極明公爲諸執事之樞奸細以誘言惑投者勿聽諸執事以巧言爲規避者勿聽士大夫以清談亂人者勿聽諸執事有不和而相中傷者勿聽謂汪五峯非賊首者勿聽謂本地方已絕賊往來者勿聽嘗聞管子曰兵也者聚財論工制器選士政教服習徧知天下明於機數故兵未出境而無敵者八明公歷指八者而較同之其果能盡脩否又聞孫子曰兵聞拙速未覩巧之久者也故善用兵者役不載籍粮不三載兵久而國利者未之有也明公試擬此事結果可以日月期之否又聞齊之技擊不可以遇魏之武卒魏之武卒不可以直

秦之銳士秦之銳士不可以當桓文之節制明公撫覩今日之兵於四者何似復能出四者之上否不能出四者上則紀律教練之嚴不可緩也不能期以日月則呑往早圖不可緩也八者之未全脩則先爲自治不可緩也浙省雖號富饒然今非昔比近日支應嘉興有海塘積銀省餘有鹽粮各項積銀可暫充發用若師老事繁何以供撥所調處兵幾二千邳兵呂嵊兵湖兵且千餘省中及各處募鄉兵合最多日給口粮不彀大費若干以歲時何以餉備明公須會計省儲各府儲各縣儲各若干以所養兵數較所儲可充若干歲時有不足於何項可處置補續夫然後行選卒之令去其不堪而留其可用夫然後定養卒之款厚其衣粮而體其情苦夫然後立練卒之法犒其能而懲其怠計其食一人兼二人之饌計其賞所賞當所食三分之一夫然後懸報功之典能殺首賊與若干能殺其左右與若干能殺其群從與若干能殺其奸細與若

于夫然後明審恤之仁挾從者何處擄而逃者何處原通而今絶者何處生獲者必解審情疑者必行勘投艮者必收納今日之事攻守襲備援五者缺一不可賊兵四出不守不可攻城不得乃剽掠鄉村不援不可賊船徧海任其所投況巳有海船作戰不攻不可列表山倒寨不可居馬跡潭有龍患不能居長途港漫漁不便於居此正賊倉皇懷居之時不襲不可八者之未全備三年之艾自今蓄之不備不可公曰承教

將次第爲之樞曰古今善知兵者莫老子曰善師者不陳善陳者不戰善戰者不敗善敗者不亡今日亦頗可間竊有鄙見云云公曰曾經始矣當徐圖之

復趙劍門大巡公帖　癸丑五月

一定海外爲寧波洋在北對南在隷松江之外爲蘇州洋相距數百里南岸寧波紹興北岸松江嘉興極西盡底爲杭州此皆套裏地方本爲大海若有戰船水軍聞警即出把截賊難直抵所以寧紹嘉衛所俱是備倭名色杭州衛所只日守禦可以想見其意

一國初湯信國經理海防北起乍浦南迄蒲門縈紆二千餘里設九衛及諸巡司總有百城又營寨烽堠彼此聯絡援應接濟血脉貫通各都司僉侍郎嗣爲背潤巳甚間客今絶好能任事者只圖自守其城其附近地方有事及鄉村殺掠坐視不理殊非立法本意

一浙地沿海要害去處黃崎港岑江港沈家門

石浦健跳海門石塘港白岩塘飛雲黃華江口鎮下門以快艇巡哨戰艦行征扼賊出没之衝又能彼此接濟巳備入昔人成算惜今廢弛太甚

一定海東二百里爲舟山中間島嶼連繹舟山南爲南洋崎頭洋孝順洋亂礁洋橫山洋俱定海官軍巡哨北爲北洋清港洋橫水洋霍山洋龜鱉洋黃大洋衢港洋蓮花洋小春洋桃花洋俱臨山觀海官軍巡哨南北哨合集於東沈家

門南極錢倉北抵岱山此原是舊法寧紹嘉杭俱在腹裏賊豈能飛渡故造船爲急練兵爲本

一海賊自古孫恩袁甫楊震龍方國珍輔公祏袁晁張郁邵清等氣焰昌熾只一中國不執人宋元倭夷進寇之盛及永樂正統間劇於犯順只一倭人今則內外連結士民共瀾倒所以事勢難於遏滅

一賊巢倭嶼徙列港列港徙馬跡潭馬跡潭徙長塗港今倭嶼列港巳不能居馬跡有能患亦

難居長塗漫不易守又不可居計其或暫爲退遁若不早圖再至之勢何以支禦

一海上備倭方畧洪武中自湯信國倡始巳得精當其後正統中焦侍郎經理雖有補益法亦從是變廢即如戰船欲因省費減隻減價其流之弊遂至闔絕蕩然今須急爲修復

一原額沿海各所每百戶下戰船一隻倒三年輕修六年重修九年拆造其先官爲造修後將船軍名月扣銀二錢給造嘉靖四年海道傅副使奏准秋粮每石徵銀七錢以五錢充粮二錢充料嘉靖八年巡視胡公改將哨軍更番放閑者月科銀一錢充料嘉靖十二年海道戴副使又奏定軍四民六派充蓋因前以官造爲易近因私派爲難漸至廢閣寔有由也

一原額七百料船久巳停造但五百料重艦不可不設近設哨尖草撇便捷宜用其重艦風輪之利雖非制定亦可因時造作

一海塩須開將府立水軍舟山直北至岱山寨

止二百里更北巳屬南直隸行哨之所南直隸武備尤弛孤寒自乍浦始

一全浙宜立三參將一在定海制象山昌國以北至龕山一在松門制温台一在海塩制嘉杭

一盧都司既有覆旨須急催就道

一台州乃要害之地背負群山只通四小路可以固守出海四風皆便故亡命奸宄所窺海門之守不可忽也

一温州久不被賊毒近日又有軍門之勝安不

忘危須守巡專往任劉稽綜作其怠心
一自龜山至定海港蕭山會稽上虞餘姚慈溪
山外沿海一帶地方着實團立保甲且恤免其
他役庶自救不暇并為腹裏藩籬
一由吳淞江劉家河白茅港入太湖無二百里
又自乍浦入太湖亦無二百里湖州濱太湖而
南其危機誠隱而大
一平湖逼近乍浦無城池孤危特甚
一乍浦傷殘尚有余糧多許豈可孤棄况其路

緊要須另為堅守之策
一海鹽塘攔面決之可灌浙西諸處皆為魚
一海賊近犯南匯地方甚急速會南匯併
互界事可分半力
一衣冠奸細難以識辨凡有獻言乞審於衆斷
於獨
一用福人出敵慎防其賊黨親識致有洩比
一師不可老餉給何處
一湯參將既為遊擊巳非專主地方何以

守肯奮功格鬪
一羅尹客官不能令海鹽之民及其衛軍處州
卒有勇猛累於守城恐非萬全
一海鹽賊徙北入四十里而不行掠恐先為探
聽嘉興之計
一湖頭渡口水寨可因敵套裏及援應昌國
一岱山鐵近二三年狼籍始甚宜自此安養以
為藩屏
一楚門玉環山鹿戶亦困供應宜安養之

一海寇小刧自嘉靖五六年後始其擄人索贖
自嘉靖二十年後始若今日之事則又所創見
者賊頭許棟李光頭既敗張月湖蔡未山巳死
陳思泮為汪五峯所殺今只林同泉王萬山陳
太公曾老華而巳而皆服比於汪是昔日之寇
尚各自立門頭今巳渾同一夥君欲用間除之
頗有機會
一倭法禁造下海船甚嚴犯者盡屠其地故海
船悉自中國成造漳木賊故多出自漳人饒安

之梅林海陽縣之海陽山尤多
一群盜舊停泊過冬之處南紀嶼宮前嶼下馬
溪曲溪口
一兵貴自治其力蓄銳養威以待的確舉用故
練百人不如練五十人一人兼二人之餼
一星日之術軍中不可不備能知太乙遁甲壬
法之士訪求用之
一客兵四集須明紀律以弭爭恣之端
一海上之戰火攻爲第一義合治火藥不可惜

費
一今日急務在舉合屬當事者精神其餘俱是
粗迹不可以泥而有之也
山人有忌諱處不敢盡述聊記干括餘俟口
陳以悉
復督府張半洲公帖甲寅七月二十三日
南都
雅承虛憶下問一應攻守之計俱俟從容請教
面悉只松江園上疲寇急宜進勦須今日移文

始得若再緩恐其志益驕況今諸募咸集日費
工食又新命赫下元老壯猷人心將士莫不精
采深以爲擊之便伏乞留神事宜謹具後
一令任兵備統兵至松江府南滙觜地方劉雅
一令董僉事統兵往上海縣
一令羅僉事統浙之狼兵遵海而東至金山衛
北相近去處住劄
一令能將統水軍伏南滙觜對出海上邀賊歸
路

一令俞參將統水軍北出近松江海上邀賊歸
路
一令兵淞江把總統兵船伏寶山南沙二寨
一令劉家河把總統兵船只於劉家河左右哨
探迎賊擊之
一令海塩把總統兵船伏乍浦對出海上迎賊
擊之
一令乍浦原守官軍守乍浦至平湖一帶迎賊
擊之

一入陳兵備統嘉興守備官軍住劄嘉善迎賊擊之

一精選大將統領蘇州見在精兵為正陣入松江

一移文南直隷巡撫令遍行隣近各衙門整備以防窮寇流竄

一委松江府將黃浦吴淞江内不許容留公私船隻

一委沙上耆民奮勇海上迎賊擊之

一令能幹人員先往治備火藥賫軍前聽用

一令智實人員賫諭招回脅從拘擄内地人口以散其黨與

七月二十五日宜貞發

一查各將官部下并各司府州縣衛所巡司見在各統官兵若干内開原設若干續於某年月某處調取若干募得某處若干各係水軍陸軍其每日用費工食逐一開載以憑酌去留損益其所開載只具總數不必細分花名

一查民間團練人數如蘇州之沙船台州之青山鐵吴江之哨櫓等類各開船有若干隻人有若干衆有無給與工食以覘地方虚實

一查各衙門某項費用係某項錢粮支發以憑斟酌當否

一查各處客兵居寓詳計便否

一松江有海防道僉事住劄上海蘇州有兵備道付使住劄太倉只常熟江陰地方自福山白茅奚浦陸院諸港進泊顧山可直趨無錫武進此處頗為空缺應援不及宜更設一兵備轄至鎮江一帶或住劄江陰或住劄顧山賊入海口即為迎擊若深入大江即從腹裏抵金口戩纂

一國初額設沿海戰船每百户下一隻其原額七百料船價銀三千兩五百料二千兩四百料四百八十兩二百料四百兩以後七百料不造餘俱減價其哨船一百五十兩快船二十五兩今亦漸廢又新增尖船草撇利用蓋近來賊船不大故欲隨時之宜萬一此後賊駕大船而來

內地小船不能對敵則如之何況船不易造又須取賴福建所以造船一節急宜議處

一海戰以火攻爲第一義如噴筒佛郎機鳥銃連珠砲大口將軍等項製造功巧不一特令訪善製人專心幹辦

一諸賊情其散漫今年松江刼掠分其所得互自相讐殺實有可乘之機用間一節亦乞留神若欲行之另有密啓

一設法招回被擄人口以散其黨與

一查各軍器械驗其可用與否

一精審各項不堪用民壯勇夫行寧國池州徽州一帶僻緩地方未即遣用者俱發回籍取其原設身役銀如兩廣例以充軍門召募之用此亦處置錢粮一端

一令各處擒獲奸細人等須解審處决不得擅致其死有則申呈委驗

一首級論功兵家自有定例前鋒擊賊後隊割首而以技能優劣別其分數近來無制之兵一人得功而陣上數人奪之在彼以強猾爲占據在我以自防不暇再進大有誤事乞以此法教習將官

一守城有法近日東南全不知此女墻不可太高厚堵空之上欲如圭首斜銳所以便外瞭便俯瞰城上傳箭不敲梆所以便聽問守者必屢更番所以養精力陟降有號頭夜有火晝有旗所以一衆伍違犯有决罰所以定心志雨風露日有遮避所以安體力火器石磈灰油懸槌鐵蒺藜諸物畢備所以供急用乞參酌定規録爲

一通遍諭各城守習

一練兵如近日教場下操之類俱應故事務令精專齊一曲盡悟處而膂力之強弱技能之長短然後可以等而上之必求其至古人謂三官不謬五教不亂總是用志不分隨着應手此必平居歲月習成穰苴以他人未教之兵爲已率然用之不得已殺其愛媛助長以求速效然亦可濟臨時之用故練兵之法或暫或久可勉可

安兩法具在愼而行之存乎其人
一諸客兵每日供費須集議的當銀米數目令可永爲遵守其數目亦須相去不遠使無彼此相形其間若欲厚薄只於犒賞處低昂之此外若大兵命有自來很兵既稟稱事理宜異待不在此限
一倭國禁嚴不許各島造下海船故賊船俱係福建梅林海陽山等處成造又福省對南紀嶼并潮州饒平之柘林澳俱群盜過冬之處須移

文彼省嚴防力捕
一乞停建帥府以示刻日滅賊凱旋之意
一乞和輯諸寮屬令各恭職業
一乞獨斷直前勿攜群論恐有衣冠奸細難識

七月三十日蘇州發

探訪賊在松江四圍八團清水窪爛窪等處共八九千沿海賊船共七八百隻離船里許搭棚搆屋居住常有病死船上米將食盡七月十八日開去四十五隻不遠沉八隻內賊俱淹死二十一日開去八隻七月初九日因遣歸原擄人被鄉民奪其包裹殺死遂進馬家浜西翁家灣地方殺死居民三百餘人近因耆民趕逼分船數十隻進黃浦之東彩陶港內停泊登岸至羅佃劫掠勢甚猖蘇松二郡人心懸望　天兵大陣救拯水火又訪各處兵威不俻上海董僉事止七八十人解總兵弱卒不彀二百鎮日潛躲不敢少近賊處嘉定兵全無蘇州府城亦無兵只任兵備與盧參將統兵千餘亦不敢昝往出

戰近發去山東徐邳兵俱在松江府城左右未試能否適訪事勢果不出高明遠料耳蓋推挫覷望豈必全是無能之將下效上行豈必全是自棄之兵切念於此不爲必滅賊之舉則既失人心仰望又係四方耳目若只如見在兵將行事恐非萬全之策伏候台轅駐劄常州別作計議選調兵將如浙中狠兵及羅僉事之類并委的當人員往松江試審山東徐邳近調可用與否嚴賞罰以鼓勇聯異同以定計忘利害以奏

功天意人誠或必相協如其不可輕舉仰乞台
轅不必入京口恐舉動非輕消息甚大倘暫臨
遄返賊衆玩而增壯地方疑而愈懼不便伏乞
尊裁進止黎盛二部兄惟同商之

八月初三日蘇州發

聞松江賊衆已知　天兵下臨頗有懼心甚欲
開洋一向潮小風逆又以内地船入海洋不甚
托膽近雖將内地船改增櫓槳尚未試驗前七
月十八日二十一日開去船聞近日復回松江
不知何故又聞海上水軍四集賊又甚有懼心
進退兩難食米將盡計其不大肆入擄勢不能
自已也切徼思　天兵之下既出　聖心內顧
之憂又重以諸老解懸之策况地方蹂踐早一
日則早受一日之賜若日久不用恐不可使
聞且兵自　上發將自　上命與之出戰即以
彼之將統彼之兵干係在彼而勝負兵家之常
即有小不如意亦見事勢之難如此緣是請候
早駕常州一意直前將文案布發昔各所司異

同未協則事之不行亦不專於明公矣羅僉事
已至嘉興孝豐尹林植儘可用不敢有誤取而
面試之自見任兵備近患痢疾任亦間專待
天兵至止纔進勦

八月十一日鎮江發

正發舟適見譚郎中差人云老先生有欲見任
兵備之意切念彼一方緊急所賴或者不可暫
離如有密語樞能直抵羅店鎮與之親授若事
在可緩則亦不必然也有見不敢不陳且屬一
體自能慎密不他露也

八月十七日蘇州發

聞賊勢雖猖獗然亦正見賊情畏怯之狀每驗
怯故態好以虚張爲法彼知大兵將至故作悖
横以折我初鋭賴李許二將奮前連戰蓋已破
其奸膽矣又雖分衆四出原弁布置已定料各
能當突浙中有羅僉事守嘉興界俞參將守海
上新撫公且可以爲賴應能自給昨喬兵得乞
趍松江把援吏住嘉定狠兵閒儘鋭敵賊以緩

暗繫莒惡中以是稍不如意卽竟出入群也十
三十四十五日我兵與賊對敵報并上

八月十八日蘇州早發

切料賊勢雖甚猖獗但彼每以虛張爲事乃其
故態若小受頓挫卽知畏避五月二十八日竹
塘公新任六月初三日卽圍犯蘇州其意欲以
是爲竹塘公之先入折其氣於始使終不得自
伸耳彼賊奸圖百巧我兵愈爲愈勵不放寬一
放彼必因知警懼其余百司心知有此機括各
以推捱畏避一向墮落以致今日事勢之難如
此近日嘉定之戰幸賴老先生處置得宜許李
二參將直前勇鬥昨詢來報人我兵雖不大勝
但任賊狂躁亢挺不動賊亦頗有震懾之狀此
舉蓋大有補於兵威矣伏望老先生將各兵益
加嚴戒除許李二將自能奮戰外其張都司企
指揮喬都司等諸屯須再移文申諭所轄信地
有賊來犯卽出兵鋒截殺毋得退縮城內後令
各本地方其官稽實申報庶使人人銳力以從

殺賊爲念不致徒擁虛器大抵人情之常可因
循則愈怠惰一整搠卽便昇懼鄙意爲今之計
不得不大嚴號令雖非皆是有能之將素練之
兵然三年之艾只得自今而蓄若有玩命不前
情罪太著者并失事人員必參懲一二以警衆
心庶事權嚴重德意流行見今正係緊急不容
住手之時伏乞留神至願

八月十八日午發

聞十六十七日大兵與賊對壘相持放箭力甚
精賊已大喪其氣賊射來箭俱是竹頭無一有
鐵者彼勢蓋甚怯矣十七日賊將擄去內地人
護引退還海上大兵亦隨追去此後未有消息
蘇城十八日早委把總解來首級十三顆大兵
解來首級四顆又有衣包弓刀等物適又聞孫
大巡差探事人回報解總兵海上得首級一百
三十顆切念此時內地被擄人正當懼迫之秋
賊亦毋將此輩搪塞頂缸此仁人之所憫痛者
蘇城會常州何推官亦云此時正宜處置此輩

以廣好生之德與鄙意乃正相合請乞老先生將原具招榜長篇短摘數語沿路貼諭或令對敵時箭上射去一可以散賊黨一可以全民命何老成精密彼中事欲幹者儘可遣托招安一節就可任之也

簡調募狼兵蒙阮二部長七月二十四日

二位同行右江一調一募於事體不甚協不免起軍人情昨與平翁論議再三今日閒有成案調無工直而募則有之同發一時同屬一地彼

此之相形能無勤惰其間若謂調者其土官優其發而與之田所以利之而募則不然則土官者見其募在不將啓其自失之心萬一於調行葦少抑其額能無咨嗟於供事之間況　原旨只有調例莫若以其所募之直渾而統給之不亦惠均情平事體穩當今日出行之古不宜云改案待路次容再白

簡隨行接　天兵黎盛二部長七月二十四日

南北水土異宜近天旱河水況太濁須用桃杏仁澄之食麵須淮北麥江南產不可用江南自有淮麥只命司買者的當淮麥秋種夏收備四時之氣麥屬金又得佈種之正江以南冬種春收所以異也

復巡撫公李汲泉八月初九日鎮江舟近

一選將爲今日急務沿海備倭衙門須逐一查處更定必期能稱其職不致徒擁虛器

一練兵爲長久之計海賊實不難敵近日都是

無能之將以統無制之兵賊反素教預習所以肆膽橫行深入必須擇知兵事者隨處教演又須選差賢能官員分投查驗信必賞罰以爲經久可用

一令各司府州縣衛所備報見有主兵若干或調或募客兵若干有無工食給與以憑斟酌去留增損

一兵必得實用纔留若徒糜費工食不堪對敵者悉宜徹去以省地方供應

一師行糧從興師地方必預備錢糧於先稽考錢糧於後要見某項得若干用某用係某處出庶不臨事因而忙擾有司得以侵漁

一各處調用民壯義勇其民間原審身役銀頗多而技能一無所資須精查以定去留或徵其役直以充募養狼兵之費亦可

一沿海巡檢司弓兵身役銀在民間所出一兩每納雇五六兩其當役者每手不能執戈戟須精查務令得用

一定海外爲寧波洋直北對松江之外爲蘇州洋相距只數百里南岸寧波紹興北岸松江嘉興極西盡底爲杭州此皆套裏地方若有戰船水軍定海金山之衝聞警即出把截賊難直擣所以杭州衛所不名備倭可以想見此意

一國初湯信國經理海防北起乍浦南迄蒲門縈紆二千餘里設衛所巡司總有百城又營寨烽堠彼此聯絡援應接濟血脉貫通又谷都司焦亞卿嗣爲葺潤已甚周密今絕好能任事者只圖自守其城其附近地方有事及鄉村殺掠坐視不理殊非立法本意

一海賊最不利於水戰近來戰船已能稍備但原額每百戶下造船一隻今七百料久已停造而五百四百料亦漸減隻減價近日所製雖係應時之宜誠恐日後賊駕大船而來倉卒何以對敵況造船又須取賴福建所以不可不爲急議

一沿海府分除原有兵備住劄外其餘宜各令守巡分補住劄

一沿海地方各令團練鄉兵自護以救切近之災近日雖有舉行其未行者必須官府督責成事

一各府連年遭事疲敝且甚況今旱雹傷民然軍門費用錢糧又不可缺備須查布政司庫有某項積貯指實先爲奏討以防不時急用

一每有衣冠奸細難以識辨凡有獻言不可即信須審於衆斷於獨

一招同內地人入賊夥者親識的當人甘結許令自新以散賊黨亦可因而行間

簡選大洲何棘陽

時事重大艱澁非一語能悉亦非一時可盡了當不知者以爲太易而知者又以是入心甚縮粘帶遂謂賊不能平亦非也半翁老練神明茲役也可謂克竭半翁者之心力事有先宜而後顯者卒不能自超於已定之數柰之何柰之何徒慨然長吁而已切念承平久飾文日盛而實意太漓群情異同政權散裂民俗涜玩兵無將無備無是以選無練無制無一旦欲自無而有必有當其所不堪於此能持之者實一線不纖毫搆閣假借此性學中力體勾當豈得責之人人靜言思之誠大懊惱夫古之選將即取之耳目睹記淮陰侯自行伍中起而立之群雄之上今其事可效而行否古之練兵少而習壯而安不見異物而遷其技能性行上下相便休戚安危貴賤一體故能如身使臂臂使指今以烏合之衆馭之者如傳舍其事可效而行否穰苴以他人新授之卒倏驅以爲戰不得已而設助長之術殺其一愛姬立威以求速化此亦兵家一間道今其事可效而行否夫觀今事勢東南已復開一邊年例必當先定計明年兵調者募者鄉設者州移者自天朝而發者大約三萬餘計供應歲得五十萬而募費器械火藥功賞不與焉今其事可措而給否此年例雖戰無不克不可免則柰之何若謂國故有備倭法宜在備隊今沿海衛所無軍無隊之可備又謂沿海戍兵不宜只守城不出援蓋昔之所有千人昔之衛有數千人故能犯信地必救攻城能出戰今其事可效而行否此非動廟議何以能善後乎昔威寧公出制固不可繼論而辛菴諸公兵令非常至水村公過江南有司率故事送刑具水村揮而去之曰我自有把刀在不用汝也近秋崖公一至浙即有觀察侵權之疏今其事皆可效而行否古之海上孫恩裴甫楊震龍方國珍等

悉內地人其自倭而來則惟倭人而已是以聲勢兩絶智埶各擅故其滅勦可丁千若內外連結復自我人為主而以彼為客則乃開闢所創有僞帥已行之故法令其事可效而行否况今江南數郡亦地千里來歲飢民肯固窮不以從亂有幾是又大可憂者而王直其人為群盗總領尚未施一毋角一長則其又可慮何如杞憶耿耿覽鏡上頭又自覺都屬妄想天下學問未大明人心不正以致有是諸同志欲為得為能

為直宜再訂印功夫的當以簿書正祭器先從天下人心上倭寇滅盡然後天人合發以定萬化之機嗟乎樞豈敢於宗明異前出無稽不急話哉其源實出於此不敢太洩今日急則治其標蓋自號令嚴明始事權歸一始充一旅捐軀直前樞實不敢自愛雖不能必其功之即成欲立一世開拚命樣子秖非事體所宜牽於進止此是眞切認狀然亦不欲漫學子路三軍之問也誕鄙誕鄙

諭處王直奏情復總督胡栁林公

順其請有五利

一曰方今海寇熾虐殘害地方財費靡極公私俱困久經四五年來筭無全策賊未盡滅王直自願招諭島倭以夷攻夷立功報效坐令地方安堵東南稅賦之塲復舊生理似亦便宜良計實為利之大者

二曰切念華夷同體有無相通實理勢之所必然中國與夷各擅土產故貿易難絶利之所在

人必趨之本朝立法許其貢而禁其為市夫貢必持貨與市兼行蓋非所以絶之律欵通番之禁下海之禁止以自治吾民恐其遠出以生釁端至其公同驗實則延禮有銀頻貯有庫交貿有時督主有提舉有市舶歷歷可考又例觀察稍通商行稅在王者有同仁之政在吾人無獨棄之情止惟洪武十九年倭國如瑤構通胡惟庸假進僞燭 高皇帝怒以絶之 太宗而後復有如故若其私相商販又自來不絶守臣不

敢開戍哨不能阻塞因浩蕩之勢難力抑一
向衆散公法相延百數十年然人情安於睹記
之便內外傳襲以爲生理之常嘉靖六七年後
守奉公嚴禁商道不通商人失其生理於是轉
而爲寇嘉靖二十年後海禁愈嚴賊夥愈盛許
棟李光頭輩然後聲勢蔓衍禍與歲積今日之
事造端命意實係於此夫商之事順而易舉寇
之事逆而難爲惟其順易之路不容故逆難之
圖乃作訪之公私輿論轉移之智實藏全活之
仁前此侍郎趙文華都御史鄭曉等各有建議
本兵許論曾有覆題國初異　有論倭寄所以
爲　高皇帝廢市之初　高皇帝使假之以年
或不能不自更其令矣
三曰開市必有常稅向來海上市貨暗通而費
歸私室若立官收料倍於廣福多甚況今海上
戍額即令事平必欲如九邊故事定立年例以
充餉費衛時兩浙北起乍浦南迄蒲門縈紆二
千里衛所巡司各衙門兵卒約二十萬有奇歲

海議　卌一

費五十萬有奇各縣徵發舊額已定見今客兵
大增何以處給且兵荒之餘百姓貧苦不忍加
賦若得海上之稅以濟海上年例之用則一舉
兩得戰守有賴公私不困矣
四曰凡海上逐臭之夫無處無之惡少易動之
情亦無處無之樵薪捕魚逞俠射利者原無定
守不得安於其業則隨人碌碌乃常情之所必
至使有力者既已從商而無異心則瑣瑣之輩
自能各安本業無所效尤以爲適從故各年寇
情歷歷可指壬子之寇海商之爲寇也癸丑之
寇各業益之而爲寇也甲寅之寇沙上之黠夫
雲間之良戶復大益之而爲寇也乙卯之寇則
重有異方之集矣迹是而觀能無治其始乎
五曰東南鄉兵孱弱未易練成所調各處驍悍
之卒前事有監恐爲地方不測之變況上尚各
別長技莫施又客民久疲思息便宜一節縱非
經久可行亦姑爲目前紓急計其分民蓄待筭
多而衆心願者

海議　卌二

順其請有五慮

一曰今日之請料其情實不虛彼之才力亦料其足以制握諸島何也彼有妻子繫獄乃其至情又於開市可以得利覬利而免禍何不爲之彼稱倭王權弱勢分島主久有是聞誠不虛語且倭國五畿所部并東海道十四州南海道六州北陸道七州東山道八州山陽道八州山陰道八州及西北三島皆不易發惟西海道之西二三島慣搆內地人交易彼亦不自製舟舟造

於閩廣事起於我人諸島之外有地名對海洲內有大唐街皆我人所居中國貨至此息有入諸島尚距百里餘是以王直所與交者不及數島人耳彼皆心腹往來行止可執但慮別島聞風而至雖有原與王直所定規約不肯聽依揮諭則譙導宋素卿之事不能必其無也但市之有訟雖周禮亦有之苟無大禍患庸何泥耶

二曰古今異宜從衛必因時多寡求樂初定日本貢人毋過二百至宣德九年復改定人[illegible]

三百刀劍毋過三千把其商船在海連貨所挾必有堅銃之隨洪武十五年倫倭指揮林賢令陳得中邀刧入貢歸廷用資裝致生大釁人心滋僞此等事不能料其必無況虞托始之際尤駭見聞只始畧之可以濟事

三曰海中貨市各有行商地面浙中開市廣省方物或皆利其徑便相湧而至或彼此不相容或龐雜不善處致有門庭之擾但世無無爭之地又開集列港不爲我民害可矣

四曰自來下海船造於廣福陽山梅林港等處常無泛出其船冬泊南紀嶼宮前嶼上馬溪曲溪口等處各有定所舊時通倭商有林同泉王萬山陳大公曾老陳思泮六七起夥有定數行之既久射利日增各流不一致添地方警備不追咎始事乎然事久日換法立弊生亦是常情常理雖大智不能先必

五曰王直行商海上結合內地各民始最親信其於海上諸商伴亦各推服嘉靖三十年間申

自官府自願除賊陳思泮被其擒殺有功然是
時不肯身親出見其深藏三窟實非籠中之鳥
及當防禁愈嚴內地人因生騙賴其數不下幾
萬茲於舊恩怨不肯忘情相搆相傷慮亦有之
但情真難昧法在有歸亦無不可處者
郤其請有四利
一曰不軌者殺無赦王直之爲首惡情迹未明
必待勘議的當雖難即定但遥據鳴冤不行投
縛似亦有要以國家全盛之力行擒可也棄置

可也是爲國體之正但事幾無定句聖人無棄
人得失相較不識孰多孰少
二曰海濱浩蕩自古不能常靖前代孫恩袁甫
楊震龍輔公祐袁晁方國珍張郁邵清等氣焰
昌斥只皆內地人自爲宋元倭夷進寇之盛及
本朝洪武二年十六年二十六年二十七年三
十四年永樂二年十年十五年十七年二十年
正統四年十一年景泰六年劇於犯順只皆倭
人獨衆今則內外通連公私擾甚處以窮詰以

示將來深爲本法只事機未值姑徐圖之或亦
施行之序耳
三曰自賊起事迄今前後共得首級數千見今
松江等處巢穴所留總不上一千之數諸司奮
厲比前精神益倍若漸次相機追剿不日或可
全效掃滌妖氛共舒神人之忿乃合名義但思
事根不究雖一時暫安而嗜利之徒復生日後
之患此非集衆思一人聰明有限不能獨耳决
四曰今日賊勢猖獗凡敵王所愾各知所奮中

間不無怠弱相參然大義布昭各已明白今爲
不得已之計恐混亂見聞致多論議功未成而
責已先歸反不若一意絕之且據中策
郤其請有四慮
一曰海上商情安肯自已今浙市有禁姑且过
道廣福舍近易而從遠且難日懷不便如其絕
望必大肆奸猾鼓動諸島增益松江等諸巢
二曰王直妻子在繫又內險外飾驅其立功許
其自全以至仁待之其肯自效乃理勢所必有

失此機會或互惡貫而斃則在繫者不爲奇貨承應者無此才力雖欲爲此又不可得

三曰本朝自天順以後海上無事內外人各無犯者及至嘉靖元年偶有譓導宋素卿之變然止自相爭殺非所以犯中國蓋本朝海防經始於洪武二十一年信國公湯和繼葺於永樂間都指揮谷祥張翥正統間又特命侍郎焦宏復爲整理嚴察貨道不通天順以後市舶權重市者私行雖公法蕩如而海上晏然百年此乃通

商明驗今之議者若謂王直不當宥則可若以市法永不當開則恐非細思而詳考也

四曰去年賊勢猖獗進兵不收全效督察趙侍郎延訪群情故有蔣洲陳可願之討二人遠涉紆謀畧有次第却之是棄二人而罔小醜非所以示信矣

一條擬開市事宜復胡梅林公

一收稅則例悉准廣東夷貨事理定額

一夷商泊船列港內地人往彼處交易市畢各散毋得久居本處

一內地人齎貨出海先於定海關開逓報單驗過取照隨赴提舉司起票赴收稅衙門納稅纔往列港成交其買回夷貨亦先於定海關開逓報單驗過取照復赴提舉司起票赴收稅衙門納稅

一收稅專設布政司官一員往劄定海關稅物隨送定海縣財解

一齎貨往來定限定海港一路不得別由他道

違者即同私自通番

一列港設立房屋常令哨軍若干名居住每月更番若有客船到彼即同報知以憑出示招商

一開市之後沿海衛所巡司各舉修武備益嚴防哨查於舊額官軍缺乏者調發處補

一開市之後必修設戰船如例四時巡哨不得有拘秋冬停歇

一兵備海道各衙門不動衛所巡司額設別令募養客兵演練有警率勦

一客兵工食造船料價火藥軍器之類俱於蔵
收稅數支用

簡唐荆川

切念海寇未平據愚得畧陳三策其一曰以無
事而處事蓋欲自平其意策之本也其一曰因
遵古而脩今蓋欲愼平其政策之道也其一曰
假奮力以速化蓋欲持平於敵策之計也以無
事處事即通商舍禁因遵古修今即立年例練
州兵假奮力速化即驅民决鬥無事處事爲常
道遵古修今爲王法奮力速化爲戰功三者得
其一而二廢其效雖有緩急隱顯其作爲雖見
難易寛猛意或皆能已災顧人見不同任所裁
定若以兩可泣岐三思咎惑尚苟沿前爲以無
策應之何以敵王愾紓民急哉今惟力戰爲最
難而其易爲又不欲爲戰之難誠難然不實思
以計之計戰之難誠難然不思圖付之能者能
之戰戰意不能之戰戰俾偶俾偶無策無策而
思圖免禍於是乎有援有援有勢有勢有賂於
是乎非愚敢言也

復潘笠江姜蒙泉守巡二公

一練兵　大謂練兵者將豫習而使之戰也故
必負可戰之具而後練之道盡東南之寇秘譎
百出而我獨驅其民習技擊縱令盡技擊之術
不足以當巧詭而今之所練之兵鎗不識十八
法刀不明子午弓弩不中的火器見敵不能引
燎烏在其爲習技擊乎齊之技擊不足以當魏
之武卒魏之武卒不足以當秦之鋭士秦之鋭
士不足以當桓文之節制而謂技擊足以盡之
此其練之不成練知其不能取勝於敵也今之
兵既云練矣然設陣而行伍不明見敵而輙北
走節制無以律之雖有技擊知其不能施又烏
望其仁義敵愾效湯武之卒哉善戰者知彼知
已若仁義不足以定已技擊不足以勝已節制
不足以守已三無已以當百出之秘譎彼敵長
技却有二知其技擊在倭有三刀法在中國人
絕無可負之具三刀法襲人只待人先舉我不

先衆則彼法無所施中國人隨之而後以彼爲進止彼止無所施必出奇追伏以俟我亂我之敗由於一亂亂則有技擊無以用之而我之練兵者不教其所以不亂而徒以技擊爲事烏在其能能練也三官不謬五教不雜乃不亂之道也內不亂則外不亂欲內不亂則必有持於其外於是而賞罰不可以不明而擇將爲先務無將而言練兵非所論也

一足食　東南之民賦役繁重本府額征四十八萬餘漕運當十之九在浙止嘉湖有內府白粮又税絲多出湖州自兵興以來諸派增半小民困苦之極但費民以衛民理勢宜然爲今之計只願各立州兵著爲年例俾取有定制用有常度不致客調以傷多費所謂州兵即鄉兵也鄉兵而領之以本府本州本縣之官者也以本地之官領本地之人爲兵寇入本地即以本地人禦之寇其地而不能禦即罪其官本地之兵自食本地之食自食其食而自衛其身古列國

不借兵於異地其利害當已且能自辨其儲廩探囊而備亦不致糜費之多間有意外增出事件可撮補應用易於處轄庶民力易爲而民情悅就此足食之大凡也若某項充某用某用應其數不敢濫列無已當嗣布之

簡太府禩閣徐公

遣偵　探賺賊情乃先事豫防并安逸地方之計以數人奔走道路而一郡得以休逸若有聲息又可早爲備禦府城一府二縣一所巡捕人役分設四路走差一往嘉興地方一往蘇州地方一由平望腹裡往松江地方一由太湖往宜興地方每處立三班輪流往來不論有事無事逐日挨次走報

守城　守城有法須晝夜如一不得乍生銳怠須每垛眼分一人不得專湧近門去處須兩垛或三垛作一棚更番休息不得同爲作輟須不常點閘不得只查旦夕之間須立金鼓號頭喚召不得泛無定約須立旗號別白不得漫無

紀須定甲總主領不得任衆四散隨意陟降須處風雨立住之計不得因久晴無備須示與居飲食之常不得參錯背戾須審免单丁不得誤其生理須查老幼不用不得虛應故事須依近分撥不得寫遠不便

練兵　凡兵必練而後可用況以湖中孱弱之民驅之以不教之戰豈能有賴切願令本所官合軍餘并二縣上操民壯人役及將原審黄岩民壯一齊逐日下教場操練查得舊因黄岩有事之時精審的當大戶充當民壯既而黄岩無事反將頭等可用之家一向歇役若將此輩取用則事可集而民不擾其操練之法須覓請教師不得如尋常故事庶得實效

戍遠　府城乃中立之地須四界緊要所在立有堤防如烏鎮地方須添設館住劄經理德清須差人往杭州并長安壩偵探走報於府長興須差人把守四安鎮安吉須差人把守獨松關武康須差人把守徑山一帶孝豐須差人把守

天目以防竊寇零竄經過

募勇　本處見在兵力甚少若再起民兵不無擾害地方又召募一節工本粮餉尤爲大費況一時烏合之衆便難得用鄙見欲有一項緩急克濟儘自見成不乏能加區畫似無難爲之者未敢即具紙筆容另商布

處餉　軍行粮從本地方添加客兵并見今嘉興受害必大增兵口又懷遠所臨費從何出湖中計亦自此參事若不先爲措備一時難應鄙意將歷年各州縣秋粮内餘米民間拖匿者查徵在倉又在官疑獄緩情可酌贖鍰并多方處置在官及應起解銭粮姑暫留州聽候上司處分每州縣先定大戶數名令具米若干在家候有用時發銀兩平收買庶不臨期有誤

逐客　凡機務能絶奸細我之虛實不令得窺巳得勝筭過半今事勢追迫宜清查城内居住外方之人盡驅遠出其有本地方大戶保認執結者免逐

淸道　事每於忙處生變城內人成群守城或因而竊掠其各野外或借盤詰因而害人又大軍經歷之地或肆侵擾宜揭示鄉村嚴備并不時差人搜禁以防不測

設舟　湖州水路散出非舟不通須先設三櫓快船若干隻泊於各門之外有事可備追趕之用若賊水路來可以迎敵

毀橋　湖州陸道非橋不通先諭各鄉村凡有賊來聲息即各起近地人夫各將近地橋梁推毀其附城人家將六門之外吊橋推毀有不如命者事平重治又毋得聲息未眞先事妄行必令賠造

海議終

嘉靖甲寅倭變紀略一卷

〔明〕董斯張撰

《嘉靖甲寅倭變紀略》一卷，明董斯張撰。斯張（一五八六—一六二八）字然明，號遐周，浙江烏程（今湖州）人。明末監生。嘉靖間武備廢弛，東南沿海倭患日劇。是書記嘉靖三十三年（一五五四）倭寇掠吴數事，於崑山民衆禦敵抗倭情形描述甚詳，兼敘廣西女土官瓦氏率軍馳援事。是書原撰者不詳，斯張取其數事而删潤成此。據上海圖書館藏清抄本影印。

嘉靖甲寅倭變紀略

明烏程董斯張遐周著

偶從舊書中得抄本十許紙紀前甲寅倭入吳雜事不著撰人名客潘君受之里隱者吳生云其語似吳越閭人詞多野不可讀第爾時目擊其難語當無妄者輒取數事删潤之如左

賊攻太倉浹日不下由奣音晃子鋪徑趨崑山城築長圍祝令某命丁男守婦女運磚石擊賊賊置雲梯百枚撞城復舁大樹上架樓船與堞並城中兵手長槍拒之石如雨賊不能克會大旱城中井泥不可飲飲輒病令先吏民[illegible]禱雨立澍濠洫盈尺又告薪盡析廨中梁椽付守者相拒四十七日民力

疲欲箭礮垂盡令誓以死守賊渠帥二大王名獟騂最先以大船覆城下避矢石部其衆穿隧道入晝夜更畨幾破矣令卒城中人籲天臨城中婦女至有雉經者忽一老卒者從傍出語令聞此城土下有板官無以卒讕語速出之投以熾火賊且立盡城可完尉史恠未信卒攘臂詬曰此百萬生靈呼吸生死事癡人何所須耶乃公當使諸君立見就要下出鈍及掘城土二尺許横一大木木盡賊見衆俯槍刺賊隨以蠟苴竹木爇火投穴中賊半焚死不得脫二大王者亦斃餘賊慟挟之出城上萬礮齊發賊多扶傷去遣偵援兵大至圍始撤瞑矣令然燭呼卒前謂卒此城獲全汝力也詰朝有殊賞行申報軍門汝功不次吾平日恨不知汝汝名為誰卒以唐

勝對且曰公無召勝勝逵曙敬謁公令翌日具酒脯錙幣諭城中人選名馬鼓吹迎勝入抵漏盡勝不來令曰此卒介胄蟣蝨矣勞苦五十日不獲休令冠去歸家作一兩日鼾卧呼妻子補衣綻洗頭上泥土了然後庭謁耳遲之七日竟杳然守城卒千人盡呼入按籍求之無名唐勝者令嘖然太息曰勝古義俠君子也存國而不矜懸賕而不赴樹竒而遁名得十許人立朝何憂不治天下真有魯連生哉即百令何足較勝勝不來吾立解印綬然亦不敢歸矣得勝謝城中人使俠士不當吾世而湮沒吾歸耳或曰公無然利之所在皆為責諸此賢者難之况傭卒乎公精感百神故神人易貌變服以發公志所載唐將軍卜勝者其人也令悟塢工崑山顛立卜

將軍廟割牲羅拜祀春秋至今不衰鹿城不陷則祝令公之爲也

浙直督撫屢易唯周石崖頗久石崖開幕引士信賞明罰將吏多用命他如屠中丞冠抵城下焚劫殊酷猶高會麗譙談笑宴如謡曰徒多爲人所憎惡耳吴語多爲都徒多云屠都也又如曹公先去爲民望鄉先生留之曰身在井上乃可救井中人江南有屠曹可爲節鉞羞云（二公氏里當考）

任同知環臨敵不顧身勞苦功高一時少匹公所御戰甲盡寫任字四體亦徧記姓名毅然有身膏草野之志逢賊手搏瀕死者屢矣寇平以忌者言僅遷臬副公平寇勳見劉子威記中此可補入同時海防僉事董君邦政起家國學以軍功

歷今官

廣西女土官瓦氏率萬人來援泊胥關月餘馭衆有法度約所部不犯民間一粒軍門下檄輒親視居亭民訴部夷奪酒脯者立捕殺之食尚在咽下其出軍幟分五色以別行伍頭裹方素無他色者或問之瓦云身是孟獲裔孫感武侯七赦恩誡子孫世世戴縞以識不忘耳吁侯之威神遠攝視秦人刻石為盟何如哉

按弇州宛委編云永順永靖二宣慰至今尚冠白巾為武侯服（岳陽風土記諸溪蠻媍人皆用方素蒙首屈兩角繫腦後云為伏波將軍持服）又武侯與兄瑾書曰兄嬀白帝兵非精練到所督則先帝帳下白毦西方上兵也按毦冠纓也則武侯時業已尚白戴縞之說或亦先

世誤傳然而神之攝之者遠矣

寇盛時農家大半竄去比其還踰夏矣歲大饑中丞周石崖直指周觀所交章請盡蠲百姓租詔許之是歲民糧先輸者仍予民曠蕩之恩百世未之有也吳中藉二公當兵燹餘不劇困謠曰蘇州一隻斗救了萬民口謂周公如斗也

先是寶帶橋海潮突至散入同里湖漸退如是者三日江豚數百枚隨潮上下耆幼皆異之相傳此水故與海接潮汐如婁江陳黃門侍郎顧野王見潮至一喝而却是後潮竟不至土人稱為喝潮王祀之龐山湖潮驟來海兎之徵也平望殊勝寺嘉靖初殿壁最高處忽有詩云我在蓬山跨鶴來老僧不在却空回凡夫欲問菩提記三十餘年化作灰字畫奇險

寺僧甚怯之及甲寅寇至寺焚獨壁上詩字跡如新適符其記云

備倭記二卷

〔明〕卜大同輯

《備倭記》二卷，明卜大同輯。大同（一五〇九—一五五五）字吉夫，號監泉，浙江秀水（今嘉興）人。嘉靖十七年（一五三八）進士，官至湖廣按察使。是書係其官福建時所作，上卷八篇，置制、方畫、將領、士卒、烽堠、險要、戰舸、邊儲；下卷二篇，奏牘、策議。所述皆備倭之術，頗能徵引古事，原其沿革。據中國國家圖書館藏《學海類編》本影印。

備倭記序

大瀛海環其東南有倭夷焉以島爲居以舟爲馬習刀鋋以抄略其天性也入我民類多滑豪潛與夷搆相爲雄長至如炎風去如收電奄忽千里縱橫茫洋往往入盜于海邊不可勝數民甚患之茲予持節閩中職司海禁迺日夜思竭其不肖之才力務一心營職以求底于肅清也顧書生不知兵又其積弛已非一日則亦何能爲焉所賴者上而督府洞察機宜式勤遠略下而師帥同心靖冠戮力効忠以故閩海稍稍安甯卜萌孽之作

矣夫舟師之設亦執事之大者也而今多失其故實焉豈所以跨海內制倭夷之術哉然惟治理廢興雖以古今時變所貴載在方策有明徵焉是俾後之人得以按籍而修其政也迺不自揆紬繹見聞再證履討而爲之記云秀水卜大同

備倭記目録

備倭記卷上

明　秀水卜大同吉夫輯

置制

晉置溫麻船屯

唐置左衛營右衛營復置經略甯海軍唐末陳巖置九龍軍僞閩置龍虎天霸等六軍及控宸控鶴宸衛三都以自衛迄于五季有全勝百勝橫衝海路捉生護閩諸營

宋置崇節水軍牢城外則自京或他路更番屯駐慶歷中增置澄海嘉祐初併爲威果熙甯中改爲教閱廣節不教閱保節元豐中置壯城及諸寨紹聖閒罷遣戍兵置有馬雄略大觀元年升帥府置全捷紹興初福州置荻蘆延祥二寨泉州有水澳寨乾道八年始置後改名永甯今爲永甯衛淳熙十三年統制韓俊請復于城南中里置寶林寨城東十五里置法石寨嘉定十一年海寇衝突圍頭守眞德秀以寶林帶郭法石控海道請增法石兵而移寶林兵戍圍頭立寶蓋寨其正將衛立于法石諸屯並聽命焉若漳州之中柵寨則在龍溪中柵

保沿海寨則在漳浦南詔塢今爲詔安縣其甯海寨在海口鎭外豪門蓋紹安二年漳守李勲請建也

國朝洪武二十年江夏侯周德興經略沿海地方設立福甯福州左福州右福州中鎭東興化平海泉州永甯漳州鎭海一十一衛大金定海梅花萬安莆禧崇武福全金門中左高浦陸鼇銅山元鍾一十三所大篔簹清灣高羅延　白石東洋麻嶺北茭五虎門閩安鎭石梁焦山小祉松下澤郎牛頭門壁頭迎仙沖沁青山嶽頭吉了峰尾黃崎小岩獺窟祥芝深滬烏潯圍頭官澳田浦峰上陳坑烈嶼塔頭高浦濠門海門島尾井尾青山後葛古雷金石洪淡四十四巡司永樂年閒復設烽火南日浯嶼三水寨正統初年侍郎焦宏以其孤懸海中迺徙烽火于松山南日于吉了浯嶼于嘉禾各仍其舊稱又設小埕銅山二水寨銅山在井尾地方 至景泰二年尚書薛希璉又將井尾官軍移遷于銅山西門澳後又以銅山水寨南哨改爲元鍾澳仍屬寨轄焉而安邊館則始自嘉靖七年都御史胡璉選委各府佐理其事今都御史王忬又於流江官井洋松下閩安鎭連盤湄洲泥滬

獺窟圍頭料羅元鍾各設游兵船云

方畫

自福甯州流江以南至羅源縣濂澳門約五百里則以烽火水寨轄之自濂澳門以南至福清縣午頭門巡檢司約四百里則以小埕水寨轄之自牛頭門以南至晉江縣祥芝巡檢司約五百里則以南月山水寨轄之自祥芝以南至漳浦縣井尾巡檢司約四百里則以浯嶼水寨轄之自井尾以南至詔安縣洪淡巡檢司約三百里則以銅山水寨轄之自洪淡以南至廣東柘林寨約

一百里則以元鍾澳轄之蓋所謂信地云爾

將領

晉有典船校尉唐經略甯海二軍以刺史領之

宋有安撫司兵官福建路兵馬副總管按宋史每路委文臣一員充撫使以治民武臣一員充都總管以治兵又按三山志云福建路只有副總管一員以路分鈐轄爲之後每路分鈐轄說見上福建路兵馬鈐轄一員福建路兵馬都監一員按宋史路分都監掌本路禁旅屯戍邊防訓練之政令以肅清所部又按三山志元豐後福州各立路分都監一員東南路第十將副各一員元豐間置福州駐劄紹興間移副將建州駐劄隊將二員福州建甯府駐劄各一員延祥寨水軍正副統領各一員準備將提轄官訓練官指教官錢糧官各二員荻蘆寨水軍統領兼福州興化軍都巡檢使一員緝捕官一員準備將領二員中栅沿海海口巡檢各一員

國朝衛所有指揮千百戶巡司有檢巡凡水寨統以把總指揮而各衛所歲輪指揮千百戶各以其軍往聽節制焉正統閒巡撫侍郎焦宏奏改都指揮五員把總又奏選都指揮一員張翥提督浙福廣東海道正統五年御史成規奏革三省海道除都指揮僉事王勝提督福建備倭景泰四年巡撫尚書孫原貞奏革各水寨把總

都指揮只委指揮五員把總一年一更其把總指揮五年一代則宏治十三年依太監鄧原請也若元鍾澳之守備亦以指揮充之而各要害遊兵官則指揮千百戶雜用嘉靖三十一年七月兵部又奏設參將一員領勅握符分守福興泉漳地方云

士卒

宋澄海軍五百人後改威果增爲五百一十八人全捷軍額如之教閱保節軍五百人後改除教閱二字改名廣節軍每指揮不得過五百人壯城軍二百三人延祥軍

一千人荻蘆軍五百人中栅沿海俱一百六人甯海則七十人

國朝衛統五所各軍一千人共五千人共五寨一澳烽火則福州左中福甯共撥軍四千六十八人今逃亡者三千人小埕則福州右鎮東梅花萬安定海共撥軍四千四百二人今逃亡者二千三百八十三人南日則泉州興化平海共撥軍四千七百人今逃亡者二千五百五十七人浯嶼則永甯福全金門崇武共撥軍三千四百二十九人今逃亡者一千四百六十八人銅山則鎮

海陸鼇元鍾共撥軍一千八百二十二人今逃亡者一千一百九十二人元鍾則漳州鎮海銅山共撥軍一千一百三十三人今逃亡者四百七十八人成化間都御史張瑄欲軍得以休息分作三班上班今年二月上明年二月下下班替之中班今年八月上明年八月下上班替之下班明年二月上後年二月下中班替之參差輪轉大約一年有半年休息休息者月辦料銀一錢以修戰舸後又于出海者選退老弱每人扣行糧四斗月糧三斗以待募兵之用

烽堠

烽火界內二十有四曰黃崎曰水澳曰後崎曰大青曰浩東壁曰黎智曰白露曰南鎮曰沙埕曰梅花曰金家降曰南金曰小貿簹曰大貿簹曰古縣曰青山曰塔尾曰閭峽曰羅浮曰長門曰石湖曰車安曰關崎曰赤崎小埕寨界內五十有三曰鴈塔曰埕寨曰裏頭曰崎達曰黃崎曰格上曰安海曰官塢曰給沙曰小澳曰東岸曰石鼓曰六石曰浪頭曰碁山曰魁洞曰湖井曰聖娘曰牛山曰不嶼曰蕉山曰鱎鮓曰斗湖曰黃崎曰大亮

曰可門曰大邱曰小址曰峰前曰白鶴曰江田曰流水曰澤朗曰西松曰崎山曰後崙曰石濃曰西坑曰大朗曰後營曰茶林曰汶溜曰桃嶼曰仙巖曰前晏曰塔山曰馬頭曰倘頭曰石馬曰陳塘曰蒲頭曰雙嶼曰峰頭南日寨界內二十有一曰蠣前曰石獅曰小澳曰石井曰蔡山曰石城曰崎頭曰澄港曰湖邊曰埕口曰新浦曰三江曰山柄曰山西曰文甲曰大頭田東湖曰大岸曰青山曰古雷曰赤山浯嶼寨界內四十曰沙堤曰古雲曰東店曰龍婆曰深爐曰東捕曰浯沙曰總臺曰五

通曰井上曰龍淵曰東澳曰徑山曰東渡曰厦門曰流焦曰牛頭曰洪山曰天寶曰歐山曰西山曰葉亭曰穢林曰東門曰坑山曰洋下曰陳坑曰安平曰石頭曰石菌曰肖下曰益捕曰潘徑曰瞭臺曰西爐曰亭泥曰劉山曰馬鑾曰大員堂曰歐舍銅山寨界內十有七曰莆頭曰灣角曰燈火山曰白塘曰江口曰流會曰小澳曰阜岐曰大逕曰瞭望臺曰陸鰲曰峰山曰安集曰洪邸曰古樓曰陳平曰泊浦元鍾澳界內七曰瞭臺曰南山曰洋林曰鹽倉梅黃崎曰漸山曰東灣焉要皆使民得

以知寇至而爲之備也

險要

喻山流江水澳釣澳綦嶼三沙閭峽官井洋古鎮門濂澳門是爲烽火要害上竿塘下竿塘樓簑山海壇山濂澳梅花港磁澳松下是爲小埕要害湄洲（舊南日即南匿）烏邱石獅雙嶼青山南哨泥滬文甲張坑大岝是爲南日要害大担舊浯嶼梅林圳上圍頭白沙料羅金門烏沙會厝安南風灣是爲浯嶼要害沙洲橫嶼油澳靈宮前是爲銅山要害南澳山走馬溪傳厝港是爲元鍾要害於此而嚴以守之斯賊不敢侵軼矣

戰舸

宋嘉祐三年知福州蔡襄奏福興泉漳各有魛魚船及巡檢司船乞修整以備海道乾道二年令諸司分甲乙丙番品搭以備調遣其後泉州沿海晉江同安南安惠安四縣分甲乙丙三番計二十一隻甲番一隻乙番九隻丙番二隻遞年行下屬縣拘集以聽安撫司起發淳祐三年安撫司乞措置沿海諸州民船桃類丈尺重立番次有旨令安撫司措置團練淳祐九年漳州守章大任造巨鶻巨鼇二船莪蘆寨有巨舟曰赤馬賊遇之必

遁

國朝沿海衛所每所設備倭船十隻每一衛五所共船五十隻船有虧拆有司補造損者軍自修理蓋載在會典云今則不復修舉矣

邊儲

衛所寨澳官軍糧餉先年布政司會計應支之數於福興泉漳福甯各府州所屬縣秋糧併各衛所屯糧潯美等場鹽米及延建汀邵等府秋糧派撥湊補後因官軍

減耗正德十五年會計見在官軍俸糧定派倉額足數支用遂將延建等府撥補錢糧止作糧剩解司貯庫而福興泉漳等府州派撥之餘亦有糧剩解司歲或大侵及舉賢檢材之費皆取足于斯焉然已非其事實矣故以計軍實則日見其少以覈軍餉則不見其多也爰記顛末俾事事者有考焉

備倭記卷下

明　秀水卜大同吉夫輯

奏牘

論福建海寇劄子李綱

臣契勘廣白福建路近年多有海寇所過刼掠沿海縣鎮鄉村及外國海船市舶司上供寶貨所得動以巨萬計官司不能討捕多是招安重得官爵小民歆豔皆有傚傚之意臣恐自此爲患未艾葢緣兩路帥司並無戰艦水軍遇有海寇坐視猖獗不能進討止是於沿海擺布些小兵卒爲保守之具賊船來去近遠不常並海之民罹其荼毒擄掠船舶既多愚民嗜利喜亂從之者衆將浸成大患如晉之孫恩不可不過爲之備伏望聖慈特降睿旨常存兵于兩路鎮壓仍下逐路帥司委以措置戰艦招集水軍水夫常切教閱令士卒習于風濤之險以水夫駕舟以官軍施放雖賊櫂飄忽可以追逐掩擊殄滅一兩頭項則餘人有所忌憚不敢覬覦妄作庶幾海邦之民得被朝廷大賜不勝幸甚

申樞密院措置沿海事宜狀眞德秀

照得泉之爲州控臨大海閩陬要會之地國家南渡之初盜賊屢作上勤憂顧置兵立戍所以爲海道不虞之備者至詳且密開禧軍興之卒戍卒生還者鮮舟楫蕩不復存于是武備空虛軍政廢壞有識之士所共寒心近者溫明羣盜窺見單弱輒萌侵軼之志仰賴聖朝威德廣被亟遂肅清倘幸目前之警粗平因循苟簡不復少加經理安知其亡後日之患某不揆迂愚竊思所以爲久安之計者近選委本州觀察推官李方子知晉江縣徐叔用同左翼軍副將邱全等偏行海濱審視形勢

今據逐官申竊見沿海列戍要在控扼得所布置得宜士卒精練器械整齊舟楫便利而又習熟風濤然後緩急可用今來左翼水軍三寨曰寶林曰法石曰永甯本州沿海四寨其緊要者二在晉江曰石湖在惠安曰小兜雖已得控扼之數然寶林取城甚近距海殊遠其勢稍緩而迺有新舊兩寨至圍頭去州一百二十餘里正闞大海南北洋舟船往來必泊之地旁有支港可達石井其勢甚要而前此未嘗措置此控扼之未盡得其所也寶林所屯水軍三百其數爲多法石雖有一百二十餘人然正爲防海要衝之地其數尚少永甯步軍之數倍于水軍誠爲倒置此布置之未盡得其宜也諸寨軍兵雜以老弱法石軍器總于大軍遇事關請未免稽遲大軍戰艦僅可足用自餘諸寨船隻俱無徒有舟師之名初無其實至于營房倒塌器械闕少亡具尤甚若不及今逐一整備臨時必至誤事今條具合行措置事件下項須至申聞者

申樞密院乞修沿海軍政　前人

戰船南遁未盡就擒風濤瞬息往來無時某昨守本州

自捕賊首趙希卻之後具申朝廷蒙發度牒一十五道應副本州修整戰船創立圍頭寶蓋及修葺法石永甯二寨添屯水軍增置石湖小兜水軍名額以至儲蓄軍糧葺理器甲色色具備每歲舉行水教及立諸寨巡海界分今再至見逐項事多廢弛軍船壞爛而不修軍額死亡而不補營房頹墜器甲損失自統制齊敏到官方稍善治尚未能就緒及至賊船侵軼郡境倉卒和雇民船應副大軍之用故料羅之戰雖有勇將精卒竟以船小不能成全功及晉江同安民船稍集而賊徒急遁事

已無及令賊徒深入廣南正當舶回之時必有遭其剽刦者豈不虧失國課又福泉興化三郡全仰廣米以贍軍民賊船在海米船不至軍民便已乏食糶價翔貴公私病之其爲利害固已不細況其在海每刦客船小則焚之大則取而爲己之船其人或與鬬敵則殺之懦弱不堪用則縱放之或沈之水中而擄其强壯能使船者爲己之用稍忤其意輒加殺害故被擄之人只得爲出死力其始出海不過三兩船俄即添至二三十隻始不過三五十人俄即添爲數百以至千人今諸賊在海入

船已多若不及早殄除則日增月益其害未有窮已某見與統制齊敏商議整促水軍及添創大船葺理諸塞務爲先備使賊不敢犯但本州目今府庫赤立官俸軍糧尚且不給而本軍見管典庫息錢亦自不多俟旦夕見得合支用錢數或有久闕未免控告朝廷乞賜量行應副所有福州延祥荻蘆寨廣州擢鋒軍及漳潮州興化軍應有水軍去處欲望指揮行下各處急速措置修創船隻閱習事藝向去南風賊船必回向北洋若自廣至福所過五六州軍處處有備會合剿捕庶幾可以殄

滅免爲海道無窮之害乞賜指揮施行

奏革巡海參政專糧儲疏

成化九年兵部爲添設管糧官員事案查先該吏部等衙門會官議奏各司府州縣額設添除官員事節官多者俱令裁革已將福建巡海右參政李騏裁減别用續該鎮守福建馮讓等題稱要照舊添設參政副使等官本部爲照布政司參政難再添設除已經具題行移吏部添除副使一員請勅令去福建會同總督備倭官員專一巡視海道去後續該福建左布政使姚龍等奏稱

福建海洋廣闊沿海永甯等倉積弊尤甚布政司雖有額設布政參政參議共七員除本司掌印管事其餘公占數多委實缺官提督海道總理邊儲乞照舊添除參政或參議一員前來管理等因本部爲照福建地方委的海洋廣闊海寇不時出没今既本司官員公占數多若不與其區處恐後因循誤事合無準其所奏行移吏部添除參政一員請勅前去巡視海道兼理倉糧等因具題奉聖旨是欽此欽遵外緣右參政陸昶係奉勅巡視海道兼理倉糧官員已有前項奉準事理難以輕易

更張合就移咨貴部煩爲知會施行

議五寨把總五年一換及巡海總督備倭更番出巡疏

宏治十三年少保兼太子太傅兵部尚書臣馬　等謹題爲處置邊務事查得先爲哨探海洋船隻等事該山東鎮巡等官太監李全等題稱登州衛正北大海洋內有雙桅大船七隻往南行使稱係高麗國通事前來各處海島採打鹿隻但倭賊譎詐難以測度等因本部議得合無通行遼東山東浙江福建廣東各該總督鎮巡

等官各行總督備倭巡察海道等官嚴捕備禦把總等項官員各將備倭海船逐一撿整務在堅固合用什物軍器俱要鋒利見在官軍用心操習務在得用不可視爲泛常因循致誤事機等因具題宏治十一年十月二十日奉聖旨是欽此續爲陳言時政事該巡按福議監察御史胡崋奏稱福建海道法度廢弛賊寇猖獗要將總督等官聽從督責一月一巡軍士一月一點其有把總等官從古軍伴照例降級若有捕獲賊船照例陞賞等因本部議得行移都察院通行山東浙江福建廣東直隸楊州府各該巡按監察御史令後沿海備倭把總等項官軍悉聽御史同巡海官員不時親歷點閘俱令鋒利器械整備戰船操習官軍振揚威武遇有海賊生發嚴督官軍早爲撲滅果能捉獲海寇船二隻者給賞三四隻者照依擒斬賊級一顆事例陞一級其把總以下官員如有徑自賣放軍士等項應提問者徑自提問應參奏者指實參奏挐問俱照降級事例發落等因具題宏治十三年三月初五日奉聖旨是欽此俱經通行欽遵去後今該前因若如所言各水寨把總官一年一

更總督備倭幷巡海官俱在鎮城居住則備倭之說實同兒戲但福建偏居東南角似此積弊已非一年若非鄧原練達老成憂深慮遠豈能言及于此所言俱各準行合無本部行移福建鎮守太監鄧原巡按監察御史幷轉行巡海總督官員查照本部節該奏行事理將沿海一帶備倭把總官通行推舉公廉有爲頗曉戎務指揮專一把總若帶家小者聽從其便五年一換務要操習官軍整備戰船禁革奸弊防禦倭寇緝捕盜賊其餘興利革弊之事逐一舉居行其總督巡海官員每三月

出巡一次若總督備倭出巡則巡海官在司巡海官出巡則總督官回司不許常在鎭城久住亦不許未及期而回違者鎭守巡撫巡按官糾劾其前項原委把總官員中間若有才守俱優克修職業者具奏旌奬以勵人心貪財害軍廢弛武備者就便黜退以警不職本部仍行遼東山東浙江廣東直隸揚州府各該鎭守巡撫總鎭總督官幷各該巡按監察御史嚴督巡視海道總督官員俱照此例施行如此使人心警畏海道無虞緣係處置沿海備倭把總等官及奉欽依兵部知道事理未敢擅便於宏治七年題奉聖旨是

奏復沿海逃亡軍士餘剩糧疏

嘉靖三十三年巡撫浙江兼管福興泉漳都御史王題一倭寇頻年爲患海道熟知四時皆至乘風流突千里瞬息閩海三十餘里皆當設險預防兵船無時敢撤則錢糧支費自大查得大明會典內開沿海地方每一衛五所共船五十隻每船旗軍一百名春夏出哨秋冬回守計福建沿海十一衛有船五百餘隻用旗軍五萬餘人以此制倭何憂不克卽今額船朽爛已盡額軍逃亡十七額派錢糧支剩數多皆折銀留布政司別用祖宗舊制略不修復僅扣老弱之銀支持海上之費容養姦賊以至于今虐焰薰天雖欲惜費而不可得矣夫軍雖少而糧尙存縱不能盡復原伍猶可取本項錢糧選募沿海民兵以充戰備今乃斬數萬額派之費貽百萬生靈之毒猶謂之識輕重緩急乎經營添備之初別項錢糧皆得從宜支用而況海軍之餉不歸海防可乎除臣已一面行布政司查照海道會議造船募兵之費陸續動支無得銀兩責委各府官員分投幹理及修城犒

賞等用俱責用該司處給外但目前仰給有限海防經費無窮合無勅行福建布政司備查支剩糧銀見在若干未曾徵解若干堪解補海防若干速爲處豁以後額派軍糧行令原坐地方照數追徵經解沿海福興漳泉四府幷福甯州貯庫專備募兵殺賊支用不必混解該司歲終聽撫按衙門會委查盤外海波偃息兵費漸減尙有贏積銀兩貯于各郡猶其貯于該司也再照福建運司鹽課正餘銀歲不過三萬戸部原議以七分解京三分存留本省公用起解之數臣已不敢奏討存留之

數亦乞賜作軍餉不許別項支銷如此則食足而應募
有人備周而敵愾可賴矣伏候聖裁等因備咨到部送
司卷查先于嘉靖三十年正月內爲宏遠慮責實效以
濟富強事奉本部送據福建布政司造到文冊內開存
留米六十萬一千七百三十七石零內除裒益放支嘉
靖二十九年分官吏師生旗軍人等俸糧米五十四萬
九千九百五十石零外剩米五萬一千七百八十六石
零以備閏月支用魚課實徵銀八千三百一十八兩零
備給折色軍餉又備用銀二萬九千五百一十六兩零

解京收庫俟補各年有閏不足并凶年六錢給軍之數
三年一次科舉各部不時坐派等項支銷又查得福建
鹽運司所管上里等七塲內除起運上里海口牛田惠
安四塲鹽課銀兩解京濟邊外其存留潯美汭州浯州
三塲額辦折鹽米共五千七百八十八石零解運泉州
府屬永甯等倉支給軍餉續于嘉靖十九年每米一石
改折銀五錢以備軍士閏月支用通查案呈到部看得
巡撫都御史王　條奏福建沿海衛所船隻朽爛額軍
逃亡錢粮支剩數多要取本項選募沿海民兵以充戰

備以後額派軍糧行令原坐地方照數追徵徑解沿海
福興漳泉四府并福甯州貯庫專備募兵殺賊及要將
存留三分鹽課銀兩亦作軍餉之用一節爲照天地開
財貨一方所產自足以供一方之用平時有備斯可以
待不時之需今福建布政司存留糧米數多歲用之外
尚剩餘米五萬一千七百八十六石有零魚課之外又
有備用銀二萬九千五百一十六兩零而都御史王欲
以海軍舊時之額糧濟防海今日之軍需固不必額外
取之于民而因以復地方先太舊制誠目前救急之策

海防經久之圖也但未諗所餘支剩糧銀解布政司何
項支用而存留鹽米折銀及備用銀兩歲支有餘亦應
備泉州軍餉之數事在彼中相應查處恭候命下之日
本部備行巡撫都御史王　及咨都察院轉行巡按福
建監察御史會行布政司備查沿海衛所船隻原額若
于節年損壞若干見在若干旗軍若干即今逃亡事故
若干有無盡絕扣除派銀現在何處作何支用剩存的
有若干未曾徵解若干應否防海募兵之用以後額派
軍糧應否盡解福興等四府州貯庫聽撫按歲終會委

查盤事甯兵減嬴積錢兩應否積貯各郡不必解司其存留三分鹽米改折銀兩原備軍士閏月支用應否改作防海軍餉而魚課備用等銀爲數頗多應否酌量緩急扣分接濟俱一一從長計處務圖終久無弊立爲成規覆奏施行庶軍餉有備而海防無患矣伏乞聖裁奉
聖旨是

策議

備倭事略　歸有光

備寇犯境百姓被殺死者幾千人流離遷徙所在村落爲之一空迄今逾月其勢益横州縣㕓㕓嬰城自保淩浸延蔓東南列郡大有可慮卽今賊在嘉定有司深關固閉任其殺掠已非仁者之用心矣其意止欲保全倉庫城池以免罪責不知四郊既空便有剥膚之勢賊氣益盛資糧益饒并力而來孤懸一城勢不獨存此其于全軀保妻子之計亦未爲得也見今賊徒出没羅店劉家行江灣月浦等地方其路道皆可逆知欲乞密切差兵設伏相機截殺彼狃于數勝謂我不能軍往來如入無人之地出其不意可以得志古之用兵惟恐敵之不驕不貪法曰卑而驕之又曰利而誘之今賊正犯兵家之忌可襲而取也訪得吴淞所一軍素號精悍倭賊憚之呼爲白頭蟲去歲宗百戶馮百戶見倭船近城倉卒與敵爲其所殺有司不加矜恤反歸罪于二人自後人以爲戒又城壁崩圮半落海中且累年不給軍糧士皆飢疲往往乞食道路遂致新城失陷翻爲賊巢嘉定上

海之勢日以孤危今乞召新城失事指揮令收還散卒許以贖罪要以厚賞俾于賊所入嘉定及往南翔等要路阻陿之處長鎗勁弩設伏以待之又新城敗散之餘所存約二百餘人人數寡少乞募沿海大姓沈濮蔡嚴黃陸等家素能禦賊及被其素害者幷合爲一專爲伏兵及往來遊擊賊自不敢近太倉嘉定松江矣且因新城之軍俟便襲擊城可復襲而有也法曰善守者守其所不改又曰使敵人不得至者害之也今所謂守城者徒守于城之內而不知守于城之外惴惴然如在圍城

之中賊未至而已先自困矣畏首畏尾身其餘幾故脣亡而齒寒魯酒薄而邯鄲圍夫蘇州之守不在于婁門而在于崑山太倉太倉之守不在于太倉而在于劉家港此易知也今賊掠羅店等處已盡必及南翔賊據南翔奪民船以入吳淞江一日可至葑門卽蘇州危矣南過唐行則松江危矣今聞又至太倉穿山等處卽常熟危矣故欲害之使不得至所以爲守也然所謂設伏爲奇兵又時出正兵相爲表裏而後可也又嘉定近海爲內地保障其縣令恇怯不知兵乞委任百姓所信向如

任同知董知縣武指揮等協力主決兵事知縣備辦糧食不得從中沮撓倘有疏虞卽蘇松二郡不可保矣又攷得白茆舊有白茆寨劉家港舊有劉家港寨青浦舊有青浦寨此皆前朝撥置軍士備倭之所蓋以春夏巡哨秋冬還衞又白茆吳塘西涇劉家港甘市等處各有烟墩烽火相接以此見往日備倭之跡今疏闊如此欲以一城自固不可得也又訪得賊中海島夷洲眞正倭種不過百數其內地亡命之徒固多向亦往往有被刦掠不能自拔者近日賊搶婁塘羅店等處驅率居民挑

包其守包之人與吾民私語言是某府州縣人被賊脅從未嘗不思鄉里但已剃髮從其衣號與賊無異欲自逃去反爲州縣所殺以此只得依違苟延性命懇望官府設法招徠明以丹青生活之信務在孤弱其黨賊勢不久自當解散此古人制遏盜之長策也又聞民閒不見官府出軍以爲當俟請旨須大軍之至竊見祖宗于山東淮浙閩廣沿海設立衞所鎭戍連絡每年風候調發舟師出海後又設都指揮一員統領諸衞專以備倭爲名今倭賊馮陵所在莫之誰何但見官司紛紛抽點

壯丁及原役民快皆素不教練之民驅之殺賊以致一人見殺千人自潰徒長賊氣使海外蠻倭聞之皆有輕中國之心非祖宗設立沿海軍衛之意也當事者拘礙文法動以擅調官軍爲解竊伏讀大明律擅調官軍一款其暴兵卒至欲來攻襲事有警急及程途遙遠者並聽從便火速調撥軍馬乘機勦捕若寇賊滋蔓應合會捕者鄰近衛所雖非所屬亦得調發策應若不卽調遣會合或不卽申報上司及鄰近衛所不卽發兵策應者與擅調官軍罪同此各衛自得調撥策應之明文也今

賊殺害人民搖動畿輔蘇松內地城門經月不開百姓喁喁各衛擁兵深居賊在近郊不發一矢忽以百萬生靈餌賊幸其自退豈可得哉夫以沿海之衛自足備禦今獨民兵支吾玩愒養寇及其必不可已然後請旨動調大軍夫以民兵則氣力孱弱以大軍則事體隆重是虛設沿海數百萬之兵也況大軍之至吾民饜飽豺狼之腹已久矣賊聞天兵既下倏忽遁去雖貔貅百萬悵望空波徒使百姓騷然而已乞蚤爲裁處遵照大明律軍政調撥策應庶殄滅有期不煩朝廷勤調大軍實地方生靈之幸

禦倭議 前人

日本在百濟新羅東南大海中依山島以居當會稽東與儋耳相近而都于邪靡堆所謂邪馬臺也古未通中國漢建武時始遣使朝貢前世未嘗犯邊自前元于四明通互市遂因之抄掠居人而國初爲寇始甚然自宣德以後金線島之捷亦無復有至者矣今日啓戎召釁實自中國姦民冒禁闌出失于防閑事今已往追悔無及但國家威靈所及薄海內外無不臣服而蕞爾小醜

敢肆馮陵魏正始中宣武于東堂引見高麗使者以夫餘涉羅之貢不至宣武曰高麗世荷上將專制海外九彝黠蠻實得征之方貢之愆責在連率故高麗世有都督遼海征東將軍領東彝中郎將之號今世朝鮮國雖無專征之任而形勢實能制之況其王素號恭順倭奴侵犯宜可以此責之不然則興兵直擣其國都繫纍其王始足以伸中國之威如前世慕容皝陳稜李勣蘇定方未嘗不得志於海外而元人五龍之敗此由將帥之失使中國世世以此創艾而甘受其侮非愚之所知也

顧今日財賦兵力未足及此獨可爲自守之計所謂自守者愚以爲祖宗之制沿海自山東淮浙閩廣衛所繹絡能復舊伍則兵不煩徵調而足而都司備倭指揮俟其來于海中截殺之則官不必多置提督總兵而具奈何不思復祖宗之舊而直爲此紛紛也所謂必于海中截殺之者賊在海中舟船火器皆不能敵我也又多飢乏惟是上岸則不可禦矣不禦之于外海而禦之于內海不禦之于海而禦之于海口不禦之于海口而禦之于陸不禦之于陸則嬰城而已此其所出愈下也宜責

成將領嚴立條格敗賊于海者爲上功能把截海口不使登岸亦以功論賊從某港得入者把港之官必殺無赦其有司閉城坐視四郊之民肝腦塗地者同失守城池論庶人知效死而倭不能犯矣

皇明馭倭録九卷附略二卷寄語略一卷

〔明〕王士騏纂

《皇明馭倭録》九卷《附略》二卷《寄語略》一卷，明王士騏纂。士騏字冏伯，號澹生，蘇州太倉人。萬曆十七年（一五八九）進士。由禮部儀制主事改吏部稽勛員外郎。嘗讀薛浚《日本國考略》、王文光《日本國考略補遺》、鄭若曾《籌海圖編》，以爲諸書多取野史爲證，往往失真，遂搜羅國史中詔旨、諸臣奏章及中外戰守方略等，繫年編纂，勒成是書。起洪武二年（一三六九）正月，訖隆慶六年（一五七二），詳述明代倭寇史實，及沿海防務部署、體制、軍餉供應、攻守方略等，嘉靖朝尤爲詳盡。《附略》二卷，備録《後漢書》以來諸正史、倭志、詩文、筆記等有關倭人之記載。末《寄語略》，按類分録日文音注。據中國國家圖書館藏明萬曆間刻本影印。

皇明禦倭録序

自頃朝鮮中倭

朝廷以大義發師往救復其王無何款議興倭出入釜山待報者數年廷臣至曹起而爭或言此

高皇帝祖訓中名其爲賊擯不得復通者余時適在事獨計以爲通倭難矣而倭原未軼我尺寸地我兵一出爲解紛則有[illegible]絓爲求敵則非計於是借爲

上言請得以便宜乘吾勝勢翕張而善藏之彼以貌來吾亦以貌許使其徘徊將翔先入我彀中而間以脩内地守戰備既久情見絶之未晩幸

上明聖主行要以戰後議款款後議絶而

朝廷始終不失體不受曲名然爾時呼吸造次間未暇深考舊事也既余病免歸而廷議益譁主款主戰各堅其說卒汗漫不可收拾以至於今余竊兩疑焉會駕部冏伯王子手輯一編示余曰

明皇禦倭録余令兒子莊誦而伏聽之喟然曰嗟乎嗟乎此

高皇帝之所以屈群力也觀其首諭朝鮮次諭倭遣使遣僧譊譊乎若憫其鬬紛而憂其危亡者是不惟愛我無憂朝鮮且無憂倭盖愛倭所以愛朝鮮也愛朝鮮所以愛我也即沿海時寇掠不過隨入隨禦而已增防設戍而已却其貢而已敕使悔過而已怵以大兵且至而已終無有遺矢亡鏃于三韓之境說者曰

高皇帝度不可勝倭而權忍之夫
高皇帝已全勝天下獨難倭哉盖天下之
勢有不可勝以待勝者有可勝而不
必勝者有日勝而日負者以我而就
倭求勝萬里征繕動彌歲年此日勝
日負之道也洋洋
聖謨以天澤定衣冠以河海游鱗介虞干
周譯兩用若環捴之外而不内以
祖訓中擯倭初指為綱而稍經緯之未見
有堅決如近議者
列聖相承大都縻之不必款絶之不必戰
謹銜勒寛鞭箠重與倭以逆名迨嘉
靖中海備日弛倭乃得挾奸民誘導
飛棹舞槊于吳粵三省間者十餘年
我兵盖騷然奔命晚而息肩以殲倭
報成功則東南半壁且甌脫矣夫是

固
高皇帝一使片紙之任也而今之議者好
侈言胡中丞之力戰以律近事夫中
丞固先議撫撫變而戰戰乃在緣海
内境彼来而我應之非我求敵當時
猶得不補喪息肩之難如此況於今
涉海萬里外索款索戰而不必應者
哉難不已更甚乎昔者駕部嘗戒心
于倭矣毀家饗士勃然有乘風破浪
之思兹倭氛彌熾而駕部獨閉門却
掃而成是書駕部寧蕭然自悔其雄
心將善易者不言易乎若曰今日方
高皇帝時戶口加多甲乘加競可滅此朝
食無用此呴濡兩可爲者夫
高皇帝真不能勝乎抑有不必勝者矣
光禄大夫太子太保吏部尚書兼建

極殿大學士王錫爵序

皇明馭倭録小序

紀倭事者有薛浚之考畧有王文光之補遺而鄭若曾之籌海圖編加詳焉臣不佞讀之而嘆其用意之勤也已稍〻叅以國史始恨事畧者百不得一而一且失真士大夫不考于先朝之故事而動以野史爲証則所誤多矣乃就國史中一一拈出自高皇帝以至穆廟列爲編年謀之鉅公題曰皇明馭倭録蓋列聖之詔旨諸臣之章奏公私創革之始末中外戰守之機宜悉在焉神而明之可以酌祖訓可以定廟謨可以廣朝士之見可以正野史之謬雖臚列故事而或與今日東征事機頗相發明述而不作非僭也或謂此書非奉敕撰者稱臣可乎曰吾學編之稱里也不若憲章録之稱臣也竊比于從下而已矣

兵部車駕清吏司主事王士騏謹序

皇明馭倭録卷之一

兵部車駕清吏司主事臣王士騏纂

洪武二年

正月乙卯遣使以即位詔諭日本占城爪哇西洋諸國

二月丙寅遣阿思蘭楊完者不花劉尹富牛成陳節等持詔諭雲南日本等國阿思蘭等俱賜冠帶衣服

二月辛未遣吳用顔宗魯楊載等使占城日本等國賜日本國王璽書曰上帝好生惡不仁者向者

我中國自趙宋失馭北夷入而據之播胡俗以腥羶中土華風不競凡百有心孰不興憤自辛卯以來中原擾擾彼倭來寇山東不過乘胡元之衰耳朕本中國之舊家耻前王之辱興師振旅掃蕩胡番宵衣旰食垂二十年自去歲以來殄絶北夷以主中國惟四夷未報間者山東來奏倭兵數寇海邊生離人妻子損傷物命故修書特報正統之事兼諭倭兵越海之由詔書到日如臣奉表來庭不臣則修兵自固永安境土以應天休如必爲寇盜朕當命舟師揚帆諸島捕絶其徒直抵其國縛其

王豈不代天伐不仁者哉惟王圖之

陞太倉衛指揮僉事翁德爲指揮副使先是倭寇出没海島中數侵掠蘇州崇明殺傷居民奪貨取沿海之地皆患之德時守太倉率官軍出海捕之遂敗其衆獲倭寇九十二人得其兵器海艘奏至詔以德有功故陞之其官校千二百四十七人賞綺帛五十疋銀二千五百六十九兩戰溺死者加賜錢布米仍命德領兵往捕未盡倭寇遣使祭東海神曰予受命上穹爲中國主惟圖乂民罔敢怠逸蠢彼倭夷屢肆寇刧濵海郡縣多被其殃今命

將統帥舟師揚帆海島乘機征剿以靖邊氓特備牲醴用告神知

乙亥倭入寇淮安鎮撫吳佑等擊敗其衆于天麻山擒五十七人事聞賜佑等綺帛有差

壬戌朝高麗使者成惟得等辭歸

上以書諭其國王王顓曰近使者歸自王國朕問王國政俗城廓甲兵居室如何使者言俗無城廓雖有甲兵而侍衛不嚴有居室而無聽政之所王專好釋氏去海濵五十里或三十里民始有寧居者朕詢其故言嘗爲倭奴所擾果若是深爲王慮之

朕雖德薄爲天下主王已稱臣備貢事合古禮凡諸侯之國勢將近危故持危保國之道不可不諭王知之古者王公設險以守其國今王有人民無郭民人將何所依爲國者未嘗去兵今王武備不脩則國威弛民以食爲天今瀕海之地不耕則民食艱凡國必有出政令之所今王有居室而無廳事則無以示尊嚴于臣下朕甚不取也歷代之君不問夷夏惟脩仁義禮樂以化民成俗今王棄而不務日以持齋守戒爲事欲以求福失其要矣佛之道三皇五帝之時未聞有也而是時天下大治

後世務釋氏而能保其國者未之見矣梁武之事可爲明鑑王豈未之知耶夫王之所以王高麗者莫不由前世所積看行先王之道與民興利除害使其生齒繁廣父母妻子飽食煖衣各得其所則國永長脩德求福莫大於此王何不爲此而爲彼哉有國之君當崇祀典聞王之國犧牲不育何以供境內山川城隍之祀乎古人有言國之大事在祀與戎若戎事不脩祀事不備其何以爲國乎今胡運既終沙塞之民無所總統朕兵未至遼瀋其間或有疆暴者出不爲中國患必爲高麗擾况倭人出入海島十有餘年必知王之虛實此亦不可不慮也王欲禦之非雄武之將勇猛之兵不可遠戰於封疆之外王欲守之非深溝高壘內有儲蓄外有援兵不能以挫鋭而擒敵由是言之王之負荷亦重矣智者圖患於未然轉危以爲安前之數事朕言甚悉不過與王同其憂耳王其審圖之且知王欲製法服以奉家廟朕深以爲喜今賜王冠服樂器陪臣冠服及洪武三年大統曆六經四書通鑑漢書至可領也遣書措不多及仍賜惟得等綺帛有差

據此則高麗自來爲倭奴所擾而
高皇帝首以爲訓故録之以見王仁之無外而至聖之前知也

洪武三年

三月遣萊州府同知趙秩持詔諭日本國王良懷曰朕聞順天者昌逆天者亡此古今不易之定理也粤自古昔帝王居中國而治四夷歷代相承咸由斯道惟彼元君本漠北胡夷竊主中國今已百年汙壞彝倫綱常失序由是英俊起兵與胡相較幾二十年朕荷上天祖宗之祐百神効靈諸將用

命收海内之群雄復前代之疆宇即皇帝位已三年矣比嘗遣使持書飛諭四夷高麗安南占城爪哇西洋瑣里即能順天奉命稱臣入貢既而西域諸種番王各獻良馬來朝俯伏聽命北夷遠遁沙漠將及萬里特遣征虜大將軍率馬步八十萬出塞追獲殲厥渠魁大統已定蠢爾倭夷出没海濱爲寇已嘗遣人往問久而不荅朕疑王使之故擾我民今中國奠安猛將無用武之地智士無所施其謀二十年鏖戰精鋭飽食終日投石超距方將整飭巨舟致罰於爾邦俄聞被寇者來歸始知前

日之寇非王之意乃命有司暫停造舟之役嗚呼朕爲中國主此皆天造地設華夷之分朕若效前王恃甲兵之衆謀士之多遠涉江海以禍遠夷安靖之民非上帝之所托亦人事之不然或乃外夷小邦故逆天道不自安分時來寇擾此必神人共怒天理難容征討之師控弦以待果能革心順命共保承平不亦美乎嗚呼欽若昊天王道之常撫順伐逆古今彝憲王其戒之以延爾嗣

六月倭夷寇山東轉掠温台明州傍海之民遂寇福建沿海郡縣福州衛出軍捕之獲倭船一十三艘擒三百餘人

詔賞福州捕倭軍士文綺金帛

洪武四年

九月辛未

倭夷寇膠州刼掠沿海人民

上御奉天門諭省府臺臣曰海外蠻夷之國有爲患於中國者不可不討不爲中國患者不可輙自興兵古人有言地廣非久安之計民勞乃易亂之源如隋煬帝妄興師旅征討琉球殺害夷人焚其宫室俘虜男女數千人得其地不足以供給得其民

不足以使令徒慕虚名自弊中土載諸史册爲後世譏朕以諸蠻夷小國阻山越海僻在一隅彼不爲中國患者朕决不伐之惟西北胡戎世爲中國患不可不謹備之耳卿等當記所言知朕此意

十月癸巳日本國王良懐遣其臣僧祖來進表箋貢馬及方物并僧九人來朝又送至明州台州被擄男女七十餘口先是趙秩等往其國宣諭秩泛海至析木崖入其境閽者拒勿納秩以書達其王王乃延秩諭以中國威德而詔旨有責讓其不臣中國語王曰吾國雖夷僻在扶桑未嘗不慕中國

之化而通貢奉惟蒙古以戎狄泣華夏而以小國視我我先王曰我夷彼亦夷也乃欲臣妾我而使其使趙姓者訹我以好語初不知其覘國也既而使者所領水犀數十艘已環列於海岸賴天地之靈一時雷霆風波漂覆幾無遺類自是不與通者數十年今新天子帝華夏天使亦姓趙豈昔蒙古使者之雲仍乎亦將訹以好語而襲我也命左右將外之秩不爲動徐曰今

聖天子神聖文武明燭八表生于華夏而帝華夏非蒙古比我爲使者非蒙古使者後爾若悖逆不吾

信即先殺我則爾之禍亦不旋踵矣我朝之兵天兵也無一不當百我朝之戰艦雖蒙古戈船百不當其一况天命所在人孰能違豈以我朝之以禮懷爾者與蒙古之襲爾國者比耶於是其王氣沮下堂延秩禮遇有加至是奉表箋稱臣遣祖來隨秩入貢詔賜祖來等文綺帛及僧衣比辭遣僧祖闡克勤等八人護送還國仍賜良懐大統曆及文綺紗羅

洪武五年

高麗歸日本所掠海濱男女七十八人詔有司送還鄉里

指揮使毛驤敗倭寇于温州下湖山追至石塘大洋獲倭船十三艘生擒一百三十餘人及倭弓等器送京師詔令中書定賞格凡總旗軍士弓兵生擒賊一人者賞銀十兩斬首一級銀八兩民人生擒賊一人銀十二兩斬首一級銀十両指揮千戸百戸鎮撫等於班師之日驗功賞之時又并得所掠高麗人三人適高麗使者至命領之以歸

詔浙江福建瀕海九衛造海舟六百六十艘以禦倭寇

上諭中書省臣曰自兵興以來百姓供給煩今復有興作乃重勞之然所以爲此者爲百姓去殘害保父母妻子也朕恐有司因此重科吾民反致怨讟爾中書其榜諭之違者罪不赦省臣對曰

陛下愛民而預防其患所費少而所利大臣嘗聞倭寇所至人民一空較之造船之費何趐千百若船成備禦有具瀕海之民可以樂業所謂因民之所利而利之又何怨但有司之禁不得不嚴先是瀕海州縣屢被倭害官軍逐捕往往乏舟不能追擊故有是命

倭夷寇福州之福寧縣前後殺掠居民三百五十
餘人焚燒廬舍千餘家劫取官糧二百五十石
明州衛指揮僉事張億率兵討倭寇中流矢卒
上聞而悼之遣使致祭其文曰爾以英勇之姿來自
潼關委身事朕遂擢佐武衛俾守鄞城克盡其職
近因倭寇侵犯海隅爾身先士卒偶爲流矢所中
醫治莫痊竟殞其身深可痛惜然丈夫生能奉職
死能盡忠名垂竹帛復何憾焉仍詔恤其家
詔浙江福建瀕海諸衛改造多櫓快船以備倭寇
高麗國王王顓遣中郎將宋坦以金希聲等十一

人來歸希聲嘉興府人先爲倭寇所掠高麗得之
至是遣還
倭夷入寇戍將捕獲之詔命儒臣草詔歸其俘曾
魯所撰有一視同仁之語
上喜其爲得體
洪武六年
德慶侯廖永忠上言曰臣聞禦寇莫先於振威武
威武莫先於利器用今
陛下神聖文武定四海之亂君主萬國民庶安樂臻
於太平而北虜遺孽遠遁萬里之外獨東南倭夷

負其鳥獸之性時出剽竊以擾瀕海之民
陛下命造海舟剪捕此寇以奠生民德至盛也然臣
竊觀倭夷鼠伏海島因風之便以肆侵掠其來如
奔狼其去若驚鳥來或莫知去不易捕臣請令廣
洋江陰横海水軍四衛添造多櫓快船命將領之
無事則沿海巡徼以備不虞若倭夷之來則大船
泊之快船逐之彼欲戰不能敵欲退不可走庶乎
可以勦捕也
上善其言從之
三月甲子詔以廣洋衛指揮使於顯爲總兵官横

海衛指揮使朱壽爲副總兵出海巡倭
六月辛亥倭夷寇即墨諸城萊陽等縣沿海居民
多被殺掠詔近海諸衛分兵討捕之
丙寅台州衛兵出海捕倭獲倭夷七十四人船二
艘追還被掠男女四人
乙巳賜臨濠工作倭卒綿衣
十一月命賞北征軍士與出海捕倭及中立府營
造者錢各有差
洪武七年
詔以靖海侯吳禎爲總兵官都督僉事於顯爲

總兵官領江陰廣洋横海水軍四衛舟師出海
捕海寇所經京各衛及太倉杭州温台明福漳
泉潮州沿海諸衛官軍悉聽節制
五月甲午曾祖闡克勤等還自日本詔賜祖闡克
勤白金人百兩文綺帛各二匹從行僧白金綺帛
有差祖闡等奏日本遣馬命受之
按洪武四年日本國王良懷遣其臣僧祖來隨萊
州同知趙秩稱臣奉貢并僧九人來朝是年即遣
僧祖闡克勤等八人護送還國直至洪武七年五
月僧祖闡克勤還自日本詔賜祖闡克勤等金帛

有差六月日本國遣僧宣聞溪淨業喜春等来朝
貢馬及方物詔却之時日本國持明與良懷爭立
宣聞溪等賫其國臣之書達中書省而無表文
上命却其貢仍勑中書省向者國王良懷奉表來貢
朕以為日本正君所以遣使往荅其意豈意使者
至彼拘留二載今年五月去舟纔還備言本國事
體云云洪武十四年　上命禮部遣書責日本征
夷將軍中有　至尊嘉惠日本故遣克勤仲猷二
僧行及其至也加以無禮今又幾年矣夫　聖諭
諄諄一則曰拘留二載一則曰加以無禮則兩僧

之不得志于倭可知野史不察其眞而信僧家之
粉飾遂以前使臣趙秩之功為兩僧之功殊域周
咨録至謂祖闡無逸宣化海外能格戎心秉節懷
遠不辱　君命勝於元朝水犀十萬多矣此為實
録乎他如僧宗泐送祖闡詩其詩上獻凡十八韻
上俯賜和之而近年南京禮部新刻　御製文集末
附詩百餘首有賡僧錫等歌而無賡宗泐詩何也
姑録之以俟博覽者訂焉
日本國畧云倭復寇海上　上謂劉基曰東夷固
非北胡心腹之患猶蚊蝱警寤自覺不寧其俗尚

禪教宜選高僧說其歸順遂命明州天寧寺僧祖
闡南京瓦罐僧無逸往諭將行天界住持四明宗
泐賦詩餞别持獻於朝　上覽俯賜和之泐詩曰
帝德廣如天聖化無遠邇重驛海外國貢獻日肯
委維彼日本王獨遣沙門至寶刀與名馬用致臣
服意　天子鑒其衷復命重乃事由彼尚佛乘亦
以僧為使仲猷知心宗無逸寫經義二師當此任
才力有餘地朝辭閶闔門夕宿蛟川溪鉅艦揚獨
帆長風天萬里鯢鯨不敢驕馮夷效驅使滄茫熊
野山一髮青雲際王臣聞招徠匊迎大欣喜時則

〇丁寧反覆不已至哉闡等自窮州啓櫂五日
其國境又踰月入王都館于洛陽西山精舍一遵
聖教敷演正法無非納之于善聽者聳愕以爲中
華禪伯亟白于王請主天龍禪寺乃夢窓國師道
場實名刹也闡以無上命力辭之且申威德國間
內外所以遣使來之意王恍命㮣州太守聞溪宣
聞僧等奉方物具表稱臣來貢上喜賜闡白金寵
過甚隆

六月日本國遣僧宣聞溪淨業等來朝貢馬及方物詔却之時日本國持明與良懷爭立宣聞溪等賫其國臣之書達中書省而無表文

上命却其貢仍賜宣聞溪等文綺紗羅各二疋從官錢帛有差遣還敕中書省曰朕惟日本僻居海東稽諸古典立國亦有年矣向者國王良懷奉表來貢朕以爲日本正君所以遣使往荅其意豈意使者至彼拘留二載今年五月去舟纔還備言本國事體以人事言彼君臣之禍有不可逃者何以見之幼君在位臣擅國權傲慢無禮致使骨肉吞併島民爲盜內損良善外掠無辜此招禍之由天災難免天地之間帝王酋長因地立國不可悉數雖山大川天造地設各不相犯爲主宰者果能保境恤民順天之道其國必昌若怠政禍人逆天之道其國必亡今日本蔑棄禮法慢我使臣亂自內作其能久乎爾中書其移書諭以朕意使其改過自

新轉禍爲福亦我中國撫外夷以禮導人心以善之道也是時其臣有志布志島津越後守臣氏久亦遣僧道幸等進表貢馬及茶布刀扇等物

上以氏久等無本國之命而私入貢仍命却而賜道幸等文綺紗羅各一疋通從人以下錢布有差復詔禮部符下氏久等曰夷狄奉中國禮之常經以小事大古今一理今志布志島津越後守臣氏久以日本之號紀年棄陪臣之職奉表入貢越分行禮難以受納氏久等當堅節以事君推仁心以牧民則不爲禍首享福無窮如或不然亂爾國凶爾家天災有莫能逃者其表文貢物付通事尤虔賫領還國先是

上賜日本高宮山報恩禪寺僧靈樞袈裟至是靈樞亦遣其徒靈照謝恩貢馬一匹詔賜靈樞衣履及文綺帛各二疋靈照錢一萬文綺帛各一疋僧衣一襲遣還

日本國僧宗嶽等七十一人遊方至京

上諭中書省臣曰海外之人慕中華而來今居天界寺人賜布一疋爲僧衣

按日本國僧宗嶽等多至七十一人遊方至京而

高皇帝令居天界寺又賜布一疋爲僧衣眞可謂一
視同仁矣查得洪武二十四年以國子生滕祐壽
爲觀察使祐壽日本國人所謂觀察使者既不他
見又不言何地若非從實録中拈出必以爲齊東
野語異日脩　史者似宜增入夫倭寇數爲中國
患而滕祐壽又日本王子
高皇帝匪惟不罪又從而用之如天之仁終不能化
狡倭之性亦可謂自外于生成矣然至永樂元年
而首先稱臣奉貢其亦感
高皇帝之德也夫所謂滕祐壽者史不載其所終口

皇明馭倭録　卷之一　十二

愚以爲九涉四夷者雖小事必載　必詳可也
倭夷冦滕州官軍擊敗之
甲戌倭夷寇海州百戸何達率兵擊之斬二十四
人
壬午倭夷寇大任海口百戸許彰率兵禦之廵檢
率其弓兵助擊倭人敗走彰追之倭人返兵拒戰
彰遂戰死
洪武八年
高麗占城暹羅斛日本爪哇三佛齊等國皆遣使
入貢

丙申命㢡寧侯葉昇廵行温台福興漳泉潮州等
衛督造防倭海船
癸巳誅潮州衛指揮僉事李德等先是潮州瀕海
居民屢爲倭夷刼掠詔德等率舟師沿海捕之德
等逗留不出兵廵禦賊遂登岸大肆刼掠
上聞而怒逮德等至京師誅之
洪武九年
日本國王良懷遣沙門圭庭用等奉表貢馬及方
物且謝罪詔賜其王及庭用等文綺帛有差先是
倭人屢寇瀕海州縣

皇明馭倭録　卷之一　十三

上命中書移文責之至是遣使來謝庭用還
上以良懷所上表詞語不誠乃復詔諭之曰嘉王篤
誠遥越滄溟來修職貢朕德薄才疎出庶民而帝
中土掌握黔黎新造之時邇者未安遠者何懷納
王土物良騎扵心甚愧然覽表觀情意深機奥畧
露其微不有天命恃險負固昭然矣易云天道虧
盈而益謙盍尚勇者不保不順者疾滅凡居二儀
中皆屬上天后土之所司故國有大小限山隔海
天造地設民各樂土于是殊方異類者處扵遐漠
陰命王臣以主之使不相矛盾有如其道者上帝

禍佑之否其道者禍之曩者胡元恃遠帝命滅無罪之國禍加臣民横行西北延及中土人莫敢當將謂天下無對矣揚帆東下直指日本兵未登岸金鼓未振部伍未成天風怒濤檣櫓摧壞致使總兵阿荅海及范文虎等十萬之衆沒於東南此果日本兵精歟抑天道之虧盈歟元雖不能克日本而歸天下諸國尚不敢仰視前數十年元恃兵強虐我中國之人於是豪傑忿然而起與爭幾二紀雖雄未决吾最後興師軍不滿十萬馬不及數千不五年而復中土此果人力耶天耶方今吾與日

本止隔滄溟順風揚帆止五日夜耳王其務修仁政以格天心以免中國之内禍實爲大寳惟王察之

壬午日本人滕八郎以商至京獻弓馬刀甲硫黄之屬幷以其國高宫山僧靈樞所附馬二匹來貢

上命却其獻賜白金遣之其靈樞曾至京受賜所獻馬受之仍給綺帛令滕八郎歸賜靈樞

改登州爲府置蓬萊縣時

上以登萊二州皆瀕大海爲高麗日本往來要道非建府治增兵衛不足以鎮之遂割萊州府文登招遠萊陽三縣益登州爲府置所屬蓬萊縣復以青州府之昌邑即墨高密三縣補萊州府

洪武十二年

丁未日本國王良懷遣其臣劉宗秩通事尤虔俞豐等上表貢馬及刀甲硫黄等物使還賜良懷織金文綺宗秩等服物有差

洪武十三年

五月己未日本國王良懷遣其臣慶有僧等來貢馬及硫黄刀扇等物無表

上以其不誠却之

壬寅倭夷寇刼廣州府東莞等縣

丙戌倭夷寇廣東海豐縣殺掠吏民詔廣東都指揮使司率兵討捕之

九月甲午日本國遣僧明悟法助等來貢方物無表止持其征夷將軍源義滿奉丞相書辭意倨慢

上命却其貢

十二月丙戌遣使詔諭日本國王曰曩宋失馭中土受殃金元入主二百餘年移風易俗華夏腥膻有志君子孰不興憤及元運將終英雄鼎峙聲教紛然時朕控弦三十萬礪刃以觀未幾命大將軍

律九伐之征不逾五載戡定中原蠢爾東夷君臣
非道四擾鄰邦前年浮辭生釁今年人來匪誠問
其所以果然欲較勝負於戲深居滄溟罔知帝賜
傲慢不恭縱民爲非將必自殃乎
按是年正月誅丞相胡惟庸廷臣訊辭第云使林
賢下海招倭軍約期來會而已不至如野史所載
亦不見有絶倭之詔本年日本兩貢無表又其將
軍奉丞相書辭意倨慢故詔諭之中云前年浮辭
生釁今年人來匪誠不及通胡惟庸事何耶近年
勘嚴世蕃亦云交通倭虜潛謀叛逆　國史謂尋

端殺之非正法也胡惟庸之通倭恐亦類此
殊域周咨録八年日本又遣僧如瑶入貢陳情飾
非　上待之如前命禮部移文責其君臣既又遣
使臣歸廷用入貢有表文詔宴賚之遣還是時丞
相胡惟庸謀不軌欲召倭人爲己用而無由乘此
機白於　上調金吾衛指揮林賢於明州備倭陰
遣宣使陳得中諭賢送歸廷用出境謬指其貢船
爲寇聞於中書私其貨物與賞賜賢聽其計惟庸
佯奏失遠人心謫居倭國既而復請宥賢復職
上皆從之惟庸以廬州人李旺充宣使召賢且以

密書奉倭王借精鋭百餘人爲用王許之賢還王
遣僧如瑶率倭兵四百餘人助惟庸詐稱入貢獻
巨燭暗置火藥兵器於燭内包藏禍心比至惟庸
已敗　上猶未悉賢通於惟庸僅發倭人雲南守
禦林賢後在洪武二十年事覺論謀反爲從滅其
族
籌海圖編云日本使歸廷用入貢方物厚賞回還
明州備倭指揮林賢在京隨駕時交通樞密使胡
惟庸潛遣宣使陳得中密與設計令將歸廷用誣
爲倭寇分用賞賜中書省舉奏其罪流賢日本賢

流三年逆臣胡惟庸暗遣人充宣使私往日本取
回就借精練兵四百與僧如瑶來獻巨燭中藏火
藥兵具意在圖亂　上大怒磔賢于市乃降詔責
其君臣絶其貢
按兩書所載小有異同而籌海圖編更爲謬悠且
以左丞相爲樞密使野哉若此何以徵後
禮部奏諸番國使臣客旅不通
上曰洪武初海外諸番與中國往来使臣不絶商賈
便之近者安南占城真臘暹羅爪哇大琉球三佛
齊渤尼彭亨百花蘇門荅剌西洋邦哈剌等凡三

十國以胡惟庸謀亂三佛齊乃生間諜紿我使臣
至彼爪哇國王聞知其事戒飭三佛齊禮送還朝
是後使臣商旅阻絶諸國王之意遂爾不通惟安
南占城真臘暹羅大琉球自入貢以來至今來庭
大琉球王與其宰臣皆遣子弟入我中國受學凡
諸番國使臣來者皆以禮待之我待諸番國之意
不薄但未知諸國之心若何今欲遣使諭爪哇國
恐三佛齊中途阻之聞三佛齊係爪哇統屬爾禮
部備述朕意移文暹羅國王令遣人轉達爪哇知
之於是禮部咨暹羅國王曰自有天地以來即有

君臣上下之分且有中國四夷之禮自古皆然我
朝混一之初海外諸番莫不來庭豈意胡惟庸造
亂三佛齊乃生間諜紿我信使肆行巧詐彼豈不
知大琉球王與其宰臣皆遣子弟入我中國受學
皇上錫寒暑之衣有疾則命醫診之
皇上之心仁義兼盡矣
皇上一以仁義待諸番國何三佛齊諸國背大恩而
失君臣之禮據有一撮之土欲與中國抗衡儻
皇上震怒使一偏將將十萬衆越海問罪如覆手耳
何不思之甚乎

皇上嘗曰安南占城真臘暹羅大琉球皆修臣職惟
三佛齊梗我聲教夫智者憂未然勇者能徒義彼
二佛齊以蕞爾之國而持奸於諸國之中可謂不
畏禍者矣爾暹羅國王獨守臣節我
皇上眷愛如此可轉達爪哇俾其以大義告於三佛
齊係爪哇統屬其言彼必信或能改過從善則與
諸國咸禮遇之如初勿自疑也
按胡惟庸之造反人知日本爲之助逆而不知三
佛齊亦爲之間諜今見之禮部之咨暹羅者若此
事在洪武三十年實録中日本國畧考載　祖訓

云一日本國雖朝實詐暗通奸臣胡惟庸謀爲不
軌故絶之今士大夫動引
祖訓不知實録何以不載若洪武四年
上諭省府臺臣者則非專爲日本發也今已詳見四
年下矣
洪武十四年
日本國王良懷遣僧如瑶等貢方物及馬十匹
上命却其貢仍命禮部移書責其國王曰大明禮部
尚書致意日本國王王居滄溟之中傳世長民今
不奉

上帝之命不守已分但知環海爲險限山爲固妄自
尊大肆侮鄰邦縱民爲盜
帝將假手於人禍有日矣吾奉
至尊之命移文與王王若不審巨微效井底蛙仰觀
鏡天自以爲大無乃構隙之源乎王涉獵古書不
能詳細始號曰倭後惡其名遂改日本自漢歷魏
晉宋梁隋唐宋之朝皆遣使奉表貢方物生口當
時帝王或授以職或爵以王或睦以親由歸慕意
誠故報禮厚也若叛服不常構隙中國則必受禍
如吳大帝晉慕容廆元世祖皆遣兵往伐俘獲男

女以歸千數百年間往事可鑒也王其審之復移
書責日本征夷將軍曰日本天造地設隔崇山限
大海語言異風俗殊俾自爲治然覆載之内外邦
小國非一所也必有主以司之惟仁者天必輔之
不仁者天必禍之前將軍奉書我朝丞相其辭悖
慢可謂坐井觀天而自造禍者也往者我朝劾復
中土日本之人至者云使則加禮遇商則聽其去
來斯我
至尊所以嘉惠日本故遣克勤仲猷二僧行及其至
也加以無禮今又幾年矣洪武十二年將軍奉書

肆侮今年秋僧如瑶來乃陳情飾非群臣言是必
貪利爲謀者請誅之我
至尊不允曰彼小人無知聽其使令殺之何益福善
禍淫天鑒在上吾中國雖大安敢違
帝命本部既聽
德音專差人往問如瑶之來果貪利者歟實爲使歟
將行群臣又奏曰今日本君臣以滄溟小國詭詐
不誠縱民爲盜四寇鄰邦爲良民害無乃天將更
其君臣而殲其患乎我
至尊又不允曰人事雖見

天道幽遠奚敢擅專若以舳艫數千泊彼環海使彼
東西趨戰四向弗繼固可滅矣然於生民何罪本
部復觀彼遊方之徒皆無德沙門忘中國之寬構
是非于兩端譏者喻之治民之國信浮圖而構大
禍古至于今未之有也彼嘗謂元之艨艟漂于蛇
海將謂天下無敵吾不知以天歟以人事歟若以
人事較之元生紫塞不假舟梁蹄輪長驅經年不
阻而爲有彊盍長于騎射短于舟楫耳況當是時
日本非元之仇讎非鄰邦之患害元遣
帝命好強尚兵加以

天厭征伐海風怒號沉溺巨艦淪沒精兵將軍以為
國人之能亦何嘗見元師之盛聚則駿騎雲屯散
則馬蹄雷震戈矛掣電旌旗蔽空露刃哮吼鬼魅
潛走所以八蠻九夷盡在馭內惟爾日本渺居滄
溟得地不足以廣疆得人不足為元用所以徵失
利而不爭所以畏
天命而弭兵禍以存日本之良民也今乃以敗元為
長勝以蕞爾之疆為大以余觀之海中之洲截長
補短周匝不過萬里以元之蹄輪長驅而較之吾
不知孰巨孰細者耶今日本邇年以來自誇強盛

縱民為盜賊害鄰邦若必欲較勝負見是非辨強
弱恐非將軍之利也將軍審之

洪武十五年
浙江都指揮使司言杭州紹興等衛每至春則發
舟師出海分行嘉興澉浦松江金山防禦倭夷迨
秋乃還後以浙江之舟難於出閘乃聚泊于紹興
錢清匯然自錢清抵澉浦金山必由三江海門俟
潮開洋凡三潮而後至或遇風濤動踰旬日卒然
有急何以應援不若仍於澉浦金山防禦為便其
台州寧波二衛舟師則宜于海門寶陀巡禦或止
於本衛江次備禦有警則易于追捕若溫州衛之
舟卒難出海宜於蒲洲楚門海口備之詔從其言

廣州左衛奏請令有司於民間造兵器給兵士以
禦倭寇
上謂工部臣曰兵以衛民今欲禦寇而以兵器役民
是民未被寇先有勞費非所以安之也自今天下
衛所兵器有缺宜以軍匠付布政司聽其置局以
民匠相參造之毋令衛所造作勞民
洪武十六年
賞溫州台州二衛將士擒殺倭寇有功者凡一千
九百六十四人文綺紗布衣物有差
賜國子監倭生文壽衣衾靴韈

洪武十七年
命信國公湯和巡視浙江福建沿海城池禁民入
海捕魚以防倭故也
浙江定海千戸所總旗王信等九人擒殺倭賊并
獲其器仗事聞
上命擒殺賊者陞職獲器仗者賞之
上諭都督府臣曰瀕海兵衛本以防禦倭夷今台州
倭人登岸殺其巡檢守禦官兵所職何事命逮其
指揮陳亮趙全至京師罪之
洪武十九年

日本國王良懐遣僧宗嗣亮上表貢方物却
之
洪武二十年
置定海盤石金鄉海門四衛指揮使司于浙江並
海之地以防倭寇
置金山衛于松江之小官場築青村及南匯觜城
千戸所二置臨山衛于紹興及三山瀝海三江等
千戸所皆以沿海防禦倭寇
命江夏侯周德興往福建以福興漳泉四府民戸
三丁取一爲緣海衛所戍兵以防倭寇其原置軍

衛非要害之所即移置之德興至福建按籍抽兵
相視要害可爲城守之處具圖以進凡選丁壯萬
五千餘人築城一十六增置巡檢司四十有五分
隷諸衛以爲防禦
廢寧波府昌國縣徙其民爲寧波衛卒以昌國瀕
海民嘗從倭爲寇故徙之
敕福建都指揮使司備海舟百艘廣東倍之并具
器械糧餉以九月會浙江候出占城捕倭夷
命凡指揮千百戸鎮撫謫戍昌國衛者咸出海捕
倭以功贖罪

削台州衛指揮同知陳亮官編戍金齒時倭寇至
台州境上殺掠居民而亮兵不之覺寇去又不追
捕
上聞之怒曰朕設兵衛所以保民也今亮坐視民患
而不能救將焉用之命削其官編戍金齒既而復
曰亮雖不才而其父事朕累有勳勞不可忘也復
以其弟文爲驍騎衛指揮同知
築台州健跳桃渚二城各置千戸所以防倭
洪武二十一年
置福建沿海五衛指揮使司曰福寧鎮東平海永

寧鎮海所屬千戸所十二曰大金定海梅花萬安
莆禧崇武福金金門高浦六鰲銅山玄鍾以防倭
寇
先是湯和以春秋高思歸故鄉嘗進對
上前從容乞骸骨時公侯皆在京師見和之請亦次
第以爲言
上嘉之各賜鈔萬錠俾建第于鳳陽且謂和曰日本
小民屢擾瀕海之民卿雖老强爲朕一行視其要
害地築城增兵以固守備和奉旨即行自閩越並
海之地築數十城而歸至是新第成和率妻子陛
辭

賜日本主滕佑壽等衣鈔靴韈
山東都指揮僉事藺真奏近者倭船十二艘由城
山洋艾子口登岸刼掠寧海衛指揮僉事王鎮等
禦之殺賊三人獲其器械赤山寨廵檢劉興又捕
殺四人賊乃遁去
洪武二十三年
左軍都督府奏浙江都指揮使司言倭夷由穿山
浦登岸殺虜軍士男女七十餘人掠其財物守禦
百戸單政不即剿捕致賊遁去詔誅

鎮海衛軍士陳仁建言造海舟曰臣聞古人之言
曰不備不虞不可以師向者
陛下命瀕海衛所造防倭海舟所以備外寇衛民命
也然臣竊覩蘇州太倉當大海之口倭寇必由之
地所造海舟歲月已久檣檝摧壞一有緩急則假
漕運之舟代之器用不便何以禦敵宜令軍衛急
造海舟以將統之庶武備嚴整永絶外患
賜國子監讀書日本國王子滕佑壽裌衣襀被
洪武二十四年
以國子監生滕祐壽爲觀察使祐壽日本國人

海盜張阿馬引倭夷入寇官軍擊斬之阿馬者台
州黄巖縣無頼民常潛入倭國導其群黨至海邊
剽掠邊海之人甚患之至是復引其衆自水桶澳
登岸欲刼掠居人遇杭州餉運百戸孔希賢與戰
不勝而死兵船皆爲所掠百戸金鑑別率所部奮
擊斬其首賊一人賊退走軍校費麗保呉慶乗勢
追之至海岸遂獲阿馬斬之
倭夷寇雷州遂溪縣雷州衛百戸李王鎮撫是月
等禦之賊勢猖獗而官軍寡弱不敵王等偕陶與
戰死

上憐之乃以王子真爲德慶千户所鎮撫冑子貴爲潮州衛所鎮撫

洪武二十五年

賜浙江杭州等衛造防倭海船軍士萬一千七百餘人鈔各一錠胡椒一觔

賞浙江磐石等衛造防倭海船將士八千七百餘人鈔有差

山東都指揮使周房言所屬寧海萊州二衛東瀕巨海途岸紆遠難于防禦近者審擇萊州要害之處當置八總寨以轄四十八小寨其寧海衛亦宜

置五總寨以備倭吏詔從之

洪武二十七年

甲寅禁民間用番香番貨先是

上以海外諸夷多詐絶其往來唯琉球真臘暹羅許入貢而縁海之人往往私下諸番貿易香貨因誘蠻夷爲市命禮部嚴禁絶之敢有私下諸番互市者必寘之重法凡番香番貨皆不許販鬻其見有者限以三月銷盡民間禱祀止用松栢楓桃諸香違者罪之其兩廣所產香木聽土人自用亦不許越嶺貨賣蓋慮其雜市番香故并及之

詔互徙浙江福建沿海土軍初閩浙濵海之民多爲倭寇所害以指揮方謙言于沿海築城置衛籍民丁多者爲軍以禦之而土人爲軍反爲鄉里之患至是有言于朝者乃詔互徙之既而以道遠勞苦止于各都司沿海衛所相近者令互居之

命中軍都督府都督僉事劉德前軍都督府都督僉事商暠廵視兩浙城隍簡閲軍士

上以倭夷屢爲寇患命德等廵視沿海州郡城隍度其高廣丈尺以及軍士器械之數仍督各衛嚴爲備禦遇有調發則一百户所全軍同出庶幾兵將

相知不致相失

命魏國公徐輝祖安陸侯吳傑往浙江訓練沿海軍士時海上有倭寇之警先都督楊文節制沿海諸軍備之至是復命輝祖等往加訓練

四月庚辰更定蕃國朝貢儀是時四夷朝貢東有朝鮮日本南有暹羅琉球占城真臘安南爪哇西洋瑣里三佛齊浡泥百花覽邦彭亨淡巴須文達那凡十七國其西南夷隷四川者軍民府凡六烏蒙烏撒芒部邛部普安東川安撫司一曰金筑宣撫司一曰酉陽宣慰司三曰貴州播州石柱招討

司三曰天全六番長河西長官司凡三十廬山
役西堡大華寧谷寨項营十二营平茶程番廣佐
木瓜方番阿昔亦簇占藏先結簇格匝簇比定簇
祁命簇阿昔洞簇勒都簇班班簇者多簇麥匝簇
泥溪雷坡沐川平夷蠻夷岳希蓬隴木頭靜州府
四德昌馬湖建昌會川州十九安順龍永寧鎮寧
建安禮栢興黎里闊武安永昌隆姜黎溪會理威
龍昌普濟衛一曰建昌縣三中碧舍麻龍其隷廣
西者府三田州思明鎮安州二十五龍英龍江養
利上下凍思陵萬承安平太平都結思城結倫鎮

遠左茗盈南冊結安思同東蘭那地全茗利泗城
奉議縣四陀陵羅陽崇善永康隷雲南者軍民府
一曰姚安府八元江麗江景東楚雄鶴慶尋甸大
理臨安宣慰使司三平緬車里八百州二姚鄧土
官三海東賓居小雲南縣二廣通習莪隷湖廣者
宣慰使司四施南思南永順保靖安撫司一忠建
長官司三臻部六洞黄坡等處軍民府一曲靖西
域之部七西天泥八剌國朶甘沙州烏思藏撒立
畏兀兒撒來撒馬兒罕
上以舊儀頗煩故復命更定之凡蕃國王來朝先遣

禮部官勞於會同館明日各服其國服如嘗賜朝
服者則服朝服於奉天殿朝見行八拜禮畢即詣
文華殿朝皇太子行四拜禮見親王亦如之親王
立受後荅二拜其從官隨蕃王班後行禮凡遇宴
會蕃王班次居侯伯之下其蕃國使臣及土官朝
貢皆如常朝儀
命安陸侯吳傑永定侯張銓等率致仕武官往廣
東訓諫沿海衛所官軍以備倭寇
遼東有倭夷寇金州卒入新市燒屯營糧餉殺掠
軍士而去詔以沿海衛所將校不加備禦命都督

府符下切責之
洪武二十九年
定擒獲倭賊陞賞格凡各衛指揮獲倭船一艘及
賊者僉事陞同知同知陞指揮使仍賞白銀五十
兩鈔五十錠千戶擒獲者陞指揮僉事百戶擒獲
者陞千戶其賞俱與指揮同在船軍士能生擒及
殺獲倭賊一人者賞白金五十兩將校軍士與倭
賊陸地交戰能生擒或殺獲一人者賞白金二十
兩鈔二十錠
洪武三十一年

倭夷冦山東寧海州由白沙海口登岸刼掠居人殺鎮撫盧智寧海衛指揮陶鐸及其弟鉞出兵擊之斬首三十餘級賊敗去鉞爲流矢所中傷其右臂先是倭夷嘗入冦百户何福戰死事聞

上命登萊二衛發兵追捕至是鐸等擊敗之詔賜鈔帛恤福家

浙江都指揮使陳禮言近者倭賊二千餘人船三十餘艘入冦海澳寨楚門千户王斌鎮撫袁潤等禦之賊勢暴悍斌等力不能勝皆戰死詔發兵出海追捕賜鈔帛恤斌潤家

皇明馭倭録卷之二

兵部車駕淸吏司主事臣王士騏纂

永樂元年

鎮海衛軍張琬言淛江定海諸處實倭冦出沒之地今太倉當其衝要本衛舊委官率舟師防禦然軍士數少加以四散下屯設或遇警無以備之乞令蘇州鎮海二衛原選虎賁士以其半守護倉廒其半與能幹官管領增添舟船鎮守海口衝要之處庶幾冦至無虞從之

命淛江觀海衛造捕倭海船三十六艘

禮部尚書李至剛奏日本國遣使入貢已至寧波府凡番使入中國不得私載兵器刀槊之類鬻於民具有禁令宜命有司會檢番舶中有兵器刀槊之類籍封送京師

上曰外夷向慕中國来脩朝貢危蹈海波跋涉萬里道路既遠貲費亦多其各有賫以助路費亦人情也豈當一切拘之禁令至剛復奏刀槊之類在民間不許私有則亦無所鬻惟當籍封送官

上曰無所鬻則官爲準中國之直市之毋拘法禁以失朝廷寬大之意且阻遠人歸慕之心

日本國王源道義遣使圭密等三百餘人奉表貢馬及鎧冑佩刀瑪瑙水晶琉黃諸物賜圭密等文綺紬絹衣幷錢鈔紵絲紗羅有差賜其通事冠帶命禮部宴之仍命遣使同圭密往賜日本國王冠服錦綺紗羅及龜紐命印

永樂二年

勑捕倭總兵官清遠伯王友副總兵都指揮僉事郭義前以海寇為患命爾等統兵巡捕務在廓清近大謝桃渚赤坎寨胡家港諸處海寇登岸殺掠軍民爾等坐視不理養寇害民論法當誅令姑記

爾罪即整將士晝夜運謀奮力勦除此寇以贖前罪然寇多譎詐巧於窺伺宜善為進止務出萬全庶副朕委任之重

日本國王源道義遣使梵亮奉表貢馬及方物謝賜冠服印章命禮部賜王鈔錢綵幣及宴賚其使

日本國王源道義遣使永俊等奉表賀冊立

皇太子幷獻方物命禮部賜王鈔錢綵幣及宴賚永俊等

賜左通政趙居任綵幣三表裏鈔四十錠嘉其使日本能却贈遺故也

按元年已遣左通政趙居任等使朝鮮茲復使日本憲章録云永樂二年命通政趙居任使日本令十年一貢今按元年十月日本國王遣使圭密奉表貢物命禮部宴之仍命遣使同圭密往賜日本或他使或即趙居任或以元年奉使而二年還朝受賜俱不得而知也至於三年僉都御史俞士吉使日本封王亦載憲章録實録遂無可考肴使薛書有據異日脩　國史者似宜增入

永樂三年

鎮守寧波淛江都指揮僉事程鵬奏指揮龎義喬

英備倭失機命斬之以狥其千百戶同罪者宥死降職

日本國王源道義遣使源通賢等奉表貢馬及方物幷獻所獲倭寇嘗為邊害者

上嘉之命禮部宴賚其使遣鴻臚寺少卿潘賜內官王進等賜王九章冕服鈔五千錠錢千五百緡織金文綺紗羅絹三百七十八疋

永樂四年

遣使賚璽書褒諭日本國王道義先是對馬壹岐等島海寇刼掠民勑道義捕之道義出師獲渠魁

以獻而盡殲其黨類
上嘉其勤誠故有是命仍賜道義白金千両織金及諸色綵幣二百疋綺繡衣六十件銀茶壺三銀盆四及綺繡紗帳衾褥枕席器皿諸物并海舟二艘又封其國之山曰壽安鎮國之山立碑其地
上親製文曰朕惟麗天而長久者日月之光華麗地而長久者山川之流峙麗於兩間而永久者賢人君子之令名也朕
皇考太祖聖神文武欽明啓運俊德成功統天大孝
高皇帝智周八極而納天地於範圍道冠百王而亘

古今之統紀恩施一視而溥民物之亨嘉日月星辰無逆其行江河山嶽無易其位賢人善俗萬國同風表表於茲世固千萬年之嘉會也朕承鴻業享有福慶極天所覆咸造在廷周綏靖錫以賢智世守茲土冠於海東允爲守禮義之國是故朝聘職貢無闕也慶謝之禮無闕也是猶四方之所同也至其恭敬栗栗如也純誠懇懇如也信義旦旦如也畏天事上之意愛身保國之心揚善遏惡之念始終無間愈至而猶若未至愈盡而猶若未盡油油如也源源如也邇者對馬壹岐暨諸小島有盜潛伏時出寇掠爾源道義克服朕命咸殄滅之屹爲保障誓心朝廷海東之國未有賢於王者也朕嘗稽古唐虞之世五長迪功渠搜即敘成周之隆髳微盧濮率遏亂畧光華簡册傳誦至今以爾道義方之是大有光於前哲者日本王之有源道義又自古以來未之有也朕惟繼唐虞之始舉封山之典特命日本之鎮號爲壽安鎮國之山錫銘詩勒之貞石榮示於千萬世銘曰日本有國鉅海東舟船密邇華夏通堯禮樂昭華風服御絺繡考皷鐘食有鼎俎居有宮語言文字皆順從善俗殊

異羯與戎萬年景運當時雍
皇考在天靈感通監觀海宇罔不恭爾源道義能迪功遠島微寇敢鞠訩鼠竊蠅唱潛其蹤爾奉朕命搜運窮如雷如電飛蒙衝絕港餘孽以火攻焦流水上橫復縱什什伍伍禽姦兇荷校屆肘衛以鏦獻俘來廷口喁喁彤庭左右誇精忠顧洛太史疇勳庸有國鎮山宜錫封惟爾善與山增崇寵以銘詩貞石礱萬世照耀扶桑紅

日本國王源道義遣使圭密等貢名馬方物謝賜冕服恩賜錢鈔綵幣

殊域周咨録誤以爲二年文

御製銘失不載

永樂五年

日本國王源道義遣僧圭密等七十三人來朝貢方物幷獻所獲倭寇道金等

上嘉之賜勅褒諭曰王忠賢明信恭敬朝廷殄滅寇渠俾海濱之人咸底安靖朕甚嘉之茲特賜王白金一千兩銅錢一萬五千緡錦紵絲紗羅絹四百一十疋僧衣十二襲帷帳衾褥器皿若干事幷賜王妃白金二百五十兩銅錢五千緡綿紵絲紗羅絹八十四疋用示旌嘉之意

永樂六年

日本國王源道義遣僧圭密等百餘人貢方物幷獻所獲海寇

上命以寇屬刑部賜圭密鈔百錠錢十萬緡幣五表裏僧衣一襲賜其徒從有差

日本國王源道義遣使昌宣等來朝貢馬及方物賜鈔幣有差

命都指揮李龍指揮王雄總率山東官軍六千往沙門島等處巡捕倭寇

日本國世子源義持以父源道義卒遣使告訃命中官周全往祭賜謚恭獻賻絹布各五百疋復遣使賫詔封嗣持義日本國王賜錦綺紗羅六十匹

命安遠伯柳升充總兵官平江伯陳瑄充副總兵率舟師緣海巡捕倭寇仍命以牲幣祭告東海之神

遣使賫勅諭日本國王源義持曰往者海寇出沒爾父恭獻王能敬承朕命發兵殄之今海盜復作王宜繼承父志發兵捕戮以光恭獻王之功

永樂七年

上聞倭寇犯東海千戶所退依鷹遊山勅總兵官豐城侯李彬等曰爲將出奇制勝之道在於臨敵隨機應變此寇逗遛海濱正授死之時爾等宜秉機運謀以立奇功幷勅都指揮羅文李敬皆用心隄備乘機勦殺

勅責備倭總兵官安遠伯柳升不奮力擒賊且敕豐城侯李彬都督費瓛併力勦捕

總兵官安遠伯柳升奏率兵至青州海中靈山遇倭寇交戰賊大敗斬及溺死者無筭遂夜遁即同平江伯陳瑄追至金州白山島等處浙江定海衛

百戶唐鑑等亦追至東洋朝鮮國義州界悉無所
見
上勑升等還師
永樂八年
日本國王源義持遣使圭密等奉表貢方物謝賜
父諡及命襲爵恩
皇太子賜圭密等鈔幣有差
永樂九年
遣使賚勑賜日本國源義持金織文綺紗羅綾絹
百疋錢五千緡嘉其屢獲倭寇也

廣東都指揮使司奏比倭賊攻陷昌化千戶所千
戶王偁等戰敗被殺軍士死亡甚衆城中人口倉
糧軍器皆被刼掠而副總兵指揮李珪及海南衛
所遣領兵指揮千百戶徐茂等俱不嚴兵備禦賊
至又不救援賊去亦不追勦罪當死
上曰此不可宥姑令捕寇贖罪如寇不獲皆斬
永樂十一年
倭賊三千餘人寇昌平衛爵谿千戶所攻城城上
矢石擊之賊死傷者衆遂退走至楚門千戶所備
倭指揮僉事周榮率兵追之賊被殺及溺死無算

百戶唐鑑等亦追至東洋朝鮮國義州界悉無所
見
上勑升等還師
永樂八年
巡按福建監察御史李素劾啓福建都指揮童俊
不謹邊防遣幼弱指揮彭震巡海防倭軍無紀律
倭寇攻破大金定海二千戶所福州羅源等縣殺
傷軍民刼掠人口及軍器糧儲俊不遣兵救援賊
遂乘勢攻圍平海衛城池指揮王儁督戰百戶繆
眞等戰死自辰至戌賊始退散彭震亦不應援定

海千戶所領兵百戶金旺等及福州右衛千戶王
朝用等遇賊先遁致賊殺傷官軍及俊親領兵赴
敵又逗遛不進縱賊出境俊受任方隅翫寇偷安
委用非人失律喪師俊及朝用等厥罪惟均宜正
典刑以警偷懦
日本國王源義持遣使圭密等奉表貢方物謝賜
父諡及命襲爵恩
皇太子賜圭密等鈔幣有差
永樂九年
遣使賚勑賜日本國源義持金織文綺紗羅綾絹

百疋錢五千緡嘉其屢獲倭寇也

廣東都指揮使司奏比倭賊攻陷昌化千戶所千戶王偉等戰敗被殺軍士死亡甚衆城中人口倉糧軍器皆被刼掠而副總兵指揮李珪及海南衛所遣領兵指揮千百戶徐茂等初不嚴兵備禦賊至又不救援賊去亦不追勦罪當死

上曰此不可宥姑令捕寇贖罪如寇不獲皆斬

命豐城侯李彬等所統捕倭軍士休息仍令各都司嚴固備禦

按是年有中軍都督劉江死罪江鎮守遼東不

謹斥候致賊入塞殺官軍

上怒遣人斬江首既而宥之使勉圖後效

永樂十一年

倭賊三千餘人寇昌平衛爵谿千戶所攻城城上矢石擊之賊死傷者衆遂退走至楚門千戶所備倭指揮僉事周榮率兵追之賊被殺及溺死無算

於是浙江都司盡以所獲器械送京師

巡按浙江監察御史党衡奏近倭賊攻刼楚門千戶所備倭都指揮胡麟王貢指揮李敬等失於隄備請鞫治之

於是浙江都司盡以所獲器械送京師

永樂十三年

行在都察院左副都御史李慶等劾奏近倭賊入旅順口都督劉江領軍至金州衛相去甚近不策應及明日調兵至而賊已遁都指揮周興巫凱俱不用心隄備致倭寇屢爲邊患宜寘之罪

上曰江等職在守邊致寇如此罪本難宥姑記其過使圖後效

永樂十四年

直隸金山衛奏有倭船三十餘艘倭寇約三千餘

在海往來勅遼東總兵官都督劉江及各都司緣海衛所令謹備及相機勦捕

遣人賫勅往金鄉勞使西洋諸番內官張謙及指揮千百戶旗軍人等初謙等奉命使西洋諸番還至浙江金鄉衛海上猝遇倭寇時官軍在船者纔百六十餘賊可四千鏖戰二十餘合大敗賊徒殺死無算餘衆遁去

上聞而嘉之賜勅獎勞官軍其陞賞有差指揮千百戶衛所鎮撫旗軍校尉人等俱陞一級指揮賞鈔二百錠綵幣五表裏千戶衛鎮撫鈔百錠百戶所鎮

為民害遣者併其將皆不貸

勑捕倭總兵官都督同知蔡福還京所領官軍悉還原衛

中軍都督同知蔡福有罪謫交阯福先總舟師捕倭調度失律溺死官軍法司論寘重典特宥而謫之事在十五年

按蔡福以五月丁卯受命而九月丁酉勑名還京中間蒞事不過三月而以調度失律溺死官軍謫戍于時失律之罪嚴矣

直隸金山衛奏有倭船三十餘艘倭寇約三千餘

在海往來勑遼東總兵官都督劉江及各都司緣海衛所令謹備及相機勦捕

遣人賫勑往金鄉勞使西洋諸番内官張謙及指揮千百戶旗軍人等初謙等奉命使西洋諸番還至浙江金鄉衛海上猝遇倭寇時官軍在船者纔百六十餘賊可四千鏖戰二十餘合大敗賊徒殺死無算餘衆遁去

上聞而嘉之賜勑奬勞官軍陞賞有差指揮千百戶衛所鎮撫旗軍校尉人等俱陞一級指揮賞鈔二百錠綵幣五表裏千戶衛鎮撫鈔百錠百戶所鎮撫八十錠綵幣俱三表裏御醫番火長鈔六十錠綵幣一表裏校尉鈔六錠綿布四疋旗軍通事火長軍匠鈔五十錠綿布三疋民醫匠人厨役梢水鈔四十錠綿布二疋傷故者本賞外加賞指揮鈔百錠綵幣二表裏千戶衛鎮撫鈔八十錠百戶所鎮撫六十錠綵幣俱一表裏御醫番火長鈔四十錠校尉三十錠旗軍通事火長軍匠二十錠民醫匠人厨役梢水十五錠自御醫以下綿布俱二疋

永樂十五年

勑山東福建等都司令緣海衛所嚴整軍馬晝夜

謹備遇賊至隨機勦捕失機悞事必殺不赦時浙江松門衛奏倭船在海往來故也

○遣刑部員外郎吕淵等使日本時捕倭將士禽寇數十人獻京師賊首有微葛成二郎五郎者訊之皆日本人群臣言日本數年不脩職貢意爲倭寇所阻今首賊乃其國人宜誅之以正其罪

上曰遠夷威之以刑不若懷之以德姑宥其罪遣還

於是命淵等送還日本賜璽書諭國王源義持曰爾父道義能敬天事大恭脩職貢國人用安盗賊不作自爾嗣位反父之行朝貢不供屢爲邊患豈

事大之道天生斯民立之主宰大邦小國上下相維無非欲遂民之生耳爾居海東蕞爾之地乃憑恃險阻肆爲桀驁群臣屢請發兵問罪朕以爾狗盜鼠竊且念爾父之賢不忍遽絶曲垂寬貸冀爾悔悟比日本之人復寇海濱邊將獲其爲首者送京師罪當棄市朕念其人或爾所遣未忍深究姑宥其罪遣使送還爾惟廸父之行深自克責以圖自新凡比年並海之民被掠在日本者悉送還京不然爾罪益重悔將無及

永樂十六年

行人呂淵自日本還其國王源義持遣日隅薩三州刺史島津滕存忠等奉表隨來謝表曰日本蕞爾小邦自臣祖父以來受命朝廷霑被恩德不敢背忘比因倭寇旁午遮道海道朝貢之使不能上達臣自知有負大恩而境内之人肆爲鼠竊者皆亡賴逋逃之徒實非臣之所知既皆爲天兵所禽皇上天地之量父母之恩曲宥其罪悉皆遣歸臣之感戴莫盡名言伏望貸臣之罪自今許其朝貢如初不勝慶懽之至

上以其詞順特釋其罪命行在禮部宴賚其使遣還

金山衛奏有倭船百艘賊七千餘人攻城刼掠勅海道捕倭都指揮谷祥張翥令以兵策應又令各衛所固守城池賊至勿輕出戰有機可乘亦不可失務出萬全又勅福建山東廣東遼東各都司及總兵官都督劉江督緣海各衛悉嚴兵備

勅山東都司調馬步官軍八千人令都指揮衛青李凱統往緣海勦捕倭寇有功者奏聞陞賞退避者即斬以徇

勅遼東總兵官都督劉江曰今倭寇爲首者已被禽其遺孽未獲者尚出沒不常爾可相機勦捕若

兵勢多寡不敵則固守城池慎勿輕戰

遼東總兵官都督劉江言近因廵視各島賊人出沒之處至今州衛金線島西北望海堝上其地特高望老鸛觜金線馬雄諸島其旁可存千餘兵守備詢諸土人云洪武初都督耿忠亦嘗於此築堡備倭離金州城七十餘里凡有寇必先過此實爲濱海襟喉之地已用石壘堡築城置煙墩瞭望從之

永樂十七年

敕捕倭都指揮谷祥張翥并浙江福建緣海衛所

曰今朝鮮送回倭賊掠去軍士二人言賊欲來濱海爲寇又海寧乍浦千戶所瞭見赭山西南海洋等處有倭船十餘艘望東南行爾等宜嚴備之

勑遼東總兵官都督劉江曰今朝鮮報倭寇饑困已極欲寇邊宜令緣海諸衛嚴謹備之如有機可乘即盡力勦捕無遺民患

勑山東緣海衛所嚴兵備以金山衛奏有倭船九十餘艘在海往來故也

遼東總兵官中軍左都督劉江以捕倭提聞江嘗請於金州衛金線島西北望海堝上築城堡立煙

墩瞭望倭寇一日瞭者言東南海洋內王家山島夜舉火江以寇聚其間亟遣馬步軍赴堝上小堡備之翌日倭船三十一艘泊馬雄島寇衆登岸徑奔萬洋堝江親督諸將伏兵堡外山下俟賊既圍堡舉砲發伏都指揮錢真等領馬隊要其歸路都指揮徐江等領步隊逆戰寇衆大敗奔入櫻桃園空堡中官軍圍殺之自辰至酉擒戮盡絕生獲百十三人斬首千餘級

上聞之賜璽書褒諭徵江還京師且令速上將士功

遼東總兵官都督劉江被召至封奉天翊衛宣力武臣特進榮祿大夫柱國廣寧伯食祿千二百石子孫世襲初名榮其父名江隸燕山左護衛兵籍有疾榮代役因冒父名至是始復其初名云

録遼東捕戮倭寇功賞廣寧伯劉榮等以下二百九十四人鈔幣有差

永樂十八年

緣海諸衛奏有倭寇三百餘人船十餘艘於金鄉福寧及井門程溪等處登岸殺掠復東南行勑遼東總兵官廣寧伯劉榮及山東浙江福建濵海諸衛嚴兵爲備賊至則相機勦捕

廣寧伯劉榮卒榮邳州宿遷人初冒父名隷籍燕山左護衛既受封始復其初名榮素以驍勇聞從

上舉義攻大寧徇山東戰靈壁渡江至師爲前鋒榮果毅善戰所向無敵由百戶累陞至中軍右都督永樂八年從

上北征破本雅失里之衆於靜虜鎮即陞中軍左都督十二年從征瓦剌率所部與馬哈木戰下馬持短兵突入其陣殺獲獨多師還受厚賞命守遼東訓練士馬守備甚嚴十七年夏瞭望倭寇將至率馬步兵置左右翼爲伏先以弱兵誘之寇長驅而

前伏起夾擊自辰達酉寇不能支趨匿空堡中榮
合兵圍數匝盡覆之僵尸相藉斬首千餘級俘其
餘衆送京師封廣寧伯至是卒追封奉天靖難推
誠宣力武臣特進榮祿大夫柱國廣寧侯謚忠武
榮爲將馭士卒有紀律明恩信於諸夷款塞者綏
輯備至既卒人咸思之

水東日計云國朝名將劉江以中軍左都督總兵
鎮遼東殺倭寇事載在五倫書悉矣近閱楊文敏
公西京類槀乃曰公鎮守遼東備倭寇至即相地
形勢請於金線島西北之望海堝築城堡立煙墩

一日瞭者言東南海島夜舉火光公計寇將至亟
遣馬步軍赴堝上小堡備之翌日倭船三十餘艘
泊馬雄島寇相屬登岸徑奔堝前上公親督諸將
伏兵堡外山下預遣一裨將領馬隊要其歸路一
裨將領步隊與之逆戰公舉炮伏發寇大敗奔入
櫻桃園空堡中合兵圍之自辰至酉擒戮無遺生
獲百餘人斬首千餘級事聞賜璽書褒諭徵公至
京面慰勞之公對曰受任禦寇分所當爲此皆奉
行陛下成算及諸將士効力所致臣不敢當其功
上嘉其謙抑既而封公爲奉天翊衛宣力武臣特進

榮祿大夫柱國廣寧伯食祿千二百戶子孫世世
承襲仍遣赴鎮公疏將士有功者陞賚有差先是
倭寇出沒海上焚民居掠財貨殺虜生口北自遼
東山東南抵閩浙海濵州郡無歲不被其害官軍
捽不能制往往有坐失機罪死者至是寇害屏息
傍海千餘里兵民安生樂業以至于今受封之明
年是永樂庚子四月辛丑薨于鎮享年六十有一
計至

上深嗟悼輟視朝三日遣官諭祭追封廣寧侯謚忠
武官爲營葬賻卹甚厚復給舟車歸其喪令所經

州郡皆致祭以某年某月某日葬金口御河鄉公
諱榮世居邳州宿遷曾祖諱二公祖諱小大父諱
江俱追封廣寧伯曾祖妣余氏祖妣張氏母張氏
繼母馬氏俱贈夫人配馬氏子湍襲伯爵早卒繼
室余氏封人子淮早卒安繼襲伯爵側室髙氏子
麟陳氏子正通四人女一人在室孫若干人及考
遼陽誌則曰廣寧伯劉江少有大抱負戰勝攻取
累拜中軍都督總遼東戎政能明號令嚴賞罰謹
斥堠練甲兵永樂己亥間倭賊屢爲邊患江乃駐
兵金州備之適倭賊二千餘以數十海艢直逼望

海堨下登岸魚貫行一賊貌甚醜惡揮兵率衆如入無人之境瞭者飛報江遂下令犒師秣馬畢不経意以都指揮徐剛伏兵于山下百戸姜隆率壯士潜焼賊船截其歸路乃與之約曰旗舉伏起砲鳴奮擊不用命者以軍法從事既而賊至堨下江被髮舉旗鳴砲伏兵盡起繼以兩翼而進賊衆大敗死者横什草莽餘衆奔櫻桃園空堡内我師追廹環擊皆奮勇請入堡勦殺江不許特開西壁以縱之仍分兩翼夾擊生擒數百斬首千餘間有潜脱而走艙者又爲隆等所縛岸無一人得脱凱旋

之際將士請曰明公見敵意思安閑惟飽士馬及臨陣作真武披髮狀追賊入堡不殺而縱之何也江曰窮寇遠來必饑且勞我以逸待勞以飽待饑固治力之道賊始魚貫而來類蛇陣故作此以鎮服之雖愚士卒之耳目亦可以壯士卒之氣賊既入堡有死而已我師臨之彼必至死未必無傷于我故縱其生路以滅之即圍師必闕之意此固兵法顧諸公未察耳事聞恩禮優隆進伯爵云按海倭之患北自遼海而山東而淮楊崇明太倉金山而浙而閩而廣海極欽廉銅柱而止故所在有備

倭官軍迄今不敢廢然侵掠之患則銷熄　矣雖本之國威聖德所在得人然滅倭大捷則固無出劉忠武公之右者忠武之功大矣抑考之遼志作於景泰中出五倫書後固無補于書文敏碑中亦無金州王家山嘉之詳倭船生獲今皆有的數書而能然載筆者考寔之功于是有不可誣者矣獨惜兩京類纂於父子名諱譌謬至是則楊氏子弟難逭其責噫忠武之戰功楊公之文字傳于世者不四五十年之久取信之難已如此吾安得而不致深慨于斯也哉

望海堨之捷人知有劉江而不知有劉榮榮江之本名也榮父名江有疾榮代役因冐父名大捷封伯始改正云五倫書既止標代後之名楊文貞兩京類稿又不許更名之故所以水西日記輕于持論葉公名臣而不覩金匱之藏尚有此誤又况于草野之人執筆而以臆記乎此野史之所以可恨也

永樂十九年

廣東巡海副總兵指揮李珪於朝州靖海遇倭賊與戰殺敗賊衆生擒十五人斬首五級并所獲器

械悉送北京
命都督僉事胡原充總兵官都督僉事梁銘都指揮使薛山爲副率領原調廣東都司所屬官軍五千人巡捕倭寇

籌海圖編云永樂二年
上命太監鄭和統督樓船水軍十萬招諭海外諸番日本首先納款擒獻犯邊倭賊二十餘人即命治以彼國之法盡蒸殺之今銅甑猶存爐竈遺趾在蘆頭堰降勑褒奬給勘合百道定以十年一貢船止二隻人止二百違例則以寇論制限進貢方物　馬　鎧　硫黄　貼金扇　牛皮　鎗盔　蘇木　塗金装綵屛風　劍　灑金廚子　灑金手箱　灑金木銚角盥刀　灑金文臺　描金粉匣　描金筆匣　水晶数珠　抹金提銅銚　瑪瑙

永樂九年遣三寶太監王進奉使日本收買奇貨至寧波選壯軍顧通號大漢將軍同往彼夷初御以禮後起别議輒下滾江龍于港口得支港潛出彼夷婦寄引而歸

騏按[redacted]録永樂元年遣使而二年無鄭和三年遣使有鴻臚寺少卿潘賜内官王進等而九年無王進日本國王獻所獲倭寇嘗爲邊害者乃三年中事而野史誤以爲二年四年遣使封其國之山曰壽安鎮國之山立碑其地而野史亦誤以爲二年凡稱歷
朝遣使入貢者考之實録十無一合野史之不足據若此然實録于遣使姓名或載或不載所謂楚既失之齊亦未爲得也

又按日本不待遣使首先納款然後遣使與圭密同往事在元年十月

國史雖不載使臣姓名似即通政趙居任盖歸自高麗仍遣之耳太監鄭和之下海既在日本通貢之後和亦未嘗至日本許見星槎勝覧及太倉州誌

永樂元年二月甲寅遣左通政趙居任等使朝鮮賜居任等有差

永樂元年八月癸丑遣官往賜朝鮮安南占城暹羅琉球真臘爪哇西洋蘇門荅剌諸番國王絨錦織金文綺紗羅有差行人呂讓丘智使安南按察副使聞良輔行人寗善使爪哇西洋蘇門荅剌給

事中王哲行人成務使暹羅行人蔣賓興王樞使占城真臘行人邊信劉亢使琉球翰林待詔王延齡行人崔彬使朝鮮人賜紵絲衣一襲鈔二十五錠使朝鮮者加衣一襲及皮裘狐帽

永樂三年統領舟師往古里等國時海寇陳祖義等聚衆於三佛齊國抄掠番商生擒厥魁至五年回還　永樂五年統領舟師往爪哇古里柯枝暹羅等國其國王各以方物珍禽獸貢獻至七年回還　永樂七年統領舟師往前各國道經錫蘭山國其王亞烈苦柰兒負固不恭謀害舟師賴神明顯應知覺遂生擒其王至九年歸獻尋蒙　恩宥俾復歸國　永樂十二年統領舟師往忽魯謨斯等國其蘇門荅剌國僞王蘇幹剌寇侵本國其王遣使赴　闕陳訴請救就率官兵勦捕神功默助遂生擒僞王至十三年歸獻是年滿敕加國王親妻子朝貢　永樂十五年統領舟師往西域其忽魯謨斯國進獅子金錢豹西馬阿丹國進麒麟番名祖剌法并長角馬哈獸木骨都束國進花福祿并獅子卜剌哇國進千里駱駝并駝雞爪哇國古里國進糜里羔獸各進方物皆古所未聞者及遣

王男王弟捧金葉表文朝貢　永樂十九年統領舟師遣忽魯謨斯等各國使臣久侍京師者悉還本國其各國王貢獻方物視前益加宣德五年仍往諸番開　詔舟師泊于祠下思昔數次皆仗神明護助之功於是勒文於石見太倉州志

騏按永樂中日本國王源义兩獻所獲海寇　朝廷嘉之當其沒也遣中官往祭賜謚恭獻爾時尊事　中國等于琉球則日本亦我　中國之臣子請封請貢奚而不可第有國王在柰何施之于関白名不正則言不順而事不成吾夫子之言雖之夷狄不可棄也

皇明馭倭録卷之三

兵部車駕清吏司主事臣王士騏纂

洪熙元年

金山衛指揮魏保奏近者倭船泊海岸督軍巡捕後所千戸蕭旻日事酣飲調遣不至又本所城垣烽堠俱不修葺乞治其罪

上諭行在刑部臣曰軍官職在禦侮寇至不應援不可宥即追至罪之又曰一人之言或好惡不出于公俟至必究其情實而後加罪

宣德元年

出京庫弓一萬箭三十萬給山東諸衛軍從備倭都指揮使衛青奏也

宣德二年

備倭都指揮使衛青奏緣海之地紆回四千餘里城堡烽堠三百餘所比年近海諸衛官軍累調營造軍糧今當備倭時月而守瞭者少恐悞事機山東都司亦奏左軍都督府令徵取軍士餘丁營繕乏人應役

上命行在兵部臣曰役人能節其力則事亦不誤其

令工部以所役緣海軍士分兩班更代則備倭赴役兩不妨誤餘丁更不必取

宣德四年

福建都司奏倭賊自鎮海衛古雷巡檢司登岸攻圍城池却傷人民附近銅山千戸所不策應追勦都司把總都指揮僉事洪貴不能嚴兵隄備亦不督兵赴援悉請論罪從之

賞捕倭將士先是浙江海門衛倭寇自蚶嶼亭嶼二港登岸攻城千戸徐忠等率衆敗之寇退走又爲巡海指揮路鐸所敗餘寇狼狽奔走至是上其

功狀命行在禮部議賞禮部請依洪武中捕倭例陞賞凡陸地殺獲有功者不陞官軍各賞銀二十兩鈔二十錠今千戶徐忠等宜准此例水路殺獲有功并獲賊船者陞一級官賞銀五十兩鈔五十錠軍旗賞銀五十兩指揮路鐸等當准此例但未獲船不陞宜悉令其家人赴闕關給

上曰賞當如例其遣人賫往給之或于浙江官庫支給亦便

宣德十年

日本國遣使臣中誓等來朝貢馬及方物賜宴并

賜紵絲紗羅絹布銅錢有差仍命賫敕及白金文錦紵絲表裏紗羅等物歸賜其國王及妃

嚴私下海捕魚禁時有奏豪頑之徒私造船下海捕魚者恐引倭寇登岸行在戶部言今海道正欲隄備宜敕浙江三司諭沿海衛所嚴爲禁約敢有私捕及故容者悉治其罪從之

正統元年

山東備倭都督僉事衛青有疾命太醫院遣醫士調治

命行在中軍署都督僉事李福往山東提督備倭

巡按直隸監察御史尹鏜言沿海備倭官軍行糧於淮安楊州軍儲等倉關運路遠人難請以如皐鹽城二縣該徵稅糧量于本處倉存留備給從之

正統二年

巡撫浙江戶部右侍郎王瀹等奏浙江沿海等處洪武間量其險易建立衛所備禦倭寇陸置烽墩

水設哨船無事則各守地有警則互相策應是以海道寧息人民奠安永樂間因調官軍於沈家門等處設立水寨既而松門等處累被倭寇登劫掠衛所官軍不敷水寨策應不及致彼得以乘虛而我軍莫能制勝乞照洪武事例悉免轉輸俾專捍禦仍令都司每歲令都指揮一員嚴加提督從之

正統四年

巡按浙江監察御史房威奏五月初一日倭賊登岸犯桃渚千戶所殺虜人民千戶穆晟盧張賊數掩匿失機而都指揮同知張翥都指揮僉事朱與

巡海御史李奎不能相機追捕反擁兵自衛請皆寘于法爲將來警

上曰晟既失機又敢欺妄其罪之者翥等姑勿逮其令從實自陳因敕浙江三司御史及翥等嚴加哨備遇賊互相應援相機勦滅如仍前坐視罪不輕貸

浙江備倭都指揮張翥巡海都指揮朱與監察御李奎指揮程思道俱住俸半年以倭賊肆殺鹵桃渚城翥等不能嚴兵以備故也

命提督備倭官浙江都司都指揮同知張翥提督福建都指揮僉事與凱提督浙江復命南京守備

襄城伯李隆等選都指揮一員提督南直隸沿海地方先是沿海備倭惟命翥提督至是以地方廣濶復增命凱等仍戒遇警互相策應勿自分彼此失悞事機違者罪之

監察御史李奎巡督浙江沿海邊衛而倭賊刧殺桃渚城巡撫侍郎王淪奏奎不嚴巡督宜冶其罪奎亦摭取淪不法數事以聞事下行在戶部請俱逮法司究治詔令奎等自陳至是奎具陳罪狀

上以奎既服罪姑宥之

正統五年

陞金山衛指揮同知王勝署福建都指揮僉事提督備倭先是巡按監察御史成規等奏備倭都指揮同知張翥近因海道寧息因循懈怠號令不嚴戰守無備以致各寨缺少官軍六千餘人哨船七十餘艘兵器鎧甲亦多損敝及奉命分督福建地方復還遷延不赴乞逮治之別選官提督

上命行在都察院詳翥所犯兵部選官代之於是都察院劾翥先求總督直隸浙江福建三方求之不得心懐怨望故兹方命不赴所督地方乞逮至京正其罪兵部奏選勝才堪任用

上命翥赴京自陳陞勝往代之

造浙江海舟時監察御史李奎言洪武間浙江沿海衛所備倭海舟七百三十艘歲久廢壞止有一百三十二艘不足備禦事下巡按御史及都布按二司議奏請先造一百二十六艘寧波府知府鄭珞又言急未得完恐悞邊警仍命巡撫侍郎周忱計之忱奏臣詢之匠作云造一海舟必得米千石則物料百需皆具踰三月可完今各衛所已造七十六艘其五十艘所費若干官庫物不足給而杭州府倉見貯米一百四十四萬九千四百餘石歲

計官吏人等取給不過六萬石久則陳腐無用請以新輸米給工匠每舟給九百八十石期三月必完則事易集而人不擾

上是其言命即行之

巡按浙江監察御史李奎等奏平湖縣梁莊倭船易伯宜立寨堡輪撥官軍守備從之

提督福建備倭都指揮同知張翥劾坐桃渚城失機諸罪

上每曲宥之翥愈驕肆不奉法巡按御史成規奏其狀行在都察院請寘于法詔翥詣京自陳翥至復

不輸罪于是六科十三道交章劾之

上命三法司鞫問坐失機論斬錮之都察院獄

正統六年

命出直隸蘇州府官廩米二萬石造補倭船

陞南京廣洋衛指揮同知陳暹爲署都指揮僉事奉敕于浙江備倭

山東備倭署都督僉事李福奏官軍原領弓箭年久蕪以海霧蒸解膠漆不堪禦敵及神銃硫黃急欽應用乞于南京内庫支給從之

正統七年

巡按浙江監察御史趙忠等奏臣會同總督備倭署都指揮僉事陳暹等看得海寧衛百戸羅賢所言欲將沿海每衛所撥海船一艘官軍百人出海巡哨誠恐假此爲由出境媒利反誘倭寇入境侵掠臣等議得觀海定海臨山寧海四衛雖皆近海然多漲沙倭寇卒難登岸惟定海所屬烈港沈家門黃溪港正衛要之所乞將四衛并所屬官軍海船各以其半每三月一交代俱付烈港停泊往來于沈家門黃溪港及本境海道巡哨并其他衛所調哨官軍每年俱限正月終出海七月終各還本

衛所屯守庶勞逸相均防守不誤

上從其議

先是山東備倭署都督僉事李福奏即墨三營備倭官軍距各衛所遠者至一二百里其間道多溝渠過夏水長不可渡恐悞策應青登萊三府有漁舟方春而漁及夏則止乞命所司僉漁戸舟以渡免其雜徭事下山東三司及巡按御史覆之以爲漁舟有税課不可重役其溝渠淺者不必舟渡惟萊陽縣南五龍河膠州東新河宜令有司出官物造舟付守墩軍操渡

上從之
巡按浙江監察御史李璽等奏倭寇二千餘犯大嵩城殺官軍百人虜三百人糧四千四百餘石軍器無筭守禦指揮蔣鏞等兵備不嚴以致失機總督備倭署都指揮僉事陳暹委官都指揮僉事李貴統船四十艘圖賊于中乃按兵不動縱之逸去按察司僉事陳耘分巡海道朋比不劾請正其罪
上曰鏞罪應死姑貸之暹貴令巡海御史鞫實處置兵部同靖遠伯王驥選武職代之
勑總督備倭都指揮使李信及浙江三司巡海御史等曰朕聞近年逃軍逃民與倭寇交通或被其刼制詢我虛實然後乃敢捨舟登岸殺虜軍民爾等宜從長計議凡海口港汊通賊去處或開濠塹或爲吊橋或城門可併者併之或水邊要害去處砌築垣墻置門出入不許居民臨水開市以誘賊寇及私下海泄漏聲息嚴督旗軍輪流瞭望若失瞭望致賊登岸者必殺不赦若賊登岸令驍勇者從間道燒其舟楫亦足致勝爾等宜博採衆議區畫方畧條奏以聞
命戶部侍郎焦宏往浙江整飭備倭先是浙江三司

奏五月二十二日以後倭寇二千餘人臨爵溪千戶所城雖被官軍擊却尚潛海島兵部言宜遣大臣一員往理其事故有是命
勑整飭浙江備倭事戶部侍郎焦宏兼理蘇松沿海備倭事
命浙江沿海諸衛所運糧官軍悉回原衛所操練備倭
先是倭賊入浙江大嵩千戶所城總督備倭署都指揮僉事陳暹委官都指揮僉事李貴及守備指揮千百戶俱下巡海御史高峻鞫問至是論以失陷城池各斬且言貴先知有賊不急報各處爲備指揮沈容因娶妾潛回原衛千戶劉濟私採木植擅離地方情尤重
上命斬貴容濟三人以狥暹等俱杖一百發邊衛充軍
賞浙江寧波府民鄭道堅等五人絹布各一疋鈔五百貫以殺倭賊功也
錦衣衛指揮僉事王瑛言八事一禦虜莫善于燒荒盖虜之所恃者馬馬之所資者草近年燒荒遠者不過百里近者纔五六十里胡馬來侵半日可

至向者甘肅今者義州屢被擾害良以近地水草
有餘故也乞勅邊將遇秋深率兵約日同出數百
里外縱火焚燒使胡馬無水草可恃如此則在我
雖有一行之勞而一冬坐卧可安矣一積糧莫先
於屯田近年屯田皆取衛所老弱之人是以糧無
所積乞將馬隊守瞭夜不收并精選奇兵遇警調
用外其餘悉令屯田責其成効俟秋成之後歸伍
操備如此則民力不勞而邊儲有積矣一虜使入
貢朝廷每遣官錫宴賞賚有加但犬彘之性貪
貨利交易物貨稍不足其欲輒凌侮驛夫傷殘市

皇明馭倭録　卷之三　十二

人朝廷每曲法宥之彼以我爲可欺而恣肆不止
乞凡遇虜使非禮凶虐即令其酋長自責罰使知
朝廷法度之明如此則中國尊嚴而夷狄知戒矣
一邊境士卒終年演習武藝別無奬勸止是視其
軍裝有不稱加捶楚致其貧難逃竄者有之乞將
陝西山西税課贓罰量撥甘寧大同等處收買皮
鐵筋角以供修造軍器遇總兵官會同較藝果有
才勇騎射特出者量加賞賚如此則賞罰明信而
三軍鼓勇矣一備倭戰船官軍近年以哨瞭爲名
停泊海港竊還其家者有之販鬻私鹽捕魚採薪

者亦有之及倭寇突入孤立無援反爲殺掠乞令
監察御史時加巡視遇有損壞即令脩理如此則
船無朽壞而邊境有備矣一沿海衛所軍士有摘
撥運糧者亦有離遠屯田百里之外者又有本城
倉厫無粮撥往他所關給者遇有警急調度不及
乞自今沿海軍士免令運粮離遠屯田者令附近
城郭屯種倉厫無粮者令有司于秋内發補如此
則屯田不悞倭寇有防矣一沿海衛所官多將軍
士貧弱者守備富壯者役占有官一員占至百人
者又有刁軍畏懼守邊往往挾制官旗不聽調遣

皇明馭倭録　卷之三　十三

者乞命才幹武臣一員職專提督脩其城郭足其
部伍如此則法令歸一人有所屬矣一沿海守備
官軍盔甲器械有所損壞乞將所官司贓罰銀解
京庫令都布按三司等官計查脩理物料量給收
買監脩給軍操用如此則器械鋒利軍民無擾矣
上命所司計議以聞頗採用之
正統八年
勅廣東按察司按察使郭智曰廣東緣海地方設
衛所城堡於要害之處專備倭寇比聞都司衛所
官不得其人貪污暴虐玩法欺公或侵用月粮或

賣放軍士或私下海捕鮮或令營幹家務以致軍伍空缺兵備廢弛脫遇警急何以應用近者浙江桃渚等處爲倭寇攻刼失機官旗俱巳梟首示衆實由平日廢弛所致今特命爾整飭緣海備倭軍務爾即同都司巡海官徧歷各衛所地方詢察前弊務從清革凡有當建置者從長審處仍與三司御史公同推舉都指揮或指揮智謀驍勇歷練老成堪任邊務者一人具名來聞令總備倭之事如不勝任連坐舉主爾爲方面風憲重臣素諳邊事宜體朕付托之重持廉秉公恪勤所務必使政脩

舉邊境無虞乃稱爾職

命浙江整飭備倭戶部右侍郎焦宏兼理福建備倭

巡按山東監察御史鄭觀奏登州營備倭官軍八百六十名俱青州等衛撥來而登州衛官軍却撥一百餘名南去即墨營備倭此盖總兵官李福貪賄作弊乞將登州衛官軍存留本衛備倭將青州等衛官軍退還其沿海附近衛所官軍撥與文登即墨二營帶領家小隨任備倭不許更動以爲久計事下山東布按二司會巡按御史覆實言登州文登即墨三營官軍三千九百二人宜令各帶家小隨營任坐月粮登州營就本府倉文登即墨營就文登即墨縣倉全關米一石行粮俱任支計筭一年積出行粮二萬八千餘石不特粮儲省費亦且軍不被害奸弊可除李福貪取靈山衛銀三十兩大布一百疋巳爲按察司副使鍾祿所劾奏臣等以山東沿海地方南北二千餘里總兵鎮守備倭誠爲重任今李福貪賄作弊廢懸軍政倘遇警急悮事非小

上曰兌換官軍兵部准行李福役占軍人速令改正其受靈山衛贓物都察院究實以聞

戶部右侍郎焦宏奏浙江緣海衛所地方廣澗海道崎嶇先因備倭都指揮不分守地方遇警互相推托以致誤事臣今會官議得自乍浦至昌國後千戶所一十九處令署都指揮僉事金王領之自健跳至蒲門千戶所一十七處令署都指揮僉事蕭華領之其昌國衛當南北之中令總督備倭都指揮使李信居中駐劄往來提督庶責任有歸邊境無患從之

巡按浙江監察御史李璽奏沿海備倭官軍每歲都司按察司各委官提督今海道未寧地方廣遠

宜更委布政司官兼督幷嚴東巡檢司官兵隄備
從之
戶部右侍郎焦宏言海門衛桃渚千戶所城池舊
有塘岸障隔海潮歲久堋塌潮水渰浸不堪居住
況倭寇竊發艱于防制已會議于臨海縣地名芙
蓉村創築城池撥官軍備禦所占官民地一百二
十畝有奇應輸稅粮米麥鈔乞爲除豁從之
戶部右侍郎焦宏奏福建備倭都指揮僉事賈忠
劉海宜分管地方自福寧至莆禧八衛所屬忠自
崇武至玄鍾十衛所屬海其總督備倭署都指揮

僉事王勝則令居中往來提督從之
先是浙江備倭都指揮使李信奏永樂中原于沈
家門等處立三水寨合兵聚船以備倭寇海道一
向寧息正統二年始掣散水寨各守地方自此海
寇益多又況海寧臨山等衛無港泊船遇有儆急
拒禦良難乞復舊爲便事下兵部移文侍郎焦宏
審實至是宏奏信言非是且定濱海衛所泊船港
次以聞從之
先是戶部右侍郎焦宏言浙江及蘇松沿海衛所
修造備倭船皆官軍釆木經歲未完誠誤急用臣
聞永樂間徽處等府商販竹木杭州府稅課司抽
分俟用后止收鈔以故脩船料物皆官錢買用不
足復徵諸民民既納粮復加以此實不堪處乞敕
該部計議仍令抽分遇有船敝即以所需支給庶
民無科擾官得實用事下工部移文巡撫直隸工
部右侍郎周忱及浙江三司勘其利否至是報宏
言誠便從之
正統九年
增置松江府蔡廟港胡家港二堡摘金山衛屯田
官軍六百人分守以備倭寇從知府趙豫等奏請

也
敕諭朝鮮國王李祹曰王嗣國東藩保障邊境克
體爾先王事天敬大之心秉恭攄誠久而彌篤肆
朝廷加恩眷待不替益隆可謂君臣一心始終靡
間者矣王兹復遣陪臣幸引孫等械送擒獲犯邊
倭賊失剌沙也門等五十七名來獻足見王遵奉
朝命體國安民之意亦以見王守邊得人而有禦
暴之功然此賊譎詐狡險狐鼠爲心尚慮殘黨竄
伏竊圖報復王自今益宜誡約守邊頭目嚴切隄
備遇賊出沒即乘機擒勦仍差人馳報遼總兵等

官防慎務俾賊黨殲滅邊境肅清彼此人民輯寧
惟永庶副朕一視同仁之意遂賜王粧花絨錦段
六織金紵絲麒麟等段四各色紵絲共一十六綵
絹二十令引孫賫去幷賜引孫等宴及絹布有差
廣東按察使郭智奏沿海備倭官軍宜以每月朔
望于小海内駕船操習水戰從之
廣東按察使郭智言海門大鵬等守禦千戶所城
皆低小城上路亦狹隘不便旋折如有不虞豈能
當敵請發附近丁夫增築高廣甃以磚石從之
遼東總兵官都督同知曹義奏朝鮮國報倭賊聲
息

上命緣海備倭官整飭兵備謹慎隄防遇賊近邊相
機勦殺但怠慢誤事俱治以重罪
正統十年
敕諭朝鮮國王李裪曰曩者倭賊出沒王境王已
生擒失剌沙也門等解京今復獲其餘黨沙彌反
剌遣陪臣唐孟賢械送至京益見王忠誠衛國之
心良用嘉悅然蠢爾倭寇憑負海島鼠竊狗偷罔
有悛心王宜嚴守備以保生民若復寇邊朝廷必
命官軍勦滅之或復侵軼王境王宜調遣將臣擣

其巢穴盡俘其類用寧邊患則王之功烈將匹休
于古之賢藩而垂令譽于無窮矣王其欽承之
正統十一年
浙江右叅政高峻奏緣海巡檢司五十餘處皆備
倭要地然城多土築卑小而民兵皆衣紙甲乞敕
有司甃甎城造鉄甲庶爲久利從之
正統十二年
廣東備倭署都指揮僉事杜信言缺軍守城恐倭
寇登岸難于防制請以海南衛崖山守禦千戶所
屯軍取回守城以屯田牛具撥民承種事下戶部

言倭寇出沒防備有時屯田法廢使民經涉海洋
以給軍餉恐非經久至計本處如果缺軍防守止
宜摘撥正軍守城操備仍令餘丁如舊屯種務俾
不失原定分數如故違不遵從提督屯田風憲官
逮治從之
正統十三年
敕福建備倭署都指揮僉事王勝近命大軍征勦
沙尤叛寇慮賊徒計窮潛謀竄海爾等宜嚴加隄
備哨探賊情如能相機勦殺一體陞賞
正統十四年

巡按廣東監察御史沈衞奏海賊駕船十餘艘泊
福建鎮海衞玄鍾千戸所攻圍城池官軍射却之
玄鍾地隣湖州恐賊犯境已檄備倭都指揮杜信
等嚴督隄備
總督浙江備倭都指揮使李信奏温州府平陽縣
地隣福州府福寧縣爲彼賊流刼縣境攻圍蒲門
千戸所守備指揮吕真等率官軍敵却之
上命兵部移文信及巡海叅政袁錠嚴飭所司相機
撲捕若失陷城池處死不赦
廣東總督備倭署都指揮僉事等官杜信等奏往

者奉命所部沿海衞所專一備倭防賊頃年廣東
都司將南海等衞官軍調去瀧水等地方操守今
又調廣海香山海朗新會東莞大鵬海豐海南各
衞官軍前去瀧水信雷地方征勦恐沿海賊徒聞
知上岸刼掠以何爲備
上曰瀧水與緣海不知何處爲急爾兵部即馳文與
廣東三司及巡按御史酌量賊情緩急以處治之
務在彼此得宜不致誤事
備倭都指揮使翁紹宗言直隷金山太倉鎮海蘇
州楊州高郵淮安大河八衞并守禦青村等千戸
所造青布響甲地土卑温易壊請如舊造青油鈌
甲可以久用從之
山東等處總督備倭永康侯徐安等奏比見倭寇
往來海中慮其登岸搶掠即墨縣陰島社請遷其
民于陳馬莊居住驗戸丁多寡撥與空閑屯地耕
種事下戸部覆奏從之
命浙江都指揮僉事王謙總督官軍備倭代都指揮
使李信還司操守

皇明馭倭錄卷之四

兵部車駕清吏司主事臣王士騏纂

景泰元年

福建備倭都指揮僉事王勝奏沿海二十四衛備倭船歲久多損敝不堪修補其舊有大舟皆四五百料滯重不便行使乞敕都布二司量發工料改造以爲邊備從之

景泰三年

鎮守福建刑部尚書薛希璉等奏今備倭軍船分爲九澳星散勢弱看得烽火門小埕澳南日山浯

澳西門澳五處俱係要地欲將出海官軍船分立五寨哨捕其腹裏衛分出海軍已有行糧四斗沿海軍行糧宜於本衛月糧一石内分出四斗作行糧隨處支給每寨委能幹指揮二員歲一更代把總今後辦課魚船止許四十料已上朝出暮歸裝鹽官船止許三百料以下編成字號每年二月起至八月終許令裝載商鹽各處水寨巡司遇到量撥官軍弓兵護送仍令出海備倭都指揮等官往來巡督庶得邊方無患從之

備倭都指揮使翁紹宗奏崇明沙備倭船樓櫓高大一泊港渚非大信潮水不得出請改造如浙江八櫓船輕疾可用從之

景泰四年

鎮守福建右少監戴細保奏清灣巡檢司倭賊登岸殺傷巡檢葉旺攻進城内劫掠人財其備倭都指揮僉事楊海王玉俱回家失於提督官軍守備以致把總指揮千百戸周喟等亦各不用心覘捕宜治其罪命巡按御史執問如律

都察院奏福建備倭署都指揮僉事王雄追賊至東海黒水洋中被賊拘執求免而歸當依例降爲

爲事官立功從之

都察院奏福建都指揮僉事王玉職專備倭不嚴督官軍守備輒私歸致倭賊刼殺人財焚毁官舍宜行巡按御史問罪降爲事官立功從之

日本國王遣使臣允澎及都總通事趙文端等來朝貢馬及方物賜宴并綵幣表裏等物有差

日本國王副使允澎等奏在昔

太祖高皇帝頒賜下國天龍寺佛前花瓶二香爐四龜鶴燭臺各一近年被火燒壞今以舊式進呈乞

賜臣等齎回祝延

聖壽命工部造與之

禮部奏日本國王有附進物及使臣自進附進物俱例應給直考之宣德八年賜例蘇木硫黃每斤鈔一貫紅銅每斤三百文刀劍每把十貫鎗每條三貫扇每把火筯每雙俱三百文抹金銅銚每箇六貫花硯每箇小帶刀每把印花鹿皮每張俱五百文黒漆泥金灑金嵌螺甸花大小方圓箱盒并香壘等器皿每箇八百文貼金灑金硯匣并硯銅水滴每副二貫折支絹布每鈔一百貫絹一疋五十貫布一疋當時所貢以斤計者硫黃僅二萬二

千蘇木僅一萬六百生紅銅僅四千三百以把計者衮刀僅二腰刀僅三千五十耳今所貢硫黃三十六萬四千四百蘇木一十萬六千生紅銅一十五萬二千有奇衮刀四百一十七腰刀九千四百八十三其餘紙扇箱盒等物比舊俱增數十倍盖縁舊日獲利而去故今倍數而來若如前例給直除折絹布外其銅錢總二十一萬七千七百三十二貫一百文時值銀二十一萬七千七百三十二兩有奇矣計其貢物時直甚廉給之太厚雖曰厚往薄來然民間供納有限况今北虜及各處進貢者衆正宜樽節財用議令有司估時直給之已得旨從議有司言時直紅銅每斤銀六分蘇木大者銀八分小者銀五分硫黃熟者銀五分生者三分臣等議蘇木不分大小俱給銀七分硫黃不分生熟俱五分生紅銅六分共銀三萬四千七百九十兩直銅錢三萬四千七百九十貫刀劍今每把給鈔六貫鎗每條二貫抹金銅銚每箇四貫漆器皿每箇六百文硯匣每副一貫五百文通計折鈔絹二百二十九疋折鈔布四百五十九疋錢五萬一百一十八貫其馬二疋如死剌下等馬例給紵絲

一疋悉從之

景泰五年

日本國使臣允澎等奏蒙賜本國附搭物件價直比宣德年間十分之一乞照舊給賞

帝曰遠夷當優待之加銅錢一萬貫允澎等猶以為少求增賜禮部官劾其無厭命更加絹五百匹布一千匹

禮部奏日本國使臣允澎等已蒙重賞展轉不行待以禮而不知恤加以恩而不知感惟肆貪饕略無忌憚沿途則擾害軍民歐打職官在館則陵楚

館夫不遵禁約倣此小夷敢爾傲慢若不嚴加懲
治何以懾服諸蕃宜令錦衣衛能幹官員帶領旗
校人等示以威福催促起程如仍違拒宜正其罪
從之
浙江總督備倭都指揮僉事馬良奏沿海臨山等
衛備倭船四百餘隻常年被風漂流損壞者已三
之一乞勑有司積材督工補造庶嚴邊備從之
景泰六年
浙江布政使司右參政曹凱言四事一近海備倭
民夫乞行鎮守等官體勘若係要衝之處宜給與

歷甲鎗刀就隣近巡司時常操備其不係要衝者
革罷一沿海備倭船乞於沈家門等處仍立水寨
委廉能都指揮分定地方往來巡哨一都指揮并
各衛所指揮千百戸等官徐鑑等共八百六十七
人役使辦納月錢種田等項軍餘共四千五百八
十人乞行該部禁約一盤石等衛蒲岐等千戸所
逃故軍人一百七十人原籍府縣不行依例清勾
却以異姓軍人補役紀錄冒名支糧乞行清理庶
免紊亂軍政
帝命鎮守浙江兵部尚書孫原貞等斟酌可否行之

天順二年
勑責備倭中軍都督府都督僉事翁紹宗曰嘉興
乍浦河泊所歲進黃魚係舊制近年以來因爾不
許漁船越境出海又令官軍擒拏以致不得採捕
遂缺供薦先已取爾招服爾宜自咎遵奉朝命省
令所轄官司毋得阻滯顧乃全不關心今歲漁船
又被攔截索錢不得採捕及船戸具告前情自知
阻誤虛詞妄奏遮掩已過朝廷託爾以邊方重寄
當輸忠效勤正己率人爾乃恣意貪黷不才怠慢
論法實難容恕今復從寬且不拏問罰俸一年令
爾自省若再怙然不改阻誤歲進自取禍敗決不

可逃
天順三年
勑朝鮮國王李瑈該本部奏稱得王咨有日本國
差人盧圓等到國言國王源義政以先差去進貢
使人失禮蒙朝廷恩宥放回將本人科罪今欲差
人赴京謝罪緣日本國僻在海隅去京路遠其情
真僞難以遥度勑至王即拘盧圓等詳審前項傳
說如果真實無僞轉行源義政說朝廷以爾既能
悔過自新准令揀遣謹厚老成識達大體者爲使

來朝貢往來中途不許生事若或似前搶掠財物
欺凌官府罪必不宥王其審實停當而行毋得忽
畧
禁浙江并直隸緣海衛軍民不許私造大船糾集
人衆携軍器下海爲盜敢有違者正犯處以極刑
家屬發戍邊衛從備倭揚州等處都督僉事翁紹
宗奏請也
巡按福建監察御史彭彬劾奏把總備倭都指揮
僉事桂福不嚴備禦以致倭賊擄掠官船僉事牟
俸亦劾福掊剋軍士都察院請逮治福

上命福具狀以聞福輸罪宥之
成化四年
日本國王源義政遣使臣清啓等奉表來朝貢馬
及　扇盔甲刀劍等物
日本國使臣麻答二郎於市買物使酒手刃傷人
禮部奏其强横行兇宜加懲治
上以遠夷免下獄付其國正使清啓治之啓奏欲依
臣俗事例處治但在禮義之地不敢妄爲俟臣還
國依法治之且引伏不不能束罪
上　皆宥之既而所傷者死禮部復奏麻答二郎行

兇傷人致死雖免問罪宜依律追銀十兩給死者
之家埋葬仍省諭各夷使知朝廷寬宥懷柔之意
從之
成化五年
禮部奏日本國所貢刀劍之屬例以錢絹酬其直
自來皆酌時宜以增損其數况近時錢鈔價直貴
賤相遠今會議所償之銀以兩計之已至三萬八
千有餘不爲不多矣而使臣清啓猶援例爭論不
已是則雖傾府庫之貯亦難滿其谿壑之欲矣宜
裁節以抑其貪

上是之仍令通事諭之使勿復然
日本國使臣清啓等將還賜宴及金織衣等物有
差其回賜特賜國王源義政綵段二十表裏紗羅
各二十匹錦四段白金二百兩王妃綵段十表裏
紗羅各八匹錦二段白金一兩并勑諭俱付清啓
啓等領回復遣官伴送設饌待之出境勑諭國王
源義政曰惟王聰明賢達敬天事大以福一國之
人良用爾嘉朕恭承
天命嗣登大寶主宰華夷王特遣正使清啓等齎捧
表文并以馬匹方物來貢且見王之勤誠茲因使

回特令齎勅諭王并賜王及王妃其體朕至懷故
諭
日本國使臣清啓船凡三號其一號二號俱已回
還其三號船土官玄樹等奏稱海上遭風喪失方
物乞如數給價回國庶王不見其罪事下禮部言
四夷朝貢到京有物則有償有貢則有償若狥其
請給價恐來者倣效捏故希求查無舊例難以准
給
上曰方物喪失本難憑信但其國王效順可特賜王
絹一百匹綵段十表裏既而玄樹又奏乞賜銅錢

五千貫禮部復執奏不與且欲治其通事閻宗達
教誘之罪宗達本浙江奉化縣人先年負義逃入
海島今隨使來朝
上曰玄樹准再與銅錢五百貫速遣之去宗達不必
究治若再反復族其原籍親屬
浙江定海衛副千戶王鎧言倭夷奸譎時來剽掠
海邊見軍官追捕乃陽爲入貢伺虚則掩襲邊境
往者大嵩常被其毒近見使臣清啓入貢臣恐使
回容有異謀或爲掩襲之計乞勅鎮守總督巡海
等官設策防禦之兵部因言邇者倭使清啓凌轢

館僕殘殺市人迹實桀驁鎧言誠當宜移文備倭
巡海等官令督緣邊官軍務振軍容嚴斥堠以防
其姦從之
成化六年
日本國使臣入貢還至寧波府航海以去有僧盛
訓潛登岸欲留中國學經浙江備倭都指揮張勇
等奏送至京禮部以勇等不先聞奏請治其罪
上令自陳既而勇等伏罪宥之
成化十三年
日本國遣正副使妙茂等來朝貢馬及方物賜宴

并金襴袈裟綵段等物仍令齎勅及白金錦段回
賜其國王及妃妙茂又以國王意求佛祖統紀等
書命以法苑珠林與之
錦衣衛奏朶顔等衛并日本國差來使臣於會同
館爭奪柴薪日本從人歐朶顔夷人事聞
上命禮部曉諭各夷宜遵守禮法毋相爭競
弘治九年
日本國王源義高遣正副使壽蓂等來貢回賜王
及王妃錦段白金等物賜壽蓂等宴併綵段等物
如

禮部奏日本國遣使入貢至濟寧州夷衆有持刀
殺人者其正副使壽蓂等不能約束乞賜裁抑
上命今後日本國進貢使臣止許起送五十人來京
餘存留浙江館穀者嚴爲防禁

弘治十二年

福建備倭官軍快哨船爲海賊所奪者二艘軍士
爲所掠者十八人仍索取金物爲贖命罰帶管巡
海副使韓紹宗備倭都指揮郭英俸各三月把總
等官張宏等下巡按監察御史逮問

弘治十三年

命福建備倭把總指揮五年一更總督巡海官三
月一次出巡互相更代并行遼東等處從鎮守太
監鄧原奏也

弘治十八年

巡撫應天等府都御史魏紳等奏上處置海道事
宜謂海洋之民習性貪悍好鬬輕生中間爲盜之
徒多起於爭如崇明縣半洋錢營等沙東漲西坍
無歲無之舊坍者多是有粮之地新漲者盡歸於
有功之家以致貧弱陪粮富豪專利始有讐訟終
則刼奪習染成風遂至嘯聚臣欲於附近府分委
官檢閱如其處先有而今坍其處先無而今坍其
處先無而今漲必彼此通融務使田糧相稱與奪
適均脫有强梗覇占不服處分者官調邊衛帶俸
差操旗軍舍餘發邊衛充軍民發口外爲民其沿
海衛分本爲備倭捕盜而設貼守之處歲以二月
往十月還今倭寇不復敢侵而沿海盜賊多發於
冬春之月正以乘其不備故也况附近衛所官子
弟家人多賊黨與假名公差陰實爲盜其崇明一
縣海勢渺茫雖有備禦官兵然每遇盜賊輒相推
避請行備倭都指揮王憲會捕盜僉事胡瀛將沿

海衛所官軍舍餘通行揀選定立陸戰水戰樸宜
以時操練及將貼守官軍照依京操事例每年分
作春秋兩班行糧照例支給務使海寇倭寇兩不
失備仍各限以地界脫有疎失查照量治仍禁衛
所官不得縱容子弟家人從賊爲非違者將犯人
從重問遣本官改調西北邊衛帶俸差操
上從之命嚴督備倭捕盜等官宜各悉心整理毋或
虛應故事

正德四年

禮部奏明年正月大祀慶成宴四夷朝貢者若朝

鮮陪臣在殿東第七班今日本國使臣見在無與
宴故事宜如朝鮮例列殿西第七班從之
禮部奏日本國進貢方物例三船今止一船所賞
銀幣宜節爲三之一且無表文止咨本部賜勑與
否請
上裁得旨勿寫勑所司移文答之
正德五年
日本國王源義澄遣使臣宋素卿來貢賜宴給賞
有差素卿私餽瑾黃金千兩得賜飛魚服陪臣賜
飛魚前所未有也

日本國使臣宋素卿本名朱縞浙江鄞縣人弘治
間潛隨日本使臣湯四五郎逃去國王寵愛之納
爲婿官至綱司易今名至是充正使來貢族人尚
識其狀貌毋伺隙以私語通素卿輒以金銀餽之
鄉人發其事守臣以聞下禮部議素卿以中國之
民潛從外夷法當究治但既爲使臣若拘留禁制
恐失外夷來貢之心致生他隙宜宣諭德威遣之
還國若素卿在彼反覆生事當族誅之仍行鎮巡
等官以後進貢夷使宜詳加譯審毋致前弊從之
正德七年
日本國王源義澄遣使貢馬匹盔鎧大刀諸方物
浙江守臣奏今山東直隷盜賊充斥恐夷使遇之
爲所得請以所貢暫貯布政司庫收其表文禮兵
二部會議請勑南京守備官即所在如例宴賞遣
回從之仍令附進方物亦給全價毋阻遠人效順
之意
正德十三年
建信國公湯和廟于浙江定海縣巡按御史成英
言和在國初守備寧波築城增戍經理周悉至今
倭不敢犯民物莫安皆其功也乞立廟致祭禮部
議覆故有是命

皇明馭倭録卷之五

兵部車駕淸吏司主事臣王士騏纂

嘉靖二年

禮部覆日本夷人宋素卿來朝勘合乃
孝廟時所降其
武廟時勘合稱爲宗設奪去恐其言未可信不宜容
其入朝但二夷相殺釁起宗設而宋素卿之黨被
殺甚衆雖素卿以華從夷事在㓜年而長知効順
巳蒙
武宗宥免毋容再問惟令鎮巡等官省諭宋素卿回

國移咨國王令其查明勘合自行究治待當貢之
年奏請議處既而給事中張翀御史熊蘭等言各
夷懐奸讐殺事干犯順乞明正其罪
上命繫宋素卿及宗設夷黨于獄待報論决仍令鎮
巡官詳鞫各夷情僞以聞

朝鮮國俘獲倭夷二名審係進貢至浙自相搆殺
拒敵官兵者國王李懌遣陪臣刑曹叅判成洗昌
執以來獻幷倭人首級三十三顆及送回被虜中
國人八名
上嘉其忠順命寫勑褒諭賜銀百両錦四段紵絲十
二表裏使臣及領兵官俱賚銀幣有差

兵科給事中夏言等言頃者倭夷入貢肆行叛逆
地方各官先事不能勦捕而前後章奏言辭多遁
功罪未明該部按據來文遷就議擬雖云行勘亦
主故常乞勅風力近臣重行覆勘且寧波係倭夷
入貢之路法制具存尚且敗事其諸沿海備倭衙
門廢弛可知宜令所遣官由山東循維楊歴浙閩
以及于廣會同巡撫逐一按視預爲區畫其倭夷
應否通貢絶約事宜乞下廷臣集議得旨差風力
給事中一員往其餘事宜兵部議處以聞及遣給

事中劉穆往按其事

日本國夷人宗設謙導賚方物來貢巳而瑞佐宋
素卿等後至俱泊浙之寧波互爭眞僞佐被設寺
殺死素卿竄慈谿放火大掠殺擄指揮劉錦袁[illegible]
蹂躪寧紹間遂奪船出海去巡按御史以聞得旨
切責巡視守巡等官先事不能預防臨事不能擒
勦姑奪俸令鎮巡官即督所屬調兵追捕幷核失
事情罪以聞其入貢當否事宜下禮部議報

嘉靖四年

朌浙江鄞縣民宋縞潛入日本更名宋素卿謀貢

射利後復與倭夷宗設等爭貢相讐殺寧紹騷動
守臣以聞查勘久未明遣給事中劉穆監察御史
王道往鞫之至是以獄上刑部覆奏得旨素卿謀
叛夷人中林望古多羅等故殺素卿夷伴俱宜論
死其防禦失事官員各謫戍奪俸有差素卿家屬
財產應否緣坐沒入再查議報奪
遣琉球夷人等日本夷僧妙賀等各歸國勅諭日
本國王以宋素卿中林等晃叛就戮妙賀等無罪
以禮遣還其元惡宗設及佐謀倡亂數人亟捕繫
傳送中國以聽

天討餘並罔治虜去人民仍優卹送歸不者將閉絕
貢路徐議征討時有琉球貢使鄭繩歸即令齎勅
轉諭之

嘉靖六年

浙江道巡按御史楊彝言舊例日本入貢以十年
爲期徒衆不得過百人貢船不得過三隻亦不許
以兵仗自随正德六年以後使臣桂悟宗設等各
從衆至五六百人又有副使宋素卿等一百五十
人各詰真僞爭端滋起請令布政司移咨本國令
後遣使入貢務遵定例如違定行阻回仍行巡海

備倭諸臣脩戰具謹烽堠蓄銳以戒不虞報可

嘉靖十八年

日本國王源義復遣使來貢先是嘉靖二年日本
使臣宗設等入貢比歸肆掠虜中國吏民以去自
此絕不通貢者十有七年至是復脩貢浙鎮巡官
以聞
上曰夷性多譎不可輕信所在巡按御史督同三司
官嚴加詳審果係効順如例起送仍嚴禁所在居
民無私與交通以滋禍亂餘如所擬

嘉靖十九年

日本王源義晴差正副使碩鼎等來朝貢馬及獻
方物宴賞如例又加賜國王王妃使臣方物各給
以價初日本自嘉靖二年用宋素卿宗設等事絕
其朝貢至是復請通貢因乞給賜嘉靖新勘合及
歸素卿等幷原貨物言官論其不可
上命禮部會兵刑二部都察院僉議以聞覆言夷情
譎詐難信勘合令將舊給繳完始易以新素卿等
罪惡深重貨物已經入官俱不宜許以後貢朝定
以十年夷使不過百名貢船不過三隻違者阻回
督遣使者歸國仍飭沿海備倭衙門嚴爲之備詔

從之

嘉靖二十七年

日本國貢使周良等六百餘人駕海舟百餘艘入浙江界求詣闕朝貢巡撫朱紈以聞禮部言倭夷入貢舊例以十年爲期來者無得踰百人舟無得過三艘乃良等先期求貢舟人皆數倍于前蟠結海濱情實叵測但其表詞恭順且去貢期不遠若槩加拒絶則航海重譯之勞可憫若猥務含容則宗設宋素卿之事可鑒宜令紈循十八年例起送五十人赴京餘者留嘉賓館量加賞犒省令回國至于互市防守事宜俱聽斟酌處置務期上遵國法下得夷情以永弭邊釁報可

初浙江既設巡撫都御史兼管福建海道提督軍務以朱紈爲之乃御史周亮給事中葉鏜先後俱言不便亮謂紈原係浙江巡撫所兼轄者止於福建海防今每事節制諸司往來奔命大爲民擾鏜謂紈以一人兼二省非獨閩中供應不便即如近日倭夷入貢艤舟浙江海口而紈方在福建督捕惠安等縣流賊彼此交急簡書押至紈一身奔命巳不能及矣今閩浙既設有海道專官苟得其人自不必用都御史若不得巳不如両省各設一員吏部覆言浙江舊無巡撫或遇有警遣重臣巡視事寧即止今宜裁革巡撫而復巡視舊例

上曰浙江巡撫去歲無故添設一時諸臣依違議覆以致政體紛更今依擬朱紈仍巡視事寧回京凡一切政務巡按御史如舊規行

嘉靖二十八年

巡視浙福右副都御史朱紈奏二十七年三月日本使周良等至寧波賓館有爲匿名書投館中稱

天子命都御史起兵誅使臣可先發夜殺都御史

署府事推官張德熹知之乃不以告臣臣常斬賊張珠珠德熹叔也凡販福賊死者德熹施與歛之御史周亮奏革臣巡撫浙福之命者又德熹鄉人疑德熹搆其事且臣整頓海防稍有次第而周亮乃欲侵削臣權謂一御史按之有餘以致屬吏遂不效命願

陛下察臣先後奏詞非有私挾追究德熹等窩賊倡亂背公擅私廢壞紀綱詐傳詔旨扇惑夷情謀殺撫臣事情明正其罪奏入詔下巡按御史會同三司驗實奏聞

巡視浙江都御史朱紈疏報詔安之捷因言閩賊
蟠結已深成擒之後姦鍚齒變且不測臣訊得所
俘僞千總李光頭等九十六人交通内應即以便
宜檄都指揮盧鏜海道副使柯喬斬之部臣請下
巡按勘覆已御史陳九德劾紈不俟奏覆擅專刑
戮請治其罪並鏜及喬等詔兵部會三法司雜
議言紈原奉敕許以便宜行事顧賊擒于二月奏
發于三月似非臨陣者比宜俟得旨行刑鏜喬皆
不得爲無過然事難遥度請遣風力憲臣往驗其
事得旨令給事中一員會巡按御史覈實具報沿

海居民亟令所司安輯毋致殃及無辜紈罷職待
勘鏜喬等下所遣官訊之已乃遣兵科給事中杜
汝禎往勘

日本國王原義晴差正使周良等來朝貢方物賜
宴賚有差以白金錦幣報其王及妃初日本入貢
卒以十年爲期載在會典嘉靖二年宋素卿宗設
爭貢相仇殺因不與通十八年復來求貢納之因
與約以後入貢舟無過三艘夷使無過百人送五
十京師至是良等不及貢期以六百人來凢駕四
艘部議非正額者皆罷遣之而浙江巡撫朱紈力

陳不便狀禮部欲賞其百人如例非正額者皆罷
勿賞良因自陳貢舟高大勢須五百人中國商船
入夷中往往歳匿海島爲寇故增一艘者護貢舟
也非敢故違明制禮部不得已請百人之外各量
加賞犒百人之制彼國勢難遵行請相其貢舟斟
酌之又日本故有弘治正德入貢勘合幾二百道
夷使前入貢時奏乞嘉靖勘合朝廷令以故勘合
納還始予新者至是良等持弘治勘合十五道言
其余七十五道爲宋素卿子宋一所盗捕之不得
正德勘合五十道爲信以待新者而以四十道來

還禮部覆覈其薄藉脱落故勘合多未繳請勿予
新者令異時入貢持所留正道勘合四十道但存
十道爲信始以新者予之而宋一所盗責令捕索

以狀報可
以聞詔下

初巡視浙福右副都御史朱紈既報浯嶼擒獲夷
王之捷隨奏夷患率中國並海居民爲之前後勾
引則有若長嶼喇噠林恭等往來接濟則有若大
膽嶼姦民姚先瑞等無慮百十餘人今欲遏止將
來之患必須引繩排根永絶禍本乞下法司議所
以正典憲威奸慝者紈尋去任都察院議下巡按

福建御史轉行巡視海道都司等官緝捕前項奸徒并土豪爲淵藪者悉正以法至于見獲佛郎機國法仍移檄各處有能捕兇惡者重賞首改自新者聽免本罪且浙福海患相沿出此入彼宜令兩省諸臣一體會議施行報可按海上之事初起于內地奸商汪直徐海等常闌出中國財物與番客市易皆主于餘姚謝氏久之謝氏頗抑勒其值諸奸索之急謝氏度負多不能償則以言恐之曰吾將首汝于官諸奸既恨且懼乃糾合徒黨番客夜劫謝氏火其居殺男女數人大掠而去縣官倉惶申聞上司云倭賊入寇巡撫紈下令捕賊甚急又令並海居民有素與番人通者皆得自首及相告言于是人心洶洶轉相告引或誣良善而諸奸畏官兵搜捕亦遂勾引島夷及海中巨盜所在劫掠乘汛登岸動以倭賊爲名其實真倭無幾是時海上承平日久人不知兵一聞賊至即各鳥獸竄室廬爲空官兵禦之望風奔潰蔓延及于閩海浙直之間調兵增餉海內騷動朝廷爲之旰食如此六七年至于竭東南之力僅乃勝之釁患之所從起者微矣

嘉靖二十九年

詔逮巡視浙福都御史朱紈至京訊鞫下福建都司都指揮僉事盧鏜海道副使柯喬獄論死先是紈奏海夷佛郎機國人行劫至漳州界官軍迎擊之于走馬溪生擒得賊首李光頭等九十六人已遵便宜斬首訖下兵部請俟覈實論功會御史陳九德疏論紈專殺溢濫及不辜法司覆請遣官會勘

上從之遂革紈職命兵科都給事中杜汝禎往至是汝禎及御史陳宗夔勘上前賊乃滿剌伽國番人每歲私招沿海無賴之徒往年海中販鬻番貨未嘗有僭號流劫之事二十七年復至漳州月港浯澳等處各地方官當其入港既不能羈留人貨疏聞廟堂反受其私賂縱容停泊使內地奸徒交通無忌及事機彰露乃始狼狽追逐以致各番拒捕殺人有傷國體其後諸賊已擒又不分番民首從擅自行誅使無辜並爲魚肉誠有如九德所言者紈既身負大罪反騰疏告捷而鏜喬復相與佐之法當首論其冒功坐視諸臣通判翁燦指揮李希賢等罪次之指揮僉事汪有臨知府盧璧參政汪

大兇魁次之詎捕番人方叔擺等四名當處死余
佛南波　等五十一名當安置見存通番奸徒當
如例發配發遣於是兵部三發司再覆如汝稹等
言紈鏜喬遂得罪翁燦等下巡按御史提問汪有
臨等奪俸有差紈爲人精廉勇於任事開府閩浙
首嚴通番之禁海中爲之肅清走馬溪之役雖張
皇太過然勘官務入其罪功過未明紈竟坐憂恐
未就訊伏藥而死公論惜之
按都御史朱紈潔廉任怨誠吾郡之巨擘第走馬
溪之役畢竟爲盧鏜所誤一時斬決悉皆滿剌伽

國之商舶與閩中自來接濟諸人非寇也陳御史
九德之劾疏杜給事汝禎之招擬鑿鑿可証豈書
阿私閩人乎國史謂紈張皇大過又謂功過未明
尚非曲筆他書謂閩中貴臣相呴紈不休而陰迫
之死則多影響之談而不察于事理者矣紈謂去
海中之盜易去中國之盜難去中國之盜易去中
國衣冠之盜難其言得無少過乎以吳人而爲閩
人辨敢自附于直筆
籌海圖編紀浙江倭變云嘉靖十九年賊首李光
頭許棟引倭聚双嶼港爲巢二十七年四月都御

史朱公紈遣都指揮盧鏜副使魏恭等搗双嶼港
賊巢平之賊首李光頭就擒今按實録云紈奏海
夷佛郎機國人行劫至漳州界官軍迎擊之于走
馬溪生擒得賊首李光頭等九十六人一李光頭
也紈謂擒于閩之走馬溪而籌海圖編以爲擒于
浙之双嶼港紈謂佛郎機國人行劫而籌海圖編
直以爲倭黨以柯喬爲魏恭借閩事爲浙事事在
嘉靖二十七年耳目較近而謬悠若此野史可信
乎至于杜給事之行勘而所謂佛郎機國者實則
滿剌伽國之番人然則在紈之疏已自失其真矣

鏜等之擬死亦自有以取之似非勘官之故入也
林給事招擬參照福建都司統兵署都指揮僉事
盧鏜行同鬼魅言允足以飾姦性若豺狼術偏長
於濟惡走馬溪豈用武之地妄云與賊百戰對陣
生擒玄鍾所非行刑之場敢先斬首數人專權濫
殺林以正勾夷惹釁法固難容而裂屍剖心是何
刑罰李勝盜依父取銀罪不至死而總角梟首曾
不哀矜王娘仔因一拜而傷生陳惟愛取片言而
處決　旗牌未至難諉咎於軍門威福自專致效
尤於海道會審方纔數刻梟斬將及百人黷貨賣

功何異穿窬之事飾詞報捷全無側隱之心捏稱
破虜擒王希欲封侯拜將欺
君枉下處死何疑福建按察司廵海道副使柯喬表
則不端弛張無紀初失身於曾武舉將何詞以禦
番繼黨惡於盧都司敢作威而行殺罰弗及嗣尋
父者豈忍加刑罪疑惟輕當椒者詎應處斬夷人
抱狀伸訴輒將別犯酷刑打死謂其教唆家屬引
領稱寃先令官司密切訪拿脅以連坐勒知府補
改文案而狡獪日彰捏僞呈扇動人心而姦欺太
甚分賍私於捕盜猥同鼠竊狗偷求引援於軍門

隉比壟登墦乞挾才債事負
國殃民比擬上刑情法亦麗再照原任廵視浙江兼
胥沿海福建地方提督軍務都察院右副都御史
今革職回籍聽勘朱紈褊急無慱大之體周章乏
暇裕之謀敢於任怨而忤人不顧忍心以害物兵
戎重務偏聽姦回每中其如鬼如蜮之計軍法太
權假借群小甘蹈乎自專自用之愆遂使行貨番
商滿載資餘盡爲貪饕攘匿卒致同舟黨類未招
情實悉被殘横誅夷沙塲之寃鬼猶啼海徼之怨
聲肆集刻薄太甚酷暴居多雖平生頗勵清苦之

操在此舉難逃擅專之罪見任漳州府知府盧璧
柔懦從人遅回將事財識每踈於應變規模尤局
於泥常罪犯情詞初審已分乎首從死生界限臨
刑無益於重輕雖殘横挽不可回亦逡廵救不能
力牒神未免迂闊擊皷終是糊塗大事如斯小廉
奚取以上法宜併究
盧璧先將佛南波二者并李貴等一干人犯譯
審出年籍來歷并鍾應林欽沛接濟與方叔擺
打傷舗船等情及審開李貴李文瑞俱係賊首
陳大省等并馬學仔陳才郭明俱係賊從及於

各名下開寫年籍并投跟番船緣由又審陳弟
仔開係去船尋父謝戌仔被許伯﨑拐賣蔡弘
戒被林三田引上番船當椒李弘宥林富二陳
栢林觀林能金念三林錫林志王儀蔡全蔡世
文李智鄭詔林齊莊孫各同父兄當領番貨未
還願爲水手裁縫趙希春被曾乾大帶上番船
買賣并阿三各年止十七八歲又審陳喬清李
來成阿郎王袢葉清弟林克秦張三娘朱酒娘
李三娘二妹朱三主楊三姐李金李氏蔡范娘
須四奴曾光珠俱係番船買討等項大畧情節

開具揭帖二本於本月十三日呈報鏜與柯喬
彼時該府並未取供亦無各番與李貴等爲盜
情節原揭帖底稿見在續後盧鏜與柯喬閉門
定擬李貴等應斬情罪會同發案盧璧奉到前
案見有謝成仔陳弟仔李弘宥等各姓名俱在
斬首數内伊却畏懼鏜與柯喬氣勢不合不行
極力救阻止具牒告城隍以明心迹就於十六
日黎明時分聽從取出李貴等九十六名俱押
赴教場監視行刑間鏜與柯喬點檢各犯思前
盧璧揭帖内開稱年幼并當貨人犯情罪稍輕

方欲寫牌弔審分付暫且停刑比因劊子手俱
係捕兵充數望見傳牌喧嚷疑是催斬當將謝
成仔李弘宥等與同李貴等九十六名一齊斬
首連陣獲并前斬林以正流哥阿彌等及郭門
陳才各屍首亦斬取分發沿海地方梟示訖本
月十七日盧璧思伊先日已稟柯喬准將謝成
仔等饒免却又與鏜竟擬處決心有不安當赴
柯喬衙門前擊鼓開門進入稟問緣由柯喬無
可柰何回稱此是他的命等語柯喬思得斬過
前項各犯原無取供在卷伊又不合分付盧璧

補取供詞及令牽捲鏜前單開別案番賊赤鬚
矮鬼等緣由添入供内又將稿内馬學仔改作
李文瑞姓名勒令盧璧那移日期僉作十二日
立案通行呈報見有柯喬原改底稿執証柯喬
又思李弘宥陳弟仔等止接濟當貨尋父等項
罪不至死一槩斬首恐後査出有罪要得改案
遮飾又不合另寫會案一張内將李弘宥林富
二陳栢林觀林能金念三林錫林志王儀李智
鄭詔林齊莊孫添捉各將人口軍器下海走泄
官兵消息爲内應與蔡全蔡世文陳弟仔謝成

仔俱駕船刼虜拒殺官兵情俱真的坐擬謀叛
及強盜得財並無虧枉等情重覆發與盧璧又
不合依聽附卷換出原案見在爲証
續吳先賢讃云紈命督將鏜按察柯喬於閩借
出洋中跡賊至詔安之靈宮澳合諸軍設覆山
上下千艘具進賊徒兵伏敗之趨船者疾力鏖
之覆溺殺者甚衆擒夷王三人白番十有六黑
番四十六皆獰惡異狀可駭賊首貴等一百十
二人婦二十九斬級三十餘他貲械等稱是皆
五澳宿賊驍黠者并殲焉及土凶之貴王妻妾等

漳人大恐有盡室浮海者日走往聚観諸俘偶語籍籍踰時乃定捷聞則與連者無所釋憾反疏言其擅殺作威紈罷而諸出死力殺賊者皆召令對簿譴責之矣

按野史載此事大都過情而續吳先賢讚爲尤甚蓋是諛墓中語誤信而採之耳耳目所及已尚如此况千百年事哉甚哉執筆之難也

嘉靖三十一年

漳泉海賊勾引倭萬餘人駕船千艘自浙江舟山象山等處登岸流刼台温寧紹諸府攻陷城寨殺擄居民無數

浙江巡按御史林應箕奏四月中倭寇焚刼地方狀因叅署海道副使李文進分巡副使史谷嶠僉事李廷松分守叅議李寵顧問備倭把總等官周應禎周奎楊材等各失事當治給由海道副使丁湛新推備倭都指揮張鈇皆臨難規避宜並罰于是給事中王國禎御史朱瑞登交章言海洋不靖由朱紈得罪後裁革巡視都御史故三省軍民無鈐轄雖設有海道副使而權輕不行事往往至于狼狽失職如丁堪李文進等已事可驗請復設都御史便疏下吏兵二部覆議國禎等言是但巡視都御史必當無假以巡撫總督之權使之節制諸省方可責其成功其閩浙兩省仍各添設叅將一員駐劄邊海地方庶文武各有專職緩急無患

上從其議暫設巡視浙江兼管福興漳泉提督軍務大臣一員令吏部推堪任者星馳赴任督兵勦賊其兼管巡撫等項待賊平議處叅將准添設丁湛

罷爲民以李文進代之張鈇革回原衛以周應禎
代之仍各同李寵顧問谷嶠李廷松周奎楊材等
住俸戴罪殺賊林應箕擅准專敕官給由離任令
奪俸三月

改巡撫山東都察院右僉都御史王忬提督軍務
巡視浙江兼管福興泉漳地方仍敕許便宜調發
兵粮臨陣按軍法從事巡按御史毋得干預撓阻
賊中有脅從願降者不得一槩混殺濫及無辜于
是並設分守參將各一員以瓊崖參將署都指揮
僉事俞大猷中都留守司管操指揮僉事湯克寬

爲之大猷温台寧紹等處克寬福興泉漳等處俱
聽忬節制

巡按浙江御史林應箕奏報海賊攻破黄巖縣治
并參論失事所由曰浙江寧紹台温地濵大海寔
倭夷入貢之途盗賊出没之藪國初建衛所四十
有一設戰船四百三十有九董以總督備倭都司
巡視海道副使等官控制番夷至爲周密後以海
波不驚戒備漸弛伍籍日虚楼櫓朽弊一遇有警
輙借漁船應敵號曰私哨而官船廢矣嘉靖二十
七年間都御史朱紈議招福清捕盗船隻勦治有

効因量留福船四十餘隻予行粮使分派海濵沿
川防守其台州海門衛者寔黄巖之外障故以福
船十有四隻守之節年所憑恃者此耳近日海警
益数而海道副使丁湛反將福船盡数遣歸其原
設官船壞缺又漫不料理乃仍雇募漁船以資哨
守兵非慣戰船非專業聞警輙逃全不足恃以至
群盗鼓行而入攻燬縣治若蹈無人境耳所擬今
日黄巖失事之誅湛當首坐其總督備倭都司周
應禎把總指揮劉堂黄岩知縣髙材或身爲主師
或身任專城遇敵宵奔法當重治至于守巡各道

副使李文進等及知府馬鍾英等亦宜各以輕重
抵罰疏下部覆得旨應禎堂材各革職湛先已奪
民仍與應禎等俱下按臣逮問文進等與鍾英仍
知前旨住俸勦賊

福建參將湯克寬請募徐郊盗爲兵兵部覆自古
亦有舉士於群盗者且克寬父慶嘗用之破江洋
賊有效可許從之

按募盗爲兵非法也而建白又自參將乃兵部覆
行之是時猶重武臣若在今日兵部必不覆即覆
之而臺省且有言矣

浙江巡按御史林應箕以海寇弗靖奏免寧台温
三府及象山定海等縣正官入覲許之
初給事林懋舉御史王民皆言南京浦子口宜設
戰船習水戰以備不虞南京兵部尚書屠楷等言
留都長江天塹南有新江口營統水卒以扼江洋
之險北有浦子口營統陸卒以遏淮鳳之衝至嚴
也今浦子口軍不滿三千不能當江口之十而水
戰又非所長不若量增邏卒置之江口而于浦口
沿江增墩臺十座選軍二百人守之長江寇來陸
軍恊力拒戰絕其登岸之謀比岸有警水軍沿江

應援斷其入江之路庶爲長便兵部覆當如楷等
言報可
嘉靖三十二年
巡視浙福都御史王忬奏海防賞格四事一擒斬
真倭從賊一人賞銀十五两次從賊首二十五两
渠魁五十两若漢人被擄者照依流賊事理不許
混作倭賊一擒斬漳寇海寇爲從者賞銀三两次
劇賊首五两船主渠魁二十两會首爲衆所服者
五十两其奪獲賊艘大者五两中者二两小者一
两俘獲男婦每五名賞銀一两若誅戮所獲冒功

及邀殺來降者治如律一善用火器擊殺舵工賊
首令其引遁及擊破寇舟于未接之先者大舟賞
銀二十两次者十两小者五两若有獻奇取捷批
亢擣虛者雖無斬獲並以功論一臨陣被創者給
銀一两被殺者給銀五两復其家有先登陣而死
者給銀二十两若哨守官督戰沒于陣者臨時酌
請恤典兵部覆如其言報可
倭夷犯温州叅將湯克寬等率舟師破之俘十一
人斬獲二十八級餘多死于水者巡視都御史王
忬以聞并上克寬等功詔賞忬白金三十两彩叚

二表裏克寬等各二十两一表裏餘行巡按御史
覈實以賞
黜原任福建按察司巡海副使柯喬爲民以捕獲
沿海導番奸人不候命輒斬之故也
海賊汪直糾漳廣群盜勾集各島倭大舉入寇連
艦百餘艘蔽海而至南自台寧嘉湖以及蘇松至
于淮北濱海數千里同時告警
賊攻破浙江昌國衛屯據凡五日叅將俞大猷以
舟師攻之始去
巡視浙福都御史王忬條上海防事宜一禁近海

豪與通引倭夷以絶禍本二照各邊例惟以奮勇血戰爲功不以損傷折軍爲罪三選調閩浙兵相兼操習以資防禦四通行两廣南直隸巡撫操江官遠行哨探分布兵船彼此夾攻五两省守巡兵備官查照原定地方常川駐劄以便責成六寛禁令以開自新如脇從賊犯准令投首積年渠魁亦聽歸降七閩浙魚船量議收稅漳州橋房拖欠稅課及查理塩課事宜以助軍餉八濵海頑民接濟夷寇及走漏消息者乞以正犯處之極刑全家發邊衛充軍部覆俱從之

浙江舟師破賊於松門港把總夏光等擒賊四十四人斬首二十九級

海寇犯太倉州攻城不克分衆四掠燒燬關廂公私廬舍是時有失舟倭四十人突至浙江乍浦所往來平湖海塩海寧之地縱横肆掠焚戮慘虐官兵前後遇之皆敗凡殺把總一指揮四千户一百户六縣丞一所傷軍兵與虜數百人凡十六日竟循徉奪舟而去

海倭破上海縣共僭據官衙號令賊衆分刧街市

倭攻呉淞所南滙所俱破之屠掠極慘分掠江陰江北倭掠海州殺二百餘人

倭賊五百餘人攻破浙江臨山衛乘勝西犯松陽知縣羅拱宸督處州兵禦却之賊浮海走參將俞大猷以舟師邀擊斬首六十九級

倭攻福寧州秦嶼所破之大掠而去

倭圍參將湯克寛參政潘恩僉事姜廷頤于海塩環四門攻之不克縱火焚城樓及民屋數百間而去

倭寇復入上海縣燒刧縣市知縣喻顯科逃匿指揮武尚文與戰縣街中不勝尚文及縣丞宋鰲俱

被殺賊屯縣中凡七日縱火焚官民廬舍而去縣衙及倉厫俱燬

倭攻浙江乍浦所陷之知縣羅拱辰督兵來援倭引去流刧奉化寧化等地參將湯克寛追圍于獨山民家以火爇之賊半死餘衆奪道走遯于海

添設金山參將一員分守直隸蘇松等處海防備倭從巡撫鳳陽都御史連鑛奏也

南京兵科給事中賀涇奏上年海寇突犯浙東未遭挫衂今歲勾煽醜類連艘内訌以浙省防禦漸密乃沿守寶山嶴蘇湖等郡擾海爲險乘風肆虐

況畱都根本重地寔與海洋密邇其鎮江京口爲江淮之咽喉瓜埠儀真又漕運之門户今賊勢猖獗防制踈畧萬一黠寇匪茹横掠而西將致根本震動運道艱阻爲患非淺尠也矧今西北疲于邊烽而瘡痍未蘇中原困於饑饉而萑苻不靖其財賦供億所仰給者惟東南數郡已爾而復被寇燹若此真可寒心臣考嘉靖八年十九等年皆因海寇竊發添設總兵官駐劄鎮江事平而罷今宜查遵其例仍設此官俾整飭上下江洋總制淮海并轄蘇松諸郡庶事權歸一軍威嚴重而緩急有攸

賴矣南京廣西道御史汪克用亦以爲言兵部覆總兵官如議添設令駐劄金山衛節制將領鎮守沿海地方調募江南北徐邳等處官民兵以充戰守其操江都御史勑内未載海防并當增易

上命暫設副總兵一員提督海防應用兵粮巡撫并操江官協議以聞操江都御史勑書不必更換餘如所議已乃命分守福興漳泉叅將湯克寬充海防副總兵提督金山等處

巡撫應天都御史彭黯巡按御史陶承學等言倭勢日熾非江南脆弱之兵承平紈袴之將所可辦者請以得便宜調山東福建等處勁兵及勑巡視浙江都御史王忬督發兵船犄角攻勦疏下兵部覆山東陸兵不閑水鬬福建海滄月港亦在戒嚴豈能分兵外援宜令黯等就近調處州坑兵一二千名仍隨宜募所屬濵海郡縣義勇鄉夫分布防禦并請命王忬互相應援其應用兵船粮餉器械火藥許徵發在所支用南京署兵部事尚書孫應奎亦言倭夷刼掠瀕近畱都沿江津隘已議調官軍防守應用甲仗粮芻乞命南京户工二部給發

上俱允之

巡撫應天都御史彭黯巡視浙江都御史王忬各以倭寇出境浮海東遯來聞倭自閏三月中登岸至六月中始旋畱内地凡三月若太倉海塩嘉定諸州縣金山青山錢倉諸衛所皆被焚掠上海縣昌國衛南滙呉淞乍浦塞嶼諸所皆爲所攻陷崇明華亭青浦象山嘉興平湖海寧臨海黄岩慈谿山陰會稽餘姚等縣鄉鎮焚蕩畧盡百年所稱江南繁盛安樂之區騷然多故矣

增設浙西杭加湖叅將一員分守其地以福建行都司署都指揮僉事張鏜充之復於三府增兵備

副使一員以常州府知府陳宗夔陞任
兵科都給事中王國禎等言邇者海氛弗靖臣等日閱彼中當事諸臣及南京府部科道章奏凡夷寇交釁之由群兇狡譎之態黨與分布之廣城池失陷之多官民屠戮之慘與夫兵將柔脆之實國賦虧之之虞
祖宗根本重地驚惶震撼之情臣等深切殷憂周爰咨度求所以裨廟議銷後患謹列三事幸命籌國計者擇焉一明委任機不並操權無兩在海防要害以一重臣任之足矣乃命操江與巡撫協同行

事平居既苦于牽制臨事又易于推諉非計之得也宜稽往牒相時宜酌定歸一以專任而責成之便且近日登萊亦傳倭警凡濱海郡國將來恐俱不免其山東遼東巡撫亦乞賜以專勑俾理海防令亟于先事圖之一重事權昨歲因黃巖之破復設巡視浙江都御史惟是經理海上事宜諸凡黜陟臧否之權一切不與是以錢粮出納動支為難司府奉行多見窒碍有如都御史王忬所陳者亦何以展其猷為責之底績哉請如各省例更為巡撫浙江兼理海防職銜更勑賜之其福興漳泉等府軍務仍令提督如故一奬才傑訪得寇入之初凡守土諸臣莫不心喪膽落狼奔鼠竄而松陽知縣羅拱辰六合知縣董邦政乃能手握孤軍深入重地獨當就敵立有戰功即其忠勇一節寔超恒品乞不拘資格量陞濱海地方一官俾得展竟底裏為一方保障疏下吏兵部議覆海防宜屬之應天府巡撫巡視浙江都御史宜改勑加撫銜其浙省錢粮原屬應天巡撫者當仍其舊勿易拱辰邦政請加以按察司僉事職銜仍各随原任地方巡撫就近委用得旨王忬令提督軍務兼巡撫浙江

并福興泉漳地方應天鳳陽山東遼東巡撫都御史以本職兼理海防各別給勑書行事羅拱辰董邦政添註浙江按察司僉事餘如擬行
應天巡按御史陶承學蘇松巡按孫慎以倭寇既遯詳覈地方失事顛末因分别諸臣功罪以聞謂備倭都指揮王世科兵備副使吳相知府熊桴知縣喻顯科指揮張弓等各有地方專責寇至不能禦當罪原任都指揮韓璽等守備解明道太倉州判官金汝舟等各有率兵追勦擒獲焚溺之功當録得旨相停俸戴罪晉事世科弁弓桴等撫按臣

提問具奏

巡按御史趙炳然録上倭犯浙江地方失事諸臣罪狀謂叅將湯克寬俞大猷海道副使李文進俱有斬冦功可贖分守叅政顧中孚分巡僉事李廷松知府劉慤梅守德功不掩罪備倭都指揮王欽月輪把總指揮張瓚知縣林大梁而下百八十八人俱僨事當問死事指揮陳善道朵練滿朝把總馬呈圖及千百戶典史等官一十九人宜卹録詔克寬姑宥不問大猷奪俸與文進俱戴罪勦賊中孚慤等各奪俸二月欽瓚大梁等付按臣逮問具

奏善道等令有司立祠致祭陣亡被兵者賑恤之

南直隷巡撫都御史彭黯巡按御史孫慎給事中王國禎南京給事中張承憲南京御史趙宸宋賢先後各上禦倭方畧黯慎言三事一南滙所吳淞江劉家河鎮江宜增置把總四員防守一調太倉鎮海二衛中所官軍移駐吳淞一土民有擒斬獲功者授之職銜仍復其家國禎言七事一固民心凡急用軍需悉聴動支在庫無碍官銀不得徵派小民其宜布德意招集流亡諭安遷徙優恤蠲賑等項亟議施行一廣責成督率沿海鄉民團結訓練約束策應應設敵樓柵欄墻垣壕塹量力修築務足防禦一議添設杭嘉二府添設守備一員屬金山副總節制備倭都司駐劄定海無轄定海海寧二把總屯兵控禦一選將材不分見任閑任職任崇卑如果智勇出群開奏實蹟以憑推用一精簡練通查正餘軍丁定爲二等以備戰守各責副總兵叅將依法訓練不時試閱一重賞罰查照先年擒斬倭賊流賊事例定爲賞格准與陞級不願者給賞船主渠魁另行超格議處一寛法禁除通番人船及販易接濟應禁外其捕魚樵採無碍海

防者編立號驗放出入承憲六事一調募援兵水陸夾勦一申飭賞罰恪軍法以作用命一立保甲法團結鄉民協力戰守一正將領有司失事罪及賑恤死于兵者一朝鮮貢使至日賜勑令宣諭日本國王數以縱惡寇邊之罪一招撫歸正以散黨與宸言六事一宜行浙直福建撫按官嚴督有司建立城垣順民舉事務堪保障一宜行各府州縣隨宜招募使人自爲戰家自爲守如果殺賊有功照官軍陞賞一各該官軍嚴加選汰將精壯充役令統領人員用心操練多方點驗及嚴吏責放

役占之弊一倭寇狡猾慣善操舟我兵乘勝長驅深入海洋恐墮其計不宜窮追一江北之兵不習舟楫不宜暑溼勞師費財顧彼失此務求長策以俾實用不得槩調一處造戰艦及連珠烏嘴火銃之類操演習熟以備攻擊賢言五事一直隸金山衛近設副總兵一員統領之一錢塘江口宜增置守備一捍海塘宜增築高峻樹植荊棘列兵防守一募土人習水者爲篙師有力者爲戰卒仍調温處坑兵或山東長鎗手有警則隨機策應無事則分投教習一兩浙蘇松防守漸嚴寇必蔓及兩淮山東宜各行備禦兵部議覆

上多采行之

陞直隸蘇州府同知任環爲整飭蘇松兵備山東按察司僉事

總理糧儲巡府應天侍郎彭黯以江南連年倭寇兵餉不給乞暫留布疋船料事例折銀民壯丁兵銀以濟軍餉又言太倉上海嘉定被患特甚宜破格優恤撫屬充軍糧米每于年終徵完俟充而運船多至次年三四月始至水次時海潮風訊事變可虞乞勑漕運都御史將減存未運見在糧船先撥于上海嘉定崑山海塩常熟江陰州徒諸處于年終兑載運十戶部言布疋船料事例折粮銀皆内府太倉急需非所敢議惟去年巡按御史徐洛籍報蘇松常鎮四府實在銀二十八萬兩有奇可備軍餉其優恤太倉嘉定上海及漕運兑載事宜請如黯議報可

倭賊百餘由華亭縣漴缺登岸流刼咸木涇金山衛等處自六月終大舉倭東遯江南稍寧惟崇明南沙洎失風倭我三百人舟壞不能去總兵湯克寬僉事任環列兵守之日久未克至是倭警又作

遠近震恐

總兵湯克寬督邳漳等兵擊南沙倭敗績亡卒四百餘人

巡撫浙江都御史王忬言官兵追逐倭夷焚毀五十餘艘擒斬七百餘人海警暫息乞復叅將俞大猷副使李文進谷嶠叅議顧問僉事李廷松所停俸許之

漴缺倭移舟泊寶山總兵湯克寬引舟師追擊之及于高家嘴燬其舟斬首七十三生擒十四人

倭三百餘人突犯上海縣太倉州等處復突犯常

熟縣福山港把總王鉄率民兵禦之倭乃引去

巡按山東御史馮蕙言山東衛所官軍設于濟兗東三省者以爲内地之防設于青登萊三府者以備倭寇之擾自永樂初輪班調發京操而有司怠玩軍粮不足脫逃數多顧覔充數班操之缺如故今沿海一帶倭寇登岸乞將青登萊三府官軍留備倭寇濟兗東三府照舊輪班仍要清粮餉以足軍食嚴勾補以充軍伍兵部覆議從之

有倭舟失風飄至興化府南日舊寨登岸流刼殺千戸葉巨卿把總指揮張棟督舟師衝擊倭走據

山知府董士弘糾民兵獵戸與棟等合勢圍賊殲之是時海洋並岸諸島多栖寇舟有真倭阻風汛不獲歸者有沿海奸民搶江南旋候來歲倭至者未幾南日寨復有三舟登岸棟士弘擊之引去擒賊數人皆真倭比泉州舟兵巡海攻賊于石圳澇深泥湾等處凡再戰擒賊四十餘人則皆浙江臨海福建漳浦廣東掲楊等縣人盖江南海警倭居十三而中國叛逆居十七也

前犯常熟倭復由上海七灶洪登岸流刼三林莊南滙所呉淞江所及嘉定縣地方至十九日始去

應天巡撫都御史彭黯巡按御史孫慎以蘇松常鎮四府近遭倭患居民流徙請蠲太倉州京庫銀三萬六千二百兩有奇嘉定縣京庫銀八千九百兩有奇上海縣京倉銀五萬八千九百兩其餘四府所屬州縣積逋二十七年至三十一年錢粮皆停徵又言南方衛所沿邊者戍腹裡者運制也自邇年以松江所運船二十隻改派金山衛及青南二所代運腹裡互失其職宜復舊制章下戸部議京庫銀不敢議免其積逋錢粮自光禄寺物料并三十一年以前布疋外皆可緩徵運船舊制宜改

復如黯等言報可

巡按直隷御史孫慎勘報倭夷殺掠呉淞嘉定諸處論巡撫彭黯叅政翁大立六合知縣董邦政副總兵湯克寬指揮劉重光不能防禦乞正其罪戰亡鎮撫胡賢重傷指揮黎鵬舉並宜優恤得旨倭奴侵擾諸臣督守無策黯停俸四月大立二月邦政等姑宥之克寬停俸戴罪殺賊立功餘從所議

嘉靖三十三年

倭寇自太倉南沙潰圍出海轉掠蘇松各州縣時賊聚南沙五月餘官軍列艦于海口圍之數重不

能破軍中多疾疫乃佯棄敝舟以遺之開壁西南
匝賊遂得出
應天巡撫都御史彭黯以倭患孔棘請令蘇松常
鎮四府得納承差如各省例弁催閶門商稅留三
十一年以前應解本色布銀以充軍費從之
兵部覆原任巡撫應天都御史彭黯奏去年九月
倭賊流刼華亭南沙上海呉淞江等處諸守臣功
罪狀劾賊入副總兵湯克寛兵備僉事任環松江
府同知都文奎等迎戰皆不利後克寛追賊于寶
山破之環等各嚴兵自守雖無斬獲功境內以全

罪亦有可宥者
上是之命赦環文奎等罪各策厲供職克寛功罪俟
覈勘議處
巡按直隷御史孫愼劾奏新陞南京工部尚書應
天巡撫彭黯身居重任不能出死力以扞地方乃
縱賊盤據南沙杜門高臥臣屢趣之進兵黯不得
已一至太倉散千金以募勇士日給廪餼所糜又
以千計曾一矢未發俄已退還南京矣未幾而工
部尚書命下黯遂封其印綬寄之應天府一切軍
務俱置不理夫新巡撫之聞喪黯知之矣而諸賊

縱横出沒百姓寄命于刀槊者急諸倒懸水火也
黯不念職守不俟交代樂于脫一已之患害而忍
於視百姓之魚肉使諸賊偵知調度無人東馳西
突殺掠不可勝計乞重治以警人臣偷安避事者
疏入
上怒命錦衣衛械繫至京鞫問之尋黜爲民
改南京兵部右侍郎屠大山爲兵部右侍郎兼都
察院右僉都御史總理粮儲提督軍務兼巡撫應
天勅吏部請以江西右布政方任代應天巡撫彭
黯未至以憂去復以江西左布政陳洙代之會黯

被劾得罪
上命再推忠謹堪任者以聞大學士嚴嵩言洙已陞
任
上曰卿謂代黯有人不知其人才猷能勝黯否且今
地方危急一日不容縱賊又恐其人遠不能猝至
奈何卿可同吏部尚書默詳議之默因言蘇松巡
撫所轄十二府州地遠不便兼轄况當軍興之際
調兵轉餉難責一人請添設提督軍務大臣一員
責之勦賊而令巡撫洙專督粮餉
上曰總督與巡撫並設未知當否其再會同兵部詳

議以聞于是黙等退復與兵部諸臣計之皆言兵粮两分行事未便不若依近年浙江添設提督軍務都御史例令提督巡撫合爲一人庶責任專而績效可勉其都御史洙暫令回籍候補
上以爲然因改大山于應天巡撫兼提督自大山始
以南直隷太倉州上海華亭二縣被兵准改徵兊運米折色有差
巡撫浙江兼管福興泉漳都御史王忬以三十二年九月後倭寇二次犯興化府日南舊寨及十一月後泉州府兵出洋勦殺石圳澳深泥湾等處賊

船事聞因叙上諸文武將吏功罪謂興化知府董士弘泉州知府童漢臣保障有功當旌奨把總指揮張楝先敗後功俱宜准贖千戸葉巨卿百戸張養正死事宜恤録得旨楝赦勿問士弘漢臣俱賚以銀幣巨卿養正下撫臣優卹
論南沙縱賊罪狀浙江提督海防副總兵湯克寬備倭都指揮梁鳳職俱令戴罪立功以通泰參將解仁道代克寬福建備倭都指揮盧鏜代鳳劾賊自南沙出海轉掠嘉定上海間克寬等莫敢前但伺賊入海則督陸兵登岸則督水兵故與賊相左以觀望塞責于是巡按御史孫愼奏請逮治
上以用人之際姑薄罰之
停分理蘇松等處海防浙江按察司僉事董邦政俸令其戴罪殺賊坐擅離信地致賊猖獗爲巡按御史孫愼所劾也
詔福建巡按御史逮備倭都指揮張輝至京問停分守嘉杭參將張涼俸戴罪殺賊俱坐陞任回籍爲巡撫王忬所劾也
南直隷續至倭寇二千餘人自南沙登岸分掠蘇松諸處參將湯克寬帥兵擊敗之于採淘港斬首百八十級

蘇松倭寇掠民舟入海趨江北岸薄通泰等城焚掠各鹽場餘衆有漂入青徐界者山東遼東俱震
參將俞大猷督兵勦普陀山倭寇我軍半登賊突出乘之殺武舉火斌等三百餘人
遼東巡撫都御史江東以倭寇蔓延青齊間逼隣金州條上海防八事一金州通山東海運舊設守備防倭成化中始易以備禦緩急不足恃請仍設守備轄金陵二衛專理海防一金州海島民居稠密宜委官分詣其地編立保甲俾自爲守一金陵

等衛黄骨島等堡士馬乆缺乞酌量衝緩隨宜增
補一造小船分布各島口以便傳報一脩葺沿海
諸路堡臺以便守瞭一選編腹裏各衛城堡及四
方屯居流民壯丁委官督操以倡勇敢一嚴禁商
賈私販木植下海者恐爲倭鄉導一擬應援兵馬
如金州有警則令海盖祭將督兵徃援其遼陽廣
寧錦義總兵祭守等官各相機策應有逗留者罪
之一金陵海盖歲比不登無若重役逃亡者多宜
下所司撫䘏兵部覆可從之

勑御史趙宸以閩浙倭亂奏專設一巡撫于福建
詔下吏兵二部會議至是覆言閩兵習戰乃浙江
外援須撫臣無制乃便策應比因都御史王忬巡
歷福建而浙江偶有瀝海之失議者遂謂遥制之
難殊不知福建雖患倭未如浙之甚第令海道諸
臣得人任此有餘若復設巡撫則漳泉兵力獨有
所屬浙不得調用乆之又將議設總督閩盖多事
矣
上是部議
浙江倭寇自海塩趋嘉興祭將盧鏜等帥兵禦之
稍却次日復戰于孟宗堰伏發殺官軍四百人溺
死五百人都司周應楨指揮李元律千戸薛綱朱
應瀾等俱死之賊乘勝入據石墩山分兵四掠
倭寇攻嘉善縣陷之盡焚沿河運船
倭寇攻嘉興府城副使陳宗夔帥兵禦却之焚其
舟賊遁入乍浦與長沙湾寇合犯海寧諸縣
楊州衛千戸洪岱中所千戸文昌齡泰州所千戸
王烈督兵援通州至西門外三里橋與賊戰死之
浙江倭寇自嘉興東掠入海至崇明縣夜襲破其
城知縣唐一岑死之
南京兵部尚書張經等言國初洪武間以倭夷不

靖遣信國公湯和經畧海防凡閩浙濵海之區陸
有城守水有戰船故百餘年來寇不爲害其後法
弛敝生軍士有納料放班之説于是强富者散遣
老弱者哨守戰船損壊亦棄不脩以致寇得乘之
而入請行各處巡撫嚴督所屬預集兵船以守要
害追補納料軍士以實行伍清理積歲料銀以造
戰船又言南京營卒逃故數多邇來倭寇震隣防
守缺人乞將各衛所原報冊籍凡義男女壻有名
者一體選收入伍待事寧之日去留再議仍請代
支兵部草場銀及南京戸部粮草折銀共二萬两

委官于京城内外及宿邳等處招募驍勇充爲前
鋒召原任指揮韓璽路正督操以備征調下兵部
議覆從之
兵部覆巡按直隷御史孫慎言浙江江北諸郡倭
患方殷蘇松二三月閒所在告急皆經畧失人軍
令不嚴所致乞勅巡撫曹大山收召忠勇之士申
明誤軍之罰仍榜諭沿海居民有能奮勇殺賊者
如軍功陞賞所得倭器悉以與之計擒首賊者許
奏陞指揮僉事世襲一切軍費悉從便宜區處督
粮叅政翁大立無令往來蘇松賞鎮催納粮餉有

事專任松江以便調度詔以其議屬大山舉行仍
趣令赴任不許遲緩
倭寇自崇明進薄蘇州府城大掠
倭入崇德縣大掠而去
詔發南京戸部銀二萬兩爲蘇松備兵費
給事中王國禎賀涇御史温景葵等以倭寇猖獗
逼近留都各上疏乞調兵給餉及推選總督大臣
重其事權如往年征勦華林麻陽諸寇故事下兵
部集廷臣議俱稱便因薦南京兵部尚書張經堪
任總督調兵當遣御史及本部司官各一齎太倉

銀六萬兩往山東調發奏留民兵一枝及青州等
處水陸槍手共千人人給軍裝銀十兩令叅將李
逢時許國督赴楊州聽經調度給餉當取之南京
戸部銀五十兩臨德二倉銀五萬兩及截留起運
米二十三萬石其紀功責之各巡按御史賞格與
功同凡斬首一級者擬陞一級不願陞者賞銀一
百兩有能擒斬首惡王直等者授世襲指揮僉事
如直等悔罪能率衆來降亦如之其部下量授世
襲千戸等官俱塡註備倭職事議入
上允行之乃命經不妨原務兼都察院右都御史總

督南直隷浙江山東兩廣福建等處軍務一應兵
食俱聽其便宜處分臨陣之際不用命者武官都
指揮以下文官五品以下許以軍法從事
江北倭寇攻如皐縣不克
巡按浙江御史趙炳然奏三月三十日以後官軍
禦倭失事狀部覆叅將俞大猷一敗于普陀山叅
將盧鏜及把總丁僅等再敗于孟家堰宜重治其
嘉湖諸處失事當坐叅將張淙鄧植及知府劉懿
使陳宗夔李文進謝少南李廷松姜廷順等罪而
督撫王忬調度失策亦宜重罰陣亡指揮李元律

等宜陞級賜官立祠如例得旨卹録死事官軍依擬王忬姑令竭力平寇以靖地方盧鏜等俱戴罪立功

遣福建道御史温景葵兵部主事張四知往山東募兵禦倭

兵科給事中王國禎等言比部議上禦倭方畧以重賞招降賊首汪直等臣竊疑之臣聞勝國末海濵多警東南巨寇有秋至漕運萬戸及行省叅政者且叛服不常迄終無救何者其心不服而爵禄不足以歆之也故至今議者以招撫最爲誤國殷鑒具存柰何復欲效之今四方群盗所在蜂起皆幸朝廷不誅無所創艾就使部議得行降一汪直未必不生一汪直將來貽患更有不可言者且古帝王所謂招撫不過曰脇從罔治耳渠魁未甞宥之也使渠魁來歸既宥之復賞以爵是賞以勸惡人誰不爲夫使吾民皆趍爲惡之利非國家之福也疏下兵部覆言海嶼賊與山賊異山賊有定勦可以遣將出師攻而取之海嶼賊乘風飄忽瞬息千里急則遯去乘間則復來有非兵力大用

輩通番入海既而悔之嘉靖二十九年八月中嘗

爲官軍捕斬海寇陳嶼王等及餘黨二三百人欲以自贖而是時有司不急報之遂貽今日大害故臣等欲倣岳飛官楊么黨黄佐故事懸以重賞使之歸爲我用以賊攻賊非敢輕授官爵以示之弱也

上竟從國禎等言令總兵張經一意勦賊脅從願降者待以不死賊首不赦

漕運侍郎鄭曉奏臣伏見倭寇類多中國人其間有勇力知謀可用者每苦資身無策遂甘心從賊爲之嚮導此非包荒含垢早圖區處必爲腹心憂今議者一曰復市舶便一曰嚴誅勦便夫諸路軍威未振群賊懲創未深即復市舶恐非國家禦夷之體倭奴所殘既皆我良善官兵所殺又多我逋逃必嚴誅勦亦非所以仰承朝廷好生之德臣欲愚乞

聖明廣收武勇申命各撫按等官于軍民白衣人中每歲查舉素有膂力膽畧智謀者十數人以義勇名色月給粮米一石令其無事率人捕盗有事領兵殺賊立有功勞量議官職奏請陞授若從文階則授試巡檢武階則授試所鎮撫但許捕盗殺賊

不得経收銭粮接理詞訟仍照文武官員事例考察考選有犯者依律問罪如此則片善寸長皆露斗食碁夫悍卒漸受條籠不惟中國之人不爲賊用異日且有將材出于其間其在今從賊者特揭榜諭許令歸降遣還故土有擒斬賊徒者如例給賞才力可用願報効者委用别地立功贖罪俟有勞績亦與叙遷不然恐數年後或有如盧循孫恩黄巢王仙芝者蓋至滋蔓難撲滅矣臣又聞洪武中倭奴數寇東南傍海州縣是時浙江一省既遣信國公湯和築城又遣魏國公徐輝祖江陰侯吳

高練兵又遣都督商暠楊文劉德出戰又遣都督於顯出海巡倭此皆上公元侯謀臣宿將尤且遲之數年未得寧息復遣南雄侯趙庸招撫沿海漁丁島人塩徒蛋戶籍爲水軍至數萬人又遣萊州府同知趙秩禮部員外呂淵宣諭倭奴迫至洪武二十五年以後海夷始靖則凡自今可以解散賊徒者固宜勅下兵部亟爲議處不得泄泄然付之無何而已疏下部覆議請以其奏下總督張経酌宜行之報可

福建官兵捕得漳州通倭賊蘇老三十餘人誅之

倭寇由吳江轉掠嘉興署都指揮僉事夏光督兵禦之背王江涇而陣賊衆甚鼓譟而前我兵大潰光急入舟中流矢溺死

上諭吏部曰朕聞大同邊務壞甚巡撫官必須得人方濟緩急可陞王忬右副都御史巡撫大同兼贊理軍務時忬方巡撫浙福吏部因請陞徐州兵備副使李天寵爲都察院右僉都御史代忬報可

廣東番賊糾倭寇千餘剽掠海上官軍擊敗之擒賊首方四溪等餘黨遁去

蘇州倭寇流刼至嘉善縣轉趨松江出海參將俞

大猷等敗之於吳淞所擒七人斬首二十三級

官兵敗倭于礁南海中焚其舟生擒十三人斬首十八級

從總督張経言起原任貴州總兵白泫及廣西都司都指揮鄒繼芳俱充遊擊將軍徃田州歸順南冊東蘭那地調狼兵五千人各帥至浙直禦倭

南京太僕寺卿章煥言比者江南之變起于内地姦民利賊重貨爲之鄉道而我兵倉卒無備徒手搏戰于溝塍沮洳之鄉故每出輒敗夫兵者因地形者也今六七都鄙閒千村百落皆爲戰場敵形至

難制也而郡縣且相率閉城使各鄉兵當賊左矣爲今之計莫若急築城堡于諸鄉以固守併力于郡縣以待戰郡縣有備則賊不敢散掠而謀沮諸鄉堅守則兵不必徧分而力裕是謂人自爲戰家自爲守小入則其地當之大入則併兵禦之中道則設伏擊之出海則舟師邀之功決可次第而成昔

皇祖嘗命湯和視海上擇要地築數十城以備倭而東南安堵此其驗也又今所患不在無兵而在于兵之不畏將新設軍門止以空文遥制數千里外

如兒戲耳故其法莫如重將重將當自軍門始使叅佐偏裨一稟約束而後兵可使亂可定也夫西北諸邊一切軍食皆有司先期部署以聽督撫之調度故其精神聯貫如臂使指猝緩急可咄嗟而辦今政體不素定而郡縣之與督撫相視如客主臨變則上官漫督之而主者亦漫應之軍情之苦樂不體官帑之出入無稽或一人兼數人之食或數日無一餐之飽或一家而數役迫之或一人而數官臨之是目睫間已成呉越况百里之外哉故欲决勝先定政體凡軍門必以賞功之費一一會

計所出貯之別藏使軍門不以煩有司有司不以煩民上下相體遠近相維則萬全術也臣又聞訓練之兵萬人一心弱可使強強可使馴今議者率稱調兵非久計也少發之則不足多發則用度不繼久駐則老師費財暫駐則兵散而寇復入急之則怨寬之則驕而爲亂臣愚謂訓練土兵漸罷客兵便若土兵必不足宜募廣西湖廣山東近海之丁壯及有罪謫發者居之海壖及諸河道通海之地給配偶予田宅使之土著而忘其鄉是城堡之外益以藩籬計無便此者臣又聞外賊易見内賊

難知今以海外蠻夷而深入内境凡我動靜曲折無不知者誰爲之也又其始至千人四布無一知者及鳴號而須臾畢集賊固善匿匿之誰也此東南之大變皆奸民釀之也夫奸不可以刑治治外賊以兵内賊以誠有如今之郡縣得人如龔遂者示寬大布恩信問疾苦時拊循彼反側者將反本而呼天何變之能生且天下寧獨倭夷可爲亂哉夫海上多壯士善者負氣任俠而不肯下人否者憑恃險阻而恣睢暴戾我能制之則爲我用不能制之則爲賊用故安反側收豪傑乃治亂之機不

可深思不可不預待疏入兵部覆其言是請下督臣張經採行詔可

倭寇由上海黄浦逸出攻松江府官兵追戰敗績縣丞劉東陽死之

贈故崇明知縣唐一岑爲光禄寺寺丞立祠祀之併廕其子爲國子生初崇明新城成一岑計徙居而本所守城千戸高才翟欽者阻之未幾倭寇突入舊城一岑且戰且罵諸將梗議誤事者遂爲亂軍所害以陣亡計于撫按官久之其事始露士人至今以各官軍佚罰爲恨云

按知縣唐一岑本爲亂軍所害而籌海圖編云賊夜襲破縣城知縣唐一岑者與之巷戰身被数刄猶力戰賊敗出城一岑傷重而死居二日賊復至據縣城諸耆民相與謀曰唐父母被害而吾輩乃容賊盤據吾縣耶於是相與僇力爲死鬬賊二百人皆就殲此蓋有意諱之不然亂軍故當誅而一岑之䘏典亦似過矣

倭寇自嘉興還屯綵絢港柘林等處進薄嘉定縣城會募兵叅將李逢時許國以山東長搶手六千人至與賊遇于新涇橋逢時率其麾下先進敗之賊退據羅店鎮官軍追及之擒斬八十餘人

山東兵復進擊倭寇至採淘港乘勝深入伏起我兵大潰溺水死者千人指揮劉勇等死之初浙涇之捷李逢時功最許國恨逢時與之同事不先約已乃别從間道襲賊欲以分逢時功會暮大雨劉勇等兵先陷没諸軍繼之皆倉卒不整遂大敗

世廟識餘録云按是時總督尚書張經自駐常州府而遣兩叅将勦倭巳兩大不相制而贊畫者爲南京兵部主事譚綸盛唐權不足以攝兩叅將任其爭功喜殺每日率諸長鎗手出城揚兵則斬民

間秃者報捷于是知縣楊旦哭訴之督粮叅政翁大立大立言之贊畫主事綸等謬辭之曰兵氣欲揚公柰何阻之也大立怫然起曰凡人一念是可以動天感神一念差可以覆宗絶嗣公等爲民勦賊乃殺民當功耶綸等竟不聽而益縱長鎗手恣意騷擾奪民居棲宿即米鹽醬醋之類俱被掠盡民甚苦之大立乃促之出兵兵行羅店鎮俄而雨大至或勸之收兵兩叅將徑督之而前始至採淘港不見一倭惟倭船数隻泊港而皆以絮被蒙之長鎗手彎弓亂射終不動比過午海潮巳上諸港

俱漫賊十六人忽于蘆葦中躍出橫刀滚入吾陣
長鎗手突亂盡棄鎗走臨港不得渡則自相殺或
溺死凡死者三千餘人國史止據郎報書之而云
是役擒斬八十餘人疑當時張經之誣奏如此即
所謂斬民間禿者首耳實未嘗獲一眞倭也且出
兵遇雨兵書所謂沐屍雨也而贊畫者昧而無忌
安得不取敗乎 尚書徐學謨
南京兵科給事中賀涇奏應天巡撫都御史屠大
山衰病不堪重寄乞諭令大山自圖進退或暫予
告歸別選大臣忠壯有心計者代之部覆請詔許

大山回籍仍令巡按御史勘其有無托疾狀以聞
奪浙江備倭署都指揮僉事芦鏜職戴罪殺賊坐
赴任稽遲故也
追贈王江涇死事指揮夏光為都指揮同知立祠
祀之子孫陞賞職一級世襲
以浙江兵荒暫停今年照刷文卷
以倭亂罷浙江今年歲貢魚鮮
浙江巡按御史趙炳然類奏四月內兩浙官兵于
石墩等處先後擒斬倭寇二百餘人乞錄原任叅
將盧鏜都指揮劉思至指揮劉隆張四維及聽勘

指揮潘閈副使李文進陳宗夔功治失事領兵僉
事羅拱辰備倭把總周光瀚崇明知縣蔡本端罪
而陞贈陣亡都指揮周應禎百戶梁瑜趙軒朱璽
等俱兵部覆請從之因言石墩乆為賊巢乞加賑
卹得旨文進等各賚銀幣閈復原職拱辰策勵光
瀚等下御史問餘悉如擬
兵部覆浙江巡撫都御史王忬言嘉善崇德桐鄉
德清慈谿諸縣濱海無城及兩浙西關廂嘉興東
北關廂皆當預築城堡以屛郡治第公私告匱費
無所出惟辦復監生生員吏農及贖罪充軍罪犯

宜暫破常格令其納贖庶可少濟公家之急又言
浙西叅將張淙病怯不堪任乞以戴罪副總兵湯
克寛代之
上曰充軍不准納贖先年已有旨餘議允行克寛失
事罪重姑令充為事官分守杭嘉地方戴罪剿賊
刑部主事郭仁以賊首汪直挾倭奴亂海上引
祖宗諭三佛齊故事請勅令朝鮮宣諭日本國章下
兵部覆言宣諭乃國體所關最宜慎重盖倭寇方
得志恣肆比之往者益為猖獗恐未可以言語化
誨懷服也若猾夏之罪未懲而綏以撫諭非所以

蓄威糾虔之黨未得而責以欽戢非所以崇體刻
令簡將練兵皆有次第待其畏威悔罪然後
皇上擴天地之仁頒恩諭以容其更生未為晚也且
祖宗時三佛齊止因阻絶商旅非有倭奴匪茹之罪
朝鮮國近上表獻俘心存敵愾如復令其轉行宣
諭恐亦非其心矣臣竊以為不便
上從部議
詔停徵蘇松常鎮四府租一年以被倭故也
論五月中倭寇犯蘇州崑山等縣諸臣失事罪令
原任副總兵解明道指揮張成巳等各戴罪殺賊

奪僉事任環知府林懋舉同知張子璣等俸一月
陞死事百戶劉愛臣等子孫及一級世襲
巡按浙江御史趙炳然劾上三十二年倭賊攻陷
昌國臨山等衛及乍浦所城各官功罪兵部覆議
以把總指揮王應麟等五員守備不設論斬張四
維策應後期及朱朝臣等八員不能協守罪發遣
而四維後有斬獲宜令立功自贖陣亡指揮陳善
道千戶李茂等宜陞襲有功叅將俞大猷副使李
文進都指揮張鈇等宜録用詔俱如議
南京兵部尚書張經以倭寇充斥議留折兊運粮

借用兩淮鹽銀蘇州府滸墅鈔關船料後湖贓罰
十萬兩充兵餉戶部覆太倉等州縣漕粮改折如
留巳為破格若併折色而盡留之漕規廢壞何所
紀極宜止以太倉州三十二年秋粮折兊銀三萬
五千有奇華亭縣三萬六千有奇共抵作原議聽
留蘇松常鎮四府三十三年兊運秋粮幷派剰銀
兩之數存留充餉後湖紙贖可以其半與之報可
論六月至七月浙江官軍禦倭功賞浙江巡撫都
御史王忬銀三十兩綵幣三表裏有叅將俞大猷
叅政謝少南等罪復原任都指揮僉事張鈇職大

猷仍同指揮任錦各賞銀幣劾大猷以普陀之敗
戴罪殺賊鈇被論革任少南與副使陳宗夔李文
進順李廷松知府劉慇俱坐失事待罪至是忬類
奏首功以張老等之擒歸功張鈇以吳淞所之捷
歸俞大猷以長礁南之捷歸任錦因請為少南等
贖罪兵部覆忬有經畧功故賞之
倭寇七十餘人犯海門縣焚舟登岸淮陽兵備副
使張景賢亟引兵禦之戰于呂塲盡殲其衆
兵部覆論三月至五月通州如皐等處官兵禦倭
功罪以儀真守備張壽松及提督掘港指揮張明

化等臨敵畏避下巡按御史問以如臯縣知縣陳
雍守城有功陞俸二級賞徐州兵備副使李天寵
通泰參將梅希孔等銀幣及卹録百戸髙時義勇
官沙子現等各有差
倭寇犯海門徤跳所等處
命錦衣衛械繫原任應天巡撫屠大山參將許國
李逢時副總兵解明道至京訊治先是採淘港之
役坐兩将不相能各兵趨利不止故垂成而敗時
明道督水兵泊海口坐視不救大山方稱疾不視
事至是御史張師价以敗書聞請治大山國逢明

道各失事罪總督張經因論山東監軍參政許大
倫副使周臣紀律不嚴亦宜量罰于是大山逮至
黜爲民明道等坐失律罪斬大倫臣降三級邊方
用
倭寇犯松江青村所等處官兵禦之不克
倭寇自柘林分掠嘉湖二府都指揮劉恩至逆戰
于嘉興縣却之
增造南京新江子兵船二百艘先是新江口額設
船四百艘以操江都御史潘珍奏減其半至是魏
國公徐鵬舉以海寇繹騷請改沙船增復舊額從

之
命改浙江嘉善縣兊米三萬五千餘石以賊焚運
舡故也
兵科都給事中李用敬論劾總督南京兵部尚書
張經縱賊誤國四事其一受命半載一切軍情利
害不聞奏報其二山東兵至不量客主勞佚之勢
而輕于一戰爲賊所掩其三兵敗之後不即席藁
引罪而隱匿至二月餘其四以墳墓在閩恐爲諸
寇齮齕不敢盡力驅勦疏下吏兵二部覆議經奏
調廣西土兵與湖廣民兵來入境而山東兵先至

氣鋭一時狃于小勝致墮賊計其取敗有因非經
失但經本以南京參賛之職節制東南内外掣肘
不便行事乞量改一官令其專以平倭爲務其參
賛之任另選一人代之則内外均有責成非獨處
經實以重留都也
上是其議命改經爲右都御史兼兵部右侍郎專一
總督軍務剋期平賊不許怠惧以南京吏部尚書
周延代經爲兵部尚書參賛機務
浙江續至倭寇萬餘人分掠樂清黄巖東陽永康
等縣

復失事金山等處備倭官署都指揮僉事盧鏜原
職充分守浙江寧紹台温地方參將戴罪殺賊
倭寇三千餘人由金山突至西海口登岸分掠
命浙江都司僉書署都指揮僉事劉恩至充金山等
處備倭官無捕塩徒盜賊
倭賊攻嘉興府東關官兵拒走之
追録採淘港陣亡指揮劉勇千戸孫升胡應麒鎮
撫李繼孜義勇官徐萘各陞襲贈級命有司立祠
如例并卹其從軍死事者家叅政許大倫副使周
臣免降調各奪俸半年時李逢時等既得罪兵部

復言大倫等皆山東監軍官原無地方之責獨都
指揮盧鏜僉事任環當坐而鏜已戴罪殺賊環歷
戰有功四臣俱在應議之例乞姑貫其罪而卹録
死事諸臣又言禦倭之法惟戰與守然必守定始
可議戰民聚始可議守據險始可聚民今當事諸
臣苟且目前未有爲公家長慮者各郡邑一值賊
至計無所出獨擁孤城以待調兵至耳今東兵既
挫復調廣西武昌等兵征調愈多則民愈困賊愈
不止乞勑守臣講求據險聚民之策招集崇明等
縣沙船練習水戰毋專恃調兵得旨島夷肆掠地

方實由逆徒勾引各有司未能多方擒捕以至猖
獗日久蘇松府衛州縣諸掌印捕盜官俱當逮問
以時方用人且俱令停俸戴罪立功自贖沙船付
任環招集督令殺賊其贈卹死事官兵俱如擬大
倫等姑奪俸留用
以三十三年倭寇犯太平縣及瀝海所等處官兵
擒斬有功賞台州知府宋治銀十兩陞太平知縣
方輅俸一級原任指揮孫敖叙用千戸張應奎等
三員陞襲贈職俱如例
倭寇犯松江青村所等處官兵禦之不克

巡按直隷御史孫慎勘蘇松禦倭文武官功罪得
旨今備倭署都指揮同知王世科如原擬處决指
揮使時奨等發遣知縣萬思謙等准以功贖仍奪
俸一年知州熊桴知縣俞顯科降邊方雜職以兵
備僉事任環身親戰陣斬獲功多陞右叅政無副
使兵備如故原任操江都御史蔡克廉都指揮韓
璽復勘無罪准遇缺推用原任浙江巡撫都御史
王忬見任操江都御史　褒善巡江御史汪克用
調度有功各賞銀幣有差其督粮叅政翁大立命
裁革赴部別用

覆論三十二年普陀山斬獲倭寇功給賞浙江都指揮劉恩至及福建泉州衛百戶鄧成等有差

詔遣原募山東禦倭兵還自梂淘港之敗東兵遂不振會王將李逢時等被逮皆鬱鬱思歸稍自引去總督張經請下有司追捕兵部言此輩俱係北土烏合之兵驅之蘇松水澤之地固非甚宜今不如悉放遣之詔可

命調永順宣慰司彭藎臣各帥所部土兵三千人前赴蘇松勦賊先是總督張經議調廣西狼兵及湖廣民兵尚未至而蘇松自十月後新倭繼至者又萬餘人經至是告急因後以調兵請許之

以蘇州被倭令滸墅鈔關收折色一年

兵部覆巡按直隸御史徐紳三議一議簡兵謂邇者京營既冗而又增募至四萬人中間多老弱冐替者宜精簡而時練之厚以衣糧俟秋防有警量遣征戍一議備倭謂倭賊嘗以詐伏取勝不繫兵衆寡今蘇松常三郡民兵軍餘及諸路所調者殆四五萬衆而兵多無制何以克敵請自今嚴行守臣簡練本處壯快沙民使之人自爲戰因汰去客兵之無用者其供億諸費或以應天徽寧太池廬

州安慶滁和廣德等府州所屬民壯弓兵于十分之内其六存留守禦其四暫免應役每名輸工食銀七兩二錢給軍或以南京兵部積貯船料銀暫借二十萬兩俟事寧漸次補償一議備邊謂比歲霪雨爲灾各邊塞垣傾圮亟宜脩葺而司計告匱請以山東河南兩班民兵汰去一班但留三千壯者入衛其餘每名徵其沠工食銀三十六兩輸以脩邊仍將徐邳入衛民兵一體折徵暫行二年得旨允行南京兵部銀准借十萬兩各處民壯弓兵令提編三十五年折銀紳原擬之數其餘均徭不分銀力二差俱納銀一兩送各軍門支餉

詔原任貴州總兵沈希儀松潘副總兵何卿亟帥家丁赴蘇松軍門候用

改浙江分巡領兵僉事羅拱辰爲寧紹台三府兵備專住紹興從巡按御史趙炳然奏也

兵部覆上總督張經條陳一查復備倭舊政言國初備倭之法久不脩其最急者在勾補逃軍乞即于見在數内選取趫徤餘丁習水戰者各令收伍食粮一總會水戰兵船言倭寇入擾其船必由海洋其來必由浙東請合浙之東西江之南北各把

總兵船爲一體每總以其半爲遊兵半爲守兵備賊入本總則併力截殺入他總則守兵爲守信地而遊兵務令追捕與他總互相策應其浙江之視蘇松江南之視江北亦如之有自分彼此縱賊深入者查所從來治罪一編立本地主兵言諸路調兵勞費不貲而吳浙間耆民沙民塩徒礦徒類皆可用請于各府所屬州縣二百里以上者編兵三百名二百里以下者二百名或均徭編派或各里朋出募兵一名定銀十二両如自有丁壯鄉民准其應役否則徵銀募兵一議設海防職守言吳松

江口及黃浦一帶皆通海要路兵船既設統領無人請于蘇松各增設同知一員而以水利通判併入巡塩其青村所福山港亦各設把總一員守之一議置遊兵防護言比歲倭賊焚燒糧船數多乞動支南京戶部募兵銀両遣官于徐邳間召募驍勇一千五百人付將官周于德領之俾其沿河哨獲一築立衝要城堡言瓜州京口乃留都屏障宜于對峙之處創建城郭備置水關俾運道悉由中行及浙之北關松之滸東亦各築二堡屯兵戍守其經費下守臣酌議一申明賞罰條格言我兵禦

敵有陸戰水戰生擒奪回之異賊兵臨我有殺賊零賊從賊首惡之殊宜各分別行賞統領官亦各照部下功罪以爲賞罰其賊俘繫獄者亟赴守巡官會訊處決毋容久繫以防內變詔允行

兵部尚書聶豹等言國家財賦大半仰給東南比者倭寇作難調兵選將設官增備三年于茲始設提督于浙江尋處繼加提督于蘇松巡撫又設總督無理將官自副叅守把而下增置二十餘員調募客兵近自徐邳山東遠至廣西湖廣所費各不下巨萬又起原任總兵沈希儀何卿各帶家丁打

手一千自是大兵肆集殲賊有期顧在督撫諸臣協謀共濟耳臣聞禦夷之道守備爲先攻戰次之故唐臣陸贄謂中國與夷狄各有所長不可勉于所短而敵其長宜用所長以乘其短是在脩封疆守要害塹蹊隧壘軍營謹禁防明斥堠務農以足力練卒以蓄威寇小至則遏其衝大至則邀其歸據險以乘之多方以誤之使其勇無所施衆無所用掠則靡獲攻則不能進有腹背受敵之虞退有首尾難救之患此萬全之術也今江南州縣既鮮一城廓村居又鈌墩堡則封疆不脩各通海地方守

禦官軍名存實亡則要害不守江南居民散處水濵依江海者皷楫可至依腹裏者舍舟可通則蹊隧未塹各衛軍卒兵甲朽鈍遇敵則軍營未壘通番下海律有明條今閩浙勢豪私造巨舟與賊交易稍一厲禁怨讟朋興自巡撫朱紈不得其死法網遂撤則禁防不謹三壤雖存鞠爲茂草孤村相望幾絕炊煙則民不得務農進退無紀功罪不明軍不畜威三四倭奴挺刄而至官兵數百相顧披靡而蘇松沿海居民又每負貸賊所覬厚利是民借寇以生而寇反資糧于我安望能遏其衝與邀

其歸耶又聞賊據崇明諸沙彼反據險待我賊在月浦交戰彼且設伏出奇多方誤我又將虜去丁壯髡黔入黨絕其歸路而各州縣又不能爲之招諭處分中間斃于矢石之下含冤江海之中不知其幾凡此數者我失其所長而賊顧乘我所短也自非大加懲創亟圖撲滅臣恐後患益甚況蘇松密邇留都襟帶江淮萬一搖動梗塞爲患不細乞申飭督撫嚴行守令預築城堡濬坑塹整軍置械固守要害團練土著招撫脅從其與各叅遊守把等官明賞罰之條厲交通之禁兩司及府州縣官不可用者調之去之甚者以軍法從事至于督撫罔功則巡按御史覈實糾劾容臣等從實叅究以章憲典如此庶上下相維臂指相使東南不足憂矣得旨各處調兵將至張經其督率區畫戰守赴期蕩平若復怠緩重罪不宥比歲提請海道江防聚兵等事有司漫不修舉其令浙直巡按御史稽實以聞豹初盛稱南北戰功請

上謝玄受賀遂陞一品及是以警報日聞恐被譴責故爲此言規脫己責云

浙江巡按御史胡宗憲奏上十月至十一月倭寇

自建跳所分掠紹興各縣水陸官兵前後擒斬三百餘人請録巡撫都御史李天寵原任叅將俞大猷副使陳宗夔陳應奎等功

上從部覆令先賞天寵等銀幣其所獲功次下御史再勘

倭寇陷青村所

以倭警命豐潤伯曹松專督

孝陵衛軍防護

陵寢

五卷終

皇明馭倭録卷之六

兵部車駕清吏司主事臣王士騏纂

嘉靖三十四年

巡撫應天都御史周珫奏蘇松二府連被兵荒乞將三十三年秋粮盡數蠲免華亭上海及嘉定崇明四縣仍發銀賑濟戶部覆該府本年民粮存留者依擬蠲免起運者除派內府者議改折外俱暫停徵再將三縣各扣京庫米四萬石崇明原無起運令于別庫議處銀五萬兩給散以報可

兵部覆應天巡撫周珫巡按周如斗奏去年十

月倭賊犯上海護塘馬家洪等處把總婁宇鎮撫陳習僉事董邦政禦之頗有斬獲功當録十一月倭復寇璜涇陷青村所欲窺松江備禦指揮徐承宗等出戰不利參將湯克寬等遇賊于嘉湖戰復敗績當罪得旨珫賞銀二十兩紵絲二表裏邦政銀十兩宇習各陞二級下承宗于按臣訊治褫克寬冠帶令于信地殺賊申勅總督張經及珫剋期剿賊

巡撫應天都御史周珫言禦倭有十難有三策其十難謂倭去來飄忽難測海涯曼衍難守水陸勾錯難戰鬼蜮變詐難知盤據堅久難備居民柔脆難使土地瀉鹵難城主客兵力難恃芻粮匱乏難措將領驕懦難任其三策謂處海上陳前馬跡諸山扼倭夷出沒之路置福船二百蒼山船三百與兩浙兵船會哨于諸島之間來擊之制人而不制于人上也以沙船五百遊哨于蘇州海口選土兵萬餘列戍于松江之獲塘俟賊登岸而掩擊之中也集蘇松輕舸五六百艘遊哨于黃浦吳淞太湖小港之間使賊步不敢深入舟不敢橫行下也更請趣調狼兵土兵漳兵留淮浙鹽銀十萬兩或

借南贛軍餉銀九萬兩為粮賞之需兵部覆奏從之

福建備倭都指揮張輝受命年餘始赴任巡撫王忬劾其畏避詔械輝至京問黜為民

先是工部右侍郎趙文華疏陳備倭七事一祀海神言天吳顯靈廟在萊州請遣官望祭于江陰常熟以激勸人心一降德音乞下令有司掩瘞枯骸蠲粮稅省農耕以子惠元元一增水軍欲多募淮揚壯健大修戰艦以固海防一差田賦按蘇松四府民田一丁過百畝者重科其賦更預徵官田之

秕三年以佐軍興一募餘力脉諭富家有能需財
力自効者事寧或與論功或與釋罪一遣視師言
當事諸臣以兵爲戲須以重臣監督之乃克成功
一察賊情欲招通番舊黨並海塩徒易以忠義之
名令其入巢偵伺因以爲間疏下部覆謂祀海神
降德音增水軍募餘力察賊情俱有裨軍政請下
督臣酌行其差田賦恐致擾民遣視師宜行總督
張経奨率諸軍不必別遣崑山縣致仕侍郎朱
禧隆奏諸添設巡視福建都御史弁開互市之禁
上諭閣臣曰南北兩欺不宜怠視本兵若罔知者文

華隆禧二臣之疏似不同泛奏者當有依焉今南
破此虛豈爲國之道耶
祖宗教養恩深豈以怨讟時君而忘
先聖大德卿等其集兵部科臣示朕此意令盡忠猷
以告于是兵部尚書聶豹等震慴請罪言文華之
疏臣度其可行者已奏可之其事有窒戾者亦復
疏陳其畧至如朱禧所奏設巡視則科臣謂官多
民擾其云開互市科臣亦謂示弱無以北虜之市
爲監皆駁寢之且昨歲文華已有市舶之議于時
戶部下所在守臣計處至今未報臣惟

祖宗制倭絶其朝貢至以勲臣出鎮海波始清當時
絶不言及市舶意良有謂且浙直兵力脆弱所恃
徵調以策應緩急者獨有漳泉兵耳若更設巡視
閩中則人懐自顧漳泉之兵豈得復爲蘇松兩浙
之用今兵力四集南倭似有可平之漸而宣大諸
境邊臣亦各矢力奮猷足寢北虜之謀倘所任不
効則當治諸臣及臣等之罪疏入得旨南北兩欺
倭賊殘毁地方尤甚昨下諭求平勦長策欲豹等
入告忠猷今此疏何有忠猷之告其更悉心計處
以聞于是豹益惶恐上言臣犬馬之愚豈敢不盡

顧智識淺短軍國大計籌慮實有未周盖中間機
宜非可遥制方畧不能面授拘于職掌者既難于
徑行得于傳聞者又未敢輕奏是致臧否異同消
滴未效茲謹瀝竭血誠遵詔上便宜五事一制勝
之本督臣駕馭失策諸將不相爲用宜令虛心以
集衆思厚賞以畢群力一用兵之術寇至宜以舟
師截之于外狼土兵驅之于内而以鄉兵遏其横
奔互相犄角則戰守俱利一散賊之黨令寧紹漳
泉等府編立保甲自相稽察凡民出入出必詰其
所向入必驗其所得嚴以覺舉之法重以連坐之

科一足食之計凡撫按論罷滌具郡縣等官罪有追贓者宜徵入以佐軍需一足兵之計既列罪錮諸將視其輕重限以首功多寡自贖贖已積功叙復其官已乃積功遷次如例不效則仍正其罪既入

上曰爾等職任本兵坐視賊欺不能設一策平勦又奉諭問却令泛言具對摭拾舊文塞責豹姑降俸二級侍郎翁溥等各奪俸半年所司郎中張重降二級調外任餘各奪俸三月復降勅切責張經師久罔效今其嚴督諸臣亟爲勦賊安民如再因循

重坐不貸

巡按浙江御史胡宗憲劾上去年十一等月倭犯嘉湖諸臣功罪言倭屯據柘林突犯嘉善及嘉興攻府城東北二門時指揮陳光祖把總孫敖指揮樂墳俱擁兵不戰咸以賊衆兵寡爲解賊遂越府城流刼秀水歸安都御史李天寵督參將俞大猷都指揮劉恩至水陸兵同抵嘉興而僉事羅拱辰兵亦來會天寵督發各兵併力追剿分命副使陳應奎陳宗夔隨營監之令尅期夾攻水陸並進乃宗夔見恩至所率皆蒼山廣福銃卒欲專其功業與大猷約期乃前期以孤軍先進與賊戰烏程縣之窯墩我軍不利賊亦頗有損失復歛入柘林老巢于十二月突出犯新帶恩至威令不行偏裨各自爲進止百戶賴榮華統福兵六百人恃其驍健鼓行直進賊潰登舟榮華乘勝薄之中烏銃而死把總孫敖千戶鄭逵以蒼山兵先遁師遂奔敗嘉善知縣鄧植望風棄城走是日賊遂入嘉善焚縣治屠掠甚慘以上諸臣進退無紀彼此離心貪功觀望有同兒戲坐貽地方大害請分別治罪而卹録其死事者詔褫劉恩至冠帶令戴罪殺賊下敖

等八人及鄧植于巡按御史訊治奪兵備副使陳宗夔僉事羅拱辰俸各一月責俞大猷陳應奎策勵供職其陣亡將士賴榮華等下所司優卹如例

遣工部右侍郎趙文華祭告海神兼察視江南賊情初文華條陳禦倭便宜首請遣大臣祭東海至是禮部覆如其言

上以問大學士嚴嵩言南賊擾蘇松二載設官調兵未見實效屢次奏報或多失實宜依部嚴遣大臣往祭宣布朝廷德意即令察視賊情訪求可以區處長策具實奏聞其所差官或即用文華亦可

上乃命文華往文華本嵩私人及是復自以奇術得
幸于
上既出憑寵自肆所睚眦即立摧仆之百司無不望
風震懾奔走供奉恐後時公私財賄填入其室江
南爲之困敝焉至于牵制兵機顛倒功罪以致紀
律大亂戰士解體雖徴兵半天下而賊勢愈勝皆
嵩引用匪人之罪也
賜蘇松海防僉事董邦政四品服俸賞銀二十两
紵絲二表裏録其正月閘川沙窪剿倭功也
兵部覆浙江巡按御史胡宗憲疏報正月朔柘林
倭奪舟犯乍浦海寧攻陷崇德縣又轉掠塘棲新
市横塘雙林等處復攻德清縣殺把總梁鶚指揮
周奎孫魯百戸陸陵周應辰副理問陶一貫等
正失事諸臣之罪并録有功及死事者
上以城陷失事[redacted]大命巡按御史執崇德縣知縣蔡
本端解京訊治叅將湯克寛把總指揮丁僅下督
撫先取死罪招巡撫李天寵都指揮吳牖卲昇領
兵僉事羅拱辰俱停俸戴罪殺賊奪副總兵俞大
猷及叅政謝少南兵備副使陳應魁僉事凌雲翼
等俸三月下指揮等官李土等七人于按臣問周

奎等陶一貫等各贈襲如例獲功知縣楊並副千
戸曾勇監生喬鏜等命軍門奬賞有差也逮本端
至坐失陷城池謫戍
蘇松兵備任環督叅將解明道等以舟師與倭戰
于南沙野茅洪敗之斬首一百八級
巡按直隸御史孫慎勘覆三十三年倭犯蘇松地
方文武諸臣功罪并請録死事者得旨指揮婁宇
等十九人及原任備倭者都指揮僉事梁鳳海防
僉事董邦政俱功罪相當宥不問指揮等官徐承
宗等二十七人令按臣逮訊奪知縣周秀等六員
俸三月褫備倭署都指揮僉事盧鏜冠帶戴罪殺
賊贈死事省祭官孫鏜及巡檢李叢祿俱光祿寺
署丞陣亡千戸童元男陞襲如例
廣西田州土官婦瓦氏引土狼兵應調至蘇州總
督張経以分配總兵俞大猷等殺賊奏聞詔賞瓦
氏及其孫男岑大壽大禄各銀二十两紵絲二表
裏餘令軍門奬賞
工部侍郎趙文華至松江祭海神是時倭據川沙
窪柘林爲巢経冬涉春新倭復日有至者地方甚
恐及聞兵至人心稍安總兵俞大猷遣遊擊白泫

等稍有斬獲文華因謂狼兵果可用厚犒之激使
進剿至漕涇遇倭數百人與戰不勝頭目鍾富貴
黃維等十四人俱死兵士傷已甚衆于是賊知狼
兵不足畏復肆掠如故矣
倭犯江北淮揚等處前後由通州之餘東場海門
之東夾港地方登岸流刼狼山利河等鎮邑四餘
西等場（江北倭突入通州南門燒民屋二十餘間而去）
江北倭犯淮安府鹽城縣
巡按浙江御史胡宗憲言往時日本入貢多不及
期請待其復來得以便宜謝遣仍令有司移檄其

王問以島夷入寇之狀疏下禮部覆言倭夷犯順
窮兇無過今日苟輕容再貢殊損國體請如宗憲
議遵例阻回諭以貢有常期必當遵守仍當委曲
開導使之心服不得徑情直行致拂夷心至于彼
國僻居窮海島夷背其君長藉口爲寇沿海姦民
互相勾結揆之理勢似亦宜有請因其入貢即令
撫按衙門移諭日本國王責問連年犯順何人倡
亂令于半年之間立法鈐制號召還國即見效順
忠款雖使貢期未及亦必速爲請奏如或不能鈐
服則是陽爲入貢陰蓄異謀仍遵禁例徑自阻絕

上是其議
永順宣慰司官舍彭翼南保靖宣慰使彭藎臣各
統土兵三千名及致仕宣慰彭明輔官生彭守中
等報效兵二千名俱至松江
兵部尚書楊博等議上平倭賞格請于吏兵二部
各印發空名告身五百紙付總督張經聽其量功
受職給赴本部即與銓除
上曰即令調集狼土兵多費用糧餉不貲正宜鼓舞
倂力剿賊所擬雖是破格懸賞恐處置未善致有
誣殺冒功買功反滋弊端其再會吏部都察院及

吏兵二科熟計以聞尋集諸人議上文職如舉人
監生斬倭一級免其監歷即附選籍候選者即與
銓除三級以上則于格身優叙願京職者如所試
級除之承差獲級三顆待次者免其歷役在役者
即與銓除吏農獲級三顆待次者免其考辦在役
者即附選籍省祭官待次者亦准附選候選者即
與銓除加於本資一級其陰陽醫技等官獲級如
上則榮以章服録一子爲生員如各罷閑品官獲
級如上削籍者許以冠帶閒住者致仕致仕者進
級仍補一子爲增廣生其不願仕與獲級不如數

者給賞如武職例武職賞格畧如邊方例獲倭一級進世襲一秩獲從賊三級視倭一級其非對敵而緝捕三人者陞一秩上其身其所部獲功副總兵至二百級叅將都司至百五十級把總指揮至六十級千百戶至二十級皆得陞秩其文武智勇出衆能獲渠魁大酋者俱別議以聞議上得旨時方用兵進剿所議待報另行

柘林巢賊分衆三千餘過金山衛總兵俞大猷督游擊白泫及田州瓦氏兵邀擊之賊鼓衆來衝我兵大潰死亡無算賊遂奔犯浙江

江北倭犯淮安府塩城縣

三大浦倭賊分掠常熟江陰村鎮兵備任環督保靖土兵千餘及知縣王鈇指揮孔壽分統官民兵二千攻其巢破之斬首五十餘級燒賊船二十七隻餘賊奔江陰

川沙窪倭賊駕舟出海官兵縱火焚其巢風蕩賊舟一至戚家墩遊擊白泫劉恩至獲之斬首三十七級是日江陰賊亦出江東遯

淮揚海防叅政張景賢兵禦倭于狼山敗之

柘林倭賊合新倭四千餘人突犯嘉興總督張經分遣叅將盧鏜等督狼兵等兵水陸擊之保靖宣慰使彭藎臣與賊遇於石塘灣大戰敗之賊遂北走平望副總兵俞大猷以永順宣慰使司官舍彭翼南兵邀擊之賊奔回王江涇保靖兵復急擊其後賊遂大潰諸軍共擒斬首功一千九百八十有奇溺水及走死者甚衆餘賊不及數百奔歸柘林自有倭患來東南用兵未有得志者此其第一功云

原屯川沙窪倭寇復突犯閘港周浦車溝等處奪舟過浦分掠泗涇北幹山僉事董邦政遊擊周藩引兵追擊遇賊於塘行我兵驚潰藩被戕死軍士

死傷者幾三百人賊遂屯駐古塘橋流刼崑山縣石浦等鎮

南京湖廣道御史屠仲律條上禦寇五事一絶亂源夫海賊稱亂起於貧海姦民通番互市夷人十一流人十二寧紹十五漳泉福人十九雖槩稱倭夷其實多編戶之齊民也臣聞海上豪勢爲賊腹心標立旗幟勾引深隂相窩藏展轉貿易此所謂亂源也曩歲漳泉濱海居民各造巨舟人謂明春倭大至臣初未信既乃果然故禦之之標在腹裏防之弭盜之本當邊海制之邊海諸處漳泉福爲始

而寧紹次之其一禁放洋巨艦其二禁窩藏巨家其三禁下海姦民三法者立而亂源塞矣即使舊賊未盡殄滅然而後無所繼其勢自孤退無歸其情知懼與今日往來自若者必不同矣二防海口夫海固涯涘無際然賊泛海來犯放洋則衝濤入口則起陸非可絕險而徑渡也故其往來所由出入可設險防拒者姑自浙東西大江以南濱海數郡言之入平陽港則近金鄉入黃花澳則近盤石而逼溫州入海門則越新河而冦台州入寧海關入湖頭湾則窺象山定海而瞰寧波入江口則搖尾

於紹興入鱉子門則垂涎於杭州入乍浦峽則流毒於嘉興入呉淞江則犯松江入劉家河入七丫港則掠蘇州此其大勢也中間經行或潛形於馬蹟山或遯跡於大七洋及大小衢上下川則其要害也此沿海諸郡之通患也故守平陽港拒黃花澳據海門之險則不得犯溫台塞寧海關絕湖頭湾遏三江之口則不得窺寧紹把鱉子門則不得近杭州防呉淞備劉家河七丫港楊威馬跡大七洋大小衢上下川諸險則不得擾蘇松嘉興此地險也一處失守蔓延各處不可以彼此分遠近異

也且賊長於陸戰短於水鬭以其船不敵而[illegible][illegible]不備也在我宜用所長棄所短則莫若持海船請以見在把總船隻通行查齊不足則令福建如法添造或即令沿邊地方買補每大小船百隻或五十隻號爲一鯮募以慣習柁工水稍而充以原額水軍于前諸海口各量緩急以爲置船多寡又爲遊兵數鯮分布上流往來要害海軍錫粮衣甲之給比陸軍加優令其更番巡邏併力捍禦來遏其衝去擊其惰責以毋令賊入賊入而力拒有功者陞賞其失備者重究此禦冦之長筭也故法不可

不厲也臣聞倭之入也豈盡無軍之患僉有軍而移入便地者矣有失於巡哨者矣甚者買渡報水受其鉤餌者矣若此則地方奚賴焉夫百處守之一處失之無益也千日防之一日踈之無益也事在督撫及海道諸臣明信其賞罰耳三責守令夫荷戈戟載甲胄爭鋒死者將士之能也保封域固郊圻全境安民者守令之任也今之守令不肖者棄城而走矣其賢者大率遇警則嬰城守耳其闗廂村鎮委之無柰何夫城之外獨非赤子乎且邉海孤城卒然無備猶可誘腹裡歲[illegible]江南奥壤非

可長驅而卒至者顧不能設險預防使寇徜徉去來若履無人之境則國家建邦設邑張官置吏將馬用耶自今江南守令之職當以訓練士兵保令境土爲殿最仍勅吏部凡遇海守令員缺必慎擇其才且賢者然後授之庶保障足耳四議調發近日徵調各處兵民遠近四集徐沛山東永保川廣及軍門編調各府義勇無慮數萬然師老財殫竟不見膚功之奏者臣請諸指臣不善用兵之弊陳之夫古者用兵潛機密計電馳霆擊進退倏忽妻子莫聞所以能有成功也今則先發後行尅期始

動前軍未啓而先聲已聞其弊一也古者名將筭不百勝不敢輕動今也謀不預成計不先定冥行突進動陷伏中其弊二也守不據險屯不列要奔急救難賊逸我勞其弊三也法曰夜戰聲相聞足以相救晝戰目相見足以相識懽愛之心足以相死言兵之貴熟習也今也兵不專一主客雜聚卒遇狡賊易衣變飾突然來前不能別識其弊四也兵無素統將不預設一遇有警卒然命官本以烏合之人帥以未經識面之將其弊五也夫三軍之衆所以冒白刃蒙矢石至死而無敢却顧者威行之素今法令姑息紀律不肅進必有死之恐退無伏鑕之慮是以畏敵而不畏將其弊六也地形不習險易不識趨利不及避難不早其弊七也粮糗不儲料理不周遠兵勞役撫卹未至枵腹待寡窮愁思歸其弊八也士不精選勇怯無辨前擊後解懽然而散雖悍夫勇士或以無援而力屈或見先奔而膽喪其弊九也地狹人衆不能旋轉互相排擠雖有勇敢無以効其所長其弊十也十弊不去雖頗牧操刃賁育執戈莫能濟矣近日汀州如賴百戶兵敢死先登足當一面以不善用之使頭領

陣亡軍士逃遯如此則徵兵雖多亦何益哉夫非有遠畧大志約束號令不過辟爲姦利在貪淫耳所以制禦之則非兵少之憂而實寡筭之患蓋欲防盜者必知盜情欲制盜者必存盜心故必詳謀而熟計之然後成功可期也五作勇敢沿海如沙民鹽徒打生手及村莊悍夫皆勇敢可用然多樂效用於私室而不樂報名於公家何者以公家勢遼而文繁也豪民以之保村里則有餘以之充行伍則無益何者以行伍人多而心力渙也然則順其情相其宜以振作鼓舞之必有術矣乞勅下各

該有司迴諭豪家大族及里巷豪傑各爲身家併力拒守其有能團結鄉民保固村鎮者先與免其糧里押運重役及徭均一應雜差獲功者一體陞賞其有願受文職審其果能保障一方及斬首十顆以上民得比輸粟入監係有職役者並得起送赴部與本等常選陞授閭里之人並得以其功累增至赴部實選其不願官爵者則重給賞優恤之或亦制賊之策也近蘇松嘉湖之民嘗有糾集知勇乘賊怠玩或掩其昏暮間能被賊奪其輜重者隨爲官軍刧其財而奪其功夫居民出百死之力

卒被刧奪曾不獲分毫之報不亦激衆怒而失民心乎又有村民團結自相防護志在全家保妻子耳有輙謂其能遂報名入官以致人各畏避不敢復謀拒賊此又沮民之氣而抑其忿也請諭地方官凡義民不願在官者不得一切附報且嚴禁官軍不得攘奪民功則民利而動無畏而奮將各思所以自效矣兵部覆其議悉是詔允行之

倭五十餘人自山東日照縣流刧東安衞至淮安贑榆縣是日呂四場有倭舟突犯沿刧東團等處該場副使李政督率者竈奮鋭攻之斬首四十五級盡殱其衆

倭舟三十餘艘衆約千餘人自海洋突犯蘇州青村所攻城不克遂縱火自焚其舟登岸肆刧是時新倭復大至自青村外若南沙小烏口浪港諸處悉有賊至泊岸即焚舟散刧官兵稍稍逼乃合勢犯蘇州陸涇壩及婁門南京都督周于德引兵來援一戰而敗鎮撫孫憲臣被殺倭遂中分其衆爲二一由齊門北馬頭而北轉北掠滸墅關長洲五等都一由胥門木瀆而南轉掠呉縣橫塘等鎮延蔓常熟江陰無錫之境出入太湖莫能禦者

浙直督撫諸臣以江南倭寇侵擾調兵日多糧餉不給請借留淮浙餘塩及南贑餉銀各省庫銀接濟戶部覆餘塩銀屬京邊歲費難以議留贑州餉銀准借九萬兩廣東福建庫銀各十萬兩江西湖廣五萬兩更以兵部船料弁各府應解均徭民兵銀存用今日江南軍餉孔亟固當計慮京邊歲費日增尤當議處宜行各司府編派均徭接濟内除順天蘇常鎮等府充編外其餘司府俱預編一年令南直隸淮楊鳳徐四府州浙江軍門陝西銀解延綏山西銀解三關北直隸直保定七府及河南

山東江西湖廣四川五省銀俱解本部以備用詔
可
南京湖廣道御史屠仲律奏江南倭寇軍餉不足
竊覩破耗之弊實數端召募軍士動輙敗沒是費
數十萬金不得一夫之力一也城守攻築曠歲無
成是費數十萬金不得尺地之守二也士兵之選
勇怯無擇衣粮之蠹日費千金三也海上艘艦擄
奪漂燬脩造所需不可紀算四也甲冑之製數多
費廣一遇接戰裸體而歸五也器械藥耀目震耳
臨陣掩棄祇爲盜資六也六蠹不去則盡帑藏洩

之尾閭矣至於加派田糧勸借富戶有司假此擾
民驅之爲盜俱宜嚴飭務俾樽節愛養以求功疏
下戶部議行
詔錦衣衛遣官校逮總督直浙福軍務右都御史張
經及叅將湯克寬械來京問以侍郎趙文華劾其
畏巽失機玩寇殃民故也倭自去歲松江柘林川
沙窪二處爲巢縱橫肆掠週圍數百里間焚屠殆
徧水陸兵無敢近者本年三月祊廣西田州土官
婦瓦氏及東蘭南舟那地歸順等州狼兵六千餘
名承經調至狼兵輕慓嗜利聞倭富有財貨亟欲

取之居民亦苦倭寇暴朝夕冀倖一戰文華既至
嘉興屢趣經亟檄狼兵勦賊經曰賊狡且衆今檄
召四方兵獨狼兵先至耳此兵勇進而易潰萬一
失利即駭遠近視聽姑俟保靖永順士兵至合力
夾攻庶保萬全文華再三言經終守便宜不聽文
華乃疏言經養寇糜財屢失進勦機宜惑於參將
湯克寬謬言欲俟倭他適截出洋以水兵掠餘賊
報功塞責其宜亟治以紓東南大禍疏至
上以問大學士嚴嵩對具如文華言且謂蘇松人怨
經不可復留宜與克寬俱逮京鞫訊以懲欺怠經

克寬遂幷得罪尋陞巡撫應天右僉都御史周鈗
爲兵部右侍郎仍兼原職代經總督
贛榆倭流刼海州沭陽桃源等處至清河阻雨徐
沛官兵分道邀之殲于馬頭鎮民家斬首四十一
級此賊自日照登岈不及五十人流害两省殺戮
千有餘人至是始滅
叅將盧鏜督 上江等兵及宣慰彭藎臣土兵
四川指揮陳元正蜀兵攻倭於張莊賊見兵衆閉
壘不敢出元正以兵挑之賊出戰諸軍四面攻擊
縱火焚其壘賊奔遯我兵追擊之及於後港賊反

軍迎擊諸軍皆潰
浙福提督都御史李天寵以四月間金山衛之敗
來聞因叅副總兵俞大猷統調集重兵失機僨事
以致流毒浙省
上批其疏曰俞大猷統狼廣兵萬餘不行進勦致賊
猖獗本當重治姑奪職充爲事官戴罪殺賊
陞金山總督倭備署都指揮僉事劉恩至充分浙
江嘉湖等處叅將而以指揮僉事婁宇爲署都指
揮僉事代恩至
總督直隷浙福右都御史張經以平望王江涇大

捷來聞於是兵科都給事中李用敬給事中閻望
雲顧泓潞袁世栄高敏宇等因言經巽愞失事罪
之誠當但今獲首功以千計正倭奴奪氣我兵奮
激之時宜乘勢擣柘林川沙窪之巢以殲醜類若
復易帥恐誤機會請姑召還錦衣使者待進兵之
後視其成績與否從而逮經加罪未晚也
上覽疏大怒手批之曰張經欺怠不忠聞文華之奏
方此一戰是何心也此輩黨奸惡直沮法怨上罪
不可貸乃命錦衣衛執用敬等各廷杖五十黜爲
民已而

上心疑之以問大學士嚴嵩言此事臣昨問臣階臣
本二臣松浙人以鄉郡被傷聞見甚眞皆言經養
寇損威殃民糜餉不逮問無以正法昨狼兵初至
氣鋭經禁久不進瓦氏憤曰我自備軍糧不效尺
寸何以歸見鄉黨及賊至甚多地方震恐文華憤
不能平與御史胡宗憲合謀督兵追賊經聞繼至
今大文華誠忘身徇國然必藉巡按力宗憲勇敢
有膽略親擐甲臨戎以致克捷此實上天垂祐所
致
皇上昨諭欲遣官賜文華銀幣以壯彼仰見

聖明激厲臣工至意但御史宗憲功同希亦賜一賞
使彼地之人知日月之明無遠不照功者勸罪者
懼矣
上乃諭禮部曰昨文華不言賊情未免又誤可令竭
忠督討仰賛玄威其遣衛官一員齎賜文華大紅
金彩錦雞紗衣一襲銀六十兩御史宗憲協心王
事賜銀三十兩彩段二表裏瓦氏效勞被沮亦犒
賞銀三十兩彩段二表裏可即行給發之方文華
發疏有云徵兵四集未有進戰之期蓋經以兵機
貴密宗憲輩佻淺不輕與言耳今戰勝嵩乃言文

華宗憲合謀督兵擐甲致捷經聞乃至殊失事實然狼土兵寔服經威名經被逮衆志卽泮渙用琉楊宜皆庸駑非濟變才且受制文華宗憲由是倭患日新而狼土兵復爲地方所苦東南事愈不可爲矣

柘林倭賊縱火自焚其巢駕舟二百餘艘出海東遯

蘇松兵備任環督總兵俞大猷等官及永順官舍彭翼南等土兵蘇州府縣兵進攻陸涇壩賊敗之斬首二百七十有奇焚賊舟十餘艘餘賊奔潰

察視浙直軍務侍郎趙文華上疏報捷謂前月倭犯嘉興城御史胡宗憲先中以藥酒擊敗之俞大猷率永順宣慰彭翼南等又敗之于王江涇擒斬千餘人參政任環又敗之於常熟斬首一百五十級焚其舟二十七而金山衛等處斬獲亦不下二百賊衆蕩平有期矣兵部言據此捷奏兵威稍暢人心正奮然在浙江則餘黨未遯在松江則舊倭猶在宜乘勝逐北以靖地方請先賞將士用命者

上命賞永順宣慰彭翼南等四人銀各二十兩紵絲二表裏餘軍門領賞

陞浙江按察使曹邦輔爲都察院右僉都御史提督軍務巡撫應天

倭寇常熟縣知縣王鈇率兵乘城禦之賊屢攻不克移舟泊三里橋鈇及鄉官參政錢泮率耆民家丁追賊及于上滄港爲賊所掩擊俱死者民無脫者巡按御史金淛上其事

上憫二臣死事詔贈鈇爲太僕寺少卿泮光祿寺卿各蔭一子錦衣衛世襲百戶賜祭一壇立祠死所有司歲時享祭

侍郎趙文華復疏陳倭夷出没之形并劾巡撫周

琉總兵白泫僉事董邦政等縱寇喪師使零賊奔潰餘孽復張因言巡按御史胡宗憲才智異常安危可寄宜亟付以大任兵部覆上其議

上責琉統重兵不能擒斬逸賊致蹶將損師本當逮治第時方用人姑停琉俸褫泫及邦政等職充爲事官戴罪殺賊如仍前怠縱罪無赦宗憲併論功之日不次超擢文華仍奉命督師參奏僨事者勿畏避

倭賊百餘自浙江紹興府上虞縣慈谿所登岸突犯會稽縣高埠奪民樓房據之知府劉錫千戶徐

子懿等分兵圍守賊潛縛木筏由東河夜渡潰圍
而出鄉官御錢鯨遭於蟶浦見殺賊遂流刼杭州
而西於潛西興昌化内地驚駭
三丈浦倭賊駕舟出海總兵俞大猷引舟師遮洋
擊之斬首一百三十有奇衝沉賊船七艘賊遁泊
海三板沙
巡按御史周如斗疏報蘇松舊倭去者未盡絕新
倭來者益衆節犯黄浦等處殺遊擊周蕃請治諸
臣失事罪[redacted]僉事董邦政寡謀輕進遂致僨師罪
宜首論把總婁宇望風奔潰同知郁文奎洪以業

防首疎虞及總督張經提督周琉操江史褒善均
有兵戎之任不能禦寇門庭皆屬有罪副總兵俞
大猷既追寇於金山復慢防於越浦雖有平望王
江涇之捷難贖其辜備倭都指揮劉思至要害不
守武備素弛皆當量罰因言新舊之寇勢合而益
張主客之兵力分而益寡請更調發精兵協濟軍
餉責諸以討賊必效仍録遊擊周蕃死事之忠以
作士氣兵部計已被譴諸臣不議請令督周銃遵
前議增調兩廣精兵仍令盧鏜親詣處州選兵更
於四川松潘等處官民鄉勇兔土諸兵並赴浙直

軍門并力破賊
上曰近日江南調至狼土諸兵不爲不多督撫官遲
疑觀望不能進勦養寇貽患以致新賊繼至合勢
愈熾又欲增調各兵假此遷延時月奚有實心平
賊之忠今姑從所擬施行若又師久無功琉等罪
不赦奪操江史褒善俸三月褫把總婁宇都指揮
劉思至戴罪殺賊下同知郁文奎洪以業於按臣
問贈遊擊周蕃都督僉事錄其子襲陞三級
倭賊進據江陰蔡涇閘分衆犯唐頭知縣錢錞統
狼兵禦之遇賊於九里山時已薄暮雷雨大作賊

伏兵四起狼兵悉奔惟餘錞及民兵八人盡死於
賊巡按御史周如斗上其事詔贈錞爲光禄寺少
卿廕一子國子生賜祭一壇立祠死所有司歲時
祭祀
原犯浙江倭賊還侵吳江叅政任環總兵俞大猷
督水陸官兵迎擊於鶯脰湖平望等處斬首七十
九級生擒賊五人餘賊奔還嘉興
三板沙倭賊搶民船出洋叅政任環總兵俞大猷
引舟師追擊於馬蹟山擒倭首灘拾賁及徒賊五
十七人斬首九十三級是日倭舟有被海風飄圍

者舟壞餘賊五十餘人屯嘉定縣民家叅政任環
以者兵攻之不克傷亡三百餘人乃投火民宅焚
之賊盡死
勅總督直隸浙福軍務都御史周琉巡撫浙江都
御史李天寵爲民政南京戶部右侍郎楊宜爲兵
部右僉都御史代琉陞巡撫浙江都御史胡宗憲
代天寵先是
上聞琉疾甚又以天寵嗜酒廢事遂併黜之仍勅工
部右侍郎趙文華悉心督察命禮部鑄督察軍務
關防馳賜之

察視軍情侍郎趙文華言始者賊逸松江也宣慰
彭藎臣等與賊相持十晝夜賊遁蘇州藎臣及俞
大猷任環合兵追之於陸涇壩斬首五六百級兵
勢稍振頃二司兵失利而賊遂散逸一犯湖州長
興勢復猖獗良由我兵寡勢分士氣不揚耳臣以
爲藎臣等報效之勤勞寇至蘇州我軍盡亡火器
委諸賊中而又海上福滄等舟七十餘船皆爲賊
燬臣以爲諸臣失事之罪宜問兵部覆議
上命降勅獎勵彭藎臣彭明輔各賜銀二十兩紵絲
一表裏官舍彭翼南准實授生員彭守忠給與冠

帶其福滄兵船被燬失事令按臣覈實以聞
蔡涇閘倭至夏港鎮副使王崇古督水陸兵夾擊
之賊遂出泊港淺沙分舟南犯至靖江陳公港登
岸我兵急擊之斬首四十有奇餘賊逃入民家我
兵焚而殲之
奪浙江按察司副使劉起宗董士弘官一級僉事
羅拱辰二級陞左叅議許東望爲副使代拱辰以
巡按御史胡宗憲劾其禦倭無功故也
改湖廣按察司副使孫宏軾復除山東副使劉燾
俱於浙江以倭警用兵從吏部推擇也

巡按直隸御史周如斗維亭常熟之敗疏言越浦
之寇蔓延內地流毒日深諸臣防禦失策致鎮撫
孫憲臣身嬰賊鋒知縣王鈇鄉官錢泮繼及於難
前後雖有小捷所喪敗日多因叅兵備副使任環
功不掩過海防僉事董邦政罪浮於名及巡捕同
知王如瓚把總婁宇等失守慢防之咎請卹錄憲
臣等而正環等罪又言永順保靖之兵屢戰多捷
實湖廣副使孫宏軾叅議王繼洛監督有方及官
舍彭翼南彭守忠等實心幹濟請優賞以示兵部
議覆詔宥環下如瓚等於御史問賜宏軾繼洛各

銀二十两紵絲一表裡贈憲臣指揮僉事龔陞其
子三級
高埠逃倭自杭州西掠者沿途傷亡至嚴州淳安
縣僅六十餘人以浙兵逼急由濠領盤山貫入歙
縣黄栢源口徽州府等守隘官兵民壯五百餘見
賊悉奔潰賊遂流刼績溪至旌德典史蔡蒄率兵
千餘禦之不克賊遂叩縣南門縱火屠掠過涇縣
知縣丘時庸引兵追擊抵埠塘敗績賊乃趨南陵
縣丞莫逞以三百人分守界山見賊奔竄賊遂入
縣城縱火焚居民房屋于是建陽衛指揮繆印當

皇明馭倭録　卷之六　廿九

塗縣丞郭映郊蕪湖縣丞陳一道太平府知事郭
樟各承檄以兵來援與賊遇於縣東門印等引弓
射之賊悉手接其矢諸軍相顧愕眙遂俱潰一道
所率皆蕪湖驍徒乃麾衆獨進爲賊所殺一道義
男子義横身捍賊及亦死
革金山備倭都司改設叅將一員於蘇松暫設叅
將一員於常鎮
江南金涇許浦白茆港諸倭俱戰舟出海總兵俞
大猷督各水兵把總劉鏜火雷佘昂等引舟師追
及於茶山縱火焚其五舟餘賊走馬蹟山三板沙

我兵復追擊之壞其三舟凡斬賊六十七級生擒
四十二人是時江陰蔡港倭亦引舟出洋我兵分
擊於馬蹟山圖寶山等處共擒斬九十餘賊值颶
風大作賊舟出洋爲我兵衝擊及海風簸蕩沉没
二十餘舟餘賊復回泊海港登岸刼掠
南陵倭賊流刼至蕪湖縱火燒南岸突渡北岸入
市各商民義勇登屋以瓦石灰罐擊之賊多傷者
遂奔出各商兵下屋生縛二倭斬首十級賊趨太
平府是時操江都御史史褒善駐太平遣千戶曾
岌等督鄉兵義勇殺虎手等兵禦之於馬厰大敗

皇明馭倭録　卷之六　卅

賊遂進逼府城城中人斷河橋防守賊引而東犯
江寧鎮指揮朱襄蔣陞率衆迎拒不能禦襄戰死
陞被鎗墮馬官[redacted]死者三百餘人賊遂趨南京其
酋衣紅乘馬張黄盖整衆犯大安德門我兵自城
上以大銃擊之賊沿外城小安德夾岡等門往來
窺覘會城中獲其所遣諜者賊乃引衆由鋪岡趨
秣陵關而去
南京河南道御史葉恩以倭賊破杭州北新關刧
奏提督浙直軍務都御史李天寵失誤軍機罪宜
重治詔逮官校尉京問尋巡按御史胡宗憲亦題

劾天寵縱寇殃民參將尚允紹等防禦寡謀請罷
天寵而治允紹等罪得旨天寵已逮繫允紹姑革
職充爲事官與地方守巡官俱奪俸令戴罪自效
督察軍情侍郎趙文華奏六月間松江三丈浦餘
倭登舟欲遁泊登沙北候汛太倉知州熊桴督福
沙兵船追擊之沉賊舟七俘賊一人斬首一百三
十餘級又有原江北倭舟十流入嘉定吳淞江把
總劉堂引舟師擊於外洋俘賊五十七人斬首九
十三級請告
廟獻俘并叙録桴及嘉定知縣楊旦參政任環欲將

環欽降官銜如武職之位以桴補僉事董邦政缺
旦重加陞賞兵部覆言任環忠勇屢立奇功武職
無前例請如大同知府王詰例廕子邦政在任桴
宜別處以地方之職餘功以次論叙得旨任環廕
一子爲原籍衛所副千戶隨軍殺賊熊桴陞本府
同知添註練兵把總劉堂各陞二級楊旦賞銀二
十兩賊久未平亟令督撫等官勦逐以靖地方毋
忽
總督直隷浙福軍務右都御史張經浙西參將湯
克寬逮繫至京詔下法司議罪經上疏自理曰臣

自昨歲十一月受總督之任於時倭方盤據柘林
川沙窪其衆且二萬余吳會民兵脆弱無可制禦
臣乃奏調田州東蘭那地南丹歸順等州狼兵五
千名永順保靖二宣慰司土兵六千名蓋欲合力
併勢爲必勝之筭耳今歲三月初田州土官婦瓦
氏及東蘭等州官舍各兵繼至臣從宜分布以瓦
氏兵配總兵俞大猷屯金山衛爲犄巢西路以東
蘭那地南丹三州兵配遊擊鄒繼芳屯閔行爲犄
巢北路以歸順兵及募至思恩兵廣東東莞所守
備參將湯克寬屯乍浦爲西路右哨各令相機戰

守及三月末侍郎趙文華至松江大賚諸將趣令
進討然遠調之兵新至之將賊情地利皆所未諳
遊擊白泫以田州兵千餘住探陸哨遇賊伏卒殺
其頭目鍾富損兵大半則狼兵之不宜驟用明矣
及四月二十日永順保靖兵至其日巢倭四千餘
突犯嘉興即委參將盧鏜督保靖兵援嘉興委俞
大猷督永順兵由泖湖間道趨平望以扼賊路令
湯克寬引舟師從中擊之一戰而勝凡斬馘一千
九百有奇焚溺死者無筭賊氣遂餒此臣日夜苦
心審機慮勝豈有一毫怠事之念哉自臣蒞任方

半前後俘斬且以五千計惟是智略淺短不能使積年劇寇俄頃掃蕩此則臣之罪也疏入不報經克寬論死繫獄

八月倭自南京秣陵關入應天府推官羅節[illegible]指揮徐承宗率兵千人守關望風奔潰賊遂過關至溧水縣楊林文景率兵迎遏不能禦署縣縣丞趙珠臣棄城走遂由小北門入城宴飲民家信宿乃去

整飭太倉兵備叅政任環有親喪例當回籍巡按御史周如斗以倭寇未平請留之詔奪情任事

栢林倭載舟至海僉事董邦政總兵俞大猷各督所部水兵分哨擊之斬首七十有奇獲船九艘邦政復以嘉定兵擊賊於寶山斬首九十八級

溧水倭流刼溧陽趨宜興至呂亭聞官兵自太湖出取道官路橋黃土越武進縣境抵無錫慧山寺一晝夜奔一百八十餘里我兵追及急擊之賊夜走望亭次日至許墅關都御史曹邦輔督各官兵圍之

栢林開洋賊遭風損三舟餘賊三百有奇自蔡廟港登岍流至華亭縣陶宅鎮據之

南京御史金淛陶學各言中國叛人王直久住日本主謀煽禍乞要懸立爵賞俘馘賊首及將兩京十三省見監併緣事大小武臣許令殺賊贖罪又公侯勳戚世臣有蓄養家丁行令督率効用兵部議覆賞格宜如宣大例有能擒斬王直來獻者封以伯爵賞銀一萬兩授坐营坐府職銜管事有斬獲黨酋如明山和尚葦者指揮僉事賞銀三百兩緣事武臣本犯仍監候許令子弟家丁報効贖罪充軍以擒斬十名顆永遠充軍者以二十名顆死

罪者以三十名顆為率勳戚家丁事情未便姑已之詔悉從部議第武臣犯死罪者不准贖

原任吏部主事史際輸米五千石助軍餉應天撫臣以聞詔陞際尚寶司卿四品服色致仕

督察軍情侍郎趙文華陳防海五事復更番出洋之制國初海防之設極詳今乃列船港次猶之棄門戶而守堂室浸失初意宜分乍浦之船以守海上陽山蘇松之船以守馬蹟定海之船以守大衢三山品峙哨守相聯更以副總兵屯泊陳錢諸島以扼三路之衝使賊不得越二把總既屯海上須

籍舟師今所造福船未辦所調廣船未集請以寧紹台溫蘇松捕魚船及下八山捕福蒼等船約束分布相兼戰守三浙直地勢相連互爲唇齒宜設正總兵官二員分駐金山臨山會要之地共守陳錢而以叅將分守馬蹟等三山各督信地則勢成犄角四沿海一帶軍伍不充請籍見募鄉兵萬人歲給半粮免其他役給閒田屯種倣古寓兵於農之意五拒海寇功與戰勝內地者異宜厚其陞賞斬賊一顆爲首者陞二級爲從者給賞總兵等官能使賊船不能登岸者以保障論功若無首級而

止獲賊船者亦以大小論級兵部覆其議俱可行但鄉兵萬衆人給半粮當議所出恐江南粮已繁重未免紛擾事宜寢

上從部議

蘇松巡撫曹邦輔僉事董邦政把總婁宇以沙兵擊滸墅關倭寇殲之初賊自宜興奔蘇州會柘林賊爲風飃旋者三百餘進據陶宅港邦輔慮二賊合且爲大患乃親督副史王崇古會集各部兵扼其東路四面蹙之賊逃至龍橋復至梅灣山我兵隨地與兢頗有斬獲太倉衛指揮張大綱被

殺兵卒傷亡亦衆時邦政宇督沙兵守陶宅邦輔計陶宅賊據險且衆未可進兵乃召邦政宇以沙兵助勦一戰斬首十九級賊始懼奔吳舍欲潛走太湖我兵兢進追及於楊林橋盡殪其衆此賊自紹興高埠竄不過六七十人流刼杭嚴徽寧太平至犯留都經行數千里殺戮及戰傷無慮四五千人凡殺一御史一縣丞二指揮把總入二縣歷八十餘日始滅

督察軍務侍郎趙文華大集浙直兵夾攻倭於陶宅賊分衆迎敵我兵指揮邵昇姚弘直隸領兵千

戶劉勲俱死是時文華以蘇寇之捷已不得與爲恨見調兵四集謂陶宅寇乃柘林餘孽可取浙江巡撫胡宗憲因大言寇不足平以悅其意遂悉簡浙兵精銳得四千人文華宗憲親將之營於松江之磚橋因約應天巡撫曹邦輔以直隸兵會勦定期浙兵分三道直兵分四道東西並進賊悉銳衝浙兵諸營皆潰我兵擠沉於水及自蹂踐死者甚衆損失軍士凡一千餘人直兵亦陷賊伏中死者二百餘人由是賊勢益熾

戶科左給事楊允繩言海寇爲患已及三載破也

殺官僭稱日甚茲復侵犯南都直薄城下臣觀事勢殊未有底定之期盖其患在於將習不振而弊源不革也夫爲將之道有三曰制曰法曰謀三者缺一不可以戰江南諸將全不知此故其用兵之際絶無紀律不鳴金鼓不别旗幟聚如兒戲渙若摶沙前有伏而不見後有賊而不知漫率兵民浪與賊戰自相蹂踐全軍覆歿昨年山東兵採淘之敗近日浙江土兵之衂是也此其咎端在於無制無法而其不設哨探不知形勢又其取敗之尤者耳盖哨探軍中之耳目也行兵而無哨探豈知他

形譬如人終夜求於幽室之中不照以燭盲人馳逐於崎嶇險阻之地莫爲之相其不顛蹶而斃仆者幾希今日江南之兵何異此乃當事者不此之察動以增兵益餉爲請其意不過張賊聲勢緩己罪愆又欲遷延歲月冀賊自去以圖僥倖殊不知以若所爲雖括天下之財以供江南之役藉天下之民以爲江南之兵亦如以蛾赴火以雪填井而已竟何益哉况此賊不遭大戮何肯輙去即去又豈得不復來耶凡此皆塗搨抵飾之辭非實心幹濟軌事之至者也臣愚以爲今日江南之事必先

擇將將苟得人則召募之兵可用也以之水戰可也以之陸戰亦可也法制與謀具焉故也如其不然增兵奚益請敕督撫將臣將見在調募官兵及各鄉官兵精選訓練授之以制一之以法多立哨探圖寫地形揣察賊情妙布成筭務使以全制勝毋得日事徵兵虚糜糧餉亦毋得掇拾章疏延挨歲月其紀功御史等官亦要隨軍向往稽察情弊如有仍前不設哨探不立營伍隄備疎虞損折兵衆者指實參奏問罪如律庶幾將習可新寇患可弭矣至於根極弊源則又有不專於外者盖海寇

於邊患不同北邊所患胡也若海寇則十九皆我中華之人倭奴特所勾引驅率者耳夫患在胡則事重於外攘患在中華之人則事重於内修此不易之理也近來督撫之令不能行於官司責之練鄉兵則不集命之圖保甲則不嚴委之以糧餉則不給委之以哨探則不明日愒月玩彼是此非上官隱忍而容養下官驕侈而日大所以然者豈以督撫之官不尊權不重耶亦有由矣盖近年督撫之臣莅任謝恩必有常例銀兩饋送在京權要大者數百小者數十名曰謝禮至於任内有所題請

開送揭帖則又件以儀物名曰候禮又其歷任所
深荣名矣擢或遇地方有事希求脫任或以有罪
而求彌縫或以失事而求覆蔽如此數遂不貲然
大率此等銀兩在省取諸各布政司直隸取之府
州縣司府州既爲之巧取承迎不無得色督撫諸
司自知非法接受亦有靦顏既入牢籠寔難展布
使在平時猶不能振揚風紀建立事功而況蒞軍
行法之時哉則其玩愒陵夷蔑法誤事亦奚怪也
且官司所以賂媚督撫又皆取具於民近來督撫
之交代頻頻則官司之需索亦從而加倍其不肖

者又因之影射乾没其間指一科十椎膚剥髓即
令江南四野爲墟赤地千里區區孑遺待盡之民
尚猶日苦掊尅侵剥之患臣恐民窮盜起莫知終
極異日國家隱憂蓋不止於海島之間已也朝廷
設官置吏本以禦寇安民反以殃民致寇此臣所
以痛心疾首不能已於言也伏望
皇上洞察弊源在内勅之緝事衙門在外勅之風紀
臺察責令伺捕叅劾仍勅閣部大臣令洗心滌慮
正已奉公割絶朋賍之私掃除苞苴之習以弘濟
時艱共紓民難此則端本澄源平倭之要道也疏

入部覆其詞嚴義正深切時弊宜見之施行報可
允
詔勒南京兵部尚書張時徹侍郎陳洙供致仕時南
京給事中朱文漢御史侯東莱各以倭犯南京劾
狀聞叅内外守備官撫寧侯朱岳太監郭徹及時
徹等時徹亦例上失事死事諸臣始末詞多隱護
中有信宿之間遂爾潜遁城外地方一無所傷等
語於是刑科都給事中丘橓疏叅之曰留都根本
重地
祖宗陵寢在焉以數百餘逋逃之窮寇來自千里之

外時徹等閉門塞竇聽其遊遨闌闠衝突金湯所
閱晝夜而後解去則已不啻久矣而猶曰信宿之
間遂爾潜遁耶其來莫禦其去莫追紅衣黃蓋鼓
譟而行熟路長驅所向無梗又何潜遁之有豈一
雝都城便可謂之遁而大司馬之職掌僅止於乘
城自保已耶江南倭過之處未有不殘破者乃謂
負郭居民都無一罹焚戮者哉將官已見殺矣軍
士已俱没矣城外孤懸而援城中悚傷然必何如
而始可謂之有傷耶且時徹之不足當此任臣聞
之久矣蓋其柔媚無所不至仍以剛傲凌人貪鄙

無所不爲復以踈庸廢事雖四方寧謐之日任重望輕猶爲處非其據矧今江淮多警寇在門庭者哉

陛下豈以時徹自負才學頗有時名有事之秋未暇責備聊委而用之冀其有小補耶則時徹之受命巳一年於兹矣一旦寇臨城下而倉皇若此是尚安足頼乎葢其才乃小人之才祗足以爲惡而不足以濟時其學乃盜儒之學祗足以文姦而不足以經世其名乃廣交要譽之名祗足以張虚聲而不足以副實用以之膺重寄而握大權徒能養望

塞責而於國家則未有纖毫之益也乞速罷時徹別推才望顯著者代之疏下吏部議覆請降時徹俸級令策勵自効

上以本兵任重不允特詔時徹及洙致仕奪岳禄俸

二月貸璈勿問録死事朱襄子襲陞二級

總督侍郎楊宜請調順天保定善射邊箭民兵一千人赴浙直軍門教練許之

倭舡三艘泊台州海洋之螺門備倭都指揮王沛等引舡師出哨遇於大陳山嶼擒賊十七人斬首九級餘賊棄舡登山走匿我兵焚其舡四面環守叅將盧鏜以大兵會之入山搜勦生擒真倭烏魯美他郎酋首林碧川等八十四人斬首三十八級由是三舡之倭盡殄

浙江杭嘉湖兵備副使劉燾督兵五千餘分三道攻陶宅倭巢倭二百餘來迎敵諸軍望見皆散走燾與家丁陸本高苛二十餘人各引滿射之賊不敢逼燾僅以身免

陶宅倭見我兵四集夜走周浦屯求定寺中我兵追圍之是時柘林開洋賊舡九隻復回登岸爲巢於川沙窪

巡撫應天都御史曹邦輔以勦滅蘇州滸墅關倭寇聞且言連年倭患其來必糾連大衆多者數千少者數百其登岸刼掠近則百里遠則不過千里未有以五六十之餘賊深入内地轉戰數千里直躙都門無所顧忌若此賊者且所過屠戮極其慘烈使不即殄滅得以遯歸彼巳習知内地虚實將來醜類爲禍殆未可量所據僉事董邦政聞命疾趨躬擐行陣横犯鯨鯢之衆不旬日而芟刈之真可謂奇功也請亟加褒録總督浙直侍郎楊宜亦報捷如邦輔言復叅邦政雖有斬馘功然實故遣

制當罪督察侍郎趙文華文言柘林餘賊復聚巢陶宅臣與浙江巡撫胡宗憲督兵四千來松江會勦而應天巡撫曹邦輔僉事董邦政不協力進兵顧乃避難趨易僥倖功捷乞加懲究疏俱下兵部部覆文華所謂趨易蓋指蘇州之寇而言所謂避難蓋指陶宅之寇而言竊計二寇多寡雖殊比量聲勢不宜分難易論若便合而爲一以流刼者之慓悍濟屯聚者之蕃衆未免益復滋蔓難圖今乃蘇州之寇剿滅無遺陶宅之寇自然勢孤氣沮驅除爲易今第令董邦政戴罪自効務將陶宅之寇亟

行殄絶俟事平之後總較功罪然後賞罰可得施也詔下邦政於總督都御史逮問初文華見蘇寇且滅趨赴蘇欲攘其功比至則邦輔業已先奏捷矣文華遂大怒乃以陶宅寇患委罪邦輔邦政叅之復簇宜排邦而宜心知邦政功而重失文華意故矛盾若此

應天巡撫曹邦輔親督水陸兵分五哨攻倭於周浦賊迎敵四哨俱奔潰溺水死者數百人獨中哨以邦輔在焉且沮水得不潰

總督浙直侍郎楊宜言柘林一鎮乃倭奴出入之衝爲諸郡要害地請創立城堡公舘調取募兵防守添設把總控制舊有墩臺哨船一併脩復事寧宜設一所摘撥官軍填補兵部議覆從之

巡撫直隸御史周如斗言方今蘇州流突之寇已殄屯聚之寇其勢已孤諸軍宜乘勝併力滅此餘燼不宜遷延養寇使巢成穀登新倭代至復致曩者柘林之患且近日直隸斬獲悉本地土兵之功其狼苗二兵自浙江衄敗後一無足用苗兵前猶有王江涇婁門之捷若狼兵近則徒擾地方無纖毫戰守力至於川兵雖未可見用與否第萬里趨

調東西異宜恐亦未足恃也今起用原任總兵何卿沈希儀以其知兵令督率川廣調至之卒展力取效顧皆昏耗衰憊一籌莫措近日功捷二人者絶無所與將焉用之請罷遣二臣並停徵兵之令申飭督勵鄉勇亟除殘寇

上曰地方殘寇未靖令督府等官速計勦滅卿及希儀令革職回衛閒住

浙江紹興府知府劉錫被逮至京錫性亢傲不達爲趙文華所憎會倭自高埠逃蟶浦鄉官御史錢鯨遭之見殺文華遂用爲錫罪言其娟功縱寇及

是逮至竟發邊遠充軍
殺原任直隸浙福總督右都御史張經巡撫浙江都御史李天寵兵部員外郎楊繼盛於市經在江南有功爲趙文華所誣排天寵亦無罪胡宗憲力排之而奪其位繼盛因劾嚴嵩父子法司承風傳致死罪是歲論大辟因當刑者凡有百餘人詔決九人而經等悉與焉由是天下惡嚴嵩父子及文華益甚
以兵荒免華亭上海江陰常熟四縣存留稅粮仍於起運數內量行改折

倭賊二百人自浙江樂清縣岐頭登岸流刧黄巖僊居二縣所過焚戮官兵莫能禦至楓樹嶺慈谿縣領兵主簿畢清見殺遂至餘姚由上虞渡曹娥江犯會稽
倭二百餘人犯福建莆田縣鎮海鎮東等衛千戶藏洪高懷德張鑾俱戰死
兵科給事中夏栻言浙直官兵會勦陶宅連寇屢遭陥敗諸臣奏報不實且趙文華欺誕大負簡命會巡按浙江御史趙孔昭亦以敗聞
上令申飭文華矢心秉公視師圖效文華亦奏頃會勦陶宅殘寇浙直兩鎮兵多怯弱巡撫都御史曹邦輔外昧緩急内無紀律期夾攻不應弛信地不防宜行罷黜及將總督楊宜飭令認罪以圖後功
上令邦輔策勵供職與楊宜協心平賊毋誤事機巡按直隸御史周如斗亦言陶宅及川沙窪倭寇亟宜勦滅緩則合而爲一益復滋漫因劾蘇松參將喬基把總金漢宜罷黜而薦都指揮婁宇可代基指揮僉事陳胄可代漢
上詔褫基及漢職於軍門立功而以宇胄代之申飭督撫等官勦寇毋怠已曹邦輔言川沙窪之賊集

至四十餘艘而繼至者未已副總兵俞大猷把總劉堂乃擁兵觀望縱賊合艅請究治其罪
上詔大猷縱寇所宜逮治姑革其祖職揭黄令軍門責取死罪招殺賊立功別舉代者堂革職充爲事官管事
有倭二千餘人自海洋駕舟四十餘艘先後入沙窪與舊賊合勢登岸沿浦東一帶焚刧四圍八竈等處
兵科給事中夏栻言方今備倭曰徵調客兵團結鄉兵二者而已頃議者患客兵驕悍罷遣之而寇

在門庭鄉兵未即可用臣謂宜練土著爲經久之計暫借客兵爲摧陷之資今狼土潘松之兵勢難遠制可無再調莫若選調保定山東漳泉等兵統之良將以備戰守會總督楊宜亦言土兵未可遽恃請募浙直義勇山東箭手及浙直福建湖廣衛所漕運官軍廣東戰艦兵勇赴軍門聽用疏倶下兵部議福建江北湖廣遠者不可調其永保宣慰土兵用之已效者仍聽徵發餘如所請從之

倭賊八十餘人駕舟泊海鹽縣之秦駐山登岸刼掠提督都御史胡宗憲遣指揮徐行健率兵禦之

賊走入民家拒守官軍縱火焚之賊悉殄

吏科給事中孫濬言今見督察侍郎趙文華請罷應天巡撫曹邦輔叅稱約夾攻而後期及考疏内所列邦輔督撫總兵俞大猷進勦在九月十一日浙兵次日方進則後期之罪不在直隷矧今蘇松士民謂邦輔實心任事稱不容口其前流刼留都之倭又爲邦輔所滅功能了然遽請斥罷文華之意殆不可曉時東南用兵寇勢方熾臣誠恐有妨大計竊謂事權歸一則責專成而無彼此牽制之患昔漢祖任韓信專閫外雖智如張良不使干與所以能成大功者今江南之事督察司檢稽而戰守大機當决之總督巡撫兼提督而行伍專職當責之總兵督撫統大綱而城池倉庫奉行策應當付之有司不然權分勢斬人皆掣肘無以自盡其長乞勑該部申明事權督率不嚴方略不慎罪坐總督餽粮不敷調遣無法罪坐巡撫軍令委靡戰陣退縮罪坐總兵策應不前四境殘破罪坐郡縣檢察無實功罪不明或昧機專斷強人從已以致撓敗罪坐督察

上從其言

倭賊五十餘人犯浙江平陽縣由大奥登岸殺傷守指揮祈嵩平陽所百戶劉愨又倭八十餘人犯舟山進屯謝浦叅將盧鏜遣兵禦之不克指揮閔溶死之

倭寇犯福建興化府涵頭鋪等處平海衛正千戶丘珍副千戶楊一茂與戰死之已復犯福清海口鍰州衛指揮僉事董乾振直奔其壘斬十餘賊亦被害事聞詔各立祠其地有司春秋祭享襲陞其子二級

詔賜保靖宣慰彭藎臣永順宣慰彭翼南三品服色

調令統兵勦賊

南京兵部尚書張鏊所議畱都四事一南京城廣而門多不無兵少力寡宜暫塞鍾阜清江二門以便關防一附近之水軍既屬操江屯軍隨屯耕戰安慶當長江上流鎮江逼蘇松倭患俱難存調惟滁州宣州建陽安慶四衛之軍宜屬溧陽兵備整飭俟警徵發

鏊又會同南京府科道等官議上畱都安攘實政五事一委任南京坐營舊用都指揮等官事權未重請視京營例設都督一員提督叅將二員協理

畀以符勑旗牌凡坐營官軍悉從督練有警則同内外守備調發一教練兵法必奇正相資每兵三十當以二爲正一爲奇於江之南北衛所指揮等官選其智勇者署爲隊總把總即令各官擇其正軍餘丁精銃者充爲奇兵迺相教練以督叅等官總其事内外守備試其成其在外府衛官吏民丁有智勇出衆願入營伍者聽一戰守南京外城低薄徒守爲難須以耀武立威示人難犯宜移文督撫先幾哨探如警入百里即會督叅等官勒兵迎遏無警亦宜按行近郭相險設伏振迅兵威一聯屬京師之於輔郡猶堂奧之於藩籬在外則視撫臣在内則視兵部自今凡遇警報巡撫在京兵部即會同計議行事如巡撫在外則近境兵備叅將等官及府州縣一切機宜悉聽本兵調度一衣糧营兵舊以徵發乃給鎧仗出百里乃給行糧則器不相習師不宿飽今宜預給盔甲以便演習別置輕利盔甲以付奇兵一有戰守事宜即量給糧餉

疏下兵部覆京師旗牌例不預給其提督营務近設二都督矣宜申飭分任厥事叅將不必設餘如所請詔從之

周浦寺倭以官兵圍攻日急於初二日夜悉衆東北奔統領川兵遊擊曹克新邀擊之斬首一百三十級餘賊遂入沙涇與巢賊合四川山東諸兵日夕伺擊之賊乃焚巢載舟出海副總兵俞大猷兵備王崇古合兵入洋追之及于老鸛嘴斬首一百七十餘級生擒四十七人衝燬賊巨舟八艘賊奔上海浦東

提督浙福都御史胡宗憲以倭犯温州府之平陽遣守備劉隆率兵禦之遇賊於三港敗績隆及千戶劉綱百戶張綱張澄俱死

周兵遊擊曹克新擊倭于嘉定之高橋斬首二十八級鏖戰自辰及未酉陽兵先潰諸軍遂敗越二日克新復督蜀中二漢兵分三哨進剿左哨天全土兵及筠里弩手奮銳衝賊迎斬七十餘級右哨酉陽邑梅等兵復潰我軍遂亂爲賊所乘殺大渡河千戶李燦成都衛百戶鄭彥昇川兵傷亡及溺死十四諸軍奪氣是時調至客兵太多督撫卒無長略不能以恩威駕馭諸兵遂恣意暴肆不服約束川兵祁與山東兵鬬參將尚允紹幾被殺至於出戰皆自爲進退酉陽兵既敗即大譟奪舟還歸

至蘇州趙文華犒慰諭留之不敢詰也

光祿寺卿章煥上疏陳禦倭之策言倭患之熾其原不在于外中原之雄傑爲之謀主也土著之奸人爲之嚮導也窮民爲之役使也有是三者然後能深入長驅唯所適而莫之遏今軍興且四年矣廣務草創法守未明議論叢生事端棼亂臣謹條其未安者八事古者兵將相習教戒素明乃可赴敵今軍門督撫分閫列旄下至文武庶僚紛然衆建然皆空名有將無兵也將佐雜居諸軍烏合加以南方素不知兵軍政久弛其視諸將弁髦也諸將之視郡縣傳舍也兵將之視途人也如責其赴戰兒戲也此統兵之制未定者一也夫將無號令與無將同兵無約束與無兵同故平時之節制即臨陣之紀律也今諸軍目不覩軍容耳不聞將令有急驅之不能卒集朝而遣日不至臨陣而逃轉相劫掠或殺平民報功甚者爲賊內應陵夷既久漸成亂階因循則威嚴愈褻矯枉則他釁易生此馭兵之制未定者二也調至土兵賊頗畏忌然亦獷悍難馴夫以苗攻倭猶以毒攻毒是在上醫國手劑量斟酌對証而攻病去即已今既乏鼓舞之

方復爲調停之法事急則倍賞以招侮勢緩則厭棄而生怨此調兵之制未定者三也分道募兵不按名籍游手無賴草竊亡命悉入彀中及至而茫無統紀聚散無稽多寡不同故募而來來而去去而無兵則又復募軍資罄竭道路驛騷終無實用此募兵之制未定者四也當始發難時臣嘗有言急集海上之沙民可無煩客兵衆論相持事機頓挫今壯士死于行陣頑民逸而從賊民氣破傷摧慘已極乃始欲用鄉兵散客兵此所謂倒行者也假令客兵已遣賊衆乘城鄉兵果可恃乎鄉兵難

恃未免徵客兵不惟緩不及事且恐重為客兵
所侮此練兵之制未定者五也夫兵有營伍則耳
目心志定而約束易行今雜處市廛嬉遊里巷百
貨之所歆豔侈俗之所浸淫遂令山東權耗變為
絺袴狼茁鄙野咸習歌舞精銳銷鑠軍氣不揚淫
蟲流行死亡枕藉此屯兵之制未定者六也古者
行軍動衆必從枕席上過師故進能克敵退可保
軍今南方皆沮洳之澤萑葦之塲狹邪之徑至於
斷港危橋單舸片桀或褰裳而渡或泅水而遊動
犯兵家之忌而諸將乃不謹哨探不量虛實行無

斥堠止無堅壁往往履危機墮狡計落坑阱而不
悟此行兵之制未定者七也師行糧從強者主戰
弱者主爨此軍制也今或臨陣而未食或食至而
不均或師行境外而食具城中設欲晨炊蓐食捲
甲疾趨何以應之軍機盡泄忿忿不平此養兵之
制未定者八也夫軍中之事有不可定者機宜變
化因乎敵者也不可易者規畫措置存乎我者也
故將有專閫兵有常伍無事相隨則兵可統也秩
其教令齊其法制範我馳驅是謂三軍之銜轡則
兵可馭也踐更以示其信處置以服其心以諸邊

節制之兵為之準調到狼土之兵為之輔則兵可
得而用也所募之兵程其技力而藉其家室守法
者厚恤其私犯令而逃者有孥戮之禁至於鰥曠
遊民給其田廬與之配偶則可以縶其歸念而兵
可募也以客兵為權宜以鄉兵為實用日省月試
常如賊至勞來不怠甘苦必均則市人可為精兵
鋤耰可梃利刃故兵可練也有營居故兵可聚而
不可散有行列故兵可散而不可亂賊所往來兵
所出入有斥堠故兵可進也有堅壁故兵可退也
有戰地有候人有諜者故兵可奇可正可疑可伏

也給軍有制犒士有資吊死扶傷恤孤問寡有典
典議故兵可飽可饑可生可死也信能行此八者
而廟筭之勝我得之矣夫禦倭之道來則拒之去
則備之言戰不及守非良策也何者東南無重關
阻隔無高山瞭望波濤滉瀁隱見難窺風帆迅疾
頃刻可至不能預守是海壖之險賊與我共之者
也臣料賊遠來人持數日之糧未達岸多苦饑者
賊之死命制于數步之內矣徒以海濱廩藏露積
故賊至而掩擄之因以為食既飽則所向無前乘
我不備如使蓄積收歛野無所掠此賊坐困之道

也故議守者莫要于城堡相望遠近相依賊少則不能攻城多則所掠不足供所食賊不能持久破之必矣夫賊不能宿飽則不能深入不能深入則不能多獲不能多獲則來者無利而聞風者不來內地可不煩兵而守矣且瀕海皆膏腴羡田廣宅樹蓄南方所謂樂土也爲賊蹂踐民皆遠徙然其東向思歸之心豈能日夜忘哉有城堡則良民歸田野闢盍非獨禦夷亦安邊足賦之具也且南方諸縣地方七八百里賊至放兵肆刧一令終不足以制之疆里浩壤禁防疎濶外爲寇巢穴內爲逋

逃淵藪凡以壤地相隔聲勢不實之故也誠增置縣邑多設長吏使分地而守分民而治除器練戎積餉繕堡無事則休養生息安堵而居有事則高城深池與民共守足以拒賊衝輯衆志此寓將于令寓兵于農之術也疏下兵部議謂增邑設官事涉紛擾其所云築城繕堡及所未安八事實切時務請下督撫諸臣議處從之

倭自樂清流犯上虞會稽者爲官兵所追奔走於東關丁村處遂走登龕山典史吳成器等督衆勦滅之前後共斬首一百二十餘級

督察浙直軍務侍郎趙文華陳區畫海防三事大要言松江宜守浙江宜攻福建宜撫而所謂守由攻者在藉開田給兵屯種以拒寇所謂撫者請增設經略總督專官兵部覆言戰守撫相須爲用均不可廢三者皆然其言鄉官領兵恐督察不便給兵田百萬畝未審何所從出恐滋紛擾閩中更置專官亦非其時俱礙施行報罷

兵部覆巡按直隸御史張雲路徐敦應天巡撫曹邦輔提督操江史褒善勘明倭寇自浙江流刧徽寧太平直犯南京轉掠至蘇州勦滅經過地方諸

臣功罪失事如新安指揮焦同等四十六人各有統兵巡捕之責不能防禦應究治知府寧國朱大器徽州朱有孚太平任有齡應量治旌德知縣岑知南陵縣丞郭惟翰太平知事郭樺地方創甚應量免蕪湖知縣潘銓寧國通判周尚忠應天推官羅節卿涇縣知縣丘時庸提兵損失應併究治有功如常鎮兵備王崇古蘇州知府林懋舉同知李敏德熊桴通判余玄吳縣知縣康世耀江陰主簿曹廷慧鄉官原任吏部主事史際宜諭録婺源典史孫邦顯等之擒斬徽州把持朱頂鶴之死事宜

犒恤至于蕪湖縣丞陳一道力戰剮賊其義男陳
子義嬰刄扞父各宜贈一内外職銜冠带其子其
應天府尹汪宗元宜其罰得旨焦同等廵按御史
提問朱大器等各奪五月俸岑恕等華任閒住潘
銓降二級管事如胡周尚忠等赴部改用王崇古
林懋舉史際各賞銀二十两紵絲二表裏李敏德
等各銀十两孫邦顯等朱頂鶴等廵撫衙門分別
犒卹陳一道贈應天府通判仍廕其子爲國子生
陳子義贈府經歷汪宗元姑奪俸二月初是賊自
南京轉趨蘇州地方僉事董邦政方督所募沙兵

防守陶宅廵撫曹邦輔乃檄邦政與把總婁宇引
兵邀勦之當時二寇不得合而此殘黨竟滅于蘇
者本邦輔用此二人力也至是各臣奏勘功罪甚
明以侍郎趙文華惡此二人賞竟弗及
南京户科給事中朱文漢以罷遣客兵及用誠意
伯劉世延代臨淮侯李庭竹操江爲非計乃上疏
言周浦川沙窪倭賊新舊合夥而民兵柔脆不足
以當黠寇宜仍調客兵勦捕操江重任宜留庭竹
供職世延稚弱不堪重寄
上詰責兵部奪郎中宋國華俸一月

督察浙直軍務侍郎趙文華疏乞還京許之文華
初奉命至浙適廣西田州等狼兵調至其土兵婦
瓦氏等知倭有厚蓄銳意請戰文華惑之亟趣總
督張經進兵不得則上書痛詆之及湖兵至徑進
戰王江涇大捷竟以文華前譖被逮代之者爲周
琉楊宜皆庸駑無遠略由是各兵漫渙賊勢益熾
文華激奬瓦氏急戰亡其卒十七八無尺寸功文
乃大愠及蘇州殄滅流倭文華欲攘功後期討陶
宅遺颶餘倭可取以自飾乃大集浙直水陸兵四
面攻之大敗兵將傷亡甚衆復聚浙直兵再進戰

皆不克副使劉燾廵撫曹邦輔僅以身免文華始
知賊未圖即有歸志及十一月川兵破周浦賊俞
大猷復有海洋之捷文華遽言水陸成功江南清
晏臣遠闕日久請歸供本職是時海洋回倭泊浦
東川沙舊巢及嘉定高橋皆有倭據而新倭來者
日衆浙東西破軍殺將羽書沓至文華乃以寇息
聞其欺誕若此
廵按直隷御史吳伯朋勘上本年四月以後淮楊
等處禦倭功罪詔陞原任廵撫右侍郎鄭曉二品
服俸賜銀三十两紵絲二表裏陞海防叅政張景

賢秩一級賞銀二十两紵絲一表裏叅將張恒喬基各銀二十两兵備副使劉天授淮安知府蔡楊金楊州知府吳桂芳各俸一級淮安府同知劉一中通州同知知采及典史余廷舜監塲副史李政百戶栢末福鎮撫呂圻各陞秩一級授義勇官王大文所鎮撫宥原謫戍百戶吳郁仍陞秩一級其失事千戶秦鵬等四人及巡檢耿光庭等三人下按臣逮問降指揮等官戈陽等十四人各一級贈陣亡巡檢尹奈為光祿寺署丞給一子冠帶

四川酉陽兵應調赴浙直軍門道出九江行刼殺

人江西護送川兵鎮撫田禮阻之被殺事聞兵科給事中徐師曾請下軍門廉治其首惡因叅四川監軍僉事焦希程統兵遊擊曹克新兵部議覆詔奪希程克新俸三月餘如師曾議

皇明馭倭録卷之七

兵部車駕清吏司主事臣王士騏纂

嘉靖三十五年

福建倭寇流入浙江與錢倉寇合留守王倫容美土司田九霄等扼之曹娥江賊不得渡還走官軍追及之連戰斬首三百級復追至黃家山盡殲之

松江府新場倭襲敗官軍于二橋叅將尚允紹等死之亡其卒四百餘人

論三十四年浙江禦倭功罪奪叅將盧鏜職副使孫宏軾許東望俸各戴罪立功御録正事守備劉

隆等陞襲贈蔭有差初十月倭寇自樂清登岸十一月中流刼黃巖仙居諸縣時宏軾東望皆按兵不戰鏜留定海備舟山新至賊獨脩及指揮閔溶等遇于平陽死之已而官兵後至者多陷賊伏中于是慈谿主薄畢清死夫日嶺鄉兵監生謝志望死月嶺生員胡夢龍死後郭儒士金應暢死小江口紹興府知事何常明死杭塢山賊屢戰亦饑疲乃遁至宋家漊典史吳成器引兵追之擒斬三十餘人至十二月十四日官軍合攻賊于嵊縣地方殲之是役也賊不满二百顧深入三府歷五十餘

日始平被賊殺擄者無算于是督察軍務侍郎趙
文華浙江巡按御史趙孔昭巡撫胡宗憲捴督軍
務南京兵部右侍郎楊宜以聞[redacted]係軍官當陞
襲係有司及生儒當贈官録廕
上皆從之于是陰等各陞子孫實職一級常明清志
望各贈太僕寺丞廕一子爲國子生夢龍應暘各
贈州同知給其子冠带已總督楊宜復言功出容
美宣撫應襲田九霄詔給之冠带兵部覆巡按浙
江御史趙孔昭奏請以團練鄉兵責成府縣正官
限一年之内撫按臣各分勤惰以聞報可

總督南直隷浙福軍務侍郎楊宜言呉浙民柔懦
不可用所調客兵日久思歸今松江浙東留賊尚
千餘新倭且至何以禦之請如正德間調各邊兵
勦賊故事每邊擇勁兵二枝以敢戰將二人領之
期以三月至河南睢陳彰德官軍及毛葫蘆軍共
選三千隨給甲兵衣費以宣武等衛帯俸都指揮
呉子英等統之期以三月至章下兵部獨請調河
南兵其邊兵留以備虜
上曰調原非經久之計宜先請選練鄉兵今又專說
調兵漫無定見非委任至意河南兵姑如議調遣

各有司務將本處鄉兵從實訓練如再因循怠玩
巡按御史劾治之
陞光禄寺卿章煥爲都察院右僉都御史巡視福
興泉漳海道既而不行時總督侍郎楊宜以近日
福建備倭浙江督臣遥制不便請專設一巡撫都
御史即其地經畧之兵部覆設巡撫事體未便宜
暫設巡視都御史俟事寧議革
上從之乃命煥往煥辭以權輕乞假督撫銜得節制
全省調度兵食爲便部覆請更銜爲巡視福建地
方議上

上竟寢前命仍以巡視福建海道屬浙江巡撫留煥
別用已兵部又覆提督操江都御史史褒善巡撫
應天都御史曹邦輔巡按直隷御史徐敦請增設
叅將一員駐蕪湖管理建陽新安宣州三衛官軍
令應天兵備兼轄池州九江兵備兼轄安慶而潁
州兵備亦得兼廬和等處江防
上曰近來督撫諸臣不務實心任事但思多設官司
以分已責況有官無兵徒設何益其叅將所統三
衛官軍實有堪補操練者其數幾何所司查明另
議以聞

罷總督南直隸浙福軍務南京兵部右侍郎楊宜
先是三十四年十二月蘇松兵備任環都司李經
守備楊進率永順保靖土兵追勦新塲倭寇時賊
衆二千人皆伏不出而詐令人舉火于數里外若
將引去者保靖土舍彭翅引軍先入嘗之不見一
人于是永順頭目田菑田豐年等爭入伏起我軍
四面爲賊所圍翅等與其所部俱死之御史邵惟
中以聞因言旬月之內酉陽永順兵再北皆由督
撫畧失宜將領觀望畏怯所致乞勑宜與都御史
曹邦輔俾無再誤而究治環及經縉并褒恤翅菑

豐年等得旨宜調兵萬餘不能平賊屢失機宜今
又多所亡失大負委任姑革任回籍閒住邦輔環
經俱奪俸戴罪勦賊翅等各贈一官仍賜以棺殮
具宜闇淺無大畧不足應變時海氛甚熾徵川湖
廣貴及閩浙河南山東之兵畢集宜袖手無一策
且懲于張經之被陷奉趙文華極其卑諂故文華
雖厭薄之然而不怒也時文華與胡宗憲私厚亟
欲以宗憲易宜正月中文華入京
上諭太學士嚴嵩問文華南寇始末文華即昌言寇
起時苦無兵今徵兵四集所苦督撫非人不能調
度請罷宜以宗憲代之
上深以爲然謂嵩曰宜當亟更再歲月之延不無悞
事會惟中疏至部覆請戒諭宜令圖後效特詔罷
之
革分守福建叅將尹鳳備倭指揮劉炌充爲事官
戴罪立功去年冬倭自白湖江登岸流刼莆田福
青攻鎮東衞千戸戴洪高懐被殺鳳督兵與戰于
東岳洋大敗陣亡千戸白仁丘珍楊一茂等已復
部分泉州指揮童乾震及炌等爲左右翼攻賊炌
逗撓不進乾震戰死事聞兵部叅覈因有是命

命操江都御史史褒善量調九江安慶官軍防守
京口圌山等處添設把總指揮一員領之勑
上從部議以南京營兵不宜出戍悉令掣還及是江
北俱被倭自京口以西至南京各關隘戍守盡卻
外兵不敢發京營一卒于是應天常鎮守臣各稱
不便兵部乃復爲請于近京龍潭觀音港株林淳
化四處量發營兵與在城民兵戍之其京口去京
遠者聽操江都御史以便宜調別衞軍協守因有
是命
直隸巡按御史周如斗以正月間官軍禦倭于擒

事聞因劾總督侍郎楊宜提督都御史曹邦輔輕率寡謀致川兵敗于新塲東兵胡兵敗于四橋乞將宜罷黜邦輔罰治陣亡叅將尚允紹指揮李田鮑東萊千戶郭勛崔彥章李尚節李冉百戶趙武陳清褒恤疏下兵部叅看

上深以南寇為憂疑趙文華前言零寇將滅為不實屢以問太學士嚴嵩曲為營解

上意終不釋文華聞而大懼是時吏部尚書李默頗與嵩異同文華自江南旋恣睢暴戾公卿多所凌侮無敢抗者默獨以盛氣折之楊宜既罷嵩文華

雅欲以胡宗憲代默復推用王誥由是嵩文華惡默滋甚及是文華謀所以自解者稔

上喜告訐乃指默部試選策目有漢武唐憲咸以英睿興盛業晚節乃為任用匪人所敗等語指為謗訕奏之因詭言臣受

皇上重托為人所嫉近奉命還京臣討零寇指日可滅乃督撫非人今復一敗塗地皆由默恨臣前歲見劾其同鄉張經思為報復迨臣繼論曹邦輔延今半年地方之事大壞昨浙直總督又不推宗憲而用王誥抵塞然則東南塗炭何時可解陛下宵旰之憂何時可釋也默罪廢之餘

皇上洗瘢録用不思奉公憂國乃懷奸自恣敢于非

上如此臣誠不勝憤憤昧死以聞

上覽大怒詔禮部三法司及該科叅看覆稱默執偏自用失大臣體至其策問所引漢唐又非所宜言

上以語涉黨護切責尚書王用賓等各降俸三級而下默鎮撫司拷訊刑部尚書何鰲遂坐默比擬子罵父者律絞

上曰律不著臣罵君人謂必無也今有之其加等處斬錮于獄遂諭禮兵二部曰南賊一事坐視人臣

都不盡忠文華非告寄者楊宜已黜仍革去冠帶為民曹邦輔令巡按御史逮繫來京問此任便推補王誥不必令仍舊職胡宗憲陞兵部左侍郎兼都察院左僉都御史總督軍務尋陞湖廣按察司使張景賢右僉都御史代邦輔後邦輔逮至謫戍邊默竟瘐死獄中默博雅有才辯以氣節自負初由吏侍擢冢卿旋忤旨罷去久矣

上念默召復其官時官邪賂彰文武輻輳嚴氏所吏兵卿正唯唯受成而已默自以受

上特知毅然與爭行止其氣甚壯然褊淺頗僻在銓

省好以愛憎軒輊人叉頗私鄉舊明以恩威自歸
以是士論亦不附之及爲文華陷死代之者爲兵
鵬歐陽必進率闒茸垢濁公爲嚴氏開騙局遂致
公道閼塞中外困敝人心乃復思默而憐之
總督胡宗憲以浙江王家山捷聞請録容美應襲
田九霄舍人田九章及原任留守王倫功
上從部議命九霄襲宣撫職以紵衣一襲賜之九章
給冠帶倫復原職仍將兵殺賊
僉原任海寧把總指揮丁瑾原任浙江都司署指
揮僉事梁鳳並以爲事官充叅將領兵勦賊用總

督胡宗憲薦也
兵部奉旨覆議九卿科道條陳禦寇事宜一選武
職海上將官惟盧鏜俞大猷可用宜貸罪還職責
其後功浙直總兵劉遠未諳水戰宜罷回南京左
軍帶俸一任文職教授韓宗福通判羅拱辰僉事
董邦政皆知兵不宜以詿誤廢棄典吏吳成屢立
奇功當不次用之一精選練鄉兵招募雖多可用
者少且浙直沿海一帶原有各衛所軍平時既以
民養兵臨事復以民衛民殊失
祖宗設軍之意請汰去鄉兵之老弱者而脩舉各衛
所軍政募民開墾屯田以充月糧其浙直通泰之
間最利水戰往時多用沙船破賊宜視客兵例厚
加賞給以招徠之一愼徵調土夷驕悍難使毛葫
蘆諸兵道遠不能猝至不如用嵩盧礦夫及附近
軍民兵之易集者一處軍餉兵興以來賦額日增
而最不便者爲提編銀請量留應天浙直歲運之
數及查取兩淮川廣鹽課各山香銀開鈔以舒民
力其民兵工食各府州縣比原額量加一倍于丁
田取之沙兵工食于浙直不被兵之處派之主客
兵糧及犒賞軍器于軍門所奏留銀給之一守要

害防禦之法守海島爲上宜以太倉崇明嘉定上
海沙兵及福蒼東莞等船守山陽馬蹟寧紹台温
及下八山採補福蒼東莞等船等普陀大衢其陳
錢山爲浙直分路之始狼福二山約東海尾交接
江洋亦屬要害宜令通泰兵備叅將督水兵固守
萬一登岸則付總兵以陸兵遮擊之一明職掌浙
江叅將倶隨時倡設職守未明請以杭嘉湖爲一
道温處爲一道寧紹爲一道各給勅符旗牌其臨
觀昌國金盤等處把總一如直隸事例聽撫按會
舉温處守備及舊設浙江總督備倭都司係冗員

宜裁革一明賞罰以軍中功次爲五等一論首級凡軍民臨陣擒斬有名賊一人者陞授三級不願陞賞銀一百五十兩獲真倭從賊一人及陣亡者陞授一級不願者賞銀五十兩獲漢人脅從賊一人陞授署一級不願陞賞銀二十兩一論奇功如在海遇賊能遏其近港即近港能遏其登岸又如登岸有衝鋒破陣追之出境者有所部兵少而斬獲多者均謂奇功聽督奇紀功御史勘報破格陞賞一分信地凡守備把總及海防府州縣佐各有信地賊至不能拒守固有常律若能奮勇斬擒許

以贖之即罪少功上仍以功論如賊從他路出境有邀截擒獲者所得即以與之仍照例陞賞一明級職武將自守備以下文官自海防同知以下所將卒五百擒斬真倭五人陞一級十人加一級所將卒一千每五人陞署一級十人實授一級各以遞陞至三級而止如先獲功後失事革職者准贖其餘功罪叅將照所屬分論兵備隨之副總合所屬通論巡撫隨之一行撫諭近侍郎趙文華獲降倭如入寇海賊俱係日本所屬踦島小夷爲中國逋逃所引其王未必知也乞遣官勑朝鮮令其傳諭日本王禁戢諸島踈入詔俱如議行鏜大猷姑准以爲爲事官推用事寧併叙詔諭一事禮部再考

祖宗時故事以聞于是以大猷充鎮守總兵鏜充鎮守副總兵董邦政復原職添註海防韓崇福等録用有差

禮部覆查　祖宗時宣諭日本故事宣德七年曾遣内臣柴山賫勑至琉球令傳諭日本來朝嘉靖二十年爲宗設等犯順而琉球貢士適來復令諭之此皆以夷馭夷事之已效者

也今朝鮮慕義在琉球之上又嘗有遮殺宗設功爲諸夷所憚請俟其至給勑宣諭如兵部言詔可既而會浙直奏凱事寢不行

吏部以工部尚書缺會推侍郎趙文華

上悅曰文華賞誠祭海受命督察宜有恩奨此推甚爲得人其陞工部尚書仍加太子太保以賞訂發不臣之功

倭船四十餘艘至乍浦登岸流刼嘉興松江等處

兵部言昨歲浙江巡撫胡宗憲請遣使宣諭日本國王禁戢島夷并招還通番商犯許立功免罪既

奉俞旨遂以寧波府生員陳可願蔣洲往至是可
願還言初自定海開洋爲颶風飄至日本國五島
遇王直毛海峰等言日本國亂王與其相俱死諸
島夷不相統攝須遍曉諭之乃可杜其入犯有薩
摩洲賊舟未奉諭已先入寇矣我輩悉坐通番禁
嚴以窮自絶實非本心誠令中國貸其前罪得通
貢互市願殺賊自效遂留蔣洲傳諭國王於若輩
不便設難邀阻或由懷戀故土擬成此機會立功
自歸乞令本兵議其制諭所宜俾臣等奉以從事
疏下部覆東南自有倭患以來有言悉航海奸商

王直毛海峰等以近年海禁大嚴謀利不遂故勾
引海島爲寇者有言彼國遭荒米貴各島小夷迫
于飢窘乃糾衆掠食國王不知者用兵數歲捕獲
亦多招報叅差茫無可據故昨歲禮部從撫臣之
請遣使偵之令使者未及見王乃爲王直等所説
而返其云禁諭各夷不來入犯似乎難保且直等
本我編民既稱效順立功自當釋攻止兵乃絶不
言及而第求開市通貢隱若夷酋然此其姦未易
量也宜令宗憲等振揚威武嚴加提備仍移文曉
諭直等俾勦除舟山等賊巢以自效其信果海壖

清蕩朝廷自有非常恩賞其互市通貢姑俟蔣洲
回日夷情保無他變然後議之疏入報可
命四川巡按御史逮原任遊擊曹克新送法司問
初川兵旣敗總督楊宜令克新收合散亡而全軍
皆逃無一留者克新謂已有督押責慮各兵沿途
生事辭行千宜宜固留之不聽遂劾其違令喪師
不治無以肅兵律故有是命
倭船二十餘艘自浙江槻海登岸攻慈谿破之殺
鄉官副使王鎔知府錢渙等大掠而出
南直隷續至倭三十餘人犯鎮江瓜州儀真等處

江北倭寇流刼至圌山北等港無爲州同知齊恩
率舟邀戰敗之斬首百餘級恩長子尚文次子嵩
叔仲賓弟賓榮姪愼賓友良大卿孫童俱在行嵩
年十八驍勇善射獨前追賊至安港恩等從之會
伏發賊四合圍恩等及其家丁錢鳳等三十一人
力戰皆死之獨嵩愼三人得脫賊乘勝遂至金山
殺鎮江千戶沈宗玉王世臣于江中
倭寇復攻慈谿入之時兩浙俱被倭而浙東則慈
谿焚殺獨慘餘姚次之浙西柘林乍浦烏鎮皁林
間皆賊巢前後至者二萬餘人巡按御史趙孔昭

以聞詔總督胡宗憲亟圖勦寇方略各處調兵巡
撫官有滯留不發者罪之
御史趙孔昭劾上松江嘉興等處官軍失事狀
上從部議擬以指揮火雷等十二人失守信地下御
史逮問指揮邢鎮督禦無策降二級指揮王彦忠
等十人赴援不力奪俸半年布政潘恩副使鄭光
溥指揮許文學等三人以無功奪俸三月准有功
指揮徐行捷贖罪陞陣亡指揮李上一級世襲給
賞烏程知縣張晃及指揮蕭堯卿等四人各有差
倭寇犯直隸西庵沈莊清水窪等處揔兵官俞大

猷蘇松海防僉事董邦政帥兵擊之斬首三百五
十餘級賊遯陶山
倭寇萬餘趨浙江皂林等處佐擊將軍宗禮帥兵
九百人禦之于崇德三里橋三戰俱捷斬首三百
餘賊首徐海等皆辟易稱爲神兵會橋陷軍潰禮
與鎮撫候槐阿衛忠義官霍貫道俱死之賊乘勝
攻桐鄉不克禮驍勇敢戰所部箭手三千人皆壯
士及是役論者謂兵興以來用寡敵衆血戰第一
功禮雖陷敗然海等亦病創奪氣未幾遂就撫云
巡按浙江御史趙孔昭上王江涇平倭功次詔賞

趙文華胡宗憲各銀四十兩紵絲二表裏進保靖
宣慰使彭藎臣永順宣慰應襲官舍彭翼南階俱
昭毅將軍陞遊擊鄒繼芳官一級仍與指揮王杜
各賞銀二十兩指揮同知孫敖丁僅許以功贖副
使陳應魁劉愨孫宏軾叅政郭乾叅議王繼洛僉
事王詢及開住右通政吕希周各賞銀二十兩繼
洛宏軾仍各加俸一級叅將張國威指揮王欽王
彦忠樂填千户崔廷潤分別犒賞其餘獲功人員
當勇等二十一人陞録有差
南京兵部尚書張鏊巡撫鳳陽都御史陳儒各奏

倭寇突入淮陽焚運船民舍漸逼南都乞速調客
兵應援兵部議覆從之勑兵部右侍郎沈良才僉
都察院右僉都御史督兵至浙江等處禦寇先是
巡按浙江御史趙孔昭奏新舊倭賊合黨流突浙
之東西勢甚猖獗請簡命才望大臣一員督兵應
援兩浙且爲南京保障下兵部覆議遂命良才辭
行因陳便宜三事一處調募謂本部原議調河南
睢陳兵二千募民兵一千陝西兵三千徐邳民兵
三千但陝西兵道遠不能卒至又未有將領宜用
兵備叅將各一員統之睢陳存留之卒分隸各徽

巳久势難遽集請暫以叅將所部入衛民兵代之
聽調兩淮塩銀賞至徐邳召募道里頗遠宜借用
太僕寺馬價銀三萬隨催塩銀補還若徐邳壯卒
不及三千之數當量募山東兵補之一議軍餉乞
勑戸部選一司官精敏者給銀五萬兩隨臣向往
以便支給如有不敷聽于所在積貯便宜取用一
議任使舉本部郎中郭仁員外郎王遴隨軍贊畫
閑住總兵官徐珏革任守備何鳳督戰立功俱從
之
命太子太保工部尚書趙文華兼都察院右副都

御史提督浙直軍務祁文華言殘倭無幾旋當清
蕩巳而海警屢至因
上屢詰懼誅乃攻李默誹謗爲脫罪地
上果大悦陞文華尚書加宫保嵩因薦文華有文學
宜供玄撰
上不允及是倭患日甚浙之東江之南北攻城殺將
羽書日夕數至于是部議遣大臣督兵往援業巳
命兵部侍郎沈良才矣
上復諭大學士嚴嵩以南地人事物情再問文華令
備細以實對嵩知

上覺其欺詞窮且見讒乃令文華自以其意請復視
師嵩從中爲言良才不勝任江南人引領俟文華
至宜仍遣督察則諸臣不敢欺蔽寇滅可期
上乃止良才勿行令文華即往提督軍務賜勑遣之
文華因奏薦文武官知兵可用者副留守朱仁守
備朱廕戸部郎中陳惟舉工部郎中陳茂禮新補
雷州知州盧孝達原任漳州通判黄元恭請悉發
自隨與良才所舉何鳳郭仁一體效用詔可
以江南北被倭令各處督撫官發銀糴米并發存
留預備倉儲充軍餉兼以漕粮未過淮者兩淮司

工部餘塩銀未觧者量留助之仍懸示勸借賞格
凡軍輸銀百兩或米百石以上者勑旌其門一百
兩一百石以下與五十兩五十石以下者有司量
加獎示以激勸從戸部請也
巡按直隸御史周如斗以倭寇犯江洋請治操江
都御史史褒善叅將樊景陽把總張成巳妾旦巡
撫都御史張景賢失事之罪而録陣亡百戸戚繼
爵後詔停褒善俸褫景陽成巳職倶戴罪殺賊景
賢姑免究且下御史問繼爵贈官陞襲如例
以倭寇亂命再調永順保靖土兵六千聽總督胡

宗憲調度守浙直募南贛兵千人兩廣水兵五百聽南京兵部尚書張鏊調度守南京從二臣請也

倭寇自慈谿入海泊魚山洋聽撫賊毛海峰等助官軍追擊之擒斬首八十人

浙直總督胡宗憲遣使至桐鄉縣諭賊首徐海陳東解圍海聽命歸我俘二百人東不從復留攻一日始退屯乍浦

詔留浙江原派河工銀三萬六千兩于本省充餉總督胡宗憲請也

陞海防僉事董邦政爲蘇州府同知仍戴罪勦賊

坐督戰退縮爲御史周如斗所劾也未幾總督胡宗憲以四月中清水窪等處捷聞稱邦政及總兵俞大猷功邦政得免戴罪仍送吏部擬陞四品職級大猷復祖職時邦政聞左遷報已移病先歸部疏未及上如斗復論其怨望託病之罪乞加重處得旨東南多事之際若遷謫官槩因託病諉罷反遂其私今亟催赴任如再遲延以法治之

勑提督操江都御史史褒善閒住勑褒善駐蕪湖聞有倭自浙西突至卽以是日馳往徽寧避之賊渡江陰過狼山直抵瓜州至楊州實應城賊大掠皆江防地官軍無能禦者于是南科給事中張師載論劾褒善選愞失職遂坐免

總督浙直胡宗憲請録浙江三里橋死事諸將佐擊宗禮等詔贈禮都督同知廕一子指揮僉事世襲鎮撫侯槐阿衡各襲陞其子二級義官霍貫道贈光禄寺丞廕一子知印出身

廣東倭寇刧掠潮州等處撫臣談愷以聞請以本省兵船調赴浙直軍門者掣還自救其軍餉取之贓罰部覆並海諸省俱係要地宜令愷與胡宗憲酌議彼中事勢緩急以爲去留不得自分彼此餘

當如議從之

蘇松倭寇自黄浦及七丫港遁出海總兵俞大猷督水兵追戰大敗之斬首三百餘級

浙江倭寇攻仙居縣陷之乘勝趨台州副總兵盧鏜及把總艾升等引兵擊之於彭溪鎮擒斬二百餘人

陞湖廣布政司右叅議朱舜民浙江布政司右叅議王詢俱爲浙江按察司副使而調山東按察司副使陶大年於福建俱海道時總督胡宗憲論劾福建副使杜拯浙江副使蔡揚金鄭光溥皆文墨

士不諳軍旅緩急不足恃請移之他所而以原任
副使茅坤等代之吏部謂坤等以罪廢不當用乃
改擬舜民等名
上從部議仍令申飭各撫按官今後有以考察論罷
官乘間濫舉者罪之
巡撫應天都御史張景賢奏四月中福山港水兵
叛降倭寇引入内地刼掠因劾把總指揮姜旦貪
殘激變等罪詔巡按御史逮旦至京問
總督浙直胡宗憲奏賊首毛海峰自陳可願歸後
嘗一敗倭寇于舟山再敗之于歷表又遣其黨説

諭各島相率效順中國方賴其力乞加重賞兵部
覆兵法用間用餌或招或撫要在隨宜濟變不從
中制今宗憲所請當假以便宜使之自擇利害而
行尋寧奏請詔可
浙江巡按御史趙孔昭類奏倭寇犯兩浙前後官
軍死事者海寧衛指揮徐行健死乍浦王橋松門
衛指揮程録死嘉興南関温州府同知黄釧死紹
興桐山處州衛百户方存仁死青田江皆忠勇宜
録因請治失事官罪詔總督胡宗憲巡撫阮鶚勿
問副總兵盧鏜降祖職三級參將丁僅副使許東

望劉壽各停俸戴罪殺賊參將王元相降祖職二
級與總兵劉遠俱革回原衛參政孫宏軾降二級
仍聽用軍門嘉興府同知張大賢曲入繩各奪俸
半年副使劉愨寧波知府張正和温州知府賀涇
嘉興知府宋治平陽知縣李伯遇嘉興知縣陳松
秀水知縣張烈文各奪俸三月慈谿知縣柳東伯
以縣被陷黜爲民守備張大本等三十五人下御
史問黄釧贈右參議廕一子爲國子生徐行健贈
都指揮使廕一子百户程録方存仁贈襲如例仍
各立祠死所祀之

官軍追擊倭寇于乍浦大破平之初浙西寇唯陳
東所部最強又擾新場既而徐海後至與之合桐
鄉之圍海先在三里橋陣傷推東前進久之不克
及胡宗憲間使至海麾其兵遽退東不得已從之
遂于海有隙宗憲微知其情乃乘間急説下海使
爲内應海許諾即計擒東及其黨麻葉等百餘人
以獻而自率其所部五百餘人離乍浦別營梁莊
官軍遂圍乍浦巢四面火攻之連戰斬首三百餘級
焚溺死者稱是奪回被擄男婦七百餘人餘賊有
遁入海者指揮鄧城因率兵追及之沉其舟無一

得還

陞呂城守備王介爲遊擊將軍仍領兵殺賊以總兵徐珏參將左鼎唐玉中軍朱仁俱赴軍門犒賞初六月中倭寇犯丹陽介等督兵追至孟河賊移泊桃花等港[illegible]登岸焚刼介迎戰敗之珏等俱有斬獲功至是總督尚書趙文華以聞故有是命

巡按浙江御史王極條陳備倭事宜其畧言倭夷之情有四一登岸之初必盡焚其舟誓不返顧故其黨皆爲盡死一攻城臨敵必以被掠之民使爲前驅以自蔽而徐出其鋭兵乘我之乏一遇客兵

精勇先示以弱誘之絶地則伏起夾攻我兵遂亂一所掠寶貨往往佯敗而走遺之陣前伺我兵逐利之際因還擊之此賊之所以常例也而我兵之獘亦有四哨探不明攻守無措故每戰墮賊術中宜多選精鋭便捷之士而重其賞罰一入探姦細宜許其投首免罪厚加優䘏一新募官兵原無定額事無則日冐工食有事則渙然解散宜將見在水陸官兵汰其老弱清其貫址專其統領定其行伍則軍有節制遇敵不亂一調來客兵多非舊練止招集四散以足其數而領兵者又非原管主帥

故臨敵則圖利而輕進遇急則索賞而留難宜嚴復客兵原練之數即以舊將領之使將兵相習乃得其死力兵部覆言可行得旨如議

以四月倭寇掠瓜州燒漕粮三萬四千餘石奪捴兵官署都督僉事方恩俸三月下把總指揮千百戶等官于御史問

提督浙直軍務尚書趙文華總督浙直侍郎胡宗憲巡撫浙江都御史阮鶚以乍浦捷聞因類奏六月中各哨官兵首功前後共二千餘級兵部覆奏徐海雖稱效順而擁衆自保情狀叵測宜令所司

嚴爲之備不得借口投降貽患地方各處戰功請行巡按御史覈實[redacted]賞從之時浙東僊居浙西桐鄉二大寇畧平其分掠海門者把總張成巳敗之江北寇流入常鎮者總兵徐珏等敗之及蘇松寧紹等處相繼告捷賊勢衰矣

官軍進勦海寇徐海等于梁莊大破平之初海既縛獻陳東等退屯梁莊聽撫時索舡索賞進退未決其部衆無所得食稍稍出營鹵掠至是官軍四面俱集保靖客兵自金山至永順兵自乍浦至趙文華遂欲乘勢勦海執海衆刼掠爲辭使人責

㗊之海知有變乃阻深塹自守爲迎戰備言好既
絶我師遂薄賊營火大風縱火諸軍鼓譟從之海
等窮迫皆闔戶投火中相枕藉死于是浙直倭寇
悉平
巡按直隸御史周如斗奏上四月中安港金山諸
臣死事把總劉堂立功百戶徐顯鎮江同知劉希
召指揮孫金王果蘇州同知袁文貴指揮朱昆畏
怯觀望之罪兵部覆奏故無爲州同知徐恩舉家
死難宜優叙千戶沈宗王王世臣宜如例恤録堂
等宜下御史問文貴且調湧旨俱依擬乃贈恩爲

光禄寺寺丞廕一子入監讀書仍厚䘏其家宗王
世臣俱贈指揮僉事子孫陞襲一級
巡按福建御史吉澄言三月間倭寇百餘人流刼
古田殺備倭指揮使劉炌副千戶王月請治失事
叅將尹鳳都指揮王夢麒王鎮來熈指揮秦經國
等及叅議吳天壽僉事袁洪愈知州鍾一元之罪
詔贈月都指揮同知並炌立祠致祭華鳳職并夢
麒等下御史問天壽等各奪俸三月
以直隸應天池州等府水災蘇松常鎮四府被倭
各量免秋糧及折徵衛所屯糧有差

提督浙直軍務尚書趙文華等奏上八月中梁莊
平倭功次共斬首一千二百餘級因言水陸諸寇
相繼蕩平皆
上穹黙佑聖武布昭非將帥之力能及此兵部覆請
録末保二土司彭藎臣彭翼南彭明輔彭守忠等
及文武將吏功祭告
郊廟
社稷以明德意
上曰妖氣蕩平仰賴
天地洪庇朕心感悦胡宗憲趙文華阮鶚先賜勅奬

勵彭藎臣彭翼南陞右叅政管宣慰司事仍各賞
銀五十两紵絲四表裏彭明輔彭守忠賞銀四十
两紵絲二表裡各處調至將兵數多督撫即時斟
酌散回趙文華令還京祭告
郊廟禮部擇吉具儀以聞
巡按直隸御史吳伯朋類奏倭寇犯楊州前後諸
臣死事狀請追録故同知朱裒叅將張恒千戶羅
大爵張希岳百戶曾沂王元鎮撫楊住等而治指
揮張明化等十二人把總韓德禎等十人失事之
罪兵部覆奏得旨裒贈布政司左叅議仍廕其子

學伊爲國子生餘各以例優卹張明化等下御史
問德禎等降三級
改授丁憂浙江布政司經歷吳成器爲紹興府通
判仍令奪情視事成器由吏員初任會稽縣典史
以倭功陞布政司經歷及是聞父喪當去總督胡
宗憲稱其敢死善戰撫士卒有恩請量改郡職使
之仍舊練兵從之
巡按浙江御史趙孔昭奏浙西倭寇雖寧而浙東
丘家洋餘賊四百餘人奔遯山輿與舟山賊合黨
宜敕守臣嚴爲之備兵部覆奏從之

贈慈谿縣故省祭官杜槐爲光祿寺丞仍廕一子
爲國子生并贈其父文明爲府經歷俱命有司立
祠祀之初倭入慈谿槐父子率兵追敗之于王家
團及横塘等處海道副使劉起宗因以便宜委之
防守餘姚慈谿定海三縣未幾與賊遇于白沙一
日戰十三合殺賊三十餘人斬其一酋槐亦數被
創墮馬死時文明别將兵擊賊于鳴鶴塲斬白眉
倭帥一級從七級生擒望斗師陳福二賊賊驚遯
呼爲杜將軍已而復追賊至奉化楓樹嶺以兵少
無後繼陷没至巡按浙江御史趙孔昭聞其事丁

朝因有是命
以浙江平湖桐鄉慈谿僊居嘉興秀水嘉善海鹽
崇德海寧諸縣被倭減免稅糧有差
准直隸蘇松兵備叅政兼副使任環回籍守制以
倭寇平從其請也
初五月中倭船四艘自浙江敗還飄泊至朝鮮境
朝鮮國王李峘遣兵逆擊于海中盡殲之得中國
被擄并助逆衆三十餘人至是因遣陪臣沈通源
等入賀以聞并歸我俘
上嘉其忠順賚銀幣仍賜

璽書褒奬通源及獲功人李潤慶等皆厚賜而遣之
以海寇平加提督尚書趙文華少保餘官如故仍
廕一子錦衣衛正千戶陞總督侍郎胡宗憲爲右
都御史兼兵部右侍郎巡撫右僉都御史阮鶚爲
右副都御史各賞銀五十兩紵絲四表裏總兵徐
珏三十兩紵絲二表裏陞遊擊尹秉衡叅將唐玉
留守王倫朱仁各二級兵部郎中郭仁爲光祿寺
少卿工部郎中陳茂礼戶部郎中陳惟學叅政汪
栢任環副使徐洛劉燾叅政孫宏軾叅議王詢僉
事李如桂中書舍人羅龍文把總汪浩田有年守

備朱䕃夏時叅将左灝婁宇指揮王文澄鎮撫劉
經各一級知府盧孝達宋治同知孫大顯通判韓
崇福黄元恭知縣張烈文主簿曹廷惠大使賈湯
各俸一級叅将丁僅遊擊曹克新指揮朱文樂埧
各陞䞇原任副總兵盧鏜叅将李經陳光祖張麦
都指揮戴冲霄王國賢各陞復原職賞宣撫田九
霄銀五十兩仍復祖職陞總兵俞大猷署都督僉
事照舊管事賞知府温景葵三十二員各銀二兩
原任總兵羅希韓盧鉞弁小旗謝得行等十人總
督軍門分别犒賞陞廵按御史周如斗趙孔昭各

俸一級仍賞銀三十兩紵絲二表裏賞廵撫都御
史張景賢等廵按御史吳百朋等各銀十兩紵絲
一表裏陞致仕尚寳司卿史際為大僕寺少卿原
任通政吕希周為通政使通判任中立為府同知
各致仕陣亡土官汪相向鑾部兵劉進贈官給銀
如例通政朱尚禮等五人准宥罪給冠帶賞大學
士嚴嵩徐階吕本各銀四十兩紵絲三表裏成國
公朱希忠等各三十兩二表裏侍郎郭朴等各十
五兩一表裏本兵尚書許論二十兩侍郎王崇沈
良才十兩各一表裏職方司郎中方祥五兩

卜式之言曰天子誅匈奴臣愚以為賢者宜死節
于邊有財者宜輸委如此而匈奴可滅也武帝好
大喜功此言猶近于逢迎至於
世廟時江南之有倭患所謂剥膚之災士大夫坐視
不為國分憂于汝安乎史主事際得之矣宗憲廓
落有度妙在于用人于時縛陳東剿徐海誘王直
大都以口舌成功則如吕希周茅坤輩豈無一言
之助而世緊以居閒訾之過矣夫天下無事則已
有事則卜式之言可思也
贈松江新塲陣亡叅將尚允紹為都督僉事廕一

子千戶世襲指揮李田鮑東萊千戶郭勛崔彥章
李尚節李嵩百戶趙武陳清各贈官陞襲如例
以直隸鎮海太倉金山松江青村南匯諸衛所被
倭改徵地屯糧折色一年
廵按直隸御史周如斗勘上蘇松常三府文武官
備倭功罪詔陞副使王崇古知府林懋舉方廉同
知都文奎知縣楊旦楊芷叅將婁宇指揮陳習把
總王應麟楊尚英各俸一級賞知府金豪同知李
敏德熊桴通判余玄推官毛起知縣杜時登莫抑
王其勤都督萬表周于德遊擊白泫都司余昂各

賞銀十兩原任把總劉鏜准復職死事知縣錢錞
廕一子錦衣衛百戸指揮同知徐承宗等六人處
死
永順保靖二宣慰司兵自浙江平寇還驕甚無復
紀律所過肆掠商民緣江上下多被焚刼者御史
屠仲律以聞請治主將彭藎臣彭翼南罪兵部覆
藎臣等平賊有功新受恩賞遽加罪黜恐孤遠人
效勞之意止宜切責之并治其部兵之首亂者得
旨土兵沿途騷擾本宜治罪但念殺賊獲功藎臣
等姑勿問令後浙直督撫官各遵前旨團練鄉兵

禦賊不得輕調客兵
尚書趙文華條陳海防事宜六事一弛海禁謂濱
海細民本籍採捕爲生後緣海禁過嚴以致資生
無策相煽從盜宜令督撫等官止禁通番大舡其
餘各聽海道官編成排甲稽驗出入照舊採捕一
一事權謂江海之防
祖宗設官分職各有定守邇緣倭患猖獗隨宜更設
以致事權不一南北扞格彼此推調操江都御史
出外駐劄而聽劾于巡江御史既失居重馭輕之
勢金山副總兵即舊之備倭總督乃無會哨江北

之權錢糧仰給巡撫舡兵無所分屬卒然有警難
以調度請以江海之防分爲三節自南京至儀真
爲上節責之操江衙門而會哨于儀真自儀至狼
福二山爲中節責之常鎮儀真楊州叅將把總會
哨于狼福而巡江御史駐劄鎮江叅轄之自狼福
至金山副總兵常川會哨巡江御史兼轄之其兵
舡錢糧各以所屬巡撫料理庶統屬分明臨事可
得實用一留班軍謂鳳陽中等九衛所官軍專爲
護守
陵寢而設至永樂間摘撥運粮正統己巳之變赴京

班操今倭猖獗止存老弱守城兼以連歲水災民
逃軍竄防守不備請以江北各衛所官軍俱暫留
彼處防守一足兵餉謂水路定兵缺行粮食乞留
漕粮三十二萬七千石分貯要地克十萬客兵七
八月之用仍查催未完軍餉粮銀處補一治孽本
謂浙江一省頃以倭寇增設總督又加巡撫勢如
持衡未免偏重請改浙江都御史于福建駐劄漳
州巡歷興福諸郡將沿海通番之民責之處撫一
舉遺才地方多故負才遺佚之士有扼腕思奮者
如原任翰林院編脩唐順之右中允秦鳴夏暨叅

政胡松翁大立周相副使李文進等俱宜錄用以
濟時艱疏下令所司覆議俱從之
以賊首陳東等伏誅告于
太廟
提督操江都御史高捷奏狼福二山乃倭出之處
請增募水兵萬人福蒼沙船三百艘分裝叅將等
官操練兵部議從之
旌表孝子一人寧波府慈谿縣生員向叙初倭入
慈谿叙扶母以逃遇賊欲殺其母叙泣請以身代
賊竟殺叙釋其母邑人稱孝云

嘉靖三十六年
改巡撫浙江都御史阮鶚于福建其浙江巡撫事
務命總督胡宗憲兼理從侍郎趙文華奏也
總督侍郎胡宗憲請于浙江提編明年均徭及明
年里甲海防從之
總督漕運兼巡撫鳳陽都御史蔡克廉請築寶應
縣城以防倭患工部議覆從之
詔以鳳陽府所貯折粮銀二萬兩及楊州没官田
租銀給工費
命浙江都司僉書署都指揮僉事劉顯充叅将分
守蘇松
兵部覆南直隸督撫等官胡宗憲等奏直隸沿海
之地水兵把總則有吳淞江劉家河福山港鎮江
圌山五總然各守信地不相聯絡宜添設遊兵一
部撥給福船五十艘令把總官一員統之以爲聲
援仍聽副總兵調度報可
巡按直隸御史吳伯朋勘上三十五年五月以後
倭犯通州官兵前後共斬首一百四十四級俘獲
頗衆宜加甄錄以勵人心
上命賞巡撫都御史陳儒銀二十兩綵幣一表裏陞

兵備副使馬慎知州喻南嶽判官施燿海門知縣
趙卿等各一級仍賞慎嶽銀十兩千戸陳廷以托
疾規避降二級
江南自乍浦沈莊捷後浙直之倭悉靖唯寧波府
定海舟山倭據險結[redacted]我兵環守之時出刼略不
能免是時土兵狼兵及北兵葫兵悉已遣歸而川
貴所調麻寮大剌鎮溪桑植等兵六千人始至總
督胡宗憲乃留防春汛分布浙直要害而簡麻寮
桑植二司殺手九百人隸總兵俞大猷令經營舟
山之賊會十一月二十日夜大雪大猷乃督官兵

及桑麻兵環巢四面攻之賊悉出敵殺土官莫翁
送諸軍益怒競進賊大敗歸巢擁柵自固我兵積
薪草以棕簑捲火擲之賊四散潰出諸軍共斬首
一百四十餘級餘悉焚死被掠男婦得者百餘人
賊遂平捷聞
上命賞宗憲及巡撫阮鶚銀四十兩彩段二表裏陞
大猷署都督同知兵備副使王詢官一級賞都指
揮路良把總指揮張四維銀十兩桑植安撫向仕
祿麻寮千戶唐臣各與四品服贈陣亡莫翁送安
撫給葬如制

巡按御史周如斗類勘三十四等年諸臣禦倭罪
兵部議覆得旨指揮戴紳等十三人下巡按御史
逮問副使王崇古僉事董邦政及參將等官婁宇
等三十二人各陞俸一級遊擊將軍曹克新准復
原職知府等官方廉等十五人各賞銀十兩武生
胡亘朱先各陞二級死事省祭張邦定生員閔電
給其子冠帶仍復其家原任操江都御史史褒善
陞大理寺卿原任通判劉本學陞運司同知各致
仕督察侍郎趙文華仍賞銀三十兩綵段二表裡
提督操江都御史高捷疏陳江防事宜一補額軍

原額江操官軍一萬七千餘名今缺少太半宜行
南京錦衣等衛所照數勾補毋得營改別差避重
投輕一擇將領新江口把總哨總衛總等官舊規
俱守備衙門推委官之賢否豈能盡知宜令操江
會同選補一重責江海水面原無限隔雖經分屯
把守逐節會哨若使拘泥信地不應援亦難防賊
宜將兵分正奇南北內外互相援剿有功失事各
規主客通論一懸異賞倭寇新來之船中無所及
其滿載而後尾擊則地方已受害甚矣請以迎擊
來船之賞列之遮擊去船之上去船止論首功來

船兼論船隻兵部議覆報允
昨年十月間倭賊八十餘人入據福建詔安縣城
官軍併力殲之至是御史吉澄勘覆諸臣功罪以
聞得旨僉事王𤺺槐陞俸一級指揮黎鵬舉准贖
仍與通判等官汪全等五人各賞銀十兩巡海僉
事盛唐分守參議顧翀免究守備指揮等官顧喬
岳等十一人下巡按御史逮治
倭犯江北先一舟自如皋縣掘港登岸焚刦賊七
十餘人官軍合勢急擊殲之于白蒲鎮
倭寇五十餘人自衢山登岸淅江海道副使王詢

誘而擒之

江北倭寇大至自江洋二洲掘港呂四塲等處登岸凡二千餘人流刦海門縣

倭至通州攻城不克遂分二路西行犯如臯泰興是日復有倭舟七艘自金沙登岸

倭至揚州營于灣頭鎮數日遂犯高郵是時金沙倭復犯如臯至泰州

高郵倭入寶應縣信宿而去突犯淮安府掠船四十餘艘旋入寶應縣燒毀官民廨舍

揚州倭自淮子沙進犯天長縣都司沃田把總岳

君寵禦之皆敗亾其卒一百七十餘人賊遂入縣治刦掠巳乃由石梁趨盱眙縣復攻入之遂突犯泗州攻城不克

寶應倭掘縣北土垻泄上河水入乃駕舟溯東鄉由塩城至廟灣入海居數日開津東遯

泗州倭分衆犯清河攻入縣治縱火焚刦而去遂侵淮安府

廵撫鳳陽都御史王誥以倭勢猖獗請給旗牌及叅叅將王介黑孟陽致仕叅將王元伯故違節制當究部覆得旨旗牌准給介等姑令戴罪勦賊

以揚州倭患聽留兩淮餘塩銀三萬兩仍提編明年均徭助用

廵按直隷御史尚維持奏留松江府漕米五萬石以備兵餉從之

倭入安東縣進屯縣治縱火刼掠

淮揚兵備副使于德昌督水陸兵擊倭于安東縣叅將劉顯率苗兵直前衝賊親斬其渠首賊衆披靡諸軍鼓譟繼進賊走爭舟我水陸兵夾擊之斬首百餘級賊多焚溺死者餘衆乃駕舟奔遯退泊于雲梯關尋自刀門港遁

南京科道等官劉堯誨等言倭寇攻掠揚州高郵勢且侵及天長六合去留都不數舍夫淮揚爲運道要衝則當爲國家血脉之慮留都係
陵寢所在則當爲國家根本之圖惟
陛下速責諸臣刻期勦滅仍重究叅將黑孟陽等以嚴失事之罰
上以爲然命南京兵部撫操官及各督撫諸臣亟調兵驅勦不得怠緩仍擬黑孟陽必罪革把總韓德禎備倭王表職俱令立功自贖
命兵部右侍郎江東兼都察院右僉都御史提督

山西保定河南等兵以北樓口遊擊丘陞京營叅
將徐珏陞萬全都司夏時爲遊擊丘分統其衆往
淮揚勦除倭冦
丙折桅倭舟一艘飄泊海州東陬山居數日奪舟
而去
楊州備倭叅將王介叅兵備副使馬慎沮撓軍機
侵削兵餉又言慎令馬公子奪所斬賊級爲功馬
公子者尚書馬坤子也疏下兵部都察院閱奏言
用兵重事文武官不相和協難以成功慎宜革任
回籍馬公子下廵按御史逮問并勘介疏中情實

且奏介姑令戴罪剿賊從之
按劉顯以副總兵行部至通州同知王汝言不爲
禮顯以遣
制劾之汝言僅罰俸兩月而尚書徐學謨豔言之以
爲近來未有之事而不知王介之更異也王介一
叅將耳而叅兵備副使爲阻撓軍機即令文武不
和亦宜兩罷而獨罷副使且及尚書馬坤子亦下
御史逮問其言蓋無不行真異事哉是時倭患方
熾
上意右之而臺省遂下有言然則

朝廷何嘗[illegible]武臣武臣不自愛耳
浙直總督胡宗憲淮揚廵按馬斯臧各以江北倭
患平定來聞詔兵部侍郎江東統兵還京東奏留
叅將徐珏所領保定兵駐揚州防冬汛遊擊丘陞
夏時所領山西河南兵各遣歸許之
罷工部尚書趙文華回籍以刑部尚書歐陽必進
代之是時
上欲先建正朝門樓責成甚急文華雖慓狡然實無
應卒理劇才不能奉旨
上滋不懌且稍聞其連歲視師江南黷貨殃民要功

僨事之詳欲黜免之重違大學士嚴嵩意乃先諭
問嵩門樓辦料何遲該部不專管所致文華志似
不若昔者嵩爲回護言該部正官事繁即令門樓
木石物料俱集須欽命侍郎及該監官各一員專
管文華因昨歲冒暑南征致疾似非旬月可愈若
二侍郎俱有差部事缺人管理添設侍郎一員協
理之蓋嵩猶未知
上已廉知文華奸狀故也于是工部疏請如嵩指詔
以侍郎雷禮太監袁亨管理營造仍添註工部侍
郎一員命吏部推擇以聞吏部乃以掌通政司事

工部左侍郎盧勳及嵩子世蕃名上世蕃時以工
部左侍郎掌尚寶司事也
上點用勳文華隨上疏請暫命署印侍郎賜假靜攝
旬月稍可即出趨事
上曰今大工方興司空乃其本職趙文華既有疾其
令回籍養病即推勤能堪司空任者以名聞吏部
以必進應詔
上疑其年老問嵩嵩曰必進雖年六十精力尚健前
建重城時必進任工正區處諸事著有勤能績上
乃用之已遣給事中鄭國賓御史宋儀望監視工

程
先是浙直總督胡宗憲爲巡撫時奏差生員陳可
願蔣洲往諭日本至五島遇王直毛海峯先送可
願還洲留徧諭各島至豐後阻留轉令使僧前往
山口等島宣諭禁戢于是山口都督源義長具咨
送回被虜人口咨乃用國王印豐後太守源義鎮
遣僧德揚等具方物奉表請罪請頒勘合脩貢護
送洲還及前總督楊宜所遣鄭舜功出海哨探夷
情者亦行至豐後島遣僧清授附舟前來謝罪言
前後侵犯皆奸商潛引小島夷衆義鎮等初不知

也于是宗憲疏陳其事言洲奉使宣諭日本已歷
二乃所宣諭止及豐後山口豐後雖有進貢等物
而實無印信勘合雖有金印回文而又非國王名
稱是洲不諳國體罪無所逭但義長等既以進貢
爲名又送還被虜人口真有畏罪乞恩之意宜量
犒其使以禮遣回令其傳諭義鎮義長轉諭日本
國王將倡亂各倭立法鈐制勾引內寇一併縛獻
始見忠款方許請貢疏下禮部言來使宜優賚遣
回如宗憲議其宣諭一節事關國體未可輕易詔
仍詳議具奏部臣乃請令浙江布政司以有司之

意移咨風示義鎮等轉輸其王餘如宗憲議報可
華原任工部尚書趙文華職爲民謫其子錦衣衛
千戶懌思邊戍
上既稔知文華罪惡雖斥意猶未平而言官無攻發
之者
上怒無所洩會其子懌思請假送親回籍是時以
聖旦祈典停封事期八月終止懌思遂以晦日具疏
計御覽在朔日吉期外矣
上因以是爲文華罪曰文華吉脩限內引疾欺褻已
其況殺[illegible][illegible][illegible]民[illegible]大宥之以勸後任事者而其

子疏擾乃[illegible]二十九日故冒吉期不敬君上至
矣文華黜爲民悍思發邊衛充軍因詰禮科失糾
今對狀都給事中謝江右給事中鄭國賓給事中
周啓大操守經陳麟楊乾亨俱引罪
上責其黨護同欺而飾辭以對命錦衣衛執諸臣端
門外杖之俱黜爲民
上乃以文華江南諸不法罪狀示大學士嚴嵩且諭
以勿以弟子而掛念焉嵩惶恐對文華平日任情
作事不令臣知昨歳南征獲功臣爲之喜不意近
日人言其過失多端誠如

聖諭然彼時實未有與臣言者
皇上不加誅殛曲從寛貸以來後人任事誠天地生
全之德臣係師生不能捄正又不能早知以告
皇上臣罪無可解所以日來惴惴懐懼非掛念于彼
也荷
皇上俯鑒臣衷猥加諭畏慰臣無任感幸初文華憑
藉嵩資要結
上寵既以睚眦殺張經陷李默及再出江南人畏如
豺虎所至望風媚奉稍後卽獲罪贓賂塡滋其後
則擇取黄金納之江南金價頓增數倍及攘將士

之功旋而奏凱驕盈滋甚與嵩子世蕃比周作惡
根盤固互朝野以日憂其爲禍未已賴
皇明燭照其奸一旦毅然去之若發蒙振落中外鼓
舞稱快焉
巡按福建御史吉澄言去年十月間浙江丘家洋
殘倭數百人由温州海洋突入福寧州閭峽三沙
等處守土諸臣不能防遏以致蔓延地方多所殘
害因列上文武諸臣失事罪狀及諸死事當恤者
兵部議覆得旨海道副使陶大年降一級都指揮
等官來熙等革任指揮劉繼良等下御史問布政

使趙維垣而下奪俸有差陣亾百戸黄宏襲陞其
子一級生員陳坡量增官職伊男准與冠帶俱立
祠歳祀
祀故大學士顧鼎臣于其邑鼎臣蘇州崑山人崑
山初無城鼎臣始議建之比歳倭奴入寇東南諸
郡邑無者悉遭屠戮而崑山獨以保城多所全濟
鄉人追思之請監祠邑里以示崇報守臣以聞報
可
總督浙直侍郎胡宗憲以本年五月內倭犯淮揚
高郵儀眞天長盱眙泗州清河寳應安東地方失

事狀聞請優録參將劉顯力戰破賊之功及褒䘏
死事都指揮沃田冠帶把總岳君寵等而治諸將
之選愞不職及有司之治境被殘掠者詔陞顯三
級賞銀四十兩奪鳳陽廵撫都御史王誥總兵官
王印俸半年降寳應知縣馬仲芳清河知縣吳希
旦邊方雜職下天長知縣王泰然等十人御史問
贈田都督僉事襲其子二級君寵千戸給其子冠
帶仍復其家
以倭患詔通泰高郵三州寳應如臯泰興安東山
陽江東清河盱眙八縣是年本折馬匹盡行蠲免

其海州邳州儀眞興化塩城宿遷桃源沭陽贛榆
睢寧諸州縣本色馬匹盡徵其值弁原折馬價臧
銀二兩從撫臣王誥請也
以水災免直隷徐蕭定縣三州縣稅糧以倭患免
寳應清河天長盱眙安東五縣稅糧各如例仍命
賑恤傷重之家
總督浙直福建右都御史胡宗憲以擒獲海寇汪
直等來聞直本徽州大賈狎于販海爲商夷所信
服號爲汪五峯凡貨賄貿直多司其質契會海禁
驟嚴海壖民乘機局賺倭人貨數多倭責償于直
直計無所出且憤恨海壖民因教使入寇倭初難
之比入則大得利于是各島相煽誘爭治兵艦江
南大被其害已而中國召集四方勁兵禦倭倭往
往遭損傷有全島無一人歸者其死者親屬亦復
咎直直恐乃與諸中國商若王滶葉宗滿謝和王
清溪等共以其衆屯五島洲自保滶寧波人號毛
海峯宗滿號碧川謝和號謝老與王清溪皆漳州
人悉節年販海通番爲利者宗憲與直同鄉習知
其人欲招之則近直母與其子入杭厚撫犒之而
奏遣生員蔣洲等持其母與子書往諭以意謂直

等來釋前罪不問且寛海禁許東夷市直等大喜
奉命即傳諭島如山口豐後等島主源義鎮等亦
大喜乃裝巨舟遣夷目善妙等四十餘人隨直等
來貢市以十月初至舟山之岑港焉是時浙東西
傷于倭暴聞直等以倭船大至則甚懼競言其不
便廵按浙江御史王本固奏直等意未可測納之
恐招侮于是朝議閧然謂宗憲且釀東南大禍而
浙中文武將吏亦陰持兩可直既至覺情狀有異
乃先遣滶見宗憲問曰吾等奉招而來將以息兵
安邦謂宜信使遠迓而宴犒交至也今兵陳儼然

卽販蔬小舟無一近島公其給我乎宗憲委曲諭
以國禁固爾誓心示無他澂以爲信而夷目善妙
等見副總兵盧鏜于舟山鏜誘使縛直等直大疑
畏宗憲百凡說之直終不信果不敢可遣澂出吾
當入見耳宗憲卽遣之直黨仍要中國一官爲質
于是以指揮夏正往直與宗滿清溪來見宗憲好
言慰之令繫按察司獄具以狀聞請顯戮直等正
國法姑准義長等貢市永鎖海患或曲貸直等死
充沿海戍卒用繫番夷心俾經營自贖御史本固
閩于事機力持未可而江南人詾詾言宗憲入直

善妙等金銀數十萬爲求通市貸死宗憲聞而大
懼疏既遣追還之盡易其詞言直等寔海氛禍首
罪在不赦今幸自來送死寔藉玄庇臣當督率兵
將殄滅　餘黨直等惟廟堂處分之時直等三人來
習澂謝和在舟本固復言諸奸逆意叵測請嚴勅
宗憲相機審處務令罪人盡得夷不爲變于是嚴
旨責宗憲擒剿乃大集兵艦環夷舟守之夷挾貨
無所售既索直等不出見兵船逼之益急乃揚言
責中國渝約數出怨懟語移舟據舟山爲宗憲仍
以好言挑之令盡縛送中國將與善妙等爲市夷

原缺

已狎知詐之然冀倖萬一彼此以危言相支調云
工科給事中徐浦言浙直福建近因軍興經費不
敷額外提編以濟一時之急比以奉行匪人因公
倍斂民不堪命今事勢稍寧正宜培植休息別求
生財之道而督撫胡宗憲阮鶚乃于加徵存留之
外仍前提編節年所費漫無稽考前南京御史愼
蒙奏止提編并請以軍門錢糧歲給差給事中清
查及叅原任吏部郎中呂希周指名和買侵官銀
三萬餘兩欲嚴行追究事下戶部而尚書方鈍依
違兩端蔓辭塞責旣欲以年終查盤責成巡按復

使其酌議提編可否具奏乞罷鈍以戒大臣之不
忠者而正希周之罪并勑止軍門提編年終差給
事中稽查如御史蒙言更乞嚴諭宗憲鶚事從撙
節毋濫費以益民困章下戶部尚書方鈍覆言民
所當恤倭情尤爲可慮設使地方無備一時倭患
突至則其焚刦殺傷之慘將有甚于提編加派之
苦者夫御史風紀之官剔弊釐奸乃其本職使其
盡心所事必不至互相拚飾若恐其弗躬弗親轉
委屬官則給事查盤亦不過憑據司府造報數目
轉委司道等官檢討磨勘而已而况地方多事差
官適以擾民似不如就近責成于巡按御史之爲
愈也且兵無定形勢難逆料人馬之虛實糧之增
減時勢之緩急皆非臣等所可遙議惟地方巡按
能目見而心計之故加派提編必聽御史斟酌具
奏乃可議處施行事體宜爾豈敢以蔓辭塞責哉
所云逮問呂希周及切責胡宗憲阮鶚宜如其議
疏入報可

巡按直隷御史尚維持言頃浙直倭患
陛下用臣議許總督軍門開納級之例亦一時權宜
計耳柰何土豪市儈逃軍罷吏向懼罪自匿者皆

得竊金騎人于白晝大都而軍前未見協濟之實
充軍下死罪一等非元惡不輕坐而亦令納銀自
贖罷閑官若呂希周蔣孝輩不復知有名節久矣
而亦令効用軍門恣其剝削得旨近因倭患暫許
督撫等官便宜行事各官任意行私原發空頭劄
付悉取回其冒濫朦朧給授者巡按御史悉追奪
問罪充軍不准贖業有成命行何擅違其禁之罷
閒官以贊畫爲名生事害民者悉令革回閒任

嘉靖三十七年

倭犯廣東潮洲之舭浦攻蓬州千戶所破之

先是三十五年倭寇自浙直敗還入海至琉球境上中山王世子尚元遣兵邀擊盡殲之得中國被虜人金坤等六名至是遣陪臣蔡廷會等入貢獻還坤等因言遠夷窮島入貢之使須乘夏令遇南風汛始得歸國乞如三十四年例聽于福建海口每歲自行修　買歸不候題請

上嘉其忠順許之仍賜勑奬諭賞銀五十兩彩幣四襲獲功人馬必度及廷會等俱厚賜遣之

提督福建軍務右副都御史　鶚有罪詔錦衣衛遣官校逮繫來京問咋歲倭犯福州洪塘南臺等處鶚不能制則取布使庫銀數萬兩及收機紬數百疋金花千枝牙輪數乘賂之并遣以新造巨舟六艘俾載而去鶚狡誕貪縱原無應變略初以講學要取虛譽既督學浙江諂奉趙文華胡宗憲文華遂奏設福建提督以鶚爲之鶚在閩不措一籌而極意以自豐殖諸所掩索加派動以千萬計其揮頓如泥沙所至惟奔盤盂率以綺繡金寶爲飾所部卒及所挾浙生林念皆怙勢作威虐搢紳姦淫甚爲閩人所苦而鶚歲時納厚賂嚴世蕃所以爲根盤計焉至是御史宋儀望千條陳疏中發其

姦給事中劉祐繼而劾奏之且指言其十罪

上覽疏大怒遂命械治之

新倭大至犯浙江台溫等府福清臨海象山等縣及福建福州興化泉州福清沿海郡邑同時登岸焚刼

總督浙直福建都御史胡宗憲以擊敗岑港海寇聞詔降勑奬勵仍令尅期蕩平

巡按直隸御史馬斯臧勘上三十六年夏倭寇淮揚各文武職官功次請錄有功徐州兵備副使于德昌穎州兵備副使盧盆揚州府知府石茂華指揮伍維統等卹歿事百戶劉魁許勇邵宗智王介等會總督胡宗憲亦疏言江北之役將官則盧鏜劉顯土兵則張空周官彭志顯按臣則馬斯臧張九功郡惟中功並宜錄而斯臧督戰泗洲勞績尤多章下兵部覆鏜顯以陞秩餘當先叙督撫功以此行賞

上命賞總督胡宗憲銀幣都御史高健王誥御史邵惟中張九功銀各有差斯臧遇有京堂員缺推用陞德昌二級茂華維統等各一級魁等各以歿事卹錄如例

倭千餘攻福建惠安縣知縣林咸寧　丁壯乘城禦之倭攻五晝夜不克丁壯死者數百倭亦頗有損失乃引去

倭入福建南安縣縱火焚樵樓及官民廨舍

福建惠安縣知縣林咸寧率兵攻倭于縣境之鴨山乘勝追奔陷賊伏中死之

福建倭結艘自海口出港參將尹鳳督武舉陽承業等引舟師擊之衝沉賊艘斬首六十八級生擒七人餘舟敗遁鳳等追至東洛外洋及七礁白大棕衣大洋等處斬首百有餘級生擒十有六人銳傷及溺水死者甚衆福興倭患由是少熄

贈故台州府知事武暐爲太僕寺寺丞廕其子尚賓爲國子生暐溧水人三十一年倭既破黄巖縣由臨海釣魚嶺趨府暐率民兵伏构嶺下待之賊至射殺二人賊驚引旋暐督所部卒追釣魚嶺力戰而死至是尚賓上疏自言下所司覈實乃有是

命

提督福建軍務右副都御史　鶚被逮至京法司讞上其獄詔黜爲民初給事中劉祐數鶚十罪

上命錦衣衛發卒械送至京師拷問鶚至陰使人厚遺大學士嚴嵩嵩爲之請於刑部尚書鄭曉曉不能堅執乃奏鶚功多且無顯過獨擅增兵餉失百姓心故怨謗從之而起宜薄其罪

上怒稍解于是罷鶚爲民

江西倭寇分掠樂清永嘉等縣金盤衛指揮劉茂朱廷鎗千戶周賓季爵列源等率衆禦之于白塘港兵敗俱死賊遂肆掠管頭蒲州等處鄉官致事僉事王德督所集義兵哨勦至龍灣見殺總督胡宗憲以聞因請治温處參將張鉄兵備副使袁祖庚各失事罪而恤録德等有旨德贈太僕寺少卿立祠賜祭廕一子原籍衛所百戶世襲陞其子二級鉄革職級戴罪立功祖庚降一級別用

倭寇分犯福建興漳泉諸府攻福清南安二縣破之巡按御史樊獻科以聞

上命促巡撫王詢赴任集兵勦平革參將黎鵬舉等職究爲事官奪守巡官參政萬衣副使邵梗等俸俱戴罪殺賊下福清知縣葉宗文南安知縣涂光裕于御史問

以浙江岑港海寇未平詔奪總兵俞大猷參將戚繼光把總劉英職級期一月内蕩平如過限無功

各逮繫至京問係奪兵備副使陳元珂曹金倖令
侍郎胡宗憲督之勦賊若失事者連坐初宗憲遣
還毛海峯誘降王直及直至下獄海峯遂統與倭
目舍妙等列柵舟上阻岑港而守官軍四面圍之
雖頗有斬獲然海中數苦毒霧賊憑高攸鬬我兵
莫利先登多陷沒者是時新倭大至朝議慮其先
後合艘爲害將大屢下嚴旨責宗憲督諸將及時
平賊宗憲懼得罪乃上疏侈言水陸戰功謂賊雖
未殄滅兵央可期月而待于是科部臣極言其欺
誕并劾失事諸臣乃有是命

初
上從給事中徐浦議九卿科道及督撫諸臣各舉將
材于是原任侍郎郭宗皐都御史曹邦輔吳嶽王
紳祭酒鄒守益脩撰羅洪先御史吳悌方淮主事
唐樞參政周大禮曹亨參議劉志知府黄華在舉
中吏部因以爲併覆起用詔查各官去任之故以
聞御史羅廷唯奏曰臣聞爲政莫先于人才而人
才莫要于器使故簡用得人而後付託有効臣觀
徐浦之疏以邊材爲急耳而諸所薦乃有不盡然
者據其所舉文臣不曰兵藏萬甲則曰籌央千里

所謂武臣不曰身經百戰則曰雄當萬夫是十劉
基百徐達並生于一時矣何遺才如此多也况其
間又有以清脩苦節實學醇資舉者即他日復起
必不署之戎馬縱横之場而高談于環珮雍容之
地其去言官初議失之遠矣甚或鑽刺方行而此
舉適有以投其機罪過已深而此舉返得以藉口
其遷延日久而此舉復有以招其來是因明詔以
開倖門有志之士方且羞與爲伍
陛下且安得而用之臣嘗謂才如司馬遷保李陵知
兵矣居延一敗而遷變腐刑忠如諸葛亮舉馬謖
知兵矣街亭一敗而亮落相職古人愼重兵事立

法如此其嚴故事鮮敗績今被薦者不自絜其才
之短長薦人者不復甚其事之成敗則人孰不懷
僥倖之心乎即如邇日兩廣總兵黑孟陽以斬虜
報功已而御史龔愷乃劾其濫殺百姓福建巡撫
阮鶚以部兵受部薦矣而御史宋儀望乃劾其不
諳一籌然業已舉之者不肯任其非而劾之者竟
無所庸其力此含糊隱忍之習成而名實之淆邊
方之懷終未如之何也已若謂人才難得姑且試
焉則兵者危事以庸才試危譬以盲醫療痼疾所

傷益多此臣所以重爲國家用人惜也乞勑部院科道卽將所舉邊材更加詳覈果有謀略出衆素閑軍旅者卽疏名定擬某堪任某邊某堪授某職限以歲時責以成效不得借假虚名規求會地其人品雖正而兵事非其所長才幹若優而操履未能粹白俱宜停寢以候別補則朝廷得眞才之用而邊境無僨事之虞矣疏入

上嘉納其言諭吏部曰朝廷薦舉邊材專備急用各官乃市恩濫舉何有以人事君之忠其會同都察院從實看議于是尚書吳鵬等左都御史周延等覆言諸臣皆以才望爲衆所推獨鄒守益等未嘗親履戎行方准等例不叙用故廷唯疑其併薦耳然薦者與被薦者皆出公論未嘗敢私

上不悅乃切責鵬等薦舉泛濫題覆依違之罪而宥之所薦諸臣亦不用

巡撫福建僉都御史王詢言福建自被兵以來設參將二員一哨于海一防于陸然水陸之任分而利害異南北之勢懸而首尾分各無信地互相觀望臣按閩中之勢福寧北路之要害也寇自台温來者必犯之詔安南路之要害也寇自廣潮來者

必犯之誠得專將分守兼轄水陸賊雖狡悍豈能越境請福建福興爲一路領以參將黎鵬舉駐福寧水防自流江降火門俞山小埕以至南日山漳泉爲一路領以參將王麟駐詔安水防自南日山至浯嶼銅山玄鍾走馬溪安邊館凡水陸兵及諸衛所官軍有司團練民兵皆聽節制又福建省城介在南北而去海不過五十里宜有重兵請更設參將一人以署都指揮僉事會淸充之部領哨船選募精鋭五百人往來閩安鎭東福清平海之間與主客兵互相應援其本省原調廣西向武州土兵日久思歸宜從其便而于湖廣桑植麻寮二土司各調兵二千人代之兵部覆奏報可

浙江岑港倭徙巢柯梅總督侍郎胡宗憲屢督兵討之不能克于是南京御史李瑚追劾宗憲私誘王直啓釁巡按浙江御史王本固南京給事中劉堯誨亦劾其老師縱寇濫叨功賞請行追奪堯誨又言前淮安之變知府石茂華劉崇文等嬰城自保顧得援軍之力却賊冒賞御史馬斯臧僞增功次亦當併治兵部覆請切責宗憲而令查盤科道羅嘉賓龐尚鵬弁勘斯臧等事

上曰宗憲軍務重寄否宜去與留其令在廷集議毋
黨護依違斯臧等本兵既據勘議賞矣如何又勘
其并議上于是成國公朱希忠等吏部尚書吳鵬
等議言宗憲功多當切責留用如部議斯臧等事
已前決當置勿問如
上旨
上手答曰妖逆賊直罪浮賊富本宗憲用計誘獲人
皆知者小人嫉功會彼上奏玄瑞遂爾有言朕覽
諸疏付之丞弼議擬用存公論耳亦不分是非不
明功罪宗憲其仍舊用心平賊以副簡眷未幾宗

憲自辯曰王直為東南大患節經題　兵部題奉
欽依先有購求之文後有詐降之議臣仰承廟筭
不惜身家而百計以圖之茲幸擒獲言者乃誣臣
為私誘臣為專擅又以今繼來之寇謂由臣擒直
啓釁致之是將嫁無窮之禍于任事者之身推原
其意豈欲人人皆畏首尾不敢一奮然擔當國事
然後為可耶昔歲臣任巡按時徐海陳東麻葉之
徒已盤據松江結巢柘林攻城破邑者四年矣彼
皆王直黨也果何人招致何人啓釁乎矧直僭譎
舍戰久雄海上昔年以孤舟任泊列表總兵俞大

猷時為參將以福船五十艘攻圍數月竟爾逸去
以此觀之此曾非可以力勝非可以常視也方直
跳浪海洋中外驚詫以為猛虎毒蛇不啻丘當臣
苦心積慮幸而獲之乃言者復以幺麽視之夫直
誠幺麽與海上事無輕重也不足為臣功也已矣
而又安得為臣大罪耶臣力竭智殫怨多毀集願
畢力以除舟山餘孽退伏斧鉞惟
聖明裁察
上復報曰卿計獲妖賊人所皆曉特以獻瑞故人不
敢直指引軍事以害卿耳卿宜竭誠展布以平餘

氛不允辭
命兵部署郎中唐順之往浙江視師與宗憲協謀
剿賊
以倭寇犯溫台命革把總金盤指揮梅魁任同把
總松海指揮任錦付御史逮問
改定儀真守備信地以新港至瓜儀六合隸之江
防以天長南及江都高郵隸之陸防仍聽狼山副
總兵節制先是嘉靖十九年分江南北備倭信地
江南專屬金山都司江北盡屬儀真守備既而以
地方多故復于東海大河口周家橋設把總掘港

改守備鹽城增叅將各有信地矣而儀真守備猶遙制之體統不便于是巡撫都御史李遂以爲言乃有命也

浙江柯梅倭駕船出海總兵俞大猷等自沈家門引舟師横擊之沉其末艘稍有斬獲各賊舟趍洋南去由是福興湖廣間紛紛以倭警聞矣

倭攻福清縣破之執知縣葉宗文刼庫獄殺虜男婦千餘人縱火焚官民廨舍舉人陳見率家僮禦賊不克與儒學訓導鄔中涵同被執駡賊而死

巡按浙江御史王本固劾上去年四月中倭寇分

犯樂清縣之竹嶼瑞安縣之梅頭臨海縣之柵浦台州府知府譚綸同知毛德京叅將戚繼光等均屬失事弟綸與德京引兵出戰頗有斬獲繼光等以道阻失援畏縮之罪當干劉世爵等兵部覆奏得旨德京准贖綸勿問繼光等令策勵供職世爵等下御史問

更命遼東苑馬寺卿佳扎金州給放各島商船不得抽税從都御史王忬及御史周斯盛疏通海禁議也

浙江海道副使曾金以病濕不習南方水土總督侍郎胡宗憲爲之代請改調

上以金托疾避難令褫職閑住陞台州知府譚綸代之

嘉靖三十八年

廣東原屯黄岡倭流刼海陽饒平潮陽惠平等縣

初浙江温州永嘉民醫王沛招集鄉兵屢有斬獲倭夷功及戰梅嶺失利死之總督右都御史胡宗憲以聞詔贈沛太僕寺寺丞立祠祭祀仍廕其子爲國子生

總督浙直福建右都御史胡宗憲以倭患未弭春汛伊邇請募山東民兵選委謀勇將官督駐蘇松

常鎮防守兵部議覆從之

廣東倭流突福建詔安官兵禦之賊引衆犯漳浦

倭寇浙西自象山縣何家礇金井等處焚舟登岸海道副使譚綸引兵與賊戰于馬岡敗之斬首七十七級

鳳陽巡撫都御史李遂等言淮揚鳳泗東南重地武備久弛邇者倭夷突入乃暫留京操春班官軍以爲防禦但兵非恒役必無固志將非專設難責成功乞定議存留班軍專勑副留守及協同僉書官分領操練防護

陵寢兵部言鳳陽八衛官軍輪班歇操原係舊制若
將春班者常川留守則秋班者每歲京操事體有
礙宜將
皇陵衛官軍編立甲伍令副留守備中官時加操演
專一防護
陵寢毋許別調其協同僉書官則以春秋二班軍番
休者付統領與同城操淛警候軍門調遣報可
總督浙直福建都御史胡宗憲言舟山殘孽移住
柯梅即焚其巢夜徙尤巳窮蹙小船浮海勢易成
勦而總兵俞大猷叅將黎鵬舉防禦不早邀擊不

力縱之南奔播害閩廣失機殃民宜加重治
上命巡按御史逮繫大猷鵬舉來京訊治柯梅倭之
出海宗憲實陰縱之故不督諸將要擊及倭既出
舟山即駕帆南泛泊于浯嶼焚掠居民由是福建
人大譟謂宗憲嫁禍南道御史李瑚遂劾叅宗憲
數其三大罪瑚與大猷皆福人宗憲疑大猷漏言
于瑚故諉罪大猷以自掩飾如此
録三十四年王江涇乍浦杭州北關等處斬獲倭
寇功陞授武生家兵趙凱等七人有差
倭犯江南崇明縣泊舟三沙地方登岸焼刦

陞副總兵盧鏜署都督僉事充總兵官鎮守浙直
倭船數百艘掠江北揚州海門
先是倭寇二十餘人突犯饒平海豐攻破黃岡城
巡撫南贛都御史范欽等請責成兩廣軍門移駐
惠潮近地調兵勦禦事議掣仍留謀勇將官一人
領兵戍守兵部言兩廣苗情叵側又兼山寇出沒
均宜周防請命提督兩廣侍郎王鈁總兵曹松遴
委才將糧練土兵三千馳赴勦賊并戍守要害儻
勢重大徑自移鎮惠潮從之
福建倭寇大至且多賫攻具先攻福寧州城經旬

不克乃移攻福安縣破之其沿海諸邑若長樂福
清等境悉有倭舟是時廣東流倭往來詔安漳浦
間浙江前歲舟山倭移舟南來者尚屯浯嶼加之
新寇徧福漳泉諸府無地非倭矣
總督浙直福建都御史胡宗憲奏凡解赴軍門支
用錢糧一一關白巡按恐誤軍機宜加勑諭聽臣
督同守巡管理支用藉其出入送巡按稽查便下
戶部議謂度兵馬經畫糧餉總督之任而查盤倉
庫稽考姦弊則責在巡按但時有緩急事有經權
今後如遇巡按在近地方無事仍照欽依事理掛

號呈詳如巡按出巡隔遠軍情緊急應起解者先
行起解應動支者先行動支仍具數開呈巡按俟
季終聽其委官清查報可
江北倭趨通州總兵鄧城遣兵禦之敗績指揮張
谷死之倭進據白蒲鎮
巡按福建御史樊獻科勘上三十七年倭犯福建
文武諸臣功罪言倭相繼入寇流刼惠安同安長
樂漳泉之境陷福清南安二縣巡撫都御史王詢
督兵追勦殲賊于海口在漳泉者隨亦剿殘而遁
總督胡宗憲巡撫王詢原任署都指揮僉事王夢

麒武舉楊承業功當首論原任署都指揮僉事來
熙曾清指揮計文韜千戶李常春等當並叙革職
叅將王麟尹鳳指揮張僑停俸叅政萬衣叅議顧
翀副使邵梗僉事盛唐舒春芳王時槐功可准罪
死事知縣林咸巡檢汪詔等宜賜贈廕訓導鄔中
涵等應加優卹及總兵李御朱諒等俱宜分別犒
賞其福清知縣葉文南安知縣涂光裕各失城守
罪重懲朱激指揮等五十七人並當按問
上命賜宗憲詢各銀四十兩紵絲二表裏夢麟准復
原職承業陞二級熙清各陞一級文韜等給賞麒

等令復職衣等俱開俸准贖宗文光裕法司擬罪
具奏餘悉如擬已法司當宗文謫戍邊衛光裕以
該縣無城得末減降邊方雜職
北洋有倭二十餘艘副總兵盧鏜引兵出哨遇之
倭舟泊三爿沙我兵急攻之斬首一百二十三級
生擒一人倭歛入三沙不出
福建新倭自福寧州連江羅源等處流刼集于懷
安閩縣各鄉鎮遂合衆攻福州府城不克環而守
之是日叅將黎鵬舉以舟師擊倭于海中七星山
屛風嶼斬首六十七級生擒六十八人

詔發倭僧清授于四川寺院安置初清授隨侍郎
楊宜所遣鄭舜攻至寧波未幾總督胡宗憲生員
蔣洲復以僧德陽至俱上書求貢市朝議未允令
量賞遣歸未行間而王直就擒岑港所泊諸夷遂
結艘拒我師焚德陽舟山所居道隆觀合勢開洋
去清授原不與諸舟同來又居定海七塔寺亦不
索之至是尚羈留未遣宗憲疏言倭情已可見清
授不必遣還然留之浙西非宜請用洪武年間故
事發四川各寺安插兵部議覆從之
初兵部郎中唐順之奉詔協賛浙直兵務至是總

督侍郎胡宗憲薦其有文武才第權輕不足展布
宜超格用之時順之已擢大僕寺少卿矣以宗憲
言乃復陞通政使司右通政命仍與宗憲共事
先是江北海道副使劉景韶以遊擊丘陞等兵擊
原駐白蒲倭一戰于丁堰再戰于如皐東三戰于
海安皆捷共斬首百餘級至是賊大聚其衆謀西
犯揚州景韶復督陞等兵擊敗之斬首八十級焚
死一百七十九人賊奔潘家莊景韶督諸兵盡銳
攻之斬首一百二十八級初自南沙登岸犯州之
倭至是勦絕

廟灣倭合衆來攻淮安巡撫李遂督叅將曹克新
禦之大戰于姚家蕩自寅至申賊大敗斬首四百
七十八級賊遁入姚莊我兵縱火焚莊賊死者二
百七十餘人賊奔陳莊我兵復追斬七十四級賊
以餘衆追保廟灣
海道副使劉景韶督兵擊倭于印莊斬首四十五
級賊西走次日復戰新洲斬首七十八級賊奔新
河口遁入民莊我兵以火攻之復斬首二百十六
級賊悉焚死無一人得脫者是時江北流劫之倭
悉殄唯廟灣大䑸據險固守不出我兵水陸環其

四面攻之
巡撫鳳陽都御史李遂言倭寇前結䑸揚帆直入
楊樹灣登岸焚刼次日徑犯狼山泊蘆瀟港遂過
通州海門至白蒲焚燒廬舍刼掠民財副總兵鄧
城募造兵船戰具無不完備足堪防勦乃驕翫遲
疑致賊猖獗乞正其罪得旨城怯懦縱寇法當逮
治姑革去職級克爲事官領兵殺賊事寧奏處李
遂嚴督將士戮力勦平毋得怠視已巡按直隸御
史江北李廷龍等復言鄧城翫寇殃民及叅將朱
仁指揮丁爲谷等俱屬有罪

上命按臣械城并仁爲谷俱至京鞫治
詔留兩淮運司庫貯挑河銀二萬塩課銀二萬兩
于鳳陽軍門支用從巡撫都御史李遂請也
總督浙直福建軍務都御史胡宗憲奏留兩浙塩
課銀十萬兩以備事興下戸部議浙直塩課歲額
及十萬若復扣留則國課將　盡歸軍門矣且浙
江布政司改折南京倉糧數內再留三萬兩及將
運司見徵逋負一萬三千餘兩扣用如再不足聽
于該省贓罰等括用得旨准動支運司見在餘塩
銀四萬兩急濟軍餉仍將改折南糧併塩課逋負

者照數徵完補還餘塩解部

先是舟山倭遁至舊浯結劇賊洪澤珍等據泊海山水陸分擾巡撫福建都御史王詢舉兵擊敗之以捷聞且言原任叅將充爲事官王麟黎鵬舉把總指揮魏宗瀚等緣事署都指揮僉事王夢麒逐勦有功乞命麟宗瀚等戴罪殺賊夢麒付兵部紀錄推用從之

總督浙直福建都御史胡宗憲及巡按御史周斯盛以倭犯寧紹台溫馳報下兵部覆言自倭患以來廷議增設總督總兵等官其于選將練兵徵調轉餉諸凡經畧之規葢詳且盡矣而竟未收全效如往歲舟山之賊逐勦幾盡將謂無遺孽矣而春汛一臨羣然四集今各路登岸及在洋先後至者無慮數萬豈盡皆島夷哉是沿海頑民互相搆結或盤據近地或潛泊海洋方其煽亂則謂之來及其少熄遂謂之去乘其少挫便謂之捷幸其他往因謂之安耳如此不已恐徵調日繁催科日擾恐致他變乞勑宗憲等仰思重寄大畫遠猷嚴督水陸官軍刻期勦絕毋徒紓目前之急而必潛消意外之虞可也

上然之

江北兵攻倭于廟灣斬首四十餘級我兵死傷亦多賊復斂衆固守巡撫李遂以數戰兵疲宜圍困之賊日久無食且水陸斷其行道可收全勝唐順之以爲翫寇乃自擐甲持矛麾兵以進屢挑戰賊終不出遂督兵入險賊奮鋭東西衝我兵死傷甚衆順之自知失計以爲賊未可卒破乃罵言經畧

三沙倭南去

總督漕運都御史傅頤等言淮揚之間倭寇方熾塩場運道俱當防護高郵重地未設戍兵適總督胡宗憲所募山東人二千五百人由淮赴浙乞暫留爲備俟寇息遣之報可

倭圍福建福州府城且一月至是始解悉將輜重登舟環泊橘園洲等處

巡撫鳳陽都御史李遂以四月以來禦倭節次來報謂諸將奮力首戰于白蒲繼截于姜堰則已奪氣臣策其必奔廟灣遂令諸將星馳淮上適山東兵至乃分布犄角屢致克捷先後斬獲眞從倭賊首級八百一十八顆生擒一十六名自倭患以來未有若此之大捷也

上聞而悅之曰李遂督兵臨陣斬獲數多勞績可嘉
先賜勑奬勵有功人員行按臣覈實議賞
福建倭攻永福縣破之
福建浯嶼倭始開洋去此前舟山寇隨王直至岑
港者也屯浯嶼且經年至是乃遯其毛海峯者復
移衆南嶴建屋而居
崇明縣三爿沙倭賊合艅踵至官軍出海邀擊斬
首一百餘顆總督侍郎胡宗憲等以捷聞詔賜宗
憲并視軍情右通政唐順之各銀三十兩紵絲二
表裏巡撫應天都御史陳錠二十兩一表裏餘獲

功人員行巡按御史覈實具奏
廟灣倭被圍日久我兵水陸迭攻百計挑戰賊終
不出副使劉景韶乃督率塡壕塹夷樹木嚴兵逼
壘而陣賊終不出乃令水兵載葦焚其舟賊爭救
舟我兵乃撤其所營西街牆屋賊撮營東街致死
敵禦殺傷甚衆其壘益固于是景韶約二十四日
水陸進擊是日夜雨倭乃潛遁入舟我兵進據其
巢追奔至鰕子港頗有斬獲餘倭無幾不復能戰
乘風開洋而去于是江北倭寇盡平
福建永福等倭駕舟開梅花洋參將尹鳳備倭指
揮張僑等以舟師分艅擊之斬首一百七級生擒
九人
福建出洋各倭復回舟泊澚頭
福建倭自梅花洋開船遁參將尹鳳以水兵追擊
于横山斬首一百二十餘級生擒三十二名
原屯三沙倭賊突犯江北由海門縣七星港登岸
先是巡按浙江御史王本固南京御史李瑚各參
劾總督浙直都御史胡宗憲岑港養寇溫台失事
掩敗飾非之罪詔下查盤科道官羅佳賓龎尚鵬
從實覈報至是佳賓等奏覆岑港倭凡五百餘人

于三十六年十一月隨王直至求市易及王直被
擒見官兵侵逼燒船上山據險屯駐至三十七年
七月間攜帶桐油釘鐵移駐柯梅造舟至十一月
舟成于十三日開洋去訖今泊福建浯嶼其溫州
二十七年之寇則自三月間至流刼樂清瑞安永
嘉平陽等處境府城及瑞安樂福二縣盤石寧村
等所皆被圍逾月殺指揮劉茂朱廷鑰千戶周賔
百戶劉源季爵泰杭鄉官僉事王德醫官王崇大
等至六月初由飛雲港等處開洋而遯其台州之
寇亦同三月間由松門澶湖登岸流突臨海黃岩

太平仙居寧海天台等境且徧府城太平縣各城
數被攻圍觀海衛百戶陳椿太平縣典史蔡宗皆
死于賊至五月十九日第現大青開洋而去天台
有遺倭潛突仙居臨海知府譚綸督兵夫逐捕至
六月初六日擒斬盡絶已上岑港溫台失事大都
如此至于文武諸臣功罪如參將戚繼光勦賊無
功通番有迹參將張四維不能邀截縱寇復逞把
總劉英遺賊酒米信地失防所當重治原任參將
張鉄寧村失守全軍覆没把總梅魁遇賊先逃喪
師罔卹千戶朱光透漏軍機按兵縱寇千戶王世

臣朱諫聞警委城臨敵撤防指揮劉大有胡震李
荀等千戶張輔等百戶高世英等忘功保身望風
奔潰以上諸臣均當重究副使表祖庚曹金等機
宜弗審制禦全疎但已經革任似應免究兵備副
使陳元珂擁兵自衛防守不嚴所當降調先任海
道副使今陞巡撫王詢綜理雖乏先事之防而失
事則在離任之後似應寬處至若總督浙直福建
都御史胡宗憲柔倭儉人姦邪巨蠹欺
君誤國養寇殘民岑賊移駐柯梅自焚舟㕯全浙所
共知也乃稱官兵攻勦而妄行奏報欲飾其玩寇

之愆溫台極被創殘荼毒官民人心所共傷也乃
稱斬獲數多而更以捷聞求掩其殃民之罪擁勁
兵自衛惡聞警報之宵傳罪將領以文奸專冀本
兵之内召廉恥掃地沉湎喪心捧觴拜舞于軍前
而伏地懽呼讚趙文華爲島夷之帝攜妓酣飲于
堂上而迎客宴洽視總督府爲雜劇之場萬金投
欵權門而醉後狂言畢露其彌縫之巧千里追回
章疏而旋更情節曲致其欺罔之私納賄弄權出
奸獄之巨奸若監賊朱奉等權倖將領專管給納
縱滑稽之武弁若指揮陳光祖富擬陶朱貪黷因

仍征輸繁急喜通透夷情爲得策啓軍門倭主之
謡指扣侵邊餉爲常規有總督銀山之號招藝流
而厚加豢養盈遲皆狗鼠之雄假贊畫而陰爲利
謀入幕悉衣冠之盗蔑視法典混亂官常此一臣
者宜置之重辟以彰天討之公用洩人心之憤者
也疏下兵部議覆得旨繼光四維革任仍同鉄魁
等下按臣逮問祖庚等免究元珂降調宗憲詢策
勵供職
江北七星港倭流刼過金沙西亭將犯楊州海道
副使劉景韶督參將丘陞等兵併力禦之戰于鄧

家庄斬首六十九級賊敗走仲家園我兵縱火急
攻斬首二百八十餘級賊宵遯
江北諸軍追倭至鍋團叅將丘陞馬蹶被殺已而
我兵大至賊懼奔十灶陞山西驍將仝歲江北之
捷率陞爲軍鋒紐于屢勝輕敵致敗諸軍無不惜
之
江北倭自鄧莊敗後沿海覓舟不得我兵自後急
擊及于小海團劉家橋白駒沙等處各有斬獲賊
勞餒困頓會雨乃奔入劉家莊就食我兵四面圍
之值總督胡宗憲遣江南副總兵劉顯以鋭卒千

餘來援江北將士謂功在垂成慮爲顯所攘嘖嘖
有言都御史李遂恐士衆不和乃檄江北諸將兵
盡屬之顯軍政既一遂剋期進兵顯率所部先登
各營選鋒繼大衝擊自辰至酉賊巢始破共斬首
二百一十四級賊奔白駒場我兵追擊又敗之于
七灶及茅花墩共斬首四百餘級賊衆盡殄
鳳陽撫按李遂陳志各上言三沙之賊自蹈死地
久困之餘成擒無難而總兵盧鏜師死財費乃與
陰相締結貸以舟粮令往江北地方禍延隣境其
餘將領若副總兵劉顯曹克新把摠邵應魁守備
盧相等均屬有罪乞賜重治
上命革盧鏜職戴罪任事賂寇事撫按官查奏應魁
相褫職按臣逮問顯等令住俸殺賊
九月巳巳朔陞閱視直軍情通政使司右通政唐
順之爲都察院右僉都御史巡撫鳳陽
兵部覆巡撫鳳陽都御史李遂奏勦平倭寇諸臣
功次言本年江北倭前後四起一自楊樹港撤港
盧潭港登岸一自周灶港登岸俱并爲一夥約三
千餘人自白蒲挫敗由沿海流至姚家蕩追殺殆
盡其殘孽四百餘又在茆灣節次殺傷死亡過半

所餘不及三百乘雨逃遯一自廖角嘴山港登岸
約三四百人至曹家堡潘家庄勦殺盡絶一自清
港登岸約六百餘人至新河口亦勦殺盡絶以四
月初一日聞警至五月三十三日蕩平僅止五旬
上深嘉諸臣功詔廕遂一子入監讀書仍賞銀四十
兩紵絲三表裏副使劉景韶總督胡宗憲右通政
唐順之各三十兩二表裏景韶仍陞三級漕運都
御史傅頤二十兩御史陳志李廷龍各十五兩操
江都御史傅鎮南京兵部尚書張鏊等六人各十
兩叅將馮陽輝僉事王遴等十人各五兩遊擊丘

陞武生陳忠各陞二級參將曹虺新等各陞一級
僉事王元恭革職閒住指揮彭汝康分別旌賞把
總張大義等撫按臣逮問
總督浙直福建胡宗憲巡撫王詢等言今歲倭寇
始犯泉州焚掠同安惠安等縣繼至福州攻毀福
清永安等城既而延蔓于興化突走于漳州分投
流刼民受荼毒令督率將領統領水陸官兵擒斬
過一千五百六十有奇即今内地稍寧蕩平有日
因上諸臣功兵部以聞詔賞宗憲詢各銀三十兩
紵絲二表裏詢仍陞三品服俸參將尹鳳十五兩

參議顧冲十兩署都指揮王麟知府熊汝達等各
五兩署都指揮孫敖等行軍門犒賞
廕陣亡温州府同知贈右參議黃釧子黃文㦸爲
國子生
提督兩廣侍郎王鈁言倭賊水陸登犯攻圍城邑
官兵與戰前後擒斬一百七十三名顆奪回被虜
男婦稱是余黨悉遯一時獲功失事諸臣請分别
賞罰兵部覆從得旨賞鈁及豐潤伯曹松各銀三
十兩紵絲二表裏知縣林叢槐十兩海道副使林
懋等准贖右參議田楊奪俸二月知縣李奇俊等

免究署都指揮孫敖等付按臣逮問
陞浙江按察司副使劉景韶爲按察使仍管淮楊
海防叙録平寇功也
江西撫按官何迁等言閩浙徵調廣兵千總劉鳳
杜朝用縱兵焚刼督押守備伯永福等黨比需索
請加重治以杜後患
上命按臣逮鳳朝用赴京其永福幷土夷頭目等付
各按臣逮問
總督胡宗憲等言崇明三沙倭賊流突江北參將
丘陞身經百戰屢立奇功臨難奮勇竟隕鋒鏑若

槩從陣亡之科寔有未盡之論請厚加恤典以慰
忠魂僉事熊桴前罪當懲後功足贖請宥其罪又
言今後死事之臣以有功又能死事爲一等雖無
功而能忠于所事者次之勤無可録而適不幸者
又次之其或失機僨事身雖故仍有顯奪請定列
死事之條立爲輕重畫一之法兵部議覆
上從其言丘陞比照宗禮事例贈都督同知廕一子
指揮僉事世襲其餘戰功後查明于祖職上承襲
立祠死所歲時致祭貸其桴不究
福建[illegible]按官王詢等言黃崎漳港等倭突攻福清

長樂逼近會城七住洪塘南臺等地而中路遊擊
叅將曾清東手無謀分守漳泉叅將王麟受財齊
港備倭張樵建節等防禦無功指揮魏宗瀚陳孔
誠等貪貨致寇海道副使邵㮄調度失策均宜重
治詔革清麟任并樵宗瀚等付按臣逮問㮄奪俸

三月

蘇州自海寇興招集武勇諸市井惡少咸奮腕攘
聚數十人號爲打行紫火囤誆詐剽刼吴會歲侵
各郡邑時有攘竊應天巡撫翁大立既涖任則嚴
禁之訪得紫火囤諸惡少名檄府縣捕治督責甚

急及十月大立携拏來蘇州駐劄諸惡益惧則相
與歃血以白布抹額各持長刀巨斧夜攻吴縣長
洲及蘇州衛獄刼囚自隨鼓譟攻都察院劈門入
之大立率其妻子踰墻遯去諸惡乃縱火焚衙廨
大立所奉勑諭符驗及令字旗牌一時俱燬諸惡
復引衆欲刦府治知府王道行督兵勇却之將曙
諸惡乃衝葑門斬關而出逃入太湖中官司遣兵
四散搜捕獲從周[redacted]等十餘人事聞
上命大立戴罪嚴督尅期捕滅以靖地方知府王道
行等知縣柳東伯等住俸勒限捕賊指揮朱文正

等付按臣逮問

查勘倭情給事中羅嘉賓等條上海防四事一定
督撫駐劄謂總督之權關係甚大必所處適中乃
可想機調度請今後總督官如值風訊或移寧台
或移嘉湖迷心區畫務收戰勝攻取之策專泥汎
地各該將領平時各照所管關隘加謹防守若遇
賊勢重大攻刼城池不論遠近星馳赴援如執信
地爲詞不行策者論罪一修要害衛所沿海舊有
關隘各設衛所誠遷險扼吭之今兵紀漸廢請行
督撫兵巡等官備查等官備查各衛所隸關港幾

處原設兵船火器若干責其把守防禦務臻實效
一重臨海府分浙東寧台溫三府實居海衝一遇
風汛首被其害然寧溫猶有海道總兵兵備叅將
而台州一府未嘗設官總理請行軍門省令分巡
僉事駐劄台州後有銓授將駐劄地方分管道分
塡駐文憑以示責成部覆報可

總督浙直右都御史胡宗憲言團練鄉兵實爲減
革客兵之漸而有司視之虚文終鮮實效惟杭州
府知府陳柯同知唐堯臣通判王時拱知縣李成
式等率勵生員周綺練兵有成請録以示勸詔賜

柯尭臣各銀二十兩時拱承式各十五兩吏部遇鈌推用綺等行軍門重加犒賞

總督浙直都御史胡宗憲獻上王直葉宗滿王汝賢等獄謂直等勾引倭夷肆行攻刼東南騷擾海宇振動臣等用間遣諜始能誘獲乞將直明正典刑以懲于後宗滿汝賢雖罪在不赦然往復歸順會立戰功姑貸一死以開來者自新之路事下兵部會同三法司覆議三犯俱不可原仍將妻子財産沒入庶盡法律

上曰直背華勾夷罪逆深重命就彼梟示宗滿汝賢旣稱歸順報効姑待以不死發邊衛永遠充軍餘如擬

操江都御史傅鎭言留都根本重地春汛伊邇倭情叵測沿江上下不可不嚴爲之備而南兵柔脆不堪攻戰又官多暫委無將領以專統攝且應用錢粮未經預處請添設遊兵司總統領沙兵原任都司王銃千戶王策韓天祥可充其任各該撫臣歲計軍餉乏時各處銀一萬兩以備供餉兵部議覆從之

贈故蘇松兵備左參政任環爲光祿寺卿命有司建祠蘇州以時致祭仍廕一子爲原籍衛所副千戶環山西長治人嘉靖二十三年進士知滑縣陞蘇州府同知倭寇犯境環身率士卒感以忠義屢擊賊敗之前後俘斬甚衆以功陞僉事加副使右參政俱仍舊任環志欲平倭衣服皆自識其名誓必死賊賊猝犯蘇諸城門皆閉郊關民避寇者不得入繞城號泣環按劍洞開諸門全活以數萬計蘇人得之後以母喪守制遂不起至是吏科給事中徐師曾請贈官秩祀以報其功故有是命

巡按福建御史樊獻科言近歲軍興募集弍勇四方無賴子弟毎以投兵報效爲名所至騷擾今廣浙閩俱有海警宜以三省兵應調募悉遣還原籍收爲鄉兵卽以待客兵者養贍不惟客兵免遠調之勞而各地方且獲鄉兵之利計無便于此矣得旨允

巡按浙江御史凌儒奏浙東竈長淳等八場灶丁近遭倭患焚蕩殺擄傷殘已極乞動支軍司沙地銀五百七十二兩在倉稻穀七千六百七十餘石量行賑恤戶部覆報可

巡按福建御史樊獻科查勘倭寇犯海口等處叅

論諸臣功罪詔指揮劉繼良等戴罪殺賊把總王
鏊等各賞銀十兩參將尹鳳等准贖罪指揮王洵
等付按臣逮問

皇明馭倭録卷之八

兵部車駕淸吏司主事臣王士騏纂

嘉靖三十九年

巡撫應天都御史翁大立言副總兵劉顯驍雄敢
戰一時名將無出其右參政熊桴調度兵食困守
危城動中機宜各宜久任以安東地報可

浙直視師右通政唐順之既陞淮揚巡撫乃條上
海防善後事宜一禦海洋言禦倭上策必禦於海
而崇明諸沙舟山諸山各相聯絡乃海賊入寇之
路尤當預防自今每遇春汛宜令蘇松兵備暫駐
崇明寧紹兵備或海道暫駐舟山總副將官常居
海中督兵分哨如有縱賊入港登岸者以次論罪
并請更立賞格凡海中迎斬新倭一人即給銀二
十五兩以示優典一固海岸謂賊至既不能禦之
於海則海岸之守爲第二著而諸將往往相推諉
一事以致深入今宜爲約沿海力戰損兵折將則坐
內地不能策應之罪內地殘破沿海卒免罰坐沿
海縱賊之罪又或均之爲沿海地方賊由寧紹登
岸寧紹卒免殘破溫台登岸溫台卒免殘破而殘
破寧紹往歲但坐地方殘破者之罪今則宜并坐

賊所從入者其沿海文武將吏有能衝鋒禦賊不
得登岸深入者雖無首級亦以奇功例陞賞一海
外沿海逋逃之徒爲賊嚮導者甚衆宜嚴行守臣
多方招徠以消禍本又古者兵交使在其間自葉
滿得罪而逋逃欲歸者不免自疑自蔣洲得罪而
人以使絶域爲諱宜量爲貰減并開日本國通貢
之途若抄犯如故則命朝鮮琉球二國承制轉諭
之一定軍制調募客兵坐糜粮餉今宜急練土者
必不得已而調募且先取土著如處兵沙兵之類
以充其邊方應募者亦必土人保任而後用之至

於總督軍門歲調廝兵宜有定額如直隷幾千浙
江幾千專爲充鋒之用聽川湖軍門選發俟土兵
練成則調募悉罷一鼓軍氣國家承平日久文吏
游談而養尊武臣恬嬉而保身每一當賊股戰却
走顔色可憐又有遇海風而頭掉目眩聞潮聲而
耳聾心惕者如此而望長驅海島掃清大慗難矣
謂宜責文臣督帥時御戎服出入軍中以作武將
之氣武將臨陣時間取潰校逃卒斬一二人以變
士卒之耳目則軍氣自振一復舊制國初海島近
區皆設水寨今雙嶼烈港峿嶼諸島海賊巢據者

即其故也沿海衞所軍伍素整屯田亦多及金塘
玉環諸山膏腴幾萬頃皆古來居民置鄉之所悉
可墾種浙福廣三省原設三市舶司所以收其利
權而操之於上使奸民不得乘其便今數者俱已
廢壞宜令諸路酌時修舉一別人才文官舉海道
副使譚綸等劾台州知府黄大節武官舉總兵盧
鏜等劾狼山副總兵曹克新一定廟謨言外患未
息内變恐作邇者閩浙直隷倭勢日甚吳淞定海
間水卒呼粮[redacted]宮刼獄此履霜之漸不可長請行
各守臣預議招懐撫諭之畧防海固圉之機具聞

于
上斷然行之庶幾滅賊有期疏入下所司覆議命克
新聽調大節閒住餘俱從之
盗百餘人夜入揚州府泰興縣刼庫殺人守臣以
聞得旨停知縣梁棟等俸及把總吕圻各戴罪捕
賊初江南禦倭水兵多游手少年烏合應募之衆
及事寧散還窮無所歸流落江湖闌遂相聚爲盗
云
以江北倭寇未寧添設水兵把總一員於狼山民
兵把總三員於曹沂[illegible]道命原任大同叅將朱雲

漢宣府遊擊郝英四海冶守備岳蟲各携家丁赴
淮揚待用從巡撫都御史唐順之奏也
論擒海寇王直功詔陞賞總督尚書胡宗憲等有
差初宗憲遣蔣洲陳可願招諭直等至三十六年
十月直與王滶葉宗滿等同倭目善妙等五百餘
人泊舟岑港請納款通貢市是時直母及子宗憲
皆羈至杭城直先遣滶宗滿來見宗憲厚撫諭之
令宗滿持其母與子書往直見我兵嚴備又滶不
返遲迴未能決則要須滶出乃登岸宗憲卽遣滶
往直猶未信索我一貴官爲質宗憲遣指揮夏正

詣其舟直黨乃併前後往來寇後朱尚禮等留之
直始輕身入謁軍門宗憲故爲欵言令自繫獄待
命久之直黨見官軍四集尋知直已下獄遂支解
夏正尚禮等得遯歸至是時已三年矣其事初聞
宗憲蒙賜敕奬勵下按臣覈諸效勞人員功次迂
延不以時上宗憲乃自列狀以聞請亟如甄錄詔
下兵部尚書楊博等會廷臣議皆言自直等煽亂
朝廷不惜萬金封爵之賞令天下討賊而宗憲卒
以計擒之功實非常賞宜從重其一時共事諸臣
若副總兵盧鏜都指揮戴冲霄紹興府通判吳成
器或控執要害或冒險用間功宜優錄原任參政
今巡撫王詢副使陳元珂原任總兵俞大猷參將
戚繼光張四維督兵有紀中書羅龍文指揮陳光
祖楊永昌朱尚禮童華邵岳謝天與生員蔣洲陳
可願方大忠義士胡節中武生朱見先后間賊及
原任參政胡堯臣副使李景華僉事李三畏都指
揮王欽守備何本源畫地設防協謀督餉均宜并
叙大猷今負罪立功冲霄繼光四維光祖洲節中
本源俱奉旨逮問宜准贖罪夏正死事尤宜厚郵
得旨賊首擒獲實荷玄佑爾等議功並不奏請舉

謝豈人心歟宗憲天心爲國殫竭忠謀勞績殊常
宜加顯擢以示激勸其加太子太保左都御史兼
兵部右侍郎總督如故仍廕一子錦衣衛副千戶
鏜詢成器各陞二級尚禮華岳各陞原籍衛所千
戶大猷冲霄繼光等八員俱准贖罪錄用夏正捐
身爲質死事可憫贈都指揮使廕一子正千戶世
襲元珂等各以差賜賚
倭寇六千餘人流刼湖州等處守臣告急兵部言
閩廣二省俱鄰南海倭奴侵軼廣中皆以閩人爲
嚮導今其勢張甚在兩廣固當尅期誅剿在福建

撫臣亦難辭縱賊貽患之責請令廵按御史通核
功罪以聞報可
吏兵二部會議提督兩廣侍郎鄭綱條陳一惠湖
二府海倭山寇並起請添設叅將一員專駐揭陽
贊兵防禦一嶺東分守獨居省城兼領南韶惠潮
四郡不便宜仍以廣州南韶隷嶺南分守而嶺東
專晉惠潮仍改賜勑書令其兼理海防一倭賊入
潮每以漳海積寇相煽引而黄岡鎮廵檢則廣閩
界區漳寇所由入者請以潮州捕盗通判移駐其
地練兵防盗詔如議行

兵科都給事中王文炳言邇者浙直倭患稍寧而
閩廣警報踵至蘇松淮揚間慱徙悍卒所在驛騷
宜勑下本兵議所以安民蓄兵絶寇之策兵部覆
議安民莫如罷不急之役蠲無名之征重懲貪官
酷吏蓄兵莫如訓練各處鄉兵隷籍行伍者責之
軍衛募自民間者責之有司絶寇則當令沿海有
司按籍所部居民有與盗通者許同里首告即寘
之法而追其所犯銀三十兩賞告者又有無頼悪
少竄入軍中巧立報効賛畫名色平居坐糜公廪
有事爭冐首功此輩亦將來禍本宜一切查革議
入
上曰朕所倚安民者守令耳邇來各官恣意貪殘困
苦小民朕甚憫之吏部都察院即移文各撫按官
嚴加考察限一月内從實奏處餘皆如議行
廵撫鳳陽等處右僉都御史唐順之卒賜祭塟如
例順之直隷常州府武進縣人嘉靖己丑舉禮闈
第一人賜進士出身改庶吉士授兵部主事調吏
部改翰林院編修未幾上疏乞養病詔以吏部主
事致仕居數年召爲右春坊右司諫兼翰林院編
修明年與賛善羅洪先校書郎趙時春上定國本

疏忤旨黜爲民順之初欲獵奇致聲譽不意遂廢
屛居十餘年
上方推抑浮名無實之士言者屛薦之終不見用會
東南有倭患
上命工部侍郎趙文華視師江南順之以策干文華
因之交歡嚴嵩子世蕃起爲南京兵部主事尋陞
職方司員外郎郎中奉命查勘薊鎮邊務復視師
浙直總督胡宗憲薦其有功遷太僕寺少卿通政
司右通政俄代都御史李遂廵撫鳳陽卒于官順
之慱學強記自六經諸子以至算射兵法陰陽小

技無不研究其說其文詞足以擅名一家初罷歸
閑門獨居力爲矯抗之行非其人不交非其道不
取天下士靡然慕之既久之不獲用晚乃由趙文
華進得交嚴氏父子覬因以取功名起家不二年
開府淮揚然竟靡所建立以卒順之本文士使獲
用其所長直石渠金馬之地其著作潤色必有可
觀者乃以邊才自詭既假以致身遂不自量忘其
爲非欸有以武功自見盡露其短爲天下咲云
世廟識餘録云按順之故以三不朽自任其家居
二十年謂立言立德可以無媿惟歉於立功耳故

干趙文華以通於嚴嵩父子欲以平倭自見及其
臨事顛眩大失其平生而三沙之敗僅以身免後
卒於淮陽凡四品京堂未經考滿者非日講軍功
不得卹典嵩父子力以順之軍功爲請於禮部時
尚書吳山特持之嚴氏因怨山而遷怒於祠郎李
纉乃出爲景府長史順之始得祭葬矣而不知於
例何所據也 尚書徐學謨
按東南之有倭禍所謂剥膚之災順之學本經濟
憂兼家　國實見得是故欲自效于戎行觀其衝
突風波冒犯矢石與士之最下者同甘苦真有鞠

躬盡瘁意天不假年厥志未竟良足悲矣史謂其
欲以武功自見盡露其短爲天下咲學謨又謂其
臨事顛眩大失其平生而三沙之敗僅以身免此
俱非公論順之寔知兵者其視師江南每請之于
朝欲文臣督師時御戎服以作武將之氣又謂此氣
在宇宙間磨礱而時用之則鮮明置之不用則黯
無精光我之氣日益精明則賊之氣自然消沮其
言似迂而非迂也每讀其遺言循其遺迹輙爲慨
然或謂順之失身嚴氏且有怨于子之先人何輕
吐其不平也順之失身嚴氏意者枉尺直尋乎于

時九邊練兵總之尋常套數順之胸中素具甲兵
以實求之未免求全於薊鎮而不知九邊之皆然
也何私怨之有士大夫不要錢不怕死不求做好
官一腔熱血每恨揮灑之無地此何爲者不過欲
以身殉
國耳臣不佞深有感于順之也然以江南人視師江
南又用之淮揚廵撫猶有格外用人鼓舞豪傑之
意此必
世廟之獨斷若謂嚴氏之居間則比來畏首畏尾更
似不及矣

江南經畧云已未之夏唐公順之捧　勑至吳經歷海上倭至不得登刼屯兵於三沙公帥兵圍之賊走江北爲李中丞所殱或論之曰六月興師劳民費財不能搗巢而縱之走未見唐公之能也愚謂不然夫倭船之來非一歳矣每至即登岸未有不滿載而去者今非唐公與熊兵憲親出海洋嚴督将士孰肯僇力驅賊於沙上哉當是時撫按巡江皆鈌唐公原無提督之權又無可戰之兵可調之粮使他人處此必坐省城移檄将官閉奸塞責而将官又襲故套止擊去賊不擊來賊数郡生民

廢耕耘填溝壑如甲寅乙夘歳矣安得賊千三四百人歴三越月而但困于一沙不渡海不流突内地不殺人焼刼枵腹而鼠竄哉自此失志島夷聞之至今不敢寇吳唐公保障之功誠不小矣新例禦賊於海洋不使登岸者雖無斬獲猶敘超格唐公積勞成疾轉官而殁吳民陰受其賜反訾咲之豈非天地間一大屈哉　崑山鄭若曾

總督浙直福建都御史胡宗憲奏臣受命總督得節制三省一切調度兵食皆頼各處巡撫協心共濟而近多優游養望未有實見講求者即有踈虞臣何以自觧夫各邊巡撫之與總督相見原有定規今俱抗衡無遜詘意至於操江都御史則雖文移亦不復通臣徒擁總督虚銜而無其實請移假以事權得以爲諸道主約其相見禮文亦宜依三邊督撫事例得旨宗憲此疏心實任事可轉大司馬兼院右正各巡操等官悉聽節制其三邊督撫相見禮儀吏兵二部查例以聞部覆總督體統委宜嚴重撫操等官相見毋得純用賓主敵禮總兵以下皆戎服庭謁至於文移俱用印信呈文詔可

巡按福建御史樊獻科奏福建山賊倭夷並起攻

掠平和紹安等縣破崇武所城請勑守臣亟圖勦會巡撫劉燾疏至言與賊連戰俱捷地方稍寧不如獻科言上

上以二臣奏報互異疑之詔兵部亟檄南贛撫臣范欽及燾協力平賊地方失事功罪令御史詳核以聞未幾獻科復奏崇武失事狀兵部始知燾奏不實請逮守所千戸郭懷仁等付獻科問停分守僉事萬民英俸令戴罪視事燾姑貰勿治責以平寇自贖從之

查盤給事中羅嘉賓御史龐尚鵬等言浙江直隷

軍興以來督撫諸臣侵盜軍需無慮數千萬臣等
奉詔通査出入之数其間侵欺有術文飾多端册
籍沉埋條貫淆亂者姑無論已即其文牘具存出
入可考事蹟章灼可得而陳其数者則如督察尚
書趙文華所侵盜以十萬四千計總督都御史周
玹以二萬七千計總督侍郎胡宗憲以三萬三千
計原任浙江巡撫都御史阮鶚以五萬八千計操
江都御史史褒善以一萬一千計巡撫應天都御
史趙忻以四千七百計此皆智巧有所偶遺彌縫
之所未盡摭其敗露十不及二三然亦夥矣至於

操江都御史髙捷則明取江防銀二千兩檄送趙
文華巡撫應天都御史陳錠則檄取軍餉銀四千
兩錙銖無所支費此又皆公行賄攘視爲當然者
也乞通行追究明正法典以懲貪冒至於文華所
任郎中郭仁及宗憲所任指揮戴冲霄楊永昌陳
光祖並宜逮問追贓疏下戸部會吏部都察院議
覆請罷忻捷官同文華等所劾贓罪候勘議處仁
黜爲民冲霄等下御史問惟宗憲功多當留用從
之既而宗憲上疏自訟臣爲國除凶用間用餌不
有小費不可以就大謀而已者遂縁此生奸指

侵尅臣誠不能以危疑之迹自理於讒謗之口乞
且賜罷以待公論少明然後東西南北惟
上所用
上優詔慰留之
令分守温處叅将劉天錫等戴罪捕賊贈泰順生
員田林爲州同知給其子冠帶先是三十八年七
月倭寇自閩流入温州結巢小獲桐山出掠平陽
順泰等縣分巡副史凌雲翼檄天錫及把總盧鏑
等捕之賊敗知縣巨益兵於石門隘殺領兵生員
田林等天錫[redacted]兵不救巡按御史周斯盛以聞兵

部奏林田死事宜卹録天錫等宜戴罪從之
福建叛兵三百餘人自沙縣将樂攻泰寧縣破之
守備王址率千戸劉兆元百戸戴權等禦之軍亂
兆元率衆先奔址權戰死賊遂趨廣昌樂安尋奔
永豐敖城遁去巡按御史鄭本立以聞請論諸将
吏功罪詔贈址都指揮使權正千戸各廕襲子孫
一級兆元等逮問守巡叅議孫應鼇各奪俸戴罪
勦賊先是福建以倭亂調募廣兵多輕摽無頼比
至皆憑陵驕蹇日需犒賞有司不饜所欲即鼓行
爲盜云

巡按直隸御史陳志寶上三十八年倭犯江北自
六月初三日起至八月二十七日止提督都御史
李遂督發主客兵将前後二十餘戰斬首三千七
百八十有奇諸獲功人員百二十二人請分別陞
賞因言遂功高勞著屢迎擊始至之寇使片帆不
歸一人無免者今江南北清宴要是藉其餘烈前
雖蒙恩賞未足酧勛請破格優處以勸将來
上曰遂督兵禦寇擒斬盡絕功果異等其陞俸二級
廕一子原籍衞所千戶其餘獲功陞授如擬行
以倭患免廣東潮州府海陽揭陽饒平潮陽惠來
縣惠州府海豐縣三十八年京庫粮銀二萬四千

有奇
巡撫福建都御史劉燾類奏四五月間新倭與濂
澳月港崇武處舊寇合鯮鹵掠時臣甫涖任即定
計擒之初戰於長樂閩安先挫其氣再下興泉遂
月港崇武諸寇以及崎嶺濂澳之間兵之所過陸
無堅陣水無完艘凡擒斬七百有奇溺死者倍之
乞錄領兵僉事萬民英指揮王夢麒等功疏下兵
部議功燾第一總督尚書胡宗憲次之其力戰效
勞者民英夢麒及總督把總指揮官張𠕇張僑奏

經國鄧一桂徐濂宜優叙聽勘叅將王麟諭戍指
揮鄭文恩宜准贖陣亡指揮王謹宜陞襲三司府
縣官邵梗許應元舒春芳等宜覆勘得旨賞宗憲
銀幣陞燾為副都御史民英為布政司右叅議仍
兼原職夢麒等各陞一級餘皆如部議是歲倭賊
徧福建沿海諸郡然皆十百為羣各自擄刼無總
統司號令者燾不能制任其厭欲而去乃虛張功
伐多言謀勇然即具奏狀所列固未明言某日某
兵與賊戰其地者也
授國子監生蔡汝蘭為原籍衞所鎮撫贈其子啓
元為太僕寺寺丞仍廕一子送監讀書汝蘭廣德

州人與子啓元允元姪渭皆習武事與總督胡宗
憲有舊宗憲既開府道其父子赴海道標下練兵
剿賊三十八年三月中啓元率兵追賊至奉化縣
之南渡橋戰死越五日賊攻海門衞渭亦死之宗
憲以聞兵部復請故有是命
嘉靖四十年
江西南贛流賊馮天爵平天爵等皆兩廣民兵應
募至浙直禦倭已而遂寇刼閩清縣庫復寇沙縣
尤溪建寧泰寧又江西建昌新城南豐等縣拒敵

官軍殺守備王圳支解之後自泰和諜間道趨湖
廣爲南贑兵所邀擒天爵并其黨梁寛馮勝等六
十五人餘各竄逸捷聞
詔按臣覈實功罪具奏
南京兵部尚書江東等言南京振武營兵之選將
以備倭今倭患未可逆覩而遽議罷非計請下南
京府部九卿及科道寺官酌量時勢詳察利害應
散應留務求歸一兵部議覆從之
宥原任金山備倭署都指揮同知王世科罪降原
職三級叙用世科初以倭陷南匯青村二所論死

至是御史方輅勘覈言二城栅毀較之完城不同
且戴罪之後斬獲頗多請從末減故有是命
旌故蠻夷長官司副長官田菑及其子畊建坊於
所居表曰忠義菑永順宣慰司屬目也初以征倭
進攻新巢穴死之子耕復父讐斬獲有功已贈菑
官給殮銀百兩耕疏辭給銀而請近襲其祖職張
思明溪蠻夷長官職事詔下守臣勘實則張思明
溪者係酉陽地界非永順境也其耕所稱祖職亦
無可的據乃覆稱授耕職非便宜仍給賞功銀兩
并建坊一座以褒録之報可

巡按直隸御史陳志奏往時漕運憲臣俱兼巡撫
日者海徼不靖戎事倥偬遂以漕臣司轉餉撫臣
秉戎麾此一時軍興特設非制也今倭患漸寧事
權宜一請裁革巡撫即以漕臣兼之事下吏兵二
部覆可乃以總督漕運都御史胡植兼提督軍務
巡撫鳳陽等處
先是科道官查參總督浙直福建尚書胡宗憲侵
盗軍餉詔下浙江巡按申勘至是御史崔棟覆稱
宗憲無他且言軍中所恃以鼓舞人心者財耳其
中用間行餌賈勇賞諜鼓舞之術居多若使尺寸
之間盡以繩墨約之寧遽有今日哉以臣之愚宗
憲可原得旨錢粮旣查明胡宗憲今照舊盡心督

撫
協守浙直副總兵劉顯言頃蒙
陛下命臣以都督提督南京振武營臣誠感恩圖報
弟此軍習成驕悍宜以法制之臣故所統川兵二
千有勇知方乞許便宜帶領隨營操練內以弾壓
兇惡外以控制倭夷卒有怙惡者許臣以軍法從
事俟其內馴外服海防稍靖漸爲散遣兵部覆言
彼中原無前項軍粮請許選精鋭五百人自隨餘

付代者有警聽題調用報可
廵按廣東御史潘季馴勘上三十七年倭寇廣東
諸臣功罪言倭自正月中犯潮州府蓬州鮑浦等
處所至将官不能禦或敗或走獨千戶魏岳百戶
蔣期明鎮撫陳濬等戰甚力斬首八十餘級生擒
九十餘人賊始遁去我兵失亡者亦二百人岳等
死之時總督侍郎王鈁已致仕季馴因追叙鈁運
籌督戰之勞請與撫鎮官及陣亡将吏分别叙録
而論失事者之罪兵部議覆
上命賞鈁及廵撫周滿總兵官靖遠伯王瑾各銀幣

有差下失事指揮等官馮良佐等二十二人及前
爲事指揮孫敖知縣蔡明復等于按臣論罪岳等
各陞襲如例
山東廵撫都御史朱衡奏登萊青三府地瀕大海
東近遼左南通浙直國家設軍分守甚嚴日者遼
左告饑暫議弛登萊商禁以濟之其青州迤西之
路未許通行令富民猾商遂假道赴臨清抵蘇杭
淮揚興販貨物海島亡命陰相構結俾二百年愼
固之防一旦盡撤頃者浙直倭患非後事之鏡乎
冝申明禁約停止爲便兵部覆奏報可

以倭賊入犯廣東潮州府大城所詔奪惠潮叅将
張四維俸二月分守叅議馮皐謨海道副使鄭維
誠分廵僉事齊遇俸各二月下本衛所掌印捕盗
等官董越等九人于按臣論罪知府何鏜等准贖
先是潮州敗倭自福建還入詔安大城海夫劉五
等及上底東界客兵因挾之爲亂去年十二月乘
除夜城中無備伍等先襲入城羣倭繼之守印諸
将各棄印遁去至是年二月知府何鏜等督兵追
捕伍等始就擒斬首三百餘級事聞因有是命
江西廵撫都御史張元冲疏報去年十二月至今

年閏五月閩廣流賊田光澤寧化等處突入江西
境寇新城廣昌轉掠萬安泰和請勑南贛軍門協
勦福建廵按御史李廷龍亦報山賊吕尚肆李占
春等與福興漳泉殘倭四出剽掠自建寧以北福
寧以南無處不爲盜藪乞申飭福建都御史劉燾
南贛楊伊志兩廣張臬刻期平定疏並下兵部議
覆
上以冦群猖獗禍連三省切責諸臣玩愒不行設策
勦滅姑令各帶罪殺賊期以九月報平如再誤事
御史指名叅奏重治

總督浙直福建尚書胡宗憲奏浙江倭寇自
以來合謀連䑸屢犯寧台温等境我師禦之戰於
海者六戰於陸者十有二討前後擒斬一千四百
二十六人焚溺死者無筭今已蕩平其文武效勞
諸臣則參將戚繼光督戰功最而僉事唐堯臣義
烏知縣趙大河等亦宜并録
上加諸臣功詔宗憲加少保總兵盧鏜陞俸二級繼
光陞都指揮使各賞銀二十兩二表裏大河陞按
察司僉事專理操練土兵温處參將牛天錫陞秩
二級副使凌雲翼王春澤僉事唐堯臣參將吕圻

等十九人各陞俸一級布政胡堯臣胡松參議唐
愛副使李僑各賞銀幣有差通判吳成器等行軍
門分別犒賞下失事把總王彥忠劉震亨劉用光
三人於御史問
嘉靖四十一年
福建同安倭寇夜襲破永寧衛脅指揮王國瑞鍾
塤千戶蔡朝陽降之
巡按福建御史李廷龍類奏二月中三衛兵亂永
寧失守及盇龍溪等縣各被新舊倭寇抄掠狀部覆
王國瑞鍾塤蔡朝陽身爲降虜宜重論與泉兵備

萬民英疎于防守福州兵備汪道昆不能禦衆宜
並罰得旨民英道昆各奪俸三月國瑞等下御史
鞫實奏聞
福建新倭大至突犯福清福寧政和等處
南京戶科給事中陸鳳儀劾奏總督胡宗憲欺橫
貪淫十大罪大略言宗憲本與賊首王直同鄉其
所任蔡時宜蔣洲陳可願等皆賊中奸細方直挾
倭衆突岑港賊衆無幾而宗憲按兵玩寇資以牲廩
蕩廢防檢交質往來乃許直海防之任與爲約誓
若非

皇上斷以必誅神人之憤安可雪也而宗憲乃立報
功廟于吳山意欲旣滿縱飲長夜坐視江西福建
之寇不發一矢徒日取驛遞官民軍前糧餉而斬
艾之朘削之督府積銀如山聚姦如蝟如鄉官呂
希周田汝成茅坤等輩皆游舌握槧遊爲門客又
且宣淫無度納鄉官洪楩之女爲妾遣事吏來任
健步徐子明之妻皆出入督府通宵無忌至如扣
尅上供歲造叚疋銀兩濫給娼優市販官職劄付
軍器官廠私送鄉官調發官軍原籍守宅尤其干
紀亂常之甚者乞加顯斥疏下吏部請下巡按御

史勘報
上特命錦衣衛械繫宗憲至京問于是浙直總督缺
遂罷不補而以都察院左副都御史趙炳然爲兵
部右侍郎兼都察院右僉都御史提督軍務巡撫
浙江
福建倭攻興化府城陷之倭自十月初犯福建其
自浙之溫州來者則合福寧連江登岸海賊攻陷
壽寧政和寧德等縣自廣之南澳來者合福清長
樂登岸海賊攻陷玄鍾所蔓延及于龍岩松溪大
田古田之境無非賊者初浙江參將戚繼光與總

兵劉顯等旣連破賊于臨墩港等處閩之宿寇盡
平繼光引還浙遇倭自福清東營澳登岸麾兵擊
之斬首一百八十有奇遂行而閩倭至者日衆始
攻興化城不克乃合兵薄城下圍之且匝月至是
城守卒勞罷賊瞯其懈弛夜以布梯傅城入之開
門放火城中方知賊至百姓恇擾參將畢高參政
翁時器悉縋城宵遁同知奚世亮爲賊所殺賊遂
入據府至來歲二月始敗是時劉顯在會城聞興
化危急提兵往援至則城已爲賊所破顯留大兵
江西剿廣寇所提入閩卒不及七百人且疲于屢

戰倭所至勢衆且銳顯知不敵乃逼城爲營以伺
賊隙顯有威名興化人初聞顯至以爲旦夕破賊
旣而相持日久疑其養寇以爲恨
命分守浙江台金嚴參將戚繼光充副總兵官分
守福建
錦衣衛逮胡宗憲至請處分
上曰宗憲非嵩黨自御史皆朕陞用任事已八九年
三星
上玄錫近上玄秘皆致一手字數載無言伊過近自
鄒應龍初亦未專爲國舉邪朋害大臣罷斥者不

少旣知諸人欺君何不俱早言今日乃言之不已
宗憲不自愼致招奏擾但王直原本兵議不獲者
五等封官今加罪後復誰與我任事其釋令閒住
嘉靖四十二年
革鎮守浙直總兵盧鏜職仍同原任遊擊王應岐
俱下御史逮問鏜初在軍門胡宗憲用事及宗憲
敗鏜不自安求去時應岐已革職充軍給事中丘
橓等因劾鏜姦貪入罪言應岐原擬未盡其辜兵
部覆請從之
巡撫福建都御史游震得奏上禦倭三事一浙江

温處與福寧州接壤實倭夷出没之地而一時將
官莫賢于叅將戚繼光宜進繼光爲副總兵兼守
其地而于福寧州添設守備一員隸繼光節制仍
令募兵二千以備戰守又漳州月港亦通倭要地
并宜添設守備一員即以指揮歐陽深陞署都指
揮僉事充之而聽節制于總兵俞大猷一八閩之
地延平建寧邵武乃其上游宜令建寧募兵一千
延平邵武各五百使指揮欒埧統之以備警急其
分巡武平僉事亦加以兵備重其事權一閩中自
被倭以來其官軍之以死勤事與婦女之死節不

辱者宜悉表揚以勵人心兵部覆如其言詔可
廣東倭寇犯潮惠二府黄岡大澳等處
福建巡撫游震得以去年十一月倭寇攻陷興化
府狀聞初賊至先犯邵武殺指揮齊天祥轉掠羅
源連江等縣殺遊擊將軍倪椽遂攻玄鍾所城及
德縣入之乘勝直抵府城下會都督劉顯兵未至
賊遂襲入城殺同知奚世亮等又分兵攻陷壽寧
政和二縣乞亟命該部計處兵食浙直總督發兵
應援部覆賊以旬月間連破數城如蹈無人之境
帥府以下職守謂何顧事急之際請姑令戴罪立

功其各省援兵請調浙江新募義烏兵一枝以戚
繼光統之江西兵一枝令撫臣自擇良將各星馳
應援仍起丁憂叅政譚綸以原官兼按察司僉事
統浙江兵千二百人與都督劉顯總兵俞大猷同
心共濟以收奇功又廣東南澳爲此賊淵藪宜令
兩廣提督張臬引兵擣之使賊退無所歸以其地
丁科屯鹽諸錢穀約二十餘萬悉留用以佐軍興
仍令南京兵部發馬價銀十萬兩濟之本部仍備
銀十萬兩俟緩急督發
上悉命如擬行因奪震得及文武大小諸臣俸許其

自効譚綸等依擬用戚繼光劉顯各令奮勇建功
以副委任仍誡浙江巡撫胡松兩廣提督張臬各
協力策應毋分彼此
提督兩廣都御史張臬紀功御史段顧言各條陳
廣東善後事宜戸部覆行三事一潮州海陽之闢
望爲倭奴入寇門户宜設一全縣以增潮南之藩
籬應割都圖者七潮陽之減水宜設裁減一縣以
控扼海豐惠來長樂三縣之要衝應割都圖者四
又程鄉縣之豪居新設平遠縣遠隸江西不便宜
割程鄉及興寧田糧立爲裁減縣分仍屬廣東其

原議割武平安遠里分宜還各省一饒平縣之弦歌大埔縣之清遠程鄉縣之溪南松源石屈龜漿諸都向爲巨賊所據今雖勦平田多抛荒宜將六都錢糧自三十九年四十一年盡數蠲免其半一程鄉縣延袤千里原額止一十八圖豪猾營充千長隘官名色凌轢鄉民起盜之源實由于此惠潮二府所屬諸縣皆然宜及今大熟之年添設圖分增立里長督辦租役其他名色悉爲除革疏上允行乃設澄海縣于鬬望所普寧縣于泼水

福建興化倭寇結巢崎頭城與都指揮歐陽深相拒久之不出深望見其兵少輕之直前挑戰伏發深與其數百人皆戰死賊乘勝攻陷平海衛

以倭寇攻陷興化府城命提督兩廣都御史張臬總督廣閩軍務調度兵馬分部擊之罷巡撫都御史游震得回籍聽勘令總兵官劉顯戴罪勦賊逮叅政翁時器叅將畢高至京問罪初興化敗書聞震得巳坐失事奪俸旣而巡按御史李邦珍言震得一籌莫展宜簡命大臣有濟變才者假以重權亟往拯之南京科道官范宗吳張士佩等亦言賊薄興化時震得詐疾告休及城陷則避之福清不肯督兵救援顯屯兵江口遠在三十里外駐營未聞提兵決戰而時器與高聞變卽縋城夜出尚未識其所往請各寘之理俱下兵部議覆大臣有威望累著擒賊之功者一時無如臬賢宜重用之震得等誠駑怯有罪但顯素得士心臨敵易將恐一時難其代者宜令立功自贖俟事寧併論

上然之乃有是命

福建福寧倭寇自政和等縣襲攻寧德破之趨羅源入海轉至連江登岸時寧德已四陷矣

巡撫浙江侍郎趙炳然奏各省募兵多浙之義烏人夫福建所以致亂者民變爲兵兵變爲盜其所由來漸也夫閩民皆盜治標之道不得不假于別省募兵而反求其本必須多方撫處使盜化爲兵兵化爲民可也今又驅浙之民以拯福建之急臣竊懼夫浙之爲閩也自今請令各省一意團練土著使人皆可用家自爲守急則爲兵緩則爲農聚散之間兩有歸著卽不得已而召亦必先本省次鄰省不得專泥一方以釀禍本兵部議覆

上曰各處節年團練土兵徒以虛文塞責迨至有事則行召募以滋繁擾其令巡按御史每歲終嚴加

夜閱仍叙別所司功罪以聞
福建新倭自長樂登岸流刼福清等處總兵官劉顯俞大猷合兵邀擊於遮浪殲之平海倭引舟出海把總許朝光以輕舟抄之斬首四十九級賊[illegible]盡焚其舟還屯平海
覆論興化府并壽寧等縣失事諸臣罪逮興化衛指揮徐將楊一輔法繼勳通判李邦光百戶潘鑑易中孚壽寧縣知縣童銳典史沈洪王濟等至京與翁時器等併問指揮等官胡紳等四十二人及副總兵楊縉參將黎鵬舉俱下御史逮治馮文焯

副使余曰德卲㮄汪道昆參議萬民英僉事金淛魯一經各奪俸半年左布政使魯于拱署按察司印右布政使盧夢暘各奪俸二月仍誡提督都御史陸穩策勵供職贈諸死事臣同知奚世亮爲右參議知縣周尚友縣丞葉德良徐九經訓導盧學顔爲太僕寺寺丞各廕一子國子生遊擊倪祿指揮齊天祥張光祚千戶盧思亮卲于蕃張珊各襲陞其子二級
副總兵戚繼光督浙兵至福建與總兵劉顯俞大猷夾攻原犯興化倭賊於平海衛大破平之斬首二千二百餘級火焚刃傷及墮崖溺水死者無算繼所掠男婦三千餘人復得衛所印十五顆自是福州以南諸寇悉平
知縣歐陽學紀事云壬戌十月倭賊至惠安之南埕轉寇吾莆劉營村落十有一月初移逼郡城四門之外皆賊壘也時都督劉顯奉　命勦賊既至屯兵枋頭距城五十里分守翁時器因勢危急懇請救援劉分兵八十名應之越十有九日夜十漢子自稱齎督府文書求縋城上翁許之衣背皆繡天兵字越二十有八日守埤者聽翁令是夜罷擊

柝比四鼓睡熟賊五六箇自西門第四鋪布梯登埤司門通判李邦光指揮徐將楊一輔不知也詐稱天兵者高聲喝殺傷一埤夫由是衆皆驚潰賊六千餘悉登而入如履無人之境因風縱火城中高堂廣廈通闤帶闠不知幾萬家可憐焦土孑存者十之一皆爲賊營署印同知奚世亮被殺翁分守李通判畢參將越城奔鄉宦士民男婦咸就擄殺死者約萬餘庠士三百五十鄉官十七舉人二太學生六婦女義不辱而罵賊以死者不知其幾也寶器金玉錦綺或傳自唐宋者咸歸於賊否則

幻爲煨燼城陷次日劉兵亦至城外搜賊舊營越十有二月十日突入城内與賊戰於教塲敗績癸亥正月初劉兵屯滐店指揮歐陽深領半番兵二千屯林口巡按江西陳御史志𢡟兵一千餘來援屯江口十有四日賊南掠歐陽兵自柵中射之中其醜凡三十人二十有二日賊北掠劉兵陳兵伏道夾擊斬首九十賊徬徨駭愕相語曰戚虎何時來也盖叅將戚繼光前此累捷賊畏如虎故以名之云二十有七日賊粮盡出城宿塘下相去二十五里自黎明逮晡行始盡劉都督在寧海橋不知

也次日兵追及與賊戰於巷口敗績又次日賊至岐頭攻其私城民極力禦之殺二賊望救無人城陷荼毒尤慘時劉兵屯闗口距岐頭八十里二月七日賊六百由同安抵楓亭徑至岐頭地界二十有九日夜合攻平海城孤危無援城又陷署印指揮葉煥然被殺凡六區七區之士民千戸百戸之所管轄者又不知擄殺幾何三月十八日劉兵移嶺頭歐陽兵移樹下各距平海六十里二十有三日賊来樹下殺歐陽指揮及兵四百劉即移屯度濱四月初總兵俞大猷領漳泉兵四千方至移屯

山腰石屐各距平海四十里十有一日賊四百自上徑抵奈埔劉率兵迎擊敗績十有三日賊銜度濱而下半番伏兵四起斬首一百七十餘奔平海城人謂劉有方略在營中連妝六妹其從容安閒如此俞素負重望顧兵士法弛平民亦苦刧掠斯時也賊備舟三十五艘爲浮海歸國之計舊軍門先已檄許朝光督水兵防于海灣朝光者去歳招降之賊首也及是月十有六日賊粮盡俱出城一艘下舟去許不知也一艘改營許厝村又在澄塘村越十有九日新總理軍務廵撫都御史譚初至

省城即莅莆郡夜趨渚林次日副總兵戚繼光亦抵於此譚知其能下令劉俞兵勿動以戚督萬兵進勦二十有二日五鼓與賊戰於澄塘等村火箭鷁馳鳥銃雷發竹標一揮群醜[illegible]愕然拊心曰戚虎今果來矣跪以待又未崇朝賊盡殲其明日搜索山谷及歒頭寨遺賊共擒斬二千二百有竒釋被擄男婦四千口獲精銳器械萬餘兵卒所得金寶戚秋毫不問焉按戚有大功于閩人至今德之傳頌詳核故錄巡按廣東御史陳道基以正月間潮惠二府倭患聞乞速命督撫調兵分勦詔總督都御史張臬嚴

督各官調集漢達官軍協力勦滅以靖地方毋怠
巡撫浙江侍郎趙炳然陳海防八事一定兵額浙
江領兵千把總等官漫無通紀宜將陸兵倣古什
伍之制以次編立營伍令總哨管隊等官分轄之
而總屬于主將二振軍伍浙江軍衛逃亡數多請
照籍清補三練民兵民壯弓兵本為防盜詰姦而
設宜嚴選練不得聽官司役占四立保甲浙地濱
帶河海外倭內盜鹽賊礦徒導引之姦細接濟之
窩主在在有之宜挨屋編次十家為甲十甲為保
各立之長使習練技勇互相譏察協力防禦官司

無得以他務煩擾五明職掌總兵參將海道兵備
等官雖各有信地而臨事多推諉宜分任責成居
常則將官操練而該道主于閱視遇敵則將官攻
勦而該道主于監督不得互諉六分統轄浙直水
兵副總兵一員駐直隷金山以統浙直陸兵而共
以一總督節制之但今總督既革則浙直已為二
鎮而巡撫浙江者于金山副總兵不得用之于陸
巡撫直隷者于定海總兵不得用之于海矣自今
宜畫地分轄在定海者止屬浙江在金山者止屬
直隷各兼理水陸兵務而有警則仍相策應七嚴

哨應陸兵專責以守險水兵專責以出洋有警互
為聲援八公賞罰將官有戰功者宜首錄不當與
督撫同叙至於失事論罪亦如之其部下尤當賞
不遺賤以鼓士心兵部覆如其言
上皆從之
巡按福建御史李邦珍以二月中福建倭寇攻陷
寧德平海城及都指揮歐陽深死狀聞因言破平
海者乃閩之南境賊其初自福清等處登岸破寧
德者乃北境賊其初自福寧登岸皆閩中大患而
南賊尤劇已經累次調兵勦捕而總兵俞大猷赴

援濡滯遊擊何本源等私掣回戍兵致忠將陷沒
地方失守乞明示賞罰以昭勸懲
上從部議令張臬譚綸嚴督劉顯等協力勦之刻期
蕩平大猷姑戴罪自效本源下巡按御史逮治歐
陽深賜棺殮銀五十兩廕一子為世襲指揮僉事
仍立祠祀之
巡按御史李邦珍勘上福建勦平舊倭狀先是賊
兩破寧德城屯據橫嶼嶼去縣十餘里四面皆水
路險隘不便深入故官軍民兵與賊相守逾年莫
敢決戰者四十一年七月內總督尚書胡宗憲檄

浙江參將戚繼光部浙兵七千餘人援之令軍中
人持草一束填河而進遂大破賊巢平之生擒九
十餘人斬首二千六百餘級焚溺死者無算奪被
虜三千七百餘人印二顆乘勝勦福清牛田寇又
破之追至興化同副使汪道昆等用火攻賊營
焚斬幾盡捷聞下邦珍覈實兵部覆諸臣賞宜直
宗憲雖去任仍當優錄
上命賞宗憲銀二十兩綵幣二襲陞繼光都督僉事
陞都指揮戴沖霄一級道昆及浙江監軍副使王
春澤把總等官吳惟忠等一十九人各一級仍與

福建副使等官金立敬等四人各賞銀有差是日
浙江趙炳然亦報福建餘賊于四月中流入浙江
界官軍迎戰于連嶼陡橋石坪等處敗之斬首百
餘級既而新倭百餘人亦犯石坪我軍乘勝追勦
無一生還者疏下兵部議覆得旨炳然督勦倭寇
一月兩捷賞銀四十兩彩幣二襲宜益用心防備
以副委任
巡撫福建都御史譚綸以四月中平海大捷聞言
賊自興化破城後乘勝攻陷平海據之我兵方議
大征會長樂縣新倭自福清渡江謀趨平海合營

總兵俞大猷劉顯邀之于途擒斬幾盡餘黨俱遁
入海平海賊聞之始懼欲遁爲官軍所扼不得出
乃移營渚林迤南時副總兵戚繼光自浙江應調
至臣素知其勇略使領中軍顯左軍大猷右軍及
戰繼光先進薄賊巢左右營繼之四面合圍因風
縱火賊死戰皆灼爛巢中積屍及齏無一人得脫
者因叙諸臣功以繼光居首顯大猷次之募兵督
戰如副使汪道昆衆議萬民英又次之爭先陷陣
如把總胡守仁等又次之邀賊助陣如義士許朝
光劉文敬又次之而二司府縣等官萬衣等之給

餉紀功屯兵分守均宜敘錄至于江西巡撫胡松
南贛巡撫陸穩浙江巡撫趙炳然調兵赴援之功
亦不可泯而原任巡撫游震得指授于去任之日
叅政翁時器效死于戴罪之時勞績益著固不當
以昔日之過而盡掩其功也疏下兵部議覆得旨
天地
宗廟垂佑八閩底寧各官協謀戮力功實可嘉綸陞
右副都御史巡撫如故繼光署都督同知仍廕一
子爲錦衣衛正千戶各賞銀三十兩紵絲二表裏
顯于祖職上陞二級與大猷各賞銀二十兩紵絲

一表裏道見陞一級民英陞俸一級守仁等二十一人各陞二級朝光文敬各授原籍所鎮撫仍與守仁等各賞銀十兩炳然松穩各三十兩二表裏衣等十二人各十五兩震得令按臣詳勘前後功罪以聞時器仍逮京從公問擬

初南京兵科給事中范宗吳言故事操江都御史職在江防應天鳳陽二巡撫軍門職在海防各有信地後因倭患遂以鎮江而下通常狼福等處原屬二巡撫者亦隸之操江以故巡撫得以諉其責于他人而操江都御史又以原非本屬兵難遙制亦泛然以緩圖視之非委重責成之初意矣自今宜定信地以圌山三江會口爲界其上屬之操江其下屬之南北二巡撫與操江仍併力應援不得自分彼此庶責任有歸而事體亦易于聯絡章上

上命南京兵部會官雜議以聞至是議定兵部覆請行之詔可今後不係操江所轄地方一切事務都御史不得復有所與

故海寇王直餘黨洪迪珍降伏誅迪珍漳州人初與直通番後直敗其部下殘倭乃依迪珍往來南澳浯嶼間懼官軍誅之聲言聽撫而剽掠如故至

是勢窮率其子文宗自詣福建海道副使邵楩所願立功自效總督都御史張臬收下獄馳疏以聞

詔即其地斬之

福建巡撫譚綸條陳海防善後事宜兵部覆行其五事一復水寨舊制自福寧南下達漳泉治水寨五以扼外洋法甚周悉今宜復舊以烽火門南日山浯嶼三䑸爲正兵銅山水煋二䑸爲遊兵寨設把總一員領之而爲之分信地明斥堠嚴會哨覈功罪使總覈有經坐收實効一處兵將副總兵戚繼光宜擢爲總兵鎮守全閩仍增設坐營都司一員把總二員充其任使其原設三路叅將悉宜改爲守備總兵官俞大猷宜復還神威營與南贑軍門權爲一在福建止備汀漳二府三寇一處客兵福建新募浙兵列爲二班各九千人上班者以九月初一日爲始用防秋汛至十月散回下班者以十月初一日爲始赴戍所防春汛至六月中散回更番迭上歳以爲常不得變亂行伍違悞戍期一團練主兵各縣額設民兵宜汰其老弱盡以精悍者充補仍分爲二部一屬本縣掌印官訓練防守一屬巡捕官赴府團操每府委武職一人統督該府

掌印官監督兵備道以時閱視別其勤惰而賞罰
之一申明職守沿海及腹裡府州縣與衛所同住
一城及衛所自住一城者若遇攻圍不能固守衛
所掌印捕盜官俱照守邊將帥失陷城寨者律斬
其府州縣捕盜掌印官送部降級別用自今宜申
明職守着爲定例
上命兵部同三法司詳擬失陷城池罪例以聞餘如
所議法司覆上舊例失陷城池府州縣掌印捕盜
官降一級別用守巡兵備官叅究治罪法止此耳
果屬未當時是不問沿邊沿海腹裏都司衛所自

居一城及與府州縣同一城者但遇賊攻圍不固
守輒避去及守備不設爲賊掩襲而入殺鹵三十
名以上者都司及各該城衛所掌印并捕盜官俱
視守邊將帥失陷城寨者律斬同住府州縣掌印
與捕盜官不固守而輒棄去失陷者罪同若在城
同守止以防禦不固失陷者發邊遠充軍兩縣與
衛所同城者第以賊從某縣所轄城入坐掌印官
與捕盜官罪如前例其餘衛所府州縣佐貳首領
官但有分守信地致賊于所守之地入者充軍各
城原無都司衛所而府州縣職守專城者各掌印

捕盜官俱論斬兩縣同附府城亦止以賊從某縣
所轄城入掌印捕盜官論斬其府州縣佐貳首領
官但有信地被賊于所守之地入者并各州縣未
設城池而被賊攻入者亦並充軍其守巡兵備官
駐劄該城先期託故遠出或臨時潛匿及守備不
設致失陷者亦充軍守巡原無定駐止遥制失陷
者叅奏爲民
上旨是之命刪去前例而以今所議者著爲令吏部
亦覆綸二事一重監督大將臨戎非素所同心文
官與之終始則臨事矛盾成筭有乖今陞級副使

汪道昆本監戚繼光軍宜即陞爲本司按察使與
繼光共理軍務一舉賢能叅議金浙運同劉汝順
同知劉宗寅久居閩地習其土俗遇有陞遷請即
于本省推補戶部覆論四事一請錢糧本省軍需
歲用計三十萬兩而額兵備二十萬兩兵荒之後不
當重取于民請移南京戶部折糧草銀十一萬漕
司河工銀二萬淮浙鹽銀各二萬廣東椒木銀四
萬給之一緩征科延建汀邵之間聚落成墟汙菜
蔽日若急責有司以催科彼必以應文逃責之心
爲遠禍全身之計有司讎民民讎有司其害有不

可勝言者請將內庫折銀稍從寬限不必拘近例
降罰一蠲租稅莆田平海寧德政和等殘破之縣
當大破常格與之更始被倭尤甚者不論起存錢
糧免徵三年次者二年又次者一年一復額糧福
建舊設馬步官軍四萬八千餘人俱有額糧邇來
尺籍空虛所餘額糧往往那移別用請及今地方
稍寧查覆舊糧然後主兵可以漸補免調募之費
詔俱允行
改南直隸狼山副總兵為鎮守總兵官兼轄江南
江北以署都督僉事劉顯充之從提督侍郎趙炳

然議也
巡按浙江御史張科劾上去年十二月巡撫都御
史趙炳然督兵備副使陳慶都指揮宴繼芳陳應
龍溫州府通判楊兵等劉慶元倭功
上從部擬陞炳然右都御史兼兵部右侍郎巡撫如
故慶等各陞二級賞銀二十兩繼芳等六人各一
級仍與應龍等十一人各賞銀十兩
禁止通海遼船先是因遼東饑暫許通登萊糴穀
既而遼商利海道之便私載貨物往來山東守臣
恐海禁漸弛或有後患疏請禁止從之

巡撫應天周如斗言江南自有倭患以來應天蘇
松等處加派兵餉銀四十三萬五千九百餘兩今
地方已寧乞減三分之一少甦民困戶部覆言加
派兵餉原以濟急事已宜罷不但當減徵分數而
已請下酌議悉除之報可
嘉靖四十三年
福建總兵戚繼光追擊仙遊縣殘倭大破之時閩
中舊倭略平餘黨復糾新倭萬餘攻仙遊縣城圍
之三月繼光引兵馳赴之大戰城下賊敗趨同安
繼光追至王倉泙斬首數百級隊墮崖谷死者餘衆

尚數千奔漳浦縣之蔡丕嶺繼光分其兵為五哨
身自持短兵徒跣緣崖披棘而上迫壘賊伏發繼
光氣愈厲督各哨兵入賊巢殊死戰擒斬又數百
人于是閩寇悉平其殘寇得脫者流入廣東界掠
漁舟入海
福建巡撫都御史譚綸以寇平請終喪許之
以福建倭亂免福興泉三府及福寧州福清莆田
南安漳浦等縣正官入覲
福建巡撫都御史譚綸以王倉坪蔡丕嶺捷聞詔
先賚綸與總兵戚繼光銀幣其餘有功者俟勘至

併敘
贈福建武生薛天申爲指揮僉事附祀鄉賢廕其
子爲冠帶總旗陞泉州衛舍人周岳鎮子一級天
申晉江縣學生從軍至冠帶把總先是賊犯興化
泉州衛天申與岳鎮俱隨指揮歐陽深禦之陷伏
中俱死事聞詔先䘏録深下二人事于廵按勘報
至是覆實乃有是命
賜福建延平府死事同知贈參議奚世亮祭葬初
世亮署興化府印會倭大至城陷被殺已贈官録
廕矣至是其妻復請祭塟許之

鎮守狼山副總兵劉顯行部至通州同知王汝言
不爲禮執其左右鞭之顯上疏劾汝言抗違明旨
以原奉勅書中許其節制知府以下故也詔降汝
言一級
世廟識餘録云按武臣之束濕於文吏久矣茲以
單與故　朝廷向意將帥而劉顯之勇敢又方倚
爲東南保障故其疏得行而後來絕無此事矣尚書
徐學謨按此足爲武臣吐氣故録之
廣東官軍擊潮州倭寇破之初歸善縣盜伍端溫
七既破參將謝敕兵未幾溫七兵敗被擒端自縛

軍門求殺賊自効端即所謂花腰也總兵吳繼爵
俞大猷受其降都御史吳桂芳至因使爲先驅嘗
賊官軍繼之圍倭于鄒塘四面舉火一日夜連尅
三巢焚斬四百餘人捷聞
上曰廣東倭寇連年征剿無功桂芳繼爵新任即有
此捷其各賞銀二十兩紵絲二表裏仍令會同吳
伯朋俞大猷嚴督各路兵乘勝蕩平以紓民患其
餘功罪候事寧之日勘處
覆論四十一年至四十二年春福建禦倭功罪
詔賞前巡撫江西侍郎胡松總兵戚繼光按察使

汪道昆等銀幣有功指揮欒垻等有罪指揮闞繼
宗及知縣李開陞賞逮治有差初興化寇平已陞
賞巡撫譚綸等至是御史李邦珍追勘閩賊破亾
由胡松先調浙江兵把總欒垻等敗賊于陝陽遂
甌寧繼光等因以兵繼之前後共擒斬三百餘人
疏請并叙故有是命
褫原任福建都御史游震得職爲民初震得坐倭
破興化府回籍聽勘至是勘上兵部覆當罷斥從
之
御史陳瑞勘上三十八年冬崇明縣三沙禦倭諸

將功罪詔陞指揮伍維統等二級守備高湜等一級其餘贖罪恤賞提問有差

添設廣東海防僉事一員廣東舊設海道副使駐劄省城兼理市舶會倭亂海道專備惠潮以市舶委之府縣于是提督兩廣都御史吳桂芳自東莞以西直抵瓊州屬副使攝之仍制番夷而更設海防僉事巡歷東莞以東莞豐惠潮等處專禦倭寇有詔如議暫設竢事寧巳之

廣東官軍大敗倭寇于惠州海豐縣倭初自福建流入廣東會兩廣南贛各軍門徵調漢土兵大集

乘其初至急擊之賊懼悉奔崎沙甲子等澳奪漁舟入海暴風皆覆溺得脫者僅二千餘人留屯海豐金錫都總兵俞大猷帥官軍四面圍之相守且二月賊食盡欲走報效副總兵湯克寬伏兵火埔寮窖口以待之賊至伏發賊乃大驚擾克寬斬其梟帥三人衆將王詔等兵繼進賊遂大潰擒斬一千二百餘人各哨軍前後所得零賊又千餘人于是餘倭無幾不復能軍散遯入山藪各兵乃分道搜之

以廣東倭亂免惠潮韶肇等府州縣正官入覲

原任福建巡撫譚[illegible]以回籍守制上言自閩中被寇以來臣經略便宜自五寨三路之外巳稍稍有[illegible]然皆救患于目前而未及久安計也因陳善後六事一議將言自古[illegible]必令大將運籌而佐以偏裨今獨恃一戚繼光令其左支右吾四面當寇繼光雖信才勇力亦不能及也福建都行二司有備員者六人乞勑該部行撫按等官考察去留舉才[illegible]補之隨宜選用如守備胡守仁把總傅應嘉者以充則官不必備而分任有人矣一議兵福建之兵所以積弱者爲未練也臣當練之而又病于未專

也是客兵終不可罷然非策矣乞許撫臣得取各縣團操民壯之半與各巡司弓兵給以客兵之食集之省會分爲二營營三千二百人設練兵都司二員分統訓練則可以漸減客兵而增主兵但軍旅事法當威嚴訓練之初易生謗怨仍乞假之事權不從中制使主帥之令得行于下而後實効可臻一議食福建賦稅自兵興以來未入于朝廷者多矣今議者必以寇亂稍寧欲爲催徵之計不知瘡痍未起荒蕪未闢而一旦督追數年之逋是敺之盜也宜下撫按酌議巳徵者量留地方未徵者

姑免追併一寬海禁閩人濵海而居非往來海中則不得食自通禁嚴而附近海洋魚販一切不通故民貧而盜愈起宜稍寬其法一增設縣治汀漳延平間縣治太遠不便防姦請立縣于河埠東西坑東洋三處令有司就近約束一議處有司本省郡縣僻在山海法令疏濶民易爲亂今後宜慎簡甲科中有才望者以任守令勿以衰殘舉貢及槩用江廣之人就近銓補疏入下所司議覆允行惟寬海禁設縣治行撫按官再議以聞

提督兩廣侍郎吴桂芳等以海豐捷聞

上嘉桂芳及總兵俞大猷吴繼爵巡撫吴伯朋及叅將王詔功各賜銀幣復報効副總兵湯克寬祖職所効功次仍令御史覈實具奏

廕故莒州死事省祭孫鏜一子爲國子生先是三十三年鏜寓居松江會倭亂鏜自具弓劒帥壯士百餘人擊賊于南滙敗之追奔至葑門射殺十餘人創數十人賊退屯石湖橋鏜乘勝深入陷重圍中戰死事聞已得旨贈光禄寺署丞矣至是御史陳瑞言鏜以羈旅之身本無官守義憤所激捐軀糾黨以赴國難奇功屢奏不幸孤軍無救死事甚偉功高報微忠魂未慰乞加敘廕以勵方來兵部覆請之

嘉靖四十四年

巡按直隸御史溫如璋條上備倭方略一修城堡以防要害蘇松濵海倭夷出没宜于川沙吴淞之間修復旱寨舊城以防嘉定上海劉家河港口更建小堡一所七丫白茆等處各設水船旱柵以防太倉諸涇一裁武冗以專職守蘇松叅將宜復駐金山團練諸軍守蘇松二府其柘林把總改駐崇明統兵防守金山遊擊似爲冗員宜革一聯備禦

以固防守浙直接境不得互相推諉宜將會哨兵船通令督府置立哨簿委官稽查在狼山福山者遠哨于崇明而專守三沙一帶在松江嘉興者遠探于外洋而會守獨山一帶如江北兵船不至三沙浙直兵船不會獨山皆以守備不設論罪疏下兵部覆如其議惟裁武冗一事仍行撫臣再議以聞報可

倭寇通州呂四塲等處官軍禦之賊敗遁轉掠至江南三沙副總兵郭成等帥迎擊之于海中沉其舟斬首百十三級

倭寇浙江温台境官軍出海擊敗之于塢口竹嶼
出外洋而還
倭寇自浙江台山海洋突犯福建福寧州總兵戚
繼光督參將李超把總魏宗瀚合水陸兵擊敗之
斬首三百餘級乘勝追勦原倭斬首百餘級
巡撫福建都御史汪道昆以四月中總兵戚繼光
追勦福寧永寧二處倭寇狀聞詔御史覈實論功
仍先賞繼光道昆及參將李超把總魏宗瀚銀幣
有差
罷浙江寧波府市舶議先是言者常欲比廣東事

例開市舶以通海夷至是浙江巡撫都御史劉畿
言寧波舊額市舶司聽其貿易征其舶稅行之未
幾以近海姦民侵利啓釁故議裁革今人情狃一
時之安又欲議復不知浙江沿海港口多而兵船
少最難關防此釁一開則島夷嘯聚其害有不可
勝言者
上亦以爲然事遂寢
福建興化府被倭殘破後詔莆田縣一應起存錢
糧自四十年蠲免三年其以前帶徵拖欠錢糧悉
行停罷斷自四十三年以後徵稅如故至是巡撫
都御史汪道昆言該縣死徙未復田多未墾遽徵
賦稅恐民力未敷詔于原限外再蠲免一年自四
十四年以後仍前徵
先是浙直總督胡宗憲以侵盜軍餉爲言官所劾
宗憲以書抵所親羅龍文賄求嚴世蕃值世蕃被
罪書未達仍匿龍文所及龍文伏誅巡按御史王
汝正奉詔籍其家得宗憲所與龍文世蕃書上疏
獻之言宗憲昔與王直交通宵藉龍文爲内援相
與諂事世蕃故事久不發今蒙　恩放歸之後不
思補過愈肆猖狂招集無賴暴横鄉里其罪不滅

于世蕃龍文乃二犯已正明辟而宗憲獨以幸免
恐無以服天下之心臣又聞龍文長子六一者素
稱大猾且習通倭初匿宗憲家今不知受指何鄉
矣使六一得亡南走倭恐江南之事其大可慮者
又將在此疏下都察院參覆得旨令錦衣衛執宗
憲來京詰問革宗憲子錦衣千戶松奇職爲民六
一下撫按緝捕已而宗憲疏辨敘平賊功并節年
獻瑞蒙　恩以致言官忌疾且訐汝正私受所屬
賍
上心憐之亦下法司併訊刑部因請將汝正宗憲互

訐事情行巡撫操江都御史勘報從之宗憲尋死
于獄詔免勘
巡按浙江御史龐尚鵬類勘是年四五月間倭寇
分道犯寧波溫州二府諸家尖烏石塘等處各官
軍出海斬獲功
上從部議陞巡撫劉畿俸二級海洋參將吳國職一
級副使查綸謝鵬舉各陞俸一級遊擊艾陞等賞
銀十五兩知府吳道植李廷觀等十兩
兵部覆巡按御史韓君恩奏山東登萊三面濱海
自蓬萊抵膠州二千餘里海島紛錯國初建立營

衛所寨以備海防倭慮至遠也然倭夷其來有時
防之猶易頃因遼左告饑當事重卹民困暫許通
船糴販以濟一時之急而豪猾因藉為姦往往駕
巨艘入島嶼採木貿易且利其土饒遂攜妻孥以
居因招集亾命盤據諸島時出刼掠土人莫可誰
何此其患視倭尤甚移文巡撫嚴督海道備倭等
官整飭登萊戍務各將快壯軍兵練習墩堡城寨
修整并嚴諭各島居人在內地者悉還本業在外
地者但還原籍儻其人係遼東金州等衛軍丁則
會同遼東巡撫一體處議從之

馭倭錄終

論四月中直隷江北通州等處禦倭功陞總督侍
郎王廷俸二級賞銀三十兩陞把總李錫二級參
政姜順俸一級俱賞銀二十兩兵備副使劉祐參
事張佳胤鳳陽知府劉漆通州同知張問紀功判
官[redacted]佶各十兩下失事副總兵王應麟把總馬光
化于御史問
巡按浙江御史龐尚鵬類勘是年四五月間倭寇
分道犯寧波温州二府諸家尖烏石塘等處各官
軍出海斬獲功
上從部議陞巡撫劉畿俸二級海洋參將吳國職一

級副使查綸謝鵬舉各陞俸一級遊擊艾陞等賞
銀十五兩知府吳道植李廷觀等十兩
上諭大學士徐階曰昔我諭嵩暇一習武彼曰佳兵
不祥言[redacted]何也果古北口歘犯不小茲不次報北
情博何不預防之以我意寧過勞于先勝似成功
于後何如階對保邊固圉莫過于預防嵩昔妄引
佳兵不祥之言以阻習武之論其見謬矣今北虜
強悍欲其絕不擾犯固難惟預防也且今兵部之
任甚難措理邊事在總督巡撫兵備而其用舍則
由吏部論劾則由科道調遣人馬必用錢粮而戶

部則每稱鈌乏傍人則動議多費其所能自主張
者惟數將官而已將官又無權近奉
明旨重將權而文官黨結不奉詔然則兵部欲行其
志及欲得將官用命不亦難乎此望
聖明爲之一處也
上報曰將官執權恐甚難也不辱不挫公同爲國足
矣且今之將多無出類之才豈能勝人卿謂一處
之其何爲處之之法焉階對臣言將官無權非謂
令將官執權也今各鎮將官職務動有掣肘如把
總等官兵部題奉欽依許各將自行推用而今則

仍聽于巡撫兵備既已擇將凡選練便宜即行付
之而今則以書生之談畫成圈套強之必行兵馬
策應急于星火而閲支錢粮不時常至饑餒且總
兵于地方爲行事之官而府州縣官至與抗禮叅
遊爲領勑之官而巡撫至加鞭笞其他跪拜稱呼
誠卑屈太甚今之將才誠莫逃于
聖鑒多無出類然使不大辱挫以作其氣當不至萎
靡至此尚可責以用力也夫人心公則一私則萬
殊自文武不肯協力之私意一生漸至于總督巡
撫兵備亦內相矛盾邊事如此其何能整理仰惟
聖諭不辱不挫公同爲國八字固已盡處之之法乞
天語叮嚀令各將官一意遵行而懲其不率者則
邊疆之幸也
南北一體文武不可偏重
聖諭不辱不挫公同爲國至哉言乎可以爲萬世法
矣故謹録之
嘉靖四十五年
勑南京兵部尚書節制振武諸營領兵都督以下
仍會同操江及應天淮楊兩巡撫從宜調度兵食
以備倭患

兵部覆巡按御史韓君恩奏山東登萊三面濵海
自蓬萊抵膠州二千餘里海島紛錯國初建立營
衛所寨以備海防倭慮至遠也然倭夷其來有時
防之猶易頃因遼左告饑當事重卹民困暫許通
船糴販以濟一時之急而豪猾因藉爲奸往往駕
巨艘入島嶼採木貿易且利其土饒遂携妻孥以
居因招集亡命盤據諸島時出刼掠土人莫可誰
何此其患視倭尤甚移文巡撫嚴督海道備倭等
官整飭登萊戍務各將快壯[illegible]于兵練習墩堡城寨
脩整并嚴諭各島居人在內[illegible]者悉還本業在外

地者俱還原籍倘其人係遼東金州等衛軍丁則會同遼東巡撫一體議處從之

原任南京兵部尚書李遂卒贈太子少保賜祭葬如例遂江西豐城人嘉靖丙戌進士授行人累官禮部郎中以事忤尚書夏言左遷湖州府同知尋入為南京禮部郎中累陞都察院右僉都御史提督操江會庚戌虜變召赴闕至則失大學士嚴嵩意罷廢家居久之用薦起提督淮楊軍務平廟灣倭寇進南京兵部右侍郎召提京營已復陞南京兵部尚書會病乞歸卒于家遂姿貌瓌偉博學有

才識尤長于用兵沉幾秘計往往出人意表故能隨試輒效初南京振武兵變賴遂指麾鎮定之嗣事者控制失宜諸叛卒乃益驁悍無狀幾于決裂比遂往典留樞即寂然就羈馬盖其戡定之畧如此

論發兵征倭嘉靖三十三年五月十三日

臣前日同臣嵩等因見浙江南直隷等處撫按等官奏報倭寇猖獗蘇松等府通泰等州民遭焚劫慘毒之甚深惟財賦重地前賊宜速勦滅題請勑下兵部會議兵糧等事荷蒙聖明允行隨該科道官各題要設官調兵又該主事郭仁等揭送兵部要得戶部發銀差御史一員選募山東長鎗手數千名前去征勦蓋以江南無兵蘇松尤甚而長鎗手勇悍可用也今聞諸臣會議率云此時發兵比至則賊已去空自勞費兵部不

能獨持姑議令叅將李逢時帶領山東存留民兵三千名前去臣聞此兵係是入衛揀退之數技能素劣調去無用夫兵事誠非臣書生所知但稽諸往事倭寇自去年以來倏去忽至迄無寧息南沙盤據歲餘始散又據撫按奏報或云來者未已或云意不在搶而在擾勢不欲去而欲留彼皆身在地方必有所見今諸臣何以能必賊之已去且能必其去而不來而只以懸度輒阻調兵置江南于度外此臣所不能解也凡用兵之道使勢不容已則當選擇精銳以冀有功使在可已則雖精兵亦

不當調以省勞費今不能決可否之實而姑以弱
兵應文塞責徒費無益此又臣所不能解也臣愚
伏乞
皇上再下兵部令詰問諸臣若于賊情果有真見保
無他虞則此三千之兵亦不必調若出漫說則須
別議精選毋致空行重貽
君父南顧之憂緣此事關繫重大臣不敢緘默伏乞
聖明裁斷

答倭情　諭嘉靖三十三年七月十八日

伏蒙　聖諭近者卿嘗以倭情奏朕未有答者夫

皇祖設官無不備焉彼地似無人之場歎此時愈肆
欺上他每不知處喜爲上人沒正化所致由他去
否何不先事備之昨秉一謂卿居賊不敢侮然亦
可見卿忠誠者茲復賜諭承之臣近者具奏倭情
竊懷出位之懼茲特蒙　賜諭臣不勝榮感不勝
榮感仰惟
皇上至仁大德念念在民使中外諸臣能仰體
聖心之一二則此財賦重地豈至殘破惟是撫臣不
能督率備倭等官先事備之故雖
皇祖設官至備而倭寇深入如蹈無人之境有若

聖諭之所云者昨來告急職方郎中首倡不必發
兵之說衆皆惑之臣是以只得冒昧具奏荷蒙
聖明主張該部始發山東鎗手計此時當渡江矣
昨發兵命下江南臣民無不感戴上祝　萬壽至
于臣居仰賴　聖庇得免焚燬此尤一家之切感
也臣敢不欽承　聖訓誓言忠誠圖報
聖恩于萬一

再答倭情　諭一嘉靖三十四年五月十七日

伏蒙　聖諭以目今賊情下問仰見
皇上軫念東南財賦之地欲得賊情之真臣無任感

幸至于當事者不忠之狀莫逃
聖明洞察　國法具存治其一則餘人當知警畏矣
臣去歲具奏之時尚聞此賊是真倭近來細訪乃
知爲首者俱是閩浙積年販海劇賊其中真倭不
過十分之三亦是雇募而來者只因初時官司不
能討捕彼見地方無人又得利甚厚故舊者屯據
不去新者續增無窮而沿海無賴貧民所誘脅因
而從之故其徒日繁其勢日猖獗昨尾氏兵到賊
初聞甚懼當事者不能督使乘銳進勦且將彼兵
分散各處勢力不全遂致大敗賊今四出殺掠事

甚可慮所幸湖廣土兵新到尚未交戰其狼兵敗
者亦只兎氏一枝尚有四枝未戰且看一二日間
再報何如也今總督已易置所有用兵諸事須大
破連年蒙蔽因循之習乃可望有成功臣早間寄
書周珫勉以竭忠圖報俟有區畫疏至伏望
聖明裁擇施行其賊情并地方一應事情臣嗣後有
聞容另具奏
二 嘉靖三十四年五月二十一日
伏蒙　聖諭朕以軍情問卿當對以見行謂嗣聞
另說然連日未知臣前　荷蒙　賜問緣見行者

皇明馭倭録　卷之八　三十九

如當事諸臣不忠之狀
聖見既已洞察其餘處置事宜臣凡有見聞即對臣
嵩等言之隨事擬票
上請已蒙　聖裁施行其待嗣聞另奏者緣連日未
據有報是以不敢輕奏然以臣意料之昨寇嘉興
常熟之賊若係舊賊出刼則其精鋭已敗搗巢無
難若係新來之賊則搗巢必須運謀奮勇乃可取
勝而諸臣奏報欠明今未知彼中事勢何如大抵
猶是蒙蔽因循之故習也蒙　諭一切政務不宜
憚隱臣受　天恩深重捐糜圖報實臣素心豈敢

憚隱夫有君有臣政乃可成即如南寇一事
皇上于用兵卹民　留念至矣而臣下莫能祗承
德意兩年未克平定目今伏乞　勅下吏部精選
知兵忠寔之人以任巡撫而勿使昏怠者得以冐
推庶能稱　任使之萬一至于獎廉幹黜貪懦使
民不至困苦而從賊兵肯効力而殺賊此則又不
獨于平南有助于吏部當然也伏俟　聖裁．
請以兵事責有司 嘉靖三十四年六月十一日
昨日巡按直隸御史周如斗今日總督周珫各奏
報賊情臣備審差來人知舊賊未殄新賊復来且

皇明馭倭録　卷之八　四十

今四散殺掠蘇松兩府既被殘害而其狂謀又且
、欲窺南京勢甚猖獗除縱賊釀亂之臣已蒙　聖
明逮治及添調兵馬責成督撫官勦殺等事兵部
看覆外臣竊惟用兵固在督撫而有司官亦各受
地方之寄使有司能以地方為念則錢粮必預行
處辦不致兵有枵腹出戰之苦賊情必豫為哨探
不致兵有臨期寘行之患奸逆交通者必多方緝
捕不致兵機有漏泄之虞鄉兵必如法團結教練
不致地方有隨在空虛專恃客兵之獘今皆不然
安望賊之破滅然有司所以敢于如此者其故有

二一曰推陞行取率有常期奔兢鑽刺積成習俗故各官當此多事之時上者望循資下者逐蹊徑惟思脱去地方無有任事之志一曰府州縣官號為守土中間雖設有衛所然其城池必曰某府州縣之城不専以城守委之軍官也去年刑部乃創一例凡失陷城池者軍官論死文官止降級故往往輕視其城不復慱求禦賊之計而反笑張巡許遠以為拙矣臣愚伏乞
皇上察臣所言如有可採乞兵部覆奏　特賜御批蕉責有司并　勅吏部毋照常推陞行取俟賊平

之後有功者總論超遷兵部會同法司援據大義改定文官失陷城池之罪庶于兵事有益

答南非兵食　諭嘉靖三十四年六月十九日

伏蒙　答諭御奏非件此亦不是緩務而今急不得備目即秋防且以人力禦之臣今日敢以非件具奏者正以事関緊要且又秋防在邇須預為隄備
皇上謂以人力禦之仰惟　聖見允當但聞二鎮兵卒疲馬弱人力之禦今未審是恃否臣思憂過計欲乞特諭兵部使身任而力圖之庶保無虞蒙問

祖宗時曾有南件擾否臣查得洪武二年正月倭夷入寇山東海濱郡縣二月　賜日本國王璽書諭之三年三月遣莱州府同知趙秩持　詔往諭七年七月又寇膠州及大任海口十四年七月以倭縱民為盗　命却其貢二十年六月以寧波府昌國縣民從倭為寇徙為寧波衛卒則南件之擾在
太祖時已有之今蒙
皇上逮治當事之結縱者罷黜其不職者厚賞將士之力戰者功罪既明人心胥奮此賊行當殄滅矣其米貴　諭部之劄臣謹欽遵密撰上請　聖裁

答南賊　諭嘉靖四十年十月二十四日

伏蒙　聖説南賊無理之甚或有使之為亂何意焉臣聞此賊蓋因近來有司貪暴民不聊生故一倡百從相聚為亂是賊意無他只為虐政所逼衆有司者寔使之耳目今用兵亦不過救急之着縱能勝之恐隨滅隨起未得永寧若欲治其根源須在吏部塞賄囑之門選任循良而後可然未易言也臣書生迂見伏惟　聖明細訪詳察

答東南寇氛宣大遼東邊事　諭嘉靖四十一年五月初一日

伏蒙　聖言東南寇氛何如宗憲昨疏內云之疾
果何以東縉二臣之彼日雖淺亦聞以何云臣聞
廣東福建寇氛皆熾福建尚猶星散廣東則已築
有城堡設官紀元僭逆為甚向聞廣東以三月十
六進兵近又聞以四月十八進兵凡調狼兵十萬
人此一件臣頗憂之盖調兵太衆則粮餉難給東
南素多暑雨今進兵以四月勢難久聚若仰仗
皇上天威一鼓即平其穴則甚幸也憲宗得風疾今
雖稍愈然江西亦不曾親行昨科疏疑為假託則
又因其素行而過疑之耳東近有本到言宣大宿

弊頗詳明其意專在保全邊堡次第修舉邊務條
為十說臣昨問臣懤懤以其言為然正在看復縉
亦已到寧前有本討募兵銀及賞功銀等凡事正
在經畫適據楊選報稱寧前已無賊欲製為胡鎮
之兵則事勢比前稍殊矣但臣會臣燿苦苦言無
錢粮應付南北之求而南北之求錢粮者又甚迫
切此却未有所處為可慮也

答華浙直總督諭　嘉靖四十一年十一月初七日

蒙　諭浙直總督之名原無今似不必仍此可歟
臣惟浙直總督原為倭寇暫設今地方仰籍

皇上威德已就平寧而百姓遭其恣肆擾害之後有
資綏輯今不必仍此只設巡撫而于　勅內開寫
如浙直有警互相應援之語寔為便益但聞其招
聚各處無賴之徒為兵又用平素作賊之人領兵
甚是驕悍今炳然似須加提督軍務字樣依部疏
與進部銜以重其體貌事權臣謹改票上　請伏
乞
聖明裁定
右見世經堂集中大學士徐階承
聖諭而答之者

世宗肅皇帝深居玄默而慮周海外所以一時賊勢
猖獗東南根本之地幾至不支而天威所加旋就
撲滅然非胡少保宗憲一力擔當何以能奏厥功
天下有事拖泥帶水之人自不可少只今公論大
定我
皇少採臺臣之議而官其後以錦衣又加易名焉天
下人心忻忻若以為當然者乃大學士階桑梓之
慮獨切于時斷斷宗憲不少恕何也豈以世態炎
涼責望宗憲此中不能無不平耶嚴相嵩趙尚書
文華天下之惡歸焉然首薦宗憲者趙文華也所

謂莽魏無知臣安得進自古未有權臣在内而大
將立功于外者宗憲之立功正相嚴柄　國之時
豈盡以賄進耶使與徐文貞易地而處事故未可
知嗟嗟天下事蓋難言之矣
王直爲之謀主
世廟識餘録云按初倭入内訌江南人俱歸罪于
朝廷亦懸不次之爵賞以擒直顧茫然海島中何所
蹤跡而宗憲以同鄉故既易于用間而其材智膽
畧亦自有大過人者故卒縛直以報
天子功亦偉矣而言事者阿新輔臣意誣宗憲黨直

勾倭必欲殺宗憲以悦其所仇此天下之大冤而
至今無人白之也頃萬曆庚寅間始稍蒙卹典然
報之亦未盡古云功蓋天下者不賞以此 尚書徐學謨
世廟識餘録云按倭起東南時人皆以王直爲之
發蹤而議以得直首即封侯不吝比宗憲既擒直
殺之而書生之論顧不以爲功而以爲罪亦可笑
矣蓋宗憲專倚嚴嵩父子爲奥援故厚賂蕃其室
而他輔不如也嵩父子既敗宗憲　喪家狗耳而
言者反指宗憲爲直黨耳
聖明洞燭宗憲之要領能保全哉三代下以有豪傑

無聖賢故規行矩步必不能以集事而使貪使詐
或可以樹功此宗憲之大都如此 尚書徐學謨
世廟識餘録云按宗憲總督時度權臣在内大將
未有立功於外者故阿嚴氏少過而後來當事者
心恨之因併掩其平倭之功而汝正遂承望風旨
乃有是疏欲加之罪至與世蕃龍文同論藉令
聖明不察宗憲之首領不保矣江南人心怨忿何極
乃卒降
旨以宗憲所訐汝正者下法司同訊而刑部爲之調
停姑行巡按操江勘報實當事者授意爲汝[illegible]解

嘲也又聞宗憲方就逮而徽州知府何東序即封
錮其宅以候籍沒及宗憲死竟蒙免勘之恩
天子　神聖果群臣莫及也 尚書徐學謨

皇明馭倭録卷之九

兵部車駕清吏司主事臣王士騏纂

隆慶元年

以是年春汛福建擒斬倭賊功賚巡撫涂澤民總兵戚繼光及左布政使劉光濟銀幣有差

隆慶二年

海賊曾一本勾引倭寇犯廣東破碣石甲子諸衛所官軍禦之無功雷瓊參將耿宗元御下素嚴及是聲言欲斬敗將周雲翔廖鳳曾德久廖廷相雲翔等大懼乃謀作亂會宗元閱兵于教場雲翔等

忽鼓譟躍起手刃宗元執通判潘槐以叛遂與賊合已而潘槐自賊中誘擒廖鳳獻之巡撫都御史熊桴所桴具以聞給事中張鹵因劾桴解紛無略抵飾虛詞而原任總督張瀚候代未行坐視不省及總兵郭成逗遛朝陽按察使張子弘監督無狀乞幷議罰得旨瀚降一級聽用桴等俱住俸戴罪勦賊

刑科給事中魏體明條上兩廣用兵事宜一選將領謂海寇曾一本猖獗而倭奴復巢碣石平山等處惠州危急師久無功宜選拔將材勿拘常格一募土著謂客兵害多利少不必再募東莞新會香山順德惠湖沿海之民習水戰知地利可召爲兵令以其七出戰而三屯耕以省糧餉且暫免其租一議征勦謂海寇日熾皆有司招撫之説誤之如賊首王端黄世橋輩旋伏旋起遂成不制今宜勑守臣一意征勦而宥其脅從者一預海防謂廣中禦寇多資新會順德東莞等處烏艚横江等船在昔船戸有輪差之便無納税之苦今既課其税而復役之如故民不能堪宜復其輪差而不入其税一覈功實謂軍中虛張捷報隱匿失事爭取首級

妄殺平民皆宜嚴禁一專責成謂廣中軍法不振蕩平無期宜責督撫申明紀律令後有怯敵僨事都指揮以下斬首陣前總副等官取死罪案奏請而督撫等官不能策勵蕩平者紀功御史論之御史故縱者科道論之

上採用焉

初廣東叛將之殺耿宗元已入賊巢也賊屯兵平山大安峒等處入掠海豐縣從鹿境渡河會總兵郭成等方率兵進勦而南贛巡撫張翀亦遣參將蔡汝蘭等兵至于是共趨大浦白雲屯以入平山

夾攻之凡月餘各部共擒斬一千三百七十五人内生擒其倭酋丘古所一人從倭一百餘人奪歸被虜通判潘槐而下六百餘人叛將周雲翔潰圍出走成部卒擒之捷聞

上命先賞蔡汝蘭而下兵部議功至是部言郭成蔡汝蘭執訊獲醜張瀚能桴運籌制勝張翀救災恤隣其功均宜先叙而藩臬有司官張子弘等坐营守備李峨等二十四員并其餘獲功官兵乞行紀功御史勘奏丘古所及周雲翔等即令梟示以正國法得旨張瀚復原職聽用熊桴等俱開俸桴仍與郭成張翀各賞銀三十兩紵絲二表裏餘悉如議

總督兩廣福建軍務都御史劉壽條上廣東賊勢及兵食至計言廣賊有五種其首惡曾一本及碣石殘倭流毒最甚亟宜殄滅其次則沿海通賊居民若一槩誅勦則既絶其可生之路而益堅其從賊之志請揭榜曉諭許其自新不悛乃重寘之法其次山賊黎汝誠等撫之固無所顧忌勦之亦不可勝誅宜撫勦竝行殄其首惡則餘黨自可傳檄而定其次撫賊林道乾叛服不常固有養虎遺害

之憂然業已聽撫又立功海上宜察其果無異志即當推心置腹勿使自疑此五種者皆可以計定而不可以兵刼者也其目前平寇之計有二一厚賞格以勵士氣查得原議賞格凡斬賊首一顆賞銀二兩斬獲曾一本陞職一級軍中咸以爲輕乞倣征蠻事例一人自擒斬三名顆四名顆五名顆者陞實授一級不賞六名顆以上者亦陞一級餘功扣賞領軍領哨等官部下擒斬一百名顆陞署一級三百名顆陞實授一級俱不賞四百名顆以上亦陞一級餘功扣賞例應賞者仍量賊大小成功難易分爲下中上奇四等給散有斬獲曾一本者若平民則陞授指揮僉事指揮即加陞都指揮使准世襲仍照前議給賞一積糧餉以裕兵食前者戸兵二部已發銀十萬兩今調兵數多餽餉猶恐不給乞令戸部移文督責各省原貸廣中軍餉銀兩速行補還并南京戸部再發公帑五萬兩助給兵部覆奏得旨如議

工科給事中陳吾德條陳廣中善後事宜一明賞罰言往歲總兵官湯克寛縱賊賈禍納賄殃民宜速正典刑不當留獄守備李茂才力戰死事雖卹

其子而本官未加褒録請贈祭如例一復兵防言廣東濵海者十郡而七往設兵三路歲編民船防守法甚善頃者令民船免差納稅而改設六水寨專守南頭撤藩墉而獨顧門戶以致賊横行海上宜移船及兵仍布之三路各以守備統之用防邊海一處船戶言東莞新會順德三縣有烏艚横江船千餘艘有警刷取兵壯器精所向成功自浙直征倭調至三四百艘南渡之敗船戶且盡乃議官造夫以烏合之衆操所不素習之船何救緩急宜與復民船免其刷擄納稅以往時輪差之法行之

則可以收勇力待攻守一禁私番言滿剌伽等國番商素悍往因餌其微利遂開濠鏡諸澳以處之致趨者如市民吏雜居禍且不測今即不能盡絶莫若禁民毋私通而又嚴飭保甲之法以稽之遇抽稅時第令交于澳上毋令得至省城違者坐以法一補協借言廣東歲額兵餉不滿十萬而近復增六水寨之兵益苦不支往年浙直閩蜀有事則令廣東協濟今廣東告匱宜令四省還補舊額無重困一方一禁虚冒言將官虚募兵士冒支廩餼者甚衆宜盡釐革一議撫勦言嶺表撫勦失策曾會餘黨既未盡殄而撫民林道乾猶擁下滄宜令當事者悉心圖之務絶禍本一卹忠勤言巡撫熊桴承命入境正山縱横之日兵食兩乏重以叛卒通倭人心岌岌而桴奮身督兵觸犯瘴癘屢成奇捷竟以身殞宜大加褒恤毋泥常格事下戶兵二部覆議可行

上從之乃贈茂才都指揮同知以桴及克寬功罪下所司議處

隆慶四年

先是正月中倭奴糾寨賊四百餘人破廣海衛城

總兵郭成奉旨戴罪海防同知常若愚改調矣未幾總督劉燾以捷上稱同知郭文通等督兵與賊戰于海晏場俘斬山海等寇二十餘人賊遁去又未幾類報先後俘斬山海等寇一千餘人而巡按御史楊標及廣民何友益等言地方被賊殺擄者以萬計與燾所奏頗異于是兵科都給事中溫純劾燾欺罔且言前賊屯據廣海時已踰三旬始自携所掠男女回海晏索贖又踰旬始下舟跡巢是賊蓋自為去來安得謂我兵與賊交戰有功乎兵部覆奏燾已承提督京營之命宜姑令趨任候勘

其餘將官乞行新任總督李遷嚴加策勵尅期蕩
滅以靖地方得旨郭成革職充爲事官戴罪殺賊
餘俱如擬

隆慶六年

倭寇分道犯廣東化州石城縣攻破錦囊所殺千
戶黄隆又陷神電衛縣城一時吳川陽江高州海
豐等縣遭焚刼而山寇黄朝太等復起勢甚猖獗
官兵不能禦提督軍務侍郎殷正茂以聞并自劾
待罪兵部以正茂初至任宜赦勿問

上曰廣東舊賊未平新倭復熾至陷城池皆守臣向

來怠廢玩愒守禦無策所致罪不可宥通候事寧
覈治殷正茂素有才略兹初任事其督率將領司
道等官悉力驅剿務期蕩滅其地方機宜悉聽破
格整理敢有梗撓者奏聞重治

巡按浙江御史謝廷傑請罷客兵以恤疲省練土
客以濟實用其畧言浙中民困水潦正賦多逋儲
蓄空虛壯丁遠戍萬一寇至可爲隱憂且今薊鎮
徵兵八千費安家銀四萬載送之舟八百儻閩廣
聞復有此情徵費愈多驅深耕易耨之良釀帶牛
佩犢之俗以下農計之萬人從軍五萬人無食從

軍既久不習爲農他日戍歸必羣起而嘯聚故金
衢溫處間强禦之夫根連黨結非獨浙中之憂亦
天下之憂也臣故願罷客兵以恤疲省昔浙民嘗
苦倭患矣談戰則股慄拘之即戎妻子相涕泣而
別無何遂以應兵爲奇貨而天下往往多稱浙兵
夫浙故無兵其以有兵名自勝倭夷始他省故有
兵其兵不可用由鼓舞之無具也況北人剛勁有
膂力乃謂無兵誰其信之假能以待浙兵者待本
土之兵當必爭先獻技希賞圖功不尤勝于浙兵
之可恃哉臣故願練土兵以濟實用惟

上軫念浙中自薊鎮徵兵以後他省各邊不得藉口
令亟練土兵以爲久計事下兵部覆言徵調浙兵
專爲防守薊鎮他省自不得比以後雖薊鎮不必
再調請勅守臣以實訓練務藉客兵之長成土兵
之藝

上是之

先是廣東惠州海賊六百餘人破甲子門所殺千
戶董宗儒及軍民二百餘人掠二百餘人以去朱
良寶等遂反名色把總韓國李時魁領兵禦之賊
夜襲破國等于程洋岡寨殺二十餘人擄六百餘

人至是巡按御史趙焞勘上其事請治百戶吳一道等千戶田于藩等指揮李臣經歷郭標及國等失事罪并罰治碣石寨把總白玉及海防僉事金柸等且言甲子門所城十年三陷幾爲丘墟而程洋岡等寨切近寇巢民不安枕況海倭無歲不來而撫寇桀驁日甚乞責督撫官亟圖善後之策兵部覆奏

上是焞言令停玉等俸三月柸等二月下一道等御史問

廣東倭寇入犯新寧高雷等處官兵與戰于外杜烏槑皆堤俘斬二百餘人焚溺死者甚衆事聞詔下御史覈功具奏

巡按浙江御史謝廷傑勘報嘉靖三十四年以來禦倭失事指揮張大本等義士沈宏沈惟明及死賊節婦章氏等八人功罪死事狀詔大本等戍邊奪俸有差贈宏光祿寺署丞録一子國子生贈惟明府經歷並祀邑里章氏等俱如擬旌表

提督兩廣侍郎殷正茂奏撫民許瑞出兵攻剿倭寇生擒七十八人斬首二十五級請授把總職銜以示優異兵部謂廣道未靖姑厚其賞令盡剿諸

賊乃併授官命如部議

録嘉靖三十五年浙江平湖等縣擒斬倭寇功陞賞官軍方昇而下一百二十九人

詔復故總督浙直軍務太子太保兵部尚書胡宗憲賜祭二壇時兵科右給事中劉伯爕言故三邊總督曾銑浙直總督胡宗憲皆立功之臣竟以罪死臣甚惜之銑規復河套任事過勇而謀涉疎宗憲依附權勢糜費軍餉與夫殺戮過慘不能無罪然當倭奴憑陵之際卒以計擒首惡海波遂寧此其功罪亦當相準銑既蒙贈䘏而宗憲未獲昭雪則何以爲邊臣之勸宜稍加恤録故有是命

萬曆二十四年御史朱鳳翔上言

我　國家功令凡首功一級以上增秩賜金有差間有平一賊復一城者即賞以世延爵以通侯所待勞臣殊不薄矣第臣覩長安中其衣麟横玉振珮珥貂者豈皆元勳之裔其垂黄金占赤藉唱騶前驅緹騎後擁赫然稱

天子爪牙之臣者又豈皆先世搴旗斬將與借前箸而佐末議者耶輪蓋之族或以奔競得鐘鼎之家或以賄遺得至矣心報

主保大定傾功成再造者上之不得預茅土之封下
之不得補黑衣之數此其爲人心之憤鬱
清朝之闕遺非淺鮮也臣素概于中義不容隱敬舉
忠勳最著者二臣爲
皇上陳之正統時也先入寇
英廟北狩此乾坤何等時也先臣太傅于謙以兵部
侍郎出而定大册使　國家之金甌永永無缺其
功不超越千古耶他如定葉宗留于浙江定葉茂
七于福建定黄蕭養于廣東皆其細故勿論時當
紫荆失守徐珵創議南遷二三大臣亦且依違其

間矣向微于謙力爲主持則事機一失萬事瓦解
其禍有不可勝言者獨不見宋南渡以後日損月
削雖以張韓劉岳之雄才儒畧棋布星列卒不能
復中原咫尺之故物者何也其根本之地揺也是
于謙之正色立朝賢于張韓劉岳遠甚故于今睹
鍾簴之如故
廟貌之常新
陵寢之奠如泰山臣民之安如覆盂而于謙之功不
可泯也嘉靖時奸民外比島夷内訌東南蓋歲及歲
也先臣少保胡宗憲以監察御史出而定亂使數

省生靈獲免塗炭其功亦豈尋常耶他如午袁三
于江西平山寇于福建平張璉于兩廣皆其餘事
勿論時當王直徐鷙諸酋各擁萬騎分道抄掠督
撫總兵俱以僨事論決
朝廷懸萬金伯爵之賞向微宗憲悉力蕩平則隄防
不固勢且滔天其究莫知所底止者獨不見宋人
西夏失守如折右臂縱以韓范之威名先後經畧
卒不能制元昊父子之稽顙者何也狼兎之窟成
也是宗憲之用奇設間似不在韓范下故于今黄
童野叟謂　國家財賦仰給東南而東南之安堵

無恙七省之轉輸不絶
九重之南顧無虞者則宗憲之功不可誣也臣伏睹
我
朝以文臣封拜者開　國佐命有誠意伯劉基中興
定難有新建伯王守仁此二臣者勛在旂常盟在
金券宣猷報功真兩無負哉于謙受
命于輦轂震驚之際定計于謀夫孔多之時忠則純
至識則遠大力則宏鉅守則鎮定方之誠意新建
恐難伯仲至其囊無長物口不言功即聖賢處此
又何以加也胡宗憲雖視于謙少遜然以駕馭風

電之才吞吐滄溟之氣攬英雄廣問諜訓技擊習
水戰諸凡備禦罔不周至故能鏖數十年盤結之
倭拯六七省焚刼之難歷陣大小戰以十百計捕
獲俘斬以千萬計此其成功豈易易者若乃嶌倨
謾罵揮擲千金以羅一世之傑俊折節貴人調和
中外以期殲虜朝食此政良工茹荼心知其苦口
不能言者而竟以此詿吏議吁亦可悲矣蓋嘗合
二臣而評隲之于謙之功功在
宗廟宗憲之功功在東南于謙之品白璧無瑕于
本朝爲人物第一于古可稱社稷臣宗憲之品瑕瑜

不掩然視之猥鎖齷齪以金繒爲上策以一切苟
且冀幸旦夕如視蔭而偷如日暮途遠而逆施者
相去徑庭臨事而思禦侮之臣安得起若人于九
原而底定之也臣浙人也二臣一生于臣里一宦
于臣鄉父老之所傳聞耳目之所睹記最爲親切
然此非臣一人之私言也
皇上試訊大小臣工有不以一臣之忠功爲當録其
後者乎然又非臣下之私議也
憲宗純皇帝嘗念于謙曰先帝巳知其枉朕心寔憐
其忠

孝宗敬皇帝特贈太傅謚忠愍近我
皇上曾允撫臣議改謚忠肅近因太常之請
下部議祠是于謙之精忠
列祖知之
皇上知之矣
世宗肅皇帝嘗曰朕若罪胡宗憲後日誰肯與國家
任事
穆宗莊皇帝復其原官賜祭迨我
皇上又全與祭塟是胡宗憲之勳勞
皇祖

皇考知之
皇上知之矣今于謙不絕之一綫僅援外衛千戶墳
墓荒蕪縉紳學士過其下者輒吁唏不能禁宗憲
遭酷吏殘破之後廬舍丘墟子孫孱弱吳越士民
談及于此每扼腕而不平此寧止結任事者憤惋
之氣亦豈所以昭
列聖與
皇上無外之仁耶夫忠勳無後則爲善者懼名器不
慎即日拜卿相而人不知勸二臣不難捨六尺以
狥國家之難卒也鳥盡弓藏今其子若孫吏于

早賤而倚氷山恃金穴者盡隷名世籍
恩寵未歇是何二臣之所不能得者而顧得之此輩
也其于政體亦太不平矣伏望
皇上勅下兵部從公確議務協輿情務合　國典如
果臣言不謬將于謙忠功重加褒叙即未能從劉
基王守仁事例或改其所授外衛爲錦衣衛將胡
宗憲功次仍加優叙補以誥廕庶
累朝之曠典以脩四方之公論以協謹題請
旨兵部知道
兵部一本奉

聖旨是于謙世襲錦衣衛指揮使胡宗憲世襲錦衣
衛指揮同知還與他誥該部知道

皇明馭倭録附畧卷之一

兵部車駕清吏司主事王士騏纂

後漢書

韓有三種一曰馬韓二曰辰韓三曰弁辰馬韓在西有五十四國其北與樂浪南與倭接辰韓在東十有二國其北與濊貊接弁辰在辰韓之南亦十有二國其南亦與倭接

倭在韓及帶方郡東南大海中依山島爲居去樂浪郡境及帶方郡並一萬二千里凡百餘國自漢武帝滅朝鮮使驛通於漢者三十許國國在稱王世世傳統其大倭王居邪馬臺國（按今名邪摩維音之訛也）樂浪徼去其

國萬二千里去其西北界拘邪韓國七千餘里其地大較在會稽東冶之東與崖儋耳相近故其法俗多同土宜禾稻麻紵蠶桑知織績爲縑布出白珠青玉其山有丹土氣溫暖冬夏生菜茹無牛馬虎豹羊鵲（鵲或竹雛）其兵有矛楯木弓竹矢或以骨爲鏃男子皆黥而文身以其文左右大小別尊卑之差其男衣皆横幅結束相連女人被髮屈紒衣如單被貫頭而著之並以丹朱坋身如中國之用粉也有城柵屋室父母兄弟異處唯會同男女無別飲食以手而用籩豆俗

皆徒跣以蹲踞爲恭敬人性嗜酒多壽考至百餘歲者甚衆國多女子大人皆有四五妻其餘或兩或三女人不淫不妬又俗不竊盜少爭訟犯法者沒其妻子重者滅其門族其死停喪十餘日家人哭泣不進酒食而等類就歌舞爲樂灼骨以卜用決吉凶行來度海令一人不櫛沐不食肉不近婦人名曰持衰若在塗吉利則顧以財物如病疾遭害以爲持不謹便共殺之建武中元二年倭奴國奉貢朝賀使人自稱大夫倭國之極南界也光武賜以印綬安帝永初元年倭國王帥升等獻生口百六十人願請見桓靈間

倭國大亂更相攻殺歷年無主有一女子名曰卑彌呼年長不嫁事鬼神道能以妖惑衆於是共立爲王侍婢千人少有見者唯有男子一人給飲食傳辭語居處宮室樓觀城柵皆持兵守衛法俗嚴峻自女王國東度海千餘里至拘奴國雖皆倭種而不屬女王自女王國南四千餘里至侏儒國人長三四自朱儒東南行船一年至裸國黑齒國使驛所傳極於此矣

三國志魏書

倭地溫煖冬夏食生菜皆徒跣有屋室父母兄弟臥息異處以朱丹塗其身體如中國用粉也食飲用籩豆手食其死有棺無槨封土作冢始死停喪十餘日當時不食肉喪主哭泣他人就歌舞飲酒已葬舉家詣水中澡浴以如練沐其行來渡海詣中國恒使一人不梳頭不去蟣蝨衣服垢汚不食肉不近婦人如喪人名之爲持衰若行者吉善共顧其生口財物若有疾病遭暴害便欲殺之謂其持衰不謹出真珠青玉其山有丹其木有柟杼豫樟楺櫪投橿烏號楓香其竹篠簳桃支有薑橘椒蘘荷不知以爲滋味有獮猴黑雉其俗舉事行來有所云爲輒灼骨而卜以占吉凶先告所卜其辭如令龜法視火坼占兆其會同

坐起父子男女無別人性嗜酒

魏略曰其俗不知正歲四節但計春耕秋收爲年紀

見大人所敬但搏手以當跪拜其人壽考或百年或八九十年其俗國大人皆四五婦下戶或二三婦婦人不淫不妬忌不盜竊少諍訟其犯法輕者沒其妻子重者滅其門戶及宗族尊卑各有差序足相臣服收租賦有邸閣國國有市交易有無使大倭監之自女王國以北特置一大率檢察諸國諸國畏憚之常治伊都國於國中有如刺史王遣使詣京都帶方郡

諸韓國及郡使倭國皆臨津搜露傳送文書賜遺之物詣女王不得差錯下戶與大人相逢道路逡巡入草傳辭說事或蹲或跪兩手據地爲之恭敬對應聲曰噫比如然諾其國本亦以男子爲王住七八十年倭國亂相攻伐歷年乃共立一女子爲王名曰卑彌呼事鬼道能惑衆年已長大無夫壻有男弟佐治國自爲王以來少有見者以婢千人自侍唯有男子一人給飲食傳辭出入居處宮室樓觀城柵嚴設常有人持兵手衛女王國東渡海千餘里復有國皆倭種又有侏儒國在其南人長三四尺去女王四千餘里

又有裸國黑齒國復在其東南船行一年可至參問倭地絕在海中洲島之上或絕或連周旋可五千餘里景初二年六月倭女王遣大夫難外米等詣郡求詣天子朝獻太守劉夏遣吏將送詣京都其年十二月詔書報倭女王曰制詔親魏倭王卑彌呼帶方太守劉夏遣使送汝大夫難外米次使都市牛利奉汝所獻男生口四人女生口六人班布二匹二丈以到汝所在逾遠乃遣使貢獻是汝之忠孝我甚哀汝今以汝爲親魏倭王假金印紫綬裝封付帶方太守使授汝其綏撫種人勉爲孝順汝來使難外米牛利涉遠道路勤勞今以難升米爲率善中郎將牛利爲率善校尉假銀印青綬引見勞賜遣還今以絳地交龍錦五匹

臣松之以爲地應爲綈漢文帝著皂衣謂之弋綈是也不字不體非魏朝之失則傳寫者誤也

絳地縐粟罽十張蒨絳五十匹紺青五十匹荅汝所獻貢直又特賜汝紺地句文錦三疋細班華罽五張白絹五十匹金八兩五尺刀二口銅鏡百枚眞珠鉛丹各五十斤皆裝封付難外米牛利還到錄受悉可以示汝國中人使知國家哀汝故鄭重賜汝好物也

正始元年太守弓遵遣建中校尉梯儁等奉詔書印綬詣倭國拜假倭王并齎詔賜金帛錦罽刀鏡采物倭王因使上表荅謝詔恩其四年倭王復遣使大夫伊聲耆掖邪狗等八人上獻生口倭錦絳青縑緜衣帛布丹木拊短弓矢掖邪狗等壹拜率善中郎將印綬其六年詔賜倭難升米黃幢付郡假授其八年太守王頎到官倭女王卑彌呼與狗奴國男王卑彌弓呼素不和遣倭載斯烏越等詣郡說相攻擊狀遣塞曹掾史張政等因齎詔書黃幢拜假難升米爲檄告喻之卑彌呼以死大作冢徑百餘步徇葬者奴婢百

餘人更立男王國中不服更相誅殺當時殺千餘人
復立卑彌呼宗女壹與年十三爲王國中遂定政等
以檄告喻壹與壹與遣倭大夫率善中郎將掖邪狗
等二十人送政等還因詣臺獻上男女生口三十人
貢白珠五千孔青大句珠二枚異文雜錦二十匹

晉書

倭人在帶方東南大海中依山島爲國地多山林無
良田食海物舊有百餘小國相接至魏時有三十國
通好戶有七萬男子無大小悉黥面文身自謂太伯
之後又言上古使詣中國皆自稱大夫昔夏少康之
子封于會稽斷髮文身以避蛟龍之害今倭人好沉
沒取魚亦文身以厭水禽計其道里當會稽東冶之
東其男子衣以橫幅但結束相連略無縫綴婦人衣
如單被穿其中央以貫頭而皆被髮徒跣其地溫煖
俗種禾稻紵麻而蠶桑織績土無牛馬有力楯弓箭
以鐵爲鏃有屋宇父母兄弟臥息異處食飲用俎豆
嫁娶不持錢帛以衣迎之死有棺無槨封土爲冢初
喪哭泣不食肉已葬舉家入水澡浴自潔以除不祥
其舉大事輒灼骨以占吉凶不知正歲四節但計秋
收之時以爲年紀人多壽百年或八九十國多婦女

不淫不妬無爭訟犯輕罪者沒其妻孥重者族滅其
家舊以男子爲主漢末倭人亂攻伐不定乃立女子
爲王名曰卑彌呼宣帝之平公孫氏也其女王遣使
帶方朝見其後貢聘不絕及文帝作相又數至泰始
初遣使重譯入貢

宋書

倭國在高驪東南大海中世脩貢職高祖永初二年
詔曰倭讚萬里脩貢遠誠宜甄可賜除授太祖元嘉
二年讚又遣司馬曹達奉表獻方物讚死弟珍立遣
使貢獻自稱使持節都督倭百濟新羅任那秦韓慕
韓六國諸軍事安東大將軍倭國王表求除正詔除
安東將軍倭國王珍又求除正倭隋等十三人平西
征虜冠軍輔國將軍號詔並聽二十年倭國王濟遣
使奉獻復以爲安東將軍倭國王二十八年加使持
節都督倭新羅任那加羅秦韓慕韓六國諸軍事安
東將軍如故并除所上二十三人軍郡濟死世子興
遣使貢獻世祖大明六年詔曰倭王世子興奕世載
忠作藩外海稟化寧境恭脩貢職新嗣邊業宜授爵
號可安東將軍倭國王興死弟武立自稱使持節都
督倭百濟新羅任那加羅秦韓慕韓六國諸軍事安

東大將軍倭國王順帝昇明二年遣使上表曰封國偏遠作藩于外自昔祖禰躬擐甲冑跋涉山川不遑寧處東征毛人五十五國西服衆夷六十六國渡平海北九十五國王道融泰廓土遐畿累葉朝宗不愆于歲臣雖下愚忝胤先緒驅率所統歸崇天極道逕百濟裝治船舫而句驪無道圖欲見吞掠抄邊隸虔劉不已毎致稽滯以失良風雖曰進路或通或不臣亡考濟實忿寇讎壅塞天路控弦百萬義聲感激方欲大舉奄喪父兄使垂成之功不獲一簣居在諒闇不動兵甲是以偃息未捷至今欲練甲治兵申父兄之志義士虎賁文武效功白刃交前亦所不顧若以帝德覆載摧此彊敵克靖方難無替前功竊自假開府儀同三司其餘咸假授以勸忠節詔除武使持節都督倭新羅任那加羅秦韓慕韓六國諸軍事安東大將軍倭王

齊書

倭國在帶方東南大海島中漢末以來立[redacted]土俗已見前史建元元年進新除使持節都督倭新羅任那加羅秦韓六國諸軍事安東大將軍倭王武號爲鎮東大將軍

梁書

倭者自云太伯之後俗皆文身去帶方萬二千餘里大抵在會稽之東相去絶遠從帶方至倭循海水行歷韓國乍東乍南七千餘里始度一海海闊千餘里名瀚海至一支國又度一海千餘里名未盧國又東南陸行五百里至伊都國又東南行百里至奴國又東行百里至不彌國又南水行二十日至投馬國又南水行十日陸行一月日至祁馬臺國即倭王所居其官有伊支馬次曰彌馬獲支次曰奴往鞮民種禾稻紵麻蠶桑織績有薑桂橘椒蘇出黑雉真珠青玉有獸如牛名山鼠又有大蛇吞此獸蛇皮堅不可斫其上有孔乍開乍閉時或有光射之中蛇則死矣物產略與儋耳朱崖同地溫暖風俗不淫男女皆露紒富貴者以錦繡雜采爲帽似中國胡公頭食飲用籩豆其死有棺無槨封土作冢人性皆嗜酒俗不知正歲多壽考或至八九十或至百歲其俗女多男少貴者至四五妻賤者猶兩三妻婦人無淫妬無盜竊少爭訟若犯法輕者沒其妻子重則滅其宗族漢靈帝光和中倭國亂相攻伐歷年乃共立一女子卑彌呼爲王彌呼無夫壻挾鬼道能惑衆故國人立之有男弟

佐治國自為王少有見者以婢千人自侍唯使一男子出入傳教令所處宮室常有兵守衛至魏景初三年公孫淵誅後卑彌呼始遣使朝貢魏以為親魏王假金印紫綬正始中卑彌死更立男王國中不服更相誅殺復立卑彌呼宗女臺與為王其後復立男王並受中國爵命晉安帝時有倭王賛賛死立弟彌彌死立子濟濟死立子興興死立弟武齊建元中除武持節督倭新羅任那伽羅秦韓慕韓六國諸軍事鎮東大將軍高祖即位進武號征東將軍其南有侏儒國人長三四尺又南黑齒國裸國去倭千餘里船行

可一年至又西南萬里有海人身黑眼白裸而醜其肉美行者或射而食之

隋書

倭國在百濟新羅東南水陸三千里於大海之中依山島而居魏時譯通中國三十餘國皆自稱王夷人不知里數但計以日其國境東西五月行南北三月行各至於海其地勢東高西下都於邪靡堆則魏志所謂邪馬臺者古云去樂浪郡境及帶方郡並一萬二千里在會稽之東與儋耳相近漢光武時遣使入朝自稱大夫安帝時又遣使朝貢謂之倭奴國桓靈之間其國大亂遞相攻伐歷年無主有女子名卑彌呼能以鬼道惑衆于是國人共立為王有男弟佐卑彌理其王有侍婢千人罕有見其面者唯有男子二人給王飲食通傳言語其王有宮室樓觀城柵皆兵守衛為法甚嚴自魏至于齊梁代與中國相通開皇二十年倭王姓阿每字多利思北孤號阿輩鷄彌遣使詣闕上令所司訪其風俗使者言倭王以天為兄以日為弟天未明時出聽政跏趺坐日出便停理務云委我弟高祖曰此大無義理于是訓令改之王妻號鷄彌後宮有女六七百人名太子為利歌彌多利

無城郭內官有十五等一曰大德次小德次大仁次小仁次大義次小義次大禮次小禮次大智次小智次大信次小信員無定數有軍尼一百二十人猶中國牧宰八十戶置一伊尼翼如今里長也十伊尼翼屬一軍尼其服飾男女衣裙襦其袖微小履如履形漆其上繫之于脚人庶多跣足不得用金銀為飾故時衣橫幅結束相連而無縫頭亦無冠但垂髮于兩耳上至隋其王始制冠以錦綵為之以金銀鏤花為飾婦人束髮于後亦衣裙襦裳皆有襈襹竹為梳編草為薦雜皮為表緣以文皮有弓矢刀矟弩穳斧漆

皮為甲骨為矢鏑雖有兵無征戰其王朝會必陳設儀仗奏其國樂户可十萬其俗殺人強盜及姦皆死盗者計贓酬物無財者没身為奴自餘輕重或流或杖每訊究獄訟不承引者以木壓膝或張引弓以弦鋸其項或置小石于沸湯中令所競者探之云理曲者即手爛或置蛇瓮中令取之云曲者即螫手矣頗恬静罕争訟少盗賊樂有五弦琴笛男女多黥臂點面文身没水捕魚無文字唯刻木結繩敬佛法于百濟求得佛経始有文字知卜筮尤信巫覡每至正月一日必射戲飲酒其餘節略與華同好棊博握槊樗

蒲之戲氣候温暖草木冬青上地膏腴水多陸少以卜環掛鸕鷀項令入水捕魚日得百餘頭俗無盤俎藉以槲葉食用手餔之性質直有雅風女多男少婚嫁不取同姓男女相悦者即為婚婦入夫家必先跨火乃與夫相見婦人不婬妬死者斂以棺槨親賓就屍歌舞妻子兄弟以白布製服貴人三年殯于外庶人卜日而瘞及葬置屍船上陸地牽之或以小轝有阿蘇山其石無故火起接天者俗以為異因行禱祭有如意寶珠其色青大如鷄卵夜則有光云魚眼精也新羅百濟皆以倭大國多珍物並敬仰之恒通使往来大業三年其王多利思北孤遣使朝貢使者曰聞海西菩薩天子重興佛法故遣朝拜兼沙門數十人来學佛法其國書曰日出處天子致書日没處天子無恙云云帝覧之不悦謂鴻臚卿曰蠻夷書有無禮者勿復以聞明年上遣文林郎裴清使于倭國度百濟行至竹島南望䎬羅國経都斯麻國囬在大海中又東至一支國又至竹斯國又東至秦王國其人同于華夏以為夷洲疑不能明也又経十餘國達于海岸自竹斯國以東皆務庸于倭倭王遣小徳阿輩臺從數百人設儀仗鳴鼓角来迎後十日又遣大禮

哥多毗從二百餘騎郊勞既至彼都其王與清相見大悦曰我聞海西有大隋禮義之國故遣朝貢我夷人僻在海隅不聞禮義是以稽留境内不即相見今故清道飾館以待大使兾聞大國維新之化清荅曰皇帝德並二儀澤流四海以王慕化故遣行人来此宣諭既而引清就館其後清遣人謂其王曰朝命既達請即戒塗于是設宴享以遣清復令使者隨清来貢方物此後遂絶

舊唐書

倭國者古倭奴國也去京師一萬四千里在新羅東

南大海中依山島而居東西五月行南北三月行世與中國通其國居無城郭以木為柵以草為屋四面小島五十餘國皆附屬焉其王姓阿[redacted]氏置一大率檢察諸國皆畏附之設官有十二等其訴訟匍匐而前地多女少男頗有文字俗敬佛法並皆跣足以幅布蔽其前後貴人戴錦帽百姓皆椎髻無冠帶婦人衣純色裙長腰襦束髮于後佩銀花長八寸左右各數枝以明貴賤等級衣服之制頗類新羅貞觀五年遣使獻方物太宗矜其道遠勑所司無令歲貢又遣新州刺史高表仁持節往撫之表仁無綏遠之才與

王子爭禮不宣朝命而還至二十二年又附新羅奉表以通起居

日本國者倭國之別種也以其國在日邊故以日本為名或曰倭國自惡其名不雅改為日本舊小國併倭國之地其人入朝者多自矜大不以實對故中國疑焉又云其國界東西南北各數千里西界南界咸至大海東界北界有大山為限山外即毛人之國長安三年其大臣朝臣真人來貢方物朝臣真人者猶中國戶部尚書冠進德冠其頂為花分而四散身服紫袍以帛為腰帶真人好讀經史解屬文容止溫雅則天宴之于麟德殿授司膳卿放還本國開元初又遣使來朝因請儒士授經詔四門助教趙玄默就鴻臚寺教之乃遺玄默闊幅布以為束修之禮題云白龜元年調布人亦疑其偽此題所得錫賚盡市文籍泛海而還其偏使朝臣仲滿慕中國之風因留不去改姓名為朝衡仕歷左補闕儀王友衡留京師五十年好書籍放歸鄉逗留不去天寶十二年又遣使貢上元中擢衡為左散騎常侍鎮南都護貞元二十年遣使來朝留學生橘免勢學問僧空海元和元年日本國使判官高階真人上言前件學生藝業稍成願

歸本國便請與臣同歸從之開成四年又遣使朝貢

新唐書

日本古倭奴也去京師萬四千里直新羅東南在海中島而居東西五月行南北三月行國無城郭聯木為柵落以草茨屋左右小島五十餘皆自名國而臣附之置本率一人檢察諸部其俗多女少男有文字尚浮屠法其官十有二等其王姓阿每氏自言初主號天御中主至彥瀲凡三十二世皆以尊為號居筑紫城彥瀲子神武立更以天皇為號徙治大和州次曰綏靖次安寧次懿德次孝昭次天安次孝靈次孝

元次開化次崇神次垂仁次景行次成務次仲哀仲哀死以開化曾孫女神功為主次應神次仁德次履中次反正次允恭次安康次雄畧次清寧次顯宗次仁賢次武烈次繼體次安閑次宣化次欽明欽明之十一年直梁承聖元年次海達次用明亦曰目多利思比孤直隋開皇末始與中國通次崇峻崇峻死欽明之孫女椎古立次舒明次皇極其俗椎髻無冠帶跣以行幅巾蔽後貴者冒錦婦人衣純色裙長腰襦結髮于後至煬帝賜其民錦綫冠飾以金玉文布為衣左右佩銀蘤長八寸以多少明貴賤太宗貞觀五

年遣使者入朝帝矜其遠詔有司毋拘歲貢遣新州刺史高仁表往諭與王爭禮不平不肯宣天子命而還久之更附新羅使者上書永徽初其王孝德即位改元曰白雉獻虎魄大如斗碼瑙若五升器時新羅為高麗百濟所暴高宗賜璽書令出兵援新羅未幾孝德死其子天豐財立死子天智立明年使者與蝦蛦人偕朝蝦蛦亦居海島中其使者鬚長四尺許珥箭于首令人戴瓠立數十步射無不中天智死子天武立死子揔持立咸亨元年遣使賀平高麗後稍習夏音惡倭名更號日本使者自言國近日所出以為

名或云日本乃小國為倭所并故冒其號使者不以情故疑焉又妄夸其國都方數千里南西盡海東北限大山其外即毛人云長安元年其王文武立改元曰大寶遣朝臣真人粟田貢方物朝臣真人者猶唐尚書也冠進德冠頂有華蘤四披紫袍帛帶真人好學能屬文進止有容武后宴之麟德殿授司膳卿還之文武死子阿用立死子聖武立改元曰白龜開元初粟田復朝請從諸儒授經詔四門助教趙玄默即鴻臚寺為師獻大幅布為贄悉賞物貿書以歸其副朝臣仲滿慕華不肯去易姓名曰朝衡歷左補闕儀

王友多所該識久乃還聖武死女孝明立改元曰天平勝寶天寶十二載朝衡復入朝上元中擢左散騎常侍都護新羅梗海道更繇明越州朝貢孝明死大炊立死以聖武女高野姬為王死白壁立建中元年使者真人興能獻方物真人蓋因官而氏者也興能善書其紙似繭而澤人莫識貞元末其王曰桓武遣使者朝其學子橘免勢浮屠空海願留肄業歷二子餘年使者高階真人來請免勢等俱還詔可次諾樂立次嵯峨次浮仁次明仁明直開成四年復入貢次文德文清和次陽成次光孝直光啟元年其東海嶼

中又有邪古波邪多尼三小王北距新羅西北百濟西南直越州有絲絮怪珍云
貞觀中遣新州刺史高表仁持節至倭國在大海中表仁浮海數月方至自云路經地獄之門其上氣色蓊鬱聞叫號鎚鍜之聲甚可畏懼唐會要

宋史

日本國者本倭奴國也自以其國近日所出故以日本為名或云惡其舊名改之也其地東西南北各數千里西南至海東北隅隔以大山山外即毛人國自後漢始朝貢歷魏晉宋隋皆來貢唐永徽顯慶長安開元天寶上元貞元元和開成中並遣使入朝雍熙元年日本國僧奝然與其徒五六人浮海而至獻銅器十餘事并本國職貢今王年代紀各一卷奝然衣綠自云姓藤原氏父為真連真連其國五品品官也奝然善隸書而不通華言問其風土但書以對云國中有五經書及佛經白居易集七十卷並得自中國土宜五穀而少麥交易用銅錢文曰乾文大寶畜有水牛驢羊多犀象產絲蠶多織絹薄緻可愛樂有國中高麗二部四時寒暑大類中國國之東境接海島夷人所居身面皆[illegible]毛東奧州產黃金西別島出白

銀以為貢賦國王以王為姓傳襲至今王六十四世文武僚吏皆世官其年代紀所記云初主號天御中主次曰天村雲尊其後皆以尊為號次天八重雲尊次天彌聞尊次天忍勝尊次瞻波尊次萬魂尊次利利魂尊次國狹槌尊次角龔魂尊次汲津丹尊次面垂見尊次國常立尊次天鑑尊次天萬尊次沫名[illegible]尊次伊奘諾尊次素戔烏尊次天照大神尊次正[illegible]吾勝速日天押穗耳尊次天彥尊次炎尊次彥瀲尊凡二十三世並都于筑紫日向宮彥瀲第四子號神武天皇自筑紫宮入居大和州橿原宮即位元年甲寅當周僖王時也次綏靖天皇次安寧天皇次懿德天皇次孝昭天皇次孝天皇次孝靈天皇次孝元天皇次開化天皇次崇神天皇次垂仁天皇次景行天皇次成務天皇次仲哀天皇國人言今為鎮國香椎大神次神功天皇開化天皇之曾孫女又謂之息長足姬天皇國人言今為太奈良姬大神次應神天皇甲辰歲始于百濟得中國文字今號八蕃菩薩有大臣號紀武內年三百七歲次仁德天皇次履中天皇次反正天皇次允恭天皇次安康天皇次雄略天皇次清寧天皇次顯宗天皇次仁賢天皇次武烈天皇

次繼體天皇次安開天皇次宣化天皇次天國排開
廣庭天皇亦名欽明天皇即位十一年壬申歲始傳
佛法于百濟國當此土梁承聖元年次敏達天皇次
用明天皇有子曰聖德太子年三歲聞十人語同時
解之七歲悟佛法于菩提寺講聖鬘經天雨曼陀羅
華當此土隋開皇中遣使泛海至中國求法華經次
崇峻天皇次推古天皇欽明天皇之女也次舒明天
皇次皇極天皇次孝德天皇白雉四年律師道照求
法至中國從三藏僧玄奘受經律論當此土唐永徽
四年也次天豐財重日足姬天皇令僧智通等入唐

求大乘法相教當顯慶三年次天智天皇次天武天
皇次持摠天皇次文武天皇大寶三年當長安元年
遣粟田真人入唐求書籍律師道慈求經次阿閉天
皇次皈依天皇次聖武天皇寶龜二年遣僧正玄昉
入朝當開元四年次孝明天皇聖武天皇之女也天
平勝寶四年當天寶中遣使及僧入唐求內外經教
及傳戒次天炊天皇次高野姬天皇聖武天皇之女
也次白壁天皇二十四年遣二僧靈仙行賀入唐禮
五臺山學佛法次桓武天皇遣騰元葛野與空海大
師及延歷寺僧澄入唐詣天台山傳智者止觀義當

元和元年也次諾樂天皇次嵯峨天皇次淳和天皇
次仁明天皇當開成會昌中遣僧入唐禮五臺次文
德天皇當大中年間次清和天皇次陽成天皇次光
孝天皇遣僧宗叡入唐傳教當光啟元年也次仁和
天皇當此土梁龍德中遣僧寬建等入朝次醍醐天
皇次天慶天皇次封上天皇當此土周廣順年也次
冷泉天皇今為太上天皇次守平天皇即今皇也凡
六十四世畿內有山城太和河內和泉攝津凡五州
共統五十三郡東海道有伊賀伊勢志摩尾張参河
遠江駿河伊豆甲斐相模武藏安房上總常陸凡十

四州共統一百一十六郡東山道有通江美濃飛驛
信濃上野下野陸奧出羽凡八州共統一百二十二
郡北陸道有狹越前加賀能登越中越[illegible]渡凡七
州共統三十郡山陰道有丹波丹彼但馬因幡伯耆
出雲石見隱伎凡八州共統五十二郡小陽道有播
麼美作備前備中備後安藝周防長門凡八州共統
六十九郡南海道有伊紀淡路河波讚耆伊豫土佐
凡六州共統四十八郡西海道有筑前筑後豐前豐
後肥前肥後日向大隅薩摩凡九州共統九十三郡
又有壹伎對馬多褹凡三島各統二郡是謂五畿七

道三島凡三千七百七十二都四百一十四驛八十八萬三千三百二十九課丁課丁之外不可詳見皆奝然所記云按隋開皇二十年倭王姓阿每名自多利思比孤遣使致書唐永徽五年遣使獻琥珀馬腦長安二年遣其朝臣真人貢方物開元初遣使来朝天寶十二年又遣使来貢元和元年遣高階真人来貢開成四年又遣使来貢此與其所記皆同大中光啟龍徳及周廣順中皆嘗遣僧至中國唐書中五代史失其傳唐咸亨中乃開元二十三年大曆十二年建中元年皆来朝貢其記不載太宗召見奝然存撫

之甚厚賜紫衣舘于太平興國寺上聞其國王一姓傳継臣下皆世官因歎息謂宰相曰此島夷耳乃世祚遐久其臣亦継襲不絶此盖古之道也中國自唐季之亂寓縣分裂梁周五代享歷尤促大臣世胄鮮能嗣續朕雖徳慙往聖常夙夜寅畏講求治本不敢暇逸建無窮之業垂可久之範亦以為子孫之計使大臣之後世襲禄位此朕之心焉其國多有中國典籍奝然之来復得孝經一卷越王孝經新義第十五一卷皆金縷紅羅標水晶為軸孝經即鄭氏注者越王者乃唐太宗子越王貞新義者記室参軍任希古

等撰也奝然復求詣五臺許之令所過續食又求印本大藏經詔亦給之二年隨台州寧海縣商人鄭仁徳船歸其國後數年仁徳還奝然遣其弟子喜因奉表来謝曰日本國東大寺大朝法濟大師賜紫沙門奝然啟傷鱗入夢不忘漢主之恩枯骨合歡猶亢魏氏之敵雖云羊僧之拙誰忍鴻霈之誠奝然誠惶誠恐頓首頓首死罪奝然附商船之離岸期魏闕于生涯望落日而西行十萬里之波濤難盡顧信風而東別數千里之山嶽易過妄以下根之卑適詣中華之盛于是宣旨頻降恣許荒外之跋涉宿心克協粗觀

寓内之瓌奇况乎金闕曉後望尭雲于九禁之中巖扃晴前拜聖燈于五臺之上就三藏而稟學巡數而優游遂使蓮華廻文神筆出于北闕之北貝葉印字佛詔傳于東海之東重蒙宣恩忽趂来跡季夏觧台州之纜孟秋達本國之郊爰逮明春初到舊邑緇素欣待侯伯慕迎伏惟陛下恵溢四明恩高五嶽世超黄軒之古人直金輪之新奝然空辭鳳凰之窟更還螻蟻之封在彼在斯只仰皇徳之盛越山越海敢忘帝念之深縱粉百年之身何報一日之恵染筆拭淚伸紙搖魂不勝慕恩之至謹差上足弟子傳燈大

法師位嘉因併大朝剃頭受戒僧祚乾等拜表以聞
稱其本國永延二年歲次戊子二月八日寔端拱元
年也又別啟貢佛經納青木函琥珀青紅白水晶紅
黒木槵子念珠各一連並納螺鈿花形平函毛籠一
納螺桮二口葛籠一納法螺二口染皮二十枚金銀
蒔繪筥一合納髪鬘二頭又一合納參議正四位上
藤佐理手書二卷及進奉物數一卷表狀一卷又金
銀蒔繪硯一筥一合納金硯一鹿毛筆松烟墨金銀
水瓶鐵刀又金銀蒔繪扇筥一合納檜扇二十枚蝙
蝠扇二枚螺鈿梳函一對其一納赤木梳二百七十

其一納龍骨十橛螺鈿書案一螺鈿書几一金銀蒔
繪平筥一合納白細布五匹鹿皮籠一納貂裘一領
螺鈿鞍轡一副銅鐵鐙紅絲鞦泥障倭畫屏風一雙
石流黄七百斤咸平五年建周海賈周世昌遭風飄
至日本凡七年得還與其國人滕木吉至上皆召見
之世昌以其國人唱和詩來上詞甚雕刻膚淺無所
取詢其風俗云婦人皆被髮一衣用二三縑又陳所
記州名年號上令滕木吉以所持木弓矢挽射矢不
能遠詰其故國中不習戰鬬賜木吉時裝錢遣還景
德元年其國僧寂照等八人來朝寂照不曉華言而

識文字繕寫甚妙凡問荅並以筆札詔號圓通大師
賜紫方袍天聖四年十二月明州言日本國大宰府
遣人貢方物而不持本國表詔却之其後亦未通朝
貢南賈時有傳其物貨至中國者熙寧五年有僧誠
尋至台州止天台國清寺願留州以聞詔使赴闕誠
尋獻銀香爐木槵子白琉璃五香水晶紫檀琥珀所
飾念珠及青色織物綾神宗以其遠人而有戒業處
之開寶寺盡賜同來僧紫方袍是後連貢方物而來
者皆僧也元豐元年使通事僧仲回來賜號慕化懷
德大師明州又言得其國太[illegible]府牒因使人孫忠還

遣仲回等貢絁二百匹水銀五千兩以孫忠乃海商
而貢禮于諸國異請自移牒報而荅其物直付仲回
東歸從之乾道九年始務明州綱首以方物入貢淳
熙二年倭船火兒滕太明毆鄭作死詔械太明付其
綱首歸治以其國之法三年風泊日本舟至明州衆
皆不得食行乞至臨安府者復百餘人詔人日給錢
五十文米二升俟其國舟至日遣歸十年日本七十
三人復飄至秀州華亭縣給常平義倉錢米以振之
紹熙四年泰州及秀州華亭縣復有倭人為風所泊
而至者詔勿取其貨出常平米振給而遣之慶元六

年至平江府嘉泰二年至定海縣詔並給錢米遣歸
國

元史

日本國在東海之東古稱倭奴國或云惡其舊名故
改名日本以其國近日所出也其土疆所至與國王
世系及物產風俗見宋史本傳日本為國去中上殊
遠又隔大海自後漢歷魏晉宋隋皆來貢唐永徽顯
慶長安開元天寶上元貞元元和開成中並遣使入
朝宋雍熙元年日本僧奝然與其徒五六人浮海而
至奉職貢并獻銅器十餘事奝然善隷書不通華言

問其風土但書以對云其國中有五經書■佛經白
居易集七十餘卷奝然還後以國人來者曰滕木吉
以僧來者曰寂照寂照識文字繕寫甚妙至熙寧以
後連貢方物其來者皆僧也元世祖之至元二年以
高麗人趙彝等言日本國可通擇可奉使者三年八
月命兵部侍郎黑的給虎符充國信使禮部侍郎殷
弘給金符充國信副使持國書使日本書曰大蒙古
國皇帝奉書日本國王朕惟自古小國之君境土相
接尚務講信修睦況我祖宗受天明命奄有區夏遐
方異域畏威懷德者不可悉數朕即位之初以高麗

無辜之民久瘁鋒鏑即令罷兵還其疆域反其旄倪
高麗君臣感戴來朝義雖君臣歡若父子計王之君
臣亦已知之高麗朕之東藩也日本密邇高麗開國
以來亦時通中國至于朕躬而無一乘之使以通和
好尚恐王國知之未審故特遣使持書布告朕志冀
自今以往通問結好以相親睦且聖人以四海為家
不相通好豈一家之理哉以至用兵夫孰所好王其
圖之黑的等道由高麗高麗國王王植以帝命遣其
樞密院副使宋君斐借禮部侍郎金贊等導詔使黑
的等往日本不至而還四年六月帝謂王植以辭為

解令去使徒還復遣黑的等至高麗諭植委以日本
事以必得其要領為期植以為海道險阻不可辱天
使九月遣其起居舍人潘阜等持書往日本留六月
亦不得其要領而歸五年九月命黑的弘復持書往
至對馬島日本人拒而不納執其塔二郎彌二郎二
人而還六年六月命高麗金有成送還執者俾中書
省牒其國亦不報有成留其太宰府守護所者久之
十二月又命秘書監趙良弼往使書曰蓋聞王者無
外高麗與朕既為一家王國實為隣境故嘗馳信使
修好為疆埸之吏抑而弗通所獲二人敕有司慰撫

俾賫牒以還遂復寂無所聞継欲通問屬高麗權臣林衍構亂坐是弗果豈王亦因此輟不遣使或已遣而中路梗塞皆不可知不然日本素號知禮之國王之君臣寧肯漫爲弗思之事乎近已滅林衍復舊王位安集其民特命少中大夫秘書監趙良弼充國信使持書以往如即發使與之偕來親仁善鄰國之美事其或猶豫以至用兵夫誰所樂爲也王其審圖之良弼將往乞定與其王相見之儀廷議與其國上下之分未定無禮數可言帝從之七年十二月詔諭高麗王禮送國信使趙良弼通好日本期于必達仍以忽林[redacted]王國昌洪荼丘將兵送抵海上比國信始還姑令[redacted]州等處屯駐八年六月日本通事曹介升等上言高麗迂路導引國使外有捷徑倘得便風半日[redacted]到[redacted]使臣去則不敢同往若大軍進征則願爲鄉導帝曰如此則當思之九月高麗王禃遣其通事別將徐稱導送良弼使日本日本始遣彌四郎者入朝竟宴勞遣之九年二月樞密院臣言奉使日本趙良弼遣書狀官張鐸來言去歲九月與日本國人彌四郎等至太宰府西守護所守者云曩爲高麗所紿屢言上國來伐豈期皇帝好生惡殺先遣[redacted]人下示璽

書然王京去此尚遠願先遣人從奉使回報良弼乃遣鐸同其使二十六人至京師求見帝疑其國主使之來云守護所者詐也詔翰林承旨和禮霍孫以問姚樞許衡等皆對曰誠如聖筭彼懼我加兵故發此輩伺吾强弱耳宜示之寬仁且不宜聽其入見從之是月高麗王禃致書日本五月又以書往令必通好大朝皆不報十年六月趙良弼復使日本至太宰府而還十一年三月命鳳州經略使忻都高麗軍民揔管洪荼丘以千料舟拔都魯輕疾舟汲水小舟各三百共九百艘載士卒一萬五千期以七月征日本冬十月入其國敗之而官軍不整又矢盡惟虜掠四境而歸十二年二月遣禮部侍郎杜世忠兵部侍郎何文著計議官撒都魯丁往使復致書亦不報十四年日本遣商人持金來易銅錢許之十七年二月日本殺國使杜世忠等征東元帥忻都洪荼丘請自率兵往討廷議姑少緩之五月詔范文虎議征日本八月詔募征日本士卒十八年正月命日本行省右丞相阿次罕右丞范文虎及忻都洪荼丘等率十萬人征日本二月諸將陛辭帝敕曰始因彼國使來故朝廷亦遣使往彼遂留我使不還故使卿輩爲此行朕聞

漢人言取人家國欲得百姓土地若盡殺百姓徒得地何用又有一事朕實憂之恐卿輩不和耳假若彼國人至與卿輩有所議當同心協謀如出一口答之五月日本行省參議裴國佐等言本省右丞相阿剌罕范右丞李左丞先與忻都茶丘入朝時同院官議定領舟師至高麗金州與忻都茶丘軍會然後入征日本又為風水不便再議定會于一岐島今年三月有日本船為風水漂至者令其水工畫地圖因見近太宰府西有平户島者周圍皆水可屯軍船此島非其所防若逕往據此島使人乘船往一岐呼忻都茶丘來會進討為利帝曰此間不悉彼中事宜阿剌罕輩必知令其自處之六月阿剌罕以病不能行命阿塔海代總軍事八月諸將未見敵喪全師以還乃言至日本欲攻太宰府暴風破舟猶欲議戰萬户厲德彪招討王國佐水手總管陸文政等不聽節制輒逃去本省載餘軍至合浦散遣還鄉里未幾敗卒于閶脫歸言官軍六月入海七月至平壺島移五龍山八月一日風破舟五日文虎等諸將各自擇堅好船乘之棄士卒十餘萬于山下衆議推張百户者為主帥號之曰張總管聽其約束方伐木作舟欲還七日日

本人來戰盡死餘二三萬為其虜去九日至八角島盡殺蒙古高麗漢人謂新附軍為唐人不殺而奴之閶輩是也蓋行省官議事不相下故皆棄軍歸久之莫青與吳萬五者亦逃還十萬之衆得還者三人耳二十年命阿塔海為日本省丞相與徹里帖木兒右丞劉二拔都兒左丞募兵造舟欲復征日本淮西宣慰使昂吉兒上言民勞乞寢兵二十一年其俗尚佛遣王積翁與補陀僧如智往使舟中有不願行者共謀殺積翁不果至二十三年帝曰日本未嘗相侵今交趾犯邊宜置日本專事交趾成宗大德二年江浙省平章政事也速苔兒乞用兵日本帝曰今非其時朕徐思之三年遣僧寧一山者加妙慈弘濟大師附商舶往使日本而日本使[illegible]竟不至

洪[illegible]

日本蓋倭[illegible]惡其名不雅乃改今號其國[illegible]洋海之東[illegible]州六十有八居近日出故曰日本國王一姓宋雍熙初已傳六十四世中多女主今所立某氏云大元至元九年　上遣秘監趙良弼通好而國次對馬島拒而不納十七年巳卯冬十一月我師東伐明年夏四月次合浦縣西岸入海

東行約二百里過拒濟島又千三百里至吐剌忽苦倭俗呼島為苦又二千七百里抵對馬島又六百里踰一枝島又四百里入容浦口又二百七十里至三神山其山技削群峯環繞海心望之欝然為碧芙容也上無雜木惟梅竹靈藥松檜樅羅等樹其俗多徐姓者自云皆君房之後君房徐福字海中諸嶼此最秀麗方廣十洲記所謂山東北岸扶桑蓬丘瀛洲周方千里者也又說洋中之物莫鉅于魚其背鬣蒼蘢然山立彌亘不盡所注海波兩圻不合者數日又東行二百里艤志賀島下與日本兵遇

彼大勢結陣不動旋出千人逆戰數十合者凡兩月我師既捷轉戰而前呼聲勇氣海山震盪所殺獲十餘萬人擒太宰藤原少卿弟宗資蓋前宋時朝獻僧奝然後也兵伏有弓刀甲而無戈矛騎兵結束殊精甲往往以黃金為珠絡緋者甚衆刀製長極犀銳洞物而過但弓以木為之矢雖長不能遠人則勇敢視死不畏自志賀東岸前去太宰府三百里捷則一舍而近自此皆陸地無事舟楫若大兵長驅足成破竹之舉惜哉志賀西岸不百里有島曰毗蘭俗呼為髑髏即我大軍連泊遇風

處也大小船艦多為浪波擣觸而碎唯勾麗船堅得全遂班師西還是年八月五日也往返凡十月省大師欣都副察失次李都帥宰山次宋降将范殿帥文虎摠二十三南一十三隋唐以来出師之盛未之見也

倭志　四部稿

日本古倭奴國在大海中于閩浙為東北隅其國主以王為姓世世不易文武官僚亦然有五畿七道統郡至五百七十三然皆依水附嶼大者不過中國一村落而已户可七萬餘課丁八十八萬三千有奇自元帥討日本者沒于水不得志日本亦絕不復来貢高帝初[redacted]使臣趙秩諭降之僧祖朝来貢方物十三年丞相胡惟庸謀叛令伏精兵貢艘中計以表裏挾上即不遂掠庫物乘風而遁會事露悉誅其卒而發僧使于陝西四川各寺中著訓示後世絕不與通于是遣信國公湯和等沿海規畫自南直隸山東浙江福建廣東西咸置行都司以備倭為名大羊盤錯矣永樂初太監鄭和等齎賞諭諸海國日本首先歸附詔厚賚之封其鎮山賜勘合百道與之期期十年一貢無何三千人犯遼東為都督劉江所破殺無噍類自是歛跡不敢大為寇而小小抄[redacted]亦不絕或其主不知也其貢則恒多先期而至要以利中國給賚與互市為利耳嘉靖初其主幼冲不能制群臣右京兆大夫高貢使宋素卿貢亡何左京兆大夫內藝興遣宗設貢咸強請勘合後先至寧波爭長不相下宗設

衆盛于宋素卿遂攻敗之追北至紹興躪諸郡縣殺掠以千計都指揮劉錦及千百户等官遇之皆死後以詔旨諭且下宋素卿獄始肯聽徐徐解自是有輕中國心矣而中國亡命者多跳海聚衆為舶主往来行賈閩浙之間又以財物役屬男女倭奴自衛而閩浙間奸商猾民覬其利厚私互市違禁器物咸托官豪庇引有司莫敢誰何黠者又多取其責匿去莫與酧舶人怒則輙有所殺害而他舶不為商者又行摽掠海中漸彰聞朝廷慮之乃特設閩浙廵撫開軍門聽以軍法從事而所用撫臣朱紈素潔廉然銳果壯往則日夜練兵甲嚴糾察數尋舶盜淵藪破誅之而又嚴根株通海者令迫急諸豪右咸惴惴重足立其仕宦貴臣相㖒紈不休竟以擅殺逮紈及置二司用事者于理紈恚自殺乃罷廵撫不復設而舶主土豪益自喜為奸益甚官司視以目莫之禁矣壬子賊始犯台州破黃巖象山諸邑議復設提督都御史用家嚴為之時沿海衛所軍久廢弛不習戰軍府草創財用殫屈家嚴于是益召募驍勇委良將申約束婁誅其巢穴覆之斬獲以千計于是移舟而南犯吳松郡二郡固都會素沃饒而其民愈怯弱賊至則咸壞散

不支稛載而去所被攻剽郡邑争以檄書上聞巡撫
操江憲臣相繼罷而家嚴又以雲中急改節鉞
天子素憂東南計用張經矣倭賊勇而戇不甚别生
死每戰輒赤體提三尺刀舞而前無能捍者其魁則
皆閩淛人善設伏能以寡擊衆反客主勞逸而用之
此所以恒勝也大群數千人小群數百人比比蝟起
而舶主推王直為最雄徐海次之又有毛海峯彭老
不下十餘帥張經者南京兵部尚書也朝計調二廣
狼土兵討之而經舊嘗為彼總督有威惠經亦慷慨
以平賊自負故用為大帥節制當天下半得以便宜

行事開府辟召諸郎署叅佐中外忻忻謂賊旦夕盡
矣然經素貴侈靡行事有承平風而諸特用大將何
卿沈希儀等名位極老而驕新進之士又慓猾果從
速退田州瓦氏及山東槍手兵連戰敗去經望寔稍
稍損矣而侍郎趙文華出督察文華繇上疏行有所
負挟顛指凌經而經以大臣自重出其上文華恚則
疏連劾經謂其才足辦也特家閩避賊讐故嘆喟縱
賊爾而會兵科亦有言　上怒甚趣使捕徵經經則
已聚兵大破賊于嘉興斬首二千級溺水死者稱是
兵科言宜留經以賊平自効不聽併巡撫李天寵皆

論死文華既已攘其功則奏超巡按御史胡宗憲代
天寵督臣亦有更置由是中外文武惴惴重足立憂
不在倭矣文華俄還朝進太子太保工部尚書而宗
憲亦遂以兵部侍郎總督無何徐海入寇圍巡撫阮
鶚躪浙地告急疏上尚書趙文華請出督許之其進
止機宜如張經加重乃與宗憲誘徐海降而合兵掩
捕平之徐海死進文華少保宗憲亦遷右都御史又
明年獲王直王直者故徽人也以事走海上後為舶
主頗尚信有盗道雖夷主亦愛服之而其姓名常借
他舶以是凡有入掠者皆云直主之縱跡詭秘未可

知也宗憲亦徽人乃以金帛厚賂誘之云若降我以
若為都督置司海上通互市而直亦自奮言必能肅
清海波贖死命宗憲與之誓甚若直信之從入杭州
宗憲具狀聞上然不敢悉其故廷議以直元兇不可
赦棄市宗憲亦得加太子太保餘遷賞有差然其衆
無歸者而寇復犯淮揚不利連犯吳越巢閩中首尾
七八歲間所破城十餘掠子女財物數百千萬官軍
吏民戰及俘死者不下數十萬雖時有勝負雅不相
當而轉漕軍食横賞賜乾沒入橐中者以鉅萬計天
下騷動東南髓膏竭矣胡松著海圖説曰始倭之[illegible]

中國也寔自遼東今乃從南道浮海率自溫州寧波以入風東北汛自彼來此約可四五日程盖其去遼甚遠而去閩浙甚邇若盡其國界則東西也長行可四五月南北也短行三月而皆極于海其西北至高麗也必由對馬島開洋順風僅一日二日南至琉球也必由薩摩州開洋順風七日其貢使之來必由愽多開洋歷五島而入中國以造舟水手俱在愽多故也貢船回則徑收長門抽分司官在焉故也若其入寇則隨風所之東北風猛則由薩摩或五島至大小琉球而仍視風之變遷北多則犯廣東東多則犯福建（彭湖島分䑸或之泉州等處或之梅花所長樂縣等處）若正東風猛則必由五島歷天堂官渡水而視之變遷東北多則至烏沙門分䑸或過韭山海閘門而犯溫州或由舟山之南而犯定海（經大貓洋入金塘蛟門入）犯象山奉化（由東西廚入湖頭渡）犯昌國（入石浦明）犯台州（入飛洛海門松門諸巷）正東風多則至李西㠘壁下陳錢分䑸或由洋山之南而犯臨觀（過漁陽山兩頭洞三姑山入蠏浦則犯紹興之臨山三山過霍山洋五島州表平石則化寧波之龍山觀海）犯錢塘（過大小衢徐山入鱉子門褚山薄肖城）或由洋山之北而犯青村南滙（過馬跡潭而西）犯太倉（過馬跡潭而西北）或過南沙而入大江（過茶山入瞭月嘴涉谷橫山而犯瓜儀常鎮）若在大洋而風欻東南也則犯淮

揚登萊（過步州洋亂沙入鹽城口則淮安入廟灣港則犯揚州再越而北則犯登萊）若在五島開洋而南風方猛則趨遼陽趨天津大抵倭船之來恒在清明之後前乎此風候不常難準定清明後方多東北風且積久不變過五月風自南來不利于行矣重陽後風亦有東北者過十月風自西北來亦非所利故防海者以三四五月為大汛九十月為小汛其停橈之處焚刼之權雖曰在倭而其帆檣所向一視乎風寔有天意有備者率勝前此入寇者多薩摩肥後長門三州之人其次則大隅筑前筑後愽多日向攝摩津州紀伊種島而豐前豐後和泉之人亦間有之盖因商于薩摩而附行者盖日本之民有貧有富有淑有慝富而淑者或附貢船或因商船而來其在寇船率皆貧而惡且山城君號令久不行于諸島而山口豐後出雲又各專一軍（如中國總督府之儀）相呑噬今惟豐後強頗併肥前等六島而有之山口出雲俱以貪滅亡倭盖無常尊定主矣（山城君倭王別號也）

皇明馭倭録附畧卷之二

兵部車駕清吏司主事　王士騏纂

送鼂（舊作朝非）監還日本國序　王摩詰

舜覲群后有苗不禹會諸侯防風後至動干戚之舞興斧鉞之誅乃貢九牧之金始頒五瑞之玉我開元天地大寶聖文神武應道皇帝大道之行先天布化乾元廣運涵育無垠苦垂為東道之標戴勝為西門之候豈甘心于卭杖非徵貢于苞茅亦由呼韓來朝舍于蒲萄（舊作陶非）之舘卑彌遣使報以鮫龍之錦犧牲玉帛以將厚意服食器用不寶遠物百神受職五老

告期況乎戴髮含齒得不稽顙屈膝海東國日本為大服聖人之訓有君子之風正朔本乎夏時衣裳同乎漢制歷歲方達繼舊好于行人滔天無涯貢方物于天子同儀加等位在王侯之先掌次改觀不居蠻夷之邸我無爾詐爾無我虞彼以好來廢關弛禁止敷文教虛至寔歸故人民雜居往來如市朝司馬結髮游聖負笈辭親問禮于老聃學詩于子夏魯借車馬孔丘遂適于宗周鄭獻縞衣季札始通于上國名成太學官至客卿必齊之姜不歸聚于高國在楚猶晉亦何獨于由余游宦三年願以君羨遺毋不居一

國欲其晝錦還鄉莊舄既顯而思歸關羽報恩而終去于是馳（舊作地非）首北闕裹（舊作褁非）足東轅簇命賜之衣懷敬問之詔金簡玉字傳道經于絶域之人方鼎彝樽致分器于異姓之國琅玡臺上迴望龍門碣石館前夐然鳥逝鯨魚噴浪則萬里倒迴鷁首乘雲則八風卻走扶桑若薺鬱島如萍沃白日而簸三山浮蒼天而吞九域黄雀之風動地黒蜃之氣成雲淼不知其所之何相思之可寄嘻去帝鄉之故舊謁本朝之君臣詠士子之詩佩兩國之印恢我王度諭彼蕃臣三寸猶在樂毅辭燕而未老十年在外信陵歸魏而

逾尊于其行乎余贈言者

送鼂補闕歸日本國　趙驊

西掖承休澣東隅返故林來稱郄子學歸是越人吟馬上秋郊遠舟中曙海陰知君懷魏闕萬里獨揺心

送日本國聘賀使鼂臣卿東歸　包佶

上才生下國東海是西鄰九譯蕃君使千年聖主臣野情偏得禮木性本含仁錦帆乘風轉金裝照地新孤城開蜃閣曉日上車輪早議來朝歲塗山玉帛均

重送陸侍御史日本　錢起

萬里三韓國行人滿[illegible]愁辭天使星遠臨水簡霜秋

雲帆迎仙島紅旌迴蜃樓寧知懷魏闕迴首海西頭

送日本使還　徐巖

絕國將無外扶桑更有東來朝逢聖日歸去及秋風
夜泛潮迴際晨征莽蒼中鯨波騰水府蜃氣壯仙宮
天眷何期遠王文久已同相望杳不見離恨托飛鴻

哭晁卿行　李太白

日本晁卿辭帝都征帆一片繞蓬壺明月不歸沉碧
海白雲愁色滿蒼梧

送秘書晁監還日本國　王摩詰

積水不可極安知滄海東九州何處遠萬里若乘空

向國唯看日歸帆但信風鰲身映天黑魚眼射波紅
鄉樹扶桑外主人孤島中別離方異域音信若為通

日本王子

大中中日本國王子來朝獻寶器音樂上設百戲珍饌以禮焉王子善圍棋上敕待詔顧師言對手王子出楸玉棋局冷暖玉棋子云本國之東三萬里有集真島島上有凝霞臺臺上有手譚池池中出玉子不由製度自然黑白分明冬溫夏冷故謂之冷暖玉更產如楸玉狀類楸木琢之為棊局光潔可鑑及師言與之敵手至三十三下勝負未決師言汗手凝思方敢落指即謂之鎮神頭乃是解兩征勢也王子瞪目縮臂已伏不勝迴語鴻臚曰待詔第幾手耶鴻臚詭對曰第三手也師言寔稱國手王子曰願見第一曰王子勝第三方得見第二勝第二得見第一今欲躁見第一其可得乎王子掩局而吁曰小國之第一不如大國之第三信矣今好事者尚有顧師言三十三下鎮神頭圖

紙衣和尚

勝相院唐開成四年建舊額龍興千佛寺大中祥符元年改今額錢氏忠懿王造五金寶塔八萬四千所

使齎五百所往日本倭國經涉三載至建隆元年秋所遣使與彼國僧轉智同回轉智初駐錫高峯塔次居士王院後止于此雕造五丈觀音像平日不御烟火物止食芹蓼不衣絲綿常服紙衣號為紙衣和尚
嘉定一亥歲楊和王墳上感慈菴僧德明遊山得育蘭歸作糜供衆毒發僧行死者十餘人明德亟嘗蕈獲免有日本僧定心者寧死不汙至膏理拆裂而死至今楊氏菴中尚藏日本度牒其年有久安保安治承等號僧銜有法勢大和尚威儀從儀少屬少錄等稱是歲其國度僧萬人定心姓平氏日本國京東路

相州行香縣上守鄉光勝寺僧也（癸辛雜識）

倭人居處

倭人所居悉以其國所產所羅松為之即今之羅木也色白而香仰塵地板皆是也復塗以香入其室則芬郁異常倭婦人體絶臭乃以香膏塗之每聚浴于水裸體無所避止以草繫其勢以為禮番船至四明與娼婦合凡終夕始能竟事至其暢悦則大呼如猳𤠣或惡其然則以木槌扣其脛乃止然下體雖暑月日衣服至數重其衣大袖而短不用帶食則共置一器聚坐團食以竹作折折取之鞋則無跟如羅漢所著者或用木或以細蒲為之所衣皆布有極細者得中國綾絹則珍之其地乃絶無香尤以為貴其聚扇用倭紙為之以雕木為骨作金銀花草為飾或作不肖之畫于其上（癸辛雜識）

日本國車

元豐三年高麗國遣使柳洪副朴寅亮朝貢且獻日本國車一乘洪云諸侯不貢車服誠知非禮本國所以上進者欲中朝見日本工拙爾朝廷為留之高麗本箕子之國其知礼如此（文昌雜録）

南倭海水

江南徐謗得畫牛畫齧草闌外夜則歸臥闌中持以見後主煜煜獻闕下太宗問群臣俱無知者惟僧贊寧曰南倭海水或減則灘磧微露倭人十方諸蚌腊中有餘淚數滴得之和色着物則晝隱而夜顯沃焦山時或風燒飄擊忽有石落海岸得之滴水磨色染物則晝顯而夜晦（清波雜記）

日本國歛尸

壬申春日本使因貢鎧甲刀杖圍屏方物于　天府由杭過蘇以北河阻塞泊舟于百花洲隅一使病死同侶以其尸剖腹刳腸胃水洗之遂實以塩而後縫合其腹用布縛如歛法謂之好結果舊傳日本之俗凡削髮者則大官今訪之正副使亦皆有髮削髮者謂國之僧以其通中華文字亦伴使耳故其僧人作詩多稱野衲蘇衛謝技戈嘗入其船探之其僧云巢者贈詩云自古難兼武與文淮淝勝敵昔曾聞蒼生起得東山卧鎖却薔薇洞口雲嘗謁九峯王少傅少傅問曰汝國到吾國行程幾何援筆書紙曰行程之緩速因風之順逆若過大洋約有二十日餘皆不知也又問讀何書書曰五経四書為根本觀其在蘇購書收帖好文之美盖優於他夷也（墨池浪語）

原缺

戒嚴王師行成表

臣聞三皇位極五帝禅宗唯中華而有主豈夷狄而無君乾坤浩蕩非一主之獨權宇宙寬洪作諸邦而分守盖天下者乃天下之天下非一人之天下也臣居遠弱之倭偏小之國城池不滿六十封疆不滿三千尚存知足之心故知足者常足也今陛下作中華之主爲萬乘之君城池數千餘座封疆百萬餘里猶有不足之心常起癞絶之意天發殺機移星換宿地發殺機龍虵起陸人發殺機天地反覆尭舜有德四海来賓湯武施仁八方奉貢臣聞陛下有興戰之策小邦有禦敵之圖論文有孔孟道德之文章論武有孫武韜畧之兵法又聞陛下選股肱之將起竭力之兵来侵臣境水土之地山海之洲是以水来土掩將至兵迎豈能跪塗而奉之乎順之未必其生逆之未必其死相逢于賀蘭山前聊以溥戲有何懼哉倘若君勝臣輸且滿上國之意設若臣勝君輸反作小邦之耻自古謀和爲上罷戰爲彊免生靈之塗炭救黎庶之艱辛年年進奉于上國歲歲稱臣爲弱倭今遣使苔黒麻敬詣丹墀臣誠惶誠恐稽首頓首謹具表以

聞

詠西湖

一株楊柳一株花原是唐朝賣酒家惟有吾邦風
土異春深無處不桑麻

昔年曾見畫湖圖不意人間有此圖今日打從湖
上過畫工猶是欠工夫

春日感懷

中原二月綺如塵異卉奇花景物新可是吾天仁
更濶小塘幽草亦成春

奉邊將

棄子拋妻入大唐將軍何是苦隄防關津橋上團
圓月天地無私一樣光

答風俗問

君問吾風俗吾風俗最敦衣冠唐制度禮樂漢君
臣王甕藏新酒金刀剖細鱗年年二三月桃李一
般春

題春雪

昨夜東風勝北風釀成春雪滿長空梨花樹上白
加白桃李枝頭紅不紅鶯閟幾時能出谷燕愁何
日得泥融寒水鎖却鞦韆架路阻行人去不通

游育王

偶來覽勝鄮峯境山路行行雪作堆風攪空林饑
嘯雲埋老樹斷猿哀樓頭東塔又西塔移步前
臺更後臺正是如來眞境界臘天香散一枝梅

萍

錦鱗密砌不容針只爲根兒做不深曾與白雲爭
水面豈容明月下波心幾番浪打應難滅數陣風
吹不復沉多少魚龍藏在底漁翁無處下鈎尋

保叔塔

保叔原來不保夫造成七級石浮屠縱然一帶西
湖水洗得清時也是汙

被張太守禁舟中歎懷

老鶴徘徊日本東笑看宇宙作樊籠只因飛入尭
天濶恨在扁舟一葉中

四友亭

四友亭名萬古香清風曾遍到遐方我來不見亭
中主松竹青青梅自黄

從紹興雨中往曹娥

早來飯罷促篙梢撑出五雲門外橋離越王城三
百里過曹娥渡八分潮白飛晴雪梅花舞綠柔晚

風蒲葉揺南北陰沉江上雨打蓬聲似滴芭蕉

又

渺渺茫茫浪潑天霏霏拂拂雨和烟蒼蒼翠翠山邊寺白白紅紅花滿川整整齊齊沙上鴈來來往往渡頭船行行坐坐看無盡世世生生作話傳

又

天連泗水水連天烟鎖孤村村鎖煙樹繞藤蘿繞樹川通巫峽峽通川酒迷醉客客迷酒船送行人人送船此會應難難再會此傳今話古今傳

謁舜廟作

朝貢三年特地来碧松橋上暫徘徊雨過空澗水頻滴風度小軒窓自開六七八竿墻外竹兩三四樹屋邊梅當年舜帝蓋井石更問如今還在哉

寄語畧

篝海圖編所載與日本國畧微有不同今並存之

天文類 篝海圖編

天 天帝　日 匝露　月 禿計

星 付泥　風 有多加前　雲

雨 挨迷　霧 吉利　雪 計伏六攸計

霜 名末碎蒲　落雨 挨迷付魯

又 日本國畧

天 同　日 同　月 同

星 同　風　雲 朽岡

雨 同　霧 同　雪 計以六片計

霜 多末碎滿　落雨 挨迷什魯　雷 什洛

時令類 篝海圖編

早 來耀運梭梭發　夜 搖落　午 非路

晚 搖撒田午　明 挨介水　暗 骨辣水

冷 三字水　煖 挨撥水　今日 詐以呼鷄聲介喬

明日 日挨迷亞失　後日 亞撒里　昨日 傑奴

前日 阿多堆　日暮 非故路路　今日來 个阿耶俚

明日來 挨戊打俚　後日來 挨殺核阿耶俚

又 日本國畧

早[illegible]連[illegible]後發　夜同　午同
晚揺散田五　明同　暗同
冷同　煖挨撒水　今日詩以呼鷄聲界播
明日旦挨迷栗天　後日同　昨日傑妙
前日同　日暮同　今日來介阿耶里
明日來挨伐打俚　後日來同

地理類籌海圖編

地大様禿智　山羊賣耶賣　水明東
海烏彌　沙何吉大水　石依水在木右
火非　鄉羊埋俚　江打各計

二

又日本國畧

地大禄禿知　山同　水同
海同　石衣石在古本　沙阿吉大水
火同　鄉同　江同

方向類籌海圖編

東熏加　南迷南來　西義西
北尤兀俚　前日皆門利婆　後吾失利

又日本國畧

東同　南米匈来　西同
北同　前日皆何利婆　後同

珍寶類籌海圖編

金空揩泥　銀失禄揩泥　珠他貢
錢前務　黃銅中若佐　紅銅鶯更揩孑
水銀明東揩尼　好銅錢姚礼善泥

又日本國畧

金同　銀同　珠同
錢同　黃銅中苦左　紅銅同
水銀明東皆尼　好銅錢同

人物類籌海圖編

皇帝大利天王家里　官大米烏野鷄　百姓别姑常

三

公翁知　大官大大烏野鷄　婆猶蒲翁妃
父阿爺　母發發　兄挨尼
嫂阿尼尤尼　弟阿多多　妹亞乜多一沒多
姊亞尼　嬸完多　子莫宿哥
姪何義　女莫宿耶　孫阿奚胡來
丈人子多　丈母子多謬　叔何治王官老前
丈夫壽山　婦人倭家倒　老禿古要个
男子何柰公姑　後生倭家達　孩歪鼻
親眷新雷　妲夫不哥迷　朋友道門大聖蒲門大帝
女婿米哥　僕三三字郎　小廝歪皆水

和尚才老烏索　老實人埋骨多　艱難人胡奈故人門厥人
強盜六宿鼻隨　瞎子眉骨頼　獨眼人咨倓閡鴻
你撫哥了梭里　誰人搭梭　我何埋俚阿奴利
徒弟加食難　財主妻斗島賣　生得好眉〻月失眉〻姚水
外甥萌哥　長子難觧水　媳婦孃妙報
長吊　年少華蓋　主人床呆朶
生得醜魯歪失　聰明力哥　貴他介水
賤那塑羊檗　富烏多哥　貧腮東旦
乞丐寛需計　好淫梭羅　年紀一故都
麻子莫入骨水　村孫　拐科水非計

四

賊陸宿人
又日本國畧
皇帝大利天王加里　官同　百姓同
公同　婆山補翁姑　父阿耶
母同　兄同　嫂阿尼尤姑
弟何多　妹西尼多一没多　姊同
孀同　子同　姪同
女莫尋眠　孫同　丈人同
丈母同　叔何治王萠差官　丈夫受山
婦人同　男子同　老同

後生倭加達　孩歪爛身　親眷同
朋友道門大聖閭門大帝　姐夫木哥迷　女婿木哥
僕三字都　小厮同　和尚刀老烏索
老實人同　艱難人胡奈故人間閡人　強盜同
獨眼人咨烏閡鴻　瞎人眉骨頭　你[redacted]哥子校里
我何俚〻阿奴利　誰人荅梭　徒弟加食難
財主妻叫烏賣　生的好眉〻月失眉〻姚失　外甥胡哥
長子鞋觧水　媳婦同　長同
年少同　主人床果朶　生的醜魯歪歌
聰明刀歌　貴同　賤那里羊碎水

皇明馭倭録　五

富烏多姑　貧肥東旦　乞丐寛計
好淫同　年紀同　麻子莫入
村同　拐利水計非　賊六宿人
人事類籌海圖編
要彼水水　不要依也　直達子
等待埋祖　眠羊達路烏將辛　拿來未食吉反俚未得哥巳
拿去未底於古　相擾括計括盆　亂說思量骨多莫話介反理
看覔見迷路　不送何埋解卻賣　嬉挨核蒲
坐移路阿將梭　病羊埋依子　揖
罵寛彼計乃俚話鸞褪皮　鼾因彼計　詈烏論[redacted]埋水馬蠻命計

睡寄路　去漫陀羅獺俚旦多　在何故伊虜何耶路
不在論速持踈　來何耶俚吉人　便來羊伴地何爺俚慢陀的如
回來慢慢的耶俚　便去寄路　快來發下何耶俚法古
送與我面皮　愛惜搖落扛蒲　怕倭踈路路
出去一一計　前行殺鷄倭　行挨龍門
喜一歎水咷羅打步　說話未納恕打俚　怠慢雖利骨多罵山奴
飲那慕　獨樂哥賣　羞愧畨助山水水
喫何賣利　安排蘇路　不來未旦盧賈矢
走法古　快去法古計　打人生亞達達个
借腜路各夾　買賣烏禮加　不喫了禁哥

六

唱嘔天　莫怪哥而乃禮　多喫酒何賢鼻旦
教何水尤路　喫酒麻黑殺鷄　那里去陀姑移姑
添所有路路　行路的益磨滅　曉得个个俚打夫大
賣烏路無六　吽人多奴　老實說話買多溢多
痛一輒水　起身倭達的援　多多喫了前行哥
遊西孫步　還了諧也數　不曉得措賴路不失打
殺其奴瞎咀即　請人家那摳多　慢慢的買得買得
害天　不賣烏魯賣加　恁麼賣難烏禮在
肚饑勲大路水　哭乃古　多少一故賴介
打胡子　有情亞姊吉乃　無情亞姊吉乃乃水

不來天旦芦賁了　快去法又計　走法右
添所有路二　打人生亞連遠个　唱謳大
痛同　教同　買賣烏里加
不吃了同　多吃酒河賢鼻　賣為路無大
吃酒府里晒鷄　莫怪哥而乃　老實說話買多盐多
遊四係步　那里去阿姑兔姑　買加和
行路約　曉个个俚打失人　多吃了前行哥
殺其奴善咀即　害天　醉等帯
不曉的同　哭乃吉　打同
換同　吽人同　恠發賴旦多聖固

七

死大　喚加古　咲歪頭
肚饑同　還了如也数　慢慢的買的買得
起身倭達的挨　腫同　請家那堰
不賣烏魯賣多　任磨賣鞋烏里賣　活同
輸同　有情亞弟吉乃　無情亞娣吉乃乃水
傷寒鷄骨禁　多少同　無工夫同
寫字同

身體類籌海圖編

耳眉眉　口骨上　鼻發奈
眉賣　手鉄　足挨身

心 个个路　頭 客成頼　鬚 薫計
髪 措腱夾迷　肚 發頼　指 尤皮
爪 卒腱　齒 法
又日本國署
耳 眉　口 同　鼻 同
眉 一責　手 同　足 同
心 同　頭 容成頼　鬚 措腱夾迷
肚 同　指 同　髪 勲計
爪 卒迷　齒 同　身 池
眼 眉眉

八

器用類 籌海圖編

小刀 曆過乃空客打乃　中刀 歪計柴需　大刀 潤中撻打
刀柄 跎介俚　甲 大買路　弓 油米奈
盒子 剛白哥　紙 措袂加迷　硯 孫劫俚尊力
砂石 措路依水　筆 粉地　墨 踩煤
薄紙 沃蠻子　扇 黄旗　鎖 哥利素
厚紙 沃速水　舡 浮泥　針 快利法利
鑰匙 坑其　鑊 難皮　磨刀石 依水
泥銅扇 法古黄旗　箒 花鷄　泥金扇 空措黄旗泥
等子 發介俚　小箱 法哥　硯箱 孫助利法哥

酒盞 曬加藤計　鋸 拿剛繫利　碟 曬頼沙頼
銀砵 失祿挨措水　鏡 坑旮彌　枕 麻骨頼埋骨頼
麝香 射哥　漆 烏論水　蓆 不奴
木香 木哥　傘 隔落隔曬　盤 何木鷄
沉香 沉哥　筋 法水　碗 倭吉貼灣
酒瓶 哭笋昆皮　梯 課水飛計　香 宣哥
又日本國署
小刀 曆仝　中刀 歪計紫儒　大刀 潤四達打發
刀柄 同　甲 同　油 米
硯 劫俚力子　紙墨 措法加迷　厚紙 同

九

薄紙 同　筆 粉池　墨 同
扇 同　泥金扇 空指尼黄旗　鑰匙 同
泥銅扇 同　鎖 哥利素　舡 同
鑊 同　針 快利快利　等子 發介里
箒 同　小箱 法可　硯箱 係助利法利
鋸 絮剛繫利　酒盞 同　碟 同
傘 隔啓隔晒　鏡 同　枕 麻骨頼
蓆 不如　盤 同　銀砵 失祿挨指水
漆 烏水魚　筋 同　香 同
沉香 同　麝香 同　木香 水香

酒瓶哭芦民皮　碗同　梯同

衣服類籌海圖編

衣服乞麻俚　靴骨都　鞋水托里失其里

箬帽搖婆俚　錦歪帶　氊衫迷奴

手巾達昂个　綿布木綿　夏布奴奴綿

被伏思麻

又日本國畧

衣服乞麻里　靴亭都　鞋同

箬帽搖婆里　錦同　氊衫同

手巾達昂介　綿布同　夏布同

被半思麻

十一

飲食類籌海圖編

茶觧素　酒麗箕　白酒明東麗箕

燒酒隔辣麗箕　老酒福祿晒　飯容黍

飲酒晒加乃　鹽失河妝河　喫飯容黍阿羅

醬彌沙　米科眉科眉　油挨蒲賴

大麥烏蒙崎　小麥柯蒙崎　穀暮米倭米

羨水路　荳磨米　肉恕恕

笋乾大吉糯古　醬瓜可羅米糯

又日本國畧

茶詐素　酒𦖭其　白酒明東晒其

燒酒同　老酒同　飯同

飲酒同　喫飯容黍阿羅里　鹽同

醬同　米科眉　油挨莆賴

大麥烏蒙崎　小麥同　穀同

羨同　荳同　肉同

笋乾大吉糯右　醬瓜同

花木類籌海圖編

杉松計　檜去那鷄　松埋止

梅子面婆水　芥㦬辣水　菜柰

瓜烏埋　麻莫入骨水　茄子乃沈皮

十二

又日本國畧

杉同　檜同　松同

梅子同　芥同　菜同

瓜烏俚　麻同　茄子乃泥皮

鳥獸類籌海圖編

牛胡水　狗意奴　猪豕豕

鷄抓泥撥地泥環多禮　鵝䚷加　馬烏馬

魚遊河　蟹揩泥　蝨失䄷水

羊羊其　鼠鼫㼌米

又日本國畧

牛同　狗同　猪同

鷄　鵝　馬烏馬

魚同　蟹拮尼　蝨失諫水

羊同　鼠服助來

數目類籌海圖編

一丟多子丟戳吔多　一箇个利　二扶達子丟吔多

三容子倏吔多　四學子摇摇做　五意子子難難多

六後子　七乃乃子　八效子

九个个乃子　十多　十一多多丟達子

十二

五十大　百法古　千借一貫

萬慢亦

又日本國畧

一丟多子丟衝吔多　一箇同　二扶延子丟且多

三容子倏且多　四孝子　五詹子子難難多

六同　七同　八學子摇摇做

九个个乃乃　十同　十一同

五十文　百法右　千同

萬慢赤

通用類籌海圖編

有挨路迷路　無乃　好盧髙髙的姚鎖

極好明哥多　不好由無乃　大加小思姑奈何計

小發葕　少素右乃水　多快都河河水

遠多倏　近的个　瘦牙十大

短迷加　細相快大　朽骨葕落

厚挨辛水　薄温卒水　歪貨不髙歪賴水

破羊皷里里　不是松田乃倸　要緊馬多合子

緩慢大慢大　無用設計　多有何何水

未慢大　香千牌水　臭骨葕水

又日本國畧

十三

有挨路何路　無同　好同

極好明奇多　不好田無柰　大同

小蕟葕　多恢都河河水　少㭰右乃水

遠多挨　近同　瘦同

短同　細相同　朽骨師路

厚挨辛水　薄温辛水　歪貨同

不是同　破半鍐里里　要緊馬多何乎

緩漫大漫大　無用同　多有同

未同　香千牌水　臭同

寄語島名

山城羊馬失羅　筑前職骨蒯　太和野馬多
筑後職骨〻　河内加懐知　豊前孚前
和泉因字米　豊後蓬哥　攝津子努因你
肥前非前　伊賀衣加　肥後非谷
伊勢衣舍　日向兄加　志摩
大隅阿思米　尾張倭阿里　薩摩撒子馬
三河迷茄懐　遠江　紀伊乞奴苦藝
炎路山奴計　駿河　阿波挨懐脐
伊豆因慈　讃者　甲裴旣怡苦藝
伊豫伊右　相摩　土佐拖撒

十四

武藏木撒暑　山口郎周防羊馬窩諸　安房阿乞
美作迷馬撒家　備前避然　上總茄迷倭撒
下總什麼倭撒　備中避畫　常陸
備後避𣅜　若佐壊加栅　安藝阿計
越前日智前　攝摩法里馬　越中日畫
長門奴茄多　越後日清谷　冊渡冊白
加賀坑茄　冊後冊哥　能登奴朶
但馬噠什麼　佐渡沙渡　因幡奚奴白
近江多島米　伯耆花計　美濃米奴
出雲因字木　飛彈非大智　石見

醉邀帶　換皆賀　無工夫一孫撫水
怍發頓旦多堅國　死身大　腫刺大
嗅加右　笑歪罷　活吉打
買加利　輸埋計打利　傷寒鷄骨
馮字加計

又日本國畧

要同　不要依他　立同
等待同　眠羊達路馬將幸　拿來不眠吉反里未得哥里
拿去長抵於吉　亂說思里里骨多莫話介友里　相擾括計怡盆
看同　不送何俚解那賣　嬉同

十五

坐移路阿將接　病羊埋衣子　揖科眉乃可眠絫禮
罵寛彼計乃里　詈鳥論年坦水鳥爺蛮計　鼾同
睡同　去漫俚羅懶捉多　在何做伊房
不在論迷特速　來何耶里吉大　便來羊鮮悅陀的如
便去同　回來慢慢的何耶里　快來發下何耶俚發古
送與我同　愛惜搖路扛捕　惜倭東路
來覔倭非怕水　去出計　久覔撥水姚羅扛步
說話來外吃打俚　怠慢鞋利𡙇罵山好　前行殺鷄
後行挨龍門　羞愧番耶山水小　飲同
吃同　獨樂同　安排蘇

倭患考原一卷恤援朝鮮倭患考一卷

〔明〕黄俣卿纂輯

《倭患考原》一卷《恤援朝鮮倭患考》一卷，明黄俣卿纂輯。俣卿，福建人。以嘉靖、隆慶間福建濱海郡縣嘗被倭患，故撰是書以推其致禍之由。上卷《倭患考原》，起洪武初遣使通倭，訖萬曆初廣東林鳳之亂，考次倭患原由。下卷《恤援朝鮮倭患考》，記宋應昌、楊鎬東征事。卷末附考倭俗。全書多載聞事，語較簡略。據中國國家圖書館藏清抄本影印。

倭患考原上

閩越人黄俣卿纂輯

山東淮安及沿海郡邑掠浙東福建旁海諸郡尋又掠温同知趙秩賜璽書諭王良懷言倭如臣我奉表来庭不臣則修兵自國聖主威德非蒙古比王具方物稱臣入貢

按元遣趙良弼詸倭夷好語寔覘其國也既而發舟師数千艘之比至一時風霆漂覆無遺類自是不與通者數十年至是秩至其國王猶疑為良弼欲殺之秩曰聖天子生華帝華非蒙古比云云乃得免

五年倭寇海塩及澉浦與福建海上諸郡上諭劉基曰東夷尚禪教姑遣明州天寧寺僧祖門南京瓦官寺僧無逸往諭之王遣使同二僧入貢初令浙江福建二省造海船防倭

六年以於顕為總兵官出海巡倭是年倭寇登莱

七年寇膠州尋遣僧来貢無表文却之令中書省移文責王

九年倭王遣僧歸廷用等奉表貢馬及方物謝罪上賜王及使文綺有差已而覧表文曰良懷不臣詔責之

十二年来貢無表文安置使人于陜西畨寺

十三年令禮部移書責王数掠我海上遣僧如瑤来貢馬復却之諸僧皆安置陜西畨寺

十四年倭王遣僧奉表入貢乞還安置諸僧使詞甚恭順上曰日本既謝罪還其使召至京師宴賞遣歸

十五年倭僧歸廷用又来貢于是有林賢之變由故丞相胡惟庸通日本謀為不軌上怒貽訓絶之勒碑寧波海堧不與互市

十六年倭寇金郷平陽

十七年倭僧如瑤又来貢坐通惟庸發雲南守禦是年信國公湯和致仕居鳳陽上召往築登莱浙江沿海五十九城民丁四調一為戍兵

二十年置浙東西防倭衛所復遣江夏侯周德興築福建海上一十六城設衛所燧堠調漳泉民丁為兵戍之

二十六年倭寇金鄉

二十七年詔遣都督僉事劉德商暠巡視兩浙防倭

三月勅都督楊文魏國公徐輝祖安陸侯吳傑練兵海上防倭

二十八年倭寇金州會靖難後遣太監鄭和等率舟師三萬下西洋日本遣人來貢并擒獻犯邊賊二十餘人即付使人治之縛至甑中蒸死

永樂二年使還遣通政使趙居任賜王冠服文綺古器圖書又給勘合百道令十年一貢每貢副使等毋得過二百人若貢非期人船逾数夾帶刀鎗並以寇論居任還不受王餽上喜厚賜之尋命都御史俞士吉賜王印誥冊封為日本國王名其國之鎮山曰壽安鎮國山上為文勒石久之嗣王道義卒子源道義嗣益奸狡時令各島人掠我海上

六年寇登州沙門島一帶鈔畧殆盡始置備倭都司

九年寇松門金鄉是年遣禮部員外呂淵諭王還所掠海上人

十六年倭王遣使謝罪都督劉江時鎮守遼東繕海上堠堡伏兵俟之

十七年倭船入王家山島傳烽皆至劉江率精兵疾馳入海窩賊数千人直抵馬雄島進圍望海窩江發伏出戰遣奇兵布伏諸山下斷其歸路賊奔入櫻桃園江合兵圍而攻之斬首七百四十二捕生八百五十七上召江至京封廣寧伯自是倭不敢窺遼東

二十年倭寇象山永樂初西洋之役雖伸威海表而華人習知東夷金寶之饒夷人來貢亦知我海道奸闌出入華夷相糾以故寇盜復起非廣寧之捷禍未已也

宣德元年倭王遣人來貢人船刀鎗不奉我約束上諭使臣自後貢船毋過三舟使人毋過三百刀鎗毋過二千否則不受

七年來貢如約束受之

八年王源道義卒上命太監雷春少卿潘賜等往弔
祭
十年嗣王遣使貢謝倭自得我勘合方物式器滿載
而來遇官兵矯稱入貢貢即不如期守臣幸無事
輙請俯順夷情主客者為畫可條奏即復許貢云
不為例嗣後再至亦復如是窺我無備肆出殺掠
満載而歸來年海防大備賊不得間貢稍如約遂
許夷至京師宴賞市易飽恣其欲矣
正統四年備禦漸疎倭寇大嵩入桃渚官庾民房焚
刼一空驅掠少壯發掘塚墓束嬰孩竿頭沃以沸
湯視其啼號拍手笑樂捕得孕婦忖度男女刳視
中否為勝負飲酒荒淫穢惡不可名狀積骸如陵
流血成川城野蕭條過者隕涕于是朝廷下詔備
倭命重師守要地增城堡謹斥堠修戰艦合兵分
番也駐海上寇盜稍息
五年倭突寇登州聞有備遁去
七年來貢
十一年倭寇海寧乍浦

成化初年倭忽至寧波知我有備矯稱入貢守臣為
請于朝欲遣之至京楊文懿公守陳貽書張主客
力言其不可許
正德六年宋素卿源永壽來貢求祀孔子儀注不許
鄞人宋澄告稱素卿本澄從子叛附夷人法當誅
戮守臣以聞主客以素卿正使釋之令諭王效順
毋侵邊海
八年僧桂梧等來貢
十年倭焚沙門島等處光射南圻居民露刃者十餘
日
嘉靖元年倭王源義植無道國人不服諸道爭貢僧
宗設僧瑞佐及素卿先後至寧波故事凡番貢至
者閱貨宴席皆以先後為序時瑞佐後至素卿奸
狡通市舶太監饋寶賄萬計令先閱瑞佐貨宴又
令坐宗設上宗設席間與瑞佐爭忿相仇殺太監
以素卿故陰助瑞佐授之兵器致殺備倭指揮劉
錦等大掠寧波旁海鄉鎮素卿坐叛論死宗設瑞
佐皆釋還給事中夏言上言禍起于市舶禮部遂

請罷市舶而不知所當罷者市舶太監也然尋罷尋設如東夷有馬市西夷有茶市江南海夷有市舶所以通華夷之情遷有無之貨收徵稅之利減戍守之費又以禁海賈抑奸商使利權在上也罷市舶則利孔在下奸商外誘島夷内訌海上無寧日矣

二十五年以朱紈為浙江巡撫都御史兼領福興漳泉并福寧州地方紈清諒方勁任勞任怨嚴戢閩浙官員通番渠魁于是衣冠盜切齒詆誣惑亂視聽必欲殺紈旋改紈為巡視陰遣言官劾訊紈憤悶卒所任將吏殺賊有功者皆論死繫獄是年海道副使柯喬都司盧鏜獲通番賊于走馬溪斬之船貨沒官叙功題請識者韙焉御史陳九德叅論駁查差官勘問皆擬重典後恤刑郎中陸穩乃奏釋之

三十一年浙巨寇王直勾倭為亂閩賊許朝堅洪廸珍亦誘合倭奴往來海上遂殘黄巖掠定海象突刼掠閩浙騷動遣都御史王忬巡視兩浙兼領漳泉福興四郡以都指揮俞大猷湯克寬為閩浙叅將剿賊顧兵政久弛將士耗鈍水寨戰艦所在廢壞忬經畧未幾羣盜總至棚寨列港分約諸島内招亡命勢益猖獗

三十二年俞大猷冒險出洋焚蕩巢穴賊首遁去群盜流散乘風奔突倏忽千里温台寧紹杭嘉蘇松揚淮并受其害克寬統領步兵往來海堧護城捕賊斬獲亦多忬擒治奸豪破解支黨時論以為得策而通番奸豪又言忬大猷搗巢非計且摇動忬忬薦盧鏜起為閩叅將代克寬克寬以副總兵屯金山閩人故忌鏜凶險不可用南京言官又復薦鏜

三十三年倭犯江北海門如皐通州皆被殺掠是時復用盧鏜為叅將而以俞大猷為浙直總兵未幾工部侍郎趙文華以海賊猖獗請禱海神權相嚴嵩遂遣文華行禱公私勞費不貲皆歸囊槖比忬改大同巡撫徐州兵備李天寵代忬以南京兵部尚書張經提督浙閩江南北七省軍務經有文武

被圍者経月京營左擊宗仁力戰死之官兵敗績烽火相望朝議以通運漕固留都護陵寢為急僉舉兵部侍郎沈良材督討趙文華以前叅海熟識夷情也因而自具疏請行嚴嵩急欲就趙功而虞其弗支以車駕司正郎郭仁佐之比文華至嘉興阮已破圍驅賊宗憲方因歙奸人童華邵岳等得徐海老母幼弟黄金白璧以感其心朱緋華轂以饜其志用招徐海海與東合遂舍桐城而屯呂港東屯新場衆且二萬餘結巢于乍浦城南之教場及瀕海秦山之麓絡繹二十餘里胡與阮分布水陸大兵輻輳四集屯劄要害徐海欲設詐謀歸與通事蔡時宜等言願立功贖罪因誘賊首麻葉及倭酋入見軍門而約我兵縛之後又執陳東來獻而兼有其衆意圖易船回島以脫死耳時或中於其術郭仁獨以為不可文華遂以乍浦為徐海之銜使郭仁往守蓋投之死地耳然乍浦破于衆兵徐海挾二妓及精倭二千餘奔據沈庄胡遣中書羅龍文入賊巢易徐海來見至則趺坐階下環以才是時柘林倭寇盈二萬公奏調永順兵一萬保靖兵一萬狼兵八千狼兵先到文華即欲搗其巢經與諸將謀咸謂不可欲待永保二兵至合擊之文華怒遂搆經通倭以聞数日賊出狼兵邀擊之不利經曰邀擊且不利況搗其巢乎及嘉興保靖兵至與戰亦不利經與大猷馳入蘋州督永順兵至平望與賊戰大破之賊敗走回王江涇保靖兵從嘉興追而北永順兵從平望追而南夾攻又大破之斬首三千餘級經且以百功歸文華文華悔遣人反其奏已入矣乃揭報朝以賊為浙兵投毒死也經功竟為所掩遂與天寵皆詔獄論死西市以浙西巡撫胡宗憲代天寵以南京戸部侍郎楊宜代經

三十四年冦福清海口殺數百人大掠而去

三十五年春廣盗蕭憲冦掠嘉定焚戮雪慘又有陳東者亦廣東人蟠據柘林周浦之間屢敗官兵三月盗僧徐海歙州人復引倭數千與陳東合攻圍乍浦進逼桐鄉時叅政阮鶚超拜巡撫駐兵桐城

勁敵百餘各執利器莫敢誰何諸公議欲具疏縱海還島宣布天子威德使諸夷効順阮獨排衆論一意任勦尋有旨宜速勦除言撫者斬于是胡阮分兵屯劄扼賊諸衝遂舉火夾焚其巢海死于烈焰中莫辨其面召海二妓一名綠珠一翠翹者識之方知元兇授首將吏舉酒交慶有逸寇一十八舟竄入寧波邛家洋據山為巢官兵攻之屢衂阮獨率遊擊尹秉衡追剿斬獲甚多餘賊渡温奔閩時九月二十等日也冬寇福建之漳浦

按吾學編有胡總制計擒賊首王直之語而不及焚徐海事余近叩朱都護先言直竟逸去蓋朱當日在胡公中涓者言不予妄郭光祿南征寔畧亦云舟山劇賊若天不欲殲之每進剿必遇風雨也然卷末又有方議休卒伺隙以圖萬全之舉乃值趙連檄速還云云則縱虎遺患罪有所歸耳榆林之戍亦天道哉朱都護又嘗言胡阮二公初甚相驩也時以撫勦異議遂有微隙云

三十六年以浙江都御史阮鶚提督軍務巡撫福建地方閩有軍門自阮始是時承平已久民不知兵海寇山賊一時并發軍儲武備樓船火器之屬束手無資而衛所軍餘郡邑機兵巡司弓兵之徒大都市兒虛應阮至不避勞怨殫瘁曆施尤拳拳加意學校未幾出巡海上意在折衝詎倭數千由福寧三沙薄省南臺洪塘之間焚掠猖熾阮以力士陳成等數十人循海堧趣援會城行至吳航古嶺人馬困乏成等方進炒烘杯水為飡倭千餘遽集阮馳入樂邑躬登樓櫓俾發矢石射敵連斃數酋賊方散去阮乘夜取間道入省調浙廣諸兵與賊戰于吉原西峡諸處輙奏斬獲賊驚訝曰阮兵安得猝至閩耶急遁去冬復合漳賊數千屯于海口阮督分巡道盛唐提兵營于綿亭出廣浙諸兵圍之賊乘夜潰去阮督兵追勦于澚門斷嶼之間賊赴海死者無算御史吉澄累以捷聞輙賜金綺會海寇許朝堅謝策等勾倭突至漳州登岸焚掠阮訪知有賊船灣泊南澚逼近詔安梅嶺皆接濟通

畨之徒在馬督同各道親臨其地計獲八澚四姓巨魁何邦珙等二百餘名捜出各家違禁貨物會問具題悉置于法士民翕然稱快九月延邵山賊復起公躬督官兵征剿悉就禽斬于是閩省閭閻始有更生之望矣

三十七年有旨逮阮巡撫士論惜之由何邦珙等奸黨飛揭中傷胡總制修郄乘而陰擠云

　按阮鎮閩日有獲賊疏及諭民約法二十四事詞極懇切足以見其拊循勞苦血戰艱難也迄今閩中父老類能誦之當其時竟抱不白之冤而僅以身免與蝇市虎亦可畏哉

夏四月倭合漳賊蹂連江踰北嶺復逼會城遂陷福清縣城訓導鄔中涵被執不屈而死殺掠之慘不可言狀逾旬殘毁南安五月至泉御史樊獻科率士民固守二十餘日賊攻永寧衛不得入流而月港隨風飄至海口覆溺甚衆把總秦經國方坐立功遇之擒斬數十級以贖失事之罪又海賊洪廸珍謝策許朝堅等糾倭三千餘散刼諸村旋犯詔安殺男婦百五十餘人

三十八年新舊倭奴結聚數千焚掠邊海兵力脆弱往往陣亡二月焚刼詔安雲霄諸處三月焚刼長泰善化里攻其城不得入仍寇泉州掠南安破其巡檢司四月陷福安縣城殺擄男婦三千七百餘人轉寇福州五月陷永福縣城知縣周煥死之八月由長泰刼掠南靖諸村九月由龍溪突刼平和清寧里十一月倭千餘屯福清之上逕時巡撫軍門王詢委坐營都司朱先督率桑植土兵禦之進戰楓亭斬倭二百餘級奪回所擄男婦二千餘人時論以為創見之功王巡撫條奏安攘七事未幾以畏譏引疾去代者劉巡撫燾

三十九年倭掠福州省城外諸村城門晝閉者彌月劉巡撫下令大開之不禁往來者親督将領及家畜健兒邀擊于閩安鎮斬獲千餘級劉精騎射家健數十輩俱習戰各倭聞風遁去四月陷崇武據之四十餘日突寇平和泉州諸處皆以有備去又有倭五百餘徒自仙遊直抵永春破其邑及陷寧

德十月倭破福清金峰寨貢士陳道有　文甚哀

四十年春倭自漳州出掠同安及晉江與頭諸村又焚掠詔安東關外者三閱月住長泰者三十餘日旋復掠晉江南安諸村秋合土賊掠人於安溪轉寇泉州是時郡邑皆有倫且多良守令雉堞無恙廣兵王鳳等作亂自江西渡關欲窺福州至茶洋聞省城有備不敢下劉单騎往諭還所擄男女七百餘人劉巡撫奏定兵糧以圖久安長治蹠居亡何以糧乏兵疲才猷莫展自陳不職去代者游巡撫震德

四十一年是年倭寇闖者有四夥一泊寧德之雲淡門一屯興化之江口諸村一流突同安南安諸村分黨圍福清一自漳州突屯詔安二月倭襲陷永寧衛城者再殺傷軍民焚掘房墓刼屍勒贖脅從數萬于是漳泉之間禍尤慘矣四月倭進逼興化郡城是時游巡撫敗賊于江口江兵備道昆敗賊于囊山漳泉土寇稍聽招撫殘黨流倭屯于福清興化寧德塞路四至軍門告急于浙江總督胡宗憲八月遣參將戚繼光督兵援閩戚有制之師首殲倭于横嶼再捷于牛田連破六十餘營于興化之涵頭先後斬級三千餘顆是時寇汀延諸賊各守巡道勦撫之其寇連江之倭合福寧新倭連陷寧德壽寧政和三邑獨松溪縣城不一得知縣王廣力禦之戚寧奉文回浙是時胡總制亦躬至建寧聞牛田之捷而返十月潮賊吴平糾倭陷福建之玄鍾所城十一月新倭圍興化府城者逾旬游巡撫將遣步卒往援皆以天兵為名號先差二健齎符驗期會詼道翁時器倭于途殺二健令土人詐稱奉差進城期于某夜舉火為號則天兵至矣且戒不用巡警是時士民城守久困得其符驗以為寔然至期乃倭從城之東隅舉火而入于是城陷倭駐其中者兩閱月金帛子女擄掠一空

按野史有莆變二紀蓋自元至正間迨嘉靖壬戌莆城凡再陷郡人宋曰仁最稱其詳今按莆志于陷城事文多隱飾亦勝質之史哉

四十二年春倭陷岐頭鎮城而據之又陷平海衛城

屯住其中指揮歐陽深戰于東蕭死之軍門累疏乞以戚繼光充福建副總兵部覆從之百姓始有更生之望游疏陳兵務三事

按倭之内犯皆土賊為之嚮導如永寧衛之陷則泉賊李仵觀江益瘋等誘之也永春之攻則謝愛夫黄元爵等誘之也浦城之寇則饒賊張璉蕭晚林朝曦等誘之也其為患最大者則王直徐海誘倭以犯浙吴平曾一本林鳳之徒誘倭以犯閩廣所在皆然萬可知矣亦何怪于以有天兵而敗哉

四月軍門譚綸至有新倭欲赴岐頭平海之黨總兵劉顯俞大猷邀擊之斬首二百餘級適總兵戚繼光亦至二十日譚直抵平海懸二萬金以賞衝鋒之士乃分戚與劉俞兵為三哨歃血矢心僇力並侵晨有黄雲東起白霧瀰山兵已合圍賊尚未覺逼巢縱火鏖戰烈焚死竄無算捷聞告廟陞賞有差其他各處殘倭縣有斬獲是時計功戚兵斬級一千二百二十顆救回被擄男女二千一十二名口劉兵斬級四百九十四顆救回被擄男婦一百八十名口俞兵斬級四百九十六顆救回被擄男婦一百八十八名口一時副將材官如胡守仁楊文通王如龍將百清傅應嘉朱珏張元勳趙國柱朱璣張勳金科歐陽樞馬應龍陳其可顧喬李超王道詔安縣知縣梁士楚及蹶張之士有朱文達姜虎王濟胡世等首膺衝鋒破敵之賞樹功尤奇云十二月倭攻仙遊縣城未下軍門以王如龍胡守仁分兵斬獲一千餘級其機宜號令一聽于戚總兵尋擊長樂賊二百餘級

四十三年正月倭攻泉州安平鎮城三日不克聞戚兵且至奔往同安二月戚總兵督王如龍陳濠耿宗元及總哨朱文達姜虎等追剿于王倉坪又敗之于蔡陂嶺先後斬級五百餘顆其遁伏岩谷者類被鄉兵芟薙殆盡五月潮賊吴平假以招撫為名突擄詔安縣梅嶺堡刦掠諸村是月譚以補制去巡撫汪道昆代之是時屢捷之後兵威甚振春汛路寨各有斬獲

四十四年有新倭于泉州永寧衛沙堤登岸刼掠指
揮白希周王世寔把総馮煥等擒斬一百名級又
倭于烽火門福寧海岸流突李起胡守仁等攻之
斬級三百餘顆把総姜虎于麂灣梅水漁洋南山
柳溪地方斬獲一百餘顆六月潮賊吴平率倭数
千圍攻詔安知縣梁士楚禦退之、吴平者先係総
兵俞大猷撫回梅嶺向在南澚殺賊報効因四十
三年二月閩廣二省有會勦之議遂遁于海傅
應嘉等擒斬二百四十八名顆吴平走廣海桐山
把総鄧銓追之傅應嘉與叅將湯克寬舉兵夾勦
又斬級一百四十五顆吴平復于廣海糾聚賊徒
大小船二百餘隻北犯玄鍾圍執把總朱璣兵船
盤據南澚譚軍門會戚總兵馳赴漳州督傅應嘉
統魏宗瀚等追勦吴平駕遁出海七月復来十月
戚揔兵親督陸兵渡海率寨路水陸夾攻先後斬
級二千餘顆生擒叛賊陳進卿等及俘獲無筭譚
與御史李邦珍會題善後十二事
四十五年春倭船百餘突至泉州永寧各澚時戚兵
正巡沿海遂截殺之而潮賊吴平餘黨林道乾曾
一本之徒復寇閩中矣時晋江撫賊謝愛夫至家
益肆有勾倭再動之念知府萬慶計擒而殺之
隆
慶元年春有倭三船自東南外洋駕入閩海王如
龍追勦斬級三十八顆又一夥于南日海壇乘閒
登突把揔朱璣追勦斬級七十九顆
二年秋海賊曾一本由廣入閩擁衆流突是年五六
月閒駕船自高雷至廣城外公然刼擄肆志横行
至建醮于海珠寺者幾晝夜以發貢佛狼巨銃發
射廣城聲不輟如雷重城堅閉官兵莫何搶造戰
艦聲震隣封至是駕船二百餘隻黨衆数萬侵玄
鍾閩軍門塗澤民會揔兵李錫督調水陸官兵来
擊于柘林雲蓋南澚等處三戰皆捷斬級七百五
十九顆焚溺不計把揔朱璣趙記王世寔死于陣
曾賊僅存三十餘船遁去奏聞陞賞有功將領朱
璣等贈恤立祠是時廷議令閩廣二省會兵夾勦
曾賊以兵部侍郎劉燾陞右都御史揔督兩廣福
建軍務以監察御史紀功兵部主事王倖協議機

宜與摠兵李錫俞大猷計畫舉行十一月把摠姜虎于潮州黃岡城斬賊四十餘級

三年春倭船分䑸于浯嶼銅山烽火諸處叅将張元勲都司王如龍呼良朋楊文通陳琳顧喬歐陽樞張奇峰等攻捕斬級三百一十七顆獲船七隻四月曾賊突入詔安東林地方把摠楊文通擒斬三十四級姜虎于南澚雲蓋寺截殺計斬級一百八十三顆生擒二十名義勇沈英奮管督漁船擒斬生倭昭三郎等六月初四等日官兵進剿曾賊焚溺船賊大半福兵斬級五百三十八顆姜虎調往柘林攻賊斬獲二百餘顆廣兵斬獲　名顆廣東摠兵郭威督叅将王詔等會合閩兵乘風徑進斬級五百顆生擒曾一本觧至潮陽梅溪身死餘黨悉平

是時兩省用兵閩累獨甚轉輸供應耗費不貲且一時製造巨船一百二十隻又為廣東造福船八十隻窮山巨木斬伐無遺大姓墓村合圍以上亦盡濯〻騷動襍沓甚于倭後之時云

四年春汛小埕水寨把摠葉文選等于信地海洋先後擒斬真倭一百一十四名顆七月廣東海賊歐老擹衆突窺銅山古雷地方殺掠尭横把摠楊文通督兵攻剿擒斬三十餘級賊遁回廣軍門塗澤民題奏經畧地方十事

五年春廣寇楊老擹船至玄鍾海洋覘知水陸有備至秋遁去把摠王濟五月于龍岩寺斬倭百餘級

六年春汛秦經國追剿南賊及衝沉倭船于烏坵海洋截剿倭船于料羅澚把摠沈英奮又攻獲倭船于詔安之徐渡社叙録具題各賞賚時漳州府同知羅拱辰議呈開畨舶之禁通商販之利以窒亂源以裨軍餉軍門殷從儉行之有奏定歲額軍餉踈沿海小民各遂活計云

萬曆元年潮賊林道乾乘春汛駕船奔突漳泉海洋竄據彭湖徑投東畨蓋前因兩省軍門之招撫而不敢為非後因與劇賊朱良寳相圖不克心懷疑懼故也其黨林鳳最黠代領其衆四出流突六月至萬安奪百戶侯熇所領兵船五隻至烽火寨信

地破鑑江塘頭二堡至松山後港把総劉國賓哨
官鮑尚忠等戰死
二年五月兩廣軍門舉兵討平叛賊朱良寶因會閩
省軍門夾勦林鳳
三年夏五月海壇遊兵把総郡岳南日把総方策擒
斬真倭于牛山東洋計六十餘名顆
四年林鳳逋誅駕大䑸賊船百餘隻在東海乘風突
至彭湖地方惠潮道遣官馮伯才等往招槩被殺
害聞兩省兵至新港林鳳以輕舟四十餘號直走
西洋呂宋福建巡撫劉堯誨與興泉道叅議遣浯
嶼道哨官王望高等于二月計往呂宋諭其國王
以番兵戰船攻鳳于玳瑁港獲賊総黃德許元二
首級奪回婦女三十八口及鳳賊謀主林逢春同
回呂宋國王遣僧入貢方物軍門具題遣王望高
等再同番僧人等往擒林鳳鳳于九月駕逋廣潮
軍門督行興泉二道會総兵胡守仁嚴督叅將呼
良朋把総秦經國等以十月自浯嶼開駕與廣潮
叅將吳京兵船合䑸追勦擒斬攻擊賊船過半若
計日可殄滅者適廣東惠潮道致書胡総兵令兵
且緩進聽本道招撫于是兩省議論不協而林鳳
之生死竟不可曉矣設有酌議兵食疏
是時鳳賊有偽総馬志善等奔入潮陽告降乞
招故惠潮道有緩兵之議或者謂其納賄縱寇
云

恤援朝鮮倭患考附

友人陳生英偕李甥大年既梓余所纂集倭考矣究于朝鮮事如耳食也客有示以許遊戎東征諸剳及叙功疏讀之然後得其梗槩用約畧為全書俾附録焉

萬曆十九年倭寇朝鮮其酋關白平秀吉春夏之交閩人萧商許豫陳申朱均旺等報警時當事者疑其為倭間幽陳申于獄尋出之

按倭呼關白如漢大將軍之稱平秀吉貌若獼猴短小多智初為人廝養卒以狡譎事山城君得幸官至關白未幾弒山城君自立為王襲取三十六州多用利誘卑驕狙詐之術

二十年四月倭分夥大寇朝鮮兩月之間席巻七道國王避于義州上疏乞援廷議以侍郎宋應昌經畧事務總兵李如松提督南北兵共四萬餘名往李係寧遠伯成梁長子為人勇敢機敏方平寧夏哱承恩之亂遂移師董東事時設三副將為三協而諸偏裨近二十員云

二十一年正月初八日李如松親率南北兵克復平壤副將楊元先登小西門軍聲大振倭奴胆落遂連克開城進次碧蹄舘李如松以数勝之餘鼓兵長驅誤入倭伏得弟如梅如柏等突圍救出是役也先勝後敗兵氣漸餒遂遣沈惟敬行購初欲愚倭後為倭所愚惜哉

二十二年召宋應昌李如松還京撤散東征各兵而遣臨淮侯李言恭亂子宗城為正使副將楊芳亨佐之沈惟敬晋官遊擊兼其役賫勅印往封之冀其撤倭還國不擾朝鮮也宗城至行長釜山營察倭無受封意且居傲遂夜遁廷議因之改楊方亨為正使沈惟敬副之

是年福建軍門許孚遠總兵朱先防海甚嚴倭不為患第歲祲民頗艱食無賴之徒櫻粟大都数縣皆然軍門擒其首鄧三輩斬于市閭閻始安許有禦倭須知刻于倭奴入寇情形大畧具矣

二十三年冊使渡對馬島抵山城國親見關白關白

勞賚甚厚勅印亦楼受但其志不在封封之不足愜其望遂禮辭方亨等歸以大衆尾之渡海分屯釜山晋州各要害

二十四年朝鮮告救月凡数至遂以侍郎邢玠晋秩兵部尚書經畧其事晋僉都御史楊鎬經理朝鮮御史陳効監察之設三司道二贊畫四總兵調南北軍兵共十萬餘名偏裨近三十員盖重其事是年不尚書石星于獄死馬論斬沈惟敬東市以其悞國也

福建軍門金學曾檄諸司葺城池精器械修艅艎復烽堠增營伍拔毆張寀揆偵一時將領畢力効命海洋無警金有八閩撫政漁船事宜及閩海兵防諸刻尤啙禦倭長策

二十五年朝議徵兵四方羽檄旁午兵部題調福建水兵二千朝鮮督撫特疏生名取都司許國威領之行國威夙負忠勇雅冨韜畧先為遊擊備倭遼左習知地利夷情時以忤封使落官至是得檄慷概揚綏但自閩之朝鮮程一萬三千里兵士行役者有如棄市臨發父子凡弟相送哭聲慘動天地國威以鄉語慰諭衆藉無恐且御兵有紀所過安堵秋毫無犯甫至王京即從攻島山受贊畫丁應泰誣害雖才猷磊落不竟所施盖應泰讎楊鎬而國威鎬之故人也故波禍及焉鎬精騎射勇畧冠世是冬親督六師攻圍清政島山寨破其外柵困之凡九日清正請降未之許適倭救至我師退舍丁贊畫遂乘機修怨鎬罷官歸里先是八月倭合夥攻克南原副將楊元喪師三千六百人馬如之廷論棄市衆論冤之謂其平壤先登之功未酬也倭進至稷山國王將遁黄州海上楊鎬遣將解生楊登山等戰退之追至慶州斬級有差

是時邸報有奏議云軀命難同爪菓敝褲必待有功故爵賞一端明主斤斤愛惜今有事武夫暴骨于原野儒者袖手于廟堂無事則遊魂沙漠者未沾片語之溫而因人成事者濫沐踰涯之寵欲以勸天下之勞臣斯已難矣此許給事弘綱疏也又云前有勁敵後有吏議設身而處

當事之地回頭盡是危機故東事不壞則已壞則由事中人兩疏由前則撫臣分別功次太多使僥倖者妬功避罪轉相鼓煽而閩帥已被操戈由後則贊畫粧點敗衂失真使耳食者疑功為罪疑罪為功而是非如辨穴鼠此陳御史劾疏也余每讀此一增感慨又喜公論直道之在人心因摘錄于此以資撥亂者之高譚

是年七月福建銅山把總張萬紀擒斬通倭劇賊無齒老等六十餘名于井仔灣

二十六年閏金軍門遣人偵倭虛寔得報關白已死首具奏聞時我師分中東西水四路並進東路以總兵麻貴率之攻島山清正營中路以總兵董一元率之攻泗州石蔓子營西路以總兵劉鋌率之攻順天行長營水路以總兵陳璘領之塞其歸路刑馬為盟誓師決戰會倭果以關白死撤備奔喪勢窮力竭諸寨俱遁各路追擊于海咸有斬獲遂班師敘賞云

按敘功疏內開載自丁酉九月以後洎戊戌九月以還除損失官軍兵馬器仗各有奏記外計中路前後擒斬活倭二百五名顆東路擒斬倭級一百五名顆西路通共擒斬倭級四百七十八名顆水路通共擒斬倭級一千二百三十四名顆焚溺生倭及船隻器械尤多

閩越人曰余生于越長于閩用竊有感焉夫閩與越皆隣倭之國也倭之為患無時無之嘉靖之季猖獗甚矣壬辰之舉不我而東者倭豈陰厚吾閩與越哉蓋其精神在朝鮮未遑他及也及其罷衆歸島又值主幼國疑酋相雄長自圖不暇耳藉令彼國內寧則虎豹終日不噬寧不噬草木以肆其毒乎必以隣為壑也乃今濱海之民不倭之是慮而恒冀倭之至者又豈治安景象哉抑聞之兵法曰無恃其不來恃吾之有待余嘗與通倭貳師遊海上窺其為倭備者舟可用乎器可用乎兵可用乎三者而皆無之大都狃于故習了延歲月而已善夫許遴我之言曰隋唐之主席其富强嘗以數十萬之師加于朝鮮矣然竟無成功關白以奴隷之

子率髡首跳跟之夫一渡釜山直擣王京空其鐵郡勢如破竹者何哉尚文墨而畀武畧習承平而忘戒備故也然則為閩越桑土衣袽之思者盍亦以朝鮮為前車可乎噫嘻吁余真杞人也憂天良可哂哉

附倭俗考

日本古倭奴國其國主世以王為姓漢時來朝歷東漢魏晉宋隋皆入貢唐咸亨初更國號曰日本

其地數千里西南至海東北隔大山有五畿七道以州統郡附庸之國百餘

其俗男子黥面文身不衣裙襦橫幅結束相連不施縫綴女人衣如单被穿其中以貫頭皆披髮跣足其王至隋時始制冠以錦綵金玉為飾

其人不竊盜少爭訟飲食以手而用籩豆用蹲跪為恭敬死者親戚就屍歌舞為樂既葬舉家入水浴潔以祓不祥

其兵器有矛楯木弓竹矢以骨為鏃灼骨以卜吉凶信巫覡好奕博握槊樗蒲之戲頗崇儒書有好學能詩文者尤信佛法有五經書有佛經白居易集皆得自中國（古見寰宇記今按其器如鳥嘴銃燕尾箭皆以銅鐵為之尤精良）

其山鎮曰壽安鎮國（永樂初御製文賜刻碑）

其產金　琥珀　水晶　硫黃　水銀　銅鐵

白珠　青玉　羅木　杉木　水牛　驢羊　黑

雉　細絹　花布　石硯　螺鈿　細扇

其貢馬　盔鎧　劍刀　塗金裝彩屏風　洒金

廚子　洒金文臺等物（右見大明一統志）

東夷去古未遠人毅而直刑簡而峻俗貪而寡竊

男子蹲而溺女子立而溺幼則披髮長則禿之婦推其髻于後富貴家食稻衣錦貧而下者衣楮茹粃糠而已其敢于內犯者猶吾濱海亡命時亦劫奪倭夷聞耳又云其國即扶桑出日處故名日本有扶桑禪林第一寺（右鄭良珍說良珍閩之積善里人嘉靖末與其弟良玨皆被倭掠去踰二十年所附中山王封貢而歸嘗面質其所言不妄也）

其地似魚形長二千餘里濶古百餘里田少山多民居沿海空地捕魚為生以土山削峻為城郭酋長居于山上房屋無磚瓦皆草枝遮蓋其王畿內

商賈冨盛餘國荒寂善殺戮無論老幼貴賤俱佩長短二刀男子留後鬓毛髪不着裙褌鞋婦人挽髪跣足草染黑齒身服五色花衣亦多粉飾為容喜淫僻云

其音語與中山瑠球相通

其上下文移往来書札只四十七字音韵相類者通用

國立中央圖書館

倭情考略一卷

〔明〕郭光復撰

《倭情考略》一卷，明郭光復撰。光復，河北固安人。萬曆十七年（一五八九）進士，官揚州知府。嘉靖中東南屢被倭患，揚州當江海之衝，受害尤甚。光復以爲必得其情，始可籌備禦之術，因據所聞，彙爲一書。凡七篇，首總論、倭國事略，繼以倭患、倭術、倭語、倭好、倭船等，分論倭情，頗較詳明。據中國國家圖書館藏明萬曆間刻本影印。

倭情考畧序

今

國家之稱難禦者無如倭與虜矣顧倭情與虜情異虜性悍倭性狡虜善騎而其来也奔哮若猛虎倭善步而其来也延蔓若遊蛇虜陣用正而善合其戰利亟倭陣用奇而善分其戰利緩虜輕而一無親勝不相讓敗不相救無律謀而少勇勝不思敗敗復此倭虜情之大較也顧在禦之者何如耳相提而論禦倭似猶易於禦虜爲何也虜僅界一邊耳一呼連合數萬輕騎直抵居不用屋食不用火勝則長驅席捲敗則解甲廻矣此其来去之權虜猶得而制之若倭越在海外裹糧揚帆必仰藉天風及渡海而港汊叢雜淤沙綿亘無停舟駐足之地則登岸之難比登岸而不得土人爲嚮導則深入之難暨其圖歸也吾以計焚其舟而彼之歸路立絕矣則返國之難此来去之權似不爲倭用而我可得以制之故曰禦倭猶易也先年汪直輩犯浙直卒爲梅林諸公所大創一時奔潰之衆即我牧夫市兒咸持梃石擊傷之卒令無一倭生還者夫非以歸路難乎

令倭竊據朝鮮雖日窺伺我
中國然年来沿海一帶稍稍有備矣
彼豈遽敢稱兵入犯即入而我水
戰以挫其先鋒焚舟以絕其去路
倭豈能得志於我哉惟是江北承
平日久民不習見兵革一聞警息
鮮不股慄則以未知倭情故也兵
澧貴知彼知我夫所謂彼我者情
也知其情則知有所以禦之可無
懼倭矣不佞叨守維揚愧乏綢繆
計每閱籌海編及舊所考聞得其
倭情之畧因彙集成帙而授之刻
曰倭情考畧刻成遍布軍民俾知
倭情大槩若此萬一入犯彼以其
狡我以其謀伐之彼以其奇我以
其正破之彼以其分我以其合勝
之彼以其緩我以其亟攻之隨機
應變可矣倭奴於掌股之上當使
牧夫市兒仍持瓦石擊傷之令如
先年無一倭生還可也誰謂禦倭
難哉

萬曆丁酉夏四月方城郭光復書
于維揚公署

倭情考畧叙

海南諸國倭為冣強悍其人輕
戰樂死且黠而多智自
國初不以荒服治之然向者入訌
志在俘掠而已令其形勢張設
大非昔比蹂躐我屬國僞為乞
封而尋信盟窺伺之心殆將叵

測雖然倭即来無能為也
聖朝億萬之儲積之
内帑者將悉發以繕兵燕越彯搖武
猛控弦扼虎之士雲集遼左怒
髮磨牙將蹈籍關白之肉而飲
其血恨不速擊之為快島奴不
悔則隻舸不返之禍耳所深慮

者沿海編氓靡識倭狀將以為
是魍魎不可知之物氣先奪而
彼得以恫虛恐喝肆志焉昔年
倭直擣揚之海安民跪受屠戮
若乂草菅裸辱婦女有少年恚
甚舉大杖奮格殺之于是衆驚
喜曰倭可殺歟則相與挺刃追

逐而數十倭之命殲于食頃故
倭亦人耳知者易之不知者懼
之是以兵法知彼知巳百戰百
勝知倭者知其狀知其術知其
嗜好知其言語知其狀可以辨
知其術可以趨避知其嗜好可
以餌知其語言可以謀則倭情

得矣語曰百聞不如一習蠶形似蠋然女子執蠶丈夫見蠋而毛起不習也如捕蛇師雖夢蛇而不怖畏習之也習則無懼而後可制人而不制于人得勝算焉

郡侯一陽郭公守維揚以揚東負海為

陵京門户創于甲寅壬子之變乃始練勝兵三千積粟二十萬石而揚為有備猶慮民不習倭嘗思以壯其氣客有涉海來者諜倭事甚悉秘以授公遂掇其要畧合倭患考策倭議而并梓之其

情狀嗜好音聲恍然倭在目中此刻既成須之大都通邑遠陬谿谷俾田父牧豎抵掌而談倭事其來也雖三尺童子思折箠驅之又寧有亡奪精魄如嘉靖之季者哉公治郡有勸雅約守揚議練兵城守輯要與此書並行彬彬質有其文武焉夫足食足兵以寄一方之命非俗吏任也蠢兹島夷其毋乃知中國有人哉

揚州府推官龍溪徐鑾謹撰

倭情考畧

方城郭光復纂集
東臯郭師古校正

維揚當南北咽喉爲
陵京重地門戶且商賈舟車之所走集也故倭往往窺揚而謀國防倭者于揚尤加之意焉洪武柒年倭入寇
命湯和築海上備倭數城而如臯掘港始設備倭軍與通泰興化等所並列意深遠矣嘉靖壬子汪直引倭寇閩廣吳浙延及江北自甲寅至己未

倭情考畧 一

凡六載始罷時承平日久民不知兵兵不知戰揚屬罹焚掠殺害之慘及後兵練備脩倭來輒殪鮮生還者今倭何敢輕來即來何能爲哉余竊以朝鮮近事度關白舉動謂倭不來則已來則今昔情異而備之有難易焉昔倭以千百爲羣衆不逾萬今來必擁大衆昔倭志在搶掠滿載則歸今來必圖攻取昔倭衆無統紀敗不相救今來必奉將令進止此今昔倭情大較也昔倭情若彼故利其入而擊之而出海諸口可扼今倭情若此尚縱之入則難驅矣故禦之外洋勿令近岸禦之水濵勿令登岸奇策也待倭入港登岸之初急擊驅回勿令殘害岸上居民上策也堅壁清野縱倭淺入扼之要害而殲之中策也如不能扼之要害竟被深入雖能殲滅亦得失相半是爲下策今民衆勢難收斂兵少地難分布無論下策即中策尚恐難支勢必出于上策奇策而後爲萬全此今昔難易之辨也且就昔倭觀之初之長驅者何非以我兵人各

倭情考畧 二

爲戰乎後之挫敗者何非以我兵協力爲戰乎夫鏡往可以知來也今欲決策禦倭以保內地者其必申明協應之令乎以江北海上大勢言之外洋則大小柒山浪剛丁興蛇山以至南之下八山馬蹟蘇竇嶴蒲嶴陳錢北之青峰等處皆入犯之倭艤舟取水者汛兵出哨能于此協力拒倭乎倭當乏水食將竭之時我得主客勞佚之美矣過此而濵海東南則廖角嘴呂四餘東大河口江家廬家金沙西亭石港掘港新插港角斜

塲等處東北濱海則廟灣雲梯劉莊姚蕩安東鹽城蛤蜊麻線港等處江海門戶則狼山左右各港皆有水上防汛舟師及各信地官兵可水陸協力扼倭者果能于此扼倭不令登岸功與外洋不令近岸者同奇也即聽其登岸或尾其後或懸其前或擣其左右不得深入殺掠而走之海中功亦上矣如謂倭衆登岸地曠難制則當如中策扼其要路如臯丁堰海安三路倭所必由也昔年調兵屯守成規可倣多兵犄角自

能阻遏況南有狼山總兵北有廟灣叅將貳兵亦可遥爲策應乎至于江邊登岸即爲村落非海濱沮洳可比故通州狼山以西如任家港灰港竪河天生石莊黄橋周橋新港瓜洲儀眞等處尤必不可容之登岸者如謂江洋浩渺倭從中流直上兩岸兵易推諉誤事則泰興以南靖江以上適中之處擇求生壹洲設立舟師營寨責之哨防上下策應兩岸使倭不北登不西向似爲得策見今議行可否决也水陸遊兵隨在

追倭勿分遠近信地主兵左右合殺勿相推諉申著爲令敢不同心又如皷瀕海竈勇以尾截倭之往來收江海鹽徒以爲我羽翼不爲倭用雖曰舊議亦可資其協應者推協應之議而廣之則一境受倭而隣境應之一府受倭而隣府應之江北受倭而江南淮南應之令倭隨處受敵首尾不及相顧則我可百戰百勝倭即有能將擁衆而來我乘未入先挫其鋒且令不得踰臯泰以窺揚況揚以西哉或謂海外戰功人鮮

知見曾有被掩不録者即登岸驅回功誰稱奇必内地勦倭其功方顯況倭入一飫其欲無心戀鬪破之亦易昔戚劉諸將多用此成功今胡柳爲下策耶噫此功利畏怯之徒不顧民社倡爲此説而不知倭深入内地受禍已深即功成破倭然此焦頭爛額之輩安可與曲突徙薪者道耶茲宜以今鑒昔圖難于易合異爲同明示約束責成汛防官兵嚴立觀望逗留縱倭深入之罰重水戰及登岸戰功之賞務行奇策上策

而以中策爲後應可也

倭國事畧

日本卽古倭奴國也去中土甚遠隔大海依山島爲國邑隋書記在百濟新羅東南其地形類琵琶地勢東高西下東西數千里南北數百里九州居西爲首陸奥居東爲尾山城居中乃彼國之都也其國君以王爲姓以尊爲號後改稱皇初居日向筑紫宮後徙山城國文武僚吏皆世其官有德仁義禮智信大小拾貳等及軍尼伊尼翼諸名山城以東地方廣邈雖倭奴遠服賈者不能閱歷而知况華人乎故其島之數可考而其間廣狹至到有不能考者今姑據之所聞者而述之山城之南爲和泉又其南爲沙界沙界之東南爲紀伊紀伊之西爲伊勢山城之西爲冊渡左爲攝津左之西爲攝摩右爲但馬右之西爲因幡冊渡西爲美作左爲備前左之西爲備中右爲因幡右之西爲伯耆美作之西爲備後之北境出雲之南境備後之西爲安藝出雲之西爲石見安藝石見之西爲山口國卽

古之周防州也山口之西爲長門關渡在焉渡此而西爲豐前其南爲豐後又其南爲日向豐前之西北爲筑前西南爲筑後筑後之南爲大隅大隅之西爲薩摩豐後東南懸海爲土佐爲伊豫爲阿波阿波相近懸海爲淡路土佐豐後之間爲佐加關薩摩之北爲肥後又其北爲肥前肥前西懸海爲平戸平戸之西爲五島北爲多藝爲伊岐爲對馬島其西北至高麗也必由對馬島開洋南至琉球也必由薩摩州開洋順

風柒日其貢使之來必由博多開洋歷五島而入中國因造舟水手俱在博多故也貢船回則徑收長門因抽分司官在焉故也若其入寇則隨風所之東北風猛則由薩摩或由五島至大小琉球而視風之變遷北多則犯廣東東多則犯福建若正東風猛則必由五島歷天堂官渡水而視風之變遷東北多則至烏沙門分艅或過韭山海閘門而犯溫州或由舟山之南而犯定海犯象山奉化犯昌國犯台州正東風多則

至李西澳壁下陳錢分艅或由洋山之南而犯臨海犯錢塘或由洋山之北而犯青南犯太倉或過南沙而入大江若在大洋而風歘東南也則犯淮揚犯登萊若在五島開洋而南風方猛則趨遼陽趨天津大柢倭船之來恒在清明之後前乎此風候不常届期方有東北風多日而不變也過五月風自南來倭不利於行矣重陽後風亦有東北者過拾月風自西北來亦非倭所利矣故防春者以三四伍月爲大汎九十月

爲小汎其停橈之處焚劫之權若倭得而主之而其帆檣所向一視乎風實有天意存乎其間倭似不得而主之也第此在往時則然若今竊據朝鮮無論風向東西南北皆可揚帆入犯此中四時皆當防汎矣大約向之入寇者薩摩肥後長門三州之人居多其次則大隅筑前筑後博多日向攝摩津州紀伊種島而豐前豐後和泉之人亦間有之乃因商于薩摩而附行者也日本之民有貧有富有淑有慝富而淑者或登

貢舶而來或登商舶而來凡在寇舶皆貧與惡者也山城君號令不行徒寄空名於上非若我中國禮樂征伐自天子出大一統之治也山口豐後出雲開三軍門各以大權相吞噬今惟豐後尚存亦不過兼幷肥前等六島而已山口出雲以貪滅亡欲望彼國之約束諸夷斷斷乎不能也

倭患

自嘉靖叁拾叁年來倭入犯我淮南無論數拾次其四路焚刼得利者固多亦未聞陷我城池至我兵抵死血戰爲我所殺傷敗走者亦不少其得失勝負蓋相半也用兵者知彼知我知其所以得失所以勝負而全倭在吾目中可制挺以撻之矣拔志之

嘉靖叁拾叁年倭始犯江北

壬子癸丑年倭先在吳浙肆掠甲寅年賊首徐海號明山者汪直之黨也殘破江陰等縣仍屯松江柘林分掠江北

叁月倭入掘港犯如皐主簿閻士奇率鄉兵迎敵於曹家莊擊敗之又倭掠丁堰已又犯縣北極門

復敗之

時縣未有城池富民懼奔揚泰城中及四鄉逃困惟鄉兵及貧不能奔者恐倭至焚掠奮勇遠出禦之先曹莊殺死叁倭已又至縣治北鄉兵夾河且行且拒又合戰於倉東倭箭傷我兵數人我兵戀戰不退且市兒亦持瓦石自陣後奮擊倭亦多傷北遁縣吏追斬一酋首時賞格未立知縣陳雍吝賞兵各解体未收全功

肆月倭困通州城郭參將守却之

困城月餘時城外民居大被焚掠常來攻城郭參將隨機應變禦之一夕倭驅被掠者運頭姓書樓所積羣書塡城河將渡擊退又用佛浪機在角河樓上對城攻打城上用小礟被礮遮之彈不能入又一夕來約次日伍鼓攻城郭參將慮暗夜難防客令司更者愆期至天明猶擊叁

鼓倭原傳衆肆皷造飯比聞炎鼓太久起視大巳明矣急攻各門獨用壯倭負巨木門扇滿矢石以攻南門甚急城中從容禦之解圍而去又鄉民義勇曹鼎者勇力過人手執竹鎗數打迭衝殺倭常以一身橫衝倭衝殺倭數拾人令之不得追殺奔逃者所全活以數千計屢戰輒勝倭最憚之後卒死于倭東南鄉兵戰功鼎為第一至今通人祠祀焉

倭屯掘港肆掠守備張壽松楊縉先後禦之壽松無功楊縉亦敗績

先鹽院黄公國用者遣守備張壽松禦掘港倭松觀望不進巡撫鄭公曉者又命守備楊縉戍如皋縉提兵獨往當之兵辟陷于淖中敗績倭追及縉射渠魁殺之始免

伍月倭犯如皋主簿闞士奇率鄉兵迎至東陳鎮

敗之已又窺犯縣治值潁州甲兵至擊敗之

時如皋鄉兵不滿伍百常戰却倭倭恨之仍遣諜探縣市路徑東陳之戰獲倭佛郎機貳座又每次望見皋兵陣中有叁大人在焉詢被掠者知神助陣凡遣諜以鐵釘釘各神像足以厭之期數路並進陷縣諜泄民正惶懼忽值徐道調潁州鐵甲兵伍百適至倭以漸近遂迎至蔣鋪禦之倭奮勇力戰我兵不退殺倭拾餘級內一酋身被百餘鎗始斬其首秤重貳拾陸斤倭長枝在前見射不傷人乃嚙指驚懼遁去蓋自入犯以來始見甲兵故也此來聲勢甚大非甲兵至危矣

城如皋海門泰興瓜洲

巡撫鄭公建議請城瀕江海州要處以備倭也

叁拾肆年肆月倭犯海門知縣趙卿率兵敗之

時有盧家等場灶勇協力故能成功

伍月叅將喬基等擊倭於呂四場敗之

基與都指揮張恒通州同知印案統兵夾擊獲功中多協從平民云

叁拾伍年肆月千百戶戚繼爵等提兵戍通州狼山禦倭死之

揚州衛千戶洪岱文昌齡領軍至通州遇倭死之

時通州告急各處未設將官洪文貳千戶領軍援通州至西門遇倭誤認為迎接人役也失于防備遂致束手遇害

倭薄揚州城都指揮張恒千戶羅大爵曾沂禦之于教場兵潰死之

時倭一從瓜洲入一從新港入一從通州入一日報倭至薔薇港人不知信次日又報倭至霍家橋本府見倭來逼近急出牌催城外居民入城次日倭至東關奔逃者爭渡河不得將沿河北走又遇北路倭至被殺及溺死者數千人橫屍斷流血浸數拾里皆愚民不早斂避是以受禍比倭渡河西四散放火殺掠衛官張恒等倉惶領兵列營教場中未敢輕出擊倭忽見有揮扇持刀連倭單行入教場後門者官兵不知為倭也及後見其形狀不同始知是倭倉卒點銳放箭無能中倭者倭徑前進我兵漸退倭忽吹號揮衆圍殺我兵潰敗恒等俱死于圍中倭乘勝追敗兵出轅門遇戴家樓上集山陝善射鹽客亂射之倭始退去仍出杉巷四掠時小東門

城上守者見倭射入惟甚幾潰非鹽客射退倭必攻門矣

伍月倭犯瓜洲民夫擊走之

時擡鹽脚夫百人見倭即用扛舊擊倭不能當各弃刀仗逃走傷倭頗多上官目爲脚兵云

倭復犯揚州府同知朱裒等死之

先次掠揚之倭屯舟江干入掠滿欲捉市民員載送入舟中矣拾餘日後倭復至揚裒與高郵衛經歷晏銳率千戶賈勇應襲男恩及官兵出城渡河東禦之忽被倭衆一擁前來殺散官兵將裒與銳擄至井巷口被害至今巷口立雙忠祠祀之有倭據坐演武廳城上用佛郎機擊倭火藥延燒小東門城樓倉皇自救倭亦稍退大東門外及缺口釣閣一帶先後大被焚掠又燒毀鹽堆無數惟西門一帶未經倭患

倭至儀眞五里鋪

倭將西犯儀眞縣行至五里鋪望見一紅面巨神立馬持刀橫截去路倭詢被擄鄉民知是關神倭畏退東奔至今其地立關神祠祀之

無爲州同知齊恩與倭戰于圌山之北江中死之

恩陝西隆德縣人祖鉞知四川蒲江縣殺賊有功與貳子俱死于賊
詔爲立祠恩蔭入國子監授序班遷河曲知縣禦寇脩邊有功撫按保留久任九年考績遷無爲同知閔東南久罹倭患竭忠圖報練兵衣械一毫不取于民長江賴以保障倭犯上流奉檄即率子孫叔姪兄弟凡拾貳人領兵赴敵一至圌山即身先士卒鼓衆而前殺倭數多倭遂畏懼奔潰乘勝逐北悞中倭計戒子姪曰一死莫惜圖成功以靖國難舉家赴敵至于力竭勢窮又曰兒輩勉存宗祀吾與此倭誓不俱生由是次子齊嵩等肆人得脫恩與長男尚文孫童叔仲實弟寶榮姪友良及大鄉力戰不屈俱死于倭一門忠義自有倭患所未有也人以爲克繩祖武云

副使馬愼追倭于狼山敗之都指揮鄧城又敗之

倭遁出江愼追敗既而鄧城又追敗沉其舟拾伍是年犯北之倭凡五而庙灣之倭尤劇副總兵盧鏜叅將劉顯士舍人彭志顯屢進攻之倭遂敗遁

增建揚州東關城成

叅拾陸年肆月倭攻海門縣應襲百戶俞憲章死之

倭遂乘勝西犯通州如皋等處

倭攻如皋城固守却之

時倭大舉約貳千餘犯城列陣拾餘里刃光耀日喊声震地且近城河趕殺人民以示威從來倭入不過千百乃擁衆之盛自此始鄉兵在城見倭沿河殺人放火憤欲縋出城下一戰署縣姜通判以寡衆不敵固止之倭放箭及鳥銃入城者以數萬計城中士人不畏競擁上城觀倭僅傷叅人城中得矢近萬餘見城守嚴謹隨焚掠北去

伍月倭又攻如皋城擊却之

此後至之倭叅千餘衆夾河奔城追戎探馬幾及之因近城得脫倭復捉戎數人殺之仍各持門扇自蔽放箭攻城先次倭攻城時府署官恐激倭困城禁止城上勿放矢石人皆不平至是

官始傳令擊倭矢銃齊發擊傷一巨酋倭挾去焚之時城上箭發如雨倭遁往北去所過一路焚掠

倭犯揚州叅將王完伯禦之于河東轉戰至鐵盤厰敗之

王完伯山東人謀勇出衆所部徐兖馬兵精鋭善戰先聞倭報設伏于上年倭來路徑待之不意倭從瓜洲至缺口河東完伯恐其西渡難與交鋒乃一面調兵馳伏于灣頭鐵盤厰地方一面親領貳拾餘人誘倭倭見其扶病臨戎遂追戰不捨完伯令兵且戰且行引至伏處騎兵一起衝倭陣爲數段鼓衆攻之殺死多倭傳令事完方許下馬割首倭勢大敗有馬公子者自募家兵突來混搶首級亂我兵營陣倭得逸去揚城之戰惟見此舉足寒倭膽至今人羡服之

倭入寶應縣

倭見揚州東關及瓜洲俱設添城堡不得肆掠乃從高郵至寶應縣縣舊無城焚掠殆盡後始建城

倭犯天長都指揮沃田把總岳君寵與戰死之

陸月副使于德昌叅將王元伯劉顯擊泗洲倭破之倭遁出海追至安東廟灣又敗之

時倭掠泗洲爲官兵所敗德昌等會擊之顯身先士卒殺衣紅倭首一人羣倭大亂元伯督兵乘之倭大潰敗追及于舟所水兵復自下應之倭死者無筭而倭遁出海總兵劉顯敗之于安東千戶汪時中又敗之于廟灣匣子港倭竟遁去

叅拾柒年叅月調山西邊兵叅千戍如皇遊擊丘陞統之

時士兵客兵不能平倭故疏調邊兵駐如皇要中防備丘陞山西偏頭關人屢世戰將種也特重善射御軍有紀臨陣聲色不動身先士卒所統山西一千皆披甲騎馬善戰河澗保定府赴邊義勇二千皆善射地方賴之兵春至秋歸凡伍年始罷

叅拾捌年肆月倭犯海門通州副總兵鄧城敗績

時狼山新設制總兵舟師兵器未備所募淅兵多未經戰倭突泊海門楊樹港鄧城一戰折兵肆百餘名城兵迤邐倭尾莫敢攖其鋒

倭犯丁堰毛兵敗績千戶王良呂忠戰沒丘陞擊却之

此楊樹港倭也初柒日過白蒲至丁堰鎮毛兵邊兵障于兩河倭見河西毛兵单弱因往衝擊毛兵毛兵力戰斬數倭倭忽倭自滸中襲其後衆遂驚潰千戶王良呂忠敗死毛兵未百止存陸拾叁人丘陞隔河勒兵救之斬倭拾餘級但部兵盡割被倭殺死毛兵之首報功不早禁止雖事竟發覺不許論功而令毛兵身首異處慘矣

倭犯如皇城丘陞背城擊敗之鄧城再戰敗績陞復追擊敗之

初玖日倭貳千餘犇如皇城海防兵備道劉公景韶伏劍臨城督署縣府通判姜[illegible]固守仍令遊擊丘嵩率兵背城一戰斬獲首[illegible]生擒壹拾叁名內獲一酋乗輿名四大王者倭遁入襲

家莊距城叁里丘陞將馳兵攻圍之鄧城遊至
再三爭欲乘邊兵戰勝之威再戰立功以雪前
耻陞不得已聽之倭見通州營兵列陣于縣北
阻其去路遂大呼乘之城又折兵貳百餘陞急
馳兵救之又斬柒級倭遁直犯泰興一夜殺死
鄉民男婦一千七百餘名口此時城不獨當倭
倭則陞必成功民何受此慘害故人皆恨城坐
軍法論死

倭犯盧家塲千戶汪時中擊却之

倭從大河口呂四塲登者以千計據盧家塲時
中與把總張大義合兵圍之大義意欲困之且
待諸兵齊至然後進擊時中奮然曰我等既受
委任坐視倭之肆害民之荼毒而不肯前何也
大義固沮之遂與有隙時中單騎提雙刀突入
倭營斬倭數人倭大驚與相摧錯愕莫敢誰何
似有嘆羨其勇而欲收用之意時中繞倭營後
倭追之部兵往救之倭大敗走爲之喪氣

參將胡宗義與倭戰于海安兵潰千戶趙世勳鎮
撫韓徹死之又副使劉景韶統邊兵追勦盡殲之

此拾肆日事也時海安先調有毛葫蘆立營守
之毛兵素貪宗義新任撫紀毛兵爲倭所餌而
敗官兵皆潰世勳與徹死于陣提督李公遂檄
召副使劉公景韶率丘陞邊兵逐之斬虜一百
二十級時我兵亦損四十餘人倭奔北去官兵
陳忠等復追敗之倭奔張家莊官兵圍之因從
火攻焉倭奔新州官兵後追敗之俘斬盡絕約
二百伍拾有奇其別支在曹家莊亦爲景韶所
敗奔潘家莊景韶復斬絕

遊擊丘陞圍倭于如皐城西周宣莊倭潰圍遁

此二十一日事也倭被邊兵追殺勢窮奔至周
宣莊房內又驅兵運草塡門將焚之倭狡計折

壁留半窺我兵解甲弃戈運草懈防忽然推壁
中出傷軍八十八失兵器無數陞急索馬親手
射死數倭方免時攻圍三日夜值大雨如注軍
困敝矣陞督戰甚力期盡殲之倭窮計生是以
得出我不意逸去

副使劉景韶遊擊丘陞追倭至泰興新河敗之

此二十八日也斬首九十顆隨擢丘陞爲揚州
參將

陸月又禦倭于如皐西塲敗之又擊却倭于姜堰
鎮東

時江南逸倭復犯通州長驅而西副使劉景韶
以兵扼如皐潨河斷倭西行遊擊丘陞先在西
塲伏兵待之倭果猖徉而至我騎兵張兩翼以
冲其猍大砲摧其中堅一餉時斬首三百餘級
倭卽奔仲家莊圍之三日缺其一面倭不敢遁
凡斬大酋首以下一千五百二十七級生擒十
五人至於西塲有平倭塚在又別枝倭突犯姜
堰鎮陞繞兵遮擊保全之倭遁往劉莊及七灶
河

倭自豎河犯如皐

倭二百從江南上入豎河港登岸一路焚掠犯
皐東門時丘遊擊兵在舊塲止留蔭子在皐子
欲單騎出戰署縣者曾受陞囑慮其輕敵不肯
開門放出且固止之人皆壯其膽勇

劉景韶統兵追倭于劉莊塲等處盡殲之參將丘
陞首倡衝鋒戰歿

此二十九日也時倭賊近萬逋至劉家莊墻院
景韶督七營官兵圍困莫敢先攻一夕忽見大

星墜地次日陞獨挺身单騎殺入倭巢巳手戕三倭各倭擁出以長鎗羣刺之馬上短兵難敵官兵不敢接應致被重創時分宜當國向軍門索賂軍門又索之將官故陞不得不尅餉以應由此軍心離異觀望不進陞傷重墜馬部將救出巳不能言馳送回皐調理至海安氣絶將領哨及隊長哭聲震地月餘不止殯歸之日姜堰居民感其捍衛家爲祭哭皐人思其功立祠春秋享祀焉

捌月副總兵劉顯曹克新等敗倭于白駒場

倭既爲劉景韶所敗遁入白駒場官兵圍之四面逸出復爲官兵敵退回守其巢顯身先陷陣倭死者百餘乘夜遁大海沙州顯復陷陣攻敗之倭潰走走則陷沙途中官兵又敗之俘斬千餘

倭遁廖角嘴副使熊桴敗之

倭爲劉顯等所窘將遁出海總督胡公預檄蘇松兵備副使熊桴率舟師設伏海上至是倭逸官兵敗之總兵盧鏜又追敗之

叁拾玖年正月軍門唐順之閱兵海上城海安鎮

時各處倭衝惟稱掘港要害順之登湯潮岸見掘港一場三面皆海念守禦軍士勞苦急取牛猪等物賞之値知縣童蒙吉初任未備即欲以軍法處斬士民爲之哀告乃以未當二月開刀期責而寛之又因見海安一鎮爲倭入衝要遂夾河爲城議設兵守之自後倭因前來鮮生還者不敢復犯而我兵防亦漸撤

倭術

倭奴之勝我兵專以術也即以其術還治其人不必用古兵法蔑不勝矣故志之

倭養十歳則學刀學弓學我

大明文字四書周易古今韜略唐詩通鑑雜記等書然雖學而文理不通以病終爲辱以陣亡爲榮平日教子弟皆曰十歳百歳皆同一死寧可殺賊而死不可退縮而生短衣短袖跣足剃頭長刀短匕日隨於身鬪銳鬪弓以贏錢名曰賭博射箭負重以奉神名曰賽願其戰攻也自兵自糧將後兵先善用伏兵多張旗旛以壓敵氣一兵十旗者有之異粧服色以驚敵心牛頭鬼面者有之勝則長驅不顧敗則喪膽亂奔勝不思敗敗不思復長於陸戰惟知亂殺短於水戰不識火攻最懼急攻惟喜緩戰將無定數之兵兵無隔月之糧空國出兵不知襲後之禍負重遠戰不思待勞之兵善行賂金反間之計得則奪之善結同生同死之盟得則忘之善假和詐降以破敵國善鑿穴穿穽以陷敵城假仁仗義貪

婪無厭法無大小毫罪斬首薩摩關東之人剛直而善戰京洛畿内之人多姦而善謀敵寡則氣倍敵衆則自危有戰無陣有殺無制我相其機而破之甚易也

倭夷慣爲蝴蝶陣臨陣以揮扇爲號一人揮扇衆皆舞刀而起向空揮霍我兵倉皇仰首則從下砍來

又爲長蛇陣前耀百脚旗以次魚貫而行最强爲鋒最强爲殿中皆勇怯相參

賊每日雞鳴起蟠地會食食畢夷酋據高坐衆皆聽令挾冊展視今日刼某處某爲長某爲隊隊不過三十人每隊相去一二里吹海螺爲號相聞即合救援亦有二三人一隊者舞刀橫行薄暮即返各獻其所刼財物毋敢匿夷酋較其多寡而嬴縮之每擄婦女夜必酒色酣睡刼掠將終縱之以焚煙焰燭天人方畏其酷烈而賊則抽去矣愚詰我民勿使邀擊專用此術

賊至民間遇酒饌先令我民嘗之然後飲食恐設毒也行衢陌閭不入委巷恐設伏也不沿城而行恐城上抛磚石也

其行必單列而長緩步而整故占數十里莫能近馳數十日不爲勞

布陣必四分五裂故能圍

對營必先遣一二人跳躍而蹲伏故能空竭吾之矢石火砲

合戰先以數倭陷陣勝則群擁以進不勝必侯我兵爭取首級而乘之故常勝

衝陣必侯人先動動而後突入故乘長驅戰酣必四面伏起突遶陣後故令我軍驚潰

每用怪術若結羊驅婦之類當先以駭觀故吾目眩而彼械乘慣雙刀上誑而下反掠故難格

鈀鎗不露竿突忽而擲故不測

弓長矢巨近人則發之故射命中

竪其弓而以弓稍置足面故箭行緩而人易于避接

斂跡者其進取也張揚者其遁遁也故常橫破

舟以示遁而突出金山之圍造竹梯以示攻而
旋有勝山之去將野逸則逼城
欲陸走則取艄
或爲穽以詐坑
或結稻桿以絆奔
倭敗走必沿路草垣中留伏俟追兵過伏處則
回首逆戰令我兵首尾受敵
或種竹簽以刺逸
常以玉帛金銀婦女爲餌故能誘引吾軍之進

陷而樂罷吾軍之邀追
俘虜必開塘而結舌莫辨其非倭故歸路絕
俘虜或剪髮押行夜則鎖閉故歸路難黠者常
乘倭熟睡而解鎖踰戶以逃生故防閑密
夜宿必收群刀束之一處以防故盜用難
恩施附巢之居民故虛實洞知
賞豐降擄之工匠故器械易具
細作用吾人故盤詰難
向導用吾人故進退熟

宿食必破壁而處乘高而瞭故襲取無機間常
一被重圍矣餌以僞酖而逃之或披蓑頂笠沮
溺於田畝或雲巾紵履道遊於都市故使我軍
士或愚而投賊或疑而殺良
江海之戰本非其所長亦能聯虛舟張[illegible]簾以
空發吾之先鋒捐婦女遺金帛以緩追吾之後
逐
倭船多用蒲草編筏浮於左右爲兩翼故遇風
難於覆溺

凡舟之裙襝左右悉裹布帛被褥而濕之以拒
焚擊交鬬間或附篷而飛越即雷震而風靡矣
寇擄我民引路取水早暮出入按籍呼名每處
爲簿一扇登寫姓名分班點閘每遇戰分派我
民爲先鋒以當鋒鏑寇還島滿載皆云做客回
矣凡被我兵擒殺者隱而不宣其隣不知猶然
稱賀

倭語

此中無通事其倭語率不曉辯然其出沒號令間秘密必見之詞我人熟習其語或以偵探或以間諜可知備矣故志之

天文類

天 天帝　日 虛露　月 禿計
星 付泥　風 有朱加前　雲
雨 挨迷　霧 吉利　雪 計伏六依計
霜 名末碎滿　落雨 挨迷付魯

時令類

早 耀米進倓倓發　夜 搖落　午 非路
晚 搖撒田午　明 挨介水　暗 骨辣水
冷 三孛水　煖 挨掇水　今日 詐以呼
明日 日挨迷亞失　後日 亞撒里　昨日 傑奴
前日 阿多堆　日暮 非故路路　今日來 个阿邪俚
明日來 挨戊打俚　後日來 挨殺倓阿耶俚

地里類

地 大搽充智　山 羊賁爺賁　水 明東
海 烏彌　沙 何吉大水　石 依水在木古

火 非　鄉 羊埋俚　江 打各計

方向類

東 熏加　南 迷南來　西 義西
北 尤几俚　前 日皆門利婆　後 吾失利

珍寶類

金 空措泥　銀 失祿措泥　珠 他賁
錢 前移　黃銅 中若佐　紅銅 鶯更楷尼
水銀 明東楷尼　好銅錢 姚禮善尼

人物類

皇帝 大利天王家里　官 大米鳥野雞　百姓 別姑常
公 翁知　大官 大大鳥野雞　婆 猶蒲翁妃
父 阿爺　母 發發　兄 挨尼
嫂 阿尼尤尼　弟 阿多多　妹 亞泥多多沒
姊 亞泥　嬸 完多　子 莫宿哥
姪 何義　女 莫宿哏　孫 阿奚胡來
丈人 子多　丈母 子多謬　叔 何治王官老前
丈夫 壽山　婦人 倭家倒　老 禿古要个
男子 何奈公姑　後生 倭家達　孩 歪鼻

親眷新雷　姐夫不哥迷　朋友道門大聖滿門大帝
女壻米哥　僕三三字郎　小廝
和尚才老烏索　老實人埋骨多　艱難人
强盜六宿鼻隨　瞎子眉骨賴　獨眼人
你撫哥了梭里　誰人搭梭　我何埋俚阿奴利
徒弟加食難　財主妻斗鳥賣　賊陸宿人
外甥萌哥　長子難解水　媳婦嫌妙報
長吊　年少華蓋　主人床杲朵
生得醜魯歪失　聰明力哥　貴他介水

賤那塑羊榮　富烏多哥　貧腮東旦
乞丐寬需計　好淫梭羅　年紀一故都
麻子莫入骨水　村孫　拐科水非計
生得好眉眉月光眉眉姚水

人事類

要披水水　不耍依也　亣達子
等待埋祖　眠羊達路烏將耳卒　拏去來底殄古
拏來未低吉反俚未得哥已　相擾括計括盆
亂說思量骨多莫話介反俚　看覓見迷路

不送何埋解卻賣　嬉挨核蒲　坐移路阿將梭
病羊埋依子　揖　罵覓彼計乃俚話鸞禮皮
鼾因彼計　詈烏論羊埋水烏鸞爺計　睡密路
去漫陀羅懶俚旦多　在何故伊虞何打路　不在論速持疎
來何耶俚吉人　便來羊佯地何耶俚慢陀的如
回來慢慢的耶俚　便去密路　快來發下何耶俚法古
送與我面皮　愛惜搓落紅滿　怕倭疎路路
出去一一計　前行殺雞倭　行挨龍門
喜一啜水咷羅打歩　說話未納恝打俚　怠慢難利骨多罵山奴

飲那慕　獨樂哥賣　羞愧番叻山水水
喫何賣利　安排蘇路　不來未旦盧賈矢
走法古　快去法古計　打人生亞達達个
借朡路各夾　買賣烏禮加　不喫了禁哥
唱嘔天　莫怪哥面乃禮　多喫酒何賢鼻旦
教何水尤路　喫酒麻黒殺雞　那里去陀姑移姑
添所有路路　行路的盆磨滅　曉得个个俚打夫火
賣烏路無六　吽人多奴　老實說話買多盆多
痛一軛水　起身倭達的援　多多喫了前行哥

遊西孫步　還了諳也數　不曉得借賴路不夫打
殺其奴瞎咀郎　請人家那榧多　慢慢的買得買得
害天　不賣烏魯賣家　恁麽難烏禮在
肚餓動大路水　哭乃古　多少一故賴介
打胡子　有情亞姊吉乃　無情亞姊吉乃乃水
醉邀帶　換皆賀　無工夫一係擀水
恠發頓固旦多堅　死身大　腫刺大
喚加右　笑歪罷　活吉打
買加利　輸埋計打利　傷寒雞骨

寫字加計

身體類

耳眉眉　口骨上　鼻發奈
眉賁　手鉄　足袂身
心个个路　頭客成賴　鬚薰計
髮措膝夾迷　肚發賴　指尤皮
爪卒腿　齒法

器用類

小刀厝過乃荅客打乃　中刀歪計柴需　大刀滙中撻札奈

刀柄脫介俚　甲太買路　弓油米
盒子剛白哥　紙楷袂加迷　硯子孫助俚尊力
砂石楷路依水　筆粉地　墨疎煤
薄紙沃鑾子　扇黃旗　鎖哥利素
厚紙沃速水　船浮泥　針快利法利
鑰匙坑其　鑊難皮　磨刀石依水
泥銅扇法古黃旗　箒花雞　泥金扇空楷泥黃旗
等子發介俚　小箱法哥　硯箱孫助利法哥
酒盞曬加藤　鋸拏剛擊利　碟曬賴沙賴

銀硃失祿挨楷水　鏡坑皆彌　枕麻骨賴埋骨賴
麝香射哥　漆烏論水　蓆不奴
木香木哥　傘隔落隔曬　盤何水雞
沉香沉哥　筯法水　碗倭吉貼彎
酒瓶哭笋昆皮　梯課水飛計　香宣哥

衣服類

衣服類乞麻俚　靴骨都　鞋水托里失其里
箬帽搖婆俚　錦歪帯　氈衫迷奴
手巾達昴介　綿布木綿　夏布奴奴線

被 伏思麻

飲食類

茶 解素　酒 曬箕　白酒 明東曬箕

燒酒 隔辣曬箕　老酒 福祿曬　飯 咨黎

飲酒 曬加乃　鹽 失河妝河　喫飯 密黍阿羅

醬 彌沙　米 科眉科眉　油 挨蒲賴

大麥 烏蒙崎　小麥 柯蒙崎　穀 暮米倭米

羹 水路　荳 磨米　肉 恕恕

筍乾 大吉糯古　醬瓜 可羅米糯

花木類

杉 松計　檜 去那雞　松 埋止

梅 面婆水　芥 恕辣水　菜 柰

瓜 烏埋　麻 莫入骨水　茄子 乃沈皮

鳥獸類

牛 胡水　狗 意奴　豬 豕豕

雞 抓泥掇地泥 環多禮　鵝 解加　馬 烏馬

魚 遊河　蟹 揩泥　蝨 失辣水

羊 羊其　鼠 眠助米

數目類

一 丢多子丢敝 旦多　一箇 个利　二 扶達子丢咀 多

三 蜜子倏咀多　四 學子搖搖敝　五 意子子難難 多

六 後子　七 乃乃子　八 敘子

九 个个乃子　十 多　十一 多多丢達 子

五十 大　百 法古　千 借一貫

萬 慢亦

通用類

有 挨路迷路　無 乃　好 高高的姚鎖 盧

極好 明哥多　不好 由無乃　大 加小思姑奈 何計

小 發飾　少 素古乃水　多 快都河河水

遠 多侯　近 的个　瘦 牙十大

短 迷加　細相 快大　朽 骨飾路

厚 挨卒水　薄 溫卒水　歪貨 不高歪賴 水

破羊 鈑里里　不是 松田乃係　要緊 馬多合子

緩 慢大慢大　無用 設計　多有 何何水

未 慢大　香 干牌水　臭 骨飾水

倭好

昔賈誼上三表五餌之策知倭國之所好則餌在是而倍所以制之之術矣故志之

絲 所以為織絹紵之用也蓋彼國自有成式花樣朝會宴享必自織而後用之中國絹紵但充裹衣而已若番舶不通則無絲可織每百斤值銀五六十兩取去者其價十倍

絲綿 髡首裸程不能奈寒冬月非此不煖常因匱乏每百斤價銀至二百兩

布 用為常服無綿花故也

綿紬 染彼國花樣作正衣服之用

錦繡 優人劇戲用之衣服不用

紅線 編之以綴盔甲以束腰腹以為刀帶書帶畫帶之用常因匱乏每一斤價銀七十兩

水銀 鍍銅器之用其價十倍中國常因匱乏每百斤價銀三百兩

針 女工之用若不通番舶而止通貢道每一針價銀七分

鐵鍊 懸茶壺之用倭俗客至飲酒之後啜茶啜已即以茶壺懸之不許著物極以茶為重故也

鐵鍋 彼國雖自有而不大大者至為難得每一鍋價銀一兩

磁器 擇花樣而用之香爐以小竹節為尚碗碟以菊花稜為尚碗亦以葵花稜為尚制若非觕雖官窑不喜也

古文錢 倭不自鑄但用中國古錢而已每一千文價銀四兩若福建私新錢每千價銀一兩二錢惟不用永樂開元二種

古名畫 最喜小者蓋其書房精潔懸此以為清雅然非落款圖書不用

古名字 書房黏壁之用廳堂不用也

古書 五經則重書禮而忽易詩春秋四書則重論語學庸而惡孟子重佛經無道經若古醫書每見必買重醫故也

藥材 諸味俱有惟無川芎常價一百斤價銀六七十兩此其至難至貴者也其次則甘草每百斤二十金以為常

氈毯

馬背氈 王家用青官府用紅

粉 女人搽面之用

小食籮 用竹絲所造而漆飾者然惟古之取若新造則雖精巧不喜也小盒子也亦然

漆器 文几古盒硯箱三者其最尚也盒子惟用菊花稜圓者不用

醋

倭船

日本造船與中國異必用大木取方相思合縫不使鐵釘惟聯鐵片不使麻筋桐油惟以草塞罅漏而已名短水草費功甚多費財甚大非大力量未易造也凡寇中國者皆其島貧人向來所傳倭國造船千百隻皆虛誑耳其大者容三百人中者一二百人小者四五十人或七八十人其形卑隘遇巨艦難於仰攻苦於犂沉故廣福船皆其所畏而廣

船旁陡如垣尤其所畏者也其底平不能破浪其布帆懸於桅之正中不似中國之偏桅機常活不似中國之定惟使順風若遇無風逆風皆倒桅盪櫓不能轉戧故倭船過洋非月餘不可今若易然者乃福建沿海姦民買舟於外海貼造重底渡之而來其船底尖能破浪不畏橫風鬭風行使便易數日即至也

凡倭船之來每人帶水四百斤約八百碗每日用水六碗極其愛惜常防匱乏也水味不同海水鹹不可食食則令人泄故彼國開洋必與五島取水將近中國過下八山陳錢之類必停泊換水所以欲換者冬寒稍可耐久若五六月貯之桶中二三日即壞雖甚清冽不能過數日也海洋浩渺風濤叵測程不可計遇山而汲亦其勢耳盥頮沐浴海水山水皆可用或云浴海水令人膚裂近訪之不然但黑肌膚而已倭奴有一秘法煮泉一二沸置之缸缶能令宿而不壞然亦不過半月久則不能也其至普陀必登者

非換水亦非真欲焚香乃覘兵防虛實耳

吴淞甲乙倭變志二卷

〔明〕張鼐撰

《吴淞甲乙倭變志》二卷，明張鼒撰。鼒字世調，號侗初，華亭（今屬上海）人。萬曆三十二年（一六〇四）進士，官至南京禮部右侍郎。吴淞倭患在嘉靖甲寅（一五五四）、乙卯年間，是書專記此二歲事。卷上總敘紀兵、紀捷、紀殲渠、紀周防五目，敘倭難始末，及論備禦之術。卷下十德傳、十勳傳、十忠傳、十節傳、狼兵、僧兵、鹽丁、遣祀、三太學、四辯士、兩孝子、三丐兒、三腐儒，附二忿詬、一酒徒，凡十五目，雜記抗倭人物。據《上海掌故叢書》本影印。

吳淞甲乙倭變志

胡樸安題

四庫書目提要

明張鼐撰鼐字世調華亭人萬曆甲辰進士官至南京吏部右侍郎兼詹事府詹事吳淞倭患在嘉靖甲寅乙卯之間故記二歲事獨詳上卷分紀兵紀捷殲渠周防四目下卷分十德十勳十忠十節僧兵狼兵鹽丁遺祀三太學四辯士兩孝子三乞兒三腐儒等十三目明史藝文志著錄此本題曰甲乙倭變鈔錄者省其文也鼐自序云松之難松之遺老能道之然案之籌海圖編及海防考諸書其日月頗不合得非境外事境外人不能傳耶吾甯信其目擊者焉今考正史倭寇松江始於嘉靖甲寅而此云癸丑張經王江涇之捷歲紀乙卯而此云甲寅諸所紀載率差一年非第日月而已鼐作是書時已官諭德直史館於故府典故得以考核不應差謬至此疑其必有所受之也書中汪直俱作王直未喻其故殆傳寫之誤耶

吳淞甲乙倭變志目次

吳淞甲乙倭變志卷上

明奉訓大夫右春坊右諭德兼翰林院侍講署國子監事前司業直國史起居注官華亭張　鼐撰　門人王應遴校

總敘

史鼐曰松之難松之遺老能道之郡邑之故牒薦紳學士之論著見於他集可傳也故紀于松獨詳然按之籌海編及海防考諸書其日月頗不合得非境外事境外人不能傳耶吾寧信其目擊者焉夫蘇浙隣也事相唇齒者存焉然略矣嗟乎松烏知有兵閩爲盜藪浙開禍先狡夷與豪民市于内地而刼端不可制矣閩犄之浙角之窮寇漂蕩無歸而流刼之禍中於松白刃在原白骨在野戰則無卒乘守則無杆櫓生民以來未有若斯之酷也今海波無警垂六十年矣安可忘危耶亦其日月而紀之以戒伏隍也

史鼐曰松無兵烏能戰鄉民潰而奔賊鋒所被如芟麻焉客兵能戰而不譆于形也故不能當賊譎然賊衆多脅從其眞倭易盡爾捷於境内者吾得而述焉其以境外捷而能解松禍者亦書也敗而書以戒御戎之無術云

史鼐曰十德民所祝也坐籌宣力出自寬衣緩帶者難矣十勳疆場之勞臣也干城哉十忠捐軀而殉事者忠魂俠骨至今在九峯三泖間十節孱女子耳而著大節於流離奔竄中卽烈丈夫何加焉天地正氣不消沉久

矣不得於鬚眉而得於笄褘傷哉辯人之能成事也髡而勇市而俠者之克有濟也鄉曲之奮發義勇也販豎之依戰功而忘其身也孝子之篤於性而能感異類也皆可紀也且以徵用人非一塗云嗟乎此一郡事也然而兵革成敗之故千古若斯矣述往事徵將來斯亦作史者之指也

紀兵

倭訌于浙自嘉靖三十一年壬子始而吾松之受兵劇於癸丑之三月先是王直烈港之敗大將俞大猷覆其巢賊餘黨流突蘇松掠嘉定之寶山而兵遂及於松當是時倭既不滿百而百戶宗元爵馮舉率所部與賊遇殺一人賊奮鬬二百戶死之遂據楊氏宅飽掠旬日去明年癸丑二月廿七日倭三十五人泊船五團殺金山衛百戶王忠遂沿海刦於杭三月初

二日猝有三十六倭於青村所焦墩登岸時承平久沿海地方民不習兵而越海孤寇鋒甚銳百戶王河藐賊數寡率隊長陳九等倉卒出禦戈未交百戶隊長受刃矣餘卽潰復死數人自後無敢言禦賊者而任其縱橫海上皆賊壘矣月餘後往金山衛至乍浦遇浙兵擒勦之閏三月賊首蕭顯等由浙而至寶山登岸掠兵備吳公調發鎭江民兵二百及本縣快手三百餘委劉通判統領時兵皆烏合又江南人柔軟望風駭散四月戰於十九保連賓華橋大敗死傷甚衆統兵官沉於水際菰蘆中一晝夜僅免時上海未城知縣俞顯科遁走掠於市去而復來五月初七日賊兵與水兵相遇於高昌渡接戰浦中我兵亦不利未幾賊千餘從太平寺入市市民潰恣其掠取海上漕艘俱焚焉十二日賊復約海口周浦兩道共三百餘艘入寇指揮武尙文縣丞宋鰲統兵巷戰俱陷賊伏民兵死者過半邑里爲墟二十七日賊復至督府遣鎭撫吳賢接戰於黃泥浜賢復陷自後浦東沿海二百里新舊倭絡繹無虛日矣六月二十七日倭二百餘駕三海船泊上海北宮前黎指揮鵬舉胡鎭撫賢禦之鵬舉被劍賢死焉而賊遂焚縣治殺掠吏民甚慘沿刦周莊撥賜莊諸鎭當事者以上海無城難屯守遂伺賊間議版築數月而城完撫按專設海防道自此始而以六合知縣董邦政領之三十三年甲寅正月十八日賊首蕭顯駕七巨舟擁衆二百餘突入吳淞夜泊宋家港時崇明兵船四十號泊黃浦東岸平明戰于浦復大敗顯遂登岸逼上海東門外穴民樓居而瞰城中董僉事嬰城固守以神鎗手備新城塌處賊當之輒斃二月六日賊解去董僉事遣捕

丞劉東陽兵追之衆見賊卽潰東陽死之會兵備僉事任環統民兵三百僧兵八十來援賊船泊黃浦沿吳淞江南者相望環追襲之于五里橋賊敗南奔再追敗之于習家墳時顯據史家浜爲巢二月參將盧鏜率兵二千追搗焚其舟悉奪所掠輜重時賊首陳義以間入城期內應有徐道人者識而密啓擒之驗其左股有痣卽戮之餘皆遁于浙三月中各路賊期于黃浦出海會大風雨船皆覆乃復登岸分據周浦下沙新場川沙未城結巢作久居計賊首陳東蕭顯徐海分據柘林作犄角海濱無地非倭巢時南匯所城圮未葺賊擁衆襲之哨官李府挺身獨戰死焉守禦官徐學夔坐失機絕烟火者半月乃調把總婁宇收散亡募民壯時協守把總陳習諳鎗法選壯勇得三百人晝夜訓練瞰賊分道刦掠賊伴不能應接或

三四十或五六十呼吸間勸殺之不損一兵賊以此畏婁宇兵不敢縱橫掠也三月二十七日有八漁舟揚帆追一倭船自漴闕焚船直抵松南門倭止九十餘人燒新造大海船十隻及南倉糧三厫大小民房四百餘家千戶童元戰死南倉場後覃倭轉掠金陵慘戮無算而仍殲于蘇州木瀆者吾松士兵力也四月初五日倭五百人由上海陸道逼松東門掌教韓崇福射死二酋賊縱火城外三晝夜不絕城中大震時男婦擁東關城下以萬計守者閉勿納吳節推時來坐城門盡入之賊始至四月十一日倭八百人泊大船小橫潦涇分刦男婦奔溺死者六百餘人秀南橋至小倉橋廬舍焚殆盡而泖東西各鎮慘不可勝紀五月初一日倭七百餘人從南門列隊抵西門長橋遣四酋逼城城上礮中其二酋死又士兵斃一酋

倭退入白龍潭寺殺數百人而分兵流刦久札上橫涇馮中舍家當倭焚刦西門時任兵憲統民兵出戰從辰至午無轉戰地連發矢賊應弦死者數人賊無退勢然漸解去公同顧從者纔數騎計城門開賊且掩其後乃持戈躍馬衝之賊披靡不敢追城上觀者壯而危之已至莫家衖入由白龍潭北門進也是時城中民大疫而賊等盤據柘林為窠窟連結二百里如老鸛嘴七八團之間皆其部落屯聚地間分一支自青浦白鶴港而北出太倉間分一支自劉家河入趙崑山而奸民復投為嚮導分刦沿塘民殆盡至七月初調河朔兵至而盧鏜等與賊戰川沙中賊伏敗力士丁千觔馬八百死焉八月初八日少林僧兵應募至操鐵棍擊賊賊立仆而一賊佯死反刃刃之遂潰九月十七日柘林賊攻青村所城牽所擄鄉民臨濠叫呼立斬以懼城中城中人股栗而一壯士被獲將受刃跳而踰濠須臾度城堞間其何以入于堞曰吾目不見有城也賊作梯級以門為楯將肉薄登城意在東南角入又遣一鄉人賚來索布帛千疋金銀千兩為購衆置不答賊大呼城下索回書城上矢石交下而去相持至十日晨見賊驅鄉民舁雲梯雜包擔迤邐護塘間來者約二千餘人揭幌為旗隊而進至城西南隅分布四門為游兵二隊往復城下於東南角吹海螺則四邊齊進督鄉人豎雲梯三乘高出雉堞五六尺軍士以胡乂迎之蔟其登梯推之賊手左挽牌右舞刀躡梯不給城上矢石雨下傷者半千戶陳元恩一矢中賊喉遂斃乃退去軍有裸坐堞頭發砲石者一名康四一名戴桃皆傷于賊矢礮間一賊衣紅乘驢狥護塘而行千戶陳元恩弟陳元思以

鉛銃置堞間熟視之舉火即仆覃賊乃刲其首密埋土中我兵取以號令其大如斗是日賊仍復分川沙柘林去時城中火藥俱盡日三請救不至賴軍士死守城得以全至十月初八賊憤城不下且多傷有二十四賊詐從西南來作疲殘狀守禦指揮徐承宗千戶葉緒倉猝出兵應之賊見即佯走兵追之賊設兩伏一從饋倉廟一從民家竹林中突出截殺統兵官速退入城而官兵二百殺溺幾盡十二月初五雪竟晝夜賊潛至以絮蒙首涉濠復置衣矛端加冠其上作人狀運堞際試無覺者遂舁梯倚城而上吹螺縱火鼓譟砍南門入居民爭闢北門出賊揮刀若刈菅積骸成丘縱火徹曉擄金帛子女去三日後民稍集號泣拾煨燼賊突從南門至竄者死北門如前城月餘無人烟後調兵復守禦然空城賊弗顧矣或曰是

夜賊俘門者伯而令呼城下門者挽之上則賊也遂陷是年十一月總兵湯克寬與賊戰洙涇敗績時兵始交衆縮栗相持自卯至酉克寬以謁直指離所部遂大潰乙卯二月初六日郡城訛言倭至男婦蟻奔翼日乃定而是時知府方公廉募沿海有力富豪召募民壯扼賊聽各自衛有功者以賞格上請時有上舍喬鏜等募鄕兵禦賊屢有斬獲功二月十八賊百餘人自桐鄕刦同經青村所僞作攻城勢把總金漢千戶陳元恩上舍盛際時統兵出賊見兵氣銳卽遁追之斬首四十餘顆餘望東北去明日由南匯所而北參將婁宇督兵呼吸擒勦不逸一賊海上兵聲大振矣三月初七日倭賊三四千自海邊來圍上海縣董僉事發兵迎之戰於浦東陸氏園我兵奔北至浦濱多溺死賊有衣紅乘白馬舞刀衝擊氣甚銳海防兵陳瑞挺戈獨鬬竟斬之賊懼而退瑞口啣賊首截浦而泅城上觀者皆壯之僉事立署爲千長三十四年四月柘林新至賊攻金山衛守者發矢石禦之解去既再至大猷敗之俘斬二百五月廿八倭奴六百人於南潯刦擄至王江涇總兵俞大猷參將宗禮統官兵狼兵分兩翼夾擊之賊遁斬二百五級是月倭八百餘人從松往蘇參將周藩把總婁宇追至唐行倭伏民舍突出襲擊藩赴水死兵民死者千人一鎭若沸五月二十八日倭寇三百餘自南潯突至葉謝總兵湯克寬與都同知文奎解守備明道迎戰浦中賊死三十餘人東岸倭渡水來戰俱溺於浦遂大勝改名其地爲得勝港時上見倭久未平遣侍郞趙文華視師兼祀海寇壘環海濱不可祀築壇祀於得勝港大會官兵既文華與總督尙書議出兵不合劾之

上怒逮總督論死七月以侍郞楊宜代總督僉都御史曹邦輔專督軍情與賊遇於上海東溝大捷日暮收兵賊遁周浦巢去七月太守方廉使諜投毒賊巢井中賊死者千人八月賊五十四人川沙登岸由吳門直逼留都城下二把總統所部兵出戰不利死之賊往復歙州還至東壩由溧水而東擒一老人鄕導引至太湖之木瀆鎭時南匯所選鋒精健都御史曹公調至二百名出遇賊併力勦殺之領厚賞歸七月柘林賊出洋參將盧鏜備倭王沛武生朱先追擊賊於柘林海塘擒殺六十八人時賊病疫死傷過半總督楊宜浙江提督御史胡宗憲調發水陸官兵分布設伏賊窮促作遁計出洋遭颶風溺官兵追之復回柘林尙存九十八艘登陸走者欲往川沙爲嘉定縣丞張潮及上海兵會勦滅之所存柘林賊焚舟示無去意僅存十二艘於沙外胡公料其必走遣備倭王沛等設伏伺之賊果乘潮遁追及金山海洋盡犂其舟脫者定海兵遏之八月十七八團賊首徐海復由柘林移據陶宅四散掠官兵未敢勦至十月趙文華會浙直軍門合勦陶宅寇總兵俞大猷劉顯僉事董邦政陣於東總兵盧鏜統浙兵僧兵陣于南同備五色號服左肩有天兵二字期十三日卯時砲發並進兩總兵窺賊不滿千計易與乃先十二日進兵曹周二公留青村所俞大猷劉顯率千戶陳元恩等爲前鋒時天細雨前兵將至賊巢後兵猶隔運鹽河未渡董僉事怒其後方令截千長劉艮等耳俄頃兵潰倒戈聲震若傾萬屋僉事隔河亦遁俞大猷驅兵與賊對壘賊止數人迎敵我兵追之佯走遇一小橋止可容單騎我兵越橋而追賊匿蘆葦中突起中截之後

兵卽奔賊掩殺以千計統兵官僅身免至晚賊擄敗兵號服兵器藏焉明日浙兵僧兵自南下不知先期已敗賊作我兵裝收所委銃箭隱巢中僧兵前隊直至巢門賊銃砲俱發僧兵甚銳輪棍前進賊遇卽仆須臾斃數賊賊衣我兵服色器械繞出兵後鼓噪溷殺僧兵猶呼後兵進賊刃已及遂死將違制先期乃授計於賊悲夫時總制被劾去浙軍門兼而代之十月總督遣游擊將軍曹克新副使任環擣川沙賊巢擊敗之餘黨走淸水窪閏十一月僉事焦希程率川兵擣周浦賊巢大敗之先是總督潛令武生胡亘朱光等設伏賊巢約縱火爲號希程與克新雪夜襲之亘等縱火焚寺賊驚亂伏起斬首一百三十有奇而賊巢燬焉周浦賊遁出吳淞江副使王崇古總兵俞大猷追擊大敗之俘斬一百七十三三十五年丙辰二

月賊首徐海復巢柘林陳東自新場來與之合三月賊據蔡廟堡參政任環參將喬基等四面擊大破之時新至賊一支自南匯所登犯參政任環敗之參將婁宇又敗之俘斬甚衆總督胡宗憲會浙直兵進擣陶宅寇大敗之賊多巢死遁出滸關外洋婁宇與把總王應麟復敗之於九團洋俘斬踰百新至賊自靑村焚舟登陸把總王應麟敗之賊匿民房舍兵火攻之賊突走不得去遂悉斬之董邦政追擊新賊於沈莊賊百餘皆就戮賊入吳淞江總兵俞大猷與把總楊尚英劉堂等設伏海口賊至伏發沉其舟十三斬首二百五十五月初一日倭船五十餘艘自吳淞入上海通判劉本學署縣邑縉紳及諸生詣劉貸帑銀二千兩爲賞費募敢死士分守賊進攻積十七日內外援絕賊佯退至十八午夜竊西南隅地曠梯而登

守城夫楊鈿覺之大呼餘衆驚起賊刺鈿墮城下衆亦幷堞推墮磚石雨下賊受傷退去曉見濠中有衣浮起撈得死倭六十七人以涉濠遇潮故溺十九日五更乘潮南下直抵閔行守浦兵皆逃散二十日晨倭船由斜塘往蘇爲吳江水兵衝殺乃轉掠郡城西關烟火七晝夜不絕視癸丑四月尤慘至二十七日解去六月初七圍桐鄉倭駕千艘東下由洙涇泊呂港四出如張堰松隱等鎭焚劫一空六月新安衛百戶帥印與賊戰于靑村德勝港死之時海上土兵頗精倭來者頻失利去者又爲海中飛艦所擊無生還者董僉事戮生擒倭四十二人暴屍右文街至三十八年己未賊據崇明三沙爲官兵所截七月遁往揚州而松之倭始絕

紀捷

史爾曰松無捷其戰於松者皆小捷而大衄陶宅之擣衄而周浦捷洙涇之戰衄而葉謝捷馬家浜之戰衄而白沙灣捷陶宅以趙文華喜功敗以諸將違節制誤師期敗而周浦以曹督輔能用諜入賊中勝以曹克新雪夜直擣勝洙涇之敗以湯克寬臨陣棄師而葉謝之勝亦以湯克寬奮勇力鬭馬家浜僧兵以官兵不接應而敗而白沙灣以僧兵衝鋒勝然亦以喜進失備傷四僧故號令嚴人心一設奇用伏勝道也知進而不知退則中于伏左犄而右不角則僨于孤將不稟成命而進止無定畫則首尾不相應而敵得乘其所不備此敗道也嗟乎勝負之故卽吾松戰事可考鑒焉今其勝境內者別見不重載載其捷境外而或解松難或借松力其利害本末與松相繫者曰張尚書經王江涇之捷曰任僉憲環陸涇壩之捷

日曹督撫邦輔橫涇之捷而金塘山之捷擒辛五郎則皆巢柘林爲害於松者也

嘉靖甲寅五月庚午總督尚書張經破賊兵于王江涇先是柘林巢賊積增至萬餘人出掠嘉善諸處夏四月劇賊徐海葉麻等偵知嘉杭兵調松江擣巢率衆數千人聲言先攻嘉興次及杭軍民洶洶總督張公從松江兼程來視師分遣參將盧鏜等水陸擊之鏜統保靖兵鄙繼芳統東蘭等州兵前往王江涇爲中哨俞大猷統永順兵從泖湖間道至平望爲邀截湯克寬統水兵伏鶯熁湖爲枝翼保靖宣慰彭藎臣與賊遇於石塘灣初戰不利再戰敗之賊北走平望大猷以永順兵邀擊之賊奔回王江涇保靖兵復擊其後賊大潰共擒斬首功一千八百有奇由是數百餘賊奔歸柘林東南用兵此爲第一功也

嘉靖乙卯夏五月松江柘林寇千餘人流突李塔匯張莊小崑山趨泖湖而北保靖宣慰彭藎臣兵追之抵蘇州之陸涇壩壩離城十里而近兵備副使任環督兵擊之擒其梟帥俘斬五六百級婁水爲赤殘寇僅二百人值暴雨歸柘林是捷也撫巡乘城督兵傳餐寇矢如雨自婁門以東達於陸涇壩我衆連呼戰者三日今日我任父對敵所不捐生以報者有如此日由是士氣百倍總兵俞大猷并二宣慰兵三路並進奮勇夾擊遂收全功云

嘉靖乙卯秋八月倭賊自象山登岸突至南京焚安定門營兵出禦之望風而潰賊追殺二偏帥及卒數百人都御史曹公邦輔引兵馳護孝陵既而賊走無錫而南追及于蘇州之滸墅賊氣益驕曹公與副使王崇古僉事董邦政知府林懋舉知縣唐世耀把總婁宇策之曰賊師深矣地形兵力爲彼所窺小入而得志大舉之謂何彼非力屈而歸勢孤而歸也歸且合柘林之黨引而來金陵亦海上之危邑矣奈何其可縱哉乃分授信地以崇古邦政宇率指揮張大綱武生車梁躡賊所向遇敵先登爲正兵懋舉世耀各領兵屯吳林廟之左護郡城南扼賊衝爲援兵嚴家兵左哨沙兵右哨分突衝截爲奇兵度賊走太湖募水兵于湖濱東山巡檢領船數十往來哨探爲遊兵又度賊不走太湖必分踪以牽制我師或棄金帛于道餌我嚴諭毋離伍毋拾道士皆股栗殊死戰至吳林廟我兵擒斬二十七人餘走楊山迤至靈岩奪民船欲走洞庭見我兵旗幟不敢渡復登岸

至橫涇前馬橋匿一民舍我兵圍而火攻之賊潰出遁伏田禾中不能得車梁捫其所殺人肉尚未寒又草露未動乃令衆大呼賊在此賊果驚出遂俘斬之無一人得脫者而大綱手刃數人力盡死之始賊欲自無錫尋徑常熟往合柘林巢刦二人前導常熟在無錫北二人紿而南且道辟行人曰賊至矣報官兵賊已陷絕地速來可盡擒也賊比敗恨二人臠而割之惜二人之姓氏不傳

倭巢松地最久其掠子女玉帛率飽載而出洋而浙兵伏飛艦海上大抵犁其舟不得渡遂還巢示久居無去意而松禍益慘夫令窮寇歸既不得住又不安蟄閉虎室中咥人必甚然寇飽往往無生還者海上邀擊力也

宿寇辛五郎者徐海之偏裨也與陳東葉宗滿葉麻輩同巢柘林爲難于

乍浦桐鄉間勢甚猛矣胡少保欲滅之既徐海受命擒其所忌陳東葉麻輩而遣其所懽以歸倭島五郎與焉公密令總兵俞大猷等分布海洋要衝而五郎則責之盧鏜鏜受檄時方對客食忽命治艦之金塘客莫測其意鏜自乘福船令諸將率哨船若干以行次日至金塘瞭見北洋有大舟揚帆而南令哨船四散潛泊少選大船艤金塘之麓賊皆登憩鏜知其爲五郎也令哨船叢射之繼以銃砲賊以手且搖且招搖者示勿攻擊招者示有所言也哨兵颭言曰欲打話須去爾兵器則拍掌示無而呼一董（一董者一家之義乃倭語也）有華人從寇者曰吾乃胡總督爺招安放回者也哨兵曰有牌驗乎曰有鏜招衆賊至舟傍慰藉之謂五郎曰汝既爲軍門所遣豈可慢乎請至縣款洽而津送之遂延五郎同舟餘派哨船分載每載不過三四人

多則不能容也五郎辭鏜厚加禮貌五郎不疑宴至夜深鏜坐福船上層將臺侍者引雙燈上桅俄而哨船蝟集鏜問之曰如何齊應曰是了五郎大驚請下哨船與衆同宿鏜曰諾令左右送之穴梯而下至篷戶外望維海不見五郎欲赴水死左右不許曰臥榻在地平下五郎度不能免浩歎就臥遂縛之翌日入定海關乃知賊徒俱已芟盡即前夜起雙燈時也後獻俘告廟

紀殲渠

自兩倭使爭坐相攻殺而市舶罷奸商得主番貨而負其直又投貴官家扼番人番人盤踞不去間爲盜乃貴官家又令官兵逐之番人怨而並海不逞之徒如王直徐海者得借橫海上矣王直歙人任俠多略常出禁物市西洋諸國夷人信之直既習於海以其徽人姓王人稱徽王因部署其黨據薩摩州之松浦津而爲閩浙逋逃藪是時徐海者少爲杭州虎跑寺僧代領其叔徐碧溪之衆雄海上譖稱天差平海大將軍而其黨陳東輔之又倭奴惟薩摩人最喜寇遂引之入雙嶼港吞食濱海村聚矣當是時直不欲負叛逆名顧託言夷寇偷而陰主其事閩浙巡撫朱公紈督兵剿雙嶼據險築寨而還而直收餘燼巢烈港并殺海賊陳思盼勢益大而海上寇悉受直節制且獻殺思盼功求市官勿許而盜海邊益甚紈竟督兵出大洋勦之幾擒直而閩地豪右與賊比蜚書謗紈擅殺紈遂仰藥死而官司畏舶主豪右莫禁矣至嘉靖癸丑而俞大猷擣烈港直大敗以火箭突圍去而餘黨徐海陳東遂各擁部下萬人破乍浦據爲穴又結巢於松

之柘林當是時白刃橫道城墩憑陵屋廬燒蕩平田蕪廢民不堪命者五六年而殺河朔將宗禮霍貫道于皂林閩巡撫阮公鶚於桐鄉督撫胡少保莫能救也會有詔諭日本王督撫知盜權在直與海而直與海皆可以賂遺設利餌因使使潛諷直與海直遣養子毛海峯款定海關謝罪督府厚待酋許以事成爲海上市舶主而陰令營中盛軍容私諜者故縱酋瞰之酋怖且感海亦遣使至督府厚待之如直使歸以報明日復來言海願爲幕府死而督撫待如初凡數往復而海遂受命矣是時東爲擅竿百計攻桐鄉城而海罷圍道崇德而西而阮公圍解督撫又遣人說海擊吳淞江賊以自効而海麾下數沮海以督府幣重而言甘弗可聽督府患之乃又遺人說海誘縛葉麻獻幕府而部曲遂離心于海又以簪珥遺海兩侍

女綠珠翠翹兩侍女日夜勸海縛陳東而督府又出葉麻囚中令詐爲書于東約圖海書故陰洩於海而海遂厚賂薩摩王弟請東爲書記縛以獻自葉麻陳東縛而海勢孤矣而海自念數有功又負前罪持兩端而督府又遣人促之欲海來一見以報天子海聽其計約以八月二日入謁而先期帥其黨數百人冑而入平湖城時少保與督視提督直指三公坐堂上諸酋北向稽首呼死罪海欲再款少保而未之識諜目示之則又面少保稽首呼死罪少保下堂摩海頂諭之而出然四公惡其狡不除恐爲後日患海亦知耳目非是陰收陳東餘黨而少保又遣使往解之遂求舍便地乃聽其自擇以西沈莊居陳黨而居海東沈莊則又出東囚中令詐爲書遺其黨謂海且約官兵來勦若輩東黨疑而夜伏卒偵之海果竊兩侍女

走幕府自託而陳黨遂篡兩侍女過海所罵曰等死耳若何陷我爲稍而鬭海中稍大亂明日官兵四面薄之少頃擐甲直入會風烈縱火焚之而海沉於河死兵官俘兩侍女前而問所沉處遂斬海級以歸也初王直坐遣諸島寇而東南未嘗聞直來胡少保先問使徽州收其母妻及子而至是出之獄中厚奉之以爲餌復以諭日本遣生員蔣洲陳可願行而密授計於兩人令誘之出此兩人至五島遇王激道以移諭事激曰無爲見國王也此間有徽王者令其傳諭足矣明日直出見洲等椎髻左袵旄旗服色擬王者坐論鄉曲酒食方洽爲道總督胡公意直自諱爲國驅盜非爲盜也兩人曰足下糾島夷剽中土而坐分鹵獲何異昏夜操罟以臨人池而曰我爲君護魚者哉直語塞兩人則又道中國兵力强盛艨艟戈矛雲

屯雨注非一島可能抗顏行而總督推心置人腹館穀足下壽母妻兒甚厚何不乘機立功以自贖直默然而竊喜母妻無恙乃留蔣洲在島以宣諭別國爲名而令其親信葉宗滿王汝賢王激同陳可願回但云成功之後惟願進貢開市而已少保姑從其請疏上許之少保又遣葉宗滿協勦舟山零寇有功受犒賞而王激笑曰吾父至當取黃金印如斗大而此何足賞哉時徐海寇東面甚急少保又謀之王激等以觀其意而激辭曰是非吾所能辦須吾父來遂與葉宗滿開洋去是年徐海亦就擒而少保祕其事委遇葉宗滿兄弟及王汝賢倍優厚時對將吏曰直非反計無聊耳一見我便得釋而直聞之遂決策渡海少保以俞大猷先扼直於烈港乃移之金山而以總兵盧鏜代之鏜先與王激從事舟山同飲食素厚直遂

不疑惟日聚羣倭礪兵刃伐竹木爲開市計且索母妻子弟求官封也上下詔曰王直既稱投順却挾倭同來以市買爲詞胡宗憲可相機擒剿不許疎虞致墮賊計公奉詔祕不宣而先馳至甯波調將設伏又以夏正爲死間諭其往見軍門而身與王激葉宗滿同臥帳中而露諸將請戰書十餘篇于几案激等竊視驚怖少保爲如夢語含糊云我欲活汝汝不來休怨我激漏之于直少保使其子刺血寓直書又從其請遣王激攝其軍直遂詣軍門而執赴獄議爰書法當棄市遂得旨戮直甯波市而王汝賢葉宗滿俱邊遠充軍時三十六年十一月也

紀周防

東南瀕海而郡西襟湖泖北枕大江者吾松境也當承平時墟里滿鷄犬

耕鑿盡桑麻耳安知兵革險要哉倭變起而䚡䚡講海防矣說者謂防於海安防於陸危而防海有二出海會哨毋使入港是爲禦海洋沿塘距守毋使登陸是爲固海岸兩者防漸近禍漸逼矣徼人不戒而令賊蹈瑕以登覘于原勢且蹙於城堞而守何暇犄而角我轂其藩故坐自困也夫瀕海之信地重矣而吳淞實總水陸而扼蘇松之喉吳淞而南爲川沙又南爲南匯自南匯而西爲青村又西爲柘林又西爲金山相去各六十里耳聲援通而首尾應而金山聯乍浦通於浙何大壑先生有言曰今日之海防但能復祖宗之舊制即一言而功過半矣竊怪高皇帝時未嘗倭夷犯界也而何其備周且密若是豈非聖人至誠前知百世無弊者耶即以松江一郡沿海計之西南抵浙江乍浦千戶所界東北抵蘇州吳淞千戶所界中間二百五十里而遙耳由乍浦而東五十里爲金山衛內有四所而設總督揚州等處備倭都指揮治其中自衛迄東百餘里有守禦南匯嘴千戶所又迄東七十里而爲吳淞千戶所其二所之中相去遠者如金山起至青村中間又有胡家港堡有蔡廟港堡每堡額設官軍六十員名而又每歲於腹裏衛所調撥官軍三百員名二月來九月去謂之貼守每衛所各有戰船教習水戰沿海每六里築一墩撥一軍朝夕瞭望每見外洋船隻往來即舉火相屬互相傳報如果係倭夷犯界即整軍駕艫出與迎敵一倭登岸即以失機論罪紀律既明官軍莫不用命雖無事之時每歲將領率兵於近岸各山島間巡邏一二番謂之搜山亡命者不得以爲巢穴是以百八十年來島夷絕覬覦之念各沙無嘯聚之徒東南晏然得盡

力於耕織以供國家太平之賦者皆祖宗精神命脈之所貫通也後有淺識者見海上無事而官軍日惟坐食以爲此備皆虛設而此等皆冗食也冗兵也冗費也由是各衛所之船皆賣而買馬矣沿海衛分之軍撥令運糧矣各堡貼守之軍徹去不用矣各衛所官軍倉糧任從糧長侵欺而軍士有一二年無粮者矣士氣既消武備盡弛雖存衛所之空名糊紙爲盔削木爲刀近同兒戲數十年來猶幸島夷未知此中之虛實厝火積薪向以爲安邇年四夫無賴嘯聚海島糾引倭夷以爲先聲潛圖叛亂初犯浙江至嘉靖三十一年偶一船止四十餘人隨風飄至上海縣寶山地方登岸土人不知猶以爲漁船也意欲逐其人而取其貨賊即手刃百戶一人土民數十人燒刦近船民居數十家徜徉而去不見有禦之者去年既犯上海嘉定然亦不過四五百人而受禍即已慘矣今年浙中之備漸修而賊知此間虛甚遂大舉入寇衆不下萬人三吳之地盡遭荼毒屠戮之慘淫汚之辱田不得耕而國稅將虧奸宄乘機竊發響應其憂有不可言者愚以爲今日之事宜莫先於查訪祖宗備倭之制盡復其舊而於各衛所愼選將領調補精兵於要害處添置把總各堡復貼守之卒沿海練水戰之船墩臺嚴烽燧之警如瞭望外洋有船將至某處則某處官軍出與迎敵某處策應諸將領官各有分地必不使賊人得以登岸如賊從某處逸入者所在官軍即以軍法從事如此則衛所墩堡如身之使臂臂之使指血脈聯絡我軍之氣百倍而賊無所容其足矣按此紀國初制也後嘉靖中置鎭守江南副總兵于吳淞節制將領置蘇松參將于金山團練諸軍

而劉河吳淞川沙柘林有四把總据要害之地增兵扎守焉官備而政弛兵設而餉絀東南邊事大略可知矣修明高皇之制庶有瘳乎

吳淞甲乙倭變志卷上終

吳淞甲乙倭變志卷下

明奉訓大夫右春坊右諭德兼翰林院侍講署國子監事前司業直國史
起居注官華亭張　鼐撰　　門人王應遴校

十德傳

居承平而黃金橫帶專城郭稱尊重者可勝數哉陽九之會蠻夷之疽食浸淫邊壘之羽書日聞哲者馳騖懦者袖手斯亦官師得失之林也夫疆場受事而刀筆之文墨深重舉事一不當則軍書隨其後其幸而成功則忌者之口益鴟張而往往與敗將同請室古人所以歎立功難也然要非性忠義設籌戮力危一身以貽百萬人之安其孰能圖之克有濟焉故自

蔡公而下吾松土有保障之德者皆可紀也凡十人餘附見之

蔡可泉公克廉操江都御史也癸丑倭奴突至太倉州城下而城無備時公駐蘇州星馳入州城躬乘堞冒矢石督將士固守飛礮擊殺賊三十餘人賊乃去又聞上海周浦倭猖獗亟調兵趨之當是時海氓儲蓄掠盡老幼尸枕於原村居百里絕煙火幸公慷慨趨難調度有方徵集得人誅逐僅相半也或曰公嘗用鄞人陳可願爲幕客計欲行間離賊黨而不果後胡總督用其謀以成功若公者可謂臨事當人先居功在人後者矣

張督府半洲公經閩人南京兵部尚書也先是督兵廣南有威惠朝議調廣南狼土兵勦倭遂特命爲大帥節制當天下半得便宜行事開府松江而經故臨事疎緩如承平且稍自貴重會趙文華來督視恚其不受頤指

又與論出兵不合乃疏經縱寇縻財屢失進兵機會且言欲俟其飽載出洋以水兵掠餘賊塞責上怒逮下獄而是時經已督各路兵及狼土兵擊賊于王江涇大捷文華匿其捷書不上竟論死科臣爭救不能得遂棄西市然經之語文華曰賊狡且衆今檄召四方兵獨狼兵先至耳此兵勇進而易潰一挫何可支也須待其畢集而圖之後狼兵先出果敗于塘棲張子曰故老傳張尚書督兵海上不肯出一兵擊賊時方太守製米糕分給官兵呈樣督府文武官列帳下尚書別無指縱第云好糕好糕而已此其文致太過余考福州志載少司空新城方公嘗言吾守松江張總制所不禮也然其用兵御將帥備要害實所長云王江涇之捷或以爲胡少保宗憲功然是馳入蘇州分遣諸將卒用所調永保諸狼土兵犄角而殲之斬

首幾及二千伊誰力也果若趙文華徼倖一搗巢以新集之兵嘗試東南事堪再悞哉文華貪黷固不足論或云胡少保時尚爲御史附文華而傾李天寵蹊田奪牛卽他日殲徐海擒王直功固不可湮滅而竟以縻軍興金錢論死詔獄夫報復各有數也

曹東村公邦輔督撫都御史也治兵夜宿城上與士卒同臥起東溝之戰公親率將士衝鋒而進士殊死鬬殺賊幾盡會日暮收兵賊宵遁去乙卯秋倭五十三人自浙流刦南都尋還奔滸墅關歷八郡轉戰三千餘里無偏師能一當者而勢且還趨海上與陶宅倭合公督各部兵四面殲之橫涇一戰斬首十九級再戰盡殲焉當時論東南討賊功爲第一捷書奏不及總督楊宜而趙文華又恚已不與遂嗾宜論公并及婁參將董僉事廷議弗是也後以夾勦陶宅兵潰劾公不協力明年竟誣奏逮戍一時嗟嘆所謂功罪倒置憂寧獨在倭哉徐文貞公言于朝曰曹督撫檄兵滅賊紓主上之憂雪南都之恥去腹背之敵安遠邇之心士大夫皆詫爲奇功而軍門反功爲罪以媢督察楊公譽望之損不亦宜乎

胡總督梅林公宗憲徽人浙江巡撫兼理直隸軍務浙直中倭六七年更總督數人費金錢動鉅萬迄無成功公奉命授計遣將或勦之內地或邀之海外倭生還者少矣其擒徐海誘王直功尤奇論者謂其誘賊用辯反間用諜厚賊妻子而招其來餌賊女色而蠱其聽散賊爪牙以孤其勢至賊黨內亂而從中滅之縱橫顛倒妙算出奇東南數百年免倭患皆其再造力也抑公可謂社稷臣矣而以横賞賜竟受乾沒名下獄仰藥死悲夫

張子曰兵死地也間奇術也非捐數十萬金亦安能令人走死地而設奇術必中哉且功不成而爲財漏巵何如功成而享太平貫朽寧可勝校耶豪傑舉事固未可爲尋常文墨道也

御史周觀所公如斗餘姚人也壬子按蘇松臨敵有膽略治民多惠政倭亂與曹軍門親薄賊巢督戰賊退後民苦兵火不聊生公特疏全蠲一歲田租民籲天祝之矣其每事調停督撫軍門甚多後以提學陞巡撫士民至思爲之祠也

御史尚公維持汝寧人丁巳來按部時倭寇初遁去衆洶洶虞其復至公乘單車行海上選三千人分布要害飭諸將領無忘備乃復詢賊所巢窟曰柘林其窪而積水深爲賊舟易泊者曰川沙與版築城之城工設處便

宜有法不以累民間選兵儲粟招集流移爲屹然海壖兩巨鎭也自倭亂後野無完土國賦告急公奏留漕米萬石賑之而民不苦饑其惠政與周公並不朽矣

任兵憲環潞安人也先任蘇州府同知癸丑倭寇東南公練民兵躬介冑策馬與力戰嘗徧身書姓名曰死綏職也爲二親記此髮膚耳聞者壯而悲之公治兵日夜暴露草野中與士卒同寢食俸入悉以犒戰士士樂爲之死嘗與賊戰敗追幾及公中之創庵者徐珮手搏賊以免公珮竟死旣守太倉勞于兵發疽聞賊至裹創出海破風濤而擊之賊大敗俘斬百餘已又敗之陰沙敗之保山敗之南沙賊望公旌旗輒駭曰瘦官來矣咸遁去擢山東僉事備兵蘇松甲寅賊犯蘇民爭走保城門鑰不得入公亟命

啓門納之活數十萬人明日以計敗賊于葑門乙卯復大敗賊斬首六十餘級進副使賜金綺予世廕時丁母趙孺人憂以兵事起復公公晝出治戎夜歸則衰絰終夜孺慕泣明年倭平乞終制報可仍陞參政未幾竟以哀毀雞骨支床卒詔贈光祿卿張子曰公戰則死勇喪則死哀蓋忠孝其天性哉乃知大節大功能垂宇宙者不虧其性也夫溫嶠趙苞之不堪爲忠臣也從古恨之矣

董僉事邦政陽信人初以貢任六合知縣以廉勇聞倭入寇撫按奏陞海防僉事駐上海甲寅正月賊首蕭顯駕七巨艦率衆夜泊上海瞰城中公用神鎗手應賊賊不敢近乙卯正月統兵搗川沙窪敗之賊死者五百餘丙辰三月同任公環擊新倭于界嘴大戰一日斬賊十之七明日復戰殲

焉賊自金山登陸流至西庵公進戰賊敗走匿法昌寺公用火攻盡平之又追擊新莊賊于沈莊賊百餘人皆就戮公于東南戰功爲多而先是曹軍門橫涇之捷公與婁參將宇有功督撫楊宜憤己不與并劾公違節制時徐文貞公在朝言曰今多事之日未聞推轂一敢戰者而先論去一二立功之人如國事何兵部擬提問公而竟賴以全徐公力也後以淸水窪之捷詔送部擬陞四秩擢用焉

知府方公廉新城人長材廣度弘濟時艱辛亥來守松郎繕城增埤浚濠隍不久倭至募兵調餉應之整暇城賴以安一日坐堂方視事忽訛傳倭入城隸胥皆駭走公徐出府門呼輿迎之至西門乃定還責訛者神色不動也上海先無城頻受慘掠公伺賊間城之不數月工成又募鄉兵結團

練統之里中豪富者使人自爲戰設計行毒賊中賊死毒者千人故老追道遺事猶曰微公幾半無郡也士民思建祠與按院周公並祀後遷都御史巡撫江南

吳悟齋公時來仙居人郡節推也甲寅下車倭犯郡城公奉臺檄監軍與方公躬乘城死守城賴以安公治兵多沉計而號令嚴肅狼土兵過吳門犒不時大譟及至松督撫屬公除備公就泖上寺閒曠地立營堡先令土官各署部伍舟人導之入而次第犒焉一軍無譁也客兵故獷而剽卽不異寇公結其酋長數輩日率之狗于郊弗戢者呼其長縛治之迄終事無敢擾人一芥督府張尙書家丁取人一縑公鞭之數十張怒讓公公不爲動明年寇猝至時城雨久而崩西南隅數丈公盡撤屯戍第以箭弩手數

十人扼其衝撫按兩公危之公進曰兵多見弱稍示之暇彼將不虞兩公謝不及內徙民薄城苫蓋而居公防火攻亟撤之而陰識其姓名于屋材夜選卒運之城外以爲木柵杆修城者卒且股慄無敢前公首馳一騎出南門衆從之平明柵畢三日而城完役以所識柵材各還爲民屋賊聲言欲犯南都督撫問計于公公曰決太湖水斷松陵道隨選精銳水兵守之賊能飛渡耶賊果由嘉興抵平望湖水漲不得渡堤前後阻官兵賊窘而相蹂我兵邀擊斬首三千餘溺死無算此王江涇大捷迄以殲倭公之本謀也父老曰倭之逼郡城也時城下士女擁而呼門者鑰弗啓也公坐城下令大開門男女分隊而入入盡寇乃至或曰不虞奸諜乎公曰吾寧以一官保之且無民城誰與守也于是擇城中隙地舍之而啓水關便輸薪

穀因歸舟出其糞穢以疏疫氣蓋所全活者千萬人矣故至今宜尸祝吳公不忘也張子曰余既傳吳公有同社呂助教克孝其譚雍署述其家老僕周山言山故少時爲士兵從吳公者嘗周浦進勦官軍失利吳公逃於周浦寺中山與一門役蕭成者隨焉羣倭進將入寺公與二人緣金剛神肩背而上避入板閣中倭據寺爲巢三晝夜不去三人餓而待斃山曰今夕出亦死不出亦死盍先出伺其間或幸脫焉乃夜半羣倭睡酣山復緣神像而下走二里外見野有草房縱火焚焉倭望見火光疑大兵至又疑其黨或從他方來羣趨赴之而寺幾空無人公與蕭成乃下板閣從間道而遁走數里遇一小舟藏於舟之尾急棹出浦倭追之幾及時公已三日不食舟子進麥漿一碗公飲之幾屬氣息抵暮入城可謂出萬死一生老兵言未終則蘇蘇涕也

通判韓公崇福北產也有膂力能挽强命中甲寅教授于松時倭犯境城守無備而登埤者及于博士學官公分城而守賊魚貫擁盾進一賊跳躍城下公跨堞持滿射之一發而賊踣再進再發中賊股三發又中賊面賊輒斃遂引去一時詫公章縫師而三矢解圍城尋擢郡倅奉檄率兵經略海上後以遏巨寇斷其歸巢爲大兵聲援竟擒賊盡其黨璽書褒美賜金帛有差也蓋公之顯名以善射矣而是時有府同知都公文奎羅公拱宸云文奎祥符人善騎射常與任兵憲湯總兵敗賊于南沙吳淞江得勝港再破之寶山直指上其功陞俸一級拱宸馬平人爲松陽令禦賊有功奉檄來援松以功陞浙江兵備僉事後降再遷松江海防同知統兵海上有

勞加運司同知銜仍治兵也丙辰上海倭猝至臨城而城新造守備單弱時常州通判劉公本學來署縣鄉薦紳請貸庫金二千兩爲犒費督兵晝地分守賊環攻十日城中有備竟保無事故上海至今頌署縣事劉公云

張子曰自島夷訌而海上鄉無完堡居無蓋藏數公出萬死一生運謀于搶攘之中戮力于危城困壘之下得非天生其人救此一方百萬氓者耶然當時肅皇靈爽顯赫賞罰明决檻車不貸于重臣金幣不稽于偏裨死事之卹朝聞夕下軍書之核洞于觀火其造膝密謀計從言聽或別白以存公道或洗濯以全器使鼓舞磨礪文貞之力爲多功歸社稷澤及桑梓所謂松人能成松事也余既傳十德蓋傷當日之事云故復論之曰自嵩父子怙權文華挾寵出督江南師而賄德章矣尚書經吝齊軍興費受緹

騎逮誅督撫邦輔以不能讓奇功中白簡戍杢胡少保乃醉酒嫚罵而揮之四千金謂不予則無以飽其望而生得失予之則無名而已有所弗甘也然而猶之賄矣其于嵩父子豢之令爲我用亦賄也嗟乎大將立功于外而借賄賂以結權貴之援豈正法哉然而少保功高亦以横費不免焉不賄則身危而功不成賄則幸成功而受惡名以死疆埸之臣難言哉蓋千古蹈斯弊也當日科臣楊久繩吾松人也嘗慷慨上疏曰近來督府之臣涖任謝恩必有常例銀兩饋送在京權要大者數百小者數十名曰謝禮至于任內有所題請開送揭帖則又件以儀物名曰候禮又其歷任頗蒙榮名美擢或遇地方有事希求脫任或以有罪而求彌縫或以失事而求覆蔽如此數遂不貲然大率此等銀兩在省取之各布政司直隸取之

府州縣有司既爲巧取承迎不無德色督撫諸司自知非法接受亦有靦顏既入牢籠實難展布使在平時猶不能振揚風紀建立事功而况在軍伍之時哉則其玩愒陵夷蔑法慢事亦奚怪也且官司賄賂督撫皆取具于民近來督撫之交代頻繁則官司之需索亦從而加苛其不肖者又因之影射乾沒其間指一科十椎膚剝髓卽今江南四野爲墟赤地千里區區孑遺待盡之民尚猶日苦掊尅侵剝之患臣恐民窮盜起莫知終極異日國家隱憂不止于海島之間已也伏望皇上勑閣部大臣洗心滌慮正己奉公割絕朋昵之私汎掃苞苴之習此則澄源平倭之要道也余從實錄中檢出記之以爲萬世居廟堂籌邊事者之戒

十勳傳

夫用兵救人大將事也然將道難言哉壯往者寡慮而失情形專勇者媢功而忍坐視慎將無法律僨將無恩紀賊東而兵西馳衆左而我右需甘心同其覆敗而後已夫民望師如望雨焉忍一蹶以重塗其肝腦哉嗟乎武夫力而戰諸原非忠勇識量具者不能有成事也作十勳傳傳其有戰功于松者

盧鏜金山副總兵也先爲處州參將壬子島夷入寇受命總戎兼制浙直設奇殲賊所向必克而戰功于浙尤多其用計誘王直公力也余見金山西指揮者取其家故牒記鏜救金山衛城事時倭數百人猝薄金山城下作進攻狀城上人乘堞熟視不能下矢石皇皇頃刻破矣俄有大將率兵從東南方來鏜也隊伍整肅迤邐薄賊陣賊以長蛇陣待之兵既接一倭

躍而前鏜撫其旁一健卒曰吾兒當向前報國健卒應曰喏遂擁藤牌舞刀而入立斬一倭已又連斫二倭羣倭競前鬪健卒死矣而鏜兵乘勢衝擊羣倭大敗當是時城上人伐鼓讙譟動天地兩陣塵沙蔽天不辨咫尺惟聞刀搠相磨聲良久塵始定而賊救死扶傷遁追奔數十里乃凱旋入城父老持牛酒迎勞謝再造恩也至今衛中父老猶記處州藤牌手云又故牒稱鏜爲將與士卒同甘苦得行陣心晨夕軍士未蓐食鏜弗飯營于野軍士舍次炊汲未具鏜勿就幄中息也蓋大將方略多賴此矣鏜多戰功弗勝記記其勞于松者云

俞大猷泉州衛人金山副總兵也先是參戎浙江擊倭海上有功幾殲王直于烈港矣而倭寇東南巢吾松之柘林盈二萬新舊盤結不可討乃擢

公南直隸副總兵提督金山甫至數日兵不滿三百總督張公檄公出戰公不赴張公大怒公曰某可殺豈可使擊不勝哉乃整搠河船四傍遮板藏兵器其中舟行湖港間迎賊之來而尾其去間縱擊之斬獲頗多時柘林賊多而客兵赴徵未至趙文華來視師則促張公戰張公堅守便宜勿遽戰也趙怒劾之然而狠兵先出遇賊者卒不利後張公竟命公將保順兵迎賊至平望與永定兵分路合戰斬首三千餘級而文華匿其功狀置張公于戮無何賊屯于陸金墈公伏船兵河中賊渡墈將盡濟斬首千餘而柘林之賊巢幾空初公守金山嘗論柘林用兵十難聞于相國徐文貞文貞松人宜諏松戰事也而分宜以公不白己爲恨遂逮繫公公僅免坐落職而丙辰以廷議起公鎭守浙直總兵于是克賊于吳淞口再敗賊于

定海舟山大都東南殺賊萬計而藉樓船爲多張子曰世傳俞大將軍以爭王直不當招海市不宜許忤胡少保而論死逮于獄其援而出之者陸武惠公炳力云乃武惠眞俠烈也哉武惠出千金急大將軍難也五鼓而入嚴府中見分宜父子于睡起欠伸間告侍郎曰吾儕而卜謂早見侍郎必得所請也語以解俞帥故侍郎初不許既乃許之則又因侍郎告太師曰吾儕而卜謂早見太師必得所請也爲俞帥請命太師亦不得已許之而公出亟呼俞帥入謁侍郎已謁太師庭中數十叩頭而起嚴父子色憐之而大將軍活矣或曰文貞惜俞公材又諗其勞于松也蓋借力武惠云乃武惠眞俠烈也哉

湯克寬金山衛副總兵也父慶平海寇王艮磔之以其皮爲鼓留鎭京口更十餘年而倭難起克寬來鎭金山父子俱稱驍將云常圍倭于獨山民家火攻殲其半又以舟師擊倭于高家嘴焚其舟生擒倭十四人癸丑四月倭自崑山爛路港直擣松江南門克寬拒却之乙卯五月葉謝鎭之戰與賊戰浦中賊死三十餘人又三十人渡浦而溺遂大捷以得勝名其港然克寬世將頗驕與賊戰互有勝負常論下獄立功免王元美云湯將軍通練而少壯往其戰功大略可核矣

韓璽都司也常與董僉事共居兵間所至皆有克敵功癸丑六月初四日陸戰敗賊于白沙灣先是浙江破倭巢于馬跡山賊無所藏匿突走松並海諸鄕落據爲巢四出行刼傷人命如草菅而備倭官軍閉城縮首不敢出一息南匯嘴一帶地方溝壑縱橫蘆葦蔽塞賊反爲主而我爲客又輕

捷善鬬狡譎百出勢莫相當時督撫委璽總率各路兵及少林僧兵百人視賊出沒以圖便宜六月四日進兵破其三艦焚之十一日遣鎭江太平二路兵駐六團僧兵繼之十三日部署白沙灣遂與賊遇賊爲長蛇陣前耀百脚旗魚貫而進有紅衣巨人爲先鋒僧兵掄棍斃之賊散走斬戮百餘而四僧以輕追陷伏死然亦陸戰第一捷也鄕老諳兵事者言賊之技跳躍飛舞尤長于陸故勝于陸者以此爲首功云

遊擊將軍車梁閩人學射應武舉不中遇寇警請効軍前爲人多機變而性謹愼爲督府親兵時民兵新募委之練習時當小敵輒克每遇零賊或數人或一二十人截殺有功權受百戶歷轉遊擊梁能與士卒同甘苦犒賞必以給部下其得衆心有大將風至料敵必中未嘗墮賊伏也後立功

于閩官參將蔭一子百戶焉初梁浮遊未知名眇一目以賣盧爲業旅食於松市市人淺鮮之後以功遂橫金擁鶡印矣

遊擊將軍曹克新嘉靖乙卯總督楊宜檄同任兵憲統川兵攻川沙賊大敗之燬其巢賊遁至吳淞所克新督舟師襲之斬獲大半餘黨走清水窪又搗周浦賊巢先令人入巢設伏約縱火爲號克新督川兵乘雪夜襲之川兵縱火焚寺賊驚亂四面伏起斬首一百三十有奇而賊巢燬焉

參將楊尙英鎭海衛千戶也猿臂善射長七尺餘虬鬚燕頷屬倭亂海上尙英起行間水陸大小數十戰多有功積級累數千以蘇松參將爲浙直副總兵嘗敗吳淞口賊于海洋犂其舟六十俘斬三百有奇也故世稱楊將軍閩達曉智而明于水

把總婁宇嘉靖甲寅歲正月賊首蕭顯擁衆數千分據周浦下沙新場川沙而陳東徐海分據柘林時南匯所城圯壞賊白日襲破焚掠殆盡公收散亡募勇壯與陳習晝夜訓練瞰賊分道出掠戮力勦殺屢立戰功賊兒婁把總兵卽畏遁不敢橫也後官至參將

陳習蘇州衛鎭撫也選署南匯所印時士不習戰不識標槍擊刺之法倭挾雙刃兩臂開使約長二丈向空揮霍我兵倉皇仰首則從下砍入士客兵見之輒潰習涖本所卽以獨得標鎗法旦暮與士卒練習不三月人人熟習遂稱長技屢立奇功如四十八倭由兩京流刦至蘇南匯兵進至木瀆再戰而盡殲之皆習演標鎗之效也

解明道通泰參將也嘗與董邦政擊劉家河賊敗之既賊據吳淞城爲巢明道襲敗之斬首百餘賊首三大王六大王殲焉自倭寇難來克捷馘俘自明道之戰始也

張子曰余傳十勳蓋傷當日多敗道云先是寇從瀕海馬跡諸山越浙而來士人怨浙不能遏其上流致蔓延剽吾土乃浙又以軍興餉不繼求助于蘇松而莫之應唇不救齒幾同秦越敗一官兵遇賊未陣先亂未格鬭先奔其扶創輿尸歸者刃瘢箭鏃皆着耳背望麈魄喪枕尸沮澤主將斬之莫禁安用旗鼓敗二其分信地而苟且恇避者且曰寇在浦東宜進保浦西寇犯郊外宜堅守城內幸已無虞以人資敵四肢廢而求衛腹心左手螫而偏護右臂敗三蘇松久安忘戰寇至必藉客兵而帥各擁功兵各自保或來自齊或來自楚或自南粵或自蜀江或土或苗人懷去就齊兵

不能救楚粵卒不能應蜀不圖已功但幸人禍敗四如此卽韓白不能運其籌而數公血戰郊原躬冒白刃卽勝負相半安能所嚮無敵而賊聞膽寒始跳梁而終授首不可謂非師武臣力也夫捍大患者非三家之謀濟大功者非斗筲之器腹心干城豈可以尋常論哉語曰天下危注意將信哉其貴得人也

十忠傳

倭之蹂吾松也覆軍殺將其忠憤殉兵革者吾曷勝書哉身膏草野而名滅無考信抑烈士所痛也野史所存龐眉者老所稱說略有聞焉噫聞而弗傳其亦終無聞也已故錄其爵里戰功顯著者作十忠傳其微莫詳者附見之

宗百戶元爵馮百戶舉皆吳淞巡徼也嘉靖壬子夏倭船飄至寶山人不贏百然饑疲矣當是時海上備兵衰弱而士皆不習戰兩百戶猝與賊遇率所部前而鬬格殺一人賊衆揮刃進部卒潰不支而兩百戶死賊乃據楊氏宅掠數日奪漁舟去自是遂入寇無甯歲也其時有隊長屈倫亦死王河青村所百戶也壬子寶山之變饑倭縱掠得志出海去而沿海恬若無事不修戰備甲乘癸丑三月二日倭三十六人於青村所焦墩登岸百戶河以賊數寡率隊長陳九等禦之賊既越海入必死地舞刀奮擊我兵未及鬬而百戶創死矣隊長亦死之復殺數人餘衆皆潰而閏三月十九保連華賓橋之戰統兵官沉于水際僅免鎮江民兵隊長陳寶死之

武指揮尙文鎮海衛人也以操江檄同建平縣丞宋鰲統所部駐海上賊

逼縣治尙文率家兵禦之出東門遇賊遊兵輒敗之乘勝進攻賊伏西簍笠橋水傍尙文過以利刃斷馬足馬蹶尙文死焉宋縣丞亦巷戰于縣橋陷賊伏中死越旬日賊復至縣督撫遣吳鎮撫賢接戰于黃泥浜賢亦陷死父老言督撫暨撫按臨三死事喪奠祭哭甚哀曰汝三人得死所矣不知吾輩若何耳一軍感泣先是賊自浙西流突過金山至天妃宮浙江指揮黎鵬舉與鎮撫胡賢禦之鵬舉被創賢死焉而賊遂衝縣市則是胡賢吳賢兩鎮撫先後死也

劉東陽上海捕丞也甲寅邑城新築賊首蕭顯駕七巨舟逼東門外穴樓壁以瞰城中城不覆者一髮矣而董僉事力禦之稍解圍去僉事遣丞兵蹑之兵故孱見賊輒潰東陽遂戰死于太平寺里父老曰傷哉丞不能兵而檄之兵且遏歸寇忌也故至今言有司死事必痛劉丞云

童元青村所副百戶也因破城帶罪征勦拓林賊由蕭塘渡浦至府城南門之倉場時方造十戰艘賊至元逆戰賊先匿戰艘從背突出攻元元死之戰舸亦被燼矣時同戰死者有巡檢李叢祿或曰叢祿死于蕭塘

孫省祭鏜山東莒州人也善騎射多膂力俗呼爲孫奤子挾貲商吳越間甲寅倭掠松郡瀕海幕府募武勇敢戰之士而鏜願輸己貲助兵餉且戮力滅賊當事者奇而收之幕手巵酒相勞也會官軍方陣而任兵憊先登被重圍鏜往疾馳入脫任于難鏜于是益自奮使人還莒括其家益募故所推結里中兒爲之翼率多響應而鏜氣亦倍有輕敵心居無何賊從郭西燒民廬循石湖橋去鏜率數輩躡之越橋而戰會援絕還及橋半渡遇

伏鏜故不習溺拍未抵岸而賊矛四集矣遂死後軍輿其屍歸斂而道路多爲泣下鏜所佩雙刀衆人莫能持舉而鏜輪運如飛是時有二勇士曰丁千觔馬八百俱以力名川沙之戰大將中賊伏敗衄二勇士死焉或云丁千觔卽丁爵也鳳陽人以義授散官力舉千觔二子俱武健善鬬甲寅歲應募至松率客兵二百人出哨遇賊于趙家溝爵賈勇自喜戒二子勿前舉鐵鞭連撾三賊一賊佯死爵下馬斬其級賊奮力斷爵臂二子赴救以所乘馬負之而還踰夕死嗟乎若數人者其慷慨赴義憤不及謀者耶然此輩燕齊間驍勇習騎射馳突令御以善將審勢料敵而用其長寧至以七尺軀蹈死地也

李府南匯嗗官也倭薄城下城中危急矣府挺身出鬬斬獲甚多是夜賊

封城守軍酣睡府覺而刃賊不得登然火光中賊物色之矣明日出戰賊注目以鳥銃擊之殞于軍官爲立忠勇廟焉而李進士尙袞家乘載其先有李三兒者勇而善戰倭攻城時連殺賊數十人倭恨將甘心焉然三兒恃勇輕敵一日立城堞間大叫曰李三兒在此敢來戰否羣倭取鳥銃七門熟視齊發三兒竟斃于堞明日城中人覓貌類三兒者叫呼堞間倭若不聞也與李府斃于鳥銃事相近尙袞年十六能上三兒死事狀于直指蒙卹祠云

周藩遊擊將軍也乙卯五月五日王江涇敗倭八百餘人北渡浦從松往蘇藩追之至唐行鎭倭伏民房窺軍半渡出擊藩赴水死而兵民死者千人是年九月浙直官兵會擊陶宅之寇指揮邵鼎姚泓生員于岳陷陣殺

賊賊大敗乘勝進攻賊死守其巢乘高刺下三人皆死丙辰正月參將尙允紹擊賊于四橋死之時賊首陳東據新場爲巢寇盜充斥而允紹好鮮衣精鎧先士卒倭物色之故及于難

師印新安衞百戶也丙辰六月帥廣兵追賊至靑村得勝港兵潰力戰而死

楊鈿上海城夫也倭攻城不克佯退暮夜以竹梯倚城躡而登鈿大呼賊上城賊戮鈿鈿墜壓梯幷賊墮焉守城人皆驚起磚石雨下賊傷退去沒于潮者六十餘人而城始全至今城上祠楊鈿也

史氏曰孔子稱戰陣無勇非孝也志士溝壑吾何憾焉余年十歲時家有主爨老僕故守城卒也道倭寇逼城下事歷歷猶能記之當童元戰于南倉場郡將嬰城固守倉卒不能具兵器至以梨園甲杖揚威雉堞間焚廒倉燬戰艘烟火連日夜束手而已幸韓通判一矢中賊而賊乃去師百戶之陷葉謝係省祭之死石湖橋皆以無策應故又云葉謝之戰僧兵已斬九級邳兵嫉之紿之使前而莫爲應遂身死而軍潰馬家浜之戰民兵方與賊鬬而邳兵鳴金賊遂乘之死者大半當時士心攜貳如此夫賞爵無紀駕馭無術策應無備第令忠勇數輩慷慨以身嘗而委肉餓虎之蹊悲夫且當日大帥奉簡書專征伐而失事見報噤不敢戮一敗將潰卒令潰者生而忠者死是我所以弔忠魂而太息也嗟乎前事可以鑒矣

十節傳

嘉靖甲寅之變鄉邑罹鋒刃者幾萬家其貞婦烈女就死不汚辱者往往

在田陌閭閈間節奇而名湮殆不可指數也傷哉偶檢梅樵山人西樓雜記得烈而死者凡十人遂作十節傳

張氏文學韓洪謨似松妻也似松居郡東關甲寅倭來攻郡城入其家洪謨具儒衣冠擎曲迎之欲勸以好生勿殺語未脫口倭刃斷其脅矣氏號而赴被執子女號救其母俱死焉越二日里中收斂見氏左膊已受三刃尙堅執下體衣不解也怒勃勃如生云父老曰烈而慘未有如韓氏一門者也而是時東郭有老儒陸野塘其妻某氏亦不屈節死故人爲之咏曰靑血流天地丹心照古今野塘岩下士一日遂知名蓋傷其妻以節死而野塘至今傳也

陶氏南門四十保居民應奎女貧未嫁年二十二矣倭至與其母奔避賊

及之遂沉于河毋挽之出答云兒不能顧父母遂入深淵以死而其隣女張氏爲桶匠張經女聞陶死嘆曰嗟乎得死矣既寇入其家亦投河死焉

王氏夏文學世勳妻也居八保葉謝鎭甲寅夏寇經鎭夫妻奉其母偕弟妹同載而逃賊邀之于浦氏語其小姑曰我兩人義不可辱挽袂而投于河世勳與弟皆遇害獨其母存也

趙氏泗涇居民李之葉妻甲寅五月寇至家人逃散氏獨南走抵官涇橋賊追之度不免赴水水淺不死賊褰衣逼焉氏瞋目大罵死

張氏浦南化成庵居民譚三妻甲寅四月出奔避賊賊追及欲淫之執不從受刃於水涯之間

浦南朱氏二女文學明輔妹居八保寇臨境父兄挈之逃抵瓜涇塘爲賊

追迫與婢秋香連結投河死越三日父獲三屍于沙岡口手挽不解焉秋香張姓

焦氏文學朱煥妻居浦東七保與家人避寇至黃浦爲賊追迫煥獨扶其母逸焦被執與子婦唐相率投河賊怒亂刃死焉二子懋信懋謙奔及亦死

張氏泗涇卑族也寇至其夫張仲珍逃氏爲賊得不辱而死

陸氏婦七寶鎭居民陸台蘭妻賊至出奔爲賊所逼投橋下以死

史官氏曰余傳十節令後有聞焉當其倥偬臨難抗五兵殘肢體凜凜九死靡奪者且無暇商度義理豈留意身後名光簡册耶夫爲其名美而死之則義利之分別太明而計較利害重輕掣肘彌甚又安能須臾就義烈

烈如歸哉士見危授命蹈白刃不悔者世人多樂道其事然千百年不能書一二何也豈名之不足維持人耶婦人女子不依名節義理而直依其本性故有百折不可回之全氣然則名不能入女子而乃以誤丈夫嗟乎行丈夫之疑而女子也行女子之信而丈夫矣烈不烈之名吾何論焉或曰傳其名以風世也

狼兵

客兵惟廣西狼兵最悍曰田州瓦氏兵曰東蘭那地南丹歸順等州兵應調而來者五千名又有宣慰司土兵三曰保靖彭藎臣兵曰永順彭翼南兵曰容美田九霄兵而獨瓦氏并其孫男岑大壽大祿先至督府張經以瓦氏兵配總兵俞大猷屯金山衛以東蘭那地南丹三州兵配遊擊鄒繼

芳屯閔行以歸順兵及募至思兵廣東東莞打手配參將湯克寬屯乍浦令相機戰守而永順保靖兵以四月二十日至會巢倭四千餘突犯嘉興參將盧鏜督保靖兵援嘉興俞大猷督永順諸狼土兵由泖湖間道趨平望扼賊歸路湯克寬引舟師從中路擊之遂斬馘一千九百九十有奇而土兵之力爲多當狼兵先至時衆新集沮澤險阻多未閑督府雅不欲以一旅金注而郡大夫父老實苦倭殘酷不能忍須臾輒嗟嘆奈何安坐武帳中置萬里外來蹻捷輩縻犒餉噤不令發一矢也而狼兵故貪利睨倭貲鉅萬可攫而有摩拳思當一戰是時夷情故譎大抵設伏誘我軍使不得成列而以數騎忽馳出兵後即勁卒不得展其技擊督府姑令先嘗之戰頗不利羣倭圍瓦氏數匝殺其家丁數人及頭目鍾富瓦氏披髮舞刀

往來突陣中所乘馬尾騌爲倭拔幾盡浴血奮鬭而出馬上大呼曰好將官好將官蓋憤當日諸將擁甲不前救也夫集鄉兵爲嚮導合浙兵爲應援主客相錯而後可以制萬全豈謂狼兵無轉鬭力哉政須有待耳且曰後平望之捷業見効矣而權貴人竟以是中督府督府逮而狼土兵散無統鄉之人又曰是實淫暴而戕我廬室也于是觖觖無功而去然權貴人駕罪狀于督府謂瓦氏憤不出兵自言千里持糗糧來而袖手無尺寸勳何以歸見鄉里故上特諭禮部曰瓦氏効勞被阻特犒銀三十兩幣三表裏以旌其勤

按狼兵部署法七人爲伍伍相爲命六人擊刺一人割級所獲功級七人共分之凡一人赴敵一伍爭救若沒一人必斬一伍其伍之于一隊亦然戰沒受上賞臨陣擒敵雖不獲級亦受上賞斬級者論首虜以差斬級而能冠同伍者輒以其人領之其兵可死而不可敗故十出而九勝然督府經故鎭廣狼兵實服其威名故檄而來經既緹騎去而周玧楊宜輩卒莫能用也

僧兵

僧兵係山東應募者其徒衆少卽習兵曰大造化月空天池一舟玉田太虛性空東明古泉大用碧溪等四十名皆稱少林僧俱持鐵棍長七尺重三十斤運轉便捷如竹杖驍勇雄傑官兵每臨陣輒用爲前鋒

嘉靖癸丑六月官兵擊倭于南匯僧兵四人死之時倭方駐白沙灣都司韓璽率各路兵及僧兵百人禦之大戰斬賊百餘賊隊有巨人穿紅衣舞刀而來領兵僧月空和尙徧視諸僧皆失色獨一僧名智囊神色不動卽遣拒之兵始交智囊僧提鐵棍一築躍過紅衣倭左隨一棍落其一刀賊復滾轉又躍過紅衣倭右又落其一刀倭應手斃矣羣賊皆跪乞命或潰散走而所屯集遂空中有四僧了心徹堂一峯眞元者乘勝追斬其級爲賊所乘被殺或云倭奔匿民舍伏壁間四僧輪棍入呼曰賊快出受死倭突從壁後出斫之俱遇害是日幾大勝而四僧兵不免則以貪級不設備故也甲寅二月官兵戰葉謝馬家浜諸地僧兵衝鋒頗多斬獲援兵不繼且不識地理遂前進陷于敵大有西堂天移古峯二十一僧皆死之乙卯十月提督諸公合浙直諸路兵進勦陶宅倭僧兵前隊直至巢門輪棍進破敵遇者卽仆頃刻斃數倭倭詭將先一日所敗我兵服色器械扮作我兵忽繞出其後鼓譟混殺僧兵不知猶呼後兵接進而倭刃已及身遂大呼皇天而死者若干人僵尸滿田間見者無不流涕也悲夫將帥不知用兵而驅猛士爲賊所乘吾松之敗衂大抵繇此矣後僧兵骨官爲立石塔瘞于佘山

鹽丁

海上莫勁于鹽丁蓋其人以鬻販爲業所謂弛刑徒亡命是也此輩國家不用卽作賊扞文網用之卽兵矣吾松漕涇故多販鹽輩往年倭寇嘗過其里見家有鹽包遂戒勿犯而去蓋倭嘗爲鹽丁所逼遁于海中小山鹽艘圍之數匝焚其舟絕其粒賊甚窘適他倭船至乃脫去自是大創矣故當時議者謂宜擇豪富爲衆服者使得部竈丁團營本鎭以捍賊長驅云

余猶憶幼時在外大父家見崑山潘秀才圓山者昂藏武健人也時已老矣而猶矍鑠譚禦倭事自呼爲潘將軍後余漸長外大父能述其詳云潘秀才圓山當倭亂時所收拾鹽場販夫凡百餘人同其飲食居處引爲親兵圓山善舞大刀其部下皆驍悍乘亂思功名自奮督撫曹公邦輔愛而置之帳下與同臥起然圓山率諸販夫日狥于郊野中喜勦零賊不喜對大陣一日有販夫爲乞兒裝入賊地見賊會飲酒食羅列所虜黃白器備具販夫衣不蓋肘瘻而前作餒狀又遠望不敢近賊賊手招之販夫亦以手作怕刀狀賊搖手示無他意販夫乃匍匐往舌餂其肉吸其漿盡而去告秀才曰某所有賊聚飲可襲也且其黃白器多可攫而有秀才乃持大刀率二十人往至其地羣倭駭散秀才頒酒肉飽二十人而收其黃白器

俄而羣倭四面合圍吹海螺每一吹進一步勢漸逼秀才大呼曰取我大刀來東向一掃而斃二倭遂令二十人出圍而身爲殿時羣倭素聞秀才名不敢逼秀才乃從容去行路且半偶遺一解手七刃秀才曰得無令賊嗤耶旋循舊路拾之歸倭亦退避竟弗追也自後鹽丁屢斬倭級受上賞而秀才以積功級軍門欲官之將受牒矣會有弁以他事縛而杖于庭者百秀才遂决意不就官督府問其故但曰書生無官以免辱也再三强之不從督府乃朱書一劵給之曰減此賞銀一萬兩後秀才既老且衰矣猶出督府書以示人道當日事云

遣祀

古者有大事則禱祀山川禮也矧肅皇帝奉玄威以洗滌鳥氛海若有不効靈者哉松父老嘗言是年倭船每出海颶風大作百艘全覆海上被圍而潮忽漲渡濠眞倭圓眼大顱黝黑面魁悍者卒汩沒于隍塹間數十輩若天誠之矣庸非齋宮虔禱應耶先是三十四年甲寅五月上諭禮部朕受上天明命君主華夷東南欺上有督臣不忠黨勾北虜既誅經結南倭又作是隣哉之義耶兹仰叩玄威告於太廟二社稷神祇壇先聖卽日行于是明年丁巳遣工部侍郎趙文華奉旨祭告海神先年文華來江南有督視之命至吾松以與總督爭一公署有隙文華又因狼土兵至頗欲速戰徼一捷爲首功而總督不從既劾之棄市而又會蘇浙兵以勦陶宅寇仍敗衂至是遂以祀海兼督視來既至松而海濱寇縱横其巢栅星布蹤跡往來出没如織督察不能望洋將事也太守方廉乃爲壇于春申浦上

得勝港是日血牛馬大會文武將吏戎服陪列三軍鎧甲執戈戟樓船旗幟蔽天耀日侍郎文華乃登壇宣上命讀祝文以祭海之神略曰夷起東方逋逃猖狂戕我東人傷我稼穡自丑逾寅今已卯域天子震怒遣祀有勅有文龍章有禮秩秩有鬼有神神不可測期佑王師元功是卽殄彼羶腥神功有在海宇肅清神德維大是時將士踴躍有敵愾氣而島夷亦漸知海上兵勁思望海而遁不復如前横行矣然文華怙寵爲分宜爪牙而來既陷一總督及浙撫于死而又劾曹督撫檻車徵其聲勢頗懾東南吏而惟賄德是聞東南苦祀海使者不減海夷所謂以亂止亂其去幾何也」史氏曰國家軍興之際當省事而省官夫遣一使而郡邑兵革不暇治顧且力疲于供帳廩餉不暇給又且財盡于逢迎官評顚倒是非將士莫必

其命此際寧堪再擾耶愼之哉已事可鑒也

三太學

倭之變蹂海上諸鄉鎭慘矣穴于柘林穴于陶宅穴于乍浦而迤邐出掠近地羣倭每日鷄鳴起蟠地會食食畢夷酋據高坐衆皆聽令挾册展視今日刼某處某爲長某爲隊隊不過三十人每隊相去一二里吹海螺爲號相聞卽合救援亦有二三人一隊者眞倭每隊不一二輩舞刀橫行人望之股栗引頸受刃矣薄暮仍返其巢

是時太守方廉令沿海居民聽其募壯丁自衞或遇賊格殺之官具功令視軍兵臨陣斬獲賞于是川沙喬太學鏜募鄉兵四百且出己貲輸官爲築城鄉人賴之喬故素封而又有勞兵間性不善下人見巡行御史或應對失恭謹而諸將思中之御史怒杖之庭下竟憤死至今士人言之爲流涕也

新場有盛太學濟時募兵二百皆海上販鹽精悍之士號盛家兵有家人盛廉者果敢善戰又有所募卒名邵搭辣胡每飲酒傾一石卽赴敵嘗單騎入倭陣殺三酋而歸一時斬獲頗多後濟時錄功宜爵百戶辭以太學貲選北城兵馬轉山東靑州府判致仕矣

有潘太學元募兵三百當時邀零賊出刼往往擊而殺之然元先期死功無表見官亦不紀其績也嗟乎倭躪入海濱而海濱民不知鬭望風先潰而長驅如掃葉夫愚民知潰而生孰知却立而竟可不死且直前格鬭而可以取首功者耶故爲桑梓禦亂計莫若團聚鄉保人自爲兵然非豪富有大力者孰能治牛酒厚餉而號令之耶故海東三太學者可紀也賞不酬勞悲夫聞其時又有新場倪太學行頭閔廩生亦並團鄉兵禦賊云張子曰余讀徐長谷先生喬君墓志而傷心焉其言曰今世武弁習于玩弛其視死甚重而出身犯難乃屬之鄉井無職事之人輒又蹈瑕伺隙而中傷之嗟乎其不堪滅此而後朝食宜也當倭夷寇東海上時棲泊川沙窪而巢於柘林乃柘林以東塍谷陭陿溝澮鈎聯雖蜚蹻超距材卒遇賊莫騁也而一時徵集諸郡國善技擊者若南楚之飛鏢靑齊之戈鈹處之狼筅定武之射疏皆有材官蹶張之能一入其境而肘腋輒廢地利不習而用失其長故也團結士兵之議自喬太學倡始而遂身先任其事伍從其所親技習其所便明約束厚貲遺廣間諜而斬馘無虛日寇巢不自安而

轉徙平湖不可謂非士兵敢戰力歟撫按上其績欽授冠帶再受白金文綺之賜而本兵議起家授之官乃竟有疾視中其旁者而辱以憤死功名之際難居哉夫士樹素封而倔起田舍將就公車徵斯亦古今所通忌矣三太學雖有幸不幸然余不具論第考論其概爲團結士兵著功狀如此

四辯士

談言微中可以解紛士能憑三寸舌蹈不測之淵投會導窾排難息兵所謂賢于十萬師者可尙也以余所聞吾松說陶宅羣倭出境往舊巢則有蔡忠恕忠恕閩人也號玄谷流于松亦不詳其何來官募其諜于賊諭賊往舊巢出海忠恕請行先遣其家伴閩人往賊巢作鄉語漳泉人聞其鄉人也出與之語其人爲好語曰軍門使我蔡公來欲與汝酋長會話允則

刻日而至遂往通之賊首陳東許明日午時相會備米四十包枯魚十包如期遣人運于翁姓民家與賊會話送之蔡忠恕先至入坐令人諭賊釋兵器入見如諭而入蹲踞于地爲作禮狀諭其竄于此非久安地今軍門欲開汝生路不若仍往柘林舊巢假汝艘縱汝出海去毋客死他鄉也賊竟唯唯受魚米越二日仍往舊巢而陶宅安

華錦上海人徐太史子先言幼時常識其人自言受胡少保命爲徐海諜事甚悉當是時有贊畫周述學者爲胡公謀遣間使說徐海歸順而華錦往陰結其兩侍女令說海後海尋悔中變欲殺錦而錦以談笑利辯得脫竟擒海云

余考海防書載華蓳蓳與錦音類而又作華童乃籌海編則又作童華而今遂不復知有華錦矣豈錦名不傳耶抑別有童華耶或云童華通事也當徐海圍桐鄉胡少保在杭無他兵可遣援乃與中書羅龍文謀欲用間以紓時急而華適至遂詣海所勸海歸軍門樹功圖顯榮海固唯之而陰與華曰奈費倭人金且數萬何華曰易耳華公大度更立功豈直數萬金已耶海遂投降劵于華而解桐鄉圍去既而兵逼塘棲華馳問則曰倭人金無償也華曰挾兵要重賞謂款何第出海而須厚賞償之海乃退屯李港而遣其弟洪來質後陳東麻葉既擒而海勢孤旋中悔陰爲死鬭計則童華與羅龍文又往且諷使入見龍文宿其營中安寢海以足蹴之曰此虎穴何酣睡也龍文曰我爲爾百口且不顧爾乃心持兩端耶海曰聞趙必欲殺我奈何曰此趙公初意而今則否矣且欲爲爾題封爵事提一旅

捍海上寇爾可無一往見耶我京官且胡公戚也爾第入見我質爾營中海遂刻日往後出而趑趄語龍文曰諸軍門非忘情于吾者吾禍終不免也官兵既四集海偵知之欲謀拒自全而華又往解之海怒而迎華曰吾以爾言而結怨諸倭今吾既降而復徵兵漸逼何耶叱左右縛華將殺之華大笑不止海曰爾何言華曰吾笑爾不識人耳軍門爲爾備陳黨故兵壁于郊爾奈何生心乎海問計乃教之請西沈莊居陳黨而以東偏自居後二黨相仇殺以至于滅者童華力也

張子曰余訪父老言記蔡忠恕繫松故事也因憶胡總督所使說王直者有蔣洲陳可願二人王直者賊之魁柘林賊如陳東徐明山皆其黨誅直而羣倭以次授首矣故并記二人蔣洲陳可願甯波生員也當嘉靖癸丑上海周浦諸倭猖獗蔡都御史克廉以可願爲幕客計欲行間以離其黨士民疑爲誤用奸細遂止後可願歸閩竟與洲捧檄使海外誘擒王直收游說之功云先是海商王直以要互市不得遂糾島夷入寇而身爲調度沿海殘破無甯歲總督胡宗憲奏遣使宣諭日本國王令其禁戢島夷實欲行間諜購致王直也廷議是之乃令布政司爲檄宣布德音募能使者蔣洲陳可願請行於是假以市舶提舉服色充正副使以往渡海至其國五島地方偶遇賊養子毛海峯在焉兩人以移論事告之遂引見直諭以朝廷遣使之意及軍門招徠之心直爲感德然雅不欲國王知也謂兩人曰夷意在求互市而已既朝廷有命吾當爲若圖之國君孱不能令諸島須歷各島諭之亂可弭也遣毛海峯輩送可願回而留洲在島數月海峯

來實伺中國虛實及當事待直意若何耳而總督故示以厚待意准令立功報効而爲之奏請賞賚優厚海峯還報直始挺身來謂市舶可通而身爲諸島夷盟主然猶挾倭數千來觀望海上兩閱月洲與可願反覆說之又携貳其黨始入見軍門于甯波而生致之斬之市傳首京師自此海上少戢矣然御史趙孔昭劾洲專命往使不達其國謂爲直黨悲論死詔獄巡視軍情郎中唐順之謂不赦蔣洲將來必以使絕域爲諱而阻宣力報効之心復奏釋之二人者其膽力宏辯再造江南可尸祝也故記二辯士

兩孝子

居恆而論孝庸常人事耳吏不墨而女不淫寧云奇節哉然習所豫喪所殆中人之情如是故論忠孝而要之于死白刃之際見天性也怵于內而

喪于外吾曷稱焉夫兩兒戲于沙上虎至兒不懼而虎亦不傷心不動故也若兩孝子者不惜一死以丐父命而竟兩脫于虎口豈天相之耶抑其心不動故悍寇不得而傷之也夫出乎性矣雖蠻貊亦可格焉誰謂誠不能動物哉紀兩孝子

李孝子安祥上海沙岡望族也倭巢柘林出掠沙岡而驅孝子父以去孝子挺身尋父于賊中然私念我往萬一失賊意卽受刃無悔奈吾父何徧訪隣父老曾沒于賊還者或告之曰賊喜近書生而不喜言書字謂書與輸音近也或又告之曰嘻抵巢而覓父易得耳奈賊鋒布野將無虞叵測哉孝子收淚謝曰兒安之矣且無父兒寧能獨生遂儒服抵賊巢賊詰何之則曰我識字人父被掠故以身贖也賊酋見而喜得其父名于俘籍中

亟出之令父子相見且爲設美飲食而父痛其子冒萬死來輒涕泣不食孝子顧加匕箸跪勸父食酋長睨而益敬之居數日令其黨以一令箭先護其父歸而孝子留賊所爲其登紀所鹵掠玉帛數久之厚贈孝子而還之也孝子廩于邑庠學使者耿公表其門曰至孝感夷後以隆慶改元恩貢選登己卯榜鄉薦知滄州子及孫皆列科名也孝子號見汀

高處士承順少有至性居母喪擗踴絕復蘇小祥猶瘠甚及禫而不近酒肉父轉漕京師遘危疾孝子晝夜禱于神父忽夢大士投刀圭而病蘇歸途遇大風公擁父叩船籲天風忽定倭夷亂海上郊居倉皇奉父奔郡城猝遇寇露刃向父公以身擁蔽叩頭流血請代寇亦義之曰爲孝子丐若死猶掠以前驅濟河水勢漲公極力肩父幾不能濟寇引手援之登岸遂

釋以去也夫動神明止風波息强暴至矣哉其孝思不匱者乎而相傳倭焚郡東闉時見三節張氏門閥棨方舉火一倭搖手曰好人家勿火也然則島寇亦慕義有至性矣

三丐兒

丐者張二郎莫知其所自始善泅伏水中能月餘不食又蹻捷善走死地甲寅倭亂應募方太守令詗賊數挾利器泅水遇賊舟鑿其底沉之又時入巢偵其情形且斬倭首以獻太守頒銀牌犒之不受請歸府庫犒之以酒肉則受賊平論功應世襲百戶郡縣加以章服妻以妓女却之惟願乞食夜則臥嶽廟中嬉嬉無愁慘色後方守開府江南訪之得之寺中伽藍祠下召令領犒金仍笑不受與飲食則忻然謝而去竟莫解其誰何人也

夫出萬死中排大難成事而長嘯謝富貴弗居豈東海貧兒中有魯連先生其人耶嗟乎人生能着幾兩屐得日一飽酒肉足矣意二耶固別有深情也

穆一耶朱夫亦松之市乞者一耶能以五色粉墨塗其面漆身爲癩行乞賊巢中賊或設飲食一耶遙望睥睨賊招之則搖手作怕死狀賊亦舉手作勿殺狀招之來啖以酒食一耶既醉飽乃匍匐去盡知賊在某所衆寡何如某地可設伏襲擊也聞之官官兵乃往殲之又與朱夫懷毒夜潛入賊巢納毒于井取井旁磚石爲號賊飲井水不卽死惟瞠目不語若痴狀土人通賊者告賊疑井有毒勿飲更汲飲溪中以故中毒不甚深三四日或幸無恙矣毒恐太急卽死則不食少緩可中毒多也然而賊亦間以是

多死焉此兩人者皆能用詭以銷賊焰不可謂無益於數萬兵也故曰戰勝于謀則乞兒屠夫皆可以備行陣

三腐儒

古之敎龐今之專愚也然其執所見雖生死不能易之夫士固有稱先生引義理蹈咫尺不茍且屑越者涉危地如遊康莊焉其不幸不能樹亮節名稱不朽命也要其始終一行寧正而斃無詭而完卽古烈士之不二心何加焉而世俗姗笑之悲夫述三腐儒

張盈隅先生唐行鎭老儒也倭掠唐行居民望風竄家人呼曰倭至矣時盈隅方課其孫讀讀已未復誦也徐令琅琅復誦聽之畢家人負其孫兒去呼愈急曰倭且來速往避屋廬且受焚也盈隅乃入祠堂潔盤托奉神

主會天雨地汙泥則又躡屐兩手擎祠主甚謹鵠步而出倭見大笑反退舍任其所往既倭去仍返主于家

東門韓文學洪謨號似松爲人好古衣冠非法不言非禮不動倭逼東門城外民各東西竄洪謨戒家人無輕動吾且勸諭暴客爲良善勿好殺也肅章縫服出門迎之兇倭鋒甚銳刈人如草菅洪謨擎曲好謂曰若奈何慘殺傷天和語未脫口倭揮刃斷其腰因入其室妻子皆被殺妻執節見十烈傳所謂東海黃公持赤刀符咒降虎虎食其肉猥籍道上去者

靑村一叟陳姓者亦老儒倭夜破南城入居民爭北門出鳥獸竄矣叟獨整衣冠端坐中堂不動倭入叟睜目叱之遂受刃于坐惜失記其名然亦可謂不徑竇方正君子也張子曰古人稱好學近乎智然後世學問之士

偏能居錞而茍全以自託于智多豈學不由生質耶夫質有其學則聖人無死地矣然而必死者正也城陷而尙召家人爲兒子行冠禮厓山草創朝廷旦夕葬海澳而日書大學勸講彼臨死地而安且定故履之若平時夫令三宿儒當此其能不亂生死一矣而後生輩遂指爲腐豈非以其質固涫篤渾沌耶然當日擾擾逃生者後竟何濟而後知三腐儒死可也不死可也

二忿詬　附

郡西有一老隸卒與其隣譁而詬鄰故擔夫豪也隸既豪於隸諸隸從之擔夫亦豪於擔諸擔夫羣赴焉然兩家並隣于秀南橋衆隣解之盛氣弗下也隸之徒曰我儕供事郡堂皇而么麼汗血厮養乞升合米活者何能

爲擔之屬曰我輩雄於市久矣唯唯讓一毆呵牛馬走不幾淮陰市之辱哉一日分隊而期於秀南橋上隸之徒東圯擔之徒西圯兩家各面證其曲直狀其屬各蜂起戟手而佐舌鋒俄有從北來者呼曰倭至矣鬬語初酣不聞也已而又見喘而奔者曰倭至矣鬬辯如昔既有帶刃傷而匍匐至者幾屬息曰倭已殺人蔽野矣兩家之徒駭而走其老隸與擔夫尙言某事是誰曲直某事是誰短長兩不承竟刺刺不罷語未脫口倭至隸之脅斷擔亦受刃於圯下其徒竄而避者倭四面掩殺之是日屍塡城外烟火絕沿郭者數日幸任兵憲力戰而城完郡史氏曰隸若擔之爭也衆各附其豪以求雄耳何知仁義腰脅分處血肉淋漓而羣黨亦逃一死不可得嗟乎誰爲雄雌哉

一酒徒 附

長橋南一賣酒翁每酤其清美者於人而甕底濁醪則貯之別甕漉其粕而澄之滿則舉甕吸之如引大斗一日甕頭濁醪盈矣翁方提甕出踞橋上將快飲有人從後呼曰倭來矣且避翁徐飲自若曰倭來無妨也既又有人呼曰倭已在後翁舉甕而曰縱令倭來也我須盡此一罎倭從後揮刃截爲兩段上截二手尙擎一甕唇向甕口衆倭大笑嗟乎偏嗜之癖能忘其身此豈可爲醒者傳耶夫嗜功者戮於功嗜官者敗於官嗜黨者死于黨狂藥之中人寧獨一酒翁哉

吳淞甲乙倭變志卷下終

讀吳淞甲乙倭變志

侗師先生喜讀書手無停繙目無輟覽著述之暇旁以瀋墨餘汁採吳淞倭變事纖悉備志用抒憂世之思余小子讀而嘆之謂國何能無事事有其人人有其意蹈歷于利害情形之中而古今肯綮之熟嘗耳目得于前局智力瞭于省括則可以因近量遠因一隅籌天下而扶危定傾于不壞虞朝歌之利器趙營平之老成彼其人平居實有其意□□□□□□□□不見頓轡擢御不知高岡峻坂之險也不見告正鵠三軍不鼓惡知廣場易圃之茫然哉余故識侗師之意遠矣後之視今猶今之視昔試取吾師之言以證今事可一一倣而行乎夫倭散虜聚倭狡虜疾倭去來

有候虜驟來驟去時去時來兩者情形利害故自不一要之識全乃可以決機晝定則不至坐困事在有人人在有意耳雖然今不但無其意亦且無人事急而始徵兵兵集而始問餉一人而初謂可用既謂不可用且明識其不可用而姑用也病者不擇醫而治病劇亦聽之庸醫效則可以爲功不然奪之糈而已舉醫效可以爲德不則旁立而睨之耳是于醫皆無所不利而獨主人受其害悲夫問路已經百不失一蘇文忠云藥雖進於醫手方多傳于古人救時者讀是志其亦有會心也夫

門人古蒲曾楚卿頓首謹跋

跋

吳淞甲乙倭變志二卷明張鼐撰以所紀松江倭擾多嘉靖甲寅乙卯二年事故名書名見明史藝文志及四庫存目而傳本絕少未可卒睹去春自常熟縣立圖書館錄得一副本有曾楚卿跋意其門人舊所鈔存者也惜已佚其一葉計三百二十四字其他亦間有闕脫及不可卒讀處又上卷紀捷殲渠兩篇下卷僧兵狼兵兩篇與鹽丁遺祀兩篇其順序俱與四庫書目提要所言後先倒置未喻其故今春復得鼐所著寶日堂集讀之見是書赫然在焉特集中僅稱倭變志而略去吳淞甲乙四字各篇順序與四庫提要全同惟卷尾於三腐儒之後增二忿訴一酒徒兩篇而十德傳吳悟齋條下無老僕周山所言一段其餘字句間亦微有差異因取以校前鈔之本補其闕佚三百五十五字增其脫落十五字正其譌訛四十四字並爲改正各篇順序且附二忿訴一酒徒兩篇於卷尾俾成全本焉

民國二十四年夏上海通社識

嘉靖倭亂備抄不分卷

〔明〕佚名撰

《嘉靖倭亂備抄》不分卷，撰者不詳。是書成於明代，起嘉靖二十三年（一五四四）日本入貢，訖四十五年閏十月，凡倭寇之構亂及平寇始末，皆備載之。又論倭患致禍之由，以爲始於謝氏之通海，成於嚴嵩之任用非人。據清抄本影印。

嘉靖倭亂傳抄 自二十三年起

嘉靖二十三年八月日本國先于十八年入貢至是使釋壽光復來禮部言日本例十年一貢今未及期且無表文宜命阻回 十二月漳州人李王乞等通番漂至朝鮮朝鮮王李懌械送三十九人于遼東都司

二十五年二月朝鮮署國事李峘遣使南洸健朴菁等解送通番人顏容等六百一十三人皆漳泉人也

二十六年三月朝鮮國王李峘遣人解送福建下海通番奸民三百四十一人咨稱福建人民故無泛海至本國者頃自李王乞等始以往日本市易為風所漂今又獲馮淑等前後共千人以上皆挾帶軍器貨物前此倭奴未有火炮今頗有之蓋此輩闌出之故恐起兵端貽患本國遼東都司具報禮部議聞 六月巡按御史楊九澤言浙江寧紹台溫皆枕山瀕海連延福建福興泉漳諸郡時有倭患沿海雖設衛所城池控禦要害及巡海副使備倭都司督兵捍禦但海寇出沒無常兩省官僚不相統攝制禦之法終難畫一往歲從言官請特命重臣巡視數年安堵近因廢格寇復滋蔓且浙之處州與福之建寧連歲礦寇流毒每徵兵追捕二府互委事與海寇略同臣謂巡視重臣亟宜復設然須轄海福建浙江兼制廣東潮州專駐漳州南可防禦廣東北可控制浙江庶威令易行事權歸一事下兵部集諸司會議復如其言第廣東潮惠二府仍隸兩廣提督有事則協心勦處上曰浙江天下首省又當倭夷入貢之路如議設巡撫兼轄福建福興建寧漳泉等處提督軍務著為令 七月改巡撫南贛汀漳都御史朱紈巡撫浙江兼管福建福興建寧漳泉等處海道 十一月佛郎機人掠漳州副使柯喬拒却之 十二月海寇突犯寧波台州官軍莫禦巡按裴紳以聞

二十七年六月日本國貢使周良等六百餘人駕海舟百餘艘入浙江界求指闕朝貢巡撫朱紈以聞禮部言倭夷入貢舊例以十年為期來者無得踰百人舟無得踰三艘良等先期求貢舟人皆數倍于前蟠結海濱情實叵測但其表詞恭順且去貢期不遠若

桀加拒絕則航海重譯之勞可憫若損畧含容則宗啟宋素卿之事可鑒宜令紈循十八年例起送五十人赴京餘者留嘉賓館量加犒賞省令回國至于互市防守事宜俱聽斟酌處置　七月朱紈仍改巡視事寧回京　六月二十七日海賊嘯聚福寧州流江等灣拒傷官軍　七月二十八日仍流劫黃崎等灣署印副使張諲率兵擊敗之至是都御史朱紈以聞因迭諭兵備僉事翁學淵把總指揮孫敖失事　九月賞巡視海道都御史朱紈銀幣初海賊久據雙嶼島招引番徒漂掠二月中紈密檄福建都司都指揮盧鏜等以輕舟直趨溫州海門衛伺賊至與浙兵夾擊敗之賊遁入島捷聞　十二月福建海賊林成等流劫至南直隸界蘇松兵備副使魏良貴檄太倉州署印同知鳳偽岐等集兵捕之擒斬三十餘人事聞詔賚良貴銀幣

二十八年七月初巡視浙福右副都御史朱紈既報浯嶼擒獲夷王之捷隨奏夷患率中國並海居民為之前後勾引則有若長嶼喇噠林恭等往來接濟則有若大擔嶼奸民姚光瑞等無慮百十餘人今欲遏止將來之患必須引繩排根求絕禍本乞下法司議所以正典憲戢姦慝者紈身去任都察院議下巡按福建御史轉行巡視海道都司等官緝捕前項奸徒并土豪為淵藪者悉正以法至于見獲佛郎機國王三人亦宜審其情犯大彰國法仍移檄各處有能告捕見惡者重賞首故自新者聽免本罪且浙福海患相沿出此入彼宜令兩省諸臣一體會議施行報可

按海上之事初起于內地奸商汪直徐海等常闌出中國財物與番客市易皆主于餘姚謝氏久之謝氏頗抑勒其值諸奸索之急謝氏度負多不能償則以言恐之曰吾將首汝于官諸奸既恨且懼乃糾合徒黨番客夜劫謝氏火其居殺男女數人大掠而去縣官倉惶申聞上司云倭賊入寇巡撫紈下令捕賊甚急又令並海居民有素與番人通者皆得自首及相告言于是人心洶洶轉相告引或誣良善而諸奸畏官兵搜捕亦遂勾引島夷及海中巨盜所在劫掠乘汛登岸動以倭賊為名其實真倭無幾是時海上承

承平日久人不知兵一聞賊至即各鳥獸竄室廬為空旁兵突之望風奔潰蔓延及于閩海浙直之間調兵增餉海内騷動朝廷為之旰日如此者六七年至于竭東南之力僅乃勝之蓋忠之所從起者微矣

二十九年七月詔逮巡視福建都御史朱紈至京訊鞫下福建都司都指揮僉事盧鏜海道副使柯喬獄論死先是紈奏海夷佛郎機國人行刧至漳州界官軍迎擊之于走馬溪生擒得賊首李光頭等九十六人已遵便宜斬首訖章下兵部請俟覈實論功會御史陳九德疏稱紈專殺濫及不辜法司覆請遣官會勘上從之遂革紈職命兵科給事中杜汝禎往至是汝禎及御史陳宗夔勘上前賊滿剌咖國番人每歲私招沿海無賴之徒往來海中販鬻番貨未嘗有僭號流刧之事二十七年内復至漳州月港浯嶼等處各地方官當其入港既不能羈留人質疏聞廟堂反受其私賂縱容停泊使内地奸徒交通無忌及事機彰露乃始狼狽追逐以致各番拒捕傷人有傷國體其後諸賊已衛又不分番民首從擅自行誅使無辜並為氣冤紈則如九德所言者紈既身負大罪反騰疏告捷乃鏜喬復相與佐成之法當首論其冒功坐視諸臣通判翁灿指揮李希賢等罪次之指揮僉事汪有臨知府盧璧參政汪大受又次之拒捕番人方叔擺等四名皆處死餘佛南波二者等五十一名當安置見存通番奸徒當如律發配發遣于是兵部三法司乃覆汝禎等言紈鏜喬遂得罪翁灿等下巡按御史提問汪有臨等奪俸有差紈為人精廉勇于任事開府閩浙首嚴通番之禁海中為之肅清走馬溪之役雖張皇太過然勘官務入其罪功過未明紈竟坐憂悸未鞫訊仰藥而死士大夫多惜之

三十一年八月辛亥朔巡撫浙江御史林應箕奏報海賊攻破黄巖縣治并參論失事所由曰浙江寧紹温台地濱大海寔倭夷入貢之途盜賊出沒之所國初建衛所四十有一設戰船四百三十有九量以總督備倭都司巡視海道副使等官控制番夷至為周密嗣以海波不警戒備漸弛伍籍日虛樓櫓朽弊過警輒借漁船追敵號曰私哨而官船廢矣前都御史

令改設於福清捕盜船隻治有効因量留福船四
十隻先給于行糧使分泊海濱常川防守其台州海
門衛者免有兼之外悍故以福船十有四隻守之積
年所造特者尤耳近日海警益數而海道副使丁湛
反將福船盡數遣歸其原設官船壞缺又漫不料理
乃行僱募漁船以資哨守兵非慣戰船非專業聞警
那能全不足恃以致群盜數行而入攻㬉縣治若蹈
無人境耳失事之誅湛當首坐其總督備倭都司周
應禎把總指揮劉鐘黃岩知縣高材盛自為主帥或
責任專城過敵宵奔法當重治至于巡守各道副使
李文進等及知府馬鍾英等亦宜各以輕重抵罪疏
下都察待旨遂禎鐘材各革職湛先已為民仍與應
禎等俱下按臣逮問文進等與鍾英仍如前旨住俸
勦賊、
三十二年閏三月十三日黜原任福建按察司巡海
副使柯喬為民以捕獲沿海導番奸人不候命輒斬
之故也　四月十三日海寇犯太倉州攻城不克分
衆四掠[illegible][illegible][illegible]廬舍是時有失身倭四十人突至

州江仁和往來平湖海鹽海寧之境縱橫肆掠焚戮
崇德官兵前後遇之皆敗凡殺把總一指揮四千戶
一百戶六縣丞一所傷官兵無慮數百人凡十有六
日竟倘佯奪舟而去癸巳海寇破松江上海縣丁酉
海寇攻吳淞江所南滙所俱破之分兵掠江陰串子
江北倭掠海州殺二百餘人浙江倭五百餘攻破臨
山衛衆勝西犯松陽知縣羅拱辰督處州兵禦却之
賊、浮海走參將俞大猷以舟師邀擊斬首六十九級
甲辰倭攻福寧州嵊嶼所破之大掠而去　五月丙
午朔壬戌日倭賊攻浙江乍浦所陷之知縣羅拱辰
督兵來援賊引去流劫奉化寧海等處參將湯克寬
追圍于獨山民家以火爇之賊半死餘衆奪道遁遁
于海甲子詔設金山參將一員分守直隸蘇松等處
防海備倭是午命分守福興漳泉參將湯克寬充海
防副總兵提督金山等處　七月乙巳朔戊申巡撫
應天都御史彭黯巡視浙江都御史王忬各以倭患
出境浮海來追來閩倭自閏三月中登岸至六月中
始旋留內地凡三月若太倉海鹽嘉定諸州縣金山

青山錢倉等衛所皆被焚掠上海縣昌國衛南滙吳淞江乍浦蔡嶼諸所皆為所攻陷崇明華亭青浦象山嘉興平湖海寧臨海黃岩慈谿山陰會稽餘姚等縣鄉鎮焚蕩略盡向來所稱江南繁盛安樂之區騷然多故矣甲子兵科都給事中王國禎等言近者海氛弗靖臣等日閱彼中當事諸臣及南京府部科道章奏凡夷倭交發之由虜兇狡譎之態盡與分布之廣城池失陷之多官民屠戮之慘與夫兵將柔脆之寔同賊勦損之屢祖宗根本重地驚惶震撼之情臣等深切殷憂周爰咨度求所以裨廟謨銷後患者謹列三事幸命籌國計者擇焉一明委任機不並操權無兩在海防要害以一重臣任之足矣乃命操江與巡撫協同行事平居既若于牽制臨事又易于推諉非計之得也宜稽往牒相時宜酌定歸一以專任而責成之更且近日登萊亦傳倭警凡瀕海郡國將恐俱不免其山東遼東巡撫亦宜賜以專勅俾兼海防二曰于二軍門之一重事權昨歲因黃岩之破復設天視浙江都御史惟是經理海上事宜諸凡黜陟

臧否之權一切不與是以錢糧出納動支為難司府奉行多見窒礙有如舊御史王忬所陳者亦何以展其職為責之底績哉請如各省例更為巡撫浙江兼理海防職御史勅賜之其福興漳州等府軍務仍令提督如故一奬才傑訪得寇入之初凡守土諸臣莫不心喪胆落狼奔鼠竄而松陽知縣羅拱辰六合知縣董邦政乃能手提孤軍深入重地獨當勍敵立有戰功即其忠勇一節寔超恒品乞不拘資格量陞濱海地方一官俾得展竟底裏為一方保障疏下吏兵部議覆海防宜屬之應天巡撫巡視浙江都御史宜改勅加撫衘其浙省錢糧原屬應天巡撫者當仍其舊勿易拱辰邦政請加以按察司僉事職銜仍各隨原任地方巡撫就近委用　八月乙亥朔淮揚都御史逯鏡巡按黃國用各言海賊掠淮安新興海門呂四等場詔革守備陳律指揮李顯三極職與千戶馮仁百戶賈較州同知陳性等俱下按臣逮治賞獲功大文永百戶周俊等丁丑應天巡按御史陶承學疏以倭寇既遁詳覈地方失事顛末因分別諸

具功罪以聞詔備倭都指揮王仕科兵備副使吳相知州熊桴知縣喻顯科指揮張亨等各有地方專責寇至不能禦寇罪原任都指揮韓璽守備解明道太倉州判官金汝舟等各有率兵追勦擒斬焚溺之功當錄詔旨相傳倭戴罪管事世科并亨桴等撫按臣提問具奏已而治四月中海寇破福寧州秦嶼灣當事諸臣罪停總督備倭指揮戴冲霄俸半年海道僉事徐光啓汪培各一月指揮張盧祠陳鉞等付按臣逮問戊戌以福建行都司署都指揮僉事張淙堯杭嘉湖參將以常州知府陳宗夔升三府兵備副使俱添設庚子巡按御史趙炳然錄上倭犯浙江地方失事諸臣罪狀謂參將湯克寬俞大猷海道副使李文進俱有斬寇功可贖分守參政顧中孚分巡僉事李廷松知府劉悫梅守德功不掩罪備倭都指揮王欽月翰把總指揮張瓚知縣林大梁而下百八十八人俱僨事當問先事指揮陳善道采煉滿朝把總馬呈[illegible]以千[illegible]戶[illegible]以下官一十八人宜罷錄壬寅南直隸[illegible]入劾熊巡按御史孫慎給事中王國禎

南京給事中殷承憲南京御史趙寀朱賢先後各上禦倭方略孫慎言三事一南滙所吳淞江劉家河鎮江宜增置把總四員防守一調太倉鎮海二衛中所官軍移駐吳淞一土民有擒斬獲功者授之職銜仍優其家國禎言七事一固民心凡急用軍需悉聽動支在庫無礙官銀不得徵派小民安其布德意招集流亡諭安邊撫倭恤蠲賑等項亟議施行一廣責成督率沿海鄉民團結訓練約束衆應應設敵樓柵欄墻垣壕塹量力修築務足防禦一議添設杭嘉二府添設守備一員翁金山副總兵節制僑委都司駐劄定海兼轄定海〻寧二把總屯兵控禦一選將材不分現任閒住職任衆舉如果智勇出群開奏寔蹟以憑推用一精簡練通查正餘軍丁定為二等以備戰守各責副總兵參將依法訓練不時試閱一重賞罰查照先年擒斬倭賊流賊事例定為賞格准與陞級不願者給賞能主謀畧易行超格議處一寬法禁除通番大奸及販易接濟應禁外其捕魚樵採無礙海防者聽立字號驗放出入不承寀言六事一調募援兵水陸夾

對一甲飭賞將軍法以作用命一立保甲法團結鄉民協力戰守一正將領有司失事坐罪及賑恤死于兵者一對鮮貢使至日賜勅令宣諭日本國王數以縱惡寇邊之罪一招撫歸正以散黨與宸言六事一宜行浙直福建撫按官嚴督所司建立城垣順民舉事務遵保障一宜行各府州縣隨宜招募使人自為戰家自為守如果殺賊有功照官軍陞賞一各衛官軍嚴加選汰將精壯充役令統領人員用心操練多方點驗及嚴吏替賣放役占之弊一倭寇狡猾又善操舟我兵衆勝長驅深入海洋恐墮其計不宜窮追一江北之兵不習舟楫不宜暑濕勞師費財須彼兵此務求長策以裨寔用不得槩調一屬造戰船及連珠鳥嘴火銃之類操演習熟以備攻擊贊言五事一直隸金山衛之設副總兵浙東西俱設參將第未有主將節制宜設總兵一員統領之一錢塘江口宜增置守備一揮海塘宜增築高峻雜植荆棘列兵防守一募土人習水者為萬師有力者為戰卒仍調温處坑[illegible]戎山參長槍手有警則隨機策應無事則分頭

教督一兩浙蘇松防守制嚴吳文蔞及兩淮山東宜行[illegible][illegible]兵部議覆上多采行之　九月甲辰朔辛未倭賊百餘由華亭縣漴缺登岸流劫戚木涇金山衛等處自六月中大舉倭東逼江南稍寧惟崇明南沙泊失風倭殺三百人舟壞不能去總兵湯克寬僉事任環列兵守之日久未克至是倭警又作遠近震恐

十月甲戌朔庚辰巡撫浙江都御史王忬言官兵追逐倭夷焚燬五十餘艘擒斬七百餘人海警漸息乞復參將俞大猷副使李文進谷嶠參議顧問僉事李廷松所侍倖許之戊子漴缺倭移舟泊寶山從兵湯克寬引舟逆擊之及于高家嘴燬其舟斬首七十三級生擒十四人壬辰倭三百餘人突犯上海縣太倉州等處復入常熟縣福山港知縣王鈇率民兵禦之倭乃引去丁酉巡按山東御史馮萬言山東衛所官軍設于濟兗東三府者以防內地設于青登萊三府者以備倭寇自永樂初輪班調發京操而有司怠玩軍糧不足兆逃數多虛冒數班操之缺如故今沿海一帶倭寇登岸乞將青登萊三府官軍留備

倭寇滿充東三府照舊輪班仍要清糧餉以足軍食
覈均補以充營伍兵部議覆從之壬寅有倭舟失風
漂至興化府寧日舊寨登岸流劫殺千戶葉巨卿把
總指揮張棟督舟師衝擊倭走據山知府董士弘糾
民兵獵戶與棟等圍而殲之是時海洋並岸諸島多
栖寇舟有真倭阻風汛不復歸者有沿海奸民搶江
南旋候來歲倭至者未幾南日寨復有三舟登岸棟
士弘擊之引去擒賊數人皆真倭比泉州舟兵巡海
攻賊于石圳灣深滬灣等處凡再戰擒賊四十餘人
則留浙江臨海福建漳浦廣東揭陽等縣人蓋江南
海警倭居十三而中國叛逆居十七也　十一月癸
卯朔乙巳前代常熟倭海後由上海七寶洪登岸流劫
三林莊南匯所吳淞江所及嘉定縣地方至十九日
始去乙卯朝鮮國王李昖遣陪臣刑曹參判李澤等
來賀冬至併獻倭俘三人辛丑巡按直隸御史孫慎
勘報倭夷殺擄吳淞嘉定地方論巡撫彭黯參政翁
大立六合知縣董邦政副總兵湯克寬指揮劉重光
不能防禦乞正其罪陣亡鎮撫胡賢重傷指揮黎鵬
參立宜俟他得旨照停俸四月大立二月邦政等姑
宥之克寬停俸戴罪殺賊立功
三十三年三月壬寅朔戊辰倭寇自太倉南沙潰
圍出洋海轉掠蘇松各州縣時賊據南沙五月餘官
軍列艦于海口圍之數重不能破軍中多疾疫乃佯
棄敝舟以遺之開壁西南角賊遂得出　二月壬申
朔丙戌兵部覆原任巡撫應天都御史彭黯奏去年
九月倭賊流劫華亭南沙上海吳淞江等處諸守臣
功罪狀初賊入副總兵湯克寬兵備僉事任環松江
府同知鄒文奎等迎戰皆不利後克寬追賊于寶山
破之環等各舉兵自守雖無斬獲功境內以全罪亦
有可原者　三月辛丑朔癸丑巡撫浙江兼管福興
泉漳都御史王忬以三十二年九月後倭寇二次興
化府南日舊寨及十一月後泉州府兵出洋勦殺石
圳灣深滬灣等處賊船事聞因叙上諸文武將吏功
罪謂興化知府董士弘泉州知府童漢臣保障有功
當注兵把總指揮張棟先敗後功宜准贖千戶葉巨
卿百戶張參三死事宜恤錄論沙縱賊罪革浙江提

督海防副總兵湯克寬備倭都指揮梁鳳職俱令戴罪立功以通泰參將解明道代克寬福建備倭都指揮盧鏜代鳳初賊自南沙出海轉掠嘉定上海間克寬等莫敢前但伺賊入海則督陸兵登岸則督水兵故與賊相左以覬望塞責于是巡按御史孫慎奏請逮治上以用人之際姑薄罰之辛酉南直隸續至倭寇二千餘人自南沙登岸分掠蘇松諸處參將湯克寬帥兵擊敗之於淘港斬首百八十級乙丑犯松倭寇掠民舟入海趨江北泝瀉通泰等城焚掠各鹽場餘眾有漂入青徐界者遼東山東俱震庚午參將俞大猷督兵與普陀山倭寇戰軍半登賊突出乘之殺我舉火裁等三百餘人　四月辛未朔乙亥浙江倭寇自海鹽趨嘉興參將盧鏜等帥兵禦之稍却次日復戰于孟宗堰官軍敗績亡卒千人都司周應楨指揮李元律千戶薛綱宗應瀾等俱死之賊乘勝入據石墩山分兵四掠辛巳倭賊攻嘉興府城副使陳宗夔阞兵禦却之焚其舟賊遯入乍浦與長沙灣寇合紀年等諸縣　五月庚子朔南京兵部尚書張經等

言國初洪武間以倭夷不靖遣信國公湯和經略海防大開浙瀆海之區陸有城守水有戰船故百餘年來倭不為害其後法弛弊生軍士布納料放班之說于是強富者放遣老弱者哨守戰船損壞亦棄不修以致寇得乘之而入請行各處巡撫嚴督所屬預集兵船以守要害追補納料軍士以實行伍精理積歲料銀以造戰船又言南京營卒逃故數多適來倭寇震鄰防守缺人乞將各衛所原報冊籍凡義男女壻有名者一體選收入伍待事寧之日去留再議仍請發支兵部草場銀及南京戶部糧草折銀共二萬兩委官于京城內外及宿邳等處招募驍勇充為前鋒召原任指揮錫璽路正督操以備征調下兵部議覆從之丁亥倭入崇德縣大掠而去己酉兵部覆巡按直隸御史孫慎言浙江江北諸郡倭患方殷蘇松二三月間所在告急皆經略失人軍令不嚴所致乞勅巡撫督大臣收召忠勇之士申明紀律之約仍榜諭沿海居民有能奮勇殺賊者如軍功升賞所得倭器悉以與之計首賊者許奏陞指揮僉事世襲一切

軍責悉從便宜區處督糧參政翁大立無事令往来
蘇松常鎮催給糧餉有事專住松江以便調度詔以
其議爲大山舉行仍趣令赴任不許遲緩甲子延按
浙江御史趙炳然奏三月二十日以後官軍禦倭失
事狀部覆參將俞大猷一敗於普陀山參將盧鏜及
把總丁璀等再敗于孟家堰宜重治其嘉湖諸處失
事當坐參將張淙知縣鄧植及知府劉慤副使陳宗
夔李文進謝少南李廷松姜廷頤等罪而督撫王忬
調度失策亦宜重罰陣亡指揮李元律等宜陞級贈
官立祠如例遣福建道御史温景葵兵部主事張四
知往山東募兵禦倭乙丑兵科都給事中王國禎等
言比本兵議上禦倭方畧欲以重賞招降賊首王直
等臣竊疑之臣聞勝國末海濱多警東南巨寇有秩
至漕運萬戶及行省參政者且叛服不常迄終無救
何者其心不服而爵禄不足以歆之也故至今議者
以招撫最為誤國殷鑒具存奈何復欲效之今四方
群盗所在蜂起皆幸朝廷不誅無所創艾就使部議
得行降一王直未必不生一王直將来貽患更有不

可言者且本部王所謂招撫不過曰脇從罔治耳渠
魁未嘗宥之也使渠魁来歸既宥之復賞以爵是賞
以勸惡人誰不為夫使吾民皆趨為惡之利非國家
之福也疏下兵部覆言海嶼賊與山賊異山賊有定
巢可以遣將出師攻而取之海嶼賊乘風飄忽瞬息
千里急之則遁去乘間則復来有非兵力所能取必
宥且閩王直本徽人故與浙人徐惟學李大用輩通
蕃入海既而悔之嘉靖二十九年八月中嘗為官軍
擒斬海寇陳嶼主等及餘黨二三百人欲以自贖而
是時有司不急收之遂貽今日大害故臣等欲做岳
飛官楊么黨黃佐故事懸以重賞使為之歸為我用以
賊攻賊非敢輕受王爵以示之弱也上竟從國禎等
言令總督張經一意勦賊協從願降者得以不死賊
首不赦　六月庚午朔庚辰福建官兵捕得漳州通
倭賊鎮老等三十餘人誅之甲申倭寇由吳江轉掠
嘉興答郡指揮僉事夏光督兵禦之背王江涇而陣
賊衆鼓譟而前我兵大潰光中流矢死　七月己亥
朔丙子原本當作戊斜倭寇千餘劫掠海上官軍擊敗

之衍賊首方曰溪等餘黨遁去丙午蘇州倭寇流劫至嘉善縣嶼趨松江出海參將俞大猷擊敗之于吳淞所殺七人斬首二十三級　八月己巳朔辛巳贈故崇明知縣唐一岑為光祿寺寺丞立祠祀之并蔭其子為國子生初崇明新城成一岑決計徙居而本所守城千戶高才翟欽者阻之未幾倭寇突入舊城一岑且戰且罵諸將稷讓誤事者遂為亂軍所害以陣亡訃於撫按久之其事始露癸未倭寇自嘉興還屯柘林等處進薄嘉定縣城會募兵參將李逢時許國以山東民槍手六千人至與賊遇于新涇橋逢時率其麾下先進敗之賊退據羅店鎮官軍追及之擒斬八十餘人丁亥奪浙江備倭署都指揮僉事盧鏜職戴罪殺賊坐赴任稽遲故也庚寅山東兵復追擊倭追至林湖港乘勝深入伏起我兵大潰溺水死者千人指揮劉勇等死之初新涇之捷李逢時功最許國恨逢時與之同事而不先約己乃別徑間道襲賊欲以分逢時功會暴大雨劉勇等兵先陷沒諸軍繼之皆奔卒不整之大敗壬辰浙江巡撫御史趙炳然類

奏四月內兩浙官兵于石墩等處先後擒斬倭寇二百餘人乞錄原任參將盧鏜都指揮劉思至指揮劉隆張四維及聽勘指揮湯禹副使李文進陳宗夔功治失事領兵僉事羅拱辰備倭把總周光翰崇德知縣蔡本端罪而恤贈陣亡都指揮周應禎百戶梁榆趙軒朱璽等如例兵部覆請從之因言石墩久為賊巢乞加賑卹甲午兵部覆浙江巡撫王忬言嘉善崇德桐鄉德清慈谿諸縣濱海無城及浙西關廂嘉興東北關廂皆當預築城堡以屏郡治第公私告匱費無所出惟辦後監生生員吏農及贖罪充軍罪犯宜暫破常格令其納贖庶可少濟公家之急上曰充軍不准納贖九月己亥朔甲辰論五月中倭寇犯蘇州崑山等縣諸臣失事罪令原任副總兵解明道指揮張紱已等各戴罪殺賊奪僉事任環知府林懋舉同知張子璠等俸一月陞死事百戶劉愛立等子孫各一級世襲丁未撫按浙江御史趙炳然勘上三十二年倭賊攻陷昌國臨山等衛及乍浦所城各官功罪兵部議以把總指揮王應麟等五員守備不設

論斬張四維策三從期及朱朝臣等八員不能協守
罪發遣而四維從有斬獲宜令立功自贖陣亡指揮
陳善道千戶李茂等宜從異有功參將俞大猷副使
李文進都指揮張鈇等宜錄用詔俱如擬癸丑論六
月至七月浙江官軍禦倭功賞浙江巡撫都御史王
忬銀三十兩綵幣三表裏宥參將俞大猷參政謝少
南等罪復原任署都指揮僉事張鈇職大猷仍同指
揮任錦各賞銀幣初大猷以普陀之敗議罪殺賊鈇
被論革任少南興副使陳宗夔李文進姜廷頤李廷
松知府劉燧俱坐待罪至是忬類奏首功以張老營
之擒歸功張鈇以吳淞所之捷歸俞大猷以長礁南
之捷歸任錦因請為少南等贖罪兵部覆忬有經畧
功故賞之乙卯倭寇七十餘人犯海門縣焚舟登岸
淮揚兵備副使張景賢亟引兵禦之戰于呂四場盡
殲其衆丙寅兵部覆論三月至五月通州如皐等處
官兵禦倭功罪以儀真守備張壽松及提督掘港指
揮從明化等臨敵畏避下巡按御史問以如皐縣知
縣陳雖守城有功陞俸二級賞徐州兵備副使李天

羅通泰參將梅希孔等銀幣及郎錄百戶高時義勇
官沙子現等各有差兵部因言漕運侍郎鄭曉有運
籌決勝功詔賞曉與鎮遠侯顧寰各銀二十兩紵絲
二表裏　十月戊辰朔壬申命錦衣衛械繫原任應
天巡撫屠大山參將許國李逢時副總兵解明道至
京訊治先是洪淘港之役坐調將不相能各兵趨利
不止故垂成而敗時明道督水兵泊海口坐視不救
大山方稱疾不視事至是御史張師價以敗書聞請
治大山逢時國明道各以事罪總督張經因并論山
東監軍參政許天倫副使周臣紀律不嚴亦宜量罰
于是大山逮至黜為民明道等論斬天倫臣俱為民
戊寅海賊犯廣東潮州之柘林指揮黑孟陽引舟師
殲之生擒賊首方四溪夷目吃過羅等一百三十五
名斬首三十九級其賊首徐碧溪等悉沉海死事聞
詔賞巡撫南贛汀漳等處都御史談愷銀三十兩紵
絲二表裏廣東副使汪柏及孟陽等各銀有差庚辰
論九月中淮揚官軍平倭功陞巡撫侍郎鄭曉俸一
級仍賞銀四十兩紵絲二表裏兵備副使張景賢陞

右參政仍兼原職辛巳兵科都給事中李用敬論劾總督南京兵部尚書張經縱賊誤國四事其一受命半載一切軍情利害不聞奏報其二山東兵至不量客主勞逸之勢而輕于一戰為賊所掩其三兵敗之後不即席藁引罪而隱匿至二月餘其四以墳墓在閩恐為諸寇讐戮不敢盡力驅剿疏下吏兵二部覆議經奏調廣西土兵與湖廣民兵未入境而山東兵先至黨銳一時狃于小勝致墮賊計其取敗有因非經失也但經本以南京參贊之職節制東吳內外掣肘不便行事乞量改一官令其專以平寇為務其參贊之任更命一人代之則內外均有責成非獨處經寔以重督都也上是其議命改經為右都御史兼兵部右侍郎專一總督軍務尅期平賊不許怠悞以南京吏部尚書周延代經為兵部尚書參贊機務癸未浙江續至倭寇萬餘人分掠樂清黃巖東陽永康等縣先于夏失事金山等處備倭官降都指揮僉事盧鏜原職充分守浙江寧紹溫台地方參將仍戴罪殺賊壬辰倭寇三千餘人由金山突至西海口登岸分掠乙未命浙江都司僉書署都指揮僉事劉思至充金山等處備倭官兼捕鹽徒盜賊丙申倭賊攻嘉興府東關官兵拒走之　十一月戊戌朔己亥追錄採淘港陣亡指揮劉勇千戶孫升胡應麟鎮撫李繼政義勇官徐恭各陞襲贈級命有司立祠如例并卹其從軍事死者家參政許天倫副使周臣免降調各奪俸半年時李逢時等既得罪兵部復言天倫等皆山東監軍官原無地方之責獨都指揮盧鏜僉事任環當坐而鏜已戴罪殺賊環力戰有功四臣俱在應議之列乞姑貰其罪而卹錄死事諸臣又言禦夷之法惟戰與守然必守定始可議戰民聚始可議守據險始可聚民今當事諸臣苟且目前未有為公家之長慮者各郡邑一值賊至計無所出獨擁孤城以待調兵至耳今東兵既狃後調廣西武昌等兵征調愈多則民愈困賊愈不止乞勑守臣講求據險聚民之策招集崇明等縣沙船練習水戰毋專恃調兵己酉以三十二年倭寇犯太平縣及瀝海所等處官兵擒斬有功賞台州知府宋治銀十兩陞太平知縣方翰俸

一級原任指揮孫敖叙用千戶張應奎等三員陞襲賠職俱如例甲寅倭寇犯松江青村所等處戊午巡按直隸御史孫慎勘上蘇松禦倭文武官功罪得旨令備倭署都指揮同知王世科如原議處決指揮使翁時器等發遣知縣禹思謙等准以功贖仍奪俸一年知州熊桴知縣喻顯科降邊方雜職以兵備僉事任環身親戰陣斬獲功多陞右參政兼副使兵備如故原任操江都御史蔡克廉都指揮韓璽覆勘無罪准過詿推用原任浙江巡撫都御史王忬見任操江都御史史褒善巡江御史汪克用調度有功各賞銀幣有差其督糧參政翁大立裁革赴部別用壬戌倭寇自柘林分掠嘉湖二府都指揮劉思至逆戰于嘉興縣郊之　十二月丁卯朔乙亥兵部覆巡按直隸御史徐紳議備倭謂倭賊嘗以設伏取勝不繫兵衆寡今蘇松常三郡民兵軍餘及諸路所調者殆四五萬然而兵多無制何以克敵請自今嚴行守臣簡練本處壯快沙兵使之人自為戰因汰去客兵之無用者其供億諸費或以應天徽寧池太廬州安慶滁和廣德等府州於為民壯弓兵于十分之內其六存留守禦其四暫充應役每名輸工食銀七兩二錢給軍或以南京兵部積貯船料銀暫借二十萬兩俟事寧漸次補償辛巳兵部覆上總督張經條陳一查復備倭舊規言國初備倭之法久廢不修其最隱者在勾補逃軍乞即于見在數內選取趫健餘丁習水戰者各令收伍食糧一總會水戰兵船言倭寇入擾其船必由海洋其來必由浙東請合浙之東西江之南北各把總兵船為一體每總以其半為遊兵半為守兵備賊入本總則併力截殺入他總則守兵回守信地而令遊兵務追捕與他總互相策應其浙江之視蘇松江南之視江北亦如之有自分彼此縱賊深入者查所從來治罪一編立本地主兵言諸路調兵勞費不貲而吳浙間青民沙民鹽徒礦徒類皆可用請于各府所屬州縣二百里以上者編兵三百名二百里以下者二百名或均從編派或各里朋出每兵一名定銀十二兩如自有丁壯鄉民願其應役者則徵銀募兵一議設海防職守言吳淞江口及黃浦一帶皆通海

要路兵船既設統領無人請於蘇松各增設同知一
員而以水利通判併入巡鹽其青村所福山港亦各
增設把總一員守之一議置遊兵防護言比歲倭賊
焚燒糧船致多乞動支南京戶部募兵銀兩遣官于
徐邳間召募驍勇一千五百人付將官周于德領之
俾其沿河哨護一築立衛要城堡言瓜洲京口乃留
都屏障宜于對峙之處創建城郭修置水關俾運道
悉由中行及浙之北關松之浦東亦各築二堡屯兵
戍守其經費下守臣酌議一申明賞罰條格言我兵
禦敵有陸戰水戰生擒奪回之異賊兵臨我有彩賊
零賊從賊首惡之殊宜各分別行賞統領官亦各照
部下功罪以為賞罰其俘賊繫獄者亟會訊處決毋
容久繫以防內變詔允行己丑浙江巡按御史胡宗
憲奏上十月至十一月倭寇自健跳所分掠紹興各
縣水陸官兵前後擒斬三百餘人請錄巡撫都御史
李天寵原任參將俞大猷副使陳宗夔陳應魁等功
詔先賞天寵等銀幣其所獲功次下御史再勘
三十四年正月丁酉朔乙丑兵部覆應天巡撫周珫
巡按周如斗奏去年十月倭犯上海護塘馮家洪等
處把總婁宇鎮撫陳習僉事董邦政禦之頗有斬獲
功當錄十一月倭復寇橫涇陶青村所欲窺松江備
禦指揮徐承宗等出征不利參將湯克寬猝遇賊于
嘉湖戰後敗績當罪得旨珫賞銀二十兩紵絲二表
裏邦政銀十兩宇習各陞二級下承宗于按臣訊治
褫克寬職帶令于信地殺賊中鋒總督張經及珫勉
期勦賊　二月丙寅朔癸酉巡撫應天都御史周珫
言禦倭有十難有三策其十難謂去來飄忽難測海
涯漫衍難守水陸匀錯難戰鬼蜮變詐難知盤據堅
久難攻俗民柔脆難使土地潟鹵難城主客兵力難
恃芻糧匱乏難措將領驕懦難任其三策謂據海上
陳前馬跡諸山扼倭夷出沒之路置福船二百蒼山
船三百興兩浙兵船會哨于諸島之間來則擊之去
則躡之致人而不致于人上也以沙船五百迭哨于
蘇州海口選土兵萬餘列戍于松江之護塘俟賊登
岸而掩擊之中也集蘇松輕艇五六百艘遊哨于黃
浦吳淞大港小港之間使賊不敢深入舟不敢橫行

下也吏請趙鏜狼兵土兵漳兵留淮浙餘鹽銀十萬兩或備南贛軍餉銀九萬兩為糧賞之需兵部覆奏從之丁丑福建備倭都指揮張鏜受命年餘始赴任巡撫王忬劾其畏避詔械鏜至京問罪為民庚辰先是工部右侍郎趙文華疏陳備倭七事一祀海神言天吳海靈廟在萊州請遣官望祭于江陰常熟以激人心一降德音乞下令有司掩瘞枯骨蠲糧稅渚耕業以子惠元元一增水軍欲多募淮揚壯健大修戰艦以固海防一差田賦按蘇四府民田一夫過百畝者重科其賦更預徵官田之稅三年以佐軍興一募餘力曉諭富家有能輸財力自効者事寧或與論功或與釋罪一遣視師言當事諸臣以兵為試須以重臣監督之乃克成功一察賊情欲招通番舊黨並海鹽徒易以忠義之名令其入巢偵伺因以為間諜下部覆謂祀海神降德音增水軍募餘力察賊情俱有俾軍政請下督臣酌行其差田賦恐致擾民遣視師宜行總督張經奨率諸軍不必別遣會崑山縣致仕侍郎朱隆禧奏請添設巡撫福建都御史許開互市之禁部覆設巡視則科臣謂官多民擾其云開互市科臣亦謂示弱熏以北虜之市為監皆駁寢之且乍嵗文華已有市舶之議于時戶部下所在守臣計處至今未報臣惟祖宗制倭絕其朝貢至以勳臣出鎮海波始清當時絕不言及市舶意良有謂且浙直兵力脆弱所恃徵調以策應緩急者獨有漳泉之兵耳若更設巡視閩中則人懷自顧漳泉之兵豈得復為蘇松兩浙之用上曰爾等職任本兵坐視賊欺不能設一策平剿及奉諭問却今泛言具對擄拾舊文塞責兵部尚書聶豹姑降俸二級侍郎翁溥等各奪俸半年所司郎中張重降二級調外任餘各奪俸三月己復降敕切責張經師久罔效令其嚴督諸臣亟為勦賊安民如再因循重坐不貸辛巳巡按浙江御史胡宗憲上去年十一等月倭犯嘉湖諸臣功罪言倭屯據柘林突犯嘉善及嘉興攻府城東北二門時指揮陳光祖把總孫敖指揮樂填俱擁兵不戰咸以賊眾兵寡為解賊遂越府城流劫秀水歸安都御史李天寵督參將俞大猷都指揮劉恩至水督兵同援嘉興

而僉事羅拱辰兵亦乘會天寵督發各兵併力追勦
分命副使陳應䰠陳宗夔隨營監之令尅期夾攻水
陸並進乃宗夔先思至所率皆蒼山福廣鋭卒欲專
其功業與大猷約期乃前期以孤軍先進與賊戰烏
程縣之窯墩我軍不利賊亦頗有損失後斂入柘林
老巢于十二月突出犯新帶思至威令不行偏裨各
自為進止百戶賴榮華統福兵六百人恃其梟健鼓
行直進賊潰登舟榮華乘勝薄之中鳥鎗而死把總
孫敖千戶鄭達以蒼山兵先遁師遂奔敗嘉善知縣
鄭植望風棄城之翼日賊遂入嘉善焚縣治屠掠甚
慘以上諸臣進退無紀彼此離心貪功覬望有同兒
戲坐致此方大害請分別治罪而卹錄其死事者詔
革剳思至冠帶令戴罪殺賊孫敖等八人及鄭植下
巡按御史訊治奪兵備副使陳宗夔僉事羅拱辰俸
各一月責俞大猷陳應䰠策勵供職其陣亡將士賴
榮華等下所司優卹如例丙戌遣工部右侍郎趙文
華祭告海神并察視江南賊情文華奏禱私人及是
役自以奇衺術得幸于上既出憑寵自肆所睚眦即

立摧仆之百司無不望風震慴奔走供奉恐後時公
私財賄填入其室江南為之困敝焉至于牽制兵機
顛倒功罪以致紀律大亂戰士解體雖徵兵半天下
而賊勢愈盛皆嵩引用匪人之罪也　三月丙申朔
丁未賜蘇松海防僉事董邦政四品服俸賞銀二十
兩紵絲二表裏錄其正月間川沙窪勦倭功也兵部
覆浙江巡按御史胡宗憲疏報正月朔柘林倭奪舟
犯乍浦海寧攻陷崇德縣又轉掠塘棲新市橫塘雙
林等處復攻德清縣救把總梁鶚指揮周奎孫碁百
戶陸陵周應奎副理問陶一貫等請正失事語〔諸〕臣之
罪并錄有功及死事者上以城陷失事重大命巡按
御史執崇德縣知縣蔡本端解京訊治參將寬〔湯〕克寬
把總指揮丁僅下督撫先取死罪招巡撫李天寵指
揮兵鞱卯昇領兵僉事羅拱辰俱停俸戴罪殺賊奪
副總兵俞大猷及參政譚少南兵備副使陳應䰠僉
事凌雲翼等俸三月下指揮等官李上等七人于按
臣問周奎等閩一貫等各贈襲如例獲功知縣楊芷
付千戶曾勇監生喬鎧等令軍門獎賞有差已遣本

端至坐失陷城池請戍甲寅蘇松兵備任環督參將解明道等以舟師與倭戰於南沙野茅洪敗之斬首一百八級乙卯巡按直隷御史孫慎勘覆三十三年倭犯蘇松地方文武諸臣功罪并請錄死事者得旨指揮婁宇等十九人及原任備倭署都指揮僉事梁鳳海防僉事董邦政俱功罪相當宥不問指揮等官徐承宗等二十七人令按臣逮訊奪知縣周秀等六員俸三月褫備倭署都指揮僉事盧鏜冠帶戴罪殺賊贈死事省祭官孫鎧及巡檢李叢祿俱光祿寺署丞陣亡千戶童元男坐襲如例　四月乙丑朔戊辰廣西田州土官婦瓦氏引土狼兵應調至蘇州總督張經以分配總兵俞大猷等殺賊奏聞詔賚瓦氏及其孫男岑大壽大祿各銀二十兩紵絲二表裏辛未工部侍郎趙文華至松江登（祭）神是時倭據川沙窪柘林爲巢經冬涉春新倭復日有至者地方甚恐及聞狼兵至人心稍安總兵俞大猷遣遊擊白泫等將狼兵駐陸（涇）往來哨賊承隙邀擊舍把田鑿等稍有斬獲文華因謂狼兵可用亟擒之激使進勦至漕涇遇倭數百人與戰不勝頭目鍾富黃維等十四人俱死兵甚衆于是賊知狼兵不足畏復肆掠如故矣乙亥倭犯江北淮揚等處前後由通州之餘東場海門之吳港北方登坍洪故操山利河等鎮呂四余四等場辛巳巡按浙江御史胡宗憲言往時日本入貢多不及期請待其復來得以便宜遣回仍令有司移檄其（王）問以島夷入寇之狀疏下禮部覆言倭夷犯順窮兇無道今日若輕容再貢殊損國體請如宗憲議遣例阻回諭以貢有常期必當遵守仍當委曲開導使之心服不得徑情直率致拂夷心至于彼國僻居窮海島夷背其君長藉口爲寇沿海姦民互相勾結援之理勢似亦宜有請因其入貢即令撫按衙門移諭日本國王責問連年犯順何人猖亂令于半年之間立法鈐制號召還國即見效順忠款雖使貢期未及亦必送爲奏請如或不能鈐服則是陽爲入貢陰蓄異謀仍遵禁例徑自阻絕上是其議甲申先是廣東徐銓方武陳文伯李明貴蒿等與海酋王五峰糾結倭夷侵擾海上督臣檄海道副使汪柏嶺南兵備杜璁

及叅將張裕指揮黑孟陽等督戰銓等就戳前後斬首千二百餘級汪應奎招下餘黨三百五十餘人海濱頓靖柘林驅賊分衆三千餘過金山衛總兵俞大猷督遊擊白泫及田州瓦氏兵邀擊之賊鼓衆來衛我兵大潰死亡無算賊遂奔犯浙江乙酉江北倭犯淮安府鹽城縣戊子三丈浦倭賊分衆掠常熟江陰村鎮兵備任環督保靖土兵千餘及知縣王鈇指揮孔燾分統官民兵三千攻其巢破之斬首百五十餘級燒賊船二十七隻餘賊奔江陰癸巳淮揚海防叅政張景賢禦倭于狼山敗之　五月甲午朔柘林倭今新倭四千餘人突犯嘉興總督張經分遣叅將盧鏜等督狼土等兵水陸擊之保靖宣慰使彭蓋臣與賊遇于石塘灣大戰敗之賊遂北走平望副總兵俞大猷以永順宣慰使官舍彭翼南兵邀擊之賊奔回王江涇保靖兵復急擊其後賊遂大潰諸軍共擒斬首功凡一千九百八十有奇溺水及走死者甚衆餘賊不及數百奔歸柘林自有寇患來東南用兵未有得志者此其第一功云戊戌原屯川沙窪倭賊復突犯閘港周浦車灣等處奪舟過浦分掠泗涇北簳山僉事董邦政遊擊周藩引兵迎擊遇賊于塘行我兵驚潰藩被劄死軍士死傷者數三百人賊遂屯駐古澹橋流劫烏山泖石浦等鎮壬寅南京湖廣道御史屠重律條上禦寇五事一絕亂源夫海賊稱亂起于負海奸民通番互市夷人十一流人十二寧紹十五漳泉福人十九雖概稱倭夷其實多編戶之齊民也臣聞海上豪勢為賊腹心標立旗幟勾引深入陰相窩藏展轉貿易此所謂亂源也曩歲漳泉濱海居民各造巨舟人謂明春倭必大至臣初未信既乃果然故禦盜之標在嚴裏防之弭盜之本當邊海制之邊海諸處漳泉福為始而寧紹次之其一禁放洋巨艦其二禁窩藏巨家其三禁下海奸民三法立而亂源塞矣列使舊賊未盡殄滅然而後無所繼其勢自孤退無所歸其情知懼與今日往來自若者必不同矣二防海口夫海周涯涘無際然賊泛海來犯放洋則衝濤入口則越陸非可絕險而徑渡也故其往來所由出入可設險防拒者姑自浙東西大江以南濱海

數郡言之入乍陽港則近金鄉入黃花澳則近盤石而過溫州入江門則越新河而犯台州入寧海關入湖頭灣則窺象山定海而瞰寧波入三江口則搖尾于紹興入鱉子門則蠢蜒于杭州入乍浦硤則流毒于嘉興入吳淞則犯松江入劉家河入七丫港則扣蘇州此其大勢也中間經行或潛形于馬跡山或遯跡于大七洋及大小衢上下川則其要害也此沿海諸郡之通患也故守乍陽港拒黃花澳據海門之險則不得犯溫台塞寧海關絕湖頭灣遏三江口則不得窺寧紹把鱉子門則不得近杭州防吳淞江備劉家河七丫港揚威馬跡大七洋大小衢上下川諸險則不得掠蘇松嘉興此地險也一處失守蔓延各處不可以彼此分遠近異也且賊長于陸戰短于水鬬以其船不敵而火器不備也在我宜用所長棄所短則莫若恃海船請以見在把總船隻通行查齊不足則令福建如法添造或即令沿邊地方買補每大小船百隻或五十隻編為一艅募以慣習舵工水梢而充以原額水軍于前諸海口各量緩急以為置船多寡又為遊艇數艅分布上瀧洼汞要害海寨易種衣甲之給比陸軍加倍令其吏番巡遇并力捍禦來遇其衝去擊其惰責以毋令賊入賊入而力拒有功者陞賞其失備者重究此禦寇之長策也故法不可不厲也臣聞倭之入也豈盡無軍之患蓋有軍而移入便地者矣有失于巡哨者矣甚有買渡報水受其鈎餌者矣若此則地方奚賴焉夫百處守之一處失之無益也千日防之一日疏之無益也事在督撫及海道諸臣明信其賞罰耳三責守令夫荷戈戴介冑爭鋒死綏者將士之能也保封域固郊圻全境安民守令之任也今之守令不肖者棄城守走矣其賢者大率遇警則嬰城守耳其關廂村鎮委之無可奈何夫城之外獨非赤子乎且邊海孤城卒然無備猶可委也據裏處郡江南與壤虜非可長驅而卒至者頗不能設險頒防使寇倘徉去來若履無人之境則國家建邦設邑張官置吏將焉用耶自今江南守令之職嘗以訓練土兵保全境土為殿最仍勅吏部凡遇沿海守令員缺必慎擇其才具賢者然後授之庶保

漳足賴耳四議調發近日徵調各處兵民遠近四集
徐邳山東衣保川廣及軍門編調各府義勇無慮數
萬然師老財殫竟不見膚功之奏者臣請指諸臣不善
用兵之弊陳之夫古者潛機密計電馳霆擊進退倏
忽妻子莫聞所以能成功也今則先發後行尅期始
動前軍未發而先聲已聞其弊一也古來者名將算不
百勝不敢輕動今也謀不預成計不先定冥行突進
動陷伏中其弊二也守不據險屯不列要奔急救難
賊逸我勞其弊三也法曰夜戰聲相聞是以相救晝
戰目相見足以相識惟愛之心足以相死言兵之貴
熟習也今也兵不專一主客雜聚卒遇狡賊易衣變
飾突然來前不能別識其弊四也兵無素統將不預
設一遇有警卒然命官本以爲合之人帥以未經識
面之將其弊五也夫三軍之衆所以冒白刃蒙矢石
至死而無敢卻顧者威行之素也今法令姑息紀律
不肅進有必死之悲退無伏鑕之慮是以畏敵而不
畏將其弊六也地形不習險易不識趨利不及避難
不早其弊七也糧糗不備料理不周遠兵勞役撫恤

未至枵腹待食窮愁思歸其弊八也士不精選怯勇
無辨前擊後亦譁然而散雖悍夫勇士或以無援而
力屈或見先奔而喪胆其弊九也地狹人衆不能旋
轉互相排擠雖有勇敢無以効其所長其弊十也十
弊不去雖頗牧操刃賁育執戈莫能濟矣近日汀州
如賴百户兵敢死先登是當一面以不善用之使頭
領陣亡軍士逃避如此則徵兵雖多亦何益哉夫倭
非有遠略大志約束號令不過群聚爲姦利在貪淫
耳所以制禦之則非兵少之憂而寔寡算之患蓋欲
防盜者必知盜情欲制盜者必存盜心故必詳謀而
熟計然後成功可期也五作勇敢沿海如沙民鹽徒
打生手及村庄悍夫皆勇敢可用然多樂效用于私
室而不樂報名于公家何者以公家勢遠而文繁也
豪民以之保村里則有餘以之統行伍則無益何者
以行伍人多而心力渙也然則順其情相其宜以振
作鼓舞之必有術矣乞勅下各該有司通諭豪家大
族及里巷豪傑各爲身家併力拒守其有能團結鄉
民保固村鎮者先與免其糧里押運重役及均徭一

應雖差獲功者一體陞賞其有穎拔文藝兼其果能
保障一方及斬首十顆以上民得比輸粟例入監係
有職役者並得起送赴部與本等當選陞授閭里之
人並得以其功累增至赴部定選其不願官爵者重
賞優卹之哉亦制賊之一策也甲辰倭五十餘人自
山東日照縣流劫安東衛至淮安贛榆縣是日呂四
場有倭舟突犯沿劫東園等處該場副使李政督率
耆竈奮鋭攻之斬首四十五級盡殲其衆乙巳倭舟
三十餘艘衆約千餘人自海洋突犯蘇州青村所攻
城不克遂縱火自焚其舟登岸肆劫是時新倭復大
至自青村外若南沙小烏口浪港諸處悉有賊有舟泊
岸郡焚舟散劫官兵稍遏之乃合勢犯蘇州陸涇壩
及婁門南京都督周于德引兵來援一戰而敗鎮撫
縣憲臣攻殺賊遂中分其衆爲二一由齊門北馬頸
而北轉掠滸墅關長洲五等都一由胥門木瀆而南
轉掠吳縣橫塘等鎮延蔓常熟江陰無錫之境出入
太湖莫能禦者丁未浙直督撫諸臣以江南倭寇侵
擾調兵日多糧餉不給請借留淮浙餘鹽及南贛餉

銀各省庫銀接濟户部覆餘鹽銀屬京邊歲費難以
議留贛州鈞鹽准借九萬兩廣東福建庫銀各十萬
兩江西湖廣各五萬兩吏以兵部船料并各府應解
均徭民兵銀存用今日江南軍餉孔亟固當計處京
邊歲費日增尤當議處宜行各司府編派均徭銀接
濟内除順天遼天蘇松常鎮等府先編外其餘司府
俱預編一年令南直隸淮揚鳳徐四府州浙江福建
廣東廣西雲南五省銀解南直隸浙江渾門陝西銀
解延綏山西銀解三關北真隸真保定七府及河南
山東江西湖廣四川五省銀俱解本部以備邊用詔
可戊申南湖廣道御史屠重律奏江南倭寇軍餉不
足窮覩耗竭之弊定有數端召募軍士動輒敗没是
費數十萬金不得一夫之力一也城守攻築曠歲無
成是費數十萬金不得尺地之守二也土兵之選勇
怯無擇衣糧之需日費千金三也海上艘艦擄奪漂
燬修造所需不可紀算四也甲冑之製數多費廣一
遇倭戮棄體而歸五也器械火藥耀目振耳臨陣拋
棄祇爲盜資六也六蠹不去則盡帑藏滅之尾閭矣

至于加派田糧勸借富戶有司假此擾民驅之爲盜
俱宜嚴飭務存撙節愛養以求成功疏下戶部職行
已而詔錦衣衛遣官校逮總督南直浙福軍務右都
御史張經及參將湯克寬械繫來京問以侍郎趙文
華劾其畏懼失機玩寇殃民故也蓋自去歲據松江
柘林川沙窪二處爲巢縱橫肆掠周圍數百里閭焚
屠殆徧水陸兵無敵近者本年三月初廣西田州土
官婦瓦氏及東蘭南丹那地歸順等州狼兵六千餘
名承經調至狼兵輕慓嗜利聞倭富有財貨亟欲取
之居民亦苦倭寇暴掠朝夕冀倖一戰文華既至嘉
興屢趣經亟檄狼兵勦賊經曰賊狡且戰衆今檄召四
方兵獨狼兵先至耳此兵勇進而易潰萬一失利即
敗遠近觀聽姑俟保靖永順土兵至合力夾攻庶保
萬全文華再三言經終守便宜不聽文華乃疏言經
養寇糜財屢失進兵機宜慫于參將湯克寬謬言欲
俟倭飽載出洋以水兵掠餘賊報功塞責耳宜亟治
以紓東南大禍疏至上以問大學士嚴嵩嵩對具如
文華言且謂蘇松人怨經不可復留宜與克寬俱逮

京鞫訊以懲欺怠經克寬逮併待罪尋陞巡撫應天
右僉都御史周珫爲兵部右侍郎仍兼原職代經總
督輸轄倭流劫海州沭陽桃源等處至清河沮雨涂
邳官兵分道邀之殲于馬頭鎮民家斬首四十一級
此賊自日照登岸不及五十人流害兩省殺戮千有
餘人至是始滅庚戌參將盧鏜督百戶上江等兵及
宣慰彭蓋臣土兵四川指揮陳元正蜀兵攻倭于張
庄賊見兵衆閉壘不敢出元正以兵挑之賊出戰諸
軍四面攻擊縱火焚其壘賊奔遯我兵追擊之及于
後港賊反軍迎擊諸軍皆潰浙福提督都御史李天
寵以四月間金山衛之敗來聞因參劾副總兵俞大
猷統調集重兵失機僨事以致流毒浙省上批其疏
曰俞大猷玩狼廣兵萬餘不行進勦致賊猖獗本當
重治姑奪職充爲事官戴罪殺賊陞金山總督備倭署
都指揮僉事劉恩至充分守浙江嘉湖等處參將而
以指揮僉事婁宇爲署都指揮僉事代恩至癸丑總
督直隸浙福右都御史張經以平望王江涇大捷聞
于是兵科都給事中李用敬給事中閻望雲顧弘潞

袁世榮、高啟學等因言經選懊失事罪之識當但今獲首功以千計正倭奴奪氣我兵激奮之時宜乘勢搗柘林川沙窪之巢以殲醜類若復易帥恐誤機會請姑召還錦衣使者待進兵後視其成績與否從而逮經加罪未晚也上覽疏大怒手批曰張經欺怠不忠聞文華之疏方此一戰是何心也此輩黨奸悉直阻法惡上罪不可貸乃命錦衣衛執用敬等各廷杖五十黜為民已而上心疑之以問大學士嚴嵩嵩言此事臣昨問臣階臣本二臣松浙人以鄉郡被陷聞見甚真皆言經養寇損威殃民糜餉不逮問無以正法昨俍兵初至氣銳經禁久不進瓦氏憤曰我自備軍糧不效尺寸何以歸見鄉黨及賊益甚多地方恐褱文華憤不能平與御史胡宗憲令諜督兵追賊經聞經至今次文華誣忠身殉國然必藉延按力宗憲勇敢有膽略親擐甲臨戎以致克捷此上天垂祐所至皇上昨諭欲遣官賜文華銀幣以壯彼為仰見皇上獎勵臣工至意但御史宗憲功同布亦賜一賞彼彼此之人知日月之明無遠不照功者勸罪者懼矣

方文華發疏時永保兵已至浙其日即有石塘灣之捷文華既有云徵兵四集未有進戰之期蓋經以兵機貴密文華宗憲輩催輕不與言耳今戰勝乃言文華宗憲督兵擐甲致捷經聞乃至殊失事實然狼土兵實服經威名經被逮衆志即洋渙周珫楊宜皆庸駑非濟變才且受制文華宗憲由是寇患日新而狼土兵復為地方所苦東南事愈不可為矣甲寅柘林倭賊縱火自焚其巢駕舟二百餘艘出海東遁乙卯蘇松兵備任環督總兵俞大猷等官兵及永順官舍彭翼南等土兵蘇州府縣鄉兵進攻陸涇壩賊敗之斬首二百七十有奇焚舟三十餘艘餘賊奔潰丙辰察視浙直軍務侍郎趙文華上疏報捷謂前月倭犯嘉興城御史胡宗憲先中以藥酒擊敗之俞大猷率永順宣慰彭翼南等又敗之于王江涇擒斬千餘人參政任環又敗之于常熟斬首一百五十級焚其舟二十七而金山衛等處斬獲亦不下二百賊衆蕩平有詔上命賞永順宣慰彭翼南等四人銀各二十兩紵絲二表裏餘令軍門頒賞丁巳倭寇常熟縣知

縣王鈇秉城、禦之賊屢攻不克移舟泊三里橋鈇及鄉官叅政錢泮耆民家丁追賊于上滄港為賊所掩俱死其民丁僅有脫者巡按御史金澗上其事上憫二臣死事詔贈鈇為太僕寺少卿泮光祿寺卿各廕其一子錦衣衛世襲百戶賜祭一壇立祠死所有司歲時享祭辛酉侍郎趙文華復疏陳倭夷出沒之形并劾巡撫周琉總兵白泫僉事董邦政等縱寇喪師使寇賊奔潰餘孽復張因言巡按御史胡宗憲才智異常安危可寄宜亟付以大任兵部覆上其議上責琉統重兵不能擒斬逆賊致賊將損師本當逮治第時方用人姑停琉俸視法及邦政職充為事官戴罪殺賊如更怠緩罪無赦宗憲俟論功之日不次超擢文華仍奉命督師叅奏僨事者勿畏避　六月甲子湖廣午倭賊百餘自浙江紹興府上虞縣爵谿所登岸突犯會稽縣高埠奪民樓房據之知府劉錫千戶徐子懿等分兵圍守戮、潛縛木筏由東河夜渡潰圍而出郡官御史錢鯨遭于蠡浦見殺賊遂流劫杭州而西歷於潜西與昌化內地大駭甲戍三丈浦倭駕舟出海總兵俞大猷引舟師邀擊之斬首一百三十有奇衝沉賊舟七艘賊遯泊海洋三板沙乙亥直隸巡按御史周如斗疏報蘇松舊倭去者未盡絕新倭來者益衆前犯黃浦等處殺遊擊周藩請治諸臣失事罪因言僉事董邦政寡謀輕進遂致僨師罪宜首論把總婁宇望風奔潰同知郁文奎洪以業防守疎虞總督張經提督周琉操江史褒善均有兵戎之任不能禦寇門庭皆屬有罪副總兵俞大猷既逸寇于金山復慢防于越浦雖有平望王江涇之捷難贖其辜倭敵猶據劉墨至妄害不守武備素弛皆當量罰因言所屬之寇勢合而益張官兵之禦力分而益寡請更調發精兵協濟軍餉責諸臣以討賊必效仍錄遊擊周藩死事之忠以作士氣兵部言已被逮諸臣不議請令督撫周琉遵前議增調兩廣精兵仍令盧鏜親詣處州選兵吏于四川松潘等處選官民鄉勇羌土諸兵並赴浙直軍門并力殄賊上曰近日江南調至狼土諸兵不為不多督撫官遷疑觀望不能進勦養寇遺患以至新賊既至合勢愈熾又欲增調各兵不

過假此遷延時月奚有寔心平賊之功今姑徒所擬
施行若又師久無功琉等罪不赦奪延撫史褒善俸
三月禮祀總晏宁都指揮劉恩至職令戴罪殺賊下
同知郁文奎洪以業于按臣問贈遊擊周藩都督僉
事錄其子襲陞三級丙子倭進據江陰蔡涇閘分衆
犯塘頭知縣錢錞統狼民兵禦之遇賊于九里山時
已薄暮雷雨大作伏兵四起狼兵悉奔惟餘錞及民
兵八人盡死于賊巡按御史周如斗上其事詔贈錞
為光禄寺少卿蔭一子為國子生賜祭一壇立祠死
所有司歲時祭祀戊寅原犯浙江倭還侵吳江叅政
任環總兵俞大猷督水陸官兵邀擊于鶯脰湖平望
等處斬首七十九級生擒賊五人餘賊奔還嘉興庚
辰三板沙倭賊搶民船出洋叅政任環總兵俞大猷
引舟師邀擊于馬蹟山擒倭首攤拾賣及從賊五十
七人斬首九十三級是日倭舟有被海風飄回者舟
壞餘賊五十人屯嘉定縣民家叅政任環以舊兵攻
之不克傷亡殆三百人乃投火民宅爇之賊盡死壬
午勅總督東隸浙福軍務都御史周琉巡撫浙江都

御史李天寵為民改南京户部右侍郎楊宜為兵部
右侍郎兼右僉都御史代琉陞延按浙江御史胡宗
憲為右僉都御史代天寵先是上聞琉疾甚又以天
寵嗜酒廢事并黜之仍勑工部右侍郎趙文華悉心
督察命禮部鑄督察軍務關防馳賜之癸未察視軍
情侍郎趙文華言始者賊逸松江也宣慰彭藎臣等
與賊相持十晝夜賊遁蘇州藎臣及俞大猷任環合
兵追之于陸涇壩斬首五六百級兵勢稍振頃二司
兵失利而賊遂散逸一犯常州宜興一犯湖州長興
勢復猖獗良由我兵寡勢合士氣不揚耳臣以為藎
臣等報效之勤宜勞冠至蘇州我軍盡亡火器委諸
賊中而又海上福滄等州七十餘艘皆為賊擄臣以
為諸臣失事之罪宜問兵部覆議上命降勑獎勵彭
藎臣明詔各賜銀二十兩紵絲一表裏官舍彭翼南
准冠授生員彭守忠給與冠帶乙酉蔡涇閘倭至息
港鎮副使王崇古督水陸兵夾擊之賊遂出港泊漴
沙分舟南犯至靖江陳公港登岸我兵急擊之斬首
四十有奇餘賊走入民家我兵焚而殲之　七月癸

已朔戊戌改湖廣按察改副使孫宏軾援除山東副使劉燾俱于浙江以倭警用兵從吏部推擇也庚子巡按御史周如斗因唯亭常熟之敗疏言越浦之冦蔓延內地流毒日深諸臣防禦失策致鎮撫孫憲臣身嬰賊鋒知縣王鈇鄉官錢泮繼及于難前後雖有小捷所喪敗寔多因參兵備副使任環功不掩過海防僉事董邦政跡罪浮于名及巡捕同知王如瓚把總姜旦等失守慢防之咎請卹錄憲臣等而正環等罪又言永順保靖之兵屢戰多捷寔湖廣副使孫宏軾參議王繼洛監督有方及官舍彭翼南彭守忠等寔心幹濟請優賞以示勸兵部議覆詔宥環下如瓚等于御史問賜宏軾繼洛各銀二十兩紵絲一表裏贈憲臣指揮僉事世襲陞其子三級乙巳高埠逃倭自杭州西掠者沿途傷亡至嚴州淳安縣僅六十餘人以浙兵追急由濠嶺盤山突入歙縣黃柏源口徽州府守備官兵民壯五百餘人見賊悉奔潰賊遂流劫績溪至旌德典史蔡光佐率兵千餘禦之不克賊遂叩兵南門縱火屠掠過涇縣知縣邱時庸引兵追擊

于捍塘敗績賊乃趨南陵縣丞莫逵以三百人守分界山見賊悉奔竄賊遂入縣城縱火焚居民房屋于是建陽衛指揮繆印當塗縣丞郭暎郊蕪湖縣丞陳一道太平府知事郭樟各承檄以兵來援與賊遇于縣東門印等引弓射之賊悉手接其箭諸軍相顧愕然道俱潰一道所率皆蕪湖驍健乃麾衆獨進為賊所殺一道義男子義橫身捍賊刃亦死癸丑江南金涇許浦白茆港諸倭俱載舟出海總兵俞大猷督各水兵把總劉堂大雷余昂等引舟師追及于茶山縱火焚其五舟餘賊走馬蹟山三板沙我兵復追擊之焚其三舟凡斬賊六十七級生擒四十二人是時江陰蔡港倭亦引舟出洋我兵分擊于馬蹟馬圖寶山等處共擒斬九十餘賊值颶風大作賊舟多溺官兵船壞損者亦然次日柘林倭亦載舟出洋為我兵衛擊於海風濤蕩沉沒二十餘舟餘賊復回泊海港登岸劫掠丙辰南陵倭流劫至蕪湖縱火燒南圻突渡北岸入市各商民義勇登屋以瓦石灰罐擊之賊多傷溺遂奔至各甸兵丁邑生縉二倭斬首十級賊遯

太平府是時操江都御史褒善駐太平遣千戶曾辰等督兵義勇殺虎手等兵禦之于馬廠大敗賊遂進逼府城城中人斷河橋防守賊引而東犯江寧鎮指揮朱襄蔣陞率兵迎拒不能禦襄戰死陞被創墮馬官兵死者三百餘人賊遂直趨南京其首衣紅乘馬張黃蓋整衆犯大安德門我兵自城上以火銃擊之賊沿外城小安德夾岡等門往來窺覘會城中獲其所遣諜者賊乃引衆由鋪岡趨秣陵關而去丁巳南京河南道御史葉恩以倭破杭州北新關劾奏提督浙福軍務都御史李天寵失誤軍機罪宜重治詔差官校逮京問尋巡按御史胡宗憲亦疏劾天寵縱寇殃民參將尚允紹等防禦寡謀乞罷天寵治允紹等罪得旨天寵以逮繫允紹姑革職充爲事官與地方守巡官俱奪俸令戴罪自效督察軍情侍郎趙文華奏六月間松江三丈浦餘倭登舟欲遁泊登沙北候汛太倉知州熊桴督福沙兵船追擊之沉賊船七俘賊一人斬首一百三十餘級又有原犯江北倭舟十隻突嘉定吳淞江把總劉堂引舟師擊于外洋俘賊五十七人斬首九十三級請告廟獻俘尋敘錄桴及嘉定知縣楊旦參政任環功環宜陞武職桴補僉事董邦政缺且重加陞賞兵部覆言任環忠勇屢立奇功武職無前例請如大同知府王誥例廕子邦政在任桴宜別處以地方之職餘功以次論敘得旨任環廕一子爲原籍衛所千戶隨軍殺賊熊桴陞本府同知添註練兵把總劉堂等各陞二級楊旦賞銀二十兩賊久未平亟令督撫等官矢心剿賊以靖地方毋忽總督直隸浙福軍務右都御史張經浙西參將湯克寬逮至京師詔下法司擬罪經上疏自理曰臣自昨歲十一月受總督之任于時倭方盤據柘林川沙窪其衆且二萬餘矣會民兵脆弱無可制禦臣乃奏調田州東蘭那地南丹歸順等州狼兵五千名永順保靖二宣慰司土兵六千名蓋欲合力并勢爲必勝之算耳今歲三月初田州土官婦瓦氏及東蘭等州官舍各兵陸至臣從宜分布以瓦氏兵配總兵俞大猷屯金山衛爲掎巢西路以東蘭那地南丹三州兵配遊擊鄒繼芳屯閔行爲搗巢北路以歸順兵及

募至思恩兵廣東東莞打手兵配參將湯克寬屯乍浦為西路右哨各令相機戰守及三月末侍郎趙文華至松江賚諸將輒令進討然遠調之兵新至之將賊情地利皆所未諳遊擊白泫以田州兵千餘往探陸哨遇賊伏卒殺其頭目鍾富損兵大半則狼兵之不宜驟用明矣及四月二十日永順保靖兵至其日巢賊四千餘突犯嘉興臣即委參將盧鏜督保靖兵援嘉興委俞大猷督永順兵由泖湖間道趨平望以扼賊路令湯克寬引舟師從中路擊之一戰而勝凡斬馘一千九百有奇焚溺死者無筭賊氣遂餒此臣日夜苦心審機慮勝豈有一毫怠事之念哉自臣蒞任方半年前後俘斬以五千計惟是智畧淺短不能使積年劇寇俄頃掃蕩此則臣之罪也疏入不報經克寬竟論死繫獄　八月癸亥胡倭自南京趨秣陵關應天推官羅節卿指揮徐承宗率兵千人守關望風奔潰賊遂過關至溧水縣楊林橋典史林文景率兵迎遏不能禦署縣縣丞趙珠臣棄臣走賊遂由小北門入城宴飲民家信宿乃去甲子整飭太倉兵備

參政任環有親喪例當回籍巡按御史周如斗以倭寇未平請留之詔奪情任事如故辛未柘林倭載舟出海僉事董邦政總兵俞大猷各督所部水兵分哨擊之斬首七十有奇獲船九隻邦政復以嘉定兵擊賊于寶山斬首九十八級甲戌溧水倭流劫溧陽趨宜興至岳亭聞官兵自太湖出取道官路橋黃土越武進縣境掠無錫慧山寺一晝夜奔一百八十餘里我兵追及急擊之賊夜走望亭次日至滸墅關都御史曹邦輔督各官兵圍之乙亥柘林澗洋賊遭風壞三舟餘賊三百有奇自蔡廟港登岸流劫至華亭縣陶宅鎮據之南京御史金浙陶承學言中國叛人王直久住日本主謀構禍乞要懸立爵賞俘馘賊首及將兩京十三省見監并緣事大小武臣許令殺賊贖罪又公侯勲戚世臣有蓄養家丁行令督率效用兵部議覆賞格宜如宣大例有能擒斬王直來獻者封以伯爵賞銀一萬兩授坐營坐府職銜管事有斬獲黨酋如明山和尚輩者授指揮僉事賞銀三百兩緣事武臣本犯仍監候許子弟家丁殺效贖罪充軍以擒

斬十名顆永遠充軍者以無寸功顆免罪者以三十名顆為率然戚家丁事情未便姑已之詔悉從部議第武臣犯死罪者不准贖壬辰督察軍情侍郎趙文華陳海防五事一復更番出洋之制國初海防之設極善今乃列船港次循之棄門戶而守堂室浸失初意宜分作滿之船以守陽山蘇松之舡以守馬蹟定海之舡以守大衢三山品嶼哨守相聯更以副總兵屯泊陳錢之島以扼三路之衝使賊不得越二總兵兕屯海上須藉舟師今所造福舡未辦所調廣舡未集請以寧紹台溫蘇松捕魚舡及下八山捕福倉等船約束分布相兼戰守三浙直地勢相連互為盜啓宜設正副總兵官二員分駐金山臨山會要之地共守陳錢而以參將分守馬蹟等三山各督信地則勢成犄角四沿海一帶軍伍不充請籍見募鄉兵萬人歲給半糧免其他役給閑田屯種倣古寓兵于農之意五拒遏海中功與戰勝內地者異宜優其陞賞斬賊一顆為首者陞二級為從者給賞總兵等官能使賊船不得登岸者以保障論功若無首級而止獲賊舡者亦以大小論級[illegible]衆人給半糧當識所出恐江南賦已繁重未允分撥事宜殺上從部議蘇松巡撫曹邦輔僉事董邦政把總婁宇以沙兵擊浙堅閘倭賊之初賊自宜興奔蘇州會柘林賊為風飄旋者三百餘進據陶宅港邦輔慮二賊合且為大患乃親督副使王崇古會集各部兵扼其東路四面蹙之賊逃至龍橋復至梅灣山我兵隨地與戰頗有斬獲太倉衛指揮張大綱被殺兵卒傷亡亦衆時邦政宇督沙兵守陶宅邦輔封陶宅賊據險且衆未可進兵乃召邦政宇以沙兵助剿一戰斬首十九級賊始懼奔吳舍欲潛走太湖我兵追及于楊林橋盡殪其衆此賊自紹興高埠竄不過六七十人流劫杭嚴徽寧太平至犯留都經行數千里殺戮及戰傷無慮四五千人凡殺一御史一縣丞二指揮把總入二縣歷八十餘日始滅　九月癸巳朔乙未督察軍情侍郎趙文華大集浙直兵夾攻倭于陶宅賊分衆逆敵我兵大敗浙江領兵指揮邵昇姚泓直隸領兵千戶劉勲俱死是時文華以蘇臣之

捷已不得只為恨見調兵四集請陶宅寇乃柘林餘孽可取浙江巡撫胡宗憲因大言寇不足平以恍其意遂悉簡浙兵精銳得四千人文華宗憲親將之營于松江之磚橋同約應天巡撫曹邦輔以直隸兵會勦定期浙兵分三道直兵分四道東西並進賊悉銳衝浙兵諸營皆潰我兵擠沉于水及自蹂踐死者甚衆損失軍士凡一千餘人直兵亦陷賊伏中死者二百餘人由是賊勢益熾庚子户科左給事中楊允繩言倭寇為患已及三載破邑殺將猖獗日甚茲復侵犯南都直薄城下臣觀事勢殊未有底定之期蓋其患在將習不振而弊源不革也夫為將之道有三曰制曰法曰謀三者缺一不可以戰江南諸將全不知此故其用兵之際絕無紀律不鳴金鼓不別旗幟聚如兒戲漁若搏沙前有伏而不見後有賊而不知漫卒民兵浪與賊戰自相蹂踐全軍覆歿昨年山東兵淤閘之敗近日浙江土兵之衄是也此其咎端在于無謀無制無法而其不設哨探不知形勢又其取敗之尤有也蓋哨探者軍中之耳目也行兵而無哨探

又不知地形譬如人終夜求于幽室之中不照以燭盲人馳逐于崎嶇險阻之地莫為之相其不顛連而駢仆者幾希今日江南之兵何以異此乃當事者不此之察動以增兵益餉為請其意不過張賊聲勢緩已罪愆又欲遂延歲月冀賊自去以圖僥倖殊不知以若所為雖括天下之賦財以供江南之役籍天下之兵民以為江南之兵亦如以蛾赴火以雪寔井而已竟何益哉況此賊不遭大創何肯輒去即去豈得不復來耶況此皆游揚抵飾之辭非寔心幹濟執事之至者也臣以為今日江南之事必先擇將將苟得人則招募之兵可用也土著之兵可用也以之水戰可也以之陸戰可也法制與謀具焉故也如其不然增兵奚益請勅督撫將臣將見在調募官兵及各鄉兵精選訓練技之以制一之以法多立哨探圖寫地形捕察賊情妙布成算務使以全制勝毋得日事徼兵重糜糧草亦毋得掇拾章疏延挨歲月其紀功御史等官亦要隨軍向往稽察情弊如有仍前不設哨探不立營伍陡傳踐虜損折兵衆者指寔參奏問罪

如律庶幾將習可漸熄患可弭矣至于根株淵源則
又有不專于外者盖海寇與邊患不同北邊所患胡
也若海寇則十九皆我中華之人倭奴特所勾引驅
率者耳夫患在胡則事重于外患在中華之人則
事重于內修此不易之理也近來督撫之令不能行
于官司責之練鄉兵則不習命之團保甲則不嚴委
之以餉則不給委之以哨探則不明日愒月玩彼是
此非上官隱忍而養容下官驕侈而日大所以然者
豈以督撫之官不尊權不重耶亦有由矣蓋近來督
撫之臣蒞任謝恩必有常例銀兩饋送在京權要大
者數百小者數十名曰謝禮至于任內有所題請開
送揭帖則又備以儀物名曰候禮又其歷任　深嘗
求美擢或過地方有事希求脫任或以有罪而求弥
縫或以失事而求覆敍如此饋送數遂不貲然大率
此等銀兩在省取之各布政司直隸取之府州縣司
府州縣既為之巧取承迎不無悅色督撫諸司自知
非法接受亦有醜顏既入牢籠寔難展布使在平時
猶不能振揚風紀建立事功而況蒞軍行法之時哉

則其玩愒陵夷蔑法慢事亦奚怪也且官司所以賂
媚督撫又皆取具于民近來督撫之交代頻煩則官
司之需索亦從而加苛其不肖者又因之影射乾沒
其間指一科十推膺剥髓即今江南四野為墟赤地
千里區區子遺待盡之民尚猶日苦掊尅侵剥之害
臣恐民窮盜起莫知終極異日國家隱憂蓋不止于
海島之間已也朝廷張官置吏本以禦患安民今反
以殃民致患此臣所以痛心疾首不能已于言也伏
望皇上洞察弊源在內勅之維事衙門在外勅之風
紀臺察責令詞捕恭劾仍勅閣部大臣令洗心滌慮
正己率公割絕所昵之私汎掃苞苴之習以弘濟時
艱共舒民難此則端本澄源平倭之要道也疏入部
覆其詞嚴義正深切時弊宜見之施行報允甲寅詔
勒南京兵部尚書張時徹侍郎陳洙俱致仕時南京
給事中朱文漢御史侯東萊各以倭犯京城狀聞參
內外守備官撫寧侯朱岳太監郭璇及時徹等時徹
亦列上失事死事諸臣始末詞多隱護中有信宿之
間送寓酋遨城外地方一無所傷等語于是刑科給

事中邵樁疏參之下吏兵二部[illegible]俸級令莫勵自效上以本兵任重不允特詔時徹及洙俱致仕賁岳祿俸二月賞璬勿問録死事朱裒子襲陞二級己巳陞刑部左侍郎張鏊為南京兵部尚書參贊機務改南京刑部右侍郎張臬為南京兵部右侍郎吏科都給事中謝登之言鏊不閑軍旅乞別選代之不聽戊申倭舟三艘泊台州海洋之螺門備倭都指揮王沛等引舟出哨遇于大陳山嶼擒賊十七人斬首九級餘賊棄舟登山走匿我兵焚其舟四面環守參將盧鏜以大兵會之入山搜剿生擒真倭烏暮美他郎首首林碧川等八十四人斬首三十八級由是三舟之倭盡殄甲寅浙江杭嘉湖兵備副使劉燾督兵五千餘分三道攻陶宅倭巢倭二百餘來迎敵諸軍望見皆散走燾與家丁陸本高等二十餘人各引滿射之賊不敢逼燾僅以身免　十月壬戌朔癸亥陶宅倭見我兵四集夜走周浦屯永定寺中我兵遂圍之是時拓林閑洋賊舟九隻復回登岸為巢于川沙窪乃予巡撫應天都御史曹邦輔以勦蘇松浙

盤踞倭寇功且言連年倭患其來必糾連大衆多者數千少亦不下數百其登岸劫掠近則百里至遠不過千里未有以五六十餘之賊深入內地轉戰數千里直瞰都門無所顧忌若此賊者且所過屠戮極其慘烈使不即殄滅得以遯歸彼已習知內地虛寔將來招引醜類為禍胎未可量所據僉事董邦政聞命疾趨躬歷行陳橫犯鯨鯢之衆不旬日而芟刈之真可謂奇功也請亟加襃錄總督浙直侍郎楊宜亦報捷如邦輔言後參邦政雖有斬馘之功然寔故違節制當罪督察侍郎趙文華又言柘林餘賊復巢陶宅臣與浙江巡撫胡宗憲督兵四千來松江會剿而應天巡撫曹邦輔僉事董邦政不協力進兵顧乃避難趨易僥倖功捷乞加懲究疏俱下兵部部覆文華所謂趨易蓋指蘇州之寇而言所謂避難蓋指陶宅之寇而言竊計二寇多寡雖殊比量聲勢不宜分難易論若使合而為一以流劫者之慓悍濟屯聚者之蓄衆未免益復滋蔓難圖乃今蘇松之寇剿滅無遺陶宅之寇自然勢孤氣阻驅除為易今第令邦政戴罪自

致務將陶宅之寇亟行殄絶候事平之後總較功罪然後賞罰可得施也詔下邦政于總督都御史逮問初文華閱蘇州寇且滅超赴蘇欲攘其功比至則邦輔業已先數捷矣文華遂大怒乃以陶宅寇患委罪邦輔邦政氣之復喉宜排邦政宜心知邦政功而重失文華意故矛盾若此丁丑虜天巡撫曹邦輔親督水陸兵分五哨攻倭于周浦賊迎敵四哨俱奔潰溺水死者數百人獨中哨以邦輔在焉且沮水不得潰庚辰總督浙直侍郎楊宜言柘林一鎮乃倭奴出入之衝為諸郡要害地方請創立城堡公館調取募兵防守添設把總控制舊有墩臺哨船一併修復事寧宜設一所備撥官軍填補兵部議覆從之壬午巡按直隸御史周如斗言方今蘇松流突之寇已殄屯聚之寇其勢已孤諸軍宜乘勝併力殲此餘孽不宜遷延養寇使舊成斂登新倭代至復致蔓者柘林之患且近日直隸斬獲悉本地鄉兵之功其狼苗二兵自浙江奴敗後一無足用苗兵前猶有王江涇姜門之捷若狼兵剽徒擾地方無纖毫戰守力至于川兵雖未

見可用與否第萬里趨調東西異宜恐亦未足恃也近起用原任總兵何卿沈希儀以其知兵令督率川廣調至之卒長力耿劾頗皆昏耗衰慢一籌莫措近日功捷二人者絶無所與將焉用之請罷遣二臣并侍徵兵之令申飭督撫諸臣督勵鄉勇亟除殘寇上曰地方殘寇未靖令督撫等官速計勦絶卿及希儀令革職回衛閑住丙戌浙江紹興府知府劉錫被逮至京錫性亢傲放達為趙文華所憎會倭自高埠逃蝶浦鄉官御史錢鯨遣之見殺文華遂用為錫罪言其媢功縱寇及是逮至竟發遣衛充軍庚戌殺原任直隸浙福總督右都御史張經巡撫浙江都御史李天寵兵部員外郎楊繼盛于市經在浙江有功為趙文華所誣搆天寵亦無罪胡宗憲力排而奪其位繼盛因劾嚴嵩父子法司承風旨傳致死罪是歲諭大辟囚當刑者百有餘人詔決九人而經等悉與焉由是天下惡嵩父子及文華益甚辛卯倭賊二百人自浙江樂清縣岐頭登岸流劫黃巖仙居寧海所過焚戮官兵莫能禦至楓樹嶺慈谿縣領兵主簿畢清見

殺逆至餘姚由上虞渡曹娥江犯會稽　十一月壬辰朔乙未倭二百餘人犯福建莆田縣鎮海鎮東等衛千戶戴洪高懷德張鑾俱戰死丙申兵科給事中夏栻言浙直官兵會勦陶宅適倭屢遣陷敗諸臣奏報不實且趙文華欺誕大負簡命巡按浙江御史趙孔昭亦以敗聞上令申飭文華失心衆公視師圖效文華亦奏頃會勦陶宅殘寇浙直兩鎮兵多怯弱巡撫都御史曹邦輔外昧緩急內無紀律期夾攻不應弛信地不防宜行罷黜及將總督楊宜飭令認罪以圖後效上令邦輔策勵供職與楊宜協心平賊毋誤事機巡按直隸御史周如斗言陶宅及川沙窪倭寇亟宜勦滅緩則合而為一益復滋蔓因劾蘇松參將喬基把總金漢宜罷黜而薦都指揮婁宇可代基指揮僉事陸習可代漢上諭罷基及漢職於軍門立功而以宇習代之申飭督撫等官剿寇毋怠已曹邦輔言川沙窪之賊集至四十餘艘而繼至未已副總兵俞大猷把總劉堂乃擁兵觀望縱賊合䑸請究治其罪上謂大猷縱寇所宜逮治姑革其祖職揭黃令軍門責取死罪招殺賊立功別舉代者堂革職充為事官管事辛丑有倭二千餘人自海洋駕舟四十餘艘先後入川沙窪與舊賊合勢登岸沿浦東一帶焚劫四圍八寨等處壬寅兵科給事中夏栻言方今備倭曰欲調客兵團結鄉兵二者而已頃議者患客兵驕悍罷遣之而寇在門庭鄉兵未即可用臣謂宜練土著為經久之計暫借客兵為摧陷之資今狼土松藩之兵勢遠難制可無再調莫若選調保定山東漳泉等兵統之良將以備戰守會總督楊宜亦言土兵未可遽恃請募浙直驍勇山東箭手及浙直福建湖廣衛所漕運官軍廣東戰艦兵剋赴軍聽用下兵部議福建江北湖廣遠者不可調其永保宣慰土兵用之已效者仍聽徵發餘如所請從之戊申命南京中書府僉書署都督僉事劉遠充總兵官總理浙直海防軍務壬子倭寇八十餘人駕舟泊浙江海鹽縣之秦駐山登岸劫掠提督都御史胡宗憲遣指揮徐行健率官兵剿之賊走入民家拒守官軍縱火焚之賊悉殄甲寅吏科給事中孫濬言近見督察侍郎

趙文華請罪恩天巡撫曹邦輔參稱約夫攻而後期
及考訊内所到邦輔督副總兵俞大猷進勦在九月
十一日浙兵次日方進則後期之罪不在直隸矧今
蘇松民士謂邦輔寔心任事稱不容口其前流劫留
都之倭又爲邦輔所滅功能了然遂請旂罷文華一
意殆不可曉旹東南用兵冦勢方熾臣誠恐有妨大
計竊謂事權歸一則則責成專而無彼此牽制之患
昔漢祖任韓信專閫外雖智如張良不使干與所以
能成大功方今江南之事督察司撿稽而戰守大機
當決之總督巡撫兼提督而行伍專職當責之總兵
督撫統大綱而城池倉庫奉行策應當付之有司不
然權分勢軋人皆掣肘無以自盡其長乞勅該部申
明事權督率不嚴方略不慎罪坐總督錢糧不敷調
遣無法罪坐巡撫軍令委靡戰陣退縮罪坐總兵策
應不前四境殘破罪坐郡縣撿察無寔功罪不明或
昧模專斷强人從已以致撓敗罪坐督察上從其言
戊午倭五十餘人犯浙江平陽縣由大奥登岸殺協
守指揮祁嵩平陽所百戶劉愆又倭八十餘人犯舟
山進屯謝浦參將盧鏜遣兵禦之不克指揮閔溶死
之庚申倭寇犯福建興化府涵頭鋪等處平海衛正
千戶邱琢副千戶楊一茂與戰死之已復犯福清海
口泉州衛指揮僉事童乾震直奔其壘斬十餘賊亦
被害事聞詔各立其祠地有司春秋祭享襲陞其子
二級　閏十一月壬戌朔己巳周浦寺倭以官兵圍
攻日急于初二日夜捲衆東北奔統領川兵遊擊曹
克新邀擊之斬首一百三十餘級賊遂入川沙窪與
巢賊合四川山東諸兵日夕伺擊之賊乃焚巢載舟
出海副總兵俞大猷兵備王崇古合兵入洋追之及
于老鸛嘴斬首一百七十餘級生擒四十七人衝燬
賊巨舟八艘餘賊奔上海浦東庚午提督浙福都御
史胡宗憲以倭犯溫州府之平陽遣守備劉隆率兵
禦之遇賊于三港敗績隆及千戶劉綱百戶張澄俱
死癸酉川兵遊擊曹克新擊倭于嘉定之高橋斬首
二十八級自辰及未酉陽兵先潰諸軍遂潰越二日
克新復督蜀中土漢兵分三哨進剿左哨天全土兵
及[illegible]連弩手奮銳衝賊迎斬七十餘級右哨酉陽邑

極等兵後潰殺軍遂亂為賊所殺大渡河千戶李爍成都衛百戶鄭彥昇川兵傷亡及溺死十四諸軍奪氣是時調至客兵太多督撫率無長略不能以恩威駕馭諸兵遂恣睢暴肆不復奉約束川兵初興山東兵劉參將尚先紹幾被殺至于出戰皆自為進退酉陽兵既敗即大掠奪舟徑歸至蘇州趙文華攜慰諭留之不敢詰也丁丑光祿寺卿章煥上疏陳禦倭之策言倭患之熾其原不在于外中原之雄傑為之謀主也土著之奸人為之嚮導也窮民為之役使也有是三者然後深入長驅唯所適而莫之遏今軍興且四年矣廟務革創法守未明議論叢生事端督亂臣謹條其大安者八事古者兵將相習教戒素明乃可起敵今軍門督府分閫列旌下至文武庶僚紛然衆建然皆空名有將無兵也將佐雜居諸軍為合加以南方素不知兵卒致久弛其視諸將弁髦也諸將之視郡縣傳舍也兵將之相視途人也如是則其赴戰兒戲也此統兵之制未定者一也夫將無號令與無將同兵無約束與無兵同故平時之節制即臨陣之紀律也今諸兵目不覩軍容耳不聞將令有急驅之不能卒集弱而進日中不至晝而進日晡不至臨陣而逃轉相劫掠或殺平民報功甚者為賊內應陵夷既久漸成亂階因循則威嚴愈褻矯正則他釁易生此馭兵之制未定者二也調至土兵賊頗畏忌然亦獷悍難訓夫以苗攻倭猶以毒攻毒是在上醫國手制量斟酌對証而攻病去即已今既無鼓舞之方復無調停之法事急則倍賞以招悔勢緩則厭棄而生怨此調兵之制未定者三也分道募兵不按名籍游手無賴草竊亡命悉入數中及至而花無統紀聚散無稽多寡不同故募而來來而去去而無兵則又復募府庫殫竭道路驛騷終無寔用此募兵之制未定者四也當始倭難時臣嘗有言急集海上之沙民可無煩客兵衆論相持事機頓挫今壯士死于行陣頑民逃而從賊民氣破傷摧慘已極乃始欲用鄉兵數客兵此所謂制行者也假令客兵已遣賊衆象城鄉兵果可恃乎鄉兵雖恃未免復徵客兵不惟緩不及事且恐重為客兵所侮此練兵之制未定者五也夫

兵符嘗任則耳目心志定而約束易行今雜處市廛嬉游閭巷百貨之所歆豔侈俗之所浸淫遂令山東桂鈍變爲紈袴猿笛鄙野咸習歌舞精鋭銷耍軍氣不振淫蠱流行死亡枕籍此乃兵之制未定者六也古者行軍動衆必從枕席上過師故進能勉敵而退可保軍今南方皆沮洳之澤崔葦之場狹邪之徑至斷港絶橋單舸片艭或褰裳而渡或泅冰而進動犯兵家之忌而諸將乃不諳哨探不量虛寔行無斥堠止無堅壁往往履危機墮狡計落坑阱而不悟此行兵之制未定者七也師行糧從強者主戰弱者主餽此軍制也今或師臨陣而未食或食至而不均或師行境外而食其域中設欲晨炊蓐食捲甲疾趨何以應之軍機旣漏士忿不平此養兵之制未定者八也夫軍中之事有不可定者機宜變化因乎敵者也不可易者規畫措置存乎我者也故將有專閫兵有常任無事相習有急相隨則兵可統也秩其教令齊其法制範我馳驅是謂三軍之衛備則兵可馭也裁吏以示其信處置以服其心以諸邊節制之兵爲之準調到後土之兵爲之轄則兵可調而用也所募之兵程其技力而籍其家室守法者厚恤其私犯令而逃者有煤戮之禁至于歸曠游民給其由廛興之配偶則可以繫其歸志而兵可募也以客兵爲權宜以鄉兵爲寔用日省月試常如賊至勞來不怠甘苦必均則市人可爲精兵鋤鏝可進利刃故兵可練也有營居故兵可聚而不可散有行列故兵可散而不可亂賊所往來兵所出入有斥堠故兵可進也有堅壁故兵可退也有戰地有堠人有諜者故兵可正可奇可疑可伏也給軍有制犒士有資弔死扶傷恤孤問寡有典故兵可飽可飢可生可死也信能行此八者而蔚算之勝我[元]得之矣夫禦倭之道來則拒之去則備之言戰不及守非良策也何者東南無重關阻隔無高山瞭望汲濤泱瀁隱見難窺風帆迅疾頃刻可至不能預守是海壖之險賊與我共之者也臣聞賊遠來人持數日之糧未逾峙多苦飢者賊之死命制于數步之內矣徒以海濱廪藏露積故賊至而據之因以爲食既飽則所向無前衆人不備如使蓄積收

斂野無所掠此救生民之道也故議守者莫要于城、堡城、堡相望遠近相依賊少則不能攻城多則所掠不足供所食賊不能持久破之必矣夫賊不能宿飽則不能深入不能深入則不能多獲則來者無利而覬覦者不來內地可不煩兵而守矣且瀕海皆膏腴美田宅廣樹蓄南方所謂樂土也為賊蹂踐民皆逃徙然其來向思歸之心豈有日夜忘哉有城堡則良民歸田野閭閻非獨樂業亦安邊足賦之具也且南方諸縣地方七八百里賊至放兵肆劫一令終不足以制之雖重法猶禁防疎闊外為寇賊巢穴內為逋逃淵藪亿以環地相隔聲勢不運之故也議增制置縣邑多設長吏俾分地而守分民而治除器練戎積餉繕堡無事則休養生息安堵而居有事則高城深池與民共守足以扼賊衝輯衆志此寓將于令寓兵于民之術也然下兵部議謂增邑設官事涉紛擾其所云築城繕堡實所奏八事寔切時務請行督撫諸臣議處從之　壬午倭自樂清流犯上虞會稽者為官兵所追奔馳于餘姚丁村等處逃走登龕山典史吳

成努等督兵勦賊之前後共斬首一百二十餘級　己丑督察浙直軍務侍郎趙文華陳區畫海防三事大要言松江宜守浙江宜攻福建宜操而所謂守與攻者在籍閒田給兵屯種以扼寇所謂撫者請增設經略總督專官兵部覆言戰守撫相須為用均不可廢三省皆然其言鄉官領兵恐督責不便給兵田百萬畝未審何所從出恐滋紛擾閩中更置專官亦非其時俱礙難行報罷　十二月辛卯朔癸巳南京兵部尚書張鏊言福建都指揮黃鎮四川寧川衛納級指揮劉顯江西贛州衛指揮胡勃三人勇略素聞可教練軍士請徵留都從宜委用報可　己亥兵部覆巡按直隸御史張雲路條款應天巡撫曹邦輔提督操江史褒善勘明倭寇自浙江流劫蕪寧太平直犯南京轉掠至蘇州剿滅經過地方諸臣功罪失事如新安衛指揮焦桐等四十六人各有統兵巡捕之責不能防禦應究治知府寧國朱大器徽州宋有孚太平任有齡應罰治旌德知縣李怒南陵縣丞鄭惟翰太平知事鄒瑋地方創甚應重究蕪湖知縣潘銓寧國通

判同崗忠憲天桂官羅節郟涇縣知縣邱時庸提兵損失應仵究有功如常鎮兵備王崇古蘇州知府林懋舉同知李敏德熊梓通判余玄吳縣知縣康世耀江陰主簿曹廷慧鄉官原任吏部主事史際宜論錄婺源典史徐郁憲等之擒斬徽州把總朱項鶴等之死事宜搞卹至于蕪湖縣丞陳一道力戰劉賊其義男陳子義嬰刃扞父宜各贈一內外職銜冠帶其子其應天府尹汪宗元宜寬其罰初是賊自南京轉趨蘇州也僉事董邦政方督所募沙兵防守陶宅巡撫曹邦輔乃檄邦政與把總婁宇引兵邀剿之當時二寇不得合而此殘賊竟殲于蘇者本邦輔用此二人力也至是各臣奏勘功罪甚明以侍郎趙文華惡此二人賞竟弗及已巳督察浙直軍務侍郎趙文華疏乞還京許之文華初奉命至浙適廣西田州等狼兵調至其土官婦瓦氏等知倭有厚蓄鋭意請戰文華惑之邀趨總督張經進兵不得則上書痛詆之及湖兵至經進戰三江涇大捷竟以文華前譏被逮代之者爲周珫楊宜皆庸駑無遠略由是各兵漫渙賊勢益熾文華激兵瓦氏亟戰亡其卒十七八無尺寸功文華乃大沮及蘇州珍滅流倭文華欲攘功後期計陶宅遺醜餘倭可取以自飾乃大集浙直水陸兵四面攻之大敗兵將傷亡甚衆後促浙直再進兵皆不克副使劉燾巡撫曹邦輔僅以身免文華始知賊未易卹有歸志及十一月川兵破周浦賊俞大猷復有海洋之捷文華遂言水陸成功江南清晏臣遠闕日久請歸伏本職是時海洋四倭泊浦東川沙舊巢及嘉定高橋皆有倭據而新倭來者日衆浙東西破軍殺將羽書沓至文華乃以寇息聞其欺誕若此丙午巡按直隷御史吳伯朋勘上本年四月以後淮揚等處禦倭功罪詔陞原任巡撫右侍郎鄭曉二品服俸賜銀三十兩紵絲三表裏陞海防參政張景賢秩一級賞銀二十兩紵絲一表裏參將張恒喬基各二十兩兵備副使劉天授淮安知府蔡揚金揚州知府吳桂芳各俸一級淮安府同知劉一中通州同知印霖及典史余廷蘇鹽場副使李政百户白永福鎮撫呂圻各陞秩一級授義勇官土大文所鎮撫宥原謫戍百

戶吳郁仍陞秩一級其失事千戶秦鵬等四人及巡檢耿光甦等三人下按臣逮問降指揮等官戈陽等十四人各一級贈陣亡巡檢尹桑光祿寺署丞給一子冠帶

三十五年正月辛酉朔壬戌福建倭寇流入浙江界與錢倉寇合原任留守王倫督容美土司田九霄等兵扼之於曹娥江賊不得渡還走官軍追及之于三江民舍連戰斬首三百級復追至黃家山盡殲之丁亥論三十四年十月後浙江官軍禦倭功罪奪參將盧鏜職副使孫宏軾許東望俸各戴罪立功郎錄死事守備劉隆等陞襲贈廕有差初十月三十日倭寇自樂清岐頭登岸十一月中流劫黃巖仙居奉化餘姚上虞諸縣時宏軾東望皆按兵不戰鏜留定海堅舟山新至賊獨隆及指揮閔溶等與遇于平陽死之已而官兵後至者多陷賊伏中于是慈谿主簿羿清死大日嶺領哨兵監生謝志望死斤嶺生員胡夢雷死後郭偏士邕應暢死小江口渡紹興知事何常明死桃渚山賊復戰亦飢疲乃退遁至宗家溇典史吳成寨引兵遮擊之擒斬三十餘人至十二月十四日官軍合力攻餘賊于嵊縣地方殲之是役也賊不滿二百轉掠入三府歷五十餘日始平被賊殺者無算于是督察軍務侍郎趙文華浙江巡按御史趙孔昭巡撫都御史胡宗憲總督軍務南京兵部右侍郎楊宜各上其事章下兵部覆請宥宗憲罪鏜等量罰死事者係軍官留陞襲係有司及生員當贈官錄廕上皆從之于是隆等各陞子孫實職一級常明清志望各贈太僕寺丞廕一子為國子生夢雷應暢各贈州同知給其子冠帶已總督楊宜復言功出容美宣撫應襲田九霄詔給之冠帶乙丑總督南直隸浙福軍務侍郎楊宜言吳浙民柔懦不可用所調客兵日久思歸今松江浙東間賊尚千餘新倭且至何以禦之請如正德間調各邊兵剿賊故事每邊擇驍兵二枝以敢戰將二人領之期以三月至河南睢陳彰德官軍及毛葫蘆軍共選三千隨給甲兵衣費以宣武等衛帶俸都指揮吳子英等統之期以二月至章下兵部覆請調河南兵其邊兵留以備虜上曰調兵原非

經久之計宜亢請選練鄉兵今又專說調兵漫無定
見非委任至意河南兵姑如議調遣各兵備有司務
將李憲鄉兵從宜訓練如再因循怠玩巡按御史劾
治之　二月庚寅朔己亥罷總督南直隸浙福軍務
南京兵部右侍郎楊宜先是三十四年十二月蘇松
兵備任環都司李經守備楊進率永順保靖土兵追
勦新場倭寇時賊衆二千人皆伏不出而詐令人舉
火千數呈外若將引去者保靖土舍彭翅引軍先入
嘗之不見一人于是永順頭目田菑田豐等爭入
伏起我軍四面為賊所圍翅等與其所部俱死之御
史邵惟中以聞因言旬月之內酉陽永順兵再戰再
北皆由督撫經畧失宜將領觀望畏怯所致乞飭宜
與曹邦輔俾無再誤而究治環及經進并褒卹翅菑
豐年等得旨宜調兵萬餘不能平賊屢失機宜今又
多所亡失大負委任姑革任回籍閒住邦輔環經俱
奪俸戴罪勦賊翅等各贈一官仍賜以棺殮具宜闇
淺無大略不足應變時海警甚熾徽川廣湖貴及閩
浙河南山東之兵畢集宜袖手無一策且懲于張經

之敗諂奉趙文華極其卑媟故文華雖厭薄之然而
不怒也特文華與胡宗憲私厚亟欲以宗憲易宜正
月中文華入京上諭大學士嚴嵩問文華倭寇始末
文華對昌言寇起時苦無兵今徵兵四集所苦督撫
非人不能調度請罷宜以宗憲代之上深以為然謂
嵩曰宜當急更毋歲月之延不無誤事會惟中疏至
部覆請戒諭宜令圖後效特詔罷之壬寅革分守福
建參將尹鳳俸倭指揮劉炌充為事官戴罪立功去
年冬倭自白湖江登岸流刼莆田福清攻鎮東衛千
戶戴洪高懷德被殺鳳督兵與戰于東岙洋大敗陣
亡千戶白仁鄧珍楊一茂等已鳳復部分泉州指揮
童乾寘及炌等為左右翼攻賊炌逗撓不進乾寘戰
死事聞兵部參覈因有是命乙巳命操江都御史史
褒善量調九江安慶官軍防守京口圌山等處添設
把總指揮一員領之初上從部議以南京營兵不宜
出戍悉令掣還及是江南北俱被倭自京口以西至
南京各關隘戍守盡仰外兵不敢發京營一卒于是
應天常鎮守臣各稱不便兵部乃復為請于近京龍

渾觀音港林汲浮化四處壘發營兵與在城民兵戍之其京口去京遠者聽操江都御史以便宜調別衛軍協守因有是命戊午直隸巡按御史周如斗以正月間官軍與倭于四橋事聞因參總督侍郎楊宜提督都御史曹邦輔輕率寡謀致川兵敗于東涇苗兵敗于新場東兵蒴兵敗于四橋乞將宜罷黜邦輔罰治俾亡參將尚允紹指揮李田紀東萊千戶郭勛崔彥章李尚節李昴百戶趙武陳清袁鄖疏下兵部參看上深以南寇為憂疑趙文華前言寇將滅為不寔屢以問大學士嚴嵩嵩曲為營解上意終不釋文華聞而大懼是時吏部尚書李默頗與嵩為異同文華自江南旋遂睢暴戾公卿多所凌侮無敢抗者默獨以盛氣折之楊宜既罷嵩文華雅欲以胡宗憲代默復推司王誥由是嵩文華惡默滋甚及是文華謀所以自解者緣上喜告訐乃摘默部試選人策目有漢武唐憲咸以英睿興盛業晚節乃為任用匪人所敗等語指為誹訕奏之刑部尚書何鰲遂坐默比擬子罵父者律絞上曰律不著臣詈君父謂必無也今有之其加等處斬錮于獄隨諭吏兵二部曰南賊一事不宜坐視人臣都不盡忠文華非告寇者楊宜已黜仍革去冠帶為民曹邦輔令巡按御史逮繫來京問此任便推補王誥不必去今仍舊職胡宗憲陞兵部左侍郎兼都察院右僉都御史代宜參政張景賢陞右僉都御史代邦輔後邦輔逮至謫戍邊默竟瘐死獄中默博雅有才辯以氣節自負初由吏侍擢冢卿旋忤旨罷去久之上念默召復其官時帽邪賂彰文武吏輻輳嚴氏所吏兵卿正唯三受成而已默自以受上特知毅然與爭行止其氣甚壯然默褊淺頗僻在銓省好以愛憎軒輊人又頗私鄉舊明以恩威自歸以是士論亦不附之及為文華搆陷代之者為吳鵬歙陽父進率闒茸垢濁公為嚴氏開鬻局遂至公道閼塞中外困散人心乃復思默而憐之　三月庚申朔壬戌贈松江新場陣亡參將尚允紹為都督僉事蔭一子千戶世襲指揮李田紀東萊千戶郭勛崔彥章李尚節李昴百戶趙武陳清各贈官陞襲如例總督胡宗憲以浙江黃家山捷聞請錄容美應襲

曰九霄舍人田九重及原任留守王倫功上從部擬
合九霄襲世襲職以紅紵衣一襲賜之九章給冠帶
倫復原官仍將兵殺賊乙丑命原任海寧把總指揮
丁僅原任浙江都司署都指揮僉事梁鳳並以為事
官充參將領兵勦賊用總督胡宗憲薦也戊辰兵部
尚書許論以江南新場餘倭未平上言二事一請精
選嵩盧徐沛之兵為輕兵又調募邊兵及廣兵俱倚
角賊衆之防為重兵每戰則以重兵結寨自固而遣
輕兵更出肆之其餘不足用者為冗兵可復還故鎮
一將領職任不明請如各邊例總兵則曰鎮守屯田
臨山副總兵則曰協守屯金山遇警則不拘水陸皆
得從宜調度其體統視巡撫得節制各路參將參將
視兵備節制守備以下州縣佐貳不得興副參抗禮
詔如議行丙子兵部奉旨覆議九卿科道條陳禦倭
事宜一選武職海上將官惟盧鏜俞大猷可用宜貰
罪還職責其後功浙直總兵劉遠未諳水戰宜罷回
南京左軍帶俸一任文職教授韓宗福通判羅拱辰
僉事董邦政皆知兵不宜以註誤廢棄典史吳成器

庶立奇功當不次用之一精選練鄉兵招募雖多可
用者少且浙直沿海一帶原有各衛所軍平時既以
民養兵臨事復以民衛兵殊失祖宗設軍之意請汰
去鄉兵之老弱者而脩舉各衛所軍政益募民開墾
屯田以充月糧其浙直通泰之間最利水戰往時多
用沙船破賊宜視客兵例厚加賞給以招徠之一慎
徵調土夷驕悍難使毛葫蘆諸兵道遠不能猝至不
如用嵩盧瑤夫及附近軍民兵之易集者一處軍餉
兵興以來賦額日增而最不便者為提編銀請量留
應天浙直歲運之數及查取兩淮川廣鹽課各山香
銀關鈔以舒民力其民兵工食各府州縣比原額量
加一倍于丁田內取之沙兵工食于浙直不被兵之
處派之主客兵糧及犒賞軍器于軍門所奏留銀給
之一守要害防禦之法守海島為上宜以太倉崇明
嘉定上海沙兵及福蒼東莞等船守山陽馬蹟寧紹
台溫及下八山採捕福蒼東莞等船守普陀大衢其
陳錢山為浙直分路之始狼福二山約東海尾交接
江洋亦爲要害宜令通泰兵備參將督水兵固守為

一登岍則副總兵以陸兵邀擊之一明職掌浙江參將俱随将創設職守未明請以杭嘉湖為一道温處為一道寧紹為一道各給勅符旗牌其臨觀昌國金盤等處把總一如直隷事例聽撫按會舉温處守備及舊設浙江總督傅倭都司係冗員宜裁革一明賞罰以軍中功次分為五等一論首級凡軍民臨陣擒斬有名賊一人者陞授三級不願陞賞銀一百五十兩獲真倭從賊一人及陣亡者陞授一級不願陞賞銀五十兩獲漢人脅從賊一人陞授署一級不願陞賞銀二十兩一論奇功如在海遇賊能追其近港即近港能追登岍又如登岍有衝鋒破陣追之出境者有所部兵少而斬獲多者均謂奇功聽總督紀功御史勘報破格陞賞一分信地凡守備把總及海防府州縣佐各有信地賊至不能拒守固有常律若能奮勇斬擒許以贖之即罪少功多仍以功論如賊從他路出境有邀截擒獲者所得即以與之仍照例陞賞一計職任武將自守備以下文官自海防同知以下所將卒五百擒斬真倭五人陞一級十人加一級所

將卒一千每五人陞署一級十人實授一級各以例遞陞至三級而止如先獲功後失事革職者准贖其餘功並兵將照所屬分論兵備隨之總副合所屬通論巡撫隨之一行撫諭近侍郎趙文華獲降倭知入寇海賊俱係日本所屬野島小夷為中國逋逃所引其王未必知也乞遣官勅朝鮮令其傳諭日本國王禁戢諸島踪入詔俱如議行禮部奉旨查覆祖宗時宣諭日本故事宣德七年曾遣內臣柴山賫勅至琉球令傳諭日本來朝嘉靖二年為宗設謙道犯順而琉球貢使適至復令諭之此皆以夷馭夷事之已效者也今朝鮮義在琉球之上又嘗有遮殺宗設功為諸夷所憚請俟其使至給勅宣諭如兵部言詔可既而會浙直奏凱事寢不行丙戌倭四十餘舟乍浦登岸流劫松江嘉興

四月己丑朔巡按浙江御史趙孔昭奏浙蘇松福建連歲被倭赴任官往往以道遠限寬得躭延規避請革水程使之無所藉口部覆江南水路艱險難以槩革今宜計其所受地在二千里內可以剋期至者革之在外者仍與水程如故報可

甲午昨歲浙江巡撫胡宗憲請遣使移諭日本國王禁戢島夷并和還通番商犯許立功免罪既奉俞旨遂以寧波府生員陳可願蔣洲往及是可願還言初是定海關洋為颶風飄至日本國五島遇王直毛海峰等言日本國亂王與其相俱死諸島夷不相統攝須偏曉諭之乃可杜其入犯有薩摩洲賊舟未奉諭先已過洋入寇矣我輩昔坐通番嚴禁以故自絕寔非本心誠令中國貸其前罪得通貢互市願殺賊自效遂留蔣洲傳諭各島而以兵船護可願先還宗憲以其事聞且言洲等奉命出疆法當徑抵日本宣諭其王為正今偏過海峯等于五島地方即為所説阻而旋就中詐情未可逆覩以臣臆度大約有二或懼傳諭國王于若輩不便設難邀阻或由懷戀故土擬乘此機會立功自歸乞令本兵議其制馭所宜俾臣等奉以從事疏下部覆東南自有倭患以來有言惹航海奸商王直毛海峯等以近年海禁太嚴謀利不遂故句引島夷為寇者有言彼國遭荒米貴各島小夷迫于飢寒乃糾衆掠食國王不知者用兵數歲捕

獲亦多招報參差茫無可據故昨歲禮部從撫臣之請遣使偵之今使者未及見王乃為王直等所説而返其云禁諭各夷不來入犯似乎難保且直等本我編氓既稱效順立功自當釋兵歸正乃絕不言及而第求開市通貢隱若夷酋然此其姦未易量也宜令宗憲等振揚威武嚴加提備仍移文曉諭直等俾勦除舟山等賊巢以自誠其信果海壖清蕩朝廷自有非常恩賚其互市通貢姑俟蔣洲回日夷情保無他變然後議之疏入報可已亥倭船二十餘艘自浙江觀海登岸攻慈谿破之殺鄉官副使王鎔知府錢渙等大掠而出軍民死者數百人辛丑南直隸續至倭冦三千餘人犯鎮江瓜洲儀真等處甲辰江北倭流劫至圖山山北等港無為州同知齊思率舟師迎戰敗之斬首百餘級思長子尚文次子嵩叔仲寔弟寶榮姪慎寅友良大鄉孫童俱在行嵩年十八驍勇善射獨前追賊至安港思等從之會伏發賊四合圍思等及其家丁錢鳳等二十一人力戰皆死之獨嵩慎寅三人得脱賊乘勝遂至金山殺鎮江千戶沈宗玉

王世臣于江中丙午倭寇復攻慈谿入之時兩浙俱被倭而浙東則慈谿獨慘餘姚次之浙西柘林乍浦烏鎮皁林間皆為賊巢前後至者二萬餘人巡按御史趙孔昭以聞詔總督胡宗憲亟圖剿寇方略各處調兵巡撫官有留滯不發者罪之庚戌倭寇犯直隸西菴沈莊清水窪等處總兵官俞大猷蘇松海防僉事董邦政帥兵擊之斬首三百五十餘級賊遁陶山辛亥倭寇萬餘趨浙江是林等處佐擊將軍宗禮帥兵九百人禦之于漴德三里橋三戰俱捷斬首三百餘級賊首徐海等皆辟易稱為神兵會橋陷軍潰禮與鎮撫侯槐何衛忠義官霍貫道俱死之賊乘勝攻桐鄉不克禮驍勇敢戰所部箭手三千人皆壯士及是役論者謂兵興以來用寡敵衆血戰第一功禮雖陷敗然後海等亦病創奪氣未幾遂就撫云

五月戊午朔巡按浙江御史趙孔昭上王江涇平倭功次詔賞趙文華胡宗憲各銀四十兩紵絲二表裏進保靖宣慰使彭藎臣永順宣慰歷襲官舍彭翼南階俱昭毅將軍陞游擊鄒繼芳官一級仍與指揮王柱各賞銀二十兩指揮同知孫敖丁僅許以功贖副使陳應魁劉懋孫宏軾參政郭乾參議王繼洛僉事王詢及開住右通政呂希周各賞銀二十兩繼洛宏軾仍各加俸一級參將張國威指揮王欽王彥忠樂境千戶崔廷潤分別犒賞壬戌南京兵部尚書張鏊巡撫鳳陽都御史陳儒各奏倭寇突入淮揚焚運舡民舍漸逼南都乞速調客兵應援兵部覆議從之勑兵部右侍郎沈良才兼都察院右僉都御史督兵至浙江等處禦倭因陳便三事一處調募謂本部原議調河南睢陳兵二千募民兵一千陝西銀兵三千借兩淮鹽銀募徐邳民兵三千但陝西銀兵道遠不能卒至又未有將領宜用兵備參將各一員統之睢陳存留之兵分隸各衛已久勢難遽集請暫以參將所部入衛民兵代之聽調兩淮鹽銀齎至徐邳召募道里頗遠宜借用太僕寺馬價銀三萬兩隨催鹽銀補還若徐邳壯卒不及三千之數當量募山東兵補之一議軍餉乞勑戶部選一司官精敏者給銀五萬兩隨臣何往以便支給如有不敷聽于所在積貯便宜

取用一議任從舉本部郎中郭仁員外郎王遴隨軍贊畫閑住總兵官徐珏華任守備何鳳督戰立功俱從之癸亥陞浦口守禦指揮使孫世勲爲署都指揮僉事提督南京金川等門官軍以南京兵部稱倭寇咨遁各門守衛卑弱故也乙丑命太子太保工部尚書趙文華兼都察院右副都御史提督浙直軍務初文華言殘倭無幾旋當清蕩已而海警屢至因上屢詰懼誅乃攻李默誹謗爲脫罪地上果大悅陞文華尚書加宮保嵩因薦文華有文學宜供玄撰上不允及是倭患日甚浙之東西江之南北攻城殺將羽書日夕數至于是部議遣大臣督兵往援業已命兵部侍郎沈良才矣上復諭大學士嚴嵩以南地人事物情再問文華令備細以寔對嵩知上覺其欺詞窮且見疑乃令文華自以其意請復視師嵩從中爲言良才不勝任江南人引領傒文華至宜仍遣督察則諸臣不敢欺寇滅可期上乃止良才勿行令文華即往提督軍務賜勅遣之文華因奏薦文武官知兵可用者副留守朱仁守備朱廕戶部郎中陳惟舉工部郎中宋成程新𣲖雷州知府盧孝達原任漳州通判黄元蔡請悉發自隨興良才所舉何鳳郭仁一體效用詔可戊辰以江南北被倭令各處督撫官發糧糶米并發存留預備倉儲充軍餉兼以漕糧未過淮者兩淮運司工部餘鹽銀未解者量留助之仍懸示勸借賞格凡軍民輸銀一百兩或米百石以上者勅旌其門一百兩一百石以下與五十兩五十石以下者有司量加獎諭以示激勸庚午巡按直隸御史周如斗以倭寇犯江洋請治操江都御史史褒善參將樊景陽把總張成已姜旦巡撫都御史張景賢失事之罪而録陣亡百戶戚繼爵後詔停褒善俸褫景陽成已職戴罪殺賊景賢姑免究旦下御史問繼爵贈官陞襲如例甲戌以倭亂命再調永順保靖土兵六千聽總督胡宗憲調度守浙直募南贛兵千人兩廣水兵五百聽南京兵部尚書張鏊調度守南京乙亥倭寇自慈谿入海泊魚山洋聽撫賊毛海峯等助官軍追擊之擒斬首八十人丁丑浙直總督胡宗憲遣使至桐鄉諭賊酋徐海陳東解圍海聽命歸我俘二百人

東不從復留攻一日始退乇乍浦　六月戊子朔勅提督操江都御史史褒善閒住初褒善駐蕪湖聞有倭自浙西突至即以是日馳往嶽寧避之賊度江陰過狼之直抵瓜洲至揚州寶應城大掠皆江防地官軍無能禦者于是南科給事中張師載論劾褒善遝悞失職遂坐免庚寅總督浙直胡宗憲請錄浙江三里橋死事諸將佐擊宗禮等詔贈禮都督同知廕一子指揮僉事世襲鎮撫侯槐何衛各襲陞其子二級義官霍貫道贈光祿寺署丞廕一子知印出身壬辰廣東倭寇劫掠潮州等處撫臣談愷以聞因請以本省兵船調赴浙直軍門者掣還自救其軍餉取之贓罰銀部覆並海諸省俱係要地宜令愷與胡宗憲酌議設中事勢緩急以為去留不得自分彼此丙申蘇松倭寇自黃浦及七丁港遁出海總兵俞大猷督水兵追戰大敗之斬首三百餘級丁酉浙江倭寇攻仙居縣陷之參將趨台州副總兵盧鏜及把總艾升等引兵擊之于彭溪鎮擒斬二百餘人辛亥以南直隸被侵命量留今年兌軍漕糧蘇州松江二府各五萬石常州三萬石鎮江二萬石充軍餉事寧處補　七月丁巳朔戊午巡撫應天都御史張景賢奏四月中福山港水兵叛降倭寇引入內地劫掠因劾把總指揮姜旦貪殘激變等罪詔巡按御史逮旦至京問總督浙直胡宗憲奏賊首毛海峰自陳可願歸後嘗一敗倭寇于舟山再敗之于瀝表又遣其黨說諭各島相率效順中國方賴其力乞加重賞兵部覆兵法用間因餌或招或撫要在隨宜濟變不從中制今宗憲所請當假以便宜使之自擇利害而行事寧奏請詔可已未浙江巡按御史趙孔昭類奏倭寇犯兩浙前後官軍死事者海寧衛指揮徐行健死乍浦北王橋松門衛指揮程鉞死嘉興南湖溫州府同知黃釗死紹興柯山處州衛百戶方存仁死青田江洲皆忠勇宜錄因請治失事官罪詔貫總督胡宗憲巡撫阮鶚勿問副總兵盧鏜降祖職三級參將丁僅副使許東望劉燾各停俸戴罪殺賊參將王元伯降祖職二級與總兵劉遠俱革回原衛參政孫宏軾降二級仍聽用軍門嘉興同知張大賢曲入繩各奪俸半年副使

劉慈寧波知府張正和溫州知府賀涇嘉興知府宗治平陽知府李向遇嘉興知縣陳松秀水知縣張烈文各奪俸三月慈谿知縣柳東伯以縣治被陷黜為民守備張大本等三十五人下御史問黄釗贈右叅議蔭一子為國子生徐行健贈都指揮使蔭一子百戶程祿方存仁贈襲如例仍各立祠死所祀之戊寅山東撫臣以新調官兵七千名赴浙直禦倭乞留提編均徭銀四萬兩寧家部覆國賊不可議留請命所屬六府均攤給之報可辛巳官軍追擊倭寇于乍浦大破平之初浙西寇惟陳東所部最强久擾新場既而徐海後至與之合桐鄉之圍海先在三里橋陣傷推東前進久之不克及胡宗憲間使至海麾其兵還退東不得已從之于是東遂與海有隙宗憲徼知其情乃委胡邑諭下海使為内應海許諾即計擒東及其黨麻葉等百餘人以獻而自帥其所部五百餘人離乍浦別營梁莊官軍遂圍乍浦巢因火攻之連戰斬首三百餘級焚溺死者稱是奪回被擄男婦七百餘人餘賊有遁入海者指揮鄧城引兵追及之沉其舟無一人得遠癸未陞呂城守備王介為遊擊將軍仍領兵殺賊以總兵徐珏叅將左類唐玉中軍朱仁俱赴軍門犒賞初六月中倭寇犯丹陽介等督兵追至孟河賊移泊桃花等港口登岸焚劫介迎戰敗之珏等俱有斬獲功至是總督尚書趙文華以聞故有是命丙戌巡按浙江御史王極條陳備倭事宜其畧言倭夷之情有四一登岸之初必盡焚其舟誓不反顧故其黨皆為盡死一攻城臨敵必以被掠之民使為前驅以自蔽而徐出其銳兵乘我之乏一遇客兵精勇先示以弱引之絶地則伏起夾攻我兵遂亂一所掠貨寶往往佯敗而走遺之陣前伺我兵逐利之際因還擊之此賊之所以常利也而我兵之弊亦有四一哨探不明攻守無措故每戰墮賊術中宜多選精銳使提之亡而重其賞罰一入探姦細宜許其投首免罪孚加優恤一新募官兵原無定額無事則日工食有事則渙然解散宜將見在水陸官兵汰其老弱清其貫址專其統領定其行伍則軍有節制遇敵不亂一調發客兵多非舊練止招集四散以足其

數句領兵者又非原管主帥故臨敵則圖利而輕進遇急則索賞而留難宜嚴覈客兵原練之數即以舊將領之使兵將相習乃可得其死力兵部覆其言可行得旨如議　八月丁亥朔壬辰倭寇掠瓜洲燒漕糧三萬四千餘石奪總兵官署都督僉事方恩俸三月下把總指揮千百戶等官于御史問己酉提督直隸軍務尚書趙文華總督浙直侍郎胡宗憲巡撫浙江都御史阮鶚以乍浦捷聞因類奏六月中各哨官兵首功前後共二千餘級兵部覆奏徐海雖稱效順而擁衆自保情狀叵測宜令所司嚴為之備不得借口投降貽害地方其各處戰功請行巡按御史覈寔行賞時浙東仙居浙西桐鄉二大寇畧平其分掠海門者把總張成已敗之江北寇流入常鎮者總兵徐珏等敗之及蘇松寧紹諸處相繼告捷賊勢日衰矣辛亥官軍進剿海寇徐海等于梁庄大破平之初海既縛獻陳東等退屯梁庄聽撫時索舡索貲進退未決其部衆無所得食稍稍出營鹵掠至是官軍四面俱集倭賊窘蹙兵自金山至永順兵自乍浦至趙文

華遂欲乘勢勦海執海衆故掠為詞使人責問之海知有變乃阻深塹是守為迎戰備信好既絕我師遂薄賊營會大風縱火諸軍鼓譟從之海等窮廹皆闔戶投火中相枕藉死于是浙直倭寇悉平　九月丙辰朔庚申巡按直隸御史周如斗奏上四月中安港金山諸臣死事狀因叅為事把總劉堂立功百戶徐顯鎮江同知劉希召指揮孫金王果蘇州同知袁文貴指揮朱凱畏怯觀望之罪兵部覆奏故無為州同知齊恩舉家死難宜優叙千戶沈宗玉王世臣宜如例卹錄堂等宜下御史問文貴宜調用得旨俱依擬乃贈恩為光祿寺丞廕一子入監讀書仍厚恤其家宗玉世臣俱贈指揮僉事子孫世襲一級巡按福建御史吉澄言三月間倭寇百餘人流突古田殺備倭指揮使劉炌副千戶王月請治失事叅將尹鳳都指揮王夢麒黃鎮來熙指揮秦經國等及叅議吳天壽僉事袁洪愈知州鍾一元之罪詔贈月都指揮同知并炌立祠致祭革鳳職并夢麒等下御史問天壽等各奪俸三月甲戌提督浙直軍務尚書趙文華等奏

上八月中梁庄平倭功次共斬首一千二百餘級因
言水陸諸將相繼蕩平皆上穹默祐聖武布昭非將
帥之力能及此兵部覆請錄永保二土司彭藎臣彭
翼南彭明輔彭守忠及文武將吏功仍祭告郊廟社
稷以明得意上曰妖氛蕩平仰賴天地洪庇朕心感
悅胡宗憲趙文華阮鶚先賜勅奬勵彭藎臣彭翼南
俱陞右叅政管宣慰司事仍各賞銀五十兩紵絲四
表裏彭明輔彭守忠賞銀四十兩紵絲二表裏各處
調至將兵數多督撫官即時斟酌散回趙文華令還
京祭告郊廟禮部擇吉具儀以聞　十月丙戌朔己
丑巡按浙江御史趙孔昭奏浙江倭寇雖寧而浙東
郤家洋餘賊四百餘人奔遯山奧與舟山賊合黨宜
勅守土嚴為之備兵部覆奏從之辛卯巡按直隸御
史吳伯朋類奏倭寇犯揚州前後諸臣死事狀請追
錄故同知朱裒叅將張恒千戶羅大爵張布岳百戶
魯沂王元鎮撫楊佳等而治指揮張明化等十二人
把總韓憲復等十人失事之罪兵部覆奏得旨褒贈
布政司右叅議仍廕其子學伊為國子生餘各以例

優卹張明化等下御史問憲復等降二級癸巳贈慈
谿故省祭官杜槐為光祿寺丞仍廕一子為國子生
并贈其父文明為府經歷俱命有司立祠祀之初倭
入慈谿槐父子率兵追敗之于王家團及橫塘等處
海道副使劉起宗因以便宜委之防守餘姚慈谿定
海三縣未幾與賊遇于白沙一日戰十三合殺賊三
十餘人斬其一酋槐亦數被創墮馬死時文明別將
兵擊賊于鳴鶴場斬白眉倭帥一級從七級生擒望
斗帥陳福二賊〻驚遯呼為杜將軍已而復追賊至
奉化楓樹嶺以兵少無後繼陷沒至是巡按浙江御
史趙孔昭聞其事于朝因有是命　十一月丙辰朔
庚午初五月中倭船四艘自浙直敗還飄泊至朝鮮
境朝鮮國王李峘遣兵逆擊于海中盡殲之得中國
被虜并助逆　三十餘人至是因遣陪臣沈通源等
入賀以聞并歸我俘以海寇徐海平加提督尚書趙
文華少保餘官如故仍廕一子錦衣衛正千戶陞總
督侍郎胡宗憲為右都御史兼兵部右侍郎巡撫右
僉都御史阮鶚為右副都御史各賞銀五十兩紵絲

四表裏總兵徐珏二十兩二表裏陞遊擊尹秉衡參
將唐玉備守王倫朱仁各二級兵部郎中郭仁為光
祿寺少卿工部郎中陳茂禮戶部郎中陳惟舉參政
汪柏任環副使徐洛劉燾參政孫宏軾參議王詢僉
事李汝桂中書舍人羅龍文把總汪浩田有年等守
備宋麐夏時參將左瀨婁宇指揮王文澄鎮撫劉經
各一級知府盧孝達同知孫大顯通判韓崇福黃元
恭知縣張烈文主簿曹廷惠大使賈湧各俸一級參
將丁僅遊擊曹克新指揮朱文樂墳各准贖原任副
總兵盧鏜參將李經陳光祖張麥都指揮戴沖霄王
國賢各准復原職賞宣慰田九霄銀五十兩仍復祖
職注總兵俞大猷署都督僉事照舊管事賞知府溫
景葵等三十二員各銀十兩原任總兵盧希韓盧鉞
并小旗謝得行等十人總督軍兵分別犒賞陞巡按
御史周如斗趙孔昭各俸一級仍賞銀二十兩紵絲
二表裏賞巡撫都御史張景賢等巡按御史吳百朋
等各銀十兩紵絲一表裏陞致仕尚寶司卿史際為
太僕寺少卿原任通政呂希周為通政使通判任中

立為府同知各致仕陣亡土官等五人准宥罪給冠
帶賞大學士嚴嵩徐階李本各銀四十兩紵絲三表
裏成國公朱希忠等各三十兩二表裏侍郎郭朴等
各十五兩一表裏本兵尚書許論二十兩侍郎王崇
沈良才十兩各一表裏職方司郎中方祥五兩　十
二月永順保靖二土司兵平倭還所過肆掠南京御
史屠仲律奏請治主將罪部覆以新立功宜切責之
治所部兵之首亂者詔勿問今後不得輕調客兵操江
高捷言狼福二山倭寇出沒之所增募水兵萬人從
三十六年二月乙酉朔壬辰兵部覆南直隸督撫等
官胡宗憲等奏直隸沿海之地水兵把總則有吳淞
江劉家河福山港鎮江圌山五總然各守信地不相
联絡宜添設遊兵一部撥給福船五十艘令把總官
一員統之以為聲援仍聽副總兵調度報可癸丑巡
按直隸御史吳百朋勘上三十五年五月以後倭犯
通州官兵前後共斬首一百四十四級宜加甄錄詔
賞巡撫都御史陳儒銀二十兩綵幣一表裏陞兵備

副使馬慎知州喻南嶽判官施熤海門知縣趙鄉等
各一級仍賞慎南嶽銀各十兩千戶陳遷以托疾規
避降二級　三月甲寅朔戊午江南自乍浦梁庄捷
後浙直之倭悉靖唯寧波府定海舟山倭據險結巢
我兵環守之不能克是時土兵狼兵及北兵薊兵悉
已遣歸而川貴所調麻寮大剌鎮溪桑植等兵六千
人始至總督胡宗憲乃留防春汛分布浙直要害而
簡麻寮桑植二司殺手九百人隸總心俞大猷令經
營舟山之賊會十二月二十日夜大雪大猷乃督官
兵及桑麻兵環巢四面攻之賊悉銳出敵殺土官莫
翊送諸軍益怒撓進賊大敗歸巢推柵自固我兵積
薪草以棕蓑捲火擲之賊四散潰出諸軍共斬首一
百四十餘級餘悉焚死救掠男婦得出者百餘人賊
遂平捷聞上命賞宗憲及巡撫阮鶚銀四十兩彩段
二表裏陞大猷署都督同知兵備副使王詢官一級
賞都指揮路良把總指揮張四維銀十兩桑植安撫
向仕祿麻寮千戶唐臣各與四品服贈翊送為安撫
給葬如例辛巳提督操江都御史高捷疏陳江防事

宜一補領軍原額操江官軍一萬七千餘名今缺少
大半宜行南京錦衣等衛所照數勾補毋得營改別
差避重投輕一擇將領新江口操江把總哨總衛總
等官僉規俱守備衛門推委官之賢否豈能盡知宜
令操江會同選補一重責成江海水面原無限隔雖
經分毛把守遂節會哨若使拘泥信地不相應援亦
難防賊宜將兵分正奇南北內外互相援剿有功失
事各視主客通論一懸異賞倭寇新來之船中無所
有及其滿載而後尾擊則地方已受害甚矣請以迎
擊來船之賞列之邀擊去船之上去船止論首功來
舡兼論舡隻兵部議覆報允壬午昨年十月間倭賊
八十餘人入據福建詔安縣城官軍併力殲之至是
御史吉澄勘覈諸官臣功罪以聞得旨僉事王拧槐陞
俸一級指揮黎鵬舉准贖仍與通判等官汪全等五
人各賞銀十兩　四月甲申朔甲午倭犯江北先一
年自如皋縣掘港登岸焚劫賊凡七十餘人官兵合
勢急擊殲之于白蒲鎮戊戌倭既五十餘人自衢山
登岸浙江海道副使王詢誘而擒之壬寅倭至通州

攻城不克遂分二路西行犯如皋泰興是日復有倭舟七艘自金沙登岸己酉倭至揚州營于灣頭鎮數日遂犯高郵是時金沙倭復犯如皋至泰州　五月癸丑朔泰州倭轉掠揚州山東及徐州官兵禦之皆潰遂薄新水關矢及城中庚申高郵倭入寶應縣信宿而去突犯淮安府掠舡四十餘艘旋復入寶應縣燒燬官民廨舍辛未揚州倭自淮子沙進犯天長縣都司沃田把總邱君寵禦之皆敗死亡其卒一百七十餘人賊遂入縣治劫掠已乃由石梁趨盱眙縣復攻入之遂突犯泗州攻城不克壬申寶應倭掘縣北土壩泄上河水入乃駕舟湖東鄉由盟城至廟灣入海居數日開洋東遁丙子泗州倭分衆犯清河攻入縣治縱火焚劫而去遂侵淮安府辛巳倭入安東縣進屯縣治縱火劫掠　六月壬午朔乙酉淮揚兵備副使于德昌督水陸兵擊倭于安東縣參將劉顯率留兵直前衝賊親斬其渠首賊衆披靡諸軍鼓譟繼進賊走爭舟我水陸兵夾擊之斬首百餘級賊多焚溺死餘衆乃駕舟奔遁退泊于雲梯關尋自刀門港遁巡撫鳳揚都御史王誥以倭勢猖獗請給旗牌及參參將王介黑孟陽致仕參將王元伯故違節制當究部覆得旨旗牌准給介等姑令戴罪勦賊南京科道等官劉堯誨等言倭寇攻掠揚州高郵勢且侵及天長六合去留都不數舍夫淮揚為運道要衝則當為國家血脉之慮留都係陵寢所在則當為國家根本之圖惟陛下速勅諸臣刻期勦滅仍重究參將黑孟陽等以嚴失事之罰甲午命兵部右侍郎江東兼都察院右僉都御史提督山西保定河南等兵以北樓口遊擊邵陛京營參將徐珏陞爲全都司夏時為遊擊分統其衆往淮揚勦除倭寇辛丑有折桅倭舟一艘飄泊海州東陬山居數日奪舟而去　八月辛巳朔乙未浙直總督胡宗憲淮揚巡按馬斯臧各以江北倭患平定來聞詔兵部侍郎江東統兵還京東奏留參將徐珏所領保定兵駐揚州防冬汛遊擊邵陛夏時所領山西河南兵各遣歸該鎮許之甲辰先是浙直總督胡宗憲為巡撫時奏差生員陳可願蔣洲往諭日本至五島遇王直毛海峰先送可願還

洲留總諭各島至豐後阻留轉令使僧前往山口等島宣諭禁戢于是山口都督源義長具咨送回被擄人口咨乃用國王印豐後太守源義鎮遣僧德陽等具方物上表謝罪請頒勘合修貢護送洲還及前總督楊宜所遣鄭舜功出海哨探夷情者亦行至豐後豐後島遣僧清授附舟前來謝罪言前後侵犯皆中國奸商潛引小島夷衆義鎮等初不知也于是宗憲疏陳其事言洲奉使宣諭日本已歷二年乃所宣諭止及豐後山口豐後雖有進貢等物而寔無印信勘合山口雖有金印回文而又非國王名稱是洲不諳國體罪無所逭但義長等既以進貢爲名又送還被擄人口寔有畏罪乞恩之意宜量犒其使以禮遣回令其傳諭義鎮義長轉諭日本國王將倡亂各倭立法鈐制勾引内寇一併縳獻始見忠欵方許請貢疏下禮部言來使宜優賚遣回如宗憲議其宣諭一節事關國體未可輕爲許仍詳議具奏部臣乃請令浙江布政司以有司之意移咨風示義鎮等轉諭其王一如宗憲議報可

九月辛亥朔壬子巡按福建御史吉澄言去年十月聞浙江郎家洋殘倭數百人由溫州海洋突入福寧州閭峽三沙等處守土諸臣不能防遏以致蔓延地方多所殘害因列上文武諸臣失事罪狀及諸死事當恤者兵部議覆得旨海道副使閻大年降一級都指揮等官來熙等革任指揮劉繼忠等下御史問布政使趙維垣而下奪俸有差陣亡百戶黃宏蟹陞其子一級生員陳坡量贈官職伊男准與冠帶俱立祠歲祀甲寅祀故大學士顧鼎臣于其鄉鼎臣蘇州崑山人崑山初無城鼎臣始議建之比歲倭奴入寇東南諸郡邑無城者悉遭屠戮而崑山獨以保城多所全濟鄉人追思之請監祠邑里以示崇報守臣以聞報可乙卯總督浙直侍郎胡宗憲以今年五月内倭犯淮揚高郵儀真天長盱眙泗州清河寶應安東地方失事狀聞請優錄參將劉顯力戰破賊之功及褒卹死事都指揮沃田冠帶把總岳昂龍寺而治諸將之選愞不職及有司之治境被殘掠者詔陞顯三級賞銀四十兩奪鳳陽巡撫都御史王誥總兵官王印俸半年降寶應知縣馬仲芳清

河知縣吳希三還方離職下天長知縣黄泰然等十
人御史問轉田都督僉事與陞其子二級君龍千户
給其子冠帶仍復其家　十一月庚戌朔乙卯總督
浙直福建右都御史胡宗憲以擒獲海寇汪直等來
聞直本徽州大賈狎于販海為商夷所信服號為汪
五峯凡貨賄貿易直多司其質契會海禁驟嚴海壖
民負機局賠倭人貨數多倭責償于直直計無所出
且憤恨海壖民因教使入寇倭初難之比入則大得
利于是各島相煽誘爭治兵艦江南大被其害已而
中國召集四方勁兵禦倭倭往往遭損傷有全島無
一人歸者其死者親屬亦復咎直直懼乃興諸中國
商若毛澂葉宗滿謝和王清溪等共以其衆七五島
洲自保澂寧波人號毛海峯宗滿號碧川謝和號謝
老與王清溪皆漳州人素積年販海通番為奸利者
宗憲與直同鄉習知其人欲招之則迎直母與其子
入杭厚撫犒之而奏遣生員蔣洲等持其母與子書
往諭以意謂直等來悉釋前罪不問且寬海禁許東
夷市直等大喜奉命即傳諭各島如山口豐後等島

主源義鎮等亦大喜乃裝巨舟遣夷目善妙等四十
餘人隨直等來貢市以十月初至舟山之琴港泊焉
是時浙東西傷于倭甚聞直等以倭船大至則甚懼
恐競言其不便巡按浙江御史王本固奏直等意來
不可測納之恐貽悔于是朝議閧然謂宗憲且釀東南
大禍而浙中文武將吏亦陰持兩可直既至覺情狀
有異乃先遣澂見宗憲問曰吾等奉招而來將以息
兵安邦謂宜信使遠迓而宴犒交至也今兵陳儼然
即販鬻小舟無一近島者公其紿我乎宗憲委曲諭
以國禁固爾誓心亦無他澂以為信已而夷目善妙
等見副總兵盧鏜于舟山鏜誘使縛直等直大疑畏
宗憲百方說之直終不信曰果不欺可遣澂出吾當
入見耳宗憲即遣之直黨仍要中國一官為質于是
以指揮夏正往直與宗滿清溪來見宗憲好言慰之
令詣按察司獄具以狀聞請顯戮直等正國法始准
義長等貢市永銷海患或由貸直等死充沿海戍卒
用繫番夷心俾經營自贖御史本固爭于事機力以
為不可而江南人詾詾言宗憲入直善妙等金銀數

十萬為求通市貨死宗憲聞而大懼疏既遣追還之盡易其詞言直等寇海為禍首罪在不赦今幸自來送死宜籍其屍臣等當督率兵將殄滅餘黨直等惟廟堂處分之時直等三人來留激謝和在舟本固復言諸奸逆意臣測請裁勅宗憲相機審處務令罪人盡得矣不為變于是嚴旨責宗憲擒剿宗憲乃集兵艦環其舟守之夷挾貨無所售既索直等不出見兵船逼之益急乃揚言責中國渝約數出怨懟語移舟據舟山為固宗憲仍以好言撫之令盡縛送中國人將與善妙等為市矣已押知誑之然冀倖萬一彼此以危言相支詞云

三十七年正月庚戌朔庚申倭犯廣東潮州之鮀浦攻遂州千戶所破之乙亥先是三十五年倭寇自浙直敗還入海至琉球境上中山王世子尚元遣兵邀擊盡殲之得中國被虜人金坤等六名至是遣陪臣蔡廷會等入貢獻還坤等因言遠其窮島入貢之使須乘夏令過南風迅始得歸國乞如三十四年例聽於福建海口每歲自行修買歸舟不俟題請上嘉其忠順許之　三月己酉朔甲子提督福建軍務右副都御史阮鶚有罪詔錦衣衛遣官校逮繫來京問昨歲倭犯福州洪塘南臺等處鶚不能制則取布政司銀數萬兩及段機綢數百疋金花千枝牙轎數乘賂之并遣以新造巨舟六艘俾載而去鶚狡誕貪縱原無應變畧初以藉學要取虛譽既督學浙江諂奉趙文華胡宗憲文華遂奏設福建提督以鶚為之鶚在閩不措一籌而極意以自豐殖諸所搜索加派動以千萬計其揮霍如泥沙所至帷帟盤盂率以綺繡金寶為飾所部卒及所挾浙生林念皆怙勢作威虐掊尅奸濫甚為閩人所苦而鶚歲時納厚賂嚴世蕃所以為根盤計至是御史宋儀望于條陳疏中發其奸給事中劉祐繼而劾奏之且指言其十罪上覽疏大怒遂命械治之　四月戊寅朔辛巳新倭大至犯浙江温台等府樂清臨海象山等縣及福建福州興化泉州福清沿海郡邑同時登岸焚劫辛卯總督浙直福建都御史胡宗憲以擊敗岑港海寇聞詔降勅獎勵仍令刻期蕩平壬辰巡按直隸御史馬斯藏勘上

三十六年夏倭寇淮揚各文武職官功次請録有功徐州兵備副使于德昌潁州兵備副使盧鎰揚州府知府石茂華指揮伍維統等卹死事百戶劉魁許勇邵宗智王介等會總督胡宗憲亦疏言江北之役將官則盧鏜劉顯土兵則張空周官彭志顯按臣則馬斯藏張九功邵惟中功並宜録而斯藏督戰泗州勞績尤多章並下兵部兵部覆鏜顯乙陞秩餘當先叙督撫功以次行賞上命賚總督胡宗憲銀幣都御史高捷王誥御史邵惟中張九功銀各有差斯藏遇有京堂員缺推用陞德昌二級茂華維績等各一級死等各以死事卹録如例丙申倭攻福清縣破之執知縣葉宗文劫庫獄殺擄男婦千餘縱火焚官民廨舍舉人陳見率家僮禦賊不克與儒學訓導鄔中涵同被執罵賊而死癸亥倭千餘攻福建惠安縣知縣林咸率丁壯乘城禦之倭攻五晝夜不克丁壯死者數百倭亦頗有損失乃引去五月戊申朔倭入福建南安縣縱火焚燬樓及官民廨舍乙酉巡按浙江御史王本固劾上去年四月中倭寇分犯樂清縣之竹嶼瑞安縣之梅頭臨海縣之桐浦台州府知府譚綸同知毛德京參將戚繼光等均屬失事第綸與德京引兵出戰頗有斬獲繼光等以道阻失援表綸之罪當坐千戶劉世爵等甲寅福建忠安縣知縣林咸率兵攻倭于縣境之鶴山乘勝追奔陷賊伏中死之丁巳巡按直隸御史張九功奏徐揚淮海之間倭患擾攘地方殘破重以賦繁役重民皆相率轉徙就食他郡非得賢守令不能安輯宜于進士中擇有才幹者慎簡以充仍責之久任非六年以上毋遷巡按浙江御史鍾沂亦言今守令害民弊在催科而催科之弊有二有當入租時不即徵收至積逋累年而後峻法以取盈者有假徵輸之名分外誅求至為吏胥所苦其實反浮于正數者由前言之則玩愒宜懲由後言之則科尅宜禁二法雖若相反其以救弊安民則一也詔悉從之甲戌福建倭結艘自海口出港參將尹鳳督武舉楊承業等引舟師擊之衛沉賊舟七斬首六十八級生擒七人餘舟敗遁鳳等追至東洛外洋及七礁臼犬棕衣大洋等處斬首百有餘級生擒十有六

入銃傷及溺水死者甚衆福興倭患由是稍息六月丁丑朔丙戌浙西倭寇分掠樂清永嘉等縣金盤衛指揮劉茂朱廷錦千戶周賓李爵劉源等率衆禦之于白塔港兵敗俱死賊遂肆掠管頭海州等處鄉官致仕僉事王德督所集義兵哨勦至龍灣見殺總督胡宗憲以聞因請治溫處參將張鈇兵備副使袁祖庚各失事罪而卹録德等有旨德贈太僕寺少卿立祠賜祭廕一子原籍衛所百戶世襲茂等襃陞其子二級鈇革職戴罪立功祖庚降一級別用丙申倭寇分犯福建興漳泉諸府攻福清南安二縣破之巡按御史樊獻科以聞上命趣巡撫王詢赴任集兵勦平　七月丙午朔丙辰以浙江岑港海寇未平詔奪總兵俞大猷參將戚繼光把總劉英職級期一月內蕩平如過限無功各逮繫至京問仍奪兵備副使陳元珂曹金俸令侍郎胡宗憲督之勦賊若失事者連坐初宗憲遣還毛海峯諭降王直及直至下獄海峯遂絶興倭目善妙等列柵舟山阻岑港而守官軍四面圍之雖頗有斬獲然海中數苦毒霧賊憑高死

殺兵莫利先登多陷沒者是時新倭大至朝議慮其先後合艘為害將大發下嚴旨促宗憲督諸將及時平賊宗憲懼得罪乃上疏侈言水陸戰功謂賊雖未殄滅兵決可期月而待于是科部臣極言其欺誕并劾失事諸臣乃有是命　閏七月丙子朔丁酉巡撫福建僉都御史王詢言福建自被兵以來設參將二員一哨于海一防于陸然水陸之任分而利害利南北之勢懸而首尾分各無信地互相觀望臣按閩中之勢福寧北路之要害也寇自台溫來者必犯之詔安南路之要害也寇自廣潮來者必犯之誠得專將分守兼轄水陸賊雖狡悍豈能越境請以福建福興為一路領以參將黎鵬舉駐福寧水防自流江烽火門俞山小埕以至南日山漳泉為一路領以參將王麟駐詔安水防自南日山至浯嶼銅山玄鍾走馬溪安邊館凡水陸兵及諸衛所官軍有司團練民兵皆聽節制又福建省城介在南北之中而去海不五十里宜有重兵請更設參將一人以署都指揮僉事曾清充之部領哨船選募精銳五百人往來閩安鎮東

福清並海之間興主客兵互相應援其本省原調廣西向武州土兵日久思歸宜從其便而于湖廣桑植麻寮二土司各調兵二千人代之兵部覆奏報可

十月甲辰朔辛亥浙江奏海倭徒衆柯海總督侍郎胡宗憲慶發兵討之不能克于是南京御史李瑚遂劾宗憲私許王直啓釁巡按御史浙江王本固南京給事中劉堯誨亦劾其老師縱寇濫叨功賞請行追奪堯誨又言前淮揚之變知府石茂華劉崇文等嬰城自保賴得援軍之力郤賊冒賞御史馬斯臧僞增攻次亦當併治兵部覆請切責宗憲而令查盤科道羅嘉賓龐尚鵬并勘斯臧等事上曰宗憲可畢務重寄宜云興督其令在廷集議毋黨護依違斯臧等本兵既據勘擬貴矣如何又勘其并議上于是成國公朱希忠等吏部尚書吳鵬等議言宗憲功多當切責督用如部議斯臧等事已前決當置勿問如上旨上手詔曰妖逆賊直罪浮賊富本宗憲用計誘獲人有知者小人嫉功會報奏上玄瑞遂爾有言朕覽諸疏付之登術議擬用存公論耳是議亦不分是非不明功罪宗憲其仍舊用心平賊以副簡眷未幾宗憲上疏自辯曰王直為東南大患節經兵部題奉欽依先有購求之文後有許降之議臣仰承廟算不惜身家而百計以圖之茲幸擒獲言者誣臣為私誘詭臣為專擅又以今歲繼來之寇謂由臣擒直啓釁致之是將嫁無窮之禍于任事者之身推原其意豈欲人人皆畏首畏尾不敢一奮然擔當國事然後為可耶昔歲臣任巡按時徐海陳東麻葉之徒已盤據松江結巢柘林攻城破邑者四年矣彼皆王直黨也果何人招致何人啓釁乎矧直猾譎善戰久雄海上昔年以孤舟往泊列表總兵俞大猷時為參將以福舡五十艘攻圍數月竟爾逸去以此觀之此酋非可以力勝非可以常視者也方直跳浪海洋中外驚詫以為猛虎毒蛇不啻丘富臣苦心積慮幸而獲之乃言者復以么麼視之夫直誠么麼與海上事無輕重也不足為臣功已矣而又安得為臣大罪耶臣力竭智殫怨多毀集頭黑力以除舟山餘孽退伏斧鉞唯聖明裁察上復報曰卿計獲妖賊人所皆曉特以獻瑞故人

不敢直指引軍事以害鄉再鄉宜竭誠展布以平餘氛不允結癸亥以倭寇犯溫台命革把總金鎰指揮梅魁任同把總松江指揮任錦付御史逮問丙寅以定儀真守備信地以新港至瓜儀六合隸之江防以天長南及江都高郵隸之陸防仍聽狼山副總兵節制先是嘉靖十九年分江南江北備倭信地江南專為金山都司江北畫屬儀真守備既而以地方多故復于東海大河口周家橋設把總操港改守備益職增叅將各有信地矣而儀真守備猶遵制之體統不便于是巡撫都御史李遂以為言乃有是命　十一月甲戌朔丙戌柯海倭駕舡出海總兵俞大猷等自沈家門引舟師橫擊之沉其末艘稍有斬獲各賊舟趂洋南去由是福興潮廣間紛紛以倭警聞矣

三十八年正月癸酉朔己丑廣東原屯黃岡倭流劫海洋饒平潮陽惠來等縣辛丑初浙江溫州永嘉良醫王沛招集鄉兵屢有斬獲倭夷功及戰海嶺失利死之總督左都御史胡宗憲以聞詔贈沛太僕寺丞立祠祭祀仍廕其子叔本為國子生壬寅總督浙直福建右都御史胡宗憲以倭患未弭春汛伊邇請募山東民兵三千選委謀勇將官督駐蘇松常鎮防守兵部議覆從之　二月癸卯朔乙巳江西撫按官何遷鄭本立奏浙福徽調廣兵往返絡繹咸取道江西既漫無名數可稽亦未有專官部領以致所過騷然有同寇攘乞行總督浙福及提督兩廣軍門自後調取廣兵量其多寡選委府佐或守巡官一員部領仍籍其名數先期移文江西俾預集舟艦廩糧兼便稽覈凡途路往返有仍前恣縱為民害者所部領官坐以失職之罪疏下兵部覆言自兵興以來徵調四出在山東則調民兵槍手在直隸則調保河民兵及山西遊兵在河南則調毛葫蘆及睢陳兵在湖廣則調永順保靖容美麻寮等土兵沿途騷擾嶙不可言宜行各撫按官將調遣事宜悉心計處制馭有方斯為得策報可乙未廣東倭流突福建詔安官兵禦之賊引衆犯漳浦　三月癸酉朔癸巳倭犯浙東自象山縣何家磧金井等處焚舟登岸海道副使譚綸引兵與賊戰于高岡敗之斬首七十七級鳳陽巡撫都御

史李遂等言淮揚鳳泗東南重地武備久弛迩者倭夷突入乃暫留京操春班官軍以為防禦但兵非恒役必無固志將非專設終難責成乞將議定存留班軍專敕副留守及協同僉書官分領操練防護陵寢兵部言鳳陽八衛官軍輪班歇操原係舊制若將春班省常川留守則秋班者每歲京操事體有礙宜將皇陵衛官軍編立甲伍令副留守同守備中官時加操演專一防護陵寢毋許別調其協同僉書官則以春秋二班軍番休者付之統領與同城操遇警候軍門調遣報可甲午總督浙直福建都御史胡宗憲言舟山殘孽移住柯海即其焚巢夜徙力已窮蹙小船浮海勢易成擒而總兵俞大猷參將黎鵬舉防禦不早邀擊不力縱之南奔播害閩廣失機殃民宜加重治上令巡按御史逮繫大猷鵬舉來京訊治柯海倭之出海宗憲實陰縱之故不督諸將要擊及倭既出舟山卽駕帆南泛泊于浯嶼焚掠居民由是福建人大譟謂宗憲嫁禍南道御史李瑚遂劾奏宗憲數其三大罪瑚與大猷俱福建人宗憲疑大猷漏言于瑚

故諉罪大猷以自掩飾如此辛丑倭犯江南崇明縣泊舟三沙地方焚燒劫　四月壬寅朔倭船數百艘轉掠江北揚州海門等處乙巳倭寇二十餘突犯饒平海豐攻破黃岡城巡撫南贛都御史范欽等請責成兩廣軍門移駐惠潮近地調兵剿禦事寧議擧仍留謀勇將官一人領兵戍守兵部言兩廣苗情反側又漁山寇出沒均宜周防請命提督兩廣侍郎王鈁總兵曹松遴委才將精練土兵三千馳赴剿賊并戍守要害倘倭勢重大徑自移鎮惠潮從之丙午福建新倭大至且多賫攻具先攻福寧州城經旬不克乃移攻福安縣破之其沿海諸邑若長樂福清等境悉有倭舟是時廣東流倭往来詔安漳浦間浙江前歲舟山倭移舟南来者尚屯浯嶼加之新寇徧福興漳泉等處無地非倭矣江北倭趨通州總兵鄧城遣兵禦之敗績指揮張谷死之倭進據白蒲鎮戊申錄三十四年王江涇乍浦杭州北關等處斬獲倭寇功陞授武生家兵趙凱等七人有差庚戌巡按福建御史樊獻科劾上三十七年倭犯福建文武諸臣功罪

賊倭相繼入犯流劫惠安同安長樂漳泉之境陷福清南安二縣巡撫都御史王詢督兵追勦殲之于海口在漳泉者隨亦剿殄而通總督胡宗憲巡撫王詢見任署都指揮僉事王夢麒武舉楊承業功當首論原任署都指揮僉事来熙會清指揮許文翰千戶李常春等當並敘革職參將王麟尹鳳指揮張僑停俸參政萬民參議顏翀副使邵梗僉事盧唐舒春芳王時槐功可准罪死事知縣林咸巡檢汪韶等宜賜贈廕訓導鄔中涵等應加優卹及總兵李鄉朱琮等均宜分別摘賞具福清知縣葉宗文南安知縣涂光裕各失城守罪當重懲指揮朱徽等五十七人並當按問上命賜宗憲詢各銀四十兩紵絲二表裏夢麒准復原職承業陞二級熙清各陞一級文翰等給賞麟等令復職衣等俱閑俸准贖宗文光裕法司擬罪具奏餘悉如擬已法司當宗文謫戍邊衛光裕以該縣無城得末減陞遷方離職辛亥北洋有倭二十餘艘副總兵盧鏜引兵出哨巢之倭舟泊三片沙我兵急攻之斬首一百二十三級生擒一人倭飲入三沙不出甲寅福建新倭自福寧州連江羅源等處流劫集于懷安閩縣各鄉鎮遂合衆攻福州府城不克環而守之是日參將黎鵬舉以舟師擊倭于海中七星山屏風嶼斬首六十七級生擒六十八人乙卯詔發倭僧清授于四川寺院安置初清授隨侍郎楊宜所遣鄭舜功至寧波來幾總督胡宗憲所遣生員蔣洲復以僧德陽至俱上書求貢市朝議未允令量賞遣歸未行聞而王直就擒岑港所泊諸夷遂結艘拒我師焚德陽舟山所居道隆觀合勢開洋去清授原不與諸舟同来又居定海七塔寺諸夷亦不索之至是尚羈留未遣宗憲疏言倭情已可見清授不必遣還然留之浙西非宜請用洪武年間故事發四川各寺安插兵部議覆從之丁巳先是江北海道副使劉景韶以遊擊邱陞等兵擊原駐白蒲倭一戰于丁堰再戰于如皐東三戰于海安皆捷共斬首百餘級至是賊大聚其衆謀西犯揚州景韶復督陞等兵擊破之斬首八十級焚死一百七十九人賊奔入潘家庄景韶督諸兵盡銳攻之復斬首一百二十八級初自南沙

登岸犯通州之倭至是勦絕庚申廟灣倭合衆來攻淮安巡撫李遂親督參將曹克新等與之大戰于姚家蕩自寅至申賊大敗斬首四百七十八級賊遁入姚莊我兵縱火焚莊賊死者二百七十餘從餘賊奔陳莊我兵復追斬七十四級賊以殘衆退保廟灣丙寅海道副使劉景韶督兵擊倭于印莊斬首四十五級賊西走次日復戰于新洲斬首七十八級賊奔新河口道入民莊我兵以火攻之復斬首二百六十級賊悉焚死無一人得脫者是時江北流劫之倭悉殄惟廟灣大賊據險固守不出我水陸兵環其四面攻之丁卯巡撫鳳陽都御史李遂言倭寇前結艅艎帆直入揚州港登岸焚劫次日徑犯狼山泊盧潭港遂逕通州海門至白蒲焚燒廬舍劫掠民財副總兵鄧城募選兵船器具無不完備足堪防剿乃驕玩逗遛致賊猖獗乞正其罪得旨城怯懦縱寇法當逮治姑並去職戴罪充爲事官領兵殺賊著寧豪李遂嚴督將士戮力勦平毋得怠視已巡按直隸江北御史李貞能等復言鄧城玩寇殃民及參將朱仁指揮丁爲

谷等俱屬有罪上命按臣械城并仁爲谷俱至京鞫治詔留兩淮運司庫貯挑河銀二萬兩鹽課銀二萬兩于鳳陽軍門支用從巡撫都御史李遂請也已已總督浙直福建軍務都御史胡宗憲奏留兩浙鹽銀十萬兩以備軍興下戶部議浙省鹽課歲額不及十萬兩若復扣留則國課將來盡歸軍門矣且浙江加派兵糧銀四十七萬餘兩前議扣留折糧銀二萬兩不爲不多今宗憲既稱客餉窘急宜量于浙江布政司南京倉糧数內再留三萬兩及將運司見徵逋負一萬三千餘兩扣用如再不足聽于該省贓罰等項括同得旨准動支運司見在餘鹽銀四萬兩急濟軍餉仍將改折南糧并鹽課逋負者照數徵完補還餘送解部　三月壬申朔先是舟山倭遁至舊浯嶼結劉賊洪澤珍等樓泊海山水陸分據巡撫福建都御史王詢率兵擊敗之以捷聞且言原任參將充爲事官王麟黎鵬舉把總指揮魏宗瀚等緣事署都指揮僉事王夢麟遂剿有功乞命麟宗瀚等戴罪殺賊夢麟付兵部紀錄推用從之總督浙直福建都御史胡

宗憲及巡按御史周斯盛以倭犯寧紹台温馳疏下兵部覆言自倭犯以來廷議增設總兵等官其餘遊將練兵徵調糧餉諸凡經略之規益詳且盡矣而竟未收全效如往歲舟山之賊遂勦戮盡將謂無遺孽矣而春汛一臨聲然四集今各路登岸及在洋先後至者無慮數萬豈盡皆島夷哉寔沿海頑民互相搆結就盤據近地或潛泊海洋方其猖亂則謂之來及其少熄遁謂之去來其少挫便謂之捷幸其他往因謂之安耳如此不已恐徵調日煩催科日擾將致生他變乞勑宗憲等仰思重寄矢盡遠猷嚴督水陸官兵刻期勦絶毋徒紓目前之急必潛消意外之虞可也上然之江北兵攻倭于廟灣斬首四十餘級我兵死傷亦多賊復斂衆固守巡撫李遂以數戰兵疲宜圍困之賊日久無食且水陸斷其行道可收全勝通政唐順之以為玩寇乃自擐甲持矛麾兵以進屢挑戰賊終不出遂督兵入險賊奮銳東西衝截兵死傷甚衆順之自知失計以為賊未可卒破乃駕言經畧三沙倭南去戊寅倭圍福建福州府城且一月至是

始解去將輜重登舟環泊稽圍洲等處辛巳巡撫鳳陽都御史李遂以四月以來柴倭攻次來報謂諸將奮力首戰于白蒲繼戰于姜堰賊已奪氣臣策其必奔廟灣遂命諸將星馳淮上適山東兵至乃分布犄角屢致克捷先後斬獲真倭賊首級八百一十八顆生擒一十六名自倭患以來未有若此之大捷也上聞而悅之曰李遂督兵臨陣斬獲數多勞績可嘉先賜勑獎勵有功人員行按臣覈寔議賞壬午福建倭攻永福縣破之癸未福建浯嶼倭始開洋去比前舟山寇隨王直至岑港者也屯浯嶼且經年至是乃遁其毛海峰者復移衆南嶴建屋而居戊子崇明縣三州沙倭賊合艅艎至官軍出海邀擊斬首一百餘顆總督侍郎胡宗憲等以捷聞詔賜宗憲并視軍情右通政唐順之各銀三十兩紵絲二表裏巡撫應天都御史陳鍩二十兩一表裏餘獲功人員行巡按御史覈寔具奏甲午廟灣倭被圍日久我兵水陸迭攻百計挑戰賊終不出副使劉景韶乃督卒填壕塹夷樹木嚴兵逼壘而陣賊終不出乃令水兵載葦焚其

舟賊爭救舟我兵乃撤其所營西衛嗇屋賊據營東衛致死敵禦殺傷甚衆其壘益固于是景韶約二十四日水陸進擊是日夜雨倭乃潛逃入舟我兵進據其巢追奔至蝦子港頗有斬獲餘倭無幾不復能戰乘風開洋而去于是江北倭寇盡平丙申福建永福等倭駕舟開出梅花洋參將尹鳳備倭指揮張僑等以舟師分艅擊之斬首一百七級生擒九人己亥福建出洋各倭復回舟泊澳頭　六月辛丑朔丁巳福建倭自梅花洋開船適參將尹鳳以水兵追擊于橫山斬首一百二十餘級生擒三十二名　七月庚午胡广子先是巡按浙江御史王本固南京御史李瑚各參劾總督浙直都御史胡宗憲岑港養寇溫台失事按臣錯功之罪詔下查覈科道官羅嘉賓龐尚鵬從實覈報至是嘉賓等奏覆岑港倭凡五百餘人于三十六年十一月隨王直至求市易及王直被擒見官兵浸逼燒舡上山據險屯駐至三十七年七月開攜帶桐油鐵釘移駐柯梅造舟至十一月舟成于十三日開洋去訖今泊福建浯嶼其溫州三十七年之寇則自三月間至流劫樂清瑞安永嘉平陽等境府城及瑞安樂清二縣盤石寧村等所皆被圍逾月教指揮劉茂朱廷綸千戶周賓百戶劉源季爵秦杭鄉官僉事王德醫官王崇太等至六月初由飛雲港等處開洋而逝其台州之寇亦同三月間由松門澶湖登岸流突臨海黃巖太平仙居寧海天台等境且編府城及太平縣城數被攻圍觀注衛百戶陳椿太平縣典史葉宗皆死于賊至五月十九等日自弟現大青開洋而去天台有遺倭潛突仙居臨海知府譚綸督兵夫逐捕至六月初六日擒斬盡絕已上岑港溫台失事始末大都如此至于文武諸臣功罪如參將戚繼光勦賊無功逗遛有跡參將張四維不能邀絕縱寇復逞把總劉英遺賊酒米信地失防所當重究原任參將俵鈇寧村失守全軍覆沒把總梅魁遇賊先逃喪師同知千戶朱光遠濟畢機按兵縱盜千戶王世臣朱鍊閉營委舟臨敵撤防指揮劉大有胡震李葡等千戶張輔等百戶高世安等志切保身望風奔潰以上諸臣均當重究副使袁祖庚曹金等機宜布

審制渠全跌但已經革任似應免究兵備副使陳元
珂擁兵自衛防守不嚴所當并詞先任海道副使今
陞興撫王詢綜理雖乏先事之防而失事則在離任
之後似應寬假至總督浙直福建都御史胡宗憲
柔倭險人姦邪巨蠹欺君誤國養寇殘民容賊移駐
柯梅自焚舟艦全浙所共知也乃稱官兵攻勦而妄
行奏報欲結其玩寇之愆溫台極被劇殘荼毒官民
人心所共傷也乃稱斬獲數多而更以捷聞求掩其
殃民之罪擁勁兵以自衛惡其警報之宵傳罪將領
以文奸事冀本兵之內召廉恥掃地沉湎喪心捧觴
拜舞于軍前而伏地歡呼讚趙文華為島夷之帝携
妓酣歌于堂上而迎春宴客視總督府為雜劇之場
為金投款權門而醉發狂言畢露其彌縫之巧千金
送回章疏而旋更情亂曲致其欺罔之私納賄弄權
出行獄之巨奸若鹽賊朱先等權倖將領專官給餉
縱滑稽之武弁若指揮陳光祖富擬陶朱貪黷因仍
征輸繁急喜通透表情為得策啓軍門倭主之謠指
扣侵逋餉為常規有總督銀山之號招藝流厚加豢
養盈庭皆狗鼠之雄假贊畫而陰為刺謀入幕巻衣
冠之盜蔑視法典溷亂官常此一臣者宜置之重辟
以彰天討之公用洩人心之憤者也疏下兵部議覆
得旨繼光四維英革任仍同欽雅等下按臣逮問祖
庚等免究元珂降調宗憲詢策勵供職丙申江北七
星港倭流劫過金沙西亭將犯揚州海道副使劉景
韶督參將邱陞等兵併力禦之戰于鄭家庄斬首六
十九級賊敗走仲家園我兵縱火急攻斬首二百八
十餘級賊宵遁戊戌江北諸兵追倭至鍋圍參將邱
陞輕騎先進賊現無後繼盡銳來衝陞馬蹶被殺已
而我兵大至賊懼奔十竈陞山西驍將今歲江北之
捷率陞為軍鋒狃于屢勝輕敵致敗諸軍無不惜之
八月庚子朔己未江北倭自鄭庄敗後沿海覓舟
不得我兵自後急擊及于小海團劉家椅白駒沙等
處各有斬獲賊勞餒困頓會雨乃奔入劉家庄就食
我兵四面圍之值總督胡宗憲遣江西副總兵劉顯
以銳卒千餘來援江北將士謂功在垂成慮為顯所
攘嘖嘖有言都御史李遂恐士衆不和乃檄江北諸

兵盡屬之顯單政既下遂刻期進兵顯率所部先登各營遂鋒繼進縱火衝擊自辰至酉賊巢始破共斬首二百一十四級賊奔白駒場我兵追擊又敗之于七灶及茅花墩共斬首四百餘級賊衆盡殄壬戌鳳陽撫按李遂陳志等各上言三沙之賊自蹈死地久困之餘成擒無難而總兵盧鏜師老財費乃與陰相締結資以舟糧令往江北地方禍延鄰境其餘將領若副總兵劉顯曹克新把總邵應魁守備盧相等均屬有罪乞賜重治上命革鏜職戴罪視事賂寇事撫按官查奏應魁相褫職付按臣逮問顯等令住俸殺賊。癸亥巡撫鳳陽都御史李遂奏留兩淮餘鹽銀三萬五千兩充賞功之費戶部議覆從之　九月己巳朔乙亥兵部覆巡撫鳳陽都御史李遂奏勦平倭寇諸臣功次言本年江北倭前後四起一自楊樹港撒港盧漕港登岸一自竈港登岸俱併為一夥約三千餘人自白蒲挫敗由沿海流至姚家蕩逆殺殆盡其殘孽四五百餘又在廟灣節次殺傷死亡過半所餘不及三百乘雨逃遁一自廖角嘴山港登岸約三四百人至曹家壆潘家莊勦殺盡絕一自青墩港登岸約六百餘人至新河口亦勦殺盡絕以四月初一日闖營至五月二十三日蕩平僅止五旬上深嘉諸臣功詔磨遂一子入監讀書仍賞銀四十兩紵絲三表裏副使劉景韶總督胡宗憲右通政唐順之各三十兩二表裏景韶仍陞二級甲午總督浙直福建胡宗憲福建巡撫王詢等言今歲倭寇始犯泉州焚掠同安惠安等縣繼至福州攻燬福清永安等城既而蔓延于興化突走于漳州分投流劫民受荼毒今督率將領統領水陸官兵擒斬過一千五百六十有奇即今內地稍寧蕩平有日因上諸臣功兵部以聞詔賞宗憲詢各銀三十兩紵絲二表裏詢仍陞三品服俸參將尹鳳銀十五兩參議顧卿十兩署都指揮王麟知府熊汝達等各五兩署都指揮孫敎等行軍門犒賞　十月戊戌朔戊午提督兩廣侍郎王鈁言倭賊水陸登犯攻圍城邑官兵與戰前後擒斬一百七十三名顆奪回被擄男婦稱是餘黨悉遁一時獲功失事諸臣請分別賞罰兵部議覆得旨賞鈁及豐潤伯

曹松各銀三十两紵絲二表裏知縣林義槐十两海
道副使林懋舉准贖右叅議田揚等俸两月知縣李
奇後等免究着都指揮孫敖等付按臣速問甲子總
督胡宗憲等言崇明三沙倭賊流突江北叅將郎陞
身經百戰屢立奇功臨難奮勇竟隕鋒鏑若槩從陣
亡之科還有未盡之諭請優加恤典以慰忠魂僉事
熊桴前罪當懲後功足贖請宥其罪又言今後死事
之臣以有功而又能死事為一等雖無功而能忠于
所事者次之勤無可録而事遇不幸者又次之其或
失機僨事身雖故仍須題奪請定列死事之條立為
輕重畫一之法兵部議覆上從其言郎陞比照宗禮
事例贈都督同知廕一子指揮僉事世襲其餘戰功
俟查明于祖職上承襲立祠死所歲時致祭賞桴不
究　十一月戊辰朔丁丑福建撫按官王詢等言黄
崎漳港等倭突攻福清長樂逼近會城屯住洪塘南
臺等地而中路遊兵叅將曾青束手無謀分守漳泉
叅將王麟受財買港啓倭張僑張建鄭等防禦無功
指揮魏宗瀚陳孔誠等貪貨致寇海道副使邵梗調
度失策均宜重治詔革青麟任并儲宗瀚等付按臣
逮問揚季俸三月蘇州自海寇興招集武勇諸市井
惡少咸奮臂雄傑群聚十人號為打行紥火囤詐
劉奴武斷坊廂間是年吳會歲侵各郡邑時有攘竊
應天巡撫翁大立既莅任則嚴禁緝之訪紥火囤諸
惡少名檄府縣捕治督責甚急及十月大立携奴来
蘇州駐劄諸惡益懼則相與歃血以白巾抹額各持
長刀巨斧夜攻吳縣長洲及蘇州衛獄劫囚自隨數
諜攻都察院劈門入之大立率其妻子踰墻避去諸
惡乃縱火焚衙廨大立所奉勑諭符驗及令字旗牌
一時俱燬諸復引衆欲劫府治知府王道行督兵勇
郡之將撝諸惡乃衝葑門斬關而出逃入太湖中官
司遣兵四散搜捕自從閻二等二十餘人事聞上命
大立戴罪厲督兵期殄滅以靖地方知府王道行等
付按臣速問庚寅查勘倭情給事中羅嘉賓條上海
防四事一定督撫駐劄謂總督之權關係甚重必所
處適中乃可指撝調度請今後總督官如值風汛或
移寧台或移嘉湖悉心區畫務收戰勝攻取之績一

案專泛信地各該將領平時各照所管關隘加謹防
守若遇賊勢重大攻劫城池不論遠近星馳赴援如
執信地爲詞不行策應者論罪一修要害衛所沿海
舊有附近各設衛所誠據險扼吭之要策今兵紀斷
廢請行督撫兵巡等官備查各衛所隸關港幾處原
設兵船火器若干責其把守防禦務臻實效一重臨
海府分浙東寧台溫三府實居海衛一遇風汛首被
其害然寧溫猶有海道總兵兵備參將而台州一府
未嘗設官總理請行軍門督令分巡僉事駐劄台州
後有銓授將駐劄池方分會道分填註文憑以示責
成部覆報可巡按福建御史樊獻科查勘倭寇犯海
口等處參論諸臣功罪詔指揮劉繼良等戴罪殺賊
把總王鑾等各賞銀十兩參將尹鳳等准贖指揮張
僑等各奪俸二月百戶馮城等贖完發落指揮王洲
等付按臣逮問丙申浙江定海縣戍守客兵久缺糧
餉知縣陳止道把總吳江以半月糧銀給散之兵遂
亂毆止道江冠服仍拉江入舟越宿乃歸之總督都
御史胡宗憲檄海道副使譚綸總兵盧鏜給銀二萬

兩以安衆心而擒治其首事者因劾奏寧波府知府
周希哲貪肆剋削常例致激兵變及言正道識昧機
宜參將張四維等鈐制無素乞行究治事下吏兵二
部言希哲宜令回籍候勘正道宜調用江宜逮問四
維仍聽原問從一歸結詔革希哲職并江等令宗憲
逮問具奏正道調用餘如擬總督浙江直隸都御史
胡宗憲獄上王直葉宗滿王汝賢等獄謂直等勾引
倭夷肆行攻劫東南繹騷海宇震動臣等用間遣諜
始能誘獲乞將直明正典刑以懲于後宗滿汝賢雖
罪在不赦然往復歸順曾立戰功姑貸一死以開來
者自新之路事下兵部會同三法司覆議三犯俱不
可原仍將妻子財產沒入廒盡法律上曰直背華勾
夷罪逆深重命就彼梟示宗滿汝賢既稱歸順報效
姑待以不死發遣衛永遠充軍餘如議　十二月戊
戌朔壬寅巡按福建御史樊獻科言近歲軍興募集
武勇四方兵蜂子弟每以投兵報効爲名所至騷擾
今廣浙閩俱有海警宜以三省兵應調募者悉遣還
原籍收爲鄉兵即以待客兵者養贍不惟客兵免遠調

之勞而各地方且獲鄉兵之利計無便于此矣丙辰
延按浙江御史凌儒奏浙東杜瀆長亭等八場竈丁
近遭倭患焚蕩殺擄傷殘已極乞動支運司沙地銀
五百七十餘兩在倉稻穀七千六百七十餘石量行
賑恤戶部議覆報可庚申添設金山衛遊擊將軍一
員從巡撫應天都御史翁大立請也
三十九年正月丁卯朔丙子浙直視師右通政唐順
之既陞任淮揚巡撫乃條上海防善後事宜一禦海
洋言禦倭上策必禦于海而崇明諸沙舟山諸山各相聯
絡乃海賊入寇之路尤當預防自今每遇春汛宜令
蘇松兵備暫駐崇明寧紹兵備或海道暫駐舟山總
副將官常居海中督兵分哨如有縱賊入港登岸者
以次論罪并次更立賞格凡海中逆斬新倭一人即
給銀二十五兩以示優異一曰海岸謂賊至既不能
禦于海則海岸之守為第二著而諸將往往相推諉
事以致深入今宜為約沿海力戰損兵折將則坐內
地不能策應之罪內地殘破沿海幸免則坐沿海縱
賊之罪又或均之為沿海地方賊由寧紹登岸寧紹
幸免殘破而殘破溫台溫台登岸溫台幸免殘破于
殘破寧紹往戒但坐地方殘破者之罪今則宜并坐
賊所從入者其沿海文武將吏有能衛鋒禦賊不得
登岸深入者雖無首級亦以奇功例陞賞一曰海外
沿海通逃之徒為賊嚮導者甚眾宜嚴行守臣多方
招徠以消禍本又古者兵交使在其間自葉宗滿得
罪而通逃欲歸者不免自疑自蔣洲得罪而人以使
絕域為諱宜量為貰減并聞日本國通貢之途若抄
犯如故則命朝鮮琉球二國承制轉諭之一定軍制
調募客兵坐縻糧餉今宜急練土著必不得已而調
募且先取土著如處兵沙兵之類以充其邊方應募
者亦必土人保任而後用之至于總督軍門歲調麻
陽兵宜有定額如直隸幾千浙江幾千專為衛鋒之
用聽川湖軍門遴發俟土兵練成則調募悉罷一鼓
軍氣國家承平日久文吏游談而養尊武臣恬嬉而
保身每一當賊敗戰却走顏色可憐又有過海風而
頭目掉眩聞潮聲而耳聾心惕者如此而望長驅海
島掃清大憝難矣宜責文臣督師侍御戎服出入軍

中以作武將之氣武將臨陣時間敢績殺逃卒斬一
二人以變士卒之耳目則軍氣自振一復舊制國初
海島近區皆設水寨今雙嶼烈港浯嶼諸島海賊巢
據者即其故地沿海衛所軍伍素趁屯田亦多及金
塘玉環諸山膏腴數萬頃皆古來居民置鄉之所悉
可墾種浙福廣三省原設三市舶司所以收其利權
而操之于上使奸民不得秉其便今數者俱已廢壞
宜令諸路酌時修舉一別人才文官舉海道副使譚
綸等劾台州知府黄大節武官舉總兵盧鏜等劾狼
山副總兵曹克新一定廟謨言外患未息内變恐作
近者吳淞定海間水卒呼躁縛官劫獄此履霜之漸
不可長請行各守臣豫議招懷撫諭之畧防海固圉
之策具聞于上斷然行之庶幾滅賊有期疏入下所
司覆議令克新聽調大節閑住餘俱從之辛卯盜百
餘人夜入揚州府泰興縣劫庫殺人守臣以聞得旨
停知縣吳梓等俸及把總呂圻各戴罪捕賊初江南
緣倭寇兵多游手少年爲合應募之衆及事寧散還
裏無所歸流落江湖間遂相聚爲盜云　二月丁酉
朔己亥福寧銅山倭寇自前歲突破營壘善副李慶
守臣以聞詔福浙督撫官協謀勦除無各推選取非
以江北倭未寧添設水兵把總一員于狼山民兵把總
二員于曹沂二道命原任大同參將朱云漢宣府遊
擊郝英四海冶守備岳岳各携家丁赴淮揚待用從
巡撫都御史唐順之奏也　癸卯更定浙東守巡官信
地以台金嚴爲一道文官則以分巡寧紹僉事改爲
台州分巡兼管三府兵備武官則添設參將一員守
之以寧紹爲一道其原設寧紹台兵備副使及參將
俱令止領寧紹二府以温處衢爲一道其原設温處
兵備分巡副使令兼領衢州一府仍以寧紹分巡事
併于兵備道從總督胡宗憲議也　甲辰論擒海寇王
直功詔陞賞總督都御史胡宗憲等有差初宗憲遣
蔣洲陳可願招諭直等至三十六年十月直與王滶
葉宗滿等同夥目善妙等五百人泊舟岑港請納款
通貢市是時直母及子宗憲皆羈至杭城直先遣滶
宗滿來見宗憲厚撫諭之令宗滿待其母與子書往
賊見我兵嚴備又滶不返逡廻未能決則要須滶出

乃登岈宗憲即遣檄赴直猜朱偣遠戮一貴官爲質
宗憲遣指揮夏正諸其舟直黨乃弃前後往来官朱
尚禮等皆之直始輕身入謁軍門宗憲故爲款言令
自縶獄待命久之直黨見官軍四集尋知直已下獄
遂支解夏正尚禮等得逃歸至是時三年矣其事初
閩宗憲蒙賜紉奬勵下按臣數諸効勞人員功次遷
延不以時上宗憲乃自列狀以聞請亟加甄録詔下
兵部尚書楊博等會廷臣議皆言自直等煽亂朝廷
不惜萬金封爵之賞令天下討賊而宗憲卒以計擒
之功寔非常賞宜從重其一時共事諸臣若副總兵
盧鏜都指揮戴沖霄紹興府通判吳成器或控扼要
害或冒險用間功宜優録原任叅政今巡撫王詢副
使陳元珂原任總兵俞大猷叅將戚繼光張四維督
兵有紀中書羅龍文指揮陳光祖楊永昌朱尚禮童
華邵岳謝天與生員蔣洲陳可願方大忠義士胡節
中武生朱見充後間賊及原任叅政胡尭臣副使李
景萃僉事李三畏都指揮王欽守備何本源畫地設
防協謀督餉均宜并叙大猷今負罪立功沖霄繼光

四維光祖洲御史李瑑俱奉書遠問宜准贖罪夏正
死事尤宜厚䘏得首賊首擒獲寔荷玄佑爾等議功
並不奏請舉謝豈人心欲宗憲矢心爲國殫竭忠謀
勞績殊常宜加顯擢以示激勸其加太子太保左都
御史兼兵部右侍郎總督如故仍廕一子錦衣衛副
千户鏜詢成器各陞二級尚禮華岳各陞原籍衛所
千户大猷沖霄繼光等八員俱准贖罪録用夏正捐
身爲質死事可憫贈都指揮使廕一子正千户世襲
元珂等各以差賜賚丁巳南京振武營兵亂殺督儲
侍郎黄懋官舊例南京各營官軍月糧有妻者一石
無妻者減十之四春秋二仲月每石予折色銀五錢
及馬坤爲南京户部尚書奏減折色銀爲四錢諸軍
始怨懋官性刻削每月各衛送支冊必詰其逃亡多
寡又奏停補役軍丁妻糧儲軍益不堪是時坤已召
入爲户部代之者尚書蔡克廉病不事事比歲大侵
米石至銀八錢軍中爭求復折色原額不見理每月
常以初旬給各軍糧是月已再旬懋官猶未支給是
日振武營軍操期振武營者南京兵部尚書張鏊以

海警創設者也初議選各營精銳不足乃益以四方趫健然京卒怯號中選者不及十一二其所團集大抵皆惡少狎手無賴者裹集狩赴操遂鼓譟圍懋官第懋官閉變急踰墻出困仆地不能起諸軍競前撲殺之懸其屍于市痛加詬辱仍大呼脅兵部尚書張鏊求賞鏊錯愕不能應會誠意伯劉世延趨至諭曰爾輩但求賞易耳能從我惟爾所欲衆稍定翼日九卿科道大會于內守備所兵部侍郎李遂揚言曰昨黃侍郎之變遂親見其自越墻死各軍特不當殘辱之當據此聞奏不得稱叛因麾亂軍退衆求賞遂叱曰今日之事若求復妻糧月糧原額即可得求賞不可得朝廷在上爾輩欲何為者乃令人各給銀一兩以補戚折糧餉始散　三月丁卯朔丙戌兵科都給事中三文炳言逆者浙直倭患稍寧而閩廣警報踵至蘇松淮揚嘐悍往悍卒所在驛騷宜勅下本兵議所以安民當兵絕戕之策兵部覆議安民莫如罷不急之役弭無名之徵重懲貪官酷吏蓄兵莫如訓練各處鄉兵隸籍行伍者責之軍衛募自民間者責之有司絕庇則當令沿海有司按籍所部居民有興盜通者許同里首告即寘之法而追其所犯銀三十兩賞告者又有無賴惡少竄入軍中巧立報效贊畫名色平居坐糜公廩有事爭冒首功此輩亦將來禍本宜一切查革議入上曰朕所倚安民者守令耳邇來各官恣意貪殘困苦小民朕甚憫之吏部都察院即移文各撫按官嚴加考察限一月內從寔奏處餘皆如議行　四月丙申朔壬寅諭南京叛軍罪首惡周山等三人論斬繫獄發滕彪等二十二人戍邊斷初侍郎李遂既以計散遣各軍已而閱軍中籍籍有言朝廷將盡誅各營兵陰相約欲叛入海遂患之與尚書張鏊議曰諸叛卒雖徒宜撫處而首惡不誅非法也不聞元魏禁軍攻統軍張彝之事乎且衆尚洶洶必俟奏報處分萬一讖泄奈何乃托病閉閣卧給各軍安家小票各一紙以安衆心密召坐營官華思把總張勲等入卧內受計令刺訪首惡得山等二十五人各以三月十六日捲捕下獄因馳奏請處分兵部議叛軍贼殺大臣逼脅府部當即時斬首梟示上復命三法

司會科道官詳議改擬覆制命使臣律俱斬秋後處
決上曰廣遠本因堂高必無自遠之理士卒辱及大
臣法斬死將吾立新帝者必法外凌遲黃懋官心存
欺謗計使人為全見而死失刑甚矣今所獲亦未可
盡知果皆為首者可再議聞乃止坐首惡三人餘各
以矜疑詞發未獲者悉貰之按振武之變雖由侍郎
黃懋官尅削致激然諸軍本烏合悉少非有尺籍伍
符一旦于都城之中肆行無上戕殺大臣乃竟置而
不問國法蕩然矣于是四方效尤士卒戕主帥部民
殺制使者紛紛數起朝廷患其徒衆類皆姑息焉
五月丙寅朔乙亥總督浙直福建都御史胡宗憲奏
臣受命總督得節制三省一切調度兵食皆賴各處
巡撫協心共濟而近多優游養望未有實見講求者
即有疏虞臣何以自解夫各邊巡撫之與總督相見
有定規今俱抗衡無避詘意至于操江都御史則雖
文移亦不復通臣虛擁總督虛銜而無其寔請稍假
以事權得為諸道主約其相見禮文亦宜依三邊督
撫事例得旨宗憲此疏寔心任事可專大司馬兼院
院右正各撫操等官悉聽節制其三邊督撫相見禮
儀吏兵二部查例以聞部覆總督體統委宜嚴重撫
按等官相見毋得純用賓主敵禮總兵以下皆戎服
庭謁至于移文俱用印信呈文詔可甲午巡按福建
御史樊獻科奏福建山賊倭夷並起攻掠平和詔安
等縣破崇武所城請勅守臣亟圖勦平會巡撫劉燾
疏至言與賊連戰俱捷地方稍寧不如獻科言上以
二臣奏報互異疑之詔兵部亟檄南贛撫臣范欽及
燾協力平賊地方失事功罪令御史詳核以聞未幾
獻科復奏崇武失事狀兵部始知燾奏不寔請逮守
所千戶郭懋仁等付獻科問儗分守僉事萬民英俸
令戴罪視事燾姑貰勿治責以平寇自贖從之　七
月乙丑朔壬辰時南北寇警徵斂煩急貪吏肆行水
潦荐至民不堪命則往往群聚為盜初河南人訛傳
倭至鳳泗又言開封沒于黃河于是林縣有賊聚以
數千計睢州亦有百賊犯其南關比知前傳言為訛
即皆解散無復蹤跡蓋亂之萌也　八月甲午朔己
亥福建叛兵三百餘人自沙縣將樂攻泰寧縣破之

守備王址率千戶劉兆元百戶戴權等救之軍亂兆元率眾先蒞址權戰死賊遂趨廣昌樂安尋奔永豐執城遁去巡按御史鄭本立以聞請論諸將吏功罪詔逮址都指揮使桂正千戶各陞襲子孫一級兆元等退將守巡參議孫應奎等各奪俸戴罪勦賊先是福建以倭亂調募廣兵多輕猱無賴比至憑陵驕蹇日需犒賞有司不饜所欲即鼓行為盜云　十一月癸亥朔乙丑巡撫福建都御史劉燾類奏四五月間新倭與漁澳月港等處舊鬼合䑸回掠時臣甫蒞任即定計擒之初戰于長樂閩安先挫其氣再下興泉逐月港崇武諸寇以及崎嶺漁澳之間兵之所過陸無堅陣水無完艘凡擒斬七百有奇溺死者倍之乞錄領兵僉事萬民英指揮王夢麒等功疏下兵部議功燾第一總督尚書胡宗憲次之其力戰效勞者民英夢麒及總督把總指揮官張𤢖張倫秦經國鄧一桂徐濂宜優敘聽勘參將王麟謫戍指揮鄭文思宜准贖陣亡指揮王諲宜陞襲三司府縣官邵梗許應元舒春芳等宜賚勘得旨賚宗憲銀幣陞燾為副都御史賈爲[illegible]一級餘皆如部擬是歲倭賊徧福建沿海諸郡然皆十百為群各自擄劫無總統司號令者燾不能制任其厭欲而去乃虛張功伐侈言謀勇然即其奏狀所列固未明言某日某兵與賊戰某地者也乙丑詔停巡撫福建都御史劉燾俸令戴罪剋期勦賊奪邵武府知府邵惪大參議黃朏僉事秦宗道舒春芳等俸半年下都指揮張𤢖王夢麒等于御史問郵錄陣亡把總沈譚如例先是燾報捷稱水陸皆全勝地方畧平未幾賊攻永春陷之流劫德化詔安漳平之間而內地群盜如大埔之窖賊南灣之水賊小溪之山賊龍巖之礦賊南靖上杭等處之流賊各乘間蠭起而窖賊張璉等最強燾既接不暇但歛牛餐賊擁衆自防而已時閩廣皆為賊衆燾報功既不寔性復貪怯不給廣兵行糧廣兵尋叛與群盜合于是閩清尤溪大田將樂泰寧建陽歸化新城樂安諸縣無不被殘破者官軍每戰輒敗惟報效把總沈譚率水兵遇賊于馬溪停斬數百人力盡死之總督胡宗憲巡按御

史徐仲楫以閩因參知府鄔懋久屬邑多殘參議黃
岦僉事參宗道舒春芳守土無備都指揮張掞王夢
麟指揮千百户金丹等或領兵逗遛或坐視無策供
屬有罪劉燾狃于小勝以致挫衂亦宜並論韓宜如
死事例陞襲兵部覆議從之燾山東傖健敢勇善騎
射素無士行亦鮮馭衆應變之畧遭時氣暄遂冐閫
府歷觀其前後疏章皆滑稽踈謾恬不知恥真小人
之雄也
四十年五月庚申朔乙亥先是科道官查參總督浙
直福建尚書胡宗憲侵盜軍餉詔下浙江巡按申勘
至是御史崔棟覆稱宗憲無他且言軍中所恃以鼓
舞人心者財耳其中用間行餌賞勇謀鼓舞之術
居多若使尺寸之間盡以繩墨約之寧遂有今日哉
以臣之愚宗憲可原得旨錢糧既查明胡宗憲令照
舊盡心督撫　閏五月庚寅朔庚戌巡按廣東御史潘
季馴勘上三十七年倭寇廣東諸臣功罪言倭自正
月中犯潮州府蓬洲鮀浦等處所至將官不能禦或
敗或走備千户魏岳百户蔣期明鎮撫陳濬等戰甚
力斬首八十餘級生擒九十餘人賊始遁去我兵失
亡者亦二百人岳等死之時總督侍郎王鈁已致仕
季馴因追叙鈁運籌督戰之勞請與撫鎮官及陣亡
將吏分別叙録而論失事者之罪兵部議覆上命賫
鈁及巡撫周瑞總兵官靖遠伯王瑾各銀幣有差下
失事指揮馮良佐等二十二人及前為事指揮孫敎
知縣蔡明遠等于按臣論罪岳等各陞襲如例　七
月己丑朔癸巳以倭賊侵陷廣東潮州府大城所詔
奪惠潮參將張四維俸三月分守參議馮皐謨海道
副使鄭維誠分巡僉事齊遇俸各二月下本衛所掌
印捕盜等官董越等九人于按臣論罪知府何鏜等
准贖先是潮州敗倭自福建還入詔安大城海夫劉
五等及上底東界各兵因挾之為亂去年十二月衆
除夜城中無備伍等先期入城羣倭繼之守城諸將
各棄印遁去至是年二月知府何鏜等督兵追捕伍
等始就擒斬首三百餘級事聞因有是命江西巡撫
都御史張元冲疏叙去年十二月至今年閏五月閩
廣流賊由光澤寧化等處突入江西境竊新城廣昌

蜂掠萬安泰和請勅南贛軍門協勦福建巡按御史李廷龍亦殺山賊呂尚肆李占春等與福興漳泉殘倭四出剽掠自建寧以北福寧以南無處不為盜藪乞申飭福建都御史劉燾南贛楊伊志兩廣張臬刻期平定蹤並下兵部議覆上以羣寇猖獗福建三省切責諸臣玩愒不行設策勦滅姑令各戴罪殺賊期以九月報平如再誤事御史指名參奏重治己亥巡按江西福建御史段顧言李廷龍各以江西鵝觀敗書聞因言贛州一府為江西全省門戶自龍南安遠相繼激變乃撫臣護不省聞以致今日寇石城明日寇瑞金又明日寇南安陷建昌而吉撫諸郡紛紛多事矣先是南康之戰典史王元相死之贛縣攸鎮之戰百戶程鼇死之今泰和之戰副使指揮諸臣又死之此皆由門戶失防故寇得深入罪當坐南贛而江西玩愒無備閩廣觀望失援之責亦不能辭乞將南贛巡撫楊伊志江西巡撫張元沖分守南贛參將谷瑒守備李寧及福建巡撫劉燾分別議處副使汪一中指揮王應鵬等血戰死事當卹錄僉事王應時畫

衍被執亦當優叙因請假江西撫臣提督軍務職銜給以旗牌使得號令其下仍責三省撫臣戮力平賊命浙直總督尚書胡宗憲兼節制江西發兵應援江西巡撫暫加兼理軍務汪一中贈光祿寺卿廕一子錦衣衛百戶賜祭葬立祠王應鵬及百戶唐昺陳策各贈官陞襲如例王應時陞江西布政使司左參政仍分守九江道壬寅江西賊攻入玉山縣縱火大掠城為之空隨攻永豐縣破之八月戊午朔乙酉南京吏科給事中周京御史林潤等言江西南贛流賊初由建昌繼及泰和殺擄文武大吏屢敗官軍茲且延及萬安永豐崇仁樂安諸邑而當事諸臣一籌莫展宜簡任南贛都御史選委附近良將及勅南京兵部發練卒兼應之兵部覆言南贛督撫將臣近已易置請并飭浙直總督胡宗憲兩廣張臬江西都御史胡松南贛陸穩福建劉燾協謀勦撫務如原限九月報平仍行南京兵部相機發兵兼應詔從其議　九月戊子朔甲辰總督浙直福建尚書胡宗憲奏浙江倭寇自四月以來合謀連䑸犯寧台溫等境我師纍

之出于海者六戰于陸者十有二計前後擒斬一千四百二十六人焚溺死者無筭今已蕩平其文武效勞諸臣則參將戚繼光督戰功最而僉事唐堯臣義烏知縣趙大河等亦宜并錄上嘉諸臣功詔宗憲加少保總兵盧鏜陞俸二級繼光都指揮使各賞銀二十兩二表裏大河陞按察司僉事專理操練土兵溫處參將牛天賜陞秩二級副使凌雲翼王春澤僉事唐堯臣參將呂圻等十九人各陞俸一級布政胡堯臣胡松參議唐受副使李僑各賞銀幣有差通判吳成器等行軍門分別犒賞下失事把總王彥忠劉袞亨劉用光三人于御史問　十月丁巳朔辛酉山東巡撫都御史朱衡奏登萊青三府地瀕大海東近遼左南通浙直國家設軍分守甚嚴日者遼左告飢暫議弛登萊商禁以濟之其青州迤西之路未許通行今富民倚商遂假通赴臨清抵蘇杭淮揚興販貨物海島亡命陰相倚結俾二百年慎固之防一旦盡撤頃者浙直浙倭患非後事之鑑乎宜申明禁約停止為便兵部覆奏報可　十一月丁亥朔巡按福建御史李廷龍類奏七月至九月廣東之程鄉賊三饒賊埔下南安之倭賊及各路之流賊出沒諸郡無日不報警其福興泉三府則苦海賊汀漳二府則苦山賊興流賊迭出為患而內地奸民佐之今崇安南靖二城相繼告陷矣延寧二府近亦苦兵矣時事至此宜痛絕失事諸臣以法然後賊可期上從部議降福建行都司掌印署都指揮僉事張岳漳州府知府桂嘉孝海道副使邵楩建寧兵備僉事曹司賢俸各三級下漳州等衛指揮百戶等官畢顯恭等八人于巡按御史訊罪　十二月丙辰朔丁丑兵部覆總督南贛汀漳都御史陸穩言南贛參將所部機兵多係兩廣福建隔省徵發至即亡去請罷南韶惠潮汀漳郴桂及撫吉等府州縣兵無調而徵其直歲輸軍門募近地驍勇充用報可

四十一年二月己卯朔壬戌福建同安倭寇夜襲破永寧衛脅指揮王國瑞鐘墳千戶蔡朝陽降之　三月乙酉朔戊戌兵部覆總督浙直福建江西尚書胡宗憲言經略江西四事一議將請于南贛

兵以吉安守備属之于建寧撫州改設叅將以鉛山
守備属之復設遊擊于省城而以鄱陽守備改為叅
將令專練舟師控制九江一議兵以兵一萬七千分
隸前項改設將官部下令其各依信地悉力防守有
急則聽宗憲使宜調用客兵不從中制一議賞格言
擒斬流賊宜厚其陞賞如都御史胡松奏行近例以
勵人心一議報效言地方豪右之家及文武諸生中
有願募兵殺賊者聽其報効有功一體陞賞詔允行

六月癸丑朔丙辰以福建預年倭患兵餉匱竭從
撫臣游震得及左給事中郭汝霖議留科舉銀四千
二百兩寺田銀八千六百七十兩事例銀一萬六千
餘兩四十年分屯田折銀一萬九千九百二十二兩
三十九年果品折銀三千八百三十六兩蠟茶正價
銀一萬四千一百九十三兩補京價銀一萬四千三
百八十七兩俱免解部以佐軍需　十月壬子朔丙
辰福建新倭大至突犯福清（福寧）政和等處　十一月辛
巳朔丁亥南京户科給事中陸鳳儀劾奏總督胡宗
憲欺横貪淫十大罪大畧言宗憲本與賊首王直同
鄉其所任叅將宜將洲陳可願等皆賊中奸細方直
挾倭衆突犯浙賊衆無幾而宗憲按兵玩寇資以壯
廉湯廢防檢交質往来乃許直海防之任與為約誓
若非皇上斷以必誅神人之憤安可雪也而宗憲自
立毅功廟于吴山意欲既满縱飲長夜坐視江西福
建之寇不發一矢徒日取馹遞官民軍前糧餉而斬
艾之脧削之督府積銀如山聚奸如蝟如鄉官吕希
周田汝成茅坤輩皆遊舌握撡遞為門客又且宣淫
無度納鄉官洪楩之女為妾通事吴来佳健步徐子
明之妾皆出入督撫（月）通宵無忌至如扣尅上供歲造
段疋銀兩濫給倡優市販官職剝付軍器官廠私送
鄉官調發官軍原籍守宅尤其干紀亂常之甚者乞
加顯斥疏下吏部請下巡按御史勘報上特命錦衣
衛械繫宗憲至京問于是浙直總督缺遂不補已而
福建倭攻興化府城陷之倭自十月初犯福建其自
浙之温州来者則合福寧連江登岍海賊攻陷壽寧
政和寧德等縣自廣之南澳来者合福清長樂登岍
海賊攻陷玄鍾所蔓延及于龍巖松溪大田古田之

境無非賊方初浙江參將戚繼光與總兵劉顯等既連破賊于林墩港等處閩之宿寇盡平繼光引兵還浙遇倭自福清東營澳登岸麾兵擊之斬首一百八十有奇遂行而閩倭至者日衆始攻興化城不克乃合兵薄城下圍之且匝月至是城守卒勞罷賊闞其懈弛夜以布梯傳城入之開門放火城中方知賊至百姓惟援參將畢高參政翁時器悉縋城宵遁同知奚世亮爲賊所殺賊遂入據府至來歲二月始敗是時劉顯在會城聞興化危急提兵往援至則城已爲賊所破顯大兵留江西勦廣寇所提入閩卒不及七百人且疲于屢戰倭新至勢衆且銳顯知不敵乃遥城爲營以候賊陳顯有威名興化人初聞顯至以爲旦夕破賊既而相持日久疑其養寇深以爲恨　十二月辛亥朔乙亥以倭寇犯福清縣罷副總兵楊縉回衛閑住下參將黎鵬舉巡按御史問丙子詔浙江巡撫都御史嚴查水陸兵將之數及累年督撫將吏有無剋減狀以聞丁丑錦衣衛逮胡宗憲至請旨處分上曰宗憲非嵩黨自御史皆朕陞用任事已八九年三呈上玄錫瑞近上玄秘皆致一手字數載無言伊過近自鄢懋卿初亦未專爲國群邪朋害大臣罷斥者不少况知諸人欺君何俱不早言今日乃言之不已宗憲不自慎致招奏擾但王直原本兵議亦獲者五等封官今却加罪後來誰復與效任事其釋令閑住

四十二年正月庚辰朔壬辰巡撫福建都御史游震得奏上禦倭三事一浙江溫處興福寧州接壤寔倭夷出没之地而一時將官莫賢于參將戚繼光宜進繼光爲副總兵兼守其地而于福寧州添設守備一員隸繼光節制仍令募兵三千以備戰守又漳州月港亦通倭要地并宜添設守備一員即以指揮歐陽深陞署都指揮僉事充之而聽節制于總兵俞大猷一八閩之地延平建寧邵武乃其上游宜令建寧募兵一千延平邵武各五百使指揮樂境統之以備警急其分巡武平僉事亦加以兵備重其事權一閩中自被倭患以來其官軍之以死勤事與婦女之死節不辱者宜悉表揚以勵人心兵部覆如其言詔可癸

己廣東倭寇犯潮惠二府黄岡大澚等處壬寅福建巡撫游震得以去年十一月倭寇攻陷興化府狀聞初賊至先犯邵武殺指揮鄧天祥轉掠羅源連江等縣殺遊擊將軍倪祿遂攻玄鍾所城及寧德縣入之乘勝直抵府城下會都督劉顯兵未至賊遂襲入城殺同知奚世亮等又分兵攻陷壽寧政和二縣乞亟命該部計處兵食浙直總督發兵應援部覆賊以旬月内連破數城如蹈無人之境帥府而下職守謂何顧事急之際請姑令戴罪立功其各省發兵請調浙江新募義烏兵一枝以戚繼光統之江西兵一枝令撫臣自擇良將各星馳應援仍起丁憂參政譚綸以原官兼按察司僉事統浙兵并二[illegible]人與都督劉顯總兵俞大猷同心共濟以收奇功又廣東南澚為此賊淵藪宜令兩廣提督張臬引兵搗之使賊退無所歸以其地丁料屯鹽諸錢穀約二十餘萬悉留用以佐軍興仍令南京兵部發馬價銀十萬兩濟之本部仍備銀十萬兩俟緩急督發上悉命如擬行丙午提督兩廣都御史張臬紀功御史段顧言各條陳廣東善後事宜户部覆行三事一潮州海陽之闢望為倭奴入寇門户宜設一全縣以增潮南之藩籬應割都圖者七潮陽之濊水宜設裁城一縣以控扼海豐惠來長樂逆三縣之要衝應割都圖者四又程鄉縣之豪居新設平遠縣遠隸江西不便宜割程鄉興寧田種立為栽城縣分仍屬廣東其原議割武平安遠里分宜還各省一饒平縣之絃歌大埔縣之清遠程鄉縣之溪南松源石窟龜漿諸都向為巨賊所據今雖勘平田地拋荒宜將六都錢糧自三十九年至四十一年盡數蠲免其餘量免其半一程鄉縣延袤千里原額至一十八圖豪猾營充千長隘官名色凌轢鄉民起盜之源寔由于此惠潮二府所屬諸縣皆然宜及今大造之年添設圖分增立里長督解組役其他名色悉為除革疏上允行乃設澄海縣于闢望所普寧縣于濊水

二月庚戌朔乙亥福建興化倭寇結巢崎頭城興都指揮歐陽深相拒久之不出深望見其兵少輕之直前挑戰伏發深與其下數百人皆戰死賊乘勝攻陷平海衛丁丑以倭寇攻陷興化府城

僉提督兩廣都御史張臬總督廣閩軍務調度兵馬分部擊之罷巡撫都御史游震得回籍聽勘令總兵官劉顯戴罪勦賊逮參政翁時器參將畢高至京問罪初興化敗書聞震得已坐失事奪俸既而巡按御史李邦珍言震得一籌莫展宜簡命大臣有濟變才者假以重權亟往拯之南京科道官范宗吳張士佩等亦言賊破興化時震得詐疾告休及城陷則避之福清不肯督兵救援顯屯軍江口遠在三十里外駐營未聞提兵決戰而時器與高聞變即縋城夜出尚未識真所往請各寘之理俱下兵部議覆大臣有威望累著擒賊之功者一時無如臬賢宜重用之震得等識篤怯有罪但顯素得士心臨敵易將恐一時難其代者宜令立功自贖俟事寧併論上然之乃有是命戊寅福建福寧倭寇自政和等縣襲攻寧德破之趨羅源入海轉薄連江登峽時寧德已四陷矣　三月己卯朔庚辰陞福建布政司右參政兼按察司副使譚綸為都察院右僉都御史巡撫福建丁亥巡撫浙江侍郎趙炳然奏各省募兵多浙之義烏人夫福建所以致亂者民變為兵兵變為盜其所由來漸也夫閩兵皆盜治標之道不得不假于別省募兵而反求其本必須多方撫處使盜化為兵兵化為民可也今又驅浙之民以拯福建之急臣竊懼夫浙之為閩也自今請令各省一意團練土著使人皆可用家自為守急則為兵緩則為農聚散之間兩有歸著即不得已而召募亦必先本省次鄰省不得專泥一方以醸禍本兵部議覆上曰各處積年團練土兵徒以虛文塞責迨至有事則行召募以滋繁擾其令巡按御史每歲終痛加校閱仍敘別所司功罪以聞　四月戊申朔庚申福建新倭自長樂登峽流劫福清等處總兵官劉顯俞大猷合兵邀擊于遮浪殲之平海倭引舟出海把總許朝光以輕舟抄之斬首四十九級賊乃盡焚其舟還屯平海癸亥覆興化府并壽寧等縣失事諸臣罪逮興化衛指揮徐將楊一輔法繼勲通判李邦光百戶潘鑑易中孚壽寧知縣章銳典史沈洪王濟等至京與翁時器等併問指揮等官胡紳等四十二人及副總兵楊縉參將黎鵬舉俱下御史

退治副總兵俞大猷姑令戴罪勦賊都指揮徐高馮
文煒副使余司德邵梗汪道昆恭議萬民英僉事金
淛曾一經各奪俸半年左布政使曾于拱署按司印
右布政使盧夢瑒各奪俸二月仍諭提督都御史陸
穩策勵供職贈諸死事臣同知吳世亮爲右參議知
縣尚友縣丞葉德良徐九經訓導盧學顏爲太僕
寺寺丞各蔭一子國子生遊擊倪祿指揮齊天祥張
光祚千戶魯思亮邵子蕃張珊各襲陞其子二級丁
卯副總兵戚繼光督浙兵至福建興總兵劉顯俞大
猷夾攻原犯興化倭賊于平海衛大破平之斬首二
千二百餘級火焚刀傷及墜崖溺水死者無算被所
掠男婦三千餘人復得衛所印十五顆自是福州以
南諸寇悉平乙亥巡按廣東御史陳道基以正月閒
潮惠二府倭患聞乞速命督撫諸臣調兵分剿詔總
督都御史張臬嚴督各官調集漢達官軍協力剿賊
以靖地方毋忽　五月戊寅刑部覆巡撫浙江侍郎
趙炳然陳海防八事一定兵額浙江領兵千把總等
官漫無統紀宜將陸兵倣古什伍之制以次編立營

伍令總哨會操等官分轄之而總屬于主將二振單
伍浙江軍衛逃亡數多請照籍清補三練民兵民壯
弓兵本爲防盜詰奸而設宜教加選練不得聽官司
役占四立保甲浙地瀕帶河海外倭內盜鹽賊礦徒
導引之姦細接濟之窩主在在有之宜挨屋編次十
家爲甲十甲爲保各立之長使練習技勇互相譏察
協力防禦官司無得以他務煩擾五明職掌總兵參
將海道兵備官雖各有信地而臨事率多推諉宜分
任責成居常則將官操練而該道主于閱視遇敵則
將官攻勦而該道主于監督不得互諉六分統轄浙
直將官原設總兵一員駐浙江定海以統浙直水兵
副總兵一員駐直隸金山以統浙直陸兵而共以一
總督節制之但今總督既革則浙直分爲二鎮而巡
撫浙江者于金山副總兵不得用之于陸巡撫直隸
者于定海總兵不得用之于海矣自今宜畫地分轄
在定海者止爲浙江在金山者止爲直隸各兼理水
陸兵務而有警則仍互相策應七嚴哨應陸兵專責
以守險水兵專責以出洋有警互相聲援八公賞罰

將官有功者宜量録不當與督撫同叙至于失事諸罪亦如之其在部下尤當賞不遺賤以鼓士心矣部覆如其言上皆從之巡按福建御史李邦珍以二月中福建倭寇攻陷寧德平海城及都指揮歐陽深死事狀聞因言破平海者乃閩之南境賊其初自福寧等處登岸破寧德者乃北境賊自福寧登岸皆閩中大患而南賊尤劇已經累次調兵勦捕而總兵俞大猷赴援濡滯遊擊何本源等私挈回戍兵致忠將陷沒地方失守乞明示賞罰以昭勸懲上從部議令撫臣譚綸緫督劉顯等協力勦之刻期蕩平大猷姑戴罪自效本源下巡按御史逮問歐陽深賜棺殮銀五十兩蔭一子為世襲指揮僉事仍立祠祀之　六月丁未朔庚戌巡按御史李邦珍勘上福建勦平舊倭狀先是賊兩破寧德城屯據横嶼嶼去縣十餘里四面皆水路險阻不便深入故官軍與賊相守逾年莫敢決一戰者四十一年七月内總督尚書胡宗憲檄浙江叅將戚繼光部浙兵七千餘人援之令軍人持草一束填河而進遂大破賊巢平之生擒九十餘人斬首二千六百餘級焚溺死者無筭奪被擄三千七百餘人印二顆乘勝勦福清牛田寇又破之追至興化同副使汪道昆等用火攻賊營焚斬幾盡捷聞下邦珍勘實兵部覆諸臣賞宜從重宗憲雖去任仍當優録上命賞宗憲銀二十兩綵幣二襲陞繼光署都督僉事陞都指揮戴冲霄二級道昆及浙江監軍副使王春澤把總等官吳惟忠等一十九人各一級仍與福建副使等官金立敬等四人各賞銀有差是日浙江巡撫趙炳然亦奏福建餘賊于四月中流入浙江界官軍迎戰于連嶼陡橋石坪等處敗之斬首百餘級既而新倭百餘人亦犯石坪我軍乘勝追勦無一生還者疏下兵部議覆得旨炳然督勦倭寇一月兩捷賞銀四十兩彩幣二襲宜益用心飭備以副委任　七月丁丑朔壬辰巡撫福建都御史譚綸以四月中平海大捷聞言賊自興化破城後乘勝攻陷平海據之我兵方議大征會長樂縣新倭自福清渡江謀趨平海合營總兵俞大猷劉顯邀之于途擒斬殺盡餘黨倶遁入海平海賊聞之始懼欲逃為官

官所扼不得出乃移營渚林迤南時副總兵戚繼光自浙應調至臣素知其勇略使領中軍與左軍大猷右軍及戚繼光先進薄賊巢左右營繼之四面合圍因風縱火賊凡戰皆灼爛巢中積屍及審無一人得脫者因叙諸臣功以繼光為首顯大猷次之募兵督戰如副使汪道昆參議萬民英又次之先驅陷陣如把總胡守仁等又次之邀賊助陣如義士許朝光劉文敬又次之而二司府縣等官萬衣等之給餉紀功屯兵分守均宜叙錄至于江西巡撫胡松南贛巡撫陸穩浙江巡撫趙炳然調兵赴援之功亦不可泯而原任巡撫游震得指授于去任之日參政翁時器效死于戴罪之時勞績並著固不當以昔日之過而盡掩其功也疏下兵部議覆得旨天地宗廟垂佑八閩底寧各官協謀戮力功寔可嘉綸陞右副都御史巡撫如故繼光陞署都督同知仍廕一子為原衛正千戶各賞銀三十兩紵絲二表裏顯于祖職上陞二級大猷一級各賞銀二十兩紵絲一表裏道昆陞一級民英陞俸一級守仁等二十一人各陞二級朝光文敬各授原籍所鎮撫仍與守仁等各賞銀十兩炳然松穩各三十兩二表裏衣等十二人各十五兩震得令按臣錄勘前後功罪以聞時器仍逮京從公問擬

十月丙午朔辛亥福建巡撫譚綸條陳防海善後事宜兵部覆行其五事一復水寨舊制自福寧南下達漳泉置水寨五以扼外洋法甚周悉今宜復舊以烽火門南日山浯嶼三綜為正兵銅山小埕二綜為遊兵寨設把總一員領之而為之分信地明斥堠嚴會哨殿功罪使綜覈有經坐攻寔效一處兵將副總兵戚繼光宜擢為總兵鎮守全閩仍增設坐營都司一員把總二員充其任使其原設三路參將宜改為守備總兵官俞大猷宜復還伸威營與南贛軍門事權為一在福建止備汀漳二府山寇一處客兵福建所募浙兵列為二班班各九千人上班者以七月初一日為始用防秋汛至十月散回下班者以十月初一日為始赴戍所防春汛至六月中散回更番迭上歲以為常不待變亂行伍違悞戍期一團練主兵各縣額設民兵宜汰其老弱盡以精悍者充補仍分為

二司一屬本縣掌印官訓練防守一屬巡捕官赴府團操每歲委武職一人統督該府掌印官監督兵備道以時閱視別其勤情而賞罰之一申明職守沿海及腹裏府州縣地方與衛所同住一城及衛所自住一城者若遇攻圍不能固守衛所掌印捕盜官俱照守邊將帥失陷城寨者律斬其府州縣捕盜掌印者送部降級別用自今宜申明職守著為定例

四十三年二月甲辰朔戊午福建總兵戚繼光追擊仙遊縣殘倭大破之時閩中舊倭略平餘黨復糾新倭萬餘攻仙遊縣城圍之三月繼光引兵馳赴之大戰城下賊敗趨同安繼光麾兵追至王倉坪斬首數百級墜崖谷死者無算餘衆尚數千奔漳浦縣之蔡丕嶺繼光分其兵為五哨身自持短兵徒跣緣崖披棘而上廹壘賊伏發繼光氣愈厲督各哨兵入賊巢殊死戰擒斬又數百人于是閩寇悉平其殘寇得脫者流入廣東苟掠漁舟入海癸亥更定鎮守江南分守江北信地以江南屬之總兵劉顯專駐吳淞以江北屬之副總兵王應麟專駐狼山各更勅書并鑄關防給之從撫按官王廷等奏也　閏二月甲戌朔丙申福建汀漳二府盜掠赤水大淘等寨與江西連城寇合拒偽官軍漳平知縣魏文瑞死之贈文瑞光祿寺少卿停黎元尹尚賢等俸戴罪立功　三月癸卯朔丁未詔逮廣東參將謝勅至京問初廣東歸善縣盜溫七伍端作亂都御史張臬檄勅討之勅不設備為盜所乘殺指揮王佐等勅懼迯歸原衛至是提督侍郎吳桂芳上疏論之故有是命已未廣東官軍擊潮州倭寇破之初歸善縣盜伍端溫七既破參將謝勅兵未幾溫七兵敗被擒端自縛軍門求殺賊自効端即所謂花腰蜂也總兵吳繼爵俞大猷受其降都御史吳桂芳至因使為先驅嘗賊官軍繼之圍倭于鄒塘四面舉火一日夜連克三巢焚斬四百餘人捷聞上曰廣東倭寇連年征剿無功桂芳繼爵新任即有此捷其各賞銀二十兩紵絲二表裏仍令會同吳伯朋俞大猷厲督各路兵乘勝蕩平以紓民患其餘功罪俟事寧之日勘處　六月辛未朔癸酉御史陳瑞勘上三十八年夏崇明縣三沙禦倭諸將功罪詔陞

指揮任維統等二級守備高湛等一級其餘贖罪恤賞提調有差丙子添設廣東海防僉事一員廣東舊設海道副使駐劄省城兼理市舶會倭亂海道遂專備惠潮以市舶委之府縣于是提督兩廣都御史吳桂芳請自東莞以西直抵瓊州屬副使攝之仍制番夷而更設海防僉事巡歷東莞以東海豐惠潮等處專禦倭寇有詔如議暫設竣事寅已之辛卯廣東官軍大敗倭寇于惠州海豐縣倭初自福建流入廣東會兩廣南贛各軍門徵調漢土兵大集衆其初至急擊之賊懼悉奔崎沙甲子等澳奪漁舟入海遇暴風舟皆覆溺得脫者僅二千餘人留屯海豐金錫都總兵俞大猷帥官軍四面圍之相守且二月賊食盡欲走報劾副總兵湯克寬伏兵大埔寨窖口以待之賊至伏發賊乃大驚擾克寬斬其梟帥三人參將王詔等兵繼進賊遂大潰擒斬一千二百餘人各哨軍前後所得零賊又一千餘人于是餘倭無幾不復能軍散逋入山藪各兵乃分道搜之　九月庚子朔丁未原任福建巡撫譚綸以同籍守制上言自閩中被倭以來臣經略使宜自五寨三路之外已稍稍有緒然皆救患于目前而未及久安計也因陳善後大事一議將言自古軍中必令大將運籌而佐以偏裨今獨恃一戚繼光令其左支右吾四面當寇繼光雖信才勇力亦不能及也福建都行二司有備員者亡人乞勑該部行撫按等官考察去留舉才者補之隨宜調用如守備胡守仁把總傅應嘉者以充則官不必備而分任有人矣一議兵福建之兵所以積弱者為未練也臣常練之而又病于未專也是以客兵終不可罷然非策矣乞許撫臣得取各縣團操民壯之半與各巡司弓兵給以客兵之食集之省會分為二營營三千二百人設練兵都司二員分統訓練則可以漸減客兵而增主兵但軍旅之事法當威嚴訓練之初易生謗怨仍乞假之事權不從中制使主帥之令得行于下而後實效可臻一議食福建賦稅自兵興以來未入于朝廷者多矣今議者必以寇亂稍寧欲為催徵之計不知瘡痍未起荒蕪未闢而一旦督迫數年之逋是驅之盗也宜下撫按酌議已徵者量留地

方來徵者姑免追併一寬海禁閩人濱海而居非往來海中則不得食自通番禁嚴而附近海洋魚販一切不通故民貧而盜愈起宜稍寬其法一增設縣治汀漳延平剮縣治太遠不便防奸請立縣于河埠東西坑東洋三處令有司就近約束一議處有司本省郡縣僻在山海法令疎闊民易為亂今後宜慎簡甲科中有才望者以任守令勿以衰殘舉貢及槩用江黃之人就近銓補疏入下所司議覆允行惟寬海禁設縣治行撫按官再議以聞提督兩廣侍郎吳桂芳等以海豐捷聞上嘉桂芳及總兵俞大猷吳繼爵巡撫吳百朋及叅將王詔功各賜銀幣優報劾副總兵湯克寬祖職所上功次仍令御史核實具奏

四十四年正月乙亥朔丙辰巡按直隸御史溫如璋條上備倭方畧一修城堡以防要害蘇松濱海倭夷出沒宜于川沙吳淞之間修復旱寨舊城以防嘉定上海劉家河港口更建小堡一所七丫白茆等處各設水船旱哨以防太倉諸徑一裁武冗以專職守蘇松叅將宜復駐金山團練諸軍守蘇松二府其柘林把總改駐崇明統兵防守金山遊擊似為冗員宜革一聯絡策以固防守浙直接境不得互相推委宜將會哨兵船通令督府置立哨簿委將官稽查在狼山福山者遠哨于崇明而專守三沙一帶在松江嘉興者遠探于外洋而會守獨山一帶如江北兵船不至三沙浙直兵船不會獨山皆以守備不設論罪疏下兵部覆如其議惟裁武冗一事仍行撫臣再議以聞

三月戊戌朔辛酉御史林潤言曩年逆賊汪直勾倭內訌罪在不宥直徽州人與羅龍文姻舊遂行十萬金世蕃所擬為受官龍文亦招集王直通倭餘黨五百餘人謀與世蕃外投日本按世蕃所坐死罪非一而缺望誹上尤為不道請同龍文俱比擬子罵父律處斬世蕃量追贓銀二百萬兩龍文二十萬兩所侵南昌倉池仍沒入官揚州第宅責令彼處官司變賣價銀解部命會都察院大理寺錦衣衛從公鞫訊具以實聞于是刑部尚書黃光昇等覆勘實其交通倭虜潛謀叛逆具有顯證前擬未盡其辜請亟正典刑以泄天下之憤得旨既會問得實世蕃龍文即處

斬所盜用官銀財貨家產令各按臣嚴拘二犯覯丁盡數追沒入官按嵩世蕃一死囚豎子耳其濁亂朝政本其父嵩得政日久上末年深居西內崇事玄修不復與外庭相接故得掩蔽聰明盜弄威福乃至瑩國帑竭民膏而不足滿其溪壑塞公道悖天常而無所用其忌憚即其罪狀宜坐姦黨之條蓋謂無可赦哉廼潤疏指爲謀逆法司擬以謀叛悉非正法也比籍沒銀至嚴氏貲財已稍稍散逸按臣奉詔徵之急不能如數乃聽彭孔等指攀于是株連及于無辜一省騷然矣　四月丁卯朔甲申倭犯通州呂四場等處官軍禦之賊敗遁轉掠至江三沙副總兵郭成等帥舟師邀擊之于海中沉其舟斬首百十三級戊子倭寇犯浙江溫台境官軍出海擊敗之于塢口竹嶼逐出外洋而還甲午倭寇自浙江台山海洋突犯福建福寧州總兵戚繼光督參將李超把總魏宗瀚合水陸兵擊敗之斬首二百餘級乘勝追勦原犯永寧倭斬首百餘級乙未巡撫福建都御史汪道昆言福建軍餉計歲用三十二萬乞將加派餉銀并撫按司道贓罰以五年爲率俱留用下戶部議准留三年候事寧照舊解京　八月乙丑朔萬壽聖節原任總督尚書閒住胡宗憲進法秘十四種俱留覽　十一月甲午朔己酉浙江巡撫都御史劉畿奏浙省自有倭警以來以兵餉浩鉅加徵山蕩稅銀五萬五千餘兩緣山多荒石蕩惟瀦水比之成熟田畝不同小民不勝其困今幸海波不揚宜從汰省臣多方訪詢極力撙節凡裁革各衙門冗役銀三千七百餘兩量減各營炊爨火兵銀一萬二千餘兩扣除湖[illegible]水陸官兵銀二千八百餘兩發義烏兵番休回縣減糧團操省銀八千七百餘兩共減去銀二萬七千三百有奇可免山蕩稅額之半請自四十五年爲始酌量減派以蘇民困巡按御史龐尚鵬亦以爲言部覆報可　十二月甲子朔辛巳巡按浙江御史龐尚鵬類勘是年四五月間倭寇分道犯寧波溫州二府諸家尖烏石塘等處各官軍出海斬獲功上從部議陞巡撫劉畿俸二級海洋參將吳國職一級副使查鋒謝鵬舉各陞俸一級遊擊艾陞等賞銀十五兩知府吳道直李

廷覲等十兩
四十五年正月癸巳朔庚申革惠潮總兵俞大猷職
聽住命福建總兵戚繼光兼管惠潮二府弁伸威營
總兵事先是四十四年十月初官軍圍海賊吴平于
南澳繼光將陸兵大猷將水兵夾擊大破之平僅以身
免奔饒平縣之鳳凰山其衆稍〻集勢復振時繼光
留擊南澳餘賊獨大猷所部參將湯克寬李超都司
白瀚紀傅應加等引兵躡平後連戰俱不利平遂趨
樟林掠民舟出海事聞福建巡按御史陳禹言奏平
初潰圍得脫係大猷等所分信地及追戰又不力法
當重處廣東巡按御史陳聯芳復劾大猷在廣數年
兵民相繼煽亂束手無策宜急擇一良將代之上乃
詔罷俞大猷而命繼光兼鎮閩廣時湯克寬已陞狼
山副總兵因廣寇未平復留聽繼光節制俟功成之
日方許離任　四月壬戌朔閩廣官兵追擊海寇吴
平于安南萬橋山澳大破之初平自陽江烏豬洋戰
敗奔安南提督侍郎吴桂芳檄安南萬寧宣撫司發
兵征勦遣參將湯克寬都司傅應嘉等以舟師會之
夾擊平于萬橋山下會暮大風我軍用火攻焚平所
乘舟平軍大敗赴水死者無算官兵生擒賊衆及斬
首共三百九十八人　八月己未朔乙酉提督兩廣
侍郎吴桂芳原任巡撫福建汪道昆各以萬橋山澳
捷聞道昆據僉事畢竟立初報稱吴平已生擒桂芳
獨疑之以為平素號猾賊必不肯自投傅應嘉哨內
以就顯戮今初報生擒之妄已不待言即自沉一說
亦止據賊黨供報彼時風火交熾之中昏黑莫辨之
際何由知其必死也因劾應嘉妄報當罪而湯克寬
不能乘勝窮追亦當議罰　九月戊子朔壬辰復設
柘林守備以瀊海潮陽二縣水兵隸之令往來南澳
及河渡門等處備盗時吴平既敗餘黨陳新老林道
乾等復歸南澳議者以南頭參將去海洋遠不便彈
壓欲于南澳別設參將募重兵守之侍郎吴桂芳以
為澳中地險而懸在勝國時設兵戍守其後戍兵即
據之以叛此所為樂盗生盗覆轍昭然不如置戍柘
林而以南頭參將及該府捕盗官節制督察之便報
可　閏十月戊子朔庚戌巡撫浙江兵部右侍郎劉

箴言浙自倭寇侵擾悉清田地山蕩稅額以給召募兵餉已自入浙減汰諸司在官冗役扣省山蕩額外之稅固已十去其五近復選汰所募民兵補以衛所軍丁之驍壯者計民兵五縱今僅留其三凡省兵餉四焉而餘宜量減田地所增餉銀十一稍甦民困今軍丁既經選補餘者又充騎兵自後操練精熟畢有寔用則民兵可以漸而停省餉銀可以漸而罷徵寔地方經久之至計也

国家出版基金项目
NATIONAL PUBLICATION FOUNDATION

海上絲綢之路文獻集成

總主編　陳支平　陳春聲

歷代史籍編

120

主編　范金民

海峽出版發行集團
THE STRAITS PUBLISHING & DISTRIBUTING GROUP
福建人民出版社

本册目次

紀効新書十八卷首一卷

〔明〕戚繼光撰

《紀効新書》十八卷首一卷，明戚繼光撰。繼光（一五二八—一五八七）字元敬，號南塘，晚號孟諸，山東蓬萊人。歷任登州衛指揮僉事、薊州總兵，先後於岑港、台州、興化等地大敗倭寇，時人謂用兵如神。卒謚武毅。卷首有戚氏自敘，書分禮、樂、射、御、書、數六秩，總敘之下，含束伍、操令、陣令、諭兵、法禁、比較、行營、操練、出征、長兵、牌筅、短兵、射法、拳經、諸器、旌旗、守哨、水兵十八篇。明代練兵爲將之法、營伍鬥戰之式，俱可考知。據中國國家圖書館藏明萬曆十六年（一五八八）刻本影印。

紀効新書自叙

定遠戚繼光撰

天下之事難者多矣至於兵則難之尤者也世有視弓馬為末藝等行伍為愚民者是豈知本之論哉黃帝之法根於幾微湯武之兵本諸仁義幾微之所由起仁義之所從出在於吾心是故迹至粗也而用至神也然則兵豈細故哉愚嘗讀孫武書嘆曰兵法其武庫乎用兵者其取諸庫之器乎兵法其藥肆乎用兵者其取諸肆之材乎及讀諸將傳又悟曰此固善握器而妙用材者乎學者欲求下手着實工夫之門莫踰於此數年間予承乏浙東乃知孫武之法綱領

精微莫加矣第於下手詳細節目則無一及焉猶禪家所謂上乘之教也下學者何由以措於是乃集所練士卒條目自選畎畝民丁以至號令戰法行營武藝守哨水戰一一擇其實用有効者分別教練先後次第之各為一卷以誨諸三軍俾習焉顧苦於繕寫之難也爰授梓人客為題曰紀効新書夫曰紀効所以明非口耳空言曰新書所以明其出於法而不泥於法合時措之宜也蓋嘗驗之技藝行陣特其練中之一事耳然精微極于無聲無臭而小不能破放之格天地動鬼神而大莫能踰者乃躬行心得之學至誠無偽之道自非正其誼

不謀其利明其道不計其功之造其孰能與此是故根之於性發之以誠令民與上同意如是而終日乾乾時無滿假功愈盛而心愈下道愈行而守愈密則固之不以城郭居之不以宅室蔵之胸臆而三軍服者此古之賢將也繼光則豈敢惟旦夕淬礪庶幾無負今日之言遂為叙

紀効新書目録

書秩

數秩

紀効新書總敘

一任臨觀請創立兵營公移

分守浙江寧紹台等處地方叅將署都指揮僉事戚繼光呈為處練陸兵以便圖報事切照卑職一介武夫叨承祖廕驅馳北塞艱苦數年是以犬馬衷誠謬蒙剡薦方面再遷涓埃未効尸位之慚徒極俯仰再叨前職水陸兼司陸戰尤切但情俗異宜只得勉奮至於身先士卒臨敵忘身職雖武愚少所素講又況世荷豢養之恩正犬馬効力之日且進有廕贈之榮退有典刑

之及豈敢偷生但設使本職統有節制敢戰之兵經練素孚之卒一鼓齊進血戰抵敵我雖創艾賊亦破膽如此則設有不虞實所甘心願膏草野以圖補報惟恐即今既無堪戰練制之士若不呈鳴預處教訓必待有事仍如目前流寄雜兵以塞燃眉之責兵將睽違虛聲冗衆士心未附軍令不知及或借取福廣船内水兵驅之陸戰數里以前望賊奔潰聞風破膽雖有武勇數人并為遮擁而使本職孤身赴敵効死職分更於地方何益殊增賊勢猖狂以貽羞笑本職

承
命以來旦夕兢惕輿思及此無任憂惶況兩浙數年
軍書警報並無一日之停武官兵卒俱涉經年
之戰總有練兵之志亦無可乘之時幸今大寇
就戮萬里廓清本職何緣遭逢此暇藉隙爲備
但去來年風汛僅有三二月之日尤該將官惜
力分陰之際再照水陸之兵險易不同戰鬬之
間利害尤别其水戰固爲不易至於陸戰鋒刃
既合身手相接彼死則此生勢不俱存又况浙
兵俱係赤體赴敵身無甲冑之蔽而當慣戰必

死之寇手無素習之藝而較精銛熟巧之技行
無齎裹食無炊爨戰無號令團無營壁窮追遠
襲必寄食於旅店對巢拒守必夜旋於城廓而
在今不得不然也爲今之計必隊設火頭行鍋
負之以隨軍身帶乾糧齎裹備之以炊爨兵有
營壁器具立之以相持宿飽于野庶爲有制故
本職意以必用先創營壁之法退則後有可恃
以更番進則對壘可恃以無虞或又謂方今寇
至不時急求目前之用而必待從容創練營伍
緩不濟事誠似迂談殊不知三年之艾不畜不

得而殺賊練兵可以並行不悖除將見在倭寇
一面照常督集官兵戰勦一面統集新兵或儲
器教藝練營待教練有成即可期實用矣至於
臨敵制變防詐設奇在將自出難以逆計及照
本職本以一將之官故所思不出三千之法寧
言粗鄙而有遺漏欲求實効不敢粉飾而繁辭
章徒事虛文謹將創制營規缺欠該備器械逐
一開載外查得接管前官任內並無交代水陸
堪戰堪教兵士欲行未便伏覩平倭疏内一款
總叅等官詳計其府縣某衛所應用防守若干

名某港某寨應用守禦若干名每叅將應用三
千名副總兵分管陸路應用浙直兵三千名見
在各衛所軍士堪用若干名會算既定前後令
各叅將協同兵備將所轄各府州縣新舊民快
義勇嚴加揀選務得膂力驍壯之人但有老弱
盡行汰去責取里老鄰佑保結攢造花名文冊
明白開注身材面貌給牌懸帶選完之日每兵
備道將所轄地方通計若干就中挑取三千名
責付叅將管練專備本地陸路截殺及聽
軍門調用又一款開在叅將者叅將常川訓練

揀選不精訓練不熟責在叅將佐貳官名數不充工食不敷責在兵備及府州縣掌印官又開各兵備道將挑選過精壯之人務足三千之數交付叅將與同官軍時加操備居常教練遇敵交戰叅將之責平時閱視臨陣監督兵備之責等因續蒙

提督軍門阮　白牌爲軍務事内開賊逼温福仰戚叅將駐劄紹興將兵備道原募兵勇三千名逐日操練揀去庸弱無藝之人照數選補聽候調用爲今之計合無照議并遵牌内事理選練其不足額數者或許職亦量行自募充補其冊内應用營壁器具金鼓旗幟何項銀兩相應取辦伏乞批行應該衙門從公議處緣干處練陸兵以便圖報事理未敢擅便爲此理合備呈伏乞　裁奪施行嘉靖三十五年十一月十五日呈詳

欽差提督軍門阮　蒙批兵備道行府照數處辦繳依奉備行紹興府委官經歷歸本佑造該府庫貯並無海防銀兩堪動等項緣由仍備呈

欽差總督軍門胡　批該府既無堪動銀兩仰布政司查給繳通併行紹興府給造、

一新任台金嚴請任事公移

分守浙江台金嚴等處地方叅將署都指揮僉事戚繼光爲請乞專任責成殫瘁心力大振久沿海防軍伍以圖補報事切照本職本以廢棄之餘誤蒙使過之用看得任内台州一帶沿海衛所自初建置本以保障生民捍禦地方故民出膏脂以供餽餉今積承平二百年來一旦被有倭患其民社供餽軍餉且如舊矣而軍伍不惟不能保障生民無益内地且每事急又請民兵以爲伊城守是供軍者民也殺賊者又民也保民者民也保軍者又民也事體倒置如此殊失

祖宗建牙之意況台海一帶遠在浙江一隅將權獨當一面勢甚可爲但世情狃於四事其虛文誤日第一也間有任事者而不得弊源肯綮二也又有見今日之軍疲憊懦弱略似人形遂謂必不可振因噎廢食者三也甚至以軍爲額設恐整用殺賊致有損軍之罪四也夫然則民兵獨非命耶但今日蠱壞之極幹蠱之事如創始相

似苟存其成法之體而少變其意以救其弊庶
成法亦不至廢合無假職之方便宜之權凡利
有所當興弊有所當革悉容職隨時制宜次第
修舉與兵備道計議允行一應掌印操陸管事
軍官悉容職務在得人一面因才授能隨時便
宜更置一面疏名分巡兵備道會詳請用及別
衙門有所更置職境沿海管事軍官亦必行職
查覆其措置之要一曰首正名分使指揮千百
戶旗軍丁舍秩然有序而衛所之號令必行於
上下二曰拿治剋軍貪官以蘇久困之卒使士

氣漸裕三曰重治刁軍刁官使衛所之官敢於
任事四曰禁所伍越序文移無印白呈以肅軍
政五曰諭以忠義厚恤戰亡以勸親上使長之
念六曰清磨戶口均編差役以養荷戈之力至
於追攝出外跟官清查影射役占操練鼓舞身
先教習凡可以充實行伍激發士氣者悉聽職
隨機轉環不必拘定常格多方以振飾之如遇
事體重大聽會兵巡道施行而有司軍糧按月
徵放如此而二年之外使沿海官軍不能堂堂
一戰者皆職誤國罔上之罪也如蒙允諭之後

定知謗書盈篋集毀銷金然世豢臣子分在焉
華裹尸成敗利鈍豈足暇顧仰仗
部院威明伏乞
鈞斷爲此不勝激切理合具呈伏乞
照詳明示施行嘉靖三十九年五月十三日呈
詳
欽差總督軍門胡　奉批所據條陳數款深爲有見
且切中時弊本官爲一方大將既肯挺身任事
則一方軍務悉以委託俱許便宜施行若事體
重大必須公議亦聽會同兵巡二道斟酌計議

而行具由詳報此繳文蒙
巡按浙江監察御史周　批前呈文蒙批所議
皆有見且中時弊因以見本叅攄忠殫慮與碌
碌虛遣者不侔但更張有漸上下乃孚若外至
之言決不能損亦不必過防之也此繳

紀効或問（束伍既有成法必信於衆則令可申苟一字之種疑則百法之是廢故歷述所急與可辨者爲或問以明之必其信於衆而後教練可施於是以或問諸說篇爲卷首）

或問曰平時官府面前所用花鎗花刀花棍花叉
之法可以用於敵否子所教亦有是歟光曰開

大陣對大敵比埸中較藝擒捕小賊不同堂堂之陣千百人列隊而前勇者不得先怯者不得後叢鎗戳來叢鎗戳去亂刀砍來亂殺還他只是一齊擁進轉手皆難焉能容得左右動跳一人回頭大衆同疑一人轉移寸步大衆亦要奪心焉能容得或進或退平日十分武藝臨時如用得五分出亦可成功用得八分天下無敵未有臨陣用盡平日十分本事而能從容活潑者也諺云到厮打時忘了拿法兵豈易言哉俞公棍所以单人打不得對不知音人打不得者正是無虚花法也長鎗单人用之如圈串是學手法進退是學步法身法除此復有所謂单舞者皆是花法不可學也須兩鎗對較一照批迎切磋揣擠着拿大小門圈穿挨一字對戳一鎗毎一字經過萬遍不失字字對得過乃爲成藝後方可随意應敵因敵制勝也

藤牌单人跳舞免不得乃是必要從此學來内有閃滚之類亦是花法定須持標與長鎗對殺先標便去亦要不早不遲標既脫手要進得速出刀快方爲成藝

鈎鐮乂鈀如轉身跳打之類皆是花法不惟無益且學熟誤人第一乂鈀花法甚多刻去不盡只是照俞公棍法以使乂鈀鈎鐮庶無花法而堪實用也

或問曰子所撰抑南北可通施之於今日耶抑水陸可兼用否耶無乃覔形索景未免使人有讀父書之憂光曰如束伍之法號令之宜鼓舞之機賞罰之信不惟無南北水陸更無古今其節制分數形名萬世一道南北可通也若夫陣勢之制特因浙江一方之地形倭賊出没之情狀以形措圖以熟愚民分合之勢以敎畎畝初用之官随敵轉化茍用之異地是誠難免父書之憂也不敢繞爲誇誕以誤閲者故特備説于左

夫倭性疑疑則遲兵臨之時我若進而有制彼若先不預聞便不就合我得易于分布余數年百戰但見諸賊據高臨險坐持我師只至日暮乗我惰氣衝出或于收兵錯雜乗而追之又能用乗鋭氣盛以初鋒又其盔上飾以金銀牛角之狀五色長絲類如神鬼以駭士氣多執明鏡善磨刀鎗日中閃閃以奪士目故我兵持乆便

為所怯余所著操練圖令內切切分詳退兵之法諄諄面諭鴛鴦陣勢速戰之條者良以此也若夫北方原曠地形既殊虜馬動以數萬衆寡亦異馳如風雨進不能止豈可以此用之者耶或曰必如何而可余曰北方之事須華車三千練驥萬餘甲兵數萬必與十萬之師如衛公之法而不泥其跡乃可收功尺寸出塞千里少報國恩之萬一也或又問其法何如余曰十萬之木非余所及但當别有十萬作用長嘆而作

或問曰主將者萬人之敵也而一技一藝似不必習光曰惡是何言哉夫主將固以司旗鼓調度為職然不身履前行則賊壘之勢不可得衆人之氣不肯堅前行之士得以欺哄避難而逆誑莫可辯斯賞罰不能明不可行也如欲當前則身無精藝已膽不充謂習藝為不屑可乎及其平日也士卒乃以藝而勝敵者非有督責愚人不知為防身立功之本既多怠逸如欲教閱必須憑左右教師以定高下便致教師得以低昂其間為索詐之計士心即不平學技即不真而花法無益之藝得以入乎其間況為將之道所

謂身先士卒者非獨臨陣身先件件苦處要當身先所謂同滋味者非獨患難時同滋味平處時亦要同滋味而況技藝豈可獨使士卒該習主將不屑習乎承平以來紈綺之子間一戎裝則面赤如丹執鋭則慚咲莫禁為主帥者苟能一身服習而凡下我一等者將焉敢慚愧惶惑赤面動心誰不曰位勢如彼其尊威令使我奔走者尚如此我又何疑怯而不屑使知披執非辱也之事醒然為當然之役而良心矢發練士如林矣孰謂一技一藝非主將之可屑為耶分

門習技者士卒而所以雜其長短隨其形便錯而用之者主將也不習而知之臨時焉能辨别某器可某用某形用某器以當前後臨時不知用蓋由平日不能辨别精粗美惡之故也及或托之章句中不知器技之用者造之付與士卒無異閉目念文到底不識一字如此則器技必不精皃錯曰以其卒予敵也斯言可不信乎主將又可以為一人之敵而不屑乎平時器技必須主將件件服習以兼諸卒之長既習則能辯又須件件親詣親手看試過方可付士卒勿謂

我有捷法百件之中抽其一二試之此是三軍性命所係國家地方安危所關設有一件欠精臨事一人先失大衆被累勿謂我有抽看之法而造者不測便不敢草草勿要顧惜威重勞冗而試較不全萬分叮嚀告囑

或問祖宗自設官軍至今操練二百年矣比子之操一二年者孰爲胥士官軍亦有陣法場中演習而皆不裨時用何也光曰且如一學生平日總下講習的是五經四書解義策論一旦入場試官出

來題目就是經書上的便可中得箇舉子來若平日雖是手不釋卷却讀些雜說詩詞作些歌賦傳奇一旦入場要作經義策論中選所習非所用如何可得就是好學的也徒然耳今之軍士設使平日所習所學的號令營藝都是照臨陣的一般及至臨陣就以平日所習者用之則於操一日必有一日之効一件熟便得一件之利況二百年耶況自幼而爲武士者耶奈今所學所習通是一箇虛套其臨陣的真法真令真營真藝原無一字相合及其臨陣又出一番新

法令却與平日耳目聞見無一相同如此就操一千年便有何用臨時還是生的且如各色器技營陣殺人的勾當豈是好看的今之閱者看武藝但要周旋左右滿片花草看營陣但要周旋華彩視爲戲局套數誰曾按圖對士一招一字考問操法以至于終也此是花法勝而對手工夫漸迷武藝之病也虛文張而真營却廢制陣之病也就其器技營陣之中間一花法尚不可用況異教耶異教與不教同況不習耶司閱者可不端明雙目以任習服之人爲較量之衡

耶

或問常操之套果可用於臨敵否而眞操賞罰精微之處亦在此否耶光曰操兵之道不獨執旗走陣于場肆而後謂之操雖閒居坐睡嬉戲亦操也善操兵者必使其氣性活潑或逸而冗之或勞而息之俱無定格或相其意態察其動靜而撙節之故操手足號令易而操心性氣難有形之操易而不操之操難妙能操而使其氣性活潑又必須收其心有所秉畏兢業又有操之似者最爲操之害何則讙譁散野似性氣活潑懈

苦不振似心有兢業爲將者辨此爲急知此可以語韜鈐之秘矣獵人養鷹犬故小道也將無所似乎且夫好生惡死恒人之情也爲將之術欲使人樂死而惡生是拂人之情矣蓋必中有生道在乎其間衆人悉之而輕其死以求其生非果於惡生而必死也故所謂恩賞者不獨金帛之惠之謂雖一言一動亦可以爲恩爲惠所謂威罰者不獨刑杖之威之謂雖一語一默亦可以爲威爲罰操之於場肆者不謂之操所謂筌蹄也而兵雖靜處閒閒然亦謂之操乃眞操也微乎微乎妙不可測神乎神乎玄之又玄此聖賢之精微經典之英華儒者之能事豈尋常章句之可擬耶况諉之曰弓馬粗材武夫血氣之技烏乎可

一正行伍說

行伍大略前制旗幟內已載今定每十人爲一小隊即伍也置立木腰牌各一面四伍一哨即大隊也腰牌一面每官方色腰牌一面各內應開姓名另圖牌式於前仍查軍律參酌人情定立軍法若干款緊要者印油于牌陰稍緩者并前令通刊爲一部如一隊之長須知十人內某貧某富某强某弱某在某往一呼之間一名不遺一見之間逐名俱識大而百人之長千人之總偏裨大將各以此考之足辨兵士情意敎練之勤惰也務使人有管鮑之知方可望其同心戮力之戰

一制器說

造用之法中間將官多推於有司蓋避嫌耳殊不思臨戎誤事其咎誰歸雖涉嫌疑有不容於避者但銀兩出入不親何嫌之有其買辦工料

巡視監製隨完隨試堪否行罰任怨須將官親爲之方俾實用不然止專降式受成總使數更得精加倍不無耽誤時月則是航海者漁人而造舟者梓人彼何與於利害而焦勞困苦以底其精司出納者惟知屢估務至減價以爲省一金則民受一金之賜且估之不奢司事者無從侵尅殊不知委用非人稽查無法任是如何估減愈減愈於器具上剋削而自侵之數原不減也誰肯又將巳貲佃造更不知器具造成無用並將給造之貲盡數置於無用之地所謂惜小

棄大掩耳偷鈴而他人坐邀一巳之名重貽當事之害又復重估再造其時將以省民耶將以遺害耶况誤大事者耶嗚呼有大計者思之〻

一教閱說

前兵既選充足。輪進教場。將官逐照長操教習格式。忘去勢分。各隨所長。如法逐名教誨。務使人知習服器藝之樂之益。欲罷不能。非止爲苔應官役而爲之。恩威兼著。情法相融。中有梗玩者。重治以警其餘。週而復始。巳完通行合營演總陣一日。其營陣之制另具。

一調發說

照得南方用兵。巳踰數年軍民兵士操集之久豈止曰善人七年之期不可謂無三年之艾至今稱習士節制者猶鮮蓋由平時操練既不惜光陰於無事間又教者非其所用而有事之際又復立名選鋒每哨隊内抽其愿者強者湊合而發咸知兵無選鋒之慮獨忘臨敵易將之危人心忽更所屬行伍分離上下易置巳難責成至於功不能成則是授以藉口之柄此其所以積兵徒久而烏合如初也合無今後各官所部

兵馬但遇調遣不必分其強弱止將所部官職名書牌調發彼既任教練之責於平時而臨敵失律必無詞以他諉且知其終於自任而亦皆殫心力於教練鼓舞之日也况選鋒之說蓋選於無警之日非選於對壘之秋一營之内未嘗盡強而無弱兵家亦未嘗棄弱而不用惟一調發則練兵有暇軍士情通遇敵庶可以期齊勇之用

一操分合說

南服之地水田畦徑至稻青時縈紆途路寬者

不過五尺小者一尺僅容側足皆水田茂禾深稻難行三五人即塞往往用兵千數百人密相蟻附一路而行一遇敗衂前後擁迫蹂踐落田中者復爲田港水泥所阻往往失事甚大蓋由不知分合故耳然徑多路紛須分兵數道大張其疑照號令如有路若干則分若干枝務盡占其路使我之衆踈而不斷密而不雜单行牌後各赤下體遇賊則正面徑上者牌立不動爲迎敵正戰赤體者下出田中分合變化出入伸縮令各以便俱不羈禀于中軍聽隨前隊官長主

張若進止大規統於中軍之總號令各兵又聽各部之令庶得分合之法分營式另具

一對敵說

我兵所以屢敗有三素無節制一也未見敵而先走二也既無營壁可恃人膽先怯卒皆野戰即使勝之不足以當賊更番終於敗潰不勝亦無所奔依故奔北長往所謂無制之兵有能之將不可勝三也今照前營已定如賊來衝或二三人或五六人我兵俱伏旗息鼓器械俱偃肅不動待彼衝到六七步內亦不動賊必退去漸益前來如加至百十以上砲手照依對敵次第俱隨牌立於濠岸高土之上如令打放空者復裝飽者續放放者方裝裝者又發如此則雖終日砲放不乏必無放盡而無砲之失弩射手坐於岸土之下亦如令間名准射射者後續亦不歇竭再至十步之內方繞長牌聽鼓堵牆而進鎗刀短棍夾牌而入大營相應金鼓火炬此節制正戰也戰間翼擊以分其力遊伏以疑其專出奇以乘其衆更番妙處俱在臨時制變將所自出

一下夜營說

照得兩浙自用兵以來每遇敵晝則空腹圍戰至夜復又饑奔二三十里之外人家或入城郭宿歇至曉復合而賊於一夜之內黑地預設奇伏轉移流突自昏至旦五六十里有之我兵及明尋覓賊所行疲氣怠又有未戰而已過其賊伏者有之往往取敗再或不入其伏定失其地利是以我勞而不及謀賊逸而伏多中爲今之計夜營既熟復有炊竈宿飽于野遇敵即與晝夜相持遇倦以奇遶之遇暗以死士乘之將見賊欲散掠而畏兵相守不敢分其勢欲聚戰而我有守具不得與我戰竈炊無所饑寒必矣掎角上策無出乎此後開旗上燈籠布早者夜操之具也布城蒺藜拒馬者立營之壘也杴钁等者治營之器也

今人治兵常曰古法筌蹄之具耳不足以施于實用嗚呼天下有無方之醫否耶盖地方風氣不同人之情性各異不能因其所明而通其所蔽遂謂兵法不足以施于實用是豈爲能兵者哉此特自治于我之軍中爲然况敵情千變萬化

地利到處殊形抑將何如以應之且如浙江鄉兵之稱可用者初爲處州繼而紹興繼而義烏繼而台州至于他處則雖韓白再生不可用也是皆有其故焉何則處州爲鄉兵之始因其山鑛之夫素習爭鬪遂以著名及其用之殺倭不過僅一二勝而已以後遇敵輒敗何也盖處兵性悍生產山中尚守信義如欲明日出戰先諭之以意苟力不能敵即直告曰不能也如許我以必戰至其期必不爽約或勝或負定與寇兵相一接刃但性情不相制勝負惟有一戰再用

之瘥矣氣勇而不堅者也此兵著名之時他兵尚未有聞及三十二三年方有紹興之名盖紹興皆出于嵊縣諸暨蕭山并沿海此兵人性伶俐心雖畏怯而門面可觀不分難易無不領而嘗之惟緩急不能一其辯然其性頗爲無忝驅之則前見敵輒走敵回又追敵返又走至于誘賊守城劄營辛苦之役則能不避馭之以寬亦馴馭之以猛亦馴氣治而不可罝之短鋒者也此後方有台兵之名盖台兵以太守譚公之嚴初集即有以攝其心故在譚公用之而著績他

人則否其人性與温州相類在于虛實之間著實鼓舞之亦可用歲己未以義烏尹趙公之集兵予奉命會選而教練之爲部伍于是而始有義烏之名以前非無烏兵也葢輒屢出屢敗故不爲重輕義烏之人性雜于機詐勇銳之間尤事血氣督之衝鋒尚有懼心在處兵之下然一戰之外尤能再奮一陣之間尤能反戈但不聽號令勝則直前不顧終爲所詐至于他處之兵伶便譎詐柔懦姦巧在我鼓舞之令未下而衆已預思奇計爲之張本矣等而別之得其人而

教練焉畢竟處州爲第一義烏次之台温又次之紹興又次之他不在此科也其操治處兵之法在操其堅耐而使之屢陣不銷其氣其操義烏之法要破格恩威並稱必使其聽節制進退一如約束不患其不強而患其不馴不患其不勝而患其驕其操台温之兵必又加嚴一等其操紹興之兵必須重令以劫其心決令以立其信操之能以短兵交刃而後可用也至于他處之兵必洗滌其腸胃盡去其故態施不測異常之令然後僅能及紹興兵耳不然吾不能也如

此則無兵不可衝鋒無兵不可鏖鬪浙之強兵不可勝用矣或又問曰今之處民銷靡怯弱極矣而君猶以處兵稱首何也予曰兵之勝負者氣也兵士能爲勝負而不能司氣氣有消長無常盈在司氣者治制之何如耳凡人之爲兵任是何等壯氣一遇大戰後就或全勝氣必少洩又復治盛之以再用庶氣常盈若一用之而不治再用則濁三用則涸故無常勝之兵矣譬如清泉細流輒以巨罌連汲之斯濁濁而不少間以蓄之則涸必汲其清而澄其濁又停其汲故能供再汲之罌斯罌常滿而流弗可涸是處兵之初用時正始達之泉也而將領不尚節制者用其氣而不蓄雖一二勝焉氣已濁矣猶來涸也由是處兵之名著天下無處不募處兵而先漸次直次福建皆處兵矣夫處既募廣將領乃多豈能人人皆良知清明盡諳治氣用兵之機也于是用其名而鹵莽以耕滅裂以穫詭遇得禽遂至于涸遂至于大衂而不可復振今之義烏兵已蹈處兵故轍矣予憂更甚夫義烏兵自隸予部下二年遂有台州辛酉數捷至或身親

之人亦有云云者曰義烏兵天生性勇固不假將領教習之力而可用也今處處募義烏兵者遠自福省故不知義烏彈丸之地通計能幾十萬丁就中再擇其勇而壯者又復幾何今紛而應四方之募者二萬有餘矣編民之家老幼官吏生員雜役外十丁五丁可得一壯士否歟又加之以各處不一之將領未必人人知兵未必人人知義烏兵之性未必人人捐身家以御下一用之不審被一大劫東村痛子西村哭夫于此之後一邑奪氣而義烏之兵不可用在目前矣或曰如君所馭義烏兵何以能然予曰粵於己未冬初集之其在平時也用破格之號令施極重之賞罰嚴如霜雪以立威信或以教場中行臨陣事或以談笑間陳刀斧威其所以佐威信之必行而無他虞者或親執湯藥以調下卒或同勞苦以共跋涉或夜竊隊伍之中或出其私積之物雖士卒一尺之器亦親經較驗而身先習之爲諸士倡夜無終寢之席日無不吐之哺此心時刻無或少怠雖累勝之卒而馭之更百倍于未勝之先也夫方寸之微出入無鄉一

少恃其舊氣便着障根以漸變去便至不可收
拾是故世未嘗無百戰百勝之卒惟在我無百
戰百勝之心耳及于用兵臨敵則去戰期二三
日之前先以塘報夕之重刑厚賞追隨賊之動
靜圖報賊之地利凡賊一舉動必有報凡踰一
時辰必有報又至舉戰一日之前則所部親兵
能卒多至一二百人盡數分遣四布賊之左右
及或有入賊之腹心者凡賊分合出入多寡向
往進兵路徑舉皆洞然矣方以其所得情形或
以泥塑爲山谷巢穴狀或以硃墨筆圖別分布

使各頭目了然如素履然後尅期分路如所議
給信票口令以進于敵所未陣而恐其遲及陣
而恐其瑕交陣而恐其誘既勝而恐其驕精神
心意舉無不流通于士卒敵人之間而凱收之
餘又復如解衣以收亡骸出祭以恤孤嫠重其
鋒鏑之賞而明其連坐之誅雖大敗中亦有必
賞之士大勝中不無行刑之人隨查其心神志
氣之利害處從宜鼓盈之而決其機器械行伍
一戰即如故則不更兩戰之後雖全師如故則
士卒輕傷亦多器械損折亦多斷然星夜擇其

中軍一哨或頭目有事故者伍下之人分投補
足以中軍所蓄器械那移貸之務使戰營行伍
一卒不缺一器不乏然後又爲再出之舉也八
陣所謂遊兵二十四隊防備設疑補缺之用正
謂此也是以各營時時有常足之額士卒有常
盈之氣今予之中軍者即八陣之遊兵也此在
主將決當常備數百之人親養練于中軍臨時
方得如此設施若平日無是備一時豈能呼召
也哉用之出征異地尤爲緊要一着此固多術
亦爲局方至于因敵轉化因變用權因人異施

因情措法消息之以神妙不測無方體之微者
又非筆舌所能告也夫喋喋之言非誇將術以
肆驕矜蓋欲聞諸同志慎用此兵共藉壯士之
力以盡職分以報
君父與知已也不然他處之義烏兵壞則一邑之人
一體相似區區部曲由此易慮矣今豈能獨恃
于久遠也哉識予不得已之心然後予爲無罪
予言庶萬一有補云
或曰如台州辛酉之捷寧能再得乎予曰可能者
人也不可能者天也台州之捷人也予可繼也

台州之全師非人也天也不可必也他日之遇賊必戰戰而多勝者人也予能也若如辛酉之每起必勝每勝必全師每戰無踰一時不獨算而必中且多奇中者予不可必也皆天也數也與督府司道帷幄之秘機也同志者宜鑒乎此毋諉之於義烏兵之力而自誤焉

今之鄉兵狃于平昔所習武藝之蔽不信師教遂誤大事者甚多何則如鄉兵所執名爲鋭义鈀鏜者橫頭用無刃鐵梁柄頭用平頂鐵箍長不踰眉其所習之法又前後左右回頭跳舞雙手平拿兩頭所餘不過一尺渠盖如此習之及其平日在鄉黨爭鬬每打必勝遂自謂無敵雖有他師教以別法皆不聽從盖渠用之利習之成信之深故也殊不知此器此習乃鄉中互相爭鬬用之彼此皆然且恐以刃傷人得罪必重故只用此物打傷就或打死終非刃殺之意其賊之來也利刃長鋒二丈有餘及身寸餘應刃而斃以一尺無刃之物而當一二丈利滲之鋒就能見肉分鎗亦只格得他開去不及我身幸矣

便終日對局豈能跳進一二丈之遠以中彼哉就中彼不過打一擊苟不中在頭顱便能死人否賊亦得之刃于我也逆而執之反爲所誤遂謂义鈀鋭鏜不可用習藝爲無益有是理哉又如長鎗近見浙江之習皆學處州狼筅法中分其半官軍所傳之法亦有回轉但大敵交鋒與平日塲上相對比不同千百之人簇擁而去叢如麻蓬豈能舞丈餘長竿迴轉走跳若此則一二丈僅可布一人而已不知有此陣否耶至于中分其半則又後尾垂帶一爲左右之挨擠手中豈能出入遂乃遇敵而敗不曰習藝之非制器之誤乃曰鎗不可恃於鎗何尤哉故用鈀鋭鈎鐮义鏜之類必如予所載短兵長用說篇內制之習之長鎗之屬必如予所載長鎗短用說篇內制之習之乃爲得宜今之司教士之責者須先一一隨其土著之所習尚器藝如善者聽之而求其精如非大敵所宜者須先一一說破執迷之病然後說我新制之利待彼曉然知舊習之不利以慕我之利然後督習既成人人自知足以恃而前則弱兵可勇勇兵必不爲習所

陷沒可以語成功也或者曰君用兵酷嗜以節制遂至成効節制工夫從何下手予曰束伍爲始教號令次之器械次之微權重焉不能傳也當於經籍中採其精華師以意而不泥實事中造其知識衡於已而通變推而進之于真武直取上乘則率性之謂道格物而知至知至而意誠意誠而心正孔子云我戰則克是已勿謂行伍愚卒不可感通恃無本之小勇倖狙詐之一中也嗚呼

紀効新書卷之一

束伍篇第一

治衆如治寡分數是也分數者治兵之綱也束伍者分數之目也故以束伍爲第一由此而十萬一法百陣一化咸基于此

定遠東牟戚繼光撰

原選兵

兵之貴選尚矣而時有不同選難拘一若草昧之初招徠之勢如春秋戰國用武日久則自是一樣選法方今天下承平編民忘戰車書混同卒然之變自是一樣選法大端創立之選勢在廣攬分揀等率均有所用天下一家邊腹之變將有章程兵有額數餉有限給其法惟在精第一切忌不可用城市游滑之人但看面目光白形動伶便者是也奸巧之人神色不定見官府藐然無忌者是也第一可用只是鄉野老實之人所謂鄉野老實之人者黑大粗壯辛苦手面皮肉堅實有土作之色此爲第一然有一等司選人之柄者或專取於豐偉或專取於武藝或專取於力大或專取於伶俐此不可以爲準何則豐大而膽不充則緩急之際脂重不能疾趨反爲肉累此豐偉不可恃也藝精而膽不充則

臨事怕死手足倉卒至有倒執矢戈盡乃失其故態常先衆而走此藝精不可恃也伶俐而膽不充則未遇之先愛擇便宜未陣之際預思自全之路臨事之際除已欲先奔猶之可也又復以利害恐人使作他輩爲巳避罪之地此伶俐不可恃也力大而膽不克則臨時足軟眼花呼之不聞推之不動是力大不可恃也與言至此則吾人選士之術荒矣夫然則廢四者而別圖之亦不可也蓋四者不可廢而但不可必耳諺曰藝高人膽大是藝高止可添壯有膽之人非

懦弱膽小之人苟熟一技而卽膽大也惟素負有膽之氣使其再加力大豐偉伶俐而復習以武藝此爲錦上添花又求之不可得者也然此輩不可易得思其次則武藝尚可以敎習必精神力貌兼收三者兼收又不若憑各親識鄉里哨隊長舉首盖渠皆生長同閈觀其所忽也夂矣此又不可以憑選者之目也所㕲此數者皆選兵之一籌而必膽爲主膽之包在人心腹中不可見何以選爲殊不知人之精神露于外第一選人以精神爲主而當兼用相法亦忌凶死

之形重福氣之相此盡選人之妙矣最勿使伶俐油滑寧用鄉野愚鈍鄉野愚鈍之人畏官府畏法度不測我之顛倒之術誠信易於感孚慷氣易于振作先以異出常情之威壓之使兢我㲉中而卽繼之以重恩收其心結之以至誠作其威則爲我用命無疑此萬試萬効之方也若愛先玩于前而後繼之以威則怨叢而恩不感矣是故遵令奉法臨事用命所以成天下之功辦天下之事雖小而家人父子邑里之細畢竟克濟者威嚴而已但威嚴不能自行永守保無

阻壞而所以使威嚴之永行無阻壞者恩與信也彼天下之至親至情莫慈父之于孝子若也子之聽命于父者以其生我也育我也設使父必于殺子雖孝子且不能無私言況烏合之衆行伍之兵耶是以必須恩以佐使其威嚴庶威嚴爲之畏爲有濟不然則威之反爲怨嚴之反爲敵矣如載人者舟之功而所以使之載者則舵也威嚴其舟乎恩信其舵乎此予數年之獨秘雖後日名將之出必不易予言也

原授器

選兵既得其道矣其法不過相貌精健而四十上下皆健也二十以上皆健也所用之器必長短相雜刺衛兼合而我之選士若無分辨一槩給之則如藤牌宜于少壯便健狼筅長牌宜于健大雄偉長鎗短兵宜于精敏有殺氣之人皆當因其材力而授習不同苟一槩給之則年近四旬筋力已成豈能以圓徑二尺之牌而跪伏委曲蛇行龜息以蔽堂堂七尺之軀伸縮進退神出鬼没以縱横于鋒鏑耶若狼筅長牌等授之以少年健兒則筋力未成豈能負大執重老成成立于前行以為三軍之領袖翼蔽也哉

今將編選授器之法開條于後

一編立隊伍籍記年貌貫址之法必在選時一日內了當若待次日則我所選中之人又更換一半矣何則新集郷民不知法度惟聽熟人之言倐起投兵之思則一時恨不入選威嚴之臨或有人恐以禍福倐生畏悔之念便就又要回家渠蓋此時既未受約束又未食錢糧不惟無所繫抑且無所畏日選日更無時可定矣其法一面用白牌上書一號編營伍在此傍註某官生管

二號記縣分都圖在此某官生管三號記年貌疤記在此某官生管四號記尺寸筋力在此某官生管五號記居住地名填年月在此某官生管六號登録文册在此某官生管又在空地別立一旗標以待後項選過者

一將此六號白牌分為六處挨號順擺在於丹墀兩邊務每牌下留空地可容一二隊人以便編記每一號牌下用卓一張櫈二條與官生坐書手一二名俱分立停當然後坐堂照前法選兵約足勾一哨官所管之數又照後開條編次一哨官畢又選一哨官者

一將選中兵先儘哨官自定部下哨長幾名就將幾名內定第一哨哨長當前立訖餘幾名且在坐後不許行動又聽前立第一哨長于兵內自舉抽出隊長幾名又于隊長內定出第一隊長前立餘亦在坐後立將第一隊長令在選中兵中帶愿入隊兵十二名在公座前面横一字立先將隊長用束伍內腰牌紙一張于習藝空內填領隊二字照束伍篇內給與方色隊旗一面連人先送至填營伍處其填營伍處先給定成

營伍無姓名行伍冊一本遇送人到將腰牌紙內照營伍填畢又連人牌送與填縣分都圖處照腰牌紙內空處填畢又連人牌送至填年貌疤記處照腰牌紙內空處填畢又連人送至填尺寸觔力處照腰牌紙內空處填畢又送至的當鄉土之官管填所住地名處照腰牌紙內空處填住處地名畢乃將本隊長帶過十二名兵內先擇年力老大一人付以長牌長牌無甚花法只欲有膽有力賴之遮蔽其後兵前進耳

次將年少便捷手足未硬一名爲藤牌藤牌如前

說之謂也

次將年力健大老成二人爲狼筅狼筅枝簳繁重足以蔽身而壯膽故用法明直易習便于老成手足已硬之人

次將有殺氣有精神三十上下長健好漢四人爲長鎗手又長鎗之次者二人爲短兵長鎗用法多習學非身手眼俱活者不可用此器又專主于刺故選授又貴于精中取精

次老實有力能肩負甘爲人下者一人充爲火兵欲力負鍋裹之重性下肯爲同類所役

一每定完一人爲其器即填于腰牌內習藝空內逹人一照先編記隊長之法挨次挨送各所立挨記牌下處處填完一隊畢通令隊長帶赴又一處抄錄腰牌紙內所填格根在冊即將一隊兵送于空地立標之所坐聽

一第二隊照第一隊法編給挨填完畢又坐如此一哨內各隊皆畢將哨長亦照隊長挨填照束伍篇內給與該方色大旗一面即執于先編過本哨該管幾隊頭坐定又如此與過先已發放在坐後立着的第二箇哨長來編出隊長又照

一哨之法挨隊如前選編俟一哨官的完了授以約束責令哨長管隊長隊長管兵每隊吾相識認亦照束伍篇內腰牌陰面之式刷來將全隊姓名填于式內每名給一張粘在腰牌陰面

一自此爲始凡行動立止俱照式內鴛鴦次序前後左右恁是如何不許時刻錯亂行立如有一人更換俱連坐治罪換了兵責隊長換了隊長責哨長約在某日閫營可以選完發放到日前來對讀腰牌如此選兵選中即成行伍即有統束雖生兵烏合今日入㲉今日即可鈐束即成

軍容即不能更換而制馭分散即在我矣選中一名就得一名實人在行伍中操練若再至通完仍照選兵法分立牌所總對讀腰牌一遍差者換者即便以重法連坐其一二人便要立重信此時重信一立如古人徙木云者以後順手牽羊惟我號令是聽而方可言練也此一節已於練兵有五分工夫矣心之精微盡於此說識者詳之此一篇乃治兵之始初下手工夫百萬之綱領也節目由兹而寓幸勿畧焉敢告同志

原束伍

夫營陣之法全在編派伍什隊哨之際計筭之定若無預於營陣然伍什隊哨之法則或爲八陣或九軍七軍十二辰古人各色陣法皆在于編伍時已定一加旌旗立表則雖畎畝之夫十萬之衆一鼓而就列者人見其敎成之易而知其功出于編伍者鮮矣故營陣以伍法隊哨爲首乃以束伍貫諸篇庶使知次第也今法長牌一面藤牌一面狼筅二把長鎗四枝短兵二件火兵一名爲一隊方而爲九直之爲二伍分而爲三才爲五花四隊爲一哨虛其中哨長居之四哨爲一官虛其中鳥銃火器哨官居之每前後左右四哨爲一總把總居之設與五方旗一付高招一付巡視旗四件掌號一名金鼓十二名初謂銃手自裝自點放不惟倉卒之際遲延且火繩照管不及每將火藥燒發常致營中自亂且一手托銃一手點火點畢且托之即不中矣今砲手另聚爲伍四人給砲四管或專用一人擎一人點放二人專管裝藥抽換其點火一人兼傳遞庶無他失可以成功但此法只可施于城守若臨陣不無人路錯亂引軍奪氣邊銃可用此法鳥銃還是单人自放又便

一器械

長牌手腰刀一口藤牌手腰刀一口火頭每名給銅鍋一口夾鎗棍一根行即負五人預備攻圍乾糧止即專司炊爨每短兵义頭各帶火箭六枝其挨牌藤牌上各帶蒺藜十串每串六箇接連式開于後每小隊輪帶拒馬六付輪帶布城一堵銃手每名裝藥筒六十箇鐵匙錐各一把鉛子一百二十箇皮袋一箇布油单一張錫鱉一箇盛線藥每隊或杴或钁一把該添或射

手或毒弩手或精徤能行或大刀收入中軍[illegible]
備衝鋒探報等項之用前開該用中軍把總是
也此兵并不帶拒馬蒺藜等項每弓一把長箭
一百枝邊箭一百枝每弩一張弩箭一百枝弩
藥一瓶每哨大銃三門不用木馬止用新製極
便合口大鉛子每三門如式送子一根鐵錘一
把中軍九門中哨内火箭一百匣匣如式箭如
新製又如千里雷等銃係中軍巧法相機出奇
所用此不載

以上圖式用法俱開後冊

一雜流匠役

每一營火藥線匠一名木匠一名鐵匠一名大
銃手三名各帶全副器具每把總哱囉一名喇
叭一名號笛一名鼓四名鑼手一名摔鈸一名
中軍臺上下營吹鼓手共三十八名醫士二名
醫獸一名精占筮者驗留裁縫二名弓匠二名
箭匠五名火藥匠十名大銃手一隊三十名

一旗幟

每伍小旗一面各隨方色
每隊中旗一面
每哨官藍旗二面　門旗二面
每總藍旗四面　五方旗五面
高招五方五面每桿燈二箇
中軍五方旗三付　五方招十面
藍旗一十二面　門旗一十面
背上小招督戰軍令旗十二面
清道旗二面　金鼓二面
掌號官二員　坐纛一面

一夜營應備中軍大將旗鼓上各黄油紙鐵絲燈
一盞俱粗四寸長一尺五寸五方旗十面十盞

吹鼓手三十八名三十八盞角旗八面八盞將
纛一面上燈四盞凡各雜流官生人等每起頭
目各帶燈一盞粗同但長止用六寸低執隨身
前總哨旗上紅油紙鐵絲燈一箇高招一箇俱
圓一尺五寸每一隊旗上一箇色同圓八寸
左總同前總數但用藍油紙長二尺粗五寸隊
燈長一尺粗同
右總同前總數但用白油紙方形一尺二寸隊
燈八寸
後總同前總數但用黑油紙匾形高一尺二寸

橫二尺區四寸隊燈高八寸橫一尺六寸區□
寸
中總塘報等燈俱圓而黃小止用八寸
一凡各每燈一盞用黑油布四層罩蓋一箇以備
一時遮隱使寸明不露或明營暗徙或暗營倏
明爲莫測之巧也

紀効新書　束伍卷之一　一二

罩蓋圖

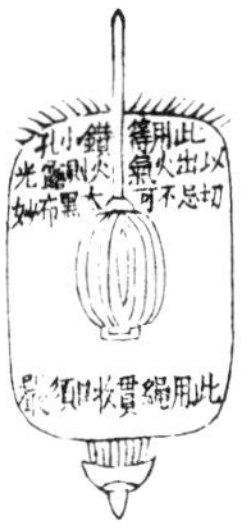

兵腰牌陽面

營　哨　哨長下　隊長
下兵　年　歲
縣　都人身長　尺　寸
面　鬚　上有　處力
百斤　地方住習　藝
年　月　日給

紀効新書　束伍卷之一　一三

兵腰牌陰面

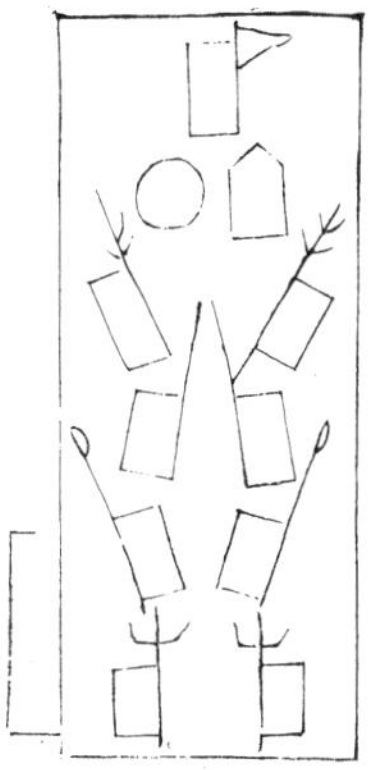

隊長腰牌陽面

營　哨　哨長下　隊長
年　歲　係
都人身長　尺寸　面
鬚上有　處疤　百
斤　地方住習　藝
年　月　日給

隊長腰牌陰面

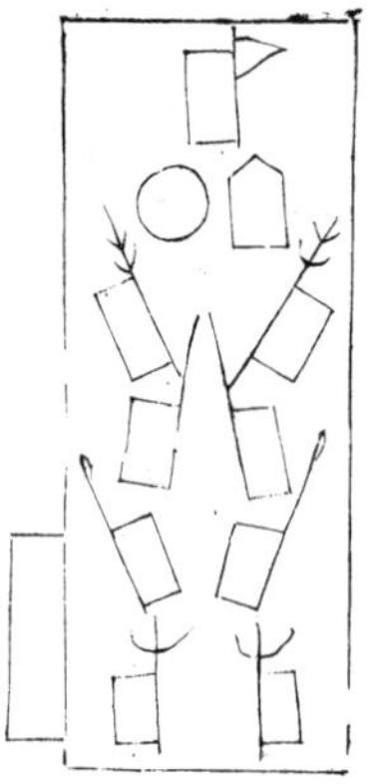

哨長腰牌陽面

營　哨　哨長　年
歲　縣　都人身
長　尺寸面　鬚　上
有　處疤　百　斤
地方住習　藝
年　月　日給

哨長腰牌陰面

哨官腰旗

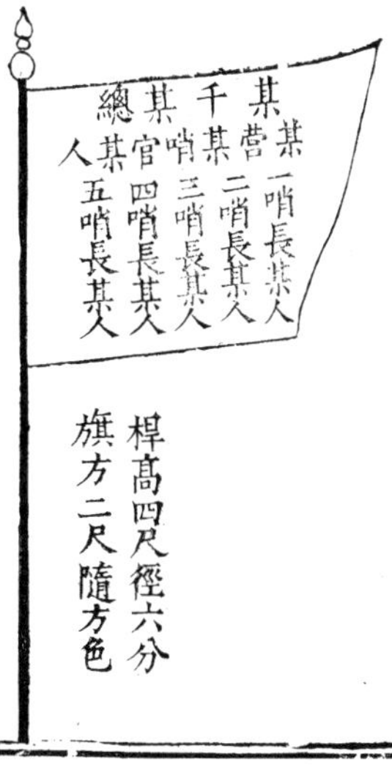

桿高四尺徑六分
旗方二尺隨方色

把總腰旗

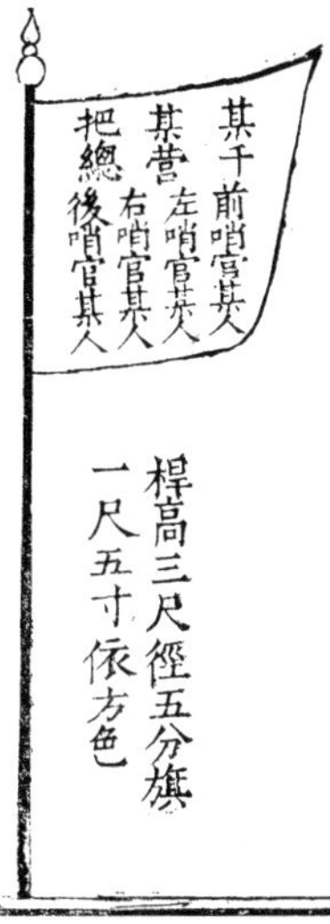

桿高三尺徑五分旗
一尺五寸依方色

中軍腰旗

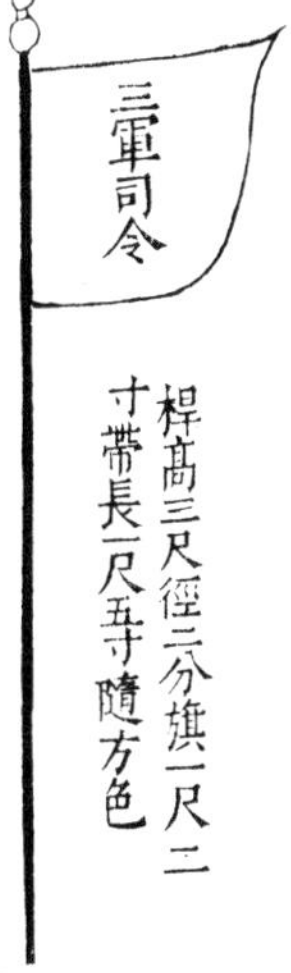

桿高三尺徑二分旗一尺二
寸帶長一尺五寸隨方色

主將腰旗

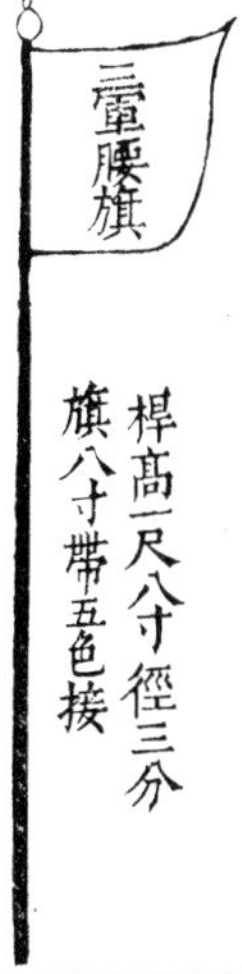

桿高一尺八寸徑三分
旗八寸帶五色接

紀効新書卷之一終

紀効新書卷之二

竊観古今名將用兵未有無節制號令不用金鼓旗旛而浪戰百勝者但今新集生兵春汎逼近一切戰陣法令若逐次教來何時是熟今時緊要必不可緩各便宜簡明號令合行刋給各於長夜每隊相聚一處識字者自讀不識字者就聽本隊識字之人教誦解說務要記熟凡操練對敵决是字字依行各讀記之後聽本府𨺗背若一條不記打一板若各兵有犯小過該責打之事能背一條者免打一板臨陣軍法不在此例

緊要操敵號令簡明條欵篇第二

鬪衆如鬪寡形名是也故萬人一心形名之効苟士不悉吾令而徒以手足爲強者又其次也教挺之夫可鬪名藝形名定也束伍既明即當練習吾令故以號令篇第二

凡你們的耳只聽金鼓眼只看旗幟夜看高招雙燈如其色旗竪起𨺗動便是某營兵收拾聽候號頭行營出戰不許聽人口說的言語擅起擅動若旗幟金鼓不動就是主將口說要如何也不許依從就是天神來口說要如何也不許依從只是一味看旗鼓號令兵看各營把總的把總看中軍的如擂鼓該進就是前面有水有火若擂鼓不住便往水裏火裏也要前去如鳴金該退就是前面有金山銀山若金鳴不止也要依令退回肯是這等大家共作一箇眼共作一箇耳共作一箇心有何賊不可殺何功不可立

凡掌號笛即是吹鎖吶是要聚官哨隊長來分付軍中事務

凡正行之閒放銃一箇就是要更變號令即立定看聽有何旗竪有何號令再行

凡歇處吹喇叭一遍火兵即做飯衆人收拾吹喇叭第二遍各兵吃飯吹喇叭第三遍各兵出赴

信地劄營候主將到發放施行

凡喇叭吹天鵝聲是要各兵吶喊

凡喇叭吹擺隊伍是要各兵即於行次每哨一聚各留空地擺定

凡喇叭吹单擺開是要各隊即便挨隊甲踈踈擺開每一小隊相平離一丈五尺

凡旗點過只吹喇叭一長聲是要各兵轉身照旗所向轉過

凡打銅鑼是要各兵坐地休息

凡吹哱囉是要各兵起身執器械站立
凡點鼓是要各兵照先樹起的旗次發兵行營
每點鼓一聲走十步
凡擂鼓是要各兵趨跑向前對敵交鋒
凡下營定擂鼓立中軍旗是放火兵出營樵汲掌
號是收回
凡各舉動與交鋒但聞鳴金一聲即便立止又鳴
一聲是要各兵退還連鳴二聲是要各兵又於
脚下便再轉身向前立定
凡打金邊是發人探賊
凡摔鈸響是要各收隊即將原单擺開的兵照舊
收成各哨再收成每營一處
凡塘報摇小黄旗是有賊至
凡旗幟各兵認定各總哨顔色但本總旗立起即
便收拾聽令若旗左點則即左行右點即右行
前點即前行後點即後行随旗所指而往本總
旗收捲在地即各聽令立定如旗不起脚下即
是信地雖天神來叫移動也不許依從擅動夜
看高招火鼓與晝一般
凡鳥銃遇賊不許早放不許一遍盡放每至賊近

銃裝不及往往悮了衆人性命今後遇賊至一
百步之内聽吹竹筒響在兵前擺開每一哨前
擺一隊聽本管放銃一箇纔許放銃每吹喇叭
一聲放一遍擺陣照操法若喇叭連吹不止各
銃一齊盡放不必分層
凡弩手射手候鳥銃打放將完賊至六十步之内
起火放方許繼銃後射箭無令不許擅發
凡鴛鴦陣乃殺賊必勝屢效者此是緊要束伍第
一戰法今開式于後二牌平列狼筅各跟一牌
以防拿牌人後身長鎗每二枝各分管一牌
筅短兵防長鎗進的老了即便殺上伍長執挨
牌在前餘兵照鴛鴦陣緊随牌後其挨牌手低
頭執牌前進如已聞鼓聲而遲疑不進即以軍
法斬首其餘兵仗牌刀遮抵于後緊随牌進交
鋒筅以救牌長鎗救筅短兵救長鎗牌手陣亡
伍下兵通斬要依此法無不勝矣

鴛鴦陣

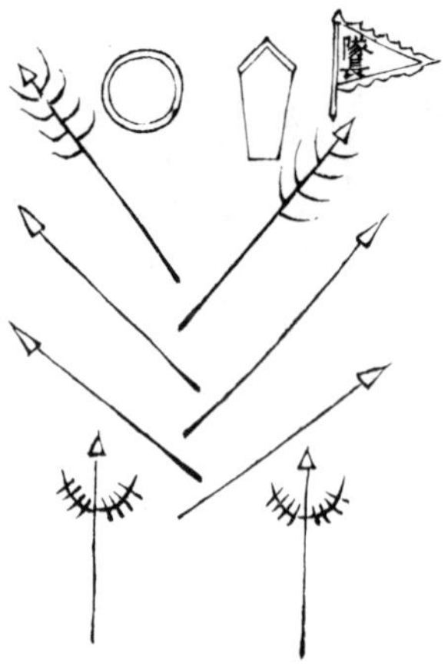

鴛鴦陣左右分變二伍之圖

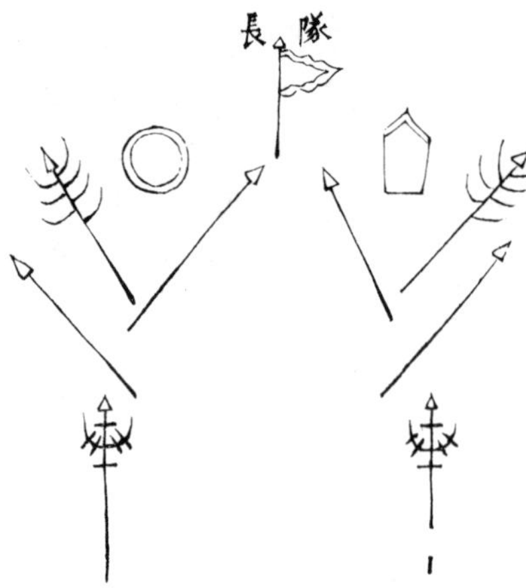

紀効新書　號令卷之二

二伍各變小三才陣之圖

原右一伍變

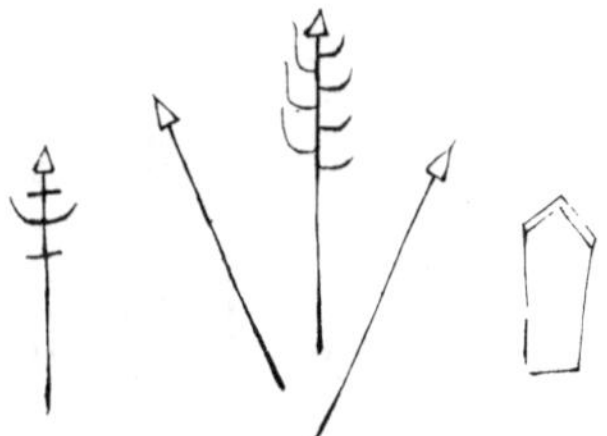

原左一伍變

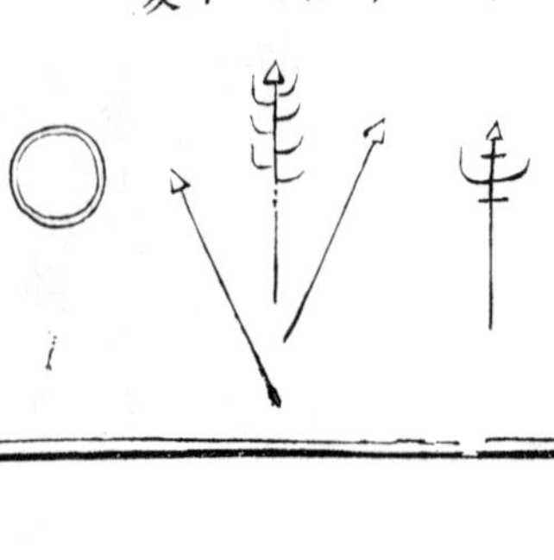

鴛鴦陣變三才陣之圖

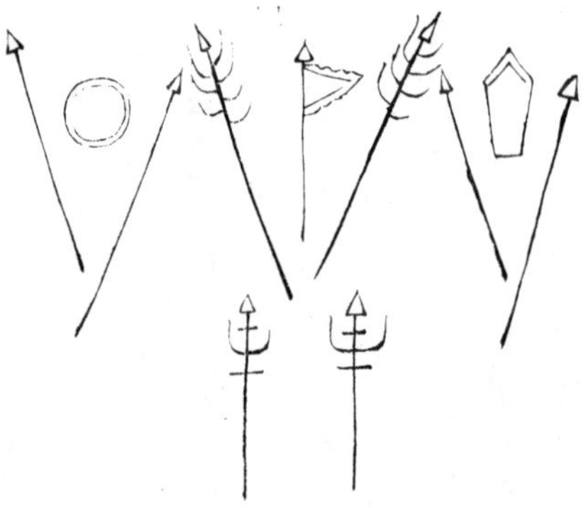

凡旗幟製八方則色雜而衆目難辨如以東南西北爲名則愚民一時迷失方向即難認惟左右前後屬人之一身但一人皆有左右前後庶爲易曉而在讀書有位者自知即五方五行之製也然不可以之責行伍之人凡面所向謂之前則用紅旗即方爲南行爲火火之色屬紅神爲朱雀卦爲離凡面所背謂之後則用黑旗即方爲北行爲水水之色屬黑神爲玄武卦爲坎凡左手所指謂之左則用青旗即方爲東行爲木木之色屬青神爲青龍卦爲震凡右手所指謂

之右則用白旗即方爲西行爲金金之色屬白神爲白虎卦爲兌凡脚下所立謂之中央則用黃旗即行爲土土之色屬黃方爲中神爲勾陳卦爲太極凡人一身皆有左手右手前面背後中央此人人可曉若舉點黃旗則是中軍欲變動聽號令施行若舉紅旗則是前營兵欲變動聽號令施行若舉白旗則是右營兵欲變動聽號令施行若舉青旗則是左營兵欲變動聽號令施行若舉黑旗則是後營兵欲變動聽號令施行仍不必拘五營之次但見舉黑旗俱要往後看但見舉紅旗俱要往前看但見舉青旗俱要向左看但見舉白旗俱要向右看但見舉黃旗四面俱要向中看若見五方五旗俱舉點各營四方各照本方向外執立聽號令施行凡旗點向何方隨其所點向往旗不定不止旗不伏不坐善哉孫武子教宮嬪曰汝知而左右手心背乎嗚呼此教戰之指南此千載不傳之秘文此余獨悟之妙也揭以示人尤爲可惜

凡新兵初集束伍既完即摘出此卷每兵即與一本使之誦熟以知號令方可言場操也

紀効新書卷之二

紀効新書卷之三

臨陣連坐軍法篇第三旗鼓既習斯謂之名一衆人之目矣而心則未也于是申之以連坐賞罰以臧其心故軍法篇爲第三

凡臨陣的好漢只有數人每斬獲首級常是數十百人叢來報功再不想你一起人退來報功使衆兵相望悞認是敗走大家都走了况一箇賊首數十人報功若斬數十賊首就該數百人來報不知這一陣上能有幾箇數百人反是自悞了性命此臨陣第一禁約今後其長牌長鎗狼筅凡該當先長兵之數决不許帶解首刀只管

當先殺去不許立定顧戀首級其殺倒之賊許各隊短兵砍首每一顆止許一人就提在陣後待殺完收兵有令催驗方許離陣赴驗其誰當先誰有分誰無分俱聽當先隊長對衆從公報審敢有因其恩讐報不公者軍法每顆首級以三十兩論之當先牌鎗筅分二十兩砍首兵二兩餘兵無分者一兩火兵雖不上陣本隊有功亦分五錢每顆本隊鳥銃手亦分二兩

凡戰間賊遺財寶金銀布帛器械之類此誘我兵爭財彼得乘機衝殺往往墮此套中今後臨陣遇有財帛每隊止留隊中一人收拾看守待賊平照隊收拾之多寡各給本隊兵均分百哨隊長加一倍必不許他官兙留及後進次到隊伍仍留人渾賴此正是賊當窮敗之際各兵照常奮勇前進務要加力百倍庶賊可滅如違令圖財致兵陷沒或賊衝突得脫搶財物之兵不分首從總哨官俱以軍法斬

凡臨陣退縮許甲長割兵耳隊長割甲長耳哨官哨長割隊長耳把總割哨官哨長耳回兵查無耳者斬若各故縱明視退縮不肯割耳者罪坐

不肯割耳之人退縮之犯不究

凡伏兵遇賊不起及起早者領伏哨隊長通斬各兵扣工食給恤仍通綑打如正兵見奇兵伏兵已起不即回應者同例

凡每甲一人當先八人不救致令陣亡者八人俱斬陣亡一人即斬獲真賊一級八人免罪亡一得二八人通賞哨隊照例

凡當先者一甲被圍二甲不救一隊被圍本哨各隊不救一哨被圍別哨不救致令陷失者俱軍法斬其哨隊甲長

凡陣亡一人本甲無賊級者各扣工食一月給亡者之家優恤失隊者扣一隊失哨長扣一哨失官扣一枝但係亡者屬下頭目仍斬獲功如其所失通免究亦不扣工食亡兵亡官官爲給銀優恤

凡一人對敵先退斬其甲長若甲長不退而兵退陣亡甲長從厚優恤餘兵斬首若甲長退走或各甲俱退走斬其隊長若隊長不退而甲下弁兵退走致隊長陣亡者厚恤其隊長之家本隊兵各扣工食二箇月給亡隊長家領用隊下甲

長俱斬若一哨下各隊長兵俱退走者斬其哨長如哨長不走致被陣亡而隊兵棄之退走者斬其各隊長兵通罰工食二月恤哨長之家若一哨官之兵與哨官俱退走斬其哨官如哨官不走而哨長以下甲兵退走斬其各哨長通罰工食給恤哨官之家由是而上至把總領兵將領等官皆照此一體連坐行之凡所謂罰工食者仍以軍法綑打不死而又罰其工食非止于罰工食而免也凡所謂恤其家者不止于罰兵工食以恤之仍有題奏廕子世襲之恤也

凡若大陣敗走被賊殺死官兵傷在背後者還以敗事論并不優恤仍罪其各家并原募之人

凡器械借代頑鈍欠利私擅更易軍裝器械入場忘帶一件以上者軍法綑打照臨陣事例伍隊長總哨官連坐

凡行列不齊行走錯亂擅離隊伍點鼓不行聞金不止按旗不伏舉旗不與開旗不接得令不傳傳令不明道路擠塞言語諠譁者俱治軍法

凡臨戰布陣已定移足回頭行伍擠挼稀密不均俱斬其哨隊長牌手并所犯

凡不拘晝夜但係中軍起火銃砲齊起即是忽然警急各官兵不必待候常令即各自劄營遇敵即戰不必取禀中軍號令

凡差探賊塘報及官兵有聞賊中消息不拘要緊不要緊不許官兵於中途邀截問荅徑自閉口速赴主將陳說之後許宣於衆者方可與把總等官說若未見主將之先敢於中途因人問起即便說出但有一人先知在主將之前定以泄漏軍機問者荅者皆坐軍法就是本管的把總哨夥伴問也不許對他說又或有已經禀知主

將之後蒙分付不許傳說者到底不許再泄敢
有以強固行要間者許原人禀來一體重治
凡遇賊各隊嚴備聽令候探知賊人多寡以憑發
兵不許違令爭先恐陷不測
凡臨陣拋棄軍器者及不衝鋒官兵臨戰易換軍
士精利器械馬匹者各以軍法從事
凡臨陣詐稱疾病畏避艱險者及故將軍器毀拆
以圖躲避者斬
此亦另爲一卷俟給旗鼓篇習熟之後即給此卷
習之所以不同給者蓋初用偏裨行伍下質一

閱其多苦難自畫矣故次第給而習之以誘其
入
一爲禁革斬級以保全勝事照得衝鋒之士每因
取級致妨戰殺以致失事今該本府會同兵巡
道廣集總哨頭目名勇員役當於教場公議今
後臨陣大兵只管整隊殺將前去止以衝鋒殺
敗賊寇爲功務求全勝不許斬取首級如有故
取首級者當陣許頭目巡視旗哨隊長人等割
耳回兵查無耳者與各兵仍又持首級報功者
俱一聽斬首爲令之計別選親兵每哨官三甲

每甲五名兩膊上縫有取功二字白布印二片
爲號各隨𣲘到本哨官兵陣之後待兵殺倒賊
人在地又戰過前去替兵割取賊級收兵之後
將前項首級盡數𣲘與本哨官部內衝鋒兵勇
均分報功其割級親兵止是給賞並不干預若
有隱藏不報者及割取不完親兵官哨隊伍長
俱斬首除割首級哨隊長兵夫專委把總管束
外爲此票仰各該官役遵照施行毋得自干重
典未便
計開

某營某哨哨官某人下𣲘該斬取首級哨官某
人哨長某人隊長某人兵夫某人

紀効新書卷之三

紀効新書卷之四

諭兵緊要禁令篇第四號令既繁人無所措故復分此爲別卷其可以少從緩也以次旗鼓號令之餘故以禁令篇爲第四

凡軍中要緊的第一件只是不許諠譁說話凡欲動止進退自有旗幟金鼓若無令許說話但開口者都要着實重處夜間尤是切禁千萬千萬

凡兵逃走同隊之人各綑打分一半監固分一半保拿如不獲各監一年通扣工食另募

凡征住地方每隊十二人務在一家安歇時刻不許相離別生事端互相覺察若一家難容即分

對門或間壁不許攙隅如不隨本隊住者隊長與各兵以軍法治之一哨在一街一營在一隅各營不許相混各哨不許相混各隊不許相混及行營攙越前後非令先行先歇途中下路一體連坐哨隊長若解手許同隊一人立在道傍候畢催上不許過二里

凡立成營盤即是人家墻垣屋舍一般若人家不謹門戶及容人墻上扒走的事有也沒有但向營出入者不拘何官何人定要由門奉號令方准放出照入決容不得各處攙進攙出如行路時決不容別人兵馬閑人穿路與同路混行倘是賊般的却不被詐劫了營盤此一節又至緊至緊臨賊而故縱者軍法示衆

凡行營三千人單行二三十里有事如何傳得到今定約令凡兵行不拘從何處起若有話該報來務要簡明不過二三句或往前傳或往後傳自起處俱隊長高聲接傳挨傳到止處明白仍傳稱知道了再傳回原說之人回復若傳到半中途差錯許又傳回云纔傳的不明白只傳到原傳話人再傳明白隊長一例接傳前去若傳

至中途閘而不接傳接傳又差錯者挨出軍法重治因而悞軍機者軍法示衆餘兵並不許開口接助傳話多言者割耳

凡賞罰軍中要柄若該賞處就是平時要害我的寃家有功也是賞有患難也是扶持看顧若犯軍令就是我的親子姪也要依法施行決不干預恩讐

凡武藝不是答應官府的公事是你來當兵防身立功殺賊救命本身上貼骨的勾當你武藝高決殺了賊賊如何又會殺你你武藝不如他也

決殺了你若不學武藝是不要性命的獃子况吃着官銀兩又有賞賜又有刑罰比那費了家私請着敎師學武藝的便宜多少想你往日不學武藝器械不整的精利不肯着重甲只自因自來臨陣原無紀律號令不曾分別當先退後者施行軍法方纔安心臨陣要走料定不用鎗刀對手之故今番連坐法已定號令已明進前退後都有箇法子連坐管定軍法决照條内施行你們既無躲身之法不想學武藝不是與性命有讐的人不是獃子是何物身上有甲就使他戳砍我一下不能傷我就手段不濟第二下我也殺到他身上了敢是無甲的會死思之思之

一編過火兵有能奮學武藝精熟者則陞為兵將兵内懶惰不習武藝號令生疎者改之每月一考平時聽各火兵自首即與驗更

凡你們本為立功名報効而集兵是殺賊的東西賊是殺百姓的東西百姓們豈不是要你們的殺賊設使你們果肯殺賊守軍法不擾害他如何不奉承你們只是你們到箇地方百姓不避

怕賊搶擄你們也曾搶擄百姓怕賊焚毀你們也曾拆毀百姓怕賊殺你們若爭起也曾殺他他這百姓如何不避如何不關門鎖戶且如去年我往台州因是衆人家兵難制沿路百姓固也受害兵們宿無處炊無處又被百姓告來拿着的挨累官哨隊長打死了多少如今年我自已的兵宿有程頭火兵先定歇處挨次而入起行依號劄營點歩鼓挨次而行經過百姓們聞說到殺猪牛販酒米等待是箇店上也要留住一日他有生意這方是兵民相體的光景暑行千里我不曾打一箇兵五棍可不也省了多少打殺兩家都有便宜却不是好也

凡古人馭軍曾有兵因天雨取民間一笠以遮鎧即甲也者亦斬首示衆况砍伐人樹株作踐人田產燒燬人房屋奸淫作盗割取亡兵的死頭殺被擄的男子汚被擄的婦人甚至妄殺平民假充賊級天理不容王法不宥者有犯决以軍法從事抵命

凡軍中惟有號令一向都被混帳慣了是以賞也不感罰也不畏我今在軍中再無一句虛言與

你說凡出口就是軍令就說的差了寧任差到底决不改還你們但遇號令金鼓旗旛是聽是看是怕不可還指望不便處又告有改移或望寛饒將無還令此在口之常談你們豈不知宋時北虜稱岳爺爺軍曰撼山容易撼他一箇軍難只是箇畏將法守號令之驗如此則將也成名你們也得成功又保全了性命多少好處今後不知學好的若再平時用好言好語箇箇説是勇猛忠義你就説得活現决不信你只是臨陣做出來便見高低改圖改圖

凡冒名項替入操者正替身俱以軍法綑打所雇之人即充兵收操工食即將原雇之人分支一半

凡兵在家生有父母教有師長戸有戸長里有里長老人你們思量那箇做百姓的少得這内一件你今既來當兵甲長就是你的戸長隊長就是你的里長哨長就是你的老人哨官把總就是你的父母官但能敎道你們的號令武藝者都是你的師長你再思量世間有無里長老人管的百姓無有就知在軍中有無隊哨長管的兵無有世間有無父母生的人無有就知在軍中有無哨官把總管的兵無有世間有無師長敎訓天生會識字念文的人無有就知在軍中有無不聽敎師將領訓練的兵士無有這都是就你心上少不得的去處曉諭你若抗違哨隊長比做百姓抗違里老的法度不同不聽敎師將令習武操練比做童蒙時不聽師訓的法度與平日牧民的法度不同綑打尚是小事重便割去頭再可復生否此諄諄真正化誨你若不聽軍法無情慎之慎之

凡你們當兵之日雖刮風下雨袖手高坐也少不得你一日三分這銀分毫都是官府徵派你地方百姓辦納來的你在家那箇不是耕種的百姓你肯思量在家種田時辦納的苦楚艱難即當思量今日食銀容易又不用你耕種担作養了一年不過望你一二陣殺勝你不肯殺賊保障他養你何用就是軍法漏網天也假手於人殺你

紀効新書卷之四

紀効新書卷之五

教官兵法令禁約篇第五 此篇之中亦有兵士當知者但士卒者愚人也繁以號令而無所遵不如無令而氣壯故明以教官兵之辨爲第五

凡将領官哨隊長不相和恊傾陷妬忌扇惑妖言妄傳軍令因而悞事者斬

凡各營分派已定先照各腰牌格式共爲一函造書冊二部俱送本府印鈐一本發把總一收本府

凡有逃故鈌伍該召補兵勇每月半隊長如式開新補手本呈哨官哨官呈總總呈府驗中攺簿給腰牌發總總改發隊常操

凡遇有逃故本伍即刻報隊長隊長報哨長哨長報哨官哨官報把總即於本日開手本呈遞

凡各兵遇有疾病本日同夥即報本隊長隊長親看緩急報赴哨官哨官報赴本總本總即日報本府以憑批醫療視遇在客戌本府親詣撫視

一常日每一名各將米二升炒黄包裹一升研爲細末一升另包麥麵二升一升用香油作煤一升蒸熟六合用好燒酒浸晒乾再浸以不入爲度研爲麵另包四合用塩醋晒浸亦以不入爲度晒研爲末另包行軍之際非被賊圍困至緊不許用出兵随行忘帶者如失軍器同

凡各兵進教場過放靜砲後到者俱開不到究治各門封鎖後閑人出入及縱逞兵闖營皆巡視旗之罪

凡每日進操候下營畢各官下地方即将所部兵士省令各隊填到单已到止開總數未到及有差俱開花名把總官類粘候下營畢赴臺呈遞如主将不進教場操畢各官齋赴回操即日呈遞

凡器械不鮮明專罪哨長號令不明專罪把總武藝不精習專罪哨官逃去奸盜等事不詰首專罪隊長與同隊甲兵

凡責成之例不拘平時臨陣凡違悞遲玩畏避退縮器鈍事犯等項每甲三人以上連坐甲長每隊一甲以上連坐隊長每哨一隊以上連哨長五分以上連坐領兵官哨官

凡遇傳示號令巡視旗止傳各領兵官領兵官傳與哨長哨長傳隊長隊長傳甲長甲長傳各兵若有得令不傳傳到不遵者常操遲悞打四十

梱臨征軍法施行

我一人你們三四千一句說話如何傳得遍知我有事要分付只是傳與把總哨官把總哨官須要一一傳說與哨隊長哨隊長須要一一傳說與兵勇若是分付去一時記不全了還許來問我我再說去分付他若傳說不明或忘了不來再問聽我倏於隊内抽取數兵來問若問稱不知挨查隊長隊長不知挨查哨長以次挨到把總各傳不明軍法重治

凡平時無警在久住地方哨官以上許冠帶哨長

義士許青衣隊長許青布衫繫縧其禮儀把總之待哨官哨官之待哨隊長哨隊長之待兵許以鄉情從便相待但坐須要側侍不許齊肩平列雖下至隊長與兵亦然

凡進操及征調在外與凡掌號笛發放把總官即戎裝錦繡哨隊長各小袖依方色戎衣執旗俱以軍容承接發放之際哨官凡有稟白跪聽把總授成哨長跪聽哨官授成隊長跪聽哨長傳令發放小兵跪聽隊長傳令發放哨長以下見把總叩頭俯伏隊長以下見哨官亦如之

凡公所哨官見把總一跪一揖哨長見把總兩跪一揖隊長不許作揖哨長見哨官一跪一揖隊長亦不許作揖隊長見哨長作揖侍立俗諺有曰軍中立草爲標兄

朝廷堂堂名分凡有屬下者既知惡屬下抗違不能行事即知巳身不可又効屬下之人復抗在上頭目决侍不得鄉曲故交軍機乃

國家重務情難掩法敢有親識相容故違明抗容者犯者通以軍法重治

紀効新書卷之五終

紀効新書卷之六

比較武藝賞罰篇第六號令既明刑賞以悉坐作進退當與攻殺擊刺同教矣而比較不可無法不知較藝之習而任比較之責則花法入而正法昧矣故爲比較篇爲第六

凡比較武藝務要俱照示學習實敵本事真可對搏打者不許仍學習花鎗等法徒支虛架以圖人前美觀各總哨隊伍官長俱以分數施行賞罰一分以上責成各伍長二分以上責成各教師隊長三分以上責成哨官四分以上責成把總

凡長鎗鋒要輕利重不過兩桿要稍輕腰硬根粗

凡狼筅各要利刃在頂長一尺四面竹枝須堅直粗大者

凡扒杈棍俱要長一丈二尺盖短兵須長用庶可入長鎗每人解首一把

凡弓箭手弓要副各力箭要鐵鏃務三十枝仍各長大腰刀一把解首一把

凡弩弓要力大新堅每弩毒藥一瓶鐵箭一百枝每人腰刀一把解首一把

凡立牌要高闊遮得後面持鎗之人每人利長腰刀一把

凡藤牌要堅大輕遮一身每人長刀一把棄鎗三枝藤牌無棄鎗如無牌同盖長短勢絶急不能入須用棄鎗誘之使彼一顧則藤牌乘隙徑入矣以上各條違犯照前分數軍令連坐

凡火器裝藥竹筒火繩藥線匙鎚油單火藥一有不全入場忘記懸帶隨身及藥不乾燥各不如法隊長同罰本犯加治

凡兵隨帶百樣軍火器械隨壞隨治如力不能私製者即明禀各總處呈置給用把總官每平時調查

凡人之血氣用則堅怠惰則脆勞其筋骨餓其體膚君相亦然況於兵乎但不宜過於太苦是謂練兵之力

凡兵平時所用器械輕重分兩當重交鋒所用之器重者既熟則臨陣用輕者自然手捷不爲器所欺矣是謂練手之力

凡平時各兵須學趨跑一氣跑得一里不氣喘纔好如古人足囊以沙漸漸加之臨敵去沙自然輕便是練足之力

凡平時習戰人必重甲荷以重物勉強加之庶臨戰身輕進退自速是謂練身之力

凡吶喊所以壯軍威有不齊者巡視旗拿來治以軍法

凡什物器械刻名隊裝油在上以便查考及踈失

一比弩以六十步爲式把高五尺濶一尺五寸三箭中二枝爲善射

一比鎗先单鎗試其手法步法身法進退之法復二鎗對試真正交鋒復以二十步内立木把一面高五尺濶八寸上分目喉心腰足五孔各安

一寸木毬在内每一人執鎗二十步外聽擂鼓擎鎗作勢飛身向前戳去孔内圓木懸于鎗尖上如此遍五孔止

一試射官尺八十步爲式把高六尺濶二尺每三矢中二矢爲熟

一試狼筅先令自使看其身手步法次用鎗對較凡長鎗哄誘不動又能遮隔不入爲熟

一試釵鈀先令自使看其身手步法合一復单人以長鎗短刀對較能架隔長鎗刀棍翼狼筅出入殺人爲熟

一試刀以能衝入釵鈀狼筅不及遮隔爲熟刀法甚多傳其妙者絶寡尚俟豪傑續之

一試挨牌每一人執牌面左一人執狼筅面右俱牌後遮嚴分面立定鎗等雜藝俱照鴛鴦陣立定前設長鎗一人爲敵俱鑼响坐定聽吹哱囉起身點鼓兩處俱進擂鼓吹天鵞聲喇叭納喊一聲敵兵執長鎗以鎗高處戳入牌身高起閣鎗頭上過陣内長鎗伸出殺敵急復原伍次敵兵長鎗戳脚下牌兵用牌坐落陣内長鎗出殺敵急復原伍次敵兵長鎗由左戳進期傷牌兵

之腎左面狼筅拿鎗長鎗出殺左面短兵即隨鎗以出防長鎗進老故短以救之急收原伍次敵鎗戳右欲傷右邊後二箇鎗手牌兵即以右手所持腰刀砍其鎗右面長鎗出殺短兵隨出同左邊之例云如賊亦有數人前來則長牌當中只顧低頭執牌前進左筅防左右筅防右左鎗隨左筅出殺右鎗隨右筅出殺左短兵防左鎗進的老了救援右短兵防右鎗進的老了救援藤牌乗二筅之勢於筅中滾出以殺爲務鳴金急復原伍進止闔闢左右前後惩是如何厮

殺定不可亂了原伍
一試藤牌先令自舞試其遮蔽活動之法務要藏身不見及雖藏閉而目猶向外視敵又能管脚下爲妙次以長鎗對較令牌持標一枝近敵打去乘彼顧摇便抽刀殺進使人不及反手爲精
一試標鎗立銀錢三箇小三十步内命中或上或中或下不差爲熟
一試火器以八十步立五尺高二尺闊木牌三發一中十發七中爲精
一試火箭以八十步亦用銃把平去中式爲精歪斜不中果係作不如法免究其兵製作既精放不如法究兵

一千里雷點放緩急不悞爲熟臨時奇遣不載數内失忘隨砲應用之物及損壞信藥等項俱重治
一旗法隨鼓緊慢行如磨旗之時兩手托開陰陽拏住高舉伏身轉腰繞頭過一遭方纔竪起
一試打鼓之勢用以木槌二根起遲下速兩手高舉過頟而着鼓沉重爲可
一在場比較法

凡操畢各兵坐息稍久主將亦暫退休養精神即升堂吹哱囉各起身從便習學聽中軍官監起藍旗一面當中點之各營狼筅手俱聽鼓由發放路集中軍兩邊金鳴鼓止用後式裝成文冊點名比較如前條法比較賞罰畢朴藍旗各照原路回伍聽鳴鑼坐息盖狼筅之功在竹屬木故舉藍旗以應之次舉黄圓旗長牌藤牌手一照狼筅手點鼓通集臺下比較如前條約賞罰畢朴旗各回原伍盖牌主禦故舉黄旗以應之而圓則象形也次舉白旗各營長鎗手一照

狼筅手號令赴臺下照前條約比較賞罰畢朴旗各回原伍盖長鎗之利在刃刃屬金故舉白旗以應之次舉黒旗各營各色义鈀短兵一照狼筅手號令集臺下各照前條約比較賞罰畢朴旗各回原伍盖短兵勢節險短如水之激故舉黒旗以應之次舉紅旗立把子各營鳥銃火箭弩手俱赴臺下比較畢朴旗各還原伍盖神器屬火而弓矢皆前行之器故舉紅旗以應之

左篇乃比較冊由頭

一比較武藝初試定爲上等三則中等三則下等三則再比仍如原等者不賞進一則者賞銀一分進二則者賞銀二分超進一等賞銀五分一次原等免責二次原等打五棍三次原等打十棍五次以上原等不進者打四十棍革退如有不願打者每一次追一分二次追二分三次追三分即付武藝考進之人充賞

一賞罰鳥銃三彈中一者平中二者賞銀一分中三者超賞五分一次不中者打三棍二次不中者打六棍三次不中者打九棍五次不中者打四十棍革退不願打者毎次罰銀五厘二次一分三次一分半弓弩同例

比較冊等第式凡比較預將兵名填在下下之下當中空丙點閱等第點在等上

上等	上等	上等	上等	上等	上等
上上	上上	上上	上上	上上	上上
上中	上中	上中	上中	上中	上中
上下	上下	上下	上下	上下	上下
中等	中等	中等	中等	中等	中等
中上	中上	中上	中上	中上	中上
中中	中中	中中	中中	中中	中中
中下	中下	中下	中下	中下	中下
下等	下等	下等	下等	下等	下等
下上	下上	下上	下上	下上	下上
下中	下中	下中	下中	下中	下中
下下	下下	下下	下下	下下	下下
某	某	某	某	某	某

右乃另刻板一片用時不俱刷砌幾百張以書兵名尺爲數每冊用前賞罰由一張右前

紀効新書卷之六

紀効新書卷之七

行營野營軍令禁約篇第七凡操中法令旗鼓既習將來必試敵而調發所不免也故即以行營篇爲第七

凡爪探夜不收爪探不的聽人言語不親到賊所欺詐因而悮失事機者軍法從事若傳報違期集兵遷延以致悮事罪同

凡軍行在途遇有疾病把總官驗實隨即稟明給文送所在官司撥醫調治痊可即便追來敢有詐病推避者治以軍法

凡傷哨後哨見有乏弱人馬不能前進或在路傷潛藏者随即收送中軍不許私自縱放

凡軍行定委巡哨官生二員止宿委巡視官生二員差巡視旗十面但有干犯軍令即便指實呈報不許隱匿及因而需索詐騙者各依法究治

凡前哨官前途給與清道藍旗十面令旗一面凡遇大小事務俱要差人傳報中軍清道旗手仍先期禁斷人畜不許攙入隊伍衝冐旗纛如遇應該迎候稟事人員及各處差來齎送緊急公文之人前總領哨官審實差人報知方許進見倘有異言異服可疑之人送中軍研審發落不許擅放擅問

凡止宿住食去處除下野營照臨敵號令外若入人家或進城廓則前哨至城門前面各把總哨官頭目即於通衢或在於人家之外相地放起火或若干枝即爲幾路挨劄在彼候中軍到隊之中放靜砲三箇每隊差火頭先進城入人家討取歇家令旗押隨完畢回報中軍方傳令照教塲散隊安歇巡視旗分哨巡邏生事之人遇再起行仍照前初出規矩

凡軍行在路遺落器械什物見者許即收帶至止宿處送中軍招人認領失物得物之人照格賞

罰隱匿不報者治罪亦不許私相交割

凡分兵數道臨發時務要會定記號如賊界相逢不分晝夜各即駐隊互舉原定記號以辨真僞

凡軍臨賊境或林木異常與賊共守之處各兵嚴勒器械須立定以待候差各塘報搜覆無警再聽令行

凡臨賊遇沮澤坑坎不可擅即暗過須據平原備將地形稟覆中軍號令再行

凡官軍啓行各須披甲戴盔執器械庶幾臨敵輕

便不許併執肩縛若路遠天熱得令方許更便

凡火器應用繩藥鉛子銃手須於出征頭一日請給完足不許臨賊假稱放盡討索通以畏避論罪

劄野營說（野外屯劄對壘列營畫地以守於前樵蘇以繼于後夜防營襲晝結行陣其役也勞其事也險使吾氣常鋭戰守兼舉吁豈易易哉）

凡每日五更盡擂鼓已畢各起梳洗聽掌號二遍各兵通赴木城邊各擎鎗立定作守城之勢各營把門人役赴中軍報守門無事訖聽鳴鼓升旗各營開門放汲其汲者限四刻掌頭號落旗

回營進城蔬菜等項者限一箇時辰到營外取齊聽掌二號進營遲進及後出者俱打二十棍每隊三名以上隊長同責四隊俱有合九名以上者哨長官同責申時放汲一次號令執鎗之法俱同早辰買蔬菜止許早晨一次

凡樵採每三日一次於辰飯後正巳時聽中軍掌號一遍掣起樵字旗俱出每官下用隊長一名領去限兩時辰俱到營外候齊禀赴中軍掌號二遍各兵仍赴木城邊擎鎗如前方開東西二門放進餘門不許

凡登廁員役照各廁坑由各營門將腰牌懸於門上方准開門而出赴坑所事畢即還自認取腰牌回營如夜間不許出營即於各自廠邊方便天明即打掃送出坑內違者照前汲水例行法

凡中軍遇晚鼓擂三次畢各營通即斷火禁喧斷人行違者隊長與兵同治隊長有犯官哨一體各打三十棍

凡差伏路人役每一晝夜換班一次俱以辰飯畢遣出到彼該回之人即還赴中軍銷報

凡夜間遇有報事人役先令門外約近二十步之

間即喝令立定守門人辨其聲音如係別衙門差來問其別衙門來歷如有書帖文移者令將書帖文移擲在地下着營外傳語人取遞由木城縫接送中軍有令箭放進者方許開門放進無令箭者不准如有遷延不去及不遵禁止徑闖木城下者許即打射殺死者勿論

凡本營人夜來報事諭令先報自已名隊然後說事一例止於營外聽令

凡遇賊臨近不拘營內營外違令者俱軍法從重決不輕貸而生

凡官兵無故非時違令出營者細打一百棍遊營示衆二十名以上官同法十名以上哨長同法三名以上止於隊長伍長

凡伏路之兵即以各枝分劄地方所向之方爲信地每日辰時後赴中軍領令箭赴彼交替日則辨驗往來眞僞盤詰奸細照前更換遇有各衙門營寨公差人役欲赴本營者夜則於內令一人倍送到營二十步外止住先許倍來兵高說差人來歷守門人即與稟赴中軍聽令進退

凡夜傳暗更籌箭每隊撥兵二名守木城即傳箭

迷失更箭者上下挨查得出軍法示衆

凡遇有警肅靜各守信地木城閉聽令發兵如有喧言亂走者軍法重治

凡更籌遇日晦夜暗行軍宿野必須定更則時以知早晚緩急之備先以一日有百刻分一十二時每一時有八刻二十分每一刻六十分共五百分爲一時依二十四氣節爲十二籌以日出入爲則每籌長二尺四寸上書各得本節日出入時刻分晝夜長短之數或不用籌計珠二串一串用小珠七百四十箇爲數緊慢行數七百四十餘步或數珠七百四十餘箇程限該二里二十七步餘爲一刻行數七千四百七十餘箇程限二十里二百七十餘步爲十刻晝夜該七萬四千七百餘步程限二百零八里有餘是爲百刻每一時八刻二十分該行六千二百二十五步數珠即六千二百二十五箇爲一時十二時約程限與百刻同凡定更籌晝夜各長短不同依十二時候節氣各以長短刻數隨時分派朝以日出夜以日入爲始時定而更漏均大同小異可爲警備矣且如安營一面一百八十八

步四面共七百五十二步行遍若傳籌五十次共餘五百餘步日將出矣如冬至夜極長夏至夜極短二十四氣皆有異同餘各倣此

凡下野營在賊不知之處日落斷火不許燎燒柴草恐賊遠望夜來攻我營寨夜間不許支更鼓止令傳箭約量回數定立更次守門人須要辨認奸細非奉將令不許擅開營門如與賊對壘須去營二十步每隊然火一堆徹夜見賊即與抵敵勿近自營使我不能見賊自暗中望明來攻我

凡夜營俱照定過燈炬爲號各看燈籠遵依各哨視中軍之燈各隊視本哨之燈各兵視本隊之燈如視晝旗一般違錯俱比白晝軍法加一等遇大風雨則視火把遇出奇或暗地移營別處燈籠留在虚營各聽隨時編發字號如中軍說甲字則是左哨凡言甲字一即是左哨第一隊餘倣此不預定者恐奸細知之也如再近賊則又不用字號以禽獸之聲爲號隨時給與哨官哨官依次相諭通知學鷄鳴爲某哨學牛鳴爲某哨之類皆不預設

陸兵舟行號令示各總知悉違者連坐

一起行處所中軍放砲一箇鳴鼓升行旗大吹打畢掌號笛各官哨長赴中軍聽發放本日所行所止之意畢散回聽放砲吹天鵞聲吶喊三聲點鼓竪何旗色照旗色相同應行之營一體點鼓開船

一起行次序以日干所臨甲乙丙丁戊巳庚辛壬癸五行爲前鋒先行餘照營次若行間遇中軍放大砲一箇晝磨旗夜車雙燈即便駐船營各照方向泊齊圍住中軍聽令

一到止宿去處前行之營放砲三箇鳴金落旗每營約去一箭之遠每一營爲一綜一體落旗聽中軍到落旗後仍復升旗是掌號笛發放若不升旗各官目有緊事者赴禀事無事者謹守信地訓齊兵伍若有更令必差巡視旗口傳或有令票不在此内

一凡水陸行營第一肅靜爲要不拘何事俱聽旗鼓號令不許口傳口傳之言雖本府面說亦不許從除明白進止用旗鼓號頭照原給令書外若或近賊或欲暗行暗止聽中軍如後開傳令

一人挨遍一人不分官目雖本府亦自遍之

一物件挨次遞過即便遵守陸路同

要住傳土塊　要行傳小短箭　要立傳草木枝　要坐傳石塊　要有警收拾器械預防賊來衝殺傳大令箭即便於脚下隨便每哨官爲一營搶擇地勢照給過原操令書内營陣立定聽候中軍傳令每總爲一處不許相連

一止宿處所每營四哨官内輪撥兵一小哨赴把總處巡夜每營輪一哨官巡夜其本夜内驚恐火燭奸細之變俱罪坐本官其把總不時親自

稽查

一止宿處所船隻各隨到齊各分營定訖到日晚聽中軍放砲三箇打鬧門鼓畢俟擂鼓各營照中軍一體聚巡夜人在把總船邊跪下發放陸行同

發放云　官兵聽着應齊　夜巡謹慎應齊　毋得懈惰應齊　悞了事軍法不饒應齊　起去應齊

聽定更喇叭一聲凡把總處支更其每船一隻內不分大小輪議五人每更一名在船頭執竹梆支更每打鼓一聲打梆一遍天明各赴本營回話

一以上乃明營也若暗住處所聽臨時傳知即便起暗號支暗更暗傳約束非用令票即用巡視起但初起或初住時中軍不車旗及落旗不擂鼓不放砲吹打即是要行暗令

一中軍官每日輪撥一哨赴本府執打器械緊隨轎馬進止擺圍于後夜則即以此哨巡夜每輪中軍官一員提更

兵兵兵兵大刀藤牌鈴藤牌大叉藤牌兵兵兵
兵兵兵

兵兵兵大刀藤牌鈴藤牌大叉藤牌兵兵兵
兵兵兵

一水陸住止處所遇本府馬到先於一里內差塘報二名進歇處搜過出衙門百步回報無事則不言若衙門不便難宿或有奸細即便口稟

一本府進時親兵在前者擺進衙門內在後者即便于衙門外大街通人行處街口去衙門二十步內各執器械把定清禁人言仍輪一官坐巡邏俟本府閉門方許聚赴衙門首聽火兵送飯食用

一凡大開門時凡小開門聽中軍官即將輪日親

兵在外照前項擺定一半帶進丹墀擺列仍四人在堂上帶短刀立定口報訖方聽開門若在人家一體相同比在衙門更加謹慎在野宿亦與在城相同比在城更加謹慎

第一肅靜爲主凡有平時喧嚷者細打四十連坐遇傳號令下營陣止起之際耳只聽金鼓號頭眼只看旗幟決不許口發一言但有喧嚷出聲者拿治如前臨陣割耳回兵查若因而悞事者斬首示衆

紀効新書卷之七終

紀効新書卷之八

操練營陣旗鼓篇第八

號令既明，賞罰既知，于是列于場肆而教以坐作進退之法，爲營陣之制，以施于用，故以操練篇爲第八

一發放候升帳喊堂畢牙旗開中軍官稟升旗稟起即放砲一箇擂鼓升旗待衆聲跡將定又稟放靜砲稟訖放砲三箇三軍肅靜敢有喧嘩者軍法施行又稟稱吹號笛聚官旗聽發放候官旗到齊立定金止中軍官吽官旗上來兩邊齊應一聲自卑而尊由隊長從下擺起務要行次踈直齊均各官旗依次跪下中軍官執發放牌高聲發放云官旗聽着耳聽金鼓目視旌旗步閑進退手習擊刺萬人一心惟將令是聽違犯的軍法不饒每一句衆應一聲分付畢若有別項講論各靜聽主將逐一親說記定依次分付自尊而卑起立分列如前中軍官傳令官旗下地方衆應一聲聽大吹打官旗由原路散回信地聽各把總吹號笛哨官哨隊長俱聽把總處照臺上發放但先一句云奉臺上號令如有分付一體字字諭之仍照臺上規矩大吹打散回信地又哨隊長各到本營哨官處再行宣說但第一句云奉本總號令畢歸隊隊長率兵通聽哨長發放但第一句云奉本哨號令畢又兵聽隊長傳說約一刻掌下營號頭即各肅靜聽下營

一教場大列三軍聽吹掌號笛發放之圖

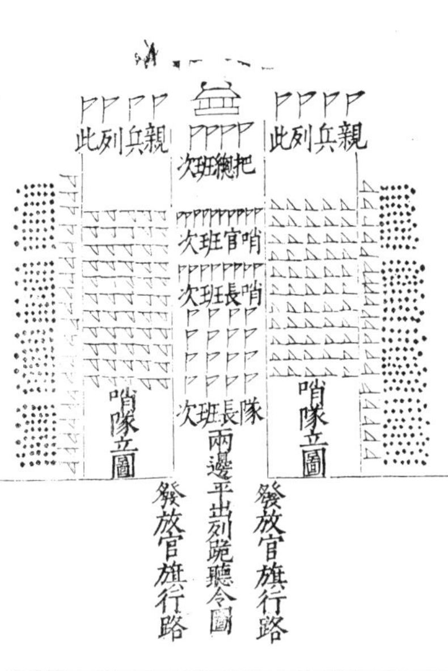

一中軍請鈞旨下營禀訖中軍即撥下地方巡視人役每哨二名共十名旗上明書某哨巡視字樣俱赴臺下禀請下地方藍旗聽發放掌號官發放凡吶喊不齊行陣錯亂喧嘩違令臨陣退縮拿送處治分付訖督戰旗牌每總一面五面付官懸牌執旗禀稱執旗牌下地方督陣旗牌上馬各巡視旗從之由發放路各歸營哨中軍吹哱囉各起身一遍喇叭必警二遍必齊再吹哱囉中軍擺金鼓旗幟掌旗者即將原列兩行旗取五方一副上將臺二副擺定兩邊官兵聽點鼓于臺前如路廣則每哨四隊平行如路狹則每哨挨隊依鴛鴦陣行照圖行至極前俱層層立定金鑼鼓止

以下至收爲大營句止共八條共八圖此每每臨陣對敵所用者乃實効非飾觀視之筌蹄也數年屢戰一切號令行伍俱如圖欵毫不更易是以每戰必全捷而我兵不損及至困攻賊雖竭力以刀石擲敵而我兵不爲所傷者此鴛鴦陣牌筅鎗榄居次之功也須臨陣觀之便得妙處肯綮借或場操之際肯有親入行伍内一試之者亦自知其利不可以口舌楮筆載也今將初出圖令開後次第之

一路狹一字行到極處過營放砲一箇立定

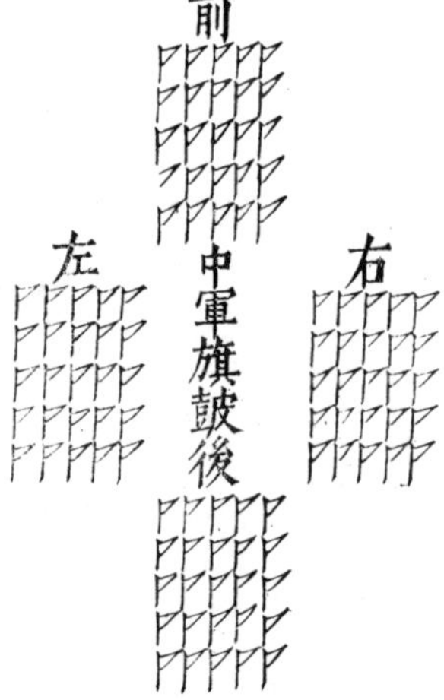

俟定又點鼓點旗前營正兵卽由正路以當賊之頭左營卽由左取路以出賊之左右營卽由右取路以當賊之右俱依大鴛鴦陣勢單隊雙行如有五營則以後哨急出伏於左右因地勢山林而從便相機如欲俟賊來迎我我則伏兵出於前三枝大兵之前里許之地如我欲徑殺入賊中不待賊動則伏兵卽于我所進左右二枝大兵之後與交鋒之地相去不過半里伏之此時料賊已相見不必密行也候前正兵將近賊一里之地急吹單擺開喇叭將鼓急點前營

正兵卽大鴛鴦陣平平一字列開以前哨爲第一層後哨爲第二層左哨爲左翼右哨爲右翼左營奇兵以前哨出左路抄賊爲正兵後哨爲二層接應左哨爲左翼右哨爲右翼其右營奇兵亦照前營兵分于右通每一層爲平一字擺開如路狹則擺大鴛鴦陣如路寬則自大鴛鴦陣又分擺爲三才陣俱在臨時所變此皆以場操兼對敵之實事言也若專在塲操其伏兵一半出大兵之前一半在大兵之後庶二者俱習矣但如伏兵在兵之前必須賊未見時先事遣

發亦必賊勢迎頭而來者乃可也然此伏收功最易但伏之甚難非上等好漢齊心齊力不可也須賊過我伏來方聽我號令而出不大成則大敗惟有隨兵同出遇藏身之處從便伏于兵後一着此最穩當雖不大得亦不大失但此伏所以防前兵少却爲第一功除此無所用其力如此攻伏恁是如何賊不可測何則有前行大兵遮護之耳其中軍兵一面在大後二三里之內據險劄老營如此擺陣須速其定伏兵俱伏已畢候近賊百步之內中軍放銃一箇吹長聲

喇叭鳥銃手在前打銃每長聲喇叭一聲打放一層只至擂鼓而止如喇叭急吹長聲連連不止是要鳥銃手一齊放了也不必抽放又近賊五十步外放起火一枝各射手兵放箭放弩放火箭畢吹天鵞聲喇叭擂鼓各兵奮勇徑奔賊鋒再不許時刻遲疑恁是如何厮殺不許亂了鴛鴦陣隨離隨合務要牢記其平日所習陣法牌筅鎗刀之法用時都如平日爭忿厮打一般不慌不忙殺進一層又殺一層殺炮倭賊恁從後兵斬級當前者只管殺去恁賊擲來金銀只

是厮殺再不須顧第一層戰酣擂鼓少緩又擂鼓第二層急急衝過前層接戰前層少整隊伍鼓又少緩又擂鼓第一層又衝過第二層之前接戰原二層少整隊伍兩翼奇兵一體間層依令進戰整隊與正兵同待左右俱合之際扮賊奔走也巢之象鼓又少緩再吹擺隊伍喇叭各兵即將賊所奔入之巢或上山林之内即時四面各整鴛鴦大隊圍住每遇門路處以厚兵一哨官者當之緊于門路要口鴛鴦陣列定以備併力衝出殺入不許輕動擅進恐中賊伏及或

一人有失悞事不小賊之鋭鋒死鬪皆在此處但以守定爲功其非門路之處各營哨分内信地之兵聽即設計出奇從便攀登以入敵戰但責其取勝而已大捷既畢據報無警各兵照舊困攻聽中軍差親兵入圍内搜報平安聽摔鈸响各于脚下收成大隊再聽摔鈸响各哨爲一聚各營爲一大聚俱隨五方各該大旗下立定俱仍照原出戰大陣之規分前後層左右翼聽鳴金一聲各前一層退出間隊退在後層之後連鳴金二聲齊喝一聲立定又聽鳴金一聲又

後一層未退之兵間隊退過已退兵之後又鳴金二聲齊喝一聲立定如此間隊依金退至中軍大營放砲三箇吶喊三聲鳴金大吹打得勝鼓各兵挨次看旗頭收回作大四疊此五營出陣之説也若止四營則以一營爲正二營爲左右以第四營一半設伏一半劄老營若止三營則以一營爲正兵一營分爲左右一營之半爲伏兵一半爲老營若兵止二營則以一營中一半爲正兵一半分爲左右一營一半爲伏兵一半爲老營若止一營則以各哨分之雖至五箇

人亦可如圖操習及如圖臨陣也刻舟求劍者豈足以語此

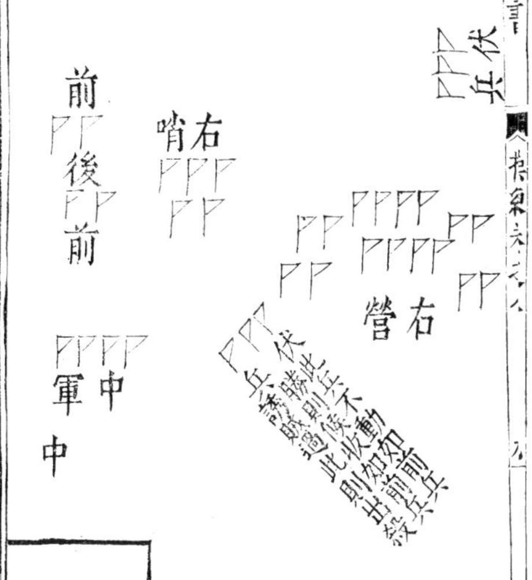

一定立交鋒圖

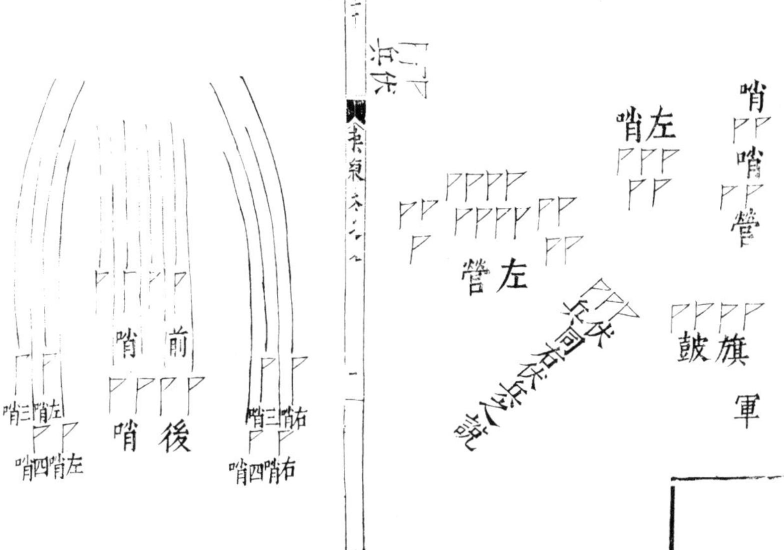

右如全營圖之方幅有限姑圖一營以例其全

一伏兵出戰回兵策應之圖

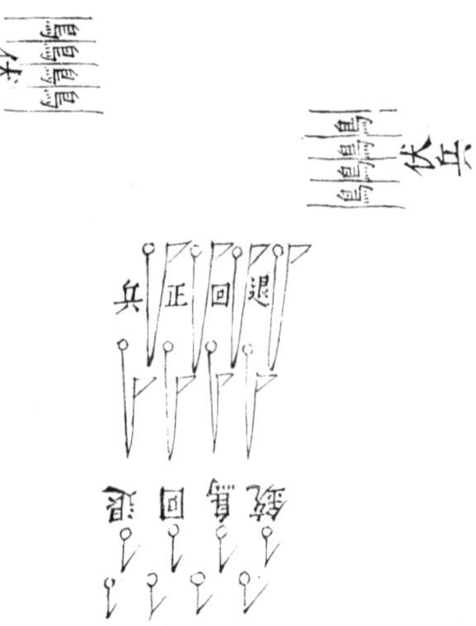

一攻圍之圖

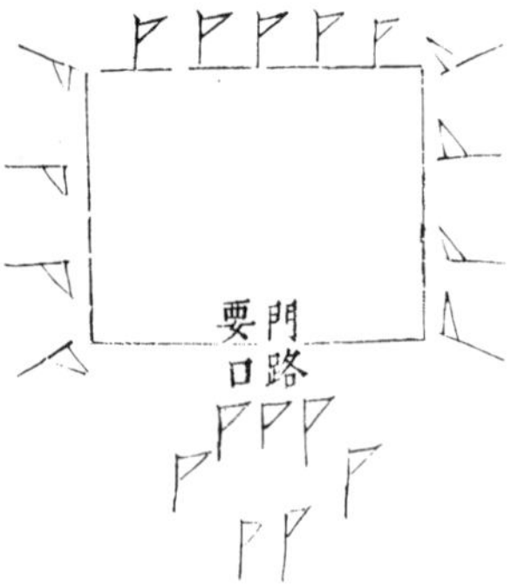

右不能盡圍亦如前耳退出圍地金止五方旗聽打金邊發出爲四疊立表聽大吹打五方旗齊點各兵照旗色分往各旗下爲大四疊

一圍攻之法不可執一也如賊勢大敗賊少我衆所圍之處或山林人家又復狹窄方可四面合圍必使一倪不逐如賊氣方盛我少賊衆或所圍之處散闊而我兵分守不足必缺生路一面分兵于去圍十里之外必遁之路伏之

退兵之圖

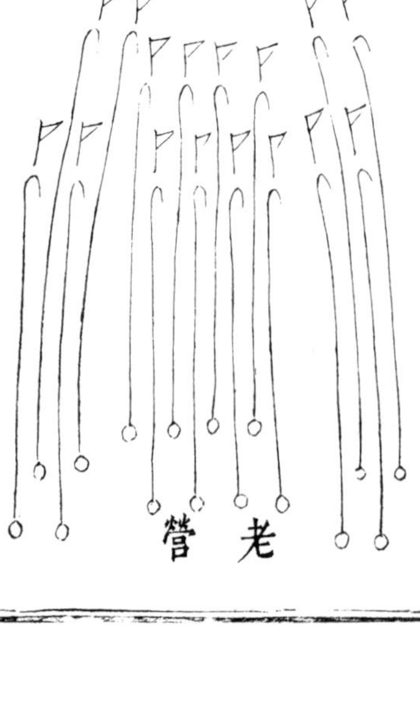

收四疊圖

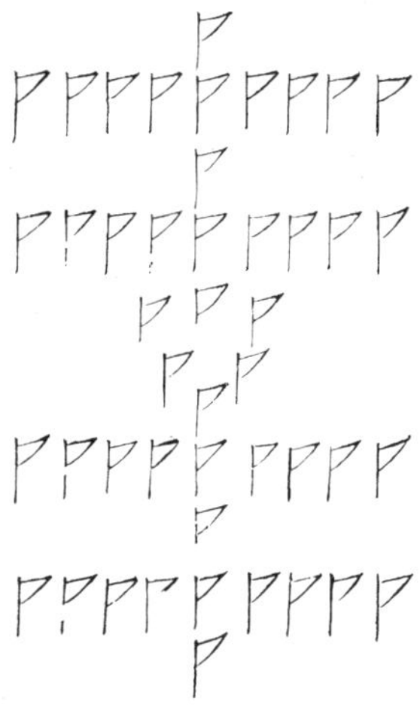

收畢吹打止鳴鑼坐地休息金鳴鑼止打金邊發塘報候塘報搖黃旗知有賊各兵聽吹哱囉起身先點後營旗不點鼓後營兵分爲二枝照前次擺開圖設伏畢次點鼓點旗發前營兵爲正兵左營爲左翼右營爲右翼中軍在後據險劄老營通照前次擺開之圖立定聽吹擺隊伍喇叭擺爲大鴛鴦陣金鳴喇叭止又聽吹單擺開喇叭擺成三才陣金鳴喇叭止鳥銃手照前陣號令放砲畢中軍擂鼓鳴天鵞聲喇叭吶喊各兵一擁飛身追戰第二層隨上鼓少緩又急擂鼓第二層又飛身衝出前層之前衝戰前層少整隊伍右營等兵通照前陣內號令一體操戰候二層俱交鋒之初前伏兵一齊擁出賊之後至左右兵合戰得勝聽鳴金戰止捽鈸响各整在所立信地此時在兵後左右伏兵照舊伏不許動再聽連鳴金三聲退回退法俱照前陣圖號退至中軍之前押陣大旗巡視旗急搖中軍放銃一箇原設在陣後左右伏兵與中軍正兵先將鳥銃一通盡放擂鼓吹天鵞聲喇叭合正伏之兵一齊吶喊左右伏兵急進中軍退回

正等兵俱一齊轉身便衝進其前與賊交鋒混戰必勝而後已捽鈸响收整隊伍又捽鈸响各押陣大旗收回先立爲長一字陣之表比先出一字稍加稀濶左右兩營橫離一百步鳴金大吹打各營照旗收回仍爲長一字陣立定金止中軍稟對壘安大方營稟訖照後大方營圖號施行

一發兵出列之圖

一收兵退回之圖　照前初出長一字圖　俱有前出戰收退之圖相同茲不重出當取法于前圖云

夫南方山水林翳地勢最狹惟有前二陣用無不宜此因地措形也何則善用兵者因敵情轉化其法已云然矣而不知善操習者亦因兵情轉化豈有一定之習哉善用形者亦因地形措戰豈有一定之陣哉況兵列既長緩急之變賊勢叵測苟或遇出於此格之外偶有警急豈能候中軍號令若遇未及照令施行之中忽有前變則前營把總即自主號令先以備戰左營右營各聽當前把總之號即如中軍號令一般則後營伏兵即當于前哨之後左右或遇山渠或

林木人家或堦巷灣曲可以潛躲身形之處偃旗斂跡噤枚支爲伏兵以備前哨萬一却回倏其走盡追過我伏來聽在後老營兵砲响即便突起截衝賊中或出賊之後如此必轉以爲功而前伏不及設亦不必設矣其創老營策應兵如賊徒戰進前哨兵來俟賊過伏兵所在即便衝上後營兵一面在後太遠處據險爲家阻拒扼塞豎立營壁晉三營火兵做飯備守

一戰勝追賊防伏之法

夫倭性人自爲戰善於抄出我後及雖大敗隨奔隱伏甚至一二人經過尺木斗壑亦藏之往往墮其計中辛酉之役一月十捷我兵損不及六七人議者謂非兵之巧乃賊之拙此倭不如別倭之有伏也殊不知將前法已曾教熟于平時故如花街之捷戰追四十里而保全勝者非賊之無伏我有搜守之法而伏無所用也其法如賊徒一戰而敗賊遂奔北我兵追上凡遇林木人家過溪轉角之處每量林木屋垣灣曲大小即留一隊或一哨守其必出之口而他兵一面徑跑追上每遇一處即留一處又或村落極

大者即通行圍止聽人進搜無賊高聲爲號又復前追其麥田茂草之地又皆可伏之所我兵每一哨內即留一隊分投下路星散麥田草中搜打喊叫一面正兵徑追故每戰多於麥田中搜獲生擒此非避我者正賊之伏也

一操法以木牌上書麥田村屋分別大小等字恁聽一人以便挿于教場以灰畫爲委委曲曲羊腸大路一道擂鼓交鋒既勝追賊照前說依圖分往下路于所立木牌處搜防今列圖于後

一搜伏防伏之圖

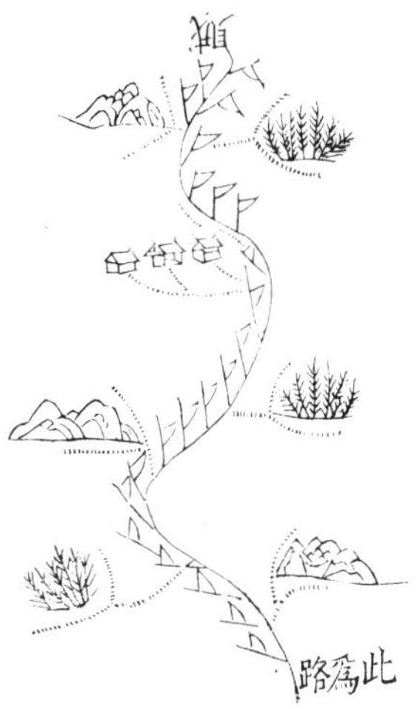

一中軍大戰全捷對壘安大方營打金邊五方旗幟先出立表執旗立表之人執五方旗者先于中軍四直各數行足立定各四角表旗自門旗平看亦行步如數立定爲四角之表各須聽主將預計如每鴛鴦一隊該去一丈計之每面約若干隊爲若干步高招又少折一半立爲子層前營兵卽爲前面左營卽爲左面右營卽爲右面後營卽爲後面

五方旗招先出立定圖

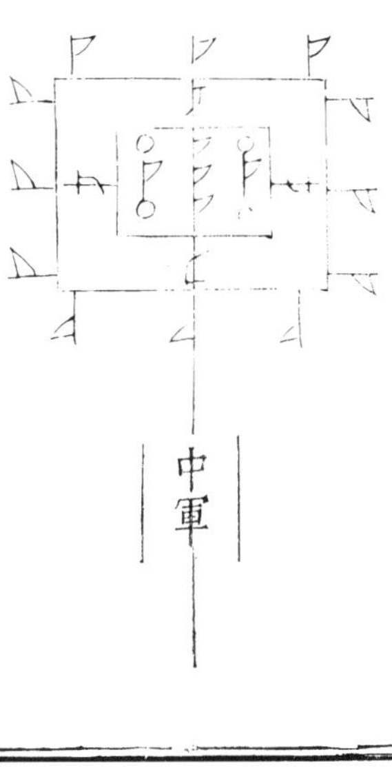

一吹擺隊伍喇叭兵照各方旗色依本旗望表蟻附下營各哨爲一簇團聚門旗兩邊俟人定聽吹長聲單擺開喇叭照方營圖撒開依鴛鴦整陣立定司杴钁者作掘塹勢立拒馬者立拒馬下蒺藜者作安蒺藜勢鑼鳴俱坐豎黃旗擂鼓發火兵樵汲鼓三通發出閉營門吹號笛官旗發放會議事俱照臺上發放號令施行候各到地方掌號吹長聲哱囉全營起身禦鎗作勢方伏黃旗收火兵進營起火一枝各營舉火炊食畢卽隨報有賊之處看豎何旗如豎紅旗則前面備戰豎黑旗後面備戰豎藍旗左面備戰豎

白旗右面備戰旗旣豎聽哱囉一遍起身收拾
器械點鼓鳴銃先行在前離本營一百小步立
定其該營之兵前哨出在鳥銃後每哨各隊平
列爲一層二哨在左三哨在右四哨在後照圖
擺定其中軍親兵之類一字擺在出戰兵之後
以補該面方營之缺聽吹擺隊伍喇叭前哨踈
擺大鴛鴦陣在前爲正兵左哨出左邊右哨出
右邊後哨攢上前與前哨相近二十步爲次層
接戰兵其左右兩翼兵務與中間正兵相去各
隔一哨之地切不許擠密相聯各以一哨二哨

爲抄賊奇兵三哨四哨徑在大兵之前半里外
左右或山或險或林木人家或溝渠但可遮藏
形跡之處俱各啣枚偃旗卧定爲伏兵其交鋒
之法聽中軍放砲一箇吹長聲喇叭一聲銃手
放砲一層吹過五次喇叭放過五次砲盡出戰
如有令分付若喇叭吹長聲緊吹數聲不止則
凡在砲手一齊單列盡數放畢點鼓前哨慢行
出鳥銃外擂鼓吹天鵞聲喇叭吶喊交鋒認是
如何不許離亂鴛鴦陣法一隊一陣任其亂殺
亂砍不許與牌手相離一聞金响卽復原隊如

賊不退尚在交鋒金不鳴中軍擂鼓忽止又點
鼓則該二層間隊出約將到擂鼓吹天鵞聲噁
出前層之前接戰兩翼抄賊奇兵相夾而進如
賊敗走原擂之鼓聲聞不歇則當交鋒之層只
顧追殺上前二層緊隨擂鼓少止再擂又是二
層間出只顧整隊間出上前追殺但聞鳴金三
聲火速脚下立定聽摔鈸响速收整原隊鳴金
一下第一層退至最後層兵之後聽連鳴金二
聲復槃鎗回頭作勢齊喝一聲立定又如此鳴
金二層又退回已退後層之後又鳴金二聲又

復槃鎗回頭作勢齊喝一聲立定再鳴金又該
已退在前之兵又退又止如此依聽金令輪退
只至鳥銃之後此時賊若追我過伏兵來中軍
卽放大銃三箇兩邊伏兵一齊擁出打銃兵皆
横奔冲賊務出死力抵敵正面兵一齊回頭擁
上四面合攻混戰老營發兵助勢此時伏兵已
起若已退正兵而不卽回頭拚命策應者全隊
如禁令條約施行大得勝金响三聲各照前出
退法退回原劄陣之地立定金止聽報無賊摔
鈸响收隊再摔鈸响收成大隊前層不動後層

少退留左右二哨之空左右二哨俱各脚下立定再聽摔鈸响左右二哨各馳回原空立定鳴金大吹打鳥銃先回進營門即轉身向前伏定防前有賊來兵哨挨次徑歸原營每哨一聚畢喇叭吹單擺開仍擺方營餘三面之營皆是一般號令出戰凡營中無故放砲是欲更變號令砲响後各營看中軍竪何色旗何營聽備出戰通戰收已畢鑼鳴俱坐中軍禀收大營起營吹長聲哱囉各起身摔鈸响收成大哨再摔鈸响五方旗招回中軍各兵聽中軍旗招照各營照

旗方向俱歸旗下爲一字面前擺開乃爲四疊

聽令收營

凡戰但係正兵俱聽喇叭次數或擺鴛鴦陣或擺三才陣隨號無定其兩翼伏兵定要擺作三才決不用鴛鴦陣葢伏兵要突出必是奔砲鴛鴦陣人衆跑遠易亂故只用三才陣人少易出應急爲便

一交鋒之法兵在各伍牌後遮嚴緩步前行執牌在前只低頭前進筅鎗伸出牌之兩邊身在牌之後緊護牌而進聽擂鼓吹天鵞聲喇叭交戰執牌者專以前進爲務不許出頭看賊伍下恃頼牌遮其身只以筅鎗出牌之前戳殺爲務如不上前隊長牌兵之責如隊長牌兵被害伍下償命其兩翼之兵先大張其勢望外開行俟將戰急於賊之兩邊各令一半自外圍戳而來各令一半伏住俟賊到正面兵俱將牌立定不動兩奇兵急合賊必分兵迎我兩來奇兵俟賊四顧奪氣正面兵即擁牌夾戰如勝負未分前力已竭又即點鼓第二層由前層空内間出如

圖接應對敵聞金得勝而止依退法退回架梁兵各帶小旗一面捲訖知賊已無別伏方纔打得勝回營

次擺隊伍喇叭點鼓每一哨一聚圖

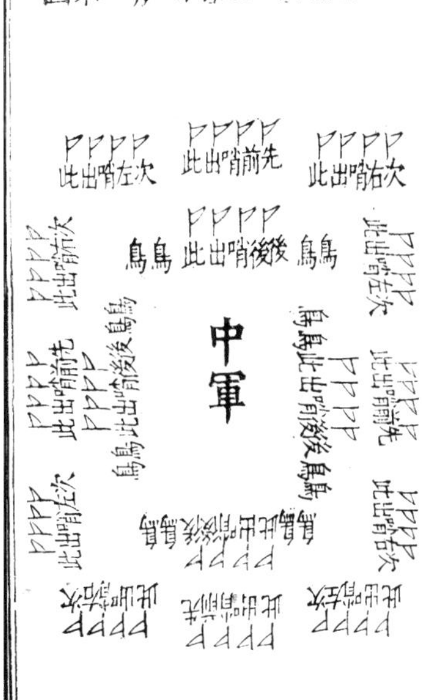

一再吹單擺開每鴛鴦一隊平去一丈五尺圖

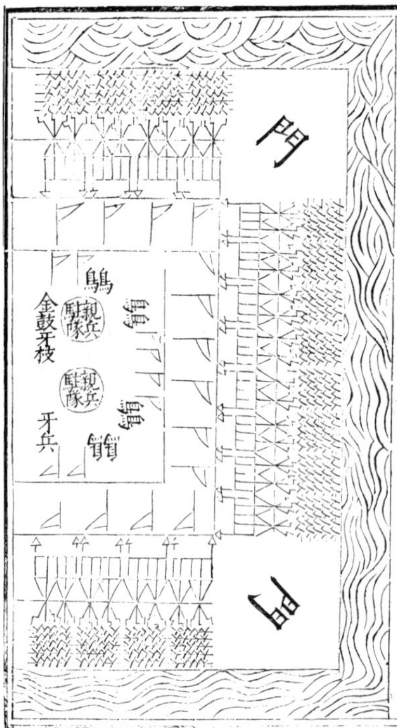

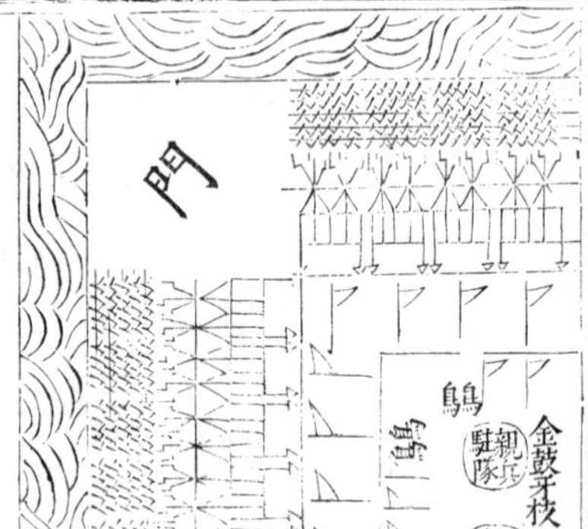

一面出戰初變立定圖

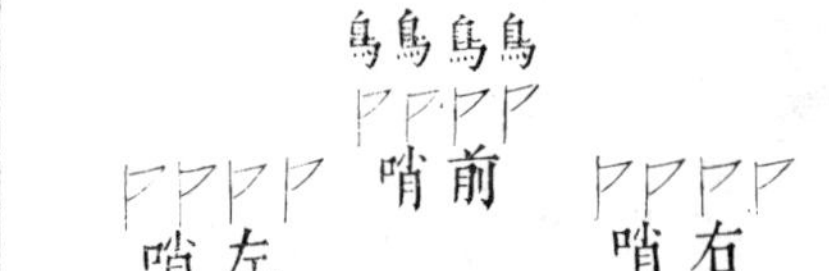

立定吹擺隊伍又點鼓出變

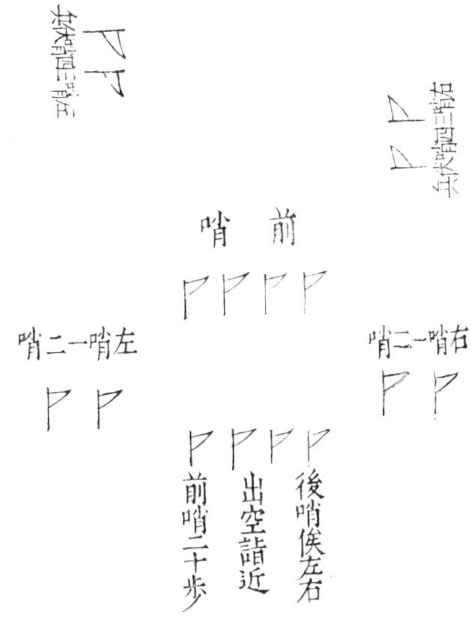

一定立交鋒之圖

一退兵之圖

一伏兵出戰回兵策應之圖

以上俱載前操長營內已詳茲照前圖施行此

不重出

一收營法即從方營收成四疊放銃三箇吶喊三聲一齊收至將臺鳴鑼過隊各回原劄兩行信地金响鑼止又慢鳴鑼三聲散中軍歸列鳴鑼兵士坐息如出戰在野收回則放銃吶喊畢照行營隨地形變幾路收回以上操戰法似為定局或者曰所謂刻舟求劍也倘兵非四營將焉用此殊不知一隊一哨皆可操當照後演之式不拘人多少令將零哨一哨起至合四營止常操分合之妙圖說另具于後

一挨隊操演自一隊起至四隊畢又合一哨操四哨畢合一營操此以下操法號令俱附各圖右如此雖十人亦可用戰法亦有奇正不過一頭兩翼一尾中軍為心是謂握奇心運四肢當敵者為頭迎鋒尾即繼後與頭更番間出不窮兩翼隨之自遠而近迎合于前但遇敵處即為頭為正兵但在左右即為翼為抄賊奇兵但在後即為尾為策應兵其金鼓號令雖操五人十人由一隊以至一營由一營以至十萬皆同

一操法一隊前來立定鑼鳴坐地聽吹長聲單哱

囉各起身執器械聽吹擺隊伍喇叭整隊鴛鴦隊擺開再聽吹單擺開喇叭即變如後圖三才陣點鼓前行擂鼓吹天鵞聲喇叭吶喊交戰五人爲正兵各三人爲左右翼金响三聲立定鳴金一聲面前退回連鳴金二聲即向前齊喝一聲立定摔鈸响仍收鴛鴦隊打得勝鼓回在教場空地立定鳴鑼坐地休息如是又點哨長旗第二隊照前習戰二隊畢又點哨長旗第三隊習戰畢又點哨長旗第四隊習戰號令皆同第一隊習戰倒四隊俱完是一哨完

一伍操圖

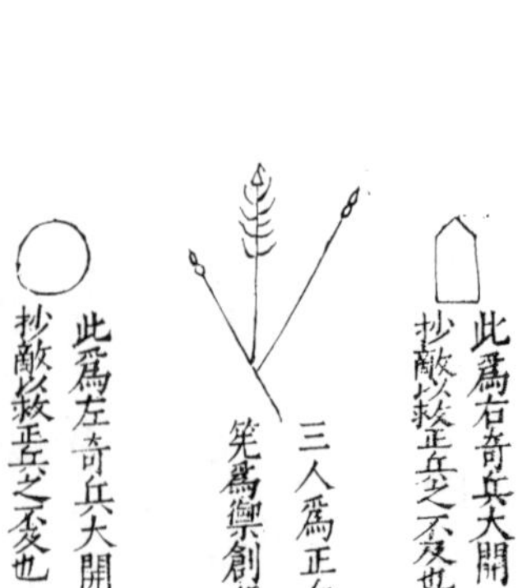

一隊操圖出鴛鴦陣變三才陣

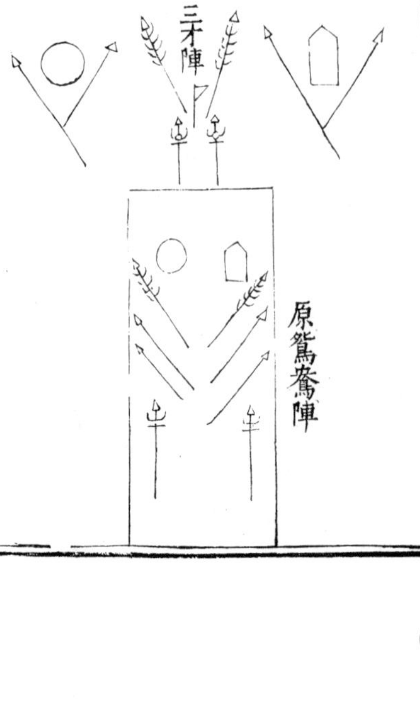

一四隊爲一哨操完聽哨官點旗吹哱囉以上原操完的一哨俱起聽點鼓整鴛鴦隊一隊單行二隊三隊並行四隊單行立定鳴鑼坐息聽塘報在前摇旗報有賊至聽吹哱囉起身聽吹擺隊伍喇叭即整鴛鴦陣二隊在左者左出去正隊一十小步如野地不拘但以進退便利爲界右者右出聽再吹單擺開喇叭即分三才陣如不再吹單擺開喇叭是不分三才陣只以鴛鴦陣聽號交鋒但以吹喇叭聲爲准如擺三才陣已定聽點鼓頭層一隊慢行四隊在後跟上聽

擂鼓吹天鵞聲吶喊第一隊交鋒任是如何厮殺不許亂了行陣又點鼓在後第四隊由一隊空中間出一隊之前交鋒如此相輪間出無窮左右二翼二隊三隊照居中正兵一層進一體進一次只進至兩翼抄抱相合在正兵之前止聽鳴金三聲各收原隊再鳴金一聲在前層退過在後一層兩翼一體各退原路連鳴金三聲齊喝一聲立定又聽鳴金一聲前層又退退至原地摔鈸响收成鴛鴦陣再摔鈸响收成原哨立定是一面操畢如後面塘報報有賊即以四

隊爲正兵一隊爲二層間出二隊爲右翼三隊爲左翼戰法收法俱同前例如操畢左面報有警即以二隊爲正兵三隊爲第二層四隊爲左翼一隊爲右翼戰法收法號令俱同前例如右面報有賊即以三隊爲正兵二隊爲第二層一隊爲左翼四隊爲右翼戰法收法號令俱同前例哨長居中調度爲中軍

一一哨出戰隨敵分應遇賊處爲首交鋒操圖

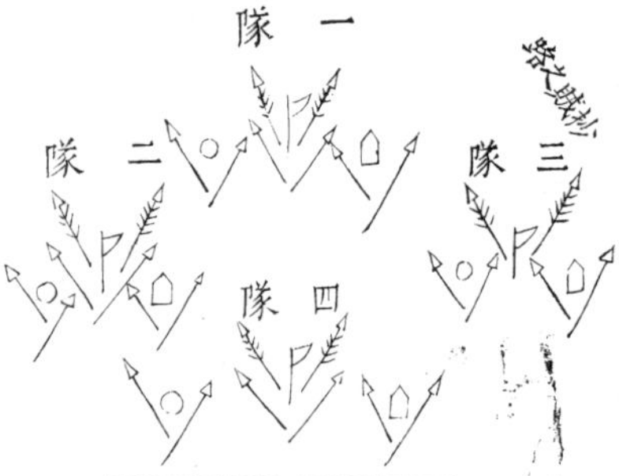

一哨先出立定原圖

一哨操畢回空地鳴鑼坐息又聽二哨三哨四哨各輪照一哨之法操畢又聽回空地鳴鑼坐息如此四哨俱完又鳴金邊探賊待報警卽聽本總點本哨官方色相同之旗卽各聽吹長聲哱囉四哨通起身收拾器具鳴金邊發塘報四哨旗卽前至戰地立表每隊有三步長則左右旗各退第一哨之旗後十二步左右平立第四哨旗在後之中又退左右旗十二步立定點鼓先鳥銃次前哨挨次各就旗下立定聽點鼓則每哨四隊通攢到旗下平列一字聽吹擺隊任喇

叭一哨鴛鴦陣擺開每隊相去三大步如不再吹單擺開喇叭是地形廣濶就用鴛鴦陣對敵如再吹單擺喇叭是地險窄耍仍擺三才陣對敵四哨亦照一哨擺作第二層聽令間出二哨卽由左右遠離正兵或三十二步或不拘只相地形之便或旁抄小路但不許太遠聲勢不相救應以一隊二隊徑出傍路抄襲賊後三隊四隊卽於出正兵三十步之前不拘遠近隨其山地形勢可以隱身之處掩旗息鼓啣枚挨伏以爲伏兵三哨亦照二哨之法出正兵之右亦一

體以一隊二隊比照二哨抄賊以三隊四隊比照二哨設伏若遇地形偏斜止有一邊可以伏襲臨時聽本哨便宜分布若一邊可伏一邊可抄則聽各哨之便可抄賊者盡數抄賊可埋伏者通哨埋伏該總內中軍等兵并不操之哨恐帶一哨官者在五十步後據險一字擺開爲老營如此布定寂速爲要賊至小百步聽本總放銃一箇每掌號一聲鳥銃放一層連掌號五次五層俱放畢聽點鼓一哨緩行出鳥銃前聽擂鼓吹天鵞聲吶喊方才交鋒鼓卽少緩又點數

聲第二層四哨兵急出又擂鼓聽天鵞聲接應
間出前層之前交鋒鼓又少緩又點第一層又
出二層之前擂鼓吹天鵞聲吶喊交鋒塲操不
拘幾層只管輪聽鼓號喇叭吶喊間空抽進兩
翼二哨三哨兵亦照正兵號換層抄進若臨敵
交鋒一層已接只有二層四哨接應二哨三哨
抄褁之兵待正兵第二層四哨一合前層共戰
則兩翼卽來抄褁以奪賊氣以壯兵久戰之膽
或正兵佯却誘敵或由正路或由別所任便戰
引決不許經由伏兵之處却回悞事俟賊追過

伏兵來將近老營兵之時聽放大砲一箇伏兵
鬧砲左右二哨者兩邊齊吶喊躍出或冲賊腰
或出賊後賊必慌忙回顧奔回之兵火速轉身
本總聽大擂鼓儘力一擁追殺前去萬勝無差
戰畢聽連鳴金三聲卽各於脚下立定再聽摔
鈸響卽各歸原隊哨聽鳴金一聲第一層先間
隊退回後層之後聽連鳴金二聲喝一聲立定
又鳴金一聲在前之層又退過已退兵之後依
前令鳴金喝立如此輪間抽回只至老營原地
聽摔鈸響照原單擺開圖立定又聽摔鈸再響

照原初出營隊立聽金鼓齊鳴魚貫收還回軍
如賊從後來卽以四哨爲正兵迎鋒二哨一二
隊爲右翼兵三四隊爲右伏兵三哨一二隊爲
左翼兵三四隊爲左伏兵一哨爲後哨如賊從
左來卽以二哨爲前哨正兵三哨爲後哨策應
四哨一二隊爲左翼兵三四隊爲左伏兵一哨
一二隊爲右翼兵三四隊爲右伏兵如賊從右
來卽以三哨爲正兵迎鋒二哨爲策應一哨一
二隊爲右翼兵三四隊爲左伏兵四哨一二隊
爲右翼兵三四隊爲右伏兵

一哨立表圖

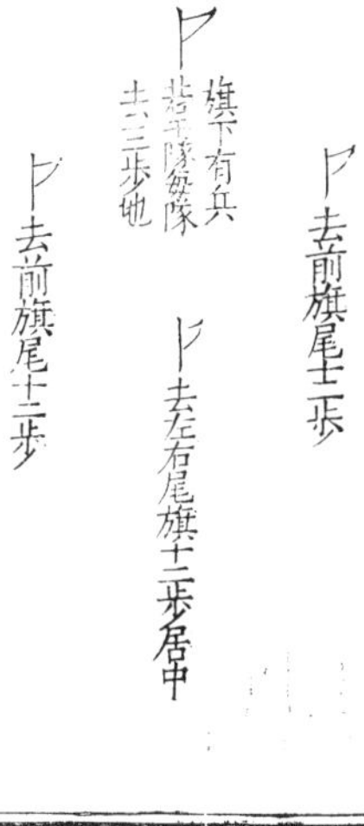

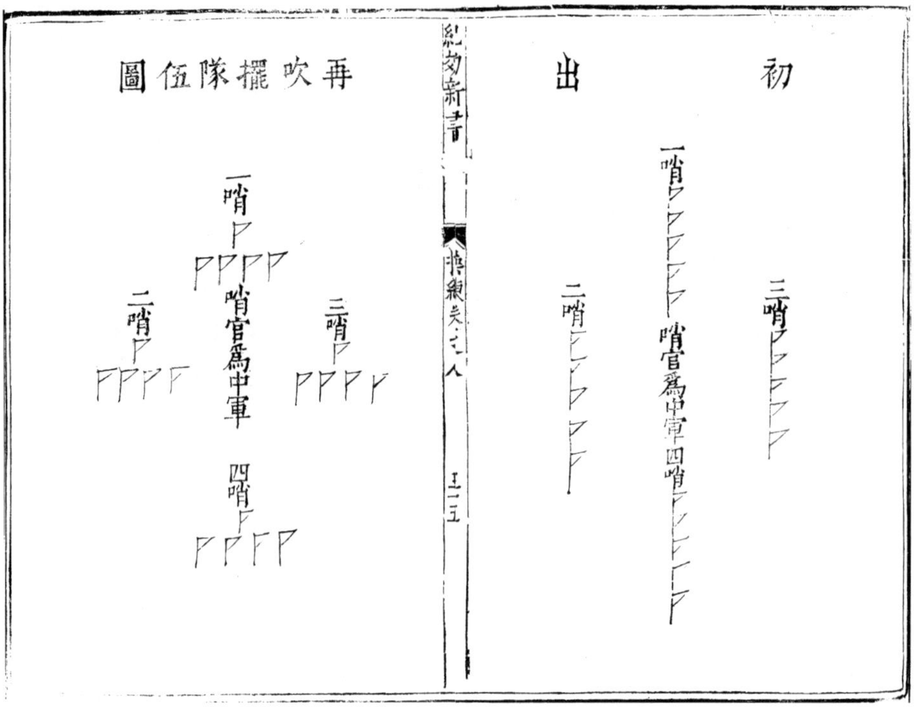
初出
一哨
哨官爲中軍
四哨
二哨
三哨
紀效新書
再吹擺隊伍圖
一哨
哨官爲中軍
二哨
三哨
四哨

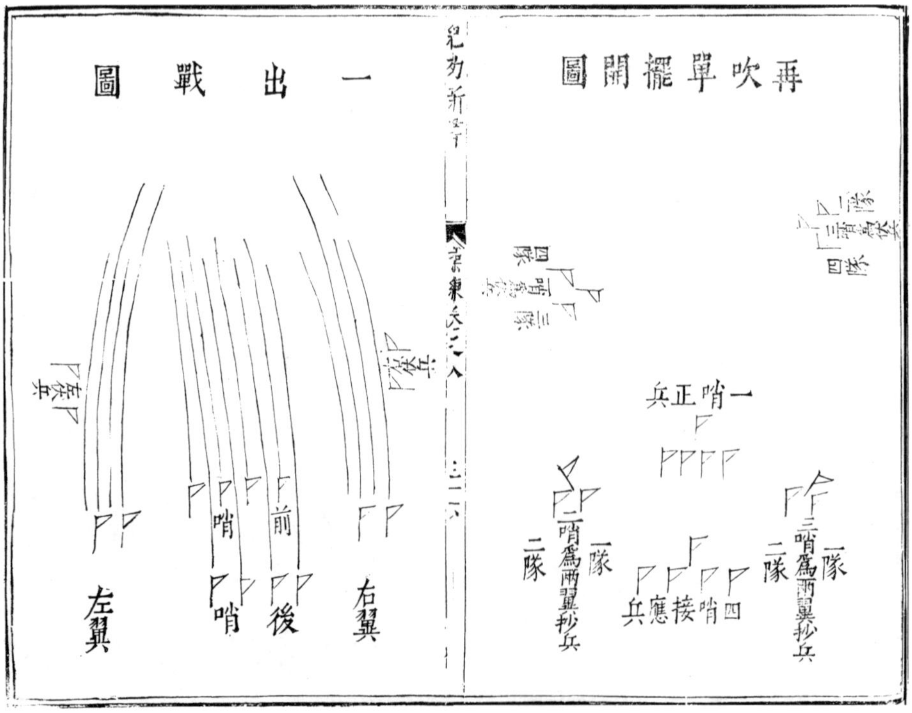
再吹單擺開圖
一哨正兵
一隊
二哨爲兩翼抄兵
二隊
四哨接應兵
紀效新書
一出戰圖
左翼
哨
前
哨
後
右翼

一伏兵起身出敵圖

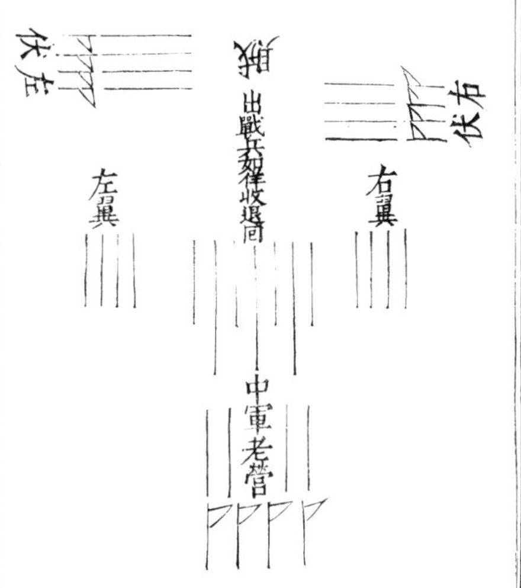

一伏兵既出老營兵急應原卻兵卽回身向前圖

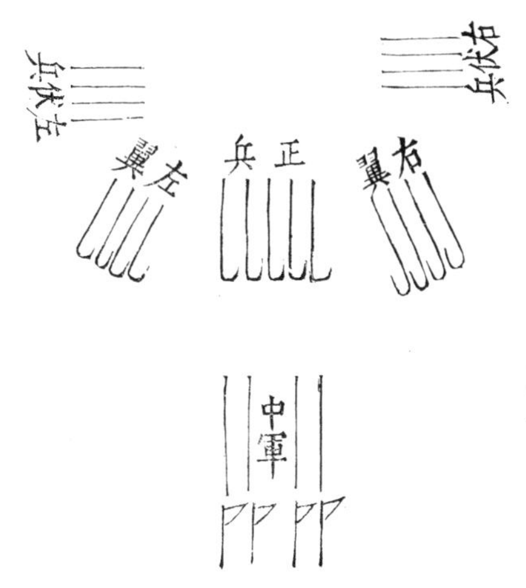

一如在教場前面操完收回原地方立定未及回軍忽報後面有警卽以在後之哨爲第一層正兵先回之哨爲第二層策應正行之兵各於脚下鱗次鴛鴦陣轉身立定迎敵在左之哨一哨二哨爲左翼三哨四哨爲左伏在右之哨一哨二哨爲右翼三哨四哨爲右伏各照舊法但伏兵卽於戰兵第二層之後左右卽在陣中設伏不及別尋伏地抄兵悉張兩翼而上不必正兵二層輪進之時方纔同二層進此是一總通出之法其出戰收兵埋伏出敵號令俱與下方營時一面戰之例并不差更如又依令收回仍

立定聽吹轉身喇叭仍轉前面再聽報左面有賊卽以左面左哨爲第一層正兵右哨爲第二層策應前哨一哨二哨爲右翼三哨四哨爲右伏後哨一哨二哨爲左翼三哨四哨爲左伏對敵收軍一如前面號令兵回原地仍聽吹轉身喇叭照前面初出圖立定未及回軍又聽報右面有警卽以右面右哨爲第一層正兵左哨爲第二層間出前哨一哨二哨爲左翼三哨四哨爲左伏後哨一哨二哨爲右翼三哨四哨爲右

伏對敵收軍一如前面號令所謂無不可為頭
無不可為尾無不可為翼無不可為伏庶臨事
任從何面有警任從前後左右無不即成營陣
隊伍左之左之右之右之無不由之如驅群羊
是也若不如此廣習獨用萬一地窄賊近仍要
調過前哨向賊為正兵悞事豈小小哉一總操
定即大鳴金鼓照鴛鴦陣行回原劄大營信地
依行伍立定鳴鑼坐息聽一總又看將臺何色
旗點照旗色把總帶兵點鼓聽吹哱囉起身赴
中軍照先操一總號令布戰抄伏收退之法毫

釐不許差錯如此五總通完各仍回信地擺列
坐定休息聽中軍號令合營大操俱如一總之
法四面報賊隨警調應亦同一總四面之法但
因地形而加人數之多耳凡每謂之前後左右
各以前後左右之總配之每謂之一二三四哨
者則以前後左右所分之哨配之由此而增百
萬一法

一附寧紹操練生兵陣圖其號令俱如見行並不
重註

點鼓各分出引至其地立定

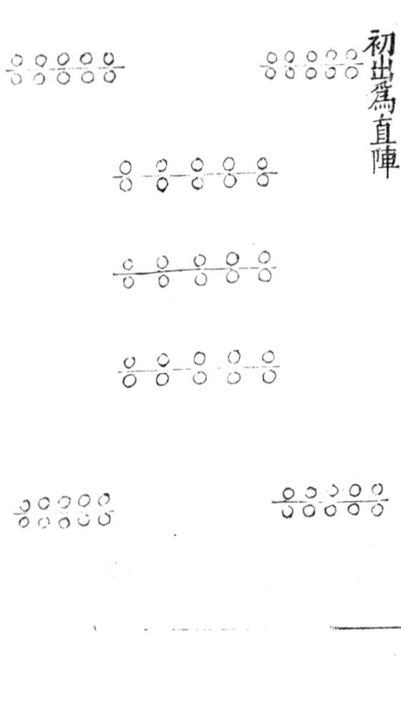

一變為三疊陣

吹擺隊伍喇叭

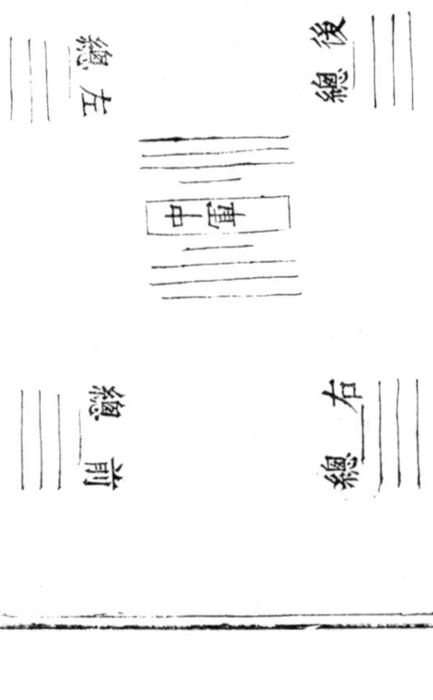

二變爲方陣皆鉄内圖

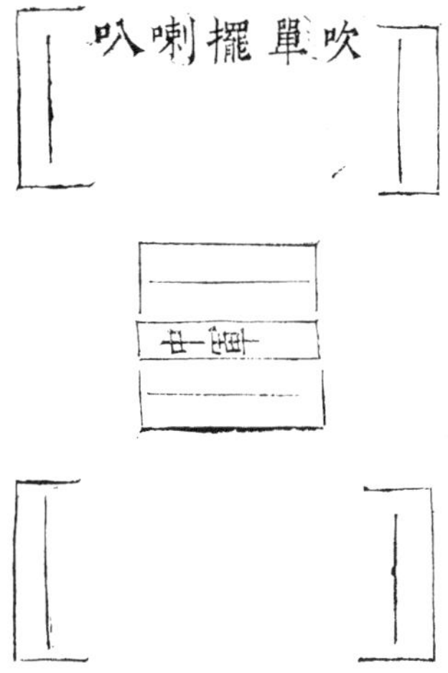

放砲一箇立起高招吹擺開喇叭

三變爲鋭陣

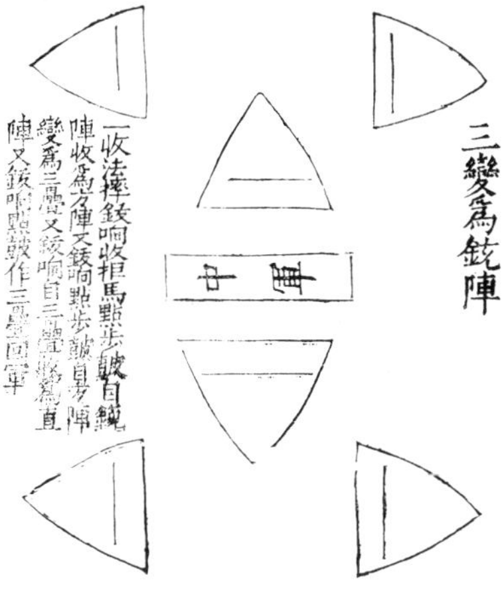

一收法擂鈸响收相馬點步鼓自鋭陣收爲方陣又鈸响點步鼓自方陣變爲三疊又鈸响自三疊收爲直陣又鈸响點鼓作三疊回軍

[illegible]法

以伍人爲伍立一伍長主之必擇平素相識者晝戰而貌足以相見夜戰聲音足以相知

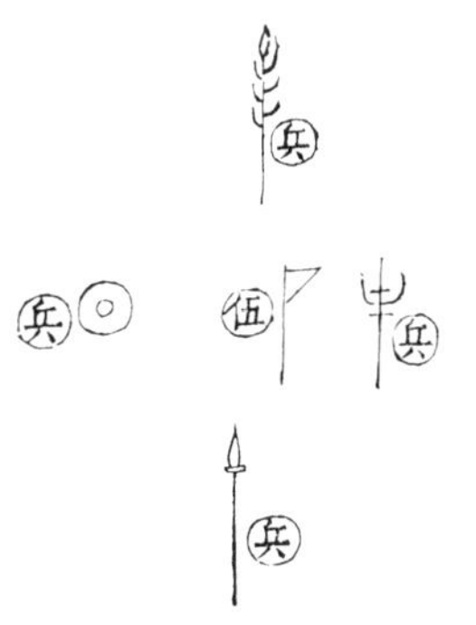

立隊法

以伍層站立隊長居前伍長居中以成一方縱横成行右所謂行伍即此法也

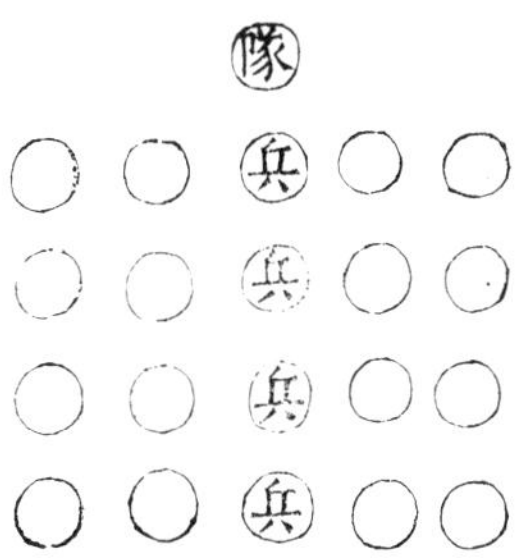

結隊法

以伍伍二十五人爲一隊立一隊長主之隊者元首也四伍四肢也四兵者拇指也臨陣立以連刑之法如身使臂指是也

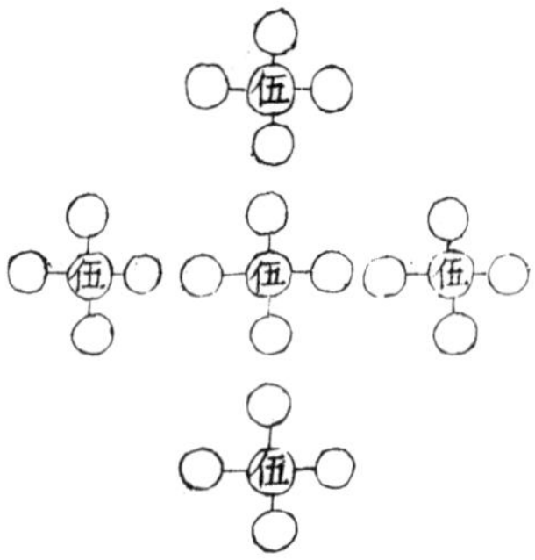

結攢法

以四隊爲一攢立一攢長主之其刑如井字加以東伍之令古所謂結者如絲之有紐而不可卒解者也

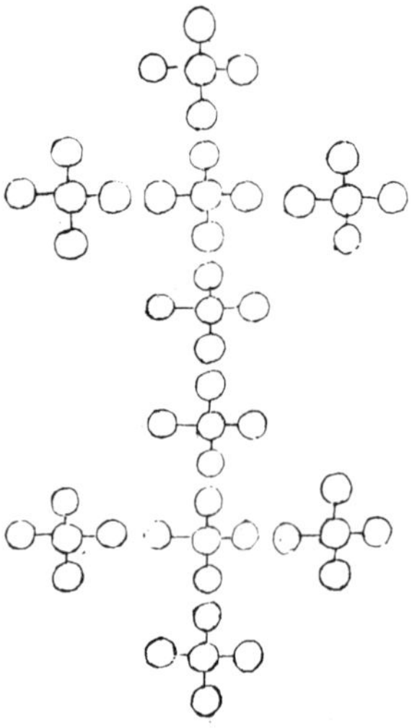

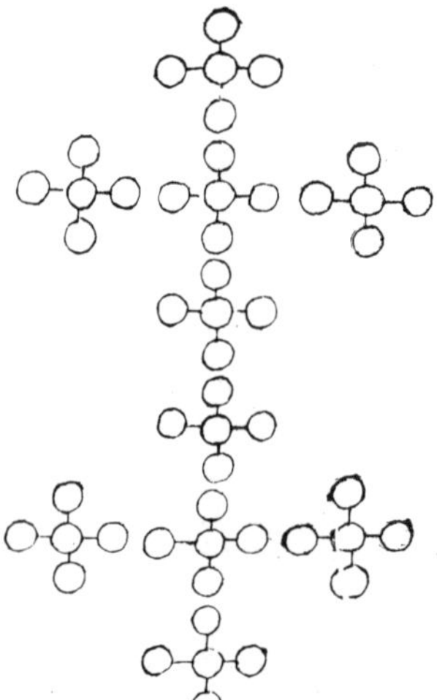

紀効新書卷之九

出征起程在途行營篇第九

一主將先傳令票箭期會訖不拘時分但聞第一遍喇叭收拾軍裝做飯喫訖點查乾糧一面先將前哨塘報人馬每塘五名各以相望爲准不拘遠近每路設二十四塘大約二十餘里以内自人馬聚處通該差塘報一齊令行至一里外或不及但彼此可以相望如視望不真即留住一塘立旗站定別塘再走至僅可望見又留一層只至留到二十四層立完站候聽吹第二遍喇叭中軍擺清道旗出次領哨把總等官領人馬挨哨出城主將居中軍第三遍喇叭掌號笛官旗聽發放畢各回哨中軍點鼓如一路行則中軍先點大紅旗一面以前總居前次左總次中總中軍次右總次後後總侯各行開已畢中軍豎高招一竿各部高招俱起如圖一路行兵行則塘報亦行兵止則塘報亦止如前途稍寬中軍行至寬處放砲一箇各於脚下立定聽起火二枝放砲二箇立起高招二竿即如圖聽二路行看點藍旗則左總由左行與前總頭平不

動中軍藍旗伏二總旗亦伏中軍又點黒旗後總由左行與右總頭平立定放砲二箇點鼓二路行如路又稍寬中軍放砲一箇各俱脚下立定聽放起火三枝砲三箇中軍豎高照三竿黄旗急點前兩路平開空中一路待中總進入與前左二頭平再放砲三箇點鼓作三路行如路再寬可四路行中軍放砲一箇各即於脚下立定聽中軍放起火四枝砲四箇豎起高照四竿前總不動白旗點動右總入左總之右二頭相平後總入左總之左四頭相平中軍居其後再

放砲四箇起火四枝點鼓作四路行如路再寬可五路行中軍放砲一箇各仍立定聽舉起火五枝放砲五箇黄旗點中總入居其中再放砲五箇起火五枝點鼓作擡營而行如五路欲變四三二一路或四三二一路各因道路寬狹變行俱如前層變過圖但聽看中軍旣放止砲之後有起火幾枝砲幾箇點其色旗即依數分幾路如遇賊九四五路行即變方營待敵如一三路行之際即變照急營前總速照一總操法備戰左右後三總即各設伏出翼劄老營分設而

作前兵見報如賊不來迎戰止許伏哨劄營以待中軍號令不許擅便輕易失事照節制圖式施行

一前哨有五方旗一副高招一副有事方開見林木開青旗阻水澤開黑旗遇兵馬開白旗山險開黃旗煙火開紅旗過所見之物即捲其高招如道可一路行立一百二路行立二百三路行立三百四路行立四百擡營行立五百後部挨隊遞相傳開

一凡塘報哨見賊急則磨紅旗緩則磨黃旗衆則磨青旗少則磨白旗無路可行則磨黑旗一層既磨各層照前一時俱磨一層退至一層如賊不來復又立定如賊再追一層又退一層只退至營前斷不許見賊磨旗之後不論賊之追不追來一齊擁衆徑回如此軍法示衆

一如賊自塘馬腰内突出與我兵忽遇不及下營者即下急營我兵即時於所行之地立定近賊者不必抽間隊畫數備敵先銃平列打賊次挨牌短兵出戰其無賊處一百照操撥人應援一百安立釘牌拒馬爲一字陣別部應發援兵者

或包水港溝渠若賊可望見者止守營不許遣接奇兵恐賊乘之如賊不見之處雖有險隘溝渠正我兵出奇必勝之利亦須相險設智別渡精銳一二百人遶出不意必可取勝此上策也蓋猝遇賊非伊前鋒則爲後殿及或四散搶劫零賊必無大衆惟有制必取勝也

一路行營之圖

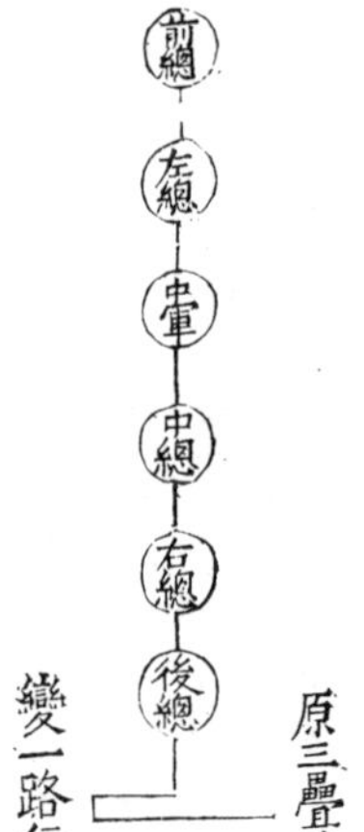

一一路變二路行營之圖

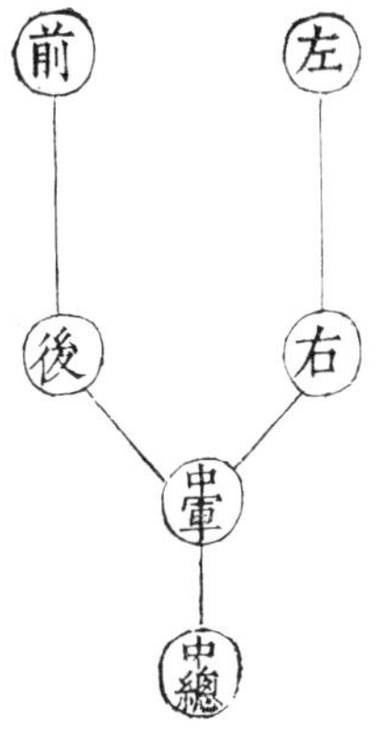

一二路變三路行營之圖

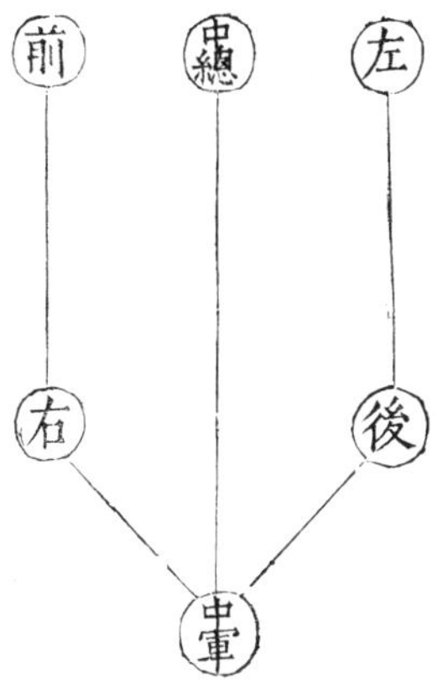

一五路變四路行營之圖

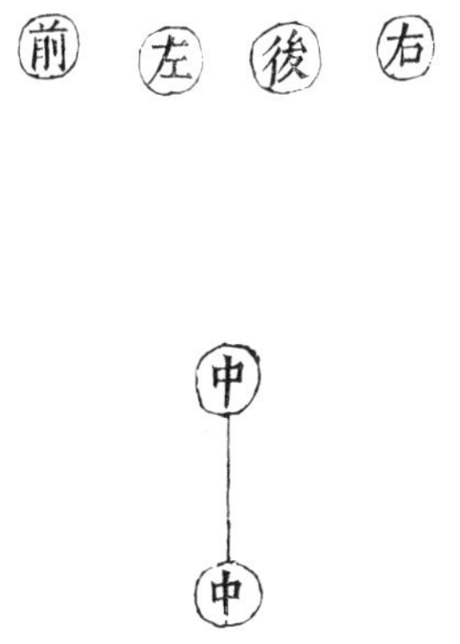

一行營該傳接金鼓旗號

一大將旗鼓行軍擺列清道臨時變戰營圖說

一擺列圖另開在後

一凡有職人員俱全裝披執軍器

軍令牌四面可用四人

大門旗十面每面用人二名

五方旗十五面神旗五面單擺飛虎旗五面五方擺五行五面一字擺用人十五名

角旗十面每面一名

五方高招正副十面用人二十名

坐纛一面用人五名護纛親兵二十五名

押旗令旗二十四面用人二十四名下營即散

營內督察監軍

金鼓旗四面用人四名
金鼓二副鉦二捽鈸二哱囉四喇叭四鼓十二笛二捽鈸二板二細樂八共用吹鼓手三十八名每五方旗高招一面後護旗各精兵五名共十層用兵五十名
將馬前
令牌三面官三員
長短兵每排五名共五層通一隊二十五名
馬後
令字小旗牌背招一十二面用馬十二疋親信膽勇員役執之每四人一層分三層專聽督遣密令
押後兵二十五名各用長短器
一細近路如線則每五人以中一人前後四人分二層各去一步使不渾別層之意前後層各十步
一路寬遠則每層照單擺列每前後各去十五步
一遇賊報正行間中軍聞報放起火一枝砲响一聲五方大旗內黃旗即隨主將踏定戰地豎起前後旗號俱攢來黃旗下四方分出立表每方

門旗以下旗招護兵等役俱隨各旗列方其本方旗居門旗之中招居方旗之後招高於方旗方旗高於門旗金甲旗并金鼓旗領金鼓居將之左右列前兵一隊居將前令字招旗居將後專聽指麾督兵戰殺後親兵一隊兩分列於金鼓之外

護兵 護兵 護兵 護兵 護兵
門旗 門旗
護兵 護兵 護兵 護兵 護兵
令旗 招 令旗
護兵 護兵 護兵 護兵 護兵
角旗 大方旗 角旗
護兵 護兵 護兵 護兵 護兵
門旗 門旗

角旗 大方旗 角旗
護兵 護兵 護兵 護兵 護兵
令旗 招 令旗
護兵 護兵 護兵 護兵 護兵
門旗 門旗
護兵 護兵 護兵 護兵 護兵
角旗 大方旗 角旗
護兵 護兵 護兵 護兵 護兵

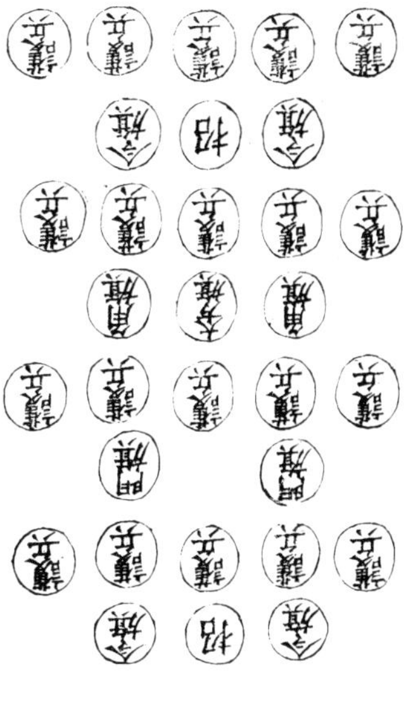
護兵 護兵 護兵 護兵 護兵
令旗 招 令旗
護兵 護兵 護兵 護兵 護兵
角旗 大方旗 角旗
護兵 護兵 護兵 護兵 護兵
門旗 門旗
護兵 護兵 護兵 護兵 護兵
令旗 招 令旗

中五方 中五方
中五方
中五方 中五方
小五方招 小五方招 小五方招 小五方招 小五方招
金鼓旗 金鼓旗
鑼鈴 鉦 鉦 鑼鈴
喇叭 哱囉 哱囉 喇叭

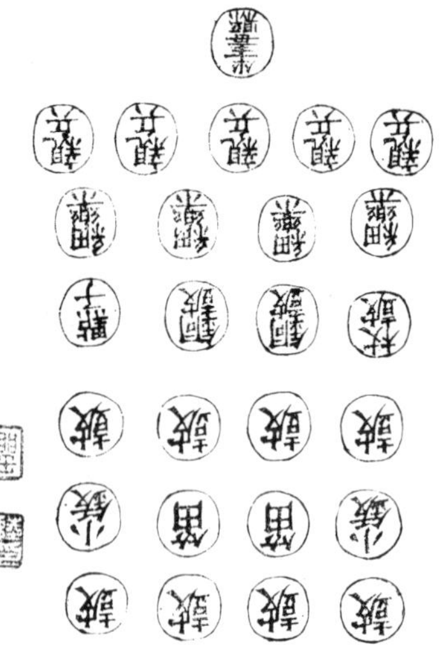

紀効新書卷之九 終

紀効新書卷之十

長兵短用說篇第十 器械不利[illegible]子[illegible]無搏殺之方徒驅之[illegible]刑是魚肉乎吾士也器習利而無號令金鼓以一其心雖有藝與徒手同也三軍既熟悉吾令則當精乎藝藝與法令當并行而不悖者故以長短兵說爲第九

夫長器必短用何則長鎗架手易老若不知短用之法一發不中或中不在喫緊處被他短兵一入收退不及便爲長所誤即與赤手同矣須是兼身步齊進其單手一鎗此謂之孤注此楊家鎗之弊也學者爲所誤甚多其短用法須手步俱要合一一發不中緩則用步法退出急則

用手法縮出鎗桿彼器不得交在我鎗身內彼自不敢輕進我手中鎗就退至一尺餘尚有戳人與短兵功用同矣此用長以短之秘也至若弓箭火器皆長兵也力可至百步者五十步而後發力可至五十步者二十五步而後發此亦長兵短用之法也長則謂之勢險短則謂之節短萬殊一理

長鎗總說

夫長鎗之法始於楊氏謂之曰梨花天下咸尚之其妙在於熟之而已熟則心能忘手手能忘

鎗圓神而不滯又莫貴於静也静則心不妄動而處之裕如變幻莫測神化無窮後世鮮有得其奥者盖有之矣或秘焉而不傳傳之而失其眞是以行於世者卒皆沙家馬家之法盖沙家竿子馬家長鎗各有其妙而有長短之異其用惟楊家之法有虚實有奇正有虚虚實實有奇奇正正其進鋭其退速其勢險其節短不動如山動如雷震故曰二十年梨花鎗天下無敵手信其然乎施之於行陣則又有不同者何也法欲簡立欲疎非簡無以解亂分糾非疎無以攙挪進退左右必佐以短兵長短相衛使彼我有相倚之勢得以舒其氣展其能而不至於奔潰兵法曰氣盈則戰氣奪則避是已今將六合之法并二十四勢繪録于後以廣其所傳云

八母鎗起手

你劄我我拏鎗你劄我我攔鎗你劄我脚我顛鎗你上劄我捉鎗你下劄我櫓鎗你上劄我捉鎗你下劄我顛鎗你鎗起我纏攔下你劄我我拏鎗

一合先有圏鎗爲母後有封閉捉拏梨花擺頭救護要分明裏把門外把門閃賺是花鎗名曰秦王磨旗

我劄你你拏鎗還鎗我拏鎗我劄你你攔下還鎗我攔鎗你儘頭鎗我顛鎗還鎗你拏鎗還鎗我拏鎗你劄我我拏鎗閃賺花鎗上你拏鎗還鎗我拏鎗你劄我我攔下閃賺花鎗上你攔下還鎗我攔鎗你劄我儘頭鎗我顛鎗閃賺花鎗上你拏鎗還鎗我拏鎗我搖花鎗乃秦王磨旗

二合先有纏鎗後有攔鎗黄龍占杵黑龍入洞拏鎗救護閃賺花鎗上名曰鳳點頭

我纏你鎗你劄我我攔下還鎗你攔下還鎗我攔鎗你劄我我拏下你起鎗我隨鎗纏拏下你鎗我還鎗你拏下還鎗我挪退救護拏你鎗你劄我我攔下我搖花鎗乃鳳點頭

三合先有穿指後有穿袖鷂子撲鵪鶉救護閃賺是花鎗四面是鎗法名曰白蛇弄風

你劄我我拏下閃賺花鎗上你拏鎗還鎗我拏鎗你劄我我攔下閃賺花鎗上你攔下還鎗我攔鎗我搖花鎗乃白蛇弄風

四合先有白拏鎗挪退鎗救護後有白攔進步如

猫捉鼠救護閃賺是花鎗名曰鐵掃箒
我白拏進步上劄你你拏鎗還鎗我捌退救護
拏鎗我白攔進步上劄你你攔鎗還鎗我攔鎗
我白顛進步閃賺花鎗上劄你你拏鎗還鎗我
拏鎗我搖花鎗乃鐵掃箒
五合先有四封四閉後有死中反活無中生有迎
封接閃賺是花鎗名曰撥草尋蛇
你劄我我拏鎗進步劄你你拏鎗還鎗我拏鎗
你劄我我攔鎗進步劄你你攔鎗還鎗我攔鎗
你拏下我鎗你鎗起我反拏你鎗你攔下我鎗

你鎗起反攔下你鎗你拏我鎗我鎗閃過攔你
鎗你攔我鎗我鎗閃過拏你鎗你劄儘頭鎗我
顛開捉住你反起劄我我攔下閃賺花鎗上你
攔鎗還鎗我攔鎗我搖花鎗乃撥草尋蛇
六合一截二進三攔四纒五拏六直閃賺是花鎗
下遊場撥草尋蛇上遊場秦王磨旗
一接二進三拏四纒五攔六直大遊場秦王磨
旗鐵掃子必無路裙攔鎗伏虎鎗地蛇破地蛇
鎗儘頭鎗破中平鎗中平鎗破中平鎗鎗中王
高低遠近都不妨高不攔低不拏當中一點難

遮架去如箭來如線指人頭劄人面高低遠近
都看見鎗是伏腰鎖先劄手和脚疾上又加疾
劄了還嫌遲鎗有三件大病一立身法不正大
病當劄不劄大病三尖不照大病上照鼻尖中
照鎗尖下照脚尖你鎗發我鎗拏你鎗不動我
鎗劄來得緊去得硬不遮不架是箇空
纒鎗　攔鎗　破纒　破攔　中平
死復生　一進一退　一上一下
進步虛下拏還鎗　撲法　守法　槽法
顛捉　蘇法　捉法　看法　即法
身法　坐法　遲法　六封　六閉

白鷂　黑鷂　白蛇弄風　鐵掃箒
梨花鎗　蜈蚣鑽板　朝天鎗
白牛轉角　拗　邊鎗　裙攔
一製長鎗法式若後手如細則掌把不壯後手要
粗可盈把庶有力後手要把在根盡頭庶鎗身
活動不滯鎗腰要從根起漸漸細只至頭而止
如腰粗則硬強不可拏鎗腰細則軟而無力雖
手法之妙不能拏打他鎗開去也鎗稍不可輒
細要自後漸細方有力最忌大重重則頭沉不

可舉動是棄鎗也鎗頭重不可過兩至妙至妙

一製鎗法

一鎗頭式

右鎗桿椆木第一合木輕而稍軟次之要劈開者佳鋸開者紋斜易折攢竹腰軟不可用

巡撫荊川唐公于西興江樓自持鎗教余繼光請曰每見他人用鎗圈串大可五尺兵主獨圈一尺者何也荊翁曰人身側形只有七八寸鎗圈但拿開他鎗一尺即不及我身膊可矣圈孥既大彼鎗開遠亦與我無益而我之力盡　此說極得其精余又問曰如此一圈其工何如荊翁曰工夫十年矣時有龍溪王公龍川徐公皆歎服一藝之精其難如此

習法

夜叉探海勢

乃持鎗行立看守之法遇敵變勢随機應用無不中節

四夷賓服勢

乃中平鎗法為六合鎗之主作二十四勢之元妙變無窮自古迄今各械鮮有當其鋒諸勢誰可拔其趣

指南針勢

乃上平鎗法其類用近手中平而着數不離六合之變有心演悟二十四勢之中可破其半

十面埋伏勢

乃下平鎗法門戶緊於上平機巧不亞中式精於此者諸勢可降

青龍獻爪勢

乃孤鴈出群鎗法勢勢之中着着之內發鎗剳人不離是法

邊攔勢

乃裡把門封閉鎗法守門戶有纏捉顛拏閃賺上穿指袖股倘他出馬一鎗迎抱着琵琶埋伏

鉄翻竿勢

乃外把門黄龍點竿鎗法一截二進蛇弄風撲着鶴鶉不放鬆

騎劍勢

乃裙攔鎗法大開門戶誘他來逐我中途挐剁他虛我實搖花鎗他實我虛掤退救

鋪地錦勢

乃地蛇鎗法起手披挨急刺高來直擦難饒若他滴水認針穿甦法死中反活

朝天勢

乃上驚下取鎗法搖旗掃地鐵牛耕那怕他拖刀詭詐

鐵牛耕地勢

乃急擣碓鎗法硬去硬回莫軟惟有此鎗無空他能平伏閃吾鎗就使黑龍入洞

滴水勢

乃提顛之法順手鳳點頭披撲中取巧進勢用騎龍出可捌退勇若還破低勢難同伏地鎗百發百中

騎龍勢

乃拗步鎗法進有撥草尋蛇退有邊攔救護梨花滚袖似穿梭四面是鎗雲罩霧

白猿拖刀勢

乃佯輸詐回鎗法逆轉硬上騎龍順步纏攔崩靠迎封接進弄花鎗就是中平也破

琵琶勢

乃白牛轉角鎗法上來鈎崩進挫中來滚剁挨拏好下來提櫓快如梭得手青龍獻爪

靈猫捉鼠勢

乃無中生有鎗法進步虛下撲纏賺伊鎗動使梨花遇壓挑天冲打

太山壓卵勢

乃鷹捉兎之法勢維高發身中變異任他埋伏地蛇冲我又磨旗掃地

美人認針勢

乃儘頭鎗法好破他蛇防他顛提起手鳳點頭披閃認直戳

蒼龍擺尾勢

乃棚退救獲之法電轉風回驚散梨花閃賺

闖鴻門勢

乃抛梭鎗法身隨鎗進閃坐刴攔捉攻硬上經曰六直妙在其中用長貴短用短貴長此藝中妙理短而長用者謂其可禦彼長長入短不中則反爲長所誤故用長以短卩卩險嫩就近身尺餘法更不老彼見我長安心欲使我進深無用我忽卩卩短來彼乃智屈心違倉卒使彼對我不及此用長萬古之秘論也

伏虎勢

乃六封鎗法斜倒硬上如風退閃提攔纒捉他如壓卯又朝天鐵掃迎封接靠

推山塞海勢

乃護膝鎗法高來搖旗挨捉低來鉄箒顛提中來如箭有虚真可用鉄牛耕地

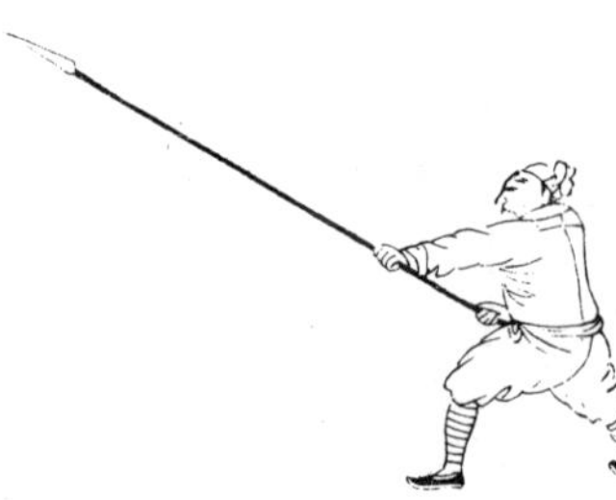

鵓子撲鵪鶉勢
乃撥草尋蛇鎗法
高接雖用纒拏逢
中披擦直過倘他
搠退把鎗還滾手
中平一剟

太公釣魚勢
乃磨旗鎗法諸
勢可敵輕挨緩
捉順敵提拏進
退如風剛柔得
體

紀効新書卷之十

紀効新書卷之十一

藤牌總說篇第十一

千古有圓長二色其來尚矣主衛而不主刺國初木加以革重而不利步以藤為牌近出福建鏡子雖不能革而矢石鎗刀皆可蔽所以代甲冑之用在南方田塍泥雨中頗稱極便其體須輕堅密務使遮蔽一身上下四旁無所不備用牌之間復有所謂標者所以奪人之目而為我之疑兵所賴以勝人者也牌無標能禦而不能殺將欲進步然後起標勿輕發以敗其事腰刀

用於發標之後以殺敵非長利輕泛則不能接遠其習牌之人又須膽勇氣力輕足便捷少年然後可授之以此置於行伍之先為衆人之藩蔽衛以長短之器為彼之應援以之臨敵其衆可合而不可離可用而不可疲進退左右無所不利此藤牌之功用也今將牌勢之可錄者繪說于後

一習藤牌人牌一面內用大藤為骨以藤篾條條艮藤纒聯每面隨牌標鎗二枝腰刀一把其兵執牌作勢向敵以標執在右手腰刀橫在牌裏

挽手之上以腕抵住待敵長鎗將及身擲標刺之中與不中敵必用鎗顧撥我即乘隙徑進急取出刀在右隨牌砍殺一入鎗身之内則鎗爲棄物我必勝彼矣但擲標後而倉皇不及取刀是一大病其禦短兵更易

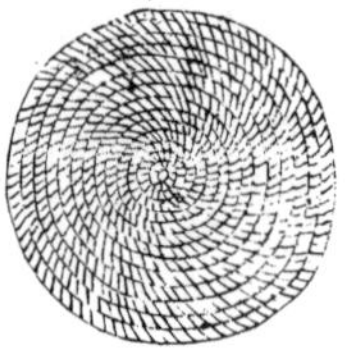

右牌用藤云云木牌皮牌皆類此用

右標鎗或用稠木細竹皆可但前重而後輕前稍粗而後稍細爲得法

懶扎衣勢

此起手勢也照高管下橫行直進諸勢可變有躲閃之妙

斜行勢

此乃直來橫受之法動偏步上硬騎龍以進人之左

仙人指路勢

乃看管之法拗步直進直退諸勢可變

滾牌勢

此勢隨滾進以襲人之右先進刀後進牌疾速如風爲妙

躍步勢

此乃騎龍如探馬刀前牌後誘人來轉過牌來刀在後低平坐下靠和挨

低平勢

此真正對敵勢也用推步須要帶標一根身在牌内標步齊進百發百中

金鷄畔頭勢
畔頭之勢最爲良鎗上頭從牌下藏進步如風人莫變刀銓牌闌爲難當

埋伏勢
此勢進歩甚速用小行或左或右如有鎗戳在牌不能脫手急用刀尖將牌借力頂開急先絶妙

一試牌跳牌舊法聽鑼聲爲度覽牌如壁閃牌如電起伏得宜翻身下露身滚牌下露足惟牌能殺敵能蔽身用之乃拒勁敵以衛兵也大七星牌歌覽牌砍刀上步再覽牌砍刀背牌擎刀絞絲步回撒花蓋頂收了出牌見刀翻身上小跳翻身下出牌截刀翻身上小跳翻身下閃馬牌歌曰截牌再截牌砍一刀復一刀翻身上小跳翻身下又砍一刀又復一刀又砍一刀又復一刀翻身上小跳翻身下

狼筅總說

狼筅之爲器也形體重滯轉移艱難非若他技之出入便捷似非利器也殊不知乃行伍之藩籬一軍之門戶如人之居室未有門戶扃鍵而盜賊能入者雖然得人而用之則可以制人不得其人則制於人矣干將太阿之利使童子而持於國門之外則必有袒背而奪之者何也其所能乖其所使故也凡用狼筅須要節密枝堅杪加利刃要擇力大之人能以勝此者勿爲物之所使夫然後以牌盾蔽其前以長鎗夾其左右舉動疾齊必須鈀大刀接翼然筅能禦而

不能殺非有諸色利器相資鮮克有濟兵中所以必於用此者緣士心臨敵動怯他器單薄人膽搖奪雖平日十分精習便多張皇失錯忘其故態惟筅則枝梢茂盛遮蔽一身有餘眼前可恃足以壯膽助氣庶人敢站定若精兵風雨之勢則此器爲重贅之物矣

中平勢

此勢前弓後箭
陰陽要轉兩手
要直推步如風
天下莫敵

騎龍勢

閉門之法上騎
龍下閘高桀大
有功誤若當前
披一下勸君眼
快腳如風

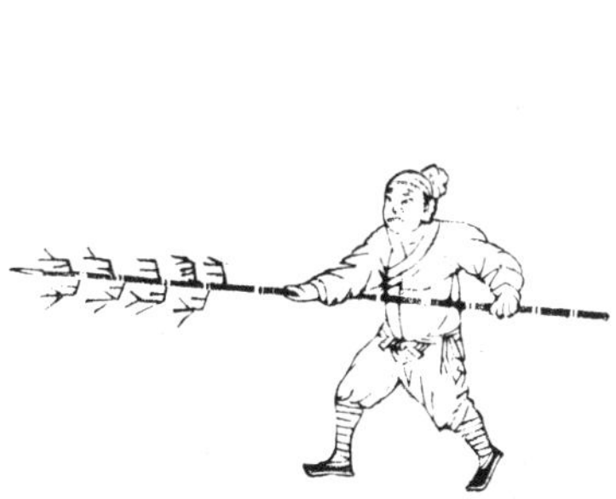

鈎開勢

鈎法由來阻大門
小門挫下向前奔
若還他使低來勢
閘挫憑君利便分

架上勢

鎗打高來須用架
架時管上又管下
陰陽反覆腳如風
鉄柱金剛也戳怕

闖下勢

闖勢緣何要挐脚
挐脚乃是起步法
連身坐下向前冲
上面不着下面着

拗步退勢

直進直出君須記
站住即是中平勢
高低左右任君行
切挫鈎闖毋輕易

紀効新書卷之十二

短兵長用說第十二

夫釵鈀棍鎗偃月刀鈎鐮皆短兵也何則彼之鎗一丈七八尺我之器不過七八尺若如浙江釵鈀之法俱手握在頭下其手外頭柄通不及二尺長一棍不過六七尺又欲兩頭雙使而兩手握開所剩棍頭不過尺餘彼之長鎗閃閃而進疾如流星我兢精熟只能格得被鎗不中入我身耳及其我欲進則彼原進我釵內不深一縮又復在外我不得撥定彼鎗使無反手如何

敢進如此終日我無勝理短兵利在速進終難接長持久即為所乘必如總戎公俞虛江之法則所執釵棍鈎鈀皆有六七尺在外彼若以長入我必須進深五尺被我一格打歪即用棍內連打之法下下着在長兵上流水點戳而進彼先進我五尺我一進又有五尺是得一丈之勢矣被我連打勢不得起欲抽脫去豈能便抽一丈一入長兵之內則惟我短兵縱橫長兵如赤手同矣藤牌腰刀本短中之短也而必用標鎗亦即短兵長用之法也夫藤牌用標非取以殺人蓋彼以鎗器持定我牌無故不得進故用標一擲彼以顧標而動我則乘勢而入彼若不為標所動則必為標所傷我亦有隙可入短兵長用之法千古奇秘匪欺人也

一用棍如讀四書鈎刀鎗鈀如各習一經四書既明六經之理亦明矣若能棍則各利器之法從此得矣

一總訣歌　以下錄校總戎俞公劍經

中直八剛十二柔　上剃下滚分左右
打殺高低左右接　手動足進叅互就

一總訣歌

剛在他力前　柔乘他力後
彼忙我靜待　知拍任君鬬

一總訣歌

陰陽要轉　兩手要直
前腳要曲　後腳要直
一把一揭　遍身着力
步步進前　天下無敵

一習鈀簡步十進足如環無端進一足中平當大壓又進一足壓夾又進一足小壓又進一足壓

夾又進一足高大當又進一足大壓夾又進一足高小當又進一足小壓夾又進一足高大當又進一足大壓夾

一鈀習步法

中平起大斜壓他大飛天我轉角趕上壓他再大飛高我小高直當即小壓下他小飛高我小高直當即小壓下他再小飛高我大高直即當大壓下過小他抽直殺來我再大壓過小他入我大上角我用身力轉角趕上畧收低他再入我大上角我轉角對手直殺去跳回一步他打

來我伏回即趕上大起一掃下再跳回中攔止大壓小壓巳粘他桿即大進上鏟夾他

小直當　小斜壓

大直當　大斜壓

一總訣歌

視不能如能　生疎
後手須有功　遍身
動時把得固　一發未深入
打剪急進鑿　後發勝先實
步步俱要進　時時俱取直
更有陰陽訣　請君要熟識

一習步法

起中平　推牽　扁身殺　丁字回殺

旋手　進五步殺　跳退三步原位

直打直挑進五步殺　腰刀挑打

滴水獻花　殺　跳退三步原位進打

穿後手馬前雞啄進三步殺

馬前斬草進三步殺　跳退原位

打沉讓他先起穿後手　抽回

吊前抽回　三脚並進五步　殺進

大門趕棍走　小門趕棍走進直符殺

洗　倒頭　直打　直起磕

打殺擺腰　進三步　剪　殺

跳退原位

一總步目

直破打剃大剪　小剪　揭用手　力上扁身　滴水獻花　吊剪　下起接

讓高低俱有大起棍從小門去打他手不論中不中須急退丁字回他決進我小門來傷我此時我一揭一進壓剃落打他手決中矣

一侵他二尺低打低揭連幾下待他忙時急退丁字一步急大進步吊剪他手急收回原勢立他進來打我我就大門下起接他一大剪急變扁身中攔殺

一兩人小門對打對揭須急變急變時勿使他揭着揭着則不及矣大門下起接大剪或順勢打中攔殺或於揭時即用小剪變大剪中攔殺

一兩人大門對打不進前腳不折後腳不能勝須有順勢折腳知是逃閃之法

一兩人大門齊對打我且將棍提在高連腳抽回些些遲斯須進步壓打下即進變扁身中攔若我打去他棍提回讓我我須勿將棍尾打下只進步對他胷喉直殺去

一我從大門順用單鞭壓深入他用力來抵若迫近大剪我離了子午若迫近我急抽就下面過小門掛他手上一殺他用小剪我一揭一殺或急抽過大門剪殺或又過小門倒牽若未迫近即打下小門作敗狀

一我從大門順入他用力來抵大剪我離了子午我大進步就小門急起滴水去捧他如前第三段者

一我起流水漸進他決來打我手我將脚坐下直對他手一捧或殺皆可又他來打我手我從小門一揭接或大門一起接要在我右手前七八寸之間與他棍尾相磕一響爲度二門起俱繼以剪急變扁身中攔殺

一兩人大門對打棍尾在地下讓他先起穿他小門手上須兩手捧高使他打不下

一兩人大門對打我讓他先起就揭他小門用小剪變大剪即鉄門鎖殺若他小門來壓我急就下面過大門剪殺

一兩人大門對打他弱我用强他强我弱讓兩在高讓他先打下我便進壓兩在低讓他先提起我便進接連打殺李欽師父每每用此二步

一喜鵲過枝有四他直高打來我將棍抽過大門讓他下隨用大剪一也他直高打來我將棍抽過小門讓他下對胷殺去二也他直平打來坐脚過枝進步小門殺他三也平直殺或打來我打後脚即順勢大門剪殺四也以上過枝俱在下面過入他棍二尺即過

一治伏棍低棍須用小剪離他手前一尺之門他
急過大門我或揭進打亦可飛風箭亦可急變大剪
殺亦可又我小剪他他抽走我急進步起高棍打須二小門
一他打來臨身在小門則趂棍走一打在大門則
走馬回頭丁字步一打順棍上一殺又一大剪
扁身中攔殺
一大門接兇棍有五扁身中攔接一也高捧接二
也下起磕三也我棍畧横離前手一尺受他打
一下四也待他打將到身用手前一尺磕他一
下五也各接後須急用大剪繼之以殺

一他雖啄我須起兇棍入剪他手前二尺之間他
連起我連剪我雖啄他起兇棍我讓他先起穿
他小門手上我接先棍步亦可
一他直殺來須進脚向小門剪或向他棍尾小門
起變大剪或端的直破閃腰剪凡剪後須至進
殺都不如定四步坐直趕上
一凡小門一揭一打又一揭終無結尾必須
乘揭用小剪如鉄門鎖過大門結尾或將身抽退他
打來我就大門下起接剪他殺結尾
一凡起手要打要殺俱要在他門内一尺之間未

可將手勢發盡待他趕來傷我他手勢已盡此
時或大或小或剪或揭或自大下起接各將他
棍死了然後進步扁身中攔結尾無不勝也法
曰後人發先人至知此決不可一法便要傷人
徒使自勢發將盡為他人反傷戒之戒之
一棍初交則下起者有勢棍深入則上壓者取羸
一我單鞭壓他變馬前斬草我且大進一步硬用
手力他棍自輸
一小剪是棍中至要人所不疑者
一凡棍動時須要把得極堅固方有力

一凡大小門直破打不分粘他棍不粘他棍務對
他手直起直落任他揭打或我揭打他我棍亦
不離他身五寸即離亦須即直
一凡日間將棍一打一揭自習打揭俱要有聲久
則自有力高不過目低不過膝
一凡小門殺須在他手上方無後患大門亦然
一三脚峙打須要習有大僻又定四打要習
一彼抽退勿急追彼急進勿遽離
一腰刀為上彼手力次之前手力又次之
一棍提起手陽殺去及打去俱手陰陰陽最要識

誘

一他棍頭畧起我不意向大門二尺位坐脚一破剪進殺又或不意用獻花破進

一兩人侵入之際他滴水捧我急用倒頭

一我滴水入他小門他用倒頭我坐後脚急殺去認定他胷

一他大剪我壓他他用滴水捧我進步將棍取正掛他然後倒頭

一揷金鎗變坐脚殺

一他起高攔若迫近趕上對胷殺

一他起高攔我徑趕上迫他如殺狀打下前五步大門接䃌時用俱可抽讓亦可有抽讓有不抽讓須知之急折脚順勢剪一步更妙

一他小門打來或低殺來急折進前脚横壓他棍尾然後二步折打他

一他閉大門我折後脚就下起徑殺他大門畧剪意他閉小門我進前脚就下捎起徑鑿他小門

一他起流水進我後手畧高牽就進步殺大小門皆然

一直符送書殺

一我大門壓他坐身退欲過枝小門我就進前脚對棍直殺去須後手前手低直符送書步用

一他起高棍我畧進入待他落大折過大門打他半棍一下就進殺丁字回頭亦可須知有順勢不論他棍打落不落我都是如此

一兩人揭打我因手避之順侵打打時不可沉自棍不使他揭得須後手出在前手脇下去打則他揭不得

一直符送書殺難揭打

一用流水打他棍他棍起我就揭進剪打

一大門連打連揭忙時將棍變流水打他棍他棍起我就揭進剪

一將棍出長掛膝上雞啄打

一鐵門鎖打慢進回頭又如鐵門勢大進步因打

一他盡手殺來我徑折進前脚過大門對手殺去不與他棍相粘或折過小門亦此法

一大門哄殺他壓我我過小門假作敗狀他決殺來我一揭折進殺或打

一我初起高小門殺一尺他進來我即過大門高攔打下收下攔殺上或再待亦可

一凡小門殺來待來將到手丁字回一揭折進殺則中矣

一下哄待他剪向上直符送書殺上大門哄或打他手折脚伏下小門殺或伏下待他來一揭殺更妙

一我將棍畧高畧侵入他來接我即丁字步滚下殺

一他起高攔打我折進大門將他棍尾或半棍敲下進齊眉殺須知有順勢敲時切不可沉自棍

一凡進殺須急丁字回頭退方穩

一大門高哄殺去四五尺他來抵壓我回頭牽進

殺小門亦然

一梗直大門哄殺去四五尺待他來抵剪就剪他大進殺小門亦然須知有順勢丁字回頭亦可

一侵他三四尺低打低揭連幾下待他忙時大進趂棍進殺

一梗直哄殺去四五尺任他打或揭我就尋他虛處大進殺去

一凡他棍來我避他抽退我急隨殺極妙不急不可去

一我大門高進入丁字牽伏下他趕來我一牽揭

進鑿

一我打棍後繼以殺殺後大門即當揉洗洗而後殺小門須小牽

一兩棍相交他抽回伏地開小門我直摔慢慢指去待他發殺然後揭牽或剪進殺他

一他直殺來我直殺去我將脚折過分分將手反陰陽蓋殺去莫非後發先至之意

一他將棍打下丁字回頭伏我就移脚去就他棍尾連打連揭使他忙直進殺

一凡兇棍打來我順勢敲一下就扁身中攔兼大僻連連疊華進去破雞啄亦是如此

一兩人大門對打連幾下待他忙時急抽回讓吊大進步打

一大門起高棍打移步盤山托

一拏定直符送書大小門托避他打

一直陽手殺去陰手打壓下大門殺臨手待他剪過小殺　一坐低閑四門

一將棍滚他一下侵入他自然提起須再一敲將他棍死盡然後殺須記得疊疊敲他初教滚手直入　次教大粗打揭亦要直後教輕牽順勢

待他臨身二三寸之地全用折脚
又用閃退法　有跳退法前足先起或齊起要
知採與牽不同
要在哄使虛乘之
一破直殺有七　一步閃要打二步折脚二步滚二
步流水
一我扁身入深此時不顧性命了只兩目認他胷
前棍上空急穿上棍下空急穿上
一他大過枝小直符指去一步他小過枝大我亦
直符指去一步

一凡直符殺不碍他棍尾
一我過枝小門用盤山托亦可用直符步亦可
一大哄過小待他來小壓急過大剪殺蓋哄多則
容易也剪而後殺則無後患也中有順勢須知
之
一凡進殺先軟後硬令後勿用打
一破高攔務先順牽後剪殺　殺去待他落即轉　要知順牽
與剪不同
一殺在小門待他來即過大門剪後殺如小門先
牽後殺之理但須防他回頭牽他回牽我又過

去小門
又曰盤山托大折過小
一直入打剪他臨手一殺待他剪前後過小門容
易
一對棍低入小門一小揭小剪殺或待變
一他疊打揭我對打二步對手殺大進待他打下
大剪或殺
一我大入他過小門我就坐進前脚就他棍中滚
入然後大打進殺
一他滴水我對他手慢慢指去待他動即坐脚剪

下進鑿
一小門有揭亦有大揭與獻花不同
一他坐低我正好折過小門打
一凡將棍直指慢慢侵入待他動欲打我我就殺
他他欲殺我我就進打他手
一何嘗吽人勿打要哄他棍來就我打若打他棍
着響一聲便可進殺
一何嘗吽人勿殺要哄他棍開殺去勿使他打着
方可殺深殺後在大門即洗小門即揭牽
一但凡接高棍須防他盤山托就坐下小剪

一他大門單鞭坐脚直滾入殺我折進前脚過大門直符殺他
一俯身揭順勢剃急接打未如俱要習熟
一鈀對刀他入我四角我四下不相粘後手起高殺出自思扁身中攔兼大併丁字步要大併他起高我就趕上剃扁身中攔殺要後手高平胷去
一他打來我打去他起我揭務要小剃又要疊疊押去大亦然手動時即下定四步門户方密
一他打來我打去他起我對手穿入小門隨將兩手捧高手動時即落定四步寸寸打上隨他小

門殺小門壓大門殺大門壓他起大高趕上剃要就殺或先接後殺他起小高趕上大接或揭小剃
右此一步乃棍中之正兵不能離此以取勝者也不能勝亦不能敗
一打時須記得進殺千萬千萬
一大門迫他壓低我抽下過小門如殺狀他決盡力來小壓急急抽過大門剪殺此步極妙
右此一步高打來亦要如此哄急翻剪殺且鐵牛入石我揭起打下他方揭起我就抽他手邊

過大剃打亦可
一雙人大門對打他力雄我急變丁字步打用身壓之然後變
一他小門殺來急我坐進前脚就他棍中滾入連剪二三下然後殺
一把大門空起勾下勾步絶妙又有下流水勾不又他

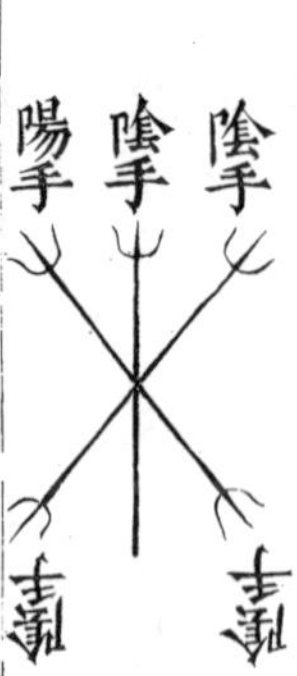

一對手直起對他身打落如是走離大併直是爲上好
一他刀下來我或大門流水勾迫或小門流水俱不又他刀如棍用須繼以對手大請起又起勢時就手大門流水去亦可
一大門扇出他刀尾伏回待他來不拘他刀高下俱對他身直起他不來若近或他刀不高亦請得起若不出他刀尾就將刀壓下對面直起有閃身
一小門陽手扇下陰手請起凡請起如不着即急

周吴

對他身他刀扇下大小門皆然
一他刀中攔直來我直就上壓下中攔有拨步有
順勢轉角步又有鈀過他身將他身勾來
一我出中攔鈀他直打下我將鈀抽大門起上壓
落如我用棍步須勿使他打着
一凡他起我亦起他落我亦落俱要隨他
一凡又起他逆對須順他勢或左或右落凡下又
起亦然須知步步進脚
一凡被他刀入角即便坐退後脚稱起
一凡我伏囘他只中攔立不來我就偷後脚進去

深扇入有哄
一他高攔打下我就大門揭起不用陰陽手只直
揭起則我在上而彼在下矣他若將棍如打下
而不打下當我揭起則彼下則我輸矣總不外
棍深入在上者取贏若我棍打沉了他打來我
用別步皆不及只直硬起妙
一把棍堅把住用身勢棍頭高慢慢侵入他我門來
我大門接一下只離一寸他小門來我小門接
一下只離一寸待他何門來我盡身入
一鐵牛入石我打去他揭起我將棍尾勿墜就將

棍尾倒株上一下即大剪他手或即打他手他
打來我揭起即入殺他小門極妙極妙
一凡接他大剪雞啄妙皆如此
一直磕一聲就殺去不用拨剃亦甚緊矣惜無困
久人棍之法大抵用拨剃爲是
一凡左右門打來俱用手前一尺改他棍尾凡左
右門殺來俱用棍尾改他手前一尺蓋他打來
勢重必須吾手前一尺方接揭得他往他殺來
手輕又要過枝必須用吾棍尾改他手前一尺
一學到上下高低硬軟直破打上下接俱是一手

法方是有得但直破順勢打是一套去接是做
二節去初學未易語之後手初曲後直硬處須
悟得前手肬須悟得
一我單鞭上他過小門若深入即用直符送書殺
若他入淺則不可恐他揭起只用提上直打凡
殺來大小門皆如此例
一凡過小門殺來我就行過小門就他棍尾對手
直打下若變過大門殺來我就行過大門就他
棍尾對手直打下妙妙
一總有三節

接高攔一肶磕一扳後手一尺剃一隻殺接低
打來亦然
一直破對打肶磕帶抽後手剃相連後進殺
一入中攔只用一肶磕帶畧扳剃五寸一進殺若
未侵入他棍未死亦用扳用手一尺剃下進殺
一踏過他小門進入如前法但自棍横勢送進上
中攔皆然

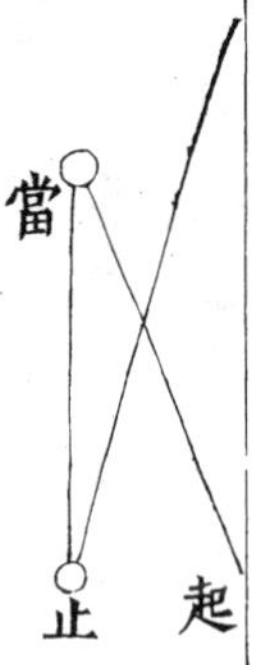

此當字如曲中之拍位妙不可言故贊之曰我
肶他傷前手直當後直加扳有神在中學到此
一貫乎萬矣
千千萬萬步俱有拍位
一轉陰陽不可太早臨時一下乃不費力明之明
之折脚不如直入
右李良欽之傳學到此一貫乎萬矣

右劉邦協之傳中間有拍位不用扳剃洗落只

撤手殺則又緊矣但無困死人棍之法大抵前
用扳剃爲是小門亦然

右在偏頭關時得之教師林琰者其詩曰壯士
執金鎗只用九寸長日日打一轉好將見閻王
三教師原來合一家
一千言萬語不外乎致人而不致於人一句李良
欽之所以救得急者都是前一下哄我去然後

轉第二下來接救故救得速故能勝也
一不外乎後人發先人至一句不外乎不打他先
一下只是打他第二下
一俱是順人之勢借人之力只要快便又要似進
實退而後進則大勝矣
一俱要習上攔大小門剃下攔大小門剃下攔小
門剃頗難須用功習之
一兩人大門對打對迫忽然變大僻兇猛打下甚
妙甚妙兩人對雞啄亦如此變

一二龍爭珠殺就栎下不用提起棍此全是手法
前後手俱有法正教師童琰父所謂尾相遇順
滚至他手殺他身剃是他高打來或高殺來或
他雖把定未動但棍尾高有十字我用棍尾量
一尺之處與他棍尾或棍中相遇剃下大小門
皆有滚剃順至他手殺他身此滚剃之不同也
下起磕彈何以不滚剃磕既響一聲恐他棍開
或沉無橋可乘故不打剪然後殺
一先侵二三尺一打坐身沉棍頭他必進殺我就
下起磕一響大進步打剪或丁字回打剪然後

扁身殺他喬教師曰彈鎗則在下面横捧亦起
磕之法但在下面横則無不響之理矣童教師
曰一聲響處直千金彼失隄防我便羸是也依
喬教師之説乃知伏回之鎗俱是哄我殺去他
即起彈殺我也記之記之
一剪打急起磕起磕復急剪打剪打復急起臨時
取之力也我朊他傷亦是臨時取之力須要惧
他臨時取力口訣
一但凡打敲採洗俱用後手功夫故棍不用提起
高令之欲用力打人者惟恐棍提起不高打不

重蓋只是有前手之力無後手之功故耳
一伏回之鎗俱是哄我殺去他即起彈殺我也記
之記之
一全書總要只是乘他舊力畧過新力未發八字
耳至妙至妙此又是我朊他傷之秘旨語到此
則不能復加一言矣
一凡此意味體認得眞亦有七日不食彈琴詠歌
之趣也
一滚剃後須早趕上當剪死他棍然後殺記之記
之大小門皆然是他低平直殺來我棍在高遂

坐下量離了手前一尺與他棍磕相連而進彼
從何處殺將來微乎神哉破金鎗第一法也穏
而能勝習之習之
一他打下我揭起我哄他欲打下而實不打下待
他盡力揭起力使過了即趕他棍剃下
問如何是順人之勢借人之力曰明破此則得
其至妙至妙之訣矣蓋須知他出力在何處我
不於此處與他鬪力姑且忍之待他舊力畧過
新力未發然後乘之所以順人之勢借人之力
也上乘落下乘起俱有之難盡書鈎刀鎗棍干

步萬步俱是乘人舊力畧過新力未發而急進
壓殺焉我想出舊力畧過新力未發八箇字妙
之至也妙之至也前言掐位都是此哩
一小門進對打須斟酌用之恐力大之人一挑打
我走難離矣大抵小門只是哄他不真打他或
殺爲穩
一與用左手人對在小門須坐極低在大門大折
足過折
一他用極長軟鎗或竹鎗我須坐身將棍頭提高
慢慢追上待他下面殺來即變一攔粘定用黃

龍轉尾步趕萬無一失
一學至於此則身手足應心全不扞格矣學至於
此全不看見他是鎗是刀只認定對他手前殺
他身而已若他打來亂時必須忍畧退回坐足
下中平待少頃他來即用磕手法進自勝總是
以靜待動以逸待勞道理微乎道理微乎李良
欽毎毎如此
一大門大侵入磕小門不可大侵入挑大門大侵
入磕則彼必死無疑矣小門若大侵入挑恐彼
力大挑不起則難救矣若挑聲一響然後大侵

入打他又俱妙
一他棍起就進步直當去不待他打落低欄亦然
一大剪下起手要直平不曲
一但凡先一下打他棍他自然提起再趕上直當
大僻中要有順勢
一剃後待他起進步直當
一齊打下讓他起趕上直當如鈀步
一小門更勿直鑿只哄他棍起就過大門直當剃
打
一兩人對雞啄大進步趕入對棍尾剃又起進殺

待他起直當去
一打忙時須要認空處殺
一對手鑽去須他棍上
一打到中間忙時須記得收下再起
一我打他接我須不與他接着只是埋下引他打
下我起接則我爲後發先至
一我打不與接着即轉小門挑起進打亦是後發
先至之理
一把到中間他打下我接起我勿打下他決再起
即急再直當去則他自敗也

一我入被他打覺敗即急跳退記之記之
一師父初假意殺來或打來我或接着或桃着决不宜貪心就進去傷他待他動我再或接或挑進去傷他
一打認棍打咱認棍咱剃認棍剃入認棍入挑認棍挑凡舉手俱要認他棍若認人不認棍之説是彼棍已敗開了只管認人坐去也
一尋鎗頭就外求羸
一將棍頭低穿入他棍下或左邊一起一剃或右邊一起一剃起要有響爲度總是一理

一咱是脚去手去剃是脚去手回須是脚去手去剪是脚去手回

小當　小壓
鈀法
大當　大壓

四者相連如環無端微乎鈀之用其止於是乎

一凡直當之後打下不如進脚坐頓下打下則自勢盡他反當我頓坐下則有有餘之勢如他再起則再當之大小門皆然
一凡鈀遇軟殺人須照我原大扇趕爲氣勢容易服人凡遇破進步起角入須不離分寸如今所

製鈀譜入他爲穩
一大門輕打他棍下他用刀來抵即丁字步大進打彼自屈矣
一大當大頓坐小當小咱坐他大壓我偷過小咱坐他小壓我偷過大頓坐千步萬步此段盡之
一今以後打步少只是當外他棍前後鑿他
一千言萬語總是哄他舊力過去新力未發而乘之
一鈀所以終對不得鎗刀者鎗有哄鈀哄不得人也

一響而後進進而後響分別明白可以語技矣
一山東河南各處教師相傳楊家鎗法其中陰陽虛實之理與我相同其最妙是左右二門拿他鎗手法其不如是撒手殺去而脚步不進今用彼之拿法兼我之進步將鎗收短連脚趕上且勿殺他只管定他鎗則無敵於天下矣
向見總戎俞公以棍示余其妙處已備載劍經内逐合註明無容再贅其最妙者只在一得手之後便一拿一戳如轉圜石於萬仞之山再無住歇彼雖習藝勝我幾倍一失勢便無再復之

隙雖有師家一敗永不可返矣不惟棍法雖長鎗各色之器械俱當依此法也近以此法教長鎗收明效極妙極妙

已上劍經止

扁身中攔勢

大當勢

大剪勢

僊人捧盤勢

大吊勢

齊眉殺勢

滴水勢

直符送書勢

走馬回頭

上剃勢

倒頭勢

下穿勢

閃腰剪勢

下接勢

紀効新書卷之十二

紀効新書卷之十三

射法篇第十三

一烈女傳云怒氣開弓息氣放箭蓋怒氣開弓則力雄而引滿息氣放箭則心定而慮周

一量力調弓量弓制矢此爲至要也故荀子曰弓矢不調羿不能以必中孟子謂羿之教人射必至於彀學者亦必至於彀射家要法

一持弓矢審固審者詳審固者把持堅固也

一凡打袖皆因把持不定

一凡矢搖而弱皆因鏃不上指也

一法曰鏃不上指必無中理指不知鏃同於無目此指字乃是左手中指末知鏃者指末自知鏃到不假於目也必指末知鏃然後爲滿必箭箭皆知鏃方可言射

一審者審於弓滿矢發之際今人多於大半矢之時審之亦何益乎

一審者今人皆以爲審的而已殊不知審的第審中之一事耳蓋弓滿之際精神已竭手足已虛若卒然而發則矢直不直中不中皆非由我心使之也必加審之使精神知易手足安固然後發矢其不直不中爲何

一射法中審字與大學慮而後能得慮字同君子於至善既知所止而定而靜而安矣又必能慮焉而後能得所止君子於射箭引滿之餘發矢之際又必加審焉而後中的可決欲知審字工夫合於慮字工夫玩味之乃得

一大指壓中指把弓此至妙之古法也決不可不從之

一馬弓決要開至九分滿記之記之若七八分亦難中也

一馬上射把箭須以箭二枝連弓弝把定又以一枝中弦掛爲便其有以箭插衣領內或插腰間俱不便決要從吾言

一凡箭去寧高而過的慎勿低而不及也此人人之病記之記之

一場中射須要業業恐不中決不可有一毫自放之意都如無監射各官在上都如平日自射一般慢慢一枝知鏃過一枝一枝審過一枝如何不中

一凡中的之前可取必者皆自從容閒暇中能心

之未有忙忽而可取必者忙忽而有中者亦幸耳

一凡射至五矢之外猶未中的更要從容審決不可因不中而自忙若忙則六七八九矢更無中理也

一教騎射箭法曰勢如追風目如流電滿開弓急放箭目勿瞬視身勿倨坐出弓如懷中吐月平箭如弦上懸衡

一步射箭法曰箭者殺人於百步之外者也射者必量其弓弓量其力無動容作色和其肢體調

其氣息一其心志故曰莫患弓軟服當自遠莫患力羸引之自任但力勝其弓必先持滿射之先近而遠此不易之法也大端還要學扯滿射遠及到然後自近求準非如一人自未開弓便止射三二十步起也如此一爲所局豈能遠耶

凡射或對賊對把站定觀把子或賊人不許看扣目稍瞬則不及避而制於人此眼法也

凡射前腿似橛後腿似瘸隨箭跂移只在後脚左肩尖直對右脚尖丁字不成八字不就射右跂左射左跂右二句正中的之妙此足法也

凡射前手如推泰山後手如握虎尾一拳主定前後直正慢開弓緊放箭射大存於小射小加於大存壓其前手加舉其前手務取水平前手撇後手絶二句射之玄機一撇一絶正相應之妙一齊着力使兩臂膊伸合則箭疾而加於尋常數等矣此手法也

凡射頤惡傷引頭惡却垂胸惡前凸背惡後偃乃身之病此身法也

凡射法箭搖頭乃是右手大食指扣弦太緊之故其扣弦太緊之故是無名小指鬆開之故學射者有此病射時用小草稍一寸用無名指小指共恰於手心箭去而草不墜即箭不搖擺矣

凡對敵射箭只是箇膽大力定勢險節短則無不中人無人能避矣此狀形容不出大端將弓扯起且勿盡滿且勿輕發只是四平架手立定則勢自險矣必待將近數十步約我一發必能中敵必能殺人至危或患將切身或爲賊先鋒一中而收利十倍則節自短矣馬上之賊只當看大的射不可射人諺云射人先射馬擒賊必擒頭是也

凡馬須要平日適飼養時調度蹤蹲聽令進止觸物不驚馳道不削前兩脚從耳下齊出後兩脚

向前倍之則疾且穩而人可用器矣故馬者人之命胡馬慣戰數倍中國居常調度之功也

紀効新書卷之十三　終

實握射圖

此法弓滿左肱直如弦而弓斜如月前平奶頭

掌心推射圖

此法弓滿則肱之曲心對下肘平如衡而弓須兼八分平勢

紀効新書卷之十三　終

紀効新書卷之十四

拳經捷要篇第十四

此藝不甚預於兵能有餘力則亦武門所當習但衆之不能強者亦聽其所便耳於是以此爲諸篇之末第十四

拳法似無預於大戰之技然活動手足慣勤肢體此爲初學入藝之門也故存于後以備一家學拳要身法活便手法便利脚法輕固進退得宜腿可飛騰而其妙也顛番倒插而其猛也披劈橫拳而其快也活捉朝天而其柔也知當斜閃故擇其拳之善者三十二勢勢勢相承遇敵制勝變化無窮微妙莫測窈焉冥焉人不得而

窺者謂之神俗云拳打不知是迅雷不及掩耳所謂不招不架只是一下犯了招架就有十下博記廣學多筭而勝古今拳家宋太祖有三十二勢長拳又有六步拳猴拳囮拳名勢各有所稱而實大同小異至今之温家七十二行拳三十六合鎖二十四棄探馬八閃番十二短此亦善之善者也呂紅八下雖剛未及綿張短打山東李半天之腿鷹爪王之拿千跌張之跌張伯敬之打少林寺之棍與青田棍法相兼楊氏鎗法與巴子拳棍皆今之有名者雖各有所長各傳有上而無下有下而無上就可取勝於人此不過偏於一隅若以各家拳法兼而習之正如常山蛇陣法擊首則尾應擊尾則首應擊其身而首尾相應此謂上下周全無有不勝大抵拳棍刀鎗釵鈀劍戟弓矢鉤鐮挨牌之類莫不先由拳法活動身手其拳也爲武藝之源今繪之以勢註之以訣以啓後學既得藝必試敵切不可以勝負爲愧爲奇當思何以勝之何以敗之勉而久試怯敵還是藝淺善戰必定藝精古云藝高人膽大信不誣矣

余在舟山公署得參戎劉草堂打拳所謂犯了招架便是十下之謂也此最妙即棍中之連打連戳一法

懶扎衣出門架子變下勢霎步單鞭對敵若無膽向先空自眼明手便

金雞獨立顛起裝腿橫拳相兼搶背臥牛雙倒遭着叫苦連天

探馬傳自太祖諸勢可降可變進攻退閃弱生強接短拳之至善

拗單鞭黃花緊進披挑腿左右難防搶步上拳連劈揭沉香勢推倒太山

七星拳手足相顧挨步逼上下隄籠饒君手快脚如風我自有攪衝劈重

到騎龍詐輸佯走誘追入遂我回衝恁伊力猛硬來攻怎當我連珠砲動

懸脚虛餌彼輕進二換腿決不饒輕趕上一掌滿天星誰敢再來比並

丘劉勢左搬右掌劈來脚入步連心挪更拳法探馬均打人一着命盡

○下揷勢專降快腿得進步攬靠無別鈎脚鎖臂不容離上驚下取一跌

埋伏勢窩弓待虎犯圈套寸步難移就機連發幾腿他受打必定昏危

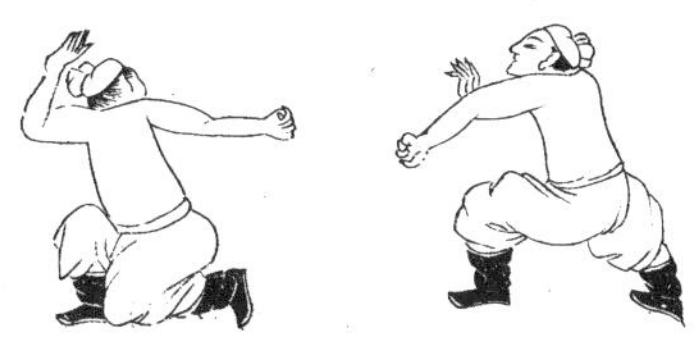

○拗架子搶步披掛補上腿那怕他識右橫左採快如飛架一掌不知天地

拈肘勢防他弄腿我截短須認高低劈打推壓要皆依切勿手脚忙急

○一霎步隨機應變左右腿衝敵連珠恁伊勢固手風雷怎當我閃驚巧取

擒拿勢封脚套子左右壓一如四平直來拳逢我投活恁快腿不得通融

中四平勢實推固硬攻進快腿難來雙手逼他單手短打以熟為乖

伏虎勢側身弄腿但來湊我前撑看他立站不穩後掃一跌分明

高四平身法活變左
右短出入如飛逼敵
人手足無措恁我便
脚踢拳錘

倒揷勢不與招架靠
腿快討他之嬴背弓
進步莫遲停打如谷
聲相應

井欄四平直進剪臁
踢膝當頭滾穿劈靠
抹一鈎鐵樣將軍也
走

鬼蹴脚搶人先着補
前掃轉上紅拳背弓
顛　披揭起穿心肘
靠妙難傳

指當勢是箇丁法他
難進我好向前踢膝
滾躦上面急回步顛
短紅拳

獸頭勢如牌挨進恁
快脚遇我慌忙低驚
高取他難防接短披
紅衝上

神拳當面揷下進步
火焰攢心遇巧就拿
就跌舉手不得留情

一條鞭橫直披砍兩
進腿當面傷人不怕
他力粗膽大我巧好
打通神

雀地龍下盤腿法前揭起後進紅拳他退我雖顛補衝來短當休延

朝陽手偏身防腿無縫鎖逼退豪英倒陣勢彈他一脚好教師也喪聲名

鴈翅側身挨進快腿走不留停追上穿庄一腿要加剪劈推紅

騎虎勢那移發脚要腿去不使他知左右跟掃一連施失手剪刀分易

拗鸞肘出步顛剎搬下掌摘打其心拿陰捉兎硬開弓手脚必須相應

當頭砲勢衝人怕進步虎直攛兩拳他退閃我又顛踹不跌倒他也忙然

順鸞肘靠身搬打滚快他難遮攔復外絞刷回拴肚搭一跌誰敢爭前

旗鼓勢左右壓進近他手横劈雙行絞靠跌人人識　虎抱頭要躲無門

紀効新書卷之十四終

紀効新書卷之十五

布城諸器圖說篇第十五

夫南方田水界地雨濕不可用車我兵卒然遇敵緩急無家可依賊皆洞見知我無拒禦之備是敢盡力向我一遇奔潰全軍退走其布城之法不惟緩急可恃且足張疑使賊忽然舉目無中生有眼前皆是遮映造次便不得知我立此主何意且不得便知我布裏虛實外旣立有拒馬蒺藜以爲禦而復有布城遮映至有誤爲真城者緩急之間便不敢輕易近我營壘如果賊人瞭料其情我已備之久矣鳥銃俱向城而伏賊如來敵必須先取去我蒺藜拒馬攻取之間彼外不能視內而我可由布城視外便打銃截鎗射弩無不便宜一綵之限足類金湯如賊亦打銃我則將各兵綿被再搭一床於布城上又可禦鉛子矣

計法每一隊雙立爲鴛鴦陣該平去第二小隊一丈五尺用布雙層高四尺長一丈五尺每五尺爲一柱共用柱四根用布五幅上用淡色畫界磚石之形

布城圖

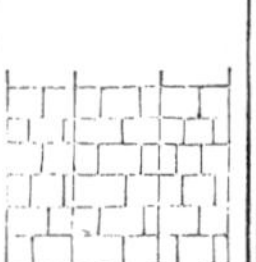

一器具除武經總要圖象之所有人人可能者不備外今將武經總要所無及武經之所有而今不知用者併開于後

一拒馬

右鼓架相似三根一束長五尺徑各一寸五分上用屈鐵頭下用鐵鑽每一架立地二尺五寸一小隊相接該六架隨在取大木壓其中

一蒺藜繩連利於收起

每一小尺一箇每一步六箇爲一繩俱用繩串入蒺心中而出每一小隊前面下五層共計十五根俱牌上掛帶以行

牌法造牌祀牌符呪各有大例日期

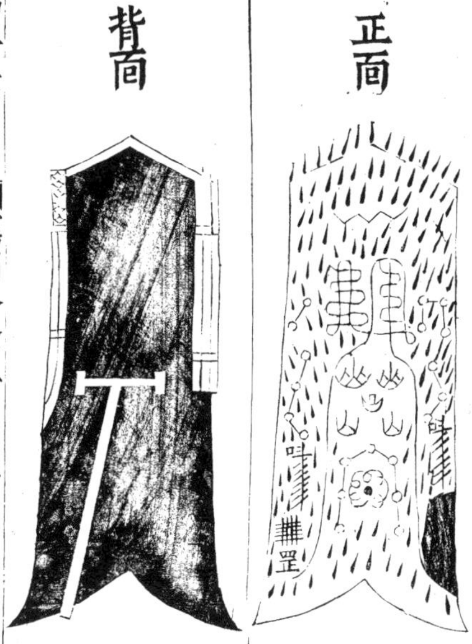

此物有數法或用皮瞞或用輕木而外加以竹用釘者最利急則擲之地下可以當釘板阻險其符法乃兵家厭昧之術激我士心而疑敵者也非真以此為恃後人毋惑之而為所誤凡兵所帶繩串蒺藜掛於此牌向外釘上以行用時取下鋪地圓藤牌雖為擊殺之器而不能立束部伍凡賴之以束整部伍齊進止遮人衆壯士氣進如堵墻退如風雨者惟有此牌之功為大為可用柰只可以遮革刀鎗而不能革鉛子尚俟天生豪傑之才更為之其法長五尺橫濶二尺

軟壁

硬木作架高七尺濶六尺以舊綿絮被掛上張陣前堵鉛彈丁拡可攔路

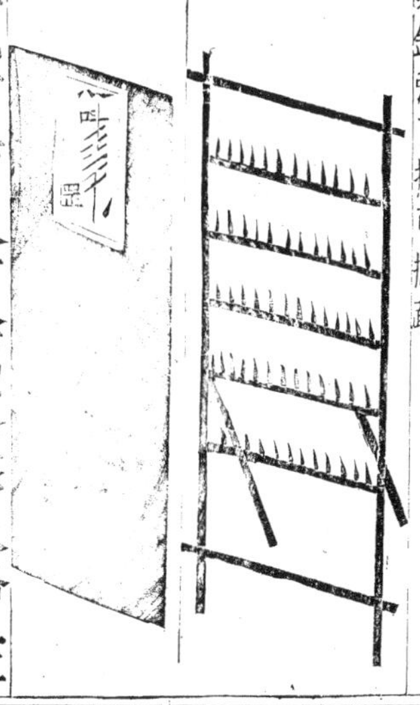

軟壁無他奇異用人所盖綿被襁子不格上耳固一時從便之法然不若所製剛柔牌四五十步之外可以遮嚇鉛子屢試無失然近至三十步亦要打透但鉛子銃必是遠放定無一二十步可放之事今開法于後不立圖者秘之也其法以輕木為長桄中用一檔牌身如木牌大先用生牛皮二層釘之皮裏用好蚕綿三斤用布序為一袋貼牛皮之裏用分水薄綿紙每二張鬆鬆團為一毬挨行擺之又用蚕綿五斤序布袋一幅蓋之四邊竹釘定固遍用灰漆四明裏面布處用油厚塗使不入水重可十五斤計費

五兩以上只苦于價重而官司不能辨耳除此之外或以鐵爲鋒或云用鵞毛人髮或用窑紙或用皮漆或用竹木而尖其脊余曾極其智慮博采萬口之說盡以製造之方所費不知幾百金而竟皆不能遮啣鉛子未有勝此法者也

剛柔牌式

第一生牛皮

乙層內用好

大蚕綿布納

乙層

第三薄桑

皮紙毬一

層窑擺相

挨

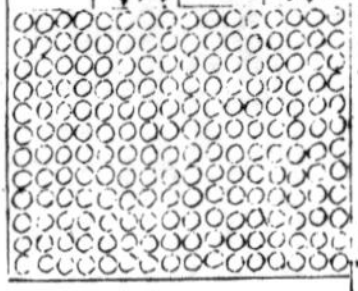

第四層好

蚕綿納布

一層盖裏

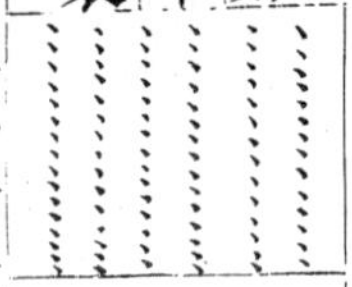

以上通用灰布漆油最忌水入坐卧結實

啣枚

竹籤四寸長五分濶上書隊甲兵勇親臨官押油飾掛頸靜砲響各啣枚肅靜代圓枚而用更可查考

後

面

某官　押寫啣枚號令

鬼箭

鐵蒺藜糞汁炒染毒藥戳脚曰鬼箭撒地以爲阻路守險之用

人撒竹筒形

此筒用猫竹去皮庶不裂長一尺上用木盖下用原節爲底貯蒺藜懸之於腰用時手提撒之下地均勻且速而不結除此皆乖揷蒺藜不利用矣

飃石

用一握竹長五尺繩繫頭作兜貯石擡勢一擲而去守城宜用

夜伏耕戈

弩機用浮輕箭染草烏毒藥以線引繫樁於二三十步橫路而下堆草蔽形觸線而機發箭必中恐害自人須阻所行要路

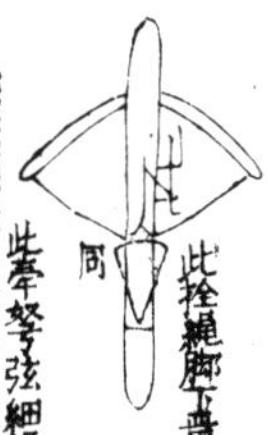

此張起弩形

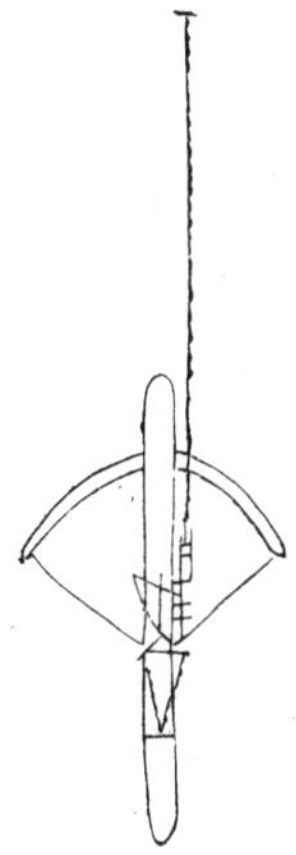

紀効新書　器圖卷之十五

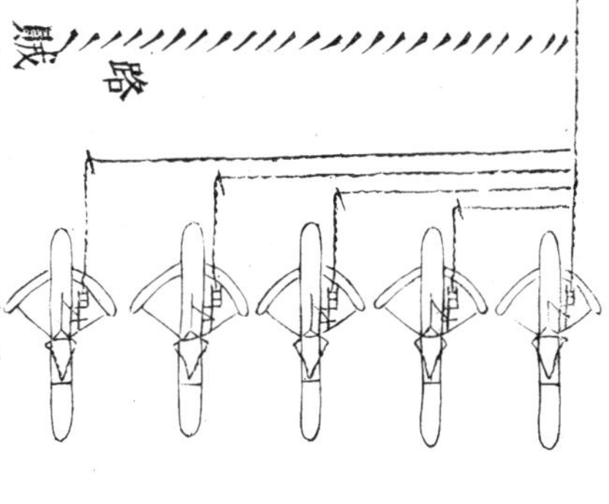

近來賊用長竹先打而行則機發於人足之先弩又無用今當多用如百弩連成數丈其機只在向我處弩盡頭下之俟彼走進踰弩將盡處就長竿先發其機則不能退出數丈矣又當分作三四箇機渠能打發其一機即謂盡發矣而不意又有未發之機也尤妙若三五弩而擺丈餘地則無用且未必矢矢俱准着人身恰得正好也

木城

用大小木為扇闊五尺高五尺每堞衮木二道贅大竹釘浮於拴上約可一人負之而行輕重適均在城上則立在垛口防夜襲登在兵中可宥而下營立成營盤

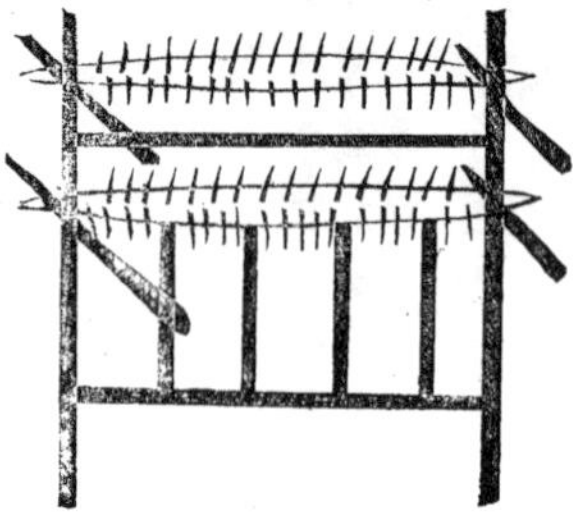

放鳥銃法式

一放銃之法先將藥預裝各小竹桶內約銃口可容幾錢鉛子一枚即每桶裝藥幾錢藥多則鉛化藥少則子無力先裝藥入銃用搠杖送實方下鉛子一枚又搠杖送下至藥際將火門取開用另裝細火藥傾入鳥銃火門內向上振搖藥入線門將火門閉之以火繩安入龍頭前手托銃架中腰後手開火門即拿銃架後尾人面妥架尾之上用一隻眼看後照星對前照星前照星對所打之人用右手大食指撥鬼向後鬼入龍頭落在火門藥燃銃響

鳥銃之中准在於腹長而直火藥之不奪手在於前手拿在銃腹照放之直在於兩手俱托執銃身而無點火之誤鉛子之利在於合藥之方其神機銃用木馬繁而多誤勢難再發邊銃手執後尾其重在前一手點火眼不能照皆不及此銃之妙而速也

一製合鳥銃藥方

硝一兩　熿一錢四分　柳炭一錢八分

通共硝四十兩熿五兩六錢柳炭七兩二錢用

水二鍾舂得絶細爲妙秘法先將硝磺炭各研爲末照數兑合一處用水二碗下在木桕木杵舂之不用石舂者恐有火也每一桕舂可萬杵若舂乾加水一碗又舂以細爲度舂之半乾取日晒打碎成荳粒大塊此藥之妙只多舂數萬杵也大端如製合好墨法相類若添水舂至十數次者則將一撮堆於紙上用火燃之藥去而紙不傷如此者不敢入銃矣只將人手心擎藥二錢燃之而手心不熱即可入銃但燃過有黑星白點與手心中燒熱者即不佳又當再加水舂之如式而止

鳥銃後門形

絲轉形　左轉則入　右轉則出

鳥銃分形之圖

火門形

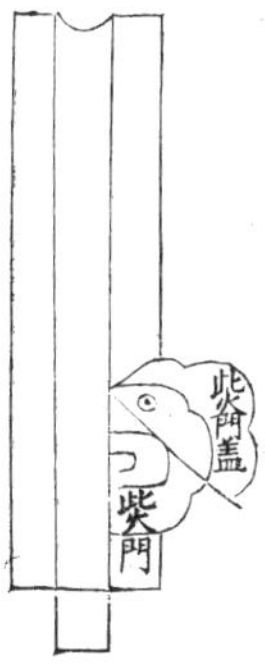

前口形

銃架形

此插入架内搠杖

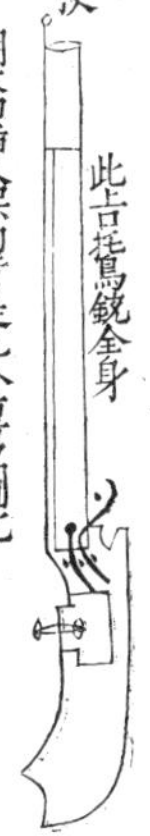

搠杖即插入架内者是也今重另圖此

鳥銃龍頭式

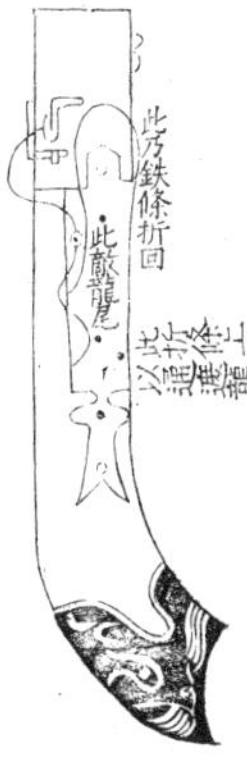

架內撇鬼形

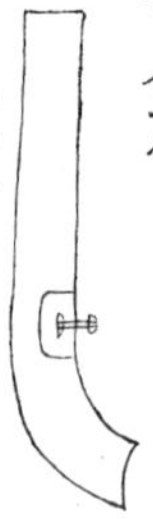

其鬼所勾晝不出
側立外形

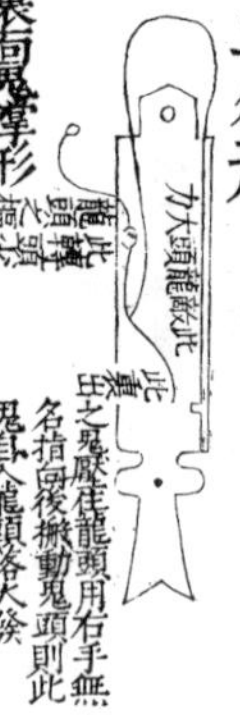

側立裏面鬼撑形

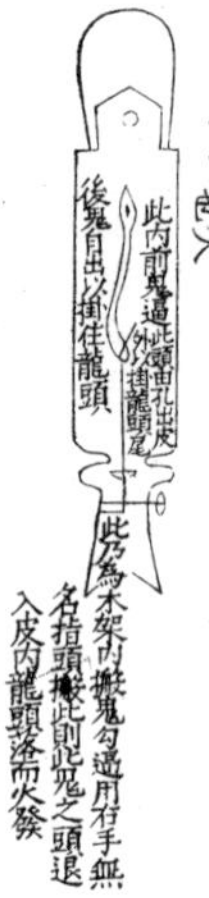

一造鳥銃之法後門有螺絲轉者此銃腹長放過後內常作濕二三日要洗一次用搠杖展水布一方醮水入洗之如鉛子在內或塞火門等項取開後門絲轉以便修整最為易便

一行營之內鳥銃雖速准而力小難禦大隊難守險阻難張威武佛狼機又大重難於扛隨今以臆創一器名為賽貢銃既無下木馬延遲之艱又不坐後其鉛子猶勝佛狼機之大其聲勢可比發貢其速即可比鳥銃每五百人之中用以五六門以備守路截險甚妙

一銃式

銃長三小尺內口約容半觔鉛子藥在粗腹不可過鉛子送至腹口方好即如此平卧地下隨其遠近加墊頭高並不用木馬等類此器之利者亦以項長而鉛子合口故也

送子形

後有連子銃銃鎗皆繁巧放銃時多誤難以屢中無虞聊亦載之以備兵家之一法也

連子銃式因武經總要所無故圖出

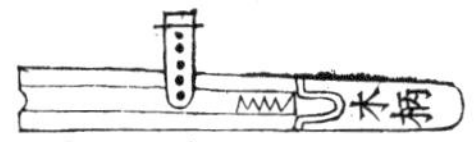

銃如鳥銃但藥盡處用一吼上安一鐵筒入鉛子數枚閂定口一個銃放去一個子又落入

銃內裝藥式

其法以藥裝入一卩即以厚梢紙錢一箇中穿藥線一寸送入銃內又裝一箇藥入築實又間以穿藥線紙錢如此裝至鉛子鐵管止

一子母砲

此用驚營或夜間遠遠放入賊壘少停於賊壘中銃發無制之兵烏合之衆奪氣之寇勢必驚惶我得乘之此器最妙

一裝放子母砲法

子砲信妙在此

總形

內爲刻木信以藥線纏之外用梢紙捲緊合口

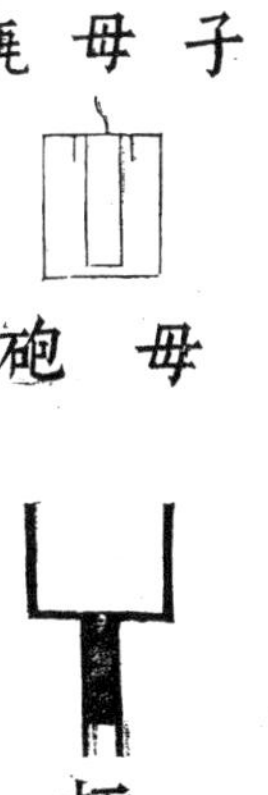

此砲用木信雕成羅絲轉形爲渠以藥線隨渠纏足下露線一卩在底上露出信之上用稍紙信外卷緊與子銃口合乃將好藥入瓶八分將信送入口即將瓶覆向下揺揺按入其信若仰瓶裝信則信底有藥放時藥催信出而瓶不破響惟覆裝其信則將信務入到底庚底下無藥藥在週圍信線燃入藥乃作破子瓶其放時先用木馬將大銃裝畢以瓶入上大口先點瓶線燃入木信不見即點母砲線打去若瓶線點早母線大長則瓶不出口而響矣若點瓶線太遲

未及燃入打去則閃風而滅矣又有一法共拴一線居中點火終是不齊還是兩點爲妙

佛狼機式

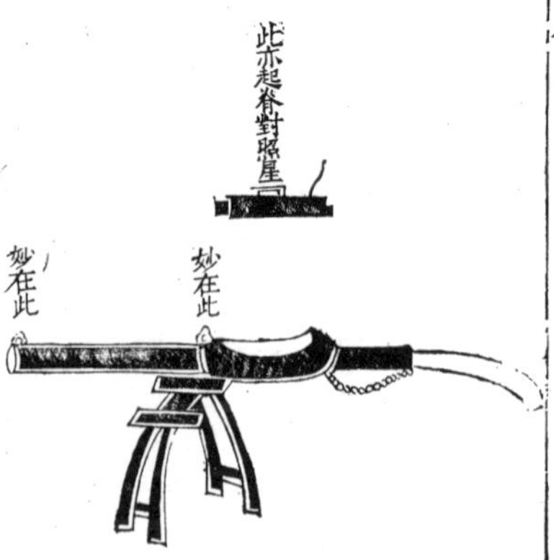

此乃天下通有利器今所以重圖者舊製之未盡精微也其妙處要母銃管長長則直而利遠子銃在腹中要兩口對合則火氣不泄子銃後方用半笋轉入者每放時多擊出子銃數丈傷人必用鐵門者佳其妙處在今添出前後二照星後柄稍從低庶不碍托面以目照對其准在放銃之人用一目耶看後照星孔中對前照星前照星孔中對所打之物又子銃內用木馬後下鉛子苟子馬俱大則難出出則力大要坐後而人力不能架之若子小則出口鬆而無力歪

斜難准今法止用鉛子預將鉛子照子銃合口微大一分製就用時入藥之後即以子下口用凹心鐵送桿打下入口一寸即入母銃放之此法既省下木馬煩難之功又出口最易而且鉛子合母銃之口緊激直利便速成功凡鑄銃之法子銃口大則子難出要破母銃母銃口大而子銃口小則出子無力且歪務要子母二銃之口圓徑分毫不差乃爲精器也切記切記

夫火箭亦水陸利器其功不在鳥銃下但造者無法放者無法人鮮知此器之利也大端造法有二或造成用鑽鑽線眼或用鐵捍打成自然線眼但鑽者不如打成者妙鑽易而打成費手故匠人多不肯用打成之法其肯綮全係於線眼眼正則出之直不正則出必斜眼太深則後門泄火眼太淺則出而無力定要落地每箇以五寸長言之眼須四寸深桿要直而去頭二寸稱平翎要勁羽長而高稍筒用碟紙間以油紙夏不走硝可留二年此物最不耐久收也

自然打成線眼式

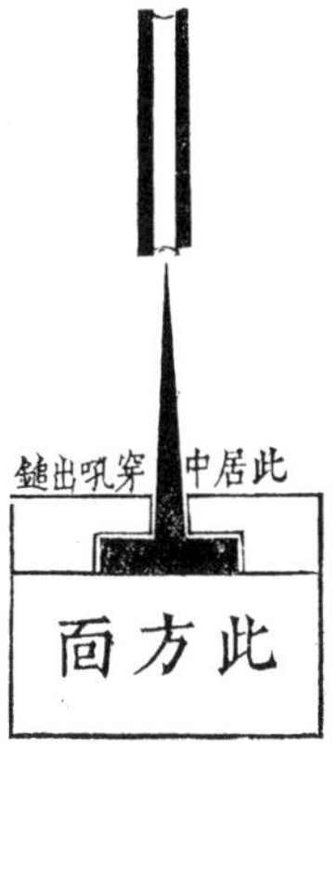

箭頭式中脊要厚兩刃要長而利爲佳

頭上縛虎藥至妙

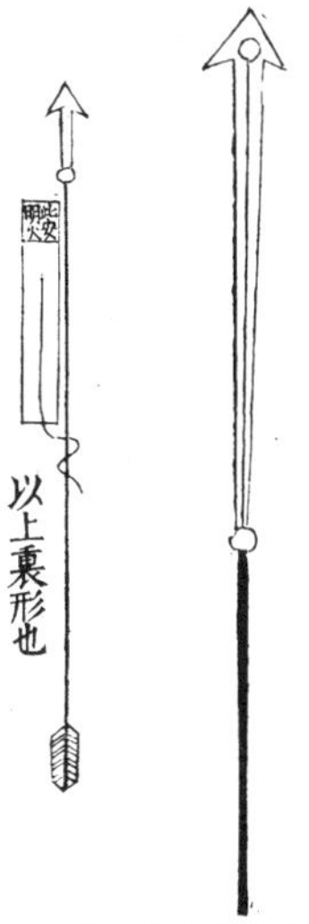

一礮法武經雖載而獨行砲單架者甚明鮮有人能悟之故呈開明其勢此爲守城第一器也既省火藥之費又有不乏之資

此鞘尾套在稍頭掛之

每繩長如稍之體不必拘定若干條但能舉其稍可矣每繩用二人扯之

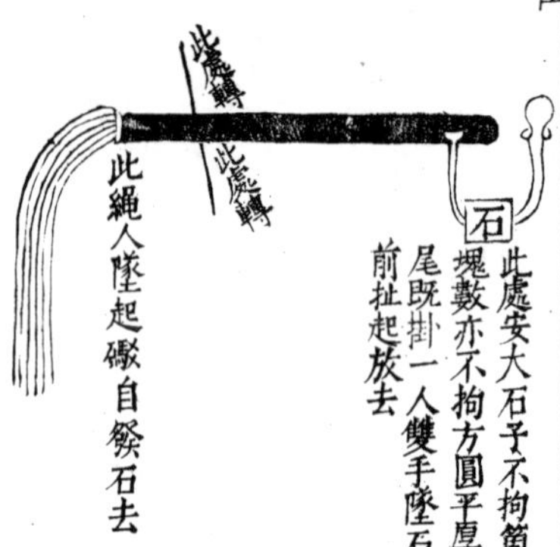

紀効新書　器圖卷一五　二二

礮石用人車起打去形

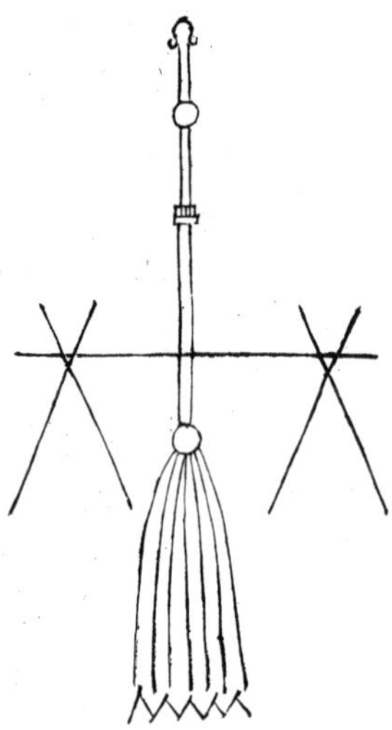

紀効新書卷之十六

旌旗金鼓圖說篇第十六

名將所先旗鼓而已近見東南人不知兵旗無法制率如兒戲或輕難視遠或重難執馳方色混雜不可辨認而臨陣分合更與旗無干聽兵用手逼唇爲哨聲却以旌旗爲擺隊之具金鼓爲飲宴之文至有大將名冑而亦烏合縱橫一聽兵士紛沓一隊數色一陣數令以勝負副之自然以進退副之無可柰何吁可勝嘆哉予故不得已而繪此煩文以取譏罪亮之亮之

紀効新書　旌鼓卷一六　一

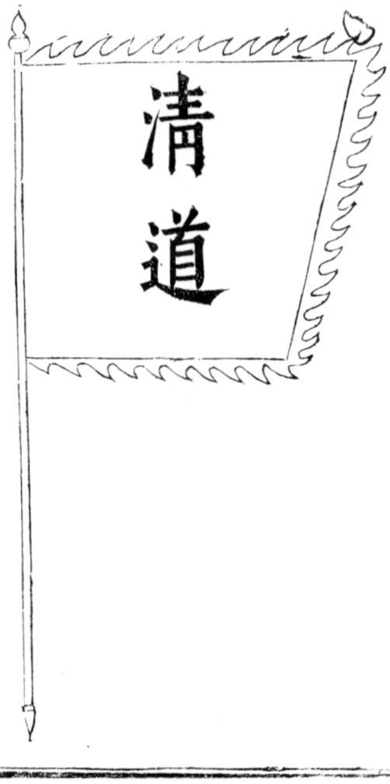

右清道二旗竃行持衆之前以清途路操習則遇掌號笛執在馬路引官哨隊囬營旗桿長八尺用木葫蘆或葫蘆上加以鎗頭亦可方四尺藍色邊用紅色

金鼓旗四面

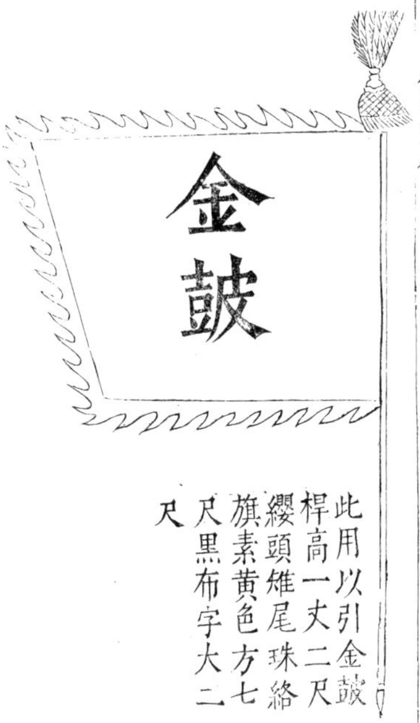

此用以引金鼓桿高一丈二尺纓頭雉尾珠絡旗素黃色方七尺黑布字大二尺

門旗五方各二面

此立轅門擺營五方各照方色桿高一丈三尺纓頭珠絡雉尾旗方六尺邊俱用黃

豹尾旗二面

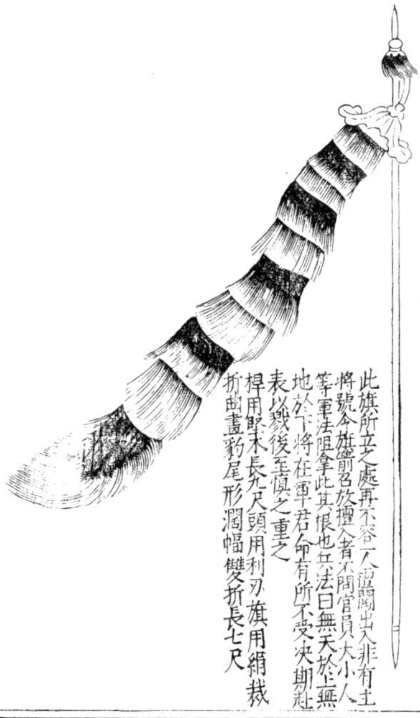

此旗所立之處再不容一人擅闖出入非有主將號令旗牌開名放擅入者不問官員大小人等軍法阻拿此其根也兵法曰無天於上無地於下將在軍君命有所不受決期赴表必殺後至慎之重之

桿用堅木長九尺頭用利刃旗用絹裁折曲畫豹尾形濶幅雙折長七尺

五方形旗五面

禮記所謂五方旗神所謂左青龍右白虎前朱雀後玄武中騰蛇慈湖王氏曰龍虎鳥蛇本乎旗名此之謂也

此旗五面以四面四方立表兵之所視以爲坐起進止左右前後周旋者也桿高一丈五尺纓頭珠絡旗色照方向邊以生旗之色配之不可犯本旗之色旗心方五尺

東方青陵九炁甲乙寅卯木其神青龍其色藍

南方丹陵三炁丙丁巳午火其神朱雀其色紅

西方皎陵五炁庚辛申酉金其神白虎其色白

北方玄陵七炁壬癸亥子水其神玄武其色皂

五方神旗伍面　東方温元帥

此與前大五方旗同用各照方色彩畫邊用生旗之色不可與本旗色相犯除邊方五尺桿高一丈五尺纓頭珠絡

南方關元帥

中央王靈官

西方馬元帥

北方趙玄壇

五方轉光旗五面各照方色

此用在將臺上行則隨主將以爲外表五方之應外表視此爲進止立伏桿高一丈五尺邊與旗幅同色用俠絹二幅長四尺濶三尺帶用五色自下相生而上長旗身有半旗頭用雉尾纓絡

五行旗　金木水火土五面各照五行之色

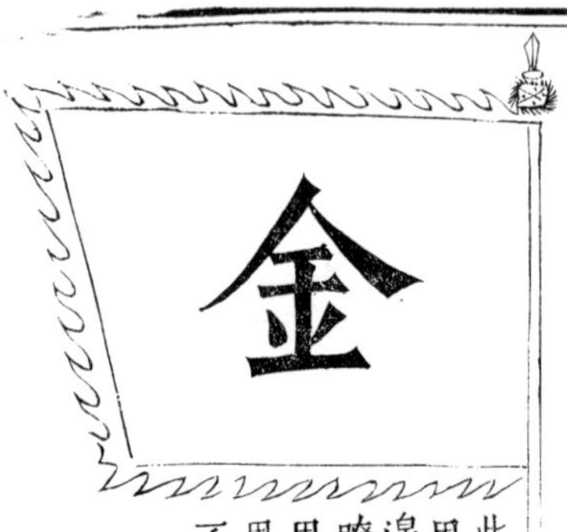

此乃出征之旗代轉光旗之用也桿用長鎗桿旗照字色邊同本旗之色底純而可遠瞭方五尺不用彩畫黑旗上用白絹爲字餘皆黑字旗頭用鎗頭以便出征輕潔色純不混衆目

五方高照五面各照五方之色幅尾則用生氣之色與大旗之邊同意

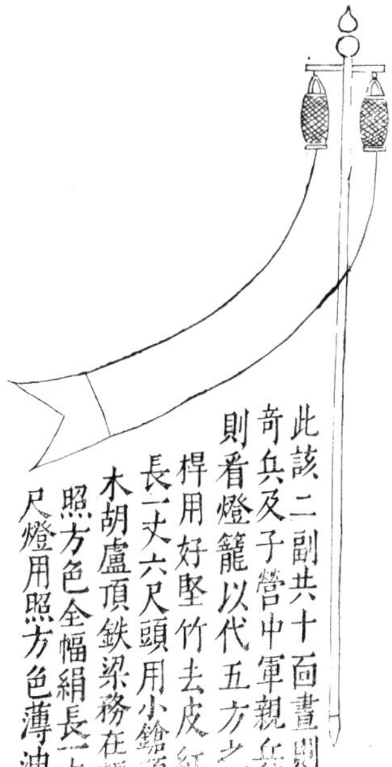

此該二副共十面畫則示奇兵及子營中軍親兵夜則看燈籠以代五方之用桿用好堅竹去皮紅漆長一丈六尺頭用小鎗頭金木胡盧頂鉄梁務在輕便照方色全幅絹長一丈二尺燈用照方色薄油紙

中軍坐纛

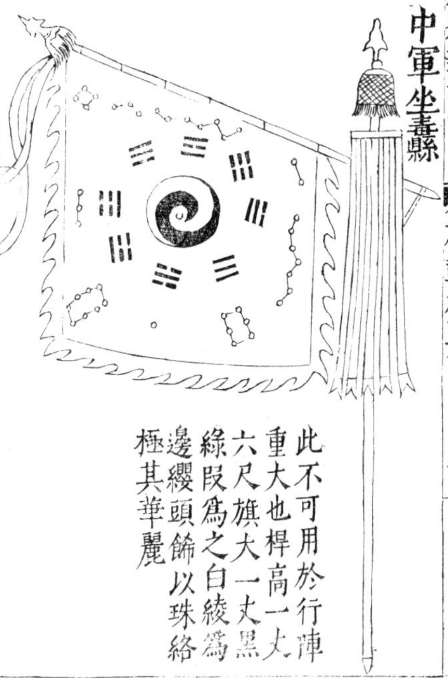

此不可用於行陣重大也桿高一丈六尺旗大一丈黑綠段爲之白綾爲邊纓頭飾以珠絡極其華麗

二十八宿號帶　東方角亢氐房心尾箕演禽真形

此帶四方各門方色並中央黃素帶俱懸坐纛上以爲四方之主但可操而不可用於臨陣以其大而重也桿無燈坐纛上用鉄十字架以懸之

北方斗牛女虛危室壁演禽真形

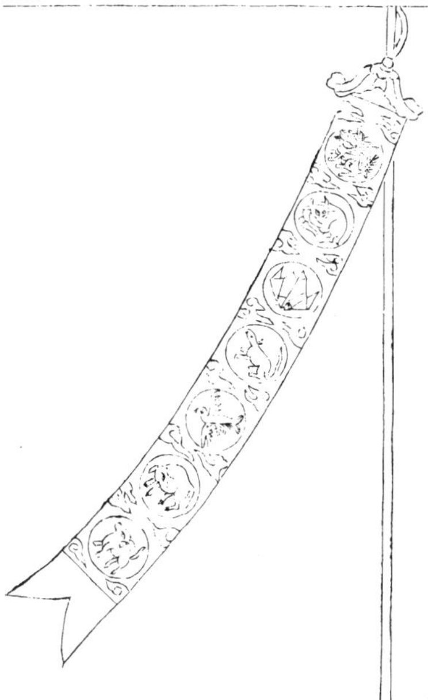

西方奎婁胃昴畢觜參演禽真形

南方井鬼柳星張翼軫演禽真形

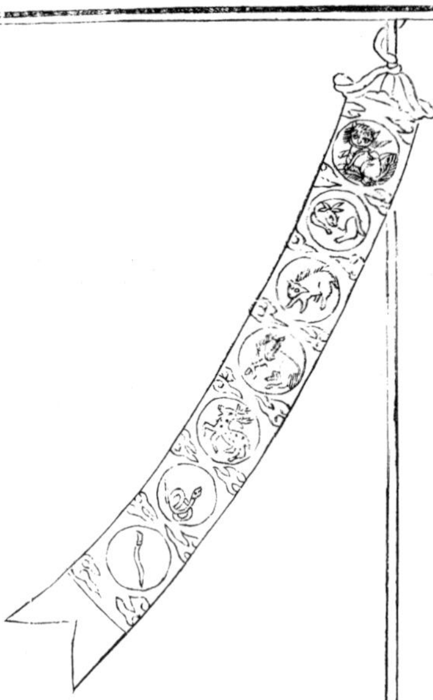

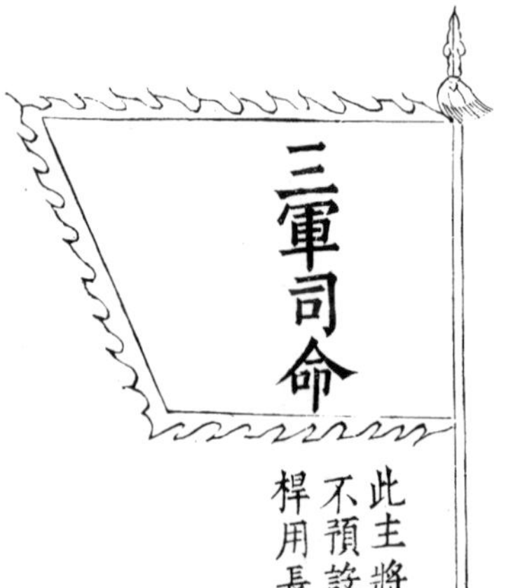

此主將號旗顏色隨意不預設以泄機桿用長鎗旗方二大尺

角木蛟　主將黃公政　李真

二十八宿真形旗各一面

此後二十八宿形旗凡出軍立方向八門使兵由之而出則用又凡遇出兵之日所輪勝宿即以此旗領軍桿長一丈六尺頂用纓絡雉邊幅之色俱同各照方向方可六尺

亢金龍

王常

氐土貉

兵武

房日兎

封軍

心月狐

趙隆

尾火虎

周雲

箕水豹

文相

斗木豸

主將歐陽希節　郭海

牛金牛

胡英

女土蝠

何佑

虚日鼠

危車

危月燕

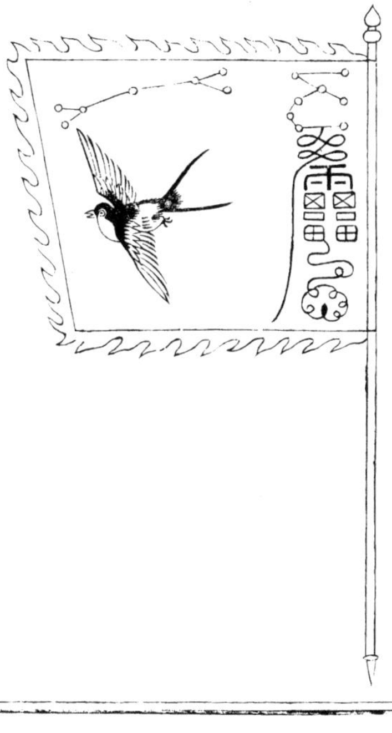

田立危

室火猪

荷元

壁水㺄　龍王

奎木狼　主將王珣忠　謝月

婁金狗　唐文

胃土雉　伍交

昴日雞

鄭昌

畢月烏

陳旺

觜火猴

霆太

參水猿

宋真

井木犴

主將林文鎮　徐貫

鬼金羊

槐童

柳土獐

張本

星日馬

周貴

張月鹿

董午

翼火蛇

吉善

軫水蚓

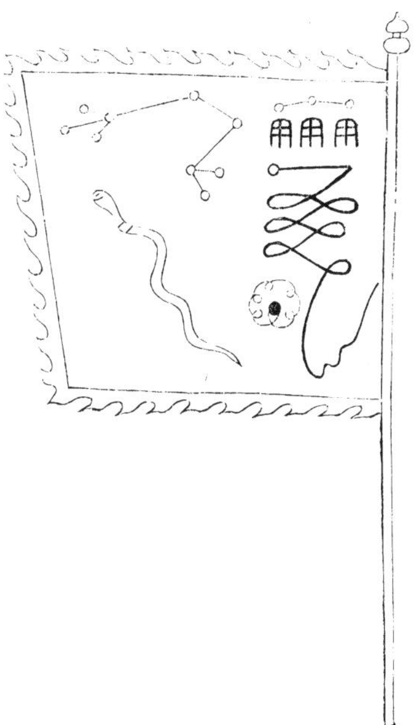

呂鳳

丁卯神將

六丁神旗六面

此後六丁六甲旗十三面用法與二十八宿旗俱同

此旗色照方向邊同大旗之色

桿長一丈三尺旗方五尺頂用纓頭雉尾珠絡

丁巳神將

丁未神將

丁酉神將

丁亥神將

丁丑神將

甲子神將

六甲神旗六面

甲戌神將

甲申神將

甲午神將

紀効新書　旗鼓卷一六　三二十

甲辰神將

甲寅神將

紀効新書　旗鼓卷一六　三二三

角旗八面高大俱同五方旗用木紅葫蘆明鐵雲鎗頭行則夾五方神旗但矮於五方一尺其色則

東南上半幅藍下半幅紅　南東反是

東北上半幅藍下半幅黑　北東反是

西北上半幅白下半幅黑　北西反是

西南上半幅白下半幅紅　南西反是

花焰邊隨本旗之色上下各一半

八卦正旗

高大式桿俱照五方真形旗上用金木葫蘆頂

各以八卦方向爲色四正方者色純四奇方者照角旗各得一半上畫本方之卦於旗之中央

紀効新書卷之十六終

紀效新書卷之十七

守哨篇第十七

守是攻之策自古名將必先斥堠但此三事皆示衛所之行移非教戰士之技不能編次諸篇之間故爲附卷

一爲軍務事照得衛所烽堠爲邊防第一要務近來該管陸路官員多不曉此每遇考選是任便爲閑散之局甚至廢棄職守或臺堠不修或器械不整如軍士偷安畧無懲究寇犯地方則烽火之號不傳船隻在海則聲息之警不報萬一失事甘受糸提殊不知懲沸湯者吹冷虀傷弓之鳥驚曲木自能省此便當寒心豈可玩愒歲

日甘蹈如前及查松門桃渚衛所原設烽堠有遠在外海而軍士藉此偷安如獅子望火樓等處是也有置于內地而遇警瞭望不及若盤馬烏沙浦等堠是也已曾舊有行令堠置於近海去處照依漁戶搭蓋緇架一般上則用草苫爲一廠各置守瞭器具每堠每日輪軍三名遇有賊船出沒晝則車大白旗一面夜則放砲起火在堠軍餘接警傳報如在外海遠堠每每答切差人查閘比時地方廣濶未經覈實而奉行者十無一二即今風汛正臨海洋賊船叵測內地

安危居民趨避兵機預備城池警守均當責任一堠之司一堠失報則地方貽害萬萬矣爲今之計除行取各衛所管堠官軍前來本職面授烽火方畧形式號令使各遵守外所有條列報警事宜擬合申飭通行爲此牌仰本官照牌事理即將後開條約事件備録每墩一本付軍讀誦背熟其條內事宜平日務各件件備完停當隨壞隨用者隨補隨完遇有警跡務要依後條疑舉放傳報敢有一件不完一軍不到查聞得出定照軍法連坐决不輕貸先將各堠旗軍備

完件數該管官具結繳來查考以憑或時委官或本職自坐小網船沿途暗往親驗其給過牌內條疑陸路官先行讀背痛熟面教各堠軍名名讀誦背記痛熟限一月外以憑本職調來或到墩考背生一句打一棍不恕

今開

墩堠該備什物

一每墩立五人睡住卧房一間不拘草苫

灶一口　水缸二箇　鍋一口　碗五箇

碟十箇　米一石　鹽十斤　種火一盆

種火牛馬糞一担

一器械

碗口銃二箇　小手銃三箇

火箭九枝　大白布旗一面方十二幅

草架三座

草架法

每架務高一丈二尺方四面俱一丈下二尺高用木橫閣使草柴不着地不爲雨濕所浥上用稻草苫蓋如屋形伏覩

祖宗墩法舉狼烟南方狼糞旣少烟火失制拱把之

草火燃不久十里之外豈能目視且遇陰霾晝晦何以相瞭故必用立此大茅屋積草柴旣多火勢大而且久庶隣墩相望可見其屋內不拘柴草務相均停一層柴一層草填實盈滿

墩堠報警號令

一每墩不拘日夜分三人帶起火三枝碗口銃一箇手銃二箇在於極外海邊巡邏守哨遇有賊登晝則摇旗放銃爲號夜則放起火放銃爲號墩上即便接應如天晴則車十二幅大白旗相隣之墩車起大旗一路只至本府所在之處止

一路至本衛所城池而止如若遇天日陰霾有雲霧望旗不見則將原搭草屋舉火連草屋通聽燒燃一架隣墩接放火則已如不接放又燒放一架夜遇有警看近海下墩哨軍火箭號響止燒放草屋一座盖夜間火甚明不必二座也隣墩即便一體點放草屋賊到之墩一面差一人由便路徑到本衛所并陸路官處報賊多寡登犯時日情由聽該衛照本府原發報式轉報

墩軍號火走報軍法

一賊所登犯之地本墩失悞放火車旗遇賊流至隣墩之下隣墩放火車旗而本墩後接者全墩

軍法示衆

一遣下墩海邊人役失悞者罪坐下墩海邊之人墩上者連坐細打一百

一近賊本墩放火車旗而隣墩接應失悞者隣墩軍法示衆

一舉火遲延走報不時因而悞事者軍法示衆

一風汛時月墩軍不拘正墩隣墩敢有下墩回家及雖近墩而不在墩者無賊至細打一百割兩耳有警軍法示衆該管官細打穿耳連坐

一應備前項什物軍器欠缺一件者墩軍細打一百割耳仍罰月糧置辦該管官連坐細打

一應備前項什物軍器雖不欠缺而不如法者墩軍細打四十扣月糧改置該管官以分數論罪治以軍法

查點墩堠法式

一每月本職十次把總七次衛所五次各差人本府於見駐之處起南北分發人員點閘如有不到者即便綁解治罪或本府自坐小網船由潮不拘時日親閱查點

一凡差人員點堠敢有需受分銀粒米與墩軍所得之罪一體均治雖素親信並不輕減

一差閱人員不親逐墩到上却乃在於總路拘查或托人代查及到墩而又點查不明者一體細打沿墩示衆

一差查人員到墩先數軍足五名即看種火之處火種有無次看火箭收拾藥線可否次看大小銃裝收何如次看十二幅大旗有無損壞次看大旗桿堅直何如次看烽火草屋三架柴草有無雨濕漏壞有無損用致欠原數次看水缸有

無水次看米蓋見存用過數目次看碗碟睡卧
處所是否在墩宿歇
一遇警之彼但經放過軍器草屋不許過三日即
要補完違者治以缺欠法條

墩軍守瞭之法

一墩軍每風汛時月如三四五六盡數在墩不准
以取米糧破調正二七八九十十一十二月准
以一名專運薪米每二名爲一班分爲二班每
半月一更赴墩
一官府經過止可擊鑼放小手銃一箇不許擅車

大小白旗燈籠烽火等項以疑隣墩違者以妄
報聲息軍法重治

守城

一爲軍務事照得風迅逼臨海警叵測捍禦之方
惟在戰守已該本職見在操練標下官兵臨機
調發外但查各衛所城守無法每遇寇至則倉
遑失措或致掩襲不備甚者守禦無法無警之
時晝夜耗人精力及至五更往往倦怠失事是
皆已往之咎而事豫則立正宜先機分布夫守
城之法惟蓄養精力有餘而賊來責在遠知預

備其遠知預備之責又在陸路伍伏路官軍亦
多因襲舊套虚應故事緩急之間全無實賴均
合示授方畧號令以嚴責成爲此牌仰本衛所
官照牌事理即照發去圖式號令條欵將本衛
所旗軍丁舍人等止除出海墩陸人役不派垛
口外其餘自舉監生員致政供貼雜差及應襲
以下盡數照依後開條件圖式或四名一垛或
三名一垛或二名一垛每五垛另編立知事勤
勇一人充爲垛長專一執𫎂旗查督大約以一
城人丁衆寡通融不必拘泥原分窩鋪其陸路

官員亦照原曾發去方畧一一遵奉施行通將
編派過旗軍丁舍照式攢造書册一本同各官
依准申繳其守城號令仍動支不拘何項官銀
刋刷成書每人一丁給與一本以便熟習毋得
狥情遺逸及違玩軍令自甘重典未便

派守城規則

一除舍人并編中軍者俱聽策應官帶領隨賊緊
處分投往來捍禦對敵不派垛口
次派神兵先將本城内衝要處所共幾處每處量
其險要該用佛狼機幾座大銃幾箇於各多所

分抽其多者撥充其餘照各所地方城身均派
次派鳥銃通計本城共有若干垛口見今通有若
干邊鳥二銃各照原城所分派稀密得宜如有
所伍太多者取加衝要之處
次派官將掌印官專管中軍高處號令四面皆聽
所督仍兼附近中軍要城一處又將險要門臺
幾處派以見在衛所指揮千戶之有力勤勇者
次將各掌印百戶一官一旗分派各原經本府
編過信地樓鋪各相接界如一百戶署數印則
本官止在本伍樓鋪餘則以旗甲一名分守各

鋪本官仍往來兼管凡有力千戶與指揮同派
無用指揮與千戶同派
次將在城生員致仕省吏照所分派樓鋪
次將各所伍信地一城共有若干垛口凡上團下
團上下餘丁雜差供貼守城等軍餘丁通計共
有若干每垛口一箇約合幾人計筭已明然後
挨所挨照本府所編信地一軍一餘或多許均
附一軍一餘之外湊合派垛編成字號如一所
垛口已盡而軍餘有餘則挨于下伍相隣垛口
如垛口未盡而一所軍餘已盡即以相隣所伍

軍餘兼搭接派惟照垛數照人均派不拘所伍
定額以致厚薄踈密失宜
一每五垛爲一廠內擇年壯膽勇者一名立爲垛
長
一派定先演三日候本職親臨演之如派撥不明
不均不公定將掌印官軍法處治當時奪其管
事罰以重差
守城該備器具廠屋
一每垛口五箇立草廠一間下用板鋪勿使泥濕
傷人上用苫蓋四面皆堪遮蔽風雨遇至樓鋪

者即聽以樓鋪充之不必另立每廠竹竿一根
長一丈三尺上用布旗一面疊方二幅顏色照
城方向
一每垛口有幾丁每丁用一尺高有底通節粗竹
筒一箇埋在垛口裏面各軍所執器械或短鎗
或斬馬刀或鳥銃或弓矢插于竹筒內立之
一垛口二箇其派過該守本垛之人不拘幾丁共
出燈籠一盞其應車燈繩桿燈底墜石雨草俱
照圖式

此預備點有警用

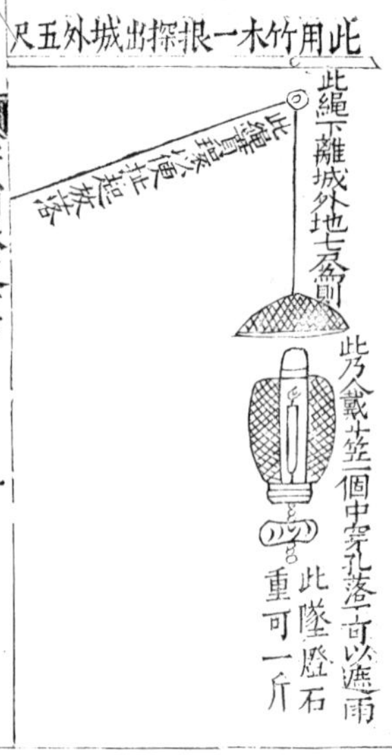

一每廠垛長出燈籠一盞，車於草廠橫竿上并樓鋪旗竿上，以照城裏面，此廠完同驗

一每垛下要石子五六斤重以至一斤半重者，高圓三尺一堆，大圓石可五六十斤者五塊

此文到即該預備完足，欠一寸者罰糧一月，無糧罰桃濠一丈

一有鐵架燒松節者，從便每一架准燈一盞，此預備

一每垜竹木梆一箇，每鋪百戶備大小鼓二面、鑼一面，但城內有鼓者皆許借用，此待賊至方行賊去即聽交還，打壞以守鋪軍糧扣倍新鼓，無賊時不許指此誆騙，如無借處，即便預將守城紀録老小軍丁內扣糧速辨，限文到十日內

此有警備用，今先備候本職親到驗之

一每鋪遇警種火一盆，俱守鋪人丁備

此臨守城日時備也

一每二廠大水缸一箇，貯清水

此臨時備

一各色火器俱要預備齊整，責令派到鋪邊垜口之人管列在鋪，聽候不時之用

此預撥在鋪

一各神兵照派過垜口所在，每一架處搭高廠一箇，將佛狼機等銃在其下，遇警火草時時點候，鉛子銃心裝蓋停當，藥線裝收乾燥，其一應木馬、鉛子、石子、銃送等項，俱照本府舊日為緊急軍務事頭行內數目件件完足，聽不時查點，如遇敵用過，敵退准從容五日之外補足，如敵尚在，限一時之內補足，過期軍法重處

此預備點查各預收派到臨近鋪內貯閣，候臨警取用

一守城鳥銃手每人藥一斤裝管五十三筒鉛子五十三箇火繩每根三丈
此該點查臨警帶上城
一中軍惟看城外伏路及墩堠原定晝夜煙火旗砲起火號令但見前項有警號令掌印官即便將中軍高處晝則放火砲三箇車起大白旗在城大小官軍旗舍舉監生員致仕人等盡照派過垛口即時各執器械廠旗上垜乘城照依號令
一夜則放砲三箇車起雙燈籠二盞在城前項人

等一照白晝事例上城遇夜中軍發擂樓鋪一齊發擂中軍打更遇夜鋪處處打更一處斷絶更皷依臨陣軍法連坐本管官旗

守城號令

一如遇有警但看城上中軍内晝則放火砲三箇車起大旗各人照派信地垛口火速上城夜則聽中軍高處放大銃三箇車燈二盞各人照派信地垛口上城凡上城時即將器械插于竹筒内垛長將旗插于草廠邊照垛不拘一垛幾人俱向外立定如賊來遠則佛狼機近則鳥銃再近打石子等項難以預料如賊退或探賊未來晝如探賊歸巢其巢在十里之外看中軍高處放砲落旗每垜留一人城上看瞭餘俱下城休息聽中軍前令上城
一凡遇夜則五垛之人不拘通有幾丁看中軍高處放砲舉雙燈通上城照垛向外立聽中軍放砲落燈每一廠内之人先輪一垛者或二名或三名支一更餘俱入廠安睡一更盡吹長聲喇叭轉更又一垛者輪出敲梆守更守過者進廠同睡不許脱衣如此五更五輪輪完天明若遇

夜間忽聽中軍高處砲響車起雙燈是有賊來攻城各廠内不該支更人丁盡數起出向垛口備戰一處有賊擂皷敲鑼滿城鋪俱擂皷敲鑼一鋪鑼皷止挨鋪通止如賊已退候中軍高處放砲落燈各丁又俱進廠睡輪該之垛照舊執更
一人丁雖不令俱在垛下立到天明所以休息人力務使精神有餘免致每夜到四更人倦失更被賊掩襲但又不許一人因而乘機私歸家内安睡既許在廠内輪睡又不許説話依舊説的

困倦了及至輪該執更却值渴睡

守城軍法

一凡一廠内一人不至或夜歸私家連坐梁長各打二十棍本犯割耳同梁同廠連坐遇賊攻打城池之時而不到者本犯軍法示衆梁長割耳同梁同廠綑打

一凡旗廠器械矢石火銃鑼鼓之類一件不完者本犯綑打坐連同梁同廠五梁以上本官旗綑打衛城五鋪以上所城二鋪以上掌印官及分管官綑打臨賊攻城之時以致缺少及放火器不如法者本犯軍法示衆照前連坐者皆割耳

一回頭者割耳

一擅行動者割耳

一見賊大言喧嘩者或被傷高叫警走者遵照臨陣退縮軍法示衆

一夜驚者治其所由同廠同梁本管官旗連坐

一中軍高處接應在外并墩堠號令遲候者掌印官重治瞭堠司號之人軍法示衆

一在外伏路墩堠候事致賊猝至者究其伏路官軍以法

一各鋪内遇守城時或致種火斷滅與凡傳敲鑼鼓或起或止不明俱罪該管百戶如一百戶而兼數印不得分身者罪其旗甲百戶從輕發落

某所

百戶某人下自某門起至或東西南北共梁口若干軍人若干

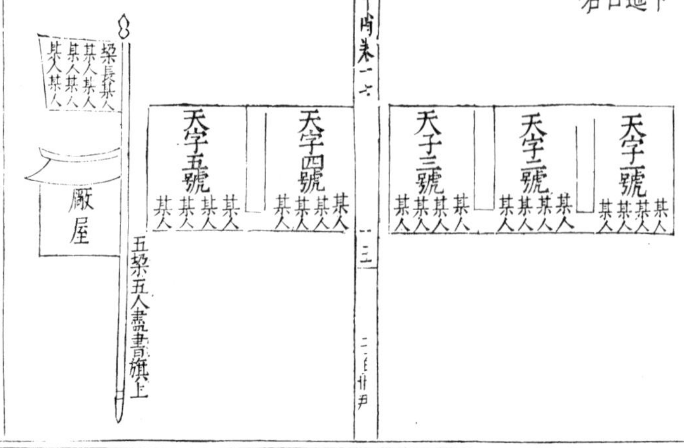

天字五號止卽接地字一二三四五號又接玄黃字號俱倣此式刊板填造書冊

各城內建立中軍號令

一應備什物

先於本城高處可以四面瞭視之地立桅竿一根粗徑一尺長五丈上用棕繩一條粗大耐久者大　布十二幅旗一面即於旗竿下或就樓鋪或另立房屋一所預備燈籠四盞亮好油燭一百二十枝大將軍砲一箇碗口響砲四口即以原派管神兵守之其隨銃應該木馬火藥火繩送子等件俱照神兵頭行備足仍撥好軍十名專管種火一盆日夜分班四瞭城外陸路號

火銃砲撥吹鼓手一副八名專執此處號令不拘何事不許差扯

號令

平時無警之日每早天明吹打一通守城人下城每晚吹打一通守城人上城

凡遇有警每夜日入山不見但放大砲三口車起雙燈城內人丁聞砲看燈即便上城守夜俟定更砲響起更時雙燈放落各處支更守城人照守城項下條約施行所撥十人分更向四面瞭看城外伏路人動靜

凡伏路人在於城外不拘晝夜但放起火三枝砲響三箇是有賊來偷城中軍瞭見如是白晝則放砲三口車起大旗城內人丁盡數火速上城守禦一照守城號令條約賊去落旗人丁休息若夜間瞭見城外不拘何面伏路人放起火砲響則車起雙燈二盞放大砲三口廠內人丁盡數出向垛口以備攻打賊退後落燈各人丁仍還廠內休息

一軍法

凡伏路人已舉火號而中軍接應遲延毫刻或砲鬆不致大響以致在廠之人聽聞不明及燈籠不亮者致賊突到城下攻城登雉掌號鼓手瞭望人役以軍法示衆決不貸生掌印官綑打一百割耳

凡平時各應備器具什物不完者應備之人軍法施行掌印官連坐

伏路

一發人伏路凡風汛時月每城陸路官將伏路人役照城外要口四面共有幾處每處撥三人每人管二更俱於每日午時赴陸路官處領起火

六枝手銃四口各照派遞信地方向出城離三二里之遠守伏每至次日午時有人交代方許四家若遇有賊在近每路每方加撥五名每人止執一更

應備什物

一每陸路軍每一名自辦三眼手銃一把好起火六枝火繩隨時辦用每人燈籠一盞小黃旗一面雨具一副

發伏路號令

一凡白晝遇有賊至即放手銃三箇起火三枝摇

展黃旗馳回中軍高處照給過號令接應城內人丁又照中軍號令上城守禦

一凡夜遇賊至伏路人先覺即放手銃三箇起火三枝一面奔告城下中軍高處瞭見照給過號令舉動廠內人乘城備戰

伏路軍法

一凡伏路人出伏遲期及備該隨身前項火藥不如法藥繩藥線濕落不堪雨具不整及在外之人不候交代而輒回家者通以軍法綑打一百割耳如有悞事軍法示衆陸路官連坐

一凡賊來伏路人在外不截要口哨伏偷藏人家屋廠園林之內睡熟悞事致賊突入城下攻城者伏路人俱比附臨陣退縮軍法示衆陸路官綑打連坐

紀効新書卷之十七終

紀効新書卷之十八

治水兵篇第十八

長樂鄭振鐸西諦藏書

一兵船束伍法

每福船一隻捕盜一名舵工二名繚手二名扳招一名上斗一名椗手二名上用甲長五名每甲兵十名

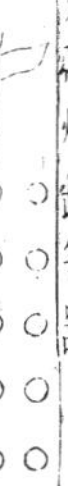

第一甲佛狼機甲長專管放佛狼機賊近管放火磚烟罐等器

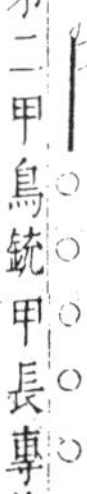

第二甲鳥銃甲長專管放鳥銃賊近攻打

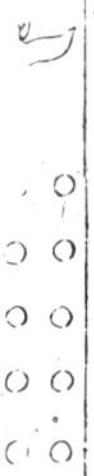

第三[illegible]標鎗雜藝甲長…船隻搖櫓賊近發鎗刀石藥等項

第四甲標鎗雜藝甲長賊遠照管船隻搖櫓賊近發鎗刀石藥等項

第五甲火弩甲長以一半打弩以一半放火箭賊近從便攻打

以上如與賊逼近船邊一時遇巧不拘何人用何器但能奮勇當鋒用火藥火器成功用刀鎗戰殺有功各爲首者俱以破格

奇功論

総甲長一名管兵十名甲長小旗一面照方色今以見在船分之福船二隻海滄船一隻艟䑩船二隻爲一哨立一哨官左右二哨官爲一營立一領兵官以松門關分右後二營海門關分前左二營各以指揮一員統領其船上大旗則俱用黑布仍用白布做一大字在旗通寫作台字各照方色製以號帶甲長旗各照號帶方色

福船大旗式

凡旗尺俱官尺

號帶顏色

前營紅帶

左營藍帶

中軍黃帶

右營白帶

後營黑帶

甲長旗式

桿長一丈三尺

前營紅
左營藍
右營白
後營黑
中營黃

每船五方旗一副

前營
紅旗紅邊一面
藍旗紅邊一面
白旗紅邊一面
黑旗紅邊一面
黃旗紅邊一面

左營
紅旗藍邊一面
藍旗藍邊一面
白旗藍邊一面
黑旗藍邊一面
黃旗藍邊一面

右營
紅旗白邊一面
藍旗白邊一面
白旗白邊一面
黑旗白邊一面
黃旗白邊一面

後營
紅旗黑邊一面

藍旗黑邊一面
白旗黑邊一面
黑旗黑邊一面
黃旗黑邊一面

中軍
紅旗黃邊一面
藍旗黃邊一面
白旗黃邊一面
黑旗黃邊一面
黃旗黃邊一面

兵夫列船式

平時在船四面擺。五甲總合爲一大哨。於船四面各甲各器長短相間。分方面外而立。如遇打賊。隨賊所在之面。併力動手。無賊之面亦留每面二人防看。其船頭用銃一架。第一甲撥兵四名。專管船頭閘板下。第二甲撥兵四名。專管兩水倉門。

平時立船閱視圖

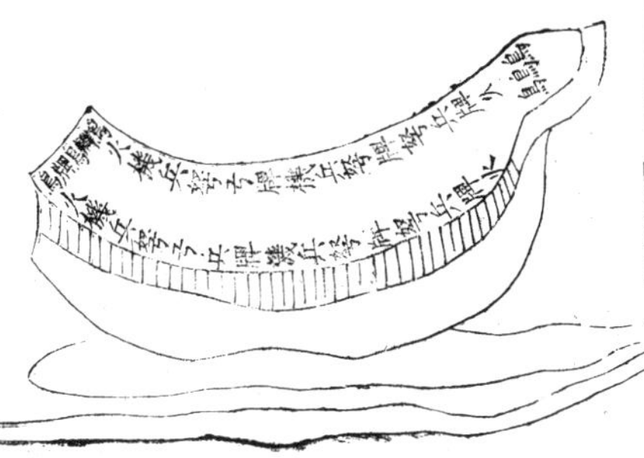

每海滄船一隻。捕盜一名。舵工二名。繚手一名。椗手二名。扳招一名。甲長四名。兵夫四十名。旗幟方色。俱隨本哨福船相同。但尺寸不同。另開于旗圖之中。

第一甲。佛狼機、鳥銃。甲長專管放機銃。賊近放火砲、磚、烟、火藥等。

第二甲。標鎗、雜藝。甲長賊遠。照管船隻搖櫓。賊近管使鎗刀、打石、傾放火藥等項。

第三甲。標鎗、雜藝。甲長賊遠。照管船隻搖櫓。賊近管使鎗刀、打石、傾放火藥等項。

第四甲。火箭。甲長以一半打弩。一半火箭。賊近各色軍火器俱要便宜攻打。

以上如與賊逼近船邊。一時遇巧。不拘何人用何器。但能奮勇當鋒。用火藥、火器、成

功用鎗刀戰殺有功者俱以破格奇功論
每甲長一名管兵十名甲長小旗一面方色同

大船

兵夫列船式

平時在船四面擺四甲總合爲一大哨於船四面各甲各器長短相間分方面外而立如遇打賊隨賊所在之面併力動手無賊之面亦留兵每面二人防看其船頭用銃一架第一甲撥兵四名專管船頭閘板下第二甲撥兵四名專管兩水倉門

平時立船閱視圖

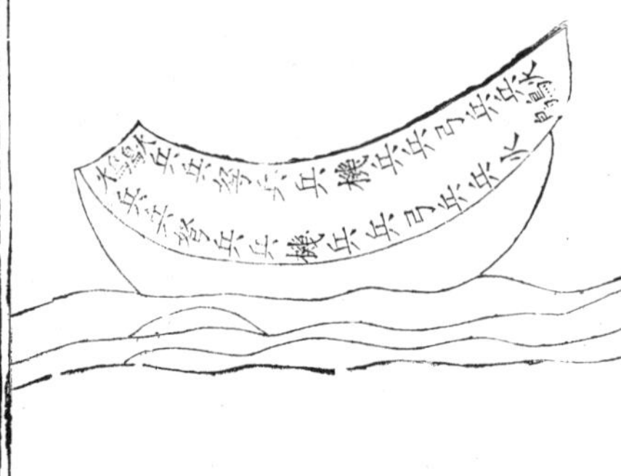

艟艚一隻即大蒼山船也捕盜一名舵工一名椗手一名繚手一名甲長三名兵夫三十名旗幟方色俱隨本哨福船相同但尺寸不同另開于旗圖之中

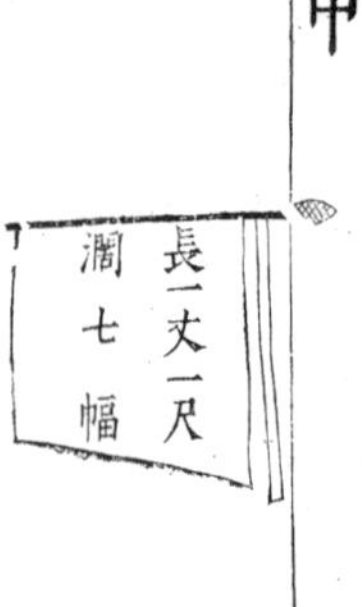

第一甲佛狼機鳥銃甲長專管放機銃賊近管放火砲烟藥等器

第二甲標鎗雜藝甲長賊遠照管船隻搖櫓賊近各色軍器俱聽持用以備攻戰

第三甲火箭甲長以一半弩手一半火箭賊遠照管船隻搖櫓賊近各色軍器俱聽持用以備攻戰

兵夫列船式

平時在船四面擺三甲總合爲一大哨於船四面各甲各器長短相間分方面外而立如遇打賊隨賊所在之面併力動手無賊之面亦留兵每面二人防看

平[illegible]立船圖觀圖

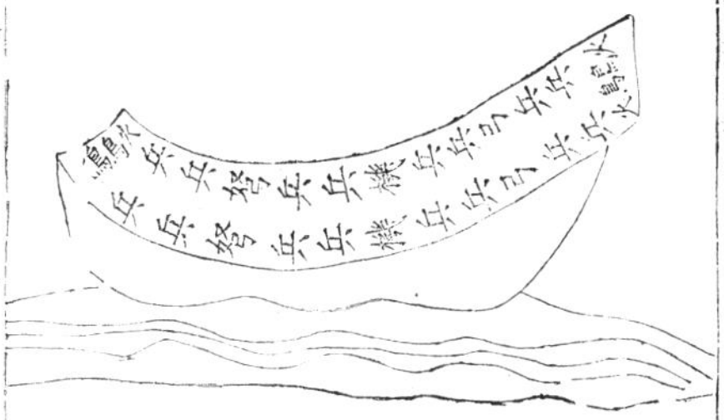

水兵腰牌正面

營
年　歲
縣　都人身長　尺　寸
面　鬚　上有　處
力　百　斤習　藝
嘉靖　年　月　日給

水兵腰牌陰面

平居號令禁約

船應備器械數目

大發貢一門　大佛狼機六座
碗口銃三箇　噴筒六十箇
鳥嘴銃十把　烟罐一百箇
弩箭五百枝　藥弩十張
粗火藥四百斤　鳥銃火藥一百斤
弩藥一瓶　大小鉛彈三百斤
火箭三百枝　火磚一千塊
火砲二十箇　鈎鐮十把

砍刀十把　過船釘鎗二十根
標鎗一百枝　藤牌二十面
寧波五張　鐵箭三百枝
灰罐一百箇　大旗一面 并號帶
大篷一扇　小篷一扇
大櫓二張　舵二門
椗四門　大索六根
小索四根 每根長十八丈　扳舵索一根
繚後手索二根　椗繳四根 每根長二十丈
椗索四根　鐵鍋四口 并竈蓋

[illegible]銃八十箇　戳鍬四把
鐵鋸四把　鐵鑽四把
鐵鑿四把　鐵斧四把
薄刀二把　銅鑼一面 重五斤
大更鼓一面　小鼓四面
大桅旗一頂　正方旗五頂
水桶四擔 并擦梁　燈籠十盞
木栫鐵鐸一副　備用大小松杉木十株
火繩六十根　繩十根
鐵蒺藜一千箇

捕盜自備用釘四十斤
油五十斤　麻六十斤　灰二擔
各兵自備用篾盔一頂
隨身釘鎗一根　腰刀一把
每滄船應備器械數目
大佛狼機四座　碗口銃三箇
鳥嘴銃六把　噴筒五十箇
烟罐八十箇　火砲十箇
火磚五十塊　火箭二百枝
粗火藥二百斤　鳥銃火藥六十斤

藥弩六張　弩箭一百枝
弩藥一瓶　大小鉛彈二百斤
鉤鐮六把　砍刀六把
過船釘鎗十根　標鎗八十枝
藤牌十二面　寧波弓二張
鐵箭二百枝　灰罐五十箇
大旗一面 并號帶　大篷一扇
小篷一扇　大櫓二根
舵二門　椗三門
桅篙十根　大索四根

小索四根每根長十五丈　繚後手索二根
扳舵索一根　椗繳四根每根長二十丈
絞椗索四根　鐵鍋二口
水桶二擔　花碗五十箇
鐵鍬二把　鐵鋸一把
鐵鑽二把　鐵斧二把
薄刀一把　鐵鑿二把
更鼓一面　小鼓二面
銅鑼二面重五斤　五方旗五面
燈籠四盞　小桺鐵鐸一副

備用大小松杉木五根　火繩三十六條
繩五根　鐵蒺藜八百箇
捕盜自備用釘三十斤
油四十斤　麻四十斤　灰二擔
各兵自備用篾盔一頂
腰刀一把　隨身釘鎗一根
倉山船應備器械數目
大佛狼機二座　碗口銃三箇
鳥嘴銃四把　噴筒四十箇
烟罐六十箇　火磚二十塊

火箭一百枝　粗火藥一百五十
鳥銃火藥四十斤　藥弩四張
弩箭一百枝　弩藥一瓶
大小鉛彈一百六十斤　鉤鐮四把
砍刀四把　過船釘鎗八根
標鎗四十枝　灰罐三十箇
大旗一面幷號帶　大篷一扇
小篷一扇　遮陽篷八扇
大櫓一枝　邊櫓八枝
舵二門　椗二門

竹篙二十根　大索四根
小索二根每根長十五丈　扳舵索一根每根長二十丈
繚後手索二根　椗繳二根每根長二十丈
絞椗索一根　篾纜一根
鐵鍋二口幷竈蓋　鐵鋸一把
花碗四十箇　鐵鑽一把
鐵斧一把　鐵鑿一把
薄刀一把　銅鑼一面
更鼓一面　小鼓一面
五方旗五面　燈籠四盞

木梆鐵鏵一副　火繩二十四根
備用杉松木五株　繩五根
自備用
釘三十斤　油三十斤　麻三十斤
灰二擔
一兵自備用
盔一頂　腰刀一把　隨身釘鎗一
平日各照派定武藝時常檢點船上器
一次看驗損壞火藥遇天晴五日一曬收閣乾
燥避火之處鎗刀鐵器半月一磨遮蔽風雨
件如磨不如法扣罰　良甲長連坐
每船分口石大擂石務足若干八分放在船底
二分放在船面用過即補不補者扣工食
每甲兵十名如有在逃一名將甲長綑打收監
甲下兵夫以五名收監以五名賫文分投捉拿
獲日即以本犯歷過工食充賞限三月拿不回
將差過之兵各打四十監併又差在監一半去
如此輪拿一年不獲全甲兵夫俱革其一年
工食通扣在船修艌船隻凡差出拿逃兵者工
食即日扣收在官拿獲有功之日給與其分

自首免罪拿到者春汛時月發船之期　臨
示衆每甲俱有逃兵連坐捕盜各船俱有逃兵
哨官各哨俱有逃兵連坐領兵官依次連
坐即行覺舉者免罪
一兵逃甲長即時稟捕盜捕盜呈哨官轉呈把總
呈府註冊拘該甲兵夫給文行拿
每月初一十五補兵即於廿九十四日該管捕
盜募兵到船送付哨官帶到領兵官驗呈把總
類驗送府驗中給與腰牌發總呈首
駕駛
一各船捕盜遇夜出哨
便不許拖帶恐遇風急潮滾頓流者
取水不便悞失者拏船兵夫一面治以軍法一
面扣月糧賠造
一在港每日清晨中軍船定營吹打三通放砲三
箇升太平旗左右前後四營依序安擺各擂鼓
鳴金亦升太平旗
一船兵夫上岸買辦柴米及神福船具俱赴中
軍船給籌票刻限時日回銷敢有不行者鳥
自擅離及該管小甲互相容隱知而不舉

體連治軍法。

一各船領兵指揮哨官捕舵兵夫，凡汛時不許偷安假托事故，在岸宿歇，虛竊錢粮，致悞事機者，不分貴賤，一體照法重治。如有警，掌行號已畢而未到船，已起椗而方來，俱係畏避，即發保候，無功者斬。

一各船捕舵小甲兵夫，各照安名分長幼尊卑，務念同舟共命，如父子兄弟相處，不許嗜酒在船爭鬪，違令喧嘩，俱以軍法連坐，然後另行問理曲直。

一甲與甲長，凡事務相□議，惟甲長是聽。甲長平時見捕盜，一跪一揖，遇軍中發放，聽號令。捕盜見哨官，平時一揖，一跪一揖，遇在軍或臨敵，以軍法施行。

一哨官見領兵官，一跪一揖，臨敵臨操，軍法施行。

一領兵官戎裝見把總，兩跪一揖，平時許以冠帶。臨操臨陣，戎裝聽令，小則徑自綑打。

一哨官見把總，兩跪一揖，臨操扣頭。捕盜見把總扣頭。捕盜見領兵官，平時兩跪一揖，臨陣扣頭跪見。

一各船官捕兵役，各備蓑衣箬笠一副，以便遇雨應用，毋得抗違。

或者曰：兵船當在船上操，豈有取兵下陸地而操水戰之理耶？繼光曰：海舟比江中不同，戰賊時惟用風力帆檣之功，但有舟利帆速者，隨便勁上，以鬪船之力耳。海中風濤潮汐，非內地江湖拉櫓整次之比也。舟中既不能操矣，而不取于陸以習之，不幾于□之也。或又曰：取之操于水寨是矣，而又何以陸操？繼光曰：水陸之分，可恨在此。逼賊登山，將□捨舟步戰乎哉？或者曰

安罷船式之圖

分䦨二營擺圖

一營擺圖

以上擺船之說大端海灣洶湧港有灣曲闊狹當風隱風之不同隨港形深淺難拘一定之勢此言處寛廻水善之形耳設使狹小羊腸則文當单隻一字順下不可拘方也

一每日日落時分聽中軍船上吹打三通放砲三箇各船一體鳴金擂鼓落旗

一夜暮以朦朧爲期中軍船發擂三通起更各船齊擊竹梆打更者打鼓一次梆響一遍每更用兵二名一名船頭遠視一名船尾高瞭遇有船過即便鳴鑼各船齊備儻水上有黑塊夜浮者恐賊人踏水偷梃支更兵夫速以石打一面高叫本船捕兵同看若是別物流入則已若是賊入即便鳴鑼打鼓各船一體防備違令支更兵夫坐治割耳因而失事者斬首

常時水寨操習

毎隔夜把總官先將該操大旗一面於中軍船上示兵知之次日早掌號官先於船上五更吹長聲喇叭一遍各兵起收拾做飯約中軍船吹熟吹第二遍喇叭各兵食飯吹第三遍喇叭各官捕帶兵先登岸赴水寨擺立照圖

一俟水寨演熟部伍然後照前操法以操兵船俟泊處關港潮平依法操于舟中其關巷狹曲風潮不可操大舟者以小船摘甲一每甲摘兵一半用小船三扳操其形狀之略

擺立圖

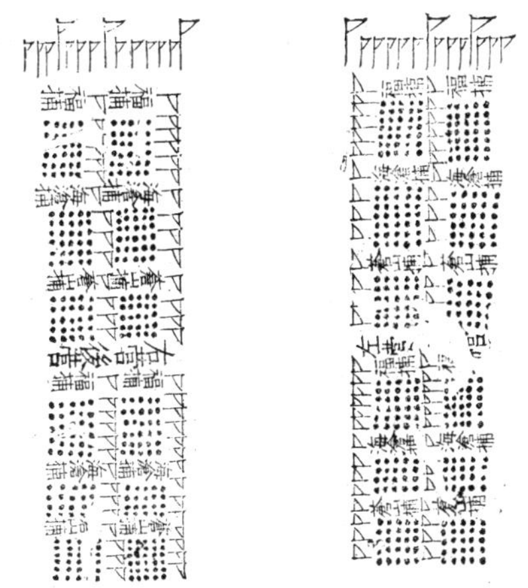

一本總擺清道建五方旗鼓進場坐定中軍官禀放砲升旗又禀放銃砲三箇即放砲三箇諸營一時肅靜禀掌號笛官旗聽發放掌號笛官捕甲各執旗由兩邊路到臺下立定金響號笛止其立定之法每一船捕盜在前甲長旗挨次在後中軍官呼官旗過來齊應一聲先甲長次捕盜次官跪聽發放掌號官發放云官旗聽着耳聽金鼓眼視旌旗駕船如馬見賊爭先同舟共命奏凱還師依次分付起立舵工跪過禀稱舵工聽發放發放云舵工聽着一舟之功全賴爾輩稍有歪斜不能直射賊舟者軍法示衆舵工起此後如有別事發放逐一禀明起立中軍分付官旗下地方各應一聲鳴金大吹打各照原路回信地各領兵官照依臺上規矩於各營掌號發放畢聽各捕盜將本船甲兵盡數俱令跪聽其先發放扳招手曰船若着淺治爾之罪次發放繚手曰使風不正治爾之罪次發放舵工曰船去不能直射賊舟治爾之罪發放畢各營肅靜

一下營中軍掌長聲喇叭三遍吹哱囉各兵起身再吹哱囉中軍旗幟擺出當中立定點鼓各船捕兵依前畫港內列船式樣由中照前圖擺出仍爲每甲一行每船各甲平行俱在場之當中一行立畢金響鼓止一面預於場之盡首立左右二的左右相去一百步其的高六尺濶三尺每的下立高桅一根三丈粗不拘又立近的二座於左右的之中相去二十四步的高三尺濶一尺看中軍點何色旗其該營兵即聽吹天鵞聲喇叭擂鼓各兵吶喊一船一船挨次近的一船之兵約去五十步即照前圖內閱視擺船過

相間擺開爲一長圈趨的之中先鳥銃狼機射手照遠的打放火箭向高照遠桅放之其佛狼機預先立三架在彼臨時止用各船機兵到即打放不必擡行將鳥銃一遍狼機各一箇火箭一枝弓箭三發其鳥銃兵即向近的打石佛狼機手每人包火藥五兩向近的擲火燃之各色火器各放一件其標鎗手打標弩手放弩俱中近的爲則各照方面攻打石矢各三發鼓少間一船兵即於大前面抄傍而回又擂鼓吶喊又一船到的照前行之又過傍抄回如此俱完則

前一船兵復又如環輪轉再近的金響鼓止鑼響即各於脚下坐息乃將前四的四桅俱取立居中一字立之中軍掌哱囉各起身擂鼓吹天鵞聲吶喊各兵四面向中攻打一番鳥銃不用銃子火箭高放火藥標石不必施以其四圍遠攻使賊不敢出露身體于船之上我可徑造而擒之此遠勢非逼近勢也如臨敵則自有一船逼近用標石火藥擲傾近攻不可預肯如此一陣金鳴鼓止摔鈸響各收成每甲一行每船爲一方立定再摔鈸響收照原出在港圖次立定

放砲三箇鳴金大吹打挨次照初出擺營序列回還原劄信地立定鳴鑼坐地休息各官赴臺下稟操畢中軍稟比較先列佛狼機六座立一百步的一面豎起紅旗各船佛狼機手通赴臺下立聽唱名打放每人三銃中一者量賞中二者平賞中三者超格重賞不中者打罰如比較陸兵格眼次立八十步的一面豎起紅高招各船鳥銃俱集臺下照佛狼機試打賞罰次立六十步的一面豎起黃旗各弩手射手火箭手通赴臺下每人亦三發亦照銃手行賞罰次立二

十步的一面豎起藍旗各船標鎗打石打俱赴臺下每人三發亦照銃手行賞罰次立白旗各船刀手勾鐮手鎗手俱赴臺下先每名单看使舞手法身法步法次斬馬刀與長鎗較次叉鈀勾鐮與長鎗較看其遮當何如但能任鎗誘哄執立不動目不瞬視候到見肉分鎗就使不能遮架亦爲第一等若一見鎗來遠近迎架頭搖身傾手動足亂即爲生踈且其人無膽或治或革惟公道行之是爲下等俱演畢放砲落旗散操各船三板俱來岸下候兵登船歸艅每演此

一遍則演陸操一遍不拘二項但操一遍歇一日水操每月一五九十三十七二十一二十五二十九日陸操每月三七十一十五十九二十三二十七日其陸操照依本府陸兵新書內止操自一隊起以至一官者止不操方營與前一半蓋水兵有水操太勞故也其武藝各照所執比較一如官旗調集臺下之法

一變水兵爲陸兵小隊操束伍圖

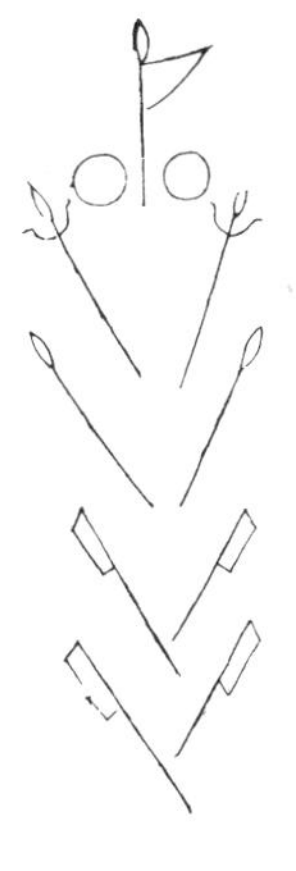

一放火磚火砲火毬之法須火線燃之將入方可擲下不然擲而滅就不滅賊可反手正當發時反爲所害

一火箭只着棚帆當中一點打去常高中則不可救低則易救

一弩弓不可遠遠則無益徒費矢竭力

一標鎗非兩船相逼不可用往下打更難准

一打石着人頭面方打不可空往船上擲之

一賊船如近我船便傾下火藥一二桶少則無用連桶則恐滚擲水中須傾桶倒下一面用一二人用鐵鍬執炭火數鍬隨藥擲下火多則必有燃藥者或用粗碗一箇種火一碗用灰蓋之放於桶口擲藥之時碗內火同藥傾及船一磕而火藥相粘必發難救此第一全勝捷徑妙法智者不能施其巧勇者不能用其力也

發船號令

一隔日先行牌諭各捕兵將以出洋若干日該備齋米水數目令備完限時點查欠者綑打罰工食凡中軍吹長聲喇叭一通立起黃旗一面各哨船出洋哨賊如報有警本總即升船廳聽砲三箇大吹打畢先吹哱囉一遍各船一面起椗長號箇官捕旗甲俱坐三板赴中軍船下兩邊照營列定掌號官稟稱官旗到齊聽發放船上叫官旗進來水倉門報門俱赴船面掌號官叫官旗過來以下俱照常時在於水寨操練規矩

發放畢。各官捕回船亦照寨操一體發放畢。中軍船擂鼓升行旗。吹第二遍哱囉，響各船起篷。第三遍哱囉依次開船。在洋行使首尾相接，一行而進。不許太相遠離艅哨。一船違令，捕盜之罪。二船違令，哨官之罪。四船違令，領兵官之罪。中軍畏縮，把總之罪。其舵工繚手皆加倍重治。遇有船漏風水不便者，覈實免罪。

遇夜洋行船

一各船以燈火為號。中軍船放起火三枝，放砲三箇，懸燈一盞。各船以營為辨。前營船懸燈二盞平列。左營懸燈二盞。各桅一盞。右營大小桅各懸燈二盞平列。後營懸燈二盞，一高一低。看燈聽銃收艅。船到將近，船上捕盜先自呼名識認。

一遇夜泊船，聽中軍船招艅喇叭響。各船依序隨艅安插，不許私求穩便遠泊，因而疎虞。斬首示眾。哨官連坐。

一守夜號令，俱同在港號令。但每夜加鳥銃手二名，點火執銃，遇疑即便對放。

一各船遇夜有急，看中軍旗五方高竪燈五盞。是欲設疑，以見船多之意。每船後尾上立燈右左一盞，前桅上加燈二盞。

臨敵號令軍法

一中軍船戳聲喇叭響，各鳴鑼齊擂戰鼓，天鵞響。大聲吶喊。奮勇勦殺。獲有功級，各送領兵指揮驗實。類送中軍紀驗解報。退縮後至者斬其捕盜。船行遲曲而後到者斬其捕盜舵工。遇淺者斬其扳招手。船雖先到而不直射賊船傍邊擦過者斬其舵工繚手。使風不正者斬其舵工繚手。如已使逼賊舟相并不能成功，致賊舟復走者斬其捕盜各甲長。有能挨報某兵不用心，某兵不用心者，其不用心之兵斬首。甲長止於綑打。

一敵人慮我官兵追戰，將船內器物遺棄水中。兵夫敢有撈拾而不追賊者，許本船捕甲割耳示眾。故縱者連坐斬首。

一凡已打敗賊舟一隻，而餘舟不行分投追打別賊，共相攢來爭撈首級，致賊遁走者，各船獲級俱止歸先打一船之功。餘船捕盜　打一百。耳其一船雖已逼到賊舟而未即打敗，餘舟接應曾同用力者，不在此例。

一各船遇敵。敢有畏勢揚帆遠望逗遛不進者。捕
盜舵工俱就陣斬首示衆。
一、各船放銃須將火藥收藏安便，勿至火星爆〔〕
貽患匪細。儻有失悞。銃手管藥兵夫一體重法
施行。
一各船打敗倭寇所擄獲財物包裹聽舵捕盜
從公分給以多半付動手首功之人餘皆均處
敢有官捕頭目勒分甚至夾打追侵公然放肆
者許各兵徑於同日赴官告首決打　加倍
追付各兵。頭目依律治罪其軍器則要報官解

驗不許各兵隱藏。
一與賊船對泊船舵纜上用猫竹劈開包裹纜上。
以防敵人夜竊之患。違令舵手綑打。
一各船遇警。聽中軍船天鵞聲喇叭響各船鳴金
鼓一通捕兵大聲吶喊以壯軍威。違令治以軍
法。
一各船遇警。捕舵兵夫不許解衣而卧。違令察出
治以軍法。
一報警至急起碇不前。即便用大猫竹一段。計長
一二丈縛於碇纜浮水。以便班師各自認取。違

悞碇手割耳示衆。
一各船捕舵兵夫遇泊船山𡸁。無故不許上山。𨼆
遊。恐遇警。一時下船不便。致有悞事。若要取
輪直兵夫赴中軍船告禀明白。方許取水。違令
上山人拿治不恕。
松海島嶼外洋哨船發火號令
一健跳者。北至金齒門。南至漁西。其信地則青珠
山。茶盤山。青門。黄茅覽。
一桃渚者。北至牛頭門。南至聖塘門。其信地則獺
鰻山。白達山。米篩門。

一海門者。北至擔門。南至三山。其信地則擔門。山
三山頭。
一松門者。北至深門。南至鹿頭。其信地則礁頭山。
胡孫尖。道士冠山。大高城山。鹿頭山。
一隘頑者。北至雞膌。南至派𠂢洋。其信地則沙角
山。靈門山。
一楚門者。北至邳山。南至茅堰山。其信地則久𠂢
山。老宮前山。
一往來巡哨。遇有警急。各在信地。登各相近山〔〕
先行舉放煙火。所在兵船瞭見火光煙焰。就行

開帆望火前進哨勦聯近烽堠即時按放傳報南北大兵防截其哨船仍探賊船向往踪跡若報領哨官以便進止如火報不到兵船逗遛事罪坐該營領哨官員若哨船不盡信地止於一處探望或在漁樵船隻人内取信或到山放火而原積柴草不足火小不能燎遠致失傳報悞事者該直哨船軍甲俱以軍法斬首

福船說

夫福船高大如城非人力可驅全仗風勢倭舟自來矮小如我之小蒼船故福船乘風下壓如車

碾螳螂鬬船力而不鬬人力是以每每取勝設使賊船亦如我福船大則吾未見其必濟之策也但吃水一丈一二尺惟利大洋不然多膠於淺無風不可使是以賊舟一入裏海沿淺而行則福舟爲無用矣故又有海滄之設

海滄說

夫海滄稍小福船耳吃水七八尺風小亦可動但其力功皆非福船比設賊舟大人力十分膽勇死鬬不可勝之可犁沉賊舟而不能撈取首級故又有蒼船之設

蒼船說一名艟艚又蒼之大者

入蒼船最小舊時太平縣地方捕魚者多用之今洋中遇賊戰勝遂以著名殊不知彼時各漁人爲命皆極之勢亦由賊之入我地是以今應官役便知愛命然此船水面上高不過五尺就加以木打棚架亦不過五尺賊舟與之相等既勢均不能冲犁若使徑逼賊舟兩艘相聯以短兵鬬力我舟乃非長策多見悞事但若賊舟甚小一入裏海其我大福海滄不能入必用蒼船以

追之此船吃水六七尺與賊舟等耳其撈取首級水潮中可以搖馳而快便三色之中又此爲利近者改制爲艟艚比蒼船稍大比海滄更小而無立壁最爲得其中制遇倭舟或小或少皆可施功但水兵人技皆次於陸兵設使將水兵教練遴選亦如陸兵而後登之舟中則比陸戰加一舟險其功倍於陸兵必矣司守者何憚而不爲哉

三船利鈍說

大端天若風動勢順則滄不如福蒼不如滄若

風小勢逆則福不如滄滄不如蒼其開浪綱船之類皆可備哨探而不可戰者開浪以其頭尖故名吃水三四尺四槳一櫓其形如飛内可容三五十人不拘風潮順逆者也又不如八槳船左右十六槳後一櫓更爲飛汎但坐臥處不冠晃耳網船形似織梭内容二人前後用二人以罩罩之風波大又可拖之塗上且不能覆吃水七八寸耳此可走報或用之裏港窄河動以百數每隻内用鳥銃二三人蜂集蟻附乃淺沿塗而打之甚妙如賊追逼就可棄走一舟不過一、金之費耳

相冠情

小舟數往來者謀議也遲而審顧者疑我也欲進而復退者探我也既退而卒進者襲我也鼓噪而矢石不下者兵器少也却而顧皆欲復來也先急而復緩者整備也促鼓而不戰者懼我也泊而揚帆者欲出不意也既退而不速者誅也火夜明而呼噪者恐我襲彼也擲攪而即起者欲擇其利也火數明而無聲者備器也夜以泊而趨於涯涘者鄉道欲往也促纜而不呼者急欲逃也促纜及流懸燈於途者夜遁而潰也久而不動者偶人也鼓而無前者僞響也近岸連村而不登劫者怯也不久困請和役舟者詐也

謹行泊

我舟在洋出哨追趕賊船天欲昏黄潮時將盡不可貪程一意前往須防今夜自安泊處恐無收䑸風至之虞遇龍潭神廟不可放銃吹打吶喊或有警動起風作浪之失早晚占看日月星雲氣色飛鳥預知風雨未到晚黑便收䑸宕高登四瞭恐隔山先泊賊船而我不防也

浙東潮候

初一初二十三十四寅申長　巳亥平
初三初四十五十六卯酉長　子午平
初五初六十七十八辰戌長　丑未平
初七初八十九二十巳亥長　寅申平
初九初十廿一廿二子午長　卯酉平
十一十二廿三廿四丑未長　辰戌平
廿五廿六寅申長
廿七廿八卯酉長　子午平
廿九三十辰戌長　丑未平

一朝生爲潮，夕生爲汐。晦朔弦望，潮汐應焉。故潮平於地下之中，而會於月。潮生於寅，則□於申；潮生於巳，則汐於亥。陰陽消長，不失□□。

潮信。

定太陽出沒以應潮信時刻長短

正九出乙入庚方　二八出兎入鷄陽

三七發甲入辛地　四六出寅入犬藏

五月生艮歸乾上　仲冬出巽入坤方

惟有十月與十二　出寅入申仔細詳

定寅時

正九五更四點徹　二八五更二點歇

三七平光起寅時　四六日出寅無別

五月日高三丈地　十月十二四更二

仲冬纔到四更初　此是寅時須切記

行船觀日月星雲占風濤

一日暈則雨，月暈主風。何方有闕，即此方風來也。

一日沒臙脂紅，無雨也有風。須看返照日沒之前，臙脂紅在日沒之後，記之記之。

一星光閃爍不定，主有風。

一夏秋之交，大風及有海沙雲起，謂之風潮，名曰颶風。此乃颶四方之風，有此風必有霖淫大雨同作。

一凡風單日起，單日止；雙日起，雙日止。

一凡風起早晚和，須防明日再多。

一有暴惡之風，盡日而沒。

一防夜起之風必毒。

一凡東風急，風急雲起，愈急必雨，起雨最難得晴。

一凡春風易於傳報，一日南風，必還一日北風。雖早有此風，向晚必靜。

一防南風尾，北風頭。南風愈吹愈急，北風吹起便大。

一春南夏北，有風必雨。

一雲若砲車形起，主大風。

一雲起下散四野，滿目如煙如霧，名曰風花，主風起。

一雲若魚鱗，不雨也風顛。

一凡雨陣自西北起者，必雲黑如潑墨，又必起作眉梁陣，主先大風雨，後雨急易晴。

一水際生靛青，主有風雨。

一秋天雲陰，若無風則無雨。

一海燕忽成群而來主風雨烏肚雨白肚風
一海猪亂起主大風
一夜間聽九逍遙鳥叫卜風雨一聲風二聲雨三
聲四聲斷風雨
一鰕籠張得鱆魚主風水
一水蛇蟠在蘆青高處主水高若干漲若干回頭
望下水即至望上稍慢
一月盡無雨則來月初必有大風雨俗云廿五六
若無雨初三四莫行船春有廿四番花信風梅
花風打頭楝花風打末

逐月風忌

正月忌七八日風乃北風也
二月忌初二北風
三月忌清明北風
五月忌雪至風以正月下雪日爲始筭至五月
乃一百二十日之內主此風
六月十二日忌彭祖風在前後三四日
七八月若有三日南風必有北風幸之
九月九日前後三四日內忌九朝風
十月忌初五風在前後三四日內
十一月冬至風
臘月廿三四掃塵風

戰船器用說

夫水戰于舟火攻爲第一籌固然也其火器之
屬種目最多然可以應急用者甚少何則兩船
相近立見勝負其諸器或有宜于用而制度繁
巧一時倉忙不能如式擲放致屢發而無用或
精巧宜用而勢不能遍及一舟或重贅而不能
發及賊船最不宜者是見行火器安藥線在口
如若候點入口則發在我手若方燃即擲則賊

下又爲賊所救又有所謂灰瓶者內用石灰盛
舟上惟利滑使人不能立脚一說用鷄鴨卵擲
下或擲滑泥者尤可今乃用灰瓶是又滋賊之
足而使之立牢也不可不可今屢試屢摘合以
衆情共愛而數用無異者止有二種一遠一近
至矣足矣愈淫巧繁多愈無實用記之記之
一舊用火藥傾下賊舟此固長策然又別用火器
或炭火再傾擲使之發藥每每或[illegible]水
中或被賊秉藥桶及伊舟以水沃濕亦皆未中
肯綮可以必發故復重出此說因以見此法之

藉分至妙也所謂二種者遠則只用飛天噴筒近則只用埋火藥桶至易至便萬用無差除此之外所謂火箭神機火磚噴筒之類皆遠不及此苟具此二種則他種又皆不必用也

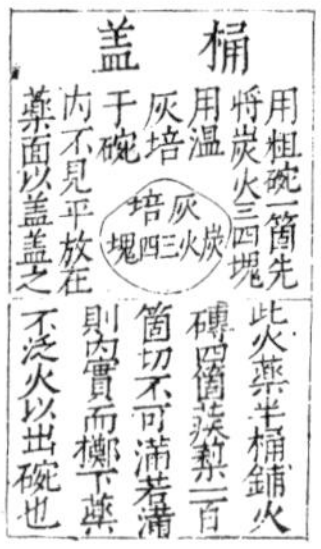

右約賊船在遠先將炭火燒紅盆盛一處約賊舟相近百十步以火入粗碗灰培再俟賊近三二十步以碗平放在藥桶內蓋了俟兩舟相逼將桶平平擲下至賊船被磕動碗內火跌泛而出與藥相埋即發時刻不失較之別器剋線不燃及線濕放早之病皆可無矣

船舵

走風捉颶事急追賊車關人力起舵遲悞傳此臨急解繫繳尾泛之以便司取

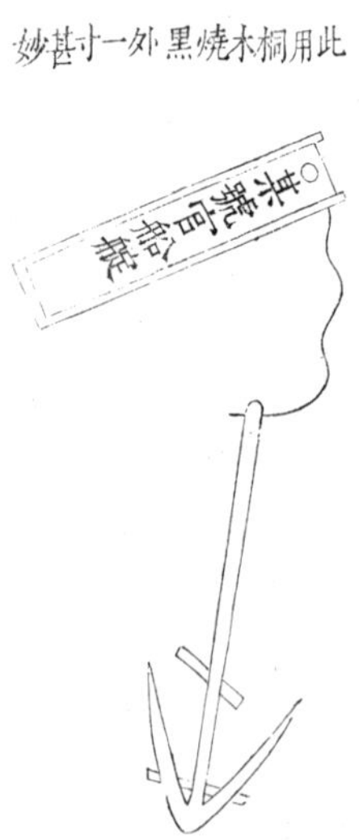

滿天煙噴筒

截粗徑二寸竹布箍用硝磺砒霜斑毛剛子硇沙膽礬皂角銅綠川椒半夏燕糞煙煤石灰斗蘭草草烏水蓼大蒜得法分兩製度磁沙玉臼沙炒毒蘩鎗竿頭順風燃火則流淚噴涕閉氣禁口守城用戰船只用飛天噴筒燒帆爲第一妙器此又不足用也此乃各處見用于兵船者爾

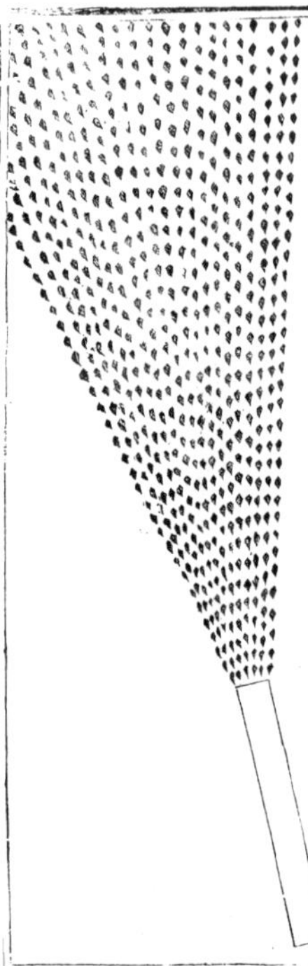

火磚

[illegible]地鼠紙筒砲各安藥線每五[illegible]二層上[illegible]節各二層以薄篾橫[illegible][illegible]毒烟用粗紙包裹成磚形外用綿紙包糊以油塗密另於頭上開口下竹筒以藥[illegible]竹筒穿入

筒穿藥線式

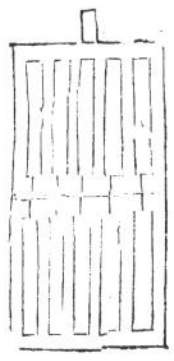

包式

火妖

紙薄拳大內盪松脂入毒火外煑松脂桐油黃蠟然火抛打烟焰蒺藜戳脚利水戰守城俯擊短戰

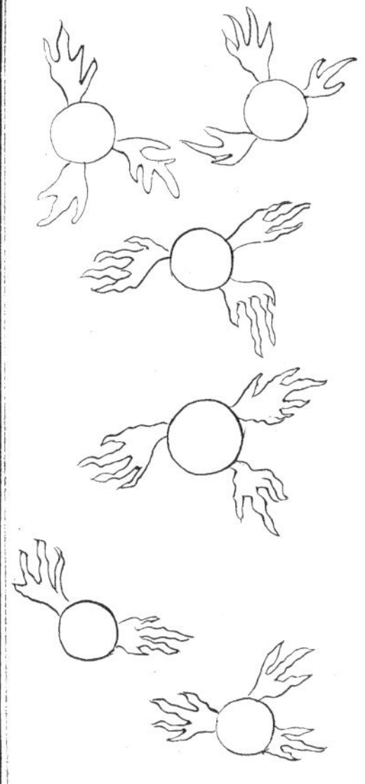

飛天噴筒

硝磺樟腦松脂雄黃砒霜以分兩法製打成餅修合筒口餅兩邊取渠一道用藥線拴之下火藥一層下餅一箇用送入推緊可高十數丈遠三四十步徑粘帆上如膠立見帆燃莫救此極妙極妙萬方効策

大蜂窠

範大砲紙糊百層間布十層內藏小砲半入毒半入火又間小砲入灰煤地鼠頭帶火磁沙炒毒鐵蒺藜糞汁毒炒包松脂硫黃毒人髮角屑等件此一火器戰守攻取水陸不可無者奪心眩目驚等傷人製宜精妙此尤兵船第一火器

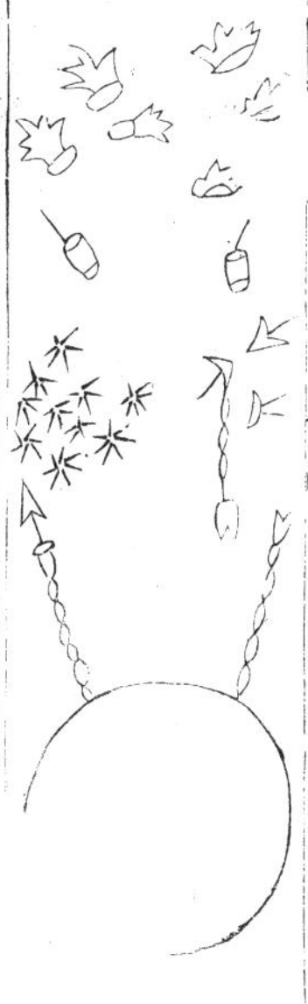

火器之法製度甚多其實大同小異皆不甚利若用只此數種盡其妙矣故不繁載至如弓射箭頭用火之類又不如火箭除水陸通用者先附陸兵技藝之後凡陸所不用只可用于水者故備于此以上藥線各處製者俱用一二尺長浮于外每點擲之際一擲閃風其藥線便滅或擲至别船如賊其見尚長而拔之或及擲我舟余今用子母銃藥線法凡火器一件其藥線之處用細竹管一箇直插于腹内至底藥線安腹于竹腹之内待外點火燃線已入竹管之内不見方纔擲下則線在竹内燃

至竹底方透火器擲下之時則藥線在竹内燃並無閃滅之事且擲于賊舟只見凝然一物並不知點燃何處就擲在水内則線燃于腹火氣衝于口水為氣所迎亦不能入雖在水底尤能燃放而後已此極妙極驗萬無一失者其法附陸兵器藝之後子母銃信是也如要速燃則不必纏盤但止入竹管腹内亦可

紀効新書卷之十八終

洗海近事二卷

〔明〕俞大猷撰

《洗海近事》二卷，明俞大猷撰。大猷（一五〇三—一五八〇）字志輔，福建晉江人。嘉靖十四年（一五三五）武進士。是書爲俞氏裒輯平日用兵之奏疏、公牘、書劄而成。起隆慶二年（一五六八）正月，訖三年閏六月。前載李義壯序，後録平倭後友人賀贈之文，並附操法及兵部覆本，而殿以剿林道乾諸議。所論皆關重大海戰，較史爲詳。據明隆慶間刻本影印。

洗海近事序

二洲李子閑居一日讀洗海近事不覺喟然曰此予廣巳巳一大公案也非我虚江公詳誌而並録之後世將何傳焉則孰得而聞之況得而知之乎夫國家諸夷徼東起遼薊涉雲中上谷西接隴蜀南及蒼梧象郡百越之墟並湮山塹谷以為界秦漢來世列亭障繕戍守一切阨塞形勝虛實嚮背世有圖牒以詮次其事往者有瞻來者可鏡也故文武諸士起抱鼓稍稍陳得失形利害以從事而海則自閩廣浙直登萊

之間綰波而州者南北千萬餘里諸島倭夷海獠交錯隱見於其間時窺動靜以為進退而中國所以斥候而守者亦微矣及入我

朝信國公經略數年號稱晝一

列聖以來數十州郡宴然不覩兵革頃者一二狂孽傖傒內亂往往遠近不支

明天子始下詔徵材官騎士及選宿將以合戰騷然中外矣而大者覆師小者陷陣逡巡狼狽所向無尺寸之功何者將不知兵兵不服習故也都督俞公起從海上經營浙直驅馳閩廣又幾歲年小大數十百戰一一芟刈倭夷遏絶蠻獠哉使東南以底今日予間視公所當盖世之氣固若天授之者然方其羽檄所告日數十至公泌誌笑而擘畫之往往事後當成敗百不一失蓋由公束髮以來勒習戎事又揮霍於吾廣也久一切彼已之阨塞形勝虛實嚮背了然於公劍佩間故今蠡襭之魯酋特海上幺魔之遊魂耳其何足以汚公斧鉞也哉公一日撫然自海上兵興以來十餘年於此矣幷不得片言隻字以系往事吾屬且散去戰陣之跡當亦尋且零落

而他日之舉燧而馳者不又由今日已乎於是捜羅記室取凡擬議文移辨難啓札并羽檄縱横露布先後而並籍之而樓船丈尺軍將號令亦一一附焉即自王公大人以至廝卒布衣之欲凡有一言關於海上者無不句而比之字而櫛之嗟乎若公者謂之精專且勤者非耶昔下瀬之擒呂嘉不門如敵伏波之征徵側徵貳社尚存惜無遺文以昭嗣世乃今茲冊若雖言近說詳而意則遠矣一開卷而部署位置操縱精神猶隱隱然於鯨波蜃樓之外誠可以睹往而鏡

夫者是不可不判也彼不知者以爲婦於自伐
亦獨何哉
隆慶三年己巳六月大總戎虛江俞公自東海振旅
而歸詩人爲之賦六月紀元功也先是吳賊平者由
嘉靖庚申倡亂海上曾賊一本号把目也平死一本
桼之合黨集妖戕人奪舶海上莫敢誰何漳潮埏海
嵗苦毒蘊浸淫至于高雷廉瓊之間丁卯冬我師討
之敗績虜參將繆印守備李茂材死焉由是毒熖益
熾越戊辰六月遂直犯于廣州殺畧無筭城門閉者
七日余廑安樂無事不見覆軍殺將爲日久矣歘爾

劍至居民大恐于時公自鎮守桂林適至衆亟問計
公曰是誠在我不敢辭已而撫臺鏡湖熊公亦適至
乃與同議兵事公曰今日之事非閩兵幾何閩船幾
何不可時同爲議者咸以爲迂惟鏡湖獨斷而是之
且以託譬如弈者然同一黑白子也惟國手往往得
勝乎亦繫乎其人何如耳兵與船何間於閩與廣耶
已而一廣總制帶川劉公繼至亦斷而是之以故俞
公得益展四體以從事而致有茲六月三捷云當蓮
之戰柘林之戰蓮澳之戰樓船横海旌旗蔽空絶波
濤犯渤澥迸如洚矢迅如雷霆解如風雨變化如鬼

神一捷于丙子賊之亡者十之二三再捷于甲申賊
之亡者五六三捷于庚寅賊之亡者八九而後罪人
斯得焉積氛於是蕩滌會朝爲之清明人但見其元
勳偉績若是易易然者抑豈知其計謨石畫有非朝
夕之積也哉余嘗讀史而見秦之伐荊李信曰二十
萬可矣王翦曰非六十萬不可及信敗乃盡付翦至
以定荊邑虜負芻一一如其言淮西之師惟裴度獨
斷而行之而卒擒元濟者李愬也至晋平吳獨斷者
亦惟張華羊祜杜預三人耳而卒降孫皓者王濬也
由今日之事觀之然後知瑰瑋不羣之士其料敵設

奇常在於數十年數千里之外不在兩軍相當而勝
負存亡之機也形於胷中矣夫豈掩於衆人之言而
以冥冥決事者故曰絶節赴曲非常耳所悲其是謂
乎秦之王翦無論已不知唐晋之元功果屬李愬王
濬乎抑裴度張華羊祜杜預乎此不待知者而後知
之然非俞公今日之意也公平生不張能不爭功人
見之粥粥若無能者然其中之所存尤欲起古之英
豪於千百載之上而思與之齊至其所以得力則惟
諸葛澹泊明志寧靜致遠兩言而已彼淺中寠人者
其又何足以知之傳曰觀六月之師則韓白之謀筭

無足數論八陣之績則衛霍之勳烈無所庸斯言哉
先為公發者不知公自視以為如何哉
隆慶三年己巳重陽日侍生李義壯稚大甫拜手撰

洗海近事卷之上

俞大猷

呈總督軍門張　條議三事隆慶二年正月十七日

鎮守廣西地方總兵官征蠻將軍前軍都督府署都督同知俞大猷為廣求方畧進剿海寇事職至廣東省城與　巡撫李　會議近奉　總督軍門案驗前事內開賊有五長兵有七短此可謂灼盡其情今欵使長者短短者長有三策焉一曰使過職竊見叅將魏宗瀚王如澄勇畧素著戰功久懋大江以南屈指名將宜水宜陸無踰二人一戰不利罪之可也棄之則不可必遂棄此二人而他求莫若用之立功以自

贖古人功成於三敗之後職亦三折肱之醫者故知二人宜再用用之不効則治職之罪與二人同亦不敢辭二曰以賊攻賊見今海上之賊有三夥一夥曾一本其勢猖獗一夥林道乾向日勢微近日方張一夥大家井此易與也易與者且置之猖獗與方張當討惟均必欲並討之兵力有所未及莫如撫一而剿一查至今日曾一本其可撫乎雖至愚之人亦不肯信況黠賊乎又曾一本為人愚悍自無張主奸黨得雜亂其心故屢招屢叛屢叛屢招反覆無常必至於滅而後已林道乾凡事自決推誠諭之尚可令其信

從職怍至此覓得一人謂伊能故其歸順立功職即
差名色把總黎勝前去撫諭許助兵一枝使其勢厚
又許量給糧米使不登岸求食此亦可爲目下應急
之一畫雖未能即收全功亦可牽制賊勢使不大肆
也三曰用賊所忌夫賊所忌者福兵福船也近年倡
議道傍築室其在今日可不舉行乎獨不見福建原
有五水寨近日每水寨造福船四十隻賊勢大則合
五寨以夾攻賊勢小則各水寨自當之故海賊不敢
入其境職謂爲今日廣東海洋之計宜即回參將魏
宗瀚王如澄把總俞尚志朱相前來差去福建打造

福船每一參將一把總二十隻共四十隻每隻該銀
叁百叁拾兩其船用福建造船尺寬貳丈陸尺船外
釘以竹板并船上槓棋器械完整總在叁百叁拾兩
數內每船合用頭目一名聽參將把總自選每船用
兵七十五名并頭目七十六名每頭目合給銀叁兩
每兵合給銀壹兩伍錢造完各船齊駕南下以廣之
白艚船五十隻共用兵一千五百名烏艚橫江船四
十隻共用兵二千八百名與福船合勢以總兵總統
之何患賊之不滅乎以差往造船之日爲始計至於
功之日決不出六個月外功成即將此船分各水寨

則地方可期永寧也或曰賊人遠遁則如何職則知
此賊乃吾釜中之魚無所於逃北入閩則不敢南入
番則不能去歲參將湯克寬都司傅應嘉追至安南
境上而戰勝之今若諸將追之海康而戰不勝或勝
或不勝何嘗不追及乎古今無不滅之賊皆罪大惡
極而後滅遠不暇論即如近年山海之間有名賊首
今皆安在惟我師必先勝而後求戰不可責効於旬
日必先後皆有勝着不可狐注以取困衄者之師空
國出戰先戰求勝兩違軍律遂至不可收拾其可不
爲鑒哉又時下沿海城池行令固守最爲急務其在

省城宜造龍頭艃一百隻聽湯總兵督兵駕使俾悍
賊不敢深入內港此亦當務之急擬合通行爲此具
呈伏乞
照詳施行

書與朱白野公隆慶二年正月十七日

恭惟　名公一言一動莫非　至教猷每領　教後
以自省考而加勉焉此生何幸不至錯過乎昨別來
擬見　軍門即馳回不意　軍門欲猷過東省猷若
離不得姑一行謹差把總黃顯回省教練新募
土著之兵其福兵盡發回蓋知今歲錢糧難處耳猷
恐不但無一時不惓惓於兩省地方實無一時不思

領　名公之教萬萬不得已乃有此行伏惟　慈亮
諸葛亭記舟中粗成稿謹呈　削教若磐石自有大
方家之作歟知其必不可用也何如

重建諸葛亭記

昔諸葛先生躬耕南陽時人以伏龍稱之故名其所
居之崗曰卧龍是山因先生而得名也桂林郡有峻
山古名卧龍後人以其名之相合結亭其巔塑先生
之像而時祀之是先生因山而得祀也然先生爲天
下後世之仰止無已者其何以得之哉陳承祚謂先
生理民之幹優于將畧是未足以知先生之大烏足

以服先生之心哉歟謂先生爲相亦優爲將亦優但
此二者可以一人而並優不可以一人而並任可並
優者人之才也不可並任者勢不行也相居閫内秉
鈞持衡若國難方殷大憝未殄興師十萬日費千金
責將取足於民理民無方則財用不給爲相臣者豈
容一日使居於外哉將治閫外張軍宿野常如見敵
機將而鼓呼吸存亡賞罰不當則兵不服號令不申
則兵不齊御制不明則不能决勝爲將臣者豈遑一
日使居於内哉故蕭何爲相韓信爲將而漢興魏徵
爲相李靖爲將而唐興將相不相越以相侵乃能相

資以相成若一人之身將相之事兼理形瘦神困兩
不得成此不可謂其才之不並優實其勢之不可以
並行耳噫先生之慮非不及此先生獨苦之心誰則
知之方漢末擾亂宗廟傾危先生生逢其適進欲龍
驤虎視振長策而清宇内上無可同草之主下無可
同事之人乃退而龍潛虎伏高卧南陽夫南陽北適
中原南連荊襄天下之大通都也先生卜隱何取於
此不過欲居此通都博求至人共成初志求君得君
劉玄德公既有帝王之量又爲中山靖王之後是可
與有爲矣苟得其人焉如韓信如李靖先生爲相以

成之可也苟得其人焉如蕭何如魏徵先生爲將以
輔之亦可也而皆不可得雖幸有關張二人足稱名
將乃驅馳未久相繼淪没君子謂關張没而蜀之事
已去真確論也天竟何如無意於漢劉玄德公隨亦
殁矣先生之志不亦孤乎中夜思惟托孤受遺言猶
在耳漢室存亡寄吾一身舉目徬徨無可共圖或出
或入或將或相攬機總握甚非先生之所樂爲也楊
顒氏以先生不知位分之體失爲家主之法先生亦
竟無辭以對但先生自知一日不任相事則軍需必
窮而國政先墜一日不任將事則士心必離而敵國

盍橫不得已而並任之至於功業陵遲所志不竟自當付之於天非人智力所能爭也其在先生淡薄則冰玉共潔寧靜則山岳同體忠貞則霜雪爭嚴精誠則金石可貫存亡不易其心終始不異其志論者以三代而下人才唯先生一人豈欺我哉使幸而生於三代多才之時豈不能建周公作樂制禮之業立太公啓伐開國之勳唯不幸而生於季世之才之日反不能成蕭魏韓李諸人之事重使千古英雄墮淚於無情之地興嗟於感憤之際其心已不能堪不知先生當日身處其厄將何以為心哉雖然炎漢江山在

當時不能光復先生園不無遺恨然天下名山有稱名偶合者後世之人且以屬之先生得與此方堯山舜廟相悠久亦可自信而自慰矣乎亭宇歲久將傾大巡白野朱公感慕先生之風議重建之臬司諸公咸以其司多得此山之勝而又有先生之像在其上遂舉行之藩司諸公從而力贊之不踰月而工竣偉然西粵會城一大觀也命猷記之猷因論先生之大以告同志

又呈總督軍門張　及通行各院道（隆慶二年正月二十三日）

鎮守廣西地方總兵官征蠻將軍前軍都督府署都督同知俞大猷為軍務事職與巡撫李　及張蕪使議海賊不懲不威但滅賊無具而欲求速則決不可今合依前議行總兵湯克寬督參將魏宗瀚把總俞尚志朱相文官惠州府唐同知照依前議前去福建造福船四十隻每隻用軍器楨棋用銀三百三十兩募頭目每船一名給安家銀三兩舵工每船二名每名給安家銀二兩兵夫每船七十五名每名給安家銀一兩五錢各項錢糧交委官領去福建先選造船頭目聽其一面雇募精兵一面買料造船或開廠於福州總造或在漳州開廠分造各聽其便只以興工

之日為始限一箇月久工完浮水聽湯總兵等督駕南來先期移文與廣船相約隨賊所在約會夾攻賊敗必登岸逃生而海當預設陸兵一千五百名往住電白東海預設陸兵二千名往住海豐待賊敗登岸隨其所往而追滅之又前議白艚船五十隻共用目兵一千六百名此亦須福建雇募使其大小相應威勢乃振白艚船出在漳州地方每隻每月約用雇腳銀五兩五十隻該用頭目五十名舵工五十名兵一千五百名合用安家行糧俱照大福船頭目兵夫之例仍乞　總督軍門及撫按衙門行文及備書與福

建撫按及監軍巡海福寧興泉兵備等道及福興
漳等府掌印官共篤恤鄰之義爲催造船雇兵諸務
俾得速完前來早收一鼓滅賊之功其新任郭總兵
不日將到令其督責王如澄及各把總收拾烏尾橫
江船四十隻以待會合夾攻撲滅賊之期可尅而地
方可保永寧也其各兵合用本色行糧每名每日該
米一升五合每名該行糧九十日共一石三斗五升
大福船四十隻白艚船五十隻兵夫舵工并頭目共
四千七百二十名該米六千三百七十二石又各官
并家丁行糧約用米二百石通共米六千五百七十

二石每米一石約該銀五錢正共該銀三千二百八
十六兩乞併發與各官就於福建地方糴買在船應
用其工食頭目每日五分舵工每日四分兵每日三
分俱自福建開船之日起又每大福船一隻該用佛
郎機十架每架約價銀四兩五錢鳥銃二十門每門
約價銀一兩佛郎機先給六架價銀就福建造買其
四架在廣省造買鳥銃盡數給價聽其福建造買白
艚船每隻該佛郎機四架二架照價給與福建造買
其二架亦在廣省造買鳥銃每隻十門照價給與就
福建造買火藥每大銃一架合用三十斤大福船并

白艚船在福建造買者三百四十架共該用火藥一
萬零二百斤鳥銃在福建造買大福船并白艚船共
一千三百門每門用火藥三斤共三千九百斤二項
火藥共一萬四千一百斤在福建買製價高每一百
斤該用銀十兩又每大佛朗機一架用鉛彈三十斤
三百四十架共鉛彈一萬零二百斤鳥銃每門用鉛
彈一斤半鳥銃一千三百門共用鉛彈一千九百五
十斤計用鉛一萬二千一百五十斤每斤該價銀三
分俱合給價付辦其在廣省造買佛朗機并照架該
用火藥差官由龍川路運去潮州候發各船又造船

興工及各兵開洋祭旗犒賞雜費合量給銀五百兩
由湯克寬等收用又發運多銀沿途合用精兵三百
名防護至彼每名該給工食銀一兩尚有未盡事宜
聽各官陸續議報爲此除通行外合就呈乞施行

書與李培竹公　隆慶二年正月二十七日

浙直來福建造船每次皆造百隻或八十隻福建人
何嘗阻之福建造每隻用銀三四百兩此間造要銀
七八百兩乃造得且取匠於福建買木於廣西恐日
月又遲延也林弘仲所說彼間有百餘隻即猷議中
募其五十者此船小須得大福船與之相兼乃可成

原缺

之議不能速决地方至今日若不多費財餉大規模
做一番大懲安能就掠洋海何能肅清乎謹稟

書與繆叅將　二年二月十三日

富貴貧賤患難夷狄古之聖賢豪傑隨所遭皆自得
今公處此能体認自得工夫他日事業不可量也撫
事俞尚志極言衆心真誠僕乃力任之惟責其立得
奇功决可全終始之信也相見在邇諸容面悉不宣

稟總督軍門張　揭帖　二年二月十三日

稟造大福船四十隻今議欵在此造唯福兵及冬仔
白艚船募於福建乞　軍門一文行彼省　巡撫知
會□暫欵曾賊事職差人至彼船諭之已一一聽令
但兵船不能速日久則賊生疑也另詳報謹稟

書與張松陵　二年二月十七日

鳥名安敎者鬪不勝即膽落更不肯鬪養鳥者歆以
濃酒使大醉一番及醒則前日鬪不勝之事盡不記
遂好鬪如初今諸將飲猷酒醉而醒氣復昂然　翁
幸勿以未醉之前視之也何如

書與任齋塗公　二年二月十七日

荷　愛良深領　教無由企仰之私不忘頃刻計今
聖上經畧北邊南方　督府如　二華翁如　自湖

皆已　召內　名公當不久晉於閩也千載一時之盛事二三
名公卒努力努力粵東東隣福建西隣桂林茲地方危
急　總督軍門西檄猷來理其事東乞師乞船於　名
公猷不勝感憤已即至五羊矣　名公感憤之意想亦
同也乞師乞船諸事伏惟　晉意為卒餘惟順時珍愛以膺
聖寵不宣

書與周鑑塘　二年二月十七日

自古以來天綱地紀賴以不墜恃有公道在人心耳
雖有時而昧亦終歸於明君子於此進脩盡力順以
處之庸何妨乎猷屢遭備嘗乃敢奉告以為然否

軍門檄猷東來應援未得即返心則無一日不在
諸公左右也韓指揮去便謹此伸　候不宣

書與莊石坡　二年二月二十九日

聞　軍門又有時本晉猷完東省事果尔當發棨驗令猷待
旨使猷得專心定志做事免孜懸懸不然二月半間
必有　二華公本覆消息到此此時猷欲晉無擾
必不俟駕行也乞　翁為猷達此意於　軍門天
下事兩處其難猷之今日也滅海妖以報　新相
知猷頓也此事委非猷不能了故不敢辭地融往
此與　華老建破虜之業猷平生之志也　華老

初至彼非猷與共圖委難下手也故曰兩處其難雖
然猷今只知一日在南則盡心幹南事一日去北則
盡心幹北事他姑未論以為何如

拙速解　二年三月初五日

孫子謂兵聞拙速未覩巧之久今經生學士每誦此
語督責諸將愚嘗為之解曰速而果拙何貴於速遲
而果巧何嫌於遲夫謂之速又謂之拙必其圖取一
時之小勝於中不無自損春秋戰國之世列國紛爭
互相吞併但得小勝亦足稱雄一時而自保其國若屯
兵久而財用竭進不能拔人之城破人之國退則諸侯

乘其斃而起而吾之國危矣是故孫臏吳起之流為
其世主之謀兵速而拙亦以為貴今天下一統四海
一君賊子弄兵命師征討堂堂正正十圍五攻必翦
其株拔其根而後已苟為欲速之倖掩其自損之拙
取人一時之喜聞不顧大計之已失君子以為何如
耶然則今日截殺鵰剿之師即周末列國之師速不
嫌拙也大衆征剿之師即古帝王討罪之師巧不嫌
遲也深於兵者思過半矣作拙速解

書與李培竹公　二年三月十五日

姑再寫一牌去着吳靖中差人送與賊不問有益於

事無益於事只混欵他以待兵集耳

書與郭華溪　二年三月二十九日

東省海寇事諸將被上人催督嚴迫竟致壞事　參公尊教得其情矣猷初至此又欵參將我也把總我也猷告以知止能得不容助長之義人有信者有不信者茲造船於廣徵兵於閩一時委難備集計収功尚在六七月間猷了此即西歸請　益門下也不宜

書與許東水　二年五月初六日

去閩造船已不果矣今者雇匠於閩造船於廣募兵於閩廣之間其事委不能速完惟一面欵賊一面整

搠計九十月乃可畢事西同昨兵回至平樂有徤步三人惹釁已重處之又二人各杖百棍問罪此釁實由三人他船之兵則任人攻打不敢上岸應鬪故不之究人使此　候不任瞻依不宜

書與莊石坡　二年五月十一日

稟稿奉　覽此間時與事殊諸皆不便如何如何

書與李培竹公　二年五月十三日

賊在三洲遲疑似有内犯之意福船造未完烏船又不肯借福兵用柰何柰何聞白船又有五十隻到乞行撫案司發銀令經紀諭雇他數日之用何如倘以為然乞速行

書與李培竹公　二年五月十三日

原行行糧工食各官在彼募兵已宜此意於衆若今日番異似乎失信兵必不願乞查案　裁行

稟内閣徐　揭帖　二年五月十八日

稟　廟堂之上知猷不真不准猷立功西北猷今已矣不敢復言惟得　恩臺百歳康寧左右

聖君於萬萬歳俾天下南北永享昇平之福猷頋足也廣東海寇前事失於急功猷以計款之然後以威制之想可蕩平廣西大舉恐錢糧難處姑且支撑可

無大患差去武舉生翁思誨詳問之彼能詳言之此生才志超邁累立戰功倘會武入選乞造就之他日必能立尺寸於邊疆也無任瞻仰之誠具稟

書與李培竹公　二年五月二十二日

知賊之可勝不知吾兵之不可勝勝之半也我船未完半勝舉事非全計也裁之　牌行二參將造糧冊送　寶山轉送海道及行寶山知會乞即行幸幸

書與郭寶山　二年六月初三日

賊情反覆無常百有所求安能一一依之有一不依即反官府安能盡包容之乞　公與　培翁議將福

兵照舊發已廣船將已完冬仔船整棚并白船俱出
泊波羅行之或天作颶風即速收入五羊驛前亦不
遲也此特昔有以待之意乞　晋神此後逐日俱差
人赴　報不宣　晋廣船叅將堅不准福兵上廣船

又書　六月初四日

賊反覆無常所請求多不可依省城兵糧宜速給各
色船俱整棚出泊波羅以待火船須用大者乃濟事
自東莞縣至大鵬皆大山險路蒲三日之程猷一時
回省恐難及事　公與　武河共商之賊若敢内犯
定使其片板莫返乃可又吳靖中今日來見不肯回

船自以爲得脱虎口亦難在他吳靖中不去未知他
明日肯來見否猷已別差二人下船去宜諭矣

又書　六月初四日

賊二更時又差人來說要帶三百人來見如不准他
即開船去宜防之

書與李增竹公　二年六月十一日

新城猷認守今早須將城下兵俱吊上來一則可藉
爲守一則免在外饑困生變一則兵力既厚可驅出
戰乞　翁再差人發一白牌聽猷吊上其新城之守
交猷任之

稟總督軍門張　揭帖　二年六月十五日

稟不意曾賊於本月十一日辰時直抵五羊大福船
造者未完冬仔完者一十七隻楨椇俱不備職不得
已一次具稟乞委監督又一次具稟請各委官見時
事已異各有怠心乞　行催督乃反惹怪又職數日之
前行令各船先出波羅遇賊乃可展布衆皆不信及
賊臨境各兵空腹應敵賊乘上風上流而來兵船隨
風隨流而行轉鱗難前以致不支郭總兵一船力戰
家兵傷死數人身幾不免此皆職調度無方之罪其
何敢辭顧其中苦情萬千實隱忍不敢言恐取怨器

深今一方官民咸指職等通賊似此無根伏惟　恩
臺原察職愚一遇　恩臺推誠委用即以危險之事
自擔付成敗利害於不顧復何悔乎今縱有別策亦
豈敢復蹈前失乎職連日同總兵郭成督叅將把總
各兵日夜在於新城外三面防守又該巡撫及二察
院身自臨城督兵發銃擊賊賊懼遂退計一二日當
遁也其任恐懼待罪且稟

又稟

稟職之初議造船募兵於閩計乃萬全衆議不從一
面在此造船一面去閩募兵兵到無船可用及至事

壞又覘兵爲仇欲駕大禍於擔當之人職恐地方愈
壞愈深罪職一人何益哉今有微見不敢啣口矣伏
乞　裁照具稟

書與莊石坡　二年六月十五日

猷愚過大事過於擔當又無同心之人共濟所以至
今日尚何說哉雖然當大事即不顧大禍何悔之有
稟　軍門帖奉　覽

書與李皓竹公　二年六月十六日

聞昨日有數人欲進猷所居衙門捜奸細手下人諭
退乞　翁速示本地方之人恐後尚有此也不宣

又書　六月十八日

地方百姓欲西門外屋甚急欲兵何處住猷不得已
適又殺一兵矣明早煩　尊駕至天妃宮一議千萬
千萬

稟總督軍門張　揭帖　二年六月十八日

稟地方之事惟有李巡撫同心戮力無如人不奉行
事多阻壞心亦苦也　恩臺當知之今姑曲從招議
令他去殺林道乾後再圖之具稟

書與許東水　二年六月十九日

猷當初建議欲福建造船衆執不欲造於廣東猷耀
賊知在此造船入燒將如何衆以決無此事今調兵
已到造船數月不完一旦被賊入燒責自有歸乃紛
紛罪猷可奈何乎今事益壞猷豈敢如前認真姑且
聽之其將何以教猷不宣

書與王三湘公　二年六月十九日

兵住人家委不便乞　明公發一牌令廣州道刷大
河船一百五十隻交猷將兵發住兵下船之際仍乞
明公差一官同猷住於路口遂兵行李看過如有夾
帶民間物件者即斬示衆

又書　六月廿一日

此間士夫已併疑猷不知此後欲用猷否如不用猷
則閩兵盡發回如尚用猷須將兵挑選回者回留者
留見今新會有福船七隻順德有八隻有此十五隻
船爲主其餘冬仔白艚收拾可得二十隻加以廣船
鼓舞瀕兵一月之間尚可出洋擊賊聞　鏡翁十八
日過嶺想即日亦到諸宜待其裁決今兵已住船與
民無爭又已得糧決不敢犯令也不宣

書與郭寶山　二年六月廿一日

福兵爲此方人疑用之於水則無大船用之於陸便
說勦撫兩廣之間所當敕猷實難處希　裁教

遂中丞諱揭帖　二年六月二十一日

廣東事猷有議稿奉　有此間厄運無一曉事之官
决欲就此造船圖速猷謂賊必入燒人皆不信且上
下推延數月不得完以致六月十一日賊入燒焚海
何及乎代人敞事無一人同心如何克濟取去北事
久不聞息天竟如何斬人萬世事業唯　名公再圖
之謹稟

稟總督軍門張　揭帖　二年六月二十三日

稟賊漸離去已差人督夫潮州立功賊狡難測亦姑
得如此行此間事欲速反遲欲省費反多費職亦不

得不任終如始也具稟

呈總督軍門張　二年六月廿三日

鎮守廣西地方總兵官征蠻將軍前軍都督府署都
督同知俞大猷為申議剿滅海寇事本年正月十七
日該本職議近奉　總督軍門案驗內開賊有五長
兵有七短此可謂灼盡其情令欲使長者短短者長
有三策焉云云　見前　功成即將此船分各水寨則地
方可期永寧也等因已經通行外續於本月二十三
日又該本職議海賊不患不滅云云　見前　尚有未盡
者宜聽各官陸續議報亦經通行外及後衆議福船
就於廣省打造本職以賊必乘船未完入焚竟不見
信一旦賊至福船打造未有一備雖有福兵無福船
可駕不能襲布乃有今日昔王翦必欲用兵六十萬
人不肯從後竟從之本職竊恐廣東今日必欲剿滅
海寇尚當從本職初議但福船造至四十隻每隻當
用兵百名冬仔四十隻每隻當用兵四十名軍器并
船價尚當再估須總兵官一員二司官一員督大小
將領齎銀同去福建打造并選募精兵坐駕責限前
來剿各海寇何患不收全功其見在新會順德所造
福船并冬仔亦宜一面挑選福兵駕坐另圖為此具

由呈乞　照詳施行

書與熊鏡湖公　二年六月二十三日

地方事至今日猷罪何辭若棄猷不用則不敢復談
若尚用猷必當如舊初議　培翁同志戮力心亦苦
也其如人不聽何非常之功必待非常之人從古如
是今日之事誠有待於　名公也諸容面不宣

又書　七月初三日

人既為此說成敗利鈍不可必率率舉事諸皆不備
猷何可復累　名公初政乎惟拱手待罪而已容面
悉

又書　七月初四日

昨見　名公對府官云位天地育萬物不過此念噫此語人未易道聽者亦未易信猷心不覺竦然乃知世復有　名公其人也天下非平尚有望焉何獨此一方乎東廣舟師議奉　裁教地方事負獨得之見决必行之策者誰哉不過曰等因蒙此等因准此而已耳猷獨有望於　名公饒舌饒舌

又書　七月初四日

福兵既爲此間人之所惡用滲莬又爲衆人所不喜曰後成敗利鈍不可必若有分毫累　名公經畧矜

政猷罪無所逃莫如作二次發遣或作一次猷當自押至三河即回聽指揮斯人言可弭不然必有後悔也猷心不動如山猷見不移如金石到此時不得不遷就幾分以免禍碩　名公裁之亮之餘爲地方造福勿急忽此功是幸

又書　七月初五日

此間惡福兵者不過欲寬造烏船之稅得多造以覓利賊之能獲與否彼不管也猷咋議欲民間多造烏船五等之間官府不取剿賊自有兵船恐須如此然後民間之船日盛也其目前之事　名公籌之已熟

若不用福船福兵而能滅賊猷未之信

稟總督軍門張　揭帖　二年七月初七日

稟曾賊母妹已被林道乾戮殺連日林賊又來告立功恐二賊之勢只是兩立欲相吞亦未易欲相合亦難成官府唯有再脩內政如職春初之議別無巧速之法謹稟

書與江達泉　二年七月初八日

言不聽計不從可柰何一意擔當　尊教誠然二稿奉　覽乃知所見相同也少坡何罪哉命之厄也承賜念感感不宣

呈總督軍門張　二年七月初九日

鎮守廣西地方總兵官征蠻將軍前軍都督府署都督同知俞大猷爲緊急軍務事准廣東等處承宣布政使司分守嶺南道謝參政廣東等處提刑按察司整飭廣州兵備兼分巡嶺海道周僉事手本奉欽差巡撫廣東地方兼贊理軍務都察院右僉都御史熊　案驗照得進剿海賊先議動造福船四十隻冬仔船四十隻烏艚船七隻奏原日成造與海南道[illegible]雇募民船共計二百餘艘近因賊[illegible][illegible]仔船見在整頓原開未完者[illegible]已委官

查理外但海上馳擊全以大船勝小船多船勝寡船方今收拾舊艦大約不過三四十隻類皆中號小號者而大號甚少中號欠多茲欲打造用費固繁緣今賊志益驕其勢愈熾若不及早計圖將來愈遠愈大地方可慮合行查議為此牌仰本道即便會同總兵俞　郭　從長計議今應新造福船冬仔烏艚各若干隻其船俱要高大深長大約福船以長八丈闊二丈有零烏船以四五十萬載冬仔亦須極大者逐一查估合用工料若干價銀若干應於某項銀兩動支在於某處地方打造其管工則委府縣正官每官應

任若干隻而總理監督則守巡該道亦分任之限以一月告完可副急用各道通將查議過緣由造冊一本內開某道監督某項船若干隻應支銀若干其管下管工官某人造某項船若干領銀若干俱要總叙于前其次則開某項船隻合用某物某物若干該銀若干凡船中槓椇篷纜櫓舵繚絲斗衣鐵鍋等項一應物件一一備載明白庶可按冊計辦限二日內具由繳詳以憑裁酌施行此係萬分緊急軍情毋得遲誤奉此擬合通行會議合用手本煩照備云內事理討議停當一一備載明白開報以憑呈詳施行等因

准此照得二十載前本鎮叨任都司見廣之東莞縣有烏尾船二百餘隻新會縣有橫江船一百餘隻其船各係富家主造其駕船之人名曰後生各係主者厚養壯夫每船各四五十人南至瓊州載白藤梹榔榔等貨東至潮州載塩皆得十倍之利各船隸名於官每年輪十隻東守柘林又十隻西守龍門如海上有賊竊發勢大則共調船百隻上下勢小則共調船五十隻上下隨其所往無不搏滅而廣東之海向無大警者此也不意十五年前浙直倭熾　總督軍門胡　議調廣船一百隻皆選其巨者前去勦倭經三

四載不得畢事各船因皆損壞于彼而一隻不返廣東船勢從此弱矣繼以數年之前叛兵等賊將在海烏尾橫江到處追焚所餘遂無幾也自此而海上之事益多民間方造得船一二隻尚未得載貨之利未有精壯後生在船官府遂刷以載兵或爲賊焚或爲賊得或經年載兵不得退還而各主者錢本虧損以後造船覓利之念皆灰矣近日海寇橫行廣船屢出屢敗人但知二十年前廣船廣兵之強不知十五年後廣船廣兵之弱故本鎮謂欲濟廣海一時之艱宜用福兵既用福兵宜造福船既造福船宜在福省浙

江直隸每造一二百隻皆在福建打造駕用頭目兵勇工匠木釘棕蓬色色皆便由外海來廣追擊各賊于洋中內地無搔擾之患但大福船須打造五十隻內面闊三丈者十五隻面闊二丈八尺者十五隻面闊二丈六尺者二十隻冬仔船五十隻內面闊二丈者二十隻面闊一丈八尺者三十隻俱用福建造船尺如依此議於中尚該詳細估計惟一意造此船共一百隻為今日剿賊之計賊平將前船分布各水寨防守仍一面出給告示及通行各縣許民間照依二十年前之例各造大船載貨買賣近議造船納稅之

例並不准行五年之間如有海警只調各寨兵船以不刷取民間之船致失主者錢本如此則民間知官府實有大勢兵船相率造船趨利者如市矣五年之後福船已漸破損福兵亦漸消磨烏尾橫江已有二十年前之盛足為廣海之防遇警隨調隨足可無今日之患若官府時下不鑒前轍復欲在此打造福船不知將用何兵駕使諸料亦決難辦若欲打造烏尾橫江須先議何將管領雇募兵勇安得如昔年後生之精勇近日河下廣船大者各有舊兵自名本鎮與其不支歎擬福兵貼駕其官與兵皆云請自當鋒乏

用貼駕及一見賊望風而潰仍各棄其船鳥散回家當日四千餘衆今集不滿數百此皆衆目共見未有能明其由何哉但福建造船須得總兵官一員二司官一員帶文武大小官前去監督庶船堅兵精而諸弊可免也為此備由具呈伏乞　照詳施行

稟總督軍門張　揭帖　二年七月初九日

稟職正月建議人不肯依乃有今日今日之議與正月同若肯依行成功有期職願領其事若又不依行只信道傍之言職知決難成功乞責廣東總兵專主其事職甘拱手受罪也無任恐懼

又稟　七月十一日

稟前事之失悔已無及今日若又不依職之所議收功委不可必領兵將領委難其人湯克寬瘡已愈只口未盡收畺數日後能出理事渠亦願與職共事者乞行委之謹稟

呈總督軍門張　二年七月十二日

鎮守廣西地方總兵官征蠻將軍前軍都督府署都
督同知俞　為緊急軍務事照得欲滅海賊其策不
能外福建造船募兵整器備糧遵海而來隨賊向往
而追滅之此本職一向慷慨以為已任如不收功并
赴海而死何待刑誅乎今者　軍門俯從所議欲往
福建造大福船二十隻冬仔船二十隻可謂　獨斷
矣本職竊恐所造船數尚少自彼來此忽遇賊於洋
中收功不全人又得以罪本職本職又得以為辭悔
何及哉自古二廣討賊之師每賊徒一萬必調兵十
萬擂十圍五攻之勢為泰山壓卵之形無一次不收

全功故曰有征無戰也今日用兵只為錢糧欠乏未
能堂堂大舉然去歲一舉而用數萬今歲亦用數萬
皆與東風俱散矣近又欲姑徇外議造大烏船二十
隻并募兵備器計用銀三萬烏船在廣福船在閩一
時未能合併各為孤軍莫如移此三萬之銀總去福
建造大福船而濶三丈者十五隻而濶二丈八尺者
十五隻冬仔船而濶二丈二尺者十五隻面濶二丈
者十五隻面濶一丈八尺者二十隻大福船每隻用
兵一百名上下冬仔船每隻用兵四十名上下一面
差的當官選的當頭目往彼與工成造其銀陸續觧

還去湊九十月畢工乘風前來隨處遇賊隨處追擊
則一鼓齊勦指日可計事完將各兵船分六水寨防
守此間一面行各州縣大出告示聽民間造船買賣
並免其告狀納稅諸事唯造完之日乃報名於官五
年之間如有竊發海寇官府自有兵船可剿決不調
於民間如此則民間造船趨利者如市五年之後船
有不可勝用矣為此備由具呈伏乞
照詳施行
計開
一大福船面濶三丈共十五隻

本船木料樍根
中艙長四丈五尺　頭艙長三丈二尺
尾艙長二丈　大抽四條用杉木　含檀
長二丈九尺濶三尺厚一尺五寸　大桅
夾長一丈八尺濶二尺厚一尺　下金長
七尺濶一尺八寸　鋤頭柄六十枝　桅
楮用杉木一條三丈三尺　桅座長七尺
濶二尺厚一尺六寸　頭勘舫長一丈五
尺　頭龍㯭一片長一丈四尺濶二尺厚
八寸　頭含檀長一丈六尺濶一尺八寸

厚一尺　頭桅挾二片每片長一丈五尺
濶一尺五寸厚五寸　小頭桅長六丈圍
四尺　大桅長九丈圍大七尺　橫梁肚
壁四百片長二丈厚三寸五分　船艕三
百片每片長二丈五尺厚二寸　褒板戰
棚用松板五百五十片不等每片厚薄一
寸五分長三丈濶一尺五寸如原來板短
窄奏其數　褒柱弁尾楼牵抽用杉木一
百五十枝　上金樟木長二丈七尺大二
尺厚一尺　双筋二條每條長三丈用杉
圍三尺　尖櫃枋三十片每片厚二寸濶
一尺用杉木板　水櫃一口濶六尺高五
尺用杉木二條闊三尺　小水櫃一口濶
四尺高三尺五寸　頭戦棚板五十片每
片長三丈　戦棚橫樑用杉木十條長三
丈二尺　龍鬚極二片長九尺大一尺
舵二翁每翁長三丈三尺用鉄力木　舵
頭長一丈四尺翁一丈八尺　舵閂每翁
四片用杉木厚二寸五分長一丈八尺濶
一尺二寸　舵甲枋用樟木每翁八片厚

一寸　大平車一條二丈五尺圍三尺
中車心二條每條長七尺圍三尺　車圈
六十枝　大櫓二枝長五丈二尺　頭梢
一條用杉木長四丈二尺圍二尺五寸
舵牙艇筋共三十枝長一丈　走馬板二
條厚二寸五分濶一尺長三丈　抱擧用
樟板三十片大小八尺長短一丈湾曲可
用　艇六門長二丈濶一尺　棕纜二條
每條七十丈　篾纜繚四條每條長六十
丈　黄麻什費等繚一千斤　大風篷濶
五丈五尺長六丈　頭篷濶二丈四尺長
三丈　桐油一千二百斤　灰八十石
鉄釘三千斤　草根一千五百斤　脚艇
一隻面濶七尺　櫓二枝　中艙用杉木
一條長二丈四尺　頭艙五尺五寸　尾
艙六尺用杉　下底艕用杉木三條圍三
尺　肚樑十二倉樟木可用　小釘八十
斤　油五十斤　草根一百斤　竹甲褒
用茅竹四百枝　小鈎釘二百五十斤
海中清二件

已上舟隻用銀三百九十両
本船軍火器械
鉄佛朗機銃八架每架重一百斤帶子銃
六件每架價銀四両五錢共銀三十六両
鏢鎗一千五百枝每枝一分五厘共銀二
十二両五錢　透甲鎗四十枝帶柄每柄
銀七分共銀二両八錢　斬刀二十柄每
柄銀八分共銀一両六錢　鈎鐮鎗二十
枝帶柄每柄銀八分共銀一両六錢　長
竹鎗六十枝每枝銀三分五厘共銀二両

一錢　藤牌六十面每面銀三錢共銀一
十八両　黎頭鏢三十枝每枝銀三分五
厘共銀一両五分　鳥銃二十門每門銀
一両共銀二十両　大銃硝六担銀十八
両　磺一百二十斤銀三両六錢　鳥銃
藥硝一担銀三両　磺三十斤銀九錢
大銃鉛子照各銃大小不等共三百五十
斤每斤銀四分共銀一十四両　皷一面
價銀五錢　銅鑼一面重七斤價銀六錢
三分　神機箭一百枝每枝銀四分共銀

四両　大黄布旗一面用布四疋每疋銀
二錢五分共銀一両　號帶一條布一丈
一尺銀一錢五分　綿紗絕重十三斤每
斤銀一錢五分共銀一両九錢五分　噴
筒三十枝每枝銀二錢共銀六両　大桅
斗衣一副用五色布三疋每疋銀二錢五
分共銀七錢五分　頭桅斗衣一副用五
色布三疋每疋銀二錢五分共銀七錢五
分　大桅帳頂布篷一番用布六十六丈
共布二十疋每疋銀二錢五分共銀五両

另黄麻一百斤共銀七錢　繚鈎十枝帶
柄每柄銀七分共銀七錢　割繚刀十柄
每柄銀五分共銀五錢　斧頭八柄每柄
銀八分共銀六錢四分　鋸仔四張每張
銀五分共銀二錢　大鼎五個每個銀一
錢五分共銀七錢五分　大桅旚帶一條
用布一疋銀二錢五分　大火筒帶鉄箍
三十枝每枝銀七錢共銀二十一両　六
小錐鑽四把每把銀四分共銀一錢六分
鉋刀四把每把銀四分共銀一錢六分

大小鏨八把每把銀三分共銀二錢四分
又備用鉄釘五十斤每斤銀三分五厘共
銀一两七錢五分　桐油一百斤價銀四
两　灰二百斤銀二錢　麻一百斤價銀
一两五錢
已上每隻用銀一百九十八两六錢三分
一大福船面濶二丈八尺共十五隻
本船木料楨椇
中艙長四丈二尺週圍大六尺　頭艙長
三丈圍五尺　尾艙長一丈八尺　抽四

條用杉木　含櫃二丈七尺大二尺厚一
尺八寸　鋤頭柄七十枝　大桅挾長一
丈八尺大二尺厚一尺　下金長六尺五
寸六一尺八寸　桅楮用杉木三丈二尺
桅座六尺五寸大二尺厚一尺五寸　頭
勘舯長一丈五尺五寸　頭龍樑一片長
一丈四尺　頭含櫃長一丈六尺大一尺
六寸厚八寸　頭桅挾二片每片長一丈
四尺濶一尺五寸厚五寸　小頭桅長五
丈八尺圍四尺　大桅長八丈五尺圍三

尺　横樑肚壁三百五十片長二丈厚二
寸　船艕二百八十片每片長二丈五尺
厚二寸　㡳板戰棚用松木五百二十片
不等每片厚薄一寸五分長三丈濶一尺
五寸如原來板短窄湊足其數　㡳柱尾
樓牵抽用杉木一百二十枝　上金樟木
長二丈四尺大二尺厚一尺　雙筋二條
每條長三丈用杉木圍三尺　尖櫃板二
十八片每片厚二寸濶一尺長二丈五尺
用杉板　水櫃一口濶六尺高五尺用杉

板厚二寸　小水櫃一口濶四尺高三尺
五寸　頭戰棚板四十五片長二丈　戰
棚横樑用杉木十條每條長三丈　龍鬚
極二片每片長九尺　舵二扇每扇長三
丈用鉄力木　舵頭長一丈三尺扇一丈
七尺　舵閂每扇用杉板四片每片長一
丈七尺厚二寸五分濶一尺　舵甲樟板
每舵八片厚一寸　太平車一條長三丈
四尺用松木　尾舵車一條長二丈二尺
圍三尺　中心車二條每條長六尺五寸

車圈五十枝　大櫓二枝長五丈　頭稍
一條用杉木長四丈圍二尺五寸　舵牙
艇筋二十五枝長九尺　走馬板二條每
條厚二寸濶一尺長三丈　抱桅用樟板
三十片大小八尺長短一丈灣曲可用
舵六門每門長一丈九尺濶一尺　棕纜
二條每條長六十五丈　竹纜繚四條每
條長六十丈　苧麻竹簪等繚一千斤
大風篷濶五丈三尺長六丈　頭篷濶一
丈二尺長二丈八尺　桐油一千一百斤

灰七十石　鐵釘二千七百斤　草根一
千三百斤　脚艇一隻面濶六尺五寸
中艙用杉木一條長二丈　頭艙五尺
尾艙六尺用杉木　下底艙用杉木二條
圍三尺　肚樑十二倉樟木可用　小釘
八十斤　油四十斤　草根八十斤　脚
舧櫓二枝每枝長三丈二尺　竹甲葉用
第竹三百三十枝　小釣釘二百斤　海
中清二件
已上每隻用銀三百六十兩

本船軍火器械
大銃八門每門帶子銃六件每門價銀四
兩五錢共銀三十六兩　硝六担每担銀
三兩共銀一十八兩　磺一百二十斤每
斤銀三分共銀三兩六錢　鉛子八百斤
每斤銀四分共銀三十二兩　鳥銃二十
門每門銀一兩共銀二十兩　綿紗繚三
十斤每斤銀一錢五分共銀四兩五錢
火箭一百枝每枝銀四分共銀四兩　藤
牌五十面每面銀三錢共銀一十五兩

透甲鎗四十枝帶柄每柄銀七分共銀二
兩八錢　鏢鎗一千枝每枝銀一分五厘
共銀一十五兩　斬刀二十柄每柄銀八
分共銀一兩六錢　火筒三十枝每枝銀
七錢共銀二十一兩　斬斧二十柄每柄
銀八分共銀一兩六錢　繚鉤十柄每柄
銀七分共銀七錢　割繚鋏十柄每柄銀
五分共銀五錢　斧頭八柄每柄銀八分
共銀六錢四分　鋸仔四張每張銀五分
共銀二錢　竹篙鎗六十枝每枝銀三分

五厘共銀二兩一錢　金鼓一副共銀一
兩一錢　大旗一面幷號帶一完共布五
疋每疋銀二錢五分共銀一兩二錢五分
大小望斗衣二副用五色布六疋每疋銀
二錢五分共銀一兩五錢　大桅帳頂布
篷一畨用布二十疋每疋銀二錢五分共
銀五兩　大桅號帶一條用布一疋銀二
錢五分　大鼎四個每個銀一錢五分共
銀六錢　大小錐鑽四把每把銀四分共
銀一錢六分　鉋刀四把每把銀四分共

銀一錢六分　大小鑿八把每把銀三分
共銀二錢四分　備用鉄釘五十斤每斤
銀三分五厘共銀一兩七錢五分　桐油
一百斤價銀四兩　灰二百斤價銀二錢
麻一百斤價銀一兩五錢
　已上每隻用銀一百九十六兩九錢五分
一冬仔船面濶二丈二尺共十五隻
　本船木料槓椇
　中艙長三丈六尺用松木圍五尺　頭艙
長二丈五尺闊四尺　尾艙長一丈六尺

含檀長二丈一尺濶一尺八寸厚一尺四
寸　下底艕共一百九十片每片長三丈
厚一寸五分　肚壁横樑共一百七十片
厚三寸長二丈長短可用　下金長六尺
五寸大一尺八寸厚一尺六寸　桅座長
六尺五寸大一尺七寸厚一尺七寸　大
桅挾長一丈五尺大一尺六寸厚九寸
小桅挾長九尺大一尺五寸厚五寸五分
雙筋二條每條長一丈六尺　頭勘觔長
一丈一尺大一尺　頭龍樑長一丈二尺

大一尺六寸厚六寸　頭照水枋樟板大
一尺五寸長一丈二尺厚一寸五分　上
金袍枋長一丈五尺大一尺七寸厚七寸
龍鬚擯極二條每條長一丈一尺大一尺二
寸厚六寸　照水褒枋大一尺四寸厚一
寸　尖櫃枋長二丈大一尺五寸厚一寸
八分用杉木　褒柱幷尖櫃横樑用杉三
十五條圍三尺　水櫃一口用杉二條圍
三尺鋸枋厚二寸　鉄釘一千五百斤
油五百斤　草根七百斤　灰三十三石

大桅長六丈五尺圍五尺　頭桅長四丈
九尺圍三尺　舵二門每門長二丈五尺
舵門杉枋長一丈六尺厚二寸　舵四門
用硬柴每門長一丈七尺大八寸　舵齒
八個每個長七尺五寸　尾櫓二枝每枝
長四丈　頭稍一條長四丈用杉木　大
風篷闊四丈二尺長五丈五尺　頭風篷
闊二丈二尺長三丈二尺　黃麻九百斤
舵牙并車圈舵筋共八十枝　棕纜繚二
條每條長六十丈　篾纜繚二條每條長

六十丈　小艇一隻面闊六尺用杉木二
條圍三尺　小釘六十斤　油三十斤
草根六十斤　灰二石　竹甲蓑用筀竹
二百二十枝　小鉤釘二百斤　小艇櫓
二枝每枝長三丈三尺　海中清二件
已上每隻用銀一百八十兩
本船軍火器械
大銃六門每門帶子銃六件每門價銀四
兩五錢共銀二十七兩　硝四担每担銀
三兩共銀一十二兩　磺一百一十斤每

斤銀三分共銀三兩三錢　鉛子六百斤
每斤銀四分共銀二十四兩　鳥銃十六
門每門銀一兩共銀一十六兩　綿紗繚
二十五斤每斤銀一錢五分共銀三兩七
錢五分　火箭八十枝每枝銀四分共銀
三兩二錢　藤牌三十面每面銀三錢共
銀九兩　透甲鎗三十枝每枝帶柄銀七
分共銀二兩一錢　鏢鎗八百枝每枝銀
一分五厘共銀一十二兩　斬刀十二柄
每柄銀八分共銀九錢六分　火筒二十

枝每枝銀七錢共銀一十四兩　斬斧十
二柄每柄銀八分共銀九錢六分　繚鉤
十柄每柄銀七分共銀七錢　割繚鐮十
柄每柄銀五分共銀五錢　斧頭四柄每
柄銀八分共銀三錢二分　竹篙鎗四十
枝每枝銀三分五厘共銀一兩四錢　鉛
仔三張每張銀五分共銀一錢五分　金
鼓一副共銀一兩　大旗一面并號帶一
完用布五疋每疋銀二錢五分共銀一兩
二錢五分　大小桅帆竿衣二副用布十

疋每疋銀二錢五分共銀二兩五錢
桅號帶一條用布一疋銀二錢五分　雞
四個每個銀一錢五分共銀六錢　大小
錐鑽四把每把銀四分共銀一錢六分
鉋刀四把每把銀四分共銀一錢六分
大小鑿八把每把銀三分共銀二錢四分
備用鐵釘五十斤每斤銀三分五厘共銀
一兩七錢五分　桐油一百斤價銀四兩
灰二百斤價銀二錢　麻一百斤價銀一
兩五錢

已上每隻用銀一百四十四兩九錢五分
一冬仔船面濶二丈共十五隻
本船木料槓椇
中艍長三丈三尺用松木圍四尺　頭艍
長二丈三尺　尾艍長一丈四尺　含檀
長一丈九尺濶一尺八寸厚一尺二寸
下底松板共一百五十片每片長三丈厚
一寸五分　肚壁橫樑共一百二十片厚
一寸每片長二丈長短亦可用　下金尾
六尺大一尺六寸厚一尺六寸　桅座

六尺濶一尺六寸厚一尺五寸　大桅
長一丈四尺大一尺六寸厚八寸　雙筋
二條每條長一丈四尺　小桅挾二片每
片長八尺大一尺三寸厚四寸　頭勘舠
長一丈濶八寸　頭龍樑長一丈濶一尺
五寸厚五寸　頭照水枋樟枋濶一尺五
寸厚一寸四分　上金枹枋長一丈二尺
大一尺五寸厚七寸　龍鬚樞長一丈濶
一尺厚五寸　照水褒枋大一尺四寸厚
一寸　尖櫃枋長一丈八尺大一尺五寸

厚一寸五分用杉木　褒柱并尖櫃橫樑
用杉木三十條圍二尺五寸　水櫃一口
用杉木二條圍三尺厚二寸　鐵釘一千
二百斤　油四百斤　草根六百斤　灰
三十石　大桅長六丈圍五尺　頭桅長
四丈八尺圍三尺　舵二門每門長二丈
二尺　舵閂杉枋長一丈四尺厚二寸
舵四門用硬柴每門長一丈五尺　舵齒
長七尺　櫓二枝每枝長三丈六尺　頭
椾長三丈八尺用杉木　大風篷濶三丈

八尺長五丈　小風篷濶一丈八尺長二
丈五尺　舵牙并車圈椗筋共六十枝
黄麻八百斤　棕纜綵二條每條長五十
丈　篾纜二條每條長五十丈　小脚艇
一隻面濶六尺用杉木二條圍二尺五寸
櫓二枝　小釘五十斤　油二十五斤
草根五十斤　灰一石八斗　竹甲褁用
笋竹一百八十枝　小鈎釘一百二十斤
海中清二件
已上每隻用銀一百六十两

本船軍火器械
大銃四門每門帶子銃六件每門價銀四
两五錢共銀一十八两　硝四担每担銀
三两共銀一十二两　硔八十斤每斤銀
三分共銀二两四錢　鉛子五百斤每斤
銀四分共銀二十两　鳥銃十六門每門
銀一两共銀一十六两　火箭四十枝每
枝銀四分共銀一两六錢　綿紗綵二十
斤每斤銀一錢五分共銀三两　藤牌二
十六面每面銀三錢共銀七两八錢　秀

甲鎗三十枝每枝帶柄銀七分共銀二两
一錢　鏢鎗六百枝每枝銀一分五厘共
銀九两　火筒十五枝每枝銀七錢共銀
十两伍錢　斬刀十柄每柄銀八分共銀
八錢　斬斧十柄每柄銀八分共銀八錢
綵鈎十柄每柄銀七分共銀七錢　割綵
鍬八柄每柄銀五分共銀四錢　斧頭四
柄每柄銀八分共銀三錢二分　竹篙鎗
三十枝每枝銀三分五厘共銀一两五分
鎃仔二張每張銀五分共銀一錢　金鼓

一副共銀一两　大旗一面并號帶一完
用布四疋每疋銀二錢五分共銀一两
大小桅望斗衣二副用布九疋每疋銀二
錢五分共銀二两二錢五分　大桅號帶
一條用布一疋銀二錢　鼎三個每個銀
一錢五分共銀四錢五分　大小鑼鏇四
把每把銀四分共銀一錢六分　鉋刀四
把每把銀四分共銀一錢六分　大小鑿
八把每把銀三分共銀二錢四分　備用
鐵釘五十斤每斤銀三分五厘共銀一两

七錢五分　桐油一百斤價銀四兩　灰
二百斤價銀二錢　麻一百斤價銀一兩
五錢
已上每隻用銀一百一十九兩四錢八分
一冬仔船面濶一丈八尺共二十隻
本船木料楨模
中艙長三丈　頭艙長一丈九尺　尾艙
長一丈三尺　舍櫝長一丈六尺五寸厚
一尺濶一尺八寸　下底艕枚厚一寸四
分長三丈濶一尺五寸共一百二十斤如

原來枚長短不等凑足其數　樟下金長
五尺大一尺五寸　倉横樑厚三寸長一
丈八尺長短俱可用共一百片　桅座長
五尺大一尺六寸　大桅挾長一丈一尺
大一尺五寸厚七寸　雙柚觔一條每條
長一丈二尺　頭勘觔長一丈　頭樑長
一丈　頭照水板樟枋厚二寸　上金板
長一丈大一尺厚五寸　龍骨樞長八尺
照水襄枋鋸厚一寸　尖櫃枋長一丈四
尺厚一寸五分用杉木　襄桂并尖櫃襟

樑用杉木　水櫃一口用杉木　鉄釘七
百斤　桐油三百斤　草根六百斤　灰
二十石　大中桅長六丈二尺　小頭桅
長三丈五尺　舵二扇每扇長一丈八尺
舵閂杉枋長一丈二尺厚二寸　艕四門
用硬柴身長一丈四尺齒長六尺　櫓二
枝　頭招一枝長三丈五尺用杉　大風
篷一扇濶三丈二尺長四丈五尺　黄麻
六百斤　小風篷濶一丈五尺長二丈二
尺　舵牙四枝并硬柴五十枝用小木長

六尺　脚艇一隻　櫓二枝　艇繚四條
竹甲褒用箬竹一百五十枝　小鈎釘八
十斤　海中清二件
已上每隻用銀一百四十兩
本船軍火器械
生鉄發貢一門重四百五十斤價銀二十
兩只用大石子　硝四担每担銀三兩共
銀一十二兩　磺七十斤每斤銀三分共
銀二兩一錢　大銃四門每門帶子銃六
件每門價銀四兩五錢共銀一十八兩

硝四担每担銀三兩共銀一十二兩　磺
八十斤每斤銀三分共銀二兩四錢　鉛
子五百斤每斤銀四分共銀二十兩　鳥
銃十四門每門銀一兩共銀一十四兩
綿紗綫二十斤每斤銀一錢五分共銀三
兩　火箭四十枝每枝銀四分共銀一兩
六錢　藤牌二十二面每面銀三錢共銀
六兩六錢　透甲鎗二十五枝每枝帶柄
銀七分共銀一兩七錢五分　鏢鎗四百
枝每枝銀一分五厘共銀六兩　斬刀八

柄每柄銀八分共銀六錢四分　斬斧八
柄每柄銀八分共銀六錢四分　火筒十
枝每枝銀七錢共銀七兩　繚鈎十柄每
柄銀七分共銀七錢　割繚鋏八柄每柄
銀五分共銀四錢　竹篙鎗二十五枝每
枝銀三分五厘共銀八錢七分五厘　斧
頭三柄每柄銀八分共銀二錢四分　鋸
仔二張每張銀五分共銀一錢　金鼓一
副共銀一兩　大旗一面幷號帶一完用
布三疋四每疋銀二錢五分共銀八錢五

分　大小褂皁半衣二副用布八疋每疋
銀二錢五分共銀二兩　大搃號帶一條
用布一疋銀二錢　鼎三個每個銀一錢
五分共銀四錢五分　大小鏈鑽四把每
把銀四分共銀一錢六分　鉋刀四把每
把銀四分共銀一錢六分　大小鑿八把
每把銀三分共銀二錢四分　備用鐵釘
五十斤每斤銀三分五厘共銀一兩七錢
五分　桐油一百斤價銀四兩　灰二百
斤價銀二錢　麻一百斤價銀一兩五錢

已上每隻各用銀二百四十二兩五錢五分五厘
每名色把總一員協總二員各造大福船一隻
每哨官五員各造冬仔船一隻共為一哨
旗幟服色俱一樣
一天字哨
名色把總一員王宗義造三丈面一隻
協總二員
王宗道造三丈面一隻
王宗明造二丈八尺面一隻
哨官五員

王必容造二丈二尺面一隻
王大輔造二丈面一隻
洪春造二丈面一隻
謝友造一丈八尺面一隻
陳腆造一丈八尺面一隻　此條减去
一地字哨
名色把總一員王奇聰造三丈面一隻
協總二員
黃勝造二丈八尺面一隻
楊福造二丈八尺面一隻　楊福改楊琚

哨官五員
楊喬造二丈二尺面一隻
梁化造二丈二尺面一隻
洪春造二丈面一隻
林秀造一丈八尺面一隻
王榮寵造一丈八尺面一隻　此條减去
一風字哨
名色把總一員洪道謙造三丈面一隻
協總二員
洪時喬造二丈八尺面一隻

洪大旭造二丈八尺面一隻
哨官五員
王守盛造二丈二尺面一隻
洪祖聖造二丈二尺面一隻
朱祿造二丈面一隻
郭敬造一丈八尺面一隻
洪大蘭造一丈八尺面一隻　此條减去
一雲字哨
名色把總一員王可興造三丈面一隻
協總二員
陳良貴造三丈面一隻

楊文哲造二丈八尺面一隻
哨官五員
郭愛禮造二丈二尺面一隻
蔡益造二丈面一隻
黃丕謨造二丈面一隻
楊昌造一丈八尺面一隻
李華造一丈八尺面一隻　此條减去
一龍字哨
名色把總一員余正造三丈面一隻

協總二員
李焜秀造三丈面一隻
黃明造二丈八尺面一隻
哨官五員
張宣造二丈二尺面一隻
徐烈造二丈二尺面一隻
楊勝造二丈面一隻　楊勝改江福
黃章造一丈八尺面一隻
江寬造一丈八尺面一隻　此條減去

一虎字哨

名色把總一員林應繼造三丈面一隻
協總二員
阮顯造三丈面一隻
莊回春造二丈八尺面一隻
哨官五員
林世德造二丈二尺面一隻
莊貴造二丈面一隻
徐光造二丈面一隻
林士訓造一丈八尺面一隻
黃君成造一丈八尺面一隻　此條減去

一鳥字哨

名色把總一員陳亮造三丈面一隻
協總二員
余義造三丈面一隻
許王造二丈八尺面一隻
哨官五員
洪七造二丈二尺面一隻
張興造二丈面一隻
張憲造二丈面一隻
黃宗興造一丈八尺面一隻
林瑆造一丈八尺面一隻　此條減去

一蛇字哨

名色把總一員林弘仲造三丈面一隻
協總二員
劉君宜造二丈八尺面一隻
汪珊造二丈八尺面一隻
哨官五員
李寄造二丈二尺面一隻
劉君崇造二丈二尺面一隻
周以遜造二丈面一隻

許節造一丈八尺面一隻　此條減去
林義造一丈八尺面一隻
一中軍哨
名色把總一員黄處造三丈面一隻
協總一員吳杞造二丈八尺面一隻
哨官四員
余學源造二丈二尺面一隻
鄭聰造二丈面一隻
林洪造一丈八尺面一隻
王明德造一丈八尺面一隻此條減去

名色把總一員林交造三丈面一隻
協總一員李君素造二丈八尺面一隻
哨官三員
柯魁造二丈二尺面一隻
史朝賓造二丈面一隻
李章順造一丈八尺面一隻
名色把總一員周孟岐造二丈八尺面一隻
協總一員徐謙造二丈八尺面一隻
哨官三員
阮遷造二丈二尺面一隻

周孟振造二丈面一隻
楊太造一丈八尺面一隻　此條減去
一面濶三丈船每隻兵一百二十名　舵工二名　繚手舵手等項在兵内取用
一面濶二丈八尺船每隻兵一百单五名　舵工二名　繚手舵手等項在兵内取用
面濶二丈二尺船每隻兵五十五名　舵工二名　繚手舵手等項在兵内取用
一面濶二丈船每隻兵五十名　舵工二名　繚手舵手等項在兵内取用

一面濶一丈八尺船每隻兵四十五名　舵工二名　繚手舵手等項在兵内取用
一募兵安家
名色把總銀四兩　協總銀三兩五錢
哨官銀三兩　舵工銀二兩五錢
兵銀一兩五錢前次募兵即募即來用一兩今自漳州募至福州造船用工所駕來漳州故宜加五錢也
一廩糧工食
管兵名色把總每日銀八分　協總每日銀七分　哨官每日銀六分　舵工每日銀五

分　兵每日銀三分三厘　官兵行糧每日
各一升五合
一各官兵廩糧工食行糧俱到潮境之日為始
行糧宜先給每名一石三斗五升工食先給
一個月銀該預解在福建浯嶼支給本色行
糧聽管糧同知在福省買糴散給
一湯總兵同同知督各把總協總哨官先去與
工造船募兵并造軍器約一個月間本鎮親
去漳州浯嶼水寨待各船到查點各兵申明
號令及查各軍器明白同湯總兵督來廣海追捕

一乞
總督
巡撫皆有公移私柬與閩中
撫按及監軍道海道興泉道及行福州府泉
州府漳州府同安晋江海澄龍溪漳浦詔安
等縣知會庶不相阻
一諭各頭目為嚴禁奢靡求成實功事照得見
定把總協總哨官前去福建造船募兵聽本
鎮同總兵湯　督來廣海剿賊此乃廣東一
時厄運本鎮逞然獨見不顧死生利害是非

毀譽建議救時長策日夜思惟當如古人卧
薪嘗膽方可一鼓收功各把總協總哨官此
番入閩衣服欲素飲食欲儉黃傘勿用紗帽
勿戴出入不許馬轎隨從只二三人勿使鄉
里人妬汝勿使鄉里人怨汝交易買賣而要
均平若聞至官司所損多也見官司須要盡
禮路遇須要迴避不問官之大小也舊日有
仇之人且得婉曲處之勿使生釁也船要堅
固器要齊整兵要慣海之人一一俱如書冊
所載又福州乃省會之地在彼不宜朴素不

然必不為人所容以上數事皆肝膈之言汝
能依我則功名可立如不依我必自取大禍
悔之晚也全功能汝我決不負汝也亦汝報
我二三十年相從之情也萬一汝功不全天
地亦不容汝誅戮亦必加汝汝將何辭哉
戒之戒之時時將我此令玩味毋忽毋忽
一為軍務事准
欽差巡撫廣東地方兼贊理軍務都察院右僉都御
史熊　手本照得見今各營兵士俱有名色
把總哨官管領中間相見之禮上下之分猶

未定議夫禮制不立則紀綱不振紀綱不振
則號令不行號令不行則臨陣無制而欲望
其戰勝攻取誠不可得即如廣中前日遇敵
而知皆號令不行之所致也失今不早議行
未免流弊日深将来尾大不掉尤難為力為
此備用手本煩為議定各營官員如名色把
總之與坐營都指揮各哨官之與名色把總
哨隊長之與哨官兵士之與哨長各相見之
際作何行禮逐一酌議停當希由見報以憑
頒行諸將各哨遵守其名色把總原非祖

欽依陞授者不許擅用黃傘金帶一併示知遵行等
　職及奉
因准此查得坐營及把總以都指揮行事則
名色把總當屬節制行一跪禮留傍坐協總
以下悉聽節制行兩跪禮不留坐名色把總
則協總當屬節制行一跪禮留傍坐哨官以
下悉聽節制行兩跪禮不留坐自此而下則
協總節制哨官哨官節制隊長隊長節制兵
俱跪與叩頭也凡屬其節制者平時若敢抗
拒協總以上禀

原缺

書與熊鏡湖公　二年七月十四日

曾賊今去潮州與林賊相攻相合皆不可知但賊勢日張兵船由閩來勢不大張卒與之遇何能成功願名公決計其他委無長策錢糧欠乏費處猷豈不知

且作事愈費愈多終難收拾想　名公亦知之熟也如何如何

又書

福船數猷報與陳守久矣渠估未完者廣船也乞將猷令議行陳守速議軒華擇水次造福船所謂豈容再誤比間諸料無買處福建色色皆便也不宣

書與陳見庵　二年七月十四日

從猷議不成功猷當赴海而死不待刑誅不從猷議猷知功必不成當先赴海而死事至今日尚無決討為之者姑聽之猷惟知一死以報

君恩耳願　名公察之

書與史方齋　二年七月十六日

兵事　諸公皆依所議　三湘公適有字謂是長策當力賛　鏡翁行之　總督遡本亦欲大舉及盡留馬公所解錢糧生令脫與湯武河詳議其事明日尊駕千萬再至教場夜話他鄉相遇真可喜之事豈可錯過不宣

書與熊鏡湖　二年七月十七日

今日之舉兵要精強器要齊備糧要充足　總督軍門題稿論之詳矣諸乞依行成功可待也　裁之

書與湯武河　二年七月十七日

塗任齋公曾對福建士夫說廣事一日不了閩中不可一日罷兵閩中之兵不得罷其供軍之費實無涯決無相左之事也　總督巡撫各用公移并私柬與彼中撫按及監軍巡海興泉等道及行福州泉州漳州等府晉江同安海澄漳浦龍溪等縣知照事乃妥貼也容將議報條件送　裁

書與張履素　二年七月十七日

地方事正二月間衆論不一致有今日今論定矣賊將何逃我兪尚志因欲其回信地原募來兵一千餘

原缺

書與陳後溪　二年七月廿一日

方齋公聚首數日道　翁盛德大才甚詳神交已久領教未便徒切企仰耳地方事春初建議人不肯從三今日乃肯從之業雖已晚桑榆猶可望也承荷教儀足仞乘念先此布　謝尚容不宣

書與林湖山　二年七月廿二日

去閩造船生初恭議之　諸公不從以至今日乃肯聽從適奉　尊教豈所謂英雄所見畧同耶外議稿奉　覽餘情容面悉不宣

稟總督軍門張　揭帖　年七月二十三日

洗海近事

稟孟子謂天時不如地利地利不如人和職今建議違衆不恤所望　恩臺一人獨斷於上耳茲者亦惑於道傍之言前後所陳不蒙加察中夜思惟乾坤內許多人傑職何可獨以至大至艱之事認真躭當者是乎伏乞　恩臺俯亮愚衷為地方圖大計別用一將能和於衆同於俗者出任其事雖置職以鼎鑊刀鋸亦不敢辭即復用職實恐他日紛紛之論又有甚於今日即欲職曲從道傍之言恐他日誤事亦將有甚於今日必欲用職又不聽職自用爲職者不亦哉無任不得已之情昧死一訴於　恩臺知已之前

軍門并情處治哨官以下聽徑自處治臨陣若敢退縮違令協總以上稟總兵斬首哨官以下聽徑自斬首具黄簽令箭原非世襲指揮及軍功陞指揮者俱不許用為此牌仰各把總協總哨官遵照施行

旨不肯謂我自能敵賊乃一見賊至而自潰福兵袖手登山者誠有之無一隻已完福船與之篤坐其冬仔雖完數隻又皆無楨椇諸器職於此情累訴於
恩臺乃未蒙見察他何望哉巡撫能　向任浙直極知福兵福船之事故近日所議皆依職所陳　恩臺以多為勝之議文武各官無不欽服廣兵時下決不可用職已將二十年間廣船強弱之情詳陳矣伏惟
垂察無任恐懼具稟

又稟

稟稼問老農迷道責老馬以其智專今地方事為道

傍之言者多也欲其决一策成一章必於可行者則未之見職計誠迂乃敢亢論不回自論之而躬自欲行之事求可功求成以收之桑榆者恐未能出職所論之外也今撫按各道皆從職論即日當具文請
恩臺乞移文福建各衙門知照湯克寬瘡已愈躍然頃往督船募兵能熟知海上風色水勢目中諸將斷然無如湯克寬者也無任恐懼

書與李二洲　二年七月廿一日

近議奉　裁幸　諸公已俯從賊何患不滅哉荷
公盛敗感激容面謝不一

凡匹夫之志不可奪者亦實見得是耳伏乞　原心
賜諒無任恐懼

書與莊石坡　二年七月廿三日

此間人呼猷如小兒恐不可與共功伏乞爲達
軍門另委一將能和於俗者任之使猷得自耘其田
可乎禀稿奉　裁不宣

書與能鏡湖　二年七月廿一日

造船之時督造福匠一二人委官及廣匠人衆所謂
一齊衆楚甚至將匠打死交船之時只六官兵才難
今河下舊冬仔內一隻係新會䑸來吳憲撥兵看又
三隻係新會䑸來俞尚志撥兵看又一隻係委官南
海縣李縣丞造交許瀚撥兵看前吳憲俞尚志將行
方交許瀚撥兵看各船䑸到只一廓廓或縫中用泥
而縫外用灰其各桁桅欠者甚多有者亦無一堪用
即與昨日順德䑸到之船一般䑸到之期亦似此
朦朧䑸到即丟開乃豪　翁明察着官看估不遂其
奸若係官兵言之即取衆惟併將官亦開口不得猷
前見　翁查究順德䑸到船頁明見也乃於十四日
具書乞　翁行常同知併查估舊冬仔五船即日俱
廷佐將合俻數目交常同知不知曾回報否猷訝曰

又未示故昨日申言之　翁差官看若船已完固若
過官兵致其損壞是官兵之罪也若船只廓廓官兵
言之猷亦屢以爲言而　公無肯信之而又欲罪之豈
不寃哉就如昨日各官來估亦云三板不用可也三
板者船之脚也自岸渡人上船自船渡人上岸必用三
板此等事猷說與且甚費力兵與之說如何肯從猷
又中夜思惟天時不如地利地利不如人和今日大
舉唯　名公是猷議外皆相齟齬者夫舉大事而不
得人和恐事後紛紛之論將有甚於今日乾坤內許
多豪傑猷何可獨拂衆情而直以至艱至大之事諉
真躭當若是乎頑　名公垂察猷議誠迁乞別舉豪
傑之士能和於衆者任其事雖置猷於鼎鑊刀鋸談
笑受之必不敢辭凡匹夫之志不可奪者亦實見得
是耳無任惶悚無任惶悚

書與張鶴樓　二年七月廿四日

天將降大任於是人必先苦其心志勞其筋骨由
名公觀之古人之言真不誣也雖然天於豪傑其玉
成類如此古來豪傑不負天而爾終如始若不多得
乃若　名公禀賦獨隆抱天地剛大之氣獨厚三代
而下可與並驅者未可一二數其可不自慰而自勉

乎乾坤内事待　名公整頓者尚多南方特此試耳
願附　鴻翼以翔宇内猷夙志也其許之乎廣事不
從猷議乃有今日今則翁然矣雖東隅已失桑榆尚
可望也久失脩　候為兵事倥偬想能　亮之外揭
稿奉　覽教不宣

洗海近事卷之上終

洗海近事卷之下

稟總督軍門張　揭帖　二年七月廿六日　俞大猷

稟稼問老衆迷道責老馬以其智專職與海賊從事於廣閩浙直海洋已三十年敢全無真見而獨倡違衆之議哉恭承　明問仰見　恩臺救時之慮周悉萬全無任悍悚條對于後

一差官至彼客地號令不行物料工匠一時何能
最集

前件閩中造船俱在省城西門外二十里之地名曰洪塘各項木料畢聚於此各有行市差官至彼將銀散各把總協總哨官各領造一隻彼各行市之人即來領價原有之木料最多尚欠者入山採取順水而下不數日可到匠作千百一時可集蓋福州商壇海船一向俱在此地打造福建兵船數百號原俱在此造分各水寨每年六月俱集于此地脩整今差去官亦只是催督各把總協總哨官分領去銀與各商行兩平交易與民間造船一般彼中官府但求其不相阻可也若借他勢力買料則事端反多益難行也又船大者團造

此地以其大桅大舵及各大槓椇此地乃有
其餘中小船聽各取便或就此地造或分去
漳泉各港造皆刻日可完盖彼省慣用之船
到處皆有木料皆有匠作也
一造船必在水次雜聚多人賊易混入工作垂成
一時夜火何以防閑
前件洪塘水次寬廣浙江直隸每次來造或一
百隻或五十隻造完募兵駕去浙直應用自
有倭患以至今日浙直所用皆福兵福船唯
小哨浙用蒼山船台州兵駕之直用沙船崇

明兵駕之若衝鋒破陣必賴福船福兵巡撫
熊　知之詳也工作垂成賊人混入夜火突
無此虞船在水次新料濕木必得乾芧乾木
數十担然後可焚一船豈一人或數人可混
入而焚也一人猶可脫走數人則不能脫又
每船有募兵百人在彼作工防閑亦易
一賊既赴潮切隣漳州我遠彼近前此省城猶不
能禁其襲入焚搶今在彼能止遏其不來焚
乎
前件潮在西南福州在東北相去頗遠九十月

間皆東北風西南風則絕無賊船來易至福
州也海在福州之東五十里港口有一茭門
往常船隻出入必候風色數日乃可過茭門
又福建之漳州有銅山水寨浯嶼水寨興化
有南日水寨福州有小埕水寨烽火門水寨
每寨各有大小兵船百隻皆係近年軍門譚
議造兵精器備廣賊見之神魄自落數年
以來不敢侵犯福境邇聞彼省調集各寨兵
船二百餘隻在銅山地方聽候截殺但不肯
過廣界耳賊何能越過各水寨而入茭門抵

洪塘以焚搶我船乎
一縱使船成出海即賊縱横之處途中邀擊何以
禦之
前件福州船成乘風駕使四日可到浯嶼水寨
職親至彼會湯克寬待各兵船齊到查點兵
勇及軍火器械要使船船皆可衝鋒兩大將
督駕前來潮海遇賊即擊一鼓而收全功又
豈慮其邀截乎賊遁必向西南兵船乘風窮
追賊若不滅職等不敢生還
一前者福兵賊先投入其中不能覺察今又何能

破其奸計

前件賊投入福兵此皆訛傳之言千口不能辯也今者把總協總哨官皆職二十年間恩養謀勇之夫船責其自造器械責其自製兵責其自募彼各募其親戚兄弟同族同里之人以為兵一船自為一軍豈容奸人投入其中

一前此福兵臨敵迯避今將何法能制其命使為我效死力今廣中官民誰復信之

前件福兵所恃福船也昨賊入犯福船無一完福兵束手在岸上賊在大船上大銃放擊岸

上之人何能逞乎大抵募兵以頭目為主頭目精勇則兵隨之今次頭目皆用職平日恩養謀勇之夫各有情義激勸在其中一船之衆自為一軍海中遇賊勇敢則生不勇則死不容不勇若有一船稍退職即先斬頭目平日威令素行頭目所知豈敢輕犯用職之議職敢躭當破賊必也不用職議職不敢躭當乞另一將任之可也分投州縣打造萬萬難集事之理職待湯克寬行後即赴　臺下領方畧旋亦入閩也

書與熊鏡湖公　二年七月二十七日

冬仔船欲減十隻何哉減此船則總責亦減兩大將不顧身背一軍出洋乃不論賊勢不問勝敗只欲省實其計左也二大夥賊在潮雖不相合夥其聲勢亦相倚可易視乎觀衆人之意皆不欲獻成此功莫非以獻執不用廣船廣兵耳適得一息　總督軍門欲令獻回料理古田事專責　實山造廣船募廣兵成功此最為今日長策頓　名公早決獻且退一步守甫內許多事獻捐軀以報　名公尚有日也無任惶悚不宣

稟閣下係　揭帖　二年七月廿七日

兩廣海寇所以得久猖獗者因近年以來本省民調大船消乏不似十年之前船既消乏兵因脆弱一時不能振作職春初建議必須前去福建造船募兵方可滅賊衆議欲速就於廣省打造職議賊必乘船未完入焚人不之信乃至今日始從職議差官往福建造船募兵計此兵船集方可破賊以收桑榆之功也爲此具情叩稟

讀梓人傳　二年七月二十七日

柳子厚謂梓人者不執斤不持刀而中處焉量棟宇

之任視木之能曰斧曰鋸衆工之環立者皆視其色俟其言而後斤者斲刀者削莫敢自斷然則古稱大匠者其斯人者歟彼其心術專而能知體要者歟欲構巨室必求大匠欲治天下必求其賢知之類於大匠者苟治天下者進衆工之技與爲大匠者等責大匠之才謂不能兼斤刀之末欲求天下之治必不可得也噫何其明於搆巨室而暗於治天下也或愚終得爲大匠乎爲衆工乎亦隨相呼而應之耳柳子厚又謂由我則固不由我則圮彼主爲室者將樂去固而就圮則卷其術默其智悠爾而去不屈吾道是誠

良梓人也其或喪其制量屈而不能守也棟撓屋壞則曰非我罪也可乎哉可乎哉噫愚終得爲良梓人乎不得爲良梓人乎顧主爲室者何如耳謹識于振威座右

書與莊石坡　二年七月廿七日

今弟一義云爲懇於　元翁處將廣東事專責鄭總兵猷且退一步不患他日不復用王剪也復用王剪之言且勿露且求得退一步是緊要耳衆志不合决不可與同功也

書與能鏡湖公　二年七月廿七日

猷議與衆論不合　名公委曲從之他日不免爲猷所累凡舉事以合人情宜上借爲貫猷今始悟頤名公裁之鄭寶山見在惠州乞取回聽其詳計該鳥船若干橫江若干兵若干以此間人造此間船其工亦易集若大成功則天也　名公爲一代人豪宇宙內許多事在肩上猷昨謂捐軀效報尚有日乃肝膈之言亮之亮之

又書　七月廿七日

冬仔不知少幾隻乞將道議之文行猷知之若臨時覺少就彼中亦處得若約廣省之船至潮會合勢必

不得閱昨日小圖即知之猷自有直見故敢挺然倡議何患其駭而疑者終不翕然定乎猷心何私哉不過欲爲廣中㓕大寇盜彼傍觀者以猷欲爲自家事故負不平耳容面悉不備

手本行巡撫熊　二年八月初五日

鎮守廣西地方總兵官征蠻將軍前軍都督府署都督同知俞　爲緊急軍務事查得議估福建造船募兵書冊內各兵安家改銀一兩本鎮原議每兵安家銀一兩五錢者以前次募兵自漳入潮不過三四日程今次自漳州募兵往福州造船用工完日乃駕來

漳不免一二月工夫又今次欵選壯士與前次不同
每兵須得一兩安其家小又得五錢買刀等費悉非
一兩五錢不可又於冬仔船今議減造十隻合無聽
本鎮丕彼差人哨探如賊勢重大結衆潮境須就閩
中一面量雇大小船不拘隻數募兵添駕應用一面
具報知會又原估大小船七十隻共該硝三萬九千
五百斤磺八千四百斤鉛子三萬八千七百五十斤
今改議硝二萬一千斤磺四千五百斤鉛子一萬九
千三百二十五斤緣火藥鉛彈係兵船緊要之物寧
使有餘如海中遇賊一日不收功則十日半月追戰

今若減之太多臨時缺乏無處合再量加硝共足三
萬斤磺共足六千四百斤鉛共足二萬五千斤再照
磺於福建價平可買硝鉛係依廣東時價估值若閩
中則三倍其價乃可買也合行廣州府扣硝共三萬
斤共價銀九百兩鉛子二萬五千斤共價銀一千兩
行府俱買齊備差官觧運福建洗交本鎮散與各船
應用為此合用手本前去　貴院煩依行道府查照
施行仍由見報

書與朱白野公　二年八月初五日

歎在　門下一年凡聖賢心學之奧古今治亂之由
佛老二氏之惑人今人所以不似古人為其公私邪
正之逈異皆荷諄諄開示自愧下品不可語上違別
以來若存若忘歎不負　名教雖孜孜存念而塞心
之茅日滋倘得再立　門墻請乞終教求得着脚於
君子路上以不虛此生豈不大幸　瞻依徒切會悟難
期無任誠悃布此區區萬年道統在　名公一身伏
惟　珍重閩中造船募兵今幸悉依王剪矣不宣

禀何古林公　二年八月初五日

今　上為千萬載挺生之聖人百執事濟濟師師協
恭於下雲龍風虎相從之期上躋乎唐虞三代之盛

恭惟　相公宏量雄才高行粹學為百執事之領袖
足與皐夔稷契伊傅周召爭流於宇內者也猷雖卒
伍凡品嘗切景仰乃數年以來升沉無常奔走不遑
久失脩　候負罪莫大南方近事因建議而人不從
乃至今日始從所議叅揄之收有期也無任瞻依仰
候之誠具禀

禀總督軍門譚　揭帖　二年八月初五日

今秋逆賊想聞風不敢來來則　名公封侯之業成
平生之願遂猷不得與觀其盛豈不是一缺事乎此
有數也或尚有日此間事春初建議人不肯從至今

日乃從之收功必在明春揭稿乞　覧詳則知之但
宋仁天文之學一世獨步軍中豈可無此人乞取用
幸幸謹稟

書與陳春臺　二年八月初五日

久失隨　候爲升沉無常奔走不遑想能　亮之天
下事唯　宰相得行之唯　諫垣得言之　翁今得
大行其志故人之頤慰也猷志在燕然　翁素知也
柰南方之事向者不從猷議逮至大壞乃肯從之雖
東隅已失而桑榆之收有期也此方事了北方之行
大有望於　翁頤察其平生而成就之倘得建立異

勳於沙漠之外傳之千古謂受　翁相知所致豈不
快哉無任瞻依不宣

稟總督軍門譚　二年八月初五日

曾一本事計次年春乃有捷本猷只了此前件他不
與也此時乞　名公爲猷處君屬戚節制亦何妨乎
有實息乞差楊瑄馳報猷知且稟

書與熊鏡湖公　二年八月十六日

元翁差人諭猷答稿奉　覧猷見縉紳窺孜孜言不
出口守武流之分也若事關地方治亂生民死生不
容不發洩數語他何恤哉　名公同志者也豈以爲

罪不宣

稟總督軍門張　二年八月十七日

稟職與湯克寬認挑此重担欲奮身於大海波濤之
間爲廣東殲巨寇以報　朝廷答　知己他何所爲
哉此間諸人若以職等爲自家私事不問如何成功
如何不成功只在傍邊發冷語職雖武流竊笑此輩
既無撥亂反正之智又無忠
君愛民之心只謂此巡撫總兵之事或成功不成功
原不相關耳噫世之食人禄者皆如此辛欲安　國
家定　社稷將責之誰哉諸人誠輕職職但知以身

許　國許　知己死於風波亦可死於盜賊亦可死
於文法亦可殆不知天地之爲大古今之爲變彼利
害榮辱是非得喪何足介於其懷哉承　諭吐狂死
罪死罪且稟

書與張鶴樓公　二年八月二十日

兩粵相遇即大相期相資有成今有月也雖　名公
念之此間海寇非福船福兵不能挫其鋒猷費許多
辭說人始聽湯總兵先入閩猷遲月餘亦行天下事
種種皆丈夫所當爲容相對一劇論也使返布　謝
尚容躬致不宣

書與莊石坡　二年八月廿二

聞　翁行不成何喜如之猷約數日後當至梧此間事今乃論定向者載鬼一車今爲後脫之弧　元翁前亦投杼何哉

秦醫　二年八月廿一日

晉人病已七年矣覔醫於秦禮意甚殷秦醫曰畜艾三年病乃可起主者曰速愈之速愈之烏附一湯主者洞下亦危矣忙急之際致危之因未暇推究遂併秦醫而疑之幸而元氣尚固四肢猶強得少安焉乃始悟秦醫之言爲可信病起之期爲可待禮秦醫之

意復如初也君子曰晉之病人亦善悟也方秦醫之初至而禮之者常理也及身危而疑之者人情之變也少安而復禮之如初者知病起有期必資秦醫之艾也愚忠之不得爲秦醫也噫

書與廣西各司道　二年八月廿六日

東省近事惟　巡撫熊公是猷議傍觀之人或可或否其論紛紛猷今皆不恤之惟事求可功求成而已違　教日久爲仕牆依敬此忡　候神與書馳不宣

書與李愚質　二年八月廿二日

噫世溷濁而不清蟬翼爲重千鈞爲輕猷與斯世之人何爭哉形莫若就心莫若和馬牛相呼隨應之而已與蘇子卿爭節義與諸葛公爭精誠與狄梁公爭妙用與郭令公爭勳業與岳武穆爭忠貞他如孫臏吳起管仲樂毅權謀術數之流敢肆侵凌則不與之較是猷也與斯世之人何爭哉頓　先生之亮之也

稟總督軍門張　揭帖　二年九月初三日

稟福建造船事彼中決不阻其木料亦易辦此船一成職與湯克寬督之不患不成功但賊勢日張兵船未見厚巡撫熊　謂聽職至彼酌處加添職爲此間衆人留住待十月初間乃行謹稟

手本行巡撫熊　二年九月初八日

鎮守廣西地方總兵官征蠻將軍前軍都督府署都督同知俞　爲緊急軍務事照得賊船在海日食之米多則積有二個月少則積有一個月或日久無積者只隨時登岸劫食往常兵船追之亦因食盡而還以致全功不收使兵船有五六個月之糧賊船前遁兵船尾追彼遁不已我追亦不已賊船無暇登岸奪劫必困而就斃也今照兵船見議行糧三個月若在惠潮廣之海儘足食用惟恐賊遁西海瓊雷廉地方不免月久乏食所當預處合行瓊州府買米五千石

廉州府買米二千石雷州府買米三千石乘今秋成之際可以買貯各用草包裝褁候兵船追賊至彼聽本鎮行文接支濟兵庶無悞事為此合用手本前去貴院煩行各府照數預買聽用施行

稟總督軍門張　揭帖　九月初十日

照得廣東地方賊熾蒙　軍門諭之　朝廷將職調移廣東為其設策剿賊職至此地議造福船大小若干軍火器械若干兵勇若干色色齊備交職督出汪洋之海堂堂正正與賊從事期收全功此職報　軍門荅　朝廷之職分也即不能奮身滅賊職罪將何

辭乎若職所議諸皆未備職不能展布惟有待其齊備而已其他一切地方諸務皆非職之職分若後以地方諸務併責之職是當日調職者欲為廣東地方之官分罪也非欲職為其地方設策剿賊也前者不用職議併罪于職成事不說矣今閩曾賊不日西流兵船泊守南頭者其勢尚微衆議欲職至彼調度職竊謂兵賊之形強弱相懸或勝或負不待戰之日乃知之必欲收此全功宜容職候福建船兵齊備必欲為此地方官當罪職不得已亦當一行巡撫熊曰何至於此已明知其強弱不敵第借一行聊振肅兵心

耳職頗此意於本月十二日前去約在十月初回五羊即往閩督押船兵也無任惶悚謹稟

稟總督薊遼軍門譚　揭帖　二年九月十二日

北路事雖云甚難猷實願轟轟做一番待此間事完乃圖魏宗瀚等罪衆入不得已委之當其實非其罪也宗瀚猷甚念之欲出力地方報　明時非此人無可與共事頓　名公曲加扶庇渠能生肉於枯骨猷實感　恩無涯也封嗣華思歸倘不用之乞且發回謹稟

書與吳海道　二年九月十九日

小集隨事論事付之梓俾後人有所稽尚祈　大方家訂而教之事體人殊猷知之也猷所司戰陣事不可拘以經要其心無他功求成而已事後人皆能亮之茲　名公既先能亮猷心何敢不力任此乎寄面悉

又書　九月二十五日

再晋信宿敬奉　命矣人之相知貴相知心待領教諭方旬日間伏見　名公爲能知猷心者豈所謂傾蓋如故者乎世乃有白頭如新者令人負戟而長嘆啟緘披肝膽布之　執事蘇子謂待才將之道以術

待賢將之道以禮孟子謂以不賢人之招招賢人必不肯往猷向作讀梓人傳作秦醫說欲以感悟世人而人不悟吾道其終窮矣福建造船募兵成軍之日決可敗賊猷責塞也何若又畫添足之蛇此方之守竊見紛紛之議皆為無頭緒之書猷已屢與　鏡翁言之吳起對魏文侯謂君為革車堅甲長戟短戟不求能用者用之譬蜀鷄搏狸乳犬犯虎雖有鬪心隨之死矣今有福船二十餘隻廣船數十隻又欲新造數十隻若有擔當之人出主其事必使船船皆堅器械色色俱備運之以全謀用之以奇着則守亦可攻

亦可若以今之船以今之器械以今之主將則攻亦難守亦難不待兩軍相當而勝負得失之機固已見於胸中矣猷昨五羊發舟有帖稟　總督公達竭奉覽猷不得已乃有此稟其實　鏡翁欲猷當罷而已非千本內敢究不便數字可見也呼牛應牛呼馬應馬猷何敢一毫少介於懷哉向曾與　鏡翁書謂猷貌致言不出口守武職之分也然此方之事又欲猷擔之當更用一不顧身工夫不顧身工夫何可數數許天下未相知之人乎今日且請付　門下同上兵船一面議然後別具全謀之詳請裁　門下其可乎乞　教我

稟總督軍門張　揭帖　二年十月初一日

見在湊集兵船大者不滿二十隻器械全不齊備其餘皆中小之船以之守南頭尚恐不支欲臨時再用別策庶得保全若東向潮州特下風汛阻逆須二十日乃可到彼福建兵船未得會合之時賊未追戰難免悞事前往福建造船大者只三十隻今與巡撫議再添造十隻此船造完何患醜賊不滅但不可求速以致諸不完整乃誤大計也謹稟

手本行巡撫熊　二年十月初一日

鎮守廣西地方總兵官征蠻將軍前軍都督府署都督同知俞　為緊急軍務事節據哨探人役報稱曾一本賊船見有大者五十隻中者四十隻小者不計賊黨共有萬人今照見往福建造大兵船三十隻冬仔四十隻募兵五千五百四十名造船完日駕至潮州地方遇賊交戰兵勢似乎未張合再添造面闊二丈八尺者二十隻照依原議之數每隻該造船銀三百六十兩軍火器械銀一百二十一兩二錢八分一厘另硝三百七十九斤兵一百單五名每名安家銀一兩三錢共一百三十六兩五錢舵工二名每名安

家銀二兩共四兩行糧米每名先給三個月共一百零七名各該米一石三斗五升共米一百四十四石四斗五升每升折銀四厘共銀五十七兩七錢八分工食一個月兵每名每日三分三厘各該九錢九分共一百零三兩九錢五分舵工每名每日四分各該一兩二錢共二兩四錢共銀七百八十五兩九錢一分一厘添造船二十隻并兵糧器械共銀一萬五千七百一十八兩二錢二分又管船名色把總五員每員安家銀四兩共二十兩廩糧一個月每員每日七分各該二兩一錢共一十兩零五錢家丁每員各三

名共一十五名每名工食一個月每日二分各該六錢共九兩協總一十五員每員安家銀三兩共四十五兩廩糧一個月每日六分各該一兩八錢共二十七兩家丁每員二名共三十名每名工食一個月每日二分各該六錢共一十八兩把總協總家丁共六十五員名每員名先給行糧三個月各該米一石三斗五升共米八十七石七斗五升每升折銀四厘共銀三十五兩一錢共一百六十四兩六錢以上通共該銀一萬伍千捌百捌拾貳兩八錢貳分共每船合用硝三百七十九斤共七千五百八十斤合行廣州府買辦解用銀照數解到給發庶一勞永逸大功可成也爲此合用手本前去　貴院行議施行

後只議二丈八尺船十隻管船把總一員協總三員哨官六員前後議造福船文移大小多寡不同者因賊勢初尚小大船尚寡後大船多賊勢大也

書與譚南塘　二年十一月初三日

猷此行恃　湯先至彼造船共督下海二人同心大功可成今　湯有事一大重担自當挑之雖不患不成功然當費兩倍之力也　湯聞報慨然奔回聽解單門似不宜嚴防之使得經理家事無後顧之憂渠尚欲以餘年與區區同報　國恩豈遂已於斯乎諸

惟　名公可施方便處乞不吝幸幸

書與塗任翁　二年十一月十四日

伏讀　兵劄疏及募兵牌稿具見　名公無分土分民之心猷敢不殫力所有事宜收全功以爲報乎不宣

又書　二年十一月十五日

閩中今欲造船來廣敝拘見在用工之匠乞　示委官以酌處先後之序的乞一告示來廣厰張掛又廣中自行中定買未木料亦乞令勿拘奪幸幸

書與熊鏡湖公　二年十一月十五日

會劄奉有

明旨賊臧可待也福建官民戰船除傷損外今查堪
用者大小僅百隻　任齋公一面整搠一面令猷與
林同知催所造船完日一齊發剿造船事林同知初
到任　撫按皆樂從遂擇日興工續有別悔停工數
日賴林同知毅然　任齋公又慨然許造猷適至見
閩中　撫按三司府縣僉然謂合剿之功可收蓋前
歲及今歲名稱會剿其實不曾約會茲猷在閩造船
募兵與閩師同日而發無先後彼此之異謂不收全
功有是理乎我船日夜催促年終必有一半下水止
月終二月初決可出洋竊觀各把總協總哨官咸豪

怒飲血期成此功以報猷使猷得以報　名公不宣

書與柴定宇公　二年十一月十五日

昨拖　光範私心良慰匆冗未多領　教尚容請
益猷適至此奉有
明旨夾剿諸司面議與往時文移約會者不同乃
天厭醜賊欲使盡殲之時也其造船募兵諸事猷一
面差人分投買料雇募矣　名公行諭各地方知照
其冬兵年甲籍貫開待猷點選明白造報不宣

書與唐麓陽公　二年十一月十五日

昨拖　台範飢渴始慰　麒麟鳳凰人得一[illegible]

由今觀之信有情哉猷也無似飛鳥走獸凡品耳倘
名公不棄尚願効力左右以報平生夾剿奉有
明旨造船益不敢遲請乞　名公發一告示諭令此
間工匠木竹之人勿得怠緩猷實受　賜無涯也不
宣

書與廣東各司道　二年十一月十五日

見奉
明旨二省夾剿賊無所逃矣往時雖稱夾剿不過文
移約會彼此先後不齊海上妖氛延蔓無已時者此
也今猷在閩造船募兵一應機宜與　任齋公面計

閩省　諸公僉然謂滅賊之期可以立待我船因猷
來遲約正月盡二月初乃完閩船見收拾得一百隻
與我船同發賊時下在閩之銅山廣中事少緩也要
之賊皆潮人天奪其魄使戀鄉土以待兵至盡數殲
之未可知也匆匆布陳尚容不宣

書與張鶴樓公　二年十一月廿一日

昨過贛荷　教并厚情至今感激不忘海寇事茲奉
明旨閩廣夾剿猷至閩會議其適天欲滅賊乃有此
也往常雖云會剿文移約會不得如期彼此推諉歸
咎今無此患矣我船八十隻計正月盡二月初可完

閩中整船百隻合勢二三月後可以收功客續布不
宣

與塗任齋公書　二年十一月廿一日

閩廣會師一左一右兩軍並進閩戰舟大廣戰舟小
大者堅小者瑕兵法必先攻瑕猷恐賊計出此故有
借三大舟之懇承　示慨然猷中心感激頂劾雖刀
報此殊遇神明知之但欲馳書告　西垣公渠又不
敢擅主其事復請奪　麾下許之然後報猷二往二
返已閱月矣從而收拾楨柤募兵製器未免緩不及
事敢乞　名公一面垂許一面移書與　西垣公知

猷亦備咨求之渠爲猷同氣之友又奉有　名公之
命決肯相資以相成閩有三大哨每哨各撥一大舟
以資廣左右兩翼正正堂堂賊不披靡而北兵不破
竹而乘猷不信也雖然猷又思之閩舟大居左虎也
廣舟小居右狐也虎與狐同行百獸避虎狐亦得藉
其威廣舟雖小猶可藉閩之威以驅賊賊不盡殲滅
猷亦不信也况借閩之木造廣之舟借閩之民充廣
之兵借閩之官督廣之哨　名公恤鄰之仁助鄰之
義可謂篤至猷不自揣復有此請盖以天地父母之
心望　名公無已也猷死罪死罪惟　名公客之宥
之不任恐懼不宣

稟總督軍門張　揭帖　二年十二月十五日

會剿奉有
明旨賊滅可待也福建官民戰船除傷損外今查堪
用者大小尚有百隻巡撫塗　一面整搠一面令職
與林同知催所造船完日一齊發剿造船事林同知
初到稟撫按皆樂從遂擇日興工續有別悔停工數
日賴林同知懇稟巡撫塗又慨然許造猷適至見閩
中撫按三司府縣翕然謂會剿之功可收盖前歲及
今歲名稱會剿其實不曾約會茲職在閩造船募兵

與閩師同日而發無先後彼此之異謂不收全功有
是理乎我船日夜催促年終必有一半下水正月終
二月初决可出洋竊覩各把總協總哨官咸震怒歃
血朗成此功以報職使職得以報　恩臺但云見賊
只待放銃不肯奮勇圍衝賊船血戰終難收功必歃
血戰收功須每船有厚絲綿甲三四十領此說誠然
職今將衝鋒銀支出一千兩散與各總製辦如滅得
賊即准其衝鋒之數或欲責之効死可不資之以自
防之具乎賊見在閩之銅山廣中事少緩也職計此
賊戀戀於潮終死於潮固首丘之理必然天又奪亂

其餘彼將何逃于具稟

書與楊測川公　二年十二月廿三日

恭惟　名公正學卓行鶚立　朝端天下想望風采之日久矣茲膺　簡注特按東粵雖　台駕未臨而風聲先暨群僚具表著之瞻百度兆維新之望地方何幸何幸猷夙仰　山斗思沐　教誨茲奉

明旨夾剿海寇入閩會師莫展郊迎之敬祈藉　威靈庶獲奏凱而歸則叅謁有期緬懷可慰矣謹備下悃專官候　迎無任翹　瞻伏惟　台炤不宣

前會剿議　嘉靖四十四年八月

劇寇吳平見有大小船近二百隻衆近萬人結巢於海嶼深澳半在寨半在船以前之事言之無益不復言矣近奉

明旨閩廣會剿猷初得報即具文通行謂宜行福建海道廣東海防道猷及　總兵戚　約至適中之地面議事宜尅期合攻諸公乃以猷言爲迂遠猷之愚見蓋觀往常攻剿巨寇皆當討定而後舉事斯有征無戰收功可必若先戰而後求勝未必遂取全勝又二省大舉夾剿之師一備一未備實其所遇事勢之不同閩廣之官易地則皆然若責廣謂怠緩指閩謂徵於從事皆未考易地皆然之義也何也閩五水寨各有兵船福興泉漳沿海地方不過十日之程　督府　總戎檄書馳取官民船隻旬日可集廣中原無水寨兵船又道里遼遠一公文來往非四五十日不能到而東莞民間烏船時出海南各處賈賣官取數十之船非月餘不能集船集而後募兵兵集而後脩整檣櫓又非三二十日不能完美　撫按諸公非不嚴文督限其勢自不能速耳此在人者不可必豈敢故自怠緩乎又二三月風色與八九月同船自廣來潮俱要唱風不可以時日計此在天者不可必豈敢

故自怠緩乎猷故謂欲會同夾剿必須二省會約廣省船兵計若干時日方可齊集閩省船兵計若干時日方可齊集以彼量此期限相就其有後期罪之無辭今皆置之不論惟一面嚴辭催責不知在廣當事各官雖負難委之罪實有無可柰何之情召陵之師齊侯宋公與江人黃人會盟于貫又會盟于陽穀會而又會者何哉蓋所以堅江黃之約使之脩舍繕甲秣馬簡車預治犄角之具乃可約會以伐楚齊桓之慮深哉或曰賊勢猖獗急於焚眉約會後舉如何及事曰兩廣大征之兵皆　因賊勢猖獗而後議舉方其猖

舒之時大兵未集只是一面權宜調度防禦一面行議兵糧具　奏允日然後處糧調兵各有一年半年之久然後大征之役成夾剿吳平當算一大征之師事屬兩省不行約會安肯其一旦齊備乎今閩之舟師又於八月十五日進泊深澳港如春初矣此必計完而舉必不使賊遁如春初也大收全捷之功可必矣功之在閩者大福之及廣者弘矣獻之私議萬一攻賊未即下獻請催湯王二叅將大小兵船百餘隻水兵共五六千名前來聽　總兵戚　調度以閩中水陸之兵爲主以廣之水兵爲輔以一箇月爲期一

號一令俱出於　總兵戚　水陸進攻如其功成則大功在閩矣廣中不敢並論萬一攻又未下閩中陸兵一萬擊退只撥水兵五千船大小一百隻聽獻調度獻請廣中亦調陸兵一萬湊二叅將水兵及閩水兵亦以一箇月爲期水陸進攻如其功成大功亦歸於閩蓋首事在閩廣亦不敢並論其或不能滅賊成功獻甘自受罪不敢委於他人雖然徒手搏虎無米爲炊非人所能若水陸兵集火藥器械本折月糧廣中二道早討呈請無一不備賊豈有不滅哉賊豈有不滅哉作會剿議

後會剿議

前會剿議爲攻海寇吳平作慨其有會之名無會之實其故何哉勢不行也以天下之地形考之閩居東北廣居西南潮居閩廣之間爲海寇淵藪而航海之舟以得便風爲主此順則彼逆彼順則此逆如閩省發舟東北風便不數日可抵于潮廣省舟師自西南來逆風而行須月餘乃可到廣省發舟西南風便不數日可抵于潮閩省舟師自東北來逆風而行亦須月餘乃可到又兩省會城相去幾三千里文移約會差人往還須四五十日兵機之事變在旦夕約會至

日欲依舉行時異而事體不同矣故從來剿賊兵難會合彼此之間不求其故反相歸咎而潮海劇寇相繼并兵從此無寧時矣又閩中舊有五水寨近該督府整搠精采百倍賊勢輕則一寨自當賊勢重則量調別寨策應故閩中海寇不得終逞廣原無水寨向未設有官船有警則調東莞之烏艚新會之橫江海寇隨起隨滅賴有此耳此二色大艘乃各縣富户主造在海營生每得十倍之利各厚養慣戰之夫名曰後生一可當十其船共有二三百隻隨調多寡一呼可集故無不滅之賊何意十五年前　浙直總督

胡公行取一百餘隻往復剿倭皆擄其大者及至叛
處日久損壞片板不返其尚存船隻近年被賊攻焚
殆盡雖尚有一二或再造一二又被官府取去載兵
日久損壞及爲賊焚奪主者坐此傾資無從造船貿
利之志而向日之後生壯夫皆消散無存矣邇來劇
寇曾一本横行海上東廣雖新設六水寨向未設有
戰船近日事急方議打造并搜擄民間吹號船隻追
捕其兵悉皆臨時募集脆弱之夫望見賊舟不戰先
潰海豐東湧雷港三次大敗可鑒也今春　總督兩
廣張公檄愚至東廣協理建議造船募兵于閩南下

剿賊賊平之日分發新設六水寨防守仍示曉民間
富户許令造船營生決不調取載兵斯數年之後船
不可勝用諸公不以爲然蓋信廣中士民訛稱彼省
尚有二色船兵可用愚謂此省之船吾昔用滅焚南
海南各起巨寇豈不知其可用顧今與昔迥異如前
所云耳諸公雖亦信從又其訛欵造船於廣調兵於
閩愚謂造船於廣賊乘未備入焚將如之何諸公曰
見有各將收拾廣船大小五十餘隻廣兵四千餘名
足以防守一齊衆楚愚且奈何哉始多方欵賊使其
遲疑不敢入犯延至六月已經半載賊不信我矣遣

船隻官日延一日並無一隻完備催募福兵初到樵
船可駕只在岸上安宿賊船乘風忽至廣船之兵望
風先潰一如前時福兵無用武之船不能展布廣之
官兵無以自諉遂倡福兵從賊訛言愚即冒謗嗔招
各兵劄營教塲請　督府委官點查除傷死者數十
人餘皆名名實在委官試其鄉音辨其服色無有假
伐以報　督府留一半駕新會順德新造福船其一
半差官押回沿途並無分毫搔擾　巡按三湘王公
臨別云昨查福兵名名俱在惟廣兵只存三四百愚
曰　名公出此言復何贅歔述告　督府熊公曰此

我對　三湘公之言也但今計將安出愚曰王前請
用六十萬竟且從之募兵造船於閩若速舉行譬之
痼疾去疾猶有期也不然廣事不知所終愚之
一身誠不足惜如地方何　督府熊公甫任即決計
行之　總督張公復列數條命愚登對遂蒙俯從選
擇先委同知林君持資入閩愚亦隨至幸　撫按三
司諸公咸篤恤鄰之義無分土分民之意造船募兵
諸事皆慨然允行昔申包胥乞師秦庭泣盡繼之以
血而後許之我今二人不待此者蓋其所遇與申包
胥異而精心誠意形於謁見之初亦與申包胥有不

同乎二省會剿茲又奉有
明旨廣造船於閩大小八十隻不久竣工而　督府
塗公面定會剿方畧整搠兵船百餘約期同發堂堂
正正乘東北上風與賊從事犄其角而維其足計收
全功指日可待噫閩廣相去其勢何邈人持所見其
論難合今日不期而協謀于一堂合兵爲一家乃天
心厭亂
聖上威靈有此安排之巧又須海風程雖數萬里到
處穴巢可數而知賊食易盡兵糧有繼橫海之勢既
成洗海之功垂收矣顧違衆建議終始堅持南方重

務確任不拔一何愚予抑匹夫之志不可奪者由實
見得是耳苟可以報　朝廷濟時艱成天下之事
又何是非利害足介於其中哉作後會剿議以識其
事

書與張鶴樓公　隆慶三年正月初四日
今兩省與鄭總兵船相去只一二日程不能約會合剿可見也
適見邸報知天下同志之少不特猷武職爲然宇內
事類如此將詳力任之大丈夫惟實見得是以報
國救民爲念他皆不恤終久則公論自定以爲然否
翁之心猷能知之猷之心　翁能知之亦以其志同
于海上事觀猷會剿後議則知其詳諸容續布

書與杕石州　隆慶三年正月初四日
交道以心不以迹前序文論之詳矣顧別後欲寄一
書候　起居又以不能多飾文詞多叙寒暄翻致此
情久不相通不亦謬乎但邇見文曲星高耀於浙之
東西知　故人之道大行私心竊任喜慰行且
召入　經筵紹古人道統垂光萬古何獨一方乎廣
海事具於前後會剿議便中幸有以教我不宣

書與熊鏡湖公　三年正月初九日
名公令數更易猷則眞知海上事必如是而後功可
成今各船此月盡二月初決可完所惜猷離廣不早

故船完之遲也十一月初十十七廿四共三日閩兵
與賊交戰勝負之形此間得其詳彼中傳聞欠真何
哉閩中今大振奮前發去策應火藥九萬餘斤今又
在省製造火器無筭造四丈面船二十四隻一面催
趲欲與我船會合同日出洋計賊決當殲滅誠恐轉
戰追逐欲使盡絕須多積米色來於各府多積硝磺
於省城庶不臨期有悞伏惟　名公裁之船將出洋
之日另專人馳報不宣

稟總督軍門劉　揭帖　三年正月十三日
猷頓首　麾下効尺寸乃夙心也茲得遂矣伯樂之

厥鑾塞足亦可增價千古一時之會猷得遭逢豈不
厚幸南方事弊已極矣其勢宜反適　恩臺當其任
所謂天有是時人有是事耶猷今至福建造船募兵
奉有夾剿
明旨兩省兵務得面議請　裁無以前參兵之處惑
何慮不盡殲殺兵之期計在二月終也容陸續具禀
謹稟

書與熊鏡湖公　三年正月廿三日

廣事如此　名公心獨苦也猷專力造船募兵期滅
曾賊餘未能効助一二愧罪愧罪船已有九分工夫

原估寬若干者各總奮力每隻多寬一二尺隻隻皆
雄壯堅固曾賊不足滅也但各船尚宜添兵閩中造
船尚未完　任翁亦一面催促差人去請　李總兵
回省與猷面計諸務須二月中方得出洋曾賊住潮
專待我兵一戰必須色色在此整搠齊集方可與之
從事二省全力二大將統之不收萬全之功有是理
乎今次閩中買木甚貴為閩亦造船募兵甚難為閩
亦募兵也諸費不免多於前議待功成之日報
名公想當俯亮前分三大哨今孫敖有事只用邵㚤
二參將分二大哨總理其事二參將各催自帶精兵
六十名又尚欠小哨船就此募充用每隻約用兵二
十五名廣中大小船只在彼待猷追賊至彼乃取合
哨潮州城易守　生山可令帶兵殺倭倭本易與惟
欵有與之之疑耳猷在此心更急　任齋之心亦急
緣賊船大小有百隻之外故不得不十分慎重惟
名公亮之要當滅此賊以報　名公也不宜

稟閣下徐　揭帖　三年二月初五日

伏自　恩臺秉鈞以來天下號稱治平視漢唐而下
可謂獨盛其視唐虞三代相如　恩臺誠無忝於皋
夔稷契伊傅周召諸賢治如今世方之於穆時雖比

屋可封之休似尚少間乃萬仞山頭斬進一步忘世
勇退舉天下攀留而不顧何愁然乎抑或任或清或
出或處有聖人時中之心法在所當乎皆非猷瑣
瑣之見所可輕議顧猷九流一卒耳昔爲入湯之禽
荷蒙　垂慈再生毛羽聞當對　陸武惠公言曰今
天下多故當培養一二真士爲用此誠古之大臣以
人事君之盛心也猷每中夜思惟恐負　恩臺此心
十數年間孜孜不懈建立尺寸自謂濟蒼生荅
朝廷乃所以報　知己倦飛思還猷獨無是念不敢
宣諸口者懼見薄於　恩臺無所逃罪今其時矣海

上事計夏末方可畢當退讓時賢買小舟入雲間五
墅　門墻親受法針使身心性情日就中和得躋
徐氏夫子四科十哲之列不終爲武夫狂士徒錯一
生實猷肝膈私懇也行且圖之更祈　恩臺壽同南
山之永身似松栢之堅如
主上之注念更切　九重之鳳詔啣來乞早就道益
勵壯心佐吾
君爲唐虞三代甄斯世於於穆時雍比屋可封近則
畀吾儒終始休用之學遠則傳之千萬世讀史者擊
節甚談豈不大快乎哉不勝瞻依之誠具稟

稟吳自湖公　揭帖　三年二月初六

今世賢公郎如　名公且慹然勇退菲才如猷獨無
是念乎向不敢出諸口者以　大恩主如　存翁如
名公在上恐負向日相期之盛意今其時矣徐且圖
之海上事一齊衆楚紛無定主故一向未敢奉　稟
今皆如王勇所議收功有期其詳則具在會剿議稿
一覽可知更望　名公教之謹稟

書與熊鏡湖公　三年二月初六日

兩地消息往返四五十日乃得通猷會剿議言之詳
廣中船能獨當即可出不能獨當豈能與此間船相
約同日同時見賊寨無先難後乎此間船雖完其中
瑣事尚多桅木以雨水未發不能出港必一齊整乃
可行閩中船亦將備猷船須與期約同行乃是會剿
然亦不出此月廣東烏船雖多猷知其不能獨當此
勁敵乞　裁之慎之不宣

書與郭寶山　三年二月初七日

林道乾頓　翁推誠撫之終始保全之山海賊尚多
豈能盡用殺伐撫一夥爲他夥之望以後有頓撫者
撫之不服者剿之庶地方有寧期況林道乾果有大
功見今又欲助官兵立功其志可知猷奉

旨專爲曾賊此賊滅即回廣西完古田事其他皆
翁之事但　翁主之猷一一遵聽也此間船計月盡
可出倭賊近如何乞　示廣烏船雖多未可輕出不
知　尊意以爲然否

書與張松陵公　三年二月十九日

此間兵船將完不久同閩船齊開剿賊細思去年正
月如從猷議求閩造船地方之禍豈至今日言之無
益亦不得不言邇聞惠潮在變惻然不安連日
名公苦心猷獨知之不能効勞　力愧歉愧歉惟願
從容應之不可急迫若再急迫愈愆愈甚去歲賊蚤

亟事非猷收拾殺數兵定亂則此變當見於去歲矣為將領無機權自悞其身併悞地方可恨可恨各賊勢今如何希詳示兵船亦不出三月中可行剿賊也容續布不宣

書與熊鏡湖公　三年二月十九日

兵船桅木將完決在此月盡陸續出海至漳州浯嶼集齊今閩省船同發此舉奉
明旨會剿決不可似前先後參差適聞惠州兵變令人食不下咽　名公苦心可想而知猷不能効一力愧歎愧歎去歲賊至五羊若非猷居外號召殺數兵

使定則此變當於去年見之將領禦兵無機權自悞其身如地方何事至今日只得從容處之不患功不全收但須多處錢糧多備本色米為要耳反憶去年正月如依猷議來閩造船地方豈至如今日言之無益亦不得不言餘容兵船發日另布不宣

祭江文　三年二月廿七日

欽差鎮守廣西協理廣東地方總兵官征蠻將軍前軍都督府署都督同知俞大猷參將邵應魁晏繼芳率把總協總哨官等謹以牲儀祭于　南海海若之神曰我　國家惠育萬國撫綏百蠻山海寧謐四方攸同乃有酋曾一本諸賊蟻聚鎮海冢躪閩粵
皇帝震怒賜劍授鉞兩省合師肅將天伐旌甲樓船貔師虎旅浮海而南與諸賊從事唯爾有神實厭亢虐助我師之風水皆順俾賊人之徒黨盡殲用昭
聖天子之威靈亦見爾神功之明顯神其鑒之尚
饗

書與蒙近野公　三年二月十七日

恭惟　名公垂紳正笏鵠立　朝端而直鄭正學
天下倚以為重久矣猷以馳驅封疆未延摳衣躬領誨益愧歎何可言述南方近年多事東廣為甚而閩

亦因不靖茲奉
明旨會剿而我　名公特膺　簡注　代巡于閩誠知　名公以天下為度其精神風采之所加必弁東廣而兼濟之也恭候　台駕拜領　廟畧夙夜惓惓不勝至懇東廣舊有烏船之兵連年驅戰披靡成風一時委難振作今募兵造船借重于閩議始于猷因作會剿前後二議謹呈　賜覽此間所造船三月初旬方可出洋然亦須閩船同發不敢似前先後不齊也敬具下悰專官馳　候伏惟　台照不任悃誠之至不宣

書與王石池公　三年二月廿七日

猷幸獲侍　名公恩光顏色俱隆生平遭遇唯此爲奇中心感激何日可忘適聞爲聖心眷注有二省監督之　命昌勝喜躍向者在省諸荷　俯就方成一軍今與李總戎合師同心同力相資相成收功計在不久更望　賜援方畧俾全取勝萬幸萬幸專肎奉　賀伏惟　慈照不宣

總兵俞　軍令于後

一我官兵試思自古以來有不滅亡之賊乎又思自我爲將用兵以來有不滅亡之賊乎況今閩廣會師各軍門嚴督於上大小戰船數百艘水陸雄兵數萬人兩大將親督各偏將分督振怒歃血誓不與賊俱生各頭目及兵於中自有忠勇出衆之人宜以古人言終日諭衆不乘此時立大功業於天下將待何時賊船雖大我船更大每二三隻攻彼一隻彼安能敵賊雖有銃我銃更大更多只管齊犂上去賊氣自奪賊技自屈此理甚明敢有言賊船大賊銃多惑人者即斬首示衆

一本鎮坐船吹喇叭一通各大小船就近及遠相繼亦吹喇叭一通衆將及各把總哨總哨官等齊到聽發放不到者重治

一將開船時本鎮坐船先放起火三枝鳴金鼓扯檣尾旗起蓬船收三板各船齊鳴金鼓扯旗起蓬船收三板本鎮坐船放大銃三声開船各船一齊開行

一洋中行船俱要歸哨至未時前船遇澳即便先
泊使後船得以尋泊泊船亦要歸哨
一船在洋中前船見賊即放銃三聲起火三枝報
知後船後船相繼各放起火三枝報知最後之
船使其急趕向前如前船不報及後船不傳報
者俱以軍法從事
一臨陣時頭衝鋒兵船一隻賞銀二千兩次鋒賞
銀一千兩本船把總協總哨官保薦陞賞授官
舵工於衝鋒銀内取賞頭鋒賞一百兩次鋒賞
五十兩若臨陣逗遛斬首示衆

一生擒曽一本賞銀三千兩斬首賞銀一千兩貨
物盡充賞頭目奏陞官三級其餘有名賊首并
從賊皆從重議賞
一賊人丟棄包服過船只以錫作銀散擲為餌不
許拾取違者斬首
一昏黑之夜追賊最前之船見賊船連連點鼓報
知後船後船亦連連點鼓報知最後之船若前
船不見賊船即連連點金報知後船後船亦連
連點金報知最後之船進止聽本鎮號令
一洋中卒遇大霧前船如見澳分即鳴金鼓相報

暫泊候霧開始行
一洋中卒遇颶風各船隨便收澳不待我令
一泊船時本鎮坐船三板未放各船不許擅放若
有機事非禀不在此禁
一夜中守更聽本鎮及二叅將坐船起擂畢放銃
三聲各船俱備魚鼓二個照更相應不許失悮
各船頭目務要加謹稽察本鎮不時差人巡視
如有失更頭目并守更之人俱以軍法從事
一海上魚船魚網不許盜取違者綑打一百棍割耳
一差哨探船回報時有警放銃放火箭無警張扯

太平旗如黑夜入澳回話沿途點鑼而來以便
識認其哨探的實者重賞如或躲避誤事及哨
探不實者處斬
一夜間行船本鎮懸燈三盞叅將懸二盞把總以
下各懸一盞
一各船攻賊之際不論左右哨兵船每賊船一隻
只用兵船三隻附攻餘船別劄亦依前規倘賊
船結䑸我船亦列䑸攻之不許逗遛先後合攻
之時賊圍在中不許外船銃箭亂發以致自傷
一賊被兵攻敗須收功後將船貨盡數充賞如功

未收。不許貪貨爭奪。違者依軍法。

一兵船常要積薪積水，足用五日。若緊急之際稱無薪水者，即係逗遛，治以軍法，不恕。

一賊徒能約衆縛獻曾一本者，免其本罪，仍依格賞賚。賊中徒黨或被擄之人，棄戈連船來投者，審無詐偽，處之不死。汝兵若殺降為功，幽則神責，明則刑誅，戒之戒之。

一閩廣合師，乃奉

明旨有功同賞，只要爭先破賊，不論得功孰多孰寡。況廣船造於閩，廣兵募於閩，閩有大造於廣，汝衆當知。敢因小忿起爭，或以功次較論，我則重治汝。決不輕恕，慎之慎之。

一同舟之人，同是一箇身命，各頭目須要撫愛各兵。其各月糧，至廣補給，盡如前冊所載。有侵尅者，許來告治。

一大小火筒，須兵船犂及賊船乃放，不待言也。若本鎮近發去大小碗口銃，亦須兵船犂及乃放。務要百發百中。若似往歲離遠放銃，終日鏖戰，不得收功，何詭於事。尤當重治不恕。火箭佛朗機及噴筒亦須近及乃放。

一船中百執事俱要撥定。火藥、火筒、火箭等器，各要分人管理收拾，勿致損失。大小銃俱要撥定精兵管收管放，使有專責。頭棚、中棚、尾棚俱要分定信地。遇敵聽其且守且戰，不許臨期推誤。

一發去碗口銃，用鉛子愈於石子。大者入三鉛子，用藥半斤；小者入二鉛子，用藥五兩。其藥研極細乃可用。研不細，查出綑打，不輕恕。

一各船自浯嶼開向廣東之日為始，以後大小銃無故不許放。雜亂軍令，如款試銃及放出舊藥，准於泊船及開船頃刻之間點放。其鳥銃聽在浯嶼地方未起行時，勤勤演習。若至廣各澳泊船，本鎮酌量事勢少緩，即於大桅尾懸掛號帶，許各演習。雙號帶收即止。

一大小船兩傍每傍前後畫兩大圈，漆黑邊，中一白月，各寫一大字。把總王宗義哨大小船八隻，各前月寫左字，後月寫天字。把總王奇聰哨八隻，各前月寫左字，後月寫地字。把總洪道謙哨八隻，各前月寫左字，後月寫風字。把總王可興哨八隻，各前月寫左字，後月寫雲字。協總劉君宜等四隻，各前月寫左字，後月寫中字。把總余正哨八隻，前

月寫右字後月寫龍字。把總林應繼哨八隻。前
月寫右字後月寫虎字。把總陳亮哨八隻。前月
寫右字後月寫鳥字。把總黃處哨八隻。前月寫
右字後月寫虵字。把總林弘仲等四隻。前月寫
右字後月寫中字。把總黃士楊等八隻。前月寫
大字。後月寫中字。募哨二十隻。兩傍書大圈。中
白寫哨字。俱要如令明寫。以使稽查進止諸事。
一大兵臨賊。賊必敗遁。滄海猶隘。賊將何之。賊船
可到。兵船亦可到。賊食易盡。兵糧有繼。決當窮
追。盡滅其黨而後已。敢有推諉不肯遠追者斬

首示衆。
一左右哨大小兵船聽二參將自立號令。名色把
總以下。一一遵守。敢有似前無禮拒令者。重治。
慎之戒之。
一行船遇單日。左哨先開。次右哨。次大中軍哨。雙
日右哨先開。次左哨。次大中軍哨。務要齊齊整
整。不許混亂。
右軍令三十條。逐條皆切軍中事務。如各
遵守。大功可收。或陞或賞。榮耀極矣。如
違吾令。加汝戮辱。汝又何辭。南山可移。

吾令不改。金石可銷。吾信不失。汝各頭
目。立此大功。報我平生。我得持此以報
朝廷。答各
軍門傳之千載有餘輝也。吾之嚴令亦
既三申五申矣。汝衆其思之戒之慎之。
毋貽伊悔
此令之外。更有宜申明者。待再榜示。

續加硝四千斤磺四百斤鉛二千五百斤乃以
上七十隻之用
續添造二丈八尺面者十隻俱如前估共八十
隻今分左右二大哨又左哨有左中軍
右哨有右中軍又另大中軍一哨其協
總哨官有與前不合者以今分于後者
為主又募哨二十隻隨時差撥
一左大哨晏察將督
天地風雲
天字哨
協總王宗道造三丈面船一隻

把總王宗義造三丈面船一隻
王宗明造二丈八尺面船一隻
哨官王必容造二丈八尺面船一隻
王蒲造二丈二尺面船一隻
王大輔造二丈面船一隻
洪眷造二丈面船一隻
謝安造一丈八尺面船一隻

地字哨
把總王奇聰造三丈面船一隻

柯諭造三丈面船一隻
協總黃勝造二丈八尺面船一隻
哨官梁化造二丈八尺面船一隻
柯魁造二丈二尺面船一隻
曾春造二丈面船一隻
李華順造一丈八尺面船一隻
林秀造一丈八尺面船一隻
風字哨
把總洪道謙造三丈面船一隻
協總許麗造二丈八尺面船一隻

洪時喬造二丈八尺面船一隻
哨官吳章造二丈八尺面船一隻
王宇盛造二丈二尺面船一隻
洪祖聖造二丈二尺面船一隻
朱祿造二丈面船一隻
郭敬造一丈八尺面船一隻
雲字哨
把總王可興造三丈面船一隻
協總陳良貴造三丈面船一隻
楊文哲造二丈八尺面船一隻

原缺

把總黃處造三丈面船一隻
周孟岐造二丈八尺面船一隻
協總吳杞造二丈八尺面船一隻
洪大旭造二丈八尺面船一隻
哨官阮遷造二丈二尺面船一隻
鄭聰造二丈面船一隻
林瑆造二丈面船一隻
林洪造一丈八尺面船一隻

右中軍哨

把總林友造三丈面船一隻

協總李君素造二丈八尺面船一隻
哨官史朝寶造二丈面船一隻
林義造一丈八尺面船一隻

一大中軍哨本鎮

把總黃士揚造二丈八尺面船一隻
協總楊琚造二丈八尺面船一隻
林喬樾造二丈八尺面船一隻
謝天獵造二丈八尺面船一隻
徐讓造二丈八尺面船一隻
哨官林期造二丈二尺面船一隻

楊喬造二丈二尺面船一隻
徐光造二丈面船一隻

欽差鎮守廣西協理廣東地方總兵官征蠻將軍前軍都督府署都督同知俞　為勸招亂民復業事

照得海寇曾一本罪大惡極見奉明旨二省夾剿募兵造船多方經理務成十圍五攻之勢一鼓殲之而後已但賊中脅從被擄者多中夜尋思豈無欲回本鄉與父母妻子共全骨肉共保宗祀之念但每登岸之日各處官兵鄉民即拿報功無言至此我心惻然想

總督巡撫三司府州縣各官心與我同惜你赤子不體我心可傷可憫今給告示沿海鄉村張掛汝各鄉民有子弟親戚朋友隣里原被擄脅從久陷賊中者可多方使人勸諭回家安生免受誅戮之慘其官兵鄉里之人敢有似前貪功捕拿如已害命即問償命如未害命亦反坐罪從常官府亦有此令以印信免死小票散棄聽其自取並無信從竟是虛文今次但有逃生登岸者許即赴所在州縣或巡檢衙門告明都勿問其從前是真賊是被擄俱一面給與免死照身一面申報軍門准其回家復業其各州縣巡司以招復亂民多者論功如今北邊招徠達虜之例噫天父地母我與爾衆同胞而生汝初無知陷於罪逆我能救活汝一命即是救活我同胞一命爾各赤子思之念之早尋生路毋貽後悔古今山海有不就誅之賊乎試將二十年間事看之即自覺悟也須至示者

書與熊鏡湖公　三年三月廿四日

兵船三月初十日以前盡開苦風汛不便未能轉𤼵者福州港口地名沙多水淺大小船至此俱要候過𤼵後則悠然無碍計月盡乃可到澎猷十二日湖省十九日到泉二十二日離泉一二日可到浯嶼待　任翁到議定發船另報兵聚日久費用困之昨有文借支本色米并銀乞　晋意滅賊事不愁遅只要收得全功從來事莫非欲速惧也　任翁意亦甚急但自不能急耳容續布不宣

書與塗任齋公　三月廿八日

猷半生從事　諸名公之後求其志存　社稷心切生民以古大臣自期者誠未多見茲見　名公大山喬嶽其聲動貫日凌霄其氣欎海潤天空其襟懷旋乾轉坤其才畧猷也無似此志尚存頼附鴻翼翱宇内蓋勃然矣何幸　名公照已相許竊意天下後世當别有一番快談豈獨輸此一番妖𡃤瑣者猷惟所名公終教之猷十九日抵泉二十二日即潜離二十五日到中左所所造船遂日有到量二三日後可齊但各船於二十二日出𤼵遇颶風大小有壞者其餘糧多損又當整頓一番猷所深憂各兵在洪塘日久糧米會盡甚人料此　鏡翁以道途遥遠又須遇山賊𡨚盜一有踈虞所係非細且此事急於燃眉又之於餉亦緩不及不曲爲措處惧事非細猷意欲乙一文乞　名公行借三千五百兩來散各船買米糟猷一面取餉前來補還此銀借猷非借餉還銀惟貴猷不責償自當明白謹情懇告如　垂許方敢具文劄賊無處逃有逃處必已久矣惟恐四五月後風汛不便但天欲滅賊必奪其魄使戀戀于潮以待斃也劄賊肆志已久此舉最宜從容慎重乃可一鼓收之决不可似前急迫世人謂巧遲不如拙速速而果

拙何貴於速遲而果巧何病於遲乎　名公以爲何如

書與塗任齋公　四月初七日

二三月受　教何　惠大異常格藏之中心其何可忘别來不任惆悵所言諸　益有日也廣船收拾將有次第唯粮米欠乏其事甚難頓　名公垂念爲一措處則萬幸也

書與朱白野公　四月初七日

兵事旁午行如疾風猷於此時義當過門不入顧提兵于外何止八年家徒頹垣二變便途私視所謂一

日循想於已適值　名公亦方下車誠爲意氣之感
不期而會之奇信次遂行此心循以爲滯不及奉
辭知　名公能亮其悉過蒙追使寵以　華翰錫以
厚儀其何可當其何可當猷嘗謂上下感應之神常
人以爲迂論真儒著出則知其爲至効之方也　名
公蒞政旬日誨士以及民因政以寓教性命道德之
要滃然盈士之耳慈祥愷悌之仁温然入民之心頌
聲載道譽不容口德之流行速於置郵真儒作用有
本如是吾邦之幸吾道之光猷昌任欣慰閩當海妖
以二省全力與之從事横海之勢既張洗海之功可

收尚祈真儒學問乃文乃武神機妙畧密緘　賜教
以匡寡昧　名公政化旬日如此朞月可知更圖竣
事假歸以觀有成之盛歆布區區不覺縷縷惟爲道
統益自珍重不宣

三年四月初八日

書與莊秀才

樓船千艘水軍數萬鼙鼓振天遵海而南蛟見之深
藏鯨遇之就戮此亦天地古今一大觀從我者其
見也猷佛日爲作洗海傳直叙目擊景象方是信史
是齋文師鄭金王君子也與生定交二十載餘生平
目不敢持一行上人發一言過人多取法於此　公

若謂其有疑於生决無是事鮑子之知管仲在於形
迹之外　共師尊於生必不拘拘形迹間也相見時
爲我一謝尚容另致鄙懷不宣

三年四月初十日

書與熊鏡湖公

本色米乞隨地多積船上一時欠乏難處来閩造船
募兵時日已久各哨困乏甚甚自當濟之要於成事
事後計筭自然明白造船諸事挨序實當如此非故
遲延也伏惟　裁亮

三年四月十一日

書與塗任齋公

恭惟　名公視　朝廷之事猶一家視天下之人

猶一已今日同靖二省之亂他日　一人匡
社稷其事業可預覘矣借銀事承　命具文令中軍
官侯廷佐赴領乞行速發將士聞此踊躍歡呼莫不
願効死力以後風色不甚順但逐灣徐挨有一日遇
賊即大破之矣諸容面領不宣

四月十八日

書與楊次泉

猷統舟師歆早至潮境請　教誨掃海妖是本心也
但思既奉
明旨二省夾勦不可或先或後討今亦不久雖此後
風色欠順但逐灣挨去自有一日遇賊可大破之即

遊所報賊深入則收功更易且全或者天厭其惡而奪其魄未可知也容續布不宣　四月十八日

書與塗任齋公

賊船盡數開上十六日至古雷港若順風則半日可到海滄猷詳觀形勢賊若深入必大破之今與　西垣公約會分布畧形呈　覽盖特吾有以待之意也乞　裁教賊若不來二省船備同出追剿一鼓殲之無難也不宣　四月二十三日

書與熊鏡湖公

師事不能速自古而然近見　總督軍門行下數條

是　廟堂之上所見尤真也今烏船一艅不知用過銀若干閩船一艅不知用過銀若干恐他日破陣衝鋒必是猷船他人不知兵中事每每發難爲猷之言　名公所教亦每如此猷將柰何乎猷船駐漳未可獨往日久糧乏　名公試爲猷熟思體念使猷曜然爲　名公効死不然猷何所恃乎今賊在閩上下向往未定如　名公果至潮猷當馳赴面悉此情也不宣　四月廿三日

書與楊坎泉

賊已奔潛遯不多及大抵須俟閩船同行閩船已備將行猷豈敢後閩船未備未行猷豈敢先　任齋公即日至行期可定也容續布不宣　四月廿三日

書與塗任齋公

賊尚在古雷計他遁無所之唯待斃而已既知其遁無所之在我唯當收拾十分全備乃與從事一鼓收功不可急逼也閩船日集廣船待借銀到整備亦易也　西垣已出太巔與猷初布廣船在前今閩船又泊在廣船之前乃二省兵將各欲當鋒真好消息也尊駕至漳乞即移鎮月港庶便請受　方畧不宣

書與楊坎泉公　四月廿三日

兩省夾剿乃奉
明旨猷兵船在閩自當俟閩船同發力合勢張以與此醜從事如摧枯耳天下事何者不因欲速誤乎況兵事尤宜慎重千日計慮期於一日收功要之功收之日議論自定也滄海猶隘賊將何逃容續布不宣

書與熊鏡湖公　四月廿三日

新寧吳非曾賊烏船勢大就近擊之可也計　名公業已行此時已收全功矣曾賊入閩二省全力擊之當一鼓盡殲數日後　任翁至即發唯我船無銀無米昨差官去領乞速發爲幸此等大事猷一肩挑之

生死利害付之不顧　名公不能相亮猷何怙乎聖之威賊之後識詢自定也以猷度之賊將何逃待斃而已耶不宣

書與塗任齋公　四月廿六日

賊在古雷進退兩難乃計窮無救唯待斃而已猷與西垣公議每日五更二省兵船皆起蓬椗以待其來若巨鯨盡到即開往擊之諸　方畧容而受不宣

書與塗任齋公　四月三十日

各官兵承　賜借餉莫不願効死以報不知閩中本色米有餘否猷恐出洋追賊南北未定日期難限欲求借三千石以備各兵遠追食用後求之罪乞　宥

書與塗任齋公　五月初七日

萬年天地再造開闢一代規模見　名公主張社稷蒼生何幸猷何幸　名公在上猷及將士不奮發爲報於下是土木也想　名公能亮之兵法謂不動如山又謂其疾如雷我兵在前當如山在今當如雷已與　西垣公約會一二日師出矣容另布不宣

書與郭寶山　五月初七日

五月初六日　任齋公親至各船犒賞初八日兩省兵船同開風順則一蓬直抵古雷破賊風未順遂自

移去計破賊亦不出旬日外也惟　名公督庸爲船大小一百七十隻來截賊走之路共收蕩平之功是幸

書與塗任齋公　五月初七日

賊見在古雷兩省合師不分彼此人和已徵又仗威靈在上滅賊不難也容另報不宣

書與塗任齋公　五月初十日

今日行矣猷心則如烈火惟恐時下風色不順船有大小遲速之不同容另與　西垣公議宜取其速乃可成功也不宣

書與張盤峯　五月十二日

猷與　西垣公約初十早開船猷泊曾家灣閩船泊波竈本日猷如約至曾家灣閩船分二哨泊大担一哨泊舊浯嶼猷十一日亦至舊浯嶼前面白沙澳泊已與　西垣公約此後不論單日雙日取便前行矣船在洋中停住無説但聽風聽潮徐徐移去自有一日見賊大破之也謹復不備

書與楊次泉　五月十三日

二省兵船五月十二日乘風到古雷十三日風太猛又　李總兵自船今日方到銅山又閩船有損失已

差人與約十四日欲直抵柘林尚未得息計賊此時必在馬耳澳賊在不久矣乞差人催　郭寶山兵來夾攻尤幸不宣

書與熊鏡湖公 三年五月十三日

翁從來行示之文見教之書無一温言在他人則悔何苦為地方挑此重担歟則不然竭吾力委吾身以報君恩他皆不顧也師行遲速師中之人自有兵主張遥制者一面行催一面温諭乃見共濟之義也歟不得已發數語乞勿見罪萬幸

又書 三年五月十九日

疊承　督責歟姑未敢辯答恐有躁冒也乞　名公自思之容會日數言可白今只待有一日東風直抵南澳二省之兵堂堂正正自足滅賊歟勞而且苦從來不得　名公一善言相慰若　任翁目見其事錢糧日逐措費　西垣總兵得從容展布意此亦命之所遭耳歟敢怨乎不宣

書與塗任齋公 三年五月十九日

此間兵船但得速至南澳則賊在掌股矣必欲待巳艦齊恐遲昨承　郭總兵書謂四催王詔撥回亰帖誤差請軍門未亦催牌何泄泄也本省總兵裨將如此輕視何有於歟乎又　鏡湖公甚不知歟苦情催文催書辭多危切歟報之謂將官苟無真見方寸驚亂如　翁事何王詔未不來並不敢言及想　總督亦催之急不久當至潮船在賊上風迫近原不妨恐鏡翁亦不知此也不宣

書與汪新源 三年五月二十日

歟昨與兵主簿帶回啓謂　名公一至潮即發兵食其源於兵可見矣茲承　教取兵充伍其源於兵又可見同事如　名公歟不能効力共濟非丈夫也各

兵因乏用有逃者茲得觧未銀即分給各兵見在者必安逃者即就近補足只得一日便風兵船直抵南澳賊自不能逃也不宣

稟總督軍門劉　揭帖 三年五月二十日

二省兵船向因風色不便故行之遲五月十二日風便行至中洋又遇猛風收泊銅山賡船只壞一隻其餘收拾已完惟閩船尚費數日收拾待風便一日直抵南澳二省全力堂堂正正見賊一戰即可收功惠潮山賊近益猖獗此亦易與只要兵多五攻十圍自可殲之從來如此也惠潮山賊輕視狼兵狼兵亦怯

此賊五攻十圍之兵取之汀漳惠潮足用也職部下有名色把總翁思誨在廣用兵日久兵形賊形皆所熟知謹差前赴　臺下聽用其廣西賊情翁思誨亦能言之具禀

書與塗任齋公　三年五月廿一日

西南此風初轉亦猛難行容二三日風勢畧平即行也賊尚欲一逞須時時齊整俱如見敵方夜萬全之勝如其遁走是賊怯也進追及之兵氣益振賊自授首乞　名公亮之不宣

答總督軍門劉　揭帖　三年五月廿二日

鎮守廣西地方總兵官征蠻將軍前軍都督府署都督同知俞大猷爲兩省合兵預申軍令以圖併力夾攻共收全捷事照得見奉　總督兩廣福建軍門劉開行八條除禁接濟嚴哨備戒妄殺定賞格申號令伍條遵行無容再議外今將二條開立前件詳議通行回報爲此理合備由并具便覽書冊具呈伏乞照詳施行

計開

一量地里以定先後

前件賊見在潮州馬耳港本職兵船同總兵李錫兵船見至銅山總兵郭成督王詔兵船見報已離海豐以陸路計之程里可謂適均以海路計之當論風之順逆時下風多西南在海豐來者為順一二日可到馬耳在銅山去者為逆欲逐日唱風行使夜無安泊大澳船隻衆多忽夜風猛發悞事非輕欲分艅先後移去賊在上風乘我單薄未衝我兵前後相遠不能策應亦不免悞事本職竊計之王詔議造大烏船七十隻今又加以中小船湊共一百七十隻其

勢亦不為不厚但彼船雖大且多彼軍器甚少兵甚弱欲與相期同日同時見賊則無是理如彼船順風先至此船逆風未至賊先迎其至者而敵之彼船萬一不支悞事亦大本職向日有會剿二議其說詳矣辛天心厭亂之極千古一時之會巡撫熊行本職來閩造船巡撫塗　百端曲成本職造船募兵已成一軍總兵李錫議造巨艦百器齊備先該巡撫塗　犒師於潘與無分閩廣今該我二總兵李各將領飲血

於銅山兩軍一心正所謂兩省之兵力俱
舉一鼓之全功可收風色未順遠則同遠
風色既順近則同近戰則同戰追則同追
設有逗遛不進者我二大將俱乘快船在
於陣前調度即以軍法處之決不容情也
其王詔兵船若能相機取便前來共收追
北之功亦甚善也　此條自事後觀之可謂所料無爽也

一審風潮以分奇正

前件本職及總兵李錫船見在東北王詔等
兵船見在西南在東北者本職大小船一

百零五隻兵萬餘名同行同止正所謂廣
兵福兵廣將福將兼有也若欲分奇正王
詔兵船居上風當以為奇而此間兵船在
下風當為正若論強弱則此間兵船為強
王詔之兵船為弱今我二總兵相約賊在
大洋則堂堂正正齊一進攻賊在港次遇
单日則福船先衝為正廣船繼衝為奇遇
雙日則廣船先衝為正福船繼衝為奇賊
何患不盡滅乎

一據要害以防逃遁

前件賊見在馬耳港天奪其魄使與官兵
戰一鼓滅之在瞬息間耳若走出此港即
係汪洋大海更無他港經過無可設備使
賊難脫但賊走出大海兵船追之遇晚即
當收回不敢泊於中洋數百之船二萬之
兵中夜發風悞事不細所可計算者本日
是何風色賊走南走北當收入何港兵船
知其蹤迹已真次日即進追之如知之不
真又當多差快船哨探乃可進追賊屢遁
屢遠兵船屢遠屢追賊內無接濟之糧外

無應援之黨欲戰則不敢欲掠則不暇不
過一月之餘賊可盡滅後患可永息惟兵
船當備足三四個月糧恐追去風順日少
收回風逆日多也

書與塗任齋公　三年五月廿四日

已與　西垣公約不待巨艦只待東南風暈即日當
有此風銅山船不能下玄鍾浯嶼船不能下銅山
倘浯嶼船至銅山銅山船尚未動是猷二人遷延矣
罪也伏惟　慈亮不宣

書與東節推　三年五月廿六日

潮陽乃昌黎舊治號稱文憲邇來山海之間頑民弄
兵遠近騷亂　廟堂之上選擇　名公典此方之
刑司馬氏著兵律於刑書以其事相通必雷電之明
威相合者乃辦也　院道又以紀功相托其意實欲
名公以方畧詔諸將容脩誠求請討此小醜無所逃
矣不宣

書與江新源　二年五月廿九日

急於滅賊歃心亦如火烈第連日西南風猛兵船一
步難前俟轉東南和平風色即直抵南澳若遵聽催
迫不審風而行與賊相遇悞事非細伏惟　裁諒不
宣

書與李西垣　三年六月初三夜

賊到時遇水退我決勿動動則同他船流出若水長
則棄掟與戰愈戰愈流入內我兵決取大勝也昨燒
洗船及入雲霄有人報他乃未豈知洗者已完雲霄
者已出是天欲滅此賊也

稟總督軍門劉　揭帖　三年六月初三日

遇賊破之其事可必風色未順須徐待之變難期必
六月初三日子時據報賊船已移至南澳向北行使
如其徑来銅山求戰決大破之如其不戰遁走即洛

盡令押回又差把總百希周押別哨發回兵一千餘
名於七月初十日起身前至三河地方乃回今日得
其稟帖前途安靜無擾計月盡回即令赴信地不別
差矣曾賊已東閩欲與許賊爭下澹不知是否

稟總督軍門張　揭帖　二年七月十八日

稟兵林道乾俾立功誠救時一策總兵郭成已東去
款令一親信官去坐林道乾寨使林道乾前攻無後
顧之患又款令莫應敷出兵出船合勢倘遂所圖亦
可少挫賊鋒其收全功必待福建大勢兵船也今撫
按各道俱從職所議湯克寬亦願前去福建造船募

兵其背瘡已全愈約七八日可出職待其先去一月
之餘亦當親至浯嶼水寨查點各兵申明號令就同
湯克寬督押前來廣海追捕決收萬全之功也知今
日用職之議爲是則知前日不用職之議爲非知前
日不用職之議爲非則知今日紛紛詆職者爲未是
伏惟
軍門慈察無任恐懼謹稟

稟總督軍門張　揭帖　七月廿一日

稟職所思者福船也乘造將完而入焚之若福船早
完而駕之以福兵勦何敢犯哉奪去者廣船賊見船
則奪又何擇乎招來福兵欲撥貼廣船則廣之官兵

下風兵船窮追亦决大破之容續報謹稟

祭天妃神文　三年六月初七日

欽差鎮守廣西地方總兵官征蠻將軍前軍都督府署都督同知俞大猷謹率大小將領以牲醴祭于勅封天妃娘媽之神曰劇賊曾一本橫行海上毒害生靈非惟居民上者之咎亦尔　神明好善惡惡之道有未至也今大猷等統領舟師會合閩師始戰之銅山賊已喪敗而走再攻之柘林尚期首從盡殲頑欤　神明臨戰之際助以順風俾此醜賊無一遺遁尔　神明之威靈斯顯而遠近之感戴無已也尚

饗

書與塗任齋公　三年六月初八日

賊入港乘潮長閩兵船原近港口先迎戰猷兵船離閩船一矢餘逆流挺櫓隨至共攻賊船賊大困敗後逢潮退轉戰轉出港若有風助此賊亦滅若天未黑此賊亦滅賊之遁走非膽喪神奪肖悠逝如此乎今衆兵踴躍知賊易與猷與　西垣公議挑精鋭結䠞猛進期當一鼓滅之如或遁走不問大洋或岸邊或白日或黑夜俱要尾追務將劇賊首從盡滅而後已唯此三四日彭祖忌風宜待定乃行此風未定不惟不便於攻且不便於追又昨港中巨艦百械之雄使賊驚惶求乞洋中廣船之衝使賊燃火號夜遁何名公尚未聞乎今賊住柘林東山燒亡賊之屍烟火蒙山兵在玄鍾只待風定不問風色正南東南皆可開船去攻賊亡次在不久逃亦決無所之也請名公試驗猷此言數日之後不宣

書與郭寶山　三年六月初八日

今猷每三大船結爲一䠞以一官督之其船逆兩面用白布寫官船人姓名二張縫逢二面使彼此之官看見退縮指名拿斬福建船以木牌寫名待彭祖忌

風定同去攻賊乞　翁差人打聽速來合攻不宣

書與塗任齋公　三年六月初十日

前日　西垣公使者曰稟　名公之言乞勿過信猷若不與　西垣同心必求有字告　名公乃可信也賊船入港是順流也閩巨艦高大用深水并二號船泊近港口故先與賊敵猷船離閩一矢餘挺櫓出援是逆流而隨宜物攻港次迫窄兩軍混與賊戰實容不得許多船繼鬪船自離界遠者亦難前進及轉戰出洋兩軍置張其勢始大賊亦遁不暇矣使者之言果可信則巨艦是真追躡也巨艦非追躡此人之言

似不足信矣猷感　名公之恩如天之高如地之厚
自謂平生一奇逢捐軀為報尚有待也今日破賊以
報夫何足言使者以猷觀望欲脫去廣東其說何巧
乎猷與　西垣在港則終日相對計議行船則同坐
一小船在兵船之前相度進止猷固知　西垣必無
此言今世公卿廣大高明如　名公驟聽之恐不免
有疑繼而量其人品察其心術必能垂亮也猷之懇
惻求白何其能仰亮　名公繼而思之忠不見信古
來仁人志士終不能自白者何限猷今若終不能白
名公終不見信不用繩以文法猷請引劍剖心以謝

名公知遇之恩以為後世負人恩者之戒何不可乎
無任恐懼戰慄不宣

書與塗任齋公　三年六月十五日

諸皆　西垣之功猷頓拜下風矣唯進止之際猷獨
任其咎於今似當見亮也銅山之戰巨艦擒港賊船
衝入賊之諸色長枝得擒賊乃大收者先出港與賊
戰巨艦無風難行其事未可知也猷因曰銅山之戰
兵船擒港其策非迂兵船泊玄鍾朝暮推驗天色未
於急風之日出賊不意直向柘林鏖戰港中大小兵
船皆待合力賊乃大敗夫與此等勦賊從事必詳定
與戰漸次挫之全功乃可收若不待風色而使兵船
不候急欲成功而使我鋒少挫猷之負罪又豈止今
日哉伏惟　慈亮不宣

書與熊鎮湖公　三年六月十五日

堂堂正正漸次挫賊忌風之日又出賊不意賊今大
敗何所逃乎非但源魁未殲兵船當追雖徒黨亦當
窮追盡滅乃可收兵也此皆　名公經略發縱於上
廣東赤子將有出水火之日也方擬竣事百拜叩
謝乃先辱　賜教儀　感激何可言喻已與　西垣
公約傳令各船脩整畧完一二日即前進矣並宮透

敬此　候謙　名公為地方勞神乃少違和伏惟順
時宣卿猷無任祈懇不宣

書與塗任齋公　三年六月二十日

將士戮力血戰十八日尤奮將士死傷既多賊死傷
者何可計兵船既多損折賊船損折量不少不數日
間潮人自能傳之也兩軍再收拾一戰則功可成然
莫非　名公鼓舞振作之所致猷愚任感激猷每對
人不能為縱橫之辭以動人聽閩故所差用之人亦
取其與猷相類者頗　名公察之不宣

祭陣亡把總及各兵士　三年六月廿五日

欽差鎮守廣西地方總兵官征蠻將軍前軍都督府署都督同知俞大猷叅將邵應魁曼繼芳侯懋諱以牲醴祭于陣亡名色把總余正協總李魁秀哨官王宗興及各亡卒之靈曰氣數有時而塞故賊子得以弄兵而生民之水火可憫然正氣之所鍾萃即有忠臣義士間生其中弄兵賊子賴以誅鋤水火之民賴以衽席天地綱常賴以撑柱蓋雪霜同烈而日月為明矣嗚呼傷哉痛哉汝余正誓志滅賊其秉忠臣義士之氣而生者歟汝協總哨官亡卒奮不顧身其不愧古之所謂義士者歟人孰無死為　國而死為

民而死成仁取義死有餘榮矣世之讀古人書擁受人爵禄者其處死生利害之際刑賞予奪之間能慷慨如衆死士則治日多亂日少雖有不良之夫自當隱伏而不敢逞興言至此安得不負戟而長嘆乎哀哉痛哉游義魂於南溟之島瘞義骨於粵海之沙除究一時作鎮千古汝衆之功可謂大也脩誠哭奠此情有盡此心無日而忘汝衆之功也尚　饗

書與塗任齋公　三年六月廿五日

收全功尚在數日之後　厚儀又先下賜所　諭皆温美之詞爛然粲然伏自揣度卒伍下品何可當此殊遇其不知感激思奮非丈夫也　郭總兵統大艦戰舟廿四日至南澳與軍即日往與合營今次當另立一大局而做容至南澳議定請　裁

書與楊次泉公　三年六月二十六日

整兵再進殲此醜類似無難也連日揚蓬起碇阻風不得出港計旦夕風轉即行烏船退泊廣澳據上風賊益難逃矣容續布不備

書與塗任齋公　三年六月二十六日

賊見在馬耳　郭總兵船前日来長沙尾在馬耳前過賊不敢動昨日又去廣澳據上風防賊適亦在馬

耳前過賊亦不敢動賊亦困矣走無所之惟待刃耳兩軍今日歘開出港風阻不得出看明日風色如何容另報不宣

書與梁思齋公　三年六月二十六日

奉別　光範不覺數月　高情厚德夢寐思感効報在何日乎官兵與賊兩旬三戰賊雖大敗巨魁未得夜占斗牛劍氣上射心頗疑之繼乃得知　名公近日按漳蓋抱文韜武畧之雄秉干將莫耶之神使我兩軍生色如是耳計今合兵再舉盡殲醜類以收蕩平全功當在即日伏望　名公賜授方畧使獻輦鎮

以從事見大幸也匆匆奉　候不任瞻依之誠不宣
書與熊鏡湖公　三年六月三十日
經畫兩載收功一朝福船福兵攖其頭廣船廣兵邀
其尾渠魁遂生就擒徒黨殲滅幾盡　名公神武雄
畧蓋古周呂之匹儔歟也何幸得藉以免夾容即躬
趨奉　賀并　謝不任喜躍不宣
書與塗任齋公　三年閏六月初一日
經畫兩載收功一朝　名公才畧實與周呂並匹其
功德及於二省之民當與日月同流也歡受　厚恩
又異於常禮當即赴　賀謝爲兵粮諸事未得明白

往與　鏡翁議處數日後次當趨赴百拜　賀謝不
敢爲負義之人也伏惟　慈亮不宣
書與諸公　三年閏六月初一日
猷造船于閩與　李西垣總戎三月間在浯嶼合營
相度風色漸次南來因風未便劄于銅山曾一本各
賊一何猛乎六月初四日統大船五十隻小船五十
隻前來小船劄港口大船徑衝入港幸聞新造巨艦
器械具備泊在港口奮振迎戰我兵在内港即出同
戰賊敗死約有千人頭目死者過半乃乘潮退脫遁
初五日至柘林兩軍窮追初五日至玄鍾相度風色

於六月十二日衝入柘林攻賊賊乃大敗死傷沉
水者不計兩軍及四散擒斬約有六百名顆原船一
百者被官兵焚沉只存大中者十餘隻小船二十隻
走出外洋天晚兵收泊柘林賊走泊蓮澳兩軍收拾
十八日徑抵蓮澳攻之血戰竟日因天無風搖櫓攻
打不得焚沉其船然賊死在彼船者比前二戰尤多
得生擒審之云三戰之後賊黨死去四分之三頭目
已無一停廿四廿五日　郭寶山烏船往來賊船之
前賊不敢動被烏船之兵看破廿六日即與之戰遂
得賊首收我三戰之功忽議謂此役皆非兩軍三擺

賊鋒於前而大破之則烏船亦敢輕與從事若非烏
船一戰於後則賊亦不免脫遁此事不知所終要之
莫非　諸軍門調度之功將士何與焉烏船報功之
文云衝沉賊船十一隻焚二隻走出外洋九隻是此
戰賊大小船只二十二隻曾一本船向稱近二百隻
今皆何在是可推而知也班師在邇領　教有日諸
容面悉不宣
稟謝總督譚公　三年閏六月初六日
周少魯道長近有蹤論猷幸荷　名公爲白猷聞之
感激益深捐身爲報之念益切少魯舊曾相處聞向

與人談時將猷亦在其屈指中矣論必為人所詬謗何必哉但不疑無凡人謂其盜嫂不疑何愧乎猷去歲無兵領並無與賊一戰無報一功安得有部下妄殺及自杖殺告者之事此事　名公為辯其恩大也猷自不待辯也謹禀

書與李思質　三年閏六月初十日

當日賊入五羊廣兵有船而敗福兵無船不得與賊戰人人指福兵從賊而共怨謫之幾成變猷百口不能為白只不顧身出城外收福兵為一營約束之使不肆有二三人畧犯令即斬示衆事乃定定後即差官

押回沿途無擾　撫院熊令守巡二道來問猷謂賊勢如此竟當如何處猷初謂人既指福兵從賊并猷而疑之今何可復言地方事姑聽其壞胥受其罪可也繼而思之生平受　國厚恩天下事既有真見生死且不避若顧利害是非而委之豈丈夫乎即告二道曰欲滅此賊次用福船福兵欲用福船福兵非猷綜御之不可如從猷議不能滅賊當赴東海而死不待刑誅必欲用猷又不依猷用福船福兵他日誤事猷不能無辭二道以告　撫院熊曰今一如所議猷造船於閩適閩亦造船募兵於閩適閩亦募兵然

以方木料多就賣於廣廠以其價二倍之直也四方兵勇多就募於廣船以其各弁總與之安家食用甚厚此卒之衝鋒破陣竟藉福兵福船猷罪乃可免衆待罪以為功萬一此賊不滅福船兵果不能摧其鋒則猷之罪獨浮於衆其何說之辭噫亦危哉拒論於孤獨之表處身於危疑之間因其所見之真謂必如此而後功成若非天心厭亂助順於冥冥之際諸人以不可測之神何能成今日之功哉雖然為巨室必求大匠有大匠而後有衆工巨室樂成之日人但知衆工之功天口不及大匠先生欲談天下事柳子厚

梓人傳請再熟讀不宣

疥賊喻　三年閏六月廿四日

有人於此身與四肢患疥多年左右上下一疥痒甚即將一二文錢買微藥搽止之但左止則右痒右止則左痒上止則下痒下止則上痒有時而上下左右皆痒併前以微藥搽止之處亦痒道人有一善醫者見之曰若亦苦矣唯多用幾文錢多買藥幾品依方製一掃光全身皆搽疥當盡去主人如其言數日之後全身之疥皆愈噫惠潮山海之寇何異疥癬之夫海寇今用藥不多矣山寇竟當用一掃光之劑乃可

望全身之安者一　二文錢之藥竟於地方大計無益
吾不知所終吾不　知所終識者以為何如作殄賊喻
三年七月初一日

禀總督張　揭帖
海上之事今得收拾其取將造船一切經畧實出於
恩臺想　廟堂自有定論非人所能掩也　恩臺

即日内召左右
一人霖雨天下道且大行矣世雖知门猷志近緬具
本乞休計必　俞允但受　大恩未及効報平生
者愧惟此一事以待來生言涉荒唐尚當圖之今兩
省　論功紛紛然皆論近日戰陣事也其始計廟
謀決其功之必成以身委之不顧利害是非者爲誰
無有論及之此壯士所以負戟而長嘆也猷犬馬之
情不任瞻依誠切謹具下情問候　興居精神馳往
伏惟　台鑒謹禀

禀總督譚公揭帖　三年七月初十日

名公若用猷比隱謹束裝以待好轟轟烈烈做一塲
伏自思之此乃宇宙内千萬載一大事業恐爲造物
所靳雖　名公亦主張不得猷又何容強求於其間
即有乞休本上倘荷　俞允當買小舟着前所賜
巾服就　麾下話平生兩太平豈不大快乎猷苦心
二年人尚有不知者洗海近事呈上想　名公一覽
則知之矣無任誠悃具禀

洗海近事卷之下

贈文附

賀大柱國都督虚江總兵俞公先生武成序

隆慶三年己巳六月二十六日廣西征蠻將軍總兵官虚江俞公先生海上武功告成閩廣三軍奏凱而歸上下士民懽忭歌呼咸來問予紀其事予嘗一二言之而未究其顛末進士曾子槐源恐其久而蕪沒無聞也復問之予乃竭兩端而告焉蓋公之功南擊蠻北擊虜西定交阯隱然以身係國家安危者三十餘年大戰功無慮數萬赫赫煒煒震于殊俗其事具在人見聞中茲故弗著獨著所以

為今日云自吳平倡亂海上將十年於此矣于時有閩廣會剿之議閩將南塘戚公而廣則公公謂兩將不可以相使非所以一號令而合人心也獨策曰今日之事當定于一使閩獨行之當借廣兵與船幾何有功廣無與焉罪則中分其半使閩不承而假予行之當借閩兵與船幾何有罪閩無與焉功則中分其半其亦昭昭尚在乎耳而執事者顧以為迂卒使平賊逸而遁于海曾賊一本平總目也乘以滋亂甚氣益熾擁衆數千直犯廣州兩岸殺畧無禁時則隆慶二年戊辰六月十一日也適公至自桂林衆問計焉

公曰是未可輕議也已而鏡湖熊公以巡撫至即公謀公曰總督劉公今方在幕府定于一矣即當用閩兵幾何船幾何乃可以即事時同議者亦以為迂惟執事者獨斷而從之公亦慨然犯衆議而承之以故有茲六月三捷一捷于玄鍾再捷于柘林三捷于蓮澳賊之亡者十八九而後罪人因之斯得焉故人皆知其計擒一本於今日而戮之也而不知其擬議於撫臺者甚詳也人皆知其擬議撫臺之詳也而不知其料量於吳平者甚遠也人皆知其料量於吳平之遠也而不知其以身徇國之念甚重也人皆知其以

身徇國之重也而不知其所得於學問者甚深也故今日之功功者十九疑者譏而忌者十一然公慨然承之若罔聞焉而置榮辱生死於度外此古大賢正誼明道之心非涵養之素而自得之者不能也閩泉自唐時有歐陽行周宋時有曾公蘇丞相留忠宣梁鄭公諸公或以文章稱或以相業顯皆足以為振古豪傑然未有文武德業咸稱覆危定亂如吾虚江公者也公少時與今方伯蔡南塘公憲副史方齋禮齋公輩十八人為文字交時稱十才子其七人者皆以文科顯獨公以武事撑持宇宙照耀古今泉人至今

以為美談使公當時亦與七人者同以文科顯雍容
於詩書禮樂吏治之間無事可以表見則其功業未
必能顯赫如今可知也然文易而武難以公當其難
如此使當其易操縱上下無不如意則其功業尤當
顯赫於今無疑也入我
明表理學名臣獨稱蔡虛齋公觀公之立心制行及
與唐荆川之書則其理學又豈盡在虛齋下哉惜公
不在皋夔稷契之任也使知公者徒曰方叔召虎子
固已謂其未盡知公矣況有疑者譏而忌者獨何心
哉雖然精誠貫乎日月識量包乎天地節似蘇子卿

任如諸葛亮大如郭子儀忠如文文山毅如于肅愍
此二華譚公稱公之言也在
朝諸名公咸諒之矣夠公尤等事業於浮雲者乎則
夫前日之疑今日之信予之悉究其顛末曾槐源之
恐其久而無聞也何足為公輕重哉
隆慶三年歲在己巳秋九月初吉
賜同進士出身進階中憲大夫前都察院右僉都御
史侍生李義壯稚大甫拜手撰
鄉晚生曾宗可頓首拜謄

賀大都督虛江俞公先生武成序

大都督虛江俞公之計縛曾賊一本而誅之也蕩滌
邪穢會朝清明三軍奏凱士民咸悅予於劉山人應
兆之請紀其事也蓋嘗按其始之所以擬議與其終
之所以肯定并料敵致勝以收萬全之功或古名將
所不及聞有識者並領之而公頗亦稍稍自喜然此
特既公之搴旗斬馘之槩耳至於公之以身徇國之
隱則未之及也自古大將之以身捍國家者其利害
常相權苟權吾身之利害與國均身安而國安身危
而國危此猶其淺淺者而至於如彼則身危忌謗妬
害滋以叢起而國家可無恙如此則身或可免謗害

亦所不及而國家之患始土崩而魚爛所謂事機之
際間不容髮當是時必置其身於榮名死生之外然
後其氣安樂而吾之舉措一而不亂方一本之遍引
諸島夷併力而寇也分徙商以劫各州郡部落而自
引部下最鷙悍故常格鬭吾人者數千人突犯城下
以撼廣州公於是時部卒不下數百而欲倉卒起而
支之公策欲戰則力屈欲遲之以募兵之至則遂不
及不得已且以誘降且以戍守而又從中朝衡畫縱
以攜其黨此於其間情甚苦矣而中外之士或不察
疑者與忌而譏者日日盈道路四面而起予時過當

都府見公安閑若忘敵然予間以色危之公獨所見
大呼曰特於國家事當不當顧吾則惟以此報
朝廷耳公何憂乎嗟乎然則公之許國亦已審矣蓋
之至者可以闗金石貫虹霓公之心有所獨徇而忘
乎榮名死生之外此敵之所以紛拏轇轕不踰吾竿
而卒為吾虜也於乎上古桀驁敵之將易而徇國之
士難若公之討縛一本而誅之有司之所得而言
國家之所得而賞他日史官猶得而書之而至於公
以身徇國之隱雖鬼神有不能窺其微者而況於世
之學士大夫乎況有司之所得請而議其賞乎久則

公之謚或寥落蕪沒於好議之口非惟史官不之知
雖稗官野議亦或有所不及載予是以悲之竊因鄉
堂諸大夫士之委而餘有所云云且以語後之欲以
功業自喜者必一其氣於榮名死生之外以徇國家
如公焉而後可也
隆慶三年己巳菊月十二日侍生李義壯稚大甫頓
首拜撰
侍生户部右侍郎陳紹儒　都察院右副都御史何維柏
都察院右僉都御史李義壯　太常寺少卿梁敉
浙江道監察御史何允魁　禮部郎中郭棐

南京户部郎中侯國治　南京兵部郎中倫以諒
大理寺左評事劉惟嵩　福建布政司左布政使岑萬
福建布政司右布政使盧夢陽　陜西行太僕寺卿何彥
陜西行太僕寺卿何派行　江西按察司副使梁建辰
江西按察司副使陳萬言　貴州按察司副使趙崇信
河南按察司僉事李兆龍　鎮守廣西副總兵王寵
分守瓊雷右參將張裕　廣西桂林府知府黎材
廣西柳州府知府涂麟　廣西柳州府知府麥江
廣西潯州府知府陳遷　雲南曲靖軍民府知府龐嵩
陜西行太僕寺寺丞鍾夏嵩　刑部進士何維復

廣西柳州府同知何賢　浙江寧波府通判吴允裕
浙江湖州府通判朱謨　福建泉州府通判關于政
廣西潯州府通判黄燮準　廣西梧州府通判陳紹文
陜西鄜州知州蘇時化　福建建陽縣知縣鄒可張

賀大總戎虛江俞公平寇序

予寓粵得晤李雲臺山人集其紀　總戎虛江俞公功次具悉有稱其事决於理絕不信占候諸術一日余謂公曰占候兵家不廢公皆鄙之其制勝必有窾肯者在毋以越俎秘也公曰吾自束髮讀匡擭之略惟得知止二字敵無大小遇之恨而謀謀之定始發故鮮憤事噫若公者謂之博大通方之儒可也可以武事概哉公時鎮粵故余得與叙論者如此未幾蓟遼　督府譚公特疏薦公願移公教車戰共擊虜上方欲馳召會遣冦曾一本者肆海上閩廣騷然兩

洗海近事

贈文附

七

廣總督張公驛書奏留公其略曰今國家最患南北二冦論輕重北甚切論緩急南孔熾臣敢以區區嶺表積將臣誤軍國大計顧曾賊非俞將軍莫可平者乞少須竢功竣即北赴可兩全也

上頫允之時公先已東駐與諸公會議群口紛拏大都不過募戰卒造戰艦二事適隨公閩兵有一二因餒而譁者公即斬以殉而東人竟目閩兵黨賊故公倡議增募閩兵衆皆憤懣又濵海士民苦賊久恨不速殄公欲假數月造閩船衆益訾其爲迂緩區竇莫知所定復詢之公曰賊所忌者閩兵與船也用其所忌兩省兵功張四面網縛一隻兎安所逃哉舍此而欲苟且以徼近功斷蛇不死刺虎不斃傷人更多非完計也卒之悉從公議頃　軍門帶川劉公至素亦知公持議更定俾之從容展布得終所爲致公於六月親督閩兵船遇賊於銅山於柘林於蓮澳連大敗之斬級無慮千餘焚溺不可勝紀曾酋窘厄馬耳寺亦授首海邦大寧視昔所議無一爽者非公建金石之策破庸庸之論能底績若兹哉參戎桂峰王君等以公是舉東省以客將而成功西粵亦選制而無譽皆人所甚難者懇余言以爲賀大公之慷慨大節見

洗海近事

贈文附

八

於所著正氣堂集而揄颺於諸名公薦剡尤灼灼在人耳目固無俟於余言而自余之獲接於公也見其文雅如經生脩潔如處子若無所事事者至於决大疑扺大難屹然南山在前莫可搖奪故余特揭其知止之義見公之所以奏膚功者不專在於戰陣間也公將還鎮岩洞諸夷不過草雞禽獮之而長驅遠駕以中國長技繫北虜於

闕下余知公之謀亦已定矣後之用公者尚篤信公哉

隆慶三年秋九月吉旦

賜進士第大中大夫廣西布政使司右叅政前吏部
驗封司郎中池陽佘敬中書
分守潯梧等處地方左叅將黃應甲
分守柳慶等處地方右叅將王世科
廣西等處遊擊將軍署都指揮僉事丁　山
廣西都司軍政掌印署都指揮僉事錢鳳翔
董　龍

欽差鎮守福建福興泉漳延建邵武福寧并浙江
金溫地方總兵官前軍都督府右都督俞　為
軍務事該
欽差提督軍務兼巡撫福建地方都察院右副都
御史殷　及
欽差監督軍務協堂兼理驛傳福建按察司
副使鄧
欽差整飭福州兵備分巡福寧道兼管清軍福
建按察司副使宋　議募士兵教練隨募得福
清長樂海邊義士三十名令其充為甲長每名

各募到兵九名共湊三百名委指揮儲廷相督
同把總雷懷忠管束訓練委素精技藝鎮撫陳
居仁省教師郭子省等先教棍法蓋棍法如士
者之讀四書四書既明六經之理自明棍法既
明鎗鈀刀牌狼筅諸技之理盡得之矣仍一面
將三百人立一操法不時赴教場操之要知技
藝者一人自用之操法操法者衆人合力之技
藝也等因續該
福建布政使司分守福寧道兼漳州地方左叅
政陰　會議募與化沿海土兵二百名為銃手

六十名。

欽差巡視海道兼理邊儲福建按察司副使陶

福建按察司團練道僉事梁　會議募漳州沿

海土兵三百名。鳥銃手一百名。

欽差分巡興泉道兼管兵備福建按察司僉事喬

會議募泉州沿海土兵二百名。鳥銃手六十名。

各行委指揮把總管練去後，其各操法已經

各道議將，肖下見操之法，酌量增損，就於各

府教練外。今將操法開具于後。

計開

合操法　又一

一該操之日，天未明，甲兵先至教場，排列

於月臺東西，如左。蓋教場早前有大營

軍兵操演，恐其相混，且劄此地，候大營軍

兵操畢，散回，然後發此兵出前排列，聽候

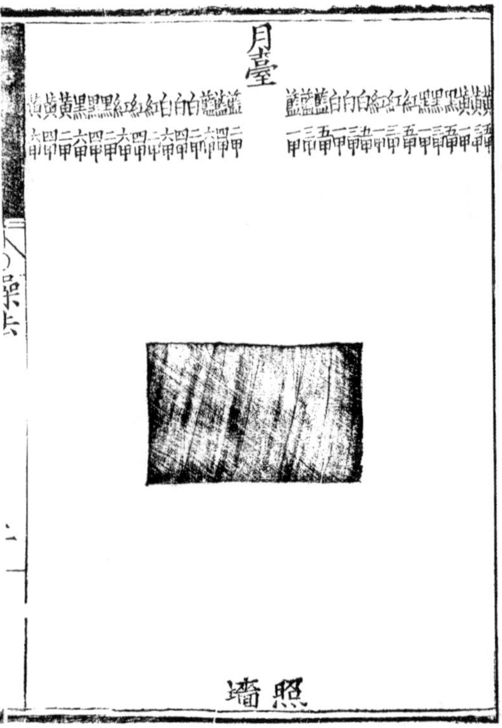

指揮把總至教場，將臺放大銃三聲，打德勝鼓，回

長空手至月臺南二邊，跪接。二官上演武堂，鳴金

止鼓。甲長各歸隊，將臺上點鼓，各甲長引各兵出

列月臺前面，如左。

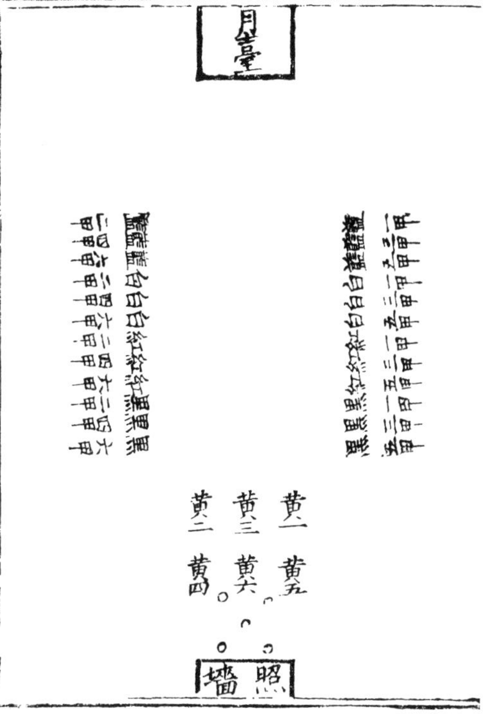

右各立定鑼手稟舉號招甲長發放指揮把總操[illegible]稟若上司操諸事俱指揮稟。將臺即吹雙號笛答[illegible]至月臺下。兩邊立定。將臺擊鼓一聲。甲長合立月臺下。將臺擊鼓二聲。甲長齊跪叩頭聽發放。堂上說起去。甲長齊起立定。將臺擊鼓三聲。甲長分立兩傍。將臺打德勝鼓。甲長依次行回原隊。訖鳴金止鼓。鑼手稟起操。執表者各至信地。將臺吹小銅三聲。中軍點鼓三十。甲兵照依原編次第魚貫而行。藍白二色兵行盡。黃旗一二三繼行。盡。五方中軍旗繼行。盡。黃旗四五六又繼行。盡。紅黑二色繼

行演發兵行路如左。

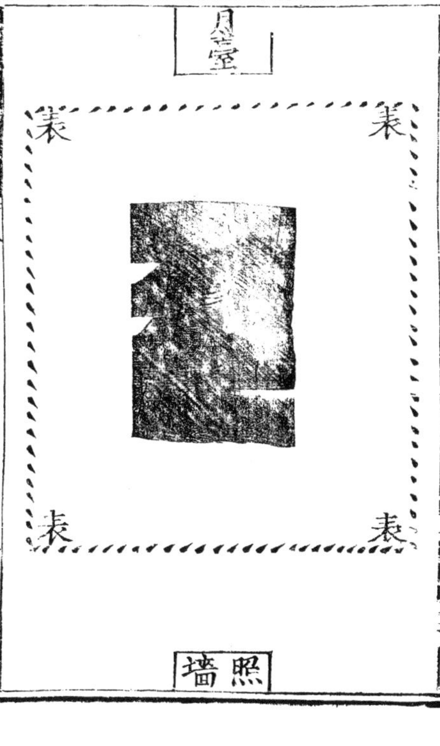

約黃毛甲兵至照墻前。塘報來中軍稟。前面有賊。中軍放銃一聲。各甲兵即各劄立戟伍。立定。中軍敲鼓邊數聲。各甲兵坐地。收整衣鞋。食包飯諸事。中軍吹號笛。各甲長起。空手至中軍。聽發放。訖寂回隊。中軍吹大銅三聲。各甲兵齊起立。中軍吹小銅三聲。兩頭四甲兵先行。為翼兵。以防賊入包陣。非有緊急。不許接戰。其餘甲兵演疊陣。如賊尚在一千步之外。則點鼓徐行。各以後隊行出前隊之前而止。書曰。不愆于五步六步七步乃止齊焉。是也。賊尚遠兵徐徐行去故曰步也數疊之後。如賊已在五十或一

百步之間。中軍鼓鑼邊鳥銃齊發。中軍擂鼓。甲兵疾衝。亦以後隊衝出前隊之前而止。書曰。不愆于五伐六伐七伐乃止齊焉是也。賊已近。用兵器擊鬬。故曰伐也。又前隊合戰。後隊衝出。即兵法所謂以正合。以奇勝。先出為正。後衝為奇也。既衝之後。則後復居前為正。前復居後為奇。合數衝而觀之。豈非兵法所謂奇正相生。如環無端者乎。戰罷鳴金退回。盡如前進之法。翼兵亦漸次同退。

疊陣勢

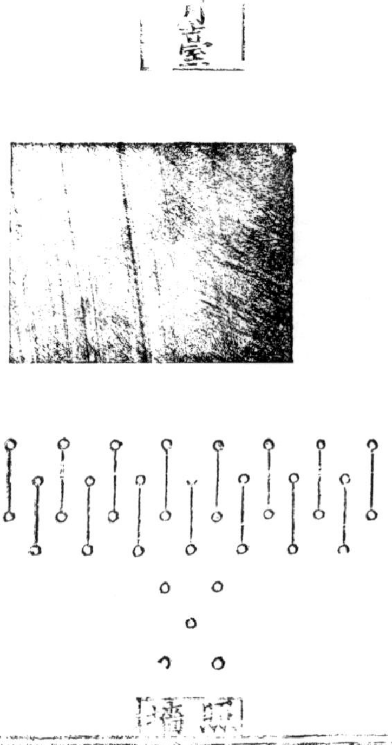

〈〇操法　五

各甲兵退至原信地訖。中軍敲鼓。各甲兵坐地休息。少頃。中軍吹大銅。各甲兵起立。中軍吹小銅。演奔前蛟勢。先點鼓徐行。後擂鼓疾衝。鳴金而退。俱如疊陣之法。唯兩翼因兵少不用。待兵多臨時加也。

奔前蛟勢

右勢演訖。各兵收入原信地訖。中軍徐徐點鼓。演滿天星勢。此勢止為正。衝為奇。併力而前。其形大張。

〈〇操法　六一

滿天星勢

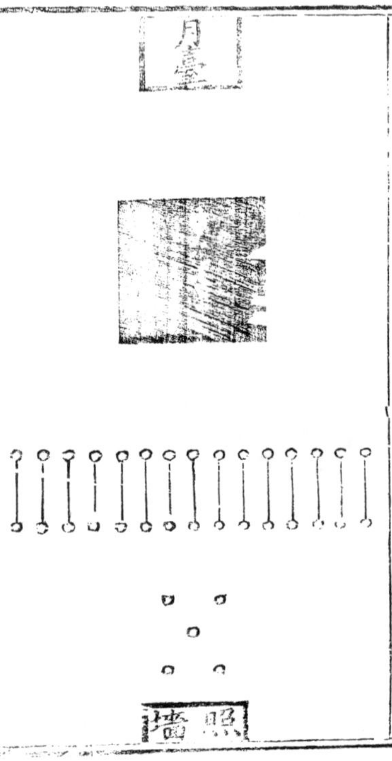

右陣各甲兵一齊徐徐行出。每一田一前行，各有一甲後隨。前隊遇敵，後隊非緊急不許越雜。前疊陣亦各有隨兵，其意同也。遇奇日則奇隊在前，遇偶日則偶隊在前。點鼓徐行，擂鼓疾衝，步伐止齊，俱如前法。戰勝而退，則將臺打德勝鼓，前後隊齊轉身，徐徐行回。此乃大捷之勢，不用更番疊退也。各甲兵退至原信地訖，鑼手至月臺前稟操畢。收兵，將臺打德勝鼓，回兵照前出兵行包表外，至照墻前，分回東西信地劄立。鳴金止鼓，暈抽數甲出演武藝，訖，點鼓收回月臺東西邊休息。堂事既畢，打德勝鼓，發甲兵回營。

練兵必先練膽，練膽必先教習技藝。技藝精則膽自雄。教甲兵以陣法，乃衆人合力之技藝也；教甲兵以技藝，乃一人自用之陣法也。二者皆精，膽有不雄者乎？但二者之法，其理一也。人身居中，二手二足爲前後左右，屈伸變化，有正有奇，相生不窮，此一人之陣法也。合衆人爲一軍，其奇正變化之法，實自一人之技藝而推之也。兵法每稱奇正步伐，前已言之明矣。又謂以鼓進，以金退。又謂坐作進退，疏數疾徐。又謂陣間容陣，隊間容隊。又謂整隊禁聲，宜用鐃。又謂當山蛇勢，前後首尾相救應。又謂紛紛紜紜，鬭亂而不可亂。故今日操法至簡至易，易知易從，實於古人兵法無一字不合。至於查兵、伏兵、老營駐兵，又宜臨時酌量我兵多寡用之。今甲兵三百名照制此法以教之，引伸觸類，則數千數萬數十萬，其法亦不外是也。法雖至簡至易，其中鬭亂不亂，變化不窮之妙，則與曲禮經禮中規中矩之節同其微妙處。斷輪解牛，藝之至粗者也，而不疾不徐，得手應心，一朝解牛十二而並及不能，皆有至精至神之理存焉。故君子之道

始於人倫日用，終於盡性至命；始於灑掃應對，終於精義入神，何莫而非由粗以入精乎？昔孔子答衛靈公問陳曰：「俎豆之事，則嘗聞之；軍旅之事，未之學也。」其意實以軍旅之事能如俎豆之禮，周折不亂，陳在其中矣。惜靈公不能再問，後人遂真以孔子爲未學軍旅告靈公也。學者合大小精粗之理而玩索之，始得；合粗迹而求之高遠神怪，則惑也。

教技藝歌訣

陰陽要轉　兩手要直　前脚要曲　後脚要直
一打一揭　遍身着力　步步進前　天下無敵

右教練技藝又教練陣法不計月日習之則
人人皆精水火可蹈即有大警以各兵充甲
長各募兵九人而教用之則旬日之間可得
精兵數千古人謂以一教十以十教百以百
教千教萬今日練兵正合此義也

隆慶六年九月　日

兵部覆本

為仰仗
天威官兵會剿海賊生擒首酋斬獲醜類飛報異常
大捷以仰紓
聖明南顧事總督兩廣福建軍務右都御史劉燾才
堪定亂志切匡時布章程于入境之始而軍士
之怠玩者咸鼓舞以争先嚴督責于交戰之時
而將臣之覩望者遂先登以寡敵文武兼資無
忝壯猷之師奇正並用坐收者定之功此一臣
者勞績獨祟所當特論巡撫福建右僉都御史

塗澤民負軍旅之才抱經綸之畧各練士卒製樓
船夙夜不辭乎鞅掌明賞罰申號令經營大奮
于精神懲䂓報之末的而盟師勵將務期滅賊
以成功每矢石之方交而督戰麾兵是忘身
以從事成此大捷多賴忠猷巡撫廣東右僉都
御史熊桴才名迥邁丁時流戎務悉諳于篋仕
自擁旄蒞鎮適當山海之縱横況轉餉調兵正
値公私之匱詘隨宜應變倭寇與海寇而俱平
力疾䏻戎勞形與勞心而並瘁廣西總兵官署
都督同知俞大猷才經百練望重三軍建福舟

取勝之議知甲兵素蓄於胸中定分道並進之
謀見料敵如指諸掌上剋成功不伐益占素蓄
之直練且矍鑠不衰何異援甓之便捷福建總
兵官署都督僉事李錫謀能制勝勇素兼人鐵
甲火龍色創于獨見而隨試輙効卒收三捷
之功巨舟秘計種種桴平群思而賊黨離心遂
孤羽翼多勢窮極成功之本寔資摧陷之威廣
東總兵官署都督僉事郭成英毅絕塵軍機曉
暢倭夥汎掃已寒連結之奸南澳揚帆備見追
奔之勇當猛虎負嵎之勢而使之斷首就縛豈

云僥倖以收功正窮獸奔走之時而坐令進退
無依可謂　以成事此五臣者勞苦功高所
當首論原任叅將王詔久習水兵夙閑將畧戰
慮勝而後會事多謀而有成履風濤之危而覩
冒矢石鼓先登之勇而獨殲渠魁消兩省禍源
除數年之巨害若非銅山柘林曾犯後期之罪
安得廣東福建共推第一之功此一臣者亦當
優論福建帶管海道僉事蘇愚帶管監軍副使
紫濠廣東監軍副使江一麟海防兵備僉事楊
芷奉夾剿之約而隨軍協賛寔多經理之勞屢

多難之區而隨事盡心共著折衝之績原任叅
將今加副總兵張元勳膽氣驍雄韜鈐練習去
冬黃芒之戰衝鋒于白浪而險阻不辭今茲三
澳之師追敵于大洋而死生罔計此五臣者亦
當並論福建遊擊將軍金科行都司羅繼祖王
如龍把總王允文原任都司蔣伯清總兵標下
坐營把總刁師武名色把總秉京焦國賢哨官
鍾乾華名色把總婁子和姜虎牛天秩楊文通
杜昭廣東名色把總謝明德林清王纘道鄧子
龍郭添心等或領一軍以分防或隨大軍而剿

截或首先迎敵以殺其勢或乘風破浪以殲其
舟以上諸臣均當論叙叅賛軍務先職方主事
今陞武選司署員外郎王倖佐閩帥以專征賛
戎機而靖亂帷中借箸允稱練達之材幕下論
功難掩蹤縱之畧此一臣者亦當併叙福建左
布政使陳典右布政使劉子興叅政熊琦叅議
劉志伊李紀按察司僉事徐作都司戶鳳朱珏
際濠吳秋元知府邊維垣葛綸孫紹卿朱炳如
曹當魏陞相儒同知梁符錢穀丁一中通判周
召鄭休推官梁大中知縣李霽分委効勞咸周

旋以從事同心共濟致大難之克平以上諸臣
所宜賞賚內周召弁莊海邀勞資並著尤宜優
異至如原任雲南按察使今閒住盧岐嶷切梓
里之憂而討殲群醜處江湖之遠而志切忠君
此一臣者亦宜賞賚陣亡先把總趙記今把總
胡世名色把總王宗瀛哨官安鵠趙國輔何崇
文鄭魁昇蔡賢李廷本潘天賜林宗道周汝光
等橫戈禦敵卒成死事之忠臨難捐生無忝結
纓之誼相應特加褒録陣亡被傷兵夫軍勇各
宜厚加優恤其餘文臣如福寧知州陸萬垓知

縣胡汝礪陳嘉謨陳大猷祝世喬關王成黃金
色王京鄭用夏劉應龍錢鳳梧經歷胡若水汀
州衛經歷浦永源都司司徵丁汝正連江典史
郭廷鶴報効生員程應龍總道亨武臣如名色
把總沈遷指揮徐堂盧昇臣千戶馬雲鵬李廷
輿百戶端永昌歷坐虜鑾鎮撫李佐名色哨官
徐天明林賢項宗恩沈英奮袁成粵各與有勞
亦應分別犒賞其餘報捷承行人員該司查有
前例俱應一體叙録既該督撫紀功等官劉燾
等具題前來係干激勸相應通行議

請合候
命下將劉燾特加陞廕塗澤民熊梓俞大猷李錫郭
成并加陞廕王詔查于實職上重加陞級仍加
賚賞遇有閩廣相應員缺即便推用張元勳蘇
愚柴淶江一麟楊芷王倖并加陞賞金科羅繼
祖王如龍王允文蔣伯清刁踋武秉京焦國賢
鍾乾華婁子和姜虎牛天秩楊文通杜昭謝明
德林清王纘道鄧子龍郭添心等重加陞級內
蔣伯清原犯提問相應准贖併復實職道下小
埕把總員缺就令填補仍照例以都指揮體統

行事陳典劉子興熊琦劉志伊李紀徐作君鳳
朱玨陳豪晏秋元鄺維垣葛綸徐紹卿朱炳如
曾當勉陸相孺梁符錢穀丁一中周召鄭忭梁
大中李齊各宜厚加賞賚盧岐嶷同加賞賚仍
與陳典劉子興周召移咨吏部查照陞叙陣亡
把總胡世趙記并哨總王宗瀛安鵠趙國輔何
崇文鄭魁昇蔡賢李廷本潘天賜林宗道周汝
光合照倪禄事例立祠死所相應以胡世趙記
居中哨官分列左右歲時致祭仍各特贈官秩
以慰忠魂其陣亡兵男各襲陞二級陣亡并被傷

兵夫軍勇動支官銀每名各給銀伍兩付各家
親屬收領陣亡諸軍仍行閩廣撫臣各差官一
員前去死所備祭一壇諭祭奠以示
朝廷優恤之意陞萬玹胡汝礪陳嘉謨陳大猷祝
世喬關王成黄金色王京鄭用夏劉應龍錢鳳
梧涌永源胡若水丁汝正郭廷鶴程應龍鮑道
亨沈遷馬雲鵬端永昌唐舉柳游徐崇盧昇臣
李廷輿盧肇李佐徐天明林賢項宗恩沈英奮
袁成學移咨該鎮督撫軍門分別獎賞報捷承
差舍人劉徐李煜杜遵陳世良吳允阜查照會

典内事例各陞職級仍賞衣服一套承行都令
典吏周琛趙世登楊偕嚴守倉郭廷鳳曾應社
兆來誠龍懋和夏杞沈晴郭蘭移咨吏部役滿
之日免其考辦徑與除選林大經量加冠帶其
一切山海未靖群盜行令劉堯誨督各鎮巡兵
備將領等官查照近覆巡按楊標奏疏内事理
務要漸次剿捕期于盡絶以為善後之計撫民
林道乾陳想如果報効有功亦聽該鎮優加賞
犒咸與維新如果反側未定亦當剿處以防其
患今福建潘臬守令并各將佐與有勤劳者本

部據該鎮巡撫奏叙備録其功廣東潘臬守令
并各偏裨與有勤劳者緣該省巡撫方在卧病
不能紀叙以故本部尚未議及合再移文劉堯誨
查叙上
請其餘有功人員應該陞賞有罪人員應該追究者
通候數冊到日一併議擬
定奪本部咨行都察院轉行紀功御史上緊勘明具
奏曾賊既已平寧紀功御史并參贊軍事合遵
原議通取回京供職擒獲逆賊曾一本雖稱病
故仍當剉屍梟首傳示沿海以為背叛者之戒

賊叔曾尾叔賊姪曾三爵與生擒各賊合行巡
按御史覆審明實即便會官處决中間者係脅
從審實另議曾一本妻鄭氏妾鄭氏合給功臣
之家為奴本賊族屬合依不限籍之同居流二
千里俱咨都察院轉行該省巡按御史差官押
解來京咨送刑部依律奏
請究奪用彰
國法以警人心但
恩威出自
朝廷非臣下所敢定擬伏乞

聖裁等因隆慶三年八月初十日本部尚書霍冀等
具題本月十二日奉
聖旨這海寇蕩平各官効有勞績劉燾陞左都御史
仍兼兵部左侍郎賞銀五十兩紵絲二表裏蔭
一子入監讀書翁學民熊桴陞右副都御史各
賞銀四十兩紵絲二表裏蔭一子入監讀書都
照舊督撫地方俞大猷陞右都督李錫郭成陞
署都督同知各賞銀三十兩紵絲二表裏王詔
于嵩職上陞二級賞銀二十兩張元勲等各一
級賞銀十五兩金科等各陞一級賞銀十兩內

蔣伯清准贖復職陳典等并盧岐嶷各十兩王
宗載王倖都看田京魯一本仍劉宛昂亦曾尾
叔等即便會官審决其餘依擬本兵霍冀賞銀
三十兩紵絲二表裏曹邦輔曾承各十五兩一
表裏該司郎中十兩欽此欽遵擬合通行為此
合咨前去煩照本部題奉
欽依內事理會行總兵官俞大猷一體欽遵查照施
行准此案查前事已經具
題去後今准前因擬合就行為此帖仰本官照依
備去欽部題奉

欽依內事理并通行各官欽遵查照施行具依准呈
報查考

殲曾賊後議處林道乾（此策惜不行後悔恐有日也）

書與廣東巡撫熊　及監軍道江潮州道楊　閏六月初七日

一郭寶山說林道乾有衆五千人有白船一百隻有大船六隻賊未受挫而鋒完兵已戰勝而氣惰一舉而收萬全豈非地方大幸萬一為賊所挫或賊結䑸衝逃雖其大船六隻難走其白船連結數十隻走出為各地方之害又須整搠器械糧餉窮追未知何時乃可收拾也今欲舉事須整搠船兵如與曾一本戰一般方可不然必有後悔

一福船認守牛田洋以小船劄塞内層大船劄塞外

層決不致其逸走猷敢自必也廣船認守河渡門此船素為賊輕須仰王詔敢承應否恐賊必衝廣船逸走衝走猶無妨若奪數船走去福兵離遠不及策應此事不知所終再三思之令半分其黨從攻山賊乘而取之誠為得策但賊又欲　寶山督去不知王詔能自承應否諸皆宜取決王詔

一賊走決宜窮追用船若干何將督領用錢糧幾個月福船兵將皆未有定議似難責追或　寶山王詔當任其責亦須預先定擬

一急宜移文福建知會整搠兵船於境上聽候時下南風汛猛賊走必去福建憶昔江南倭賊走過江北　李克齋公即有本參論今當善處此也若臨期移文恐緩不及事

一見在白船雖多商船勢急彼即擄用若待其再去省責鹽而乘之亦可

一福船修整此月盡乃可用

書與巡撫熊　及二道　閏六月初九日

皆東莞款兵有大烏船三十隻白艚船四十隻猷差人往撫一一聽命一次諭之曰汝既聽撫豈可留船聚衆曰謹散十烏船之人將十烏船送還官府次日

果送大烏船十隻至虎頭門猷差兵駕來五羊驛前再數日又諭之曰汝既聽撫尚存烏船二十隻船多人衆不免奪食曰謹散十一烏船之人又將十一烏船送還官府次日果送烏船十一隻至虎頭門猷差兵駕來五羊驛前彼又善訴謂我今只存烏船九隻不散者不滿千人惟願官府給牌許我往潮收鹽買賣猷曰可矣是見汝輩服招誠心由是送門原留撫官欲將船閣岸燒洗然後去潮買鹽猷以告白湖吳公曰因其閣船而乘其不意則大功成矣乃以其送回二十一船載兵往擊賊船半閣在岸[illegible]

不逞一鼓盡殲今處此酋似乎無難孫子曰全軍為上破軍次之獻請同　寶山至踏頭埔寨喚其頭目來諭之曰汝既招撫尚聚數千人為一寨一寨之人生殺由汝四傍鄉村報水販鹽船隻抽稅汝當初為賊則宜如此汝為撫民即是良民豈可如此此方百姓受汝之害苦不得官兵一日盡殲汝也但我官府大兵未集推誠招汝大兵既集失信剿汝四方招撫之民頗衆其事雖與汝不同亦將以失信咎我我今一要汝散去徒黨一要汝送還被擄一要汝云云一要汝云云汝若聽我處分我即將大兵分散各水寨

防守汝若不聽我處分想汝不敢與官兵決戰曾一本可鑒也汝若欲走走將何之下去雷廉交趾我兵可以追及一月工夫剿汝不盡用二月三月工夫又不盡半年一年可也一次工夫剿汝不盡用二次三次工夫又不盡十次二十次可也官兵既盛汝將何逃汝若上走福建浙江彼省各有兵船我追與之合勢汝益難逃汝試思之林道乾若堅執不從汝衆人何苦不尋生路尋死路往常賊尚可做今日尚做得否乎汝若欲走我讓汝先走一二個月定要追及殺汝也獸思此賊決無走處有處走走已久矣一走為

官兵追逐即四奔散道不能復聚故亦俛受聽招我以此意諭之徐徐收之不動聲色可了此事四方撫寨亦不驚惶此乘大兵之勢為之綽綽然也欲依此行速將兩軍整搠完備乃可隨機而應尚有許多曲節非言可盡賊今在我套中必不敢先叛先叛我得為辭亦可服四方撫民之心也

手本行　巡撫熊　監軍道江　潮州道楊　閏六月二十三日

為軍務事准監軍道江　分巡潮州道楊　手本奉巡撫軍門熊　憲牌據潮州府并帶管海防通判楊肇各報林道乾坐駕大小船八十餘隻於十九日作

叛出海等因到院看得見今曾黨未了而林道乾又率大艅船隻出海未審何往即今官兵雲集彼欲何為且有總兵俞　善謀能斷合行計議為此牌仰本道即便備行本總會同總兵郭　從長查議林道乾是否稱叛應否追剿務求停妥施行奉此合用手本煩為會同總兵郭　從長查議林道乾是否稱叛應否追剿希由見報等因准此查得林道乾近為烏船避風駕入河渡門灣彼船原住此灣懷疑遁出見該總兵郭　差人往諭如其真心向善安靜回灣悉如軍門熊　見行示諭彼得保其首領我得全其大信

或敢怙終不悛不遵示諭另議攻剿滄海雖大彼視
犯臨將何所逃乎照得總兵郭　訪得賊尚有衆五
千人白船一百隻大船七隻向未受挫其鋒尚鋭又
我福兵數大戰之後皆是惰歸之氣又鏢鎗俱已用
盡火藥硝磺近解無多又此兵一出賊必遠遁下入
交趾上往福浙俱要窮追往返必經三四箇月為今
之計各兵工食銀俱應暫給至八月終止本色行
糧給至九月終止仍懸重賞以鼓士氣責令把總脩
整各船補換兵勇又鏢鎗須速造四萬枝犂頭鏢四
百枝火藥一萬斤鉛五千斤石銃千一千圓分與各

船又前攻曾賊賴福建發貢百子銃之多今一時難
辦合鑄造生鐵大碗口銃三百門每門重一百斤用
銀一兩其餘合用之具聽本鎮隨時議辦但得錢糧
早速發給約至七月中旬可以舉事其為船聽總兵
郭　議整工食錢糧應給至八月終止本色行糧給
至九月終止以後聽兩鎮另行接支為此合用手本
前去請煩定奪施行
　前議將行罷兵省費之文至以追餘黨專責王
　詔餘黨不追責有攸歸也
廣東等處提刑按察司海防監軍副使江　僉事楊

省重費事本年柒月初壹日奉
欽差巡撫廣東地方兼贊理軍務都察院右僉都御
史熊　案驗准
巡按廣東楊御史牌發疏稿該掌印副使施　會同
布政司掌印左布政使熊　右布政使許　看議得
本院疏稿内開近者會剿曾一本功已就緒惟廣東
海寇數多如林道乾其衆不減曾酋但屢屢告招聞
亦出力報効此其撫剿機宜未敢輕議他如林容程
老王老亦皆有名之寇各自為夥林容僅叁拾餘隻
曾未月餘忽報劫虜商船已增至伍拾叁隻以此揆

之不出壹貳歲間其為曾一本凡幾也廣東實在兵
船數幾叁百將兵器械種種見在失今不圖坐令將
兵罷去船隻日壞他時賊勢益猖事難終已從新召
募整理機事難圖為費數拾萬金此可坐而策也趁
今舟師大加剿蕩務令一切海賊片帆不留一勞永
逸切詳疏内事理實皆本院奉奏為民除殘去暴久
安長治之策但查得廣東兵船總兵官俞　統領大
小壹百伍拾餘隻水兵柒千餘人皆閩中造募者本
官原奉
明旨事寧還鎮宜及今散遣不必復資其用參將王

虔臺倭纂二卷圖一卷

〔明〕謝杰撰

《虔臺倭纂》二卷圖一卷，明謝杰撰。杰（一五三八—一六〇五）字漢甫，號繹梅，福建長樂人。萬曆二年（一五七四）進士，歷任光禄寺丞、兩京太常少卿、順天府尹、右副都御史、南京刑部右侍郎、北京刑部左侍郎、户部尚書。據自序可知，此書成於衆手，麾下柳邦奇、傅良橋、朱琦、張仕斌等人均參與其事。分倭原、倭好、倭利、倭針、倭變、倭巧、倭媒、倭防、倭績、倭議、今倭紀等十一門。末圖一卷，《萬里海圖》詳記欽州、廣州、漳州、温州、南直隸蘇松要地、青州等地形勢與防衛情況；又繪各海船、槍械之式，資料翔實，述記有序。據中國國家圖書館藏明萬曆二十三年刻本影印。

匪韜鈐所空乃為[illegible]虔臺纂
者畧之也議始於[illegible]信哉乎
挪子邦奇傅子良橋朱子琦張
子仕斌而傳與張左力焉余則
為廣之廣之猶損五之二則纂
與畧之証也是非綮于輿人者

又竊定之凡八篇海介悠悠爰
有蠻觸故始倭原惟貢及使初
以好合故倭好次之好必市紀
倭利利必爭紀倭變變必詐紀
倭巧巧必絕紀倭防防必勝終
倭績而議附焉示弗議固弗成
也是纂之次第也簡而不遺經
武所便聊以辭于軍雖然倭果
終好乎余纂也且以覆余瓿
旹
萬曆乙未三月朔日虔臺主人書
于抑抑堂

虔臺倭纂上卷

虔填撫閩長樂謝杰漢甫氏著并叙
麾下柳邦奇　傅良橋
朱琦　張仕斌
陳信　同輯

倭原

倭能禍福我非風牛馬之不相及者不稔其情孰制其命故知彼要矣紀倭原

倭日本也古名倭奴國唐咸亨中習華音

悪有奴名始更今號以國近日故也或云日本倭旁小國倭滅之而冒其名地去中原甚遠隔大海依山島為國邑隋書云倭在新羅百濟東南三千里新羅百濟朝鮮左近之國地形類琵琶東高西下肥前居西六畿居東其居中者曰山城國分五畿七道以道統州以州統郡曰山城曰太和曰河内曰和泉曰攝津此五州為五畿如中國之直隷也地在山城之東南曰東海曰東山曰北陸曰山陰曰山陽曰南海曰西海是為七道如中國之十三省也州六十一曰伊賀伊勢尾張甲裴三河遠江駿河伊豆相摩上総下総志摩安房常陸武藏則東海道所統之州地在山城之東而少偏南曰近江美濃飛彈信濃上野下野出羽陸奥則東山道所統之州地在山城之東而少偏北曰若佐越前越中越後加賀能登佐渡則北陸道所統之州地在山城之東北而陸奥其正東極東者曰冊後冊渡但馬因幡伯岐出雲石見隱岐則山

（畿内五州各道六十一州共成六十六州今皆屈服於關白）

陰道所統之州地在山城之北曰攝摩美作備前備中備後安藝周防長門則山陽道所統之州地在山城之中而偏南曰紀伊炎路阿波伊豫土佐讃者則南海道所統之州地在山城之極南而偏西曰竺前竺後豐前豐後肥前肥後日向大隅薩摩則西海道所統之州地在山城之西而肥前其正西極西者是則如中國之各府也島之大者曰伊岐對馬多藝其次曰平戸七島五島男島女島種島其徵者曰有馬

日本之俗有富有貧有淵有愚如攝摩伊勢若佐博多其人以啓為業其地方街巷風景宛如中華富者各數千家有積貲至百萬者和泉一州富者八萬戶皆居積貨殖薩摩之鵰哥里方數十里其邑長安慶能納民于執物無一人為盜如官島俗不嗜殺人有不平事但詣神廟罰錢如紀伊之頭陀僧三千八百房專習武藝殺人而不犯中國富而淵者或登貢舶或登宮舶而來凡在寇舶皆貧與為惡者也

為若小島連島官島三島附于各道則如中國之州也郡凡五百七十有三不可勝書則如中國之縣也伊岐對馬多藝各統二郡則如中國縣之屬州者也關二曰佐加井闌佐加關近西南在炎路日向之間井闌關近西在長門豐前之間驛凡四百一十四戶凡七萬有奇課凡八十八萬三千三百二十九以其戶口課額推之則其所謂郡者不足當中國之一二都所謂州者不足當中國之一二縣所謂道者不足當中國之一二府合其畿道不足以當中國之一二省或如兩廣或如雲貴或如川陝已矣總之不足當中國八之一也地有曰博多者不見於州部而極其要害繁華則如中國之大市鎮耳國都初居日向之筑紫宮後徙山城日向偏西南山城則其國之適中處都日向者取其要都山城者取其均也大都倭之地東曠而西稠倭之法西詳而東略故山城以東之地雖倭奴遠服貢者不能偏歷況華人乎其所考率

東西言行四五月者非南北言行三月者非言數百里者亦非

出譯者之口而已東西長約可六七千里南北短約可二三千里東北近毛人國界東南近東女國界北近月氐國界南近琉球國界西北近朝鮮界西近淮揚界西南近浙江福建界四至皆極于海國君以王為姓以尊為號後改稱皇文武僚吏皆世其官有德仁義禮智信大小十二等及軍尼伊尼翼諸名漢武帝時始通中國至隋唐俱恭順宋末職貢不入元時漸為梗

國朝雖有貢使而猖獗彌甚至與胡惟庸陰謀不軌遂絕不與通而通番之禁甚嚴沿海之防甚密皆為倭而設者前此入寇多薩摩肥後長門三州之人厥後大隅筑前筑後博多日向攝摩攝津紀伊種島而豐前豐後和泉之人亦間有之盖因商于薩摩而附行者其路往高麗必由對馬島開洋順風僅一二日可至往琉球必由薩摩洲開洋順風七日可至貢使之來必由博多開洋歷五島而入中國以造舟水手具在博多故也貢船回則徑收長門以插分

犯福建則自彭湖島分䑸或之泉州等處或之梅花所長樂縣等處

犯定海必經大猫洋入金塘蛟門犯象山奉化必由東西厨入湖頭渡犯昌國必入石浦關犯台州必入桃渚海門松門諸港犯紹興之餘山三山必過漁山兩頭洞三姑山而入蟶浦犯寧波之龍山觀海必過霍山洋五

嶼而經列表平石犯錢塘必過大小衢徐公山而入鶯子門赭山犯青南必過馬蹟潭而西犯太倉必過馬蹟潭而西北犯瓜儀常鎮必過茶山入職角嘴涉谷犢狼福山犯淮安必過步洲洋亂沙而入塩城口犯楊州必入廟灣過此則犯登萊

司官在長門故也其入犯則随風所之東北風猛則由薩摩或五島至大小琉球而仍視風之變遷北多則犯廣東東多則犯福建若正東風猛則必由五島歷天堂官渡水而視風之變遷東北多則至烏沙門分綜或過韭山海閘門而犯温州或由舟山之南而犯定海象山奉化昌國台州正東風多則至李西㠂壁下陳錢分綜或由洋山之南而犯臨觀及錢塘或由洋山之北而犯青村南滙太倉或過南沙而入

大江若在大洋而風欵東南也則犯淮揚登萊若在五島開洋而南風方猛則趨遼陽天津大抵倭船之來恒在清明之後前乎此風候不常清明後東北風方多而且積久不變過五月風自南來不利於行矣重陽後風亦有東北者過十月風自西北來亦非所利故防海者以三四五月為大汛九月為小汛其停橈焚劫雖曰在倭而其帆檣所向一視乎風實有天意存焉在人者有備無患而已山城君號令久不行

三軍門如中國總督府

出雲殺山口長子安藝殺豐後君弟禍亂種種皆由日本國都遷於山城而弱也

按此所載皆日本近事其云倭王居邪馬臺即邪摩維附庸之國拘邪韓寂大則或古名與今所紀稍異故並削之

於諸島而山口豐後出雲開三軍門互相吞噬今惟豐後頗強併肥前六島有之関白又弑其子而自立威脅諸道倭亦無定主矣今之入寇率関白主之於山城君無與山口併石見長門出雲伯岐等州號山口君出雲奪歸其地號出雲君出雲為陶殿所殺至嘉靖丁巳豐後君又殺殿而自立今則屬之関白者

國初金印勘合封山城君者久為山口所有一向入貢俱山口自主山城出名而已陶

殿之亂宮殿勘合俱焚金印亦損一角不知所歸萬曆二十三年乙未封平秀吉為日本國王别議鑄印

倭原二

論勾引

鄭若曾曰倭寇之患自福建始乃内地奸民勾引之其時為嘉靖丙午禍尚隱而未彰都御史

倭夷之蠢蠢者自昔鄙之曰奴其為中國患皆潮人漳人寧紹人主之也其人衆其地不足以供勢不能不食其力於外漳潮以番舶為利寧紹及浙沿海以市商竄户為利初皆不為盗但為此者多樂寬縱而喜交通東南承平日久市船之官權勝流

朱紈用海道副使柯喬議欲以海滄月港等澳皆民充捕盜撲之倘倭都指揮黎秀獨謂不然上議於巡按御史金豪曰先年倭夷内犯皆委重臣以督海防是以海濱久安今承平日久軍民趨利忘害輕生之徒攘臂貿易絶而復啓若不預行究治恐禍患日深職近署安邊館事諗知違禁通番大船之詳其船皆造于外島而泊於外澳或開駕以通番或轉售於賊黨而嵩嶼漸尾長嶼海滄石馬許林白石等澳乃海賊之淵藪職欲禁治恐澳中勢要拒抗不服反速其禍乞行府縣巡捕官親詣各澳容行擒治舡隻應燬者燬應由者由庶頑民知警而通番之風少息議上秀遂大為漳泉人所搆致劾免官後十餘年倭患大

職天順以来久與夷通奸民率寬於此因以為市共在海上武具力齊雖有小盜隨見殄滅是以瀕海晏然絶無寇警法弛而人不戢曺相國所云無擾獄市正此意也嘉靖初市舶既罷流臣日嚴其禁商市漸阻浙江海道副使傅鑰申禁於六年張一厚申禁於十七年六年之禁而胡都御史璉出十七年之禁而朱都御史紈出視撫設而盜愈不已何也寇與商同是人市通則寇轉為商市禁則商轉為寇始之禁禁

熾沿海受其荼毒人始服黎遠覽而惜其竟向使早用其言胡以有是令論者但知紀錄戰功而曲突徙薪謀不之及故志之然此亦一時之計若圖永久必如今開海禁嚴私販而後可也

論倭汛

副總兵鄧城曰倭奴入寇必乘風汛之便遇正東風必由下八陳錢馬蹟等澳犯浙江遇東南風必由茶山入大江犯直隷緣海中山沙自馬蹟而北至於崇明或斷或續互相連絡舡不能東西飛渡故　國初於海島便近去處俱設衛所堡寨以控禦之至為精密承平日久寨衛徙置倭患浸興今皆撫修復舊制各險皆建官兵守分舡巡哨自舟山以北如大衢馬蹟洋山為

商後之禁禁寇禁愈嚴而寇愈盛片板不許下海艨艟巨艦反蔽江而来寸貨不許入番子女玉帛恒滿載而去商在此者負夷債而不肯償商在彼者甘夷居而不敢歸向之互市今則向導向之交通今則為引於是海濱人人皆賊有誅之不可勝誅者是則閩浙及廣之所同也浙中於商之外又有一影竈户專以採辦為名私造違禁大舡不時下海始之取魚繼之接濟終之通番禁之則曰我塩舡也課額何由以

倭所必經之地而陳錢尤為分䑸要衝設正副二總兵分駐金山臨山互守陳錢參将分屯馬蹟等山以防倭之從下八山来者又於狼山慕角嘴設遊兵把總以防倭之從茶山来者又於昌國以北崇明以南沙島羊山間設參遊二員一駐定海一駐竹箔嚴督各總南北會哨以防倭之四散逆入者伺察既嚴警報尤捷居常各督所轄有急互相策應守必如赴戰哨必如賊臨運臂使指潜機伏形或迎其来或邀其歸萬無不中矣

辨監鹺憲臣惑於其言過於庇護間有發其姦者反将擒獲之官節次論劾海道備倭勘斥相繼甚有坐死如柯喬盧鏜者於是防海之臣不得不遷就避禍以致海禁愈弛養成大禍初但許棟李光頭等數人為盜既則張月湖蔡未山蕭顯徐海王直輩出而稱巨寇矣初但宮前南紀雙嶼等數澳有盜既則烈港柘林慈谿黄巖崇德相繼失事而稱大變矣初但登岸擄人責令赴巢取贖既則盤據内地隨在成居殺

凡過海之舡必雙桅尖底採捕之舡止單桅平底竈丁之弊不必擒獲以激讞院之怒但平心與議照節題事例許造單桅採辦之舡朝出暮歸禁造雙桅接濟之舡經月不返則其弊自革亦寬嚴相濟之一端也

散賊黨

閩縣知縣仇俊卿曰海寇之聚其初未必同情有冤抑難理因憤而流于寇者有憑藉門户因勢而利于寇者有貸殖失計困

将攻城幾於不可收拾矣下之閭閻貧富彼無不知上之府庫虚實彼無不悉賊誠善偵而為之耳目者誰也千人四布無一人知嗚鏑而起須臾畢集擊左左應擊右右應聲東而擊西東西無不應賊誠善匿善詐而為之窩藏指示者誰也則皆我之奸民為之也進有賊之實退無賊之形賊未至皆良民賊已至皆奸民兵入其地詢賊情形問我道路悉為所誤當此時以為奸民戮之然有良民也以為良民舍之然

因而營于逸者有功名淪落因傲而放于寇者有傭債作息因貧而食於寇者有知識風水因能而誘于寇者有親屬被拘因愛而牽于寇者有搶掠人口因壯而投于寇者諸如此類不無可矜雖在寇流未必無生還之心宜設諜轉相為攻心伐謀之計或揭榜通衢或標旗寇所內地之人願歸者許令不時投首官給口糧押赴各該鄉井有親鄰識認者即時放釋中有豪傑能以智力取倭首來獻者另行重賞能說誘寇主出降者　題封見任官職如此彼心危疑其黨易散又聞寇至地方必先廣其耳著之人以為鄉導吾即以鄉人之知巧者遣之反行間諜或假作接濟與之往來使不相疑或暗貽之財使厚相結兼覘歆食使日相親狎如此未有不可得彼之情以行吾計者也

論通倭

譚副使綸曰浙人多許每竊買絲線水銀生銅藥材一切通番之貨抵廣變賣復易廣貨歸浙名曰走廣不止之禁則嚴霜之漸馴至堅冰欲行究詰則奸宄之雄彌縫百端徒滋擾耳為今之計莫若趁此議練鄉兵之時立為保甲之法委所轄各府佐貳官公同屬縣掌印官親詣地方不問頃畝沿海與城郭鄉鎮去處官吏生徒舉監之家務遂户挨查每十家編為一牌牌內分十直格皆以巷道為准如是東巷門起則于牌格內左甲起下填註東巷門字樣從西順挨起趙甲終陳癸各填註人丁生

有奸民也中國刑罰幾於無所措其手足求其極治違致極敝人與法而俱亂矣推原其故皆緣當事重臣意見各殊更張無漸但知執法而不能通於法之外但知禁利而不知察乎利之弊或以過激啓釁或以偏聽生姦所云誰生厲階至今為梗者也閩廣事體大約相同觀丙子丁丑之間劉軍門堯誨龐軍門尚鵬調停販番量令納餉而漳潮之間旋即晏然則前事得失亦大畧可睹也已夫由海商之事觀之若

病于海禁之過嚴由竄户之事觀之若咎於海禁之過弛然則如何而可善夫鄧鍾之言曰政過嚴則民激激則生變過寬則民玩玩則生亂要當酌而行之如過洋舡則開納餉之利仍峻私販之防如過省舡收泊則許其為客出泊則禁其下海寬以導其利嚴以絕其奸如此則仁義並行百世無弊可也鍾之言雖論閩事其寔天下之通論在當事者時時整頓而勿更張之斯善矣

理明白于右甲頭下填註褚子衛丑姓名至十家為第二甲法亦如之三牌四牌依次聯絡挨填如一巷之內人家已編十牌外有零者即將大家中人丁煙多者報足編之村鎮無巷道者亦依村鎮編之就于本名下坐定日期每一家輪直三日第一家輪初一十一二十一日第二家即初二十二二十二日以次填註按日于本家門首懸掛仍每一牌年輪一名為甲長管領九家每十牌年輪一名為保長領百家其中若有遠出不歸通番走廣者許牌內直日之人抱牌赴首官為拏究容隱者一家有犯十家連坐其有原犯通番逃回自首者免罪編完之日府縣仍將牌每甲一樣再填一張類訂成冊存留在官巡捕官時加查考庶通番之黨自消而地方之不逞亦可以禁絕矣

論私販

鄧鍾曰私販日本一節百法難防不如因其勢而利導之弛其禁而重其稅又嚴其勾引之罪譏其違禁之物如此則賦歸于官民亦何利而為之然日本欲求貢市斷不可許何也過洋自我而往貢市自彼而來自彼而來則有不測之變自我而往則操縱在我而彼且資中國之利二者固大不侔也若海禁愈嚴則獲利愈厚而奸民愈趨之嗟乎利乃亂之囮也

倭好

貢以好來使以好往春秋之義夷狄而中國則中國之於倭亦然紀倭好

倭故不通中國漢武帝滅朝鮮置樂浪玄菟等郡譯使始至使者自稱大夫光武中光六年奉貢朝賀賜以印綬安帝永初元年來獻生口至者百六十人魏景初二年朝獻時司馬懿滅公孫淵威震海外國王畀彌呼懼遣其大夫難升米牛利等以方物獻明帝詔畀彌呼為親魏王假金印紫

綬以難升米為率善中郎將牛利為率善校尉假銀印青綬使命始通正始四年貢八年貢晉泰始初年貢安帝時倭王讚通表江左宋文帝元嘉二年貢王讚死子珍立自稱都督倭百濟新羅任那秦韓慕韓六國諸軍事安東大將軍倭國王詔仍其號又除其臣十三人為平西征虜冠軍護國等將軍從所請也二十年貢二十八年貢順帝昇明二年貢倭國王武表稱臣祖彌躬擐甲冑東征毛人五十五國西服衆

夷六十六國平海北九十五國廓土遐畿累葉朝宗不愆于歲道經百濟爲高麗所圖臣亡考濟亡兄興並欲問罪不幸奄喪今欲練兵申父兄之志竊自假開府儀同三司其餘咸各假綬以勸忠節詔從之濟興皆珍子孫然則海外有六十餘國與世興高麗爲仇蓋自古而已然矣隋文帝開皇二年貢帝問其風俗使者言倭王以天爲兄以日爲弟天明聽政跏趺而坐日出便停去委我弟文帝曰此大無義理訓令

煬帝謂鴻臚卿曰蠻夷書有無禮者勿復以聞

蝦蛦人居海島中鬚長四尺珥箭于首令人戴瓠立數十歩射無不中

改之煬帝大業二年貢書稱日出處天子致書日沒處天子帝不悅三年貢報使也唐太宗貞觀五年貢永徽初年貢自稱有琥珀如斗瑪瑙如五升爲高麗百濟所暴詔出兵援之二年偕蝦蛦人貢咸亨元年貢自此惡倭名更號日本長安元年貢所遣真人田粟真人猶唐官尚書田粟其名也進德冠紫袍帛帶好學屬文進止有方武后宴之麟德殿授司膳卿開元三年四年二十四年凡三貢其臣仲滿慕華不肯

明越州即今寧紹

歸更姓名曰朝衡寅後遣僧靈仙行賀往五臺山學佛法元和元年會昌元年光啓元年大曆十二年建中元年貞元四年俱貢天寶十二年朝衡歸而復来擢左散騎常侍安南都護傳新羅梗海道更由明越州入貢貞元末年復遣使入朝後梁龍德中貢宋雍熙元年貢使者名大周然善隸書不通華言以書對問其風俗曰國有五經書及佛法白居易集十七卷貢賦用銀交易用錢錢文曰乾文大寶王自古相襲

大周然能文其表云傷鱗入夢不忘漢主之恩枯骨合歡猶亢魏氏之敬周然誠惶誠恐頓首頓首死罪大周然附商舡之離岸期魏闕于生涯望落日而西行十萬里之波濤難盡顧信風而東別數千重之山岳易過妄以下根之卑遂詣中華之盛於是宣旨頻降恣許荒外之跋涉宿心克協歷觀宇內之瓌奇況乎金闕曉後望堯雲于九禁之中巖扃晴前拜聖燈于五臺之上就三藏而禀學巡數寺而優游遂使蓮華迴文神筆出于北闕之北貝葉印字佛詔傳於東海之東重蒙宣恩忽趁来跡季夏觧台州之纜孟秋達本國之郊爰待明春初到舊邑緇素忻待侯伯慕迎伏惟陛下惠溢四溟恩高五嶽世超黃軒之古人直金輪之新大周然空辭鳳凰之窟更還螻蟻之封在彼在斯只想皇德之盛越山越海敢忘帝念之深縱分百年之身何報一日之會染筆拭淚伸紙搖魂不勝慕恩之至

凡六十四世文武僚吏皆世官幷上其年代紀一卷帝感五代數易嘆息者久之周然所貢有供佛紅納青木函琥珀青紅白水晶紅黑木槵子念珠螺杯葛籠法螺染皮金銀蒔繪莒金硯鹿毛筆松煙墨蝙蝠扇螺鈿梳函白細布貂裘螺鈿鞍轡紅絲鍬泥障畫屏風石硫黃苧物較他貢頗爲珍異端拱元年夷僧奉表来謝兼貢方物咸平五年貢景德元年遣僧寂照入貢不曉華言而識文字繕寫甚工詔號圓通大

師賜紫方袍天聖四年貢卻之無表故也
熙寧五年僧來獻方物有銀香爐白琉璃
五香水晶紫檀琥珀所飾念珠青色綾元
豐元年乾道九年淳熙三年並入貢元豐
所貢有絹二百疋水銀五千两元至元八
年遣使入朝九年來朝卻之覘強弱也十
四年遣使易錢許之高麗王植每致書令
通好大朝皆不報彼以元主亦夷狄不欲
為之下故終元之世不服
國朝洪武二年入貢王名良懷遣僧祖來進

表箋貢馬賜以羅綺大統曆十二年十三
年十四年十五年並入貢十六年絕日本
之貢著為訓以通謀胡惟庸也初明州備
倭指揮林賢以罪流日本惟庸將為亂遣
人取賢回就借精兵四百與僧如瑤來獻
巨燭中藏火藥兵具意在圖亂事覺磔賢
于市而絕其貢永樂二年貢時太監鄭和
督水軍十萬宣諭海外故日本首先納欵
獻犯邊倭賊二十餘人命治以彼法盡蒸
殺之今銅甑爐竈猶在蘆頭堰降勅褒獎

正統七年之使名普福迷失道
路有在途悲感詩云來遊上國
見中原細嚼青松咽冷泉慈母
在堂年八十孤兒為客路三千
心懷北闕浮雲外身在西山返
照邊處處朱門苍柳巷不知何
日是歸年

給勘合百道定以十年一貢舡止二隻人
止二百違者以寇論宣德元年七年十年
並貢十年之貢謝弔喪也宣德之令凡貢
舡止三隻人止三百違者亦以寇論然皆
不盡從正統七年貢船至九隻人至千餘
時不能拒謂遠人慕化姑容之天順二年
貢成化二年偽貢都指揮張翥辨其奸不
得施而去十一年十二年並貢途多騷擾
諭令遵宣德中例人船並不得過制然亦
不從弘治八年貢使者壽蓂沿途生事至

濟寧強買貨物彼此殺傷解官照磨童釗
指揮魏政提舉王昭俱坐罪通事林春充
軍正德四年貢其使曰宋素卿源永春素
卿即鄞人朱縞鬻於夷在彼則名朱縞自
稱宗室苗裔以取寵來此則曰素卿重賂
逆瑾充為貢使以希利輔庶奪嫡竟為已
功而夷夏之釁啓焉八年貢嘉靖二年貢
先是四月夷舡三隻譯稱西海道遣使宗
設入貢越數日夷舡一隻夷人百餘復稱
南海道遣使宋素卿入貢俱至寧波江下

論諭倭

按倭法甚嚴一人為盜一家盡滅一島有犯隣島移平其奉勘合以時来貢者每遇閏年則諸島富倭合出貲輸於天文請得勘合方来入貢天文者酋長之尊而有權者也寔則貿遷有無以侔厚利利權自上操之後因海禁廢弛奸民通番販賣之倭往自貿易不請勘合利權下移

市舶太監賴恩私素卿重賄坐之宗設之上且貢舡後至先與盤發遂致兩夷讐殺宗設黨盛追逐素卿至紹興城下不及而還躪諸郡縣殺戮以千計都指揮劉錦等死焉尋以素卿下獄勘處數十次夷囚亦死獄中倭奴自此懼不敢欵關者十餘歲至十七年復貢二十三年又貢以非期却之二十六年貢猶以非期發外嶴停泊至次年而後納之從此四十餘年無貢者今雖許封猶能不許之貢蓋遵洪武十六年

之訓云

倭好二

倭既以貢来則中國不能不有所荅是以使命通焉始于魏正始之元年遣建中校尉梯儁等賜倭國爵命金帛六年賜倭臣綬八年遣太守王頎詔諭倭時倭王卑彌呼與狗奴國交兵故諭之隋煬帝大業三年遣文林郎裴清使倭清渡百濟歷諸國乃達倭清與王相見大悅燕享甚厚衣冠改如隋式綴以金玉唐太宗貞觀五年遣

天文所不樂者加之徽賊王徐閩賊林陳輩假擢名號竊録勘合妄具禮儀私通酋長邀至招呼益衆往來無稽天文所不知者此皆彼中情狀博訪似實若頒降　璽書聽浙江巡撫以便宜行知永樂年間事例取高僧數人稷文秉粹直至天文所詳為傳諭宣累　朝許貢之恩禁近來倭夷之擾發王徐之僞妝逃叛之民許脩常貢操利權天文雖愚必知所擇蓋日本所需絲綿藥物器用之類悉皆仰給中國故許之貢市以遂其欲而譚副使綸以為不可謂通番接濟乃吾中國沿海之人中國之官不能自禁而欲夷王禁其所屬不為所笑乎欲望夷王之禁其屬必先自禁始此譚氏之論也鄧鍾曰先王之馭荒服也不貢不庭則有征伐之兵有威讓之令有文告之辭故　二祖遣使遣僧諭日本王者再矣古之帝王皆行之安可謂失華夷之分貽後世之羞哉第恐山城君威令不行未必能禁止其下而倭夷譎詐亦終不可以論化懷服耳

斯州刺史高仁表持節撫倭仁表與王爭禮不宣朝命而還元世祖至元三年遣兵部侍郎黑的給虎符充正使禮部侍郎殷弘給金符充副使持國書諭倭其畧曰朕惟自古小國之君境土相接尚務講信修睦況我祖宗受天明命奄有區夏遐方異域畏威懷德者不可悉數朕即位之初以高麗之民久瘁鋒鏑即命罷兵還其疆域反其旄倪高麗感戴来朝義雖君臣歡若父子計王君臣亦已知之高麗朕之東藩

也日本密邇高麗而於朕躬無一乘之使以通和好尚恐王國知之未審故特遣使持書布告朕志冀自今以往通問結好以相親睦且聖人以四海為家不相通好豈一家之理哉以至用兵夫孰所好王其圖之黑的等取道高麗以往不得至而還四年五年並復遣黑的等往至對馬島為倭所拒而還六年十年並遣秘書監趙良弼往亦不得要領而還十二年遣禮部侍郎杜世忠往十七年倭殺世忠十八年征倭

右丞范文虎等喪師十萬于五龍山得還
者三人大德三年遣僧寧一山往說其國
其國人竟不至
國朝洪武二年遣使臣趙秩往倭疑爲元使
良弼之族欲殺秩秩不爲動曰我
天子生華主華非蒙古比天兵所至一咸當
百亦非蒙古比爾今日殺我明日禍至矣
國王氣沮賓禮而還秩使行人楊載齎璽
書諭之辭曰上帝好生而惡不仁向者我
中國自趙宋失馭北夷入而據之俗播腥

羶華風不競凡百有心孰不興憤辛卯以
來中原擾擾倭寇山東不過乘胡元之衰
耳朕本中國舊家耻前王之辱興師振旅
掃蕩胡番宵衣旰食垂二十年自去歲殄
絕北夷以主中國惟四夷未報間者山東
來奏倭兵數寇海邊離人妻子損傷物命
故修書特報正統之事兼諭倭兵越海之
由詔書到日如臣則奉表來廷不臣則修
兵自固永安境土如必爲寇朕當命舟師
揚帆諸島捕絕其徒直抵其國縛其王豈

不代天伐不仁者哉惟王圖之五年又遣
僧祖闡往諭之祖闡有戒行
上賜以和詩有入爲佛弟子出爲我朝使珍
重浦泉經勿失君臣義休問海茫茫直是
尋根際詣彼佛放光倭民大欣喜行止必
端方無失經之理入國有齋時齋畢還施
禮是法皆平等語言休彼此歸來爲拂塵
見終必見始之句闡至彼申布威德無間
內外倭感悅始稱臣來貢永樂九年太監
王進使倭其君臣有異謀進以間道得歸

十五年遣員外郎李淵責以事大之義王
遣使奉表稱謝宣德八年倭王源道義卒
太監雷春少卿潘錫以使禮往弔嘉靖三
十四年遣寧波生員蔣洲陳可願假市舶
提舉服色充正副使往宴察王直形便洲
等不得見倭王得王直歸順而還事詳倭
續直誅趙御史孔昭以洲奉使不達王而
達王直擬爲直黨論死唐郎中順之謂洲
有致直功奏釋之自後無往者今萬曆乙
未乃復有館淮勳衛李宗城副將楊方亨

之行自有倭以來使者凡二十遣差強人意者不能一二使雖乎哉李勳衛侯竣事日書之

倭利

倭挾其利而又資我之利則利長在倭矣操利權者可無嘿奪之乎哉紀倭利

倭産金銀琥珀水晶硫黃白珠青玉蘇木胡椒細絹花布螺鈿漆器圍屏扇犀象刀劍鎧甲馬而刀為冣妙上等者名上庫刀山城國盛時盡取日本各島名匠封鎖庫中造刀不限歲月竭其工巧故名上庫其間號寧久者更嘉世代相傳以此為上又有設機刀出長門號蕉常者嘉次者名俑前刀以有血漕者為嘉刀上或鏨龍或鏨物形為觀美者非所貴其作贄禮賀禮名雖為刀而寔無用者斯其下矣人各佩一刀長者曰佩刀刀上復安一短刀以便雜用者曰小刀長一尺者曰解手刀長尺餘者曰急拔刀解手急拔皆刺刀也倭被殺

論倭禁

嘗考大明律凡將物私出外境貨賣及下海者罪止杖一百將人口軍器出境及下海者絞因而走泄事情者斬及考問刑條例擅造二桅以上大舡將帶違禁貨物下海往番國買賣潜通海賊同謀結聚及為嚮道刼掠良民者處以極刑若止將大舡僱與下海之人分取番貨及糾通下海之人接買番貨發邊衛充軍其小民撐使單桅小舡于海邊近處捕魚採木巡捕官兵不許擾害欽哉　皇猷防民以惡交而不遏其販貿於民以搆而不撓其生業故海上境外之貨寶與夷為市罪惟杖而不過其誅斬焉者則人口軍器恐資寇兵益盜黨耳違式巨艦雖或濟具而原其所欲為若只從互市罪亦不列死欵夫然後知先皇制律之意嚴奸宄以沮

者佯死乘我無備投以短刀無不立斃則解手急拔之類耳大而長柄者名曰先導鞘而皮綴者名曰大制聞之海上人凡倭生子輒多具鐵寘之急灘頭俟其子長能運刀始取鐵製造時則鐵星盡去鐵精獨存以之造刀無禦者其截鐵殆如泥也然此類者亦有數餘則下刀為衆吾見其一而信其百往往怯而致敗耳彼刀不論大小但製造精者匠人必於柄上一面鐫名一面記號以為古今賢否之辨鎗劍亦然博物君子以此別之倭舡則不如中國其造必大木取方相思合縫不使鐵釘惟聯鐵片不使麻觔桐油惟以草塞罅漏名短水草費功甚多費材甚大凡寇中國多其島之貧人力量有限所造有數間傳造倭船千百隻至者並涉虛誑閧白作用比前不同恐亦不能甚多舡大者容三百人中者一二百人小者七八十人或四五十人其形卑隘遇巨艦難于仰攻苦於犂沉故廣福船皆其所畏而廣船旁陡如垣尤其

其漸復因利用以體其情苟當事者不能體會一切矯枉而蹠于直豈大道為公之謂哉

論海市

鄧鍾曰市舶海禁之開惟可行于閩廣何也廣東去西南諸番不遠其貨物皆足資中國之用非若日本惟一刀一扇耳且南方風氣柔弱非倭奴慓悍之比故香山之抽稅凡以收諸夷之利也福建阻山負海耆旅病於跋涉民多販海為生禁之太嚴奸民勢窮必至為盜自納餉過洋之例開豪猾之徒咸趨利而畏法故海澄之開禁凡以除中國之害也若行之于他省則如王直搆禍遂使倭亂侵尋可為殷鑒矣然海禁開于福建為無弊者在中國往諸夷而諸夷不得入中國也倘嚴其違禁之物重其勾引之罪則夷夏有無可以相通恣其所往亦何害哉

所畏底平不能破浪艳滯不能轉戧每過洋非月餘不可今若易然者乃沿海奸民買舟於外海貼造重底渡之而來非彼之能也所謂資利於我者也至於貨物所賴於我中國者衣之類曰絲曰布與絲綿紬錦繡紅線器之類曰針曰鍋與鐵鍊磁器漆器古文錢小食籠貨之類曰粉曰水銀與藥材氈毯馬背氈文之類曰古書古名字古名畫食之類曰醋餘皆不好也衣服彼花樣不用中國段絹但無絲則無可

織故湖絲每百斤價至五六百兩髡首裸裎不耐寒冬月非絲綿不煖故絲綿闕時每百斤價至二百兩紅線用以綴盔甲或為刀帶書帶畫帶闕時每一斤價至七十兩異哉水銀用以鍍銅器闕時每百斤價至三百兩針闕時一針價七分尤異哉鐵鍋重大者一鍋價至一兩錢重古者千文價至四兩小鍋曆開元永樂二錢及新錢不尚也名畫重小者然圖書不落欵亦不尚也書則五經重書禮而輕詩易春秋四書重論語學庸而惡孟子外典重佛經而無道經所冣重者醫書得即買之藥無川芎少甘草川芎百斤價至六十餘兩甘草百斤價至二十兩以為常磁器漆器合其制則重不合則不重也制喜菊荅稜夫倭所資於我除書畫外餘俱用物我所奇于倭除刀外俱長物我可以無彼彼不可無我謀倭者冝操縱其權無端開市以中其欲者信乎自愚矣

倭針

針者倭之利有攸往者也故附利之

後

太倉港口開舡用單乙針一更舡平吴淞江用單乙針及乙卯針一更平寶山到南滙嘴用乙辰針出港口打水六七丈沙坭地是正路三更見茶山自此用坤申及丁未針行三更舡直至大小七山灘山在東北邊灘山下水深七八托用單丁及丁午針三更舡至霍山霍山用單午針至西後門西後門用巽巳針三更舡至茅山茅山

用辰巳針取廟州門舡從門下行過取升
羅嶼升羅嶼用丁未針經崎頭山出雙嶼
港雙嶼港用丙午針三更舡至孝順洋及
亂礁洋亂礁洋水深八九托取九山以行
九山用單卯針二十七更過洋至日本港
口又有從烏沙門開洋七日即到日本若
陳錢山至日本用艮針（此吳淅日本針路也）福建往
者梅花東外山開舡單用辰針乙辰針或
用辰巽針十更舡取小琉球套北過舡見
雞籠嶼及梅花瓶彭嘉山由彭嘉北邊過

舡遇正南風用乙卯針或用單卯針或用
單乙針西南風用單卯針東南風用乙卯
針十更舡取釣魚嶼北邊過十更舡南風
用單卯針東南風用單卯針或用乙卯針
四更舡至黃麻嶼北邊過舡便是赤嶼五
更舡南風用甲卯針東南風用單卯針西
南風用單甲針或用單乙針十更舡至赤
坎嶼北邊過舡南風用單卯及甲寅針西
南風用艮寅針東南風用甲卯針十五更
舡至古米山北邊過舡有礁宜避南風用

單卯針及甲寅針五更舡至馬齒山南風
用甲卯或甲寅針五更舡至大琉球那霸
港泊舡那霸港外開舡用單子針四更舡
取離倚嶼外過舡南風單癸針三更舡取
熱壁山南風用單癸針四更舡取硫黃山
南風用丑癸針五更舡取田嘉山又南風
用丑（癸針）三更半舡取夢加剌山南風用單
癸針及丑癸針三更舡取大羅山用單癸
針二更半舡取萬者通七島山西邊過舡
萬者通七島山用單寅針五更舡取野顧

七山島野顧山用巽寅針二更半舡但尔
山用艮寅針四更舡取亞甫山亞甫山平
港口其水望東流甚急離此山用艮寅針
十更舡取亞慈理美妙山若不見此山用
單艮針二更舡又艮寅針五更舡取烏佳
眉山烏佳眉山用單癸針三更舡若舡開
時用單子針一更舡至而是麻山而是麻
山南邊有沉礁名套礁（一名佐沉長礁）東北邊過
舡用單丑針一更舡是正路却用單子針
四更舡取大門山中大門山傍西邊門過

舡用箄丑針三更舡取兵褲山港循本港直入日本國都（此福建入日本針路也）按針者水羅經子午針也針艄相仍針之所向則艄隨之司針者名影長司艄者名艄工余使琉球用影長八人艄工十六人影長二人一班艄工四人一班晝夜番休無少間上班者管事下班者歇息司針之處甚幽密外物一無所睹惟開小牖與艄門相向欲其專也針艙内燃長明燈不分晝夜夜五更晝五更故舡行十二時辰為十更梅花東外山起至那霸港止則余使琉球之路也但封舡制大食水深宜忌礁石如所云小琉球雞籠嶼彭嘉山釣魚嶼並未之睹惟古米山見熹微而琉球至矣蓋漳人針法熟專取單卯甲卯乙卯而行亦並不聞有艮寅等針所云截流飛渡不循舊章者開舡八日乃見熱壁據法已過琉球七更亦飛渡之病也又五晝夜方得入港時則順風反為逆風以五十更為七更方得收港耳嗚呼危矣哉執筆至此追惟往事不覺

黯然魂銷歸之日亦止用三針曰箄酉庚酉辛酉

倭變

來享來王夷之常也入寇則異其常矣異必書紀倭變

倭自漢魏通中國多以貢使往還無入寇者至勝國以夷代華土地寖廣惟倭不至輕其為夷也元人怒至元十一年命經略使忻都總管洪茶丘率舟師九百艘衆一萬五千征之以七月往十月入其國官軍不整值矢盡惟擄掠四境而還十八年使臣杜世忠見殺復命大臣阿塔海范文虎總軍事領舟師會忻都茶丘等于高麗再往征之萬户厲德彪輩不用命軍潰于合浦移駐平户島五龍山八月暴風破舟文虎等諸將自擇堅好船乘之以歸棄其卒十餘萬于山下衆推張百户為主號張總管方議伐木造舟開會倭大至戰不勝士卒多死被擄者三萬人皆蒙古高麗漢人九月至公角島盡殺之降者充新附軍呼

為唐人久之得迯回者莫青吴萬五五三
人爲從此倭有輕中國心
國朝洪武二年二月寇崇明吴淞江指揮翁
德朱文擊敗之轉寇温州中界山永嘉王
環諸處沿海剽掠至于惠潮是歳有行人
楊載之行語且使部中四年寇廣之海晏
下川爲首者鍾福全李夫人自稱総兵挾
倭舡二百艘以入指揮楊景追破之於陽
江六年掠海濵七年靖海侯吴禎敗之於
琉球洋斬獲甚衆悉送京師十六年寇浙

之金鄉小護亭二十六二十七年並寇小
尖亭三十四年寇蒲岐所永樂二年寇穿
山百户馬興戰死由對馬岐掠蘇松吴越
大震倭之入寇多其海瀕悪少年所爲國
人不知後太監鄭和以諭其王源道義出
兵捕獲收厥渠魁以獻治以彼法蒸于鑪
頭堰（詳貢部）六年寇寧海成山二衛（山東）入于
家庄桃谷閘二寨寧海之破殺掠甚慘二
寨之入百户王黼周盤並死於陣白峰頭
羅山寨大嵩草島嘴鰲山洋山陰島張家

庄以次被掠指揮趙銘以失機坐刑七年
寇廉州教授王翰死之翰河南人嚴於課
士城陷民皆避匿翰懿衣冠坐於明倫堂
賊至欲執之大罵不屈遇害九年陷昌化
所千户王偉力戰而死軍士同死者甚衆
城中子女粮儲器仗盡爲倭有十四年寇
崇明發鎮江鎮海二衛軍平之軍遂隷于
崇明所十九年李珪敗倭於潮之靖海珪
副総兵也先年王偉之死坐觀望不救奪
職至是大敗倭船於海上生擒十五人斬

首五級以功贖罪焉二十年寇浙東朱亮
祖破之於温州徐忠破之於桃渚斬獲獻
俘由是賊漸知戢二十二年寇象山縣丞
宋真教諭蔡海死之真持竿擊賊海罵賊
皆被害正統四年陷大嵩所昌國衛賊舟
四十餘夜入大嵩港襲破二城入于桃渚
官庾民舍焚刦一空掘塚墓束嬰孩沃以
沸湯視其啼號拍手笑樂得孕婦忖度男
女剒視中否爲勝負賭酒残忍滛穢至不
可言積骸如陵流血成川過者無不流涕

事聞
朝廷震怒備倭等官以失機被刑者三十六人惟爵谿所以獲賊首畢善慶得免八年寇海寧乍浦尋寇壯士所景泰六年寇健跳所成化二年陷大嵩所賊僞稱入貢官軍不爲嚴備遂襲破所官軍夜圍其舟賊懸燈于檣以示不移己易他舟乘潮遁去旦方覺之蓋設詐以欵追兵也臺閣大吏以失機獲罪百餘年間倭至者屢桃渚之禍倫人間未有之慘雖食其肉寢處其皮似猶不足以盡其辜也

定廟謨
唐都御史順之題云自海賊入寇以來十餘年東南雖苦其毒而賊之被殺者亦幾萬今年寇江北寇浙東者且萬餘而寇福建者不下二三萬則是殺者不

倭變二
此紀嘉靖以來倭變也十九年庚子倭巢于雙嶼港先是李光頭者一名李七許棟一名許二俱以罪繫閩獄得脫尋入海勾倭奴結巢于霏霩所雙嶼則其港名也黨有王直徐惟學葉宗滿謝和方廷助出沒諸番分踪剽掠海上從此多事二十七年都御史朱紈督都司盧鏜等討平之語具倭績篇自是賊少衰三十一年壬子王直

可勝紀而寇者不爲少止夫南倭與北虜異口外原有韃子腹裏原無倭子今口外尚有一兩年無寇而倭子却無一歲不來如此不已非止外患將爲內虞古云兵久則變生近者吳淞定海之間水卒呼粮挾官縛吏則兵變之漸矣蘇人素怯弱而游冶子弟懷毒蓄機日伺倭來裏外合應幸早發之猶燒官寺劫獄囚鬨然一逞則民變之漸矣此其萌芽也誠不可不深圖而熟慮之者謂倭寇之來一歲支却一歲一番殺却一番便自了事則臣不敢知其所終也伏惟聖明勅下禮兵二部備講祖宗以來招懷撫諭之畧防海固圉之機及勅督撫諸臣編訪倭情集議長策二十年前何以絕無倭患十年之間何以倭患若此年年擾倭何時是了如何可以永斷倭寇之路以復東南之舊苟可以利國不必爲身家顧慮苟可以便今不必以成說拘牽外內臣工方畧畢上然後聖明與廟堂大臣從中主斷而力行之期於三四年斷却此賊臣猶以爲速也不然一歲一來一來一勝臣猶以爲浪戰

寇烈港直繳人初爲許棟管庫繼爲管哨後爲料理軍事尚信有盜道其黨懾之許棟既死推爲舶主廣有賊首陳思盻者自爲一踪不入直黨直用計掩殺之併其衆由是海上之寇非受直節制者不得存而直之名始振直以殺思盻爲功叩關獻捷求通互市官司不許且賞之薄至是引倭突入定海爲亂泊金塘之烈港亡命之徒日益歸附四月攻遊仙寨百戶秦彪戰死彪爵谿人賊登赤坎攻遊仙甚急彪顧謂

其弟漠曰遊仙爵谿相爲唇齒無遊仙是無爵谿也先人遺我汗馬勳不死戰而死怯何以見之地下兄弟相與疾馳赴鬬力不敵並死焉五月攻瑞安殺百戶李潮高良劚賊鄧文俊林碧川陷黃岩縣縣無城文俊率倭二千乘潮突入遂陷又攻霏霩所殺指揮樊懋懋與李潮等之死俱在五六月間一時二賊慘矣哉三十二年癸丑正月海賊許棟寇潮陽爲其子所殺賊中有二許棟其一歙人王直舊主此饒平之

黃岡人結髮為盜搆通倭夷毒痛海上者數十年老而無子養謝氏子為己子名曰朝光棟往外洋輒留朝光領其衆久之懷二心俟棟還迎之石牌灣因殺棟而自立君子曰天道也朝光之殺許棟猶安慶緒之殺祿山皆天假手以報其無父無君之罪耳後朝光驕恣横溢威制海上官司撫之時聽時叛啚舡往来皆給票抽分名曰買水或深居大舶公行擊斷或羽衛出入邀陪宴遊其黨不平陳滄海拉而殺之聞

者稱快閏三月王直犯嘉定直初據烈港都御史王忬部署參將俞大猷湯克寬分道困之幾獲者再有天幸得逸去以百餘人由白馬廟趨蘇松餘黨復合破南滙所四月圍太倉初賊至劉家河揚帆而西守備解明道與六合知縣董邦政追擊之於吴淞江口頗有勝勢值綵淘港新賊至勢復猖獗官兵莫敢襲太倉遂被圍太倉久不受兵倉卒聞變人心危懼幾於不守蔡軍門克廉親自乘城督戰人心乃安賊尋

去城外居民焚掠殆盡由太倉轉攻海鹽海寧殺把總馬呈圖而指揮采煉百户王相姜揖呂鳳姚岑皆没於陣再戰千户王繼隆百户楊臣康綬亦被殺薄省城殺指揮吴懋宣懋宣以僧兵為可恃欲藉以立功隨陷没破昌國衛百户陳表死之時賊勢猛甚表聞之曰吾力無如之何有死而已然不即死者有母在也因送母出城納印他所遂親赴鬬而死五月破乍浦所殺百户陳綬指揮陳善道直時往来吴淞閒

屢敗屢奮官兵不能尅所過無不殘滅既又破新河所自所以東接於柘林二百里內處處皆賊蕭顯入上海縣顯林碧峰之黨善戰多謀王直所憚自浙西突過金山指揮黎鵬舉素以勇敢名禦之不勝身被重創鎮撫胡賢則為所殺賊遂入上海焚治所擄掠子女財帛不可勝數遠近響應十二月賊攻瀝海所殺千户張應奎百户王守正張永三十三年甲寅正月蕭顯攻嘉定縣尋攻上海縣皆不克三月攻松江

府千户童元巡檢李叢禄禦之於蕭唐戰敗俱歿四月攻崑山縣知縣祝乾壽任甫一月皆官民死守時太倉自救不暇蘇州聲援亦絶乾壽不得已夜募死士持蠟書泅水八晝夜始達府城報于巡撫屠大山巡按孫慎撫按遣都指揮梁鳳往援鳳逗遛不進孫使人趣之不得已行至三里橋望賊而潰遺火器二舡於賊賊得之反以攻城鳳則歸報曰賊已遁矣孫信之城中日夜望救不至轉加危急賊且有登陴者穴城者乾壽與鄉宦生員分門捍禦竭力固守晝夜不息賊竟不能入崑山於蘇州爲適中賊欲據之爲巢穴内以蠶食蘇常外以拒絶援兵故攻之獨力所糾精悍凡七千人期在必破幸其渠魁一大王者爲乾壽所殺始有懼心棄去而攻蘇州崑之始終保全乾壽之力也蘇大郡且有援兵賊知不可拔棄而過吴江攻嘉定皆不下乃轉攻青村所所城亦堅賊先攻者皆被傷而去忿甚至是又增兵来攻得守門百

户之伯扶與俱上百户不知納其伯賊得乘間入首殺百户城中無主遂陷焚殺視他所慘爲是歲浙亦被兵攻嘉興府殺指揮李元律周應禎千户薛綱宋應瀾百户趙軒梁瑜死者六人刼温州湖頭殺百户張曜在東陽南午嶺殺巡檢朱紱在芙蓉海口殺指揮戴祀江九山千户崔海鎮撫劉成百户昜次死者七人入嘉善殺百户賴荣華雖有盧鏜石墩洋之捷差快人意而他島勁寇遝至官兵腹背受敵折損太半得且不償失矣豈厄運未除人力竟無如之何乎三十四年乙卯正月賊入崇明知縣唐一岑死之尋滅賊時賊夜襲破縣城一岑與之巷戰身被數刄猶力戰不已賊敗出城一岑傷重而死屆二日賊聞令死復至據其城諸耆老相與謀曰唐父母爲吾黨而死吾黨可容賊據吾城耶相與僇力爲死鬬賊二百人皆就戮無一得脱勇怯何常惟氣所鼓勇哉崇明足稱義戰矣三月倭圍上海時賊三支各數千人俱

進逼縣城勢甚盛城中人自揣必陷值張總督經所調廣兵湖兵數萬適至駐松江賊遂退城得完四月賊殺常熟知縣王鈇與致仕叅政錢泮於上唐鈇初與任環敗賊於三丈浦頗爲所畏不敢聲言攻之佯爲鄉民避賊涵入官兵黨內若依以爲援者衆方共惜之賊寬我無備突然起鬪兵士驚潰倉卒不測鈇與泮俱遇害所云迅雷不及掩耳者也浙賊破崇德縣時築城未完賊以小舟由南水関入知縣蔡本端

率衆禦之不能支遂陷至湖州橫塘官兵與戰敗績福建副理問陶一貫溫台守備周奎並爲所害同死者青州指揮孫勇羽林百戶陸陵玄鍾百戶周應辰山東把總梁鄂武生郭周張景安朱平姚清凡十人勇敢青齊驍將是役手刃數賊以衆寡不敵而死犯紹興寧波衛百戶葉紳與戰而死犯鎮江橋定海衛百戶韓綱與戰而死至會稽副使許東望率知事何常明典史吳成器圍之困於絕地幾盡殲知府劉錫

曹克新周浦之捷九月十一月閏陶宅之寇既殺指揮邵昇姚泓等勢亦頗橫克新時爲遊擊將軍隸總督楊宜麾下統川兵與戰敗之燬其巢賊遁吳淞又爲任環所敗斬獲太半比討周浦之賊克新復統兵乘雪夜襲之令武生朱先舉火爲號賊驚亂伏兵四起斬首二百三十有奇朱先後爲福建總兵

縱之逸去聞者莫不嗟恨五月犯餘姚省祭杜文明死之文明團練鄉兵累立戰功至是統土兵禦賊斬賊首一人賊徒三十二人力盡文明亦死其父杜槐曾死於楓樹嶺之戰父子忠勇人所難及是月吳賊犯朱涇殺遊擊將軍周藩九月殺指揮邵昇姚泓生員于岳初賊從于陶宅屢爲官兵所破昇等乘勝攻之賊死守其巢乘高刺下三人皆死十一月賊入閩攻鎮東衛官兵敗績殺其指揮戴洪千戶高懷德張

鑾方吳越之多事也閩獨晏然至是材臣名將盡起吳浙賊屢敗劒度可脫禍者惟閩耳又鎮東之外市曰海口頗繁華賊遂由莆田涵頭突入其市疾攻衛城洪與懷德各出戰鑾路遇賊皆沒於陣平海衛千戶楊一茂白仁丘珍追敗賊于東岳山亦戰死十二月浙賊殺守備劉隆時賊犯平陽三港隆與之戰大勝賊佯爲我兵裝束遶出陣後而以精悍衝其前我兵腹背受敵遂爲所殺而千戶鄭綱百戶張澄亦同

死爲犯寧海主簿畢清死之清善騎射屢
立戰功至是戰于楓樹嶺而死犯平陽殺
指揮祁嵩而指揮閔溶亦戰死於舟山三
十五年丙辰三月賊自閩入浙道殺備倭
劉𡚒千戶王月賊自海口遁至西鄉𡚒與
月遇之於石壁嶺議欲邀擊之未及設伏
賊突至山路崎嶇遂爲所殺尋由福寧流
入奉化與錢倉賊合幾七百人犯紹興時
胡宗憲爲提督與兵備副使許東望親率
容美土目田九霄同知曲入繩等兵戡定

之見倭續 三月柘林賊攻乍浦副使劉燾禦
卻之時新至賊首陳東屯于新塲殺叅將
尚允紹於四橋吳中大震尋自爕其巢與
柘林賊首徐海合至是連兵欲取乍浦以
窺杭州燾聞曰杭州危則東南不守矣疾
馳應援與賊相持斬其首五十餘級賊少
卻翌日大衆自金山來者萬餘遂圍燾于
城中四面環攻晝夜不息燾督官兵隨方
應之歷九日始解去燾尾其後猶斬首百
三十級而還燾有膽力捷于弓馬以孤軍

杭萬衆卒能取勝以保全城旦稱文武才
焉賊棄杭州趨嘉興遇指揮程祿兵與戰
衆寡不敵祿被殺賊中死傷亦多由是嘉
興得全四月浙東新倭至自觀海衛陷慈
谿縣時豐州酋周乙率衆從鳴鶴塲饒山
三江三路並進衆各千餘攻觀海衛不克
卻徙慈谿慈谿故無城賊猝至知縣柳東
伯率民兵禦之賊分隊遶出兵後遂突入
縣市都長沈宏率族屬戰竭力斬首百餘
級賊遁去而沈氏受禍烈焉沈氏者思橋

巨族也家界於觀海鳴鶴間衆二千人俠
烈善鬬嘉靖間海上多事沈氏內衛其宗
外衛其里殲賊魁還賊掠者比比賊甚讐
之至是賊大至沈氏豪羣誓曰無出婦女
無輦貨財以死守不能者戮之章氏誓于
內曰男子死戰婦人死義辱與死等耳諸
婦曰諾既而男子轉鬬羣婦聚於一樓賊
逆入其家章氏首出投於河周氏馮氏繼
之共死一所柴氏方爲夫礪刃賊已排戶
入矣柴即以刃斫賊旋自刃孟氏孫氏娣

如為賊所得相扶不放詈賊奪其刀自刺皆殲烏恩橋之難沈宗婦死者三十餘人而六人為著章氏沈祚妻嗚呼哀哉昔唐奉天之難竇氏死者二女紫陽夫子至筆之小學以訓萬世視沈氏婦何如耳多而且烈宜大書特書於青史以勵世風而余紀之倭變猶其小者也賊殺佐擊將軍宗禮等賊以萬衆劫烏鎮禮與鎮撫侯槐何衛忠勇官霍貫道率兵九百禦之三戰俱勝殺賊以百數賊分番困鬬衆寡不敵力

盡死之犯平湖復入慈谿五月賊首周乙就擒乙以四千餘徒流劫慈谿不已延及餘姚至是官土兵力戰擒之沈氏以四月被禍賊以五月平天所以報諸烈婦者速矣是月倭入仙居據其城賊由莆田岐頭流劫至此值仙居城新築未完霖雨崩壞進攻者三知縣姚本崇悉力禦之賊夜分三支攻城西南以一支潛由東北登陴城遂不守巡檢劉岱率兵來援不敵死之九月百户卽官追賊於臨海西頭門為所殺

江北賊亦殺百户戚繼爵于狼山殺都指揮張恒千户羅大爵賈勇百户曾沂於揚州而同知朱裒亦死之擄高郵衛經歷晏鈗以去其尤烈者無為州同知齊恩也恩陜西隆德縣人祖敏知四川蒲江縣殺賊有功與二子俱死于賊恩蔭入國子監授序班累遷今官東南倭起恩率子孫叔姪兄弟矢曰吾家世名忠義亦世受

國恩今日之事舍以死報凡十二人赴敵于圌山身先士卒鼓衆而前殺賊數多乘勝

逐北誤中賊計恩曰吾與此賊誓不俱生兒輩勉存宗祀由是推次子齊嵩等四人歸恩與長男尚文弟寶榮姪友良輩凡八人死于難是時江北文武官死者十四人而齊氏居其八合其先死罰三人共十一人死于王事一門忠義古今稀有故余嘗謂隆德齊氏之男恩橋沈氏之婦杜文明之父子秦彪之兄弟陳表之忠孝皆兩間正氣所鍾難以秩之崇卑人之顯晦論也三十六年丁巳十月福賊攻連江官兵以

矢石殪其精悍者數人又擊敗之賊乃宵遁是歲浙中誘擒王直見倭績三十七年戊午三月浙賊攻樂清縣殺金盤指揮劉茂朱廷鑰千戶周賓百戶李爵劉深而鄉官僉事王德良醫王沛督鄉兵討賊亦死之凡七人四月賊入福建安海城城中民抵死拒之不得掠而去僉事盛唐參將黎鵬舉邀擊敗之於海沉其二舟是月陷福清縣先是賊犯閩安鎮為尹鳳所襲登陸趨長樂會雨甚縣城崩二十餘丈守者列柵以拒戰賊從高望之大喜賺為囊中物直逼柵所銃擊守堞者一人仆地傍一人以草覆之秘不聞於衆守如故賊有衣紅者首衝迫城城上一發彈輒殪衣紅者賊意沮引去道福清業無意於攻城過且盡登高熟視之曰此可攻而破也衆曰昨攻崩城不破今乃覬完城乎賊首曰不然長樂惟崩城故死守吾觀其少壯守陴老稚婦女運磚石此期與我困鬭吾安能以數百人得意於彼數千萬人是以去之今福清

恃其完城守稍懈攻之必亂如言犯城城果下居二日而出福清素富實百年蓄積罄為所有悲夫過攻興化惠安俱不下且敗于洛陽橋福清既破遠近聞風設備故得全五月攻泉州巡按御史樊獻科督兵敵退之入南安縣縣無城入時居民已遠避賊無所掠而去犯惠安知縣林咸死之賊初攻崇武所不遂乃突犯永寧衛永寧惠安所轄也咸率兵與戰陣亡官兵繼至賊敗走浙江過太平殺其典史葉宗三十八年己未三月賊陷福安縣城初攻福寧州不克乃退往福安適霖雨城崩知縣李尚德引兵禦之於外賊窺守堞人少遂擁入縣焚刦甚慘浙賊犯樂清參將張鈇與戰乘勝逐北賊伏麥田中官兵入其伏遂潰千戶胡鳳朱璠百戶姚憲皆被殺犯定海又殺其武生蔡啓元五月閩賊嚴山老寇省城山老洪澤珍之黨引倭入寇省下諸郡縣及諸鄉井近海者苦之男婦被殺擄無慮數千人寃可憾者倭性喜兒童其

韶秀警敏得即目為奇貨雖數十百金往贖不與也民間為之謡曰偲爾倭奴性太剄兒童擄去不還鄉分明一把無情劍斬斷人間父母腸故有孤嫠獨子失而絶嗣者有父母翁嫗怨而殺身者幸而得免而城郭有限率皆展轉山谷嵐瘴所蒸事後疾作不死兵而死疫者又如干人省下日是歲為己未大反故老談及猶有垂涕者叅将王麟尹鳳等破之於外洋由祥芝南潯出者覆之於大岞洋由峰頭澳出者覆之於野馬洋由閩安鎮出者覆之於梅苍洋山者就擒賊舟沉者七十八艘庶幾足以洩士女之憤云澤珍聞之爕巢遁去四十一年壬戌賊陷鎮海永寧崇武福全諸衛所冬十一月陷興化府尋陷平海衛興故瘠壤善儉久而厚積致富遂競于奢有慢藏之誨賊垂涎者久之戊午攻不入至是益悉衆攻之守三旬乘障者困於晝夜又決木蘭陂水城中無可汲渴益甚會總兵劉顯至遣人與翁分守時器相鬨所衣

龔有成守詔安辛酉五月賊首陳思達窺詔安恐攻之不下乃潛入城主奸民林勳家為裏應外合之計時有成任知縣防詰頗嚴賊計無所用恐致泄露不得已自内殺出思達就擒而勳等為内應者數十家至是皆敗

陳添祥守寧化閏五月先是賊攻寧化知縣添祥擊敗之賊乃夕駐近郊廢寇不已一日忽偽遁意在乘虛襲之添祥策其必來謹防不懈賊果分布四門一時突擊又為雲車一乘覆以牛革直衝城下添祥屢以大砲佛郎機殪賊而賊之在雲車者來愈力因出打手二百人擊之賊敗走卒不得施而去

號衣皆天兵字賊得之殺兵而衣其號衣以進分守不察也夜半斬關内應即前衣號衣者比城中人覺戈矛塞路已無可為城遂陷焚公署民居火經旬不滅子女玉帛搜掠殆盡流連六旬始出出而攻平海一鼓而下勢如破竹百年文物一旦腥羶陸沉哀哉或云莆人預有天兵殺人之夢亦天數也余竊謂之人事昔福清福安之陷閩懼借兵於浙浙遣戚叅将繼光援之敗之于牛田遠邇驩甚謂太平可立見戚獨有憂色功成疾驅歸衆留之不可曰余客兵何宜久駐去之日謂其館人曰興化行被禍識之地失險而人忘備其何能善至是並如其言四十二年癸亥春三月戰崎頭我軍敗績都指揮歐陽深死之深泉州人納粟授指揮僉事子模己未進士深慷慨樂施予郡有惡少年謝半番者結二十四將為倭援焚掘泉士大夫墳墓以求贖深先墳在掘中於是募壯士數百人往攻之半番慕深信義來歸反攻其黨以自

贖泉藉以安興化城陷游軍門震得撽深以半番兵柵瀨溪防賊南逸後賊攻破崎頭平海以風汛便欲從外洋遁歸游騎過蘇塘半番兵追之不敢深策馬先士卒殊死戰中鏢墜馬死半番裹其屍而還同死者爲衛鎮撫白良玉而副總兵鄧城亦以憂死城名將爲小校即縱衡吳越中乃今以大將不能除草寇詎非數耶抑故將軍事權已去不任軍事耶深死而游巡撫爲之傳曰成仁取義嗟深足稱不死矣四月

都御史譚綸督總兵俞大猷戚繼光劉顯等討賊於平海崎頭滅之（見倭續）少雪莆陽之恥從此閩得安全譚能用戚之力也四十三年甲子海賊吳平攻潮陽神山古埕等鄉陷之倭之入寇寔始嘉靖壬子時則吳浙首當其鋒癸丑數年間趍温台抵蘇松無歲無倭而寇慘于甲寅乙卯自後稍移於閩而寇慘於己未壬戌閩既有備勢又不得不漸移於廣吳平者黠寇也初猶往來於廣久則屯聚潮揭間衆號及萬頃

之新倭萬餘繼至其勢益大遂陷神山古埕等鄉俞大猷雖破之海豐而平之橫如故流劫惠州諸縣界波及福建玄鍾等所無不破陷閩廣兩省會師討之平由閩道遁交趾官軍竟無所得而還或有見平於海島中抱枯樹死爲螻蟻食者其後遺孽曾一本等仍復嘯聚海上高雷諸府被荼毒者數年隆慶三年己巳正月逆將周雲翔叛尋伏誅先因倭奴突犯海豐平山之間熊撫院親至惠州節度之分委參將王

詔雷瓊耿宗元統兵進戰而宗元所部把總周雲翔先却戰罷宗元欲斬以狥雲翔懼誅夜以其衆叛襲殺宗元執監催通判潘槐直逼惠城撫院發兵與戰擒斬百餘人雲翔乃奔烏柏塘投倭撫院借南贛參將蔡汝蘭等兵二千五百名協同總兵郭成標兵戰於平山鹽路磜東洲坑俱大捷因生致雲翔與曾德久黃還磔於市是役也斬倭王丘古以下并倭衆約千三百七十有奇通判潘槐得生還且能離散倭黨

先縛首悪廖鳳以獻尤奇績也四年庚午倭陷廣海衛殺指揮王禎鎮撫周秉唐百户何槐蘭已巳冬倭二百餘徒登陸寇海宴雙門等村以其衆徼無意於城市有戍遣軍朱衣盧榮黄大孫者嫉衛所遇之失道搆藤峒賊丘樂閑華五百人欲為亂幸倭至遂與之合次年正月賊攻城衣等為内應賊得由西南角入千户甯紹傑棄城走禎時為掌印指揮與秉唐俱戰敗死蘭被重創次日死倭住城四十六日殺戮三

千餘人官舍民居焚燒殆盡衣等挾怨故禍獨甚肇慶府同知郭文通率狼浙二兵追之坐不協敗沒文通僅以身免倭满載東歸擄男女五百餘人自有倭害以來未有如此之得計者也時委新會知縣林會春勘驗招集流亡賑貧困收遺骸卹死事人甚德之事定紹傑死獄禎秉唐加陞職級蘭以非陣亡不與焉五年辛未倭犯高雷提督侍郎殷正茂討平之見倭續萬曆五年丁丑滅倭于外洋時日本薩子馬國合黨三百舟二十餘隻犯温州風擊舟壊飄至廣之大鵬海道副使孫光祖帥參將胡震督兵追勦于九洲洋賊懼棄舟登黄楊山叢林中拒敵各兵奮勇生擒斬獲殆盡蓋倭運既衰為天所滅類如此從此海上息兵者十餘年民得安枕而關白復有遼海之警豈治日常少自古而已然耶

倭巧

盗亦有道倭固盗之劇者其所取勝率由巧得反其道而制之則拙矣紀

倭巧

倭性勇而黠子生十歲便教之學弓學刀其讀書僅取記姓名而已以陣亡為榮以刀為佩行兵輙用小巧術數慣為蝴蝶陣以揮扇為號一人揮扇衆皆舞刀刀皆向空揮霍我兵倉皇仰首則從下砍来又為長蛇陣前耀百脚旗以次魚貫而行最強為鋒最強為殿中皆勇怯相參每日雞鳴而起蟠地會食食畢夷酋高坐衆皆聽令令曰今日刼其處其為長某為隊隊不過

詰奸細

吴郡生員陳愬曰海夷譎詐奸計百出或装蓑笠農夫或装巾帽婦女或装雲遊僧道或装乞丐餓夫探聽消息如鬼如蜮剽剥村落蟻聚蜂屯萬一不謹潛入城郭被其内應噬臍無及為今之計必須徧行所屬官司在城則逐户挨查門禁則仔細盤詰文武相兼而守啓閉以時一

遇有警男子由左女子由右不相混淆我兵一出必遣伶俐徒卒先行探聽熟知賊情蓋賊之所至每每夜貪淫嗜酒熟睡眇視我兵不虞我至故能探偵真的乘機設伏亦滅寇之一機也

三十人每隊相去一二里吹海螺為號聞聲即合救援亦有二三人一隊者舞刀橫行使人望之而畏薄暮即返各獻所刼財物毋敢私匿夷酋較其多寡而殿最之每擄婦女夜必酒色酣睡與夫刼掠將終恐人謀己必縱火示威煙焰燭天令人恐怖不測或睡而人不敢近或去而人不及知愚人自全專用此術至民間遇酒饌先令我人嘗之然後飲食恐設鴆也行街衢間不入委巷恐設伏也不沿城而行恐城上擲磚石也行者必單列而長緩步而整故占數十里莫能近馳數十日不為勞布陣必四分五裂故能合圍對營先遣一二人跳躍蹲伏故能空我之矢石衝陣必伺人先動動而後突入故能乘勝長驅戰酣必四面伏起突遶陣後故能令兵驚潰多用怪術若結羊驅婦之類或盛張旗幟故能令吾目眩鈀鎗不露竿柄突忽而擲故難遮格弓長矢巨近人則發故射必命中以玉帛金銀婦女為餌故能誘吾之陷而罷

吾之追被擄必髡髮結舌莫辯其非倭故歸路絕恩施附巢之貧民故虛實洞知厚賞降擄之工匠故器械易具細作用吾人故盤詰難向導用吾人故進退熟預籍富室姓名而次第取之故多獲宿食必破壁而處乘高而瞭故襲取無機斂跡者其進取也張揚者其迯遁也故常橫破舟以示遁而突出金山之圍造竹梯以示攻而旋有勝山之去將野逆則逼城將陸走則取舟或計潮以誘淺或為穽以詐坑或結稻稈以絆奔或插竹簽以刺逆方其覓時或披簑笠隱身於田畝或假巾履浪遊於都市故使我兵或愚而捉賊或疑而殺良狙詐變幻不可方物類如此甚至江海之戰本非所長然亦能以虛舡垂簾空吾之箭銃以輜重委棄餌吾之追舟或濕被褥於兩傍以拒吾之焚擊或乘便風而飛越以避吾之衝犁是亦以誑陸之道誑之於水者也皆倭之所謂巧也然其伎倆不過數端可以欺愚不可以欺智可以欺暫不可

以欺久誠能識破其情反其道而攻之則其技易窮何所不克故夫以筅防上以牌防下以鎗衛遠以刀衛近則蝴蝶之揮霍何所施也以輕兵誘其前以疑兵綴其後以勁兵衝其中以遊兵亂其勢雖有長蛇之嚴整何所用也多方以誤之則螺鳴而吾故遁既遁復合彼且為吾所疲先事以偵之則火熾而吾故攻相機審取彼且為吾所算彼能為四分五裂吾亦能為四分五裂且彼客我主彼何能圍我我反圍彼

論用間

鄧鍾曰間諜機事也一則當用得其人一則當不吝厚費如漢以千金使陳平行反間是也去歲陳申見告閩中議論紛然有策倭寇之必入犯者有策倭寇之必不入犯者總涉遥度終無真見鍾謂欲得其情甚易不過召二海商給二舡引許其過日本貿易人無不樂往者彼中有大唐街皆中國人一至其地虛實可得夏往秋還僅數月耳時閩中亦欲舉行而卒不果信乎任事之難其人也噫用間且無人況使人反間哉孫子云非聖智不能用間非微妙不能得間之實有餘味矣

矣彼能為長弓巨矢吾亦能為長弓巨矢且彼寡我衆彼何能中我我反中彼矣射或弓或弩期於必審審不妄發雖有二三跳躍不能誘也陣或圓或方期於必堅不妄動雖有四面環遶不能潰也野逆而逼城吾守吾城亦防之於野陸走而取艄吾守吾艄亦備之於陸戰無故而奔吾勿追也猶必虞彼之復還物無故而棄吾勿貪也猶必致彼之復取潮吾海也彼知信吾豈不知信何至被誘而沒穽吾地也彼

擊来賊

唐都御史順之曰海中擊賊擊来舡與擊歸舡不同擊歸舡真倭首級一顆給銀十五两自合如故擊来舡真倭首級一顆合無量增銀十两蓋自来海中獲功止擊歸賊不擊来賊歸則賊氣已惰賊資已滿人既樂擊擊之又易来則賊氣方鋭賊舡尚空人不樂擊擊之又難擊賊之歸如乕啗人而人殺乕乕斃而人已殘擊賊之来如乕未啗人而人殺乕人不傷而乕斃

重鄰援

舉人王文祿曰倭之入寇當著

能設吾豈不能設何至被詐而坑单衣短袖奚足格吾之矢彈跣足超距焉能當吾之蒺藜因粮於我而我不齎之粮則清野可以待其餓利戰於我而我不速之戰則高壘可以待其斂長于平地而短於水則吾預以舟師待其来長於野戰而短於法則吾間以古法制其命其来未定則或以大兵摧之而奪之氣其衆方張則或以反間間之而破之謀故議者每謂禦倭之說不可不先識其八敗五勝之機知其機則

為合救之令若攻一省則諸郡救之攻一郡則諸邑救之攻一邑則鄰邑鄰所救之猶子弟之衛父兄手足之捍頭目而所謂救之者又非盡撤其居守之兵也每郡每邑每所量抽其精者相救自合少而成多也惟抽其精者勵之以敢死之志歆之以信賞之禁或負砲夜偸或襲擊不意則寇腹背受敵自驚潰不暇無暇攻城矣蓋城既被圍兵不能出以應敵必得鄰境外兵始能救之不然坐待其斃耳

論傳警

傅良橋曰濵海山頭倭在舡中皆所得見一有警報冝於各山

破之反掌耳何謂八敗過洋之舡烏合竊倭器械不備風濤眩暈精神恍惚易於撲也是謂一敗南来歸島舡載重貨易於邀也是謂二敗登岸就食絶其餘粮易於餒也是謂三敗深入無援設計賺之易於勞也是謂四敗志在擄掠見利必趨示之以虛易於誘也是謂五敗勝惟務進敗不顧後必分其勢易於散也是謂六敗彩合為主其心不一易於離也是謂七敗我十彼一我增彼減十慱其一易於盡也是謂八

用軍兵二三人置白高招一面銃一門東草人二三十如見賊舡在海此三人者楊旗發銃使賊疑吾兵多不敢遽犯其草人或置之東或移之西更變不一莫知端倪汧兵庻賊所向亦多樹旗幟張大聲勢此晉人於牟山澤之險雖所不至必旆而踈之之法也至於墩臺烽燧一日可至千里今官軍徒視為故事似亦當申飭之

議海防

鎮撫蔡汝蘭曰環海兵舡之設其法不為不善其備不為不周邇年未收全功者有說焉夫茫茫巨洋極目無際雖於要害之處聯艦設備而疾風怒濤不時亦必擇善地而停泊焉豈得揚

怖起掟常出洋外而能盡阻賊舡之不入盡遏賊舡之不歸哉但能於大數內打得分數中幾分耳必欲盡收全功以為經久不易之圖莫於水陸夾攻夫倭寇之發艅犯我也每徙止備一月行粮而飄泊二月者有之每舡可載百徒而滿載二百者有之及其抵岸困憊莫甚使得焚舟登陸奪險鼓勢養銳蓄精然後出我兵以臨之近者十日遠者一月方得與賊相望反主為客轉佚為勞豈能得志為今之計莫於春汛小汛先期一月將各道兵士皆發各海口要害之處安營操練與兵舡相表裏以為防守萬全之計脫或賊舡潛入海口則水兵星羅於外陸兵雲布於內將至也擊其困憊既至也擊其先登既登也擊其無備以食望之寇當我素養之兵一鼓成擒不血刃而收全功矣春汛之期不過三月將終四月將半小汛之期不過九月將終十月將半各將領宜備於此時過此則非風汛所利如春汛至五月終小汛至十月終雖撤兵而歸可也

敗何謂五勝入我重地致死無還一也善於埋伏習於詭戰二也利刀毒銃赤體便捷三也風雨不疲饑渴不困四也就我餘粮引我嚮導五也五勝之機前說備矣八敗之機後說備矣知勝知敗知己知彼倭雖巧何所用其巧哉

倭媒

媒者所以導倭使巧者也故附于巧之後

諺云賊無媒半路回倭之能賊害我中國

者皆我中國人媒之也嘉靖庚子有金紙老或名子老非也閩人目輕薄子為紙老仍其字時李光頭以梟勇雄海上紙老引為羽翼又有許棟者同起手俱屯雙嶼港寇害閩浙嘉靖戊申光頭為都指揮盧鏜所擒是年許棟死惟紙老不知所終棟無所短長然王直之故主也棟敗而直熾俗稱王五峰以甲辰年與棟合夥以壬子年併陳思盻而勢益大以癸丑年寇太倉以戊午己未年為胡總制誘誅先是日本入

貢則互市非貢期無私市私市自許棟始棟雖私市不以倭人來以倭人來自王直始倭來而沿海騷然是直之死生東南之安危係之也直之下徽州有林碧川徐碧溪徐明山寧波有毛海峯徐元亮漳州有沈南山李華山泉州有洪朝堅皆巨寇其黨有鄧文俊蕭顯張月湖蔡未山王萬山陳太公曹老破黃巖者林碧川之謀為多陷上海者蕭顯之謀為多文俊以壬子五月擒于下馬洋湯克寬之功碧川南山以

甲寅九月擒于大陳山任錦之功其人皆不足以望王直者也蕭顯以甲寅三月為盧鏜任環所破五月戮于慈谿顯之後有鄭宗興何亞八徐銓方武合踪分掠而閩廣之中倭諸人導之也破之者都御史鮑象賢定西侯蔣傅之功其人似又不足以望蕭顯者也乙卯正月倭以和泉薩摩肥前肥後津州對馬島之衆入寇而徐海為之魁陳東葉明為輔浙之嘉湖吳之蘇松大為所苦張總制經破之于王江涇丙辰

四月攻乍浦胡総制宗憲以計離其黨葉明陳東徐海次第就擒洪澤珍者通番巨寇俗所稱紅老與巖山老許西池蕭雪峯張璉吴平曾一本林道乾林鳳皆閩廣間人先後起事始嘉靖戊午終萬曆乙亥十八年間攻福寧陷福安攻長樂陷福清攻惠安陷興化犯饒平圍揭陽攻平和刼海豐陷玄鍾犯高雷焚五羊殺叅将縲叩擄赤澚奪呂宋皆此輩所為而澤珍吴平曾一本林道乾冣著勾引莫衆於閩廣倭患

之連綿亦莫甚於閩廣後澤珍為黎鵬舉所破西池為林懋舉所破餘皆為閩廣會師所破許西池死於庚申張璉死於壬戌吴平死于甲子曾一本死於己巳林道乾死於癸酉餘無聞由是海氛漸息然則倭患之起滅信由於勾引之有無余之所以著倭媒者以此閩白雖横乎幸西南夷通市莫適為媒陳申輩且以其情報我余以此知其無能為也

倭防

人亦有言有備無患倭之患烈矣備之者庸可已乎紀倭防

倭防

防倭也地之險也以為守器之利也以為戰皆防之具也按圖邊海南起安南界以廣東欽州龍門港為始外為瓊州內為雷州廉州肇慶高州総謂之西路而廣州為中路東為惠州潮州総謂之東路三路之中東路冣切延袤計五千里過此為福建初漳州次泉州次興化中為福州次福寧州漳為南路興泉為中路福寧為北

路亦猶廣東之三路但廣東兼防各番福建專防倭寇微有不同起南澚止烽火鎮下門計延袤二千里不及廣東之半而五寨三遊之設制又密於廣海矣福建物力屈於蘇杭地利險於浙廣倭小寇則不足以勝大舉則不足以供調度淂宜可以高枕閩白垂涎不在此也過此為浙江初温州次台州次寧波次紹興中為杭州地接嘉興起鎮下門止許山金山延袤二千七百里過閩不及廣巖於此地倭不能犯矣

過此為南直隸初蘇松為江南重地次淮揚為江北重地起金山抵東海計延袤一千八百里過此為山東界初青州次萊州而難入於濟南府諸州縣武備甚疎起東海抵薀塲延袤計二千里過此為北直隸初河間次天津次順天之屬次永平州縣衛所之設原非防倭近因朝鮮有事方添設提督總兵經畧標下中軍參遊天津永平等處添註海防備倭遊擊尚未見各分信地截然如東南者武備之疎甚於山東起薀塲抵山海關延袤計五百里過此為遼東界其州海蓋金復義所建衛所有參將總兵各統之然多為邊而設非專於倭者語以倭事未必盡解是似密而寔疎關白所以狡焉起疆不之南而之北者亦乘其疎而思以入之耳起山海抵鴨綠計一千三百里總計起安南界龍門港抵朝鮮界鴨綠江共一萬五千三百里以上海防莫嚴于閩廣莫畧於燕齊江北不如江南江南不如兩浙此其大都也因時料理存乎其人得其人雖畧可嚴非其人雖嚴必畧在當事者加之意耳余尹順天時作京兆圖記其畧曰西北崇岡隣于居庸則邊之防也東南巨浸通于天津則海之路也中土微流亘于畿甸則漕之途也漕修於水衛邊修於幕府亦云備矣唯海獨闕頃者日東不靖朝鮮破亡海之視漕與邊要為草頭水道二沽非其入寇之路乎顧議者備鴨綠而忘天津備天津而忘二沽皆非策之得者有如春和乘颷空國入犯以倭奴之悍關白之黠恐非二百餘閒之營房六十餘艘之單舸其兵力足制之死命也愚謂當于天津左右別築一城以宿重兵用元戎統之于二沽左右別建一堡以分奇兵用副帥統之庶資彈壓不失為備禦之一策不然舍其田而芸人之田蕭墻隱憂方且滋大以二沽之切要而二編圖說絕不之及信乎東北倭防之疎由此推之而贛榆以北如二沽者亦衆矣有地方之責者尚其講求之

倭防二

倭之所忌者中國之長技舟則廣之烏艚閩之福船草撇海滄哨船烏船快船浙之叭喇唬蒼山八槳閩廣浙直俱有鷹船崇明之沙船兩頭蜈蚣盖福船勢力雄大便於衝犂哨船海滄便於攻戰追擊烏船快船便於哨探或撈首級叭喇唬八槳與烏船並提蒼山鷹沙與哨船同功烏艚與福船交重故船制至福建備矣餘所用者與福建同不能勝之也仗則軟甲燕尾牌藤牌銃則

發熕一名發鑕佛狼機鳥嘴子母炮一窩蜂天墜地雷火妖火磚火桶火礶火箭邊箭神機箭飛天噴筒石礮藥弩伏弩標鎗長鎗梨花鎗狼筅天蓬鏟偃月刀五家劍少林棍河南棍項近又有楊家鎗俞家棍盖堅甲鐵幕可以禦矢石不可以便擊刺惟軟甲以布為之制如夾襖用絲綿紗紙釘成寸許納其中輕快猥利既足以便運旋又足以禦鋒鏑其利雖藤甲不能過焉則衛身之資也燕尾牌長五尺七寸闊一尺上

鄧鍾曰昔有為木鳶飛之三日人羡其巧墨子曰不如為車者之巧也觀此可以悟火器鍾嘗得風雷集二種皆火器奇方非今時有者後思之對敵亦不假此何也如以近時水陸所常用者論之勢大力雄無如發熕更番迭進無如佛狼機精巧命中無如鳥嘴銃傷人數多無如百子銃至如賊舟相迫兩陣交鋒之際則飛天噴筒火礶火箭之類皆為得用但當製之精而習之熟耳苟製之不精則發熕百子銃而炸佛狼機而子母不相合鳥銃而火門銃門不如法飛天噴筒火礶之類或放之不去或去之不遠與無器等耳又如習之不熟則見敵而股慄有棄銃而走者有顛倒錯亂者有敵未至而先發有發之而不中者與無兵等耳夫劍一也或能斷龍舟或不能斷腐草豈可均謂之劍哉此製之貴精也射一也或能穿揚葉或不能中正鵠豈可均謂之射哉此練之貴熟也製器之精在乎有司練兵之熟在乎將領若不求切近工夫而馳騖於奇巧欲以勝敵則木鳶之謂矣

下兩頭略濶三四分與藤牌挨牌相兼為用取其輕而可藏吾巧則護刀之具也發熕火器之最巨者以銅為身重五百斤中用鉛子石彈鉛子可一百个每个重四斤石彈每个可如小斗大此物所擊無有畱行墻遇之透屋遇之摧人畜遇之糜爛一發之後氣能毒殺人風能煽殺人聲能震殺人放者須掘坑藏身以避之集衆護守以防之避者避銃之退後防者防敵之搶奪也佛狼機國名非銃名彼國以此銃威

海上正德間得其制於廣東倣而造之因以名後頗增損其法隨呼發熕為大佛狼機此為小佛狼機皆攻堅奪險臨大敵之用小敵用之則隋珠彈雀也餘通用惟鳥銃鳥嘴銃為佳一窩蜂亦佳狀如鳥銃而短其管稍寬其口鳥銃所發止於一彈所中止於一人彼藏百彈一發湯空而去所傷更多輕便甚於鳥銃利害亞於佛狼機者一窩蜂也子母天地諸砲或遠擊或高升墜入賊營煙焰震響賊必自亂自焚我

鄧鍾曰鍾嘗較藝兵中見狼筅手俱弄花步有守法無進法因召鎗筅教師問曰筅與鎗敵孰勝教師曰鎗好勝筅筅好勝鎗鍾曰非也鎗豈能勝筅哉由筅之不精耳因取鉋法用大當小當大壓小壓為守法又取劍經所云一聲響處直千金彼失隄防我便轟為進法授之筅教師與鎗教師較十較而十勝有老兵跪曰處州筅原如此後人失其傳耳鍾以此語客客曰然則通營何不俱用筅鍾曰筅何足恃也筅當以藤牌勝之蓋牌法勢險節短一挨入則筅為贅物矣此以捷勝鈍也客曰然則通營何不俱用牌鍾曰牌何足恃也牌以俞家棍勝之俞家棍着力用陰陽轉一殺則牌自顛仆矣此以實擊虛也客曰然則通營何不俱用棍鍾曰棍何足恃也棍以楊家鎗勝之蓋棍短而鎗長以長擊短必為所乘矣客曰然則通營何不俱用鎗鍾曰鎗則筅可勝之鋭可勝之矣故五兵之制長以衛短短以救長不可陷之盾與無不陷之矛均不可缺推此而制陣之方火器藉兵器以無恐兵器藉火器以取勝形格勢禁使之無所顧有所恃如淮陰背水陣法此又一二名將所陰用而不言於人而人當自悟也

總兵俞大猷云或問兵船官造與私募孰便曰造易而修難也雖嘗造之官用之海上衝敵激浪不旋踵而議脩矣脩船之弊奚啻萬端議脩之後閣岸日多浮水日少以之守港則可以之出洋追捕則全不足恃矣在官府不能立無弊之法在民間不能克不可制之情天下古今豈有視官物爲己物者哉此惟熟於海務者自知之烏得而盡言或曰民間安有許多私船可募乎曰厚之以稅使逐利之民爭造新船以應募何患其不多責府縣以及時給稅責船户以及時修整則經年累月皆有堅船可用然則用官造之船以守港用私募之船以追捕則如何曰必若是然後攻守各適其用也

鄭鍾曰閩廣浙直船制各異而不知其所以異者由於海勢之不同也廣東船制兩旁設架便於搖櫓福建船制其旁如垣其篷用捲便於使風浙直船制平底布帆便於盪槳此船制之異也所由然者福建海水寅深各信地俱近外洋一望無際縱有海島如浮漚之着水耳故有風時多無風時少順則使風逆則戧風此福船所由製也廣東自出五虎門上及大鵬下及北津以西俱有海嶼或斷或續聯絡於外商船來往多從裏海且風氣和柔全仗搖櫓此廣船所由製也浙直海水深處固多淺處時有近岸平沙或數十里潮長水深尋丈潮退僅可尺計故叭喇唬沙船專事盪槳此浙直之船所由製也若易地則風水不

可因而乘之噴筒火桶則焚舟之具與前妙用頗相類其制皆嘉靖間始有云筤筅用毛竹長而多簹者末銳包鐵如小鎗兩傍多留長刺其制每雙用火熨之一直一鉤直者如戟鉤者如矛然後以熟桐油灌之數以毒藥鋒利難犯筅勢遲鈍可以壯膽不可以利擊故必以長鎗夾之鎗勢利遠不利於近故必以牌盾刀鈀翼之長短相濟彼此相衛必勝之術也天蓬鏟如月牙内外皆鋒刀橫長二尺柄長九尺頗類

鉤刀直推可以削手上推可以鏟首下收可以鉤足順風可以揚塵梨茶鎗以梨花一筒繫於鎗首臨敵用之一發可以數丈人着其藥即死藥盡火盡其鎗仍可以刺二器者俱軍中奇器也俞家棍本於少林棍鉤刀鎗鈀皆從此出棍法譬之四書各藝譬之六經四書之理既明六經之理亦明是二棍也者又軍中之正器也晁錯不云乎匈奴之長技三中國之長技五其説謂胡之與漢雖不可以強弱較猶可以多

同其制亦當少異推此而山東以北危磯暗沙往往有之船制又不可執此例彼矣然欲攻大敵於外洋非福船不可蓋福船之制其蜂房垣牆即古之樓船巨艦其重底堅牢即今之過洋與使琉球船式也故諸省船制惟福建爲工

又曰海上之戰不過以大船勝小船大銃勝小銃多船勝寡船多銃勝寡銃此中國之長技也故論戰則陸戰難水戰易然論兵則陸兵易水兵難而海將尤難者風濤難狎舍與達之難其人也

寡較也倭奴善刀善詐善躍其技亦不過三而吾中國之爲五者則衆矣假令水戰吾衝以福蒼遨以烏快眩以噴筒火磚皆所以勝之於水也是水之長技也如或陸戰則萬衆當前百步以外吾有發熕佛狼機兩軍相偪百步以内吾有弓矢鳥嘴銃兵刃既交十步以外吾有筅有鏟有梨茶鎗卒然突入五步以内吾有刀有鈀有鏢尾牌亦何嘗不勝之於陸也是陸之長技也故曰中國之爲五者衆矣衆技皆備皆

精于倭何有哉

尚書鄭曉吾學編
日本古倭奴國海中諸夷倭奴最大西南至海東北大山國主世以王為姓羣臣亦世官地分五畿七道三島又有附庸國百餘拘邪韓最大其國小者百里大不過五百里户少者千多止一二萬皆倭種也漢滅朝鮮通使稱王者三十餘國倭王最雄長者居邪馬臺即邪摩維歷漢魏晉宋隋皆朝貢稍習華音唐咸亨初惡倭名更號日本國朝洪武二年倭寇山東並海郡縣又寇淮安三年寇山東轉掠浙東福建旁海諸郡是年遣萊州府同知趙秩賜璽書諭其王良懷言倭寇海上書至日如臣則奉表来庭不臣則修兵自固秩至諭王中國聖主威德貢其入貢王曰吾國未嘗不慕中國顧蒙古戎狄蒞華以小國視我乃使趙良弼詸我好語初不知其覘我國也既而發舟數千襲我比至一時風霆漂覆幾無遺類自是不與通者數十年爾得非良弼後乎將刃之秩徐曰聖天子生華帝華非蒙古比我亦非良弼後爾殺我禍不旋踵王氣沮禮秩具物遣僧隨秩奉表稱臣入貢使未至又掠温州五年上諭劉基曰東夷尚禪教姑遣明州天寧僧祖闡南京瓦官僧無逆開諭之良懷欲留二僧力辭王遣使同二僧入貢是年寇海鹽澉浦温州初令浙江福建造海舟防倭而倭又寇福建海上諸郡六年以於顯為總兵官出海巡倭倭寇萊登七年寇膠

虔臺倭纂下卷

虔填撫閩長樂謝杰漢甫　纂

麾下柳和哥　傳良橋

朱琦　張仕斌

陳信　同輯

倭績

裔不謀夏古之道也倭寔狡焉啓疆則築鯨鯢而京觀似非得已者紀倭績

自元以来倭頗易視中國洪武間雖武功

丕振未嘗得志於倭至永樂己亥有劉都督江望海堝之績堝在遼東金線島之西北公時以中府左都督總兵于遼相度形勢築城堡立煙墩于堝上俄瞭者言王家島夜有火光必寇將至公遣馬步軍赴堝備之翌日賊二千餘人由馬雄島魚貫而上直逼堝下賊貌甚獰醜指揮諸賊如入無人之境公但令犒師秣馬略不為意徐命都指揮徐剛伏兵山下百户姜隆率壯士潛燒賊舡截其歸路約曰旗舉砲鳴伏

州是年遣僧来貢無表文却之其臣亦遣僧貢馬茶布刀扇上曰此私交也亦不受令中書省移文責王九年遣僧歸廷用等奉表貢馬及方物謝罪賜王及使文綺有差已而上覽表曰良懷不誠詔責之十二年来貢無表文安置使人于陝西番寺十三年遣使詔諭良懷遣僧如瑤貢馬令禮部移書責王數掠我海上復却之諸僧皆安置川陝番寺十四年遣僧入貢乞還安置諸僧使上曰日本既謝罪還其使召至京宴遣歸十五年歸廷用又来貢於是有林賢之獄曰故丞相胡惟庸通日本蓋祖訓所謂日本雖朝實詐暗通奸臣胡惟庸謀為不軌故絕之也是時惟庸死且三年矣十六年寇金鄉平陽十七年如瑤又来貢坐通惟庸發雲南守禦是年信國公和致仕居鳳陽上詔至京諭曰日本小夷屢擾東海上卿雖老強為朕行視要地築城防此賊信國公築登萊至浙沿海五十九城民丁四調一為戍兵二十年置浙東西防倭衛所是年遣江夏侯周德興築福建海上十六城設衛所遂堧福建漳泉人為兵戍並海衛所二十六年寇金鄉二十七年二月遣都督僉事劉德商暠巡視兩浙防倭三月又勅都督楊文尋又勅魏國公徐輝祖安陸侯吴傑練浙江海上兵防倭二十八年寇金州靖難後太監鄭和等率舟師三萬下西洋日本遣人来貢并擒獻犯邊賊二十餘人即付使人治之縛置甑中蒸死永樂二年使還遣通政趙居任賜

咸趄奮擊不用命者戮無赦既而賊至公披髮舉旗鳴砲向所伏兵盡起為兩翼而進賊大敗奔匿櫻桃園空堡中我師追逼環而攻之爭請入堡剿殺賊公不許故開西壁縱之俟其奔分翼夾擊生擒數百斬首千餘有潛脫赴舟者又盡為隆所縛無一得免諸將請曰公見敵安閑惟飽士馬及臨陣披髮而戰追賊入堡不殺而縱走之何也公曰窮寇遠来必饑且勞以逸待勞以飽待饑法也賊始魚貫為蛇陣故作

真武狀以鎮之雖愚士卒耳目亦可借以壯其氣賊既入堡有死而已盡力死鬭我兵必傷故縱之生路而掩擊之即圍師必闕之意耳諸將始服事聞徵至京師面慰勞之封廣寧伯食祿一千二百石子孫世襲東北百餘年無倭警者廣寧之響震之也永樂之後為嘉靖戊申有朱都御史紈雙嶼港之績港在定海之鄮霩所賊李光頭許棟等所屯由庚子至戊申盤據者九年營房戰艦無所不具緣二省統兵不相

王冠服文綺金銀古器書畫又給勘合百道令十年一貢每貢正副使等毋過二百人若貢非期人舡踰數夾帶刀鎗並以寇論居任還不受王餽　上喜厚賜之尋命僉都御史俞士吉賜王印誥冊封為日本國王誥名其國之鎮山曰壽安鎮國山　上為文勒石久之嗣王道義卒子源道義嗣益奸狡時時令各島人掠我海上九年寇磐石十五年寇松門金鄉平陽是年遣禮部員外郎呂淵諭王還所掠海上人十六年遣使謝罪當是時數入金盖都督劉榮總兵守遼東繕海上堠堡伏兵伺之十七年倭舡入王家山島傳烽督至榮率精兵疾馳入望海堝賊數千人分乘二十舟直抵馬雄島進圍望海堝榮發伏出戰遣奇兵布伏諸山下斷其歸路賊奔入櫻桃園榮合兵圍而攻之斬首七百四十二捕生八百五十七召榮至京封廣寧伯自是不敢窺遼東二十年寇象山初方國珍據溫台處張士誠據寧紹杭嘉蘇松通泰諸郡皆在海上方張既降滅諸賊強豪者悉航海糾島倭入寇以故洪武中倭數掠海上高皇既遣使命將築城增戍又命南雄侯趙庸招蛋户島人漁丁賈豎盖自淮浙至閩廣幾萬人盡籍為兵分十千户所於是海上惡少皆得衣食于縣官洪武末年海中方張諸逋賊壯者老老者死以故旁海郡縣稍得休息永樂初西洋之役雖伸威海表而華人習知海夷金寶之饒夷人來貢亦知我海道奸闌出入華夷相糾以

上下意復牴牾以故軍律不臧賊得肆行無忌至是始設都御史兼主閩浙軍事而任者為朱公紈公至令二省守巡官各分信地或戰或守皆有專責以福建都指揮盧鏜諳海上事即以委之鏜與海道副使魏一恭備倭指揮劉恩至張四維張漢等部署兵舡集港口挑戰賊初堅壁不動迨夜風雨昏黑海霧迷目乃逆巢而出官兵奮勇夾攻大勝之俘斬溺死者數百人賊酋光頭與許六姚大總大窩主顧良玉祝

八倭纂　下卷　第三

良貴等皆就擒鏜入港燬賊所建天妃宮及連房巨艦向為群醜巢穴者盡平爲翌日有南麂山女兒礁青嶴諸賊舡田自外洋知故巢傾覆無所於歸去之下八山潛泊餘黨遁往福建者公復遣鏜會同海道副使柯喬等會勦鏜以福清兵入福寧遏其北喬以福清兵駐漳州防其南副使翁學淵僉事余爌備倭黎秀把總孫敖駐各信地以有事於其中而鏜專主戰事一破之於浯嶼再破之於九山大洋俘斬其酋

故寇盜復起非廣寧之捷禍未已也宣德元年遣人來貢人舡刀劍不奉我約束　上諭使臣自後貢無過三舟使人無過三百刀劍毋過三千否不受七年遣人來貢如約束受之八年源道義卒命太監雷春少卿潘賜等吊祭十年嗣王遣使貢謝倭自得我勘合方物戎器滿載而來遇官兵矯云入貢貢即不如期守臣幸無事輒請俯順夷情主客者為畫可條奏即復許貢云不為例嗣後再至亦復如之我無備即肆出殺掠滿載而歸宣德末年海防益備賊不得閒貢稍如約遂許夷至京師宴賞市易飽恣其欲已而備禦漸疎正統四年寇大嵩入桃渚官庾民舍焚刼一空驅掠少壯發掘冢墓束嬰孩竿柱上沃之沸湯視其啼號拍手笑樂捕得孕婦忖度男女刳視中否為勝負飲酒荒淫穢惡至有不可言者積骸如陵流血成川城野蕭條過者隕涕於是朝廷下詔備倭命重師守要地增城堡謹斥堠修戰艦合兵分番屯駐海上寇盜稍息七年來貢十一年寇海寧乍浦成化初忽至寧波知我有備矯稱進貢守臣為請於朝且欲遣之至京楊文懿公守陳貽書張主客力言其不可許二十年遣周瑋等來貢弘治八年壽蓂來貢正德六年宋素卿源永壽來貢求祀孔子儀注不許鄞人朱澄告言素卿本澄從子叛附夷人守臣以聞主客以素卿正使釋之令諭王效順無侵邊八年僧桂梧等來貢嘉靖元年王源義植無道國人不服諸道

稽天新四郎以下五十五名溺死者無算三破之於沙頭嶴北茭鑾兵大戰自寅至午擒斬酋許棟等八十有奇赴水死者千數則百戶鄧城把總王麟指揮閔溶等之功也是戰也盧鏜之勞獨多鏜有大將才公能任之所以成功公以賊之出沒多在浙之雙嶼議欲於此立營戍守為一勞永逸之計而平時以海為生之徒邪議蠭起搖惑人心公嘆曰濟大事以人心為本論地利以人和為先人既咸稱不便烏可違

八倭纂　下卷　第四

衆乃從輿議聚木石築塞港口而歸由是賊舟不得復入而累年逋藪為之一空公既得罪賊復猖獗後七年乙卯有張總制經王江涇之績涇在嘉興府時浙中承平日久兵脆不可用張公經以尚書節制七省思用其舊人田州瓦氏兵及土兵之在永順者上疏請調而兵遠難猝至倭閒往來於吳浙其與官兵戰不無互有勝敗當事者不悅公乃專指摘其敗又使其黨人以祭海為名出而陰伺公黨人至趣公甚

爭貢大內藝興遣僧宗設細川
高遣僧瑞佐及素卿先後至寧
波故事凡番貢至者閱貨宴席
並以先後為序時瑞佐後至素
卿奸狡通市舶太監饋寶賄萬
計太監令先閱瑞佐貨宴又令
坐宗設上宗設席間與瑞佐忿
爭相讐殺太監又以素卿故陰
助佐授之兵器殺總督備倭都
指揮劉錦大掠寧海旁海鄉鎮
素卿坐叛論死宗設瑞佐皆釋
還給事中夏言上言禍起於市
舶禮部遂請罷市舶而不知所
當罷者市舶太監非市舶也夷
中百貨皆中國不可缺者夷必
欲售中國必欲得之以故　祖
訓雖絕日本而三市舶司不廢
市舶初設在太倉黃渡尋以近
京師改設於福建浙江廣東七
年罷未幾復設蓋東夷有馬市

力遇公甚武公曰吾奉有
璽書若何為者卒不為動黨人不得已上書
劾公謂公才足以辦賊第家閩避賊讐不
利與賊戰以此搖公公知勢迫會所調兵
有至者遂督諸將與戰躬擐甲冑或厲之
軍聲大振賊素易我師不知其為勁卒也
交戰大潰我師乘之斬首千二百餘級覆
溺死者稱是或曰二千級黨人大驚懼所
劾不實因譏公而攘其功公被逮以去當
事者從中擠之竟論死公常言兵可用者

西夷有茶市江南海夷有市舶
所以通華夷之情迁無有之貨
收徵稅之利減戍守之費又以
禁海賈抑奸商使利權在上罷
市舶而利孔在下奸豪外交内
詗海上無寧日矣番貨至輒賒
奸商久之奸商欺負多者萬金
少不下千金轉展不肯償乃投
貴官家久之貴官家欺負不肯
償貪戾甚於奸商番人泊近島
遣人坐索久之竟不肯償番人
乏食出沒海上為盜貴官家欲
其亟去輒以危言憾官府云番
人據近島殺掠人柰何不出一
兵備倭當如是及官府出兵輒
齎糧漏師好語啗番人利他日
貨至且復賒戒如是者久之番
人大恨諸貴官家言我貨本倭
王物爾價不我償我何以復倭
王不掠爾金寶歸爾倭王必殺

惟永保狼兵諸兵合倭可立盡得其一二
亦可以勝至是果如其言若其被攘而見
禍則數也非戰之罪也嗟夫廣寧之捷斬
倭亦堇堇千餘而彼以封此以死請室人
之幸不幸豈但相遠哉朱公紈先亦以憲
死而公抑又甚矣吾學編四部稿及
國乘並同余故表而出之所云二千級即四
部稿倭志所載也是年曹提督邦輔有滸
墅之績賊之自象山登岸也由浙江歷寧
太突犯南京殺一把總一指揮走無錫而

我監據海洋不肯去近年寵賂
公行上下相蒙官邪政亂小民
迫於貪酷苦於徭賦困於饑寒
相率入海從之凶徒逆囚罷吏
黠僧及衣冠失職書生不得志
羣不逞者皆為之奸細為之鄉
道人情怨恨不肯甚恐弱者圖
飽煖旦夕強者忿臂欲洩其怒
於是王忤瘋徐必欺毛醢之徒
皆我華人金冠龍袍稱王海島
攻城掠邑劫庫縱囚遇文武官
發憤祈殺即伏地叩頭乞餘生
不聽而其妻子宗族田廬金谷
公然富厚莫敢誰何浙東大壞
二十五年以朱紈為浙江巡撫
都御史兼領興福漳泉治兵捕
賊紈清諒方勁任怨任勞嚴戢
閩浙諸貴官家嘗言去外夷之
盜易去中國之盜難去中國之
盜易去中國衣冠之盜難上章

南都都御史曹公邦輔引兵馳護孝陵因
追及于蘇之滸墅賊驕蹇益甚公與副使
王崇古僉事董邦政知府林懋舉知縣康
世耀把總婁宇曰此賊勍敵我地形兵力
為彼所窺他日大舉入寇何以支之誓滅
此而後入乃分授信地以崇古邦政宇率
指揮張大綱武生車梁躡賊所向遇敵先
登為正兵懋舉世耀各領兵屯吳林廟之
左北護郡城南扼賊衝為援兵嚴家兵左
哨沙兵右哨分突衝截為奇兵度賊走太

鐫累貴官通番二三渠魁於是
聲勢相倚者大譁切齒詆誣惑
亂視聽改紈為巡視未幾言官
論劾又遣官即訊甘心擬煉
必欲殺紈紈憤悶卒紈所任福
建有功海道副使柯喬都指揮
盧鏜殺賊有功皆論死繫按察
司獄於是華夷羣盜嚙手肆起
益無忌憚三十一年殘黃岩掠
定海浙東騷動遣都御史王忬
巡視兩浙兼領漳泉興福四郡
以都指揮俞大猷湯克寬為浙
閩參將勦賊頗兵政久弛將士
耗鈍水寨戰艦所在廢壞悍絓
畧未幾羣盜總至柵寨列港外
約諸島內招亡命勢益猖獗三
十二年大猷冒險出洋狡蕩巢
穴首賊遁去羣凶流散乘風奔
突倏忽千里温台寧紹杭嘉蘇
松揚淮十郡並受其害克寬統

湖募水兵于湖濱東山巡檢領舡數十往
来哨探為遊兵士皆殊死戰賊至吳林廟
我兵擒斬二十七人餘走揚山至靈巖奪
民舡由新港出太湖欲[illegible][illegible]見我兵旗
幟不敢渡復登岸至橫涇前馬橋匿一民
舍我兵圍而火之賊潰出遁伏田禾中不
能得車梁捫其所殺者肉尚未寒又草露
未動乃令衆大呼賊在此果然驚出遂俘
斬之無一人得脫者而大綱手刃數人力
盡死之後一年丙辰有胡總督宗憲沈家

領步兵往來海壖護城捕賊斬獲亦多忬不肯隱敗冒功擒治奸豪破解支黨大猷克寬兩叅將皆知勇可任徒以江南人素柔軟賊未登岸望風奔潰文武大吏未能以軍法繩下而有司往往以軍法脅持富人巧索橫歛指一科百師行城守餉犒百物類多乾沒十不給一廉謹之士又謂南人善謗伍頭束手不敢動一錢於是公私坐困戰守無策始釋柯喬起盧鏜而賊舶聯翩滿海破昌國臨山霩衢乍浦青村南匯吳淞江諸衛所圍海鹽太倉嘉定入上海掠華亭海寧平湖餘姚定海諸州縣焚刼殺戮汙辱慘於正統時矣而通番奸豪又言忬大猷搗巢非計且搖動忬忬薦鏜起爲閩叅將代克寬克寬以副總兵將屯

庄之績擒徐海也海劇盜聲名亞於王直屢擁倭奴入犯是歲衆分爲三一由海門入者略維揚一由吳淞江入者略上海一由定海入者畧慈谿衆各數千人而海自擁部下萬餘人直逼乍浦居中爲調度焚舟登岸其志不小意欲窺全浙及省都勢殊甚猛舊柘林賊陳東所部數千人又與之合胡公宗憲新爲總制部下兵不滿五千人所調永保兵未至度不可戰乃部署其衆爲犄角而親至海上使人說王直令

金山閩人故忌鏜劾鏜凶險不可用南京言官又復薦鏜三十三年歲犯江北海門如皋通州皆被殺掠是時復用盧鏜爲叅將而以俞大猷爲浙直總兵未幾工部侍郎趙文華以海賊猖獗請禱海神遂遣文華行禱公私勞費不貲皆歸橐槖比忬改大同巡撫徐州兵備李天寵代忬南兵部尚書張經提督浙閩江南北軍務有王江涇之捷文華忌經天寵遂奏經天寵逮詣獄論死西市而以浙江巡按胡宗憲代天寵南戶部侍郎楊宜代經自後賊益熾縱橫出入二十六郡文華還朝未幾又出監督諸軍搜括宮庫富豪金寶書畫數百萬計交通蒙蔽以敗爲功以功爲罪雖有沈庄梁庄之戰竟莫救荼毒之慘兩浙江

歸順許赦其罪直故與公同里閈信之不疑遣養子毛海峰款定海關謝過公既得直驩尋遣諜者過海曰直已遣子納款行赦之矣爾獨無意乎新總督公威名日盛又推心置人腹中爾不乘此時解甲後必有悔海故直將領又憚公權畧念公既與直合未可猝勝因遣酋來謝并徼公賄公厚遺以銀牌綺幣諸物過其所望啗令往還不絕每一酋至公亟重賞之又亟盛軍容示之酋至者無不內感公惠外怵公威

淮閩廣所在徵兵集餉提編均徭加派稅糧截留漕粟加除京帑請給鹺醵迫脇富民糴脫凶惡濫授官職浪費無經其爲軍旅之用纔十之一征伐漢土官兵川湖貴廣山東西河南北靡不受害諸賊驅之不前賊退遣之不去散爲盜賊行者居者咸受其害於是外寇未寧而內憂益甚矣宗憲計擒賊首王直浙西江東稍得安靖浙東溫台江北淮揚閩中嶺表尤被其毒已而俞大猷被中傷盧鏜代之賴朝廷聖明大猷得不死江北巡撫李遂有廟灣之捷入南兵部爲侍郎唐順之代遂福建巡撫王詢數有功畏讒引疾去代者劉燾宗憲以擒直功陞右都御史加太子太保叙子錦衣千戶先是文華陞工部尚書以論吏

歸輒以告海海益傾心於公思爲公死而陳東者日懷怏怏病海之私公往攻桐鄉甚力海使人語桐鄉曰我已歸順總臺不復相若公等可慎防陳東也東往則城中有備不能入用是益怨海尋以勢孤解去桐鄉之攻阮巡撫鶚在圍城中頗以不救望公不知公之招海而間東實以不救救之藉令二寇連兵公雖與阮爲援衆寡不敵終歸於敗則何益哉以此知公之深於兵也海既日親公公復使謂之曰若既

部尚書李默即加太子太保又以征倭功加少保子廕錦衣千戶不數月文華削籍千戶譴戍榆林自壬子倭奴入黃岩迨今十年閩浙江南北廣東人皆從倭奴大抵賊中皆華人倭奴直十之一二久之奸頑者嗜利貧窘者避徭賦往往喜賊至而貪殘之吏又從而驅之封疆之臣輒請添官當事者不敢阻於是添設都御史三人總兵一人副總兵二人叅將十三人兵備副使十一人諸將校近百人田賦倍於常科徵徭溢於甲式矣其俗男子髠頭斷髮黥面文身婦人被髮屈紒皆跣足間用屨其喜盜輕生好殺天性然也物產金銀琥珀水晶硫黃水銀銅鐵白珠青玉蘇木胡椒細絹茶布螺蜔漆器扇犀象刀劍鎧甲馬

內附何不殺諸賊自贖以明無他志海信之爲殺數酋以獻公益啗以金帛若相爾謝者公原不藉海殺賊直欲携之使其黨互相怨是以賞行不計殺之多寡而其黨已大恚海之賣已或告公曰葉麻（即葉明）猾賊爲海書記海終不可敗近與海爭一女子是可間也公從之使人謂海海果縛麻以獻賊中私相語曰麻書記有大功於主主縛之如縛狐兔何有我輩自是寖相疑貳公又出葉麻獄中慰勞之曰爾不負海

交市華人喜得童男女錦綺絲綿磁針

而海負爾惟我知之然則何不移書陳東使殺海以報怨麻雖莫測公意然箭在絃上不得不發且使東殺海以洩怨寔其素心遂欣然作書畀公公得書不付東故陰以付海曰麻無故與東書必有謀汝宜慎防之海啓書見書中語果如公言恐而涕泣曰公者生死而骨肉者也不縛東不足以報公念東隷薩摩王弟麾下勢不易縛乃盡散公平日所賜金帛以賂王弟曰願得東為書記以佐議王弟膏梁子素不任

事得賄大喜亟遣東東重違王弟命又念海巢穴在王弟島中縱負我未必敢負王弟聽輕身嘗海海得東當縛以致於公當是時海知其黨怨已業無歸志故寧負王弟不忍負公耳自東縛賊益無可為其黨雖衆莫適為主且怨且懼莫有鬭志會趙尚書文華督諸大兵至尚書者害總制張公経而薦公者也公雖貴倨不能不為之下尚書任性急功名雅不知公若心因簿責海甚急海欲叛則恐負公欲守則恐東

黨不為用欲逃則得罪於薩摩王勢無所歸日惟欵公冀公為之地公為好語慰之曰我知爾尚書固不知爾爾有功於我何嘗有功於尚書今倭舶後至者難次海上誘而殺之以媚於尚書獨非計乎海疑而且諾勢不得不從走之海上呼群舶若將遁者羣舶爭應海先是公之遣俞總兵大猷也曰陸兵事我為政水兵事子為政各不相及是以大猷不復內顧但巡徼海路俟舶至則沉之倭以此不得歸方海呼舶

時羣舶亦怨海念得借海為重脫大猷而東歸亦大快事故一呼而響應舶既集海以語官兵官兵爭出殺之無筭海則自以為得媚於尚書而不知其勢將益孤矣因欵請見尚書公固白尚書許之會阮巡撫趙巡按俱至集于平湖時則東黨與海比為一約有千餘人盖急則相依賊態然也期既定海先一日至以千人甲而屯城外以百人甲而入城內趨庭北面謁尚書及公及巡撫巡按稽首至地曰天星爺徐海

死罪死罪以次如前儀公獨下慰諭之且遣之出出而城中人譁曰何不乘此縛海乃故遣之詎養虎以自禍也公謂千人者甲于外是變在肘腋百人者甲于内是變在腹心遽以力勝非萬全計故姑忍而有待海出公使人謂之曰爾衆尚多何不擇善地自便海喜終以公爲愛已遂擇沈家庄即以庄與之公又使謂之曰東黨與爾外合内離叛則爲變沈氏隔河分東西庄何不居東黨於東庄而自據其西則得其

力且弭其患計孰便焉海大喜益以公爲愛已如言分衆東西居尚書者怒海不已曰因既納款何甲而見我又何先一日至無罪人禮遣人疾呼永保兵曰速來速來吾將攻賊公不敢不從史乃噉陳東爲書遣其黨曰海將不利於汝以資官兵東庄人信之嚴兵自衛又謂海曰東庄行爲亂幸入而自托海倉皇挾兩侍女將入東黨起擊之鬬各有傷官兵聞賊亂大喜而永保兵亦至因四起乘賊戰既合我師卻者

再公躬擐甲吮之值風甚烈投以千炬賊遂大壞不支千餘人蒐斬殆盡海赴水死事平公問兩侍女曰海何在侍女泣指河中曰海昨死于此永保兵入水撈得海屍斬其首以獻侍女一名翠翹一名綠姝海歌伎也公謀海起四月終八月凡四閱月其奇恠百出如弄丸如剥筍團團在掌握而常圓其機漸漸脫指爪而終啖其肉智哉智哉善藏其用矣**次年丁巳復有胡総督岑港之績**擒王直也直歙人任俠多智

數生時母夢弧矢星入懷已而大雪草木皆冰弧矢冰皆兵象也長而好施予人宗信之惡少年葉宗滿徐惟學謝和方廷助輩皆樂與之交告中國經略將之海外爲逍遥遊因相與入廣造巨舶販硝磺絲綿違禁諸貨物往來互市於日本暹羅西洋諸國不五六年富累鉅萬夷王以下大信服稱爲五峰船主尋招集亡命圖不軌其頭目則有徐海陳東葉明等爲之效力其爪牙則有倭奴門多郎次郎四助四郎等

為之宣威其腹心則有徙子王汝賢義子王滶等為之容謀五島夷有不可意如陳思盱者輒殺以獻獻且要賞于中國中國莫能如其意賞之米百石直怒棄之海中自後稍稍為不道嘗以舟師泊列表門與兪大猷湯克寬戰大為大猷克寬所困賴天幸得逸去自是不敢入中國歸造巨舟方一百二十步木為之城樓櫓四門俻具上可馳馬容二千人據薩摩洲之松浦僭稱徽王置官屬咸有名號控制要害而三

十六島之夷咸受節制時時遣夷漢兵十餘道流刼沿海諸郡縣數千里閒受其荼毒所焚刼子女金帛廬舍以數萬計所殺将吏士民以數千計所陷城邑衛所鄉鎮以數十百計大率皆其部落所為而踪跡詭秘莫知為直主使之者惟總制胡公宗憲為其里人察倭進退盡按兵法知必直之所教念不獲直倭無息肩之期乃出其母妻若子于金華獄中為豐衣美食累第宅以奉之俾得與直相聞其母妻若子為

直坐累繫獄者也隨遣寧波生員蔣洲陳可願充正副使以行名曰諭日本寔察形便往說直臨行公語洲等曰王直身不履戰陣而時遣黨類擾我邊鄙是彼擄其逸以勞我中國要須招攜其黨使窮髮皆知向化則賊勢自孤然後導之滅賊立功以保親屬此為上策洲等喻指而行至五島道遇王滶述所以來之意滶曰此中自有徽王島夷所宗足辦大事無庸見國王也介紹洲等見直直則以王禮自處而以使

禮見洲等酒食閒道鄉曲甚歎洲始以其情告直直曰誤矣直固驅盜非為盜者也洲曰誠然足下身不行而令倭行倭寔不仁擄我桑梓而分所有於足下足下不知受之雖曰非盜其誰信諸總督公擁兵十萬艨艟如雲戈矛如雨以殺盜賊誰能禦者顧獨念足下里人推心置腹不欲戹之於險拔壽母令妻子獄中館穀甚厚亦欲足下立功自贖保全骨肉還于鄉井耳此德當如何報直聞母妻無恙大喜然猶未

有行意乃留將洲在島使其黨王激葉宗滿等挾陳可願與俱還以察機便時值徐海入寇甚亟公曰是可借而使也乃以直納欵事諷海海即歸附語具前事蹟中公意欲致直度非激等無足以取信者乃待激逾益厚激等豎子不知為計歸偹以告直直始屬心於公而島中諸夷啓聞之稍稍去直直益不安於彼猶意徐海之黨寔繁有徒可相應援故決策西渡而不知其滅也濱行語其衆曰僉大猷吾嘗與戰於

列表門有名將風宜謹偹之公聞亟徙大猷於金山而以總兵盧鏜代之鏜素善王激與俱起居于舟山者故任之令彼不疑直見鏜果相安與居于岑港凡所求毋妻子弟官封悉令鏜致之公亦悉如所言以請慰其心也顧

朝議謂直元兇無可貸理詔公捕治如律令公得詔秘不敢發苦與之盟而名之陰則遣參將戚繼光等治軍于水陸甚具激等不知也公故與激卧起如初乘醉漏言曰

王晳撫鎮東之捷戊午五月

時賊三千餘人自松下突入海口澚登陸攻衛城者二日益以新至賊千餘合勢來攻城幾不守時王公詢撫閩廣其逼近會城合艅瀯募乃多方集兵設伏據險剪其零黨伺惰夾攻仍密令水兵布於海外賊果私遁出洋水兵乘風逐之沉二十餘艘斬首四百餘級績徽故附于上

諸將皆請戰我欲活汝若不肯從乃汝不乘後勿怨我言未畢吐滿茵褥激信謂公醉稍漏其語於直又其子澄在寓所亦嚙指作血書以報曰軍門數年恩養惟顧一見庶可有詞于朝即許眷屬相依藉令不来能保必勝乎空殺一家人耳直見公兵威甚盛徐海已死度不可以武勝且所親皆為之遊說嘆曰昔沛公見羽鴻門當王者不死姑請曰部兵無統欲得王激攝之公慨然遣激蓋以一犬易一虎無所不可

直見激至不得已詣公公乃宣

詔曰非不欲相活如

尚書王世貞倭志

日本古倭奴國在大海中於閩浙為東北隅其國主以王為姓世世不易文武官僚亦然有五畿七道統郡[illegible]五百七十三然皆依水附嶼大者不過中國一村落而已戶可七萬餘課丁八十八萬三千有奇自元帥討日本者沒於水不得志日本亦絕不復來貢高帝初遣使臣趙秩諭降之僧祖朝來貢方物十三年承相胡惟庸謀叛令伏精兵貢艘中計以表裏挾上即不遂掠庫物乘風而遁會事露悉誅其卒而發僧使於陝西四川各寺中著訓示後世絕不與通於是遣信國公湯和等沿海規畫

明旨何執付按察司治罪時嘉靖三十六年十一月也獄具斬直于市梟示海濱妻子發功臣家為奴公進太子太保都察院左都御史兼兵部左侍郎蔭一子錦衣衛副千戶後二年己未有李都御史遂淮揚之績淮揚多大賈賊從乙卯入犯載輙陰陰屬厭以去自是歲深入以為常

廷議謂非專設都御史彈壓之不可乃以屬

自南直隸山東浙江福建廣東西咸置行都司以備倭爲名犬羊盤錯矣永樂初太監鄭和等齎賞諭諸海國日本首先歸附詔厚賚之封其鎮山賜勘合百道與之期期十年一貢無何三千人犯遼東爲都督劉江所破殺無噍類自是斂跡不敢大爲寇而小小抄盜亦不絶或其主不知也其貢則恒多先期而至要以利中國給賚與互市爲利耳嘉靖初其主幼沖不能制羣臣右京兆大夫高貢使宋素卿貢亡何左京兆大夫內藝興遣宗設貢咸強請勘合後先至寧波爭長不相下宗設衆盛於宋素卿遂攻敗之追北至紹興躪諸郡縣殺掠以千計都指揮劉錦及千百戶等官遇之皆死後以詔指諭且下宋素卿獄始肯聽徐徐解自是有輕中國心矣而中國亡命者多跳海聚衆爲舶主往來行賈閩浙之間又以財物役屬勇悍倭奴自衛而閩浙間奸富猾民覘其利厚私互市違禁器物咸托官豪庇引有司莫敢誰何黠者又多取其貲匿去莫與酧舶人怒則輒有所殺害而他舶不爲害者又行劓掠海中漸彰聞朝廷慮之乃特設閩浙巡撫開軍門聽以軍法從事而所用撫臣朱紈素潔廉然銳果壯往則日夜練兵甲嚴糾察數尋舶盗淵藪破誅之而又叢根株通海者令迫急諸豪右咸惴惴重足立其仕宦貴臣相呴紈不休竟以擅殺逮紈及置二司用事者於理紈恚自殺乃罷巡撫不復設而舶主土豪益自喜爲奸益甚官司視以目

李公遂公至巖保甲練鄉兵修城垣造戰艦所為戰守之具甚偹是歲丁巳倭不為害越二十年已未賊以萬衆連艘入寇蓋大舉也中外震恐公計賊若從海門西亭趨如皐則通州反出賊外乃兼程趨通泰而以副使劉景韶遊擊丘陞駐如皐時則通泰難而如皐易也公委易於人而自當其難既而賊至知如皐有偹果由通州趨白蒲鎮公曰賊深入利在速戰宜堅壁以困之值東南風競我兵不便迎擊公籲天

祭風而風回乃擐甲誓師斬不用命者如千人以進賊遂却又計賊若由泰興犯瓜儀則粮運阻而留都震驚如由富安以北沿海東出則無事矣乃自當泰州之衝而以黃橋西路責景韶等時則又泰州難而西路易也既而賊進丁堰丘陞縱火焚其營邊兵衝入毛胡蘆兵從南出首尾夾擊斬其金盔酋一人公復趨間道偹之賊不得已果從沿海東出我兵追躡敗其衆於富安瓜儀全爲公又計賊既不得意於揚

莫之禁矣壬子賊始犯台州破黃巖旁山諸邑議復設提督都御史用家嚴爲之時沿海衛所軍久廢弛不習戰軍府草創財用殫屈家嚴於是益召募驍勇委良將申約束畫謀其巢穴覆之斬獲以千計於是稍弭而南犯吳松郡二郡固都會素沃饒而其民愈怯弱賊至則咸壞散不支捆載而去所被攻剽郡邑爭以檄書上聞巡撫操江憲臣相繼罷而家嚴又以雲中急改節鉞　天子數憂東南計用張經矣倭賊勇而戇不甚別生死每戰輒赤體提三尺刀舞而前無能捍者其魁則皆閩浙人善設伏能以寡擊衆反客主勞逸而用之此所以恒勝也大羣數千人小羣數百人比比蝟起而舶主推王直爲冦雄徐海次之又有毛海峰彭老不下十餘帥張經者南京兵部尚書也朝計調二廣狼土兵討之而經舊常爲彼總督有威惠經亦慷慨以平賊自負故用爲大帥節制當天下半得以便宜行事開府辟名諸郎署參佐中外忻忻謂賊旦夕盡矣然經素貴侈靡行事有承平風而諸特用大將何卿沈希儀等名位極老而驕新進之士又慓猾果往速退田州左氏及山東槍手兵連戰敗去經望實稍稍損矣而侍郎趙文華出督察文華踞上驕行有所負挾顧指凌經而經以大臣自重出其上文華恚則騰連劾經謂其才足辦也特家閩避賊讐哉養寇畱賊耳而會兵科亦有言上怒甚趣使捕繳經經則已聚兵大破賊於嘉興斬首二千

必且垂涎於淮乃留景韶陞等專偹西亭丁堰二賊而自赴淮安以當大敵時則又淮安難而儀揚易也公至淮會視軍通政唐公順之亦提青沂兵至與公合勢公乃部分諸軍前後左右中為五哨列陣以待於姚家蕩既而賊謂我兵緩於丁堰未得遽來果以輕兵襲淮安掩不偹也至則見兵勢甚盛反過於通泰相顧大驚盡銳衝我左哨不入公揮兵四面圍擊俘斬八百有奇焚溺死者不可勝計自後公往來二

郡間揚急則趨揚揚緩則歸淮擣廟灣之巢零寇俱盡策西亭之寇全提隨聞其七星港之捷斬首三百有奇竹堰之捷斬首九十有奇茅苍墩之捷斬首百七十有奇唐家渫之捷斬首百四十有奇則皆分布諸將而成功所云破竹之勢數節以後迎刃而解者也余嘗聞之故率公用兵奇謀古法不遠唐公而審勢當機熟於情形過之較量功伐唐公終少遜於公此二公之辨也後四年癸亥有譚都御史綸平海之

績倭自乙卯入閩閩歲歲苦兵敗者什九
游巡撫震得請以總兵俞大猷劉顯控制
江閩數道兵馬劉顯先至兵少未可戰比
大猷至則賊已先破興化據平海矣事聞
天子震怒罷游公回籍聽勘用譚公綸爲巡
撫而以戚繼光爲總兵大猷議曰今日遇
異常之變必興數萬之師先差參將二員
各督兵舡二枝把截港口使不得由海而
遁劉總兵督兵一萬由北而下大猷亦請
得督兵一萬由南而上戚總兵督兵一萬

由西而東堂堂正正一鼓殲滅譚公然其
計然與戚共事久頗欲借戚爲重戒俞劉
勿戰俟戚至於是大猷結營於秀山劉結
營於明山深溝高壘賊水陸無所之困敝
日甚猶冀新倭來得由海脫歸會繼光領
浙兵一萬至公乃命三大將分道並進砲
聲動地直擣賊營賊駢首就戮躍走者盡
陷溝中無一得脫議者謂迅霆疾雷戚則
誠武矣而俞之定謀劉之犄角其功皆不
可忘且戚所將乃素練之兵俞劉所募乃

級溺水死者稱是兵科言官留經以賊平自効不聽併逃撫李天寵皆論死文華既已攘其功則奏趙巡按御史胡宗憲代天寵督臣亦有更置由是中外文武惴惴重足立憂不在倭矣文華俄還朝進太子太保工部尚書而宗憲亦遂以兵部侍郎總督無何徐海入寇圍巡撫阮鶚躪浙地告急疏上尚書趙文華請出督許之其進止擬至如張經加重乃與宗憲誘徐海降而合兵擒捕平之徐海死進文華少保宗憲亦遷右都御史又明年獲王直王直者故徽人也以事走海上後爲舶主頗尚信有盜道雖夷主亦愛服之而其姓名常借他舶以是凡有入掠者皆云直主之蹤跡詭秘未可知也宗憲亦徽人乃以金帛厚賂誘之云若降吾以若爲都督置司海上通互市而直亦自奮言必能肅清海波贖死命宗憲與之誓甚苦直信之從入杭州宗憲具狀聞上然不敢悉其故廷議以直元兇無可赦棄市宗憲亦得加太子太保餘遷賞有差然其衆無歸者而寇復犯淮揚不利連犯吳越巢閩中首尾七入歲間所破城十餘掠子女財物數百千萬官軍吏民戰及俘死者不下數十萬雖時有勝負雅不相當而轉漕軍食犒賞賜乾沒入橐中者以鉅萬計天下騷動東南髓膏竭矣

烏合之衆俞劉當方張之勢戚乘困憊之
餘戰守難易易地皆然若譚公將將之功
則偉矣後六年隆慶己巳有劉總督燾蓮
澳之績曾一本者潮人因倭之亂招納亡
命數萬橫行閩廣間攻城掠地殺參將繆
印直抵五羊焚舟師官兵不能討至是以
兵部左侍郎劉公燾總督閩廣軍務員外
王倖爲贊畫發兩京帑銀十萬兩資軍餉
公既至督廣巡撫熊公桴閩巡撫屠公漋
民總兵俞大猷郭成李錫參將王詔等赴

期會剿五月十二日戰銅山勝之六月十
二日戰玄鍾又勝之二十六日再戰蓮澳
又大勝之擒一本其黨數千人悉除是役
也雖兩省夾攻而造舟運謀終始其事則
俞總兵大猷之力多焉後二年辛未有提
督殷侍郎正茂高雷之績廣之倭患多在
惠潮後堤備稍嚴倭難得志乃去之而突
犯廣海陽電神電錦囊諸衛所村落遭屠
城亦相繼陷沒化州石城幾于不免蓋武
備素弛故也殷公正茂時以提督至奮然

議征之或謂倭鋒方銳非大集狼土諸兵不可提督曰勢急矣此所謂遠水不濟近火也在吾輩力爲之因檄總兵張元勳量移從化董兵赴援檄參政江一麟副使陳奎吳一介參議周鳴塏僉事李材許孚遠參將陳濠晏秋元集所在官兵討之而屬李材監其軍賊初意地方無備便於擄虜不謂大兵遽集比交戰賊勢大衂零星奔竄或遁林菁或迸海上為圖旦夕之生官兵窮其所往俘斬一千有奇倭患平爲後

又突犯雙魚所所官不武城爲所據督撫震怒於是總兵以下官俱戴罪隨令總兵張元勳監軍副使趙可懷自新會發守巡嶺西參政劉志伊僉事石磐自肇慶發參將梁守愚自陽江發官兵四集重懸賞格將士咸思奮請鬬三道及文武將吏相與議曰賊無舡必由陸遁須設伏儒峝以待之已而賊果棄城奔儒峝伏起遮道夾擊戰於藍水施村賊大潰斬首八百餘級奪回被俘男婦六十餘口遺孽漏經竄林菁

間者官兵分道剿杭澌滅無遺斯則甲戌年冬事也是二役者神電雙魚間獲全勝倭無噍類足泄廣海之憤蓋提督多大略一時文吏亦皆長材其奏功宜矣後六年庚辰有劉總督堯誨瓊廉之績初賊以閏四月自淅閩直犯廣州南頭福永海面劉公下令海道參政劉經緯督遊擊韓沛追擊於翁厓陶娘烏豬海洋滅之既而番賊自大泥國糾結千衆來犯瓊崖聲勢張甚公復下令參將顧宗文夏尚中領兵出

海迎擊之毋令登陸首破賊于感恩追及于北黎魚鱗洲盡滅之時副使舒大猷參議王來賢僉事薛夢雷俱移署海濱監督各將用命所斬獲倭番海賊甚衆奪回被擄凡四百八十名顆其餘焚蕩及覆沒者不計其數從此海邦靖爲劉公沉毅有爲不避嫌怨亦一時之勞臣也

以上倭績須兼吾學編倭志看方得

倭績二　前叙督撫功此叙諸文武功

倭績二紀提也獨及嘉靖以後者提多也初紀江南江北重鐵輔也次淅次閩次廣

序遠近也嘉靖三十二年癸丑五月守倫
解明道有吳淞所之捷王直之黨既陷南
滙所皷其餘鋭復破吳淞所據之明道曰
吳淞要地不可為賊所據犂出其不意擊
之因往襲賊賊不虞其至果為所敗斬首
百餘級其酋三大王六大王死焉遂復所
城賊遁出海又為州判金汝舟千戶楊循
禮所敗擒斬八十有奇後一年甲寅八月
叅將許國李逢時有師家洪之捷王直知
官兵將擣其巢乃進營於師家洪列七星

陣以待國逢時擊之大敗而去既又進攻
之賊固守其舟二將所統皆北兵不知地
利已沮洳間潮至死者甚衆賊得由原港
遁去水兵追戰於老鸛嘴之四馬洪又大
敗之二將失師不稱全捷然破方張之冦
其鋭亦足多焉後一年乙卯正月總兵俞
大猷有勝墩之捷賊自嘉興突平望分道
並進期會於蘇州至勝墩知府林懋舉與
同知任環率狼兵擊之於北大猷與副使
孫宏軾率宣慰司兵擊之於南狼兵首殪

任環陸涇壩之捷乙卯五月
柘林之冦千餘突小崑山趨泖
湖而北保靖宣慰彭藎臣追之
抵蘇之陸涇壩壩離城十里而
近兵備副使任環嘗兵擊之擒
其梟帥倭斬五六百級曩水為
赤環常敗賊三丈浦至是又捷
賊憚之稱為拚命官人所至輒
避其鋒是日值暴雨賊得逆入
舊巢

官兵平望之捷
朱涇之敗遊擊周藩死焉永保
兵復失利賊益猖獗將由蘇州
入海道吳江之平望浙直鄉兵
會擊之賊腹背受敵大敗走死
者七百有奇是戰副使董士弘
僉事王詢以浙兵至叅政任環
知府林懋舉以直隸兵至三店
則推官劉泉之功居多皆不籍
客兵以取勝蓋民久苦于賊共
起而讐之耳

其渠魁賊氣沮揹資于狼兵求脫弗聽東
西阻水賊不得逸久之大敗斬首三百級
是戰也提督都御史周琓巡按御史周如
斗令所在清野民間釁具悉燬之而又前
後夾攻賊進不得食退不得息故敗大猷
回兵復有金山衛之捷斬倭二百餘級五
月副使任環有三丈浦之捷環為同知即
稱知兵自賊破南滙所環與六合知縣董
邦政合兵敗之於吳淞江口及攻上海縣
環以僉事統兵又敗之於五里橋時環所

統民兵三百僧兵八十而賊之泊黃浦者
舟以百計自吳淞南行者尤不可勝數衆
以衆寡不敵為懼環曰賊雖衆各自為黨
其心未一急攻可以得意乃追襲於五里
橋賊倉卒不知官兵幾何但見勢如風雨
懼而潰環又敗之於習家墳賊遁去遂解
上海之圍環名從此大震至是賊且大至
屯于常熟之三丈浦勢甚猖獗又易官軍
不為備環陰部署主客官兵以保靖應襲
彭守忠為中哨太倉耆民為右哨知縣王

方廉計殺柘林賊七月
時巢賊甚熾廉爲松江知府遣諜投毒井中賊千餘人飲之咸死斬首數百級

任錦海門之捷七月
賊首林碧川既爲俞大猷所敗乘舟奔海門與其黨百二千餘登大陳山時錦爲把總縱火蟄之俘斬無遺

鈇爲左哨躬環甲冑激勵三軍我兵皆踴躍思奮起攻之賊不知爲環兵率爾交戰遂大敗俘斬二百八十有奇而我兵不損一人自用兵以來陸戰全捷未有如此者也七月都指揮王沛有金山洋之捷賊自王江涇陸涇壩平望數敗之後勢甚窮促叅將盧鏜都指揮王沛時往撓之賊死傷及疾疫者過半乃潛伏巢穴不敢出掠日爲遁歸之計既而告於官兵邀擊遂沉舟破釜示無去志然實覘官兵不備之於海

而得走也胡總督諜知之預遣沛等率舟師伏海口伺之賊果由海遁沛等追敗之於金山洋悉沉其舟賊溺死無遺後一年丙辰總兵俞大猷有茶山洋之捷初七了港賊與吳淞江賊屢爲官兵所敗相繼遁出海洋大猷善於水戰設伏劉家河待之且攻且逐追及於茶山東北鄧城背舟師衝其鋒賊披靡舟沉者六十俘斬三百餘殘寇宵遁復爲颶風所覆無生還者是年僉事董邦政有西庵之捷先是賊突漴缺

七竈洪邦政時爲僉事既與佐擊周宗禮敗之賊至界嘴又與叅政任環敗之至是賊由金山登陸犯西庵邦政獨往攻之賊大敗屠法昌寺邦政火其寺賊盡殲焉邦政善戰知兵常以孤軍敗川沙窪賊殺傷五百餘衆賊中畏之功名亞於任環嗣是俞大猷輩有寶山乍浦之捷沉舟十三前後俘斬約五百五十有奇盧鏜輩有江陰三丬沙之捷沉舟數十前後俘斬約四百五十有奇總兵徐珏有孟河之捷俘斬三

百有奇吳賊勢衰漸次削平矣以上俱江南事三十八年己未副總兵鄧城有如皐之捷城趫捷善戰膽力過人每爲俞總兵大猷所器賊之戰狼山也城以都指揮追敗之沉其十五舟以功晉今官時狼山副總新設舟師兵器百凡未備倭數十艘猝至城冐死血戰攻沉賊舟十餘隻賊迫棄舟犯如皐城設伏布奇敗之明日復戰于白蒲倭選鋒跳蕩賈勇城連發三矢射殺之賊遂挫銳官兵乘勝逐北擒斬四百餘

劉景韶仲家庄之捷
時賊至自三沙遁入仲家庄韶率官兵圍之是夜漏下三皷賊乘雨潰圍而走官兵復追敗之斬首三百餘級賊遁七窩河

級四月千户汪時中有盧家塲之捷賊從大河口呂四塲登者以千計擄盧家塲時中與把總張大義合兵圍之大義意欲待諸兵至然後進擊時中奮然曰我等既受委任豈可坐視賊之肆虐荼毒吾民大義固沮之不聽遂與有隙時中單騎提雙刀突入賊營斬賊數人賊大驚異相顧錯愕莫敢誰何中有嘆羨其勇而欲生致之者時中繞賊營後賊追之值部兵往救賊大敗走為之喪氣八月副総兵劉顯有白駒

塲之捷江北諸兵毛葫蘆營寂貪海安之戰為賊所餌而敗副使劉景韶往援敗之於張家庄斬賊三百餘級追至舊塲又敗之乃遁往白駒官兵圍之賊四面逸出時窮寇致死莫利當先顯獨挺身陷陣賊披靡死者百餘人乘夜遁沙州顯復衝陷其陣敗之賊潰走走則陷沙中顯率兵四面合擊俘斬千有餘級先是泗州之戰顯身先士卒斬衣紅賊一人賊衆大衄追至安東又大破之賊素憚其威名故至是大捷

湯克寛下馬洋之捷壬子十一月
鄧文俊既破黄巖頗得意而去克寛時為叅将統兵與戰於下馬海洋敗之越三日復戰遂擒文俊次年四月賊犯平湖官兵連戰皆敗裨指揮而下如千人王軍門紓命克寛往勦及於鱉子門大破之俘斬二百六十有奇

顯謀畧不及俞戚而敢死當先其所獨長亦名将也以上俱江北事嘉靖三十二年癸丑閏三月叅将俞大猷有列港之捷港王直所巢地形曲折賊負固盤據勦者難之都御史王公忬躬至温閲圖乃命大猷以一哨由列表門進當其前命叅将湯克寛由西後門進防其逸意在持重困之大猷獨計将在軍君命不受機會可乘不㝎坐視乃募熟諳山路之人侯得等潛入賊營期以舉火為號而自移營木鼻距賊巢

僅隔一山分遣把総張四維屯龍山黎秀屯霩霸遥為聲援夜四皷侯得等果縱火官兵乘之賊大驚潰争舟死者無算直率其精銳冒死突圍出泊于馬蹟潭巢穴盡燬大猷此舉有班定遠探虎穴之風軍門猶以違節制責之然愛其材武無以罪也克寛聞直敗追至馬蹟圍烏直既脫大猷自謂無恙不意有克寛之兵倉皇失措交戰大敗業與其徒相向慟哭克寛謂且捺囊取之俄砲聲上震藥氣下侵潭有蟄龍

怒而飛我師沒焉克寬自赦不暇直得以
百餘人由白馬廟遁去遂有太倉之圍天
寔留之也直後與其衆談及大猷列表門
事猶有懼色遂以聲名借他船入寇彼獨
稱王夷中不復至云是年八月把總鄧城
有普陀山之捷先是賊首蕭顯既殺胡賢
敗黎鵬舉橫甚遂焚上海蹂崇明修舡爲
歸計軍門王公忖測其必入浙預令都指
揮劉恩至把總鄧城指揮張四維等分爲
二哨一自觀海臨山趨乍浦邉賊來路一

自長途沈家門設伏邀其歸路賊果南遁
官兵與遇於普陀之落伽山連戰勝之零
賊登普陀依險爲巢据塹自衛叅將俞大
猷督官兵進攻夜從石牛港進張疑整衆
而不與交鋒潜遣守兵由巡檢𡨴直入賊
壘城陷陣先登餘衆繼之賊敗走依茶山
絶頂翼日城率火斌黎俊民等四面並進
賊窮蹙俘馘無遺顯僅以身遁後連敗於
三江龍山定海滅於慈谿此戰寔其張本
也後二年乙卯五月把総指揮劉朝恩有

三山所之捷賊之攻三山也朝恩已承院
檄他委離所一舍聞報疾馳還率軍民固
守值霖雨城圮數十丈賊讙呼謂唾手可
陷城中洶洶或勸朝恩突走朝恩斥之曰
臣子報効正在今日豈可以事權去已而
規避即且我去於身得矣如生靈何遂以
身蔽圮所督戰甚力復以木城障之時城
上矢石如雨未有中賊者朝恩悟曰此幻
術也投以生犬首發矢即中其酋帥貫喉
而斃賊驚潰走朝恩復追躡之斬馘數級

是役也内外居民全活者三四萬人余嘗
謂爲將者幸而成則爲劉指揮朝恩之功
不幸而敗則爲陳百户表之死其心同其
忠同表忠而孝以全其母朝恩忠而勇以
全其城皆浙中武弁之矯矯者也六月嚴
州府推官劉泉有三店之捷賊之初起議
者皆謂士兵不任戰事每紛紛藉兵於客
客兵既至雖有小勝而騷擾特甚故其謠
曰倭来猶可兵来殺我久之民間憤惋願
自充兵殺賊官府因之練爲鄉兵會柘林

賊自蘇州來從嘉善乍浦趨舊穴泉率鄉兵禦之于三店塘大破之斬首四百六十餘級焚溺中毒死者復千餘人由此人知人皆可兵而用鄉兵之議益決矣八月叅將盧鏜有大陳山𡵨之捷鏜之與柘林賊戰于新林也賊首林碧川大敗遁勝山鏜又追敗之於龜鼈洋賊擬逸出大洋以逃不意為颶風所沮回泊于台州之螺門副使孫宏軾兵備許東望知府宋治鄉與鏜及都司王沛督舟師追之賊敗登山官兵

圍之月餘碧川與高贈烏魯美他郎等無所得食一百五十人俱俘斬無遺九月把總鄧城有舟山之捷時舊寇既誅新倭復至海外警報甚亟是日風浪盛作諸將相視莫敢發城奮曰寇不可玩當冒風濤一戰斬其不用命者遂將數舟以往俄而霧合咫尺莫辨城乃偃旗息鼓宿于舟山之陰薄暮賊舟果至泊謝浦天氣昏黑不虞兵舡之在側也城令善泅者度木罌覘浔虛實誠兵士枕戈達旦黎明縱舟奮擊賊

鄭茂徐行健海塩之捷乙卯

賊自秦駐山登泊謀將寇海塩茂時為知縣與指揮行健等率兵撲滅之是戰也賊雖止于八十有奇然以是日登陸而官兵以是日盡殄之則前此未有也

逆戰倉皇不支俱𨍏首就擒斬獲三百餘名顆沉溺者無筭十一月典史吳成器有龕山之捷賊自温州登岸蔓延於會稽胡総督宗憲親提大兵至壁于龕山語其親兵曰爾曹豢養日久未立戰功今賊行滅而諸將首鼠不進萬一賊得脫此往渡錢塘柰何今日正汝立功之會能乘其不意襲之賊可盡也衆皆踴躍仍令典史成器統之以進不數里遇賊死戰無不一當十賊大敗循海而走登匡山坡堡我兵四面

盧鏜丈亭之捷丙辰四月

賊既陷慈谿遠近洶洶鏜時以叅將領兵遏之於丈亭賊來與戰大敗其黨賊不浔過餘姚賴之不受兵士民為勒石頌功焉

奮擊不得已登屋擲瓦瓦盡繼之以槍槍盡繼之以刀刀盡乃下死守我兵盡力破之悉斬首以獻是役雖総督親自調度然非成器之奮勇當先亦未必成功也後一年丙辰正月土官田九宵有後梅之捷賊之自閩入浙也越平陽仙居至寧波奉化與錢倉賊合幾七百人深入紹興勢益滋募胡提督率兵備副使許東望容美土目田九宵同知曲入繩等兵往戡之遇賊江橋乃令兵渡河九宵邀其前入繩襲其後

伍惟員彭溪之捷六月

賊據僊居阮巡撫鶚檄副使許東望知府譚綸總兵盧鏜等往救之賊聞大兵至乃走斷橋彭溪官兵圍於林同知家惟員時為指揮首犯其鋒俘斬三百死水火者甚衆餘賊六十人遁天台為鄉兵所殺僊居之賊盡爲

劉副使計擒殘倭八月

時有羣倭栖于秦駐山舟為礁石所碎時劉副使燾駐乍浦欲稷兵擊之將士曰窮寇據險難以仰攻燾乃計令兵士挾降倭一人往說之詐云送付徐海其黨五十人悉棄兵而來次第縛之

賊見兩兵乍至大怖而走匿後梅民家提督曰賊若乘我兵半渡迎擊勝負猶未可量今投死地復何能為乃悉衆圍之三匝縱火焚之死者強半直大雨提督與將士立田中夜五鼓大霧賊乘黑衝典史吳成器軍成器故善戰驅兵四面奮擊之擒斬若干人脫走者至山西嶺伏發又大敗斬首及焚死者五百二十有奇餘奔太平蒲岐港堅壁不出官兵夜偪賊壘投以霹靂火器賊驚以為刼營自相攻擊死者甚衆

是後不專九霄之功而九霄寔挫其前鋒故以功歸之八月參將盧鏜有清港洋之捷辛五郎者宿寇徐海之偏裨與陳東葉宗滿葉麻葉同惡總督胡公欲滅之忌海與之合會海受餌為我用擒其所惡陳東葉麻葉公乃以五郎責之盧鏜鏜接客論時方對諸客食忽命治艦之金塘山客相顧莫知所謂鏜自乘福船令將官率哨舡若干以行次日至金塘瞭見北洋有大舟揚帆而南令哨舡四散潛泊少選大船艤

戚繼光盤石之捷戊午四

時台州賊與樂清賊合謀攻溫州胡總督遣參將戚繼光追之及於盤石館大敗之賊遁出港參將張鈇預奉胡公方畧艤舟師江口以待斬首百餘焚其舟數十賊死者無筭先是賊分為二刼象山寧海僊居知府譚綸悉擒斬之戚繼光又追及於海洋賊遂全敗

金塘之麓賊皆登態鏜知其為五郎令哨舡叢射之賊以手且搖且招搖者示勿擊招者示有所言也哨兵颺言曰欲打話須去爾兵器則拍掌示無而呼一董一董者一家之義乃倭語也有華人從寇者曰吾乃胡總督招安放回者哨兵曰有牌驗乎曰有鏜招衆賊至舟傍慰藉之謂五郎曰汝既為軍門所遣豈可慢乎請至舟欵叙五郎既登舟餘派哨舡分載每載不過三四人多則不能容也五郎見鏜禮貌懃懇

安坐不疑宴至深夜鏜坐福舡上層將臺侍者引雙燈上桅俄而哨舡蝟聚鏜問之曰如何齊應曰是了五郎驚訝請下哨舡與衆夷同宿鏜曰諾令左右送之穴梯而下至蓬户外一望維海不見衆夷五郎悟欲赴水死左右不許曰臥榻在地平下五郎度不能免浩歎就卧遂縛之翌日入定海關乃知賊徒俱已斬盡即前夜起雙燈時也是了者復命也羣賊死時僉訝哨兵擅殺五郎亦自以偶遇盧鏜被執皆不知

其出於軍門也後三年己未副使譚綸有何家礮之捷賊自何家礮登犯者三百餘人據險為巢胡總督檄副使譚綸剿之綸與總兵俞大猷計曰堠者報賊甚多而今登犯者止三百其嘗我乎乃令大猷率舟師備之於海而自率陸兵禦之至定海即欲進兵將士請曰兵士遠來乞休三日而戰綸曰賊數不及三百而久掠不去者謂我無兵耳今聞大兵四集而不走亟出不意乘之乃進兵至馬崗遇新賊五百自金

井頭來綸即移兵先擊新賊新賊敗斬級以百計竟遯山中遁去翼日綸始率軍擣何家礮巢賊殊死戰綸出奇兵擊賊後賊潰不支走入舟中縱火焚之俘斬畧盡盖遲則二寇合勢勝負未可知矣五月綸與叅將戚繼光復有松門之捷初綸既破前賊即回軍向松門擊賊之在柵浦者甫入衛城分布諸偏裨軍之通衢以備巷戰而令繼光軍分配城守諸偏裨皆竊笑之夜漏下四鼓果有賊數百襲西門先登者且

三十輩殺城卒守者紛紛墜城走章延廩陳其可背兵大戰斬數賊賊乃下走綸繼光尾其後相與計議賊走必出金清閘乃鑿二舟塞之賊至恐其起塞復詐為新河老人書遺之約饋千緡求勿攻城賊許諾遂不起塞明日繼光軍出壁牛橋誘賊賊悉衆往攻綸盡遣銳兵出撓之且撈浔賊伏沉其二舟賊大敗棄輜重而走官兵追及於南湾嶺賊據高分五部以拒官兵叅汝蘭等進圍其巢出奇分翼乘間擣虛賊

益奔潰斬首三百生擒數十百人餘衆趨樂清黃華掠舟出海而遁後二年辛酉叅將戚繼光有台州之捷繼光累破劲寇威名日盛賊憚之至台州擊零賊于新橋百餘徒俱死而繼至者且二千餘人壁黃沙繼光以計困之賊登山以拒官兵圍之於白水洋時賊尚衆繼光曰是可以火攻破也乘風縱火風猛火烈民居稠密賊無所用其衆盡化煨燼是役也賊多兵寡而我兵九戰皆捷俘斬千餘焚死者稱是皆奇

黎鵬盧舉臣屏風嶼之捷 己未四月

鵬舉時為叅将與指揮舉臣攻賊于屏風嶼鎮下門及三沙海洋沉其四舟擒斬一百五十有奇燒溺者無筭時賊衆洊突至未得登刧我兵邀擊外洋擒斬頗多賊皆望風遁去

續也以上皆浙事三十八年己未叅将戚繼光入閩有牛田之捷先是賊陷福清縣閩人士大困當事者借兵於浙浙以繼光将兵往賊猶據牛田自如繼光肅隊而行直抵其巢穴賊倉皇窘甚萬人敵者出護其衆斬戚兵數人戚兵有制雖斬不退也四健将競前力鬬乃殺萬人敵四将者亦間有傷退語人曰非吾之四不足了彼之一名下信不虛耳賊則猶病其襲取不心服也次晨聚衆攻戚軍民有迸於山中者

憑高窺之見賊乗馬皷刀從東来日初出閃閃照刀光皚如霜雪猛如風雨民私相謂曰吾固知賊武也相去數十步軍中忽敲皷邊兵皆仆地民失聲曰吾固知兵脆也語未竟皷鳴銃發彈彈中馬鼻馬掉首走仆地者争起斫馬足賊紛紛落馬兵刲其首如刲羊然後騎疾驅脫者不能五之一乃知皷邊者軍號也號發兵不仆彈将自受兵仆彈不發賊将殺兵節奏緩急不爽毫芒真天兵也賊且走且大啼曰不意

唐山乃有此兵從此心折於戚帥矣民蚩蚩湯不省兵為何物至所言皆古兵法信乎實録出於史官者不如出於匹夫匹婦之口也余時結髮為弟子員懷之三十餘年乃今得補二編之闕戚後位極大将軍閩細人猶呼之曰戚叅将叅将著也胡総背聞捷贈以詩有八閩到處三秋捷千里蠻營一夜空洗劍灘頭溪水赤挂弓天外海氛紅之句正指牛田之捷而言後一年庚申叅将王麟有月港之捷麟既與把総

朱先敗上逕之賊死者八百餘人焚死者如之由是威名頗著而賊與官兵戰於海倉白石鎮海野馬等處者又皆不利遂由月港遁出海洋麟追及於古浪東砟把総劉一桂追及於刺嶼尾五戰皆勝沉其舟數十斬獲數百賊首徐老許西池王老及日本頭目皆就擒所部三千餘徒悉溺水無遺後三年癸亥総兵戚繼光有仙遊之捷是年十一月倭百餘艘乗勝登泊直趨仙遊薄城下環結巢壘繼光帥師来援軍

下沙園去倭壘二十里許度寇衆且銳曰
是未可輕戰也先遣精兵百餘人入城以
助守禦仍分兵諸路遏賊衝俾毋肆剽掠
寇急連攻城戚又遣勁卒携火器從間道
縋入城寇造呂公車内藏兵械危梯于車
前運至四門晝夜悉力以攻勢益迫十二
月二十六日日初出車已臨壕去城僅咫
尺城中人恐慄不可支頃焉望見大師如
雲從東南二路並集雷轟電發直擣寇壘
寇呼曰戚爺来矣倉皇驚竄如狼奔如豨

突師從之斬獲首級無筭收還所擄男女
三千餘人戚登城城中老稚咸舉手加額
有如更生爭牽牛酒犒師翌日下泉南追
剿諸逸寇所向皆捷勢如破竹甲子春二
月班師閩中從此安枕矣戚摧陷廓清之
力豈可忘哉入士有為之語曰戚公之師
桓文之節制兼湯武之仁義蓋感之極有
不知其言之過如此以上皆閩事三十三
年甲寅廣海有指揮黑孟陽之捷時海寇
何亞八鄭宗興潛從佛大垠國引番舶與

官兵蓬州之捷戊午正月賊自漳泉犯揭陽逼蓬州所城崩賊擁入殺百户李日芳等副使林懋舉僉事經彥寀參將鍾坤秀知府李春芳指揮劉天倫等官兵擊敗之斬首一百七十顆天倫追至東隴港血戰死焉十月經彥寀又敗賊衆俘斬百四十級有奇是戰鄉夫之力為多

經彥寀殿從僉揭陽之捷謀賊圍揭陽城彥寀師師救之有鄉夫斬金甲酋以獻賊失勢大潰斬獲甚衆值彥寀報罷以僉事殿從僉代之乘勝逐北賊望風而靡俘馘無筭黄尚鎮賊聞之亦遁去從僉歷官南贛福建巡撫以清惠著聲閩人德之為立祠

陳老沈老王明王直徐銓方武等合艅入
寇閩廣海瀨若之提督鮑象賢遣副使汪
柏督指揮黑孟陽王沛統兵捕之及于廣
海之三洲生擒亞八等賊一百一十九名
斬首二十六級餘黨脱逃無何徐銓方武
等又自福建流突潮州亦為孟陽所破徐
銓授首擒斬一千二百有奇亞八宗興武
與陳時傑等俱斬於市海島遂平是戰兵
備以下俱有功而孟陽尤其著者也後六
年庚申貴山有都指揮武尚文之捷時賊

官兵海門之捷十一月賊首許老等界和平饒平而壘尋引倭自磊門登陸攻海門所南舟土目莫善等擊敗之賊還和平尋犯潮陽突黄崗鎮侵南洋灣宼後與雲霄新賊合踪掠甲子掃湖寺界並為官兵所破俘斬百八十有奇是役也通判翁夢鯉指揮孫敏李榮馮良佐知縣熊烈林叢槐千户黄昇縣丞范楠咸有功焉

為官兵追急移屯潮陽之貴山都屯指揮
武尚文及鄉兵邀之連戰皆捷賊改營古
埕尋遁南洋灣又為典膳秦金所襲斬首
三百七十賊潰渡河官兵乘之復大敗賊
忿甚翌三日祭江而来誓復南洋灣之仇
尚文等官兵盛為之備與戰又大破之由
是古埕和平沙嶺大滘橋諸賊連戰俱沒
俘斬八百有奇四月僉事齊遇與海道叅
将會師追之擒斬者又三百六十殘賊悉
平後四年甲子總兵俞大猷有潮陽之捷

自嘉靖壬子以来倭奴入犯内地浙直閩
廣以次波及然潮海之間尚倏来倏去至
嘉靖癸亥則屯住潮揭海濱衆號一萬甲
子春新倭萬餘繼至與舊賊合夥屠戮焚
掠之慘所不忍言吴提督桂芳新蒞鎮城
即躬董師東向前後調動狼土劲兵四萬
五千福兵一萬五千以伸威營總兵官俞
大猷帥之副總兵湯克寬參將王詔聞崇
文副之僉事徐甫宰監之大猷曰全師壓
寇我飽彼饑宜坐困以待其斃因出奇兵

禁其野掠賊無所得食乃復分影私通我
兵乘勢邀擊初戰於滅水神山灣俘斬一
千一百二十七名顆再戰于海豐大德港
俘斬一千三百一十三名顆賊奔潰下海
又陸續擒斬六百六十二名顆餘賊掠舡
開洋者遇颶風覆溺俱盡大猷故名將而
此戰俘斬三千有奇尤為殊績萬曆三年
乙亥總兵胡守仁有廣澳之捷劉賊林鳳
林道乾者皆曾一本餘黨各擁衆數千流
劫海上猖獗多年為官兵所逐鳳奔外洋

攻呂宋玳瑁港築城據守且修戰艦謀犄
番人復圖内逞福建巡撫劉堯誨遣人諭
呂宋國主集番兵擊之巢舡焼燬賊衆大
挫至是從大洋突入廣澳提督凌雲翼檄
總兵張元勳監軍副使趙可懷追剿之劉
巡撫亦令福建總兵胡守仁率兵與之合
追至碣石獲賊徒男婦八十餘人復追至
淡水洋賊舡飄遁兵隨擊之沉其艘二十
餘隻鳳走遁外夷後林道乾突南澳期月
守仁擊之亦逃竄守仁曾出戚總兵繼光

麾下其用兵多得戚氏家法號稱一時名
將以上皆廣事槩之諸提當以俞之列港
戚之牛田為家奇家雖皆破方張之寇也
故二將亦稱大將有人品而後有事業信
矣

倭議

自倭興議者衆矣衆議集績乃告成
則借箸而籌揮戈而戰二者不可廢
一也紀倭議

議首廣東自南而北也廣之郡十而分三

白沙把總三亞分總所統兵舡約有五十七隻官兵一千六百餘白鴿門把總統兵舡二十八隻官兵八百餘北津寨把總統兵舡三十四隻官兵九百餘廣海守備統兵舡二十八隻官兵四百餘碣石把總統兵舡三十四隻官兵八百餘柘林守備統兵舡七十隻官兵二千三百餘

路東路惠潮中路廣州西路高雷廉西路之設番與交黎珠賊共之不專爲倭倭若入廣勢必道閩而惠潮其門户也漳船通番路所必經故此二郡者近倭且便於倭柘林南澳潮之要區平海碣石惠之重地柘林南澳失守是無潮也平海碣石失守是無惠也柘林之外有靖海海門蓬州大城皆以衛潮碣石之外有捷勝甲子門皆以衛惠而南澳又潮之要害爲南澳者閩廣交界居大海中有山田數千畝寔謫移

遺民所棄之地嘉靖間倭互市于此廣捕急則奔閩閩捕急則奔廣而海寇許朝光吴平憑之爲巢穴萬曆三年兩廣殷總督正茂福建劉巡撫堯誨題設副總兵駐此以彈壓之漳潮遂無半鏃之遺誠爲得策地與柘林碣石相爲脣齒鄧鍾曰外奪海寇之巢内絶接濟之路左伸閩之臂指右固粤之門户者南澳也信然信然議者猶欲於海門靖海甲子所之間添設遊擊一員統領水兵與南澳相爲犄角寔稱萬全

之謀倘倭勢稍大此議似不可少次則中路亦要蓋廣州大洋千里盗賊淵藪如東路柘林有備賊必入於屯門鷄栖佛堂門冷水角老萬山虎頭門等澳或泊以寄潮或據爲巢穴而南頭爲甚惟附海東莞大鵬各戍兵守之有方則賊必不敢以泊此勢又必歷峡門望門大小横琴山零丁洋仙女澳九竈山九星洋而西而浪白澳爲甚乃番舶等候接濟之所也惟香山戍守之兵能嚴爲巡哨賊亦不敢泊此勢又必

歷崖門寨門海萬斛山硇州而西而望峒澳爲甚乃番舶停留避風之門户也惟廣海新寧海朗戍守之兵能嚴爲巡哨賊又不敢以泊此大都廣東省會襟江帶海其東出海必由虎頭門而虎頭門之東則南頭也其西出海必由崖門而崖門之西則廣海也今既設南頭叅將廣海守備控制于外虎頭門把總防守於内又總鎮標下添設中權二部水軍以備内外策應萬一有變豈遂至于東手哉然廣人終以濠鏡

澚為憂曰為腹心之疾或欲毀其巢廬或欲徙之南澚或欲移之浪白三洲或欲設官以治之以其為番舶所聚也鄧鍾曰東省之有番舶譬人身之有瘀火苟元氣完固精神充足則火與瘀皆為血脉之資如其元神内耗營衛不周而區區以去病為務未有不日削而月耗者此為探本之論至二十一年癸巳兩廣提督陳都御史蕖題以海防官專鎮雍陌陳同知鴻漸寔首任之鴻漸居官有清操惠政兩臺所重是

竟從設官之議也西路嘉靖十九年征黎有瓊崖叅將之設猶兼雷廉至隆慶六年又專設雷廉叅將嘉靖四十五年有白鴿白沙二把総之設專備倭也萬曆八年添設北津把総十七年添設潿州遊擊備珠賊也頃雷白一帶嘗被倭者又議為陽電叅將之復似此則西路營寨碁布星列可無慮倭矣此廣中三路之次第也以上俱廣事

入閩之地西北阻山東南濱海倭奴為患自昔已然洪武十九年以江夏侯周德興

福建起漳州玄鍾遊兵把総統兵舡四十隻民兵一千六百餘銅山把総統兵舡約有四十隻軍民兵一千六百餘浯嶼把総兵舡四十隻兵千餘名銅山遊兵名色把総統兵舡十六隻增議八隻南日把総統兵舡四十隻兵千餘名小埕把総兵舡四十隻兵千餘名海壇遊兵名色把総統兵舡二十四隻兵九百餘烽火寨把総統兵舡五十隻民兵千六百餘

正統九年以侍郎焦宏景泰二年以尚書薛希璉經畧海上起福寧止漳州置衛十一置所十四置巡司數十以控之於陸又置水寨以防之於海初惟烽火南日浯嶼三寨景泰年間增而為五哨守用衛所之軍有司無供億之費其法非不甚善世久人玩武備漸弛倭患突来内地莫能捍禦於是南澚走馬溪舊浯嶼南日等險要俱為番舶所據不免廣募民艦旋設舟師於水寨之外添守一十六澚力分勢寡所在

不支至嘉靖四十二年譚軍門綸題設
欽依把総於烽火南日浯嶼為正兵於小埕銅山為奇兵名之曰五寨萬曆三年劉軍門堯誨會同兩廣題設南澚副総兵又添設玄鍾浯銅海壇遊兵各把総名之曰三遊五寨之制舡各四十隻兵各二千餘三遊各減五寨之半以閩海二千里之程有此以為之犄角分信地明斥堠嚴會哨賊寡則自為戰賊衆則合力併攻策之得也莫大於此雖屢次節省舡小兵裁不能不

厘識者之憂然當事者誠一振刷之而復乎譚劉之舊則四郡之金湯固自在也且閩地山川相綠非如廣之遼邈倭自北而犯者必經溫之臺山自南而旋者必由潮之南澚南北關鎖究如二門吾誠備於崙山則福寧之內地無恙矣備於青嶽則大金之全所無虞矣東湧西洋守而羅寧之二邑安矣北茭定海聯而連長之一帶固矣海壇萬安亘相襟帶而福清高枕矣新舊南日相為提挈而興化按堵矣南日之

哨會於浯嶼則小岞深滬皆泉之藩籬矣浯嶼之哨會於銅山則塔頭島尾皆漳之鎖鑰矣由斯譚之倭雖有王徐之武亦何所用其武哉惟是山多田少民食孔艱饔飧之資仰給外省如彼不得來則此不得食雖有十萬之衆何所庸之故經畧福建者非無兵之患也乃無食之患也而通海糴一節固其務之所宜先者盖漳泉之米資于潮惠福寧之米資於溫州而玄鍾之運舡運兩省之米以糴於閩亦所以資於

廣浙何者有銀無米者得米以為生有米無銀者得米以為市未必非兩利之道也兵興以來山嶺戒嚴海運有禁餘於米者禁之使不得糴餘於銀者禁之使不得糴則是以相濟而相厲夫豈計之得者愚故以為通之便也即使有警而禁惟禁乎雙桅重底之舡勿禁乎單桅平底之舡以雙桅重底乃過洋通番之舡單桅平底乃採捕通販之舡一區別之間則海糴既通海禁未嘗不嚴縱使汛防已及雖單桅在所

當禁亦必明示以禁約之期每春汛以清明前後為度每冬汛以霜降前後為度餘俱不禁則航海者知所趨避而防汛通商寔稱兩便矣此正閩中今日之所當講求者也以海糴之通而足食以海防之設而足兵閩復何慮於倭者曰閩而苦無食也則彭湖也者可寨而亦可田者也何為而棄之也其險可據據之以為城其田可耕耕之以為食獨非計乎曰是見其一而未睹其二者也彭湖石田也非南澚海壇比

也雖云山環數百里灣容千餘艘然去内地甚遠既不可實之以民又不可守之以兵絶島孤懸茫茫萬頃縱使得而田之而養兵之費猶將十倍於此所云利什而害伯者也其棄之非得已也曰民不可實矣兵則何為不可守曰分兵者於法為弱遠輸者於法為貧是皆兵之所禁也矧寇大至糧輸兵援一或後時且委軍以予敵何論貧與弱也曰然則棄以資敵可乎曰内備既修外禁既嚴其在彭湖猶其在日本

耳漢棄珠崖亦其故事也昔余之論廣曰元氣既固濠鏡非腹心之憂今余之論閩亦曰内治既嚴彭湖非門庭之患故善論治者治内而已矣（以上俱閩事）兩浙負海而都島夷之來寇為切近故設險要爲論列郡之海口則温州之飛雲横陽舘頭台州之松門海門寧波之定海太浹湖頭渡紹興之三江沙門杭州之赭山龕山嘉興之乍浦澉浦皆倭寇必窺之地列郡之門戶也守門戶則堂奥自安矣論海洋之要害

論台州
把總蔡汝蘭曰台州遺處海濱四塞之國南有桃渚金竹北有梟舟捫巖西有關山衛墅疊嶂層岡真可禦之險但南去盤石楚門僅百五十里東南去松門僅百里東去海門僅八十里設或倭奴棄舟登陸皆可卒至城下自海門而上者一潮直達實一時難禦之變也三面阻山一面瀕海孤懸數百里之外救援接濟一時為難曩者戚參將駐兵桃渚而倭奴屯聚弁州粮銀經月不至孤危之勢誠可畏也今宜于台州專立督餉方面積聚粮餉訓練兵士以為重鎮則不惟自保且可西控温處金衢而北衛寧紹矣

則金盤之鳳凰山南麂山松海之大陳大佛頭昌國之韮山定海之舟山遠而陳錢馬蹟下八山臨觀之烈港海寧之洋山許山皆倭寇必經之地沿海之藩籬也守藩籬則門戶自固矣夫浙東地形突出海中固為賊所必犯浙西雖涉裏海而豪華財帛之府尤為賊所垂涎兩浙設禦似不容於軒輊者今之浙洋設有四總矣後復改為四參既有四參矣後復增為六總四參者杭嘉湖一寧紹一台金嚴一温處一也

六總者定海昌國臨觀松海金盤海寧也悉其防禦之制自内達外凡有三重會哨於陳錢分哨於馬蹟羊山普陀為第一重沈家門馬墓之師為第二重總兵督發兵船為第三重備至密也乃若定海者寧紹之門戶而舟山者定海之外藩其地故係縣治為里者四為嶴者八十有三五穀之饒魚塩之利可供數萬人不待取給於外若非普陀諸山之比信國公湯和經畧海上以其民孤懸徙之内地改隸象山議者

論各嶴
僉總兵大猷曰沿海安嶴可避四面颶風者凡二十三處曰馬蹟兩頭洞曰長塗高丁港曰沈家門舟山前港曰潯江烈港曰定海港黄岐港曰梅港湖頭渡曰石浦港豬頭嶴曰海門港松門港曰蒼山嶴玉環山梁嶴寺嶴曰楚門港黄華水寨江口水寨曰大嶴女兒嶴次可避兩面颶風者凡一十八處曰馬木港長白港蒲門觀門竹齊港石牛港烏沙門桃芥門海閘門九山爵溪嶴牛欄磯旦門大陳山大床頭鳳凰山南麂山霓嶴其餘下嶴只可避一面颶風如三孤山衢山之類不可勝數必不得已寄泊一宵若停久恐風反別泙不能支矣又覃岸山灘山許山之類皆園土無嶴一面之風亦所難避可不慎乎

尚書楊守陳議畧
倭奴僻在海島其俗狙詐而狼貪自唐以至近代已嘗為中國疥癬矣　國初洪武間常來而不恪　朝廷既正其罪復絶不與通著之為訓至永樂初始復來貢而後許之於是往來數數知我中國之虛實山川之險易

因肆奸譎時挈舟載其方物戎器出沒海道而窺伺我得間則張其戎器而肆侵夷不得間則陳其方物而稱朝貢侵夷則擄民財朝貢則沾國賜間有得不得而利無不得其計之狡如是至宣德末來不得間乃復稱貢而　朝廷不知其狡　詔至京師燕賞豐渥稛載而歸則已中其計矣正統中來而得間乃入桃渚犯戎大嵩劫倉庾燔室廬賊殺蒸庶積骸流血如陵谷縛嬰兒于柱沃之沸湯視其啼號以為咲樂捕得孕婦則卜其孕之男女剔視以賭酒荒淫穢惡至有不可言者吾民之少壯與其粟帛席捲而歸巢穴城野蕭條過者隕涕於是　朝廷下備倭之詔命重師守要地增城堡謹斥堠大修戰艦合浙東諸衛

指為失策唐公順之必欲復之至今猶列兵哨守蓋守江必守淮之意也或者曰荒山起稅為利不多即以萬頃計之不過萬石若寇據此以為巢穴則攻逐之費不知幾倍是資盜糧因小而失大也故舟山止佃二所哨守皆不許民屯種其慮至為深遠由斯言之則信國公之策又非失者鄧鍾曰金塘玉環諸山有言其可屯者有言其不可屯者將安取衷哉大都海外絕島但當計其要害不當計其小利如地所必

之軍分番防備而兵威振於海表四十八年間邊氓安堵而奴倭潛伏罔敢揣焉茲者復來窺伺而我軍懷夙昔之憤幸其自來送死皆瞋目礪刃欲食其肉而寢處其皮彼不得間乃復稱貢而我師遂從其請以達于朝是將復中其計矣　朝廷未納其貢而吾鄞先罹其害夷民稼穡為之含餡朘民脂膏為之飲食勞民勩力為之役使防衛晝號而夕呼十徵而九斂雞犬不得寧焉而彼且縱肆無道強市物貨善譟婦女貂璫不之制藩憲不之問郡縣莫敢誰何民既譁然不寧矣若復　詔至京師則所過之民其有不譁然如吾鄞者乎且其所貢刀扇之屬非時所急價不滿千而所為縻國用弊民生而過厚之者一

爭則雖無所利猶當守之況有屯田之利乎如在所可棄則雖見有居民猶當徙之況無居民乎何也溟海孤懸島夷易犯若無兵守之是委民以與敵也若有兵守之是利十而費百也試觀浙之舟山閩之海壇粵之南澳皆稱膏腴然其守之者良以固內地之藩籬耳若論屯田所入之利豈足以供兵費之十二三哉即此可例論矣按定海之外有秀岱蘭劍金塘五山之利先年島民互相爭利至於讐殺不已不勝

則欲得伺化之心一則欲弭其侵邊之患也今其狡計如前則非向化者矣受其貢亦侵不受其貢亦侵無可弭者矣昔西旅貢獒召公猶致戒於君越裳獻白雉周公猶遜讓不敢受漢通康居罽賓隨通高昌伊吾皆不免乎君子之議況今倭奴乃我讐敵而於擠黨之餘復敢懷其狙詐狼貪之心而施其奸計以罔我其罪不勝誅矣況可與之通乎然彼以貢獻為名既入我境而遂誅之則類於殺降不武不義若從而納其所貢則中其奸計而益招其玩侮不可謂智取一而損十得虛而費實不可謂計數所特以事無用俾其不兵甲而驕不水旱而窘不可謂仁有一於斯皆非王者之道竊以為宜降　明詔數其不恭之

者句連倭夷私相報復遂為邊患信國公慮為禍端因遷其民於內地乃清野之策也且草昧之初戰爭之餘內地人稀徙外人以實之何名失計近侍郎趙文華奏令民開種以給幕租謂金塘一山即可墾田數萬畝歲入米幾萬石若盡開玉環諸山可得米幾十萬石其言非不甚美然而竟格不行者一慮大家之爭佃二慮倭奴之竊據利少而害多故耳以此見前人謀慮之竟是而後人之好奇者徒紛紛也曰然

罪示以不殺之仁歸其貢獻而驅之出境申命海道帥臣益嚴守備伺其復來則草薙而禽獮之俾無噍類若是則奸謀狡計破沮不行若日之所照月之所臨物莫能遁故天下咸知　朝廷之明貢獻不納貨賄不貪雖有遠方珍恠之物無所用之故天下咸知　朝廷之廉自浙江以達京畿且數千里之民舉不識輸運之勞不知徵斂之苦父哺其子夫興其妻而優游以衣食故天下咸知　朝廷之仁裔夷知吾國有禮義而不敢侮奸宄知吾國有謀猷而不敢發桴鼓不鳴金革不試故天下咸知　朝廷之威舉一事而衆善備焉斯與勞民費國而幸蠻夷之服者萬不侔矣

則浙利獨無可開者乎曰台州沿海近漲灘塗長數十里闊十里若倣范蠡圍田之法令民耕種外築海塘以捍鹹潮俾不得傷稼每歲起科以給幕租可得若干萬石蓋猶閩之塘田去大洋絕徼冒不可測之害以希不可必之利者奚翅千里矣是則可圖也（以上俱浙事）江南形勝首松江次蘇州松江要地洋山為冢黃浦口次之以洋山在外而浦口在內守洋山勝於守浦守浦口勝於守城松人有是言爲定海吳淞

二総兵皆會哨於此如多置兵舡使之更番往来晝夜不絶外則爲哨舡之羽翼内則爲海港之捍衛遇有海賊併力奮擊此守洋山之説也黄浦一帶蘇松門户令雖有備而上海之高倉沈塘閔行周浦華亭之葉謝曹涇張堰亦渡浦之路如量置兵舡於此使之分布各港巡邏把截調募二縣鄉兵恊同戍守則倭夷必不能飛渡此守浦口之説也皆所以爲松計者也蘇州沿海一帶險隘甚多如常熟之福山港白茆塘太倉之劉家河七了港嘉定之呉淞江黄窑港則賊之通衢而一府之門户如長洲之泖湖呉江之鶯湖呉縣之太湖則賊之径道而各縣之關隘其次則福山以西有三丈浦斜橋以西有許浦金涇劉家河以北有新塘浪港苗涇呉淞江以南有寶山以東有老鸛嘴亦皆所謂險要誠能廣置戰艦於福山呉淞白茆黄窑三丈浦老鸛嘴之間則可以防寇之大影而外防無憂統發水兵於滕墩平望蠡里周莊太

湖泖湖之間則可以防寇之突入而内防亦固而又分撥兵勇或一千或數百以常熟者屯於福山等處以太倉者屯於劉家河等處以嘉定者屯於呉淞江等處則可以防寇之登岸而水陸並無可虞皆所以爲蘇計者也自福山折而西北則爲楊舍爲江陰爲靖江折而西則爲孟河爲圌山皆常鎮二郡之要害而利於舟師水戰者又必多置兵舡以指揮把総統之以圌山遊兵駐劄於營前沙會哨於江北以呉淞遊兵駐劄於竹箔沙會哨於洋山常鎮叅将統水陸兵據江海之交鎮守於揚舍而諸練兵把総又各以部兵一枝互相聲援則循塘而守者可以禦倭之突入出洋而哨者可以遏倭之方来倭亦何能爲東南害哉翁巡撫大立云海防之要惟有三策出海會哨毋使入港者得上策循塘距守毋使登岸者得中策出兵列陣毋使近城者得下策不得已而至守城則爲無策又曰呉淞所乃水陸之要衝蘇松之咽喉提

論江北要害

閩縣知縣仇俊卿曰倭寇之來每自南而北海道要害不暇泛及試自其切於江北者言之狼山當江海之吭而廖角掘港皆楊之東南界也朐山據淮海之首鬱州嚶游山皆淮之東北境也中包泰興之周家橋鹽城之射陽湖山陽之雲梯關廟灣等處此皆沿海衝要之區而盜可以停船出沒之處乃據守所當先者也

兵南向可以援金山之急揚帆北哨可以扼長江之險是數言者可謂知江南大計者矣以上江南事

揚州富饒倭奴必窺之地其視江南猶浙西之於浙東也故江北之設險亦要焉其大勢東起瞭角嘴大河口呂四竈家等塲沿于楊樹港以入則爲海門由海門裏河鎮以入則爲通州由通州過如臯則爲泰州由泰州稍折而北則爲楊州由楊州而西稍北則爲天長滁州踰海門而北則爲徐步營又北則爲掘港又東北則爲新揷港轉而西北則爲金沙塩城廟灣劉庄姚家蕩由姚家蕩而西北則爲蛤蜊麻線等港而至大海口由劉庄而北則爲安東由安東而北則爲海州贛榆以及泰州西北則爲高郵寶應寶應之北則爲淮安由淮安而西則爲泗州以達鳳陽此江北形勢之大畧也賊出入之路約有二途一曰新港即三江口蓋由南江狼山越瓜儀而入至於卞家墳周家墳登岸稍折而東則楊州矣此可登岸亦可出海

總論倭

鄧鍾曰兵有鵰勦有大征如其爲鵰勦也則已若其爲大征也則鍾試籌之有六爲夫倭自朝鮮而航渡天津也甚易自遼東永平而迫京師也甚難彼豈不知地形而故拘唐人以問道於遼者蓋聲東擊西之詭耳倘或大兵含天津而屯遼左則彼必揚帆西濟自燕薊淮揚登萊一帶無不受敵者萬一內地奸民從而蟻附之其爲患又不止一關白矣故料敵冝審也自古伐外夷未有不用舟師以取勝漢伐朝鮮用樓舡將軍因而郡縣其地唐雖屢遼而不用舟師以戰故迄無成功蓋陸兵所由入之道彼尚得設備以待我舟師一至則隨地可登其勢無所逃遁故舟師冝集也倭奴向之所長者一刀耳聞之關白無論兼有弓銃且慣用撻刀撻刀者倭刀而加其柄也彼其所以稱雄於數島者既恃以長擊短之術則我所以制禦之者又當出其長技之外故兵械火器冝精也今日水陸之兵計不下十餘萬矣法曰興師十萬日費千金師行粮食皆當預爲之計且朝鮮被倭殘蹂久矣其難因粮於敵可知也千里饋粮則士有饑色故粮餉冝足也夫有漢高之才然後可將十萬又安得若而人者而將之蓋必將將者知兵將之能否審形勢之要害何冝於水何冝於陸何者由北而南何者由東而西集謀廣思各盡所長規畫既定然後尅期並進庶可收萬全之功故選將冝廣也朝鮮自洪武以來臣服李氏非

道之冣便者也二曰蛤蜊麻線港即大海口路分水陸南通廟灣與劉庄姚家蕩俱爲大鎭賊若與我相持不得南由新港則必北尋大海口以出勢所必然如安東海州掘港新揷港之東雖亦有海路然沙磧甚多不堪重載此但可入而不可出者也倭熟我情形計必不由於此惟是登岸之處則有難以縷數者東由瞭角嘴呂四塲可登西由楊樹港徐步營可登又西而狼山與夫新揷港掘港亦無不可登夫賊所歆慕者惟楊州耳一擄居民便問道徑不登狼山而窺必由瞭角嘴等處而入是數路者要路也不可不預防者也然皆經榆東榆西以進誠於此處屯重兵以遏之則楊州可以無危而當事者增兵控扼之議良有見也又江北平原浩壤視江南不同如湯潮岸者起呂家塲抵姚家蕩綿亘幾三四百里高岡平衍可以長驅而西北騎兵又素稱精健我兵誠能彼此夾攻誘賊致之堤上而以騎兵衝其鋒繼以火器倭

一日矣今一旦越在草莽宗社陵夷其中豈無忠臣義士如申包胥之復楚田單之復齊者誠因而鼓舞之彼既習於地利便於土俗必能倒戈還向助我偉功故因間可用也夫惟六者備然後可以宣威服遠可以恤小定傾如其未也則寧效委梁之策勿蹈救趙之危寧為王翦之持重勿為李信之輕舉可也或曰闗白以封豕長蛇之心伐之亦入犯不伐亦入犯伐之則變速而禍小不伐則變遲而禍大柰何曰欲盡闗白之衆而殲之使片帆不返此猶假於時月若欲禦之使不入犯其策甚易然則計將安出曰其計與寧夏水攻之意略同但決水之策昔人嘗行之故皆知其便此策則自倭變以來未有行者韓淮陰曰在兵法中顧諸君不察耳謹啓其端俾有事高歷者當自得之

必無幸矣故識者每欲我軍致之至此者亦有見也鄧鍾曰往者倭寇煽亂江北嘗被禍矣未有如江南之慘且旋奏大捷者何哉盖倭無他長所恃一刀縱有倭弓鳥銃亦無幾何惟其深入致死性復狡詐善於設伏故常以寡擊衆江南地多溝洫不得長驅往往為其所陷江北則地多平原人便弓馬誠以鐵騎強弩風馳電驅未有不如駭鯨之決細網者劉顯淮揚之捷是已若在東南非節制之兵兼火器長技未

易以勝故大江以南陸兵雖不可少而禦之於海為要大江以北舟師雖不可廢而禦之於陸為易不惟地利所宜誠以南人使舡如馬北人乘馬如舡正當以所長取勝耳此江南江北禦倭之辨也（以上江北事）

山東險要在於登萊二郡其地突出海中如人之吐舌乃泰山餘脉所逆其東之盡處則文登也東南北三面受敵故設三營聯絡其間各當一面之寄一曰登州營則登萊二衛并青州左衛隸焉所以控北海之險也一曰文登營則寧海威海成山靖海諸衛隸焉所以控東海之險也一曰即墨營則大嵩鰲山靈山安東諸衛皆其屬焉所以控南海之險也故語所則曰奇山曰福山曰王徐語寨則曰黃河口曰劉家汪曰徐馬曰停皂曰河馬埠語巡司則曰楊家店曰高山曰孫夼曰馬停鎮曰東良海口曰紫胡曰海倉曰魚兒皆登州營所轄也所曰寧津曰海洋曰金山曰百尺崖寨曰清泉曰赤山巡司曰辛汪曰溫泉鎮

曰乳山則皆文登營所轄也所曰雄崖曰膠州曰大山曰浮山曰石臼寨曰行村曰夏河巡司曰栲栳曰古鎮曰逄猛曰高家港曰南龍灣曰信陽鎮曰夾倉則皆即墨營所轄也三營之官止於守備備倭之設亦僅止於都司近方改為遊擊至於捕倭又皆軍而非兵論其武備尚不足以望江北江南何論兩浙閩廣然自淮達萊片帆可至向歲淮陽糜爛而登萊獨得全者豈誠愛而不侵哉良由山東之民便於鞍馬

不便於舟楫無通番下海之人莫為向導莫為接濟是以幸而免耳議者不察乃謂海島縱橫沙磧交錯潮勢衝擊倭舡未敢猝登所致則是醯雞在瓿未窺倭之大全者也永樂六年寧海成山之變鰲山羊山白峯羅山桃茶諸寨于家張家諸庄草陰諸島被其焚刧慘不可言彼獨非同此沙磧同此潮勢乎胡為昔可入而今不可入也矧向之倭患始于南今之倭患先於北業破朝鮮而窺遼陽矣山東猶可泄泄而

已乎使臣雖遣封典雖成釜山之倭眾雖歸未得便謂之晏然無事也添守備之設留上班之軍優浙兵增帥府以備浙者備遼以備閩廣者備山東以備江南江北者備畿內司樞筦者當亟有以任其責矣以上山東事

北畿帶礪山河東負大海未嘗遭倭亦無備倭之設故二編諸考俱無記焉以大勢論之山東遼左地懸海外畿甸獨居其中越數島而後為朝鮮曩者倭奴在其本國誠然不能飛渡今既據朝鮮而有之則天津永平一帶無處不當設衛設重鎮集舟師水陸兼備於勢似不可後議者欲蹔借運舡禦之於海是矣但粮舡非樓櫓巨艦之比而運卒豈乘風破浪之夫非計也議者又欲借舟於閩浙是矣但登萊暗礁突出千里運道久廢豈篙師所能卒辨哉喪已成之我軍而填無窮之巨浪者斯舉也無已則召閩中之工匠招崇明之沙兵於天津永平隨處造舟隨宜教習合用木料預先取之東河合用兵夫預先集之

沿海合用器械預先打造於各處一面清野練兵以備於陸一面鳩工造舟以禦於海材料具工匠齊數十百艘可計日而就大則為問罪之師小則為備禦之計此今日所當亟為之圖者也雖然西北之所長者騎也非舟也議江北者猶欲以騎勝之況于畿輔則選集騎兵用中國之長技一鼓而殲之於陸似尤計之得者故天津不可不城不可以無大帥永平不可不鎮不可以無副帥水道草頭二沽不可不堡不

可以無衆戎是皆以騎將將也以騎兵兵也彼舟師者特備十之一焉可耳或曰倭既封矣既和矣戰何用焉曰非然也毋恃其不來恃吾有以備之夷狄禽獸等耳鹿奔豨突其性何常萬一寒盟而後圖之不亦晚乎故封者權宜之術防者永久之謨也司兵計者宜亟之事（以上俱北鐵事）遼東北

雄鎮也北隣沙漠而三萬瀋陽鐵嶺之統於開原者足遏其衝南枕滄溟而金復寧蓋旅順之聯諸海濱者足嚴其守京師屏翰可謂固矣然皆以備虜而非以備倭也邊防密而海防疎也蓋自劉江金線島之捷而海氛不揚自山東海運之廢而墩寨益弛於是旅順諸堡咸置之無用之地防之疎也非一朝夕故矣識者謂遼東沿邊五路既得分守應援之規沿海衛所亦當倣其遺制如旅順而西以金州轄之三岔河而南以蓋州轄之三岔河而東以三屯轄之總兵撫按之統其責者秋汛以防邊為重防海為次春汛以防海為重防邊為

次屯田以致其民練甲以訓其兵或以鐵騎長驅或以堅壁清野則雖島夷窺伺豈能遽犯及此哉況遼地隔山阻海不翅千里而遙兼之倭性能步而不能騎耐暑而不耐寒久逸長驅似非所便除朝鮮盡沒倭夷盡據而後遼為可憂若王京既復釜山既歸使命既通一時未有邊釁則遼尚可以無慮者惟是玄菟樂浪古為用武之國隋唐之所不能服者一旦唾手於關酋反強為弱誠可怪嘆彼之藩籬不固則我

之門庭不安外之門庭不安則內之堂奧不靖吾不知中原之錢粮幾何兵馬幾何尚可再為與國糜費百萬而委命數千乎是則其深可憂者也憂不在遼而在朝鮮也（以上俱遼陽事）嗟乎閩浙有備而江南江北之備稍疎遼陽尚可而天津永平之防甚畧豈兩京不如各省哉其亦弗思也已矣

倭議二

將之材不同有大將有偏將有戰將何謂

大將運籌決勝節制審度虛懷以受善隨材而器使使三軍畏若神明愛若父母者是已何謂偏將承上有體卹下有恩遇敵而不懼沉毅而有為使三軍可死而不可敗者是已何謂戰將膂力絕倫技藝出衆勝可以衝鋒敗可以殿後使三軍恃之以為重者是已論者謂上通天文下達地利中諳人事而後可以言將信將之不易言也彼不辨吉凶不知休咎孰為勝地而宜據宜爭孰為要路而宜守宜伏敵情有緩

急難易如何而攻陣勢有奇正分合如何而用是謂孟浪而戰以卒予敵也烏在其能將哉要之大將以出令為職若識不足以範圍能不足以駕馭者小材而大任也何以服乎諸將偏將以受成為職若提兵既遠不能隨時出奇一一欲關白而後行者庸材而重任也何以統乎三軍戰將以當鋒為職若遇勍敵而不能賈勇先登搴旗獻馘者弱植而強任也何以倡率乎士卒茲將之所以難也昔王晉溪在本兵宸

濠之亂談笑自如人或訝之晉溪曰王伯安有大將才吾置之贛州夫復何憂未幾而捷果至衆始稱服故選大將者當以晉溪為法仇咸寧大父為百戶時虜騎數萬突至都御史李忠宣知其能使率兵禦之仇僅請精卒五十人與俱忠宣從之仇度虜所至預掘地坑覆以蘆席掩以浮土令三十人埋伏二十人瞭望夜深以銃為號坑中伏卒皆吹地雷虜疑為大軍掩襲自相蹂殺而走質明歸報馳割首級以還遂

成奇功故選偏將者當以李忠宣為法戚都督帥閩日以朱珏為先鋒與倭酋八大王戰從寅至巳勝負未分移時酋所持鎗向後者再珏悟曰此偏背鎗法也敵走則乘之因佯走以致酋酋果為所算而斃是日珏斬倭獨衆凡十七級手擲於地一軍皆驚故選戰將者當以戚都督為法然伯安咸寧皆前人也姑勿論論今之諸將則戚都督繼光者營陣戰守率有一定之規三軍視之為進止是節制之師也僉總兵

大猷者東征西討皆先爲必然之畫而事後成敗咸如所料是決勝之畧也並大將材也盧鏜鄧城是惟無任任則必稱屢破強敵爲諸軍先則並偏將材也劉都督顯躍馬揮戈披堅執銳出入夷陣所向無前其與朱玨則並戰将材也是數将軍者耳目睹記豈必借材異代乃今亦何嘗無其人要在選之馭之者何如耳惟上重野戰而忽機謀則大材者遺上取貌言而後實用則似才者進上重債帥而棄孤忠則真

才者遠用者未必賢賢者未必用此選之之失也豢養未及而先望以戰功粮餉甫頒而遽稽其出入犒賞未足而預疑其侵漁以一言之譽進其進也輕以一言之毀退其退也驟卑賤者槩同奴隸尊顯者輒過猜嫌令彼苦於禮節而不獲展其才能疲於奔走而無暇肆於戰陣此馭之之失也以此二失而待天下士雖有頗牧其何能庸是宜博取於軍民之間不拘武科不拘世冑不拘布衣廝賤但有材能超衆負

集衆謀

舉人王文禄曰如至一縣必諭知縣曰爾爲知縣必知一縣人才有謀者不拘縉紳士庶請之來吾當詢之詢之一縣則一縣之謀集矣詢之一府則一府之謀集矣府縣積而爲省省積而爲天下則天下之謀集矣然集衆謀必先虛已畧去勢分屈降咨詢通言不遺寸長必録懽然如家人父子之相親唯求靖寇爲急則庶乎其可也宋岳武穆謀勇兼全將出兵也猶且盡召諸統制環坐而飲食之先謀敵之所以敗我者至於六七竭智共攻必無敗也乃行故每戰而勝况其下者而可不集衆謀乎是故用兵者必以集衆謀爲先務

一藝之長者悉羅而致之隨宜簡拔期於十人得一人以爲哨隊百人得一人以爲将領千人得一人以爲偏裨萬人得一人以爲元帥有謀畧者不責其弓馬有膂力者不苛其文墨誠有王如龍朱玨其人雖下走必進之於韜鈐誠有任環董邦政其人雖科甲必寄之以武事斯則寤寐求賢英才並奮而将猶非其人者無之矣如是而又破常格廣功令厚其餼廩優其賞賚有功者陞陞不遺遠有罪者罰罰不遺近

應陞而不顧陞者或增其犒賞應官而不顧授者或簡其子弟賢者予之入學庸者令之充吏隨其情論其品計其勞定其報以量爲之叙用海防将領功過准令通論勿遽棄於一眚勿遽責於一時歲額之費悉聽其養兵犒賞之資勿求其出納則在上者惠無不周在彼者志無不展夫然後可責之以成功蓋使其果能衛生民克大憝即有縻費妄用亦報功者之當然較之徒能持廉而無益於成敗之數者果孰爲

論兵情

傅良橋曰今之兵譆散則靡抗主則驕失在恩威之不立也夫威克厥愛者也爲將領者平昔刻削之殘雪之業已失兵之心設有脫巾鼓譟不免曲庇而撫摩之惟其所欲彼且以爲固然而不見德如之何其可馭也法曰什夫長得誅十人百夫長得誅百人千夫長萬夫長得誅千人萬人大將軍無不得誅而十夫長之遇十人有恩也百夫長之遇百人有恩也千夫長萬夫長之遇千人萬人有恩也大將軍之遇全軍有恩也其材望足以相壓其呴噓足以相維其嚴明足以相制自大將軍而降咸若身之使臂臂之使指何者惟有恩故有威也是之謂兵情

選水兵

鄧鍾曰選水兵之法與陸兵不同陸兵必試以提石水兵必試以搖艣陸兵凡豐厚修長者俱可收水兵偏是堅實之人能狎風濤而耐勞苦至察其精神取其福氣則水陸同之夫振衣者提其領舉網者挈其綱大要出

損益哉張本兵時徹云以非常之禮待人人亦以非常之效報國張御史椿云爲將者殺人如刈草從善如轉圜用財如揮沙保民如卹子彼拘滯故常不敢分毫馳於域外者不足與議也此真知將者也皆選將馭將者之所宜知也（以上俱議將）有將則有兵選將則不可不練兵而練兵之議衆矣有欲勾軍伍者有欲練機徤者有欲訓鄉兵者有欲募精勇者有欲調客兵者爲勾軍之説者曰軍以衛民民以養軍國之

制也今戰不用軍而用兵是民之於軍治則代之養亂則代之戰軍損三人將坐失機兵損三十人三百人律所不載爲軍者何其幸爲民者何其不幸也故寛損軍之律嚴補伍之例責軍以必戰是所當行者不知軍如驕子其來已久毋論行勾之擾民苛責之生變縱使得而盡勾之盡用之果可荷戈擁盾一當倭奴否乎是畫餅之譚不可以充饑也明矣爲團練之説者曰機兵兵也弓兵兵也彼既食吾之食自應

波濤之中惟頭目家宜精選頭目旣當則兵士聽其自舉無論族黨親識只求慣海之人主將不過程其能否視其強弱而進退之則旣無脫逃之虞且有共濟之義雖烏合之衆隱然臂指相使號令節制易爲力也

卹水兵

鄧鍾曰議卹軍者衆矣而卹水兵則未有言及也試以水兵之疾苦與陸兵較之陸兵列營而居即有飄風暴雨無能爲患水兵則托身寸板睦步搖舟隆冬風雨水起旋龜手裂膚是勞逸之不同也水兵勾論當散即出洋遠哨時而風恬浪靜則有鼓棹之艱不幸而颶風起於呼吸則不免爲魚腹中物陸兵自對敵之外無慮焉是生死之不同也陸兵自盔甲器械皆取足於官即有損壞不假私賠水兵舟器雖例有估修然或估價太廉又如蓬椗繂索桅舵之類未及期而壞豈能即時取給皆兵私費修之是賠累之不同也夫勞逸生死賠累與陸兵不同如此然水兵之糧不加多又有扣浮從而減之將何以振作士氣哉誠宜裒多益寡酌量而加恤之則舟師感奮樂於效死矣

練水兵

張尚書時徹曰閩廣諸兵其長技故智利在水者可習而知而吾蒼山下入山之人熟閩廣之技者亦非少也以一教十以十教百以百教千事在反掌而有

事吾之事乃不此之兵而求兵於此之外是軍不以戰兵不以戰直欲驅市人戰乎計亦左矣故團練之策不可以不講者不知機徤之屬數無幾何市井之民脆不可使以充縣家之奔走城守猶自不充况以當大敵乎藉此爲兵是以捕鼠之貍捕虎其不格也又明矣爲鄉兵之説者曰古者兵藏於農鄉兵即農也惟不知訓練之所以兵自兵農自農偽訓之有術練之有方則閭閻之壯士皆行伍之精兵而鄉廬墳

墓在焉其戰將益力者不知兵民之分已久今以力穡之民爲荷戈之衆誠恐捺練無素則蹈不教之譏揀閲以時又有妨農之怨自食則人弗樂從豢養則所費滋大人徒見蘇松取勝嘗用鄉兵然皆激於一時之慘禍起而讐賊非官府之力能驅之死地也其不可常恃也又明矣然則何如而可曰誠不得已而用兵必也其徵調乎其雇募乎而雇募者其常徵調者其變也賊勢重大變起倉卒自不得不資於徵調

勇知方是在上之人使之耳夫吳越之人以舟楫代輿馬以江海爲坦途伍員對闔閭以舟軍之教比陸軍之法大翼當陸軍之車小翼者當輕車突冐者當衝車樓舡者當行樓車走舸者當輕走驃騎況今日之邊防特舟師爲長技以火攻爲要術乎

張総制之調田州胡総督之調永保是也賊勢稍緩變可漸圖則不得不資於雇募戚都督之訓練義烏是也但權於二者之間則徵調斷無可行而雇募猶當酌處其法不必盡募之民但有勇力可收即從而收之初用石三百斤二百斤刀七十斤五十斤以程其力次用馬箭步箭以程其技力能提三百斤石舞七十斤刀者爲上等能提二百斤石舞五十斤刀者爲中等或力不能提石舞刀而射能多中者爲中次

等機兵中有其入即取之機兵弓兵中有其入即取之弓兵健步軍餘中有其入即取之健步軍餘因機健弓兵之工食而量加以營兵之月粮如機健工食本六錢營兵月粮本九錢或七錢五分今選得機健一名中爲精兵則月粮應給九錢除彼本等工食外不過量加三錢而已所選二名三名莫不皆然是吾費一兵之餉而得三兵之用也選得機健一名中爲次兵則月粮應給七錢五分除彼本等工食外不過量加一錢五分而已所選二名至六名莫不皆然是吾費一兵之餉而得六兵之用也破餉者少而得兵者多是或可爲也或曰軍餘無工食者可若何曰軍餘雖無工食而缺軍則有月粮故軍必於清而不必於勾如清某所缺某軍即以某餘丁之合式者補之粮食八斗也頂一分而名之曰軍兵既因其粮量給其餉則亦猶之乎機健耳是三兵者時而無事令與營兵同操時而有事令與營兵同戰不犯損軍之律

而軍伍籍之以充不多費兵之餉而兵力賴之以足募兵之策計無善於此者至於鄉兵之練亦間以此行之如某甲提石舞刀合上等之式係某都某圖人則籍其名於官而量免其一丁如某乙提石舞刀合中等之式係某邑某坊人亦籍其名於官而量免其半丁各鄉各堡莫不皆然夫當太平之時某所某所有壯士既已周知及有警之日某營某營之精兵皆可取給是又不費公家之餉而可儲私家之兵者也

論操練

譚海道綸曰凡言練兵者非但練其藝與坐作進退之法其要莫先於節制節者如竹節之節節節而制之即人心齊一進非倖成退無連奔而常立於不敗之地矣如以三千人分六總計之十人爲一隊設一隊長百人爲一哨設一哨長五百人爲一總設一把總合五把總爲一營設一条將士卒未練戰守無功在一營則責之条將在一總則責之把總在一哨則責之哨長在一隊則責之隊長如是則莫敢有退縮不奮勇者矣失一条將則斬五把總失一把總則斬十哨長失一哨長則斬十隊長失一隊長則斬九卒如是則轉弱爲強因練變化無不如意古人紛紛紜紜闘亂而不可亂正是此法苟徒具是法而行之不果亦與無法等耳

其計爲益便矣是皆備倭者之所當知也以上俱議兵

有兵則有陣陣之不練與無兵同近世得練陣之法者莫如戚都督繼光其言曰今之軍士設使平日所習所學號令營藝都是照臨陣一般及至臨陣就以平日所習者用之則操一日有一日之效熟一件得一件之利柰今所學所習通是一箇虛套其臨陣眞法眞令眞營眞藝原無一字相合及其臨時又出一番新法令却與平日耳目聞見無一相同如此就操一

操心性

戚総兵繼光曰操兵之道不獨執旗走陣者爲操雖閒居坐睡嬉戲亦操也善操兵者必使其性氣活潑或逆而動之或勞而息之或相其意態察其動靜而撙節之故操手足易而操性氣難使其性氣活潑又須使其心東競業方謂之操亦有操之似者最爲操之害何則譁譁散野似活潑懈苦不振似競業爲將者知此可以語韜鈐之秘矣夫

千年便有何用且如各色器技營陣殺人的勾當豈是圖好看的今之閱者看武藝但要周旋左右滿片荅草誰曾考問操法此是荅法勝而對手工夫漸迷眞爲武藝陣法之病兵如之何其能善也戚之所言信得練陣之意但所以練之之方猶畧而未詳似當會其意而定之法如倭巧所載三五零星誘我入伏而圍之者名曰雲裏月是以奇兵勝也舉刀揮霍向空待我舉首乘虛下砍者名曰蝴蝶陣是以短兵勝

好生惡死者人之情欲使人樂死而惡生是拂人之情也蓋必有生道存乎其間故所謂恩賞者不獨金帛之謂所謂威罰者不獨刑杖之謂雖一言一動一語一默皆可以爲恩爲威故操之於陣者其签歸耳至靜處嬉遊皆可爲操乃眞操也此聖賢之精微儒者之能事

也彼善用奇所以制奇之法必用正兵彼善用短所以制短之術必用長兵每陣使銃手箭手居前以挫之於遠使鎗筅牌鈀間雜而處以防之於近此從來陣法也然不定其分數則多寡先後莫適所從如一營五哨一哨三隊一隊三什一什十名勢必以一隊爲一陣中用箭手五人銃手五人界五人之中善用筅者一名善鎗者一名善雙刀善藤牌者各一名號曰中軍挨五人之左用藤牌手一名鈎刀手一名挨

論練膽

俞都督大猷曰練兵必先練膽練膽必先練技技精則膽壯膽壯則力雄故劍經一書所以練技也又云陣法彖于積章原于河洛成于易卦合乎禮樂故韜鈐續篇所以練陣也要之陣法即一營之技藝技藝即一人之陣法也合而言之節制也彼世將不知湯曰一劍之任非將事也不知己之技藝不精則人之能否法之虛實器之工拙何從別識胷中原無陣法則所操閱不過沿習舊套如釋子誦經罔識意義何裨實際縱日比較亦虛文耳故主將必眞知技藝凡火器兵器長技短技件件俱實法眞知陣法凡進退分合步伐止齊件件俱實用則兵知將意將識士情一當十十當百而節制之師成矣雖然技藝可以形求陣法可以意授至於運吾陣法施吾技藝使三軍之士畏將而不畏敵愛將而不愛死則神乎神乎未易言者在善治兵者自得之

五人之右用雙刀手一名鐵鈀手一名或同用牌手鈎刀手亦可挨鈎刀手之左又用筅手一名鎗手一名挨鐵鈀手之右又用筅手一名大刀手一名或同用鎗手亦可號曰左右翼以上共用二十二名外三名火兵五名割首級兵適滿一隊第二隊第三隊以下並如之要之銃打箭射皆在百步内外筅叉鎗刺皆在十步内外牌遮刀砍皆在五步内外賊衲至勢如風雨非勝之於遠則無以折其鋭故不可以無箭

銃萬一突入近前箭銃之人何以禦之故不可以無左右翼左右翼稍遠故不可以無中軍中軍者先鋒也彼突而前中軍率左右翼擊之彼却而後中軍率左右翼逐之故不可以不精勇筅可以制人而不便殺人故佐之以鎗鎗筅俱長恐緩急不可收故佐之以牌牌止一刀恐不足以多殺故佐之以鉤刀用鐵鈀以收短鎗可比之藤牌用雙刀以砍賊首可比之鉤刀大刀之長不及鎗而鋒過之故亦可以扶筅是

謂以正制奇以長制短長短相間左右相維内外遠近相應雖至錯亂而我衆常定此制勝之道也藤牌之外更有挨牌長鎗之外更有梨茶鎗楊家鎗鉤刀之外更有天蓬鏟雙刀之外更有五家劍鳥銃之外更有一窩蜂弓箭手之外更有伏弩鏢鎗手則皆相兼而用但勿失吾長短相維之度如既用楊家鎗則不必用長鎗既用天蓬鏟則不必用鉤刀既用五家劍則不必用雙刀之類而分列布置則一毫不容差

錯外此則用幾隊爲遊兵各三十人爲一陣常使幾陣往来於遠近以防其掩襲幾陣專駐於近地以備乎幇助如大陣戰勝幇助者助其驅逐大陣戰卻幇助者助其攻擊間使幾陣或撞大銃或挾火礶火磚乘隙以挠亂之斯則正中有奇奇中有正庶幾所云有制之師也萬一我師不利設定一二哨精兵初間不動至是整衆而進賊望之必走趙雲之於箕谷慕容垂之於淮淝是已切不可全師赴鬬一被其奇兵

所襲全陣皆動而大事去矣賊如大敗我衆追之亦切不可貪不可亂紀效新書云倭夷人自爲陣善於抄出我後雖大敗亦隨奔隨伏甚至一二人經過一株一蘣亦皆藏伏我師往往墮其計中惟我有搜守之法則追逐可保無虞如賊戰敗而走我兵追之凡遇林木人家過橋轉角之處每量樹林垣屋灣曲大小即留一隊或一哨兵守其必出之口而他兵一面前追又或村落極大者即圍而進搜俟無賊以角聲

為虜方復前進其麥田茂草之地皆可伏之所我兵每一哨内即留一隊分撥下路星散麥田草中一面搜打一面徑追則萬無一失矣此追師之所當知也又把総傅良橋嘗教兵陣法云我兵列陣火器在先或倭来相衝或布陣以待俟到五十步内火器齊發火箭齊射兵士乘火烟威起一齊衝突中進不住脚喊聲不絶口行走如飛隊伍不亂如蜂叢如蟻附如山崩墻堵不毫髮遲疑任是何等強賊未有不奪氣

者此非擊殺之力乃乘勢而勝也凢趨戰間偶有失跌一二或器械所累或脚步不前或急病昏暈或為矢石鉛子所中未必喪命便是父子兄弟不必回顧只是向前殺賊回兵從容調理必可保全性命若回頑遲延不肯直前使賊又舉銃一輪所傷愈多若彼衝来大勢一敗不惟傷倒之兵不救且并健者亡之此萬萬契槩一着盖賊雖亦有鳥銃惟一趨向前不過一二舉發走及身邊短器交接銃無所用矣此陣

法與予所言少異者予所言一大格局是體彼所言是用有體而後有用予言正戚氏所云臨陣所用要與平時所習一撤者也若其用處則隨地制陣因時制宜有不止於一端傳所言直就一端中之最要者耳如賊臨高我在下是一種陣法賊居下我據高是一種陣法賊臨水我靠山或賊倚山我阻水或賊在上風我在下風我在上風賊在下風又是一種陣法推而至於夾岸高山一徑往来其陣如何平原曠野

論墾田

叅将黎國耀曰閩中有可耕之

兩軍相當其陣如何彼在深箐我在易地其陣如何我在曲徑彼在坦途其陣如何奇奇怪怪紛紛綸綸雖由平日講求亦要臨機應變又係將官之巧拙敏鈍所謂運用之妙在一心者也非言語所可形容也愈都督有練技練膽之說戚都督有操手足操心性之說似皆有見於此神而明之存乎其人予所言者糟粕耳（以上俱議陣）有兵則有食是故餉之不可以已也足餉之道何先曰其計莫大於積穀人曰清屯種

人無可耕之地粵中有可耕之地無可耕之人嘗觀漳郡力農者散處七閩深山窮谷無處無之而挾農具以入浙之溫處者亦時有焉倘能設法招徠此輩如海南一帶空地分給屯種則十年生聚籍其人可以為兵入其粟可以增賦亦富強之一助也

墾田二

參將江應龍曰墾田之法不獨可行於窮民亦當責效於營兵今雷州附營一帶廣衍饒沃皆可成田諭令各兵并力合作漸次開墾無事且耕且守有警荷戈以戰則金城十二之便或可庶幾職向在薊鎮查照滋水容談開載西北水利曾於豐潤玉田等處督率軍兵開田萬有餘畝收穫不減南方似宜一縣通行則沿海窮民覩西成之效者自將聞風而興蓋國無游民則地無遺利民生既厚則盜源自消不但寓兵於農彷彿三代之制且容民畜衆永垂萬世之安矣

拯民窮

楊本兵博題云東南自有倭患以來兵荒相繼十室九空良可痛心合行總督撫按官督同司道府州縣官務將殘民多方撫字一切無名之征以次停罷被

予亦曰清屯種而所以清之在積穀也人曰汰虛冒予亦曰汰虛冒而所以汰之在積穀也人曰嚴鹽稅量科罰予亦曰嚴鹽稅量科罰而所以嚴之罰之在積穀也今之屯田在軍者什二在民者什三在豪右者什伍清而復之法也然有主之者也予不暇問其在軍在民在豪右惟名之曰屯則皆使之上穀而不上銀即以兵之餉銀為之完屯試就虔與閩言之收成之穀每兩六石者虔之常也每兩四石者閩之常

也予不責之六石而僅取之五石五斗則虔人願矣不責之四石而僅取之三石五斗則閩人願矣迨至青黃不接虔價多至每兩三石七斗閩價多至每兩二石八斗而予之給兵也則權其中制與之虔兵與之五石閩兵與之三石二斗則二處之兵亦皆願矣兵願民願而吾猶操其五斗三斗之羸餘也每兩餘三五斗每千兩餘三五百石矣屯之入歲約二千餘兩穀之餘亦歲約八百餘石而正穀八千石之數猶

災地方應該作何賑貸作何蠲免兵資奏　請聽候戶部覆分其大小職官贖貨害民者文書到日限一月以粟各取太甚三四人指名參奏請　旨拏究大抵為政在人政貪則民殘政清則民安此首務也

不與焉是其為不費之惠者一也內外營之兵計三千餘名每歲逃亡事故約有百五十餘人緩一月不補即剩餉百三十五金矣緩二月不補即剩餉二百七十金矣太平無事緩補一二月未害也而二百七十金者固收成千六百石之穀也即閩亦千八十餘石也積之為不時之需獨非計乎是其為不費之惠者二也鹽之私也貨之匿也法所禁也獲之而上倉而入官例也吾安可廢之吾惟取春夏之私鹽上倉

秋冬之私鹽發賣賣不於過關而於關以內之地何者恐不利於商也如閩多私鹽即使賣於閩清大小箬之間令民以穀易之而廉其價什之一秋冬穀賤而大小箬之穀尤賤是吾多得穀而實未嘗病商病農也鹽價應還即以兵餉充之而歸之於運司越數月春稍彼銀無損此穀長價謂非公私之交利不可也貨之匿也虔關為多率二十兩十五兩七八兩三五兩以為常吾亦春夏使之入官作正支銷秋冬使

之買穀少營什一買付諸廵橋而稍增其直則廵橋利而吾未嘗不利雖增直多少而較之青黄不接猶為什羸其二也且也虔之興國閩之閩清其地多穀而苦於不能發興國每兩穀至十石閩清每兩穀至五石勢使然也吾倫脚力委曲為發之在興國者買之以九石在閩清者買之以四石五斗彼既欣欣樂從而吾猶捺其什七什三之羨也亦何憚而不為也是其為不費之惠者三也贖鍰之金户部資之以濟

邊有司藉之以積穀吾不之擾也吾惟取其的决者加責者告贖者而理之徒罪無力者發配杖罪無力者的决法也律輕情重者加責法外意也問官審之無力擬配矣而臨配往往有告贖者吾責之以贖穀如十兩八錢法應六十五石而吾為减其石數使出五十五石贖徒者必喜矣的决而願决者聽不願决而願贖者亦聽姑就杖七十論之稍有力者折工價一兩三錢五分其無力者吾减其太半而六錢或减

三之二而四錢五分或減五之四而二錢七分上下皆令納穀或三石二石一石不等彼的决者必喜矣加責而願責者聽不願責而願贖者亦聽姑就廿板論之有力者每板三斗廿板六石也稍有力者每板二斗廿板四石也無力者每板一斗廿板二石也隨其力之有無以為穀之增減其應加責者亦必喜矣其應决應責應贖之權又皆取裁于上十日一揭報彼下司不得專之除重情不贖外餘俱許贖大率各

衙門每月庶幾得二百石上下積一年可得二千餘石矣近水縣分俱令照例而行以便其輸運多寡隨時不責以定額正贖来歷不苦以深求良民可免於刑僇公家坐收其羨餘是其為不費之惠者四也此外又為常平之法以均之秋成平糴則量增時直什之一以為脚價夏礿平糶則量減時價二十之一以示恩澤萬一有如向年虔之甚賤每兩十一石者乎此機不可失也吾不惜傾藏糴之而猶減其穀什之

二萬一有如去年閏之甚貴每石六錢者乎此變不可玩也吾不惜傾倉糶之而猶減其直什之一展轉之間官民交利是其為不費之惠者五也行之不已不出五年不必官帑而營中自有銀不必官倉而營中自有穀愚計之有六利焉穀太賤而收之不病農一也穀太貴而出之不病民二也城中充實膽壯百倍三也粟多入城潛寓清野四也米價常平饑民不至為亂五也冬穀必賤夏穀必貴增價猶賤減價猶貴羨入必多六也有此六利而得賢有司以行之何患不濟是皆足食者之所宜講求也以上俱議食兵之勝負決於賞罰勝不賞士不往敗不罪士不畏近年用兵如兒戲往往至敗而不能取勝者良以賞罰之分數不明無以為之激勸耳今後但遇賊情領兵官不拘軍衛有司所領兵衆有退縮不用命者許其軍前以軍法從事領兵官不用命者總統兵官許其軍前以軍法從事所統兵衆有能對敵擒斬功次者有

處首級

以後凡遇海上報捷即便詳加勘驗果係皮肉緊縮有血蔭刀痕及項心顖門無髮又非刀剃者方為真正首級論功奏請陞賞其有中國勾引之人雖係有髮須在大影賊內對陣擒斬者方許比照從賊生擒例議賞如有誣殺平民妄報功次者參究坐罪

赴敵陣亡者並許從實開報勘實奏聞一體陞賞生擒賊徒鞫問明白亦即時斬首示衆使人知所警畏且與見行決不待時之例合據近歲平倭事例內稱遇五百名以上大陣倭賊我兵僅與相當而能衝鋒陷陣一鼓蕩平者或以寡擊衆力戰成功者列為一等內擒斬有名真倭首一名顆者陞實授三級不願陞者賞銀一百五十兩如賊數不多易於取勝者列為二等獲有名真倭首一名顆者陞實授一級不願陞者賞銀五十兩又據萬曆六年九月以後擒斬倭功事例不拘外洋登岸賊至三百名之外船至十隻以上為一等所獲真倭從一名顆者陞署職一級不願陞者賞銀五十兩獲漢人脅從三名顆者陞署職一級不願陞者賞銀二十五兩賊至三百名之外舡至五隻以上為二等所獲真倭從三名顆者陞署職一級不願陞者賞銀二十五兩不及數二名顆者賞銀二十兩一名顆者十五兩獲漢人脅從三名顆者

處首級

松江府同知羅洪辰曰各兵衝鋒多因砍取首級以致敗事蓋一兵砍取首級則傍兵見必爭之況得首級者欲全得賞功銀兩未免先奔一兵相爭則衆兵皆亂一兵既走則衆兵皆搖兵因此而驚潰賊乘此而進衝今須於將臨陣時審其願衝鋒者各給與衝鋒小木牌使衆兵皆知其為衝鋒雖欲不前誰則容之衝鋒者決不許砍取首級若有衝鋒兵先擎首級未獻者打一百棍仍不准給賞陣後助陣兵夫許令斬級如一陣斬獲首級若干顆該給賞銀若干兩內以七分給衝鋒兵以二分給助陣斬級兵以一分給在陣被傷兵庶賞有差等不致爭亂而人皆思奮矣

慎招撫

王新建守仁曰招撫之議可偶行於無辜脅從之民不可常行於長惡怙終之寇可一施于回心向化之徒不可屢施於隨招隨叛之黨何也寇亂之始被害之民恃官府之威令猶或聚衆而與之角鳴之于官而有司者

以為既招撫則皆置之不問盜賊習知官府之不彼與也益從而脅之民不任其苦知官府之不足恃亦遂靡然而從賊由是盜賊益無所畏而出劫日頻知官府之必將已招也百姓益無所恃而從賊日衆知官府之必不能為已地也平民寃苦無伸而盜賊乃無求不遂為民者困征輸之劇而為盜者獲犒賞之勤則亦何苦而不彼從乎是故近賊者為之戰守遠賊者為之鄉導處城郭者為之交援在官府者為之間諜其始出於避禍其卒也從而利之故曰盜賊之日滋由於招撫之太濫者此也胡尚書世寧曰已招者不殺有叛者不招新起者必撲滅於微

論賞罰

鄭若曾曰論賞罰者多論其常格未盡其妙也夫賞罰者榮辱之謂大而官爵之命小而言語之褒皆謂之榮重而斬刖之刑輕而斥詈之及皆謂之辱施恩而可測者非榮也惟施不測之恩人方以為恩而知所勸施威而可測者非辱也惟施不測之辱人方以為威而知所戀故有今日為行伍而明日拔之為將領者有侵晨在人上而薄暮降之為徒卒者褒貶予奪大公無我顛倒豪傑莫知端倪則人孰骨甘處其辱而不思所以自奮式在上者能測乎此則激情為勤轉弱為強不必用衛所之官而民間自有良將可選不必調湖粵之兵而鄉閭自有勇夫可續矣

賞銀二十兩二名顆者十五兩一名顆者十兩賊不過數十人舡不過一二隻及敗後散逋零星擒斬者獲有名真倭首一名顆者賞銀二十五兩不顧賞者陞署職一級獲真倭從一名顆者賞銀十兩獲漢人脅從一名顆者賞銀五兩此外軍中尚有衝鋒賞格只要衝敗賊徒直前赶殺不拘斬級以賊大敗勘為首功俱即時照格陞賞若賊犯信地官兵逡巡不進致賊深入脫走者或舵工繚手故意不直射賊舡者

或貪取賊人遺棄財物買海縱賊不追者或巡海踈虞致賊登岸焚掠者或賊登陸官兵失於堵截臨陣退縮者俱即時處以軍法近兵部題奉

欽依比照禦虜事例如有容令一舡泊岸一倭登陸者即坐以失機之罪有能堅守信地一倭不犯者即為首功雖與前例不甚相同皆可參酌而行者也又

國朝軍功凡非臨陣親斬者不得世襲領兵官自守把參遊以上不得上親斬功蓋疑其易於虛冒而不錄也往往有身為大將其子孫僅襲千百夫長而厮役走卒因人成事反得世襲萬户者豈非小功見錄而大功不賞我不知天下自有一等戰將摧鋒陷陣如劉顯朱珏者又安可以是限之也大都自律有殺軍三人者將坐失機之條於是天下之軍皆不戰自令甲有非臨陣親斬者不世襲之條於是天下之戰皆貪首功貪首功而不直前追殺敗之道也是法之窮也兵部近題有云但當錄其血

戰之功而不計其失伍之罪則殺軍之律亦既少通矣宜併此而變通之可已偶閱狼兵事狼兵岑氏之法以七人為伍每自相為命四人專主擊刺三人專主割首所獲首級七人共分湖兵節制亦以割首級為禁是狼苗之取勝皆以不貪首功之故也豈以中國而不知乎但時之紀功辨驗專在此物安能禁之不取毋已則岑氏之法庶幾可行乎每什以一人造飯以一二人割級以七八人進戰可也以上議賞罰　天

下猶一身然左痛癢而右不知右癢痺不仁而左不爲理則其身必壞或有求之過者按古方採奇藥不起沉痾於砭匕而取必於金石之功則其身亦必壞何者過不及不同而要之所以病其身一也知此則知今之議倭者誠若是爾廣之於閩閩之於淅淅之於直豈不若左右手然顧廣有急而閩不之急閩有急而淅不之急惟淅與直其秦越之相視亦然則倭安得不横而中國安得不敝其或深慮過計鑿卯杞

論會哨

倭寇之來自彼開洋必徑抵陳錢山歇潮候風若遇東南風高則望洋山以犯蘇松淅西東南風和則望韮山朱家尖以犯寧紹若遇東北風和則犯大佛頭壬山鳳凰山以寇台溫東北風急則越桐山流江以入閩是陳錢洋山乃淅直共守之門戶桐山流江寔閩淅相依之唇齒今以直隷兵舡會哨於洋山福建兵舡會哨于流江嘉興寧紹台溫兵舡各會哨于隣總取单繳驗分道會哨其外洋總要山島撥軍瞭望責令收集柴草遇警亦如烽堠之法舉火放銃則遠近易知兵舡無悞而倭寇可無慮矣

憂謀廣者必欲去濠鏡之夷謀閩者必欲據彭湖之險謀淅與直者必欲州縣舟山而衛所洋山併玉環諸山而田之備於所不必備之地致其利一而害十則又取必於金石之說也中國亦安得而不敝知府嚴中曰禦寇外洋豈不上策而將官難於奉行者何也海中無無風之時風烈天昏對面不辨已未颶風大作戰船四百艘頃刻盡沒則將官出哨又何怪其不敢遠泛大洋者迎風而上遇敵而歸報則甚遠矣

論哨守

遊擊王有麟曰論閩事者往往以復江夏侯舊寨爲說又有言其不當復者不知今之寨遊雖設在舊寨之內而其哨守常在舊寨之外其言當復與不必復者皆勦紙上之談而未親歷海上者也

各畧

唐都御史順之曰江南控扼在崇明淅東控扼在舟山天生此兩塊土大海中以障蔽淅直門戶諸哨舡皆自此分而南北總會於洋山若會哨嚴緊遇舡即打賊何從入信國廢昌國故縣而內徙之恐是千慮一失未可謂昔人盡是而今人非也

然我速彼亦速我至彼亦至則何益也若順風而往歸報甚難往往有遇賊而死將官不及知者故謂海戰爲可恃者皆未嘗見海者也若親見海洋自知此說之難行

國初信國公不肯設險于險之外豈其智不及此哉可以悟矣是此一言者足以破予繆悠者之談然因之彼爲彼我爲我守海岸之陋而不通隔省之情則亦非所以計久遠者故勤會哨之策要焉蓋倭之爲害多在廣福淅之地倭之勾引亦多係廣福

固海岸

唐通政順之曰賊至不能禦之於海則海岸之守爲緊關第二義然自來沿海戍守莫不擁城觀望而不顧內地之殘破內地戍守亦幸賊所不到而不肯策應沿海今宜分定沿海保護內地內地策應沿海沿海力戰損兵折將互坐內地不能策應之罪內地殘破沿海幸完互坐沿海縱賊之罪又如同是一樣沿海地方賊由寧紹登岸寧紹却不殘破而殘破溫台賊由溫台登岸溫台却不殘破而殘破寧紹自來則坐地方殘破者之罪今宜并坐賊所從入其沿海文武將吏有能連次鏖戰抵遏賊鋒阻賊下舡不得登岸深入者雖無首級以奇功論一准平倭事例如此則人知謹於海岸之守不敢幸賊空過以覬免矣

淅之人寇之往來其大舡常匿於外洋其小舡時出而剽掠在淅者常於南麂山住舡雙嶼港出貨若東洛赭山等處則皆其别道也在閩者常於走馬溪舊浯嶼住舡月港出貨若安海崇武等處則皆其遊萃也自淅迤北則極於瞭角而屬于直隷自閩漸南則彎于南澚而屬于廣潮此往事之情形大略也自雙嶼築而淅失所憑依海澄縣而閩無縣竊據於是有一種奸徒憚本處禁嚴因勾引之外省在福建者不

於福建其造舡置貨反於廣之高潮浙之寧紹在浙江廣東者不於浙江廣東其造舡置貨反於福之漳泉以避官府之稽查以愚衆人之耳目而糾黨入番乘機流刧攻東則竄西攻南則遁北急則潛移外境不能以窮追緩則旋復合䑸有難於卒殄南風汛則勾夷自廣上達於漳泉蔓延於興福北風汛則勾夷自浙下達於福寧蔓延於興泉茲又夷舡草撇之大都而三省之通弊也爲今之計福建捕之而廣浙

不捕不可也廣浙捕之而福建不捕亦不可也必嚴令各官於連界處所會哨如在福建者下則哨至大城千户所與廣東之兵會上則哨至蒲門千户所與浙江之兵會在浙江者下則哨至流江等處與烽火之兵會在廣東者上則哨至南澳等處與玄鍾之兵會至於浙之海寧直之崇明海門其會哨於金山狼山亦莫不皆然遇有倭患互爲聲援恊謀會捕則賊勢豈有不孤而海患豈有不戢寧者哉嘗觀東粵水

軍約云會哨爲水兵第一要務盖每日有舡行海中遇有賊舡便知追擊若在灣艙時起蓬起椗緩不及事今議各寨各哨俱立會哨簿一扇左右中前後哨日各出舡相會彼此填記上簿關防鈐盖如柘林之會福建碣石之會柘林南頭之會碣石俱令单日自南會北雙日自北會南推之各營寨絡繹皆然惟遇大風則免會本哨官自填簿上以便掣簿查考不許虚填及差人賫簿由陸填印查出哨捕単役偹總參

論徵調

兵部主事黄元恭曰唐德宗藉回紇以解圍而遂基旋入之擾石敬瑭因契丹以取唐卒釀播遷之禍狼土蠻兵非我族類山東徐邳不習步戰四川廣西不諳水戰用其所短行其所疑則何賴焉且必重費以致之應募則有安家在途則有傳食即營則勞來安神月給行賞計每主兵四五而贍一客兵然爲合無

究此法大善不獨可行於廣而已信能通行則彼此脉絡貫通聲息相聞雖涉千里如同一家不必經營絶徼以希異於難必之功而海波自可晏如矣以上議會哨

兵不貴徵調而有不得不調者勢也論兵如論將論將者有大將有偏裨論兵者有大征有鵰剿何謂鵰剿人間有小寇襲而擊之如鵰之擊鳥者是已其法貴少而精不如是則機不容而寇逆何謂大征地方有大寇聲而討之堂堂之陣正正之旗者是已其

法貴多而整不如是則用不數而兜張班超以三十六人威西域此用少之效也王翦以六十萬人虜負芻此用衆之效也用少者兵可無調用衆者調不可無故曰有不得不調者勢也應調之兵廣西則有狼兵湖廣則有湖兵河南則有毛葫蘆兵角腦兵礦夫打手有懷慶弘農睢陳各衛軍兵山東直隸徐邳山西則有雙頭棍標鎗打手長竿手徐州箭手保定箭手涿州河間等兵福建則有福兵漳兵浙江則有坑

兼戀家室情故逆使之勞使之難悅使之從怒使之拂利使之來罷使之叛至其習見我之無内特遂至驕恣橫行所過塞門以防其虜遣發則議賞而後行賞格不自　朝廷出幸勝則獲賞而後進而號令不自軍門出首級則僞良爲賊冒從爲主不得以覈其實而論功不自憲臣出敗衄則棄營以避誅再募則重冒以趨利在營者原籍官司不得羈縻而閒實待之如此其厚養之如此其驕然湯克寬一試之而徐邳之卒敗奉逢時許國再試之而山東之卒敗至于今永順保靖麻陽酉陽冉氏賴陽諸兵潰且散散而盡矣其効已明然猶甘心捐厚畜驕而無變計亦獨何哉

兵義烏兵直隸則有竈丁廣東則有新會東莞兵江西則有安遠龍南兵四川雲貴則有土兵皆緩急可調者也所用之器亦各不同山東長竿手慣用長竿毛葫蘆慣用短鎗浙兵慣用狼筅竹鎗漳泉慣用藤牌鏢鎗新會東莞慣用長牌砍刀安遠龍南慣用大旗長鎗雲貴土兵慣用鉤刀鏢牌藥弩木弓調之則併挾其器而來僧兵天下推少林次爲伏牛伏牛諸僧亦禦鑛盜而學於少林者次爲五臺五臺之傳本

論徵調之弊

裕州知州王宇曰邊兵習慣苦寒日夜備虜不寧寢食以爲常一旦調至南方見蘇杭富饒逸樂武備廢弛不惟歆羨而不甘抑且玩侮而無忌故事邊兵止調于北邊自正德間議者不深顧念調摘劉七及江西之寇邊兵遂驕邊患遂啓難於收拾今欲更調之以備倭後患有叵測者湖兵款兵之當慮也亦然故調客兵不如不調或曰鄉兵懂可各守一方不調客兵何以支倭之大舉曰春秋之齊國嘗受晉楚之師晉師中豈無邊兵乎楚師中豈無土兵乎不聞齊借何地之兵以禦之也兵之強弱惟係得人與不得人齊桓公用一管仲行内政寓軍令之法遂霸天下今若有人能放其意於

之楊氏世所謂楊家鎗也邊兵以延綏爲第一遼東兩鎮大同遊兵次之坑兵則處州者勇浙兵則義烏者精温台兵次之寧紹又次之福兵則福清慣水戰古田山洋慣陸戰漳之海倉皆水兵直隸之竈丁皆鹽徒並可用之於海廣兵新會東莞外有恩平打手亦可用之於陸四川多用楊家兵播兵也貴州多用安家兵土兵也惟江西之龍南安遠無聳豈既有贛營長寧長沙羊角水諸營而兵皆輳集於此乎北之

保甲法中抽選且如每甲中一家出丁九家不出丁者出銀津貼則不患於無兵與無餉矣就其中更選一班精鋭專一聽調謂之遊兵如此豈不攻守皆有備乎

礦夫猶南之坑兵以嵩縣盧氏永寧靈寶者爲優此天下兵之大略也不必盡調而不可不知要之則狼兵湖兵其選也湖兵播兵皆三苗種也狼兵以東蘭那地南丹州者爲佳其人能以少擊衆十出而九勝謂之真狼必土官親行部署始出其餘不過郴州水東巖之遊民未見其異於衆也湖兵以永順爲上保靖次之其技鉤鐮鎗弩天下莫强焉其次則九溪等衛容美宣尉桑植安撫長官等司麻寮等所土崗茅

等崗亦各有驍勇士兵慣熟戰陣真狼之
法大畧如秦人以首虜為功其法將千人
者得以軍令臨百人之將將百人者得以
軍令臨十人之將凡一人赴敵則左右大
呼夾擊一伍軍爭救之否則一人戰沒左
右不夾擊者臨陣即斬且波及一伍之衆
皆論罪甚者割耳凡一伍赴敵則左右伍
呼而夾擊一隊皆爭救之否則一伍戰沒
左右伍不夾擊者臨陣即斬且波及一隊
之衆皆論罪甚者割耳不如令者斬退縮

者斬走者斬言恐衆者斬敵人衝而亂者
斬敵既敗佯以金帛遺地爭取而不追躡
者斬一切科條與世軍政所載無以異其
既論功行賞則戰沒者臨陣當前日而破
敵者雖不獲級而能奪其氣者並受上賞
斬級者論首虜以著斬而能冠同伍者輙
以領其衆故其兵皆可死而不可敗湖兵
陣法率亦稱是二兵者皆大征所必調
者也但其沿途多剽掠之患居人甚以為
苦緣調者非但一枝有過互相推委且小

頭目愚弄宣慰謂人至中國不可擅殺殺
則言官論之
朝廷罪之彼然而聽之也若以永保分為二
班輪調每調每人月給工食銀壹兩歲於
十四萬額數內預支四萬兩給與調官為
領兵途費不令騷擾有司稽其途程倏来
則以一憲副督之宣慰主禁令調官主聚
泊每向晚須視調官搴旗然後魚貫而泊
次早即行勿容登岸有功者照常給賞賞
以三十兩親給本兵使沾實惠宣慰土官

另加陞賞其歸也憲副調官仍前護送則
兵皆感激不勝聞風知勵即剽掠之患可
免矣資其利而又無其害是調兵者之所
當知也（以上論徵調）禦倭者上則禦之於海次
則禦之於陸不得已而守城策斯下矣然
亦不可以不備一要備者器械也二要備
者燈燭也器械如佛郎機發熕鳥嘴銃床
子弩旋風砲等物為冣利其次則弓弩又
次則灰石磚瓦又次則刀斧隨其力量備
之雖力量不足鳥銃弩箭灰磚刀斧之器

築城堡
茅副使坤曰近聞嘉善平湖蕭
山諸縣已皆繕城桐鄉崇德尚
未議及然此乃邑也至於市鎮
如歸安之雙林菱湖璉市烏程
之烏鎮南潯其人煙小者數千
家大者萬家並富按其田宅積
蓄而量其力之大小均其費之
多寡於俾各列丈尺而築之有司

斷不可無燈燭要打造鐵毬燈懸照城下上設圓蓋以遮雨下安燈座以插燭中鑿玲瓏以透火近山者預砍松明燒之更佳一鐵毬足以當五燈一松明足以當十燭鄉民有責者多方買之無則乾柴亦可再無而後用油燭毬用鐵索懸之去地八尺令上暗下光使賊不見我而我見賊便之至也城有敵臺者易守今之城類多敵臺惟在壞者修之闕者補之如有外險接連於城不妨另撥一二枝兵築壘守之既使

賊不得據以窺城又可藉為犄角如地崎嶇不堪築壘者於數十百丈內並要掘坑鋪席覆以浮土內布簽鎗鐵蒺外環鹿角障之恐我人不知而陷也賊見鹿角必強拆而入入則陷于坑內我得制其死命城門有警閉勿太早要於四門總路置大柵欄陳兵盤詰鄉民入城婦女當時許入男子審其語音同者方放至城外吊橋又責總小甲地方盤之至城內又責鄉約保長盤之三盤而後許進防奸細也外城盤出

特為之約束期會考算以責其成功其財不必籍入於官恐多乾沒之弊其他敵樓城門井水寨之屬非民間可以例辦者官量藉貯庫以助之鉅姓勢族野處田間者或二三家或五七家或一二十家所願隨便築堡者亦聽近甘肅諸邊總皆楊公嘗遍行之雖虜數萬控弦而下不敢窺數家之堡何者攻者將以利之也一攻堡則火器矢石交發非擊殺數千百人不能下彼所得不償所失是以不攻吳越閒近海一二百里者並當倣其意令著姓居民遍為列堡而守可也

論守城

主事唐樞曰守城之法近日東南全然不知女墻不可太高厚堵空之欲如圭首斜斂所以便外瞭便俯瞰城上傳箭不敲梆所以便聽聞守者必更番所以養精力陟隆有鑼頭夜有火晝有旗所以一衆伍違犯有決罰所以定心志風雨露日有遮避所以安体力火器石塊灰油懸槌鉄蒺藜諸物畢備所以供急用須條酌定規遍諭各城守習

守城二

举人王文禄曰我兵守城只守城中城外之民棄之不顧寇反多疑誠恐我兵出城與敵伴以

奸細柵外兵問罪內城盤出奸細城外柵外兵總並問罪懲蹤虞也每日四五盤四五放免叢雜也聲息十分緊時不限次數隨盤隨放酌緩急也入城之人雖婦女老弱亦要帶米或一斗或數升帶草或一把二把帶柴或三片二片但有即放男子丁壯多帶食物外仍要量帶灰磚瓦石入城空手者不許入敵臺之畔城濠之濱或城門左近有餘地者即築為羊馬墻高七八尺濬濠土與乾土並築之有力者築加磚

石每三四十丈闢一大口二十丈闢一小口闢口俱斜出相抱勿正對面一可以護城二可以藏兵三可以深濠四可以暫藏避難之人地不便處勿築止多備信砲內藏小鐵蒺及火鼠賊至放之火鼠纏身燒其衣鐵蒺撒地絆其足自然退却又多備破網大軟幔綿被綿褥密密遮護防其銃擊城中空地多起閑房或聽富民起蓋店屋任其安頓米穀魚鹽柴草及債人居住量納官錢充燈油之費城外逼城民房論

數寇為攻城之勢以纏我兵使不能出乃得深入內地橫行無阻是皆我兵不知攻守之法也自古用兵攻中有守守中有攻且一城之中不下數萬家若圍困日久食盡兵羸寇雖不攻而我亦自潰矣安用其守乎凡寇攻城不過數次甚急捍禦已過寇亦必怠乘其怠而懸兵夜出自砲偷營寇亦擾亂自救不暇何暇攻我若獨為定守寇知我兵虛實併力夾攻曠日不解而援兵不至是我坐以待斃也昔者巳北狩也先南侵攻圍京城精兵皆出城外石亨于謙皆兵于城北孫堂江淵皆兵于城西每攻也先營殺傷相半也先退去若使文臣謙淵無謀武臣亨堂無勇皆守城中不亦危哉惟攻不忘守守不忘攻是以克濟時艱也

守城三

鄭若曾曰從來城守攻破者十一襲破者十九襲破之說乘我不備凡賊登城多在下半夜乘人疲倦故也亦多在黎明守者散班故也知此而把守之嚴賊豈能襲我乎所苦者盤詰奸細甚難蓋奸細乃本地之民賊拘其家屬劫其內應吾為從而覺之故盤詰不可在門內恐賊假妝吾民乘閒擊殺門豈能遽閉乎又或開城太早止通一二門出入人愈眾則詰愈難不若大開各門門外盤詰而兵衛設於門下方善

論修堡

傅良橋曰昔遭倭亂沿海居民多築堡自衛邇來地方寧謐民狃目前之安各堡門墻不無倒塌夫建而不修與無建同且乘其未壞修之猶易爲力合無選委廉幹官員將沿海應修土堡逐一查勘諭令各堡照依上中下戶分別等第富者輸財貧者助力趂時修完如遇警報先將附近小村擻移穀畜入堡併力協守寇至則居無所擄掠無所得亦堅壁清野之一策也

嚴城守

唐節度使杜佑守城法在相機以應敵扇及棧必塗泥城門扇及門上木棧皆以泥塗厚三五寸備火也樓櫓必芘籬候樓爲樓跳出爲櫓芘籬以荆柳編之長一丈濶五尺遮矢石也橋有轉關橋端着橫括名曰轉關去之陷賊人馬令不得渡也堞有積石每堞積石百塊或積長木如櫟備拋擲也㕚竿竿如鎗刃爲

令折毀或以我所蓋閒房與之對換木料磚瓦搬入城中事寧之後仍充半料不然緩急亦可爲薪爲磚石濠中俱打品字大木樁要緊處或百餘根或數十根防其樓舡衝車各城樓設遊兵二隊縣城左右各三十名府城左右各五十名省城左右各八十名或百名隨城之大小以爲多寡每垜上專守則派兵一名輪守則派夫一名人多去處兵夫俱上下班或夫無上下班兵不可無上下班敵臺上垜口用兵夫各

三名守之審禁喧譁審要静治將各臺垜上編以字號以旗色金鼓响器别之使各熟認信地如天字號敵臺一列八十垜以一十爲一號第一號十垜用紅旗用鼓則大書日觀紅旗夜聽鼓聲八大字于墻第二號十垜用黃旗用鑼則大書日觀黃旗夜聽鑼聲八大字于墻第三號十垜用青旗用喇叭第四號十垜用白旗用木梆第五號十垜用緑旗用梅花角第六號十垜用藍旗用瑣納第七號十垜用褐旗用大

兩岐又合爲飛梯或兩旁曲刀以鈎搭也連棒狀如打禾連枷打上城之賊也布幔布爲之以弱竿懸挂於女墻七八尺令矢石不復及墻也木弩以黃連桑柘爲弩長一丈二尺徑七寸兩稍三寸絞居張之置大矢其上一發聲吼如雷也行爐融鉄爲汁舁行城上灑敵人也遊火鉄筐盛火加以脂蠟懸縋城下燒穴城之人也灰眯灰

糠秉風擲眯敵目因以鉄汁灑之也松明積松明燒之夜縋城下照敵人防其上城也燕尾炬縛葦爲炬尾分兩岐仍以油蠟灌之加火墜下騎木驢使燒敵也鹿角鎗其聯如栅其鋭如鎗其錯如角高一丈或斬木及竹突兀槎牙五尺縛而列于城下以拒敵也木栅無城去處建木爲之方圓高下隨至深埋木根重復彌縫其闕内重

銅第八號十垜用五彩旗用海螺其書並如之地字玄字等號敵臺書亦如之號數有限稍遠者不妨再起或錯雜而用如晝用紅旗則夜更用鑼晝用黃旗則夜更用鼓之類其書皆然若賊日犯天字第一號信垜下該管臺上摇紅旗而該垜亦竪紅旗夜犯天字第一號信垜下該管臺上起鼓而該垜亦擂鼓信守兵夫一齊整搠各臺遊兵互催救援或發銃或發弩或擲磚石或順風揚灰其城上有屋不便竪旗者

晝夜俱許用鑼鼓響器自餘臺垜非信地不許亂動雖非信地一聞聲息極遠垜分亦要一體戒嚴恐賊聲東擊西乘虚而攻瑕也垜兵要精壯除有營處用營兵有衛所處用衛所軍外其餘俱照戶第從公共出上戶出五名中戶出二名中下戶出一名下戶二三人朋充一名寧虧富民勿虧貧民雜以機徤之可用者上等作兵用中等作夫用如上戶家中人少許雇鄉閭避難親識充作夫兵似稱兩便教令分番上

短為閣道外重長為女墻布板其上並泥塗之仍開四門各掘濠塹設拒馬以為守也鐵菱狀如鉄蒺藜要路置之刺人馬也陷馬坑長五丈濶一丈深三丈坑中埋鹿角鎗竹簽坑如亞字相連以草土覆其上城壘要路設之以陷敵也拒馬鎗以木徑二尺長短隨宜十字鑿孔縱橫安鎗長一丈銳其端塞城門要路令人馬不得馳且令游軍伏其前後也烽臺高山險絕孤迴平地皆可置之臺高五丈下濶二丈上濶一丈形圓上建圓屋覆之屋徑濶一丈六尺一面跳出三尺以板為之上覆下棧置突竈三所下築羊馬城環之並以石灰飾其表裏旁開覘賊孔以烽子六人守之置旗一面鼓一面弩二張刀石水甕乾粮麻蘊火鑽火箭蒿艾狼糞牛糞每晨及夜平

城晝間守垛多用夫聽兵熟睡夜間守垛多用兵聽夫歸家各兵鋪陳俱安在護近窩舖或止在垛下卧起庶呼則易醒且可藉其被褥為遮護之資每垛不拘上下班與否止給兵之當班者口粮一分夫無口糧每垛每班以十名為一甲推一人為甲長每甲置木牌一面置小旗二面牌上書趙甲至陳癸十名旗上一面書趙甲至周戊五名一面書吳巳至陳癸五名每夜二人守一更八人穩卧日間既熟睡夜間又

輪睡垛兵精力自然充足責其時時瞭望五垛垛口城下有無奸細一有賊至叫醒同旗四人同牌八人倫槊打射不得違誤看垛之時手執更旗為識認如遇巡邏兵至該更垛兵偷睡不行瞭望者即掣其旗稟於夜巡官究處庶幾勤惰有稽不至誤事巡邏之兵須要警巡之官監押潛行不得搖鈴敲梆以攪睡者亦不得挾讐妄掣以害醒者違者白総巡官併究総巡官卧於城樓城小者一更一周総巡官止設一

安舉一火聞警戒舉二火見烟塵舉三火見賊燒柴籠一火不起即烽子為賊所捉五人遞觀動靜如更漏一人烽率知文書符牒通遠許也馬鋪每舖相去三十里警急即奔馳報探也游兵於軍中選驍果諳山川泉井者充常與烽舖上下計會日夕邏候於停障之外捉生問事得知虛實先防備也城池接近蠻冦者不可不豫備也至於攻蠻冦破營寨則有火攻水攻二法焉火攻者火兵以驍勇夜啣枚縛馬口人負薪懷火直赴敵營焚之令其驚亂戎兵乘之凡火攻皆天時燥旱或營於結草宿莽之中因風而焚也又有火獸以艾熅火置瓢中瓢穿四孔繫瓢于野猪獐鹿項下及其尾端向敵營縱之奔入草中瓢敗火發火禽以胡桃剖分空中實艾火開兩孔

員城大者二更一周総巡官設二員再大者三更一周或四更一周則総巡官亦設三員四員每総巡官名下曾警巡官五員警巡官倉驛省祭総小旗醫陰義民俱可充総巡官府佐指揮府衛首領縣佐貳俱可充有警時即印官亦要親自上城官少城必小城大官必多自然之理也又多置更牌更籌更籌預散各門更牌臨時稟領姑就冡小城言之此城可一更一周者用一員総巡官守於南門一更警巡官領一

更牌由南門之左巡至東門東門人役見牌到即將前散一更籌遞與警巡官上有東門一更籌字樣隨往北門北門人役見牌到即將前散一更籌遞與警巡官上有北門一更籌字樣帶往西門更籌如之回至南門交籌三枝牌一面白総巡官曰一更巡完無事或掣得其甲某垛旗一面請明日治罪於是一更警巡官就睡而二更以後警巡官照序領牌行其交牌交籌法並如前此守小城之法也就大城言四門

復合繫野雞項下針其尾而縱之奔入草中器敗火發也火盜遣人暗伏妝與敵同者夜竊號懷火偷入營中焚其積聚火發必亂也火弩以臂張弩射及三百步者以瓢盛火附矢端以數百張中夜齊射敵營焚積聚也火箭以小瓢盛油冠矢端射城樓櫓上瓢敗油散因燒矢射中油散處火立燃復以油瓢翼之則樓櫓盡焚火杏磨

設總巡官四員每一門往迴為一更則南門警巡官領牌往東行東門警巡官領牌往北行北門警巡官領牌往西行西門警巡官領牌往南行各取該門所散更籌回報在南門所取籌上書東門更籌字樣在東門所取籌上書北門更籌字樣推之二門五更莫不皆然大城有不止四門者則遇門皆散更籌量度往来遠滿一更處所便設總巡不論門之多寡也此守大城之法也如警巡官三更潛行遇有手中無旗

杏子中空以艾實之繫雀足上加火薄暮羣放飛入城壘上棲宿須叟火發毒藥煙毬毬重五斤用硫磺一十五兩草烏頭五兩焰硝一斤十四兩巴豆五兩狼毒五兩桐油二斤半小油二兩半木炭末五兩瀝青一兩半砒礵二兩黃蠟一兩竹茹一兩一分麻茹一兩一分擣合為毬貫之以麻繩一條長一丈二尺重斤半為紘子更以

人幇本更兵守垜即行查考如對曰其係一更兵已經熟睡今愿幇三更人守垜者或當更人乍發病而不當更人不待官府甲長背趣自行起代者各牢記姓名明日紀錄或重賞甲長背之而代者照常甲長背之不從者稟究盖一城如一人一家必人自為兵家自為戰方保無虞若一時恰遇二事則将不待背趣者掛紅背而不聽者封揆各遶城一遭以示禁辱遊兵兩枝夜間許其就中窩鋪及城樓上穩睡不責

故紙一十二兩半麻皮十兩瀝青二兩半黃蠟二兩半黃丹一兩二分炭末半斤擣合塗傅于外若有氣薰人則口鼻血出二物並以砲放之害攻城者煙火藥毬作四方架綴毬其中遇風勢便用火攻以小舡先潛使人架于敵舟上點着疾回則敵舟盡焚矣水攻者以水因地成勢使高于城仍決下流之水以灌城也水平槽長二尺

其巡邏晝間許就近坐卧休其氣力遇警奮前厮殺小警放銃一聲大警放三聲至緊放連珠砲數聲另撥枝兵策應凡遇銃響各城警備銃者司銃石者司石弩者司弩各事其事但勿妄發勿擾亂三聲銃響時通城兵夫許發喊一聲旋即寂然連珠砲響時通城老幼許助喊一大聲隨亦寂然一以示威一以示警城中編派夫甲各牢打脚手守其家門倘城外有高山瞭見城中街市尤當嚴肅萬勿戴冠大袖擺擺

四寸兩頭及中間鑿為三池池橫濶一寸八分長一寸深一寸二分分開相去一尺五分中間有通水渠濶二分深一寸三分池各置浮下木濶狹微小旋巨厚二分上建立齒高八分濶一寸七分厚一分槽下置轉開脚高下與眼等以水注之三池浮齊起砂目視之齒齊平則為天下准式十步一里乃至數百里目力所及置板度

搖搖任是斯文老稚俱抄札作死守困闘之狀賊見梟心自灰又每家門首各置大桶大缸官亦量置三之一列於各衙門内外乘賊未到遠挑泉水溪水或河水江水貯其中人家罈罐亦要私積泉水既可濟用又可救焚緊要官既多上城獄官庫官之屬須暫假以權柄俾提背禁子庫子夫甲等役看守庫獄典史千百户巡捕官要查十家牌挨門逐户識認有無歹人一家有事九家連坐印官暇時親自查點要見

竿亦自繩計其尺寸則高下丈尺分寸可知照版形如方扇長四尺下二尺黑上二尺白濶三尺柄長一尺大可握度竿長二丈刻作二百寸十分每十内小刻其分隨向遠近高下立竿以照板映之眇目視之以浮木齒及照板又以度竿上尺寸爲高下遞而往尺寸相承則山崗溝澗水源高下深淺可以分寸而度此古人之法大率雖用師其意可也

其家歇其人其家歇其人係其親戚不係生面歹人菴堂寺觀皆然各家父老又數數論其婦孺灶上柴火千萬子細量撥地方抗牌傳寫謹防火燭四字風起則呼不幸偶有火發城上緊急操兵不得顧家下自有救火之人平時須要講明所以不可顧家之故非倉卒可以禁令者也賊之巧計多驅被擄當吾矢石以吾之人窮吾之技不可不知故每賊臨城須用有識贓官指點善射善銃之兵審視驍雄魁傑之賊

射斃一二彼自警退不可妄發隳其計中若雲梯攻圍須盡力射打者不在此限還要張大猫竹發巨石以碎其車城上所用俱揀可用之人不中用者不必上城反礙脚手城裏近城居民後門亦須貯水稻草蘆葦並不許置在城下慮火箭飛入惹起延燒救火小甲水桶吊桶鐵鉤麻搭竹梯斧鋸比照平時更須多備城中當添者塩米薪炭之類愈多愈妙當減者交際宴會之類愈少愈妥城上之舖要多造城下之

井要多開城外之木要多砍兵快匠役及人家僮僕要多加撫卹緩急必得其力民間有粟不能自搬者官要代之多搬任其糶賣勿短其價彼肯平糶利民有無相通者勿吝其賞油舖蠟舖要多招入城或官出本錢代買以備燈燭之用蓑衣篛笠雨傘油衣要多備辦以防風雨之用我方無水賊忽遽退非退也欲混汲者入也我方無薪賊忽遽去非去也欲混樵者入也故樵汲之時必嚴兵押護入門之時必設法

稽查至於沸湯滾糞鎔鐵桼何木無羊馬墻去處皆不可少防不測也貧民不能自食者量編爲火夫雜於總小甲之内使富家有力者統之日給米二升名曰救火寔賑饑民富者以有恩爲仁貧者以聽命爲義不時奬賚以悅其心不如法者擒其尤者一二人錮之内監革其賑米俟其服罪方量復飯米一升延活不使渴出恐有他心也各門樓上鄉官舉監生員及有謀畧之人日日講究以上諸法勢逆如何而均

疾苦如何而卹豪使如何而收器械如何而倫奸細如何而防進城之物如何而區處事機不同者如何而變通人人𤸶畫事事商量朝朝夕夕温故而知新勿以紙上之言而盡機變勿以道旁之舍而起狐疑審之於同斷之於獨庶幾城守之無遺策也已事以上俱城守

今倭紀

關白今倭之黠者專爲之紀别于舊倭也

關白者倭官號猶中國之稱大將軍即今所封日本王平秀吉也原姓木下名十吉次郎一名木下森吉蓋夷種或云中國人者非是好事者習見海濵惡少年亡之夷不返輙指爲關白吴指爲吴人浙指爲浙人閩指爲閩人並無據以余所聞秀吉其初微乎微者能登高樹號假精曾以樵遇國王于途醉不及避左右欲兵之秀吉以口辯得免收入王部下試以諸事輙了問之能兵曰能使捕海上諸小寇又輙效王悅妻以女俾典兵事秀吉桀黠既握兵柄漸以威懾其下下人畏之知有秀吉不知有王王即豐後君繼出雲而立者名信長先是山口軍門叛山城君而自立雄據西偏併石見長門安藝備前備後備中出雲伯岐丹後因幡但馬等十二州稱山口君出雲奪歸其地稱出雲君出雲爲陶殿所殺豐後又殺殿而嗣立稱豐後君皆非真日本王日本真王自在山城然號令不行已久微弱已甚豐後君雄于嘉靖丁巳間

不二三年而秀吉用事其雄也其佐助之力其亡也其篡奪之謀秀吉鑒陶殿之敗爲逆不終不欲身被此名會王父子不相能乃陰讒於王曰王長子將不利於王王惑之復陰洩於王長子曰王多内寵愛有所溺豐後恐非王子有王長子憤且懼而王不知也随有鍾巫之及吉亟號於衆曰王長子得罪于天國之大賊不可不討因自稱關白捕王子戮之併殺其叅謀阿奇支豐後舊臣相與議曰是非能討賊不過

搆我骨肉使交相戕不去禍將移於幼君因扶其少子出亡保嵒險以拒秀吉迄今西海道不臣於彼以故君之子在耳秀吉既得豐後雄心未已挾詐愚六十六州與議和並質其愛子徵其精兵六十六州之長不敢不從威震海外每切狡焉之思未審所往時名大唐街居人與劇譚大唐街者華人寓居倭者也大唐人不測秀吉意隨所問並以實對因盡得吳浙閩廣所為狀秀吉陰念吾材術未必過徐海未必及

王直海為胡總督愚弄如弄丸直幾不脫俞將軍虎口宗後並死東市時則東南之兵猶未備也今吳有雙江之衛浙有重山之固閩有五寨之險廣有三路之師提封萬里會哨聯絡遽難得志倘有如俞戚二將軍者主其師譬內投餒虎嗟何及矣淮以北備若稍疎顧其跟寡無兼日之粮清野困我衆可立斃獨時朝鮮文弱不治政出多門釜山倭戶所明是可圖也遂決意北向徵調餽運者累年擬破其國據為巢穴而後徐窺中原此其本謀薩摩君者豐後與國善華人許儀后儀后從薩摩所得其指若是計欲歸報而難於去妻子值其黨陳申至彼遂資申入閩報於當事者曰倭期明年破朝鮮以窺遼陽時目為妖言欲誅申有救之者得不死幽於囹圄逾年萬曆壬辰秀吉改天正二十九年為文祿元年自稱大閤王果遣行長將兵號二十萬由對馬島入釜山由釜山破王京平壤朝鮮王李昖竄在草野求救于中國時承

平日久北土不譜倭奴情形不勝字小之仁驟遣邊將祖承訓往援承訓勇而寡謀突入平壤城為倭所襲兵大敗驍將史儒死馬士卒同日死者餘二千人邊徼大震

上怒甚命提督李如松親將兵往會同經畧宋侍郎應昌征倭于平壤如松者寧遠伯成梁之子平哱拜復寧夏者也

上謂其世將且新有軍功故特遣之如松未及行有沈惟敬者以口舌受知于本兵量授遊擊職銜使入倭察形便惟敬度中國

厭兵力以和議為己任往說倭倭人悅之令往來兩軍間惟敬既歸報如松遣統大兵來不相聞也倭恃惟敬為信不復設備如松挾諸火具焚之倭衆大壞死者數千人遂克平壤事與酈生韓信偶相類然如松功成而惟敬不死則漢所未有也如松既戰勝不無輕敵入心未嘗講求所以萬全之術乃遽懸兵深入倭聞平壤敗大怖始知畏我而修具如松前驅至碧蹄館倭大發兵圍之我寡彼衆被殺者不可勝計

如松親率兵三千騎赴援併為所圍幸其家丁皆遼左壯士殊死戰未可猝犯倭酋者知如松在圍亟出督其軍曰必無脫李提督酋秀吉愛將金甲熒煌數數出入于陣如松弟如梅者故善射稍稍物色金甲酋比近發一矢斃之時倭失元帥衆大哭扶其尸歸無戰心如松得與其黨潰圍去是役也我衆死者什之七所殺倭亦什之一敗聞朝議洶洶攻如松甚力併波及於經畧由是東師氣奪而封貢之議起矣臺

省交疏求多碧蹄不已左袒經畧提督者或欲以平壤功過相准乃倭議殊不然倭居常謂華人十僅當我一我一率敗華人四五平壤雖勝彼目為襲取不之忌乃碧蹄敗爭而倭以十倍衆殺將損軍提督羣從俱無恙稍稍有中國神靈之懼是以退王京還王子遺粟萬石以去不甘心惟敬而仍聽其簧舌請平則皆以碧蹄之故也惟敬再入倭衆益疑其反覆謂有和親之許即倭亦非信其款誠第倭亦人耳好生

惡死其情同也厭於角力而藉此以息肩亦其理也不足為異也宋經畧主和猶硜硜守封議一端宋去顧侍郎養謙代之則並主封貢顧有邊材且故不與倭事意人言未必遽及已乃言者竟不之貸無何顧不安其位亦改官去臨去薦孫侍郎鑛自代孫素不主和議第至軍則封事已成不可回有所獻替未見採納然終於許封不許貢猶其力也當事者與倭期一歸釜山倭戶二毋再犯朝鮮三毋封而仍求貢從

則封不從則否行長復於秀吉並唯唯聽
命尋遣其將小西飛入謁且請使期於是
臨淮勳衛李宗城以正使京營副將楊方
亨以副使各
陛辭賜上公服以行與沈惟敬偕往封故關
白爲日本王禮部初議止許封爲順化王
配虜順義也後乃改封日本云或曰倭之
封足恃乎曰封不足恃所恃者
國家威靈耳曰封之請真乎贋乎曰未必贋
惟恐互相疑貳或反真爲贋耳曰有說乎

曰有夫倭之謀我其策三我所以謀倭其
策亦三對馬爲巢釜山爲門王京平壤爲
行壘觀兵鴨綠以逆我之顏行者螳臂當
車彼之所謂上策也不可必得徼
上國之寵靈以雄吞海外循古挾天子令諸
侯故事此中策也舟已造衆已集不勝技
癢仍踵王徐覆轍别爲名號以寇攘東南
者下策也王封之請策得中矣秀吉猾虜
下策或所不爲也曰我之策云何曰平壤
之勝持重徐行號名朝鮮諸豪傑責以大
義使爲内應分遣奇兵八面競進挾與俱
戰倭其情見勢屈而後以大兵臨之此破
竹之勢策之上者計不出此一衄之後各
圖休兵致樞府制府無可見奇不得已俛
就王封結局策之中也下也若封而不善
調停與封後便謂無事邊弛防海弛警以
偷旦夕之安或并旦夕之安而不能得則
策斯無矣策乎彼之下策猶我之憂我之
無策寔彼之幸司兵計者誠不可不夙我
而熟圖之也曰允若斯嫠卹杞憂何時已

乎曰未害也聞之海上人秀吉殘忍甚於
王直嚴刑厚斂夷所不堪朝鮮之入死者
甚衆各島之夷千人往者百人歸百人往
者十人歸家家啼號人人憤恨附山城而
居築聚樂快院周圍四里池深十丈閣高
九層卧闥蟬聯悉奪民間好女充之東西
佚逆宣淫無度擄豐後州官之妻爲妾恐
其陰害一夜數遷民間微罪登時殺戮嘗
以幼子物故殺乳母十餘人以侍婢姦私
生焚男女四人連坐死者七十人已既稱

王以關白故銜授義孫七郎字見吉年幾三十智勇無閒朝鮮秀才廉思謹等二十餘人雅有才諝陷沒于倭秀吉驅使犯順拜為軍師思謹萬死不從甘心刑戮夫秀吉年近六十子方二齡內多色荒外叢衆怨賢者不為用用者不必賢時事如此自謀不暇何暇謀人縱為符堅一謝玄足敗之淮淝縱為完顔亮一虞允文足破之采石彼之不能為吾禍也亦明矣惟修內治固海防不以無事忘有事之備是則所冀兢兢者也東事未知始終姑撮其凡以待續紀

書吏尹士偉督梓

欽州廉州所屬龍門港在安南界上外為瓊州其要地曰清瀾所昌化所硇洲沙衍海賊聚散往來多由於此設有白沙把總三亞分總守之內為雷廉其要地曰海康所乃入廉之路曰蔴練塘乃入雷之路設有白鴿門把總守之肇慶要地曰海陵灣近陽江縣高州要地曰蓮頭港雙魚所近電白縣地可泊船賊多潛泊于此設有北津寨把總守之潿州界在瓊廉之間專設有游擊起白鴿歷海康至欽州龍門港皆其信地瓊崖參將則專調度白沙營雷廉參將則專調度白鴿營中路廣州其要地近新安則有老萬山雞栖澳近新寧則有三洲烏豬洋近東莞則有虎頭門近香山則有十字門近新會則有三角洲厓門設有廣海守備虎頭門把總各守之而節制於南頭參將惠州之要地曰平海所大星山異察港提勝港白沙湖長沙港田尾灣甲子港神泉港設有碣石把總守之而節制於惠州參將潮州之要地曰牛田洋馬耳澳白洲洋古埕村廣澳大金門汲尾蓬州所海門大城所設有柘林守備守之

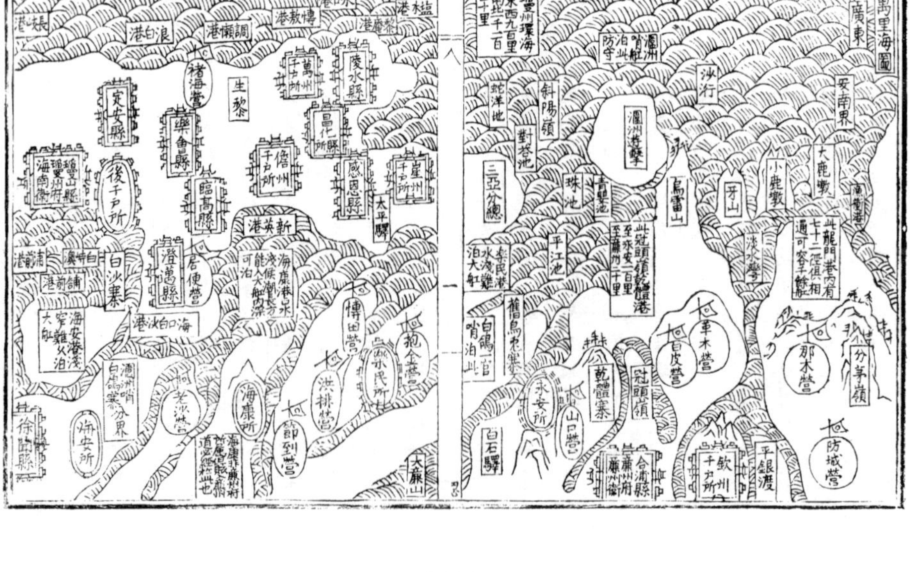

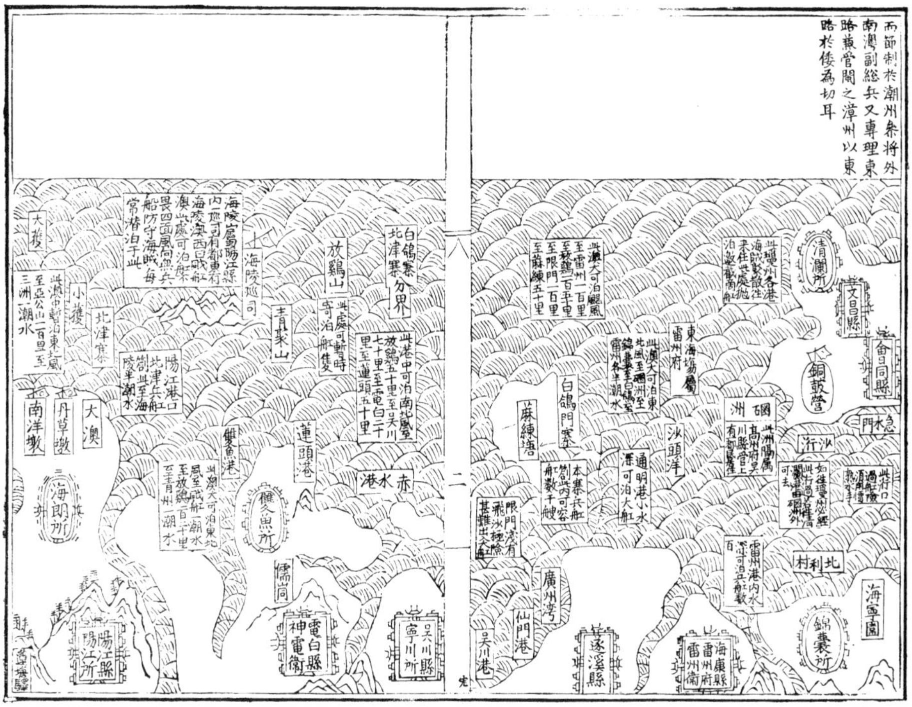
西路制於潮州參將外南澳副總兵又專理東路兼管閩之漳州以東路於倭為切耳
清瀾所
文昌縣
會同縣
銅鼓營
雷州府
東海場
白鴿門寨
麻練塘
沙頭洋
北利村
海康縣
雷州府
雷州衛
錦囊所
遂溪縣
廣州灣
仙門港
吳川港
吳川縣
寧川所
電白縣
神電衛
蓮頭港
赤水港
雙魚港
雙魚所
放雞山
白鴿寨
北津寨
分界
海陵巡司
青洲山
北津寨
大澳
南洋墩
丹草墩
海朗所
陽江縣
陽江所
二

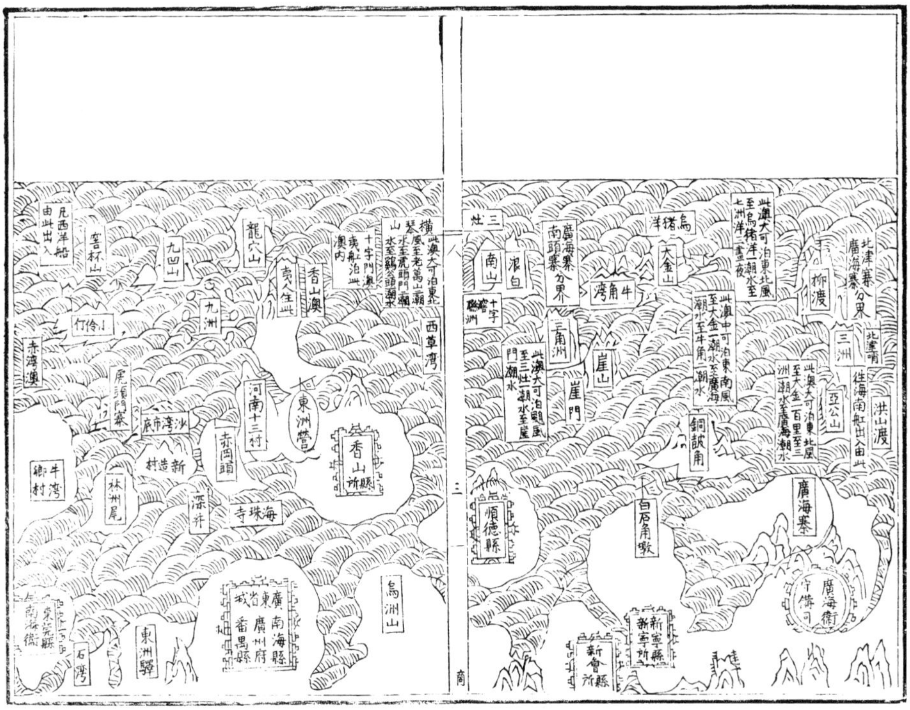
龍穴山
九洲
九凹山
香山澳
香山所
香山縣
東洲營
河南十三村
赤岡頭
海珠寺
林洲尾
赤灣澳
虎頭門寨
牛灣
烏洲山
廣東廣州府
南海縣
番禺縣
東洲驛
石灣
東莞縣
南海衛
西草灣
南山
三灶
廣海寨
南頭寨
分界
牛角灣
大金山
烏豬洋
崖山
崖門
銅鼓角
順德縣
白石角墩
新寧縣
新寧所
新會縣
新會所
廣海衛
柳渡
北津寨
廣海寨
分界
三洲
洪山渡
三

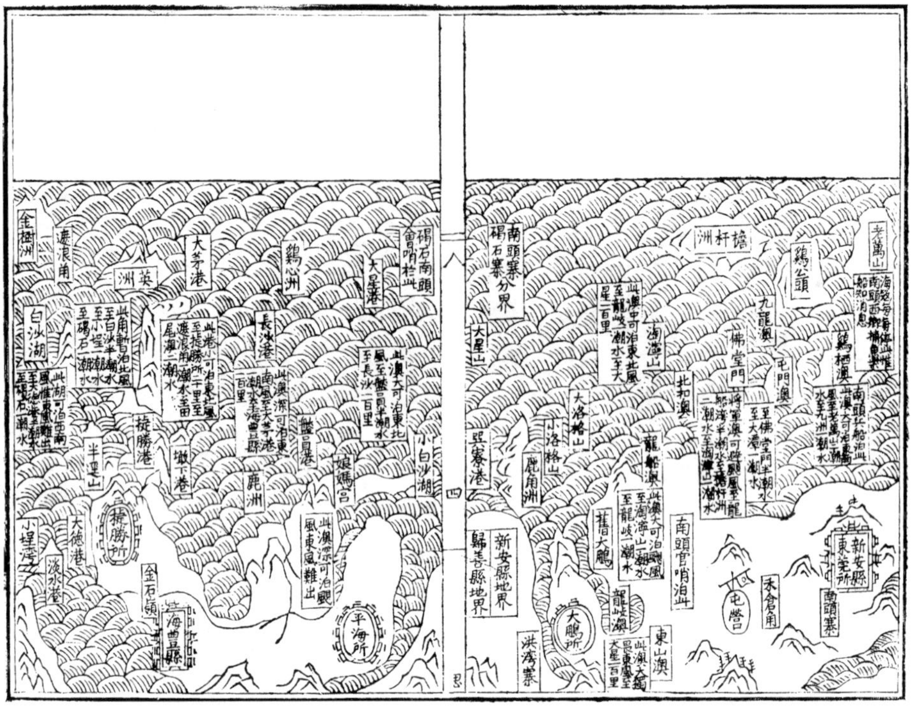
老萬山
雞公頭
擔杆洲
南頭寨碣石寨分界
大星山
佛堂門
九龍澳
屯門澳
雞棲澳
北扣澳
大洛格山
小洛格山
鹿角洲
龍船澳
南頭官哨泊此
新安縣地界
歸善縣地界
大鵬所
龍岐澳
東山澳
屯營
新安縣
東莞所
南頭寨
舊大鵬
金樹洲
遮浪角
大芬港
雞心洲
碣石南頭會哨於此
大星港
白沙湖
長沙港
捷勝港
墩下港
小白沙湖
娘媽宮
鹿洲
捷勝所
大德港
淺水港
海豐縣
平海所

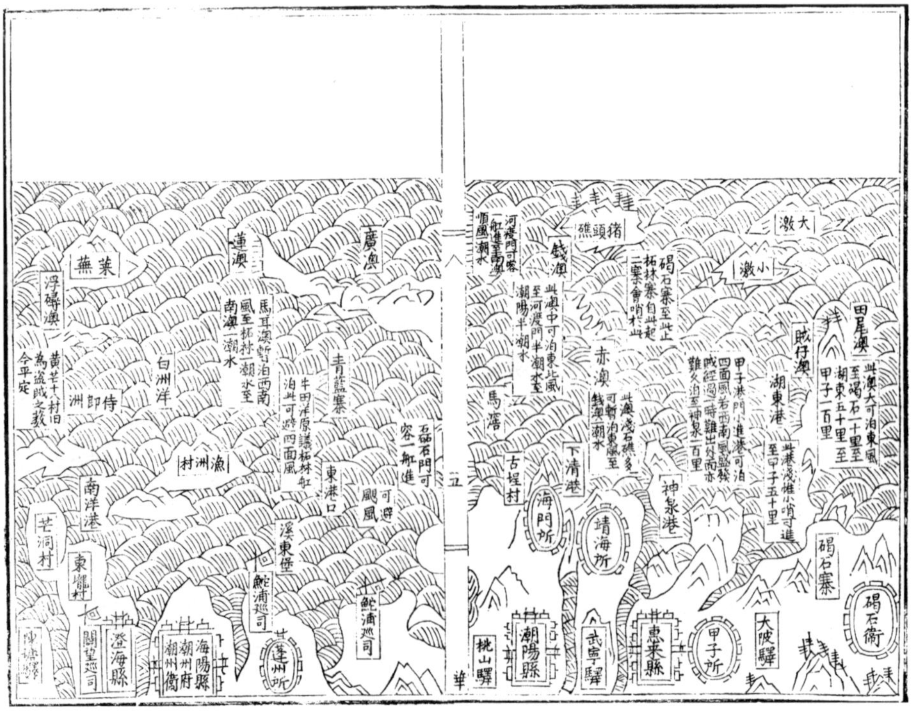
大激
小激
豬頭礁
錢澳
碣石寨至此止
赤澳
田尾澳
賊仔澳
湖東港
下清港
神泉港
海門所
靖海所
碣石寨
碣石衛
潮陽縣
桃山驛
武寧驛
惠來縣
甲子所
大陂驛
萊蕪
蓮澳
廣澳
白洲洋
侍郎洲
漁洲村
南洋港
東隴村
澄海縣
海陽縣
潮州府
潮州衛
蓬州所
鮀浦巡司
溪東堡
東港口
南澳

福建漳州其要地曰雲蓋寺青澳走馬溪玄鍾所彭山近詔安縣曰銅山所陸鰲所近漳浦縣曰浯嶼寨高浦所近龍溪縣月港在海澄縣設有玄鍾遊兵把總銅山把總各守之而聽節度於南路參將泉州要地曰彭湖山嶔金門所料羅灣近同安縣崇武所福全所陳坑墩永寧衛近晉江縣祥芝巡司大岞山近惠安縣設有浯嶼把總浯銅遊兵名色把總各守之興化要地曰湄洲山金沙澳莆禧所平海衛烏坵設有南日把總與中路守備各守之福州要地曰牛頭門羅漢洋萬安所牛山觀音澳海壇近福清縣白犬山松下梅花所磁澳南茭東沙近長樂縣五虎門閩安鎮下竿塘小埕近閩縣連江上竿塘定海所馬鼻下目嶼北茭瀛澳門近連江羅源縣東湧西洋柘洋白馬門近羅源寧德縣大金所嵛山東西霜南北霜銀山屏風山布袋澳

嵛山七星山臺山官澳鎮下門俱近福寧州設有小埕把總海壇遊兵名色把總烽火寨把總各守之而聽節度於北路參將鎮守總兵則住鎮東衛居中調度二路無所不統者也

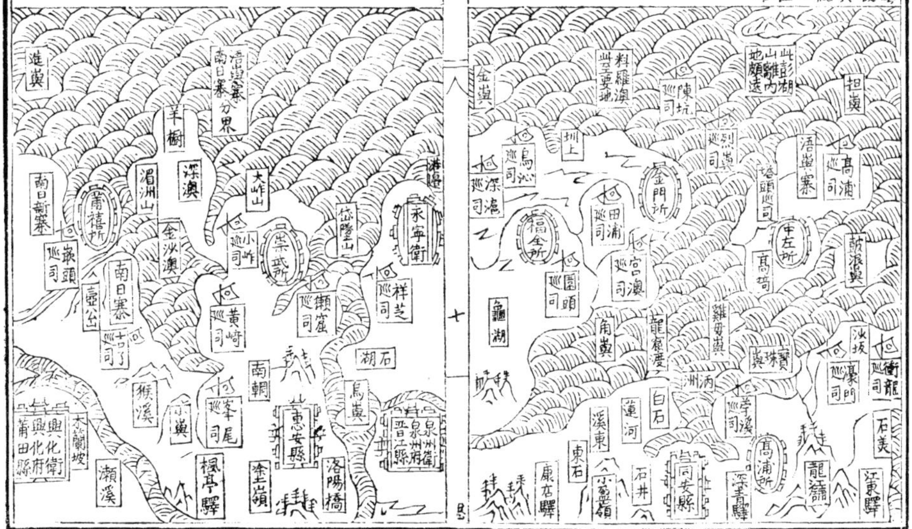

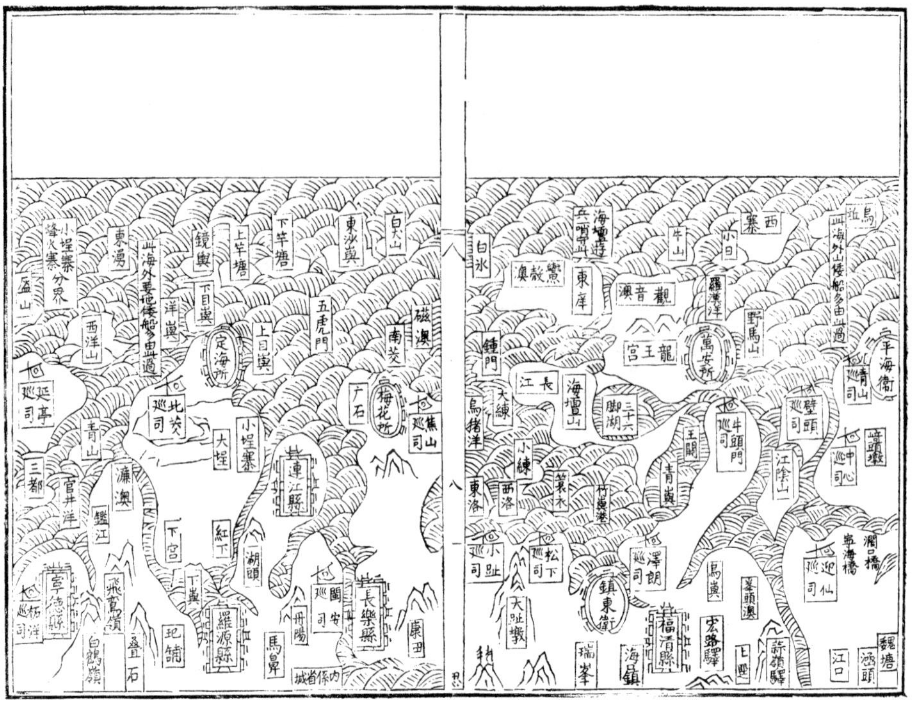

浙江溫州要地曰長沙
門大小崑山蒲門所壯
士城女兒礁金鄉衞近
平陽縣曰飛雲港海安
所南麂山近瑞安縣曰
寧村所盤石衞中界巡
司近永嘉樂清二縣設
有金盤把總守之而轄
於溫處參將台州要地
曰大鹿小鹿山蒲岐所
楚門所隘頑所玉環山
靈門山近太平縣曰大
蒼山大陳山水仙花槃
松門隘新河所海門港
桃渚門近黃岩臨海二

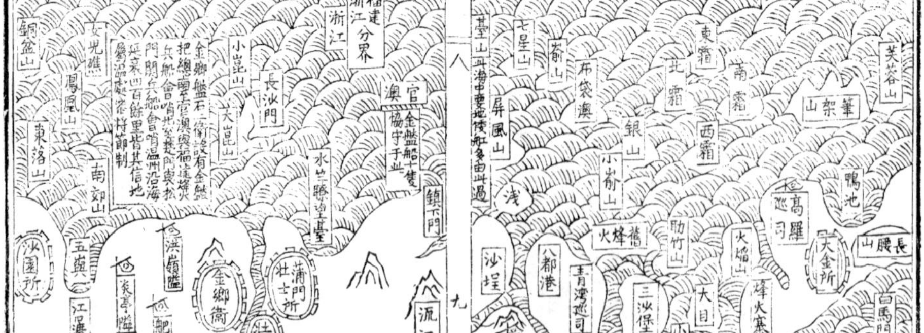

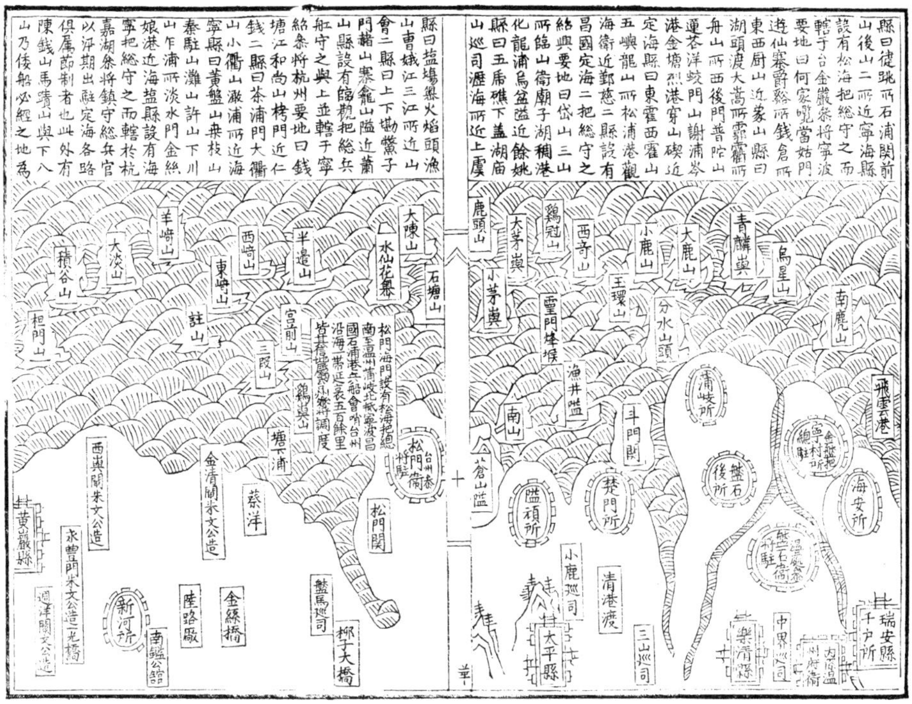
縣曰徒跳所石浦関前山後山二所近寧海縣設有松海把總守之而轄于台金嚴叅将寧波要地曰何家嶴當姑門遊仙寨爵谿所錢倉所東西厨山近象山縣曰湖頭渡大嵩所霩衢所舟山所西後門普陀山運蓉洋蛟門山謝浦岑港金塘烈港穿山碶近定海縣曰東霍西霍山五嶼龍山所松浦港觀海衛近鄞慈二縣設有昌國定海二把總守之紹興要地曰岱山三山所臨山衛廟子湖稱港化龍浦烏盆嗌近餘姚縣曰五馬礁下盖湖廟山巡司瀝海所近上虞
縣曰盐塲泉火焰頭漁山曹娥江三江所近山會二縣曰上下𡒄黨子門赭山寨龕山嗌近蕭山縣設有臨觀把總兵船守之與上並轄于寧紹叅将杭州要地曰錢塘江和尚山㭒門近仁錢二縣曰茶浦門大衢山小衢山澉浦所近海寧縣曰黃盤山乍枝山秦駐山灘山許山下川山乍浦所淡水門金絲娘港近海盐縣設有海寧把總守之而轄於杭嘉湖叅将鎮守總兵官以汛期出駐定海各路俱屬節制者也此外有陳錢山馬蹟山與下八山乃倭船必經之地為
鹿頭山
大茅嶼
小茅嶼
鷄冠山
西寄山
小鹿山
大鹿山
青鱗嶼
烏星山
南鹿山
王環山
分水山頭
霊門烽堠
漁井嗌
斗門閘
南山
蒼山嗌
嗌頭所
楚門所
盤石後所
海安所
飛雲港
清港渡
小鹿巡司
太平縣
三山巡司
中界巡司
樂清縣
瑞安縣
千戶所
大陳山
石塘山
水仙花寨
半邊山
西崎山
東崎山
羊崎山
大淡山
積谷山
桿門山
註山
宮前山
三段山
鷄嶼山
塘浦
蔡洋
金清閘米文公造
西興閘米文公造
永豐門米文公造
松門閘
金絲橋
陸路廠
新河所
南鑑公館
盤馬巡司
椰大橋
黃巖縣

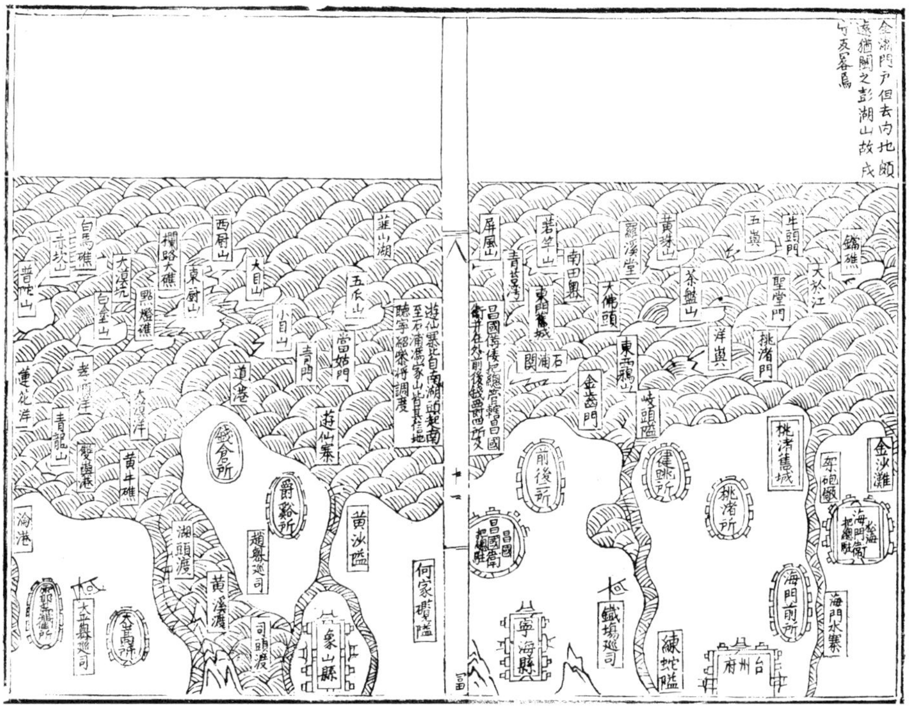
全浙門戶但去內地頗遠猶閩之彭湖山故戍守及客島
鏞礁
牛頭門
五嶼
黃牛山
羅漢堂
若竿山
屏風山
南田嶴
大於江
聖堂門
茶盤山
大佛頭
東門寨
洋嶼
挑渚門
東嶴鴉山
石浦閘
金齒門
岐頭嗌
挑渚舊城
金沙灘
健跳所
挑渚所
前後所
昌國衛
海門衛
海門前所
海門水寨
鐵場巡司
練蛇嗌
寧海縣
台州府
西厨山
東厨山
大目山
小目山
五衣山
蓮花湖
當姑門
青門
道港
錢倉所
爵谿所
遊仙寨
黃沙嗌
何家嶴嗌
趙嶴巡司
湖頭渡
黃溪渡
象山縣
司頭渡
白馬礁
赤坎
大渓坑
白鎰山
攔路大礁
點燈礁
普陀山
蓮花洋
青龍山
黃牛礁
大嵩港
冷港

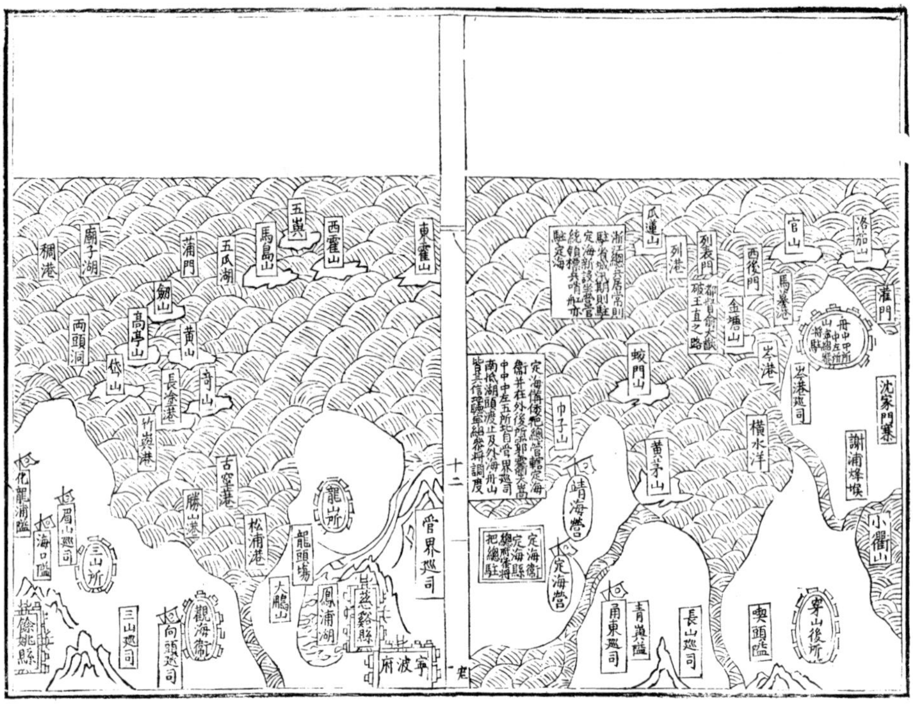
東霍山
西霍山
五嶼
馬島山
五氐湖
蒲門
廟子湖
稠港
劍山
高亭山
黃山
兩頭洞
岱山
長塗港
竹嶼港
奇山
古窯港
勝山港
松浦港
龍山所
龍頭場
大鵬山
鳳浦湖
慈谿縣
寧波府
管界巡司
三山所
觀海衛
三山巡司
向頭巡司
眉山巡司
海口隘
化龍浦隘
餘姚縣
十二
瓜連山
列港
西後門
金塘山
官山
馬墓港
崔門
岑港
岑港巡司
沈家門寨
謝浦烽堠
橫水洋
黃牙山
蛟門山
巾子山
靖海營
定海營
小衢山
穿山後所
長山巡司
青嶼隘
甬東巡司

許山
灘山
小衢山
鼠狼湖
礁潭湖
茶浦門
大衢山
黃盤山
和尚山
海口巡司
澉浦所
海鹽縣
海寧縣
海寧所
西湖
浙江省城
杭州府
仁和縣
錢塘縣
前右二衛
十三
對針頭
火焰頭
五虎礁
漁山
赭山寨
龕山隘
錢塘江
三江所
瀝海所
臨山港
臨山衛
烏盆隘
上虞縣
曹娥江
東關驛
下蓋湖
會稽縣
紹興府
紹興衛
山陰縣
蓬萊驛
蕭山縣

南直隸蘇松要地曰金山衛洋山上中下釣山陶宅巡司青村所南滙所蒲䍃壁下山茶山李西䍃黄浦近上海縣設有柘林川沙把總守之曰吴淞江老鸛嘴綠海港頭涇港近嘉定縣曰南沙爛沙响沙吴家沙小團沙送信嘴劉家河近太倉州設有吴淞遊兵把總劉家河把總各守之曰新安沙太陰沙縣後沙管家沙山前沙白茆港福山港近崇明縣設有福山把總守之而皆統於蘇松參將遊擊吴淞副總兵淮楊要地曰狼山慕角嘴大河近海門縣曰海門島過沙近泰州設有狼山大河口二把總掘港守備守之曰亂沙虎班水白駒場劉莊寨沙渚營近鹽城縣設有鹽城守備守之曰開山射洋湖口廟灣雲梯關金城鎮近

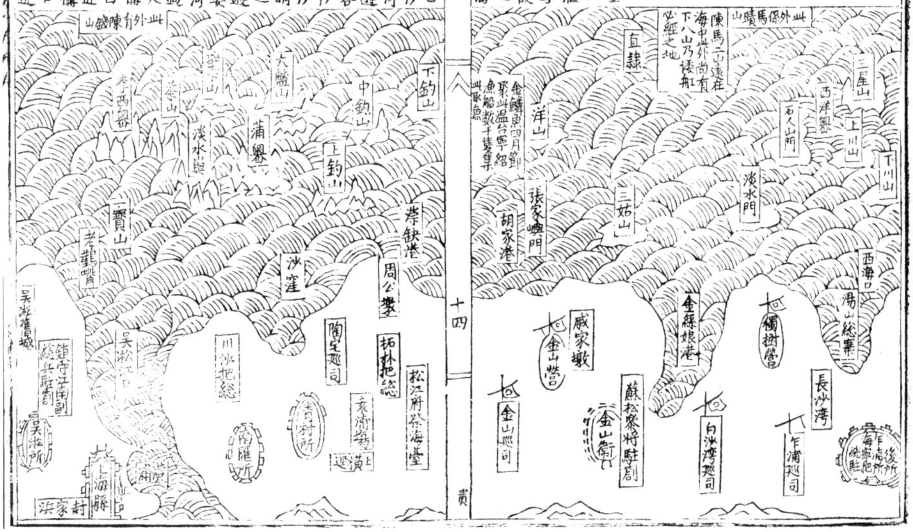

安東縣曰鷹山龍溝河望吴洋黄混水孔望山金河近海州曰唐生團河近贛榆縣設有東海把總守之而皆轄於狼山副總兵

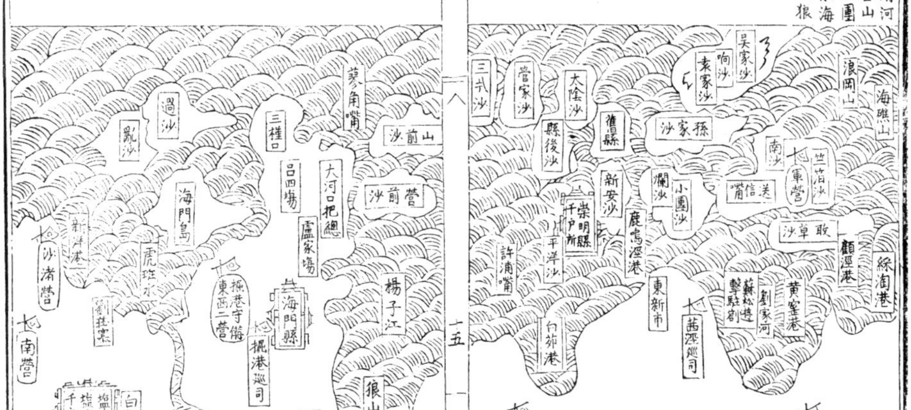

山東青州要地曰黑山千里島嶺島勞山島欄頭安東衛石臼所近日照縣靈山衛夏河寨東家島近滕州曰鰲山衛浮山所齊堂山近即墨縣曰大山所徐福山巨嵩島大嵩衛海陽所靖海衛寧津所尋山所成山衛不夜城近文登縣曰威海衛金山所寧海衛奇山所近福山縣曰碗蟻島沙門島盧洋寨近登州府曰黃河寨草山大謝山近黃縣曰王徐寨馬停寨牛山石馬島桑島馬埠寨近萊州府曰黿島近昌邑縣而歆未島都里鎮青島黃島鹽山場則雜入於壽

一六

光博興蒲臺利津濱州海豐諸州縣矣近設有沙溝守備于日照滕州之間即墨守備于即墨縣文登守備於文登縣而備倭遊擊則在登之濱海耳

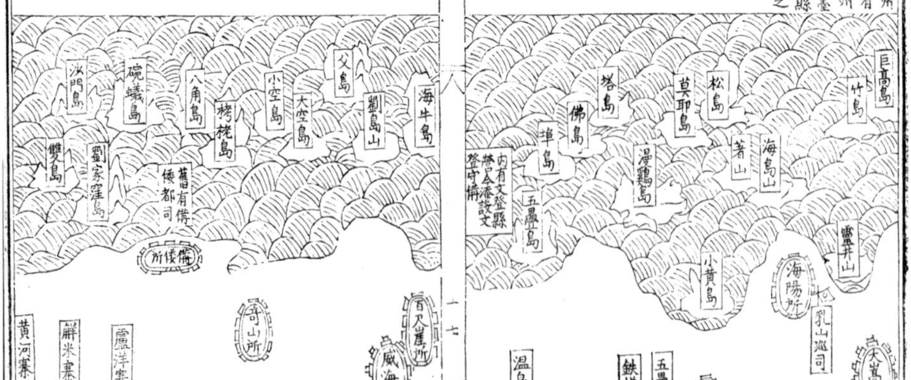

一七

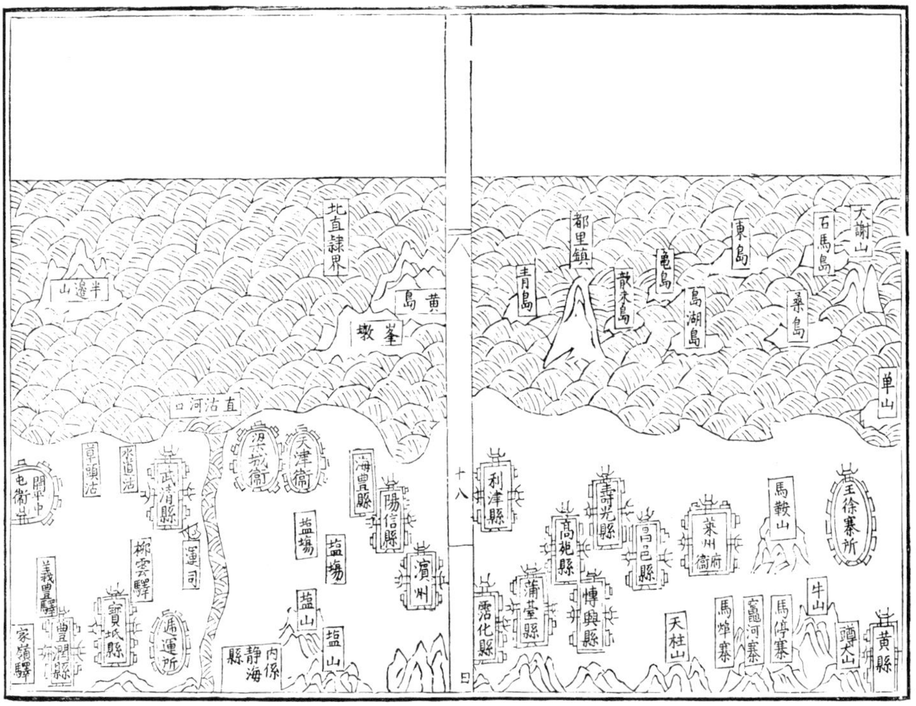
北直隸界
半邊山
黃島
峯墩
直沽河口
開平中屯衛
草頭沽
武清縣
天津衛
海豐縣
陽信縣
鹽場
鹽場
濱州
鹽山
鹽山
內係靜海縣
運司
寶坻縣
豐潤縣
義豐驛
家嶺驛
都里鎮
青島
黿島
東島
石馬島
大謝山
桑島
單山
利津縣
壽光縣
高苑縣
昌邑縣
萊州府衛
馬鞍山
王徐寨所
蒲臺縣
博興縣
霑化縣
天柱山
馬埠寨
竈河寨
馬停寨
牛山
黃縣
十八

自此入朝鮮界
平島
石礁島
鴨綠江
和尚島
義州
左所
金州衛
復州衛
蓋州衛
海州衛
金線城
河口島
廣寧衛
遼河渡
麻菰島
車牛島
飲島
桃花山
北半洋山
遼東界
南半洋山
孤山
松樹島
青泥島
鳳凰山
小陵河
大陵河
女兒河
中後所
中右所
前屯衛
中前所
寧遠衛
中左所
中屯衛
山海衛
山海關
南水關
北水關
撫寧縣
昌黎縣
新橋營
灤州
一九

烏艚

烏艚廣之巨艦鐵力木所造堅緻耐久過于福船海中攻擊毋論倭船即福船亦不能當兼以發熕狼機火球所及無舟不焚不碎但船既難調撥亦難脩以鐵力木不可常得故也又其制下窄上寬狀若兩翼在外洋蕩漾用火器難能中賊此則其所短也

東莞縣大頭船

廣船今總名烏艚又有橫江船各數號其稱白艚者則福建船式也

福船

白艚為閩船有六號一二號曰福船三號曰哨船四號曰冬船五號曰鳥船六號曰快船俱造以松杉福船高大如樓底尖上闊首昂尾聳旁皆護板其堅如城中分四層下層實土石次層居兵士三層左右各設水門中置水櫃揚帆炊爨下碇起碇皆在于此最上一層如露臺從第三層穴梯而上兩旁板翼如欄人倚之以攻敵矢石火砲皆向下而發乘風衝犂如車碾螳螂鬬船力不鬬人力敵舟遇之隨犂隨沉又不能仰攻真海戰之利器也但喫水丈一二惟利大洋深處若水淺風微賊入裏

大福船式

福船一號喫水太深起止遲重惟二號福船今當用之

海則此舟為無用矣是以不可無草撇海滄以濟之

草撇船式　即福船之小者

今名哨船

海滄

海滄第四號福船即冬船喫水七八尺風小亦可動其功力非福船比外洋遇賊舟若相敵則未必勝故水深處利用福船水淺處利用草撇即哨船也再淺處利用海滄然皆能犂沉賊舟不能撈取首級故又有蒼船之設

海滄船式

今名冬船

冬船與哨船同特兩旁不釘竹[illegible]耳

開浪

即烏船第五號福船也以其頭尖故名開浪喫水三四尺四槳一櫓其行如飛不拘風潮順逆上可容三五十人

開浪船式

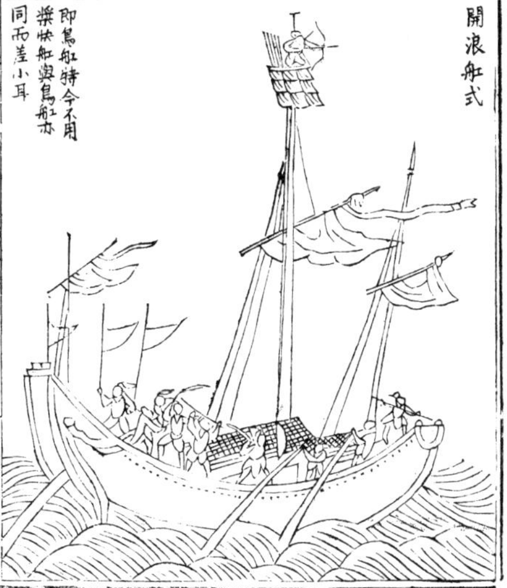

即烏船特今不用槳快船與烏船亦同而差小耳

叭喇唬

叭喇唬浙船福之烽火門亦有之底尖面闊首尾一樣底用龍骨直透前後闊約一丈長約四丈有風豎桅用布帆無風用槳十枝八枝其疾如飛槳斜向後堪作偏舵甚便追逐哨探賊號曰軟帆蓋畏之也

叭喇唬船

以後船製出自浙直

二十二

蒼船

蒼船名蒼山首尾皆闊帆櫓兼用溫州及太平縣捕魚者嘗以取勝號蒼山鐵然身分與賊舟等未必能衝犁但喫水六七尺淺處可用以追賊與撈首級之用

蒼山船式

八槳船

八槳船但可供哨探之用不能擊賊今閩廣浙直皆有之

二十三

鷹船

崇明船有二種一曰鷹船一曰沙船沙船無蔽蔽難避矢石不如鷹船兩頭俱尖進退如飛旁皆猫竹板密釘竹間設窓可出銃箭窓之内船之外可藏人盪槳先用此衝入賊陣後用沙船以短兵接戰無不勝矣二船乃相須之器

鷹船式

兩頭船

兩頭船大學衍義補為海運而言懼遇風難於旋轉因兩頭製舵遇東風西駛遇南風北駛海道甚以為利今倣之為戰船用以衝敵賊舟雖整可亂也

兩頭船式

二十四

沙船

崇明有沙民慣用此船因名沙船太倉嘉定亦有之能闘風使戧出入波濤如履平地然便於北洋不便於南洋便於守港不便於衝敵緣北洋水淺有滾塗浪南洋水深有大浪沙船底平不能破大浪却不畏滾塗浪福蒼烏尾等船底尖畏滾塗浪却能破大浪是沙船與鷹船相須與福船相反也用者各擇所宜

沙船式

蜈蚣船

蜈蚣多足此船兩旁列楫數十其行如飛故以為名象形也本佛狼機國製銃之具中國效之而造船俱要候風惟此船底尖面闊無風皷棹亦日行數百里

蜈蚣船式

二十五

粵兵盔甲

粵中田州盔甲為善盔以下並以堅實牛皮油灌之甲僅蔽前後胸背其兩肩兩臂兩股並別以小牛角片造為雲肩數手名色取其伸縮如意而便戰鬬傳良橋曰甲以鐵裝不無過重惟有軟甲宜便旋轉輕快堅韌且費半而功倍也餘見倭防

粵兵盔甲式

燕尾牌挨牌

牌有二式有手牌即燕尾牌也有挨牌用繩索木橛攬者也手牌先以鏢鎗飛擊挫賊鋒然後用刀則前後左右隔賊器械施我長技此手牌之利挨牌則以長繩上木橛攬加入繩圈中掛于項上以左手挽牌右手執鎗伸縮旋刺既可護身且可護人此挨牌之利燕尾牌以桐木杉木為之長如人身背如鯽魚側身前迎縱當利刃而不能斷虜中狼筅諸兵善舞此牌其臨陣如鷙鳥而進不必盔甲而賊不能犯

燕尾牌式

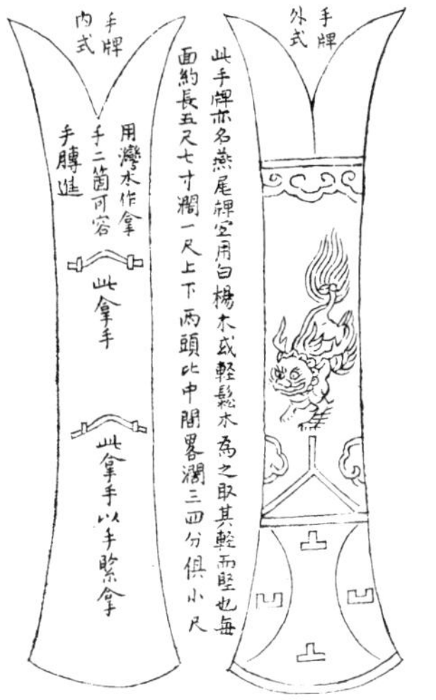

挨牌

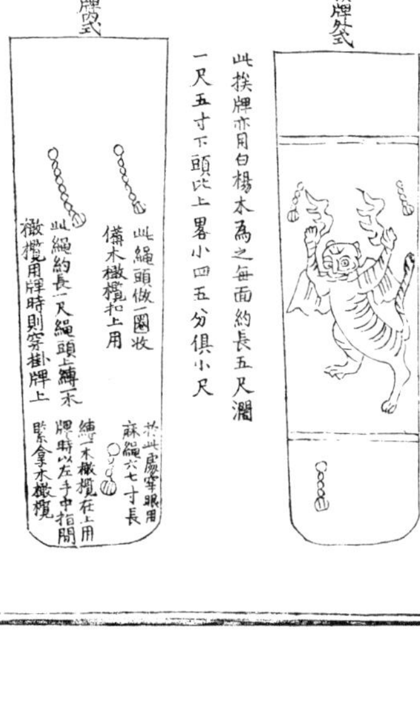

藤牌

原用木牌加革重而不便藤牌輕容出於漳之海倉矢石鎗刀皆可蔽足代甲胄之用以鑼為度以鏢為先以刀為後蹔牌如壁閃牌如雷翻不露身滾不露足此藤牌之妙也蓋躧一响牌便從鏢擲其上刀砍其下捷疾圓密使不可測也

藤牌

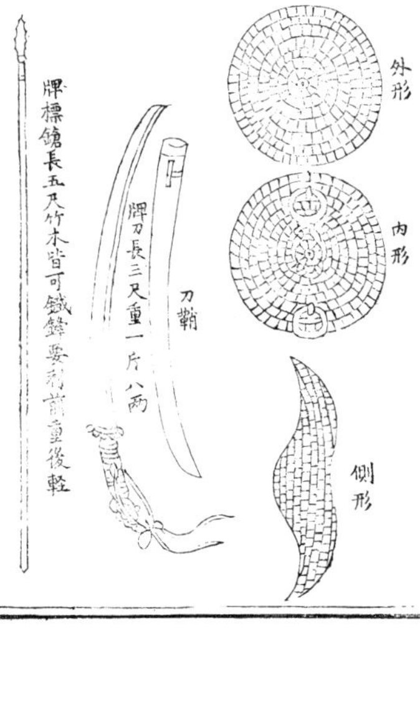

發熕

發熕力大便於攻高不便於攻下職若方舟為陣水戰亦可用用則以發戰之

銅發熕

佛狼機

佛狼機西洋所造中國效之一發可及百步一彈可傷一舡水陸攻堅之具也

佛狼機式

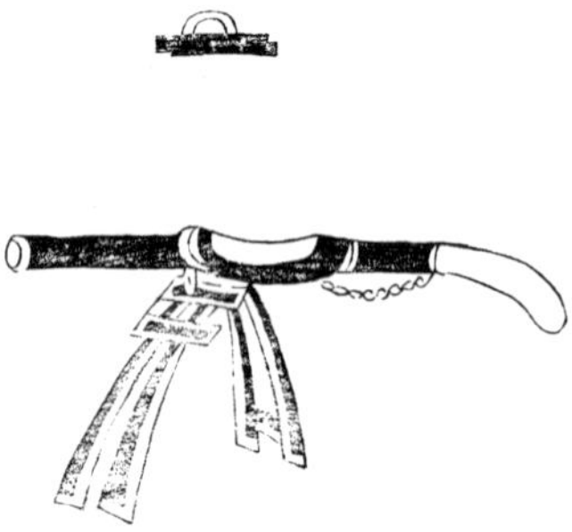

佛狼機式

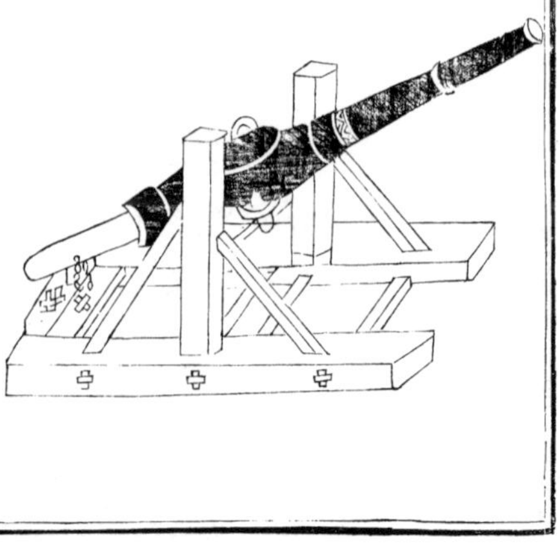

鳥銃鳥嘴銃

鳥嘴銃亦傳自西番盧鏜破雙嶼獲善銃者授其肯綮命馬憲製器李槐製藥始為精絕其要在於煉鐵鐵中原有查滓煉去方極精純每十斤煉一斤者為上煉三斤者次之可免脆折爆碎之患管要員而淨梟要端而直司銃者須擇手足便捷臨敵裝藥覘梟下火庶不遲悞若見梟而不見管則失之仰見管而不見梟則失之俯皆不能中二者調勻敵近方發鉛彈所擊人馬洞穿捷於神鎗準於快火與長短兵夾用賊迴避閃鑠之間我兵已入其陣矣此中國之上技也

鳥銃式

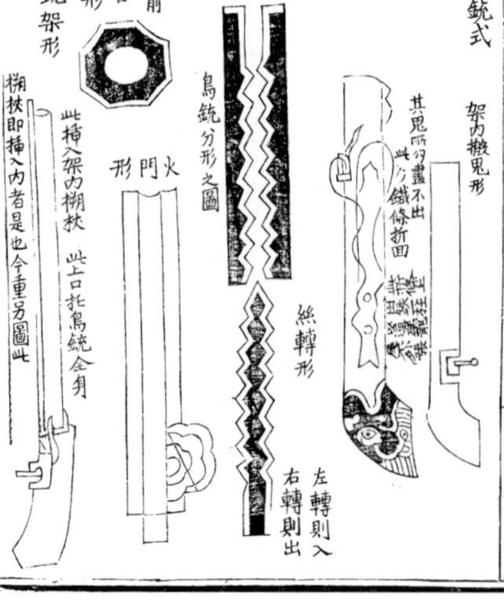

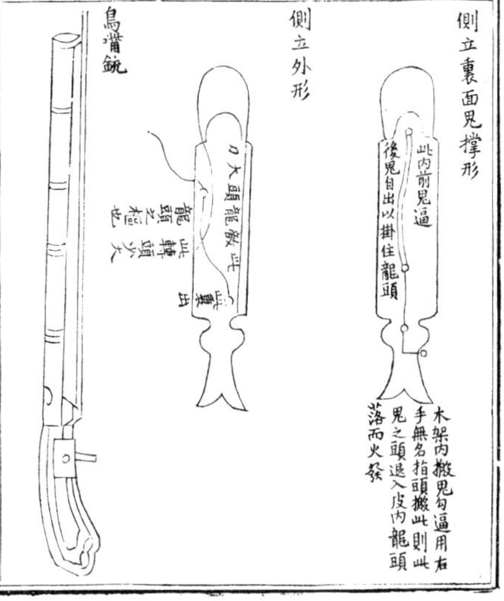

子母炮一窩蜂

一窩蜂說見倭防子母炮驚營之具夜間遠遠放入賊壘少頃火發賊眾自亂

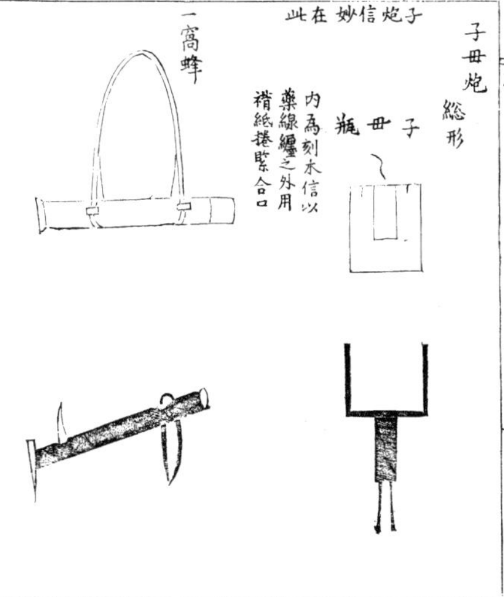

天墜砲

天墜砲大如斗用法升至半天墜於賊巢震響如雷內有火塊數十燒賊營不能救

地雷

地雷以生鐵鑄成實藥斗許檀木砧砧至底砧內空心裝藥線擇寇必由之地掘坑連連數十埋之內用小竹筒通藥線設機關藏火用土掩之賊不知踏動地雷從下震起火焰冲天鐵塊如飛蝗着人即死乃諸葛之秘器也

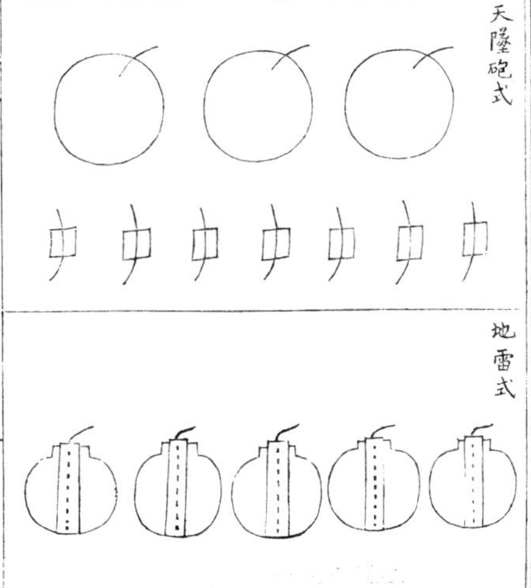

大窠蜂火妖

大窠蜂即一窠蜂之大者火妖紙薄拳大內蕩松脂入毒藥其中外責松脂桐油黃蠟燃火拋打烟焰逼人家利水戰戚繼光曰火器之製甚多其實大同小異不甚利用只此數種已盡其妙但用此者藥線太長點擲太驟遇風易滅賊見線長然後擲我舟是自貽害今藥線藏在竹管掉入腹內點時線盡入管方擲過船火發恰當其候賊舟不可救藥矣

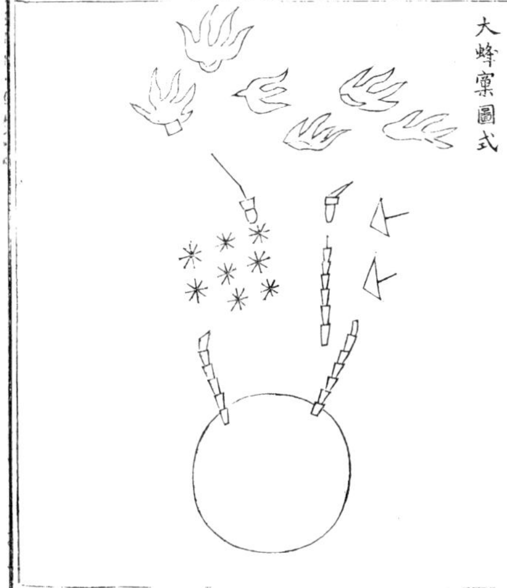

火妖圖式

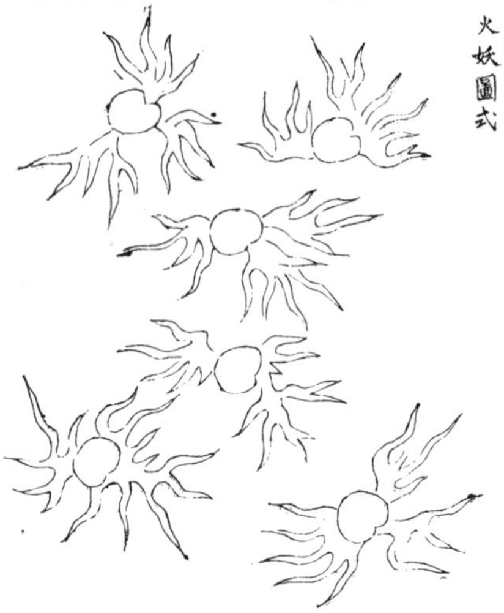

火磚

用地鼠紙筒砲各安藥線每箇排為一層上下二節各二層以薄篾橫束合洒火藥松脂硫黃毒烟用粗紙包裹成磚形外用綿紙包糊以油塗密另於頭上開口下竹筒以藥線自竹筒穿入

火礶

鄧鍾云近火礶之製用瓦礶不拘大小入藥於內藏鐵蒺藜數十又加毒烟之類外用火線數根懸於四旁敵船稍近即燃火抛過砲礶擊碎內藥噴發功用尤為簡捷火礶設而火桶為無用矣

火磚式

竹筒穿藥線式

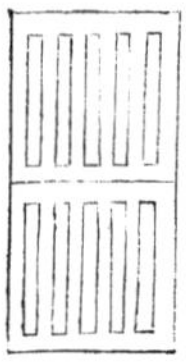

包式

火藥桶式

桶　盖

用粗碗一箇將炭火三四塊用濕灰培于碗內不見平放在藥面以盖盖之

此火藥半桶鋪火磚四箇蒺藜一百箇切不可滿若滿則內實擲下藥不及火以出碗也

火箭神機箭

火箭功不在鳥銃下當棚帆正中打去中高則不可救低則易救神機箭舟陽部守德云造法鑿紙為筒內入火藥築令滿實另油紙封之以防天雨後鑽一孔裝藥線用箭竹為幹鐵鏃如燕尾形末裝翎毛大竹筒入箭二矢或三矢望敵燃火能射百步利順風不利逆風水陸戰皆可用用之水戰能燔舟蓬用之陸戰能燬巢穴中毒必死

火箭

神機箭式

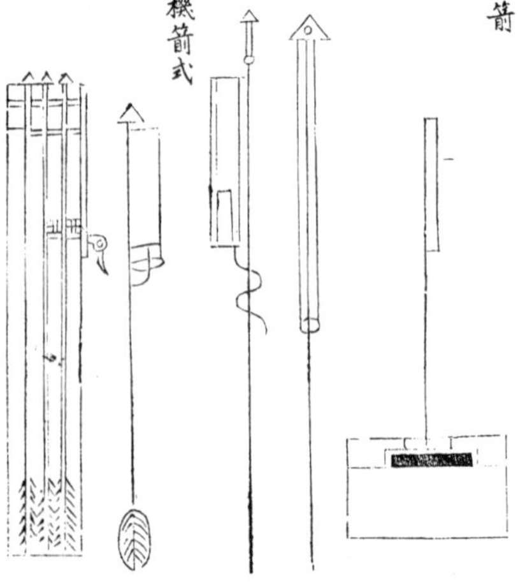

飛天噴筒

戚繼光云截徑二寸竹裝藥製打成餅修合筒口餅兩邊取槽一道用藥線拴之下火藥一層下餅一箇用送入推緊可高十數丈遠三四十步徑粘帆上如膠立見帆燃莫救此萬分妙策

飛天噴筒

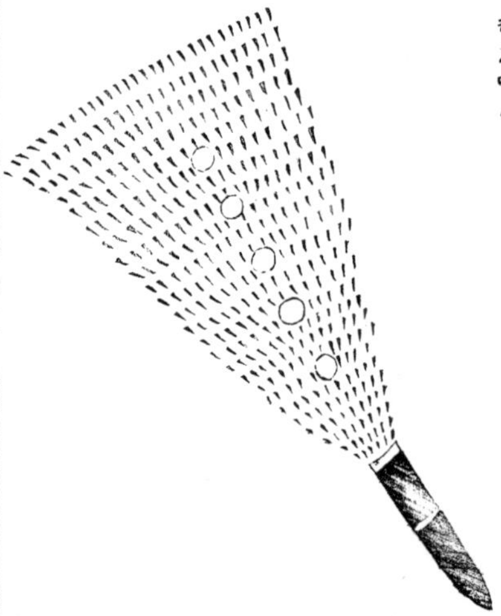

兩廣藥箭

弓弩必抹兩廣毒藥以灌其鏃鏃著血縷則立死但浙人不習則當如兩河以比懸射銀錢之利以誘之使習令弓師而能教百人善弓則善弓者得以一人

礮圖式

每繩長如梢之體不必拘定若干條但能舉其稍可矣每繩用二人扯之

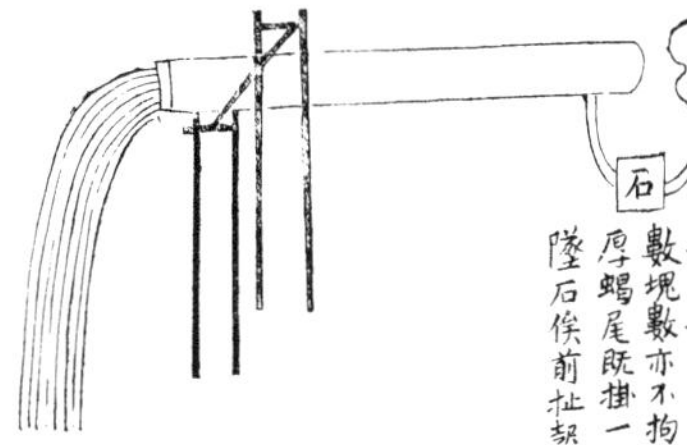

此處安大石子不拘個數塊數亦不拘方圓平厚蝎尾既掛一人雙手墜石俟前扯起放去

煞二人之食而弓師且賞之以百金而署之爲百人將令弩師而教百人善弩則善弩者亦得以一人兼二人之食而弩師且賞之以百金而署之爲百人之將如此則不數月而全軍皆善射矣其他短兵鎗棒亦率類此

或云毒箭射人遇衣絮沾染藥即脫落箭鏃着肉際毒已緩矣不能殺人也須于鏃上鑽孔以藥嵌入則雖透衣而藥不脫傷者應弦而絕

兩廣藥箭

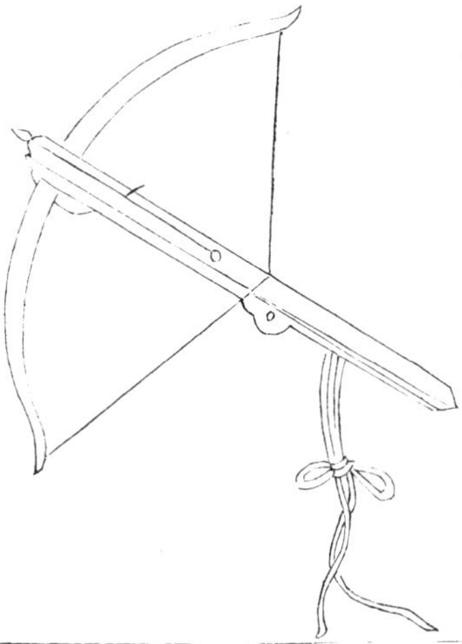

邊箭

松江府同知羅拱辰云人知射長箭而不知射邊箭

弩手亦不知用弩之法況各止用竿子雖可取勝殊非長技爲照長箭去遲而敵人易見故彼得以閃避且得拾取復射其利在彼邊箭去疾而敵人難窺非惟彼不能避抑且不能回射況邊箭所到倍長箭百步有餘其利在我長邊二箭務令弓兵熟習若賊尚遠緩則射邊箭如來近迫則射長箭各便其便也

邊箭式

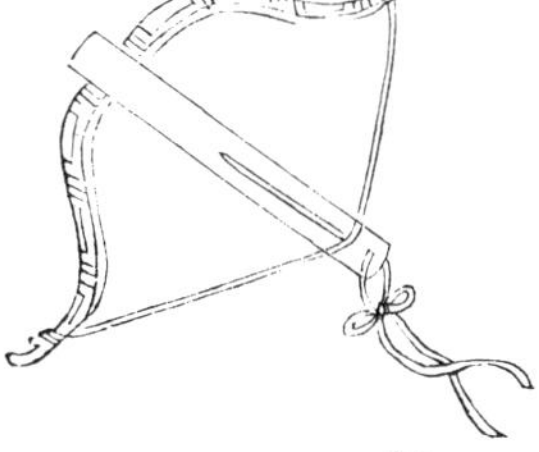

弩箭式

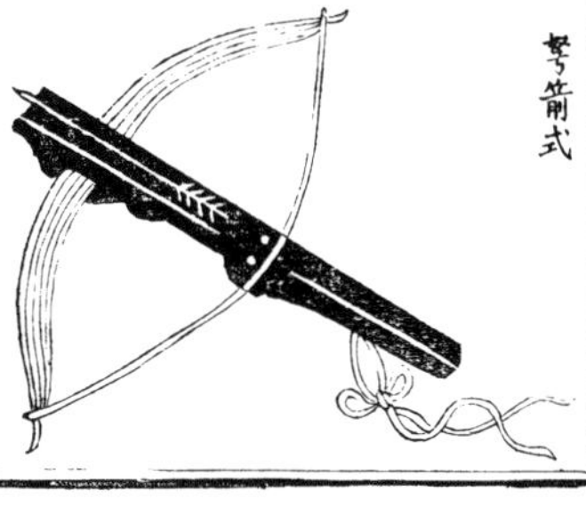

弩箭

松江府同知羅拱辰云用弩必須力重而機巧其矢之長短輕重大小要與弩弦相比乃命中而及遠若設在百步之外我兵必須用弓弩及邊銃以制其鋒

及至來近短兵相接尚在三十步內外則用鏢鎗以飛擊之

戚繼光云弩弓不可遠遠則無益費矢竭力

伏弩

伏弩其用有三若伏於營寨要道可以禦賊之偷營劫寨若伏於山野傒路可使寇不能逃若伏於當家門戶可使賊不能入造法以檀木柘木爲身茅竹爲担弩後置一木人上弦或連發二矢或三矢量賊往來必由之路設之以木架架弩任高下於翳密處設百餘把止用一絲線作機閑賊至不疑而動其機百弩齊發一人不能逃生也

伏弩式

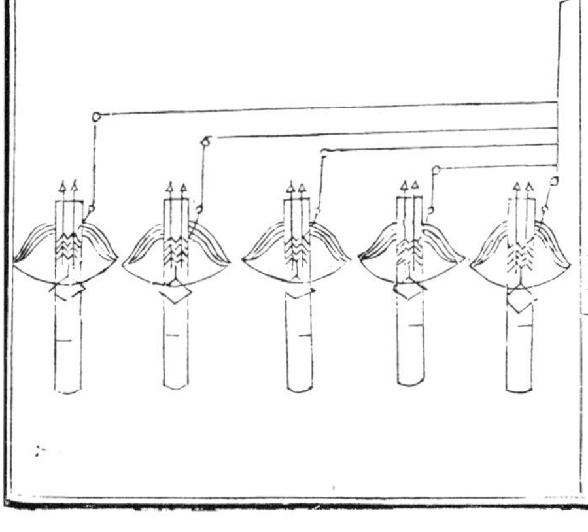

倭奴善逼無處不至用此器甚妙

長鎗梨花鎗

長鎗後手要粗可盈把從根漸漸細至頭方纔有力頭不可重重則沉而不可腰腰不可粗粗則硬而不可孯亦不可軟軟則無力梨花鎗見倭防李全以此雄山東所謂二十年梨花鎗天下無敵手也

標鎗圖式

長鎗式

梨花鎗

狼筅

筅法詳倭防戚繼光曰筅乃行伍之藩籬一軍之門户要擇力大之人能以勝此勿為物所使者方可操之以助一軍之氣若精兵風雨之勢此器為贅物矣

狼筅式

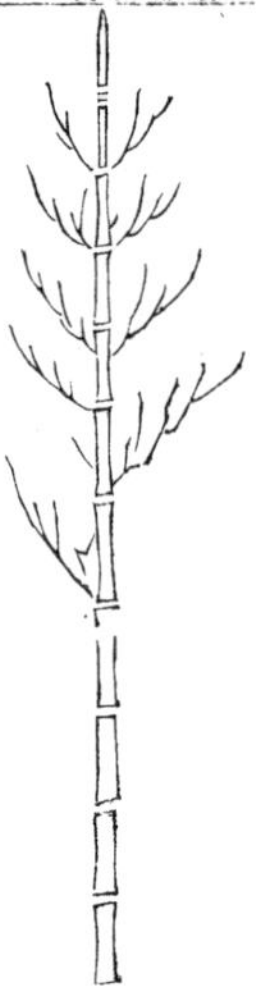

天蓬鏟式

偃月刀五家劍

偃月刀關王所用刀勢既大其三十六刀法兵仗遇之無不屈者刀類以此為第一馬上刀要長須前過馬首後過馬尾方善劍之五家馬明王先主卞莊王聚馬超也

偃月刀

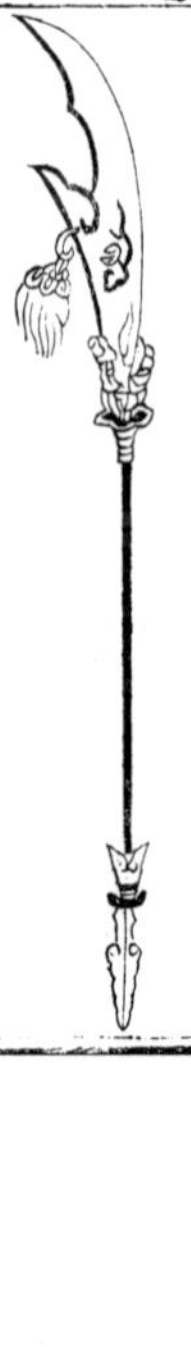

劍式

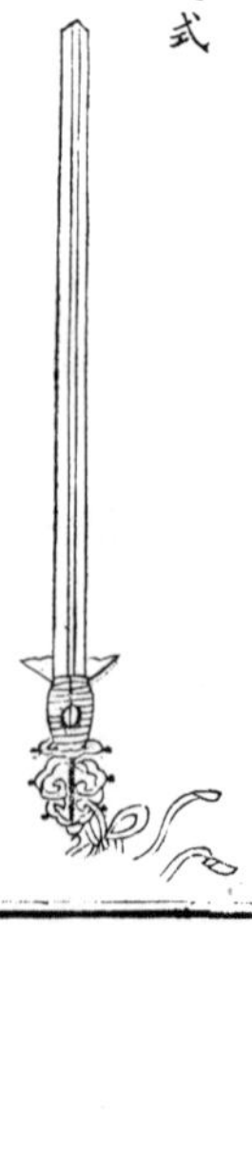

少林棍

少林棍本於夜叉棍分為三堂前堂棍名單手夜叉中堂棍名陰手夜叉又有後堂棍中堂類刀法後堂帶鎗法所以俞家棍得之稱為武藝四書總訣歌云陰陽要轉　兩手要直前脚要曲　後脚要直一打一揭　遍身着力步步進前　天下無敵又云中直入剛十二柔上剃下滚分左右　打殺高低左右接　手動足進叅互就　又云剛在他力前柔在他力後　彼忙我静待　知拍任君鬬

哨枚圖式

竹籤四寸長五分濶上書隊甲兵勇親鎗官押油飾掛頸静砲響各哨枚肅静代圖枚而用更可查考

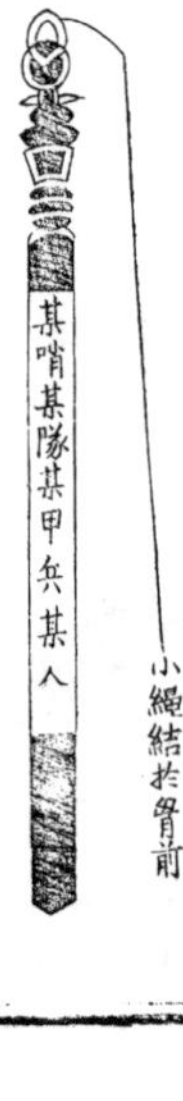

棍式

明倭寇始末不分卷

〔清〕谷應泰編

《明倭寇始末》不分卷，清谷應泰編。應泰（一六二〇—一六九〇）字賡虞，號霖蒼，直隸豐潤（今屬河北）人。順治四年（一六四七）進士。撰有《明史紀事本末》，後人析出倭寇始末部分單行，專述有明一代倭寇亂起及平息始末。記事起自明洪武二年（一三六九）四月倭寇入侵蘇州崇明，止於嘉靖四十三年（一五六四）三月俞大猷平廣東潮州之倭患。書中簡述明代倭患形成及其發展、海禁政策及其嬗變，尤重王忬、李天寵、張經、胡宗憲、戚繼光、俞大猷等人禦寇之事迹。據《學海類編》本影印。

明倭寇始末

清　豐潤谷應泰霖蒼編

明代沿海倭亂劇於中葉然先已不時告警可鑑也洪武二年夏四月時倭寇出没海島中數侵掠蘇州崇明殺略居民刦奪貨財沿海之地皆患之太倉衛指揮僉事翁德帥官軍出海捕之遇于海門之上幫及其末陣麾兵衝擊之斬獲不可勝計生擒數百人得其兵器海艘命擢德指揮副使其官校賞綺幣白金有差仍命德領兵往捕未盡諸寇

三年三月遣萊州同知趙秩持詔諭日本國王良懷令革心歸化日本古倭奴國在東海中絹波而宅自元菟樂浪底于徐聞東莞所通中國處無慮萬餘里國君居山城所統五畿七道三島爲郡五百七十有三然皆依水附嶼大者不過中國一村落而已戶可七萬課丁八十八萬三千有奇自元帥討日本者没于水不得志日本亦不復來貢至是帝遣使諭降之

四年冬十月癸巳日本國王良懷遣其僧祖朝來進表箋貢馬方物幷僧九人來朝又送至明州台州被掠男子七十餘人詔賜文綺答之　十二月詔靖海侯吳禎籍方國珍所部溫台慶元三府軍士及蘭秀山無田糧之民嘗充船戶者凡十一萬一千七百餘人隸各衛爲軍仍禁兵海民不得私出海時國珍餘黨多入海剽掠故也禎既至三郡每挾私憙多引平民爲兵瀕海大擾甯海知縣王士宏曰吾甯獲死罪不可誣良民爲兵卽上封事詞甚切上立罷之

六年春正月德慶侯廖永忠上言今北邊遺孽遠遁萬里之外獨東南倭寇負禽獸之性時出剽掠擾瀕海之民陛下命造海舟剪捕此寇以奠生民德至盛也然臣竊觀倭彝竄伏海島因風之便以肆侵略來若奔狼去若驚鳥臣請令廣洋江陰橫海水軍四衛添造多櫓快船令將領之無事則沿海巡徼以備不虞倭來則大船薄之快船逐之彼欲爲內寇不可得也

上從之

七年夏六月倭寇膠海靖海侯吳禎率沿海各衛兵捕至琉球大洋獲倭寇人船俘送京師

十三年春正月胡惟庸謀叛約日本令伏兵貢艘中會

事覺悉誅其卒而發僧使于陝西四川各寺中示後
世不與通
十七年春正月倭頻寇浙東命信國公湯和巡視海上
築山東江南北浙東西海上五十九城咸置行都司
以備倭爲名
二十年二月置兩浙防倭衛所　夏四月戊子命江夏
侯周德興往福建福興漳泉四郡視要害築海上十
六城籍民爲兵以防倭寇增置巡檢司四十有五分
隸諸衛

二十二年冬十二月倭寇甯海尋犯廣東
二十七年春二月倭寇浙東命都督楊文劉德爲副巡
視兩浙復命魏國公徐輝祖安陸侯吳傑往浙訓練
海上軍士同楊文等防倭　秋八月命吳傑同永定
侯張全往廣東訓練海上軍士防倭　冬十月倭寇
金州
三十一年春二月倭寇山東浙東
永樂元年日本王源道義遣使入貢賜冠服文綺給金
印

四年冬十月平江伯陳瑄督海運至遼東舟還值倭于
沙門追擊至朝鮮境上焚其舟殺溺死者甚衆
九年春正月丙戌命豐城侯李彬平江伯陳瑄等率浙
江福建舟師勦捕海寇　三月中軍都督劉江守遼
東不謹斥堠海寇入寨殺邊軍上怒遣人斬江首既
而宥之使圖後效　夏五月倭寇浙東
十四年夏五月敕遼東總兵都督劉江及緣海衛所備
倭寇相機勦捕　命都督同知蔡福等率兵萬人于
山東沿海巡捕倭寇六月倭舟三十二艘泊靖海衛

楊村島命福等合山東都司兵擊之　十二月置遼
東金州旅順口望海堝左眼右眼三手山西沙洲山
頭爪牙山敵臺七所
十五年春正月倭寇浙江松門金鄉平陽　冬十月遣
禮部員外郎呂淵等使日本先是帝命太監鄭和等
齎賞諭諸海國日本首先歸附詔厚賚之封其鎮山
賜勘合百道與之期期十年一貢無何捕倭寇將士
寇數十俘獻京師但日本人羣臣請誅之以正其罪
上乃遣淵賜敕切責之

十七年夏六月遼東總兵都督劉江大破倭寇于望海堝先是江巡視各島至金州衛金線島西北望海堝其地特高廣可駐兵千餘詢諸土人云洪武初都督耿忠亦嘗于此築堡備倭離金州城七十餘里凡寇至必先經此實濱海咽喉之地上疏請用石壘堡置烟墩瞭望上從之一日瞭者言東南夜舉火有光江計寇將至亟遣馬步官軍赴堝上堡備之翼日倭寇二千餘乘海船直逼堝下登岸魚貫行一賊貌醜惡揮兵率衆勢銳甚江令犒師秣馬略不爲意以都指揮徐剛伏兵于山下百戶江隆帥壯士潛燒賊船截其歸路乃與之約曰旗舉伏起鳴炮奮擊不用命者以軍法從事既而賊至堝下江被髮舉旗鳴砲伏盡起繼以兩翼竝進賊衆大敗死者橫仆草莽餘衆奔櫻桃園空堡官軍追圍之將士奮勇請入堡勦殺江不許特開西壁以待其奔分兩翼夾擊之生擒數百斬首千餘間有脫走舶者又爲隆等所縛無一人逸者凱還將士請曰將軍見敵意思安閒惟飽士馬及臨陣作眞武披髮狀迨賊入堡不殺而縱之何也江

曰窮寇遠來必勞且飢我以逸飽待飢勞固治敵之道賊始魚貫而來爲蛇陣故披髮作此狀以鎭服之所以愚士卒之耳目作士卒之銳氣賊既入堡有死而已我師攻之彼必致死未必無傷寇出縱其生路卽圍師必缺之意此固兵法顧諸君未察耳事聞上賜敕褒進封江廣寧伯子孫世襲將士賞賚有差先是元末瀕海鹽起張士誠方國珍餘黨導倭寇出沒海上焚民居掠貨財北自遼東山東南抵閩浙東粵濱海之區無歲不被其害至是爲江所挫斂跡不敢大爲寇然沿海稍稍侵盜亦不能竟絕

正統四年夏四月倭寇浙東先是倭得我勘合方物戎器滿載而東遇官兵矯云入貢我無備卽肆殺掠貢卽不如期守臣幸無事輒請俯順倭情已而備禦漸疏至是倭大舉入桃渚官庾民舍焚刦驅掠少壯發掘冢墓束嬰孩竿上沃以沸湯視其啼號拍手笑樂得孕婦卜度男女刳視中否爲勝負飲酒積骸如陵于是朝廷下詔備倭命重師守要地增城堡謹斥堠合兵分番屯海上寇盜稍息

嘉靖二年五月日本諸道爭貢大掠甯波沿海諸郡邑鄞人宋素卿者初奔日本正德六年與其國人源永壽來貢其從父澄識之告素卿附倭狀守臣以聞詔不問至是其主源義植幼闇不能制命羣臣爭貢各强給符驗左京兆大夫內藝興遣僧宗設右京兆大夫高貢遣僧瑞佐及宋素卿先後至甯波爭長不相下故事番貨至市舶司閱貨及晏坐竝以先後爲序時瑞佐後而素卿狡賄市舶太監先閱佐貨宴又坐設上設不平遂與佐相仇殺太監又以素卿故陰助

佐授之兵器而設眾强拒殺不已遂燬嘉賓堂刦東庫逐瑞佐及餘姚江佐奔紹興設追之城下令縛佐出不許乃去沿途殺掠至西霍山洋殺備倭都指揮劉錦千戶張鏜執指揮袁進百戶劉恩又自育王嶺奔至小山浦殺百戶胡源浙中大震設負固據海粵巡按御史歐珠鎮守太監梁瑤奏聞逮素卿下獄待訊倭自是有輕中國心矣　給事中夏言上言倭患起于市舶遂罷之初太祖時雖絕日本而三市舶司不廢市舶故設太倉黃渡尋以近京師改設福建浙

江廣東七年罷未幾復設蓋以遷有無之貨省戍守之費禁海賈抑姦商使利權在上也自市舶內臣出稍稍苦之然所當罷者市舶內臣非市舶也至是因言奏悉罷之市舶罷而利權在下奸豪外交內詞海上無甯日矣

四年二月宋素卿伏誅初宗設遁海島不獲獨素卿及瑞佐下獄會朝鮮兵徼海者得其魁仲林望古多羅等三十三人國王李懌奏獻闕下於是發仲林等至浙責與素卿對簿備鞫遣貢先後及符驗眞僞既悉

有司以爰書上請乃論素卿死釋瑞佐還本國

十八年國王源義植復以修貢請許之期以十年人無過百船無過三然諸夷嗜中國貨物入數恆不如約至者率遷延不去每失利云

二十五年倭寇甯台自罷市舶後凡番貨至輒主商家商率爲奸利負其責多者萬金少不下數千索急則避去已而主貴官家而貴官家之負甚于商番人近島坐索其負久之不得乏食乃出沒海上爲盜輒搆難有所殺傷貴官家患之欲其急去乃出危言撼當

事者謂番八泊近島殺掠人而不出一兵驅之備倭罔當如是耶當事者果出師而先陰洩之以為得利他日貨至且復然如是者久之倭人恨言挾國王貲而來不得直曷歸報必償取爾金寶以歸因盤據島中不去並海民生計困迫者糾引之失職衣冠士及不得志生儒亦皆與通為之鄉道時時寇沿海諸郡縣如汪五峰徐碧溪毛海峰之徒皆華人僭稱王號而其宗族妻子田廬皆在籍無恙莫敢誰何巡按浙江御史陳九德請置大臣兼巡浙福海道開軍門治兵捕討聽以軍法從事從之乃以朱紈為右副都御史巡撫浙江兼攝福興泉漳未至而泊甯波台州諸近島登岸攻掠諸郡邑無筭官民廨舍焚燬至數百千區巡按御史裴紳劾防海副使沈瀚守土參議鄭世威因乞敕紈嚴禁泛海通番勾連主藏之徒從之紈乃下令禁海凡雙檣餘艎一切毀之違者斬乃日夜練甲兵嚴糾察數尋舶盜盜淵藪破誅之因上言去外盜易去中國盜難去中國羣盜易去中國衣冠盜難遂鐫暴貴官家渠魁數人姓名請戒諭之不報

於是福建海道副使柯喬都司盧鏜捕獲通番九十餘人以上紈立決之於演武場一時諸不便者大譁蓋以時通番浙自甯波定海閩自漳州月巷大率屬諸貴官家咸惴惴重足立相與詆誣不休諷御史周亮給事中葉鏜奏改紈為巡視未幾紈復上言長嶼諸處大俠林參等號稱刺達總管勾通倭舟入港作亂近有巨奸控造艅艎走賊島為鄉導躪海濱鞫論明確宜正典刑章下兵部侍郎詹榮覆奏中國待外裔不以向背責之以昭天地之量紈所論坐俱關重乞下都察院覆覈從之于是御史周亮等劾紈注措乖方專殺啓釁因及福建防海副使柯喬都指揮使盧鏜黨紈擅殺宜置于理帝遂奪紈官命還籍聽理遣給事中杜汝禎往福建會巡按御史陳宗夔訊喬等併覈紈事汝禎宗夔勘紈聽信奸回柯喬盧鏜擅殺無罪皆當死奏下兵部尚書丁汝夔如其議上帝從之命喬鏜繫福建按察司待決紈恚自殺士論惜之遂罷巡撫御史不復設

二十年夏四月浙江巡按御史董威宿應參前後請寬

海禁下兵部尚書趙錦覆議從之自是舶主土豪益
自喜爲奸日甚官司莫敢禁
三十一年夏四月倭寇犯台州破黃巖大掠象山定海
諸邑汪直者徽人也以事亡命走海上爲舶主渠魁
倭人愛服之倭勇而戇不甚別死生每戰輒赤體提
三尺刀舞而前無能捍者其魁則皆浙閩人善設伏
能以寡擊衆大羣數千人小羣數百人而推直爲最
徐海次之又有毛海峰彭老生不下十餘帥列近洋
爲民害至是登岸犯台州破黃巖四散象山定海諸

處猖獗日甚知事武偉敗死浙東騷動　秋七月廷
議復設巡視重臣以都御史王忬提督軍務巡視浙
江海道及與洋泉地方忬巡撫山東聞命即日至浙
度所治軍府皆草創而浙人柔脆不任戰所受簡書
輕不足督率吏士乃上疏請假事權誅賞得便宜且
欲嚴內應之律寬損傷之條勅撫勿拘從之改巡視
爲巡撫忬乃任參將俞大猷湯克寬爲心膂徵狠土
諸兵及募溫台諸下邑桀黠少年分隸諸將布列瀕
海各鎮堡嚴督防禦浙人恃以無恐云

三十二年春三月王忬破倭于普陀諸山初忬廉知俞
大猷湯克寬材勇既慮己任之而都指揮盧鏜坐前
都御史朱紈事尹鳳坐贓累俱繫獄忬知其能奏釋
之以爲別將亦募兵分帥之日犒撫激勵欲得其死
力倭寇汪直等結砦海中普陀諸山時出近洋襲官
軍忬偵知之乃夜遣俞大猷帥銳兵先發而湯克寬
以巨艘佐之徑蹴其砦縱火焚之倭倉皇免餘艎走
官軍隨擊大破之斬首一百五十餘級生獲一百四
十三人焚溺死者無筭値颶風發兵亂汪直等乘閒

率衆逸去都指揮尹鳳復以閩兵邀擊於表頭北茭
諸洋斬首百餘級生獲二百餘人先後以捷聞賜白
金文綺有差　夏四月汪直毛海等既潰散剽忽往
來不可測溫台甯紹俱罹其患參將湯克寬率兵循
海埂護城堡捕奔軼斬獲亦相當于是賊移舟而北
犯蘇松郡二郡素沃饒賊至捆載而去有蕭顯者尤
桀狡率勁倭四百餘屠上海之南匯川沙逼松江而
軍餘衆圍嘉定太倉所過殘掠不可言王忬遣都指
揮盧鏜倍道掩擊斬蕭顯餘衆復奔入浙俞大猷等

邀殺殆盡先是吳浙間人習選愞而文武大吏復不能以軍法繩下遂至破昌國臨山霩衢乍浦青村柘林吳松江諸衛所闔海鹽平湖餘姚海甯上海太倉嘉定諸州縣忬不欲冒功有所隱没隨擊走之計倭所得亦不償失前後俘斬共三千餘級東南賴之　五月給事中賀涇奏留都根本重地海洋密邇鎮江京口乃江淮咽喉瓜埠儀眞又漕運門戶請設總兵駐鎮江從之　秋七月太平府同知陳璋敗倭于獨山斬首千餘餘衆浮海東遁　冬十月倭寇太倉州攻城不克分掠鄰境有失舟倭三百人突至平湖海甯等縣自獨山之敗倭東遁江南稍甯惟崇明南泊失風者凡三百人不能去總兵湯克寬及僉事任環留兵守之環屬兵三百皆新募勵以必死不入與家人訣爲書赴之而去親介胄臨陣士無敢不用命者環敝衣芒履與士雜行伍依草舍開嚼糒飲水同甘苦至是相守不下賊潛出没環常夜追之出其前後宰夫佩恐有失衣環衣介馬而馳故賊不知所取環嘗匿溝中賊過之不知匿至明士始得之又遇矢石

士以死捍環環被傷　之至水濱梁已徹丈餘超而過追急宰夫留禦之死焉環求其首爲流涕親酬之相拒數月不克克寬復督郅璋等兵擊之敗績失亡四百人官軍疫不能攻乃開壁東南廠倭遂潰圍出掠蘇松各州縣百餘人由華亭縣漴缺登岸流刦至木涇金山衞移舟泊寶山克寬引舟師迎擊及於高家觜毀其舟斬七十三級生擒十四人倭別隊失風至興化殺千戶葉臣卿知府黃士宏指揮張擊殲之　時沿海諸奸民乘勢流刦眞倭不過十之二三

十三年三月倭自太倉潰圍出乃掠民舟入海趨江北大掠通州如皐海門諸州縣復焚掠鹽場有漂入青徐界者山東大震　改王忬爲右副都御史巡撫大同以徐州兵備副使李天寵代之忬在浙江荐盧鏜釋柯喬激勵諸將鄧城劉堂孫敖等爭奮逐北以死綏著節復廣爲偵剌凡沿海大猾爲倭內主者悉繫之按覆其家自是倭不復知中國虛實與所從向往而餘艘在海中者亦無以菽粟火藥通往食食盡自遁又行視諸郡邑未城者計寇緩急次第城之凡

三十餘所杭州官吏以烽火不時發日集坊民登陴守多怨苦忬曰吾斥堠明無慮勿及余何先敵受困耶令罷之一郡皆歡至是去以徐州兵備副使李天寵爲僉都御史代忬忬去而浙復不甯矣初忬薦盧鏜爲參將鎮閩閩人故忌鏜劾鏜兇險不可用罷之而沿海大猾且言忬令大猷搗巢非計欲搖動忬忬不爲動已而南京各官復薦鏜乃用鏜爲參將而以俞大猷爲浙直總兵以南京兵部尚書張經總督浙福南畿軍務時朝議方徵狼土兵勦倭以經嘗總督

兩廣有威惠爲狼土所戴服故用之敕令節制天下之半便宜從事開府置幕自辟參佐經亦慷慨自負中外忻然謂倭寇不足平　夏四月倭寇自海鹽趨嘉興參將盧鏜禦之稍卻次日復戰於孟宗堰伏發殺官軍四百人溺死無筭都司周應禎等死之賊乘勝入據石界由分兵四掠攻嘉興府城副使陳宗夔帥兵禦卻之焚其舟賊遯入乍浦與長沙灣寇合犯海甯諸縣既而東掠入海至崇明夜襲破其城知縣唐一岑死之倭自崇明進薄蘇州大掠六月委自吳江掠嘉興都指揮夏光禦之背王江涇而陣倭鼓譟而前我兵大潰光急入舟中流矢溺死蘇州倭寇至嘉善轉掠松江出海總兵俞大猷擊敗之于吳松所擒七人斬二十三級八月倭寇自嘉興還屯採淘港柘林諸處進薄嘉定會募兵參將李逢時許國以山東民槍手六千人至與賊遇于新涇橋逢時率麾下先進敗之賊退據羅店官軍追及之斬八十餘人許國恨逢時與同事不約已乃別從間道擊賊欲分逢時功追至採淘港乘勝深入伏起大潰溺水死者千

人指揮劉勇等死之　工部侍郎趙文華上言倭寇猖獗請禱祀東海以鎮之帝命往祀兼都察沿海軍務文華至浙凌轢官吏公私告擾益無甯日

三十四年柘林倭奪舟犯乍浦海甯攻陷崇德轉掠塘西新市橫塘雙林烏鎮菱湖諸鎮杭城數十里外流血成川巡撫李天寵束手無策惟募人縋城自燒附郭民居而已張經駐嘉興援兵亦不時至副使阮鶚僉事王詢竭力禦之僅免失陷致仕僉都御史張濂目擊時事痛之乃上言臣本杭人頃復家居五載頗

知海寇始末始以海禁乍嚴遂至猖獗而督撫因循玩愒養成賊勢夫堂堂會城閉門旬日已有垂破之勢徒以意得志滿而去更無一兵一旅阻其去來賊寇野心欲如谿壑能保其不復至哉臣恐其賊退之後人復收拾傷殘首級虛張功次以欺陛下仍有從而庇之者則罰罪之典又移而為賞功之命矣臣寓父母之邦同舟共濟志惟切于報君嫌何避于出位敢以三策為陛下陳之一曰重軍法以作積弱之氣士惟力戰而後克敵亦惟畏法而後力戰今江南非

無義勇也迎敵九死退走十生何怪其有退而無進哉軍法之行不在行陣而在平時誠得必死之士萬夫海寇百萬不足平矣一曰選民兵以收必勝之功夫江南衛所已成虛設地方有急輒假外兵糊口而來原非義勇掉臂而去莫可勾查臣愚以為莫如盡散調募之兵專責州縣立保伍更番較閱期于不擾一遇有警按籍而呼共保身家寇小至則率眾以攻之大至則堅壁以守之一曰復海市以散從賊之黨夫海市舊制原非創設向使瀕海之軍衛如故則市

舶未害為也惟武備日弛不能制變而後海禁漸嚴倭寇乏食海寇由之以起惟軍民既練寇掠則懼遭斬獲交易則可保首領彼雖至愚必不以彼易此然後相機稍復海市之舊不惟散已聚之黨而瀕海窮民假此為生又足以收未潰之人心　夏四月廣西田州土官婦瓦氏引狼土兵至蘇州總督張經分隸總兵俞大猷等殺賊時倭據川沙窪柘林為巢經冬涉春新倭日至地方甚恐聞狼兵至人心稍安賊分眾三千過金山衛俞大猷遣游擊白泫及瓦氏兵邀

之稍有斬獲趙文華至松江因為狼兵可用厚犒之使擊賊至漕涇遇倭數百人戰不勝頭目鍾富黃維等十四人俱死失亡甚眾於是賊知狼兵不足畏復縱掠如故　倭犯江北淮揚諸處前後由通州之餘東塲海門之東夾港登岸流刦狼山利河諸鎮呂四餘西諸塲復突入通州南門燒民屋二十餘間而去三丈浦倭賊分掠常熟江陰村鎮兵備任環督保靖土兵及知縣王鈇統兵三千攻其巢破之賊奔江陰川沙窪駕舟出海官兵縱火焚其巢賊兵一至戚家

墩游擊白泫劉恩邀獲之江陰賊亦出江東遁五月張經破倭於王江涇還經及巡撫都御史李天寵俱下詔獄論死初經至浙中用將佐何卿沈希儀輩名位已抗驕不爲用而新拔士又慓猾不任兵所徵田州兵瓦氏山東槍手俱不受律連戰敗衂望大損侍郎趙文華出視師頤指凌經經自以大臣位出文華上文華恚則連疏劾經謂其才足辦賊特以閩人避賊讎故縱賊耳帝大怒會臺諫亦有言者趣官校逮捕經時倭寇自柘林犯嘉興經遣參將盧鏜狼土兵水陸攻之大敗賊于石塘灣賊北走平望俞大猷邀擊奔平望至王江涇永順宣慰官舍彭翼南攻其前保靖宣慰使彭盡臣躡其後遂大敗之斬首二千級溺死者稱是餘衆奔柘林縱火焚其巢駕舟二百餘艘出海遁自有倭患來此爲戰功第一而文華論經之疏已上矣捷聞兵科言宜畱經平倭以自贖不聽并李天寵湯克寬俱逮至京以縱寇論死文華既疏劾經奏以巡按御史胡宗憲爲僉都御史代天寵巡撫而以周珫代經未幾復罷珫以南京戶部侍

郎楊宜爲總督倭寇自海洋突犯蘇州南京都督周于德來援一戰而敗鎮撫蘇憲臣被殺賊中分其衆一由齊門撞馬頭而北轉掠滸墅關長洲五都地一由胥門木瀆而南轉掠吳縣橫鎮葛延嘗熟江陰無錫之境出入太湖莫能禦者　御史屠仲律上言宜守平陽港拒黃花澳據海門之險則不得犯溫台塞甯海關絕湖口灣遏三江之口則不得窺甯紹扼鼈子門則不得近杭州防吳淞江備劉家河則不得掩蘇松嘉興責江南守令以訓練土兵保全境內爲殿最沿海沙民鹽徒及打生手宜收錄併力禦賊詔從之　川沙窪倭賊犯閘港周浦僉事董邦政遊擊周藩擊之遇賊驚潰藩被創死賊屯石塘橋流刦崑山石浦六月倭寇蘇常諸縣嘗熟知縣王鈇江陰知縣錢錞及居鄉參政錢泮各督士民出禦力屈死之旋復寇蘇州民爭入城門不啟號呼震野乘陴者望之嘆攀援者上又縋絕而下任環還自儀眞曰奈何坐視之縱有覘謀我在無患也乃出辟門令男女以列進所活蓋數萬人復率解明道兵江城力戰賊退入

太湖遣舟師邀之乃棄所獲逸去坏以功進副使坏
復擊賊馬跡山圍逃倭嘉定民家投火爇之盡死旣
而坏有親喪詔留之任事如故　八月倭賊百餘自
上虞爵谿所登岸犯會稽高埠奪民居據之知府劉
錫千戶徐子懿圍之賊潛縛木筏由東河夜渡潰圍
而出居鄉御史錢鯨遭於蟶浦見殺賊自杭州西掠
於潛昌化至處州淳安以浙兵追急突入歙縣流刦
至南陵趨太平操江兵扼之賊引而東犯江甯鎮指
揮朱襄率勇士數百人御之是時賊已至板橋襄等

不知方祖裼縱酒突遇盡爲所殲遂由安德鳳臺夾
岡沿鄉搶掠趨秣陵關時應天府推官羅節卿指揮
徐承宗率兵千人守關望風奔潰賊過關而去自南
京出秣陵流刦溧水溧陽趨宜興無錫一晝夜奔一
百八十里至滸墅關南直巡撫曹邦輔慮與柘林賊
合且爲大患乃親督兵備王崇古會集各部兵扼其
東路四面壁之隨地與戰親召僉事董邦政指揮婁
宇以沙兵助勦一戰斬首十九級賊始卻奔吳舍欲
走太湖覺之追及于楊家橋盡殲其衆賊自紹興高

流刦杭嚴徽甯太平都犯南六埠七十八經行數千
里殺傷無慮四五千人歷八十餘日始滅邦輔以捷
聞歸功僉事邦政時趙文華聞寇且滅欲攘功急趨
赴之比奏則邦輔已先之文華怒命柘林賊進據陶
家港文華乃悉簡浙兵得四千人文華及胡宗憲親
將之營於松江之磚橋約邦輔以直兵會勦浙兵分
四道直兵分三道東西並進賊悉銳衝浙兵諸營皆
潰損失軍士千餘人直兵亦陷賊伏中死者二百餘
人賊勢大張文華恨邦輔至是乃以罪委之及僉事

邦政詔下邦政總督逮問旣而刑科給事中孫濬言
後期之罪不在直兵今蘇松士民交稱邦輔實心任
事而流刦留都之倭又爲邦輔所滅功績顯然遽請
罪斥文華非是兵科給事中夏栻亦言之上乃申飭
文華秉公視師以圖大效已而邦政及指揮婁宇賞
竟不及文華惡之也邦輔旋亦謫戍邊巡按直隸御
史張雲路爲論奏不報　十一月止徵狼土諸兵土
兵瓦氏等至浙驕悍不受約束所過殘掠百姓苦之
於是總督楊宜力請止徵從之命兩廣督臣隨路止

之　閏十一月給事中孫濬上言防倭諸臣既有巡撫總兵又有總督及都察院重臣事權不一牽掣靡定迄無成功兵部覆奏諸臣職守督察主竭忠討寇實覈布聞總督主徵集官兵指授方略巡撫主設理軍務措置糧餉總兵主設法教練身親戰陣至于有司責在保安地方固守城隍帝然之命行諸臣各遵敕諭施行　十二月趙文華疏乞還京許之文華初奉命至浙適狼兵瓦氏等至知倭厚畜銳氣請戰文華惑之亟趨張經進戰不得則上書痛詆經被逮代

經者周珫楊宜皆無遠略賊勢益熾及瓦氏戰敗攻陶宅餘倭復大衄始知賊未易圖有歸志至是川兵破周浦賊俞大猷復有海洋之捷文華遽言水陸成功請還然是時海洋同倭泊浦東川沙窪舊巢及嘉定高橋皆倭據如故副使任環率永順保靖土兵勦新塲倭寇時賊衆二千人皆伏不出而詐令人舉火于數里外若將引去者上舍彭翅先入營之不見一人於是頭目田菑田豐等爭入伏發皆死之賊豕突去未幾復攻上海環以輕兵三百及之擊敗于五里

橋督家墳又以兵援崑山而身間行抵大倉毛家葛隆諸屯賊方會集治攻具衝梯隊道內薄而登環率死士飛刃砍之連碎其首矢石交下相殺傷甚衆又縱兵下突而前賊漸氣奪遂棄委走環既居憂哀毀又積苦兵間疾作卒

三十五年春正月巡按御史周如斗參總督梅宜提督曹邦輔輕率寡謀致川兵敗于東溝苗兵敗於新塲東兵敗于四橋乞罷黜時上深以南寇爲憂疑趙文華言餘寇將滅爲不實屢問大學士嵩嵩曲爲營解

上意終不釋文華懼因言餘寇指日可滅督撫非人一敗塗地皆因吏部尚書李默恨臣前歲劾其同鄉張經思爲報服臣繼論曹邦輔則嗾給事夏栻孫濬媒孽臣及胡宗憲黨曹邦輔浙直總督又不用宗憲而用王誥然則東南塗炭何時可解陛下宵旰何時可釋也默因得罪宜削籍爲民邦輔亦被逮罷王誥以宗憲爲兵部侍郎兼僉都御史夏四月倭薄溫州同知黃釧馳檄出迎擊被執倭欲還之索王合爲贖釧罵之不置倭磔殺之　江北倭流劫至固山山北

等港無爲州同知齊恩率舟師迎戰敗之斬首百餘級恩長子尙文次子首叔仲寔弟寶榮謙姪愼寅友良大卿孫童俱在行間嵩年十八驍勇善射獨前追賊至安港恩等從之伏發恩及其家丁錢鳳等二十一人力戰皆死之獨嵩愼寅三人得脫賊遂乘勝至金山殺鎮江千戶沈宗玉王世良于江中　倭率衆數千自乍浦入欲犯杭州遊擊將宗禮師兵九百禦之逆戰于皁角林分左右翼夾擊三戰三捷獲首功七十餘級賊首徐海等皆辟易稱爲神兵會橋陷軍潰禮與鎮撫侯槐何衡義官霍貫道力戰俱陷陣死之禮驍勇敢戰所部箭手三千人皆壯士事聞贈卹有差　總督胡宗憲奏遣生員蔣洲胡可願使倭砦傳諭渠魁令無犯順從之已而可願等還言倭渠欲通貢市宗憲以聞下兵部集議不可乃止　倭圍巡撫阮鶚於桐鄉初鶚督學浙江開武林門納難民全活數萬人超擢巡撫方倭之寇嘉興也鶚議主剿而胡宗憲議主撫不相能倭自嘉興轉寇桐鄉氣益銳去來實徐海麻葉領之陳東附爲東薩摩王弟書記

也宗憲謀間之遣辯士說海海心動私語桐鄉守兵曰吾已款督府矣城東門陳黨善備之是夕海道崇德而西東方急攻桐鄉宗憲說海縛麻葉因僞爲麻葉書致東令圖海故達海所東海中自疑始解圍去　五月御史邵惟忠上言倭薄通州圍未解餘衆自狼山轉掠瀕江諸郡縣而瓜儀爲畱都門戶鎮常爲乃漕運咽喉不可視爲緩圖宜大集兵救諸臣戮力綏兵及徐沛募兵救遣才望大臣一人總督以爲犄角保障畱都帝然之已命兵部侍郎沈良才矣嚴嵩揣知上覺趙文華欺罔且見譴乃令文華自以其意請復視師嵩爲言良才不勝任江南人引領俟文華至上乃止良才命文華以工部尙書兼右副都御史總督浙福直隸軍務文華既至浙假監督權凌脅百官搜括庫藏百萬計兩浙江淮閩廣所在徵兵集餉西漕粟除金帑給醮課迫富民脫凶惡浪投官職于是外寇未甯而內憂益甚　六月倭入慈谿縣知縣柳東伯亡初王忬在浙計城各邑未城者慈谿士人

獨持不可至是倭衆大至知縣不知所禦攜印組亡去殘殺民人無算而縉紳尤甚始悔失計東伯失守當坐死以無城可憑削籍爲民省祭官杜槐與其父文明率兵追敗倭于王家團海道劉起宗委防餘姚慈谿定海未幾與賊遇于白沙一日三戰殺賊三十餘人斬一其帥槐被創墜馬死文明別將兵擊倭于演武場斬白眉倭帥一從七生擒二倭驚遁呼爲杜將軍已而追至奉化楓樹嶺以兵少無繼陷陣死

倭薄海鹽指揮徐行健程祿百戶方存仁逆戰死之

八月海寇徐海伏誅初胡宗憲以簪珥遺徐海侍女翠翹綠珠令日夜說海縛陳東以報朝廷海且感而猜文華方治兵擊海宗憲佯曰彼且縛陳東何戰爲海果賂薩摩王弟縛東以獻於是海勢日孤海自念數有功又信羅龍文誘約八月入謁督府于平湖海先期以數百人冑而入宗憲文華踞坐堂上海等叩罪復謝宗憲宗憲下堂摩其頂曰朝廷且赦若愼勿再虜厚犒遣之海既出知官兵大集自疑宗憲使使諭之曰官兵防東黨爾毋恐海請居東沈莊陳東居西沈莊又令東詐爲書遺其黨曰海約官兵夾勦汝矣東黨果疑相攻海令裨將辛五郎歸島宗憲密遣盧鏜計擒之文華調兵六千既集移營薄沈莊督之急宗憲猶是憐海不欲遽戰文華迫之宗憲乃下令與總兵俞大猷整師前進海知事變掘深塹自守柵數重官兵望之不敢入阮鶚檄趨之大猷乃從海鹽進攻東沈莊破之又追擊于梁莊會大風縱火諸軍鼓譟乘之賊大潰斬獲一千六百餘級海倉皇溺水死引出斬其首浙直海寇平海故杭之虎跑寺僧雄

海上稱天差平海大將軍至是捷書上文華皆襲爲己有帝命械擊首惡至京正法時浙東仙居浙西相鄉二寇略平其分掠海門者把總張成敗之江北寇流入常鎮者總兵徐玨敗之蘇松甯紹相繼告捷兵部奏文華功帝從之降敕令文華還京論平倭功加文華太保宗憲右都御史各任一子錦衣千戶餘陞賞有差倭俘麻葉陳東等械繫至京禮兵部請獻俘從之羣臣俱賀時倭略平惟舟山賊據險結巢未下官兵坏守之不能克諸狼土兵俱已遣歸而川貴兵

六十人始至胡宗憲方留防春汛隸俞大猷經營舟山之賊會夜大雪大猷乃督兵四面攻之賊悉銳出敵官軍競進賊敗歸乃以樱簣捲火擲之賊四散潰出斬首一百四十餘級餘悉焚死

三十六年冬十一月海寇汪直伏誅徐海等既死汪直復糾衆三千餘人甯波岑港大掠四境汪直徽人也宗憲亦徽人乃以金帛厚賂誘之云若降吾以若為都督置海上通互市乃迎直母與其子入杭厚撫之而奏遣生員蔣洲往諭與之盟直信之遂自奮言能

肅清海波贖死命與其黨毛海峰葉碧川等從蔣洲來杭州洲至而直未至人疑其詐巡按周斯盛請罷貢罪洲于是逮洲獄洲乃陳諭倭始末及言直以誠來其未至必風阻耳已而直果乘巨舟遣頭目數十人隨來泊舟定海嶴初舟實為颶風所損也宗憲使人招直直願見洲洲方對理疑其觖望不遣遣戶夏正質其舟直素與正善不疑遂詣軍門請罪具言自效狀宗憲待以賓禮使指揮為其館主給與夫出入復出蔬米酒肉供餽其舟人日費數百金且交質

為信因具狀聞請赦之科臣王國禎力持不可疏入謂直元兇不可赦宗憲乃密檄按察司收直等斬之論平倭功加宗憲太子太保餘皆遷賞然直雖就誅而三千人皆直死士無所歸益恚恨復大亂

三十七年春二月倭犯潮州之鮀浦攻遂州千戶所僉事萬仲分部水陸兵馬東西哨攻之臨敵而哨兵皆潰領哨千戶魏岳高洪俱死尋犯福州巡撫阮鶚不能禦取庫銀數萬兩賂之以新造大舟六艘俾載而去夏四月倭掠台州臨海之三石鎮約數千人總督

胡宗憲擊走之　倭攻福清破之執知縣葉宗文舉人陳見率家童禦賊不克與訓導鄔中涵俱罵賊死五月自海口出港參將尹鳳引舟師擊之沉其舟七斬首六十餘級生擒七人餘衆遁去鳳追擊東洛外洋復敗之銃傷及溺水死者甚衆福興患少熄倭攻惠安知縣林咸乘城禦之攻五晝夜不克丁壯死者數百人倭亦失亡相當乃引去咸率兵擊倭鴨山乘勝追奔陷伏中死之倭分犯同安長樂漳泉諸處　秋七月以浙江岑港海寇未平詔奪總兵俞大

猷參將戚繼光職期一月蕩平命胡宗憲督之初宗憲遣毛海峰誘降汪直直至下獄海峰遂與委日善妙等五百餘人燒船登岸列柵舟山阻岑港而守官軍四面圍之屢斬獲然海中數苦毒霧賊憑高死鬭先登者多陷没新倭復大至冬十月岑港倭移巢柯梅胡宗憲屢督兵討之不能克　兵備副使谷嶠捍禦海上屢破倭制府以捷聞進山東參政

三十八年春三月倭寇自象山河金纜井諸處焚舟登岸海道副使譚綸與賊戰于馬岡敗之斬首七十級

　總督胡宗憲上言舟山殘孽移住柯梅即其焚巢夜徙力已窮蹙勢易成擒而總兵俞大猷參將黎鵬舉邀擊不力縱之南奔播害閩廣宜加重治上命逮大猷鵬舉至京訊治時人言籍籍謂倭之開洋也宗憲實陰遣之倭南行泊浯嶼焚掠居民由是福建人大譟謂宗憲嫁禍御史李瑚數其三大罪瑚與大猷俱福建人宗憲疑大猷漏言故委罪以自掩而大猷不善滑刺素不爲嚴世蕃所喜故有是逮廷臣惜大猷才共假貸得三千金餽世蕃不死罷職發大同立功　夏四月倭北趨通州總兵鄧成禦之不利指張容被殺倭進據白浦鎮兵備副使劉景韶以遊擊邱陞擊白浦于丁堰如皋海門三戰三捷賊謀犯楊州景韶復督陞等以火攻其老營擊敗之焚死二百人賊逸入潘家莊盡銳攻之先後斬首二百餘級初賊自南沙登岸犯通州至是勦絕　廟灣倭合衆攻淮安參將曹克新禦之戰于姚家蕩自寅至甲大敗之斬首四百七十級賊遁入姚莊縱火焚莊死者二百七十人賊退入廟灣拒守劉景韶督兵擊倭於

印莊斬首四十級賊西走次日復戰于新州賊遁入民莊我兵以火攻之凡再戰斬首二百六十級賊悉焚死無一人脫者時江北流委悉殄惟廟灣據險固守不出五月江北兵攻倭于廟灣衝其巢斬首四千我兵死傷過當復退守之時賊營甚固巡撫李遂以我軍鼓戰而疲宜圍守之賊乏食且水陸斷其行道可收全勝通政唐順之以爲玩寇乃自擐甲持矛麾兵以進屢挑戰賊終不出遂督兵入險賊盡銳東西衝殺傷相當自是復稍稍出掠覓舟爲走計矣順之

知失計乃駕言經略三川沙倭南去逾月倭困廟灣既久劉景韶督卒塡壕塹逼壘而陣令水兵載葦焚其舟復水陸進擊倭潛遁入舟官兵進據其巢追奔至瑕子港斬獲頗多餘倭無幾不復能戰乘風開洋而去　福建新倭大至多齎攻具先攻福甯連江羅源流刦各鄉進攻福州不克移攻福安破之參將黎鵬舉以舟師擊倭於海中七星山屛風嶼斬首六十七級生擒六十八人時沿海長樂福淸等境皆有倭舟廣東流倭往來詔安漳浦閩浙江舟山倭移舟南來者尚屯浯嶼福州漳泉無地非倭矣舟山倭屯浯嶼經年至是乃開洋去其毛海峰者復移衆南粤建屋而居永福倭移舟出梅花洋參將尹鳳擊敗之巡按樊獻科請趣胡宗憲應援未及行巡撫阮鶚往勦之倭稍創　六月倭衆別部二十餘艘屯崇明三川沙總督胡宗憲檄總兵盧鏜帥師攻破之前後斬首百餘遁去宗憲以捷兼言唐順之贊畫功擢僉都御史秋七月三川沙倭突犯江北由海門縣七星港登岸流刦過金沙西亭將犯揚州參將邱陞禦之戰于

中家莊賊敗走仲家園復追至鍋團陞輕騎先進賊覘無後繼盡銳來衝陞馬蹶被殺已而官軍大至賊遁八月倭自鄧家莊敗後沿沒覓舟不得官軍尾之于酉家橋白駒沙諸處倭餒甚奔莊我兵圍之時劉顯兵至先登各營繼進縱火衝擊破其巢斬首二百餘賊奔白駒沙追擊又敗之于七竈莊花墩共斬首四百餘賊盡殄焉顯驍勇敢戰江北軍悉屬顯節制故有功

三十九年春二月倭寇六千餘人流刦潮州等處時浙直倭患稍息而閩廣警報至日　五月加胡宗憲兵部尚書兼右副都御史

四十一年春三月泉州指揮歐陽深率兵擊倭破之生擒江一峰泉寇稍甯　倭陷福建永甯衛大掠數日而去復攻永甯城破之大殺城中軍民焚燬幾盡冬十一月逮總督兵部尚書胡宗憲削籍從給事中陸鳳儀之言也獄具罷浙閩總督大臣設右僉都御史巡撫其地

四十二年五月復逮胡宗憲詣京宗憲自殺是時大計

京官復有言宗憲未盡法者有旨逮治宗憲至京自殺宗憲在浙中與趙文華同事文華退懊不敢前宗憲輒自臨陣戎服立矢石間督戰方倭圍杭時宗憲親登城臨視俯身堞外三司皆股慄懼為流矢所加宗憲恬然視之殲徐海汪直皆有功然稍稍事文華又握權太重勳臣總兵者由掖門通謁庭拜巡撫悉聽節制如三邊例宗憲才得而禍機亦萌此矣上好元修宗憲進白鹿稱賀大學士嵩比之會嵩敗被逮時歸安茅坤上書頌其冤　冬十月倭犯福建其自

浙之溫州來者合福建連江賊登岸攻陷壽寧政和寧德等縣自廣之南島來者合福清長樂賊攻陷元鍾所蔓延及于龍巖松溪大田古田之境無非賊者初浙江參將戚繼光既連破賊于林墩等處閩之宿寇盡平繼光引兵還浙遇倭自福清東營島登岸麾兵擊之斬首百八十級遂行而倭至者日眾始犯邵武殺指揮齊天祥轉掠羅源連江殺遊擊倪祿遂攻元鍾所城及寧德縣入之乘勝直抵興化府城不克乃合兵薄城下圍之且匝月巡撫游震得以狀聞請

調義烏兵以繼光統之起丁憂參政譚綸與都督劉總兵俞大猷協力共濟上從之十一月劉顯率兵援興化顯大兵由江西勤廣寇所提入閩率不及七百人且疲屢戰倭新至氣甚銳顯知不敵乃去府城三十里隔一江按兵不至欲掩逗留之罪遣五率齎文詣府約欲率兵赴城禦敵賊獲五率殺之用其職銜偽為顯文克期入城約城中勿舉火作聲恐賊驚覺詐以五人為劉率齎入至期賊陽稱顯兵入城人莫之疑賊既大入猝起格殺城中驚亂參政翁時器參

將畢高倉皇縋城走同知奚時亮被殺賊遂據城中三閱月殺掠焚燬顯率乘亂攫之參政王鳳靈妻竟為顯掠去賊既飽欲始如平海衛欲掠舟泛海去十二月倭結巢崎頭城與都指揮歐陽深相拒久之不出深望見兵少輕之直前挑戰伏發深與其下數百人皆戰死賊乘勝陷平海衛事聞罷巡撫游震得逮參政翁時器參將畢高劉顯坐觀望不救立功自贖倭引兵出海把總許朝光以輕舟抄之賊還屯平海衛副總兵戚繼光督浙兵至福建與劉顯俞大猷合

擊倭于平海衛大破殲之斬首二千二百級墮厓溺死者無筭福州以南諸寇悉平

四十三年春二月舊倭萬餘攻仙遊閱之三月戚繼光引兵馳赴之大戰城下賊敗趨同安繼光麾兵追至王倉坪斬首數百餘衆奔漳浦繼光督各哨兵入賊巢擒斬略盡閩寇悉平其得出者逸出境至廣東潮州俞大猷又截殺之幾無遺類初倭既自浙創歸嘗一犯淮揚安越皆不利遂巢閩中首尾七八載所破城十餘掠子女財物數百萬官軍吏民戰及俘死者不下十餘萬雖時有勝負而轉漕軍食天下騷動至是倭患始息

島夷卉服首見禹貢秦漢以來罕被倭患葢以其俗愛鮮華地多饒沃五州七道三島五百七十三郡率皆樂土坏以大海君臣自保不愛慕中國也若乃海王充牣居民仰食雲帆所指有無懋遷則又彼此咸賴高帝時士誠友定遺孼竄伏北邊南粵歲被創殘已而通謀逆臣伏兵市舶帝乃閉關謝貢示弗復通然而創設市舶互市不絕計深遠也後世識慮迂拘放失舊典初開橫海旋棄珠崖民競刀錐吏鮮保障秦關夜柝楚吏晨疆勇士蹈險貪夫忘生於是內地奸民勾引潛深海邦貴倖藏匿不可勝計矣貧民勢家黷貨負直窮彝困頓進退吝且逃生水國求食波臣邊吏戒心搜捕始急於是沿海不逞之徒陳涉力耕怨家日衆黃巢下第憤恚思兵稍稍收聚倭裔窺竊上國矣朱紈下車不畏彊禦窮治黨與少所報聞夫廣漢索酤先求魏相李膺破柱不避黃門政求亂本雖得河源禍發朝堂意悲虎尾紈死而朝貴與海通交相賀也代臣畏禍海禁復弛浙東再亂王忬出督援大猷于偏裨出盧鏜于獄中普陀一戰幾殲渠

帥游魂四潰旋掠江南而仔隨處邀擊頗多斬獲括
乃代頗騎還易毅大功不終自古悲歎此閫外有遙
制之憂中樞失內贊之力也嗣是天寵握兵乃棘門
之兒戲文華祀海實天雄之誦經倭患愈劇張經再
出經以功在銅柱因而偃蹇凌轢度亦自大匹夫耳
然靦視事一月指揮羣帥王江涇之捷賊兵宵遁太
史稱其兵驕將悍或亦讒人之蜚語獄吏之深文也
文華行譖檻車入國蓋左豐求賂盧植徵還張讓交
通王允下獄自古未有小人同事而得剬制成功者

胡宗憲曲意主撫因勦成功賄斬徐海誘擒汪直安
武誘叔李廣誅降長致恨于封侯空銜悲于賜劍憲
雖引刃應無顏見二賊于地下也憲才望頗隆氣節
小貶側身嚴趙卵翼成功耿秉因竇憲勒勲杜預事
朝貴甚謹封疆之吏固應折節乃尒耶倭寇披猖禍
三省任坏効命留都俞大猷兩浙戚繼光驅馳閩海
類皆大國干城足以滅此朝食而乃大戮亟行更張
不一事權牽制流毒生民九閽無金城之任分宜少
裴度之忠羣賢隕喪國事凌彝罔其宜也中丞張濂

家居省會身在闈城訟言時事涕淚交頤觀其疏中
所稱殘雛民之首以償縱寇之功而督撫可知移罰
罪之典爲賞功之命而樞可知軍法不重人無死
志客兵掉臂士無鬬心而卒伍可知嗚呼鄭監陳圖
莫救當時之新法然而睢陽劍在已成今日之爰書
矣

夷氛聞記五卷

〔清〕梁廷枏撰

《夷氛聞記》五卷，清梁廷枏撰。廷枏（一七九六—一八六一）字章冉，廣東順德（今屬佛山）人。道光間貢生。是書記英國對華輸入鴉片與鴉片戰爭之情形。紀事起道光初年禁煙，訖道光二十九年（一八四九）廣州士民阻英人入城。於林則徐、鄧廷楨等抗英之舉，琦善、奕山、奕經等庸碌誤事，道光二十一年三元里抗英，道光二十二年廣州民衆焚毁洋館及數次廣州反入城鬥争等，均有較詳記載。以敘事質直，頗觸時諱，雖經刊刻，未署姓名。一九三七年孟森考證爲梁廷枏所撰。據中國國家圖書館藏清刻本影印。

夷氛聞記卷一

英夷狡焉思逞志於內地久矣大西洋葡萄亞即布路亞
於前明乞得香山濠鏡澳以居曰澳門易中土物歸
而懋遷於西海諸國諸國皆豔羨之
國朝康熙初因鄭成功寇閩上下及浙粵爲沿海郡
縣患於是遷民內居築界牆嚴海禁洋船自此不得
入設兵樹樁置墩守界惟澳夷地在界外生齒已繁
不便就阡陌耕作舍貿易又無以資其生計乃於入

香縣隘道曰横石磯設爲關閘許買食內地米石計
口而授月兩啓放內貨隨之得航出大黄茶葉如故
轉緣禁海得獨專其利時英夷已據印度之孟阿臘
海岸闢爲市埠聲設公司局循東南洋轉相販買自
恨其市舟不能至粵羨澳夷益甚二十二年七月提
督施琅蕩平臺灣海氛大靖又二年南洋開禁置江
浙閩粵四海關江之雲臺山浙之寗波閩之厦門粵
之黄埔並爲市地各設監督司榷政定海時尚未立

縣英船至則泊舟山迫新城定海監督張聖詔乃築
紅毛館城外使居焉其市粵則自雍正十二年始既
乃厚集貲本爲公司稱公班衙掌以班酋司貿易粵
關官商吏役利其貨殖饒裕逐漸遞增其規費徵索
視浙關獨奢巡撫楊文乾請釐以歸諸官令關册所
稱歸公例是也未幾歸公者又積成正餉而舊私收
之規費未裁英商故狡獪心計析及銖錙孟阿臘土
酋船之假英旗報以入者率愚戇輒受欺於吏役且

苛乾隆二十年英商華茁珠知浙關費視粵減也駛
舟定海求市當事請倍增其稅
諭以夷並市寗波日久又成一澳門民風土俗之有
關係者大是以更定其稅則視粵稍重俾洋商無所
利而不來意初不在增稅也二十四年其國商任洪
輝以市浙非便此後勢必就粵市揚帆直赴天津訐
粵關陋弊
欽使訊實監督得罪洪輝坐交結內商囚澳門三載

始釋回國康輶紀行康熙間英吉利始來通市後數年不復來雍正七年後互市不絕初廣東碣石鎮總兵官陳昂奏言臣徧歷海外諸國皆奉正朔惟紅毛一種奸宄莫測其中有英圭黎諸國種族雖分聲氣則一請飭督撫關部諸臣設法防範乾隆七年十一月英吉利巡船遭風飄至澳門海面遺夷目至省城求濟廣東總督策楞令地方官給資糧修船隻先是其互市處所或於粵或於浙二十二年部議英吉利不准赴浙貿易於是皆收泊廣東每歲秋之交由虎門入土產則有大小絨嗶嘰羽紗紫檀火石及所製玻璃鏡時辰鐘表等物精巧絕倫二十四年方嚴絲觔出洋之禁兩廣總督李侍堯奏言近年英吉利夷商屢違禁令潛赴寧波今絲觔禁止出洋可抑外夷驕縱之氣惟本年絲觔已收請仍准運還奏入報可是年英吉利夷商洪任輝妄控粵海關陋弊訊有徽商汪聖儀者與任輝交結擅領其

夷氛聞記　卷一　三

國大班銀一萬三百八十兩按交結外國互相買賣借貸財物例治罪二十七年英吉利夷商白蘭求照前通市兩廣總督蘇昌奏准照東洋銅商搭配綢緞之例酌量配買每船准買土絲五千觔二蠶湖絲三千觔其頭蠶湖絲及綢綾緞疋仍禁止不得影射自是英吉利來廣互市每船如額配買歲以爲常其明年并准帶綢緞成疋者二千觔其年英商白蘭求仍通市出洋絲觔船予以限粵關規費復裁以歸諸公故事諸夷來粵售貨畢即乘風去以索逋留者必令移居澳門謂之住冬澳夷初緣市利裕習慣奢靡樓房櫛比土木華後既開海禁不獲終專厥利漸形貧弱歲恃諸國僑

寓徵租值自給其富者出貲就額定海艘二十有五載貨還澳例得自與客民交易稅徵買者客入夷樓買貨下便單渡過關按貨投稅林制府以渡夫充自蛋民輸稅失體革之而別招澳商亦終不果召充他夷則必令入虎門泊黃埔至即有丈船輸鈔之令自裁改歸公後積年而私費復增例禁在官所以制限諸夷者尺寸皆不容越英夷苦之益垂涎澳夷得安居內地又聞俄羅斯人之得入太學而羨之然當粵關開時已慮俄夷來船驟旺妨蒙古生業別開陸市於

夷氛聞記　卷一　四

車臣汗部之哈克圖不令至粵矣惟荷蘭以助剿臺灣首得通市特緣貲本未裕來船倘少佛蘭西之來雖遠自前明顧物產貨貲並絀其例民不許茶食銷流內貨無幾故雖與歐塞特黑即雙鷹、普魯社即單鷹領墨即黃旗雪際即璉國綏沙蘭即瑞國等國皆歲以船至而不及英商遠甚米利堅雖源源而至而物粗船小獨英船易茶出分售西南洋國自以貨多稅重弁冕諸夷又方戰勝佛蘭西慾不得有其地欲倚重

天朝將爲諸夷雄長每思所以得
天朝心莫輸誠入貢若恭遇
純廟八旬萬壽其王雅治遣使戛爾尼備方物先使
其大班犢呈總督請奏謂貢物頗貴重請免由粵道
入都於是貢舟逕泊天津
上嘉其嚮慕誠悃燕賚同賜視他國優厚事畢從容
出其王副表請留一人居京師理其貿易使臣復詣
內閣陳請欲改由寗波天津通市并求給舟山小島
與附近廣東省城一小地叚定居其來商廣州者自
城外下澳及貨由內河載運求竟免稅或酌減而少
之皆非貢使所宜妄干也
純皇帝念其化外無知不予深究但
諭以所請均屬窒礙難行而已使臣返復
頒勅以諭其王俾知所以不可行之故時貢舟先開
泊定海侍郎松筠護送陸行至浙代請免所市茶絲
稅且許由內河達粵恐其所求不遂或煽誘他國隳

令所過提鎮陳兵接護餘
勅宣示廣督俾存檔交代使他時考覈五十八年事
也六十年復備貢物由駐粵大班波朗呈總督代進
表文陳及助兵攻廓爾喀事益用兵廓夷時大將軍
聞其南界忽有兵事至是始悉其由嘉慶十年使臣
多林文入貢適海盜張保等猖獗英兵船四泊虎門
請代捕盜故又表稱有事喜歡効力語先是七年英
兵船六泊雞頸洋數月殆有窺伺澳門意因與佛夷
搆兵處佛人至直揭其隱爲所中傷妨市亦表及之
十三年兵敗於越南富良江駛三船泊十字門登澳
踞守諸臺旣又續來船八兵目度路利越關私入公
司館總督吳熊光知而曉之不聽則封艙禁其買辦
凡四閱月乃颺去二十一年使臣羅爾璽馬禮遜仍
由天津入貢尚書和世泰蘇楞額如津門部署促兩
使盡一晝夜馳至　圓明園衣裝皆落後
睿皇帝御殿受朝正使稱病請假副使以朝服未至

不能成禮爲言世泰遂亦以病奏
上震怒卻其貢物即日令使臣出都英夷本意欲借
貢厚結
天朝希
恩澤迨三貢而弗獲如所望圖澳復不得逞大班喇
佛旋以洋商行用驟加二十倍詣巡撫稟訐下司議
又寢不行例定貨銀每兩抽行用三分爲辛工據稟棉花每擔近抽二兩爲加至二十倍他貨稱是蓋卑需貢價及攤還夷債皆取諸行用遂於是有內外用名目此洋行商人所私增致夷怨者

英商積不平屢形桀驁道光中署督朱桂楨毀其夷
館前馬頭遽率其來船碇泊外洋舉八事要挾以米
利堅不從而止猶以載運鴉片爲利不貲而稅羨實
足資其國計常慮市易中斷則利失無以立國且歷
受中國
懷柔亦無隙可乘無口可藉也故隱忍久之不敢驟
發蓋西南洋五印度之南中西屬諸英者十三部而
孟阿臘居首與孟買部皆鴉片所自出乾隆初年以

來內地嗜食漸衆販運者積歲而多一時來至二萬
餘箱價值逾六千萬由南洋新埠陸續運至粤海伶
仃洋船隨賣隨又運貯不絕謂之躉船至恃沿海內
地游手走私奸民詳見後爲之載掉入口灌輸內地每千六百八十斤爲一躉約三百躉爲一船故名躉船沿海邊郡遐於天津皆躉
船之所流注販戶先收貲會城入夷館易片單出付
買者持示躉船則按數而給海國圖志鴉片製造一在八達拏一在默拏加爾吉蓮稅簿上可查每年到中國多少近來五六年間孟阿臘出産七萬九千四百四十六箱內有六萬

七千零三十三箱到中國道光十三年七千五百九十八箱十四年一萬二百零六箱十五年九千四百八十五箱十六年一萬三千零九十四箱十七年一萬零三百九十三箱十八年一萬六千二百九十七箱此孟阿臘一處數目孟邁等處所發賣在外每年印度所收鴉片稅餉自五百萬至一千萬員不等故巴厘滿遂以印度爲屬國中之第一因孟阿臘官貪心故港口貿易較之孟買尤大每年解至英國之銀約三百一十五萬員連存留在印度以及各官所用大約有一千萬員故英國受鴉片之利益不少又在印度鴉片之稅英國多年得孟阿臘地稅銀四百二十二萬九千七百十二員地稅外又徵收餉現在常例外再加四款稅餉第一款種波畢之時即須上稅第二款波畢成熟之時以估價之多少上稅第三款於取波畢汁之時上稅第四款於出口之時上稅合計收餉銀連地稅共收銀九百六十八萬四千

餘員除公司貿易外餘地皆禁止不准栽種以免走私漏稅之弊除英國所轄地方外他國亦有出產者如麻爾洼地方亦種波畢且製作好價值昂先年有公司包攬時三分中一分由孟邁出口二分由布路亞國所轄之挐孟出口今卻有十分之九由孟邁出口只一分由挐孟出　因此英國逐年得孟邁鴉片稅餉銀百萬員　又一千八百年間中國准鴉片進口以藥材上稅及後奉　旨禁止而廣東官府仍准鴉片躉船長灣在黃埔由是灣零丁洋二年令躉船出口不准灣泊黃埔由是灣零丁洋及澳門急水門等處又議定規銀每箱若干自總督衙門以及水路文武官員皆有之惟關口所得最多或在船上來取或在省城交收皆逐月交清亦有將鴉片準折每次自一箱以至百五十箱爲止卻無定數此走私之光景若實可靡若想印度人不栽波畢除非中國人不食鴉片若想中國人不買鴉片除非印度人不栽

波畢二者皆所不能　又零丁洋係中國荒地並無兵房營汛保護可以任外國人停泊然水手爲人所殺中國亦將兇手捉獲施刑是中國人在相近自己海岸上施行其政治以保護他國之旂號故亦可在彼處地方行其所立之章程不得謂在零丁洋面販賣鴉片係合法之事　又英吉利之外米利堅人銷用絲茶最多道光十三四年米利堅船由中國裝出茶葉不下一千八百六十八萬八千五百三十三棒從前並無此數也歐羅巴內地銷用茶葉以荷蘭俄羅斯兩國爲最荷蘭每年要銷二百八十萬棒耶麻尼每年銷用一百八十萬棒或二百萬棒佛蘭西在廣東出口時茶葉雖多然沿途分售及到本國進口時數已減少只銷二十五萬棒然只用之以作醫膳經之藥材因佛蘭西酒多便宜故不甚銷中國之茶也俄羅斯茶在比邊蒙古地方買去在道光十年買去五十六萬三千四百四十棒在十二年買去六百四十六萬一千棒皆係黑茶由喀克圖旱路運至擔色再由水旱二路分運鄉阿頟羅其黃旂船綏頟船並魯社船所運茶葉皆不甚多其印度各埠銷用之茶每年有英國六七船前去售賣其阿支比拉俄各島中茶葉係中國福建人裝出販賣中國人海船放到蘇祿文萊路哥尼阿新奇坡附近各處係順西北風駛去英吉利人亦有在新奇坡買中國茶回國者其茶均是上等現在各島每年銷茶之數年增一年總而計之中國每年出口之茶葉有七千餘萬棒與鴉片貿易可以抵對

道光十三年公司以連歲失利期已久逾聽臣民請散局而還其原貲於國散商來船益多常貨無以遂其壟斷故卽以所分貲載運鴉片光祿寺卿許乃濟之觀察東粵也

稔知非特文告可禁害將無所底止也時懷隱憂而未得所以清源之法其同年生順德何太青令仁和擢丞乍浦罷歸誼最投契從容爲言紋銀易烟出者不可數計必先罷例禁聽民間得自種鶯粟內產既盛食者轉利値廉銷流自廣夷至者無所得利招亦不來來則竟弛關禁而厚徵其稅責商必與易貨嚴銀買罪名不出二十年將不禁自絕實中國利病樞機如無敢舉以入　告何乃濟大爲所動以貿敘官

之監課書院吳蘭修者蘭修故嘉應知名士號多聞留心世務者也亦是太青言退爲論曰弭害而暢明之論云天下之害常與利相因上焉者利害均其次利一而害十甚則利一而害百如是止矣其弭害之策者三上焉者拔本塞源次則嚴法厲禁下則避重就輕亦如是止矣若鴉片者其於人也利一而害百其於國也無纖末之利有莫大之害其弭之也幾於無策夫害至幾於無策而不急爲之權何異居火積薪之下而燕息其上也讀得而條識之鴉片之類有三一曰公斑皮色黑亦曰烏土出明雅喇一曰白皮出孟買一日紅皮出曼達喇薩其氣蒸其性歛能提神止泄辟瘴其於人也柔而善入狎而易溺久則廢時失事相依爲命甚者氣弱中乾面灰齒黑明知其害而不能絕也嘉慶初食者甚少不二十年蔓衍

天下自士大夫以至販豎走卒羣而趨之靡然而不返所謂利一而害百者此也鴉片之入販於澳門後徙零丁洋初至約數百箱烏土每箱價約一千二百員白皮每箱約千員紅皮約八百員總計歲耗洋銀約數十萬員近年多至二萬餘箱烏土約八千箱每箱約八百員白皮約一萬三千箱每箱約六百員紅皮約二千箱每箱約四百員總計歲耗洋銀約一千五百萬員其始猶以洋銀買貨今則盡以歸國矣始則專收北面今則兼用碎花紋銀矣始則　英吉利之銀不來今則花旗港腳之銀亦少來矣我　國家休養生息幾二百年四海殷富金貝充塞然而天地之數散之甚易聚之甚難以中原易盡之藏填海外無窮之壑日增月益不知其極所謂無纖末之利有莫大之害者此也論者謂下閉關之令絕其互市捐一百餘萬之稅留一千餘萬之銀則失小而得大此拔本塞源之說也夫西洋諸國通市舶者千有餘年征

澳門者二百餘年其販鴉片者止英吉利耳今將絕英吉利乎抑盡諸國而絕之乎盡絕則無以服其心專一絕則無以善其後即使諸夷盡去而瀕海數十萬衆一旦失業無以爲生小則聚而爲奸大則引以啟釁東南之患自此始矣就令無患而蚊門以外擇島爲壓天津江浙閩廣之船皆得而至之又烏從而絕之哉論者又謂民情之玩法也非重典不能止此嚴法例禁之說也嘉慶初食鴉片者罪止枷杖後則屯販有禁熬煮有禁海口出入有禁密以巡哨重以流徒加以連坐法非不嚴也禁非不驚也而弊仍不止何也益法令者胥役之所藉以爲利也立法愈峻則索賄愈多其包庇如故護送如故販與食者亦如故也否則獲十百而報一二奪人之禁物而躉之猶白販耳而况僞官假役百弊叢生前車之轍亦可鑒矣奈何惡濁而揚波止沸而益薪哉然則爲今之計亦惟權害之輕重而已自一人言之則鴉片重而銀輕

合天下言之則鴉片輕而銀重查海關舊例藥材欵下鴉片每百斤稅銀三兩又分頭銀二兩四錢五分嗣後請倣外夷照舊納稅交付洋行兌換茶葉內地種者勿論至夷船出口止准帶光面洋銀其內地戳印等銀照紋銀例一體嚴禁由洋商報查具結關口盤獲者給之密報者給半具結不實者罪如是則通天下之貨留海內之銀十年以後生計復矣此避重就輕之說也顧論者必謂寬一時之法啟萬民之生則閉禁難竊以　君上之養民猶父母之愛子飲食男女之欲皆足以傷生嚴以禁之不可得也使嫠其心而生其悔則溺者寡矣論者又謂耗中原之地力奪天下之農功則內種又難譴案南方罌粟三月成苞收漿之後乃種早稻所妨者麥耳夫三熟之田二稻一麥稻之利八麥之利二鴉片之利數倍於麥其益於農者大矣楚人失之楚人得之不猶愈於夷人乎哉　總督盧坤巡撫祁𡊮

見而心折蘭修更約其長學海堂同事南海熊景星番禺儀克中各著論以與爲輔翼坤隨迹粵士私議附片陳焉以例方嚴僅約畧其詞終不敢明請弛禁成廟亦置之但令沿舊禁加嚴而已十五年坤卒官鄧廷楨自皖撫擢繼其節乃濟先改官都門取蘭修舊說稍稍潤飾條上舉朝無繼言者御史許球疏爭以爲不可乃下粵督撫察其當否會議未决克中故墳同鄉寄粵籍得舉方就墳記室勸行頗力海事會

奏總督例主稿墳親袖克中所擬覆草詣商廷楨留之發椽錄正會印拜發有日矣值廷楨生朝嘉魯陳鴻墀主講越華南海李可瓊以都轉假歸皆門下士相將入祝共約以弛禁不便阻其成議酒間果及奏覆事可瓊耄且聾矣縂縂謂他日子孫恐沾染耗財爲累鴻墀大言曰事繫天下風化累在吾師聲聞百世後青史特書其實首請弛禁若之何胡以一家之私爲也廷楨悟即以禁約正嚴區勉綢繆安知無濟

請從此力持三年如至期果不效始計更張未晚具稿墳勉列奏究非意所安也十八年鴻臚寺卿黃爵滋有漏卮宜防請置重典之奏奏云臣惟皇上宵衣旰食所以爲天下萬世計者至勤且切而國用未充民生罕裕情勢積漸一歲非一歲之比其故何哉考諸純廟之世壽邊之需幾何巡幸之費幾何修造之用幾何而上下充盈足稱極富嘉慶以來猶徵豐豫士大夫之家以及巨商大賈奢靡成習較之目前不啻霄壤豈愈奢則愈豐愈儉則愈嗇耶臣竊見近來銀價遞增每銀一兩易錢一千六百零非耗銀於內地實漏銀於外夷蓋鴉片烟流入中國我仁宗睿皇帝知其必有害也故吿戒諄諄例有明禁然當時亦不料其流毒至於此極使早知其若此必有嚴刑重

法於將萠查例載凡夷船到廣必先取具洋商保結其必無夾帶鴉片然後准其入口爾時雖有例法視爲具文夾帶斷不能免故道光三年以前每歲漏銀數百萬兩其初不過紈袴子弟習爲浮靡尚知斂跡嗣後上自官紳下至士商以及婦女僧尼道士隨在吸食置買烟具爲市日中盛京等處爲我朝根本重地近亦漸染成風外夷來烟漸多另有躉船載烟不進虎門海口停泊零丁洋中之老萬山大嶼山等處此粵省奸商勾通巡海兵弁用扒龍快蟹等船運銀出洋運烟入口故自道光三年至十一年歲漏銀一千八百萬兩自十一年至十四年歲漏銀二千餘萬兩自十四年至今漸漏銀至三千餘萬兩之多此外福建浙江山東天津各海口合之數千萬兩以中國有用之財填海外無窮之壑易此害人之物漸成病國之憂日復一日年復一年臣不知伊於胡底各省州縣地方錢糧征錢者多及辦奏銷皆以錢易

銀折耗太苦無不賠墊各省鹽商賣鹽俱係錢文交
課䥴歸銀兩昔之爭爲利藪今則視爲畏途若過數
年銀價愈貴奏銷如何能辦稅課如何能清如有不
測之用又如何能支臣每念及此輾轉不寐今天下
皆知漏卮在鴉片所以塞之之法紛紛講求或謂嚴
查海口杜其走私之路固也無如稽查員弁未必悉
皆公正既有數千餘萬之交易分潤毫釐亦不下數
百萬兩利之所在誰肯認真查辦偶有所獲甚屬寥
寥況沿海萬里隨在皆可出入一也或曰禁止通商
拔其貽害之本不知洋夷載入呢羽鐘表與其所載
出洋茶葉大黃湖絲通計交易不足千萬兩其沾潤
利息不過數百萬兩係以貨易貨較之鴉片之利不
敷數分之一故夷人之着意不在彼而在此今雖割
粤海關稅不准通商而烟船全不進口停泊大洋居
爲奇貨內地吸食之人刻不可緩自有奸人擑運故
難防者不在夷商而在奸民二也或曰查拏興販嚴

治烟館雖不能清其源亦庶可遏其流不知自定例
以來興販鴉片烟者發邊遠充軍開設烟館者比照
左道惑人引誘良家子弟例罪止絞今天下興販者
不知幾何開設烟館者不知幾何而各省辦此案絕
少並緣粤省總辦鴉片烟之人據設窰口自廣東以
至各省關口聲勢聯絡各省販烟之人其資本重者
窰口包送關津胥吏容隱放行轉於往來客商藉鴉
片爲名恣意留難勒索其各府州縣開設烟館者類
皆奸猾吏役兵丁勾結故家大族不肖子弟素有聲
勢於垂門深巷之中聚衆吸食地方官之幕友家人
半溺於此未必不庇其同好三也或有曰開種罌粟
之禁聽內地熬烟庶可抵當外夷所入積之漸久不
致紋銀出洋不知內地所熬之烟食之不能過癮不
過興販之人用以攙和洋烟希圖重利雖開種罌粟
之禁亦不能塞漏卮四也然則鴉片之害其終不能
禁乎臣謂非不能禁實未知其所以禁也夫紋銀之

多由於販烟之盛販烟之盛由於食烟之衆無吸食
者自無興販無興販者則外洋之烟自不來矣今欲
加重罪必先重治吸食臣請　皇上嚴降諭旨自
今歲某月日起至明年某月日止准給一年期限戒
烟雖至大之癮未有不能斷者若一年以後仍然吸
食是不奉法之亂民置之重刑無不平允查舊例吸
食鴉片者罪僅枷杖其不指出興販者罪止杖一百
徒三年然斷癮之苦甚於枷杖若罪以死則臨刑之
慘急更若於斷癮之苟延臣擬　其情愿絕引而死於
家必不愿受刑而死於市惟　皇上明慎用刑之
意誠恐立法稍嚴互相攻訐必至誣及無辜然吸食
鴉片者是否有引到官熬審立刻可辨如非吸食之
人雖大怨深仇不能誣枉良善倘果吸食究亦無從
掩飾故雖用刑並無流弊臣查余文儀臺灣志云咖
嚼吧本輕捷善鬥紅毛製造鴉片誘其食之遂疲羸
受制其國竟爲所據紅毛人有自食鴉片者其法集

衆環視繫其人竿上以炮擊之入海故紅毛無敢食
者今入中國之鴉片自英吉利等國其法有食鴉片
者以死論故各國止有造烟之人無一食烟之人臣
又聞夷船到廣由孟邁經安南過境力誘安南之人覺
其陰謀立即嚴禁凡有食者死不赦夫以外夷之力
尚令行禁止況我　皇上雷霆之威赫然震怒雖
愚頑之沉溺既久自足以發聵振聾誠恐畏事之人
未肯任怨明知非嚴刑不能治託言吸食人多治之
過驟則有嘩然之患今寬限一年是緩圖也在
諭旨初降之時以嚴切爲要我　皇上之旨嚴則
奉法之吏守法肅則犯之人畏一年之內十已戒其
八九已食者竟戀國法以保餘生未食者亦因戒烟
以全身命此　皇上止辟之大權卽好生之盛德
也臣伏請　諭飭各省督撫嚴切曉諭廣傳戒烟
藥方毋得逾限吸食並一面嚴飭各府州縣清查保
甲預先曉諭居民於一年後取其五家鄰右保結仍

有犯者准令舉發給予優獎倘有容隱一經查出照新例處治將互結之人照例治罪至如通都大邑五方雜處往來客寓飭令牌右准予查察責成鋪店如有容留食烟之人照窩藏匪類治罪現任文武大小各官如有逾限吸食者是以奉法之人敢爲犯法之事應照常人加等除本犯官治罪外其子孫不准考試地方官於定例一年之後如能實心任事拿獲多起者照獲盜例議叙以示鼓勵其地方官署內及官親幕友家丁仍有吸食被獲者除本犯治罪外該管官嚴加議處各省滿漢營兵照地方保甲辦理其餘管理失察人照地方官衙門辦理庶幾軍民一體上下肅清無論窮鄉僻壤各必體察詳明使天下曉然於　皇上愛惜民財保全民命之至意向之吸食者自當懷刑感德革面洗心則漏卮可塞銀價不致再昂然後講求郅治誠天下臣民之福也

詔下內而九卿外而將軍總督巡撫具議令各抒所見條對於是有請稍加罪名者有請鑄銅爲牌當銀者悉留中獨兩湖總督林則徐言極剴切謂目前因循不辦十餘年後銀日消耗兵日吸食大爲中國患因條上分限投首製具與販處分諸法爲禁物永絕之券奏云部咨奉　上諭着各直省督撫各抒所見妥議章程具奏云云臣查由杖加徒已屬從重若照坐死罪是與十惡無所分別即於五刑恐不協中一則以犯者太多有不可勝誅之勢若議刑過重恐訐告誣扳賄縱索詐之風因而愈熾所以論死之議私相擬議者未嘗乏人而奮然上陳者獨有此奏然流毒至於已甚非常法之所能防而力挽頹波非嚴刑莫

濟夫鴉片烟非難於革引難於革犯法之心安得不立誅心之法行法在一年以後而議法在一年以前轉移之機正繫諸此斷不至與苛法同日而語也惟是吸烟之輩陷溺已深志氣無不昏惰今日安知來日當嚴刑初設雖亦愧驚魂悚而轉思期限尚寬一姑俟臨時再斷至期迫而又不能驟斷罹法者仍多一年中必直省大小官員共矢一心極力挽回間不容髮期於必收成效必絕澆風此法乃不爲贅設茲謹擬具章程一烟具先宜收繳淨盡也查吸烟之竹杆謂之鎗具鎗頭裝烟點火之具名曰烟斗凡新鎗斗不適口且難過引必其素所習用有烟油漬於其中者愈久而愈寶之雖骨肉不輕以相讓此外零星器具不一而足惟鎗斗切難替代而斗比鎗尤不可離無鎗時以用熟之斗配別樣烟杆猶或遷就一吸若無斗卽烟無裝處萬不能吸矣今須責成州縣盡力收繳鎗斗覘其距海疆之遠近與夫地方之荒僻戶口之繁約民俗之華樸酌期定數責以起獲示以勸懲除新鎗斗由州縣自行毀碎不必覈計外凡漬油之鎗斗皆須包封送該省大吏當堂公同啟封毀碎無論此具或由首繳或由購買皆許覈作州縣功過之數若地方繁廣而收繳寥寥者立予撤參如能格外多繳舊鎗亦當分別獎勵一將一年之期畫爲四限遞加罪名也查重典之設原爲斷吸起見各省奉文之後應由大吏發給告示通行剴切曉諭自奉文之日起扣至三個月爲初限如於初限內改悔斷絕赴官投首者請照習教之人首明出教例准予免罪然投首必將家藏烟具幾副餘烟若干全行呈繳到官出具改悔自新毫無庇匿甘結加其族鄰保結立案備查如日後再犯或被告發或經訪聞訊實倍加重辦其二三四限內投首者雖不能概予免罪似亦可酌量減輕惟不投首者一經發覺卽須加重蓋四時成歲三月成時氣候不爲不久果知畏法儘可改

圖若仍息忽延遲已非徒杖所可蔽辜四限以內未首之犯拏獲審實似應按月遞加一等重罪先後投首如何減等首後再犯如何懲辦之處均請勅部核議施行似此由寬而嚴由輕而重不肖之徒如再不知悔懼置之死地誠不足惜矣一開館興販以及製造烟具各罪名均應一律加重分別勒限繳具自首也查開館本係死罪興販亦應遠戍近因吸食者多互相包庇以致被獲轉少今吸烟已議重刑若輩豈宜末減應請一體加重自奉文之日起開館者勒限一月將烟具烟土全繳准將原罪之量減拏獲照原罪辦理地方官於一月內無論或繳或拏均免從前失察處分倘逾限拏獲犯照新例加重自獲之員減等議處其興販之徒路有遠近應請三個月不拘行至何處處准赴所在有司繳烟免罪若逾限發覺亦應論死其繳到之烟膏限同在城文武加用桐油立時燒化投灰江河匿者與犯同罪至製造烟鎗固多用竹亦間有削木爲之大抵皆烟袋鋪所製鎗頭鑲以金銀銅錫鎗口飾以金玉角牙閩粵間又有一種甘蔗鎗漆而飾之尤爲若輩所重其烟斗自廣東來者以洋磁爲上在內地製者以宜興爲高恐其嬰燒易裂也則口包以銀錫而發藍點翠各極其工恐其屢吸易塞也則又通以鐵条矛戟錐刀不一其狀奇技淫巧一競相傳習雖照例懲辦而製造如故應請限奉文一月內將所製造大小烟具全行繳官毀化免罪并示諭烟袋什物兎器以及金銀銅錫竹木牙漆各匠互相稽察如逾限不首及首後再製俱照新例重辦保甲知情不首與犯同罪一失察處分宜先嚴於近地文武屬員有犯該管上司奉文三個月內查明舉發者均予免議逾限失察者分別議處其本署戚友家丁應勒限一月查明若不能早令革除又不肯據實舉發即是有心庇匿除犯者加重治罪外應將庇匿之員革職臨審時恐其帶藥丸過引則必

先將身上按名嚴搜然後點人封門如考棚之號各離尺餘不准交言往來問官亦只准携帶一丁兩役不許擅離自辰巳以至子時止須靜對不必問供而有引之人情態已皆可出矣何員所審即令何員照具切結別經發覺惟原審官是問以上就臣愚見斟酌籌議伏乞

皇上聖鑒訓示再臣十餘年來禁戒吸食即行施藥瘳之歷試歷驗者計有丸方兩種謹繕另單恭呈

上大爲感動召至京面受方畧以兵部尚書佩

欽差大臣關防馳驛至會督撫商辦

廷議販賣吸食皆死著爲令予戒限年有半粵中辦理已節節從嚴訪緝販戶不遺餘力貨舟往天津官爲查驗封艙抵津復由官驗啟沿海諸營以兵遞送駐舟師中路伶仃東路惠潮洋面按月輪截民泊夷船售私者見即捕執格殺勿論首令省紳設局勸繳膏土吸具廷楨先嚴檄州縣實力奉行劾去其吸食者處屬吏具文應也則故差其材官分出而坐催之民俗騷擾熬驗訟官日以百計瘐死者衆誣首之風四起因有條陳倣保甲法爲五家互結者然後良民得自爲聯保時查辦嚴鄧公明知騷擾而轉有假是以動民使永戒痛絕之意派及材官原

不得已之權宜也省中兵役裁贓肆害旦夕詐索絡繹於道皆雇工賤役巨販率以賄縱獲者寥寥外縣武弁尤藉以居奇草木皆兵幾無寧宇黃埔本番禺近海村落夷船所聚泊處不能無所藉鄧公密調順德令咸昌夜挈兵役往搜鄉人以番令張錫蕃不至意其偽遽出拒遂傷官役予下鄉收繳還言諸鄧公乞勿過爲操切宜聽五隣結保以爲究竟遂令予補牘上之紹興名士胡蕃方就幕潮陽以爲是難變通古法而不可行於潮　郡　憲鄭有土賊將負隅以抗而卒亦如此議行矣當　諭旨嚴切時高要廣利墟素有所積由此越梧州關灌輸西粵有　旨切責蓋條奏者以廣利有小澳門之名故也鄧　公既拘關吏並以責高要令無所得乃召予入署示以軍機字寄語次弟下予亦感動爲購得墟舖之爲營土窖以藏者列其舖號以入會令繳十顆至忘撤所記舖名對驗正中又實以泥沙詢悉由更保查起者於是令

候補知縣言良鈺往予勸公事苟辦幸勿以人命爲功良鈺首肯終事拘一火者奏覆乃巳墟舖之藏者凡十餘家各以地道入時有由渡分寄以函官至令亟避者皆則徐未至前事也

凡大班始至具威服帶劍候謁洋商三日而後見自夷性日驕戾廢此禮久商之所以投夷好者無乎不至勾通府幕官有舉動夷輒先知又慮大班遇事挑斥益低首下心委婉而承順之商賢愚固不一然利夷之利則人有同情夷遂得而持之矣公司局散費省不復以官來大吏惡其水梢素橫散商無所統一

諭使仍派夷官自理逾年卽以啤嘮啤至欲設審判署辟屬自助來報遽入出其國文將面投總督商代呈不許遣廣州副將偕守詣詢亦秘不以來意告遂禁其火食懼而出旋憤極而死於澳十六年繼以義律已懲前事初至極恭愼再請而後入居夷館稱遠職蓋英俗貴所都蘭崙人義律籍其國屬的賒士小島於國實疏遜利權非其所專遜大班遠甚故自抑不敢肆如此西夷於卦方屬兌俗重女子從師就學

一同丈夫嫁則跬步弗離事必順而聽焉土風然也義律素敬服其妻生一子矣此來謂招自中國駐粵必久攜以至然亦但治其船梢未嘗與聞貿易蓋來者皆其民之貲貨出入盈歉皆所自主非復向者之官六民四屬諸公司大班也十九年正月則徐旣抵粵詳考禁令訪悉近年情事與夷商輕藐所由來林公前官蘇撫得士心江蘇郭桂船庶常書院中所最賞識者豫厚菴巠來榷粵市聘就幕中會予應聘總修粵海關志署牘錄發出其手林公未度嶺關以役迎諸顏州郡亦附書以汪知予先在海防書局所有諸

國稟件禁令及沿海要隘諸營縣界域道里墩營砲
械皆有錄存圖繪於是諄囑予摘其收要有關海事
暢爲圖說爲羔鴈獻先是林公官杭嘉觀察見予所
著書謬承獎借至是就局中錄爲巨帙授郭獻之予
方由越華院遷肄會以備行嚴責首商商衆咸畏服
輳公過而先下傾談極暢
隨札諭夷商速繳禁物委曲開導時夷商聞中國法
在必行往日售私最多者曰嗌嚏已先遁出伶仃次
則顛地尚徘徊未去則徐以兵律領袖諸夷預示以
將來繳盡宜出具夾帶者人正法貨入官甘結乃可
不斷市易爲諭四條諭云一論天理應速繳也查爾等數十年來以害人之鴉片騙

人錢銀前後所得不知幾萬萬矣爾則圖私而專利
九則破產以戕生天道循環能無報應乎及今繳出
或可懺悔免殃否則惡愈深而孽愈重爾等離家數
萬里一船來去巨海茫茫如雷霆風暴之災蛟蛇鱷
蟒之害刻刻危機天譴可畏我　大皇帝威德同
天今要杜絕鴉片是即天意要絕鴉片也天之所厭
誰能違之即如英國之人犯內地禁令者前有大班
喇咈佔澳門隨即在澳身死道光二十四年咩嘮啤
闖進虎門旋即憂懼而死嗎哩啞暗中播弄是年亦
死此外凡有不循法者該夷同國而遭重譴或未聞
復受冥誅各國新聞紙中皆可記載　天朝之不可
違如是爾等可不凜懼乎一論國法應速繳也聞爾
等國禁吸食鴉片者處死是明知鴉片烟之害人也
若禁食而不禁賣殊非恕道若禁賣而仍偷賣是爲
玩法況　天朝販賣之禁本處吸食爲尤重爾等雖
生於外國而身家養活全靠　天朝且在內地之日

多住爾國之日少日用飲食以及積蓄家財無非
天朝恩典比之內地百姓更爲優渥豈非爾等於
天朝之德轉不知悔懼耶從前鴉片雖禁尚不加以
嚴刑則是　天朝寬大之政至於爾等私下販賣亦
不十分罪究今則　大皇帝深惡而痛絕嗣後民
人不特賣鴉片者要死而吸食者也要死都是爾等
害之豈內地民人該死而爾等獨不該死乎今仰體
大皇帝柔遠之心姑饒爾等之死只要爾等繳
清烟土出具以後不夾帶甘結如有再帶入口人即
正法貨盡繳官這是宥既往而儆將來何等包含渾
厚且無論爾歷年所賣鴉片不計其數就論上年帶
來鴉片偷賣去的諒亦不少爾僅將躉船之現存者
盡數呈繳已極便宜那有再讓爾等多賺銀錢更誘
內地民人買食以陷死罪之理恭查　大清律例內
載凡外人有犯並依律擬斬等語從前辦過夷人死
罪如打死人償命之類都有成案試思打死一命不

過忿起一時尚當依律抵死若販賣鴉片直是謀財
害命況所謀所害何止一人一家此罪該死乎不該
死乎而尚不思速繳烟土以免其死乎爾等細思之
一論人情應速繳也爾等來廣通商利市三倍凡爾
帶來貨物不論粗細整碎無一不可銷售而內地出
產不論可吃可穿可用可賣者無一不聽爾搬運不
但以爾國之貨賺內地之財並以內地之貨賺各國
之財即使斷了鴉片一物而別項買賣正多陸其三
倍之利自在爾等仍可致富既不犯法又不造孽何
等快活若必要做鴉片生意必應斷爾貿易試問普
天之下豈能更有如此好馬頭乎且無論大黃茶葉
不得即無以爲生各種絲斤不得即無以爲織即如
食物之白糖冰糖桂皮桂子用物中之銀朱藤黃白
礬樟腦等類豈爾各國所能無者在中原物產充盈
儘可不需外洋貨物若因鴉片而閉市爾等至無生
計豈非由於自取乎況現在鴉片無人敢買爾等寄

在躉船按月有租賃之價日夜有防範之工豈非多此枉費一遇風狂火熾浪湧潮翻沉没燒燬皆意中事也何如呈繳而得優價乎一論事勢應速繳也爾等遠涉大洋來此經營貿易全賴與人和睦安分保身或可避害得利爾等售賣鴉片貽害內民正人君子無不痛心疾首甚至興販吸食之人置之於死皆由爾等而起即閭里小民多抱不平之氣衆怒難犯甚可慮也出外之人所恃者信義耳現在各省皆待爾等以信義而爾等轉毫無信義於心安乎於勢順乎況以本不應賣之物當此斷不可賣之時爾等有何為難有何恨惜且爾等國不食勢難帶回若不繳官留之何用既繳之後貿易愈旺體貌愈優豈非爾等之福也本大臣與督撫兩院皆有不忍之心故不憚如此苦心勸諭禍福榮辱皆由自取勿謂言之不早也又籌辦內地興販吸食者先以所訪積年販戶下司行拘須結式令四民互保海口船戶亦編澳甲書名帆上以便稽察當時章程十條一吸食者立限斷引省城以二月為始截至三月底止外府州縣以奉文日為始勒限兩月一體戒斷其有舊好烟土烟膏烟槍烟斗及一切零星器具一概准其繳官不問姓名但不得稍有隱匿所繳烟槍必須辨明真偽外巳純熟中漬烟油者為真以新竹灌烟油者為偽至於窰口興販烟館等項人犯若不將烟土烟膏首繳到官及至被人告發或線人引拏搜獲真贓實據定當盡法懲治並以本犯財產籍沒變價賞給首告及引拏之人誣者反坐一有人告發或現犯供指或線人密首應行進屋搜查贓據者其夾帶栽贓之弊固不可不防而謠言鼓惑之風亦不可不戢嗣後遇有應行入室搜查者文武各官須親帶兵差甫經進門先將帶去兵差逐一搜檢明白仍於

東氛聞記　卷一　廿五

出門時當衆照前搜檢栽贓攫竊二弊均無所藉口矣一大小文武官員許其所屬稟首廣開指揭之門非縱其褻長犯上也直指告罪人耳沿海營弁更難保無得規狥隱售私吸食諸弊嗣後無論地方塩務文武官員其屬下有吸食或包私者該管上司代為狥庇一併嚴参其上官有吸食或包私者屬下果能切實稟揭懲審不虛分別記功奨勵拔補一各州縣奉文之後勒限兩月收繳烟槍烟土器具應責成該州縣分鄉分圖出城及鄉挨次編查保甲以塞其流敦請紳士為之綜理再由紳士選舉各鄉公正衿耆分段編查赴縣具領門牌底冊詳細填註其有不能相信者許於該戶名下註明不敢保字樣地方官即將各鄉不敢保結之人另立一冊限日挨查無實據者再責成該管族黨正副立限確查切實保結倘仍前不敢擔保立即嚴拘訊究一士為四民之首文武生員有吸食鴉片者予限兩月若再觀望遷延則其情罪實較齊民為重即責成教官逐一挨查轉報地方審明實據立即詳革治罪教官查核學冊隨意撥派五人互相聯保各於冊內詳註互保姓名事故申繳備案至捐職及貢監生令各州縣細查捐冊開明人數造冊移送教官諭令生員各保所知倘生員未能盡悉不肯據保即責成已經保過之捐職貢監保其同類其無保之人查訊熬驗一兵丁吸食精神筋力疲憊不堪亟應明定章程嚴加考驗以除積弊而肅戎行每五人為一伍令其互具連環保結呈送所不敢保者另立一冊聽候委員熬試一幕友官親長隨統於兩月限內將署中有無吸食之人出具切結屬員申送上司同官互相咨送以憑查考經承小書各班差役亦應責成本官設法查禁亦隨便指撥五人互相派保一粵東中東西三路口岸出洋之繒船拖風渡船泥船以及蝦笱等項或攬載私貨興販吸食或貪圖微利接濟奸夷責令該口岸澳甲編號造

東氛聞記　卷一　廿六

册呈送該管衙門飭令五船互保將無人保結之船另造一册隨時挨次搜查究辦即或查無實據亦應編入岸地交保約束不准再令駕駛出洋其內河大小船隻以及蛋家漁船均責成地方官一體查辦倘有客商違例夾帶吸食許該船戶前赴沿途地方官密行首禀一船有煙三兩或一二兩書寫大字三行中一行寫某州縣某人姓名左一行寫某字第幾號右一行寫第幾甲第幾牌一客寓寺觀伙店所有暫時寄寓之人應由地方官責成廟祝店主設立循環號簿詰詢里居姓名詳細註册每五日送該管衙門考核許該廟祝店主隨時密首一名客商過關投稅勢難一一打開盤驗責成行戶經紀人等逐一撿查到關即將貨單保結呈繳關口委員核對圖記相符然後抽查貨物二月初十日義律自澳入省欲挾嘸哋私逃以爲匿處澳門或下船次

皆無如我何也則徐偵知撤其買辦調集巡船圍泊夷館後查截嚴緊使無從下河而夜斷獵德防其遠遁十四日義律計無復之乃請就夷樓黃埔及椗洋躉船所有合二萬二百八十有三箱盡數呈繳聞繳數雖多然中有內地人先向夷樓交銀取單未及載運者又有上年由粵赴天津以港口查辦嚴不敢入因而原船帶還仍借放躉船者似非盡英夷之物然一據澳門月報一云繳與中國值魯碑二千五百萬兩一云繳銷破費一千二百五十萬員皆以所繳數核算魯碑值半員兩數相符是并借放者亦作該船物矣則徐親赴虎門驗收凡二百三十七萬六千二百五

十四斤以箱凡百二十斤計轉浮出所呈數外奏請派員解京得

旨令在海口銷毀俾軍民知所震畏乃開池引鹵水入隘投隘次以石灰俟其揚沸旋自糜爛事後因免解京有疑及所繳中多空箱者不知義律當時實盡繳無存林公帶同官役萬眼同觀且委員下船收繳亦開箱點足無空箱事躉船既空所載恐其逗泊生事逐使還國海船必重載而後可行躉船止旋泊載私半屬傲壞之船非修不可駕駛時市尚未禁斷而散商買貨有時必以原船運出躉船實無貨可載一時難以開行逐之焚之皆難驅使去其時舟師奉公又不敢稍作疎懈

夷人所以謂林公不知外國情事者此一端也續至者亦令續繳甫至聞即開行者免其窮追此繳烟始末也溯考康熙中鴉片入口以藥材收稅來尚無幾厥後惡吸食傷人除其稅而禁之嘉慶中私販日盛稍加食者罪摘總商頂戴雖歲具季結總屬具文始則屯於澳門自香山葉恒樹得罪乃改囤黃埔船旣慮內河受制又租船而盡躉於伶仃急水等洋每製出即載至新埠陸續來粵源源輸運售銷來數驟至莫可窮詰道光十三年

後歲至者已七千餘箱至是且萬有六千餘箱矣當阮元官總督時知流毒日深終必決裂而內地商民資以求食欲操其本而無從也則密奏暫事羈縻徐為之計無如代者漸積因循李鴻賓創設兩廣巡船道光六年事而月規反從此起水師關口視為利藪內匪私製船形如蜈百槳飛運謂之快蟹代為灌輸行無曉夜遇查捕僅十之一不能避則以礮抗兵船遇之亦不復向問外洋運米入濟例免征稅夷埠米至較

多往往因而夾壓米艙以入盧坤知巡船積弊立令裁撤十二年事已不可及廷楨始至以中軍副將韓肇慶言之十七年事肇慶佈其屬如蔣大彪倫朝光王振高徐廣泌恩升保安泰輩假查為縱時取躉船數百箱間自出所得規費易紋銀為報功地肇慶轉緣是獲擢總兵
賞花翎每指文員規費語其徒實皆假名以入已橐廷楨但見報獲疊至以為實效可觀無可起疑且易

紋銀為私貨賍貲繳公至巨萬變幻更出意外事固甚秘即有聞見亦疑信參焉無敢質言者實不虞肇慶之相負至此也林公在道未至鄧公為予言云少翁在兩湖查繳烟具以為民間無具可用即為戒絕之証殊不知具雖繳而凡可借以為吸而食之者皆具也時方在二堂右僉押房隔案坐因指硯側水盂曰譬諸禁茶茶碗繳盡猶可以此盂為飲具正源之法却不在此惟互結一法尚可行此於鄉里可先做其意行之予既陳五家互結牘末并及兩廣船名目請因便核查并凡送京報船之往來北江者其額必書兩廣報船粵人因亦稱曰兩廣船與海口巡船名目相同但報船止從內河往返連州江口挾私或有或無即有亦屬零星原無與查辦其時公乃寄令馮弁者至報船泊處詳訪至再不可謂

不隨知隨辦無如神猾之爾緣能出意計外海口兩廣船名目向未入公耳也聞規費之歸營員者每借節署為言尤荒謬可髮指者則莫如詭言及三公子無名氏題壁詩僅從耳食又有月錢三萬六千金及何時鍾室誅韓信自昔銅山屬鄧通語鄧公聞之惡其無根訕謗因有查辦從嚴不利食者致作為詩歌之奏及至奉旨查拘又不欲為已甚時賜署有令江陵罷官在幕者以所聞作者姓名告固謂得諸傳聞非有所証據也先是公甫至粵屬其門下陳舍人鴻墀為覓品學兼優之士為公子師舍人轉訪於予予以其人並南海林學正伯桐薦公命取閱所著書予敘其人方館盤席八豐為書答予使辭之而感公知己之意洋溢楮外予以書呈至是已四年矣公偶言及作詩事予背誦前書感激語由是釋然其延林時公子方舞象授經之暇輒講古禮無故不令入內署書房門在二堂庭左設老役守之署內人且不得

入入則公自房窓一望即見迫西省閱兵去更恪守館規旬日不入一日童子出請向師撰告片刻假林
恐其荒業也笑謂盍學書乎遽逡巡還座頃之官戚有長輩者入言今日其先夫人木主奉安里第署中
亦同時行禮林乃憮然曰何不質告幾誤矣其醇謹率教如此林知之最悉林故恭謹通儒殁後縉紳舉
祀鄉賢言動皆為人信每談此未嘗不斷冠也後林公令觀風諸生陳積弊各書所知於片紙數百人無
一言及公子者可見公論之自有在也 則徐因其鄉人之久於粵者習
聞水師得規故縱之說乃選集會城粵秀越華羊城
三書院肄業生數百人為觀風試假學政考棚扃而
考之卷夾條紙開四事為問 四事一大窖口所在及開設者姓名一零星販

夷氛聞記　卷一　廿一

戶一令各就耳目所及指出而不書已名於紙片一斷絕禁物法卷冊先由監院教官備送前一夕預傳
刻匠以三鼓刻印留於行署詰朝乃出點名後諸生見條紙始知 於是諸生各以所
聞詳書於紙則盡悉屯戶姓名及水師賄縱報獲獻
功欺朦大吏狀商之廷楨奏褫肇慶職盡發遺其屬
弁 當時林公有嚴識至死罪之意予從容謂欺罔者當不止此數人後終以鄧公故輕之然當訊諸人
鄧公適至婉却之直告以方訊罪弁有所商請先詰巡撫署相待林公亦隨至始終無私言也 惟恩
升偽為目疾禁未起解奏定賞繳烟夷船茶葉計箱
給五十斤 每石茶稅銀二兩五錢洋行會館石抽銀六員至九員不等有公司時洋商包餉費

至六兩七錢歸時沿途海口七八處皆有稅至英國則每茶十二兩納三錢七分五釐較原値已加一倍
弁水脚與武夷買價已及數倍矣此出自恩賞雖五十斤然彼所得已不薄 則徐採知
夷埠烟稅最重歲留充孟阿臘經費有餘盡收歸國
庫王享其厚利久矣今中國雖禁絕吸食而來源未
斷是當責諸其王王果恭順
天朝即宜在彼先禁栽種此後私産不前庶可永享
樂利於是會督撫銜照會英國 予言於林公謂宜奏請 敕諭且引乾
隆嘉慶兩貢並頒以 敕似可率由舊章爲言林公以前次之 賜勅皆有使臣可帶今既不便以

夷氛聞記　卷一　廿二

人往事當敬慎不如由大臣照會爲當惟慮義律未必肯代寄予舉康熙中 賜勅俄羅斯亦慮及
邊目阻隔因荷蘭人至交其轉行澈發此次似可交西洋在粵舟令其代寄 並慮義律攔
王以巳不善辦理受責辭不肯收收亦浮沉文既未
達終無實耗乃繕封數十按其在粵國船及他國船
之必抵其蘭崙城者船與一通使歸投焉以期必至
照會云照得天道無私不容害人以利已人情不遠孰非惡殺而好生貴國在重洋二萬里外而同此天
道同此人情未有不明於死生利害者也以 天朝四海爲家 大皇帝如天之仁無所不覆而遐荒
絕域亦在並生並育之中廣東自關海禁以來流通貿易凡以內地民人與外來番船相安於樂利者數

十年於茲矣且於大黃茶葉湖絲等類皆中國寶貴之產外國若不得此即無以爲命而　天朝一視同仁許其販賣出洋絕不靳惜無非推恩外服以天地之心爲心也乃有一種奸夷製爲鴉片烟夾帶販賣誘或愚民以害其身以謀其利從前吸食者尚少近則互相傳染流毒日深在中原富庶蕃昌雖在此等愚民貪口腹而戕其生亦屬孽由自取何必爲之愛惜然以大清一統之天下務在端風俗以正人心豈肯使海內生民盡甘心鴆毒是以現將內地販賣鴉片並吸食之人一體嚴行治罪永絕流傳惟思此等毒物係貴國所屬各部落內鬼域奸人私行造作自非貴國王令其製賣但各國之中亦只數國製造此物並非諸國皆然稔聞貴國不准民人吸食犯者必懲自係知其害人故特爲之厲禁然禁其吸食何如禁其販賣並禁其製造乃爲清源之道若自不食而仍敢製造販賣引誘內地愚民則是欲己之生而

陷人之死欲己之利而貽人以害此皆人情之所痛恨天道之所不容以　天朝力振華夷何難立制其命而仰體　聖明寬大自宜告誡於先且從前未有公文移會貴國王一律嚴禁則猶得諉爲不知今與貴國王約將此害人之鴉片永遠斷絕我內地禁人吸食屬國禁人製造其從前已經造作者貴國立即頒行搜查投之海底斷不許天地間更有毒物非獨內地民人不受其害即貴國民人既有造作安知其不吸食果並造作而禁之則該國亦不受其害豈不各享太平之福益昭貴國恭順之忱如此則明於天理而上不致降災協乎人情即物亦能感化況內地既經嚴禁無使吸食即使該國製造終亦無處可賣無利可圖與其虧本徒勞何不改圖別業況內地搜出鴉片盡行付火油燒燬再有夷船夾帶鴉片前來不能不一體燒燬恐船內所載他貨難免玉石俱焚是利不得而害已形欲害人而先害已也　天朝之所以臣服萬國者正有不測之神威毋謂言之不早也貴國王接到此文即將各海口緣由速行移覆幸勿誤飾支延　道光十九年二月　日遴隨員知府余保純劉開域出虎門頒式各國使合漢夷字繕結諸國皆如式繳送義律請令隨員入澳會議禁烟章程因請此後聽其國船至即收泊於澳門由澳卸載不經虎門則徐以澳門西洋船舊有定額非英船可得援照如不入泊黃埔海關從何徵稅私貨從何稽核嚴詞批駁義律言既不准收泊澳地便無章程可議遽負氣繳還所

賞茶斤堅不具結盡止其國來船候王文至方放入口蓋其時義律先附阿甕爾船以繳烟中國列所繳數祈開應償商本一切馳禀其王別繕會單十有七紙付其庫官令照在粵原約按十二個月限期出庫欵給還商繳原價俟商歸領船未至而所都蘭崙城已於六月二十日風聞其事矣彼國七月十三日海國圖志義律繳與中國鴉片共計二萬零二百八十三箱值番碑二千五百萬箇麻爾洼存舊鴉片一萬二千箱值番碑七百二十萬箇存新鴉片二萬三千箱值番碑一千一百五十萬箇孟阿拉存舊鴉片八千箱值番碑三百

二十萬箇孟阿拉新鴉片二萬二千箱值番碑八百八十萬箇總共值番碑五千五百七十萬箇該五百五十萬棒有奇　十二月到蘭頓之茶七萬包當賣去五萬八千包存下一萬二千包未賣所存下之茶內有一半係帶茶葉進口之人收起奈價甚高賣出之茶葉比十月間價更貴後因買者日少價錢漸已減落前月十六日接得印度信來說自七月間廣東已將英國貿易停止遂致茶葉價值又復長價至前月下旬傳說國家要與中國打仗茶葉價更增長自後市上賣茶之人皆囤積不賣買茶之人到外購買毫不能得以致下等之黑茶綠茶亦如常時好茶并工夫茶一樣價值　又繳烟時鴉片價值每箱不過洋銀二百五十員何名英國人將烟賣與義律呈繳之時又索價每箱五百員之多欲望英國庫中償補之故義律以待命爲請其不敢具結也實稔知南洋

息辣新嘉坡諸市埠積頓鴉片尚多運至伶仃者方源源不絕自惴人疎職小無與援於國倘一遵中國結狀則來者貨沒人殺皆出其手爲指顧間事而彼國尚未之知肩任重大用是籌之愈決持之愈堅上予

鄧制府書云日昨摳謁幹轅能德醉醇三爵而退入城已及更深矣逾分之愛敢舉常稱謝而已耶

欽使籌辦海禁極爲嚴密周詳通國所樂爲祝頌刻下出駐虎頭門令劉佘兩隨員勒取義律結狀堅不我從固屬頑梗然在鄙見論之就使彼能具結亦不過一時虛應故事耳揆之　欽使生平實事求是之意似有尚宜細思者事繫中外大防生民至計芻蕘一得弗敢避嫌緘默益將求內地無鴉片之傳染

必外邦無鴉片之栽種而後可鴉片之來自關閉已入稅則今權册未去其條但從前止供藥料後嗜食衆銷流廣則製造多其勢然也英夷自乾隆初年攻據孟阿臘即古印度海口駐守至今凡租地開花取液出口四徵其稅所以資於鴉片者甚厚彼壤地爲里有限而鴉片乃日出無窮非土番搶耕耨而專種罌粟不能多至於是其來也先囤之於新埠由新埠而運至零丁洋外之躉船隨卸隨載隨賣隨補源源不絕情形如是今具結之後能日陳兵於口岸爲之迎而搜之乎縱設法不令入虎門而自老萬山外蔓延諸省灌輸內地者安所底止日前雖繳燒淨盡恐不轉盼而航帆至者即以結具禁儆而寬何且接踵矣故吾後之策實難計其萬全不如明白宣諭使義律速返報國王俾切諭其酋謂中國既嚴禁令誓斷絕而後止將來到必失利而他貨亦隨以入宜夷商即從之受法種種窒礙利害懸殊今中國一視同仁

特予以三年期限令外邦種植鴉片舊壤得以並行改種禾稻架非之屬凡地性所宜可資生夷衆者聽照未有鴉片之前就地栽植以所出代鴉片而贍生計語既迫切時尚從容貪利之邦宜知去害一俟三年期滿孟阿臘生計有資鴉片既不製造則來商自無從獲罪至此方爲盡絕根株尚恐義律未明大體不敢遽達其王似宜加以照會彼方圖天朝之市易懼行法之嚴峻安在其不能如響斯應乎在

欽使集思廣益飲食教誨數月於茲相待洵爲至厚每思抒忱獻佃覓便進言惟是遠駐海壖面陳無自且海禁一役大人與中丞公同辦理未便越瀆用謹披陳於左右曩者縉稟請永禁烟以五家互結之法當奉行司檄遍兩省當時所識潮陽幕客胡君晝堂者來函以地多土城奉行頓窒見商始知通行文件均發及稟陳之由自問職僅課文爲公越分每一念及時抱慚惶茲可否仍作咨商勿令宣露權衡有在

伏乞鑒原延至五月會有英船水手毆斃村民於尖沙嘴者正嚴勒取結怒其藐抗報至更令交兇犯訊抵義律購緝正兇自拘集其起事黑夷五人聽官查勘尚未敢遽形悖逆也雍正中總督奏溯查自來內地殺夷人多而夷殺內地人少緣夷人犯罪畏交省禁而地方官亦畏不能交禁受處分於是任其設法消弭特非所以畏服外夷請嗣後兇其夷交禁令夷目拘犯禁於澳門夷監而委官赴澳會訊取供俟部覆處决仍委官往監視行刑自是夷殺人無交省者禁之例則徐恐義律久居澳門得與西洋人交結爲奸論以英商在澳原爲屏擋貿易今貨船既不入口

無艙可開無貨可售逗留無謂令其概行遷出下令禁絕入澳蔬食西洋人懼爲所累莫肯爲英人居停義律不得已携其妻若子率住澳英夷五十七家眷卒下海暫出尖沙寄泊由是諸夷怨甚其國舊設護貨船兵隨貨至大者護以二船小者一船貨入留兵外洋英夷既出澳夷代請將躉船盡遣去夾帶者貨充公而人不殺謂西洋向不知有斬殺例也則徐以所請不與內地辦法及各國結語畫一斥之保純屢

促義律具結義律轉以結則已受累故開誠以告保純亦無以難也遂勸其自請船至口岸泊俟盤驗意以爲夷商畏盤失貨臨時將即甘自投結可省口舌也義律未明其用意所在謂私但入官仍未至正法可行也欣然從之旋具稟代請爲則徐駁飭事已不行而義律誤以爲委員許之矣既知仍需結怨大吏反覆葬夷因聳義律督護貨兵與我舟師抗數自易其官名自是始決意內犯洋面皆出舟師帶小舟載

引火物燒其躉船之不肯同國者八月初五日英夷所雇呂宋墨爾咩那二桅躉船泊潭仔洋售私舟師二率二火船至首尾夾燬頃刻燒盡夷衆下水逃者悉撈獲九月晦義律率其得忌喇士等貨船三與夷阜應招新至兵船二赴九龍山礮臺索食突攻我師船參將賴恩爵礮擊之燬其三桅船一夷駕三板駛近助戰皆中於礮餘退泊尖沙嘴昧爽復配械於三板再至亦被擊旋自駛退諸夷諱以爲怯是日適有

英船繕結紙求入者二義律揮其兵阻之先二日英兵船二自澳來至穿鼻洋兵目士密譯稱吐密今據其新聞紙投詞虎門請停攻燬尖沙嘴船俟其國信至事即定約其船退三里候批提督關天培仍責令交兇原封擲還隨領五船巡洋士密誤疑事以戰出也遽燃礮迎擊師船拒之閱一時久天培身先士卒挺立桅前揮四船同時礮擊值風潮皆順壞其奉倫船頭鼻夷兵多落水死時提督本以巡洋出船樹紅旗官舟儀幟

也夷商居粵久者習見之不爲詫異益西洋無事船旗皆白進戰則改用紅者追易黑旗則死鬥矣士密初至具稟自謂意本無他忽見師船出且用紅旗以爲來挑戰也故先開礮旣敗即與義律秩馬禮信官名說見下同駛避於尖沙十月初又來攻尖沙嘴北官涌山礮臺接仗凡六次卒爲舟師擊斃無算凡淡水泉脈皆守以兵或下毒物英船不敢聚泊遂相將出椗外洋事

聞賞天培福冒阿巴圖魯名號十一月初八日
詔英夷反覆先啟大礮未即絕其貿易不足示威即使此時出結亦難保無反覆情事茲屢次抗拒仍准通商殊屬不成事體區區貨稅何足計論彼自外生成尚何足惜着林則徐等酌量情形即將英吉利國貨貿易停止船隻盡行驅逐不必取結兇犯亦不值令交出着出示列其罪狀宣布各夷倘敢包庇潛帶入口從重治罪則徐時方駐海遊接奉寄即爲曉

示軍民通諭諸國而還前九龍之奏奉有批諭不患卿等孟浪但患過於畏葸摺內苟知悔悟儘許回頭語奉硃批云不應如此恐失體制奉法者來之抗法者去之語奉硃批云未免自相矛盾恭順抗拒情雖不同究係一國之人不應若是辦理十二月賞賜林公福字有楷書玉音云願卿福壽日增永爲國家宣力適大理寺卿香山曾望顏條奏夷情反覆請封關禁海設法剿辦澳夷貨物亦請定限制下廣東大吏議奏則徐等以別國貨船皆遵例呈結查無夾帶乃准開艙惟英船屢諭不遵是以驅逐今若將未犯法者一同拒絕事出無名且米

利堅佛蘭西外餘皆仰英夷鼻息彼榮此辱此中控
馭可以夷治夷廣東人以海爲王不准出洋勢卽不
可終日奏覆而止奏云查粤東二百年來准令諸夷
互市原係推恩外服普示懷柔並
非內地賴其食用之資更非關權利其抽分之稅況
自上冬斷絕英夷貿易以來叠奉　諭旨區區稅
銀何足計論大哉　謨訓中外同欽臣等所有秉
承無所用其瞻顧惟將各外國在粤貿易一律停止
則有尚須從長計議者竊以封關禁海之策一以絕
諸夷之生計一以杜鴉片之來源雖若確有把握然
專斷一國貿易與概斷各國貿易揆理度勢迥不相
同蓋鴉片出產之地皆在英吉利國所轄地方從前
例禁寬時原不止英夷販烟來粤卽別國夷船亦多
以此爲利而自上年繳清躉船烟土以後業經奏奉
恩旨概免治罪卽未便追究前非此後別國貨
船其不遵具切結層層查驗並無夾帶鴉片乃准進
口開艙惟英吉利貨船聚泊尖沙嘴不遵法度是以
將其驅逐不准通商今若忽立新章將現未犯法之
各國夷船與英吉利一同拒絕是抗違者擯之恭順
者亦擯之未免不分良莠事出無名設諸夷稟問何
辜臣等卽礙難批示且查英吉利在外國最稱強悍
諸夷中惟米利堅及佛蘭西尚足與之抗衡然亦忌
且憚之其他若荷蘭大小呂宋連國瑞國單鷹雙鷹
等國到粤貿易者多仰英夷鼻息自英夷貿易斷後
他國頗皆欣欣向榮益遂利者喜彼絀而此贏懷忿
者謂此榮而彼辱此中控馭之法似可以夷治夷使
其相間相睽以彼此之離心各輸忱而內向若概與
之絕則觖望之後轉易聯成一氣勾結圖私左傳有
云彼則懼而協以謀我故難間也我　朝之馭諸夷
固非其比要亦罰不及衆仍宣示以大公且封關云

者爲斷鴉片也若鴉片果因封關而斷亦何憚而不
爲惟是大海茫茫四通八達鴉片斷與不斷轉不在
乎關之封與不封卽如上冬以來已不准英夷貿易
而臣等今春查訪外洋信息知其將貨物載回夷埠
轉將烟土換至粤洋並勾奸夷口出狂言謂關以內
法度雖嚴關以外汪洋無際通商則受管束而不能
違禁不通商則不受管束而正好賣烟此種貪狡之
心實堪令人髮指是以臣等近日不得不於各海口
倍加嚴拿有一日而船烟並獲數起者可見英夷貨
去烟來之言轉非虛揑不然以外洋風浪之惡而英
船仍不肯盡行開去果何所圖若如原奏所云大小
民船概不准其出海則廣東民人以海面而爲生者
尤倍於陸地故有漁七耕三之說又有三山六海之
謠若一概不准出洋其勢卽不可以終日至謂捕魚
者止許在附近海內此說亦雖近情然旣許出洋則
風信靡常遠近難定又孰能於洋面而阻之卽使責
令水師查禁而晝伏則夜動東拿則西逃亦莫可如
何之事臣林則徐上年刊立章程責令口岸澳甲編
列船號責以五船互保又令於風帆兩面及船身兩
旁悉用大字書寫姓名以及里居牌保惟船數至於
無算至今尚未編完繼又通行沿海縣營如有夷船
竄至該管無論內洋外洋均將附近各船暫禁出口
必俟夷船遠遁始許口內開船其平時出入漁舟逐
一查驗只許帶一日之糧不得多攜食物若銀兩洋
錢尤不許隨帶出口庶少接濟購買之弊至大黃茶
葉二物固屬外夷要需惟臣等歷查向來大黃出口
多者不過一千擔緣每人所用無幾隨身皆可收藏
且尚非必不可無之物不値爲之厲禁惟茶葉歷年
所銷自三十餘萬擔至五十餘萬擔不等現在議立
公所酌中定制不許各夷逾額多運卽爲節制之方
然第一要義尤在沿海各口查拿偷販出洋否則正
稅徒虧而漏卮依然莫塞是以制馭之道惟貴平允

不偏始不至轉生他弊若謂他國買同之後難保不轉賣英夷此即內地行鋪互售尙難家至日見而況其在域外乎要知英夷平日廣收厚積本有長袖善舞之名其分賣他夷獨牟餘利乃該夷之慣技今斷絕貿易之後即使從他夷轉售一二亦已忍垢蒙恥多喫暗虧譬如大賈殷商一旦僅開子店寄人籬下已覺難堪惟操縱有方備防無懈則原奏所謂該夷當畏懼而求我者將於是乎在矣至於備火船練鄉勇募善泅之人則臣等自上年至今皆經籌商辦理惟待相機而動即各山淡水上年本已派弁守之始則夷船以布帆兜接雨水幾於不能救渴繼而覓諸山麓隨處汲取不窮則已守不勝守似毋庸議總之馭夷法宜剛柔互用不必視之太重亦未便視之太輕與其涇渭不分轉致無所忌憚曷若薰蕕有別俾皆就我範圍而且用諸國則不啻毆魚此際機宜不敢不慎況所杜絕者惟在鴉片即原奏亦云凡有夾

帶鴉片夷船無論何國不准通商則不帶鴉片者仍皆准予通商亦已明甚彼各國夷人原難保其始終不帶若果查出夾帶應即治以新例不但絕其經商如其無之自不在峻拒之例也又另片請將澳門西洋貿易定以限制查上年臣林則徐先已會同前督臣鄧廷楨節次議及嗣經核定章程諭澳門同知轉飭西洋夷目遵照即如茶葉一項每歲連箱准給五十萬觔仍以三年通融併計以示酌中之道其他分條列款該夷均已遵行至所請責令澳夷代英夷保結一節現既不准英夷貿易自可毋庸置議

夷氛聞紀卷一終

夷氛聞記卷二

英市禁絕以後貨續至不下三十艘皆阻於義律不得入咸怨義律計事冒昧義律以國信至未有期而外洋風潮可畏又懼釁開自已見衆情携貳遂更爲婉詞自陳奉國命來粵司理本念實欲安靜無事今事勢至此心緒殊多憂慮請此後一照　大清律辦理而彼亦得無違其國法且仍許率諸商還澳一得國信即開艙貿易詞頗婉順則徐以新奉

嚴旨不敢驟有更張峻詞拒之其船遂駛出老萬山外者半然尚覬望不肯去濱海村落初尚利夷厚值接濟其食用及是以則徐出駐海澨罔避風雪暑雨辛勤籌辦羣知感愧相戒無復私售惟無籍游民或潛越他港運出牛豕米石五倍其值難之而卒不能不就漢奸初爲所誘互引儔類日接踵以出至是感則徐誠悃不敢自外續往者亦少矣時則徐已留督兩廣而調廷楨兩江尋改閩浙林公自越華院將遷入節署謂予曰我占

諸生肄業地殊抱不安予日公以粵事來諸生望之久矣何歉爲既遷同事六人詣謁會客至留予剌使佚之及見公慨然日任大責重矣何以處此予日海事公所優爲無待芻蕘之獻然公初至集思廣益自可執而用之近則條陳者多而愈足以亂人耳目此後但以夷情來者見之耳公首肯予因言公既受節鉞從此地方利病似可訪其重且大者施行之庶不負百姓之望因舉桑園圍帑息備歲修資者爲目前首要請飭查本項令擇紳撿修之公越日即以所查見示先是予撰粵海關志成已繕紅本將次繕海防彙覽林公謂且少緩俟此次海禁事竣增入則徐以數卷遂停筆待之迨夷難作不復及此矣

舟師出洋不能如夷船帆礮之得手令水師不必在洋攻剿但固守口岸藩籬備火船乘月黑潮退出其

不意分起潛出乘上風攻其首尾火器皆從桅擲下

又招募漁蛋蓋以兵弁潛伏島嶼隨時挈小船攻撲

先鍊釘夷船四旁使受火一時難脫重給賞資與兵勇約法七章訓練既嫻人知運用踴躍爭先七章一夷兵船雖長若干丈爾等不必看得他長雖有大礮若干門爾等不必畏他礮多而大蓋夷礮惟在兩旁我師只要攻其頭尾譬如頭南尾北有北風則攻尾有南風則攻頭若頭東尾西亦以東風攻頭西風攻尾既佔上風又避礮火再兼察看潮勢取其順潮則得勝必矣夷船喫水多者二丈餘少亦丈餘我船喫水不過數尺自遠處繞轉必能佔其上風若攻頭則必先打其頭鼻攻尾則必先打其後艙後艙有玻璃者乃其帶兵大官所任火藥等物皆在焉此處叠攻必破破則火藥自發其舵雖有銅包但是生銅礮打可斷舵斷鼻斷則全船皆無主宰且船內拉篷之人前後最多若經幾礮轟打下海則船上無人不能自動即大礮皆爲我得矣一駛近夷船頭尾則我船俱須分左右翼如鴈翅形斜向船頭撲攏船尾擺開方能湊得多船且火器不致悞擲自家船內譬如夷船頭東尾西我船乘西風攻尾則近左者船頭應向東南其近右者船頭應向東北大家都用斜勢則礮火無非擊在夷船不致反擊自己其餘俱可類推此惟在乎舵工轉舵之得力巧者快者加賞數倍並將所得夷船上銀錢鐘表呢羽等物以雙分給予舵工若臨時悞事當進不進當轉不轉即將舵工斬首示衆一礮火能及之處即先開礮至鳥鎗可及便兼開鎗迨一齊火礶能及則隨便用之多多益善總須擲到夷船不致悞擲本船爲要其桅上拋火礶之法應擇兩人頭

戴竹盔胸前遮小籐牌繫繩於背其腰仍帶雙刀並繫火繩一人上頭桅一人上二桅皆上至頂與篷齊爲止其下每桅兩人拉滑車將竹簍所裝火礶用力拉上其桅頂之人即用火繩點着火礶隨點隨放此簍放完彼簍又上總使夷船上應接不暇且桅上拋礶而船頭仍須多放噴筒如此絡繹不絕則夷船被燬必矣即使船未全燬而火勢既猛夷人必站不住我師定可乘勢過船既過之後則火礶噴筒皆停止不用一兵勇過船遇夷人便用刀砍其首級留在隨後統算不可急獻首級轉悞要事除砍夷人外其船內最要之物莫如桅車纜篷桅纜鼻頭纜能將各纜全行砍斷則船已爲我有又何患銀錢貨物之不我有哉凡得一夷船所有過船之人應將船上銀貨一律盡行分給並別須重賞總不許於船內先行搶貨轉悞殺賊工夫違者照軍法懲辦一我船斜向攻擊夷船頭尾太抵以四角分計每角拖一船至多不過容

四隻其大者不過容三隻即四角合攻亦不過用十二船至十六船攻擊夷船一隻此外即有多船亦可分擊他船不必聚在一處轉致淩亂若有時必須多船齊攻應聽帶兵將官號令或有時前隊船斜攻已久未見得手則應暫令休息後隊仍由斜向攏上但須聽帶兵官號令方准調換不得擅自退息違者立斬一瓜皮小艇應雇三十隻上裝乾草松明擦油蔴斤配火藥十之一二用草繩綑住上蓋葵蓆船之頭尾各用五尺長小鐵鍊一二條以鐵鐶繫定其一頭拴大鐵釘長七八寸其末須極銳利船上置大鐵鏈二把使善泅者二三四人皆半身在水半身靠在船旁挨槳以行妙在甚低夷砲發火所不能及一經攏近夷船無論首尾兩旁皆可貼緊敲釘將火船釘在夷船木上將火點着燃起其人即泅水走開縱有極大夷船有此火船十餘隻釘住焚燒亦無不燬之理況上面有火礮噴筒中間有壯勇與撓過船下面又

有火燒該夷三層受敵抵當此一層不暇兼顧彼一層安有不授首於我者乎一破敵首重膽氣膽大氣盛者必勝況此次殺一白夷賞二百員黑夷半之生擒者視其人之貴賤格外倍賞是殺得十夷即得千員殺得百夷即得萬員再多者並可得官何等快樂即或陣亡亦可得二百員賞恤各宜拚命奮勇立功邀賞如有臨陣退後即刻斬首懸竿示衆　按第六條小火船用鐵釘釘夷船之法本出鄭芝龍崇禎十二年廣督熊文燦檄芝龍拒呂宋郎必即哩哥夾板船於湄州外洋病夾板堅厚無所施力乃選能下水者五六十人駕小漁舟七八人腰背大竹筒二以麻棕灌油並硝磺引火物實小船中撥棹直冲夾板將斧釘定發火人跳水回大船夾板舷高礮遠一時被火燬五船而遁林公生長於其地見聞有自非臆說也

二十年正月游擊馬辰分四路攻於長沙灣燬內地濟夷運私船二十有二奸民焚死縛獻有差金星門亦以二舟師驅火船進逼會風轉寄拉尼兵船遣三板攏撥火船近岸延及岸旁小艇與他國底威爾三板頭桅英國哥哇支麻里船皇遽開避膠淺倖免夜再以火船出亦緣風潮不順而返五月初九夜我火船燒其三板二於磨刀外洋夷船中火斷椗而逸是時夷兵大小十二船輪船三先後入泊金星門十四日令火船十艘每二艘連以鐵索乘潮威攻之夷

船亦以三板撑拒我兵遂翅過其特威爾船殺水手泅水而返先是上年九月中國禁市之令先聞於印度巳傳知其蘭崙國都有茶葉者皆屯積居奇銀價又再長如初聞繳烟時迨議出兵黑綠茶驟如上茶值矣義律請兵文亦隨至國女王與其巴釐滿衙門及甘文好司諸酋議僉以非兵爭不可顧通國商民皆不欲啟釁東粵且用兵勢將加税也議數日不決律士丹乃公上條陳謂貿易之停起於鴉片之犯禁

中國之禁既派有專官原非向日有名無實者比至
謂拘留我使不知義律原不足稱使者其在粵止一
時代理卑吏何能聽彼言致累通國正貨乎請先將
鴉片停止自正本源然後可對中國蘭頓新聞紙內載云律士丹合
遜一稟講論中國停止貿易皆由鴉片犯禁起見請國王將鴉片貿易停止中國人禁止鴉片係爲風俗
政事稅餉外國人即應遵其法律而行現在衆人皆說中國官府受規不管禁止有名無實又說中國拘
禁我等使者殊不思受規乃官府之事而朝廷一知立即究辦安得說禁止有名無實況義律並非使
者不過係代理人而已若按英國律例即應按各客商所有之鴉片更加三倍罰銀今中國不過只將其
鴉片收繳而已然因致累我國正經貿易亦受虧缺所以不能任人再賣國王是之因懸
重賞募能者籌設章程代擬斷絕鴉片文告曉示出
產屬地終以衆喙洶洶人持一見隨以求和爭戰兩
事諮其所事羅占土神祠鬮卜將決焉得戰鬮三於
是專意稱兵命其國威伯麥率守國水兵船十餘艘
合以印度駐防兵船數十聯艅來粵啟行未旬日而
印度兵目馬哈他尋病死還軍待易將旋代以布爾
利順德有周彥才者少商於越南因其地無賴淘金沙者人多失食掠及行賈彥才使商客抽貲募勇

衛之往還關外者安爲曾阮王爭國招以爲助既得
國官彥才總兵理餉鍰事嘉慶中英夷以收風債爲
名欲窺越南馬頭泊兵船港口王令彥才出與語折
還負貲夷目知彥才籍粵東相約旋籍至省夷館與
結納其夷目即數年前駛舟山東威京刻印通商字
說爲沿海截擊者也未幾彥才老倦旋粵詣之夷以
彥才熟越南風土欲予以貲使返越南約舊王宗戚
爲亂而通夷船以應彥才拒其貲權詞咨而緩之及
粵東夷事起彥才仍詣其舟是春即知印度夷兵必
以七月至偶爲予言予已寄言於林公請早爲備至
是秋仲無耗林公使予招致詢以夷不果至之由彥
才掄指計其期日仍決其早晚必至去越二日來則
以兵目死於印度海今已易人往返遷延來不出十
一月爲言益再探於夷而知之也予疑信間以復林
公其冬夷船果大至始信其不妄夷每至一船必具
文赴官報時林公欲造海舟與夷戰有繪子母舟獻
者貼說謂一大舟中藏十小舟但伏兵礮於小者使
敵但見大舟臨時則小舟四出圍燬敵舟此越南於
富良江敗走英夷七船成法也林公又屬問之彥才
答以是役身在行間越南製獨木舟銳其首尾鎖以
利鐵令善水者壓舟水底而以大舟播旗水面英夷
見旁無策應亟進甫及舟而十小舟遽浮水出環攻
之立敗非藏於舟腹機動可橫出也林公是其言
又英夷至天津陳訴義律不列名文但稱統領本國
水師主帥子爵巴兒兔協同本國陸路統領總兵官
布爾利益巴兒兔郎伯麥先與馬哈他同發馬哈他
死伯麥亦還候代者故與布爾利同至粵同往天津
其在定海與王知縣書則云水師將軍爵子伯麥陸
路統領總兵官布爾官同名異意其一人兩名也其國甘文好司綜理國事
者於兵行日預下令諸將至粵用兵無驟勝理亦不

必遽求得志宜挨延日月使中國苦於費繁擾久在在厭兵庶可望如所願誠以航海遠出不易慮諸將苟且藏事墮中國計中也則徐自奉斷英市首防偷漏更定澳夷茶葉歲市之數責諸夷毋聽英夷假借船號毋代運出入貨物計米利堅佛蘭西之在粤者既以阻貿易故氣各不平相與切齒方欲歸國招兵來與爭論斷不直英夷所爲而俄羅斯廓爾喀舊奉本朝冠帶並與英印度屬地爲鄰挾有夙怨上年英

取阿付顔尼俄夷出兵助其恢復攻巴社（即用英旂來粤之港）腳以撼印度襲取其機洼木哈臘二城與英南北止隔一山（山名興哥都士）血戰未息英夷常慮其乘間襲巴又慮其効勞中國凡俄夷有出邊界者即羣相驚訝以爲人

中朝請兵彼此切切探報廓夷雖力不如俄而倚中國與英爲難之意無時或已（語詳下）則徐悉偵知之（英屬孟阿臘爲東印度孟邁爲南印度痕都斯坦爲中印度巴社白頭國爲西印度阿付顔尼顔在痕都南道光十九年與沙蘇野相攻沙王求援於英七月起孟阿臘孟邁痕都三部兵將以副目沙機尼以天礮破阿夷加模爾牙尼士二城留兵爲沙夷守阿王退保庥緬亦求援於俄攻巴社英帥律屋蘭救之俄爲所拒以收逃僕爲名襲取巴屬機洼木哈臘二部乘勝取沙屬袞部斯庥爾格模特散三部駐兵荷薩士阿接英界習印度言語購裔導以圖印度英亦駐阿界備之蔽還阿王於故城自蔽而息俄夷之忌故二十年英夷寄寄國商之在澳門者云俄羅斯約木哈臘同取阿付顔尼以攻印度我兵頭沙阿力山及馬約里治禦之前俄與巴社立約欲收阿付亦爲我兵頭律屋蘭所拒俄不知要到何地方肯任手現間其使者巳自此特草起程由韃韃里到中國必懲恿中國與英爭鬭并欲求論緬甸人來攻今必要與防備我敝兵俄必攻阿付矣我兵若收沙屬三部俄兵與料英木哈臘兵來夾攻我兵恐擾亂而同宜先預備）

內顧輒生疑慮且聞其遠來兵費綦重鴉片減值而售成本不敷盡供軍用禮拜日集夷商勸捐有僅出數員者決其勢近窮蹙與天培定議嚴防要隘全力剿辦俟其悔禍誠求得操縱自我庶幾一勞永逸令洋商出資茶抽分積項並鹽局商人潮州客民分捐銀項募水勇五千橫鐵鍊木排於虎門横檔（鄧公已委保純辦成排鍊爲風飄散至是復之）購西洋礮二百具雇同安米艇紅單拖風船六十製火舟小舟倍之買甘米力治夷船便

兵士演習攻剿夠出獅子洋校閱懸賞格令殺白夷
一賞銀二百黑夷半之義律二萬領兵夷目數遞降
有差擭夷艘者錢物盡以充賞凡夷舶可入之海口
皆增駐重兵夷見賞重漢奸之受雇在船者慮就購
爲內應時滋疑忌旋遣散去夷船盤旋洋外知要口
無隙可乘坐待非計遽駛三十一艘赴浙江矣則徐
初但知其兵資貨爲餉先停市易次嚴接濟以爲不
久將失食自歸國不料義律竟能請動國欸蓄意大

舉入寇然事前亦移會閩海江浙使各刻意防其舍
粵他犯江浙大吏以事出過慮未盡信也赴浙之船
經福建便道駛五船突攻厦門提督陳階平在病廷
楨亟出駐泉州檄金厦道劉耀椿就舊礮臺纍沙爲
垣率兵駐守礮擊其火藥艙沈兵船一分裝水勇數
百人如商人舟者八護以師船三遇其希爾拉士船
於南澳港之西北打魚洞中駛近其右後梢火槍齊
發値海天波平無風夷舟重不能轉船主穰西不知

兵至疑海賊誘刼亦急呼發鎗回拒彈子及師舟盡
爲皮席遮隔我兵匿跡席內外視甚明所擊悉中繼
擲火礶燃噴筒倒斃夷兵數十風起始拽帆颺去六
月夷全艘齊至定海致書總兵張朝發知縣姚懷祥
欲假縣地劄兵岸上語極狂悖初七日朝發與接仗
兵多傷兵船亦被擊而沉潰不能守越日城破懷祥
投水死典史全福繼之鎮標將備相將趨入鎮海巡
撫烏爾恭額聞夷將至先調湖州紹興兵赴援預檄

寧波知府鄧廷彩相鎮海通內要口備鐵鍊木排保
護防其突入一時均未得就相顧束手奏入嚴議提
督祝廷彪恭額罪
詔提督余步雲馳赴堵禦七月以兩江總督伊里布
爲
欽差大臣赴浙
敕沿海督撫遇夷投書許收受馳奏初當事者以夷
商意在急圖售私稍加懲創即無能爲當可畏而就

範迨定海失事慮隔海壖非舟師不能收復承平久
武備廢弛可知恐其更肆猖獗勢滋延蔓會外間有
粵中繳烟時先許以值後負而激成之語都中嚣聞
之林公至粵居越華書院洋行總散各商僑寓其側備日夜傳訊發律呈繳臬至夜傳總商入見責以
汝爲官商倘有私許夷人以價而後設法賠補事慎汝腦袋總商叩首力言不敢而出蓋是時粵人紛紛
疑夷人居奇之物不數日而呈繳淨盡意行商必許以事後給價及聞公言畏得罪不能不負約以自保
不暇復計夷怨而夷已稟繳無及然語皆出揣測事秘固無顯據也適澳夷代求釋前
獲夷俘不許先是獲一夷目有以爲即伯麥者時欲奏設一道於澳門先令易守中孚出駐

西洋夷官待以酒食請代求釋所俘至省爲林公正詞詰責廢然而返留粵夷船忽焚
澳門後逼香山之關閘前山營都司實守此挈兵出
且拒且撲滅餘火礮傷其夷目及夷兵數十沉其小
舟十八日則徐偵知士密兵船五泊磨刀洋令副將
陳連升率馬辰挈五兵船各配六百人往逐之辰先
與遇乘風破其頭鼻夷多溺鉛彈亦盡小夷舟十亟
駛來救圍辰船仰攻礮及木排辰開子母礮斷其繩
纜不能進士密船乘戰酣遁以掟

聞奉有貪功啟釁
嚴旨則徐惶懼遂力陳六月後粵海防範情形請戴
罪赴浙竭力圖克復不報奏云竊臣奏報挐獲鴉片烟犯摺內欽奉硃批
外而絕斷通商并未斷絕內而查挐犯法亦未能淨無非空言搪塞不但終無實際反生出許多波瀾思
之曷勝憤懣看汝以何詞對朕也欽此臣跪誦之下伏地碰頭愧懼悚惶莫能言喻伏思上年徵臣奉
命來粵查辦禁烟先蒙頒給欽差關防繼復簡調兩廣總督責成之重委任之專臣何人斯
膺茲倚畀敢不殫竭愚以冀永臻成效仰答高厚乃爲時已閱年餘而鴉片未盡除夷船別經遠竄雖
異數難延殘喘而淺謀未策萬全夙夜循思時懷憤愧茲蒙訓飭威悚尤深自慚庸質駑駘實無詞

以對君父惟有俯求聖主將臣從重治罪以儆無能不勝戰慄屏營之至所有微臣惶悚下忱
謹繕摺內具奏爲臣渥受厚恩天良難昧每念一身之獲咎猶小而國體之攸關正大不敢不以見聞所
及爲皇上陳之查此次英逆所憾在粵省而滋擾乃在浙省頑變若出意外而其窮蹙正在意中蓋
英夷所不肯灰心者以鴉片獲利之重每歲易換紋銀出洋數千萬兩若在粵得以復與舊業何必遠赴
浙洋現聞定海一帶大張招帖每鴉片一斤只賣洋錢一元量即該國孟阿拉等處出產之區尚且不敷
成本其所以甘衝者急於覓銷或云以充食用或云以給雇資并聞其在洋夷各挈貨船雇兵而來費用
之繁日以數萬金即礮子火藥亦未能日久支持窮蹙之形已可概見夫夷人向來迎冬以氈爲暖不耆
皮衣其素性然也浙省地寒勢不能忍受現有夷信到粵言定海陰濕之氣病死者甚多大抵朔風威發

自然搶去舟山洋揚帆南竄而各國夷商之在粵省自六月以來貿易爲英夷所阻俱各氣忿不平均欲由該國派來兵船與之講理是該逆現有進退維艱之勢能不內怯於心惟其虛驕性成愈顯其桀驁試其恫喝亦且別生秘計冀陰售其奸如一切皆不得行仍必帖然俛伏臣前屢經體驗頗悉其情即此時不必與定海交鋒而勦困守藩籬即可使之自困夫自古苗頑逆命初無梗於堯舜之朝我　皇上以堯舜之治治中外知鴉片之爲害甚於洪水猛獸即堯舜在今日亦不得不爲驅除聖人執法懲辦實爲天下萬世計而天下萬世之人亦斷無以鴉片爲不必禁之理若謂夷兵之來係由禁烟而起則彼之以鴉片入內地者早已包藏禍心發之於此時與發之於異日其輕重必有別矣臣愚以爲鴉片之流毒於內地猶癰疽之流毒於人身也癰疽生則以漸而成膿鴉片來則以漸而成冦原屬意計中若在數十年前查辦其時吸者尚少禁令易行猶未成膿之癰內毒尚可解散今則流毒已久譬如癰作痛不得不爲亟拔膿而英夷滋擾浙洋即與潰膿無異然潰膿而後疾去果其如法醫治托裡扶元待至膿盡之時自然結痂收口若因腫痛則別籌消散萬一毒邪內伏誠恐患成瘰癧矣溯查辦鴉片以來幸賴　乾斷嚴明　天威震疊躉船二萬餘箱之繳英夷領事義律自行遞稟求收現有奸夷原字可查亦有夷印封可驗繼而在虎門燬化烟土先期出示准令夷人觀看維時來觀之夷有撰爲文數千言以紀其事者大意謂　天朝法令足服人心夷書中具載其文諒外域盡能傳誦迨後各國來船遵具切結寫明如有夾帶鴉片者人即正法貨盡繳官以夷字合爲一紙查驗他國夷船皆已絕無鴉片唯英夷不遵國法且肆鴟張是以轉奏　諭旨斷其貿易然未有浙江滋擾之事或尚可以仰懇　恩施今既攻佔城池

戕害文武逆情顯著中外咸已聞之難許曠日持久設法羈縻抑知夷性無厭一步又進一步若使威不能克即恐患無已時且他國效尤更不可不慮臣之愚昧務思上崇國體下懾夷情實不敢稍存游移之見也即以船礮而論本爲防海必需之物雖一時難以料辦必爲長久之計亦不得不先事籌維且廣東利在通商聞道光元年至今粵海關已徵銀三千餘萬兩收其利者必須防其害若前此以關稅十分之一製礮造船何至尚形棘手臣節次伏讀　諭旨以稅銀有何計較仰見　聖主外本內末不言有無誠足昭垂奕禩粵東關稅既比他省豐饒則以通夷爲防夷之用從此製礮必求極利製船必求極堅似經費可以酌籌即裨益實非淺鮮矣臣於夷務辦理不善正在嚴請治罪何敢再獻芻蕘然有裨國家須頂踵捐糜不敢自惜倘格外　天恩寬其一綫或令前赴浙省隨營效力以贖前愆臣必當殫竭血誠以圖克復至東省各處隘口防堵加嚴察看現在情形逆夷似無可乘之隙藉甚仰慰　宸懷已

命侍郎黃爵滋祁寯藻赴福建查勘廷楨軍實並籌畫防守事是月伯麥偕義律駛五商舟未敢兵往以赴天津陳訴

奏云英吉利國　臣統領本國水師　主師子爵巴兒免多謹呈　天朝大清國　大皇帝駕下竊巴兒免多現奉敵國王命協同本國陸路統領總兵官布爾利滞領水陸軍兵戰船前來　貴國緣爲去年本國之　正領事官義律暨來　貴國貿易之商民竟被廣東　欽差林鄧總督凌辱無道以衆欺寡併從一向敵國之商民到廣東被該省大憲等淡壓無辜爲此奉命前來　上訴惟思船多兵衆夫用兵必須水陸擇地護船安營是爲首要之機孰思　貴國各直省大憲以爲業已封港不通貿易

決不納言不肯接呈代奏準有相拒之勢此即必彼
此相鬪因此不得不直登定海俾得各船安營有所
倚去年林　欽差到廣不幾日首先將西洋各國
人用水陸官兵圍困在省城寓行之內立即封艙連
日不准出入兼絕伙食勒繳在洋面停泊船內之烟
土又言限日盡繳否則要斬要殺如於限內繳出則
仍前交易買賣也切思　貴國新例禁買禁賣烟土
但既已禁絕無人敢買則西洋人亦必不再來即有
惡人帶來亦無人敢買然則帶來何益且去年所繳
之烟土係在洋面並非起運入內地而外國商人亦
萬萬不能運得入港也奈林鄧二憲勒繳而英國商
人等如不繳即不受殺亦要餓死雖不懼殺而飢渴
難當只得含恨忍氣以繳之然後再酌議論詎料已
繳之後忽又要具結稱如有嗣後查出船內夾帶烟
土即將貨物全行入官其領事人即正法等語但查
犯禁貨物入官其領事人連船逐出不准交易此例

西洋各國古今通行惟正法係西洋古今無殺頭之
刑況且船多人衆萬一遇有一二水手不肖私自夾
帶不拘多少豈不累人貨物入官而人亦受殺戮之
慘即因此正領事官義律暨諸客商皆不肯具此結
之原委也林鄧二憲因前事不服衆未得具結即着
封港不准交易切思英國荷蒙通商已來百十餘年
於貿易買賣場中豈無賒欠通融今一計　貴國洋行
商人前後共欠已有數百萬兩之多一旦封港不獨
不能貿易又壞了到廣東船內之貨物不勝枚舉英
國商人所失之本何可勝言且封港之後林鄧二憲
曾與義律商允具結嗣後貨船到廣任從查搜如無
夾帶烟土方准入口否則逐回不准貿易奈林鄧二
憲前言不對後語反覆無常忽然改變仍執前議具
甘受正法之結也後來義律等另有求商事體遞呈
奈林鄧二憲絕不肯收即去年封港後適有英國兵
船巡海到廣洋面該船之總兵官遞呈係請詢封港

之由以爲開解奈二憲仍不獨不肯收呈更又命水
師提督帶領水師官兵前來相拒是以不得不還礮
相鬪矣去年林鄧二憲禁止買辦不准供辦伙食之
後有呂宋貨船一隻與英國船隻同泊洋面正欲同
憫之際適其船內人過來英船探望即或隨送些少
食物林鄧二憲竟言呂宋人不應與英船人往來不
應送食物竟用籌計命人於黑夜之中將呂宋船隻
燒燬并傷斃三八可憐該船無辜受此慘害神人共
憤切思歐羅巴洲各國即大國小邦帝國王邦無分
統屬呂宋國與英國火湘相益并視即故今同往異
邦客地適船採候即或送些伙食亦係人情之常事
且歐羅巴洲與亞細亞洲相隔九萬餘里不獨無分
統屬而且只有西洋船隻到中華而中華船隻萬萬
不能到西洋今林鄧二憲係中國之官在廣東止可
管中國廣東事豈能管到西洋耶今大英國王仁慈
憐念呂宋船人無辜受此慘苦即命如數賠其銀兩

但未審林鄧二憲將此事如何奏報又出其國巴厘滿衙門寄我宰相
書要求六事一索貨價二求廣州廈門福州定海上
海爲市埠三欲敵體平行四索犒軍費五不得以外
洋販烟船貽累岸商六請盡裁洋商浮費後就欵時則并商裁之益英商不知粵商情形故遲請裁決義律則久直於粵目視諸商富豪不敢爲是言但思減費而已
隸總督琦善以
聞天津巡道陸建瀛議以夷所請前三事頗有關度
支國體今當以免稅代烟價畢仍照征輸以澳門爲

市埠西洋澳夷必以其逼處不服然澳前原有望厦等地可於此建樓椗泊西洋額船入泊娘媽角
兩不相混且義律亦甞以是請當可塞其口但地遠難以彈壓在澳曾不如在省也以監督與
平行後三事所關尚小應令其還粵就則徐定議總
以烟之絕不絕為所請之許不許示中國禁令始終
如一也琦善不能用故不復與夷辨論但以現在夷
情奏又令奸民鮑鵬無名氏寇海記作白如鵬意其畏罪而改名也今據案牘復
書夷目稱以公使謂上年繳烟必有曲折將來
欽派大臣往粵查辦不難水落石出婉詞慰之犒以

牛酒時競傳如鵬至夷船授意使請已赴粵者見無名氏寇海記不知其據或出自鵬私意而已
詔莫則徐廷楨職令俱在粵候勘而
命琦善馳驛至粵代其任
敕沿洋各省遇回粵夷船且勿開礮夷目嗍據縣印
在定海欲徼犒署吏縣人苦之諸夷見雖邀准查辦
而六事尚未切實許允八月自天津辭琦善先駛還
粵止半撤其泊定兵船留者擾地方如故九月義律
道經浙鎮海城見伊里布請釋餘姚令汪仲洋先設

伏漁舟陷夷淺沙所誘執之夷目安突德等數十伊里
布謂定海見未繳復不許仍如天津故事饋遺伯麥
年酒伯麥報以呢疋暫收以安其心奏奉
諭旨發還夷不復肯收下年二月收定海欲弁夷俘及原物還之夷已開行矣無
名氏夷艘寇海記云伊里布遣其奴張喜赴夷船餽牛酒首賀以林鄧革職之事夷酋伯麥搖首曰林公
自是中國好總督有血性有才氣但不悉外國情形耳鴉片可斷一切貿易不可斷斷則我國無以爲生
不得不全力以爭通商豈仇林總督而來耶此與澳門月報所云中國官府不知外國政事又不詢問考
求惟林總督行事全與相反署中養有善譯之人指點洋商通事引水二三十位官府四處探聽按日呈

遞有他國討好將英吉利書賣與中國林保聽明好人不辭辛苦等語相符王云鴉片可斷不能斷通國
貿易皆彼國所常言又供稱書與陳志剛同賞夷物夷回洋呢奉旨發還姑無論記中語有據否要
在理中也王語及林鄧革職不過斷役不諳大體之言無與伊相矣山東巡撫托渾布
亦有犒遺並以夷情恭順奏絲是浙亦效焉皆羈縻
意也夷有各夷向岸羅拜語英夷惟事天行跪禮餘見其王不跪寇海記據叅揖以敬之然羅拜非
必跪當時或免冠拱謝耳夷在粵亦往往有學內地作揖者十月琦善至粵城因
伯麥之在天津語近乞憐膚訴誤以夷性尚易馴伏
未度嶺蓄先赴虎門定約而後入城懲辦積弊意以

爲不過稍給烟値仍許貿易夷必俯首聽指揮所事
易了或語以監督署規歲餘之數極爲充裕可勸監
督籌出六百萬員舉其二三年所入償夷應公徐代
請奬叙留榷資其彌補者及抵粵途次始病夷恃有
查辦
恩命求索無厭轉多窒碍不可行事方思有以折其
貪而慰其望兼釋其怨也偶以所聞粵關盈餘質之
怡良至是乃知津貼酬應外餘存無幾然後嘆事有

棘手既又自以專辦海口無與他人一切不復商諸
巡撫卽司道以下非召不得入謁時夷船候於粵諸
省海防兵皆撤歸伍粵兵船還至半途出不意爲夷
擄怡良以
聞琦善慮妨和議不欲深究首詰關磤肇釁者將罪
副將以謝夷兵心由是解體又中於夷言謂英王嘗
投書求通商爲則徐所拒匿不以奏欲證成於怡良
怡良以事屬子虛爲正言而止盍兩年來怡良深服

則徐正大料事如見故言無不聽又嘗爲姚文僖公
舊堂屬其子衡方在幕爲則徐所禮亦力爭之琦善
終無以奪義律初請繳烟再開實數夷稟具在節次
批發並揭示於外紳民皆知至役守夷館又懲義律
携商逃出之故屬遴辦理皆正無所指摘但散遣其
舊雇丁勇數千橫櫳前後備拒夷船之水底暗樁悉
如夷意裁之將欲促其早就範圍釁卒消弭也鮑鵬
者香山人幼習夷言投身爲顛地幸童義律已見而

輕之待如奴僕而寄以耳目烟禁既嚴畏廷楨拘懲
則逃之京依其同鄉因轉依南海作令山東之招子
庸適琦善覓通夷語者鵬由是被薦琦善喜其與夷
押較衙官倍得力也一切往來文牘口傳皆倚任焉
因而內地情形意見悉爲所洩所裁去之船樁丁勇
亦鵬歸述夷意謂非是必乖和議不得已強從之則
徐之募勇也擇海濱漁蛋鬭狠亡命之徒熟悉沙礁
險隘向爲夷所憚者一旦裁使失業相與徬徨口岸

夷專倚奸目二人轉相煽引盡出而應夷招內外海
口水道淺深避就夷非引水無從諳悉者至是亦為
所洩義律知內防既懈復投書有多增兵勇來敵即
和不成語以挾之與鵬所口述符計無所出且已裁
之勇不復可招而集諸營兵亦緣是不復再調先是
廷楨自閩解任至值夷堅索埠地琦善以閩之廈門
粵之香港就廷楨商二地所與廷楨曰廈門全閩門
戶夷居廈門可以窺內地且澎湖臺灣之在廈東者

聲勢為所隔絕不得聯絡其害至深固萬無許理即
香港亦在粵洋中路之中外環尖沙嘴裙帶二嶼夷
船常藉以避風浪垂涎久矣今一朝給與彼必築建
礮臺始猶自衛繼且入而窺伺廣東貨船鱗泊黃埔
輪蛋在焉其白黑夷之居夷館者以千百計皆香港
應也與之良非所便琦善亦無以奪已奏
聞矣至是進退無策思借商議和款往還論說暫緩
時日義律已窺見其情所請更日有加增而求香港

意愈堅天培密請添兵守虎門琦善慮夷知而有詞
也峻拒不許而允償烟價至七百萬員終無成議義
律不俟回文突攻沙角大角礮臺二臺在虎門鎮遠
威遠靖遠橫檔八臺外所恃為第一重保障也三江
協副將陳連升以六百兵拒大角前夷船駛至二十
餘驅漢奸二千餘人扒越後山夾攻從墻缺入臺背
中於地雷斃賊百餘後至者蜂擁而登我兵猶奮力
拒戰以扛礮殲賊二三百而火藥垂盡矣橫檔以下

諸臺僅足自保地與兩臺隔增兵運藥必以舟渡而
前後已扼於夷既無生力可繼藥盡礮亦空設已束
手待斃故當時夷尚能以餘力駛輪船三板遶出三
門口焚我戰艦潰我營兵諸臺兵瞪目望見勢不能
救頓足相呼而無可如何大角兵房延燬殆盡守臺
千總蔡志安負傷督兵盡取臺上堪用礮推而墮諸
海防夷奪運反身跳鬪而出沙角臺隔水相對為穿
鼻灣夷衆鬨入先焚草棚亦越後山至四面受敵連

升急發大礮夷稍却我兵無藥礮不復發發者又以省局攙雜炭屑力弱無濟賊彈箭迸落如雨身無完膚其子方在側見父死狀挺戟大呼左右躍殺數夷袍皆血染與千總張清齡等同時死先是議款戒毋擊海口登岸夷前二夕村民報賽夷衆登而聚觀連升嘆曰臺不可守矣夷能登岸即能越山咫尺已及我後謂清齡曰觀汝才氣可大用盡留汝身圖他日報効乎語至再清齡誓同死不移連升乃顧其子曰

予久不食肉矣汝盍往太平墟爲市之子知其父意欲出而生之也亦不行至是皆及於難陳公有馬甚神駿絕愛之既殉節夷牽馬不行驅至香港飼之不食鞭而復飼則哀鳴淒慘卒以餓死有圖而題之者一時題詠甚多

夷入據兩臺自此遂與我逼十二月十五日事也

琦制府二十年十二月十八日奏云竊奴才前奏英夷不候回文直擊礮臺師船尚在彼此相持無分勝負係據水師提臣關天培函報馳奏旋又接准該提臣函稱該夷即於本月十五日復馳來大小兵船二十餘隻分攻沙角礮臺大角礮臺礮火較前倍增直至申時方息隨查得大角礮臺前面灰沙礮墻已被打倒數段至後圍墻亦被打壞數處又打斷礮耳六位火藥局亦被打穿火藥轟發藥局被燒并延燒兵房十四間打倒兵房三間該夷又另撥夷兵漢奸約數百名由大角山後緣山而上後墻缺處打進礮臺經陸路官兵打死漢奸十數名無如衆寡不敵守臺千總黎志安身受重傷因恐礮位被其擄去當督臺兵將好礮十四位推落海內負傷打出衆夷均亦囘船僅存破爛空臺此大角礮臺之大畧也又沙角礮臺於被破之際該夷另撥黑夷一千餘名漢奸數百名由穿鼻灣登岸兵船則攻打臺面黑夷即從山後攻奪陸路營盤被飛礮落火延燒各兵草棚接仗一時之久我兵兩面受敵遂致不支副將陳連升守臺千總張清齡俱已陣亡守備程步韓受傷亦重兵丁死傷過半礮臺遂爲夷目義律所奪此沙角礮臺之大畧也又守口師船十隻先經該夷開放火輪船四隻於是日已刻進攻已被我師擊退各有受傷該火輪船隻復糾約大小三板船數十隻續來攻擊其三板船中全用鳥鎗火箭火礶等械其火輪船均用空

心飛礮鐵彈打落船中即行炸裂內藏有火藥炸散焚燒致我官弁兵丁有被鎗礮擊斃者有被火燒傷者船隻亦有被燒毀者又前僱拖船十二隻現被搶去二隻其餘尚未查明此師船之大畧情形也

據該提臣聲請奏參從重治罪又請將該夷前次來文仍從權再行照覆藉作緩兵之計庶可壘爲佈置等情函致前來奴才伏查此間水師兵械技藝之廢弛已久該夷所用之飛礮彈子內藏火藥所至炸裂焚燒不獨爲我軍所無亦該夷兵械中所未見經此次猖獗之後我師勢必益形氣餒爲今之計總須設法止住夷兵俾得再行籌辦而該夷日前來文內稱本有戰後再商之說奴才正以該夷如果續有所請其來文接收與否頗覺兩難若如該提督所稱將前日夷書仍行從權照覆即今此情形已與前日不同該夷既不候照覆此間更不值覆伊前日之文惟思該夷前日投具夷書後總應聽候回文何以輙先滋

擾不若藉此作爲詰問之詞令其將是何意見再行
登發庶此後該夷續有來文係其稟覆文書既於
國體無傷仍得設法覊縻奴才甫經備文飭發去後
續准提督臣函稱十六日辰刻該夷將撈我營兵何
一魁放回交其帶至該提督夷書一件經提督臣咨
覆後該夷隨又遞一書列明請求各款聲稱聽候三
日內照覆各等情奴才隨代提督臣擬具覆文繙寄
交繙譯告以奴才業經行文詰詢候該夷登覆再辦
現尚未據回報所有該夷兩致提臣夷書並提臣寄
到覆夷文稿盡奴才代擬底稿一併進呈　御覽
至提督臣關天培身膺水師統轄督率無方據請奏
恭從重治罪相應據情代奏聽候　諭旨奴才來
此查辦夷務雖正在籌辦之際該夷不候回文輒先
肆擾大角沙角砲臺亦本係孤懸海外然不能
駕駛貼服致令佔奪砲臺戕傷兵弁實深惶懼相應
請　旨將奴才交部議處再此次仍據提臣來函

夷氛聞記　卷二　廿六

具奏雖續經准到咨文以尚在倉猝之間其陣亡受
傷官員兵丁及被搶被燒各船隻確數未據逐一查
明奴才已飛咨確查俟其咨覆到日具奏弁俟該夷
目義律如何登覆再行馳報外所有現在大概情形
謹具摺由六百里奏聞
義律日夜趕製三板增集販烟快船數
百多備火箭噴筒竹梯爲攻臺計時潮州鎮龔伯忠毅
公子李廷鈺先調駐虎門與天培張辰分守諸臺兵僅
數百天培點兵入守鎮遠兵譁謂夷船多非駐守兵
可敵觀望不行天培切諭之則索貲寄家示必死天
培不得已出其衣裝付質庫得銀按名遍賞之然後

勉從入則令滿汲淡水而扃鎖其臺門不放出一兵
夜有扒越臺墻遁者廷鈺知勢難敵夤夜至會城哭
琦善前求亟增兵藥弁言後山空虛夷人必來暗襲
非力護之不可同城文武亦旁爲代請琦善不可卻
凡兩次但許增兵七百親供云天培陣亡時兵勇增至八千九百餘而十二月十六奏乃云撥提標撫標兵五百名使以小舟乘夜渡出分派各臺惟
懼遲明爲夷所知故倉皇至此琦善見夷人日肆披
猖非羈縻之計所得緩恐其再奪諸臺則粵防全撤

夷氛聞記　卷二　廿七

得罪益重思救目前之急遽奏請開禁通商給廈門
爲市地以明年正月初旬爲期還以烟價又復許以
香港全島與義律再伸和約稱之公使大臣以浙江
所獲夷俘易定海義律得文約大喜請繳還沙角大
角兩臺及所掠師船鹽船由海道赴浙撤兵求備文
代遞伊里布俾知繳還定海之由送給留定船目文
至琦善亦代封付伊里布囑其據以收地伊里布緣
是觀望不敢出兵不知兩臺失陷奏到

上已決意痛剿革琦善天培頂戴帶罪立功速調湖
南四川貴州官兵及南贛兵二千馳赴剿辦矣二十
一年正月初三日琦善自出閱視虎門舟次獅子洋
於中道之蓮花山與義律見商商條欵豐待以酒食
使保純時巳官廣州府偕廣州副將趙承德主席勸酧義律
欲示其軍伍之整肅飲巳領兵隊攜鎗礮列陣山坡
操演請琦善出閱欣然臨觀畢給賞而去保純等亦
先旋省十九日義律復請見於鎮遠山後之蛇頭灣

出上年所給香港劵約請益關防琦善不允親供正月十九日義律又來求見欲求給香港爲寄居之地求爲益用關防未經允許又云當日逆夷求討地方兼貿易馬頭恐後有建臺設礮等事是以據實奏明迫後逆夷圍困礮臺事在緊要不得不佯允所請以救眉急是香港之許給已在上年圍困礮臺之時其正月在虎門再見所求係請益用關防則上年許給時亦經益有關防今和後乃請補益爲據也互勘極明
漢奸雜夷兵從義律入虎門
乘兩次接見隨員無暇稽察暗放小舟四測水勢因
而內河沙澳盡爲夷梢所悉琦善既目覩夷陣怯其
兵礮愈執初見以爲非和則事未可知特自揣無以

回
天也遂以粵中地勢無要可扼軍械無利可恃兵力
不固民情不堅陳奏謂夷用飛礮爲從來所未見不知西洋蝴蝶礮阮相國元所經室集有之廣東海防書已有引及不足異語似過張夷勢而代其邀
恩奏到在調兵後遂奉
嚴旨且拳有烟價一毫不許土地一寸不給之
諭矣又以伊里布誤聽琦善據夷文繳還定海之言
屢

詔不肯用兵初七日宣示逆夷前後罪狀
命宗室奕山爲靖逆將軍湖南提督楊芳方入
覲道安徽
命祈徑粵與戶部尚書隆文同爲參贊大臣以刑部
尚書祁墳向曾廵撫廣東熟識夷情
命駐江西總理軍餉皆馳驛兼程而進二月
命伊里布回本任代以裕謙趨浙接理奕山方度嶺
有勅以全師駐三水使夷不能探我虛實者保純自

省迎謁令以此意還語在粵官吏且令傳諭諸夷代
奏仍准其通市隨行司員李湘棻座間忽爲大言謂
奉
命剿夷當馳抵粵城相機調度未宜遠示弱奕山
乃促掉倍道而前旋以外來兵礮攻具未集暫止韶
州義律既探知和議中變一琦善不足恃計非焦頭
爛額不能討便宜也倍形憂懼則徐自受代別居館
舍病疝不接一客琦善亦未嘗過問及冬仲與廷楨

奉
命協理夷務始復出詢知前所備舟勇已盡撤𣿹獻
無如何三水劉文瀾策購義律垂得而虎門事已急
矣初五日夷船乘風潮大至聚攻橫檔臺前攢排突
進礮密如櫛臺藥皆自省發不可源源繼雖極力拒
擊究不能如夷舟之不時運送彼此抽換也橫檔後
有小河舊無行楫則徐雇船以備咸議其迂撤後守
者不復顧及此適潮水𣹢漲夷分船闖越後河前後

夾攻天培力竭守禦不支手燃巨礮忽自炸裂兵無
人色皆走一弁大呼曰事急矣盍去乎言次伏使受
背將負以出天培揮刃擬之弁亟閃避一彈當胸至
洞焉不倒夷衆擁入天培與都司署提標游擊麥廷
章俱陣亡參將劉大忠先遁當時以大忠同時殉難因已奏補香山協副將
照副將例賜卹事竣後與天培廷章湖南總兵祥福游擊沈占鰲守備洪達科同立專祠祀虎門大忠祠
自回營以遇救得生自解夷見天培屹立如生反駭而仆續至者
前迫視之知氣已絕相與驚嘆取所遺蟒袍緡褂爲

服之鼓樂安置臺中奏
上賜卹如例增派齊慎參贊軍事急調廣西兵二千
湖廣兵之赴浙者二千八百改道入粵琦善先奏及
內河由獅子洋入至烏涌獵德二沙尾大王滘及烏
涌迤西長洲岡深井黃埔白泥涌均扼要宜守有
旨令芳先至速相機佈置毋令其駛近城下夷越虎
門直入內河虎門大礮之運自省會者三百餘則徐
所購洋礮二百餘已盡爲夷有防內河者皆搜括選

餘舊礮革卒周章雖層遞分段設防究乏把握會湖南提督祥福統常德兵千餘新至琦善倉卒令與粵兵同駐烏涌烏涌者會城東出數十里先築土臺於南岸備虎門有失爲第二重守禦計者也夷船縛礮於桅空彈子心實以藥雜鐵屑小鍊於中合而圓之擊則墮地觸機自啟屑鍊乘內藥四飛着人恒斃烏涌沿河屛延壘土墻穴墻置礮墻盡處不復更爲橫築墻缺大開夷循北岸來礮向南斜發輙及缺彈從

空墮又無鐵網承阻鐵網以鐵線織五分目而大線爲網予嘗條陳及之而倉猝不能用粵兵先潰楚兵亦相率敗走爭先逃竄村落道半阻於河橋候補知縣瑞寶方主管烏涌小糧臺兵奔亦奔懼落後爲所隔甫過遽呼從役撤其橋板兵勇前走至河岸爲後隊逼墮河自相殘踏塞填河而後至者踏人首肩而過無一生者祥福及其屬將游擊沈占鰲提標守備洪達科皆遇害南越遊記云或以祥公墜水求其屍不得然當時已賜䘏並廟祠節無疑或自死於水耳二沙尾亦預沉石隘口

購敝夷舟沉而堵之顧未守以兵夷至以輪舟乘火勢拔起通流無礙越獄德即省河炎怡良方懸賞招回漢奸及運私快船當時利賞畏罪將藉以衛省河投回者十九艘艘二三十人率代以老弱至是出粱恩升於獄令率投誠船出烏涌堵賊與夷戰有薦之者語見下文省河自虎門戒嚴弁兵官勇舟航梭織夷烟不時得售迨越虎門方實鴉片於輪舟尾其兵船以人約窰戶快艇泊其旁乘戰酣載運烏涌潰兵不復集畦岸空其無人思

升亦放虛礮烟焰蔽天售私者從礮聲中絡繹移諸快艇陸續發棹以去迨礮收烟散則貨已售盡矣芳之始至道佛山口入民譽其宿將望之如歲所到歡呼不絕官亦羣倚爲長城入城即發議謂夷礮恒中我而我不能中夷我居實地而夷在風波搖蕩中主客異形安能操劵若此必有邪敎善術者伏其內傳令甲保遍收所近婦女溺器爲壓勝具載以木筏出禦烏涌使一副將領之自部卒隅岸設伏約聞已礮

響即舉筏齊列水涘岷器口向賊來路而後自抄出
筏首夾攻之夷將至舉筒鏡測筏縱橫排岸側駛近
而副將巳望見旗幟先遁筏上無一人遂長驅直進
芳偵知夷順流勢猛亟勒兵入城縛副將欲斬之諸
帥爲祈而免乃令總兵示福率兵千駐東南十餘里
之東勝寺以防陸路寺距河干尙五六里夷舟過礮
遠不能及又使總兵長春率兵千駐西南十五里之
大黃滘後鳳凰岡對滘舊築石臺大而固夷不敢越

以入省逕趣省東中流水深雖不能沉石堵淺但橫
排木筏下水椿亦未敢闖而拔也芳久歷戎行夷亦
震其威望且未深悉省河虛實使其徒持書至鳳凰
岡營假求款爲名密挈漢奸隨路探水長春新來不
知其詐收書使送芳於城令偵報即掩帳坐臥漢奸
巳乘便引夷遍閱營盤知無備可襲甫出而兩路分
入勢如破竹從東入者逐我獵德礮臺兵而守之從
西南入者登大黃滘臺壞臺一角亦留守焉先是正

月義律伯麥合出新僞示張於新安赤柱曉其居民
稱爾總督琦善將香港地方讓給英國存有文據是
居香港者爲英國子民事須稟英官治理復以此語
照會大鵬營副將賴恩爵恩爵以呈怡良則徐聞而
髮指勸怡良實奏謂人民土地皆君職今未奉
旨而私以予叛逆之夷豈宜緘默受過怡良尙徘徊
東莞鄧淳集郡紳於學具詞以請謂僞示橫悖已甚
宜加痛剿並詣制府陳焉入見者數十輩琦善謂款

夷出自
上意而諸君未識情形爭執如是早晚禍及可自爲
計仍舉所陳四事爲言駐防進士朱介石　朝玠者篤
實君子也與辦至日晨而出營文幷錄夷示上紳士皆未之知林公見事關重大揣怡公意必俟紳士呈請而後奏尙可以對琦相時晦前二日林公召予語以故且問外間公議將如何予日既非紳士請奏不可措某年望皆輕又素居江村未嘗授讀省會否則立集科甲門生列名具詞項刻可行若俟通知敵不惟報轉需時抑事幾先露將有悔之者矣林公是之辭出即招黃學博培芳商之黃蓋香山人居省且十世門下多通顯故也黃出語予謂我兩人方當有差未便與名不與則無以

告同志正躊躇閒而鄧徹君淳至知其事慨然集諸紳於學以朔日具詞進姚司馬衙何文學燦同在撫慕其日見林公亦與正言及之兩人歸勸但據情轉奏怡公遂首肯迨怡良奏到而兩江總督裕謙力糸琦善畏葸偏私之奏適至片奏云再去年英夷至天津遞呈僅船五隻且所泊之直沽河距天津府城甚遠而琦善張皇其事遽稱夥黨輔國京處處堪虞浙江洋面海口全被占住並稱後來船隻無數必將南北並擾希圖聳聽以掩其武備廢弛之咎繼又牛酒犒師遣弁講款因而山東浙江相繼效尤傾送絡繹致使攻陷城池之逆賊竟所至如賓而山東撫臣托渾布又飾稱該夷歡呼羅拜查英夷腰勁腿直見該國王尚無拜禮嘉慶年間入京即因夷使不能拜跪驅逐回國是其明證豈有於攻陷城池大肆猖獗之後忽向山東犒師弁兵羅拜之理以大辱

國體之事爲欺蒙　天聽之詞不顧中外之竊笑皆由天津之辦理不善所致此琦善張皇欺飾之罪一也該夷回粵以後桀驁愈甚求索愈多情勢日形廹切琦善當一意調集滿漢水陸兵勇親巡海口礮臺嚴防要隘明立賞格激勵將士先爲不可勝以待賊之可勝乃惟知責副將賠禮責兵認錯毫無激勵堵禦之方將士解體軍心沮喪以致該夷乘其無備突開鎗炮攻據礮臺多折將士又以未申二時一事分爲二奏其稱我兵衆寡不敵查粵中水師船礮縱不如該夷之堅猛至陸路官兵則省城有駐防有督標撫標提標又有沿海水勇以數萬計觀賊何啻十倍而賊之在粵者不過數千人其陸路夷兵只有打尖鬼船二隻約計不過千人琦善能調兵嚴防後路何致夷匪千餘繞出山後便稱衆寡不敵耶琦善不自知愧懼尚以粵人武備久弛諉過前任試思琦善未到任之前載餘以來即以粵省之兵剿堵粵洋之

夷連獲勝仗屢燒夷船望風不敢窺伺並未調兵餉於外省亦未聞有喪師挫銳之事此琦善弛備損威之罪二也沙角大角礮臺既失以後至虎門尚有礮臺八座而威遠鞏固永安三臺尚峙鐵鍊橫鎖天險斷難飛越此時自當速調兵勇一固守親自馳往虎門號令調度以安人心以作士氣一面知會浙江乘機進剿克復使賊首尾不能兼顧其時定海只有夷船二十餘隻且貨船居其半又義律伯麥皆未回浙定賊只有副將一人而粵中義律得礮臺後已一舍舟登陸正是極好機會乃搯中於剿堵布置事宜一字不題惟以覆書綏兵爲言危言脅撫入奏且趕緊札囑浙省不必進兵旋即以給予香港即日在廣州通商定議不但故違　高宗純皇帝敕諭並未俟徹還定海後恭請　皇上准否賞給之諭旨是該夷先得馬頭後還定海以地換地既不使威在　朝廷且許其即日通商給地在前奏　聞在後又非恩

出自上況該逆佔據城池戕害文武荼毒生民罪大惡極竟可置之勿論倒行逆施謬妄專權此琦善違例擅權之罪三也琦善既在粵給與馬頭換出定海即當說明浙中夷船全撤乃其遞到夷目給伊里布咨文則又稱定海夷船各貨請即令甯波商人前往銷售查該夷在定海大售鴉片有去冬定邑難民呈詞可憑是該夷仍欲於甯波違禁通商售賣鴉片何以在粵講撫時並不與之詳確訂定斬截葛藤此琦善將就苟且之罪四也夷目公司領事義律只係夷商首領與中華洋行商人一例向在廣東例由澳門同知遞稟皆撫皆自稱遠商或稱遠職而督撫行文飭令該府同知轉諭則稱該領事稱謂有定歷有卷可查自上年在天津浙江投書擅用照會借稱公使大臣而琦善等不知詳察輒以貴公使大臣稱之以外夷市儈竟與　天朝將相平行大關　國體倘海外各國夷商藉口紛紛效尤何以處之豈有僅嚴

於各國而獨屈辱於英夷之理又豈有現屈辱於英
夷而仍能謹嚴於各國之理此琦善失體招衅之罪
五也臣愚昧之見邊疆大吏必須稍有威望方足以
鎮服外夷廣東澳門大小西洋通市者數十國皆觀
望強弱以爲向背 天朝舉動遍播海外若使英夷
得志則愈足以誇脅諸夷啟侮召患其害有不可勝
言者琦善挫軍損威委曲求款已爲英夷所藐玩並
爲大小西洋各國所輕視若令其久在廣東勢必專
務敷衍彌縫恐不止難收禁烟靖夷之效從來外夷
祇知畏威不知懷德故馭夷必先剿而後撫自宋至
明邊患不同要之示國威者皆忠義之臣而不顧國
體者皆奸佞之輩處久遠者皆智勇之士而苟圖目
前者皆庸懦之流我 朝二百年來聲威遠震四夷
臣服曠古未有英夷不過奸商其所糾合不過販烟
之匪類何必如琦善奏惟務張外夷以挾制中國臣
受恩深重不敢避顧嫌怨而惧邊疆重計謹瀝

誠密片附奏伏乞 聖鑒再臣聞夷人到粵必用
漢人爲買辦而其爲買辦者實爲漢奸之尤教猱升
木皆其所爲前此鄧廷楨任內奏明驅逐之奸夷顛
地有買辦鮑聰係買辦中最爲可惡之人因查辦嚴
緊逃往山東轉至直隸改名鮑鵬隨同琦善前赴廣
東托以心腹與義律往來議事情殊詭秘琦善所稱
夷言先戰後商之說難保非即係此等漢奸有所窺
伺而敎之使然也臣謂鮑鵬不誅夷務必多反覆可
否請 旨密飭靖逆將軍參贊諸臣確查琦善處
如果實有鮑鵬其人實係買辦鮑聰即行密拿嚴究
交通實情正法海濱以杜內外勾結之弊臣既有所
聞不敢因事無所確據緘默不言坐視琦善悞國奸
匪之計合
幷密陳

夷氛聞記卷二終

夷氛聞記卷三

時琦善先已革職至是
上疑其私
命派副都統英隆拿解赴京時以佛山同知李百齡出門下故粵中令協解
籍其家使怡良暫權而以祁𡊨繼其節鉞義律知
聖怒不測外軍雲集勢必用兵在粵永絕和議兵船
費重即資捐於商船亦必通市乃可而諸國商船續
至者四十餘雖未嘗一律禁絕先以虎門嚴守阻諸

外洋虎門破而後得聯綜以抵黃埔而會城內外居
民店鋪遷徙十已七八市井兵多民少貨鹽滯銷咸
怨英夷會義律進退失據神情顛倒二十四日船遽
由西南撲入爲守鳳凰岡江西參將譚恩都司伍定
靑守備周榮升湖南守備王金國奮擊急退越日米
利堅領事多利那赴鳳凰岡營請見兵帥稱英夷自
是不敢再有他求祀順稱兵止其國兵頭之過其貨
船原未嘗附會助逆請准與諸國一體開市則貨船

在埔兵船卽頷恳不敢滋擾矣議未决而出二十六日夷增多船乘風越鳳凰岡且前且拒冒險闖入省河飛礟向城隨退泊白鵝灘月盡乃去洋商亦代呈英夷字約有不討別情惟求通商私貨查出甘願入官語芳怡良據以會奏奉
旨飭駁皆革留當芳之來粤行抵江西也聞琦善和議將成欲附和之途次忽有給墾夷人准貨之奏是時
上方整練戎行大中
天討特簡老將贊畫師中今芳未至粤先有此請已失
聖望既而復有攻守八難之奏迹並與琦善暗合至是又請許港脚通市港脚種類雖異英夷而印度實爲役屬卽與英船無異許港脚實許英也掩耳盜鈴未戰而欵大非
命將出師本意且奏內未將琦善畏葸致悞及外兵

旣集夷再猖狂如何剿辦情形層次籌及此有意阻撓怠慢軍心之
諭所由來也頃旣入城病居民空城先徙思所以招徠之以士爲民望乃示召觀風取粤秀越華羊城諸書院生童而合試之以示整暇於是還居者半祁公至泊佛山汾江寺先時以林公意往佛山延南海在籍吳中丞榮光李都轉可瓊商守城策虎門旣破是夕林公先知之二公爲其鄉人綜團練不可出予具文以覆因條陳旗勇協守法以駐防餘丁皆驍勇可募用也自是寓佛山往還兩地者三閱月偕李都轉候見祁公於南岸市樓剿入而林鄧二公同掉小舟適至祁鄧本同官交好林亦袖其任內所辦夷務層折纖厚摺開誠以告祁未暇閱隨手置之席下二公並以夷舟據省河凡官船有旗幟恒爲所擾勸祁公一出花埭海卽折而上由泥城入北門偃旗息鼓登岸當公未入沙已有勸其道蜑洲山過石門艤泥城者語與二公合語畢辭去會日昃都轉老倦先歸予登舟祁公言少穆以所辦示我不知舊令尹事如何隨長嘆謂我去不幾時不料地方遭刼竟至於是予曰公來刼有救矣公曰不然我以小心謹愼作無事時巡撫尙可總督則非其才矣况有事乎吾兄不記鄧制府閱兵廣西我以巡撫兼應夷事時乎非墨農事事提醒不知誤却多少矣墨農者高陽儀克中就書記數年來所心折者及公內擢儀已作古故憶及之予因謂如大君子謙卑自牧何不別擧精力强毅者相助爲理耶公曰樞廷方以我熟悉夷務非晉辭則早來久矣此次半道接
旨不得不勉肩艱鉅也旣

又問林鄧並勸改道入城說可行否予答以故事大吏抵任必由近日亭登岸便各官行禮而總督署在靖海門內此次似可由靖海門入諸官必集迎於此公督望赫然夷船何敢犯前驅若竟道泥城未免滋其疑惑失觀瞻矣公大以爲然三月奕山隆文亦至義律來文請在香港開市督撫以未奉諭旨駁之二月末嗎嚧唶於夷議一體嚴拿走私之說代証此端與英官無涉語今來文請縱走私故拒之是時夷船之在定海者多駛復廣東虎門香港合五十餘船奕山意芳有將畧首與商軍事芳謂夷越虎門深入粤城外民居鋪舍櫛比無隙可乘卽

無隙可守惟於東南獵德西南大黃滘速下樁杙沉舟堵塞而以重兵握岸上堆沙壘爲城庶幾可作省城外障使夷不能搜截軍械運船散我穀米埠然後俟風潮集柴葦爲筏用火攻之方可得手既又商諸則徐則徐爲六事答之一堵塞要口謂夷日擾省河法皆難用當設法誘夷出獵德大王滘外否則束手待斃二洋面船查明備用三礮位驗演撥用四火船水勇整理挑用五外海戰船分別籌辦六夷情宜周密探報較芳係陳尤爲詳密可行六條一水道要口宜堵塞嚴防也此時夷船既破虎門深入堂奧查省河迤東二十餘里有要隘曰獵德其附近二沙尾兩處皆有礮臺其河面寬約二百丈水深二丈有零又省河西南十五里有要隘曰大黃滘亦有礮臺其河面寬一百七丈水深三丈餘若前此果於該兩處認真堵塞駐以重兵則逆夷兵船為難闖進省垣高枕何須戒嚴乃既延誤於前追悔無及今夷船正於此兩處要隘橫亘堵截使我轉不能自扼其要幾如骨鯁之在咽喉矣惟有密飭近日往來說事之貝督同洋商先用好言令夷船退離此兩處而在我則密速備運巨石雇齊人夫一見其船稍退卽須乘機多集夫兵累千連夜填塞河道一面就其兩岸厚堆沙袋每岸各駐精兵千餘先使省河得有外障然後再圖進剿此事不可緩圖尤不可偏廢若僅駐重兵而不塞水道則夷船

直可闖過雖有兵如無兵也僅塞水道而不駐重兵則逆夷仍可拔開雖已塞猶不塞也塞之駐之而不堆沙袋則以兵燃礮立腳不住相率而逃仍猶之乎不塞不駐也此兩處辦成後應致力於內洋之長洲岡及蠔墪最後則籌及一虎門彼處有南沙山巨石可采如何堵塞容再酌議一洋面大小船隻應查明備用也查虎門所泊師船除沙角失事時被焚十隻外聞尚有提中營二號三號大米艇二隻五號小米艇一隻提右營二號大米艇一隻五號小米艇一隻現停鎮口自應由水師提督配齊弁兵礮械以備調用其虎門以外附近之水師營分東則提左營大鵬協平海營碣石鎮西則香山協廣海寨現在各有師船若干配駕弁兵礮械若干亦應分飭配足報明候調至省河有府廠運廠兩處均係成造師船之所現在各有造竣師船幾隻另購堪以出洋大船幾隻應飭據實開報弁將蓬索槓椇卽日備齊聽候查驗再上

年府殿改造巡船及新造安南三板現在尚存幾隻
裝配礮械若干亦即開明聽用其招到快蟹船十九
隻現泊何處此內壯勇若干礮械若干亦即稟候核
奪一大小礮位應演驗撥用也查此次虎門內外各
礮臺既被佔奪所失銅鐵礮位合各師船計之不下
五百餘尊其中近年所買夷礮約居三分之一蓋以
藉寇資盜深堪憤恨今若接仗非先籌礮不可而礮
之得用與否非先演放不可查佛山新鑄八千斤火
礮十四尊僉謂無處試放殊不知演礮並不必極寬
之地祇須水上備一堅固之船安礮對山打去其山
上兩頭設柵攔夜必不至於傷人並須堆貯大沙袋
每袋約長四五尺寬二尺餘堆成橫豎各一丈高七
尺許以爲礮靶對靶演放既有準頭而礮子之入沙
幾深至多少尺寸果否沙可擋礮亦即見有確憑矣
此十四尊試過如皆可用即日運省備防其餘即於
佛山如式再鑄倘試後有須酌改鑄法之處亦即就

近諭匠遵辦以臻周妥又番禺縣大堂現有五千斤
夷礮四位似可撥至離省十五里之燕塘墟向來演
礮處所亦照前式堆排沙袋演試又廣協箭道有夷
礮六位斤重較小似可撥在北較場如式堆演所有
來粵客兵即分該管官帶領輪班演礮如此則礮力
之遠近礮擊之堅鬆與兵技之高下無不畢見一舉
而三善備焉再前據廣州協趙副將開報該協箭道
并賢良祠現存堪用各礮約五百位又紅單船拖風
船餘下各礮亦約有一百位雖俱不大然未嘗不可
備此似應分別查驗演放以便分配各船及岸上營
盤應用至裝配船兵宜將船隻駕到將近佛山之五
叉口茉莉沙瓜步口等處分起裝就聽調庶免疎虞
一火船水勇宜豫理挑用也查夷船在內河最宜火
攻前月經楊參贊飭備柴草油料松香裝就火船約
百餘隻聞係署督標中軍副將祺壽候補知縣錢燕
詒等經理其事茲隔多日恐柴草等物萎濕短少應

飭查明重加整理其裝載之船原只以備焚燒固不
必堅固新料但亦不宜過於彫舊且必須有篷方能
駛風若專藉一二人之力猶恐推送遲緩不能成功
其船約以數隻爲一排駛近夷船則環而攻之能於
各船頭尾繫大鐵釘釘住夷船燃火使之推不開拔
不去當更得力其未用之先此船宜移上游近佛山
一帶裝載完妥貪夜乘風與有礮各船一同放下隨
攻隨燃諒必有效又內河東路之茭塘司一帶另有
捐辦火船百餘隻即某所捐辦也分段停泊如需應
用亦可隨時調集以收夾擊之效至水勇一項人人
以爲必須雇用惟患其有名無實前此虛糜雇貲已
非一次除洪澳之二百八十人係鮑鵬爲前琦部堂
雇用聞已散去可毋庸議外若梟運兩司訪雇之水
勇一百二十名聞有董事管帶應可得用第未知其
船現泊何處似應查點試驗又番禺縣張令原出揭
陽帶來壯勇三百名皆係以鳥鎗擅長每人各有自

帶之鎗施放頗準此一起雖係雇爲陸路之用而上
年曾經諭明肯下船者多加雇貲彼即欣然下船似
宜將此壯勇三百名作爲水戰之用此外再雇務須
考其技藝查其底裏必使層層保結不任濫竽並諭
明臨陣爭先者即予拔官如敢潛逃立斬示衆信賞
必罰自足以勵士氣而壯戎行矣一外海戰船宜分
別籌辦也查洋面水戰係英夷長技如夷船逃出虎
門外自非單薄之船所能追剿應另製堅厚戰船以
資制勝上年曾經商定式樣旋因局面更改未及製
辦其船樣尚存虎門寨如即取來斟酌趕緊製造分
路購料多集匠人大約四個月之內可成二十船以
後仍陸續造成總須有船一百隻始可敷用此係海
疆長久之計似宜及早籌辦若此船未成之前即須
在洋接仗計惟雇覓本省潮州及福建漳泉之草烏
船亦以百隻爲率將其人船器械一齊雇到給予厚
資聽其在洋自與夷船追擊不用營員帶領以免牽

摯仍派員在高遠山頭瞭望探報果得勝仗分別優賞其最得力者賞拔弁職充入營伍緣漳泉潮三郡人性強悍能出死力既可兼得名利自必踴躍爭先較之本地弁兵顧惜身家者相去甚遠至於能在水裡潛伏之人查本省陸豐縣之高良鄉饒平縣之井洲及福建澎湖之八罩鄉其人多能久伏水中似亦可以募用其火攻器具如火箭噴筒火毬火礶之類亦宜多爲製備以使臨陣挑用一夷情叵測宜周密探報也查逆夷兵船進虎門內者在三月中旬探報有三桅船十四隻兩桅船三隻火輪船一隻兩桅大三板四隻單桅大三板一隻其各國貨船在黃埔者現有四十隻自虎門以外則香港地方現泊有夷兵船十七隻伙食船三隻此等情形朝夕變遷並非一致似宜分遣妥幹弁兵輪流改裝分路確探密封飛報不得捕風捉影徒亂人意其澳門地方華夷雜處各國夷人所聚聞見最多尤須密派精幹穩實之人

暗中坐探則夷情虛實自可先得又有夷人刊印之新聞紙每七日一禮拜後即行刷出係將廣東事傳至該國並將該國事傳至廣東彼此互相知照即內地之塘報也彼本不與華人閱看而華人不識夷字亦即不看近年雇有繙譯之人因而輾轉購得新聞紙密爲譯出其中所得夷情實爲不少制馭準備之方多由此出雖近時間有僞託然虛實可以印證不妨兼聽並觀也至漢奸隨拿隨招自是剪其羽翼之良法但漢奸中竟有數十等其能爲之畫策招人掉弄文墨製辦船械者是爲大奸須將大者先除則小者不過接濟食物訪拿亦易爲力矣即是月則徐旋奉以四品卿銜馳赴浙江候

旨之

命緣是時裕謙已抵浙自去冬曾與閩浙總督顏伯燾浙江巡撫劉韻珂先後密陳則徐在粵辦理無誤宜責以戴罪立功而謙之劾琦善則以上年廣東就本省兵防本省夷未聞敗辱爲言比較迭失臺口功罪則徐又先自請赴浙竭力籌辦粵中初聞有調外兵攻剿之信林公實不如意出自　上尚疑琦相因夷情反覆當大示兵威密爲奏請但未商及同城耳此子規閒之林公者林公因言封疆大吏得調本省兵粵中兵額綠水師者已不少皆總督所屬就地調用不致多費帑項故辦理遂爭以不至奏調外兵爲正今　國家方全盛經用及　兵兵何事不了此辦理至於萬不

得已之舉並非未料及外兵他日之敗也至是

上見夷情叵測外兵至粵者已有八千防夷敗而竄浙爰有是命然其時粵聚兵雖衆守禦尚無勝算所備攻具巨木之運自西省編紮爲排筏者未成水勇募自福建者千人香山東莞者三千一時亦未能驟集奕山初尚用芳待時而動不可浪戰取敗議而翼長文則李湘棻西拉本武則段永福張青雲輩皆利在一戰爲得功地且非是則軍餉將無以開銷也密

請開伏張必祿亦從而慫恿之奕山爲所動謀於墳官粵久素悉夷哃喝伎倆以爲外兵新至當乘銳而用亦不阻止爰於三月晦密集軍官發令三路分出一屯西甯礮臺外爲中路一屯東礮臺爲左路一由泥城出爲右路使及夜運礮出佈置粗定將突攻夷船於省河調發畢巳日暮芳猶未之知兵出城奕山始詣芳告以故芳乍聞不覺大訝拔劍奮呼謂事且敗而局難收頓足至再奕山亦旋悔亟思挽回然

令已行人自爲備兵衆地散已莫及矣先苦水勇未集會四川營餘丁四百願充其數與廣州應募者合爲千七百餘人乘小快舟挈火箭噴筒都司胡倖伸率領而往分三隊伏約聞礮齊起抄後路攻之尋以長鉤鉤其船底擲火焚燒官兵但沿岸施礮轟擊應之省河夷船出不意又値風逆一時四面受窘西路攻毀其大兵船一火輪船二三板四小艇數十於白鵞潭東路擊其二板夷衆從睡夢中聞變亦猝不及

備相繼溺死於二沙尾者無算總兵張青雲設伏西甯礮臺夷見守禦空虛舍舟登岸者數百人伏發退不及舟我兵湧出氣銳迎刃皆斃無存者義律夜深聞攻殺聲不知何處有兵咫尺間調遣不及自夷館踉蹌走出呼小三板渡上夷舟兵目援以登僅而獲免四川湖南兵探悉義律所在相率向圍不知其巳遁也蜂湧入夷館登樓搜之不得則掠其貨物（時米利堅夷商佔館者外兵不能辨誤傷其數人）越日黎明夷兵大集援救止擊

沉其三板船一風潮轉順我兵反爲所乘夷船豎黑旗連日遊奕省河直逼礮臺勢甚張段永福領勇千餘守天字馬頭望見夷飄旗速放空礮一鬨而潰所設八千斤大礮未及放礮眼已爲登岸夷所釘守泥城者爲副將岱昌叅將劉大忠大忠即協守虎門夷至先逃以陣亡奏請賞䘏事後飾詞歸營者所備木筏材料購自西省費數十萬及油薪船三十餘大軍輜重咸萃此至是亦不戰而走軍資可用者盡爲夷

有守北門外山者定臺（俗以形稱四方礮臺）者爲總兵長春粤城北五臺此其一也明以前無之迨至國朝大兵南下攻數月而守尚固乃築此以瞰城中瞭若指掌轄以東西得勝臺既築城始不支蓋攻之利即爲守之害粤既隸版圖承平垂二百年無議毀者（其年前制府祁大爵奉命從軍至亦以形勢不便思將北門城仰築而以耆定兩得勝留入城內蓋不表壁謀毀拆而不知加城於山所費不貲尤非策也此與所議伐村里古樹堵河皆不可行而行之）事至是初五日夷泊岸試登無阻拒者竟據之築土

堤藏藥爲久守計登高俯瞰窺以筒鏡凡城中措置及官民來往悉爲所見憤與怡良議亟調礮置南西二門示民死守是日福建水勇適至既入撫標官以令箭押使出城應敵以駐防將軍不肯啟而止芳立北門女牆下視至移時刻忽掀髯大呼曰可擒也欲以兵二千分兩翼下城擊之亦阻於同事不果稱疾不出者二日火箭巨彈自下上者肅肅過耳畔芳談笑自若罵曰醜虜要擊死老子耶左右咸股栗勸稍

避之不顧夷既聚泊遊奕小舟如梭織其兵船迭遣飛礮攻城沿珠江二十里間環東西南三門外礮聲無片刻斷礮子往往墮城西北隅蓋知大將軍以下皆駐城北貢院特向而注發而不知發已皆遷避巡撫署頃亦移駐城內矣入夜火光如晝日則四射火箭焚南北岸鋪舍南門外燒燬尤甚民間無救者官軍亦不敢出撲聽其自焚自滅留者但洋行貯貨棧舍而已時內外兵萬七八千軍令皆撤入城都司守

備以上無一人在城外者（夷小舟放火延燒兩岸惟洋商屯貨之棧則過而不燬自二月虎門失事及是連日遇紳民眷屬遷下鄉者每爲夷舟阻辱巡船至則擄藥燬之有洋商家屬爲所追及逃出條紙示之夷即反棹且爲護送入花埭河口連日火光燭天而放入箭彈恒着空處或竟燈熾懸飛礮彈子大者至百十斤每自屋面滾下無着人致傷者是時內城分貯火藥至二萬斤漢奸知藏藥所在火箭向之會大雨如注曾不延燒事後夷入言當時共見一白衣人夜立城上以手接箭箭到即熄或以爲非神助順不及此設一有延燒則人心不固城從此不可問矣）貢院號舍八千有奇令舍住一兵而兵往往拆數號通爲一擕所自備物居之因不能容則令其自擇居民間空舍容

兵各招引其同隊三五成羣撬門挈具而入隨地駐足於是夾雜散處佈滿內城營王但知按籍記其兵數實不知兵所寓何地同寓何人遇有號召輒出小旗沿街市招呼有畏徵發匿不出者非領餉之期無從見而問所駐地也夷登耆定臺越山磴徑十餘里軍帥坐北門樓親覩夷兵魚貫而上所至無阻莫可誰何駐防甲兵見而髮指動公憤自請出城截擊以阻其登城亦不敢有超城下者數十人中途復相計

旗營藤牌少不足禦夷火器旋返城繼上駐防將軍阿克精阿先期令地方官以沙包遍塞城門初五六七日城閉城內米值大起油薪將乏亟開一門放行歸德門開後仍置筆硯於卡房凡肩輿出城者令自書姓名始肯放出當時雖官亦不免盖有謠言謂夷將裝扮差官與入爲內應者故有是事然不搜其入而搜其出且但搜肩輿而步行者不與亦疏甚矣諸帥初以衆兵閑處一城雖不得其用尚幸其安靜坐食可不擾害閭閻忽初五日南海義勇爲湖南兵誣殺楚兵初駐東門校場其地多瘋女少未發面往往夜出就男子交移毒則男受其病而女愈可嫁楚兵新至未之知既而多傳染者或言孩肉可已瘋疾於是攫遠近小兒旋營烹食之壯勇知其事以爲人人如此遂力與拒此致怨之由羣勇大譁擁入貢院不散大帥不得已摘永福翎頂解其怨而互鬬者已乘勢四出放火殺人較塲中屍骸如積矣逃難入城者恒指爲漢奸攫其財物有挑夫於大佛寺前買粥方食芳以送琦善就逮下舟馬至適挑夫輟食出抵其前驅遽令斬之刀挑其首出至河干民環城聚觀駭甚先是方開仗越日旋有不循紀律聚搶夷館之事所搶貨物肩挑背負各饜所欲搶物多者不便同營受指摘則相與

潛遁軍官未之知知亦無計招復也去者信足所之罔識途徑道中每以所得易貲消散所過州縣沿途詰官索餉北行遠抵三水清遠者尚數十人地方爲之應付具舟送返會城僉以追逐敗夷迷途爲詞人多不能束以軍法反人爲犒賞爲其壓驚非不知夷在南而兵反從北返然不暇正言詰也夷兵中率有多年市粵者爲之領導民與夷習義律初發難時時以繳烟斷市萬里虧蝕爲不得已之詞謂兵來但與

官為難而無與民戶為與市者訴其資市為生者半出番禺香山新安之市井無識否卽蛋民漁戶未明大義以為害不及民竊私憐之市粤者初謂義律僅六七等官視若無關輕重船梢姑聽命焉食用居處終與大班二班迥別義律亦退抑不敢擅作威福迨來粤七八年値變起夷商雖號殷富實平民或假貲於國或合力置船義律雖微亦官也倚以為重國王亦因其居久事習就令為諸船總管伯麥雖以國戚

初至反副之自以勞頓風濤數月至則使義律赴浙自留粤暫代其時義律隨挈兵以出破定海留船以守意中國且厭兵當可動乃偕伯麥北抵天津獲陳逆得

恩旨復相與挈琦善文還粤候欵及偵知琦善以失

聖意得罪大局全易虎門攻陷皆兩人者為之伯麥絕不語中國底細義律自繳烟取結屢與保純晤語數出其妻於座示敬保純亦感其誠還輒私語所親

故當事但知有義律以為人尚明白可以理諭城旣閉軍帥伏處一隅牛犇莫展百姓洶洶謂兵不足恃城必破夷入必遭焚掠也則扶老攜幼哭詣怡良請權宜為目前計於是欵夷之議遂決城上改換白旗軍帥以下各會印檄付保純縋城出說義律商之會夷用正急思得貲以濟旋議定餉軍六百萬員計四百二十萬兩作凊收內商夷欠約限五日內銀項交足大將軍挈外兵先離省城遠屯夷船亦退出虎門保純還述義律自指其心有天理良心不敢攻城語議定洋商合力僅得銀百

二十萬兩餘從公帑代為墊支括藩運關三庫足之時參贊齊愼後至城未敢軏居佛山會奏者惟奕山隆文楊芳阿克精阿祁𡎴怡良裕瑞言調兵萬七千人奈無職地安營熱燥濕蒸久而多病夷入北路山巔居高臨下勢已危極一有疎失收復固難而土匪竊發通省搖動亦斷難久守若不權宜行事必致決裂其洋商欠項分於各商攤還又奏據原商伍秉鑑等稟稱積有夷欠議

明分年歸欵自十九年停止英夷貿易至今未能歸
結除商等自行籌措外不敷銀二百八十萬兩一時
無可借貸懇於庫貯欵內撥借交領以淸夷欠分四
年在生理價銀行用內按欵攤出將借項全數歸補
此項雖由商欠而關係夷情不若先爲墊借庶幾洋
商無可藉口等語當時諸商貲欲以其行淺淸還庫
項及和約內已准英夷請裁去洋商無淺可收此項
雖該商舊欠在先終歸懸宕久而未淸又臺灣夷俘
顛林供云廣東行商給還烟價不云該商
舊欠並當時兩項在夷商尚未及分斷也至所給還
夷欠即作烟價及此後是否停給香港皆未之陳及
也方議欵時夷兵以船泊泥城登岸肆擾沿西及北
其據守者定臺者兵千餘欵成尚遷延不遽退伯麥

身肥體健首大如斗自恃膂力率領餘衆自臺下闖
至泥城西村蕭崗諸村落大肆淫掠姦及老婦村民
大譁舉人何玉成即柬傳東北南海番禺增城連路
諸村各備丁壯出護附郭西北之三元里九十餘鄉
率先齊出拒堵對岸之三山等村亦聞聲而起老弱
饋食丁壯赴戰一時義憤同赴不呼而集者數萬人
夷目畢霞領其兵與村民戰村民稍郤被追深入牛
欄崗所近居民大至轉瞬民多夷少急匿叢薄間放

鎗自衛村民但遁園之入夜則脫衣懸樹杪迎風摇
颺作疑兵民不敢前及天明入林內搜殺幾盡逃者
不識途徑亦多被截擊有叩首流血得免者伯麥畢
霞同時殞命收其調兵符券防身鐵劍小鎗之屬夷
兵方捨命突圍出無奈人如山積圍開復合各棄其
鳥鎗徒手延頸待戮乞命之聲震山谷村人以其困
不復逞亦即不殺其留者定臺餘夷尚衆一人不敢
下村民但環立山麓相約聽其餓斃圍既久越日義

律馳至亦被圍寄遣人間道求救於保純保純聞報
請於塡或勸出福建新至生力軍助村民活縛義律
監而勿殺挾使悉其船出外洋還我漢奸以是禍懲
之機不可失當事相顧無敢任者咸以爲事在和後
不欲更爲戎首且欵銀已先給設敗盟於我有害無
利堅郤不用其策然欵背來從三庫商行分起遲下
夷舟其日討已給者僅及四之一而久困之夷得全
欵一時驟裕有所恃以外擾江浙粤爲彼中市舶最

旺馬頭向所稱呢邊火石棄物皆可易錢者萬不肯取快片時招怨買恨而輕棄之當時能畧延期日陳兵城上不下與戰縱不給以貲彼無所焚掠將自止亦無攻及城池之事不過以朔日之戰遽收兵入城爲彼所窺因以焚擾爲報復我愈退而彼愈進葢情事之常亦兵家之所宜然耳事經兩日之久倘官民同志稍善機宜村民萬口同聲索其繳還原貲而後散官爲調停其間續給者當可免彼目覩民情計無

復之未有不可行者惜乎策不及此也墳令南海令梁星源番禺令張熙宇隨保純出步向三元里紳民揖勸代夷乞免越數時許紳士潛避民以官故不復誰何遂覩翼義律下羣夷繼之衆口諠譁笑聲聞十里其後逆匪犯湖北梁猗節張防九江敗於小孤山皆擢至兩司矣余守因試爲士辱引病去皆保全粤人而不之感者夷自是始知粤人之不可犯尅日全幫退虎門外其時近海紳民有欲邀於海口奪還所得貲適其大船擱於淺沙將截焚之亦爲墳所聞切諭而

止其他船在虎門外者初四日新安武舉庾體羣夜半出火舟三隊自穿鼻灣乘潮攻而燬之佛山義勇亦於龜岡礮臺乘上風颺毒烟斃夷數十破其援舟

欵夷事

闔郡以切責諸帥皆曁吏議義律入內河恒睦居坐肩輿遨遊市上側所不許也百姓已見而切齒遁後自慚無以對漢奸乃出僞示有不難報復姑示寬容語以掩其辱三元里等村民亦大張文檄痛斥而醜

詆之戒其毋復相犯盡出所馘級及奪獲礮械繳之官當事優予獎勵爲祠祀死事者玉成等請自海珠至石門水陸衝隘如仁威沙南荔園泮塘澳口及對岸之白沙增步各按險要設防置礮河南數十村及城東燕塘亦均起而團練進士何有書等接踵倡行各就所近設爲社學輔以公所而二之西北曰昇平東門曰東平練勇至數萬無事相安農業有警農即爲兵一時聲勢聯絡咸隸廣州協副將二社學外繼起者河南橋

內曰隆平設於道光二十九年夷酋入城時南門外曰南平則奏而未成村間曰坤維未果民與官應塡復防其內擾策之大帥取則徐前堵塞兩臺口之議稍推而遠之於東西兩口先大石次瀝滘又次獵德沿及石壁黃埔三山凡夷船可以直達省河之道度其船之脩廣勸紳民買石沉而狹之淺其河底僅留中小口通民楫而阻夷船之闖入者先又於所堵四旁密豎樁柵復縱橫曲折投石其內慮其輪舟挾火力或可用鉤扒拔石徒勞無濟也於是勘擇

要道東路如東礮臺赤岡二沙尾洋桃坳姚家圍南路如大王滘南石頭東塱鳳凰岡西路如西礮臺永靖海珠新墪竹排頭泥城北路如永康拱極保極者定紅棉寺餑餑山或舊有礮而壞於夷或舊未設臺而新相形勢補築者並鑄安巨礮分防丁勇別於海口要隘設土墪三十餘防維周密以補東南兩口臺所不逮令訓導黃培芳拔貢生余廷槐齎檄周遍村落開陳大義民氣感動而後檄知府楊需署糧道西

拉本南韶總兵馬殿甲高州總兵趙承德督標參將曾逢年游擊李志和趙如勝督學正曾釗守蚌蛇洞大岡邊爲南路正防而以從九品林俊英守穗石文生彭鶴年守壩頭廟武生范廷安守南亭職員何大山應之教諭陳文輝守官州外委曾文基守官州門爲東路正防而以從九品衛綬光守瀝滘應之從九品楊汝正守三山大通河爲西南河路正防而以副貢生高廷佐武舉關鵬飛守南頭教諭虞世珍守東

塱應之拉本殿甲又自守龍船墟得勝坪及獵德諸臺舉人李國賢守員村文生葉炤守下渡頭拔貢陳大勳守東礮臺文生林福祥以水勇爲應計南海番禺團勇至三萬六千名而營兵不與焉取資海數縣淤生田坦凡十七萬餘畝收諸公招佃納租曰屯田爲守臺墩與捐造巡船兵食屯田之說係陳於南海曾釗旗人樊封皆博古士見知於祁公者也始以兵食急需知粵東近海沙田之歸殷富家者日有淤積每視原承多溢下令許田鄰首於官勘實收爲公田一時首者紛至被控者動借廢照影射非過海清丈不可祁公慮擾民遂止

其事又諭召好義者出已田歸官以原買價銀數請獎於是照者以西潦成災失收之田獻引勘收委員諸田所但見禾根在畦不知水退蔞苗所餘發佃無應者因議使本土紳士駐局分別受澇田段俟赴局獻者按其土名先定非受非鄉間紳士不識情形頗難其選許員外祥光延述孔觀察意謂予當省延久且悉香順沙田被水處所時予方居憂馳書見勸予辭之再三恐以一人誤公事也未幾獻田之事又不行乃奏請取沿海數縣凡貧民照例赴縣承墾而未經升科者盡歸公田召佃分別定其租欵仍令原墾戶各按所墾赴官領佃照部限半年限外即准他人承佃白太守從濂率各縣勸民認領督撫出示招之以發兵費急檄促縣行且嚴香山墾戶視他縣獨多初尚徘徊無以應香山令陸君孫鼎省中舊交也使其屬香山司巡檢饒長春來予村舍諄諄勸紳民出承會大府亦以爲言且出印示交予爲驗當時猶

以爲官佃常例不過欠租易佃無害於民重以大吏及白守之故時亦畧有所勸令其自以保佃姓名呈官備案而已其後部議照地丁例行則官受考成者重而自墾之田自領其佃雖屬順理而田尙在水久之待圍築而後成未免壅水爲害可歎矣方運石堵塞視夷所入要津一時並舉南灣九龍產石之山悉在虎門外夷船所聚因購於內地之潭洲絡繹運載隨至隨沉諸河夷已偵知之謂不利已出入則駛三桅船泊橫檔馳輪舟三撲入大石四沙赤瀝角遇石船即焚紳士曾釗林福祥周其俊何達海各督其勇護之工始克竣祁公委調

省令馮沅督諸紳堵河沅日堵河當量其淺深廣狹以開方法測之今由石船過河口即投受石不均恐有阻水之患又其時所募守口壯勇月食或八員六員不等悉出籌捐局設大佛寺勸捐洋鹽二商捐百二十萬兩紳民各自赴局捐貲及鑄礮築臺購械三十餘萬兩勸及半予隨告養礮械甲仗皆日有補造貲既厚集凡有一材一技足資捍禦可稱破夷妙計者膺揭黃傍奉諭旨招徠之即所條策而詳爲講求著效者優獎與築臺製械者等當是時人人思奮翹首企足以欵夷爲辱將待夷船之再入也而盡殲之廣省數縣游手

之衆收勇籍者十之八緣是內河村落盜匪亦無復竊發益豐其口食時其訓練日飽食於臺敵力無所用無不磨拳擦掌以待一試當時設勇未試而內賊以是少及勇一散而賊即四起實見過不見功之墳以內勢既定省城根本無可搖動而後由內及外層次整理以虎門諸臺修復爲終事至派將弁設防守如平時而後已英夷平日已畏粵民勇悍至此知內河守備綦嚴愈不敢正視粵東越虎門一步因變其說謂市久人習不忍肆害且存市地

爲他日相見計欺粵民之恃夷爲食者但速建香港房舍拆虎門舊臺石悉運以出請官爲示召商民就香港與貿易至是譎己再矣內商以風浪險無肯往者夷請以尖沙嘴九龍山二地易香港當事以未奉諭旨卻之而反勸其入市黃埔夷以入埔必經虎門諸臺修於彼不利遂泊兵船阻我與築砦毀石之舉不盡關營建也以是雖就欵市仍未得流通貨物仍壅滯如初國商咸以義律鹵莽就欵不以各省所索

馬頭入議責之會英國王別派噗喘喳爲大總管又派吧噶與思啞敕力巴敦時爲副增船大者合前至百餘小舟數百來粵義律亦自以官小爲所屬宜受鈐制慮其至或生異議無以對保純也遂先期偕帶運粵所得銀揚帆返國按顛林供伯麥袞派被毆死報知女王派噗喘喳來然伯麥之死在四月而七月噗喘喳已犯廈門彼國遣將不如是速冦海記云佯言國王譴義律無能改命噗喘喳所指無能者以議欵不索各省馬頭亦與伯麥死同一時事意義律先自請換已得請而行且知增兵易將將至故-退去而非代交也奕山因議欵有離出省城之約旋

偕隆文退居距城數十里三水縣之金山撤湖南兵歸伍留芳駐城彈壓芳初居貢院避暑欲遷越華書院以嘗爲大帥行轅也予方監院陳止之隆文素剛直軍事多持正論格於勢不得行其志金山山水孤僻之地居甫數日心抑鬱恒咄咄自語謂無面目對

君上歎不絕口寺僧頗知事故進以諧談欲紓其憤懣果畧一啟顏因潔卮酒奉焉不飲曰汝方外人不識予心非相卻也予自分辜

恩罪重方愧悚無地日在憂憤中敢以酒自娛乎僧再勸則色變曰若更相迫吾立嚼吾舌矣竟不食死西觀察爲翼長攻城時方居貢院忽礮彈飛至擊中其僕遽倒時驚悸喪魄未幾以心疾死隆衆贊家都城死後門戶蕭條一妻髮皤然撫其子孀守廣來癸卯鄉試主考率小門生見之猶問粵事噗喘喳至粵知義律議欵止了粵事且所得故商欠而閩浙江南之市地將開英國他日無窮利源又恰符其借失市搆兵之本意且犯他省仍不與在粵和議背況義律適去粵官難以責備設遠來無奇功是明居

義律下矣計既定遂嘗試以覘中國意乘
諭旨令酌將所調防兵裁撤謂有機會未宜坐失於
是舍粵洋而北以潮州南澳爲粵閩適中地帆檣之
所必由也爰於南澳長山尾預泊數船載馬備登陸
計船狹不便蒭餘則沿岸葢造房屋上爲層樓澳官
無止之者土木日漸增益駐人爲兩省往來航船響
應墳令海陽令倪澧諭毀之先是澄海學諸生就課海防論卷有及長山尾葢夷屋養馬事言之切實時方奉
旨不准香港搭葢故南澳文武無敢言及者予已奉調旋省袖卷

呈制府祁公行海陽倪令幕邵巡檢往查夷初尚支吾不肯拆再往以正言曉之時駐泊止一二船懼內地兵威卽遵拆而放馬於長山凡十二四過者以七皆見凡夷馬皆剪尾可認也此辛丑九月事
月初十日與吧噶思亞勃力吧敦時等駛火輪兵船
數十艘尾闖廈門椗青嶼越日投書提督嘆自稱公
使巴稱水師敦稱陸路並云提督詞極悖誕謂不照
上年天津所議事欵卽應交兵暫空廈門城邑讓其
軍士棲止俟定議後繳還提督陳化成老而能軍過
閩海遊奕者輒擊之礮傷足猶鼓勇進尋改官江南

去時總督顏伯燾先已出駐泉州提督竇振彪適洋
巡出留兵無幾方以粵夷就欵有
旨撤兵水勇已散伯燾率與泉永道劉耀椿自白頭
汎倉卒出迎擊以萬斤巨礮傳令對岸之嶼仔中路
之鼓浪嶼三面合攻沉其大船一兵船五復損拆其
船桅夷冒礮蜂湧而進集七八船併攻一臺別駛三
板船分路登岸用先後夾持之法攻一臺破復攻一
臺勢甚兇猛副將淩志以下多被傷且死兵勇血肉

狼藉猶奮前拒敵自辰至酉斬殺亦畧相等夷船絡
繹愈至愈多人登岸者亦愈殺愈厚迨併力環攻大
礮臺我兵遂不支矣沉兵船五官房鋪舍悉爲飛礮
延燒又轉我臺上巨礮內向反擊城破據之伯燾退
保同安縣城專派同知顧教忠移駐潯尾汛以防越
廈入縣咽喉謝金門鎮江繼芸陸路提督普陀保分
防要隘繼芸戰敗落水死志負傷殺退前夷爲後隊
所逼剖腹死都司王世俊殉之游擊那冊珠揚青江

罹重傷備弁死者數人前一年夷船初次入擾廷楨
方督師但令耀椿固守舊礮臺兵力聚於一處得自
保伯燾世任封圻又籍東粵蓮平州與廈門距近地
方夷情皆所素習深恨琦善一意主和開門揖盜而
意見與則徐頗合甫抵任即追劾提督陳階平告病
規避罪以爲廷楨但知自守勢不能剿盡橫逆且謂
守而不攻則我勞而彼逸彼省而我費夷礮不及岸
礮之大載火小舟雖恃以焚夷然僅可用於內港而

不能挐出外洋鑿鑿見諸奏牘慨然有澄清海宇之
志請帑三百萬造戰艦買商船五十餘募伍數千爲
新兵招海濱勇士八千鑄大礮千先期令候補知縣孔昭慈赴潮州購買船鐵及一切軍資不惜貲費孔故燕常令廣東饒平丁艱服闋改發閩至是効力軍營者寓潮城穀倉會予巡試至潮以舊識旦夕過從談頗公布置事甚詳從沙汕頭購大商船欲歸領項再至予謂軍務孔亟當隨購隨令先由海往而後以人解價償之爲便時首邑爲倪念漁太守澄舊令順德可與暫假否則汕頭售船主人其父兄子弟多在學一言爲保即可了無事往來稽延也孔大喜議甫定而厦門已破孔遂踉蹌遁矣
增建口外之峿嶼青嶼大小擔三礮臺守禦

既分船又購自沿海鄉郡不時至計師船需礮千一
臺需一二百急卒匠鑄未成攻守雖有人有地而軍
械不備仍復制肘臺牆開門置礮牆厚門深又不能
左右活轉但可直擊夷船一知避我礮路過此即衝
突無礙往往先試以傚舟而後啣艅排進致有此失
既退至同安海上先期散遣之丁壯因廈地人皆遷
徙無所覓食夷遂招而養之盡爲所用廈雖爲全閩
門戶然實無險可據故夷得之亦不能守遽以二十

一日駛其三十餘船並掛帆而北留椗內港者僅數
船勢孤不復登岸椗鼓浪澳者瀕出猶大言今雖暫
去行當復至至則於此益造樓房必俟官給銀乃已
恭猶是廣東故智已爲
聖明所洞悉有可堵則堵可剿則剿此外更無酌量
辦理之
嚴諭也頒制府奏云逆夷竄擾厦門口岸於七月二十一日開去船三十餘隻尚有五隻在港遊奕經臣飭令厦防同知顧教忠安集逃避回鄉民人並查明被害之家量予撫恤於二十四日由驛馳奏

各在案茲於二十六日據興泉永道劉耀椿稟稱
該同知顧教忠稟奉前往廈門口岸會同署水師中
軍叅將陳勝元查得各處街巷並無夷人蹤跡所有
逃避各鄉男婦陸續轉回各尋舊業商賈肆市未經
殘毀者亦衛照常交易穀米流通經該同知逐處安
撫人心稍定並經該道該營妥為彈壓諄諭各鄉紳
耆各率子弟保衛相資其被害之家尚須逐細查詢
造冊詳請撫恤等情臣查海島中後兩路一百三十
餘鄉雖皆秋毫無犯而前面口岸礟火所及民皆驚
恐痛定思痛疾心奚禅自夷船開三十餘隻之後臣
分遣員役各處高山用鏡瞭望附近大海東椗一帶
大洋帆影不絕或駛或泊三五隻至十餘隻不等其
在廈門港內或五六隻或八九隻來往遊奕不敢上
岸所有在鼓浪嶼聲言起蓋夷樓必須官為給銀方
肯全行開駛探問如有文武在廈即欲呈遞夷書是
以飭令顧教忠暫駐鄉間與陳勝元察看動靜隨時

夷氛聞記　卷三　廿二

稟報酌量辦理除臣督同在事文武團練兵勇相機
追剿不遺餘孽外所有收回廈門口岸及安集逃避
各鄉民人現在辦理情形由驛五百里具奏道光二
十一年八月廿一日奉　上諭據奏廈門各處街
巷並無夷人蹤跡商民復業穀米流通等語覽奏已
悉現在大海東椗一帶大洋帆影不絕廈門港口夷
船來往遊奕是此時廈門街巷雖無夷人難保不懷
別項奸計欲進故退該督務須督飭水陸將弁加意
嚴防本日已降旨從寬治罪其應得之罪交部議處
倘再有跡罪在不赦矣凜之該夷聲言鼓浪嶼起
蓋夷樓俟官為給銀至行開駛顯因粵東代還商欠
得遂所欲又欲施其故智該督深知廣東辦理不善
若尤而效之罪又甚焉如果呈遞夷書斷斷不准接
受現在辦理機宜可堵則堵可剿則剿此外更無酌
量辦理之法又另片奏此次夷船探聞義律在內仍
著嚴密偵探遇有獲到夷人細加詢問可得其實該

夷如果復來自當痛加剿洗即陸數人數十人登岸
亦當盡殺乃止現在該省新兵義勇已有二三萬之
多若駕馭得宜據險設備亦不慮其滋擾牽制該逆
屢經犯順亦受其創正當乘其驕憤之際力挫其鋒
若外托持重之說內存畏葸之見尚安望其一鼓
作氣大伸國威即將此由五百里諭令知之欽此伯
燾令激勵中後兩路百三十餘鄉及馬港一帶團練
至萬餘人同安募兵三千餘晝夜輪防亂石拋擲使
留船聚泊無所其速去也意固在江浙臺灣亦綠閩
續防嚴密有以使之是時分擾定海臺灣者半為廈
門退出之船同時分撲兩地而意則專在定海故所

夷氛聞記　卷三　廿三

用船臺灣少而定海多當時漢奸為夷畫策或以定
海界接內地兵力易集非如臺灣為海外孤郡止恃
澎湖為聲援而風信不常勢難聯絡但能入其口岸
即可得力或以臺灣昔為荷蘭所有而奪於鄭氏港
門險阻較諸荷蘭之沈舟拒鹿耳門時難越百倍海
舟素所習聞止可以一二船嘗試知難而退不值枉
耗無益之兵力是二說者皆夷所知而不能捨至福
州通市則彼意中事而離廈時反未之擾及者蓋五

虎門在省河外河沙甚淺潮盛乃可通舟潮漸縮則漸爲沙擱非輪舟牽挽不可恐舟未浮早爲我兵擊碎且受火焉所畏在此也鄭氏之入臺灣在順治十六年兵敗江南被剿金廈後逾年遂據臺屢擾閩粵爲沿海患康熙中興師征討克塽降至是已百四十年矣南自瑯嶠北至蘇灣以臺澎爲中路南鳳山北嘉義彰化淡水及新闢之噶瑪蘭綿亘延於山後凡千八百餘里設總兵綜攝師干分水陸十六營領兵

萬四千六百有奇無土著但從閩中督撫水陸提四標漳汀建福海金六鎭標福州興化延平閩安邵武五協計五十八營抽撥更戍渡臺後自七八百至百數十人布散臺內外十六營以三年爲瓜期期滿臺灣鹿港蚶江廈防四同知各配船渡新還舊是爲班兵益臺地番民雜處漳泉粵人各分氣類動輒擘鬭械鬬民氣浮動易生反側生番深居山社自耕而食不與民接更性野難馴故不欲召募於本土班兵則

家在內地同營來者多不過百其至也又爲之錯雜散布立法之意誠以海外孤懸風潮洶湧往返非可以常期測有事勢難恃內地策應班兵既有兵餉仍給以贍家米石歲出臺運入穀八萬五千二百餘石可以安受訓練爲東南沿海數十郡藩籬外夷不敢窺伺成效昭然也道光二年閩督撫以葉臺道議欲改班兵爲召募歲省內長餉米數萬且以處偷渡游民免補苴造册之擾時執總兵未能決質於姚司馬瑩爲議二篇暢論之事乃中止及葉道擢閩撫面奏及此　上命與總督籌議而行會趙文恪愼畛繼節鉞得瑩議乃罷至今仍沿舊制夷事初起臺灣時

歷

聖慮屢

諭總兵達洪阿兵備道姚瑩以夷船沿海騷擾亟宜嚴爲預備督撫亦以內地防範嚴緊且定海既失大兵雲集一經擊敗勢必竄逃臺爲歸途所經備哨巡拒擊勿任停留潛銷鴉片瑩使知縣魏瀛會廳縣營勘修礮臺復加以礮墩礮牆麻袋貯沙以衛又於郡城自小北門至小西門加築外城祁相國寯藻黃鴻臚爵滋奉使所會

者奏在籍提督王得祿游歷海洋嘗以水師六百破海
賊蔡牽黨數萬於洲仔尾既又敗朱濆於蘇澳者以
功世襲子爵最精習海戰至是老而家居瑩請於廷
楨奏請使出襄軍事得
旨令與鎮道協力商辦夷船自上年夏巳不時經臺
澎洋面西駛及鹿耳門外馬鬃隙深水外洋但徘徊
不敢進口副將江奕喜恐其竄入北路內洋則難以
制伏卽乘東南風越其前鎗礮兼施夷亦還礮回拒

遽轉帆向西南急遁追至麥丁仔洋黃昏霧大越晨
始收望之不見由是始識造巨艦做得祿舊製建威
奠海船式以備戰得祿是議但嚴守口岸不輕與海
上決戰洪阿先緣他事與得祿有隙瑩勸兩人棄嫌
敦好兩人亦各矢公誠頓忘前怨得祿自募精兵三
百出駐澎湖以澎湖西距廈門水程七更東距臺六
更一協守之慮其單薄也督勵將弁爲臺聲援臺地
募勇安兵洪阿出郡城南路瑩赴北路至雞籠兩路

口岸親爲整理郡城要口三日平平大港日四草日國賽港嘉義縣一日樹苓湖彰化一日番仔挖卽鹿耳港外口淡水廳二日滬尾卽八里坌日大雞籠噶瑪蘭界外一日蘇澳皆水寬深餘南北路小口九較淺狹鹿耳原稱天險道光二年淤廢船不能入各口共水師兵二千四百八十一屯丁二百勇二千一百六十水勇五百二十得祿及歷縣團練不在此數內各庄壯丁自一二百至七八百計團練凡萬三千餘人相其險次測水深淺堵以船筏裝石木桶
而沉之嚴杜奸民接濟收其悍徒爲勇俾絕內顧時
班兵額缺未補者千餘就現在水師派員弁於十七
口援以機宜令於臺墩多插旗幟守口者日必三次

登陴姚石甫觀察駁臺灣令壯勇不能登陴議日夷匪往來臺澎無非窺探虛實見口內無人則乘虛入必多插旗幟使不測我兵多寡臺地游手每秋冬蠢動今借防夷得資生免爲敵用擾外卽以靖內惟夷大幫若至尚須調陸兵豈數百水師壯勇卽能濟事守口之人逸樂恐其滋事故每日三次登陴使其練習今每日一次點卯對海聽其自便失召募守口本意矣又駁鳳山港毋庸設礮勇議日據稱內修戰備毋庸外示兵威所恃者口小夷不能入耳彼非愚人豈不知更換小舟耶現奉憲檄夷匪刼商艘取漢人衣服則有坐小船冒漢人入港矣夷腿直利水不利陸登岸原足勝之今縱之使入欲誘登岸乎萬一所謀不遂徒自撤其籓籬不踏定海覆轍乎夷大幫果至則各保團勇足以破之使登陴者得休息非徒任在戍久勞之士責以破敵也無事以守口者爲正兵有事則出

新兵以應之覘敵多寡定派防人來船少則出擊多
則守內港以俟大船既不可入小船則非所畏誘近
礮臺殲之可以得志佈置定姚觀察瑩謂王提軍以鄉勇烏合恐無紀律欲分交各營操演但今僱募在口長駐防者二千六百餘人各庄團練萬三千爲數實衆若配營操恐十餘萬民兵素不相洽動即械鬬臺人好亂所以易撲者烏合也若入營教以紀律則營中所長彼且有之異日不可復制云云此通諭也粵中已效夷且墖河矣又募勇至衆日教以抬鎗弓箭及裁撤失食則羣起爲盜每言營兵不可靠而後招我輕視營兵如無物貽害至不可勝言不獨臺灣民悍難制也
至是八月十五日夷船一挾三板自雞籠杙移泊近

口之萬人堆越日黎明駛進口門對二沙灣礮臺連
發二礮壞兵房一。參將邱鎮功守備許長明歐陽寶
發礮同擊三沙灣墩亦接放爲應鎮功哭燃八千斤
巨礮中其船桅立折索紛紛斷即隨水退出適口外
驟起潮頭撞礁船碎夷多落水鳧岸下其三板駛竄
文武官分帶兵勇駕船出生擒黑夷百有十四人格
殺者五一夷目投水死其二，駕三板偕諸夷逃別營
聞信截擊千總陳大坤在野鼻頭遇逃駛者沉其三

板殺白夷一擒黑夷二十同知曹謹在大武崙港外
殺白夷二黑夷十七擒者九十七日在草嶼殺白夷
五獲其圖冊繪山海五十一貝並夷書曹謹獲夷後巡至雞籠門左烏路山下有自刎夷屍二一白夷戴黃金冠紅呢戰甲一黑夷似係夷奴此屍似投水之白夷然據顛林供船上官頭一啊咲萬一吧喇呅一嚨呅嗺勢危一人跳海一人刺目一同白黑夷駕三板走是登岸自盡者即走脫者矣雞籠破獲夷舟奏云本年八月初一初五等日據淡水鳳山各屬稟報北路之雞籠中港南路之小琉球等外洋有夷船游奕當飭守口文武各員相機防守崗進口門即開礮轟擊旋據護臺灣水師副將江奕喜南路參將余躍龍署鳳山縣知縣白鶴慶稟報南洋夷船一隻將進口門見文武兵勇人多防守嚴密

立即竄駛北去又據淡水廳曹先後稟報八月十三
日申刻有夷船在雞籠口外之雞籠杙洋面停泊等
情又經臣等飛飭廳營會督文武委員義首人等嚴
防去後茲於八月二十五日據艋舺營參將邱鎮功
淡水同知曹謹委駐雞籠協防澎湖通判范學恒委
巡海口之即用知縣王廷幹稟報該夷船於十五日
辰刻移泊近口之萬人堆洋面該員等用千里鏡照
見一雙桅大號夷船拖帶三板多隻有夷人在桅頂
張望十六日卯刻該夷船駛進口門對二沙灣礮臺
連發兩礮打壞兵房一間我兵尚無損傷該參將邱
鎮功督率調防雞籠之署噶瑪蘭守備許長明署艋
舺守備歐陽寶等在二沙灣將安防大礮緊對夷船
轟擊曹謹范學恒王廷幹督同艋舺縣丞宓惟慷在
三沙灣礮墩亦放礮接應邱鎮功并手放一礮惟八
千觔六千觔大礮有準立見夷船桅折索斷船即隨
水退出口外海湧驟起冲礁擊碎夷人紛紛落水死

者不計其數或鳧水上岸或上三板駛竄邱鎮功督
同署守備許長明歐陽實署千總陳連春外委尤登
和帶兵駕船趕往生擒黑夷四十三人又割取格殺
黑夷首級四顆該令王廷幹遣派家丁隨同縣丞宓
惟慷亦駕快船帶領屯丁鄉勇出洋生擒黑夷三十
一人總理謝集成董事呉朋友及屯弁義首人等生
擒黑夷二十五人割取首級一顆該同知曹謹之親
屬郝芝帶領家丁生擒黑夷五人督臣差委來臺之
候補從九周晋昭亦經趕到幫同出力當該船擊碎
時見一白夷自行投水是否頭目打撈無獲其時有
署艋舺營滬尾守備臺協千總陳大坤同委員德化
縣典史陶紫在滬尾防守聞信駛駕巡船截擊在野
柳鼻頭洋面見夷人數十駕三板一隻向南逃駛該
署守備等揮令兵勇開礮將其三板擊沉夷人落海
該署守備帶同親丁陳功陳經邦義首林得方等割
取白夷一人首級生擒黑夷十八人委員陶紫生擒

黑夷二人金包里汛外委林光章目兵何得和兵丁
李起鳳等皆一同出力又據該同知曹謹通判范學
恒叅將邱鎮功署北路右營遊擊安定邦先後稟報
十六日晚有白夷帶領黑夷二十餘人駕三板一隻
在大武崙港外竄駛該廳遣派役勇坐船追尋十七
日早在觀音山追及互相格鬪該署遊擊督帶兵丁
截擊當經官兵役勇刺死白夷二人落水生擒黑夷
九人殺斃黑夷十七人奪獲夷礮四門兵丁謝提陞
同鄉勇二人均各受傷謝提陞傷重旋即殞命十九
二十三等日署守備許長明縣丞宓惟慷在海濱撈
獲白夷屍身二具查驗一穿紅呢戰甲胸前刺有八
卦形一係尋常夷服胸前刺蓮花形左右臂腕左右
腿或刺人形或刺蓮花鳥形獅形又撈獲夷礮五門
重七八九百觔不等大小礮子數十粒鐵旋一門大
鐵鈎一箇署千總陳連春撈獲大夷礮一門重二千
觔大鐵子一粒棕毯二個破水火藥不計觔重又該

同知曹謹通判范學恒遣派義首帶領壯勇及宓縣
丞丁役人等十七日駕船搜捕至外洋草嶼有白夷
二人紅夷二人携帶圖册在彼藏匿經役勇等上前
圍拏該夷俱被格殺割取首級帶同搜獲夷圖一幅
中繪山海形勢册頁五十一篇夷書二本又夷字時
十紙其夷書內亦繪有城池人物車馬形狀等語
廈門外援已失臺中形勢益孤危民間驚惶謠言一
日數起遂撤還巡洋兵船塞鹿耳國賽三鯤身專防
要隘請帑三十萬資軍需人心始定洪阿瑩均
賞花翎九月初五日三桅紅旗夷船泊雞籠口外忽
換白旗駛近萬人堆放三板二進口願以銀每名百
員贖還俘夷無答者流連數日十三日辰刻大船突
入直撲二沙灣臺礮發猛烈破我臺石兵房其地三
面環山形勢頗峻有險可憑守備許長明率外委伍
雲升先裝礮伏三沙灣之鼻頭山伺擊之斃夷二退
守衛隘義首壯勇齊至助戰夷船之在龜頭洋者亦
遥放巨礮爲彼聲援而不敢入越日夷見兵勇驟增
人叢山險仰攻不利日半遽出口去會南北兩路土
匪乘機竊發郡兵存者無多内地方處處設防未便

請渡添兵壯來助鎮道就以民勇選補班兵之缺鼓
率兵將尅期撲滅內逆一時剿辦淨盡先後奏
聞以功並給世職洪阿騎都尉瑩與知府熊一本並
雲騎尉在事出力文武員弁同得優獎有
旨集訊夷俘因知𠸄咭唎攻廈門後分其船二十餘
北抵浙江別派啊呋萬率顛林等駛其三桅船三同
赴臺洋伺便窺臺郡開行後二船者不知何地阻風
停泊未得聯䑸而一船先至鬪入被擊也其再擾定

海之船亦同以是月出當英夷之候處分於粵也定
海尚留船盤據不肯遂歸我地伊里布示諭居民謂
夷人無向定民擾累即不得復行查拏并據夷書以
現在夷已起椗十四船赴粵移慰巡撫蓋未深知夷
之詭詐以爲從此馴服直信不疑然當時巡撫劉韻
珂則偵探留定諸夷方築礮臺開河道穿達城中踞
住岑港沈家門兩處民房搶奪淫辱如故又僞示招
居民接濟種種情尚可疑奏謂定海爲通洋適中南

閩廣北江魯直隸並可揚帆分駛忽南忽北難保其
不勾引漁盜爲羽翼浙爲財賦淵藪甯波定海又浙
中精華在定海者必覬覦甯波請乘市地未定早爲
杜絕因綜舉八端之不便者曰地利曰物產曰勾結
曰烟禁曰關稅曰防費曰國體曰民心反覆縷陳固
逆知夷情之必不能決捨定海以去不可謂非失幾
之燭也浙撫劉奏云竊滋弊不可不決防患不可不嚴籌國家之大計不可使顧目前敬化外之
夷情不可稍疏事後臣查夷船停泊定海者百二十餘隻空城亦未獻還如果真心赴粵既蒙　恩准

查辦自應率類偕往何以分頭戀踞恐該夷有狡在定海通商之意自不得不近慮遠圖乘此粵議未定
之時攖陳弊患吼乞　聖裁一在地利查粵東海口向係各夷互市之區止准停泊虎門側不容其進
口廣州城外駐札重兵虎門俱設礮位故夷人有深畏虎門礮臺之說不敢輕犯是廣東海口既可守迴
環諸山襟衛形勢控制防範綦嚴至定海孤懸海外並無咽喉險要附以控扼其西北直達定海之鎮海
象山奉化石浦及紹興之餘姚再西則達台州之甯海黃岩溫州之平陽瑞安樂清等處正北則直達杭
州海甯錢塘又北則達嘉興之平湖海鹽乍浦各城俱與江蘇之崇明上海通州等處一潮可達綿亘二
千餘里大小海山數十處并與紹興石塘及江口河道可通若英夷在此通商地勢散漫一無嶺束郎極
力稽查亦斷難周密且馬頭既立該夷盤踞日久恐於沿河形勢探訪熟悉不可不防其漸一也一在物

產查浙江通省皆產稻穀杭嘉湖產蠶絲溫處二府又產純鐵嚴金衢溫台甯紹各府則又皆產茶葉鐵斤例禁出洋蠶絲素爲夷人所重至茶葉則夷人更以之爲命是中國之所以能制外夷外夷之受制於中國者在此若英夷在定海通商稻穀鐵絲既可就近謀取而各處茶葉更必潛收不特耗內地之貲財弛該夷之忌憚且恐其居奇轉售他國獲價倍蓰適足以逐其貪而益其富三也一在勾結查英夷自佔踞定海縣城其定民之殷實有力者先已航海逃避其貧甚無依者不能不困守故巢現聞該夷有在城中與當衣被散給老幼之事要結伎倆已有明徵浙江沿海半係漁戶煮海爲生既無恆產却少恆心若該夷在定海通商陰施小惠恐無衣食之徒即甘心爲其役使而乍浦海口又逼近杭嘉湖及蘇松等府糧船水手多係無業游民桀驁性成亦難保不爲夷人以利煽惑且粵閩洋面爲海盜淵藪定海一帆可通更恐其串結爲害三也一在烟禁鴉片來源實在廣東自上年嚴定例條懲辦漸有成效該夷因廣東斷其烟利故來浙滋擾欲求通商假售貨以售烟現聞該夷在定海城內開設鋪面所售者未必即無禁物遂行查禁深恐另生枝節有礙廣東查辦若該夷在定海通商與閩廣江蘇山東直隸往來甚便勢必潛謀分售暢遂從欲聽之則流毒滋擾禁之則陽奉陰違託詞彌縫時得藉口不能相安四也一在關稅查甯波浙海關歲徵稅銀七萬九千餘兩乍浦溫州各小口均附於甯波正口投銷其稅銀俱由閩廣山東天津來浙商船及本省商漁船徵收定海爲各船隻出入必由之路自英夷佔踞定海各船裹足不前現聞該夷已有在定海強取船稅之事若准在此通商商船勢必畏葸不來奸詐商漁必依附偷漏是廣東之稅既少而浙關之稅又缺五也一在防費查英夷自奪定城數月浙省防費已屬不貲即閩粵江蘇

山東直隸各有防堵亦不無耗費縱准其將來在粵貿易沿海口岸尚擇要防守若在定海通商居適中之岸面各省防範更宜倍加嚴密防夷於粵與浙其難易迥不相同且日久土盜漁船設爲該夷之用應處可到不特海防宜設即江防河防亦俱難弛則費愈繁亦愈鉅六也一在國體夷人既不欲在粵東貿易已屬自外生成乃因通商而先佔定海而又求通商恐其擇立馬頭七也一在民心查浙省兵丁膽力遜於閩粵而民心之懦更甚即如英夷佔踞定海居民紛紛逃避甯波府城迫酌量撤防鎮海居民又聯名具稟曉曉懇留粵省查辦未定而民心驚惶已難言狀若准該夷在此通商且恐驚惶者不止甯波一府鎮定兩邑之民終無歸家安業之日八也種種弊患關係匪輕惟求　聖恩諭令廣東欽差大臣琦善計出萬全必不可准在定海通商則夷奸可破而海疆可期漸安矣

江西巡撫錢寶琛亦於病中致伊里布書謂夷築定海礮臺志在安居今攻剿之策徒若捕風兵苦久役潰散可慮商漁失食盜賊將作浙之溫臺江之徐壽民皆獷猂前調兵海濱城守空虛尤易竊發若仍一味遷延要害爲夷所守奸民爲夷所用欲水陸夾攻其道無由必自作主裁而後可伊里布不省事幾已失裕謙素重則徐爲人既代來浙意中將倚爲左右手定海初收復安內防外改修建置事出草創壽春鎮總兵王錫朋

處州鎮鄭國鴻定海鎮葛雲飛以兵五千駐爲雲飛嘗練親兵六百最強勇明紀律可驅以用甯波城則別以兵四千鎮之城與定海鎮海並隔一洋修築城臺招集流亡亦日不暇給未幾而則徐遣戍旋改赴河工謙失謀主巳懷惘悵提督余步雲又謙所素輕鄙者但令其駐防招寶山一時孤掌自鳴無臂指腹心之助不得不專任候補知府黃冕知縣舒恭壽時議增築外城定海形勢三面皆山而一面臨海雲飛

欲盡圍濱海市埠收歸城中左右袤延至山麓其三面則但依山爲城謙方駐甯城據圖說從其請矣諍之者曰賊踰山入跬步卽在城內且城分則備多而力分我兵登陟山嶺未戰先勞不如捨近水市埠但加築內城爲新郛庶受攻可守實爲當前至計旣而撓於衆議竟不果築謙曾大父勇烈公乾隆中開西域有大勳故自受任軍旅每念系出將門毅然以剿平醜逆爲巳責至則購重賞號召沿海漁蛋舉嶼窮

民同心殺賊禁斷接濟招復漢奸之爲夷用者許以自新而責其後效諄諭閭閻毋遽遷徙聞夷將出粵犯浙馳文詰粵督謂通商旣由粵代請盍向其詢敎折其桀驁何至恣彼飄忽貽禍鄰疆義正詞嚴粵中大吏終無以答又訪求上年擒解夷官晏士打喇打哩之義民包坦等親爲鼓勵優加獎賚盍自伊里布停兵不戰夷得以羣遊無忌民間雖抱公憤巳畏不敢前至是驟形踴躍有糾集多人故假就買烟土逕

泊夷舟或作捕魚潛伏山陬島澳百端設法誘擒夷黨詣官報受賞者由是兵勇亦思愧奮咸知用命夷船先犯石浦礁險失利遽遊奕外洋八月十一日忽內駛樸岸爲我兵擊退夷合二十九船橫截定鎮洋面風潮陡漲鎮浹外水深四五尺裝帆起椗將乘巨浸來攻官兵礮火並移高阜不動風轉西北潮亦退落夷轉帆遂向定海十三日午刻駛至十三船停泊竹山門外先以三桅船一火輪二進雲飛擊斷其大

桅即退十四日連帆逼攻曉峯嶺我兵伏山後夷下三板渡而登國鴻擊殺夷兵無算傍晚繞至縣南孤懸之五奎山越日就山上支搭房帳我兵排立土城迺擊斃夷十數又越日改從吉祥門駛入攻東港浦畏我礮火密前且卻旋再攻曉峯嶺及竹山沿又斃其登岸夷衆十七日甫四鼓即駛火輪船衝入力攻雲飛手燃巨礮中其船上藥櫃頃刻烘烈船自焚盡巳刻一由五奎山一由港東浦一由曉峯嶺三路分

至錫朋首當其鋒夷冒死直前我兵前隊傷亡後隊繼進夷屢卻復集攻曉峯者甫上嶺即自撤其舟絕反顧會我兵鎗礮紅透不復可裝藥延至未刻夷三四千分路擧漢奸駕筏續進亦捨筏登山兇猛有加勢難抵禦縣城尋失三鎮同時陣亡錫朋礮斷一腿死國鴻在竹山雲飛在東岳宮死恭壽嬰城守傷於火箭飲毒自殞將備弁兵苦戰迄六晝夜筋疲力盡多死者自接仗連日風逆浪險夷船梗阻難以東渡策應謙在鎮海督步雲

守禦自矢城存俱存招集內渡散軍亟調江甯駐防兵八百壽春鎮千徐州鎮三百又改調原發福建之江西兵二千剋期圖克復然焦勞盼望皆未至時鎮海防兵僅四千謙自統千餘駐守城內外步雲所率亦千餘仍守招寶山及沿江礮臺總兵謝朝恩則率千餘出守隔江之金雞嶺數皆不及千五百人謙知兵力難敵賊急又不獲從容布置則誓死報國倉皇拜摺言黑夷漢奸不下萬人合艅來犯而我兵必處

處分守夷可數日不攻而我兵刻難弛懈夷乘風潮至前船退勢自與後船相撞擊故以有進無退爲利當玆艱鉅計惟有竭盡血誠獎勵士卒不敢以兵單而退離鎮海一步不敢借保民而受逆夷片紙蠱事勢已洞悉胸中久矣奏發即召步雲盟神誓師步雲見謙死守志確難以婉勸已心惡之及行禮託足疾不跪軍機訊步雲供奏云據裕謙家人余升以步雲心懷兩端謙督戰城上步雲欲暫事羈縻有是日嫁女一家三十餘口可憐語步雲則供聞定海接仗閩商之謙謙以鎮海止有兵三千不能往救又謙

言守兵單弱步雲答以早應奏添謙云爾係提督耐也可奏是日並無嫁女事質之余升稱得自伸豐太而豐太亦稱止聽聞謙爾也可奏語因步雲退守意當時必係商退守事故牽連述及耳又冠海記謙先期見招寶山建白旗知步雲貳志乃盟神誓衆訊案無此節未敗而先豎旗未免駭衆然無論有無已先懷貳矣二十六日夷船分犯金雞招寶二山隊各數千人謙上城督戰自辰及午金雞山兵奮力下擊斃夷數百步雲不令兵開礮夷甫至山麓攀援欲登步雲遽棄礮臺走謙揮城上兵燃礮截而止之下者稍却卒繞轉山後紛紛墮步雲潰散夷登據招寶山俯攻

鎮海城守金雞山者朝恩協守者晃而分守洨港則朝恩子榮光也謙以洨港去海近守兵尚薄且沿海路歧處處可登與其分路迎敵不如握要合擊使晃持令傳知朝恩撤洨港鄉勇移沙蟹嶺與官兵合無論夷由何路上皆可從半山下壓擊之移定夷果分道進攻由洨港登岸者繞出山後環擊沙蟹嶺朝恩力竭陣亡謙是日將臨陣先出所佩關防付副將伸豐太令賚赴浙江浙撫劉奏云都司珠隆阿賚繳到省而軍機訊步雲供奏則云豐太

保護各印至浙當同時受命也及是見大勢已去詣學望北闕叩首跳沈泮池殉節爲從兵撈起已昏不知人亟擡之出城輿至甯波府署而後徐爲易濕衣灌救僅存微息甯波亦危在旦夕不敢稍停復輿至餘姚縣去城五里氣絶殮於杭州時八月二十八日無子遺言以弟一等誠勇公裕恒子德峻兼祧二十九日夷船八火輪船二挾三板三四十直駛甯波城東北量水進泊靈橋門城礮先已分運定鎮兩城連陷守禦空虛人心惶懼甯郡六門臨江者三

夷礮夾火箭飛鑽兇烈隨發隨擁而登步雲開門拒殺數夷被拒者繞至西門其攻東門者爲將士周士德李宗白併力拒退民舍爲飛礮延燒男婦擠擁出南門步雲適至獲漢奸二而夷已攻破靈橋門且至提督署步雲喊殺夷放鎗不及奔入巷步雲騎爲彈擊倒壓傷右足不復搏戰遽易馬出城直奔上虞甯紹台道鹿澤長知府鄧廷彩亦從以去劉奏云據澤長稟自鎮海陷後投水爲兵勇撈起小舟送至慈溪甦醒帶傷至上虞招集潰散欲至甯郡守禦隨據廷彩家人稟知

甯波已失廷彩跳入西門河爲船戶撈救送縣城羌湯灌救稍有微息甯郡既陷浙江又失一重屏翰所屬奉化象山皆被隔絕雖府境迤西河道悉淺窄夷船不能深入而漢奸誘其探水遞進則小舟可隨地繞達慈溪通近夷氛居人一時遷避百室皆空慈以內之餘姚上虞會稽山陰蕭山諸縣亦紛紛逃徙土盜因以四起夷方以所得定海令鎮海丞二印多製漢衣令漢奸所至煽誘於是浙以西大震動巡撫劉韻珂思握要守禦保衛紹興斷其長驅內犯省城之路以曹娥一江下可以顧餘姚上虞慈溪上可以保紹郡而所調壽春江西湖北兵仍未至遂截留先調之江甯旗兵駐爲仁和鄭祖琛方以福建藩司在籍祖琛後官廣西巡撫以逆匪被議成爲舉人祖球之弟祖球詞章爲浙中知名是時已先死謙知其小心慎重奏以原官赴軍營迨抵鎮海而城已陷折還杭州韻珂乃令堵握曹娥江祖琛亦以桑梓難亟不辭與澤長及衢州總兵李廷揚各以所招散兵往臬司蔣文慶亦出駐紹郡爲之

聲援而省城則實力清查募勇團練至二萬以固根本仁和令張印塘之力爲多當謙死時步雲自知畏死罪重欲以先走歸之謙謂猶足掩飾也爰以謙率江南將備兵丁星夜退走衢處二鎮兵亦借護送爲名不復嬰城固守謊詞入

告適韻珂亦舉謙屬官受遺齎印及餘姚死狀發送江甯事一切詳縷以

聞

上惻悼

褒忠賜䘏典禮隆厚臣節昭彰海內咸聞而隕涕步雲身爲本省提督徒擁重兵不能赴定海之難又不能固守郡城鎮海失則退入甯波甯波失則退入上虞率先奔潰將弁效尤其他節次遇賊聞風即潰者推原未嘗不由於此乃厚誣忠義以自掩其迹又親駐曹娥江遇渡江難民瑣尾流離萬喙怨咨時輒招與語以謙畏問不合梟斬白夷嗢咥致夷船此來特

尋其報復欲使百姓怨有所歸殊不知夷欲未厭故爲易帥敗盟而粵不可再擾所最易犯者定海安得不仍其故智不然乍浦之犯江南之擾所梟何俘所報又何仇哉武夫狡詐一至於此適以增其罪狀而已夷寇一役提鎮大員皆死疆埸朝廷無不賜䘏腼顏偷生者獨一步雲平日本有風將名而必正典刑者亦惟此九月初旬夷果以輪船挈小艇入犯餘姚城兵少民逃無拒守者所至焚掠而去其後再入肆掠凡五六日退入慈溪飽掠旋還甯郡别夷駛入上虞之斗門窺探退泊城外十一月十一日至十七八日事入餘姚在十五日入上虞在十七日又越五六日至奉化以雲梯登城開門而逸十一月二十六日事凡三縣倉庫均拆毀餘姚亂民於賊退後拒地方官不使進剿致縣內奸民藉以肆掠官以夷在近不復能兼顧又慮激變因遂忍之夷之在浙不畏寒雪反取以爲食每晨必以冷水澆其身林公前以爲避冷不敢過冬原屬揣測之詞耳夷所在蹂躪地方官令民間集貲權設蔣棚挨戶支更城辰啟酉閉民日延領以待大將軍至

夷氛聞記卷三終

夷氛聞記卷四

九月

命宗室大學士奕經爲揚威將軍侍郎文蔚副都統
特依順爲叅贊收城剿賊廣東巡撫怡良以
欽差大臣馳赴福建河南巡撫牛鑑擢督兩江琦善
已議罪下詔獄出之使效力軍前舉人臧紆青者宿
遷人有智畧爲奕經所知至是招商軍事首勸先奏
召則徐於工次令其來浙勷辦而止琦善斬余步雲

福建軍官並如江浙例歸將軍節制皆目前切要事
也奕經故謙謹終以爲迹涉自專不敢用其說但奏
止琦善隨
命苟戈出塞（夷事竣歲終即以四品侍衛代爲葉爾羌幫辦大臣後仍頒封疆節鉞）紆
青又建議浙兵屢受挫敗士氣不揚宜別調川陜豫
三省兵六千爲新軍遣員募選魯汴江淮勇士萬人
加以沿海漁蛋與近場鹽梟並及江湖土盜二萬分
其名爲南北勇以南勇備耳目而北勇壯其膽氣使
分伏定鎮甯波三城不區水陸不合大隊不剋期日
水乘風潮陸匿叢莽或伺伏道路見夷即殺遇船即
燒重懸賞格隨報隨給人自爲戰戰不擇地務令往
舟登岸諸夷出入步步疑忌驚惶所在皆風聲鶴唳
俟其魂飛氣餒然後蹙以大軍伏舟港口內外交偪
而盡殲之又以三城多通賊奸細請令浙之官京師
者各保舉其鄉紳士耆民按人密授方畧使各率士
勇分伏須爲內應奕經皆如議奏陳得

旨諭奕經先前駐蘇州城兵勇如未大集毋遽赴浙
杭致使夷知有備十月抵蘇隨員楊熙聯芳阿彥達
侍衛容照並少年得志蘇城故金粉烱花地歌衫舞
扇最足動人豪興所攜僕隸未諳師中犯律受供賬
率如平時不及加意裁抑一時人多費重訛言騷起
奕經頗有所聞慮遂影響傳播遽促移營嘉興以二
十二年正月初吉赴杭州留特依順駐守文蔚出渡
曹江十六日奕經前駐紹興兩人者先於臘之望夜

同夢夷黨悉棄陸登舟聯帆出海甯波三城已絕夷跡迨偵探果有運械歸船之事以為佳兆昭著連城恢復在指顧間於是定議剋期進剿預計兵至民舍必遭焚刼戒諸軍入城毋載火器但聽城內首奸為應縛其酋挾以執欵自意算及萬全矣浙地冬雪較往歲深且數尺入春又連旬霪雨小舟引火物既濕蒸不可用官軍以三城隔洋地廣布置未周請緩至二月中旬而後進兵經意銳甚僅許展至二十八日下令統兵者遇夷則排陣對壘紓靑初議所謂遇便散攻人自為戰之法已變而不用二十二日黑夷持書至三江口約戰大意謂如不敢戰則還我烟價因內地百姓尚知就我交易故未卽長驅至耳今必以定鎮廈門為市地如香港方肯罷兵語狂悖如前將軍還其書調提督陳偕平挈壽春兵六百守三江總兵李錡挈六百守歷海越二日進駐會稽車關鎮又進駐餘姚原千總張天台購首盜能飛簷走壁者六

東氛聞記　卷四　三

七十人偕藏藥衣枕之丁壯先期陸續混入甯城（出入者被獲二十餘人雖釘之然仍不甚搜查）購夷奸郭大耳安得撥羅濮丹等重賞有差夷聞官軍勢盛甯波一路悉令夷目捨城還舟留大礮城上守以夷兵數百候拒我兵之至西門者鎮海一路則驅夷兵盡劉招寶山便俯擊我兵之入城者師期既預洩故夷得及早為備奕經督於紹興之東關者三千人文蔚屯慈谿二十里之長溪嶺者四千五百人分其半以屬副將朱桂參將劉天保屯西門外之大寶山使遏圖鎮海提督段永福旣為粵翼長潰失天字馬頭至是在浙率四千五百人半伏甯波城外半屯大隱山備攻甯城為第一隊壯勇則泗州知州張應雲領第二隊城紳杜實辰領三隊其鎮海甯波屆中地曰駱駝橋者亦令副將謝天貴率兵千餘駐焉步雲亦率三千人駐奉化時鄉勇析分水陸在陸者令其沈船梅墟隔絕甯鎮兩地夷船來往俾不獲自為連絡應雲實統之別令楊熙

東氛聞記　卷四　四

率勇伏於上虞爲之應在水者則專駐乍浦雇漁舟潛渡岱山圖定海且俟夷船敗出竄諸海而攻焉海州知州王用賓實統之處州總兵鄭國鴻旣殉定海之難矣其子鼎臣志切復仇投軍自効帶定海水勇多挈火具伺攻夷船布置粗定陸路兵皆按期乘夜冒雨而進抵甯城已晴霽永福出所屯五百攻西門千總陳兆平勇目薛舉各率兵勇以從城內伏者起毙守門夷賊釘塞城上礮孔奪門啟而俟之二十九

日午西城內夷使漢奸冠五品頂加翎迎我兵大呼謂夷先走東門出宜亟追勿失我兵莫能別又察在城夷少相率以入應雲寶辰所伏勇偵知夷奸目郭大耳匿府署樓轉夷礮向樓擊放火燒署夷驚呼巷戰多死繞北門出我兵後夾戳山西勇六七百擊碎南門外輪船卽入南城適遇地雷轟發遽退出永福亦中火箭我兵死傷過半他夷踞街樓登屋夾街擲火如雨牆高巷狹我兵仰攻復不利無所施力且戰

且却舉力護永福退至城外後隊適至知我兵敗不敢扼城以拒夷追至大西垻永福竟趨東關不復退保原駐之大隱步雲中道聞敗信終夜吁喘疾奔而甯波城遂不可復矣鎮海城雖有內伏苦人數無多至期亦已開門待自顧勢弱不能縛賊天保與桂初約先後發天保自大寶山率河南勁勇五百先至俟軍令未攜火器之攻具亟令出城運取銃礮往返需時取至則天正黎明招寶山夷礮已齊發俯擊我兵

猶猝竄出城外桂統兵後起半道風雨迷失不得如約至而鎮海城遂不可復矣兩城雖敗軍士尚傷亡無幾桂仍率陝甘兵千二百還屯大寶山右天保收竄出之河南勇五百還屯大寶左應雲亦率原領兵勇還守慈谿旣而文蔚調應雲詣奕經管商軍事慈谿守勇無主一時潰散夷以三十日闖進去甯三十里之故墟我兵擊破其三板船三獲白夷三二月初二日夷輪船三至慈谿之城山渡燬我火舟十餘械

舟三初四日輪船至姚江焚我火舟數十慈谿城外獲白夷夷衆蜂湧來奪三江守兵見者皆逃夷兵數千復自慈谿登陸越十餘里攻大寶山仍自撤其來船止中途返者噪令奮力前意在必勝桂督扛礮兵四百與戰自辰迄未我兵匿崖石樹林自蔽斃夷兵四百餘夷目巴麥尊亦被殺我兵無傷者夷旣深入船先撤欲返不可悔而怯且甚矣此時倘得一生力軍夾擊可覆滅其全隊而謝天貴兵不至應雲慈谿

之勇又潰不復集天保兵火器失於鎮海之戰者多徒守天寶山左不敢張空拳下山尾賊後文蔚所駐之長溪嶺故與大寶山距近十餘里桂請增兵數百爲援不許及暮僅發兵二百而夷已分四百越旁港出我兵後桂至是前後受敵父子同死難天保兵亦同時驚散其乍浦所募漁舟已渡岱山者萬餘人分伏港汊亦用容照議悉散之驟爲夷用文蔚孤軍屯嶺上隨員僉謂險無足恃防夷夜攻力勸棄軍而去

冠海記容照聯芳等請文蔚棄軍宵遁沿途賞輿夫賞舟子惟恐夷追及棄輜重器械山積反奏營被漢奸宵燬其貲次日薄暮夷尚未至嶺也又天保軍僅傷七人而奏言全軍覆沒脫回七人大寶山之死以百爲千語不知何據於是長溪嶺之兵亦潰軍資盡矣三城地殘破已久夷意無所留戀而上虞慈溪以上又勢難突入江口咫尺一帆可達議者每虞其北擾其時軍聲不振夷志益驕有請移營上虞選新到未受驚挫之兵出與決戰誘之深入重地一戰不勝則增兵再戰務綴其後爲之牽制使無暇攻圍而北庶幾可奪

其驕矜之氣杜其貪索之謀因遂乘便乃可徐與議款若但畏避不出適以堅其出海入江之本意而已當時大帥不用其策而誤聽軍報以慈溪夷兵登岸竟至萬有七千奏不知夷自倡亂以來從未聞有此兵數其國先後來船七十餘暎咭唎實分廈門之二十餘船再擾舟山合兵船商艘計之所雇漢奸並雜其內矣當時訛言失實徒張敵勢喪師辱國之舉良由前途探者虛詞塞責有以致之也先是暎咭唎分

其厦門三桅船三同至臺灣窺伺其二阻風停泊未至惟呵唤萬等一船先抵臺洋入雞籠口為我兵擊破二十一年八月十六日事其一船繼至怒求贖夷俘不遂突撲二沙臺二十一年九月十三日事臺郡守禦愈益嚴密達洪阿姚瑩以籌議方畧要端有五會奏一塞港二禦礮三破其鳥鎗四守城五稽察奸民二十二年二月奏云一曰塞港近時塞港之法各省皆有講求當各因地勢而用臺郡近城惟國賽港與三鯤身之新港最為寬深新港現用大竹簍及木桶載石填塞國賽港則以不堪用之哨船數隻並製大木籠千餘箇載石堆貯水中攔其大小船隻港

內岸上均設兵勇守之至四草與安平大港對峙安平為重兵所在而以偏師扼守四草港內復製大木排四座上架大礮攔截港門更製二丈長大木鑽數百枝上安大鐵鑽帶鉤貫以藤條橫浮水上以星其船此塞港與守港之法也二曰禦礮沿岸建設石壁外以竹簍貯土堆作礮堆或用大竹箕夾築土牆長數十丈及百餘丈不等其下更挖濠溝或埋釘桶竹簽或布鐵蒺藜臣達洪阿近更製地雷數十處埋伏以待三曰破其鳥鎗水中用竹筏上張木架懸掛牛皮棉被使水勇乘之以進岸上則於藤牌之外新添翻被架五十名為一排後藏小銅礮抬礮抬鎗可以破其鳥鎗火箭火鏢又練翻被手其法用五十人為隊手執水濕綿被張其兩角兼執兩刃排列而前長矛鳥鎗隨進較藤牌更為得力四曰守城臺灣郡城逼近海邊安平即保西城三郊商賈雲集之所向有礮臺三座近更加築堅厚復圍建木栅七百餘丈守

以義勇城內八坊八十二境諭令紳士鋪民每段樹栅自選壯丁稽查嚴守現在送册亦五千餘人此籌防郡城內外之大概情形也五曰稽察奸民夷雖猖獗皆由所在奸民勾引廣東厦門甯波本洋商所豢通市已久無賴之徒素食夷利故為之用臺灣向無洋商夷船不到似無此患而民情不靖則其患更深昨獲鳳山逆匪張從竟以廣西逃軍在廣東與通夷奸民勾結同臺糾人為夷接應幸逆黨首從伏誅該逆為臺灣縣知縣閻炘所獲並究出夷用漢奸劉相蘇旺為之主謀本年夷酋噗哵嘡復自定海遣夷目顛林偕漢奸黃舟等以重貲來臺窺探欲行勾結又即破獲而南北兩路匪徒上年復痛加殲剿惟是逆夷既屢次失利懷恨轉深果否遂能戢其邪謀尚在未定臣等益當督飭文武隨時嚴密稽查以防意外之虞且夷囚現在郡監一百六十八名解省既有不可久禁亦非善計經奏請訓示設未奉到

硃批同而大幫猝至惟有先行正法以除內患是為要著以防大幫夷船猝至請別籌經費五十萬得

旨褒俞二十二年正月二十六日三桅夷船三在五汊港外洋向北而駛時方以御史福珠隆請查訊臺獲罪夷錄咀莉唑等供詞奏覆盡得其窺伺臺灣情事請決禁者於臺福御史原奏解省訊辦而達鎮姚道並以現乏官兵配船解送恐洋面夷船截獲請照原議即行在臺正法原屬實在情形然未解省訊夷日後得以生端矣二月三十日三桅夷船一帶三板船四在淡彰交界之大安

港洋面挾粵奸黃舟等七人持奸目劉相蘇旺書至
將招臺內逃匪張從等勾結爲夷內應覔機便入口
同知曹謹魏瀛通判范學恒知縣黃開基副將關桂
游擊安定邦率兵堵禦別在港口迤北土地公港設
伏夷船畏軍容整肅遠退廵檢高春如謝得琛預雇
漁舟駛近夷船使粵人周梓等以土音與舟問答舟
許以重利令其指引海口梓即誘從土地公港進旋
爲暗礁所擱擱船傾側入水夷衆正擾攘間伏勇齊

起摇盪水勢夷船不能開駛官兵發礮奮攻又急切
不能裝礮回拒船立破夷衆墮水淹死無數有跳三
板竄者復有數十夷持短械跳上漁舟欲奪以逃者
兵勇合力圍擊殺紅白夷數十生擒十九黑夷三十
粵奸五所獲烏鎗腰刀皆鎮海甯波營械
上得去冬奕山在粵奏逆夷曾聲言駛回國添派
兵船於明春大至臺灣
諭詢洪阿瑩計大隊夷船萬一果復至如何定謀決

策操必勝算並令查訊夷俘五汊港北去二船究駛
何地此次擾臺船從何來取供後與上年獲禁百三
十餘夷提同從逆奸民均即正法其夷目仍暫留禁
錮勿殺按夷用鳥鎗不拘雙單皆以機擊火曰自來火與內地用火繩不同鎗口旁有尖小刀長出內營所無今獲鎗七杆有浙江營鐫號據顛林供望邁來船十九隻顛林在其內帶大三板二小三板一管稅官馬哩監發銀十二萬置備烟土及呢羽到廣來探現獲之奸民黃舟鄭二轉邀陳感張廣張有並跳水在逃之唐高陳二在船上年十二月噗咄喳聞本國兵船在雞籠被兵擊破隨叫顛林兵船多隻與黃舟來探相機行事劉相蘇旺寫信交黃舟帶與臺灣張從嘓同賴媽來陳惡在地勾結爲應游奕數

日不見張從等接應不料擱淺被獲銀物落水據此則顛林等以商船載兵隨噗咄喳至浙打仗故船有營鎗又訊供張從鳳山人十八年從逆配廣西賴媽來嘉義人十二年從逆配貴州陳惡鳳山盜犯配新疆逃回聽從劉相蘇旺同臺料人內應黃舟鄭二俱香山人在望邁與夷熟識投爲漢奸蘇旺劉相陳感俱番禺人張廣順德人張有南海人凡投夷漢奸俱奸目蘇旺劉相薦引寄張從原信縫領掛夾層被獲遺失
三月滬尾中港五汊港番仔埠諸洋有夷船一自
北而南復自南轉駛草烏船十數或尾其後或爲引
導滬尾漁舟有被牽去放還者夷詢以滬尾水門深
淺甚詳瑯𤩝生番山後大秀房洋面亦泊夷船六其

一游奕打鼓港洋面草鳥數船亦隨之見兵卽向西南而駛黑水外洋亦望見夷船十別有草鳥匪船駛至四草湖口官兵擊沉其二餘卽駛遁其夷船亦先後由南向北去（三月十八至二十五六日事）二十二日夷船一帶草鳥數船在樹苓湖口外窺伺兵勇又擊破其近岸者二夷船在洋面開礮應之礮子皆落水旋去越日草鳥船八復至擊沉其三溺斃多賊獲夷皮盔一內營鳥鎗一（鎸年字二十七號爲廈門水師所失）土賊林山等各備草鳥

船俟夷幫齊至糾結其黨以應別有賊黃勸等亦出草鳥十餘已與夷約爲嚮導先留夷盔於其船爲爭成相謝之驗皆爲縣營獲而夏秋間乘郡戒嚴肆掠洋面之盜賊亦分起弋獲計夷船先後凡犯臺者五而擊走者二潛遁者一破舟斬馘者二卒不復誰何蓋知其守備之嚴無懈可窺則至受撫不敢再圖入擾臺地矣（八月初五日國賽港外洋三桅夷船一自西南來泊馬沙溝由西北去初九日在鳳山打鼓洋過四鯤身四草湖向外洋去望見師船卽豎白旗不敢近岸皆畏避之據）奕經文蔚

既以二月還駐杭州戰火諸船盡撤獨畀臣以父仇未報不肯聽令仍聯火舟圍燒夷船（語詳後）隨員皆請治以軍法奕經念畀臣意出忠孝不爲已甚諾而不行臧紆青憤已計不用而諸將又非可恃也暴怒傷肝眇其左目將歸醫入辭奕經甚力奕經終以左右無運籌決勝之人一時智士無出紆青右者堅不使去紆青既留請復行伏勇散戰法議數日乃定是月十六日再渡江分檄諸路之帶兵勇者副將託金太

游擊高峻勇目王建功等各以計密授其衆俾得隨宜自効於是兵勇仍伺夷出入驟起刺之隨處驚擾凡殺黑夷三百餘擒夷目四白夷五十餘縛而獻於甯波自是夷每見兵勇盈至莫敢迎拒紛逃歸舟又獲漢奸之爲夷主謀者二餘奸聞之盡解散畀臣以三月朔聯火舟數十闖夷巨船於岑港攻而焚之又分所部攻其三巨船於別港亦焚之盡小夷船來助救者十餘或焚或沉無片板存者先後焚溺夷兵五

六百副將鄭宗凱守備徐槓寶等亦乘風雨大作密出火舟七十餘駛近夷船擲藥罎燬其船首我船連排繼進火焰飛騰四面攻搶喊殺夷船多被焚燒溺死者又三百餘同時建功等在定海口頭門搶擊擲罐焚奪其船殺夷目丁時儀之弟初八日事鎮海令葉堃亦率勇火攻夷船於縣屬海口時巡撫劉韻珂意在羈縻奏請仍命伊里布至浙主欵勿殺零夷違者罪之會奕經以海港焚攻夷船奏

賞復雙眼翎文蔚亦復一品頂戴有以鼎臣等虛報邀功言於韻珂方奏請驗實鼎臣具四大艦盡載所獲夷級衣械及擊碎船板送核且有不實甘當軍法語事乃白終受奬

上命宗室尚書耆英署杭州將軍爲

欽差大臣與參贊齊慎赴浙兵勇自奉不許殺夷之令所裁水勇復受夷雇轉爲鄉導夷日造小舟如內地蛋船式求渡淺水遂以船出海而入江擾及松江

天一閣者范氏藏書樓世守至今宋以來圖籍咸具夷至取所藏一統志而别購內地之黃河長江兩圖畧識地里與江河梗概先是上年甯波失守夷卽歸報其國女王令再往天津求得埠地通商卽止至是月之初旬夷之留甯波者得國信有行意紳官皆未之知也隨索其地犒軍銀百二十萬員退出甯城會各路兵勇大加焚剿夷亦倉皇失措果以二十六日登舟越日奕經乘諸路勝夷氣壯以大兵來收復而

夷適走其在鎮海者亦以四月初一日下舟北去留夷兵千餘分四舟仍據守定海及錢塘江口龕赭二山而不敢窺杭者知近年灘潮淤淺防擱阻如福州也初九日冦犯乍浦副都統駐防其地夷先整陣船上排列而進隨進隨開礮都統長喜率旗兵出拒夷遽以小舟分路登岸直攻東門陝甘客兵以扛礮擊之傷夷兵甚多遂轉至南門力攻踰城入盡焚滿州旗營長喜見營中火起知事勢巳失不復能抵禦投

水盡節彼救出旋復投入死焉乍浦兵力未嘗單弱又先集有福建水勇爲備旗兵率橫暴平素蔑視土人臨時每指摘以爲漢奸即水勇新至亦不堪其辱已人人切齒積憤甚深戰正酣驟舉火爲內應拒賊僅數時遽報失陷兩年中所備軍資一時喪盡標兵有未及交綏見而奔潰者副將哈拉吉那被戕傷重同知韋逢甲亦帶勇西行防堵受傷被擄不屈死惟兵備道宋國經退走嘉興會城聞而戒嚴夷駛輪船

游奕尖山口外嘉興府平湖海鹽二縣水道相通小舟可入民心驚惶失措勢驟危急撥陝甘兵一千分往防守並俟河南廣西兵到境截留同出守衛

上聞諭酌留將軍參贊中一人駐曹娥江餘統將備弁兵速爲應援十八日乍浦夷臨岸列隊城中夷亦絡繹出相與鼓吹登舟越日二十餘船悉泊小軍山旋開行而東小軍山界交江浙去乍浦近盜擾入長江之志已定於此矣

上以乍浦兵潰被破不過須刻追咎潰散之由實余步雲有以倡之屢走屢失城池未議重譴遂使人人各懷儆倖相率效尤嚴旨拏解治罪並查懲其首先嚴旨拏解治罪伊里布詣乍浦夷舟賠商受欵退兵事無如夷當逆勝而驕又窺見我軍怯狀所要求多不可行議不成而返頡玕意夷重得前俘還之仇當立解從此可與銷兵矣隨奏出所獲白黑夷於獄載乍浦以歸之夷至而夷船先期啟盡又改道而追送

諸鎮海俘還船不謝受者亦嘿無一言以復（二十年粵南海村民有獲白夷目解官者林公令禁之西洋代請不釋時相至以夷目益肆虐出所禁夷將以還義律令司獄偕至節署入見但叉手於履直立不拜問之不言告以送還之由亦不答也留堂側令巡捕官飯之吏不謝而出其倨強與此同）當夷之離甯波也諜者謂聞國急耗以所屬印度地有警不得不去者蓋邊西有小國曰廓爾喀在我後藏之南與披楞部西隅小港英夷據有孟阿臘時（外部稱之曰第哩巴察）以利誘披楞屬焉乾隆中廓夷併有其鄰哲孟雄部緣交易援及藏境旋畏

天威悔而求貢既又叛服不常五十七年軍帥福康安海蘭察征之檄哲等諸郡協力助攻廓夷因索援於孟酋曰杲爾那爾者辭以國人市粵恩厚義難背逆拒不爲應更兵襲其南鄙英夷貢表陳及是事廓夷遂卑詞表求內附披又嘗積貽廓王珍寶約親啟釁而敗以囚中機徽發而囚死由是積與披部有隙哲部越披即後藏地中一山頗險峻有道僅容羊行英夷鑿而寬之可由披達藏初廓王溺愛其次妃

子觸正妃恨置毒殺焉窮死狀誅其臣畢興貴官稱大嵩基有烏大巴興者畢興姪也入披請兵護以還廢王改立正妃子凡治畢興獄者悉殺之籍及入貢中朝充使之兩嚆基使還不敢入亦逃於披爲廓夷所忌潛使人詣我駐藏大臣言聞第哩巴察之莫斯黨頭目也指義律與京嶴打仗願假我餉得助擊之大臣不知第哩即謂孟阿臘京嶴謂廣東也奏奉查覆得前大臣和泰庵西藏賦註稱西南徼外大國以爲蠻觸

不必問也助餉廓夷之議遂寢及英夷叠犯閩浙廓知孟地空虛自起兵乘間掩襲大勝之擄獲無算英夷兵船方遠集中國擢兵待款欲全師還救又徘徊慮中國訓練嚴防再至撥頓失僅分船還至孟以粵所得貲厚賂廓夷贖還所擄男婦千人就與約和而消其釁此二十二年事也中國因他市來者畧有所聞而未詳審其故英夷尤秘不以告人也至是忽馳離甯波適會其時粵中好事者遂競傳孟阿臘夷埠

廢佬士番久苦英虐不敢逞今復緣出兵故括其貨舟勒派其子弟爲伍洶洶勢不可終日因乘其兵行守虛噪起突攻而盡殲其衆殺顛地之弟某奪復其舊振鴉片稅埠酋馳輪舟倍道趨粵亟召夷兵之泊甯波者踉蹌返救粵憤夷甚作聞謠言紛紛傳述幾於萬口一詞五月二十二日姚石甫觀察覆怡撫亭督部書云聞夷人孟阿臘地方要爲來印度國所敗擄其將士婦女千餘夷必同兵往救若我更益恃三月夷將爲潰僨諸將憂經挫衄之後怵於夷之威詐未知能及此否又八月初八日覆云聞廣東有言英夷國已空虛舉夷不服所爲頗多與怨

似有內潰之形乃轉掠商艘以助其勢外益夸張內
實急迫米利堅謂　天朝不可墮其術中此言又
與職道前月所陳不無脗合我但守口岸不與海上
爭鋒內查奸民誅之不事姑息再持數月夷將自潰
據此則當時臺灣亦有是　官都中者聞而信焉粵人
言海外傳聞不獨粵人矣
御史蘇廷魁講經濟最留心時務見機有可乘將有
以慰
聖心也即據所聞入告請就此時先修虎門礮臺資
他日抵禦築城東大沙河堤營鼉岡東岸時耆英方
以

欽差大臣馳及嘉興
上命特依順代杭州將軍促耆英改赴粵確查印度
及夷船回帆虛實令相機攻滅香港重整海防未至
而夷船已大隊犯江左復
命回江堵禦是時虎門礮臺尚阻於夷未得修復香
港新為海盜藪夷駐兵千餘盜目倚為聲勢各設堂
號沿海刼掠商漁滿載則歸泊香港尖山等設法招
徠漢奸為之剴切曉諭動以天良投還者凡三千有

奇盜目之投首為官用者逾半羣願立功自贖請與
修諸臺而各率其首黨拒夷虎門外糾合香港漢奸
為內應乘冬月潮縮月晦出夷不備猝攻尖沙夷船
使表裏受困一鼓殲旃尖山心動以商於墳墳事持
小心始終謹慎自惜乏權宜濟變才海事更非所素
習初尚守則徐由內及外次第舉辦之議既目覩夷
但擾閩浙絕不與粵為難因循久隱有順時聽天意
懼釁端再啟觸夷怒勢不可收特微言勸止其事山

亦不再言而不知屢奉
嚴旨復虎門攻香港將以牽制閩浙之夷
聖意固大有在而轉以船械未備為言其遲石塞海
不過一時從權非經久制勝之大計遂鐫職還都六月
草御前大臣左都御史伯燾亦緣廈門夷船未能剿辦革職而
代以怡良矣五月初三日夷船闖入吳淞口奕經聞
北援之報馳檄令暫事羈縻夷已猝攻寶山寶山舊
設礮臺正當大流入港之口高下適中無猝出水上

四面受攻患縣城亦去淞江口不遠知縣周恭壽號知兵建議以臺城兩逼汪洋惟口內東溝江灣並號險隘可扼以固守欲棄海口但設伏口內誘夷至擊之總督牛鑑不能用其策而步雲前在招寶山所領見賊即潰之徐州殘旅至是又使總兵王志元領五百以守小沙背素藐紀律日以詐索恐嚇爲事民被騷擾夷未至已閧然無固志恭壽請撤而易他兵寶防民心激變亦不從初八日提督陳化成率游擊張

蕙在南門外海塘與夷戰化成久歷海洋先二年擊閩海夷受傷隨調江稔知水師恇怯不可用選閩中親軍教練之兵志頓奮勵防亦嚴密夷在吳淞畏化成不敢驟入潛購漢奸間道伏覓便焚其藥局爲所獲甫縛斬而夷船適進礮懸桅上彈子從空飛下對擊良久我兵運巨礮轟沉其大船二二桅船檣亦被擊折溺死夷兵二百餘夷更厚集火箭隨礮急攻烟燄騰溢較場附近民舍轉盼延燬彈箭所着屋瓦亂

飛同時灰燼將臺亦壞化成勗厲將士悉力拒守鑑初聞捷自出督戰與化成分守海口夷再入飛礮及山鑑失色知勢不利匆遽旋城方移動而所督諸軍皆尾而潰走夷遂乘勢大進更以小舟繞至小沙背徐州兵望風先逃化成親軍不及百手燃巨礮擊賊臨危猶破一舟志元亦遁化成中礮死謚忠愍恭壽領勇二千力既孤懼賊圍亦與塘兵及東礮臺兵一時並潰寶山陷鑑北走嘉定上海震驚參將維倫急猝

走松江上海兵備道巫宜禊知縣劉光斗相率以從獨典史楊慶恩投水死水勇無軍令約束則相聚爲盜焚掠難民及夷七八船駛入上海城市已空無炊烟又二日輪舟二挈三板四五至松江壽春總兵尤渤先相度違城八里之港口沉塞壞船須陝甘兵二千以守教兵伏避夷礮俟礮轟盡然後發以擊之夷連爇礮數千無中者對擊至半日夷力懈自退越日又至相持如昨復力盡退出松江之得免夷難賴此

輪舟沿道量水至泖湖雇漁舟避沙線引入將窺蘇州輪爲草膠遽舍去至二十日遂退離吳淞而駛入大江矣耆英與乍浦都統伊里布求款夷居間者頗難其人知洋商伍敦元夙爲英夷深信思差出與周旋慮其懼事後指摘必將以老難跋涉辭咨粵派員送其子弟赴江未至急不能待常州鎮道請守鵝鼻嘴鑑又以長江沙路屈曲夷船萬不能深入却之江蘇巡撫梁章鉅方引病卸任二月居刊上與運使但

明倫言夷猖獗必犯長江則瓜州一帶口門當預爲計揚州富戚都轉莞度支儘可挹注今大江兩岸口裡滿號漕艘不下千百宜預調至橫塞江口鑄鐵索聯爲巨栅艚內伏兵設礮火器從頭艙中穴孔以待再集捆鹽夫丁一二千寻以械船使并力堵禦以廢船爲前茅捆徒爲後勁四十里外得此兩層捍隘夷未必能飛渡明倫深然其說方調畫間而夷已挾沙船引其輪舟漸次駛進見諸險全未設備而近水可

以設伏之叢薄荻港皆虛無兵礮遂以六月八日直薄瓜州以城空過不入越江路六百餘里逕抵鎮江鎮居江甯下游枕北固山運河繞其右守以重兵實有險可捍時鑑已至江甯副都統海齡率其駐防兵千餘合綠營兵六百守鎮江下令禁富戶出徙犯者殺兵綠是奪行人財物虛傳城中藏有奸細沿戶搜索稍可疑者即受誅戮城內人人惕息又不知預備守具與團練民間丁壯協守參贊齊慎提督劉允孝

以兵至海齡拒不延入但使禦賊城外賊由西北登岸爲我兵所擊夷多兵少相持者二三日夷方攻北門我兵奮力與戰夷已分隊潛繞西南梯陴上守者亟手刄之僅傷數夷餘已相繼而登肩挨趾錯不復可止城上兵立潰夷先就旗營縱火城陷海齡自縊殉節其妻與孫並同時死難驍騎校祥雲擲都統印入井隨自投下與其父及妻及二女亦同時死夷入焚掠慘逾他縣鎮江既破噗嘮喳將如國王後命仍

遵海赴天津再求通商地中於馬理遜言而止馬理
遜者夷官也世及稱秩馬理遜幼禾日秩童時隨其
父來粵故國商以是名而別之當嘉慶中入貢使臣
卽以當年駐粵之大班哃嘀嗹者爲之副出粵洋迎
貢舟抵津挈其父使司筆札入都粗知中朝地里政
事至是言燕京漕運以江甯爲咽喉今但盤踞江面
阻絶南北卽可要挾所求當無不如志否但揚言將
密招漢奸挖衛高家堰堤彼處工險費巨合龍無期

阻於外舟工亦難舉計更無不得請者事出權宜將
在外君命有所不受但期有利於英不必跼守國王
恋文也噗嗎喳深然其言隨下令諸船齊進一路聲
礮不絶瓜州儀徵所有鹽船商舟焚燒殆盡二十八
日集船八十五直逼江甯城勢益兇暴先既奉有設
法招撫許便宜行事之
諭伊里布已遣武舉張振龍家僕張禧等冒險赴夷
船以候欵開導夷果停不復攻而責覆欵議殊亟初

六日耆英至自丹徒復遣佐領塔芬布陳志剛等與
禧再詣夷船切實論議時民情驚駭失措岌岌不
可終日噗嗎喳終恃馬理遜熟悉情勢條件皆屬其
登覆馬理遜先索三千萬員稍減爲二千一百萬中
以六百萬爲補償烟價三百萬爲績還舊商欠千二
百萬爲軍費預擬過付期日本年先交六百萬餘分
三年帶交侍衛咸齡亦偕往語以烟價曾由粵償還
今同一名目何以重索難違

天聽商欠自當清結但貿易利歸洋商宜商欠商還
何以官爲賠墊未免公私混淆至此次因爾國稱兵
爰有軍費若反取諸中國是中國以錢買亂何以服
民因反覆與之辨論夷衆同稱烟非產於英地實爲
鄰埠客商貨物繳燒者久已折賠在粵所收六百萬
尚未及原價之半必得此乃足所賠又國商市粵年
深積欠數鉅商疲且衆懸宕稍延今所索尚不及原
欠十之一請行粵關清查可以勒限歸欵是數仍有

着官但先爲保交而已其軍費一項因現已議和來
船均宜賞犒遣散不給所欲則船之退否非吾輩所
能強抑倘有帆航仍留内海遇兵民勢必與戰爭端
再開恐中國將來費更不但此况艟艨所集已阻遏
京口要衝一得當則令及早退出所以裨補於中國
者甚大也嗣不便再言夷復求賞給香港爲彼來商
僑居地聽在廣州福州厦門甯波上海四省五地通
商貿易五口外仍不准商船駛往他港違卽受治梁芷

鄰中丞章鉅致劉次白撫部書云自引疾得請後應
卽旋閩因假裝之頃忽聞浙東英夷猖獗大帥奔回
杭州錢塘江一帶戒嚴莠民乘機刼及行旅相戒裹
足不得已暫至揚州避之嗣因揚城警報踵至探知
夷艘已逼焦山口復跟蹤挈家於六月初渡江時京
口草木皆兵一葉扁舟從鋒鏑中奪路而出甫過丹
陽卽聞鎮江府城已被夷兵攻破道途梗阻卒途遇
帶兵大帥齊禮堂參贊慎比來救援某與參贊曾爲
甘隴同寅承其沿途擁護星夜趱馳得以安抵蘇州
復連夜乘潮至富陽神魂始定六月杪至衢州探聞
江南大吏以千萬金錢與英夷議和許其於江南浙
江福建廣東四省設立馬頭互市業經奏准嗚呼此
乃城下之盟不得已權宜之計惟我　皇上如天
之德深憫東南百姓久遭荼毒勉從疆吏所請使民
氣得以小蘇凡薄海含生負氣之倫無不感頌
皇仁而咨嗟太息於臣工措理之失當也七月初至

浦城本擬卽日買舟順流歸里忽聞英夷復欲在福
州添設一馬頭執事已爲據情奏請不勝駭愕且聞
省垣紳戸紛紛各爲搬移之計因此觀望不前繼聞
此事已奉　中旨再三駁飭仰見　聖明覆載
無私洞鑒於萬里之外俾濱海臣庶均各安耕鑿於
堯天舜日之中爲之額手稱慶乃不數日又聞執事
以此事頂奏求順夷情則誠某之所不解也試問執
事夷情重乎民情重乎夫前此之准議和乃我
皇上之順民情以順夷情此經中之權史傳中屢有
之今此之請添馬頭乃執事之拂民情以順夷情果
何說以處此民爲邦本執事於本末之分順逆之理
亦曾熟思而審處之乎且此事本末至易明也以省
分論福建不能先於江南浙江廣東也以富強論福
建不能勝於江南浙江廣東也乃江南浙江廣東每
省只准設一馬頭而福建一省獨必添一馬頭以媚
之此又何說以處之且江南之上海浙江之甯波福

建之厦門廣東之澳門本爲番舶交易之區而福州
則　開國以來並無此舉今以亘古未聞之事而爲
恭奉外夷之故強率吾閩數十萬戸商民必與上海
甯波澳門一律辦理於國計民生政體均所未安此
又何說以處之况中原濱海各省不一而足倘該夷
援福州之例於山東索登州馬頭於直隸索天津馬
頭於遼東索錦州馬頭則概將惟命是聽乎况外番
如英夷者亦不一而足倘各外番並援英夷之例亦
於濱海各省請分設馬頭則又將惟命是聽乎且福
州省城外距五虎門大海尚有百十里之遥蘇州省
城外距常熟海口不過百里浙江省城外距乍浦海
門亦不過百里廣州省城則外距澳門不過數十里
若皆以海道可通之故各援福州之例並請於各省
會分設馬頭又何詞以拒之且執事亦知該夷所以
必任福州之故乎該夷所必需者中國之茶葉而崇
安所産尤該夷所酷嗜必既得福州則可以漸達崇安

此間早傳該夷有欲買武夷山之說誠非無因若果福州已設馬頭則延建一帶必至往來無忌某記得道光乙未年春夏之交該夷曾有兩大船停泊臺江別駕一小船由洪山橋直上水口時鄭夢白方伯以乞假卸事回籍在竹崎江中與之相遇令所過塘汛各兵開礮擊回則彼時已有到崇安相度茶山之意其垂涎於武夷可知此時該夷氣燄視十年前更甚得隴望蜀人之常情況犬羊之無厭乎此局果成其弊將有不可殫述者願執事合在城文武各官及在籍老成紳士從長計議極力陳奏必可上邀
旨下洽輿情使英夷知中國不可以非理妄干自當帖然聽命甚不願後日以盧龍之賣歸咎於當時之大吏及士大夫也　按原奏已云五口通商而　齡等梁中丞歸田瑣記乃云然蓋當時傳聞之誤

答以香港之建造夷屋在未欵前已上事尚可代請

至市地售止廣州今增其四數實過多不無窒礙其開市貿易如何輸稅亦應預爲詳議庶免臨時爭執夷言既有香港寄泊此後船貨來者較前宜倍必得五地分售方可通流不滯稅屬公帑自宜公立章程謹遵中國成例按則徵輸廈門甯波鎮海定海乍浦寶山鎮江各城岸一俟五口通商便即退還不敢再事滋擾將來貿易各關並設領事官經理用資約束而慎輸將從前官設行商侵尅受害此後請聽來商自投行交易貨至責成領事赴關納稅庶不受洋商挾制期保久遠相安齡等仍令將市地删減夷堅執不從最後又請彼國官至與中國官用平行禮及事後將被擄夷人與被誘漢民一體釋放俾反側胥安無復顧慮語畢促諸人亟歸商定諸人終以索費過重瀕別有遲疑意頗形躑躅馬理遜因爲言所有軍費馬頭皆我國現請之數非即中國已許之數歸自酌裁之可也塔芬布等還報當事僉以所請悉如夷

初意而索項視前轉奢遷延莫決難以遽覆又使更往傳語當往返議擬時夷船已易白旗以俟矣而漢奸有慮和議成不利己私者七月初八日夜二鼓夷開漢奸鬨播謠言有當事實無和意不過借議欵事暫杜急攻已一面飛調壽春兵晝夜馳來決死戰語夷酋信之恐遂中我計忽下令諸船皆易旗約以次早復開仗猖獗更不可名狀當時相顧無策慮及江甯城周五十餘里防守兵力不敷所調江甯浙北徐

州兵率挫敗之餘斷難恃以克敵又望見夷登據城外鍾山俯瞰全城虛實如指掌飛礮轟墮勢必難支事勢至斯不得已咸願爲國受過隨使咸齡偕署布政使黃恩彤面見夷酋開誠告以無他勸勿爲流言此中致中道乖違因盡勉徇所請一切不復再加挑駁夷衆乍聞歡呼喜出望外於是鑑伊里布耆英會奏言夷逼金陵情形危迫呼吸即成事端根本一有挫動鄰近如安徽江西湖北皆可揚帆直達所請雖貪利無厭而意但在求市地通商尚非潛蓄異謀可比與其兵連禍結流毒滋深曷若不惜巨費以全大局所索紋平七折銀一千四百七十萬兩商欠折二百十萬兩行令粵商按數歸還本年先交四百二十萬就將揚州商人現給之五十萬員扣抵外令江蘇捐備百萬再擬於浙江江蘇安徽三省庫存及關征粵庫通融借撥其餘三年帶交歲不及三百萬彼國貨稅既新加饒裕可以作抵較用兵費實不及三之

一癸卯六月給三百萬於洋商欠項追交十二月三百萬於各海關稅撥給不敷仍於粵閩庫借交甲辰乙巳丙年屆期通計各口新稅籌辦至廈門夷雖退尚未收復香港古浪嶼定海招寶山則仍據守未退與其久被佔據不若歸我土地既願遵輸稅課即屬悔過向風此後彼因自護馬頭我即借以捍蔽海疆似爲國家之利所請與官講平禮虛文本可通融事定後亦應釋俘囚以堅和好寬脅從以安反側附單詳載條款以聞

上念東南數百萬民命慘遭塗炭強爲遏抑

加恩勉如所請而

諭令反覆詳議永銷後患耆英等同詰夷帥與立和約十有三條善後事宜八款鈐以關防海關丁書巡役陋規亦悉予禁革奏云臣等查該夷請求各款雖已定有和約十三條惟一切善後事宜尚須明晰妥議立定章程畫一辦理方可期一勞永逸永杜衅端其奉

旨指出各款尤須宣示該夷俾知遵照誠如

聖諭不厭詳細萬不可將就目前草率了事當即派四等侍衛咸齡署江甯布政使江蘇按察使黃恩彤浙江甯紹臺道鹿澤長石浦同知舒恭壽連日接見該夷酋反覆詳議該夷

嗎哩遜噥㖿咀嘧吔唎均通曉漢文兼習漢語不須通事傳話反致隔閡該侍衛等與之口講指畫推誠開導酌定善後章程彙分八條稟經臣等備文明晰照會該夷酋噗嗎喳亦即照覆均無異說謹將各條另繕清單恭呈御覽至此次奉旨指出各欵如該夷赴各口貿易一節聽其自便但日久難保民人無拖欠之弊祇准自行清理地方官概不與聞一節查前議商欠三百萬員即在二千一百萬員總數之內此外欠項均不能官爲補交業經與該夷議定並奏明在案後於善後條欵內載明此後該夷自投之行非中國額設行商可比如有欠債只可官爲着追不能官爲償還等語現據該夷覆稱嗣後利害均由自取萬不再求官爲還欠其情業已貼服又如此次已經和好兩國民人視同一體斷不致概行詐殺倘該民人別經犯法我國自當照例辦理與該國無涉一節查該夷原議此欵係專指犯順以來被誘被脅之民人而言臣等切以此等莠民即屬漢奸與夷匪相爲表裏夷匪既散漢奸亦不能復聚惟人數衆多究係國家赤子繩以峻法則相率爲盜宥以寬典則反正來歸自當蠲除既往予以自新是以臣等奏懇天恩准予釋免以安反側至通商以後華民歸中國官管束英國商歸英國自理華民有罪逃至英館者英夷不准庇匿英商有罪逃入內地者中國官即行交還均經臣等明定善後章程該夷亦切實照覆是該民人等別經犯法自當仍由該管官照例懲辦該夷斷不致多端阻撓至各國稅銀該夷情願按照則例如數輸將惟稱粵海關丁書稅役內藉陋規求爲查明禁革其中國商人按例交納關稅非該夷所得越阻該夷於本年六月十五日以後止有揚州商人致送曹平銀三十五萬五千兩折洋銀五十萬員現已議明扣除此外並未收過銀兩再舟山古浪嶼暫住兵船應俟各口開關即行退出不准

久爲佔據一節前此該夷酋必欲俟銀兩分年交清方始退還現經奉旨飭議復向開導該夷總稱和約既定必須堅守未便遽行更易至渠等酌留兵船不過數只既不侵犯百姓亦不阻攔商船均於善後章程內議定不致滋生事端惟求代爲奏明仍如前約等語臣等查該夷既以堅守和約爲詞若不允所請轉恐藉口反覆其兵船如何漸次撤退應俟開關後由地方官察看夷情相機妥辦其分年措給銀兩臣等悉心籌畫所有癸卯年六月應給洋銀三百萬員擬於廣東洋商欠欵內先行儘數追交十二月應給洋銀三百萬員擬於各海關稅銀內撥給倘有不敷再於廣東福建藩運各庫均籌欵措交至甲辰乙巳兩年應給之項屆期各海口均已開關稅額議有成數應俟通盤計算是否足以相抵再行籌辦至新設五處馬頭尤非善後事宜可比必應妥爲籌定以期永久安堵容臣等將未盡各事宜悉心詳議務期周妥另行具奏外理合恭摺具奏一廣東洋行商欠除議定三百萬員官爲補交外此後英國自投之行即非中國額設行商可比如有拖欠止可官爲着追不能官爲償還查此項業據該夷照覆嗣後通商利害均由自取若有欠項由管事官呈明內地官着追萬不可再求官爲償還一和議既定永無戰爭所有廣州福州廈門甯波上海五處止可貨船往來便兵船遊奕其五處之外沿海各口及直隸奉天山東天津臺灣諸處非獨兵船不便往來即貨船亦未便貿易均宜守定疆界以期永好查此欵業據該夷照覆一俟五港開關則例頒行即由英國君主出示曉諭英民止准商船在五口貿易不准駛往各處至該國向有水師小船數隻往來各口稽查貿易亦當協同中國地方官阻止商船不准他往並請中國地方官嚴禁華民除議明五港外不准在他處與英商貿易一既經議和各省官兵應撤應留須聽從中國

斟酌其內地礮臺墩堡城池業經殘毀者均應次第修整以復舊規實爲防捍洋盜起見並非創自今日英國既相和好不必有所疑懼或行攔阻查此款業據該夷照覆以上各事宜均應聽中國斟酌修整如舊係屬正辦英國斷無攔阻之理並此次和好一惟賴中國誠信踐約而英國亦當專心以信守爲務一廣東福建及浙江等省距江甯較遠之處不知和好信息見有英國兵船駛入或相攻擊均須原情罷戰不得援藉爲口實致乖和好查此款業據該夷照覆兩國和好信息口業經由火船速行曉示所有英國水陸軍師自必與中國兵民互相友愛倘有攻擊之誤未足爲仇惟求臣等速將議和情由飛行各省一體知照免起紛爭更屬欣幸一和好之後付給本年所交銀兩各兵船自應退出江甯京口即福建廣東浙江等省停泊兵船亦須約定同時退出散遣歸國方堅和好其定海之舟山廈門之古浪嶼據議仍留英兵暫

爲駐守但不便多駐兵船致中國百姓暗生疑懼與該二處通商之事轉多窒礙所有每處泊船若干只自應預爲申明以示限制查此款業據該夷照覆俟本年銀兩交清後所有兵船自應退出江甯京口等處其他省停泊船隻除舟山古浪嶼二處酌留兵船數隻管理貨船及香港仍須留兵駐守外其餘均可遣散歸國並留兵於他國未免重費英國意在省費必不多留兵船中國不必多慮致傷和好一舟山古浪嶼泊有兵船須令帶兵官約束兵丁不得侵奪民人致乖和好並聞古浪嶼所泊兵船曾有攔阻中國商船扣收貨稅之事此時既經通商應令各兵船不得於中國商船再行攔阻抽稅查此款業據該夷照覆各處兵船本應帶兵官嚴爲約束此時和議已定尤當彼此現愛所有攔阻商船即行飭放不得再行抽稅各情早經行文各處曉諭在案嗣後倘有不遵致有侵奪攔阻情弊即當嚴行訊究不致有乖和好

一英國商民既在各口通商難保無與內地居民交涉獄訟之事亟須明定章程英商歸英國自理華民歸中國訊究俾免衅端他國夷商仍不得援以爲例查此款業據該夷照覆甚屬妥協可免爭端應即遵照辦理一內地奸民犯法應行究辦若投入英國貨船兵船必須送出交官不可庇匿有違信誓致傷和好查此款業據該夷照覆內地犯法奸民若投入香港及英國貨船兵船即行送出交官斷不庇匿其英國及屬國逃民逃兵若潛逃內地中國亦須送交英國近地理事官領回以敦和好　八月初十日恭值

萬壽夷官仰祝

純嘏虔請代奏夷船以八月二十五日出江入海諸

帥設餞於正覺寺而去　夷人歸後繪舟上議和圖牛鑑伊里布耆英咸齡江蘇按察使黃恩彤甯紹台道鹿澤長同知恭舒壽夷官噗鴉喳馬理遜囉啉咀哪吔唎益三人皆通漢語馬理遜與恩彤各坐一棹執筆立約餘皆坐於其後夷多立者不知何許人神情逼肖　給事中董宗遠力陳款夷不便已無及矣　奏云臣聞逆夷深入直犯江甯該大臣等以形勢萬分危迫奏懇允夷所請與彼聯和仰蒙

皇上如天之仁垂恤民命准大臣等便宜行事

德至厚也　恩重渥也而臣愚以爲果如所請則

國威自此損矣　國脈自此傷矣亂民自此生心矣邊夷自此多事矣值可取勝之機而忍辱偷安貽此四患該大臣等誠慣國之尤難逃史議者也謹爲

皇上陳之該大臣等之言曰該逆自犯順以來屢經

命將出師總未能挫其兇燄云云伊誰之咎乃敢以

此揚敵人之威乎逆夷構兵三載兩軍對壘之處少
望風逃竄之處多業既仰邀 聖鑒將爲倡之余
步雲傘解進京執知將士等罔知警惕自吳淞失守
之後福山圌山京口等由海入江之路或資糧縱敵
或棄地潛逃逆夷直達江甯則深入重地料難免脫
該大臣等臨境脅皇曲成和議且爲危詞以悚
皇上有士氣不揚及鍾山逼近省城登高臨下一經
轟擊勞必不支等語試思士氣不揚誰實使之乎總
督控制二省以迫近省會之鍾山並不能據守乎又
云尙戰不勝卽偷挖高堰伊誰之責防其偷挖豈遂
無術乃苟且從事置國體於不問乎我 朝定鼎二
百年來臣服邇於四海貌茲醜類祇以督兵者逡巡
畏縮未獲其功致以 皇上知人之明別遣威望
素著之大臣前往辦理數邑何難克復該大臣等見
不及此許洋銀至二千餘萬之多是歲幣之輸也讓
五處馬頭與處是割地講和也甚且請蓋 御寳
與之是猶欠債者之寫 負約也是猶賣產者之立文
契也不知該大臣等視 皇上爲何如主自視爲
何國之臣方今全盛之勢以强畏弱縱敵苟安忠義
之士聞之誰不憤恨四海屬國聞之誰不輕中國乎
臣謂國威自此損者此也該大臣等又云該夷討洋
銀二千一百萬員內烟價若干商欠若干軍費若干
不知鴉片有明禁該逆以犯法之物誘我華民已屬
非是況燒烟之日曾以大黃茶葉相易並非白手取
之何言索價且其價重千餘萬之多也至於商欠尤
屬一面之詞軍費何得取償於敵該大臣等因該夷
怒目而視遂不敢與之詰難試思此欵之出不外國
帑民脂兩項以有限之財力供無厭之橫索中國能
堪之乎且既給之後能保其安然無事乎設又增所
請何以給之乎抑於是時始背盟議戰乎軍興三載
以來用度浩繁上下交病加以征徭遷徙失業廢時
如此數事民窮財盡殆不可支將何以裕國用厚民

生乎臣謂國脉自此傷者此也該大臣又曰該夷請
爲被虜夷人及被誘之漢奸一體釋放夷務完竣後
應釋俘因以敦和好免協從以安反側似屬可行云
云說以此爲羈縻之術則可耳若果行之天下尚知
有國法乎虜夷姑置勿論試以被誘漢奸言之彼所
犯者叛逆重罪逆夷所出蹤蹟我中國者皆彼等爲
之向導爲之內應中國之民恨不食其肉而寢其皮
若概從寬宥則碁布星羅在在皆夷之巡邏昔猶服
漢奸之罪名今公然防戍之敵卒卽暫且無事而中
國之人聞之謂薄皆懼罹尙能受有司之罪彌天大
罪竟蒙釋宥之條事之不平莫此爲甚恐小則拒捕
抗官大則揭竿起事皆勢之所必然者臣謂亂民自
此生心者此也該大臣等又曰與其博征剿之名莫
如收實效若作權宜之計求息兵端且掩耳盜鈴之
說也該夷在廣時曾討烟價六百萬員允退兵歸國
矣乃口血未乾復肆猖獗今又如此陷江甯之人且
有分年交淸之約則嗣後更得以索欠爲詞滋擾不
已並聞其與該大臣等一面議和一面登岸肆擾該
大臣等不敢動問能保其日後無事乎該大臣又曰
此後結以恩信撫馭有方彼旣自蔓馬頭卽有捍蔽
海疆未必不轉爲我用此更夢囈之語也彼旣占據
險要則內地在其腹裡吞噬之勢已成如被盜之家
已被掘載出戶彼方盤踞其側將圖大索乃轉以守
門之責寄之雖三尺童子能信此語乎該大臣等將
誰欺乎臣謂邊境自此多事者此也總之該大臣等
視居官如傳舍但求目前苟安絕不爲國家久遠之
計不知以現在之夷情度之卽苟安亦未必能也該
逆無厭之求實出情理之外亦聊以此相試矣豈敢
期中國之必許我今旣恐許之矣乃猶預不决恐墮
術中久之而杳無聞見事必驟然興起謂中國果無
人也則將肆然無忌爲所欲爲而不堪設想者矣臣
籍隸江甯眷屬俱在圍城中與守土各官誼一身暫

寄官眷妻子輜重早經遷徙者不同雖蟻命至微豈
不願苟存旦夕而必冒萬死以爲此奏者誠爲國家
計久遠且逆知禍不旋踵不與和固死與和亦死置
之死地而後生願暫借江甯爲戰場與之決一戰即
死猶有一生之望也按江甯東距京口西接和州南
距太平北距天津雖京口業被占據而揚州實據京
口上游爲由京師至江甯要道伏乞 皇上簡任
上將速發大兵任用 王親大臣撻伐並飛諭江蘇
安徽江西各撫臣帶領精兵三路堵截四面合圍解
省城目下之倒懸俟各屬已失之境土該逆捨海入
江已屬法窮就窄况現交秋仲潮勢漸退船隻笨重
最易淺擱既地利天時之交濟實摧枯拉朽之同時
轉弱爲強在此一舉昔吐番之騷擾於唐金人之爲
患於宋皆議和誤之 皇上聰明智勇詎弗深悉
其非至大臣等坐失事機專權誤國國法具在無待臣言鑒以不守江口被逮代

以耆英奕山奕經文蔚皆得罪沿海失守城池道府
以下及失事將弁皆予處分
恩免被夷地方錢糧
命伊里布至粵議開市事佛蘭西者西海故國與英
國並居大西洋同港界接鄰近各爭強不相下連兵
搆怨數十年近雖約和而各懷疑忌船至粵者英多
而佛少上年十二月聞英市被禁陰喜而陽慰之王
恐其偶勝益驕則先受其睥睨遣兵目真時爾士思

利駕兵船一來泊尖沙嘴土思利入寓省館求見大
吏偕所帶諳華語之夷僧玉遮依里達二人爲通不
受官通事防洩也奕山遴率當事同官出城西潘氏
園見之夷目自陳其國王聞英夷違犯中國搆兵久
恐其國商或波及受累令其來護因得便善爲解散
英素悍自非禁以力不可而彼與英方新和驟若攻
之無名願出與英酋講說俟其堅執不見允則曲在
彼乃可藉以交兵語頗誠切奕山等諭以英自津門

轉粵日加猖獗
天威震怒今奉
命征剿未便遽聞款議辭之夷目乃請自以己意與
言無論其意見云何亦當入覆旣去會噗嗎喳方潛
回香港佛目與晤及矣而土思利偶緣他事奔於初
春駛赴呂宋留真時爾以二月再入會城呈遞説帖
仍以和解爲詞勸給英夷香港補其烟價三百萬奕
山疑佛目爲英居間將圖異日得與分地而居且爲

探內地虛實來也即拒絕之（六月有奏英夷糾集天竺佛喃小呂宋等國同惡相濟　鎮海定海所到夷船或稱來自天竺佛喃及呂宋　諭奕山查明解散奕山以英夷船皆來自本國或密西娑挪代人打仗之黒夷船在內均未可定天竺即印度其孟阿臘即英屬國諸國無佛喃名當係佛蘭西尼晉玫供佛蘭西無助逆事呂宋更貧弱不能助人詳爲覆奏）噗喝喳又復離粵而北佛目俟至六月終不得我實耗乃自赴江仍將力任款事折其貪心得當以復我官吏較在粵使也迫抵吳淞口英船已入長江官上海者更莫測其來意不敢辨之入佛目不獲已隨易小舟溯江抵金陵則所款議先已大定馳奏且數日矣遂廢然與英船同返粵英夷自以香港爲彼國奉給地遠在海口諸國市船所必經凡貨船至粵者欲抑使先就彼報驗按船抽鈔而後入埔輸稅中國其至五口者亦援香港爲例佛蘭西米利堅皆大憤訝謂彼此同在天朝貿易我非爾屬誰甘受挾制於是各自遣書其國以兵船至將與英爲難英酋自知理屈頓止前說兩國使臣適至請入都密陳機宜當事不可而伊里

布奔卒於廣州將軍任耆英馳至粵（皆二十三年事）許諸國並如英夷例給以印冊條列事款各國乃喜躍而歸其冬噗喝喳尚以歸師駐廈門鼓浪嶼候釋還俘囚挈以還遣其屬爾吠至臺灣領所釋疊戰獲禁之夷瑩傳見告以百餘人中前後病斃及正法尚存夷目九人合以就款後同自舟山遭風爲臺官救起之夷目七多忍占與白夷二十五人盡付爾吠帶出（七多忍占供係英小商船載白夷二十餘黒夷百數十同輪舟前月自舟山撤回廣東駛至臺灣洋面九月十六日遭風因輪船上被火大夷官將伊船上黒夷盡數叫去救護本船上白夷不諳行駛以致擊碎幸蒙救起祇求釋回是所救之遭風夷亦從兵中來者）爾吠感激請瑩親臨其舟燃六礮懸綵旗百以迎飲其太平酒而還矣（是日姚觀察看其船無兩艘附水防礮擊事知噗喝喳至是始知俘夷前供之出自咁利啌者誇也）已幾懼爲諸夷笑密商於夷目札士必於是忽生異議詐言臺灣被殺者皆遭風夷商（按姚觀察與曾卓如方伯望顏書云大安之役承示以中丞所謂此亦不得已之苦心也惟前據夷供噗喝喳給銀九萬及紋銀六千來臺購買奸民實無五十萬之事姚縣丞私信尤爲不確且上年經與制府甄甫中丞兩次印示凡獲夷舟銀

貨悉與兵民充賞弗與達鎮會示破夷所得銀貨不許官人索優是以民間利其所有樂破夷舟賞不能有裨於軍需也據此是當時傳聞有獲夷舟五十萬之說故商撥軍需然據夷酋僞示亦止云民船遭風逃生上岸俱被拏禁彼總兵官允心戕殺始終無失去銀貨若干索賠之語其云執械相爭被擒尚不容戕殺是明明知有抗拒我兵之事至云此等難人原係水手小人隨帶謠夫則又明云在夷營數內且欲將鎮道家財入官交英官分濟枉死家屬亦非謂以其家財賠補失項也即所自言已見偏詐安有交兵時手執戰械相敵而尚不得誅之理乎又二十一年十月親察復泉州沈守書云承惠書臺灣破獲夷四大府意令解至內地以廈門鼓浪嶼尚未收復欲示德於夷帥此事若出自英夷則可以百餘囚人易回鼓浪無損兵威復可布德無善於此今夷初無此意且大肆鴟張所至殘破勢銳志驕彼以廈門爲囊中

物據之以遏浙粵咽喉安可以不甚愛惜之人遽棄其所算哉設使囚人既得仍逗留不去將何以處之且內渡三口廈門已失泉之蚶江福之五虎皆有夷舟起解夷至百餘奸民必往告徒爲所劫何能至福州待我之求耶事勢如此非敢方命也　二十二年五月復怡制軍書云臺灣前獲夷犯亦遵　旨分別留禁正法次守兩次來書深以逆夷性好報復爲言夷性畏強欺弱我擒其人久而不殺以爲懼彼明示之弱也又以舟山廈門失守爲報復之證試思夷初至舟山非有所仇上海又豈有仇乎夷垂涎臺灣已久即不殺夷因彼亦可以破舟喪貲索償於我前所斬溺之夷無不可爲報復之詞也殺之猶可以壯我士卒之氣兩軍對壘非我殺賊即賊殺我乃先有畏彼報復之見何以鼓勵士卒乎又七月復福州史守書云夷囚除頭目外悉斬之臺人素怵於泉廈郊商之言頗懷畏懼及目覩夷臨斬時觳觫備形轉甚訟

臺地強悍之逆犯士卒胆氣益壯而畏事者猶津津以報復爲疑殊不知夷性畏強欺弱即使大隊復來仍是垂涎之素志耳論者每謂甯波之失由裕督師之剝皮廈門之失由陳守備之箭射夷酋非衷論也臺先後交鋒死及囚不下千人喪貲甚鉅彼欲甘心於我豈待戕其人乎大戮夷囚議必紛紛大憲言及尚望代達鄙意云云在省中大吏見夷勢猖獗慮其報復欲以仔夷還之以解其怨亦權宜之所不廢即使解省中道爲夷船所奪亦事所常有然乎心論之廣東浙江兩次還其夷仔彼未容因是稍生感激則閩以臺灣之仔還之亦未必能動其天良遽然捨去蓋其所求者大聲言報怨皆虛作恫喝之長技耳當請爲正法正背天同仇之時而鰓鰓逆料將來禍或歸已是以私害公血性男子不爲也扶同邀功之事必其私相交結於平日而後可塋爲臺道例加按察司銜而文至必稱提督銜臺灣鎮傳諭某道塋

心已不能無私言及奏夷情引及嘉慶年得自松筠語洪阿即疑有道無鎮塋請作松語洪阿但求事理暢明不妨彼此相易洪阿思之數日終用原奏上即此一事兩人已勉強相就以同事不能不和衷耳非交深莫逆不言而喻也誰肯臨時起意爲此欺詐之事乎遽張僞示以上年八月其國嘛嘛吥嘘民船遭風雞籠洋本年正月阿嘶船遭風淡水洋皆逃生被殺監禁總兵等貪功以攻犯奏請正法假使手執兵械奮勇相爭被擒尚萬不容殲殺是必請大臣奏明堅求將臺官正法家財交英分濟文責大帥於是大帥遂相繼以鎮道冒功請

旨
上命怡良赴臺查辦臺兵洶洶共約詣行署訴洪阿
虛起風波婉詞解散百姓有焚香跪請者追委員堂
訊官勇隨有並未接仗之結怡良據以責備洪阿瑩
自備受
恩深重今率大局既定從此安人息事倘憤而怨爭
執所獲贓物為證則夷酋必嘵嘵不服大臣既不可
與對質夷船未返或別生事端所關甚巨事機如此

止宜引咎瑩先以夷在廈門上書制府請奏易鎮道
至是乃具詞請罪怡良據詞奏覆
上聖明令解京遂逮洪阿瑩下
詔獄怡良內渡奔告病還旗代者劉鴻翔盡取營縣
義首稟報原牘及所得夷船掠載浙閩營械浙撫營
員印文冊咨送十二月鎮道見夷僞示録奏自請撤
回查辦捆弁守風追回未及上鎮道
已自服罪瑩見鴻翔泉州謂原奏未嘗非惟斬夷太
速逾兩月則撫議成事可免是亦持平之論正法雖
出
諭旨究屬與道光
請事與禁市小異大同

上深知二人功過所在供甫上旋出獄起用矣姚觀察奉
逮入都別劉中丞書云瑩與達鎮軍以擒斬夷俘為
夷酋請怨大帥相繼糾彈復有摭拾浮言為夷之助
者致　上震怒逮問入都既負　聖明特貰之
恩更辜憲臺知薦之德惶悚不可言也呂游擊示知
憲撤蔽解以道府原案及所獲夷件均送大部即當
赴省候文就道不得面辭歉仄愈不能已在泉州時
承明諭原奏未嘗非惟斬夷太急再逾兩月則撫議
成而事可免又謂鎮道此行為辱甚矣大君子持論
之允也願一得之愚尚有未白於左右者茲當遠違
敢卒盡其區區惟鑒察焉今局外浮言不察情事言
臺灣鎮道冒功上干　天聽夫冒功者必掩人之
善以為己美未有稱眾報善而謂之冒功者也雞籠
其地距郡程十日大安稍近程亦五日皆在臺灣北
境兩次擒夷鎮道均非身在行間惟據文武士民稟

報之詞耳自古軍中驗功皆憑俘馘旗幟鎧仗有則
行賞故人人用命非如獄吏以擿姦發伏為能是以
周師耀武史有漂杵之文項羽自刎漢有五侯之賞
所謂兵貴虛聲克則得眾也雞籠之夷雖以衝礁大
安之夷雖云擱淺然臺灣擐甲之士不懈於登陴好
義之民咸奮於殺敵乘危取亂未失機宜夷船前後
五犯臺洋草鳥匪船勾結於外逆匪巨盜乘機數亂
於內卒得保守嚴疆危而獲安未煩內地一兵一矢
者皆賴文武士民之力也苟無以鼓舞而驅策之焉
能致此哉況當時各路稟報皆稱接仗計誘所獻夷
囚礮械衣甲圖書既驗屬實復有綠營旗幟軍衣刀
仗與浙江巡撫營官印文火藥道里數冊確係騷擾
內地之兵船　其時夷焰方張蹂躪數省荼毒我人民
戕害我大將　朝廷屢有專征之命閫外曾無告捷
之師　宵旰憂勤忠良切齒郡中得破舟擒夷之
報咸額首稱慶謂海若效靈助我文武士民殲此醜

類亟當飛章入告上慰　九重焦憤之懷且以張
我三軍挫夷銳氣在事文武方賞勞之不暇豈爲鎮
道不在行間功不出己遂貶損其辭哉鎮道原奏皆
據衆報彙叙未言鎮道自爲即文武稟報亦未沒士
民所獲士民亦未有控文武擬其功者怡督𢙣渡臺
逮問鎮道咸稱早定一時郡兵不服其勢洶洶鎮軍
懼變親自巡衛慰諭乃散翼日衆兵猶人持香一炷
赴　欽使行署泣愬全臺士民遠近奔赴僉呈爲
鎮道申理者甚衆皆未邀夷案讞叙之人也雖怡督
𢙣批不准行然皆已受其辭在案可稽則鎮道非有
冒功之心明矣雖鐙夷船到口三日後乃開礮我兵
亦開礮相持大安夷舟實爲漁人所悞擱淺兵民因
以乘之當時陳辭初非臆造詎夷就撫後追恨臺灣
掄斬其人遍張僞示以爲中華之辱莫甚於此計遂
鎮道以快其私大帥相繼糾參而臺灣冒功之獄成
矣在諸公刱鉅痛深以爲甫得休息深懼再啟兵戎

謀　國之意夫豈有他正月二十五日怡𢙣渡臺二
十六日傳　旨逮問以所訪聞令鎮道具辭瑩與
鎮軍熟計夷人強梁反覆今一切已權宜區處甯恕
之辭非口舌所能折辯鎮道不去而夷或至必不能
聽其所爲夷或別有邀求又煩　聖廑大局誠不
可不顧也且恕出夷人若以爲誣夷必不肯服鎮道
爲　天朝大臣不能與夷對質辱　國諸文武即不以
功豈可更使獲咎失忠義之心惟有鎮道引咎而
已益夷未撫以前道在揚威勵士既撫之後道在息
事安人鎮道受　恩深重事有乖違無所逃罪理
則然也且上年十二月初三日鎮道見夷僞示當即
照錄具奏自請撤回查辦其招在口守風聞怡𢙣已
奉　旨渡臺乃追回曾鈔呈怡𢙣冊次繙摺猶存
今以罪去誠乃本懷此所以具辭請罪也至於官民
結稱並未接仗計誘者臺灣地本孤危衆恃鎮道壯
其膽氣今鎮道獲咎委員復以危詞恫喝誰敢堅執

以自取戾而致怨於夷乎此又情事之昭然者矣鎮
道入都亦必如前請罪以完夷案惟𢙣臺有知己之
感區區微衷若隱匿而去非所以對大君子夫世俗
紛紛皆由功名富貴之念重則君臣道義之念輕耳
胸無俗見不特進退坦然苟利社稷即身家在所不
計古有殺身成仁毀家紓難若彼何人哉怡督𢙣未
諒志士立身各有其品節以爲及此尚形強矯殊深
責之不能辨也居常言臺灣鎮道奏事乃　國制也
瀕海文書往復不能剋期軍中朝夕百變若事事請
命則貽悞多矣雖寵獲夷之奏如常發驛奏　上
殊諭嗣後夷事皆四百里奏報若獲勝仗即五百里
大勝則六百里誠念切海外欲速知情事望捷音也
聖廑若此何
敢復爲粮轉耶
詔直隸江南總督籌善後條上禦外防內八議增設

通永一鎮駐蘆臺控山海關以西蓋奉天山東爲京
師左右輔以天津爲中門旅順成山爲外戶夷至天
津止新兵六千守直沽助以義民始得安堵故也嘆
咭唎計逐臺鎮道後隨還香港至二十三年始盡率
其來船回國

夷氛聞記卷之四終

夷氛聞記卷五

噗咭唎去留綠衣兵守香港五口分留夷目開市司稅務之領事亦至所擄於甯波婦女有失鞵裂帛纏其足者載入澳門夷樓作長夜飲香山鮑某方受雇爲夷守門樓凡二層上居白夷下厮役其夜白夷十餘同聚居一樓皆自江來留粵者婦女啼哭聲徹樓下鮑一時憤甚思舉火盡其樓巳他出覓得藥裹以入矣轉思不忍婦女一時同死且慮火發救者至已不能竄脫遂止此聞諸鮑太史逸卿俊者云其族人也英商在粵重開市易益肆驕矜舊制大班不得乘肩輿入館至是散商出率乘坐遨遊通衢與內地人交易動因口舌陡起風波愈以忿爭爲強所留夷役沿街攫掠市店貨物買物論值未成遽攜以去又挾流娼招搖市上遇平民輙喝令急避否則鞭撲隨之市井之民受者巳不可忍特畏官之禁遏因是滋爲禍首強自遏抑而姑容之始則會城衆怒難犯久而並所近村氓之

來城就工賈者無不積爲深怨噗咭唎之未行也夷館遣役出買零物去不給值索之反被詈辱旁觀者不平助其同詈役遽入館糾衆夷持鳥鎗出覘人跡多處施放有受傷者行道人一時駐足閧觀不散其夜火忽自夷館起夷貨遷出盡爲百姓推擲地上無絲毫奪歸巳者米利堅諸國商亦樓居毗連財物聽其搬出銜至河舟無一人越館界入攫當火威發時聞萬口齊呼殺賊遠近水車赴救皆挺刃而止之員弁以兵役至將爲撲滅亦阻於萬手飛石不得前越日火息而後散二十二年十月初六日事噗咭唎聞而憤懣移書責墳索賠所失謂必舉兵入搜起釁匪類墳舉是日實在巔末爲書以復稱以領事戒勿縱釀後禍得書乃不敢言書云道光二十二年十月十四日得接來書備悉兩國商民近況竊以爲責人須當責己啟釁尤貴審機向者英國稱兵我　皇上仁恩如天用許和好本部堂仰體　聖王德意方且勸諭兵民勿存芥蒂在領事更宜戒飭商民無得恃強招非乃在省夷商自向議和卽縱兵役或在街市攫物逋價或引娼婦逐隊鞭人行路且爲不平何況身受其毒本部堂屢申禁遏深恐爲小忿而亂大謀

不料於初六日公司行內商人遣役買物又復不給價值百姓跟隨債罵該役竟敢糾衆放鎗百姓被傷不散及夜無端火發該商搬出貨物閧百姓扯碎擲地毫無攘奪花旗等國財物並不越界搶擾兼之數萬衆大呼殺賊報仇水車赴救俱被挺刃截止文武員弁率兵彈壓亦被飛石攔阻各國商民共知共見但思此等匪徒一時數萬衆齊心非同小可本部堂豈不驚愕異常且百姓大呼殺賊報仇不知誰人爲賊又不知百姓與英國有何仇恨禍激至此我地方雖令團練足恃猝遇奇變亦當分別細辦不致鹵莽用事誠慮處置過迫本部堂與領事將有擔帶不起之憂若領事確知數萬匪徒所在必欲盡數拿獲即使帶兵來省擒置重典本部堂爲安靖邊疆起見亦各從其便至若該商散失銀兩黑夜之中良歹難辨此正宜詳究已飭文武員弁及昇平公所河南沿海東西南北各鄉紳士義民通緝在案惟是兩國交兵商民受害不獨英國爲然即如上年焚我盧店掠我貲財我國又將向誰索補賠補之說諒亦英國商民所不敢出諸其口者也刻下和議初定邊省諸臣皆膺重罪伊大人來粵無期本部堂亦爲百姓指謫黜陟莫保領事揣人情度時勢靜候章程爲便如必驕兵自肆勝敗正未可逆料耳再者英國所招之漢奸實內地之匪徒恐其熟知英國虛實習見英國貲財將於香港海外號令而起領事未必安枕而卧彼臺灣遣風被戮特其餘事設三省風應則和議遲延豈不徒勞心力況我　皇上素得民心而又將相迭出不少奇人彼一時此一時也領事自識經權無爲夢夢即前日到省之火船其急退出免令百姓猜嫌並嗣後務須嚴禁商民勿再挾婦恣行藉橫激變所有三板船隻除搬貨外不得無故遊奕內河否則本部堂惟知約束吾民而已至於匪徒數萬伏發斷不獨任其咎茲體　聖天子懷柔遠人之意畧佈心

腹惟領事察照同時澳門人亦有因英夷強橫殺其夷目於澳者初奕山在粵時

上諭有捐助軍資及以破夷奇計獻而行之有驗者皆予重賞一時上書言事者踵至奕山以軍務日無暇晷而條陳者率請給貲自試切中事情者頗乏乃令就紳士勸捐局之在會城大佛寺者收而准駁之人既衆不能一一延諸座與爲面商也則但批其詞使吏錄而懸諸門江蘇錢江者在粵不爲士夫所齒當時以爲失待賢智禮遽肆詈局紳不可復耐乃言於官召而訶斥之所交多爲不平何大庚者浙諸生也爲婿於蔣文恪家嘗習申韓就院司幕工筆札則徐始至保純延主隨員案牘既而就駐澳道員易中孚幕病中孚爲澳夷誘弄將入省代英夷請釋夷俘先語則徐既而中孚果詣請則徐以是信之久於粵目擊府署幕之有與商人往還者慮有事必先洩於夷屢切齒裂眦言之懷平夷之策卒不見用每就江

語會夷恃撫日益肆粵中人有思倡義民挫折之而不敢逕行者大夷乃撰爲文檄袖示瑣瑣而稱其文詞實不意其遽鏤板而張貼之也爲江勸聲言將以十月集粵紳府校明倫堂捐貲召勇示夷以威時欵夷前數月船未返國當事懼有中變於是以倡亂拘江而戍之新疆大吏遞籍自是粵紳無敢復言夷事後夷人不敢入粵城官紳受獎陞與陸制軍書云廣東夷不入城官民同心也以如此可用之民前人不用而摧抑之　天語煌煌隱忍之夷一朝宣露從前殺伯麥之人倡爲文檄者當爲聲請可致書粵中言及之否耆英既代伊里布於粵相與議定開市章程奏云

竊照廣東福州廈門甯波上海五關議定英吉利國出入貨物應完稅則及與該國互市章程現經臣等另招具奏伏查盤征關稅既須先籌國計又當俯恤夷情現定章程於國計夷情似皆有裨向來粵東粵海一關辦理公事不免掣肘但查此後閩浙江蘇所收英吉利等西洋各國稅貨皆由粵海分出以粵海一關而論稅數雖難免於稍絀而統五關而計彼此互相挹注必當較往年有盈無絀臣等督飭臬司黃恩彤侍衛咸齡體察情形悉心籌畫期於粵海關不致廢弛稅貨尚能充足並可絕沿海漏卮以整頓內地各關之稅務酌議九條敬爲我　皇上陳之一海關原定稅額應暫歸五口勻攤以免偏折也查粵海關每年應征外洋各國及內地商船及銅斤水腳並額定盈餘每年一二十萬至三四十萬不等現在既分五關通商則粵海關出入貨物必少若仍責令照舊解征勢有所難此後粵海關征不足數應請暫於福州廈門甯波上海四關所征西洋各關稅貨內撥補足數即由粵海關逕自擬撥其額外盈餘各歸各關儘收儘解一五口征收西洋各國稅額應請試行三年通行酌定以歸核實也查西洋各國貨稅本爲福州廈門甯波上海四關所無現在甫准通商其貿易之衰旺難以預擬稅額即難定准原海關將來能否征足舊額亦不能預定應請俟三年後察看五口每年可征稅銀各若干比較准額再將粵海關原額銀六十九萬九千六十四兩分款科算勻歸五口作爲定額如有盈餘仍以額外盈餘擬撥一粵海關稅貨款目應行刪除以歸簡易也查粵海關稅則除正稅耗羨之外尚有節次改正歸公案內各官估價一六算三八擔定頭總巡口擔規東礮臺口黃埔口扁艇號規及船鈔內之進口規出口規日規月規等

項正耗計款歸作一條編征總計均尚有盈無絀之銀節次之案內名目無論現在已未查明應請一概刪除免多糾纏一平餘各貢等款應於額外盈餘項下開銷以免無着也查粵關解部銀兩向有每千兩加平餘銀十五兩係按稅加收今既歸作一條編征則此項銀兩無從抽收請仿照解部飯食銀兩等項在額外盈餘項下開銷之例各歸各關劃解又每年應解各貢銀五萬五千兩人參變價約銀十萬兩上下均有洋商按貨抑算彙繳監督轉解內務府又有放關分頭名目亦由洋商按船按貨抽算每年約銀四五萬兩逕繳糧道衙門發兌普濟堂老人口糧及漢軍孤貧養贍義渡扁船水手工食卹嫠口糧各項之用如有盈餘留備部撥現在英吉利國已議裁洋商倘各國亦一體議裁則前三項銀兩亦歸無着應請將每年變價參斤毋庸飭發其價銀一款每年以十萬兩爲率與各貢銀五萬五千兩一併在各關額

外盈餘數內劃開視各關征稅數以多寡均勻攤解其放關分頭銀兩每年於粵海關額外盈餘項下撥銀四萬兩解支權道衙門查照原案分別支發其餘各國課稅仍須由洋商經理應由臣塡等體察情形另行酌量辦理一粵海關應酌留羨餘以各有用也查粵海關每年有應進貢稅及奉文傳辦將件達盤貨包札經由各關稅銀等項計算約需銀十數萬兩查應得羨餘均已歸入額外盈餘項下而一切均不可少應請於粵海一關即在卸貨關口納一關稅數再准貿易如有偷漏照例懲辦與各國商無涉其餘貨物悉循其舊海關丁書人等倘有藉口勒索許各商據實控告嚴行提究一內地各省販茶葉湖絲大黃紬緞不准外海載運以杜影射也查茶葉湖絲例禁多出洋近因內地各關勒索過多致有內地各省等行銷湖絲茶葉等項搭船載運內地各關稅額數因而暫短實由於此現定章程西洋各國應完稅銀

大有加增與內地流通商貨稅則輕重懸殊易啟避重就輕與洋船私相交易之弊嗣後除請販東洋等由洋進口貨稅與本地民間日用諸物仍循其舊外其有內地各省行銷茶葉湖絲紬緞正項准由內地行走不准涉海倘有情願由海販運者即照與西洋各國貨物例一體先稅方准販運出口如海關則例內原有粗茶葉粗湖絲土絲等項名目全行刪除其臺灣等處所有應用茶葉絲斤紬緞等物由各該督撫體察情形各行奏明辦理一與西洋各國貨稅無涉之客貨應仍循章辦理以免紛更也查粵海關江浙等省商民每多出入海口販運上至盛京下至廣東往來貿易其所運貨物除茶葉土絲紬緞外均非西洋各國所需無庸影射向來應完稅銀各有定章相安已久所有五處海關無論大關小口一切章程悉仍其舊無庸另議一各項浮費應全行革除以杜弊端也查各項浮費於雍正乾隆年間改正歸公之

後旋又陸續添出更多於前已全行裁革如再有需索情事無論官弁兵役俱照枉法贓叅革治罪惟粵海關差役並無工食向在進口出口貨物內由洋商按貨抽給於乾隆九年經前任監督稟明准其存留在案現在洋費裁撤未免令各差役枵腹從事應請查明照海關書吏之例核給工食由臣塡等酌定名數另行辦理以上各條係就臣等管見所及隨條酌議惟治法需人全在各海關監督深明通商為撫馭之要領少取即所以多取之義廉以自持嚴　會塡以以約束不稍逾越則中外相安海疆永靖矣

病開缺者英代督粵恩形亦來陳臬事相與委曲調停事事彌縫不使稍生衅隙番禺紳士潘仕成許祥光及歸官皆嘗出貲造船甚固而未可出洋於是有

四省合巡之議當事不果用議云夷船在洋加履平地各省雖有戰艦從未聞有駕兵出洋攻剿之事故其駛行數省洋道如入無人之境其自洋而趨港也止畏內兵向前而拒不畏外兵從後而追銳意直進毫無顧忌屢勝之故端在於斯設使環洋經過之地有船可以堵截有兵可以攻擊彼方却退之不暇又安能飽掛風帆瞬息百里出沒超忽之若此其捷哉今宜創造堅大戰艦百艘艘各配以弁兵百人於廣東福建浙江江南四省外海水師營分各選精銳二千五百人多儲水食礟械以實之抽移內河陸路名糧補其空籍擢提鎮大員之有世功威望者別須　勅印為四省統巡其爵仍以副將而下遊擊而上視官之高卑給船之多寡使分領之不隸四省營制之內西界越南東洋北抵盛京無論內外諸洋咸責巡哨而江南以西迄於欽廉尤不時梭織游歷每出以二十船為一隊啣尾

聯行風訊既齊檣帆尺度又相等即相去遠近不一
究可互爲聲援遇英夷兵船輪船審定旗幟不遽燃
礮轟擊但隨所向緊躡其後設彼礮先發我亦應之
彼船帮單寡我合隊環攻無不得志俟其颺竄內港
而後從外擊入本地防兵亦聞聲自內迎出首尾勢
難兼顧出路既已斷絕自可令片帆不留茲大要全
以尾追爲牽制而不專事乎交鋒始則出彼不意突
如其來繼且步步牽纏層層掣肘以彼終歲馳突海
面耳目間曾不見一外洋接仗之船一旦棋佈星羅
舟師絡繹必將遲回却顧到處風聲鶴唳草木皆兵
夷性多疑雖遠望商船檣帆亦將繞洋紆避其氣以
周章而自奪其志以艱難而漸懈其力以衆寡不敵
畏縮而頓衰而我方四集艫艤沿途相待兵分而巡
防覺容時暇而勢力轉紓又況猝至紛來縱有不肖
兵丁亦將徵規不及則奸民接濟不戢自消人知去
火在於抽薪不知添薪在於止沸事幾所在莫要於

此亦莫大於此效似緩而實恐功似難而實易欲使
永絕根株不得不徧施懲創欲使實受懲創不得不
重費銀錢永逸必始於一勞　分防不如其合剿務令
化外頑蠢之輩曉然知此時　天威震疊遐邇絕奔
常未有不悔從前輕侮之愆轉而作格外涵容之請
聲靈四訖並杜效尤中外大防維持無極所謂一舉
而數善備焉者也若幾資斷今正其時謹備芻蕘條
陳以備採擇　謹按製船之法必先預籌款項擇產
木最盛處所招募善工設官監造聞嘉慶年間福建
剿辦蔡逆亦於領設營船外別創堅大適用戰艦提
督壯烈伯李公親臨監製故洋面安駛鐵柁使提當
時皆帶出洋與蔡逆抗衡雖亡命亦勢有不敵黑水
洋之役剿辦幾淨盡久著明效聞舊時得力匠頭多
有存者潮州李爵鎮少習海務匠作皆乃父舊人潮
郡密邇閩汀又爲產木之地予今歲七八月間在潮
屢與商及似宜就潮設廠責成爵鎮協以曉暢文員

當有成算可杜浮靡或招徠賈客使集越南洋木不
半載即可運至齊備就近省河別設官廠檄閩省送
至壯烈舊匠選熟習船工隨其指使但受其成法而
不予以出納之權則並無弊可言即不然劃切諭運
府二廠委員使知此次剿辦與從前倒修
者大有區別亦未嘗不可得收實效也

夷氛已靖復修武備沿海議造戰艦

詔派仕成監之仕成因延佛蘭西人雷士壬造洋礮
水雷以進粵人怨英夷甚見仕成家或飲諸夷不能
辨何國也則閧於其門從容解譬而後已廣州府劉
潯出嘗杖雙門市民之未避前騶者行道訛言驟起

以謂府署藏納英夷萬喙如潮假虐責良善爲緣遽
相聚而火其署擲物火中雖貴玩絲毫不取與夷館
受燬時相似潯越後垣走匿藩署藩使傅繩勛素得
民心出署婉語以夷例不許入城府署夷何所來搜
而弗見宜各還曉之再始歡呼而散福州開市通商
夷貨舟至相率入省會與官吏通謁講鈞禮據烏石
山之積翠寺爲廳舍設牙旗鼓角民甚驚擾常以深
夜騶從入城官無如何其居上海者恃海道與其幼

出夷館易而狎之見輒呼其行次拜會不分旦夕輿夫用中國帽而雜用五色爲纓緯以表異出入城門士民無敢以爲言者彼意以旣和好且與平行則不問城內外皆可聽其遊處如土著矣不知職貢諸國非驗貢不得入英雖列冠帶而貢無常期兩次貢舟皆由天津更無故事可援也惟廣東民習見暹邏越南必隨貢物乃入筵宴易冠服而出英夷無之以爲中外大防正繫於此凡夷有三五爲羣思進太平門

西門者（兩城門去夷館近內城四門尚隔外城非夷可至）守者輒斥之退民或遇見輒頃刻聚千百人鼓噪其後必使其急遁返而後散太平門內外市舍櫛比城闉內日有設鋪售零物者守兵三四但駐所近平時門實無容足地也夷偶嗰往來人偶少遽闖進爲接門內爲狀元坊順德南宋狀元張鎮孫故里過坊不數武市民遇之大鬨夷舉所持鞭竿辟人於是萬手齊動幾幾拳下領事雖訴諸官衆怒難犯莫可誰何也舊制夷人以久

住夷館恐生疾病故道光十五年總督盧坤奏定許夷商於每月三旬八日得往附近之花地海幢寺散遊一次行則導以通事分輩出次不得過十人及申卽令返有在外住歌飲酒及出不以期或逾所限人數或別赴村落墟市者並治及行商自欵成商裁後夷衆益無約束往往挾鳥鎗或袖小鎗駛其小三板或雇珠江小艇遨及四鄉遊泊遇村集樹林叢翳處所恒登岸彈取鳥雀村民婦孺聚觀言語不通疑爲

嘲辱動至角口夷必以鎗擬之民畏之急走避如是者不知其幾矣夷難之作也沿江上下數十村去會城十里近或二三里者咸築閘設柵於其村口自衛夷登岸未之入則村民聽其自爲來去見慣亦不異也二十七年夏月英商駛舟至黃竹歧村村在城西上游去城頗遠有密林在村外夷相率竟入其柵婦女見而譁夷不知避反舉鎗以擊人頃刻間村衆畢集鳴鑼將遞傳鄰近諸村來護夷益暴燥狀兇猛衆

一時憤激殺三夷舁屍沉村外巨河下石壓之而掩其迹其艇亟駛還以事報夷衆領事請耆英緝兇備抵聲言召香港守兵入火其村語多不遜耆英令其巡捕弁黃者華會南海令張繼鄒募漁人入淵起獲夷屍夷衆愈以被戕有據多端廹挾索多兇請交夷館訊辦時恩彤得罪鐫巡撫職徐廣縉新至慨然謂殺人償命法也然一命一抵法安可濫不能魚肉吾民以徇夷欲而塞夷責也乃召其村紳士訊致殺之由縛三人出請

王命於犯事之地正法夷酋猶悻悻不服照會耆英以彼國商不能不出遊倘他村亦復如是將何以處非焚其廬舍不足以息衆怨杜效尤耆英尋以省紳已自爲公函約諸村毋許妄殺後此永保無事復之隨令府縣集省紳於大佛寺合擬函詞刻而遍貼以慰夷心當時紳衆咸集彼此推讓無肯執筆起草者自巳至酉耆制府以人來催府縣亦促之至再三乃起入丈堂率擬一稿言黃竹岐殺夷抵法事毋庸議此後諸村落遇夷人至村口彼不犯民但止

放鎗捕鳥父老當各約束子弟勿令出與見面聽其自來自去萬一夷人率衆入柵以捕鳥爲名或至調戲婦女鎗傷平人者宜即將夷用繩綑縛就近送官訊辦勿聚加誅殺俾有藉口事後索多人抵命牽及無辜致官棘手遍約諸村一律知照云云紳官咸以爲當座中一官閱之搖首謂此當非制府本意宜改云如夷有不法事且勿向拒許該村民立即赴官喊訴以憑委員來提赴公署核辦衆紳無語尋不得不前伸其說曰當時夷既不法即指調戲婦女鎗傷平民等事矣一有其事村民勢必鼓譟衆怒驟起夷必拒護兩相動手彼此轉盼致傷民衆夷少傷每在夷既受傷村民誰敢挺身赴官受責成者勸其縛夷送署勢已難從況令其任夷橫肆袖手旁觀止以一二父老報官聽夷行兇後從容以去此可以告蚤如木雞之君子不可以強血氣方剛之村民子弟益夷自入村啟釁於彼義憤所激衆怒難犯先勸其紳老約束子弟不與摶力至萬不得已亦不可遽殺此爲黃竹岐事之遽殺受累而起人心尚庶幾可從否則函到徒滋口實而夷以既有公函臨時不肯受縛不至決裂不止轉失勸戒之意更轉失制府息事之本意矣其人亦首肯取稿以去

夷酋知紳士持公論亦稍知斂迹不敢再有後言矣英國自稱雄西海都但西河畔築宮蘭崙城外故宮之在城中者猶相沿未廢他國人至必導以入使遍觀焉以誇壯麗其俗然也夷酋來者每謂明明通商和好宜相信無虞詐倘何中外夷夏之可分故所至覘其城如戸闥獨粵城垣門與夷館

相距僅咫尺間轉不得一入時時訟言於耆英思彤始尚誠求繼兼責備閲時既久無復可以支吾益夷俗期約至速且屢不自知其瀆微言之又不悟兩人者日爲所促相與躊躇至再不獲已姑許其一行燕會而預爲設備將假酬酢禮掩招入之迹以爲一而不再他日非因延請無緣自至有所商則仍出而就之權宜之舉不激夷怒亦堪以對我士民顧尚遲疑未有期日也二十三年六月省紳侍讀銜何有書老

成練達方以創董社學受奬有所聞爰集同志具詞節院云聞閭閻夷將進城拜晤以此輿論沸騰不知實有其事曾已約許否請率循舊章免滋衆口者英亦竊幸其詞適至得有藉以謝夷也但以道路訛傳初無成議大書揭而慰之呈云竊以故老狃於舊聞羣黎安於習見故有異聞必相驚詫遇創見則起猜嫌民情大抵然也我粵東民家　朝廷厚澤深仁休養生息士農工商各執一業商賈子孫與享太平舉凡踐土食毛無不尊君親上矣查各國夷人來粵互市夷商向來交易而退各得其所歷久相安但夷人到省向在城外夷樓聚處國有典章二百年從無夷人入城之事舊聞習見嫌

孺同知邇有道路傳言說有夷長欲進城垣拜會各大憲未審果否輿論沸騰益既有拜會之名必將肩輿儀仗鹵簿前驅民間聞所未聞見所創見震懾人心驚駭耳目觀者定如堵牆所可信者各縣聯絡千有餘鄉團練義民十萬餘衆均已撥歸各社各鄉時勤操練殷加約束斷不致滋生事端但慮省城五方聚集良莠不齊誠恐匪徒猝然干犯夷人或不相諒是敦和好反至絲商等愚昧之見欲求循舊章程定於城外齊集地盤或派議事宜或燕會交歡或鋪排犒賞不啻行所無事似屬易便也恭維欽差大人天潢一派贊化調元學德所加夷情悅服凡經灼照洞見幾微等愚蒙原不干預公事但地方關係一有所知不敢壅於上聞用是瀝陳下悃冒瀆尊嚴伏乞俯順輿情查照舊典飭遵辦理則萬民歌頌同荷生成矣制府批云查中外務在相安據呈所請循舊章以順輿情理極詳明慮尤深遠惟夷人欲

行進城之說不過道路訛傳並無是事諸紳素爲民望所歸可即傳諭城鄉各士民免生疑慮本部堂向以士民之心爲心凡有關係地方夷務事件自應熟籌妥辦也婉舉其事之可證驗民情者爲夷告而嘵嘵之來正未已繼請而繼抵者屢矣因循又越數年酋駐香港三年例滿當受代返恥在粵之衆終未得請以入見外中國歸無以對居者在來粵夷中則已爲長自謂責有專屬也二十七年二月行將屆驟率其綠衣防兵三百偃息旗鼓從香港潛載越虎門入當時海疆安謐貨舟梭織虎門

大敵守者以爲運貨舟至不復查驗循內河趨經獵德礮臺捉舟臺側接踵而登出不意挾衆釘塞我礮眼澆藥水毀我礮樞守臺兵倉卒裝械不及遂聽其所爲迨把總梁定海擊以礮夷兵已一鬨還舟解纜順流西上甫至夷館不入即斷安瀾橋上下爲駐足地逐市人空其鋪舍而踞之者英出詰以私入故則請廢館後通海之新豆欄道收拓館地既許而立堵之矣又請租河南地以建夷樓則當日初與琦善講

和條款所嘗及者其後香港尙奉
諭停給所議已處迨定和約准英國在通商埠地出貲自與民間租賃建樓立棧但仍由中國地方官會同領事體察民情擇定地基聽與內民公議租值內民不得抬價掯勒遠人不得強租欺占以期兩情允協愜願租則民自得利不願則夷當別圖強即起爭必然之理也珠海南岸舊稱河南正對省城生齒日繁不獨鋪店民居寸金寸土即田塘棧舍亦與荒郊

僻岸者價值迥殊其人比屋而居非耕即農非商即賈自食其力自謀其生各賴咫尺之地爲仰事俯育計又其遶西裏地沿水橫出與今夷樓隔水相望一旦租爲夷有恐他日夾岸臨海築臺置礮勢成交牙有事則來往帆檣西道頓形窒礙於民固有不便而借以截阻黃埔各國商舟設起貨入省仍勒其於此查驗復萌初得香港故智更有不便於諸國其南則地臨河折由折處直下即爲西南入省河之鳳凰岡

東望鷄鴨滘一帶倚從洲嘴折處別築一臺即有以扼我西南鄉縣入省咽喉鳳岡礮臺雖設而無所用河南四十八鄉紳老有識解事者早慮及此且夷之伎倆久在百姓意中彼就欸於江南之大飽慾壑與在粵之伴還商欠皆事出已甚非百姓夢寐能忘之事今因有此約令其舉祖宗百年世業流離播遷靡所定止而拱手讓之所得幾何設令誘以租貲重利亦將糞土視之萬無如意理而夷酋未識其情勢所

在誤聽夷館賤役及洋商工伴子弟之所慫恿遂一意卜居謂耆英爲經手立約之大臣總制其地我責官而官責民挾約而行當無不獲不復計及體察民情之爲何語更未能思及地未許租則所指爲抬價措勒之詞悉屬無根隙莫可乘也況歲租每視夷旺淡西洋人之在澳衰敗之後租竟何如徒予耆英以所難貿貿強求逼人過甚於是耆英不得已勉派府縣官頻傳業主令議價值未到而聽酋竟以二十四

年四月初二三四日身履河南洲頭自爲丈量插旗誌界民見事在必行越日集衆雙洲書院言出而髮指者數千人其老成者謂與其生端事後不如陳說事前乃以情理利害四端詳縷其詞投以公函斥其背約圖占之非書云猶以謀事必體乎人情作事當循乎天理而事之成敗尤須計及乎利害之重輕我粵東與貴國通商百有餘年彼此有相資之益中外無詐虞之嫌而貴國商民亦素以信義相交即千百萬之貨財一言爲定一諾不移從無失約背議之事此中國商民所以樂與交易而歷久所以能相安也迨至二十一年搆怨交兵以來貨物多不能流通商賈亦日見倒敗在粵商固多失業而

貴國之貨亦未爲得利且當擾亂之餘土匪借端乘勢小人乘機焚掠違商皆受其累此前車可鑒各國所同知共見者也自宜各綢宿恨堅守和約以圖補救共享太平乃近聞貴國欲勸租河南地方建造屋宇我紳耆始以爲此事必須兩相情願貴國素重信義斷不肯強占逼租今見我府縣官頻傳業主勸令議價且德公使差人竟於初二初三初四等日到河南洲頭嘴地方丈量插旗誌界於是各鄉士民大爲駭異初四日會衆集議於雙洲書院謂與其相爭滋鬧貴我啟禍生端於事後何如先爲陳說辨此是非曲直於事前茲特將情理之可否利害之得失細爲陳之夫河南習俗非十三行可比也而河南地勢又非上海各港可同也蓋十三行與外國人居住有年久相熟習倘令河南創建洋樓必致驚奇猜忌彼此斷不相安矣上海係新開港口向無遠商貿易棲止之所且海濱荒地無礙民居故擇地租住其理尚順

若粵東近則有洋行遠則有香港居住則有新建之公司大樓貯貨則有現租之洋商棧房又何必貪多務得費此無益之巨貲乎況河南地方寸金寸土皆民血產該處田塘棧房鋪戶居民或藉此耕作以贍家或居此貿易以謀利甚或孤兒寡婦賴微息以存生或大族微宗設嘗產以延祀既不能挈族他徙又不能舍業別圖一旦強逼奪之以致流離失所謀生無地情何以堪貴國人素以醫人濟世爲心何忍出此此衆情之不能強其所難者一也抑吾聞之無信不立違約不祥查前次我官示諭萬年和約條款內載各國商民准其租地自行建樓立棧仍由中國地方官會同領事官體察民情擇定地基聽各國與內民公平議定租息內民不得抬價措勒遠人不得強租硬占務須兩情允協等語今河南之地若云體察民情則衆口一詞不願出租矣若云公平議租則既未經願租開價又何抬價措勒之有至於尚我大憲

之勢欺我小民之愚挾制逼勒必欲租得而後已又不待業主允議遽行差人丈量此非強租硬占而何所謂萬年和約者曾不及數年即思翻約背議試問當時書此約者何用立此約者何心我等士民偶立券契守據尚能久要不忘豈自稱英國堂堂之公使大臣而肯背此兩國永守之和約乎此義理之不容失信者一也且貴國商人數萬里航海至粵無非為謀利而來耳貴國之所以獲利於粵東者利其民之相與交易也今欲與交易而先拂民之意人心不服於利何有凡人安居方能樂業守信始可通財今若不守信約恃強挾勢奪人之產占人之田固將為粵商所疑慮而不敢重托貨財亦將為各國所恥笑而不肯相與共事況夫奪則必爭爭則必鬬爭鬬之際商賈避亂而不前貨物停市而不售試觀近來生意冷淡已可概見是欲奪人之利以為已利終致小利未見而大利先失此智者所不為也抑且不獨失利已也其害更有不勝言者夫眾怒難犯專欲難成今河南共四十八鄉烟戶不下數萬家其間賢愚不齊強弱不一心既不甘於棄地志即可激以成城若使強奪得地建造行棧則英商挈眷必於此往來貨物貲賧皆於此屯積竊恐出入而致磚石之相攻貯貨而致焚燬之肆害其能時時為之防禦處處為之設衛乎是跬步之間皆為荊棘鄰右之近盡成讐仇將以萬千之資建此地而不足即以百十之人毀此地而有餘貴國亦何樂得此叢怨之府生此為厲之階乎此有禍福之機甚明利害所關甚鉅不待智者而知也惟熟思而籌度之我等紳耆生長河南目覩民情有洶洶之勢恐致激變故不得已會集眾人將情理利害四端先行詳晰陳明尚祈轉達貴公使體察此情永守和約免致兩敗俱傷而謂吾言之不先耳並將此情節投訴於各國領事官及富商大賈請各國正人君子評其是非分其曲直免謂我　天朝士

民不知禮義即將來闖事生端有所累及亦可知覺由誰啟釁將誰歸也倘不曲諒愚衷不採納正言仍然恃強硬占竊恐怨積日眾禍貽日深其身與家相依為命者能不捨死相爭乎蓋前次構兵未之及民故民情未憤若此次貽害係與民為仇故民動公忿而心甚齊此非我紳耆所能排解亦非我大憲所能壓服者也

領事方遲疑未肯收書而河南人已刻印四佈酋知眾議咆沸非恃耆英可以威脅再往必滋意外也爰暫止河南之議更索租花地口之石圍塘其流弊一如河南洲頭且縉紳世業何可利動已廢然而返是皆已事至是逕以兵挾覆述前意劫以必從耆英曉之謂倘緩其期將來或分任租值尚有可商愈廹則租愈不貲亦非爾利急之且必激變正言以却顧英酋之來本以求約入城為重實非有餘力租地不過假作引端而已故終之以定入城期請謂地從民出議租權既在民城為官守議入權則在官非若租地之聽民自愿者比矣今西洋諸國咸謂我難入此城勢成騎虎不得其期則駐兵留此不復出蓋夷兵之來已數日人言藉藉不調集兵力驅之使去則

民心時刻可動動則酋與其兵皆粉齎壞約啟衅悉緣諸此而酋又倔強不可以口舌爭於是慨然與訂二年後尋入城之約謂二年中以官調紳以紳調民至期庶幾可掃徑相待矣夷酋與訂約而後從容挈其兵還香港事定者英夷定海而遷其官酋既歸國則以入城期定告其王凡鄰邦之商於其國及其印度亞墨利加所屬之地盡以是鋪張其詞招其届期至粤觀禮他國商之在粤者雖曉然於民志之不可奪而明明有大臣期約在習聞者英爲

太祖皇帝天潢支屬協贊綸扉持節出辦夷務體統冠諸大吏必有以動

上聽者粤民縱強悍而惟縉紳言是從倘

上許彼入城紳士自不敢異議百姓惟有隱忍究何能爲以是信入城之舉之非虛語方將相約隨英夷後覩其所爲且自以同一准市之國

中朝斷不忍厚彼薄此將俟英夷既入然後援以爲請凡此皆諸夷意中所有亦事理之所必至也無如耆英先期以在粤久奏請述職得

俞旨命以二十九年春暖來京擇正月行矣旋行請以廣縉佩大臣關防權督兩粤而布政使葉名琛權巡撫未幾耆相遂留差樞庭兩公即真是年兩載期届二月夷酋以文來請踐入城約始猶出以正言繼且煩絮操切堅執前議勢不可止廣縉念中外大防在此一舉此而不力爲阻遏他日將時以燕會至固無辭可拒是又

與福州上海等而密察民志城鄉萬衆無慮婦孺鮮有以聽夷之入爲當者縉紳即或面從亦必退有後言且夷假禮以來安知其不包藏禍心是其平日詭譎之見或毒後求地爲行署甚或臨時索所經官舍留其從居之不惟亢生口舌抑且驟起兵戎就使聚兵設防萬不至有當時之失而大衅即從此開況耆英親自許之乃先時而去責其難於後人艱鉅之任惟志定足以肩之耳於是不俟徘徊已默定拒夷之

志及商於名琛更謂官民合心方稱同志無怫百姓以順夷理且民情若是其堅且衆夷一動則民頃刻生變勢難終日官轉無立身之地惟有拒諸城外縱有他故亦官與城爲終始其事實有把握已先單銜具摺密陳情形矣今我兩人和衷一志順民心以行之復何疑之有商既定廣縉乃先備內防自省河以東諸礮臺選擇將弁誨以方畧俾俟夷闖入沿途迎擊分繪要隘臺墩圖紙核其所有礮洞計一礮裝藥

施放洗刷移運應需兵士若干人使臨時各事其事是爲首班別預備策應者各如其數爲次班又別備補再策應者於後人數亦同爲三班填寫首班策應及補策應各兵士姓名於臺圖所宜站立處令其各守位次寸步不移首班勝則已如一人傷於賊礮則策應者亟趨前而補其缺傷者散兵扶以下而所備再策應者又亟趨前補策應之缺首班戰久而懈或猝遇暴病則領兵之弁以所備之策應遞補直至三

班皆受傷盡然後聽其敗潰不復責戰所選儲礮位亦按臺洞各備三礮放多礮熱卽令輪換先以圖使將弁選精壯軍士詳爲指示令知此次戰守繫一省官民成敗所關最重不特不能如往日見夷自潰積習但於派定立處稍離分寸及臨陣告退卽自代有人亦按軍法並令一月前點定班兵開誠告以人之勇怯原出天性非可強抑自揣或至臨時瑟縮未能自信或家有老親或尚無子息內顧不能無所繫戀

者仍准其預期請假事後許再充伍不罪俟其慨肯以身殉國對天矢誓情形踴躍又察其平素體健技精無他隱疾者諄諭以一經應命當自視其身已死歷詢不悔始取其切實甘結書名畫押保以親屬而後分班帶入節署親許以功成優擢死者官養其家於是憑將選弁憑弁選兵而驗於將兵將人人自請効命萬伍一心次第籌積軍資衣甲皆製備外郡封解軍局絡繹內運而省城民戶毫未知覺密飭中軍

副將召近城社學紳士假捕盜名令各歸團械聚勇候撥分社延見使各不相知亦屬其各不相謀也社學原議有事官爲調用給以口糧無事各歸耕農勇出自民隨時可備布置既畢乃揭牌於轅以某日出閱虎門舟師時夷酋吱翰已代德來駐香港數月矣聞廣縉巡歷海口思乘其出刼之於舟俾險浪驚心倉卒間必踐夙諾較以文爭易而不虞再有遷延也則請臨其舟廣縉慨然許之夷舟方椗內洋隨行官吏咸謂風濤固不測且身入虎羣礙

其匪人之尾設有變將奈何廣縉曰若輩慮彼敢遮留我乎留我不有水師提督在乎因語提督洪名香若我留彼船不還可悉舟師攻之我自有處勿以我故遲疑揆鼠忌器也言已欣然掉扁舟越重礁險澳衆如屋浪起跨登夷舶梯二十餘級至其舶樓從容顧盼旁若無人從官不得已羣隨以上風舟搖盪相顧皆股慄無人色吱翰握手延入艙後免冠爲禮遽杜其門隔從官於門外厚設機一刼即閉堅牢如壁不可復啟廣縉談笑自若吱翰袖出所陳事數款率貨稅之瑣屑者求面爲許允廣縉隨閱隨舉其不中理者手指口駁索筆而刪之吱翰下氣低聲固固乞請廣縉固刼之色頗莊厲侃諤開導至良久聲琅琅徹艙外從官聞未悉所謂欲入不可僅逡巡以俟最後忽更端迺言中國許我入城兩年前約以今日今我國諸凡備具專候示我期日請必定期而後返廣縉曰耆相之許爾在我來粵之先我來未奉

詔諭何能妄予爾期且百姓之不肯聽爾入原執千百年舊章爾在此當有所聞億萬同心我更何能自主是當以夷情民情兩相歧異之故入告

大皇帝請

旨我爲疆吏必有所遵奉而行今爲汝由驛馳奏則可私予爾期則不可有

旨即有期不得

旨期將誰出爾宜少安毋躁也吱翰問批摺還當在

何日遂舉由粵達都往返常程約畧告之吱嘞以爲
緩願自備火輪舟出粵洋抵津代遞廣緡晒日奏摺
拜登
本朝自有定制沿途所過關津驛站各定時刻皆有
專官處分綦重安敢違制以進呈請
旨重件輕付外國權譴責且汝舟近日亦安能逕至
天津乎爾居粵地一切當遵
天朝法度勿率性生事可也吱嘞語塞即送出仍下

小舟騎浪還虎門越日來報謁寻之食食次囁嚅間
再欲有言但諭以靜候
旨意語不及其他旋省直陳其事夷酋自意事有成
約者英方在朝當陳明在粵訂約緣由計無不得請
即未遽允亦必命督撫酌量現在情事以定可否我
請已堅微露強入之意
大皇帝縱不欲逆民志亦重慮失信遣人有
旨令粵官自定官又何詞可以却我故自陳請後不

復喋喋但自爲數日計程盼摺迴如望歲稍逾往返
期程三二日即令其副兵目日贊臣者輕舟私入夷
館探聽消息及奉到
綸言大意以爲民心即天心在彼重譯來斯更不宜
與民頡頏念萬里貿遷不易官吏當隨時爲其保護
貨物紬繹
聖謨蓋有萬民一體四家一家之意非臣下所能窺
測更非外夷所能議擬者矣

旨旣宣布夷始知
上意其國商人一時敗興有轉咎吱嘞不如嚧之一
請即許者有追咎嚧當時從兩年約不能隨許隨入
致爐竈另起者而他國商因亦從旁以爲笑柄微詞
諷激之於是夷酋文再至責中國信義之邦不合反
覆若是更爲危言相挾意殊悻悻廣緡至是正言荅
之曰曩者江南議和後中國重信義凡夷船之經我
口岸者聽其出入不復詰查阻禁蓋設誠相與也者

相親王和議初不料爾國前兵目之潛載卒械掩我不備毀礮樞而塞礮眼也其時兵不及調礮不及易爾兵深入據橋阻過行路民情驚駭辟息便釀禍端乖和局故酌量緩急輕重不得不權宜約以年分許以入城使爾兵目如願而出以保和好於未艾是信義之失爾國先之而反以責人乎耆英之奏請陛見實逆知民心之不服舉國胥無異詞不能為左右袒也夷得報已辭窮則又強詞以辨謂事必自度

可行而後許許則必踐方成丈夫當我兵入時為數無多何難一戰戰不敢而後許我許而復背中國他日何以示信於人我今日又何顏以對他國不得不率我兵商一擁而至且聞省中方團練壯勇皆董於官既慮抗官匪徒出而拒我何不即分所練勇拒亂民而衛我入耶又答以民情所在既屢舉相告今民自團練實維汝故而猶嘵嘵不已反欲為疆吏者率民拒民背理逆勢愈言愈遠此後不必更勞唇舌請

即挈爾兵入我為粵大吏當四開城闉以待爾其試之鄭牘凡數返輾轉辨論端且百出當是時自上冬迄三月會城粵秀書院監院刻印公柬延集越華羊城二院同事暨城中在籍紳士許祥光等及內外城以遞河南居民鋪店按其街約予以規程會城書院粵秀最先越華次之羊城又次之先是柏公為觀察令三院監院勸民自為守衛彼此觀望未之動也迫事急樊門底鋪民羣至粵秀謂闔省人士所萃責以倡首會院長南海何員外文綺裒病里門予方為正監不可辭乃印備柬啟數萬會同監院順德羅教授家政南海譚訓導瑩暨山仇訓導乾厚順德張學正應秋番禺

丁教諭熙先期使院役分投街約送以章程偕番禺候選道許祥光候補同知禮光候選郎中金菁茅候選同知沈光國香山候選員外鮑俊親詣請約一時響應分期以勇數來粵秀報予約兩首令以夜校閱備其心燭中間羅下鄉未旬返仇丁並以送試去沈亦及半以事未至偶會閱粵秀令役分延諸紳役以夜不及遍請是夕惟予在徐制府偵知之令易太守召諸紳謂不能實力則事敗予遂以羅查南海神廟工不過一日即還張譚皆世居西關其地人衆非土著紳士不可勸故分段去非有他也丁居城西北其地多幕客長隨所寓已約其送試速還彼處出勇宜在後必無貽誤太守以予言覈乃已九人者皆不辭勞瘁故民情踴躍南海候選郎中伍崇曜則以熟悉夷情事藉探報當時從制府出虎門事定許伍得
旨給三品銜先選八人得升銜先選仇沈外獎有差勸家自出丁設械為拒

夷入城之備頒期分詰諸街約剴切與商一時雷動
雲合自老城而及新城新城而及四郊河南人亦創
隆平社學同時響應地大者至數千人少亦數百按
日分期自具所練丁勇名數東報粵秀隨以其夜延
官紳同集其公所壯目帶令籠燈執械分隊以過越
日官出炙豬水酒獎之自城內而城外遂及河南以
次校閱旬日間得十萬人有奇　內城雙門底上街
陳廷森蘇蔭清同督
帶四百四十人　下街劉聯芬蘇滄同督四百三十
六人　惠愛街四約沈維鏞督百十七人　惠愛五
約何定海何榮芳同督六百七十人　六約泰督
百六十人　西七約黎承恩葉文卿同督四百十人
首七約吳廷輝督百六十人　東七約鄧龍光督
百人　西七約冠世隆督九十三人　八約陳彬英
李秀蕃同督五百三十人　九約易杰督百八十五
人　東九約譚聘珍督二百人　十約張俊督百又
五人　有賢坊西首約羅家驥督九十五人　東四
約歐陽威督九十五人　二西約湛慶督九十五人
賢思街甘國權督八十八人何佩仁督百六十二
人　大佛寺前東西約黃芳華督二百十人　龍藏
街單亦曉督三百四十人　馬鞍街月泉南首二三
約吳樹楨黃錦濟同督五百四十五人　北約江兼
三督百八十人　九曜坊彭昆明督百七十人　西
湖街何瑛督二百九十二人　早亨坊楊光耀督四
百三十五人　早亨坊東李猷督百三十人　孚通
街劉錫芳督二百六十人　四牌樓六約唐聖功陳

國忠何廷標李耀祖李望爵黎安邦同督千六百十
人　魁巷簡憲督九十三人　惠福巷鄭世榮督七
十三人　厚王巷何澍督二百三十二人　正南街
陳沅英督二百四十人　二牌樓曾湛恩督二百二
十人　東岳廟前段桂清督二百八十五人　天平
街丁燾督二百三十人　東約曾昶修督百人　北
約鄭廷銓督百人　狀元橋方振宗督二百六十四
人　善慶坊陳煥章督百有三人　黃黎巷何金榮
督二百五十人　大塘街中約朱瑩督百一十人
南約歐陽驗督百八十五人　長塘街北約何敵中
督二百二十六人　南約廖永墉督八十五人　德
政街南約甘國寬督百三十人　北約林長清督百
五十人　西約何獻圖督百三十人　德政橋中約
黃舟安督百一十人　兵馬司街邵朝安督百三十
人　承恩里蕭月恒督百二十人　新城內南門直
街張國權潘國正同督四百二十二人　東橫街東
中約李春蕃崔兼同督四百八十人　西橫街上下
約麥逢秋梁英督三百六十人　仰忠街李朝華督
百二十二人　東約陳國淞督三百人　南約李文
聚督百二十人　高第街中東西四約陳習龍雷鎮
玉胡敬之陳肇芳梁贊功胡廣琦吳國銳梁應時同
督千九百八十四人　小市街乘約張逢熙鄧正華
胡殿清督八百五十六人　正市街陳廷桂督三百
六十人　一德社劉鴻陞督三百十五人　五仙門
內西約楊裕棠李榮邦同督五百十人　東約周士
超督百八十人　大新街十八約朱德均鍾俊鄧秀
揚翁子珩翁珣李紫堂李如瑛同督千七百八十六
人　元錫巷呂泰來督四百二十人　玉子巷何應
堂郭榮光陳松威同督六百二十人　白米巷梁國
恩翁玲同同督五百有七人　華德里黃紹光孟智
祥羅玉亭威廷桂馮楊廷同督千五百八十二人
小新街彭朗川謝進高朱福康李式光翁遇安同督

千三百五十人　濠畔街衆約何瑞忠梁汝文李錫
榮陳元惇威沛霖楊廷璣同督千六百人　賣麻街
戴英元馮經謝遜街同督八百二十六人　聚賢坊
黃仕元督百六十人　木排頭梁有容陳宗植督四
百三十人　三府前謝緯然胡剛常同督五百二十
人　水母灣陳明澤李冠榮同督五百八十人　文
賜里劉汝順督二百八十人　五顯巷吳樹德督二
百五十人　太平街伍汝敬督四百三十人　舊部
前街楊垣督二百九十二人　聚賢坊馮楨督百六
十人　青雲直街譚朝恩督二百三十四人　定安
里胡開業督二百八十五人　敦睦里談振盈督四
十人　眼鏡街林顯瑛督二百八十人　狀元坊馮
文藻陳作楫同督五百三十人　清水濠張晉霖廖
鴻源同督五百人　城外東門外正東首約鄭文藻
督九十人　東賢里白崇韜督二百八十五人　得
勝街香宜吉督三百九十二人　越秀馬草步街李

東升督百七十人　長庚里蘇福祥督三百四十人
榮華坊洪國俊督三百五十人　元運街李能善
督百八十人　豬欄黃幹才督三百五十人　東皋
街黎榮芳督三百四十人　海旁街陳銘勳督二百
十人　小東門外永安首四約陳國楨雷顯廷同督
四百二十人　永安橫直街梁敬寬梁鴻基同督四
百六十八人　三角市黃敬之督三百二十人　鎮
龍坊崔延高督三百八十人　元運街中約吳逢登
督百八十人　梁溪衆約梁榮何燦信同督六百
五十人　洪溪衆約梁殿光督二百五十人　小半
約邱鳳麟督百五十人　珠光里何應棠郭泰光陳
斯威同督七百五十人　珠光里半約崔榮督二百
人　三翠門何啟泰督二百五十人　龍王廟八約
陳仲瓊潘大彪岑燦堂黃俊輝袁朝元　李時澤李仕
川　黃銓朝鄭瑞呂震淳張鏡勳同督千六百八十八
人　前鑑街劉紹昌督四百七十六人　海旁中約

何學亭督二百人　海旁東街胡結清督百三十人
西約督百二十人　永清門外永清街蔡
邦常督二百六十人　東石新街戴恩督百六十七
人　豆腐巷增沙太平沙鄭大勳黃庭椿李裕才霍
仁威孫世祥同督千二百九十四人　倉前街彭鑑
如督二百人　巾約佘雲階督二百二十五人　南
約趙宗方督二百人　西約招煥輝督百七十八
壽康街東南約翁仁墳梁泰同督二百九十人　泰
康里伍榮茂督二百三十人　石基里馮譓督二百
五十六人　東西約洪正魁督二百五十六人　永
祥坊街浩駢督三百十人　西門外石岡街梁炳華
督二百六十七人　源勝坊馬應元督二百人　第
四甫彭文雄胡景修同督四百九十人　第五甫南
北中約曾國良楊應春同督五百五十人　第六甫
梁逵超督二百四十五人　第七甫甘汝良督三百
七十二人　第九甫尤懷謙督三百八十人　上九

甫繡衣坊廖彪李天驥同督五百八十人　下九甫
歐陽楨梁國泰同督四百七十八人　第十甫馮濟
揚伍花驄梁國瑠沈成安崔鉉光馮陞同督千四百
八十人　十一甫楊作權龔仲良同督千百有二人
十二甫東中約左康祺朱任良鍾立誠同督八百
十人　西約陳鶴清督二百十人　十三甫葉逢春
潘凝呼同督五百有五人　小半甫馮慶良督百一
十人　十七甫陳毓桂謝際安黎建威同督七百五
十四人　叢桂坊南二約馮家樹督二百三十
人　叢桂太和里潘應颺督百二十人　叢桂大巷
黃則昌督百一十人　湛露巷李崇基督百二十人
西除里鄧廷安督百一十人　叢桂元和新街梁
岳光督百二十人　和睦里蔡德輝督百一十八人
淨溪約李文炘督百一十人　叢桂新街徐澤霖督
百三十人　南約關暢時督百八十人　叢桂之南
廖廣督百五十人　叢桂黃沙郭觀光李錦華同督

五百有三人　叢桂梆波類金釗督百五十人　叢
桂恩寧西約蔡伯彤督百五十人　橋東西約黃文
超督百二十人　蓬萊新街簡熊飛督百三十人
東約梁傳基督百二十人　太平門外天平街區昌
俊督四百三十五人　清平衆約胡鉌輝何秀林張
禧盧俊華吳啟何成業歐陽緒同督二千一百人
壽　朝聖門街蔡天衢黃東揚同督六百五十人　長
壽前九街李光鵬等同督二千二百九十三人　長
壽里黃兆蓉劉康泰同督五百九十人　寺前街潘
會蓉督二百人　打銅街李春華黃國成林守憲李
耿光陳榮同督千四百五十人　藥欄街潘有培陳
純輝勞慎榮胡錢梁國華同督千二百人　十三行
殿藉芳督二百六十人　聯興街衆約李俊峯蕭希
穎何恩普馮驥同督千四百七十人　寧遠坊關敬
修督二百六十人　福星里鄭椎督百二十人　仁
安里陳光釗督百四十人　德星里黃子權督二百

七十人　新勝街陳信彬督二百七十人　廣埠五
約蒲良駒余德芳何耀南同督八百八十人　同安
街郭應元督二百三十人　彬木欄黃采泰督三百
九十人　新基七約梁今葆鄧榮耀吳德昭同督八
百十人　萬鍾四約林祺何瑤黃承恩伍觀光同督
千一百七十三人　清平中約馮近光督二百十人
百　靖遠街范宏禹督二百十人　故衣街盧紀常督
百七十人　大寧街陳尚賢督二百二十人　白糖
街賴貴清督九十五人　同文街嚴應昌督二百五
十人　油欄門外七約馮濟美李福恩等同督千八
百九十人　穀埠王琨督三百四十人　樂安街梁
浩光督百五十人　迎祥東西約何呂東督二百八
十人　安瀾街王敬督三百九十人　鹽亭首約李
成長督三百七十人　潮音街劉天球督二百五十
人　潮興街潘廷紳督百五十人　瓊花直街李太
昌督二百五十人　吉星里黃炳光督二百五十人

賢梓里鄭容光督百六十人　靖海門外東首約
林鴻泰督二百人　吉昌街黃河瑞督二百八十五
人　五仙門外會仙街霍鷲標督三百二十人　龍
慶街羅職昌督二百七十人　河南龍溪七約潘正
理王尚之陳錫麟程國泰梁今榮同督九百八十二
人　白鵠洲敖珠東市張日宣張國經同督六百五
十八人　廿四鄉梁作舟梁撓冠黎樑材植振德胡
樹棠區鑑清胡和德梁金謝俊勳李明上同督九千
七百七十八人　南田區國鏞鄧暘暉同督四百四
十人　洗涌衆約梁東陞周爲泰同督四百八十人
洗涌西約崔福賢督三百二十八人　東約歐光大
林應春同督四百四十人　龍尾導街梁威連督百
三十人　東西南約劉廷鉞督二百二十人　溪峽
東約張成貴督百三十人　南約李宗泰督百八十
人　西約楊達榮督百八十人　官渡頭梁名世張
業隆同督五百五十七人　鰲洲東約劉奕榮督二

百十人　西約何潤隆督三百人　鰲洲外街何汝
成督二百七十人　永興社馮漢儀督三百八十人
福仁里霍衍祥陳士清同督四百八十七人　福
麟社梁章覺督百一十人　聚聖里東約鄧信中督
二百四十人　西約孫遇庭督二百四十八人　聚龍
社杜瓊亮督二百三十人　草芳村鄧懷玉督三百
有六人　蚕科鄉林聯芳督二百二十人　太平坊
何潮清督二百六十八人　百睦坊梁萬威督百人
雲社鄉謝再藤督二百七十人　南岸東約麥穗
芳胡龍安督三百四十人　寶岡鄉李鴻發區朝俊
同督五百九十八人　福場里洗兆鏞督二百五十
人　福場外街徐應科督百一十人　廠前街羅錫
彤督百一十人事後皆給以頂戴其疋頭行無何與
夷售呢羽者洋商未撤夷呢羽至則按其行之有力
無力而分其受貨之股交厚者夷則多其股以私之
而買茶歸亦即按其受呢羽股分故商皆媚夷以求

多分其股夷亦以此挾商由來已久洋商裁後所至
呢羽皆歸鋪店無高下其手之病於是股戶多作呢
羽生理棉花亦爲洋貨入口之最大者銷行廣則貲
亦厚開行方據夷利自入城議起開行自行聯約停
止不入夷館買貨數月以來夷貨滯銷以責孖毡孖
毡者民夷交易通夷言之經紀開行招之於店使入
議貨直者也當時孖毡語夷商謂入城與否官主之
非貿易家所宜干與惟慮城内外出勇旬日至十萬
勢必釀成事故則貨不能轉售貲本將無所歸非以
停買相爲挾制也疋頭行之胡光鉌杪挽材棉花行
之梁維翰朱正祥亦集
丁嘵條勇以出同受獎
當勇之夜出也四城燈燭照
耀殆同白日鉛礟聲聞十里首尾凡十旬城西之密
邇夷館者登層臺四望瞭在眉睫其稍遠者若新城

以内若河南南入村落平視阻隔之處夷設巨鏡高
擎而倒影之火點如亂星諸夷結舌不能語戒館役
黑夷未黃昏即自閉前後戶市肆暫停交易諸貨既
驟壅不行香港微有所聞猶未暢知其事知亦未盡
信也迨副兵目以吱噸意入探夷館舉所見告會紳
士恐夷酋尚未深悉利害頓成糾結集繕公函語以
民間設勇事使通事齎書至領事所令轉致吱酋適
副目入探時方同集舊洋棧領事正寓其鄰處書詞

至彼不克暢明曲折即令傳語領事將親至曉之令
勿先避領事迎入招副目圍案而坐遂悉舉今昔情
事之不同者正告焉副目領事並唯唯
夷樓臨海凡
三間中爲客
座兩房皆役居之後爲卧室即公司未撤時大班二
三班所居以理貿易之所也今領事司稅於此時同
登者七八輩領事接入有握手爲禮者予但遥揖之
辭亦一拱而行初至各尚齒圍圓棹而坐領事偕副
兵目及一幕友三人雜坐其中出茶敬客次葡萄酒
次則捲葉於紙不甫而吸者彼稱孖姑烟是也稍久
則或起而閒所陳器三人惟副目不語中國官語餘
二人皆能爲北腔頗熟幕客者畧通華文而不甚了
了出紳士所致函招伍觀察欄邊質問其所未達者
函中有不可激成一語誤以爲攻擊之擊疑云以兵

攻彼伍徐舉以水激石義語之頓悟壁上懸三鏡一
蘭崙圖一諭倫三花橋圖一則廈門圖也當幕客與
伍欄邊問答時二夷在座予察其詞色溫平指蘭崙
圖問領事謂爾王有城不居而爲宮室於外以爲不
恃城衛殊不知宮外環以礮臺其畏人攻伐不覩城
更甚乎彼笑而不能答又指三花橋圖曰爾國既責
水收稅於民設中國亦有此則此珠江皆銀海矣領
事轄迹以語副目繼問予何以知之予曰五大洲皆
在域中近事不知尚讀古書耶因指廈門圖曰設當
時仍守舊礮臺爾國何從入此不過一時事耳不能
視爲常局即如入城之事似乎先有約在而紳民意
中並以前兵目先不宜背約私入燿兵致多40欽差
大臣不能不許是成約彼此皆無定則戰否亦無定
矣今香港綠衣兵與護貨兵皆非肯戰者爾幸兵少
倘兵多遠挾之入則殊失紳士意
矣二人不覺點頭而終亦無語
副目出而吱噸請

自後停止入城議之文亦至奏入
聖情大悅
諭曰夷務之興將十年矣沿海擾累糜餉勞師近年
雖累臻靜謐而馭之之法剛柔不得其平流弊以漸
而出朕深恐沿海居民有蹂躪之虞故一切隱忍待
之蓋小屈必有大伸理固然也昨因英夷復申粵東
入城之請督臣徐廣縉等連次奏報辦理悉合機宜
本日又由驛馳奏該處商民深明大義捐資禦侮紳

士實力勵勸入城之議已寢該夷照舊通商中外綏
靖不折一兵不發一矢該督撫安民撫夷處處皆抉
根源令該夷馴服無絲毫勉強可以歷久相安朕嘉
悅之忱難以盡述允宜懋賞以獎殊勳徐廣縉着加
恩賞給子爵准其世襲並賞戴雙眼花翎葉名琛着
加恩賞給男爵准其世襲並賞戴花翎以昭優眷所
有粵省文武各員着徐廣縉等擇其尤爲出力者酌
量分別保舉候朕施恩至我粵東百姓素稱驍勇乃

近年深明大義有勇知方固由化導之神亦係天性
之厚難得十萬之衆利不奪而勢不移朕念其翊戴
之功能無惻然有動於中乎着宣布朕言俾家喻戶
曉益勵急公向上之心共享樂業安居之樂第其勞
勩錫以光榮毋稍屯膏以慰朕意欽此時將軍穆特
恩副都統烏蘭泰託恩東額水師提督洪名香粵海
關監督祥麟並以合力同心各盡其職照軍功議叙
粵中紳士候補道許祥光歸新班即選候補郎中伍

崇曜以道員選皆給三品頂戴員外郎金菁茅鮑俊
並以郎中選同知許禮光儘先選書院監院教官梁
廷枏張應秋丁熙各給內閣中書銜羅家政給五品
銜家政應以子貴覃恩封太僕卿以方服官不受封故請五品銜餘各就原職加
獎有差督帶城內外河南壯勇者三百七十三人皆
咨部獎有職者遞進一階無則給以九品職已酉同譜錄序
云蓋聞同仇偕作義著聲詩連茹彙征象昭大易自
來縉紳筮仕錄誌同官所以示共事之緣即以寓相
維之義至若士流登進首重初堦同案同房各存譜
籍不獨鄉會科之同年敘齒貫閭綦詳沿及後嗣稱

謂攸資交情互倚之通行宇內也他如歷開事例名目懸殊然甫截卯期亦必次其後先都爲一帙者益彈冠相慶聯步齊登取便檢查不嫌蛇足由斯推類悉數難終夠以事關中外之大防　恩冠古今而特異如我等今日之同受品秩一視同仁者使不爲之記其緣起列厥芳名將永矢弗諼之謂何毋乃怠忽承之乎當道光二十九年二月夷人之申請入城也事則違例而成約是循文牘要求萬難自止惟是撫之已成大局彼詭以禮至未可遽詰戎兵勢處兩難倘當事稍一依違即巳大拂民志且果聽其窺我郛郭侵我城衛恐變故猝乘難善厥後院憲徐葉二公知衆心之不可棄輿情之未可徇也躬臨海澨誠諭而嚴拒之至再至三足以奪其氣於是粵秀書院華發柬啟集紳賢商議條約普勸城廂內外以逮省河之南使各就各地各選各社整械明燈自巡其境不假招募不領經費旬日之內如響斯應如嚮斯

夷氛聞記　卷五　四三

台一時得十萬人夷館耳目切近始而駭繼而畏終而服而後貼然受範市易相安事遂寢息大吏以聞　成皇帝聖心嘉悅爰沛慈賞給督撫以子男世爵宮紳獎擢有差恭讀　恩旨我粵東百姓深明大義有勇知方難得十萬之衆利不奪而勢不移朕念其翊戴之功能無惻然有動於中乎着該督等勞其勞勸勵以恩榮毋稍屯膏以慰朕意欽此在我等此舉念國因公亦期自衛當時曾蒙官符獎許役石按地作六坊紀其名姓此心巳云不負何圖　聖澤優濃有加無巳大吏善承　德意廣予褒嘉在事董率者給以一命之榮原有品銜則遞進一階三百七十三人各頒以印照恭錄　諭旨冠其端將以所獎入告且籍送大部存之人人共沐　洪施時時難逢　盛典使義問延於後嗣榮聲達乎遐陬與　國同休永永勿替伏念我等幸際　天威肅將海邦安謐之時一介編氓濫邀

冠帶洵爲過分允宜聯列名姓附以鄉貫里居三代仕履勒爲一編各藏諸家垂之永久庶使他時顧名思義敬誌不忘是用滌毫將受恩始末敬書其簡端

是役也海內智勇之士咸歎繼者之無所措手而夷酋自謂詞直理順亦更不作絲毫將就之想以爲百姓雖衆若抗違官命卽屬叛民粵民斷不肯出此故始終責樞紐於官且自香港發棹以入虎門既無所阻此外卽非所慮況官畏生事勢不得不衛以兵旅百姓其如官兵何初不料督撫之協力同心有以感紳民之速之深一至

夷氛聞記　卷五　四四

於此宜

旨後已不能斤斤責於官矣倘其始終不悔則入者不旬日必片板無存此時亟圖自全之術惟有退居海外知他國之以恥矣見激實速其禍棉塞兩耳庶不致並香港駐足之地亦遭折毀帆隨湘轉尚見知幾蓋當時新安先設有社學九龍附近尖沙一帶貧民向以牛羊石米濟夷不過利其厚值而久矣苦其暴戾積怒者深其春巳自爲團練將俟夷衆一離香

港駭起殺其寥寥守者毀其樓舍付之一炬夷入虎門一步方爲百姓所拒入內河愈深見拒愈衆萬不暇外內兼顧事機捷如影響若數計而龜卜焉然衅隙從此復開雖快意一時究非謀國之善不如其自知之而自止之

國威以是而伸

聖心以是而慰馭夷操縱之方以是而行尤爲美善並臻之道是可識方隆之

國運耳

論曰當夷事初起民謠無諦自城遞傳鄉曲七字爲句多離奇難解有曰寅虎之年定干戈者其後果以壬寅就欵豈天地刼數之一定不可逃者乎自虎門陷夷接跡省河所求率悖理疊出市廝商舟皆載兵至以日而增甫撲廈門知不可久則巢浙之甯波又以餘力攻乍浦綠是以突入長江其勢甚兇其志甚銳兵隊皆出雇募酬貲重而驅策嚴火器又爲西海

數百年長技我軍之比不盡關武備之廢弛與將帥之無謀也林文忠理海事首先至粵旋秉節鉞所徵者粵兵所籌者粵餉但一意嚴守口岸使藩籬自固臨海門而激厲之衆卽爲用終其任未嘗有所挫失論者遂謂文忠倘獲始終其事必能令桀驁之夷叩關悔罪由我操縱畏若神明爲此說者誠有見文忠聰達諳練集思廣益視國如家兵旅所過文戒預頒村市秋毫無擾及遇敵臨陣又教以成法人人爭先

其忠勇之氣早有以懾服遠人推誠士卒夫是以信於事先萬口同詞耳不知夷意主爭市侔利傾國以求嘗試先定曠日持久之謀不得逞於粵則肆毒於閩浙粵能阻其入不能阻其出省河內擾之日文忠適奉如浙之

命夜送諸佛山方且臨別欷歔歎洋氛不知何時可了蓋至是雖文忠亦無如何矣然夷之伎倆全在恫喝以取虛聲兵食資於商人貨滯則商無所出船愈

多而費愈重漢奸雖有供火食者究非可長恃往往重子息假諸澳夷不可得以禮拜日責捐於商有僅應以數員者明明勢已窮蹙久將益乏文忠剌取其新聞紙與月報洞悉其情持之頗堅旣而事起波瀾猶深扼腕果使粵中無六百萬之與帆航鱗集售烟爲食所得幾何曷敢他出縱至浙至江何能爲且亦斷不肯以空虛難繼之貲深入南北適中進易退難之地者鄭成功之冒險一試轉瞬而舍舟逃命彼獨

無所聞見乎況粵議款時佛山礮已鑄成所未備者船械而已戰於外海必求巨艦今旣層阻罙入盤桓內港東南洋商船之在省河拖風繒艇之泊陳村一日可招者以百十計倘移款夷之力以收召漢奸嚴備守禦此中良有把握卽不然以堵河設勇之數百萬與泥城編紮製造之物移諸戰守明罰厚賞背城一戰未嘗不可驅夷於海外顧大用所在非文忠無見及者惜乎其去之稍速也琦侯之款夷也所許數

與粵他日同而前之款無他省之累後之款開他省之端從後日款於江者而兩兩較之不得謂琦侯鹵莽而許乏先見之明所不能解免於衆口者天津初接無所持以折服諸夷之膽反以粵事辦理不善爲言適足長夷驕而啟夷侮迨抵粵又取所備一切而盡裁之事事務與相反而卒爲所挾至此然後知夷之詭詐出意計外自怨所請有因而不見信於

君上不見信於粵民至於匹馬單騎赴

萬壽宫怡中丞邀而返之其志可悲其事可諒然而晚矣臧孝廉之伏勇散戰施於近海水陸是卽弓四省造船抽兵以尾追爲牽制之策彼用於內河此用於外海用於內河者勝在一時用於外海者利在久遠夷所以輕我舟師之故以市粵久耳目所及知師船倒造限費監修者復從而減剋之弁兵畏風涙沙礁心膽先怯不能駕駛如履平地一旦使舟如馬梭織相遇彼方借商舟爲兵船長短異度勢必孤行見

我聯艅安得不懼而變計哉廢然而返匪直一時之利而已祁敏肅公調寻於潮以告養入辭謂寻靜者心多妙盍告我今茲所亟退即以是陳善而不用未幾

廟謨果有船政之舉假使當事於奉

旨飭查少卿金應麟監生方熊飛請造之便合四省通融製造派令巡洋不必購木越南恃捐紳士已得一勞永逸之計矣今天下非無講求勝夷之法也不

日以夷攻夷即日師夷長技姑無論西夷同一氣類雖日爲蠻觸爭而萬不肯爲中國用也就令樂爲我用而一舟之費內地可調兵數千敗必索償勝更求無厎止終難以善其後

天朝全盛之日旣資其力又師其能延其人而受其學失體孰甚彼之火礮始自明初大宰因中國地雷飛礮之舊而推廣之夾板舟亦鄭和所圖而寻之者即其算學所稱東來之借根法亦得諸中國但能實事求是先爲不可勝夷將如我何不然而反求勝夷之道於夷也古今無是理也雖然服之而已矣何必勝

夷氛聞記卷五終

圖書在版編目（CIP）數據

海上絲綢之路文獻集成. 歷代史籍編. 第四輯. 第二卷 / 范金民主編. --福州：福建人民出版社，2023.8
ISBN 978-7-211-09069-3

Ⅰ. ①海… Ⅱ. ①范… Ⅲ. ①海上運輸–絲綢之路–史料–彙編 Ⅳ. ①K203

中國國家版本館CIP數據核字（2023）第072938號

審圖號 GS（2022）4637號
本書有關內容和地圖僅代表作者個人觀點，不代表官方立場。

海上絲綢之路文獻集成·歷代史籍編（第四輯 第二卷）

主　　編 范金民
責任編輯 趙遠方
美術編輯 白　玫
出版發行 福建人民出版社
電　　話 0591-87533169（發行部）
電子郵箱 fjpph7221@126.com
地　　址 福建省福州市東水路 76 號
經　　銷 福建新華發行（集團）有限責任公司
印刷裝訂 上海盛通時代印刷有限公司
地　　址 上海市金山區廣業路 568 號
電　　話 021-37910000
開　　本 787 毫米 ×1092 毫米　1/16
印　　張 230.75
版　　次 2023 年 8 月第 1 版第 1 次印刷
書　　號 ISBN 978-7-211-09069-3
定　　價 2800.00 元（共 7 册）

本書如有印裝質量問題，影響閱讀，請直接向承印廠調換。
版權所有，翻印必究。